广东司法报告

（上 卷）

GUANGDONG SIFA BAOGAO

郑 鄂 主编

人民法院出版社

图书在版编目（CIP）数据

广东司法报告：全 2 卷/郑鄂主编．—北京：人民法院出版社，2015.12

ISBN 978-7-5109-1407-2

Ⅰ.①广… Ⅱ.①郑… Ⅲ.①法院—工作报告—广东省 Ⅳ.①D926.2

中国版本图书馆 CIP 数据核字（2015）第 318768 号

广东司法报告（上下卷）

郑鄂　主编

责任编辑　兰丽专
出版发行　人民法院出版社
地　　址　北京市东城区东交民巷 27 号（100745）
电　　话　（010）67550626（责任编辑）　67550558（发行部查询）
65223677（读者服务部）
客服 QQ　2092078039
网　　址　http://www.courtbook.com.cn
E — mail　courtpress@sohu.com
印　　刷　三河市国英印务有限公司
经　　销　新华书店

开　　本　787×1092 毫米　1/16
字　　数　1532 千字
印　　张　93.5
版　　次　2015 年 12 月第 1 版　2015 年 12 月第 1 次印刷
书　　号　ISBN 978-7-5109-1407-2
定　　价　298.00 元（上下卷）

编辑工作组

组　长　金　军

副组长　王庆丰　费汉定　梁展欣

成　员　袁　方　林展芬　刘　刚　殷继国　何秋芳

陈明蔚　陈中越　汪育玲　江　辉　魏钦海

序言

习近平总书记指出："调查研究是谋事之基、成事之道。没有调查，就没有发言权，更没有决策权。"重视调查研究，是我党在革命、建设和改革各个历史时期密切联系群众形成的优良传统。最高人民法院周强院长提出要把调查研究作为人民法院制定司法政策、出台司法解释、加强审判工作和推进自身建设的重要路径和依据。在全面推进依法治国、深化司法改革的进程中，法院开展司法调研，对于服务审判执行第一要务、服务法院科学决策、推动公正司法、提高司法权威，具有不可替代的作用。

深刻认识调研工作在当前法院工作中的重要性、长期性和紧迫性。调研工作是人民法院各项工作顺利开展的最重要的基础性工作。重视调查研究，不仅是人民法院过去一段时期发现问题、解决问题、实现发展的法宝，也是现在以及将来必须持之以恒地坚持并不断加强和改进的工作方法。尤其是今年以来，在立案登记制实施、新修订的《行政诉讼法》施行和司法改革等多重因素叠加之下，广东法院新收案数和未结案数均创历史新高，面临着前未有的办案压力，导致一些法院的调研力量有所削弱。而在当前案件快速增长和司法改革深入推进的背景下，有许多突出的新问题亟需加强调研尽快解决。各级法院在全力清案的同时，应当进一步发挥调研工作职能作用，及时发现新问题、总结新经验。

切实加强调查研究，破解人民法院科学发展难题。广东处于全国改革开放前沿，广东法院每年收结案数一直位居全国前列，新型、疑难、复杂以及具有重大影响的案件较多，广东是司法改革推进较早、较为深入的省份之一，近年来开展的审判权运行机制和人员分类管理等改革，成为全国法院学习的样本。广东法院注重调查研究，对立案、刑事、民事、行政、执行等审判业务工作中的典型案件、法律适用争议、裁判标准等开展调研，把成果转化为各项业务指导意见，为各级法院查明事实、适用法律、作出裁判提供明确指引。通过对司法改革启动前、实施过程之中的情况进行认真的调研论证，及时向中央、最高人民法院和省委反馈情况和提出建议，确保司法改革的各项措施在全省法院得以顺利推进。通过对全省法院涉法涉诉信访、未成年犯罪案件、法治宣传教育等进行深入研究，充分发挥公正司法在推动法治广东建设、服务经济社会发展大局的职能作用。破解法院科学发展难题的关键与抓手在于调研工作，只有法院整体调研水平上去了，才能为发现问题、解决问题提供强大动力，因此，各级法院应当在调研机构配置、人力资源和经费保障予以适当倾斜。

不断提升调研水平，努力建设一支高素质的法官队伍。队伍强则事业兴，队伍建设是法院工作的根本所在。实行法官员额制、推行审判责任制，都是为了能够锤炼出一支既有金刚钻，又敢揽瓷器活的法官队伍。全省法官队伍共有1万余人，其中能成为专业水平高的审判专家或明显享有较高声望的，往往是具有较强调研能力、能在审判执行工作之余创造出研究成果的法官。调研是更高层次的审判，在形式上是审判过程的理性延伸，实质上是审判经验的升华与发展。通过各种形式的调研，让广大法官参与调研、热爱调研、善于调研，在不断创造调研成果的同时，也加深对专业知识的理解与运用，学习能力、思维能力得到进一步提高，从而对提高审判质效起到促进作用。

推动调研成果转化，全面展示法院公正司法的良好形象。成果转化是调研工作的目的和生命力所在，注重成果转化是广东法院不断提升调研实效、确保全国法院调研工作排头兵地位的重要法宝。近年来，广东法院以多种形式、多种渠道大力推进调研成果转化，除了转化为立法、司法解释和业务指导意见外，还通过发布典型案例、庭审直播、司法建议等形式，向社会展示全省法院公正司法、司法为民的良好形象，增强社会公众对法院工作的理解、认同与支持。2012年至今，全省法院三级法院共完成调研报告3000多份，字数达2000多万。这些成果大部分都转化运用于司法实践，发挥了积极的作用。其中，《关于人民法院人员分类管理改革的调研报告》的部分建议被中央及最高人民法院多项司法改革政策吸收,《关于法律适用法实施情况的调研报告》所提司法解释建议被相关司法解释所吸收。

本书精选了2012年以来全省法院所取得的重大调研成果共78篇,分为“重大成果”“服务大局”“公正司法”“改革创新”“法院建设”和“域外经验”六大板块,涉及法院工作的方方面面。既包括一些长期困扰法院工作的问题,也包括一些新型、疑难问题,对于深化法院的司法改革、完善司法行政管理体制、提升广大法官的业务能力具有极大的促进作用。本书也是广大学者和人民群众全面了解广东法院的工作情况、掌握司法前沿第一手资料的一个“窗口”。我们相信,本书的出版,既能引起理论界更多地关注人民法院和法官面临的诸多难题和困惑,又能推动实务界为人民法院工作的科学发展提出新思路、新办法和新举措,共同为全面推进依法治国进程、加快建设社会主义法治国家作出应有的贡献。

是为序。

中华人民共和国二级大法官
广东省高级人民法院党组书记、院长 郑 鄂

2015年11月30日

目录/Contents

上 卷

一、重大成果

二、服务大局

三、公正司法

一、重大成果

关于人民法院人员分类管理改革的调研报告*

广东省高级人民法院课题组** 主持人：郑 鄂

在我国《宪法》确定的以人民代表大会制度为根本政治制度的“一府两院”框架下，人民法院作为国家审判机关，在国家权力架构和经济社会生活中地位特殊、职能重要。法官是人民法院队伍的主体，肩负着依法独立公正行使审判权的重要职责和维护社会公平正义的神圣使命。相较于其他党政机关工作，司法工作既具有政治性、人民性等共性，同时又具有中立性、独立性等个性，这决定了司法工作的管理、运行和职能发挥等方面，具有不同于其他党政机关的独有特点和固有规律。综观中外厉行法治的历史，只有尊重司法的固有规律和工作特点，才能确保发挥好司法在维护公正、化解矛盾、弘扬法治、促进和谐中的特殊作用，完成好宪法和法律赋予的特殊使命。我国法院长期按照党政机关科层化的单一模式进行管理，审判工作运行、队伍人员管理带有浓重的行政化色彩，由于不符合司法权力运行的普遍规律和特殊要求，这种管理模式已经越来越不能适应我国经济社会发展对法治建设和司法工作的要求。党的十五大以来，最高人民法院按照中央司法改革的要求和部署，把人员分类管理改革作为司法体制和工作机制改革的重点和突破口，先后启动实施了书记员、法官助理、司法警察等一系列改革，包括我省在内的很多地方法院也积极探索实践。但由于此项改革本身的复杂性，以及囿于体制机制、改革时机、理论准备及政策法律等多重因素，进展并不顺利，未取得实质性突破。对此，我们有深刻认识和真切体会。广东是改革开放前沿，广东法院以争当全国法院

---

* 本调研报告为最高人民法院 2012 年度司法调研重大课题成果。

** 课题组组长：郑鄂，副组长：谭玲、聂式恢、卓泽渊，成员：周玲、金军、陈洪浩、黄必良、王庆丰、张莉、钟道春、纪红玲、梁展欣、徐曾沧、林晓峰、屈伸、黄伟明、邓巨良、何秋芳、谢锐勤、周力。

改革创新“排头兵”为己任。在党的十八大精神及中央关于“推进司法运行机制改革”精神的指引下，我们深感先行先试、攻坚克难的责任重大、使命光荣，希冀以承担本重点课题为契机，在全面总结和认真吸取既往改革经验教训的基础上，紧紧依靠各级党委的领导和最高人民法院的指导，积极推进我省法院人员分类管理改革试点；同时，深入开展理论研究和实证分析，按照近、中、远期目标，设计一套符合司法规律和法院科学发展要求的改革方案，力求找出较为科学、实事求是的改革目标和路径，为这项改革在全国范围内的顺利推进尽一份微薄之力。

一、推进法院人员分类管理改革的必要性和紧迫性

截至 2012 年底，全国共有各级人民法院和专门法院 3556 个，包括最高人民法院 1 个，高级人民法院 32 个，中级人民法院 408 个，基层人民法院 3115 个。除军事法院外，[①] 共有各类工作人员 417622 人，其中法官（包括正副院长、专职审委会委员、正副庭长、审判员、助理审判员）195028 人，法官助理 4595 人，[②] 书记员 82213 人，执行员 2708 人，司法警察 47522 人，司法技术人员 256 人，司法行政人员 85300 人。法院现有的各类人员中，使用中央政法专项编制 314465 人，[③] 占 76%；使用地方事业编制和其他编制 17564 人，[④] 占 4%；地方财政以政府雇员等形式统一供养或使用法院办公经费临时聘用的编外人员有 85593 人，占 20%。[⑤]

---

① 军事法院系统实行军事化管理，与其他法院性质不同，本报告有关人员数据不含军事法院。

② 全国有部分法院实行了法官助理改革，设置了法官助理岗位。其他未开展这项改革的法院无此类人员。

③ 少数法院还有极少数人员由于编制使用不规范，《公务员法》实施后无法登记为公务员，暂时还挤占着中央政法编制。

④ 其他编制包括部分法院因历史原因存在的企业编制，个别法院少量存在的地方行政编制或者行政附属编制等。

⑤ 本调研报告有关数据均由最高人民法院政治部和有关法院提供。

表一　全国法院各类人员职位分布情况表

职位 / 编制	合计	法官	审判辅助人员					司法行政人员
			执行员	法官助理	书记员	法警	司法技术人员	
在编	332029	195028	2708	4595	52540	30336	256	46566
编外	85593	—	—	—	29673	17186	—	38734
合计	417622	195028	2708	4595	82213	47522	256	85300

附注1：只有部分法院设有执行员、法官助理，司法行政人员不包括在司法行政岗位工作的法官。

（一）当前法院人员管理体制存在的主要问题

人民法院工作虽然依职责分工划分为多个类别，但由于历史及体制原因，长期以来对各类人员实行混同管理。只要是政法专项编制人员，无论是直接行使审判权的法官还是从事审判辅助、行政后勤工作的人员，都统一套用一般党政机关公务员的管理模式，行政化特征明显。一是按行政机关模式设置内设机构。除设立案、刑事、民事、行政、审监、执行等办案部门外，通常还设政工、纪检、办公室、调研宣传、装备管理、法警队等众多综合行政后勤部门和直属单位，部分法院还设后勤保障、法官学院等事业单位。法院各类工作人员分属相应的内设机构，由内设机构进行日常管理。法院内设机构的设立程序、规格与同级政府部门的内设机构基本相同。内设机构规格直接影响内设机构负责人的职务层次，而内设机构负责人的职务层次在机构中一般是最高的。二是按综合类公务员模式管理法官。法官除了在任职条件方面（如要求通过司法考试、年龄满23周岁）之外，在人员进出、晋升提拔、考核评比等方面均与其他公务员相同。特别在行政级别方面，法官与其他公务员一样有科级、处级、厅级、省部级之分，院长、副院长、庭长、副庭长均对应相关级别的领导职务，普通审判员、助审员也对应相关级别的非领导职务。法官的地位、待遇主要由行政级别决定，而行政级别与所在法院规格密切相关。三是按行政权模式运行审判权。集体负责、首长负责、下级服从上级等行政权运行方式适用到审判权上，在上下级法院之间，上级法院可以提前介入下级法院对具体案件的审理，下级法院有时需要就具体案件的审判向上级法院进行请示；在同一法院内部，形成从案件承办法官、审判长、庭长、院长到审判委员会，审判权逐级递增的案件审批体系，案件承办法官上面有数级领导管理和制约着审判权的行使。

这种行政化色彩浓厚的法院人员管理模式，是我国在社会主义革命时期和新中国成立初期，在学习前苏联司法制度的基础上逐步建立和形成的。改革开放之后，尽管我国法院不断深化人事制度改革，但这种行政化的人员管理体制一直没有大的改变。现行的管理模式在管理方法、手段上与行政机关相同，便于统一管理，有利于干部交流，有利于加强对办案人员实行自上而下的管控和监督。但是，这种管理模式在长期的实践中也暴露出了一些不容忽视的问题：

1. 法官任命没有员额限制。在现行管理体制下，法院只有总的人员编制限制，没有法官员额限制，按照《人民法院组织法》和《法官法》规定，审判员由法院院长提请人大常委会任命，助理审判员由本院院长直接任命。各个法院任命多少法官，完全由法院自主决定，有时根据审判执行岗位的需要任命，有时根据干部个人发展的需要任命，“法官”实际上泛化为一种职称、“官衔”、待遇、荣誉。因此，只要是法院正式在编公务员，只要符合相关任职条件均可任命为法官。特别是法官助理、书记员等审判辅助人员，一般在法院工作几年，通过了司法考试就被任命为助理审判员。导致除了经济欠发达地区的基层法院因招录人员困难出现“法官短缺”外，多数法院特别是越往上层级的法院，在法院内部呈现法官人数无限制膨胀，审判辅助人员因不断流向法官队伍而长期处于萎缩状态，形成了法官多、辅助人员少的结构失衡状况。全国法院正式在编人员 332029 人中，法官占 58.74%（195028 人），审判辅助人员占 27.24%（90435 人），司法行政人员占 14.02%（46566 人）。法官与审判辅助人员的比例为 2.16：1。具体到审判执行工作一线，法官有 168070 人，在编法官助理和书记员共 57135 人，法官与审判辅助人员的比例为 2.94：1。由于法官与审判辅助人员比例失衡，法官承担的职责任务庞杂，除了审查案件、主持庭审和制作裁判文书等核心工作外，还要兼顾诸如联系接待诉讼参与人、庭前准备工作、文书送达、资料整理录入等大量的事务性工作，付出精力甚至超过办案核心工作。

2. 法官职业化程度不高。法官按综合类公务员管理，在任职条件上与其他公务员没有太大区别，主要是增加通过司法考试和年龄满 23 周岁等条件。法官的任职条件明显过低，特别是没有充分体现法律素养和从业经验对法官职业的重要性。现实中，不少法院在任命法官时从解决干部待遇的角度考虑，对一些在行政后勤岗位工作、不从事审判实践的人员，也同样任命为法官。在行政化管理模式下，行政职级的高低成为体现法官事业成就的最主要标准，而法官行政职级的提升，主要与机关规格、干部职数、任职年限有关，与审判专业素养关系不大。因此，目前法官队伍中，一方面，存在部分法官法律知识不扎实、审判经验欠缺的问题；另一方面，还存在一些法官不太注重专业知识和技能学习，不愿在专业道路上走下去，而宁愿到党政机关或法院行政后勤部门任职的问题。① 同时，在目前行政化管理体制下，法官的培训、考核、监督机制脱离法官职业特点，法官待遇得不到较好的保障，法官的职业尊荣感难以形成。近些年来法官流失的问题愈演愈烈，从过去的经济欠发达地区流向发达地区、基层法院流向上级法院，演变到法官普遍流向法院以外，而法官队伍职业化长期在低水平徘徊。

3. 依法独立审判易受干扰。从法院内部看，一方面，采取院庭领导审批制的工作方法对案件进行“把关”，造成了有违司法亲历性原则的“审而不判、判而不审”的局面；另一方面，在法院人员混同管理模式下，没有考虑法官相对独立行使审判权的职业特点，将法官与其他公务员同等对待，法官的“仕途”取决于行政职级，能否提拔晋升取决于上级领导，能否通过民主推荐程序取决于与同事的关系，致使法官在审理案件过程中难以抵制来自领导或同事的干预。从法院外部看，法院人员编制、干部职数以及经费保障与政府机关同等对待，受制于地方政府，也为个别党政领导干预司法活动提供了条件和便利。

4. 审判人力资源浪费严重。各级法院内设机构按行政机关模式设置，普遍存在机构庞杂、分工过细、职能分散的问题，由此带来法院机关管理成本增加、管理效能降低的问题。院长、庭长等具有行政职务的法官，既要抓审判业务，又要抓队伍建设，还要处理大量维持机关正常运转的行政事务。因此，目前各级法院的院长、副院长基本不独立办理案件，庭长、

① 近年来，法官辞职做律师、提前退休从事其他职业或者主动要求调往党政机关任职等现象十分普遍，在法院内部也经常出现审判骨干通过竞争上岗、任职回避或者交流，主动调离审判执行岗位的现象。据不完全统计，2008 年至 2012 年，广东法院有 421 名法官调往其他党政机关，42 名法官辞职当律师；江苏法院有 367 名法官调往其他党政机关，30 名法官辞职当律师；江西法院有 545 名法官调往其他党政机关，15 名法官辞职当律师；四川法院有 376 名法官调往其他党政机关，20 名法官辞职当律师。

副庭长的办案数量一般远少于普通法官，很多审判经验丰富的法官一旦提拔为副庭长，就基本上不再承办案件。据统计，全国法院法官中，正副院长有15100人，正副庭长有50036人，院、庭长人数占法官总人数的33.4%，这部分法官不能把主要精力放在办案上，客观上造成审判人力资源的极大浪费。此外，法院内部非审判部门较多，有相当部分法官被调整到非审判部门从事纪检、政工、行政综合等岗位工作（见图表2），即使审判执行部门的法官，也有相当部分专职从事审判管理或者法律政策研究工作，如广东法院，目前专职从事审判管理的法官（审判管理办公室岗位）达150人，专职从事法律政策研究的法官（研究室岗位）294人，共占法官总人数的4.3%。

表二　部分省份非审判执行岗位法官人数情况（2011年）

省份	人数（人）	占法官总人数比例（%）
广东	1912	18.3
江苏	1216	7.2
山东	3107	15
四川	1357	14
河南	4050	31.1
江西	742	7.8

5. 审判辅助队伍长期不稳定。审判任务的顺利完成及审判质效的提高，除需要高素质的法官队伍外，还必须配备书记员、法警、司法技术、司法统计、计算机、财务、档案管理等其他工作人员进行保障。与法官相比，其他工作人员从事的不是法院的中心工作。由于人员混同管理，法官没有员额限制，而且任职条件不高，其他工作人员从个人发展考虑，很难长期安心于法院的非中心工作，因此，难以形成一个稳定地、专业化地审判辅助和后勤保障团队。特别是书记员、法官助理都急切希望尽快转任法官，不安心于从事审判辅助工作，由此造成审判辅助岗位长期面临人员流动性过大、人手紧缺的状况。如广东法院，2008年至2012年6月新招录公务员2581人，新任法官2341人，新招录公务员只能填补审判辅助人员任命法官后的空缺。为缓解审判辅助人员不足问题，许多法院不得不招录聘任制书记员、法警，或者使用编外人员担任法官助理、书记员、法警，但是由于待遇低、无上升空间，一方面招录条件较低，影响审判辅助队伍

专业素质；另一方面辞职率高，审判辅助队伍极不稳定。如广东高院有编外书记员 68 名（2010 年有 55 名），而 2010 年以来就辞职了 42 人；四川高院约 35％的聘任制书记员已流失；山东省三级法院考虑到聘任制书记员队伍不稳定，职级待遇偏低，队伍积极性受影响，已不再继续实施聘任书记员制度。

在社会关系比较简单、法律制度不够健全的计划经济时代和改革开放初期，行政化的人员管理模式，与人民法院发挥审判职能作用，服务于党和国家工作大局的需要还是相适应的。但是，随着我国改革开放和社会主义市场经济建设不断深入，法律体系不断健全，法治建设步伐不断加快，这种管理模式凸显了行政权与司法权的矛盾，违背了审判机关运作所必须遵循的司法规律和特性，因此必然在实践中带来一系列的弊端和问题。如行政权力对审判活动的过度影响和干预，必然对人民法院和法官依法独立公正行使审判权带来干扰；行政审批制的审判管理机制，既干扰法官独立办案，也不利于审判效率的提高，并导致法官错案责任追究制度难以落实；法官职业的低“门槛”、低待遇，法官员额无限制，不利于提高法官队伍的整体素质，使法官职业失去对优秀人才的吸引力，等等。这些弊端和问题的存在，对于在新的历史时期和形势下，充分发挥人民法院的审判职能作用，维护社会公平正义，实现司法公正，提高司法公信力都是极为不利的。

（二）推进法院人员分类管理势在必行

1. 加快建设法治国家的需要。党的十八大以来，党中央反复强调“法治是治国理政的基本方式”，大力号召“开创依法治国新局面”，要求“确保审判机关、检察机关依法独立公正行使审判权、检察权”。我国国家权力运行的优越之处和显著特征，是在中国共产党的领导之下，各国家机关既团结协作，又分工负责、相互制约地开展工作。这是被实践证明符合我国国情的权力运行模式。但这种模式体现到政法工作中，各地在落实时出现一些不当倾向，一些做法忽略了司法固有规律和工作特点，甚至直接违背司法规律办事办案，在实践中产生了不良后果。特别突出地反映在实际工作中，就是有的地方不能全面、正确理解“服务大局”“维护稳定”的要求，片面强调政法机关保护本地利益、“互相配合”“联合办案”，要求提前介入、“三长”会商、案件协调、层层请示，实际上曲解了政法各机关分工负责、相互配合、相互制约的完整内涵。在法院内部管理上的行政化管理模式，随着经济社会发展，特别是司法权维护公平正义责任不断被强化的背景下，如仍采取原来的管理模式，已经不能适应时代发展要求。如何适应法治国家建设的任务要求，遵循司法固有规律和工作特点来加强和改进法院工作管理，已经是摆在各级法院面前的重要而紧迫的任务。首先要充分认识到，审判权在本质上是一种判断权，处在对各类纠纷案件作出结论的最后环节，通常情况下是在穷尽所有其他纠纷解决手段而未能奏效时，审判才作为“最后一道闸门”来实现权利的救济。审判权的这些特性，决定了其与行政权等其他权力的显著区别，如中立性、独立性和终局性等特征，就是审判权独有并且必须遵循的。同样，对作为审判权行使主体的法官，应有不同的要求和管理方式，才符合宪法法律要求和司法规律。因此，必须改革法院人员管理的单一化和行政化管理模式，摒弃“领导干部优先”或者行政化管理思维，在法院内部实行人员分类管理，弱化行政等级关系，提高职业准入标准，加强职业保障，最终形成“以法官为中心”的法院人员管理模式。

2. 实现司法公平正义的需要。贯彻落实好习近平总书记关于“要努力让人民群众在每一个司法案件中都感受到公平正义”的要求，是人民法院肩负的职责所在。实现司法公正、维护公平正义，既要求人民法院依法独立公正行使审判权，不受外来干扰，又必须依靠一支专业化、职业化、素质过硬、作风优良的司法队伍。《宪法》第 126 条规定：“人民法院依照法律规定独立行使审判权，不受行政机关、社会团体和个人的干涉。”其要义在于人民法院在行使审判权时，依法独立地进行，排除一切不正当的、非法的干预和控制。党的十八大报告特别强调确保审判机关依法独立公正行使审判权。这既与法院的管理机制有关，也与审判权的行使主体即高素质的法官密切相关。只有在体制上能够有效排除各种干扰、有效克服地方保护主义影响等问题，且在法官具有较高法律素养的条件下，法院才能准确地依照法律规定独立行使审判权。只有从中央层面建立法官单独的职务序列，明确法官选任制度、晋升制度、薪酬制度、保障制度、责任制度，才能保证法官最大限度排除外来干扰，依法独立作出公正判决。并且，通过人员分类管理改革，科学核定法官员额和审判辅助人员比例，将法官从大量繁杂的工作中解脱出来，专注于案件的裁判工作，才能提高法院整体审判质量效率，完成好日益繁重的审判工作任务。

3. 改革审判工作机制的需要。当前人民法院面临着新的形势和挑战：一是当前社会经济成分、利益关系和分配方式等日益多样化，一些深层次矛盾逐步暴露出来，各种利益冲突不断出现，法律所调整的社会关系也随之越来越多样化和复杂化，法院传统审判工作机制面临着更大的挑战和压力。二是案件数量连年上升，案件类型日益增多，新类型案件层出不穷，适用法律难度不断加大，对法官创造性释法的要求尤为强烈，司法信誉和司法权威越来越在更大范围内经受严峻考验。三是司法改革层层推进，审判运行机制和法院管理机制正逐步从行政化模式转向司法化模式，从传统模式转向现代模式。法院的人事管理制度是为审判工作机制服务的，有什么样的审判工作机制，就必须有相应的人事管理制度与之相适应。这就要求我们深化法院人事制度改革，建立科学的管理制度和管理方法，实现人与事的合理结合，做到人适其职和职得其人，以发挥法院工作人员的聪明才智和学识技能，使法院各项工作获得最佳效果。法院工作人员分类管理正是实现这一目标的基础和手段。通过分类管理，可以理顺法院内部关系，使法院各类人员按岗位“对号入座”，对法院同类工作人员，用相应的标准管理，从而简化法院人事管理，提高审判工作效率。

4. 适应法官职业特点的需要。社会生活的复杂化导致法律的复杂化，使得司法成为专门化的知识。审判工作是一种特殊的工作，担负着解决社会矛盾和纠纷，维护社会公平正义的重任。法官职业具有特殊性，不是大众化职业，法官也有别于其他公务员。法官要用好手中的权力，履行好职责，除了应当具备国家公务员的任职条件外，还应当具备专门的法律知识和审判技能等特殊的职业要求。“司法的权力如果经过无知和盲从的非职业者之手，那么再神圣的法律也会变质。”[①] 我们必须紧紧围绕“加强公正司法、提高司法公信力”这一主题，坚持以审判工作为中心，以改革创新为突破口，积极探索符合审判工作规律的管理体制，形成以职业化分工、专业化培育为模式的法院人员分类管理新机制，造就一个拥有共同的法律知识结构、独特的法律思维方式，具有强烈社会正义感和公正信仰的法官群体，从而形成特有的职业传统和职业气质，确保法官具有抵御干预的勇气和能力。这样的法官群体才能正确地理解和适用法律，确保法律的统一，实现司法公正。推进法官职业化，符合实施依法治国对法官素质的新

---

① 张文显主编：《法理学》，法律出版社 1997 年版，第 248 页。

要求，符合党的干部“四化”方针和“德才兼备”原则，充分体现并贯彻《法官法》对法官管理的精神，是人民法院加强队伍建设的奋斗目标和发展方向。

5. 完善法院人事管理制度的需要。职位分类是现代人事工作的基础之一，也是公务员制度的核心内容。从各国司法的规律看，法院一般由法官、行政人员、书记员等辅助人员三部分组成，并实行不同的管理模式。事实上国家对司法资源的投入也不可能无限制地增加，因此必须立足现有的法院人力资源，不断优化配置方式，提高利用效益，以应对人民法院不断增长的诉讼案件和新增职能。实行法院人员分类管理，就是根据审判工作的规律，对法院每一类人员的工作职责范围进行科学界定，使法院内部的案件裁判、审判辅助、行政管理、后勤保障等各个系统，能够各尽其责、协调运转。其中的一项重要工作，就是科学核定各类人员比例，从制度上保证法院人力资源真正向办案一线倾斜。同时确立各类人员的相互转任方式和数量的动态调节原则，确保当人员、工作量及岗位变化时，可以及时地对人力资源进行动态调整。

二、法院人员分类管理改革的回顾与反思

改革开放以来，法官职业化始终是人民法院队伍建设的方向。改革开放初期，最高人民法院为解决审判人员短缺和法律知识普遍不足的突出问题，于1985年创办了全国法院干部业余法律大学，1988年又创办了高级法官培训中心，加强在职人员培训，提高法官队伍的专业素质。1995年《法官法》颁布实施，使法官的职业特点得以凸显。最高人民法院随后开始酝酿推进人员分类管理改革，在“一五”“二五”“三五”改革期间先后启动了法官助理、书记员单独序列、司法警察、法官职务序列等相关改革。这些改革措施虽然是在最高人民法院主导下开展的，但主要在法院内部进行、地方各级法院试点，由于缺乏改革配套政策的支持，尽管取得了一定成效，积累了一定经验，但总体而言，改革效果并不理想，社会认可度不高，法院内部人员也缺乏改革积极性。我们对既往的改革历史进行梳理，希望在推动下一步改革的过程中能汲取经验教训。

（一）改革的历程

1.《法官法》颁布：突出法官职业特点。1995年《法官法》颁布是我

国法院人员管理制度发展史上的大事。一是从形式上将法官从公务员队伍中分离出来，由专门的《法官法》调整，将审判人员与普通公务员区别开来。二是实现了法官任职条件、招录程序、法官等级以及相关制度的法定化。规定担任法官必须具有高等院校法律专业本科毕业或者高等院校非法律本科毕业具有法律专业知识，从事法律工作满两年，其中担任高级人民法院、最高人民法院法官，应当从事法律工作满三年，等等；统一了法官任职的学历、法律工作经历标准，使法官职业的特殊性得到了法律确认。三是建立了法官等级制度。确定我国法官为12个等级，最高人民法院院长为首席大法官，2～12级分别为大法官、高级法官、法官。法官的等级以法官所任职务、德才表现、业务水平、审判工作实绩和工作年限为依据确定。《法官法》的颁布实施，在一定程度上改变了法官职业过于大众化的倾向，是历史性的进步。

2. “一五”改革：启动法官职业化建设。1999年，最高人民法院根据党的十五大要求，制定下发《人民法院五年改革纲要（1999－2003）》，提出在保证审判质量和效率的前提下，有计划有步骤地确定法官编制；对法官配备法官助理和取消助理审判员工作进行试点；改革法官来源渠道，逐步建立法官遴选制度；推行审判长选任制；建立书记员单独序列；探索改革司法警察的任用制度等。

为落实“一五”改革纲要，最高人民法院于2002年首次明确提出“法官职业化建设”总体目标，并下发《关于加强法官队伍职业化建设的若干意见》，提出要对“法官、法官助理、书记员以及其他工作人员实行分类管理，建立科学的管理制度，提高法院干部人事管理法制化、科学化水平”，对建立和完善法官定额、法官遴选、法官惩戒、法官助理、书记员单独序列等改革进行了部署，法院人员分类管理改革的大幕由此拉开。作为配套措施，最高人民法院相继制定了《人民法院审判长选任办法（试行）》《关于人民法院合议庭工作的若干规定》《人民法院书记员管理办法（试行）》《人民法院司法警察试行聘任制暂行办法》等一系列规范性文件，并推动立法机关修订了《法官法》，确立了国家统一司法考试制度，提高了法官的任职条件。

在“一五”纲要的指导下，全国各级法院对审判长和独任法官的选任、配备法官助理、书记员单独序列管理、司法警察聘任制、法院机构改革、培训方式改革等方面，进行了有益的探索。2004年9月，经中组部同意，最高人民法院下发《关于在部分地方人民法院开展法官助理试点工作的意见》，在北京市海淀区法院、深圳中院、长春中院、海南高院等18个法院试行法官助理制度。与此同时，一些地方法院自发进行了法官助理制度改革探索。通过法官助理改革，建立起“法官＋法官助理＋书记员”的审判组织模式，改变了以往“书记员——助理审判员——审判员”的人员晋级阶梯，凸显了法官核心地位。

3.“二五”改革：明确人员分类管理。2005年，最高人民法院制定《人民法院第二个五年改革纲要（2004－2008）》，将“推进人民法院工作人员的分类管理”列为司法人事管理制度改革的首要问题。提出要制定法官、法官助理、书记员、执行员、司法警察、司法行政人员、司法技术人员等分类管理办法，加强法官队伍职业化建设和其他各类人员的专业化建设；建立符合审判工作规律和法官职业特点的法官职务序列；根据人民法院的管辖级别、管辖地域、案件数量、保障条件等因素，研究制定各级人民法院的法官员额比例方案；建立符合法官职业特点的选任机制；在确定法官员额的基础上，逐步提高法官待遇；在总结试点经验的基础上，逐步建立法官助理制度。2007年11月，最高人民法院下发《关于在西部地区部分基层法院开展法官助理制度试点、缓解法官短缺问题的意见》，安排部署在贵州、四川、重庆等西部12个省（自治区、直辖市）的814个基层法院进行法官助理制度改革试点。截至2010年底，全国法院共有法官助理6665名。2007年，在全国法院队伍建设座谈会上，最高人民法院拟定了《关于人民法院工作人员实行分类管理的若干意见（征求意见稿）》，提出人民法院工作人员分为法官、审判辅助人员、司法行政人员三类。“二五”期间，全国部分法院积极开展人员分类管理改革探索，一般做法是把法院人员分为法官、法官助理、书记员、司法警察、行政人员等类别，对各类人员实施不同的职务序列或管理方式。

与此同时，法院人员分类管理改革也获得了中央层面的政策支持。2004、2008年，中央先后两次发文，提出“建立和完善法官、检察官及其辅助人员分类管理制度”。2006年，中央下发了《关于进一步加强人民法院、人民检察院工作的决定》，明确要求“逐步建立法官、检察官辅助人员分类管理的模式，建立法官、检察官单独的职务序列，实现司法资源的合理配置”。

4.“三五”改革：制定法官职务单独序列。经过几年的探索和实践，法院人员分类管理改革虽然取得一定成绩，但在实践中却产生一系列问题，如部分改革措施因过于激进导致在实际上难以落实，有的则简单照搬国外制度以致不符合现实国情而搁置。2009年，最高人民法院制定《人民法院第三个五年改革纲要（2009－2013）》，在一些细节问题上提出了明确的改革措施。如研究制定与法官职业特点相适应的职数比例和职务序列的意见，适当提高基层人民法庭法官职级；配合有关部门制定与法官职业特点相适应、与法官等级相匹配的工资政策；提高法官岗位津贴、审判津贴在法官工资收入中的比例；改革司法警察体制；建立健全以法官、法官助理、书记员和其他行政人员的绩效和分类管理为主要内容的岗位目标考核管理体系；改革和完善人民法院队伍管理制度。与“一五”“二五”期间相比，“三五”改革期间的措施更加具体细致，更加重视在现行人事管理制度框架内进行制度设计。2011年7月，中组部、最高人民法院联合印发了《法官职务序列设置暂行规定》及两个附件，但因多种原因目前尚未能实施。

（二）既往改革的主要内容

回顾我国法院人员分类管理改革的历程，主要是围绕法官员额制、法官职务序列、法官助理、书记员及司法警察单独序列改革等重点内容，出台了一系列的改革措施，组织并推动各地法院积极开展改革试点工作。

1. 法官员额制改革。科学合理确定法官员额是改革的关键环节和难点所在。2001年6月修订的《法官法》规定：“最高人民法院根据审判工作需要，会同有关部门制定各级人民法院的法官在人员编制内员额比例的办法。”这是立法首次提出法官员额制。2002年《关于加强法官队伍职业化建设的若干意见》规定：“在综合考虑中国国情、审判工作量、辖区面积和人口、经济发展水平各种因素的基础上，在现有编制内，合理确定各级人民法院法官员额。”考虑到确定各类人员的员额比例还有相当大的困难，最高人民法院在制定改革方案时，采取了宜粗不宜细的原则，把法官和审判辅助人员归于一类，确定一个大致的比例，其余为司法行政人员的比例，提出了“最高人民法院、高级人民法院、中级人民法院、基层人民法院法官和审判辅助人员在法院工作人员中所占员额比例分别为70％、70％、80％、85％左右，司法行政人员所占员额比例分别为30％、30％、20％、15％左右”的员额比例。拟将这项工作分为两步走：一是通过法院人员总数、受理案件数等统计数据的分析，初步确定全国法院各类人员的员额比例总体幅度，并设计出法院人员比例测算的模型公式；二是将各地情况进行分门别类，由各高级人民法院在总体比例幅度内，根据本地具体情况确定本辖区内各级法院的员额比例。

一些地方法院积极开展制度的探索实践，如重庆高院于2008年3月下发《关于确定全市法院法官员额的实施方案》，启动对全市法院系统46个法院开展法官员额确定工作，将全市法院分为3级7类，分别确定了法官人均办案数量标准，以此为基础确定了法官员额3996名，占政法专项编制人员总数的57%。2004年，最高人民法院针对试点推行法官助理制度的18个法院，要求“以保证本法院依法高效地完成审判工作为前提，以案件和案件数的发展变化为基本因素，并综合考虑本法院法官的素质，法院辖区的人口、面积等情况确定审判法官所需的员额”。部分试点法院确定法官员额比例的情况如下：（1）江苏省徐州市云龙区法院原有行政编制83人，其中具有审判资格人员62人，确定法官员额27人，占行政编制数约1/3，占原有法官比例为43.5%。（2）江苏省常州市钟楼区法院在编人数85人，确定法官员额29人，占在编人数约1/3。（3）四川省泸州市中级法院原有审判职称人员86人，确定法官员额28人，占原有法官比例为32.5%。（4）湖南省浏阳市法院原有审判职称人员84人，确定法官员额55人，占原有法官比例为65.4%。试点法院普遍规定，院长、副院长、审委会委员、庭长等作为当然的法官，不参加竞选。①

2. 法官单独职务序列改革。近年来，最高人民法院根据中共中央转发《中央政法委员会关于深化司法体制和工作机制改革若干问题的意见》和《公务员法》的有关规定，积极配合中组部推进法官职务序列研究工作。《法官职务序列设置暂行规定》及其附件《地方各级人民法院法官职数比例暂行规定》《法官等级和级别升降暂行办法》，明确了法官单独职务序列，将现行的主要表明身份、地位及专业水平的法官等级改造成为12个法官职务层次，分别与综合管理类公务员的10个职务层次相对应，作为实施法官管理和确定其待遇的依据。同时，考虑到法官的职业素质要求和任职资格条件相对较高，对法官等级与级别对应时予以倾斜，在职数比例方面

① 胡鹏：《当前中国法院法官员额制度若干实践问题探析》，载《贵州大学学报》第24卷第4期。

也给予适当倾斜，各项比例均略高于党政机关。主要内容包括：一是建立了单独的法官等级和级别，法官等级从首席大法官至五级法官，共设12级，分别对应公务员级别的2级至25级，法官的职务、级别晋升不再套用综合管理类公务员的标准，实行单独序列管理。二是单独核定法官的职数比例，对非担任领导职务的法官，制定了法官等级升降的条件、程序，以及级别升降办法。三是明确了司法行政人员的职务设置和职数按照综合管理类公务员的有关规定执行，审判辅助人员的职数另行规定，事实上确立了法官、审判辅助人员、司法行政人员的法院人员分类模式。这几项文件是人员分类管理改革的一个重大突破，符合司法改革方向和法院发展规律。但至今为止，相关配套措施仍未出台，规定无法落实，改革实际上并未真正启动。

3. 法官助理制度及审判组织模式改革。法官助理是法院人员分类管理改革试点范围最广的改革。首批试行法官助理制度的18个法院，涉及高级、中级、基层三级法院，涵盖东、中、西部地区，沿海与内地。2007年，最高人民法院在全国814个基层法院推行的法官助理改革试点主要内容包括：（1）法官助理的来源。一是由未竞选上职业法官的审判员转任；二是由助理审判员担任；三是由具有公务员身份的书记员担任；四是由法院内部事业编制人员担任；五是从社会上公开招聘法学院毕业生担任。聘任制书记员不得担任法官助理。（2）法官助理的管理方式。法官助理存在三种身份：中央政法编制人员、地方事业编制人员、没有编制的聘用人员。不同身份的法官助理使用不同的管理制度，属于公务员的，按公务员有关制度管理，其他实行合同制管理。具有编制的法官助理，通过竞争上岗等一定的程序可以选任为法官。如深圳市盐田区法院法官助理主要以政法专项编制为主，政法专项编制不足时可由雇员编制补充。江苏省常州中院对法官助理参照公务员实行单独序列管理，并探索实行法官助理等级制度，将法官助理分成高、中、初三级，明确规定增补法官原则上必须从高级法官助理中选任。

法官助理改革催生了审判组织模式的变革。最高人民法院在《关于人民法院法官助理若干问题的规定（征求意见稿）》中指出：在中级人民法院，法官与助理人员的比例不得高于3∶2；基层人民法院法官与助理人员的比例应当确定在1∶1～1∶2之间。试点法院建立了“法官＋法官助理＋书记员”的审判运行机制，配置方式可分为“合议庭固定模式”“法官中心模式”和“混合模式”等。(1)“合议庭固定模式”。以北京市房山区法院为代表，法官助理配备到合议庭，实行“3＋N＋1”模式，每个合议庭由3名法官组成，配备1名书记员，根据法官与法官助理的职责划分、辅助人员的储备及合议庭审理案件的性质来确定法官助理配备的人数。法官助理对整个合议庭负责，而不是对其中的单个法官负责。山东省东营中院则按照每个合议庭配备1～2名法官助理，1～2名书记员的原则组成审判组织。(2)“法官中心模式”。以四川省泸州法院为代表，法官助理配备给具体的法官，在该名法官的指导下工作，1名法官可以配备1～3名法官助理。此种模式也出现多元特点，如江苏根据各试点法院审判工作的特点，实行多种配置模式并举，组成不同形式的办案单元，常州中院等根据审判辅助工作量的大小决定法官与法官助理的配备比例。(3)“混合模式”。兼具上述两种模式的特点，以深圳市罗湖区法院为代表，法官助理由立案庭集中管理，同时固定为审判业务庭某法官审理的案件完成程序性工作。如民商事案件程序法官助理分为民一、二、三组，分别服务于3个民商事审判庭，各组法官助理与审判业务庭法官固定搭配，法官与法官助理达到1∶1的比例对应。2008年以后，这种模式在罗湖法院停用，法官助理不再由立案庭集中管理。

法官助理制度及审判组织模式改革凸显了法官的主体地位，使得法官从繁重的事务性工作中解脱出来，更能集中精力办理案件，有利于提高审判质效，但也存在不少问题，从调研情况看，各地法院对法官助理试点效果评价不高。一是法官助理制度与现行法律和政策相脱节，《人民法院组织法》缺乏相应规定。二是法官责任加大，但职业保障没有相应提高，影响其工作积极性。三是法官助理制度涉及法院人员管理模式变革和内部人员结构调整，原先拥有审判权的法官转任法官助理后，抵触情绪较大，内部产生很大阻力，有的年轻干部因此选择离开法院。有的法院反映，法官、法官助理、书记员的职责、权利容易混同，导致效率不高。有的法院认为，法官助理制度可操作性差，尤其是书记员恢复录用制后，法官助理与书记员职责不清，实施法官助理制度显得多余。有的法院提出，从书记员中选拔法官助理，导致书记员人数紧张；从助理审判员中选任法官助理，工作积极性不高。

4. 书记员单独序列管理改革。书记员制度改革试点开始于20世纪90年代末，1997年3月，广东省深圳市宝安区法院借鉴英美法系和香港法院书记员管理方式，建立书记员集中管理制度，即统一归由立案庭书记员室管理、调配和使用，使审判人员与书记员相对独立，并对各类案件实行统一排定主审法官或合议庭成员、统一排定开庭日期、统一排定审判法庭、统一排定书记员的“四排定”制度。大连、上海、海南等地法院也纷纷开始了书记员管理体制改革试点。1999 年，最高人民法院将书记员单独序列管理纳入“一五”改革纲要：“建立书记员单独职务序列。在总结试点经验的基础上，最高人民法院会同有关部门在 2000 年制定人民法院书记员管理办法，在 2001 年后全面建立这项制度。”2003 年，最高人民法院与中组部、人事部联合出台《人民法院书记员管理办法（试行）》，对书记员实行单独序列聘任制管理，规定今后法院新招录的书记员将实行聘任制和合同管理，聘任合同解除或终结后，受聘人员不再具有国家工作人员的身份。这是新中国成立以来首次对书记员管理体制的重大改革。

书记员单独序列管理改革的主要内容包括：（1）书记员的聘用。各地法院招聘合同制书记员主要有直接招聘和劳务派遣两种方式。书记员管理办法规定，最高人民法院和地方各级法院招聘书记员分别由中央和省级考录工作主管部门负责，书记员编制专用。多数法院以通过考录工作主管部门直接招聘为主，部分法院也采取劳务派遣的形式，与劳务派遣公司签订劳务派遣协议。（2）书记员管理模式。各地法院对书记员实行统一管理、职业化分工、专业化管理，并形成了多种管理模式。如上海法院建立“集中管理、分散使用”模式，成立书记员办公室对书记员实行统一管理、统一调度、统一考核、统一培训。在集中管理的前提下，把书记员合理安排到各业务庭，在审判工作中协助审判员做好各项法律辅助性工作。海南省海口法院采用“集中管理、统一使用”模式，即单独成立书记员室，对书记员进行统一管理和使用。书记员集中办公，工作跟着案件走。辽宁省大连法院采用“部分集中、部分分散”的管理体制，即集中十几名打字速度快的速录员安排在各审判法庭，专门负责庭审记录，其余的书记员分散在各业务庭办公。湖南省怀化中院按照“集中管理、相对固定”的原则，所有书记员集中在书记员管理办公室，工作实行派遣制，同时将书记员分为刑事组、民事组、综合组，分别相对固定在每个庭的 1～2 个合议庭负责审判辅助工作。

但此后改革遇到了瓶颈：书记员集中管理与分散使用存在工作和管理中的冲突，尤其是书记员不跟案，导致庭审记录水平下降，使用部门普遍不赞成这种管理模式；而各地探索的书记员聘任制涉及人事政策的调整，而相关政策及一系列配套措施却一直缺失，出现了书记员职业前景不乐观、人心不稳等新问题。各地法院普遍认为，在法官制度没有改变的情况下，切断书记员到法官的渠道，实施书记员单独序列管理，既不合理，也不可行。针对这些问题，近年来，部分高级人民法院会同当地组织部门，在公务员管理的框架内对书记员管理制度进行了完善，对已经通过司法考试的一部分优秀聘任制书记员，尝试通过定向招录和纳入公选等方法，将其选拔进入法官队伍，实际上又退回到传统的书记员管理模式。

5. 司法警察管理改革。近年来，法院司法警察管理制度改革主要从两方面推进：一是试行司法警察聘任制，在试点10年后已正式停止；二是建立司法警察单独职务序列。1999年，“一五”改革纲要首次提出试行部分司法警察聘任制，理顺司法警察进出渠道。2001年10月，最高人民法院制定了《人民法院司法警察试行聘任制暂行办法》，司法警察实行任用制与聘用制相结合的体制。聘任制司法警察是指法院使用国家确定的政法行政编制或当地政府批准的财政拨款编制，面向社会公开招聘，经考试、考核合格，纳入合同制序列的聘任制干部。该项改革起初在缓解警力不足等方面起到了积极作用，但问题也随之凸显：各级法院有限的政法编制不可能用于解决聘任司法警察，试行聘任制司法警察的法院，大多采用不占编制的临时用工，不少人员凭着关系从社会、企业调进，缺乏法警的基本技能，有的人担任院长驾驶员或行政服务保障工作，不能实际到岗；聘任制司法警察与正式司法警察同工不同酬，不能评授警衔，与法院解除聘用合同的情况时有发生，特别是超过35岁以后就不再续聘，面临再就业困难，思想不稳定，削弱了司法警察队伍的战斗力。2012年最高人民法院发文叫停司法警察聘任制。

2008年，国务院办公厅下发了《关于规范公安机关人民警察职务序列的意见》；2009年，人社部等三部局又下发了《关于印发公安机关执法勤务机构人民警察警员职务套改方案的通知》，人民警察分类管理和单独职务序列改革正式实施。人民警察实行分类管理制度，分成警官、警员、警务技术人员三类，均实行单独的职务序列，职级、工资待遇不再由行政职级决定，而是根据工作年限、工作绩效进行定级评等。人民法院司法警察作为人民警察的组成部分，也实施了分类管理。2012年12月1日实施的《人民法院司法警察条例》规定，人民法院司法警察实行警察职务序列，从立法上进行了明确。

（三）既往改革存在的主要问题

人员分类管理改革触及深层次体制问题，直接与广大干警切身利益相关，因而也是法院所有改革中最为艰难的部分。十余年来的法院人员分类管理改革探索，虽然取得实质突破的方面有限，但迈出了审判专业化、法官职业化步伐的第一步，仍具有重要的开拓意义，也在广大干警层面基本形成了推动职业化是必然趋势的共识。但回顾前期的改革历程，也发现存在不少普遍性的问题，值得总结分析：一是理论准备不充分。目前学界对法院人员分类管理的研究极为缺乏，存在理论研究与实践不相适应的现象，导致改革缺乏理论指导，改革措施系统性不强，甚至相互矛盾。由于理论界呼吁不够，改革的必要性、紧迫性没有引起决策层重视，影响了决策层顶层设计改革的决心，仅依靠各地法院自下而上的改革探索难以取得实质性进展。二是改革方案不成熟。一些地方法院在设计改革方案时，往往是“关门研究”，缺乏与外部制度的衔接，内部有阻力，外部也有困难。如广东某市法院前些年的法官助理制度改革，由于所确定的法官员额数量太少，不符合案件较多的实际情况和现行审判运行机制，导致几年内一大批具有法官资格的人员被停止级别晋升和法官等级晋升，严重影响队伍积极性，不少法官向检察院等其他单位流失。三是保障激励不足。法院人员分类管理改革实质上是法院内部人员结构和现实利益的再调整、再分配，建立激励和保障机制成为改革能否成功的至关重要的因素。改革所必需的物质投入和资源配置主要依赖地方政府支持，具有不确定性。如在审判长负责制改革中，审判长工作量、工作强度以及责任大幅增加的同时，职业保障没有得到很好落实。最为重要的是，法院人事制度改革必须得到党委、人大、政府及组织、编制、财政等各相关职能部门的支持，改革措施必须综合配套，否则就可能难以为继。

（四）广东法院人员分类管理改革的探索实践及体会

广东法院作为较早探索法院人员分类管理改革的地区，一直坚持大胆探索、先行先试，积极推动与此相关的改革，并认真总结经验教训。去年承担本重大课题后，广东高院积极支持有条件的地方法院开展人员分类管理改革试点，力争取得突破、形成经验，为本课题提供实践支持。在取得当地党委、政府支持的基础上，由党委牵头进行试点，形成目前有代表性的四种类型，各有特色、也有不足。

1. 审判权运行机制改革。以深圳市福田区法院为代表。该院于2012年7月初启动审判运行机制改革，建立以审判长为核心的新型审判团队和工作模式，为将来的法官职业化改革做好铺垫。主要内容包括：（1）组建新型审判团队。通过各业务领域案件数量测算和案件难度测算，以每个团队每年1000件普通难度案件为基数，确定各业务领域审判长配置数量，在全院重新组建35个以专业化为主、兼顾业务复合型的审判团队。每个审判团队按“1＋2＋3＋4”的“审判长＋合议法官＋法官助理＋书记员”的基本人员配置，在全院统一调配，完成团队组建。（2）公开选任审判长。成立审判长选任委员会，成员由区人大、政协、纪委、政法委、组织部、市中院等部门指派人员共21人组成；通过报名、资格审查、工作业绩考评、业务能力测评、选任委员会面试、院党组测评、组织考察、产生建议人选等程序，最后通过选任委员会差额票决，正式产生35名审判长，其中院内32名、院外3名。（3）建立审判长依法独立审判制。制定《审判长负责制相关职权配置暂行规定》，明确审判长的职责，科学界定审判长与各级审判组织、审判机构、工作人员的职权关系，明确其享有的案件分配、工作安排、人员调度、案件审理、文书签发、业务管理监督等方面的职权，明确其对团队所有案件负责。（4）调整内设机构职能。立案庭设立诉讼服务中心和快审快调中心；信用卡诉讼案件全部转由立案庭集中审理；执行局增加财产刑案件和财产保全案件的执行；行政审判庭和审判监督庭分别设一个复合型团队，可办理上述两种类型案件。（5）构建配套管理机制。把业务庭虚化，剥离现有业务庭长的案件审批权和行政管理职权，只保留其业务沟通协调职权，同时设立党政事务协理员，兼任相关审判团队党支部书记和廉政监督员，协助分管副院长，统筹管理相关审判团队的党务、队伍建设、行政管理等事务，使团队能集中精力办理案件。完善审判团队绩效考核、党政事务协理员工作职责等配套制度。改革后较好地实现了行政管理与审判管理的分离，法院管理结构呈现扁平化。该院的改革主要有两个特点：一是在改革内容上，避开法官职务序列、编制配置等体制性障碍，在现有体制内设计改革模式，以法官职业化管理为参照，直接对法官与各类辅助人员的职权关系、配置方式、工作模式、管理模式等进行探索，强调以新型审判团队作为一个整体发挥作用，审判绩效奖励也由团队成员自行分配。二是在改革目标上，分两步走，近期目标是建立符合法官职业化发展方向的审判长选任机制，以审判长为主体的审判权运行新机制，以审判长为核心、其他法官和辅助人员配合的新型审判团队和工作模式；中期目标是以审判长负责制为基础，逐步向法官单独序列管理体制过渡。

福田法院的审判权运行机制改革，重在提高审判效率。作为案多人少矛盾极为突出的地区，福田法院强调对现有资源进行优化重组，资源配置和审判职权划分更加科学，有效激发了团队工作积极性，审判质效大幅提升，2012 年结案率达 96.04％，同比上升 7.14 个百分点，结案均衡度提高 25.1％，结收案比提高 31.71％。同时，办案质量、裁判文书质量明显加强。

2. 法官职业化改革。以深圳市盐田区法院为代表。盐田法院于 2012 年下半年启动人员分类管理和法官职业化改革，目前改革方案已经报市委审批，正在做实施准备工作。主要内容包括：（1）建立健全法官管理体制。①建立法官员额制度。以审判工作量为主要依据，综合考虑法院现有编制、辖区面积和人口、经济社会发展水平等因素，核定法官员额为 60 名左右。②法官按照法官职务序列进行管理，确定了法官等级与行政职务、级别的对应关系。一级法官以上等级实行任职条件和职数管理，二级法官以下等级实行任职条件管理，既保障大部分干部正常的职务晋升，又在较高的职级设置职数比例。（2）建立健全审判辅助人员管理体制。①审判辅助人员员额。法官助理与一线办案法官的数量比例为 1∶1；每个合议庭配备 1 名书记员，每 3 名法官组成一个合议庭，法官与书记员比例为 3∶1；司法警察员额按全院在编人员的 20％确定。②审判辅助人员职务序列。政法专项编制的法官助理按照综合管理类公务员进行管理；政法专项编制的司法警察职务参照深圳市公安系统公务员专业化试点改革方案、职位分类方案设置；雇员制法官助理、司法警察及书记员按照深圳市雇员有关规定管理。（3）建立健全司法行政人员管理体制。①司法行政人员员额。根据最高人民法院《全国法院人才队伍建设规划纲要（2010—2020 年）》规定，基层法院的审判业务人才占法院人才总数 80％～85％的要求，确定在编司法行政人员的员额按法院在编人员的 15％配备，在政法专项编制不足的情况下由雇员补充。②司法行政人员按照综合管理类公务员的相关规定进行管理。

该院改革的特点是：在改革内容上，全面涉及法官、司法辅助人员和综合部门人员的分类管理，法官改革重点是落实法官职务单独序列，法官等级与行政级别挂钩，以法官等级确定享受的工资待遇。在改革目标上，通过科学划分法院工作人员的职位分类，建立符合法官和各类人员职业特点，结构合理、权责清晰、管理规范、运行高效的队伍管理机制。在改革方式上，盐田法院的改革获得区委大力支持，区委成立了区司法改革工作领导小组，由区委政法委书记担任组长，成员包括区委组织部、区财政局等部门，为改革提供配套保障。改革方案效果预期测算将明显改善法官职级晋升难的问题，鼓励法官工作积极性，法院干部晋升副处级干部的初始平均年龄将从过去的 52 岁下降到 34 岁，处级干部所占比例将从过去的11%上升到 30%多，接近党政机关平均水平。但因全国法官职务序列改革未能真正启动，盐田法院改革还要等待时机，或者在地方的支持下先运行。

3. 审判长负责制改革。以佛山中院为代表。从 2009 年开始，佛山市就成立了以市委副书记为组长的司法改革领导小组。2012 年底，佛山中院决定先从内部机制改革入手，开始探索实行审判长负责制改革。主要内容包括：(1) 实行以审判长为核心的新型审判组织模式。采取“审判长＋合议法官＋书记员”模式，审判长居于核心地位，所有案件都由审判长担任主审法官，审判长统一行使案件管理权、人员管理权、主持庭审权、主持评议权、案件裁判权、提请讨论权、裁判文书签发权等职权，并对案件质量负总责。合议庭法官来源于审判长选任后的落选法官，仍享有法官身份，并在审判长的指派下跟办具体案件，从事开庭审理、事实审查、案件合议、撰写裁判文书等工作。(2) 重新规范审判长与庭长的关系。庭长(副庭长) 与审判长在行政上是领导与被领导的关系，在审判业务上是指导、督促与接受指导、督促的关系。庭长(副庭长) 不再对案件进行协调，不再审核、签发合议庭案件的裁判文书，更不得改变合议庭的相关决定，但在审判指导、管理和监督方面发挥更加突出的作用。(3) 规定审判长资格的免除条件。审判长的资格免除由所在审判庭庭长报请院长提交审委会讨论决定。资格免除的情形包括：违法审判的、受党纪政纪处分的、年度考核不合格的、调离审判岗位的、辞职的，等等。

该院改革的特点是：在价值取向上，与福田法院注重审判效率相比，该院作为中级法院，更注重审判的质量与公正。但由于方案设计中利益相对集中于审判长，其他人员的积极性受挫；而目前审判长由于待遇未能落实，工作强度责任风险却大大增加，责任与利益不相匹配，工作积极性不高。在改革内容上，与福田法院突出审判团队相比，该院更加突出审判长的核心地位和主导作用，审判长的责、权、利更加集中，在激励机制上，强化审判长的职责，提高审判长的待遇，但其他人员并没有获得相应激励。

4. 综合审判机制改革。以阳江市阳西县法院为代表。主要适宜于经济欠发达、法官少、各庭法官人数难以组成合议庭的法院。改革前，该院内设13个职能部门、2个派出法庭；有工作人员83人，其中正式在编干警69人；具有法官职务的有26人，占在编干警的37.7%。该院由于法官人数不足，绝大部分审判庭都不足以组成合议庭，法官“断层”且素质参差不齐的问题突出。针对这些问题，实行以下改革。一是组建“1＋1＋1”审判组织模式。全院确定了8名主审法官（11名审委会委员是当然的主审法官，其余主审法官从其他审判人员中经考试、考评、考核产生），选任8名法官助理，根据条件确定8名书记员，根据主审法官和法官助理双方意愿，按双向选择兼顾平衡以及回避的原则确定搭配，组成8个“1＋1＋1”审判组织模式。二是构建综合审判机制。打破人员分庭管理以及按刑事、民事、行政案件归口审理的格局，对外保留各庭的名称建制以及相关人员职务，并享受相应的待遇，内部取消人员分庭管理的模式，刑事、民事、行政三类案件不再归口三个审判庭分别审理，而是统一分配给8名主审法官负责审理。三是强化激励考核机制。对主审法官实行“一年一考核、三年一选任”制度，每年由法官监督委员会对法官、法官助理及书记员进行考核，经考核不能胜任审判工作或违反法律法规、审判纪律而受到处分的主审法官，一律调离岗位。主审法官可获得优先提拔、晋升机会。对各类人员给予经济补贴，其中主审法官每月补贴300元，并且每办结一宗案件补贴20元，法官助理每月补贴200元，书记员每月补贴100元。

该院的改革是解决欠发达地区法官断层问题的尝试。经过四年多的实践，改革取得明显成效：整合有限的审判资源，既解决了法官断层和力量不足的问题，又达到培养后备法官的目的；提高了办案质量，上诉案件改判率和二审发回重审率均逐年下降；提高了办案效率，2012年主审法官人均结案208件，比2008年增加了103件，三年来无一超审限案件，结案率连续三年在全市法院排名第一。存在问题有：由于经费不足，主审法官的经济待遇未能与法官助理、书记员、后勤人员拉开距离，待遇与责任不相称，有个别主审法官选择辞去职务。

5. 推进几项改革的初步体会。广东4个法院的改革试点各具特色：佛山中院的改革突出了审判长的核心地位，福田法院强调审判团队作用，盐田法院重在法官职务单独序列，阳西法院则是针对经济欠发达地区的特别尝试。共同特点有：一是争取到党委政府的有力支持。4个法院都得到了当地党委和政府的大力支持，在党委层面设立改革领导小组，由书记或副书记担任组长，人大、政法委、编制、人事、财政等部门作为成员部门，在党委层面制定改革方案，出台政策予以支持，确保了改革的推进。福田区还把法院人员分类管理改革作为区十大重点改革项目。阳西法院在改革前，主动向县委、人大汇报，县政府除给阳西法院提供经费支持外，还增加地方编制8名。二是突出专业化、职业化改革方向。始终明确法院不是为了自身利益而改革，而是为了提高“质量与效率”，确保司法的公正性和社会公平正义目标的更好实现。对法院内部人员的改革定位，始终坚持突出法官，走专业化、职业化道路，各地选任出的审判长、主审法官均得到公认。正是在这一目标指引下，改革得到了更多的理解和支持。三是做好内外宣传、达成广泛共识。改革共识对深入推进改革十分重要，基于此，试点法院注重做深做细这项工作。深圳中院在深圳市委党校开设“法治大讲堂”，定期派资深法官授课，反响强烈、效果很好，有力地促进了各级领导干部对法院工作和改革的理解支持。创新宣传形式，与主流媒体合作，通过以案讲法宣讲法治，争取社会理解支持。在法院内部，也通过做大量深入细致的思想工作，形成对改革的支持氛围。四是加强指导，形成可行方案。省市法院领导对试点工作非常重视支持，郑鄂院长多次亲临指导，请当地党委、政府支持改革，对改革提出明确具体的指导意见。深圳中院领导到试点区，与当地党委政府商讨推动改革。阳江中院领导亲自主持召开了有阳西县人大、县委政法委、县委组织部有关领导参加的座谈会。省法院和中院都指定专门部门联系和指导改革工作。五是做好利益平衡。如阳西法院对落选的4名审判人员，由院领导分别谈话，做好思想工作，并征求其对工作岗位的意见。按其意愿及工作需要，作出合理安排，保留原有待遇不变。

下一步，还要继续加强理论指导和沟通协调工作，佛山中院的改革在没有取得政府经费支持的情况下内部先启动运行，要继续帮助他们争取党委的支持，同时还要解决审判部门人员内部激励机制和非审判部门干警的正常晋升问题；福田法院要在完善审判团队改革基础上，推动法官职务单独序列上迈出实质步伐；盐田法院的改革方案比较成熟，要抓紧实施并细致评估改革效果，确保改革取得成功；还要加强对阳西法院的指导和经验总结推广。要抓住深圳前海、珠海横琴两个国家级开发区设置法院和派出法庭的有利机遇，解放思想，大胆改革创新，从法院、法庭设置之初就摒弃行政化的老路，坚定不移走专业化、职业化道路。

三、法院人员分类管理改革的困境和出路

法院人员分类管理是深层次、体制性改革，要充分估计可能面临的困难和阻力。前些年一些地方法院的改革遇到了来自内外方方面面的困难和障碍，这正说明了这方面改革的艰难性和复杂性。因此，继续推进这项改革，必须对可能面临的体制、机制、法律制度等方面的难题作充分评估，适当吸收借鉴其他国家经验，深入探索中国特色的法院人员分类管理改革思路和方案。

（一）改革面临的困境分析

1. 对改革的认识存在明显分歧。由于历史背景、文化传统、思维模式等因素影响，社会上已经形成了对现行司法管理模式的固定认知和事实认同，因而难以对司法特有规律和法官职业特性有进一步的了解、理解和认同。正因为如此，在缺乏充分理论准备、思想统一和顶层设计的情况下，对为什么要改、是否应该改、怎么样改，在部分党政领导、相关职能部门、社会大众甚至法院队伍内部认识不统一、意愿不统一。

（1）党政机关支持力度难以普遍提高。尽管在党政机关中，越来越多的有识之士认识到司法的规律和特性，但是：一是对改革必要性仍然看法不一。受传统行政管理体制和思维的影响，部分党政领导难以认识到司法权在国家权力架构中的运行独特性、法官在公务员体系中的特殊性，容易把法官的居中裁判行为当作一般党政机关公务员履职同等看待，对法官管理制度与公正司法之间的内在联系认识难以统一，特别是看不到法官职业需要以公正性、职业化作为支撑对维护社会公平正义的重要性和特殊性，从而容易对法院人员分类管理改革特别是其中凸显法官职业特殊性的制度

设计产生误解。二是改革利益难平衡。实行法院人员分类管理，必然会涉及人、财、物的配套改革，需要地方党政机关的大力支持。但地方党政机关容易认为法院是在为自身争取特殊利益，公务员之间、政法机关之间、党政机关之间的利益难平衡，难以下决心单独支持法院搞改革。

(2) 社会公众认同度不够。一是传统意识影响深远。社会公众一般会认为，法院与政府一样，法官和行政官员都是“官”，找法院打官司与找其他机关告状都一样。即使要找法院，关心的也只是裁判结果对自己是否有利，至于法院内部怎么运作、法官职业有什么特殊性、法官管理制度有什么不合理、这种制度对司法公正有何影响，既不了解、也不关心，更不会主动呼吁。仅仅希望法官是“清官”的普遍认识，意味着社会公众把对公正的期盼寄托在法官个人品质上，而不是法官管理制度的改革上。二是社会现状的误导。近年来，由于社会资源分配不公、贫富差距拉大、腐败现象突出、司法腐败过度聚焦等问题，整个社会对于法官、司法的不信任感加剧。一般群众普遍认为法官权力大、待遇好，如果再实行法院人员分类管理，对法官给予待遇和身份上的特殊保障，就是法院和法官在独享“特权”，不符合社会公平的要求。

(3) 法院内部拥护度不高。一是传统管理方式的习惯思维影响。目前从书记员到助理审判员、审判长、副庭长、庭长的法官培养、成长方式在我国运行多年，一定程度上适应了司法工作需要，也“传、帮、带”了一大批优秀法官。在这套机制下成长起来的很多“老法官”认为这是一套基本符合中国国情的管理制度，没有必要再搞法院人员分类管理改革，改革反而影响法官职务晋升的路子。二是改革牵涉的利益难取舍。改革一方面意味着减少行政化色彩，现有的庭长等业务部门领导的人事管理权、案件审批权均会被削弱甚至剥夺；另一方面法官员额制度实行后，人员职责分工调整，一些助理审判员甚至部分审判员将不再具有审判权，成为法官助理或者其他司法辅助人员，部分在行政后勤部门具有法官资格的人有可能将不再享有法官职务，利益受损者存在一些抵触情绪。三是对法官责任与待遇不匹配的担心。改革试点中，审判长担负主导审判、团队管理等多方面的工作职责，对于审判长的业务素质、职业道德、管理能力都将是巨大考验，审判长工作强度最大，直接对案件负责，如果待遇保障不同等、不匹配，权利与责任的巨大落差也将直接导致法官群体的担忧和反对。

2. 法律制度支撑不够。《公务员法》《人民法院组织法》《法官法》等多部法律对法院人员分类管理欠缺规定，致使这项改革本身法律依据不充分，或者被认为缺乏法律依据，增加了改革推进的难度。一是没有把握和宣传好《公务员法》中的特殊规定。《公务员法》第 3 条第 2 款规定：“法律对公务员中的领导成员的产生、任免、监督以及法官、检察官等的义务、权利和管理另有规定的，从其规定。”第 14 条规定：“国务院根据本法，对于具有职位特殊性，需要单独管理的，可以增设其他职位类别。各职位类别的适用范围由国家另行规定。”这些规定对推进法院人员分类管理改革留有空间，但我们没有及时抓住机遇推进相关制度的制定，尤其是对这些规定宣传不够。二是法官员额规定不明。《人民法院组织法》虽经 1983、1986、2006 年三次修改，但对法官员额问题仍然没有作出规定。而《法官法》虽提及法官员额问题，但过于原则抽象，缺乏操作性。《法官法》第 2 条规定，法官是依法行使国家审判权的审判人员，包括最高人民法院、地方各级人民法院、军事法院等专门法院的院长、副院长、审判委员会委员、庭长、副庭长、审判员和助理审判员。该条规定的“法官”涵盖了法院所有拥有审判职称的人员，包括助理审判员。2001 年修正的《法官法》第 50 条规定：“最高人民法院根据审判工作需要，会同有关部门制定各级人民法院的法官在人员编制内员额比例的办法。”该条款中的“法官”，则指根据“一五”改革纲要规定的“具有较高素质，真正符合条件的审判人员”，隐含着将来可能两者规定的法官范围不尽统一。三是法官助理制度没有明确依据。法官助理改革虽然由最高人民法院统筹推动，但改革始终停留于试点阶段，全面支持改革的政策法律并未出台。《人民法院组织法》《法官法》也没有对“法官助理”作出规定，“一五”改革纲要关于“可对法官配备法官助理和取消助理审判员工作进行试点”的规定，成为法官助理制度改革的最初依据，“三五”改革纲要也对人员分类管理作了相应规定，除此之外，只有最高人民法院的一些内部文件对法官助理的工作性质、身份地位、工作职责等作了规定，但法官助理对外履行职责过程中不得不面对当事人对其身份合法性的质疑。就政策层面而言，内部改革文件的弱效力更无法为法院人员分类管理提供有力支撑。

3. 体制机制上有制约。实行法院人员分类管理，必然要求配套的保障措施，而现行的人事和财政管理体制还不适应改革的要求：一是人事管理体制的制约。现行人民法院队伍的管理体制下，法院干警的人事关系主要是属地管理。虽然法院任免形式上要经过人大，但编制职数由地方确定，干部职级晋升需报地方组织部门备案或由组织部门主持进行。推进法院人员分类管理，既要凸显法官独立地位，又要有效体现干部属地管理原则；既要保证法官在专注审判业务的同时得到全面发展，又要拓展法官对外交流渠道，等等；这些问题在现行体制下难以解决。如果要有所突破，必须构建单独的法院人事管理机制。二是财政管理体制的制约。人员分类管理必须与经费保障同步，而当前法院的经费保障主要由地方财政负担。按照法官员额制的设想，在赋予法官较大裁判职能的同时，应给予其较高的政治社会地位和经济待遇。但在经济落后地区，地方财政困难，法院办公经费和人员工资已难以足额保障，提高法官待遇更是难以落实。即使在经济发达地区（如广东珠三角地区），法官职业津贴能否形成长效机制也是未知数。如深圳福田法院的审判运行机制改革，审判团队的津贴第一年能以绩效奖的形式实现，但此后能否长期保持，则没有制度保障。如果现行经费保障体制不变，分类管理后法官的职业待遇也很难与法官助理及其他工作人员拉开档次，职业法官素质的高标准与职业保障的低水平，将会影响法官参与改革的积极性，并最终影响改革的实际效果。三是检察机关未同步改革的影响。在我国，法院与检察院长期被同等视为司法机关。法院近些年来推动人员分类管理改革，提高了法官的任职条件；而检察院对检察官的任职条件没有进行明显改革。法官比检察官任职条件高，影响此后的等级晋升，直接导致法院部分具有法官任职资格的人员心态不稳，向外部流失，更谈不上对改革的支持。

4. 改革设计的复杂性。主要有：一是法官员额难确定。对法官实行员额管理并不是一个单纯的法官编制问题，它是以法律形式对法官员额实施总量控制的一项制度。这项制度的建立涉及诸多因素。关于确定标准，最高人民法院规定，实行法官员额制度，应在综合考虑中国国情、审判工作量、辖区面积和人口、经济发展水平等各种因素的基础上，在现有编制内，合理确定各级法院法官员额。[①] 针对试点法院，最高人民法院进一步表述为：应当以保证本法院依法高效地完成审判工作为前提，以案件和案件数的发展变化为基本因素，并综合考虑本法院法官的素质，法院辖区的

① 最高人民法院：《关于加强法官队伍职业化建设的若干意见》，载《法官职业化建设指导与研究》2003 年第 1 期。

人口、面积等情况确定审判法官所需的员额。[①] 前后提法发生了一些变化，主要是因为在各种因素中，案件数即审判工作量应该成为决定法官员额的基本因素。但这些规定过于原则，许多操作性问题未提及，包括：每个法院的法官员额应当由谁来确定？同一地域（省或市）的法院是否要适用相同标准？不同地域的同级法院是否适用相同标准？二是法官遴选有难度。我国现有法官19.5万余人，要从中择优选出一部分保留其法官资格，必须制定更高的选拔标准，规定更严的任职条件。此外，在人民法院的内设机构中，除审判业务部门外，还有政工、纪检、办公等后勤部门，由于历史原因，在这些后勤部门工作的人员大部分具有审判职务，法官员额确定后，这些人员如何安置？其审判职务能否保留？三是人员职责难定位。在试点法院中，绝大多数采取“法官＋法官助理＋书记员”的审判组织模式，这就涉及三者之间职责如何界定的问题。书记员的职责定位已经比较清晰，主要是从事审判事务中的各种记录。而对法官与法官助理的职责界定则并未明确。改革要求削减法官数量的同时，也必然要求理顺法官的职责，将法官从事务性、程序性工作中解脱出来。但是，从改革试点法院看，法官、法官助理、书记员的职责划分不清晰，使法官不得不包揽一些事务性工作。

（二）值得关注借鉴的域外经验

世界发达国家法院普遍建立起以法官为中心的人员分类管理制度、完善的法官职业培训和职业保障制度，以及符合审判规律特点的服务管理体系，对其中的合理成分，应在认真分析的基础上予以借鉴。

1. 以法官为中心实行分类管理

（1）法官与其他人员。法官是法治国家中最为重要的法律职业群体，因此无论是在实行三权分立（如美国），还是在实行议会至上（如英国）的国家，法官都被认为是法律界最优秀的分子，是法院人员构成的核心。除法官以外，一般还包括两类人员：一是为了保证审判工作的顺利开展而设置的司法辅助人员（又称为审判辅助人员），用以辅助法官开展审判工作，一般包括法官助理、书记员、法警等；二是为了保证整个法院能够顺

---

① 《最高人民法院政治部关于在部分地区人民法院开展法官助理试点工作的意见（讨论稿）》。

畅运转而设置的司法行政人员，如财务、后勤服务人员等。如2002年法国司法系统共有司法官（包括法官和检察官）7344人，行政法院系统法官981人，但两个法院系统正式书记员也高达8499人。此外还有大量的临时工作人员，他们有的负责查阅法律、案例、有关学术观点，为法官提供相关的法律资料；有的负责接待当事人，做庭前准备工作；有的专门负责立案、案件流程和档案管理等。[①] 合理的分工使法官的职责更加符合法官身份，体现了司法分工的科学化和审判资源的优化配置。

（2）法官任职条件高。与检察官、律师等其他法律职业相比较，法官处于纠纷案件处理流程的最末端，是最终把法律“落实”到案件而作出终局性结论的一环，因而对于法官无论在选任程序、资格方面，还是在任职保障和退职条件等方面，都会比检察官、律师更严格，要求也更高。绝大多数国家要求法官必须有接受正式法学教育的背景和法学学位；必须经过更为严格的国家考试；必须有专门的法官职业训练或律师执业经验。大陆法系十分强调法官必须接受专门的法律知识训练，熟练地掌握法律知识和技巧。英美法系国家的法官一般都是从律师中选任，取得律师资格并具有一定期限的律师从业经验是担任法官的必要条件。日本战后实行司法改革，强调法官必须具备一定的实务经验，并开始从律师、法学教授中挑选法官。出任高等法院法官必须担任过10年以上助理法官、简易法官、检察官、律师、法学教授等职务。最高法院的法官应由具备良好法律素养的40岁以上的人担任，只有担任高等法院法官、检察官、律师、大学教授累计达10年到20年以上，才能出任最高法院的法官。德国初次任命的法官一般在州初级法院和中级法院任职，有30%左右的法官一直在最初任命的职务上工作。在初级和中级法院工作10年左右，一部分法官有可能到高级法院任法官或者在中级法院任庭长。在韩国，担任高等法院法官必须有10年的法官经历。英国除治安法官以外的所有法官都只能从参加全国4个法学会的律师中任命。

（3）辅助人员分工细。司法辅助人员是对法院内部有权处理一定司法事务的非法官人员的统称，又称为审判辅助人员。由于世界各国的司法体制不同，对于司法辅助人员的称谓也各不相同，有德国的司法公务员、美国的法官助理和通行的书记员等。德国大约有14000名司法公务员，他们

① 周泽民主编：《国外法官管理制度观察》，人民法院出版社2012年版，第31页。

不是法官，而是处理司法事务的公务员，他们在公务员序列中位于中级以上地位，比普通公务员待遇高。在基层法院，许多没有争议的法律程序性问题就是由这些司法公务员处理的。美国联邦法院每一位法官都配有法官助理（law clerks）。传统的法官助理都是著名法学院的优秀毕业生，他们在法官的督导下工作，协助法官进行法律研究，起草法律文书以及其他与案件准备和案件管理有关的工作。目前联邦最高法院每位大法官有权雇用4名法官助理，联邦上诉法院每位法官3名，地区法院每位法官2名，而治安法官则可配备1名法官助理。另外还允许每位法官雇用1名办公室秘书或行政助理。有些法官选择用这笔资金额外配备1名法官助理，负责处理法律工作之外的行政事务（如接听电话和安排会议日程）。司法行政人员主要负责与案件审判直接相关的司法行政工作，包括立案登记、诉讼费用、生效判决的执行等，还包括对人的管理，对财、物的管理及后勤保障、外部事务协调、上下级法院之间的事务协调等。司法行政人员的管理主要有三种模式：一是由独立于法院、司法行政部门的专门机关负责的模式，如英国；二是以司法行政部门为主导的模式，如加拿大、法国、德国、澳大利亚、南非、埃及等；三是国会或议会领导下的法院管理模式，如美国。

以法官为中心实行人员分类管理，是多数发达国家的通常做法。他们的做法中有以下几点值得我们关注和借鉴：法官是法院各类人员中的核心群体。审判是法院的中心任务，法官是审判的具体承担者。这意味着，一方面审判权专属于法官，审判工作只能由法官而不是其他人员来组织开展；另一方面，审与判才是法官的全部职责，这意味着事务性工作和其他审判辅助工作不应由法官负责，这才是真正意义上的法官。因此，世界各国法院无不把法官与其他人员进行分类管理，这既是现代人事管理的要求，也是司法规律的要求。对此，我国应予学习借鉴，以职位分类为基本方法，按照工作性质、难易程度、责任大小和素质要求等对职位进行分类管理，将审判实务、辅助事务、行政事务分由不同素质的人群负责，彻底将法官从繁杂的事务性工作中解脱出来，有利于法官将审判这个核心任务完成得更好，也有利于不同人员的分类发展和成长。法官必须是法律职业群体中的精英分子。法官的专业化、职业化是现代司法的基本趋势，各国都对法官的选任条件进行了严格规定。从我国法官的任职条件和现有法官素质看，我们还达不到职业化的要求。但随着我国经济社会的发展，社会分工日益精细，法官职业化是必然的发展方向。提高法官的选任条件，改变法官选任方式，增强法官的社会公信度，也必然是改革的方向。探索实行法官员额制，就是确保法官素质的重要措施之一。人员机构必须围绕法官和审判合理配置。辅助人员阵容庞大、分工精细是发达国家法院分类管理的另一个突出特点，目的是为了审判公正、高效进行。我国法院审判工作虽有不同，辅助人员也没有那么细致的分类和分工，但随着改革的深入，以法官和审判为中心进行人员配置，是促进审判工作科学发展的必然趋势。因此，改革的重点之一应是以法官为中心配置精干力量、组建公正高效审判团队，辅助人员应有一定分工，协调配合做好审判事务工作。

2. 以独立公正为出发点建立职业保障

世界主要发达国家在强调法官地位独立性的同时，都毫无例外地规定了保证其独立性的配套制度。

（1）员额制。各国法官的员额一般是与各个审级相匹配的，审级越高，所配置的法官数量越少，但对法官的经验和素质的要求则越高；反之，审级越低，所配置的法官数量往往越多，法官群体的多数会集中在初审法院。总体说来，大陆法系由于采取职业养成型法官选任模式，因而相对于采取经验优胜型法官选任模式的英美法系而言，法官的数量会更多。这与各国所实行的法治模式以及各自的历史传统都关联甚大，其制度本身只有是否符合其国情的问题，而无好坏之分。但共同的是，法官必须有员额，才能保证法官群体的素质和案件的质量，得到社会的公信，法官自身的地位和待遇也才能得到提高和改善。

（2）高薪制。各国对法官一般规定有专门的工资系列，与普通公务员相比，法官的工资普遍较高，其他待遇也较优厚。之所以这样，一是因为法官的审判活动被视为一种复杂劳动，法官是纠纷的裁判者，较之于普通的劳动，法官的劳动包含更多的智慧和学识，理应获得较高的物质补偿；二是法官任职前一般已从事法律职业较长时间、积累了丰富经验，应有与其付出相匹配的工资报酬；三是高薪制更有助于养廉，审判工作具有中立性、公正性、终局性，相对较高的报酬有助于法官尽量避免外界的干扰和诱惑，恪守公正。具体薪酬方面，美国联邦最高法院法官年收入约 177500 美元，联邦巡回法院法官的年收入约 133600 美元。美国各州的法官收入也比较高，如纽约州法官年收入为 115000 美元，加州的法官年收入为

121207 美元，阿肯色州的法官年收入为 105872 美元。[1] 总体来说，美国公务员的工资高于中产阶级，但是法官的工资又远远高于普通公务员。澳大利亚首席大法官的年薪比总理高近 10 万澳元，是国内公职中最高的。印度初审法官的待遇相当于当地政府首脑且不得减薪。法官去世后，家属可获得其养老金的 50%。印度的法官还享受带薪假期、免费食宿和旅行。[2] 德国法官的薪金等待遇高于相应的文官，初任法官月薪大约 1 万美元，资深法官月薪大约 2.5 万美元。而且德国法律明确规定不得减薪，退休后享受全薪。在意大利，法官的人身保险、医疗保险均由国家投保，法官住院治疗、看病免费。[3] 退休保障方面，建立专门的法官退休制度。如英国从 1950 年开始，即将法官的年龄限制在 75 岁以下。德国联邦最高法院法官 68 岁，其他法官 65 岁退休。在日本，最高裁判所法官和简易裁判所法官的退休年龄是 70 岁，其余法官为 65 岁。由于美国联邦法官实行终身制，因此法律没有明确规定法官的退休年龄。但美国联邦法官年满 65 岁，任法官 15 年；或者年满 70 岁，任法官 10 年，可以在退休时享受全额薪金。

（3）豁免制。多数国家规定法官享有司法豁免权，即法官执行审判职务的过失行为不受追究，以使法官在合理限度内能够摆脱来自内外的压力，消除顾虑，大胆依法独立审判。如美国联邦法官只有犯叛国罪、贿赂罪以及其他可弹劾的重罪或轻罪，方可被免职。日本宪法和裁判所法规定，法官只有在以下四种情形才会被罢免、转官、转院、停止职务和减少报酬：因身心原因不能执行职务；受国会弹劾裁判；在国民审查中被罢免；渎职经裁判的。《德国法官法》规定，终身职业法官一经任命，只有因法定原因并经法定程序，法官才可以被停职、免职、降职、转调或者减俸。《法国宪法》和《法院组织法》规定，法官在任期内，非因可弹劾之罪并经法定程序，不得被免职、撤换或者强令退休。韩国法律也规定，除非被指控犯罪，法官不得被免职。此外，按照西方发达国家的通例，法官的任期采用形式上的终身制，以保障法官能够不受干扰地独立行使职权。

法官保障制度是确保审判权依法独立公正行使的重要制度之一，直接关系到司法公正和效率。在我国当前的司法改革中，如何建立和完善法官保障制度应当得到足够重视。考虑我国实际，保障制度应包括以下内容：

---

① HenryJ. Abraham：Judicial Process. Oxford University Press，1998，p. 43.

② 周道鸾主编：《外国法院组织法与法官制度》，人民法院出版社 2000 年版，第 344～345 页。

③ 刘品新：《欧盟职业法规制度的比较研究》，载中国证券法网 http://www.evidencelaw.net。

法官一经任命，非因法定事由并经法定程序不得被罢免、撤职、调任、停职或降职；法官的审判行为不受外界干预、干扰；法官的职务过失行为不受追究。

3. 以培养高素质法官为目标强化职业培训

世界各国在法官制度改革过程中，都十分重视对法官的教育培训。不仅要求担任法官职务的人必须具有相应的法律专业学历，有些国家还明确规定，只有经过专门法学继续教育，才能担任法官职务或晋升法官职务。例如，美国设有联邦和州两级法官培训中心，联邦法官培训中心负责研究改进司法工作和对联邦法院新任命法官的培训工作。各州均设立法官培训和研究中心，负责对新任法官进行上岗培训，对现任法官进行知识、观念和方法论的教育更新。除接受法律专业性的继续教育外，每个法官还要在法官培训和研究中心接受个人品德教育、职业道德教育、纪律教育、正确处理家庭关系以及各种人文学、心理学、社会学、哲学等社会科学理论和各种新技术的课程教育。在日本，新任法官都必须经过司法研修所训练，主要接受实践性的训练。在法国，法官要取得任职资格必须学完大学四年法律课程，取得法学学士学位；还必须通过由政府主持的考试，合格后进入国家法官学院进行为期31个月的专业培训，然后再通过第二次考试，合格者还要进行6个月的分专业培训，才具有法官资格；此后根据审判业绩和服务年限遴选到上级法院的更高职位。国家法官学院教学方式采取教师授课和学生实习相结合的方式，共分社会实践阶段、理论学习阶段和实习阶段。一名大学法律院校毕业生要经过三年多时间的学习和实践，才能成为一名职业法官。

虽然我国法官教育培训工作多年来取得了不菲成绩，法官队伍总体水平上了一个台阶，但距离法官队伍专业化、职业化还有不小差距，法官教育培训的内容和方法、师资力量等方面还需要不断提高和完善。培训需要进一步针对新法律法规的学习、办案实践技能的提高、社情民意的熟悉、相关学科知识的掌握、司法职业道德的再教育，以造就一支理论和实践相结合、能够坚持公正司法的法官队伍。

（三）改革的有利条件

尽管这些年来全国法院系统在人员分类管理改革中遇到很多困难，将来遇到的挑战可能更多，但是也蕴含着越来越多的希望。特别是越来越多关注改革的人对现行体制下法院人事管理制度偏离司法规律、法官主体地位缺失等问题的认识更加深刻。同时，社会对司法规律和法官职业特性的认识越来越客观，学术界对此的关注度也普遍提高。不少地方党政主要领导也逐渐认识到法院人员分类管理改革的必要性，对试点工作的支持越来越多。因此，推动改革的社会认识基础在不断增强，改革成功的条件越来越趋向成熟。

1. 法治前景营造了改革的良好氛围。党的十八大报告明确“公平正义是中国特色社会主义的内在要求”，将维护社会公平正义作为“八个必须坚持”的举措之一，将实现“三个公平”贯穿于“五位一体”总布局的全过程，要求“党员干部要做公平正义的维护者”。同时，还提出“法治是治国理政的基本方式”“实现国家各项事务的法治化”。在此背景下，推动法院人员分类管理改革，不仅成为人民法院依法独立公正行使审判权的现实需要，也成为建设中国特色社会主义法治国家的迫切要求。在调研访谈过程中，尽管大家觉得这项改革很艰难，但是对现行体制下法院人事管理制度不符合司法规律、法官主体地位缺失、难以满足社会对法院维护公平正义的要求，必须加以改革的认识是统一的。

2. 顶层设计明确了改革的方向。中央在上一轮司法体制和工作机制改革中，就将法院人员分类管理改革确定为重要内容，并在2004年中共中央转发《中央司法体制改革领导小组关于司法体制和工作机制改革的初步意见》中，明确提出了“设立单独的法官、检察官职务序列”。2006年的《关于进一步加强人民法院、人民检察院工作的决定》对此做了进一步明确。2008年的《关于深化司法体制和工作机制改革若干问题的意见》，再次将制定法官（检察官）职务序列作为重要改革任务，并确定由中组部负责牵头，最高人民法院和最高人民检察院协办。2011年的《法官职务序列设置暂行规定》及两个配套附件和2013年的《人民法院工作人员分类管理制度改革意见》，对法院人员分类管理改革的设计更加具体明确。我们相信，这项改革必然会取得历史性的突破。

3. 地方探索实践积累了改革的经验。此前全国各地法院关于此项改革的经验，为进一步深化改革增加了社会认同，积累了方法基础，如：应注重地区差异、层级差别。以我省为例，同时在不同层级和地区的中级、基层法院，分别试行审判运行机制改革、审判长负责制改革、法官职业化改革和综合审判机制改革，各有特色、符合各自实际。再如：改革应分阶段、分步走。各地法院既立足长远，试图为全国法院探索出长远的改革方向，又注重从实际出发，注意区分当前和长远的关系。还有，改革应内外有别、先后有序。既要明确哪些是法院自身能够进行的，又要明白哪些需要有关部门的支持配合。各地法院改革的方法和经验越来越趋向成熟，对顶层设计具有一定的借鉴和推动作用。

4. 人才储备和经济发展提供了改革的现实可能。改革开放以来，我国法律专业教育不断扩大，积累了大批法律人才；全国统一司法考试人数持续增加，从事法律工作成为越来越多大学毕业生的理想选择。从法院内部看，通过不断加强对现任法官的教育培训，法官队伍的文化层次和审判业务素质有了较大提高；同时，法官队伍年龄和知识结构更加优化。法官素质的提高与法律职业群体的发展，为我国法治建设、法官选任都提供了人才储备。同时，我国社会主义现代化建设取得了巨大成就，经济快速健康发展，综合国力不断增强；而且法院系统内部物质装备不断改善，现代化科技手段进一步推广应用，为推进法院人员分类管理改革打下了坚实的物质基础。

（四）我国法院人员分类管理改革的初步思路

1. 改革目标。通过科学划分法院不同类型工作人员的职位，建立一套符合法官和其他各类人员各自职务特点，结构合理、权责清晰、管理科学、相互配合、高效运行的队伍管理机制，促进法院工作科学发展。

2. 改革原则。构建法院人员分类管理制度，必须遵行以下原则：(1) 坚持党管干部。必须严格执行党的干部工作路线方针政策，在制度设计上要保证党对法院干部人事工作的领导得到切实加强和完善，正确处理好党委（党组）推荐干部与法官选任制度的关系。(2) 符合中国国情。既要考虑司法规律，又要从我国国情出发，注意与现行的政治体制、法律的衔接，始终坚持中国特色社会主义司法制度。

3. 改革思路。一是实行法院各类人员分类管理。形成以审判为中心，以法官为主体，法官助理、书记员、执行人员、法警及其他行政人员各有区别又相协调的人员分类体系。二是实行法官单独职务序列。逐步改变对法官的行政化管理模式，建立单独的法官职务序列，与其他人员相区别。三是实行法官员额制。综合考虑我国国情和审判工作实际，合理确定法官员额，实行“法官＋法官助理＋书记员”模式。四是实行法官向社会公开选任。设立法官选任委员会，逐步做到向全社会公开选拔法官。五是弱化行政化管理色彩。建立审判团队，实行审判长负责制，逐步取消办案业务行政化的内设机构和案件审批制度，建立一套符合法官和其他各类人员职务特点的管理机制。

4. 改革方法。一方面，要批判借鉴国内外经验做法，探索设计具有中国特色、符合司法规律和法治发展方向的长远思路和改革方案；另一方面，要从现阶段国情和工作实际出发，在现行法律和制度框架内，有计划、分阶段、分步骤推进改革，确保积极稳妥。既要立足当前，又要着眼长远。例如法官员额问题，既要看到实行法官员额制的必要性，又要看到我国现行法律制度下的审判运行机制决定了短时期内法官员额难以大幅减少。世界大部分国家都重视案件审理的繁简分流，相当部分案件通过调解、简易简化程序处理，有利于法官工作效率提高。而我国诉讼法的修订呈现出表面程序日益复杂化的趋势，对法官办案效率问题重视不够，导致法官程序性工作付出过多。同时，我国不同审级法官均对案件的证据事实、法律适用进行全面审理，在查明案件事实方面付出的精力远多于国外法官。因此，我们在设计法官员额制时，要从实际出发，逐步推进。同时，必须着眼长远，通过为法官配备合理数量的法官助理、书记员、司法警察等辅助人员，逐步做到法官队伍少而精。既要统筹推进，又要分类发展。四级法院不能搞“一刀切”，应从各级法院实际出发，综合考虑审判工作量、辖区面积和人口、经济发展状况等因素。如基层人民法院、中级人民法院，处于化解矛盾纠纷一线，办案压力大，因此在人员上应向办案一线倾斜，尽可能充实办案力量。高级人民法院和最高人民法院，则要侧重于加强调研指导，在人力资源配置上要注重考虑总结审判规律、统一裁判标准、制定规范文件等工作的需要。

四、推进中国特色法院人员分类管理改革的构想

按照上述改革目标、思路和原则，结合我国综合国情、法律制度和法院实际，建议法院人员分类管理改革整体上分三个大的步骤循序渐进开展：第一步是现有条件下可以实施的分类管理改革，重点是在法院内部人事管理制度上把法官和其他工作人员初步区分开来，旨在改变目前法院人员非序列化管理的现状，为下一步法官职业化改革做好准备。第二步是通

过创造条件可以实施的分类管理改革，重点是以员额制为突破口，建立以审判长为核心的审判团队，旨在突出审判团队在审判权行使上的中心地位，基本实现法官职业化。第三步是通过深化体制改革才能实施的分类管理改革，即深化司法体制改革，重点是构建完全符合司法规律的法院和法官制度，旨在全面实现法院各类人员的分类管理。

（一）第一步：实现法院各类人员的序列化管理

主要任务是全面落实《法官职务序列设置暂行规定》和《关于人民法院工作人员分类管理制度改革意见》[①]，根据该《规定》和《意见》制定细化的实施办法，从法官单独职务序列管理入手，实现法院人员管理的序列化。

1. 划分法院人员类别和职责。明确将法院人员分为法官、审判辅助人员和司法行政人员三类。其中法官包括各级法院院长、副院长、审判委员会委员、庭长、副庭长、审判员和助理审判员；审判辅助人员包括执行员、法官助理、书记员、司法警察、司法技术人员；司法行政人员则是在法院从事行政管理事务的工作人员。按照中组部和最高人民法院的文件规定，对各类人员的职责作出明确规定。明确法官职责是行使审判权，审判辅助人员职责是帮助法官从事审判辅助性工作，司法行政人员则是为审判工作提供必要的政务性和事务性保障工作。其中应重点规范法官的职责、职权范围，明确划分法官和审判辅助人员之间的职责界限。宏观上，还应通过完善全国法院的审级制度，分别确定不同层级法院的功能，以此为依据确定不同层级法院法官的职责。

2. 按比例确定各类人员员额。按照中组部和最高人民法院的文件规定，最高人民法院、高级人民法院、中级人民法院、基层人民法院的法官和审判辅助人员的员额比例分别为70%、70%、80%、85%。与此相适应，司法行政人员的员额比例则在30%、30%、20%、15%左右。至于法官与审判辅助人员之间的比例，建议原则上1个法官配备1个审判辅助人员。如按此要求配备，四级法院的法官员额比例则分别掌握在35%、35%、40%、42.5%之间，考虑到我国现阶段不同层级法院中审判组织架

① 中组部、最高人民法院于2013年3月发布《关于人民法院工作人员分类管理制度改革意见》（中组发〔2013〕12号）。

构的运用差异（如基层人民法院80%以上案件适用简易程序，实行独任审判；中级人民法院则基本上完全适用普通程序，实行合议制），对于法官与审判辅助人员所占比例，四级法院均同时给予5%范围内的上下幅度，具体比例则由各级法院根据各自实际情况自行确定。

3. 初步实现各类人员序列化管理。明确对法官、执行员、法官助理、书记员、司法警察、司法技术人员等法院各类人员进行单独序列化管理，根据不同类别人员的工作职责和成长规律，研究制定具体管理办法。其中，司法警察参照公安机关实行单独警察职务序列；司法技术人员按照国家有关规定执行专业技术人类公务员的职务序列和职数；包括执行员、法官助理、书记员在内的其他审判辅助人员执行综合管理类公务员的有关规定；司法行政人员按照综合管理类公务员的有关规定管理。对于法官的管理，建议将法官作为一类新的职位类别增加到《公务员法》第14条规定的公务员种类中，实行单独职务序列管理；法官职务层次依照有关规定按等级设置，法官等级对应相应的行政级别。为解决法官职务类别与其他法院人员职务类别如何对应的问题，改革第一步要重点做好法官等级的套改工作，对列入法官员额内的法官，尽快完成法官职务序列的套改，为下一步推进法官职业化工作奠定基础。

4. 建立各类人员之间的交流机制。在实施人员分类管理改革后，法官、审判辅助人员、司法行政人员原则上在本类职位中转任。因工作需要跨类别转任的，应当办理任免手续，即免去原所在类别中的职务，任命新类别的职务。审判辅助人员、司法行政人员转任法官的，还必须要求法官员额有空缺，并通过一定的选拔方式进行。审判辅助人员、司法行政人员转任法官，或者法官转任审判辅助人员、司法行政人员，应当办理职务套改手续。今后对法官序列领导职位和其他序列领导职位分序列进行选拔，过渡期间可以跨序列选拔，但法官担任其他序列领导职位的，必须免去法官职务，仅保留法官资格。

5. 过渡阶段的法官管理工作

（1）过渡阶段的法官任命工作。对现有的具备法官资格的法院人员实行“老人老办法、新人新政策”过渡。即目前具有法官资格的人员原则上保留其法官资格，法官不经选拔直接任命、或以行政级别决定法官任命的方式要暂停。开展新任命法官工作，应当符合两个条件：一是按比例计算出的法官员额出现空缺；二是按照统一规范的法官任命程序进行选任。建议由最高人民法院围绕准入标准、选任程序建立初任法官遴选制度，统一规范初任法官的选任。

(2) 超出员额外现有法官的消化。对于超出员额比例的现有法官，可采取两种方式解决：一是逐步取消行政后勤部门干部的法官职务。按照尊重个人意愿和采取竞争上岗相结合的做法，对于行政后勤部门具有审判职务的人员，或分流到审判庭担任法官或法官助理，或取消审判职务继续在行政后勤部门从事行政工作。二是对不能胜任法官工作的人员进行分流。可以根据其个人意愿，将其转任为法官助理，或者调整到行政后勤等非审判岗位。为了平衡分流人员的利益，对转为法官助理的人员，可保留其审判资格，允许其继续参加以后的法官遴选；对调整到其他非审判岗位的人员，可以保留其审判职称及待遇不变，作为一种过渡安排，但这些人不宜再参加法官遴选。目前来看，将分流人员调入其他行政机关的渠道还没有全面建立起来，因此，应主要通过内部消化的办法妥善安排好。

(二) 第二步：实现法官职业化

主要任务是建立科学合理的法官员额制，并以此为突破口建立以审判长为核心的新型审判团队，逐步提高法官的任职条件，加强法官的职业保障，强化法官的考核监督，全面推进法官职业化。

1. 建立法官员额制

(1) 法官员额的构成。法官分为三类，即：当然法官、核定法官、定额附加法官。其中，当然法官指各级人民法院的院长、副院长、审委会专职委员（非专职委员员额在具体业务部门中核定）。核定法官指审判庭（不含立案、执行部门，下同）领导及其他具体承担审判任务需要根据案件数来核定的法官。定额附加法官指因最高人民法院、高级人民法院担负审判任务相对较轻、审判指导任务相对较重，而专门确定的附加法官员额。基于四级法院在审判指导任务及审判职责分工的侧重点不同，四级法院法官员额构成除当然法官和核定法官部分的构成相同外，其他构成则因法院层级不同而异，其中最高人民法院和高级人民法院可以适当附加法官员额，以与所承担的审判指导工作任务相对应。考虑到附加法官情形只发生在最高人民法院及高级人民法院，且该类人员在法院人员分类管理后职责变动不大，对四级法院法官员额整体影响较小，目前附加法官员额现状基本能满足审判指导任务要求，建议附加法官员额采取定额制，以现有状况为基准。

基于此，各级人民法院法官员额构成如下：

最高人民法院、高级人民法院法官员额＝当然法官＋核定法官＋定额附加法官

中级人民法院、基层人民法院法官员额＝当然法官＋核定法官

其中，最高人民法院定额附加法官以每个业务庭配 3 个合议庭（即 15 名法官）为限，高级法院定额附加法官以每个业务庭配 1 个合议庭（即 3 名法官）为限（以上定额附加法官员额的确定均以平均现状为依据）。

(2) 核定法官员额的确定。由于现阶段各地、各级法院案件收、结案数现状在一定程度上与当地人口及社会经济发展程度成正比，也与地域面积大致相匹配，我们在核定法官员额时，若以当地、本级法院案件数为基础，则基本也涵盖了对当地人口、地域、社会经济发展因素对法官员额的影响。因此，在核定法官员额的总体思路上，建议仅考虑案件数量与法官核定员额之间的配比关系，以“以案配人”为基本原则，以我国现有法院设置、诉讼制度、法院管理模式为背景，以法院现有编制为限，区分四级法院案件情况确定法官员额。暂不将人口、地域、社会经济发展等因素作为权重，四级法院均可根据本级法院相关数据的统计，依照我们建议的公式得出本级法院的核定法官员额，再按照法官与审判辅助人员之间的职责分工、工作量大小确定法官与审判辅助人员之间的比例（依此比例可计算出审判辅助人员的员额）。在扣除法官、审判辅助人员比例后剩余的编制内员额比例则为司法行政人员比例。

具体到核定法官员额的计算公式上，既要考虑一个法院的整体收案数，也要考虑该法院在未实行人员分类管理的现状下 1 名法官平均合理工作量，还要考虑该法院实行人员分类管理后法官与审判辅助人员之间因分工变化导致法官程序性工作量减小的预期，法官与审判辅助人员之间工作量参数建议称之为法官合理工作量系数，经计算约为 1.86。[①] 故我们建议的核定法官员额总的计算公式为：

核定法官员额＝预测年度收案总数÷（法官年均合理结案数×1.86）（公式中预测年度收案总数、法官年均合理结案数以各地、各级法院自身统计数字为参照，但不同类型案件要进行折算。具体各参数及折算计算方

---

① 参见附件。

法见附件）

之所以在上述公式中要在法官年均合理结案数后乘以一个法官合理工作量系数，主要考虑是：法官年均合理结案数只能以目前法院结案情况为标本进行研究计算，1 个法官年均合理结案数将以该院近 5 年年均结案总数除以近 5 年年均一线办案法官人数所得。由于所用数据是一线法官人数，意味着依此计算出来的法官年均合理结案数不是纯粹法官工作量的体现，而是 1 名法官与若干名审判辅助人员组成的团队的年均合理结案数。实行人员分类管理后，法官的大量程序性工作量将转由审判辅助人员承担，法官与审判辅助人员之间基于职责分工将产生合理的工作量比例系数，该系数应当作为计算核定法官员额的参考系数，我们将它表述为法官合理工作量比例系数。将之与法官年均合理结案数相乘即得出包括审判辅助人员在内的 1 名法官的年均合理结案数。

综合不同类别案件、不同层级法院审理案件所涉及的审判及事务性工作内容，建议将审结 1 件基准案件所承担的其他事务性工作所耗平均时长，与法官承担的开庭、合议及审核文书所耗平均时长相比所得，界定为法官合理工作量系数。即法官合理工作量系数＝审结 1 件基准案件所承担的其他事务性工作平均耗时÷法官承担的开庭、合议及审核文书平均耗时。

（3）法官、审判辅助人员、司法行政人员之间比例关系的确定。按照上述核定法官员额确定的计算方式，各级法院均可先行计算出其所需的核定法官员额。在核定法官员额确定之后，再依照法官总数（此处法官指当然法官、核定法官与定额附加法官之和）与审判辅助人员之间的法官合理工作量系数 1.86，二者相乘即得出所需审判辅助人员员额，编制内剩余员额即为司法行政人员员额。如某法院政法专项编制为 200 人，经上述计算公式得出该院所需法官员额为 60 人，则审判辅助人员为 60×1.86＝111.64 人，则剩余 28 人编制为司法行政人员员额。法官、审判辅助人员、行政人员比例则对比得出。

（4）建立中央和省两级法官员额管理体制。最高人民法院应设立全国法官配置工作委员会，负责全国各地法院法官员额的总体规划和设计，审批各省级法院法官配置工作委员会上报的各地法官员额，确定本院的法官员额，并报中组部备案。高级人民法院应设立省级法官配置工作委员会，负责对本地法官员额的规划报批，以及所辖全部中级、基层人民法院法官员额的审核批准。中级人民法院与基层人民法院之间在法官员额的规划上实行脱钩。中级、基层人民法院所需的法官员额，应先由各级法院按照上述员额计算方法提出后，层报至省级法院法官配置工作委员会审核，由省级法院法官配置工作委员会统一核定后，报最高人民法院法官配置工作委员会批准，再报省级组织部门备案。最高人民法院法官配置工作委员会应根据各地社会经济发展状况，分配一定的机动法官员额由各省级法院法官配置工作委员会掌握。各省级法院法官配置工作委员会负责法官员额在所辖法院范围的统一调配使用。各级法院的法官员额一经确定，对各级法院具有较强的约束力。如各级法院因审判工作需要，确需增加法官员额的，应层报省级法院法官配置工作委员会，由后者在机动法官员额中进行调配。法官员额的变动，原则上应以3～5年为限，在确定后的3～5年内不得变动。

2. 实行法官公开遴选

（1）遴选法官的范围。法官遴选遵循以内选为主、外选为辅的原则，初任法官原则上在中级、基层人民法院产生，中级人民法院、高级人民法院、最高人民法院既可以直接公开选拔法官，也可以从下一级法院法官中遴选。同时建立面向全社会、竞争性选拔的法官选任方式。符合法官条件的审判辅助人员、司法行政人员，经过严格的法官选任程序，也可以选任为法官。对于社会上其他法律从业者，只要符合法官的任职条件，都可以通过法官遴选程序进入到法官序列中来。

（2）法官任职、晋升条件。现有《法官法》对法官任命条件规定为："高等院校法律专业毕业或者高等院校非法律专业毕业具有法律专业知识，工作满二年的。"这个要求相对较低，建议从以下几个方面规范和提高任职条件：一是对不同审级法院的法官，其任职条件要随法院层级的提高而提高。二是提高法官法律教育背景的要求。明确规定必须为全日制高等院校法律专业本科或者研究生毕业才能担任法官。三是明确初任法官必须从事审判辅助工作至少达到一定年限（如基层人民法院满4年、中级人民法院满6年、高级人民法院满8年）。对于其他法律从业者可要求律师、检察官、法学学者选任法官需有8年以上从业经历。四是适当提高法官在不同层级法院中任职的最低年龄。建议担任基层人民法院法官的年龄应限定在28周岁以上，中级人民法院30周岁以上，高级人民法院35周岁以上，最高人民法院40周岁以上。五是规范法官级别的晋升工作。各级法院之间法官级别的晋升，原则上每四年调整一次，同一级别法官在各级法院中可连续计算，建议由最高人民法院明确晋升和选拔标准，建立健全晋升的考核方法和选拔程序。

（3）法官遴选机构。建议成立专门的法官遴选委员会承担法官遴选任务。一是在各级法院成立在党委组织部门领导下，由来自同级人大、党委纪检部门、法院的代表以及社会各界人士代表组成的法官遴选委员会，根据本院法官员额的空缺和实际需要等情况，按照一定的遴选标准、考核方式和选拔程序，开展法官遴选工作。二是上提法官任命的人大常委会级别，基层人民法院法官不再由基层人大常委会任命。一种方案是省级制，即高级以下法院法官的任命，统一由高级人民法院院长提请高级人民法院所在地的省、自治区、直辖市的人大常委会任命。另一种方案是上提一级制，即基层人民法院法官的任命，统一由中级人民法院院长提请中级人民法院所在地的地级市人大常委会任命；高级、中级人民法院法官的任命，统一由高级人民法院院长提请高级人民法院所在地的省、自治区、直辖市的人大常委会任命。我们倾向于上提一级制。

（4）法官遴选程序和方式。可以采取考试与考核相结合的方法。考试可以包括笔试和口试，内容应当涵盖法学理论、审判实务、法律文书制作等内容，考核可包含庭审技能、职业道德、廉洁自律、工作实绩等。在实际操作时，可以通过调整考试考核内容的比重，来维持原来在岗的法官与新招录法官之间的平衡。总之，在设计遴选程序时，既要确保公正性又要增加透明性，使所有参与遴选的候选人都能接受、认同和信服。

3. 建立以审判长为核心的审判团队

（1）建立新型审判团队。打破现有业务部门的限制，对审判人员进行优化重组，设置以审判长为核心、普通法官（人民陪审员）和审判辅助人员组成的相对固定的审判团队，以审判长为主导、团队运作的模式办理案件，提高审判工作的专业化水平。一般情况下，审判团队可以由1名审判长、2名左右普通法官和2名左右法官助理（书记员）组成。审判长和普通法官的总人数应限定在法官员额内。审判团队人员配置到位后保持相对固定。

（2）实行审判长公开竞争选任制。一是实行审判长员额制。综合考虑法院近年案件数量、未来案件发展趋势、审判业务类别差异等各方面因素，科学核定审判长总额和各审判领域配备数量，并在一定时间内固定。当案件数量波动较大时，则相应增减审判长员额。二是严格审判长的遴选和任命。各级法院所需审判长的员额，确定后层报省级法院法官配置工作委员会批准实施。审判长的遴选仍由法官遴选委员会负责，参照上述对初任法官的遴选办法，实行以内选为主、外选为辅的原则，应确定一定的内、外遴选比例，如不低于7∶3。审判长的遴选程序、办法和考试内容等，则应比遴选初任法官更加严格。除应经过统一地审判长考试之外，还应将其在此前法官岗位或者其他法律职业岗位中的工作表现、工作能力、工作实绩、廉洁情况等因素一并考察。遴选确定的审判长人选，由本院层报省级法院法官配置工作委员会审核，由法院党组按照组织程序和法律程序予以任命。

（3）全面落实审判长独立审判权。一是明确审判长的审判地位和审判职权。选任的审判长，是职业化改革意义上的法官，是审判团队的管理者。在审判权方面，包括主持庭审、主持合议和复议、提请审委会讨论、裁判文书签发等具体事项的决定权。在审判管理权方面，包括团队内部的案件分配、工作安排、人员调度、业务指导监督、对团队其他成员的考核建议、绩效考核、费用分配建议等具体事项的管理权力。原则上除了依法应当提请审委会讨论的案件和事项外，其他案件和审判事项均由审判长决定。二是优化管理职权配置。剥离现有业务部门的审判管理权，统一交由审判长行使。改革后，现有业务部门将虚化设置，过渡时期内，继续保留庭长职位，庭长只保留业务沟通协调职权，不再行使行政管理及案件审批、文书签发等职能。

（4）建立审判长监督管理和职业保障机制。一是建立审判长绩效考核机制。设立审判长考评委员会，制定涵盖办案质量、效率、效果的“审判长工作绩效考核指标体系”，以审判团队为对象进行工作考核，考核结果作为审判长续职、审判长及其团队人员晋职晋级、评先评优的主要依据。二是建立审判长职业保障机制。审判长一经公开选任，非因规定事由和程序，不得免除其职务。同时，积极争取党委政府支持，对审判长及其团队实行审判绩效考核奖励制度，每个审判团队每年给予一定的审判绩效考核奖励经费，合理确定审判长及其团队成员的发放标准，实行奖励经费与工作绩效挂钩制度。

4. 取消助理审判员制度

（1）完善立法。建议修改《法官法》，逐步废除助理审判员可以代理审判员的规定，助理审判员不再是法官。对于现有的助理审判员，如法官员额有空缺，可以转为法官，其余的可以改为法官助理，或交流到司法行政部门工作。

（2）明确法官助理的任职条件。法官助理应遵守宪法和法律，严守审判纪律，清正廉洁，恪守职业道德，一般应当具有高等院校法律本科以上学历或本科以上学历具有法律专业知识；一般应当通过国家司法考试，身体健康，能够胜任法官助理工作，有较强地语言表达能力和文字综合能力。

（3）规范法官助理的来源。法官和法官助理的组合原则上实行双向选择，法官助理可以从以下四个渠道中选任：一是法官员额确定后员额范围外的审判员、助理审判员可以转为法官助理；二是现有书记员中已通过初任法官资格考试的；三是没有通过初任法官资格考试，但能胜任法官助理工作的，经过所在高级人民法院考核，可以任命为法官助理；四是今后从社会招收的法官助理，一般应当通过国家司法考试。

5. 建立法官职业保障

（1）实行以法官等级套行政职级的制度。在实行法官单独序列的前提下，改以往以行政级别套法官等级，变为以法官等级套行政职级的做法，实行独立法官等级和以此为标准的法官待遇制度。制定下发法官等级直接对应行政职级的政策文件，法官的工资、津贴等根据法官等级确定。

（2）建立完善的法官职业保障制度。一是强化职业权力保障。对外要建立防止行政机关、社会团体或其他个人不当干预案件的机制，确保法官依法独立公正审判；对内要深化审判组织改革，使法官享有完整地审判权。二是明确职业地位保障。法官职业地位具有的稳定性、独立性、专属性等特点，是与法官独立行使审判权紧密相联、互为依存的。法官一经任命，其职业地位和职业身份非因法定事由、非经法定程序，不被动摇或剥夺。完善法官人格尊严和人身安全保护机制。四是建立符合法官职业特点的退休制度。法官的退休年龄应长于一般公务员，除因健康原因或在一定情形下自愿退休外，应延长至65周岁退休（远期目标可到70周岁退休），退休后享受全额薪俸。三是提高职业收入保障。逐步提高法官审判津贴，争取将审判津贴纳入退休费基数，适当提高法官的待遇；进一步健全法官工伤保险制度，探索实施与法官职业特征相适应的人身意外伤害保险制度。

6. 建立法官考核、监督机制

（1）确立法官办案责任制。按照有权必有责、权责相统一的原则，明确法官办案的责任制。在基层法院，能够适用独任制的要尽量适用独任制，用好小额速裁制，案件办得对错、好差，完全由法官个人承担责任；必须适用合议制的案件，每个合议庭成员之间要发挥相互监督的作用，勇于坚持自己确信正确的意见，出现错案，不追究发表正确意见的合议庭成员责任。建立一套科学评判案件被改判、发回重审是否应当追究责任的制度和机制，使故意违法办案的人员受到追究。

（2）建立法官职业考评制度。一是确定符合法官职业特点的考评标准。考评标准必须遵循司法工作的运行规律，符合法官职业的特点及内在要求，紧扣法官职业素质的内涵。具体来讲，应当坚持以司法公正、司法效率、业务素质、文明办案为标准。二是确定专门的考评机构。成立考评委员会，可由本院领导、资深法官、同级人大专门委员会委员、上级法院的法官组成，本院院长任委员会主任。三是采取切实可行的考评方法。实行综合考评与单项考核相结合，综合考评每年一次，通过年度考评对优秀法官进行表彰；单项考核就是对在某一方面成绩突出的法官进行考核、表彰，如对于办案数量多且质量高的法官给予优秀办案能手奖励。四是建立法官业绩档案，将法官业绩评价结果纳入法官业绩档案，将业绩评价的结果作为法官晋升、评先评优的重要依据之一。探索设立法官廉政保证金制度，进一步建立健全法官职业监督和职业激励的长效机制。

（3）完善法官惩戒制度。在党委纪检部门的领导下设立专职的司法监督和惩戒机构，即法官惩戒委员会，设置科学、规范、高效的监督和惩戒程序。从本质上看，对法官的监督和惩戒制度的设置主要是警戒性的，而不应过分依赖惩戒来保证法官行为的公正。对于司法惩戒，应设定一定程序（如听证）予以处理，可以考虑由调查人员、被调查人员和与该案无关的人员三方组成。调查处理程序可采用公开辩论的方式，允许当事人陈述和辩论，确保“惩得明白、戒得服气”。

7. 健全审判辅助人员和司法行政人员的管理机制

（1）规范和健全“两类人员”的管理

①规范执行员的管理。除保留少量的执行法官之外，大量的执行工作应当明确由执行员负责。执行员应作为单独序列，配备专门员额，考虑到中级人民法院和基层人民法院执行实施案件较多，在员额配置上应多于省级法院。有条件的法院，还可以为执行员配备执行辅助人员，明确其职责和配置比例。

②试行法官助理制度。法官助理主要责任是协助法官工作，但不具审判权。根据法院的实际情况，可为法官配备一定数量的法官助理，根据不同层级审判业务的不同情况，分别设定不同的法官助理职责范围。在职务层次设置方面，根据综合类公务员管理规定，由最高人民法院向中央公务员主管部门申请使用专门的职务层次名称，对应巡视员至办事员 8 个非领导职务层次，分别设 1～8 级法官助理。各级法院的法官助理最高职务层次根据机关规格进行设置，最高人民法院、高级人民法院最高设一级法官助理，中级人民法院一般最高设三级法官助理，基层人民法院一般最高设五级法官助理。在职数配备方面，按照机关规格，以相应等级法官职数为基数进行配备。如最高人民法院、高级人民法院的一级、二级法官助理的职数，按本院一级高级法官、二级高级法官职数的 1/3 配备，最高人民法院的三级、四级法官助理的职数，按三级高级法官、四级高级法官职数的 75％配备，高级法院的三级、四级法官助理的职数，按三级高级法官、四级高级法官职数的 50％配备，依此类推。从便利法官工作的角度出发，法官助理应该直接配置到业务庭、合议庭中，由法官直接进行管理。平时考核和定期考核应主要征求其直接辅助的法官的意见，或者直接由所辅助的法官提出考核等次建议。

③建立书记员单独职务序列。在没有法官助理的传统审判模式下，书记员身兼法官助理和书记员两类职责，任职资格条件和管理模式应与上述法官助理的管理相同。在配备法官助理的新型审判模式中，书记员职责限定于记录和事务性工作，审判业务性较强的一些职责剥离给法官助理承担。确立书记员等级评定制度。成立一支专职书记员队伍，保障书记员队伍相对稳定，解决书记员的后顾之忧。书记员序列的设立一般可分为 6 个职级，分别设 1～6 级书记员，其职务分别与目前行政职务的正处、副处、正科、副科、科员、办事员相对应，并制定相应的晋升制度。最高人民法院、高级人民法院、中级人民法院和基层人民法院的书记员分别可最高配备至正处、副处、正科、副科，从而令书记员这一岗位变得富有吸引力。书记员一般不再进入法官序列，但两种序列也不是一成不变，可以通过公开选拔适度进行交流。确保书记员队伍专业化。书记员的任用工作应该走两条路线：其一，少数书记员职位属于向法官过渡的职位性质，可从高校优秀人才中选拔；其二，更多的书记员职位固定，按书记员工作的特点，从大中专院校或者社会上进行招聘，这样才能达到比较理想的效果。因为

从这部分人来说，法官的职务一般都是他们所不能胜任的，因此他们也就能根据自身的情况，比较安心地做好本职工作。

④加强司法警察管理。在任职资格条件方面，要体现警察特点，除符合公务员的任职资格条件外，应当具备警察专业或者军队从业背景，身体素质、年龄应当符合警察工作要求。在考核方面，应当突出对警务技能的考查。

⑤强化司法技术人员管理。为了保证专业技术水平，统一技术标准，司法技术人员应配置在专门部门统一调配使用。司法技术人员应使用中央政法编制，对于编制不够的，可以采用地方编和雇员编。

⑥健全司法行政人员管理机制。司法行政人员与行政机关公务员工作性质相近，应按照综合管理类公务员进行管理。近期可从限制机构设置和人员比例着手，不断整合司法行政事务，适当精简司法行政人员。司法行政人员应逐步转为使用地方编制，减少对政法编制的使用。

（2）加强“两类人员”的职业保障。争取扩大审判津贴发放范围，将执行员、法官助理、书记员等审判辅助人员纳入其中，但标准应低于法官。进一步落实法官福利待遇，适当提高基层一线办案人员岗位津贴标准。加大对法院干警人身安全的保障力度，探索建立法院干警意外伤害、财产损害、重大疾病等保险制度，努力将法院干警纳入《政法干警参加工伤保险试点方案》试点范围；将特别补助金、特别慰问金扩大至因公牺牲的法院其他工作人员。

8. 健全财政经费保障机制。参照法官任免上的上提一级制，应同时建立法院经费保障的上提一级制，即法院人员经费、办公经费由其上一级地方财政负担。结合我国国情，法院财政与经费管理体制改革分以下两步完成：第一步，最高人民法院编制本院的经费预算，报全国人大批准后，由国家财政按预算拨款。财政部按全国人大通过的最高人民法院的经费预算案全额划拨。高级、中级人民法院和基层人民法院经费由高级人民法院编制预算，报省级人大批准，省级财政执行预算、统一拨付，由省一级法院统筹、分配。第二步，全国法院经费由全国人大确定预算，国家财政执行预算、统一拨付，由最高人民法院按照全国各级人民法院（包括普通法院和专门法院）的具体预算统筹、分配。同时，诉讼费用由最高人民法院统一支配。在未能实现国家财政统一解决法院经费保障的情况下，应尽快实现法院经费保障的上提一级制，按照编制内实有人员和国家规定的人民法院聘用和临时用工人员政策，据实核拨工资福利待遇所需经费，加大对法院的办公经费投入。

（三）第三步：构建完全符合司法工作规律的法官制度

从长远发展来看，法院人员分类管理改革应以改革现有的法院管理体制、法院设置模式、人事制度、诉讼制度、审判管理模式为大前提，总体上系以建立以法官为中心的、具有完全符合司法工作规律的人民法院治理结构为目标，进一步实现法官队伍的职业化。

1. 深化法院管理体制改革。借鉴工商、质检、药监、地税等系统的做法，近中期可实施省级以下法院垂直管理体制，由省一级法院统一掌握对下级法院法官的调整、考评、晋升、奖励以及对违纪法官的处分权；由省一级法院决定省级以下法院的工资、报酬以及经费的预算。远期目标应实行中央垂直管理体制，即由最高人民法院垂直管理到基层人民法院。实行法院系统垂直领导的模式，有利于减少行政部门对法官的干预，从而增强审判的独立性，减少或杜绝法官被地方调整的现象发生，使法官具有安全感和稳定感，专心于审判工作。虽然这样做也可能造成上级法院对下级法院不正当的干预和控制，但这种干预对于行政干预来讲，是一种业务相通性的干预，远远优越于司法权地方化。而且，这种干预可以通过法官办案责任制、司法公开等办法尽量予以避免和减少。

2. 改革法官管理制度。应当改变地方政府可控制对本地法官任命和调离的做法。如法院能实行垂直管理，则下级法院的院长和其他法官的人选由上级法院提名推荐，并按规定程序报人大选举或人大常委会任免。这样做与《宪法》关于各级法院的法官由权力机关产生的原则并不矛盾，只有这样才可能使各级法院的法官摆脱地方行政干预，从而减少和消除地方保护主义的影响。只有这样，法院才能享有对法官的选择权，把住法官质量这一关。

3. 构建以法官为中心的法院治理结构。在保持现行的四级法院设置，并且以普通法院为主、专门法院为辅的法院体系的前提下，构建以法官为中心的法院治理结构。在这里面，首先是要旗帜鲜明地坚持人民法院依法独立行使审判权的宪法原则（称为审判独立原则），其次是要围绕这一宪法原则的落实和深化，去除原有法院治理结构中的行政化、官僚化倾向，建立有别于一般公务员的、符合审判权运行规律的法官选任、履职和管理体制。

4. 从“以案定员”发展至“以案定院”。所谓“以案定员”，是指法官员额原则上应根据所在法院的层级及其辖区内受理案件数的情况来确定，以达到合理配置司法资源的效果。在诉讼制度上，基层人民法院全面实行独任制，并且在中级、高级人民法院探索实行部分独任制，仅在针对重大案件审理时，才实行合议制，以节约司法资源。以此为基础，将审判团队中的普通法官统一划为法官助理，最终构建以审判长为主体的法官队伍，从而精简法官员额，实现法官队伍的专业化和职业化。更长远地看，如果把“以案定员”贯彻到底，将来则有可能实行“以案定院”，不再根据行政区划，而是根据一定的案件数量来设置法院，将案件数量过少的基层法院甚至中院实行合并，或者由相邻地区法院对特定类型的案件实行跨区域的巡回审判。

5. 建立符合法官职业特性的等级序列。在法院内部建立区别于其他公务员的法官职业管理制度，法官等级不再直接与行政职级挂钩，从而为法官职业发展赢得更广阔的空间。制定法官职务、德才表现、业务能力、审判实绩、工作年限等法官等级评定标准，严格法官等级的晋升条件。法官等级设置和条件规定应向基层倾斜，缩短基层法官的晋级年限，提高基层法官等级的上限。明确、细化各级法院中不同法律职务的法官等级设置，缩短不同审级法院中同一法律职务的法官等级幅度，以及同一法院不同法律职务的法官等级幅度，特别要提高一些不享有行政级别担任一定法律职务的法官等级设置；增加法官法律职务晋升而行政级别未提升的晋升方式，突破现行的单一以行政级别为标准的传统模式。同时，设立等级晋级考试制度，通过考试取得晋级资格，考试不合格者不能晋升法官等级。要明确不同层级法院法官不同的等级，法官要晋升至超过本级法院法官等级职务的，必须遴选至上一级法院才能获得。各级人民法院均应确定一定数额的本院高等级法官，作为本院大法官。

6. 建立完善的法官培养机制。法官的职业化必然要求建立更加完善的法官培养机制，建议在全日制法律教育和全国统一司法考试制度的基础上，加强和完善对法官的后续培养。考虑到法官，尤其是基层法院法官日常办案的压力非常大，对法律、司法解释的发展往往不能及时了解，因而应当加强法官的培训制度建设，切实提高和确保法官的素质。

7. 建立法官职务豁免制和保障机制。在立法层面上，确认法官履行职务时的言论和行为不受法律追究的一般原则，即建立法官职务豁免制。法官对于自己在司法审判过程中依法实施的行为、发表的言论和判决的结果，享有不受指控或法律追究的权利，以确保法官的独立性，使法官能够自主履行审判职能。豁免范围包括民事豁免、行政豁免和刑事豁免。民事豁免是指法官由于其职务行为使当事人的利益受损害的，不负赔偿责任；行政豁免是指法官不能因为其依法履行职务的行为而受到内部行政处分；刑事豁免是指法官不能因为其依法履行职务的行为而受到刑事追究，且未经任免机关同意，不得对法官采取拘留、逮捕和其他限制人身自由的措施。同时，建立法官终身任职制度，将首席法官和资深法官的职位确定为终身职位。在法官待遇方面，逐步提高法官整体薪金水平，实行高薪制；建立退休保障制度，以确保法官退休后仍然能够享受很高的物质待遇，等等。

8. 设立专门的法院行政管理机构。由专门的法院行政管理机构对法院的司法行政事务进行统筹安排，将司法行政事务从法院独立出来，使法院回归专业的审判职能。该机构负责人由法院院长兼任，以保证法院对司法行政事务的主导权。将执行局、司法警察划出法院。执行工作从法院划给司法行政部门或者成立独立的执行局，执行人员相应转为行政机关公务员。将法院司法警察、检察院司法警察和劳改、劳教、监狱等单位的司法警察进行整合，成立司法警察局。中央成立司法警察总局，地方设立各级司法警察局。法院的警务工作由司法警察局派驻执勤支队负责。

（四）改革的预期效果分析

1. 有利于激发法院各类人员的工作潜力。实行法院人员分类管理，建立法官、审判辅助人员、司法行政人员的分序列管理，可以使法院各类人员都有更加明确地职业发展路径和职业发展预期，形成各类人员各归其类、各展其才、各得其所的良性运行环境，有利于调动各类人员工作的积极性，激发队伍整体活力。

2. 有利于建设职业法官队伍。通过人员分类管理改革，法官实行单独序列管理，根据法官等级确定待遇，同时健全职业保障机制，提高职业待遇，从而把高素质的法律人才吸引到法院，把经验丰富的法官留在法院，稳定在审判一线，有利于提高法官素质，实现专业化、职业化。

3. 有利于确保公正司法。法官实行单独序列管理，强化职业权力保障，明确职业地位保障，建立法官职业豁免机制，并逐步理顺法院管理体制、人事制度和财政经费保障机制，有利于确保法官的公正性、独立性，使得法官能够依法履行审判职能，公正独立办案。

4. 有利于促进廉洁司法。对法官的选拔、考核、监督等制定了更加严格的规定，对法官的职业行为提出更高要求，建立更加严密的审判权力监督制约体系，规范了法官的管理，防止法官权力滥用，能确保法官的廉洁和公正。

5. 有利于提高办案质效。将法院人员分类管理改革与审判运行机制改革相结合，真正建立起以法官为核心，法官和审判辅助人员分工合作的审判组织架构和工作模式，弱化乃至取消案件的行政审批，保障法官独立公正行使审判权，提高审判工作的专业化水平，能有效促进审判质效的提升。

结语

深化司法体制改革是党的十八大的明确部署，对人民法院来讲，核心是确保依法独立公正行使审判权，实现司法公信力明显提升。通过承担法院人员分类管理改革重大课题，我们深感这项改革既是重大理论课题，更是重大实践课题。但司法体制改革是一项复杂艰巨的系统工程，法院人员分类管理改革仅仅是其中一个关键环节。这一课题研究的成果能否尽快付诸实施，或者说启动这项改革以后能否得以持续和最终成功，还需要跳出课题看问题，目标不应当仅仅在强调法官队伍自身待遇上，而应把目标确定为加强公正司法、提高司法公信力上，从各个方面持之以恒下苦功夫：要始终将公正司法、维护社会公平正义作为使命追求，在促进全社会形成和运用法治思维上发挥引领作用，将司法公开作为提升司法公信力的突破口，以此争取社会对法院工作和法院人员分类管理改革的认同。总之，法院人员分类管理改革意义重大，也是司法发展要求和司法规律使然，课题组虽然做了最大努力，也提出了具体的方案设计，但很多方面仍然值得进一步探索研究。在实践层面，广东法院将继续在中央政策范围内，鼓励有条件的地方法院进行探索、尝试，积累实践素材和改革经验，为中央有关部门进行顶层方案设计提供参考。

附件

关于核定法官员额计算公式中各参数如何确定的说明

核定法官员额的计算公式中涉及人、案、时间等3类共5个参数。

第一，关于人的参数确定。涉及人的参数是近5年年均一线法官人数，考虑到法院目前办案实际情况及改革第二阶段对法官员额范围的设计，此处所指一线法官人数仅指审判庭的正副职领导及审判庭具备法官资格的全部法官人数总和，不含目前具备法官资格但在非业务部门不承担业务职责的法官。

第二，关于案的参数确定。涉及案的参数包括上年度收案总数和近5年年均结案数以及1宗案件耗时计算中的“1件案件”。其中，预测年度收案总数是计算核定法官员额的基础，考虑到每个法院每年收案的基数及可能出现的增减动态变化，预测年度收案总数不宜框得过死。建议将预测年度收案总数取幅度值，为上年度收案总数±10%范围内。即预测年度收案总数=上年度收案总数×（1±10%）。法官年均合理结案数的计算方式为：近5年年均结案数÷近5年年均一线法官人数。

考虑到不同类型案件、不同层级法院审理案件的难易程度不一、程序性要求不一及不同类型案件在不同层级法院分布情况的差异，司法统计上的“1宗案件”在不同类型案件、不同层级法院往往意味着不同的工作量。为使与案的参数相关的收、结案数能够充分平衡差异，建议关于案的参数不完全以司法统计中的案件统计数为准，而是以司法统计的案件数为基础进行折算，经折算后，各地、各级法院的整体工作量会有一个相对统一的界定标准。在计算上年度收案总数和近5年年均结案数时，均为在相应司法统计数据后乘以相应基准率后（关于基准率与案件折算见本附件第四点）所得。即上年度收案总数=上年度不同类型收案数之和（不同类型收案数=司法统计各类收案数×相应基准率）；近5年年均结案数=近5年年均不同类型案件结案数之和（不同类型结案数=司法统计各类结案数×相应基准率）。

第三，关于时间的参数确定。主要是法官合理工作量系数的计算，基于收、结案件基准率计算中我们选取的是二审及再审案件为标准的“1件案件”，我们确定在计算“1 件案件”所承担的其他事务性工作平均耗时、法官承担的开庭、合议及审核文书平均耗时时，“1 件案件”选取的也是以 1 个二审或者再审案件为参照进行时间参数的确定。以二审案件为例一般经历的程序及耗时如下：送达约需 0.5 小时（含打印送达文书、办理邮寄及电话通知等），阅卷及归纳诉争焦点约需 3 小时，庭前准备约需 0.5 小时、庭审约需 3 小时，调解工作约需 1 小时，接受当事人咨询来访约需 1 小时，案件合议约需 3 小时，起草文书约需 4 小时，审核文书约需 1 小时，打印校对文书约需 1.5 小时，文书送达归档约需 1.5 小时。统计下来，审结 1 件案件平均总耗时约为 20 小时，其中法官开庭、合议及审核案件文书平均总耗时约为 7 小时，其他事务性工作平均总耗时为 13 小时。二者比对所得为法官合理工作量系数，即法官合理工作量系数 $=13\div7=1.857\approx1.86$。

第四，关于基准率及案件数的折算。为方便折算，我们需要用一个基准的案件单位去衡量比对，这个基准的单位我们称之为基准案件，应在四级法院受理案件的类型中确定一类合适的案件作为基准案件，基准案件与其他类型案件比对形成基准率。

各级法院审理案件类型

最高人民法院	二审民事案件、死刑复核案件、再审（提审）案件、再审审查案件
高级人民法院	一审民事案件、二审（刑、民、行）案件、再审案件、再审审查案件、减刑假释案件
中级人民法院	一审（刑、民、行）案件、二审（刑、民、行）案件、再审案件、再审审查案件、减刑假释案件
基层人民法院	适用简易程序的一审（刑、民、行）案件、适用普通程序的一审（刑、民、行）案件、再审案件、减刑假释案件

附注：由于高级人民法院目前一般不审理一审刑事、行政案件，对整体工作量影响不大，司法赔偿案件、司法确认、特别程序案件数量较少，执行类案件在实行人员分类管理之后，交由专门执行人员办理，不再为法官审判案件范围，故此等数据在本统计中作忽略考虑。

考虑到申诉审查、执行、司法赔偿案件、司法确认、特别程序、减刑假释等类案件不是诉讼程序的完整体现，而且一审案件的程序性要求及工作量也因分布在基层人民法院、中级人民法院、高级人民法院以及适用简易程序及普通程序而不同，而适用普通程序的二审、再审及死刑复核案件更能够体现完整的诉讼程序，也不因不同层级法院审理存在较大的工作量差距。我们选取普通程序二审、再审案件及死刑复核案件作为我们计算案件数上的基准案件。考虑到同一法院的各类案件结案速度更为趋同，具有可比性，能够体现不同类型案件之间工作量的比对关系，我们选取固定某一个法院为参照，将各类案件的平均结案速度与二审及再审案件的平均结案速度进行比对，得出相应案件的基准率。如：参照法院的二审及再审案件近 3 年年平均结案数为 30 件，再审审查近 3 年年平均结案数为 180 件的话，则二者相比基准率约为 0.17，即 100 件再审审查案件相当于 17 件二审或再审案件，180 件再审审查案件应折算成 30 个二审或再审案件（30 个基准案件），以此类推进行各类案件的基准率折算。其中再审审查、减刑假释在省法院都有，且有代表性，故均可以本院为参照法院进行折算。简易程序一审案件、普通程序一审案件、执行案件因在我院不具代表性，建议选择有代表性的同一中院及其所辖基层法院的近 3 年情况进行折算。

经计算（计算过程另附），各类案件基准率为如下：

案件类型	基准率
简易程序一审（刑、民、行）案件	0.54
普通程序一审（刑、民、行）案件	2
二审（刑、民、行）案件	1
再审案件	1
再审审查案件	0.17
死刑复核案件	1
减刑假释案件	0.07

由于该基准率往往是以同一法院或者是同一地区法院为参照，结案速度基本相当，故相比得出的基准率基本应能体现不同案件之间的工作量比例关系，同时也可以适用到其他层级或者是其他省份法院的工作量计算中。上述所得基准率应用于上年度收案总数及近 5 年年均结案数的计算中，即用司法统计得出的不同类型收案数、结案数乘以相应基准率即得出以统一工作量标准计算出来的收、结案件数。

综上，改革第二阶段中，法官员额确定的总公式如下：

最高人民院法官员额＝当然法官＋核定法官＋立、审、执机构数量×15

高级人民法院法官员额＝当然法官＋核定法官＋立、审、执机构数量×3

中级人民法院法官员额＝当然法官＋核定法官

基层人民法院法官员额＝当然法官＋核定法官

上述公式中核定法官员额＝预测年度收案总数÷（法官年均合理结案数×1.86）

其中：预测年度收案总数＝上年度收案总数×（1±10％）

法官年均合理结案数＝近5年年均结案数÷近5年年均一线法官人数

上年度收案总数＝上年度不同类型收案数之和（不同类型收案数＝司法统计各类收案数×相应基准率）

近5年年均结案数＝近5年年均不同类型案件结案数之和（不同类型结案数＝司法统计各类结案数×相应基准率）

二、服务大局

企业“走出去”发展法律风险研究

广东省高级人民法院课题组*

企业“走出去”战略是党中央从我国经济发展全局出发作出的一项重大决策。近年来，我国积极鼓励有条件的企业从事对外投资和跨国经营活动，充分利用国内外两个市场和两种资源，更大程度地参与国际分工和市场竞争，取得积极成效。另一方面，我国企业在“走出去”过程中面临的政治风险、法律风险和商业风险始终存在，而且随着后金融危机时期国际政治经济局势变化，投资环境日益复杂，不可预知因素增多，这些风险也在增加。如何防范“走出去”过程中的这些风险，不只是企业面临的新课题，也是当前人民法院必须认真研究解决的一个重大课题。人民法院必须依法履行好司法职能，帮助和引导“走出去”企业，掌握和运用国内国际法律规则，防范法律风险，争取平等市场地位，有效维护海外资产安全。

近年来，广东法院通过办理大量涉外商事审判业务，观察分析“走出去”企业在境外可能面临的一系列法律风险，尤其深感人民法院必须发挥司法能动性，强化司法服务职能，通过不断提升涉外审判的国际公信力，从而更有效地帮助和引导“走出去”企业做好风险防范工作。

一、我省涉外商事审判反映的“走出去”企业纠纷概况

我省法院涉外商事审判部门是处理涉及企业“走出去”纠纷的主要审判机构，其所办理的涉外商事诉讼、仲裁司法审查和外国裁决的承认与执行三大类案件，往往关乎“走出去”企业法律风险问题。总体上看，进入

* 课题组成员：徐春建、林广海、王建平。

涉外商事审判领域的涉“走出去”企业纠纷具有以下特点：

一是从我省受理法院看，涉“走出去”企业纠纷集中在广州、深圳、珠海、佛山、东莞、中山等珠三角地区。近三年来，上述六市法院受理的涉“走出去”企业纠纷占全省九成以上，广东“走出去”企业相对活跃的地区与全省整体经济状况基本一致，有实力在境外建立加工基地、研发机构和营销服务网络的纺织、家电、轻工等行业也主要集中在上述珠三角较发达城市。

二是从纠纷类型看，广东法院受理的涉“走出去”企业纠纷类型多为涉外买卖合同纠纷和涉外加工承揽合同纠纷。这反映了产生纠纷并进入我国司法渠道的主要是初级层次的企业“走出去”，即货物贸易、服务贸易等商品输出活动。高级层次的“走出去”，即对外直接投资、兼并收购、工程承包、资源开采等资本输出活动，因其经营重心在境外，所产生的纠纷也主要由东道国司法机构管辖。

三是从纠纷当事人看，仲裁司法审查案件及外国判决裁决的承认与执行案件多为“走出去”企业与外国合同相对人之间的纠纷，而涉外商事诉讼案件则多为“走出去”企业与国内主体其他企业或自然人之间的纠纷。遵循国际商事纠纷解决机制中的属地管辖原则，“走出去”企业与外国相对人之间的纠纷一般在东道国法院诉讼或提交仲裁解决，例如“走出去”企业与外国进口商之间的产品责任纠纷或代理销售合同纠纷等。“走出去”企业为开展“走出去”业务与国内其他商事主体之间产生的纠纷则往往由我国法院审理解决。例如，境外投资者将其在境外投资设立的企业股权转让给国内其他企业发生的股权转让纠纷，“走出去”企业承包境外项目后再分包给国内其他企业而引发的工程承包纠纷、或作为承揽方与境外企业订立加工承揽合同后向国内供货商购买原材料而引发的买卖合同纠纷等。

四是从法院发挥司法能动性的空间看，法院在涉外商事诉讼案件中具有较充分地自主权，在仲裁司法审查案件中也有一定的裁量空间，而在外国法院判决承认与执行案件中则较难作为。涉外商事诉讼案件中，尽管我国的冲突规范可能指向适用外国法律，但审判实践中，主要还是适用我国的民商事实体法进行审理，我国的诉讼程序法则具有当然适用的强制性。[①]仲裁司法审查和外国法院裁决的承认与执行这两类案件属于对纠纷的事后“二次审查”。对涉外仲裁裁决的审查，人民法院主要是依据《承认和执行外国仲裁裁决公约》（以下简称《纽约公约》）和我国《仲裁法》进行程序性审查，主要针对仲裁协议效力、仲裁程序是否符合仲裁规则的规定等问题进行审查；[②] 对外国法院裁决的承认与执行，则依据互惠原则及我国与该国之间缔结或共同加入的条约或公约，主要针对外国法院管辖权的正当性、诉讼程序的公正性，以及外国裁决的终局确定性等问题进行审查。[③]

五是从纠纷处理结果看，“走出去”企业在外国法院诉讼或通过仲裁解决纠纷败多胜少，在我国法院诉讼或申请仲裁司法审查则胜诉案例不在少数。从仲裁司法审查和外国法院判决承认与执行这两类案件中可以看到，“走出去”企业在外国法院诉讼或经仲裁解决争议以败诉居多，但事

---

① 即使在纠纷实体法律问题适用外国法的情况下，对于当事人资格等诉讼程序问题仍应适用法院地法即我国《民事诉讼法》进行审查，这对于维护我国当事人权益是一道重要的安全阀。例如，我省深圳市中级人民法院在（2011）深中法民四初字第 150 号涉外担保纠纷案中认为，沙特阿拉伯原告提交的若干份商业执照中英文名称、经理、地址存在不相同之处，即使中文名称的不同可解释为翻译原因，对于英文名称的不同原告也未能合理解释。而且原告提交的授权委托书只办理了沙特阿拉伯的外交认证，没有办理阿联酋的外交认证，认证程序不合法。故原告未能证明其与保函受益人是同一主体、未能证明其与本案的利害关系，不属于《民事诉讼法》第 108 条规定的适格原告，遂裁定驳回原告的起诉。

② 依据 1958 年《纽约公约》以及我国《仲裁法》的规定，撤销或不予认可仲裁裁决的法定事由具有严格的局限性。例如广东高院办理的路易达孚商品亚洲有限公司与广东富虹油品有限公司申请承认及执行外国仲裁裁决一案中，外国仲裁员不熟悉中国法律，尤其欧盟国家的仲裁机构仲裁员多为当地的银行高管，对中国法律现状缺乏客观认识，甚至在裁决书中作出对中国法律明显贬损的不当评价。从仲裁员的这种态度判断，仲裁裁决实体结果很可能不利于我国“走出去”企业，但是这一点并不构成拒绝承认与执行外国仲裁裁决的理由。最高人民法院在复函中认为：“本案仲裁院认为中国的法律法规的规定与实践中的适用存在明显差距，但该错误认识并不会导致承认与执行该仲裁裁决违反我国公共政策。因此，本案适用公共政策为由拒绝承认与执行该仲裁裁决缺乏足够依据。另外，本案独立仲裁人的行为是否影响仲裁裁决的公正性，不属于《纽约公约》规定的审查范围。故对本案仲裁裁决应当予以承认与执行。”

③ 例如，我省东莞市中级人民法院办理的（2011）东中法民四认字第 2 号 LA S. A LA REDOUTE 公司申请承认和执行法国法院民事判决一案中，法国 LA S. A LA REDOUTE 公司向东莞市某企业采购了一批座椅在法国进行销售，因椅子的质量问题导致部分使用者患上急性湿疹。LA S. A LA REDOUTE 公司在向消费者承担了销售商赔偿责任后，向法国法院起诉东莞出口企业主张追偿。法国法院判决东莞出口企业向 LA S. A LA REDOUTE 公司承担赔偿 54 万欧元的生产者责任。对于法国法院该项判决，东莞中院经审查认定其符合我国与法国之间缔结的外国法院判决承认与执行条约以及我国国内法的有关规定，不存在可据以拒绝的事由，遂裁定予以承认与执行。

后通过在我国法院申请仲裁司法审查而得以撤销仲裁裁决的则不乏其例。[1]

二、"走出去"企业所面临法律风险的类型及成因

（一）东道国公法制度下的法律风险

对于以资本输出方式"走出去"的企业来说，必然受到投资东道国公法制度的规制。每个主权国家都有管理社会经济的一整套法律制度，这些公法制度是东道国司法主权的体现，一般表现为强制性法律规范。只要这些公法制度没有违背东道国依据其加入或缔结的国际条约所承担的国际义务，且东道国将这些既定的公法制度平等地适用于各市场主体，那么他国对东道国公法制度本身的公正性、合理性是无权置评的。可以说，此类法律风险源于东道国和投资母国在国际利益、文化传统和立法观念上的分歧，如果"走出去"企业事先未作充分了解，一旦纠纷发生，将很难通过本国司法途径获得事后救济。该类风险主要包括：

一是征收和国有化措施。这是东道国政府对外国投资者两类传统的管制措施，投资母国一般会在双边投资条约中对东道国政府采取征收和国有化措施的条件进行限制，以保护本国海外投资者的权益。现行中外双边投资条约一般都规定东道国在满足公共利益目的、非歧视、遵循国内法律程序并给予补偿等四项条件的前提下，可以对外国投资实施征收、国有化或类似措施。但对于间接征收措施的定义，现行双边投资条约普遍缺乏明确和统一的规定，这就使东道国采取间接征收的行为极具弹性空间，给"走

---

[1] 例如广东高院近三年办理涉及"走出去"企业的两宗仲裁司法审查案件，即（2009）粤高法民四他字第16号申请人深圳市泛友科技有限公司与被申请人英国 WESTMINSTER CRYSTAL CO. LTD 申请撤销中国国际经济贸易仲裁委员会华南分会（2009）中国贸仲深裁字第08号裁决案件、（2010）粤高法民四他字第15号申请人 TCL 空调器（中山）有限公司与被申请人澳大利亚 Castel Electronics Pty Ltd. 申请确认仲裁协议无效案件，国内"走出去"企业均胜诉。

出去”企业带来很大风险。[①]

二是投资东道国当地的劳工保护制度。这对“走出去”企业经营中的法律风险影响重大。我国“走出去”企业在东道国投资建厂或并购外国企业时，如果未审慎了解当地的工会组织和退休福利等劳工制度，可能招致员工集体诉讼。譬如意大利、法国等欧洲国家法律规定，企业要解聘员工必须征得工会批准，导致解聘员工成本高、周期长、程序复杂。非洲一些国家的《劳动法》或《矿业法》对投资开采矿场的企业在管理机构组成上有种族平等的特别规定。[②]一些欧美国家要求企业为员工提供包括养老及医疗福利在内的退休福利，这对企业的现金流、资产负债以及盈利水平都可能有相当大的影响。

三是欧美等发达国家的市场管理性法律。其适用范围有扩张的趋势，一些法律规定超越了属地管辖原则而在某种程度上具有了域外适用的效力。这使得我国“走出去”企业即使未在东道国设立子公司，也可能面临在东道国被起诉的风险。例如美国和欧盟《反垄断法》都有域外适用的传统，只要某一交易行为能够在美国或欧盟市场上起到限制竞争的效果，那么无论交易当事方的国籍如何，也无论交易行为发生在何处，美国或欧盟法院都拥有管辖权。[③] 此外，《美国证券交易法》中的“10b 规则”[④] 确立

---

① 例如，2007 年，中国平安保险（集团）股份有限公司斥资 18.1 亿欧元购入比利时富通集团 9501 万股股份，成为其最大的单一股东。2008 年，比利时政府通过其下属的联邦投资和参股公司机构对富通集团进行强制拆分，购买富通集团下属的富通银行股份，然后将该银行 75%的股份转售给法国巴黎银行。根据比利时政府与巴黎银行所达成的转售协议，欧盟境内的个人投资者可以分享此次转售中获得的溢价收益，而平安公司作为欧美境外的投资者则无权分享此种收益。比利时政府宣称，由于其购买富通银行股权并部分转售给巴黎银行的主要目的是为了保障银行资金流动性、比利时存款人和客户的利益乃至比利时国内就业，因此该行为是一种公共利益导向的东道国政府公共管理行为，不必承担补偿责任。学者认为，这种拆分行为实质上已构成对包括平安公司在内的富通集团投资者投资的间接征收。参见梁咏：《我国海外投资之间接征收风险及对策——基于“平安公司—富通集团案”的解读》，载《法商研究》2010 年第 1 期。

② 如 2002 年《南非矿业投资法》要求当地黑人社团组织在矿产合资公司占股比例不能低于 25%，同时公司高级管理人员必须安排当地黑人参与。

③ 廖凡：《美欧反垄断法的域外适用》，载北大法律信息网，访问时间：2013 年 7 月 18 日；刘和平：《美国反托拉斯法上的外资并购控制及启示》，载《现代法学》2006 年第 5 期。

④ 美国 1934 年《证券交易法》第 10（b）条以及美国证券交易委员会根据该条制定的附属规定 10b—5 规则规定，“任何人直接或间接利用任何州际商业手段或工具、利用邮递或利用全国性证券交易所任何设施”从事的特定证券欺诈行为均属违法。2010 年《华尔街改革和消费者保护法案》第 7216 条对前述条款进一步细化：如果一行为发生在美国，是促成违法的重要步骤，即使证券交易发生在美国之外，且仅包括外国投资者，美国法院有权管辖；如果一行为发生于美国之外，但在美国具有可预见的实质性效果，美国法院有权管辖。

的证券欺诈诉讼管辖权规则，使美国法院对外国上市企业具有域外管辖权，“走出去”企业即使未在美国上市也可能面临在美国被股东起诉的风险。①

（二）东道国私法制度下的法律风险

民商法制度以当事人意思自治为原则，东道国私法制度下的法律风险一般是商业操作层面上的风险，源于“走出去”企业与外国商业伙伴进行谈判订约时对双方的权利义务计算不够精确，特别是对自己的合同责任估计不足，或对自己履约过程中可能因侵犯第三人权利引发的法律责任缺乏预见。

一是合同条款不明确的风险。在我国企业与东道国当事人签订的投资合作协议中，可能因对双方权利义务的约定不够具体而产生理解差异，导致产生合同纠纷而发生损失。在出口贸易合同中此类风险更为普遍。近几年，国际贸易不景气导致国外对我国出口商品需求量锐减，我国企业为争取出口订单不得不在风险防范方面作出妥协，在合同中不对成立条件、商检、包装、质量标准等条款作更多协商和明确约定，给了国外进口商可乘之机。②

二是见索即付保函独立性的风险。随着我国在中东、北非等地区国际工程承包项目的增多，包含不延期即付款条款的见索即付保函被大量使用。国际工程承包合同履行期长、标的额巨大，为了减小自身风险、确保合同顺利履行和快速实现债权，东道国发包人通常要求外国承包人提供履约或预付款担保。见索即付保函是担保人凭在保函有效期内收到符合保函

① 例如，2008年中国人寿因财务信息披露不实而被中国国家审计署通报，其股东向纽约南区地方法院提起集体诉讼，法院行使了部分管辖权，但是最终以损失与中国人寿的披露行为不具有因果关系为由驳回了原告的诉讼请求。参见刘仁山、李婷：《美国“F立方”证券欺诈诉讼管辖权规则及其晚近发展》，载《法学家》2012年第3期。据美国斯坦福大学法学院证券集体诉讼中心的统计，2001年起先后有中华网、网易、中国人寿、UT斯达康、中航油、新浪、分众等多家中国在美国上市公司被提起集体诉讼。2001～2011年，针对中国公司的证券集体诉讼有75起。参见邱永红：《中国企业赴美国上市的法律风险和对策》，载《法学论坛》2012年第2期。

② 例如，我省东莞市中级人民法院审理的香港国际娱乐咨询有限公司与东莞威信运动用品有限公司承揽合同纠纷一案中，东莞威信公司按照香港娱乐资讯公司的要求生产一批弹跳器，双方订立合同后在履行过程中香港公司不断要求调整质量标准和设计标准，但双方没有就最终的标准达成书面协议。东莞公司主张对方变更承揽工作要求导致成本增加，但未能对此举证证明，也未举证自己依《合同法》第257条的规定向对方履行了通知义务，故其诉讼请求无法得到法院的支持。

条件的请求书及其他单据支付款项的承诺，具有独立性、简捷性、绝对保障性等独特的担保功能。[①] 见索即付保函作为一种独立担保，虽然为国际债权人提供了高效快捷的担保，但其独立性付款特征使担保人面临更大的风险。因利比亚战争引发的“利比亚银行保函延期事件”即为适例。

三是合同相对人资信瑕疵引致的风险。“走出去”企业与东道国政府或合作企业签订投资或合作开发协议，可能承担着难以预见的合同相对人资信方面的风险。典型的情形是我国企业卷入因第三人（东道国或投资合同相对人的债权人）行使债权人代位权或撤销权而产生的纠纷。例如，香港法院审理的备受关注的 FG Hemisphere Associates LLC 诉刚果民主共和国及其他人案，即缘于 2007 年至 2008 年间中国中铁股份有限公司与刚果民主共和国签订合作开发协议，约定为取得采矿权向刚果支付相应的入门费，而刚果的第三国债权人得悉此事后起诉请求中铁公司不得向刚果支付而应向其支付该入门费，以抵偿刚果所欠的债务。[②]

四是并购协议中交易保护条款无效的风险。“走出去”企业从事海外并购，可能在并购协议中约定交易保护条款，而这种条款一旦被认定无效，企业将面临交易失败的风险。善意并购协议签订后并不是立即生效，而是必须先进入市场的公开视野，如果第三方向目标公司提出更高地并购竞价，原收购方可能被抛弃出局，已经支出的交易成本付之东流。为降低这种风险，收购方往往要求在并购协议中设置禁止目标公司向第三方招揽竞价的条款，即交易保护条款。但这种条款与公司股东利益最大化的目标相冲突，从而产生董事是否妥善履行其对公司负有的受托人忠实义务的问题。目前美国法院对交易保护条款效力的审查准则和处理结果存在较大地不确定性。[③] 一旦目标公司股东以其董事违反忠实义务为由诉诸法院，并购协议中的交易保护条款可能被判无效。

五是产品侵犯他人知识产权的风险。近年，我国通讯设备等高科技行业的部分“走出去”企业在全球建立起了较大地竞争优势，但欧美发达国家凭借在高科技研发方面的先发优势，普遍拥有同类产品为符合国际技术

① 参见郭德香：《见索即付保函的担保风险及其防控对策——由利比亚银行保函延期事件引发的思考》，载《法商研究》2012 年第 5 期。

② 参见郭玉军、刘元元：《评 FG Hemisphere Associates LLC 诉刚果民主共和国及其他人案》，载《时代法学》2012 年第 2 期。

③ 参见颜湘蓉：《“非售”法律问题探析》，载《武汉大学学报》（社科版）2006 年第 2 期。

标准所必须使用的基本专利。"走出去"企业的出口产品往往被竞争对手利用东道国司法机制发起专利侵权诉讼、索取高额许可费用，导致参与全球市场竞争能力被削弱。例如，华为技术有限公司因出口电信设备被InterDigital专利收费公司发起美国国际贸易委员会337条款调查和提起美国地区法院专利诉讼，作为应对，华为公司于2011年向深圳中院提起FRAND许可合同纠纷、滥用市场支配地位两案，通过我国司法渠道争取平等市场地位。[①]

上述外国公法、私法制度下的法律风险表明，我国企业"走出去"不仅需要胆量和勇气，而且需要防范法律风险的智慧和能力。对于人民法院来说，需要提高服务"走出去"战略的自觉性，保持、发挥涉外商事审判工作窗口作用，正确处理维护本国当事人利益和境外当事人利益的关系，依法保障"走出去"企业的合法权益，切实帮助"走出去"企业防范法律风险。

三、"走出去"企业法律风险防范的对策与建议

人民法院在"走出去"企业法律风险防范问题上总的思路应当是：围绕服务"走出去"战略，坚持理性的能动司法宗旨，提高服务"走出去"战略的自觉性，进一步提升我国司法的国际公信力；与政府、企业之间形成良性互动，在妥善审理涉及"走出去"企业的各类涉外商事案件基础上，向立法机关和行政部门提出合理的司法建议，并向"走出去"企业做好对策建议和风险提示工作。

（一）立足审判职能，妥善审理涉及"走出去"企业的各类涉外商事案件

一是准确识别涉及"走出去"企业的涉外商事纠纷案件。"走出去"企业在海外设立的分公司与国内其他企业之间发生纠纷，从法律关系主体上看是我国法人之间的纯国内纠纷，但其实涉及我国企业在海外建立的"国外营业地"这样一个涉外因素。[②] 依据《最高人民法院关于适用〈中华

① （2011）深中法知民初字第857号、（2011）深中法知民初字第858号。

② 徐妮娜：《关于我国涉外民事案件认定标准的思考》，载《法律适用》2010年第2期。

人民共和国涉外民事关系法律适用法〉若干问题的解释（一）》第1条第（2）项和第（5）项的规定，应当将此类纠纷识别为涉外商事纠纷，由涉外商事审判部门审理。

二是妥善审理涉及“走出去”企业的对外投资合同纠纷。对于未经审批的海外投资合同的效力问题，可以参照《最高人民法院关于审理外商投资企业纠纷案件若干问题的规定（一）》第1条的规定处理，未经审批的项目，其合同虽成立但未生效，不能据此合同约束双方当事人。双方当事人在有条件申报的条件下，应当由申报义务方继续履行申报义务；不具备申报条件或申报未经批准的，应依据具体情况认定各方责任。① 除国有企业涉及海外资产的国资监管外，国内“走出去”企业已在境外投资设有实体，以境外机构再投资，无需经境内主管政府机关审批，但应在外管部门办理外汇登记手续并进行网上备案。②

三是妥善审理涉及“走出去”企业的涉外股权转让合同纠纷。我国企业或自然人进行海外直接投资，在境外独资或与外国人合资设立企业从事矿产资源开发，然后将其持有的该境外企业部分股权转让给我国其他企业或自然人。在其违反股权转让合同义务的情况下，人民法院应依法判决其承担违约责任，但如果合同约定的违约金标准过高，人民法院可依据《合同法》第114条第2款的规定进行必要的合理调整，以尽量维护“走出去”企业的权益和继续经营能力。③

四是妥善审理涉及“走出去”企业的涉外工程承包合同纠纷。我国企业在境外设立企业，与外国企业订立合同承包当地工程项目，然后将其中部分工程转包给我国其他企业。实践中，有的承包方混淆了母公司与子公

---

① 于健龙：《论外商投资合同法律效力争议解决》，载《时代法学》2012年第2期。

② 佟刚：《境外投资的国内监管框架及适用实务》，载《海外投资与出口信贷》2012年第6期。

③ 例如，我省深圳市中级人民法院在2012年审结的（2011）深中法民四初字第136号涉外股权转让合同纠纷案中论述：“张辉在收款前既未依约提供履约担保，收取王建军的第一期款项后又未依约将NSR公司的32%股权转让登记至王建军名下，其行为导致王建军受让股权的合同目的无法实现，已构成了根本违约，王建军要求张辉返还其已支付的款项并承担违约责任——向其支付违约金，合法有据，应予以支持。但双方约定的违约金金额人民币1000万元，从目前合同的履行情况、违约时间的长短、预期利益及王建军的实际损失等综合因素来看，该违约金数额显得过高，应作适当调整，本院比照公民之间的借贷利率计付本案的违约金，即按中国人民银行公布的同期同类人民币贷款利率的四倍计付已付款项的利息作为本案的违约金，从王建军向张辉付款之日起计至张辉应还款之日止。其中王建军所主张的2008年11月份其多次以现金方式支付给张辉的人民币100万元，因双方均未能证明具体的付款日期，张辉出具的收据中也未写明该款项的付款时间，本院将该款项从2008年11月份的最后一天（即2008年11月30日）起计付利息。”

司的关系，由母公司与转包方订立转包合同，却由子公司向转包方起诉请求支付转包差价。[①] 对于关联企业之间存在人格混同情形的，人民法院发挥司法能动性查明其混同状况，可依法驳回相对人以合同相对性为由的抗辩，支持关联企业的诉讼请求，但公司人格混同的证明责任和证明标准应当从严把握。

五是妥善审理涉及“走出去”企业的涉外买卖合同纠纷。我国企业作为承揽方与境外企业订立加工承揽合同，境外企业向我国供货商购买原材料，约定供货方直接向承揽方发货。实践中，此类贸易往往未签订书面买卖合同。合同履行完毕后，供货方又起诉承揽方要求支付货款的，人民法院应根据案件证据证明的实际履行情况，从诉讼节约原则出发，认定供货方与定作方之间直接存在买卖合同关系并已实际履行完毕，避免供货方利用缺乏书面合同的交易漏洞重复受偿从而投机获利。[②]

六是妥善审理涉及“走出去”企业的涉外担保纠纷。关于我国境内个人为“走出去”企业在境外设立的机构融资提供担保的效力问题，根据《国家外汇管理局关于鼓励和引导民间投资健康发展有关外汇管理问题的通知》，现行政策允许具备一定条件的金融机构、非金融企业法人以及境内个人作为境内企业对外担保的共同担保人，以保证、抵押、质押及担保法规允许的其他方式为境外融资企业提供担保。关于涉及“走出去”企业的独立保函，主要是我国担保银行对外国银行（特别是利比亚银行）的索款申请止付的问题，此类案件受理前应上报请示最高人民法院。[③] 在有权受理的前提下，鉴于我国尚无关于保函止付的法律规定，《最高人民法院关于审理信用证纠纷案件若干问题的规定》中关于欺诈止付的相关规定不能直接适用于见索即付保函。为有效规避保函产生的担保风险，应当把握联合国《独立担保和备用信用证公约》和国际商会《见索即付保函统一规则》对见索即付保函确立的审查要点，根据诚实信用、公平公正原则对保函受益人的付款请求进行严格审查。若发现存在免责事由或欺诈索款的情况，则可裁定担保人止付，由此通过公正合理的司法手段为担保人构筑一

---

① 例如，我省深圳市中级人民法院（2010）深中法民四初字第53号涉外合同纠纷案。

② 例如，我省深圳市中级人民法院（2012）深中法涉外终字第211号涉港买卖合同纠纷案。

③ 2011年3月16日，最高人民法院向全国各高级法院发出内部通知，要求地方法院在受理三类案件前报最高人民法院：一是利比亚与我国银行的保函纠纷；二是我国银行与我国企业涉利亚比业务的纠纷；三是我国企业与劳工涉利比亚的劳务薪酬纠纷。

道风险防控屏障。[①]

（二）提示和指导“走出去”企业防范和应对法律风险。对于“走出去”企业来说，要合理运用我国仲裁司法审查机制，树立“回家”解决争议的观念

由于仲裁往往需借助司法的强制执行才能实现裁决的内容，法院在承认与执行仲裁裁决前享有一定的审查权。“走出去”企业如果签订了不利于己的仲裁协议或者仲裁过程受到不公平的歧视性待遇，可以充分利用仲裁司法审查机制维护自身合法权益。

一是善于运用申请确认仲裁协议无效机制。在仲裁机构作出裁决之前，“走出去”企业可以向人民法院申请确认双方之间的仲裁协议无效。例如，广东高院审理的（2010）粤高法民四他字第15号申请人TCL空调器（中山）有限公司与被申请人澳大利亚Castel Electronics Pty Ltd.申请确认仲裁协议无效案件，法院依据仲裁协议效力准据法裁定确认仲裁协议无效，从而避免了“走出去”企业受制于不公正的仲裁裁决。[②]

二是善于运用申请撤销仲裁裁决机制。“走出去”企业与外方当事人之间的纠纷由我国仲裁机构作出仲裁裁决后，“走出去”企业可以向人民法院申请撤销该仲裁裁决。例如，广东高院审理的（2009）粤高法民四他字第16号申请人深圳市泛友科技有限公司与被申请人英国WESTMIN-

① 我国法院有允许银行根据基础合同下的欺诈抗辩不履行保函项下付款义务的判例，例如在（2002）合高新民二初字第123号安徽省技术进出口股份有限公司诉奥斯沃化工肥料有限公司保函欺诈案中，印度买方向中国卖方采购磷矿砂，中国银行向印度当地银行开出见索即付反担保函，印度银行向印度卖方转开了履约保函。在中国卖方履行了商务合同义务后，印度买方要求印度转开行履行转开保函下付款义务，印度银行要求中国银行履行反担保义务。法院认定印度买方的欺诈行为违反诚实信用原则，裁定中国银行向印度银行止付。最高人民法院执行局刘贵祥局长也认为有必要赋予申请人以某种权利，使其能突破保函独立性，根据基础合同向法院申请欺诈止付。参见刘贵祥：《独立保函纠纷法律适用刍议》，载《人民法院报》2009年6月25日。

② 本案的基本案情是，TCL公司与Castel公司发生代理销售合同纠纷，Castel公司向澳大利亚墨尔本的仲裁机构申请仲裁，双方对仲裁条款的文义理解发生争议，TCL公司以仲裁条款约定仲裁地不明为由提出管辖权异议。仲裁庭作出临时裁决驳回了TCL公司的管辖权异议。TCL公司又向澳大利亚最高法院上诉，澳大利亚最高法院驳回了仲裁庭的临时裁决，认为Castel公司部分仲裁请求不在该案仲裁条款范围之内。仲裁庭重新就管辖权与案件实体一并进行审理，裁决TCL公司败诉。TCL公司向我国法院申请确认仲裁协议无效。最高人民法院认为，本案所涉仲裁协议中既没有约定适用的法律，也没有约定明确的仲裁地，仲裁协议效力的认定应适用法院地法即我国法律。依我国《仲裁法》有关规定，本案所涉仲裁协议没有选定仲裁机构，双方当事人事后也未就仲裁机构的选定达成补充协议，依法应认定无效。

STER CRYSTAL CO. LTD 申请撤销仲裁裁决案，法院裁定撤销中国国际经济贸易仲裁委员会华南分会（2009）中国贸仲深裁字第 08 号裁决，公正维护了“走出去”企业的合法权益。[①]

三是善于运用不予执行或不予承认与执行仲裁裁决机制。“走出去”企业与外方当事人之间的纠纷由仲裁机构作出裁决后，外方当事人向我国法院申请执行或申请承认与执行该仲裁裁决时，“走出去”企业可提出抗辩理由主张不予执行或不予承认与执行该仲裁裁决。对于国内仲裁机构作出的裁决，“走出去”企业应当主张不予执行，法院适用我国《民事诉讼法》及《仲裁法》的有关规定进行审查；对于外国仲裁机构作出的裁决，“走出去”企业应当主张不予承认与执行，法院适用《纽约公约》的有关规定进行审查。

我国“走出去”企业要在纠纷解决过程中不至于处于弱势，应树立起“预防胜于治疗”的意识，在订立合同时高度重视争议解决条款的谈判。必须以与进行合同实体条款谈判相同的严肃和审慎态度来对待争议解决条款的谈判，不能为了促成合同达成交易而在争议解决问题上无原则地迁就对方。具体而言，在合同谈判时应注意以下问题：

尽量选择仲裁作为解决纠纷的方式。我国“走出去”企业应在合同中尽量约定仲裁条款，选择仲裁作为解决纠纷的方式。与诉讼相比，仲裁突出当事人意思自治，不易受到一国司法或政府权力的干预，且具有在域外执行便利性。具体而言，仲裁主要有以下优点：一是可以自由选择管辖受理纠纷的仲裁机构和进行仲裁的仲裁地。仲裁当事人基于自身便利的考虑选择仲裁机构或仲裁地，不必局限于是否属于国内仲裁机构还是外国的仲裁机构，也不受一国诉讼法关于管辖法院的属地管辖权、专属管辖权、级别管辖权等规定的限制。二是可以自由约定选任仲裁员的条件，或选择仲裁员或仲裁庭组成成员。三是可以自由选择审理纠纷的程序规则，还可以选择采取例如网络仲裁、书面仲裁等各种仲裁形式。四是可以为解决纠纷选择适用的法律或规则。不仅可以选择适用民商事实体法，还可以适用行

---

① 本案的基本案情是，深圳泛友科技有限公司因与英国维斯特公司通过传真签订了载有仲裁条款的出口贸易合同，后双方发生纠纷，该纠纷由我国仲裁机构作出裁决，泛友公司败诉，向我国法院申请撤销该仲裁裁决。法院认为，仲裁协议的形式要求比一般商事合同要高，当事人达成仲裁协议或仲裁条款只能以书面的形式签订，而不能以行为推定成立。本案中，当事人没有签署书面合同，双方的履约行为表明当事人已经订立并实际履行了买卖合同，但合同中的仲裁条款则不能以履约行为来推定成立，故裁定撤销该仲裁裁决。

业习惯规则，甚至在友好仲裁或当事人同意的情况下仅依据公平原则而不适用任何具体实体法的规定。五是仲裁裁决易于得到他国的承认与执行。全球绝大多数国家都是《纽约公约》的成员国，这使得仲裁裁决的承认与执行具有通行的机制和统一的规则。

在约定争议解决条款时树立起“回家”的观念。为了尽可能约定对我国企业有利的仲裁条款，在磋商争议解决条款时应尽量选择在中国法院诉讼，或由中国仲裁机构仲裁，适用中国法律解决纠纷，以避免语言沟通障碍、法律观念差异和东道国地方保护主义的风险，降低纠纷解决成本。如果不能在订约时达到上述目的，则应尽可能选择我国法律作为仲裁条款准据法，或者约定我国作为仲裁地，达到适用我国法律的目的。从我省审理的仲裁司法审查案件中反映出的情况来看，国内商事主体往往将仲裁地与仲裁机构所在地相混淆，为迁就国外当事人而同意提交国外仲裁机构仲裁，忽略了在同意国外仲裁机构后仍然可以选择有利于自己的仲裁地点，比如选择伦敦国际仲裁院仲裁但仲裁地在上海。[①] 如果无法通过谈判订立上述约定，则至少应在仲裁条款中要求选任中国籍仲裁员，或者选择以中文作为仲裁语言，或者选择在地理上相对邻近或具有中华民族文化传统等有利因素的仲裁地点。对我国企业来说，在我国香港、澳门、台湾地区或者新加坡仲裁具有地缘、语言、文化三方面优势，能够明显节约纠纷解决成本，在实践中很多外方企业也乐于接受这种选择。

（三）发挥司法能动性，向政府主管部门和立法机关提出涉及“走出去”企业风险防范的司法或立法建议

一是关于订立有利于保护我国企业的双边或多边投资条约的建议。我国政府应始终坚持互惠互利、妥协共赢以及原则性与灵活性相结合的原则，加快与各国之间双边或多边投资保护条约的谈判和缔结进程。建议商务部在研究投资保护条约的过程中，努力实现开门缔约、民主缔约、科学缔约，除了征求司法机关和专家的意见外，还要充分听取国内投资者的利益诉求。企业界也可以起草民间版本的投资保护条约草稿，供政府部门谈判时参考。[②]

---

① 例如，国际商会仲裁院的仲裁规则就允许当事人在法国以外的国家和地区进行仲裁。

② 刘俊海：《中国企业赴美并购的法律风险及其防范对策》，载《法学论坛》2012 年第 2 期；梁咏：《我国海外直接投资的现状与双边投资协定的完善》，载《法学》2008 年第 7 期。

二是关于加强我国对外投资立法的建议。《对外投资法》应作为鼓励、保护和监管中国企业跨国投资的基本法，明确规定政府对跨国投资的管理权限以及投资主体的权利和义务，表明政府对跨国投资应采取的激励或限制性措施。在此基础上还应及时总结实践经验，有步骤地制定《对外投资法实施细则》等配套法规，健全我国海外直接投资法律体系。根据本国国情，逐步取消各种不合理的限制，为企业跨国投资提供税收和金融等方面的法律支撑。

三是关于建立有效的对外投资监管制度的建议。针对我国的现实情况，应设立由商务部主管的对外直接投资统一管理机构，由其制定对外投资产业指导目录以及统一的审批程序和标准，从宏观上依法协调我国企业跨国投资活动。在管理时，该机构应以法律手段和经济手段为主调控产业布局和投资结构，不应介入企业的微观经营。在审批体制上，除关系到我国经济发展战略和能源投资应由国家发改委和商务部联合审批外，其余所有跨国投资项目均应由该对外直接投资管理机构审批。这样既可以防止审批过程中的主观随意性，又可以规避投资风险和和优化投资结构。[①]

四是关于建立对外投资保险制度的建议。对外投资保险是资本输出国政府对本国对外投资者在国外可能遇到的政治风险提供保证，或由风险投资者向本国投资保险机构申请保险后，若发生承保范围的政治风险致投资者受损，保险机构予以补偿的制度。目前这一制度为发达国家广泛采用，成为资本输出国保护与鼓励跨国投资的重要国内法律制度。我国也应建立具有中国特色的对外投资保险制度，为中国企业跨国投资在国外有可能遭受的国有化、征收、限制外汇兑换、限制进口等政治风险提供保险。[②]

---

① 刘俊海：《中国企业赴美并购的法律风险及其防范对策》，载《法学论坛》2012年第2期。

② 谈萧：《中国跨国公司培育的法经济学分析及立法政策》，载《国际贸易问题》2006年第4期。

关于为构建和谐劳动关系提供司法保障的调研报告

广州市中级人民法院课题组*

劳动关系是现代社会最基本的社会关系。劳动关系的和谐稳定是劳动力市场有序运行的表现，也是社会和谐稳定的基础与前提。劳动关系不和谐必将给社会的可持续发展带来各种困难和障碍。当前我国正处于既充满机遇又面临各种风险的改革发展关键期，虽然从总体上看劳动关系基本和谐稳定，但部分地区或企业劳动关系紧张、劳动争议纠纷多发等问题客观存在。“基于劳动关系而产生的矛盾已逐渐成为诸多社会矛盾的主体”，①与构建和谐社会的要求形成很大反差，对我国经济转轨、社会转型的进程存在着不可忽视的影响。十八大明确提出要“健全劳动标准体系和劳动关系协调机制，加强劳动保障监察和争议调解仲裁，构建和谐劳动关系”。可见劳动关系治理已经成为当前社会治理的重要课题。人民法院作为劳动争议案件的最终处理机关，在维护劳动关系和谐稳定方面具有不可替代的重要作用，亦肩负着重要的历史使命。

为了进一步加强对我省劳动关系的变化及走向的研判，增强劳动争议审判执行工作在维护劳动关系和谐稳定方面的主动性和前瞻性，更好地发挥司法保障职能作用，广州市中级人民法院课题组凭借丰富的研究素材、实践经验及前期调研成果、改革创新举措，通过开展理论研究、案件分析、问卷调查，走访座谈等方式，对我省劳动争议审判的基本情况、面临的形势挑战等进行了调研，提出了进一步加强劳动关系司法保障的对策

---

* 课题组组长：向金华，副组长：刘焱白、邓娟闰、徐琳，成员（执笔人）：崔利平、陈丹、胡宾、王敏。

① 吕吉凤：《不容回避的劳动关系矛盾，任重道远的通向和谐之路》，载《中国劳动关系学院学报》2011年第1期。

建议。

一、我省劳动争议案件基本情况分析

劳动争议诉讼和审判是了解劳动关系情况和变化的重要窗口。近年来，劳动争议案件已经成为人民法院民事审判中数量最多、变化最快、处理最为复杂、社会最为关注的案件类型之一。为深入了解我省劳动争议诉讼基本情况及其背后的劳动关系现状，我们对近年来劳动争议的案件数量、地区分布、主体特征、诉求变化等情况进行了调查和分析。[①]

（一）案件数量虽呈下降趋势，但仍处高位运行

2008年是我国劳动关系发展变化的重要历史纪年，也是劳动争议案件数量显著变化的一年。2008年以前全省法院劳动争议收案基本平稳，年均新收一审案件均在3万件以下。2008年出现井喷式增长，较前一年增长1.61倍，全省一审新收案件接近8万件。其后案件数量持续上涨，于2010年达到顶峰，2011年开始缓慢下降，案件总量仍处高位运行。但部分时段、部分地区收案反弹，呈波动式增长状态。可见劳动争议矛盾仍呈多发高发态势，人民法院化解劳动争议的审判压力依然非常突出。

我省法院劳动争议案件的变化趋势与我省仲裁案件及全国法院收案情况基本一致。2008年全省劳动仲裁受理案件总量达到9万件以上，其后一直稳步增长，2013年才开始回落，但仍达到9.44万件。而从全国法院的劳动争议案件情况看，2008年新收一审劳动争议案件29.55万件，2009年新收31.86万件，2010年至2012年新收均在30万件左右。[②]

分析劳动争议案件总量变化及居高难下的原因，可主要归结为以下几个方面：一是相关劳动法律及司法解释的出台，赋予了劳动者更多法定权利，扩大了劳动争议收案范围。二是经济结构转型及国际经济波动影响，部分企业经营困难，采取降薪、减员、逃避社会保险等手段压缩人力成

① 本文数据除另有交代外，均来自广东省高院及广州中院司法统计数据，仲裁数据来自广东省和广州市仲裁院数据。

② 摘自《正确审理劳动争议案件依法构建和谐劳动关系——最高人民法院民一庭负责人答记者问》，载百度文库 http://wenku.baidu.com/view/403a892b5901020206409c06.html，访问时间：2014年2月12日。

2005至2013年全省新收一审劳动争议诉讼案件示意图

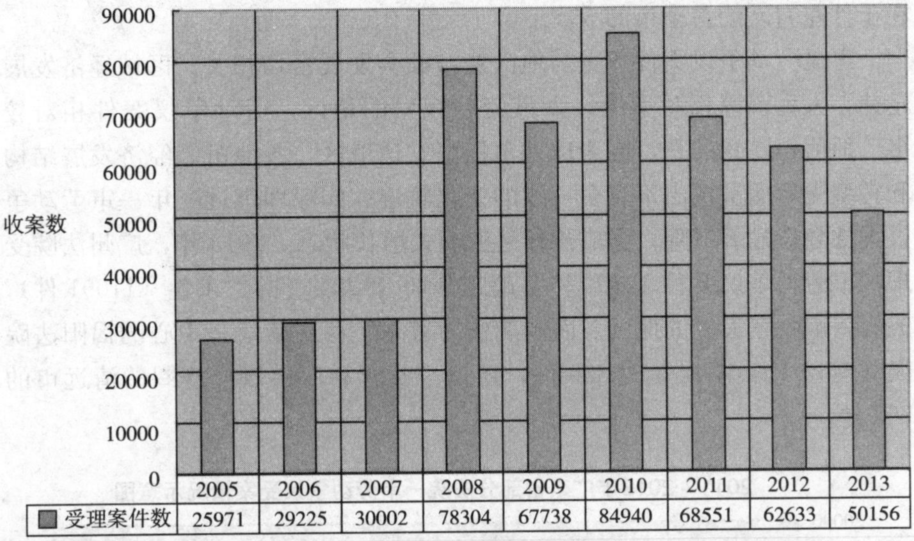

本，导致矛盾激化。三是劳动争议仲裁诉讼机制变化，降低了劳动争议诉诸司法的门槛，大大强化了劳动者维权意识和维权能力，劳动关系双方当事人滥用诉权现象不同程度存在。四是近年来的劳动立法及仲裁审判工作促进了依法用工并解决了部分历史遗留问题，劳动争议诉讼案件量缓慢下降。

（二）案件分布与经济发展密切相关，珠三角相对集中

我省大部分劳动争议案件分布在经济较发达和占全省流动人口90%以上的珠三角地区，其他粤西、北部经济欠发达地区案件数量则较少。2008年至2013年的6年间，全省法院新收一审劳动争议案件共412332件，其中深圳131652件，占31.93%；东莞96509件，占23.41%；广州70981件，占17.21%；三地收案占全省一审收案的72.55%。另外，佛山40611件，占9.85%。

在全国范围内，我国劳动争议案件的50%以上发生在广东、江苏、上海、北京、浙江等5个省市，广东一省就大约占全国1/5。西部地区如青海、宁夏等省案件量甚至不及广州市1个区的案件量。[①] 即使将范围缩至在同一城市，这一特点也同样存在。例如，广州市12区中，番禺、海珠、

① 具体数据可见：2011～2012年《中国劳动统计年鉴》，中国统计出版社出版。

天河、白云4区近年劳动仲裁案件数先后超过3000件，劳动争议诉讼量均在千件左右，约占全市的50%。

可见劳动争议案件数量与地区经济社会发展密切相关。区域经济发展迅速，人力资源相对集中，人员流动频繁的地区，劳动争议案件相对较多。但值得注意的是，同为珠三角经济发达地区，各地市因经济发展结构和转型先后而呈现出不完全一致的变化轨迹。如深圳市近三年一审劳动争议案件数量显著下降，但广州却呈波动式增长状态。2013年，广州法院受理一审劳动争议案件12399件，超越深圳（12041件）、东莞（11091件），成为一审收案最多的地区。而同期作为粤东、粤西新经济中心的揭阳法院仅受理23件，阳江受理389件，还远不及背靠广佛肇经济圈的清远市的763件。

2011～2013年广东省部分法院一审劳动争议受案情况示意图

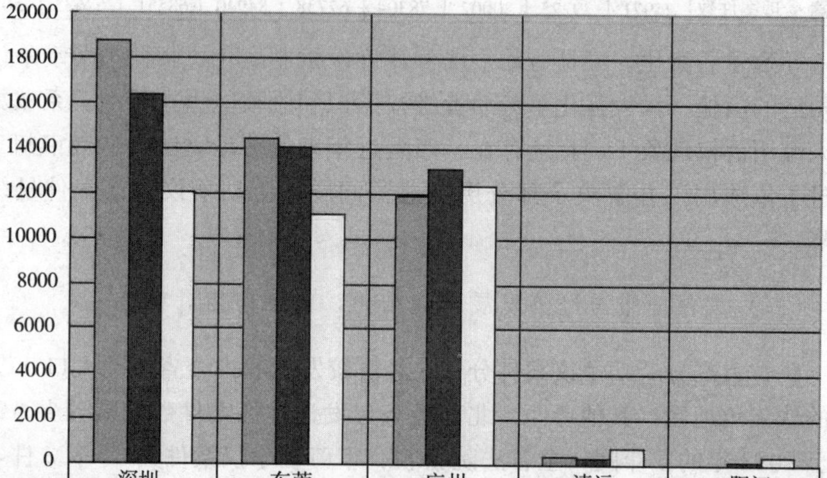

	深圳	东莞	广州	清远	阳江
■2011	18739	14477	11928	344	0
■2012	16371	14063	13078	320	182
□2013	12041	11091	12399	763	389

（三）争议主体集中：以外来务工人员和劳动密集型非公企业为主

根据我们对劳动争议诉讼案件当事人的问卷调查和案件抽样分析，并结合广州劳动仲裁数据发现，劳动争议案件的涉案劳动者以外来务工人员

（包括外省籍和本省籍外市）为主，涉及农民工的案件呈上升趋势。[①] 涉案劳动者收入水平较低，大部分约定标准工资为最低工资，实际平均工资2000～3000元。

而劳动争议涉及的用人单位则以个体私营企业和三资企业为主。涉及国有企业的案件数量相对较少。2013年，广州市劳动仲裁受理的案件中，涉案用人单位中国有和集体企业275家，占总数的3.47%；港澳台及外资企业有1780家，占总数的11.10%；私营企业8363家，占总数的52.17%；其他有4998家，占总数的31.18%；事业单位有312家，占总数的1.95%。[②]

从用人单位所属行业来看，主要是加工制造业、服务业及建筑施工等劳动密集型行业。其中27.47%的用人单位属于加工制造业，18.68%属于商业服务业，12.09%属于居民服务业，10.98%属于建筑施工业。高技术产业只占8.79%。而从企业规模来看，员工100人以上企业约占52.17%，10～50人的企业约占30.43%，员工10人以下及50～100人之间各占8.7%。[③]

劳动争议的主体特点反映出劳动密集型企业，特别是中小型企业用工管理不规范的问题比较突出，外来务工人员的劳动权益保障水平不容乐观。

（四）争议以权利争议为主，诉求日趋多元化，新类型案件不断增加

近年来，我省劳动争议案件中双方的争议焦点仍以权利争议为主，但劳动者诉求日趋多元化，案件类型呈阶段性变化，新类型案件不断增加。追索劳动报酬曾是最主要的案件类型之一，但近年来比例有逐步下降的趋势，且单纯追索工资的案件很少，多为追索加班工资、奖金、带薪年休假待遇和提成为主。要求解除或终止劳动关系的经济补偿（赔偿金）的案件及要求确认劳动关系并追索未签订劳动合同的双倍工资的案件则是2008年

① 2013年4月，广州市（不含中央、部队驻粤及省直属用人单位）纳入人力资源和社会保障行政部门实名制登记就业在职的异地务工人员有420.47万人。其中，本省籍124.68万人，占29.65%；外省籍295.79万人，占70.35%。

② 广州市劳动人事争议仲裁院：《广州市劳动人事争议案件热点难点问题及对策研究》，载《内部调研报告》。

③ 此数据来自课题组问卷调查结果。问卷调查由课题组随机向劳动争议案件当事人发放，用人单位和劳动者一方分别填写不同问卷。

以后增长最快的两种最主要的劳动争议类型。三大类案件占据劳动争议案件总量的八成左右。如深圳市2012年劳动仲裁收案中，劳动报酬类案件16421件、解除（终止）劳动合同类案件10148件，分别占全年总量的53.69％、33.18％。而广州市2012年受理的劳动仲裁案件中，涉及上述三类诉求的占83％以上。

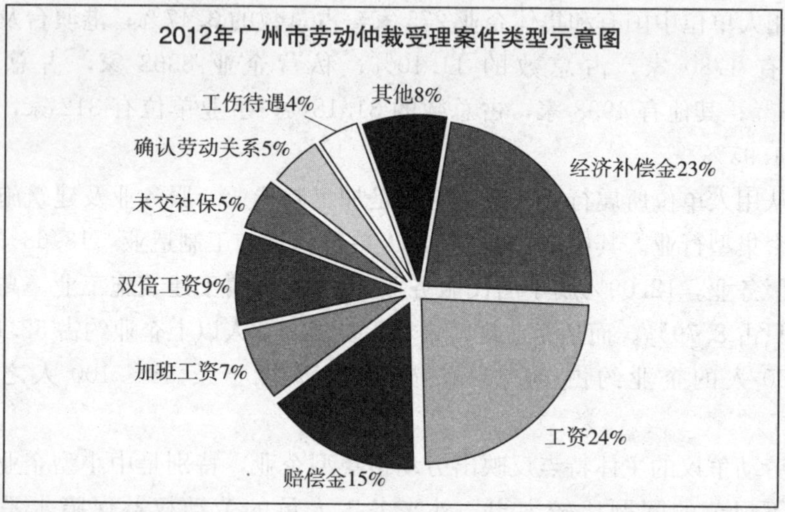

随着劳动保障法律赋予劳动者的权利增加，劳动者提出的诉求日趋多元化、复杂化，在同一个案件提出多种诉求是极为普遍的情况，少数劳动者甚至一次提出20多个请求。近两年来，劳动者要求赔偿社保损失、确认无固定期限劳动合同或要求确认与派遣用工单位存在劳动关系，要求同工同酬的新类型案件不断涌现。这反映出劳动者要求享有社会保障和平等权益的意识强烈，参与经济发展成果和利益分配的利益诉求开始萌发。劳动者诉求有逐步向利益争议转化的趋势。

（五）群体性劳动争议及维权事件总体上升，影响加大

近年来，群体性纠纷数量及涉及人数总体呈上升趋势，与个体劳动争议数量逐步下降的趋势呈反向发展态势。以广州仲裁为例，全市仲裁受理的个体劳动争议自2010年以后基本呈稳步下降的态势，而集体劳动争议则在2010年下降后又逐步上升。深圳市仲裁受理的群体性纠纷自2010年以来也呈上升趋势。佛山市法院受理的个体劳动争议案件在2010年达到顶点后开始大幅下降，群体性劳动争议案件虽在2010年也开始下降，但在

2012年又出现小幅反弹。[①] 但在广州，法院受理的群体性劳动争议案件基本呈下降趋势。广州市受理的个体劳动争议案件从2008年至今一直呈稳步上升的态势，而群体性劳动争议案件则在2008、2009年集中爆发后，从2010年以后一直保持逐年下降的态势。我们分析，诉讼与仲裁的反向发展态势，原因主要在于群体性纠纷的处理作为维护稳定的重要工作，通过地方政府、人民法院及仲裁机构采取诉前联调等多种措施联合化解，大量群体性纠纷在诉讼前得到妥善化解。

群体性劳动争议案件的主体特征即多发企业与个体劳动争议案件的领域基本相同，集中发生在三资企业、个体私营企业，分别为47.3%和41.0%。以加工制造业、服务业等劳动密集型产业为典型，分别为68.7%和20.4%。这些企业以中小经营规模较为典型，采取粗放式的生产经营模式，劳动管理不规范，劳动用工投入少，普遍存在延时加班、节假日加班、不依法缴纳社保的情形。[②] 引发群体性劳动纠纷大量增加的原因，除用人单位用工不规范以外，产业结构调整升级、企业关停并转、各行各业用人管理制度改革也是重要原因。

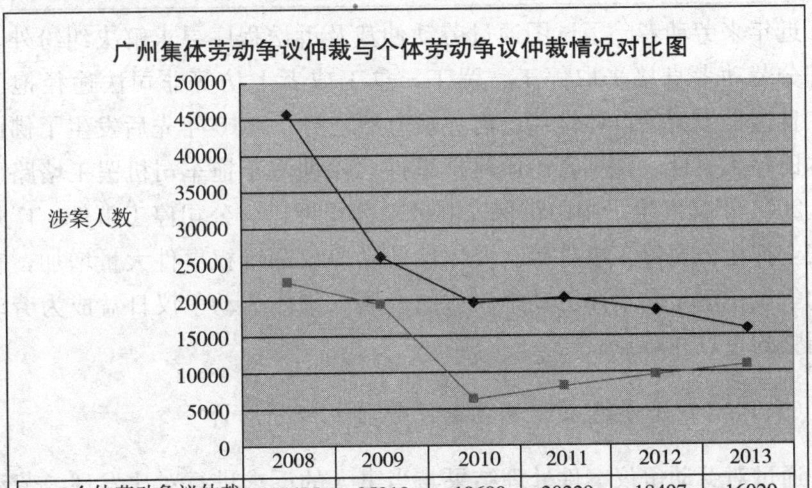

	2008	2009	2010	2011	2012	2013
个体劳动争议仲裁	45675	25910	19699	20229	18497	16029
集体劳动争议仲裁	22598	19373	6386	8127	9593	10820

群体性劳动争议呈现出较强地规模性、组织性。所涉及的劳动者人数

① 佛山市中级人民法院：《关于我市法院审理群体性劳资纠纷的调研报告（2012）》。
② 广州市中级人民法院：《劳动争议诉讼情况白皮书（2008～2011）》。

多，维权意识强，但法律知识欠缺，容易采取盲目、偏激、过激行为。大量群体性纠纷具有冲突扩大的潜在性，有部分人试探式维权，共同利益人等待观望，处理稍有不慎，即可能引发严重干扰社会秩序的突发事件。

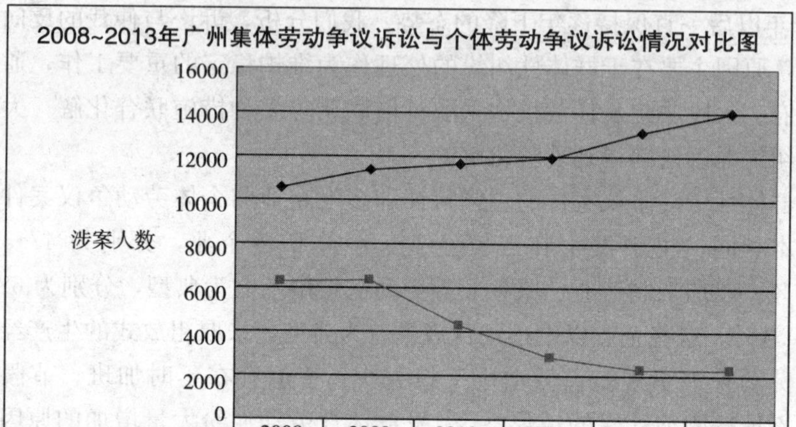

	2008	2009	2010	2011	2012	2013
个体劳动争议诉讼	10534	11412	11630	11928	13078	14001
集体劳动争议诉讼	6273	6350	4300	2856	2290	2302

近年来劳动者除了试图通过劳动仲裁及诉讼程序寻求解决纠纷外，也有部分劳动者直接采取停工、罢工、怠工或者上访等非司法途径抱团维权，且这种类型的群体性纠纷有愈演愈烈之势。2010 年先后发生了佛山南海本田停工事件、深圳富士康跳楼事件、深圳汽车拖车司机罢工堵路事件等，2014 年又发生了中山市保安服务总公司押运分公司停工事件、广州穗保安全押运公司停工事件等。群体性劳动争议和维权事件大量增加，表明劳动争议正逐步向集体劳动争议方向发展，集体劳动争议日益成为劳动关系调整的重点和难点。

（六）案件处理结果：多数案件劳动者部分胜诉

通过对劳动争议案件处理结果与当事人的诉求进行对比发现，劳动者诉求完全得到支持的较少，诉求完全不能得到支持的较少。用人单位主动提起劳动争议诉讼的较少，劳动者在离职后才提起劳动争议诉讼的居多。

根据广州仲裁院的数据，2010 年至 2012 年审结的仲裁案件中，劳动者完全胜诉的比例分别为 19.39%、23.16%、17.60%；而双方部分胜诉的比例则分别为 63.85%、53.04%、60.24%。可见劳动争议仲裁和诉讼过程中的利益博弈，劳动者超出法律规定或证据能力提出不切实际的诉讼请求、寻求利益最大化的情况较为普遍。

二、近年来我省法院加强劳动争议审判的措施与成效

近年来，针对劳动争议案件成倍增长、劳资关系对立加剧的形势变化，我省法院采取多项措施加强劳动争议审判，妥善处理各种劳动争议案件，促进劳动关系和谐稳定，取得显著成效。

（一）坚持社会审判理念，兼顾劳动者合法权益与企业生存发展

深刻把握劳动争议审判的特殊性，贯彻保企业与保民生相统一、规范用工与稳定就业相促进、严格适用劳动法律与灵活运用政策相结合等原则，准确把握法律法规和国家相关政策，妥善调处劳动争议纠纷，追求法律效果和社会效果统一，主动为“保增长、保民生、保稳定”的工作大局提供有力的司法保障。

一方面，充分考虑劳动者经济地位及诉讼能力，制定切实可行的措施强化对劳动者的保护力度。建立案件绿色通道，加大司法救助力度，为劳动者提起和参与诉讼提供便利条件。实行有利于劳动者的举证制度和诉讼保全制度，适当加强诉讼指引和调查取证。完善先予执行和主动执行制度，使劳动者权利得到及时有效的维护。

另一方面，妥善化解产业结构调整和企业关停并转过程中产生的劳动纠纷，灵活采取财产保全措施，对恶意讨债企业强化保全力度，对偿债意愿较强的企业采取活封等保全方式，避免对其生存和继续经营造成严重影响。

（二）加大调研指导力度，统一裁判尺度

我国调整劳动法律关系的规范性文件不仅有法律和行政法规，还有各部委制定的部门规章、各地制定的地方性法规和地方政府规章以及司法解释等。这些规范性文件数量庞杂，大部分是为了应对当时亟须解决的问题而制定，这些规定缺乏体系性，相互之间也有不协调地方，有些内容存在冲突或者遗漏，导致不同法院对同一案件适用不同的规定；而且，我国一些法律规定较为原则和抽象，不具实操性，导致不同法院对同一法律规定理解不一，从而造成“同案不同判”现象的存在。为了解决这一问题，省

法院不断加强对全省法院劳动争议案件审判工作的指导，定期开展多形式、多层次的调研活动，对劳动争议审判工作中出现的新情况、新问题及时进行总结并提出对策，相继出台了《广东省高级人民法院关于进一步加强劳动争议案件审判工作的指导意见》等一系列指导性文件。广州、深圳、佛山、中山等许多中级人民法院也制定了相应的劳动争议审判规范性文件，统一劳动争议案件的执法尺度和法律适用标准。

（三）探索完善审判工作机制，提升司法服务能力

设立劳动争议专业审判组织。自深圳中院在全国率先设立专门的劳动争议审判庭后，佛山、东莞等劳动争议案件受理数量较多的中级人民法院，及广州番禺法院、佛山顺德法院、东莞东城劳动争议巡回法庭等陆续设立了专门的审判庭或专业合议庭，专司劳动争议案件审理，带动全省法院劳动争议案件审判质效不断提升。

强化一审功能。积极推行劳动争议小额速裁试点工作，《民事诉讼法》实施后，及时制定小额诉讼操作规程，将劳动争议案件纳入小额诉讼范围，扩大劳动争议一审终审范围。

实行裁判文书改革提升审判效率。按照“简单案件简化审、复杂案件精细审”要求，推进案件繁简分流。省法院下发《关于推行民事裁判文书改革，促进办案标准化华和庭审规范化的实施意见》，对劳动争议案件推行要素式、令状式裁判文书。配套试点要素式庭审，立案时要求当事人填写格式化《诉讼要素表》，庭审时围绕要素进行调查辩论，庭审效率大幅提升。

借助科技手段提升办案规范化水平和服务水平。广州法院研发推广劳动争议办案辅助系统，通过计算机辅助法官查找法律和处理方案。健全审判流程公开机制，加快可同步录音录像的数字法庭建设，逐步推进从立案到结案信息依法全部公开。依法推动生效裁判文书上网，自觉接受群众监督，全省法院已通过互联网公布文书 22.85 万份。推进各级法院门户网站建设，利用法院官方微博微信等新媒体，主动公开审判信息和进行庭审直播。全省共有 83 个法院开设了 106 个官方微博或微信，关注人数超过 500 万。广州、深圳等法院开通诉讼信息服务平台，通过“12368”电话、手机短信、网站查询、微博微信等为当事人提供个性化指引和服务。

（四）推动裁审衔接及多元化调处，增强非诉解决机制作用

构建劳动争议多方联动化解机制。借助诉前联调制度优势，充分发挥劳动监察部门、工会组织、工商联和行业协会等职能部门和社会组织作用。深化诉调对接，与省人社厅等部门建立联动化解和处置机制，突出化解劳动争议。

推进裁审衔接。建立与劳动争议仲裁委员会的沟通协调机制，2008年，广东省法院与广东省劳动争议仲裁委开全国之先河，率先联合发布了《关于适用〈劳动争议调解仲裁法〉、〈劳动合同法〉若干问题的指导意见》。2012年，再次联合出台了《关于审理劳动人事争议案件若干问题的座谈会纪要》。下属各地市中院也与劳动人事争议仲裁院联合开展调研，通过建立健全业务交流制度、案件通报制度、卷宗调阅制度、调解联动制度等方式，推进裁审协同运行，实现裁审尺度逐步统一。

在采取上述举措的情况下，我省仲裁质量逐步提高，分流作用增强。主要表现在：第一，一裁终局比例稳步上升。2010年，全省仲裁机构一裁终局案件占仲裁裁决案件的9.1%，此后持续缓慢上升，至2013年已达16.7%；广州市2011年至2013年一裁终局所占仲裁裁决案件的比例持续小幅上升。深圳市在2012年以终局裁决方式结案5625件，占仲裁裁决案件的16.3%，同比增幅达41.76%。第二，起诉率下降。广东省2010年仲裁裁决的案件有10.53万件，进入一审诉讼程序的案件为84940件，起诉率为81%。之后三年持续下降，至2013年达到53%。深圳市的情况基本相同。2010年的起诉率高达82%，此后持续下降，在2012年达到47.5%，表明只有一半的仲裁裁决案件进入诉讼程序。第三，撤裁改裁率下降。以广州为例，广州中院2013年审结申请撤销终局仲裁裁决案件466件，其中驳回用人单位的申请382件，用人单位撤回申请51件，撤销劳动仲裁裁决22件，调解11件，撤裁率仅为4.7%。而对非终局裁决案件的裁审结果来看，改裁率的平均比例为9.4%。深圳市自2009年以来终局裁决案件的撤裁率也连续大幅下降，在2011年更是降至1.4%。

（五）延伸审判功能，引导和谐劳动关系构建

完善劳动争议白皮书发布制度。2011年，广州市在全省法院系统率先发布《劳动争议诉讼情况白皮书》，提出预防、减少和妥善处理劳动争议

矛盾纠纷的对策和建议，为政府科学决策、当事人理性维权提供参考指引。之后，深圳市、中山市、佛山市等也相继发布了该市的劳动争议诉讼白皮书。

加强司法建议工作。对在审理劳动争议纠纷案件过程中发现的政府执法、企业管理等方面存在的问题，及时向政府有关部门及相关企业发出司法建议，促进用人单位健全制度规范管理，加强政府部门的劳动行政监管。尤其是作为主管部门的劳动行政部门，促进其对目前劳资关系中的主要矛盾的监管力度，加强对签订书面劳动合同、依法缴纳社会保险、工资支付、劳务派遣等热点问题的监管。

定期开展“送法进企业”等法律宣传服务活动。各级法院成立“青年法律志愿服务队”，深入工业园区、深入广大务工人员的居住区，通过举办座谈会、法律咨询、以案说法、编发案例、与行业协会联合等形式，为企业和劳动者提供法律帮助，对企业用工中存在的问题提出意见建议，推动建立相互信任、和谐稳定的劳动关系。

三、当前我省劳动争议审判面临的困境与挑战

随着我省经济社会转型进程的进一步深入，劳动关系将更加复杂多变，人民法院劳动争议审判工作面临不少困难和新的挑战。

（一）经济社会形势复杂多变，劳动关系不稳定风险加大

目前我省正按照国家的要求，积极开展“退二进三”和产业、劳动力“双转移”工作，“双转移”和淘汰落后产能继续深入推进。这涉及产业结构调整、企业重新布局、劳动力需求类型转变等一系列问题，落后产业淘汰、厂址搬迁、劳动密集型产业转型等各个环节都与用人单位和劳动者相关，企业会因产业升级而降低对非技术劳动者的需求，裁减人员、劳动合同变更和经济型裁员等现象可能增多。以珠三角地区为例，2013 年共转出、淘汰关停企业 1 万多家，列入淘汰落后产能计划的 93 家企业的落后设备已全部关停。[1] 因企业关停、改制、重组而带来的劳动关系的变动容易

① 《2014 年 1 月 16 日广东省省长朱晓丹在广东省第十二届人民代表大会第二次会议上作政府工作报告》，载广东省人民政府网 http://www.gd.gov.cn/govpub/gzbg/szf/201401/t20140122_192460.htm，访问时间：2014 年 3 月 17 日。

引发劳动争议。同时，作为高度依赖外部需求的外贸大省，我省劳动关系的稳定性更易受到国外经济波动的影响，根据世界银行发布的《2012 年全球经济展望》报告的预测，2012 年以后全球经济全面恶化，欧债危机的影响进一步扩散至新兴国家，导致其经济增长率明显减速。由此，因出口需求下降而给我省外向型企业的劳动关系将带来新的冲击，诱发矛盾纠纷。

另外，2012 年修正后的《劳动合同法》和《劳务派遣暂行规定》对劳务派遣作了严格限制，但严格的法律规定与不规范的现实之间存在巨大冲突，势必增加我国庞大劳动力市场在转型过程中的不稳定因素，由此引发的劳动争议案件数量急剧攀升的可能性较大。总之，随着我省经济社会形势的发展变化，劳动关系不稳定风险加大，劳动争议多发趋势加剧，劳动争议案件数量和处理难度都将进一步加大。

（二）群体性争议多发，利益性诉求增加，司法调处有困难

随着我国劳动力市场发展变化，劳动者受教育程度提高、灵活用工劳动者增加，新生代劳动者成为劳动者的主体。新生代劳动者具有强烈的主体性、权利意识，要求相对体面的工作，生活要求的提高加上城市生活成本的上升，造成了他们对工资增加缓慢、工作强度大、企业管理生硬等现实情况的不满，易造成群体性心理失衡，进而引发群体事件。同时，信息技术和信息网络的发展和应用，增强了劳动者的维权意识和维权中的学习能力，在群体事件中容易出现“网上联动、网下行动”现象，群体性劳动争议的联动性和组织性日趋明显，呈现出较强的对立性和不可调和性，造成调处难度不断增大。

目前我国群体性劳动关系缺乏必要的自我协调机制。一是集体劳动合同职能弱化。相当多的单位未签订集体劳动合同，或者虽签订有集体合同，但内容空泛，流于形式，其作用得不到有效发挥。二是企业调解委员会机构不完备，起不到应有的作用；三是工会组织形同摆设，不能有效代表和维护劳动者利益，其作用难以有效发挥。企业调解委员会应是企业内部自行协调群体性劳动关系矛盾的有效机构，但实践中往往由于机构不完备、人员不到位，使其徒有其名。一些企业虽然设立了调委会，但由于工会维权职能弱化，在争议发生后劳动者不愿进入内部调解程序接受企业调委会的调解，减弱了企业内部化解矛盾的能力。由于缺乏必要自我协调机制，群体性劳动争议未能消除在萌芽状态，处于弱势地位的单独的劳动者

个体易于自发串联起来形成与资方对峙的态势，导致群体性劳动争议的蔓延。

我国群体性劳动争议解决机制与一般的劳动争议解决机制并无二异，仍沿用“一调一裁二审”模式，尚未建立专门的、统一的法律规范，更缺乏一整套行之有效的工作机制，使得群体性劳动争议的处理和解决始终处于被动应付的状态，远远无法适应群体性劳动争议日益增长的需要。另外，尽管群体性劳动争议发生的重点也是薪酬福利、社保待遇、工作安置等焦点问题，但相当一部分群体性劳动纠纷的劳动者开始在既有集体合同、劳动合同所确定的工资水平、劳动条件的基础上，争取更大的利益。群体性诉求有逐步转向集体利益争议的趋势。而对于此类利益争议，法律尚没有明确的调处机制，人民法院调处此类纠纷欠缺相应法律手段。对于因争取集体利益而采取维权行为的劳动者，在进入个体劳动争议程序后，如劳动者因参与停工而被用人单位解除合同后产生的纠纷，人民法院在调处时也面临左右为难的困境。

（三）一调一裁两审的劳动争议处理机制运行不畅，司法资源浪费严重

我国《劳动争议调解仲裁法》遵循了原有的“一调一裁两审”的劳动争议解决机制，但实践中运行机制并不顺畅。由于调解程序中对劳动者权益的保护很大程度上要依赖基层工会组织，而我国基层工会组织不健全且发展缓慢，故调解程序往往形同虚设。较长一段时期以来，劳动仲裁受人员配备不足、行政化严重等因素影响，仲裁质量不高，公信力不足，仲裁案件起诉率较高。虽然近年来因为裁审衔接的加强，仲裁案件质量提高，一裁终局比例增加，裁决起诉率和撤裁改裁率逐步下降，但仲裁机制的总体分流作用依然非常有限，约有一半的仲裁案件进入诉讼程序；而且，由于仲裁与诉讼是互不联系、完全独立的两个程序，案件从仲裁进入诉讼程序，人民法院仍需对个案进行全面审查，造成司法资源的极大浪费。

小额诉讼制度已经实施，但由于法定标的金额过小及观念制约等因素影响，2013 年全省适用一审终审审结的劳动争议案件仅为 1086 件，适用

比率仅为6.44%。[1] 由于劳动争议处理机制的不健全，近四年来平均约有28%的劳动争议案件用尽劳动仲裁、一审、二审的程序，而其中改变仲裁结果的不到10%。程序用尽的现实状况，不仅极大阻碍了劳动者权益的快速实现，也浪费了社会资源，并造成人民法院审判压力难以根本缓解。

（四）新问题不断出现，法律适用难题多

虽然我省法院一直注重劳动争议审判调研，陆续制定了一系列的指导性意见，着力统一处理尺度，但由于我国社会经济的不断发展和劳动形态的复杂多变，审判实践中的新情况、新问题不断涌现，劳动争议审判工作始终面临法律适用困难的严峻考验。如以下劳动争议审判实践中的热点难点问题，亟待研究和统一。

第一，社保类案件的受理范围及待遇损失核算问题。由于珠三角大量中小企业存在不依法缴纳社会保险的情况，随着社会保障制度的完善和社保待遇的提高，劳动者要求补缴或者赔偿各类社保损失的争议大量增加。哪些应当由行政机关处理，哪些应纳入诉讼受案范围，关系到劳动行政职能的调整和司法最终处理原则的实现。虽然2012年省法院与省劳动争议仲裁委《关于审理劳动人事争议案件若干问题的座谈会纪要》给出了基本原则，但在实践中远非界限分明，相关待遇标准犹如雾里看花。如劳动者是否达到退休年龄、历史性劳动关系的起止期限、女职工生育保险待遇的确定与损失的核算、农民工失业保险待遇的核算，等等，均存在理解不统一的问题。

第二，劳务派遣的审查与规范问题。虽然2012年修正后的《劳动合同法》和《劳务派遣暂行条例》确立了“临时性”“辅助性”或者“替代性”三性工作岗位标准和用工比例，但实践中对于三性和比例的合理范围仍难以界定，超出“三性”岗位使用派遣工的行为后果，是认定劳务派遣行为有效并要求用工单位承担不利后果，还是认定劳务派遣行为无效并转而认定派遣工与用工单位存在劳动关系，尚缺乏明确规定。新法规定劳动者享有与用工单位同等岗位的劳动者同工同酬的权利，但对同工同酬如何理解和认定，同样没有可操作的标准。另外，为规避严格的劳务派遣监管，大

① 广东省高院课题组：《小额诉讼的制度探索与司法践行——基于广东省法院数据的实证分析》。

量用人单位转而选择劳务外包、承包、承揽等其他用工管理模式，如何区分劳务派遣与劳务外包、承包等不同法律关系，明确界定三方权利义务关系，形成了新的法律适用难题。

第三，劳动关系与民事关系的界定与划分问题。这不仅关系到争议处理的程序，也会对当事人的实体权利义务产生重要影响。实践中对一些非典型的职业关系的性质认定比较模糊。譬如建筑承包施工中的法律关系，保险代理人与保险公司之间的法律关系，采取加盟经营模式的个体从业者与相关企业之间的关系，会计、律师等专业人员与事务所之间的关系等，均需要统一和明确。

第四，欠薪逃匿的法律处理问题。因用人单位欠薪而引发的劳动争议，一直是劳动用工领域较为高发的问题之一。2013 年，仅广州市番禺区劳动监察大队就处理了11 宗欠薪逃匿事件。实际处理中，为了快速解决纠纷，不致酿成大规模的群体事件，仍以垫付工资为主要手段，一般由厂房、设备、场地的出租方垫付，再进行其他相应的追责。但是，垫付做法不仅欠缺充分的法律依据，在现实中也面临操作的困难。由于场地、厂房的出租方为自然人的较少，垫付往往由企业所在地的村委会或居委会承担。然而，村民和居民对于村委会或居委会以集体资产承担垫付责任存在很大不满和质疑。如果坚持这种处理的方式，可能会阻碍基层经济组织的健康发展，甚至还会引起另一轮的群体性事件。而且，这样做也无法保证欠薪劳动者的合法权益得到全面地保护。

第五，涉外劳动关系的司法处理问题。由外派合作劳务、国际工程承包、海外派遣、外国人在华就业等跨境经贸交往多元化导致的涉外劳动关系，因其复杂性与独特性，日益成为司法审判的难点问题。首先，境外劳动者的差异性及其同等适用《劳动法》问题。我国就业许可制度并未区分来华就业的境外人员，对于某些原本属于“非典型雇佣关系”的用工（包括“独立合同人”或“自雇人士”）以及具有双重身份的职业经理人等一并纳入，增加了司法处理的难度，导致在处理高薪外籍白领与一般境外劳动者关于加班费、竞业限制、经济补偿金、未签书面劳动合同双倍赔偿等劳动纠纷时，法律规定和司法处理存在一定的矛盾。其次，外企代表机构直接招用中国雇员的关系定性问题。我国法律不认可外企常驻代表机构的用工主体地位，这些机构与中国雇员签订的竞业限制协议是否有效，也是一个司法难题。再次，在境外人士工作签证仅为一年的情况下如何与其签订无固定期限劳动合同的问题一直没有明确，导致无法满足国际经济交往日益扩大和境外人才引进步伐加快的需求。最后，涉外劳务派遣、境外劳动者的社保等引发的劳动纠纷也是司法处理的难题。

四、进一步完善和谐劳动关系司法保障机制的对策与建议

（一）优化劳动争议处理机制，提升纠纷解决效率

由于现行劳动争议处理机制存在程序效益不足、审判压力过大等诸多问题，研究者们提出了多种改革路径，大体可分为单一机构处理模式论和仲裁、诉讼并存模式论。我们赞成保留仲裁与诉讼并存且仲裁前置的模式。[①] 但应当进一步优化现行模式的运行机制。

1. 进一步扩大仲裁终局裁决范围。对《劳动争议调解仲裁法》第47条作最为宽松的解释。考虑到仲裁机构与劳动行政部门的历史传承与沟通优势，可将所有涉及社会保险待遇、休息休假等方面的争议，以及所有分项请求金额不超过12倍当地月最低工资标准的追索劳动报酬及经济补偿金方面的争议，全部纳入终局裁决范围，用人单位不服仲裁裁决的不得起诉。

2. 改革劳动争议诉讼收费制度，适当提高诉讼门槛。过低的诉讼费用标准实际上替用人单位降低了负担，对劳动者并无益处，反而造成用人单位违反《劳动法》、违反劳动合同的违法违约成本降低，对于减少劳动争议案件起到负面的作用。建议维持仲裁免费的做法，适当提高劳动争议案件诉讼费标准。对于有经济内容的纠纷按照争议的标的额收取诉讼费，双方根据责任比例承担诉讼费用。对于劳动者起诉的，免于预交诉讼费。对于劳动者败诉的，如果经济确有困难的，负担不起诉讼费，试行免交、减交。

3. 完善裁审衔接，诉讼承继仲裁程序效力。对于当事人不服仲裁裁决的案件，人民法院应当认可和承继仲裁程序，实行有限审理原则。当事人在仲裁程序中提交的证据，所作的陈述，在诉讼中亦具有当然的效力。因

---

① 参见谭玲：《劳动争议案件一裁终局制度的现实困境与未来转型》，载《判解研究》2011年第2期。

程序而承担的不利后果均应沿袭至诉讼程序，从而避免当事人不认真对待仲裁程序，浪费司法资源。

（二）完善劳动争议诉讼机制，强化司法保障权威

1. 深入推行劳动审判组织专业化。劳动争议与其他民事法律纠纷存在明显的差异，需要从尊重劳动者人身自由而不仅是契约自由的角度塑造劳动司法审判理念。加之劳动争议的类型多样，常涉及企业经营管理技术、劳动条件、劳动标准等方面的内容，没有专业知识作为处理争议的背景，处理难度更大。世界范围内，设立专门的劳动审判体系和审判机构是较为普遍的现象和发展趋势。我省虽然在探索专业审判模式的道路上迈出了可喜的步伐，但并没有普遍设立专门的劳动争议审判机构。审理劳动争议案件的法官构成缺少专业性，多数未接受过专门的劳动法教育和专业培训，对劳动关系的特殊性和劳动法律规范的理解不够深入。而且因为提拔或交流轮岗导致专业法官的不断流失，对劳动争议审判工作带来不利影响。设立专门的劳动法院或劳动争议审判庭，使法官有足够的精力去进行专业研究，并在长期的诉讼实践中积累经验，将有利于整合资源，为构建和谐劳动关系提供更为专业、效率更高、范围更广的司法服务。

2. 积极适用小额诉讼程序，扩大一审终审范围。小额诉讼程序虽然正式实施，但由于宣传不力，当事人不信任以及法院过多考虑再审改判率、担心信访维稳等多方面的原因，一审终审的制度效应基本没有释放出来。全省各级法院应加大制度的宣传和实施力度，尤其应采取有效措施消除对基层法院和法官对一审终审的各种顾虑，积极适用小额诉讼程序。劳动争议案件中以金钱为标的案件，原则上只要低于规定的最低标的额，都应纳入小额诉讼的范围。目前标的金额仅为1.3万元。应将省级统筹改为市级统计标准，对于诉讼请求超出标的金额限额的，应允许当事人选择适用。

3. 合理把握收案范围。应充分认识司法资源的有限性和司法权的局限性，对于涉及改革过渡阶段产生的带有普遍性的政策遗留问题，不宜由法院解决。对于政府主导下进行的国有企业改革，事业单位人事制度变革，牵涉政府公共政策，也很难通过民事司法手段予以妥善解决，不应纳入收案范围。在特定争议同时涉及私权和公权，并具有双重救济途径时，应促使当事人选择具有可操作性的救济方式。如劳动者请求社会保险经办发放机构发放社会保险金的纠纷，劳动者对劳动能力伤残等级鉴定意见或者对

职业病诊断鉴定委员会的鉴定意见有异议的纠纷，均应直接通过相应行政处理程序处理。法院直接处理并不妥当，不应纳入争议处理范围。

4. 完善诉讼诚信制度。当前在劳动争议案件数量大幅增加的背后，因诚信缺失所引发的劳动争议在诉讼中所占的比重日益凸显，诚信缺失问题逐渐浮出水面。部分不诚信劳动者受利益驱动，采取拖延签订劳动合同、变换合同签字笔迹、盗取单位保管的劳动合同文本等手段，企图通过诉讼获取 2 倍工资差额。而有的用人单位则在诉讼过程伪造劳动合同、工资考勤记录等手段，企图规避劳动法律责任。此种不诚信行为扰乱了正常的用工秩序，增加了用工不稳定因素，成为制约企业人力资源管理良性发展的瓶颈，也对法官查清案情造成困扰，耗费大量人力资源和诉讼成本，成为扰乱劳动争议审判秩序、制约和谐劳动关系构建的重要因素。人民法院应通过大力制裁提供虚假证据的行为、合理分配举证责任、公平界定法律责任等民事司法手段，打造诚信诉讼环境，促进诚信维权和诚信用工。

（三）完善法律适用协调机制，增强纠纷解决方案可预期性

1. 不断加强与劳动仲裁部门的沟通，统一裁审尺度。各级人民法院应继续加强与劳动仲裁部门的沟通，统一仲裁与诉讼程序适用法律的标准。着重理顺仲裁程序与诉讼程序的衔接机制，提高劳动仲裁部门裁决文书的公信力，减少裁后再诉案件的数量，促进劳动关系的和谐。

2. 完善法院内部法律适用协调机制，避免同案不同判。在司法去行政化的改革背景下，通过建立上下级法院之间的审判季报制度、典型案例指导制度、特定案件的提级管辖制度、敏感案件沟通研讨制度等措施，统一上下级法院裁判尺度。进一步完善案件质量评查通报制度，并建立双向监督制度，对劳动争议审判工作质量进行有效监管；通过强化审判委员会、审判长会议功能，加强疑难法律问题的研讨，统一裁判标准，提高全省各级法院劳动争议案件的审判质量，避免同案不同判。

3. 及时研判热点难点问题，推动司法解释或立法性文件适时出台。人民法院对于劳动争议审判实践中发现的热点难点问题及新问题，应及时研判，提供有效的解决方案，解决方案成熟时应积极推动相关司法解释或立法文件出台，强化对劳动市场的规范和引导作用。第一，针对社保类案件的不断增加和法律适用的困惑，应加强与劳动社保机关的交流研讨，出台专门意见，明确划分劳动行政与司法的受理范围，明确两者的衔接与配合

程序，统一相关待遇的核算标准。第二，对于非典型的劳动用工关系，应当根据行业管理发展的长远需要，以拓宽劳动法律保护范围为方向，尽量纳入劳动关系调整。对于特殊的劳动关系权利义务则可参照行业规范或地方规范进行调处。第三，对于因劳务派遣引发的争议，应坚持实质性审查标准，对违反派遣规定的用工行为，由用工企业承担赔偿损失的责任。第四，拟定更为细致且具可操作性的欠薪追责规定，加大对故意欠薪用人单位的打击力度。第五，完善涉外劳动关系的立法，区分来华工作的境外人员，对涉外劳动关系中的主体资格、劳动合同期限、书面劳动合同、竞业限制、涉外劳务派遣、加班费、经济补偿金和赔偿金、社保等难点问题作出明确规定。

（四）着眼劳动关系治理，强化能动司法

1. 深化司法公开，扩大审判效果。建立定期向社会通报劳动争议情况的白皮书制度。规定省级法院和中级法院应每年向社会发布劳动争议情况白皮书，及时分析通报劳动争议情况发展变化。分析常见的劳动违法案例，提高各方劳动法律意识。加大裁判文书上网力度，强化裁判文书示范效应和监督功能，起到规范社会行为、引导劳动关系双方当事人依法行使权利的作用。

2. 强化司法建议，推动劳动行政职能优化。在现代市场经济国家，劳动行政部门作为政府的代表，在劳动关系治理中占有主导地位，对劳动用工市场负有引导、调处、保障、监管、服务等多种职能作用。在寻求地方经济发展和行政职能转变的双重背景下，劳动行政主管机关难免存在为维护企业生存而姑息违法用工，因人员力量欠缺而被动执法，因体制机制欠缺而保障不足、服务不到位等情况。人民法院应充分利用审判工作掌握的情况信息，发挥法律专业优势，通过座谈沟通或司法建议的形式，推动、促进行政部门积极作为、依法作为，有效规范劳动关系，预防劳动争议。

3. 加强制度研究，推动劳动市场规范体系和权益保护机制不断完善。从长远来看，要建立和谐规范的劳动关系，建立公正高效的劳动争议处理体制，最终要依靠健全协调的法律体系。完整的劳动关系调整模式应包括宏观调整、中观调整、微观调整三个层次，涵盖个体劳动关系和群体性劳动关系，并建立完整的劳动关系前、中、后三个阶段组成的劳动权益保护的法律链条。而我国劳动立法近年虽取得显著进步，但仍显得体系性和协调性不足。特别是对集体劳动关系的调整规范还停留在倡导层面，对集体谈判和协商过程中发生的变更工资及劳动条件等涉及将来利益调整的集体劳动争议，欠缺实体的调整规范和恰当的处理程序，已不能适应群体性劳动争议形势发展需要。人民法院应着眼于新型群体性劳动争议纠纷的发展变化，推动建立能保障劳动关系双方平等协商的集体谈判机制，由政府主导的集体争议调停制度和一裁终局的集体争议仲裁制度。

结语

随着我国劳动关系市场发展的进一步深入，劳动关系的波动将呈现常态化，劳动关系治理需要深度法制化，引发劳动关系矛盾纠纷的主要原因从工资收入、劳动安全等生存型诉求转为公平待遇、人格尊重、职业发展等发展型诉求，劳动关系双方利益博弈格局将逐步形成，劳动关系的调整将进入多方治理阶段。[①] 面对劳动争议频发和大幅增长的现实，进一步健全劳动争议纠纷的多元化解决机制，更好地发挥劳动争议审判为构建和谐劳动关系提供司法保障的职能作用，最终实现劳动关系治理的法治化，是一个光荣而艰巨的任务。我们在路上。

① 参见王阳：《我国劳动关系变化取向与对策建议》，载冯同庆主编：《聚焦当代中国社会劳动热点问题（2012－2013）》中国工人出版社 2013 年版，第 21～35 页。

城市社区股份合作公司转型升级中的法律问题分析

——以深圳市宝安区社区股份合作公司为视角

深圳市宝安区人民法院、华东政法大学联合课题组*

股份合作公司是当前我国社会经济发展中一种重要的经济组织形式，随着城市化的进一步深入，股份合作公司正面临转型升级的重要历史发展机遇期。我们以深圳宝安区社区股份合作公司为视角，对城市社区股份合作公司转型升级中的法律问题进行了研究。

本课题的主要研究方法：(1) 理论研究。与华东政法大学合作，对股份合作公司制度的主要法理问题进行了研究、论证；(2) 个案分析。对近年来宝安法院受理的涉股份合作公司案件进行分析，发现股份合作公司存在的一些根本性、制度性问题；(3) 走访座谈、调查研究。向宝安区（含龙华、光明新区）400 多家股份合作公司发放调查问卷，召开股份合作公司代表参加的座谈会，走访部分股份合作公司，全面掌握股份合作公司的情况。

一、宝安社区股份合作公司概况

（一）产生和发展

新中国成立之初，我国即在政府指导下成立了农业生产合作社和城市手工合作社，但随着 1958 年“政企合一”人民公社的建立，合作制的探索很快就夭折了。我国真正的股份合作制企业起步于 20 世纪 80 年代中期，

* 课题组组长：闻长智，成员：顾耕耘、张艳红、周虹、付学嵘、杨继周、刘澄宇、方永梅。

是在探索发展乡镇企业的实践过程中创造和发展起来的，当时的企业特点是以资金入股、以劳代股为筹集方式，以劳动合作为基础，将资金联合与劳动联合结合起来。农业部1990年发布的《农民股份合作制暂行规定》、1994年发布的《乡镇企业产权制度改革意见》确认巩固了农村股份合作制企业的发展。农村股份合作制的改革经验，很快被借鉴到城市小企业的改革中，股份合作制成为城市及县属国有小企业和集体企业改制的重要形式。党的十四届三中全会通过的《中共中央关于建立社会主义市场经济体制若干问题的决定》明确提出国有小企业和集体企业可以实行股份合作制。国家体改委1997年8月制定了《关于发展城市股份合作制企业的指导意见》，随后广东、山东、上海、北京、南京、天津、陕西、成都、汕头、河南等地出台了关于农村股份合作企业和城镇集体企业股份合作制的暂行办法和试行办法。进入21世纪，随着改革的持续深入，股份合作制企业的发展也出现不少问题，比如股权设置不合理，经营者损害股东权益，股东难以参与企业管理等。目前，理论界和实务界对股份合作制企业的探讨还在不断深入。

深圳的股份合作制企业是伴随不断推进的城市化进程并以原集体经济组织为基础发展起来的。1984年，沙井万丰村在全国率先推行农村股份制，成立万丰股份公司。次年，万丰股份公司将辖区两工厂折价600万元（即600万股），面向全村发行内部股票300万股，成功回笼资金300万元。万丰村的大胆变革，不仅奠定了所谓“万丰神话”的基础，更重要的是经过后续推广、演变，形成了股份合作制这一新型农村集体经济模式，影响深远。1992年6月18日，中共深圳市委、深圳市政府发布了《关于深圳经济特区农村城市化的暂行规定》，开始对原经济特区内的农村实施城市化，特区内的68个行政村和173个自然村被撤销成立居委会，各村的集体经济组织被改造成股份合作公司。1994年5月12日，深圳市人大常委会讨论通过了《深圳经济特区股份合作公司条例》（以下简称《条例》），明确了股份合作公司的法律地位，对股份合作公司的股权设置、组织结构等进行了规范。2001年6月28日，深圳市宝安区政府制定了《深圳市宝安区农村股份合作制暂行规定》，进行农村股份合作制改革。2003年，中共深圳市委、深圳市政府又发布了《关于加快宝安龙岗两区城市化进程的意见》，全面启动原特区外的农村城市化改革，特区外的18个镇全部改为街道，218个行政村改为居委会和社区工作站，2004年年底为特区外27万农民办理了“农转非”。同时因“撤村改居”，原农村集体经济组织被逐步改制成为股份合作公司。至2005年年底，宝安区股份合作公司有456家，股东（原村民）人数12.1万多人，总资产365.39亿元，净资产238.28亿元，总利润127.2亿元。经过几年的发展，股份合作公司的经济规模不断壮大，截至2011年年底，宝安区股份合作公司有416家，总资产569.5亿元，净资产293.3亿元。

（二）法律特征

1. 股份合作公司共有的法律特征

（1）营利与互助兼顾。合作制产生之初的一个基本原则是不以营利为目标，但如不以营利为目标则难以吸引更多的成员加入，同时企业也难以有可持续的发展，因此该原则在发展中已经得到修正。股份合作公司既要追求营利，以维持其生存和发展，但又不能将营利作为自己唯一的追求目标。股份合作公司在取得适当盈利的同时，必须始终提高成员的受教育程度和业务素质，资助一定范围的群体公益活动，满足成员对物质和精神文化生活的需求。

（2）资金联合与劳动联合有机统一。股份合作公司首先是以入股资金为纽带，在承认财产最终所有权的基础上实行资金联合。在市场经济条件下，不仅一切实物、技术、土地等作为入股股份都要采取价值形态，而且劳动者的凝聚也需要资金作为黏合剂。股份合作制的特点还在于它与劳动联合相结合，股份合作公司的劳动者一般由两部分构成：一是企业股本金所有者，这部分劳动者具有入股资金最终所有者与联合劳动者的双重品格；二是单纯的劳动者，这部分劳动者具有劳动者与企业公共积累的集体所有者的双重品格。股份合作公司就是在入股资金联结基础上的劳动联合体。资金与劳动在这里不是对立的两极，而是一定程度的统一或重合。

（3）股份民主与劳动民主适当结合。股份合作企业实行股权平等，一股一票的股东会议制度。股东会议是企业的最高权力机构，它制定章程，选举产生董事会，决定企业生产经营中的重大问题。企业的经理由董事会在董事中选举或对外择优聘任。经理对企业统一行使生产经营活动的指挥权和管理权。股份合作公司的职工有优先入股权，同时按有关规定享有参与企业生产、经营、管理和劳动等权利。股份合作公司的职工大会维护职工合法权益。企业公共积累、职工保险、福利基金等开支，应由职工大会决定。股份合作公司管理制度就是股东当家与职工民主管理相统一的机制。

(4) 按资分配与按劳分配同时并存。股份合作公司是资金联合与劳动联合的统一体，这决定了它必然实行按劳分配与按股分配相结合，同时提取一定比例公共积累的分配制度。对企业盈利以按劳分配为主。股本金的收益分配，有的地方既享有相当于当地银行贷款利率的股息，计入成本，同时又参与税后留利的股金分红。通常，股份合作公司的税后留利分配，一部分用于扩大再生产，作为新增资产记入股东名下，视同股金，其余部分作为集体福利基金和职工奖励基金。公共积累，属于企业共有，具有不可分割性，它是企业集体所有制的基础和生长点。

2. 宝安社区股份合作公司特有的法律特征

(1) 股权设置方面

第一，社区股份合作公司把评估后的集体净资产分解为集体股和合作股。基于确保股份合作经济的公有制性质和保证公共事业的投入考虑，集体股归全体股民共同所有，村集体资产管理委员会是集体股的产权代表。社区居民主要凭借身份获得合作股股权，股权是“天赋”的。股东资格按社区人头无偿分配或低价购买，决策权一人一票，分配上相对平均，带有浓厚的集体制色彩。

第二，社区股份合作制融集体所有制和个人所有制于一身，兼有合作制和股份制双重特征：一方面，它具有自愿互利，互助合作，利益共享，提供公共积累后按照一定比例按劳分配等合作经济的特征；另一方面，又具有合股集资，按股分红，风险共担，独立经营等股份制的特征。

第三，股权封闭性强。合作股实际上就是一种福利分配，具有浓厚的福利性质。合作股的取得有严格的身份限制，只有本村的村民才能自然成为股东，而且股权界定后通常对股权进行固化处理。所以在股权界定上，股份合作公司对外有较强的排斥性。

(2) 经营管理方面

第一，社区股份合作公司是企业，也就是说它是一种营利性的经济组织，虽然股份合作制具备一定的社区性、福利性，但是成立股份合作制的目的在于营利。村民以土地、资金入股股份合作公司，依照法律办理相应的手续后，村民就成为该股份合作公司的股东，以其入股土地获得相应的股权。股份合作公司获取土地使用权后，采用多样化的土地经营方式，利用土地权益资产，发挥土地规模效应，发展多元化的经营手段，从而保证公司资产获得的收益最大化。

第二，社区股份合作公司设置股东代表大会、董事会和监事会，分别作为公司的权力机构、经营决策和业务执行机构以及公司业务和财务的监督机构。三个机构相互监督、相互制约以保证公司的良性运作。又由于社区股份合作制公司内部具有相对的封闭性，公司内部大多数工作人员均来源于村民小组或行政村的村民，公司董事、监事往往由大的房姓家族成员和受教育程度较高的社员担任。

第三，社区股份合作公司作为一种特殊的股份合作公司，不但有经营职能，同时还承担大量社会管理和服务的职能。社区股份合作公司每年在基础设施建设方面要投入大量资金，同时还承担处理社区纠纷等社会性事务，甚至还要承担诸如社会治安、民事调解、维护社会秩序、扫除黄赌毒等社会责任。

（三）转型升级中面临的突出问题

一是资产总量虽然很大，但发展不均衡。据统计，宝安区资产规模最大的30家股份合作公司占全区股份合作公司资产总额的40.5%，掌握了全区股份合作公司收入总额的33.1%和集体分配总额的28.5%，而资产规模最小的200家股份合作公司仅占全区股份合作公司资产总额的8.7%，全区股份合作公司收入总额的11.9%和集体分配总额的16.3%，这些公司大部分集中在东部的石岩、观澜街道的欠发达社区，很多公司年年亏损，甚至出现借款分红的情况。这些公司的城市化转地补偿款几近用完，资产总量又不大，发展后劲严重不足。没有政府的政策支持，部分公司连原村民的社保都交不起，更不用说集体经济的长远发展。

二是经营方式单一，主要以物业出租为主。很多股份合作公司的经营方式就是简单地建厂房，然后出租，其收入的主要来源即为厂房租金和管理费。此外，宝安区股份合作公司大部分物业建成时间都比较早，建设标准、规划设计水平不高，物业经营没有做到集约高效、统一规划，且承租企业大多数属于劳动密集型低端加工业，产业层次较低，土地、物业的附加值没有有效提升。随着产业结构调整，低端企业被逐步转移淘汰，股份合作公司如不及时转变经营方式，其发展将会面临更大的困难和压力。

三是经营管理不够规范，仍按照原农村集体经济管理体制“党政企合一”模式运作。2004 年农村城市化过程中，农村集体经济组织改制为股份合作公司，并全面进行工商注册登记，成为独立的法人企业。公司内部成立了股东代表大会、董事会、监事会、集体资产管理委员会，选举了董事会、监事会、集体资产管理委员会成员，但公司内部新成立的机构没有真正运作和发挥作用。社区股份合作公司与社区党支部、社区居委会三个机构“一套人马”运作，相关领导交叉任职，社区党支部、社区居委会成员兼任股份合作公司董事会成员，社区党支部书记兼任股份合作公司董事长职务，居委会主任兼任副董事长或总经理职务。社会管理职能与企业职能没有分开，股份合作公司没有建立专门的经营管理机构，只是董事会成员履行经营管理职能。董事会决策层忙于应付政府布置工作和社区内的社会管理事务，没有充足的时间和精力去探索研究企业的经营管理和发展问题；民主管理制度不够健全，仍然按照村落式、宗族式、封闭式等落后的传统方式经营管理；企业内部监督机制比较薄弱，监事会等机构未发挥作用；财务管理不够公开透明，财务公开流于形式等。

四是体制不顺，机制不灵。社区股份合作公司虽然是一个集体经济组织，但不是一个纯粹的经济实体，而是一个与社区党组织、社区工作站共同组成的“三位一体”的综合体，这样的公司社企不分，既要承担社会管理职能和公共设施建设，又要负责公司的经营管理，不仅经济负担沉重，而且不可能集中精力发展经济。

五是产权不明晰，权能不完整。股份合作公司的股份分三种，即集体股、合作股和募集股。《条例》规定集体股的股东是村集体资产管理委员会，但该委员会在法律上没有独立的人格，既无民事权利能力，也无民事行为能力，不能行使表决权，在经营决策中完全发挥不出大股东的作用，其股东权无从体现。合作股、募集股股东虽然持有公司股权，但按一些公司章程的规定，不能直接出席股东会议行使表决权，只能推荐股东代表参加股东代表大会，由股东代表行使表决权。这些股东由于不能参与公司重大事项的表决和经营决策，其所享有的股东权最后只能沦落为“分红权”。即便是分红权，实践中也常因违反计划生育政策或其他原因被剥夺。此外，合作股股权的转让、抵押、继承等问题长期不明确，一旦股东遇上婚迁、死亡或其他原因，就可能意味着个人股份权益的丧失。产权残缺问题不符合现代企业制度和法人治理结构的要求，会带来不公平和矛盾，不利于公司的稳定和发展。

二、股份合作公司涉诉情况分析

（一）案件数量及类型

2007年1月至2012年5月30日，宝安法院共受理涉股份合作公司案件1847件，其中2007年514件、2008年356件、2009年338件、2010年261件、2011年253件，2012年1月至5月125件。案件数量呈下降趋势。

案件主要有三种类型：一是民商事案件。共1442件，占案件总量的78%，具体包括土地房产类596件、劳动争议类420件、借款侵权等民事类263件、买卖承揽等商事类163件。其中土地房产类数量较多，约占民商事案件总量的41%，且曾逐年上升趋势，这反映当前股份合作公司对土地、厂房的依赖程度越来越大。劳动争议案件数量较多，但此类案件绝大多数都不是股份合作公司自身与其员工间的劳动争议，而是“三来一补”企业与劳动者间的劳动争议。由于股份合作公司系“三来一补”企业的中方单位，劳动者往往误认其为用工单位而将其连带列为案件当事人。对于此类案件，法院经审理一般都认为股份合作公司并非用人单位而判决无须向劳动者承担责任。此类案件主要集中在2007年，近年来已较少。二是执行案件。共393件，其中股份合作公司为被执行人的占95%，这一方面是由于涉股份合作公司案件本身就是股份合作公司为被告的居多；另一方面也反映股份合作公司尊重司法权威、主动履行法院生效裁判的法治意识不强。三是刑事案件。主要是公司法定代表人、管理人员贪污、受贿、挪用、侵占等职务犯罪案件，共12件。

（二）案件特点

1. 案件数量趋于稳定，制度性问题日渐突出。除去2007年的劳动争议案件，近五年涉股份合作公司的案件每年均在300件左右，近两年有所减少，亦维持在250件左右，数量较为稳定。这些案件中有相当一部分并非是偶发的，而是由于股份合作公司制度设计方面存在的一些缺陷或不足，对此后文将予以详述。

2. 案件涉及面广，社会影响大。涉股份合作公司案件往往牵涉到村民自治、村规民约效力及基层群众内部团结稳定等问题，不仅直接涉及原宝安区13万转制居民、公司以及与之发生经济往来的民事主体的利益，还影响到生活在“城中村”内大量外来人口的切身利益。由于利益关系复杂，涉及面广，涉股份合作公司的案件调处难度较大，法院受理的该类案件调撤率仅5%左右，远远低于其他民商事案件45%左右的调撤率。此外，法院每年受理的涉股份合作公司案件均有一定数量的系列案，群体性纠纷较多，例如，2007年受理了213件某公司劳动纠纷系列案，2008年受理了22件某公司股权转让纠纷系列案，2009年受理了46件某公司房屋侵权纠纷系列案，2012年受理了15件某公司担保纠纷系列案等。每家股份合作公司均有几百甚至几千名股东，公司利益直接影响到股东分红、福利、社保等切身利益，法院审理、执行涉股份合作公司案件时常因村民信访、阻挠而困难重重。

3. 涉案公司数量众多。宝安法院受理的1847件案件共涉及社区股份合作公司265家，占股份合作公司总数的一半以上，涉案公司中平均每家涉案7件。除因特殊原因引起的系列案外，每家股份合作公司涉案数量较为平均，多在3～9件，涉案较多的在10～16件。此外，各股份合作公司涉案纠纷类型大致相同，多为租赁合同纠纷、土地使用权纠纷、侵权纠纷、借款纠纷、股权纠纷等几类典型案件。上述情况一方面说明社区股份合作公司的矛盾纠纷情况具有普遍性、类同性，同时，亦说明法院受理的案件已基本反映出社区股份合作公司的主要矛盾纠纷和当前经营管理中存在的问题。

4. 股份合作公司作为被告的案件比例较高。2007年至2012年5月，股份合作公司作为被告的比例分别是86%、74%、69%、68%、71%、70%，这一方面说明股份合作公司经营管理中存在的问题较多；另一方面也说明在股份合作公司的对外交往中，股份合作公司通常占据优势地位，如出现对自己不利的纠纷时可通过行政或经济的手段自行解决。

5. 高层管理人员犯罪案件虽然数量较少，但后果严重，影响深远，往往给公司造成重大损失。如某股份合作公司董事长张某，利用持有公司公章的便利条件随意对外提供担保，造成公司损失数百万元，张某还以预收厂房租金方式侵占公司300多万元用于偿还自己欠下的赌债及高利贷。再比如某股份合作公司董事长叶某，滥用职权，贪污公款，以公司名义卖房、卖地，并对外大肆借款，然后伙同财务采取虚报、做假账、收取租金不入账等形式挪用公司1800多万元用于赌博、挥霍，致使公司欠下数亿元债务，导致公司资不抵债，公司数百股民失去生活保障。

（三）案件反映出来的制度性问题

1. 股权分配问题。自股份合作公司改制以来，股权分配纠纷就不断。纠纷的根源在于《条例》的含混和缺失：其一，《条例》规定合作股应当根据户籍关系在村民或村民小组之间进行分配，但同时又规定合作股应当坚持男女平等；保护老人、儿童和丧失劳动能力的人的合法权益；保护现役军人的合法权益；保护在校学生的合法权益；促进股东履行应尽的义务的原则。既然已经规定以户籍关系为标准，这个标准是确定的，那么再规定“原则”又是何意？要求股权分配保护特定人的合法权益，那么如何保护，是否可以不以户籍为标准，不以户籍为标准又以什么为标准？其二，《条例》授权合作股的具体分配办法由股份合作公司章程规定，这就造成现实中各公司关于股权分配的规定花样百出，差异极大，有的规定只以户籍为标准，有的则在户籍标准之外又规定了很多例外，有的则将股东分门别类，对应不同的股权分配标准，比如某公司章程就规定，本村农业户口且分到责任田的出嫁女、招郎女本人（空挂户除外）为第一类股东，本村农业户口但没有分到责任田的出嫁女、招郎女本人（空挂户）、户口不在本村的原籍现职村干部、违反计划生育超生的处罚期未满的子女为二类合作股股东，本村农业户口的出嫁女、招郎女的丈夫及子女为第三类股东，不同类别的股东按照不同的股值购买合作股，一类按10%购买，二类按50%购买，三类按100%配售。

股权分配标准不明确带来两个问题：第一，股份合作公司的章程是由公司筹备组起草，村民会议讨论通过的，而村民会议实行的是少数服从多数的原则，这样就会出现多数人侵犯少数人权利的情况。比如已入户的出嫁女配偶及子女的股权问题，政府曾想推动解决，但就是因为股东代表大会表决通不过，所以此问题长期得不到解决。第二，会出现同等条件在有的公司可以认购股份，在有的公司则不能认购股份的情况，势必引发矛盾。

实践中股权分配纠纷难以得到解决，原因：一是公司章程属于公司自治的范畴，无论法院还是行政机关均无权改变公司章程。二是股份合作公司改制后，公司股权已经固化，改变股权分配“牵一发而动全身”，势必影响全体股东的利益。

2. 股权继承问题。《条例》只规定募集股可以继承，未规定合作股是否可以继承，各股份合作公司章程对合作股股权能否继承规定不一，有的规定可以继承，有的规定不能继承，还有的规定如有股民去世，其股份分配不变，仍登记在原股民名下，股民权益由股民的家人与继承人所有，由其家人与继承人自行处理。从实践来看，上述做法均不能彻底解决股份合作公司股东死亡后其股东资格如何处理的问题。如允许股份合作公司股东的继承人对其股东资格予以继承，带来的直接后果将是股份无限制的分裂，而且股份合作公司实行的是股东代表一人一票的表决机制，尽管股东代表产生的方式不一，但很多股份合作公司是按户推选股东代表，那么随着股东数量的增长，分户的情况也将随之增加，如此势必造成公司结构的不稳定和管理上的混乱。如不允许继承人对股东资格继承，那么股东死亡后遗留的股份如何处理？很多股份合作公司规定股份仍登记在已死亡的股东的名下，继承人只能继承该股东的分红，换言之，继承人可以领取分红，但不能继承股权，也不能行使股东的其他权利。我们知道，自然人的权利终于死亡，而且分红是基于股权所派生出来的权利，这种将股份登记在死者名下，并且把股权和分红分开处理的做法，不仅在法理上讲不通，而且势必造成股权的长期虚置，明明有股份存在却没有可以行使股东权利的股东。随着时间推移，死亡的股东越来越多，股份合作公司庞大的资产将会由只享有少量权益的几名股东控制，那么股份合作公司势必难以维继。

3. 治理结构问题。股份合作公司按《条例》的规定在形式上建构了相当完整的公司治理结构，设置了貌似完善的委托——代理链条，即股民——股民代表——股民代表大会——董事会——董事长（董事）——总经理（经理），但实际效果却不理想，高级管理人员滥用职权，损害公司利益，甚至违法犯罪的现象时有发生。原因是：

第一，现实层面。股份合作公司脱胎于原农村集体经济组织，公司董事长多是原村党支部书记或在公司内有强大号召力、影响力的人，具有崇高的个人权威，而且他们出任公司董事长一般也得到政府的支持。而公司的股东主要由原村民组成，大多数村民股东意识不强，文化水平不高，缺乏参与公司决策管理的能力和水平，从而造成公司管理层（特别是董事长）的专断作风以及股份合作公司的家长制管理模式。

第二，制度层面。股份合作公司股权分散，股东之间持股均等且份额都不大，股东缺乏参与公司决策管理的动力。而公司管理人员的个人利益与公司利益联系也不紧密，容易发生通过损害公司利益而满足其个人私欲的情况。

第三，监管层面。负有监管职责的主要是监事，但一方面，监事会成员本身就是社区成员，很多还是社区干部，在公司董事长（一般同时担任社区党支部、居委会领导）的领导之下，具有人身依附性、利益共同性，难以对公司管理层进行有效的监督；另一方面，《条例》规定的监事职权也极其有限，远不如《公司法》规定的有限责任公司和股份有限公司的监事职权，比如《条例》没有赋予监事对违反法律、行政法规或者股东会决议的董事、高级管理人员提出罢免建议的权利，在董事会不履行法律规定的召集和主持股东会会议职责时召集和主持股东会会议的权利，向股东会提出议案的权利，发现公司经营情况异常时进行调查的权利等。

4. 股东权益问题。股份合作公司具有“人合性”“合作性”特点，股份合作公司的股东理应享有更广泛、更充分，也更有保障的权利，但现实却并非如此。

第一，出席股东会行使选举权和表决权的权利。根据《条例》规定，以原行政村拥有的集体财产为基础折股设立的公司，可以以原村民小组和本行政村集体持股组织为股东，也就是说，对于这类公司，股民根本就不是股份合作公司的股东，其选举权和表决权自然无从谈起，在这里“股民”和“股东”成了两个不同的概念。此外，根据《条例》规定，即使是以原村民为股东的股份合作公司，实行的也是股东代表大会制而不是股东会议制，即股东不能直接出席股东会议行使表决权，而是要先推选股东代表，由股东代表组成股东代表大会，股东代表大会才是公司的权力机构，股东代表对公司的重大事项进行表决。这种制度剥夺了股东直接出席股东会议，对公司重大事项进行表决这一股东最基本的权利。此外，由于公司章程规定股东代表是“推选”产生，而非“选举”产生，并且将具体的推选和产生方式授权给公司章程规定，导致现实中，由于各种原因，很多公司的股东代表全部成了原来的两级村干部，而他们本身就是公司的高级管理者，有的还身兼基层社区组织的领导者和管理者，这样一来，公司的广大股东对管理层的制约就无从谈起，股东的意志也就难以上升为公司意志，股东权最终也就沦落为“分红权”。

第二，知情权。知情权是股东享有的一项最基本权利，也是公司实行民主管理和对公司管理层进行监督的前提，但《条例》规定股东知情权的范围仅为查阅公司股东名册、股东代表大会记录和财务会计报表，比《公司法》的规定要窄得多，既不利于公司的民主管理，同时也引起股民对公司管理层的猜疑，引发众多矛盾。

第三，参与经营管理、进行监督的权利。《条例》在这方面规定得相当薄弱，只有半条，即“股东有权提出建议或者质询”。但对建议或者质询是否需要回复，如何回复，股东对回复不满意如何处理，则完全没有规定。此外，对公司股东会议、董事会的召集程序、表决方式、决议内容违反法律、法规及公司章程的，《条例》未赋予股东请求法院撤销的权利。这导致现实中，股份合作公司的民主管理、股东对股份合作公司的监督难以落到实处。

第四，退股的权利。退股是股东对自己权利的最后保障，但因为退股会减少公司的注册资本金，损害其他股东的利益，所以除非章程有特别规定，否则资合性质的有限责任公司是禁止以“用脚投票”这种形式随意进出公司或退股的。但人合性质的合作制企业则允许退股，其基本特点就是入社、退社自由。出于维护公司稳定性的考虑，《条例》明确规定：“合作股股东不得以退股为由抽取股金。”但这样一来，股份合作公司股东维护其权益的最后一条途径也就无法走通。

第五，集体股股东权益。集体股的股东是合作股股东集体，但这个“集体”如何行使股东权，如何表达意志成为一个难题。《条例》修正案为集体股股东拟制了一个权利主体即“村集体资产管理委员会”，并将其定位于“合作股股东”，但这显然不符合法理。股东是出资成立公司，对所持股份享有所有权，对公司股权享有利益的人，而村集体资产管理委员会显然不符合这些条件。而且村集体资产管理委员会行使股东权并没有得到权利人的授权，其权利的来源缺乏正当性；况且，村集体资产管理委员会在法律上没有独立的人格，既无民事权利能力，也无民事行为能力，集体股股权仍然逃不出被虚化的命运。此外，实践中集体资产管理委员会的组成人员多是社区、股份合作公司的领导、干部，让集体资产管理委员会来行使集体股股东权，不仅没有使权利的真正主体即广大股民的意志得到充分表达，反而强化了管理层对公司的控制，助长了公司的家长制作风。

三、完善股份合作公司法律制度的建议

（一）合作股的分配

股份合作公司的合作股是以原村民小组或行政村集体财产折股后留归原集体经济组织成员拥有并由其享受股东权益的股份，因此合作股的认购或分配，对于原集体经济组织的成员来说，是其基本权利。合作股的分配或认购不属于股份合作公司自治的范畴，不能以少数服从多数的表决形式决定权利的归属。合作股的分配或认购应属于法律调整的范畴，法律、法规应对合作股的分配或认购资格作出统一而明确的规定。

既然股份合作公司是由原集体经济组织改制设立的，其合作股的股份是原集体经济组织的财产折合成股份后分配或配售的，那么有权分配或认购的人当然就是原集体经济组织中有权享受集体财产权益的村民，而有权享受原集体经济组织权益的村民是以户籍为标准。因此，合作股的分配或认购理所当然地应以户籍关系作为标准，即只有户籍关系在本村的村民才享有分配或认购合作股股份的资格。

但有两种情况应给予特殊对待：第一种情况是，公司改制设立前与本村村民结婚，以本村为住所地且长期为集体经济组织劳动，在原集体经济组织分有责任田、享有分红的外籍村民。该类村民虽然户籍不在本村，但其已与本村村民结婚，且以本村为住所地，有的时间长达几十年，其人身关系早已与本村紧密联系在一起；而且其长期为村集体劳动，集体经济组织的财产也凝结了该村民的劳动付出；再者，其在原集体经济组织分有责任田，享有分红，也说明原集体经济组织在事实上已承认其成员地位，从公平合理以及尊重历史的角度出发应当比照本村村民给予该类外籍村民分配或认购股份的资格。第二种情况是，户籍迁出本村的在读大、中专生和现役军人。接受高等教育是国家所倡导和鼓励的，对于提升股份合作公司的整体文化水平也具有非常重要的意义；而服兵役则是《宪法》确定的公民的光荣义务，也是国家所倡导和鼓励的。在读大、中专生和现役军人的户籍迁出原籍，是国家户籍管理制度的要求，并非出于其本人意愿，如果不给予该类村民分配或认购股份的资格，不仅有失公平，而且也不利于国家政策的落实。再者，该类村民就读期间或服役期间并没有正式的工作、

收入，毕业后或服役期结束后仍有可能将户籍再迁回原村。考虑到上述情况，应给予该类村民分配或认购股份的资格；已经分配或认购股份成为公司股东的，在其就读期间和服役期间应保留其股东资格并给予其相应的股东权益，待其毕业或服役期结束，如确定迁出本村，再由股份合作公司通过回购的方式将其持有的股份收回。

另外，由于大多数股份合作公司的改制已经完成，出于稳定考虑，对于已按公司章程认购或分配完公司股份的，不宜再作变动。对于符合分配或认购条件而被剥夺资格的，公司可回购部分股份或增发新股后，再行分配或由其按原认购条件认购，对其股东资格予以逐步解决。

（二）关于股权的继承

从法理上说，合作制企业属于人合公司，其股权不可继承以及对外转让，如《德国民法》第38条就明确规定社员权不得转让或继承。但是股份合作公司股东死亡的情况日渐增多是客观事实，如何解决死亡股东遗留下来的股份是一个无法回避的现实问题。我们认为，解决股份合作公司股权继承问题的思路是：首先，最彻底的方式是由公司回购股份。其次，考虑到回购会减少公司的运营资金，影响公司的稳定，所以应优先考虑通过将因股东死亡引起的股权变动控制在公司内部的方式来解决股权继承问题，这样既可以保证股份合作公司的封闭性，又不影响股份合作公司的经营。

根据以上分析，建议对合作股的继承作如下安排：（1）继承人全部为合作股股东的，允许继承人协商确定由某一继承人继承合作股股权，该继承人对其他继承人作出补偿，也可由多个继承人按份额继承合作股股权。（2）继承人虽不是合作股股东，但其户籍在股份合作公司，享有配股资格，也可以继承合作股股权，取得股东资格。（3）部分继承人是合作股股东或户籍在股份合作公司，则应由该继承人继承合作股股权，该继承人对其他继承人予以补偿。（4）继承人均不是合作股股东且户籍也不在股份合作公司的，应由继承人协商将被继承人的股权转让给其他合作股股东或有配售合作股股权资格的人员。如经协商无法取得一致，则应由股份合作公司对被继承的股权予以回购，回购价可根据股份合作公司上一年的公司资产净值确定。股份合作公司回购股份后，可再分配给迁入社区的新增村民或新出生人口，也可转让给其他合作股股东。（5）合作股股权只能由其他合作股股东或其他有配售资格的人员继受取得。

（三）关于退股和回购

尽管合作制企业的一个基本特点是退社自由，但考虑到公司设立后，如允许股东随意退股会影响公司的正常存续（如注册资本减少甚至达不到注册的最低要求）和债权人的利益，所以一般情况下还是应禁止股东以退股为由抽取股金。但禁止退股并不意味着股东完全丧失了“用脚投票”的权利。参照现代公司制度的设计，可以通过由公司回购股份的方式来解决股东的退股诉求。

根据股份合作公司的实际情况，股权回购可适用于以下三种情形：

第一，应允许公司与股东之间协议由公司回购股份。实践中，一些股东和公司长期存在矛盾，无法调和，如果双方能协商一致由公司回购股份不失为解决矛盾的一种办法。但公司与股东协议回购股份应经股东会表决同意，并且赋予其他股东优先受让权。

第二，特定情形下应赋予股东回购股票的请求权。根据《公司法》第75条规定，对股东会下列决议投反对票的股东可以请求公司按照合理的价格收购其股权：（1）公司连续五年不向股东分配利润，而公司该五年连续盈利，并且符合本法规定的分配利润条件的；（2）公司合并、分立、转让主要财产的；（3）公司章程规定的营业期限届满或者章程规定的其他解散事由出现，股东会会议通过决议修改章程使公司存续的。可参照上述规定确定股份合作公司的股东回购请求权。

第三，根据股份合作公司的实际情况亦应允许股份合作公司对股东的股权进行强制回购。就合作股的股东而言，基于股份合作公司中的集体合作性质，应当允许章程规定，村民股东永久性地迁出该社区或因其他原因不应再享受集体财产利益的情况下，丧失股东资格，股东不能在股份合作公司指定的时间内向其他股东或有配售资格的人员转让股份的，股份合作公司有权以合理的对价回购其持有的股份。对于募集股股东（即公司的董事、经理、职工）而言，其在股份合作公司中持有的募集股股份并没有村民股东持股所具有的集体性质，在其离职的情况下，公司应有权剥夺其股东资格，以一定的对价回购其股份。因为如果非村民股东离开股份合作公司，那么就不再具有公司内部人的身份，违背了募集股的设置初衷，因此离职的非村民股东不再适合持有股份合作公司的股份。

关于回购程序，应先由回购请求权人提出回购请求，或由股份合作公司向原股东或其继承人发出回购要约，如双方无法达成股份回购协议，则回购请求权人或股份合作公司可向法院提起关于回购的诉讼。

关于回购股份的处理。回购的股份有两种处理方式：一是注销；二是重新配售。我们认为，注销涉及注册资本的降低，重新配售更符合股份合作公司的实际情况。股份合作公司回购股份后，可在股份公司内部进行竞价转让，也可将其转为“库藏股”，待积累到一定数量时再“二次分配”，即按照一定方式统一配售给迁入社区的新增村民或新出生人口，这样既可以解决回购的股份如何处理的问题，又可以满足股权固化后新增村民对股份的需求，有利于公司内部的稳定。

（四）关于集体股的设置

关于集体股的存废。有观点认为，股份合作公司成立在事实上就意味着原来集体资产的存在形式已经消失，转而以公司的形式参与市场活动，以便适应激烈的市场竞争。若继续设置集体股，一旦公司在竞争中失败，被撤销或宣告破产，则这一部分资产便成为无主财产，因此应当取消集体股。我们认为，集体股能够实现原有集体经济组织的社会保障和社区管理职能，因此集体股有其存在的合理性和必要性，应当予以保留。同时，从功利的角度来看，保留集体股也有利于确认股份合作公司所具有的集体企业性质。但是由于《条例》中规定公司税后利润要提取公益金，已经能够在一定程度上实现这样的功能，从产权明晰及适应市场竞争的角度来看，集体股应当逐步减少所占比重。

关于集体股主体的缺位。我们认为，集体股的权利主体并不缺位，集体股的权利主体是明确的，即全体合作股股东。集体股主体缺位指的是没有一个具有民事权利能力和行为能力的主体来行使集体股的股东权。对这个问题有两种解决思路：第一种思路是，如果每个合作股股东都能够直接、完整地行使股东权利，合作股股东的意志已经得到体现，同时政府还成立了专门的监管机构对股份合作公司集体资产的运作情况进行监管的话，那么就没有必要再人为地制造出一个主体来行使集体股股东权。第二种思路是，可以以全体合作股股东为基础成立具有法律地位的集体经济持股组织（比如《农民专业合作社法》规定的合作性经济组织）来持有集体股，并由该持股组织作为集体股股东行使股东权利。

（五）关于治理结构及股东权益

要从股份合作公司的实际情况出发，建立股东、股东会、董事会、监事会之间的权利平衡和权利约束机制。

1. 改变过去以村民小组为股东的做法，强化村民的股东身份地位。无论是以村民小组所有的集体财产为基础设立公司的，还是以原行政村拥有的集体财产为基础折股设立公司的，均应以全体村民作为股份合作公司的股东。

2. 废除股东代表制度，实行股东会议制度。要真正做到还权于股东，让全体股东都能够直接参加股东会议，行使选举权和表决权。同时考虑到一些股份合作公司股民众多的实际情况，可以对股东会议的召开方式、表决机制、投票机制作出灵活安排。

3. 适度扩张股东会权利，限制公司管理层的职权。一是明确规定董事长只能处理董事会日常事务，不能自行决定应由董事会决定的重大事项。二是规定公司的重大决策以及经营管理中的重大事项，比如土地的开发利用、工程项目的对外发包、对外借款、担保、投资、合作、出让资产等（可设定一定标准），在董事会作出决定后，还须由股东会表决通过方可执行。尽管这样可能影响公司的决策和经营管理效率，但股份合作公司的特点决定其较一般的有限责任公司、股份有限公司而言，需要更多地考虑资产的安全性，更大程度地保障广大股东对经营管理的参与性。

4. 引进独立董事、职业经理人以及外部监事，弱化股份合作公司过于封闭的现状。

5. 完善监事职权，强化监事责任。一是增加监事职权，包括：有权列席董事会并在董事会决议上签署意见；有权提议召开临时股东会议，在董事会不履行召集和主持股东会议职责时召集和主持股东会议；有权向股东会议提出提案；有权对违反法律、行政法规、公司章程或者股东会决议的董事、高级管理人员提出罢免的建议；有权根据股东申请对公司的有关事项进行调查核实；发现公司的经营情况异常，可以进行调查，必要时可以聘请会计师事务所协助工作。二是完善监事的经费保障，明确规定监事行使职权所必需的费用由公司承担。三是强化监事责任，明确监事因怠于履行监事职责致使公司受到损害应当承担的法律责任。

6. 扩大股东知情权的范围。知情权的范围应包括有权查阅、复制公司章程、股东会会议记录、董事会会议决议、监事会会议决议和财务会计报告，确有正当理由的还可以要求查阅公司会计账簿。考虑到一些股份合作公司股东众多，为避免股东行使知情权影响公司的正常经营管理，可以对正当理由的范围以及查阅时间、方式等环节作出限制。

7. 落实股东参与管理和进行监督的权利。第一，对于股东提出的建议或者质询，董事会应当认真回复，必要时应直接听取股东的意见。如股东对回复不满意可申请监事会对有关事项进行调查核实。第二，达到一定比例的股东有权提议召开临时股东会议，并联名向股东会提出提案，要求讨论表决。第三，应确立股东的撤销权，即公司的股东会议、董事会的召集程序、表决方式违反法律、法规或《条例》，或者公司股东会议、董事会的召集程序、表决方式或决议内容违反公司章程的，股东有权请求法院予以撤销。

南沙新区建设若干法律问题研究

广州市南沙区人民法院课题组*

广州南沙新区建设是广东乃至全国全面深化改革开放的重要标志。2012年9月6日，国务院正式批复《广州南沙新区发展规划》（以下简称《新区规划》）。其中，对南沙新区建设发展战略的定位是："立足广州、依托珠三角、连接港澳、服务内地、面向世界，把南沙新区建设成为粤港澳优质生活圈、新型城市化典范、以生产性服务业为主导的现代产业新高地、具有世界先进水平的综合服务枢纽、社会管理服务创新试验区，打造粤港澳全面合作示范区。"《新区规划》的批准标志着南沙新区成为国家级新区，南沙新区的开发建设上升为国家战略。随着南沙新区开发建设上升至国家战略层面，未来南沙新区将在财税政策、土地管理、金融创新、产业发展等方面获得国家系列的优惠政策和创新改革支持。①

然而，南沙新区的开放开发不能仅仅依靠国家的优惠政策，更重要的在于建立国际化、法治化的营商环境。而构建国际化、法治化的营商环境的关键在于规范、完善的法制环境。纵观全球所有地区的开放开发建设，无一例外都在由"政策驱动"走向"法治保障"，从而实现开放开发建设的可持续健康发展。南沙新区先行先试，大胆创新也离不开法治保障。南沙新区不仅应当成为经济发展的示范区，还应当成为社会主义法治建设的示范区。南沙区域建设中法律制度的改革和完善是对南沙开放开发的制度性回应，也是打造南沙新区粤港澳全面合作示范区的必要前提。

---

* 课题组组长：吴翔，成员：蔡镇顺、陈昭强、朱海涛，成员（执笔人）：朱最新、陈晓红、蔡郁生、赵丽、汪瑜。

① 朱文彬等：《南沙新区获批为第六个国家级新区》，载《上海证券报》2012年9月12日第3版。

一、广州市南沙新区发展概述

(一) 广州市南沙区行政区划演进

历史上，南沙曾有个葡文名字，中译文为“虎口”的意思，“虎口”的由来可能与南沙的地理位置有关。这里是当年鸦片战争的肇始地，一个承载着中国近代苦难史的地方。香港霍英东先生是“南沙开发之父”。1988 年，洛溪大桥通车，霍英东率先提出开发南沙。20 世纪 90 年代初霍英东买进东部 22 平方公里土地（即“小南沙”），并投入大量资金进行开发。1990 年 6 月，广东省、广州市分别确定南沙为重点对外开放区域和经济开发区。1993 年 5 月 12 日，国务院批准设立广州南沙经济技术开发区，下辖 15 个管理区（农村）、200 多家三资企业，人口七万多人。2000 年番禺撤市建区，南沙从番禺分离出来。2002 年广州市委、市政府为了加快南沙开发区的建设和发展，成立了广州南沙开发区建设指挥部，为广州市人民政府的派出机构，全权负责开发区范围内的规划、建设、管理以及招商引资等工作，具有广州市市级审批管理权限。2005 年，广州行政区划调整，经国务院民政部批准，南沙成为广州市一个独立的行政区。将番禺区的南沙街道和万顷沙镇、横沥镇、黄阁镇，灵山镇的庙南村等区域划归南沙区管辖。南沙区面积为 527.65 平方公里，其中陆域面积 339.5 平方公里。2008 年 3 月，经广州市委、市政府批准，不再保留广州南沙开发区建设指挥部和原广州南沙经济技术开发区管理委员会，重新成立广州南沙经济技术开发区管理委员会（与广东南沙出口加工区管理委员会合署办公），承担广州南沙开发区建设指挥部管理职能，统一管理广州南沙经济技术开发区、广州南沙高新技术开发区和广东南沙出口加工区。同年 4 月 18 日，广州南沙经济技术开发区和广东南沙出口加工区的党工委、管委会、纪工委等六个机构正式挂牌。此时的南沙行政区由南沙经济技术开发区、南沙保税港区两个功能区和万顷沙镇、黄阁镇、横沥镇、南沙街、珠江街行政区组成。2012 年 9 月 6 日，国务院正式批复《新区规划》。同时根据《国务院关于同意广东省调整广州市部分行政区划调整的批复》将番禺的大岗、榄核、东涌三镇共 256.21 平方公里土地和 44.4 万常住人口，以及高铁、船舶、农业、文化等优质产业资源划入了南沙，从而形成了总面积

803平方公里包括三街六镇的南沙新区。

（二）南沙新区的地理优势及其区域定位

城市的区域定位，是指城市为了实现最大化收益，根据自身条件、竞争环境、消费需求等及其动态变化，确定自身各方面发展的目标、占据的空间、扮演的角色、竞争的位置。① 城市区域定位是一项复杂的社会经济系统工程，应当在整体分析各种城市定位的影响因素的基础上，按照城市定位的组成要素，运用规范的学术语言，进行高度概括和浓缩凝练，最终作出合理、严谨、准确的表述。唯此，才能真正发挥对城市发展的重大指导作用。②

作为广州最南端的临海地域，南沙新区面积803平方公里，有着得天独厚的区位禀赋：水路距离香港38海里，距澳门41海里，与前海、横琴构成了“金三角”，是珠江三角洲经济区的几何中心，位于珠江出海口虎门水道西岸，是西江、北江、东江三江汇集之处，东与东莞虎门隔海相望，西连中山市。以南沙为中心，周围60公里半径内有14个大中城市，是广州、深圳、珠海“A”字形高速公路和轨道交通的横轴，是联结珠江口两岸城市群的枢纽性节点。其周边70公里范围内，有广州、深圳、珠海、香港、澳门等五大国际机场。从广州看，南沙地处南中国出海的主通道；从香港看，南沙是海外进入大陆的中门，开发南沙是为了连接港澳，也是为了建设广州。无论从历史政治上，还是经济战略上，南沙的地理位置都是得天独厚。

南沙新区的区域定位经历了一个发展过程。2008年，《珠江三角洲地区改革发展规划纲要（2008—2020年）》（下文简称《规划纲要》）提出建设南沙新区等合作区域，作为加强与港澳服务业、高新技术产业等方面合作载体。2011年的《国民经济和社会发展第十二个五年规划纲要》提出将南沙新区打造成为“服务内地、连接港澳的商业服务中心、科技创新中心和教育培训基地，建设临港产业配套服务合作区”。2012年，《新区规划》明确将南沙定位为：立足广州、依托珠三角、连接港澳、服务内地、面向世界，把南沙新区建设成为粤港澳优质生活圈、新型城市化典范、以生产

① 参见薛楠、潘燕萍：《城市定位理论思考与武汉城市定位战略》，载《法商论丛》2007年第1期。

② 张复明：《关于城市定位的理论思考》，载《城市规划》2000年第3期。

性服务业为主导的现代产业新高地、具有世界先进水平的综合服务枢纽、社会管理服务创新试验区，打造粤港澳全面合作示范区。

二、南沙新区粤港澳全面合作示范区建设的法律依据

根据《新区规划》，南沙新区打造粤港澳全面合作示范区主要分为两个阶段：从现在至2015年，形成粤港澳全面合作示范区基本框架；2016～2025年，经济社会发展实现重大跨越，在促进港澳地区长期繁荣稳定中发挥更大作用，为全国改革发展提供经验和示范。粤港澳全面合作示范区建设是内地与中国港澳制度性合作的新路径，是内地与中国港澳经贸交流与合作的重要里程碑，是推进"一国两制"成功实践的伟大创举。粤港澳全面合作示范区建设要实现"三赢"局面必须首先解决粤港澳全面合作示范区建设的法律依据问题。

（一）《南沙新区条例》存在的必要性与可行性

南沙新区作为内地的一个行政区域，其法律体系属于社会主义的中华法系。自1842年至1997年，香港地区（作为英属殖民地）被英国管治，其法律制度基本上是英国法律制度的移植，属于普通法系。1553年至1999年，澳门地区一直受葡萄牙管治，葡萄牙管治期间延伸适用葡萄牙法律来调整其社会关系，没有自己独立完整的法律体系，现有澳门法律体系基本上属于大陆法系。这样，在一国之内就出现了不同法系，呈现出多法域现象。法系不同，其法律理念、法律价值、法律性质、法律体系、法律解释、法的渊源以及立法和司法等诸多领域均存在较大差异。然而，南沙新区作为粤港澳全面合作示范区，不仅意味着与港澳经济高度融合，而且意味着南沙新区的法律制度要与港澳的法律制度实行某种程度的衔接和融合，港澳的法律理念、法律价值，甚至是某些具体法律规范都可能为南沙新区法律制度所吸纳。港澳法律的某些制度元素可以成为南沙新区法律制度完善不可或缺的构成。正如茨威格特所说："只有傻瓜才会因为金鸡纳霜不是在自己的菜园里长出来的而拒绝服用它。"[①] 同时，在中央政府先行先试的授权下，南沙新区有着比其他地区更为广阔的改革空间和探索创新

① ［德］K·茨威格特、H·克茨：《比较法总论》，法律出版社2003年版，第24页。

的自主权，在构建粤港澳全面合作示范区的过程中会发现众多的“正当行为规则”，即哈耶克所言的“内部规则”或“自由的法律”，是对权力机构制定的组织规则（“外部规则”或“立法的法律”）的必要补充。[①] 这样，南沙新区的法律制度因融合了港澳法律的某些制度元素和确立了某些“正当行为规则”，将在一定程度上与广东其他地区的法律制度存在差异。港澳“一国两制”保持50年不变，作为粤港澳全面合作示范区的南沙新区，其法律制度与港澳法律制度的衔接和融合也将是长期的。要维持这种制度衔接和融合的长期存在，就需要一个“基本法”作为保障，指引着新区的发展方向，使之“不因领导人的改变而改变，不因领导人的看法和注意力的改变而改变”。[②]

同时，作为粤港澳全面合作示范区，南沙新区通过先行先试，探索内地与港澳及国际产业合作的新模式，促进内地与港澳及国际市场对接，拓展内地与港澳及国际产业合作的深度与广度，提升我国产业国际竞争力；通过发挥港澳的国际化优势，健全“走出去”促进服务体系，打造我国参与全球投资贸易、文化旅游、临港经济等领域合作的重要平台，为港澳及广大内地优势企业充分利用国外市场和国外资源提供优质服务，促进粤港澳及内地更广大地区参与国际竞争与合作。也就是说，南沙新区作为粤港澳全面合作示范区，不仅是粤港澳三地的全方位合作，更是粤港澳与世界合作的良好平台。因此，不违反国际法和 WTO 规则应该是南沙新区作为粤港澳全面合作示范区的应有之义。但我们也应看到，南沙新区是内地的行政区域，适用国内法是国家主权的体现。香港和澳门虽是 WTO 下的两个单独关税区，享有订立国际条约的权利，但同时也是中国的行政区划单位，属于中国的一部分，应当受到《宪法》与基本法的约束，同一主权下的行政区划之间当然可以进行经贸往来，这属于国内法问题。只要不违反国际法和 WTO 规则，一国完全可以对国内事项作出安排。港澳参与南沙“粤港澳合作示范区”建设的主体身份是中国国内的行政区划。粤港澳合作示范区不仅涉及经贸往来方面，更多的是政府合作、司法协助、社会参与等层面，其范围均大于国际法上的“自由贸易区”协议，是国家为了本国区域更好发展，提出的区域协调发展战略的一部分，类似于珠江三角

---

① 有关内部规则、外部规则的论述参见［英］哈耶克：《法律、立法与自由》，邓正来译，中国大百科全书出版社 2000 年版，第 126～128 页。

② 《邓小平文选》（第 2 卷），人民出版社 1993 年版，第 146 页。

洲、长江三角洲、环渤海地区的合作区等。“粤港澳合作示范区”使得跨境合作转化为国内法问题，避免了WTO的审查，以及其他国家的“审视”，就如同早期建立经济特区一样，克服了法律上的障碍。①

（二）南沙新区粤港澳全面合作示范区建设法律依据的现状

在我国现行法律体系中，南沙新区粤港澳全面合作示范区“基本法”并不存在。当前对南沙新区粤港澳全面合作示范区建设起“基本法”作用的主要有以下几个规范性文件：《规划纲要》《内地与香港关于建立更紧密经贸关系的安排》及其补充协议、《内地与澳门关于建立更紧密经贸关系的安排》及其补充协议（以下简称CEPA）、《粤港合作协议框架》和《粤澳合作协议框架》（以下简称《框架协议》）以及《新区规划》。这些规范性文件作为南沙新区粤港澳全面合作示范区“基本法”存在严重不足，成为南沙新区粤港澳全面合作示范区建设面临的最大法律障碍。

1.《规划纲要》属行政指导性文件，不具有法律强制力。《规划纲要》是国家发展和改革委员会制定的，旨在引导纳入规划范围的珠三角地区各市政府自愿采取积极有效的改革措施，努力将珠江三角洲地区发展成为粤港澳三地分工合作、优势互补的全球最具核心竞争力的大都市圈之一。该文件未规定各地政府机关的具体权利义务，也未规定不服从其行政指导时的相关法律责任，是典型的行政指导性文件，对公民、法人和其他组织没有法律约束力，只是一个政策依据，不应该成为南沙新区粤港澳全面合作示范区的“基本法”。

2.CEPA法律效力不明确，存在诸多不足。内地、香港和澳门是WTO的三个单独关税区，CEPA是我国一国主权下的不同单独关税区之间订立的经贸合作协定，具有法律约束力。但内地和香港是同处一个主权国家内部的不同法域，所以，CEPA不是一般的区域协定，而是一国内的政府间的合作协定。CEPA是由商务部代表内地与香港特别行政区缔结，然其某些内容已超越商务部的法定职权。我国相关立法中也没有对合作协定的法律性质和地位作出规定，其在国内法上的法律效力不明确。同时，CEPA存在诸多不足：（1）内地参与谈判的商务部更多的是从全局出发，

① 参考慕亚平：《粤港澳紧密合作的法律依据及相关法律问题思考》，载《当代粤港澳研究》2010年第1期。

在综合考量内地与港澳地区政治、经济、社会各方面的基础上来确定协议内容。南沙政府，乃至广东省政府难以有效参与，粤港澳一体化的实际需求无法全面表达与实现，这在一定程度上影响了南沙民众对粤港澳区域一体化的期望。(2) 这一协议并非完全对等，大部分是内地对港澳的单方面让利，随着内地法治进步，这种以单方让步、优惠达成的合作方式生存空间正日益缩小。[①]（3）内容难以满足粤港澳政府合作的客观需要。以 CEPA 关于法律服务为例，在香港律师事务行在内地设立代表机构问题、香港法律执业者在内地执业问题、香港与内地律师事务所联营的问题以及资格相互承认的问题等问题上 CEPA 具体内容与粤港澳一体化的客观需要存在诸多冲突与不足。[②]（4）CEPA 是有关内地与港澳关于建立更紧密经贸关系的一种制度安排，适用于内地所有地区。实现不了为南沙“基本法”的特殊要求。

3.《框架协议》缺乏法律明确授权，效力不明确。《框架协议》是以《规划纲要》和 CEPA 为订立基础的，由于《规划纲要》和 CEPA 本身法律效力有限，《框架协议》也因此效力不明。该协议由广东省政府和港、澳特别行政区政府协商一致签订，属于地方政府间合作协定。由于我国《宪法》和《中华人民共和国地方各级人民代表大会和地方各级人民政府组织法》只授权各级政府管理其辖区范围内的事务，对于地方政府能否自主缔结跨行政区划的合作协定，以及缔结协定的权限、程序及法律效力等问题均未明确规定；基本法也没有对港澳特别行政区政府和内地各省之间缔结区际合作协定的权限作出规定，从而导致粤港澳订立《框架协议》行为本身缺乏法律明确授权，该文件难以成文法律适用的依据。[③]

4.《新区规划》亦属行政指导性文件，不具有法律强制力。《新区规划》是国家发改委主持制定、国务院批复的行政规范性文件，是指导南沙新区当前和今后一个时期改革发展的行动纲领和编制相关专项规划的重要依据。该文件并没有规定南沙各级政府机关职权职责，公民、法人和其他组织的权利义务，也没有规定不服从《新区规划》应承担的法律责任，是

---

① 朱最新：《区域一体化法律治理模式初探》，载《广东行政学院学报》2011 年第 3 期。

② 具体内容参见慕亚平等：《进一步推进粤港两地法律服务合作的思考》，载《第四届粤港澳法学论坛论文集》2012 年 9 月 1 日。

③ 参考朱颖俐、慕子怡：《粤港深度合作的法律依据问题及对策探析》，载《暨南学报》2011 年第 2 期。

典型的行政指导性文件，对政府机关有着政策指导作用，对公民、法人和其他组织没有法律约束力，不应该成为南沙新区粤港澳全面合作示范区的“基本法”。

5. 粤港澳全面合作中的经贸争端不宜援引 WTO 争端解决机制。从理论上说，内地、香港、澳门均为 WTO 下的单独关税区，因而在粤港澳全面合作过程中，若因某一成员方违反 WTO 规则而产生的贸易纠纷，亦可援引 WTO 争端解决机制。然而，基于内地、香港、澳门在历史、政治与地缘上的特殊关系，三者之间的贸易纠纷不宜付诸 WTO 争端解决机制处理，从中国加入 WTO 后的实践来看，也从未出现过此类先例：（1）港、澳均为中国的特别行政区划单位，其与内地间的经贸合作应为同一主权国家范围内不同区域之间的合作关系，其间所产生的贸易纠纷更宜在一国范围内协调处理；（2）粤港澳合作不仅局限于经贸往来，还涉及环境治理、政府合作、社会参与等各个方面，这种多领域、多层次的全面合作模式，只能也必须在“同一国家内部合作”的基点上展开，在争端解决方面也不能脱离这一基调；（3）即使仅在经贸领域，根据 CEPA 的相关规定，粤港澳合作在非歧视、关税减让、投资环境等方面均超过了 WTO 规则的最低标准，建构了更自由、便利的合作体系。因此，随着区域经济一体化争端解决机制的完善，没有必要脱离更高层次的合作标准诉诸 WTO 争端解决机制。

（三）《南沙新区条例》的基本内容

为保障和促进广州南沙新区建设发展，发挥广州南沙新区作为粤港澳全面合作示范区的功能，《南沙新区条例》至少应该包括以下几方面的内容：

1. 基本原则。基本原则是法律精神的集中体现。南沙新区“基本法”首先必须确立其基本原则，包括维护国家统一原则、不抵触原则和先行先试原则等。

2. 南沙新区人大与政府的权限。明确南沙新区人民代表大会及新区政府的权限范围，包括传统的地方权限和先行先试权等。只有清晰厘定人大和政府的权限，理清中央的授权范围，才能明确先行先试所涉及的主要内容、战略地位、价值指向，才能使政府在南沙新区粤港澳全面合作示范区建设中不越位、不缺位、不错位，才能赢得粤港澳三地人民的信赖，从而为粤港澳全面合作示范区建设提供强有力的组织保障。

3. 社会治理体制。良善运行的社会治理体制有助于协调计划与市场、公平与效率、政府与市场的关系。为此，“基本法”应该建立健全科学民主的决策机制、高效便民的执行机制、透明公正的监督机制、多元参与的治理机制以及区域合作机制。

4. 流动人口的融入。流动人口问题是南沙新区实现经济增长方式根本转变过程中必须解决的一个重大问题，它直接关系到改革、发展、稳定的大局，关系到有效推进粤港澳全面合作示范区建设的整体进程。

5. 关于产业促进、环境保护、科技创新、人才激励、公共服务等其他内容。

三、南沙新区粤港澳全面合作示范区建设中港澳籍陪审员制度

司法公信力和司法权威，是法治社会的根本标志。正义根植于信赖，而信赖决定于主体的参与。在南沙新区粤港澳全面合作示范区建设中，港澳籍人士的司法参与是南沙司法公信力和司法权威树立的一个重要途径。所谓司法参与，是指社会主体能够参与到司法过程中，并通过各种因素影响、制约司法裁判的活动，它是司法民主的本质要求，是提升司法公信力的重要保障，是程序正义的表现形式。[①] 司法参与的表现形式多种多样，所涉及的范围也非常广泛。[②] 基于本报告研究重点及南沙法院实际，仅对港澳籍陪审员制度作初步探讨。

（一）设立港澳籍陪审员的必要性与可行性

1. 设立港澳籍陪审员的必要性。南沙新区伴随着南沙国家级新区的成立，南沙成为港澳投资的热门之地，大量的港澳企业和人员将加入南沙的建设中来，建设过程中必然会带来一系列的问题，如公司注册登记问题、门槛标准问题、劳动合同和争议问题、涉港澳人员的侵权纠纷，等等。这些问题的司法解决能否做到案结事了关键在于司法的公信力。而设立港澳籍陪审员，让他们参与涉港澳案件的审理，建立港澳人士与南沙司法系统

① 参见李峰等：《通过司法参与实现司法公信》，载《湖南科技学院学报》2012年第11期。
② 具体可参见胡弘弘、邓晓静：《公民的司法参与权研究》，载《现代法学》2007年第6期。

的广泛互动，增加了裁判的透明度，不但可以倾听港澳人士心声，消除港澳人士对司法活动的距离感，也传递了司法信息，增加了港澳人士对南沙司法的信任。港澳籍陪审员参与案件审理，凭借其朴素的社会正义感和公平感来评价司法过程的正当性、公正性，当其与司法职业人员的判断相结合，往往才真切地体现了社会正义，由此也实现了司法公正。正如丹宁勋爵所言："被任命为陪审员的英国人在主持正义方面确实起到了决定性的作用。他们的同胞有罪还是无罪，总是最后由他们来决定。我相信，参加这种司法活动对于培养英国人的守法习惯所起的作用要超过其他任何活动。一位伟大的历史学家曾把它说成是有利于国家和平发展和进步的一种最强大的力量。"① 同时，港澳人士在香港、澳门生活多年，司法权威已经深入其内心。在司法领域和公民意识方面，香港受历史文化等因素的影响，在司法中实行的是英美法系的陪审员制度，陪审员制度是他们参与国家治理、参与政治法律、体现其公民意识最好的途径。参与司法所带来的公平正义意识已深深渗透到港澳同胞的公民权利意识当中，香港居民已经习惯了英美法系司法审判中社会公民参与案件的陪审员制度。设立港澳籍陪审员参与南沙司法活动，是对港澳法律文化的一种尊重，将有助于港澳人士融入南沙的大家庭中。

2. 设立港澳籍陪审员的可行性。设立港澳籍陪审员在我国现行法律体系框架下具有法律依据，也具有实施和操作的可行性。从而无须在设立港澳籍陪审员问题上面临"突破法律框架，损害法治统一"的担心。《宪法》第2条规定：中华人民共和国的一切权力属于人民。有关司法活动的其他法律规范的制定必须以《宪法》的规定为指导。在我国，人民是指包括港澳人士在内的全体社会主义劳动者，拥护社会主义的爱国者和拥护祖国统一的爱国者。《全国人民代表大会常务委员会关于完善人民陪审员制度的决定》第4条规定："公民担任人民陪审员，应当具备下列条件：（一）拥护中华人民共和国宪法；（二）年满二十三周岁；（三）品行良好、公道正派；（四）身体健康。""担任人民陪审员，一般应当具有大学专科以上文化程度。"第6条规定："下列人员不得担任人民陪审员：（一）因犯罪受过刑事处罚的；（二）被开除公职的。"从法律规定来看，设立港澳籍陪审员不存在法律障碍。且设立港澳台籍陪审员在我国已有成功的先例。福建省

① ［英］丹宁：《法律的未来》，刘庸安、张文镇译，法律出版社1999年版，第39页。

的漳州市中级人民法院从2009年开始，就选任八名长期在漳州投资兴业的台湾同胞为人民陪审员，[①] 截至2012年4月1日，漳州法院先后选任了40名台胞为人民陪审员，台胞陪审员参审案件数达767件，民商事案件审结633件，调撤率达82%，取得良好的法律和社会效果。此后，选任台胞担任陪审员工作在福建全省法院试行。[②]

（二）设立港澳籍陪审员的制度构想

根据《全国人民代表大会常务委员会关于完善人民陪审员制度的决定》《最高人民法院、司法部关于人民陪审员选任、培训、考核工作的实施意见》及《最高人民法院关于人民陪审员管理办法（试行）》的规定，借鉴福建省的成功经验，结合南沙实际，探索出一套适合南沙粤港澳示范区建设的港澳籍陪审员制度：

1. 明确港澳籍人民陪审员选任条件。根据相关法律规定和南沙实际，选任的港澳籍人民陪审员应当具备以下条件：23周岁以上，身体健康、品行优良、公道正派的香港居民中的中国公民；拥护中华人民共和国宪法；具有大学专科以上文化程度；在南沙投资、工作或生活2年以上，有较高的社会声望，自愿从事并热爱人民陪审员工作；没有法律规定禁止担任人民陪审员的情形。同时，香港特别行政区公职人员、执业律师和持有内地律师执业证的香港居民不得担任南沙法院人民陪审员。

2. 规范港澳籍人民陪审员的选任程序。《最高人民法院关于人民陪审员管理办法（试行）》对人民陪审员的选任程序进行了规范。由于港澳籍人员担任陪审员身份上的特殊性，在遵循《最高人民法院关于人民陪审员管理办法（试行）》相关规定的基础上，增加对拟任港澳籍陪审员的资格审查环节，以确保当选的港澳籍陪审员符合法定条件。

3. 建立健全港澳籍陪审员的管理和培训制度。陪审员的管理和培训工作是完善人民陪审员制度的一个重要环节。由于其身份、法治文化传统等的特殊性，加强对港澳籍陪审员的管理和培训显得尤为重要。培训的内容应该是涉港澳案件所可能涉及的相关法律。此外，《全国人民代表大会常

---

① 郭宏鹏：《漳州法院首任8名台胞陪审员》，载《法制日报》2009年8月18日第10版。

② 王欣、张羽：《40台胞受聘担任福建漳州法院涉台案件陪审员》，载 http://www.taiwan.cn/local/fujian/dongtaixinwen/201212/t20121205_3420040.htm，访问时间：2013年6月8日。

务委员会关于完善人民陪审员制度的决定》《关于人民陪审员选任、培训、考核工作的实施意见》等有关规定的学习是必不可少的。要加强法院在庭审程序、合议庭评议案件时对港澳籍陪审员的法律指导。同时，要针对南沙港澳籍陪审员的实际从经费来源、培训机构设置和培训机制等方面入手，及时总结每次培训前、培训中、培训后的经验教训，优化培训方法，使港澳籍陪审员培训工作既要出效果，又不流于形式，能够适应南沙新形势、新任务的要求。

前海社会主义法治示范区建设相关问题研究

深圳市中级人民法院课题组*

2010年8月26日，国务院、发改委批复了《前海深港现代服务业合作区总体发展规划》（以下简称《发展规划》），并下发了《关于前海深港现代服务业合作区总体发展规划的通知》（以下简称《通知》），提出要将前海打造成为“社会主义法治建设示范区”。党的十八大报告根据到2020年全面建成小康社会的新形势和新要求，作出了“全面推进依法治国”的重大决策和战略部署，明确提出：“法治是治国理政的基本方式。要推进科学立法、严格执法、公正司法、全民守法，坚持法律面前人人平等，保证有法必依、执法必严、违法必究。”因此，将前海打造成社会主义法治示范区不仅仅对于营造一个“公正、透明、高效、诚信、廉洁”的国际化的营商环境，推动前海现代服务业发展具有决定性意义，而且对于推进党的十八大提出的“依法治国”的方略意义重大。前海社会主义法治示范区的建设为建设和发展中国特色社会主义道理提供新的借鉴和模式引领，如能取得成功，利在当代，功在千秋。

一、前海社会主义法治示范区建设基础理论

在《发展规划》中，国家提出要将前海打造成为“社会主义法治建设示范区”，因此，法治应当是前海合作区法治建设所应遵循的根本原则。

关于法治的概念自古众说纷纭，但都包含如下内涵：（1）良法之治。所谓良法之治，首先是“法律的统治而非人的统治”，其次，这部法律本身也应当是良法，应以自由、正义、公平、安全等作为自己的追求，舍此

* 课题组组长：黄国新，成员：温达人（执笔人）、李原、林建益。

便是恶法，恶法非法。（2）“人权得到切实尊重和保障”。（3）权力制衡。“一切有权力的人都容易滥用权力”。

法治是市场经济的必然选择，法治是民主政治的必然要求，法治是公民权利保障的必然要求。

而前海社会主义法治示范区是在全面推进依法治国背景下，以权力制约为核心，通过创新法律体制机制，构建适宜现代服务业发展的一流国际营商环境，成为科学立法、严格执法、公正司法、全民守法，为社会主义法治建设提供引领和示范的法治特区。

二、前海社会主义法治示范区立法建设重大问题

前海作为深圳“特区中的特区”，在立法方面应遵循立法内容与时俱进，立法程序科学、民主、公开的原则，建立健全法律制度，为实行法治提供条件。具体可从以下四个方面着手：

（一）发挥深圳的特区立法权和前海的授权立法

国务院在《关于〈前海深港现代服务业合作区总体发展规划〉的批复》（以下简称《批复》）中阐明：“深圳应进一步健全民主法制，充分利用全国人大授予的经济特区立法权，为前海现代服务业的发展创造优良的法治环境。”

所谓“经济特区立法权”是人大常委会授权深圳市人大及其常委会根据具体情况和实际需要，遵循《宪法》的规定以及法律和行政法规的基本原则，制定法规，在深圳经济特区实施，并只需报全国人大常委会、国务院和广东省人大常委会备案而无需批准的权力。

深圳利用特区立法权，在市场经济、社会公共事务和城市管理等领域制定了大量的法律，满足了深圳特区市场经济体制和社会发展对法制的需要，推进了深圳特区法治建设。例如，在大陆范围内，深圳率先制定股份有限公司和有限责任公司条例、劳务工条例、政府采购条例、信息化建设条例等，为国家和其他地区立法提供了有益的经验，推动了整个国家的改革开放和法治建设。

现在，在前海合作区的立法问题上，深圳市人大和深圳市政府也要充分行使特区立法权。除了深圳市的特区立法权，作为前海“基本法”的

《深圳经济特区前海深港现代服务业合作区条例》（以下简称《条例》）还在第48条规定：市政府可以提请市人大及其常委会，对其制定的法规在前海合作区的适用作出相关规定；前海管理局可以提请市政府，对其制定的规章的适用作出决定；市政府可以制定规章、决定和命令，前海管理局可以制定规则和指引，在前海合作区施行。这就等于赋予了前海在上位法的适用和法律制定方面更大的自主权：如果认为所制定的法律不符合合作区服务业发展的总体规划，不利于营造适宜现代业集聚发展的法治环境，经有权主体申请，市人大常委会颁布的法规和市政府的规章，可以不适用于前海。这一规定为前海制度创新清除了一些制度性的障碍，让前海可以根据现代改革开放需要，大胆开拓，勇于探索，充分发挥先行先试作用，为深圳市其他地区以及内地金融、物流等现代服务业的发展积累宝贵经验。

（二）加强深港法律交流，大胆移植香港法律

在《发展规划》中，明确提出要“加强深港法律界的合作与交流”，这种合作与交流在立法层面上，表现为前海地区运用授权立法，“胆大心细”地移植香港地区法律。下面，笔者将就移植香港地区法律的必要性、可行性和应注意的问题作如下分析。

所谓“法律移植”，按照何勤华教授的观点，是“指一个国家或地区，将其他国家或地区的法律（体系或内容或形式或理论）吸纳到自己的法律体系之中，并予以贯彻实施的活动”。

1. 移植香港地区法律的必要性。在法律文化的形成和发展过程之中，不同的国家、地区之间相互借鉴、相互模仿、借鉴彼此的法律制度，是常见的事实，前海在发展服务业的过程中，也存在着移植香港地区法律的必然性和必要性：

第一，移植香港地区法律有助于前海现代服务业的发展。前海合作区自身的定位是成为粤港现代服务业创新合作示范区，而现代服务业是高度密集的规则经济，要发展现代服务业，必须尽快建立一套与现代服务业发展相适应的法律制度，只有一水之隔的香港在现代服务业方面已经积累了成熟的经验，其在商业领域的立法基本是在国际商业惯例的基础上演化而来的，先进而完善的商业法律制度是香港成为国际商业中心的关键。

第二，减少区域之间的法律抵触和冲突凸显出法律移植的显示必要性。服务业本身就是外向型产业，需要大量的国际交流，而前海合作区的

发展目标更是“要建成国际一流的现代服务业合作区，形成国际化程度高、辐射能力强的现代服务业体系，亚太地区重要的生产性服务业中心”，以期“在全球现代服务业领域发挥重要作用”，这就更需要有完善的、能与国际服务业相容，至少是不相抵触的法律制度，按照国际通行的规则参与到国际竞争之中，而移植香港先进的、国际化的金融法律制度，是最直接、最有效的工具之一，既提高了立法的效率，又节约了立法的成本。

第三，移植香港地区法律有助于实现深港交流的目的。移植香港地区法律，可以增加香港投资者对于前海法律制度的认同感和信任度，使招商引资的政策更具吸引力，使投资者更加放心大胆的在前海投资。

2. 移植香港地区法律的可行性。不同的法律制度之间是可以移植的，这几乎是中国法律界的共识，正如茨威格特所说：“只有傻瓜才会因为金鸡纳霜不是在自己的菜园里长出来的而拒绝服用它。”当然在法律移植过程中，的确出现过移植的法律水土不服的失败案例，但是，前海地区移植香港地区法律则是可行的，这是因为：

第一，要移植的香港地区法律是属于具有社会性的公共管理领域的法律，与法律的阶级性无关而与社会性有关，是不同制度的社会均可以使用的。

第二，移植香港地区法律不存在政策上的障碍。改革开放以来，我国为了加快社会主义法治建设，对法律移植采取开放的态度，原全国人大常委会委员长乔石曾讲到：“凡是国外立法中比较好的又适合我们目前情况的东西，我们都应当大胆吸收；他们走过的弯路，也值得我们借鉴，有些适合我们的法律条文，可以直接移植，在实践中充实、完善。”全国人大常委会在制定法律的时候，也会大量借鉴国际上通行的规则，比如我国1999年的《合同法》就大量借鉴了《国际商事合同通则》，因此这部《合同法》比很多传统的民法典的合同法部分更为先进。

3. 移植香港地区法律中所应注意的问题。虽然移植香港地区法律有其自身的必要性和可行性，但是，一部法律的良好施行毕竟需要其他相关的法律制度的配合和相应的法律文化底蕴，否则可能产生东施效颦的结果。在香港地区法律的移植中，应注意如下问题：

第一，法律移植应当遵循一定的标准，包括“需要标准”“国情标准”“优选标准”“非价值标准”“国际化标准”。

第二，在进行法律移植时，要坚持科学性、合乎宪法与法治统一，对于前海而言，就是要在遵循社会主义法制统一的前提下，不能与社会主义法制体系相冲突，否则移植过来的法律很难发挥效用。

第三，要使移植过来的法律完成本土化，比如香港地区法律属于英美法系，所以诸如法律语言、立法体例等都需要进行转化，使其在形式上能与现行法律相容。同时，也要充分考虑到影响法律移植的政治、经济、文化等因素的影响。

（三）借鉴香港地区的立法经验，立法程序科学、民主、公开

科学化和民主化是法律制定的基本原则，立法科学化要求在立法过程中重视专家的作用，立法民主化要求保障人民的广泛参与，在这两点上，香港地区的立法机制可资借鉴。

1. 立法的科学化。法律的制定从起草法律开始，内地的法律大多是由政府部门起草，因此，有些法律不可避免地出现部门利益色彩明显，留给执法者的空间过大，缺乏全局性考虑等问题。但在香港，立法采取“政策局制定立法建议，律政司起草法律文本”的法律起草机制。所有法案均由律政司统一起草，政府各政策局自己无权起草。需要立法的，由各政策局向律政司发出草拟委托书，委托律政司起草条例案。具体是由律政司下设的法律起草科根据草拟委托书，并遵循统一的技术规范起草法律。律政司法律起草科专门负责起草工作的是一批经验丰富的政府律师，他们熟悉法律规定和法律精神，熟悉法律起草专业技术，奉行“政治的归政治，法律的归法律”的原则，所以其主要工作是将立法建议转化为合乎法理、行之有效的法律，而无需对法律政策负责。

香港的这一法律起草机制，在前海合作区制定法律时可以借鉴，即采取相对集中、多方参与、开放式、专业化的法律起草模式，包括：（1）设立相对集中的法律起草机构，调配立法专业人才、落实专项工作经费，由其统一负责法律起草工作；（2）凡涉及政府部门的，相关部门应指定专人参与起草工作；（3）根据需要邀请法学专家、律师、实务工作者共同参与；（4）在起草过程中，充分调动各方面的积极性，听取各方面意见，建立开放的法律起草机制。专业化、技术化、职业化是今后立法发展的必然趋势，从长远来看，法律相对集中起草是符合这一发展趋势的。前海作为“特区中的特区”，可以积极探索，先试先行。

2. 立法的民主化。香港立法全程向社会公开，社会公众参与度高，民

意表达透彻。香港政府在拟订立法政策、提出立法建议之前就会充分征求律政司、相关政策局、相关利益团体以及社会各界的意见。暴露立法的矛盾焦点，吸引公众更早地关注立法和提出意见，有利于更早地协调各方意见，凝聚社会共识。同时，在立法过程中，政府相关政策局、律政司法律起草科、立法会也会根据需要采取不同的形式咨询市民、专家学者及有关团体的意见。政策局、律政司、立法会会对这些意见进行反复的论证和协调。

目前大陆立法过程中，民主化程度还不高，公民的参与度不够，一方面是因为公民缺乏参与立法的民主意识，不习惯于在立法过程中表达自己的诉愿，法治观念淡薄；另一方面也是因为在立法程序的架构中缺乏公民参与的渠道，仅有的立法听证制度，在实际操作中往往变成了“走过场”，没有发挥其应有的效应。

针对这一现象，笔者认为，应“拓展人民有序参与立法途径”，具体可以从以下几个方面确保立法过程中公众的积极参与：一是要推进立法信息公开，这是公众参与立法的前提；二是将征询公众意见工作前移，在拟定立法政策时就应当充分征求公众意见，政府在这一过程中应积极充分发挥作用；三是加强社会组织的建设，充分发挥其利益汇集和表达作用；四是要重视对各个利益群体意见的征求；五是降低公众参与立法的成本，设计便于公众参与的征求意见的方式；六是重视对公众意见采纳情况的反馈，以引导公众积极主动参与立法，同时也体现了立法者对于公众意见的考虑和尊重。

（四）加强配套的商事法律制度的建设

中国的社会主义法制体系已经建立，所以关于下一步立法，党的十八大已经确立从全面立法向重点领域立法的转变。在产业发展方面，前海《发展规划》中明确了未来发展的四大重点领域，分别是：金融业、现代物流业、信息服务业、科技服务和其他专业服务业，其中集中涉及商事法律制度建设的是金融业，下面笔者将重点从促进金融业发展的视角，探讨相关的法律制度的架构。

金融立法的内容可以从资本、货币、银行、保险四大领域予以确立。

1. 资本市场。资本市场包括证券市场、债券市场、风险投资市场和技术产权市场。在证券市场上，应着力吸引香港的产业资本和金融资本向前海流动，使前海成为香港金融机构的后方支援中心；鼓励在前海设立证券融资公司，鼓励建立以市场为主导的品种创新机制，促进资本市场与货币市场、保险市场的对接。在债券市场，要鼓励推动公司债券和短期融资融券市场的发展。完善信用评级、信用担保、支付清算等涉及债券市场发展的基础设施建设，同时应致力于为中小企业解决融资难的问题。在风险投资市场，鼓励发展产业风险投资基金和技术产权交易，吸引非上市中小股份制企业来深圳参与产权交易，为中小企业板输送丰富的上市公司资源。

2. 货币市场。随着深港两地的经济联系日益紧密，货币的互通将是必然趋势，所以，政府部门要放宽限制，通过制定相应的法律法规加强对两种货币交易、流通和兑换的管理和监督，加快外汇体制的改革的步伐。

3. 银行市场。以银行业公司治理为核心，以创新业务品种为手段，致力于完善银行机构的公司治理结构和内控机制；推动银行机构的业务品种创新，大力发展中间业务；发展信贷资产二级市场和票据市场以促进商业银行形成自主的贷款风险定价能力，提高商业银行资产流动性，防范信贷风险；设立货币经纪公司为客户提供充分市场信息，增强市场流动性。

4. 保险市场。推出鼓励措施，营造更好的法治环境，吸引保险机构集聚前海；探索保险公司新型组织形式，鼓励探索专业性保险公司、自保公司、相互保险公司等新型组织形式；开发和创新保险业务的品种，引导保险公司开发个性化、专业化的保险新产品；加快保险人才的培养和引进，鼓励保险法人机构在前海建设人才培训基地，努力培养和引进职业保险经理人、高水平的精算师、核保师、核赔师和风险管理专家，全面提升保险从业人员职业道德和专业能力。

除了促进产业发展，在社会建设方面，也要充分发挥法制的指引作用。如在前海的开发中，应加强环保和土地资源管理方面的法治建设，避免环境的破坏和土地的不合理适用。在社会管理方面，应进一步完善社会保障体系的法治建设，建立健全基本公共服务体系。鼓励行业协会的建立和发展，实现其在特定群体利益表达过程中的统合作用，及实现行业自律中对相关行业的监管作用，减少政府对行业内部的过度干预。建立个人征信评级，打造市场诚信体系，促进公平竞争，诚实信用的市场经济基本原则。这也符合党的十八大关于深入开展道德领域突出问题专项教育和治理，商务诚信、社会诚信建设的要求，促进律师、财会等专门专业的发展。律师作为法律工作者，高素质律师队伍的培养，可以大力提高法治队伍的整体素质。积极推行企业法律顾问制，可以引导企业建立健全规章制度，为企业提供专业化的服务，使其更好地应对日益制度化、国际化的服务业发展趋势。

三、前海社会主义法治示范区执法建设重大问题

法治所依赖的机制包括立法、执法、司法三大环节，所以要实现“打造社会主义法治建设示范区”，为前海现代服务业的发展创造优良的法治环境的目标和要求，除了要有完备的法律法规体系外，在行政执法环节必须“推进依法行政，做到严格规范公正文明执法”。

（一）设立“前海管理局”作为法定机构的开发管理模式

法定机构是指立法机构通过专门立法设立的与政府决策部门相区别的，相对自主、独立运作，负有法律赋予的执行政府政策、提供公共服务或发展经济职能的公共管理机构。它一方面是由政府主导和管理，代行政府职能的一种半官方机构；另一方面，其运作方式又采用自治化、企业化、民营化，是把政府管理社会变成社会管理社会的模式。

以法定机构模式来开发管理前海合作区是借鉴香港经验后进行的体制机制的创新，是建立精简高效、机制活的管理机构的需要，它有利于深化与香港的合作和进一步扩大对外开放。

总体来看，法定机构有以下特点：第一，法定性。依据专门法律成立，“一法一机构”，相关法律对机构的设立、职责、经费、人员、管理、监督等内容进行详细规定。第二，独立性。具有充分自主的管理权和灵活性，独立承担法律责任，不受相关政府部门的干涉和制约。政府的监督主要通过审计、问责、制衡机制。第三，执行性。主要职能是具体执行政府的政策法规，反馈执行中的问题，为市场、社会及政府服务。第四，灵活性：经费筹措、用人机制、薪酬体制、管理模式较为灵活。

法定机构的这些特点，使其兼具行政机构的公共性和公共服务机构的灵活性，可以在提供服务时保持高效率，这也是其最大的优势。

但是，法定机构的模式也并非十全十美，从国外的实践经验来看，其也存在着如下问题：第一，职责划分不清。第二，独立性难以保证。第三，资源使用效率低。第四，绩效评估问责难。第五，审计制度不完善。

第六，法定机构负责人的聘用渠道难以保证其经营管理能力和专业水平。

鉴于此，前海管理局在运行中，应当注意：

第一，细化《条例》，并严格执行。《条例》中删除了《深圳经济特区前海深港现代服务业合作条例（草案）》［以下简称《条案（草案）》］中关于设立理事会的规定，而理事会在法定机构里是决策机构，没有了理事会，法定机构的独立性恐难保证。所以应出台相应实施细则，完善法定机构的内部架构，责权关系、评估、监督、问责等制度性、框架性的问题。

第二，确保管理局的独立性，包括加强管理局的管理独立性、人事独立性和财政独立性。在内部管理上，以理事会作为决策机构，负责确定前海合作区的发展战略和规划，决定重大事项；理事会的组成人员应吸收专业精英人士的参与；管理局是执行机构，负责日常管理和运营。管理局局长可由市政府任命，对理事会负责，向理事会汇报工作，接受理事会监督。副局长由局长任命，报市政府备案。在资金来源上，可借鉴香港贸发局的经验，通过积极参与市场竞争的方式减少对政府财政的依赖，当然，在经营中不能利用公共服务的权力垄断市场，而应与其他市场主体公平竞争。

第三，加强法定机构的监管。

（二）执法建设的相关问题

执法是法治建设的关键一环，下面笔者将分别对前期的政务公开，过程中的廉政建设以及之后的问责机制进行探讨。

1. 推进政务公开。政府政务可以防止腐败，建立一个透明民主的政府，为公民的参政议政提供便捷的途径，是实现对公民知情权、参与权和信息权的重要保障。对前海而言，推进政务公开，可以保持前海的廉洁高效，提升前海管理局的形象，增强投资者对前海的认同和信心。

政务公开包括政府信息公开，尤其是财政预算，公共资源配置等信息；政府办事公开，包括所有面向社会服务的政府部门和公共事业的领域，以便群众监督。

在《条例（草案）》中，曾规定前海管理局管理人员和监督专员应当公开其收入以及与其决策有关联的利益情况，但很遗憾这一规定没有进入正式的《条例》，这也表明政务公开的艰巨性。

在推进政务公开的过程中，首先应完善前海政务公开的制度建设，前海管理局可参照香港的《资料公开守则》，尽快出台相应的信息公开办法，并确立“推定公开”原则，将评估实质损害和公共利益衡量作为拒绝公开信息的前提；确立申请主体获取信息不受资格限制和不需说明申请原因的原则；扩大公开范围，只要是由政府部门拥有的载有符号文字或音像的物件，且物件能够向熟悉此类符号的人传达明确含义的，都应认为是可以公开的信息；严格避免不必要的保密规定。其次应创新政务公开方式，充分利用现代信息技术，搭建起网络沟通的平台。

关于获取政府信息权的救济，除了行政复议和行政诉讼外，还可认真研究香港的申诉专员的救济途径。香港申诉专员有调查权、审查权和建议权，审查包括实体审查，当其认为行政部门行为失当时，可以提出建议，相关部门有责任落实建议。但建议本身不具有强制力，所以香港还有配套政府覆文制度和向行政长官报告制度。申诉专员与信息专员监督模式形成对照，具体操作可进行进一步研究和论证。

2. 加强廉政建设。贪污腐败会极大地增加投资成本和风险，是对营商环境的巨大破坏，香港能够连续15年被评选为全球最自由的经济体，港府及其公职人员的清廉为这一成功提供了最为关键而有力的保障。所以前海要打造国际金融中心，必须加强廉政建设，而这方面，香港的经验可资借鉴。

其实在20世纪70年代以前，香港也是贪腐横行的，是香港立法局通过《香港特派廉政专员公署条例》，宣布成立一个“与任何政府部门包括警务处没有关系的独立的反贪组织”，即香港廉政公署后，香港的贪腐问题才得到了根本性的遏制。

廉署之所以能够有效地打击贪污腐败，与其自身机构的特点有关。其运作方式有以下几个特点：

第一，机构设置合理，体现了独立性和专业性的高度融合。其独立性分别体现在机构独立：独立于政府体制之外，不受任何政府机关领导而直接隶属特别行政区长官；人事独立：完全的人事权，成员体系与政府公务员体系相互分离；财政独立：财政经费由最高行政长官每年从政府的预算中单独划拨，其他各级政府官员无法干涉廉政公署的经济来源。其专业性体现在内部分工的“三管齐下”反腐策略。下设执行处、防止贪污处和社区关系处，分别承担调查、预防和教育的任务，力求从源头上扼制。

第二，职责明确突出。廉政公署的职责明确而单一，即依据《廉政公署条例》的授权，调查和防止贪污行为。93%的人员在业务部门，一级对一级负责，管事之责与管人之权融为一体。人员配置和内部管理简洁高效。

第三，践行法治理念。廉署打击贪污不偏不倚、无畏无惧、“逢贪必抓”，即使再小的案件也得走完全部诉讼程序，罪名一旦成立，就要受到法律追究，从而极大提高了贪腐的成本。

第四，权力范围广泛。廉署办案手段齐全，设备先进，行动“快、准、狠”。权力广泛，调查、搜查、拘捕、扣押等，涉及办案及审理过程的方方面面。

第五，透明性很高。廉署的权力巨大，但高度的透明性防止了廉署的腐败，防止廉署的人员进行权力寻租，同时也为市民的广泛参与打下基础，赢得支持与信任。

在借鉴了香港的廉署制度方面，《条例（草案）》无疑比《条例》走得更远，《条例（草案）》设立了前海合作区的监督专员制度，规定了相应的机构和人员组成，并规定监督专员“独立开展监督工作，不受非法干涉”，是大胆的制度创新，但在最终的《条例》中，上述规定均未被列入；而且监督机构的不公开事项增加了一个更具有不确定性的“国家秘密”；对前海管理局提出“纠正”的权力也改成了“建议”，这些无疑都削弱了监督机构的权限。同时，无论是“监督机构”还是“监督专员”，其职责都是监督前海管理局的各项活动，职责规定失之泛化，不够明确。制度创新必然会遇到阻力，但是要想实现廉政目标，就必须注意以下问题：

第一，进一步明确监督机构的职责是防止前海管理局在各项活动中的贪污行为，使其监督更具针对性。

第二，保证监督机构的独立性。监督机构应只向深圳市人大及常委会负责，不受其他任何机构和个人的干预；经费预算应不受其他政府部门的控制，直接由人大在财政预算中安排；监督机构的工作人员不应该从现有的公务员系统内部直接选调，而应该面向全社会公开选聘，以保证其具有真正的独立性。

第三，增强监督机构的透明性和公开性。任何权力缺少监督都会导致权力泛滥，因此，要保持监督机构的透明性和公开性。

3. 建立行政问责机制，落实权责统一。深圳作为改革开放的前沿阵地，已率先进行了一些行政问责机制的探索，但是，也应继续推进，前海就是一块当仁不让的行政问责机制的“试验田”。可以在前海加强异体问责机制，设立行政问责委员会，内部成员由人大代表、司法机关工作人员、新闻媒体、民众代表组成，也可吸纳部分香港居民，如遇临时专业领域的问责事件时，可另行聘请专业领域的专家学者。委员会直属人大，只对人大负责。其有权对行政行为的合法性和合理性进行调查；调查结论应当公开，并可以作为行政复议和行政诉讼的事实依据。建立完善异体问责，将有助于推动前海合作区行政问责制的顺利实施。

四、前海社会主义法治示范区司法建设重大问题

前海发展现代服务业，必须能够营造出一种公正的司法环境，如此才能提升市场主体的投资信心，才能使得现代服务业产业要素得以在前海高度集聚。

（一）前海审判机构的设立

深圳市编委在 2011 年 12 月 31 日批复：同意南山区法院设立前海法庭，正科级建制，负责前海区域有关商事审判工作，核定政法专项编制 15 名，主要职责为负责前海区域的有关商事审判工作。

笔者认为，在前海设立前海法庭对于前海社会主义法治示范区的建设是不足的。理由如下：

第一，和前海的地位不相称。从世界上的国际金融中心来看，其司法机关地位和相应的行政、金融管理局（Authority）是对等的。前海是国家级的开发区，其不受南山区管辖，前海管理局局长一级人员是由深圳市政府任命，具有计划单列市的管理权限。前海法庭则隶属于南山区法院，地位上不对等，和前海的高规格设置和特殊性不匹配。

第二，在前海设立隶属于基层法院的法庭给境外金融机构、其他服务机构释放了一个不是太好的信号，他们会认为你们对于前海并不重视，高盛、汇丰等国际性的金融机构会对一个基层法院派出法庭有多大的信任度？他们还是否有信心入驻？要打个大大的问号。

第三，根据目前南山法院下属法庭的管辖权限，是所属街道 20 万以下的一审民商事案件，而作为 2015 年 GDP 要达到 500 亿，2020 年达到 1500 亿，会有大量境外金融、服务机构和从业人员聚集的前海，仅仅设立一个

基层法院的下属法庭，能否承担建设适应现代服务业发展需要的法律环境、打造社会主义法治建设示范区的重任？

第四，同样是珠三角的国家级开发区，广州南沙和珠海横琴均设立了基层法院，而前海法庭作为社会主义法治示范区的司法审判机构显然组织力量有限。

对于前海审判机构的设立，笔者认为应当设立前海法院，并提出如下设置建议：

1. 设立前海法院应当以改革为目标，要勇于大胆创新。目前，我国司法公信力还有待提高。距离国际化营商环境的要求尚有一段距离，想要投资者尤其是国际投资者对前海的司法环境有足够信心，前海司法机构的设置必须进行大胆创新，对于影响前海审判机构公信力的障碍均要大胆破除。广东省高级人民法院郑鄂院长即在前海考察时提出，前海可以学习其他国际金融中心，设立两级审判机构，或者可以让前海审判机构同时享有一审案件审理权和二审案件审理权。如能实现，无疑将大大加强前海司法机构的权威和公信力，增强前海对境外投资者的吸引力。

2. 前海法院受案范围不能仅限于民商事案件，应当包括知识产权、行政诉讼等案件。相较于平等的市场主体，拥有公权力的政府部门对市场及市场主体的发展影响更大。因此，影响外国投资者对前海司法公信力的根本因素在于前海法院能否公正地对投资者和前海管理局的行政诉讼作出裁决。因此，前海法院的主要职责应当是审理区内的行政案件和民商事包括知识产权案件。

3. 必须保障前海法院的独立性。审判独立是司法公正的前提。前海法院在设置上，必须从人事和财政上尽可能摆脱地方的影响，实现人事和财政独立。建议前海法院的人事任免权归深圳市人大，财政支出则纳入深圳市财政单独预算。

4. 前海法院必须去行政化。现行司法体制内部行政化趋势较为严重，行政层级明显，法官办案独立性尚待提高。前海法院可以依托法官职业化改革的平台，借鉴国际先进经验，建立一套符合前海实际的法官任免、监督机制和高效公正审判机制。

（二）港籍陪审员制度

1. 港籍陪审员的可行性。选任境外人士担任人民陪审员已有先例。早在2009年8月，福建省漳州市中级人民法院试点选任八名长期在漳州投资兴业、热心台商台胞维权工作的台湾同胞为人民陪审员，截至2012年4月1日，漳州法院先后选任了40名台胞为人民陪审员，台胞陪审员参审案件数达707件，民商事案件审结633件，调撤率达83.9%。取得良好的法律和社会效果。① 2011年11月，选任台胞担任陪审员的工作在福建全省法院试行。②

根据《香港特别行政区基本法》《全国人民代表大会常务委员会关于完善人民陪审员制度的决定》《最高人民法院关于人民陪审员管理办法（试行）》，可以选任香港居民中的中国公民担任前海法庭的人民陪审员，但审理的案件范围应当限于涉港民商事纠纷案件。

2. 港籍陪审员的选任条件和程序。根据《全国人民代表大会常务委员会关于完善人民陪审员制度的决定》《最高人民法院关于人民陪审员管理办法（试行）》，结合福建省的经验和前海实际，担任前海法庭香港籍人民陪审员应当具备以下条件：（1）须为香港居民中的中国公民；（2）拥护《中华人民共和国宪法》；（3）具有大学专科以上文化程度；（4）23周岁以上，身体健康、品行优良、公道正派，具有较高的社会声望；（5）在深圳投资、工作或生活2年以上，自愿从事并热爱人民陪审员工作，有较充裕时间从事人民陪审员工作；（6）没有犯罪前科。熟悉香港法律的可以优先考虑。同时，香港特别行政区公职人员、执业律师和持有内地律师执业证的香港居民不得担任前海法庭人民陪审员。

前海法庭香港籍陪审员的选任程序为，由前海法庭、南山区法院汇同同级的司法行政机关对拟任港籍陪审员进行资格审查，由南山区法院提请南山区人大常委会任命。

（三）开放香港律师在前海执业

1. 现行的规定。根据司法部《取得内地法律职业资格的香港特别行政区和澳门特别行政区居民在内地从事律师职业管理办法》（2004年1月1日起实施，2005、2006、2009年修正）以及CEPA的安排：

---

① 《福建漳州法院3年审结涉台案1622件调撤率超8成》，载中国新闻网，http://www.chinanews.com/tw/2012/04－01/3793515.shtml，访问时间：2012年4月1日。

② 《福建拟全面试行选任台胞陪审员》，载中国新闻网，http://www.chinanews.com/tw/2011/11－11/3453554.shtml，访问时间：2011年11月11日。

（1）通过内地司法考试的香港居民可以加入中国内地的律师所从事有关的法律服务工作；

（2）取得内地律师执业证的香港居民在内地律师事务所执业，可以从事内地非诉讼业务及涉港婚姻、继承案件的代理活动（《取得内地法律职业资格的香港特别行政区和澳门特别行政区居民在内地从事律师职业管理办法》第4条）；

（3）除此以外，香港执业律师（包括香港大律师）也可以公民身份在内地代理诉讼（CEPA补充协议三）。

2. 开放香港律师在前海执业的可行性。在前海，应当允许对获得内地律师执业证的香港居民，包括香港律师进行放开法律服务的试点。理由如下：

（1）香港和内地属于一国，没有根本利益的冲突。

（2）一般而言，人们往往更愿意相信和自己拥有相同生活和文化背景的人，诉讼也是如此，此举可以增强前海地区对外资特别是对香港投资的吸引力。

（3）一方面，内地和香港人员通过到其他地区参加律师资格考试，以及取得律师资格后在当地工作，可以对所在地区法律有直接广泛的了解；另一方面，通过在当地以律师身份从事法律服务，既同时熟知本地区法律和所在地区法律，又具有同时在两个地区以合法身份活动的便利，在解决两个地区法律冲突中可以起到更全面的作用。①

（4）熟知香港和内地法律的香港律师全面参与民商事诉讼等法律服务，有利于两地法律的交流、内地法律的推广和香港法律的查明。

（5）香港允许取得香港律师执业资格的内地居民在香港作为事务性律师（solicitor）和大律师（barrister）在香港从事律师业务，同时还允许符合一定条件并通过专项考试的海外合格律师（overseas qualified lawyer），包括内地律师，在香港作为事务性律师（solicitor）执业。

因此，推行通过内地司法考试并取得内地律师资格的香港居民，以及香港的执业律师以律师身份代理香港当事人在前海法庭从事诉讼业务的试点，对于促进前海发展以及解决我国内地和香港区际法律冲突不失为一个良好举措。

---

① 沈涓：《中国区际冲突法研究》，中国政法大学出版社1999年版，第144页。

五、前海社会主义法治示范区法治文化建设重大问题

要想建设法治社会，崇尚法治的理念是其文化基础，而中国长达2000多年的封建统治，恰恰使“人治”的思想深入人心，人们接受了“人亡政息”的“规律”，渴望贤人之治，直至今日，这种思想仍影响着某些官员和民众看待法律的角度，法律虚无主义盛行。所以2012年的党的十八大报告要求弘扬社会主义法治精神，树立社会主义法治理念，增强全社会学法、尊法、守法、用法意识，这对于建设法治社会是非常有必要的。

前海毗邻香港，要发展服务业，必然要利用地缘优势，加强深港交流。而香港是一个成熟的法治社会，前海的法治环境状况会对香港的投资者产生决定性的影响，这不仅出于投资风险等经济利益上的考虑，还因为香港居民强烈的法治意识。所以，对前海而言，弘扬法治精神和法治文化，把前海建设成为由内而外的法治社会，不仅有利于实现前海的发展目标，同时建设一个“全民守法”的社会主义法治特区也是至关重要的。

加强法治文化建设，应先从政府做起，先从政府官员做起，“有问题找政府”的俗语就体现了民众对政府在一定程度上的依赖，因而，只有建立法治政府，才能提高政府的公信力，让民众充分感受到法治的力量和优势，同时再辅之以法制宣传教育工作，才能让整个社会建立起对法律的尊重和对法治信仰。所以，党的十八大在提出弘扬法治精神的要求之后，紧接着就是建立法治政府，“提高领导干部运用法治思维和法治方式深化改革、推动发展、化解矛盾、维护稳定能力”。

（一）法治政府的建设对法治文化的主要作用

所谓“法治政府”，应当具有如下特征：（1）前提：行政机构法定；（2）关键：行政职权法定；（3）条件：行政程序法定；（4）核心：行政行为法定；（5）保障：行政责任法定。从法治政府的特征中可以看出，法治政府是依法治理和运行的政府，是合法政府、有限政府、规范政府、守法政府和责任政府。

政府在立法、执法、司法等领域的法治建设对法治文化的形成均有重要影响：

1. 立法方面的影响。虽然，中国的社会主义法制体系已经形成，但是，不可否认，政府的立法工作在内容上还不能完全适应经济社会发展的客观需要。具体到前海合作区的开发，一些急需的立法项目，如金融法律应尽快出台，以做到有法可依；对于已有立法中质量不高，操作性不强的法律应予以修改；对于早期制定的不适宜前海现代服务业发展的法律和相互冲突的法律应当及时废止或申请不予适用，避免法律适用上的模糊和矛盾，让法律对民众的行为能够起到明确的指引作用，让民众更多感受到“以法治理”的社会管理模式，而不是通过政策进行调整。在立法程序上，应完善公众参与政府立法的制度和机制，保证人民群众的意见得到充分表达、合理诉求和合法利益得到充分体现，只有在公众的广泛参与下指定的，充分表达了公众诉求的法律，才能得到公众自愿的普遍的遵守，并逐渐养成自觉守法的理念。

2. 执法方面的影响。执法法治化是建设法治政府的重要环节，其大致包括依法执法、事前事后接受监督和与司法的衔接问题。

执法的主体是政府，但具体执法的实施者则是政府的公职人员，所以要高度重视行政机关工作人员依法行政意识与能力的培养。可以通过推行依法行政情况考察和法律知识测试制度、建立法律知识学习培训的长效机制等手段，使行政机关工作人员牢固树立依法行政的法治理念，养成依法办事的习惯，运用法治思维和法律手段解决经济社会发展中的突出矛盾和问题。

在政府的社会管理中，直接对公众的权利义务产生影响的，是政府工作人员的行政执法行为，所以，要严格规范公正执法行为：严格依照法定权限和程序行使权力、履行职责，既不能滥用职权，也不能行政不作为；推进行政执法体制改革，推进综合执法，减少执法层级，提高基层执法能力，避免多头执法、多层执法和不执法、乱执法问题；改进和创新执法方式，坚持文明执法，不得粗暴对待当事人，不得侵害执法对象的人格尊严。

在法治社会中，行政的全过程都应受到广泛的监督，既有包括事前的政务公开，也包括事后的行政监察和问责；既包括来自行政机关内部上级对下级的同体监督，也包括来自权力机关、司法机关的异体监督，还包括来自社会舆论的新闻监督等。

当公民的权利受到行政机关的侵害时，救济途径包括行政复议和行政诉讼，行政复议是行政机关内部的问责机制，但由于前海管理局是属于政府组织部门之外的法定机构，所以，通过行政复议的方式监督法定机构，会比政府体制内的行政复议更有效果。行政诉讼涉及行政机关与司法机关之间的关系。行政机关应完善行政应诉制度，积极配合人民法院的行政审判活动，支持人民法院依法独立行使审判权。尊重并自觉履行人民法院的生效判决、裁定，认真对待人民法院的司法建议。这样既可以让民众看到政府守法的自觉性，从而引导民众的守法意识；也树立了司法的权威，有利于民众建立对于法律和司法的信任，从而有利于法治文化的建设。

3. 司法方面的影响：在法治理念中，诉讼作为一种救济途径具有终极效力。在《国家发展改革委员会关于前海合作区发展规划的通知》中提到：深圳可以“根据国家相关法律规定和实际需要，设置相应的法治机构”，所以《条例》规定在前海合作区设立专门的商事审判机构，审理有关商事纠纷案件，根据《条例》规定，前海拟通过由深圳市南山区法院在前海设立民商事法庭的方式，推进前海区内的司法建设。但要想让国际投资者对前海的司法环境建立起足够的信心，还要从认识和财政方面进行体制机制创新，深入推进审判独立，不受行政力量的干预和社会舆论的影响，增强司法的公信力，提高司法效率。同时，为了“加强深港司法合作”，前海制定了《关于香港居民中的中国公民担任前海法庭人民陪审员的实施办法》，这一做法有利于进一步扩大司法民主，推进司法公开，香港居民的法治理念也可以通过作为人民陪审员的方式，在审判中对前海的法治文化建设起到潜移默化的作用。

（二）加强法制宣传教育工作

建设法治文化，除了政府以身作则的引领外，加强法制宣传教育工作也是必要的辅助手段。政府可以开展各种形式的普法活动，大力弘扬社会主义法治精神，切实增强公民依法维护权利、自觉履行义务的意识，推进法治文化的建设。

结语

前海作为深圳市在未来新的经济增长点，致力于现代服务业的发展，则相应地法律制度的架构和法治环境的营造就变得尤为重要，它可以为前海的发展提供制度保障，为深圳乃至全国的发展探索经验，前海，这片位于深圳南山半岛西部，总占地面积仅 15 平方公里的土地，将为中国的改革开放事业创造新的辉煌！

横琴区域建设法律制度改革和完善研究

珠海市中级人民法院课题组*

第一部分　总论

一、横琴新区的成立背景、地理优势和法律规范

横琴岛与澳门一衣带水，处于珠海与澳门“一国两制”的交汇点和“内外辐射”的结合部，国务院于2009年正式批复《横琴总体发展规划》，明确要求将横琴建设成为带动珠三角、服务港澳、率先发展的粤港澳紧密合作示范区。《珠江三角洲地区改革发展规划纲要》将珠海横琴列为开发新区。2009年12月16日，珠海横琴新区正式挂牌成立，12月20日，港珠澳大桥正式开工，将于2016年建成；澳门大学落户横琴，今年即将竣工，成为在横琴新区的“飞地”。港澳元素是横琴新区的特色和亮点，作为第一个由国家批准的粤港澳合作示范区，横琴新区的特殊区位优势使其成为粤港澳合作的“桥头堡”。依据《横琴总体发展规划》，珠海人大制定了《珠海经济特区横琴新区条例》（以下简称《横琴新区条例》），于2011年11月通过，2012年1月1日起施行。该条例确立了横琴新区的发展定位为：充分发挥横琴新区毗邻港澳的区位优势，推进与港澳紧密合作、融合发展，把横琴新区逐步建设成为带动珠三角、服务港澳、率先发展的粤港澳紧密合作示范区。该条例制定了管理体制、区域合作、产业促进、法制保障四大方面。《珠江三角洲发展纲要》《横琴总体发展规划》及《珠海经济特区横琴新区条例》为横琴新区区域建设和发展的制度性和纲领性

---

* 课题组组长：黄志坚，成员（执笔人）：贺晓翊、涂远国、谭炜杰。

文件。

二、横琴新区区域建设中法律制度创新情况及调研思路

2012 年 5 月份课题中标后，珠海中院课题组（副院长黄志坚为课题主持人，研究室副主任贺晓翊、民四庭法官涂远国、研究室法官谭炜杰为课题组成员）先后三次召开会议，对课题的调研思路、框架以及需要调研走访的相关单位等问题进行了深入讨论，认为该调研要立足横琴新区的具体实际，凸显横琴新区的区域建设中港澳元素的优势和特色，以发展的眼光来研究横琴新区区域建设中法律制度急需改革和完善之处。课题组认为可从跨境法律问题、民商事法律制度、行政法律制度、司法工作机制等几大方面初步确定推动横琴新区建设中法律制度改革和完善的具体研究任务。同时，课题组通过走访、调研市人大法工委、横琴新区统筹发展委员会、横琴新区工商局等相关部门发现横琴新区区域建设中突显的法律难题。通过走访市人大法工委，了解《横琴新区条例》在民商事法律制度、行政执法、司法机制方面的创新，并就除了《条例》中的制度创新以外，在哪些方面还有进一步完善相关制度、出台配套法律的空间等问题听取了人大法工委的意见。通过走访横琴新区统筹发展委员会，了解《横琴新区条例》实施过程中，存在哪些法律制度上的问题、瓶颈，需要进一步完善相关法律制度或完善司法工作机制，以及对法院司法工作机制完善，服务横琴新区建设，参与社会管理创新有何建议。通过走访横琴新区工商局，进一步了解《珠海经济特区横琴新区商事登记管理办法》的实施情况，有哪些制度创新，在实施过程中发现有哪些问题需要进一步完善相关法律制度。

最后，课题组在实地调研的基础上，结合横琴新区的发展实际，确定了调研的基本框架，《珠江三角洲发展纲要》《横琴总体发展规划》及《珠海经济特区横琴新区条例》为横琴新区区域建设和发展的制度性和纲领性文件，因此，课题组在上述文件的基础上，经过实地调研，不求全面，但求特色，对横琴新区区域建设中的相关法律制度进行调研，拟定了调研的基本框架：一是研究横琴新区的跨境法律问题，主要解决区际法律适用的冲突。包括横琴新区法律适用问题，横琴新区管辖权冲突问题，横琴新区与澳门、香港的民商事判决的相互承认与执行问题，以及横琴新区仲裁机构的设置与运行规则问题。二是横琴新区商事登记制度的改革与创新研

究。三是横琴新区建设涉及的不动产法律问题，包括横琴土地定向挂牌出让的相关法律问题和历史遗留与开发建设中涉及的不动产法律问题。四是研究横琴新区管委会行政主体资格问题，包括横琴新区管委会行使省一级经济管理权限的资格和对原横琴经济开发区管委会主体资格的继受问题。五是横琴新区审判机构设置问题。六是横琴新区跨境民商事司法协助工作机制。

第二部分　分论

一、横琴新区的跨境法律问题

香港、澳门是在“一国两制”下享有高度自治权的特别行政区，均享有独立司法权，各自的法律制度和法律传统大相径庭，香港是沿袭英国的普通法，澳门是大陆法系，在经济的相互融合和合作过程中，区际法律冲突将会日益凸显，跨境的民商事纠纷也将不可避免地呈上升趋势。

（一）横琴新区的法律适用问题

随着横琴新区经济的对外发展，外资企业日益增多。有观点认为，在横琴新区中注册的，外资持股达到一定控股比例的合资企业应为涉外主体，可依据《民法通则》等内地民商事法律中有关涉外当事人的规定，在商事活动中选择适用外域法律。笔者认为，这种观点不正确。

依据《最高人民法院关于贯彻执行〈中华人民共和国民法通则〉若干问题的意见（试行）》第184条的规定，外国法人以其注册登记地国家的法律为本国法，法人的民事行为能力依其本国法确定。外国法人在我国领域内进行的民事活动，必须符合我国的法律规定。上述规定表明，注册登记地是判断一个公司是否属于内国法人的标准，外资的持股比例不构成例外，在横琴注册的公司则应认定为中国法人，不能认定为外国法人。依据我国的三资企业法的规定，在横琴新区的外资企业不应认定为涉外主体，涉及的纠纷应当适用我国法律。

从横琴新区的规划来看，其中引人注目的是澳门大学在横琴新区的落户以及港珠澳大桥的开工，依据2009年的《全国人民代表大会常务委员会关于授权澳门特别行政区对设在横琴岛的澳门大学新校区实施管辖的决定》，全国人大授权澳门特别行政区自横琴岛澳门大学新校区启用之日起，至2049年为止，对该校区依照澳门特别行政区法律实施管辖。由于全国人大的特别授权，因此该校区将依照澳门特别行政区法律实施管辖，适用的应是澳门法律。

（二）横琴新区的管辖权冲突问题

管辖权问题是司法主权的重要体现，也是认可和执行外法域判决时的关键问题，它是审查一个法域的民商事判决能否得到另一个法域承认和执行的首要问题。横琴新区的司法管辖权将会产生冲突。从该校区将依照澳门特别行政区法律实施管辖，澳门以租赁方式取得横琴岛澳门新校区的土地使用权，租赁期至2049年12月19日。内地法院依据属地管辖权对澳门大学新校区行使属地管辖权，而澳门法院则依据属人管辖权取得管辖权。那么，在澳门大学新校区产生的民商事纠纷是由内地法院管辖还是由澳门法院管辖呢？港珠澳大桥将涉及三地的跨境问题，是由香港、澳门和内地哪个法院管辖？由于澳门、香港与内地关于管辖权的法律规定不同，内地的《民事诉讼法》规定的管辖依据为普通地域管辖、特殊地域管辖、专属管辖及协议管辖，以被告住所地标准为主，从《最高人民法院关于适用〈中华人民共和国民事诉讼法〉若干问题的意见》第306条的规定来看，大陆对普通的涉外案件平行诉讼持肯定态度。香港沿用的是“实际有效控制”原则，即只要被告在香港、文书可送达外地当事人、当事人具备有效传唤或判决有可能有效执行的等，则香港法院有管辖权。澳门依据《民事诉讼法典》的规定：“被告非为澳门居民而原告为澳门居民的，澳门法院有管辖权。”即“被告就原告”原则，因此三地很容易产生区际管辖权的冲突问题。由于香港、澳门享有独立的司法权，这就意味着内地、香港与澳门没有共同的最高司法机关来统一安排和解决三地的管辖权冲突问题，这使得管辖权冲突的协调进程步履维艰。

笔者建议：为了协调解决横琴新区的管辖权冲突问题，可以探讨采取以下措施：

一是搭建立案信息的通报平台以期避免平行诉讼。由于管辖权涉及国家的司法主权问题，它需要三地的司法机关进行磋商和协调。在三地司法机关尚未对管辖权的冲突达成协议之前，内地、香港和澳门可以通过民间或半官方搭建平台，建立立案信息的通报制度，对平行诉讼的问题进行沟通形成协议，三地法院要在相互尊重各自司法管辖的前提下，对各自的司法管辖权进行自我限制，确立一事不再理原则和不方便法院等方法。

二是三地法院均有管辖权的情形下，采取“先立案先受理”原则，避免平行诉讼。在知悉某个境外法院已经受理某案件的情形下，经查证属实的，应当不予受理。例如，内地法院对申请人针对同一事实已经在香港或澳门法院作出判决的案件，经审查属实的，予以认可并终结诉讼，对不符合认可条件的，则恢复诉讼。

（三）横琴新区与澳门、香港的民商事判决的相互承认与执行问题

1. 最高人民法院应尽快与香港方面作更进一步地磋商达成协议尽快扩大相互承认与执行法院判决的范围。最高人民法院与香港律政司达成的《关于内地与香港特别行政区法院相互承认和执行当事人协议管辖的民商事案件判决的安排》（以下简称《安排》）由于承认和执行的范围狭窄，在实践中的作用不大，最高人民法院针对判决的相互承认与认可问题可与香港方面继续磋商，达成对非协议管辖的非金钱判决的承认与执行方面的协议，一揽子解决民商事判决的承认与执行问题。

2. 三地法院应在现有法律框架内相互尊重内地、香港、澳门法院的民商事判决的效力，软化目前法律规定中的不足和缺陷，促进三地法院判决的自由流通。三地法院在司法实践中应相互尊重香港、澳门地区的法院的民商事判决的效力，软化立法规定中的不足和缺陷，以促进法院判决自由流通为原则，达到共同经济繁荣。例如，针对澳门法院判决的承认和执行在司法实践中产生的问题，可采取以下对策：判决有给付内容的，认可和执行程序应当一并处理。尽管《安排》对两地法院判决的相互认可程序和执行程序是否一并处理并无明确规定，但是综合考虑第 13 条的规定来看，笔者认为应当将认可和执行程序一并处理。《安排》规定的审查模式为，对是否认可和执行澳门法院刑事附带民事判决应只作形式性审查，不作实质性审查。即不对原判决的事实和法律进行审查，仅审查该判决是否符合法律规定的承认和执行境外判决的条件，不对案件判决的实质作变动，不改变原判决的结论。复议期可参照适用国内执行程序的规定。依据程序问题依据程序所在地法即法院地法的规定，复议期可参照适用《民事诉讼法》中规定的执行复议期。

3. 探索建立四地认可和执行民商事判决等的报告制度避免重复执行或超额执行。由于内地与香港、澳门、台湾地区司法制度的迥异性，再加上四地司法机关的不具有隶属性以及司法协助的有限性，区际法律冲突日益凸显，在目前无法一揽子解决管辖权的冲突问题、判决的相互承认与执行问题等的现状下，四地可以通过民间机构在现有法律框架内，探讨建立认可和执行民商事判决的报告制度，对四地法院依法相互认可和执行的判决情况进行定期通报，避免重复执行或超额执行，有利于最大限度地保护境内外当事人的合法权益。

（四）横琴新区仲裁机构的设置与运行规则问题

1. 仲裁机构的设置：模式的选择。可以考虑设立专门的横琴（国际）仲裁中心专门受理横琴新区发生的商事纠纷。设立横琴（国际）仲裁中心的优点在于：一是设立程序简便。该仲裁中心直接由珠海市组建，同时经广东省的司法登记部门登记，并报国家有关部门备案，即可以设立。二是由珠海市主导，珠海市拥有绝对的主导权。三是更高效。除拥有地理上的便利，该仲裁中心的裁决无需申请承认就可以在内地申请执行。四是解决横琴新区内地法人、民事主体不能选择境外仲裁机构的问题，且有利于公平保护横琴新区内地企业的合法利益。作为横琴新区的内地企业可以通过选择横琴（国际）仲裁中心的内地仲裁员保护自身企业的利益。五是横琴（国际）仲裁中心可按照国际标准组建，其国际化程度将高于香港国际仲裁中心或澳门世界贸易中心仲裁中心，辐射面也更广。基于以上理由，应将组建横琴（国际）仲裁中心作为首选方案。对于此方案，广州南沙区已先行先试，南沙国际仲裁中心的设立与运行，对组建横琴（国际）仲裁中心有直接的借鉴意义。①

2. 运行规则：几个创新的问题

（1）仲裁机构的选择权。在横琴新区成立国际仲裁中心，并不是一切

① 见《南沙国际仲裁中心今日揭牌投入使用行使职能》，载中国广州网，据 2013 年 10 月 23 日南沙区委宣传部讯，该报道称南沙国际仲裁中心是由广州南沙开发区管委会与广州仲裁委、香港国际仲裁中心、澳门世界贸易中心仲裁中心于 2012 年 12 月在广州签约共同设立。它的揭牌正式运作意味着南沙新区营商环境进一步与国际接轨。南沙国际仲裁中心将依据《联合国国际商事仲裁示范法》，结合香港、澳门的仲裁规则，制定南沙国际仲裁中心的仲裁规则。双方当事人达成一致意见的，可选择适用香港、澳门等地的仲裁规则和商事规则，以及英语、葡语等外国语言进行仲裁。

在横琴新区发生的涉港澳合同或者涉港澳财产权益纠纷均需在此仲裁中心进行仲裁。仲裁机构对纠纷的仲裁是以双方当事人之间有仲裁协议为前提，仲裁协议具有极强的意思自治性，只有双方当事人选择了确定的仲裁机构，该仲裁机构才有权管辖双方当事人之间约定的争议事项。故在横琴新区发生的涉港澳合同或者涉港澳财产权益纠纷有选择仲裁机构的自由，基于所涉的纠纷事实与各地点的关联性，当事人应有以下机构可以选择：一是珠海仲裁委员会或在珠海设立的其他仲裁委员会；二是在中国设立的具有国际性的仲裁机构，如中国国际经济贸易仲裁委员会；三是横琴新区国际仲裁中心；四是香港国际仲裁中心或澳门世界贸易中心仲裁中心。当事人在仲裁协议中约定上述仲裁机构对纠纷进行管辖均是有效的。

（2）适用法律的自治性。对于适用法律的自治性方面，其有两层含义：一是当事人可以协议选择仲裁协议适用的法律。我国《涉外民事关系法律适用法》第 18 条规定："当事人可以协议选择仲裁协议适用的法律。当事人没有选择的，适用仲裁机构所在地法律或者仲裁地法律。"当事人可以自由选择仲裁协议适用的法律，此是基于仲裁协议独立于当事人之间的合同协议而必然的结果。在当事人没有选择仲裁协议适用的法律时，应直接依据上述条款的规定，适用仲裁机构所在地法律或仲裁地法律。二是当事人可以协议选择争议纠纷适用的法律。意思自治原则是涉外法律关系法律适用的最基本的原则。我国《涉外民事关系法律适用法》第 3 条规定："当事人依照法律规定可以明示选择涉外民事关系适用的法律。"可见，在横琴新区发生的涉港澳合同或者涉港澳财产权益纠纷的当事人选择适用的法律时，必须是明示的。另外，该法第 4 条规定："中华人民共和国法律对涉外法律关系有强制性规定的，直接适用该强制性规定。"第 5 条规定："外国法律的适用将损害中华人民共和国社会公共利益的，适用中华人民共和国法律。"可见，我国在坚持法律适用选择的意思自治性原则的基础上，也对于有强制性规定的或损害社会公共利益的情形下法律适用作出了明确的规定。对此，学者们认为，对于是否属于强制性规定，需要个案分析，明确地进行界定和解释是十分困难的。《涉外民事关系法律适用法》第 5 条规定了社会公共秩序保留。公共秩序保留是国际私法的普遍原则，但是涉及到内地和港澳两地，虽然属于不同的法域，但是都属于一国范围以内，并且遵守同一部宪法，已经没有根本的利益冲突，故有学者认为，涉及适用港澳法律时，不应当引用《涉外民事关系法律适用法》第 5 条公共秩序保留作为排除港澳法的依据。并且，公共秩序保留的滥用，不仅会导致冲突解决的结果不公正、不合理，也会增强各地区的对抗和矛盾，破坏和谐共识的基础，甚至损害祖国统一；也不利于增进对外域法的了解，扩大了内、外域法无平等适用地位的不正常现象。①

(3) 仲裁规则的国际性。首先，仲裁机构组织架构上的国际可借鉴性。横琴（国际）仲裁中心的组建程序、组织架构、仲裁规则等都可以考虑运用香港国际仲裁中心的模式，可由中国国际经济贸易仲裁委员会或者珠海仲裁委与香港国际仲裁中心合作设立，或者委托、邀请香港国际仲裁中心共同进行管理，也可以考虑选择适用伦敦、纽约等国际仲裁中心的模式设立。其次，仲裁员选择上的国际性。即仲裁员名册应坚持国际化的标准，可考虑将香港国际仲裁中心或澳门世界贸易中心仲裁中心的仲裁员名册中的仲裁员纳入名册当中，同时包括一定数量的国外仲裁员，内地仲裁员则从现有的中国国际经济贸易仲裁委员会或者珠海仲裁委仲裁员名册中进行严格筛选；在仲裁员名册中，境外仲裁员应占较大的比例。最后，考虑仲裁裁决认可与执行的需要，应注重仲裁案件程序上的公正性及仲裁裁决书制作上的高质量。

二、横琴新区商事登记制度的改革与创新

（一）横琴新区商事登记制度的理论与实践

《横琴新区条例》第 40 条规定，横琴新区可以在企业登记制度上进行改革创新，实行以下登记制度：(1) 企业主体资格登记与经营项目许可相分离的登记制度。企业可以自主选择经营项目，经营项目许可不作为企业主体资格登记的前置条件，属于一般经营项目的，由工商部门直接登记，属于许可经营项目的，凭审批许可部门审批文件或许可证件经营。(2) 有限责任公司注册资本认缴制度。有限责任公司登记时，可以提交认缴出资的证明，按照公司法的规定确定出资方式和出资时间，无需提交验资证明。(3) 企业主体资格登记与住所或经营场所审批相分离的登记制度。企业登记时，只需提交对住所或经营场所享有使用权的证明，登记机关不再

① 沈涓：《中国区际冲突法研究》，中国政法大学出版社 1999 年版，第 99 页。

审查场地的法定用途及使用功能，企业还可以在住所登记后办理增设经营场所登记。(4) 其他有利于构建法治化、国际化营商环境的企业登记改革制度。依据《横琴新区条例》，《珠海经济特区横琴新区商事登记管理办法》(以下简称《办法》) 于 2012 年 5 月 24 日出台，该《办法》的主要内容如下：(1) 改革现行以“营业执照”为中心的商事登记制度，建立商事主体资格与经营资格相分离，审批与监管高度统一的登记制度；(2) 改革现行有限责任公司实缴注册资本登记制度，实行注册资本认缴制度；(3) 实行住所与经营场所各自独立的登记管理方式；(4) 改革现行企业登记年度检验制度，建立商事主体年报备案制度；(5) 改革现行企业推出机制，建立商事主体除名制度；(6) 改革现行商事登记公示制度，构建统一的商事主体登记许可及信用信息公示平台；(7) 建立有限责任公司的公司秘书制度；(8) 改革传统的登记方式，全面推行网上登记。

(二) 对横琴新区商事登记制度的改革与创新评价

横琴新区的商事登记制度设计克服了现行法律制度的不足和缺陷，具有科学性和针对性，笔者认为，针对横琴新区的商事登记制度的改革和创新，可从以下几个方面予以完善和应对：

1. 以书面风险提示来预防法律纠纷。由于横琴新区的商事登记制度与现有的法律相互违背，在产生纠纷时，法院自然还是适用现有法律判决，这时，企业如何应对诉讼？建议横琴新区在进行商事登记时，应给予登记企业一定的风险提示。例如，针对注册资本的认缴问题，注册资本认缴不等同于不缴，法律法规有注册资本最低限额规定的，仍然要按照法律法规的规定执行。公司成立后，公司股东要按照《公司法》的规定和章程约定的时间和方式实际缴付认缴的出资额，并以其认缴的出资额为限承担法律责任。如果公司股东没有按照《公司法》和公司章程按期缴付出资，由公司股东承担相应的法律责任。因此，建议横琴新区工商局在办理商事登记时，提示企业虽然横琴新区登记机关虽不登记有限责任公司的实收资本，不收取验收证明文件，但是不能免除企业不缴纳认缴资本的法定义务，股东仍然是以其认缴的出资额为限对公司承担责任，公司以其全部财产对公司的债务承担责任。

2. 关键在于“严管”的落实。依据《横琴新区条例》第五章的商事登记监管规定，横琴新区采取的是“谁许可，谁监管”原则。由于商事登记精神主要体现在商事主体信息的强制公开与真实披露，实行形式审查制后的信息真实性的担保责任在于申请人而非政府，因此，笔者认为，横琴新区的商事登记制度的重点应放在严管上，即应如何将“谁许可，谁监管”落在实处？如何搭建更公开、更透明、更有效的监管措施和平台？例如，针对企业认缴的注册资金，如何进行监管？如何实施企业风险预警机制？如何完善信息公示制度？如何建立失信惩罚机制？如何建立退出机制？将企业信用情况置于阳光之下，改变企业过去被动公示为企业主动公示，建立企业自律、责权清晰、信息透明的社会诚信监管体系。

3. 行政配套应尽快建立。《横琴新区条例》实施后面临诸多的配套问题，例如，信用信息公示平台的运作，经营项目的税率确定、部分行政部门无执法权问题、执法权的转移和监管方式改革问题、证照在特区外的使用认可问题等。依据《珠海经济特区横琴新区商事登记管理办法》第30条规定，横琴新区管委会应当建立统一的商事主体信息公示平台。相关部门应当通过信息公示平台实现商事主体、许可审批和监管信息互通，并将信息予以公示。笔者认为，针对横琴新区经济的迅猛发展及登记的企业日益增长，信息公示平台应当尽快建立、及时更新，发挥出真正的监管作用。

三、横琴新区建设涉及的不动产法律问题

据报道，2012年11月20日，位于横琴新区环岛东路西侧、横琴口岸对面的一宗商业用地挂牌出让。与以往不同的是，该地块挂牌出让的对象仅限澳门企业，竞买人必须是粤澳合作框架协议范围的澳门特别行政区企业或其在国内注册的全资子公司。除此之外，公告还特别要求竞买人注册资本不低于3亿元人民币（或等值外币）。[①] 由此备受外界关注，关注的焦点就在于上述横琴新区土地使用权挂牌出让的公告中对竞买对象及挂牌出让对象方面作出了严格的限定。

横琴上述土地定向挂牌出让虽有其较强的土地政策性支持，有其创新之地方，但在定向挂牌出让土地时应当注意以下几点：一是定向挂牌出让土地的方式应严格限制。因为定向挂牌出让土地是与有关文件的相关规定

① 参见《横琴新区土地挂牌出让首次定向澳门商界》，载珠海新闻网，访问时间：2012年11月21日。

不符，故应予严格限制，否则将会构成对挂牌出让制度的冲击。一般来说，一个经济功能区仅允许一次土地定向挂牌出让，且出让的土地所占总的土地的比例应控制在最低数。二是充分评估出让土地的政策价值，权衡政策价值与市场价值，在土地的政策价值大于或等于其市场价值时才考虑定向挂牌出让，否则将会有挂牌出让之名，而无公平之实。三是在适用对象上，应针对土地政策价值所指向的对象，即在一种程度上对弥补土地所在的经济功能区的相关功能有价值的对象。四是在程序上，定向挂牌出让土地应严格按照相关文件的程序进行，确保程序上的公开、公平、公正。

四、横琴新区管委会行政主体资格问题研究

（一）行政主体资格的继受理论

行政主体资格的继受是指在行政主体分解、合并或被撤销之后，分解、合并后的新主体或行使其原有管理职责的新行政主体应承受其原有的权力（利）义务。行政主体资格的继受从本质上看，实际上是行政法上的权力（利）义务在不同行政主体之间的转移，这种转移通常是概括的转移，即相关权力（利）义务的一并转移，不能只享有权力而不履行义务，也不能只履行义务不享有权力。行政主体资格的继受与行政诉讼的被告密切相关。相对人对行政主体分解、合并或被撤销前作出的行政行为不服提起诉讼的，应当以继受其权力（利）义务的行政主体为被告。因此，《行政诉讼法》第25条中规定："行政机关被撤销的，继续行使其职权的行政机关是被告。"如果当事人仍然起诉原来的行政主体，则属于被告不适格的情形。根据《最高人民法院关于执行〈中华人民共和国行政诉讼法〉若干问题的解释》第23条的规定，原告所起诉的被告不适格，人民法院应当告知原告变更被告；原告不同意变更的，裁定驳回起诉。

（二）两个"管委会"的继受关系

在横琴新区管委会成立之前，横琴经济开发区管委会是横琴的行政管理机关。根据《珠海市横琴经济开发区管理委员会（横琴镇）职能配置内设机构和人员编制方案》，横琴经济开发区管委会的主要职责中包括了制定辖区经济社会发展规划、农村建设发展规划和行政管理规定并组织实

施；负责辖区土地出让管理工作；负责辖区控制性、修正性详细规划的编制和实施；负责辖区市政设施的建设和管理；审核办理工程项目报建手续，对建设项目实施监督管理等。而《珠海经济特区横琴新区管理委员会行使部分市一级行政管理权规定》中也授权横琴新区管委会组织编制经济和社会发展规划、土地利用规划、城市规划以及产业发展、基础设施建设等专项规划，经批准后组织实施的职权。由此可以确认，横琴新区管委会实际上继受了横琴经济开发区管委会的行政管理职权。此前由横琴经济开发区管委会在推动横琴基础设施建设过程中与相对人确立的相关权力（利）义务，自然应当由横琴新区管委会继受。在前述的案例中，原横琴经济开发区管理委员会所欠行政合同相对人的工程款，就应当由横琴新区管委会负责继续清偿。

五、横琴新区审判机构设置问题

（一）设立横琴新区法院的可行性

1. 设立横琴新区法院具有宪法法律依据。我国《宪法》第 132 条规定："人民法院是国家的审判机关。"《宪法》第 124 条规定："中华人民共和国设立最高人民法院、地方各级人民法院和军事法院等专门人民法院。"《人民法院组织法》第 2 条规定："中华人民共和国的审判权由下列人民法院行使：（一）地方各级人民法院；（二）军事法院等专门人民法院；（三）最高人民法院。"由此可以看出，地方可以设立地方各级人民法院和专门人民法院。从字面上理解，《人民法院组织法》仅规定县、市、自治县或市辖区可以设立基层人民法院，而没有对类似横琴新区等国家战略型新区能否设立人民法院作出规定。但从法律制定的历史背景去解读，便可知立法本意。《人民法院组织法》是 1979 年制定的，关于人民法院的组织的规定是从当时中国行政区划的实际情况出发所作出的。当时地方行政区划中县、市一级仅包括县、市、自治县或市辖区，还没有新区的概念。而随着我国社会经济形势的高速发展，在我国出现了一大批高新技术产业区、经济技术开发区、国家战略新区等"特殊区域"，按照文义解释和历史解释的方法，在这些"特殊区域"设置人民法院，是完全符合立法精神的。

2. 设立横琴新区法院具有政策支持。开发横琴是中央的重要决策，党中央、国务院一直高度重视。《珠江三角洲地区改革发展规划纲要（2008～2011年）》赋予珠江三角洲地区“科学发展、先行先试”的使命，《横琴总体发展规划》提出横琴新区要以政策、体制创新促发展模式创新，为珠三角地区深化改革、扩大开放、探索科学发展模式进行试验和提供示范。2011年7月，国务院专门颁发了《关于横琴开发有关政策的批复》，对横琴开发作出了全面的政策安排，同意“横琴实行比经济特区更加特殊的优惠政策，加快横琴开发，构建粤港澳紧密合作新载体，重塑珠海发展新优势，促进澳门经济适度多元发展和维护港澳地区长期繁荣稳定”。中央对于横琴新区先行先试、体制创新的一系列文件和指示，为设立横琴新区人民法院提供了强有力的政策支持。在横琴新区这样一个混合型区域设立人民法院，完全符合国家赋予珠海经济特区先行先试的使命要求。国家赋予了横琴新区比特区更特区的政策，有利于使横琴新区在审判机构设置上，实现体制机制的突破创新，从而为横琴新区设立人民法院提供了充分的政策依据。

3. 设立横琴新区法院实践中有先例可循。司法实践中，在经济技术开发区、高新技术产业开发区等特殊区域设立人民法院，不仅有利于促进经济技术开发区等特殊区域在完善法律保障条件下实现高起点新跨越，而且对于促进辖区社会和谐稳定、经济发展和勤政廉政建设都具有十分重要的现实意义。据统计，全国已相继设立了四十几个开发区人民法院。上海浦东新区、天津滨海新区这两个国家级新区已设立法院，东莞、中山等无县（区）地方行政区域的地级市亦设立了基层人民法院，烟台、武汉、杭州、湛江、惠州大亚湾等经济技术开发区在成立之初即设立了人民法院。珠海横琴新区是国务院批准设立的国家级战略新区，又毗邻港澳，是“一国两制”的结合点和粤港澳的连接点，独特的区位优势和开放政策决定了横琴新区开放程度更高、比特区更特，决定了横琴新区具有国内的经济技术开发区、高新技术产业开发区等其他经济功能区所不具备的特征和地位，相比之下，设立横琴新区人民法院具有更加充分的必要性、可行性和现实紧迫性。

（二）设立横琴新区法院的基本设想

建议总体设计目标：建议横琴新区法院采取审判运行模式应当是精简高效的审判运行机制。具体而言，可以从以下几方面入手：

1. 借鉴各国法院管理模式的合理内核：司法审判与管理事务相互分离；

2. 新审判机制有效克服传统模式的不足和弊病，淡化行政色彩，突出法官中心地位，创新实行法官职务序列单独管理，打造复合型的高素质法官，创建符合审判规律、精简高效的审判运行机制，有助于确保司法公正与效率，有效提升司法公信力。

六、横琴新区跨境民商事司法协助工作机制

（一）建立案件管辖协调机制

笔者认为，由于管辖权的问题涉及国家司法主权的问题，我们应先行先试，对于横琴新区发生的涉外（含港澳台）民商事纠纷案件，探索建立案件管辖协调工作机制，解决管辖权冲突问题而致的平行诉讼问题。由于管辖权涉及国家的司法主权问题，它需要三地的司法机关进行磋商和协调。三地法院要在相互尊重各自司法管辖的前提下，对各自的司法管辖权进行自我限制，确立一事不再理原则和不方便法院等方法。在三地法院均有管辖权的情形下，采取“先立案先受理”原则，避免平行诉讼。在知悉某个境外法院已经受理某案件的情形下，经查证属实的，应当不予受理。例如，内地法院对申请人针对同一事实已经在香港或澳门法院作出判决的案件，经审查属实的，予以认可并终结诉讼，对不符合认可条件的，则恢复诉讼。在实际的操作中，鉴于香港、澳门享有特别行政区的立法权，珠海也享有特区立法权以及《规划纲要》和《横琴新区总体发展规划》赋予的先试先行权，我市法院可先行与港澳司法界展开积极的互动协调，争取探索协调行使管辖权的司法合作模式，达成珠港澳司法管辖权协议，作为粤港澳合作的示范举措之一，经广东省高级人民法院同意，报最高人民法院及其他相关部门审查批准后试行。对此，也有学者提出由三地法院联合设立司法管辖协调会，司法管辖协调会可以由广东省高级人民法院发起召开，由最高人民法院有关分管院长任司法管辖协调会主持。司法管辖协调会每年定期召开会议，就有关司法管辖冲突问题分别举行三方或双方会

议，以求达成协议。[1]

（二）建立认可和执行民商事判决、仲裁裁决等的报告制度

在司法实践中，当事人能否同时向两地的法院申请认可或执行民商事判决、仲裁裁决的问题在处理上经历了一个变化的过程。1999年，最高人民法院和香港特区签署的《关于内地与香港特别行政区相互执行仲裁裁决的安排》第2条第3款规定："被申请人的住所地或者财产所在地，既在内地又在香港特区的，申请人不得同时分别向两地有关法院提出申请。只有一地法院执行不足以偿还其债务时，才可就不足部分向另一地法院申请执行。两地法院先后执行仲裁裁决的总额，不得超过裁决数额。"该安排对当事人依同一仲裁裁决能否向两地法院同时申请执行问题，采取了禁止性的态度。2006年2月，最高人民法院和澳门特别行政区签署的《关于相互认可和执行民商事判决的安排》则有了进一步的变化。该《安排》第5条规定："被申请人在内地和澳门特别行政区均有可供执行财产的，申请人可以向一地法院提出执行申请。申请人向一地法院提出执行申请的同时，可以向另一地法院申请查封、扣押或者冻结被执行人的财产。待一地法院执行完毕后，可以根据该地法院出具的执行情况证明，就不足部分向另一地法院申请采取处分财产的执行措施。两地法院执行财产的总额，不得超过依据判决和法律规定所确定的数额。"《关于相互认可和执行民商事判决的安排》比1999年的安排更进了一步，明确规定可以向一地法院申请执行，同时可以向另一地法院申请采取查封、扣押或者冻结被执行人的财产的措施，但并未明确规定可以同时向两地法院申请执行。这一改变解决了由于一地法院先执行完结后再向另一地法院申请执行，被执行人可能会转移财产或者采取其他损害债权人利益的行为。所以，在一地法院执行程序启动时，债权人可以向另一地申请对被执行人财产的保全措施。如此规定，虽然能够解决实际问题，但从法理上则有未尽明白之处。按照我国《民事诉讼法》等有关程序法律规定，查封、扣押或者冻结财产的措施从性质分为两种：一是财产保全措施；二是执行措施。财产保全是在起诉前或者诉讼开始后为保证裁判能够得以执行而采取的措施。在司法协助中，判决或者仲裁裁决的认可和执行不属于可以采用财产保全的程序，而执行

① 杜钢建：《完善法律机制，为粤港澳紧密合作区服务》，载《太平洋学报》2009年第1期。

措施则必须在执行程序启动之后才能采取，《关于相互认可和执行民商事判决的安排》规定与此也不相符。2006 年 7 月，最高人民法院和香港特区签署的《关于内地与香港特别行政区法院相互承认和执行当事人协议管辖的民商事案件判决的安排》第 5 条第 2 款规定："被申请人的住所地、经常居住地或者财产所在地，既在内地又在香港特别行政区的，申请人可以同时分别向两地法院提出申请，两地法院分别执行判决的总额，不得超过判决确定的数额。已经部分或者全部执行判决的法院应当根据对方法院的要求提供已执行判决的情况。"规定了可同时向两地法院申请，但并未规定以哪一方为主。2008 年签署的内地与澳门仲裁安排又作了进一步的规定。其第 3 条规定："被申请人的住所地、经常居住地或者财产所在地分别在内地和澳门特别行政区的，申请人可以向一地法院提出认可和执行申请，也可以分别向两地法院提出申请。当事人分别向两地法院提出申请的，两地法院都应当依法进行审查。予以认可的，采取查封、扣押或者冻结被执行人财产等执行措施。仲裁地法院应当先进行执行清偿；另一地法院在收到仲裁地法院关于经执行债权未获清偿情况的证明后，可以对申请人未获清偿的部分进行执行清偿。两地法院执行财产的总额，不得超过依据裁决和法律规定所确定的数额。"即当事人分别向两地法院申请认可和执行的，两地法院都应当依法进行审查，予以认可的，依法可以采取财产执行措施，不受另一地法院认可和执行程序的影响。为避免两地法院分别就同一仲裁裁决内容进行执行清偿，可能导致申请人得到超过裁决数额的财产的情况出现，又避免两地法院之间相互推诿，《关于相互认可和执行民商事判决的安排》规定了在具体执行清偿时，先由作出仲裁裁决地的法院进行执行清偿，另一地法院收到仲裁地法院关于经执行债权未获得清偿（部分未获清偿或者全部未获清偿）情况的证明后，才可以对未获清偿部分进行执行清偿。

从上述内地与港澳在认可和执行民商事判决或仲裁裁决的安排上，很明显的问题就是一地认可和执行另一地民商事判决或仲裁裁决，不可避免重复执行或超额执行问题，这不仅仅是安排本身的问题，也是对于相互认可和执行方面的信息短板所致。为此，笔者建议，在目前无法一揽子解决管辖权冲突问题，裁决的认可与执行等等问题的现状下，三地可以通过民间机构在现有法律框架内，探讨建立认可和执行民商事判决或仲裁裁决的报告制度，对三地法院依法相互认可和执行的裁决情况进行定期通报，避免重复执行或超额执行问题，最大限度地保护境内外当事人的合法权益。

（三）建立珠港澳司法信息共享机制

现代社会是个信息时代，推动三地法院更便捷地分享司法信息，不仅仅有利于减少因不同法律制度造成的司法上的障碍，也有利于推动三地法院司法工作人员对不同的司法制度的认知。司法信息共享的内容可以是广泛的，即包括案件涉外法律法规、受理情况、裁判文书交流、开展与港澳的司法交流等。这种司法信息共享机制可以是官方的，也可以是民方的。这个司法信息共享机制的目的是缩减法律差异，促进法律对接，共同探索实践“一国两制”下粤港澳司法协作的新模式，共同维护港澳与横琴新区的繁荣稳定。

（四）探索涉外诉讼调解创新机制

调解、仲裁、诉讼是纠纷解决的三种最重要的法律途径。相对于国内一般诉讼案件的调解机制，涉外诉讼调解机制可以邀请或指定港澳人士和外国人士参与调解。这种调解机构没有违反我国的司法制度，反而有利于增加案件的透明度、促进涉外涉港纠纷和谐公正解决。对于港澳人士和外国人参与调解要解决的问题主要是资格和参与度问题，即选择那些香港人或者外国人做调解员及被选择人员是否愿意参与案件的问题。目前来说，可以考虑从珠海地区常住或工作的有一定威望和专业知识的香港人、外国人中选取人员，也可以在横琴新区的大型外资企业及相关职能部门中聘请有关专业人士担任涉外调解员。在此基础上，设立一个有权威性的调解机构。对此有学者认为，可以设立粤港澳紧密合作调解委员会，粤港澳紧密合作调解委员会应当由三地的政府专家和法律专家组成负责“合作区”贸易争议当事人提请的协商请求，运用斡旋、调解、调停等手段促成争议的解决，粤港澳紧密合作调解委员会的组织框架和运行规则需要制定专门条例加以规定。[①] 这种调解委员会的设立，无疑是对涉外调解制度的一个创新，有其本身的理论及实践价值。

---

① 杜钢建：《完善法律机制，为粤港澳紧密合作区服务》，载《太平洋学报》2009 年第 1 期。

关于为广东海洋经济强省建设提供法治保障的调研报告

广州海事法院、广州航海学院联合课题组*

我省自古以来临海而立，因海而兴，发展海洋经济具有得天独厚的优势。党中央、国务院高度重视海洋经济发展，2011 年 7 月，国务院批复了《广东海洋经济综合试验区发展规划》（以下简称《海洋规划》），将我省海洋经济发展上升为国家战略。随后，广东省委、省政府作出《关于充分发挥海洋资源优势，努力建设海洋经济强省的决定》（以下简称《海洋强省决定》）。党的十八大高瞻远瞩，提出“建设海洋强国”的重要部署，并凸显法治在推进中国特色社会主义事业进程中的重要地位。2013 年 1 月份，省委十一届二次全会确定习近平总书记“三个定位、两个率先”重要指示作为广东今后工作的总目标，并就发展海洋经济作出部署，我省迎来了一个建设海洋经济强省的新时期。但是，在国际金融危机影响持续和海洋法治环境欠佳的背景下，我省发展海洋经济遇到一些新问题。如何为我省海洋经济强省战略提供法治保障呢？广州海事法院就此进行调研，前瞻性预测实施《海洋规划》的法治需求，梳理存在问题，借鉴成熟经验，提出相应对策和建议。现就有关情况报告如下：

---

* 课题组组长：钟健平，副组长：黄伟青、罗振林，成员：吴自力、宋伟莉，成员（执笔人）：张敏、郑才荣、郭晓莉、杨雅潇、罗春、陈骏涛。

一、加强海洋法治环境建设对推进海洋经济强省战略具有重要意义

首先，加强海洋法治环境建设是实现广东“三个定位、两个率先”的重要保障。当前广东经济转型尚未完成，经济总量面临着江苏、山东等省市的赶超；全省区域发展不平衡，珠三角地区开发强度过大导致发展空间缩小，有开发潜力的粤东、粤西等地区基础又较为薄弱，发展尚待提速。但我省海洋资源十分丰富，海域面积 42 万平方公里，占全国 14%，大陆海岸线 4114 公里，占全国 19%，居全国首位；滩涂面积 2042 平方公里，海湾 510 多个，海岛 1431 个；2012 年我省海洋生产总值达 1.1 万亿元，约占全国海洋生产总值的 1/5，海洋经济是我省经济发展的重要引擎。海洋法治环境是推动海洋经济发展的重要软实力，离开了法治，失去公平公正的市场环境，海洋经济就难以实现健康有序发展。要实现“三个定位、两个率先”这个总目标的要求，就必须坚持“体制创新、先行先试”，在营造海洋法治环境方面起到引领示范作用，切实保障海洋经济科学发展。

其次，良好的海洋法治环境有利于优化海洋投资环境。为建设广东海洋经济综合试验区和珠江三角洲现代国际航运物流中心，《广东省发展临海工作实施方案》等 5 个方案共提出 175 个重点建设项目，涵盖硬件环境和软件环境建设，总投资近 1 万亿元。只有加强海洋法治环境建设改善投资环境，保障投资安全，才能吸引海洋投资，切实提升广东海洋经济综合试验区的建设档次和水平。

再以，良好的海洋法治环境是预防和解决涉海矛盾纠纷的必要条件。我省部分群众依法用海意识淡薄，“祖宗海”“门前海”的观念根深蒂固，习惯无偿无证用海；有的地方存在建造“无船名、无船舶证书、无船籍”的“三无船舶”现象，影响海上交通安全；地方政府依法管海的意识有待提高；海事海商纠纷层出不穷，一些行政纠纷、民事纠纷甚至刑事犯罪时有发生。只有加强海洋法治环境建设，才能引导行业健康发展，才能及时化解涉海矛盾纠纷，为广东海洋经济综合试验区提供良好的建设环境。

最后，良好的海洋法治环境是保护海洋生态环境促进社会和谐发展的重要保障。党的十八大把生态文明建设列入中国特色社会主义建设“五位一体”总体布局，开发海洋资源同时保护海洋生态环境的意义不言而喻。

法治是破解当前各种难题的最佳途径。在广东的产业发展转型期和海洋经济建设的规划期、发展期，很多环境问题都可以在法治的框架内得以有效的规避和预防，切实推动“生态海洋、和谐海洋”建设目标的实现。

二、当前广东发展海洋经济面临的主要问题

（一）地方海洋立法滞后，无法充分发挥保障促进海洋经济发展的需要

1. 重海洋经济规划轻海洋立法规划，海洋开发的常见问题缺乏立法规制。法治的基础首先在于立法。国家性海洋立法出台的周期长，地方海洋立法的需求量大，地方海洋立法在促进海洋经济发展的作用也是突出的。当前，我省对海洋经济已有《海洋规划》《广东海洋经济发展试点工作方案》（以下简称《海洋经济方案》）、《海洋强省决定》等规划，但很多涉海产业和海洋经济管理工作所需的地方立法缺位，有的尚未作出立法规划。一是海域使用权开发使用方面的地方立法缺乏。如海域使用权出让、流转以及融投资时的价值评估标准与评估主体如何确定？失海渔民的补偿标准与补偿程序等，广东省都欠缺海洋开发所需的基本制度约束和具体操作流程，在海洋国土出让与抵押方面缺少创新。而部分沿海省市的立法或政策支持走在了我们前面，如福建省出台了《福建省招标拍卖挂牌出让海域使用权办法》《福建省海域使用补偿办法》；天津市颁布了《海域使用权抵押贷款实施意见》，辽宁省实施了《辽宁省海域使用权出资登记管理办法（试行）》，浙江省实施了《浙江省招标拍卖挂牌出让海域使用权管理办法》。由于立法的缺失，广东在海域使用权招标拍卖、抵押方面至2011年仍是空白，而浙江、江苏、辽宁等省份已成功实现了海域使用权的融资功能。二是海岛开发欠缺化解风险的法律制度设计。广东省海岛开发中，获取海岛使用权的方式包括承包、租赁、竞拍等。由于海岛开发面临政策法规不确定和投资大、投资周期长等多重风险，多年来我省的无人岛开发一直没有取得突破。2005年，珠海的横山岛以1.13亿元被珠海汉业贸易有限公司竞拍获得，由于没有配套法规，岛主的规划无法通过审批，至今该岛开发进展不大。自2011年4月公布海岛开发名录以来，广东省海洋与渔

业局尚未收到一例经营性开发用岛申请。[1] 其原因在于绝大多数无人岛基础设施缺乏，用水用电以及交通都是很大的问题，前期开发对码头、道路、建筑物、自来水、海底电缆等的建设，成本往往是陆地上的两三倍，业内估计，当个“岛主”至少要花上亿元。因此，推进海岛有序开发急需化解风险的法律制度设计。

2. 海洋污染防控立法与防控形势不协调。据《2011广东省海洋环境状况公报》显示，2011年广东全年监测的污水入海量达2.27亿吨，在可监测的89个代表性排污口中有28个超标排放，超标率约31.46%，8个重点排污口海域的生态质量处于“差”或“极差”状态，海洋生态环境恶劣与海洋污染防控立法跟不上形势发展是密切相关的。一是现有立法不利于陆海统筹、河海兼治方针的落实。根据《海洋环境保护法》的规定，防治陆源污染物和海岸工程建设项目对海洋污染损害的环境保护工作由国家环保行政部门负责，海洋行政职能部门实际上对排污口的设置、排污企业的许可、海岸工程项目的环境影响评估以及海洋陆源污染行为的日常监督与查处没有管辖权。现有法律没有充分考虑海洋行政部门在海洋管理方面的专业优势与实务经验，其结果就是环保部门力不从心，监管不到位，两部门之间信息不畅，陆海统筹、河海兼治在分权而治的法律框架下无法实现。二是应急处置海域突发污染事故压力大。海洋污染具有流动性强、扩散性广、污染范围大、清除难的特点。2010年广东海洋油气业、化工业占海洋总值的17.3%和13.2%，海洋油气开发的潜在风险高。重大船舶溢油事件频发，据不完全统计，从1991年开始，仅在广东省内海域发生的重大船舶溢油事故就有24起。比如发生在珠江口内伶仃海域的“安纳代尔”轮特大污染事故，污染面积约430平方公里。同时，广东省海岸线呈三湾区一半岛，在临海产业布局上，工业区与旅游区交错，如大亚湾以石化产业和核电能源为主导的综合性化工园区与大鹏湾发展海洋生活和生态区、发挥旅游休闲与渔业功能相邻，海洋防污具有很强的联动效应，更加凸显海洋污染防治的应急能力建设的重要性。

3. 新型涉海金融业务的专项立法欠缺。在我国，海上保险品种较少，一些新型的风险没有对应险种。广东省的海运经济、物流业经济占全国同业比重超20%，作为航运大省海运保险业务却没有做大，海运保险占广东

---

① 《广东首批开发60个海岛，因投入大至今无人申请》，载《羊城晚报》2012年8月22日。

财产保险业务比例不足5%。

在业务分布上，国内保险公司主要承保一些市场准入门槛低的短期货运险种，技术性要求高的船舶承运人责任险、码头责任险、船舶险则很少参与，对于远洋货运险更尚未涉及。新型涉海融资业务又不同程度地受制于了立法欠缺。如在船舶融资租赁业务中涉及银行、租赁公司、船舶实际使用人（航运企业）、保险公司等多个主体，需要签订船舶买卖合同、船舶租赁合同、船舶贷款合同、船舶担保合同、船舶保险合同等多个合同，承办手续也异常繁琐。同时，船舶融资项目的审批时间长，少则3～6个月，多则1年以上。由于船舶市场周期性较强，市场风险大，时间成本加大了交易风险，不利于船舶融资租赁业务的健康发展。此外，船舶在国际航行过程中还可能遭遇政治风险、船舶所有人的责任风险、司法扣押风险、履约风险等。这些风险不仅需要从法律上给予制度保障，同时还需要从规范上给予操作指引，但是我国目前有关船舶融资租赁方面的法规并不多，只有《合同法》第十四章有关融资租赁合同的规定和交通部2008年3月颁布的《关于规范国内船舶融资租赁管理的通知》以及国家税务总局2010年5月下发的《融资租赁船舶出口退税管理办法》等，缺乏一套完整的满足金融业务开展需要的法规及实施细则。涉海抵押融资业务如海域使用权的抵押遇到的情况也是如此。

4. 高端滨海旅游立法滞后凸现竞争劣势。广东要致力打造成高端旅游的目的地，真正启动游艇与邮轮产业这两大朝阳产业的引擎，目前面临的最大瓶颈不是政策的欠缺而是规则的欠缺，国家相关立法极不健全。2009年1月1日，国家首部调整游艇行业的部门规章《游艇安全管理规定》出台，成为沿海各省发展和管理游艇产业重要的规范指引。游艇业则主要由各省市自己出台配套政策加以调整。深圳和珠海出台了加快游艇产业的若干政策，但操作性较差，也未涉及困扰游艇业的登记管理问题和航区管制问题。目前海事管理部门、船舶检验机构对于游艇的管理一般参照适用于运输船舶的现行海事法规办理船舶登记、检验和日常监管。但游艇主要是用于游览观光、休闲娱乐、商务接待等场合，不参与公共交通运输，本质上不同于水上运输，套用运输船舶的管理理念来管理游艇，会阻碍其发展。另外，对游艇航海区域实行分割管制，致使国内不同地区的游艇不能跨区航行，严重影响了购买者的积极性，也会堵塞游艇市场的发展。而邮轮方面，广东省至今未出台相关政策法规，但是广州的黄埔港2012年已接待了4艘邮轮停靠，职能部门主要依据2008年6月国家发改委印发的《关于促进我国邮轮业发展的指导意见》和2009年公安部制定的《邮轮出入境边防检查管理办法（试行）》以及交通部发布的《关于外国籍邮轮在华特许开展多点挂靠业务的公告》进行相应管理，实务之中问题颇多，也进一步拉大了我省与其他已经有邮轮母港城市[①]的差距。

（二）海洋经济的发展给海事司法带来新挑战

广州海事法院管辖广东省范围内的海域和4000多公里可航内河区域的一审海事海商纠纷案件，担负着为全省发展海洋经济、开发海洋资源、培育海洋优势产业提供海事司法保障的重要职能，是打造广东海洋经济强省最直接、最专业的司法机构。但目前我省的海事司法还面临着下列问题与障碍。

1. 多元纠纷解决机制尚须进一步建立和完善。广东“三区、三圈、三带”的海洋综合发展新格局，显示了广东航运经济的发展，应该有效整合资源、实现区域整体联动。海事审判具有跨行政区划管辖的特点，从服务广东海洋经济建设的要求来说，必须有效统一司法标准、建立长效交流机制，将区域内海事司法资源的整合纳入珠三角港口资源整合的大趋势之内，形成规模优势。但当前存在的问题是：一是海事法院与各地各部门联动合作机制尚不完善。在海洋经济强省建设中，一些部门并没有对全省工作进行一盘棋式的考虑，并没有完全摒弃各自为战和部门主义樊篱，海事法院与海事、渔业、环保等行政执法部门之间的联动机制还不够紧密，联合构建解纷机制进展缓慢，对部分法律问题的处理意见尚不统一。二是海事法院与地方法院司法协作有待加强。海事法院与地方法院之间综合运用民事、刑事、行政审判职能解决纠纷的联动机制还需进一步加强，在司法文书送达、案件调查取证、证据财产保全、案件管辖、委托协助执行和区域法律服务等方面的司法协作机制也有待加强。三是信息通报与资源共享机制尚未建立。司法保障海洋经济发展是一项系统工程，牵涉到政治、社会、经济的方方面面，涉及海洋经济的重大敏感案件的受理、审理和执行情况，对于有关部门做好治安风险防控，对于党委政府作出正确决策都有

① 目前，中国只有天津、上海、厦门和三亚4个城市拥有国际邮轮母港可作为邮轮旅游始发港，其中上海将建设成为东亚地区邮轮枢纽港和亚太地区继新加坡、香港之后的三大邮轮中心之一。

重大意义。但当前尚未建立社会矛盾纠纷排查化解和应急处理工作机制，对工作中遇到的可能影响社会稳定和海洋开发工作大局的敏感事件作出妥善处置。

2. 海事审判力量不足，影响司法职能的发挥。广州海事法院由于以前由企业转制而来，承接部分企业职工，每年又安置没有法律职称的部队转业干部，因而法官少，具有法律职务仅有 43 人，占行政编制人员的 50.6%，占全院人员的 33%，有的审判业务部门特别是派出法庭甚至不能组成 1 个合议庭。近年来，我省涉海相关产业高速发展，各种海事海商纠纷不断增多。[①] 由于受到编制的限制，无法大量充实审判岗位，因而兼顾全省众多港口、码头和基层群众涉海解纷需求压力大。同时，省里、市里在安排交流、挂职锻炼时较少将海事法院干部列入，该院中层干部缺乏流动和上升渠道，"天花板"干部现象突出，干部流动处于无序状态，2006 年至 2012 年 6 年间，该院就流失审判骨干 26 名。虽然近三年新进一些人员，但海事审判队伍断层的现象在一定时期内仍难以改观。此外，广州海事法院副职院领导、副院长的规格低于广州市中级人民法院的同职务的院领导的规格，[②] 我省也尚未明确该院副厅级专职委员会的职数。[③]

3. 对外交流现状与涉外海事审判前沿地位不相称。广州海事法院建院 29 年来，共审理了涉及 68 个国家和地区（包括港澳台地区）的 23000 余件案件，审理了一大批重大疑难涉外案件，涉外、涉港澳台海事案件占该院一审案件总数的 60%以上，标的近 300 亿元。开展对外交流，熟悉和参与国际规则的制定，提升海事司法能力，对于提升广东海洋产业国际竞争力、推动构建粤港澳海洋经济合作圈具有重大意义。但近年来，广州海事法院参与国际会议机会较少，没有参与国际海事规则议定，缺乏在国际社会的话语权，不利于法官更好地理解国际海事规则，不利于我国国家和当事人利益的保护；因为对外交流受到限制，缺乏展现海事司法水平的机

---

① 如 2012 年广州海事法院共受理案件 2886 件，同比增长 81.5%，为建院以来收案最多的一年。

② 虽然，2005 年 10 月广东省委有关会议内部明确海事法院副院长级干部连续任现职满五年，不满 55 周岁，符合条件的，可任为副厅级干部，但没有正式行文，其他副院长级党组成员也没有一并给予明确。事实上广州市的副局级、正局级、副市级，享受的待遇与省里副厅级、正厅级、副省级的待遇相同，可见，海事法院副职以上的院领导的待遇比广州市中级人民法院的副职以上的院领导的待遇要低。

③ 上海、宁波等海事法院已经设置了副厅级专职审判委员会委员。

会，境外海事海商法律界、航运界对广州海事法院审判工作了解不多，长期以来形成的偏见未消除，因而不愿选择中国司法机关作为纠纷解决机构。从对外交流的现状来看，该院与其涉外海事审判前沿的地位不适应。[①]

（三）海洋行政管理和执法方面的问题

首先，海洋行政管理机构林立，统筹协调难度大。广东省主要涉海行政管理部门既有国家级海洋行政管理，也有地方级海洋行政管理，既有垂直管理分部门，又有横向管理分部门。省的海洋经济综合协调机构是省海洋综合开发规划编制工作领导小组，具体工作由省发改委统筹协调，省海洋与渔业局牵头组织实施。但是，省海洋与渔业局作为广东省政府的直属机构，面对其他涉海行政管理部门中的中央部门的直属机构，以及省政府的组成部门，其行政级别并不高于其他涉海行政管理部门，由其承担海洋经济牵头组织实施的职责也会面临一定的阻力。其次，不同部门和不同层级之间的职责交叉或管理缺位。如省交通厅属下的航道部门与海事部门对航道、锚地都有行政管理权限，港务管理部门与海事部门对港区码头施工都有行政管理权限；海洋部门与水利部门在河口海域地区存在河海划界不清，与国土部门在海岸带存在陆海划界重叠等问题，导致相关部门之间管理职责交叉或管理缺位。最后，海上执法力量分散的问题仍然存在。2013年，国家重新组建国家海洋局，由国土资源部管理，国家海洋局以中国海警局名义开展海上维权执法，接受公安部业务指导。此次机构改革很大程度上解决了执法力量分散的问题，但是负责海上交通安全的海事执法队伍仍游离于中国海警队伍之外，而我省海事部门的执法能力并没有达到可以

① 省直机关关于因公出访的政策未考虑到海事审判工作的特殊性是广州海事法院对外交流困难的原因之一。首先，各省直机关在向省外事办上报当年出访人数时，必须严格控制在上年出访的人数内，不得增加。但这个条件与海事案件大幅增长、海事法官队伍的成长壮大的现实不符。其次，省财政厅关于各省直机关在因公出访的经费考核，要求不得超过上年的实际结算数，逐年递减。这一政策单纯从控制经费的原则出发，没有考虑到审判业务的实际需要和特殊情况。例如，如果当年实际未安排出访，或实际出访的经费结算较少，则下一年的出访就非常被动。

完全依靠自身的力量就能满足执法需要的程度。[1]

（四）广东省海洋法治宣传存在的问题

一是对海洋法治宣传不够重视。当前，海洋经济已成为广东省国民经济的重要组成部分[2]和新的经济增长点[3]。而海洋法治的宣传工作却未纳入政府的一个文件，未进入政府普法布局的视野，海洋法治宣传的分量与海洋经济的地位明显不相称。与长三角相比，广东政府向法学家、法律专家问政海洋经济法治建设的情况较少，[4] 这从侧面反映出我省在海洋经济建设中，重经济而轻法制，重数据而轻制度，重硬实力而轻软实力。二是海洋法治宣传没有形成合力，宣传力度不够。我省之前由省海洋与渔业局承担着海洋法制建设（包括法治宣传）的主要工作，因《海洋规划》和《海洋强省决定》等文件没有将海洋法治建设纳入文件范围，海洋法治宣传由哪个部门组织实施并不明确。同时，此前省海洋与渔业局较注重海洋法律规范的宣传，轻视法律强制实施情况的宣传，注重海洋经济的报道，轻海洋法治建设的报道。据统计，2011 年，中央驻粤、省内主要媒体参与报道广东省海洋与渔业工作 80 余篇，报道主要从经济角度进行解读，鲜有着眼于海洋法治的层面。据该局内部工作总结所列，在海洋法治宣传方面所做工作主要是编印政策法规册、宣传单，在主要渔区、重点渔港派发；该局

---

① 广东海事局现有船艇 273 艘，其中近 11.4%的船舶的船龄已超过 20 年，且 30 米级及以上的大中型船舶仅 30 艘，大部分海事巡逻船艇总体上存在技术性能落后，船况老化等问题；广东海事局现有 393 辆车，其中用于海事执法的海巡车 91 辆，仅占 23.2%，并且大部分海巡车底盘较低，不适应实际路况，无法前往一线现场，无法做到靠前指挥。再如，由于经费的限制，监控船舶偷排油污执法力度不够，监控船舶偷排油污需要直升机不间断巡航，我省海事局虽然已有 2 架 A109S 型直升机，但直升机的巡航都需要耗费大量的经费，而我省海事部门没有足够的财力。前述资料来自龚明：《广东省海事管理现状与对策研究》，大连海事大学 2012 年硕士学位论文，第 27～28页。

② 2010 年，广东省海洋生产总值占全省生产总值的 18%。2011 年，广东省海洋生产总值达 9807 亿元，占全省生产总值的 18.6%，数据来源于广东省海洋与渔业局网站，http://www.gdofa.gov.cn/，访问时间：2013 年 1 月 9 日。

③ 2012 年，全省海洋生产总值达到了 1.1 万亿元，同比增长 12.3%，比全省生产总值增幅高 3.8 个百分点，连续 18 年居全国首位。载 http://old.zhtv.com/Article/ShowArticle.asp?ArticleID=96235，访问时间：2013 年 3 月 21 日。

④ 迄今为止，浙江省已成功举办四届海洋经济发展法治论坛。2011 年，第八届长三角法学论坛在浙江舟山举行，众多法学专家建言舟山新区的法治保障。广东法学界尚未举办过类似专题的论坛。关于广东海洋经济法治保障的研究论文也尚空白，但是研究浙江海洋经济法治问题的研究论文成果已较丰硕，已经有论文集汇编出版。

的门户网站，也查找不到相关的行政违法案例和执法查处情况的统计情况通报。海洋法治宣传是一项系统工程，仅由海洋与渔业局组织实施远远不够。三是政府依法治海意识有待提高。在广州海事法院审理的不服政府撤销海域使用权的行政案件中，基层政府乱执法、违法执法的现象也较突出，反映出部分沿海地区基层政府对法律法规的理解不到位，对公民合法权益的保障认识不到位，海洋法制观念淡漠，依法行政的意识不强。[①] 四是民众的守法程度折射出海洋法制意识欠缺，海洋立法宣传不够、效果不佳。我国普法宣传的重点是土地管理、村民自治、依法行政方面，海域使用管理、海洋环境保护等法律制度作为特定领域的法律未系统地进行宣传，民众知晓度不高。2011 年，广东省发生各类违法用海事件 1000 多宗。[②] 近年来，法院也受理不少海域使用权相关案件，其中有民商事案件、行政案件，[③] 甚至还有刑事案件，[④] 引发纠纷的原因多是海域使用权权属不清，从而导致斗殴类纠纷、界址类纠纷、承包类纠纷、租赁类纠纷、征用补偿类等纠纷，进而引发的群体性事件也时有发生。以上现象说明，民众对国家的海域使用管理法及海洋环境保护立法等认知度不高，相关法律规定没有内化为自觉遵守法律的行为，海洋法治宣传工作不到位。[⑤] 五是新闻媒体法制栏目涉海法治报道少。法制宣传栏目在传播法律知识方面能起到重要作用。但是，统观各类法制栏目，涉海洋法治的内容极少。究其原因，是媒体本身对海洋法治的话题不熟悉，关注度不够；涉海部门、基层

---

① 2012 年，省高院行政庭在审理分别发生于揭阳、湛江、江门等地的行政纠纷案件中，发现被告基层政府存在实施违法强拆后，又百般掩饰、推卸责任，损害法治广东的形象，遂向省政府发出司法建议，要求狠抓对各级政府依法行政、诚信行政的宣传教育，引起省政府高度重视，常务副省长肖志恒同志作出重要批示，相关工作组已分赴各地调研督导。

② 该数据来源于调研组到海洋行政主管部门调研得到的数据。

③（2012）广海法行初 1 号案，（2012）广海法行初 2 号案。

④ 2010 年 8 月 5 日，广东湛江雷州市宣传部门向媒体通报，4、5 月份发生在雷州市雷高镇竹下村因浅海滩涂纠纷引致的伤害案告破。欧某等人办理的《海域使用权证》到期后，依然霸占大面积海滩涂，导致和附近村民矛盾日益激化，引发群体冲突，造成多名村民受伤。中共湛江市委书记刘小华挂帅包案，并成立“雷州市 4·24”案件用海纠纷问题调处工作组。为避免类似纠纷再次发生，雷州专门出台了浅海滩涂养殖管理实施细则，遏制违法用海现象。湛江、雷州两级公安机关和有关部门专门组成专案组查处该案，刑事拘留 8 人，起诉判刑 4 人。

⑤ 近年，对《海岛保护法》的宣传是海洋法治宣传方面成功的范例，国家海洋局采取了行政体制内宣传与社会公众普及宣传两手抓的宣传策略，向社会广泛开展海岛法律法规、海岛权益保障、海岛生态保护和依法用岛等方面的宣传，海岛舆论宣传工作引发了全社会关注海岛的热潮，增强了全民海岛保护意识，使无序、无度、无偿开发利用海岛的现象得到了有效遏制。

政府主动宣传海洋法治的意识不强，没有充分认识到海洋法治宣传的迫切性和重要性。六是针对海洋执法的负面新闻较多，法治舆论有待引导。近年来，广东媒体对涉海行政部门的负面报道较多。60%的报道是关于船舶碰撞等事故性报道，20%是有关政府性文件发布等报道，另外较吸引民众眼球的便是有关海洋污染、海域群体纠纷、乱占乱建等负面报道。负面报道暴露的是法律的强制力得不到普遍、公正的执行，有些违法行为没有受到制裁，有些法律权利没有及时得到保护。负面报道多了容易导致民众对海洋法治失去信心，弱化对海洋法治的认同，需要加以理性的引导。

（五）海洋法律人才方面存在的问题

2011年，广东省海洋科研机构达23个，从业人员达1万人，[①] 在全国沿海省市的海洋人才分布中略占优势。但有关海洋法律人才方面依然存在与形势不适应的问题。

1. 海洋法律人才数量不足。首先，海洋立法研究型人才数量不足。广东有关地方海洋立法相对滞后于其他海洋大省，与缺乏海洋法律专家有很大关系。以山东省为例，中国海洋大学的法律专家参与了一系列当地海洋立法活动，无疑为推进地方海洋立法起到积极的作用。而很少有法律专家参与到广东地方海洋立法，更妄谈参与到国家甚至国际的海洋立法。其次，海洋产业中海洋法律人才数量不足。从广东省从事海洋行业的人员专业分布上看，海洋产业人才专业结构比较单一，主要集中在水产养殖专业、航海专业、海洋船舶管理专业、海洋渔业、海洋捕捞和其他非海洋类专业，海洋法律专业在海洋产业的从业人员所占比例很小。最后，海洋法律服务机构中高素质法律人才数量不足。涉海业务法律纠纷解决，不仅需要具备海商法律、金融业、海上保险业、远洋运输业、港口物流业、船舶修造业等知识，而且需要掌握相关国际公约和国际惯例的知识，需要既懂法律，又懂贸易、航运等知识的复合型人才。目前，国内具备上述素质的服务型法律人才不多，广东地区数量尤为不足。

2. 缺乏科学的海洋法律人才培养体系。广东四所涉海类的高校中，中山大学法学院开设的课程仅限于普通法学专业；海洋学院主要是培养海洋工程技术人才。广东海洋大学法学院并没有进行与海洋法律人才相关的培

① 数据来源于《中国海洋统计年鉴（2011年）》。

养方案。广州航海高等专科学校和广东省海洋工程职业技术学校属于专科级别，不能开设专门的法学专业。目前，广东四所涉海高校在培养涉海法律专业人才上都存在一定不足。由于广东高校没有涉海法律专业博士、硕士培养点，没有设立涉海法律方面的研究机构，无法培养海洋法方面的硕士和博士研究生，也无法吸引海洋法研究方向的院士、博士生导师、知名教授等高端研究人才。导致目前广东省十分缺乏海洋法领军人才和在国际、国内有影响的学术大师和学术骨干。

3. 缺乏吸引海洋法律人才的专项政策和人才评价机制。尽管广东制定并完成了《广东省人才“十一五”规划》，近年出台了若干吸引人才的专项政策，实施了一系列构筑广东人才高地的计划。但是，广东各级地方政府没有将海洋人才发展列入专项规划，从政策层面予以保障，缺乏对海洋法律人才的引进、评价和激励机制。这导致广东无论是高校，还是研究机构或者法律实务界的专家资源中没有领军人物，在数量上也比不上上海、辽宁、山东等省份。

三、营造良好海洋法治环境保障广东海洋经济发展的对策和建议

（一）完善海洋立法的对策

地方海洋立法一方面要突出可操作性，另一方面可以在国家基本法律原则的框架下创设一些规则，以满足地方经济发展与海洋管理的需要，用法律制度优势提升我省海洋经济竞争的软实力。

1. 科学拟定我省海洋立法的规划。建立一个省人大牵头的海洋立法工作组或委员会，由各涉海地方职能部门、[①] 海事法官、海事法律专家、海事法律服务人员等共同参与的综合性地方海洋立法机制。要制定与我省海洋经济规划相配套的立法规划，对一些国家尚未制定相关立法的领域，采取地方立法先立先试的做法，规范并促进海洋经济健康发展。要收集、整理各行各业有关海洋立法的需求，鼓励和扶持有条件的单位或者人员积极申报国家级课题开展海洋立法研究，特别是对国外海洋国土管理、海洋环境保护以及涉海金融与服务领域的相关立法给予高度关注和深入研究，为

① 涉海职能部门主要包括海洋、渔政、海事、环保、水利、边防、海关等。

我省相关法规的出台提供参考依据。

2. 积极立法。按照轻重缓急有条不紊地开展我省的地方海洋立法工作。一是加强海洋国土立法。要尽快制定广东省海洋国土使用权出让办法及实施细则、海洋国土使用权收回补偿办法、海洋国土使用权价格评估的技术规范、海洋国土价格评估单位资质管理办法以及广东省海洋国土使用权登记办法实施细则等法规，避免国家海洋国土资产的流失，并促进市场的公平交易。[①] 二是加强海岛开发主体的权益保障。制定涵盖对历史用岛者的处理办法、海岛的管理机制以及海岛开发中的风险化解机制等问题的地方立法，以解决海岛开发中市场主体的顾虑，推动我省海岛开发进程，可尝试设立“涉海产业发展基金”。[②] 三是加强海洋国土流转机制的建设。制定海洋国土流转、产权交易程序等制度，搭建海洋产权的二级市场，打通海洋产权多元化利用的有效途径。[③] 四是建立海洋污染的防控制度。建立海陆联防治污管理机制、海洋污染应急预案、涉海污染税收制度，探索设立广东省自己的船舶油污损害赔偿基金，应对我省严峻的海洋污染形势。五是构建游艇业的法律制度。制定游艇、游艇俱乐部监管制度，明确游艇旅游中各方主体之间，如游艇所有人、租赁人、游艇从业人员等主体法律关系的内容等，为我省依法管理游艇业提供法理依据。[④] 六是构建邮轮业的法律制度。制定涉及邮轮母港的规划与建设中的设计规范与运营管理标准、邮轮公司的设立与监管、邮轮倚靠点旅客的通关和邮轮安全的管理、邮轮旅客运输中的侵权行为、犯罪行为的认定与处理以及邮轮纠纷的法律适用等法律制度，通过系统的制度设计为我省营造良好的邮轮投资环境和旅游服务品质，在邮轮经济的激烈竞争中抢占到一席之地。[⑤]

---

① 在我们调研走访时得知浙江省目前已委托浙江大学进行“海域使用权价值评估测算”课题的研究。

② 调研中，我们发现浙江省高级人民法院印发的《关于为我省海洋经济发展提供司法保障意见》的通知中提到应鼓励设立“涉海产业发展基金”的做法很值得广东借鉴。

③ 山东在烟台、浙江在象山都已启动了海洋产权交易中心的建设。

④ 沿海省份已经开展了游艇立法的实务工作，如福建海事局和厦门海事局出台了《福建沿海游艇操作人员培训、考试和发证管理办法》和《厦门、漳州沿海水域游艇安全监督管理实施办法》，并于2010年1月1日正式实施。海南省于2010年11月24日颁布了《海南省游艇管理试行办法》，国家海关总署2011年3月11日下发《中华人民共和国海关对海南省进出境游艇及其所载物品监管暂行办法》，给予海南游艇产业专项立法支持。

⑤ 有关邮轮的立法实务，国内目前还很不成熟，但国外有些国家的制度可以为我省立法提供相应参考，如2010年美国出台的《邮轮安全法案》。

（二）完善海事司法的对策与建议

1. 公正司法，营造海洋经济发展良好的法治环境。广州海事法院要积极打造“国内一流、国际知名”海事司法品牌，努力为我省海洋经济发展营造良好的法治环境。要把海事审判工作置于“三区、三圈、三带”的海洋综合发展新格局中进行谋划，研究制定海事司法服务保障大局的指导意见与配套措施。要通过对个案或类案的剖析和对日常审判执行工作态势的研判，向政府就海洋管理中所存在的漏洞提出切实有效的对策建议，以助于政府及时创新举措、堵塞漏洞。对审判中发现的法律问题进行分析和指引，就海洋开发、仲裁司法审查、海上作业人身安全等问题向有关单位提出了改进工作的司法建议。向社会公开发布年度海事审判情况通报，剖析个案或类案提出司法建议，为政府海洋决策提供参考，为广东海洋经济持续健康发展营造良好的外部法治环境。要公正高效审理案件，依法加强对海洋运输业和国际贸易的保障，促进现代国际航运物流业健康快速发展，维护外贸和运输秩序。依法加强对海洋装备制造业的保障，为全省着力发展海洋装备制造业，培育海洋优势产业规划的实施提供海事司法保障。依法加强对海洋渔业、水产养殖业的司法保障，服务现代渔业发展，维护渔区社会稳定。依法审理海洋开发利用纠纷案件，为全省科学开发利用海洋资源规划的实施提供法律支持。积极审理海上旅游纠纷，为打造滨海旅游品牌提供良好的法治环境。依法加强对海域、海岛资源开发、流转的司法保障，依法保护当事人合法民事权益，纠正行政违法行为，促进依法行政。依法保护海洋生态环境，保障实现我省海域清洁的战略目标，促进蓝色生态屏障的构建。落实民生举措，维护广东海洋经济试验区的和谐稳定。

2. 建立和完善联动合作机制。一是创新协作机制。广州海事法院要加强与全省各地方法院之间的联系合作，加强与周边区域内的厦门海事法院、海口海事法院、北海海事法院之间的联系合作，调动、整合现有审判资源，就海事案件的受理、审理、调查取证、保全、调解与疏导、执行等业务开展一体化协作，建立健全规范有力、便捷高效的海事司法协作机制，提高海事“长臂”管辖体制下的司法效能。要加强粤港澳司法协作，与港澳有关司法机关建立司法协作平台，在证据调查、司法文书送达等方面开展合作。加强对海洋经济发展中可能产生的新类型纠纷的管辖研究，有效预防并妥善解决管辖不明、管辖争议及管辖异议等问题，促进各法院之间的积极互动。二是创新多元解决纠纷工作机制。要尽早在广州等中心城市设立中国海事仲裁委员会分会和国际海事调解中心，合作开展诉前联调，解决海事纠纷。要通过与货代协会、渔业协会、船东协会等行业协会，海事、渔政等行政机关，仲裁机构、人民调解委员会、司法所等机构加强沟通协调，探索建立多元调解机制，实现“诉调对接”。三是建立联动协作网络，推进社会管理。建立健全与党委、政府部门的信息交流机制，加强与政府部门之间的沟通协调。建立与海关、港务、海事、边检、渔政、公安等港航口岸单位的协作网络，在调查取证、财产查控、监管货物处理、纠纷联动调处和维稳矛盾化解等方面形成协同配合的工作机制，促进社会矛盾化解。四是加强信息通报与资源共享机制建设。及时通报涉及海洋经济的重大敏感案件的受理、审理和执行情况，建立社会矛盾纠纷排查化解和应急处理工作机制，妥善处置工作中遇到的可能影响社会稳定和海洋开发工作大局的敏感事件。

3. 积极加强海事司法队伍建设。海事司法队伍建设是推进海洋经济强省建设的组织保障之一。要按照科学发展观的要求，全面加强海事司法队伍建设。一是理顺海事法院的规格。按省直属机关配备有关院领导的职级待遇，广州海事法院副院长及其他班子成员配副厅。按照最高人民法院有关文件的规定，在海事法院设 2 名副厅级专职审判委员会委员。二是增加人员编制。针对行政编制已基本用完，审判力量缺口大的实际，请有关部门给予增加行政编制员额。同时借鉴广州市的做法，争取由省财政拨款支持广州海事法院聘用一批文员。三是建立院内外人才良性交流机制。要拓展广州海事法院干部与其他单位之间人才交流任职渠道，促进我省涉海优秀人才的交流互动，更好地为海洋经济发展提供人才储备。

4. 加强对外交流合作，让广东海事司法成为展现我国司法国际公信力的窗口。上级部门要多支持广州海事法院单独组团出访，积极参加国际海事委员会等起草国际海事公约的相关会议，参与并影响海事规则的创制，积极争取在国际航运法律规则新一轮变革中的话语权。要筹建国际海事司法研究中心，举办研讨海事法律问题的国际会议和专题论坛，提高在国际规则创制中的话语权，不断扩大中国海事司法的国际影响力。每年要举办年青法官出国培训班，促进年青法官成长进步。同时，建议省财政厅针对海事审判工作的特殊性，对广州海事法院因公出访经费以当年预算数来考核，不以上年的实际结算数来考核，加强对外交流的经费保障。

（三）海洋行政管理和执法方面的对策和建议

1. 建立高度综合的海洋管理部门。对于解决海洋管理及海洋执法分散管理体制的弊端，在韩国是将水产厅、海运港湾厅、海洋警察厅以及科技、环境、建设、交通等10个政府部门中涉及海洋工作的厅局合并，成立了海洋水产部，对全国的海洋事务实行了高度集中统一的综合管理，中央和地方也有明确的职权划分；负责海上行政执法的是韩国海洋警察厅，并具备独立的行政主体资格。因此，解决机构林立，不同部门和不同层级之间的职责交叉或管理缺位问题，可以通过建立高度综合的海洋管理部门解决。一是要建立高度综合的海洋管理部门。打破海洋产业分割的局面，将海洋资源、环境、交通、国土安全、治安并入国家海洋统一综合管理体系。在现有的国家海洋局的基础上，将农业部的渔政管理部门、交通运输部的海事管理部门合并进来，加强国家海洋局的综合管理职能，发挥海洋局综合管理作用。还要提高国家海洋局的行政级别，使其能够在海洋的综合管理方面，有效地进行中央层级部委之间的协调工作。因为，即使实现海洋行政的集中管理，也不可能实现完全的集中，仍需综合协调。在行政层级方面，实行四级层级的垂直管理。采用垂直管理，即可以更好地在全国范围内统筹管理海洋事务，又可以防止受到地方保护主义的干扰。即国家海洋局总局、各沿海省直属局、各沿海地市分支局、沿海县办事处四个层级。二是建立高度统一的海上执法队伍。要在现有的中国海警局的基础上进一步整合，将海事的执法队伍纳入进来。要加强执法队伍的独立性，应赋予以自身的名义作出具体的行政行为的权力，并赋予行政强制权力，由公安部垂直领导更为适合，应统一为公务员编制，需通过海洋警察考试，海洋行政相关法律为考试的重要内容，通过此种途径才能保证执法人员的业务素质。

2. 完善广东省海洋行政管理与行政执法架构。要在省内建立各个涉海部门的协调合作机制，完善现有的海洋管理制度。一是整合市县级海洋行政执法部门。将市县海洋与渔业以及同为政府组成部门的环保、国土、建设、交通、水利、林业等部门中有关海洋行政执法职责划入综合行政执法部门，推进海陆一体化管理。二是建立广东省海洋行政管理部门之间的协调机构。建立常态的广东省海上行政执法机构间的协调平台，由主管海洋工作的副省长担任组长，省海洋与渔业局牵头，联合广东海事局、广东海关分署、省交通运输厅、省环保厅、省国土厅、省水利厅、中国海警局的南海区域机构等部门和单位的负责人担任副组长组成海上行政执法协调会议，通过会议明确各自的行政管理职能及执法范围，避免职能交叉及管理缺位；对我省海上突发事件、海上灾害等需要多方协同应对的事项，通过临时协调会议落实联合执法的实施方案；建立常态信息交换机制，避免资源的浪费和各执法主体信息的不完备；健全涉海案件移交和协查制度，特别是中国海警局与广东省海事局就在我省海域内发现海上交通安全方面的违法行为如何建立案件移交和协查制度达成协议。三是加快完成划界工作。2013 年 4 月份，广东 38 条县际间海域行政区域界线获国务院批准，对于解决海域权属争议十分重要。对未划的区域要加快完成。四是加大科技投入，充分运用信息化手段，改善管理方法和管理模式。我省各海洋行政管理部门应在各自职责范围内研究如何利用信息化手段，创新行政管理制度，以保障我省海洋经济的发展。如邮轮通关就要简化游客过关环节，提高通关效率。要加强船舶和钻井平台的防污染的监管，防范海洋污染。

（四）完善广东省海洋法治宣传的对策

1. 将海洋法治宣传纳入全省普法工作体系。全省各级政府应当将海洋法治宣传工作纳入国民经济与社会发展的总体规划和年度计划，并组织实施。[①] 省依法治省办、省海洋工作领导小组应在组织实施《海洋规划》的协调工作中，融入海洋法治宣传的任务和目标，协调涉海各单位将海洋法治宣传的内容纳入广东省年度普法工作要点，树立民众依法用海、爱海的观念，将海洋法治宣传工作与海洋经济建设、海洋权益维护教育同步协调进行。

2. 要加强海洋法治宣传的针对性。要因应涉海违法现象突出的领域来选择海洋法治宣传的内容，达到预防在先的目的，倡导合法用海。如针对沿海村民要深入农村基层组织宣传海域使用管理法律制度，针对船舶挂靠管理公司要宣传船舶的防法责任，针对海洋工程建设项目应在审批环节就

① 《广东省法制宣传教育条例》第 4 条规定：各级人民政府应当将法制宣传教育工作纳入国民经济与社会发展的总体规划和年度计划，并组织实施。

做好海洋工程防污责任的普法宣传工作。因应海洋经济发展的需要，广东省内新闻媒体应在法制宣传栏目加重海洋法治宣传的比重，采取以案说法的方式发挥对海洋法律的普法功能，通过开展以案说法、现身说法等形式，将抽象的法律条文形象化，潜移默化增强受众的法律意识。

3. 涉海部门应将专项执法行动与法治宣传有机融合，达到执法和普法，惩处与预防同步的效果。

4. 要高度重视对基层政府的海洋法治意识的培育。法治宣传不仅是教育民众要依法用海，而且要培育政府及其执法人员依法管海。公正执法本身就是最好的法治宣传。随着我省海洋经济的加速发展，粤东、粤西等沿海地区渔民将面临失海失地失渔的境况，基层政府及其执法人员要重视公民合法权益的依法保护，摒弃"经济发展为大局"、偏离法治的轨道单纯追求 GDP 的政绩观。由于地方保护主义的存在，地方执法单位行政违法行为时有发生。省委、省政府尤其要重视加强对地方政府的海洋法治意识的培育，以改进基层政府依法行政、依法管海观念不强的问题。广州海事法院要加强海事行政案件的审理，及时就审判中发现的违法问题，向有关部门发出司法建议。

5. 在国民基础教育中普及海洋法律知识，提高全民海洋法治意识。山东省作为海洋科研强省，在海洋法制宣传教育方面也走在各省前列，连续多年开展"保护蓝色国土——海盾行动""科学发展海疆行"执法宣传活动，我国首套小学海洋教育教材 2011 年在青岛发布。广东具有深厚的海洋文化积淀，在海洋知识普及和海洋法治宣传上要主动作为。建议广东省教育行政部门会同省海洋行政部门编制海洋国土及海洋法治的宣教课本，将海洋维权、海洋国土意识、海洋法制知识纳入广东省国民基础教育的范畴。①

6. 化负面新闻为有效地舆论监督，传播海洋法治理念、促进法治建设。负面新闻最易吸引大众眼球，一条"负面"新闻发酵降温的过程中，也是最好地解释法律、张扬法治精神的时机。如果在已经受到大众高度关注的新闻事件中，妥善应对，依法依规处置后，对法律适用作出明确的解

① 《广东省法制宣传教育条例》第 13 条规定：教育行政部门应当把法律知识作为学生的必修课，使学校的法制教育做到有计划、有教材、有教员、有课时。

释，就是最好的法治传播方式，能达到良好的法治传播效果。[①] 因此，建议广东省涉海部门高度重视，做好舆情监控，安排专职人员负责组织主动应对新闻媒体对涉海负面法治事件的报道，研究部署执行应对方案，将对负面事件的处置转化为法治宣传的契机，传播海洋法治理念。

（五）加强海洋法律人才队伍建设的对策和建议

1. 从战略上重视海洋法律人才培养规划。要实施海洋法律人才强省战略，把海洋法律人才作为一种战略资源，对海洋法律人才培养、吸引和使用作出宏观的、全局性构想与安排，努力造就一大批专门的海洋法律人才，建设规模宏大、结构合理、素质较高的海洋法律人才队伍。

2. 完善高校海洋法律人才培养体系。要从财政上为完善高校海洋法律人才培养提供支持。建议我省设立“海洋教育专项基金”，用于重点院所建设、骨干人员培养及基础课题研究，迅速增强广东海洋教育科研力量，缩短与其他省市差距。大力推进高等院校积极协同创新，同科研机构、企业开展深度合作，建立协同创新的战略联盟，促进资源共享，联合开展重大科研项目攻关，在关键领域取得实质性成果。要加强海洋法律专业建设。充分发挥广东现有教育资源的潜力，强化或增设与海洋法律相关的院系或海洋法专业，为广东海洋经济发展培养海洋法律研究型和应用型人才。

3. 引进高级海洋法律人才并为之搭建事业平台。要重点引进在我国有一定影响的海洋法律人才作为领军人物，选派有发展潜力的青年教师到国内外的著名高校研修海洋法律，有效提升教师的海洋法律知识和理论水平。省市级要出台相应的激励措施，鼓励海洋法学科研方面的进步。涉海法学研究项目予以优先立项和支持，吸引科研人员的研究向海洋法律靠拢。要促进海洋法律人才的国际交流，增加广东涉海法律服务的国际化水准。要为海洋法律人才的事业发展搭建平台。如在广东创设海洋法律研究中心、海商法研究所等研究机构，创造海洋法律科研创新的环境。

---

① 近年来，国内应对负面新闻成功的例子很多，比如，2008年云南法院成立了环保法庭，施行刑事、民事、行政三审合一，云南法院把设立环保法庭与“杨宗海水污染事件”联系起来，与刑法的重大环境污染事故罪司法适用缺失，和整个云南在环境保护领域司法功能的缺失状况联系起来，进行了深入的分析思考，在全国产生了一定的反响。

4. 为涉海企业建立海洋法律专家库。要做好相关专家人才的搜集整理，加强专家库的数据管理，明确涉海法律提供专家服务的范畴以及专家责任。并出台相关海洋法律专家的支持和鼓励政策，切实使涉海人才为广东海洋经济强省建设贡献力量。

三、公正司法

（一）刑事审判

审理证券犯罪案件中的疑难问题研究

广州市中级人民法院课题组*

自从17世纪阿姆斯特丹建立世界第一家证券交易所以来，世界上证券交易已经具有了400多年的历史。① 我国于20世纪90年代初期开始正式建立证券市场，20多年来，我国证券市场在探索中前进，在改革中创新，走出了一条符合市场规律和中国国情的发展道路。伴随着我国资本市场快速发展，证券交易活动日趋活跃，内幕交易、泄露内幕信息、操纵证券市场、欺诈发行、虚假披露、利益输送、基金“老鼠仓”等违法犯罪活动呈易发、多发态势，从全国法院受理案件来看，证券犯罪案件在逐年增加，新型证券犯罪案件增多，社会危害后果越来越严重。尤其是一些证券犯罪大案、要案相继受到查处，涉案金额之巨，利益链条之长，手法之隐蔽，令人触目惊心。由于我国证券市场发展时间较短，关于证券犯罪的法律规定尚存在诸多未完善之处，加强对证券犯罪的理论与实务研究确实具有现实性和必要性。

一、证券犯罪的现状、特征及概念界定

（一）证券犯罪的现状

自从1998年审理的第一起证券犯罪“琼民源造假案”被判刑以来，各

---

* 课题组组长：王健，副组长：郑允展，成员：聂立泽、赵志春，成员（执笔人）：闵海蓉、曹治华、许媛媛。

① 谢望原：《中国证券犯罪及其完善》，载《刑事法热点问题的国际视野》，北京大学出版社2010年版，第100页。

种新型证券犯罪案件不断涌现，呈现逐渐增多态势。根据中国证监会有关统计数据，从2003年至2008年期间，由中国证监会作为证券、期货违法犯罪案件立案查处并移送公安机关处理的共有96起，经公安机关立案侦查、检察机关提起公诉，最终法院审判认定构成相关证券犯罪的有34件。其中内幕交易罪4件、操纵证券交易价格罪10件。① 2008年至2012年，证监会共新增案件调查1458起，作出行政处罚决定276件，罚没款金额总计6亿元，移送公安机关案件125起，处理打非线索1325起。其中，2012年全年共受理证券期货违法违规线索380起，比上年增长31%；新增案件调查316起，增长21%；移送公安机关涉嫌犯罪案件33起，增长32%。②以内幕交易、泄露内幕信息犯罪为例，2008年初至2011年底，证监会共获取内幕交易线索的案件426起，立案调查153起，移送公安机关立案侦查的内幕交易、泄露内幕信息案件47起（2012年移送20余起）。另据最高人民法院统计，从2007年至2011年底，全国法院审结内幕交易、泄露内幕信息犯罪案件共22件，其中2007年1件、2008年1件、2009年4件、2010年5件、2011年11件。③

（二）证券犯罪的特征

1. 证券犯罪属高智商犯罪，体现出较高的智能型与专业性。犯罪主体大多具有较高的智商和一定的社会地位，在资金、持股、信息或权力方面具有优势，熟悉证券方面的专业知识，具有证券市场的投资经验，熟悉证券市场行情走势，具备对个股投资价值的判断及对财务状况分析能力。作案时沉着谨慎，手段多样，善于捕捉最佳的犯罪时机，使一般受害人难以察觉；同时作案手段诡秘隐蔽，取证困难，给破案查处造成极大困难。

2. 犯罪结果具有严重社会危害性和涉众性。证券犯罪的最大危害是破坏了证券市场的公平、公开、公正原则，扰乱了市场经济秩序，影响社会资源乃至公共资源的分配，使优势资源分配极不公平，从而导致社会严重分化。其对社会的影响是潜在的、深层次的，渗透到了社会生活的各个方

① 谢望原：《中国证券犯罪及其完善》，载《刑事法热点问题的国际视野》，北京大学出版社2010年版，第104页。

② 载 http://finance.chinanews.com/stock/2013/01-24/4515482.shtml。

③《惩治内幕交易犯罪维护资本市场秩序——最高法院有关负责人就首部证券期货犯罪司法解释答记者问》，2012年5月22日。

面。在这样一个巨大的市场中，每一家上市公司都拥有人数众多的股民，但由于行为人的犯罪行为，证券市场产生了偏离正常经济规律的变化，致使众多投资者甚至上市公司本身蒙受了不应有的损失。

3. 犯罪行为具有特定时空性和复杂性。证券犯罪以证券市场为依托，以破坏证券发行与交易为手段，在发生时空方面多数发生在一级市场证券募集之时或者在二级市场交易期间。同时，由繁杂的法律、法规以及详尽的财会制度和行为标准共同构筑的证券市场是一个复杂的经济与法律结合体，利用证券发行或交易环节来牟取暴利的证券犯罪必然使用与之相对应的复杂手段来实施。①

4. 证券犯罪在法理上属法定犯。法定犯是意大利犯罪学家加罗法洛最早提出的一种相对于自然犯罪的犯罪类型，是指由于特定法律的规定始被认为是危害社会的犯罪行为。证券犯罪不仅要求违反证券法律规范，而且还要求违反刑法规范，具有双重违法性，这是法定犯与其他犯罪相区别的显著标志。作为认定证券犯罪前提的行政、经济法规会随着社会的变迁和经济的发展不断地变化，当某一行政、经济管理活动发生变化时，行政、经济法律和法规的内容也必然随之发生变化。另外，由于行为人对于证券法律法规内容有一定程度了解，因此违法性认识具有更高期待可能性，存在着推定行为人违法性认识的情形，但推定的程度与范围却远远低于自然犯。②

5. 新类型证券犯罪不断出现。一些传统作案手段已经过时，原有的法律、行政法规规定涵盖不了各类犯罪类型，给侦办案件带来了困难。比如为准确界定操纵证券市场行为，1997 年《刑法》第 182 条规定了操纵证券交易价格罪，《刑法修正案（六）》将该条修正为操纵证券市场罪，2007 年证监会对内公布的《证券市场操纵行为指引》在法律已规定连续交易操纵、约定交易操纵、洗售操纵三种操纵方法的基础上，对于以其他手段操纵又规定了蛊惑交易操纵、抢帽子交易操纵、虚假申报操纵、特定时间的价格或价值操纵、尾市交易操纵等五种新类型方法。

6. 纵观国内外证券市场发展史，内幕交易和操纵证券市场一直都是主要证券犯罪类型。在我国证券市场，主要存在着内幕交易、泄露内幕信

---

① 胡学相、张鹏：《中国证券犯罪的立法完善与司法对策》，载《广东金融学院学报》2011 年 3 月。

② 聂立泽：《法定犯特征论要》，载 http://www.110.com/ziliao/article-219081.html。

息、操纵证券市场、欺诈发行、虚假披露、利益输送（IPO 上市）、基金“老鼠仓”等违法犯罪活动，其中又以内幕交易和操纵证券市场表现最为常见。

内幕交易案件表现出以下几个特点及趋势：（1）现有的内幕交易多数与并购重组密切相连。由于股权分置改革重塑了市场利益格局，市场结构和市场运行机制发生了新变化。随着中央、地方政府对上市公司重组支持力度加大，借壳上市、整体上市、资产注入、资产重组等活动日益频繁，利用信息优势炒作股票将日益增多。如南京市原经委主任刘宝春、陈巧玲内幕交易案，原中国电子科技集团公司总会计师杜兰库、刘乃华内幕交易案均涉及高淳陶瓷重组事项；广发证券原总裁董正青等人内幕交易案涉及借壳上市事项；原中山市市长李启红等人内幕交易案涉及中山公用资产重组事项等。（2）违规主体反监管能力增强。他们往往通过使用隐蔽账户规避监管，使得账户关联、人员关联、信息传递等关键证据认定上难度极大，查处瓶颈难以突破。很多案件在调查期间线索被公开，影响了调查效果。（3）政府公职人员从事内幕交易行为越来越多；犯罪大众化、窝案现象突出。（4）很多普通老百姓对内幕交易在认识上存有偏差，认为利用内幕信息交易不是违法犯罪。原证监会主席郭树清在 2011 年提出了“白菜论”[①]：“当前市场监管工作的一项重点仍然是防控和打击内幕交易。现阶段我国的内幕交易有两种情况，有一部分人有目的地利用特殊地位和关系，谋取不正当利益；也有一部分人主观意识不甚明确，没有认识到这是与贪污、盗窃、欺诈性质相近的犯罪行为。小偷从菜市场偷一棵白菜，人们都会义愤填膺，但是若有人把手伸进成千上万股民的钱包，却常常不会引起人们的重视。这就是内幕交易的实质，也是防范和打击这种犯罪活动的困难之所在。”

操纵证券市场案件表现出以下几个特点及趋势：（1）市场操纵短线化。以前的市场操纵，有不少是长线行为，庄家操纵一个股票，可以长达半年甚至一两年。随着监管部门对庄家打击力度的加大，这种明目张胆的市场操纵行为正在减少，但短线操纵却随之增加。（2）多点布局，合谋操纵呈扩大化趋势。为了规避监管，一些违规主体开始使用多个账户配合操

---

① 《深化证券期货市场改革，促进实体经济科学发展——郭树清主席 2011 年 12 月 1 日在第九届中小企业融资论坛上的讲话》，载《中国证券监督管理委员会公告》2011 年第 12 期。

纵股价。这些账户虽然行动高度一致，但在资金、操作人员等方面进行了关联账户隔离，并将账户交易分散在不同会员及其营业部。这类操纵行为对监管及时发现、及时制止、及时查处工作构成了极大挑战。如证监会查处的操纵科冕木业案，交易所监控行为人实施连续集中交易，开盘、盘中虚假申报，高度、频密互为对倒等行为。证监会从56个账户中只认定4个核心账户。[①]（3）操纵行为花样翻新。如信息型操纵越来越多。行为人利用网络、手机等媒体或工具辅助操纵市场的行为日益增多。资本市场是一个信息市场，掌握信息对于市场操作的重要性不言而喻。随着多媒体时代的到来，证券市场信息监管遇到了前所未有的挑战。如果说传统的纸质媒体以及广播电台、电视台在有关资本市场的信息传递上能够自律，但是一些新兴的网络媒体以及手机短信等已经成为一些别有用心的人操纵市场的工具。一些隐蔽在市场中的行为人经常会利用网络发布对自己有利的消息诱导投资者产生错误的投资行为，以影响证券的交易价格或者交易量，达到其获取经济利益的目的。

（三）证券犯罪的概念界定

对于证券犯罪的概念，我国刑法学界历来有广义、狭义之说。“广义说”认为，证券犯罪是指一切发生在证券领域的犯罪，既包括证券发行、交易活动中发生的直接危害证券管理秩序的犯罪，如内幕交易、泄露内幕信息罪，操纵证券市场罪，违规披露、不披露重要信息罪等，也包括其他与证券相关联的间接危害证券管理秩序的犯罪，如与证券发行和交易有关的诈骗、贿赂、挪用公款、渎职等犯罪。“狭义说”则认为，证券犯罪仅指证券发行、交易及相关活动中的犯罪，其最显著的特征是对证券市场秩序的破坏和对投资者的合法权益的侵害。由于“广义说”是以犯罪对象为标准来下定义的，如将盗窃、抢劫、抢夺、贪污、侵占证券和以证券贿赂、诈骗等行为构成的犯罪都纳入证券犯罪的范围，使证券犯罪混同于普

---

① 中国证监会行政处罚决定书（袁郑健）〔2011〕42号。袁郑健于2010年3月22日至4月8日使用4个证券账户，连续交易科冕木业股票，在自己实际控制的证券账户之间交易科冕木业股票，在持有科冕木业股票的情况下发表博客文章推荐科冕木业股票。由于袁郑健连续交易数量较大，在自己实际控制的证券账户之间交易的数量较大，博客文章阅读次数较多，致使科冕木业股票价格从2010年3月22日的17.92元上升至4月2日的31元，之后科冕木业股票价格调整至4月8日的27.85元。根据以上事实，该会认定，自2010年3月22日至4月8日，袁郑健操纵科冕木业股票价格。

通刑事犯罪，有过分扩大证券犯罪概念之嫌。我们基于调研的需要，赞同有的学者将证券犯罪限制在狭义的定义上理解，即证券犯罪，是指违反国家证券管理法律法规且触犯《刑法》，发生在一、二级证券发行、交易过程中，直接危害证券交易秩序与安全的犯罪。①

我们认为，我国《刑法》中狭义的证券犯罪有以下罪名：(1) 欺诈发行股票、债券罪（第160条）；(2) 违规披露、不披露重要信息罪（第161条）②；(3) 擅自发行股票、公司、企业债券罪（第179条）；(4) 内幕交易、泄漏内幕交易信息罪（第180条第1款）③；(5) 利用未公开信息交易罪（第180条第4款）④；(6) 编造并传播证券、期货交易虚假信息罪（第181条第1款）；(7) 诱骗投资者买卖证券、期货合约罪（第181条第2款）；(8) 操纵证券、期货市场罪（第182条）⑤。

---

① 谢望原：《中国证券犯罪及其完善》，载《刑事法热点问题的国际视野》，北京大学出版社2010年版，第101页。

② 《刑法修正案（六）》将第161条的罪名由“提供虚假财会报告罪”修订为“违规披露、不披露重要信息罪”。修订后的刑法第161条规定：依法负有信息披露义务的公司、企业向股东和社会公众提供虚假的或者隐瞒重要事实的财务会计报告，或者对依法应当披露的其他重要信息不按照规定披露，严重损害股东或者其他人利益，或者有其他严重情节的，对其直接负责的主管人员和其他直接责任人员，处三年以下有期徒刑或者拘役，并处或者单处2万元以上20万元以下罚金。

③ 《刑法修正案（七）》将刑法第180条第1款修改为：“证券、期货交易内幕信息的知情人员或者非法获取证券、期货交易内幕信息的人员，在涉及证券的发行，证券、期货交易或者其他对证券、期货交易价格有重大影响的信息尚未公开前，买入或者卖出该证券，或者从事与该内幕信息有关的期货交易，或者泄露该信息，或者明示、暗示他人从事上述交易活动，情节严重的，处五年以下有期徒刑或者拘役，并处或者单处违法所得一倍以上五倍以下罚金；情节特别严重的，处五年以上十年以下有期徒刑，并处违法所得一倍以上五倍以下罚金。”

④ 《刑法修正案（七）》在刑法第180条基础上增加一款作为第4款：“证券交易所、期货交易所、证券公司、期货经纪公司、基金管理公司、商业银行、保险公司等金融机构的从业人员以及有关监管部门或者行业协会的工作人员，利用因职务便利获取的内幕信息以外的其他未公开的信息，违反规定，从事与该信息相关的证券、期货交易活动，或者明示、暗示他人从事相关交易活动，情节严重的，依照第一款的规定处罚。”

⑤ 《刑法修正案（六）》将《刑法》第182条修改为：有下列情形之一，操纵证券、期货市场，情节严重的，处五年以下有期徒刑或者拘役，并处或者单处罚金；情节特别严重的，处五年以上十年以下有期徒刑，并处罚金：（一）单独或者合谋，集中资金优势、持股或者持仓优势或者利用信息优势联合或者连续买卖，操纵证券、期货交易价格或者证券、期货交易量的；（二）与他人串通，以事先约定的时间、价格和方式相互进行证券、期货交易，影响证券、期货交易价格或者证券、期货交易量的；（三）在自己实际控制的账户之间进行证券交易，或者以自己为交易对象，自买自卖期货合约，影响证券、期货交易价格或者证券、期货交易量的；（四）以其他方法操纵证券、期货市场的。单位犯前款罪的，对单位判处罚金，并对其直接负责的主管人员和其他直接责任人员，依照前款的规定处罚。

二、主要证券犯罪类型的司法认定

（一）内幕交易、泄露内幕信息罪司法认定中的疑难问题探析

内幕交易是严重危害证券期货市场秩序的违法犯罪行为，这种行为犹如打牌游戏中偷看了底牌，严重破坏了市场公开、公平、公正的原则和交易秩序。

1. 犯罪主体的认定。《刑法》第180条关于内幕交易、泄露内幕信息罪主体的规定为“证券交易内幕信息的知情人员或者非法获取证券交易内幕信息的人员”，同时规定，“知情人员的范围，依照法律、行政法规的规定确定”。从刑法规定来看，该罪的主体范围可分为两类：

一类是内幕信息知情人员。根据《证券法》第74条规定，证券交易内幕信息的知情人包括：（1）发行人的董事、监事、高级管理人员；（2）持有公司百分之五以上股份的股东及其董事、监事、高级管理人员，公司的实际控制人及其董事、监事、高级管理人员；（3）发行人控股的公司及其董事、监事、高级管理人员；（4）由于所任公司职务可以获取公司有关内幕信息的人员；（5）证券监督管理机构工作人员以及由于法定职责对证券的发行、交易进行管理的其他人员；（6）保荐人、承销的证券公司、证券交易所、证券登记结算机构、证券服务机构的有关人员；（7）国务院证券监督管理机构规定的其他人。《最高人民法院、最高人民检察院关于办理内幕交易、泄露内幕信息刑事案件具体应用法律若干问题的解释》（以下简称两高《解释》）还明确《期货交易管理条例》第85条第（12）项规定的人员也属于内幕人员，包括期货交易所的管理人员以及其他由于任职可获取内幕信息的从业人员，国务院期货监督管理机构和其他有关部门的工作人员以及国务院期货监督管理机构规定的其他人员。

另一类是非法获取内幕信息的人员（以下简称“非法获取人员”）。两高《解释》规定了三类非法获取内幕信息的人员：一是利用窃取、骗取、套取、窃听、利诱、刺探或者私下交易等非法手段获取内幕信息的人员；二是具有特殊身份，即内幕信息知情人员的近亲属或者其他与其关系密切的人员；三是在内幕信息敏感期内与内幕信息知情人员联络、接触的人员。从两高《解释》关于非法获取内幕信息人员的规定可以看出，内幕交

易犯罪主体从特定主体向一般主体的变化，反内幕交易犯罪的关注重点从特定身份转向是否利用内幕信息进行交易。如果说第一类人员强调“非法手段”的使用，那么第二、三类人员则更多地关注“交易行为明显异常”，当行为人的相关交易行为明显异常，且没有正当理由或正当信息来源时，就可以认定行为人属于“非法获取人员”。

关于“非法获取人员”，实践中存在三种容易产生争议的情况：一是因内幕信息知情人员泄露而被动获取内幕信息的人员。该类人员并未主动采取非法手段积极获取内幕信息，获取内幕信息仅是由于知情人员的主动“告知”。在两高《解释》出台前，法院相关判决将该类人员认定为内幕交易主体则是通过扩大解释“非法获取人员”来进行的，这主要是考虑到这类人员从事的交易行为从社会危害性上来讲，与主动获取的无异，都严重危害了证券市场的正常秩序，需对其进行刑法规制。例如，李启红等十人内幕交易案中，周中星、郑浩枝获知的内幕信息均是知情人员郑旭龄主动告知的，法院认为行为人“知悉内幕信息后即在内幕信息价格敏感期内进行有关证券的买卖，这严重违反了股票交易应遵循的公开、公平和诚实、信用的原则，破坏国家对证券交易的管理制度和侵犯投资者的合法权益”，从而认定属于“非法获取内幕信息”。而两高《解释》颁布后，根据第三类非法获取人员的规定可直接认定此类人员属于“非法获取人员”，但前提条件是该类人员存在明显异常的交易行为，且没有正当理由或正当信息来源。二是道听途说者。此类人员获取内幕信息完全是基于运气，其本人与上市公司没有任何关系，也不具有某种特殊身份或因为某种地位而对证券市场负有责任，更没有在内幕信息敏感期间与知情人员联络、接触。此类人员利用内幕信息进行交易，是否应当构成内幕交易？三是从非法获取人员处获取内幕信息的人员。相对于直接从知情人员处接受信息，此类人员是所谓的二级（或者二级以后）的接受者。对于此类人员利用内幕信息进行的交易行为，法律是否需要进行禁止呢？

两高《解释》对上述第二、三种人员是否成立内幕交易犯罪主体给予了否定的答案。我们认为，《刑法》设立内幕交易、泄露内幕信息罪的根本目的在于保证证券市场的所有投资者在获得信息方面均应当有平等的机会和信息来源，从而维护证券交易市场公开、公平和诚实信用的基本原则。违背这一原则，势必破坏国家对证券交易管理的基本制度和侵犯投资者的合法利益。因此，从应然的角度来看，“非法获取人员”应当包括上述第二、第三种人员，因为这两类人员如果仅仅是获取了无合法依据的内幕信息本身并不构成犯罪，而当其利用知悉的内幕信息进行交易，则都会严重危害证券市场的正常秩序，从社会危害性来看，与第一种人员无异，故都应进行刑法规制。但由于内幕交易犯罪的取证难度相当大，为了提高查办该类案件的效率，就应适当缩小打击面，将有限的司法资源更多地投向较易查处的案件当中。相比较而言，对第二、第三种人员利用内幕信息进行交易进行取证和诉讼的难度明显要大于第一种人员，查办的难度也更大，因此，两高《解释》没有将这两类人员规定为内幕交易犯罪的主体，可能更多是基于上述考虑。

2. 内幕信息及其形成日的认定

(1) 何为内幕信息？内幕交易的核心是内幕信息知情人在内幕信息公开前进行相关证券交易，因此内幕信息的存在是认定某宗证券交易是否属于内幕交易的前提。与内幕信息知情人员的范围认定相同，《刑法》将内幕信息的范围也交由法律、行政法规规定。《证券法》第75条以概括和列举并用的方式对内幕信息的内涵和外延作出了详细的规定："证券交易活动中，涉及公司的经营、财务或者对该公司证券的市场价格有重大影响的尚未公开的信息，为内幕信息。下列信息皆属内幕信息：（一）本法第67条第2款所列重大事件；（二）公司分配股利或者增资的计划；（三）公司股权结构的重大变化；（四）公司债务担保的重大变更；（五）公司营业用主要资产的抵押、出售或者报废一次超过该资产的百分之三十；（六）公司的董事、监事、高级管理人员的行为可能依法承担重大损害赔偿责任；（七）上市公司收购的有关方案；（八）国务院证券监督管理机构认定的对证券交易价格有显著影响的其他重要信息。"

关于内幕信息的基本特征问题，我国学界存在如下代表性观点：(1) 二特征说。在具体着眼点上又分为秘密说与重要性说、未公开性与敏感性说。(2) 三特征说。即相关性、未公开性和重要性（或价格敏感性）。(3) 四特征说。未公开性、真实（准确）性、相关性和重要性（或价格敏感性）。我们赞同二特征说，因为从《证券法》的规定可以看出，"对公司证券的市场价格有重大影响"（重要性）及"尚未公开"（未公开性）是判断内幕信息的基本特征。实践中，在对内幕信息进行判断时主要存在以下三个问题：

第一，重要性的判断标准。在具体个案中判断信息的"重要性"可以从多方面进行考察，例如在公司整体业务背景下，信息所包含的事件对公司经营、业绩的影响程度；根据公司的业务特点、相关证券或类似证券过往的交易记录，信息与相关证券交易价格主要决定因素的关联程度；甚至可以从有关主体对信息的加密和保护措施中考察判断。但应适用怎样的判断标准才便于操作呢？内幕交易犯罪设立的目的在于维护证券、期货交易市场的公平、公正和公开的管理秩序，而我国证券市场对信息的依赖程度很高，因而管理秩序集中体现在市场投资者对证券、期货市场中信息的平等知情权。因为投资者一旦丧失了平等的知情权，其在市场所处的地位就必然极为不利，在这种环境下从事证券、期货交易必然产生混乱的局面，从而扰乱证券、期货市场的管理秩序。因此，我们认为，判断某一信息是否具有对公司证券市场价格有重大影响的重要性时，应当以普通投资者的合理判断为标准，即如果普通理性投资者认为该信息的公开，可能会对其投资判断产生重大影响的，则该信息具备“重要性”。值得注意的是，某信息具有重要性并不要求其对证券交易价格产生实际影响，存在产生重大影响的“可能性”即可，当然，证券交易价格现实的变动可以作为相关信息具有重要性的一种有效验证，但非必要条件。

第二，未公开性的判断标准。对于内幕信息的“未公开性”的判断，即是对公开时间点的判断，存在形式公开标准（公开时间点标准）与实质公开标准（市场消化时间标准）。前者强调信息被依照法律、法规规定的方式公开，后者则重市场对信息的消化程度。两高《解释》采用的是形式公开标准，即“内幕信息的公开，是指内幕信息在国务院证券、期货监督管理机构指定的报刊、网站等媒体披露”。也就是说，内幕信息一旦被通过上述途径向社会公众披露，就应认定为失去“未公开性”，而无需考虑市场投资者是否实际接收该信息以及对信息的消化程度。

第三，“确定性”是否内幕信息的特征。自“杭萧钢构案”以来，内幕信息的特征尤其是否必须具备“确定性”就一直是内幕交易刑事审判的辩论焦点。对此，学理、实务以及司法上尚未形成统一、权威的认识。虽然在“董正青案”中，法院二审判决明确指出，“内幕交易的基本特征是重要性和非公开性，确定性并非内幕信息的基本特征”，但该案的相关观点并没有为法律实务界所完全接受。在此后的黄光裕案、上海祖龙内幕交易案以及李启红等十人内幕交易案中，内幕信息是否须具有确定性仍然是控、辩双方的辩论焦点。我们认为，确定性并非内幕信息的主要特征。首先，所谓的“确定性”具有强烈的主观性。因为对于不同人来说，基于其不同的地位和背景，信息的确定性是不同的。其次，内幕信息“确定性”的正确含义包括两个方面，一是信息的可信程度，二是信息的具体程度，而不是指信息所涉及的整个事项的“确定性”。从另一个角度来看，“可信程度”和“具体程度”实际上就是内幕信息所涉事项完成的可能性，而这已经包含在“重要性”的判断因素中。最后，证券内幕信息涉及上市公司在经营、公司治理等企业活动中形成的重大信息，其不是静态的内容，而是处于从可能性向现实性转化的动态变动中，这就决定了发展过程中的信息是否影响证券交易价格也处于可能性状态。因此，不能要求内幕信息所涉及的整体事项的进展、前景与结果应当“确定”，更不能根据相关信息始终处于不确定状态就否定内幕信息的形成和存在。

（2）何为内幕信息形成日？尽管《证券法》并没有涉及“内幕信息的形成时间”“内幕信息敏感期”“证券交易价格敏感期”等表述，但毋庸置疑，内幕信息的形成时间，或者说内幕信息敏感期的认定，几乎是所有内幕交易犯罪案件的重要争议点。因为这直接关系到内幕交易能否认定及内幕交易数额、获利数额的计算，从形成日开始到信息被公开披露的时间段内，内幕信息的知情人进行相应股票的交易即为内幕交易。

两高《解释》第5条首次对内幕信息形成日进行明确规定：“‘内幕信息敏感期’是指内幕信息自形成至公开的期间。《证券法》第六十七条第二款所列‘重大事件’的发生时间，第七十五条规定的‘计划’、‘方案’以及期货交易管理条例第八十五条第十一项规定的‘政策’、‘决定’等的形成时间，应当认定为内幕信息的形成之时。影响内幕信息形成的动议、筹划、决策或者执行人员，其动议、筹划、决策或者执行初始时间，应当认定为内幕信息的形成之时。”值得肯定的是，该条规定明确了内幕信息存在“形成时间”，并尝试对设定统一的内幕信息形成时间的判断规则。但该条规定所列举的“重大事件”的发生时间、“计划”“方案”“政策”“决定”等的形成时间以及动议、筹划、决策或者执行初始时间，由于具有相当大的抽象性和模糊性，并不能直接认定，司法实务中仍需立足于当事人从事涉案行为时围绕相关信息的多种因素，根据个案具体情况综合权衡判断。

由于具体情况的差别，不同案件的内幕信息形成时间必然存在差异，但并不影响认定内幕信息形成时间的基本标准的存在。我们认同以有关信息具备重要性作为认定内幕信息形成时间的基础，一条信息只有达到了相当程度的“重要性”，才会影响证券交易价格与投资者的判断，才会形成内幕信息。也就是说，某项信息达到“重要性”程度的时间，就是内幕信息的形成时间。以《证券法》第67条第2款列举“重大事件”中的“公司订立重要合同，可能对公司的资产、负债、权益和经营成果产生重要影响”为例，若按照两高《解释》的规定，订立重要合同的“发生时间”就应认定为内幕信息的形成时间，但订立合同本身就是一个动态的过程，从起意、酝酿、谈判到达成协议，涉及一系列活动与事件，无法简单机械地认定“发生时间”。只有当订立重要合同的进展过程中，涉及的某些活动与事件的信息可能对普通投资者的合理判断产生重大影响时，该内幕信息才形成，“重大事件”才发生。

3. 内幕交易行为的认定。按照《刑法》规定，内幕交易犯罪行为具体表现为三种：一是拥有内幕信息人员自己的买卖行为。这是内幕交易行为的最常见形态，包括内幕信息知情人员和非法获取人员在内的犯罪主体，利用自己名义的账户或利用他人名义的账户但实为自己利益的买卖行为，同时，买卖行为不以本人操作为限。二是拥有内幕信息的人员向他人泄露内幕信息的行为。泄露行为应达到足以使接受信息者利用其实施内幕交易的程度（至于接受者是否利用内幕信息实施交易则在所不问），具体情况可以依据泄露信息的方式、泄露者与接受者的关系、当事人的交易行为等因素进行综合判断。[①] 三是拥有内幕信息的人员明示或暗示他人从事内幕交易的行为。与泄露行为须告知接受者内幕信息的相关内容不同，明示或暗示行为不以告知具体内容为必要。

实践中，对于泄漏内幕信息者与内幕交易者是否构成共犯，尤其泄漏内幕信息者未因其泄漏内幕行为而获利的情形下，较为复杂，具体分为两种情况：一是为他人买卖的行为。在这种情况中，行为人自己没有利用内幕信息实施相关交易，而是单纯地为他人进行买卖，而这个“他人”往往是内幕信息知情人员和非法获取人员。此时判断行为人是否成立内幕交易的共犯，需要考察行为人是否知道“他人”知悉内幕信息，是否与“他人”之间形成共同的犯罪故意。若有证据证明行为人知道“他人”可能或已经获知内幕信息仍进行相关交易，则行为人应成立内幕交易的共犯。二

① 张小宁：《证券内幕交易罪研究》，中国人民公安大学出版社2011年版，第135页。

是建议他人买卖的行为。《证券法》第76条规定将“建议他人买卖该证券”明确列为内幕交易行为之一，但《刑法修正案（七）》则舍弃了“建议行为”而采用“明示或暗示他人从事内幕交易”的表述。关于建议他人买卖的行为是否构成内幕交易犯罪，应当具体情况具体分析。根据建议内容的不同，“建议行为”可以告知内幕信息的建议和未告知内幕信息的建议。告知内幕信息而建议他人买卖的情况相对简单，可能存在以下两种情况：(1）若被建议人为建议人买卖，则属于上述“为他人买卖”的情形：建议人构成内幕交易、泄露内幕信息罪，被建议人成立内幕交易的共犯；(2）若被建议人为自己买卖（建议人没有因泄露内幕信息获利），则被建议人成立内幕交易罪，同时建议人的建议行为客观上对被建议人的交易行为起到了帮助作用，与被建议人构成内幕交易的共同犯罪（作为帮助犯），因而成立内幕交易、泄露内幕信息罪。在未告知内幕信息而建议他人买卖的情况下，则需进一步考察被建议人是否知道建议人可能或已经获知内幕信息，以判断是否成立共同犯罪：①若有证据证明被建议人在知道建议人可能或已经获知内幕信息而进行相关交易，则被建议人应成立内幕交易罪，建议人因与被建议人之间形成共同犯罪故意而成立内幕交易罪的共犯（作为帮助犯）；②若被建议人确实不可能知道建议人可能或已经获知内幕信息而进行相关交易，则因两人之间无共同犯罪的故意则被建议人不构成犯罪，但建议人的行为仍符合“明示或暗示他人从事内幕交易”而构成内幕交易、泄露内幕信息罪。

4. 知悉内幕信息的认定。必须明确的是，虽然属于《刑法》第180条所规定的内幕信息知情人或非法获取内幕信息人员，并不意味着对内幕信息的当然知悉，特别是在被告人否认知悉内幕信息的情况下，控方就必须对被告人知悉内幕信息予以证明。一般情况下，知悉内幕信息可通过直接证据得以认定，因为内幕信息的产生以及在公司内部的传递是遵循一定程序或留下一定轨迹的，因而有迹可循。例如，被告人是否参加相关会议、座谈或汇报等（其本人在会议纪要上的签字），是否审阅了相关材料、报告等（公司文件传递或审阅的记载），这些情况均可通过查阅会议记录、工作记录或询问相关人员等方式予以证明，由此比较容易从这些外部证据直接予以推定被告人是否参与了内幕信息的产生、传递过程，是否知悉内幕信息。

在无直接证据证明被告人参与内幕信息传递过程的情况下，则需通过间接证明予以推定。我们认为，可以集中考察以下五方面的环境证据：一是被告人身份、职责范围情况，由此可推定被告人掌握的公司信息范围，从而在内幕信息与被告人在公司的职责建立联系。例如，被告人作为公司总经理，负责公司的生产经营管理工作，应当掌握公司的主要经营情况和财务状况。二是交易前的相关行为。例如，被告人曾在内幕信息形成前后调拨大量资金进入股票资金账户。三是交易活动的时点、交易额的大小等情况，例如交易时点是否与相关内幕信息的产生、传递与公开的时点高度吻合，从而在交易活动与内幕信息之间建立联系；又如被告人动用资金的总额、买入卖出资金数量与股票数量是否显示其对内幕信息涉及的股票有异乎寻常的“信心”。四是交易活动之后的表现，例如被告人能否在事后对交易活动作出合理的解释，或者证监会等行政监管部门介入调查后被告人是否存在异常的反应。五是被告人之间的利益关系，尤其是考察信息泄露人与领受人之间、共同犯罪行为人之间的利益关系。例如，泄露人与领受人是共同生活的配偶、父母、子女等近亲属。需要注意的是，上述五方面的环境证据只是一种推定，而且仅仅是在难以取得直接证据的情况下才适用。既然是推定，就应允许被告人通过提供相反证据予以推翻。

5. 利用内幕信息的认定。“利用内幕信息”的认定问题似乎涉及一个前提：利用内幕信息进行证券交易是否构成内幕交易罪的必要条件之一。肯定说认为，在认定某一行为是否构成内幕交易、泄露内幕信息罪时，首先需确定交易行为是否利用或依据了内幕信息。即使是内幕人员，如果没有利用内幕信息或依据内幕信息所做的买卖或建议行为，便不构成该罪。[①] 对于《刑法》第 180 条并未明文规定“利用内幕信息”，肯定说认为条文实际上已包含此意：法条将证券交易行为限制在“涉及证券的发行、交易或者其他证券的价值有重大影响的信息尚未公开前”，这一规定实质上也隐含着行为人掌握并利用持有内幕信息的优势，从而通过该信息公开的时间差进行不公开交易，以非法牟利或避免损失，表明了内幕信息和内幕交易之间具有一定的因果关系。否则有违刑法立法之基本精神。[②] 否定说的主要理由如下：（1）在内幕交易案件中，控方几乎无法证明被告是利用了内幕信息作出的投资判断，如果坚持以“利用行为”为构成犯罪的要件，则

① 刘宪权：《证券期货犯罪理论与实务》，商务印书馆 2005 年版，第 334 页。

② 董丽静、龚卫：《证券内幕交易、泄露内幕信息罪的司法认定》，转引自赵秉志：《新千年刑法热点问题研究与适用》，中国检察出版社 2001 年版，第 864 页。

被告可以轻易地逃避法律的惩处，这必然导致大量的内幕交易行为的涌现，从而严重地扰乱证券市场的有序运作。因此，要控方查明行为人究竟是依据内幕信息还是由于其他原因而进行交易的做法是不公平的[①]。（2）从法条原意出发，由于《刑法》第180条并未明文规定“利用内幕信息”，因此，立法实际上采用的是严格责任制度，主旨在于只要内幕人员实施了内幕交易，就可以认定其构成犯罪。[②]（3）从行为性质出发，“因为在证券交易过程中，行为人没有把自己所知悉的内幕信息告知对方，这实际上是一种欺诈行为，所以法律要禁止并处罚内幕交易，因此，只要行为人知悉了内幕信息，而且从事了证券交易，其行为就构成违法，不必问其是否利用了该内幕信息”。[③]

我们支持肯定论，因为利用行为的存在在被告人的内幕交易行为与其所知悉的内幕信息之间建立起关联性，《刑法》设置内幕交易、泄露内幕信息罪的目的并不在于禁止知悉内幕信息，也不在于禁止内幕信息公布前的证券交易，而是禁止行为人在知悉内幕信息的情况下利用内幕信息进行相关交易活动从而获取利益或规避损失，因为在这种交易中行为人与广大证券投资者之间因掌握的信息资源不同而失去了平等、公正的相互地位。从表面上看，上述两种观点似乎会引发关于“利用行为”要件的证明问题：肯定论需要证明被告人的交易行为利用或依据了内幕信息，而否定论则不需要。但我们认为，肯定论和否定论在“利用行为”的证明问题上是一致的：通过有条件地推定予以证明。

内幕交易案件的特定取证条件决定了控方几乎无法直接认定行为人是否利用了内幕信息进行内幕交易，因此，从提高查处内幕交易案件效率和有利于保护广大公众投资者利益的角度出发，不宜使控方承担过于苛刻的证明标准，而是在“利用行为”的证明标准上采用有条件的推定，这也是

---

① 张小宁、解永照：《证券内幕交易罪行为的若干问题探析》，载《江西科技师范学院学报》2011年第2期。

② 邢怀柱：《证券犯罪及其立法评述》，转引自陈兴良主编：《刑事法评论》，中国政法大学出版社1999年版，第120页。

③ 顾肖荣：《证券内幕交易认定中若干争议问题》，载《政治与法律》1994年第2期。

国际上的主要做法。[①] 在这种证明标准下，只需证明两个要件：一是行为人知悉或非法获取内幕信息；二是行为人在法律限制的时间内（即内幕信息公开前）从事了相关证券交易。用行为人客观行为与内幕信息等客观证据之间相互一致性，来印证、推定行为人主观上存在利用内幕信息进行内幕交易的故意，但是允许行为人通过反证排除不属于内幕交易。[②]

6. 证监会出具的相关函件的认定。在李启红等十人内幕交易案、上海祖龙内幕交易案等案件中，辩护人往往会提出中国证监会出具的认定函不能作为案件的证据使用，理由是证监会既非中立的司法鉴定机构，其出具的认定函也非鉴定结论，不属于《刑事诉讼法》规定的其他刑事证据种类。根据刑事证据理论，证据必须具备三个特征：合法性、客观性及关联性，其中合法性和关联性涉及证据能力问题，只有经适格主体依照法定程序收集、制作，并对案件所要证明的对象具有一定证明作用的事实材料，才具有证据能力，这也就是证据可采信的先决条件。从证据合法性来看，《刑法》对内幕信息及内幕信息知情人员的范围交由法律及行政法规规定，而中国证监会作为国务院对全国证券市场实行监督管理的主管部门，对上市公司涉及内幕信息有关问题进行认定属于其法定职能范围，其出具的认定函是国家机关在法定职权范围内行使职权所制作的书面文件，与各种命令、决定、通告、指示、信函、证明文书一样，属于“公文书证”，具备证据能力。从证据关联性来看，证监会在职权范围内根据相关证据对案件中内幕信息及其价格敏感期的起算时间、内幕交易行为、内幕交易知情人出具的认定意见，与案件犯罪事实的认定息息相关。因此，证监会出具的认定函具有证据能力。但我们认为，在内幕交易犯罪案件的审理过程中，司法机关不能直接按照证监会提供的意见认定案件事实与法律性质，而是必须进行独立且全面的司法审查和判断，对证监会提供的相关文件材料的

---

① 如美国坚持严格责任制，根据1988年《内部人交易与证券欺诈执行法》的规定，只要能证明交易人在交易时知道内幕信息即可追究其责任，而无需证明其实际上利用了该信息。中国台湾地区则采用“过错推定原则＋举证责任倒置制”，即只要能证明交易人在实施交易时知道内幕信息，则认为其利用了该信息，但允许行为人举证证明自己的交易行为与知悉内幕信息间不存在关联。而中国香港地区1990年《证券（内幕交易）条例》第10条第3款则规定：“凡进行内幕交易的人证明他进行交易的目的不是利用有关信息谋利或避免损失（不论为他自己还是别人），则他不得被裁定为交易者。”引自张小宁：《证券内幕交易罪研究》，中国人民公安大学出版社2011年版，第144页。

② 《〈关于审理内幕交易、操作证券期货市场刑事案件具体应用法律若干问题的解释（草稿）〉及其说明》。

合法性、关联性等进行分析和论证。

（二）操纵证券市场罪司法认定中的疑难问题探析——以抢帽子交易操纵为研究对象

证券市场是自由竞争的市场，必然存在垄断行为，最为常见的垄断行为无疑就是操纵证券市场的行为。而垄断必然会对正常的证券市场秩序和投资者的合法权益造成损害和侵害。从经济学角度分析，由供需关系自然形成的证券交易价格的涨落是极其正常的，特别是证券作为虚拟资本，其价格取决于上市公司的盈利状况、市场利率的变化、国家经济政策等因素，客观上具有很大不确定性，必然导致证券交易价格的上下波动。但应当看到，证券交易价格波动仍然具有一定规律性，即价格一般是围绕价值的变化而产生波动。① 而操纵证券市场行为则属利用持股、资金、信息等资源优势或使用其他不正当手段影响证券交易价格或者证券交易量，扰乱市场秩序，获取不正当利益的行为。操纵证券市场行为的危害性集中表现在：违反了证券市场的“三公”原则，损害了众多投资者的合法投资利益；改变了价格围绕价值波动的一般市场规律，扰乱了证券市场的正常秩序；改变了市场竞争的根本属性，导致垄断的出现，破坏了证券市场的正常功能；虚构了市场的供求关系，误导投资资金的实际流向，严重影响了市场资源的优化配置。基于操纵证券市场行为的严重社会危害性，我国《刑法》对于达到情节严重程度的操纵证券市场行为，明确规定以犯罪论处。在犯罪行为类型上，随着我国证券市场立法的日益完备和证券监管机构执法经验的积累，传统的证券市场操纵行为已不多见，监管者面对的是越来越隐蔽而难于发现、难于调查、难于认定的抢帽子交易等新型市场操纵行为，给相关司法认定和法律适用带来了一定难题。

1. 以其他方法操纵证券交易市场行为的认定。问题的提出：2011 年审理的汪建中案是我国证监会查处的证券投资咨询机构从业人员利用机构地位和影响操纵市场第一案，也是首个以操纵证券市场罪定罪的案例。该案的基本案情：被告人汪建中担任北京首放投资顾问有限公司法定代表人，在 2006 年 7 月至 2008 年 3 月先后利用其本人及他人身份证开立了其实际控制的沪深证券账户及十余个资金账户用于证券交易。2007 年 1 月 9

---

① 刘宪权、谢杰：《证券期货犯罪刑法理论与实务》，上海人民出版社 2012 年版，第 340 页。

日至2008年5月21日间，汪建中采取先行买入38只股票，后利用首放公司名义在新浪网、搜狐网、《上海证券报》《证券时报》等媒体对外推荐其先行买入的股票，并在股票交易时抢先卖出相关股票，人为影响上述股票的交易价格，获取个人非法利益。根据中国证监会统计，在首放公司推荐股票的内容发布后，相关38只股票交易量在整体上出现了较为明显的上涨：个股开盘价、当日均价明显提高；集合竞价成交量、开盘后1小时成交量成倍放大；全天成交量大幅增长；当日换手率明显上升；参与买入账户明显增多；新增买入账户成倍增加。汪建中采取上述方式操纵证券市场55次，累计买入成交额人民币52.6亿余元，累计卖出成交额人民币53.8亿余元，非法获利共计人民币1.25亿余元归个人所有。证监会行政处罚决定书及经法院审理均认定汪建中的上述行为属于情节特别严重，违反了《证券法》第77条第1款第（4）项和《刑法》第182条第1款第（4）项“以其他手段操纵证券市场”的规定。[①] 汪建中案被判决后，我国各地法院又先后审理了余凯（湖北省天门市法院审理）、熊黎（哈尔滨中院审理）等多宗同样以抢帽子交易操纵证券市场案。[②]

2007年，证监会对内公布的《证券市场操纵行为认定指引》规定：抢帽子交易操纵属于《证券法》第77条第1款第4项所指的其他操纵证券市场的手段，是指证券公司、证券咨询机构、专业中介机构及其工作人员，买卖或者持有相关证券，并对该证券或者其发行人、上市公司公开作出评价、预测或者投资建议，以便通过期待的市场波动取得经济利益的行为。这种行为在美国称SCALPING（抢帽子），以欺诈认定，而在台湾地区和欧盟法中，被认为是操纵行为。德国联邦最高法院曾在2003年就斯图加特抢帽子交易上诉案作出判决，裁定抢帽子交易是以“其他欺诈行为”方式进行的市场操纵，并确立了审判抢帽子交易案的指导原则：（1）买入内幕证券，然后向他人推荐买入该证券，其目的是为了在该证券因其推荐而上涨之后再卖出；（2）基于前条所称之目的而作出的推荐，即使根据专业人士的判断是合理的，仍是禁止的“交易所行情和市场价格操纵”；（3）在

---

① 案件来源于中国证监会《行政处罚决定书〔2008〕42号》和北京市第二中级人民法院（2010）二中刑初字第1952号刑事判决书。

② 2011年12月9日，中国证监会通报广东中恒信传媒投资有限公司、薛书荣、郑宏中、杨晓鸿、黎睿咨等涉嫌操纵证券市场案。广东中恒信涉嫌以“抢帽子”手法操纵市场，共交易股票552只，累计交易金额571.76亿元，非法获利4.26亿元，是到目前为止证监会查实涉及股票最大规模、涉案金额最大、涉案人员数量最多的案件，被称为中国证券史上最大的“抢帽子”案。

旧版《交易所法》第88条第2项与《有价证券交易法》第39条第1款第2项、第38条第1款第4项及第20a条第1款第2项之间，存在不法行为构成要件的延续性关系。欺诈行为的事实构成要素可以从法条所规定的行为动机的事实构成中推断出来，其中的欺诈是指明知客观上能够误导或助长错误认识，并由此而实施对他人的想法产生影响的任何行为。[①]

由于我国关于抢帽子交易操纵只规定在《证券市场操纵行为认定指引》之中，法律及司法解释均没有相关规定，关于抢帽子交易操纵是否构成操纵证券市场罪能否在刑法性质上有肯定说与否定说之争，争议焦点在于以《刑法》第182条第1款第（4）项“兜底条款”定罪是否违反罪刑法定原则，汪建中等人的行为与前三项列举条款是否具有同质性。

我国《刑法》第182条第1款规定：“有下列情形之一，操纵证券、期货交易市场，情节严重的，处五年以下有期徒刑或者拘役，并处或者单处罚金；情节特别严重的，处五年以上十年以下有期徒刑，并处罚金：（一）单独或者合谋，集中资金优势、持股或者持仓优势或者利用信息优势联合或者连续买卖，操纵证券、期货交易价格或者证券、期货交易量的；（二）与他人串通，以事先约定的时间、价格和方式相互进行证券、期货交易，影响证券、期货交易价格或者证券、期货交易量的；（三）在自己实际控制的账户之间进行证券交易，或者以自己为交易对象，自买自卖期货合约，影响证券、期货交易价格或者证券、期货交易量的；（四）以其他方法操纵证券、期货交易市场的。”《证券法》第77条第1款第（1）至（3）项[②]所列示的操纵证券市场的手段与《刑法》第182条第1款第（1）至（3）项规定内容相同，只列举了连续交易操纵、约定交易操纵和洗售操纵三种情形。而事实上，操纵证券市场行为手段是多种多样的，国际证监会组织（IOSCO）早在2000年就发布了《市场操纵的调查与起诉》，列举了九种市场操纵类型：渲染、洗售、对敲、拉抬、拉高出货、做尾盘、压

① 高基生：《德国最高法院对抢帽子交易案的判决及其启示》，载《证券市场导报》2006年第9期。

② 《证券法》第77条第1款规定：禁止任何人以下列手段操纵证券市场：（一）单独或者通过合谋，集中资金优势、持股优势或者利用信息优势联合或者连续买卖，操纵证券交易价格或者证券交易量；（二）与他人串通，以事先约定的时间、价格和方式相互进行证券交易，影响证券交易价格或者证券交易量；（三）在自己实际控制的账户之间进行证券交易，影响证券交易价格或者证券交易量；（四）以其他手段操纵证券市场。

控、挤榨、散布虚假信息。① 为了弥补立法与现实的脱节，我国立法机关在刑法建构了“以其他方法操纵证券、期货交易市场”的“兜底条款”，将实质上符合犯罪构成但《刑法》条文没有明示却已经内含的行为类型纳入刑事规制范畴。虽然刑法“兜底条款”的模糊性与罪刑法定所要求的明确性存在一定程度的矛盾，但客观上能够克服因立法者知识有限而造成的立法缺陷及重大遗漏。对于刑法“兜底条款”的适用应严守刑法谦抑精神，启动“兜底条款”评价相关行为必须秉持谨慎原则，其核心是坚持限制解释的立场。②

“以其他方法操纵证券、期货交易市场”的行为是否包括抢帽子交易操纵，应根据同质性解释原则确定，即纳入该罪“兜底条款”进行规制的犯罪行为应当与该罪明示的行为类型或该罪的实质具有相同的特征。③ 从操纵证券市场罪列举条款来看，操纵证券市场行为必须具备以下要件：（1）主观要件。行为人实施连续买卖操纵、约定操纵、洗售操纵，主观上都有故意，都通过一系列行为，达到诱使他人买卖证券的目的。（2）客观行为。“连续买卖”的行为人针对某种证券进行一连串同方向的买入或者卖出行为，造成虚假的交易活跃现象，而使其他投资人错误判断市场行情。“约定交易操纵”的行为人事先串通，让通谋的他人在相同的时间内，以事先约定好的相同价格买卖，逐渐抬高或压低证券价格，并在抬高价格后卖出或者压低后买入获利。“自买自卖”的行为人对某一特定证券进行不转移实质性所有权的证券交易，进而使其他投资人对该证券的买卖情况产生误认。三种行为的共同特征是欺诈性。（3）客观结果。三种行为都必须影响证券交易价格或者交易量，致使证券交易价量异常或形成虚拟的价量水平。

通过比较，我们认为，抢帽子交易操纵作为一种信息型操纵方式，与上述认定构成操纵证券市场行为的三个要件之间具有同质性，应认定为操纵证券市场行为。分析如下：首先，汪建中等人认识到自己的行为违反有关证券法律法规及推荐股票能影响投资者的投资行为，特别是主观上具有利用推荐股票的影响，推动所推荐股票价格的上涨，诱使他人买入其抛售

① 蔡奕：《证券市场短线操纵的界定与规制法律难点分析》，载《金融服务法评论》（第二卷），法律出版社2011年版。

②③ 刘宪权、谢杰：《证券期货犯罪刑法理论与实务》，上海人民出版社2012年版，第384～385页。

的股票的故意。其行为实质与利用资金优势或持股优势等方法操纵并无两样。其次，汪建中等人实施了欺诈行为，违背了证券投资咨询机构及其从业人员不得买卖本咨询机构提供服务的上市公司股票的禁止性规定，即“炒股不得做股评，做股评不得炒股”，[①] 具有欺诈性。最后，客观上已造成了影响证券交易价格或者交易量的结果，使其不能真实反映市场供求关系，人为扭曲了市场价值规律。尤其在涉案股票的基本面和外围因素均无变化的情况下，股票价格与大盘指数偏离较远，趋势明显与基本面不符，则可认定影响证券交易价格。

2. 操纵证券市场情节严重的认定。《刑法》关于操纵证券市场罪要求达到“情节严重”程度才能入罪，而关于“情节严重”的认定标准，尚无明确的法律规定。2010 年 5 月 7 日，《最高人民检察院、公安部关于公安机关管辖的刑事案件立案追诉标准的规定（二）》［以下简称《追诉标准（二）》］以例示法的描述模式，规定了成立本罪的“情节严重”之八种情形：（1）单独或者合谋，持有或者实际控制证券的流通股份数达到该证券的实际流通股份总量 30%以上，且在该证券连续 20 个交易日内联合或者连续买卖股份数累计达到该证券同期总成交量 30%以上的；（2）单独或者合谋，持有或者实际控制期货合约的数量超过期货交易所业务规则限定的持仓量 50%以上，且在该期货合约连续 20 个交易日内联合或者连续买卖期货合约数累计达到该期货合约同期总成交量 30%以上的；（3）与他人串通，以事先约定的时间、价格和方式相互进行证券或者期货合约交易，且在该证券或者期货合约连续 20 个交易日内成交量累计达到该证券或者期货合约同期总成交量 20%以上的；（4）在自己实际控制的账户之间进行证券交易，或者以自己为交易对象，自买自卖期货合约，且在该证券或者期货合约连续 20 个交易日内成交量累计达到该证券或者期货合约同期总成交量 20%以上的；（5）单独或者合谋，当日连续申报买入或者卖出同一证券、期货合约并在成交前撤回申报，撤回申报量占当日该种证券总申报量或者该种期货合约总申报量 50%以上的；（6）上市公司及其董事、监事、高级

① 2012 年 12 月 28 日修订的《证券投资基金法》放开了基金从业人员证券投资的限制，第 18 条规定：公开募集基金的基金管理人的董事、监事、高级管理人员和其他从业人员，其本人、配偶、利害关系人进行证券投资，应当事先向基金管理人申报，并不得与基金份额持有人发生利益冲突。公开募集基金的基金管理人应当建立前款规定人员进行证券投资的申报、登记、审查、处置等管理制度，并报国务院证券监督管理机构备案。

管理人员、实际控制人、控股股东或者其他关联人单独或者合谋，利用信息优势，操纵该公司证券交易价格或者证券交易量的；（7）证券公司、证券投资咨询机构、专业中介机构或者从业人员，违背有关从业禁止的规定，买卖或者持有相关证券，通过对证券或者其发行人、上市公司公开作出评价、预测或者投资建议，在该证券的交易中谋取利益，情节严重的；（8）其他情节严重的情形。由于汪建中等人抢帽子交易操纵单看持股比例与成交量难以达到《追诉标准（二）》的前面五种情形之一，是否满足操纵证券市场罪关于“情节严重”的构成要件亦成为争议的焦点问题。

在司法实践中，所谓情节严重一般是指非法获取不正当利益的数额巨大；转嫁风险行为给其他投资者造成损失数额巨大；行为导致证券、期货市场动荡，影响了投资者信心或者损害了政府信誉；已有多次违规操纵证券、期货交易价格行为，受到过行政处罚再犯等情形。《追诉标准（二）》针对抢帽子交易操纵专门规定了第（7）种情形，我们认为，第（7）种情形不同于第（1）至（5）种情形明确表述了相关交易量、持仓量、交易天数，是专门针对抢帽子交易操纵作出的特别规定，而在认定是否属情节严重的问题上，在最高人民法院未出台相关司法解释的情况下，可以参考2001年4月18日《最高人民检察院、公安部关于经济犯罪追诉标准的规定》，其中规定了操纵证券交易价格非法获利50万元以上的情形属于情节严重。汪建中通过短线交易模式买卖证券，实施了55次操纵证券市场的行为，累计交易金额高达上百亿元，非法获利数额高达1.25亿余元，具有严重的社会危害性，故法院认定其已属情节特别严重。

关于修订完善我省《量刑指导意见实施细则（试行)》的调研报告

广东省高级人民法院刑三庭课题组*

量刑规范化改革引入了量化因素，对旧有“估堆式”量刑方法作出了重大突破。改革的关键及核心所在，是实体试行文本的验证落实，不断试验总结并修订完善试行文本是改革必然的路径选择。遵循这一思路，自改革全面试行以来，由洪适权副院长亲自带队，我院量刑规范化指导小组在两年多的时间内对全省各地法院开展了系统而密集的调研活动，专题关注我院制定的《〈人民法院量刑指导意见（试行)〉实施细则（试行)》（以下简称《实施细则》）的适用情况，并于2011年底完成了《关于我省量刑规范化改革实体试行文本适用情况的调研报告》，对全省法院遇到的各种适用问题进行了整理归纳。本调研报告是2011年调研报告的升级版，着眼于调研成果转化，对发现的问题进行了更细致深入的研究，提炼出相关理论争论，提出了系统的解决对策，并据此完成了《实施细则》（修订稿）的初拟工作。

一、适用难题及相关理论争论

自2010年10月1日全面试行以来，我省《实施细则》适用情况基本令人满意，大多法官持肯定态度。然而，随着改革深入及认识加深，一些问题也逐渐显现，2011年调研报告对这些问题进行了总结归纳，列举了33个主要问题。仔细分析，这些问题部分是文本规定自身存在的问题，部分

---

* 课题组成员：王在魁、陈小飞、黎建辉。

是法官理解偏差所产生的问题，大多涉及对量刑规范化改革的基本方向及实现方式的不同看法，因此，有必要对问题涉及的理论争论进行深入研究，从更深层面对带有基本性质的部分问题进行再梳理、再讨论。

（一）调研发现的适用难题

在试行过程中，各级法院反映最多、最具有普遍性的问题，归纳如下：

1.《实施细则》部分规定仍有相当幅度，对于如何在幅度内选择具体的点没有明确。比如，有法院提出，试行文本规定的量刑起点均有一定幅度，且部分罪名幅度不小，在具体量刑时应如何确定量刑起点，缺乏指引。最为典型的例子是交通肇事罪的第一档量刑起点，其对应的法定刑是有期徒刑三年以下，但起点幅度却是有期徒刑六个月至二年，相比之下，起点幅度过大，规定过于宽泛，规范自由裁量权的目的难以实现。

2. 部分案件出现《实施细则》没有规定的量刑情节，无法在规范化办案中以量化的方式体现。比如，相当部分法院提出，基于实务需要，应将被告人积极缴纳罚金等财产刑作为酌情从轻处罚情节，应将被告人在羁押期间的综合表现作为酌情从重或从轻处罚情节，但《实施细则》没有规定，导致这些情节在量刑运算过程中无法适用。实践中，为了应对这种情况，大部分法院运用《实施细则》规定的合议庭10%自由裁量权来体现这些情节，但该比例有时不够用。

3. 当案件存在多种犯罪构成时，选择不同的基本犯罪构成事实确定量刑起点，结果差异较大。以抢劫罪为例，假定被告人抢劫三次，均为入户、持刀抢劫。如果以“入户抢劫一次”为基本犯罪构成事实确定量刑起点有期徒刑十年六个月，再按每增加抢劫一次增加二年刑罚量，“持刀抢劫”情形增加六个月刑罚量，计算得出基准刑为十五年；如果以“抢劫三次”为基本犯罪构成事实确定量刑起点有期徒刑十年六个月，“入户抢劫”情形增加二年刑罚量，“持刀抢劫”情形增加六个月刑罚量，计算得出的基准刑为十三年。这两种方式均符合量刑规范化的相关规定，但得出的基准刑相差较远。

4. 多犯罪单数的案件，假如个别单数存在未遂、未成年等情形的，运用规范化方法审理有难度。以盗窃罪为例，假定盗窃10宗，既遂部分9宗6万元，未遂部分1宗10万元，那么应当以既遂部分盗窃数额还是全部盗窃数额确定量刑起点？未遂情节又该如何准确确定适用比例？对于前者，通常做法是以全部数额确定量刑起点，但2011年颁布的《关于办理诈骗刑事案件具体应用法律若干问题的解释》又有不同规定，要求以既遂或未遂的数额确定量刑起点，其他财产犯罪能否参照适用不明确。对于后者，实践中有两种截然不同的做法，或将未遂情节针对全部罪行适用，或将未遂情节只针对未遂宗次适用，虽然最终结果相差不大，但这两种做法在基准刑的确定、未遂情节具体调节比例的选定等问题上不尽相同，运算过程也暂未统一。

5. 宗次多、数额小的部分财产犯罪案件，量刑结果偏重的问题比较突出。比如，被告人入户盗窃八次，涉案金额2000元，假如严格遵循《实施细则》的规定，每增加盗窃一次增加三个月至六个月刑罚量，最终刑期可能达到有期徒刑二年六个月，较以往的量刑结果偏重不少。抢夺、诈骗等犯罪也存在类似问题。实际上，这是关于犯罪次数与犯罪数额在财产犯罪中如何妥当地体现并增加刑罚量的问题。通过调研发现，如果坚持规定每增加犯罪一次就增加相应的刑罚量，使得犯罪次数在量刑步骤中充分体现，最终得出的量刑结果可能会畸重，也确实存在重复评价的嫌疑。

6. 由于调节基准刑的步骤适用比例调节方式，在部分轻罪案件中，量刑情节实际增减刑罚量过小。比如，有法院提出，量刑起点在有期徒刑一年以下、被告人是累犯的案件，由于确定的量刑起点及基准刑较低，若被告人不具有其他从重量刑情节，即使最大限度适用累犯情节的从重比例（40%），得出的结果仍然偏轻。又如，《实施细则》规定，当庭自愿认罪的，可减少基准刑的10%以下，坦白的，可减少基准刑的20%以下，但对于轻罪案件，实际减少的刑期只有一两个月，自首、立功、赔偿等量刑情节也存在同样问题，实际减少的刑罚量缩小了，不利于鼓励犯罪嫌疑人自首、坦白、立功、赔偿，不利于体现宽严相济的刑事政策。

7. 二审审查案件时，能否以没有适用规范化方法审理案件或适用具体规定有误而将案件发回、改判，没有明确。由于改革已试行一段较长时间，为社会各界所了解，诉讼参与人在诉讼过程中提及量刑指导意见的情况越来越多，特别是二审期间，许多被告人上诉提出、辩护人辩护提出一审判决适用量刑指导意见有误，该适用的情节没有适用，或具体比例选择不当，并以此为由要求改判、发回。针对这种情况应当如何处理，《实施细则》没有明确规定。

（二）涉及的相关理论争论

上节归纳的问题在某种程度上带有全局性，反映了基层法官对改革的基本方向及其实现方式有不同看法，认识有待统一。

1. 细化或量化的程度限度问题。量刑规范化实体改革的最大特点是引入了量化因素，确立了“三步走”的量刑步骤，将以往隐藏于法官脑海中的量刑过程，以精密的运算方式展现出来。据此制定的《实施细则》必定比《刑法》的规定更为细化，因此，不少同志认为，量刑规范化改革实际上就是追求刑法的精细化。前文归纳的第1、2点问题，反映了部分同志要求将量刑规范化规定不断细化。类似的意见还有：建议增加数罪并罚的适用规则，以解决部分案件并罚幅度大，宣告刑确定随意性大的问题；建议增加罚金刑等附加刑的适用规则，以解决司法实践对罚金数额的确定缺乏规范的问题；建议将量刑情节的调节幅度限制在5%以内，以解决基准刑增减幅度过于宽泛可能导致的自由裁量权滥用问题。

追求法律规定的确定性、精细化，是成文法国家的立法目标，量刑规范化改革契合这一发展潮流。但实践告诉我们，盲目追求细化规定可能会衍生很多问题。从立法技巧上看，规定更细化意味着要将更多的情形列举到文件之中，比如，上文提到的《实施细则》规定的交通肇事罪量刑起点幅度过大的问题，由于在起点刑内需要考虑被告人负事故的责任程度以及造成的事故后果，该罪起点刑幅度较大有其合理性。假如要对规定作进一步细化，那么，需要区分不同情形，是造成一人死亡还是造成一人重伤，是负事故全部责任还是主要责任，要准确规定有相当难度。难度既体现在经验累积可能不够，对实践做法提炼可能不准确的方面，同时也突出反映了立法有其规律性，细化或量化有其限度程度的问题。

2. 规则的统一适用问题。成文法律制定出台后，随着社会经济文化的发展，以及新情况新问题的出现，原有适用环境将发生变化，法律解释不可避免。同时，文字具有多义性，不同的人对规则可能存在截然不同的但合乎规定字面意思的解读，这也需要释明规则含义并统一做法。因此，对《刑法》条文进行解释，规范裁判活动，始终是十分重要的工作。量刑规范化改革后，改变了以往“估堆”式的量刑方法，明确了“三步走”的量刑步骤，即：以基本犯罪构成事实确定量刑起点，以其他影响犯罪构成的事实增加刑罚量确定基准刑，以量刑情节调节基准刑并最终确定宣告刑。

量刑过程更加复杂，一些新问题也随之产生，比如，如何准确地将各种涉案情节纳入到三个量刑步骤中，如何在复杂案件中合理体现各种量刑情节，正如前文归纳的第3、4点问题，不同的法官有不同的理解，所述的不同做法均符合量刑规范化要求，但最终得出的量刑结果可能差异较大。

规定的情形越多，需要说明的问题就会越多。在量刑规范化改革的语境下，由于量刑过程较以往复杂，各量刑情节影响力被高度重视，又缺乏足够经验可资借鉴，规则理解不统一、具体操作有差异实属正常，无须因此对改革产生质疑。与其他法律一样，随着实践经验不断累积，对试行文本的理解和适用也将逐渐趋于统一。

3. 立法技巧的成熟度问题。要制定立法水平高的成文法律，既有赖于丰富的司法实践经验及理论总结，也需要有成熟完善的立法技巧支撑。量刑规范化改革是一项全新的工作，无论是引入量化因素，还是确立“三步走”的量刑步骤，均是前所未有的改革探索，制定量刑指导意见及其实施细则，更是我国立法史上制定同类法律法规文件的首次尝试，并无前例可资借鉴。而在域外，相关的立法例主要是英国和美国实施的量刑指南制度，但我国刑法模式源于苏联，与英美法系国家的规定有较大差别，并且，量刑规范化是对具体罪名、具体规定的细化，因此，制定量刑指导意见，特别是规定具体条文，外国立法经验的借鉴意义不大。

改革自2008年起开始试点，最高人民法院量刑指导意见数易其稿，各试点法院也分别制定了实施细则，累积了一定的立法经验，立法技巧也在实践中得以改进。但是，制定量刑指导意见毕竟难度很大，需要仔细研究法律及司法解释的具体规定，实证归纳司法实践的量刑习惯，分拆出各种常见量刑情节并在“三步走”的量刑步骤中予以固化，准确界定各情节对量刑结果的影响力并在运算过程中予以体现。前文归纳的第5、6点问题，表明最高人民法院量刑指导意见及我省《实施细则》在立法技巧方面确有不少需要完善之处。其中，基层法官对量刑步骤第三步到底是采用比例调节的方式，还是采用增加绝对刑期的方式，存在较大争论。比例刑的优点在于直观、简便、易操作，但由于比例适用的基础是基准刑，出现了轻罪案件实际调节幅度过小，重罪案件实际调节幅度过大的现象。若坚持比例刑的立法模式，就要对比例刑调节方式作进一步完善。类似的立法技巧不够成熟的问题还有不少。

4. 试行文本的性质定位问题。按照最高人民法院的部署，量刑规范化改革正处于全面试行阶段。全面试行，是相对于2010年10月前部分法院阶段性试点而言的，但在性质上仍是试行，不是正式实施。在此背景下，正如前文归纳的第7点问题，最高人民法院量刑指导意见和各省《实施细则》的性质及其定位，在试行过程中引发了一些争议。

较为突出的问题包括：(1) 文本是否具有强制效力。即文本到底是强制适用，还是自愿适用。从最高人民法院的正式表态来看，其最终目标应是将指导意见定位为强制适用，试行成熟后作为司法解释予以颁布。但在目前试行阶段，由于文本效力尚不明确，要求下级法院严格适用遭遇尴尬，只能依靠最高人民法院的行政号召来推广，实际效果差强人意。(2) 文本能否向社会公开。根据近期全国性会议的精神，最高人民法院的观点是现阶段还不太适合公开试行文本。但实践中，许多诉讼参与人，特别是辩护律师，已经通过各种途径掌握了试行文本的内容。并且，试行文本不公开，量刑建议、量刑辩论的制度作用无法充分发挥。(3) 裁判文书能否引用文本的规定。最高人民法院一再强调在裁判文书中不能体现运算过程，更不能出现情节适用比例等具体细节，以避免改革遭受庸俗化的指责。然而，让诉讼当事人知悉法院的裁判标准，本是改革的意义所在。作为替代措施，现行的折中做法是在判后答疑阶段向被告人详细说明运算过程。(4) 二审法院能否审查与文本规定相关的上诉理由。实践中，绝大部分法院均对二审辩护提及的相关问题不予回应，审查时假如确实发现了适用问题，也只是在内部进行沟通，不会以此为由将案件改判或发回。由此，当事人在二审程序中对量刑活动的参与度不高。

二、修订的基本思路

问题及争论的出现，在任何一项改革的初期都是无法避免的，也是改革创新必须经历的阶段。通过对这些问题及争论的分析和探讨，让我们意识到，修订完善《实施细则》，首先必须明确改革目标的设定、改革模式的选择、文本效力的设置等基础问题，然后才能准确确定修订的基本思路。

（一）三个基础问题

1. 改革目标的设定。所谓改革目标，是指设计者希望改革能达到的目的、效果。设定合理的目标，是确保改革顺利开展的前提，也是改革模式选择和文本效力设置的基础。既然称为量刑规范化，改革目标自然是对量刑进行规范。自《刑法》成为一门科学以来，对刑罚适用规范化、精细化追求就从无间断过。近代刑法学创始人贝卡里亚明确指出，对量刑问题“应当用几何学的精确度来解释”。[①] 对于如何才能达致贝卡里亚所说的“几何学精度”，美国、英国出台了量刑指南，大陆法系国家则提出了量刑基准理论。不同国家、不同学派虽对刑罚适用规范化的必要性没有争议，但对规范方式、精细程度存在较大分歧，而产生分歧的重要原因就是对改革目标的看法不一。希望改革彻底解决量刑不公正、不均衡的，自然会主张极致的精细化，以最大程度限制自由裁量权。希望改革只是为法官量刑提供帮助的，自然会主张有限度的精细化，以留给法官足够的自由裁量权。

在我国，按照最高人民法院文件的表述，量刑规范化改革的主要目的在于“统一法律适用标准，规范裁量权，严格执行法律，准确裁量刑罚，确保办案质量，实现公平正义，维护社会稳定，促进社会和谐”。[②] 但这一表述过于模糊、笼统，应当如何准确理解把握，实践中尚未统一意见，有必要作进一步探讨，重新厘清改革目标，以确保改革沿着正确的方向前行。

第一，不存在绝对的量刑均衡。量刑均衡，一般是指对同一案件或相似案件，判处的刑罚应当基本相同。通常认为，量刑均衡原则衍生于刑法的报应刑理念，报应刑论基于客观主义强调对行为的关注，所谓“以牙还牙，以眼还眼”就是最朴素的体现。由于客观行为具有可比性，因此，对相同的行为予以相同的处罚，实现量刑均衡，自是法律面前人人平等原则在刑法领域的必然要求。然而，随着社会发展，报应刑处理僵化、结果无效等问题逐渐浮现，于是，新派的目的刑论基于主观主义强调要关注行为人，主张刑罚个别化，以实现特殊预防的目的。理论上，刑罚个别化原则与量刑均衡原则有所冲突，但显然二者都是重要的，因此，并合主义试图将报应刑与目的刑融合起来，认为应该既关注行为，又关注行为人，以行

---

① 参见［意］贝卡里亚：《论犯罪与刑罚》，黄风译，中国大百科全书出版社 1993 年版，第 7 页。

② 参见《最高人民法院关于印发〈人民法院量刑指导意见（试行）〉的通知》（法发〔2010〕36 号）。

为责任为首要依据、以预防犯罪为次要依据确定刑罚，同时实现一般预防和特殊预防的目的。比如，《德国刑法》第 46 条第 1 项规定[①]："犯罪人之责任为量刑之基础。刑罚对犯罪人未来社会生活所可期望发生之影响，并应斟酌之。"

可见，近代刑法的发展趋向是将犯罪行为人的个人因素纳入量刑过程，使刑罚充分体现犯罪人的人身危险程度。英美法系国家的量刑前调查制度，以及大陆法系国家的社会调查报告制度，正是这一理念的产物，其功能是将更多被告人个人量刑信息呈现在法庭上，但这必然会弱化量刑均衡的要求。同时，如同"世界上没有相同的两片树叶"，实践中也没有相同的两个案件，因此，绝对的量刑均衡既无法实现，也不应追求。

第二，不存在绝对的量刑公正。所谓公正，通常可以理解为"给每个人他（她）所应得的"，其体现社会正当的价值取向。在量刑领域，公正具体体现为量刑结果的正当化和确定性。与此相关，国外刑法理论存在幅的理论与点的理论之争。幅的理论认为，与责任相适应的刑罚具有一定的幅度，在幅度之内的刑罚都是正当的；点的理论则认为，与责任相适应的刑罚只能是正确确定的某种刑罚（点），而不存在幅度。[②] 点的理论追求绝对的量刑公正，主张每个被告人均有其唯一正当、确定的刑罚结果，偏离这个理想值的量刑都是不公正的。

然而，自然法学派和实证法学派在近代法理学的著名论争[③]已经表明，法官的自由裁量权是客观存在的，[④] 案件审判不存在唯一正确的结果。现代刑事政策学派的研究也表明，国家总体刑事政策、当地社会治安形势、法官个人价值取向对案件处理结果有着重大影响，相似案件在不同时期，或者不同地区，甚至由不同法官主审，都可能产生不同结果。因此，点的理论缺乏实证依据，其所追求的绝对量刑公正也不可能实现。

第三，消除司法腐败是改革无法承受之重。改革取得一定成效之后，相当部分同志热情高涨，对改革寄予很高期望，希望借此彻底消除司法不公、司法腐败现象，进而提出了进一步细化量化规定的许多意见。量刑不均衡是法官无意识的产物，改革通过规范量刑活动，可以在一定程度上解

---

① 参见张明楷：《刑法学》，法律出版社 2003 年版，第 439 页。
② 参见张明楷：《刑法学》，法律出版社 2003 年版，第 440～441 页。
③ 参见强世功：《法律的现代性剧场：哈特与富勒的论战》，法律出版社 2006 年版。
④ 参见王在魁：《法官自由裁量权研究——以刑事司法为视角》，法律出版社 2006 年版。

决量刑不均衡问题，但是，司法腐败是法官主动为之，涉及监督制度、审判流程控制、法官福利等方方面面，期望仅仅依靠量刑规范化的规则细化来避免法官主动所为之权力寻租，就如同完全否定自由裁量权一样，根本不可能实现。应当认识到，每项工作均有其局限性，若加之过重任务将会阻碍其良性发展，改革不能承担消除司法腐败之重责。

综上，改革不能以追求绝对的量刑公正、均衡为目标，并非所有刑事审判问题都适合在改革中考虑、解决，合理的目标应当是：对内规范法官的自由裁量权，努力追求地区内部的量刑均衡，对外提升量刑活动的透明度，争取社会对法院量刑工作的了解、认同。

2. 改革模式的选择。量化程度不同，将产生不同的改革模式，数量化模式以定量分析为主，论理化模式以定性分析为主，均有相关外国立法例。我国改革在模式上经历了三次重大调整，表明改革可能仍处于探索阶段。

（1）外国立法例。在大陆法系，德国、日本等国家虽提出了量刑基准理论，学界也展开了广泛讨论，但始终未能转化为立法。在英美法系，美国、英国出台了规范化文本，但二者模式存在较大区别。

①美国模式——数量化量刑指南。为解决不确定刑期和假释制度的弊端，美国在20世纪70年代中叶开始探索改革量刑方法，先是加利福尼亚州等几个州陆续制定了量刑指南，随后美国量刑委员会于1987年出台了《美国联邦量刑指南》（以下简称《指南》），《指南》以双轴式图表的方式为法官量刑提供参考，犯罪等级（1～43）构成量刑表的垂直轴，犯罪前科种类（Ⅰ～Ⅵ）构成量刑表的水平轴，犯罪等级和犯罪前科种类的交叉部分是以监禁月数为单位的量刑幅度，幅度内的最大值通常不能比最小值大25%或多六个月。比如，对一项犯罪等级为15，犯罪前科种类为Ⅲ的犯罪行为，量刑幅度为24至30个月的监禁。[①] 对于犯罪等级，以抢劫罪为例，《指南》规定，该罪的基本犯罪等级为20级，根据对象、手段、后果等情形可增加相应等级；[②] 对于犯罪前科种类，指南第四章作了详细规定，

① 参见吕忠梅主编：《美国量刑指南——美国法官的刑事审判手册》，法律出版社2006年版，第12页、第344～346页。

② 比如，抢劫金融机构或邮局财产的，增加2个犯罪等级；开枪的，增加7个犯罪等级；造成轻伤的，增加2个犯罪等级；损失达到1万美元以上，不超过5万美元的，增加1个犯罪等级。

根据前科、劣迹的不同情形可增加相应犯罪记录点数，[①] 并被划分为6个种类。[②] 法官在量刑时，要根据《指南》确定犯罪行为的等级，以及被告人犯罪前科种类，在对应的幅度内量刑，一般不得偏离。相比联邦量刑指南，美国的州的指南系统往往更具灵活性，不会特别具体。[③] 总体来看，美国量刑指南模式大多采用数字式表格，有着简洁明了、容易操作的特点。

②英国模式——论理式量刑指南。英国量刑指南制度始于20世纪80年代，是从上诉法院的量刑指导性判决演化而来，2002年英国政府发表白皮书《所有人的正义》，决定成立量刑指南委员会专门负责出台指南，该委员会于2004年公布了关于总的量刑原则、新刑罚适用及认罪量刑减让等三个量刑指南[④]，后又针对抢劫罪、激愤杀人罪、违反保护裁定罪、家庭暴力罪和性犯罪等四个具体罪名制定了量刑指南。英国治安法院协会经征求上级法院的同意，也制定了一些只适用于治安法院的量刑指南。总体来看，英国量刑指南大多采用论理叙述方式，重点论证量刑适用原则和法官应当注意的问题，只有少数采用数量化表述。比如，对盗窃案件量刑时应注意的加重或减轻情节，英国治安法院的量刑指南仅规定要注意“高价值、精心策划、老练、团伙、相关损害、防御能力差的被害人”等情节，但没有对各情节进行量化。[⑤]

(2) 我国改革演变过程。在模式上，我国量刑规范化实体文本经历了三次重大调整：纯粹定性分析——定量分析为主，定性分析为辅——定性分析和定量分析相结合。

---

① 比如，对每次超过一年零一个月的前科监禁，增加3个点数；如果被告人在任何刑事司法判决期间实施了现行犯罪的，增加2个点数；如果在监禁刑刑满释放后两年内又实施犯罪的，增加2个点数。

② 比如，犯罪记录点数为0或1的，类别为Ⅰ；犯罪记录点数为2或3的，类别为Ⅱ；犯罪记录点数为13及以上的，类别为Ⅵ。

③ 参见胡云腾主编：《中美量刑改革国际研讨会文集》，中国法制出版社2009年版，第41页。

④ 这三个量刑指南分别为：《总的原则：犯罪严重性》，确立了依据行为人的主观罪过和客观危害或危险来评价犯罪严重程度的原则，于2005年4月正式生效；《2003年刑事审判法新刑罚的适用》，对社区刑、电子监控刑、间断性监禁等新刑罚作了规定，于2005年4月正式生效；《认罪的量刑减让》，对被告人认罪的量刑折扣作了规定，如在第一个合理阶段认罪的，可以减少1/3，在准备开庭审理案件前认罪的，可以减少1/4，在开始审理后才认罪的，只可减少1/10，于2007年7月正式生效。

⑤ 参见杨志斌：《中英量刑问题比较研究》，知识产权出版社2009年版，第175～178页。

2007年4月，最高人民法院刑三庭八易其稿，起草了定性版的《量刑指导意见》，但经广泛征求意见，认为以定性方法出台量刑指导意见不能满足基层法官对实用性和可操作性的需求，也难以有效规范和统一全国的量刑活动。[①] 于是，转而追求定量分析方法，充分借鉴江苏省姜堰市法院、山东省淄博市淄川区法院的改革经验，并经多家基层法院实践检验后，于2008年8月制定并下发了《人民法院量刑指导意见（试行）》，形成了较为系统的规范化实体试点文本。当时的思路是试图建立“以定量分析为主、定性分析为辅”的量刑方法，认为采用定量分析的方法进行量刑具有准确性、透明性、可检验性和高效性等特点。[②] 因此，试点文本所作规定较为详细，将许多酌定量刑情节也纳入其中，绝大部分试点法院可直接依据该试点文本审理案件。在两年多的时间里，该试点文本在全国120多个试点法院得到有效检验，成效基本令人满意，但也产生了一些值得思考的问题，一是相当部分法官机械适用试点文本，导致量刑结果僵化，无法体现刑罚个别化原则，极少数案件甚至出现量刑畸轻畸重的情况，二是全国各地经济社会发展存在较大差距，文化风俗也有很大不同，各地法院审理案件时所面临的情况有时大相径庭，试点文本在全国范围内能否统一适用存在疑问。由此，2010年10月，最高人民法院决定在全国法院全面试行量刑规范化改革之际，将思路调整为建立“以定性分析和定量分析相结合”的量刑方法，认为“完全用数学方法而无视复杂的社会现实和社会科学自身规律，对所有事实和情节都予以简单量化，表面上实现了量刑的均衡和统一，实质上可能有损法律的公正和严肃，定量分析法和定性分析法各有优缺点和适用范围，应当相互结合，互为补充”。[③] 按照这样的思路，最高人民法院《量刑指导意见》在模式上相应发生了较大变化。较之2008年制定的试点文本，2010年出台的试行文本是一个“简略版”，“常见罪名的量刑”部分只对个罪量刑起点作了具体规定，试点文本原有的依据其他犯罪构成事实增加刑罚量以及依据量刑情节调节基准刑的具体规定被大幅度舍弃，转而授权各地根据当地情况制定实施细则。

综上，探索量刑的规范化并非只能一味追求纯粹的定量分析模式，有

---

① 参见熊选国主编：《〈人民法院量刑指导意见〉与两高三部〈关于规范量刑程序若干问题的意见〉理解与适用》，法律出版社2010年版，第11页。

② 参见高憬宏、黄应生：《积极稳妥推进量刑规范化改革》，载《法律适用》2009年第8期。

③ 参见戴长林、陈学勇：《量刑规范化改革与实践》，载《法律适用》2011年第9期。

不同模式可供选择，我国改革模式变化过程反映最高人民法院对量化问题认识不断深化。在改革初期，对定量分析进行探索尝试是必要的，也是有益的，但完全迷信定量分析，否定定性分析，显然也是不正确的。①

3. 文本效力的设置。试行文本是否具备强制适用的法律效力，对改革的功能发挥影响重大，也是一线法官最为关切的问题，如前文所述，文本能否向社会公开、裁判文书能否引用文本规定、二审法院能否审查与文本规定相关的上诉理由，也是由文本效力设置衍生的几个问题。

（1）美国联邦量刑指南效力变更之启示。美国量刑指南颁布之初，与其他生效的法律一样，具有强制约束力，“法院必须在指南规定的量刑幅度内量刑”，“仅仅在发现具有某种或在某种程度上尚未被量刑委员会在制定指南时适当加以考虑的从重或从轻情节，该结果将导致与指南的规定大相径庭”，才“允许法院偏离量刑指南并在规定量刑幅度之外判刑”，但“上诉法院可以对偏离的合理性予以审查”。② 司法实践表明，如果法官在指南规定的幅度之外量刑，很可能会招致被告人的上诉或检察官的抗诉，也更容易被上级法院判决推翻，故初审法官一般都会在指南规定的幅度内对被告人量刑。“强制性的量刑指南基本上取代了一切事项”，“量刑指南上的网格成了至高无上的上帝。”许多联邦法官和学者对此持严厉的批判态度，认为量刑指南过于机械化，捆住了法官的手脚，在具体案件中无法顾及特殊情况，也导致法官的自由裁量权转移给了检察官。于是，2005 年 1 月，联邦最高法院在“布克案”（Booker）中以 5∶4 的微弱多数正式宣布联邦量刑指南不再作为强制性的法律规定，只是法官量刑时的参考，但要求“联邦地区法官仍有义务考虑量刑指南的规定，并且在量刑时使它们发挥一定的作用”。③ 由此，美国联邦量刑指南的效力由强制性变为了参

---

① 或许可以预期，未来当法官素质得到普遍提高，改革可能采取以定性分析为主，定量分析为辅的模式，甚至舍弃定量分析。

② 参见吕忠梅主编：《美国量刑指南——美国法官的刑事审判手册》，法律出版社 2006 年版，第 1、2、7 页。

③ 参见汪贻飞：《中国式量刑指南能走多远——以美国联邦量刑指南的命运为参照的分析》，载《政法论坛》2011 年第 6 期。需要强调的是，在“布克案”之后，美国联邦量刑指南在司法实践中仍然举足轻重，除了一些极其例外的案件外，联邦地区法官仍然按照指南行事。

考性。①

应当承认，美国联邦量刑指南具备相当科学性，其制定过程采取了经验性的方法，分析了1万份判决前调查中所取得的资料以及相关文件，且经历了20多年的不断修订完善。其效力从强制性到参考性的变迁过程，表明即便是科学的量刑指南也不能机械适用，强制性指南既有规范自由裁量权的功能，也存在过于限制自由裁量权的危险。强制性可能带来的法官“被迫”僵化适用的问题，将对罪责刑相适用及刑罚个别化等量刑原则造成冲击。因此，在试行初期，试行文本还没有得到充分验证，法官对定量分析缺乏准确理解的情况下，不赋予试行文本以强制性或许是稳妥的选择。

（2）文本模式局限性之启示。本质上，量刑规范化试行文本属于成文法的细化，其既具有成文法文本模式的优点，也同时具备文本模式的固有弊端。文本模式建立于对人的理性的高度信任，大陆法系崇尚理性，以概念法学为代表的法学理论提倡依靠人的理性建构一整套科学的法律体系，并以成文法的形式向社会公布，以规制人类行为。制定法的抽象性源于上述社会治理思路，并以文字的不周延性、语言的模糊性为表现。譬如，故意杀人行为的样态包含众多，而我国刑法典仅用一个条文表述，杀人的主观故意如何界定、各种杀人情节如何影响量刑等都有待在司法过程中进一步明确。制定法的抽象性使法律在面对社会不同行为样态时呈现出一定的不确定性。为增强法律的确定性，我国通过制定众多司法解释作为成文法典的补充，量刑规范化改革可理解为这一思路的延续，当然其更为系统化，更具创新性，但面对具体生活现象时容易僵化的文本模式弊端在试行文本中仍然存在。

对于如何应对成文法的弊端，学界已展开了充分的讨论，通常主张是以判例制度作为辅助法律渊源。判例制度的根源是经验哲学，判例是法律在具体生活关系中的适用结果，可为法律带入法官和社会大众的经验，与

① 美国各州量刑指南的模式也不尽相同，有的州指南效力较强，有的州指南则属于自愿适用，有的要求说明偏离指南量刑的理由，有的则不要求说明。一般认为，可从六个方面进行考察：一是是否有和指南相关的、可以强制执行的规章；二是是否要求完整地填写指南表格；三是量刑委员会是否定期地就指南的遵守率提出报告；四是是否要求除非有充分的、重要的理由才可以偏离指南规章；五是是否要求除非有书面解释才可以偏离指南规章；六是上诉法院是否可以复议和指南规章有关的被告上诉。参见胡云腾主编：《中美量刑改革国际研讨会文集》，中国法制出版社2009年版，第43页。

成文法律的抽象性相比，具有个别化的特征。同时发展成文法制度和判例制度，使之相互配合，充分发挥各自优点，逐渐成为大陆法系和英美法系的共同选择。美国联邦量刑指南在体例上也反映了这一趋向，该指南的每一条文都附有注释，注释较为详细地阐述了适用说明、背景知识、历史沿革等，并且经常举例对规定适用进行说明。因此，在整体上以判例制度辅助成文法制度，在文本体例中适当吸收判例元素，应是我国法律体系的发展趋势。设置试行文本的效力时，要将其放在整体法律体系中予以考虑，清醒地看到文本模式的弊端。

综上，量刑规范化试行文本只是法律体系的一部分，赋予文本以法律强制力并非唯一模式，其暂时只具参考性效力有其合理性。但是，假如要充分发挥改革的作用，那么，文本向社会公开、当事人在法庭上可对文本规定进行讨论、二审法院可对与文本规定相关的上诉理由进行审查，[①] 是必须具备的要素。

（二）修订遵循的具体原则

1. 肯定自由裁量权的合理性，准确、理性把握精细化程度。“法律的生命始终不是逻辑，而是经验。”法官自由裁量权客观存在，已无需证明，主观主义刑法理论和刑罚个别化原则则进一步强化了其存在的合理性。因此，量刑规范化改革是对自由裁量权进行规范，而非限制，不能以追求绝对量刑公正、均衡为目标，不能试图将所有刑事审判问题都放在改革中考虑、解决。而且，在立法层面上，也并非越细越好，对犯罪特征的分类越细，制度就变得越复杂，需要作出的决定就越多，决定的复杂性就越大，不同法院和法官在相同情形下适用差异的危险性就越大，因此，试图全面反映所有细节的量刑制度在实践中难以运行，必须在广泛而简单的分类与详细而复杂的分类之间寻找一种平衡。[②]

与外国立法例相比，我国量刑指导意见的量化程度是最细的，量刑步骤也最为复杂。在国内，我省《实施细则》制定时遵循了宜粗不宜细原则，没有盲目追求精细化，舍弃了最高人民法院前期试点文本及江苏、湖

① 二审法院对偏离试行文本的一审判决审查时，审查的标准应是法官自由裁量权是否滥用，而不只是判决结果是否在文本规定的幅度内。

② 参见吕忠梅主编：《美国量刑指南——美国法官的刑事审判手册》，法律出版社 2006 年版，第 3 页。

北等省份实施细则过于细化的部分条文，对实践经验不多、把握不大的情况暂不作规定，并在调节比例上尽量作宽松设置，给法官留有足够的裁量权。[①] 实践证明，当初的选择是妥当的，在修订时应继续坚持有限度量化细化的原则。

2. 肯定“定性分析”的重要性，坚持“定性分析和定量分析相结合”的量刑方法。大陆法系注重演绎，主流司法理论认为，理想的量刑过程是根据文本规定，遵循三段论逻辑推演出结果。但实际情况并非如此，特别是量刑规范化改革后，法条演绎过程较以往复杂，需要确定的量化因素较多，为了确保获得预想的正当结果，部分法官通常先在内心确定大致处理结论，再决定是否适用量刑规范化文本，或再回到“三步走”的量刑步骤中寻找合适刑期和比例。这种回转式的思维过程，可能在一定程度上消解了试行文本的规范化效果，但在司法实践中确实客观存在，法理学领域对结论先导理论的研究成果也印证了其合理性。[②] 充分反映了定性分析在量刑过程中的基础地位。

同时，前文已述，定量分析有其局限性，一旦超过量化的合理程度，将会出现机械、僵化等问题。被告人个人信息、社会治安形势、国家刑事政策等对量刑有较大影响的因素无法量化，也需要在法律中留足自由裁量空间。因此，在赞扬定量分析模式的同时，不应放弃定性分析，量刑过程始终是一个以定性分析为基础的综合判断过程，整个量刑过程都存在需要定性分析的情况，比如，拟宣告刑低于法定最低刑的，如果被告人具有“可以从轻或减轻处罚”情形，法官需要根据案件具体情况最终确定是从轻还是减轻处罚。由此，强调定性分析的重要性，设置合理的例外调整机制，维持合议庭10%的裁量空间，应当在修订文本时予以坚持。

3. 肯定“量刑基准”的科学性，坚持“三步走”的量刑步骤。对于量刑的规范化方式，英美法系主张犯罪等级理论，将不同罪名依严重程度划分为不同等级，并将情节量化为具体等级，通过等级的相加减，最终得出相对均衡的量刑结果。典型立法例是美国量刑指南。我国部分学者也持类似主张，建议建立刑罚程度与罪责程度相对应的“量刑标尺”。[③] 大陆法系

---

① 参见陈小飞、黎建辉：《量刑规范化：规范量刑的司改努力》，载《法庭》2011年第4期。

② 参见博西格诺等：《法律之门》，邓子滨译，华夏出版社2002年版，第26～30页。

③ 参见赵廷光：《量刑公正实证研究》，武汉大学出版社2005年版。该学者主张将量刑情节划分为五个等级，并“积分化”。

通说则主张量刑基准理论，试图寻找抽象个罪在不考虑任何量刑情节的情况下仅依其构成事实所应当判处的刑罚量作为基准，再根据具体个罪的量刑情节增加刑罚，最终得出规律性的量刑结果。研究量刑基准的意义在于确立抽象个罪在绝大多数情形下应适用的刑种和刑度（基准线），为宣告具体犯罪的刑罚量作出铺垫，尽可能地防止量刑畸轻畸重现象。① 量刑基准理论虽暂未转化为成熟立法，但其科学性、必要性已得到学界的普遍认可。

在模式上，我国现行文本显然是以量刑基准理论为基础构建的，只不过试行文本将学界所说的量刑基准称为量刑起点，并将量刑情节对基准刑的修正细化为两个步骤，先依据其他犯罪构成事实增加刑罚量，再依据纯粹量刑情节调节基准刑。因此，试行文本确立的“量刑起点——基准刑——宣告刑”量刑步骤，具备量刑基准理论的科学内涵。由于与惯常理论表述有所不同，最近有一些学者、法官建议将量刑步骤修改为“基准刑——责任刑（修正刑）——宣告刑”②。这些建议有其合理性，但没有对原量刑步骤造成实际冲击，在原步骤及其表述已被基层法官基本接受的情况下，修订文本时应对此类修改意见持审慎态度。

4. 肯定现有“立法”成果，坚持依靠实证、稳步修订的改革方针。经过为期两年多的专题调研，我们发现全省法院适用《实施细则》审结的案件在结果上没有大起大落，绝大部分法院还出现上诉率下降、服判息诉率上升的喜人形势，反映出《实施细则》能基本满足司法实践需要，广大法官对《实施细则》较为认可。因此，虽然《实施细则》存在一些问题（见本报告第一章），但在实际效果尚算良好的情况下，对其应持肯定态度，继续保留其整体框架和基本思路，不折腾、不反复。

美国联邦量刑指南的立法经验表明，采用经验性方法极其关键，“关注那些事实上是由法官和立法者在历史过程中制定的区别点是十分明智的，这些已确立的区别点是社会所确信的，或者是在社会的发展过程中被逐渐认识到的，无论从罪有应得的角度还是从控制犯罪的角度都是十分重

---

① 参见周光权：《量刑基准研究》，载《中国法学》1999 年第 5 期。

② 参见徐嘎：《犯罪行为与犯罪人：量刑根据的二元化——兼论量刑规范化改革关于量刑步骤的合理构建》，载《山东审判》2010 年第 3 期。该论者主张按照“先根据犯罪行为量刑，后根据犯罪人量刑”的思路，将量刑步骤分两步进行：第一步以基准刑为量刑起点，考虑被害人具有的社会危害性量刑情节（包括未遂、从犯等），计算被告人的责任刑；第二步以责任刑为基础，考虑被告人具有的人身危险性量刑情节（包括累犯、自首、立功等），计算被告人的拟宣告刑。

点的。”[①] 因此，应始终坚持实证研究的方法，警惕遇到问题就搞纯粹理论推演和盲目借鉴外国立法例的倾向，从实践中总结经验修订文本，在实践中试行检验文本，不断改进立法技巧，逐步修订完善文本。

三、修订的主要内容

遵循上文研究思路，针对调研发现的问题，我们对《实施细则》作了认真修订，并草拟出修订稿（附后）。主要修订内容包括：

（一）进一步明确“定性分析和定量分析相结合”的量刑方法

考虑到实践中有部分法官过于机械执行试行文本，忽视了自由裁量及定性分析的重要性。因此，在《实施细则》第二章“量刑的基本方法”中增加一款，规定：“量刑时，要充分运用定性分析和定量分析相结合的量刑方法，准确确定量刑起点、基准刑和量刑情节的调节比例，并依法确定宣告刑。”强调在量刑各环节都要注意运用定性分析和定量分析相结合的量刑方法，确保量刑公正。在第三章“常见量刑情节的适用”概述部分，规定：“对本意见尚未规定的其他量刑情节，要参照类似量刑情节确定适当的调节比例。”提示法官对于没有规定的量刑情节，审查后认为有适用必要的，应参照类似情节适用，充分发挥法官的主观能动性。

同时，进一步明确适用量刑情节及确定量刑起点需要考虑的因素，在《实施细则》第三章“常见量刑情节的适用”概述部分，规定：“量刑时要充分考虑各种法定和酌定量刑情节，并综合考虑具体案件的犯罪事实、量刑情节的具体情况以及被告人主观恶性和人身危险性等因素，依法确定量刑情节的适用及其调节比例。”在第四章“常见犯罪的量刑”概述部分，规定：“确定具体犯罪的量刑起点时，要综合考虑基本犯罪构成事实的社会危害性、被告人的主观恶性以及社会治安状况等因素。”要求量刑时必须考虑被告人主观恶性、人身危险性以及社会治安状况等因素，实现刑罚个别化，避免机械司法。

---

① 参见吕忠梅主编：《美国量刑指南——美国法官的刑事审判手册》，法律出版社 2006 年版，第 5 页。

（二）合理界定“三步走”所适用的犯罪事实

由于规则理解不统一，部分犯罪事实应放在“三步走”的哪一步进行评价存在争议，比如财产犯罪的次数情节、抢劫罪的持械情节、抢夺罪的利用行驶的机动车抢夺情节、妨害公务罪的造成财产损失情节等。

量刑规范化改革确立的“三步走”的量刑步骤，第一步是根据基本犯罪构成事实确定量刑起点，《刑法》及司法解释已对基本犯罪构成事实有明确规定，因此，第一步通常不存在问题。关键是第二步与第三步所适用犯罪事实的区分，即所谓的量刑情节到底包括什么犯罪事实。有部分法官认为，第一、二步体现的是犯罪行为的客观危害，故手段、后果等“罪中情节”都要放在第一、二步考虑，而第三步体现的是行为人的刑事责任，即所谓纯粹的量刑情节，包括“罪前情节”“罪后情节”以及与刑事责任相关的情节。这种观点逻辑清晰，但操作起来存在问题，主要是非犯罪构成事实的适用存在难点，特别是诈骗、职务侵占等罪的次数明确主要放在第三步考虑后，上述观点的立论基础受到冲击。

为此，在广泛征求意见的基础上，本次修订明确了犯罪事实在“三步走”中的区分原则：第一步评价的是基本犯罪构成事实，以刑法与司法解释明文规定的入罪条件，以及确定法定刑幅度的犯罪构成事实为准；第二步评价的是其他影响犯罪构成的事实，主要是第一步确定量刑起点后剩余的犯罪构成事实；第三步评价的是其他犯罪事实，主要包括与刑事责任相关的情节，罪前情节，罪后情节，犯罪形态情节，手段、后果等不影响基本犯罪构成的部分犯罪事实。按照这一思路，本次修订将抢劫罪的持械情节、抢夺罪的利用行驶的机动车抢夺情节、妨害公务罪的造成财产损失情节等，从第二步放到第三步。如此改动后，逻辑清晰，且由于区分标准是以法律规定为准，可避免争论以及误用。

（三）合理区分部分罪名的犯罪次数对量刑的影响情况

对于抢劫、盗窃、抢夺、诈骗等财产犯罪，犯罪次数应当如何影响刑罚量，实践中争议很大，处理方式也比较混乱，完全将次数放在第二步增加刑罚量的，涉及犯罪次数和数额的重复评价问题，多次犯罪、但数额很小的案件更是容易产生较重的量刑结果。

对此，本次修订区分三种类型，对部分犯罪的次数影响量刑问题作如下处理：(1) 抢劫罪。抢劫罪侵害的是人身权利、财产权利双重客体，属于严重暴力犯罪，犯罪次数是衡量其行为社会危害性的关键因素，刑法亦将抢劫三次规定为加重法定刑的条件之一，因此，抢劫次数应当用来确定量刑起点，并增加刑罚量，在第一、二步中考虑。同时，为了避免犯罪宗次多时，次数所增加的刑罚量过多导致量刑过重的问题，在第二档中对次数所增加的刑罚量在总体上作了限制。(2) 盗窃罪、敲诈勒索罪。这两个罪都属于财产犯罪，犯罪数额是衡量其行为社会危害性的关键因素，但依照刑法规定，犯罪次数是入罪条件之一，即三次盗窃或敲诈勒索的可构成犯罪，也就是说，在犯罪数额未达犯罪标准的情况下，次数在一定程度上也能体现行为的社会危害性。对此，可细化为两种情形，第一种情形是数额达到较大起点的，以数额确定量刑起点，①若次数不足三次的，次数放在第一步评价，在确定量刑起点时考虑；②若次数三次以上的，次数放在第三步评价，可用来调节基准刑，体现多次犯罪的恶性。第二种情形是数额未达到较大的，①若次数三次以上的，以次数确定量刑起点，并增加刑罚量，放在第一、二步中考虑；②若次数不足三次，但有其他入罪情节的，次数放在第一步评价，在确定量刑起点时考虑。(3) 强奸罪、非法拘禁罪、诈骗罪、抢夺罪、职务侵占罪。强奸罪、非法拘禁罪是侵害人身权利的犯罪，主要以侵害人数、伤害后果衡量其行为社会危害性，次数与人数、后果可能存在重复。诈骗罪、抢夺罪、职务侵占罪是纯粹的财产犯罪，犯罪数额是入罪条件及选择法定刑幅度的主要依据，是衡量其行为社会危害性的关键因素，次数与数额极有可能存在重复。因此，对于这五种犯罪，由于次数均不是衡量其行为社会危害性的主要因素，故次数不用来增加刑罚量，仅放在第一、三步中考虑，①若次数三次以上的，次数放在第三步评价，可用来调节基准刑，体现多次犯罪的恶性；②若次数不足三次的，次数放在第一步评价，在确定量刑起点时考虑。

(四) 对多种犯罪构成事实并存案件的操作方法予以明确

前文已述，多种犯罪构成事实并存时，如何选择基本犯罪构成事实及其他影响犯罪构成的事实确定量刑起点和基准刑，对最终量刑结果影响较大，实践中也未统一做法。考虑到基本犯罪构成事实应是犯罪事实中的最重要、最基础的事实，在存在多种选择的情况下，以反映行为危害程度最严重的一种事实组合作为基本犯罪构成事实较为合理，也与司法实践基本相符。

因此，在《实施细则》第四章“常见犯罪的量刑”概述部分，增加规定：“对于同时具有两种以上犯罪构成要件事实的，一般应当以危害最严重的一种确定基本犯罪构成事实，其他犯罪构成事实则作为增加刑罚量的事实，在量刑起点的基础上确定基准刑；基准刑不能超出相应法定刑的最高刑。”规范了量刑起点及基准刑的确定方法，统一规则适用，确保量刑不出现大的偏差。

（五）对部分未遂、部分未成年人犯罪案件的操作方法予以明确

对于同种罪行部分未遂、部分既遂的案件，未遂情节应当如何体现，对于被告人在成年前后实施了同种罪行的案件，未成年人犯罪情节应当如何体现，各地法院在具体操作上存在争议。实践中主要有两种做法：一是未遂、未成年人犯罪情节单独评价涉及的未遂行为、未成年犯罪行为，调整结果再与其他犯罪事实确定的刑罚量相加（相当于有两个基准刑），构成总的调节结果；二是参考未遂行为、未成年犯罪行为在总体事实中的大概比例，对未遂、未成年人犯罪情节在总体上确定一个比例（相同情节的，该比例比第一种方法确定的比例要小），再对全体犯罪事实确定的基准刑进行调节。

同时，《关于办理诈骗刑事案件具体应用法律若干问题的解释》第6条规定，诈骗既有既遂，又有未遂，分别达到不同量刑幅度的，依照处罚较重的规定处罚；达到同一量刑幅度的，以诈骗罪既遂处罚。也就是说，首先要根据既遂数额和未遂数额判定其各自所对应的法定刑幅度，再以量刑幅度较重的犯罪事实作为基本犯罪构成事实确定量刑起点。这与上述两个做法又有所不同。

经研究，第一种方法中，未遂、未成年人犯罪情节调节的不是总基准刑，而是相关行为的刑罚量，操作起来较为繁琐，也不符合“三步走”的量刑方式。相比而言，第二种方法更符合量刑规范化的要求，量刑情节调节的对象是总基准刑。而诈骗罪司法解释的规定有其特殊性，尚缺乏足够共识将该规定推广到其他财产犯罪。因此，在《实施细则》第三章“常见量刑情节的适用”第1条、第8条规定：“对于年满十八周岁前后实施了同种犯罪行为的，可根据未成年犯罪事实的具体情况，确定未成年犯罪情节的适用及其调节比例，并调节全部犯罪事实的基准刑。但因未成年犯罪情

节所减少的刑罚量不能超过未成年犯罪事实所应判处的刑罚量。”“对于同种犯罪事实部分既遂、部分未遂的，一般可根据未遂部分犯罪事实的具体情况，确定部分未遂情节的适用及其调节比例，并调节全部犯罪事实的基准刑。但因未遂情节所减少的刑罚量不能超过未遂部分犯罪事实所应判处的刑罚量。司法解释有明确规定的除外。”

（六）进一步完善比例刑调节方式

比例刑调节方式存在量刑情节实际增减刑期受基准刑影响过大的问题。实践中，有的重罪案件，由于被告人具有从宽情节而减少了较多刑罚量，造成量刑偏轻；而有的轻罪案件，纵然具有法定从重处罚情节，并用尽从重比例，增加的刑罚量也不大，体现不了从重处罚效果。

为解决这一问题，首先，在《实施细则》第三章“常见量刑情节的适用”概述部分，增加规定：“要综合平衡调节比例与实际增减刑期的关系，确保量刑公正。”提示法官在挑选量刑情节适用比例时不能过于僵化，相似量刑情节在不同案件中的比例可有所不同，关注和操作的重点应是实际增减的刑期，而非所选取的比例。其次，在自首、立功、累犯等具体量刑情节部分增加规定，对这些情节实际增减的刑罚量进行限定，要求自首情节减少的刑期一般不得超过四年，立功情节减少的刑期一般不得超过三年，累犯情节增加的刑期一般不得低于三个月。采用绝对刑期和比例调节相结合的方法，尽可能地消解比例调节方式的弊端。

（七）进一步完善刑事和解的相关规定

《实施细则》第三章“常见量刑情节的适用”第 18、19 条规定，积极赔偿被害人经济损失的，可以减少基准刑的 30％以下，取得被害人或其家属谅解的，可以减少基准刑的 20％以下。在实践中，这两个情节可以同时适用，被告人通过赔偿经济损失而取得被害人谅解的，最高可减少基准刑的 50％，体现了宽严相济的刑事政策，为案件处理取得理想社会效果提供了制度空间，施行效果基本令人满意。但是，有观点认为，赔偿经济损失情节的从宽比例过高，与其他情节不协调，并且取得被害人谅解的从宽比例应比单纯赔偿经济损失的从宽比例高一些。

为此，首先，将赔偿经济损失情节的从宽比例调低，规定“可以减少基准刑的 20％以下”；其次，参照 2012 年《刑事诉讼法》第五编“特别程序”中关于“当事人和解的公诉案件诉讼程序”的规定，将通过向被害人赔偿损失、赔礼道歉等方式作为获得被害人或其家属谅解的前提，并将从宽比例提高，规定“可以减少基准刑的40%以下”。作此修改后，“赔偿经济损失”和“被害人谅解”情节不再同时适用，逻辑关系更为清晰。

（八）适当细化财产犯罪的犯罪数额在最后一档法定刑中对量刑的影响情况

对于抢劫、职务侵占、敲诈勒索超过数额巨大起点的，对于盗窃、诈骗、抢夺超过数额特别巨大起点的，增加的犯罪数额如何再增加相应刑罚量，《实施细则》没有细化规定，只作了原则性提示，由法官根据案件具体情况增加相应刑罚量。当初之所以如此处理，主要是基于三点考虑：一是觉得规定起来不好看，由于是最后一档法定刑，数额越大，数额对量刑的影响力就越弱，如果按照每增加一定数额增加一定刑罚量的规定模式，会出现诸如增加10万元增加六个月刑期等表述，条文公布后可能会引起民众的议论，认为10万元才折抵六个月，社会效果不好；二是各地判处无期徒刑的数额标准不明确、不统一，难以作划一规定；三是当时没有足够的试行经验，没有充分把握进行规定。

在充分试行后，本次修订对该问题进行了细化。第一，考虑到数额越大，数额对量刑的影响力越小，将超过的数额划分为三个档次，对应不同的增加刑罚量幅度；第二，考虑到在最后一档法定刑中，数额对量刑的影响，较其他法定刑档次，影响的准确性减弱，因此，不采用每增加一定数额便增加一定刑罚量的模式，而采用将超过数额划分档次，对应相应幅度的刑期，法官根据案件具体情况在幅度内选择合适刑期的模式。譬如，《实施细则》盗窃罪部分第2条第（3）项规定：“超过数额特别巨大起点的，超过数额不足100000元，可以增加一年以下刑期；超过数额已满100000元不足500000元，可以增加一年至三年刑期；超过数额500000元以上，可以增加三年以上刑期，但依法应当判处无期徒刑的除外。”这种规定方法，令条文的灵活性得以保持，有效避免过于僵化的问题，同时基本符合我省司法实践。

（九）增加充实部分内容

在充分调研的基础上，结合新近颁布的司法解释及《刑法修正案

（八）》的相关内容，本次修订增加了部分细化规定，以完善充实细则内容。

增加的规定主要集中在量刑情节部分。比如，针对广州等地区新近发生的假冒军警车牌交通肇事，造成恶劣社会影响的案件，在交通肇事罪部分增加规定："交通肇事造成恶劣社会影响的，可以增加基准刑的20％以下。"再如，考虑到部分被告人实施故意伤害行为是基于公义，如同村人帮助教训伤害父母的不孝子女等，公众特别是网络民众要求对其适当从轻处罚的呼声较高，在故意伤害罪部分增加规定："基于义愤实施故意伤害犯罪行为的，可以减少基准刑的20％以下。"又如，《刑法修正案（八）》将盗窃金融机构、珍贵文物判处无期徒刑或者死刑的规定予以删除，盗窃金融机构或珍贵文物的行为往后也要在十年以上有期徒刑、无期徒刑的法定刑幅度内量刑，但鉴于犯罪对象的特殊性，盗窃金融机构、珍贵文物毕竟比盗窃一般物品的社会危害性大，因此，在盗窃罪部分增加规定，盗窃金融机构，或盗窃珍贵文物的，可以增加基准刑的30％以下。根据《关于办理诈骗刑事案件具体应用法律若干问题的解释》，在诈骗罪部分增加两个从重处罚量刑情节，即通过发送短信、拨打电话或者利用互联网、广播电视、报刊杂志等发布虚假信息，对不特定多数人实施诈骗的，以及以赈灾募捐名义实施诈骗的；并规定："诈骗近亲属的财物，可以减少基准刑的50％以下，近亲属谅解的，一般可不按犯罪处理。"

贪污贿赂犯罪规范化量刑体系的构建

——基于实证调查的研究

广州市越秀区人民法院课题组*

一、贪污贿赂犯罪案件量刑现状

（一）数据来源与说明

课题组走访了不同地区的法院，如地处东南沿海改革开放前沿的深圳福田法院、经济快速发展的环渤海地区大连中院、省级贪污受贿罪犯罪量刑规范化试点单位哈尔滨中院和欠发达山区广州从化法院等，与刑事法官开展座谈交流，获取第一手资料，搜集整理了广州中院、大连中院、哈尔滨中院等三家中级法院，和广州越秀法院、湖北孝感孝南区法院等六个基层法院近年来的贪污贿赂类案件量刑数据，以表格形式分门别类详细列明，并进行统计分析。搜集了南京中院、哈尔滨中院、武汉江汉法院关于职务犯罪量刑规范化的指导意见作为参考。

针对贪污与受贿犯罪的社会危害性，自首、坦白与退赃情节对于量刑的调节幅度，法官的自由裁量权大小，量刑基准等问题，课题组区分专业人群和非专业人群设计了两份不同的调查问卷，以搜集不同群体对于这些问题的普遍看法。专业调查问卷针对受访法院的刑事法官共发放60份，收回60份。非专业问卷针对不特定的群众发放50份，收回36份。

* 课题组成员：叶三方、李剑涛、王飞。

（二）贪污贿赂犯罪案件量刑概况

1. 缓刑适用率高。以A地甲基层法院[①]为例，该院近五年审理的185件贪污贿赂案件中，有106件适用缓刑，缓刑适用率57%，远超同期普通刑事案件的缓刑适用率。受贿案件缓刑适用率53%，贪污案件缓刑适用率50%，行贿案缓刑适用率76%，单位行贿案缓刑适用率100%，挪用公款案缓刑适用率43%。在其他地区也存在同样的问题。在我们统计的B地和C地近三年判处的48件贪污贿赂犯罪案件中，判处缓刑的有15件，约占1/3。尤其值得注意的是，未判处缓刑的33件件中，因处三年以上有期徒刑无法判处缓刑的就有30件。而D地戊基层法院近三年判处的25件贪污贿赂犯罪案件中，18件被判处缓刑或免刑，72%的缓刑适用率也高于普通刑事案件的平均水平。

针对缓刑适用率高的现象，最高人民法院在2006年召开的全国法院审理刑事大案要案工作会议上，曾要求正确认识，准确把握贪污贿赂等经济犯罪和其他职务犯罪的非监禁刑适用，[②] 但这一现象仍未得到根本性地遏制。走访中，60名受访法官有42名认为贪污贿赂犯罪缓刑适用率高。

2. 地区间量刑差异大。相同数额的贪污贿赂犯罪在不同地区的量刑差异非常大，这是调研最强烈的直观感受。如A地中级法院审理的李某某受贿案，被告人李某某受贿94万元，案发后自首、退赃，并有立功表现，被判处有期徒刑三年，缓刑四年。该院审理的另两件数额在100万元以上的贪污案件被告人，也因同时具备自首、退赃和从犯情节，均被判处三年以下有期徒刑。而B地区，同样同时具备自首情节和立功表现、退清了全部赃款的受贿案被告人韩某某，犯罪数额为30万元，却被判处有期徒刑七年六个月。

在立法没有明确规定法定刑所对应的数额标准的挪用公款罪中，这种量刑差异更是明显。A地甲基层法院近三年判处的挪用公款案中，数额在20万元以下的案件平均量刑为1.63年，数额在20万元至80万元的案件

① 为尽量避免因调研报告的公开造成对受访法院的不良影响，我们在下文中将以A、B、C等英文字母代表不同地区，以甲、乙、丙、丁代表不同的基层法院名称。

② 熊选国：《全面加强刑事大案要案审判工作，为经济社会和谐稳定发展提供有力司法保障》，载最高人民法院刑事审判第一、二、三、四、五庭主办：《刑事审判参考》（总第57集），法律出版社2007年版，第116页。

平均量刑为 4.18 年，而相同数额的案件在 B 地区过去三年的平均量刑分别为 2.15 年和 8.7 年。

3. 刑期与犯罪数额成不规则正比。从调研情况来看，贪污贿赂类犯罪的刑期与犯罪数额之间总体上呈现出正比关系，刑期随着犯罪数额的增加而加重，但并不规则。以 A 地甲基层法院近五年审理的 78 件受贿案的量刑为例（详见图 1），量刑点的分布较为零散，规律性不强。

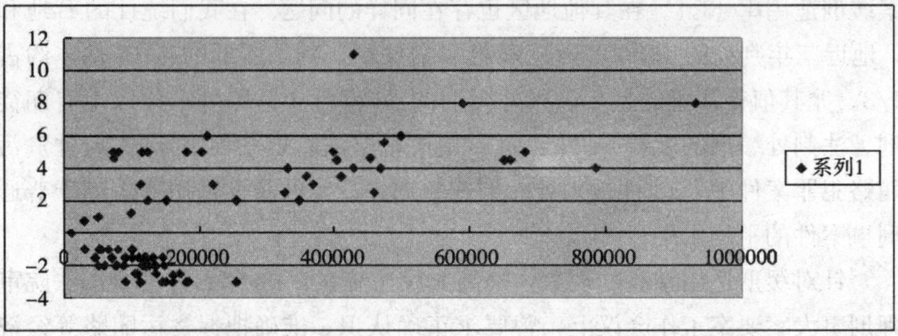

图 1

备注：上图中，为更直观表现出缓刑的适用情况，将以“—”代表缓刑，“—2”代表被判处有期徒刑二年被宣告缓刑的情形。

上述受贿案件的平均刑期也体现出这一正相关关系：不满 5 万元的平均量刑是 1.05 年；5 万元以上不满 10 万元的平均量刑是 2.07 年；10 万元以上不满 20 万元的平均量刑是 2.6 年；20 万元以上的平均量刑是 4.35 年。

该院审理的贪污案件的平均刑期稍有不同：不满 5 万元的平均量刑是 0.89 年；5 万元以上不满 10 万元的平均量刑是 3 年；10 万元以上不满 20 万元的平均量刑是 2.78 年，即在有期徒刑五年到十年之间的刑期范围内，呈反比关系。这并不是个别现象，在其他地区，贪污受贿罪的犯罪也存在类似的反比现象。[①]

行贿案件的量刑也是如此（详见图 2）。可以看出，总体上量刑随着犯罪数额的增加而上升，但在犯罪数额 20 万元以下和 20 万元至 40 万元的区间内，量刑点的分布较为不规则。

---

① 郭复彬：《对构建贪污贿赂犯罪量刑平衡机制的思考》，载《理论导报》2012 年 9 月。

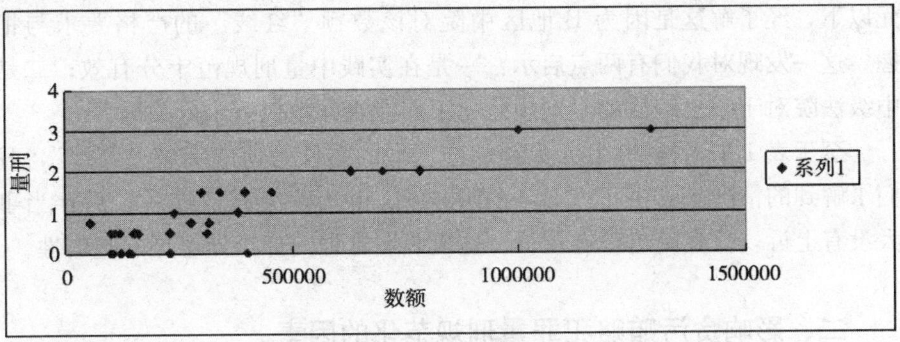

图 2 甲法院行贿案量刑分布表

私分国有资产罪的量刑更难寻规律性。三名具有相同量刑情节——自首和认罪情节的被告人，私分 40 多万元的被告人在部分退赃后被免予刑事处罚，另一名私分 6 万元的被告人全部退赃后，被判处有期徒刑一年，而一件私分数额 13 万多元的被告人全额退赃，居然被判处有期徒刑五年。

B、C 和 D 地区的量刑存在同样的不规则正比现象。以 B、C 地区贪污罪和受贿罪为例[①]（见图 3），在十年以下的区间，量刑基本上随着数额的增加而上升，而在十年以上的区间，量刑则没有太多规律性。

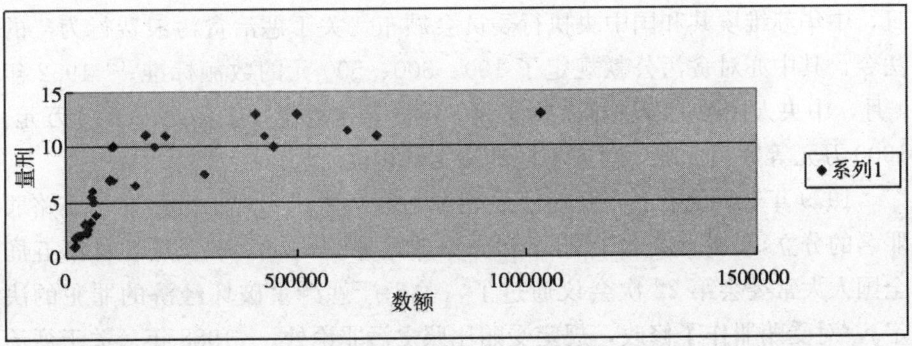

图 3 B、C 地区贪污贿赂犯罪量刑分布表

4. 量刑在特定情况下相对规范。调研发现，在一定限度内同类犯罪量刑会比较规范。如表 1 中，除了一件案件以外，判处缓刑的案件犯罪数额基本均在 20 万元以下，据了解这是因为 A 地区在《刑法修正案（八）》出台以前曾有过“贪污、受贿犯罪数额 20 万元以下、有减轻处罚情节的一般可判处缓刑”的内部量刑指导标准。又如 B 地区的免刑案件数额均在 1 万

① 因为其他犯罪案件的数量较少，偶然性因素影响太大。

元以下，经了解这是因为B地区中院对该数额“红线”的严格要求与把握。这一发现对我们有两点启示：一是在实践中量刑规范十分有效；二是中级法院对于一个地区的量刑规范化工作能否有效执行十分关键。

至于表1中未按20万元数额标准量刑的案件为何能突破“红线”，我们了解到的情况是：由于“顶不住压力”，甲法院突破“红线”后，当事人没有上诉，检察院也没有抗诉。这也表明这种内部指导意见的脆弱性。

二、影响贪污贿赂犯罪量刑规范化的因素

（一）立法性因素

1. 立法沿革。新中国的贪污贿赂犯罪立法历史要追溯到新中国成立前。1933年《关于惩治贪污浪费行为——中央执行委员会第26号训令》规定，贪污公款在500元以上者，处以死刑。① 从这条规定可以看出，中国共产党对于贪污贿赂犯罪采取的是重刑主义，贪污犯罪的数额也通过立法予以明确，这种模式一直影响之后的立法，延续至今。1933年12月15日，中华苏维埃共和国中央执行委员会颁布《关于惩治贪污浪费行为》的法令，其中亦对贪污公款规定了100、300、500元的数额标准。② 1952年4月，中央人民政府《惩治贪污条例》第3条也规定了1亿元、5000万元、1000万元等数额标准，对应不同的法定刑幅度。③

1979年《刑法》首次区分了贪污罪与贿赂罪，实现了贪污罪与贿赂罪罪名的分立，④ 并规定了行贿罪和介绍贿赂罪。⑤ 1982年3月8日第五届全国人大常委会第22次会议通过了《关于严惩严重破坏经济的罪犯的决定》，对受贿罪作了修改，规定受贿比照贪污罪论处。⑥ 1988年《关于惩治贪污贿赂罪的补充规定》增设挪用公款罪、单位受贿罪、单位行贿罪、巨额财产来源不明罪、隐瞒境外存款罪，在法定刑的设计上，首次采取以数

---

① 孙艳敏：《我党第一个反腐法令出台前后》，载《检察日报》2003年7月1日。

② 唐保银：《贪污罪论》，吉林大学博士学位论文，第14页。

③ 唐保银：《贪污罪论》，吉林大学博士学位论文，第22页。

④ 陈玉：《新中国贪污贿赂犯罪罪名体系演变及其完善探讨》，中国政法大学硕士学位论文，第4页。

⑤ 吕晓晓：《我国贿赂犯罪的立法重构》，湖南师范大学硕士学位论文，第4页。

⑥ 吴仁良：《对贪污贿赂犯罪立法的审视》，华东政法大学硕士学位论文，第2页。

额和情节相结合、以数额为主线以情节为补充对量刑档次进行交叉规定的立法模式。[①]

1995年2月28日，第八届全国人大常委会第十二次会议于通过了《关于惩治违反公司法的犯罪的决定》，增设了商业侵占罪、商业受贿罪和挪用资金罪，同时规定，国家工作人员犯上述罪的按《关于惩治贪污贿赂罪的补充规定》的规定处罚，这样，贪污受贿罪的主体又恢复限制在“国家工作人员”的范围。[②]

1997年《刑法》将贪污贿赂类犯罪单独设立为《刑法》分则的一章，将职务侵占罪、挪用资金罪和非国家工作人员受贿罪放在其他章节规定，增设挪用公款罪、私分国有资产罪和私分罚没款物罪、单位行贿罪以及向单位行贿罪，对斡旋受贿的行为也明确了以受贿罪论处。[③]

2009年2月28日，第十一届全国人民代表大会常务委员会第七次会议通过《刑法修正案（七）》，对于巨额财产来源不明罪的法定刑由原来的一档变为两档，增加了“数额特别巨大的，处五年以上十年以下有期徒刑”的规定，拉开了量刑档次。

2. “双确定”立法模式难适应社会变化。经过多次修订，《刑法》关于贪污贿赂类犯罪的规定日渐完善，但仍有些不合理之处备受诟病。调研中不少法官提出，贪污贿赂犯罪量刑不均衡的原因，主要在于立法规定不够完善，导致他们“没法跟当事人解释”。[④] 普通民众也有同样感受。在面向普通民众的问卷调查中，有38%的受访民众认为贪污贿赂等犯罪多发势头未能明显得到制止的主要原因在于“立法规定不够完善”，与认为“追究责任力度不够”的受访者人数相当。

贪污贿赂类犯罪量刑不均衡，矛头主要指向“双确定”的立法模式。《刑法》第383条对于贪污罪和受贿罪的规定，既明确确定了犯罪数额标准，也有确定的法定刑。这种模式有利于明确与指引人们的行为模式，[⑤] 但也会导致立法滞后于社会经济的快速发展和民众观念的不断变化。在社会快速变革时期，这种后果更明显。如前文中央苏区规定的贪污500元即判死刑在20年后即变成1000万元处一年以下有期徒刑。同样，1997年至

---

①② 吴仁良：《对贪污贿赂犯罪立法的审视》，华东政法大学硕士学位论文，第3页。

③ 田原：《贪污贿赂罪的过去、现在和未来》，中国政法大学硕士学位论文，第13页。

④ 受访法官语。

⑤ 高宣扬：《卢曼社会系统理论与现代性》，中国人民大学出版社2005年版，第153页。

今已15年有余，我国社会经济发展水平再次发生巨变。立法时，城镇居民人均收入仅为2456.1元，10万元相当于40年左右的城镇居民人均年收入水平，贪污（受贿）数额超过100万元的情况不多见，贪污（受贿）10万元对应十年以上有期徒刑的法定刑具有正义性。然而15年过后城镇人均收入已翻10倍，受贿、贪污上千万的案例也不罕见，此时的犯罪数额刻度表上，10万元已经降至底部位置，在大量十年以上十五年以下有期徒刑幅度内量刑的案件的量刑过程中，10万元仅仅沦为计数单位。孟德斯鸠说："法律要有所规定的，应该尽量避免用银钱做规定。无数原因可以促使货币的价值改变，所以改变后同一金额已不再是同一的东西了。"①"双确定"立法模式反而导致量刑刻度表前密后疏，对贪污受贿犯罪数额上百万的罪犯来说，刑罚供应明显不足。②

3. 法定刑区间交叉影响量刑均衡。交叉式法定刑也是量刑不均衡的立法性因素之一。《刑法》第383条对贪污和受贿罪的量刑数额标准是衔接式的，分为不满5000元、5000元以上不满5万元、5万元以上不满10万元、10万元以上四档，而法定刑区间却是交叉式的。犯罪数额在5000元以上不满5万元的，视情形法定刑分为一年以上七年以下和七年以上十年以下有期徒刑；数额在5万元以上不满10万元的，视情节对应的法定刑区间为五年以上至无期徒刑；数额在10万元以上的，视情节对应的法定刑区间为十年以上有期徒刑或无期徒刑、死刑。即5000元以上至10万元以上的三档犯罪数额标准，均可能判处十年有期徒刑，这会影响量刑的均衡度。

法定刑交叉的原因，与量刑的双重标准有关，即既以数额为基本尺度，又以情节为调节幅度。由于犯罪"情节严重""情节特别严重"没有通过立法解释或司法解释明确，这一量刑标准在事实上被弃置，法官习惯以数额为标准，进行衔接式量刑。

早在1988年全国人大常委会通过正式确立贪污受贿罪的交叉刑的《关于惩治贪污罪贿赂罪的补充规定》之前两天，时任全国人大法律委员会副主任委员项淳一在第六届全国人大常委会第二十四次会议联组会上所作的

① 参见［法］孟德斯鸠：《论法的精神》，张雁深译，商务印书馆1982年版，第297页，转引自《从司法平衡到规范重塑——走私普通货物、物品罪税额量刑标准设置方法研究》，载万鄂湘主编：《建设公平正义社会与刑事法律适用问题研究——全国法院第24届学术讨论会获奖论文集》（下），第1171页。

② 参见孙国祥：《宽严皆失：贪污贿赂犯罪的量刑失衡之乱象及纾解》，载《甘肃政法学院学报》2009年第5期。

《关于惩治贪污贿赂罪和惩治走私罪两个补充规定（草案）修改稿几点修改意见的汇报》中，就曾指出："有的委员和最高法院提出，在一个档次中，量刑不要交叉。"[①] 这也说明，其实反对法定刑交叉的声音一直存在。

4. 用语模糊导致量刑缺乏明确标准。《刑法》第八章共16个条文中有12个条文涉及量刑，其中作为量刑依据的"情节严重""情节特别严重""情节较重""情节较轻"等字眼出现15次，"数额较大""数额巨大""数额特别巨大"等字眼出现11次。如此含糊的表述，其出发点是在不掌握千差万别的具体情况前提下，兼顾不同地区经济发展水平的巨大差异。然而，不同的背景、不同的学历和不同区域会影响法官对于这些模糊字眼的理解。例如在调研中有法官谈到，C地区贫困县的一个出纳贪污了300多万元，这在经济发达的A地区可能还不够上报纸，但这个案件在当地的影响非常恶劣，民愤很大，法院在审理时不得不慎重考虑其社会影响。在这个例子中，C地区法官可能会认为300万元在当地属数额巨大，而A地区法官会认为300万元仅属数额较大。

立法缺乏统一的规范标准，司法解释也未能明确一些量刑情节，如巨额财产来源不明罪"差额巨大"和"差额特别巨大"、私分国有资产罪"数额较大"和"数额巨大"的分界线。模糊用语的存在，必将会影响量刑的规范与统一。

（二）司法活动中的主观性因素

1. 从宽处罚情节认定过泛与量刑调节幅度过大。贪污贿赂犯罪案件中，自首等减轻处罚情节对量刑起到很大影响，这一点被受访法官一致认同。在《最高人民法院、最高人民检察院关于办理职务犯罪案件认定自首、立功等量刑情节若干问题的意见》出台之前，对于在办案机关调查谈话、讯问、采取调查措施或者强制措施期间，犯罪分子如实交代办案机关掌握的线索所针对的事实的，或通过非法手段获取立功线索的，司法机关有时也会认定为自首或立功。这导致自首与立功情节在职务犯罪中较为普遍。如某市2003～2004年度市、区（县）两级法院共审理受贿案件124件126人，被认定有自首情节的有60人，也达到了占涉案人数的47.62%。

---

① 参见高铭暄、赵秉志编：《新中国刑法立法文献资料总览》（上），中国人民公安大学出版社1998年版，第604页。

其中真正主动到司法机关自首的只有2人，其余都是所谓“被动型自首”。[①] 在调研中，A地甲基层法院近五年受理的186件贪污贿赂类犯罪案件中，没有自首、立功等减轻处罚情节的仅有15件，占5.4%，A市中院近五年审理的162件贪污贿赂犯罪案件中，仅有41件没有减轻处罚情节，占25.3%。即使是在规范职务犯罪案件认定的司法解释出台之后，不同地区对自首、立功的认定标准掌握尺度不一，同样会导致量刑的巨大差异。A地甲基层法院2011年审理的50件贪污贿赂类犯罪中，仅有3件案件没有自首与立功情节，而在B地法院同期审理27件贪污贿赂案件中，有自首与立功情节的仅有11件，D地戊基层法院同期这一数据的比例是25∶8。

减轻处罚情节的调节幅度一向较大，在《刑法修正案（八）》出台以前，减轻处罚往往是一减到底，直接适用缓刑，以致有学者呼吁，对于被减轻处罚降至三年以下有期徒刑的被告人原则上不得适用缓刑。[②] 由于缺乏统一标准，实践中减轻处罚幅度掌握最大化，“宽大无边”[③]，而且从宽幅度因地而异、因人而异、因案而异，造成量刑不均衡。如某国有企业管理人员秦某某，利用职务上的便利，挪用公款99万余元归本人使用，超过三个月未还，一审宣判前未能退还，因有自首情节，被法院判处有期徒刑七年。而同期审理的另一件挪用公款案，被告人陈某某利用担任市纺织品公司经理的职务便利，个人决定90余万元挪用给其个人占股份的公司购买物业，进行营利活动。案发后被告人陈某某投案自首，并退出全部本金，被法院判处有期徒刑三年六个月。《刑法修正案（八）》将减轻处罚的幅度限定在法定量刑幅度的下一个幅度以内，造成量刑不均衡的前述问题不复存在，但司法实践中，在涉及具有多个减轻处罚情节的减轻幅度如何掌握时，对该条文的理解仍有不同观点。在调研中有法官提出一个典型案例：两名被告人在受委托管理公共财产时，利用职务之便贪污10万余元，其中一人为从犯，仅分得2万元，两人均在案发后自首，对该从犯，能否减轻处罚两档在一年以内七年以下量刑？

---

① 参见韩亮：《数额在职务犯罪审判中的考量——以南京市为例的实证分析》，载赵秉志主编：《刑事法判解研究》（2006年第1～2辑），人民法院出版社2006年版，第158页。

② 参见孙国祥：《宽严皆失：贪污贿赂犯罪的量刑失衡之乱象及纾解》，载《甘肃政法学院学报》2009年第5期，第33页。

③ 参见孙国祥：《宽严皆失：贪污贿赂犯罪的量刑失衡之乱象及纾解》，载《甘肃政法学院学报》2009年第5期，第27页。

从轻处罚情节的调节幅度问题也同样存在。例如，A地法院审理的被告人曹某某受贿案，曹某某受贿数额为8万元，无自首、立功减轻处罚情节，案发后认罪，并退出赃款，被判处有期徒刑五年；而B地法院审理的被告人孙某某受贿9万元，亦无自首和立功等减轻处罚情节，案发后如实交待犯罪事实，退出赃款，却被判处有期徒刑七年。

在减轻处罚情节中，自首情节占的比例远高于立功、从犯情节。A地法院具立功情节的案件仅为具自首情节案件的6.6%，B地为10%，C地为7.6%；具备从犯情节的案件更少。在从轻处罚情节中，退赃是最为常见的情节，A地具退赃情节的案件比例占总数的67%，B地占63%，C地占57%。因此，规范从轻、减轻处罚情节调节幅度的关键，分别在于规范自首和退赃情节的量刑调节幅度。

2. 缓刑适用放得过宽。一些法官受“非暴力犯罪轻刑化”思潮影响，认为贪污贿赂犯罪，尤其是贪污、受贿和挪用公款犯罪的被告人通过其职务才能实施犯罪，被判处缓刑失去国家公职后，不再具有社会危害性和人身危险性，在实际操作中放宽对贪污贿赂犯罪的缓刑适用标准，实际上突破了该司法解释。一些没有自首、立功等法定减轻情节的案件，也有适用缓刑的案例。例如，东北某地国税局稽查局林某、杨某共同收受某水产公司贿款3万元，林某还收受该公司价值10800元的手包1个，杨某还收受该公司价值2800元的手机1部，案发后两被告人将赃款、赃物退出。法院审理后，对两被告人均适用了缓刑。一些被告人贪污、受贿数额在5万元以上，通过减轻情节降档在有期徒刑三年以下量刑的也被宣告缓刑。如某国有公司总经理江某某，利用职务便利，为挂靠其公司的行贿人以公司名义和资质承接工程提供便利，先后多次收受贿款125000元。案发后被告人江某某投案自首，并全部退出赃款。法院审理后以受贿罪判处被告人江某某有期徒刑二年，缓刑三年。

缓刑是刑罚的执行方式，不属量刑范畴，但决定缓刑的适用与作出量刑结果是在同时，而且令人感觉刑罚更轻。因此，我们在讨论贪污贿赂类犯罪的量刑时，也将缓刑的适用一并作为一个问题提出来。

3. 法官的知识、经历背景及其他因素。人民法院是量刑活动的主体，但量刑活动归根结底是人的活动，由法官来直接完成，因此，法官个人的好恶和知识、经历背景等因素对量刑结果也会有一些影响。例如，在调研中，某法官谈到其家中被入屋盗窃，次日起床后感到十分后怕，遂表示

“今后遇到入屋盗窃要顶格判”！也有法官基于对银行卡安全性的诟病而对信用卡诈骗类犯罪从轻处罚。

除此之外，一些外界的影响也可能会成为法官在量刑时考量的因素之一。如为了加强审判管理，人民法院自上而下开展了审判质效指标的管理，通过各种量化的指标，对审判工作进行调控与管理，使之符合司法公正和司法为民的要求。最高人民法院公布的审判质效指标，在宏观上对于司法工作的整体质效提升起着重要促进作用，也在不断地分解和分摊过程中对法官的量刑活动产生着一些微妙的影响。在调研中，有法官提到，为了有效降低上诉率，他们往往会倾向于对适用法律或量刑把握不准的案件从轻判处，以博得被告人放弃上诉的结果，这几乎成为一种公开的做法：有时法官也会将这一考虑作为量刑理由告诉公诉人，以避免公诉人抗诉——抗诉率也是检察机关的考核指标之一。

（三）社会法治观念等客观因素

1. 传统法律思想。传统法律思想观念通过历史记载、小说、影视故事等各种形式，在当代影响着人们的行为和习惯。作为封建特权等级制度一部分的“官当”和“赎”的古代司法规则，在一定程度上也影响着当前的司法活动。出于对于党纪、政纪处分性质的不理解，和个别法官对案件处理或解释不当，以及不同地区对犯罪起点数额掌握不一，媒体报道失真等因素，导致一些人对于贪贿违法违纪案例处理的解读产生偏差。例如，A地区对于贪污贿赂行为党纪、政纪处分与犯罪的分界数额定得较高，个别单位的领导从保护干部的角度出发，为干部求情，请求办案机关将一些证据存疑的事实不予认定或从轻处罚，造成群众的不理解，认为党纪、政纪处分可以替代刑事责任。还有一些法院为达到完成财政罚没指标的目的，片面强调贪污贿赂犯罪案件审理中“退赃”因素对于量刑结果的影响，在审判委员会讨论时明确表示：退赃可轻判；一些法官甚至主动向被告人及家属作出预缴后可从轻或者减轻处罚的承诺。在调研中，甚至有法官直言，退赃和主动预缴没收财产款项实际上就是赎买制度在当代的延续。

在这种观念支配下，司法行为也会因此受到影响。如本来是作为量刑情节之一的退赃情节，却可以折抵。出台明确的规范化量刑方案，明确退赃情节从轻处罚的原因、幅度，是消除误解的良方之一。

2. 人情因素。中国社会是一个人情社会，法官生活在人情社会之中，案件的审判会受到各种非法律因素的影响。贪污贿赂犯罪的主体为国家工作人员，都是“体制内的”，他们在案发后往往会通过千丝万缕的联系、动用各方面关系找到法院，其中一些人曾担任重要职务，案发后也会通过说情干扰案件审理。在我们的调研走访中，几乎所有的同行在聊到贪污贿赂犯罪的量刑规范化问题时，都会提到人情因素对量刑的影响。

当然，大多数法官表示，人情因素没有严重到所有的案件量刑结果都会受到人情因素影响的地步，大多数案件还是按照合议庭的意志作出裁判的。我们分析，根据辩证唯物主义观，内因是关键，由于人情关系的远近亲疏有别，人情因素对量刑的影响也取决于承办法官的性格、说情人的请求、案件的具体情况等各种客观因素。这一分析也得到了某基层法官的认同，他补充：以他的经验，不少贪污贿赂犯罪案件的当事人会找到他，但真正令他在量刑时不得不认真考虑的，只是其中的一小部分。在B地和C地调研座谈时，刑事法官们对量刑规范化工作的积极评价之一便是：为抵御人情案提供了一套合法合理的有效说辞。

3. 地域因素。经济发展水平的影响。由于经济发展水平程度不一，同一行为在不同环境下的社会危害性也不一致。例如，同样是贪污500元，在经济发展水平不同的不同地区，其社会危害性也不相同。如前述C地区贫困县一个出纳贪污300多万元的案例，在经济发达的A地区的社会危害性与C地区所激起的民愤就有很大不同。

4. “重定罪轻量刑”观念。法学界和司法实践一直存在“重定罪轻量刑”观念。法学研究关于犯罪构成的研究和著作多，关于量刑情节和量刑规范的研究与成果少；在法学院授课时，对量刑活动的介绍几乎是一带而过。因此，新提拔或新到刑庭的法官，往往对如何量刑一无所知——在没有任何指引的情况下，量刑活动只能是“小马过河”式的经验活。司法实践中，虽然要求量刑不得畸轻或畸重，但由于量刑活动的主观性较强，缺乏衡量标准，便成为法官的“自留地”。只要是在法律规定的幅度范围内，轻一点或重一点量刑，上级法院往往也会睁一只眼闭一只眼。庭审程序中，法官往往也不会询问被告人或公诉人对量刑的意见。在这种观念的支配下，量刑的随意性自然较大。

三、构建完善的贪贿类犯罪量刑标准体系

（一）修订贪污和受贿罪立法

立法规定滞后是贪污贿赂类犯罪量刑不均衡的主要原因之一。在面向普通民众的调查问卷中，58%的受访民众选择同意适当提高贪污受贿罪的量刑数额起点。可根据社会经济发展水平现状，科学合理设置各法定刑档的犯罪数额起点，或吸收《最高人民法院关于审理人身损害赔偿的司法解释》规定的做法，将犯罪数额起点设置为一个与案发地上一年度城镇居民收入值相关联的一个参数，以达到罪刑相适应。

（二）明确模糊地带

对于法条中“情节严重”“特别严重”“数额较大”等概念，可以通过司法解释或立法解释的形式，确定所指的情形和由各地掌握的数额幅度范围，以便于统一量刑标准。尤其是贪污罪和受贿罪的情节严重、情节特别严重、情节较轻的情形，私分国有资产罪和巨额财产来源不明罪的两个法定刑档次分别对应的数额标准，亟待明确。

关于同时具备两个以上减轻处罚情节是否可以降两档的问题，我们在调研中听到的是截然相反的声音。A 地区中院和甲、乙两家基层法院的法官们均表示如此操作更便于达到量刑公正，尤其是对于贪污和贿赂犯罪。C 地区中院某刑事法官甚至提到，最高人民法院在某一研究课题征询意见时，曾表露出类似的考虑，因此，他们认为这可能是将来一种主流观点或做法，认同两个以上减轻处罚情节减两档处理。但 B 地区的法官表示既然《刑法修正案（八）》明文规定不得在法定刑幅度以下的幅度量刑，其目的便是杜绝减轻处罚情节滥用导致量刑畸轻，如现在具有两个以上减轻处罚情节可以突破该法律规定，则该条规定有可能会失去意义。

我们认为，目前职务犯罪的自首与立功情节的认定已日渐规范，具备两个以上减轻处罚的情形并不多见。A 地区甲基层法院近五年审理的 182 件贪污贿赂类犯罪案件中，仅有 6 件此类案件；A 地区中院近五年审理的件 162 件贪污贿赂类犯罪案件中，仅有 20 件此类案件；B 地区近三年审理的 22 件贪污贿赂类犯罪案件中，无此类案件；C 地区近三年审理的 28 件

贪污贿赂类犯罪案件中，仅有1件此类案件；D地区丙基层法院近三年审理的25件贪污贿赂犯罪案件中，无此类案件。因此，对于具备两个以上减轻处罚情节降两档处理并不会造成《刑法》第63条的规定被人为弃用。而且，从文义解释的角度，第63条的表述并未完全禁止在具备两个以上减轻处罚情节的情况下在最低法定刑以下减两档量刑。若不能减两档量刑，实践中出现的此类案件，如前文中提到的共同贪污10万元仅分得2万元的从犯，则有可能造成罪刑不相适应。[①] 在我们的问卷调查中，76%的受访法官赞成对这种情况放开减两档量刑的限制。因此我们建议：通过司法解释明确对同时具备两个以上减轻处罚情节可以在最低法定刑两档以下量刑。

（三）严格执行刑事政策

在调研中发现由于内部指导性意见的存在，导致量刑在一定限度内规范的现实，表明了刑事政策在量刑实践中的巨大效用。

1. 严控缓刑适用。针对贪污贿赂类犯罪的缓刑适用问题，61%的受访民众认为应严格控制贪污贿赂类犯罪的缓刑和免刑适用，而且67%的民众认为贪污贿赂犯罪与暴力犯罪的危害性同等严重，前者的社会危害性大于普通的侵财类犯罪。应通过完善机制、监督检察等方式，确保反腐政策在刑事司法领域的落实。

2. 严格控制自首、立功情节认定。《最高人民法院、最高人民检察院关于办理职务犯罪案件认定自首、立功等量刑情节若干问题的意见》已经针对实践中职务犯罪认定自首、立功等量刑情节容易出现的问题进行了明确与限制，然而，我们在调研中仍然发现不同地区在执行该文件时尺度有所不同，个别地区2012年审理的贪污贿赂类犯罪案件被告人自首率仍达90%以上。究其原因，在于检察机关的法律监督职责缺失，因其中95%以上的“被动型”自首并非由法院主动认定，而是检察机关在提起公诉时已予以认定。因此，要强调检察机关的法律监督职责，严控自首、立功情节的认定。

① 若用具有自首情节，犯罪较轻可以免除处罚的规定，又会导致量刑过轻。

（四）制定并不断完善量刑标准

在问卷调查中，67％的社会公众受访者认为贪污贿赂犯罪量刑的随意性大，需要制定一套具体的量刑标准。

1. 量刑基准的确定。估堆式量刑容易受各种因素的影响，导致量刑不均衡，开展量刑规范化活动无疑是当前较为现实的选择。

关于量刑基准如何确定，理论界有中线论、形势论、主要因素论等重心论等不同观点。① 我们认为，形势论与法治的原则相违背，归根结底是人治思想的体现，不可取；中线论尊重立法对犯罪行为社会危害性的评价，但忽视了实证分析对于理论研究的重要性，会丧失通过司法实践对立法规定的偏差进行矫正的机会。事实上，理论界也越来越多地倾向于自下而上的实证研究方法来获得更令人信服的结论。② 一些法院也是通过统计分析的方式来确定量刑基准。③

实证研究的方法多是通过从实践中选取量刑情节较少的判例，按量刑评价标准进行分类后，计算平均刑期，作为该类犯罪量刑基准的经验标准。如对醉驾类危险驾驶案件的量刑基准，是通过对司法实践中最典型的醉酒驾车被例行查获未造成损失的“一般案件”的量刑结果的统计得出的。④

但这种方式在贪污贿赂类犯罪寻找量刑基准时并不可取。我们统计了全部受访地区贪污、受贿犯罪的量刑平均值（见下表）。

---

① 中线论把基准点固定在法定刑幅度的 1/2 上；形势论主张根据治安形势的严峻与否确定基准点，该基准随治安形势浮动，形势稳定时可适当降低量刑基准点至法定最低刑，或以中线为量刑基准；形势动荡时量刑基准须相应地提高。主要因素论主张法定刑适用基准点的确定应以对社会危害性大小起主要作用的因素为依据，并以调查统计的实例来论证；重心论认为量刑的基准点应对应于犯罪行为中决定社会危害性大小的一个主要因素，这个因素就是抽象个罪的重心。与抽象个罪的重心相对应的法定刑就是量刑基准。参见朱建华：《量刑的理论与实践研究——量刑基准的确立》，载《河北法学》2006 年第 12 期，第 33～35 页。

② 参见白建军：《量刑基准实证研究》，载《法学研究》2008 年第 1 期，第 99 页。

③ 全国量刑规范化试点单位广州白云法院副院长简伟杰在解释广州的量刑规范化经验时说道：“我们先对前 3 年的案件进行统计分析，比如这 3 年有 1000 件交通肇事，大概可以分成几类，对每类进行分析，然后经过广泛讨论，确定每类案件的基本量刑幅度，这个幅度就是基准刑。”

④ 参见李春华：《实践理性的继承与超越——醉驾类危险驾驶罪的基准刑初探》，载万鄂湘主编：《建设公平正义社会与刑事法律适用问题研究——全国法院第 24 届学术讨论会获奖论文集》，第 1104 页。

数额	平均刑期
不满 5 万元	一年八个月
5 万元以上不满 10 万元	二年九个月
10 万元以上不满 20 万元	三年四个月
20 万元以上不满 30 万元	三年八个月
30 万元以上不满 50 万元	五年六个月
50 万元以上不满 100 万元	七年六个月

除了数额不满 5 万元的平均刑期在法定期幅度以内，其他的平均刑期均明显低于法定期幅度，不可能成为量刑基准。究其原因，我们认为有三个方面：一是贪污贿赂类犯罪，由于纪律监察部门提前介入，被告人自首、退赃和认罪等从轻处罚的比例高于普通犯罪，导致量刑较轻；二是我们统计的数据中，经济发达地区的职务犯罪高发，年审结的职务犯罪数量远多于其他地区，如 B 地区的中心城区丙法院一年审结的职务犯罪案件仅在 3～4 件左右，而 A 地区的中心城区甲法院一年审结的职务犯罪是 30～40 件左右，相差 10 倍，统计结果的量刑风格因此更偏向于占数据比重较大的地区量刑风格；三是我们统计的数据时间段为前三年或前五年，在最高人民法院 2009 年左右陆续出台规定规范职务犯罪自首立功的认定和量刑偏轻的问题之前，部分案件的量刑较轻。因而，不能单纯以实际量刑的均数作为量刑基准的参考值，还应充分考虑立法中间值和参考各地量刑规范化文件的规定。

具体到各罪的量刑基准，我们认为，对于数额标准明确的罪名如贪污罪和受贿罪，可根据犯罪数额与法定刑的对应关系，细分不同数额所对应的量刑基准；而数额标准不明确的罪名，可以从实践判例中寻找对应法定刑上下限的犯罪数额标准或平均量刑幅度对应的犯罪数额标准，在此基础上确立量刑基准。

2. 明确常见从轻、减轻处罚情节的调节幅度

（1）自首。在与 A 地区甲、乙两家基层法院的刑事法官座谈中，法官们提出职务犯罪的自首调节幅度应大于目前试行的 15 个常见罪名规定的自首调节幅度：在办案机关掌握犯罪线索之前自动自觉投案自首的调节幅度可掌握为 50％以下，其余的自首可掌握在 40％以下，视为自首可掌握在 30％以下，部分自首掌握在 20％以下。在与 B 地区中院法官座谈时，他们

原则上认同这一方案，但也有法官提出，贪污贿赂类犯罪的自首调节幅度定得高于普通刑事犯罪，会否起不到规范贪污贿赂类犯罪量刑的作用？会否引发公众的不解与不满？

我们向法官们做了调查。关于犯罪事实尚未被办案机关掌握而主动投案自首的情形，从宽处罚幅度最高可达多少的问题，60名受访刑事法官中，36%的法官选择了“50%”，27%的法官选择“40%”。关于承认部分犯罪事实的部分自首，从宽处罚幅度最高可达多少的问题，45%的法官选择了20%，31%的法官选择了30%。这与座谈的情况和《人民法院量刑指导意见（试行）》的意见均基本一致。在面向普通公众的问卷中，关于自首的调节幅度，58%的普通民众选择了30%。这表明民众对贪污贿赂犯罪自首情节对量刑调节幅度过大的反感。

我们认为，《人民法院量刑指导意见（试行）》在对15个常见罪名进行量刑规范的同时，在总则部分对于自首的调节幅度已有规定：一般情况下法官从宽处罚的幅度不能超过基准刑的40%，犯罪较轻时，法官的从宽幅度也允许超过40%，甚至可以直接决定免除处罚。目前看来，这一幅度既能有效规范量刑，也有相当地弹性，施行至今未发现明显问题；而且从贪污贿赂类职务犯罪的敏感性和量刑规范的统一性出发，增大职务犯罪中自首情节的调节幅度确有不妥，因此仍应沿用《人民法院量刑指导意见》关于自首情节原则上40%的调节幅度。

但根据《最高人民法院关于办理职务犯罪案件认定自首、立功等量刑情节若干问题的意见》的规定，在量刑时对自首情节的评价，还应结合自动投案的动机、阶段、客观环境，交代犯罪事实的完整性、稳定性以及悔罪表现等具体情节，因此，作为量刑规范化的指引，可以根据职务犯罪中遇到的不同种类的自首情况，分别确定不同的调节幅度。根据《刑法》第67条第2款、《最高人民法院关于处理自首和立功具体应用法律若干问题的解释》和《最高人民法院关于办理职务犯罪案件认定自首、立功等量刑情节若干问题的意见》的规定，除了自动投案如实供述犯罪事实的自首以外，还有非出于犯罪嫌疑人自愿或犯罪嫌疑人向所在单位投案的“视为自首”，和到案后供述与办案单位掌握与线索或事实之外事实的“以自首论”的情形。法官们还建议，对自首后翻供，一审判决前又如实供述的情形，以及部分自首[①]的情形也给出明确的量刑指引。结合座谈情况和问卷调查结果，我们认为，可将自首的量刑幅度规定如下：

对于自首情节，应当综合考虑投案的动机、时间、方式、罪行轻重、如实供述罪行的程度以及悔罪表现等情况，可以减少基准刑的40%以下；犯罪较轻的，可以减少基准刑的40%以上或者依法免除处罚；视为自首和以自首论的情形，可以减少基准刑的30%以下；自首以后又翻供，在一审判决前又如实供述的，可以减少基准刑的25%以下，部分自首的，可以减少基准刑的20%以下。

（2）退赃。退赃是贪污贿赂类犯罪中常见的量刑情节，体现了被告人的悔罪态度，如案发前自动归还、举债退赔等。大多数被告人被羁押，其亲友主动退赃、退赔或者在司法机关追缴赃款、赃物过程中积极配合的，也视为被告人本人主动退赃、退赔。在B地区和C地区近三年审理的43件贪污贿赂类犯罪[②]中，具有退赃情节的有29件案，占总数的66%；A地区近五年审理的302件贪污贿赂类犯罪[③]中，具有退赃情节的有236件，占总数的78%；而在D地区戊基层法院近三年审理的贪污贿赂犯罪案件中，这个比例为88%。

在和法官们的座谈中，我们发现，退赃在不同地区的司法环境中有不同的意义。在A地区的贪污贿赂犯罪案件中，95%以上的案件被告人在移送到法院时，已有退赃款扣押在案，退赃只是法官量刑的一个考虑因素；但在B、C地区，被告人往往是在案件审理过程中才退赃，退赃是法官考虑是否适用缓刑的重要因素。在个别财政紧张、法官的办公经费与上缴罚没款数额挂钩的地区，退赃成为大幅度从宽的理由。在我们的调查问卷中，我们也对退赃分了四种情形，每种情形分别搭配了四种量刑调节幅度，供法官们选择。但结果令人吃惊：对于全额退赃的，多数法官的选择是对基准刑调节40%；对于退赃80%～100%的，多数法官的选择是对基准刑调节30%；对于退赃50%～80%的，多数法官的选择是对基准刑调节

---

① 目前没有“部分自首”的概念。法官们提出，自动投案后，只承认部分（50%以上）的犯罪数额或犯罪次数的自首，在量刑时尚未有明确原则，个别案件会按全案自首来处理。如甲基层法院审理的储某某贪污一案，法院查明储某某与陈某某共同贪污公款30万元，储某某分得15万元，而储某某自首后一直坚称其只分得7万元，后法院以自首仍对储某某减轻处罚，判处有期徒刑七年。

② 扣除了行贿与单位行贿罪，因为这两个罪名不存在退赃可能。

③ 同样扣除了行贿罪与单位行贿罪。

15%；对于退赃50%以下，多数受访法官的选择是对基准刑调节5%。

我们认为，退赃是酌定从轻处罚的情节，因此，对于量刑的调节幅度不能高于自首和避免造成重大损失的坦白，否则会有“花钱买刑”之嫌，但退赃的调节幅度也不得过小，否则难以起到激励作用，被告人家属从功利角度考虑，可能会选择将有限的资金用于服刑期间缴纳财产刑甚至是通过“潜规则”以换取减刑机会。因此，参照《广东省高级人民法院〈人民法院量刑指导意见（试行）〉实施细则（试行）》“非暴力型犯罪，被告人退赃、退赔的，可以减少基准刑的30%以下”的意见，可将退赃对基准刑的调节幅度确定如下：

全额退赃的，可减少基准刑的30%以下；退赃80%～100%的，可以减少基准刑的20%以下；退赃50%～80%的，可以减少基准刑的15%以下；退赃50%以下的，可以减少基准刑的5%以下。

对于立功、从犯、认罪等其他从轻、减轻处罚情节的调节幅度，由于《人民法院量刑指导意见（试行）》已有明确规范，在实践中争议不大，或在贪污贿赂类犯罪中适用较少，不另作讨论。

3. 贪污、受贿罪的量刑差异比较。虽然贪污罪和受贿罪的处罚标准相同，但相同数额的贪污罪和受贿罪在司法实践中量刑有所不同。这不仅是个别地区的问题，有研究者对网上公布的量刑数据进行统计和分析后，也得出这一结论。[①] 由此引发的问题是：在制定规范化量刑指引时，贪污罪和受贿罪的量刑应否有所差异？

关于贪污罪和受贿罪量刑应否有所不同的问题，我们也进行了调研。受访的六家法院均表示由于《刑法》第386条的规定，对贪污罪的量刑与受贿罪的量刑并没有刻意区分过。有法官表示，受贿罪的危害后果往往伴随着其他危害社会的后果——如豆腐渣工程的发生，因此，贪污罪的社会

---

① 经过分析，个人受贿数额在5000元以上不满5万元的，根据14件案例测算，其量刑基准为0.806年/万元，约合9.67个月/万元；个人贪污数额在5000元以上不满5万元的，根据14件案例测算，其量刑基准为0.782年/万元，约合9.39个月/万元。个人受贿数额在5万元以上不满10万元的，根据34件案例测算，其量刑基准为0.787年/万元，约合9.45个月/万元；个人贪污数额在5万元以上不满10万元的，根据22件案例测算，其量刑基准为0.763年/万元，约合9.15个月/万元。个人受贿数额在10万元以上判处有期徒刑的，根据158件案例测算，其量刑基准为0.186年/万元，约合2.23个月/万元；个人贪污数额在10万元以上判处有期徒刑的，根据80件案例计算，其量刑基准为0.204年/万元。参见宋云苍：《贪污受贿案件量刑均衡问题研究》，载《刑事法评论》第19卷，第420页。

危害性较受贿罪的社会危害性要低。在我们的专业版问卷调查中，50%的受访法官选择了两者社会危害性“差不多”的选项，20%的受访法官选择贪污罪的社会危害性大，30%的法官选择受贿罪的社会危害性大。在普通版问卷调查中，61%的民众认为贪污罪与受贿罪的社会危害性差不多。

我们认为，主张受贿罪的社会危害性大的观点有其合理性，但贪污罪侵犯的是双重客体，侵犯了国家工作人员职务的廉洁性和国家公共财产的所有权。因此，既然立法者将二者适用同一标准量刑，司法工作者和民众也多数认可这一标准，则可在量刑规范化指引中仍对二者适用同一量刑标准。

4. 各具体犯罪量刑基准与幅度。根据上述研究情况，参照量刑规范化指导意见，综合各地法院不同罪名不同数额犯罪案件的量刑情况，我们草拟了贪污贿赂类犯罪量刑指导意见（略）。

关于受贿、行贿罪量刑情况的调研报告

广州市中级人民法院课题组*

量刑，也称刑罚的裁量，是指人民法院通过开庭审理，在查明犯罪事实和确认有效证据的基础上，根据犯罪行为人所实施的犯罪行为依法裁量，决定对犯罪人是否判处刑罚，判处何种刑罚和判处多重刑罚的一种审判活动。近年来，职务犯罪案件的量刑问题越来越受到社会各界的广泛关注，而此类案件的量刑不平衡和非监禁刑的较多适用更是成为公众议论和评价职务犯罪量刑问题的焦点和缩影。职务犯罪案件量刑不均在一定程度上造成了对法律权威的破坏。如何确保职务犯罪案件的裁判能够取得良好的法律效果和社会效果，全面提升法院审理职务犯罪案件的水平，有力推动反腐败斗争深入开展，已经成为各级人民法院当前和今后亟须解决的课题之一。

本调研报告以贿赂犯罪中备受关注且数量最多①的受贿、行贿罪案件量刑为切入点，通过对2010～2012年广州市两级法院审结的767件②受贿、行贿案件的量刑情况进行实证分析，找出当前影响两罪量刑不均衡状况的原因，并在现有法律、司法解释规定的框架下，探索两罪案件的量刑平衡机制，结合审判实践提出加强贿赂犯罪案件审理的对策建议。

一、困境："同罪不同罚""同罚不同罪"?

犯罪数额作为贿赂犯罪定罪量刑的主要标准，无论在立法上还是司法实践中，已形成通行的惯例；但犯罪数额并不是唯一标准，自首、立功等

---

* 课题组组长：王健，副组长：郑允展，成员（执笔人）：闵海蓉、许媛媛。

① 贿赂犯罪包括受贿罪、非国家工作人员受贿罪、单位受贿罪、利用影响力受贿罪、行贿罪、向非国家工作人员行贿罪、单位行贿罪、对单位行贿罪、介绍贿赂罪等，其中受贿罪和行贿罪案件数量占贿赂犯罪的八成以上。

② 均为一审案件，其中受贿罪528件538人，行贿罪239件247人。

法定情节以及退赃、认罪态度等酌定情节也影响着贿赂犯罪的量刑。因此，整个实证分析中将以犯罪数额为主线的依据和视角，同时考察法定或酌定情节对量刑的影响程度。

（一）受贿案件量刑情况

1. 总体概况。从犯罪金额来看，10 万元以下的 157 件，10 万～50 万元的 281 件，50 万～100 万元的 41 件，100 万元以上的 43 件（详见图 1）；从被判处的刑罚来看，[①] 一年以下有期徒刑及拘役的 41 人，一至五年有期徒刑的 208 人，五至十年有期徒刑的 218 人（含五年），十年以上有期徒刑的 54 人（含十年），免予刑事处罚的 13 人，其中适用缓刑的 174 人，重刑率[②]为 10.04％，非监禁刑适用率为 34.76％；从量刑情节来看，87.73％的被告人具有自首、立功、从犯等法定从轻或减轻情节，90.52％的被告人具有退赃、如实供述、自愿认罪等酌定从轻情节，仅有 2.79％的被告人没有法定或酌定从轻、减轻量刑情节。

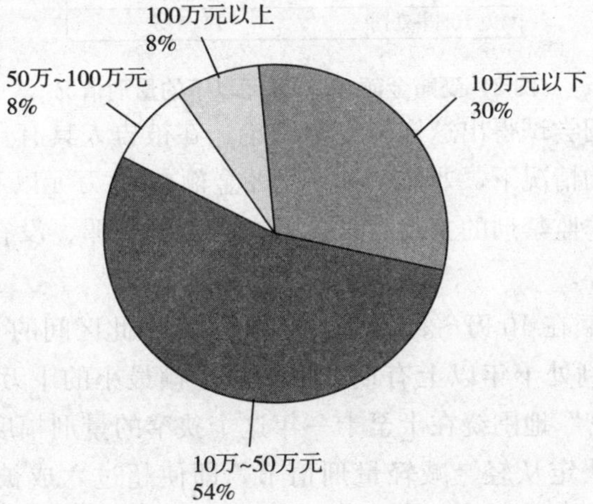

图 1　受贿案件犯罪金额比例图

由此可见，犯罪数额 10 万元以上已经成为当前受贿罪的常态（占 69.13％），按照《刑法》关于受贿罪的量刑规定，受贿金额在 10 万元以上的一般犯罪情形[③]应判处十年以上有期徒刑，也就是说，在没有法定或酌

① 在数罪的情况下，仅统计受贿罪一罪的量刑情况；行贿罪同。

② 即被判处十年以上有期徒刑或无期徒刑的比例。

③ 一般犯罪情形，是指案件中不具有法定或酌定量刑情节的情形。

定从轻减轻情节的情况下，将近七成的案件应在十年以上有期徒刑量刑，这就与重刑率10.04%的现状不相符合。我们可以初步得出一个感性的直观认识：法定或酌定量刑情节在很大程度上影响着量刑结果。

2. 受贿金额在10万元以下的量刑情况。在此区间的157件案件158人中，98人适用缓刑，13人免予刑事处罚，47人被判处六个月至六年不等的有期徒刑（实刑），非监禁刑适用率为70.25%（详见图2）。适用非监禁刑的111人中，仅有1人[①]没有自首等法定从轻或减轻情节，3人没有退赃等酌定从轻情节；被判处实刑的47人中，26人系犯有数罪，19人没有法定从轻或减轻情节，8人没有酌定从轻情节。

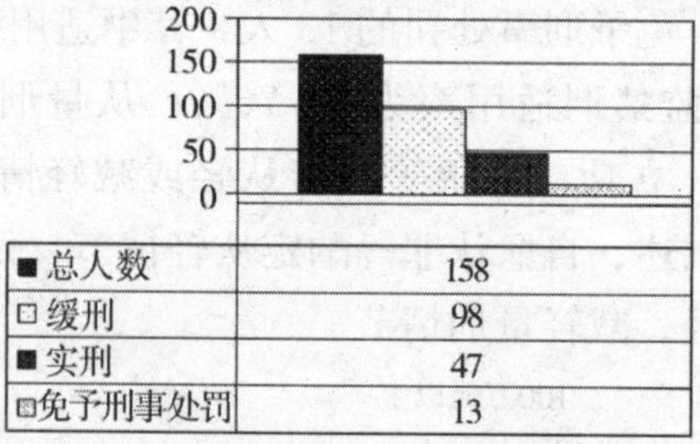

图2　受贿金额在10万元以下的量刑情况

由此，我们尝试得出这样的一个结论：在被告人具有自首、退赃等法定或酌定情节的情况下，非监禁刑是受贿金额在10万元以下案件的主要刑罚；影响适用非监禁刑的主要因素包括被告人犯数罪、没有法定或酌定从轻、减轻情节等。

3. 受贿金额在10万～50万元的量刑情况。此区间的281件案件287人中，24人被判处十年以上有期徒刑：从金额最小的十万到最大的46.2万元，均“紧密”地围绕在十至十一年这个狭窄的量刑幅度中，共同特征是几乎都没有法定从轻、减轻量刑情节，即使超过六成被告人有如实供述、退赃等酌情从轻情节，也无法低于十年这道槛；158人被判处五年以上十年以下有期徒刑，“拥挤”的情形同样存在：超过98%的被告人在五至六年的幅度内量刑，金额最小的11万元到最大的48万元均在此幅度内，共同特征是均具有法定从轻减轻情节；98人被判处一年以上五年以下有期徒刑，其中判处实刑30人，适用缓刑68人（详见图3）。可见，有期徒刑五至六年是受贿金额10万～50万元案件的主要刑罚，而该档次刑罚的适

① 受贿0.35万元，在案发后及时将赃款退清，判处有期徒刑六个月缓一年。

用也是以被告人具有法定从轻、减轻情节为前提。

总人数	287
十年以上有期徒刑	24
五年以上十年以下有期徒刑	158
五年以下有期徒刑（实刑）	30
缓刑	98

图 3　受贿金额在 10 万～50 万元的量刑情况

4. 受贿金额在 50 万～100 万元的量刑情况。此区间的 41 件案件 44 人中，6 人被判处十年以上有期徒刑，最高刑罚为十一年六个月，几乎都没有法定从轻减轻情节；22 人被判处五年以上十年以下有期徒刑，量刑幅度在五至八年之间，其中 5 人是七年以上有期徒刑；15 人被判处五年以下有期徒刑，量刑幅度在三至四年之间（详见图 4）。十年以下有期徒刑的被告人均具有法定从轻减轻情节。我们可以得出一个与受贿金额 10 万～50 万元区间案件的相似结论：有期徒刑五至十年是该区间的主要刑罚，且与被告人是否具有法定从轻、减轻情节直接相关。

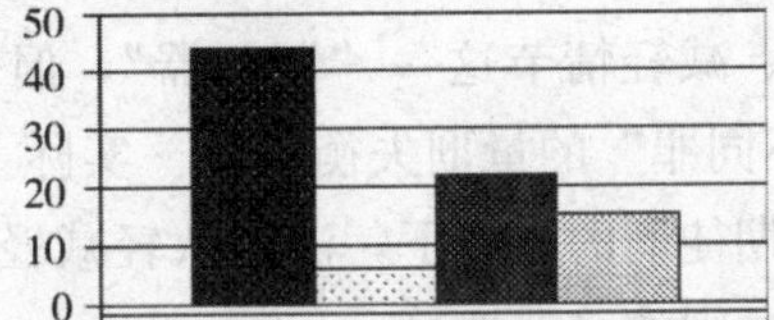

总人数	44
十年以上有期徒刑	6
五年以上十年以下有期徒刑	22
五年以下有期徒刑（实刑）	15

图 4　受贿金额在 50 万～100 万元的量刑情况

5. 受贿金额在 100 万元以上的量刑情况。此区间的 43 件案件 44 人中，24 人被判处十年以上有期徒刑，最高刑罚为十五年，金额从最小的 117 万元到最大的 1400 多万元不等，超过 90％的被告人在十至十二年的幅度内量刑，一半被告人具有法定从轻减轻情节；19 人被判处五年以上十年以下有期徒刑，其中 84.21％的被告人在七年以上；1 人被判处有期徒刑四年。十年以下有期徒刑的被告人均具有法定从轻减轻情节，部分还有两个情节。可以看出，有期徒刑七至十二年是该区间的主要刑罚，但法定从轻减轻情节对量刑的影响似乎减弱。

按照《刑法》规定，受贿罪的犯罪数额和量刑一般应成正比关系，基本上是按照“1万元判处一年有期徒刑”的认识来确定的。但从受贿金额10万元以下、10万～50万元、50万～100万元以及100万元四个区间的量刑情况来看，这一正比关系并不明显，体现在三个方面：（1）在相同或相近犯罪数额范围内，有或没有法定从轻减轻情节相差甚远。例如，同是受贿10万元且全部退赃，成立自首的获刑五年，没有自首的十年。（2）在具有法定从轻减轻情节的情况下，相差甚远的犯罪数额刑罚相近。例如，受贿11万元并自首的获刑五年，受贿96万元并自首的获刑六年；在相同或相似数额的条件下从轻减轻的幅度各不相同。（3）金额与刑罚在有期徒刑五年到十年之间一定程度上呈反比关系，出现刑期为六年的犯罪数额远远大于七年的犯罪数额。例如，受贿80万元并自首的获刑六年，而受贿33.7万元并自首的获刑七年。

此外，财产刑适用不规范的现象也值得注意。接近90%的被告人适用财产刑，最高达800万元，最低为5000元，适用数额与犯罪金额、被告人是否全部退赃等因素没有明显联系，存在一定的随意性。

由此可以看出，受贿罪的量刑虽然以犯罪数额为基础，并辅之以法定或酌定从轻、减轻情节这一“调剂器”，但仍不可避免地出现“同罪不同罚”“同罚不同罪”的量刑失衡情况。实际上，在受贿10万元以上判处十年或以上有期徒刑的规定下，法定从轻减轻情节已经成为法官尽可能实现罪刑相适应原则的必然选择。

（二）行贿案件量刑情况

1. 总体概括。从犯罪金额来看，1万～20万元的118件，20万～100万元的103件，100万元以上的16件（详见图5）；从被判处的刑罚来看，一年以下有期徒刑及拘役的115人，一至五年有期徒刑的109人，五年以上有期徒刑的1人，免予刑事处罚的20人，其中适用缓刑的176人，非监禁刑适用率为79.35%；从量刑情节来看，84.62%的被告人具有自首、在被追诉前能主动交待行贿行为等法定从轻或减轻情节，36.84%的被告人具有退出违法所得、如实供述等酌定从轻情节，仅有3.24%的被告人没有法定或酌定从轻、减轻量刑情节。由此可见，五年以下有期徒刑是行贿罪的最主要刑罚。

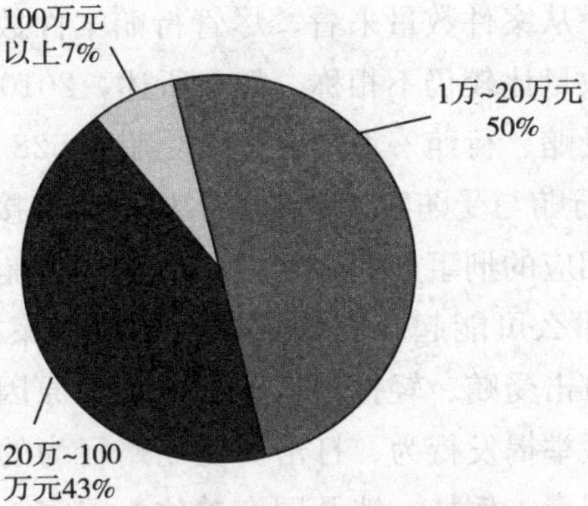

图5　行贿案件犯罪金额比例图

2. 各犯罪数额区间的量刑情况

（1）1万～20万元。此区间的118件案件121人中，全部被判处二年以下有期徒刑或拘役，其中判处实刑17人，适用缓刑90人，免予刑事处罚14人，非监禁刑适用率达85.95％。23名没有法定从轻、减轻情节的被告人中，6人被判处实刑。

（2）20万～100万元。此区间的103件案件108人中，除二人分别被判处有期徒刑四年、六年外，其余108人均被判处三年以下有期徒刑，其中判处实刑24人，适用缓刑78人，免予刑事处罚6人，非监禁刑适用率达77.78％。13名没有法定从轻、减轻情节的被告人中，8人被判处实刑。可见，与1万～20万元区间相比，法定从轻、减轻情节对非监禁刑适用的影响更为明显。

（3）100万元以上。此区间的16件案件16人中，全部被判处四年以下有期徒刑或拘役，其中判处实刑8人，适用缓刑8人（几乎均具有法定从轻、减轻情节），非监禁刑适用率达50％。

由于《刑法》没有对行贿数额的量刑进行细化规定，故“同罪不同罚”“同罚不同罪”的量刑失衡情况同样存在，甚至一定程度上较受贿罪严重，犯罪数额大小与刑罚轻重之间没有正比关系；部分案件中法定或酌定从轻、减轻情节对量刑的影响程度超过犯罪数额，同样存在在相同或相似数额的条件下从轻减轻的幅度各不相同的情况，量刑具有较大随意性。总体上说，行贿罪量刑轻缓化，且非监禁刑率偏高，虽然随着犯罪数额的增加非监禁刑率降低，但犯罪数额的大小似乎不能成为是否适用非监禁刑的最重要衡量标准。

值得注意的是，从案件数量来看，尽管行贿案件数量呈逐年增加的趋势，但与受贿案件数量比较仍不相称。如上所述，2010～2012年全市两级法院审结的767件受贿、行贿一审案件中，受贿罪528件，行贿罪239件，比例约为2.2∶1。行贿与受贿案件数量的不相称，直接反映出现实中有大量行贿人没有受到相应的刑事处罚。若按照受贿、行贿犯罪“一对一”的犯罪模式来计算，那么可能起码有一半以上的行贿案件没有受到刑事追究。造成这种“重打击受贿、轻打击行贿”的现象原因是多方面的，包括现行司法政策鼓励检举揭发行为、打击商业贿赂行为的行政执法权与刑事侦查权分散等诸多因素。例如，涉及国有单位、国家工作人员的行贿犯罪由检察机关负责侦查，非国有性质单位、个人的行贿犯罪由公安机关经侦部门负责侦查。

二、剖析：受贿、行贿犯罪量刑失衡的症结何在？

（一）立法不完善

一是受贿罪刑罚确定数额化，不能满足当前司法实践的需要。如前所述，《刑法》对受贿罪的量刑数额进行了相对细化的规定，基本上是按照“1万元判处一年有期徒刑”来确定的，如受贿数额10万元以上的，处十年以上有期徒刑或者无期徒刑，数额在5万元以上不满10万元的，处五年以上有期徒刑。这一以犯罪金额为量刑标准的规定存在不少问题：

1. 贪污、受贿罪具体的量刑数额规定应当与社会经济发展水平、居民收入、消费水平等相适应。同样的犯罪数额在不同历史时期的实际价值不同，对人的生活和心理的影响也不同，其社会危害性也是不同的。但立法对这种绝对确定性的罪刑法定追求，将复杂的定罪量刑过于简单化，无法应对社会的发展变化。上述量刑标准是在1997年八届全国人大五次会议修订的，随着16年来我国社会经济生活的快速发展，其在司法实践中的不适应日益凸显。从2010～2012年广州两级法院审结的受贿案件来看，犯罪金额在10万元以上的案件将近七成，基本成为犯罪常态，数额在百万、甚至千万元的案件也逐渐增多。在一般犯罪情形下，这七成的案件无论涉及10.1万还是1000万均要在10年以上有期徒刑、无期徒刑或死刑这一狭窄的幅度内量刑，如果要按照“1 万元判处一年有期徒刑”的标准，受贿 10.1 万元与 50 万元、与 100 万元的刑罚能在多大程度有所区别以实现罪刑相适应呢？这也许就是造成犯罪数额 10 万～100 万元区间的案件量刑幅度相对集中的原因之一[①]：“腾出”量刑空间给 100 万元以上的案件。

2. 刑期设置的重复和刑种浪费。按照《刑法》规定，受贿金额 10 万元以上的处十年以上有期徒刑，5 万元以上不满 10 万元的处五至十五年有期徒刑甚至无期徒刑，5000 元以上不满 5 万元的处一年以上七年以下有期徒刑。可见，三个金额区间之间存在重复，这是造成量刑不均的客观原因之一。同时，按照上述量刑标准，受贿金额在 5 万元以上不满 10 万元的，情节特别严重的，处无期徒刑，并处没收财产。但从前面的实证分析中看出，即使在一般犯罪情形条件下，受贿数额 10 万以下的案件均在十年以下有期徒刑内量刑，更不用说判处无期徒刑。因此，在立法中对贪污受贿 5 万元以上不满 10 万元这一数额区间设置一个无期徒刑的刑种，无疑是一种刑罚资源的浪费和闲置。

3. 实践中，一些案件的数额虽然相差不大，但由于其他犯罪情节轻重不同，导致其社会危害性差别很大。例如，受贿行为的社会危害性会因受贿人所处的行业、职务不同而异，也与受贿人在收受贿赂后为行贿人谋取利益的程度密切相关，但由于现行《刑法》主要以受贿数额确定定罪量刑幅度，容易造成数额相同但其他犯罪情节不同导致社会危害性差别较大的犯罪，只能在一个量刑幅度内判刑，不能做到不同案件不同处理。

二是行贿罪量刑幅度过大，立法用语模糊、抽象，缺乏可操作性。如果说受贿罪刑罚确定数额化，10 万元以上案件量刑空间过小导致量刑失衡的话，那么行贿罪的量刑幅度过大则增加了量刑的不可操作性。《刑法》没有以行贿数额作为量刑标准，而是赋予法官自由裁量的“情节严重”“情节特别严重”“重大损失”等用语：“对犯行贿罪的，处五年以下有期徒刑或者拘役；因行贿谋取不正当利益，情节严重的，或者使国家利益遭受重大损失的，处五年以上十年以下有期徒刑；情节特别严重的，处十年以上有期徒刑或者无期徒刑，可以并处没收财产。”虽然 2012 年 12 月最高人民法院、最高人民检察院共同颁布了《关于办理行贿刑事案件具体应用法律若干问题的解释》，以行贿数额 1 万～20 万元、20 万～100 万元和 100

① 犯罪金额 10 万～100 万元的 322 件案件中，超过六成被告人在有期徒刑三至六年内量刑。

万元以上作为量刑的三个档次，分别对应五年以下有期徒刑或者拘役、五年以上十年以下有期徒刑和十年以上有期徒刑或者无期徒刑，并规定了构成“情节严重”“情节特别严重”的若干情形，[①]，但法官在上述三档数额内仍有较大的自由裁量空间，而且司法解释中的情形规定存在众多的模糊用语，需要法官根据自己对法律的理解、学识、生活经验等来把握并适用。

三是法定或酌定情节对量刑的影响程度没有具体规定。《刑法》规定了量刑时必须考虑的共 3 类 40 多种法定量刑情节，即法定的应当从重处罚、从轻或减轻处罚、减轻或免除处罚的各种情节，还有各种酌定的从轻或从重情节。贿赂犯罪案件中常见的法定或酌定情节包括自首、立功、索贿、退赃、认罪态度、是否如实供述等。但法律并没有具体规定从轻的幅度范围，是比没有从轻情节少 1 年、2 年还是 3 年？从重也面临同样的问题。减轻处罚是在法定刑以下减轻多少才算是减轻呢？虽然《刑法修正案（八）》规定在某罪具有数个量刑幅度的情况下，减轻处罚应当在法定量刑幅度的下一个量刑幅度内判处刑罚，但在被告人具有数个减轻情节时能否在下两个量刑幅度内判处刑罚呢？司法实践中，被告人具有两个或以上量刑情节是十分常见的，例如既有减轻情节又有从轻（或从重）情节时又该如何体现情节对量刑的作用？这些都缺乏相应的规定或指导。

四是缺乏相对统一的量刑标准。现行法律规定使得法官在法定刑幅度内具有较大的量刑自由裁量权，由于司法实践中没有相对统一的标准和参

---

① 该《解释》第 2 条规定：“因行贿谋取不正当利益，具有下列情形之一的，应当认定为刑法第三百九十条第一款规定的‘情节严重’：（一）行贿数额在二十万元以上不满一百万元的；（二）行贿数额在十万元以上不满二十万元，并具有下列情形之一的：1. 向三人以上行贿的；2. 将违法所得用于行贿的；3. 为实施违法犯罪活动，向负有食品、药品、安全生产、环境保护等监督管理职责的国家工作人员行贿，严重危害民生、侵犯公众生命财产安全的；4. 向行政执法机关、司法机关的国家工作人员行贿，影响行政执法和司法公正的；（三）其他情节严重的情形。”

第 3 条规定：“因行贿谋取不正当利益，造成直接经济损失数额在一百万元以上的，应当认定为《刑法》第三百九十条第一款规定的‘使国家利益遭受重大损失’。”

第 4 条规定：“因行贿谋取不正当利益，具有下列情形之一的，应当认定为刑法第三百九十条第一款规定的‘情节特别严重’：（一）行贿数额在一百万元以上的；（二）行贿数额在五十万元以上不满一百万元，并具有下列情形之一的：1. 向三人以上行贿的；2. 将违法所得用于行贿的；3. 为实施违法犯罪活动，向负有食品、药品、安全生产、环境保护等监督管理职责的国家工作人员行贿，严重危害民生、侵犯公众生命财产安全的；4. 向行政执法机关、司法机关的国家工作人员行贿，影响行政执法和司法公正的；（三）造成直接经济损失数额在五百万元以上的；（四）其他情节特别严重的情形。”

照物，可操作性不强，量刑难免出现偏差。人们对于量刑是否存在偏轻偏重的情况往往是通过个案对比来进行判断的，受贿15万元判处十年与受贿75万元判处十一年相比似乎不合理，但这两种判决都是在法律规定的量刑幅度内，都是合法的。正是因为没有统一的参照标准，所以无法判断哪个量刑结果更为合理。

（二）重定罪轻量刑观念的普遍存在

长期以来，我国的刑事法官普遍存在着“重定罪轻量刑”“重实体、轻程序”的观念：刑事案件审判的核心是查清案件事实，保证案件证据确凿，适用法律正确，对被告人的行为定性准确，这就是依法办案的主要目标和追求；只要量刑在法定幅度内，多判几年少判几年无关紧要。这种观念导致刑事法官过于看重犯罪定性，把主要精力放在罪名适用上而忽视量刑，量刑无法规范化。在刑事案件的审理中，“重定罪轻量刑”的观念不仅体现在庭审过程中没有就量刑问题进行单独、充分地质证和辩论，法院的判决中对如何量刑进行充分地说理论证等。

“重定罪轻量刑”的观念还体现在缺乏量刑理论的研究与科学量刑方法的探索，这也是量刑失衡的重要原因之一。正如学者刘潞攀在《论量刑的自由裁量权》中尖锐地指出，我国法官主要采取“估堆”的方法量刑：“所谓估堆，就是由法官在定罪的基础上，根据犯罪的事实和情节在没有明确、稳定规则指导的情形下，在一定范围内自由决定其认为是最适当的刑罚，这种自由决定是由法官的价值判断、经验和司法水平决定的，不同的法官由于主观上的差异，对某一案件可能决定不同刑罚，尽管这种差异反映社会评价的多样性，因而具有一定的合理性，但是由于缺乏统一的参照值和规范的考量过程，往往产生较大的争议，表现司法的随意，难以体现法律面前人人平等。”“估堆”式的量刑方法能够保证量刑结果合法，但不一定能做到合理、均衡。

（三）量刑情节的认定不当

如前所述，量刑情节尤其是法定从轻、减轻情节对贿赂犯罪量刑结果有着重要的影响，而从上述实证分析来看，受贿和行贿案件均有超过80%的被告人具有自首、在被追诉前能主动交待行贿行为等法定从轻、减轻情节。而在贿赂犯罪案件审理中，由于法院不直接参与案件的查处，对公诉机关提出被告人具有自首、立功等情节的查证往往是根据纪委或侦查机关出具的一纸说明进行书面审查，至于量刑情节中涉及的诸多具体细节，如自首中被告人是如何自动投案的，办案机关到底掌握了多少犯罪事实，被告人如实交待自己主要犯罪事实的程度等，则一般不作进一步查证。由于法院与侦查机关存在事实信息的不对称，司法实践中法官往往按照侦查机关出具的量刑材料直接认定。同时，某些案件中侦查机关出具的量刑材料不够详细具体，也为法官认定量刑情节增加了难度。

（四）案外因素的不当干扰

一是有关部门的不当干扰。有些部门要求法院在有些贿赂犯罪案件审理中从地方大局出发，为地方的稳定、发展提供保障，对某些在当地影响较大的贿赂犯罪案件被告人从重处罚，或者以被告人对地方经济发展贡献较大为由从轻处罚，甚至适用缓刑。

二是人情关系的不当干扰。职务犯罪的被告人原本有一定的职务和社会背景，掌握社会资源较多。当他们被查处时必然会利用各种关系影响、干扰案件审理。

三是某时期专项行动的不当干扰。专项行动是指政府相关部门为解决某类或者某个社会治安问题，在一定时间、一定区域内集中开展的专项斗争或专项整治行动，例如“严打”。专项行动具有较强的针对性、见效快，但它也是一把“双刃剑”，检察院、法院作为司法机关，往往被要求积极配合，并对相关案件快捕快诉、从严从快审理，导致某些案件的量刑较非专项行动期间偏重。

三、破解：法律规定与自由裁量权之间的平衡

我们认为，立法技术的粗疏和滞后是贿赂犯罪量刑失衡的最主要原因，因此，尽快完善贿赂犯罪尤其是受贿罪的立法规定，是改变量刑失衡的釜底抽薪之举。当然，修改贿赂犯罪的相关立法规定必然会触动社会公众敏感的神经，在多大幅度内修改立法以及如何修改满足社会发展、司法实践需要以及公众对惩治贿赂犯罪的期待，则考验着立法者的智慧。法官应该做的就是在现行法律规定的框架内，充分发挥司法能动性，规范自由裁量权，探索量刑规范化的措施，努力做到量刑均衡。下面从五个方面提

出对策建议：

（一）完善受贿罪立法规定，适当提高定罪量刑数额

如前所述，《刑法》关于受贿罪刑罚确定数额化的规定是造成量刑失衡的最重要原因。《刑法》对受贿罪量刑以犯罪数额大小划分四个档次：5000元以下、5000～5万元、5万～10万元和10万元以上，应该说立法者是根据当时的社会经济整体水平、各数额区间的案件数量等因素设置这一标准。按照刑罚设置的原理，可以合理地推测，在立法之初受贿犯罪应主要集中在5000～5万元和5万～10万元这两个区间，10万元以上的案件应该是比较少的。而时至今日，我们从近三年来广州两级法院审结的受贿案件可以清楚地看出，上述四个档次的案件数量分布已发生巨大变化：5000元以下的1件（0.02%），5000～5万元的39件（7.39%），5万～10万元的118件（22.35%），10万元以上的365件（69.13%）。当某罪的最高量刑档次成为最常用的量刑幅度时，要么该罪的社会危害性已大大增加，要么该罪的立法已不符合司法实践的需要。可能有人会产生疑问：提高受贿罪定罪量刑的数额标准是不是等于默认了贪官们可以收受更多的贿赂？我们认为，有效惩治贿赂犯罪应当是有区别性的，而不是“一棍子打死一船人”，当受贿金额相差数倍、数十倍的不同被告人只能在同一量刑幅度内判处刑罚，不能在量刑上体现差异时，只会“鼓励”更多的人收受更多的贿赂。法律不是一成不变的，而是不断适应社会发展，就像十几年前盗窃数万元可以判处死刑，而在社会经济迅速发展的今天看来，似乎有点不可思议；同样的道理，现在若对一个受贿十几万元的人判处死刑，人们也会觉得难以接受，因为今天的十几万元已经不能与1997年的十几万元同日而语了。正如有学者指出，随着经济水平和社会财富的增长，在涉案数额维持不变的前提下，不涉及人身权益的贪腐犯罪、财产犯罪等对法益所造成的侵害在实质上已经减轻，因此，在刑罚配给上理应体现出相应变化。[①]适当提高贪污贿赂犯罪的定罪数额绝不是对贪污贿赂犯罪的妥协，而是要认识到绝对廉洁的世界只是一种强求，“如果不能为犯小错误的人提供应急出口，约束和打击就会失去效果。”[②]

① 刘沛谞：《宽严相济政策的模式构建与实证研判》，载《犯罪研究》2007年第1期。

② ［德］约翰纳·伯爵·兰斯多夫：《腐败与改革的制度经济学：理论、证据与政策》，清华大学公共管理学院廉政与治理研究中心译，中国方正出版社2007年版，第191页。

如何提高受贿罪定罪量刑的数额才是适当的呢？我们认为，最好的办法还是通过对各地审结的案件进行系统地实证分析，以省（直辖市、自治区）为单位确定量刑基准数额。建议将来刑法对受贿罪定罪量刑的数额标准修改可考虑以“数额较大”“数额巨大”和“数额特别巨大”的形式划分量刑档次，由最高人民法院通过司法解释规定每一量刑档次的数额范围，再授权各省、直辖市、自治区根据具体情况选择各档次的量刑起点，既符合当地经济发展水平，也避免刑罚数额确定化导致的僵硬性。

（二）规范量刑情节的认定和适用，规范自由裁量权

在贿赂犯罪中，犯罪数额是衡量其行为社会危害性的重要标准，是重要的量刑情节，但绝不是唯一标准和情节。因此，具体量刑时，应当根据《刑法》有关数额规定，充分考虑其他量刑情节决定应当适用的刑罚。这就需要规范量刑情节的认定和适用。

加强对贿赂犯罪案件中常见的量刑情节的认定和查证，严格按照法律规定的实体和程序要件，不能流于形式。一方面，侦查机关出具的量刑材料必须尽可能详细具体，对被告人的到案经过、供述情况、举报材料、查实情况等问题一一说明，以便法官审查。另一方面，法官在审查过程中应着重与侦查机关的沟通交流，注意把握细节，对自动投案的自首与被动型自首、如实供述与坦白、检举与立功等不同情况的量刑情节进行有效区分，为下一步量刑做准备。

建议对司法实践中存在的各种法定、酌定情节进行认真的分析、梳理和归类，具体规定各种量刑情节的适用条件，确定各种量刑情节的影响力，例如从轻情节的从轻幅度是多少，减轻情节的减轻幅度是多少，从重情节的幅度是多少等；确定各种量刑情节竞合时的处理方法，规范法官的自由裁量。在把握量刑情节与刑罚量的关系时，要遵循以下四个原则：(1) 法定情节对量刑的调节比例一般应高于酌定情节比例，酌定情节对刑罚量的影响一般不能等同甚至超出法定量刑情节对刑罚量的影响；(2) 相同质量的情节对量刑的调节比例应相同，不能在此案中从轻，在彼案中减轻，且从轻或减轻的幅度应保持在一个相对确定的范围；(3) 根据罪行的严重程度和情节的质量确定对刑罚量的影响，标准的法定情节（如主动投案型的自首）调节比例一般要高于视为法定情节（如视为自首的情形）的调节比例，高质量自首、立功较一般自首、立功对刑罚量影响较大；

(4) 减轻处罚，一般只适用于高质量的量刑情节，如投案自首、重大立功或具有数个法定从轻或减轻处罚情节。至于在被告人有两个或两个以上法定减轻或从轻处罚情节时能否连续两档减刑的问题，我们认为，从法条字面含义来看，并没有明文禁止，而且从宽严相济的刑事政策出发，对具有两个或两个以上法定减轻或从轻情节的被告人适用跨档减刑应是允许的，但在司法实践中应当严格把握适用条件。

（三）构建量刑的程序性保障，提高量刑的公开性和确定性

法律程序具有抑制行为随意性和随机性的功能，构建、完善量刑程序就是从量刑的过程着眼，通过合理的司法程序来防止量刑自由裁量权的滥用，提高量刑的公开性和确定性，并最终实现量刑均衡的目标。在现行的司法实践框架中，以下三项措施是具有较强的可操作性的：

一是建立量刑的法庭调查和辩论制度。把贿赂犯罪案件的法庭调查分成两个阶段：定罪、量刑，在定罪阶段主要围绕被告人行为是否构成犯罪进行调查，在确定被告人行为构成犯罪基础上再对量刑情节单独进行法庭调查。在法庭辩论程序中把量刑单独作为一项内容，控、辩双方围绕量刑情节的认定及对刑罚量的影响开展法庭辩论。这样在刑事审判中控、辩双方及被告人就能在法庭审判中对影响量刑的事实、情节、理由及适用的法律充分表达各自的意见和理由，对对方的观点意见进行驳斥，使法官的量刑活动以积极的姿态进入社会公众的视界中。

二是确立判决书量刑理由阐释制度。公开判决理由是司法透明化、法治化的必然要求，是司法公正、司法公信力的有力保障，是有效地约束法官行使量刑自由裁量权的方法之一。量刑理由的充分阐释，不仅有利于限制法官的态意量刑，提高司法理性，更利于使被告人知道自己所受到的惩罚是罪有应得。因此，量刑的理由应当在判决书中充分展示，法官应当就量刑理由从法律和法理上作出令人满意的答案。[①] 法官要加强裁判文书说理，做到表达准确、说理有力，围绕犯罪构成准确表述犯罪事实，强化对量刑理由的表述，分析各种情节的认定及如何影响刑罚，让包括被告人在内的阅读者能够了解刑罚是如何得出及理由。对于当庭宣判的案件，也应在判决前进行法庭小结，当庭公开充分阐述量刑理由。

---

① 李晓明、陈平：《略论规范刑事量刑自由裁量权的方法》，载《人民司法》2004年第2期。

三是强化量刑评价在案件评查中的地位。即在法院系统内部进行的案件评查活动中，增加对案件量刑程序、量刑结果的合理性、适当性等项目的评估，强化量刑部分在案件评查中的地位。这是法院内部对法官行使量刑自由裁量权的事后监督和考评措施，有利于督促法官正确、理性地使用手中的自由裁量权。

（四）强化财产刑适用，规范财产刑量刑幅度

贿赂犯罪具有明显的贪利性。这一点在受贿罪中是显而易见的，而行贿者表面上付出财物，但其也是为了更大的回报才“甘愿”付出的。据学者观察，行贿者普遍会获得10倍于投入的“回报”，也就是说行贿的“回报”是投入的1000%。[①] 基于此，加大财产刑的适用有利于惩治贿赂犯罪。

建议对受贿罪被告人量刑采取实刑与财产刑相辅的方式：实刑判处重的，财产刑可以相对轻缓；反之，实刑判处轻缓的，财产刑可以相对重一点。具体而言，以受贿金额100万元为分界线：100万元以上的，财产刑可判处犯罪金额的20%～35%；100万元以下的，财产刑可判处犯罪金额的35%～50%。同时，建议在行贿罪的法定刑中增加罚金刑，从经济上体现对贿赂犯罪的打击力度。

在强化财产刑适用的同时也要注意适用的规范化，尤其是在被告人及其家属主动“预缴”财产刑，或退赃数额超过犯罪数额的情况下，可以作为酌定情节予以从轻处罚，但应注意：（1）被告人必须具有财产刑的适罚性；（2）对主刑从宽处理只能在法定量刑幅度范围内；（3）依法判处，不能“预缴”多少或多退赃多少，就判多少；（4）对“预缴”财产刑的被告人体现从宽政策，可以在裁判文书中进行表述，增强裁判文书的公信力。

（五）加强对贿赂犯罪案件的量刑指导，建立量刑平衡制度

一是个案量刑的平衡指导制度。目前，我院对基层法院审理的两类案件进行量刑平衡：（1）由我院指定管辖的职务犯罪案件，应当在宣判前将审理情况书面报送审查，并在宣判后将裁判文书上报备案；（2）拟适用缓、免刑的贪污、受贿案件，应当在宣判前上报平衡。今后，视司法实践需要可适当扩大个案量刑平衡的范围，例如对具有两个或两个以上法定减

---

① 参见李亮：《专家建议提高行贿行为犯罪成本》，载《法制日报》2008年1月27日第7版。

轻或从轻情节的被告人适用跨档减刑的，适用上报平衡并备案制度。通过个案量刑平衡指导，使两级法院对贿赂犯罪案件的量刑幅度趋于均衡。

二是典型案例指导制度。建议每年由上级法院在全省（市）法院审结的受贿、行贿案件中选择不同量刑档次的犯罪数额、具有代表性量刑情节，且定罪准确、量刑适当的典型案例，进行点评指导，重点突出量刑的过程和理由。例如，如何认定量刑情节、如何把握不同量刑情节对刑罚适用的影响、如何把握犯罪数额和刑罚的关系等方面，在全省（市）范围内统一标准，形成基本共识，保证案件量刑保持基本一致。在条件成熟时，上级法院可考虑制定贿赂犯罪案件的量刑规范化指导意见。①

结语

修改贿赂犯罪法律规定是适应社会发展和司法实践的必然之举，是大势所趋。但在现行法律框架不变的情况下，法官应充分尊重法律规定，规范量刑情节的认定，运用好法定或酌定从轻减、轻情节这一“调节器”，尽量做到量刑尺度的相对统一。

① 例如，2012 年我院刑二庭公布了关于职务犯罪缓、免刑适用规范意见指导，规范了贪污、受贿罪适用缓、免刑的条件，进一步完善职务犯罪缓、免刑审查平衡机制。

关于修订后《刑事诉讼法》的实施对我省刑事审判工作影响的调研报告

广东省高级人民法院课题组*

2012年3月14日，十一届全国人民代表大会第五次会议通过了对《刑事诉讼法》的修订，于2013年1月1日实施。《刑事诉讼法》1979年制定，1996年第一次修订。这部旨在打击犯罪、保障人权的基本法律，在历经16载社会变迁和司法实践的积累之后，再一次作出重大修改。本次修订对《刑事诉讼法》作出修改、新增111处，内容涉及证据制度、强制措施、辩护制度、侦查措施、审判程序、执行程序等，并增加规定四个特别程序，修订后《刑事诉讼法》从原来的225条增加到290条。

鉴于新《刑事诉讼法》变动较大，在加强人权保障、健全审判程序、强化审理质量和效率等方面均有体现，将对我省刑事审判工作产生重大影响。为尽快准确掌握相关影响，科学合理调整审判方式和安排审判力量，确保刑事审判工作顺利适应新形势，根据院党组部署，我院于2012年3月底成立了以洪适权副院长为组长的课题调研组，由刑三庭牵头，集中了省院四个刑庭的调研力量，并邀请广州、佛山、湛江等三个中级法院及普宁、始兴、宝安、东莞第一法院等四个基层法院参与调研，对照新旧《刑事诉讼法》的不同规定，汇总、分析近年来刑事审判工作中的基本情况、相关数据等资料，共分为确定调研方向、数据收集和资料研判、实地调研、形成调研成果等四个阶段开展工作。

2012年5月初，上述七个法院相继提交了调研报告。通过对省院相关数据、资料及参与调研的具有地域代表性的七个法院所提供调研报告的分

---

* 课题组组长：洪适权，副组长：黄雄、王在魁，成员：时磊、吴铭泽、叶佐林、谢远航、刘伟宏、陈永斌、潘惠莉、李雅南。

析，课题组发现，新《刑事诉讼法》对我省刑事审判工作指导思想、工作方式、工作量、审判设备和管理等内容都将产生重大的影响。在此基础上，调研组针对新《刑事诉讼法》可能产生的影响提出了对策、建议，以期实现我省刑事审判工作的顺利过渡。

一、新《刑事诉讼法》进一步扩展刑事诉讼任务范围

2004年，全国人大第十届二次会议将“尊重和保障人权”写入《宪法》，为我国之后的立法活动提供了明确的价值指向。《刑事诉讼法》作为规范刑事诉讼活动的基本法律，其确立的制度以及籍此运行的诉讼过程与诉讼结果均与公民的生命、自由、财产等基本权利息息相关。本次修订在刑事诉讼任务中增加了“尊重和保障人权”的内容，也是人权入宪的直接体现。这一新增内容既影响了新《刑事诉讼法》的具体规定，使人权保障的要求贯彻于刑事诉讼活动全过程，从犯罪嫌疑人、被告人、证人、被害人、未成年人、精神病人直至罪犯的权益都得到了相应的重视和具体保护。同时，它也要求从事刑事审判的办案人员要转变司法理念，严格遵守新《刑事诉讼法》的相关规定，主动关注刑事审判活动中各种参与主体的合理需求，并在司法的态度、作风以及方式等方面实现新的突破。

二、新《刑事诉讼法》进一步完善刑事诉讼辩护制度

辩护制度是刑事诉讼的基石。本次《刑事诉讼法》修改在保障辩护人行使辩护权，切实解决司法实践中长期存在的辩护人“会见难、阅卷难、取证难”等老大难问题，强化法律援助等方面，取得长足进步。一是明确律师在侦查阶段的辩护人身份及相应权利；二是明确律师在刑事诉讼中申请回避、申请复议，及时会见犯罪嫌疑人、被告人且不被监听、申请变更刑事强制措施的权利以及向批捕部门提出辩护意见等权利，切实保障了律师阅卷的权利；三是明确律师可以就司法机关及其工作人员的违法行为提出申诉、控告以及在辩护权利受到侵害时的救济途径；四是扩大法律援助的适用对象，加强对诉讼弱势群体的特别保护，提前了法律援助的介入时间，明确了公安机关、人民检察院负有通知法律援助机构指派律师为法律援助对象提供辩护的义务。上述修改影响深远：

1. 就辩护制度而言：一是深化了辩护律师参与刑事诉讼的程度，提升了其在侦查阶段的诉讼地位，为其收集、调取证据提供了有力的支持；二是扩展了辩护律师在刑事诉讼中的权利范围，有利于排除辩护权行使的障碍，增强了证据收集的全面和真实性；三是强化了律师执业的法律保障，设置了相应的救济途径，进一步增强了辩护律师行使辩护权的积极性和安全性。

2. 就审判工作而言：一是更有利于保障犯罪嫌疑人、被告人的合法权益，可以减少冤假错案的发生，提高案件审理质量。二是客观上延长了案件审理周期，增加工作量。主要体现在控、辩双方更加均衡，对抗性增强，延长了庭审及其他审理环节所需要的时间，且证据的收集更加全面，不单有证实被告人有罪的证据，也将出现辩护人收集有利于被告人的证据，两个对立面证据的取舍将考验办案人员的审查、采信证据的能力。三是法律援助范围的扩大，客观上造成刑事审判整体工作量的增加。法律援助相关流程比较繁琐，包括从致函法律援助中心指定辩护律师，到协调辩护人阅卷、提交辩护意见、出庭、判决书送达等方面的工作。新《刑事诉讼法》将法律援助的范围扩展到无期徒刑，对中级人民法院及高级人民法院的影响最大：（1）以广州中院为例，该院刑一庭 2009 年至 2011 年判处无期徒刑 372 件 412 人，其中大约 55%均为没有辩护人的案件。刑二庭 2009 年至 2011 年共判处 98 人无期徒刑，没有聘请辩护人的占 40%。合计每年被判处无期徒刑而未请辩护人的被告人人数每年多于 88 人，加上可能被判处无期徒刑需要进行法律援助的案件，预计每年增加指定辩护 100 人左右。（2）省法院 2009 年至 2011 年所受理的最高刑为无期徒刑的上诉案件达到 1253 件（该数据年分布均匀），而这一数据尚不包括死刑案件中同案人被判处无期徒刑的情况，结合全省 2009 年至 2011 年被判处无期徒刑的人数为 2433 人，可以预计省法院上诉程序中需要法律援助的人数每年将增加 500 人左右，而目前省法院进行法律援助的人数大约在 650 人左右，增幅将达 76.9%。

三、新《刑事诉讼法》进一步细化刑事诉讼证据制度

新《刑事诉讼法》对证据制度作了较大幅度的改动：一是重新定义了证据的内涵，并将物证、书证分为两个证据种类、“鉴定结论”改为“鉴

定意见”、赋予“辨认、侦查实验笔录”证据地位、新增“电子数据”证据种类；二是确立不得强迫自证其罪原则，明确了刑事诉讼中举证责任分配的基本内容；三是明确行政机关收集的证据材料的效力，并新增对商业秘密和个人隐私类证据的保密责任；四是完善非法证据排除规则，建立了一整套从原则、具体规则到应用程序的基本框架；五是明确证人出庭及其配套制度的内容。上述修改将使刑事审判工作面临以下几个方面的挑战：

挑战之一，证据种类新规定将考验法官审查判断证据的能力。目前司法实践中对鉴定结论只限于形式审查，侦查实验笔录不作为证据使用。且因法律未规定及技术等原因，电子数据的证据化程度不高，法院审理、采信这类证据的设备和经验均有所缺乏。随着新法的施行，对鉴定意见和侦查实验笔录须进行实质审查，这对法官的法律水平、社会经验提出更高要求，适应这种要求需要付出更多的时间和精力；审查电子数据类证据须有一定的专业知识，且不能完全依赖专家的意见，审查难度较大，并对法庭硬件设施提出了更高要求。

挑战之二，证据新规定对法院工作人员保密工作的要求更高。主要体现在：一是对商业秘密的保密义务，这在证据展示、法庭调查时尤其具有特殊性（如需要设置单独的证据质证程序）；二是对需要采取保护措施的证人相关信息的保密义务，这里涉及法庭保密设备的配备（确保不暴露证人、鉴定人、被害人的外貌、真实声音等特征）以及庭审时协调等问题。以上两个方面既会延长了庭审时间，也将增加庭审工作复杂性。

挑战之三，非法证据排除制度增加了案件审理的复杂性。2010年《最高人民法院、最高人民检察院、公安部、国家安全部、司法部关于办理刑事案件排除非法证据若干问题的规定》规范了非法证据排除制度，但一方面该规定没有在全社会进行宣传，不为公众所熟知；另一方面，目前司法实践中，由于诉讼制度的不完善，如律师在侦查阶段没有介入、律师阅卷、会见、取证等权利保障不力、缺乏庭前准备程序、二审开庭范围不大等，庭审调查缺乏证据支持或者大部分案件二审不开庭，调查的形式意义大于实质意义，实践中启动排除程序的案件不多。随着新《刑事诉讼法》在立法层面对非法证据排除程序的完善，这类案件将迅速增长，以深圳宝安法院为例，据不完全统计，近三年来，该院审理的刑事案件中有约15%的比例，即每年约825宗，被告人或辩护人会在庭审过程中提出被刑讯逼供的意见。根据新《刑事诉讼法》规定，辩方一旦提出非法证据排除请求，法官就必须进行全面审查。一是证据审查难度加大。不同于目前实践中一般着重审查相关笔录的逻辑性、形式合法性等的做法，对非法证据特别是口供的实质性调查（如侦查人员出庭、调查同仓犯人等），将大大延长审理时间。二是案件裁判更复杂。由于涉及成本及技术等问题，侦查过程不够规范，再加上目前侦查以羁押为主、定案以言词证据为主的情况下，法官将陷于难以认定又必须认定，而认定之后又不好判处无罪的困境，法官不敢轻易对证据和事实作出否定性的判断，却必须承担错判的风险。三是排除标准适用有难度，特别是非法物证、书证的标准较原则，在具体运用过程中，将使法官难以准确把握。基于以上三点，本次修改实际上加重了法官承担的三项责任：庭前判断责任，对侦查机关、检察机关所作的侦察活动有无违法做预判；庭中补充责任，即发现能够影响到审判结果的非法物证、书证，要和侦查机关、检察机关进行沟通，要求补正或作出合理解释；判时决定责任，直接裁决证据是否能够作为定罪量刑的依据。

挑战之四，证人、鉴定人、有专门知识的人出庭及其保障将增加案件开庭难度。一是对法庭建设的要求更高，要求当地法庭需配备相应的电子或者视频设备。二是对法官庭审能力的要求更高，要求法官必须更好地把握庭审调查的节奏。三是对经费保障工作提出要求。包括落实出庭补助及其他保障费用，健全对证人出庭补助等费用的审核、计算、申请和给付等工作。以深圳宝安法院为例，该院审理的案件，预计需要证人出庭的达到25%～30%，即约1450～1740宗，平均每人1000元，至少需要174万元。还要预先设定部分证人需要提供人身安全保护、住房保护等，应格外预留10万～30万元的专项资金。

四、新《刑事诉讼法》进一步规范侦查阶段相关程序

侦查是刑事诉讼的前提和基础，侦查过程中任何不当行使或者滥用，均可能对公民合法权益造成严重侵犯。因此，健全侦查程序，规范侦查行为以及相关措施，是《刑事诉讼法》修订的重要任务。本次修订主要包括：一是完善了讯问犯罪嫌疑人的程序和必要的侦查措施，尤其是技术侦查和秘密侦查手段合法化。强化了对侦查措施的规范和监督。如增加了口头传唤方式，完善人身检查的程序，增加了查询、冻结的财产范围，并根

据侦查犯罪的实际需要，增加了严格规范技术、秘密侦查措施的规定等等。二是完善了取保候审、监视居住、逮捕的条件和程序，加强了对强制措施的监督。包括检察院审查批捕时讯问犯罪嫌疑人和听取辩护律师意见以及在逮捕后对羁押必要性继续审查的程序、监视居住的适用条件、指定居所监视居住的执行方式等，并严格限制采取强制措施后不通知家属的例外情形。

强制措施执行程序以及侦查程序的规范，有利于保障犯罪嫌疑人、被告人的人权，也有利于最大可能地避免超期羁押的情况。其中直接影响刑事审判工作的内容主要是新《刑事诉讼法》对技术侦查、秘密侦查手段的规范化。目前实践中，案件的侦破越来越多涉及技术侦查和秘密侦查的手段，且对定罪量刑有着直接、重大的作用。但由于法律没有明确规定，这类手段或者没有被证据化，或者侦查机关以涉及机密为由拒绝提供相关证据，从而影响案件的事实认定。随着新《刑事诉讼法》的实施，将有更多通过技术侦查、秘密侦查手段所获证据出现在刑事审判当中，对这类证据的审查，不仅涉及证据本身，还包括获取证据的超常规手段是否合法。法官审查采信这类证据时，需要更加细致、慎重，并尽量查明有关情况。这也意味着法官在审判过程中，必须花费更多的时间查证相关证据的合法性和真实性。

五、新《刑事诉讼法》进一步健全刑事一审程序

本次《刑事诉讼法》修订将简易程序适用范围确定为基层人民法院管辖的可能判处有期徒刑以下刑罚、被告人认罪案件。同时，根据审判工作实际，对第一审普通程序中的案卷移送制度、开庭前的准备程序、与量刑有关的程序、中止审理程序等都作了补充完善。此外，为保证证人、鉴定人等出庭作证采取了一系列措施。同时，还根据审判实践需要，对审判期限作了适当调整。其中，对于刑事审判工作影响较大的有：

（一）调整了部分案件的审级规定

明确了恐怖活动案件由中级人民法院审理，外国人犯罪案件由基层人民法院审理。从目前受案情况来看，我省法院至今尚未受理过恐怖活动案件。根据省法院刑二庭的统计数据，近几年来我省外国人犯罪一审案件数

量保持在150件左右，上诉至我院的在80件左右。虽然广州地区所受理涉外案件占比例较大，但该类案件在我省的分布还是比较广泛，大部分的市都存在这类案件，如粤西地区越南人偷渡等犯罪、口岸城市的外国人毒品犯罪等。

涉外案件管辖的下放对于三级法院的影响都比较巨大：一是就基层人民法院而言，涉外案件有很多特殊程序要求，审理程序比其他案件更为复杂。如重大、敏感的涉外刑事案件还需要在一审宣判前按内审程序层报最高人民法院审核，另外，外籍未成年人犯罪案件按修订后的《刑事诉讼法》规定，需通知法定代理人到场，且文书送达、通知等非常复杂。另外，涉外案件须聘请翻译，个别小语种案件的费用更高。对于一些经济条件不太好的基层人民法院而言，办案经费不足的压力将会进一步加剧；二是就中、高级人民法院而言，新《刑事诉讼法》实施后，为保障量刑的相对平衡，中、高级人民法院加强对基层人民法院的指导和协调将在所难免。而且即使由中院审理涉外案件，尚存在诸多问题，那么由基层人民法院审理时，如何确保政策的落实，避免消极影响，中、高级人民法院的指导、协调工作将更加复杂。

（二）转变了现行《刑事诉讼法》向“起诉状一本主义”发展的倾向，重新规定了庭前案卷移送，并新增加了庭前准备程序

现行《刑事诉讼法》规定庭前仅需移送证据目录、证人名单和主要证据复印件或者照片，且没有庭前准备程序。新《刑事诉讼法》的该规定将使法官对案情更加了解，强化了法官对庭审的驾驭，有效防止庭审走过场，并可以通过庭前协调机制来解决证据问题，使庭审时的争议明确、意见集中。但案件的审理时间也将相应延长，法庭在庭审之前必须先完成三项工作，即法官阅卷、安排辩方阅卷和庭前准备。特别是庭前准备程序，须完成时间协调，有效组织控、辩双方展示所提供证据，确定案件争议焦点等工作。另外，由于基层法院一般没有设置专门的律师阅卷室，因此，在新《刑事诉讼法》施行后，有必要就此设置专门的阅卷室，配备人员，并规范案卷交接、保管等工作。

（三）完善证人、鉴定人和专门知识的人等出庭制度。包括证人强制出庭制度、鉴定人或者有专门知识的人出庭制度及鉴定人不出庭后果等

目前实践中，证人等出庭的比例非常低。由于新《刑事诉讼法》的强制性规定，证人、鉴定人、有专门知识的人出庭作证的比例将大幅度提高，从而使直接言辞原则得以贯彻，有助于提高案件的审理质量。但也存在一些需要解决的问题：一是需要进行庭前准备协调如通知、时间协调等事宜，并存在因交叉询问和辩论，证人无故不到庭，多名证人出庭等，造成庭审时间延长、次数增加。证人等出庭也对法官的庭审能力提出了更高要求。尤其是在案件较多的地区，如深圳宝安法院每年需要证人出庭的达到25％～30％，即约1450～1740宗。二是强制关键证人出庭的问题，仅靠法院的力量尤其是警力，无法确保完成证人出庭的工作。且在具体执行强制措施方面，需履行一定的审批程序，并要做好相关协调工作。三是为证人聘请翻译的问题。证人如果使用本民族或者本地的语言、文字而非通用语言、文字时，法庭需要证人提供翻译帮助，这将需要相应的经费，并做好协调工作。四是新《刑事诉讼法》没有明确对鉴定人和有专门知识的人出庭补助问题，且与证人出庭一样也将延长案件审理的时间，需要做好相应的协调、庭审工作。

（四）新增在简易程序中公诉人应出庭的规定

该规定在实现对法官量刑自由裁量权的制约和监督的同时，也增加了简易程序案件审理的复杂程度：一方面，法庭在安排案件开庭相关事宜时，必须与公诉人进行协调；另一方面，公诉人在法庭上履行其职责，即使只是走过场，也不可避免将延长庭审时间。这一点在珠三角地区的基层法院影响巨大，这些地区简易程序案件规模相当大，目前检察院不派员的一般做法，对于提高庭审效率作用非常大。

（五）完善了一审审限制度

除了直接延长普通案件的审限外，还对可能判处死刑的案件以及附带民事诉讼案件加以区分，并延长了审批延长期限以及增加了最高人民法院对特殊情况延长审限的审批权。审限的合理化，一方面，能保证案件审理

的质量，避免出现为尽快结案而忽略案件细节，从而造成冤假错案或者量刑不均衡的情况；另一方面，更能保证《刑事诉讼法》的新规定有足够的审理期限进行落实，实现《刑事诉讼法》修改的立法意图。

六、新《刑事诉讼法》进一步健全刑事二审程序

（一）明确第二审应当开庭审理的案件范围

增加规定：上诉人对第一审认定的案件事实、证据提出异议，可能影响定罪量刑的，被告人可能被判处死刑的上诉案件，二审应当开庭审理。目前二审开庭审理的案件只有死刑立即执行案件、抗诉案件，提审案件一般包括死刑复核、死缓案件。以省法院为例，2007以来五年的结案总数分别为2347、2327、2163、2247、1883件，其中2009年以来每年开庭分别为512、546、340件，提审分别为451、406、344件。如果按照新《刑事诉讼法》规定，二审开庭案件数量将剧增，省法院2010年开庭案件数将从546件增长到1955件，增幅达到256%，占结案总数的87%。从客观上说，新《刑事诉讼法》的规定使案件开庭的数量远远超过历年，且开庭、提审案件所要求的审理时间肯定比书面审理长得多，另外，由于新《刑事诉讼法》对二审辩护权利的充分保障，尝试性上诉将造成上诉案件整体数量的增加。再加上作为十几年来司法实践经验总结和提高的结果，新《刑事诉讼法》将促进案件审判更加精细化，其所增加的工作量以及对人员、法庭等需求是显而易见。如果在维持现有办案、辅助力量以及法庭配备的情况下，案件开庭、提审的幅度有如此巨大的跃升，对我省刑事二审工作将是一个严峻考验。

在调研中，我们也收集了广州中院的数据，显示：2009年二审结案总数为1711件，其中开庭31件、提审约529件；2010年总数为1597件，其中开庭28件、提审约492件；2011年总数为1378件，其中开庭39件、提审约399件。如果按照新《刑事诉讼法》的要求，2011年开庭案件数将达到1000件左右，提审案件数将达到378件左右，增幅也是非常巨大的。

（二）新增了法院必须对涉案的财物作出处理的规定

目前，在处理这部分财物时，有出现侦查机关没有移送相关财物清单

的现象，因此法院在判决时，因法律规定不完善，对于未移送清单的财物也就不作处理，特别是在黑社会性质犯罪、职务犯罪等案件中，存在涉案财物较多、价值较高、所有权归属争议较大等问题。按照新《刑事诉讼法》的规定，法院必须对涉案的财物作出处理，即需要在案件审理中与侦查、公诉机关进行协调，逐一查清财物名目、价值、归属等事实，并予以判决，这就加重了法院对查封、扣押、冻结财物及孳息的处理责任。

（三）限制了因事实、证据发回重审的次数

1996 年《刑事诉讼法》未作限制，司法实践中存在因事实、证据发回两次以上的案件。从省法院二审发回重审数来看，2009 年为 110 件，2010 年为 153 件，2011 年为 105 件，这类案件基本占了结案数的 10%。新《刑事诉讼法》限制了事实不清、证据不足类发回重审的次数，也就意味着加重了二审法院对案件事实、证据的查明责任。二审在处理案件发回重审时，需要更加慎重，并需自行补查案件事实和证据，而这类案件案情比较复杂，由二审法院进行补查的难度将更大，所花费的时间更长。

（四）完善了各类诉讼期限

其中包括限制了检察院阅卷时间，对照一审审限的新修改，延长了二审审限，并明确了最高人民法院审理案件的期限。从司法实践来看，一方面，检察机关二审阅卷的平均时间在 2～3 个月，个别案件甚至超过 1 年；另一方面，二审审限远远不能满足案件审理的现实需要。以省法院二审案件工作流程来看，大致可以分解成法律援助、开庭或者提审（占案件总数的 40%，其余为书面审理）、阅卷并撰写审理报告、会见当事人、调查事实、证据、报领导审批、报审委会讨论（一般为死刑立即执行、抗诉案件）、书写并校对判决书、报领导审批、裁判文书付印、宣判以及处理与案件有关的其他事宜（如接待最高人民法院提审、调解工作等）。本次延长审限的积极意义与一审审限延长相同。但也存在需要解决的问题，即在开庭、提审案件数激增、案件审判更加精细化的背景下，如何保证阅卷时间及审理时间不会超过审限。

七、新《刑事诉讼法》进一步健全附带民事诉讼程序

其修改的具体内容主要有三个方面：一是明确了附带民事诉讼原告人

的范围；二是明确了调解的裁判方式；三是新增了财产保全的规定。前两条对刑事诉讼现状的影响不大，最高人民法院司法解释都已经有了扩大解释，实践中也是这么做的。主要的问题在于财产保全规定，虽然《最高人民法院关于适用〈中华人民共和国刑事诉讼法〉的解释》规定，人民法院必要时可以决定查封或者扣押被告人财产，但由于该条规定过于原则，不具有可操作性，因此在实践中基本没有适用。新《刑事诉讼法》将财产保全引入附带民事诉讼程序，将有助于附民原告人合法权益的实现，解决目前执行难、附带民事判决执行更难的问题。但附带民事诉讼对刑事法官来说本身就是个难题，因为调解的需要，附带民事诉讼部分的审理时间可能远远超过刑事部分。新《刑事诉讼法》完善财产保全制度后，刑事审判将会遇到更多新问题和新任务，如保全申请的审核、提供担保的审批、保全措施的采取以及保全措施的解除。特别是财产在外地的处置。这些新任务对于刑事法官来说，既是工作量上的挑战，也是司法能力的挑战，意味着必须熟悉《民事诉讼法》有关财产保全的规定；做好与担保、执行等事宜有关的各部门的协调工作；做好相关申请的审核工作。

八、新《刑事诉讼法》进一步健全审监程序、执行程序和死刑复核程序

（一）进一步完善了审判监督程序

涉及对申诉案件决定重审的条件，指令原审法院以外的法院审理，检察院派员出席法庭，再审案件强制措施的决定，原判决、裁定的中止执行等内容。除了审监程序更加完善之外，新《刑事诉讼法》最主要的影响在于上级法院指令原审法院以外法院审理再审刑事案件的，无论是合议庭到外地开庭还是将罪犯押解到我院来开庭，均会带来极大的不便，其中涉及罪犯的押解工作、庭审保障工作、与其他法院的协商工作等。但从目前的收案情况来看，再审刑事案件不多，如广州中院近三年受理刑事再审案件六件，其中上级法院指令再审的案件一件，故而总体上受到该规定的影响不大。

（二）健全了执行程序。明确交付执行期限，完善监外执行、减刑假释等程序

现行法律未对交付执行期限作明确规定。在司法实践中，对于死刑案件中被判处死刑缓期二年执行、无期徒刑、有期徒刑（余刑在一年以上），裁判已经发生法律效力的同案犯，参与涉及死刑犯罪的，全部都在死刑复核程序终结后交付执行。新《刑事诉讼法》施行后，高级人民法院和最高人民法院需提审同案犯时，除了被判处死刑被告人的关押地外，还须前往不同的地点，这其中既涉及交通、住宿等费用以及路途时间、接待工作等问题，并且与前往看守所提审不同的是，前往监狱提审的手续更为复杂、繁琐，需协调监狱管理等部门。

（三）健全了死刑复核程序

为确保死刑的慎重适用，加强对死刑复核程序的法律监督，最高人民法院复核死刑案件，应当讯问被告人，辩护律师提出要求的，应当听取辩护律师的意见。最高人民检察院可以提出意见。最高人民法院应当将死刑复核结果通报最高人民检察院。其中，对我省刑事审判工作影响较大的是所有案件讯问被告人的规定。从我院报最高人民法院的死刑案件来看，2010年、2011年总数分别为212件、238件，从最高人民法院提审（包括来粤提审、视频提审）的情况来看，基本维持在100件以内。如果按照新《刑事诉讼法》的要求，最高人民法院提审量将增加一倍左右。最高人民法院来粤提审或者视频提审主要涉及接待和协调问题。而同案人异地关押对最高人民法院视频提审工作也将造成较大的影响，除了协调之外，视频设备的维护以及使用费用也将增加。

九、新《刑事诉讼法》增设了四大刑事诉讼特别程序

本次修订所增设的特别程序共四类：未成年人刑事案件诉讼程序，犯罪嫌疑人、被告人逃匿、死亡案件违法所得的没收程序，当事人和解的公诉案件诉讼程序以及依法不负刑事责任的精神病人的强制医疗程序。具体如下：

（一）新《刑事诉讼法》以特别程序的形式使未成年人刑事程序在立法体例上相对独立，并在诸多方面丰富、完善了未成年人刑事司法制度

根据省法院刑四庭提供的数据，目前全省三级法院共设立独立建制少年审判庭28个（其中，刑事审判庭13个，综合审判庭15个）。共有392名法官专门办理未成年人案件。2011年，我省少年审判庭共审结普通案件40671件，其中涉少案件10180件。部分珠三角地区基层法院，外地籍未成年人罪犯占到未成年人罪犯总数的90%以上。这一特别程序充分反映出我国对未成年人权益保护的关注。虽然我省已经开展独立审理未成年人案件试点工作，但并未全面铺开。因此，建立独立建制的少年审判庭成为新《刑事诉讼法》实施之前需要完成的工作。另外，基于对未成年人的特别保护需要，一是要求法官更加注意未成年人案件审理程序不同于普通刑事诉讼的细节，做好相关工作，如社会调查、审判时关联成年人在场并发挥作用、犯罪记录封存要求等；二是要求法官熟悉未成年人的特点、善于做未成年人的教育工作，并把工作重心放在教育、感化、挽救上。

（二）新《刑事诉讼法》以基本法律的形式规范了刑事和解制度

现行法律没有直接规定的刑事和解，司法实践中通常将附带民事部分的调解工作作为影响被告人量刑的一个重要因素，对于主动承担赔偿义务的被告人，如果得到被害人及其亲属谅解后，在量刑时作为酌定情节予以考虑。随着新《刑事诉讼法》的施行，基层法院除了要继续开展附带民事诉讼的调解工作之外，对没有提起附带民事诉讼但符合刑事和解案件范围的案件，也要本着当事人自愿的原则做好化解矛盾的工作。从这类案件统计情况来看，符合新《刑事诉讼法》规定的刑事和解案件规模还是相当可观的，且呈逐年递增态势。以东莞市第一法院为例，2009年该类案件收案781宗，其中提起附带民事诉讼的96宗。2010年为883宗，其中提起附带民事诉讼的93宗。2011年为993宗，其中提起附带民事诉讼的112宗。

（三）新《刑事诉讼法》建立了犯罪嫌疑人、被告人逃匿、死亡案件违法所得的没收程序

这有利于严厉惩治腐败犯罪、恐怖活动犯罪，挽回国家损失，消除犯

罪的经济条件。新《刑事诉讼法》确定由中级法院对这类程序进行一审审理，并且可以上诉、抗诉。由于未进入审判程序，法院无法掌握到相关材料和数据，无法评估这类程序的立案规模。但这类案件的审理难度较高，虽然案件实体审理已经中止或者终结，但既然是判断是否为违法所得，仍要涉及对案件实体部分进行审理，而被告人不在案将增加法官对事实认定、证据审查、采信的难度。且这类程序是在犯罪案件实体判决之前，先行认定财产性质，则存在被告人到案后被判决无罪的可能性，由于目前法律没有对应就此承担责任者进行明晰，对于承办该类案件的法官来说也将背负较大的压力。

（四）新《刑事诉讼法》将实施暴力行为的精神病人的强制医疗纳入司法轨道，规范了实践中对这类精神病人适用强制医疗的混乱局面

这一程序属于新类型的诉讼程序，也是刑事审判中比较特别的程序，从司法实践来看，一是该类案件立案规模预计不小。该程序的对象并不限定为刑事被告人，还包括尚未实施犯罪的精神病人。以广州市为例，2010年广州登记在册重症精神病人共4.6万人（其中近千人具有肇事倾向），且其中只有不到30%接受了有效、系统地治疗。[①] 二是程序较复杂，而审理期限较短。除了必须组成合议庭审理外，还需为被申请人提供法律援助，且在审理过程中必须对被申请人进行精神病调查包括精神病鉴定和庭外调查。且法院还负责解除强制医疗申请的审理。三是该类案件社会关注度高，一般属于敏感案件，对案件的宣传报道要求也会更高，在审理此类案件时承受的社会压力较大，相应投入的审判、宣传力量也要加大。

十、对策、建议

通过此次对《刑事诉讼法》的“大修”，我国的刑事诉讼制度进一步走向民主化科学化，也显示了程序正义的独立价值愈来愈为人们所认识和重视。为了新《刑事诉讼法》能够被不折不扣地执行，使我省刑事审判工作继续保持在全国排头兵地位，创建平安广东，建设法治化、国际化的营商环境，维护广东经济社会的长治久安，根据调研情况提出如下建议：

① 数据来源于《广州日报》2010年5月13日第A6版。

（一）转变刑事审判工作理念

1. 审判应更加注重程序正义。《刑事诉讼法》作为程序法，其立法基础就在于以程序正义实现社会公正。而新《刑事诉讼法》更加规范、细化了相关程序，为实现程序正义奠定了坚实的基础。程序正义不仅要求程序本身的完善，更要求程序的主持者即法官改变传统的诉讼观念，树立全新的观念或价值取向：一要严格遵守程序规定，树立程序公正优先的观念，杜绝为追求实体效果，突破《刑事诉讼法》所规定的审判程序及证据规则要求；二要充分保障诉讼参与各方的程序性权利，明确其对于保障人权的重要意义，杜绝为追求办案效率，刻意忽视《刑事诉讼法》所赋予包括启动各类程序在内的各项权利；三要确实严守裁判中立，树立控辩平衡的观念，认识辩护权充分发挥的作用和意义，并重视辩方的意见和权利。

2. 审判应更加注重人性司法。本次修订全方位贯彻了人权保障理念，这也是人权入宪以来首次写入基本法律。对于从事刑事审判工作的人来说，要牢固树立保障人权与惩罚犯罪并重的观念，在充分尊重和保障人权的基础上，依法行使审判权力，正确处理各类刑事案件，摒弃“重打击、轻保护”的传统观念，绝不能以弱化、限制甚至牺牲人权为代价片面追求惩罚犯罪，从而导致错判、重判，冲击正常审判秩序，并产生难以消除的负面影响。另外，人性司法也要求法官在案件审理过程中更加重视化解矛盾。在目前司法实践中，最高人民法院以及我省法院对于化解矛盾都予以高度重视，我院在郑鄂院长的主持下，专门开展了刑事审判中的社会矛盾化解与机制构建研究，并取得了重大成绩。现在这一要求也通过《刑事诉讼法》的修订，得以法律的形式予以进一步明确，并被赋予长久稳定性，就要求刑事法官在审理每一起案件中都要自觉进行矛盾化解工作。

3. 审判应更加注重效率意识。本次修订兼顾了公正与效率，对诉讼程序的审限、二审开庭范围等规定进行了完善，使审判制度更加严谨。刑事法官要进一步强化司法效率观念，在遵守新审限规定的同时，杜绝超审限、超期羁押的现象，在确保案件质量的前提下努力改进工作方法，提高办案效率（如二审开庭范围扩大，可以采取集中开庭等方式），及时、高效地实现司法公正。

4. 审判应更加注重证据裁判。本次修订在具体条文上全面体现了证据裁判原则的基本精神，并在立足我国国情和借鉴国外经验的基础上，确立了“排除合理怀疑”的具体证明标准。刑事法官要着力强化证据裁判观念，落实证据裁判原则，排除非法证据，坚持从证据出发认定案件事实，通过具体案件的审判，引导侦查、起诉活动以审判阶段定罪量刑的证据要求作为标准，致力于推动刑事司法活动整体质量和水平的提升，共同维护刑事司法公正。

（二）强化刑事法官司法能力培养

1. 开展围绕新《刑事诉讼法》的多样化学习。贯彻好新《刑事诉讼法》的关键在人，在提升全省刑事审判工作者的司法能力。因此，有必要增强办案人员学习新《刑事诉讼法》的自觉性和责任感，由各级法院院、庭领导以及审委会委员带头，认真学习新《刑事诉讼法》的基本内容和主要变化，全面、系统、深入领会《刑事诉讼法》修改的时代背景和精神内涵，加深对新《刑事诉讼法》的理解，提高适用新《刑事诉讼法》的能力，确保在刑事审判工作中准确把握、正确适用新《刑事诉讼法》。

2. 组织针对新《刑事诉讼法》的适用培训。最高人民法院于今年 5 月 17 日至 19 日在广州市举办全国法院学习贯彻新《刑事诉讼法》培训班，对新《刑事诉讼法》及相关司法解释进行学习研讨，我省三级法院刑事审判人员亦通过视频同时进行学习，效果非常显著。全省法院应乘着这股东风，按照新《刑事诉讼法》培训全员覆盖的要求，结合本院工作实际，在《刑事诉讼法》正式施行之前，通过脱产培训、业务讲座、网络视频讲座等方式，开展新《刑事诉讼法》的适用培训。在培训的内容上，应当更加突出重点、难点，针对新《刑事诉讼法》中容易忽略的细节、新旧衔接的过渡、实际操作能力要求高以及特殊审判程序（如少年审判工作等）的审理重点等内容，实现平稳过渡。

3. 组织示范性适用新《刑事诉讼法》以及相互观摩活动。学习和培训的目的都在于增强参与刑事审判工作的人员适用《刑事诉讼法》的实践操作能力。在学习和培训之后，可以尝试组织一些合议庭选择一些比较具有典型性的案件（主要是针对目前在过渡中容易出现问题的地方，如庭前案卷移送、庭前准备程序、证人强制出庭、非法证据排除、视频开庭或者提审等），按照新《刑事诉讼法》的规定进行审理，并就发现的问题以及注意事项等审理经验进行总结，作为检验学习和培训成绩的有效方法，甚至可以据此形成调研报告以及提出相应的对策建议，一来可以解决实际问题，二来可以及时提醒办案人员在实践中适用新法的有关规定，避免犯不应有的错误或者疏漏，影响案件审理工作或被告人权利保障，提高干警适用新法的敏感性和自觉性，尽快消弭固有工作习惯的影响。

4. 完善针对刑事法官的业务培训体系。随着新《刑事诉讼法》的施行，刑事审判工作对法官的职业素养和知识的深、广度均有更高的要求。目前，全省尚未建立起针对刑事法官职业发展的系统化培训机制，旧的培训制度已经不能适应刑事审判新要求。应逐步探索开展针对刑事法官的系统性实务培训，对于一些与刑事审判工作直接相关的基本课程，如法庭修辞、裁判文书撰写、法医学、基础民事法律知识等，开设并持续向法官授课。

5. 探索业务交流和寓培训于工作的机制。采取如召开座谈会、组织业务讲座、人员交流等方式，在刑事与民事审判部门之间开展广泛的业务交流。根据实际情况，由各级法院审判管理和人事部门牵头研究，安排刑事初任法官参与立案、民事、审监等不同部门的审判实践，主要目的是使初任法官能了解不同类型的审判工作，丰富其司法工作经验。

（三）提升刑事审判保障水平

1. 配足配强刑事审判力量。新《刑事诉讼法》即将实施，刑事二审开庭、提审范围明年将扩展到所有案件，证据审查更加细致、严格，案件审理工作更加精细化。这些改革对现有的刑事法官力量提出挑战，我省各级法院的刑事审判任务无疑将大大加重，现有审判力量显然无法承担。具体情况如下：

(1) 省法院工作量增加的基本情况。省法院主要承办二审及复核案件，采取开庭、提审和书面审理三种审理方式。《刑事诉讼法》修改之后，审理方式只有开庭和提审。就开庭案件而言，除了依照新《刑事诉讼法》将使开庭案件数量激增外，从法律援助、开庭、庭后审理、事实证据调查、判决书撰写和校对到处理与案件有关的其他工作都有较大幅度的增加；就提审案件而言，与开庭案件相比，在审理方式等方面减少了一定的工作量，但案件审理的精细化程度是一致的，且依照新《刑事诉讼法》，提审案件数量有大幅度的增长。如果以省法院五年来结案情况、办案人员数量等为基础数据，可以估算出依照新《刑事诉讼法》所花费的总人工(34380.2天）将远远超过目前所花费的总人工（17060.5天)，增加幅度为101.5%。

（2）中级人民法院工作量增加的基本情况。中级人民法院主要负责一、二审案件的审理工作。新《刑事诉讼法》实施以后，中级人民法院一、二审工作量有明显增加，其中一审案件虽然已经全部开庭审理，但庭前程序、法律援助、证人等出庭、非法证据排除程序等内容对其影响较大，预计单宗案件工作量将增加34.5%左右；二审案件与省法院一致，旧法采取开庭、提审及书面审理三种方式，而新法规定了开庭和提审两种方式。就开庭案件而言，工作量增加幅度与省法院相比还是有一定差别，主要在于在途时间较省法院短，预计单宗案件工作量将增加35.5%左右。就提审案件而言，单宗提审案件的工作量将比原来增加20%左右。此外，中级人民法院还要负责审理特殊案件违法所得的没收程序，这类程序由于被告人在逃，事实证据难以认定，审理压力大，工作量也不少。

由于获取全省性数据的成本非常高，一些重要数据如按照新《刑事诉讼法》需要开庭的案件数等也难以在短时间内取得，而广州市在全省来说案件审理的数量都排在前列，具有一定的标杆作用。因此，这里以广州市2011年结案情况作为基础数据，可计算得出中级法院刑事审判工作在一、二审案件方面的整体工作量增加幅度为58%左右。再加上启动违法所得没收程序的审理工作所增加的工作量，预计中级法院刑事审判总体工作量的增幅将达到60%。

（3）基层人民法院工作量增加的基本情况。根据《刑事诉讼法》的修改内容，基层人民法院工作增加主要表现在：普通一审案件对开庭质量和时间的要求均有提高；检察院派员出庭使简易程序复杂化；新设强制医疗程序；新增外国人犯罪案件的审理工作；少年审判专门化、独立化。除了上述增加之外，《刑事诉讼法》规范了刑事和解程序，虽然未明确该程序是两类特殊案件（因民间纠纷引起、涉嫌《刑法》分则第四章、第五章规定的犯罪案件，可能判处三年有期徒刑以下刑罚的以及除了渎职犯罪外的可能判处七年有期徒刑以下刑罚的过失犯罪案件）的前置程序，但司法实践中基层人民法院在审理上述两类案件时，不可避免需要听取当事人的意见，决定是否启动该程序。从以上分析来看，《刑事诉讼法》的修改将使基层人民法院工作量有一定程度的增加，其增加的量大概在20%左右。

针对《刑事诉讼法》修改所要求案件审理工作的精细化，除了采取深挖现有办案人员工作潜力、扩大远程视频审理的运用比例、合理利用刑事审判新的审限规定、完善各类新增或者修改程序的衔接、协调问题等措施之外，确有必要增加三级法院的刑事审判办案人员，并继续招录聘任书记员，以便有效应对刑事审判任务大大加重的现状和挑战。建议由我院政治部根据目前的实际情况，结合三级法院刑事审判预计增加的具体工作量（基层人民法院预计增加20%，中级人民法院预计增加60%，高级人民法院预计增加101.5%），尽快向编制部门提出申请，要求增加我省法院系统刑事审判办案人员，并在全省范围内进行合理分配。

另外，就目前我省各级法院开庭和提审案件的警力使用情况来看，法警总队共26人，2011年值庭次数为121次，出警人次为353人次，一般负责省法院所受理广州中院一审案件（包括开庭和提审）的保障；2011年，全省21个市两级法警值庭次数为99106人次，出警人次为259864次。其中21个法警支队共627人，一般负责本院开庭案件以及省法院到当地进行开庭案件（广州地区除外）的保障。各县、市基层大队共2287人，一般负责本院开庭案件的保障。除了开庭、提审用警外，安检、送达、传唤、拘传、拘留、民事强制执行均需要动用法院司法警察力量，从2011年出警人次来看，分别为71431、173265、4456、2412、6105以及58733人次。综上，我省刑事案件数量众多，案件审理的警力保障压力非常大，甚至出现因此而耽误案件开庭和提审工作的情况。从这次调研所得数据来看，《刑事诉讼法》的新规定客观上将造成二审开庭、提审数量激增，并新增了强制证人出庭、保护证人安全以及保障基层法院审理强制医疗案件等任务，上述工作均需相应的警力予以保障。综上，在目前警力保障已经非常紧张的情况下，为应对《刑事诉讼法》的新要求，有必要进一步增加新警力。根据各级法院警力保障任务增加情况，法警总队需增加警力40%即13人，各市中院法警支队需增加警力100%即627人，各基层法院法警大队需增加警力50%即1144人。

如何合理配备刑事审判力量成为我省各级法院的当务之急。因此，有必要采取一些措施解决该难题：

（1）如实向省委、最高人民法院报告新《刑事诉讼法》施行将带来工作量剧增的情况，为广东法院系统争取一定的中央政法编制，在全省范围内进行统筹分配。以此为基础，采取从全国其他法院遴选或者从应届毕业生、社会人员中择优选拔等方式，补充办案和法警力量。

（2）突出办案“第一要务”，把具有法官资格的人员尽量调配充实到审判第一线上来。并进一步完善审判管理，确保法官将精力集中到办案工作上。同时，实行以节省在途时间为目的的集约型开庭提审模式，想尽办法确保二审开庭工作的顺利进行。

(3) 充分发挥人民陪审员的作用。从目前司法实践来看，仅有少量案件是由人民陪审员参与审判，且人民陪审员参与审判的案件大都是轻微或者是简单的刑事案件，并没有充分发挥其参与审判、民主监督作用。通过统一人民陪审员选拔机制，依据《刑事诉讼法》相关规定扩大人民陪审员的适用范围，在个案审理中进一步扩大人民陪审员在合议庭的比例以及完善陪审员参审程序等措施，使人民陪审员在刑事诉讼一审普通程序中发挥其应有的作用。

(4) 由各级法院人事部门根据实际情况，继续招录聘任书记员。在可能的情况下，要求全省各级机构编制部门给全省法院系统增加适量事业编制，为刑事审判提供一支数量稳定、质量较高的审判辅助人员队伍。

(5) 在基层和中级人民法院建立独立建制的少年审判庭，在高级人民法院层面挑选专门审判合议庭审理未成年人案件。

2. 加强刑事审判经费保障。由于刑事审判工作量大幅度提升，全省各级法院都需要增加一定的编制，相应的人员公用经费也需要增加；办公用品和新文书制作，公、检、法、司（法律援助处、监狱管理局等）互相联系、协调，以及学习培训、业务交流等增多，造成经常性经费压力加大；因开庭、提审、查证而出差的次数和时间将大幅度增加，据测算，出差增幅在138%以上，相关差旅费随之大大增加。同时，协助最高人民法院来粤提审和视频提审的任务加重，须加大死刑二审经费的拨付力度。以现有办案业务经费难以保证上述需求；证人、鉴定人、专门知识的人出庭人次增多，相应的出庭补助、翻译、司法鉴定以及安保等费用将增加。新《刑事诉讼法》只规定证人出庭支出的交通、住宿、就餐等费用由同级政府财政保障，但其他庭审费用也要保障，须尽快列入预算；按新《刑事诉讼法》关于证据保密要求，须对现有审判法庭进行改造，增加相关保密设备。同时，为提高工作效率，必要的办公设备、车辆（警车、囚车）等也需增加。

在工作量和办案需求如此大的跃升下，如财政仍以"收支平衡"和上年结算数为参照原则批复明年预算，各级法院经费将难以为继。在现有财政体制下，各级法院的经费增加情况将分别尽快报告同级党委、政府，申请加大经费拨付力度。

3. 加强业务装备尤其是信息化建设。随着新《刑事诉讼法》对审判工作要求的进一步提高，相应带来了对业务装备配备的高要求。全省各级法院应结合自身的实际情况，由行政装备部门在制定有关装备建设规划时，将新要求所涉及的法庭建设、车辆配置、安保设备等内容纳入规划范围，并抓好落实。同时，为提高审判效率，必须继续完善“广东法院综合业务系统”应用，加强远程视频设备、网络以及数字化法庭等信息基础设施建设，强化信息安全管理等措施，并争取将网络延伸至看守所、监狱等场所。由于需要在全省范围内统筹，该工作主要由省法院推进，下级法院配合。另外，根据《最高人民法院关于庭审活动录音录像的若干规定》以及新《刑事诉讼法》的要求，须对全省所有案件庭审活动进行同步录音录像，并予以妥当保存。考虑到我省法院的实际情况，该录音录像的保存期限只设为五年，而非最高人民法院所要求的“与案件卷宗的保存期限相同”。鉴于全省法院信息化建设项目多，覆盖面广，资金大，有必要请省委、省政府批准列入专项资金开支，以获得更多资金支持。

（四）做好新旧法的衔接工作

1. 提高对全省三级法院高清视频会议系统以及数字化法庭的利用率。从调研的情况来看，新《刑事诉讼法》实施之后，二审开庭、提审的案件数量出现大幅度增加。为了应对工作量激增及工作时间延长的问题，除了如前所述增加刑事审判力量外，还应充分利用现代科技手段和我省法院近年来信息化建设的成果，最高人民法院对此方式也予以提倡和支持，并明确规定视频提审的比例应占到提审总数的五成以上。在我省三级法院数字法庭系统基本建成的情况下，通过明确使用视频开庭、提审的案件范围，明确视频开庭、提审案件数量的比例等方式，推广远程视频办案方式，从而有效减少在途时间和下级法院的接待压力。

2. 深化涉及新《刑事诉讼法》的调研指导。鉴于修改后的《刑事诉讼法》变动较大，各级法院要结合司法实践，按照新《刑事诉讼法》的规定，建立健全工作机制，加强沟通协调与工作指导，及时发现薄弱环节，找准工作重点，积极探索、创新，优化工作方法，着重在庭前准备程序的适用、辩护等诉讼权利的保障、非法证据排除制度的适用、附带民事诉讼中财产保全措施的适用、特别程序尤其是刑事和解、强制医疗以及违法所得没收程序的正确适用、外国人犯罪案件审理和指导、贯彻新《刑事诉讼法》的相关保障机制、完善现有的案件质量管理体系等方面进行深入调查、研究，为全面贯彻执行新《刑事诉讼法》的各项规定做好实施前的准备。同时，对于在调查研究及司法实践过程中遇到的理解和适用法律上的重大、疑难问题，要注意收集，并及时向上级法院上报有关情况，加强沟通。

3. 加强与其他相关部门的沟通、协调。一方面要加强与外部的沟通、协调。通过与法律援助机构的沟通，简化指定辩护程序，提高指定辩护效率。特别是一审已指定辩护的，除特殊情况外，二审继续指定该辩护人进行辩护。通过与检察机关的沟通，利用联席会议等平台，就证据的规范化、非法证据调查程序的协调、规范涉案财物的清点、移交事宜等问题进行交流。并就简易程序的开庭问题进行协调，加快简易程序审理速度，解决因新规定所带来的开庭协调问题。通过与公安机关沟通，协调如何将技术侦查和秘密侦查过程、材料进行证据化及相关审查、保密问题；另一方面要加强法院内设机构之间的沟通与协调。与信息部门研究规范视频开庭、提审的流程。与法警部门共同协商解决强制证人出庭的流程以及警力保障。与行政装备部门共同协商解决鉴定人和有专门知识的人出庭补助以及为证人等聘请翻译人员的经费保障问题。与人事部门共同协商尽快建立健全审辅分离的队伍机制，为刑事审判提供一支专业且数量稳定的审判辅助力量。

4. 妥善处理新旧法律适用的过渡问题。现在离新《刑事诉讼法》实施还有一段时间。在这段时间内，如何适用新旧法律是一个必须解决的问题。在今年全国刑事审判工作座谈会上，最高人民法院对此作出明确要求，各级法院要正确把握新旧法律适用的基本原则，对于现行司法解释或者规范性文件此前已经就相关问题作出规定，修改后《刑事诉讼法》将相关规定上升为法律的，要继续执行现行司法解释和规范性文件的规定；对于现行司法解释和规范性文件没有规定，修改后《刑事诉讼法》、配套司法解释增加规定限制司法权力、有利于保障当事人权利的，现在即可参照执行，反之扩展司法权力、加大对当事人权利制约的，必须在新《刑事诉讼法》生效后才能执行，以确保相关案件依法平稳公正的得到审理。

关于严格执行刑事案件非法证据排除规则的调研报告

广东省高级人民法院课题组*

2012年《刑事诉讼法》进行了第二次修订，并于2013年1月1日正式施行，以立法的形式正式确立了中国特色的非法证据排除规则。2013年底，为全面贯彻《刑事诉讼法》关于非法证据排除程序的规定，省法院制定了《非法证据排除操作规范》，经审委会讨论通过后下发全省法院执行，有效指导了审判实践。为全面掌握非法证据排除规则运行的具体情况，进一步贯彻落实好非法证据排除规则，2014年初，省法院将严格执行刑事案件非法证据排除规则调研列为年度全省法院深化司法改革调研课题，由党组成员、副院长洪适权牵头成立调研组开展调研。为此，省法院下发调研通知全面搜集全省法院有关情况，前往兄弟法院及本省广州、深圳、珠海、汕头、佛山、揭阳等地实地调研，在实证研究的基础上，形成了本调研报告。

一、非法证据排除的司法现状

（一）广东法院非法证据排除规则运行情况

为掌握广东法院2013年以来非法证据排除规则运行的具体情况，我们统计了全省法院该段时间审理刑事案件数、申请排除非法证据数、启动非法证据调查程序数以及排除非法证据数等数据。

从宏观层面来看，2013年1月至2014年4月全省共审结刑事案件数

---

* 课题组组长：洪适权，成员：林秀雄、刘锦平、黄玉良、林婷。

量为133359件，其中提起申请排除非法证据的案件有240件，为全省案件的0.17%；最终排除非法证据的案件有30件，为全省案件的0.02%，占提起申请非法证据案件的12.5%；因排除非法证据而未认定所涉事实的案件有16件，占最终排除非法证据案件数的53.3%；因申请排除召开庭前会议的案件57件，为全省刑事案件总数的0.04%，占申请排除非法证据案件总数的23.75%；二审期间首次提出排除的案件为17件，占申请排除非法证据案件的7.08%；二审期间启动排除程序的案件15件，其中因排除非法证据发改的案件3件，占全部二审期间启动排除程序案件的20%（详见表1）。

表1　2013年1月～2014年4月全省非法证据排除刑事案件概况

申请排除的案件	最终排除的案件	因申请排除召开庭前会议的案件	因排非而未认定所涉事实的案件	二审期间首次提出排除的案件	二审期间启动排除程序的案件	因排除非法证据发改的二审案件
240件	30件	57件	16件	17件	15件	3件

从微观层面来看，在申请排除非法证据的240件案件中，其中申请排除物证的有11份，书证28份，证人证言52份，被告人供述590份；最终排除的物证3份，占申请排除的27.27%；书证3份，占申请排除的10.71%；排除证人证言4份，占申请排除的7.69%；排除被告人供述95份，占申请排除的13.77%；在排除程序中侦查人员出庭的有37件78人次，占申请排除案件总数的15.41%。（详见表2、3、4）

表2　全省非法证据排除刑事案件申请排除证据类型

申请排除的证据类型	物　证	书　证	证人证言	被害人陈述	被告人供述
	11份	28份	52份	5份	690份

表3　全省非法证据排除刑事案件排除结果

最终排除的证据类型	物　证	书　证	证人证言	被害人陈述	被告人供述
	3份	3份	4份	1份	95份

表4　全省非法证据排除刑事案件侦查人员出庭情况表

在排除程序中侦查人员出庭	
37件	78人

从以上的数据来看：(1）申请排除非法证据的案件较少。这一数据可能与很多人的感觉不相符合。对此，我们分析后，认为主要是两大原因造成的。一是统计口径方面的问题，对于被告方没有提出相关线索或者材料的申请，可能在进行统计时没有把这些申请数计入；二是在庭前会议中检察机关主动撤回争议证据或者一些被告人撤回排除申请，这部分数字也可能没有纳入到统计中。(2）在启动非法证据调查程序的案件中，最终决定排除非法证据的比例还比较高。被告方在申请启动非法证据排除程序时提供了线索或材料的，检察机关一般能进行一定程度的举证，法院在检察机关举证失败后排除了一些有罪供述，由此没有认定一些案件的部分犯罪事实或部分罪名。(3）目前侦查人员出庭作证的比率偏低。据调研的数据来看，全省 2013 年 1 月至 2014 年 4 月期间在排除非法程序中侦查人员出庭的有 37 件 78 人次，仅占申请排除案件总数的 15.41%。侦查人员出庭率比以前已有明显提高，但仍然偏低。(4）法官对排除非法证据普遍采取十分保守的态度。调研中并未发现全案无罪并当庭释放的情况。基本都是对于即使排除了非法证据也可以定罪的，或者对于排除证据只能否定其中一个罪而不至于导致全案无罪的，才进行排除。

（二）在非法证据排除实践中遇到的困难和问题

在调研中，很多法院以及法官也提出，在《刑事诉讼法》、司法解释施行后的非法证据排除实践中仍然会遇到不少困难和问题。主要有：

1. 对“非法证据”的界定难。在《非法证据排除规定》和《办理死刑证据规定》实施后，“瑕疵证据”明确作为证据学中的概念，新《刑事诉讼法》和相关司法解释也吸纳了两个证据规定中关于“非法证据”和“瑕疵证据”的规定。例如，《办理死刑案件证据规定》中所提及的下列证据均属于瑕疵证据：经勘验、检查、搜查提取、扣押的物证、书证，未附有勘验、检查笔录，搜查笔录，提取笔录，扣押清单，不能证明物证、书证来源的；对物证、书证的来源及收集过程有疑问，不能作出合理解释的；勘验检查笔录存在明显不符合法定及有关规定的情形，并且不能作出合理解释或者说明的。从这个意义上讲，我国《刑事诉讼法》规定的非法实物证据与瑕疵证据的形式相似，但如果按照瑕疵证据的标准来适用非法实物证据的排除，显然是有违非法证据排除规则的宗旨。在司法实践中，存在对于非法证据和瑕疵证据的认识界定模糊，将瑕疵证据认定为非法证据直接予以排除的情况，也有的法官将非法证据视为瑕疵证据，要求侦查机关补正或者作出合理解释后使用。所以，对于瑕疵证据的审查与认定，应规定统一的标准，以方便实践中的操作。

2. 对“非法证据”的证明难。根据目前法律对非法证据排除的制度设计，被告人及其辩护人应当提供涉嫌非法取证行为的人员、时间、地点、方式、内容等相关线索或者证据。实践中由于被告人一方一般被羁押，处于弱势地位。侦查过程本身又是封闭的，除了侦查人员和被告人，没有第三人在场，若有伤情在身，经过必要的休养已得到恢复。即使有伤痕，被告人也无法证明致伤的时间、地点，况且没有伤，是受到饥饿、车轮审讯、强光照射、不让休息等方式的审讯，根本无法提供有证明力的客观证据。同时，公诉方必须证明到“事实清楚，证据确实、充分”的程度，否则将被排除。而在实际操作中，公诉机关往往怠于履行证明责任，将盖有公章的侦查机关的“情况说明”代替讯问人员的出庭作证，并且提供一些不完整的录音录像资料，使得非法证据排除程序无法发挥出其应有的作用。即使侦查人员出庭作证，也不会承认有对被告人进行刑讯逼供。而且，对于侦查人员来说，如果直接或间接承认刑讯逼供，这意味着该侦查人员也要承当相应的法律责任。这很可能又回到了一个正常人“难以自证其罪”的障碍。甚至还有警察称如果强迫其出庭，宁愿辞职。至于特情人员、巡防队员出庭作证困难就更大。

3. 对“非法证据”的排除难。据调研，我们了解到一些法官对排除非法证据存在疑虑，在证据的合法性无法达到确实充分的情况下，法院也难以作出有利于被告方的裁决。特别是如果排除该争议证据可能导致被告人无罪的结果，法院更难以依法排除。因为按照我国司法机关现行的责任追究机制，如果法院作出无罪判决，检察机关工作人员则须承担相应的责任，影响其工作考核、职务、工资评定；另外，如果某重要证据被法院认定为非法证据而排除，获取该证据的侦查人员可能受到追究。我国的公、检、法三机关的关系是“互相配合、互相制约”的关系，如果法院排除了未能确实充分证明合法性的证据，可能影响三机关包括有关办案人员的关系。此外，还有被害人一方维稳的压力存在。因此，对于非法证据排除而言也存在上述问题。

（三）非法证据难以排除的主要原因

我国已经通过法律和司法解释初步确立了非法证据排除规则。问题在于，为何在实践中这些规定难以起作用呢？通过实证研究，我们认为可以从以下几个方面进行分析：

1. 立法技术方面的原因。《刑事诉讼法》规定的“刑讯逼供等非法方法”和“采用暴力、威胁等非法方法”的范围仍然较为模糊，实践中对是否构成非法取证认识不一。即使真的存在严重的刑讯逼供，要证明刑讯逼供也非易事。如果没有讯问机关或者讯问者自认刑讯逼供的存在，在证据调查方面处于劣势的被讯问者几乎不可能收集关于刑讯逼供行为存在的证据；如果没有发生致人死亡或者重伤的后果，被讯问者要证明刑讯逼供后果也是非常困难的。更毋庸谈两者之间的因果关系（已有案例，公安机关称被告人身上的伤痕是正常使用戒具形成或者自残行为造成的）。上述立法上的问题给非法证据排除规则的实施造成了诸多障碍，使得在司法实践中非法证据界定难、证明难、排除难。

2. 司法制度方面的原因。非法证据排除规则是一种针对侦查权滥用的程序性制裁。无论是英美法系还是大陆法系国家，对于侦查权的控制基本上都是通过司法权来实现的，即法院可以制约侦查权行使。例如，司法令状原则就要求警察的重大侦查行为，必须取得法院的授权；司法审查原则要求，强制性侦查措施合法性的审查，应当由法院进行。这种侦查权的司法控制来源于法院的优越地位，法院也具有制约侦查机关行为的实际权力。

3. 价值观念方面的原因。从大背景上看，社会普通民众的心态依然偏好于实现最大程度的结果正确而非程序公正，对于非法程序的容忍有强烈的功利主义色彩。这在社会舆论对刘涌案与佘祥林案的不同态度中可见一斑：前者虽然存在刑讯逼供的事实，但是民意却容忍了这种程序上的瑕疵，将关注集中于被告人犯罪的事实；后者则因为在实体处理上存在重大错误而激起民愤。从司法环境层面看，司法人员的心态依然偏好于实体真实而非程序正义，往往把证据的证明力摆在证据的证据能力之上，更注重证据的可靠性而非证据的合法性。非法证据排除可能在诉讼中因为证据不足而产生无法定案或者放纵罪犯的结果，对审判工作造成极大的压力。司法系统内评价审判人员绩效的主要标准是工作量以及二审改判或者发回重审的比例，考虑到现实利益的因素，在法律所允许的自由裁量权的范围内，审判人员在非法证据的取舍上，总是会倾向于有利自身利益的解释。

二、非法证据排除范围的明确

（一）非法证据的范围

根据《非法证据排除规定》第1条、第2条、第14条和《刑事诉讼法》第54条可知，我国的非法证据仅指的是非法言词证据，即非法手段取得的言词证据。对于存在瑕疵的实物证据没有作为非法证据对待。《非法证据排除规定》和《刑事诉讼法》确立了“强制性的排除”与“自由裁量的排除”相结合的证据排除规则。根据该项证据规定，对于侦查人员采取“刑讯逼供等非法手段”获取的犯罪嫌疑人、被告人供述以及采用“暴力、威胁等非法手段”所获取的证人证言、被害人陈述，法庭应作为非法证据予以排除，这是一种“强制性的排除”规则；对于侦查人员非法取得的物证、书证，经确认侦查人员的取证手段“明显违反法律规定”“可能影响公正审判的”“不符合法定程序”“可能影响司法公正的”，法庭应当责令公诉方予以补正或者作出合理解释，否则，也不得将该物证、书证作为定案的根据。这种给予法庭一定自由裁量权的排除规则，具有“自由裁量的排除”的性质。

（二）不属于非法证据的情形

1. 瑕疵言词证据。侦查机关未采用暴力、威胁等非法方法、手段收集的符合犯罪嫌疑人、被告人、证人、被害人真实意愿的言词证据，但收集的主体、形式、程序上存在瑕疵，不属于非法证据，经补正或作出合理解释后可以采用；不能补正或作出解释的，不得作为定案的根据。例如：询问（讯问）未成年人没有通知其法定代理人或者有关人员到场的；询问（讯问）笔录没有填写询问（讯问）人、记录人以及询问（讯问）的起止时间或者填写有误、存在矛盾的；询问（讯问）地点不符合《刑事诉讼法》有关规定的；询问以及首次讯问笔录没有记录告知证人、被害人、犯罪嫌疑人相关权利和法律规定的；询问笔录反映出在同一时段，同一询问人员询问不同证人、被害人的；讯问笔录中讯问人员没有签名的；其他有瑕疵但不属于采用暴力、威胁等非法方法收集证据情形的。

2. 物证书证。对于物证、书证的取得明显违反法律规定，可能影响公正审判的，不属于非法证据，经补正或者作出合理解释后，仍然可以采用。从实践来看，补正此类证据的方式包括：（1）重新予以制作。例如：在不符合法定的侦查人员人数的情况下询问证人所获得的证人证言；生理上、精神上有缺陷或者年幼，不能辨别是非、不能正确表达的人所作的证言笔录；证人在旁听庭审后提供的证言笔录；等等。（2）征得当事人同意。例如：在询问证人前，忘记告知证人相关权利义务；未尽告知义务而制作的犯罪嫌疑人、被告人讯问笔录；讯问未满18周岁的犯罪嫌疑人、被告人，不通知其监护人或教师到场明显不当的等。（3）重新调取原物、原件。例如，可以调取、扣押原件、原物而未调取、扣押的，应当将原件、原物予以调取、扣押；作为证据使用的实物未移送或移送的实物与物品清单不相符的，应当要求侦查机关或部门在三日内补送。（4）其他方式。侦查机关依法对原取证过程的真实性、合法性（符合行政、纪检、监察部门有关调查取证规定）调查核实后予以继续使用，等等。

3. 私人违法取得的证据。私人违法取得的证据不在非法排除制度考虑之中。非法证据排除规则主要是为抑制国家公权力而设，对于私人以违法方式获得的证据，原则上不适用非法证据排除规则。如甲到乙办公室窃取了乙的犯罪证据，并交给了警方，则乙不得主张该偷来的证据为非法证据而要求予以排除。再比如，在绑架勒索案中，对于被害人家属秘密录制的绑匪声音的录音录像带，也不应当作为非法证据而予以排除。同样，对于一般的、没有特殊属性的公务人员所实施的私人搜查也不适用非法证据排除规则。

（三）“毒树之果”的选择性排除

所谓“毒树之果”指侦查机关通过非法手段获取了某项证据，然后由该项证据又“衍生”或“派生”出的证据。在我国现行法律框架内并未明确规定“毒树之果”。实践中，可针对以下两种情况分别处理：第一，侦查人员通过刑讯等非法方法获取实物证据，即通过刑讯等非法方法获取实物证据在何处的口供，而后根据口供信息收集实物证据，即使口供被排除，实物证据是否具有可采性？我们认为，现阶段非法证据排除仅限定于对非法言词证据的排除，对于此类实物证据通过补正和合理解释来解决；即使不予采信，也不作为非法证据进行排除。第二，利用重复供述（又称二次自白），即通过刑讯等非法方法获取首次有罪供述，而后利用此次有罪供述中非法方法的持续影响以形式合法的方法再次获取有罪供述，前次有罪供述因非法被排除，此后的重复供述是否具有可采性？如果全部承认“重复自白”的证据能力，则相当于默许侦查机关采用先对犯罪嫌疑人实施刑讯逼供，然后再经合法讯问取得嫌疑人有罪供述的行为，以此规避非法证据排除规则的约束；如果否定“重复自白”的证据能力，一旦在讯问过程中存在非法取证的情况，被讯问人的后续供述就不被采纳，不利于对犯罪行为的打击。因此，我们倾向折中认为，对于某次非法言词证据被认定为非法证据予以排除，其后在合法情形下取得的相同或相似言词证据的，这种证据可以采信但应十分慎重；但是对于如果取得相同或相似言词证据的侦查人员与之前搜集非法证据的侦查人员相同的，原则上认定为非法证据并予以排除。

三、侦查和审查起诉阶段非法证据的排除

《刑事诉讼法》规定，在侦查、审查起诉、审判时发现有应当排除的证据的，应当依法予以排除，不得作为起诉意见、起诉决定和判决的依据。因此，在刑事诉讼的各个环节都应该针对非法证据排除作出制度设计，建立一整套非法证据排除的预防、纠正和排除机制，层层过滤，从源头上防止非法取证行为，确保非法证据早发现、早纠正、早排除，而不是等到审判阶段才开始进行排除，将责任和压力都留给法院。

（一）侦查阶段非法证据的预防和纠正

1. 推动看守所与公安机关分离。被告人所提出的刑讯逼供控诉一般不会发生在看守所内，而是在看守所之外的其他场所。当前，应当尽量缩短犯罪嫌疑人在看守所之外的时间，同时对看守所现行的组织机构进行变革。按照现行的机构设置，看守所由公安机关管理，看守所与侦查部门同属公安机关，难以对不法取证行为起到监督作用。将看守所与公安机关进行分离，划归司法行政部门管辖，以保证看守所作为一个中立的羁押机关存在，有利于看守所履行其职能，保证公正、客观地记录身体检查报告以及进行同步录音录像。

2. 建立全程同步录音录像制度。（1）录音录像应覆盖全部案件、讯问全程。目前我国仅规定了对于可能判处无期徒刑、死刑的案件或者其他重

大犯罪案件，应当对讯问过程进行录音或者录像，应扩大同步录音或者录像的适用范围。可参照2005年施行的《人民检察院讯问职务犯罪嫌疑人实行全程同步录音录像的规定（试行）》（简称《最高检规定》），规定除情况紧急必须现场讯问以外，均应当在规定的办案场所进行，并依法对讯问过程进行全程录音或者录像。全程包括犯罪嫌疑人进入至离开讯问场所的全部过程。（2）赋予受讯问者录音录像最后确认权。根据《最高检规定》，制作完成同步录音录像资料后应由办案人员和被讯问人核对确认后才能生效。可在讯问室安装一个显示屏供犯罪嫌疑人观看，并在讯问室配备录音录像装备，讯问开始以后同步刻录、边录边刻，讯问结束后技术人员、办案人员和当事人三方当场签封录音录像资料。这样在讯问结束后，犯罪嫌疑人在签字确认前不必再重复观看即可决定该录音录像是否全程进行。（3）推动讯问主体与录音录像主体相分离。由于录音录像容易通过剪接、复制等手段加以篡改，难以保障该证据材料的客观真实性。因此，应当采用讯问主体与录制主体相分离的模式：讯问由侦查人员负责，不得少于二人，录音录像由专门人员负责；侦查、录制人员应当适用《刑事诉讼法》有关回避的规定。与案件有利害关系的人员，不得参与录制工作。如果看守所等羁押部门划归司法行政部门管辖，可将录制主体由羁押犯罪嫌疑人的看守所等部门实施，实现讯问主体与录制主体的真正分离。

3. 通知犯罪嫌疑人的辩护人、近亲属旁听讯问。犯罪嫌疑人的辩护人、近亲属旁听讯问可以对侦查机关讯问过程合法性起到有效地监督作用，但由于讯问过程的隐秘性以及制度规定方面的缺陷，一步到位地确立辩护人、近亲属在场权仍有不少困难。现阶段可采用以下办法进行过渡：（1）对于一般案件，侦查机关可以通知犯罪嫌疑人的辩护人、近亲属到场旁听讯问。（2）对于可能判处无期徒刑、死刑的案件或者其他重大案件，犯罪嫌疑人的辩护人或近亲属经通知不能到场的，应当通知同级人民检察院派员参加。犯罪嫌疑人的辩护人、近亲属发现讯问过程存在违法行为的，可以提出异议，督促讯问人员改正。

4. 建立侦查阶段非法证据的纠正机制。因公安机关的侦查任务是由刑事侦查部门承担，因而对侦查机关自身进行监督的任务应由法制部门承担。法制部门通过同步录音录像审查、受理投诉举报、讯问犯罪嫌疑人、听取律师意见、审查案卷等方式，发现有非法取证情况或可能的，应当进行非法取证情况调查。可以直接审查相关证据或者对犯罪嫌疑人进行讯问，要求侦查人员提供说明等方式对侦查阶段非法取证情况进行核实，在侦查人员和犯罪嫌疑人及其律师在场的情况下对侦查阶段非法取证情况进行核实。根据《公安机关办理刑事案件程序规定》第 67 条第 3 款规定，在侦查阶段发现有应当排除的证据的，经县级以上公安机关负责人批准，应当依法予以排除，不得作为提请批准逮捕、移送审查起诉的依据。

（二）审查起诉阶段非法证据的排除

《刑事诉讼法》和《人民检察院刑事诉讼规则（试行）》规定，人民检察院接到报案、控告、举报或者发现侦查人员以非法方法收集证据的，应当进行调查核实。这在法律制度层面确立了我国检察机关调查核实非法方法收集证据的主体资格。

1. 非法证据线索的发现。检察官可以通过阅卷、讯问犯罪嫌疑人、听取犯罪嫌疑人及其辩护律师、被害人及其委托的人的意见、调查核实其他证据以及提前介入侦查或者派员参加侦查机关（部门）对重大案件的讨论等方式发现非法证据的线索。一方面，要关注如何有效地启发和利用他们的积极性来发现非法证据线索，保证他们的合理要求得到实现；另一方面，要客观地审查排除非法证据的请求，并判断争议证据的合法性和真实性。

2. 非法证据排除程序的启动。非法证据排除可依辩方申请启动。犯罪嫌疑人、被告人及其法定代理人、辩护人在审查起诉阶段提出排除非法证据请求的，应在检察机关提起公诉前提出。对在提出请求但被检察机关决定不予排除的，可在提起公诉前申请复议。复议之后不予排除的，不得再次申请。检察机关也可以依职权启动非法证据排除程序。承办检察官在审查批准逮捕、审查起诉中如果发现了非法证据，应当提出明确意见，然后提请检察长决定是否启动非法证据审查程序。

3. 非法证据的审查。在非法证据审查过程中，检察机关应当要求侦查机关提供相关证据证明争议证据的合法性，辩护人可以提供证据证明争议证据的非法性，检察机关也可以自行收集取证行为违法的相关证据。如果侦查机关或者案件当事人要求听证，或者双方对于某一证据是否属于非法证据有严重分歧的，检察机关可以召开听证会。听证会的决策机构可以由检委会专职委员、人民监督员、承办案件部门负责人等人员组成。在听证过程中，侦查人员负责证明证据的合法性，犯罪嫌疑人等案件有关当事人可以就侦查人员的证明进行反驳。

4. 非法证据的处理。经过审查后，应当根据调查结果作出相应处理：确有以非法方法收集证据情形，相关责任人员已经构成犯罪需要追究刑事责任的依法移送立案侦查，尚未构成犯罪的依法向侦查机关提出纠正意见，并对相关非法取得的证据予以排除；现有材料不足以证明证据收集的合法性，不能排除存在以非法方法收集证据情形的，对相关证据予以排除；现有证据足以证明证据收集的合法性，对相关证据的合法性予以确认，并将调查结果书面或口头告知控告人，口头告知的，应当制作笔录。对于重大案件中的非法证据，或者对于是否属于非法证据有严重分歧的，应提交检察委员会决定。为确保及时作出决定、防止体内循环，检察机关应在审查批准逮捕、审查起诉的法定期限内作出是否排除非法证据的决定，并于作出决定后的三日内告知侦查机关、犯罪嫌疑人及其辩护人、被害人及其家属。检察院依法对存在或不能排除存在以非法方法收集的证据予以排除后，在案证据不足以证明犯罪嫌疑人实施犯罪行为的，应当将案件退回侦查机关补充侦查；侦查机关补充侦查后证据仍不足的，应当作出不起诉决定。同时，合法性存疑已予以排除的证据不再移送作为指控犯罪的证据使用。

四、审判阶段非法证据的排除程序

（一）非法证据排除程序的启动

1. 申请非法证据排除的主体。当事人及其辩护人、诉讼代理人和审判人员均有启动权。根据法律规定，启动权应当赋予当事人及其辩护人、诉讼代理人。同时，尽管《非法证据排除规定》和《刑事诉讼法》授权检察机关在审查批捕和审查起诉环节可以主动排除非法证据，但是，基于检察机关作为国家公诉机关的角色，它很难实现非法证据的主动排除的职责。对侦查行为合法性加以审查、对非法证据排除规则加以适用的责任，只能主要由法院来充当。因此审判人员依职权启动程序能够更好地保护被告人一方的权利。相关人员未申请非法证据排除，但审判人员认为可能存在以非法方法收集证据情形的，应当对证据收集的合法性进行调查。

2. 非法证据排除申请的提出。（1）一般应在开庭前提出。规定非法证据排除申请的提出时间所要考虑的因素主要包括：第一，是否有利于提高庭审效率，这是将提出申请规定在庭前的主要原因；第二，是否有利于被告人权利的救济，这是一定情况下允许庭审开始后提出申请的主要原因。据此，非法证据排除动议提出的时间原则上应当规定在庭审之前，同时以例外的形式允许庭审期间才发现相关线索或者材料的可以在庭审时提出。（2）应当同时提供线索或材料。根据审判实践，相关线索和材料指的是涉嫌非法取证的人员、时间、地点、方式、内容等信息以及血衣、伤痕、伤痕照片、医疗证明、伤残证明、同监仓人员的证言等证据。当事人申请排除非法证据，本人及其辩护人、诉讼代理人均不能提供相关线索及材料的，人民法院可以不进行证据收集的合法性调查，应当综合全案证据认真审查，以决定对该申请排除的证据是否采用。（3）一般以书面形式启动。如果是在起诉书副本送达被告人后到开庭审判前的一段时间内，提出被告人审判前供述是非法取得的，应当向人民法院提交书面意见。被告人书写确有困难的，可以口头告诉，由人民法院工作人员或者辩护律师作出笔录，并由被告人签名或者捺指印。如果是在庭审过程中提出被告人审判前供述是非法取得的，可以口头的形式直接向法庭提出。

3. 采用庭前会议的形式先行过滤。经审查对证据收集的合法性有疑问的，应当召开庭前会议。在庭前会议中，如果能够就申请排除的证据达成一致意见，就可以避免控诉和审判资源的浪费。庭前会议应由审判长或承办法官召集，通知公诉人、非法证据排除的申请人参加。庭前会议一般可按照以下程序进行：（1）申请人陈述要求排除的证据内容，说明理由并出示相关线索及材料。（2）公诉人发表意见，说明情况，并可以宣读或播放证明证据收集合法性的相关证据。（3）审判人员征求控、辩双方意见，是否能够就申请排除的证据达成辩方不再申请非法证据排除或者控方不再作为起诉证据的一致意见。（4）不能达成一致意见的，审判人员应当告知控、辩双方开庭时将进行证据收集的合法性调查程序，公诉人可以在开庭前针对申请人提出的相关线索及材料进行调查核实，补充提供证明证据收集合法性的证据及材料以备法庭质证，辩护人可以随时要求查阅检察机关移送到法院的证据及材料。（5）宣布结束庭前会议，参会人员在会议笔录上签名。

4. 庭审时才申请排除的处理方法。当事人及其辩护人、诉讼代理人在开庭前没有申请排除非法证据，但在庭审时提出，应当按照下列情形分别处理：（1）相关线索或材料庭审前就已发现，申请人没有按照要求及时申请非法证据排除的，法庭调查正常进行，先不启动证据合法性调查程序，待所有证据举证、质证完毕后，在法庭调查结束前结合其他证据对非法证据排除申请及申请排除证据的内容一并进行审查。认为证据收集的合法性有疑问的，应当进行证据收集合法性调查；认为证据收集的合法性没有疑问的，应当当庭说明情况和理由，不再进行证据收集合法性调查，继续法庭审理。(2) 相关线索或材料庭审期间才发现，申请人当庭申请非法证据排除的，应当进行证据收集合法性调查。(3) 人民法院在送达起诉书副本时没有告知的，申请人在庭审期间提出非法证据排除申请的，应当进行证据收集合法性调查。

（二）庭审中的证据合法性调查程序

证据的合法性调查程序与一般的庭审程序存在较大差异。二者在程序性质、证据规则、证明责任、证明标准等方面的不同造成了两种程序之间难以相容，如果不将两者分开将可能造成庭审程序的混乱无序。目前较为理想的模式是将所有证据的合法性调查程序尽可能地从庭审中独立出来，单独地设置这样一个环节，集中地解决所有未能在庭审前解决的非法证据排除及其他程序性问题。所以，我们认为，应当在法庭调查阶段公诉人对该项证据举证后进行质证时启动证据合法性调查，一般可按以下程序进行：

1. 审判人员征求非法证据排除申请人意见，是否继续申请排除证据。申请人继续申请排除的，陈述申请理由及要申请排除证据的具体内容，宣读或出示相关线索及材料；申请人放弃申请的，结束证据合法性调查程序，继续法庭审理。

2. 公诉人发表意见，举证证明证据收集的合法性，由公诉人承担证据合法性的证明责任。一般可以通过宣读讯问笔录、有针对性地播放申请排除证据所对应的审讯录音、录像、出示被告人入所体检表、经侦查机关盖章并有相关侦查人员签名的取证过程合法的说明材料、侦查人员或者其他相关人员出庭说明情况、同监仓人员的证言等进行质证。

3. 申请人及其辩护人、代理人对公诉人提供的证据、说明材料等发表意见。公诉人举证后，控、辩双方可以就被告人审判前供述、未到庭证人的书面证言、未到庭被害人的书面陈述取得的合法性问题进行质证和辩论。质证和辩论的目的，一方面，使控、辩双方有充分机会表明己方观点，充分阐述理由和根据，从而从程序上保障当事人和诉讼参与人的合法权益；另一方面，更是为了通过详尽的细节调查，查明证据收集程序、方式是否违法，确保证据真实、合法。

4. 法庭审查双方提供证据材料及意见后，应当按照下列情形分别处理：（1）确认存在以非法方法收集证据情形的，决定对有关证据予以排除，宣布结束证据合法性调查程序，继续法庭审理。（2）确认不存在以非法方法收集证据情形的，宣布申请人的申请不能成立，结束证据合法性调查程序，继续法庭审理。（3）公诉人未能提供相应证据材料或者所提供证据材料不足以证实证据收集合法性，并表示要补充调查或提请法庭通知侦查人员出庭说明情况，建议延期审理的，宣布休庭，延期审理。（4）公诉人所提供证据材料不足以证实证据收集合法性，不能排除存在非法收集证据情形，但未建议延期审理的，宣布结束证据收集合法性调查程序，继续法庭审理。庭审后可以直接对相关证据予以排除；如认为确有必要，也可以要求公诉机关庭后补充调查以及通知侦查人员等相关人员出庭说明情况。（5）法庭审查双方提供证据材料后，难以当庭作出决定的，可以宣布法庭将在庭审后对双方就非法证据排除申请的意见及提供的证据材料进行评议并作出是否排除相关证据的决定，结束证据合法性调查程序，继续法庭审理。庭审后，合议庭认为现有证据材料能够作出是否排除相关证据决定的，可以在宣判前将决定及理由书面告知公诉人及申请人，也可以在判决书中一并表述；认为现有证据材料仍不足以作出是否排除相关证据决定的，可以要求公诉机关补充调查或通知侦查人员等相关人员出庭说明情况，必要时合议庭还可以对相关证据材料进行调查核实。（6）相关人员没有提出非法证据排除申请，法庭认为可能存在以非法方法收集证据情形决定进行证据合法性调查的，参照上述程序及情形处理。

5. 二审中的证据合法性调查程序基本可参照第一审程序进行。但以下问题稍有不同：证据收集的合法性审查。具有下列情形之一的，二审法院应当开庭对证据收集的合法性进行审查：一审对当事人及其辩护人、诉讼代理人排除非法证据的申请没有审查，并以该证据作为定案根据的；检察院或者被告人、自诉人及其法定代理人不服一审有关证据收集合法性的调查结论，提出抗诉、上诉的；当事人及其辩护人、诉讼代理人一审结束后才发现相关线索或者材料，申请二审法院排除非法证据的；当事人及其辩护人、诉讼代理人一审结束前就已经收集到相关线索或材料，没有申请一审法院排除非法证据，二审期间提出非法证据排除申请的，二审法院可以不再启动非法证据排除程序，但应当纳入证据综合审查中解决，决定对该证据是否采信，并在裁判文书中说明采信与否的理由。但认为根据案件情况确有必要启动证据合法性调查程序的除外。但对一审中已经出示或宣读的证据材料可以不再举证。

（三）证明责任与证明方式

1. 当事人及其辩护人、诉讼代理人的初步证明责任与证明方式。根据《刑事诉讼法》，当事人及其辩护人、诉讼代理人申请排除非法证据应提供相关线索或者材料。从而在立法层面上，将刑事诉讼被告人对非法证据排除程序的启动责任定位为“初步证明责任”，即被告人只承担启动非法证据排除程序的初步责任，而不承担结果意义上的举证责任。当被告人提出被刑讯逼供的线索时，如能详细描述刑讯逼供的过程、场景与侦查人员，语言前后表述明确，逻辑清晰，即可考虑启动非法证据排除程序。

2. 检控方的证明责任与证明方式。根据《刑事诉讼法》，启动非法证据排除程序后，审查核实证据过程中，由检控方承担非法证据的证明责任，对其提交证据的合法性予以证明。控方证明证据合法性的具体方式包括：（1）根据现有证据材料证明证据收集的合法性。具体而言，一般是由原侦查机关加盖印章的情况说明，证明没有非法取证情形，或对有关瑕疵做出合理解释。（2）有针对性地播放讯问录音录像。（3）身体检查报告。看守所身体检查报告需要与同步录音录像配合使用，才能完整地证明犯罪嫌疑人在被送交看守所前的身体状况，以及被羁押后是否受到刑讯逼供行为。（4）侦查人员出庭作证。侦查人员作为直接参与讯问、调查取证的主体，对整个讯问过程最为熟悉，其出庭与被告人就是否存在刑讯逼供行为进行对质，对非法证据的认定起着至关重要的作用。此外，还有其他一些证明方式，比如出具同监仓犯罪人的证言等。不过从总体上看，控方证明的方式有限，效果不佳，最终还是要法官综合案件情况作出判断。

（四）非法证据的证明标准

《非法证据排除规定》对此明确采用了定罪的证明标准，即非法证据排除程序启动后，检控方对证据合法性的证明必须达到“确实、充分”的程度才能完成其证明责任。可以按照以下标准进行判断：

1. 确认为非法言词证据的情形。符合下列情形之一所取得的被告人供述、证人证言及被害人陈述，确认为非法言词证据，应当予以排除：(1) 相关证据证实侦查人员使用器械或拳脚殴打，足以使人肉体上产生剧烈疼痛的；(2) 审讯录音、录像等其他证据直接证明侦查人员进行指名、指事问供等方式进行诱供或者对本人及其亲属进行威胁、胁迫的；(3) 相关证据证实侦查机关采用冻、饿、晒、烤、疲劳审讯等非法方法的；(4) 其他足以使人肉体或者精神上遭受剧烈疼痛或痛苦的情形。①

2. 不能排除存在非法取证的情形。言词证据经审查，具有下列情形之一，属于不能排除存在非法取证的情形，对相关证据应当予以排除：(1) 仅提供经侦查机关盖章并有相关侦查人员签名的取证过程合法的说明材料，没有其他证据或合理解释否定当事人及其辩护人、代理人提出的相关线索或材料的；(2) 被告人入所体检表证明被告人羁押看守所前身体受伤，羁押看守所后被告人即翻供，侦查机关不能作出合理解释的；(3) 被告人提供其身体伤痕或照片，经鉴定其伤势系羁押期间形成，侦查机关不能作出合理解释的；(4) 对于可能判处无期徒刑、死刑的案件或者其他重大犯罪案件，缺少与申请人申请排除证据所对应的录音或录像的；(5) 其他不能排除存在非法取证情形的。尤其是办案机关出具的说明，不符合法定证据形式，不能单独作为证明材料使用。

3. 证据收集合法的判断标准。人民检察院同时提供下列证据材料的，可以认定证据收集合法 (1) 证明被告人羁押看守所前无受伤或者身体损伤不是因审讯所致的被告人入所体检表；(2) 证明被告人供述系自愿供述并签名，无超长时间连续审讯等变相刑讯逼供方式的相关讯问笔录；(3) 经侦查机关盖章并有相关侦查人员签名的取证过程合法的说明材料；(4) 针对申请人提出的相关线索或材料所应当提供的其他证据。对于可能判处无期徒刑、死刑的案件以及其他重大犯罪案件，还应当提供相关审讯录音或录像证明审讯依法进行，无刑讯逼供或诱供情形。如果检察机关同时提出以上材料，可以认为是收集合法。

(五) 救济

《非法证据排除规定》第12条规定：“对于被告人及其辩护人提出的被

① 调研中，有人提出来是否要对何为“疲劳审讯”作出明确，比如连续讯问24小时等。我们认为，这种规定过于机械，也没有科学依据；而且各人有个体差异，同样的讯问时间对个体的疲劳度是不同的。所以没有作特别明确的规定。

告人审判前供述是非法取得的意见，第一审人民法院没有审查，并以被告人审判前供述作为定案根据的，第二审人民法院应当对被告人审判前供述取得的合法性进行审查。检察人员不提供证据加以证明，或者已提供的证据不够确实、充分的，被告人该供述不能作为定案的根据。”根据这一规定，被告人主要通过上诉、抗诉进行救济。对证据是否应当排除的决定的上诉，控、辩双方可以以事实不清、证据不足在提起二审时作为上诉或抗诉的理由；对于应当启动证据合法性调查程序而没有启动，并采用该证据作为定案根据的，也可以违反法定程序为由作为上诉或抗诉的理由。因此，对于我国的非法证据排除的救济制度，不必设计一个单独的上诉程序，而应当将这种上诉合并于案件判决作出后集中提出。对于前者，二审法院可以在查清事实后改判，也可以撤销原判，发回重审；对于后者，二审法院认为一审的决定严重违法时，应当撤销原判，发回重审。同时，二审法院也可以主动救济。《刑事诉讼法》第 186 条规定，二审法院应当就第一审判决认定的事实和适用法律进行全面审查，不受上诉或者抗诉范围的限制。在这样的一种全面审查之下，即使没有针对非法证据排除提出上诉、抗诉，也可以对一审程序中对非法证据排除程序的裁判进行审查，发现错误时，作出相应处理。

非法证据排除的范围与方法

——以深圳市罗湖区法院的司法实践为视角

深圳市罗湖区人民法院课题组*

一、深圳市罗湖区法院试行非法证据排除的情况介绍

早在2011年，深圳市罗湖区法院就非法证据排除进行了小范围的试点和探索，2011年5月1日，该院出台了《关于审理刑事案件排除非法证据的程序规定（初稿）》（以下简称《规定》），与之配套，同时出台了《关于刑事案件证人、被害人、鉴定人出庭作证的规定》《关于规范刑事案件证据标准若干问题的规定》两项制度，对相关证据的审查、认定标准作出了规定。本文主要就试点较多的侦查人员出庭作证的具体做法介绍如下：

（一）该院试行侦查人员出庭作证的现行做法

1. 开庭前权利告知。权利告知的对象为被告人、辩护人、参与庭审的被害人及其诉讼代理人、证人、鉴定人等。告知的时间一般在开庭前。权利告知书的内容为："根据刑事诉讼法相关规定，用于对你指控的证据应当是合法收集的。如果在侦查中有使用侵犯你权利的方法收集证据的现象，你有权利申请排除。"并列明具体的情形，以及被告人申请非法证据排除的时间、需要提供的材料等内容，在送达起诉书副本时，同时送达权利告知书，以方便被告人尽可能早地获知自己的权利，能够更好地行使这些权利。

2. 提出非法证据排除的申请。首先，提出申请的时间，一般在开庭前提出，也可以在庭审过程中提出。在法庭辩论以后宣判前亦可以提出申

---

* 课题组组长：余米尔，成员：刘晓安、彭峥嵘、杨桂胜、赵亚飞。

请，充分保障被告人的权利。其次，提出申请应当以书面形式。最后，提出申请应当提出理由，提供相应证据或线索。

3. 法院决定是否通知侦查人员出庭作证。申请人庭前提出排除非法证据的，法院应于七日内决定是否启动非法证据排除程序，庭审过程中提出的，法院当庭决定是否启动非法证据排除程序。法院决定启动非法证据排除程序的，在开庭七日前将上述书面意见、笔录复印件送达举证方并通知相关侦查人员按指定日期到庭。举证方收到上述书面意见、笔录复印件后，根据《规定》对非法证据排除方式的要求作好相应的庭审准备并按时到庭。

4. 调查处理程序。司法实践中，该院将调查处理程序分为简易程序和普通程序两种。简易程序处理方式是指举证方认为现有证据可以确实、充分证明证据合法性的，由举证方当庭说明并出示相关证据，予以证实。普通程序处理方式是指举证方或人民法院认为现有证据无法确实、充分证明证据合法性的，采用以下方式证实：提出方提出被告人受到刑讯逼供的，公诉人可以从以下方面证实被告人供述的合法性：（1）提供全部讯问笔录原始的讯问过程录像；（2）提供出入看守所的健康检查情况；（3）通知相关讯问人员到庭；（4）发现被告人有伤情的，应作出必要的调查和鉴定，并出示相关的调查笔录和鉴定结论。提出方提出物证、书证的取得明显违反法律规定，可能影响公正审判的，举证方应从以下方面证实物证、书证的合法性：（1）提供原件以及原件的提取地点、提取方式、保管方式、保管地点等情况说明；（2）无法提供原件的，应通知照片或者复印件等的制作者出庭，对照片或者复印件等的制作方式进行说明。提出方提出视听资料等的取得明显违反法律规定，可能影响公正审判的，举证方应从以下的方面证实鉴定结论的合法性：（1）举证方提供视听资料的来源、制作过程、制作人或者持有人身份等有关情况的书面说明；（2）通知视听资料制作人或者持有人出庭，对制作过程等进行说明。

（二）该院试行侦查人员出庭作证的成效与不足

1. 办案人员的取证程序意识进一步增强。根据非法排除规则的规定，侦查人员不仅要调取合法有效的证据，而且还要对调取证据的程序合法性进行证明，检察机关的办案人员在审查证据时同样要对取证程序的合法性进行审查和认定。经过培训和实际操作，不管是侦查人员还是检察官，对于取证程序的合法性问题都格外重视，在审查证据时首先审查取证程序的合法性已经成为一种习惯。

2. 侦查人员的取证程序得到进一步规范。非法证据排除规则的目的是通过排除非法或有瑕疵的证据提高案件质量，防止冤假错案，更重要的是通过排除非法证据而规范侦查人员的取证程序，从根本上杜绝非法取证，从而提高案件质量。经过近几年的司法实践，通过检察机关的补正证据要求以及要求侦查人员出庭作证等工作，使一线的侦查人员取证程序得到进一步规范，案件质量有所提高。

3. 侦查人员出庭作证对非法证据排除的实质作用不大。司法实践中，往往是当事人提出存在侦查人员非法取证行为，法庭通知侦查人员出庭作证，要求侦查人员出庭证实自身侦查取证的合法性。实际情况通常是一方提出存在刑讯逼供，另一方否认存在刑讯逼供，双方各执一词，法院难以居中裁判，庭审效果不好，非法证据排除程序也就流于形式。例如，在该院审理的陈帅武、符聪贩卖毒品案件中，符聪辩称受到刑讯逼供，法院传唤了参与该案中抓捕、讯问、送押工作的所有干警出庭作证，但干警均否认实施过刑讯逼供行为，同时让被告人对干警进行辨认，被告人也未能明确指认具体谁实施了刑讯逼供行为，法庭也无法认定证据的非法性。此案可以显示出，传唤侦查人员出庭作证，其通常不会承认自己实施了刑讯逼供行为，而往往导致双方互相争执，不仅对于查明事实帮助甚小，反而影响了诉讼效率。

二、该院试行非法证据排除时遇到的问题及原因分析

（一）非法证据排除的范围不明确

虽然《规定》以及《刑事诉讼法》对于非法证据排除的范围作出了相对明确的规定，但是实践中仍然存在着模糊和争议之处，主要表现在以下几个方面：

1. 对于“刑讯逼供”以及“等非法方法”界定模糊，实践中难以把握。我国对于“刑讯逼供”主要是针对肉刑及变相肉刑的非法取证行为，通过对犯罪嫌疑人、被告人肉体施以外力，使其肉体或者精神上感到痛苦，以实现获得证据的目的，并未规定精神痛苦的情形。而且对于刑讯逼

供的具体方式也并未进一步细化，只是以“等非法方法”予以概括规定，给人一种雾里看花、朦朦胧胧的感觉。例如对犯罪嫌疑人、被告人采取不让睡觉、连续讯问的方式，这算不算刑讯逼供？对犯罪嫌疑人、被告人强光刺激、不让喝水、不让上厕所、关押于恐怖或不适合人居住的场所，甚至药物注射、催眠使其精神崩溃等手段，算不算刑讯逼供？很明显，这些行为都会对犯罪嫌疑人、被告人造成强大的精神压力，给其造成严重的精神折磨和痛苦，但由于法律上并没有进行明确的规定，给实践中的认定带来困难。

2. 对于实物证据的排除门槛过高，条件过于笼统和抽象，不具有可操作性。《刑事诉讼法》第54条规定：“收集物证、书证不符合法定程序，可能严重影响司法公正的，应当予以补正或者作出合理解释；不能补正或者作出合理解释的，对该证据应当予以排除。”这对非法实物证据的排除限定了十分严格苛刻的条件，导致实践中非法实物证据很难被排除。不仅如此，法律条文的规定笼统而模糊，何谓“严重影响司法公正”，何谓“不符合法定程序”，并未作出明确的解释，法律用语的模糊化，大大降低了条文的可操作性。

3. 对非法证据的衍生证据“毒树之果”是否纳入排除范围，没有明确规定。司法实践中可能经常出现以非法证据为线索而间接得到证据，这就是关于“毒树之果”问题，其中“毒树”是指以非法的手段获取的证据，而“果”是指根据非法获取的证据为线索进而得到的证据，我们称其为果实。对于“毒树之果”问题，各国都或多或少的进行了一些规定，如，美国采取“砍树弃果”，德国采取“砍树食果”，[①]不论哪种方式，对于这一衍生证据的处理均是有所依据的。而我国对于这一问题，虽然在《刑事诉讼法》以及相关的司法解释文件中对于“毒树”予以排除，但并未涉及“果实”的问题。

在江苏省盐城市进行的“非法证据排除规则试点项目”中进行了关于非法证据范围理解的调查，设置了A. 言词证据；B. 实物证据；C. 言词证据和实物证据；D. 言词证据、实物证据和“毒树之果”；E. 视案件情况而定等五个选项，对法官、检察官、律师和警察等不同职业群体进行了多次调查，随着理解的深入，越来越多的司法实务人员认可了将“毒树之

① 黄利：《两大法系非法证据排除规则比较研究》，载《河北法学》2005年第10期。

果”纳入到非法证据的范围内，尤其是律师群体，在两次调查过程中分别有71.40％和73.10％的律师选择D项，当然这也与律师维护被指控者权益的角色定位是分不开的，但其实也从侧面反映出，将“毒树之果”纳入到非法证据的范围内，是司法实践的需要，也是将来非法证据排除的应有之义。①

（二）非法证据和瑕疵证据界定不明，实践中难以把握

瑕疵，是指过失或者微小的缺点，对于证据而言，是指因证据不符合相关法律规定而存在一定的缺陷，也可称之为不规范的证据。因而，所谓瑕疵证据主要是指在收集程序、方式上存在轻微违法，能够通过一定的措施予以补救，仍可作为定案根据的证据。

在实践中，经常会出现将非法证据和瑕疵证据混淆的情形，给执法办案造成负面影响。由于对于非法证据和瑕疵证据的界定不明显，对于侦查机关某些轻微违法行为所导致的证据上的缺陷，究竟是按照非法证据予以排除，还是按照瑕疵证据进行补正，操作起来存在一定的难度。比如：询问笔录上没有填写询问人、记录人的姓名和询问地点；收集、调取物证书证，无物品持有人、见证人的签名（盖章），等等。对于这些证据究竟是以非法证据予以排除，还是以瑕疵证据进行认定出现了疑问，所以，对于瑕疵证据的审查与认定，应规定统一的标准，以方便实践操作。

（三）重复自白的效力认定问题不明确，实践中难以把握

“重复自白”又称“二次自白”，是指某次自白即有罪供述涉嫌违法取得，但与该口供内容相同而未涉嫌采用非法手段的后续口供。此种供述是承认其作为证据的效力，还是作为“毒树之果”予以排除，在修改后的《刑事诉讼法》中并未明确，司法实践中也难以有效把握。“重复自白”的效力问题是刑事诉讼证据规则中的重要问题，其能否被采纳与非法证据规则效用的发挥有重要的关联性，因此，必须尽快立法明确重复自白的效力认定问题。

---

① 卞建林、杨宇冠：《非法证据排除规则实证研究》，中国政法大学出版社2011年版，第24页。

三、非法证据排除的范围与方法的完善

（一）进一步明确非法证据排除的范围

非法证据排除规则的设立宗旨在于防止滥用公权力，维护公民合法权益，保障司法公正。我国现有法律和有关司法解释对非法证据排除范围的规定存在不明确之处，缺乏可操作性。鉴于此，笔者认为，可以从以下几个方面对非法证据排除的范围进一步明确：

1. 进一步明确界定“刑讯逼供等非法方法”的内涵和外延。结合司法实践的调研，笔者认为，可以将“刑讯逼供等非法手段”具体界定为以下几个方面：（1）以捆绑、殴打、违法使用械具或者以较长时间的冻、饿、晒、烤等肉刑或者变相肉刑损害身体健康的方法；（2）以服用精神药物、刺激犯罪神经系统来影响嫌疑人、被告人精神状态或者造成精神健康受到损害的方法；（3）以非法拘禁为手段进行的方法；（4）其他残忍、不人道或者有辱人格的方法。

2. 进一步明确实物证据排除条件。非法实物证据是指违反法律规定，采用非法搜查、扣押等手段获取的各种物证、书证等实物证据。与言词证据相比，实物证据有其自身的特殊性，它主要靠自身性质、外部形态、存在状况来证明案件事实，具有较强的客观性和稳定性，收集方法对于证据本身影响并不大。而且由于实物证据具有不可替代性，某些实物证据可能对于案件的侦破具有决定性的作用，因此大多数国家对于非法实物证据的排除都持十分谨慎的态度。从两大法系对于非法证据排除规则的规定来看，对于非法收集的实物证据实行部分排除或者有条件的排除是当今世界大多数国家的通例。[①] 美国在前期对于非法取得的实物证据采取的是比较彻底的排除规则，但是后来由于犯罪率不断升高，联邦最高法院对该规则作了修正，对于某些以非法实物证据为线索得到的实物证据在法庭上也是可以被采用的。[②] 在英国，非法证据处理的一项普遍原则是：非法实物证据的采用足以导致对被告人审判的不公正结果，将排除该非法证据。反

---

① 卞建林、刘玫：《外国刑事诉讼法》，人民法院出版社 2002 年版。

② 董建军：《美国非法证据排除规则研究》，载《武汉公安干部学院学报》2010 年第 3 期。

之，非法证据的采用不受影响。日本采取的是相对排除原则，由法官衡量相关因素后再决定是否对该证据予以排除。①

笔者认为，对于我国的非法实物证据排除规则，应当在现有法律规定的基础上，借鉴日本非法证据排除规则的做法，由法官结合具体案情，考虑相关因素，以决定是否予以排除。主要应考虑以下几点因素：

（1）案件的性质及其社会影响力。在对案件的裁判中，法官不仅仅要关注案件的法律效果，更要注重社会效果。如果是一般案件，对于社会影响不大，那么对于涉及的非法实物证据就尽可能不要采用；如果案件情节严重，社会影响力大，则考虑采用该证据作为定案的根据。

（2）该证据对于案件的证明力的大小。如果对于案件影响力不大，则予以排除；如果对案件的侦破具有决定性的作用，决定着能否定案，则应在法律允许的范围内予以采用。

（3）取证主体的主观过错程度以及客观危害后果。如果取证人员主观上并非出自故意或者重大过失，客观上也未造成严重后果，则可以不排除；如果取证人员主观上出于故意，客观上严重侵犯了公民的合法权益，由此获得的实物证据应予以排除。

（4）取证行为的违法程度以及犯罪嫌疑人、被告人合法权利受侵犯的程度。如果取证行为违法轻微，对于受害人没有直接的伤害，或者虽有违法行为，但违法行为与实物证据之间并无必然联系，通过其他侦查人员仍然可以获得该证据，则可以不排除；如果取证手段严重违法，情节恶劣，对于受害人合法权益损害严重，则应当予以排除。

3. 将非法证据的衍生证据即“毒树之果”纳入非法证据排除范围，明确其效力认定方式。鉴于目前我国侦查技术并不高，主要还是通过侦查人员对犯罪嫌疑人、被告人的讯问以及对证人、被害人的询问来获取相关线索，最终查明案件事实，如果不加区分的完全排除，那么对于侦查人员来说获取案件的真相将会十分困难，不利于犯罪的惩罚；如果不予排除，那么有可能纵容侦查人员的非法取证行为，更不符合对犯罪嫌疑人、被告人的人权保障。笔者认为，对于“毒树之果”不能搞“一刀切”，既不能不加区分地完全排除，也不能完全不排除，应当有条件地进行排除。所谓有条件地进行排除就是明确界定排除界限，要求法官在进行“毒树之果”的

① 卞建林、刘玫：《外国刑事诉讼法》，人民法院出版社2002年版，第156页。

排除时进行审查，根据证据的性质及与案件的关联程度进行区别处理。如果该“果实”本身可以直接证明案件情况或者和其他合法证据形成证据链条可以证明案件事实，或不采用该证据将会对国家利益和社会利益造成不可弥补的损失，则应当认可其证明能力，作为定案的根据；如果不能单独直接证明案件事实，而是必须与非法证据相结合，那么就应当予以排除。①

（二）非法证据与瑕疵证据的区别方法

通过调研，笔者认为可以从以下五个方面来区分非法证据与瑕疵证据：

1. 从概念的应然内涵区分。非法证据强调的是“非法”，主要指通过刑讯逼供或者暴力、威胁等非法手段取得的言词证据，以及严重违反法定程序取得、可能严重影响司法公正，又不能补正或作出合理解释的实物证据。瑕疵证据强调的则是“瑕疵”，主要是指取证程序和方式因不符合法律的某些规定而存在轻度缺陷、可以经适当补正或作出合理解释的证据。

2. 从对证据真实性的影响区分。非法证据多是通过刑讯逼供、暴力或威胁等非法手段取得，严重影响证据本身的真实性，极有可能违背当事人的真实想法，背离案件真实情况。另外，严重影响证据本身真实性、不能补正或作出合理解释的实物证据也属“非法证据”，如经勘验、检查、搜查提取、扣押，但未附有相关的笔录或清单，不能证明其正当、合法来源的物证、书证等。瑕疵证据一般只是在取证程序或方式上有所疏漏，这种疏漏不足以影响证据本身的真实性，不会妨碍案件事实的查清，可以经一定程序补充或作出解释，如侦查人员在讯问、询问中遗漏了自己的签名等情况。

3. 从违法程度和侵犯当事人权利的性质区分。在取得非法证据的过程中，侦查人员违法行为严重，既可能侵犯公民最重要的人身权等，也可能侵犯当事人重要的诉讼权利，如询问聋哑人或不通晓当地通用语言、文字的少数民族人员、外国人时，应当提供翻译而未提供的。而取得瑕疵证据的过程中，侦查人员的违法程度相对较轻，侵犯的多是公民的一般程序性权利，如侦查人员在首次讯问时忘了告知被讯问人诉讼权利的内容等情况。

① 郭志媛：《刑事证据可采性研究》，中国人民公安大学出版社2004年版，第286页。

4. 从证据本身的属性区分。不同的证据具有不同的属性，其对侦查人员取证的要求程度也是不同的，如犯罪嫌疑人、被告人的供述和证人证言相比，对前者的取证要求无疑比对后者的要求更高，若侦查人员讯问犯罪嫌疑人、被告人的地点违法，则其涉嫌具有重大违法甚至刑讯逼供的嫌疑，应认定该份讯问笔录为非法证据并予以排除；但如果侦查人员询问证人的地点不符合规定，则可依据相关法律规定予以补正或作出合理解释，该笔录应属于瑕疵证据。

5. 从相关证据能否印证区分。在综合审查证据时，瑕疵证据基本上能得到相关证据的印证，而非法证据往往得不到相关证据的印证，甚至出现重大矛盾。如侦查人员对犯罪嫌疑人、被告人讯问笔录记载的讯问时间、供述内容等重要信息，与检察机关调取的对该讯问过程全程性、同步性的录音录像，在关键性内容上存在较大出入或者矛盾的，如侦查人员不能对其作出合理解释，应认定该份讯问笔录为非法证据，予以排除，但如果只是在非关键性内容上存在一些差异的，应认定该笔录为瑕疵证据，可予以补正或作出合理解释。

（三）重复自白效力认定的审查方法

笔者认为，应完善现行的重复自白取证程序，对于严格依照法定程序获取的重复自白，应当肯定其证据效力，建立以采信为常态，以排除为例外的重复自白认定规则，在确定“重复自白”的证据效力时具体考虑以下因素：

1. 存在非法取证的情况下，侦查机关在后续取证过程中，是否更换办案人员，严格依法定程序，按照法定要求，重新进行取证，并且在重新取证过程中，明确告知了被讯问人对以刑讯逼供等非法手段收集证据的行为有举报权和排除非法证据的申请权。

2. 在对曾遭受刑讯逼供等非法取证方式的犯罪嫌疑人在侦查阶段及审查起诉阶段再次制作笔录时，是否引入侦查人员、检察人员之外的第三人进行讯问监督，并进行全程录音、录像。

3. 在取证主体发生转换时分两种情况：一是取证主体从侦查机关转到公诉部门，侦查、公诉部门取证基于其具有控诉职能的角色限制，为实现控诉职能通常以巩固原有有罪供述为讯问的出发点，虽然检察机关公诉部门也具有法律监督职能，但从实践来看，在此种情况下非法取证行为的波及效果明显，此时对“重复自白”就不能一概赋予其证据能力。二是取证主体从控诉机关到审判机关，审判机关取证主体在讯问时说明其自身的中立地位，并且依法告知被讯问人的权利与义务，允许被讯问人作有罪供述或无罪的辩解，此时非法取证的波及效应可能中断，被告人的有罪供述可以承认其具有证据能力。

（四）庭审和裁判中非法证据的甄别与排除方法

在刑事案件的侦破和诉讼活动中，由于受到种种条件的限制，很多关键性证据都是有瑕疵的，或者说是非法的。对这些非法证据是否应予排除以及如何排除关系到案件的审判结果，关系到人权保障，关系到程序公正。通过调研，笔者认为，可以通过以下方法来甄别和排除非法证据。

1. 出现单一非法证据时的甄别和排除方法。根据我国《刑事诉讼法》第48条的规定，出现单一非法证据的情形有如下七种：一是只有物证、书证是非法取得的；二是只有被告人供述和辩解是非法取得的；三是只有被害人陈述是非法取得的；四是只有证人证言是非法取得的；五是只有鉴定意见是非法取得的；六是只有勘验、检查笔录是非法取得的；七是只有视听资料是非法取得的。[①]

（1）当只有物证、书证是非法取得时，应对该物证、书证进行实质审查。即通过其他合法证据审查该非法取得的物证、书证的真实性。如若可以确定非法取得的物证、书证不是客观真实的，直接予以排除；如若可以确定非法取得的物证、书证是客观真实的，只是在收集程序、方式上有一定的瑕疵，如收集调取物证照片、录像或者复制品，书证的副本、复制件未注明与原件核对无异，无复制时间、无被收集、调取人（单位）签名（盖章）等，对于这类物证、书证可以采纳；如若非法取得的物证、书证真伪难辨的，此时法官享有自由裁量权，根据案件的具体情况及控方的证明情况决定是否予以排除。

（2）当只有被告人供述和辩解或者被害人陈述或者证人证言是非法取得时，不需审查其真实性，应直接予以排除。这是由言词证据的特点决定的。为了更好地体现程序公正原则，保障人权，遏制刑讯逼供，笔者认为，在只有被告人供述和辩解或者被害人陈述或者证人证言是非法取得的

① 陈瑞华：《刑诉中非法证据排除问题》，载《法学》2003年第6期。

情况下，对其一律予以排除更为合理。

(3) 当只有鉴定意见是非法取得时应区别对待：如果是严重违法取得的鉴定意见，例如，作出鉴定意见的鉴定机构不具有法定的资格和条件，或者鉴定事项超出鉴定机构业务范围等，应当无条件排除。如果是轻微违法所取得的鉴定意见，例如鉴定报告只有鉴定人的签名，没有同时加盖鉴定机构的公章等，则可以不予排除。做这样区分的原因是虽然鉴定意见属于言词证据，但与被告人供述和辩解、被害人陈述和证人证言等言词证据有所不同，其内容不是对案件特定事实的直接或间接感知，而是运用专门知识或技能对案件中的专门性问题进行分析、判断后所作出的论断和提出的意见，其客观真实的可能性更大，因此不宜像其他三种言词证据一样无条件的一律排除。

(4) 当只有勘验、检查笔录是非法取得时，应区分如下三种情形：一是主体不合法，即勘验、检查笔录不是由法定的侦查人员或者其他法定人员制作的，但其反映的内容是客观真实的，则该勘验、检查笔录可以采纳。二是形式不合法，即勘验、检查笔录缺少见证人签名等，存在着司法机关独自行动的可能性，其合法性没有其他途径反映的，理应排除；但确因急救人命、排除险性、消除障碍等特殊情况而导致勘验、检查笔录形式不合法的，则可以考虑采纳。三是程序不合法，即法定人员未依照法定的程序制作勘验、检查笔录，导致难以保证该证据的真实性。此时，法官享有自由裁量权，根据违法行为与法定程序两者相违背的程度以及勘验、检查主体的主观恶性大小来决定是否予以排除。

(5) 当只有视听资料是违法取得时，考虑到视听资料能直观、生动、形象地再现案件事实的运行过程，其高度的证明力有助于法院发现案件真实和提高审判效率，但其自身也有着易于被剪辑、伪造、修改而失去真实性的缺陷，因此，对非法取得的视听资料是否予以排除应从以下几方面加以考虑：一是视听资料是否真实可靠。由于视听资料具有易于伪造和篡改的缺陷，故在司法实践中，对其内容的真实性审查必不可少，若发现该资料有被裁剪、篡改等情形的，应予排除。二是视听资料的形成时间、地点。一般而言，未经对方当事人同意私录其在公众场合的言行，只要没有损害社会风化所形成的录像证据是可以作为证据使用的；而在私人场所如在他人家中私录的录像证据因有侵犯他人隐私权的嫌疑而应予排除。三是视听资料的收集是否合法。违反法定程序收集的证据，其虚假的可能性比合法收集的证据要大得多。如果向法庭提交的视听资料是明显采用不正当手段或通过约束证人精神、人身自由等侵害其人格权的方法而获得的，应无条件予以排除。

2. 出现两种以上非法证据时的甄别和排除方法。出现两种以上非法证据的可能性有很多种，笔者在此主要讨论以下两种情形：

（1）被告人供述和辩解与物证、书证的内容有冲突，其中被告人供述和辩解是合法取得的，物证、书证是非法取得的，此时非法证据的排除范围如何确定。一种观点是：为了保证程序公正，对非法取得的证据应一律排除，因此应排除非法取得的物证、书证，采用被告人供述和辩解。另一种观点是：物证、书证与被告人供述和辩解相比具有较强的稳定性和客观性，其真实性往往不因非法取证而受影响，因此应审查其真实性再决定是否排除。①

司法实践中对物证、书证的排除是很谨慎的，侦查机关的违法取证行为不影响物证、书证的真实性的一般不予以排除。笔者认为，遇到上述情况应综合所有的证据对上述证据的真实性进行审查。如果通过审查能直接辨别真伪的，根据真伪的情况决定是否排除。真伪难辨时，考虑到对非法取得的证据予以排除，将给弄清案件事实带来很大困难，特别是像物证和书证这种客观性和证明力相对较强的证据，因此，应给予控方解释说明或者补正的机会，不能作出合理说明或者无法补正的，再予以排除，进而采用被告人供述和辩解。

（2）被害人陈述与被告人供述和辩解、鉴定意见的内容有冲突。其中，被害人陈述是合法取得的，被告人供述和辩解、鉴定意见是非法取得的，此时非法证据排除的范围如何确定。一种观点是：被害人陈述、被告人供述和辩解、鉴定意见都属于言词证据，都易受主观因素影响，但被告人供述和辩解、鉴定意见是非法取得的，因此应予排除，采纳被害人陈述。另一种观点是：虽然被告人供述和辩解是非法取得的，但是毕竟被告人是最了解案件事实的，因此应审查上述证据的真实性以决定是否排除。②

笔者认为，被告人在各种压力下作出真实供述和辩解的可能性未必比合法取得的被害人陈述的真实性低，被害人在没有任何压力下更容易受自

① 郭志媛：《刑事证据可采性研究》，中国人民公安大学出版社2004年版，第301页。
② 郭志媛：《刑事证据可采性研究》，中国人民公安大学出版社2004年版，第302页。

己的主观影响而作出有利于自己的陈述，其真实性也有待商榷，鉴定意见相比被害人陈述和被告人供述和辩解更具客观真实性，因此，当被害人陈述与被告人供述和辩解、鉴定意见的内容有冲突时，不能理所当然的认为应排除非法取得的被告人供述和辩解及鉴定意见，而应结合其他证据加以审查，仍不能判断真伪，再予以排除。

刑事赔偿制度的规范与完善*

东莞市中级人民法院课题组**

我国修改后的《国家赔偿法》于2010年12月1日开始实施，最高人民法院于2011年初制定了《关于适用〈中华人民共和国国家赔偿法〉若干问题的解释（一）》[以下简称《中华人民共和国家赔偿法解释（一）》]和《关于人民法院赔偿委员会审理国家赔偿案件程序的规定》（以下简称《审理国家赔偿案件程序的规定》），从司法角度对修订后的刑事赔偿制度作了进一步的明确和细化，使刑事赔偿实施状况大有改观，但是认为通过这次修改就能"一揽子"解决实践中的所有问题也是不客观的。事实上，该修正案本身还存在着明显的局限，比如，归责原则方面没有彻底抛弃违法归责原则，结果归责原则适用的范围仍然较小；赔偿范围较窄，刑事追诉机关怠于履行职责、指定住所的监视居住没有纳入赔偿范围等；从实施状况来看，新情况、新问题也在不断出现。因而，探求完善我国刑事赔偿制度的路径，就成为推动刑事赔偿工作科学发展极为迫切的现实需要。

本次调研采取理论分析与实证调研相结合的方法，一方面，通过国内外相关理论和实践经验的比较研究，以及与中南财经政法大学、中山大学相关专家学者专题座谈等方式，寻找规范和完善刑事赔偿制度的理论支撑。另一方面，对国内刑事赔偿工作情况进行广泛实证调研，对国内有代表性的法院进行实地调查和座谈，共发放和回收调查问卷435份，召开研讨会10次。通过对相关数据和情况的采集、梳理，结合问题调查反馈结果的分析评估，探寻规范和完善刑事赔偿制度的突破口和关键点，寻求破解难题的方法和途径，从而为推动刑事赔偿工作的科学发展提出有效地对策

---

* 本调研报告为最高人民法院2012年度司法调研重大课题成果。

** 课题组组长：杨宗仁，成员：陈昌盛、陈树良、尹振宇、谢晓尧、巢志雄、程方伟。

以及为未来修法提出前瞻性构思。

第一部分　近年来刑事赔偿工作的基本情况

一、修法前后的比对分析

2008～2012年五年间，全国法院共受理刑事赔偿案件4037件，结案4111件（含旧存），决定赔偿率36%，决定赔偿金额13721.45万元。2010年12月1日修改后的《国家赔偿法》开始实施，以该时间为节点（2008～2010年与2011～2012年），刑事赔偿工作呈现出新变化：

1. 五年来全国法院受理的刑事赔偿案件数量相对稳定，增减幅度不大，但2010年由于《国家赔偿法》刚修改，部分法院对新修订的《国家赔偿法》的精神没有吃透，逾期立案情况严重，当年受理的刑事赔偿案件处于五年来的最低位（见图1）。

2. 赔偿义务机关的分布上，在全国法院受理的刑事赔偿案件中，公安机关、检察院和法院一直是刑事赔偿的“大户”。2008～2011年，法院作为赔偿义务机关“稳居”第一。2010年《国家赔偿法》对刑事拘留赔偿的适用条件作出重大修改，导致2011～2012年对公安机关的刑事拘留提起的刑事赔偿案件大增，2012年，赔偿委员会受理的以公安机关作为赔偿义务机关的案件更是首超法院，但是同年赔偿委员会审结的以公安机关为赔偿义务机关的案件中，错误拘留决定赔偿案件仅占8.2%，而2008～2011年所占比例在10.9%～16.2%幅度内，为五年来最低。2010年《国家赔偿法》增加看守所为赔偿义务机关后，以监狱管理机关为赔偿义务机关（看守所归口统计在该类中）的受案量2011年后急剧增加，由2008～2010年的1～8件增至2011～2012年的年收案均为21件。国家安全机关作为赔偿义务机关的五年来基本持平，受理案件数保持在1～4件内（见图1）。

3. 与赔偿义务机关的分布相对应，决定赔偿案件的案件类型分布极不均衡。五年来，全国法院决定赔偿案件中，“错误拘留”“错误逮捕”“再

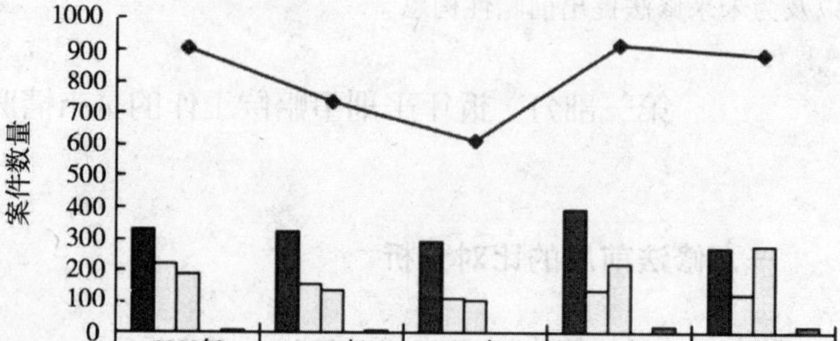

	2008年	2009年	2010年	2011年	2012年
法院	332	320	291	391	272
检察院	220	158	113	137	122
公安机关	189	137	108	220	276
国家安全机关	1	2	2	2	4
监狱管理机关	8	8	1	21	21
各年刑事赔偿收案总数	902	732	609	913	881

图1　2008～2012 年全国法院刑事赔偿案件收案情况统计表、赔偿义务机关分布柱状图、受理案件增减曲线图

审改判无罪”“错捕错判共同赔偿”四类占全部决定赔偿案件的81%。① 2010 年《国家赔偿法》修改后出现三个变化：一是错捕错判共同赔偿案件类型降幅较大。2011～2012 年与 2009～2010 年相比，在决定赔偿案件结构中下降了近 19 个百分点。主要是因为修改后的《国家赔偿法》取消了错捕错判共同赔偿的规定，但由于司法统计口径尚没有更改，根据《最高人民法院关于国家赔偿案件案由的规定》（2012 年 2 月 15 日施行），2011～2012 年“错捕错判共同赔偿”案件只是指“二审无罪赔偿”和“重审无罪赔偿”两类案件，因而降幅明显。二是近年来各级法院加大了对超期羁押案件的治理力度，因而“再审无罪赔偿”案件在全部决定赔偿案件中的比重，由 2009～2010 年的 22.64%上升至 2011～2012 年的 35.94%，增加了 13 个百分点。三是“其他”类案件上升近 10 个百分点（见图 2）。该类案件通常是“多因一果”案件，即两个以上的侵权行为致同一损害结果的案件，比如对同一受害人既适用违法刑事拘留，又对其财产采取了违法查封、扣押、冻结措施，不能归口到某一具体案由而将其统归在“其他”类

① 2012 年 1 月，最高人民法院对刑事赔偿案由根据修正的《国家赔偿法》作了相应修改，但司法统计口径至 2012 年 12 月仍然沿用的是旧的案由。本报告涉及的全国法院的刑事赔偿统计数据均由最高人民法院研究室提供，其他数据为课题组在调研中采集。

中，充分反映近年来刑事司法侵权日趋复杂化，赔偿委员会审理刑事赔偿案件的难度也日趋加大。

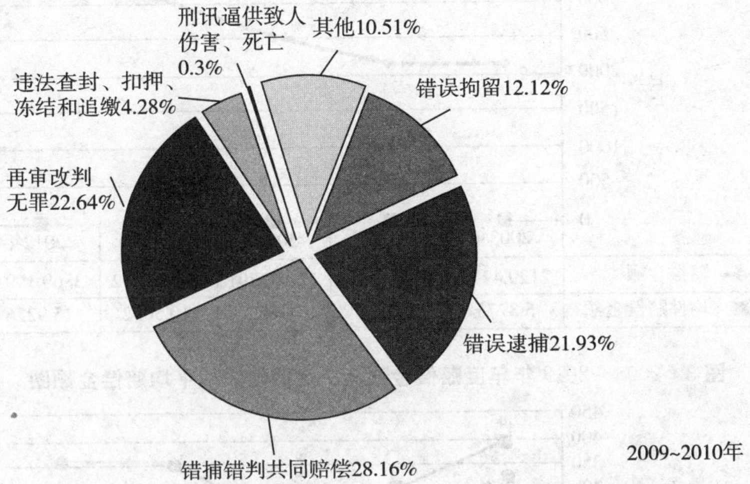

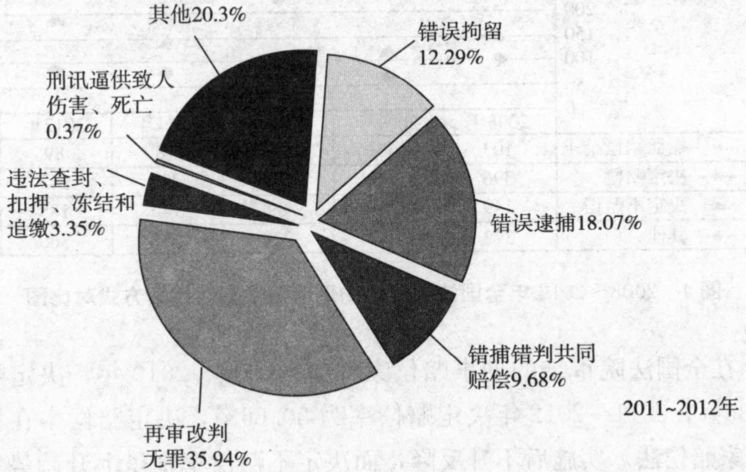

图 2　2009～2010 年、2011～2012 年决定赔偿案件中各类案件所占比重结构图

4. 决定赔偿金额 2008～2009 年两年基本持平，无明显增幅，但修改后的《国家赔偿法》增加了精神损害赔偿，2011～2012 年决定赔偿金额呈逐年递增趋势，2011 年、2012 年决定赔偿金额同比增长分别为 22%、26%。件均赔偿金额（总赔偿金额与决定赔偿案件数之比）也逐渐递增，2011 年、2012 年件均赔偿金额同比增长分别为 6%、52%（见图 3）。

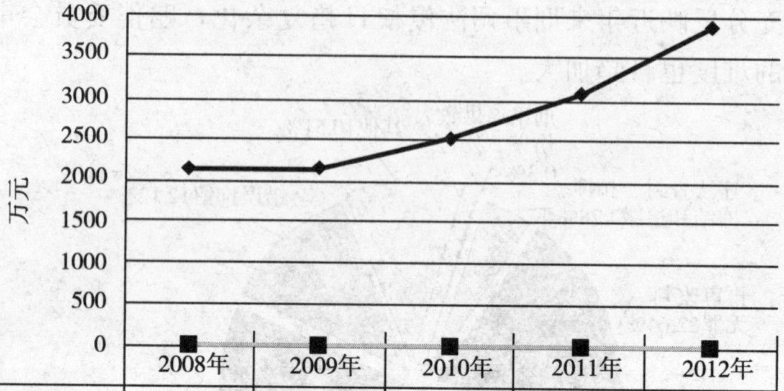

	2008年	2009年	2010年	2011年	2012年
赔偿金额	2129.4229	2146.4655	2508.8391	3067.5052	3869.1991
均件赔偿金额	5.3773	7.0376	9.8773	10.5052	15.9226

图 3　2008～2012 年年度赔偿金额与决定赔偿案件平均赔偿金额图

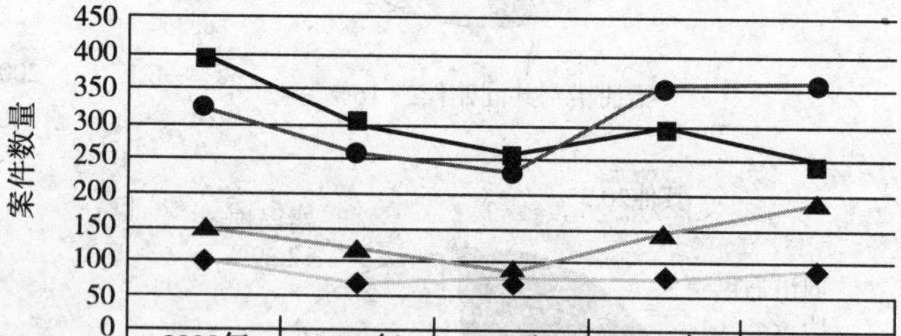

	2008年	2009年	2010年	2011年	2012年
撤回赔偿请求	103	66	76	78	89
决定赔偿	396	305	254	292	243
决定不赔偿	149	119	89	145	185
其他	322	258	229	353	360

图 4　2008～2012 年全国法院审结的刑事赔偿案件结案方式对比图

5. 在全国法院审结的刑事赔偿案件中，2008～2010 年，决定赔偿率为 40.36％，2011～2012 年决定赔偿率为 30.66％，决定赔偿率在修改后的《国家赔偿法》实施后不升反降，而决定不赔偿率则呈上升趋势（见图 4）。形成这种状况的主要原因是：2011 年前对于错误拘留、错误逮捕赔偿委员会的立场是结果归责，即作无罪处理的刑事拘留、逮捕强制措施，赔偿委员会一般倾向于作出赔偿决定，[①] 但修改后的《国家赔偿法》收缩了拘留和逮捕的国家赔偿条件，对合法刑事拘留不予赔偿、酌定不起诉逮捕的国家免责，违法刑事拘留、无罪逮捕案件决定赔偿率降低，也相应拉低了整体案件的决定赔偿率。

二、权利保障的基本经验

为了实现《国家赔偿法》的立法目的，及时、有效地对遭受刑事司法侵害的赔偿请求人进行救济，各地法院从实际出发，积极探索，大胆尝试，不断创新工作方式方法，积累了许多宝贵经验。

一是注重实现程序的正义价值。很多法院在刑事赔偿工作中，高度重视程序的正当性，不仅在制度层面对刑事赔偿程序进行规范和完善，而且在实践层面充分运用权利告知、风险提示等工作机制来彰显救济法的人文关怀。（1）建立权利告知机制。为了保护赔偿请求人的赔偿请求权，山东、广西、天津等地法院对一审、二审宣告无罪、再审改判无罪的案件，在宣告被告人无罪时，同时告知被宣告无罪的人有权申请国家赔偿。（2）建立风险提示或释明机制。在立案阶段，有的法院开始逐步试行权利义务、举证责任以及诉讼风险的提示制度；对于需要在穷尽其他救济途径才能申请国家赔偿的案件，指导受害人向有权机关提出申请；对无证据、无法律依据而索求高额赔偿金的赔偿请求人，耐心做释明工作，以减轻法院和赔偿请求人的讼累。如黑龙江高院制发的《关于国家赔偿案件释明工作的指导意见》，就对上述内容作出了明确规定。（3）进一步落实和完善听证、质证程序。听证、质证程序使赔偿请求人的意见得到充分表达，不仅利于查清案件事实，也利于赔偿请求人服判息诉。有的法院在审理国家赔偿案件过程中，不断提高听证、质证的比例。如广西高院制发的《关于审理国家赔偿案件适用听证程序的规定（试行）》和《国家赔偿案件听证操作规程》，要求赔偿委员会或赔偿办审理国家赔偿案件，应当组成合议庭召集

① 理论界也普遍认为修改前的《国家赔偿法》虽然在总则适用的是违法归责，但对错误拘留、错误逮捕实际上采用的是“结果责任”。相关论述参见白雅丽、徐超：《刑事拘留赔偿案件的审查问题》，载江必新主编：《国家赔偿办案指南》2011 年第 1 辑，中国法制出版社 2011 年版，第 190～195 页；皮纯协、冯军主编：《国家赔偿法释论》（第三版），中国法制出版社 2010 年版，第 62～63 页。

各方当事人进行听证，确保赔偿请求人在“阳光审判”下得到权利的救济。

二是着力凝聚权利救济合力。刑事赔偿工作阻力大、困难多，许多法院开展刑事赔偿工作不是被动地“单打独斗”，而是主动争取党委、人大、政府的支持，充分调动各方力量，努力改善刑事赔偿工作环境、营造权利救济的合力氛围。（1）建立联席会议制度。2010～2011年，最高人民法院赔偿办牵头先后召开了两次国家赔偿工作联席会议（联席会议由全国人大常委会法制工作委员会、最高人民检察院、公安部、司法部、国务院法制办以及财政部的领导组成），就《国家赔偿法》修改后的相关重要问题进行研讨并达成共识。部分地方法院也在积极探索建立联席会议制度。如广东省高级人民法院、广东省人民检察院、广东省公安厅办理赔偿业务的部门轮流组织，每年召开一次联席会议，总结上一年各单位赔偿案件的总体情况，讨论和研究赔偿案件存在的问题，确保法律适用的统一。（2）力促合力成果制度化、规范化。如重庆高院积极寻求重庆市人大常委会对国家赔偿工作的支持。2012年，在重庆高院的积极推动下，重庆市人大常委会委托重庆高院调研起草的《重庆市实施〈国家赔偿法〉办法》已通过施行，该办法不仅将《国家赔偿法》没有规定的部分刑事强制措施、超期羁押、轻罪重判情况纳入刑事赔偿范围，极大地拓展了刑事赔偿范围，而且还明确了赔偿委员会赔偿决定的效力，大大减小了赔偿委员会开展刑事赔偿工作的阻力。还如，2011年，广东高院先行先试，在全国率先起草了国家赔偿《精神损害抚慰金的适用》（讨论稿），经提交公、检、法联席会议讨论后，形成《关于在国家赔偿工作中适用精神损害抚慰金若干问题的座谈会纪要》，并于2011年9月下发全省，为国家赔偿案件精神损害赔偿的法律适用提供了统一的参考依据。

三是探索法内救济与法外安抚相结合的工作方式。刑事赔偿的赔偿范围、赔偿标准都是法定的，受害人的许多损害结果因此不能够得到完全弥补，如受害人的政治权利、职业地位、名誉荣誉等。实践中，有的法院坚持“以人为本、司法为民”理念，在依法作出赔偿决定、做好法内救济的同时，还根据不同情况进行法外安抚工作，尽力帮助解决赔偿请求人的工资补发、工作安置、劳动和社保关系衔接、低保待遇以及医保等实际困难，从而化解受害人对公权力的抵触甚至对立情绪，促进社会和谐。如江西各级法院在审理国家赔偿案件过程中，争取党委、政府的支持，借助低保、零就业家庭就业等帮扶形式，来有效解决赔偿请求人的实际困难。还如广东高院审理的麦某申请刑事赔偿一案，麦某提出应补发被羁押期间的工资、各项补贴、津贴、奖金等。鉴于麦某已被宣告无罪，广东高院向广东省体育局提出司法建议，该局根据建议对麦某的相关请求进行了妥善处理，取得较好的社会效果。

第二部分　存在的主要问题

一、制度设计方面

（一）刑事赔偿范围过窄

刑事赔偿范围的宽窄受制于国家的法治状况、人权保障状况、刑事司法水平、财力状况以及由此决定的立法立场。由于立法仍然侧重保障刑事追诉权的通畅运行，虽然较修改前的《国家赔偿法》刑事赔偿范围有所扩大，但刑事赔偿范围还不能顺应人权保障趋势，并且不能与修改后的《刑事诉讼法》相衔接。

一方面，在侵犯人身自由方面，一些重要内容没有纳入保障范围。我国《宪法》第 37 条规定："禁止非法拘禁和以其他方法非法剥夺或者限制公民的人身自由。"对于具有限制人身自由内容的强制措施（有时是变相羁押）、刑罚，在调研中各地反映比较集中的是以下三种情形没有纳入赔偿范围：一是限制人身自由的强制措施，如拘传或以连续传唤的方式限制人身自由，以监视居住方式的变相羁押；二是超期羁押并且最后被定罪，但超期羁押期间超过判决确定刑期的；三是轻罪重判，并且实际执行刑期超过改判刑期的。

至于其他非羁押刑罚或刑罚执行方法，如管制、有期徒刑缓刑、剥夺政治权利等也是对个人严重的否定性评价，会给受害人造成舆论压力和名誉损害，有的甚至会因此而失去就业或升迁机会，给其造成巨大的无形损失，其被改判无罪后也不能通过国家赔偿获得救济。还有近年来的刑事司法不作为致害情况不断上升，比如调研中许多地方反映的监狱管理机关、看守所对被监禁的已决犯以及被羁押的未决犯病情危重，应当及时救治而不救治导致其死亡的，刑事赔偿范围也将其排除于外，使刑事赔偿的预防功能在该领域得不到体现。

另一方面，由于刑事赔偿实行严格的法定赔偿原则，没有为其他应予赔偿事项预留空间，使修改后的《刑事诉讼法》规定的具有羁押性质的强制措施（《国家赔偿法》在新《刑事诉讼法》之前修改和实施），如指定居所的监视居住、错误的强制医疗等寻求刑事赔偿于法无据。

（二）违法刑事拘留赔偿的适用条件和司法审查强度模糊

实务调研中，发现对刑事拘留赔偿的适用条件和采取何种方式对刑事拘留进行司法审查争议最大。关于刑事拘留赔偿的条件形成泾渭分明的两种观点：一种认为，拘留只要有下列情形之一的都应当赔偿：一是“违反《刑事诉讼法》的规定对公民采取拘留措施”；二是“依照《刑事诉讼法》规定的条件和程序对公民采取拘留措施，但是拘留时间超过《刑事诉讼法》规定的时限，其后决定撤销案件、不起诉或者判决宣告无罪终止追究刑事责任的”。① 另一种认为，不管是“违反《刑事诉讼法》的规定对公民采取拘留措施”，还是“依照《刑事诉讼法》规定的条件和程序对公民采取拘留措施，但是拘留时间超过《刑事诉讼法》规定的时限”，都应当同时具备“其后决定撤销案件、不起诉或者判决宣告无罪终止追究刑事责任”这个结果要件，国家才承担赔偿责任。在我们的调查问卷中，有约39％的受访对象（问卷对象为从事刑事侦查、提起公诉、审判、执行和刑事赔偿以及与上述工作相关的公务人员、律师）支持第一种观点，约61％的受访对象支持第二种观点。同时，实行“确赔合一”程序后，法院将在赔偿程序中解决刑事拘留的合法性问题，对于这种审查，是属于形式审查还是要进行实质审查，也存在明显的分歧，司法实务中运用形式审查方式处理违法刑事拘留赔偿的案件已经出现。② 由于立法用语的概括、原则而

---

① 马怀德：《国家赔偿制度的一次重要变革》，载《法学杂志》2010年第8期，第46页。

② 参见（2011）宜法委赔字第3号李强申请违法刑事拘留赔偿案。大致案情：高县人民检察院因李强涉嫌受贿，侦查时认为其有“犯罪后企图自杀、逃跑或者在逃的”和“有毁灭、伪造或者串供可能”而将其刑事拘留，后变更为取保候审，因证据不足作出不起诉决定。李强就刑事拘留提出刑事赔偿请求。赔偿委员会审理过程中，形成两种相反意见：一种认为，不宜审查被刑拘人的行为与可拘留情形之间是否有对应关系，只要有证据证实有重大犯罪嫌疑的就应当视为符合拘留条件；另一种意见认为，从案发时的情形来分析，本案不存在“犯罪后企图自杀、逃跑或者在逃的”和“有毁灭、伪造或者串供可能”情形，且拘留后发现证据不充分也没有及时变更强制措施，拘留是违法的。争议的焦点就集中在对刑事拘留的审查强度上。

致的认识上分歧，直接导致案件的处理结果各异甚至相反，需要及时明确。

（三）刑事赔偿标准不尽合理

刑事赔偿的计算标准采用抚慰性标准与补偿性标准相结合的模式，主要以保障公民的生活和生存需要，弥补其直接损失为限，使受害人受到的损害能够得到适当的赔偿。这种赔偿模式往往不能弥补受害人所遭受的实际损害。在调研过程中，办案机关普遍反映刑事赔偿标准过低，不能充分发挥刑事赔偿的救济功能。一是侵犯人身自由的赔偿标准低。对于侵犯人身自由的赔偿立法采取的是象征性地抚慰，实践中，绝大多数违法刑事拘留、无罪逮捕作无罪处理的赔偿请求权人最终能够获得的赔偿金额都很少。特别是那些无罪而遭受长期监禁的受害人，有时会造成受害人家破人亡甚至祸延几代的人间惨剧，适用“象征性”地抚慰也不人道，更不用说抚慰性标准还没有考虑受害人的其他损失，如无罪后的工作安排、相关待遇等。二是“对财产权造成其他损害的”仅赔偿直接损失不公平。实践中，直接损失往往伴随间接损失，并且许多情况下，间接损失可能比直接损失更严重。对间接损失不予赔偿，不符合侵权法的填平、补齐原则。三是部分赔偿范围的计算标准反而低于民事赔偿标准。如刑事赔偿受害人残疾赔偿金的请求权上就明显低于民事赔偿。①

（四）精神损害赔偿规定原则、笼统

精神损害赔偿首度被纳入国家赔偿范围被认为是修改后的《国家赔偿法》的一大进步，彰显了国家对刑事受害人的人文关怀。但由于法律规定过于原则，执行实践中难以操作。一是“在侵权行为影响的范围内”不易把握。如有的案件改判无罪后，因历时太久，由于官方的宣传、新闻媒体的报道，侵权范围无形扩大，还有过去的游街示众、上台示众等的影响范围到底有多大也不容易确定。二是“消除影响，恢复名誉，赔礼道歉”缺乏强制执行规定，有时得不到执行。司法实践中，赔偿义务机关主观上出

① 根据《侵权责任法》《最高人民法院关于审理人身损害赔偿案件适用法律若干问题的解释》的规定，民事赔偿案件的受害人不仅享有残疾赔偿金（上年度人均纯收入计算20年的最高限额）的请求权，还享有20年后继续主张残疾赔偿金的请求权，但刑事赔偿就只能享有残疾赔偿金（上年度职工平均工资20倍的最高限额）的请求权。

于面子或其他因素考虑，宁可赔付精神抚慰金，也不愿意执行精神损害的行为请求权。三是精神损害抚慰金的适用条件和支付标准需要统一。修改后的《国家赔偿法》规定刑事侵权“造成严重后果的”要支付“相应的精神抚慰金”。何谓“严重后果”，支付多少赔偿金才能相应抚慰被害人的精神创伤，悬而未决，也无明确的司法解释指引。司法实践中只能由执法者自由裁量和认定，这样做显然不利于执法的统一，也容易成为赔偿义务机关规避精神损害赔偿的借口，直接影响到精神损害赔偿的实施。调研中发现广东、重庆等省对该问题已经作了一些有益的探索并出台相关规范性文件在本区域内试行，但仍需在全国范围内统一执法尺度。

（五）部分程序设置不科学、不配套

1. 协商制度效果不明显且有负效应。《国家赔偿法》在先行处理程序中增加了“协商”规定，但实施效果并不理想。一方面，受害人权利受到侵害后，对侵权机关容易产生抗拒心理，双方很难平心静气地坐下来“协商”；另一方面，由侵权机关先行处理，容易让侵权机关利用权力压制受害人，尽量减轻自己的责任甚至逃避责任。事实上，通过协商的先行处理程序化解矛盾的效果的确不明显。以重庆为例，全市法院 2011 年受理法院为赔偿义务机关的案件共 61 件，其中有 44 件是不服法院先行处理结果而向上一级法院赔偿委员会申请作出赔偿决定的，比例高达 72%。同时，该“协商”是没有在第三方主持或参与下的双方协商，不能排除赔偿义务机关为了息事宁人或者掩饰其违法行使职权的行为，而慷国家之慨，甚至与赔偿请求人串通损害国家利益的可能。特别是有的案件因为媒体的介入、当事人的频繁上访等因素而获得超额赔偿，这样就难免给公众留下“闹得越大（凶），赔得越多”的印象，给刑事赔偿工作的正常开展埋下隐患。

2. 复议程序繁琐多余。《国家赔偿法》还规定，向法院外的其他机关作为赔偿义务机关申请赔偿的，如果不服其赔偿决定或者赔偿义务机关逾期不作决定的，必须经赔偿义务机关的上级机关的复议后才能向法院提出刑事赔偿申请。由于赔偿义务机关与其上级机关是管理与被管理关系，或者是业务指导与被指导的关系，这种地位的不中立性决定了其公正性存在着瑕疵。

3. 生效赔偿决定无强制执行力保障。《国家赔偿法》规定，“赔偿委员会作出的赔偿决定，是发生法律效力的决定，必须执行”，但没有规定不执行要承担何种法律后果，这一立法缺陷使赔偿委员会作出的决定书缺乏执行力和威慑力。就调研了解的情况来看，在广东、浙江、江苏等沿海经济发达地区赔偿义务机关主动履行赔偿决定的比例较高，而贵州、云南等地区比例较低。这种参差不齐的履行状况虽然与经济发展状况有关，但更与缺失统一的刑事赔偿执行程序紧密相关。

（六）受害人行使赔偿请求权和证实主张还存在障碍

1.“刑事诉讼程序终结”成为制约受害人行使求偿权的新“门槛”。刑事赔偿只能在刑事诉讼程序终结后才能提起。实践中，部分刑事案件久侦不结，既不移送起诉，也不作撤案处理，或者以放代撤（将强制措施变更为取保候审或监视居住），使案件长期滞留在侦查程序之中；在证据不足、不能认定被告人有罪时，出于上下级或与其他司法机关关系等因素考虑，不是从有利于被告人角度作出宣告无罪、不起诉的决定，而是将案件发回重审、建议撤回起诉、退回补充侦查，有的案件从审判阶段一直退回到侦查阶段撤案，从而使刑事赔偿程序因为刑事诉讼没有结论不能启动。

2. 举证责任倒置情形过于狭窄。在追诉过程中，国家机关处于绝对的优势地位，赔偿请求人的权利受到侵害后，基于法律地位、信息的不对称，赔偿请求人很难取得国家机关侵害其权益的充分证据，特别是在被羁押或人身自由受到限制的情况下。《国家赔偿法》仅规定“被羁押人在羁押期间死亡或者丧失行为能力”情形的实行举证责任倒置，范围过窄。

（七）刑事合法追诉行为的侵权救济无据可循

修改后的《国家赔偿法》对以下三类的刑事赔偿采取违法归责原则，即：（1）刑事拘留；（2）使用武器、警械造成公民死、伤；（3）对财产采取查封、扣押、冻结、追缴等措施的。这表明，上述三类刑事追诉机关如果是依职权按照法定程序实施，即使对公民、法人和其他组织的合法权益造成损害，受害人也不得由此而得到国家赔偿。

早在1998年，最高人民法院〔1998〕赔他字第7号《关于违法侵权未经确认人民法院赔偿委员会作出的赔偿决定应当撤销的批复》中，运用刑事补偿概念来解决刑事追诉机关合法行为致人损害的救济问题。那么，当为了维护社会秩序和公共利益而造成不可避免的风险和损失时，从公平正义原则出发，是否可承袭该批复的法理来解决上述三类以及实践中可能出现的其他合法刑事追诉行为造成的侵权问题，以给无辜受害人必要、妥善地救济，需要进一步明确。

二、执行实践方面

（一）赔偿义务机关滥用免责条款、规避赔偿责任

《国家赔偿法》规定了国家免责情形，不少赔偿义务机关牵强引用免责条款，规避国家赔偿责任。多年来，各地赔偿委员会受理刑事赔偿案件数量少，但决定赔偿的数量更少（见表1），除了考虑与其他赔偿义务关系的原因外，还有一个重要的原因，就是赔偿义务机关在撤销案件决定、不起诉决定或者宣告无罪判决中援引国家免责的相关规定来规避国家赔偿。其中被引用频率最高的两个条款是：一是“情节显著轻微、危害不大，不认为是犯罪”；二是“公民故意作虚伪供述”。以重庆为例，2009～2011年三年间，全市法院审理的71件刑事赔偿案件中，赔偿义务机关援引了“情节显著轻微、危害不大，不认为是犯罪”的免责条款有36件，超过全部案件数的50％。

实际案例中，被认为是“情节显著轻微的”还包括：（1）刑事诉讼证据不足的。有的公安、检察机关明明以证据不足撤销案件或撤回起诉，但撤销案件决定或不起诉决定的理由却是“情节显著轻微”；（2）没有违法犯罪事实或者犯罪事实不是犯罪嫌疑人所为的；（3）犯罪嫌疑人所实施的行为是一般的违法行为，而不是《刑法》分则调整的行为。上述情形显然不应当适用《刑事诉讼法》第15条第（1）项的规定。

表1　2008～2012年部分省（直辖市）法院刑事赔偿案件决定赔偿率统计表

年份＼省份	广东	河南	辽宁	贵州	四川	重庆
2008	75.44％	42.86％	44.59％	42.42％	37.50％	30.77％
2009	57.69％	44.74％	40％	25.93％	37.50％	16.67％
2010	57.75％	48.94％	37.14％	37.04％	54.17％	9.76％
2011	41.30％	52％	43.33％	50％	21.62％	0％
2012	28.72％	48.44％	35.48％	29.17％	25.49％	11.54％
平均决定赔偿率	49.49％	47.86％	40.56％	37.59％	33.33％	14.60％

另外，还存在着检察机关滥用酌定不起诉权力来逃避赔偿责任的情况（修改前的《国家赔偿法》没有规定酌定不起诉羁押免责）。如四川高院审理的郭忠贵涉嫌重大责任事故罪一案，检察机关不起诉决定在认定事实部分认为“郭忠贵负责后勤工作，其行为不构成重大责任事故罪”，但在决定不起诉的理由中又引用修改前的《刑事诉讼法》第142条第2款的规定，以犯罪情节轻微为由不起诉，法律文书前后互相矛盾，实际是在规避赔偿责任。

目前，赔偿委员会对这些滥用免责条款的情况该如何处理？是向作出生效法律文书的机关建议启动相关程序纠正，还是对说理和适用法律不一致明显规避国家赔偿的直接作出赔偿的决定，需要进一步明确。

（二）赔偿义务机关与赔偿请求人“私了”现象突出

调研中发现决定赔偿的案件，2010年前很少有赔偿义务机关向财政申请核销赔偿金，大部分是单位用自用资金或责令办案人员自行解决，即“私了”，各地均普遍存在这个问题。据统计，沈阳市财政局2004～2007年，仅支出过两起国家赔偿费用，而同期仅沈阳中院受理的国家赔偿案件就达100多件，两者相差50多倍。在重庆，由于向财政局申请核拨赔偿费用的国家机关太少，金额也小，因而财政局就没有专门做预算，而实行“报账制”，即赔偿义务机关向财政实报实销。2002～2007年以来向市财政申请国家赔偿费用的每年仅七八件，其中2006年竟没有收到核销申请。[①] 实践中，赔偿义务机关常以司法救助金代替国家赔偿，由于没有走正当的法律程序，不能出具生效的法律文书，很容易为个别无理缠诉者索求超额赔偿埋下隐患。调研中了解到，有的受害人多次到赔偿义务机关反复要求追加救助款、补偿款，有的受害人得到救助金后，又走刑事赔偿程序（如申请人主张司法救助款是生活困难的救助款，并不是国家赔偿金）而得到双重救济，使国家蒙受损失，也造成另一不公平。

私了的原因并不复杂，从根源上来看，是与机关及其工作人员的绩效考评机制密切相关。赔偿义务机关承担了国家赔偿责任后，往往直接影响本单位的绩效考核、业绩考核。因而，如果把国家赔偿和单位考核、干部

① 黄豁、范春生：《“私了”普遍，国家赔偿金存在“用不出去”怪现象》，载《瞭望》2007年9月3日《瞭望》“新闻周刊”版。需要说明的是，实地调研过程中我们试图提取近两年各机关“私了”的数据，但调研单位一般不提供，即使是刑事赔偿的收结案数据的收集也大费周折。

考核直接挂钩，“私了”现象就无法禁绝。从形式上来看，2010 年前赔偿金的支付方式是由赔偿义务机关先垫付，然后再向财政申请核销，这种支付方式一定程度上也为“私了”现象埋下了伏笔。针对旧的支付办法实践中暴露出的问题，修改后的《国家赔偿法》规定了支付程序，国务院制定了《国家赔偿费用管理条例》，条例改变了过去的“先垫付，后核销”的做法，要求将国家赔偿费用列入各级财政预算，由财政根据赔偿义务机关提供的相关材料全额支付赔偿金。那么，是否就此可以杜绝“私了”现象呢？事实上条例已经实施两年多，但从我们在各地调研中的情况来看，目前尚没有明显改观的迹象，因为，“私了”的土壤仍未铲除，即国家赔偿仍然与错案追究没有脱钩，“私了”现象还程度不同地存在。

（三）追偿追责的适用被异化

对于追偿追责制度，由于具体标准、实施主体、操作程序等尚未明确，执行实践中出现两种相反的情况，并呈现出地域性特点：一种是追偿追责被扩大适用，一旦出现国家赔偿案件就要追偿追责。地方财政一般要求赔偿义务机关必须先处理责任人并追偿以后，才能向财政申请核拨赔偿金，且财政部门仅核拨追偿后的差额部分，如辽宁、河南等省份。另一种是淡化追偿追责机制，追偿追责事实上处于“休眠”状态，如广东、浙江、江苏、重庆等省（市），比如，江苏全省法院系统从 1995～2005 年有案可查的对责任人追偿的案例只有一起，重庆市 1995～2011 年只有两例追偿案例。在调研中了解到，在强制性规定和可操作细则缺失的情况下，当地财政对国家赔偿的态度和赔偿义务机关自身的财务状况，就直接导致了上述两种不同的执行结果。如沈阳市 2007 年前根据自身的财力状况规定，国家赔偿费用市财政只负担 80%，剩余 20%由赔偿义务机关承担。① 而且，即使申请核销这 80%的份额，也需要赔偿义务机关先追偿后才可申请核销。而在经济较发达地区，财政并没有过多地追偿追责要求，赔偿义务机关出于保护干警或其他考虑，一般不作出追偿追责决定。

---

① 黄豁、范春生：《“私了”普遍，国家赔偿金存在“用不出去”怪现象》，载《瞭望》2007 年 9 月 3 日“新闻周刊”版。需要说明的是，实地调研过程中我们试图提取近两年各机关“私了”的数据，但调研单位一般不提供，即使是刑事赔偿的收结案数据的收集也大费周折。

第三部分　完善对策与建议

从制度设计而言，刑事赔偿不应成为国家机关行使职权的监督方式，这是因为，国家赔偿制度的立足点是救济而不是规范、监督，由刑事赔偿制度承担过重的监督职能不仅有力不从心之虞，更重要的是，执行实践中刑事赔偿往往与错案追究被联系甚至等同起来，因而，还原刑事赔偿的本来面目，坦然接受“错案不可避免”这一事实，[①] 并在实践中实现追责与赔偿的完全脱钩，这是研究如何完善刑事赔偿制度的逻辑起点。否则，再完善的制度设计，其效应都会被追责、问责而产生的张力所侵蚀和抵销。

一、完善刑事赔偿与刑事诉讼的衔接

（一）现行法律框架的缺位补强

如前述，《国家赔偿法》先于《刑事诉讼法》修正，为了实现法律间的协调，亟须将新《刑事诉讼法》规定的一些新的追诉措施纳入赔偿范围。

1. 违法指定居所监视居住。《刑事诉讼法》第 74 条规定，“指定居所监视居住的期限应当折抵刑期”，说明立法承认这种强制措施具有羁押性。根据无罪羁押赔偿原则，应当将之纳入赔偿范围。赔偿方式上可将此类实际限制人身自由的时间，比照羁押时间按比例赔偿，如比照实际羁押期间减半赔偿；或是在侵权范围内为受害人消除影响，恢复名誉，赔礼道歉，对于造成严重后果的应当依照《国家赔偿法》第 35 条的规定支付精神损害抚慰金。

2. 错误强制医疗。对实施暴力行为的精神病人而言，刑事强制医疗是

① 刑事追诉活动本身是一项高风险、非常复杂的认知活动，由于人的认识的局限性、技术发展水平的相对性、程序制度的疏漏以及其他许多可知或不可知的因素，百分之百杜绝冤假错案是不可能的。一般以为，西方国家有较为完备的司法制度，可能不会有冤假错案，而事实与人们的想象正好相反。中国政法大学陈光中教授主持的研究团队有一个结论：美国死刑案件无辜者被错判死刑的比率高达 5%。作为一个实事求是的唯物主义者，我们除了竭尽所能避免冤案发生之外，似乎更要坦然接受“冤案不可避免”这一无可否认的现实。参见沈德咏：《我们应当如何防范冤假错案》，载《人民法院报》2013 年 5 月 6 日“新闻・评论”版。

一项限制与剥夺人身自由的社会防卫措施，其性质也是变相羁押。如果被强制医疗人没有犯罪事实，其被强制医疗期间因人身自由受到限制甚至被剥夺，当然有权提起国家赔偿，可以考虑被强制医疗期间一日以被羁押一日的标准计算赔偿金额。如果被强制医疗人在强制医疗机构非正常死亡或者发生重大伤害的，应当视为刑事诉讼过程中产生的损害，本人或者其继承人以及其他有扶养关系的亲属有权依照《国家赔偿法》第17条第（4）项的规定提起刑事赔偿。

3. 特定案件错误没收犯罪嫌疑人、被告人的违法所得。新《刑事诉讼法》设专章规定了“犯罪嫌疑人、被告人逃匿、死亡案件违法所得的没收程序”，并明确：“没收财产确有错误的，应当予以返还、赔偿。”正确处理特定案件没收犯罪嫌疑人、被告人违法所得的刑事赔偿，要重点解决“没收财产确有错误的”问题。结合司法实践，我们认为，“确有错误的情形”主要包括：（1）错误没收案外人的合法财产；（2）被没收的财产为犯罪嫌疑人、被告人的合法所得或非涉案财产；（3）没收财产后，犯罪嫌疑人、被告人被抓获或投案自首经审理认定只是一般的违法行为尚构不成犯罪，其后决定撤销案件、不起诉或者判决宣告无罪终止追究刑事责任的；（4）二审撤销一审没收违法所得裁定，而涉案财产毁损、灭失的；（5）没收财产确有错误的其他情形。

（二）妥善解决刑事赔偿与刑事诉讼的程序衔接问题

根据《最高人民法院关于适用〈中华人民共和国国家赔偿法〉若干问题的解释（一）》（以下简称《国家赔偿法解释（一）》）第7条规定，刑事赔偿案件的程序启动应以刑事诉讼程序的终结为前提。[①] 根据修改后的《国家赔偿法》第17条的规定，刑事诉讼中“撤销案件、不起诉或判决宣告无罪的”可以认定刑事诉讼程序已经终结。我们认为，上述三种情形只是刑事诉讼程序终结方式的不完全列举，为了保障申请人的请求权，还应当对实践中其他可以视为刑事诉讼已经终结的情形进行研究并认定，对此，最高人民法院在〔2011〕赔他字第10号《关于熊仲祥申请国家赔偿一

① 即有《国家赔偿法》第17条第（1）至（3）项、第18条规定的情形而提起刑事赔偿请求的应当在刑事诉讼终结后提出。另外，《国家赔偿法解释（一）》第7条对此规定了两种例外情形，即：（1）赔偿请求人有证据证明其与尚未终结的刑事案件无关的；（2）刑事案件被害人依据《刑事诉讼法》的规定，以财产未返还或者认为返还的财产受到损害而要求赔偿的。

案的答复函》中针对该案“未在法定期限内侦查完毕移送起诉，检察院亦未对该案重新起诉或者作出不起诉决定”的情形，认为“人民法院准许检察院撤回起诉的裁定，可视为本案刑事诉讼程序已经终结”的答复精神，为我们不拘泥于上述刑事诉讼终结情形，进一步思考其他可以认为刑事诉讼已经终结的情形提供了新的思路。

1. 赔偿请求人持《释放证明书》（拘留、逮捕的释放证明）申请刑事赔偿的。司法实践中，如果侦查机关以放代撤，使案件长期滞留在侦查程序中，《释放证明书》往往就成为申请人提起刑事赔偿的唯一依据，如果机械地以法定的三种情形来认定刑事诉讼程序终结，申请人的赔偿请求权可能就会被剥夺。我们认为，对于侦查阶段的释放证明，应分以下情形来认定：(1) 犯罪嫌疑人、被告人被释放后，侦查机关将拘留、逮捕的强制措施变更为取保候审或者监视居住强制措施的，在取保候审或者监视居住期间，案件仍处于侦查之中，不能认为刑事诉讼已经终结；(2) 犯罪嫌疑人、被告人被释放后，侦查机关将拘留、逮捕的强制措施变更为取保候审或者监视居住强制措施的，取保候审或者监视居住期限届满后，如果没有再适用其他强制措施，也没有撤销案件的，可以视为本次刑事诉讼已经终结；(3) 犯罪嫌疑人、被告人被释放后，侦查机关没有对其采取其他强制措施，也没有撤销案件的，可以视为本次刑事诉讼已经终结。

2. 法院准许公诉机关的撤诉裁定可否视为刑事诉讼程序已经终结。从“两高”的司法解释和司法实践来看，检察机关撤回起诉有以下四种情形：(1) 不存在犯罪事实；(2) 犯罪事实非被告人所为；(3) 不应当追究被告人刑事责任；(4) 证据不足不符合起诉条件的。[①] 以前三种理由提出撤回起诉的，显然对刑事被追诉人是否应当承担刑事责任有了结论，以这三种理由准予检察院撤诉的，如果检察院撤回起诉后 30 日内未作出不起诉决定的，赔偿请求人持准予撤诉的裁定书提起刑事赔偿的，应当受理。

因第四种情形检察机关撤回起诉的，应分情况认定：(1) 检察机关撤诉前已经经过两次补充侦查的，仍然证据不足而申请或接受法院建议撤诉的，根据疑罪从无原则，撤诉后应当及时作出不起诉决定；检察机关不作

① 参见《最高人民法院关于执行〈中华人民共和国刑事诉讼法〉若干问题的解释》第 242 条、《人民检察院刑事诉讼规则（试行）》第 459 条、《最高人民检察院关于公诉案件撤回起诉若干问题的指导意见》第 7 条。

出不起诉决定的，申请人收到法院准予撤诉裁定书之日起可提起国家赔偿。[①]（2）撤诉前尚未经过两次补充侦查，检察院可以将案件退回公安机关补充侦查。退回补充侦查两个月届满检察机关应当作出起诉、撤销案件或者不起诉决定，或者由公安机关作出撤销案件决定。如果逾期公安、检察机关没有作出任何决定的，申请人可以凭准许撤诉裁定书提起国家赔偿，赔偿义务机关应当受理。

实践中，还有其他刑事诉讼是否终结一时难以判断、申请人又提出赔偿请求的，结合最高人民法院的立案受理从宽把握的精神，[②] 从利于保障权益角度出发，应当推定刑事诉讼已经终结，赔偿义务机关应当受理申请人的赔偿申请。

二、规范违法刑事拘留赔偿的适用条件和司法审查方式

（一）明确违法刑事拘留赔偿的适用条件

关于违法刑事拘留赔偿的适用条件，结合前述观点，我们认为，违法刑事拘留赔偿应当包括以下两种情形：（1）违反《刑事诉讼法》的规定对公民采取拘留措施，其后决定撤销案件、不起诉或者判决宣告无罪终止追究刑事责任；（2）依照《刑事诉讼法》规定的条件和程序对公民采取拘留措施，但是拘留时间超过《刑事诉讼法》规定的时限，其后决定撤销案件、不起诉或者判决宣告无罪终止追究刑事责任。

理由是：首先应当明确的是，对无罪公民实施违法刑事拘留国家承担赔偿责任，无论是在立法上还是理解上都不存在歧义。这里讨论的是对有罪公民的违法刑事拘留是否赔偿的问题。对该问题的回答其实涉及的是一个价值选择问题，肯定观点的价值基础是程序正义，更希望通过对违法刑事拘留的赔偿促使侦查机关牢固树立程序意识和人权保障观念，即使是有罪被羁押的犯罪嫌疑人也应同等对待。否定观点的价值基础是实质正义，实质正义注重法律适用的结果，要求的是人与人之间事实上的平等。该观

---

① 因为《刑事诉讼法》规定补充侦查以两次为限，每次一个月。该种情形的撤诉裁定可视为刑事诉讼已经终结。

②《最高人民法院关于国家赔偿案件立案工作的规定》对国家赔偿的立案审查内容作了规定，审判实务中也应以此为据进一步理解《国家赔偿法解释（一）》第 7 条的程序衔接问题。

点对实质正义的重视超过对程序正义的维护，只有一个人无罪或不该受到那么重的刑事处罚时才承认其请求国家赔偿道义上的正当性。

对于有罪公民在违法刑事拘留情形下，被拘留的犯罪嫌疑人经法定程序被判决或认定有罪，侦查机关实际损害的只是犯罪嫌疑人的程序利益而非实体利益（拘留羁押期间将被刑期所吸收），纵观其他国家和地区的刑事赔偿立法，对于羁押的赔偿一般都限制在无罪或刑罚被减轻的情况，从社会治安和打击犯罪的总体形势看，我国现阶段正处于犯罪多发期，打击和控制犯罪、维护社会秩序是首要目标，有罪无罪的实体正义的价值应当高于严格恪守程序的价值。

从立法者的态度来看，对刑事拘留赔偿之所以收紧赔偿条件，其用意就在于给侦查机关行使侦查案件以充分的权力保障。虽然我们不一定赞成这种以牺牲个体的人身自由为代价来换取公安司法机关对社会的强势刑事掌控的立场，但是立法者既然已经作出了抉择，执法者只能准确理解、正确执行。而且，从司法实践来看，对有罪公民实施违法刑事拘留给予国家赔偿，在现阶段基本缺乏可操作性。建议最高人民法院适时对该条规定作出具有可操作性的司法解释或针对个案作出批复，以消弭认识上的分歧和因之产生的执法不统一。

（二）规范违法刑事拘留赔偿的司法审查方式

实行“确赔合一”程序后，法院将在赔偿程序中解决刑事拘留的合法性问题，对于这种合法性审查，是仅作形式审查还是进行实质审查，在我们看来，在立法尚有“空档”的前提下，其回答往往来自最高人民法院的立场。如果仅对刑事拘留的合法性作形式审查，从审判实践预期来看，违法刑事拘留赔偿案件会因条件的严苛大幅减少，请求人能够实际获得赔偿的就更为少见。从统计数据来看，全国法院赔偿委员会审结的以公安机关、检察机关为赔偿义务机关的案件中，违法刑事拘留决定赔偿案件所占的比例正在逐年下降，2010～2012年分别是11.3%、8.6%、6.4%。耐人寻味的是，这不是因为执法水平的提高而致，而是立法者的立法倾向产生了预期的效果。

如果对违法刑事拘留赔偿进行实质审查，由于对侦查权审查能力的局限，法院在心证上往往会以犯罪嫌疑人的罪与非罪的最终结局来衡量，使刑事拘留赔偿在司法实务中走向结果归责。这一点，关于修法前的错误拘留赔偿如何适用问题，就已经给我们提供了例证：1994 年《国家赔偿法》虽然立法模式采取的是违法归责，但对于如何适用“对没有犯罪事实或者没有事实证明有犯罪重大嫌疑的人错误拘留的”，实践中不同部门从不同立场解读，存在着相当的分歧。最高人民法院曾在《关于检察机关采取刑事拘留后因证据不足决定撤销案件，应承担错误拘留刑事赔偿责任的答复》《关于公安机关以证据不足予以释放当事人申请国家赔偿人民法院应当受理的复函》中对错误拘留作过这样的阐述：因证据不足被释放或撤销案件的属于错误拘留应给予国家赔偿。① 根据这些批复、答复精神，错误拘留实际上采取的是结果归责。

我们认为，因为“对强制侦查的司法审查是我国刑事诉讼程序最薄弱的环节。制度阙如已对刑事诉讼中的人权保障带来显著不良影响，且与现行法律体系的规范逻辑明显不协调、与我国司法运行与司法改革的指导思想不一致”。② 在司法体制没有变动之前，刑事赔偿由于具有“对刑事诉讼程序完整性破坏的事后救济”功能，对刑事拘留的事后实质审查一定程度上可以弥补强制侦查司法审查制度缺失的遗憾。因此，我们支持对刑事拘留赔偿进行实质审查的观点。在立法对刑事拘留的司法审查强度没有明示的情况下，从尊重和保障人权、与民主法治建设同步考虑，我们倾向于认同以罪与非罪的结局作为判断刑事拘留是否违法的基本依据，如果犯罪嫌疑人最终被作无罪处理的，赔偿委员会在心证上应当倾向于作出刑事拘留违法的结论。

三、明确精神损害抚慰金的适用情形和酌定因素

（一）细化规定支付精神损害抚慰金的适用情形

支付精神损害抚慰金的条件是刑事司法侵权致人精神损害“造成严重后果”。综合各地法院已经出台在本区域内试行的精神损害抚慰金的“适

---

① 而同期最高人民检察院却有相反的阐述，认为只要侦查和起诉机关在法定拘留或逮捕时所收集的证据达到了《刑事诉讼法》规定的证明标准，即使案件因证据不足被撤销、不起诉或者判决无罪的，都不应承担赔偿责任。其观点集中体现在 2000 年的《人民检察院刑事赔偿工作规定》第 6 条。参见瓮怡洁：《刑事赔偿制度研究》，中国人民公安大学出版社 2008 年版，第 52～54 页。

② 龙宗智：《强制侦查司法审查制度的完善》，载《中国法学》2011 年第 6 期，第 35 页。

用意见”，我们认同，有下列情形之一的应认定为“造成严重后果”：（1）受害人死亡、伤残或者产生严重疾病不能治愈的；（2）受害人被羁押一年以上或者被判处和执行一年以上刑罚的，但缓刑除外；（3）受害人没有违法犯罪行为或者违法犯罪事实并非受害人所为的；（4）受害人丧失就业、入学、服兵役等重大机会，或者导致其生产经营严重亏损；（5）受害人被开除公职或被撤销代表、委员资格；（6）受害人名誉权、荣誉权受到严重损害给其家庭、生活或者工作造成严重不利后果的；（7）其他导致受害人产生严重生理痛苦和心理痛苦的情形。有下列情形之一的，应认定为造成精神损害“后果特别严重”：（1）国家机关及其工作人员对受害人的非正常死亡、重伤、残疾等生命健康权的损害具有重大过错；（2）在社会上产生恶劣影响；（3）其他精神损害特别严重的情形。

（二）明确精神损害抚慰金的参考因素

我国由于各地区经济发展不平衡，财政支付能力差别较大，目前，在全国确定整齐划一的操作规范还不现实，较妥当的方式是参照民事精神损害赔偿的相关规定发布原则性指导意见，并授权各地根据当地经济发展水平制定在本区域内适用的具体标准。待积累成熟经验后，再考虑制定全国统一适用的规范性文件。参照最高人民法院在《关于审理精神损害赔偿案件适用法律若干问题的解释》（第10条）和《关于确定民事侵权精神损害赔偿责任若干问题的解释》的规定，确定刑事赔偿精神损害抚慰金，应当考虑受害人的精神损害程度和后果，结合以下因素确定：（1）侵权机关的过错程度；（2）侵权行为的具体情节，包括侵权手段、场合、次数、行为方式（含所定罪名、刑罚种类、实际羁押时间）等；（3）侵权机关的善后措施和受害人的谅解程度，包括侵权人事后采取弥补措施的及时有效性、对侵权行为的认识程度和纠错过程等；（4）受害人的家庭经济状况、年龄、性别、职业、民族、宗教等与精神利益相关的因素；（5）受害人遭受损害的程度；（6）侵权行为地或受诉法院所在地的经济社会状况和平均生活水平。综合考虑以上因素后，参照民事赔偿标准在确定具体赔偿金额时，还应当注意：一是在裁量幅度内计算具体赔偿金额应就高不就低（我国的民事审判实践中民事侵权精神损害赔偿主要采用的是酌定赔偿方式）。二是要在限额内赔偿。一般应以主权利国家赔偿金为基准，在其50%～100%的比例范围内酌情确定，最高额不得超过国家上年度职工年平均工资的10倍。对于造成精神损害后果特别严重的，需要在限额以上确定抚慰金的，应当层报省级主管部门批准。

四、规制免责条款的滥用

（一）严格适用“公民自己故意作虚伪供述”情形的免责

关于如何认定“公民自己故意作虚伪供述”，最高人民法院的最新阐述是：非因他人强迫或胁迫，赔偿请求人本人故意作出虚伪供述，导致其被羁押或被刑罚处罚的情形。[①] 对于是否构成“故意作虚伪供述”不能准确把握的，司法审查中，应从“有利于被告人的角度”作严格解释或限缩解释。原因在于：（1）公民故意作虚伪供述将会导致自己被羁押（判刑），面临丧失人身自由甚至失去生命的危险，若不是十分特殊的理由，以一个正常的理性人来看，公民不会轻易作出这种自陷于罪的行为，故作出这种结论必须慎之又慎。（2）我国《刑事诉讼法》规定：“对一切案件的判处都要重证据，重调查研究，不轻信口供，只有被告人供述，没有其他证据的，不能认定被告人有罪和处以刑罚。没有被告人供述，证据确实、充分的，可以认定被告人有罪和处以刑罚。”由此可见，仅有虚伪供述本身尚不足以导致错案发生。即使公民作虚伪供述，刑事追诉机关也能够运用侦查手段甄别出来。过分依赖口供不仅是消极不作为，而且极易诱发强迫公民自证其罪、刑讯逼供现象。

针对司法实践中常出现的赔偿义务机关滥用该免责事由规避赔偿义务情况，我们认为，下列情形可用反向排除的方式，认定不构成“公民自己故意作虚伪供述”：（1）因他人提供的伪证而对公民实施羁押或者监禁的；（2）因对法律或者侦查讯问存在错误理解等导致其被羁押或者被监禁的；（3）虽然作了虚伪供述，但该虚假供述与其被羁押或被监禁并无直接因果关系的；（4）对法律判断事实的错误陈述（如买卖关系是否成立，是否属于贪污罪的主体等）；（5）不真实供述和无罪辩解，特别是口供前后不稳定，时翻时供的。

---

① 参见《关于国家赔偿法实施中若干问题的座谈会纪要》（2012年10月17日）第15条。

（二）遏制“情节显著轻微、危害不大，不认为是犯罪”免责情形的滥用

该情形“是否构成犯罪”理论界和实务界认识长期没有统一，导致司法实务适用的混乱，不少普通违法行为、构成犯罪证据不足甚至就没有任何犯罪事实被羁押的，也被赔偿义务机关扩大适用而免责。由此，无论是立法层面还是司法实务必须正视这一问题：(1) 对于“情节显著轻微、危害不大，不认为是犯罪”情形是否构成犯罪应当尽早统一认识，直至上升到立法层面。关于这个问题，我们倾向于认同该情形就不构成犯罪，建议再次修法时将该免责条款删除。(2) 在立法尚未明示或修改的情况下，赔偿委员会应对适用该免责条款的个案案件事实进行严格审查，不能因原案引用该免责条款就听之任之，对此，最高人民法院〔1996〕赔他字第 6 号《关于张秀英等四人申请国家赔偿一案请示的批复》已经给了明确的指引，该批复对检察机关援引该免责条款的个案和下级法院的两种不同意见经审查后，认为“张秀英等四人殴打他人致轻微伤，其行为不构成犯罪”。[①] 我们认为，该批复释放的信息是，赔偿委员会审查案件，应当跳出“情节显著轻微、危害不大，不认为是犯罪”本身罪与非罪的争论，而应对案件事实作一定的实质审查，如果认为案件事实明显就不构成犯罪的，应当排除该免责条款的适用。建议立法修改前，司法解释应当明确：对于引用“情节显著轻微、危害不大，不认为是犯罪”的个案，应当对案件进行全面审查，如果认为案件事实与适用该免责情形明显不一致、规避国家赔偿的，赔偿委员会应当直接作出赔偿决定。

（三）酌定不起诉羁押的免责情形应予改造

修改后的《国家赔偿法》第 19 条规定，“对于犯罪情节轻微，依照刑法规定不需要判处刑罚或者免除刑罚的”的羁押犯罪嫌疑人，检察机关作

---

① 大致案情：张秀英邀集多人追打保卫人员，双方均受伤，后保卫人员报案，经伤情鉴定为重伤，检察机关批捕并对张等四人提起公诉。审理期间，经重新鉴定伤情为轻微伤。检察机关撤回起诉，公安机关撤销案件。张等四人被释放后申请赔偿。检察机关认为，张秀英等四人殴打他人属于“情节显著轻微、危害不大，不认为是犯罪”的情形，国家不承担赔偿责任，上级检察机关复议维持。审理该案的赔偿委员会也有不同意见：一种同意检察机关的意见；另一种认为“不构成犯罪”与“不认为是犯罪”是两回事，应予赔偿。最高人民法院就该案请示的批复中指出：张秀英等四人殴打他人致轻微伤，其行为不构成犯罪，检察机关依法应予赔偿。

出不起诉决定的国家免责。适用酌定不起诉的必备要件是：犯罪嫌疑人的行为已构成犯罪，应当负刑事责任。[①] 显然，检察机关行使酌定不起诉权力时，也意味着同时对犯罪嫌疑人的行为作出了有罪宣告（评价），这严重违背了无罪推定原则，也与我国《刑事诉讼法》规定的“未经人民法院依法判决，对任何人不得确定有罪”的基本原则相抵触。

考察酌定不起诉制度其实脱胎于免予起诉制度，因“免予起诉侵犯审判权”这一根本理由，1996年《刑事诉讼法》最终废止免予起诉，而将其改造成现行的酌定不起诉。多年来，学术界和实务界对酌定不起诉制度本身所内具的实质定罪权的质疑直至存废之争就未曾止息过。[②] 在法院统一定罪权已经为立法所确认、为国民普遍接受的大背景下，修改前的《国家赔偿法》尚未将其纳入免责范围，修改后的《国家赔偿法》反而将其纳入免责范围，表明立法的天平向保障刑事追诉权的通畅运作上再度倾斜。

当然，我们更关注的是，由于刑事拘留赔偿条件的严苛，酌定不起诉羁押国家又免责，被羁押的犯罪嫌疑人因酌定不起诉又面临着有罪结论（评价），此时，犯罪嫌疑人为了获得程序利益（通过法院的审判还自己清白）和赔偿救济权利，可能更期待接受审判。根据国际人权公约，任何人都有权在刑事诉讼中要求获得正当程序的审判；在未经法院依法证实有罪之前，有权被视为无罪。《香港特别行政区基本法》也规定：“任何人在被合法拘捕后，享有尽早接受司法机关公正审理的权利，未经司法机关判罪之前均假定无罪。”

由此我们建议，为了不将被不起诉人看成单纯的诉讼客体，充分体现现代诉讼文明、进步理念，应当赋予被不起诉人要求审判和救济的权利。在酌定不起诉仍为立法所确认的背景下，可以借鉴外国立法例和修改后的《刑事诉讼法》关于附条件不起诉的规定，对酌定不起诉制度进行改造：或者赋予被不起诉人程序选择权，即拟作出的酌定不起诉决定应征得犯罪嫌疑人的同意，并告知其由此而丧失提出国家赔偿的权利；或者酌定不起诉的决定接受法院的审查，取得法院的确认。如《德国刑事诉讼法》第153条规定：“程序处理轻罪的时候，如果认为行为人责任轻微，不存在追

---

① 刘志远主编：《中国刑事赔偿原理与实务》，中国人民公安大学版社2011年版，第120页。

② 参见徐博：《论我国酌定不起诉制度的缺陷与重构》，载《法制与社会》2009年第4期，第22～24页；陈铖：《论酌定不起诉的存废理由》，载《法制与社会》2011年第1期，第34～36页。

究责任的公共利益时，经负责开启审判程序的法院同意检察院可以不起诉。”这样既实现了严格意义上的控审分离，肯定了法院的专属审判权和定罪权，使无罪推定原则得到贯彻，也充分保障了被不起诉人的程序利益和求偿权。

五、完善部分程序内容

（一）明确协商协议的效力与审查机制

为了案结事了又不致损害国家利益的立法目的，协商机制亟须规范的问题是：（1）协商协议的效力。根据修改后的《国家赔偿法》第37条、《国家赔偿费用管理条例》第8条，财政支付赔偿金的基本依据是：生效的判决书、复议决定书、赔偿决定书或者调解书（仅指行政赔偿调解书）。据此，先行处理程序的协商协议并不产生支付效力。司法实践中，就已经出现了赔偿请求人与赔偿义务机关协商达成了协议后，但是赔偿义务机关所在地财政部门认为不能依据协议支付赔偿金，必须要法院赔偿委员会的决定书或者赔偿义务机关的决定书才能支付的个案。[①] 因此，为了妥善解决协议效力和法律规定的不周全问题，协议内容应当转化为赔偿决定书，作为向财政申请支付赔偿金的依据，应当补充规定“赔偿义务机关与赔偿请求人达成协议的，应当根据协议内容制作赔偿决定书”，同时规定：“决定书应当详细载明协议内容，以备申请支付审查。”（2）协商协议的审查监督。为了防止赔偿义务机关突破法律规定，或者与赔偿请求人恶意串通损害国家利益情况，双方就赔偿方式、赔偿项目和赔偿数额的协商必须严格遵循法定赔偿原则，不能突破修改后的《国家赔偿法》确定的赔偿范围与赔偿请求人进行协商。由此，应当强化对协商协议的审查、监督。我们的建议是，对于赔偿义务机关根据双方合意达成的协议而制作的赔偿决定书，应由支付赔偿金的财政部门进行审查和监督，对于赔偿方式、赔偿项目和赔偿数额有突破法律规定情形的，财政部门可以拒绝支付但应当说明理由。同时，为了杜绝“私了”现象的反弹，我们还建议要严肃财经纪

---

① 张丽丽：《试论刑事赔偿程序的不足和完善——兼评新〈国家赔偿法〉的相关规定》，参见2012年最高人民法院“完善刑事赔偿制度”主题论坛征文。

律，不仅要对赔偿协议制作的决定书进行监督和审查，财政部门还要对赔偿义务机关日常发生的各项费用严格审核，防止赔偿义务机关动用单位办公经费或所谓的机动经费充抵刑事赔偿费用，逃避监督。

需要注意的是，根据《审理国家赔偿案件程序的规定》第9至11条的规定，赔偿委员会审理赔偿案件可以组织赔偿请求人和赔偿义务机关进行协商。双方经协商如果达成协议的，其协议内容接受赔偿委员会的审查。从某种角度而言，相对于财政审查，法院赔偿委员会的审查更权威、更专业，无须财政重复审查。由此，在赔偿委员会主持下双方达成的协议经法院确认后而制作的赔偿决定书，财政不得拒绝支付。

（二）进一步拓展举证责任倒置范围

实践中，当申请人人身自由被剥夺（限制）而处于赔偿义务机关的实际管控之下出现的其他损害（伤害），申请人往往也无法证明，如被羁押人在押期间的重伤但未丧失行为能力，以及赔偿义务机关不遵守法定程序记录、保存相关证明等。因此，应当进一步扩大举证责任倒置的范围，明确规定赔偿义务机关对其管理和控制领域内发生的危险（损害）承担证明责任，这样更符合公平正义的要求。结合司法实践，我们认为，下列情形应当实行举证责任倒置：(1) 由于赔偿义务机关在刑事诉讼中不遵守法定程序、办理有关手续（如对限制人身自由的事实无记载，不及时送达法律文书）或受害人人身自由受限制，致使受害人无法举证的，赔偿义务机关应对损害事实的不存在承担举证责任，但受害人应提供相应证明。(2) 被羁押人在羁押期间身体受到轻伤以上伤害的，赔偿义务机关对自己的行为与被羁押人身体受到伤害之间不存在因果关系承担举证责任。(3) 对流窜作案、多次作案、结伙作案的犯罪嫌疑人的羁押超过37天，被告人主张超期羁押或错误羁押的，侦查机关应对延期羁押的理由承担举证责任。(4) 其他应当由赔偿义务机关提供证据的情形。

另外，修改后的《国家赔偿法》规定，人民法院赔偿委员会“必要时，可以向有关单位和人员调查情况、收集证据”。但是，实践中有的赔偿义务机关经常以各种理由拒绝提供卷宗材料，导致赔偿委员会无法查明案件事实。《最高人民法院关于民事诉讼证据的若干规定》第75条规定：“有证据证明一方当事人持有证据无正当理由拒不提供，如果对方当事人主张该证据的内容不利于证据持有人，可以推定该主张成立。”我们认为，如果赔偿义务机关无正当理由拒不配合赔偿委员会调阅卷宗等证据材料的，可按上述因果关系推定的司法解释精神判定赔偿义务机关承担不利的诉讼后果，并将该事实记录在案。赔偿义务机关如以上述卷宗材料作为新证据对案件进行申诉的，应当予以驳回。

（三）初步建立执行机制

目前，赔偿委员会作出的赔偿决定书法律只是规定“必须执行”，但没有规定强制执行措施，这为赔偿义务机关不履行赔偿义务、财政部门不依法核拨赔偿金提供了法律空隙。由于现行刑事赔偿制度将以往的“先垫付，后核销”赔偿金支付方式修改为由财政统一全额支付，并增加了精神损害的赔偿条款。据此，生效的赔偿决定书的履行障碍主要有三：一是赔偿义务机关接到申请人的赔付申请后，不在法定期限内向财政部门提出支付申请；二是财政部门收到赔偿义务机关的支付申请后，不在法定期限内支付赔偿金；三是赔偿义务机关不履行精神损害抚慰的决定内容。

我们认为，赔偿委员会的决定书是发生法律效力的法律文书，应当赋予强制执行的效力，以保证生效赔偿决定的严肃性，维护国家法律的权威。我们注意到，《重庆市实施〈国家赔偿法〉办法》已经赋予法院对其作出的生效赔偿决定的强制执行权，以及参照民事执行程序采用替代履行的方式来解决赔偿义务机关不履行“消除影响，恢复名誉，赔礼道歉”的行为请求权的执行问题，即：（1）赔偿义务机关不履行赔偿义务的，赔偿请求人可以申请作出生效判决或者决定的人民法院予以强制执行。（2）财政部门不依法核拨的，受理强制执行的人民法院应当向财政部门的本级人民政府函告督促依法及时核拨。（3）人民法院判决或者决定由赔偿义务机关赔礼道歉、消除影响、恢复名誉，赔偿义务机关拒不执行的，人民法院可以根据赔偿请求人的执行申请，在适当的范围内通过对赔偿案件进行登报说明或者对赔偿决定进行公告等方式为赔偿请求人消除影响、恢复名誉。其产生的费用由赔偿义务机关承担。

虽然上述规定还不能完全解决执行实践中的问题，但作为权宜之计已较妥善地解决了执行实践中的突出问题。建议采纳上述规定，并加强对刑事赔偿执行程序的研究，为未来修法作立法储备。

六、完善和落实追偿追责制度

结合外国的立法实践，我们认为，刑事赔偿的追偿追责还是有其存在的必要性。应当说，《国家赔偿法》规定的刑事赔偿追偿追责条件与行政赔偿的“故意或者重大过失”追偿追责条件相比，范围还是有限的，情形也比较容易认定，即：（1）刑讯逼供或者以殴打、虐待等行为或者唆使、放纵他人以殴打、虐待等行为造成公民身体伤害或者死亡的；（2）违法使用武器、警械造成公民身体伤害或者死亡的；（3）在处理案件中有贪污受贿、徇私舞弊、枉法裁判行为的。

实践中要实现立法目的，首要问题是要将刑事追偿追责严格限于法定情形，警惕扩大适用。因为，刑事案件本身具有的客观复杂性决定刑事追诉活动是一项高风险、非常复杂的认知活动，即使执法人员极尽注意义务，仍难免发生对事实认定的错误或对法律适用不当而造成错误刑事追究，我国《国家赔偿法》充分考虑刑事司法规律，把刑事追偿追责范围限制在上述三种情形上无疑是正确的。对此，我们可以作出的逆向理解是：只要刑事司法人员依法办案，没有出现上述情形的，即使案件的处理结果因其他原因被纠正，也不应当受到不利评价乃至无据的追偿追责。

同时，我们认为，正确理解《国家赔偿法》规定的追偿追责情形的法律精神，并在实践中严格执行，在如今“错案责任追究”已经成为强势语态的情况下，具有十分重要的意义。一是可以防止追偿追责制度非理性的扩大适用，而动摇刑事司法人员遏制、打击犯罪的信心和决心，不至于因为畏惧追偿追责束缚手脚，而陷入“干得多，错得多”的怪圈。二是一定程度上可以使刑事赔偿与错案追究脱钩。在我们看来，严格意义上的刑事错案仅指上述三种情形下所造成的错案，至于其他因为司法认知以及客观原因的变化导致的案件处理结果被纠正的都不应贴上错案的标签进行追偿追责。因此，在实践中应当坚决杜绝那种将刑事赔偿与追偿追责等同或挂起钩来的做法。三是因为释放了赔偿义务机关的追偿追责压力，其单位业绩不再与赔偿案件联系起来，可以避免赔偿义务机关在赔偿过程中故意对申请人设卡和刁难，受害人的权利因之能够得到及时救济。

需要指出的是，我们也反对矫枉过正，当出现法定追偿情形时应当严格依法追偿追责，防止因刑事追诉、审判人员的违法行为致人损害的责任转嫁给国家而不公平地由全体社会成员来承担，从而窒息刑事赔偿的预防功能。为此，鉴于立法规定的过于原则、可操作性不强的弊端，应当从如下方面进一步完善：

一是变更追偿权行使的主体。从修改后的《国家赔偿法》第31条的规定来看，追偿权是由赔偿义务机关行使的。从实践来看，由于赔偿义务机关往往与其公务人员存在唇齿相依的利害关系，希望赔偿义务机关主动启动追偿程序是不现实的。因此，我们认为，追偿权由与侵权行为无利害关系、地位相对超脱的机构来承担才能产生实际效果。根据这一原则，目前由负责拨付国家赔偿金的财政部门行使追偿权比较妥当。我国的财政机关是国家赔偿费用的管理者，也是国家赔偿费用使用的监督者，其在拨付了国家赔偿费用之后，再向符合法定追偿情形的公务人员追偿部分或全部赔偿费用是其职责所在，在立法尚未变更追偿主体和规定相关追偿程序前，负责拨付国家赔偿费用的财政部门至少应当向赔偿义务机关施加压力，促使其启动追偿程序。

二是赋予被追偿人救济权。如被追偿人对追偿决定不服的，可以向作出追偿决定机关申请复议，对复议决定不服的，可以向作出追偿决定的上一级机关申诉。

三是确定追偿的范围和追偿费用的缴纳方式。追偿范围应排除不应由被追偿者承担的各种费用，如赔偿义务机关在处理赔偿案件中支出的办案经费等行政经费不得向其追偿，缴纳追偿费用的方式可根据被追偿者的实际情况采取一次性或分期缴纳的方式等，防止因追偿数额过大而严重影响办案人员的基本生活。

四是增设追偿时效制度。为尽快稳定赔偿义务机关与所属工作人员的关系，不少国家和地区都规定了追偿时效，但一般比赔偿请求时效短。如捷克和奥地利的追偿时效为一年，我国台湾地区追偿时效为两年。在设追偿时效时，应考虑工作人员违法行使职权时的具体情形、过错程度及经济状况等因素。根据《国家赔偿法》关于刑事赔偿请求时效的规定，我国刑事追偿时效应采取短期消灭时效原则，以一年为宜。

七、探索完善刑事补偿机制

刑事补偿制度是对刑事诉讼过程中公安司法机关的合法职权行为致人

损害是否承担责任问题的进一步探索，[①] 就我们掌握的资料，1996 年 1 月生效实施的《人民警察使用警械和武器条例》第 15 条规定："人民警察依法使用警械、武器，造成无辜人员伤亡或者财产损失的，由该人民警察所属机关参照《国家赔偿法》的有关规定给予补偿。"这是目前唯一的关于刑事补偿的规定，而行政补偿不仅有明确立法而且在实践中也被广泛运用。

由于现行刑事赔偿制度部分条款仍然实行违法归责，对于合法行使职权所造成的损害，国家不承担赔偿责任，如在现行法律框架内遭受合法刑事拘留的无辜公民不能寻求法律救济，这对受害人极不公平。为了合理缓解公权力与私权利间的冲突，减少受害人为解决问题而到各部门的频繁上访，充分体现国家的人道主义责任，有必要结合司法实务中需要救济、扶助的情形，探索完善刑事补偿制度来弥补刑事赔偿制度本身的缺憾。

结合司法实践，我们认为下列情况下，国家对无辜受害人的损害应当给予刑事补偿：一是刑事赔偿中适用违法归责的三种情形，即：（1）依照《刑事诉讼法》规定的条件和程序对公民采取拘留措施的，其后决定撤销案件的；（2）依法使用武器、警械造成其他公民死、伤的（非犯罪嫌疑人、被告人），如使用武器、警械误伤其他公民；（3）依法对财产采取查封、扣押、冻结、追缴等措施，但是造成案外人财产损失的，实践中，这种情况不是因为违法办案造成的，而是因为利害关系人没有及时提出请求，或者刑事追诉时难以确权，或者因自然原因而发生财物的灭失、短少等。

二是刑事赔偿中适用"法律规定的其他情形"的免责条款，国家不承担赔偿责任但给无辜受害人造成损害的。为了适应执法实践中可能遇到的其他不具备刑事赔偿责任构成要件而应当免除国家赔偿责任情形，《国家赔偿法》规定了"法律规定的其他情形"的兜底免责条款，目前，国家对该条款尚未出台相关法律。不过，参照《民法通则》《侵权责任法》等民事法律的规定，刑事诉讼过程中因紧急避险、意外事件、不可抗力而造成

---

① 对刑事补偿的内涵与外延有不同的认识，有的将其与刑事被害人救助制度等同起来，认为刑事补偿是国家对遭受犯罪行为侵害的刑事被害人及其近亲属给予适当救助（当犯罪人无力承担损害赔偿责任时）的制度；有的从广义上理解，认为刑事赔偿既包括国家对刑事被害人的救助制度，又包括刑事诉讼过程中国家机关的合法追诉行为致人损害国家所给予的补偿。本报告仅指合法刑事追诉行为致人损害国家所给予的补偿。

无辜者损害的，国家不承担赔偿责任，此时，应当给予受害人补偿。特别是紧急避险情形下，受害人是为了保全公共利益或其他相对人的合法权益而遭受了特别牺牲，对其遭受的损害不予补偿就显得极不公平。

三是无罪受害人的损害与刑事追诉行为存在间接因果关系但又不符合国家赔偿条件的，主要是刑事追诉人员执行职务的过错不能判定或者存在轻微瑕疵，受害人有轻微违法但不构成犯罪，其所遭受的损害又与职务行为有一定的因果关系的，也应当给予适当补偿。

第五部分　改革的前瞻性构思

两年前，在“注意稳步推进，对重大问题瞻前顾后，照顾左邻右舍，不求一步到位”[①] 的修法思路下，立法机关对《国家赔偿法》进行了修改，但是修改后的刑事赔偿制度仍然受到质疑，实践中的问题也在不断出现。有学者指出，对于国家赔偿立法和实践中“存在大量的法律皱折，需要法院通过判例去熨平，而不是一味地等待立法机关事无巨细的、一劳永逸的解决。”[②] 在我们看来，这种带有期盼的“责备”，在我国事实上是过高估计了司法判例的作用，就刑事赔偿制度的核心内容（赔偿范围、赔偿标准和程序设置）而言，修改前和修改后的《国家赔偿法》都是坚持严格的法定主义，并没有为司法判例、司法解释预留太多空间，因此，问题的解决还是要返归立法层面，从革新立法理念入手，重新审视刑事赔偿制度的基本内容，通过再次修法才能实现。我们认为，在目下的中国，公权力仍然处于绝对强势的背景下，为了使《宪法》《刑事诉讼法》昭示的“尊重和保障人权”在刑事赔偿领域真正得到落实，在公权与私权的分配协调上要向私权让渡、逐步实现二者的合理均衡。特别是，以牺牲个体权利来保证刑事追诉权的通畅运作的立法倾向，是我们未来修法应当警惕的。

一、合理拓展刑事赔偿范围

虽然受历史传统、法律文化等因素的影响，不同国家对刑事赔偿归责

① 李适时：《关于〈中华人民共和国国家赔偿法修正案（草案）〉的说明》，参见江必新、胡仕浩、蔡小雪：《国家赔偿法条文释义与专题讲座》，中国法制出版社 2010 年版，第 257 页。

② 马怀德：《国家赔偿法的立法模式》，载《法律科学》1994 年第 3 期，第 35 页。

原则的规定存在着差异，但自“二战”后，越来越多的国家将结果责任原则确立为刑事赔偿的归责原则。[①] 我们认为，随着民主法治的张扬，人权保障趋势的不可逆转，我国在侵犯人身自由方面采用结果归责原则只是时间问题。因之，在法治和人权保障史上也将随之呈现出违法归责——结果归责的无罪羁押赔偿——结果归责的无罪赔偿这一渐近路径。

（一）结果归责原则下刑事赔偿范围的合理扩张

1. 近期目标：建立协调一致的无罪羁押赔偿体系。归责原则是刑事赔偿制度的核心问题。《国家赔偿法》修改过程中，考虑到刑事拘留是在紧急状态下作出的，如果对公安机关要求过高，会束缚公安机关的手脚，不利于维护公共安全。更重要的理由是，在突发的群体性事件和社会安全事件中，为了迅速平息事态，需要对大量参与者采取强制措施，但最后被诉的可能只是极少数，如果“凡拘必赔”可能会导致公安机关在紧急状态下不敢行使拘留权。因此，对刑事拘留仍然实行违法归责原则。[②] 这种缺乏刚性的归责原则，一是与世界上较多国家和地区在刑事赔偿领域所采取的无罪羁押赔偿原则相违背，不利于保障人权。二是在赔偿责任后置（吸收）原则下，使违法刑事拘留赔偿、无罪逮捕赔偿、改判无罪赔偿在归责原则上存在着难以解释的困局。考察整个刑事诉讼流程，如果被拘留的犯罪嫌疑人被批捕后又被作无罪处理的，或者程序走得更远一些，被拘留的犯罪嫌疑人被批捕、被法院一审作出有罪判决，后又被改判无罪（包括二审、重审、再审）的，由于无罪逮捕赔偿、改判无罪赔偿是结果归责，上述情形下，之前的刑事拘留期间被当然地纳入人身自由被羁押的期间而得到赔偿，不管是合法拘留还是违法拘留，换言之，刑事拘留本身也会依照结果归责得到赔偿，自相矛盾的是，单纯的合法拘留（合法拘留后在侦查阶段被释放）因违法归责原则的限制却得不到赔偿。

为了控制公权和保障私权，有效解决刑事诉讼中羁押（拘留、逮捕、有罪判决）赔偿归责原则的冲突，建议再次修法时刑事拘留赔偿要适用结果归责，即刑事拘留后只要犯罪嫌疑人被作无罪处理的，其有权得到国家赔偿。同时，建议另行制定刑事特别法，如“紧急状态法”，或者修改

---

① 翁怡洁：《刑事赔偿制度研究》，中国人民公安大学出版社 2008 年版，第 127 页。

② 参见金鑫：《刑事拘留国家赔偿中两个问题》，载《检察日报》2010 年 5 月 31 日；志灵：《“刑拘不予赔偿”恐将架空慎用警力原则》，载《羊城晚报》2010 年 4 月 28 日。

《突发事件应对法》,[①] 籍以规定特定情形下处置群体性事件、突发性事件和恐怖事件等需要大规模拘留人时的国家豁免责任情形，其目的在于不把非常态下的法治问题和常态下的法治问题混为一谈，防止无辜公民因所谓“维稳”问题而招致无妄之灾。

2. 中远期目标：无罪赔偿。修改后的刑事赔偿制度大体采用的是无罪羁押赔偿原则（刑事拘留除外），这一原则的适用将未被羁押（监禁）但被适用过刑事强制措施或被判处过刑罚的无罪受害人排除在国家赔偿范围之外，如适用取保候审、监视居住等非羁押强制措施，管制、缓刑、剥夺政治权利等非监禁刑罚。

虽然受害人被采取上述非羁押（监禁）措施时，其人身自由没有被剥夺，但毕竟受到限制或者由此产生其他的实质损害。比如，取保候审一经适用，未经执行机关批准不得离开所居住的市、县，这将使那些生活、工作涉及不同地区，或者需要跨地区进行生产经营活动的犯罪嫌疑人面临极大的困难；管制、缓刑、剥夺政治权利等刑罚的适用，由于对追诉人作出了犯罪评价，这种评价将会严重影响被追诉人的声誉、社会地位等，有的甚至因此发生家庭变故、丧失就业或升迁机会，从而蒙受巨大的损失。

“有损害就应有救济”是现代法治的正义要求，从更远的视域来看，结果归责体系下，无罪羁押赔偿应当逐渐过渡到无罪赔偿，即只要被适用过刑事强制措施或者被判处过刑罚的无罪受害人，都有权得到国家赔偿，而不以受害人是否受过羁押（监禁）为条件。这样，不但补正了无罪羁押赔偿原则的不足，更全面、充分地保障人权，也使刑事赔偿的结果归责原则更加完整、圆满，在实践中能有效地解决国家赔偿案件中的许多上访、申诉的老问题。

由此，我们建议，被采取非羁押的刑事强制措施或者被判处过非监禁刑罚的无罪公民遭受的损害，根据无罪赔偿原则应当纳入刑事赔偿范围。在赔偿方式上，考虑主要适用精神损害抚慰的方式进行赔偿，即在侵权影响的范围内，为受害人消除影响，恢复名誉，赔礼道歉。对于造成严重后果，符合修改后的《国家赔偿法》第35条规定情形的，还应当支付相应的精神损害抚慰金。

① 《突发事件应对法》第50条第2款和第69条已经有关于如何处置“严重危害社会治安秩序的事件、特别重大突发事件”的规定，我们认为，上述规定已经为国家处置非常事件的免责提供了出口。

（二）司法实务中两类特殊侵权情形适度纳入刑事赔偿范围

1. 超期羁押、轻罪重判。有罪超期羁押不予赔偿，反映出国家对人权的有限尊重和对超期羁押的某种宽容。许多国家认为轻罪重判情况不予赔偿不符合公平与正义的要求，而将之纳入国家赔偿范围，如德国、奥地利等。

我们注意到，对于超期羁押和轻罪重判的国家赔偿问题，地方实践已作出“破冰”之举，如《重庆市实施〈国家赔偿法〉办法》规定，“对公民采取刑事拘留或者逮捕措施超过法定期限且被羁押的时间超过生效判决确定的刑期的；依照审判监督程序再审后，罪犯实际被羁押的期限超过再审判决确定的刑期的”可以提起国家赔偿，该办法运用“以判决确定的刑期与实际羁押（监禁）期间相吻合”的方法来部分解决超期羁押和轻罪重判问题，既比较务实，也具有可操作性。笔者认为，如果对被告人超期羁押期间没有超过判决所确定的刑期，或者被告人的实际服刑时间没有超过改判后的刑期的，至少从表面上来看是“罚当其罪”的，虽然也会对被告人造成一定的损害，但从我国的刑事赔偿实践来看，现阶段探讨超期羁押但未超过判决确定刑期的，或者实际服刑期间没有超过改判后刑期的赔偿问题现实意义不大，进言之，不宜过度强调程序的正当性而使刑事赔偿范围过于宽泛。

2. 刑事司法不作为。刑事司法不作为导致或放任私权受到侵害，法律上又无救济途径，给受害人带来无尽的伤痛。从其他国家和地区的实践看，美国、德国以及我国台湾地区均将消极的不作为（即怠于执行职务）纳入国家赔偿范围。修正的《国家赔偿法》第 17 条第 4 款仅对监狱管理机关不作为致人死、伤的情形作出了调整，但尚不能满足实践的需要。

我们认为，考虑现实可操作性和与我国整体的刑事执法水平相一致，目前还不宜把刑事司法不作为一律纳入赔偿范围。本着回应社会反响强烈的问题，可将赔偿范围概括限定在“负有法定职责但怠于履行这种职责而导致受害人重伤、死亡后果的”的特定情形，如杀人、抢劫等暴力犯罪案件中受害人等报案，公安机关能够出警但不及时出警或不出警，造成他人死、伤重大后果；被监禁的已决犯以及被羁押的未决犯病情危重，应当及时救治而不救治导致其死亡的，等等。同时，该类案件基于受害人举证能力的限制，应实行举证责任倒置。

（三）增设刑事赔偿范围的裁量条款

现行刑事赔偿范围采用列举式立法模式。由于立法的滞后性和国家侵权的多样性，这种立法模式不能穷尽实践中不断出现的侵权形态。为了保障受害人能够及时得到救济，及时指引、规范刑事司法机关的刑事侦查追诉行为，建议增加“其他应当赔偿情形”作为刑事赔偿范围的兜底条款，赋予裁决机关一定的裁量权。这种兜底条款不仅是及时回应社会呼声的需要，其意义还体现在：一是可以改变刑事赔偿在国家豁免责任的概括立法模式和赔偿范围的列举式立法模式这种不对等的立法格局，彰显国家保护人权的决心和勇气；二是在立法技术层面趋向统一。因为《国家赔偿法》在行政赔偿范围上规定了“造成公民身体伤害或者死亡、造成公民财产损害的其他违法行为”的兜底条款，而在同一部法律中，刑事赔偿范围却将之排除于外。

二、建立科学的刑事赔偿标准

考虑与我国的经济实力和财政状况相适应，为了增强刑事赔偿制度预防损害的功能和顺应人权保障的趋势，我们应当建立以补偿性赔偿标准（全面赔偿原则）为主，兼采抚慰性、惩罚性赔偿标准的思路来完善我国的刑事赔偿标准体系。

（一）侵犯人身自由的赔偿标准应当提高

因为人身自由无价，目前还没有有效方法对其损害进行科学合理地评估，对侵犯人身自由的赔偿还只能适用抚慰性标准。但是现在的标准过低，可以考虑，侵犯人身自由的每日赔偿金仍按照国家上年度职工日平均工资计算，但是应当提高日赔偿金的金额，如依照国家上年度职工日平均工资的2～5倍的标准来计算。

（二）侵犯生命健康权的赔偿标准不低于民事赔偿标准

如前述，刑事赔偿与民事赔偿相比较，前者的义务主体无论是从权力行使的影响力（对受害人的影响更广泛、深刻）上还是赔偿能力上都要强于后者，因此无论是从损害范围还是赔偿标准的确定上，刑事赔偿都不应窄于和低于民事赔偿。从目前立法来看，以下范围、标准要参照民事赔偿标准相应提高：第一，确立残疾赔偿金的申请追加制度。一是允许受害人在计算赔偿金的年限内，以显失公平为理由申请追加赔偿金。二是全部丧失劳动能力的受害人，如果在20年后仍然健在，可再次申请赔偿一定年限的残疾赔偿金。当然，应当对申请追加次数加以限制，以限制滥用申请权。第二，降低被扶养人生活费请求权的准入门槛，取消被扶养人生活费赔偿限定的“完全丧失劳动能力”这个条件，使部分丧失劳动能力的受害人也同样享有被扶养人生活费的赔偿请求权。第三，提高被扶养人生活费计算标准。摒弃当地最低生活保障这一标准，而采用民事赔偿中的农村或城镇人均消费支出标准。

（三）财产权损害应将间接损害计算在内

根据补偿性赔偿标准（全面赔偿原则），国家应当足额赔偿受害人因侦查、起诉、审判、监狱管理机关及其工作人员的侵权行为遭受的全部损失。间接损害自然不应排除在外。其实，将间接损害纳入刑事赔偿范围并不存在认定和计算上的技术性障碍，完全可以借鉴民事侵权领域的相关理论和实践进行认定和计算，例如收益平均法和同类对比法等认定方法，再者，将间接损害纳入到刑事赔偿范围也不会导致国家财政不堪重负。虽然间接损害与侵权行为存在的是间接因果关系，但是，间接因果关系链条并非是无限的。根据通说，能够被纳入赔偿范围的间接损害是指虽然与侵权行为没有直接的因果关系，在遭受侵害时尚不存在，但受害者如果不遭受侵害，必然得到的利益（预期收益）。[①] 因而，只要计算和评估方法得当，即使将间接损害纳入到刑事赔偿的范围，也不会导致赔偿范围被无限扩大。

（四）部分侵权行为适用惩罚性赔偿标准

对于某些影响恶劣给受害人及其家庭造成严重伤害的可以考虑适用惩罚性赔偿标准，如再审改判无罪致无辜的受害人被长期监禁、刑讯逼供等违法行为造成严重后果的。现阶段，在立法尚没有对赔偿标准调整前，对于该类案件，应当通过精神抚慰金这一块来加大对受害人的抚慰力度。

完善我国刑事赔偿标准，还要厘清两个认识：一是正确评估国家的刑

① 江必新：《国家赔偿法原理》，中国人民公安大学出版社1994年版，第96页。

事赔偿能力。十几年来的司法实践也证明，刑事赔偿金额远远构不成国家财政的沉重压力，需要的仅仅可能是局部地区财政负担的合理转移而已。

二是要正确认识刑事赔偿救济功能的局限性。刑事司法侵权在给受害人造成直接损害的同时，还可能产生其他可见或者隐形的损害，试图通过国家赔偿层面解决所有损害是不现实的，其他国家的刑事赔偿制度也不可能做到。实践中对一些漫天要价、提出不切实际要求的应当依法抑制，不能为了息事宁人以“搞定就是稳定，摆平就是水平”的态度与申请人搞无原则的交换而损害国家利益。

三、变革刑事赔偿程序

（一）改造或撤销复议程序

如前述，我们认为，复议程序繁琐多余，不利于刑事赔偿程序的高效运行。建议：将复议程序作为申请人的选择程序，即申请人如不服赔偿义务机关的决定，可以选择向其上一级机关申请复议，也可以直接向赔偿委员会申请作出赔偿决定；或者再次修法时充分考虑其法理依据和现实效果直接予以撤销。

（二）诉讼化改造刑事赔偿决定程序

要实现赔偿决定程序的诉讼化改造，应当首先脱掉其过度包装为决定程序的外壳。与1994年《国家赔偿法》相比，修改后的刑事赔偿决定程序增加了举证质证、赔偿委员会的调查取证、生效决定的自行纠正程序和检察监督、生效决定的申诉等一系列新内容，《审理国家赔偿案件程序的规定》对上述规定又进行了细化，使刑事赔偿决定程序的诉讼化性质更加明显，应该说，刑事赔偿的决定程序已经具备诉讼化的雏形。我们的建议是：

1. 参照民事诉讼程序改造刑事赔偿决定程序，落实合议、回避、审判公开、两审终审制一系列诉讼基本制度，使之成为一个完整、严格、有效的诉讼程序。刑事赔偿决定程序的诉讼化改造不仅可以充分体现“阳光司法”和正当法律程序的公正性，而且还为许多问题的解决提供了出路，比如许多法院因案件数量过少进行实体化改造的迟缓，还有为解决公私共同侵权的责任承担问题预留空间，等等。

2. 区分情形构建简易程序和普通程序。为了既体现诉讼的经济、效率原则，又体现公开、公正的法律程序，刑事赔偿案件应当根据案件的不同情况适用不同程序审理。构建的原则是：对于可以适用书面审的案件适用简易程序审理，涉及举证、质证的案件一律适用普通程序审理。

3. 解决法院上下级行政化倾向明显，由上级法院终局决定下级法院刑事赔偿案件的公信力问题。为了严守裁决机关的中立性，进一步增强裁决过程和结果的公正性和公信力，可以借鉴上述外国刑事赔偿案件的审理体制，对我国审理刑事赔偿案件的机构进行一定的完善。

方案一：从制度成本考虑，在司法体制没有变动前，以法院作为赔偿义务机关的可以通过案件管辖回避方式来解决公信力问题。思路是：探索在刑事赔偿案件中确立指定管辖和异地管辖制度——以基层法院为赔偿义务机关的刑事赔偿案件由省（自治区、直辖市）高级法院指定异地的中级法院管辖；以中级人民法院为赔偿义务机关的刑事赔偿案件由最高人民法院指定异地的省（自治区、直辖市）高级人民法院管辖；省（自治区、直辖市）高级人民法院为赔偿义务机关的刑事赔偿案件由最高人民法院管辖。至于法院以外的其他机关作为赔偿义务机关的仍然适用《国家赔偿法》的级别管辖和属地管辖的规定。

方案二：设立超脱、中立的法院专门审理刑事赔偿案件，建立一套垂直管理的刑事赔偿法院系统。具体是：在最高人民法院设置具有相对独立性的高等刑事赔偿法院，作为审理刑事赔偿案件的最高审级；在各省（自治区、直辖市）设置一个上诉法院和若干刑事赔偿法院，设置刑事赔偿法院要打破司法辖区附属于行政区划的现状，考虑不同地区的人口分布、经济发展、交通条件、案件数量等实际需要。刑事赔偿法院的具体设置可以参照海事法院和军事法院的做法。为节约成本、充分利用现有司法资源，可以将刚刚划转地方的铁路运输法院改造为刑事赔偿法院——原有的铁路中级法院改造为上诉刑事赔偿法院，铁路运输基层法院改造为刑事赔偿法院。同时，将现有法院国家赔偿案件的审判力量部分转移至新的刑事赔偿法院，确保刑事赔偿法院的正常运作。虽然《宪法》和《人民法院组织法》中没有刑事赔偿法院的规定，但可以通过解释“专门法院”为刑事赔偿法院的设置提供合宪性基础。同时，考虑修改《国家赔偿法》，并在《国家赔偿法》中确立刑事赔偿法院的性质、地位、职权、组织等事项。

结语

“权利与权力，乃构架人类社会制度之脊梁。”现代法治的本意就蕴含着保障权利和制衡权力。作为国家权力运作的一个方面，为了维护刑事诉讼机制的平衡，各国无不规定了严格的刑事追诉程序，赋予犯罪嫌疑人、被告人防御能力。然而，再周密的程序设置也只能减少错误发生的几率，而不能完全消除冤案的发生。既然程序法不能绝对避免公权力对私权利的侵害，那么设置一个完善的刑事赔偿制度为遭受这种侵害的公民提供充分、有效地救济就不可或缺。

本次调研，课题组足迹涉及全国六个省份，在我们广泛的实务调研中，“对现行制度的修修补补产生不了什么效果，要完善刑事赔偿制度还是要从理念和体制上进行变革”的声音在不断重复，促使我们不断地思考、挖掘，因案件总量小而不被关注的许多体制问题、深层次矛盾不时浮出水面，我们的认识也在不断深化，调研思路因之由立纲之初的查缺补漏定位直至如今的重构。反观刑事赔偿制度的规则设计和司法实务中存在的种种问题，最终还是不得不归结于立法机关的决心和勇气，对此，关于劳教制度的存废或许为我们研究如何完善我国的刑事赔偿制度提供有益借鉴。长期以来，未经审判程序剥夺和限制人身自由的劳教制度一直历经拷问，但出于维稳和国情考虑迟迟没有动作，2013 年年初全国政法工作会议已经明确提出 2013 年要停止使用劳教制度。对这个问题，我们很认同有的学者的评述：“过去我们将这个制度的维稳作用夸大了，有的省市停用这个制度，也没有造成什么社会稳定的巨大压力，所以有的东西是人为地将它的作用高估了，……中国现在是和平崛起大国，我们是联合国安理会常任理事国，不仅仅是经济上，还要在其他方面在国际上发挥重大的影响，政治文明、制度文明也要在国际上有自己的形象。”①

至此，本报告虽然试图以更宽阔的视野来完善我国的刑事赔偿制度，“但是刑事赔偿很多时候都涉及个人利益和社会大众利益的冲突，要在两者之间取得平衡，亦非容易。一个符合各方面利益的完善刑事赔偿制度，

---

① 刘仁文：《后劳教时代的保安处分构建》（南都评论记者张天潘整理），载 2013 年 3 月 17 日《南方都市报》A14 版。

不容易实现。”① 确实，一端是来自佘祥林、赵作海、杜培武、聂树斌、张高平叔侄等冤案苦主对刑事司法的“控诉”和社会的广泛质疑和责难，一端是社会关注人身、财产安全要求公安司法机关“扑灭罪行”“除恶务尽”的强烈呼声，还有一端是国家为了打击、遏制犯罪包括刑事司法侵权的事后救济要付出成本（代价），三者此消彼长的反复权衡、抉择，在调研中无时不在我们的脑海中交织、纠缠，驱之又起，久久不能消散。我们深深认识到，刑事赔偿制度的完善是一个宏大的课题，囿于学识与时间的局限、行文的实际需要，本报告既难以面面俱到、平均着墨，关注之处也难以向更深处展开。这些都决定了我们的思考，如同完善我国的刑事赔偿制度一样，只有逗号，没有句号，我们仍在路上……

① 杨振权：《香港特别行政区的刑事赔偿制度》，载《法律适用》2013 年第 3 期。

（二）民事审判

关于加强消费者权益司法保护的调研报告

——以珠三角地区法院的司法保护情况为样本

珠海市香洲区人民法院课题组*

消费者是拉动经济增长的重要主体，依法保护消费者权益事关国计民生和经济发展，但目前我国消费市场很不规范，诚信严重缺失，制售假冒伪劣商品的行为屡禁不止，严重损害了消费者的利益。2013 年 10 月 25 日，全国人大常委会表决通过了关于修改《消费者权益保护法》（以下简称《消法》）的决定，这是自 1993 年立法 20 年以来《消法》的首次大修改。新《消法》不仅排除了消费者解决耐用商品等争议的举证障碍，方便消费者维权，为维护消费者合法权益提供了立法支撑，而且从实体上加大了保护消费者权益、惩罚违法经营者的力度，为人民法院支持消费者维权提供了重要法律依据。无论从立法的最初目的和立法的变化来看，《消法》始终坚持保护消费者权益、打击不良经营者、净化市场环境、维护经济秩序的理念。

新《消法》实施后，对司法审判实践会产生哪些新的影响？广东省消费者维权的司法保护现状如何？消费者通过民事诉讼途径维权会在程序上遇到哪些问题？法官在消费者维权纠纷的审判实践中如何认定“知假买假者”和“欺诈”等问题？遇到法条竞合的情形下如何适用法律？遇到新类型的消费者维权纠纷如何处理？消费者协会在提起公益诉讼时程序如何启动、案件由谁管辖、诉讼费用如何承担、债权如何清偿、裁判如何执行，又该如何设置具有可操作性的消费者协会提起公益诉讼程序规则呢？针对上述问题，珠海市香洲区人民法院课题组专门到珠海市金湾区人民法院、

---

* 课题组组长：游永威，副组长：黄蕴磊，成员（执笔人）：赖国清、吴晓璐、杨远家。

斗门区法院、中山市第一人民法院以及东莞、佛山等地方法院开展调研活动，并对本院及上述法院近三年来受理的消费者维权典型案件进行了梳理、总结，形成本调研报告。调研报告涉及案件的受理时间为 2012 年 1 月至 2014 年 12 月，收集的相关案例共有 100 余宗。

一、现状调查——消费维权案件的概况及特点

（一）消费维权概况

为深入了解法院审理消费者维权案件的概况，课题组以珠三角地区为样本，通过走访消费者协会、到法院与法官座谈以及向消费者、职业打假人和兄弟法院发送《问卷调查》等形式，对珠海、中山、广州等地法院审理的消费者维权案件进行调研，基本概况如下：

1. 消费维权案件数量呈明显上升趋势。随着 2014 年 3 月 15 日新修订的《消法》以及最高人民法院关于食品药品纠纷案件司法解释的实施，法院受理的消费者权益保护案件数量呈现明显上升趋势，其中尤为明显的就是职业打假人起诉的案件呈突升猛涨趋势。图 1 为珠海市法院 2012～2014 年受理的消费维权案件数。[①]

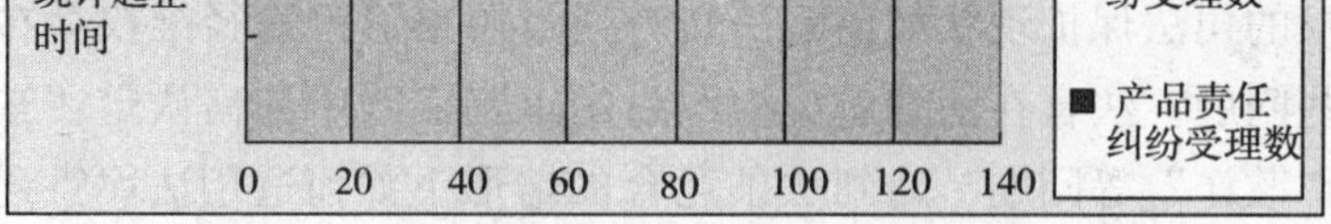

图 1　近三年珠海市两级法院受理的消费维权案件数

① 笔者注：因消费者维权纠纷无统一案由，买卖合同纠纷包括但不局限于消费者维权纠纷一种，故无法全面统计出消费者维权纠纷的总数，此处统计买卖合同纠纷中以职业打假人为原告提起的消费者维权纠纷案件数。

2. 消费维权案件涉及的领域不断扩展、类型多样。课题组通过问卷调查发现，消费纠纷的案件类型包括商品类、服务类及网络交易纠纷，其中以商品类案件最多。除了食品、药品、电器、日用商品等传统消费领域，还有网络购物引发的纠纷，住房、汽车等大宗商品和少量奢侈品消费纠纷、金融理财类的服务合同纠纷、预付式消费纠纷等新类型案件。尤其是随着2014年3月15日《网络交易管理办法》的实施，电子商务领域的消费者维权案件数量也有明显增加趋势。

3. 消费维权案件请求的标的额通常不大。课题组对消费者维权请求标的额进行了问卷调查，据受调查法院反映，消费者购买的涉案产品的标的额从十几元到数百元乃至数千元不等，但绝大部分在5000元以下，由于消费者往往会主张消费金额三倍至十倍赔偿，导致诉讼标的额在5000～10000元的区间较多，只有少部分维权案件的标的额在10000元以上。

4. 消费者协会提起的消费公益诉讼在广东未有突破。新《消法》赋予消费者协会提起消费者权益保护公益诉讼的职能，人民法院可受理消费公益诉讼案件已成为不争的现实。但据课题组走访了解，截至本调研报告撰写完成日，广东省内尚无一例消费者协会提起的消费公益诉讼。可见，消费公益诉讼作为一种新型诉讼，对于作为原告的消费者协会①以及广大审判人员而言都还是陌生的新领域。

（二）消费维权案件特点

1. 进入司法诉讼的案件数量不多。消费者在权利受到侵害时或与经营者发生纠纷时，囿于种种原因通常不愿意诉至法院，而是倾向于向消费者协会求助。图2为珠海市消费者权益保护委员会（以下简称消委会）近三年来的受理纠纷、办结纠纷和调解成功的统计数据。

---

① 中国消费者协会于1984年12月经国务院批准成立，是对商品和服务进行社会监督的保护消费者合法权益的全国性社会组织。目前，全国县以上消费者协会已达3000多个，其中省、自治区、直辖市31个，在农村乡镇、城市街道设立的消协会分会，在村委会、居委会、行业管理部门、高等院校、厂矿企业中设立的监督站、联络站等各类基础网络组织达15.6万个，义务监督员、维权志愿者10万余名。在我国北方各省市习惯称“消费者协会”，而在我国南方地区则习惯称“消费者权益保护委员会”简称“消委会”。

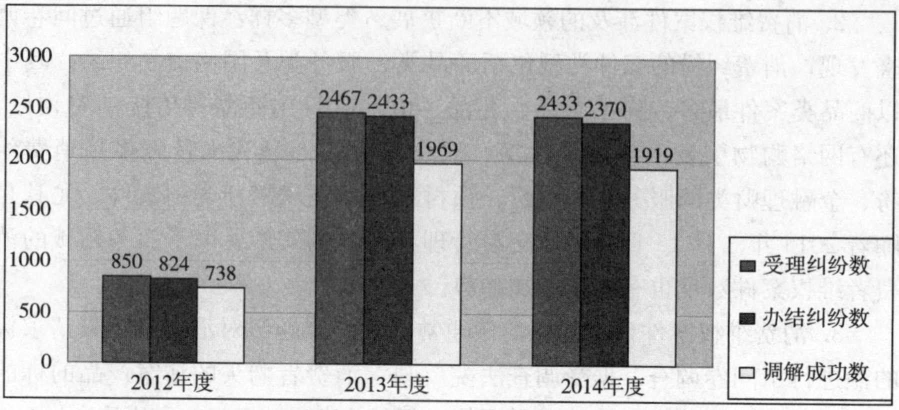

图 2　珠海市消委会 2012～2014 年度受理及办结纠纷情况

可见，近年来，由于各级工商部门和消费者组织及时化解了大量消费投诉，故起诉到法院的消费纠纷案件数量并不多。

2. 案件仍以产品质量问题为主。据珠海市消委会反映，关于质量的投诉主要集中在家用电子电器、服装鞋帽、生活社会服务、日用商品、食品等日常消费领域，详细情况见图 3。

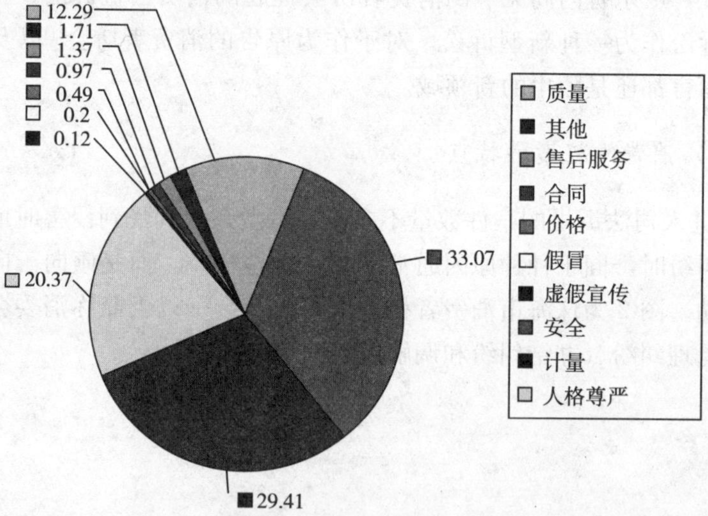

图 3　2014 年广东省消委会受理的投诉案件性质分析图

3. 职业维权集中在食品药品领域。课题组通过走访兄弟法院发现，在法院受理的消费者维权纠纷中，有 90%以上的案件均是由职业打假人作为原告提起的诉讼。这些职业打假人基本上都有自己熟悉的打假领域，通常是在同一地区针对大型超市、药房出售的食品或药品提起维权诉讼，其提出诉讼请求赔偿的法律依据集中在新《消法》第55条和《食品安全法》第96条。换言之，消费者权益司法维权的主体主要是职业维权者，他们更倾向于在食品与药品领域通过法律手段维护权益。

4. 结案方式以调解和撤诉居多。以珠海香洲法院2014年审结的102宗消费者维权案件数为例，有近3/4的案件以调解或者撤诉的方式结案，详情见图4。

上述结果的出现，既与消费者维权案件的特点有关，也与原、被告双方的主观目的有关。消费者维权目的主要是为了得到相应的赔偿，而被告在认识到销售的产品或提供的服务存在一定的瑕疵时，出于维护商家的声誉，也会主动与消费者妥协和解，加上法官积极促成双方调解，因而案件结案的调解撤诉率比较高。

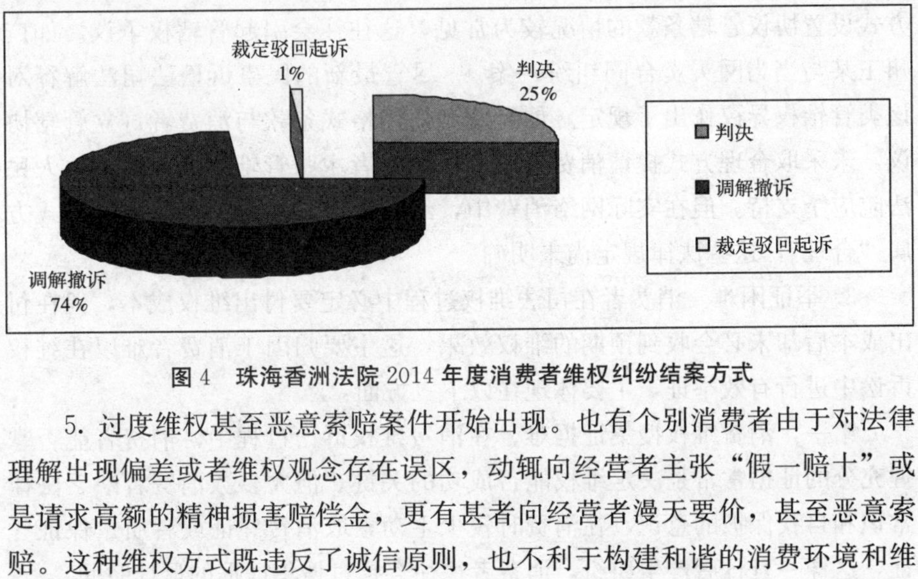

图4　珠海香洲法院2014年度消费者维权纠纷结案方式

5. 过度维权甚至恶意索赔案件开始出现。也有个别消费者由于对法律理解出现偏差或者维权观念存在误区，动辄向经营者主张“假一赔十”或是请求高额的精神损害赔偿金，更有甚者向经营者漫天要价，甚至恶意索赔。这种维权方式既违反了诚信原则，也不利于构建和谐的消费环境和维护稳定的市场秩序。

二、问题发现——从三大群体的视角看

（一）消费者维权的司法障碍

1. 诉讼程序繁琐且耗时较长。目前，就消费者权益保护相关的案件，法院并未设定专门的案由，也没有规定对此类型案件专门指定适用小额诉

讼程序，而是按照新修订的《民事诉讼法》第 149 条、第 161 条的规定，适用普通程序或简易程序审理。这就意味着消费者为了维权，往往需要花上数月甚至一年以上的时间（除非受诉法院主动适用小额诉讼程序进行快速审理），这不仅仅提高了消费者的维权成本，有时候漫长的诉讼过程甚至会消磨了消费者维权的信心，进而对司法的公信力产生怀疑。

2. 管辖不明。消费者在进行网络购物司法维权过程中遇到的首要问题是法院的管辖不明，主要体现在以下两方面：

第一，由于网络购物的特殊性，消费者往往无法直接获得网店经营者的具体联系地址和电话，甚至连经营者的真实姓名或名称都无法得知，异地查询与追讨又有现实的困难，这些成为消费者司法维权的最大障碍。

第二，在电子商务领域，经营者通过网站《用户协议》等格式合同的方式设置协议管辖条款的情况较为常见，这往往会引起管辖权争议。如广州王某与当当网买卖合同纠纷一案。[①] 尽管最新的民事诉讼法司法解释对该类管辖权异议作出了规定，如经营者使用格式条款与消费者订立管辖协议，未采取合理方式提请消费者注意，消费者主张管辖协议无效的，人民法院应予支持。但在实际网络消费中，经营者应采取何种提醒注意方式方属“合理”，这些法律规定尚未明确。

3. 举证困难。消费者在司法维权过程中必定要付出维权成本，但在付出成本后却未必会收到预期的维权效果，这主要归因于消费者难以在维权诉讼中进行有效举证，主要体现在以下三方面：

第一，消费维权搜集证据难。在消费维权诉讼过程中，消费者能否掌握充分的证据常常是决定维权能否成功的关键。但大多数消费者缺乏法律常识和自我保护的意识，在消费时较少主动索取消费凭证或者质量保证凭证，这样一旦日后产生纠纷，消费者往往会错过搜集证据的最佳时间。

第二，消费维权鉴定难。在大部分消费纠纷中，举证涉及对涉案商品进行质量鉴定检测，这是评定商品质量水平的主要途径，也是消费者进行维权举证的前提和依据。然而在目前的现实环境中，消费者进行鉴定检测

---

① 广州中院发布的 2014 年十大电子商务纠纷典型案例：王某向合同履行地广州市白云区人民法院起诉当当网，当当网随后提出管辖权异议，理由是王某在完成网站的用户注册时已同意该网站的《当当网交易条款》，即应遵循条款内关于协议北京市某区法院管辖的条款，据此，当当网主张广州白云区法院无管辖权。法院经审理后以当当网并未通过合理、明确的方式让消费者注意到该协议管辖条款为由，驳回了当当网提出的管辖权异议。

的情况并不乐观，鉴定难已成为消费者维权的拦路虎，主要表现在：首先，目前我国专业的质量鉴定机构数量较少，如珠海市目前仅有一家具有资质的鉴定机构，较难满足市场繁杂的鉴定需求。其次，消费者以个人身份向鉴定机构提起鉴定申请多被拒绝，消费者无法有效维权。比如，珠海出入境检验检疫技术中心目前仅接受以单位名义送检的样品。最后，鉴定费用高昂导致消费者放弃鉴定，有些案件的商品检测成本比消费金额还要高，消费者在对比权衡诉讼风险之下，不得不放弃维权。

第三，举证责任倒置适用范围不明确。鉴于消费者维权举证较困难且成本较高这一特殊情况，新《消法》规定，对于机动车、计算机、电视机等耐用商品或者装饰装修等服务，自消费者接受商品或服务之日起六个月内发现瑕疵和争议的，由经营者承担举证责任。立法目的是为了适当减轻消费者举证责任的规定，但该条规定在实际操作中存在适用范围不明确的问题。比如，对"耐用商品"应如何界定，法律规定不明确，诸如手机、照相机等体积虽然小却价值却不菲，此类商品是否应纳入"耐用商品"范围并适用举证责任倒置的规定？此外，消费者接受装饰装修等服务通常是持续一段较长时间，如维持数月的装修期，则举证责任倒置的六个月期限是应从装修期起始日起算，还是从装修期结束交付使用之日起算，目前在审判实践中还存在争议。

（二）法官审判中常见的疑难问题

1. 知假买假者应否保护问题。自 1994 年 1 月 1 日《消法》颁布实施以来，关于知假买假问题的争论就从未停止过。一种观点认为，不宜将知假买假者视为消费者，理由为：知假买假者的目的不是生活消费而是牟利，其行为也违反了诚实信用原则，与《消法》的立法目的不符。一些职业打假人以举报违法经营行为相要挟，向经营者索取"封口费"，甚至进行敲诈勒索，实际上是以违法行为对抗违法行为，给市场秩序造成不良影响。另一种观点认为，将知假买假者视为消费者，客观上还可以起到打击假冒伪劣等违法经营行为，净化市场的作用。以食品安全为例，虽然主管部门众多，但是食品安全问题并没有得到很好解决，将知假买假者视为消费者，有利于解决行政机关保护消费者权益不力的问题。

直到 2014 年 3 月 15 日开始正式施行的《最高人民法院关于审理食品药品纠纷案件适用法律若干问题的规定》（以下简称《审理食品药品案件

规定》）第3条态度鲜明地确定了在食品、药品质量问题的范畴内，人民法院应支持知假买假的职业打假人的合理请求。但对于知假买假的职业打假人在食品、药品范畴以外的诉求，是否属于合理范围，目前还存在一些争议。

2. 欺诈的认定问题。虽然新《消法》将惩罚性赔偿的力度从“退一赔二”变为“退一赔三”，且考虑到消费者可能因商品金额太小而放弃索赔，设定了最低赔偿金额即商品价款或者服务费用的三倍，低于500元的最低赔偿金额为500元。但对于什么样的行为属于欺诈行为，新《消法》仍未予以明确。有些法官认为，在认定是否构成欺诈时应考虑消费者是否因经营者的欺诈行为的误导而作出错误意思表示这一因素；也有些法官则认为经营者无论是“作虚假宣传”还是“作引人误解的宣传”，均违反了经营者的如实告知义务，无论消费者是否因此产生错误的意思表示，经营者的行为均构成欺诈，此时只要消费者提出增加赔偿的请求，法院就应当支持。《消法》中的“欺诈”与民法意义上的“欺诈”究竟是否属于同一法律概念，对于欺诈行为的认定是否必须以故意为唯一的主观状态，法律均没有明确规定。

3. 对《食品安全法》第96条的理解问题。要正确适用《食品安全法》第96条，首先应正确认定不安全食品。在司法实践中，较常见的是职业打假人诉称产品外包装的标签或说明书不符合法律规定，进而主张十倍赔偿，其常见的诉讼理由包括如下六种：（1）诉称涉案产品的标签标注有或暗示具有预防、治疗疾病作用的内容，违反了《GB7718－2011预包装食品标签通则》基本要求中的3.6项规定；（2）诉称涉案产品使用了繁体字，未使用规范的汉字，违反了GB7718－2011基本要求中第3.7项的规定；（3）诉称进口食品未标注中文标签，违反《食品安全法》第66条的规定；（4）诉称涉案产品未标注营养成分表，或标注的营养成分表不符合《GB28050－2011预包装食品营养标签通则》中第四项强制标示的内容；（5）以涉案产品的生产许可证、批号批文等违反了国家法律规定为由；（6）以涉案产品标注的配料中的添加食品原料违反法律为由；等等。如果涉案产品的外包装标签违反了《GB7718－2011预包装食品标签通则》或者《GB28050－2011预包装食品营养标签通则》等GB（代表食品安全国家标准）开头的强制性规定时，法院是否可以径直认定涉案产品为不安全食品？不安全食品与不合格产品的区别在哪里？这些问题尚有争议。

其次，适用《食品安全法》第96条另一争议问题是，主张惩罚性赔偿金是否以造成实际人身或财产损害为前提，即主张十倍惩罚性赔偿金是否必须以造成实际损害为必要条件。如消费者购买到不符合食品安全标准的食品，在没有食用的情况下，消费者是否可以要求生产商按购买价支付十倍赔偿金？这种情况在知假买假诉讼中比较常见，职业维权者通常没有举证证明其食用了所购买的产品而存在实际损害，而径直提出了索赔的请求，这给审判工作带来了难题。

第96条第2款中表述为“生产不符合食品安全标准的食品或者销售明知是不符合食品安全标准的食品”。“明知”是否仅指“确实知道”，“应当知道”或“推定知道”是否属于“明知”并不明确。对于销售明显不符合食品安全标准的食品，是否可以推定其为“明知”？对于食品经营者因销售不符合食品安全标准的食品，事先被工商部门警告或已受到行政处罚，仍继续销售相关不符合食品安全标准食品的行为，是否属于应当知道的“明知”？再比如，销售者未建立食品进货查验记录制度，未尽到合理的查验义务，导致销售的食品不符合食品安全的标准，是否也应纳入明知的范畴？这一系列问题，均有待今后的司法解释予以进一步明确。

4. 违约责任与侵权责任的竞合问题。当一个不法行为同时具备违约行为和侵权行为的构成要件时，当事人可以基于违约责任与侵权责任两种不同的责任而提出不同的赔偿请求权。近年来，违约责任与侵权责任的竞合是在消费者维权领域尤为多发，各个法官在处理该类侵权之诉和违约之诉竞合问题时由于价值取舍不一，同类案件的判决结果可能大相径庭。

这其中又以客运服务领域的纠纷特为典型。在我国现行的法律体系下，客运服务中的乘客遭受人身损害的，乘客有权根据《民法通则》和《侵权责任法》的规定提起侵权之诉，并依据《最高人民法院关于审理人身损害赔偿案件适用法律若干问题的解释》规定的赔偿范围和赔偿标准向承运人主张侵权的人身损害赔偿；同时也有权选择以《合同法》第302条和《消法》的规定要求承运人承担违约的人身损害赔偿责任。提起违约之诉时依据《消法》及其相关实施规定以及与依据《合同法》计算赔偿损失的标准，和《最高人民法院关于审理人身损害赔偿案件适用法律若干问题的解释》（以下简称《人身损害司法解释》）确定的赔偿标准不一致，因此，在乘客符合消费者身份并选择以《消法》规定的赔偿范围和赔偿标准向承运人主张赔偿责任时，其请求的赔偿金相差较大，在司法实践中也产生了较多的争议。

5. 新类型案件问题。随着近年经济蓬勃发展，消费方式日趋多样化，一系列与消费相关的新类型案件也随之而来，主要如下：

（1）网络购物问题。新《消法》出台后电子商务领域的消费者维权案例数量也相应增加，如何落实新《消法》规定的“七日无理由退货”条款存在一定的现实困难。虽然 2015 年 3 月 15 日开始施行的《侵害消费者权益行为处罚办法》规定，经营者不得以消费者已拆封、查验影响商品完好为理由拒绝退货，但舆论对该条款的适用范围和具体执行标准存在异议。而除了包括消费者定制、鲜活易腐等四种情形外，新《消法》还规定了兜底条款，“根据商品性质并经消费者在购买时确认不宜退货的商品不适用无理由退货。”但该兜底条款往往被经营者滥用制定霸王条款，如京东商城规定，钻石、黄金、手表、化妆品等不支持七天无理由退货；乐蜂网规定清仓打折商品不予退换货等，在实践中引起了不少争议。此外，“七天无理由退货”也可能存在被消费者恶意利用的问题，如有的消费者将收到的商品更换为假货，随后进行退货并导致经营者损失。

（2）虚假广告问题。新《消法》出台后，社会团体或其他组织、个人在关系消费者生命健康商品或服务的虚假广告或者其他虚假宣传中向消费者推荐商品或服务，造成消费者损害的，应当承担连带责任，即电视台作为广告发布者、明星作为代言宣传人时需要承担连带责任。这一规定对虚假广告的确产生有效的管束作用，但仍存在以下问题：首先，目前对如何界定虚假广告尚存在争议，《广告法》规定，“利用广播、电影、电视、报纸、期刊以及其他媒介发布药品、医疗器械、农药、兽药等商品的广告和法律、行政法规规定应当进行审查的其他广告，必须在发布前依照有关法律、行政法规由有关行政主管部门对广告内容进行审查”，但实践中仍存在不少虽经过审查却仍有虚假宣传成分的广告。其次，新《消法》规定，明星等代言人承担责任的情况仅适用于“关系消费者生命健康商品或服务的虚假广告”，但如何界定与消费者生命健康息息相关的商品或服务则存在异议。而如消费产品和服务仅与消费者生产生活相关、并非与生命健康相关的情况，明星等代言人按照现行规定则不需承担连带责任，这存在规管漏洞。最后，新《消法》是否具有溯及效力尚存在疑问。新《消法》于 2014 年 3 月 15 日开始实施，目前市场上仍存在大量于新《消法》实施前已结束代言合同的产品或服务广告，如消费者因消费而产生损害，已结束代言合同的明星是否应承担连带责任仍属未知的情形。

（三）消费者协会提起公益诉讼遇到的困难

新《消法》第 47 条规定："对侵害众多消费者合法权益的行为，中国消费者协会以及在省、自治区、直辖市设立的消费者协会，可以向人民法院提起诉讼。"新《消法》确立了消费公益诉讼制度，这是一个重大突破，将会更好地发挥新《消法》和消协的作用，维护社会经济秩序，促进社会主义市场经济健康发展。然而，从实施的角度看，新《消法》对于消费公益诉讼的规定仍过于原则，无论在制度设计还是司法实践中都存在一些问题，导致消费公益诉讼困难重重。主要体现在：

1. 案件受理范围方面。根据相关法律条文，消费公益诉讼只限于侵害众多消费者合法权益案件，即只有造成了消费者合法权益的事实侵害，消费者协会才可以向法院提起诉讼，对于未造成事实侵害，但是可能危及或者已经危及到消费者合法权益的行为，法律未作规定。如产品存在缺陷应予召回，但生产者不予召回的案件，是否也可以提起公益诉讼，仍不明确。另外，条文规定涉及多数消费者的案件才可以提起公益诉讼，但至于是不是要求针对特定群体还未明确。

2. 救济程序方面。根据《民事诉讼法》的规定，民事案件可以进行调解，调解也贯穿整个办案过程。但消费公益案件是否也可以适用调解，法律没有明确规定。消费者协会代表所有受侵害的消费者提起公益诉讼，在公益诉讼案件判决生效后，单个消费者是否可以再以同一侵权行为向法院提起诉讼也不明确。消费者请求消协提起公益诉讼而消协没有发起，消费者是否可以起诉消协未明确，消协在诉讼过程中如有擅自撤诉、变更或者放弃诉讼请求、承认被告诉讼请求、与被告和解等损害消费者权益的行为时，消费者应如何维权法律亦未予以明确。在责任承担方式方面，公益诉讼是要求经营者承担赔偿责任还是仅限于停止损害，也没有规定，均有待司法解释来确定。

关于管辖法院的问题，《民事诉讼法》第 55 条和新《消法》第 47 条都只规定了"可以向人民法院提起诉讼"，没有明确在发生消费公益侵权案件时，基层法院是否有管辖权。这个问题直到最高人民法院在 2015 年 1 月 30 日发布《关于适用〈中华人民共和国民事诉讼法〉的解释》后才得以解决（该《解释》第 285 条规定，由侵权行为地或者被告住所地中级人民法院管辖，法律、司法解释另有规定的除外）。

三、原因剖析——从宏观和微观层面

（一）消费者维权意识淡薄

目前，我国已出台全面的有关消费者权益保护的法律，除新《消法》外，还有《产品质量法》《侵权责任法》《反不正当竞争法》《广告法》《价格法》《标准化法》《计量法》及《计量法实施细则》等，法律制度上已经较为完善，但为什么普通大众遭遇消费纠纷往往不愿选择诉讼途径维权呢？我国消费者的素质参差不齐，消费者对于这些维权可适用的法律法规及维权途径、维权方法、维权成本等并未有全面的了解，这些因素直接影响了消费者维权的成功率。

根据课题组发出的针对消费者的调查问卷，消费者在遭遇侵权行为后，选择维权的仅为8%；29.6%的消费者则选择“自认倒霉，忍一忍算了”；87.5%的消费者并未全面了解新《消法》规定消费者享有九项权利；仅有11.5%的消费者在遭遇侵权行为后，向法院提起过维权诉讼；45.5%的消费者表示在向法院提起维权诉讼时不知道怎样运用法律保护自身权益。由于我国的群众文化素质仍有待提高，特别是老年人和农村消费者，消费维权意识淡薄，在消费时不注意留存发票和收据，或未及时保存证据及将商品提交鉴定，更加增添了维权的难度，因固定证据能力不足，往往只能自认倒霉。有时候即使消费者胜诉，也要承担高昂的举证成本，经常面临赢了官司赔了本的尴尬局面。

（二）职业维权人士的维权行为商业化

由于《最高人民法院关于审理食品药品纠纷案件适用法律若干问题的规定》第3条明确了知假买假者可以消费者身份向法院起诉的权利，加上《食品安全法》第96条支持十倍赔偿，新《消法》第55条又提高了惩罚性赔偿的标准，故职业维权人士为了牟利，往往选择食品、药品为打假对象，并且为了防止商家打击报复，通常选择大型的超市、药店销售的产品进行维权。知假买假通常包括三种形式：一是消费者与经营者都知道是假货，消费者因其廉价而购买；二是消费者知道是假货但经营者不知道，消费者出于利用索赔谋利目的进行购买；三是消费者不确切知道某一商品是否是假货，但认为其是假冒伪劣产品的可能性更大，因此执意购买。职业维权人士提起诉讼进入司法维权的案件，大多属于第三种情形，因为前两种情形往往通过私下调解或消委会组织调解的方式容易化解纠纷，但是对于第三种情形，双方有一定的争议，故诉诸法院。

与普通消费者相比，职业打假人维权具有以下特点：首先，职业打假人更加熟悉相关的法律法规，对行政规章与行业标准也都比较了解，但由于不是专业法律人士，对相关法律的理解往往也是一知半解，甚至断章取义，不能完全正确理解并适用法律法规，于是常常在诉状中堆砌各种法律法规作为法律依据。其次，职业打假人的举证能力比普通民众强，通常在购物时会索要小票、发票，为了提高证明力，甚至通过刷 POS 机留下支付对价的证据。最后，职业打假人以"生产销售的产品违反了国家法律法规对生产许可证、批号批文等规定""外包装或产品说明书内容不符合法律规定，违反规定添加食品原料"两个原因提起诉讼所占比重较大，占此类案件的一半以上。原因是以此为由主张销售的产品构成欺诈或不符合食品安全标准，可以通过外包装的标识即可初步作出判断，从而无需申请鉴定，维权的时间成本和经济成本较低。由于职业打假人更多从经济利益角度考虑，在诉讼中一般选择双方和解，拿到一定好处就选择撤诉或达成调解协议，在诉讼技巧和证据收集方面并不专业。相对而言，普通的消费者更加缺乏时间与诉讼技巧，因此更少选择通过司法途径维权。

（三）缺乏明确的立法和统一的司法实践指导

由于侵权之诉与违约之诉间的归责原则、责任构成、举证责任、免责条件甚至诉讼时效等方面均存在重大差异，而法院在处理责任竞合的最高原则是只能二者选一，则有可能产生同案不同判的情形。导致上述情况的根本原因在于我国目前对于该类问题尚缺明确的立法指引和统一的司法实践指导。

由于消费者权益保护案件没有统一的案由，法律关系相互重叠交错，在审理中缺乏统一的裁判尺度，造成个案审理存在较大差异。最高人民法院《民事案件案由规定》对消费者权益保护案件没有设立专门的案由，消费者在起诉立案时，多选择产品质量责任纠纷、买卖合同纠纷、健康权纠纷、医疗服务合同等案由主张权利。案由不同，审理时举证责任、归责原则、赔偿范围也不同，必然会带来裁判尺度的不同，造成个案在审理时存在一定差异。

（四）消费公益诉讼困难重重的制度和现实原因

由于消费公益诉讼现有的相关法律规定过于原则，既无操作性的规定，也无相应的司法解释跟进，实体法方面也仅仅是对省级以上消费者协会等组织的诉讼主体地位进行了明确，尚需通过司法实践进一步探索。

1. 消费公益诉讼制度起步晚，尚处嫩芽期。2013 年新《消法》首次明确了消费者协会的公益诉讼原告资格，但由于起步晚，相关法制教育和配套制度没有相应跟进，缺乏司法实践，消费者及消费者保护组织的维权意识还没有及时转变过来，大部分消费者和消协还处于观望阶段。

2. 缺乏相应的配套规定。诉讼费的收取、律师费的承担、赔偿费的分配、经营者拒不执行法院判决的责任承担等，这些提起诉讼最基本的制度安排没有明确；提起公益诉讼的消费者的组织缺乏足够的保护措施，如果公益诉讼败诉，责任如何分担不明确。

3. 消费公益诉讼的提起力量太弱。新《消法》规定，消费公益诉讼的提起者只限于中国消费者协会以及在省、自治区、直辖市设立的消协，全国有资格提起消费公益诉讼的主体不超过 40 个，根据最新数据显示，2012 年仅广东省各消费者委员会就受理消费者投诉 98106 件，平均每天 268 件，中消协和省级消协的压力过大，不利于该制度的执行。

四、路径选择——加强司法保护的建议和对策

现实的社会经济生活中，由于社会分工、专业水平和信息不对称等因素，在消费关系中，消费者往往处于弱势地位，为保护消费者的合法权益，新《消法》在消费者与经营者的权利义务关系设置上，消费者主要享有权利，而经营者则主要承担义务。但从整体上看，目前我国消费者维权意识较为淡薄，诉讼能力不强，诉讼中举证不能、维权不足或过度维权的情况较为普遍，要扭转这种局面，需要社会各方的不懈努力。人民法院可以从以下几个方面大力加强消费者权益的司法保护机制：

（一）加强司法宣传，提升消费者的维权意识和经营者的守法意识

消费者的维权行为应该建立在维权意识之上，没有维权意识就没有维

权行为，维权意识的强弱决定着维权效果，为此，应加强消费者维权的宣传力度，以提高普通大众的消费维权意识。具体措施有：一是通过3·15消费者维权日宣传消费者维权相关的法律知识，如《消费者权益保护法》《食品安全法》《广告法》《产品质量法》《民事诉讼法》等法律知识，通过司法宣传，提升消费者的风险意识和证据意识，注重消费安全，学会识别假货，尽量避免上当受骗，交易时尽量让经营者提供详细的商品或者服务信息和票据，以及书面商品、服务质量承诺，在维权时处于有利地位，动员广大消费者一起打假，才能真正杜绝假货泛滥。二是运用报纸、网站、微博、微信等各种媒体宣传消费者维权典型案例，通过以案说法，达到“审理一案，教育一片”的效果。指引消费者合理维权，同时也让经营者认识到违反相关法律法规需要付出高额的成本，从而诚信守法经营。三是提高消费者司法维权的动力，一方面，可通过降低消费维权案件诉讼费用的方式，减少消费者维权的经济成本；另一方面，对消费者维权的案件快立案、快审理、快执行，尽量降低消费者的维权成本；与此同时，依法提高商家的侵权成本、厂家的制假成本，建立公示制度，加大违法经营成本，让故意制售假冒伪劣商品的经营者付出沉重代价。四是应明确“知假买假”属于消费者的范畴，尽管“知假买假”存在道德问题，明知是假货还特意购买，意在以此牟利，但即使有职业打假人之嫌，案件即使是打假求偿之诉，也不能否认当事人的消费者身份。法院的导向应是最大限度打击违法经营行为，保护消费者的权益。

（二）加强与消委会的沟通合作，大力推进消费纠纷诉调对接机制

为建立消费纠纷诉调对接机制，省法院、省工商局、省消委会联合下发了《关于建立消费纠纷诉调对接机制的指导意见》，但据调研反馈的客观效果并不明显。为进一步完善消委会调解与司法调解的联动机制，将消委会调解的灵活性与司法调解的强制性有机结合，实现法院与消委会职能的渗透延伸、优势互补，课题组认为有如下可行措施：一是建立互动交流平台，通过对涉及消费者权益纠纷的协调和沟通，促使消委会调解的依据、尺度、结果与法院调解或裁判保持一致，增强联动机制运作的社会公信力，让消费者更愿意、经营者更接纳通过低成本的调解途径解决纠纷。二是法院在审理涉及消费者权益的案件或消委会支持诉讼的案件过程中，根据案情需要，消委会可提供相关证据及协助查询经营者主体资格；对法

院审理涉及质量认定、检测、鉴定等问题的案件，可借助消委会与行业协会的合作平台，协助调查取证；法院也可邀请消委会对涉及消费者权益的疑难案件提供参考处理意见。三是消委会受理的消费纠纷中，遇到调解切入点，法律依据、责任认定、赔偿标准等相关法律疑难问题时，法院可以提供指导意见，定期派出具有相关业务知识和工作经验的法官进行维权的业务指导，增强消委会的调解能力。四是法院依法对《消费纠纷调解协议书》进行司法确认。经消委会调解成功的消费纠纷，双方同意进行司法确认的，由消委会将司法确认申请书交由争议双方填写，告知双方当事人可直接到法院申请司法确认。法院受理后，经审查协议符合法律规定的依法作出确认，并当即制作确认裁定书送达双方当事人。由于消费者协会的调解并不具有强制执行力，消费者往往难以获得满意的赔偿，因此，诉调对接机制有助于赋予协议强制执行力，能够更加快捷高效地为当事人解决纠纷。

（三）开设消费纠纷小额案件的绿色通道，提高小额案件审理效率

虽然如今的消费者权益司法维权途径更多是被职业维权者所使用，但一条良好的司法维权途径，一定是以大多数人的便捷便利为衡量标准的。我国普通的民事诉讼程序比较繁琐，诉讼周期较长，诉讼成本较高，加上普通消费者缺乏必要的维权知识与支持，维权动力不足。目前，发达国家已经建立了一套较为符合消费纠纷特点的纠纷解决机制，如小额诉讼、集团诉讼、消费仲裁等机制，这些先进做法值得我们借鉴，因此，课题组建议法院可以开设一条消费纠纷小额案件的绿色通道，提升小额案件的审理效率。

具体措施：一是专人负责小额案件的立案，建立绿色通道，对已立案排期的小额案件速转、速送。二是推行专业化审判。小额案件大多涉及民生，可以考虑选择审判经验丰富、调解水平高、熟悉消费者纠纷法律知识的法官担任主审法官，将小额诉讼程序简捷、高效的本质落到实处。三是规范对当事人异议的处理。异议权是法院对小额诉讼程序强制适用的情况下，为当事人提供的相应程序保障，但不应理解为一旦当事人提出异议法院就必须转换程序。实践中，应坚持以程序转换为例外的审查原则。当事人在案件开庭前，可以对适用小额诉讼程序提出异议。法院对异议进行审查，异议不成立的，裁定驳回异议申请。异议成立的，裁定将案件转换为

简易程序或普通程序审理。四是明确被告对小额诉讼程序中的管辖异议裁定不得上诉；防止被告利用管辖异议程序拖延诉讼时间，增加消费者的维权时间成本。

（四）完善立法、配套法律法规和相关司法解释，统一司法裁判标准

法律是治国之重器，良法是善治之前提。这正归因于法律具有维护社会秩序、捍卫社会公平与正义，并使社会处于一种良性运转状态的重要作用。而缺乏明确的立法和统一的司法解释将导致法官在司法审判实践工作中缺乏指引，可能产生司法裁判标准不统一，进而导致社会不公的不良后果。正如四中全会所述："建设中国特色社会主义法治体系，必须坚持立法先行，发挥立法的引领和推动作用，抓住提高立法质量这个关键。"

第一，建议广东省在修订《广东省实施〈消费者权益保护法〉办法》时，以《最高人民法院关于审理人身损害赔偿案件适用法律若干问题的解释》的赔偿标准为参考，对关于消费纠纷案件的赔偿标准进行调整。上述论述已就具体案例提出，由于规定不一，选择不同的诉由和适用不同的法律可能造成相差数十万的赔偿金差额。课题组认为，《广东省实施〈消费者权益保护法〉办法》规定的残疾者生活补助费和残疾赔偿金的标准过高，建议可适当降低，如残疾者生活补助费更改为"根据受害人伤残等级，按照职工年平均工资或者农民年人均纯收入的一倍至十倍"；残疾赔偿金更改为"根据受害人伤残等级，按照职工年平均工资或者农民年人均纯收入的一倍至三倍计算"。

第二，建议通过出台司法解释或发布典型案例的方式明确当事人有权在客运服务纠纷领域选择违约之诉。当发生客运领域的交通事故时，当事人寻求司法救济的传统途径是提起侵权之诉，法院亦设定了特定案由"机动车交通事故责任纠纷"来归类该类案件，故存在当事人提起违约之诉时法院拒绝受理等的不规范情形，进而影响当事人以消费者的身份来获得保护。建议通过出台司法解释或发布典型案例的方式为法院系统提出明确指引，以充分尊重当事人选择诉由的权利。

（五）延伸司法审判职能，与行政机关建立信息共享联动机制

为鼓励诚信交易，倡导诚信守法经营，制裁消费欺诈和制假售假等失信行为，引导、培育和保障社会诚信重建，课题组建议法院与行政机关建

立信息共享联动机制。具体措施如下：一是法院在判决认定经营者构成欺诈或者存在生产销售不符合食品安全标准的食品后，应主动延伸司法审判职能，将生效判决文书移送至食品药品监督、质量技术监督、工商行政管理等相关行政执法部门，便于行政机关督促商家将相关违法经营的商品及时下架，并对商家违法行为进行查处，让经营者为其违法经营的行为付出相应的经济代价，日后不敢再唯利是图、轻易违法；二是有关行政机关也应将其查处的相关违法经营行为及时告知法院，便于法院在认定商家是否构成欺诈以及经营的食品、药品是否为不符合食品安全标准时，可以作为证据予以参考或使用；三是加强消费者维权信息化建设，依托信息技术手段推进消费者维权信息共享联动机制，通过完善信息查询、交换、披露、应用等工作机制，逐渐建立起一个完善的信用数据库。加强与食品药品监督、质量技术监督、工商行政管理等部门和消费者委员会的联动合作，使法院和行政机关的官网、微博、微信等公共平台成为公布不良商家的“利器”，促使经营者合法经营，并自觉履行法院生效判决。

（六）构建和落实我国消费纠纷公益诉讼制度

新《消法》首次提出，对侵害众多消费者合法权益的行为，中国消费者协会及省级消费者协会可以向人民法院提起诉讼。但支撑这个新生事物的只有法条的原则性规定，没有更详细的程序化制度，这需要司法解释或其他规范性文件的进一步落实与构建。如何更好地细化这一制度，使消费公益诉讼具有可操作性，让消协真正履行职能以保护消费者权益，仍有很多具体问题需要探讨和明确：

1. 扩大提起消费公益诉讼的主体范围。一方面，扩大提起公益诉讼消协的范围，对于跨省市的公益诉讼，诉讼主体可以是中消协；省内跨市的公益诉讼，诉讼主体可以是省级消协；市内的公益诉讼，诉讼主体可以是市消协。各级消协可形成分工合作，无缝对接的公益诉讼渠道。另一方面，除消费者协会外，工商局等行政职能部门也应该具有消费公益诉讼原告资格。个人能否提起消费公益诉讼，有待进一步商榷。

2. 消费者协会提起公益诉讼与个人诉讼可并行。消费者协会作为原告提起消费公益诉讼并不影响单个消费者就侵害自身合法权益的行为另行提起诉讼，可以最大限度保护消费者合法权益，同时为个体消费者提供了更为广阔的救济渠道。

3. 扩大消费公益诉讼的案件范围。产品存在瑕疵的案件以及反垄断案件，都可以纳入到消费公益诉讼的案件范围中来。

结语

《最高人民法院关于当前形势下加强民事审判切实保障民生若干问题的通知》中明确要求：妥善审理消费者权益纠纷案件，促进诚信、有序、健康、繁荣的消费市场环境的形成。由于我国目前经济发展不平衡，社会诚信道德体系未建立，伪劣商品生产、销售屡禁不止，其表现已由过去单纯的掺杂使假、短斤缺两发展为对老百姓人身及财产的损害，可见，消费纠纷关系到千千万万消费者的人身财产安全，其重要性不容小觑。鉴于消费纠纷一般具有争议简单、标的额小的特点，同时由于消费行为和消费者本身的特殊性，消费纠纷当事人双方的地位在实质上是不平等的。因此，法院应在实践中不断完善消费者权益司法保护机制，努力降低消费者维权成本，主动为消费者提供诉讼便利，最大限度减少消费者的诉累，尽快实现消费者维权，使消费者维权更有力量和尊严。

农村土地流转纠纷的实践困境与突破

——基于潮州市两级法院的实证分析

潮州市中级人民法院课题组*

马克思说："土地是一切生产和一切存在的源泉。"一部五千年的中国历史，从某种意义上说，就是一部土地斗争史。因此，土地制度是农村的基础制度，是"三农问题"的重中之重，是事关国计民生和政权稳定的重要制度。党的十八大报告指出："解决好农业农村农民问题是全党工作重中之重"，《中共中央关于全面深化改革若干重大问题的决定》也提出把赋予农民更多的土地权利作为深化改革的一项重要内容。近年来，农村城市化进程的加快导致土地资源日渐稀缺，国家惠农政策的出台引起农地价值的增长，附加在土地上的价值日益显现出来，随之引发的涉及农村土地流转纠纷案件日益增多。在这些纠纷的背后交糅着各种利益冲突、传统观念与现代文明的碰撞、法律与政策的统筹兼顾等，处理稍有不慎就会激化矛盾，引发大规模的群体性事件或者其他恶性事件。而在新一轮农村改革发展浪潮中，司法也将直面新类型土地流转纠纷的法律适用难题。农村土地问题纠纷已成为社会共同关注的热点问题，成为摆在法院面前无法回避的难题。因此，理性思考分析司法实践中农村土地流转纠纷的困境，尝试提出突破困境的对策和建议，对于维护农民根本利益、稳定农村发展、构建和谐幸福潮州具有重要意义。

---

* 课题组组长：陈黛依，成员：吴楚峰、沈国斐、林修佳、陈烨、魏国媛、张杰慧。

一、潮州法院[①]审理农村土地流转纠纷基本情况及特点

(一) 基本情况

广义上的农村土地流转指所有依法引起土地物权变动关系发生的行为，包括土地征收、土地出让和土地转让、土地与房屋的出租和农村集体建设用地流转、农村集体土地承包经营权的流转等。狭义上的农村土地流转是指依照《土地承包法》引起农村土地承包经营权主体变更的行为，主要有转包、出租、转让、互换、股份合作等方式。调研组通过对进入诉讼渠道的农村土地流转方式的考察及实地走访有代表性的潮安区东凤镇、饶平县上浮山村，了解到目前潮州市农村村办企业发展较慢，土地流转的规模不大，流转率不高，流转方式相对单一，集约利用程度不高。故本文的农村土地流转特指广义上的土地流转。

2011 年至 2013 年，潮州法院共受理农村土地流转纠纷案件 42 件，其中潮安区法院 24 件，饶平县法院 13 件，湘桥区法院 5 件，潮安区法院的案件数量最多。各年度受理案件的分布情况是 2011 年 12 件，2012 年 14 件，2013 年 16 件。根据流转的类型区分，涉及土地承包合同纠纷 18 件，涉及宅基地使用权纠纷 15 件，涉及建设用地使用权纠纷 3 件，土地租赁合同纠纷 3 件，承包地征收补偿费用分配纠纷 2 件，侵犯集体经济组织成员权益 1 件。(见图 1)

通过对受理的农村土地流转纠纷案件进行统计分析，因侵权产生的纠纷 16 件，占土地流转纠纷案件的 38.1%。讼争的原因既有第三方非法占用承包人的土地；第三人非法在使用权人宅基地上搭建构建物；合同履行期间，因发包方的原因，致使承包方养殖的鱼塘受到侵害产生损害赔偿之诉等。因违约产生的纠纷 14 件，占土地流转纠纷案件的 33.3%。主要是发包方未按程序发包或越权随意调整土地引发冲突；因村委调整土地租金后再由原承包方续包，承包方对租金上涨有不同意见拒不给付租金引发纠纷；非法改变承包土地用途而引发纠纷；承包期届满后承包人非法占用土

① 经 2013 年潮州市的行政区划调整，潮州市法院辖区包括两区一县，分别是潮安区人民法院、饶平县人民法院及湘桥区人民法院。

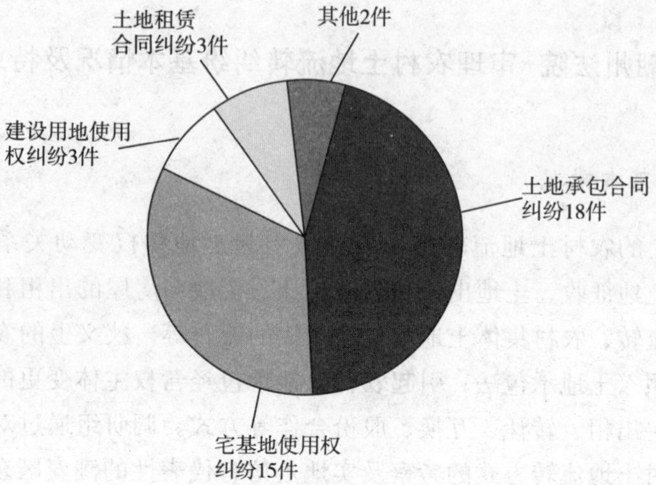

图 1

地，村集体要求承包人腾退土地并偿付土地占用费的纠纷；土地使用权转让方未协助受让方办理变更登记手续引发纠纷等。因合同效力产生的纠纷6件，占土地流转纠纷案件的14.2%，有的是因合同订立存在瑕疵而要求确认合同无效，有的是因当事人取得讼争宅基地使用权后没有进行建房即将宅基地使用权进行转让。因权属争议产生的纠纷4件，占土地流转纠纷案件的9.5%。包含因涉案宅基地的四至界线不清，造成当事人对宅基地的使用权存在争议；需要批划宅基地的农民无地可批，村民之间私下调整土地后双方发生纠纷；宅基地实占与证载不符引起宅基地纠纷。因征收征用土地的补偿费用分配产生的纠纷仅2件，占土地流转纠纷案件的4.8%。村集体组织与农民之间的因安置补偿费发放而发生的纠纷；对有权参与补偿费用分配的主体认识不一产生的纠纷。（见图2）

（二）基本特点

1. 农村土地纠纷案件数量相对较少，案件类型相对传统。2011年至2013年潮州法院受理的农村土地流转纠纷案件数量占潮州法院同期受理的民商事案件的比例分别为0.36%、0.4%、0.45%，所占的比例均不足1%。逐年审理的案件数量平稳，增幅不大。案件类型多以传统的土地侵权纠纷、发包方（承包方）的违约责任纠纷等类型为主，征地补偿款分配纠纷所占比重较低。没有受理农村土地承包经营权入股、抵押等新型土地流转纠纷案件，反映农村土地流转的活跃程度并不高。近三年潮州法院受

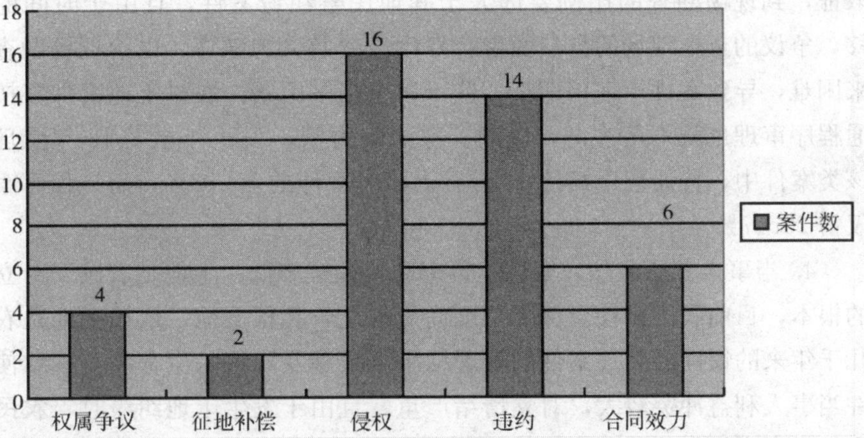

图 2

理的农村土地纠纷案件中，农村土地承包纠纷与宅基地使用权纠纷案件共计 33 件，共占涉农土地纠纷案件 78.6%。受经济发展水平和城市建设速度的限制，在经济发达地区多发的外嫁女权益纠纷、代耕农纠纷、农村土地流转费纠纷等新类型的纠纷未曾出现。

2. 村民委员会为案件当事人的居多，且多为被告。在近三年潮州法院受理的农村土地流转纠纷案件中，既有村民之间的纠纷，也有村民与村委会之间的纠纷，村民委员会为案件当事人的 13 件，占案件总量的 30.9%，其中被列为被告的 8 件，比例达到 61.5%。其中有村委会执行当地政策和依约履行合同义务的，也有因基层群众性自治组织管理混乱，在重大决策时没有按照《村民委员会组织法》的规定召开村民大会或村民代表大会进行民主决议而私自决定，或因利用村委会换届或集体经济组织分立或者合并，村委会负责人变更，换届后的村委会不承认前届所签订的土地流转合同等。

3. 案件审理难度大，审理周期长，以普通程序审理的占多数。涉及农村土地纠纷的案件一般案情复杂，比如农村土地承包关系变化多，可能涉及到几任村委会的更迭，事实认定困难。加之农村土地流转行为不规范，部分案件证据不齐整，没有签订书面的土地流转合同，没有相关的权属证书变更手续或者权属证书上记载事项模糊、不清晰，甚至有的案件事实情况主要依靠证人证言佐证，大大增加了审理的难度。另外，此类案件法院多需要与乡镇政府、土地主管部门沟通，当事人申请向国土部门、村委会取证，到现场勘查的比例要远大于其他民事纠纷案件，且由于时间的推移，争议的土地现场的自然面貌会发生改变及人为破坏，也给现场勘查带来困难，导致案件审理周期长。鉴于以上诸多因素，农村土地案件多按普通程序审理也就不足为奇，以潮安区法院为例，2011 年至 2013 年受理的该类案件中，普通程序案件 17 件，占该类案件的 70.83%，简易程序案件仅占 29.17%。

4. 当事人矛盾激烈，案件上诉率高，调解率低。土地是农民安身立命的根本，目前我国的社会保障制度尚未健全，扎根土地、依赖土地是农民几千年来的惯性沿袭。案件的处理结果直接涉及农民的生存利益，致使案件当事人利益冲突较大，对立情绪严重。且由于发生土地纠纷时，农民往往是先和农村集体经济组织、政府部门交涉，在纠纷长期不能解决的情况下才诉至法院，此时矛盾已不可调和。故案件多以裁决方式结案，调撤率低，一审服判息诉率低。2011 年至 2013 年，潮州市基层法院审结的 42 宗农村土地纠纷案件，以调解撤诉方式结案的 7 件，调撤率仅为 16.7%；上诉至中院的案件 17 宗，上诉率高达 49%。

二、农村土地流转纠纷案件的实践困境分析

（一）政策、法律与村规民约存在衔接问题

农村土地流转纠纷产生的原因较为复杂，有历史遗留问题，有政策因素的影响，甚至还涉及农村基层民主政治问题。该类型纠纷受土地政策的影响较大，在审判实践中不仅要考虑中央及地方的相关土地政策，又要考虑司法解释的溯及力问题。且因其涉及的法律规范繁多，《土地管理法》《物权法》《农村土地承包法》以及部门法规、规章等，给法律适用带来较大难度。

一是法律之间、法律法规与政策不相一致。例如《土地管理法》对宅基地的规定较为原则，其他相关配套法规和司法解释没有跟进，政策多于法律，导致法院在适用时不统一。例如，按照《土地管理法》的规定，集体建设用地用于企业经营性用途的，仅限两种情形，即农村集体经济组织自办企业或以土地使用权入股或联营与他人共同举办企业，实践中，这种出租土地使用权的做法在法律上是存在障碍的。2004 年 10 月 21 日，国务

院出台《关于深化改革严格土地管理的决定》（国发〔2004〕28号）指出：禁止农村集体经济组织非法出让、出租集体土地用于非农业建设。该规定一方面禁止非法出让、出租集体土地，另一方面又承认集体建设用地使用权可以依法流转，在政策上有所松动。

二是法律规定过于原则。以宅基地使用权为例，依据房地一体的原则，房屋买卖必然涉及宅基地的转移。根据《土地管理法》第8条的规定："宅基地属于农民集体所有。"应理解为宅基地使用权也应属于农民集体经济组织成员使用，不是同一集体经济组织成员不能使用。因此，宅基地上的房屋买卖，应当在本集体经济组织成员之间进行。除此以外，他人使用宅基地属违法。但是，《土地管理法》第62条规定，农村村民出卖住房后，再申请宅基地的，不予批准。此规定是允许村民出卖住房的，只是限制了出卖住房后，不得再批准宅基地。但出卖给谁，谁可以买，并未明确。又如对于集体土地所有权的主体不明晰、农村集体经济组织成员权不明确等，这些既容易引起土地纠纷的产生，也给法院司法裁判带来难题。

三是村规民约与法律相违背。土地纠纷多涉及村民民主自治。《宪法》和《村民委员会组织法》确立了我国农村基层组织实行村民自治的基本原则，但均未明确界定村民自治的范围，即哪些事项可由村民自治决定，哪些事项须由国家法律调整，也未明确国家与村民自治之间的关系，当两者发生冲突时，是否即为村民自治逾越权限范围，以及若是逾越的话，应如何审查等，使得法院在司法裁判该类案件时存在冲突选择的困境。如外嫁女宅基地被收回引发纠纷，在潮州地区各村的村规民约一般认为女子出嫁后在本村不再享有分配宅基地的权利，也不再享有分配土地利益的权利。各村大体上按此规实行，具体做法上稍有差别：有的村不管是否与法律违背，坚决不予分配，有的村会召开村民代表大会给予酌情分配。该村规民约是否逾越了村民自治的范围，应如何督查纠正，若外嫁女诉至法院，则需要法官作出裁量。

（二）土地流转不规范，权属不明确，法院认定事实难

一方面，土地价值的上涨，使得农民的土地权益意识日益增强，但由于农民法律意识和法律知识的欠缺，证据留存意识薄弱，举证能力普遍偏低。审判实践中往往出现土地流转程序不规范，或缺少书面合同，或虽有签订书面合同，但合同存有瑕疵，内容约定不明确、不合理或者显失公平

等情况，造成合同纠纷主体、程序、权利义务关系不明确。另一方面，由于目前农用地所有权、使用权登记严重滞后，存在着部分土地权属不明、产籍不清的状况，所有权处于不确定状态，大大增加了法院事实认定的难度。形成这种现象的原因：一是农地所有权人、使用权人怠于履行登记手续，未向县级土地主管部门提出申领，导致部分土地证书未完全发放，处于真空状态。二是县级及其下辖土地主管部门对土地确权登记不重视，不同程度存在不作为等违法行政现象，未进行登记造册，未核发证书、确认权利人。以潮安区为例，2012 年起土地主管部门对农村土地权属进行确权，但令人遗憾的是，本次土地确权只涉及各行政村之间土地界限的划定，即只在于明晰各村间的土地所有权，未进一步对宅基地使用权、土地承包经营权等进行使用权确认。三是土地权属登记混乱，存在登记不实、四至不清等问题，且登记权利人持有证书版本多样，法院审理时对其证据效力的认定困难。如宅基地使用权经县级土地管理部门核准，使用权人可领到宅基地使用权证，即为绿色封面的集体土地使用权证，这是我国法律认可的权利证书。但是在对潮安区东凤镇的实地走访中了解到，潮州地区在 1999 年至 2000 年期间对宅基地进行了民房登记，给予办理民房证，在法院审理的该类纠纷中还出现了 20 世纪 50 年代土改省级人民政府颁发的房地所有权证，两者的效力如何认定？如果认定为有效，当其记载内容与宅基地使用权证不一致时，应以何者为准？这些问题造成法院证据采信和事实认定的难度大大提高。

（三）案件的群体性与矛盾的尖锐性对司法提出挑战

农村土地流转纠纷案件庭审旁听人员多，扰乱法庭秩序现象屡见不鲜。涉农土地纠纷往往涉及面广、利益纠葛复杂、牵扯的农户多，一些案件不仅与当事人的利益息息相关，更涉及集体经济组织其他成员的利益，一旦诉讼，村民都来法庭参加庭审。当事人双方若言词过激，极易发生口角，甚至产生械斗现象。部分涉农案件的当事人对土地利益的过高期待和追逐，导致若其利益在诉讼中因败诉未得到满足，往往转而采取非正当途径来解决问题。如基于“法不责众”“民意难违”等心理，一些村民聚众上访，到政府拉横幅静坐、示威，给政府施压，部分激进的上访人员甚至冲击政府机关，围攻工作人员。处理稍有不慎就会激化矛盾，引发大规模的群体性事件或者其他恶性事件，给法院带来了压力。

（四）案件涉及利益主体多，法院裁判执行方面存在困难

涉农土地纠纷案件的主要争议标的物是集体土地，土地是不可再生的特定物，数量有限，且目前我国对于集体土地的流转仍在试点。集体土地的特殊性、利益主体的多元化，导致土地权益的实现存在一定的障碍。例如，在农村土地承包经营权转让纠纷中，双方当事人争议的焦点问题通常为转让合同是否有效。除了在认定转让合同效力方面存在难度外，在农村土地承包合同被确认无效后，必然关系到双方的经济利益，牵扯到合同无效给一方或双方造成损失的责任承担问题。一旦被确认无效，所产生的法律后果一般是返还土地的经营权，赔偿由此造成的损失。经常面临土地上已耕种了农作物，返还土地将造成较大损失的问题。或者在农村土地承包合同纠纷中执行时大多村组对土地的调整已结束，讼争土地已发包到其他村民手中，得地村民不愿让出土地，村组以此为由拒不履行判决。又如在承包地征收补偿费用分配纠纷案件中，不少集体经济组织在拿到征地款、补助款等收益后就已经分配完毕，导致案件判决生效后，执行时已无可供执行的财产。再如，在潮州市的司法实践中，城镇居民购买农村小产权房①的案件，一般做法是对此类案件不予受理，但又经常碰到在婚姻、继承纠纷案件中涉及的小产权房屋的处理问题，这也是法院审判实践中的一大难点。

三、农村土地流转纠纷案件审理困境的突破

（一）突破农村土地流转纠纷案件审理困境的对策

1. 理念：尊重历史、尊重现实。农村土地流转纠纷案件的处理涉及政治、经济、社会各方面，裁判结果不仅直接决定各方当事人切身利益，还关系社会和谐稳定及法治意识认同。司法要增强全局观念和政治敏锐性，尊重历史和当地实际情况，处理纠纷时既要考虑维护村民的合法权益，又要保障当地的经济发展，在二者之间找到平衡点，统筹兼顾各方利益，公

① 小产权房不是法律概念，是指在农村集体土地上建设的房屋，未缴纳土地出让金等费用，其产权证不是由国家房管部门颁发，而是由乡政府或村政府颁发。小产权房不能向非集体成员的第三人转让或出售，只能在集体成员内部转让、置换。

正界定当事人之间的权利义务，增强审判的社会效果。对因历史遗留或政策性原因引起的合同，不能简单以签订合同不完全符合法律规定、权利义务失衡为由宣布无效，导致高成本的善后处理工作的产生。为救济合同中的权利义务失衡现象，适用《合同法》中的公平原则，以情势变更为理由，调整承包合同期限，变动承包金数额，以维护土地投入现状，不中断、不损害土地生产，从而消除纠纷。

2. 发挥村规民约非正式规范的微观作用。在目前农村土地纠纷处理方面，除了法律、政策对农村土地的宏观调整外，还普遍存在基于村民自治产生的村规民约的非正式规范。这些村规民约对维护农村社会稳定、促进农村经济发展方面具有重要的意义。审判实践中要正确把握好法律与村规民约的关系，通过加强对村规民约的指导、保护与监督，实现法律效果、社会效果的统一。

一是正确处理法律与村规民约的关系。《村民委员会组织法》规定了农村实行村民自治，因此，农村集体经济组织制定村规民约，是其行使法律赋予自治权的一种形式。在村民的承包经营方案、宅基地的使用方案、集体经济组织收益分配等问题上，多数集体经济组织都通过村民会议等形式制定了村规民约，并多年来对照操作。司法实务中应当首先强调，要尊重和支持集体经济组织合法的自治权，经合法程序产生的集体意志，只要不违反法律的强制性规定，应当予以执行。但部分案件村民因土地纠纷起诉到法院后，村委会多以经村民会议讨论通过为由，强调村规民约的合法性。经过村民大会讨论通过的村规民约，其程序合法并不必然表明内容合法。根据《村民委员会组织法》第 20 条第 2 款“村民自治章程、村规民约以及村民会议或者村民代表讨论决定的事项不得与宪法、法律、法规和国家的政策相抵触，不得有侵犯村民的人身权利、民主权利和合法财产权利的内容”的规定，村规民约必须内容合法，若经审查“村规民约”内容违法的，对这种借村规民约之名侵害农民土地权益的行为应坚决依法纠正，法院在裁判中不予支持。

二是加强对村规民约的指导和监督。为加强对村规民约的管理与监督，建议在村规民约的制定阶段，法院可应乡镇政府或村委会的邀请进行法律指导，对内容进行把关，从源头上解决村规民约的违法而导致土地纠纷发生的问题。同时，建议规定村民委员会作出的村规民约应向当地乡镇政府备案。由此加强对村规民约的审查，从源头上防止村委员滥用自治权制定土政策，侵害村民合法权益。

3. 完善农村土地的整理登记、强化权利公示。土地产权边界清楚是建立在集体土地权属明确的基础上的，按照物权公示的基本原则，不动产的设立、变更、转让和消灭，应当依照法律规定登记。长期的城乡二元体制和对农村土地管理的忽视，使农村土地权属登记严重滞后，存在着部分土地权属不明、产籍不清的状况，不利于我国农村土地关系的稳定。强化农村土地权利公示，规范土地权属证书的发放迫在眉睫。土地权属证书包括农村集体土地所有权证、农村集体土地使用权证（包含集体建设用地使用权证及宅基地使用权证）以及土地承包经营权证。在当前农村土地纠纷相对增多的时期，农村集体土地使用权证和土地承包经营权证的发放具有重大意义。县级及其辖下乡镇国土部门应引导督促土地权利人进行土地权属登记；规范制作土地权利证书，内容应当详细、明确，应当准确记载权利人的真实情况、土地权属性质、使用权类型期限及变动情况、土地的界址面积及地上附着物情况等内容。权利证书若由村委代农户集中统一办理的，要注意证书应发放到农户手中，并教育村民要妥善保管权利证书。

4. 健全纠纷调处机制，及时化解矛盾。妥善解决农村土地纠纷，法院需摆脱单纯就案办案的思路，充分借助社会力量，建立党委领导、政府主导，司法机关、土地主管部门、农业主管部门、信访局等机构共同化解土地纠纷的工作机制。在大力加强诉讼工作的同时，主动引导纠纷当事人参与调解，加强相互间的沟通协调，争取与当事人在友好协商中共同寻求解决纠纷的方法，有效减少涉法上访或缠讼，达到稳定农村土地法律关系的社会效果。同时，要注意严把立案审查关。根据《土地管理法》《最高人民法院关于审理涉及农村土地承包纠纷案件适用法律问题的解释》（以下简称《解释》）等法律法规、司法解释的规定，对属于法院受理范围的土地侵权、土地承包合同等纠纷，应充分保护当事人的诉讼权利，依法及时立案受理，防止久拖不决激化矛盾。对不属于法院受理范围的，如《土地管理法》第 16 条规定的未经政府处理的土地权属争议，以及上述《解释》规定的“集体经济组织成员因未实际取得土地承包经营权提起民事诉讼的”“集体经济组织成员就用于分配的土地补偿费数额提起民事诉讼的”，法院不予受理，合理引导诉争各方通过提请党委、政府协调解决或引导当事人达成调解等方式解决，做到早抓、抓小、抓苗头，努力把矛盾消灭在萌芽状态。

5. 开展法制宣传和政策教育，提高农民法律意识。一是深入宣传农村土地法律政策。采取多种形式如可在农闲季节到农村举办法律讲座，普及土地法律、政策，使农民了解其在农村土地征收、承包、流转、集体经济组织利益分配等事项中的合法权利和义务。二是法院要积极采取下乡办案、法律咨询等多种宣传手段，了解农民的法律需求，为村民解答其日常生产生活中遇到的法律困惑，帮助广大农民提高法律意识和法律素质。通过向村民赠送法律书籍、现场发放法律宣传资料，鼓励广大农民都来学法、守法、用法。对于与农民切身利益密切相关，具有辐射教育意义的涉农案件，法院尽量做到下乡现场开庭、公开宣判，以案讲法，增强农民对法律的直观认识和感受，提高农民对该类土地法律法规的认知与理解。

6. 规范村民委员会在土地管理中的民主性与程序性。从近年审理的农村土地流转纠纷案件中，折射出农村基层组织自律不严，执政理念出现偏差，民主法制意识淡薄，在农村土地使用权流转、农地征用、征地补偿款的使用、分配等方面存在损害群众利益的行为。一是建议建立土地家底交班制度。在村级“两委”换届或主要领导离任时，开展土地家底交班，公开本届村“两委”任期土地家底变动情况，并组成以党员代表、村民代表为主体的交班审查组，按照交班的图表、数据、书面材料，在全村辖属范围内“按图索骥”进行实地盘点。二是建议镇级设立农村集体土地集中监管机构，对所管辖村及村民小组的农村集体土地统一集中监管，以防止村干部权力运行存在“权力制约真空”的情形。

7. 完善立法，消除政策法律冲突现象。为弥补法律自身所存在的僵化、滞后等缺陷，适应区域经济的快速发展，近些年广东等地先后出台、变更了多项土地政策，而涉农土地法律的修订明显无法赶上政策调整的步伐。适时修改、完善相关的涉农土地法律势在必行。一是建议明确农村土地权利主体。我国《宪法》《土地管理法》等都确立了农村集体土地所有权制度，但对于集体土地所有权的主体，我国现行立法规定是“农民集体所有”，但何谓“农民集体”立法并未予以进一步的界定，实践中部分集体经济组织滥用其管理权，违法发包、调整土地，与此有直接关系。“农民集体所有”其应当是乡（镇）、村或者村内两个以上农村集体经济组织的全体农民，各级农村集体经济组织仅是土地的经营、管理者，未经过大多数农民的同意不能擅自处分土地。二是明确农村集体经济组织成员权资格认定的条件、程序及救济。我国法律尚未对农村集体经济组织成员权资格标准作出规定，外嫁女土地承包经营权保护、农村土地征收补偿费用分配等问题的处理，都以正确界定农村集体经济组织成员权资格为前提，亟待未来的土地立法予以解决。

（二）农村土地流转纠纷案件中具体问题的法律适用

1. 关于农村宅基地使用权转让的争议问题。《土地管理法》第 8 条第 2 款规定：“农村和城市郊区的土地，除由法律规定属于国家所有的以外，属于农民集体所有；宅基地和自留地、自留山，属于农民集体所有。”第 63 条规定：“农民集体所有的土地的使用权不得出让、转让或者出租用于非农业建设；但是，符合土地利用总体规划并依法取得建设用地的企业，因破产、兼并等情形致使土地使用权依法发生转移的除外。”《广东省集体建设用地使用权流转管理办法》第 4 条规定：“有下列情形之一的，集体建设用地使用权不得流转：……（四）村民住宅用地使用权。”上述规定可知，农村宅基地属农民集体所有，其使用权不能出让、转让或出租用于非农业建设。2007 年 12 月国务院办公厅印发的《关于严格执行有关农村集体建设用地法律和政策通知》中规定：“城镇居民不得到农村购买宅基地，农民住宅或小产权房，农民集体所有的建设用地不得用于商品住宅开发。”另外，《土地管理法》第 62 条第 3 款规定：“农村村民出卖、出租住房后，再申请宅基地的，不予批准。”可见，对宅基地使用权转让并非绝对禁止，至少在同一集体经济组织中的村民之间非裸地的转让还是没有禁止的。

依上述规定，在涉及农村宅基地房屋的买卖上，尤其是集体经济组织之外的人向村民购买宅基地时，司法实践中绝大多数是按照“城镇居民不得购买农村宅基地”的规定，认定合同无效。有争议的主要集中于以下两种情况：一是买受方已经对宅基地进行了实际的管理、使用与建设，形成了稳定的生活居住关系；二是集体土地的使用权证已经有关部门进行了变更。

调研组认为，综合有关规定，结合诚实守信原则，在审理案件时可按以下原则把握：（1）对已经进行了所有权变更登记的农村宅基地房屋买卖，在查无其他导致合同无效或权属变更违法行为人的情况下，可以认定买卖合同的效力。（2）农村宅基地上房屋流转，并且买受方为农村居民，此类案件应当认定买卖合同有效。（3）应当认定买卖合同无效的案件，也应当充分考虑到买受方信赖利益的损失。

2. 关于农村土地流转过程中的小产权房的争议问题。小产权房是农民集体自发在其集体所有的集体建设用地和宅基地上建设的房产。司法实践中，在婚姻、继承案件中遇到涉及小产权房时应如何处理，调研组经讨论并参照兄弟法院的一些做法，认为，婚姻、继承案件中所涉的小产权房从根本上不同于小产权房的买卖纠纷。因为婚姻、继承案件而引发的小产权房的分割应当主要依据《婚姻法》和《继承法》的规定予以处理，而不能因为涉及法律上没有认可的小产权房，就不予受理或是不予处理。对于标的物是小产权房的继承案件，法律适用应等同于宅基地上的房屋继承，即可以继承并且应当拥有所有权。在离婚案件中，如果夫妻双方均为本村村民，并已经取得小产权房的"产权"的，离婚时可以判决房屋的归属。如果夫妻一方为城镇居民，则应该尽量考虑将房屋判归农村居民的一方。如果夫妻双方均为城镇居民，调研组建议，应当参照《最高人民法院关于适用〈中华人民共和国婚姻法〉若干问题的解释（二）》第 21 条中关于尚未取得所有权的，应当判决当事人享有使用权的规定，判决其享有使用权。①

3. 关于农村土地承包经营权转让的争议问题。土地承包经营权转让是农村土地承包经营权流转的一种重要形式，指承包方将剩余承包期内的使用权一次性转让给新承包者的一种法律行为。土地承包经营权转让后，承包方与发包方就该承包关系以及相应的权利义务也随之终止，并由受让的农户与发包方确立新的承包关系，即受让方要承担原承包合同的义务，同时享有原承包合同的相应权利。在土地承包经营权转让纠纷案件中，双方当事人争议的焦点问题通常为转让合同是否有效。调研组经对近年审结的案件进行分析后，认为对效力问题要把握好以下几个方面：

第一，关于转让合同效力认定的法律把握。《农村土地承包法》第 34 条规定，以转让方式流转土地承包经营权是承包方依法享有的权利。第 37 条规定，采取转让方式流转的，应当经发包方同意，采取其他方式流转的，应当报发包方备案。《最高人民法院关于审理涉及农村土地承包纠纷案件适用法律问题的解释》第 13 条规定，发包方无法定理由不同意或拖延表态的，不影响土地承包经营权转让合同的效力。从上述规定中，我们可以看出：转让与转包、出租、互换等土地承包经营权的流转不同。采取转让方式流转的，应当经发包方同意，采取其他方式流转的，无需发包方同

① 参见《民事审判指导与参考》（总第 52 辑），人民法院出版社 2012 年版，第 243～247 页。

意。但如果发包方拖延表态或者无法定理由而不同意转让的，不影响转让合同的效力。

第二，要正确理解“应当经发包方同意”这一规定。发包方是否同意，主要看双方转让合同书上是否有发包方签字盖章，明示同意转让。调研组认为，认定发包方同意必须以发包方的明示为依据，既不能默示同意，也不能推定同意。

第三，要正确理解《最高人民法院关于审理涉及农村土地承包纠纷案件适用法律问题的解释》第 13 条中的“法定理由”。正确理解该条中的“法定理由”，也是处理好此类纠纷的关键所在。以“无法定理由”和“拖延表态”认定转让合同效力不受影响，须以充分的证据为依据，不能简单地无视发包方的态度。对于流转的期限超过了剩余承包期限问题，则属于超出部分无效，而非整个转让合同无效的理由。

4. 关于集体建设用地使用权出租纠纷的问题。集体建设用地使用权出租纠纷在实践中主要表现为集体经济组织因将村的企业经营性用地或村办企业的厂房出租而引发的争议。按照出租主体的不同，可以分为两种类型：一是集体经济组织以土地所有者的名义直接将集体建设用地使用权出租给企业或个人；二是取得集体建设用地使用权的主体将其使用权出租给他人。2005 年，广东省人民政府出台了《集体建设用地使用权流转管理办法》，其中第 3 条就规定：“取得农民集体土地进行非农建设，应当符合国家有关产业政策及当地土地利用总体规划、城市规划或村庄、集镇规划。涉及农用地转为建设用地的，应当落实土地利用年度计划的农用地转用指标。”

调研组认为，对农村集体建设用地出租合同的效力把握，在符合土地的总体规划的情况下，如没有改变土地的用途，也没有《合同法》规定的其他合同无效情形的，可以确认土地出租合同的效力。

实践中，另外一个有争议的问题是集体建设用地出租的期限可以多长？目前的做法是按《合同法》第 214 条“租赁期限不得超过 20 年，超过 20 年的，超过部分无效”的规定来处理。调研组认为，为发挥土地的利用价值，对期限的把握首先要尊重当事人的约定，但最长期限的把握可参照广东省人民政府《集体建设用地使用权流转管理办法》第 13 条的规定处理，即“集体建设用地使用权出让、出租的最高年限，不得超过同类用途国有土地使用权出让的最高年限”。

二手房买卖合同纠纷案件若干法律问题研究

广州市中级人民法院课题组*

近年，因二手房买卖引起的纠纷呈现增多趋势，且出现了许多与一手房买卖纠纷截然不同的纠纷类型，亟待司法实践予以回应。本文拟以对近三年广东省各级法院在二手房买卖纠纷案件审判的司法实践为基础，对二手房买卖纠纷领域进行系统分析研究，既包括对已有的审判实践处理意见较统一的法律问题进行归总梳理成形，也包括对审判实践中意见分歧的典型疑难问题进行分析，在借鉴参考最高人民法院发布的同类案例、各地法院成形的指导意见基础上，提出贴合现实及发展需要的处理意见。

一、二手房买卖纠纷案件的情况概要

（一）纠纷发展趋势

从全省的数据来看，各地数据差异明显，例如广州中院近三年共收案2185件，年增长率23%；东莞中院、佛山中院、惠州中院近三年总收案均在200件以下，年增长率不明显；潮州中院、茂名中院、梅州中院、清远中院、汕头中院近三年总收案则均在50件以下。同一城市也分区域发展情况不同而变化，例如天河区法院、越秀区法院近年年均收案数量在200件以上，总体呈上升趋势；萝岗法院、南沙法院、黄埔法院年均收案20件左右。

（二）纠纷受国家房产政策、楼市行情影响大

广州地区基层法院2011年收案数普遍高于其后两年，据统计，广州天

* 课题组组长：舒扬，副组长：佘琼圣，成员：黄海珠、赵云川、蔡培娟、黄嵩、谭红玉、郭尔绚、杨银桃。

河区法院 2011 年收案 432 件，2012、2013 年收案均 350 件左右，海珠区法院、白云区法院、荔湾区法院、番禺区法院均出现类似数据变化，广州中院的收案则在 2012 年达到峰值，可见国务院出台限购限贷政策，对二手房买卖纠纷爆发关联作用明显。此外，广州天河区法院数据显示，诉请继续履行合同的案件与诉请解除合同案件的比例从 2012 年的 1∶1，至 2013 年、2014 年下降为 1∶3.37、1∶3.67，降幅明显，与限贷限购政策出台后部分房屋买卖合同无法实际履行存在一定关联。市场行情波动亦易引发违约纠纷，广州市越秀区法院数据反映，近年越秀区房价增幅较大，出卖人“主动违约”终止买卖或“一房两卖”情况增多，而白云区法院数据反映，2015 年第一季度二手房买卖纠纷涨幅超过 100%，与近段时间房价下行有关。

（三）纠纷类型呈多样化、法律关系趋于复杂

与一手房屋买卖纠纷主要集中在逾期交房、逾期办证这两类型不同，二手房买卖纠纷可以出现在交易的各个环节，包括拒不履行、迟延履行、限购限贷无法履行、一房数卖、借名买房、处分共有房产、连环买卖、户口纠纷等。纠纷涉及的法律关系除了买卖关系之外，通常还间杂有居间关系、租赁关系、数个买卖关系、共有关系、借名关系、抵押关系、代理关系等。

（四）审理难点多、调撤率低

与一手房买卖纠纷相比，二手房买卖合同纠纷当事人双方争点多，相关证据材料较少，事实查明困难，统一裁判规则匮乏，个案审理的价值取向不清晰。从审理结果上看，多数法院均反映，二手房买卖纠纷的调撤率低于同时期其他类型纠纷，反映出二手房买卖纠纷中双方争议较大，矛盾难以调和，诉讼中双方往往提出不同方向的诉讼，例如一方要求继续履行，而另一方坚持解除合同，调解工作较难开展。

二、二手房买卖合同纠纷的法律问题研究

（一）关于未取得房屋权属证书的房屋买卖

在二手房买卖的情形中，出卖人在签约时尚未取得房屋权属证书只有

一种可能，即出卖人尚未自上一手房屋产权人处继受取得房屋产权，此时，出卖人出售其尚未取得产权的房屋，构成无权处分。

关于无权处分行为的效力，最高人民法院2013年出台的《关于审理买卖合同纠纷案件适用法律问题的解释》第3条规定，当事人以无权处分为由主张合同无效的，不予支持。其立法理由认为，无权处分不影响合同的有效性，只要在履行期限届满时取得处分权即可，如果在履行期限届满时仍不能取得处分权的，则承担履行不能的法律后果。这种处理方式对于合同相对人的保护比将合同认定为无效更为周全，也更符合双方当事人订立合同时的本意；《物权法》第15条规定的区分原则也为这种处理思路提供了法律基础。

因此，出卖人未取得房屋产权证书而签订买卖合同属于无权处分，不构成合同无效。当事人仅以出卖房产时尚未领取权属证书为由，请求确认合同无效的，应不予支持。但如因未取得房屋产权影响合同履行，致使买受人无法办理产权过户手续、合同目的落空的，买受人可以依据有效的买卖合同要求出卖人承担违约责任。如果买受人要求立即办理过户，可以事实上不能履行为由，释明买受人变更诉讼请求。

（二）关于抵押房屋的买卖

《担保法》第49条第1款规定："抵押人转让抵押物未通知抵押权人或告知买受人的，转让行为无效。"在很长一段时间内，由于物权变动区分原则尚未确立，实践中都是将合同效力与合同的履行混为一谈，直接适用上述法律规定，认定未经抵押权人同意而签订的买卖合同为无效合同。《最高人民法院关于适用〈中华人民共和国担保法〉若干问题的解释》第67条虽规定了抵押权的追及效力，但也未对这类转让合同的效力给出明确意见。

从学理上分析，抵押权与所有权同为物权，依照物权法定的原则，两项物权各自有明确的权利界限。房屋所有权人依法对房屋享有占用、使用、收益和处分之权利。抵押权人对房屋的交换价值享有优先受偿的权利。抵押权并不完全覆盖所有权。因此房屋产权人将房屋设定抵押后，并不丧失除抵押负担以外的其他权能，即抵押人只是负有保障抵押权人对房屋交换价值的优先受偿的义务，抵押权人所享有的以交换价值优先受偿的权利，并不足以排斥或阻断所有权人的处分权，因此抵押人仍可以行使其所有权能中的处分权，与买受人签订买卖合同转让抵押房屋，即使未通知抵押权人或未经抵押权人同意，买卖合同仍是有效的。

《物权法》第191条规定："抵押期间，抵押人未经抵押权人同意，不得转让抵押财产，但买受人代为清偿债务消灭抵押权的除外。"没有否认未经抵押权人同意转让抵押物所签订合同的效力，而是允许买受人通过清偿债务的方式消灭抵押权，也即承认了抵押权的追及效力，如果买受人代为清偿债务消灭抵押权，则扫除了买卖合同的履行障碍，可以实现买卖合同目的取得抵押物的所有权，如果买受人不代为清偿，则履行障碍仍存在，买受人无法实现合同目的，则依合同约定或法律规定清结出卖人与买受人的法律关系。综合分析，转让抵押物而签订的买卖合同，不因未经抵押权人同意而无效，但在抵押涂销前或买受人替代履行清偿债务前，履行合同转让房屋存在障碍。

合同约定的转让期限届满，因抵押未涂销而导致合同无法履行，买受人合同目的无法实现的，买受人可以请求解除合同，并可依照合同约定清结双方法律关系，买受人因此遭受损失请求出卖人赔偿的，还需要综合考虑双方过错、造成损失的金额等因素酌情处理。

对于出卖人在缔约时隐瞒房屋已抵押的事实，令买受人在违背真实意思状态下签订了买卖合同的，符合《合同法》第54条规定的欺诈情形，买受人可以依法行使撤销权获得救济。

（三）关于查封房屋的买卖

查封的效力是限制产权转移，被查封房屋限制办理产权过户登记手续，也即查封影响的是合同的履行，而且因查封而导致合同不能履行是一时的不能履行，查封一旦解除，合同仍具备履行的条件。因此，根据《物权法》第15条规定的区分原则，双方就查封房屋签订买卖合同，合同效力不受查封事实影响。

在合同有效的情况下，法院可以根据查封状况对买受人的履行请求作出相应处理。买受人请求判令出卖人在解封前办理过户登记手续的，人民法院应向其释明变更诉讼请求，经法院释明后坚持不变更的，驳回该项诉讼请求。买受人要求出卖人继续履行合同并在该不动产解封后办理过户登记手续的，应予支持。合同约定的履行期限届满仍无法解封办理过户手续，导致买受人合同目的无法实现的，买受人亦可以据此请求解除合同，请求出卖人承担违约责任。

房屋被查封的事实属于房屋交易中的重大事项，直接影响买受人的真实购房意愿，如果出卖人以隐瞒、欺诈的手段就查封房产与买受人达成的买卖合同，买受人可以依据《合同法》第 54 条第 2 款规定行使撤销权。

（四）关于无权代理的买卖

无权代理人以他人名义签订买卖合同，他人不予追认的，该买卖合同因缺乏有效的合意而不成立，该买卖合同不对被代理人发生效力。当然，在无权代理人构成表见代理情形下，应优先适用表见代理的相关规定，认定被代理人与相对人之间的买卖合同成立，以保护善意相对人，被代理人与无权代理人之间关系则由两者自行清结。

值得注意的是，无权代理人与相对人签订的买卖合同，在不构成表见代理的情况下，对被代理人不具有约束力，对行为人与相对人也同样不具有约束力，在行为人与相对人之间亦不成立有效的买卖合同关系。因为行为人并无以自己名义成立合同的意思，而相对人亦没有以行为人作为交易对象作出买卖的意思表示，相对人所为意思表示是指向交易对象为被代理人，行为人所为意思表示亦表明是代理被代理人的，在相对人与行为人之间并无与对方成立合同关系的一致意思表示，因此，相对人与行为人之间因缺乏买卖房屋的一致意思表示而不成立买卖合同关系。

此时，相对人所收受的定金或接受的履行，因缺乏合同依据，无权继续持有或享有，无权代理人可以以不当得利为由，请求相对人返还。

根据法律规定，相对人可以请求行为人承担责任。至于行为人应承担的责任性质，有不同观点。有观点认为，行为人应承担缔约过失责任，也有观点认为，行为人应承担代理权限默示担保责任，还有认为行为人应承担的是法律上之特别责任。各国的通说认为无权代理人应向相对人承担损害赔偿责任。至于赔偿范围，从民法的基本原则考虑，如公平合理、自己责任、损失填平等因素考虑，行为人应赔偿相对人因信赖行为人有代理权缔约而遭受的损失，包括缔约费用及机会损失，从这个角度看，行为人承担的更接近于缔约过失责任。

（五）关于借名买房

借名买房人与出借人之间口头或书面约定，借名人出资购买房屋，但房屋产权登记在出借人名下，在一定条件成就时或某些障碍消除后，出借人再将房屋产权过户到借名买房人名下。在借名买房人与出借人发生纠纷时，借名买房人往往要求确权或将房产过户登记到己方名下。

借名人能否确认房屋所有权归其所有的，存在观点分歧。有观点认为，借名人是实际出资人，在查明登记在出借人名下是虚假的，借名人才是真实的房屋所有权人的情况下，其请求确权应予支持。我们认为，借名人不享有房屋所有权，其确权请求应予驳回，理由如下：其一，借名人并不享有事实的所有权。《物权法》规定的事实所有权为该法第二章第三节规定的各种情况，其中显然不包括出资行为，因此借名人不享有事实的所有权，其要求确认所有权缺乏事实基础；其二，借名人拟以出资购买的方式即依法律行为，从出卖人处继受取得房屋所有权，根据物权取得法定的原则，基于法律行为取得所有权，依登记发生效力，因此借名买房人只有登记才取得所有权，由于借名人并未完成法律上的登记，因此其尚未取得房屋所有权；其三，出借人保留了与借名人的真意，对外作出了购房的意思表示，并与出卖人达成买卖房屋的一致意思表示，并办理了过户手续，因此出借人已取得了房屋所有权，这一事实是借名人与出借人的真实意思及追求的结果，根据一物一权的原则，出借人享有房屋所有权，则借名人不享有房屋所有权。基于上述三点理由，借名人主张其享有房屋所有权，请求确权不应支持。

借名人仅对出借人享有依约定请求履行过户的债权。而且在借名人向出借人请求办理过户时，实质就是想将其与出借人的内部关系转化，取得具有对世性的权利外观，将其对出借人的权利转化为对抗外部债权人的效力。此时应当考虑区分借名人与出借人的内部关系和出借人与债权人的外部关系分别处理。在借名人与出借人的内部关系上，双方存在通谋的虚伪意思表示和真意保留，即双方一致对外隐瞒了借名人想购买房屋的真实意图，同时对外作出虚伪表示，即由出借人购买房屋；同时双方还达成了一致意见，即达到某种条件或期限时，出借人协助借名人办理过户登记手续，使借名人成为登记的产权人。在外部关系上，出借人与出卖人达成了买卖房屋的合意，并通过登记取得了房屋的产权；出借人的债权人信赖登记，与出借人发生债权债务关系。

在不涉及外部关系的情况下，依照私法自治的原则，借名人与出借人之间的法律关系可以依照双方约定处理，即出借人为借名人办理产权过户登记，使借名人具备对世的权利外观，当然还有一个前提是不违反请求过户当时的国家政策。

当房屋有牵涉外部关系时，借名人与出借人之间协议约定不得对抗信赖登记的债权人，因此在债权人已经对房屋设定过户限制的情况下，例如已经查封、抵押等，借名人请求出借人办理过户手续的请求不应得到支持。

同理，在房屋被执行查封时，借名人以其为房屋实际所有权人为由提出执行异议的，如前所述，因其并不享有房屋所有权而不应支持。如借名人对房屋主张实体权利，即其实际出资，并且与出借人存有过户约定，是否足以阻却执行的问题，值得探讨。有观点认为，符合《最高人民法院关于民事执行中查封、扣押、冻结财产的规定》第17条规定情形的购房人可以对抗执行，借名人实际出资、占有房屋的情形，也可以比照该条约定对抗执行。我们认为，第17条是对善意购房人的特别保护，针对的是符合特定条件、且无过错的购房人，借名人并非善意购房人，其不办理房屋登记，而是将房屋产权登记在他人名下的事实是明知并且是其追求的结果，其完全可以预见登记在他人名下的法律后果和风险，其对于房屋未登记在其名下是存有过错的，因此，并不具有给予特殊保护的情理基础，因此，不应支持其执行异议。《北京市高级人民法院关于审理执行异议之诉案件适用法律若干问题的指导意见（试行）》也持相同观点[①]。

（六）关于共有人一方出卖共有房产的买卖

在房屋买卖交易实践中，房屋登记为共有，或者登记在部分共有人名下，但属于共有房产，部分共有人以自身名义或全部共有人名义出卖共有物。在这种情况下，其他共有人主张出卖行为无效，要求返还原物，或者部分共有人主张解除合同或者相对人要求继续履行，该如何处理？

对于部分共有人出卖行为的处理，实践中存在三种观点：第一种观点认为，合同无效，双方权利义务应按无效合同进行清理。[②] 第二种观点认为，效力待定；第三种观点认为，除非买卖双方构成恶意串通，否则应当认定合同有效，但合同能否正常履行则区分具体案情而定。

---

① 陈浸、李馨：《执行异议之诉案件裁判思路与操作》，中国法制出版社 2012 年版，第 244 页。

② 《上海市高级人民法院关于审理“二手房”买卖案件若干问题的解答》第 2 条。

我们认为，第三种观点更为可取，即部分共有人擅自出卖共有物不导致合同无效，但影响合同的履行。如构成无权处分，买受人无权要求其他共有人承担继续履行合同义务。如属超 2/3 的按份共有人或视为全体共有人同意的处分，且买受人为善意时，部分共有人的出卖行为应当按有权处分处理。

在认定有权处分时，应注意两点：其一，由于共有人之间通常具有身份关系或其他亲密关系，故对于部分共有人出卖共有物是否已征得其他共有人的同意，举证责任虽然应当分配给买受人一方，但证明标准可低于一般表见代理中的合理信赖的标准。比如：如买受人能举证证明其他共有人明知或应知出卖行为而不表示反对的，应视为同意。其二，买受人在签订买卖合同时，应为善意。关于善意的判断标准，首先约定的价款应当公平合理，其次是应当对出卖物是否属于共有房产尽到一定的审查注意义务。如果确有证据证明买受人一方明知房产为夫妻共有房产，则买受人不构成善意。当然，该举证责任应分配给提出异议的共有人。

（七）关于买受人善意取得的认定

不动产善意取得制度在房屋买卖合同纠纷中适用于以下情形：（1）一房数卖；（2）无权处分他人房屋；（3）共有人一方擅自处分共有房屋。《物权法》第 106 条规定了不动产善意取得四个要件：（1）出卖人对让与的不动产无处分权。（2）买受人受让该财产时是善意的。（3）买受人取得不动产是基于合理的价格。（4）已作权利变更登记。

“善意”是一种主观心理状况，很难为局外人所知，而且社会生活实际纷繁杂乱，如何正确判断买受人是否“善意”应注意以下几个问题：

1.“善意”的标准。有专家学者认为，“善意首要的和基本的含义是不知情，针对善意取得制度而言，善意即是不知道出让人为无权处分人。其次，善意是否包含无过失因素。”①

2. 关于“明知”的举证责任，一般来说，针对是否包含过失因素，我们认为，不应该对买受人苛以过高的要求，善意只要是无恶意即可，只要符合一般人的注意义务标准，没有重大过失，没有明显之过错即可。买受人信赖房屋登记簿中关于不动产登记的记载，不知道出卖人无处分权，即

① 杨震：《物权法》，中国人民大学出版社 2009 年版，第 152 页。

推定买受人为善意，只有在“明知”不动产登记与真实权利人不一致的情况下，才不构成善意。这是基于登记产生的公信力，即便原存有怀疑但因登记公信力而打消怀疑继续交易，仍属善意的范畴。

3. 在实践中衡量“善意”与否的具体标准有：第一，出卖人是否具有足以让买受人信赖的权利外观。对于买卖标的物，买受人一般没有法定义务了解物权的真正归属及出卖人是否有处分权，且无恶意则其为善意。若买受人出于职业需要或特殊情况，对权利转让人及物权归属有法定了解义务而未了解的，则不能认定为善意。第二，转让时交易价格是否合理，是否明显低于房屋的市场价或者该地段房屋近期内的正常交易价格。同时买受人是否实际支付了全部或按合同支付了部分购房款。第三，买受人与出卖人的关系以及买受人对出卖人的态度，如双方之间关系密切，存在亲戚、朋友、同事等关系。第四，交易场所的综合因素，如达成合同时有无经过房产中介等。第五，依正常交易习惯和买受人的专业及文化知识水平判断，其对交易情况有无尽必要的注意义务。例如交易过程中有无到现场查看房屋，是否了解房屋内住户的情况等。

4. 关于善意的时间衡量标准。我们认为，登记申请之后的“明知”不妨碍物权变动，其登记申请前的正当性导致登记程序具有合法正当性，应得到法律承认和尊重，故应以签订合同到申请登记时为宜。

5. 不动产善意取得制度中“取得标准”的理解。《物权法》明确将不动产善意取得中的“取得”规定为登记，即以物权已经变动为标准。

（八）关于二手房买卖中“阴阳合同”的处理

“阳合同”其中约定的交易价格一般是双方用于办理房屋过户登记的价格，低于双方真实交易价，以逃避交易税费，“阴合同”中的价格条款才是双方真实的交易价格，也是双方真实意图的体现。阴阳两份合同就房屋价款、履行方式、履行时间等约定存在不一致的，应认定符合当事人真实意思表示的约定条款才有约束力，非真实意思表示的条款对当事人没有约束力。当事人通过“阳合同”达到避税的目的，可向主管部门发出司法建议处理。

（九）关于一房数卖合同的履行

在审理一房数卖纠纷案件时，如果数份合同均为有效且各买受人均要求履行合同，应按照已经办理房屋所有权转移登记、已办理预告登记、已合法占有使用房屋、已付清全部或大部分价款以及买卖合同成立先后等顺序确定权利保护顺位。恶意办理登记的买受人，其权利不能优先于已经合法占有该房屋的买受人。对于买卖合同的成立时间，可综合合同在主管机关的备案时间、合同载明的签订时间以及其他证据证明的合同签订时间等因素进行确定。无法取得房屋的买受人请求解除合同，并要求出卖人赔偿房屋差价损失、履约费用等损失的，可予支持。但买受人依据《最高人民法院关于审理商品房买卖合同纠纷案件适用法律若干问题的解释》第 8 条的规定，要求出卖人承担不超过已付购房款一倍的赔偿责任的，因属二手房买卖，不予支持。

（十）关于连环买卖合同的履行

连环买卖合同的法律特征为：第一，连环合同在法律上是数个独立的合同；第二，所谓“连环”仅指标的物的连环而并非法律意义上的连环，每个合同的权利义务不能传递到其他合同；第三，连环买卖合同的标的物的同一性。

对认定连环买卖中后一手房屋买卖合同的效力，我们认为，房屋买卖后的产权登记不是合同生效的要件，而是合同履行的事项，只要符合一般的合同生效要件，买卖合同即为有效。

房屋连环买卖中数买受人均未取得登记时，比较合适的解决方案是将诉争不动产的所有权赋予取得占有的买受人。连环买卖存有争议的主要问题是可否判决省略中间登记。我们认为，即使各方当事人达成省略中间登记的合意，亦不应支持，主要理由是：（1）判令省略登记不利于国家税收征收；（2）省略登记不能在登记簿中如实反映物权变动的真实情况；（3）省略登记给中间转让人规避限购政策、规避楼花限制转让政策留下空间；（4）省略中间登记不利于明确各次交易的税负主体，为下次纠纷留下隐患；（5）与判令依次办理过户手续相比，省略登记并无明显优势。

（十一）关于买卖合同不成立、无效、被撤销或因违约解除后的赔偿责任问题

损失赔偿往往与买卖合同的权利义务清理结算问题相伴而生。二手房买卖合同清理中的损失赔偿问题中，一个焦点问题是是否包括房屋差价

损失。

首先，关于损失赔偿的范围认定。我国《合同法》第58条、第97条合同清理过程中的损害赔偿主要包括以下几种：(1) 合同无效、被撤销或者解除后，因恢复原状而发生的损失；(2) 管理维修标的物所发生的费用；(3) 无过错方因返还财产本身所支出费用。即合同无效、被撤销或者解除后赔偿损失一般限于直接损失，但如只赔偿直接损失致使双方利益明显失衡，还应赔偿间接损失。间接损失具体可分为可得利益损失和信赖利益损失。

在房屋买卖中，可得利益损失与信赖利益损失虽然不是实际的财产损失，但它是可以预期到的利益损失，即在合同正常履行情况下，合同当事人能够实际得到的财产利益。为此，首先必须确定合同如能履行时，无过错方所应获得的利益；其次则要确定因为合同无效或解除而迫使守约方所处的现实利益状态。二者之间的差距即为无过错方所遭受的间接损失，而赔偿违约可得利益与信赖利益损失的限度就是合同如能履行时无过错方获得的利益与现实利益状态的差距。

根据《最高人民法院关于审理买卖合同纠纷案件适用法律问题的解释》第29条的规定："买卖合同当事人一方违约造成对方损失，对方主张赔偿可得利益损失的，人民法院应当根据当事人的主张，依据合同法第113条、第119条以及本解释第30条、第31条等规定进行认定。"因此，在认定和计算房屋差价损失时，应从无过错方主张的可得利益赔偿总额中扣除其未采取合理措施不当扩大的损失、其亦有过失所造成的损失、其因对方违约获得的利益以及取得利益需要支出的必要交易成本，并综合考虑双方履约情况等因素予以确定。

（十二）一方当事人违约情况下的合同履行

因为房产交易市场的行情变化，基于自身利益最大化的考虑，通常会出现在合同履行过程中，甚至在合同履行初始，一方当事人明确表示拒绝履行合同义务，以主动承担违约责任的方式要求解除合同，而守约方则要求继续履行合同。这种拒不履行是违约方在无合同依据和法律依据的情况下纯粹基于主观意愿上的不愿意履行而拒绝履行。

这种情况下，违约方主张解除合同，并主动要求承担违约责任，守约方则要求继续履行合同，法院能否支持？对于这类问题的处理，实践中存在三种观点：第一种观点认为，不应支持违约方以主动承担违约责任的方式主张解除合同的行为。[①] 第二种观点认为，应当支持违约方以主动承担违约责任的方式主张解除合同的行为。第三种观点认为，应当区分合同的履行阶段、违约方的履行成本、履行行为的性质等因素进行综合认定。

我们认为，第三种观点更为符合《合同法》立法精神，更有利于公平合理地维护双方当事人的合同权益。一方面，有约必守是合同得以存在的根本，对合同双方当事人来讲，签订合同的根本目的在于通过相对方的实际履行行为实现自身的合同目的，最终达到合同双方利益的双赢，《合同法》的立法精神也在于从秩序的层面为这种双赢提供保障。即使约定违约责任，其目的也在于通过责任的预设，警示及敦促双方正常履行合同，而不在于赋予当事人任意解除合同的权利。

另一方面，依据经济分析法学派的“效率违约”思想，《合同法》的功能已经由“单纯惩恶扬善的工具”成为一种“合理划分商业风险的法律手段”，基于效率性原理，违约行为在一定程度上被赋予正当性。当双方据以缔约的基础经济形势发生变化，导致一方当事人从违约中获得的利益将超出其向另一方作出履行的期待利益时，允许一方当事人选择主动违约并承担违约责任的方式来规避自己可能或已经实际遭遇的风险。守约方依缔约时的明示或默示的承诺容忍违约方的这种避险行为。如果继续履行合同将导致违约方的权益明显受损，甚至无法弥补，则守约方选择继续履行的权利应被限制。具体来讲，根据合同的履行情况、违约方继续履行需支付的成本、合同目的等情况，综合考量违约方继续履行是否会导致其权益遭受重大损失、对守约方的合同利益造成的不利影响程度等因素，来确定这种权利限制是否合理和必须。

如果继续履行会导致违约方权益遭受重大损失，且继续履行和承担受领违约责任对守约方的权益不存在实质区别，则可认定权利限制成立。例如，如果买受人在交付定金之后即拒绝继续履行合同，而合同约定的违约金支付标准足以弥补出卖人的损失，或者买受人的经济情况突然严重恶化（如自身或家人突生重大疾病），导致其客观上丧失付款能力，或者出卖人对出卖房屋享有重大精神利益（例如出卖物为祖屋，保有学位房），出卖

① 见《北京市高级人民法院关于审理房屋买卖合同纠纷案件适用法律若干问题的指导意见（试行）》（2010年12月22日　京高法发〔2010〕458号）第21条、第22条。

人解除合同对买受人的权益不致造成实质损害，则可支持一方以主动承担违约责任的方式主张解除合同。但是，如果继续履行对守约方同样具有重大的意义，例如，买受人的目的在于购买学位房，为履行合同已将自有物业出售，无处可居，则应当保护守约方的合同权益，认定合同继续履行。

对于合同是否明确约定了任意解除权一项，涉及对合同条款的理解与解释。对此，我们认为，应从严把握判断标准，例如合同明确使用诸如“任何一方有权”等无歧义的字眼，否则不宜扩大解释任意解除权的约定。

（十三）关于对待给付的履行问题

买卖合同属于典型的双务合同，出卖人让渡房屋所有权，取得购房款，买受人支付购房款，取得房屋所有权。在合同中，出卖人交付房屋、办理房屋过户登记手续，与买受人支付购房款之间构成对待给付，通常约定为同时履行。在一方违约的情形下，另一方起诉要求对方履行义务，对于己方义务应否一并处理、如何处理，实践中存在针锋相对的两种观点。

一种观点认为，无需或不应加判己方义务，主要理由为不告不理。另一种观点认为，应当同时加判己方履行，以确保双方利益衡平。我们赞同后一种观点，理由是：(1) 权利义务相对等原则。房屋买卖合同是双务合同，双方当事人互负债务，相互履行。在合同约定上，双方的履行也是交叉进行，各自权利义务相互制衡。如果法院判决支持过户请求，必然要对买受人的付款义务作出交代，同理，法院判决买受人付款，亦需对出卖人的过户义务给出意见。如果机械适用不告不理原则，只判一方履行而不判另一方对待履行，相当于通过法院判决，强行改变双方权利制衡的状态，其判决结果有失公正。(2) 减少诉累的考虑。法院既然判令继续履行合同，则出卖人必须过户，买受人必然要付款，法院判令强制一方履行了义务，另一方则不主动履行对待给付，此时唯有另行诉讼履行对待给付，增加诉累。(3) 从交易风险考虑，先行判决一方履行义务，则对方获得对待履行的风险增大。例如，不在同一判决中判令买受人限期内付款，而是待出卖人另案诉请付款，一旦买受人资信变差，且有充足的时间将已取得的房屋转卖套现，出卖人将房、财两空。法院只判决买受人付款的案件中，也会发生同样的情形，增加了另一方的交易风险。

因此，在这类纠纷案件中，法院应释明询问该方是否同意履行其己方义务，如果己方表示同意履行的，可以在判决支持对方履行的同时，加判该方履行义务，如果己方不同意履行己方义务，则对方的同时履行抗辩成立，驳回其诉讼请求。

（十四）用以担保借款的买卖

实践中，用以担保借款的买卖纠纷分为以下情形：

一种情形是借款人与出借人在订立借款协议，约定借款人到期无法偿还债务时，出借人取得借款人名下房产，同时双方另行签订房屋买卖合同，并办理预告登记或过户手续。借款人到期无法偿还债务，主张房屋买卖合同无效。

另一种情形是借款人与出借人在订立借款协议同时，约定借款人到期无法偿还债务时，出借人有权代为出卖借款人名下房屋用以偿还贷款。借款人到期未清偿债务，出借人以借款人名义与第三人订立买卖合同，借款人主张出借人与第三人订立的买卖合同无效。

这类纠纷往往以买卖合同纠纷的名目出现，但审理过程中，当事人的诉由或抗辩中则不可避免地会提及一项借款事实，此时应当注意分辨当事人签订买卖合同的真实意图，是真实的借款外加真实的房屋买卖，还是以房屋所有权的让渡担保履行债务。我国《物权法》不承认让与担保，也不允许流质抵押，[①] 因此，这类以事先让渡所有权的方式担保债务履行违反物权法定原则，不受法律保护，一方当事人请求确认为实现此种担保方式的买卖合同无效，回转所有权的，可以支持。即使当事人事先仅签订房屋买卖合同，未办理产权过户手续，约定债务期满不履行，则履行房屋买卖合同办理过户手续的，买卖合同本质构成流质抵押，亦为法律所禁止，不予保护。

当前，在商事思维逐渐代替民事思维的背景下，尊重当事人自由意志以及法无禁止皆可为、有约必守自己责任的观念深入人心，流质抵押无效的正当性也在经受挑战。流质抵押无效的理论基础：一是避免债权人对债务人的压榨，获得远超债权价值的财产；二是防止债权人获得溢价利益而造成对其他债权人不公。再往前推一步，两个无效的理论基础实际上均是基于对同一事实的认知，即抵债时房屋价值未经结算即归于债权人，将会

① 江苏省高级人民法院民一庭：《以物抵债若干问题研究》，载《民事审判指导与参考》（总第58辑）。

导致不公的结果。如果当事人约定在房屋所有权转移时，房屋价值需经现实结算的，则因流质抵押导致不公的顾虑不复存在，也即令其无效的事实基础因此丧失，此时仍令其无效似无必要。我国台湾地区“民法”修改后，其第873条承认了流质条款的相对有效性，并规定了所有权转移时，应结算抵押物的现实价值，体现了对流质抵押无效制度的深入检讨，以及更加务实的立法态度。

从以上分析可见，构成流质抵押的房屋买卖合同无效，不论其是否已经办理过户手续，均不受法律保护。在最高人民法院审理的广西嘉美房地产开发有限责任公司与杨伟鹏商品房买卖合同纠纷案①中即坚持这一原则。但同时还应注意到，买卖合同约定在转移所有权或确定抵债时，双方需对房屋价款进行现实结算多退少补的，这种买卖合同与“债权人压榨债务人”“减损债务人偿债能力损害其他债权人”的情形无涉，也与流质抵押条款有明显区别，似无令其无效的正当理由。实践中令其有效，更符合各方利益，且有利于各方目的实现，故更符合正义观念，更具说服力。

在双方约定债务到期无法偿还时，出借人可以代为出售房屋的，出借人取得的仅是房屋的处分权，并非直接获得房屋所有权，其处分房屋对外签订合同时必定出现房屋现值的确定以及与借款人结算购房款，因此，此时的房屋买卖合同不构成流质抵押，不应归于无效。当然，如果出借人与买受人恶意串通压低房屋价格，损害出借人利益的，出借人可以基于被代理人的身份依法行使撤销权，以维护自身利益。

（十五）以房抵债的买卖

债务履行期届满后，债务人到期无法偿还债务，债权人与债务人约定以房抵债，并据此签订房屋买卖合同，过户前，债务人又反悔的，债权人能否请求借款人继续履行过户？

在履行期届满后，双方达成房屋买卖合同，此时的买卖合同显然不可能是作为未来债务的履行担保，可以摆脱可能是“流质抵押”的困扰，买卖合同的履行目的是替代、清偿已届履行期的债务，使原债务消灭，故应将其纳入债务履行方式——以物抵债、代物清偿协议来考虑。

---

① 最高人民法院裁判文书选登：《广西嘉美房地产开发有限责任公司与杨伟鹏商品房买卖合同纠纷案》，载《民事审判指导与参考》（总第58辑）。

从学界通说看，以物抵债、代物清偿均是实践性协议，在实践中，最高人民法院的多个案例①也坚持了代物清偿的实践性要求。就以房抵债形式签订的买卖合同而言，只有在实际履行过户后才发生债务清偿的后果，双方原债务才消灭，在债务人未实际履行过户前，双方之间的真实的法律关系仍是原债权债务，故双方仍应回归到真实的法律关系中去解决各自的债权债务关系，主张履行以房抵债协议，不应支持，只有这样才符合双方的真实法律关系，也才是对债务人、债权人以及其他债权人最公平的处理方式。对债权人也不会存在保护不周的问题，因为债权人虽不能依据以房抵债协议直接取得房屋的所有权，但债权人仍可以申请房屋拍卖变卖，以房屋价款得到清偿。在北京高院 2014 年 12 月发布的《关于房屋买卖合同纠纷案件疑难问题的会议纪要》中也有类似的观点。

在债务人实际履行房屋过户之前，债务人房屋已被法院执行查封时，债权人以其已与债务人达成以房抵债的买卖合同为由，提出执行异议主张实体权利请求停止执行的，如前所述，由于债权人尚未取得房屋的所有权，甚至也不享有请求债务人履行过户义务的请求权，对房屋并不享有足以阻却标的物转移交付的实体权利，故其所提执行异议不应支持。此种处理意见还可以防范债务人与某一债权人串通将有限的财产归于某一债权人，损害其他债权人的道德风险。债权人的原债权经审查确认的，可以申请参与分配。

还有一种用以清偿债务的买卖合同值得注意，即双方签订买卖合同，约定了房屋的单价、总购房款，并约定了购房款与债务的结算关系，具备普通房屋买卖合同的全部外观，而且从文义上解读，双方的真实意思不是以房屋所有权冲抵债务，而是以债务抵销购房款，此时的买卖合同是否仍认定为以房抵债协议，存在疑义。由于以房抵债的意思与以债务抵销购房款的意思，往往仅仅在于当事人说法之不同，条款本身并没有本质区别，很难严格界定区分，对此最高人民法院曾有公报案例采纳以债抵购房款的买卖合同有效的观点。

---

① 见《甘肃省工业交通投资公司与平凉崆峒水泥有限责任公司出资纠纷案》《成都市国土资源局武侯分局与招商（蛇口）成都房地产开发有限责任公司、成都港招实业开发有限责任公司、海南民丰科技实业开发总公司债权人代位权纠纷案》《宁夏秦毅实业集团有限公司与中国农业银行股份有限公司中宁县支行金融借款合同纠纷案》，载《最高人民法院司法观点集成（第二版）民事卷二》；最高人民法院民一庭：《债务清偿期届满后当事人间达成以物抵债协议但未履行物权转移手续，该协议效力如何确定》，载《民事审判指导与参考》（总第 58 辑）。

我们认为，在最高人民法院有明确意见之前，还是坚持代物清偿的实践性规定为宜，江苏省高级人民法院民一庭就以物抵债问题形成的会议纪要也持同一观点。坚持以房抵债类房屋买卖合同的实践性规定，并以此作出区别于普通房屋买卖合同的处理结果，在具体案件审理中会增大法院查明事实的难度，对法院查明买卖合同背后真实法律关系、判断当事人的真实意思提出更高要求，在出现类似案件时务必提高敏感度，加大事实审查力度。

（十六）关于房屋面积差异

二手房买卖是现房交易，房屋面积已经通过测绘确定，合同约定的面积即是房产证面积，因此在房屋交易过程中，通常情况下是不会出现面积差异。但实践中，常因以下两种特殊情况发生面积差异纠纷：买受人取得房屋后重新测绘，新测绘结果与房产证记载面积不一致，或者出卖人出售房屋时房屋尚未取得房产证，买卖合同按照出卖人与开发商的预售合同中约定的面积约定，出卖人取得房产证与预售合同约定面积存有差异。

在上述情况下，买受人要求出卖人赔偿面积差异损失，是否支持？对此，有必要考察二手房买卖交易的实际情况。二手房买卖中，由于房屋已经建成，是特定化的房屋，而且双方都会实地查看现场，故二手房买卖中最常见的是约定按套计价，虽合同中也出现有面积条款，但并非约定按面积计价。双方约定按套计价，应从约定，不因面积差异而结算房款。

买受人重新测绘而确定房屋实际面积与证载面积不一致的，买受人能否依据履行瑕疵要求出卖人赔偿损失？我们认为，双方合同约定买卖的房屋是现实的特定房屋，双方已实际查看确认其现状，只要出卖人在交付时，是以现状交付，则已经完成适当履行，并无瑕疵履行之说，至于房产证中对面积的记载，只是对房屋特定性状的描述或说明，即使其中描述有误，也不构成房屋实物交付上的瑕疵，而且即使对房产证中面积的描述有误，因买受人是以实物购买，故房产证中面积记载有误，也不足以导致买受人对标的物产生重大误解，因此买受人也不能以重大误解请求撤销价格约定。对于出卖人在出卖时尚未取得房产证，故以预售合同约定的面积作为房屋面积，最终房产证面积与约定面积出现差异的情形，也可类比上述意见，除了一种情形，即出卖人虽未取得房产证，但房屋已有测绘面积或事实上已经颁发了房产证，但出卖人知道或应当知道而故意隐瞒房屋实际面积，仍以预售合同约定的面积与买受人签约，影响买受人对价格的判断的，买受人可以欺诈为由，请求撤销或变更价格条款，并请求赔偿损失。

（十七）关于二手房房屋质量问题

房屋质量问题从是否易于发现可以分为表面瑕疵和隐蔽瑕疵，[1] 从产生的原因可以分为出卖人使用不当造成的瑕疵和自然老化造成的瑕疵以及建造不当造成的瑕疵。

应如何承担质量问题责任及损失，需因应不同情况分析处理。首先，就表面瑕疵而言，二手房买卖是现房买卖，买受人查看房屋现场是当然的和必要的，对于房屋的现状和表面瑕疵（出卖人故意隐瞒的除外）应是清楚的，并已作为购房对价的考虑因素，其购房行为表明对该表面瑕疵的认可，因此在购房后，买受人亦无理由再就房屋的表面瑕疵向出卖人提出赔偿请求。

其次，对于自然老化形成的质量问题。由于自然老化是房屋正常使用状态下不可避免的现象，自然老化积累到什么程度、在何时出现质量问题，是不可预见的固有风险，根据“风险由击中者承担”的理论，这类质量问题如果发生在出卖之前，由出卖人承担，发生在出卖人交付之后，则由买受人承担。这类质量问题通常是裂缝、渗漏等，因此常常是与表面瑕疵的处理原则相结合解决责任承担问题。

再次，对于因出卖人使用不当引起的质量问题，如装修、改建、改变用途等造成房屋隐蔽瑕疵，买受人接收房屋后才发现的质量问题，由于买受人在签约时无从知晓，故也不能从买受人的购房行为推断其已认可并接受这项质量瑕疵，而且出卖人对出现这类质量问题有过错，故应当向买受人承担瑕疵给付的赔偿责任。

最后，争论最大的是由于建造原因导致的质量问题，出卖人是否承担赔偿责任的问题。如前所述，如果由于建造原因导致的质量问题已经外化，买受人查看过现场后购买房屋，则房屋质量问题的后果依合意转由买受人承受；如果由于建造原因导致的质量问题尚未外化，买受人在不知晓房屋存在隐蔽瑕疵的情况下购买房屋，购得后才发现该隐蔽瑕疵的，出卖

① 最高人民法院民事审判第二庭编著：《最高人民法院关于买卖合同司法解释理解与适用》，人民法院出版社 2012 年版，第 279 页。

人是否应承担瑕疵担保责任。我们认为，出卖人不应对建造原因导致的质量问题承担瑕疵担保责任，理由如下：其一，二手房买卖中的出卖人并非建设单位，其对房屋建造过程不具有可控性、可预知性；其二，二手房买卖中的出卖人并不具有检验房屋质量的能力，在隐蔽瑕疵外化之前，其并无能力获知房屋存在质量问题；其三，因建筑材料不合格、建筑结构隐患、偷工减料等建造原因造成质量问题，是建设单位及施工单位的责任，出卖人对此并无过错；房屋建成后通过验收、发证，足以令人相信其质量合格，出卖人购买这样的房屋及转售过程中并无疏忽或可苛责之处；其四，根据《建筑法》《商品房销售管理办法》《建筑工程质量管理条例》相关规定，施工单位及建设单位对于建筑物的主体结构质量终身负责，因此建设单位及施工单位是最终的责任承担主体。因此，出卖人不应承担建造原因的瑕疵担保责任。对于买受人而言，其也并非丧失了救济，买受人可以基于使用人的身份，请求建设单位或施工单位承担赔偿责任，而且这种追责方式更符合过错责任、自己责任的民法原理，尤其是在经过多手转让的情形，无必要令早已固定结束的合同关系再生波澜，也可令追偿关系简化易行。

需要说明的是，如果出卖人在出卖时故意隐瞒已经出现的质量问题，例如通过修饰墙面、遮挡等手法转嫁质量问题所致的损失，属于违背诚信缔约原则，由此致使买受人作出错误意思表示，在接收房屋后合同目的不能实现或遭受损失的，买受人可以行使撤销权或请求赔偿损失。

（十八）关于居间人原因导致的买卖合同解除

居间人在二手房买卖中，承担居间、代理的义务。通过其居间服务，买卖双方达成买卖合同，但由于居间人服务瑕疵，可能造成买卖合同无法履行、违约解除，例如，居间人未善尽其如实告知义务，未向买受人披露标的物抵押查封事实，未充分披露房屋存在质量问题或周边不利环境等重大事实，隐瞒“凶宅”等，或未说明限购政策让买受人误以为具有购房资格等，或迟延履行协助办理按揭、网签过户等服务以致达到合同约定解除条件等，最终结果是买卖合同无法履行、违约解除的，根据《合同法》第121条的规定，违约方不得以居间人原因抗辩免除在买卖合同中应当承担违约责任，各方当事人另有约定的除外。违约方的损失可以根据与居间人的居间合同关系予以追偿。

（十九）限购政策与办理房屋过户手续的关系

限购政策规定，买受人购买住宅房屋时，应当具备购房资格，不具备购房资格的买受人，不得办理过户手续。在审判中，买受人起诉请求判令出卖人为其办理住房过户登记手续的，应当举证证明其具备购房资格，或不属于限购对象。2013年底，广东省高院与省住建厅、省司法厅联合发文《关于在审判执行、办理公证工作中落实住房限购政策的意见》（下称《住房限购意见》），规定买受人起诉请求办理过户手续的，应当提交购房资格证明，具备购房资格的，方可判决办理过户手续，而购房资格证明则由当地房管部门出具。我们认为，限购政策属于房地产行政管理规范，由限购地区的房地产管理机关具体制定落实措施的标准和规则，因此，买受人是否具备购房资格，该次买卖是否应适用限购政策，均属于当地房地产管理部门予以审查的范畴，由法院作出审查和评价不甚妥当，故应坚持《住房限购意见》中的要求，买受人请求办理过户手续的，应当提供房管部门出具的《购房资格证明》，或房管部门答复该次房屋买卖不适用限购政策的意见，具备这些条件，即房管部门认可买受人的此次购房行为符合国家政策，法院方可判令支持买受人的诉讼请求。

三、二手房买卖合同纠纷的审理要点

二手房买卖合同纠纷因标的物的特定性，呈现特有的纠纷特点和类型，针对这些特定性，在审判实践适用法律过程中，需特别注意以下审理要点：

（一）坚持合同效力与合同履行的相区分原则

《物权法》确立了合同效力与物权变动的区分原则。这一原则在二手房买卖合同纠纷领域的体现，即为合同效力与合同履行过户相区分的原则。在标的物限制转移的情形，应当区分合同效力与合同履行，分别评价。当前的审理思路是合同效力尽可能作有效认定，存有过户限制情形的，如未取得房产证、查封、抵押、无权处分等均不影响合同的效力，导致无法履行过户的，均以有效合同无法履行处理。

（二）坚持探明当事人的真实法律关系

二手房买卖合同因主体多样散见，交易隐蔽、监管较少，常常出现双方当事人隐瞒真意、虚伪表示，利用买卖合同的合法形式以达到非法目的或规避不利政策。因此在审理过程中，需要坚持以探明当事人的真实法律关系为审理要点，还原当事人的真意，对当事人的法律关系给予正确评价，避免以形式论事，使法院裁判沦为当事人的工具。

（三）注重发挥法院的释明引导功能

二手房买卖合同纠纷双方当事人的民事主体特征较为明显，其法律素养、政策把握均有所欠缺，在诉讼中也常常忽略现有强制性法律法规对合同履行的影响，未能恰当选择诉请方向，最终影响诉讼效果，因此这类纠纷在审理过程中，需要法院加强释明功能，引导当事人作出正确的诉讼选择，减少诉累。

电子商务审判疑难问题研究

——以近三年广州两级法院电子商务纠纷案件为研究基础

广州市中级人民法院课题组*

一般而言，广义的电子商务，是指通过电信网络进行的产品的生产、广告、销售和交付。① 而狭义的电子商务，是指一切以互联网为运行平台的商事交往活动。② 虽然电话、传真等电子商务媒体出现在互联网之前，但直到互联网的实际应用才使电子商务取得显著发展，可以说互联网是目前电子商务最重要和最典型的媒体，故本文是以狭义的电子商务为研究对象。根据中国电子商务研究中心发布的《2013 年度中国电子商务市场数据监测报告》，截止到 2013 年底，中国电子商务市场交易规模已高达 10.2 万亿，同比增长 29.9%（见图一）。从区域分布来看，排名第一的为广东省（见图二）。③ 而根据阿里巴巴公司④公布的《2013 年中国城市电子商务发展指数报告》，2013 年广州市电子商务交易额首超万亿元，网络购物采购额和销售额分别达 300 亿元和 400 亿元，在全国电商百佳城市中排名第二。⑤ 飞速发展的电子商务已然在我国经济社会发展中占据了重要地位，更是在广州的经济社会发展中扮演了重要角色。

---

* 课题组组长：余明永，副组长：王天喜，成员：刘冬梅、张纯金、马莉、汤瑞、张剑文、廖嘉娴。

① WTO 秘书处编著：《电子商务与 WTO 的作用》，原外经贸部 WTO 司译，法律出版社 2002 年版，第 13 页。

② 张楚：《电子商务法初论》，中国政法大学出版社 2000 年版，第 12～13 页。

③ 《2013 年度中国电子商务市场数据监测报告》，载 http：//www.100ec.cn/zt/2013ndbg/，访问时间：2014 年 10 月 20 日。

④ 阿里巴巴公司于 2014 年 9 月 19 日赴美上市，IPO 资金高达 230 亿美元，是全球股市有史以来 IPO 金额最大的个案，也使阿里巴巴一举成为仅次于谷歌的全球第二大互联网公司。

⑤ 《2013 年中国城市电子商务发展指数报告》，载《广州日报》2014 年 6 月 5 日第 A8 版。

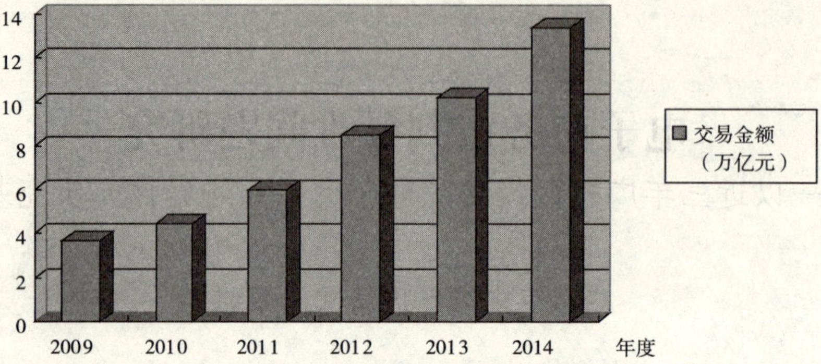

图一　2009～2014 年中国电子商务市场交易规模①

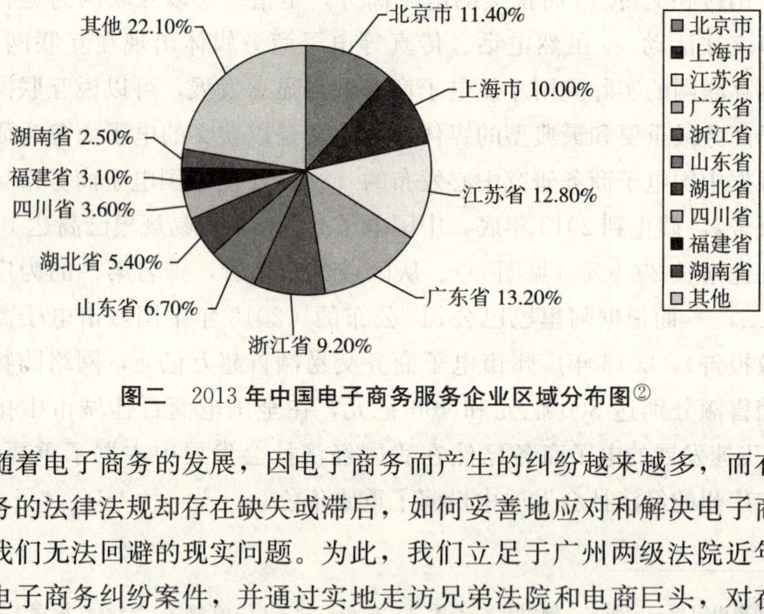

图二　2013 年中国电子商务服务企业区域分布图②

随着电子商务的发展，因电子商务而产生的纠纷越来越多，而有关电子商务的法律法规却存在缺失或滞后，如何妥善地应对和解决电子商务纠纷是我们无法回避的现实问题。为此，我们立足于广州两级法院近年来审理的电子商务纠纷案件，并通过实地走访兄弟法院和电商巨头，对在审理电子商务纠纷案件中遇到的若干典型疑难问题进行梳理和交流，并在此基础上针对电子商务合同地域管辖的确定、网络商品交易、电子商务特有的“秒杀”“团购”“域名”“关键词竞价排名”等商事行为引发的纠纷问题进行了深入研究，以期为电子商务审判工作提供有益解决思路。

①② 数据来源：中国电子商务研究中心，www. 100ec. cn.，访问时间：2014 年 10 月 20 日。

第一部分 电子商务审判概况

一、近三年电子商务纠纷案件数量及类型[①]

（一）案件数量方面，电子商务纠纷案件逐年递增

近几年来，电子商务纠纷案件逐年增多，广州两级法院商事审判部门2011年共受理电子商务纠纷案件167件，其中新类型案件23件；2012年收案245件，同比增长47%，其中新类型案件增至61件，同比增长165%；2013年收案257件，同比增长5%，其中新类型案件71件，同比增长15%。近三年电子商务纠纷案件的平均增长率为24%，其中新类型案件的平均增长率高达75%。随着电子商务逐渐成为商业发展的新潮流，电子商务纠纷数量也呈现持续上升势头。（见图三）

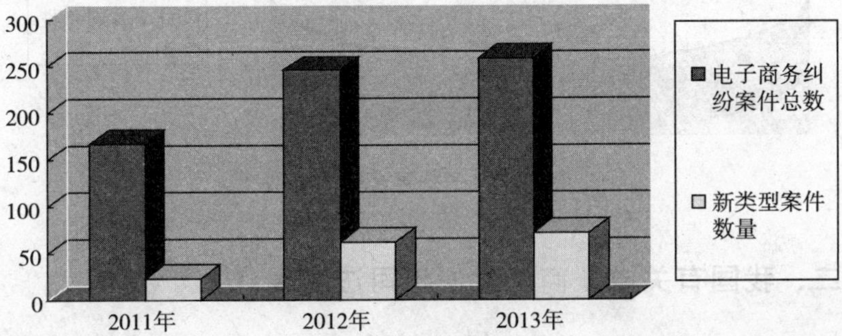

图三　2011～2013年广州两级法院电子商务纠纷案件增长情况

（二）案件类型方面，新型疑难案件对审判工作提出更高要求

电子商务案件类型日趋多样化、复杂化，除了传统的买卖合同纠纷、承揽合同纠纷、运输合同纠纷、运营权转让纠纷外，近三年来涌现了许多新类型案件，包括“秒杀”“团购”“网络海外代购”“网络广告”“域名抢注”在内的网络服务合同纠纷、网络广告合同纠纷等。我们从2011年至

---

① 以广州两级法院2011年～2013年承办的全部案件为统计基础。

2013年广州市中人民法院商事审判庭审结的电子商务纠纷二审案件中随机抽取了50份生效判决进行统计，结果显示：案件类型非常多样（见图四），且商事合同占比较大[①]（见图五）。

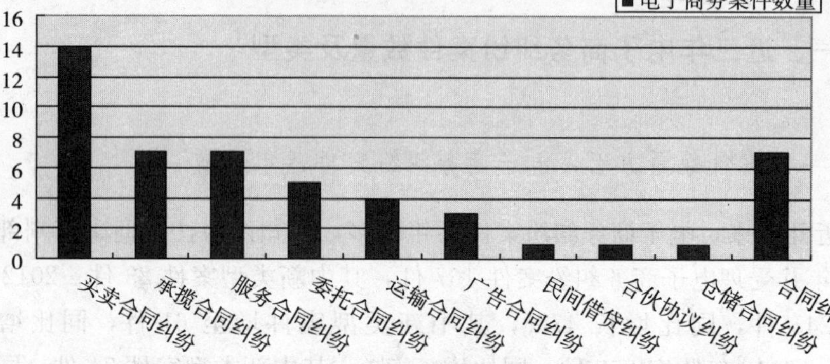

图四　电子商务案件的类型

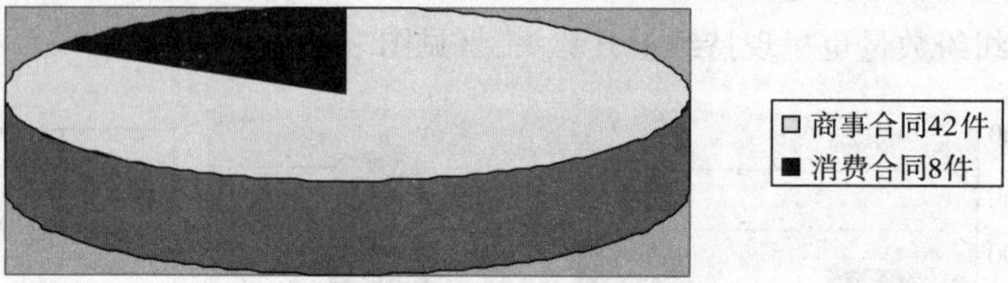

图五　电子交易合同的类型

二、我国有关电子商务立法与司法实践

（一）我国有关电子商务的立法状况

1. 专门性立法。《电子签名法》是我国唯一一部由全国人大常委会制定的有关规范电子商务或其他通过互联网进行交往活动时如何规范“电子签名”[②]行为、确立“电子签名”的法律效力的专门性法律。

① 以当事人运用互联网进行交易是以盈利为目的还是为生活所需为目的，可将电子商务合同区分为商事合同与消费合同两类。

② 根据《电子签名法》第2条第1款规定：电子签名，是指数据电文中以电子形式所含、所附用于识别签名人身份并表明签名人认可其中内容的数据。

2. 主要法律、行政法规。(1)《民事诉讼法》2012 年修正时，在第 63 条、第 138 条首次将“电子数据”作为独立的证据类型予以规定。

(2)《合同法》第 11 条、第 16 条、第 26 条、第 33 条、第 34 条，对“数据电文”[①] 的有关问题作了规定。

(3)《消费者权益保护法》2013 年修正时，在第 25 条、第 28 条、第 44 条首次明确界定了“网络交易平台提供者”的权利义务等内容。

(4)《电信条例》，对电子商务的电信基础设施和电子商务网站从电信业的角度作了规定。

3. 司法解释。《最高人民法院关于审理买卖合同纠纷案件适用法律问题的解释》第 4 条，对认定“电子交易合同”[②] 的成立及效力所应适用法律规定作出了规定。[③] 此外，最高人民法院以个案答复或批复的名义对有关知识产权争议的几个专门性问题进行了解答。

4. 主要部门规章。2014 年，国家工商行政管理总局颁布了《网络交易管理办法》，对网络商品交易及有关服务作出了详细的规定。

5. 地方性立法。2002 年，广东省率先颁布的《广东省电子交易条例》，是我国内地第一部电子商务地方性立法。2009 年，上海市颁布的《上海市促进电子商务发展规定》，是全国第一部以电子商务为名的地方性立法。随后，其他地方也陆续出现与电子商务有关的地方性立法。

(二) 我国有关电子商务的司法实践状况

电子商务纠纷案件数量增长快、类型复杂多样，而立法或有针对性的司法指导相对滞后，已无法满足司法实践的需要，导致司法实践中经常出现对类似争议作出完全相反裁判的情况，严重损害了司法权威，也无法满足维护电子商务健康发展的需要。具体而言，表现在如下几个方面：

1. 立法不完善，指导性意见缺失。如上所述，针对电子商务纠纷案件的立法仅有上述几部法律法规的零星涉及，这与电子商务在社会经济生活中日益重要的地位不相匹配，也远远不能满足日益增长的案件需要。且经

---

① 根据《电子签名法》第 2 条第 1 款规定：数据电文，是指以电子、光学、磁或者类似手段生成、发送、接收或者储存的信息。

② 电子交易合同，又称电子合同，是指双方或多方当事人之间通过电子信息网络以数据电文行使达成的设立、变更、终止财产性民事权利义务关系的协议。

③ 最高人民法院民事审判第二庭编著：《最高人民法院关于买卖合同司法解释理解与适用》，人民法院出版社 2012 年版，第 88 页。

调研发现，有限的关于电子商务的调查和研究也主要集中在知识产权争议和互联网金融的法律适用方面。如在司法解释层面上，目前仅有《最高人民法院知识产权庭关于徐州光学仪器总厂与徐州医用光学电子仪器研究所、李国强侵犯著作权及侵犯商业秘密纠纷案的函》（〔1999〕知监字第1号函）。研究报告方面，仅有最高人民法院民二庭吴景丽法官分别在2014年3月26日、4月2日于《人民法院报》发表的《互联网金融的基本模式及法律思考（上）》《互联网金融的基本模式及法律思考（下）》。目前，尚无关于电子商务纠纷的司法裁判指导意见或完整性研究报告，更无关于对电子商务发展产生的网络购物纠纷及新类型案件的指导性意见或研究报告。

2. 裁判标准不统一，影响司法公信力。以电子商务纠纷案件的管辖权争议为例，下面试举两例予以直观说明：

案例一：《当当网交易条款》第19条约定："所有争端将诉诸于北京当当网所在地人民法院管辖。"王某因在当当网的官方网站上购买商品发生纠纷而向本次交易的交货地点（即合同履行地）广州市白云区人民法院起诉当当网，当当网以其住所地在北京市东城区，且其网站上的交易条款中亦载明"所有争端将诉诸于北京当当网所在地的人民法院"为由提出管辖异议。法院生效裁定认为，本案属于买卖合同纠纷，当当网据以主张管辖异议的管辖条款没有通过合理而又明确的方式提请注册人注意。且该协议管辖条款是对消费者不公平、不合理的规定，不合理地加重了消费者在管辖方面的负担。故裁定驳回当当网对本案提出的管辖异议申请。①

案例二：《淘宝网服务协议》第9条第3项约定："一旦产生争议，双方应以淘宝网络公司住所地的浙江省杭州市余杭区人民法院为第一审管辖法院。"常某在淘宝网卖家"公道手机"购买三星手机一部，发票由平慧仪贸易公司开具。后常某到交货地点所在地法院起诉，请求判令平慧仪贸易公司支付常某在淘宝网上购买假手机的一倍赔偿金、淘宝网络公司双倍赔偿常某购买增值服务的费用等。淘宝网络公司根据上述协议管辖的约定，向法院提出管辖权异议。法院生效裁定认为，本案属于合同纠纷。本案中，常某要与卖家"公道手机"通过淘宝网平台进行交易，须在点击同意淘宝网络公司提供的《淘宝服务协议》、成为淘宝网平台的用户后进行

① 广州市中级人民法院（2012）穗中法立民终字第1427号。

交易活动。常某与淘宝网络公司签订的《淘宝服务协议》第9条第3项约定，一旦产生争议以被告住所地人民法院为第一审管辖法院，该约定符合法律规定，淘宝网络公司住所地位于浙江省杭州市余杭区，故法院裁定支持了淘宝网络公司对本案提出的管辖异议申请。[①]

3. 法院审判管理模式分散，各地法院重视程度不一。经过调研我们发现，面对电子商务飞速发展的外部环境，法院内部对此类案件仍沿用旧有管理模式。通常而言，审理电子商务纠纷案件的部门就有立案庭、民事庭、商事庭、金融庭、知识产权庭等，客观上无法发挥专业审判的优势。全国各地法院对电子商务案件的重视程度也明显不足。阿里巴巴公司所在地杭州市中级人民法院，[②] 虽为全国电子商务领军企业所在地法院，但在“案多人少”的巨大审判压力下，该院并未针对电子商务纠纷的审理问题进行专人专项研究。而在同为电商云集地区之一的广州法院，电子商务纠纷的审判工作逐渐呈现喜人局面。广州市荔湾区人民法院自2013年开始，就与广州电子商务行业协会建立密切的沟通协调机制，在行业协会办公地点设立“法官工作室”，并于2013年完成《网络海外代购中消费者之诉权保障研究》的调研报告。广州市中级人民法院于2014年“3·15消费者权益保护日”前夕，发布了“电子商务审判十大典型案例”，全国各大媒体纷纷予以报道，引起了社会热烈反响。2014年5月15日，广州市中级人民法院成立全国首个电子商务审判合议庭，对商事审判中的电子商务纠纷案件统一归口审理。

4. 电商企业大胆创新，探索纠纷解决新模式。大量的电子商务纠纷不但给司法审判带来巨大的压力，也在客观上制约了电子商务自身的发展，为此部分大型电商企业也在积极探索电子商务纠纷的自力解决模式。如淘宝网络公司已经初步设立电子商务纠纷解决机制，[③] 由约2000名员工专门处理交易投诉，对疑难复杂纠纷引入社会化评判机制，组成“大众评审团”（一部分消费者、一部分生产商、一部分专业人士）投票决定处理结果。目前该公司已建立多达80万人的“大众评审员”库，年处理纠纷500万件以上，调解率达97%以上。此种不通过诉讼就使得纠纷得以化解的方式是电商企业的大胆尝试，也已然成为司法审判的有益补充。

---

① 北京市第二中级人民法院（2014）二中民终字第04517号。

② 课题组于2014年9月3日赴浙江省杭州市中级人民法院调研。

③ 课题组于2014年9月3日赴阿里巴巴公司、淘宝网络公司调研。

第二部分 电子商务合同纠纷地域管辖权的争议及解决

一、电子商务纠纷给地域管辖带来的挑战

（一）“方便当事人诉讼原则”的缺陷

随着电子商务不断向纵深发展，电子商务交易早就突破了传统的地理界限，电子商务从线下到线上，从国内到国际，逐步形成了庞大的网络交易空间。正如阿里巴巴公司的企业文化所言，阿里巴巴的目标是“让天下没有难做的生意”，从某种意义上说，弱化地理概念正是电子商务飞速发展的核心动力。由于电子商务突破了地理位置的限制，进行电子商务交易的双方发生争议时，不管在哪一方所在地法院进行裁决，均有可能造成另一方极大不便和沉重的诉讼成本负担。

（二）交易主体的虚拟性、复杂化

电子商务的主要交易模式包括企业与企业（B2B）、企业与消费者（B2C）、消费者与消费者（C2C）、企业与政府（B2G）、消费者与政府（C2G）、政府与政府（G2G）等。上述主体在互联网上主要是通过在网络上的注册名、ID、信用等级等展示其身份信息。当事人或法院在查明交易双方的真实身份方面存在障碍，线下的真实身份与线上的虚拟身份两者在地理位置、交易能力等方面均可能存在差异。在面对同一类型的电子商务纠纷时，人民法院适用同一地域管辖标准可能会出现截然不同的法律后果、社会效果。

（三）交易方式个性化、多样化

电子商务的网上交易模式，使商家可以更加全方位地展示产品及服务功能的内部结构，并通过与相对方进行互动沟通，满足相对方对产品、付款方式、交付形式等多方面的个性化需求，由此也导致当事人之间法律关系的复杂化。由于电子商务纠纷并非独立的案由，法律、司法解释也并没有专门规定电子商务纠纷的地域管辖标准，一个电子商务交易涉及的法律

关系可能存在多个方面，如在网上建立买卖合同关系时可能又涉及加工、运输、保险等多种法律关系，这为法院在确定地域管辖时带来极大不便。而且，线下履行地的确定也成为司法实践中行使地域管辖权的难点。

二、有关电子商务合同纠纷地域管辖的主要争议

（一）约定管辖条款的效力

根据司法实践和课题组赴电商企业调研的情况来看，目前各大电商企业制定的电子商务格式条款均有关于地域管辖的规定，且均约定涉及电商企业（网络交易平台提供者）的诉讼应由电商企业所在地的法院管辖。对此约定条款的效力，存在两种截然相反的观点：

1. 该约定条款无效。理由如下：一方面，在程序法未对如何判定约定管辖格式条款效力时，可以类推适用实体法的有关规定。而约定管辖条款属于格式条款，网络平台经营者没有尽到提示和说明义务。另一方面，约定管辖条款一般均是约定在发生争议时由网络平台经营者所在地法院管辖，该约定相对于消费者而言不公平、不合理。

2. 该约定条款有效。理由如下：管辖权争议属于民事诉讼程序争议，应该按照民事诉讼有关程序法的规定进行审查。而网络服务平台提供的格式条款有关约定管辖的规定符合《民事诉讼法》有关协议管辖的规定。

（二）合同履行地的认定争议

根据《民事诉讼法》的规定，合同纠纷由被告住所地或合同履行地管辖。从司法实践看，目前的争议主要集中在网络购销合同的合同履行地如何认定。对于这一问题，主要有如下几种观点：

观点一：电子商务交易方式的特点决定了电子商务合同的履行地点的不明确，根据《合同法》第62条第3款的规定，履行地点不明确的，给付货币的，在接受货币一方所在地履行；交付不动产的，在不动产所在地履行；其他标的，在履行义务一方所在地履行。从司法实践看，按照这种观点，买受人作为原告起诉的案件，基本均将由网络交易平台提供者、商品

经营者所在地法院管辖。[①]

观点二：电子商务交往中一般均有约定买受人的收货地址，该收货地址应视为双方约定的合同履行地。在第三方支付平台消费模式下，即使是采用买受人支付邮费的交易方式，消费者也不是货物在运输途中丢失的风险责任承担主体，而是绝对的权利主体，其既可以依据合同向买受人主张，亦可以基于运输合同中为消费者设定的收货权利向运输方主张权利。快递运输方与卖方在交付义务上应向消费者承担货物（快件）交付的连带责任。[②] 从司法实践看，按照这种观点，买受人作为原告起诉的案件，基本均将由买受人所在地法院管辖。

观点三：按邮费的支付主体不同进行区分。若采用买受人支付邮费的方式进行交易，合同的履行地为卖方所在地；若采用卖方包邮的方式进行交易，合同的履行地则为买受人所在地。

三、电子商务合同纠纷地域管辖权争议的解决思路

（一）双方有约定管辖的情形

我们认为，电子商务合同关于合同争议管辖的条款一般由网络交易平台提供者或商品经营者提供，该条款属于合同格式条款无疑。对于合同格式条款的效力如何审查，我们认为，由于参与交易的双方均为商事主体，故应该按照《合同法》的规定进行审查。具体而言，可能涉及如下几个方面的问题：

第一，格式条款有关地域管辖的约定，应该根据《合同法》第 39 条、第 40 条、第 41 条、第 52 条、第 53 条的规定进行审查。

第二，有关管辖的格式条款应当以何种方式提请参与电子商务交易的人注意的问题。根据《合同法》第 39 条的规定，提供格式合同的一方应当采取合理的方式提请对方注意免除或者限制其责任的条款，按照对方的要求，对该条款予以说明。我们在司法实践中发现，目前有关电子商务地域

---

① 淘宝网络公司在上述北京市第二中级人民法院（2014）二中民终字第 04517 号管辖异议纠纷中也以此作为其主张的理由。

② 钱柏成：《第三方支付平台下快递货物丢失的风险承担》，载《人民法院报》2014 年 7 月 23 日第 7 版。

管辖的条款均规定在电子商务合同的众多条款之中，电子商务平台经营者或商家并未对该条款进行特别的标注或说明，故在发生纠纷时面临司法审判机关不予适用的风险。①

在此需要进一步探讨的是，如何认定电子商务平台经营者或商家是否以合理方式提请了相对人注意。从司法实践来看，电商企业显然尚未注意到这一问题，或即使注意到此问题，但由于电子商务纠纷并未对电子商务的发展构成大的障碍或影响，电商企业对此并未引起足够的重视。我们认为，虽然参与电子商务交易的商事主体具有较高地交易能力和注意义务，但鉴于电子商务尚属于新颖的交易方式，故对提供格式管辖条款的电商企业仍然应该提出较高的要求。在具体的把握上，可以参照《最高人民法院研究室关于对〈保险法〉第十七条规定的“明确说明”应如何理解的问题的答复》(法研〔2000〕5号）所确定的原则。②

第三，关于电子商务合同地域管辖的约定是否涉嫌构成《合同法》第40条规定的加重对方责任、排除对方主要权利的问题。我们认为，《民事诉讼法》明确规定了合同当事人可以对合同的管辖法院进行约定，立法已经排除了此种约定违法性的嫌疑，故对此问题不应存有疑义。

（二）双方无约定管辖的情形

在此情形下，按照法律、司法解释的规定，电子商务合同纠纷的管辖地为被告住所地或合同履行地。对于被告住所地，司法实践中一般并无争议，对于合同履行地的确定，我们认为应区分解决。

第一，对于法律、司法解释为统一司法裁判标准，对合同的履行地有明确规定的情形，应该按照法律、司法解释的规定予以认定。

第二，对于法律、司法解释没有明确规定的场合，应该区别网络服务合同和网络购销合同予以讨论。

对于网络服务合同纠纷，如网络广告、域名注册、关键词竞价排名纠纷等，应以提供服务义务所在地作为合同履行地。对此的判断标准，一般

---

① 广州市中级人民法院（2012）穗中法立民终字第1427号。

②《最高人民法院研究室关于对〈保险法〉第十七条规定的“明确说明”应如何理解的问题的答复》(法研〔2000〕5号）规定：“这里所规定的‘明确说明’，是指保险人在与投保人签订保险合同之前或者签订保险合同之时，对于保险合同中所约定的免责条款，除了在保险单上提示投保人注意外，还应当对有关免责条款的概念、内容及其法律后果等，以书面或者口头形式向投保人或其代理人作出解释，以使投保人明了该条款的真实含义和法律后果。”

可以提供服务一方的住所地或主要办事机构所在地作为认定合同履行地。而对于网络购销合同纠纷，一般应将买受人收货地址所在地视为合同履行地，理由如下：

首先，电子商务交易的双方缔结合同是通过虚拟网络进行的，与传统的商务交易方式相比，很多情况下参与交易的双方对彼此的情况掌握得并不充分。在卖方将交易的货物交付给买受人之前，买受人一般只是通过卖方在网络上发布的文字、图片等介绍认识交易标的物，缺乏进行检验、检查的便利条件。在此情形下，将合同履行地界定为买受人收货所在地，可促使卖方更加勤勉地履行交付交易标的物的义务。

其次，从电子商务交易的付款方式看，以天猫商城为例，买受人大量采用的是通过支付宝的方式付款或到付（收取货物时同时付款），采用支付宝付款的情形下，买受人所支付的货款首先会存入支付宝交易保证金账户。只有买受人收到货物并向支付宝发出确认付款指令后，支付宝才会将买受人缴纳的交易保证金支付给卖方。采用到付的方式进行交易的法律性质与采用支付宝方式付款相同。上述两种付款形式均明显体现出买受人只有确认所购买的货物无误后才付款的特征，其隐含的要求卖家承担货物在交付买受人之前的所有交易风险的意义不言而喻。

其三，网络购销合同有明确的收货地点，并不存在履行地点不明确的问题。而且，即使认为存在履行地点约定不明的情形，根据《最高人民法院关于适用〈中华人民共和国民事诉讼法〉若干问题的意见》第 19 条的规定，货物送达地也应该是合同履行地，而不符合《合同法》第 62 条第 3 款规定的条件。

其四，从调研情况看，目前网络购销合同中关于邮费的负担，商家一般都是将其作为一种促使买受人增大交易额的手段。在买受人购买的金额达到一定数额时，邮费则由卖家负担。这种运输费用的负担与传统商事交易中涉及的运输费用的负担的性质显然不同。在电子商务交易模式下，邮费的负担是作为促销的一种手段；而在传统交易模式下，运输费用更多地是被计入交易的成本。综上，我们认为，不宜从邮费支付主体方面界定电子商务合同履行地。

最后，电子商务是网络技术的发展和网络普及的产物。现在，我们正在逐步跨进大数据时代。电子商务的高效性特点将愈发突显。在此情形下，卖家如果不愿意面对在发生纠纷后可能需要到买受人所在地解决的风险，完全可以在其提供的交易条件关键词设置等方面进行明示的设置。如此，买受人进行相应交易机会的搜索，将自动筛选出符合交易双方预期的交易对象，促进交易的高效和便捷。

（三）特殊情形：电子商务消费合同地域管辖的确定

2013 年 9 月 17 日，最高人民法院有关负责人在全国法院商事审判工作座谈会上明确强调要“深化商事审判理念，尊重商事审判工作的客观规律”。在价值追求上，民事审判侧重于对人的生存与发展的保护，可以概括为以人为本；商事审判则侧重于鼓励交易，增进财富，以交易的安全和快捷为目的。民事案件强调对弱者的特殊保护，以实现交易结果公平、实质公平。商事审判更侧重保护当事人的缔约机会公平、形式公平，强调意思自治、风险自担。鉴于此，我们认为，在解决电子商务地域管辖问题时，还应该注意区分以盈利为目的的商事合同和以生活消费为目的的消费合同。对于电子商务消费合同地域管辖的确定问题，从国内外的立法和司法实践看，保护消费者的合法权益应该是处理这类纠纷首先需要考虑的价值取向。

电子商务消费合同纠纷，应以消费者所在地法院专属管辖为原则，以消费者自愿选择电子商务所在地法院或国际私法中规定的“定向规则”为例外。具体理由如下：

1.《消费者权益保护法》第 5 条第 2 款规定：“国家采取措施，保障消费者依法行使权利，维护消费者的合法权益。”第 26 条第 2 款、第 3 款规定：“经营者不得以格式条款、通知、声明、店堂告示等方式，作出排除或者限制消费者权利、减轻或者免除经营者责任、加重消费者责任等对消费者不公平、不合理的规定，不得利用格式条款并借助技术手段强制交易。格式条款、通知、声明、店堂告示等含有前款所列内容的，其内容无效。”以消费者所在地法院专属管辖为原则，可以有效方便消费者行使诉讼权利，保护消费者利益。

2. 最高人民法院有关负责人在全国法院商事审判工作座谈会上还称，民事案件强调对弱者的特殊保护，以实现交易结果公平、实质公平。如果在消费合同地域管辖方面将消费者和经营者不做区分，将可能因诉讼程序设置形式平等导致实际行使权利实质的不公平。

3. 从我国电子商务发展现状来看，电商企业集中于几个较大的城市，如淘宝网络公司位于杭州市，京东公司、1号店位于北京市，唯品会位于广州市。据调查，从事网上电子商务交易的商家也主要分布于北上广等大城市。如果电子商务纠纷集中由上述几个大城市所在地法院管辖，当地法院可能将不堪重负，客观上也会加大消费者维权的成本，阻碍电子商务纠纷的解决。

4. 从国际私法的发展和规定看，《关于民商事管辖权和判决承认与执行公约》(又称《布鲁塞尔公约》) 第13～15条规定，在一缔约国有住所的消费者，可以在其住所地法院或合同相对方住所地法院起诉。然而，消费者合同的相对方只能在消费者住所地法院起诉消费者。① 学理上，该原则一般被称为消费者原地保护管辖原则，该原则也逐渐得到国际社会的承认。我国幅员辽阔，该原则确立的保护消费者的精神当为我们确立电子商务消费合同地域管辖法院的有益参考。

5. 在上述《布鲁塞尔公约》中，为解决不过分保护消费者的问题，还规定了“定向规则”的概念，其大意为如果电商企业并无意在消费者所在地国家进行电子商务交易活动，交易的建立和完成是因消费者主动行为所形成，则消费者原地管辖原则不得适用。该规则在我们解决国内的电子商务消费合同纠纷时虽然无法直接适用，但我们认为，该规则确立的原则仍然可以为确立电子商务地域管辖问题提供有益启发。具体而言，如果电商企业已经采取必要的技术或其他措施限制其交易对象仅限于某个区域，而消费者通过积极的行为促成交易，且该交易的区域明显超出电商企业的预期的，则该合同纠纷不得适用消费者所在地法院专属管辖原则。

第三部分　网络商品交易的概念及相关法律关系的界定

一、网络商品交易的概念及形式

网络商品交易俗称“网购”，2014年3月15日施行的《网络交易管理办法》第3条规定，网络商品交易是指通过互联网销售商品或者提供服务

① 李双元、欧永福、熊之才编：《国际私法教学参考资料选编》(中册 程序法)，北京大学出版社2002年版，第1086～1098页。

的经营活动。在网络商品交易的几种模式下，B2B 模式是电子商务中历史最长、发展最完善的商业模式。企业作为市场最主要的主体，在电子时代中借助信息传播的便利性和相对低廉的价格优势，有效地降低了交易环节的投入，扩大了市场机会，增加了企业利润。随着电子商务的进一步发展，B2C、C2C 模式在网络商品交易中起着越来越核心的作用。

一个完整的网络商品交易操作流程主要包括：商品经营者通过互联网发布商品信息→买受人通过互联网检索相关商品信息→买受人通过电子订购单发出购物请求→商品经营者确定订单信息→买受人网上支付→商品经营者邮寄送达购买商品→买受人签收商品并进行确认付款。因此，商品经营者需要在虚拟网络空间展示其商品或服务以吸引潜在的买受人，同时，买受人也希望通过最简便、快捷、直观的方式了解到最多的商品、服务信息。网络交易平台提供者恰好在其中起到了连接商品经营者与买受人的桥梁作用。依托于网络交易平台提供者发展起来的网络商品交易活动，基于此而展现出与传统交易形式不同的新特征。鉴于 B2B 形式在现实的司法实践中出现的案例极少，其发展及内部处理纠纷的方式已经极为成熟，我们在这次调研中不将其纳入主要的调研内容。在下面的部分，我们主要就 B2C、C2C 模式下产生的问题进行讨论。

二、网络商品交易所涉法律关系的界定

一次完整的网络商品交易活动，通常需要由三个主体共同作用而完成，分别为：商品经营者、买受人以及网络交易平台提供者。因此，一个网络商品交易活动，同时产生三种不同的法律关系，我们认为，这三种不同的法律关系应当清晰界定，区别对待。

（一）商品经营者与买受人

两者之间形成买卖合同法律关系，适用《合同法》有关买卖合同的一般规定。不同于传统的实体店消费，网络商品交易因网络交易平台提供者的加入及所起到的不同作用，在明确卖方主体身份时需要进行区分。我们需要特别提请注意的是，买受人在网络购物过程中往往忽视一个重要问题，即网络交易平台提供者不一定是买卖合同的相对方。一般情形下，网络交易平台提供者与买受人之间不构成买卖合同关系，不承担相应的赔偿

责任。买受人在网上购买商品或服务时，不宜抱有“在大网站购物质量有保证”的观念，大型网站有可能仅为交易平台的提供者。在卢某诉腾讯公司、某电子商务公司买卖合同纠纷一案①中，这种关系即表现得十分明显。2012 年 6 月 19 日，卢某在腾讯公司经营的“QQ 网购”网站上购买了四款贝佳斯品牌的化妆品，化妆品由某电子商务公司开具发票。卢某向贝佳斯公司咨询后认为“QQ 网购”上销售的贝佳斯是假货，故起诉腾讯公司、某电子商务公司，要求两公司共同赔偿卢某货款损失。法院经审理认为，在“QQ 网购”中涉案四种商品的详情页面均载明“本商品由天天网提供”，而腾讯公司的经营范围并无销售普通商品的项目。从而认定，某电子商务公司是商品的销售者，腾讯公司实为提供“QQ 网购”网络交易平台服务的经营者，腾讯公司与卢某构成服务合同关系而非买卖合同关系，故判决驳回卢某对腾讯公司的诉讼请求。在该案中，腾讯公司仅作为网络交易平台提供者参与交易过程，并未参与实际的买卖法律关系，不承担卖方责任。因此，明确卖方身份是买受人成功主张权利的第一步。

我们调研发现，虽然不同的网络交易平台提供者在界定其自身地位以及提供服务方面各有不同，但从目前位居全国电商排名前三位的淘宝网、京东商城、唯品会的交易模式来看，实践中存在如下几种情况：

1. 以淘宝网为代表的网络经营模式。淘宝网仅提供虚拟经营场所和网络空间，不进行商品的宣传和销售。与买受人发生买卖合同关系的商品经营者是经审核后进入该网络空间的各个具体从事商品经营或服务的自然人或法人，与商品买卖有关的所有权利义务非由法律特别规定，均应由商品经营者承担，网络交易平台提供者不承担卖方责任。

2. 以京东商城为代表的网络经营模式。京东商城可以作为网络交易平台提供者仅提供平台服务，实际的买卖关系发生于买受人与进驻京东商城的经营者之间，具体表现为商品信息页面上直接标注“由某某商家直接发货并承担售后服务”。在该种情形下，京东商城承担卖方义务的条件与淘宝网相同。此外，京东商城也作为商品经营者，与买受人直接发生买卖合同关系，承担卖方法律义务，具体表现为商品信息页面上直接标注“京东自营”。在该种情形下，京东商城既作为网络交易平台提供者，又作为商品交易的出售方，身份出现重合。

---

① 广州市中级人民法院（2013）穗中法民二终字第 199 号。

3. 以唯品会[①]为代表的网络经营模式。无论是作为网络交易平台提供者还是商品经营者，唯品会承诺从其网站上购买的商品均由其承担直接的卖方责任，买受人均可向唯品会直接主张权利。在该种情形下，无论唯品会是作为网络交易平台提供者还是商品经营者，因其对买受人权利作出的单方优惠承诺，即使其并非商品实际出卖人，买受人仍然有权选择直接向唯品会主张权利。买受人在所购商品或服务出现瑕疵时，增加了一种救济途径的选择。而由于唯品会在商品交易过程中是直接面对买受人，在商业信誉、经济实力、组织稳定性方面相较于分散的卖方更具优势，买受人通常会直接选择向唯品会主张权利。

（二）商品经营者与网络交易平台提供者

两者之间的法律关系，目前理论界有委托代理法律关系、行纪法律关系、居间合同关系、柜台租赁法律关系、合作经营关系、技术服务关系等不同看法。[②] 其中，居间合同关系、柜台出租法律关系及技术服务法律关系三种说法较为普遍。各种说法都有自己一定的理论基础。我们认为，将双方之间的关系定为网络服务法律关系较为妥当。理由如下：第一，双方关系成立的基础和主要内容，是网络交易平台提供者通过设备、技术服务为商品经营者从事在线商品经营提供媒介和条件。相较于经营者变化的灵活性，这种服务的提供往往更为持久和稳定。第二，商品经营者的商品信息、宣传、订立合同的要约、承诺，均需通过网络交易平台提供者提供的服务传递。离开网络交易平台提供者提供的服务，电子商务交易的特征便不复存在。第三，网络交易平台提供者是本平台开展电子商务活动的交易规则制定者、是进入本平台交易主体的审核者、是交易信息资料的储存与保管者。基于这些身份，网络交易平台提供者的法律定位应为网络服务提供者，其与经营者成立的法律关系应当定性为网络服务法律关系。商品经营者借助网络交易平台提供者进行商品网络销售，双方订立协议，明确双方在平台进入和退出、商品和服务质量安全保障、买受人权益保护等方面的权利、义务和责任。该协议是双方意思自治的产物，应当作为规范各方权利义务的基础。同时双方也应当遵守《网络交易管理办法》对各方权利

---

① 调研组于 2014 年 7 月 4 日赴唯品会公司调研。

② 高俊、胡皓渊、宋永泉编著：《网络交易法律实务》（下册），法律出版社 2006 年版，第 51～64 页。

义务的相关规定。

（三）买受人与网络交易平台提供者

除第一种关系中讨论的几种情况外，我们认为，两者产生网络服务法律关系。在淘宝网、京东商城、唯品会、当当网、1号店等热门电商网站进行网络购买活动的前提，是注册成为该网站的会员。通常情况下，该种入会并不需要支付费用，这也是我们认为双方并非成立居间法律关系的一个重要因素。潜在的买受人在注册成为会员后，享有网络交易平台提供者提供的免费服务，包括浏览商品信息、寻找合适卖家、发出购买要约、通过网络交易平台提供者提供的支付方式支付对价等。在商品交易过程中，若无网络交易平台提供者的特别承诺，买受人不得直接向网络交易平台提供者主张权利。网络交易平台提供者的义务主要来自于法律的特别规定。依照《网络交易管理办法》的相关规定，网络交易平台提供者应当承担配合调解、协助维权、保存交易信息等法定义务。新修订的《消费者权益保护法》第44条规定了网络交易平台提供者承责的几种情形：不能提供销售者或者服务者的真实名称、地址和有效联系方式的；[①] 网络交易平台提供者作出更有利于消费者的承诺的；网络交易平台提供者明知或者应知销售者或者服务者利用其平台侵害消费者合法权益，未采取必要措施的。据此，网络交易平台提供者在审核销售者或服务者准入其交易平台时，应更为审慎，并应加强对在其交易平台上经营的商家的监督管理。否则，交易平台提供者亦将面临承担责任的风险。

我们认为，网络交易平台提供者在与买受人发生的法律关系中，其作为免费的网络服务提供者，在通常的买卖法律关系中不应承担普通卖方责任。但基于对消费者权益的特殊保护，其仅应当在《消费者权益保护法》规定的几种特殊情形下承担责任，具体到司法实践：

第一，消费者依据《消费者权益保护法》第44条的规定，要求网络交易平台提供者承担责任时，应当将实际出卖方列为共同被告或第三人。当

① 参见《商家承担缔约过失责任赔偿直接损失——网店现超低价“乌龙”信息　消费者抢购后订单被取消》，载《人民法院报》2014年9月11日第3版。上海市浦东新区法院审理的消费者与“1号店”网络购物合同纠纷案件中，浦东新区法院以“1号店”明确表示拒绝向消费者披露卖家旗舰店的真实名称、地址和有效联系方式为由，判决“1号店”作为交易平台提供者，直接向消费者承担赔偿责任。

消费者仅起诉网络交易平台提供者时，法院应当依法主动追加出卖方为当事人参加诉讼。因为网络平台提供者承担责任的前提是买卖法律关系的产生，虽然两者最终承担法律责任的事实基础和法律依据不同，但基础关系参加者的进入，更利于事实的查明。

第二，消费者以网络交易平台提供者“不能提供销售者或者服务者的真实名称、地址和有效联系方式”为由，要求网络交易平台提供者单独承担责任时，应由网络交易平台提供者举证证明其能提供上述信息。至于网络交易平台提供者的举证能否免除其责任承担，应综合考察其有无在资格审查、信息保存、动态监管等方面尽到审慎注意义务。消费者从购买商品到提起诉讼，中间存在或长或短的时间间隔，网络交易平台能否提供商品经营者真实名称、地址和有效联系方式的时间点界定，不应“一刀切”，而应根据综合情况进行判断。

第三，在举证责任分配方面，网络交易平台提供者作为交易信息的保存方，具有更强的举证能力和更为经济的举证成本，应赋予网络交易平台提供者更多的举证义务。消费者仅需提供其权利受到损害的初始证据即可，网络交易平台提供者应提供证据证明其不满足法律规定的承责条件。①在认定网络交易平台提供者是否明知或者应知销售者利用其平台侵害消费者合法权益时，可参照适用《最高人民法院关于审理利用信息网络侵害人

---

① 在广东省高级人民法院审理的（2014）粤高法民一提字第 52 号民事案件中，对于浙江天猫网络有限公司应否为广州市宝生园有限公司虚假宣传的卖方行为承担连带责任问题上，广东省高级人民法院认为：宝生园公司利用天猫公司提供的网络交易平台出售商品，虽需交付一定费用，但服务的有偿性并不等于双方构成共同经营。消费者在网络购物时对于卖方身份为宝生园公司是知晓的，天猫公司并非买卖合同当事人。天猫公司应否在本案承担责任，关键是如何认定天猫公司事前审查义务的程度和条件。对于宝生园公司发布的虚假广告信息，天猫公司并无预见能力。若要求网络交易平台提供者承担对此类信息的事前审查义务，则其必须对商品信息逐一筛查，有违电子商务便捷、迅速特点，也将不适当增加运营成本。因此，在天猫公司未直接参与或实施侵权行为时，应限制其对商品经营者的侵权行为承担连带责任的条件。至于天猫公司能否因《消费者权益保护法》第 44 条规定的条件承担责任，首先，天猫公司已经提供准确的商家信息，保障消费者有效、及时维权；其次，本案消费者在提起本案诉讼前，未就其主张的虚假宣传、违法广告通知天猫公司，没有证据证明天猫公司知道宝生园公司利用其网络服务实施虚假宣传后未采取必要措施。综上，天猫公司作为网络交易平台提供者，在本案不应承担法律责任。

身权益民事纠纷案件适用法律若干问题的规定》第 9 条的相关认定标准。①

第四部分 电子商务发展衍生的新类型纠纷解析

一、网络“秒杀”

（一）“秒杀”的法律性质

“秒杀”原是电脑游戏中的名词，现已延伸到网络购物，其实质是“抢拍”的一种表现方式。通常由网络卖家提前发布超低价格商品信息，要求所有买受人在同一时间进行网上抢购，由于商品价格低廉，往往一上架就被抢购一空，有时只用一秒钟，故称“秒杀”。我们认为，如无特别说明，商品经营者发布“秒杀商品”信息，无论是为宣传与商品本身无关的商业活动，还是为销售商品，该“秒杀宣传”本身即为经营者拟订立买卖合同的一种要约，买受人在规定时间“秒杀成功”即为同意订立买卖合同的一种承诺。商品价格是否与其真实价值相当，并不影响买卖合同的成立。

（二）“秒杀”的法律效力分析

“秒杀商品”价格通常远远低于其市场价格，与一般商品买卖等价有偿、公平合理原则相悖，故在认定“秒杀”行为效力时，除应考虑买卖法律关系成立的一般要素外，我们认为，还应综合考虑以下几个方面：第一，“秒杀”宣传中对购买者身份、购买数量等是否作出特别限定；第二，

① 《最高人民法院关于审理利用信息网络侵害人身权益民事纠纷案件适用法律若干问题的规定》第 9 条规定：“人民法院依据侵权责任法第三十六条第三款认定网络服务提供者是否“知道”，应当综合考虑下列因素：（一）网络服务提供者是否以人工或者自动方式对侵权网络信息以推荐、排名、选择、编辑、管理、修改等方式作出处理；（二）网络服务提供者应当具备的管理信息的能力，以及所提供服务的性质、方式及其引发侵权的可能性大小；（三）该网络信息侵害人身权益的类型及明显程度；（四）该网络信息的社会影响程度或者一定时间内的浏览量；（五）网络服务提供者采取预防侵权措施的技术可能性及其是否采取了相应的合理措施；（六）网络服务提供者是否针对同一网络用户的重复侵权行为或者同一侵权信息采取了相应的合理措施；（七）与本案相关的其他因素。”

根据商品宣传信息及“秒杀”成功的几率，对经营者拟订立买卖合同的真实意思作出判断；第三，找出造成结果与预期相悖的原因所在，考虑造成该原因的主观过错因素；第四，评估买受人的实际损失情况，查明双方是否就损失赔偿作出特别约定。在此基础上，以双方的真实交易目的为基础，兼顾公平合理原则，对法律行为的效力作出具体认定。

案例：2011 年 8 月 3 日，纳纳网在互联网上发布广告，对海尔音箱 H97 进行“秒杀”促销，市场价为 500 元，促销价格为 0.01 元，界面上显示有限购数量。刘某成功下单，购买 100 台，随即通过支付宝将货款 1 元转给纳纳网。后因纳纳网未向刘某交付货物而发生纠纷诉至法院，刘某诉请纳纳网赔偿 9900 元损失（按每台 100 元计算 99 台的损失）。法院认为，刘某之所以能够秒到 100 台音响，是因为该购物网站出了技术故障。① 一般情况下，对“秒杀”商品的数量是有限制的，出卖方的本意是就一台音响“秒杀成功”形成合意，为平衡双方当事人的利益，故判决该购物网站应向刘某支付一台音响的赔偿款 100 元，后双方均未上诉，该判决已发生法律效力。②

二、网络“团购”

（一）“团购”的概念和形式

网络团购，是指一定数量的买受人通过互联网渠道组织成团，借助互联网的凝聚力量聚集资金，加大与商家的谈判能力，取得价格上的优惠，以折扣购买同一种商品。2013 年团购市场交易额累计达 532.89 亿元，与 2012 年相比环比大涨 52.8%，交易额净增 184 亿元。③ 常见的团购网站有美团网、大众点评网、拉手网等专业团购网站，以聚划算、京东团购为主的团购平台，以及聚美优品、知我网等垂直或中小型团购网站，网络团购已成为网络购物的一种重要的交易形式（见图六）。

---

① 关于电子错误，属于电子商务纠纷另一需要深入研究和探讨的问题，限于研究的重点和篇幅，在此不予展开。

② 广州市海珠区人民法院（2011）穗海法民二初字第 1454－1462 号。

③《2013 年度中国电子商务市场数据监测报告》，载 http：//www.100ec.cn/zt/2013ndbg/，访问时间：2014 年 10 月 20 日。

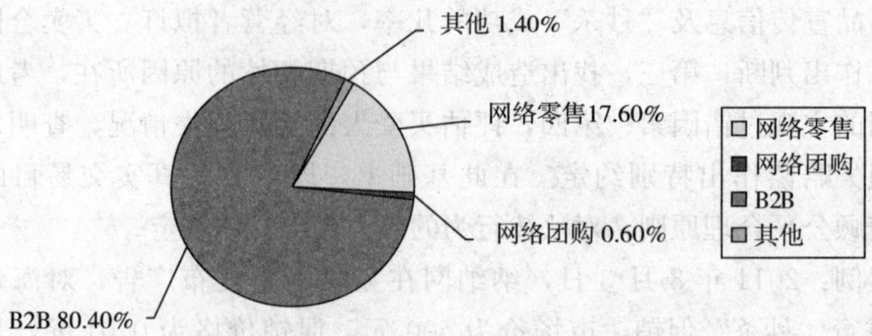

图六　2013 年中国电子商务市场细分行业构成图[①]

从法律角度来分析，网络团购的形式主要有以下三种：第一，买受人通过网络自发组织的团购。此种团购中，所有参与网络团购的都是买受人，组织者作为买受人之一通过网络将零散的买受人组织起来，以团体的优势与销售者谈判。第二，销售者通过网络组织买受人团购。此种团购中，销售者通过网络发布团购信息，邀请买受人参与团体采购，销售者自愿将价格降低至比单个采购更低的水平。第三，专业团购组织通过网络组织团购。此种团购中，专业团购组织既不是买受人，也不是销售者，而是为了帮助买受人购买商品而提供服务的自然人或法人。

（二）网络“团购”的性质和效力

在上述第一、第二种“网络团购”形式下，只有销售者与买受人两个主体，双方形成一般的买卖合同关系。但在第三种形式下，因为第三方组织者的介入，使得团购法律关系显得更为复杂。我们认为，专业团购组织通过网络组织的团购应当根据第三方组织者在促成交易成功中所起的作用，进行分类认定：

1. 第三方组织者为买卖双方提供居间服务。组织者通过网络联络买受人，为促成买受人与销售者达成买卖合同提供中介服务，收取居间费用。对于买卖中所发生的问题，组织者不承担买卖法律责任。

2. 第三方组织者接受委托买卖商品。组织者通过网络发布商业广告，联络买受人委托自己代为购买商品。组织者按照买受人的要求，以自己名义购买商品后交付买受人，从买受人处收取一定的报酬，双方形成委托合同关系。

① 数据来源：中国电子商务研究中心，www.100ec.cn.，访问时间 2014 年 10 月 20 日。

三、网络“域名”

（一）域名的概念及法律性质

域名是企业、政府、非政府组织等机构或者个人在域名服务商上注册的名称，是互联网上企业或机构间相互联络的网络地址。域名与 IP 地址是网络地址的两种表现形式，二者之间是一一对应的。

关于域名的法律性质，国内外立法并没有进行明确规定。国内法学理论界对于域名的法律性质则主要有以下几种观点：一是民事权利说，[①] 该说认为，域名涉及何种权利目前尚不清楚，故为保护这种新型法律利益而概括性地将其认定为一种民事权益。二是知识产权说，持这种观点的学者相对最多，但关于域名属于哪一类知识产权客体亦无统一意见，部分学者认为，域名具有版权和工业产权双重属性，[②] 部分学者则认为，域名是一种新的知识产权客体。[③] 三是权利否定说，该说认为，没有必要赋予域名一定的权利并对之进行保护，亦无必要将域名作为一种独立的新型知识产权进行保护。[④]

（二）司法实践中域名纠纷常见问题分析

域名属于具有较强专业性的网络通讯技术领域，一般的社会公众对于域名往往缺乏必要的认识及交易经验，目前司法实践中常见的涉域名纠纷正是来源于此。我们试举两例予以说明：

案例一：“梦搜移动 3G 网址”平台是梦搜公司开发提供的一个类似于谷歌、百度的搜索网站，其网址为 www.3g518.com。华跃公司是梦搜公司的代理商之一。梁某受邀参加华跃公司举办的“2011 全国最佳商业模式普及工程活动交流会”，并现场交费注册了以“环保建材”为关键词的 3G 网址。后梁某认为受骗而诉至法院请求撤销合同。法院认为：华跃公司宣

---

① 蒋志培：《中国域名纠纷案件的司法实践与理论探索》，载《CNNIC 通讯》2001 年第 8 期。

② 肖黎明：《论域名的知识产权保护》，载《律师世界》1999 年第 4 期。

③ 吴汉东、胡开忠等：《走向知识经济时代的知识产权法》，法律出版社 2002 年版，第 383 页。

④ 唐广良：《域名的属性及其注册管理》，载 http：//www，iolaw. org. cn/showArticle. asp? id=1190，访问时间：2012 年 10 月 5 日。

传其3G网址具有唯一性、稀缺性和增值性，而梁某并非通信行业或网络行业的专业人士，对通信行业和网络行业的术语缺乏了解，对3G技术和网址亦缺乏必要的知识和交易经验，其对涉案服务合同标的“3G网址”存在认识上的显著缺陷。梁某签订合同是基于“3G网址”具备3G技术的先进性以及华跃公司宣传该网址具有唯一性、稀缺性，能够带来升值利益。而华跃公司、梦搜公司提供的“3G网址”服务与通常意义上的3G技术和3G网络并无直接关联，梁某在www.3g518.com的网站上所注册的二级域名在互联网中亦不具有唯一性和稀缺性，导致梁某订立合同的目的无法实现。上述情形已经构成重大误解，故判决撤销合同。①

案例二：何某与掌顺公司签订合同购买易查网页搜索平台中的搜索关键字“广东律师网”。后何某认为签订该合同存在重大误解，故诉至法院请求撤销合同。掌顺公司在诉讼中提出，何某作为资深律师，是一名专业人士，其签订合同并不存在重大误解。法院认为：掌顺公司的鼓动性、煽动性宣传使何某对合同履约后果产生了重大误解。何某作为专业律师，一般情况下在签订合同时负有比一般人更高的注意义务。但结合涉案合同签订情形，不能排除掌顺公司在涉案营销活动中根据律师的特点采取了有针对性的营销策略的可能，且合同文本在名称、字体等方面的编排容易使人对其实质内容产生误解，足以认定何某签订合同时的专业判断受到不恰当的影响，故何某的律师身份并不影响本案合同存在重大误解情况的认定。②

以上两个案例在目前法院审理的涉域名纠纷案件中有较强代表性，其反映出目前大部分涉域名纠纷案件的争议焦点：合同双方当事人在订立合同时是否存在重大误解的情形。对此，我们认为主要应审查以下三方面因素：(1) 缔约环境是否有利于当事人作出客观理性的正确判断。如上述两个案例中，双方交易采用格式合同文本，域名服务商对相关格式条款及交易内容未进行充分说明；而且，域名服务商在营销中使用了诸如“新的财富风暴”“抓住时代机遇，开启财富之门”“稀缺性、唯一性、增值性”等带有煽动性质的宣传语，其宣传资料中均载有大量权威机构及知名媒体名称，并采用“专家宣传”的现场营销方式，此种宣传方式容易使交易相对方产生错误信赖并进而对双方交易内容发生错误认识。(2) 缔约主体是否

① 广州市中级人民法院（2013）穗中法民二终字第1397号。

② 广州市中级人民法院（2014）穗中法民二终字第304号。

专业人士、有无域名相关交易经验。通常认为，专业人士在商事交易中负有比一般人更高的注意义务，但这并不意味着对任何专业人士均不适用重大误解制度。一方面，专业区分不同领域，某一领域的专业人士并非对所有领域都具有高于一般人的认识；另一方面，专业人士所负有的较高注意义务亦有其合理限度，诸如交易环境具有较强针对性、交易相对方有意引发误解的行为等因素，都可能使专业人士即使在尽到其较高注意义务的情况下仍然产生重大误解。（3）缔约结果是否导致一方当事人遭受较大损失。值得注意的是，合同价款本身也可能属于当事人的损失，例如，在服务费用偏高且一方当事人因发生错误认识而导致其合同目的落空的情况下，可认定其遭受了较大损失。

四、网络“关键词竞价排名”

（一）竞价排名服务的概念与性质

网络关键词竞价排名服务，是指搜索引擎服务商向客户提供的以网络关键词付费高低为标准，对购买同一关键词的网站链接，在网民的搜索结果中进行先后排序的一种网络营销模式。①

关于竞价排名服务的法律性质争议，主要集中于网络搜索关键词竞价排名服务是否属于商业广告。我国司法实践对此也有不同的观点，比如北京沃力森信息技术有限公司诉八百客软件技术有限公司一案②与台山港益电器有限公司诉北京谷翔信息技术有限公司一案③。前案中，法官认为竞价排名本质上属于信息检索技术服务，并非《广告法》所规范的广告服务；后案中，法官认为该方便互联网使用者搜寻网站链接的行为本质上仍是一种通过特定媒介“广而告之”的广告行为。我们认为，竞价排名的法律性质仍为商业广告，理由如下：第一，竞价排名根本目的就在于使参加竞价排名的网站链接更易于得到更多关注和点击，这种目的与商业广告的“广而告之”是一致的。第二，参加竞价排名的网站内容往往是对特定商品、服务的介绍、推荐或销售页面，这与商业广告的内容是相符合的。第

① 宋亚辉：《竞价排名服务中的网络关键词审查义务研究》，载《法学家》2013年第4期。

② 北京市第一中级人民法院（2010）一中民终字第2779号。

③ 广东省广州市白云区人民法院（2008）云法民三初字第3号。

三，我国理论界多数学者①与美国也都将竞价排名定性为商业广告。

（二）竞价排名相关审判实践问题

在实践中，涉及竞价排名的相关案件主要是搜索引擎服务提供商与竞价排名客户之间的纠纷②，而涉及公众相关的竞价排名纠纷一般由《侵权责任法》予以调整，不在本次调研的范围之内，故本文不予讨论。我们认为，竞价排名实际为网络广告的一种，在审判实践中应注意以下问题：

1. 关于合同履行情况的证明。通常情况下，发布的确认流程是，由搜索引擎提供商将发布广告的情况制作成书面材料提交委托方签名或盖章，以确认广告发布的情况。但课题组也发现，部分网络广告合同对合同履行情况的证明作出了特别约定，如约定合同履行情况以一方当事人或第三方的监测数据为准；③ 或约定广告发布情况的异议期，委托方逾期未提出有效异议则视为对广告发布情况的确认。④ 我们认为，在合同履行情况的认定方面，法院应首先充分考察合同双方的约定。如合同双方已约定合同履行相关数据（如广告投放数量、客户点击量等）以一方或第三方监测的数据为准，法院应审查第三方提供的数据。如合同双方约定了广告发布情况的异议期，法院应审查当事人有没有在约定异议期提出过异议。而在合同双方对于履约过程相关数据无具体约定的情况下，负举证责任一方如能提供与案件无利害关系的中立第三方监测到的相关数据，则其证明力在一般情况下也将强于当事人自行获取的对己方有利的数据。从更长远的角度，我们建议，广告行业应当逐步建立网络广告的第三方监测机制，引导网络广告主和网络广告经营者事先、主动选择第三方监测，这不仅有利于事后纠纷的解决，也将有助于加强对网络广告的监管、为网络广告提供良好的发展环境。

---

① 宋亚辉：《竞价排名服务中的网络关键词审查义务研究》，载《法学家》2013 年第 4 期；胡洪：《法律视角下的竞价排名业务——从搜索引擎服务商角度出发》，载《互联网法律通讯》2007 年 12 月；杨明：《竞价排名”应纳入广告法规制范畴》，载法制网 http://www.legaldaily.com.cn/Frontier_of_law/content/2012－10/24/content_3924559.htm? node＝33424，访问时间：2014 年 8 月 2 日。

② 无论是在理论界还是实践界均没有对购买竞价排名服务主体形成统一称谓，而《中国知识产权报》2014 年 10 月 9 日发布的热点案例《关键词竞价排名服务提供者是否要担责》一文中对该主体的称谓较为准确地界定了购买主体的范围，故本文予以采用。

③ 广州市中级人民法院（2012）穗中法民二终字第 116 号。

④ 广州市中级人民法院（2013）穗中法民二终字第 636 号。

2. 关于违法发布广告的效力。在诉讼中，一方违法发布广告也成为部分合同相对方据以抗辩的理由[①]。《广告法》第 23 条规定："广告主委托设计、制作、发布广告，应当委托具有合法经营资格的广告经营者、广告发布者。"第 26 条规定："从事广告经营的，应当具有必要的专业技术人员、制作设备，并依法办理公司或者广告经营登记，方可从事广告活动。"该法第二章"广告准则"对广告的形式内容以及药品、医疗器械等特殊商品广告作出了限制性规定。但上述规定均属管理性规范而非强制性规范，在相关网络广告合同并不存在其他法定的导致合同无效的情形时，违反上述管理性规范并不导致合同的无效，合同当事人仍应恪守履行。

① 广州市白云区人民法院（2012）穗云法民二初字第 1216 号。

民间借贷纠纷社会和司法问题的应对

——肇庆市法院近五年民间借贷纠纷案件情况的调研

肇庆市中级人民法院课题组*

近年来，由于受到国际金融危机和国家宏观调控等多种因素的影响，一些地方出现了与民间借贷相关的债务不能及时清偿、债务人出逃、中小企业倒闭等事件，对当地经济发展和社会稳定造成了较大冲击，相关纠纷案件在短期内也大量增加。民间借贷市场的活跃和无序给社会管理带来了新的不稳定因素。储蓄资金大量流向民间融资领域，形成一股巨大的“地下钱流”，管理难度增大。债权人多为普通群众，当借贷不能收回时容易引发群体事件。如因煤而兴的陕西神木县，2013 年 7 月 15 日发生的群众聚集事件，就与民间借贷有关。早在 2011 年 12 月 2 日，最高人民法院发布了《关于依法妥善审理民间借贷纠纷案件促进经济发展维护社会稳定的通知》，要求谨慎妥善处理此类纠纷。但在审判实践中，我们也遇到诸多法律适用问题，有待解决。从我们掌握的情况来看，我市民间借贷问题总体上没有浙江、东莞、深圳等地突出，但也呈现大幅增加的势头，由民间借贷纠纷而引发的其他社会问题更不能忽视，我们对 2008 年至 2012 年间全市法院民间借贷纠纷案件司法统计数据进行了认真分析，并深入各基层法院实地调研，征询了部分基层办案法官意见，形成报告如下：

一、我市民间借贷纠纷案件的基本情况

从收案情况来看，2008～2012 年，全市法院共受理民间借贷案件 5320 件，结案标的额 7.2 亿元。收案数量从 2008 年的 600 件到 2012 年的 1778

---

* 课题组组长：卢玉超，成员：贺林森、彭汉文、梁达明、苏奇、黄春歌、赵晓云。

件，总体呈逐年上升趋势，收案绝对数总体不断上升，累计增长近三倍。此外，通过诉前联调还化解了部分民间借贷纠纷。民间借贷纠纷案件标的金额 2008 年为 16738.37 万元，至 2012 年上升至 22539.65 万元，增长率为 34.66%。民间借贷案件约占全部民商事案件总数的 11.70%。

表 1　2008～2012 年全市法院受理民间借贷纠纷一览表

年度	受理民商事案件数量	受理民间借贷数量	涉案金额（万元）
2008 年	7079	600	16738.37
2009 年	8107	648	8370.76
2010 年	10007	1350	11899.96
2011 年	9245	944	13182.71
2012 年	11050	1778	22539.65
总和	45488	5320	72731.45

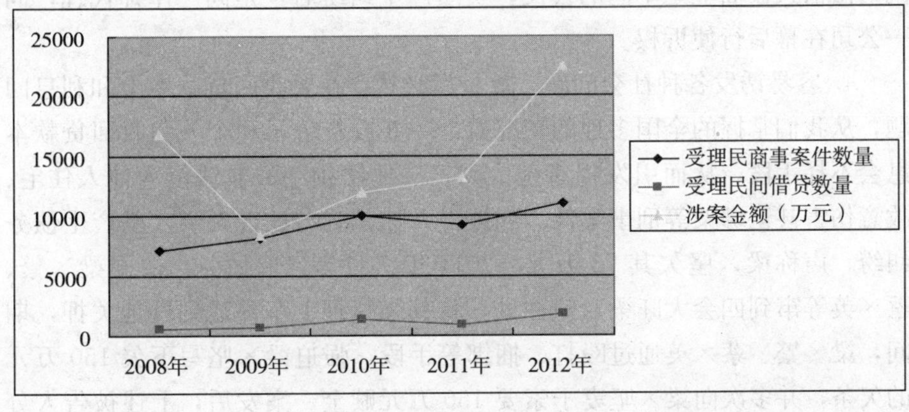

图 1　2008～2012 年全市法院受理民间借贷纠纷图

二、民间借贷纠纷案件的特点

（一）在经济社会层面上表现的情况

1. 经营性、投资性借贷居多。过去亲属朋友之间为改善住房、子女上学、生活应急等非经营性借贷较多。近年来，随着社会经济发展，个人通过个体工商户、合伙、公司等形式开展经营性活动开始明显增多，相应地生产经营性借贷显著增多，用于生产经营的借款占72.12%，用于婚丧嫁娶、重大疾病等日常生活开支的仅占11.30%。

2. 借贷利率高。五年间，此类案件借贷利率在银行同期贷款利率4倍以下的有1954件，高于银行同期贷款利率4倍以上的313件，分别占总数的36.73%和5.88%。此外，也有相当部分案件没约定利息，以四会市法院为例，2008年为61%；2009年为66%；2010年为50%；2011年为47%；2012年为37%。民间借贷呈现出越来越明显的“高利息”特征。

3. 放贷主体复杂化、专业化。放贷主体相对复杂，既有公民个人，也有各类民营企业。一些担保公司、典当行参与民间借贷。放贷主体专业化，存在专门从事投资和融资职业的放贷公司和放贷人，融资中介机构从业人员已深度介入民间借贷。如端州区法院受理的多宗民间借贷纠纷案件，其借款合同为专门制定的格式合同，条款、内容基本相同，合同的条款细化且专业，甚至连产生诉讼后律师费用的承担也有约定。有些借款合同的出借人表面上是不同的公民，实质产生纠纷后全是同一律师代理，同一公司在幕后行使诉权。

4. 容易诱发各种社会问题。放贷后必然存在要收回贷款本金和利息问题，从我们掌握的全国多地的情况看，一些放贷公司和个人为收回贷款本息会不择手段，从而引发损害他人财产、非法拘禁、非法侵入他人住宅、故意伤害甚至绑架等刑事案件。如被告人陈×艺与被害人梁×坚产生债务纠纷，声称梁×坚欠其73万元。2011年7月为索取债务，伙同梁×繁、蔡×英等窜到四会大旺梁×坚住处，将其强行押上车并运到外地关押，期间，梁×繁、蔡×英通过殴打、捆绑等手段，强迫梁×坚写下欠150万元的欠条，并多次向梁×坚妻子索要150万元赎金。案发后，上述被告人分别被法院以构成非法拘禁罪和绑架罪判处一年四个月至六年不等的有期徒刑。

（二）在司法审判实践中表现的情况

1. 案件数量增长迅速。从2008年的600件到2012年的1778件，总体呈逐年上升趋势，收案绝对数总体不断上升，累计增长近三倍。

2. 涉案金额大幅上升，现金及短期出借居多。借款额由过去的几千元增加到几万元、十几万元甚至过千万元。近五年，全市基层法院单宗涉案标的额最大的案件：2008年为762.8万元，2009年为2519万元，2010年为 1904 万元，2011 年为 1438 万元，2012 年为 3168.3 万元。案件标的在 10 万元以上至 100 万元的，2008 年为 76 件，到 2012 年为 237 件，增长三倍多；案件标的 100 万元以上的，2008 年为 10 件，到 2012 年升至 59 件，增长近六倍。其中，过半以上是现金出借，有的出借金额超百万元，也是现金方式支付。借款期限以一个月以上半年以下的居多，达 4000 多件，占总数的 75%。

表 2　2008～2012 年我市法院受理民间借贷纠纷案件标的情况

年度	1 万元以下（含 1 万）	1 万元以上至 5 万元（含 5 万元）	5 万元以上至 10 万元（含 10 万元）	10 万元以上至 100 万元（含 100 万元）	100 万元以上
2008 年	155	223	114	76	10
2009 年	151	223	99	119	23
2010 年	194	218	122	123	20
2011 年	226	277	197	189	33
2012 年	842	362	209	237	59
五年总和	1568	1303	741	744	145

3. 证据不规范问题较多，同时缺乏担保。我市民间借贷主要有三种类型：一种是口头约定，这种类型主要发生在亲戚朋友等熟人之间，依靠血缘、道德来维持；另一种是简单借据，主要发生在朋友或陌生人之间以及数额较大的借贷之间，借据形式简单，易发生纠纷；还有一种是借款合同，以格式合同形式出现，订立了详细的条款，对借款的数目、借款期限、利率、履行地点、方式、违约责任等作了约定。各类借款中，大多数具备了借条等书面形式，但是签订正式书面借款合同的不到一半，因为相关权利义务设定不清，由此导致利息计算、违约责任等约定不明确。合同的签订大多也没有其他人在场，基本没有经过公证或者见证。过半数的借款以现金方式出借，不少借款没有保证人等任何形式的担保，有的即使设立了担保，手续也不规范，五年来，全市法院受理的民间借贷纠纷案件中，没有任何形式担保的 3900 件，占总数的 73.3%；有保证人的 798 件，占 15%；有抵押担保的 622 件，仅占 11.69%。

4. 疑似虚假借款增多。如因夫妻闹离婚，配偶一方与关系亲密的第三人虚构借款的情形也时有出现，一般都是一方想通过虚构债务进而从夫妻共同财产中谋取更多份额。近年来还出现了为在执行中参与分配被执行人

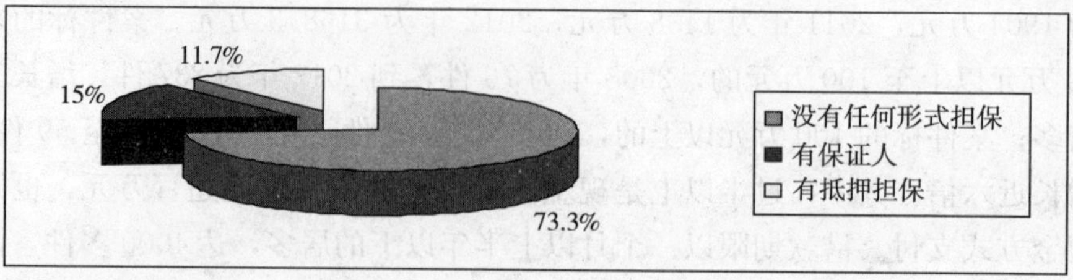

图 2　五年来全市法院受理的民间借贷纠纷案件担保方式分布图

被控制的财产而虚构借款的情况，表现形式多为被执行人的关系人与被执行人虚构借款，通过执行法院或者其他法院获取判决，进而到执行法院申请参与分配。另外，还有的当事人为占有或控制特定的财产，与另外一方当事人虚构借款，在提起借款纠纷诉讼后，双方当事人达成调解协议，直接商定以特定的财产抵偿债务。如原告阮某向被告罗某等三人出借 100 万元一案，双方签订借款合同后，阮某从自己账号转出 10 万元给被告，另外 90 万元委托第三方邓某转账给被告，阮某称这 90 万元是邓某自己到银行办理转账的，后法院到银行查明却是阮某亲自办理的转账。庭审中，阮某、罗某均委托他人参加诉讼，且阮某拒不配合到庭接受调查，也不提供邓某的联系方式，案件的真实性难以认定。类似的虚假民事诉讼已经损害国家利益或他人的合法权益，浪费国家司法资源，扰乱诉讼程序，严重危害国家和司法公信力，损害法院的审判权威。

5. 约定管辖增多。全市基层法院受理的民间借贷案件中，普遍存在有约定管辖的情况，这种情况在五年前是很少出现的。所谓约定管辖就是原、被告均不是受理案件法院所在地登记人口或者常住人口，他们在借款合同中却约定合同的履行地或者签订地，发生纠纷时则由合同的履行地或者签订地法院受理。如原告林×良诉被告卢×、黄×雄借贷一案，卢×向林×良分 5 次借款 73 万元，黄×雄作为借款担保人，三人签订了借款协议，确认协议的履行地是肇庆市鼎湖区，而三人的住所地均为肇庆市端州区。后产生纠纷，原告向鼎湖区法院提出起诉。经调查，约定管辖增多主要是一些专业放贷人的出现，他们为避免在同一法院大量提起借贷纠纷诉讼引起注意而约定管辖，分散到各地法院受。

三、当前民间借贷存在的问题及原因分析

（一）经济社会层面上存在的问题

1. 个人及中小微企业融资渠道狭窄问题。目前，由于国家宏观调控等多种因素，个人及中小微企业融资渠道不多，相对于企业筹建或扩大再生产动辄几百上千万元的资金需求，融资渠道明显不足，资金需求难以满足。

2. 金融市场监管问题。由于民间借贷在中小企业融资方面具有其特定的优势和经济合理性，因此，目前民间借贷普遍存在且有扩大化的趋势。而我国在对民间借贷这一非正式的金融制度监管上尚无明确的规定，令银监职能部门监管无章可循。

3. 法律限制下部分企业以个人名义借贷问题。目前，法律规定企业间是不能违反国家法律规定，办理借贷或者变相借贷融资业务的。而当前企业要从银行获得贷款，存在门槛高、手续繁琐、方式不灵活等问题，使得中小企业和个体经营者往往以企业法定代表人、个体经营者个人名义，向普通百姓、地下融资中介、担保公司等不惜高息融资。一些专业的放贷公司、放贷人也应运而生。

4. 不规范的民间借贷行为引发金融风险问题。民间借贷方便、快捷，大多无需办理抵押手续和提供企业经营状况，是解决资金短缺的有效手段。但在解决资金需求者当务之急的同时，如果资金借入者生产经营出现问题，难以按时清偿债务，又以民间借贷方式借入资金、偿还旧债，便会大大增加借入者的资金成本，甚至导致无法正常经营和资金链断裂，引发企业倒闭。储蓄资金大量流向民间融资领域，也影响了金融稳定。

（二）司法审判适用方面存在的问题

1. 案件事实的认定问题。由于民间借贷的手续简单，证据单一，导致民间借贷案件事实往往扑朔迷离，尤其是标的额巨大且是现金支付的案件，事实难以认定。一些案件有放高利贷嫌疑，但掌握证据有限，如连环借款案中，因为利滚利导致本息无法区分。被告不出庭应诉的比例高也导致很多案件无法进行辩论和质证。以上种种情况，使案件事实的认定存在

难度。

2. 举证责任的分配问题。由于民间借贷案件当事人少、法律关系简单，借贷行为一般无第三方在场，因此，此类案件中，除借条外，双方当事人提供的能够印证借贷事实的其他证据也很少。在审判实践中，不少民间借贷案件的被告辩称为借款但实为赌债，甚至有的当事人还到公安机关报过案，但因证据不足，最终难以认定；有的当事人辩称借款金额与借条不一致，被出借人先行扣除了利息，根本没借到那么多。有些几十万元、数百万元的借款，在缺少款项交付凭证的情况下，被告予以否认。如果简单地按照"谁主张谁举证"的原则，被告方往往对自己的主张又无证据可举或者举证不足，甚至导致法院认定事实有误。如原告江×怀诉被告谈×锋借款5900元一案，被告不承认欠款，但没有举证相关证据。后经法院依法行使调查权查明，原告儿子江某向被告谈×锋追讨欠款时将被告打伤，并当即强迫被告在事先写好的一张"欠条"和一张空白纸上签名并按下指模。被告事后报警，江×被刑事拘留，"欠条"被公安机关收缴归档。但原告后来以被告被打伤后被迫签名的一张空白纸上形成的"借条"为依据向法院起诉，最终法院依法驳回原告诉讼请求。

3. 证据审查的标准问题。根据《最高人民法院关于民事诉讼证据的若干规定》(以下简称《民事证据规定》)的规定，民间借贷纠纷出借人对双方之间存在借贷关系以及已经将款项提供给借款人负有举证责任，而借款人则对已经履行还款义务承担举证责任。如果对方质疑或者否认的，应当提出相关证据加以证明。如果一方提供的初步证据在证明力方面稍弱，应当结合其他证据或者经验法则予以补强，至少应当达到高度盖然性的证明标准，否则不能予以认定该项事实。但在民间借贷纠纷审判实践中却往往遇到以下问题：作为直接证据的借据存在明显瑕疵，又无其他证据佐证的，法院如何审查和认定借贷事实问题；原告的主要证据就是一张借条，且当事人双方均对债务无异议，法院是否一律按照《民事证据规定》第13条规定："对双方当事人无争议但涉及国家利益、社会公共利益或者其他人合法权益的事实，人民法院可以责令当事人提供有关证据。"而对借贷事实本身的真实性进行审查以及如何进行审查问题；如何把握证据高度盖然性标准问题；利用经验法则或者"常理"否定书面孤证（借条）的把握和应用问题等。尤其在被告缺席，无法进行有效质证时，法官更难形成一种足够的内心确信。

4. 虚假诉讼的排除难问题。近年来，一些债务人利用诉讼程序和自认规则，伪造证据（借条）、虚构事实，侵害对方当事人的合法利益。有的案件双方当事人恶意串通，进行“手拉手”诉讼调解损害国家、集体或自然人的利益，等等。对社会公正和法院司法公信力产生了负面影响。但我们在审判实践中要排除虚假诉讼也遇到一系列问题：如如何把握排除的力度、排除的标准问题，既要确保尽力排除虚假诉讼，同时又避免伤及真实债权人的合法权益；法官凭借“常理”或经验法则来否定现有书面证据是否需要经过特别的程序？在排除虚假诉讼过程中，如何掌握加强依职权调查与居中裁判的关系？经过排除程序仍无法形成对虚假诉讼明显优势确信而又存疑的，按照什么原则处理，在审理报告或裁判文书中是否作专门交待，等等。

5. 逾期利息、违约金问题。《最高人民法院关于人民法院审理借贷案件的若干意见》（法民发〔1991〕21号）规定，民间借贷的利率可以适当高于银行的利率，各地人民法院可根据本地区的实际情况具体掌握，但最高不得超过银行同类贷款利率的四倍（包含利率本数）。超出此限度的，超出部分的利息不予保护。出借人不得将利息计入本金谋取高利。在案件审理中，只要当事人双方约定的利率不超过同期银行的四倍，一般均认定有效，如果超过四倍则按照四倍计算，超过部分不予支持。但实践中存在如下几个问题：（1）当事人约定借期内的利率不违法，但同时约定了逾期还款时要承担逾期还款利息和违约金，如果逾期还款利息和逾期违约金之和不高于四倍利率是否两项同时支持？（2）当事人约定借期内的利率不超出同期银行四倍的同时还约定借款期满后逾期还款时要承担更高的逾期利息，对于逾期还款利息是否不能高于四倍？能否依据合同法相关司法解释的规定对违约金约定标准超过损失30%的进行调整？如何判断逾期还款情形下的损失？（3）当事人同时约定逾期利率又约定逾期达到一定程度时的特别违约金的，如何处理？

6. 民间借贷与非法集资的区分难问题。由于民间借贷游离于正规金融监管之外，缺乏严格的手续，又存在交易隐蔽、风险不易监控等特点，容易造成民间借贷与非法集资难以区分。如端州区法院受理的被告钟×毅系列借贷纠纷案件，被告在短短几个月内，因借贷纠纷有14宗案件被诉到该院，借款标的达1130万元，涉及众多出借人，其在社会大量高利息吸收借款到底是民间借贷还是非法集资，难以定性。而且，在处理非法集资案件过程中往往会出现刑事和民事案件交叉的状况，如果简单适用“先刑后民”处理原则，则民事审判处理棘手且审理时间较长，当事人意见较大，严重影响审判的效率和效果。类似案件如何定性甄别、刑民程序如何衔接、其他司法职能部门如何协调等具体问题无章可依。

（三）民间借贷存在上述问题的原因分析

1. 民间借贷历史悠久，有传统基础。民间借贷是最早出现的信用形式，它随着商品经济的产生而产生，并伴随着商品经济的发展而发展，亲朋好友之间相互借贷历史悠久，尽管它有高利率、高风险等缺陷，但因其以信用为基础，无需履行公证、抵押、担保等繁琐的手续，操作快捷，能够满足民间资金需求，对中小企业和个体经营者、公民个人短期紧急周转具有很强的吸引力，在经济社会发展中扮演着重要角色。

2. 利益驱动刺激民间借贷活跃。自 1997 年以来，银行存款利率连续调低，储蓄收益率大降，目前一年期居民储蓄存款利率为 3.25%。而民间借贷的利率，最高可以为银行同期贷款利率的四倍，有的双方自愿约定更高利率，民间借贷比银行存款收益高很多，对于有大量现金或存款的人有利可图，且可以不用缴纳银行存款的利息税，从而催生了专业的放贷公司和放贷人。

3. 中小企业融资渠道不畅，民间借贷有刚性需求。从目前情况看，正规金融机构在发放贷款前多设置严格的审批程序，并要求提供相应的担保，且对还款期限规定严格。许多中小企业和个体经营者在抵押担保、资信条件等方面无法达到正规金融机构的贷款要求，为了生存与发展，往往转而寻求民间融资渠道。2008 年国际金融危机后，中小企业运作资金更加紧张，融资需求不断提高。民间借贷固有优势适合中小企业、个体经营者、公民个人之间的资金调剂，与银行信贷相比，是一种更为有效的融资方式。

4. 对民间借贷的金融监管缺失。一方面，民间借贷面广、点散、量大、隐蔽，基层金融监管部门监管起来多少有点力不从心。另一方面，有关民间借贷管理尚无明确的规定，令金融监管部门监管无章可循。监管的疏漏使担保机构、典当行、寄售行、网络借贷平台、放贷人等受利益驱使，超范围经营，或者违规开展高利贷业务，从而严重干扰正常的金融秩序，增加了融资成本，恶化企业经营环境。还有一方面，在利益驱动下，加速企业资金从利润不高的实体经济中抽逃，投入民间借贷中，不少担保、放贷公司或专业放贷人的资金往往是通过非法集资方式获取，一旦某一环节出现问题，导致资金链断裂，无力偿付非法集资出资人的本息，往往进而引发群体性事件或恶性追债案件。

5. 放贷主体为规避打击，手法层出不穷。各类放贷主体通过约定管辖、借名放贷、贷本先扣息、制定格式合同、用表面合法形式掩盖非法行为等方式进行放贷。现行法律对发放高利贷当事人不具有真正的惩罚性。在审判实践中，法院对超出银行同期贷款利率四倍的，仅是不保护其四倍以外的利率，而无配套的惩罚措施，导致发放高利贷者的违法成本很低，出现与民间借贷相关的非法行为屡禁不止的情况。

6. 规范民间借贷行为的法律法规不完善，导致诸多法律适用问题产生。目前，在我国的法律体系中，尚没有专门的有关民间借贷的法律或行政法规，民间借贷作为一种民事行为，民间借贷合同作为借款合同的一种形式，在目前法律框架下，理所当然地接受民事法律法规以及《合同法》的直接调整。同时，为了规范与指导人民法院审理借贷案件，最高人民法院制定了《关于人民法院审理借贷案件的若干意见》和《关于如何确认公民与企业之间借贷行为效力的批复》两个司法解释。上述法律和司法解释为解决民间借贷纠纷作了简单、概括性规定，在一定程度上弥补了立法上的缺失。但金融领域重要法律则均未涉及民间借贷，一些行政法规和部门规章、办法也未赋予民间借贷合法合理的地位。对于现实中大量的民间借贷纠纷的出现，目前这样的立法状况难以适应现实的司法需求。例如，民间借贷的定性、民间借贷合同包括哪些主体、合同可以采用哪些形式签订、民间借贷与非法金融活动如何界定、民间借贷虚假诉讼如何排除、孤证排除、逾期利息、违约金问题如何处理等诸多问题都无法可依，民间借贷纠纷缺乏有效法律救济。

四、完善民间借贷各项制度的对策和建议

（一）立法和制度层面的思考

1. 建议制定专门的、系统的民间借贷法律法规。鉴于目前民间借贷普遍存在和快速发展趋势，建议国家尽快制定专门的民间借贷法律法规，例

如，可以借鉴《香港法例》第163章《放债人条例》的规定对民间借贷主体（放债人）的注册审核公示、借贷双方的权利义务、交易方式、合同要件、利率控制、税收征管、违约责任、权益保护、超利息放债刑事犯罪处理等方面加以明确，严格界定民间借贷的违法与合法的法律界限，用法律手段规范、保护正常的民间借贷行为，依法治理和规范民间借贷市场，引导民间借贷走上正常的、规范的运行轨道。

2. 制定相关司法解释。建议最高人民法院制定《关于审理民间借贷案件适用法律若干问题的意见》，对民间借贷的界定、虚假诉讼排除、否定书面孤证经验法则运用、依职权调查的情形、逾期利息与违约金的计算、民间借贷与非法金融活动的区分、刑民交叉的处理等作出规定。

3. 进一步放开民间资本转制为金融机构。2012年国务院已经提出"放宽小额贷款公司单一投资者持股比例限制，符合条件的小额贷款公司可改制为村镇银行"，用民间资本解决民间问题这一改革创新思路已经确定。民间资本进入金融领域已是势不可挡，规范民间借贷也是宜疏不宜堵。应该通过金融创新，对一些确已具备一定的注册资金、能够依法经营、履约率较高的贷款公司等，允许其申请转为合法民间金融机构或村镇银行，规定经营范围和业务；允许中小企业间直接融资。从而挤压高息放贷的生存空间，规范和引导民间资本依法进入金融领域。

4. 加快利率改革，尽快推动存款利率的市场化。人民银行要加快存款利率的改革步伐，确定存款利率浮动区间，实行存款浮动利率，使利率政策充分发挥资金市场供求杠杆的作用，促进金融机构最大限度地吸收社会闲散资金。同时，配合贷款浮动利率，增强放贷能力，加大对中小企业、个体工商户和农民的信贷支持力度，制约民间高利贷的生存空间。

（二）司法应对措施

1. 加强对证据真实性的审查，正确认定事实。要把好证据和事实认定关，审慎审查资金来源、用途、实际支付数额、交付方式、是否存在高利贷等情形。要依照《最高人民法院关于依法妥善审理民间借贷纠纷案件促进经济发展维护社会稳定的通知》的规定，依法全面、客观地审核双方当事人提交的全部证据，从各证据与案件事实的关联程度、各证据之间的联系等方面进行综合审查判断。对现金交付的借贷纠纷，可根据借贷金额大小、款项交付凭证、贷款人的经济能力、放贷人的支付能力、交易习惯、借贷金额的大小、借贷双方的关系以及当事人陈述的交易细节经过等综合判断。要准确理解《合同法》《民法通则》和相关司法解释等关于恶意串通的有关规定以及关于通谋虚伪的民法理论，对当事人的行为效力进行正确的认定，原、被告双方通谋虚伪表示、虚增债务、虚假转移责任财产的，不管有无证据证明损害了第三人利益，均应认定无效。对高利贷、预先扣息、赌债等不法行为一律不予支持，特别是要加强对以表面合法形式掩盖高利贷行为的甄别力度。对于众多原告起诉同一被告的集中批量案件，在立案审查、案件审理环节要注意依法严格审查当事人的行为是否涉嫌非法集资等刑事犯罪。对于仅有借条且现金交付的孤证，要重点审查借贷双方之间是否真实自愿。如是小额借款，出借人有支付能力，出借方式为现金交付，提供有借据的，一般可视为完成举证责任。但对于大额借款，几十万甚至上百万的，如出借人主张现金交付，除了借条外无其他证据，被告又否认借款的，则要审查出借人自身经济能力、双方之间关系、交易习惯及交付时间、地点、当事人有无不在场证据等判断，仅凭借条应还不足以证明交付钱款的事实。

2. 明确举证责任的分配。对于数额较大的借贷，出借人应当就借贷金额、借款期限、利率以及款项的交付方式等借贷事实承担举证责任；对于出借人仅提供款项交付凭证，未提供借贷合意凭证（借条、借款合同等）的情形，借款人否认存在借贷事实的，借款人对其抗辩主张应当承担举证责任，出借人应当就双方存在借贷合意进一步提供证据，借款人提出抗辩的，应当提供反驳证据予以证明；借款人主张借款本金、利息等债务已经归还或者已经部分归还的，应当承担证明责任；借款人主张出借人是高利放贷的，应该提供期限内还款的本金与利息的证据或者足以证明出借人收取超高利息的证据；原、被告双方或一方为自然人的，自然人本人未到庭参加诉讼，经审查，现有证据无法确认借贷事实、借贷金额、支付方式、资金来源等关键事实的，应当按规定传唤当事人本人到庭。在民间借贷案件的审理中，还可依据民事诉讼高度盖然性的证明标准，综合判断借贷事实，确因查明事实之需要，可加重其中一方的举证责任。

3. 扩大法院依职权调查的范围。民间借贷案件往往会出现真假难辨、当事人各执一词的情形，如果法官还是坐堂办案，当事人各自举证，那么难以查明案件的事实。为此，法院应根据民间借贷案件审理的需要，依职权扩大调查取证范围，尽可能查明事实真相，为案件裁决提供坚实的事实基础，力求法律事实与客观事实相一致。

4. 建立完善虚假诉讼排除方法。一是对形式有瑕疵的“欠条”或者“收条”，要结合交付方式、支付能力、交易习惯、借贷金额的大小、当事人关系以及当事人陈述的交易细节经过等因素，综合判断是否存在借贷关系。二是准确理解《合同法》《民法通则》等关于恶意串通的有关规定以及关于通谋虚伪的民法理论，对当事人的行为效力进行正确的认定，原、被告双方通谋虚伪表示的，均应认定无效。三是发现有虚假诉讼嫌疑的，要及时依职权或者提请有关部门调查取证，以最大限度地发现案件真实。四是发现有虚假诉讼嫌疑后正在调查核实或者已认定为虚假诉讼，当事人申请撤诉的，人民法院不予准许而应当裁定驳回起诉，并按《民事诉讼法》相关规定处理。

5. 打击民间借贷中高利贷犯罪行为。2003 年，最高人民法院刑二庭就湖北涂汉江非法从事金融业务行为是否构成非法经营罪向公安部经侦局复函，为民间借贷中高利贷入罪提供了依据。人民法院应与人民银行等金融机构密切配合，协调联动，加强对高利贷行为的辨别、认定和打击。同时，人民法院在审理民间借贷案件当中，发现当事人的行为涉嫌刑事犯罪的，要及时移送侦查机关立案侦查。

6. 建立民间借贷存疑案件协查机制。法院在审理、执行民间借贷案件中，对有证据证明或凭借“常理”、经验法则认为案件有高利贷、赌债、虚假诉讼或者非法从事金融业务行为嫌疑的，可利用已经建立的执行联动、法官挂点、法官驻村等机制平台，向公安、工商等行政部门、银行、信访综治维稳中心、村（居）委会等通报情况或提出协查请求，由相关单位在合理期限内调查取证予以回复。没有回复之前，案件可以依法中止审理或执行。

（三）行政监管应对措施

1. 加强金融市场管理，正确引导民间资本流动。成立专门的民间借贷监管机构，严格审查民间资本准入金融领域，强化民间借贷行为约束。在民间借贷资金来源上，应加强对民间借贷资金来源合法性审查，防止非法所得和借入资金流入民间借贷领域；在对民间借贷机构的监管上，应当把当地担保机构、典当行、财务公司、融资中介机构等纳入监管范围，进行摸底排查，登记造册，常态监管，审慎防范；在民间贷款组织从业人员管理上，应建立资格准入制度，以确保民间贷款组织从业人员的专业、守法；建立民间借贷机构违规惩处机制，对违规经营、高利放贷、违法吸收存款、非法集资、暴力催收等的民间借贷机构，可以运用经济、行政、法律等手段进行惩处，形成良性的市场准入与退出机制。

2. 建立民间大额借贷登记备案制度。由民间借贷监管机构制定统一的民间借贷合同范本。参照《关于大额现金支付管理的通知》（银发〔1997〕339号）“储户一次性从储蓄账户（包括银行卡）提取现金超过5万元（不含5万元）以上的，即为大额现金”的规定，贷款数额超过5万元以上的，借贷双方签订借款合同时必须到民间借贷监管机构登记备案，备案方式可采取到场办理、电子邮件、邮寄等。同时，借款数额超过5万元以上的，必须通过资金支付平台支付并注明用途，出借方凭划款凭证证明交付资金。

3. 进一步完善对企业和个人的金融支持体系。要妥善解决中小企业融资难问题，满足企业和个人的正当资金需求。银行要加大对中小企业的支持力度，推进小额信用贷款的发展，扩大有效抵押物的范围，适当调高小型、微型企业贷款不良率限制。同时，积极引导村镇银行以及小额贷款公司等非银行金融机构开展面对中小微企业和农村基层个人的金融服务。

4. 加强法制宣传，倡导理性投资。政府及相关部门要做好民间借贷法制宣传工作，使广大群众认识、了解、掌握与民间借贷有关的法律法规和知识，在签订借款合同时懂得规范合同行为，运用法律、法规维护自己的权利；同时提醒群众投资风险，倡导群众理性投资，从根本上减少借贷纠纷的产生。

公司登记制度改革司法应对研究

佛山市中级人民法院课题组*

自2012年，各地陆续“试水”公司登记制度改革，发出了为市场主体“松绑”的信号：注册资本从实缴到认缴，零门槛办公司，公司一年一检被年度报告取代……以往由政府严守的市场入口从此大开方便之门，“宽进”之后面临哪些法律风险？司法层面应该如何应对？广东省佛山市中级人民法院在佛山、东莞、厦门、上海、深圳等多地司法和工商部门相关实践的基础上，对公司登记宽松化所引致的司法问题提出了实操性建议。

一、宽松化改革引发的审判新情况、新问题

公司登记制度改革在激发市场活力的同时，对商事审判产生的冲击，除了案件数量上升明显外，在公司资本、股权交易、公司治理等领域尤为集中。

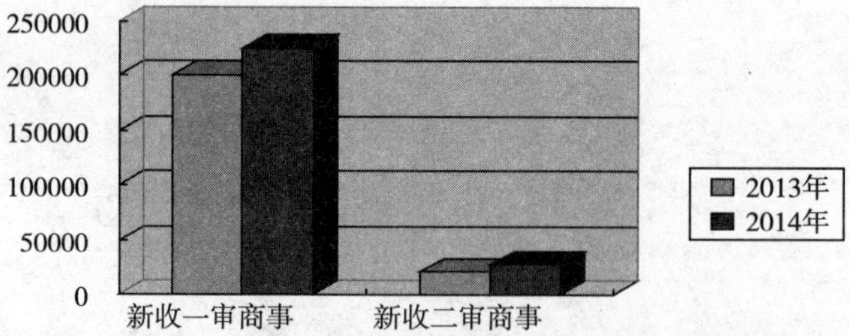

图1　广东省全省法院商事案件新收情况

* 课题组组长：陈陟云，副组长：黄学军，成员：郭文东、麦嘉潮、林炜烽、李海荣，成员（执笔人）：陈儒峰、黄健超、刘金玲、潘敏、王续媚、巫江禺。

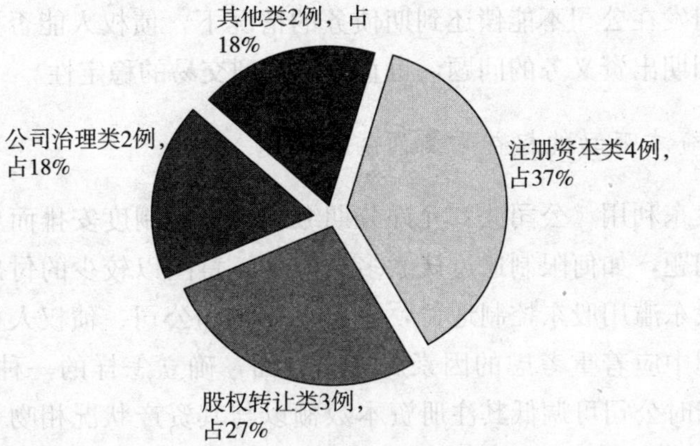

图 2　调研搜集问题样本类型比例图

（一）出资要求放宽导致相关事实难以认定

由于实行资本认缴制，取消了股东验资程序，对未经验资的实缴资本即产生了如何证明股东完全、适当地履行了出资义务的问题；同时，在出资形式多元的情况下，也必然会产生如何对非货币出资及实缴资本价值进行认定的问题。上述出资问题，因缺乏明确的、统一的客观标准，而增加了人民法院认定事实、分配举证责任的难度。

（二）"1"元公司存在交易风险

据东莞市工商局统计，2013 年 1 月至 10 月底，累计登记"零首付"公司为 4987 户，占全市新增市场主体的 5.7%。这类公司虽然所占比例不大，但过低的注册资本，使公司可供交易相对人识别的对外偿债能力过低，增加了交易的不稳定因素，也加重了交易相对人的审慎义务。

（三）自由约定出资期限隐藏滥用可能

股东认缴但未缴的出资最终能否现实地转化为公司具有清偿能力的财产，常常受制于股东经济能力、守信程度、出资财产未来价值等多种因素。《公司法》完全取消了股东出资时间要求，股东通过公司章程自行决定出资时间，使得公司净资产结构复杂化，极端情况下公司的净资产可能全部由股东承诺的未来出资构成。若公司股东约定的出资期限明显不合理，如出资 100 年，则可能出现滥用公司法人独立地位和股东有限责任，逃避出资义务，损害债权人权益的情形。另外，由于允许股东分期缴纳出资，由此引发在公司不能偿还到期债务的情况下，债权人能否要求股东提前履行未到期出资义务的问题，也直接影响到交易的稳定性。

（四）资本变动的权益平衡面临新问题

对于股东利用《公司法》允许分期缴纳出资的制度安排而刻意提高注册资本的问题，如何限制通过认缴多数资本、意图以较少的付出实际控制公司的大股东滥用股东控制地位，侵害小股东和公司、债权人权益，是公司增资过程中应着重考虑的因素。另一方面，确立怎样的一种减资规则，使得在适当时公司可调低其注册资本数额以与其资产状况相吻合，但又不至于损害债权人利益亦是亟待解决的问题。

（五）未出资即转让股权的情形将频繁出现

《公司法》修订后规定股东缴纳认购出资的期限等由公司章程约定，从而使得股东未完成出资义务便出让股权的情形将大量存在。在调研过程中已搜集到该类情形两例，占问题样本的18.2%。由此产生资本缴纳义务如何承担的新类型问题，该类问题不仅涉及外部纠纷，即为股权转让合同当事人与合同以外其他当事人的纠纷，主要包括公司与股东的纠纷，以及公司债权人与股东的纠纷；还涉及内部纠纷，即股权转让合同当事人之间的纠纷。两种不同法律关系的纠纷相互关联，加剧了该类案件的审理难度。

（六）异常名录登记、除名制度催生相关纠纷

虽然异常名录登记措施已经试行较为成熟，但仍未纳入此次《公司法》修改之中，但其作为商事登记改革的配套措施，对验资、年检等法定义务取消后规范商事主体经营意义重大。随着被载入或永久载入异常名录、被除名的公司的大量出现，必然产生关于主体资格和经营资格的认定，商事主体因载入名录或除名停止经营所产生的债权人权益如何保护等方面的商事纠纷。

二、审判新情况、新问题的原因分析

以“政府退、市场进”为标志的公司登记制度改革实施后，市场主体

对改革是否有成熟理性的意识和反应，新的监管制度是否完备，社会对接纳一个更加自主、开放的市场是否准备充分，都将直接在司法审判中得以反应。

（一）市场主体意思自治程度的扩大对其诚信程度提出更高要求

取消验资限制、放宽住所和经营场所登记条件、取消年检验资、出资形式和期限自由约定、注册资本门槛降至“1元”等改革措施，一方面充分尊重了市场主体的意思自治，另一方面在市场主体充分自治的情况下，市场交易安全与主体诚信成为必然联系。在市场主体诚信程度和理性意识还达不到改革要求的时候，必然会产生法律上的新问题。

（二）管理主体角色转变的配套措施尚不完备

随着政府在市场中的角色从事前管理转向事后监督，从管理人转向服务人，相关的配套措施虽然正在不断建立，但一方面仍尚不完善，另一方面新措施的实施效果仍有待考证。比如，在企业社会诚信体系尚未建立的情况下，异常名录登记制度作为新生事物能否发挥市场监管作用，市场各方均在观望，增加了市场交易的不确定性。

（三）社会公众风险防范意识与制度要求尚不匹配

长期以来，社会公众对交易安全主要依赖于政府监管。改革之后，对政府突然“放手”还不适应的情况下，社会民众即被苛以更高的交易安全审慎义务，法律认识不足必然导致市场中的行为失当，从而产生更多的司法问题。

（四）商事审判理念和思维方式尚未及时转变

公司登记制度改革实施后，公司偿债能力从“资本信用到资产信用”转变，公司的履约能力与践约能力由公司的净资产与预期盈利能力支撑的，资产信用并非公司成立时确定的资本数额更能够反映公司动态、适时的履约信息。故此，建立在“注册资本是公司经营的物质基础、保护债权人的信用基础”理念上的传统公司法，其所尊崇的“资本确定、资本不变、资本维持”即“资本三原则”的传统公司法理论受到冲击，商事审判相关法律适用的理念和思维方式亟需重塑。

三、法律适用的相关对应规则

（一）出资形式问题

关于股东的出资形式，主要由《公司法》第27条及第82条进行规定。“股东可以用货币出资，也可以用实物、知识产权、土地使用权等可以用货币估价并可以依法转让的非货币财产作价出资；但是，法律、行政法规规定不得作为出资的财产除外。对作为出资的非货币财产应当评估作价，核实财产，不得高估或者低估作价。法律、行政法规对评估作价有规定的，从其规定。”对比2005年《公司法》，此次《公司法》的修改，删除了原条文的第3款，即“全体股东的货币出资金额不得低于有限责任公司注册资本的百分之三十”。课题组认同学者们关于此次修改对于“具体的出资方式没有作出扩大范围的许可，即没有同合伙企业法和个人独资企业法的投资者的入资条件相并轨。股东不得以劳务、个人信用出资继续得以维持”[①] 的观点认为，在注册资本的范畴内，公司股东的出资形式限制并未完全放开，相关规则与2005年《公司法》的规定一致。同时，应当注意到，《公司法》完全取消了货币出资30%的比例下限，显然为出资形式的丰富间接开启了方便之门。[②]

在调研过程中，我们注意到实务界对出资形式方面已有了放宽适用的实例。[③] 该案判决认为：公司注册资本是经过公司登记机关登记的全体股东认缴的出资额，应当符合《公司法》规定的出资形式及程序，以实现对外担保公司债务的基本功能。同时，公司的有效经营有时还需要其他条件或资源，在注册资本符合法定要求的情况下，《公司法》并未禁止股东内部对各自的实际出资形式、数额及占有股权比例作出约定。若超出注册资本以外出资的内部约定是各股东的真实意思表示，且未损害他人的利益，不违反法律和行政法规的规定的，应认定为有效。

也就是说，在注册资本符合法律规定时，股东对注册资本以外的出资

① 甘培忠、吴韬：《论长期坚守我国法定资本制的核心价值》，载《法律适用》2014年第6期。

② 杜军：《公司资本制度的原理、演进与司法新课题》，载《法律适用》2014年第11期。

③ 广东省东莞市中级人民法院（2014）东中法民二终字第683号上诉人潘朝顺与被上诉人吕荣樟、原审第三人陈丽霞、东莞市荣顺化工仓储有限公司股东资格确认纠纷案。

采取何种形式，包括以所谓自身劳动力、人力资源关系等，该部分出资如何确定价值，股权比例是否完全按出资比例确定等完全属于股东自决事项范畴，在不存在其他违反法律、法规强制性规定的情况下，应不受限制。课题组认为，在外部关系中，债权人所享有的债权担保为公司注册资本及经营中的资产积累，注册资本以外的股东出资，由于未予公示而不为公司外部所了解，非属公司债权担保，不影响公司债权人的债权实现，不具担保功能。故其形式、比例、价值确定等应仅属公司内部管理自治事项，可由股东自行协商决定。上述判例所确立的审判规则是符合公司经营自决与股东利益、债权人利益保护相平衡的公司法原则的，也可以很好地适应新一轮《公司法》修订对于激活市场活力的需要，很值得推广。

（二）注册资本数额相关问题

1. 关于注册资本底限的问题。《公司法》在取消原先的有限责任公司3万元、股份公司500万元注册资本底限后，未另行规定注册资本底限。对此，是否意味着公司设立时注册资本可以为1元，甚至是0元？有意见认为，既然《公司法》对最低注册资本没有规定，那么注册资本可以为零，主要的理由是：首先，市场主体间的交易以公司注册登记的信息作为判断标准，而注册资本为“0”元已足以向市场传递出公司的资本数额和资本结构，交易相对方可以自行判断与之交易的风险；其次，注册资本虽然为0，但全体股东可以通过约定自行决定分红和增资事宜，股东间的权利义务可通过章程规定；最后，注册资本为0，公司设立阶段所需的开办费用可以通过股东向设立中的公司提供贷款或设立中公司对外融资来实现。

课题组认为，《公司法》将确定注册资本的权利交给了股东，股东自然可以在法律允许的范围内自由确定经营所需的注册资本，至于注册资本的多少，则影响到公司在交易中债务清偿能力的大小，交易相对人自行评估与之交易的风险。这是商事外观主义的重要要求。但是，既然《公司法》第7条第2款仍规定营业执照应载明注册资本，则意味着注册资本不应当为0，因为注册资本为0表明股东无需向公司出资；同时，公司以其注册资本对外承担责任，股东以其出资对公司债务承担有限责任，注册资本为0，则公司及股东均可不承担任何责任，显然不符合有限责任公司制度的设立目的。1元也许只是象征意义，但其与0元之区别在于有与无之间的实质性问题。只要有实在的资本，即可为资产运营、增值提供可能。

"1"元公司与"0"元公司真正的差别并不在于经济意义层面，也就是说，并非一元就有利于公司设立和运营，而0元则不利公司设立和运营；真正的差别在于有和无的区别，是质的飞跃。

2. 实缴出资的举证责任分配。资本真实乃是公司资本制度的重要要求，公司资本制度改革并未动摇资本真实的底线。对于股东认缴资本与实缴资本，都应保证其真实性。股东实缴资本应与其公示或承诺的认缴资本额一致。取消了股东验资程序，对未经验资的实缴资本，产生了如何证明股东已完全、恰当地履行其出资义务，相应的举证责任由谁承担的问题。课题组认为，此项规则的应用，因货币出资与非货币出资而有所区别。对于货币出资，因其数额易于确定，交付方式相对单一，较为容易审查。其中，以银行转账方式履行的，只要股东提供资产转移的凭证如进账单等，即可证明已履行出资义务。而以现金出资，当事人存在争议的，争议焦点应主要集中在是否确实缴纳的问题上。课题组认为，此时，《最高人民法院关于适用〈中华人民共和国公司法〉若干问题的规定（三）》（以下简称《公司法解释三》）第20条所规定的举证规则，仍应坚持适用。该条规定："当事人之间对是否已履行出资义务产生争议，原告提供对股东履行出资义务产生合理怀疑的证据的，被告股东应当就其已履行出资义务承担举证责任。"依此，如果原告未能首先举证，被告股东可不承担结果意义上的举证责任；但若原告有合理怀疑的证据提供后，被告股东不能举证消除该种怀疑的，则将承担结果意义上的举证责任。同理，在非货币出资情形下，如何认定股东已实际出资，及投入投资与认缴数额是否相符方面，仍应以该方式确定举证责任分配。

（三）出资期限相关问题

1. 关于认缴出资缴付时间的问题。股东认缴但未缴的出资最终能否现实地转化为公司具有清偿能力的财产，常常受制于股东经济能力、守信程度、出资财产未来价值等多种因素，远期出资承诺的意义远远不能与即期现实缴付的真金白银相提并论。《公司法》完全取消了股东出资时间要求，股东通过公司章程自行决定出资时间，这进一步使得公司净资产结构复杂化，极端情况下公司的净资产可能全部由股东承诺的未来出资构成。有观点认为，应限制明显不合理的出资期限，如章程约定出资分100年甚至是更长缴付完毕的情形。课题组认为，一方面，《公司法》并无这方面限制的任何内容；另一方面，此次《公司法》的修订，以激发市场活力、赋予公司经营自决权为出发点，出资期限问题属于公司经营自决事项范畴，不应由司法强行限制干预。下文将提及的衡平居次规则、公示规则与第三人保护等制度将可对恶意约定出资期限进行适当规制，不致引发市场之无序。

对于其中的个别特殊情形，如股东约定注册资本的实缴期限长于约定的公司营业期限，则明显具有滥用公司法人独立地位和股东有限责任，逃避出资义务的恶意，此类情形在公司成立时已可得知其具有公司人格形骸化的特质，具有损害债权人权益的故意，可援引《公司法》第20条，运用“公司人格否认制度”，要求公司股东对公司债务承担连带责任。另外，对于股东未约定实缴期限的，因出资实为股东对公司的债务，故可依《合同法》第62条关于“履行期限约定不明的，可随时要求履行”的规则要求股东实缴出资。课题组认为，此类审判规则的确立，与尽量保护商事主体的经营效力、保护交易稳定性的司法政策导向也是符合的。

2. 未届履行期限的出资责任问题。由于允许股东分期缴纳出资，由此引发的对于在公司不能偿还到期债务的情况下，债权人能否要求股东提前履行未到期出资义务的问题尤为值得注意。在调研过程中，我们发现这一问题存在很大的争议。课题组认为，除章程对此有明确约定外，通常情况下债权人无权要求股东出资“加速到期”。首先，债权人要求股东提前对公司履行出资义务是依代位权制度进行的，当债务人（公司）怠于行使其到期债权（股东出资），对债权人造成损害的，债权人可以向人民法院请求以自己的名义代位行使债务人的债权的权利。我国的代位权制度中，可代位行使的权利仅限于到期债权。其次，公司和股东是彼此独立的民事主体，通常情况下公司股东并不对公司的行为和债务承担个人责任，这也正是设立公司意义之所在。若债权人债权不能获得清偿，即向股东直接追索，有违公司有限责任制度的初衷。最后，股东对公司的出资义务源于股东间出资协议或章程约定，在未届出资期限前，债权人仅以自己对公司债权没有获得清偿为由，要求股东提前履行出资义务，实质是剥夺了股东的期限利益，不具正当性。

我们认为，当公司不能清偿到期债务，债权人的到期债权与股东的未到期出资发生冲突时，债权人的利益可通过以下三个途径予以保护：

（1）股东同意提前履行出资义务的。若在协商或诉讼过程中，未履行或未完全履行出资义务的股东同意放弃其期限利益，提前缴付出资从而使公司获得清偿债务能力的，此举当予准许。稍有争议的是，此种期限利益的放弃，是否需要经公司或其他股东的同意？课题组认为，提前履行出资义务，属于股东放弃其期限利益，无损于公司、其他股东及债权人的利益，符合民法的诚实信用原则，亦应予认可。即股东同意提前履行出资义务不以公司或其他股东同意为必要。

（2）公司人格否认制度。股东有限责任是现代公司制度的基石，适用公司法人人格否认是对股东有限责任的例外。单凭资本显著不足，并不直接引起公司法人人格否认。股东滥用公司独立地位和股东有限责任，以此向债权人移转风险，或股东与公司人格混同、导致公司形骸化，是适用公司法人人格否认制度的关键。由于此类问题并非本次公司登记改革引发且已在理论与实务界多有讨论并达成共识，故本报告对此不再详述。

（3）破产程序。债权人可通过申请债务人破产，在债务人进入破产程序后，根据《企业破产法》第35条的规定："人民法院受理破产申请后，债务人的出资人尚未完全履行出资义务的，管理人应当要求该出资人缴纳所认缴的出资，而不受出资期限的限制。"尽管这一实现债权的方法成本相对较高，但其一方面避免了个别债权人利用信息优势从而导致的清偿不公，另一方面也可很好地衔接现行的公司法与破产法制度。此方法与前述第一种方法亦不矛盾。当股东提前履行出资义务使个别债权人获得清偿，从而有损债权人公平受偿的，可在破产程序中由管理人根据《企业破产法》第31条及第32条所规定的破产撤销权制度，请求撤销个别清偿等不当清偿行为。

（四）关于瑕疵出资的问题

瑕疵出资，主要包括未履行出资义务、未全面履行出资义务及抽逃出资等情形。对于出资瑕疵产生的法律适用，理论与实务界已多有讨论。2010年《公司法解释三》第12条对抽逃出资的具体形式、法律后果进行了具体的规定。但值得注意的是，修订后的《公司法解释三》将原解释中的"将出资款项转入公司账户验资后又转让"这一抽逃出资情形删除。由于缺乏权威的解读，我们并不确切知晓这一修订的原因所在。有最高人民法院民二庭的法官认为，之所以删除该项，主要的考虑可能是，一是该项之描述是对行为过程和状态的一种描述，其中"将出资款项……转出"之规定彰显了行为的外在表现，即将一定的款项转出，但是转出该款项的目的是抽逃出资还是普通的关联交易，该项并未明确区别。所以按照该项来界定抽逃出资可能范围就较宽。如果说原先《公司法》下因注册资本与债权人保护间尚存紧密关系故不必过分计较抽逃出资的行为范围的话，那么当前注册资本与债权人保护之间的关系已经淡化，此时更加严格地界定和区分抽逃出资就更有必要了。二是在新《公司法》中，股东出资时间由公司章程规定，所以即便股东出资了，但是股东可以通过修改章程来顺延出资时间，顺延后股东从公司取回出资似乎还不能轻易认定为抽逃出资，除非该章程未能修改，个别股东擅自从公司划走资金才构成抽逃出资。这些情况毕竟是实践中的少数情况。所以，适当限制抽逃出资的范围与新法的精神在方向上是一致的。三是删除后，即便股东划走资金构成抽逃出资，也可以归入同条第 5 项中的兜底条款中，司法解释也不会放纵违法行为。[①] 但课题组更倾向于认为，修订后的《公司法》取消了法定验资程序应是删除此条的原因。另外，无论章程约定的出资期限是否已经届满，只要股东实际出资，或按约定履行义务，或是放弃期限利益提前出资，该行为均产生出资完成的法律后果，出资转化为公司的资本而与股东个人分离，股东对公司负有的资本债务消灭。债权债务关系消灭，显然使恢复原状（取回出资）并无适用的可能。若允许股东会决议顺延出资期限，股东再依此取回出资，显然有悖公司人格与股东人格相独立的原则。因为股东会此时讨论的已是公司的资本，而不是股东个人财产，股东会依法不享有随便处置公司资本的权利，除非经法定的减资程序。所以，课题组认为，2010 年《公司法解释三》规定的“将出资款项转入公司账户验资后又转出”的精神仍应继续坚持，只是应修正为“将出资款项转入公司账户履行出资义务后又转出”。

对于出资瑕疵股东，《公司法解释三》第 16 条及第 17 条规定了公司章程及决议限制其股东权利、除名等处理规则，此次公司登记制度改革，并未动摇这些限权规则的适用基础，课题组认为，相关纠纷仍依这些规则处理即可。

（五）资本变动相关问题

资本变动，是公司经营中视公司状况由股东会行使的增加或减少注册

① 杜军：《公司资本制度的原理、演进与司法新课题》，载《法律适用》2014 年第 11 期。

资本职权。如何限制通过认缴多数资本、意图以较少的付出实际控制公司的大股东滥用股东控制地位，侵害小股东和公司、债权人权益，是一个值得思考的问题。此问题即是公司增资过程中应着重考虑的因素。另一方面，确立怎样的一种减资规则，使得在适当时公司可调低其注册资本数额以与其资产状况相吻合，但又不至于损害债权人利益亦是亟待解决的问题。

由于增资，客观上使得公司的注册资本提高，不会造成公司外部债权人利益受到侵害的情况发生。对于股东利用《公司法》允许分期缴纳出资的制度安排而刻意提高注册资本的问题，在前文亦已在分析非理性投资者所会作出的合理选择，不可能会大量涌现。因此，课题组认为，对于公司增资的决议，以确认其效力为原则。调研过程中，对于增资的实务担忧主要集中在如何防止大股东利用优势侵害小股东利益的问题上。由于《公司法》施行后，对于投资者而言，无需马上缴纳认缴的资本即可成为公司股东，而且认缴资本更多的股东实际上就成为了控制股东。过去的有限责任公司以及现在的采取募集设立的股份有限公司中，一般情况下赋予了实际出资占相对多数的股东控制公司的权力，从保护资本、实现股东利益最大化的角度来看具有十分积极的意义；然而，《公司法》施行后控制股东地位的取得并不需要大量出资，因此极有可能出现为了取得公司控制地位而不理性乃至恶意地大量认缴的情形，将有可能从内部造成公司空壳化，损害市场经济秩序。因增资比例、认缴数额、认缴期限均是由股东会采取资本多数决的形式确定，这就在现行《公司法》框架下赋予了未实际全额缴纳出资而认购多数股份的大股东可通过控制股东会的形式决定上述资本事项。不排除通过多数表决权的形式达到允许自身长期不缴纳出资、增资，而其他股东则须在短期内缴纳出资的决议的可能性。课题组认为，虽然资本多数决仍然是公司决议应遵循的规则，但在如今资本认缴制的情形下，对于这一决议方式应作出一定的限制，以衡平大股东，特别是未足额缴纳出资的大股东的利益与小股东的利益。若存在前述利用表决比例优势地位损害小股东利益的，因违反诚实信用原则，其他股东请求认定无效，依法应予支持。

对于减资问题，因客观上降低了公司对外债务的担保数额，可能影响债权人利益的实现，故其审查的核心在于如何防止公司利用此规则逃废债务。《公司法》第 177 条规定了如下的规则：“公司需要减少注册资本时，必须编制资产负债表及财产清单。公司应当自作出减少注册资本决议之日起十日内通知债权人，并于三十日内在报纸上公告。债权人自接到通知书之日起三十日内，未接到通知书的自公告之日起四十五日内，有权要求公司清偿债务或者提供相应的担保。”对此，课题组进一步认为，若公司虽办理了减资手续，但经审理查明其在减资过程中存在逃废债务恶意的，如故意或重大过失未通知债权人，造成债权人损失的，各股东应在减资的数额范围内依其减持的比例对该笔债务承担连带责任。

（六）股权转让问题

《公司法》修订后规定股东缴纳认购出资的期限等由公司章程约定，从而使得股东未完成出资义务便出让股权的情形将会大量存在。由此产生资本缴纳义务如何承担的新类型问题。

此处以广东省佛山市顺德区人民法院审理的一宗股东出资纠纷为例展开讨论：[①] 2014 年 4 月，被告甲与案外人乙、丙共同出资成立了原告 A 公司，注册资金为 100 万元，其中甲持股 15%，乙为 70%，丙为 15%。公司章程约定三股东的出资时间均为自公司成立起八年内缴足，出资方式均为货币。公司设立后，被告甲一直未向原告 A 公司实际缴付出资。同年 7 月，原告 A 公司召开股东会，决议同意被告甲将其所持有公司 15%的股权以 15 万元的价格转让给乙。公司变更其章程，载明乙出资额 85 万元，占注册资本 85%，出资时间为自公司成立起八年内缴足。随后，被告甲将其股权 15%出让予乙，并在工商部门办理了变更登记手续。同年 9 月，原告 A 公司认为被告甲在没有完成实际出资的情况下即转让股权，原告有权要求其支付原认缴的出资。因为，如果被告甲没有实际出资，将对股权购买人乙不公平，影响公司正常运作，请求法院判令被告甲立即向原告 A 公司缴付股权金 15 万元。

该案件的核心争议，即股权转让后出资缴纳义务由何人承担是此类案件共同需要解决的问题。课题组认为，解决此类问题可遵循如下思路：

第一，外部纠纷。此处内部与外部的区分，是以股权转让合同作为界定的。外部纠纷，即为股权转让合同当事人与合同以外其他当事人的纠

---

① 广东省佛山市顺德区人民法院（2014）佛顺法民二初字第 539 号原告广东顺德磊信厨房电器有限公司诉被告李秋达股东出资纠纷案，该判决以出资期限未届满为由驳回了原告的诉讼请求，双方当事人均未提起上诉。

纷，主要包括公司与股东的纠纷，以及公司债权人与股东的纠纷。《公司法解释三》第 18 条规定："有限责任公司的股东未履行或者未全面履行出资义务即转让股权，受让人对此知道或者应当知道，公司请求该股东履行出资义务、受让人对此承担连带责任的，人民法院应予支持；公司债权人依照本规定第十三条第二款向该股东提起诉讼，同时请求前述受让人对此承担连带责任的，人民法院应予支持。受让人根据前款规定承担责任后，向该未履行或者未全面履行出资义务的股东追偿的，人民法院应予支持。但是，当事人另有约定的除外。"该条规定涉及的就是出资义务未履行完毕即转让股权的处理问题，但由于此次《公司法》修订允许的分期出资导致未缴纳出资可以为合法情形而非侵权行为，故有观点认为，在处理有关纠纷时不能直接适用上述司法解释，并认为股权转让双方应通报股权转让事宜，未通报的，公司选择向任何一方催收资本，均具有一定的法理依据。[①] 课题组认为，前述司法解释的适用基础主要在于转让股东的瑕疵担保责任，[②] 而在出资期限尚未届满情况下出让人的股权是完整的，也就不存在瑕疵的问题，故同意不应直接适用《公司法解释三》第 18 条的规定。但对于通报的事项，我们认为，《公司法》第 71 条已对股权转让应满足何种程序与实质性要求进行了规定，若须达到有效转让股权的条件的，应当符合该条规定的要求，从而也就不存在没有通报或通报内容不符的可能。存在此种情形的，应当依据股权转让本身的规则进行处理，如《公司法解释四征求意见稿》第 29 条规定："有限责任公司股东转让股权之前未依公司法或者公司章程规定书面通知其他股东，或者书面通知内容不符合本规定或与实际转让条件不符的，公司其他股东起诉主张依照评估确定的价格或者受让方实际购买的同等条件购买股权，且其主张符合公司法和公司章程特殊约定的，人民法院应予以支持。原告起诉符合前款规定条件，但受让人在公司登记机关办理股权变更登记时间已经超过一（或两）年的，人民法院应驳回原告起诉（或驳回诉讼请求）。"因此次《公司法》修订并未变动该规则，仍应以此作为审理的依据。由于出让人继受取得了公司股权，其相应地亦承担了出让人应承担的出资义务，负有在章程约定期限届满前缴纳出资的义务。对于公司债权人而言，其对股东履行出资义务进行

---

① 王东敏：《公司法资本制度修改对几类民商事案件的影响》，载《人民司法》2014 年第 5 期。

② 参见最高人民法院民事审判第二庭编著的《最高人民法院关于公司法解释（三）、清算纪要理解与适用》一书中对该司法解释条文的解读。

催促的理论依据主要在于代位权制度，而《公司法解释三》为加强对其保护，赋予了其与公司同样的诉权。[1] 所以，公司债权人可行使的权利方式应与公司相同。至于对恶意串通，以股权转让方式逃废债务的规制，则可通过适用《合同法》第 52 条所规定的合同无效，或第 74 条所规定的债权人撤销权进行处理。

第二，内部纠纷。内部纠纷，则为股权转让合同当事人之间的纠纷。股权转让合同因属于契约，具有相对性，仅对股权转让合同当事人有约束力。因此，若此类纠纷发生在股权转让当事人之间的，二者的权利义务关系应以股权转让合同约定作为审理的基础，并应依《合同法》的相关原理进行裁决。双方对出资义务履行有约定的，从其约定；没有约定的，由于股权转让类似于合同法上的概括转让，受让人取得股权从而概括继受出让人在公司中的全部权利义务。出资义务依法亦在受让人继受的范围之中。因此，应由受让人承担。当然，针对出资期限是否已如实披露，若受让人认为在股权转让合同订立时存在《合同法》第 54 条规定的重大误解、显失公平、欺诈等可予撤销或变更情形的，可依法申请变更或撤销。但应该注意到，由于出资的分期缴纳约定依法应于章程中公示，股权受让人若未对该事项进行审查便订立合同，显然难以主张其已尽合理注意义务从而推断出让人未如实披露，证明存在所谓重大误解等情形的可能性不大。

（七）被载入或永久载入异常名录、被除名的公司及其股东债务承担的认定问题

虽然此前商事登记制度改革已经试行的较为成熟的异常名录登记措施尚未纳入此次《公司法》修改之中，但其作为商事登记改革的配套措施，对验资、年检等法定义务取消后规范商事主体经营意义重大，且从调研的情况来看，已基本在各地全面铺开施行。可以预见，在今后被载入或永久载入异常名录、被除名的公司将会大量出现，从而催生相关商事纠纷。课题组认为有必要对此类问题亦作一个梳理。

关于针对公司违反商事登记的行为，深圳规定了被载入或被永久载入异常名录的做法；珠海规定了被载入异常名录或被剔除企业名称，不得恢

---

① 参见最高人民法院民事审判第二庭编著的《最高人民法院关于公司法解释（三）、清算纪要理解与适用》一书中对 2010 年《公司法解释三》第 13 条及第 19 条的解读。

复记载于商事登记簿的除名做法；佛山规定的是将企业名称从公示名录中剔除，并载入除名目录的做法；佛山市顺德区则采取屏蔽掉企业信息的除名制度。从制度设计及法律后果的层面而言，深圳与珠海地区规定的被载入异常名录，及佛山和佛山市顺德区的除名制度具有相当的法律后果，其针对的都是商事主体的轻微违规行为。而深圳规定的被永久载入异常名录和珠海规定的除名制度则是针对未在规定的时间内消除载入异常名录事由的较重违规行为作出的。深圳和珠海规定，被载入异常名录的公司可以正常经营，因此可以看出，如果公司被载入异常名录，其主体资格和经营资格并未丧失，继而推断出，按照佛山和佛山市顺德区的改革设想，如企业被除名则不影响其主体资格和经营资格。至于深圳规定的被永久载入异常名录或珠海规定的被除名公司的法律状态，从深圳和珠海的改革文件来看，被永久载入异常名录或被除名是较被载入异常名录要重的处罚措施，相应的商事主体被永久载入异常名录或被除名后，其企业名称将不受保护，而是保留注册号作为企业名称。由此可知，按照《深圳经济特区商事登记若干规定》（以下简称《深圳规定》）被永久载入异常名录或按照《珠海经济特区商事登记条例》（以下简称《珠海条例》）被除名的商事主体因登记机关的处罚行为，丧失了企业名称继而无法开展经营，其经营资格因此丧失。因此，这两种处罚措施的法律后果与被吊销营业执照的法律后果相当。《最高人民法院关于企业法人营业执照被吊销后，其民事诉讼地位如何确定的函》中指出："企业法人被吊销营业执照后，应当依法进行清算，清算程序结束并办理工商注销登记后，该企业法人才归于消灭。因此，企业法人被吊销营业执照后至被注销登记前，该企业法人仍应视为存续，可以自己的名义进行诉讼活动。"根据该司法解释的精神，按照《深圳规定》被永久载入异常名录或按照《珠海条例》被除名的公司也应当依法进行清算，清算结束并办理完注销登记后，其法人资格才丧失。因此，公司按照《深圳规定》被永久载入异常名录或按照《珠海条例》被除名后直到办理注销登记前，该公司仍具有主体资格，可以从事与清算有关的了结债权债务等活动。综上所述，被载入异常名录，被永久载入异常名录，或被除名的公司仍具有主体资格，债权人针对此类公司提起诉讼的，法院仍应将被诉的公司列为被告，该公司应依法承担偿还相应债务的责任。

此外，按照《深圳规定》被永久载入异常名录或按照《珠海条例》被除名的商事主体可能会产生经营不便，交易减少的情形。如果债权人此时起诉，该商事主体可能已经停止经营，甚至人去楼空，即使法院最终判令债权人胜诉，债权也难以执行，基于这样考虑，债权人可能同时起诉商事主体的股东对债务承担责任。一种情形是，债权人依据《公司法》第 20 条第 3 款的规定提起公司法人人格否定之诉。该条规定：“公司滥用公司法人独立地位和股东有限责任，逃避债务，严重损害公司债权人利益的，应当对公司债务承担连带责任。”在此种情形下，除非债权人能够提供证据证明股东存在出资不足，抽逃出资或股东的资产与公司资产混同等司法实践中认可的揭开公司面纱的情形，否则，其诉请不应得到支持。第二种情形是债权人依据《公司法》第 180 条、第 183 条及《公司法解释三》第 18 条的规定，要求股东基于怠于履行清算义务应对公司债务承担赔偿或连带清偿责任。《公司法》第 181 条规定了公司解散的五种情形，即：营业期限届满或公司章程规定的解散事由出现，股东会决议解散，合并或分立需要解散，被吊销营业执照，责令关闭或撤销和法院判决解散。虽然从字面上来看，按照《深圳规定》被永久载入异常名录或按照《珠海条例》被除名的情形不属于该条规定的解散事由，但如前所述，按照《深圳规定》被永久载入异常名录或按照《珠海条例》被除名与被吊销营业执照的法律后果相当。因此，在司法实践中可以认定按照《深圳规定》被永久载入异常名录或按照《珠海条例》被除名为公司解散的事由，符合《公司法》第 180 条的立法精神及立法目的。继而依据《公司法》第 183 条关于解散的公司应进行清算的规定，按照《深圳规定》被永久载入异常名录或按照《珠海条例》被除名的企业也应依法进行清算，如有足够的证据证明其股东怠于履行清算义务，则法院可根据《公司法解释三》第 18 条的规定，判令相应的股东对债务承担连带清偿责任。

四、关于加强改革配套的司法建议

为进一步深化商事登记制度改革，营造公平信用的投资创业环境，实现公司登记制度改革的初衷，建议相关部门围绕市场诚信建设，加强以下改革配套：

（一）完善公司登记信息公示制度，推动市场信用体系建设

目前，在全国范围内具有较大影响力的信息公示平台主要包括国家工

商行政管理总局的企业信用信息公示系统、最高人民法院的中国裁判文书网及中国人民银行征信中心。但是，几大信息公示平台之间没有有效互通，“信息孤岛”现象比较严重，商事主体了解交易对象履约能力的成本仍然很高。课题组认为，在倡导构建诚信社会的今天，有必要建立全面统一的企业信用信息体系，实现信息共享，以敦促企业诚信经营。工商行政管理部门应与其他行政管理部门、金融机构紧密合作，建立以商事主体登记信息为基础，以相关部门日常监管的企业信用信息为重点，以人民银行等金融监管机构的征信系统为依托，建立银行信息、工商注册信息、税务信息、司法信息相统一的信用数据库，使交易相对人及时、准确、全面地知悉交易伙伴的资产信用情况，从而推动社会诚信体系的进一步完善。

（二）在立法上确立衡平居次规则

改革后的公司注册资本认缴登记制度，实际上是将股东根据2005年《公司法》所要求的股权投资转化成了债权投资，从而低成本取得公司有限责任保护，存在有限责任的风险外部化的风险。可考虑引入“衡平居次”原则，在公司实际控制人、控制公司滥用从属公司人格侵害公司债权人利益时，认定其债权次于其他普通债权得到清偿。最高人民法院于2003年公布的《关于审理公司纠纷案件若干问题的规定（征求意见稿）》第52条“控制公司滥用从属公司人格的，控制公司对从属公司的债权不享有抵消权；从属公司破产清算时，控制公司不享有别除权或者优先权，其债权分配顺序次于从属公司的其他债权人”的规定应当重新进入立法者的视野。

（三）加强董事、监事、高管的责任约束

要求董事、监事担责的法理依据源于董事、监事、高管对公司及股东的忠实、勤勉之法律义务。该义务应作宽泛的解释，不仅仅局限其忠实于股东的利益，而应扩展至从维护公司长远正常运营之目的而出发，管控公司的经营风险，立足保障公司整体发展前景，这亦是遵守职业道德的基本要求。可考虑增设董事会职权之新内容，赋予董事会对公司资本的筹集和发行以及催收以控制权和执行职责。司法在应对该类诉讼时也应充分发挥能动性，综合法律条文及司法解释，对董事、监事的义务作出全面认定，该类责任主要是催收义务以及民事赔偿责任。此一来可避免“有义务而无责任”的法律适用尴尬；二来可在资本认缴制的大背景下加强公司内部制衡，弥补无需验资及缺乏实质监管的不足。当董事怠于履行催收义务而造成其他股东的利益受损，一般发生在董事与相关股东存在关联关系或存在其他利害关系之时，公司的内部治理应尽量发挥其监督机制，防止该类侵权行为。如果侵权行为已经发生，受损股东可通过向法院诉讼请求相关董事承担民事赔偿责任，法院应给予支持。

（四）完善市场退出机制和破产启动规则

当公司不能清偿到期债务，债权人的到期债权与股东的未到期出资发生冲突时，债权人可以起诉否定公司人格或者申请公司破产。《企业破产法》将破产启动程序仅交由债权人、债务人行使的规定，不足以实现各方的利益衡平，建议我国立法科以公司的董事、高管等实际控制公司的人具有提出破产申请的义务，还应当探索建立由法院依职权启动破产的制度，特别是探索建立执行与破产之间的联动机制。

公司强制清算与破产清算衔接问题研究

广州市中级人民法院课题组*

公司强制清算与破产清算是企业依靠公权力退出市场的两种重要机制。由于两种程序的调整对象、案件受理条件、程序的严格程度、司法干预程度、债权人在程序中的作用及法律后果等方面均有所不同，指引误入公司强制清算程序的企业“回归正道”显得尤为必要。本文从我国两程序衔接的现状出发，探讨影响两程序顺利转化的主要障碍及解决路径，以期为完善我国公司强制清算与破产清算衔接工作机制提供具有可行性的建议和对策。

一、公司强制清算与破产清算衔接现状

为全面了解两种程序的衔接现状，课题组充分调取了各项数据。为使调研基础数据更详实，论据更充分，课题组力求在能力范围内更多地占有各种资料。首先，在广东省高级人民法院的帮助下，课题组调取了广东省19个主要地区中级人民法院的企业破产及公司强制清算案件的审理数据，并以图表形式进行分类统计。其次，课题组向广州市两级法院的法官、在册管理人发放调查问卷，问卷涵盖两种程序衔接前后涉及的各项问题，课题组共回收法官问卷31份，管理人问卷12份。再次，课题组搜集了国内外关于两种程序衔接的法律规定和研究成果。最后，课题组实地走访了北京、大连、长春、武汉、深圳等国内主要城市的中级人民法院，详细了解了上述法院公司强制清算程序与破产程序衔接案件情况，以及上述法院对两种程序衔接问题的主要看法。

---

* 课题组组长：舒扬，副组长：朱义坤、李震东，成员：王天喜、赵彤、辛志奇、杨巍、叶辉华，成员（执笔人）：谢江武、范晓玲。

通过对上述数据进行分类整理，课题组从法律规定、司法实践、理论研究等各个方面分别研究了公司强制程序与破产清算程序的衔接现状，具体情况如下：

（一）立法现状：法律规定数量少且可操作性差

在我国现行的法律及司法解释中，直接涉及公司强制清算与破产清算衔接问题的仅有以下八个条文：（1）《公司法》第187条、第190条；2.《最高人民法院关于适用〈中华人民共和国公司法〉若干问题的规定（二）》[以下简称《公司法司法解释（二）》] 第17条；（3）《企业破产法》第7条；（4）《最高人民法院关于审理公司强制清算案件工作座谈会纪要》（以下简称《纪要》）第32～35条。

《公司法》《企业破产法》是两种差异较大的法律制度，前者为实体法、后者为程序法，两者调整范围、调整对象均有所不同。公司强制清算与破产清算的衔接，不仅仅涉及程序衔接问题，更涉及法律衔接问题。且公司强制清算与破产清算是两种差异较大的法律程序，两程序转化时，涉及法律适用、清算机构、清算费用、清算事务等各方面的衔接，影响清算组、债权人、股东等各类主体的切身利益。对于这一重大而繁杂的程序衔接工程，法律仅仅以八条的篇幅完成制度设计，显然有失慎重。此外，仅有的八条规定也侧重原则性规定，而忽略实操性规定。简而言之，上述八条的规定可以概括为以下内容：谁有权在强制清算程序中提出破产申请及破产宣告申请、公司强制清算向破产清算转化的例外情形、程序转化后清算机构如何选定等，其主要意义在于启动破产程序。至于破产程序启动后，前后两种程序如何对接，则没有相应的制度设计。

（二）司法实践现状：两程序衔接案件尚未实现零突破

1. 公司强制清算案件总数逐年提升。课题组调取的数据显示，2008年至2013年6月，广东省19个主要地区的中级人民法院共受理公司强制清算案件167件，收案数呈逐年上升趋势（详见图一）。收案数从2008年的11件，已增长至2012年的39件，年均增长率高达37.2%。其中，因统计时间和方法的限制，课题组仅统计了2013年上半年的受理情况，受理数为23件，尚有大量申请仍在审查阶段。且下半年是此类案件收案高峰期，2013年全年收案数有望超过40大关。随着公司强制清算案件收案数逐年上升，存在破产原因而进入公司强制清算程序的企业数量也将随之增多，由强制清算向破产清算转化的案件数量也可能随之日益增长，因此，开展两程序衔接的调研、解决两程序转化的窘境也显得尤为必要。

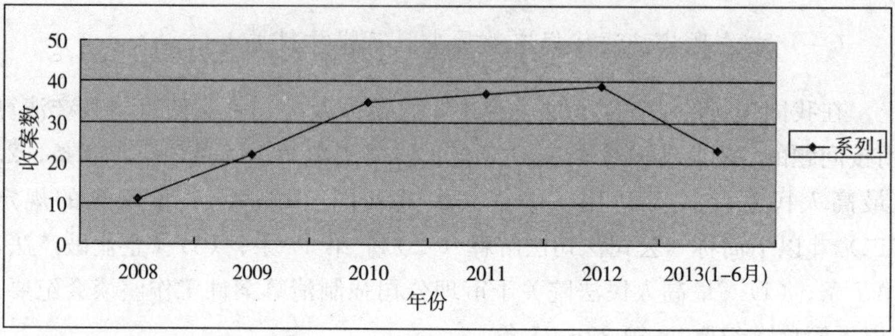

图一　全省主要地区公司强制清算案件收案数

2. 被强制清算公司经营管理混乱、资产状况不清。调研数据显示，上述 19 个地区的公司强制清算案件中，被清算企业以民营企业为主，国营企业居中，中外合资（合作）企业、外商投资企业、港澳台商投资企业较少。其中，在所有企业类型中，民营企业占比高达 74.4%，具体情况详见图二。因公司制在我国起步较晚，多数民营企业虽具有资合的外衣，却无法摆脱人合性质的管理，企业一旦经营管理不善即人走楼空，且企业自身管理也较为混乱。大多数企业即使进入强制清算程序仍有被追偿股东责任的风险。同时，由于企业自身的不规范性及复杂性，导致清算组无法全面掌握企业资产状况，这也给强制清算向破产清算转化带来了障碍。

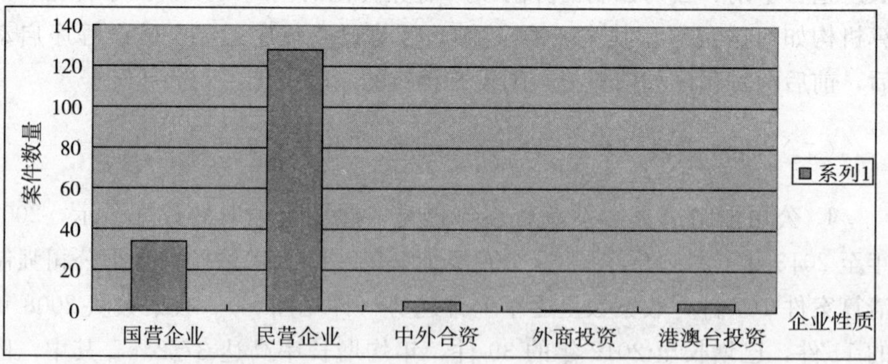

图二　全省主要地区近五年公司强制清算案件企业类型

3. 两程序衔接案件尚未实现零突破。如前文所述，公司强制清算案件的总体收案数逐年提升，但是转入破产程序的案件始终未实现零突破（详见图三）。除了对广东省各地法院受理的公司强制清算案件进行统计外，课题组还实地走访了武汉中院、北京一中院、北京二中院、大连中院、长春中院。在走访中，课题组发现上述法院亦无公司强制清算与破产清算衔接实例。不仅如此，就各地法院掌握的情况来看，全国目前亦尚无一例两程序转换的实操案例。与缺乏实操案例形成显著对比的是，各地均有进入强制清算程序后的企业符合进入破产程序的情形。这些案件因为各种原因徘徊在破产程序门外，例如债权人及清算组怠于提出破产申请、法律制度支撑不够等原因，这些案件一般均以申请人撤回申请、不能清算或者不能完全清算等方式结案，而未选择转入破产清算程序的方式引导债务人依法退市。

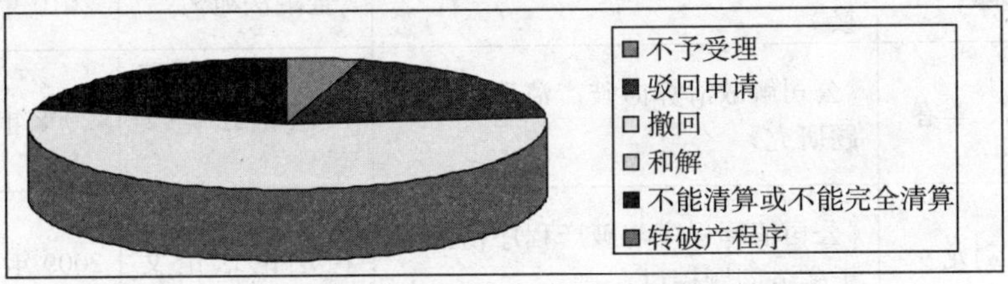

图三　全省主要地区近五年公司强制清算案件结案情况

（三）理论研究现状：以往的研究较少且时效性不强

课题组在中国知网、北大法宝等一系列数据网站上进行搜索，并对破产法论坛历年来的论文进行检索，发现直接研究公司强制清算与破产清算转换及衔接的文章十分稀少。经初步统计，截至目前，共有九篇文章重点研究这一问题，具体情况如下：

表 1　关于公司强制清算与破产清算衔接问题研究成果统计表

作者	论文题目	发表刊物	发表日期
孙小平、姚明	《公司清算制度与破产程序的衔接》	《破产法论坛》（第 3 辑）	2009 年 5 月
游伟、李春	《论公司解散清算向破产清算程序转换的若干问题》	《破产法论坛》（第 3 辑）	2009 年 5 月
肖庆浪	《试论公司清算法律制度的和谐——以公司清算制度与破产程序的衔接为视角》	《破产法论坛》（第 3 辑）	2009 年 5 月

续表

作者	论文题目	发表刊物	发表日期
季诺、李凯	《强制清算与破产清算程序转换若干问题探讨》	《上海律师》	2012年5月
陈秋荣	《公司清算与破产清算衔接问题研究》	苏州大学硕士学位论文	2009年4月
李小海	《公司非破产清算转破产清算的法律风险分析及控制》	《中华全国律师协会经济专业委员会2009年年会（贵州）论文集》	2009年10月
邵然	《公司破产程序与非破产清算的衔接》	《金融法苑》	2010年8月
游伟、李春	《公司解散清算向破产清算转换问题研究》	《第一届中国破产法论坛论文集》	2008年5月
皮剑龙	《公司清算程序与破产程序衔接若干实务问题探讨》	《第二届中国破产法论坛论文集》	2009年11月

如上表所示，上述九篇文章中，有七篇论文发表于《纪要》出台之前，占比高达77.8%。在2009年11月4日《纪要》实施以后，仅有两篇文章专门研究公司强制清算与破产清算衔接问题。之所以出现这一特点，是因为《纪要》出台之前，《公司法》《企业破产法》《公司法司法解释（二）》仅有四个条文调整两程序衔接问题。法律规定较为原则，留给理论研究的空白较多。自《纪要》出台以后，学术界对这一领域的关注度普遍降低。然而，从2009年至今，《纪要》的实施时间已逾三年，司法实践中又暴露出了许多亟待解决的新问题。且《纪要》本身的规定十分有限，而两程序的衔接问题十分繁杂，既往的理论研究已无法适应司法实践的需要。

二、推动公司强制清算向破产清算转化的必要性

（一）两程序不同价值取向的必然要求

根据《公司法》《企业破产法》及相关司法解释的规定，破产清算程

序主要适用于出现破产原因的企业法人，而公司强制清算程序主要适用于非破产公司的清算。因为进入程序的前提条件不同，两种程序体现了不同的价值取向。在破产清算制度中，企业的财产状况已经不能满足全部利益相关者的分配需求，利益冲突和分配博弈十分激烈，在这种博弈状态下，破产清算制度之直接价值追求在于对全体债权人的公平清偿，并为此提供了诸多实体和程序上的保障，如破产法上之债权人公平清偿原则、管理人制度、债权人会议等原则和制度。而与破产清算制度相比，公司强制清算制度是以默认企业资可抵债为前提，各方利益主体之间的矛盾相对缓和。公司强制清算制度之直接价值追求在于保护债权人利益的同时，必须保护公司股东或者投资人的利益，在该种制度下，债权人的利益保护明显弱于破产清算制度。因此，在公司强制清算制度中，如果公司已经出现破产原因，公司强制清算制度之保护股东或投资者利益之价值追求已无存在之可能性和必要性，同样公司强制清算制度之保证债权人完全受偿之价值追求亦无法得以实现。此时，如果不转入破产清算程序，全体债权人的合法权益由于没有破产法上相应制度及程序设置的规制，在公司强制清算程序中将无法得到切实的保护。公司强制清算制度及破产清算制度的价值追求都将无法得以实现，这将极大地破坏整个社会经济秩序。

（二）缓解债权人、股东或投资人利益冲突的应然选择

如果公司强制清算程序中发现破产原因，由于全体债权人已不可能足额受偿，不但公司、公司股东或投资者与债权人之间存在利益冲突，不同债权性质的债权人相互之间亦将产生利益冲突，此时如果不转入破产清算程序以破产清算的相关法律规定及制度设置对债务清偿程序进行导引和约束，上述利益冲突将无法得以有效解决。退一步说，从公司角度分析，如果在该种情况下不转入破产清算程序，公司股东将无法享受破产免责的救济，公司投资者有限责任制度亦无法得以实现，公司投资者与债权人之间的矛盾和债务关系将一直延续下去，从而使公司不能依据法律规定的退出市场机制合法地终止其法人人格，这也与公司投资责任有限制度及鼓励企业借助司法程序依法退出市场的立法本意相背离。

三、公司强制清算与破产清算衔接困境及出路

（一）公司强制清算与破产清算衔接的现实困境

1. 权利主体怠于行使破产申请权。我国《企业破产法》在破产程序启动上实行破产申请主义。根据现行法律规定，有权提出破产申请的主体主要是债权人、债务人及依法负有清算责任的人。课题组认为，在公司强制清算程序中，有权提出破产申请的人特指债权人和清算组，而债权人及清算组怠于行使申请权是两程序无法顺利衔接的主要掣肘因素。

（1）债权人：缺乏充分的利益驱动。债权人不积极行使申请权既有客观原因，又有主观原因。在客观上，公司强制清算程序中没有设定债权人会议制度，债权人无法全面掌握企业资产状况，缺乏提出破产申请的客观条件。在主观上，债权人一般认为进入强制清算程序后，清算工作由清算组接管，其主观上缺乏另行提起破产申请的意识，而且从经济角度考虑，债权人也缺少主动申请的利益驱动。由于公司强制清算转入破产清算程序后，管理人需要对原清算组的工作进行重新梳理，需要耗费更多的经济成本和时间成本。因此，大多数债权人更倾向于在公司强制清算程序因无法清算终结后，直接依据《纪要》第29条及《公司法司法解释（二）》第18条的规定，追究股东、董事、实际控制人等清算义务人的清算责任，而且这也是大部分债权人提出强制清算申请的根本目的。

（2）清算组：缺少有效的法律规制。现行法律及司法解释并未对清算组提出破产申请的时限及相应的责任作出明确规定，由此导致清算组的该项工作缺乏有效的法律监督及规制。一是提出申请的时间限制不明。《公司法司法解释（二）》第17条规定了清算组不提出破产申请的例外情形，即达成债务清偿方案。而上述规定并未明确清算组与全体债权人协商制定债务清偿方案的时限。对于是否提起破产申请以及何时提出破产申请，清算组享有较大的自主权，人民法院也无明确依据予以监督。二是对未提出申请的责任限制不清。现行法律及司法解释并未规定清算组怠于提出破产申请时应承担何种责任，亦未明确规定追责主体以及诉讼利益的归属问题。

2. 两程序衔接的法律制度支撑不够

（1）缺乏可资借鉴的历史经验。从1993年到2013年，我国先后对《公司法》进行了四次修改，出现了五个版本的《公司法》。这五个版本关于强制清算与破产清算衔接的规定始终没有较大变化，都仅有一条法律条文，且仅有的条文内容几乎没有变动。1993年、1999年、2004年三个《公司法》版本都在第196条作出了同样的规定。2005年、2013年《公司法》的规定与之前并无较大区别，仅对清算组申请破产宣告的时间加以调整，从之前的“立即”改为“依法”。

（2）现行法律规定有待完善。目前仅有《公司法》第187条、第190条、《公司法司法解释（二）》第17条、《纪要》第32～35条对两程序的衔接问题作出了规定，且仅有的法律规定尚存在诸多问题：

一是两程序的衔接时点及衔接后的法律后果规定的较为模糊。现行法律并未对两程序的衔接时点及衔接后果作出明确规定。在司法实践中，不同主体提出的破产申请导致的程序衔接时点及法律后果存在明显区别。由清算组启动的破产申请须在人民法院裁定宣告企业破产后，才发生公司强制清算程序结束、清算组开始移交清算事务的法律后果；而由债权人启动的破产申请，则是在人民法院裁定受理破产申请后，即发生强制清算程序终结、清算组移交清算事务的法律后果。

二是关于清算事务移交主体的规定相互矛盾。根据《公司法》第187条的规定，公司经人民法院裁定宣告破产后，清算组应当将清算事务移交给人民法院。而《纪要》第35条规定，如果原清算组中的中介机构或者个人不宜担任破产清算中的管理人或者管理人成员的，人民法院应当根据《企业破产法》和有关司法解释的规定及时指定管理人，原强制清算中的清算组应当及时将清算事务及有关材料移交给管理人。上述两项规定相互矛盾，造成人民法院在处理案件时莫衷一是。

三是关于两程序具体事务的衔接规定过于原则。公司强制清算程序向破产清算程序转化时，涉及法律适用、清算机构、清算费用、清算事务等的衔接。现行法律及司法解释均未提及两程序转化时的各种细节问题。例如，上述法律未规定两程序转化时清算组的报酬与管理人的报酬如何划分，清算组报酬的支付时段和支付方式，在强制清算程序中已完成的债权申报、债权确认、审计评估、合同清理、资产处置等工作如何承继，两程序转化后相关人员的责任如何追究等。而这些细节问题恰恰是保障两程序顺利衔接的关键所在。

（二）破解公司强制清算与破产清算衔接难题的基本思路

1. 目标。通过完善现行法律及司法解释，搭建公司强制清算与破产清算衔接桥梁，设计简便、快捷、低成本的衔接路径，实现两程序的无缝对接。总体目标为：从源头上避免符合破产条件的企业进入公司强制清算程序，保证已进入公司强制清算程序的公司在出现破产原因的情况下平稳、有序转入破产清算程序。

2. 基本思路

（1）有条件地限制债权人及股东之强制清算申请权。课题组建议对案件实行分流管理制度，在受理审查阶段对债权人及股东的强制清算申请权加以限制。当债权人及股东提出强制清算申请时，如有明确证据证明被申请人资产不足以清偿全部债务，人民法院应告知申请人另行提起破产清算申请，申请人仍坚持申请对被申请人进行强制清算的，人民法院应当对其强制清算申请不予受理。而针对被申请人无财产、账册、其他重要文件或者主要财产、账册、重要文件等灭失，或者被申请人的人员下落不明等特殊情形，若申请人坚持申请对被申请人强制清算的，人民法院应当依法受理，并依照《纪要》第28、29条的规定执行。

（2）清除权利主体提出破产申请之障碍

方法一：明确清算组怠于提出破产申请的责任追究机制

一方面，明确规定清算组在公司出现破产原因时，应当向人民法院提出破产申请。有相关权利人协商制定债务清偿方案的，人民法院可中止对破产申请的审查。清算组未能在一定期限内与全体债权人达成债务清偿方案的，人民法院应当裁定宣告该公司破产。至于协商期限，课题组建议参照《企业破产法》第97条规定，参考重整计划的制定时间，以30天为限较为恰当。而债务清偿方案的执行期限则由人民法院视案件具体情况决定。未能达成债务清偿方案或者债务清偿方案不能执行的，人民法院应当裁定受理并宣告原被强制清算公司破产。

另一方面，完善清算组怠于提出破产申请时的责任追究机制。我们建议采取多元化的责任追究机制：①降低清算组报酬。对于清算组怠于履行破产申请义务，尚未造成严重后果的，人民法院在确定清算组报酬时，可以适当予以减少。②限制任职资格。对于清算组怠于履行破产申请义务，经人民法院多次提示后尚不改正的，人民法院可更换清算组、将清算组中的中介机构或者个人从《人民法院管理人名册》中除名或者降低其在名册中的资格等级。③追究侵权责任。对于清算组怠于履行破产申请义务造成了较大损失，且行使权利的主体有证据证实损失大小的，清算组应当以实际损失为限承担责任。④判处罚金。对于清算组怠于履行破产申请义务造成了较大损失，但主张权利的主体无法证明具体损失数额的，课题组建议参考台湾地区“公司法”第 89 条[①]的规定，以罚金形式督促清算组履行职责。至于罚金数额，可以设定为人民币 1 万元以上 10 万元以下。⑤追究刑事责任。对于清算组怠于提起破产申请构成犯罪的，可根据我国《刑法》的规定，追究清算组或者清算组相关人员的刑事责任。

方法二：赋予人民法院及被清算企业的上级监管部门在强制清算程序中的破产启动权

我们认为，当债权人及清算组怠于提出破产申请时，被清算企业的上级监管部门有权提出破产申请，人民法院亦可以依职权启动破产程序。因为上级监管部门对下级企业具有监管职责，监管职责之一即为保证企业有序退出市场。当被强制清算公司清理工作陷入困境时，上级监管部门有责任更有义务适当介入。而人民法院作为中立的审判机关，当司法程序陷入僵局，人民法院依职权主动予以调整亦无不当。我国《证券公司风险处置条例》第 37 条已有类似规定。我国台湾地区亦存在相似做法，例如台湾地区“公司法”第 355 条规定：“法院于命令特别清算开始后，而协定不可能时，应依职权依破产法为破产之宣告，协定实行上不可能时亦同。”《日本公司法》中亦规定，在法院认为协定的成立没有前景、协定的实行没有前景，以及进行特别清算违反了公司债权人的一般利益，且清算中公司已构成破产程序开始原因的事实时，法院必须依职权依照破产法作出破产程序开始的决定；当协定被债权人会议否认或者不被法院认可，且清算中公司有构成破产程序开始原因的事实时，法院可依职权作出破产程序开始的决定。[②]

方法三：加大破产清算程序中股东、董事、实际控制人的赔偿责任

---

① 我国台湾地区“公司法”第 89 条规定：公司财产不足清偿其债务时，清算人应即声请宣告破产。清算人移交其事务于破产管理人时，职务即为终了。清算人违反第一项规定，不即声请宣告破产者，各处新台币二万元以上十万元以下罚款。

② 转引自刘敏：《公司解散清算制度》，北京大学出版社 2010 年版，第 224 页。

债务人的股东、董事、实际控制人对于公司的经营管理享有充分的自主权，其在债务人出现破产原因且停止经营后未依法向人民法院提出破产申请的，应属于违反忠实、勤勉义务的情形，依法应当对债务人的债务承担连带赔偿责任。课题组建议在相关司法解释中明确上述情形下股东、董事、实际控制人的赔偿责任，以督促相关人员积极履行职责，同时避免债权人在债务人进入破产程序后丧失对债务人的股东、董事、实际控制人等清算义务人的追偿权。

（3）完善现行法律及司法解释的不足。一方面，做好法律及司法解释之间的对接。一是明确两程序的衔接时点。无论是清算组还是债权人提出破产申请，均应以人民法院裁定受理破产申请并指定管理人的时点，作为两程序转化及清算组移交清算事务的时点。二是明确不同破产申请主体导致的不同法律后果。当清算组提出破产申请时，除了清算组与债权人、其他利害关系人达成债务清偿方案外，人民法院经审查后可以直接裁定宣告该公司破产。当债权人提出破产申请时，公司的投资者或者管理者为了避免破产宣告导致的法律后果、其他债权人为了避免破产清算的成本负累，有权申请对原被强制清算公司进行破产重整或者和解。

另一方面，制定公司强制清算与破产清算衔接细则。课题组建议以时间为主线，研究两种程序在衔接前、衔接时、衔接后需要解决的各种问题，并以此为基础形成相应的操作细则，为司法实践提供指引。总体而言，该操作细则包含以下几部分：一是两程序衔接的前置程序，包含出现破产原因的认定、破产申请的提出、两程序转化的例外情形等。二是两程序衔接时的若干实务问题解读，涵盖管理人的指定、原清算组的报酬计算、清算事务的移交等问题。三是两程序衔接后相关人员的责任追究机制，例如对原清算组的渎职行为的责任追究等。具体的制度构建将在本文的第四部分详细解读，在此不予赘述。

四、搭建公司强制清算与破产清算衔接路径的构想

（一）公司强制清算与破产清算衔接前若干问题的认定

1. 被强制清算公司出现破产原因的认定。《公司法》第 187 条规定，清算组在清理公司财产、编制资产负债表和财产清单后，发现公司财产不

足清偿债务的，应当依法向人民法院申请宣告破产。一般而言，清算组编制的资产负债表和财产清单是对企业财产状况的全面反映。但在资产负债表和财产清单反映公司资产足以清偿全部债务的情况下，司法实践中还存在另外两种典型情况，导致清算组无法准确判断被强制清算公司是否已出现破产原因。一是资产的账面价值与实际可回收价值存在较大差异。二是因公司存在未计入账面的潜在或有负债而导致公司资产不足以清偿全部债务。因此，课题组认为，清算组应当依据已编制的资产负债表和财产清单，同时结合债权登记及审核情况、资产评估及处置变现情况来综合判断被强制清算公司是否已经出现破产原因。在此基础上，清算组可以制作《清算报告》并据此向人民法院提出破产申请及破产宣告申请。

2. 公司强制清算程序中破产申请的提出。首先是提出破产申请的主体。根据《企业破产法》的规定，有权提出破产申请的人为债权人、债务人及依法负有清算责任的人。在公司强制清算程序中，债务人的意思机关已经被清算组替代，清算责任也应由清算组承担。所以，在公司强制清算程序中，有权提出破产申请的主体特指清算组及债权人。其次是提起破产申请的时间。在整个强制清算程序中，债权人均有提出破产申请的权利。至于清算组提出破产申请的时间，现行法律并未作出相关规定。为了督促清算组及时提出申请，我们建议要求清算组在发现公司具备破产原因后30天内提出破产申请。最后是提出破产申请的材料要求。如果债权人提出破产申请，除了提交《企业破产法》要求的材料外，还应当提交能够证明被强制清算公司资产不足以清偿债务的依据。至于清算组提出破产申请应当提交的材料，因为《清算报告》中已经全面反映了公司的资产状况，所以除了常规资料外，清算组另外提交《清算报告》即可。

3. 公司强制清算程序中避免宣告破产的例外情形。《公司法司法解释(二)》第17条规定了债务清偿协商制度，其根本目的在于追求清算效率最大化，即以比较小的投入获得较大的产出，通过协定方式确定债务清偿方案以尽快了结清算事务，同时实现非破产程序下解决公平受偿问题。这一制度设计本身具有合理性，它节约了司法资源和清算成本，提高了审判效率，保护了广大债权人的合法权益。但对于这一制度的法律属性，司法实践中有不同的理解，有人认为是清算组提出破产申请的前置程序，有人则认为是清算组提出破产申请的例外情形。课题组认为，债务协商清偿制度仅是避免债务人破产清算的例外情形，因为当事人有权自主选择采取何种方式实现自己的权利，法律不应当为当事人设置必须协商的负担。而且全体债权人达成一致意见十分困难，被强制清算公司的股东间经常相互“斗气”，清算活动中互相“抬杠”，往往不能通过清算组制作的债务清偿方案。同时法律及司法解释并未对债权人的表决方式、表决标准及如何做到决议内容不损害其他利害关系人的合法权益等问题作出明确的操作指引，债务清偿协定制度有可能因为耗时较长拖延清算进程。

因此，在具体的制度设计上，课题组建议：清算组向人民法院申请宣告被强制清算公司破产的，应同时书面通知被强制清算公司的股东、申报债权的债权人及已知的其他利害关系人。如被强制清算公司的股东或者债权人、其他利害关系人向清算组申请和解并附可行性和解预案的，清算组应当向人民法院报告，并组织被强制清算公司的股东、申报债权的债权人及相关利害关系人进行协商。自和解申请提交之日起30日内，清算组不能提交与全体债权人及相关利害关系人确认的有关债务清偿方案或者有关债务清偿方案人民法院不予认可的，人民法院应裁定受理对被申请人的破产宣告申请。

（二）公司强制清算与破产清算衔接若干实务问题解读

1. 清算机构的衔接

（1）管理人的指定。课题组认为，对于不同的清算组人员，在清算机构衔接时应有不同的做法。清算组中的公司股东、高管、有关政府部门派出的工作人员原则上不能担任管理人及管理人成员，因为公司的股东、高管与公司有明显的利害关系，不符合《企业破产法》的规定。而清算组中的中介机构以担任管理人为原则，以不担任管理人为例外。因为清算组经过一定阶段的清算工作，对公司的资产负债等情况较为熟悉，并且破产程序中的工作与强制清算程序中的工作具有一定的衔接性，如果原清算组中的中介机构或者个人在名册当中，指定原来的清算组担任管理人符合债权人利益最大化的原则，但原清算组中的中介机构或个人怠于履行清算义务或者与本案有利害关系除外。

（2）原清算组报酬的确定及支付问题。根据《纪要》第34条的规定，原清算组中的中介机构或者个人继续担任管理人或者管理人成员时，其所取得的报酬总额，不应超过按照企业破产计付的管理人或者管理人成员的报酬。但当原清算组中的中介机构或者个人不担任管理人或者管理人成员时，法律并未对原清算组报酬的法律性质及支付时间作出规定。课题组认为，原清算组报酬具有优先清偿的属性，原清算组报酬与管理人报酬同样可以由破产财产随时清偿。至于原清算组报酬的支付时间，课题组认为，除《纪要》第 24 条[①]规定的可以计付报酬的清算组成员的报酬在公司强制清算程序中即时支付外，原清算组中的中介机构的报酬原则上应当在破产程序中与管理人报酬同时支付。此外，原清算组的报酬应当与管理人报酬一起报债权人会议通过或经人民法院批准，但是两者的报酬总额不应超过按照被强制清算公司破产计付的管理人或者管理人成员的报酬。

（3）原清算组与管理人间管理权的衔接。课题组认为，若原清算组继续担任管理人，管理人与原清算组之间仅需履行形式上的交接程序，即在人民法院出具指定该中介机构或者个人为管理人的决定书后完成身份和职责的转化。若人民法院在原清算组之外另行指定管理人，受法院指定的管理人需要对原被强制清算公司进行全面的接管，并与原清算组就原被强制清算公司的管理权进行实质性的移交。原清算组需要对公司的公章、印鉴、证照、财务账簿（含会计凭证、财务报表）、资产权属证书、员工名册、公司档案资料、重要合同及其他文书资料等进行登记造册，并同时制作财产清单。在此基础上，管理人需要与原清算组进行现场清点和交接，并对原被强制清算公司的重大资产进行现场盘点。有关的接管及确认文件应当经原清算组及管理人加盖印章，并由双方的经办人员签字确认。同时，管理人应当与原清算组签署正式的交接文件，明确原被强制清算公司的管理权限及管理责任自交接完成之日起转移至管理人承担。在完成接管工作后，管理人及原清算组应将以上交接文件共同报送人民法院备案。

2. 清算事务的衔接。法院裁定受理对原被强制清算公司的破产申请后，原清算组应当向管理人移交所有书面资料及全部清算事务。管理人接管清算事务后，应当及时对清算事务进行审查。除有关清算事务有违反《企业破产法》或者其他法律强制性规定的情形外，管理人对原清算组已经完成的清算事务的法律效力应当予以承认。在清算事务衔接时，有以下几点需要注意：

（1）债权申报工作的衔接。由于公司强制清算程序并不当然发生债权

---

① 《纪要》第 24 条：公司股东、实际控制人或者股份有限公司的董事担任清算组成员的，不计付报酬。上述人员以外的有限责任公司的董事、监事、高级管理人员，股份有限公司的监事、高级管理人员担任清算组成员的，可以按照其上一年度的平均工资标准计付报酬。

停止计息的法律后果，导致债权人所申报的债权数额（属于计息的债权）在公司强制清算期间仍会因计收利息和滞纳金而进一步增加。而附利息的债权自破产申请受理时起停止计息。管理人若依据债权人在强制清算程序中申报的数额确定债权，则与法律的规定相冲突。鉴于债权人在两种程序中提交的债权申报材料并无实质区别。所以，管理人接管企业后，应通知全体已知债权人重新提交债权申报表，但已在公司强制清算程序中提交的债权登记材料无需重复提交，仅对破产程序中申报请求发生变化的部分补充提交证明材料即可。

（2）债权确认工作的衔接。对原清算组已登记的债权是否需要重新审查确认的问题，我国法律以及相关司法解释并无明文规定，各地法院对此所持的观点也不尽相同。我们认为，《企业破产法》对破产程序中的债权审查及确认程序作出了严格的法律限定，且须由人民法院最终裁定确认。而《公司法》仅仅是笼统规定公司强制清算程序中需要进行债权登记，缺乏强制性的程序要求，因此，破产程序中对于确认债权的法律程序和标准远较强制清算程序更为严格。管理人对原清算组在公司强制清算程序中作出的债权确认结果不应直接予以认可，而应当在原清算组工作成果的基础上，重新对申报的债权进行审核，并提交债权人会议核查通过后，再提交人民法院依法裁定确认。

（3）清算审计及资产评估工作的衔接问题。因为清算组和管理人聘请审计机构及评估机构的目的基本一致，审计报告或者资产评估报告的结论都是为清算组和管理人进行财产管理、处置财产及制作工作报告提供依据，所以清算组应以继续沿用原审计报告及资产评估报告为原则。但是，由于公司强制清算与破产清算对审计报告的基准日要求不同可能导致审计结论不同，评估报告在评估方法上的差异可能导致评估结论存在重大出入。所以，对于公司强制清算程序中已经出具的审计报告及资产评估报告，在进入破产程序后，管理人可以根据个案需要决定是否继续沿用原审计报告及资产评估报告或者重新聘请审计和评估机构进行审计、评估。

（4）已完成的合同清理工作的衔接问题。进入破产程序前，清算组已经完成或者部分完成被强制清算公司所涉合同的清理工作。进入破产程序后，管理人对该清理结果是否应当直接予以认可？对此，我国法律以及相关司法解释同样并未作出明确规定，实践中也无统一、成熟的做法。我们认为，原清算组是人民法院依法指定、依法履行法定职责的机构，其依法完成的合同清理工作有法律效力。管理人对原清算组已完成的合同清理处置工作应予以认可，但仍应依据《企业破产法》的相关规定对清算组的清理和处置结果进行核查，对于不符合《企业破产法》规定或者违反相关法律法规强制性规定的清理结果应不予认可。对于原清算组未清理或者履行期未届满的合同，管理人应当依照《企业破产法》的规定进行清理。

(5) 已完成的资产处置工作的确认问题。公司由强制清算程序转入破产程序之前，清算组可能已经完成了部分资产或者全部资产的处置工作。对于清算组已完成的资产处置工作管理人是否需要重新确认？我国法律以及相关司法解释同样并未作出明确规定。对此，我们认为：如果原清算组已完成资产处置方案的制定工作，但尚未对该资产进行处置，管理人应当停止该资产处置方案的执行；如果该资产处置方案符合《企业破产法》相关规定的，管理人应当继续沿用该资产处置方案，但须报债权人会议讨论通过后执行；如果原清算组已经按照资产处置方案完成了部分资产处置工作，上述资产处置工作中未完成部分原则上应当予以停止，该未完成部分停止处置不影响已完成处置部分的效力的，管理人应依据《企业破产法》的规定，重新制定该未完成部分资产的管理方案或者变价方案报债权人会议讨论通过；如果原清算组已经完成了资产处置工作，管理人应当进行核查，若资产处置工作中无《企业破产法》中规定的可撤销或者无效行为，管理人应当对原清算组已完成的资产处置工作予以认可。

(三) 公司强制清算转入破产清算后相关人员责任追究问题

1. 承责主体。根据现行法律及司法解释的规定，在公司强制清算程序中可能涉及的承责主体主要包括被强制清算公司的股东、董事、监事、高级管理人员、实际控制人及原清算组成员。《公司法》《公司法司法解释(二)》已对股东董事、监事、高级管理人员、实际控制人的责任追究问题作出了详细规定，我们在此不予赘述。关于清算组成员承担清算责任的情形，《公司法》第190条、《公司法司法解释（二）》第23条已作出相关规定，《企业破产法》第127条、第128条也可以参照适用。

2. 追责主体。根据《公司法》第189条、《公司法司法解释（二）》第23条、《企业破产法》第25条的规定，在原清算组成员给公司或者债权人造成损失时，债权人、股东、管理人均可向原清算组成员追责。如果清算组成员在从事清算事务的过程中违反了法律和行政法规，还可能因侵害客体的不同而承担相应的行政责任或刑事责任，因此在特殊情形下公权力机关也可能作为追责的主体。

3. 关于清算组成员承担的责任类型

（1）民事侵权责任。对清算组民事责任的认定应当采用过错责任原则。只有当清算组在清算过程中有故意或者重大过失时，或者在从事清算事务时违反法律、行政法规或者公司章程的情形下，清算组成员才需对其行为导致的损害后果承担法律责任。对于清算组聘用的中介机构或工作人员，由清算组对外承担赔偿责任后，清算组另行依照合同和法律追究具有过错的中介机构或工作人员的相应责任。

（2）刑事责任。根据罪刑法定的原则，关于对清算组成员刑事责任的规定，不能突破现行的刑事法律，需要有明确的法律依据；所有刑事责任的追究，必须严格适用刑事法律的犯罪构成要件。我国《刑法》仅在第272条对清算组挪用资金的犯罪行为作出规定。当原清算组行为符合该条规定时，可由国家相关机关追究原清算组成员的刑事责任。

4. 关于清算组成员的责任承担方式。清算组组成人员的不同，导致其责任承担方式有所区别。司法实践中，有单独由中介机构人员组成的清算组，也有由公司股东、董事、监事、高级管理人员与中介机构或者中介机构中的个人共同组成的清算组。单独由中介机构人员组成的清算组由该中介机构自行承责。由公司股东、董事、监事、高级管理人员与中介机构或者中介机构中的个人共同组成的清算组，该民事责任应当由全体清算组成员共同承担，清算组成员对该民事责任互负连带责任。此外，清算组中的中介机构或者中介机构人员，除了依法须承担民事侵权赔偿责任或者刑事责任外，人民法院也可以根据其过错程度采取限制任职资格的管理性处罚措施或者处以罚款的方式追究其相应责任。例如，将其从法院管理人名册中除名，或在实施管理人分级管理的法院做降级处理等。同时，课题组认为不宜对清算组的民事责任设置责任限额，因为设定赔偿限额不符合侵权法理，亦不利于督促管理人积极履行职责，但可以考虑进行如中介机构强制投保等保障制度的建设。

结语

随着我国市场经济制度改革的逐步深入，企业间的竞争逐渐呈现白热化，落后的产能将在激烈的市场竞争中逐步退出市场。然而，在现阶段，由于我国公司管理模式落后、社会诚信制度尚未建立，以致企业投资者依法退市观念淡泊，企业一旦经营管理不善即人走楼空的状况时有发生。公司强制清算程序已成为部分市场主体被动退出市场的主要形式之一。不仅如此，由于我国公司强制清算制度起步较晚、相关法律规定尚不完善、社会公众对公司强制清算与破产清算的认知度较低等原因，具备破产条件的企业经常误入公司强制清算程序的大门，致使债权人、债务人的股东及其他利害关系人的合法权益不能得到切实的保护。因此，引导“误入歧途”的企业“回归正道”是现阶段的当务之急。本次调研不仅剖析了两程序无法顺利衔接的主要障碍，还从两程序的调整范围、转化时点、破产申请提出的法律后果、两程序衔接中应当考虑的问题及两程序转化涉及的法律责任等方面进行解析，设计了一条科学、便捷的程序衔接路径。以期通过完善现行法律及司法解释，搭建起公司强制清算与破产清算衔接的桥梁，最终实现两程序的无缝对接。当然，完全解决上述两程序衔接中的问题，不仅需要在制度设计上加以完善，更需要从根本上建立并完善社会诚信制度，推行依法清算的理念。构建以企业自行清算为主、借助公权退市为辅的社会氛围，才是解决两程序转化的最终价值追求。市场通过自身的新陈代谢进行自我调整，才能保持永恒的活力和秩序。在完善的公司法治框架下，公司才能真正生得容易，死得坦然。

关于加强知识产权司法保护依法规范和促进互联网领域健康发展的调研报告

广东省高级人民法院民三庭课题组*

当今信息网络技术迅猛发展并向经济、政治、文化等社会各领域推广应用，空前广泛深刻地影响社会和个人生活的发展轨迹。它在给社会带来巨大效益和便利的同时，也给知识产权保护带来巨大冲击和挑战。日新月异的网络及数字化技术，使信息的处理、存储及传送的方式不断更新，大量催发诸如多媒体作品、数据库、网络结构设计以及数以千万计的应用软件等智力成果，大量催发诸如即时通讯、搜索引擎、电子商务、网络游戏等新的商业模式和营利方式，诞生众多具有潜力的技术型、创意型企业，逐步渗透到传统企业生产经营的各个环节，并改变政府的管理和服务方式。伴随这个快速扩张的发展过程，诸如网络盗版、假冒商标、商业诋毁、私服外挂以及恶意干扰其他服务商经营等知识产权侵权行为也大量发生，快速蔓延，且日趋复杂多样，凸显加强知识产权立法、司法保护以及行政管理、行业自律等社会法治工作的迫切性和艰巨性。

近几年来，广东知识产权案件数量持续大幅攀升，法院受理、审结的知识产权案件占全国1/4强，其中涉互联网案件占知识产权司法案件总数1/4强。为应对互联网新技术、新经济给知识产权司法保护带来的新挑战，保障网络经济公平健康有序发展，增强网络科技创新驱动力和国际竞争力，我们结合审判工作，汇总分析了我省法院2010年以来审结的涉互联网知识产权案件，重点剖析了其中的典型案例，结合运用问卷调查、座谈走访等方法，探寻目前互联网领域存在的突出问题，分析其成因，提出对策和建议。

---

* 题组成员：张学军、肖海棠、肖少杨、欧阳昊、李艳。

一、我省涉网络知识产权案件的特点及案件所反映的社会问题

（一）案件数量及其分布

近几年来，受理一审知识产权民事案件占全省总数97%以上的广州、深圳、珠海、佛山、惠州、东莞、中山、江门、肇庆等九个珠三角地区法院，涉互联网知识产权案件数量持续大幅增长。2010年至2012年，九市合计一审新收涉互联网知识产权案件数分别为2352件、4058件、6404件，2013年前8个月则一审新收6872件，超过2012年全年；占一审知识产权民事案件总数的比例，由2010年21%上升至32.55%，在知识产权民事案件中的比重不断提高。同期，广东高院受理的涉互联网知识产权案件数量分别为41件、80件、173件、56件，占知识产权民事案件总数的比例由5.93%增至13.86%。其中，当事人为网络服务提供商的案件235件，占涉互联网知识案件的67.14%，反映了互联网技术影响下经济发展趋势和特点——互联网新经济对传统经济产生巨大冲击以及新兴互联网产业经营者与传统产业经营者之间、互联网产业经营者内部之间对新兴市场的争夺愈发激烈。此类案件主要涉及对互联网服务商直接或间接侵犯知识产权的行为及其责任构成认定，是涉互联网案件的重点和难点。当事人不属于网络服务提供商，但侵权行为通过网络实施的案件为115件，占涉互联网知识案件总数的32.86%。此类案件主要是传统产业经营者通过网络实施许诺销售、虚假宣传、商业诋毁和通过域名造成混淆等行为侵犯他人知识产权，反映的是传统产业经营者对传统市场的争夺蔓延到互联网领域。

（二）案件所反映的互联网经营与管理的突出特点和问题

对我省近几年来涉网络知识产权案件进行分析，可发现如下特点和问题：

1. 网络成为知识产权侵权的高发区和权利人维权的主战场。涉互联网知识产权纠纷涵盖商标权、著作权、专利权、不正当竞争与反垄断等各领域。行为类型多样：或是对互联网企业自身所开发的网络技术的模仿和盗版，例如对网站的克隆、对网络应用软件的抄袭和非法修改；或是通过网络非法传播与销售侵权产品；或是通过搜索引擎、信息存储空间、手机上

网（WAP转码）等互联网服务帮助非法传播作品；或是利用网络进行商业诋毁和虚假宣传等。网络侵权行为高发，涉互联网知识产权司法保护任务加重。如北京奇虎科技有限公司于2011年被腾讯科技（深圳）有限公司起诉至我院并被一审判决构成不正当竞争；于2012年再次被北京百度网讯科技有限公司以不正当竞争纠纷向北京地区的法院提起诉讼。据了解，该公司近年来涉多起互联网侵权纠纷，诉讼不断。

2. 纠纷热点随网络新技术和新商业模式的涌现和淘汰不断转移。伴随着每项网络新技术和新商业模式投入运营，往往引起各种主体之间利益格局的剧烈变动。而法律规定对权利义务的设定不明或空白，在新技术和商业模式运营之初特别容易引发纠纷。而大部分网络技术和商业模式的开发周期短，更新换代快，致使纠纷热点迅速转换。例如P2P（点对点）技术出现不久即引发了大量针对P2P（点对点）网络服务商的侵犯信息网络传播权纠纷，微博兴起后又出现了大量针对微博服务提供商的侵权诉讼。网络中每项新技术的实施，均可能引发相应的知识产权纠纷。

3. 规模化侵权和重复侵权现象较为普遍。网络用户的数量激增，侵权行为易于模仿和复制，造成侵权规模化。侵权手段隐蔽分散，服务器分别架设不同地区和国家，导致侵权取证难。在传统知识产权领域就已经很难解决的侵权赔偿问题，在互联网环境下困难加剧。判赔数额往往难以弥补权利人的实际损失，侵权者的侵权成本与之收益相比堪称低廉。法院制止继续侵权的手段单一，停止侵权的判项难以落到实处。以上种种导致重复侵权的行为不断发生。例如，在我省各级法院近几年审理的世纪龙信息网络有限责任公司侵权案中，世纪龙信息网络有限责任公司分别于2002年、2005年、2006年、2007年、2012年反复被不同的权利人起诉，基本上均被法院认定构成侵权。

4. 商业化、规模化维权成常态。权利人在发现侵权事实存在后，倾向于采取授权专业维权机构在全国范围内广泛收集证据并批量起诉的方式维权，维权费用先由专业维权机构垫支，案件判赔执行所得再由权利人和维权机构按比例分配，形成大量同一权利人起诉不同侵权者的系列案。以省法院近三年受理的涉网络知识产权二审案件为例，北京网尚文化传播有限公司为一审原告的案件共计126件，中国电影集团公司营销策划分公司为一审原告的案件共计61件，游戏天堂科技（北京）有限公司为一审原告的案件共计92件。据对珠三角地区各中院审理情况的不完全统计，商业化、规模化的维权案件，在数量上几乎占据了涉网络知识产权案件的半壁江山。

二、互联网经营与管理突出特点和问题背后的成因

（一）新老经济形态转型，知识产权纠纷背后代表的是各方激烈的利益角逐

中国互联网在短短十几年，完成了从零起步到成为网络大国的全过程。据中国互联网信息中心（CNNIC）发布的《中国互联网发展状况统计报告》，早在2008年，中国网民数量已达到2.53亿，网民规模超过美国跃居世界第一位。截至2013年6月，我国网民规模达5.91亿，互联网普及率为44.1%，手机网民规模达4.64亿，网民中使用手机上网的人群占比提升至78.5%。域名总数为1470万个，网站总数升至294万个。在我国人口红利面临终结的时候，互联网异军突起，正以难以抗拒的力量吸附和重组整个社会的资源，通过日新月异的网络科技创新和商业模式构建，打造出巨大的经济版图和商业生态圈。一是传统的知识产权权利人希望将权利尽量延伸到互联网领域，以期获得更大范围的保护。例如，广播组织不断起诉互联网服务商，希望通过司法判决获得信息网络传播权；传统企业积极开创“线上”业务，努力拓展互联网营销渠道，更加注重对域名和“官网”的申请和保护。二是互联网企业之间激烈地争夺知识产权制高点，并以此为武器抢占市场、打击竞争对手。例如，在云计算、大数据、移动互联网、物联网、数字营销等前沿领域，互联网企业积极投入研发和运营，并同步加强专利申请、著作权登记、商标注册等，意图早日宣称“名花有主”，圈定权利地盘。面对其他互联网企业竞争对手，则运用《反不正当竞争法》《反垄断法》，通过起诉为自己的行为“正名”，以便争取更大的发展空间和更好的发展前景。

（二）立法滞后，规则不明，难以定分止争

1.“通知删除规则”的适用条件和具体要求不明，导致网络服务提供者难以适从。“通知删除规则”是针对网络传播快、信息量大等特点，基于对技术手段、审查能力、注意义务等因素的综合考虑，从网络服务提供

者承担责任的可能性出发，设计安排的一套重要的网络法律制度，以达到平衡权利人、网络服务提供者和网络用户三者权益的目的。然而由于现有法律规定不明确、操作性不强，针对不同类型知识产权的规定缺乏内在的协调统一，网络服务提供者，尤其是电子商务平台提供者、搜索服务提供者等难以适从。具体存在以下问题：一是目前知识产权立法中，仅在《信息网络传播权保护条例》这一行政法规规定了“通知删除规则”；同时《侵权责任法》从一般民事侵权的角度，对“通知删除规则”作了原则性规定。二者的具体规定有所不同，前者虽然规定了通知内容，但通知到什么标准和程度才能算作有效通知不明确；后者没有对反通知、通知内容进行规定。二是对涉网络商标、专利侵权纠纷，是否适用《侵权责任法》关于网络服务者通知删除的规定，不够明确。若适用，是否应当视著作权与商标权、专利权类别、属性的不同，而有所区别？三是“通知删除规则”的立法原意，是否是要求网络服务提供者在收到通知后一概删除，不对内容作任何实质性的判断，亦不够明确。若不作判断而一概删除，是否会严重影响网络用户的利益？若要求网络服务提供者进行判断，会否不适当地加重网络服务提供者的责任，这种判断应以什么程度为恰当？这些问题若不明确，围绕通知删除问题的案件争议就会一直持续，不利于这一制度设计发挥现实作用。

2. 竞价排名等新型网络商业模式的出现，使网络侵权行为难以定性。搜索引擎竞价排名是目前争议比较突出的新型网络商业模式。我省法院审理的深圳捷顺公司诉百度公司和九鼎公司商标侵权纠纷案、台山港益公司诉谷歌公司和广州第三电器厂商标侵权纠纷等案件，反映这种新型商业模式下，传统商标法难以制止某些新型的利用权利人商标牟利的新情况。在这些案件中，被告利用原告的商标，将其作为关键词向网络服务商购买竞价排名和主题推广服务，致使用户输入关键词进行搜索时，结果首项指向了与该关键词没有关联的被告网站，促使原想寻找原告的用户最先找到被告网站并与之交易。由于链接指向的是被告公司本身的网站，用户在进入被告网站后，能够清楚辨识交易对象，并不会对商品来源构成混淆或误认，因此在“售前混淆”理论尚未被《商标法》吸纳的情况下，此类案件难以直接通过现行商标法认定侵犯商标权。我们认为，被告商家和网络服务商确实通过后台人为改变搜索结果，不正当地利用了原告商标，将相关公众引向被告网站，存在搭便车的嫌疑。搜索引擎服务商在发展新型核心业务的同时，不应以牺牲搜索结果的公众信任和商业道德来换取巨额的商业利益，否则将违背互联网的公正性和客观性原则，不利于搜索引擎行业的长久健康发展，故对此急需立法予以规制。

3. 不正当竞争行为规则空白，难遏互联网恶性竞争。对于互联网竞争秩序，目前能够规范的法律和规则只有《反不正当竞争法》第 2 条、工信部《规范互联网信息服务市场秩序若干规定》；另外在 3Q 大战等多起互联网恶性竞争案爆发后，在相关主管部门引导、督促下，互联网企业签署了《互联网终端软件服务行业自律公约》《互联网搜索引擎服务自律公约》等行业行为规则。上述规定难以满足互联网现实发展的需要。如在腾讯诉奇虎不正当竞争纠纷案中，杀毒软件的权利边界应如何界定，给其他软件打分评价是否构成商业诋毁，法律均无明确规定，存在很大争议。法律规定的不明确导致不少网络竞争参与主体存在投机心态，在利益驱动之下将网络市场视为丛林地带，弱肉强食，或非法修改他人软件，将自己的产品嵌入他人产品页面；或雇佣“水军”夸大宣传，欺骗消费者，造谣诋毁竞争对手；或通过外挂手段非法使用他人游戏产品。网络用户要么处于“免费”使用他人产品的“盛宴”中；要么置于互联网企业恶斗的弹窗骚扰中，网络领域存在某些无序状态。

4. 互联网反垄断立法空白亟须填补。在反垄断纠纷案件中，要通过相关市场的界定来对被诉垄断企业是否占据市场支配地位作出准确分析。对传统产业而言，相关市场界定已属司法难题，而互联网环境下的相关市场界定则更为艰难。如在奇虎诉腾讯垄断纠纷中，对于突破地域限制、即时通讯软件众多的互联网业界，尤其是针对互联网双边市场的经营常态，如何清晰界定相关市场成为最大难点。在法律标准不明确的情况下，难以引导相关企业遵循规则，尊重市场规律和用户选择，进行公平健康的有效竞争。

5.《著作权法》对与传播有关的权利立法滞后，“三网融合”中的权利冲突和利益冲突加剧。伴随着“三网融合”的实施，电信网、广播电视网、互联网在线路、技术、业务范围上趋于一致，导致原来分布于不同格局中的运营主体，因市场的重叠而发生利益冲突。例如，广播组织在我省多起案件中起诉主张自己应当享有信息网络传播权。根据《著作权法》的规定，广播组织作为邻接权人仅享有禁止他人转播的权利，而不享有信息网络传播权。然而，在立法当时“网上转播”行为尚未出现，《著作权法》

没有也不可能对广播组织禁止他人“转播”的含义是否包括通过互联网转播予以明确。因此面临的问题是，首先，若不给予其信息网络传播权，在互联网传播如此便捷的现今，传统的广播、电视节目的收看方式可能被互联网所取代，广播组织的邻接权很可能名存实亡。其次，“三网融合”下，广播电视网亦纳入信息网络中，无论是通过无线电波的无线传播还是有线传播，在物理上均已实现了与互联网基本相同的传播方式，因此广播权、广播组织的“转播”权和信息网络传播权的根本区别仅在于是否是交互式传播。《著作权法》是否还有必要区分这三种权利？能否统一纳入到“传播权”中？最后，若统一为“传播权”，广播组织、或通过广播组织播出的体育赛事均获得了信息网络传播权，是否符合我国现阶段的保护水平，是否与我国参加世界知识产权组织（WIPO）的谈判口径相一致？由于立法进展缓慢，难免使正在法院发生的诉讼审理难以适从。

（三）知识产权的创造与运用脱节，权利供需对接不畅，有悖知识产权制度要求

由于缺少谈判渠道和交易平台，信息不对称，一项知识产权投入市场的初期，市场运营前景不明朗，权利人往往缺乏预判权利对价的能力，可能发生权利要价过高和贱卖两种情况。若权利人要价过高，希望获得授权合法运营的人敬而远之，其中的价格空间则容易招致不法分子利用互联网大肆假冒、盗版牟利。权利人疲于打假，后续开发和应用乏力。也有一些经营者愿意获得授权合法经营，但是由于权利过于分散、权利多次转手以及非排他许可等因素，导致授权情况复杂，寻找真正权利人的过程困难，成本较高，找到后也很难达成合理对价。另一方面，有些权利人贱价将权利转让或授权给律师或中间人。这些律师或中间人并没有相关知识产权应用的经验或能力，甚至根本没有实际投入市场的意愿，而仅将权利作为诉讼赔偿获利的工具。这类不以知识产权的运用为主要目的的维权，加重了诉讼成本和社会经济成本，违背了知识产权制度的初衷。

（四）互联网自身属性和经营特点，容易诱发网络侵权行为重复发生、侵权范围蔓延扩大

互联网突破了现实生活中的地理限制，侵权人在任何时间、地点都有机会实施侵权行为，网络传播高速快捷，侵权损害后果即时发生、迅速蔓

延。网络开放性、虚拟性和信息量大等特点，使侵权行为难以发现，侵权人的真实身份难以确定。网络技术专业复杂、海量网页内容的频繁更新和易于篡改，导致相关网页内容并不稳定可信，网络证据在司法中采信力较低。实施侵权行为的服务器往往分散藏匿，有的甚至架设在境外，权利人追究侵权责任成本增加。目前的诉讼保全、执行等司法手段单一有限，不能满足制止网络侵权行为的现实需求。以上种种，客观上使得网络侵权行为易于大量、反复发生。

（五）面对科技推陈出新和商机瞬息万变的互联网时代，一些企业缺乏战略布局与抵御风险的策略

互联网已深入渗透到全球经济社会的各个领域，加速与传统行业融合，缔造着众多商机和神话。真正能够屹立于商海浪潮中的互联网企业，不仅要有维护现有知识产权的意识，还要有扩展知识产权领域，占领核心竞争制高点的前瞻意识；不仅要做好知识产权战略布局，还要具备有效防范风险的能力。但是我们从案件审理中发现，不少企业缺乏知识产权战略布局和风险防范，一旦发生侵犯他人知识产权或被他人起诉侵权，往往无从下手，被动应对，难以发起有效的攻防。有的企业一味迎合网络用户体验，研发和运营前未研究知识产权可行性，终因纠纷缠扰而废弃了前期投入。有的企业只需在经营模式上稍加改进，就可以利用法律规定的“避风港”制度保驾护航，却怠于履行，因小失大，等等。

（六）网络免费午餐已成习惯，社会公众尊重知识产权的意识比较淡薄

从案件反映的情况看，无论是利用门户网站和影视视频专业网站大规模非法传播数字作品，还是利用网络商业平台销售侵权产品，均侵权行为多发，且侵权人数众多。一些非法篡改他人软件、屏蔽他人广告和商业插件的软件，获得了用户的广泛喜好，如360“扣扣保镖”在推出72小时后，即有超过1000万用户下载。有的游戏“私服”、外挂获得了大量玩家。有的非法破译权利人信息管理密码的个人或企业成为“互联网公众英雄”。这些侵权行为所代表的卖方市场活跃的另一面，是公众消费者所代表的买方市场需求旺盛。一方面，“盗版如同盗窃”的荣辱观念缺乏共鸣，公众在低廉价格和尊重他人知识产权之间往往选择前者。另一方面，对于已经

习惯了免费享有音乐、电影、即时通讯等服务的网络用户而言，改变网络消费意识、树立保护知识产权观念需要一个过程。更复杂、更深层次的问题是，社会公众对知识和信息的需求与网络社会的道德规范、法律规范之间存在天然的冲突，如何有效平衡矛盾各方的利益，不仅是立法者与社会管理者需要思考的问题，也是对执法者的严峻考验。

三、对策与建议

我国互联网已经步入高速发展期。移动互联网、云计算、物联网等新技术应用和新平台开发，将互联网与传统产业推向更加深入的融合，成为市场经济发展重要推动力。从发展趋势看，互联网知识产权纠纷有可能进入集中爆发期。互联网企业逐渐成长为拥有大批先进网络技术的权利人并成为互联网维权新主体。用户量庞大的新浪微博、淘宝等网络应用平台将成为发生大规模纠纷的新领域。网络立法与司法也将经受诸如“三网融合”、云储存、网络应用开发平台等这些技术和商业模式创新带来的更大挑战。党的十八届三中全会在依法管理网络，确保国家网络和信息安全以及加强知识产权运用和保护等方面提出了明确要求。我们要认真贯彻中央的决策部署，紧紧依靠党委的领导、人大机关的监督、政府的支持以及社会各方面的力量，发挥司法保护知识产权的主导作用，推动互联网经济健康有序发展。为此，特提出建议如下：

（一）进一步发挥司法保护主导作用，保障互联网规范有序发展

各级人民法院要适应互联网技术变革和法治化、规范化建设需要，努力用足用好现行法律法规和最高人民法院关于“加强保护，分门别类，宽严适度”的司法政策，加强理论和工作创新，破解制约互联网司法保护力度的体制机制障碍。要善用民事诉讼救济手段的多样性、灵活性、衡平性和有效性，发挥司法树立标准、定分止争的功能，为建立公平有序、充满创新活力的互联网经营秩序和法治环境提供保障与服务。一是要针对规模化侵权和重复侵权多发的现象，着力解决侵权损害赔偿难问题，利用证据披露、优势证据、举证妨碍等证据规则，尽最大限度查明侵权损害实际损失，使侵权者的侵权成本大于侵权收益，有效遏止侵权行为。二是要针对网络新技术新商业模式更替较快，涉网络案件专业性较强的特点，在诉讼

中引入专家辅助人制度，结合利用行业协会的力量，帮助法官查明互联网技术事实和服务模式后面的行为实质，正确定性网络侵权行为。三是要发挥判决与调解各自的功能优势，对于涉及新技术领域和新商业模式、规则未明或法律规定空白的典型案件，要善用法理明晰的判决为市场树立司法标准和标杆；针对互联网领域规模化维权出现的涉及众多小业主的系列案件，要更注重用好调解手段，促成双方合作，避免侵权屡禁不止。四是要针对互联网侵权即时发生、迅速蔓延的特点，发挥新《民事诉讼法》行为保全临时措施在迅速制止侵权方面的作用和功能。五是要切实做好司法公开，对涉互联网大要案实行公开开庭和宣判，定期发布对规范互联网行为标准具有典型意义的案例和裁判文书，加强司法保护的昭示和教育功能。六是要按照十八届三中全会决定要求，加快探索设立知识产权法院，推进民事、刑事、行政“三合一”模式改革，更好地发挥三大诉讼法相互衔接所产生的司法保护整体效能。

（二）建立和完善与互联网发展现状相适应的知识产权法律规范

从目前互联网立法架构看，在法律层面上，《侵权责任法》用一个条款规定了网络用户、网络服务提供商的侵权责任；《著作权法》规定了著作权人、表演者、录音录像制作者三类主体享有信息网络传播权。在行政法规层面，国务院颁布实施了《信息网络传播权保护条例》和网络应用软件保护相关的《计算机软件保护条例》。除此之外，在专利、商标和反不正当竞争领域均没有针对互联网的法律法规。建立一套与中国目前互联网发展状况相适应的完备法律规范，应为重中之重。建议当前要着力解决好如下几个立法问题：

1. 关于平衡各网络应用主体权益的法律制度设计。对《信息网络传播权保护条例》中有关通知删除的规定进行细化，明确权利人向网络服务提供者发出删除侵权信息通知所需要的方式、内容和有效标准。修改《商标法实施条例》以及利用《专利法》修订之机，针对互联网环境下发生商标、专利侵权行为时，网络服务提供商是否适用通知删除，以及适用的条件和标准进行规定，扩大通知删除原则的适用范围。通过公平合理地分配各方主体的权利义务，达到保护权利人权益和增加行业创新活力的目标。

2. 关于制止利用他人商标攫取他人商业机会的相关规定。针对搜索引擎竞价排名等利用他人商标进行关键词搜索，再人为通过改变搜索结果推销自己的产品，攫取他人商业机会，损害商标权利人利益的行为，建议在《商标法》或《反不正当竞争法》中进行规定，明确该行为属于侵犯商标权的行为还是不正当竞争行为，同时对搜索引擎网络服务商关于搜索关键词的注意义务标准予以明确。

3. 关于制止网络不正当竞争的相关规定。以腾讯诉奇虎不正当竞争纠纷案等反映的问题为切入点，在《反不正当竞争法》中对杀毒软件、浏览器、作品快播软件等新技术实施者的权利边界、行为规则和合法标准进行界定，规范互联网市场竞争者的行为，防止因恶性竞争和丛林法则泛滥影响行业创新发展。

4. 关于广播组织、体育组织相关信息网络传播权的立法问题。根据新技术发展的要求，构建新的广播权保护模式，对现阶段我国究竟是否要赋予广播组织信息网络传播权予以明确；对通过信息网络进行转播是否属于现有法律规定中的“转播”进行明确；对通过网络转播或双向互动传播体育赛事的行为是否构成侵权予以明确。以避免各地法院根据自己的解释创制著作权中的现未规定的权利，同时彻底解决各地法院判决标准不统一的问题。

（三）加强政府治理和服务职能，推动网络知识产权环境净化

针对目前电信、公安、工商、新闻出版、版权、教育、卫生、药品监管等机关对互联网多头管理，彼此职能重叠，又容易产生衔接不顺畅问题的现状，成立省一级政府牵头的互联网知识产权办公会议办公室，加强对互联网行政管理的综合协调和联合执法。对于以侵权为业、侵权规模较大或重复发生侵权的网站，应当加重处罚力度，直至苛以吊销互联网信息服务经营许可的处罚。利用微博等应用平台，建立更加便捷的互联网领域侵权举报渠道，集中公布权利人或公众的投诉和处理情况，增加政府对互联网监管的透明度和查处的威慑力。建立互联网企业诚信公示体系，对网络市场经营主体涉及行政查处、诉讼等与违法违规相关的信息进行整合公布，为市场主体选择诚信合作伙伴、社会公众选择可信赖的服务提供者提供参考。引导电子商务平台、安全软件服务商等规范其自身设立的信用评价体系，避免网络服务商及其商业用户利用“虚假打分”误导消费者。扶持互联网企业建立知识产权管理和风险防范机制，通过开设各类培训、交流、研讨活动，指导企业做好针对网络新经济的知识产权战略布局，培养企业互联网法律专业人才。

（四）发展行业协会和市场配套服务机构

引导中国互联网协会等网络行业协会充分发挥自身优势加强行业自律管理。借鉴和推行新浪、淘宝网等设立网络公民自治委员会进行网民自治的做法，建立由权利人、网络服务提供者、网络用户共同组建的行业自治组织，对互联网环境下发生的商业、侵权等各类纠纷进行调解和处理，以防止大规模爆发群体诉讼。大力发展诸如艾瑞咨询集团等信誉度较高的互联网市场调查研究和咨询服务专业研究机构。扶持相关市场主体设立网络知识产权、产品的展示交易市场，在权利人和产业部门之间搭建合作的桥梁。建设各类网络营销、品牌价值评估机构，培养和培训评估专业人才，完善网络知识产权评估机制。鼓励保险业进入网络交易市场领域，在信誉度较高的网络交易平台商或经营者中推行网络交易保险制度，即为保证交易安全，网络交易卖方在出售商品时购买保险，以此增强网络交易经营者的信用度，最大限度地保障消费者合法权益。

（五）针对网络主体在虚拟环境中法治意识淡薄的现状，加强互联网法治文化的宣传和培育

针对法律规制滞后、道德约束和社会监督力度不足、侵权行为在虚拟网络社会中容忍度较高的现状，在网络主体中树立创新为荣、侵权受罚的法治观念。引导社会公众逐渐养成通过网络获得正版、高质量作品、产品，享用清洁、安全网页的习惯。自觉抵制通过网络商务平台购买侵权产品以及通过网络下载非法影视、音乐、图片等侵权作品的行为，主动参与净化互联网环境的行动。引导网络经营企业摒弃弱肉强食的丛林法则，承担更多的社会责任，尊重他人知识产权，诚实信用，为用户提供更好的服务。尤其是引导电子商务、微博等用户数以亿计的网络平台经营者，领先成为尊重他人知识产权、公平有序竞争的示范和样板，从而辐射影响更为广大的用户群体。司法机关依托“4·26”知识产权宣传周活动等宣传平台，司法机关每年发布知识产权司法保护状况白皮书，综合运用网络新媒体与传统媒体，扩大重大影响案件公开开庭的范围，组织资深法官宣讲大要案审理脉络。行政主管部门利用丰富的行政资源，结合“3·15 消费者权益保护日”“4·26”等主题活动，借助政府主办网站和媒体网站，在全社会广泛开展互联网法治教育和宣传。

玩具知识产权司法保护问题研究

汕头市中级人民法院课题组*

我国是目前世界上最大的玩具生产国和出口国，握有全球70%以上的玩具生产订单。2011年1－9月，我国玩具行业实现主营业务收入达1006.44亿元，利润总额达33.00亿元。① 2011年1～5月，我国玩具类共签订加工贸易合同总额46.6亿美元。② 与此同时，我国仍有70%以上玩具企业停留在来料加工、来样加工的低端发展模式，玩具抄袭、山寨现象严重，这不仅不利于我国玩具企业整体创新能力的提升，更成为国外企业借知识产权及安全质量之名阻挠我国玩具走向世界的重大障碍。要提振我国玩具业的发展，实现"中国制造"向"中国创造"的转变，除了依托政策支持，更离不开知识产权的司法保护。在全社会知识产权保护意识显著提升，玩具知识产权纠纷案件日益增多的大背景下，司法的裁判尺度和价值导向将直接影响玩具产业的发展方向。我国正处于经济转型阶段，强调自主创新，注重文化创意产业的打造是今后经济发展的重点，这种发展模式的转变促使我国的知识产权体系也要作出相应调整，而这也导致在司法审判中各种法律问题显现。正确适用法律依法审理玩具知识产权纠纷，不仅有助于更好维护玩具业者的合法权利，而且可以为我国玩具业的创新可持续发展提供更为公平有序的法治环境。基于以上认识，我们成立课题组，以广东省、浙江省、北京等省市法院审理的具有代表性的玩具知识产权纠纷和国内外几大玩具知名企业在我国的知识产权纠纷为调查对象，采取走

---

* 课题组组长：周茹茵，成员：余洪波、颜映丰、游建英、郭建龙、林楠、沈启勇。

① http://www.askci.com/news/2011－11/24/133556168.shtml,访问时间：2012年9月16日。

② http://analysis.ec.com.cn/article/datajmzq/201107/1148660_1.html,访问时间：2012年9月16日。

访座谈、问卷调查和专家论证的形式，对我国玩具知识产权纠纷存在的疑难法律问题进行研究分析，提出我们的看法和建议，以期对我国的玩具业及司法审判实践有所裨益。

一、玩具类知识产权纠纷的特点及问题

（一）按案件性质划分，大多集中在民事纠纷领域，以侵害著作权和外观设计专利权纠纷为主

以我院为例，2010 年至 2012 年，共受理玩具类知识产权纠纷一审案件 160 件，占所有知识产权纠纷一审案件的 50.63%。在 160 件玩具类知识产权纠纷案件中，著作权纠纷 118 件，占 73.75%；专利权纠纷 37 件，占 23.13%（分别是外观设计专利权纠纷 35 件，占 21.88%；发明专利权纠纷 1 件，占 0.63%；实用新型专利权纠纷 1 件，占 0.63%）；另外，商标权纠纷 1 件，占 0.63%；因恶意提起知识产权损害责任纠纷 2 件，占 1.25%；著作权许可合同纠纷 2 件，占 1.25%。（见图 1）

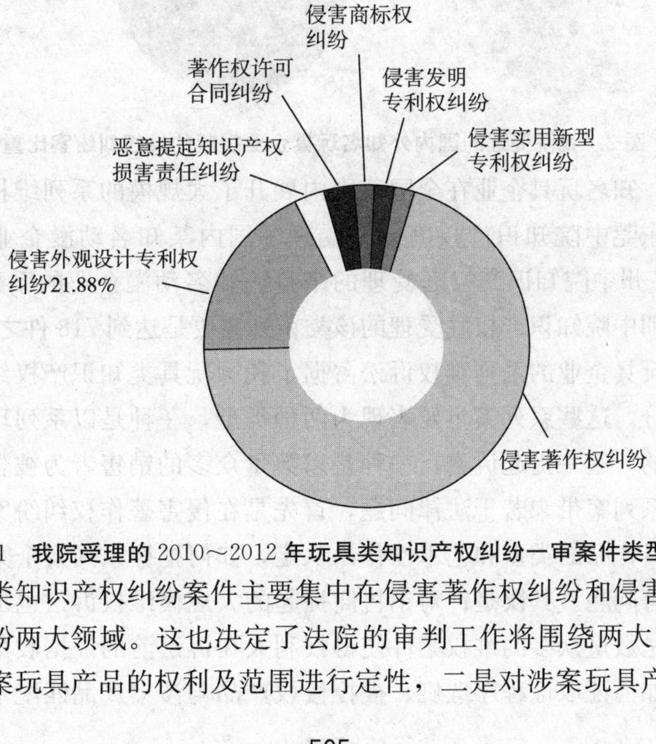

图 1　我院受理的 2010～2012 年玩具类知识产权纠纷一审案件类型图

玩具类知识产权纠纷案件主要集中在侵害著作权纠纷和侵害外观设计专利权纠纷两大领域。这也决定了法院的审判工作将围绕两大问题展开，一是对涉案玩具产品的权利及范围进行定性，二是对涉案玩具产品及被控

侵权产品的外观进行比对。这两大环节会遇到的疑难法律问题包括：在侵害著作权纠纷案中，如何对涉案玩具作品的类型和可版权性进行认定，如何判断功能性表达；在侵害外观设计专利权纠纷案中，如何确立一套合适的侵权比对原则以适应玩具类产品特点，如何认定玩具设计的转用问题，以及如何处理国家专利复审委员会作出的与涉案专利有关的处理意见；在法律责任承担方面，如何处理侵权玩具生产模具及侵权损害赔偿数额等。

（二）国内外知名玩具企业提起的维权纠纷案占有很大比重，其中，系列维权案件增长明显

以我院为例，在 2010 年至 2012 年受理的 160 件玩具类知识产权纠纷案中，国内外知名玩具企业提起的维权纠纷案共有 90 件，占 56.25%，其中系列维权案共计 86 件，占 95.56%。（见图 2）

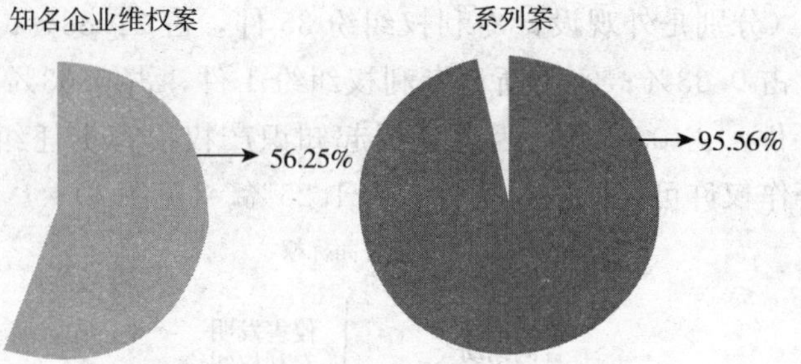

图 2　我院受理的国内外知名玩具企业提起的维权纠纷案比重

目前，知名玩具企业在全国范围内展开了大规模的系列维权诉讼。近三年来，东莞中院知识产权庭一共受理了国内某知名动漫企业的系列案 177 件，广州中院知识产权庭受理的来自该知名动漫企业的系列案为 567 件，而深圳中院知识产权庭受理的该类系列案更是达到 718 件之多。

知名玩具企业的系列维权诉讼占据了我国玩具类知识产权纠纷案件的很大一部分。这些系列案主要表现为两种类型，一种是以系列玩具产品作为诉讼标的，逐一提起诉讼，一种是以数量众多的销售者为被告，逐一提起诉讼。系列案带来若干法律问题，首先是在侵害著作权纠纷案中，如何对系列玩具作品的类型和艺术性作出认定，如何把握系列案个案之间的赔偿标的额等问题。其次是针对销售商提起的大规模维权诉讼也出现诸多问题：第一是数量众多的维权案件使得权利人在诉讼前的证据收集阶段容易出错，比如公证取证程序瑕疵、被控侵权产品与涉案产品匹配不上等；第

二是集中性针对销售商特别是不具有产品批发功能的零售小商户提起诉讼，并请求数额不低的赔偿，容易引发被控商户的抵触情绪，消极应对案件审理工作；第三是规模化的维权诉讼活动可能存在权利滥用的情形，成为个别权利人钓鱼维权谋取不正当利益的手段。

（三）针对动漫角色制作衍生玩具成为一类新的侵权模式

随着动漫衍生品市场的发展壮大，针对动漫形象的侵权行为越发增多，由动漫衍生品产生的侵权纠纷给法院的审理活动带来了新的法律问题，包括如何对虚拟角色的法律地位作出定性，如何确定其保护范围等。

二、著作权保护问题

（一）玩具作品的类型认定

在调研中，我们发现在有些玩具著作权侵权纠纷中，原告并未在起诉中明确寻求保护的玩具作品的具体类型。据此各地法院存在三种做法：一是判断涉案玩具是否符合美术作品的构成要件；[①] 二是判断涉案玩具是否符合实用艺术品的构成要件；[②] 三是判断涉案玩具是否符合作品的构成要件。[③] 其中，对实用艺术品的性质问题，又存在两种看法：一种是将其认定为独立的作品类型；一种是将其认定为美术作品的子类。[④] 在我国目前的著作权法律体系中，作品、美术作品和实用艺术品三者的构成要件是否等同抑或存在区别？法院对玩具作品类型的不同认定对于玩具著作权人权益的行使是否存在影响？这一问题需要进一步探讨。

尽管各地法院对玩具的作品类型认定存在三种做法，但是这并不表明这三者可以任意替换。实际上，作品、美术作品、实用艺术品三者在构成上存在共同之处，但是又有不同，特别是实用艺术品，在现有的著作权法律体系下，其适用有特定的条件要求，并不能与美术作品进行简单替换。

首先，作品的创造性要件必须结合具体的作品类型才得以体现，不存

---

① 北京市第一中级人民法院（2010）一中民初字第 16759 号民事判决。

② 汕头市中级人民法院（2011）汕中法民三初字第 35 号民事判决。

③ 北京市高级人民法院（2011）高民终字第 2471 号民事判决。

④ 义乌市人民法院（2007）义民初字第 6229 号民事判决。

在抽象的脱离具体作品类型的一般“作品”。作品作为文学、艺术和科学领域内具有独创性并能以某种有形形式复制的智力成果，必须包含两个条件，一是具有独创性，二是具有可复制性。其中对于独创性，又包含两层含义：第一，作品必须是作者独立完成，而非抄袭公有领域或他人作品；第二，作品必须体现作者的智力劳动，具有《著作权法》所要求的创造性。创造性，需要结合具体的作品类型来讨论。我国《著作权法》依据作品的表现形式罗列了13种不同的作品类型，包括文字作品、音乐作品、摄影作品、美术作品、图形作品等。每种作品都具有不同的构成要件，这些要件就体现了不同的创作性要求。比如地图这类“事实作品”，其创造性就体现在作者对于事实素材的“选择”和“判断”上。例如一条实际存在的河有99道弯，表现在地图上只可能让人们看到几道弯。制图的外侧人员就必须舍去可舍之处、保留必留之处。[①] 而美术作品这类以线条、色彩或者其他方式构成的有审美意义的平面或者立体的造型艺术作品，其创造性就体现为美术作品应有的艺术性，即美感。在广东群兴玩具有限公司与蔡贤有侵犯著作权纠纷案中，法院认为，涉案的玩具手枪通过将造型、图案、线条、色彩进行有机结合，融入了作者的艺术化、美感化处理，使玩具手枪更富有卡通化和动漫化，作为儿童玩具，相比其他普通玩具手枪更具有审美情趣，能从精神上取悦儿童，更容易被儿童接受，具有艺术性，属于美术作品。[②] 由于具体的作品类型系对涉案作品的表达形式的直接对应，又由于不同的作品类型拥有不同的权利形式，所以法院在著作权侵权纠纷中主动认定作品类型非常必要。对于玩具这类以立体造型呈现的作品而言，宜以美术作品的认定标准来判断涉案玩具是否符合《著作权法》的要求，以美术作品的艺术性判断来解决作品的创造性要件认定问题。

其次，实用艺术品并非我国《著作权法》列明的作品类型，[③] 而系适应《伯尔尼公约》为保护外国权利人的主张而另设的一类作品类型，并不等同于美术作品。尽管在司法实践中，我国法院将实用艺术品的艺术性表达直接适用我国美术作品的保护方式，但这仅是保护方法上的借鉴，实用

---

① 沈仁干主编：《郑成思版权文集》（第一卷），中国人民大学出版社2008年版，第139页。

② 汕头市中级人民法院（2008）汕中法知初字第95号民事判决。

③ 国家版权局2012年3月31日对外公开的《著作权法》（修改草案）在第3条作品的类型中新增了实用艺术品，但这一草案仅表明了今后立法的趋势，在尚未形成法律发生效力以前，实用艺术品仍然是一类仅仅适用于外国权利人的特殊的作品类型，它是不为我国现有的《著作权法》所明确规定的。

艺术品与美术作品仍有区别。在构成要件上，实用艺术品需要具有“实用性”，而美术作品没有这个必要条件；在保护期间上，实用艺术品的保护期为作品完成起25年，而美术作品为作者有生之年加50年；在适用主体上，实用艺术品仅适用于外国权利人，而美术作品则没有主体限制。尽管实用艺术品在权利载体上已为美术作品的权利载体所容纳，但是作为权利客体而言，“实用艺术品”具有自身的适用条件，它与美术作品存在交叉，但绝不等同。因此，除非涉外作品的权利人明确请求对涉案玩具予以实用艺术品的保护，法院不宜主动将涉案玩具认定为实用艺术品。

（二）玩具作品的艺术性认定及功能性表达

在玩具著作权侵权纠纷的审查中，法院首先需要对涉案玩具产品是否构成作品进行认定。在非涉外案件或涉外权利人没有主张适用实用艺术品予以保护的情况下，法院通常会以美术作品的标准来审查涉案玩具是否具备《著作权法》的要求。这就涉及对涉案玩具本身的艺术性予以认定。目前，法院对达到《著作权法》要求的艺术性并没有统一的认定标准。这是因为：（1）艺术水准的判断本身就包含有很强的主观因素，不同的判断主体基于自身的审美理念对美感会有不同的理解和认识；（2）著作权的保护采取的是自动产生模式，只要是独立创作的作品，就自动获得著作权的保护，它强调的是创作的独立性而非唯一性，即使两件作品的表达极其相似，只要彼此是独立创作不存在复制抄袭，都可获得著作权的保护。因此相对于强调创作的“独立”性而言，著作权对独立的“创作”性的要求并不高。只要在这个过程中有智力投入，体现了作者的取舍、选择、安排和设计，[①] 且这种智力投入并非微不足道即可。[②] 不过，即使我国法院在作品艺术性判断上采取的是低标准，但是由于“并非微不足道”这一概念本身仍然属于艺术性的程度判断问题，因此它依然摆脱不了主观因素的左右，在认定上仍然具有不确定性。

实际上，与其从正面判断涉案玩具是否达到了获得著作权保护的艺术性，不如从反面审查涉案玩具是否包含某些不被著作权保护的要素，因为相对于艺术程度在主观判断上的不确定性，对于被著作权否定的要素本身

① 北京市高级人民法院（2011）高民终字第2471号民事判决。

② 北京市第一中级人民法院（2010）一中民初字第16775号民事判决。

却是客观确定的，更便于司法操作。而且，这种对涉案玩具是否包含有作品的消极要件进行审查的情况在组装类玩具著作权侵权纠纷中也非常具有普遍性。由于在组装类玩具著作权侵权纠纷中，原告往往会针对单个零部件进行逐一起诉，而这类零部件在组装玩具中通常起到连接作用，功能性很强，因此法院常常会从《著作权法》的立法本意出发排除对这类仅仅体现为功能性设计的玩具的作品保护。《著作权法》不保护思想，只保护思想的表达形式。当思想与表达密不可分，或者当某种思想只有几种有限的表达形式的时候，《著作权法》不仅不保护该思想，也不保护该思想的表达形式。因为在这种情况下，他人为了表达同样的思想，只能使用第一个人使用过的或者与之类似的表达形式。保护这类思想的唯一或有限的表达形式，等于变相保护了该思想本身，这与《著作权法》只保护思想的表达形式这一宗旨是不符的。对于受功能限定的设计而言，由于设计的目的是为实现特定的功能，而实现该特定功能的设计空间又非常有限，他人为了实现相同的功能，只能采用相同或类似的设计，如果对该类设计予以保护，就等于在事实上保护了包含有该功能的思想本身，而这与《著作权法》只保护思想的表达形式这一基本宗旨是相违背的。除此之外，《著作权法》只保护文化领域的创作，不保护科学技术，如果某类表达最终体现为一种技术，则不属于《著作权法》的保护范畴。

（三）系列玩具的保护

系列玩具是指在整体外观造型上相同，但是颜色搭配、图案、大小尺寸不同的一组玩具产品。由于系列玩具彼此之间的相似程度高，往往成为被控侵权人否定其独创性的抗辩事由。比如在 CEPIA，L. L. C. 与广东新动乐投资股份公司、广东奥斯尼玩具实业公司侵犯著作财产权纠纷四案中，原告主张对其创作的四款造型相同颜色不同的仓鼠玩具实用艺术品予以保护。被告抗辩称，四只颜色的仓鼠相比较，每一仓鼠产品的外形构造布局线条完全相同，不同之处仅在于产品身体部分的着色和背部的小图案，这种细微区别不足以形成所谓的艺术性，更达不到应对其进行独立著作权保护的应有的艺术性标准。[①] 系列玩具是否因为相同的造型而使彼此之间构成了独创性的相互否定？对于权利人的维权主张，应该保护其玩具

① 汕头市中级人民法院（2011）汕中法民三初字第 35－38 号民事判决。

系列产品的其中之一，还是整体，抑或能够对每一件产品都赋予保护？这个问题需要进一步探讨。

对于系列玩具的可版权性问题，首先需要根据权利人主张保护的玩具产品的表达方式来判断其是否达到了美术作品的保护要求。系列玩具产品之间由于相同的外观造型使其在玩具个体的比较上具有了较大的相似性。这一点似乎与“独创性”的作品要件相悖。但是应该明确的是，著作权的保护采取的是自动产生原则，只要是独立创作的作品，就自动获得著作权的保护，它强调的是创作的独立性而非唯一性，后者是《专利法》的要求。即使两件作品的表达极其相似，只要彼此之间是独立创作不存在复制抄袭，都可以获得著作权的保护。对于系列玩具作品而言，在创作过程中并不存在后一产品在造型上模仿复制前一产品的情况。系列玩具的每一个个体的外观造型都具有创作的“独立”性。因为在玩具的设计环节，玩具的造型是最先被设计出来的，其次才是就同一造型所设计的不同“版本”的颜色搭配。比如 POPOBE 熊系列产品。（如图 3）

图 3　POPOBE 熊系列产品

基于工业产品的生产模式，系列玩具个体的产品造型（模）与颜色设计实现了空间和时间的分离。如此一来，系列玩具的每个个体都满足作品的独立性要件。只要作者的设计有投入创造性的智力劳动，那么系列玩具的每个个体就都应该能够满足美术作品的构成要求。

其次需要考虑的是权利人主张保护的系列玩具产品是否具有可被识别并与同一系列的其他玩具相区别的表达方式。司法审判的目的是解决当事人之间的法律纠纷，因此法律体系自身的逻辑自足并不能成为妨碍司法解决纠纷功能的绊脚石。在作出具体的裁判时，还要注重实践可操作性问题。对于系列玩具的每个个体而言，即使在理论上满足了独创性的要求，但是在司法审判中，仍然要满足可被识别的特征。如果系列玩具之间的外观区别并不明显，则不能被一同保护。因为依据司法审判的视角，两者会被视为同一产品。因为无论被控侵权产品侵犯的是哪一款产品，都无法将其与另一款产品区别开来。特别是考虑到仿冒品自身生产水准的不稳定性，在同一批被控侵权产品身上都可能存在外观的细微差别。因此在适用“实质性相似”的侵权比对时，应该采取显而易见的明显的识别标准。对于外观区别并不明显的数个系列玩具而言，权利人只能择一起诉。相反，如果系列玩具之间的颜色差异明显，则它们都可以获得保护。

（四）虚拟角色的保护

将影视作品、漫画中的知名虚拟角色使用到玩具等产品上面，往往会面临权利人的侵权指控。在我国，很多权利人通过提起著作权诉讼来维护其虚拟角色的合法权益。虚拟角色是从一部完整的影视作品或漫画中抽离独立出来的人物形象（包括拟人形象）。虚拟角色具有独一无二的身份识别特征，不过在表达方式上却不是一成不变的，这种关系类似于自然人与其肖像的关系。对于虚拟角色这一类特殊的“客体”，在适用《著作权法》的保护时，要如何确定其作品类型和保护范围，各地法院有不同的做法。

首先，在作品类型的确定上，存在两种做法：第一种是将虚拟角色笼统地认定为作品；[①] 第二种是将虚拟角色认定为美术作品。[②] 其次，在作品范围的确定上，也存在两种做法：第一种是直接对虚拟角色的主要特征作出认定；[③] 第二种是依据原告提供的虚拟角色著作权登记证书上记载的内容，进一步确定虚拟角色的表达范围。[④]

法院在虚拟角色的作品类型及作品内容的认定问题上的不同做法，对于虚拟角色的著作权保护会带来什么影响，这一问题需要进一步探讨。

第一，作品类型认定问题。如上文分析，作品的创造性要件必须结合具体的作品类型才得以体现，不存在抽象的脱离具体作品类型的一般“作品”，法院必须对涉案作品的类型作出明确而具体的认定。由于虚拟角色源自影视作品或漫画，而影视作品或漫画的基本组成元素即为一帧一帧或

① 福州市中级人民法院（2009）榕民初字第1938号民事判决。
② 上海市第一中级人民法院（2009）沪一中民五（知）再初字第1号民事判决。
③ 上海市第二中级人民法院（1999）沪二中知初字第111号民事判决。
④ 上海市徐汇区人民法院（2011）徐民三（知）初字第60号民事判决。

一幅一幅的画面，而虚拟角色即是由这些画面所填充丰满起来的人物形象，因此，虚拟角色的表达形式与美术作品最为相似。在我国现有的著作权法体系下，法院只能依据美术作品的认定标准来审核涉案虚拟角色的可保护性。[①]

第二，作品范围确定问题。一旦采取美术作品的认定标准来审核虚拟角色这一类特殊“客体”，又势必会遇到一个矛盾，那就是如何解决虚拟角色自身在表达内容上的“非唯一性”和美术作品等其他一切作品在表达内容上的“唯一性”问题。虚拟角色的表达内容并不受影视作品或漫画自身内容的限制，只要保留了虚拟角色自身的个性化特征，它就可以有无穷的表现形态。而这一点是影视作品或漫画及其他著作权客体所无法做到的。一般而言，作品一经创作完成，其表达内容就固定下来。我们可以透过载体来知悉作品的内容，无论载体如何改变，依附其间的作品内容却是固定不变的。而虚拟角色却不同，“蜡笔小新”这一形象可以是微笑的、哭泣的、睁眼的、闭眼的、站着的、坐着的无数种形态。但是，如果用美术作品的框架来适用到“蜡笔小新”这一千变万化的形象身上，则需要对“蜡笔小新”这一形象的表达内容进行固定，唯有如此，才能符合美术作品的属性要求。也许权利人会觉得这样会限制、缩小其创作的虚拟角色应有的权利边界，但是应该注意的是，虚拟角色这一类特殊的“客体”并非我国《著作权法》已有的调整对象，虚拟角色背后体现的商品化权、角色权等权利并非我国法律制度已有的权利类型。对于权利人主张的权益，特别是在著作权侵权诉讼中的上述主张，我们只能依据我国现有的著作权法律制度的保护标准来作出处断。按此标准，在明确虚拟角色的表达范围时，需要权利人确定一个固定下来的版本（无论是平面或立体），这一版本最好能够最大化地体现其虚拟角色的主要特征。

第三，诉讼主体资格确定问题。如果原告并非涉案虚拟角色美术作品的著作权人，而是被许可人的话，则除了审查许可人是否与涉案虚拟角色美术作品的权利归属吻合以外，还要审查许可人与原告之间的授权许可范围。由于虚拟角色在《著作权法》中被视为美术作品，并不同于创造了它的影视作品，两者在权利类型、权利行使方式上都是有差异的，除非许可

① 国家版权局曾于2003年作出的一份处理意见中明确“电影电视等媒体中的卡通形象属于美术作品，根据我国著作权法和有关国际公约的规定，应当受到版权保护”。详见《国家版权局关于对商业零售企业涉嫌销售侵权玩具的处理意见》（国权办〔2003〕2号）第1条。

人在授权许可合同中对虚拟角色这一标的及行使方式和维权方式进行明确许可，否则原告并不具有就虚拟角色提起诉讼的主体资格。

三、外观设计专利权保护问题

（一）外观设计的相同或近似判断

由于外观设计的侵权认定标准必须依托于具体的诉争客体才得以展开，因此，我们选取了儿童电动车这类在玩具知识产权侵权纠纷中非常普遍的玩具类型进行第一个问题的分析研究。儿童电动车主要指的是儿童可驾驶可坐的一类由电机驱动的玩具车。[①] 目前市场上儿童电动车主要有电动汽车，电动摩托车，电动工程车。由于儿童电动车的售价普遍都在几百元以上，有的甚至上千元，利润空间大，围绕儿童电动车的外观设计侵权纠纷很多，主要集中在儿童电动汽车和儿童电动摩托车两种车型身上。[②] 目前对于儿童电动车外观设计侵权纠纷的审理主要存在以下问题：

1. 类型化设计认定。类型化设计作为惯常设计，属于公共领域的范畴，对于比对外观设计的整体视觉效果应该不具有显著影响。具体到儿童电动车类案件，是否存在类型化设计问题？

通过对几大儿童电动车生产商[③]的产品及电子商务平台阿里巴巴上的“儿童电动车”项下的“儿童电动四轮车”进行浏览查看，我们发现，所有的儿童电动汽车都具有基本的设计元素：（1）敞篷式设计。出于安全考虑，敞篷式的车型方便儿童乘坐和离开；[④] （2）巨大的方向盘，而且往往略高于车身，这样有利于儿童更好的操作和控制；（3）构成电动汽车这一“机动车类型”的其他基本要素，比如车头、车尾、车座及四个车轮。在此基础上，如果是仿制一类现实中的汽车的话，还会具备被仿制汽车的一些显著的特征。比如“宝马”车标志性的双肾型进气格栅。

此外，有一款汽车类型也是被普遍模仿的，那就是越野车型。而这也

---

① 参见 http://baike.baidu.com/view/7758752.htm，访问时间：2012 年 8 月 27 日。

② 为了叙述方便，下文中出现的“儿童电动车”仅指代儿童电动汽车和儿童电动摩托车。

③ 包括好孩子儿童用品有限公司、泉州嘉利儿童用品有限公司、浙江佳佳童车有限公司、广东群兴玩具股份有限公司。

④ 即使在高仿真类儿童电动车，如果被仿真的汽车不是敞篷车，也会被制作为敞篷式电动汽车。

是发生外观设计侵权纠纷最多的一类车型。通过市场调查，我们发现，尽管这类电动汽车的名称各异，造型多样，但是都具有几个通用的设计，而正是这些通用设计使其具有了显著的可被识别的风格，并据此区别于其他电动汽车。越野车型的电动汽车具有如下的基本设计元素：（1）在车头设置与水平面基本垂直或略微向驾驶方向倾斜的长方形挡风架，通常是中空的，以便获得良好的视觉效果；（2）在车尾设置向后倾斜或与水平面垂直的定风尾翼，略高于车头的挡风架；（3）设有四个轮楣，同侧的前后轮楣间的凹下连接处向外侧延展以此作为踏脚板；（4）在车尾常装有一个备用轮胎。（见图 4）

图 4　越野车型电动汽车的基本设计元素

我们认为，尽管目前儿童电动汽车市场缺乏统一的类型化划分标准，在式样上造型各异，但仍呈现出了某些显著的可识别的类型化设计特征：首先是儿童电动汽车自身具有的基本设计元素，比如敞篷式车型；其次是越野款式电动汽车成为一类被普遍采用的车模类型；最后，在仿真某类汽车品牌时，会采用其自身显著的设计特征。

2. 一般消费者的认定。“一般消费者”作为外观设计相同或近似判断的主体，是一个法律拟制的群体，它类似于法理上的“理性的人”，并非实证意义上的一类人群。因此，一般消费者所具有的知识水平和认知能力受制于外观设计产品的自身变化，随着外观设计产品类型划分的细化而具有更高的认知水平。在比对外观设计产品本身存在类型化设计时，与之对应的一般消费者也应该熟悉此类型化设计。

3. 创新设计及其对整体视觉影响的认定。在比对外观设计产品存在类型化设计的情况下，应该着重观察涉案外观设计自身的创新设计，并考察被控侵权设计是否存在挪用该部分创新设计的情况，并在此基础上判断该挪用行为是否对于整体外观的视觉效果构成了显著影响。除此以外，还应考虑被控侵权产品是否存在显著的差异性设计，以此在整体上区别于涉案外观设计。

如在温州市童泰儿童用品公司与广东群兴玩具实业公司、汕头市百盛商业有限公司侵犯外观设计专利权纠纷案中，[①] 涉案专利为“儿童车(7)”，专利号为ZL200630051931.0。其特点为：越野车型；车头上方设计长框型挡风架，从挡风架可透视驾驶室内的方向盘；车头左前角与右前角均设计菱形的透明灯罩，灯罩内配置大小车灯各一个，车前有横贯车头的防撞栏。车身中部设计有可开启的横杆式车门，车门与车身之间形成刀柄一样的镂空。车尾左右各设计了一枚锥体导弹，弹体尾部镶有尾灯；车尾上方设计约呈45度后倾的定风尾翼。在车身上方，方向盘从车头抽离、其水平位置高出车门的设计；驾驶室的底板——切面——座面——椅背由下往上有三个垂直弯折；车体下方有前后两个车轮，车轮上的轮楣在各自中部均设计三等分的凸起，两个轮楣间呈倒梯形的连接，凹下的连接处为平面，作为踏脚板。而被控侵权产品分别为“童车（越野A型)”专利号为ZL200630179671.5（以下简称A型车)，及“童车（越野B型)”专利号为ZL200630179669.8（以下简称B型车)。将A型车、B型车与涉案专利进行比对，相同处在于：均为越野车型；车头上方设计有挡风架、菱形透明灯罩；车身中部设计有可开启的横杆式车门并使车门与车身之间形成刀柄一样的镂空；车尾均设计有椎体导弹、定风尾翼；车轮上的轮楣在各自中部均设计三等分的凸起，两个轮楣间呈倒梯形的连接，凹下的连接处为平面，作为踏脚板。不同处在于：被控侵权产品的防撞栏为类似“井”字状，专利产品的防撞栏由长条横杆与其上的长方形栏杆组成；被控侵权产品的椅背表面具有规则的圆环形图案，而专利产品的椅背表面则没有；被控侵权产品的定风尾翼呈“卄”状，定风尾翼上框中部有三个较大的车灯，专利产品的定风尾翼呈弧线斜四方形，定风尾翼上框中部有三竖条；被控侵权产品的车轮具有突出的凹凸条纹，专利产品的车轮的凹凸条纹较浅；此外，A型车引擎上盖中央部分设有很长的可左右活动的高射炮及与之相连的操纵杆，B型车车头引擎上盖中央部分设有导弹装置，而专利产品的相应位置设有类似车灯形状物。涉案专利作为一款越野型儿童电动汽

① 广东省高级人民法院（2008）粤高法民三终字第243号民事判决。

车，相比于之前已有的越野童车，涉案专利的显著创新设计在于：设计了横杆式车门，并与车身间形成刀柄状的镂空效果。而在已有的设计中，该部位或者以实心挡板取代，或没有类似车门的设计。此外，涉案专利在车头、定风尾翼、车尾等地方也有独特设计，不过鉴于这些部位也是常见的装饰性设计位置，其对于越野车型的整体视觉效果的显著性改进程度没有其横杆式车门设计大。再观察B型车，排除其作为越野车型所具有的基本设计元素即挡风板、定风尾翼、轮楣及脚踏板之外，其原封不动地挪用了涉案专利的横杆式车门设计，同样使其车门与车身间形成了刀柄状的镂空效果，且在角度比例上基本一致。此外，在轮楣中间也采用了与涉案专利一样的三道凸起的设计，在车尾设计有椎体导弹。至此，可以说B型车的侧面取得了与涉案专利基本一致的视觉效果。尽管B型车在车头、定风尾翼、车轮等地方与涉案专利设计不同，但是这些局部作为传统的装饰性设计位置，其对于越野车型整体的视觉效果的改进并不大，相反，涉案专利所独创的横杆式车门及由此在车身上产生的刀柄式镂空效果确为越野车型电动汽车带来了显著的造型创新，这一设计被B型车原封不动的挪用，对于诉争外观设计的整体视觉效果更具显著性影响，据此法院最终认定B型车侵犯了涉案专利的外观设计专利权。

而反观A型车，其与B型车的唯一区别在于其在车头引擎上盖中央部位设有很长的高射炮及与之相连的操纵杆，而这一区别设计同样为涉案专利所不具有。尽管A型车具有认定B型车构成侵权的所有相同设计，但是由于A型车车头的区别设计，特别是添加了操纵杆这一设计在已有的越野车型电动汽车中并不多见，对于整车造型的改进更具显著影响，已经足以使其与涉案专利构成区别，最终法院判定A型车与涉案专利不相近似，不会侵权。(见图5)

4. 现有设计抗辩及转用的认定。在新《专利法》出台前，被控侵权人以现有设计进行抗辩的，必须证明该现有设计产品与涉案外观设计产品是相同或相近种类产品。应该说，比对产品属于相同或相近类别是判断外观设计是否相同或近似的前提，这种规则在新《专利法》出台前是确凿无疑的，我国法院在审理外观设计侵权纠纷中也严格遵循这一判定规则。只要使用的产品不同，即使设计相同也具有创新性。因此，同类产品就成为判断外观设计是否相同或近似的前提。与之对应，以现有设计进行抗辩的，也必须是在同类产品间进行比对。但是随着2008年新《专利法》的颁布，

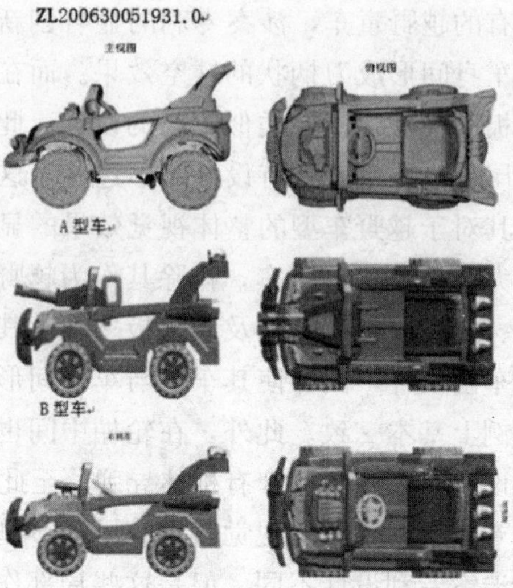

图5 A型车与B型车的区别

过去坚持在同类产品范围里进行外观设计相同或近似审查的规则效力变得模糊起来。新《专利法》对外观设计专利权的新颖性增加了一个限制条件，即要求授予专利权的外观设计与现有设计或者现有设计特征的组合相比，应当具有明显区别。依据2010年版《专利审查指南》对该条的解释，新《专利法》中的“现有设计”包括现有设计的转用情形，即将产品的外观设计应用于其他种类的产品。2010年版《专利审查指南》将现有设计的转用作为外观设计不具备新颖性的情形之一，意味着新颖性的审查将更加关注设计本身，而非产品。这是否意味着外观设计的新颖性要件已经完全放弃对产品类别的要求呢？在2008年新《专利法》出台后颁布施行的《最高人民法院关于审理侵犯专利权纠纷案件应用法律问题若干问题的解释》（以下简称《专利权纠纷司法解释》）第8条规定中，仍将外观设计的保护范围局限于相同或类似产品的设计上。按照此条司法解释的规定，外观设计的新颖性仍局限于同类产品。由于该司法解释的制定时间早于“现有设计转用”条款，并没有从司法层面回应“现有设计转用”规定给外观设计新颖性要件带来的影响。随着新专利法适用时间的到来，围绕外观设计的新颖性要件问题势必需要法院予以解决。

外观设计的新颖性要件是否可以突破同类产品决定了以现有设计进行抗辩是否可以突破同类产品，而这个问题取决于法院在法律适用上如何准确把握《专利权纠纷司法解释》和《专利审查指南》两者的关系。《专利审查指南》属于国家知识产权局制定的部门规章，与司法解释严格意义上并不属于同一类法律渊源，因此司法解释与部门规章不存在位阶的高低比较，我国法律也未对该问题作出明确规定。不过，《专利审查指南》作为《专利法》及其实施细则的具体化，是为《专利法实施细则》第122条明确规定的法定解释渊源。尽管《专利审查指南》的内容系针对专利的审查授权阶段，但是这并不妨碍其对外观设计新颖性要件的法定解释，并以此适用于外观设计的侵权判定规则。保持外观设计的授权规则与侵权判定规则的一致性不仅是保持法律自身体系内在逻辑一致性的必然要求，更是确保法律公平公正的必然要求。否则，授权阶段的高门槛与维权阶段的低门槛将侵蚀外观设计鼓励创新的立法宗旨的发挥，不利于为工业产品的设计方向提供明确的引导。

退一步说，即使维持外观设计新颖性在授权阶段和侵权阶段的双重标准，现有设计抗辩规则也应随着授权阶段对新颖性要件的调整而一并调整。严格意义上说，现有设计抗辩规则是外观设计授权审查规则在侵权审判阶段的延伸，它指向的是外观设计的法律资格问题，而非外观设计的权利范围问题。尽管法院无权对外观设计的有效性进行实质审查，但是当事人仍可以依现有设计抗辩摆脱侵权指控。对于玩具的设计而言，仿造现有产品的外表，比如飞机、汽车的造型是十分普遍的情况，特别是对于高精仿制玩具模型而言，这类玩具仅仅是复制了现有设计，本身并无新的设计，如果赋予这类玩具以专利，等于对“搭便车”的行为赋予了合法的外衣，而这直接违背了知识产权禁止剽窃、挪用的精神实质。因此，国家知识产权局在2010年版《专利审查指南》中特别规定：“由其他种类产品的外观设计转用得到的玩具、装饰品、食品类产品的外观设计”属于明显存在转用手法的启示的情形，由此得到的外观设计与现有设计相比不具有明显区别（《专利审查指南》第四部分第五章6.2.2）。[①]

需要注意的是，新《专利法》适用于申请日在2009年10月1日后的专利申请以及根据该专利申请授予的专利权（《施行修改后的专利法的过

① 《专利审查指南》第四部分第五章6.2.2规定：“转用，是指将产品的外观设计应用于其他种类的产品。模仿自然物、自然景象以及将无产品载体的单纯形状、图案、色彩或者其结合应用到产品的外观设计中，也属于转用。以下几种类型的转用属于明显存在转用手法的启示的情形，由此得到的外观设计与现有设计相比不具有明显区别：……（4）由其他种类产品的外观设计转用得到的玩具、装饰品、食品类产品的外观设计。上述情形中产生独特视觉效果的除外。”

渡办法》第2条第1款），对于在此之前取得的外观设计侵权纠纷，仍适用原《专利法》的规定，以现有设计进行抗辩的，仍需以同类产品为前提。

四、系列维权问题

权利人在一定时期内，集中针对被控侵权玩具产品销售商提起大规模系列维权活动的次数明显增多。在这个过程中也出现了诸多问题：（1）数量众多的维权案件使得权利人在诉讼前的证据收集阶段容易出错，比如公证取证程序瑕疵、被控侵权产品与涉案产品匹配不上等；（2）集中性针对销售商特别是不具有产品批发功能的零售小商户提起诉讼，并请求数额不低的赔偿，容易引发被控商户的抵触情绪，消极应对案件审理工作；（3）规模化的维权诉讼活动也可能存在权利滥用的情形，成为个别权利人钓鱼维权谋取不正当利益的手段。

面对法律意识越来越成熟的知识产权人，法院除了在个案中秉持一贯的注重保护知识产权人合法权益的原则以外，还要敏锐捕捉市场上出现的种种不和谐音调，防止知识产权的过度行使，以平衡权利人和公众利益，维护社会的公平正义。在保护与平衡并进的审判精神指导下，针对权利人提起的大规模诉讼案件，需要做好三方面工作：

一是严把证据关。针对权利人提起的诉讼请求，包括请求证据保全等临时措施的请求时，要严格审查权利人提交的各种证据，特别是公证取证的内容。（1）要审查权利人的著作权登记证书、专利证书等权利凭证的有效性，审查被许可人的授权范围，必要时要求原告提交专利检索报告。（2）要审查公证书记载内容与被告身份信息及被控侵权产品信息的一致性。特别是对于被告工商户登记信息与公证书记载内容不一致时是否有补充说明情况。对于公证书信息记载不一致、模糊甚至错误的情况，影响被告与本案存在利害关系证据链的建立的，应该要求原告重新举证或依法驳回其诉请。（3）要做好涉案产品与被控侵权产品的初步比对工作，对于存在明显不同情况的，通过释法说理说服原告放弃诉讼；对于侵权证据明显，事实方面没有明显疑点，而被告也承认的，争取做好庭审前的调解工作，及时化解矛盾。

二是坚守公平度。与权利人声势浩大的维权活动投入相比，零售商户在应诉能力上往往显得势单力薄。零售商受制于经营规模、行业习惯等原因，往往不具备规范的进货渠道和完备的商品资质检验能力。在认定零售商户的法律责任时，需要在坚守法律底线的前提下充分考虑客观实际，争取案件审理结果的公平公正。（1）在审查被控侵权商户侵权的主观状态时，不能苛求其必须达到同管理体制健全的大商场同等的注意义务。要注重结合零售商户自身及所在片区其他同类商户正常经营实际，采取适当的注意义务标准。对于涉案产品自身不知名，能够提供进货来源，且被控侵权产品自身包装及产品信息没有明显不一致情况的，应该认定销售商有合理来源。除非涉案产品知名，并有专门代理销售渠道已为相关市场公知，而仍从他处进货，且进货价格明显低于正常价格的，应认定为具有销售假冒商品的主观故意。（2）做好与案件有关的释法说理工作。在送达应诉材料时及时向被告解释其享有的法律权利和诉讼权利。（3）在确定赔偿额时，对于没有主观故意，且并非作为主营商品获利少的，应适当减少赔偿数额，而对于市场知名度高的仿冒商品，且放置于商铺显著位置的，应相应增加赔偿数额。

三是拓宽关注面。在法律职业道德水准参差不齐的大环境下，也存在某些律师将职业打假作为一种牟利的主要手段，有时甚至引诱、教唆权利人采取“钓鱼维权”的方式谋取利益。而针对钓鱼维权的举证，往往仅凭被告的口述，加上被告由于自身经营的不规范，也没有意识收集相关的证据予以指证，因此在认定上存在困难。这就需要法院多关注和留意其他案件中反映的类似问题，以此掌握更多更确凿的证据。另外，要严格贯彻《民事诉讼法》关于委托代理人资格的规定。

以制度创新破解知识产权赔偿难问题

——司法保护视野下的解决途径

广东省高级人民法院课题组*

发挥知识产权侵权损害赔偿在制裁侵权和救济权利中的作用，是不断增强知识产权司法保护有效性的特别措施之一。① 而在侵权诉讼中如何确定实际损失数额，司法实践中尚难以拿出很好的解决办法，以致实际上法定赔偿方式成为侵权赔偿的主要救济方式。由于赔偿额过低，侵权行为难以受到有效遏止。本文拟从诉讼制度和证据制度创新入手，寻求确定知识产权侵权损害实际损失的切实可行办法，以有效解决赔偿难问题。

一、当前审判实践中知识产权侵权赔偿难的集中表现形式及其后果

从审判实践看，大量以法定赔偿方式替代实际损失查明，客观上制约了侵权损害赔偿力度，是当前知识产权赔偿难的集中表现形式。权利人因被侵权所遭受的实际损失通常包括：权利人自己使用知识产权进行经营时，被控侵权人将从权利人手中瓜分部分或者全部市场份额，造成权利人经济收益减少；权利人不愿自己经营而意欲许可他人使用时，侵权将导致其失去本应到手的许可费；权利人因调查、制止和消除不法侵权行为需支出费用，等等。根据现行知识产权法律法规和司法解释的相关规定，知识产权侵权损害赔偿适用全面赔偿原则，其范围和数额是权利人因被侵权所

---

* 课题组组长：徐春建，成员：陈国进、张学军、肖海棠、肖少杨、石静涵、朱文彬、欧阳昊、陈中山。

① 参见《最高人民法院关于贯彻实施国家知识产权战略若干问题的意见》（法发〔2009〕16号）。

受到的实际损失；实际损失难以确定的，可以按照侵权人因侵权所获得的利益来计算。在实际损失和侵权获利均难以确定时，可以由人民法院根据相关情节针对专利权判决1万元至100万元的法定赔偿；针对商标权和著作权判定50万元以下的法定赔偿。从上述法律规定的立法设计来看，知识产权侵权损害赔偿的认定应以实际损失为主，以法定赔偿为辅。法定赔偿本是立法者考虑到知识产权实际损失难以计算的特点和权利人维权的现实困难，吸取相关国家和地区的有益经验，根据我国的实际情况，为侵权损害赔偿的司法救济所作的补充安排。[①] 但目前司法实践中的情况正好相反，由于实际损失难以查明而出现了法定赔偿适用泛化的倾向。例如，在北京、上海及广东等全国重点地区法院，法定赔偿均是知识产权侵权损害赔偿的主要方式。[②] 其中，广东地区法院大约95%以上的判决是适用法定赔偿作出的。

这种情况，虽然有效绕过了实际损失难以查明的司法障碍，使大量知识产权侵权纠纷案件得以及时作出判决，对制止不法侵害行为，保护当事人合法权益，起到了积极作用，但客观上也存在不利于充分发挥司法保护作用的一面。主要有三种不利后果。

一是制约了侵权损害赔偿力度。无论实际损失的真实情况为何，只要难以查明的，权利人就只能在100万元或50万元的法定额度内获得赔偿。对于相当一部分侵权行为给权利人造成的损失来说，权利人获得的赔偿与其受到的损失明显不相称，不利于对权利人的保护。例如，在未经许可复制或抄袭电子导航地图纠纷中，权利人为制作全国电子导航地图，需派出测绘人员对全国范围内的城市乡村等行政区划的道路设施、高地平原河流等地貌进行测量，耗资通常在几千万以上。而侵权人基本上无须成本，就通过盗版或抄袭使用权利人的测绘成果以牟取巨额利润。对该类纠纷，一些判决以实际损失无法查明为由，仅仅在50万元的范围内对权利人予以赔偿，判决结果对权利人的损失来说无异是杯水车薪。再例如，在软件最终用户未经许可使用软件案中，软件最终用户往往在其全公司多名雇员的电

---

① 参见胡康生主编：《中华人民共和国著作权法释义》，载中国人大网 http://www.npc.gov.cn/npc/flsyywd/minshang/2002—07/15/content_297589.htm。

② 参见北京市高级人民法院民三庭：《北京市高级人民法院关于著作权侵权损害赔偿问题的调查报告》，载《电子知识产权》2005年第5期；上海市高级人民法院民三庭：《上海法院确定侵犯知识产权赔偿数额的司法实践》，载《人民司法》2006年第1期。

脑上安装使用多套权利人的软件，给权利人造成的损失动辄就可达百万元以上。针对此情节，在50万元范围内对权利人予以法定赔偿往往难以填平权利人的损失。[1]

二是难以充分体现知识产权智力成果的价值和对其加强保护的国策精神。高附加值产品具有技术知识密集度高、市场需求度高、品牌知名度高、品质优异以及经济效益好等特征。[2] 通过对知识产权的开发和运用，可以生产出“投入产出比”较高的高附加值产品。因此，作为智力成果的知识产权不同于一般有形财产，其评估值更多地集中在其可为权利人带来的具有实际意义的未来巨大收益上。法定赔偿额的普遍适用，不但无法弥补权利人的开发成本，也无法提高侵权代价，与国家将战略方向和战略重点转向从知识、智力资源中要生产力，从具有高附加值的知识产权产业中要GDP的国策精神不相符合；也与重视知识和人才，尊崇创新、发展知识经济的国际趋势不相符合。

三是法定赔偿限额低，不利于提振权利人寻求知识产权司法保护的信心和有力遏止知识产权侵权行为。由于实际损失举证困难，法定赔偿变为主要的救济途径，使权利人实际获得的赔偿数额往往低于其合理期望，客观上挫损了权利人维权的决心和信心，而有些窃取他人成果者却仍能得到高额回报。例如，广东从20世纪80年代直至2007年之间，一直是全国音像制品的主要产出地、集散地，是全国音像作品创作中心、生产复制加工中心和物流发送中心。在2007～2009年期间，广东音像协会多次赴广东省法院反映广东省音像业界在维权中所遭遇的赔偿额不足，盗版行为无法得到有效遏制的困境。同一时期，中国版权协会、国内一些主要的音像企业、国际八大唱片业公司也派人或来函向我们反映类似问题。再例如，2009年广东动漫协会也开始呼吁提高侵权赔偿额，有效打击侵权，以免动漫业再重蹈音像业在光碟盗版和网络盗版的双重打击下式微的结局。其中拥有全国最著名的系列动漫美术作品《喜羊羊与灰太狼》著作权的广东原创动力文化传播有限公司反映，全国各省市区几乎都有喜羊羊的盗版产品，尤其在广东、浙江、福建等地。在铺天盖地的盗版面前，司法对于侵犯著作权的判决赔偿额普遍较低，这让维权者有“赢了官司输了钱”的顾

① 参见倪红霞、叶菊芬：《最终用户软件侵权案中的证据保全及赔偿额确定》，载《人民法院报》2011年4月28日。

② 参见孙月平：《论高附加值》，载《企业活力》1997年第5期。

虑。在喜羊羊的著作权案件中，法院判决的赔偿金额很多都是1万～5万元，甚至只有几千元钱，这样低的赔偿对造假者难有足够的威慑力。该公司曾起诉国内一家知名品牌侵权的案例，后来因为赔偿额实在太低了，只得不情愿的授权给这家企业，双方成为了合作伙伴。①

综观国际及我国港台地区的法律，较注重发挥实际损失赔偿对制裁侵权、救济权利的作用，同时强调法定赔偿的惩罚功能。例如，美国法律规定知识产权侵权损害赔偿包含损害赔偿金、法定赔偿金和惩罚性赔偿金三种。其中，补偿性的损害赔偿金是赔偿数额确定的基本形式。《美国专利法》第284条规定："法院应该判给请求人足以补偿所受侵害的赔偿金，不得少于侵害人使用该项发明的合理使用费，以及法院所制定的利息和诉讼费用。"② 在乔治太平洋公司诉美国胶合板公司案中，法庭查明下列事实：侵权前后原、被告双方的产品存在竞争，该竞争直接影响产品的销售数量；权利人的产品深受市场欢迎；权利人的产品在侵权之前销售已经极为成功，侵权行为在经营及获得利润上毫无风险；权利人的产品具有相当的盈利能力，假如被控侵权人得到了权利人的专利使用权，那么其将会变成权利人唯一的市场竞争对手，故双方之间的专利许可费不可能较低。即使无法套用某个公式计算出双方有可能达成的许可费的具体数额，法庭仍然在上述事实的基础上，适用前述法律条款判决侵权人赔偿80万美元。

惩罚性赔偿制度在世界上不少国家和地区的知识产权立法和司法实践中已得到广泛认可。如《美国统一商业秘密法》第3条第2款规定，如果存在故意或恶意侵占，法院可责令被告支付法律条款规定的赔偿额2倍的附加赔偿。《美国专利法》第284条规定对于故意行为"法院可以将损害赔偿金增到原决定或估定的数额的3倍"。③ 我国《香港特别行政区版权法》亦规定法院在审理侵权诉讼时，可根据案件需要增加一种额外损害赔偿，它既是对侵权人的惩罚，亦是对权利人受害的救助。④ 这些规定发挥了知识产权侵权赔偿的救济作用，促进了其本国的知识产权保护。

---

① 参见《80%喜羊羊商品都是盗版　灰太狼被代言不孕不育》，载《南方都市报》2009年11月30日。

② 参见徐楠轩、连洁：《中美知识产权侵权损害赔偿数额立法比较》，载《行政与法》2011年第2期。

③ 参见王岩云：《知识产权侵权损害赔偿原则探析》，原载《河北师范大学学报》（哲学社会科学版）2009年第6期。

④ 参加庄秀峰：《保护知识产权应增设惩罚性赔偿》，载《法学》2002年第5期。

反观我国目前的状况和实践效果，很值得我们深思和进一步探索。

二、知识产权侵权损害实际损失难以确定的原因

（一）知识产权本身的无形性导致权利价值和收益难以评估

与有形财产不同，知识产权的客体是一种极易脱离其所有者掌控的无形智力成果。它可以同时被多个主体占有使用，一般不会因这种同时使用而使该项知识产权自身遭受损耗或者灭失。因此，知识产权受到侵害所造成的财产损失与有形物和人身生命、健康受到侵害而造成的财产损失不同：后二者往往表现为毁损、灭失、消亡、重创，而前者则往往表现为市场份额、许可费收益的减少或丧失。在社会经济生活中，市场份额减少所导致的经济损失数额，又或者侵害发生之前双方有可能协商一致的许可使用费应为多少等，本身就具有难以计算和评估的特点。例如，查明一辆汽车被毁坏给车主造成的经济损失，与查明一项汽车专利被未经许可使用一年给专利权人造成的市场份额减少或者许可使用费收益减少相比，前者无疑要容易得多。[①] 对后者的查明没有、也不可能有一个固定的模式和计算方法，任何关于确定一个简单的数学公式，企求将相关数据填入就能得出损失结果的设想，都是不切实际的。因为它低估了知识产权权利运用商业模式的复杂性、案件事实的多样化。

（二）社会商业道德和诚信体系缺失，企业财务账册和评估结果往往难以采信

企业财务账册是支持实际损失查明的最基础和最重要的证据，我们曾有法院尝试从侵权企业的财务账册入手突破实际损失的认定难问题。例如，深圳中院曾经尝试聘请会计师等共同参与对财务账册等的证据保全。但在原告申请下启动保全程序后，查封到的账册普遍存在残缺、虚假的情况，不能直接反映侵权产品的销售数量和侵权利润。权利人在此情形下也

① 参见张爱珠：《法务会计在知识产权侵害赔偿诉讼中的支持》，载《商业研究》2005 年第 23 期。

只能无奈放弃以被告的财务账册作为赔偿损失的依据。[①]

专业评估机构对实际损失进行的评估，是支持实际损失的另一项重要证据。目前国内专业无形资产（含知识产权）评估事务所的业务主要是企业为获取行政登记、资质、许可、证明等单方申请进行的小型评估，一般不涉及技术分析，层次较浅。[②] 部分评估结论互相矛盾，缺乏权威，难以成为定案依据。例如，在王春富诉博世公司专利权转让合同纠纷案中[③]，原、被告双方在纠纷发生前，曾共同委托深圳市公平衡资产评估有限公司将涉案专利的价值评估为6296万元，并以此评估为依据，以该专利折价596万美元入股案外人联泰公司，取得该公司20%股权。讼争发生后，原告主张该专利的价值为50万元，被告则抗辩称该专利一钱不值。由于评估值与当事人的主张太过悬殊，法官据此分析该评估价系双方当初为入股联泰公司所做的"安排"，不能真正反映专利的真实价值，无法采信。

（三）现行诉讼制度和证据制度在确定知识产权实际损失上存在诸多制约

根据《民事诉讼法》第64条[④]和《最高人民法院关于民事诉讼证据的若干规定》第2条[⑤]的规定，民事诉讼中当事人对自己的主张承担举证责任，若无法拿出充分的证据证明自己主张的，就要承担相应的不利后果。据此，权利人若主张侵权人造成其市场份额减少或者许可使用费收入减少而请求赔偿的，必须证明该损失数额具体为多少，否则就要承担相应的不利后果。如前所述，知识产权实际损失客观上难以评估，再加上企业财务账册虚假、评估结果缺乏权威等因素作用，如果机械、片面、无条件的以"谁主张，谁举证"来分担举证责任，将权利人遭致侵权后企业的经济盈亏、侵权人侵权收入和利润、涉案知识产权的使用费、转让费和单位价格

---

① 参见广东省深圳市中级人民法院（2007）深中法民三初字第214号、215号民事判决及（2006）深中法民三初字第165－1号民事裁定。

② 参见MBA智库－百科网站"知识产权评估"条目。载 http://wiki.mbalib.com/wiki/。

③ 参见广东省高级人民法院（2008）粤高法民三终字第261号民事判决。

④ 《民事诉讼法》第64条："当事人对自己提出的主张，有责任提供证据。当事人及其诉讼代理人因客观原因不能自行收集的证据，或者人民法院认为审理案件需要的证据，人民法院应当调查收集。人民法院应当按照法定程序，全面地、客观地审查核实证据。"

⑤ 《最高人民法院关于民事诉讼证据的若干规定》第2条："当事人对自己提出的诉讼请求所依据的事实或者反驳对方诉讼请求所依据的事实有责任提供证据加以证明。没有证据或者证据不足以证明当事人的事实主张的，由负有举证责任的当事人承担不利后果。"

等的标准、惯例和行情等，这些用以确定实际损失事实的证明责任全部加诸于权利人的，不但使权利人的维权成本过高，而且有些证据是权利人客观上根本无法搜集的。

在目前的社会环境和执法环境下，法院行使调查权或者依权利人申请进行诉讼保全时，时常遭遇侵权人诸如关门、拉电闸、撤走工作人员等各种阻挠、拖延甚至暴力抗拒。在这种情况下，仅仅依靠法院的力量强行替原告搜集证据，会导致被告对执法的负面过激情绪，不利于社会安定和矛盾化解。而在法院“适当减少”依职权调查和证据保全措施的情况下，对于隐匿证据、阻挠负有证明责任的人举证这类行为，又缺乏追究法律责任和法律后果的措施，无疑是将权利人置于一个弱势、无法得到有效保护的法律制度中。

实际损失查明很多时候需要依赖财务和技术专业人员，目前诉讼中确定经济损失的举证、质证、认证主要依靠专业无形资产（含知识产权）评估事务所的评估，手段单一，而鉴定和评估耗时漫长，手续繁复、费用极高。而评估机构和评估人员在诉讼中应该承担何种诉讼义务，违反该义务应承担何种责任，以及因故意或重大过失而出具虚假、错误报告给其委托人及其他相关人造成经济损失应承担何种民事责任，等等，在《民事诉讼法》及相关司法解释的规定上语焉不详。由于缺乏明确地对评估机构及其评估人员的诉讼义务和民事责任制度，当该等主体出现怠慢疏忽、违反诚信义务，妨碍审判秩序和司法公正，损害其委托人及其他相关人的民事权益的行为时，法庭难以正确认定其责任，当事人也无法向其追偿损失。

三、树立正确的司法理念，以制度创新破解赔偿难问题

国家知识产权战略纲要明确：“加强知识产权保护”的具体做法是“修订惩处侵犯知识产权行为的法律法规，加大司法惩处力度。提高权利人自我维权的意识和能力。降低维权成本，提高侵权代价，有效遏制侵权行为”。根据最高人民法院相关规定及知识产权审判实践中所掌握的原则看，在需要行使裁量权时，应以是否有利于加强保护为出发点和立足点。对损害赔偿数额等问题的具体认定，要贯彻有利于加强保护的精神，起到加强保护的作用和效果。由此我们认为，要解决知识产权侵权诉讼的赔偿难问题，不仅取决于运用法律技术手段，更要求裁判者对国家知识产权战

略具有全局性认识，善于协调整合创造者、运用者、管理者等各方面的积极因素，不断探索完善现行知识产权法律制度，包括实体制度和诉讼程序制度，提升司法能力和水平。

鉴于目前我国在知识产权侵权损害赔偿的法律制度方面，还不像一些西方发达国家那样有一整套完整配套的设计和规定，我们应从本国实际出发，从立足于用足用好现行法律规定入手，在实践中探索前进，不断推动司法水平提高和法律规定完善。结合当前审判实际，我们认为，应从着力破解实际损失查明难做起，寻求破解赔偿难问题的新路径。就总的要求而言，应注意把握如下几个原则：（1）在现有法律体系框架内，遵循现有法律的规定、原则和精神；（2）充分考虑知识产权客体的无形性以及这种无形性所造成的损害赔偿计算的难度；（3）在行使裁量权时，应当解放思想，全面理解和把握立法精神，用足用好相关法律规定，以使赔偿数额的认定能够达到加强保护的威慑和教育效果。主要建设性意见如下：

（一）在实际损失数额的查明上结合试行证据披露制度和证据妨碍制度[①]

1. 探索建立证据披露制度。证据披露是基于当事人的举证责任与法院查证、认证的职能要求，立法上明确规定和授权法院依职权决定当事人及其他诉讼第三人进行证据披露，或以特定的证明方式协助证据披露的一种特定的诉讼活动。[②] 其核心在于被请求的一方当事人必须根据请求方的要求展示其关于案件的证据材料，不管是有利还是不利的证据都必须提供，不得隐瞒。[③] 证据披露最早发端于英美法系国家，大陆法系亦有类似制度。二者不同在于前者主要在当事人之间发挥作用，当事人享有要求对方披露证据包括对披露人本身不利证据的权利；后者则强调当事人这类请求必须获得法庭的批准，在法庭的主导下进行。[④] 我们认为，针对知识产权侵权损害实际损失难以查明的现状，可以结合“谁主张，谁举证”，有条件地

① 参见《最高人民法院关于当前经济形势下知识产权审判服务大局若干问题的意见》（法发〔2009〕23号）。

② 参见刘善春：《诉讼证据规则研究》，中国法制出版社2000年版，第370页。

③ 参见廖志刚：《论专利侵权诉讼证据制度》，载《重庆工学院学报》（社会科学版）2008年第5期。

④ 参见王锦、郑鸣：《浅析两大法系民事证据披露规则的比较》，载《理论月刊》2004年第3期。

试行证据披露制度。理由是：根据《民事诉讼法》第 64 条第 2 款的规定，当事人及其诉讼代理人因客观原因不能自行收集的证据，或者人民法院认为审理案件需要的证据，人民法院应当调查收集。知识产权侵权诉讼中，与被控侵权人的获利状况相关的证据如被告的真实财务账册等，处于被告掌控中，原告难以获得，可以向法院申请调取。法院强制调取这些证据的对象当然包括被告，故被告负有披露该等证据的义务。《民事诉讼法》第 65 条还规定，人民法院有权向有关单位和个人调查取证，有关单位和个人不得拒绝。根据该款规定，当任何第三方掌握了与侵权赔偿额相关的产品市场份额数据、行业利润率、许可使用费、转让费等的一般标准、惯例和行情时，其亦负有向法院披露的义务。

2. 探索建立举证妨碍制度。从本质上讲，证据披露一定要与拒不披露或怠于披露证据将产生的不利诉讼后果相关联，故而证据披露制度与举证妨碍制度是一对双生子，必须结合适用才有实际功效。举证妨碍制度是指当不负有证明责任的一方当事人通过作为或者不作为阻碍负有证明责任的一方当事人对其事实主张的证明时，行为人应为其妨碍行为承担相应后果的一种诉讼制度。[①] 我们认为，在知识产权民事诉讼中，与证据披露制度相结合实施举证妨碍制度的条件已基本成熟。理由是：《最高人民法院关于民事诉讼证据的若干规定》（以下简称《证据规定》）第 75 条规定：若一方当事人持有证据无正当理由拒不提供，而对方当事人主张该证据的内容不利于证据持有人的，可以推定该主张成立。据此，在知识产权侵权诉讼中，若权利人请求法院对被控侵权人的财务账册、电脑硬盘中的财务数据、产品库存量等进行证据保全，而被控侵权人阻扰、抗拒、破坏法院的调查或者保全行动的，可以视为被控侵权人持有不利于自己的证据但拒绝提供，则推定权利人主张的赔偿数额成立。同时，若有证据证明被控侵权人向法院提交残缺、虚假的财务账册的，也应视为被控侵权人隐匿了对自己不利的真实证据，构成举证妨碍，推定权利人主张的赔偿数额成立。例如，在九阳公司等诉佛山欧科公司侵犯专利权纠纷[②]以及九阳公司等诉帅佳公司等侵犯专利权纠纷[③]一系列民事判决中，法院均认为，应权利人请

① 参见张广良：《举证妨碍规则在知识产权诉讼中的适用问题研究》，载《法律适用》第 2008 年第 7 期。

② 参见山东省济南市中级人民法院（2008）济民三初字第 277 号民事判决。

③ 参见山东省高级人民法院（2007）鲁民三终字第 38 号民事判决。

求法院裁定对侵权人制造销售被控侵权产品的财务账册进行证据保全，侵权人作为有限责任公司，应当拥有完备的财务账册，却拒绝提交。视为侵权人持有内容不利于自己的证据而拒不提供，推定原告主张的侵权赔偿额成立。两判决分别判侵权人赔偿九阳公司 498 万元及 300 万元。

举证妨碍制度同样应规范第三人的举证妨碍行为。当负有披露义务的第三人违反披露义务，伪造、毁灭重要证据，妨碍人民法院审理案件时，根据《民事诉讼法》第 102 条之规定，[①] 人民法院可以根据情节轻重予以罚款、拘留，直至追究刑事责任。除公法责任之外，第三人因举证妨碍行为而给他人造成经济损失的，还应向受害人承担侵权损害赔偿的民事责任。

（二）采取优势证据标准认定损害赔偿事实

1. 对实际损失难以查明，但有证据证明该损失明显超过法定赔偿最高限额的，在法定最高限额以上合理确定赔偿额。[②]《证据规定》第 73 条规定：双方当事人对同一事实分别举出相反的证据，但都没有足够的依据否定对方证据的，人民法院应当结合案件情况，判断一方提供证据的证明力是否明显大于另一方提供证据的证明力，并对证明力较大的证据予以确认。该条款是对优势证据制度的体现。所谓优势证据制度，指在民事诉讼中实行优势证据证明标准，如果综合全案证据，使法官有合理理由相信某一待证事实存在的可能性明显大于不存在的可能性的，尽管还不能 100% 排除怀疑，也应当允许法官根据优势证据认定该事实。[③] 优势证据制度建立在客观事物之间相互联系的盖然性的基础上，即“当证据与待证事实之间的关联不是确定无疑的，而是存在这种或那种的可能时”，才需要运用优势证据来得出一个相对真实的“事实”。同时，这种盖然性要求具有相对高度优势，在法官对双方当事人所提供的证据进行综合权衡后，取其占

---

① 《民事诉讼法》第 102 条：“诉讼参与人或者其他人有下列行为之一的，人民法院可以根据情节轻重予以罚款、拘留；构成犯罪的，依法追究刑事责任：（一）伪造、毁灭重要证据，妨碍人民法院审理案件的。”

② 参见《最高人民法院关于当前经济形势下知识产权审判服务大局若干问题的意见》（法发〔2009〕23 号）。

③ 参见霍守明：《试论我国民事诉讼“明显优势证据”证明标准》，载《贵州工业大学学报》（社会科学版）2005 年第 5 期。

相对优势者作为定案依据。[①] 我们认为，在认定侵犯知识产权的损害赔偿数额时，可以大胆、合理运用优势证据证明标准，在法定最高限额以上合理确定赔偿额。例如，在2009年中国法院知识产权司法保护十大案件之一的“道道通”电子导航地图著作权纠纷案[②]中，法院综合全案证据后认为：全国导航电子地图制作投入的人力、物力巨大，市场利润率较高；侵权人重复侵权，恶意明显，单次侵权时间就达一年五个月，且自称连续五个季度在同类产品中市场销售占有率达50.1%、销售量占全国市场的50%，故虽然侵权损害的实际损失难以查明，但该数额明显高于法定赔偿额50万元的限额，最后判决赔偿100万元。最高人民法院将该案选入全国十大案件的一个理由，就是“判决比较好地贯彻了《最高人民法院关于当前经济形势下知识产权审判服务大局若干问题的意见》中有关司法政策，遵循了全面赔偿原则，充分保护了权利人利益”。[③]

2. 将实际查明数额与酌定数额相结合计算实际损失。当事人提供了据以计算权利人损失或侵权人获利所需的销售数量等数据，其他所需数据尚不能确定的，可以参考许可费、行业一般利润率、侵权行为的性质、持续时间、当事人的主观过错等因素，酌定计算赔偿所需的其他数据，从而计算实际损失赔偿数额。[④] 例如，在浙江三维公司诉千人友侵犯商标专用权纠纷案[⑤]中，法院判决认为：侵权人的侵权获利是其侵权期间的销售净收益，用销售收入减去进货成本及经营成本后就可以得出销售净收益。现查明侵权人销售收入减去进货成本的收益为729万余元，侵权人不愿据实提供其侵权期间经营开支的证据，但法院考虑到生产经营客观上必然存在经营成本，为公平起见，综合考量侵权人的经营规模、经营性质等因素后酌定其经营成本为200万元。从而计算其侵权获利为529万余元。同时，销售净收益还可以用销售收入乘以利润率来计算。现有证据显示同类企业的年利润率为12%～15%，而被告侵权经营，不用支付商标许可费，其利润率应高于合法经销商。若认定侵权获利为529万余元的，则可以计算被告

① 参见黄萍萍：《再论民事诉讼证明标准》，载《学术交流》2007年第1期。

② 参见广东省高级人民法院（2008）粤高法民三终字第290号民事判决。

③ 参见《2009年中国法院知识产权司法保护10大案件简介》，载《人民法院报》2010年4月22日。

④ 参见2010年4月28日最高人民法院有关负责人在全国法院知识产权审判工作座谈会上的讲话。

⑤ 参见广东省东莞市中级人民法院（2010）东中法民三初字第12号民事判决。

的平均年利润率为21%，比同类合法经营企业年利润率高出6～9个百分点，合乎市场规律和生活常识，反过来也印证了侵权获利为529万余元的合理性和准确性。据此，最终判决侵权损害赔偿额为529万余元。该案较好地运用了将实际查明的侵权销售数量、行业一般利润率等与酌定的侵权经营成本、侵权利润率相结合从而计算实际损失的方法，值得推广。

（三）建立专家证人制度，鼓励当事人委托审计、会计等专家证人帮助计算、说明和质证

与鉴定法律制度相结合，应当建立专家证人制度，鼓励、引导双方当事人各自委托审计、会计方面的专家证人出庭对销售数额、行业利润率、同类产品单价及财务报表等作出评价和说明。首先，《证据规定》第61条规定，当事人可以向人民法院申请由一至二名具有专门知识的人员出庭对专门性问题进行说明。《关于行政诉讼证据若干问题的规定》第48条不但规定当事人可以申请由专业人员出庭对专门性问题进行说明，而且直接规定“法庭也可以通知专家证人出庭”。上述两个司法解释是建立专家证人制度的依据。其次，这里“专家”应定位为受委托为诉讼提供或准备证据的人，而“专家在法庭上的说明和评价”应定位为在某些职业或技术领域内拥有经验和技能的人向法院所提供的证据。① 专家在其委托人向他通报的或者通过检验、测量等类似手段所发现的事实的基础上，根据自己的知识作出结论。这些结论作为证据是否可以采用，需要双方当事人的质证和法庭的认证。再次，专家证人制度的优势在于当事人和法院不必耗费漫长的司法鉴定时间、高额费用和办理繁复的鉴定手续，节约了诉讼成本，提高了审判效率。最后，为保证专家证词的真实性和公正性，应当赋予专家证人以一定的诉讼义务及民事责任。专家作为证人，受《民事诉讼法》第102条及《证据规定》第80条②的规范。如违反该义务的，应承担相应的公法责任并以扰乱司法秩序、妨碍司法公正为由处以一定的罚金。另外，

① 参见2003年7月出版的《牛津法律大辞典》：“专家证据，指在某些职业或技术领域内拥有经验和技能的人向法院所提供的证据。其根据本人的知识所得出的结论基于向他通报的或者通过检验、测量等类似手段所发现的事实而产生。该类证据通常由医生、精神病学家、药剂师、设计师、指纹专家及其他类似的人提供。”

② 《最高人民法院关于民事诉讼证据的若干规定》第80条：“当事人或者其他诉讼参与人伪造、毁灭证据，提供假证据，阻止证人作证，指使、贿买、胁迫他人作伪证，或者对证人、鉴定人、勘验人打击报复的，依照《民事诉讼法》第102条的规定处理。”

专家证人还可能就违反其与委托人之间的合约而承担违约责任；因故意出具虚假、错误的结论或其他重大过失而致他人财产损失的，还应承担侵权赔偿责任。

（四）完善法定赔偿制度

在尽量纠正实际损失赔偿与法定赔偿适用的主次关系的前提下，还应当完善法定赔偿制度，最大限度地发挥其在制裁侵权上的作用。

1. 法定赔偿应注重惩罚恶意侵权行为。现行法律规定知识产权侵权损害赔偿适用全部赔偿原则而非惩罚性原则。但事实上在知识产权领域内，对于非故意的侵权宜适用补偿性原则，而对于故意的侵权则应采用惩罚性原则。因为在非故意的侵权中，如果采用惩罚性赔偿，无疑会加重侵害方的预防成本，限制经营行为发展。而对于故意侵权采用惩罚性原则，则可以提高潜在侵权人的侵权成本，遏制侵权行为的泛滥。如美国法律和我国台湾地区的有关规定都对故意侵权行为规定了可以采用远远高于非故意侵权的赔偿额度。这种将故意侵权与非故意侵权设定不同标准的法定赔偿金额的做法，无疑体现了惩罚性原则的精神，弥补了单一补偿性原则的不足。[①] 因此，我们也应该借鉴国外域外的做法，完善法定赔偿制度，最大限度地发挥法定赔偿金补偿性与惩罚性相互结合的优势。在决定法定赔偿金时应首先查明侵权人的主观心态是故意还是过失，是重复侵权、性质恶劣还是在经营中未尽注意义务导致侵权等，从而对前者判定较高数额的金额而对后者判定较低数额的金额，做到宽严适当。

2. 妥善理解和解决同一法院“同案不同判”的问题。由于裁判者的主观认识和感受有差异，故在行使自由裁量权酌定法定赔偿金时，会出现同一法院就相同诉讼标的但不同当事人作出不同数额判决的“同案不同判”现象。对于这种现象，可以由各省高院在科学论证、全面征求意见的基础上，制定指引性标准，以尽量统一裁判标准。但另一方面，同一法院对相同标的但不同当事人的案件之间认定的法定赔偿额不同，是否属于“同案不同判”？还应当有一个科学的分析。因为即使是相同标的，但区别不同地区经济发展水平和不同经营主体各自经营规模进行酌情判决，这本身就

---

① 参见王岩云：《知识产权法定赔偿制度研究》，载《河北师范大学学报》（哲学社会科学版）2007年第1期。

符合实质上的公平和办案的精细化标准。

3. 建立适用于群体性侵权案件的法定赔偿金制度。群体性侵权指大量制造、销售侵权产品以及公众大量消费盗版、假冒等侵权产品的现象。[①] 面对群体性侵权，权利人可能会就同一标的选择在不同地区法院，针对相同或不同侵权人进行多个案件的诉讼。近年来，围绕权利人就同一标的，在不同地区同时起诉相同（或不同）侵权人并同时获判法定赔偿金的，是否属于重复赔偿，存在不少争议。第一种情况是权利人就同一标的在不同地区起诉不同侵权人，在后判决的案件应否再判决赔偿的问题。有意见认为，权利人在全国范围内起诉不同侵权人，数个案件的法定赔偿金相加，获赔金额“可能”早已超过侵权损失。故先起诉A侵权的案件获判赔后，后起诉B侵权的案件可以考虑不再判赔。我们认为，这种意见值得商榷。因为首先这种“权利人获得的赔偿可能早已超过侵权损失”的结论本身就没有法律和事实依据，更没有经过科学计算，属于主观猜测。其次，不同侵权人之间的行为和这些行为各自对权利人造成的侵权损失均不可能互相取代和重合。最后，如果认为先起诉A的案件获赔后，后起诉B的案件可以不判赔的，无异于法律和司法者对于不同人有不同的执法标准，也无异于告诉社会和公众在后侵权的人侵权“放手去做”，不会有任何不利后果，这是非常有害的。

第二种情况是权利人就同一标的在不同地区起诉相同的侵权人的，在后判决的案件应否再判决赔偿的问题。例如，某权利人在北京先起诉A侵权获得法定赔偿金，然后在广州再起诉A侵权，广州法院应否再判赔偿？我们认为，这取决于具体案件的情况。在后判决的法院应当查明在先判决的案件在决定法定赔偿金时是否已经考虑了在其他地区发生的侵权行为给权利人带来的损失。如果在先判决的案件不但考虑了北京的侵权，也考虑了在广州地区的侵权行为给权利人造成的损失的，则在后判决的法院可以不再判赔。若在先判决的案件仅仅考虑北京地区的侵权行为来决定法定赔偿金的，则在后判决的广州法院当然应当针对广州地区发生的侵权行为及其后果来认定赔偿额。

4. 在适用法定赔偿时，维权成本属于实际损失，应另行计赔。目前司

---

① 参见杜荣霞、刘冰：《从群体性侵权透视知识产权文化意识的培植》，载《河北法学》2010年第6期。

法实践中存在一种比较通行的处理方法，即将权利人为维权支出的公证费、律师费、鉴定费、差旅费等，一并作为酌情考虑的因素之一，包含在法定赔偿额中一并计付。产生这种现象的原因，其一是法律法规、司法解释规定应支持权利人“合理的”维权费用，[①] 裁判者在审理案件时容易将“合理”理解并处理为酌情判决。其二是把维权开支作为酌情判决的考虑因素之一一并计入法定赔偿之中进行“粗线条处理”，就可以避开繁琐、复杂的查明维权开支具体数额的工作，加快案件审理的速度。但是我们认为，这种做法值得商榷和纠正。因为首先，知识产权人为维权支出的合理费用，属于其现有财产减少的直接损失，是权利人比较容易举证的部分。查明实际支出额，据实判赔，而不采取将其作为法定赔偿的一个酌定因素，合并到法定赔偿中去一并酌判的办法，可以最大限度地支持权利人的维权行为。其次，将维权成本并入50万元的法定赔偿中一并酌判，往往会“隐形”地挤占实际损失的判赔空间，导致实际损失的判赔数额不适当的减少，这种情况在维权支出比较高的案件中会更加明显。最后，在查明事实的基础上依法判决，本就是人民法院和裁判者的职责，不应当以所谓提高“效率”的理由来影响案件办理的精细化程度，更加不应为了片面追求效率而影响权利人的利益。

在查明当事人为维权支付的合理费用时，还应当注意考虑维权的现实状况和权利人的诉讼成本。即使没有具体证据，但合理的维权人员差旅费、食宿费属于必然要发生的费用，依照逻辑推理和日常生活经验，应予支持。另外关于律师费的问题，例如，最高人民法院《关于审理著作权民事纠纷案件适用法律若干问题的解释》第26条规定：“人民法院根据当事人的诉讼请求和具体案情，可以将符合国家有关部门规定的律师费用计算在赔偿范围内。”这里使用了“符合国家有关部门规定”的表述，而未使用Trips协议中关于“合理适当”的表述，目的是为了避免法官不好掌握或者自由裁量施之过宽的情形。[②] 根据该条规定，只要当事人支付的律师费的数额符合国家、省、市相关部门的收费实施办法的相关规定的，法院就应当全额予以支持。

---

① 参见《专利法》第65条及《最高人民法院关于审理专利纠纷案件适用法律问题的若干规定》第22条，其他权利类型的知识产权法律法规、司法解释的规定亦相同。

② 蒋志培：《如何理解和适用〈关于审理著作权民事纠纷案件适用法律若干问题的解释〉》，载《人民司法》2002年第12期。

关于知识产权诉讼禁令案件审理情况的调研报告

佛山市中级人民法院课题组*

一、佛山中院审理知识产权诉讼禁令案件的基本情况

（一）佛山中院知识产权诉讼禁令案件的特点

自知识产权诉前、诉中禁令实施以来，佛山中院始终坚持依法和慎重的态度审理诉讼禁令案件，从 2002 年至 2012 年佛山中院共受理与知识产权有关的诉讼禁令案件 126 件，其中诉前禁令 113 件，诉中禁令 13 件（具体情况见表 1）。总体来说，佛山中院禁令措施的案件呈现如下特点：

1. 案件总体数量呈下降趋势，诉前禁令案件急剧下降。2002 年到 2006 年最初实施禁令措施的几年中，佛山中院对禁令申请的审查较为宽松，导致受理和采取禁令措施的案件数量较大。在受理的 126 件禁令案件中，2002 年到 2006 年就有 103 件，其中诉前禁令案件有 102 件，诉中禁令案件只有 1 件。随着佛山中院对诉讼禁令研究的深入和办案经验的增加以及最高人民法院关于依法慎重采取诉前禁令措施等精神要求的出台，佛山中院自 2006 年后对诉前禁令申请在立案前的审查阶段即依法进行严格把控。从 2007 年开始，受理禁令申请的案件总数也大幅下降。2007 年到 2010 年收案为 22 件；而 2008 年到 2010 年只有 3 件，且均为诉中禁令案件；2011 年到 2012 收案仅 1 件，为诉前禁令案件。

2. 诉前禁令案较多，诉中禁令案较少。佛山中院受理的 126 件案件

---

* 课题组成员：刘建红、余珂珂。

中，诉前禁令案件达 113 件，从 2006 年开始出现有申请诉中禁令的案件，但案件数量并不多，除了 2007 年有 9 件诉中禁令案件（其中存在系列案件）外，2008 年到 2012 年中每年均为 1 件，共计收案 12 件。诉前禁令案件数量多的原因有：一是司法解释对诉前禁令有明确规定，当事人提起申请有明确依据；二是已进入诉讼的案件一般均采取了财产保全或证据保全措施，已达到当事人一定的目的，故当事人不再申请诉中禁令；三是因过去对诉前禁令案件在立案前缺乏审查，未把住入口关。

3. 准许撤回申请的案件较多。在受理的 126 件案件中申请人撤回申请的有 65 件，直接驳回的有 14 件。申请人撤回申请案件数量较多的主要原因有：一是在进行财产保全、证据保全和听证过程中，被申请人侵权行为证据确凿，被申请人与申请人主动进行和解，申请人自愿撤回申请。二是审判人员在进行证据保全或听证后，发现申请人的申请不符合审查条件的要求，如根本未保全到所谓的侵权产品，即建议申请人撤回申请。一般情况下申请人会按照建议撤回申请，或者申请人在证据保全和听证后自行撤回申请。

4. 与专利权纠纷有关的案件较多。从佛山中院所受理的禁令案件类型上看，与专利权纠纷有关的占 85%，与著作权纠纷有关的占 10.3%，与商标权纠纷有关的占 4.7%。佛山中院受理的案件呈现这样态势与佛山地区制造业较为发达有关，知识产权类纠纷主要因侵犯专利权而产生，禁令措施相应地也集中于此类与专利权有关的案件。

5. 无因作出禁令错误导致损害赔偿的案件。虽然佛山中院作出禁令的案件较多，但因严格遵循审查程序和准确把握审查条件，佛山中院没有因作出禁令错误而导致损害赔偿的案件。

表 1 佛山中院 2002 年至 2012 年诉前、诉中禁令统计

年份	收案	类型	件数	结果	件数
2002	10 件诉前禁	专利权	9 件	撤回	6 件
				驳回	1 件
				禁令	2 件
		商标权	1 件	禁令	1 件

续表

年份	收案	类型	件数	结果	件数
2003	54 件诉前禁	专利权	41 件	撤回	34 件
				禁令	7 件
		商标权	2 件	撤回	1 件
				禁令	1 件
		著作权	11 件	撤回	2 件
				禁令	9 件
2004	3 件诉前禁	专利权	3 件	撤回	3 件
2005	21 件诉前禁	专利权	20 件	撤回	8 件
				驳回	1 件
				禁令	11 件
		商标权	1 件	禁令	1 件
2006	14 件诉前禁	专利权	14 件	撤回	5 件
				驳回	4 件
				禁令	5 件
	1 件诉中禁	商标权	1 件	禁令	1 件
2007	10 件诉前禁	专利权	10 件	驳回	8 件
				禁令	2 件
	9 件诉中禁	专利权	6 件	禁令	2 件
				撤回	4 件
		商标权	2 件	撤回	2 件
		著作权	1 件	禁令	1 件
2008	1 件诉中禁	专利权	1 件	禁令	1 件
2009	1 件诉中禁	专利权	1 件	禁令	1 件
2010	1 件诉中禁	专利权	1 件	禁令	1 件
2011	0 件				
2012	1 件诉前禁	著作权	1 件	禁令	1 件
合共	126 件				

（二）佛山中院知识产权诉讼禁令的基本做法

佛山中院统一由知识产权审判庭对申请禁令的案件进行立案前审查、审理以及执行工作，基本做法是：

1. 立案阶段的初步审查。立案庭收到申请人提交的申请材料后，将材料交由知识产权审判庭进行初步审查，认为确有必要且具有可行性时，再告知立案庭立案。立案后，由知识产权审判庭进行审理和执行。佛山中院最近几年对于立案阶段的初步审查要求有所提高，特别是诉前禁令较为严格，若无充足的证据证明权利人权利的有效性、被申请人的行为构成侵权等要件，很难跨越该关口。实践也证明，进行立案前审查，可以防止专利权人滥用权利，利用临时措施作为打击竞争对手的工具。

2. 区分诉前禁令和诉中禁令的情况，申请诉前禁令的案件，基本上均要求申请人同时申请证据保全，或者同时申请证据保全和财产保全。在执行过程中，先进行证据保全和财产保全，再根据保全情况进行实体审查。

在诉前禁令案件中，申请人对被申请人的侵权行为以及是否给其造成了无法弥补的损失，往往缺乏充足的证据，审判人员没有经过诉前保全的环节，对被申请人的被诉侵权情况没有感性认识，对是否会对申请人造成无法弥补的损失难以达到内心确信。而诉中禁令案件往往已经过实体审理或有一定的证据支持，对申请人权利是否稳定，被申请人是否构成侵权等问题已比较清楚。因此对诉前禁令采取首先进行诉前证据保全的做法有利于审判人员掌握被申请人是否仍在或将要实施被诉侵权行为、被申请人的生产规模、被诉侵权产品的生产、销售数量及因此可能给申请人造成损害的直接证据。采取此种方式，法院还可及时保全到证明被申请人侵权的证据或者侵权获利的真实的财务账册，有利于促使侵权案件顺利解决。例如，佛山中院审理的申请人撤回申请的案件中，有些案件就是因为在证据保全的过程中保全到侵权的证据，促成双方当事人和解。

3. 申请禁令案件均须进行听证程序，依照开庭程序组织申请人与被申请人进行举证和质证，围绕申请人是否享有较稳定的权利、被申请人是否存在侵权的可能性、申请人提供的担保数额是否合适、不采取有关措施是否会对申请人造成难以弥补的损害等问题进行辩论。

听证程序是佛山中院在2002年的首创，现已被全国法院所借鉴。由于我国对外观设计、实用新型专利授权不进行实质性审查，为了防止专利权人滥用权利来打击竞争对手，通过听证程序，可以让双方当事人对权利人的权利及被诉侵权产品的技术特征作对比说明，尽可能保证作出禁令措施的正确性。同时，进行听证时法官可以进行调解，有利于促进案件协调解决。如申请人 ANHEUSER－BUSCH，INCORPORATED（安海斯－布希公司）、百威（武汉）国际啤酒有限公司、百威啤酒（佛山）有限公司与被申请人河南蓝牌酒业有限公司洛阳分公司诉中停止侵犯注册商标专用权纠纷系列案，涉及知名品牌和企业，处理不好会导致不良影响，但法官在听证程序结束时积极做双方当事人的调解工作，最后双方当事人达成和解，申请人撤回申请，取得较好的社会效果。另外，佛山中院作出禁令的案件不到受理案件数的一半，申请人撤回申请和被驳回申请的案件数占受理案件数的63.2%，其中固然有双方当事人达成和解而撤回申请的情况，但是经审查认定申请人的申请不符合作出禁令条件而劝告申请人撤回申请或者由法院驳回申请的案件占了其中相当大的部分。因此，实行听证程序对于保障案件的质量有其必要性和现实意义。

4. 禁令措施适用条件的审查重点是申请人权利是否稳定和被申请人的行为是否确有可能构成侵权以及申请人是否已经提供适当的担保。例如，佛山中院在对与专利权纠纷有关的禁令申请审查中，主要是根据《最高人民法院关于诉前停止侵犯专利权行为适用法律问题的若干规定》第11条规定的四个方面进行审查，其中重点对申请人的权利的稳定性和被申请人的行为是否构成侵权和担保方面进行审查。对于不采取有关措施是否会给申请人合法权益造成难以弥补的损失，因较难作出判断，所以过去审查较松，但在最近几年中，审判人员通过先行采取的证据保全和财产保全执行过程，实地了解被申请人的生产和销售规模、财务状况等情况的方式，开始逐步对该项条件实施较为严格的审查。

5. 合议庭作出禁令后，对被申请人执行禁令的情况随时保持关注，在得知被申请人不执行禁令的情况后，均马上进行现场勘察，并采取相应的强制措施，以确保禁令的有效遵守和执行。

二、目前审理知识产权诉讼禁令案件中存在的主要问题

知识产权诉讼禁令在我国属于一个非常新的诉讼制度，我们在对上述案件的梳理和调研过程中发现，由于立法的不完善以及实践经验的欠缺导致该制度在适用条件、程序及实施效力等各方面都存在很多问题。

（一）审查条件缺乏标准，适用存在难度

目前对于申请禁令的审查条件缺乏一定标准，适用存在较大困难。特别是对申请人权利的稳定性和被申请人是否构成侵权、不采取有关措施是否会给申请人合法权益造成难以弥补的损害如何判断，对申请人的举证应作何要求等问题在司法实践中均难以操作，适用禁令措施存在难度。

例如，实践中对被申请人正在实施或即将实施的行为是否构成侵权存在不同理解，主要有两种观点：一种观点认为，作出禁令的前提条件是有证据证明他人的行为已经构成侵权，即申请人必然胜诉；另一种观点认为，申请人没有必要提交证据证明其必然胜诉，只需提交初步证据证明存在侵权可能性即可。在审判实践中，各地法院对该问题的举证责任及是否核发禁令把握的标准也不一致。为确保案件质量，佛山中院对于该审查条件的掌握基本上从严把握：一是对申请人享有的权利的稳定性的证据作出较高要求；二是如在审查与专利纠纷有关的禁令申请时，必须对被诉侵权产品是否落入专利权保护范围进行审查。从实际效果看，采用严格审查标准成效较好，即佛山中院虽然在多年来作出了为数不少的禁令，但到目前为止尚无因不构成侵权而导致有关的损害赔偿案件。但是这种做法是否符合禁令作为一种临时措施的本质，不无疑问。实际上，禁令程序毕竟不是实体审理的程序，时间的紧迫性使得法官也不可能永远作出完全正确的判断。同时，目前禁令制度没有真正发挥其及时阻却侵权的作用，最重要的原因就是缺乏完整而详尽的适用条件，导致很多法院因担心错误采取禁令带来的负面影响而不愿意接受申请，使得禁令程序未能发挥其有效的作用。近些年全国各地法院，包括佛山中院禁令案件的大幅减少已说明这个问题。因此，审查条件的确定和细化是禁令措施面临的首要问题。

（二）禁令作出的程序不完善

目前，法院在禁令作出应当遵循的程序方面存在着诸多不完善的问题。这种程序的不完善既包括是否需要进行听证等程序本身的问题，还包含法院内部本身分工对禁令程序的影响等各种问题。以听证为例，禁令的作出是否必经听证的程序并无相应具体的规定。而在实际的操作中，包括佛山中院在内的很多法院基本上都要求经过听证的程序，以免出现禁令与最后裁判不一致的情形。而这样的操作所带来的时间拖延明显导致了禁令及时制止侵权的作用未得以有效发挥。很多观点都提出，应当区分紧急情况和非紧急情况。在非紧急情况下，一般应通过听证程序听取双方当事人意见后再决定是否作出禁令，以提高裁定与最终裁决的一致性；而对于紧急情况则可不经听证而在法律规定的时限内决定是否作出禁令。这种说法并不太符合实践的具体情况。事实上，当事人提出禁令申请时基本上都存在紧急情况的理由，否则法院可能不接受其申请，但如果法院对这些申请一律都不听证的话，很容易出现适用禁令错误的情况。但如果都听证，时效性又很难保证。在当前提出要发挥禁令作用、加大知识产权保护司法力度以及新的《民事诉讼法》已经将保全行为进行统一规定的背景下，人民法院既要真正发挥禁令的作用又要减少禁令可能带来的副作用。因此，对禁令作出是否需要听证以及听证可适用的具体情形等各种程序问题必须进一步予以细化。

（三）对禁令裁定的复议组织和复议程序规定不明确

按照相关司法解释的规定，诉前禁令作出后，当事人可以申请复议一次，但是并没有规定进行复议的审判组织。由于诉前禁令对当事人的实体权利有很大影响，如果由作出裁定的原合议庭复议，很可能使复议形同虚设，无法对禁令措施实施有效的监督。实践中有两种不同的意见。一种意见是复议机关仍为作出裁定的人民法院，但是应当另行组成合议庭对复议申请进行审查；另一种是将复议机关明确规定为上一级人民法院，当事人对是否采取诉前禁令措施的裁定不服的，可以向上一级人民法院申请复议，上一级人民法院应在 15 天内审查完毕并作出决定。

佛山中院目前对于复议申请仍由原合议庭进行审查，因此，审查在一定程度上可以说是流于形式。为了避免复议审查的形式化，我们已经开始另行组成合议庭对复议申请进行审查。但复议审查的具体程序还有待设计和完善。另外，值得思考的是，因禁令的颁发和限制都将直接影响到当事人的权利，这种仅由同一法院对其作出禁令进行复议而不交由上一级法院复议的设计可能并不是太符合程序法的精神。

（四）对禁令“申请错误”的理解不一

专利、商标及著作权的司法解释均规定对申请人申请错误造成被申请人损失的，被申请人可以请求申请人赔偿。但实践中对“申请错误”存在不同的理解。一种观点认为，一旦禁令措施被撤销或经过案件审理后申请人败诉的，申请人的申请即构成申请错误，应当承担申请错误的赔偿责任。另一种意见认为，只有在申请人主观上有过错或存在滥用诉权的情况下，才属于申请错误。在申请人不存在主观恶意的情况下，即使临时禁令措施被撤销，也不是申请错误，不应当承担赔偿责任。随着对该问题认识的深入以及《侵权责任法》的发展，更多人同意第一种观点，即过错的判定已经向客观化发展，申请人败诉即可判定申请人申请禁令有过错，应当承担相应的赔偿责任。从佛山中院已经审结的其他法院因“申请禁令”错误引发的损害赔偿的案件看，我们更倾向于第一种观点。

禁令作用的双面性使得适用该制度时必须对滥用此权利的行为进行堵截，如果将“申请错误”进行正确的定义即可解决这一问题，但目前仅有一些零星的判决在摸索，并无相应的立法或者司法解释对此专门作出规定，急需予以解决。

（五）对违反禁令的行为缺乏有效的制止和处罚措施

对于违反禁令的行为的处理，目前直接的依据只有《最高人民法院关于对诉前停止侵犯专利权行为适用法律问题的若干规定》（以下简称《若干规定》）第15条的规定，即“被申请人违反人民法院责令停止有关行为裁定的，依照《民事诉讼法》第102条规定处理”。依据2012年新修正的《民事诉讼法》第111条规定，对被申请人的处罚措施为罚款、拘留、追究刑事责任三种。实践中，这三种处罚措施在民事案件中很少适用，而追究刑事责任的情况几乎没有，对被申请人威慑不够。同时，这三种措施还缺乏针对性，不能直接对被申请人的侵权行为进行及时有效的制止。因缺乏有效的措施对违反禁令的行为进行制止和处罚，被申请人往往在法院禁令裁定作出后，在生产的还会加速生产，禁令变得形同虚设。如申请人廖笑玲与被申请人王顺平诉中停止侵犯专利权纠纷一案中，被申请人王顺平在禁令作出后，仍继续生产、销售被诉侵权产品，佛山中院经核实后，依照《若干规定》第15条的规定，对被申请人采取了罚款的处罚措施。但处罚后，被申请人仍未停止生产，申请人经常要求法院进行干涉。在二审判决后，我们只能告知申请人在执行程序中处理或重新起诉索赔。

（六）法律文书不规范

对于采取禁令措施的案件，法律文书的格式缺乏统一标准，各地法院实践中存在各种各样的裁定书。例如，有的裁定书完全采用判决书的形式，将双方当事人举证、质证和法院认证的意见均写入裁定书，有的则对此完全省略；在论述做禁令的理由时，有已构成侵权、构成侵权的可能性较大、构成侵权的可能性极大、有胜诉的可能性等不同表述方式；在裁定书的主文里，有的裁定书写入证据保全的内容，有些则不写。

三、佛山中院在审理知识产权诉讼禁令案件中对禁令适用条件和程序的处理思路

对于上述禁令措施在实践当中存在的适用条件和程序存在的各种问题，佛山中院在实践对审查标准和程序等各方面的细化和完善，处理思路清晰，且取得很好效果，但仍有不少问题值得继续深思和完善。

（一）审查标准的具体确定

佛山中院在把握我国有关法律和司法解释的基础上，参照国外司法经验，统一执法标准。特别是近几年，审查标准逐步严格和统一，并要求综合考虑采取禁令可能对各方面造成的影响，尽量平衡双方当事人的权利和义务。例如，申请人科龙公司向佛山中院提出诉前禁令申请，要求被申请人海尔公司在诉前立即停止侵犯其专利权的行为。该案属于电冰箱外观设计专利侵权纠纷，且申请人与被申请人双方系中国的两大家电巨头，知名度高。我们认为，申请人科龙公司的专利属于层次较低的外观设计，权利可能存在不稳定性；被诉侵权产品（海尔公司的某一型号冰箱）与申请人的专利对比，在冰箱门把手及门右侧等设计要部上存在一定的差异性，是否完全落入申请人专利权保护范围还有待进一步分析；科龙公司属于大型家电企业，其生产的该外观设计专利的冰箱只占其全部产品及利润的一小部分；海尔公司也是大型家电企业，其生产的涉案冰箱也只占其全部产品及利润的一小部分，但如采取禁令则给其企业商誉造成巨大的影响；如果最终判定侵权成立，海尔公司有足够的赔付能力，但如果最终判定侵权不成立则发出禁令可能给海尔公司造成难以消除的损害。综合考虑上述因素，以及科龙公司与海尔公司的竞争关系，科龙公司提出的禁令申请显然已经超出了正常的专利司法保护范围，其对竞争对手可能造成的伤害大于对自身专利权利的维护。因此，法院最终没有同意申请人科龙公司的禁令申请。

实践中，我们主要从以下几个方面对禁令措施的申请进行审查：

1. 对主体资格及权利稳定性的审查。第一，在主体资格审查方面，权利人应当提交证明其权利合法存在的真实有效的文件，对利害关系人的主体资格审查要更加严格。例如，对于独占实施许可和排他实施许可合同中

的被许可人提出申请的，除要求其提交许可合同及备案登记外，还需提交合同已经实际履行的证明材料。

第二，在对权利有效性的审查方面，主要审查申请人提供权利有效存在的证据。如要求申请人提供有效的专利权属证明，了解专利是否经过维持程序，以确定正确的保护范围。对于实用新型专利，要求申请人提供专利检索报告，如不提交，则一般予以驳回。对于外观设计专利，鉴于被国家专利复审委员会宣告无效的比例较高，因此对外观设计的禁令申请往往采取特别谨慎的态度，一般要求经过至少一个无效宣告程序后被维持有效的，才视为权利稳定。对被申请人提供的先用权、现有技术抗辩的证据材料进行重点审查。通过上述综合因素的考量，分析涉案专利权的稳定性。

权利稳定性的审查是我们面临的主要困难，把握不准。如我们目前认为，对于外观设计专利权应要求已经过至少一个无效宣告程序后被维持有效的，才能视为权利稳定；但也有法官认为即使经过一个无效宣告程序后被维持有效的，其权利状态是否稳定仍是存疑。由于对权利稳定性难以把握，也造成对禁令申请的受理存在顾虑和畏惧。因此，对于权利稳定性的要求还需要进一步明确和规范。

2. 对侵权可能性的审查。禁令申请提出后，被申请人正在实施或即将实施的行为是否构成侵犯专利权，即是否存在侵权的可能性，对此判定应当采取的审查标准以及双方当事人的举证责任在理论上有一定的争议。很多人提出，对此判定既要避免类似证据保全的形式审查，也要避免绝对的实质审查。我们认为，禁令的后果是相当严重的，如果对侵权可能性的审查过于宽松，会导致禁令的滥用，所以我们对禁令采取了很慎重的态度，要求进行相对实质性的审查，对双方当事人提交的证据进行细致审查和核实。在举证责任上，由申请人提供被诉侵权产品与申请人权利保护范围相同或相似性的对比说明，被申请人提供其抗辩不相同、不相似的对比说明，合议庭对此进行重点审查。在认定侵权的标准上从严掌握，要求申请人提供的证据要达到足以证明侵权行为发生或即将发生的程度，更接近将来实体判决的胜诉性。如在审查中存在疑点或合议庭意见不一致，则一律驳回申请。

我们在审查的过程中还对申请人就被申请人正在实施或即将实施侵权行为在证据的提供上作出较高要求。如在申请人陈建成与被申请人佛山市顺德区杏坛镇瑞福实业有限公司诉前责令停止侵犯专利权案中，申请人提供了被申请人的送货单、收款收据、订货确认单等用以证明被申请人实施了侵犯专利权行为，但是法官到被申请人住所地进行诉前证据保全时，在现场没有发现被诉侵权产品，而申请人也没有提出其他证据证明被申请人正在实施或即将实施侵犯专利权的行为，故驳回了申请。

对侵权可能性的审查所面临的主要问题与诉讼面临的问题一致，即技术比对的困难和现有技术或现有设计的抗辩是否成立，同时禁令申请审查的时间非常短，一旦把握不准，就会出现错误判断。

3. 对“难以弥补损害”的衡量。根据 TRIPS 协议，只有在如不采取临时措施将会使申请人可能面临不可挽回之损害的情况下，法院才会应申请人的申请采取禁令措施。各国的法院在采取临时措施时均存在上述不可挽回之损害的判断。由于该审查条件的判断较难操作，过去我们审查都较为宽松，导致该审查条件流于形式。近几年，我们在审查中，对该条件的审查从严掌握，避免申请人滥用权利。在进行不可挽回之损害的判断时既考虑申请人的因素，还考虑被申请人的因素，考虑侵权行为性质的因素。例如，申请人的商业能力和机会是否因此受到严重威胁？被申请人经营的稳定性和经营规模如何？被申请人涉嫌侵权的行为在其正常商业活动中所占比例及市场占有情况如何？被诉侵权行为的性质是否恶劣？经过综合判断后才能得出是否存在不可挽回之损害的结论。如 2009 年审理的申请人周子鹏与被申请人深圳市左右家私有限公司诉中停止侵犯外观设计专利纠纷案中，合议庭发现被申请人左右公司在申请人提起诉讼后，正以促销方式销售被诉侵权产品，同时还考虑到左右公司家具产品较为知名，销量也大，故认定不采取禁令措施将会造成申请人难以弥补的损害，遂作出诉中禁令。

上述考虑因素虽然全面，但因证据的取得存在一定困难，故进行判断时往往缺乏客观依据，随意性较大，实际操作中，我们更多的是从被申请人企业规模、被诉侵权产品的生产和销售数量等量化标准进行审查。特别是在证据保全和财产保全的过程中，法官尽量采用各种方式观察被申请人企业的情况，查询或保全被申请人的账册，以能够准确了解被申请人的侵权规模和获利的具体情况。该审查标准的运用有效地防止一旦采取禁令将导致打击面过大的情况。但该审查标准的严格适用也存在一些问题。佛山中院受理的专利纠纷中有许多家具外观设计专利纠纷，家具款式的生命力比较短暂，也许今年时兴，明年就淘汰了；这个季节是必需品，换季就成垃圾。因此，如果简单以生产规模、生产数量等量化的标准来衡量“难以弥补的损失”，可能会失于利益的平衡。

4. 对担保的审查。由于禁令措施对被申请人的生产经营将产生很大的影响，要求申请人提供担保就显得尤其重要。担保一方面可以让申请人谨慎提出申请，另一方面也可以在一旦出现错误时弥补被申请人的实际损失。为了确保担保的可靠性，我们要求申请人提供充分的担保，一般采用以下几种形式：一是以现金担保，冻结申请人提供的银行账户存款；二是以房屋担保，首先需查明是否存在在先抵押，有抵押的房屋不予接受；三是以汽车担保，对汽车担保一般不接受，除非车辆车况较好，保险金额较高；四是进入法院名录的担保公司的担保，但其他机构或个人的保证担保一律不接受。

在担保审查方面，面临的主要问题是担保金额的确定。虽然根据《若干规定》第6条第3款的规定，在确定担保范围时，应当考虑责令停止有关行为所涉及的产品的销售收入，以及合理的仓储、保管等费用；被申请人停止有关行为可能造成的损失，以及人员工资等合理费用支出等因素，但是，上述应当考虑的因素往往无相应的证据可供参考。原因主要是：首先，申请人囿于举证能力无法提供上述证据供法院确定担保金额时审查；其次，法院在进行证据保全时也未必能取得上述因素的证据；最后，被申请人不愿意将上述证据提供给法院。特别在申请诉前禁令的案件的证据保全过程中，法院要求被申请人提供相关的账册，被申请人往往以没有账册为由搪塞，或拒不提供相关的账册。所以，在确定诉前禁令的担保金额时，我们要求申请人提出其可能遭受的损失金额并结合同类别知识产权案件的判赔金额确定担保金额。而对于诉中禁令案件，则根据起诉的标的额确定担保金额。这样确定担保金额的方法操作起来比较简单，但也极有可能造成部分案件的担保金额与禁令措施给被申请人造成的损失数额不相当，导致权利与义务的失衡。因此，担保金额的确定仍需进一步明细。

（二）适用禁令程序的具体操作

对于佛山中院采取的适用禁令程序在上文中已经做了介绍，这里主要说明一下对在实际操作中几个问题的理解和处理：一是审查阶段提前至立案前是否恰当；二是听证程序与禁令发出的时间的协调问题；三是禁令措施与保全措施衔接问题；四是法院内部分工对禁令程序的影响问题。

关于审查阶段提前至立案前是否恰当的问题。过去，佛山中院申请禁令的案件很多，主要原因是在立案前几乎不进行审查，立案后才作审查，因此，在审查后大部分案件被驳回或者经审查不符合条件后当事人自愿撤回了申请。但司法统计时，未作出禁令的案件同样也统计为诉讼案件，因而案件数量较多。近几年，佛山中院严格了禁令措施的适用条件，并将审查程序提前至立案前。在立案前就对申请人提交的证据进行严格的审查，要求申请人提交的证据应当足以证明其权利的有效性和被申请人正在实施或即将实施侵犯知识产权的行为，并提供足额的担保，如果不符合这些采取禁令措施的条件，就要求申请人撤回申请，不予立案。在这种情况下，案件数量自然下降。我们认为，采用此种方式进行审查符合慎重采取临时措施的要求，有效防止禁令的泛滥。不过，因无明确规定，如何把握该阶段的审查深度和条件是目前急需解决的问题。另外，在当前司法政策转向“积极合理”地采取知识产权禁令措施的情况下，在立案阶段就予以严格控制并不利于禁令制度的发展。在这个问题的设计上还需要进一步完善。

关于听证程序与禁令发出时间的协调问题。佛山中院对申请禁令案件均要求进行听证，从立案到禁令的作出一般需要两周的时间。因此，禁令一般不可能在48小时内作出裁定。司法解释规定法院必须在48小时内对禁令申请作出裁定，这在各国的相关法律规定中是不常见的，它充分反映了我国对高效禁令措施的期望与要求。但是，知识产权侵权判断的专业性较强，在短时间内即要作出正确的裁断明显要求过高。同时，48小时的要求使得听证程序无法进行，将剥夺被申请人最重要的一项权利，即陈述和申辩的权利。因此，两相比较，我们认为，听证程序更为重要，故未对48小时作出严格要求。这是佛山中院以前的做法。随着整个社会知识产权保护意识的提高和知识产权保护力度的加大，对于紧急情况下及时作出禁令的要求会越来越多，例如，佛山每年都会有很多大型的家具展销会，展销会时间一般也就一个星期左右，但是侵权行为却会对权利人的权利造成很大的损害，这种情况下是需要快速制止侵权行为的，因而在48小时内作出反应很有必要。现在我们认为，禁令作出时间的及时性应与现有的复议程序的完善相配套，在复议程序中允许被申请人进行陈述，使得被申请人的权利能够得到相应的保证，也可以通过复议程序来纠正因时间紧迫而匆忙作出的禁令可能存在的错误。

关于禁令措施与保全措施的衔接问题，我们已经形成了一套步骤和做法：先进行证据保全和财产保全，并以证据保全为主，再根据保全情况进行禁令审查。采用这样的方式，被申请人主动提出和解结案的比例高、结案快，很多案件不再进入实体审理程序。

关于法院内部分工对禁令案件的影响问题。全国法院对于禁令案件由哪个部门主管没有统一的做法，法律也没有明确的规定。禁令案件主要涉及受理、审查、执行三个环节，从形式上可分归为立案庭、审判庭、执行局三个不同的部门，实际上全国法院有一部分是这样分工的，也有的法院划归立案庭、审判庭两个部门管理。我们认为，这两种模式都有不足，第一种模式职能太分散，互相扯皮，没有效率，特别是执行局不愿意接受这样的案件，因为禁令裁定在很多法院不属于单独的案件，执行局认为处理这样的案件完全是费力不讨好，干了也白干。第二种模式往往是立案庭不该立的立了，造成退费上的麻烦，该立的也把握不准，又不能及时转交审判庭，导致案件延误处理。通过多年的探索，佛山中院将第二种模式加以改造，形成了一套做法，即知识产权庭在立案阶段就处于主导地位，统一对禁令审查和执行。具体做法是，立案庭接到禁令申请后立即将有关材料送知识产权庭进行形式审查，知识产权庭认为具有可行性时即通知立案庭立案收费，并在立案后由知识产权庭进行审查和执行。这套做法有效化解了法院内部分工对禁令措施的影响，效果很好。

（三）其他相关问题

一是关于违反禁令行为的制裁问题。为了有效制裁违反禁令的行为，我们在实践中对此类情况加大处罚措施的适用，并在随后的判决中适当提高侵权赔偿数额，让侵权者付出相应的代价。

二是关于裁判文书的撰写方式。对裁定书的规范，我们认为，禁令与一般的财产保全和证据保全的裁定不同，其带有先予执行性质的特殊性，裁定书的内容应当详细一些，但也要避免完全和判决书一样。因此，佛山中院的裁定书根据案情的需要主要采取两种方式：一种是当事人争议较大的，就采取较为详细的写作方式，即对当事人提交的证据均列明，同时，对技术对比过程以及是否可能落入专利权保护范围进行论述；另一种是针对当事人争议不大的，采取较为简略的表达方式，在简要列明当事人证据后，即简单论述裁定理由。不过，在裁定主文的表述上，佛山中院基本上采取较为统一的表达方式，即“被申请人××立即停止可能侵犯申请人×

×专利权（专利名称、专利号）的行为”或者“被申请人××立即停止制造、销售可能侵犯申请人××专利权（专利名称、专利号）产品的行为”等。

四、进一步构建并完善我国知识产权诉讼禁令制度的若干建议

当前，加强知识产权保护已是我国知识产权审判的一项基本司法政策，知识产权诉讼禁令制度越来越受到重视。虽然经过立法和司法实践的不断发展，知识产权诉讼禁令制度的内容已经越来越丰富，但仍然存在本文上述所论述的各种问题。在新修改的《民事诉讼法》将知识产权诉讼禁令统一纳入保全行为进行规定，以及当前知识产权诉讼禁令制度的司法政策也已由慎重适用转向“积极合理”适用的情况下，构建全面而完整的知识产权诉讼禁令制度的任务更加紧迫。下面本调研报告将对如何进一步构建并完善我国知识产权诉讼禁令制度提出几点建议。

（一）基础立法规则方面的构建路径

2012年新修改的《民事诉讼法》通过一系列规定，在原《民事诉讼法》有关财产保全相关规定的基础上，增设了行为保全制度，弥补了我国民事诉讼行为保全的法律漏洞。但同时，诉讼禁令制度因受到部门实体法规范和民事诉讼规范的双重调整，实体权利和程序规则的相互混杂极易引起法律条文的冲突和适用上的矛盾，使该制度的立法价值和司法功能大打折扣。另外，该制度的设立因遵循“宜粗不宜细”的立法技术，导致该制度的内容较抽象和疏漏，在进行具体司法操作时可能会出现一定程度的偏差。因此，该制度在立法方面的完善应着重从以下几个方面努力：（1）借鉴西方发达国家的成熟做法，将禁令措施视为保障实体权利的一项特殊诉讼制度在程序法中予以专章规定。诉讼禁令制度在我国从实体法到程序法的回归不仅是该制度自身适用的内在要求，也是加强我国知识产权司法保护的客观需要，因此应在《民事诉讼法》程序性规则中对诉讼禁令的基本涵义、一般适用规则、基本程序要求、特殊限制性规则等再进一步作出统一完善的规定，此举意在构建诉讼禁令制度的基础规则。（2）禁令制度与我国法律传统具有天生的异质性，决定其立法思路和技术要求不同于我国民事诉讼法律传统的一般性、普遍性规范，客观上其要求相关立法制度的

构建应积极主动适应诉讼禁令制度的独特属性。因此，我们建议应适时出台一部专门、系统的诉讼禁令制度规范，形成知识产权体系内司法适用的统一规则。摒弃原则性、概括性的立法形式，通过成文法的形式将诉讼禁令的类型、基本内容、适用条件、形式程序、权利救济方式等程序规则和实体规则等进行明确而详尽的规定，从而改变我国现行法律散乱无序、各地人民法院适用标准不一、司法实践中各行其是的问题。

（二）司法适用扩展规则方面的具体构建路径

1. 构建侧重于事前即时救济的快速反应机制。诉讼禁令适用程序的设计应以确保及时实现对申请人的权利保护为宗旨，避免程序上的过于繁琐导致诉讼成本的增加，即诉讼禁令适用程序应紧紧围绕有助于实现对申请人权利及时有效的救济而进行，积极审慎，繁简相宜。司法适用对诉讼禁令程序及时性和有效性的要求，可以说是颁发诉讼禁令最有力的理由。所以，根据最高人民法院司法解释规定，法院在接受申请人提出颁发临时禁令的申请后，经审查符合条件的，应当在48小时内作出书面裁定；裁定颁发禁令的，应当立即开始执行。这些规定，充分体现了程序及时原则，使当事人需要的救济及时到来。但与此同时，我们在司法适用时也要注意防范另一种倾向，即只单纯追求禁令救济效果的及时性，以致于程序走得太快、过分急速。过于快捷的审判往往是法官带着其先见和预判来审判，实质上是一种先定后审，这将使程序沦为纯粹的装饰品。禁令制度立法价值所体现的效率优先并非忽略了法律本身的公平正义价值，而恰恰是为了更好地促进公平正义价值的彰显和实现。因此，在司法实践中应当体现这种立法的积极审慎原则，探索并形成一套既有现实的司法指导意义又具有可操作性的诉讼禁令制度司法适用规范，并通过向立法层面积极反馈推动诉讼禁令制度的立法完善与成熟。这套适用规范应当包括审查标准、审查要件、程序设计（包括引入听证和辩论程序等）等具体内容，并尽可能统一、明确、详细、规范，以尽量减少法官自由裁量权的大量适用。

2. 构建侧重于事后有效补救的程序保障机制。同样基于禁令制度的积极合理适用原则，我们认为可以借鉴西方发达国家的成熟经验，构建裁决作出后的补偿程序保障机制，即诉前诉中专注于禁令的及时有效性，但裁决作出后一定要专注于保障被申请人有足够的权利救济机制以实现权利的制衡。第一，健全对禁令裁定的复议和上诉制度。目前，我国禁令制度中对复议的审理程序过于简单、原则，可操作性不强。而且，现行制度中缺乏上诉程序，由原合议庭或主审法官自行复议亦根本难以起到程序救济的作用。我们建议今后在制定诉讼禁令统一适用规则时宜规定应由同级法院另行组成合议庭或上级法院作为复议机关，同时，在该环节充分引入庭审、质证、辩论、回避等规则，赋予被申请人充分的陈述、申辩、反驳的机会，及时发现、纠正、撤销不当的禁令裁定。且赋予当事人提起上诉的权利。第二，建立禁令易于取消或解除制度，因为诉讼进程和案件事实总是不断发生变化的，为了适应禁令所针对客观情况的发展变化，在作出禁令裁决之后，必要时可以对裁决进行变更甚至撤销。美国诉前禁令的欠缺稳定性和日本禁令“易于取消”的制度，即反映出这一理念。第三，健全事前担保与事后赔偿相互衔接的对被申请人权益的补偿性救济机制。按照衡平法的精神，被申请人的权利保障要求与申请人的权利保障要求同等重要，由于法院在决定是否采取禁令措施时主要考虑的是采取这种措施的必要性、紧迫性，那么也要同时考虑申请人存在故意和过失滥用其申请禁令权利的可能性以及法院因裁定程序过简、时间过短而致禁令作出错误或不当的可能性。基于此，法院应要求申请人申请禁令保护时提供合理的、有效的担保，同时对于被申请人的异议、申诉提供充分的、公平的、可靠的程序保障。综上，我们建议今后在制定诉讼禁令制度统一规则时，应当专章对担保、裁决发布后的复议、申诉、上诉，禁令申请错误的撤销、解除、赔偿等予以详细、明确、科学的规定。

3. 构建可灵活适用于不同诉讼进程的多层次诉讼禁令制度。我们认为，我国完全可以借鉴美国司法实践中关于临时限制令、初步禁令和永久性禁令制度的划分方法，因为根据诉讼进程灵活选择相应不同的行为保全类型，可以较好地解决诉前行为保全制度对效率优先之立法价值的追求，同时又不致于牺牲程序正义的立法价值。临时限制令一般在单方程序中作出并且仅在一个非常有限的时间内有效，如10天左右。初步禁令的持续有效时间较长但仍然不是终局性的。而永久性禁令，也就是终局禁令，是法院在案件审理完毕后正式发出的禁令，是在法院作出判决的同时发出，属正式判决的一部分。从性质上说，上述三种禁令均是对被申请人行为的限制，但区别在于临时限制令、初步禁令属于诉前或者诉中的一种应急性临时措施，属于非正式禁令；而永久性禁令是法院有效判决的一部分。美国司法制度中关于区分不同诉讼阶段使用不同禁令形式的做法在客观上更有利于平衡双方当事人的利益。对此，我们建议在今后制定诉讼禁令统一规则时充分借鉴引入美国法律中关于临时限制令、初步禁令、永久禁令三种分不同诉讼阶段实施不同禁令形式的制度架构，在不同诉讼阶段设置不同的禁令适用要件和后果，明确不同禁令的时限要求，进行统一专章规定，根据诉讼的自然进度灵活选择相应的禁令形式，从而保障诉讼行为保全制度效率价值与公平价值适时进退、各得其所。

4. 健全和完善诉讼禁令在知识产权其他领域扩展适用制度。知识产权保护范围的持续扩张和发展，在客观上需要诉讼禁令扩展适用到知识产权其他领域。比如，英美法系国家的法律对不正当竞争案件同样适用禁令制度加以保护，尤其是对侵害商业秘密的案件更为注重。而在2012年《民事诉讼法》修改前，我国相关法律中没有规定不正当竞争案件可以适用该制度，但是，应当看到在知识产权中不正当竞争案件占有相当的比例，严重的不正当竞争行为给经营者带来的侵害同样可能是无法弥补的。不正当竞争案件有适用禁令制度的客观需要和条件。况且，由于禁令制度本身就是起源于英美法系的一项法律制度，而且其在西方国家又经过长期的司法实践而不断得到完善和修正，这本身就足以表明英美法系在此制度上已经渐趋成熟，确有值得我国借鉴之处。2012年新修正的《民事诉讼法》的行为保全制度的确定，实际上是将包括不正当竞争案件在内的所有知识产权案件均纳入了诉前行为保全制度的适用范畴中，但法条的概括和粗略是显而易见的，而知识产权不同类型案件对于禁令的适用条件和程序存在不同要求。因此，必须进一步完善各类型案件（至少应分类为专利权、著作权、商标权、不正当竞争四类）的禁令制度的适用条件和程序。建议最高人民法院在条件成熟时，本着“成熟一个、制定一个”的原则，对知识产权其他领域的禁令适用制定出专门、系统、细化的具体适用规则。

国内仲裁和涉外仲裁司法审查并轨问题研究*

珠海市中级人民法院课题组**

一、导论

（一）我国仲裁发展概况

随着替代性纠纷解决方式（ADR）日益受到重视并逐步发展，仲裁的地位也与日俱增，逐渐成为现代商人解决争议的重要手段之一。新中国成立后，仲裁制度区分国内仲裁和涉外仲裁。改革开放以后，随着市场经济的发展和仲裁法制的完善，我国现代仲裁业才真正得到了发展。1991 年，我国通过《民事诉讼法》，第四编“涉外民事诉讼程序的特别规定”设“仲裁”专章予以规范。1994 年，我国通过《仲裁法》，自 1995 年 9 月 1 日起施行。《仲裁法》对仲裁制度作了统一规定，成为我国仲裁制度发展史上的里程碑。1999 年到 2009 年，仲裁机构数量稳步增加，从 152 个发展到 202 个；仲裁受理案件数量、案件标的总额持续高速增长，分别从 7394 件、137 亿元增长到 74811 件、961 亿元。从涉外仲裁看，案件数量基本稳定，如中国国际经济贸易仲裁委作为我国受理此类案件最多的仲裁机构，2000 年至 2011 年受理的涉外仲裁案件保持在 418 件到 562 件之间。虽然绝对数量不大，但已始终位居世界知名仲裁机构前列。

（二）对仲裁的司法审查

相比诉讼，仲裁常常具有如下优势：更专业化，程序自治程度高，更

---

* 本调研报告为最高人民法院 2011 年度重大调研课题成果。

** 课题组组长：万国营、王晓川，成员：董皞、肖永平、黄志坚、刘泉、郝忠贵、贺晓翊、马其家、郭建勇、王显荣。

加快捷，成本较低，保密性强，更有利于裁决得到执行，多采取“一裁终局”，等等。然而，仲裁的优势往往也是“双刃剑”：由于对仲裁人员的监督较少，仲裁机构可能屈服于强势的一方，作出不公正的裁决；由于上诉途径受到限制，错误的裁决可能难以得到纠正；仲裁裁决不能直接执行，必须经过法院的承认，而承认程序有可能是争议纷扰、漫长的。可以说，“双刃剑”集中体现为公正与效率两种价值的冲突。为平衡这两种价值，法院对仲裁的司法审查应运而生。

《民事诉讼法》《仲裁法》及《最高人民法院关于适用〈中华人民共和国仲裁法〉若干问题的解释》（以下简称《仲裁法解释》）等规定了仲裁司法审查制度，包括认定仲裁协议效力、确认仲裁管辖权、指定或撤换仲裁员、采取临时措施、承认和执行仲裁裁决、撤销仲裁裁决以及执行仲裁裁决等。上述关于司法审查制度的法律规定中最显著的特点是“双轨制”，即区分内外仲裁裁决，从立法上对国内裁决和涉外裁决采取两套不同的司法审查标准和程序，对涉外裁决的立法规定要比国内仲裁裁决的立法规定要更为宽松，例如，针对国内仲裁的司法审查事项既包括程序性事项还包括实体内容的审查，对涉及到裁决所依据的证据是否是伪造的、对方当事人是否隐瞒了足以影响公正裁决的证据等需要进行审查，而对涉外裁决的司法审查则只进行程序性审查；对涉外裁决采取逐级上报制度，对国内裁决则不作此要求等。

（三）双轨制的并轨问题

仲裁司法审查区分国内仲裁和涉外仲裁的“双轨制”，自诞生之日起就存在争议，实行“并轨”的呼声不绝于耳。陈安教授早在1995年就主张修改《仲裁法》，“参照当代国际仲裁立法的先进通例，将内国仲裁监督与涉外仲裁监督完全并轨”。近年来，无论是理论界还是实务界，主张“并轨”的声音都越来越大。从国内相关研究看，“并轨论”已是主流观点。就实践而言，2010年，最高人民法院常务副院长沈德咏在在第三次全国涉外商事海事审判工作会议上指出：“对国内仲裁与国际仲裁的司法审查，由现行的双轨制向单轨制过渡乃是大势所趋，也符合国际惯例，可考虑在充分调研的基础上，有效利用涉外审判庭在仲裁司法审查中的专业及经验优势，整合仲裁司法审查的审判力量，统一进行国内、国际仲裁的司法审查。”在现行法的框架内，广东、山东等地法院开展国内仲裁与涉外仲裁司法审查并轨的初步实践，积累了一定的司法经验。

二、仲裁司法审查模式“双轨制”之分析与检讨

（一）我国法院受理的仲裁司法审查案件基本情况和特点

1. 仲裁司法审查案件近年来呈上升趋势，既体现了司法与仲裁的紧密关系，也反映了仲裁在解决纠纷方面日益发挥着举足轻重的作用。近年来，我国法院受理的仲裁司法审查案件不断增多（见图1、图2）。

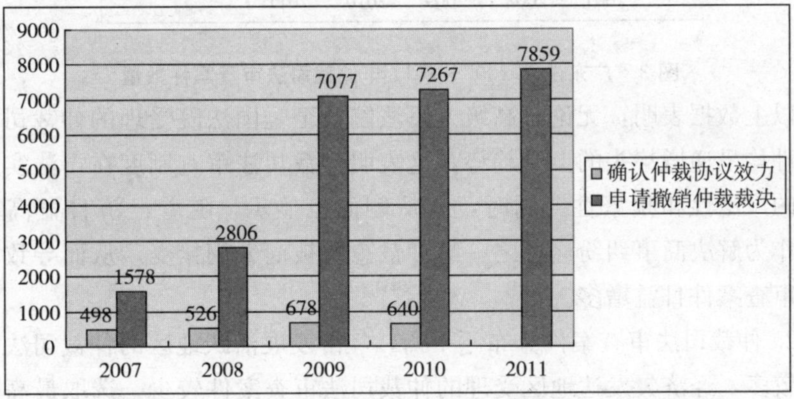

图1　全国法院系统 2007～2011 年仲裁司法审查案件数量

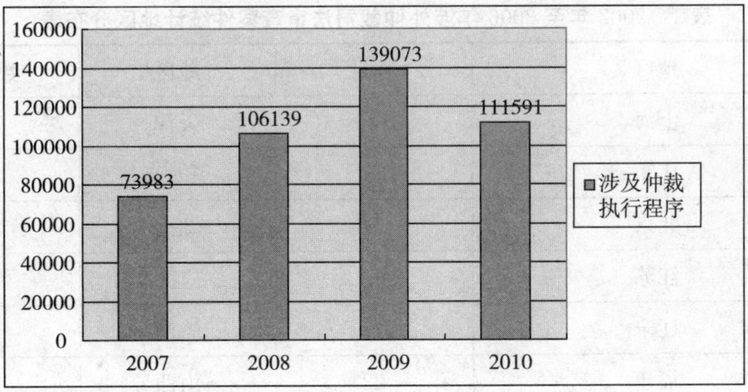

图2　全国法院系统 2007～2011 年仲裁执行案件数量

从珠江三角洲法院来看，以广东法院 2007～2011 年审结国内及涉外仲裁司法审查案件情况为例（见图3），广东法院仲裁司法审查案件（国内及涉外）：2007 年为 480 件，2008 年为 541 件，2009 年为 2186 件，2010 年

为 2345 件，2011 年为 2578 件。

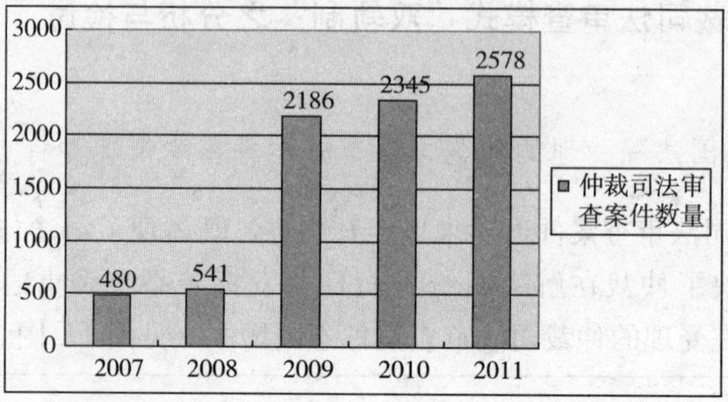

图 3　广东法院 2007～2011 年仲裁司法审查案件数量

以上数据表明，无论是高级人民法院乃至全国法院受理的仲裁司法审查案件均呈递增势头的上升趋势，这表明仲裁司法审查制度在司法实践中运用的广泛性和频繁性。同时，它从侧面也显示，随着经济日益高速发展，作为解决商事纠纷途径之一的仲裁愈发被商人们接受，从而导致仲裁司法审查案件日益增多。

2. 仲裁司法审查案件分布不平衡，经济发展活跃地区的仲裁司法审查案件较多，经济欠发达地区受理的仲裁司法审查案件较少。选取最高人民法院 2002 年至 2006 年时段的涉外仲裁司法审查案件统计表为例(见表 1)。

表 1　2002 年至 2006 年涉外仲裁司法审查案件统计地区分布表

地区	数量	地区	数量
上海	122	天津	5
广东	111	黑龙江	2
北京	250	湖南	2
江苏	32	广西	1
辽宁	27	海南	1
福建	22	山西	1
山东	13	四川	1
湖北	10	重庆	1
浙江	9	—	—

从目前最高人民法院统计的涉外仲裁司法审查案件的分布来看，全国只有17个高级人民法院辖区内的相关法院办理过此类案件，西部地区、边远地区基本没有受理记录。在受理过此类案件的地区，案件类型、受案总量差别较大，居前三位的地区均为经济发展活跃的北京、上海和广州。关于确认仲裁协议效力、申请撤销涉外仲裁裁决、不予执行抗辩和承认及执行外国仲裁裁决的数据统计中，居前三位的也是北京、上海和广东。①

3．仲裁司法审查案件主要集中在撤销仲裁裁决案件和不予执行案件，表明撤销仲裁程序和不予执行程序在司法实践中的重要性。这一点在涉外仲裁司法审查案件中更为明显（见图4）。

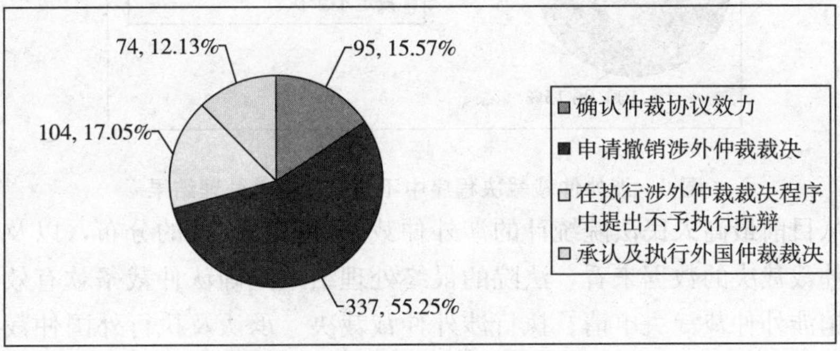

图4　涉外仲裁司法审查案件类型分布

4．法院的裁判结果表明司法对仲裁事业的支持态度。2002年至2006年期间全国法院审结的申请撤销涉外仲裁裁决案件来看（见图5）：A撤销

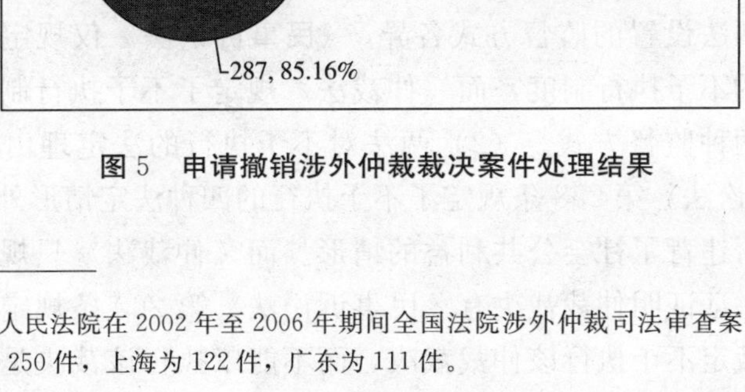

图5　申请撤销涉外仲裁裁决案件处理结果

① 从最高人民法院在2002年至2006年期间全国法院涉外仲裁司法审查案件的受理情况来看，其中北京为250件，上海为122件，广东为111件。

涉外仲裁裁决16件，占4.75%；B驳回撤销申请287件，占85.16%；C因和解等原因撤诉的27件，占8.01%；D重新仲裁7件，占2.08%。

2002年至2006年期间全国法院审结的在执行涉外仲裁裁决程序中提出不予执行抗辩案件（见图6）：A驳回当事人对裁决的异议并裁定执行100件，占96.15%；B裁定不予执行4件，占3.85%。

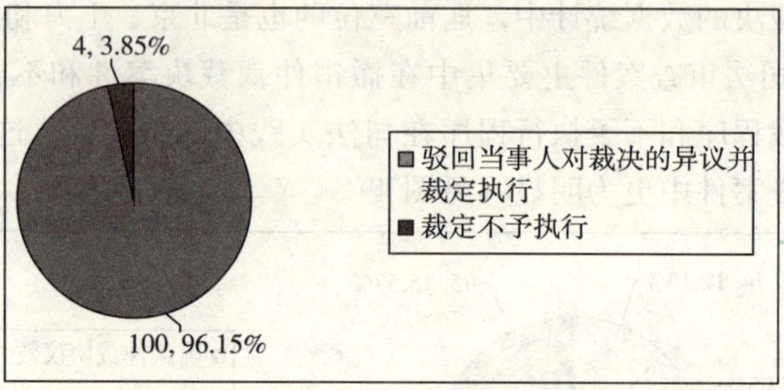

图6　涉外仲裁裁决程序中不予执行案件处理结果

从目前最高人民法院统计的涉外仲裁司法审查案件的分布，以及我国涉外仲裁裁决的数据来看，法院的最终处理结果是确认仲裁条款有效、驳回撤销涉外仲裁裁决申请、执行涉外仲裁裁决、承认及执行外国仲裁裁决等对仲裁协议及仲裁裁决持肯定性结论的案件分别占全部案件的63.16%、85.16%、96.15%、78.38%，体现了我国法院对仲裁进行监督的同时体现了对仲裁事业的支持和对当事人意思自治的尊重。2007～2011年，广东高院共受理各中院上报持否定性结论的涉外仲裁司法审查案件仅20件，所占案件比例也非常低。

（二）区别对待的弊端分析与实践分析：双轨制已陷入诸多司法困境

司法困境一：《民事诉讼法》与《仲裁法》的立法之间相互矛盾，导致司法实践无所适从，《民事诉讼法》与《仲裁法》之间存在如下明显的冲突：（1）两法设置的监督方式各异。《民事诉讼法》仅规定了国内仲裁与涉外仲裁的不予执行制度，而《仲裁法》规定了不予执行制度和申请撤销裁决制度两种监督方式。（2）两法对不予执行的法定理由规定不尽相同。《民事诉讼法》第258条规定了不予执行的四种法定情形外，还规定了以该裁决是否违背了社会公共利益的情形。而《仲裁法》只规定了法院只有在当事人举证证明仲裁裁决有《民事诉讼法》第260条规定的四种情形之一时才能裁定不予执行该仲裁裁决，而不能以执行该裁决是否违背社会公共利益为由裁定不予执行。（3）判断是否属于涉外仲裁裁决的标准不一。《民事诉讼法》第257条规定，判断一项裁决是否属于涉外裁决的标准是机构标准，即规定只适用于我国涉外仲裁机构作出的仲裁裁决，专指中国国际经济贸易仲裁委员会和中国海事仲裁委员会。《仲裁法》第65条规定，涉外经济贸易、运输和海事中发生的仲裁都适用涉外仲裁的特别规定，以涉外仲裁裁决代替了《民事诉讼法》中的“涉外仲裁机构作出的仲裁裁决”。显然，《仲裁法》规定的涉外裁决范围更广。针对两法对仲裁的司法审查制度的相互矛盾之处，在司法实践中究竟应适用《仲裁法》还是《民事诉讼法》？从后法优于前法以及特别法优于普通法来看，似乎应该适用《仲裁法》；但是从效力层面来看，《仲裁法》是全国人大常委会制定的，《民事诉讼法》是全国人大制定的，则应适用《民事诉讼法》，司法的不统一导致司法实践无所适从。

司法困境二：涉外性判断标准不一而导致适用不同的司法审查标准，造成同案不同判的不公平结果。由于两套审查标准宽严不一，立法上对涉外性的区分标准不一，涉外裁决的司法审查标准比国内仲裁裁决要宽松，司法不统一、裁判尺度各异以及适用不同的司法审查标准，很容易造成同案不同判的不公平结果，导致司法实践的困惑和混乱。

司法困境三：内外有别，宽严不一，双轨制有违法律面前人人平等的基本原则，有失公允。“双轨制”在立法上“内外有别”，宽严不一，与撤销涉外裁决的法定理由相比，撤销国内仲裁的法定理由更加宽泛，条件更严格。国内仲裁的司法审查除了要对裁决的程序性进行审查外还涉及实体内容的审查，而对于“认定事实的主要证据不足”和“适用法律确有错误”等的含义并没有明确的界定，在司法实践中容易被法官滥用，法官在对国内仲裁庭的裁决进行审查时习惯性地以诉讼模式从实体上对案件进行判断从而否定仲裁裁决，不利于维护仲裁裁决的权威性。

司法困境四：对仲裁裁决的案件分属不同的业务庭审理导致司法裁判尺度的不一。目前，司法对仲裁的审查案件审查立案以及对仲裁协议的效力认定由立案庭受理，国内仲裁裁决的撤销申请案件由民二庭受理，涉外仲裁裁决的撤销申请案件由民四庭审理，而仲裁裁决的不予执行则归执行局办理，由不同的业务庭对仲裁裁决的案件进行审查，在目前立法规定相互矛盾的情形下，各个业务庭对仲裁裁决案件的裁判尺度不一，容易造成司法混乱。

三、仲裁审查模式的比较考察：单轨或是双轨

（一）国际法

1. 联合国《国际商事仲裁示范法》的相关规定。根据《国际商事仲裁示范法》（以下简称《示范法》）第 34 条的规定，申请人只有提出证据证明存在着下列情形之一者，法院才能撤销仲裁裁决：其一，裁决所依据的仲裁协议的当事人依据应当对其适用的法律存在着无行为能力的情况；或者仲裁协议根据当事人约定适用的法律为无效协议，如无此约定，根据裁决地国法为无效协议。其二，申请人未得到指定仲裁员或者仲裁程序的适当通知，或者由于其他理由未能陈述其案情。其三，裁决处理的事项超出了仲裁协议的范围。其四，仲裁庭的组成与仲裁协议或者应当适用的法律不符。此外，法院如果认为根据当地法律，仲裁事项属于不能通过仲裁解决的事项，或者裁决违背了当地的社会公共利益，也可以撤销裁决。

2. 1958 年《承认与执行外国仲裁裁决公约》的相关规定。1958 年在纽约签订的《承认与执行外国仲裁裁决公约》（以下简称《纽约公约》）极大地促进了仲裁裁决在世界范围内的承认和执行。《纽约公约》第 5 条第 2 款规定："外国仲裁裁决执行地所在国（东道国）之主管机关，如果认定：(1) 按照东道国本国的法律，该项争端不能以仲裁解决；或 (2) 承认和执行某项外国仲裁裁决有违东道国本国的公共政策，则有权拒不承认和执行该项外国仲裁裁决。"该规定为"公共政策"原则的表现。有学者据此认为，该条之实质即为授予东道国司法机关对外国仲裁裁决的实体审查权。根据《纽约公约》第 5 条的规定，凡是涉及仲裁协议当事人主体行为能力、仲裁协议无效、未给予作为裁决执行对象的当事人适当通知或由于其他情况未能提出申辩、裁决的事项不属于仲裁协议的调整、仲裁庭的组成违反仲裁协议或仲裁地国家的法律、裁决对当事人还没有约束力，或者裁决已经由作出裁决的国家或据其法律作出裁决的国家的管辖当局撤销或停止执行等，均可以拒绝执行。

（二）境外法

《美国联邦仲裁法》适用于在美国境内的所有仲裁（包括国内的和涉

外的仲裁)，该法第二章订立于1970年，实际上是将《纽约公约》纳入到美国的仲裁法中。在仲裁裁决的执行方面，由于《纽约公约》比《美国联邦仲裁法》规定了更为“优惠”的承认与执行条件，美国法院通过判例对《纽约公约》中“非内国裁决”的含义进行了扩大解释，将其解释为在美国境内作出的与某一外国有合理联系的所有裁决。德国于1997年12月颁布了《仲裁程序修正法》，仲裁法统一适用于国际仲裁程序与国内仲裁程序。日本于2003年8月1日颁布了新《仲裁法》，该法于2004年3月1日起生效，在很大程度上参考了《示范法》的内容，因此，该法第46条规定的仲裁裁决的执行的条款，基本上援引了《示范法》内容，在撤销和不予执行方面，对国内的仲裁裁决和国际仲裁裁决的理由相同。《法国民事诉讼法》虽然在仲裁员的指定、仲裁规则的选择、准据法选择等方面对国内和涉外仲裁作出若干区分，并在第1484条和第1502条分别规定了对国内仲裁裁决和涉外仲裁裁决的撤销条件，但通过比较可以发现，法国法对国内裁决和涉外裁决撤销的审查标准上并无实质区别。英国《1996年仲裁法》不作国内裁决和涉外裁决的区分，当事人可以对仲裁裁决提出实质管辖权、严重不规范性等程序性的抗辩，也可以根据第69条的规定就法律要点的实体问题进行抗辩。这些实体问题主要包括：实质性地影响当事人的权利；裁决有明显错误，或裁决就公共性重要事项至少有严重的疑问。

我国香港新《仲裁条例》已于2011年6月1日生效。该《仲裁条例》不再区分本地仲裁与国际仲裁，而是根据联合国国际贸易法委员会的《国际商事仲裁示范法》制定统一的仲裁标准。澳门仲裁由《澳门本地仲裁法》和《澳门涉外商事仲裁法》两部法律共同调整。其中，《澳门本地仲裁法》没有对本地仲裁裁决拒绝执行问题作出任何规定。《澳门涉外商事仲裁法》虽然规定了拒绝承认或执行澳门涉外仲裁裁决的依据，但是其内容几乎与《国际商事仲裁示范法》的规定相同。我国台湾地区“仲裁法”没有区分本地仲裁与涉外仲裁，关于仲裁裁决的承认与执行问题几乎与《纽约公约》的规定完全相同。

四、仲裁司法审查标准之并轨

（一）司法审查范围：单纯的程序性审查或兼有实体性审查

就司法对仲裁裁决的审查应包括程序性审查而言，当前各方基本没有争议，都是持肯定态度的。各方的分歧主要体现在对实体性审查的态度上。本课题组认为，归根到底，在国内仲裁与涉外仲裁司法审查并轨的问题，是否要保留和引入实体性审查，还是取决于对仲裁的定位。在整体上，这种定位是仲裁在整个纠纷解决机制体系中的定位，尤其体现为仲裁与司法之间的相互关系。在涉外仲裁上，则是我国仲裁在世界仲裁发展格局中的定位。具体来说，就是在国内仲裁的司法审查范围中是否要限制乃至消除实体审查，在涉外仲裁的司法审查范围中是否需要引入实体审查。

1. 实体性审查对仲裁发展的影响。仲裁必须保持不同于诉讼的特点，才能与诉讼区别开来，成为人民群众“可供选择的纠纷解决方式”。因此，在司法审查的范围上，必然不能如同诉讼二审那样对仲裁裁决进行认定事实和适用法律上的全面审查，否则仲裁仍然要以诉讼为归宿，仲裁与诉讼就没什么区别了。而且，在实践中，司法审查不应当导致人民群众虽然可以选择仲裁但事实上大都不愿选择仲裁，否则仲裁的存在价值就会大打折扣甚至无足轻重。

首先，从仲裁机构与法院受理案件数量的比较看，如表 2 及图 7 所示，1999 年以来，虽然全国仲裁机构受理案件总数呈逐年增长趋势，而全国法院受理一审案件总数较为平稳，只是在 2007 年以后才出现快速增长，但是，仲裁案件总数与法院一审案件总数相比，少的只有 0.13%，多的也仅是 1.17%，且近年来基本维持在 1%左右。与法院受理的民商事一审案件总数相比，结果也大体相同。可见，从绝对数量看，仲裁对当事人的吸引力似乎远低于诉讼，其分流纠纷的作用十分有限。

表 2　全国仲裁机构受理案件总数与全国法院受理一审案件总数比较

年份	仲裁机构受理案件总数	法院受理一审案件总数	法院受理民商事一审案件总数
1999	7394	5692434	5054857
2000	9577	5356294	4710102
2001	12127	5344934	4615017
2002	17959	5132199	4420123
2003	28835	5130760	4410236
2004	37304	5072881	4332727
2005	48339	5161170	4380095
2006	60844	5183794	4385732
2007	61016	5550062	4724440
2008	65074	6288831	5412591
2009	74811	6688963	5800144
2010	78923	6999350	6090622

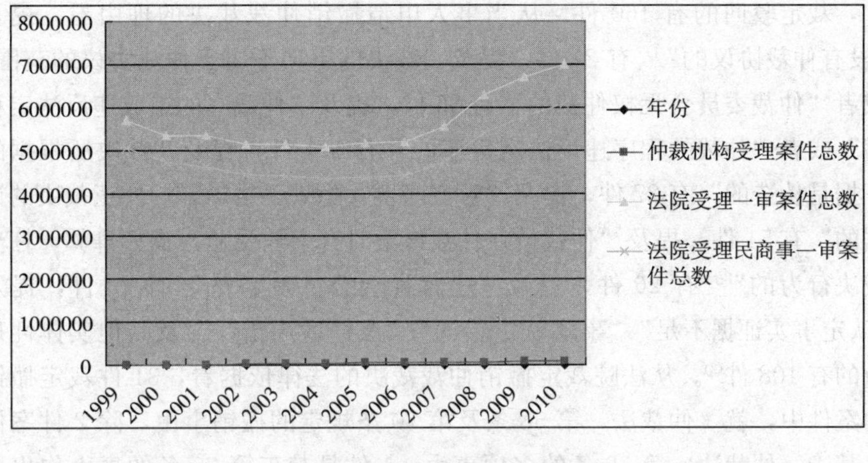

图7　受理案件数量折线图

其次，仲裁对当事人的吸引力较低，是否与仲裁司法审查范围有关。从仲裁案件类型看，主要为国内仲裁，涉外仲裁比例很低。如2009年全国各仲裁委员会受理涉港澳台案件和其他涉外案件的总数是1567件，占受理案件数的比率为2.1%；2010年为1219件，占受理案件总数的比率仅为1.6%。因为涉外仲裁司法审查属于程序性审查，而国内仲裁实行全面审查，所以我们在全面检视的同时，重点考察国内仲裁。

根据最高人民法院相关部门负责人透露的统计数据，近年来全国被起诉到法院的仲裁案件明显增长，撤销仲裁裁决的案件2007年的受理数量为1578件，到2010年则为7264件；涉及仲裁执行程序的，2007年的受理量为73983件，2010年则为111591件，其中2007年当事人提起不予执行抗辩的案件为825件，2010年不予执行的为1309件。[①] 而2010年全国209个仲裁委被人民法院撤销仲裁裁决117件，裁定不予执行144件。

为更深入、具体地考察仲裁司法审查范围对仲裁发展的影响，本课题组搜集了北大法宝司法案例库中的191宗申请撤销仲裁裁决案件裁判文书进行分析。[②] 结果显示（见图8），全部191件案件中，裁定撤销[③]的有31

① 张维：《民诉法修改不能忽略仲裁部分》，载《法制日报》2011年11月19日第3版。

② 搜索关键词为标题“申请撤销仲裁”加全文“中华人民共和国仲裁法”，截止时间为2012年3月31日。共收集到206件不同案件的裁判文书，剔除了处理案件程序性问题的裁判文书及通知重新仲裁（因仅是程序性的通知，无法反映案情）的裁判文书，剩下191件对是否撤销作出最终裁判的案件。

③ 本课题组将仲裁裁决被部分撤销的也归入“裁定撤销”的范围。

件，裁定驳回的有160件。从当事人申请撤销仲裁裁决的理由看，提及“没有仲裁协议的”[①] 有27件，提及“裁决的事项不属于仲裁协议的范围”或者“仲裁委员会无权仲裁的”有36件，提及“仲裁庭的组成违反法定程序”或者“仲裁的程序违反法定程序的”有111件，提及“裁决所根据的证据是伪造的”有27件，提及“对方当事人隐瞒了足以影响公正裁决的证据的”有51件，提及“仲裁员在仲裁该案时有索贿受贿，徇私舞弊，枉法裁决行为的”[②] 有26件，提及“违背社会公共利益的”有20件，提及“认定事实证据不足”“事实认定错误”“法律适用错误”及其他实体性理由的有108件[③]。从法院裁定撤销仲裁裁决的法律依据看，31件裁定撤销的案件中，就《仲裁法》第58条及第70条规定的撤销事由，除2件案件是基于《仲裁法》第58条的多项事由、1件是基于第70条的事由作出撤销裁定外[④]，其余28件（见图9）均是基于第58条的某一项撤销事由。其中，适用“没有仲裁协议的”有4件，适用“裁决的事项不属于仲裁协议的范围或者仲裁委员会无权仲裁的”有7件，适用“仲裁庭的组成或者仲裁的程序违反法定程序的”有12件，适用“对方当事人隐瞒了足以影响公正裁决的证据的”的有4件，无明确法律依据而依据实体理由裁定撤销的有1件。

虽然法院基于实体性理由撤销仲裁裁决的情形很少，但从该191个案件看，不仅现行法的不完善可能引发不必要的实体性审查，而且司法实践中还存在对仲裁裁决进行实体性审查的一些倾向：（1）隐瞒证据被宽泛地加以适用。在某石材公司申请撤销仲裁裁决案件中，“没用提供反证”被认定为隐瞒证据，显然扩大了隐瞒证据的适用情形。（2）枉法裁决被当事人宽泛地加以援引。枉法裁决是指仲裁员故意违背事实和法律作出裁决，但是，以枉法裁决作为申请撤销仲裁裁决理由的当事人，绝大多数将枉法裁决表达为几乎与认定事实错误或适用法律错误等同。在某工程公司申请撤销仲裁裁决案中，法院将“申请人在时效内，不断地向被申请人主张权利催要欠款，但仲裁员认定申请人的债权已过诉讼时效”作为枉法裁决的

① 仲裁协议被认定无效或者被撤销的，视为没有仲裁协议。

② 都提及“枉法裁决”，少数提及“徇私舞弊”，没有提及“索贿受贿”的。

③ 其中有18件是单纯以实体理由提出申请撤销仲裁裁决。

④ 其中一件是依据第58条第1款第（1）、（2）、（3）三项，一件是基于第58条第1款第（1）、（2）两项。

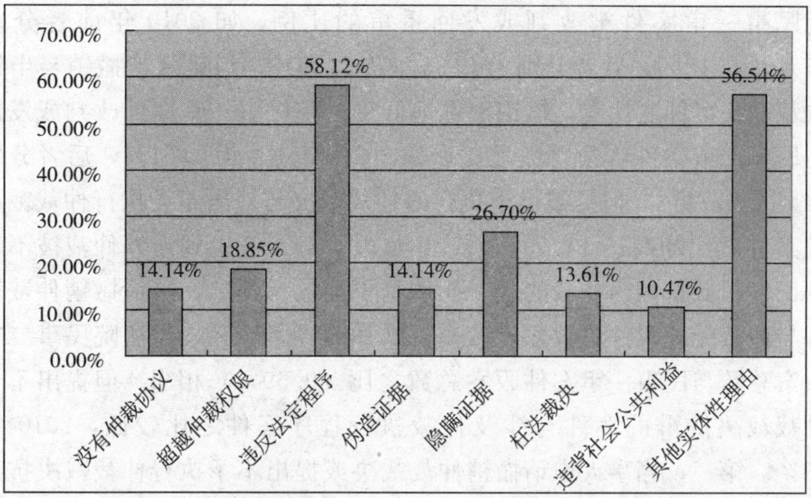

图 8　当事人申请撤销仲裁裁决理由分布（占 191 件案件的百分比）

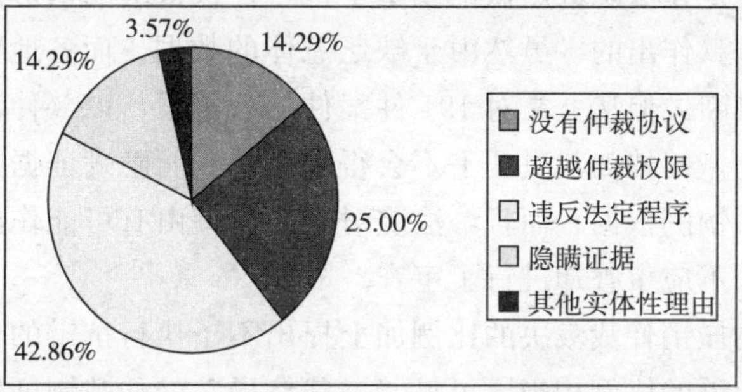

图 9　法院裁定撤销仲裁裁决依据分布（剔除后的 28 件案件）

依据。(3) 即便是驳回申请人以实体理由提出的撤销申请，有些法院不是直接以申请撤销理由不属于《仲裁法》规定的理由予以驳回，而是对仲裁处理的实体问题作出是否正确的判断后予以驳回。在某房地产开发公司申请撤销仲裁裁决案中，法院裁定书首先肯定仲裁裁决书“认定事实清楚，适用法律正确，仲裁程序合法”。(4) 个别案件中，法院甚至基于《仲裁法》规定以外的实体理由撤销了仲裁裁决。在某设计公司申请撤销仲裁裁决案中，法院以“仲裁委员会裁决不当，且双方当事人对仲裁裁决均存在异议”为由作出了撤销裁定。

综合上述统计数据和实证调研结果，大体可以看出：第一，无论是从全国还是地方看，仲裁裁决最终被法院裁定撤销或不予执行的总比例都较低。如前所述，被撤销或不予执行的仲裁裁决占受理案件总数比例远低于法院民事一审案件被改判或发回重审的比例，如 2010 年前者分别为 0.15%及 0.18%，后者分别为 0.95%及 0.55%。但是从被撤销与申请撤销仲裁裁决案件之比看，撤销率也远低于法院民事二审案件改判或发回重审与民事二审案件收案总数之比，如 2010 年前者为 1.61%，后者分别为 9.94%及 5.71%。但是被不予执行的仲裁裁决与提出不予执行仲裁裁决抗辩的案件之比却高达 11%（2007 年为 9.2%），考虑到涉外仲裁被不予执行的比例很低，国内仲裁的这一比例是更高的。第二，申请撤销仲裁裁决案件与仲裁受理案件总数之比较高，2010 年为 9.2%，与法院民事二审案件收案总数与民事一审案件收案总数之比（9.59%）相当。但提出不予执行仲裁裁决抗辩的案件与涉及仲裁执行程序案件之比较低，2010 年为 0.93%。第三，当事人申请撤销仲裁裁决或提出不予执行仲裁裁决抗辩的理由中，伪造证据、隐瞒证据、证据不足、适用法律错误等实体理由占了相当部分。但是在法院裁定撤销或不予执行仲裁裁决的情形，有多大比例是依据实体条款作出的，虽然由于缺乏总体的数据，而各地数据迥异，因而无法准确判断，但从上文对 191 件案件的分析看，以《仲裁法》之外的实体理由申请撤销仲裁裁决几乎不会得到支持，而隐瞒证据则相对较容易被作为裁定撤销的依据。而且，法院对实体性理由有可能作出过于宽泛的审查或者依法不应审查却进行了审查。

由于申请撤销仲裁裁决的比例加上提出不予执行抗辩的比例几乎与法院一审案件上诉的比例相当，可见“一裁终局”的仲裁制度效果却与“两审终审”的诉讼制度相差不大。而失去了“一裁终局”的优势，仲裁的吸引力自然会大打折扣。为何申请撤销仲裁裁决的比例较高呢？是否与国内仲裁的实体性审查有关？从只实行程序性审查的涉外仲裁被申请撤销和提出不予执行抗辩的比例看，如前所述，2002 年至 2006 年间全国法院共受理申请撤销仲裁裁决案件 337 件，在执行涉外仲裁裁决程序中提出不予抗辩的 104 件，根据近年来涉外仲裁的趋势推算，2002 年至 2006 年间全国仲裁机构受理涉外仲裁案件可能在年均 1000 件左右，申请撤销仲裁裁决的比例加上提出不予执行抗辩的比例也高达 8.8%左右，这样是否实行实体性审查似乎不足以导致申请撤销仲裁裁决及提出不予执行抗辩案件的明显增长。但是，考虑到法院进行实体性审查往往比程序性审查要耗费多得多的时间和精力，再加上前面引用的不少研究表明申请撤销和不予执行抗辩的理由中，实体性理由占据了相当部分，因此，对“一裁终局”杀伤力最大的应当是实体性审查，也就是说实体性审查的存在很可能导致当事人不愿意选择仲裁，从而阻碍了仲裁的发展和多元纠纷解决机制的形成。

2. 实体性审查可否由当事人自行选择。由于实体性审查对仲裁发展及对多元纠纷解决机制建立的阻碍，而且实体性审查事由容易被宽泛地适用，限制乃至消除实体性审查势在必行。但是，从贯彻仲裁当事人意思自治的角度，是否可以由当事人自行决定是否要法院对仲裁实体内容进行监督。本课题组认为，允许当事人选择实体性审查，增加了当事人的自由空间，能够满足更多当事人的需要，这一点毋庸置疑。但是这种制度设计是否能够很好地平衡终局性和实体公正以及是否能够提高仲裁机构国际竞争力，则存有疑问。首先，当事人虽然能够选择是否对仲裁裁决实行实体性审查，但对不选择实体性审查的当事人来说，终局性和实体公正之间的关系仍然同其不享有选择权的情形下相同。即便当事人选择了实体性审查，如前所述，法院能否做得比仲裁机构好，也存在不确定性，特别是在当事人选择仲裁的主要原因是信任仲裁机构的专业能力的情形。其次，从世界各国立法现状看，绝大多数国家的成文法在当事人能否通过仲裁协议扩展司法审查范围的问题上保持沉默。[①] 事实上，如果考虑到仲裁裁决在国外的可执行性问题，扩展司法审查范围，反而可能导致这些裁决在限制司法审查范围的国家不容易得到执行。

本课题组认为，尽管允许当事人协议实行实体性审查可能既不会提高仲裁裁决的实体公正性，也不会提升仲裁机构的国际竞争力，但仅从它能满足仲裁当事人需要看，也应当从立法上予以允许。一方面，支持协议扩张司法审查的声音已越来越大，甚至可以说代表了未来的发展趋势；另一方面，更重要的是，这种制度设计为当事人提供了更多的选择，当然会增加仲裁的吸引力，有利于分流诉讼纠纷，提升仲裁在多元纠纷解决机制中的地位。将是否进行实体性审查交由当事人选择，不仅可以把实体性审查排除在强制性的审查范围之外，也可以将实体公正的价值权衡赋予当事人，由当事人承担选择的责任后果，这就缓和了只审查程序不考虑实体的严苛性。

当然，当事人的自由选择不能是无限制的，正如这种模式的支持者所

---

① MarkD. Wasco. WHEN LESSISMORE: THE INTERNATIONAL SPLIT OVER EXPANDED JUDICIAL REVIEW IN ARBITRATION. 62 RUTGERSL. REV. (2010). p. 616.

指出的，这其中最重要的是司法权的性质，司法权毕竟是一种公权力，具有国家强制性，不可任由当事人自由选择支配。因此，必须对当事人的选择权作出必要的限制，划定行使的范围。这种范围的划定，需要权衡允许当事人选择实体性审查的各种利弊。本课题组认为，当事人可以选择的实体性审查范围，应限于“认定事实的证据明显不足”或“明显错误适用法律”的情形，现有立法中“裁决所根据的证据是伪造的”及“对方当事人隐瞒了足以影响公正裁决的证据的”等事由均可以作为符合这种标准的事由。这样做既可以有效限制实体审查的随意提出，同时承认仲裁裁决必然存在的不完美性、可错性，避免法院将自己的判断任意地凌驾于仲裁裁决之上，又可以将严重违背实体公正的仲裁裁决纳入审查范围，维护社会正义的基本理念。

3. 实体错误明显的仲裁裁决是否适用强制性的实体性审查。在允许当事人协议选择是否进行实体性审查的前提下，本课题组认为，不应再将实体性审查引入强制性审查的范围。因为有实体性审查需要的当事人可能大都预先通过协议作出了明确的选择。对于少部分没有选择的当事人，首先要基于自己的选择承担相应的责任后果，如果仲裁裁决实体错误明显以至于违反了我国最基本的道德和正义观念，就可以纳入公共政策调整的范围。这样，对于剩下的极个别的实体错误明显的仲裁裁决，如果以此为由打开一道口，引入强制性的实体性审查，显然会是得不偿失的，可能获得的收益将远远低于对仲裁制度价值的损害，而这些可能的损害对于仲裁当事人来说，归根到底是参与市场竞争必然要面临的风险或付出的代价。

4. 课题组的意见。综上所述，本课题组认为，在仲裁司法审查范围的并轨上，《民事诉讼法》及《仲裁法》应修改为：法院对国内仲裁与涉外仲裁的强制性审查应限于程序性审查，同时，应允许当事人选择实体性审查，但这种选择范围应是有限的，限于适用法律或认定事实明显错误以及仲裁员明显存在不当行为的情形。

（二）司法审查事由：具体设计

从国际公约和各国仲裁立法对仲裁裁决司法审查的事由的规定来看，归纳起来主要存在以下几种：

1. 对仲裁裁决本身的审查。部分国家或地区对仲裁裁决本身的形式作出了规定，如果仲裁裁决不符合裁决作出地国法律规定的形式要件，当事人以此为由请求仲裁地国法院对该项裁决予以审查的，法院审查后得裁定撤销或无效。《瑞典仲裁法》第33条第3项、《英国仲裁法》第68条、《法国民事诉讼法》第1484条第5项、《葡萄牙仲裁法》第24条、《比利时司法法典》第1704条第2款第（i）和（j）项、《荷兰仲裁法》第1065条第1款第4项、我国台湾地区“仲裁法”第38条均作出了类似规定。虽然我国《仲裁法》第54条也作出了类似规定，但与境外前述规定相比，由于没有规定不具备上述要求的法律后果，因此难免有不足之处。此外，对于裁决书中任何计算或笔误性（如抄写、排印及其他类似性）错误或对裁决事项的解释，如果仲裁庭无法重新召集时，1998年《比利时司法法典》第1702条第b款规定应由执行仲裁裁决的一审法院依申请作出，2011年《法国民事诉讼法》第1475条则规定在没有仲裁庭时将由有管辖权的法院作出。而2000年《美国统一仲裁法》第24条第1款和《美国联邦仲裁法》第11条均规定，法院经当事人的申请审查并修改或更正。而我国《仲裁法》第56条、1993年《俄罗斯联邦国际商事仲裁法》第33条、1998年《德国民事诉讼法》第1058条、1996年《英国仲裁法》第57条均规定，对于裁决书中任何计算或笔误性（如抄写、排印及其他类似性）错误或对裁决事项的解释只能由仲裁庭作出。课题组认为，此类问题属仲裁的未尽事宜，由原仲裁庭审查并更正才符合当事人的意思自治，但如果原仲裁庭无法重新召集时，只能由法院替代。显然我国《仲裁法》没有考虑到仲裁庭无法召集的情形，尽管我国只存在机构仲裁，但仲裁机构并不审查案件，所以不等于仲裁庭，原仲裁庭无法召集的情况肯定存在。因此，法国与比利时的做法值得借鉴。

2. 对仲裁程序的审查。国际公约和各国法律列举的程序性事项并不完全相同，殊难举全。但大致可以概括为以下诸项：

（1）对仲裁管辖权的审查。如果仲裁庭无管辖权则无权进行仲裁审理，其作出的仲裁裁决也属无效。因此，国际公约和各国仲裁立法普遍规定仲裁庭没有管辖权是撤销仲裁裁决的基本事由之一。仲裁庭实际行使的管辖权只可能存在有无、大于或小于当事人授权三种的可能，据此，可对仲裁庭无管辖权作出无效裁决的情况分为三种类型：

第一，仲裁庭对所发生的争议案件没有管辖权而作出的仲裁裁决。对此公约及各国立法有两种立法例，一种是如1996年《英国仲裁法》第67条直接从管辖权着手，规定当事人可以仲裁庭无实体管辖权为由，要求法院宣布仲裁庭关于实体方面作出的裁决全部或部分无效。1986 年《葡萄牙仲裁法》第 27 条第 1 款第（b）项也属此类。第二种则是从对仲裁协议的司法审查入手，间接规定了无管辖权的问题。如国际公约和大多数国家或地区属此类。如《纽约公约》第 5 条、《示范法》第 34 条、36 条、《美洲国家国际商事仲裁公约》第 5 条、《欧洲国际商事仲裁公约》第 9 条、1983 年《法国民事诉讼法》第 1484 条、1993 年《俄罗斯联邦国际商号仲裁法》第 34 条、1998 年《德国民事诉讼法》第 1059 条、2000 年《美国统一仲裁法》第 23 条、《日本仲裁法》第 44 条第 1 款和第 2 款、《保加利亚国际商事仲裁法》第 1 条第 2 款、《波兰民事诉讼法》第 712 条第 1 款、《荷兰仲裁法》第 1065 条、《比利时司法典》第 1704 条、《希腊民事诉讼法》第 897 条、2002 年我国台湾地区“仲裁法”第 40 条。

我国《仲裁法》第 58 条第 2 款、原《民事诉讼法》第 213 条第 2 款第（2）项、第 258 条第（4）项属于上述第一种立法例。不过我国仲裁立法的相关规定与国外相比，还不很完善。在（2009）邵中民二初字第 29 号案中，因为当事人约定的仲裁条款无效，在仲裁庭开庭前，一方当事人就此向仲裁庭提出的异议被驳回。本案属于国内仲裁裁决的司法审查，根据《仲裁法解释》第 27 条第 2 款规定，本案的问题落在了仲裁协议无效是否属于我国《仲裁法》第 58 条所规定的撤销事由。纵观我国《仲裁法》第 58 条第 1 款、原《民事诉讼法》第 217 条第 2 款、第 258 条第 1 款，均只规定了对当事人之间没有仲裁协议的予以撤销或不予执行，按其字面意思，当仲裁协议不成立、未生效、无效、失效、不可执行的，当事人以此为由向法院提出撤销或不予执行该仲裁裁决就得不到法院支持。但邵阳中院抛开上述司法解释，而是顺着仲裁协议无效，仲裁庭便无管辖权的思路得出“由因本案双方当事人所约定的仲裁条款属无效的仲裁协议，在仲裁协议无效的情况下，邵阳仲裁委员会对本案进行仲裁违反了法定程序”，从而以违反法定程序为由迂回地撤销了本案的仲裁裁决。而面对同样的情形，昆明中院在（2008）昆民一初字第 119 号案中，根据《仲裁法解释》第 18 条规定直接撤销了仲裁裁决。但该司法解释相关内容违反常识，“没有仲裁协议”与“仲裁协议无效”是两个根本不同概念，并且也与此前最高人民法院的意见冲突。如在中国农业银行浙江省信托投资公司与深圳政华实业公司、招商银行深圳福田支行合作投资担保合同纠纷一案中，最高人民法院于 2002 年 6 月 20 日作出《关于仲裁协议无效是否可以裁定不予执行的处理意见》(〔1999〕执监第174－1号）认为，执行法院不能将“仲裁协议无效”视为“没有仲裁协议”。而邵阳中院的做法则值得称道，抛开司法解释，采用违反法定程序，也达到了撤销仲裁裁决的相同结果。此外，如当事人在仲裁协议中约定“若发生争议，应提交双方同意的仲裁机构仲裁解决”，一旦发生争议后，双方就仲裁机构不能达成一致，那么该仲裁协议就不具有可执行性，根据一份不具有可执行性的仲裁协议，仲裁庭同样不能取得管辖权。实际上，上述问题已经被《最高人民法院关于适用〈中华人民共和国民事诉讼法〉若干问题的意见》在规定法院对此类案件有无管辖权时虑及，如该意见的第145条规定：“当事人在书面合同中订有仲裁条款，或者在发生纠纷后达成书面仲裁协议，一方向人民法院起诉的，人民法院裁定不予受理，告知原告向仲裁机构申请仲裁。但仲裁条款、仲裁协议无效、失效或者内容不明确无法执行的除外。”遗憾的是在后面没有按此思路对原《民事诉讼法》第213条第2款、第258条第1款作出类似司法解释。

第二，仲裁庭超越管辖权作出的仲裁裁决。这属于仲裁庭的超裁问题。如1986年《葡萄牙仲裁法》第27条第1款第（e）项直接将该情况规定为：“仲裁庭处理的问题超出了……对有关应予裁决的问题。”仲裁庭作出仲裁裁决的依据是当事人之间签订的仲裁协议，双方当事人通过仲裁协议授予仲裁庭解决特定纠纷的权利。因此仲裁庭行使仲裁权要受到当事人授权范围的制约，如果仲裁庭超越了当事人的授权作出的仲裁裁决，意味着仲裁庭裁决了当事人没有提交其进行仲裁的实体法律关系，违背了当事人的意思自治，应是无效的。如《瑞士联邦国际私法法规》第190条规定“仲裁员声明对该案无管辖权的”应予撤销。2000年《美国统一仲裁法》第23条规定“仲裁员超越仲裁员权限”应予撤销。瑞士上述规定欠妥，因为仲裁庭管辖权的有无应属于事实判断，不以仲裁员的意志为转移，《美国统一仲裁法》的规定较为恰当。相对而言，《荷兰仲裁法》第1065条第1款第1项规定“仲裁庭未遵守其委任”应予撤销的规定之表达则不如《美国统一仲裁法》的清晰。1983年《法国民事诉讼法》第1484条也存在《荷兰仲裁法》的相同问题。《希腊民事诉讼法》第897条规定“作出裁决的仲裁员的行为超出了仲裁协议当事人或法律所赋予的权力”的予以撤销。比较而言，《美国统一仲裁法》的规定比法国、荷兰、希腊的上述规定简洁，但上述仲裁法均还欠缺超越仲裁请求的情形。而《日本仲裁法》

第44条第5款则考虑到了该问题，其规定“仲裁裁决中含有超出仲裁协议或仲裁请求范围的裁决的”应撤销。《美国统一仲裁法》第23条也考虑到了该问题。《瑞典仲裁法》第34条则在《日本仲裁法》和《美国统一仲裁法》基础上增加了“仲裁庭在当事人约定的期限届满后作出裁决”。虽然《美国联邦仲裁法》第11条规定法院经当事人的申请审查并修改或更正下列问题：“（2）仲裁员就非提交仲裁之请求作出裁决，而裁决可在不影响决定实体的情况下按提交仲裁之请求进行更正。”但没有提及影响决定实体的情况时该如何处理。而国际公约和部分国家的仲裁立法对这个问题解决得比较好。如《欧洲国际商事仲裁公约》第9条和《示范法》第34条、1993年《俄罗斯联邦国际商号仲裁法》第34条和1998年《德国民事诉讼法》第1059条均规定下列情形予以撤销：“裁决涉及到仲裁申请中没有提及的或不属于仲裁申请项目的一种争议，或者裁决中包含了超出仲裁申请范围的裁决事项；如果仲裁申请范围内的裁决事项可以同仲裁申请范围外的裁决事项分开，则申请范围内的裁决事项可以不予撤销。”《美洲国家国际商事仲裁公约》第5条和《纽约公约》第5条、《示范法》第36条也规定上述情形不予承认和执行。“这里，仲裁员所越之权实际上是授权而不是权限：即裁决的对象是否超出当事人仲裁申请以及仲裁协议的范围，而非超出仲裁机构的受案范围。”我国《仲裁法》第58条第1款、原《民事诉讼法》第213条第2款、第258条第1款规定，法院对仲裁裁决的事项不属于仲裁协议的范围时应予撤销或不予执行。但与日本等国相比，我国仲裁法及其司法解释还缺少超出仲裁请求范围的规定。导致在实践中，我国各地法院对该类案件处理的无法可依。如在某法院认为，“仲裁庭在某预制构件厂未提出反请求的情况下裁决解除租赁合同，属违反法定程序，应依法予以撤销。”而另一法院认为，在某开发公司未提出仲裁反请求的情况下，仲裁庭对此作出裁决，构成无权仲裁的情形，应予撤销。上述两案案情相同，两个法院以不同的理由得出了相同的结论。而对于没有超越仲裁协议的部分裁决能否得到承认与执行的问题，《仲裁法解释》第19条规定了部分撤销制度，修改《仲裁法》时，需要吸收上述司法解释的内容。

第三，仲裁庭未能处理所有争议问题的仲裁裁决。这属于仲裁庭的漏裁问题。如1986年《葡萄牙仲裁法》第27条第1款第（e）项直接将该情况规定为：“仲裁庭处理的问题……遗漏了对有关应予裁决的问题。”尽管仲裁庭有权在裁决作出后对漏裁之争议事项经当事人申请或其自行决定作出补充裁决或追加裁决，但漏裁仍可作为当事人对仲裁裁决提出异议的理由，因为这一问题也牵涉仲裁庭的管辖权问题，也就是仲裁庭没有充分行使管辖权，没有解决当事人交付其解决的所有争议问题，并且还存在原仲裁庭无法重新召集的情形。对于漏裁能否构成裁决撤销或不予执行的理由，存在着分歧。一般认为，如果只存在漏裁问题，那么该裁决应被判定为有效，因为就该裁决中已经处理的争议点而言，仲裁庭是有管辖权的。如《示范法》《纽约公约》、法国、瑞典、瑞士、俄罗斯、日本、瑞士等许多国家仲裁法均没有将漏裁问题作为撤销裁决的事由。此外，仲裁机构的仲裁规则和许多国家仲裁法一般对漏裁问题都允许当事人在一定期限内要求仲裁庭作出补充裁决，仲裁庭也可自行作出补充裁决。如《示范法》第33条第（3）项、1993年《俄罗斯联邦国际商事仲裁法》第33条第3款、《日本仲裁法》第43条、1998年《德国民事诉讼法》第1058条、1993年《法国民事诉讼法》第1475条、《瑞典仲裁法》第32条、第34条第2款均作出了上述规定，只不过表述各异。但对仲裁庭拒绝补正以及当事人对补正后的裁决仍然不满意的如何救济，《瑞典仲裁法》第34条第2款和《荷兰仲裁法》第1065条第6款的做法值得借鉴。另一种观点则认为，应当从总体上把握和衡量漏裁部分的争议事项对整个争议案件的仲裁产生的影响和作用，如果未能获得解决的争议问题一旦解决将会改变整个裁决的均衡，影响原裁决中所确定的权利和义务，故应允许当事人诉诸撤销程序。采此类规定有1927年《日内瓦公约》《美国联邦仲裁法》第10条第4款、1986年《葡萄牙仲裁法》第27条第1款第（e）项、1986年《荷兰仲裁法》第1065条第6款。此外，需要特别指出的是《比利时司法典》的做法更为科学，尤其值得借鉴，该法第1704条第2款第g项规定：如果仲裁庭漏裁争议的一点或数点，如果该漏裁点与已经裁决的各点不能分开，裁决可以撤销。

我国司法实践中对漏裁问题还很陌生。如杨某申请撤销仲裁裁决一案中，针对仲裁裁决书漏列了申请人杨某关于支付逾期付息违约金的请求，且在“仲裁庭意见”以及裁决主文中亦未对该请求事项作出处理的情况，根据《仲裁法》第56条规定，法院认为对裁决书遗漏的事项可以由仲裁庭通过补正的方式予以弥补，故该情况不属于应当撤销仲裁裁决书的法定情形，驳回了杨某的撤销请求。实际上，我国《仲裁法》第56条规定所指应限于仲裁裁决中遗漏事项，其与漏裁是两回事，漏裁是指仲裁庭没有充分行使仲裁权对当事人提交的实体争议没有全部解决而作出的仲裁裁决，漏裁事项是没有经过裁决的实体事项，而仲裁裁决中遗漏事项是仲裁庭已经裁决的事项，仅是没有在裁决书中体现而已。由此看来，我国《仲裁法》对于仲裁庭漏裁的仲裁裁决如何处理没有规定。既没有赋予仲裁庭对漏裁事项自行补充裁决的权力，也没有赋予当事人对漏裁事项向法院提起仲裁裁决异议的权利。前述昆明中院审理的案件证明，我国仲裁实务中仲裁庭漏裁的情形是存在的，漏裁必然导致部分争议没有得到解决，尤其是漏裁的仲裁裁决也具终局效力，漏裁事项一旦处理将会改变整个裁决的均衡，影响原裁决中所确定的权利和义务时，法律既不赋予法院对该漏裁事项的审查权，也不赋予当事人对漏裁事项的异议权，就会导致有侵害无救济的情况发生。

（2）对程序是否正当的审查。各国仲裁法的规定也不尽相同。如法国采取最低要求主义，1983 年《法国民事诉讼法》第 1484 条规定，“正当程序没有被遵守”的应予撤销，实践中，由其国内法院逐案确定。而美国联邦法院认为未给予当事人口头聆讯是违反正当程序，并认定为撤销裁决或依《纽约公约》拒绝承认和执行的理由。与此相对应，2000 年《美国统一仲裁法》第 23 条则规定“未根据第 9 条给予开始仲裁的适当通知即进行仲裁，以致严重损害了仲裁程序当事人的权利”应予撤销。相应地，不少国际公约和国家的仲裁法均规定法院有权撤销或者拒绝承认和执行这类裁决。如《欧洲国际商事仲裁公约》第 9 条、《美洲国家国际商事仲裁公约》第 5 条、《示范法》第 34 条和第 36 条、1993 年《俄罗斯联邦国际商号仲裁法》第 34 条、1998 年《德国民事诉讼法》第 1059 条、《日本仲裁法》第 44 条、《瑞典仲裁法》第 34 条、《荷兰仲裁法》第 1065 条第 1 款第（2）项、《瑞士联邦国际私法法规》第 190 条第 2 款第（1）项、第（4）项、《比利时司法典》第 1704 条第 2 款（f）、（g）项等也都作出了类似的规定。

我国法律对国内仲裁裁决的此类审查事由仅规定有“仲裁庭的组成或者仲裁的程序违反法定程序的”一项，而对涉外仲裁裁决的审查事由则相对全面，包括“仲裁庭的组成或者仲裁的程序与仲裁规则不符的”和“被申请人没有得到指定仲裁员或者进行仲裁程序的通知，或者由于其他不属于被申请人负责的原因未能陈述意见的”。与对国内仲裁的审查事由相比，少了“法定程序”。同时，将没有得到指定仲裁员或者进行仲裁程序的通知以及未能陈述意见的主体仅规定为“被申请人”，是不全面的。该撤销事由的确立是对当事人仲裁程序性权利的保障，也是《纽约公约》和《示范法》所确立的原则。仲裁程序性权利的享有者应包括仲裁的双方当事人，在撤销裁决的程序中，应指申请人和被申请人双方。

此外，上述对国内仲裁司法审查事由的文字表达存在一定的弹性解释空间。而《示范法》中的规定较为具体，其第34条第（2）款A项规定：“……仲裁庭的组成或仲裁程序……与本法不符，……”为此，《仲裁法解释》第20条弥补了这个缺陷。同时，《仲裁法解释》第20条还涉及了下述两个问题：一是符合德国和美国尽可能使裁决有效的做法，即如果未适当通知或仲裁庭组成及仲裁程序不符合约定或法律规定，并不严重损害当事人的权利时，应当使裁决有效；二是允许当事人选择仲裁规则。综上，应将涉外仲裁裁决正当程序的司法审查事由移植到对国内仲裁裁决司法审查的事由中，并结合德国、美国以及《仲裁法解释》第20条的规定，修改我国《仲裁法》。

（3）对仲裁员本身行为的审查。仲裁员与法官不同，其参加仲裁庭的前提来自当事人的信任，只有在其被当事人直接或者间接指定后，才拥有了裁断是非的机会。但是如果仲裁员本身的公正性出现问题，那么他作出的裁决也就失去当事人信服的基础，即便该公正实际上并没有影响到裁决。因此，公约和各国及地区立法均对仲裁员本身的公正性进行严格的司法审查。如1965年《华盛顿公约》第52条规定，仲裁庭的一名成员有受贿行为的应当撤销仲裁裁决。《美国联邦仲裁法》第10条及修改后的2000年《美国联邦仲裁法》第23条均作出了相应规定。在美国司法实践中，一旦有确实充分的证据证实该裁决系通过贿赂取得，即可依申请撤销。此外《法国民事诉讼法》第1484条、《瑞典仲裁法》第8条和第34条、我国台湾地区“仲裁法”第40条、香港特别行政区“仲裁法”第25条也作出了类似规定。但也有公约和不少国家仲裁法没有将仲裁员本身行为作为撤销事由，如《示范法》《纽约公约》《瑞士联邦国际私法法规》《瑞典仲裁法》《英国仲裁法》《荷兰仲裁法》《日本仲裁法》《俄罗斯联邦国际商事仲裁法》《德国民事诉讼法》等。

在我国，《仲裁法》已将“仲裁员在仲裁该案时有索贿受贿、徇私舞弊、枉法裁决行为”作为对国内仲裁裁决的审查事由，但对于涉外仲裁裁决的司法审查事由中应否规定则存在争议。一种观点认为，对仲裁这样一个具有契约特征的私行为、民间行为和社会行为即使有错，甚至是严重损害当事人利益的错误仲裁行为从理论上讲，也是当事人情愿赋予的、应当享受豁免，享受了仲裁赋予的种种优惠、便利和权利，它的对价就是可能会遇到不称职的甚至是道德不好的仲裁员违背事实和法律的裁决。按此观点，所有仲裁类型都不应当对仲裁员作出如此规定，但我国仲裁相关法律在对国内仲裁裁决的审查中将其列为审查事由，在涉外仲裁方面，却没有将此列入异议和审查的范围，这在逻辑上是矛盾的。无论是国内仲裁，还是涉外仲裁，其直接裁判者都是仲裁员，即使是在涉外仲裁中仲裁员的道德品质比较高，但也不能排除仲裁员违法或违纪行为的可能。

3. 对仲裁裁决实体问题的审查。对仲裁裁决实体问题的审查也就是对仲裁裁决存在实质性错误的审查即法院对仲裁裁决存在认定事实或者适用法律上的错误进行审查。事实认定即便错误，也只涉及当事人的利益，不具有普遍利益。而法律适用错误，则造成法律在不同案件中的不确定性，即同案不同判，因而具有普遍利益。尽管如此，但是世界上大多数有着发达仲裁法的国家，都拒绝允许对仲裁庭的事实问题或法律问题予以司法审查。仅仅有少数几个国家仍然对仲裁事实问题或法律问题予以司法审查。

（1）国外对仲裁裁决实体问题的司法审查。英国1996年《仲裁法》规定，当事人对于任何类型的争议，均可通过排除协议排除向国内法院上诉的任何权利；即便当事人保留了上诉权，也仅仅限于就英国法律问题并且得到法院许可后方能向法院提出上诉。而对于事实问题，则没有作出规定。《荷兰仲裁法》《奥地利民事诉讼法典》和《比利时司法法典》对法律问题是否审查未作规定，但规定应对事实问题进行审查。具体表现为《荷兰仲裁法》第1068条第1款、《奥地利民事诉讼法典》第595条第6款和第7款、《比利时司法法典》第1704条第3款。1999年《瑞典仲裁法》没有规定是否对事实问题予以司法审查，但规定了应对法律问题予以司法审查，如《瑞典仲裁法》第33条规定，裁决或裁决作出的方式与瑞典法律制度的基本原则明显不符的，该裁决无效。瑞士国内仲裁适用1969年《州际仲裁协约》。根据该协约第36条规定，如果裁决是“专断”行为，得予以撤销。而依瑞士判例法，如果裁决被认为包括“明显不能忍受”或“没有任何客观理由而作出并侵犯了确凿无疑的权利”的裁决，或者包括“……严重违反明确且无可争辩的法律规范或原则”，则被认为是“专断的”。此时即可对事实错误和法律错误予以司法审查。而瑞士涉外仲裁则适用《瑞士联邦国际私法法》，该法没有规定对事实错误是否予以司法审查，但对于法律错误，要么直接适用《瑞士联邦国际私法法》第十二章的规定，此时不能进行法律审查；要么依据怀旧条款，由当事人约定适用《州际仲裁协约》，此时进行法律审查；此外，对于当事人均在瑞士没有住所、惯常居所或商业机构的，当事人还可以约定对法律错误予以司法审查。

（2）我国相关规定及评析。《仲裁法》第58条和第70条分别规定了对国内仲裁和涉外仲裁裁决予以撤销的几种情形，《仲裁法》第63条和第71条分别规定了对国内仲裁和涉外仲裁裁决不予执行的几种情形。通过对上述规定的考察，我们可以发现：（1）我国对于国内仲裁和涉外仲裁的司法审查，实行“内外有别”的“双轨制”，即法院对于国内仲裁裁决的撤销和不予执行较为严格，前者比后者多出于以下几个事由：①裁决所根据的证据是伪造的；②当事人隐瞒了足以影响公正裁决的证据的；③认定事实的主要证据不足的；④适用法律确有错误的。上述四个事由中，③、④属于实体事由不存在争议，而对于①、②的性质则存在争议。其类似于《美国联邦仲裁法》和《美国统一仲裁法》所规定的“裁决是通过舞弊（或贿赂）、欺诈或其他不正当手段获得”事由。因为法院对两者都只审查裁决获取的合法性，并不涉及仲裁案件的事实和法律问题，只不过审查的结果可能影响仲裁案件事实的认定和法律的适用。

综上，从国内仲裁和涉外仲裁司法审查事由并轨的角度出发，正如前文所论证的一样，程序审符合仲裁意思自治的本质，且符合国际上商事仲裁司法审查的发展趋势，因此，英国、瑞士、瑞典的做法都不值得借鉴，我国应当向涉外商事仲裁的审查事由并轨，废止对国内商事仲裁的实体审查的事由。即作为绝对实体事由的“认定事实的主要证据不足的”“适用法律确有错误的”应当删除。而尚存争议的“裁决所根据的证据是伪造的”“当事人隐瞒了足以影响公正裁决的证据的”两项事由尽管在荷兰、奥地利、比利时的仲裁法中都有规定，但无论如何，从理论上界定其为实体事由并无不妥，考虑到其功能实际上是保证裁决的获取的合法性，倒不如《美国联邦仲裁法》和《美国统一仲裁法》所规定的“裁决是通过舞弊（或贿赂）、欺诈或其他不正当手段获得”。这样修改的好处还在于：一是摆脱了实体审查事由的诟病；二是不仅保证原有的“裁决所根据的证据是伪造的”“当事人隐瞒了足以影响公正裁决的证据的”两类仲裁裁决应当撤销的问题，而且还解决了除此外的其他不正当手段获得的裁决应否撤销的问题。如在新疆建工集团建设工程有限责任公司与新疆宝亨房地产开发有限公司执行案中，面对当事人恶意串通进行仲裁裁决损害其他债权人利益的行为，最高人民法院执行局只能通过扩张解释公共利益这一无奈之举来保护其他债权人的合法利益，即认定该行为妨害执行秩序。

4. 对公共利益的审查。公共利益、公共政策或公共秩序，是各国普遍承认的一个法律概念。在大陆法系国家，或称公共秩序或称保留条款或称排除条款，在英美法系则称公共政策，在我国法律中则称公共利益。无论是国际仲裁条约，还是国内仲裁立法，一般都将其作为撤销或不予执行仲裁裁决的事由之一。如《示范法》第 34 条 2B 规定，如果法院认为该仲裁裁决与本国公共政策相抵触，法院得依职权撤销该仲裁裁决。《纽约公约》第 5 条第 2 款（2）项也规定承认或执行裁决有违其公共政策的，被请求执行国可以拒绝承认和执行之。而英国、法国、德国、澳大利亚、保加利亚、加拿大、塞浦路斯、尼日利亚、马来西亚、新加坡、日本、俄罗斯、埃及等国则作出了与《示范法》类似的规定。但各国成文法中对“公共政策”的规定多体现为原则性的规范，而并未对他的具体内涵和外延进行诠释。

根据我国《仲裁法》第 58 条第 3 款的规定，对于国内裁决，法院认定裁决违背社会公共利益的，应当裁定撤销；针对涉外裁决的撤销审查，《仲裁法》第 70 条规定，“当事人提出证据证明涉外仲裁裁决有《民事诉讼法》第 260 条第 1 款规定的情形之一的，经人民法院组成合议庭审查核实，裁定撤销”，而原《民事诉讼法》260 条第 1 款没有涉及公共利益的规定，该条第 2 款才涉及公共利益的规定。在法律并未引用该条第 2 款的情况下，原《民事诉讼法》260 条第 2 款的规定只能适用于不予执行涉外仲裁裁决，而不能适用于撤销涉外裁决。上述立法现状表明在公共利益审查方面，国内仲裁撤销裁决的审查机制是符合国际普遍立法的通例。而法院对涉外仲裁的审查范围并未涵盖公共利益标准，显然是我国《仲裁法》中的一项严重的立法疏漏。对此，有学者提出，依据《仲裁法》第 65 条，“涉外经济贸易、运输和海事中发生的纠纷的仲裁，适用本章规定（系指第七章）。本章没有规定的，适用本法其他有关规定”，在处理涉外仲裁裁决的撤销时适用第 58 条第 3 款的“社会公共利益”原则。但该说法仍存争议，为了避免争议，正确的做法还是应直接明确规定。

5. 课题组的意见。在此，针对《仲裁法》尝试提出立法上的修改建议：

“当事人提出证据证明裁决有下列情形之一的，可以向仲裁委员会所在地的中级人民法院申请撤销裁决：

（1）仲裁协议不存在、不成立或仲裁协议未生效、无效、失效或不可执行，但当事人在仲裁程序中未以上述事由提出异议的除外。

（2）仲裁裁决超出当事人签订的有效仲裁协议规定的范围、裁决超过当事人要求仲裁庭解决的范围或超出仲裁机构的受案范围，一旦已造成或将对申请人造成实质性的不公平，法院可以撤销。但如果上述范围内的裁决事项可与该范围外的裁决事项分开，则该范围内的裁决事项可以不予撤销。

（3）除非当事人另有约定，任何一方当事人在收到仲裁裁决后30天内在通知另一方当事人后，可以请求仲裁庭对已在仲裁程序中提出但在裁决中未得到解决的申诉事项作出补充裁决，但当事人申请人民法院撤销的除外；如果仲裁庭认为请求合理，它应在收到请求后60天内作出补充裁决；仲裁庭发现存在前述情况的，应当自发现之日起30日内作出补充裁决；如果仲裁庭驳回当事人的申请或者仲裁庭无法重新召集的，当事人可以申请法院撤销该仲裁裁决；当事人认为已在仲裁程序中提出但在裁决中未得到解决的申诉事项与其他已裁决事项不可分离，以至于影响到已裁决部分中当事人权利义务分配的，也可直接申请人民法院撤销该仲裁裁决，但当事人已申请仲裁庭作出补充裁决的除外。对于仲裁庭补充裁决的内容，存在本法规定的撤销事由的，当事人自收到补正裁决书之日起30日内，可以请求法院撤销。

（4）并未得到委任仲裁员或者进行仲裁程序的适当通知或因其他缘故无法陈述案件，以致严重损害了仲裁程序当事人的权利。

（5）仲裁庭的组成或仲裁程序不符合法定程序或当事人的合乎程序法的协议，以致严重损害了仲裁程序当事人的权利。

（6）裁决违反我国公共利益。

（7）根据我国法律，争议标的不能通过仲裁解决。

当事人可以在协议中约定，裁决有下列情形之一的，可以向仲裁委员会所在地的中级人民法院申请撤销裁决：

（1）仲裁员在仲裁该案时有索贿受贿、徇私舞弊、枉法裁决行为。

（2）裁决是通过舞弊、欺诈或其他不正当手段获得。

（3）裁决所根据的证据是伪造的。

（4）对方当事人隐瞒了足以影响公正裁决的证据的。

（5）适用法律确有错误的。

除上述两款规定的情形外，当事人不得以其他理由向法院申请撤销仲裁裁决。”

五、仲裁司法审查程序救济之并轨

（一）现状：对撤销仲裁裁决制度与不予执行制度之并存

从立法规定来看，1991年《民事诉讼法》只规定了不予执行制度而未规定撤销仲裁裁决制度，立法者对此的设计是基于当时中国仲裁事业发展的具体情况，仲裁裁决代表的是政府的意志，将仲裁裁决视为类似的具体行政行为，具有一般具体行政行为的确定力、拘束力和执行力，因此仲裁裁决不存在是否具有法律效力的问题，而在20世纪90年代行政法颁布以前，行政行为并不存在是否被撤销的问题，法院仅可以通过不予执行来否定仲裁裁决的执行效力。我国1994年《仲裁法》沿袭和保留了《民事诉讼法》中相关的仲裁审查制度规定。针对不予执行制度与撤销仲裁裁决制度的关系时，1994年全国人大常委会法制工作委员会关于《仲裁法（草案）》的说明如下：“法院对仲裁的监督方式主要表现在两个方面：一是不予执行，一是撤销裁决。不予执行的程序，《民事诉讼法》已有规定。规定申请撤销裁决的程序，有利于保护当事人的合法权益，减少仲裁工作中的失误，美国、德国、法国、日本等很多国家都有这样的程序。”该说明表明《仲裁法》是为了弥补《民事诉讼法》的立法缺陷而在不予执行程序的基础上增加了设置撤销裁决程序。因此，我们揣猜《民事诉讼法》当初规定了不予执行程序的原因可能在于没有设置撤销裁决程序的前提和基础上，当裁决具有撤销裁决的法定情形时可归类为不予执行的范畴给予当事人救济。

从立法背景来看，《民事诉讼法》立法先于《仲裁法》，前者未能规定撤销仲裁裁决制度，但是规定了不予执行制度。在制定《民事诉讼法》时，我国已加入《纽约公约》，《纽约公约》中规范了外国仲裁裁决的不予承认与执行制度，而《民事诉讼法》是以涉外仲裁机构作为划分国内仲裁和涉外仲裁，并且将外国仲裁裁决和涉外仲裁机构审理的涉外仲裁案件笼统称为涉外裁决。《民事诉讼法》第260条关于涉外裁决的不予执行制度与《纽约公约》保持了一致的规定，即在执行涉外仲裁裁决时仅对仲裁程序进行司法审查。但是值得注意的是，《纽约公约》中的“外国仲裁裁决”与《民事诉讼法》规定的“涉外仲裁裁决”并非同一个范畴内。《纽约公约》规定：“外国仲裁裁决”是指“因自然人或法人间之争议而产生且在申请承认及执行地所在国以外之国家领土内作成”的仲裁裁决以及“经过声请承认及执行地所在国认为非内国裁决”的仲裁裁决。而“涉外仲裁裁决”是指我国涉外仲裁机构作出的裁决，从仲裁裁决的性质来看，涉外裁决仍然属于内国裁决而非外国裁决。因此，《民事诉讼法》规范的不予执行制度与撤销仲裁裁决制度的主体其实均为内国仲裁裁决，而非《纽约公约》中所规范的外国裁决。

（二）科学理顺撤销仲裁裁决制度与不予执行制度之间的关系

由于《仲裁法》针对国内裁决和涉外裁决的撤销仲裁裁决制度予以分别规制，导致司法实践的混乱。《民事诉讼法》对撤销仲裁裁决程序的空白导致司法实践中缺乏明确指引，《仲裁法》《民事诉讼法》对撤销仲裁程序和不予执行程序的规定事由有重叠和相互交叉，在司法实践中使得法官无所适从。在司法实践中撤销仲裁裁决制度与不予执行制度并存的前提下也产生尴尬局面，当事人恶意利用撤销仲裁裁决制度与不予执行制度两种程序之间的冲突为自身谋求利益，并且可以取得匪夷所思的后果。甚至出现了基层法院可以“推翻”上级法院裁决的“审级倒置”的后果。随着《仲裁法解释》关于当事人限于同一理由只能选择一种救济，但是，当事人适用不同理由呢？将仲裁裁决的执行提级到中级法院，避免了“审级倒置”的尴尬后果，但是当执行地法院与提起撤销之诉的中级法院不一致时是否能保持裁判尺度的一致性呢？申请撤销权和不予执行权分属不同部门审查，裁判标准不一，审查结果未必一致，特别是仲裁所在地法院与执行地所在地法院不是同一法院时，冲突将会更加严重。鉴于目前我国的执行难的现实，而不予执行可在执行阶段随时提出，仲裁裁决在长期内处于不明确的状态，破坏了仲裁裁决的效率性目标，无法发挥仲裁事业的积极性。因此，我国的撤销仲裁裁决制度和不予执行制度如何理顺已是迫在眉睫。

课题组认为，要科学理顺撤销仲裁裁决制度和不予执行制度之间的关系，立法者至少要解决如下三个问题：(1) 如何解决《仲裁法》第58条关于申请撤销裁决制度的条件与《民事诉讼法》关于不予执行裁决的条件不一致的问题；(2) 关于申请撤销仲裁裁决与申请不予执行裁决的事项，国内仲裁与涉外仲裁是否应当统一，如果应当统一，如何统一？(3) 对法院作出的撤销仲裁裁决或不予执行的裁定，能否上诉或再审？

针对上述问题，课题组的意见如下：

1. 从撤销仲裁裁决制度和不予执行制度选择其一，建议保留撤销仲裁裁决制度，取消不予执行制度。针对撤销仲裁裁决制度和不予执行制度，理论界和实务界对此一直存有争议。课题组认为，由于撤销仲裁裁决制度与不予执行制度之间的立法冲突导致司法实践的混乱，因此有必要对撤销仲裁裁决制度和不予执行制度中选择其一，不予执行制度有必要予以废除，将撤销裁决制度代替《民事诉讼法》中的不予执行制度，理由如下：

第一，不予执行制度与撤销裁决制度的功能设置基本相同，两种监督方式并存在法理上形成悖论，有立法重复之嫌，造成司法资源的浪费和司法实践的混乱。尽管这两种程序设计的启动主体、时机和期限不同，申请撤销裁决相当于主动进攻，挑战裁决的法律效力，不予执行则是一种被动防御的手段。但是在司法实践中，当事人在不愿履行仲裁裁决时，往往很轻易地利用这两种监督程序，当法院驳回当事人关于撤销裁决的申请时，败诉方为了拖延执行在执行阶段还可坚持提出不予执行的抗辩。如果法院对该裁决作出不予执行的裁定时，则原法院的裁决归于无效，这就从根本上否定了原法院不予撤销该裁决的裁定的法律效力。不予执行这种监督途径的作用只是否定错误仲裁裁决的执行力，而这一作用完全可以通过撤销裁决的途径实现。这两种途径虽然名称各异，但实际功能却基本相同，裁定不予执行实为变相的撤销。因此，从功能和立法目的来看，《民事诉讼法》对不予执行程序的设置原理与撤销裁决似乎相同，具有最终使裁决处于无效的功能和作用，这两种制度的并存在法理上形成悖论，有立法重复之嫌，浪费了司法资源。为了协调两者并存而产生的上述矛盾和纠纷，《仲裁法解释》第26条规定，当事人在撤销仲裁裁决制度和不予执行制度中针对相同理由时只能选择其一作为救济，但该规定仅限于提出撤销仲裁裁决和不予执行仲裁的理由是相同的，并不能阻止当事人以不同的理由提出撤销仲裁裁决和不予执行裁决的情形。这种司法解释表明了法院对立法的不尽合理之处的小心翼翼的修正，也从侧面印证了这两种制度的目标和功能其实并无差异，在某种程度上也反映了这两种制度的并存是司法资源浪费和司法实践混乱的根源。

课题组认为，建议对我国《民事诉讼法》进行修改，废除国内裁决和涉外裁决的不予执行制度，具体明确撤销仲裁裁决制度予以代替。至于有学者提到裁决存在违反公共利益时可以援引不予执行制度的观点，课题组认为，由于违反公共政策也是撤销仲裁裁决的一个法定理由，直至申请执行裁决之前，当事人均可提起撤销仲裁裁决的诉讼，因此撤销仲裁裁决制度完全可以替代不予执行制度的功能设置。

第二，两种程序并存容易被当事人滥用，有悖于仲裁的效率性和损害仲裁的权威性。由于对仲裁裁决不服的当事人可以先后寻求两种救济，先是在六个月内申请法院撤销仲裁裁决，法院在两个月内作出撤销裁决或驳回申请的裁定。当法院予以驳回撤销裁决时，当事人还可在胜诉方申请执行时依据其他理由提出不予执行的抗辩，即使法院经审查裁定予以驳回，由于立法对该审查期限并未规定，败诉方很容易滥用该程序拖延仲裁裁决的执行程序和时间，达到转移财产消极执行裁决的目的。在目前两种程序并存的情形下，撤销仲裁裁决的期限过长以及当事人在执行程序中随时可以提出不予执行的抗辩，鉴于目前执行难以及周期长的现实困难下，仲裁裁决的效率性无法得到保障，相反，如果取消了不予执行程序，当事人直接选择撤销仲裁裁决制度的救济，则该裁决在短期内即可得到执行。

第三，不予执行制度有违审执分离的基本性质和理念，不利于保护当事人的合法权益。从不予执行制度的法定事由来看，除了程序性审查外，还涉及实体方面的审查。不予执行程序的提起由被执行人住所地或被执行的财产所在地的中级人民法院的执行部门受理。关于执行权的性质，一般认为执行权是司法权和行政权的结合，执行中的司法权仅指就执行过程中产生的具体法律问题进行裁判，如执行和解协议的效力、被执行人变更等。执行机构应对生效裁判文书忠诚执行，对该裁判文书的效力争议只能由法院的监督部门来解决，因此，执行部门对仲裁裁决作出不予执行的裁定违背了执行的权力性质。按照一般的执行理念，执行机构拥有的应为程序性裁决权，而不是实体裁决权，执行机构在审查仲裁裁决是否具有不予执行的事由时其实行使了实体裁决权。针对不予执行作出的仲裁裁决，法院并未对该裁决的法律效力作出判断，只是不予执行仲裁裁决的内容，如果当事人重新申请仲裁或通过诉讼得到另一份生效判决，那么针对当事人之间的争议就存在两份生效判决。而我国法律对不予执行的裁定并未赋予上诉权，因此不予执行制度不利于保护当事人的合法权利。

第四，撤销仲裁裁决制度完全可以替代不予执行制度的功能和作用，足以对仲裁裁决进行适度监督和保护当事人的合法权益。课题组认为，在国内仲裁裁决与涉外仲裁裁决的司法审查并轨问题应统一司法审查标准，在废除不予执行制度的基础上统一规范撤销仲裁裁决制度。通过深入分析两者的功能和作用，撤销仲裁裁决制度与不予执行制度相比，撤销仲裁裁决的适用情形基本可以涵盖不予执行的情形，并基本涵盖了所有种类的仲裁裁决，在法理上更具有合理性。从适用主体来看，申请不予执行的权利属于被执行一方，即败诉方，而胜诉方则无从援引，在不具有强制执行的内容时，败诉方也不能援引不予执行制度；而胜诉方和败诉方均可提起撤销仲裁裁决程序。从作用来看，不予执行制度使得仲裁裁决处于“法律上有效、事实上无效”的尴尬局面，它的作用只是否定仲裁裁决的强制执行效力，该功能完全可以通过撤销裁决的途径实现。从法定事由来看，撤销仲裁裁决的法定事由基本涵盖和包括了不予执行的法定事由，这两种制度的功能和作用其实无异，作为内国裁决，都在我国法院管辖范围之内，必须依靠国内法院负责执行实现其债权，撤销仲裁裁决的监督范围完全能够覆盖不予执行仲裁裁决范围，而不至于造成疏漏。因此，设置一种撤销仲裁裁决制度其实足以让当事人获得足够的救济，重复设置不予执行制度并无必要，选择撤销仲裁裁决制度作为救济即足以保护当事人的合法权益和对仲裁裁决的适度监督。

2. 国内仲裁与涉外仲裁的撤销仲裁裁决事由和条件应当统一，对国内裁决和涉外裁决适用两套宽严不一的法律有失公允，造成司法混乱。课题组认为，国内仲裁与涉外仲裁的撤销裁决制度应当统一，理由如下：第一，我国的国内仲裁与涉外仲裁的本质并无差异。目前我国对“涉外性”缺乏明确的判断标准，联合国《国际商事仲裁示范法》将仲裁地作为划分国内仲裁和国外仲裁的标准，即以实际作出仲裁裁决的场所进行划分。从《民事诉讼法》第257条和258条的规定可看出，涉外裁决指的是“中华人民共和国涉外仲裁机构作出的裁决”，即以仲裁机构是否属于涉外仲裁机构作为区分标准。但是在仲裁理论与实践中，往往根据争议的性质来判断仲裁以及裁决的性质，一般而言是依据《最高人民法院关于贯彻执行〈中华人民共和国民法通则〉若干问题的意见（试行）》第 178 条来判断涉外民事关系。课题组认为，仲裁地是仲裁的司法基础，而中国于 1986 年已是《纽约公约》的成员国，将仲裁地作为判断仲裁裁决国籍的标准比较恰当。由于涉外仲裁裁决是由仲裁地位于我国的涉外仲裁机构所作出，其本质与国内裁决无异，均为内国裁决。从立法上人为地区分国内仲裁案件和涉外仲裁的司法审查案件在司法实践中容易造成混乱。第二，国内裁决与涉外裁决同为内国裁决，与外国裁决不同。依据现代仲裁理论，一国法院只能对具有本国国籍的仲裁裁决进行撤销审查，而仲裁裁决的国籍一般是由该裁决的作出地决定，仲裁所在地首先是决定仲裁裁决撤销之诉的“国际管辖”依据。因此，国内仲裁裁决和涉外仲裁裁决均为国内裁决，因此适用两套宽严不一的法律有失公允。世界上大多数国家的仲裁法都没有规定不予执行其本国仲裁机构作出的涉外仲裁裁决的规定，英国、法国、瑞士等国家针对国内裁决均只规定了裁决的败诉方具有撤销仲裁裁决的救济，而没有规定不予执行制度。在司法实践中我们应注意区分涉外裁决与外国裁决。由于《纽约公约》规定的承认与执行制度针对的是外国仲裁裁决，因此，对于在我国申请承认和执行的外国仲裁裁决应适用《民事诉讼法》第 269 条及纽约公约的规定。在不予执行制度废除后，外国仲裁裁决的适用法律仍然应适用《民事诉讼法》第 269 条的规定。

3. 针对撤销仲裁裁决的裁定赋予当事人有限的上诉权。我国《民事诉讼法》和《仲裁法》并未明确规定仲裁裁决撤销之诉的审级，通过一系列的司法解释逐渐确立撤销之诉的终局性。例如，最高人民法院于 1997 年《关于人民法院裁定撤销仲裁裁决或驳回当事人申请后当事人能否上诉问题的批复》明确指出，对人民法院依法作出撤销仲裁裁决或驳回当事人申请的裁决当事人无权上诉。因此，我国目前的立法规定撤销仲裁裁决的裁定具有终局性，当事人不具有上诉权。课题组认为，在国内仲裁与涉外仲裁的司法审查制度并轨时，不予执行制度予以取消，国内仲裁与涉外仲裁的撤销仲裁制度应当予以统一，为了更好地保护当事人的合法权利，建议赋予当事人一定条件下的上诉权。理由如下：第一，“一审终局制”具有其固有的缺陷。从司法实践来看，一审终局制的缺陷是显而易见的，一审法院的裁定一裁终局，使一审法院对仲裁的司法审查监督绝对化，而不受到任何制约，剥夺当事人的上诉权将容易使一审法院滥用对仲裁的司法监督权。第二，国际社会的普遍实践为大多立法设置赋予当事人对撤销仲裁裁决上诉权。从国际社会的司法实践来看，有的国家对是否撤销仲裁裁决的裁定赋予不附加条件的上诉权，例如，日本2003年《仲裁法》第44条规定了仲裁裁决的撤销制度，其中第8款明确规定："针对本条第（1）款规定的申请作出的决定可以提出上诉。"第三，赋予当事人有限的上诉权更为合理和科学。建议针对法院撤销仲裁裁决的裁定赋予当事人上诉权，对驳回仲裁裁决的裁定则不赋予上诉权。当法院驳回撤销仲裁裁决申请的裁定时，这表明法院与仲裁庭的意见为一致，当事人无权提起上诉，它可以保证仲裁裁决的终局性和稳定性；当法院裁定撤销仲裁裁决时，这时法院与仲裁庭的意见不一致，立法赋予当事人上诉的权利，将该裁定交由上级法院来决定则显得更为合理和科学。第四，设置上诉制度有助于与请示报告制度相互衔接。我国的请示报告制度规范的主体为涉外裁决和外国裁决，其目的在于保证涉外裁决的稳定性，但是该制度因缺乏透明性等原因在司法实践中屡遭诟病。通过设置一定限制条件的上诉制度可以与我国的请示报告制度相互衔接，有利于保证法院裁定的公正性，将司法对仲裁的审查监督控制在"最低的必要的"限度。

（4）缩短当事人申请撤销仲裁裁决的期限有利于提高仲裁裁决的效率。世界上大多数国家仲裁立法规定该期限为一至三个月，例如，英国1996年《仲裁法》第70条第3款规定期限为28天，《联合国国际商事仲裁示范法》规定当事人申请撤销裁决的期限为三个月。由于解决纠纷的时间成本越短则越有利于仲裁事业的发展，建议我国立法规定的六个月期限缩短至60天较为妥当。

（三）国内仲裁与涉外仲裁的撤销仲裁裁决制度的并轨设计方向

1. 从立法上对国内仲裁机构和涉外仲裁机构的司法审查一视同仁予以并轨，取消对国内仲裁与涉外仲裁的分类以及内外有别的双轨制。《民事诉讼法》依据仲裁机构的涉外性来区别国内仲裁和涉外仲裁已无必要，设定两种不同的监督标准的前提条件不复存在。《民事诉讼法》第255条至第258条中规定的"涉外仲裁机构"已无实际意义，将《民事诉讼法》第255条中的"涉外经济贸易、运输和海事中发生的纠纷"以及"中华人民共和国涉外仲裁机构"予以删除，修改为："当事人在合同中订有仲裁条款或者事后达成书面仲裁协议，提交仲裁机构仲裁的，当事人不得向人民法院起诉。当事人在合同中没有订有仲裁条款或事后没有达成书面仲裁协议的，可以向人民法院起诉。”将《民事诉讼法》第 256 条、257 条、258 条中的“中华人民共和国的涉外”字眼予以删除。

2. 废除《民事诉讼法》第 213 条及 258 条的规定。《民事诉讼法》第 213 条规范的是国内仲裁裁决的不予执行制度，第 258 条规范的是涉外仲裁裁决的不予执行制度，建议予以废除。国内仲裁裁决与涉外仲裁裁决的司法审查并轨后，从双轨走向并轨，取消不予执行制度，因此建议上述两个条款予以删除。

3. 增加关于撤销仲裁裁决制度的条文。建议在《民事诉讼法》中增加关于撤销仲裁裁决制度代替不予执行制度的条文。设计方向为国内仲裁裁决与涉外仲裁裁决的司法审查标准应当协调统一，从双轨走向并轨，具体法定事项和事由究竟如何并轨等详细内容将在本报告后面进行阐述。

4. 保留《民事诉讼法》第 267 条的规定。《民事诉讼法》第 267 条规范的是外国仲裁裁决的承认与执行，该条文与《纽约公约》的内容基本一致，予以保留。

5. 建议缩短当事人申请撤销仲裁裁决的期限为两个月，提升仲裁裁决的效率性目标。建议在《民事诉讼法》中的“仲裁篇”中增加条文如下：“当事人申请撤销仲裁裁决的，应当自收到裁决书之日起 2 个月内提出。”

6. 在《民事诉讼法》中增加赋予当事人对申请撤销仲裁裁决裁定有限的上诉权和上诉期限。建议赋予当事人对撤销仲裁裁决的裁定有限的上诉权。《民事诉讼法》增加条文：“当事人对法院作出撤销仲裁裁决的裁定不服的，可以在收到该裁定之日起 15 天（30 天）内向上一级法院提起上诉。”

结语

仲裁司法审查应当走向并轨是我国仲裁法律制度发展的必然趋势。从对仲裁裁决的司法审查方式看，现行法在架构上采取了以撤销仲裁裁决和不予执行仲裁裁决两种机制并行规定的方式。国内仲裁与涉外仲裁的司法审查要实现并轨，首先必须理顺撤销仲裁裁决和不予执行仲裁裁决这两种机制的关系，才能对并轨的核心问题即司法审查范围的并轨提出对应的方案。就此而言，本课题组认为，应废除国内仲裁和涉外仲裁的不予执行制度，以撤销仲裁裁决为基础重新构造国内仲裁和涉外仲裁的司法审查制度。就并轨后的司法审查范围而言，在总体模式上存在单纯的程序性审查和程序性审查与实体性审查兼有这两种审查模式。本课题组建议对仲裁裁决的司法审查实行“程序性审查法定、实体性审查意定”的模式，且对当事人可以选择的实体性审查的范围作出必要的限制。确立了基本的审查模式后，在具体的司法审查事由上，现行《民事诉讼法》和《仲裁法》关于撤销仲裁裁决事由的规定，应当吸收借鉴国际立法实践，结合我国实际情况对各项具体事由予以完善。就仲裁司法审查程序救济的并轨而言，在并轨的趋势下，不应再就涉外仲裁单独适用请示报告制度，但应当设立有限的上诉程序，给予特定类型的仲裁裁决充分的救济。

关于涉外民事关系法律适用法实施情况的调研报告

广东省高级人民法院课题组*

《中华人民共和国涉外民事关系法律适用法》（以下简称《法律适用法》）自2011年4月1日实施已逾一年，最高人民法院拟于今年对该法的适用作出司法解释（一），委托我院对该法的实施情况进行调研，并提供司法解释（一）建议稿。为此，我院组成课题组，在辖区法院展开调研，并前往外向型经济发达、涉外案件类型丰富的上海、江苏以及涉外纠纷富有区域特色的云南、广西等地开展实地调研，① 收集重点地区涉外审判适用法律的新情况、新问题、新举措。经过调研、征求意见及研讨论证，现形成调研报告如下。

一、广东法院实施《法律适用法》的情况

《最高人民法院关于认真学习贯彻执行〈中华人民共和国涉外民事关系法律适用法〉的通知》（以下简称《通知》）第3条规定，"对在《法律适用法》实施以前发生的涉外民事关系产生的争议，应当适用行为发生时的有关法律规定；如果行为发生时相关法律没有规定的，可以参照《法律适用法》的规定"，采用了"法不溯及既往"原则。由于纠纷的后发性特征，《法律适用法》实施一年来②，适用该法的案件数量仍较为有限。据统计，

---

* 课题组组长：徐春建，副组长：林广海，成员：王建平、杜以星、吴思颖、辜恩臻、李民韬、焦小丁。

① 该四个地区高院对本次调研提供了大力支持，在此深表感谢！调研中发现的问题将在下文中论述，不另行说明。

② 本次调研司法统计时间为2011年4月1日至2012年3月31日。

广东三级法院适用《法律适用法》进行裁判的仅72宗[①]。《法律适用法》在我省法院的实施具有如下特点：(1) 从适用的案件总数看，数量少、比例低。全省三级法院2011年4月至2012年3月间审结了各类涉外商事案件约4400宗，其中判决结案的约2500宗，适用《法律适用法》裁判的案件不足3%。(2) 从适用的范围上看，主要集中于涉港澳台案件，涉外案件数量少。适用《法律适用法》裁判的涉外案件仅有16宗，其中8宗为系列案。(3) 从适用的案件类型上看，集中于买卖合同纠纷、借贷纠纷、居间合同纠纷。(4) 从适用的法条上看，集中于适用《法律适用法》第41条合同的法律适用、第2条最密切联系原则的适用，少数案件涉及第3条意思自治原则的适用、第37条动产物权的法律适用、第45条产品责任的法律适用等。(5) 从适用的结果上看，适用《法律适用法》的结果绝大部分指向法院地法，即我国法律，仅有1宗案件适用外国法律进行裁判。

调研发现，广东法院在涉外民事关系法律适用方面存在以下问题：

1. 误用的情况较多。在收集到的72宗案件中，有部分案件所涉民事行为发生在《法律适用法》实施之前，原本不应该适用《法律适用法》却予以适用。在调研中也发现，部分法院对《法律适用法》应如何适用仍显陌生，其主要原因在于审判人员对《通知》和《法律适用法》的学习不够。

2. 存在适用不当的情况。比如，根据《通知》第3条的规定，行为发生时相关法律没有规定如何适用法律的，可以参照《法律适用法》的规定，但有个别需要参照适用《法律适用法》的案件未注明“参照”适用而直接援引了《法律适用法》的规定。另有个别案件在总则和分则的适用上存在不当。比如，在合同纠纷案件中，《法律适用法》第41条属于特别规定，应首先适用，在分则中没有规定的，才适用总则规定，但有个别案件直接适用总则第3条的规定。判决书论述：“本院认为，……原、被告签订的合约约定‘本合约适用中华人民共和国有关法律’，可见当事人均同意适用中华人民共和国内地的相关法律。根据《民法通则》第145条、《合同法》第126条、《涉外民事关系法律适用法》第3条的规定，本案依法应适用中华人民共和国内地的相关法律。”

3. 存在论述不当的情况。部分案件在裁判文书中根本未提及适用哪一

---

① 对于调解、撤诉的案件，在调解书和撤诉裁定中均不论及法律适用问题，故未纳入统计。

部法律或司法解释的哪一个条款，而笼统地陈述根据最密切联系原则或意思自治原则确定法律适用，其反映的问题有时并非适用法律不当，而是未能准确反映法官适用法律的过程。比如，有裁判文书论述："本院认为，本案系涉港商事纠纷，××公司和××厂未选择产生纠纷时适用的准据法，因本案属于买卖合同纠纷，合同履行地在深圳，根据最密切联系原则，本案应适用中华人民共和国法律。"

4. 对于涉港澳台案件的适用规则未予说明。部分裁判文书对于涉港澳台案件参照涉外案件进行法律适用未说明依据。比如，有裁判文书论述："本院认为，原被告之间是信用卡合同关系，被告系香港居民，故本案属于涉港合同纠纷，应参照我国有关涉外民事案件法律适用的法律规定来确定本案的准据法。"《法律适用法》仅适用于涉外案件，在还没有出台相关的规定准予涉港澳台案件参照适用的情况下，直接将涉港澳台案件参照适用该法进行处理也不甚妥当。

二、《法律适用法》实施过程中存在的问题及解决建议

（一）新旧法的衔接问题

《法律适用法》第51条规定："《民法通则》第146条、第147条，《继承法》第36条，与本法的规定不一致的，适用本法。"这部分解决了新旧法衔接问题。但是，该法与旧法的冲突并不仅限于与《民法通则》和《继承法》的冲突，这两部法律中与《法律适用法》产生冲突的也并不仅仅是前述第51条规定中所称的条文。新旧法之间的衔接问题主要表现为：（1）新旧法规定相同内容的，在裁判文书中如何援引法律，内容相同的法律规定是否都要一并引用？比如前引判决书中论述，"根据《民法通则》第145条、《合同法》第126条、《涉外民事关系法律适用法》第3条的规定，本案依法应适用中华人民共和国内地的相关法律"，引用三部法律中的相同规定是否有必要，是否可以只援引新法？（2）新旧法对同一问题均作出规定，规定之间有冲突的，适用新法的规定。（3）新法对同一问题作出规定，而旧法没有规定的，适用新法的规定。（4）新法对同一问题没有规定，而旧法有规定的，应如何理解新法的意图确定法律适用？例如，《民法通则》第150条规定："依照本章规定适用外国法律或者国际惯例的，不

得违背中华人民共和国的社会公共利益。”而《法律适用法》第5条规定：“外国法律的适用将损害中华人民共和国社会公共利益的，适用中华人民共和国法律。”前者规定可以公共秩序原则为由排除国际惯例的适用，而后者没有这样规定，是否意味着《法律适用法》意图改变《民法通则》的规则，国际惯例不适用公共秩序保留原则？再比如，《最高人民法院关于贯彻执行〈中华人民共和国民法通则〉若干问题的意见（试行）》（以下简称《民法通则意见》）对于法律规避行为的效力作出规定，但是《法律适用法》未作出相应规定，应如何看待法律规避？（5）《法律适用法》与原来的大量司法解释的衔接问题。比如，《法律适用法》第18条与《最高人民法院关于适用〈中华人民共和国仲裁法〉若干问题的解释》（以下简称《仲裁法司法解释》）第16条的衔接问题；此外，2007年《最高人民法院关于审理涉外民事或商事合同纠纷案件法律适用若干问题的规定》（以下简称《涉外合同法律适用规定》）是涉外民商事审判中最为常用的司法解释，但其仅限于民商事合同纠纷案件中，在意思自治原则、最密切联系原则等扩大适用的情况下，有必要做好衔接工作。

我们认为：（1）应明确《法律适用法》的效力范围，根据“法不溯及既往”原则，该法不适用于在其实施以前发生的涉外民事关系产生的争议，如果行为发生时相关法律没有规定的，可以参照适用。这一规则虽然已经在《通知》中予以明确，但通知毕竟不同于司法解释，在裁判文书中不宜直接引用，并且，调研也反映了很多审判人员对这一规则仍不熟悉，有必要在司法解释中进一步明确。（2）《法律适用法》与旧法之间的冲突如果适用“新法优于旧法”“特别法优于一般法”等法律适用原则可以解决的，无需另行规定。（3）应明确《法律适用法》实施后，原有法律规定及司法解释中关于涉外民事关系法律适用的内容与该法规定相抵触的，不再适用。（4）《涉外合同法律适用规定》自实施以来，经过实践检验，符合审判实践需要，具有合理性和可行性，但是该规定仅适用于合同纠纷，在《法律适用法》将意思自治原则、最密切联系原则上升为处理所有民事争议的基本原则之后，有必要将该规定的相关内容纳入司法解释（一），重新明确，以便适用。（5）对于新法没有规定，而旧法有规定的情况，可以参照《法律适用法》的立法意图、背景等因素作出相应处理，比如，对于公共秩序保留是否适用于国际惯例、法律规避等问题，下文将另行涉及。

（二）对涉外民事关系的认定

《法律适用法》第1条规定："为了明确涉外民事关系的法律适用，合理解决涉外民事争议，维护当事人的合法权益，制定本法。"但该法并未对"涉外民事关系"进行界定。《民法通则意见》第178条和《最高人民法院关于适用〈中华人民共和国民事诉讼法〉若干问题的意见》（以下简称《民事诉讼法意见》）第304条分别对涉外民事关系和涉外民事诉讼进行界定，表现为通说的主体、标的物、法律事实三要素标准。但调研显示，三要素标准并不能完全解决实践中出现的问题，各地法院在适用中也存在一些混乱。

1. 主体要素方面。实践中法院受理的涉外民商事案件绝大多数是因为"主体"涉外，但现有规定中的主体涉外性标准遭遇越来越多的挑战：（1）无法涵盖外国的非法人组织、国际组织及国家等民事主体。《民法通则意见》和《民事诉讼法意见》对主体采取了列举式的封闭性规定，将涉外主体限于外国人、无国籍人、外国法人（外国企业或组织），这一界定无法涵盖非法人组织形式，比如澳门的自然人商业企业主，也无法涵盖国际组织甚至国家参与的民事关系。（2）将主体涉外局限于主体的国籍或注册登记地涉外，忽略了经常居所地或主营业地等因素涉外的情形，必然会缩小涉外民事案件的范围。并且，经常居所地或主营业地的重要性往往超过国籍或注册登记地的重要性，比如，在送达时需要得到经常居所地国或主营业地国的配合，案件证据通常来自于经常居所地国或主营业地国。此外，《法律适用法》将经常居所地、主营业地作为确定法律适用的重要连结点，自然人的民事权利能力和民事行为能力必须按照其经常居所地法律进行确定，依此逻辑，经常居所地、主营业在我国境外的民事主体，自然应视为涉外主体。（3）特定主体的涉外性问题。实践中较为突出的是外资金融机构应否作为涉外主体？《第二次全国涉外商事海事审判工作会议纪要》（以下简称《南京会议纪要》）规定，涉及外资金融机构的商事纠纷案件，其诉讼管辖应当按照《最高人民法院关于涉外民商事案件诉讼管辖若干问题的规定》办理。在深圳前海、珠海横琴等地区的开发建设过程中，也有观点认为，应放宽涉外因素，将在前海地区注册的、港资持股达到控股比例的合资企业视为涉外主体，这类企业可依据涉外当事人的相关规定，在民商事活动中选择适用香港法律、选择境外仲裁。这一设想将对涉外民事关系的定性产生重大影响，引起了广泛的争议。对此，我们认为，依据现行规定，在我国境内注册的外资或外资控股企业为中国内地法人，仅从主体标准上判断，他们之间或者他们与内地其他民事主体之间的纠纷并不具有涉外因素。目前仍不宜将这一因素放宽。

2. 法律事实要素方面。法律事实要素方面存在的主要问题是，一些表面的、偶然的涉外因素可能被作为纠纷涉外性的标准。比如，某国有企业与某国有银行的法定代表人在境外签订借款合同，资金的来源及用途都在中国境内，履约过程中发生纠纷。在该案中，虽然导致合同关系产生的订约事实发生于境外，但这一事实并非纠纷发生的原因，仅因此而认定该纠纷涉外，不尽合理、也没有必要。我们认为，实质、内在的涉外因素，与民事关系的产生或变更具有密切联系，可能使相关民事争议的管辖、送达、调查取证等与外国相关时，才是认定民事关系具有涉外性的基础。

3. 客体（标的物）要素方面。标的物涉外性因素的判断标准也存在与法律事实涉外性因素相似的问题，容易导致标的物的自然属性与社会属性的混淆，从而使得民事关系由于形式上的、表面的、偶然的因素而被认定为涉外民事关系。例如，两个国内企业签订钢材买卖合同，钢材的交货地在境内，合同签订时钢材位于境外，须运输进境交付，依据“三要素”标准，由该合同产生的争议应属涉外纠纷。但是，就买卖合同而言，标的物的运输和进口并不影响买卖双方的权利义务，标的物的物理位置处于境外，仅系其自然属性，并非其社会属性，故该买卖关系仅具有表面的、偶然的涉外因素，实与一般的国内买卖合同无本质区别。

课题组通过调研了解到，云南、广西等地法院审理的涉外民商事案件大部分为涉及越南、缅甸、老挝、约旦等邻国的边境贸易纠纷，大量的边境贸易纠纷并没有被作为涉外案件处理。[①] 其原因在于，此类纠纷95%以上是中国公民或企业之间的纠纷，主体不具有涉外性，通常是相关法律事

---

① 边境贸易是指边境地区在一定范围内边民或企业与邻国边境地区的边民或企业之间的货物贸易，主要有两种形式：一是边民互市贸易，即基于边民个人之间买卖行为的一种贸易方式，两国双方边境居民在规定的开放点或指定的集市上，以不超过规定的金额，买卖准许交换的商品；二是边境小额贸易，指边境地区的外贸公司与邻国边境地区的贸易机构或企业之间进行的小额贸易。有关地方法院没有将这些案件作为涉外案件处理，一方面，是由于未严格按照“三要素”标准对案件涉外性进行识别；另一方面，是由于这些案件在各个要素上与国内民商事案件并无本质区别，如按照涉外商事案件处理，无异于人为地设置不必要的程序障碍。多年来的实践证明，将这些案件作为纯国内案件处理，在办案效率和效果上都相当好。

实发生于境外或标的物位于境外，而特殊的地缘因素决定了边民在生活和经济交往中与邻国发生关联是一种常态，当事人并没有适用外国法律的意识和需求，也没有调取证据或送达的困难。如果对客体及法律事实因素重新界定，完善涉外性的认定标准，实践中大量边境贸易纠纷作为国内民商事案件处理的问题就能得到理顺。

4. 当事人选择法律因素。随着国际私法理论和实践的发展，特别是当事人意思自治原则的不断扩张，当事人选择法律这一因素在实践中引起了争议。我们通过调研了解到实践中出现以下情况：（1）合同关系的主体、客体、订立和履行等法律事实均无涉外因素，但当事人约定合同的格式或履行程序须遵循某域外法的规定；（2）民事关系没有任何涉外因素，但当事人约定适用域外法解决有关争议。当事人这种约定能否视为一种涉外因素，从而导致案件具有涉外性？我们认为，我国现行法律仅在涉外民事案件中允许当事人选择法律适用，在国内案件中，如果当事人选择与法律争议不具有实质联系的域外法作为解决争议的准据法，具有规避我国司法主权的客观效果，允许此种选择也将陷入逻辑上的悖论。因此，当事人的法律选择本身不能使民商事关系具有涉外性。

综上，我们建议在司法解释中应对涉外民事关系进行界定，扩大主体要素范围；增加经常居所地、主营业地作为主体涉外性的认定依据；在客体和法律事实方面可设置一定的限制条件，排除与争议仅具有表面的、偶然的涉外因素的情形。

（三）对涉外民事关系的识别问题

《法律适用法》第 8 条规定：“涉外民事关系的定性，适用法院地法律。”该条对涉外民事关系定性的准据法作出规定，采用法院地法说。对《法律适用法》第 8 条的理解与适用，调研发现可能存在以下问题：（1）如何理解第 8 条中的“涉外民事关系”？定性的对象是仅仅指向民事关系，还是同时包括对案件所涉事实的识别，以及对某些概念的理解和解释？比如，对财产纠纷中的某一财产属于动产或不动产的识别，对引起争议的某一行为的性质的认定？（2）我国《民法通则》第 146 条第 2 款规定：“中华人民共和国法律不认为在中华人民共和国领域外发生的行为是侵权行为的，不作为侵权行为处理。”我们认为，本条涉及的是对民事关系的定性问题，该规定隐含的前提是民事行为应按照行为地法进行定性，如果行为地法认为是侵权行为，而我国法律不认为构成侵权行为的，则不作为侵权行为处理。如果这一理解恰当的话，那么该条规定与《法律适用法》第8条的规定是否构成冲突，如何协调？（3）第8条明确选择适用法院地法，而未规定例外情形，可能带来以下问题：①当法院地法的相关概念或制度与外国法的解释不同时，如果仍依据法院地法对相关概念或制度进行解释，将导致法院拒绝本应适用的外国法律，或者使本不应该予以适用的外国法律规则得以适用。②当法院地法中没有与某一域外法律制度相对应的法律制度时，会出现无法识别的尴尬境地。比如，对澳门的自然人商业企业主，我国内地法律中并没有相同概念，如果强行按照法院地法识别则无法确定其法律地位。[①] ③第8条规定未考虑到国际条约等其他特殊的识别依据。根据《民法通则意见》第195条第2款的规定，我国缔结或参加的国际条约，除了作出保留的条款外，在我国国内具有优先适用的效力。并且，国际条约是国家依据国际法准则协商一致达成的书面协议，对于发生在缔约国间的涉外民事纠纷，如果条约中已经有达成共识的法律概念，则可以适用条约对这些法律概念的解释，以解决因概念不同或理解差异导致的识别冲突。

考虑到《法律适用法》第8条对涉外民事关系定性的法律适用作出了明确规定，司法解释的功能在于对现有规定进行阐释，对漏洞进行弥补，但不适于超越现有法律规定另行造法，因此，我们并不建议在司法解释中对识别的标准作出超越性规定。但是，对于国际条约在识别中的地位，我们认为可以予以明确，如果属于我国缔结或参加的国际条约范围内的定性问题，应依据该条约对有关问题的规定予以定性。

（四）经常居所地、现在居所地的界定

《法律适用法》将经常居所地作为属人法的主要连结点，并使这一连结点成为该法中出现率最高的一个连结点。经常居所地与当事人的民事活动紧密相连，并且，民事主体在相对固定的时间内通常只有一个经常居所

① 澳门特别行政区《商法典》第14条规定：商业企业主在经营企业时须以商用名称作为其称谓，该名称为商业名称；商业企业主应在与其企业有关之文件上以该商业名称签名。商业企业主得以其商业名称在法院起诉及被起诉。第81条规定：商业企业主之商业债务推定为因经营企业而负之债务。第82条第1款规定：自然人商业企业主因经营企业而生之债务，须以构成企业之财产偿付，如无该财产或该财产不足以偿付，则以私人财产偿付。这些规定表明自然人商业企业主虽然类似于内地的个体工商户，但是，其在诉讼中的地位和法律责任仍与个体工商户有所不同。

地，因此，经常居所地是一个更为明确的连结点。此外，当事人对经常居所地国家的法律通常更为了解，其行为习惯也通常更符合经常居所地国家的行为规则，从这一角度而言，选择经常居所地国家法律作为属人法，更有利于保护当事人的利益，更符合当事人预期和实质公平原则。但是，《法律适用法》并没有对“经常居所地”这一重要术语作出明确规定，在今后的司法实践将产生适用困难。

事实上，在国际上，经常居所地也是一个新近发展出来的概念，至今还没有统一的定义。学者通常认为，经常居所就是一个人的生活中心所在地，而对于生活中心，主要通过主观和客观两方面进行判断：客观上应该有持续一段时间的居住事实，主观上则要求当事人有在该地经常居住的意愿。[①] 我们认为，《民法通则意见》第 9 条“公民离开住所地最后连续居住一年以上的地方，为经常居住地。但住医院治疗的除外”以及《民事诉讼法意见》第 5 条“公民的经常居住地是指公民离开住所地至起诉时已连续居住一年以上的地方。但公民住院就医的地方除外”的规定可以作为参考，但是，该两条规定是将经常居住地作为住所地的比较物而存在的，而《法律适用法》并没有采用住所地概念，而将经常居所地作为唯一概念进行规定，可以理解为在没有变换住所的情况下，住所地等同于经常居所地，在住所变换的情况下才产生判断经常居所地的问题。因此，可以将经常居所地界定为自然人以长久居住为目的，连续居住一年以上的地方，住院就医的地方除外。需要注意的问题是：（1）经常居所地的判断时点如何确定，是民事行为发生时，还是纠纷发生时，或者是提起诉讼时？（2）在国际交往越来越频繁，当事人流动性越来越强的情形下，如何认定“连续居住一年以上”？比如，当事人往返粤港两地生活，如何判定其经常居住地，是否认定为多个经常居所地？在存在多个经常居所地的情况下，应采用哪一个居所地？我们认为，司法解释中应明确，除特别规定外，经常居所地指起诉时的经常居所地。理由在于：（1）提起诉讼时是较为明确且唯一的时点。如果选择产生、变更或消灭民事关系的法律事实发生的时间，该时点可能处于不确定的状态。（2）这应该更符合立法者的本意。对于需要明确特别的时点的，《法律适用法》已经作出特别规定。比如，该法第 28 条规定：“收养的条件和手续，适用收养人和被收养人经常居所地法律。

---

① 杜涛：《涉外民事关系法律适用法释评》，中国法制出版社 2011 年版，第 187～188 页。

收养的效力，适用收养时收养人经常居所地法律。收养关系的解除，适用收养时被收养人经常居所地法律或者法院地法律。”第31条、第32条、第33条也将被继承人死亡时或者立遗嘱时作为经常居所地的判断时点。（3）从法院处理民事争议的角度而言，将这一时点确定在起诉时与《民事诉讼法意见》保持一致。当然，这一规定的不足在于可能出现经常居所地并不是与争议的民事关系具有最密切联系地的情况。比如，适用《法律适用法》第22条“结婚手续，符合婚姻缔结地法律、一方当事人经常居所地法律或者国籍国法律的，均为有效”的规定时，显然应适用缔结婚姻当时的经常居所地法更为合适。对此，可以在司法解释中作出特别规定。

对于存在多个经常居所（通常是两个）的情况，首先应判断当事人的生活中心在于哪个居所，依此判断其经常居所地。但是，不排除当事人对两个居所地都熟悉且有以其为生活中心的意思表示，或者难以判断哪个为生活中心的情况，此时应选择适用与纠纷具有更密切联系的经常居所地法律。这与《民法通则意见》第183条“当事人的住所不明或者不能确定的，以其经常居住地为住所。当事人有几个住所的，以与产生纠纷的民事关系有最密切联系的住所为住所”的规定一致。

此外，《法律适用法》第20条规定：“依照本法适用经常居所地法律，自然人经常居所地不明的，适用其现在居所地法律。”这是该法中唯一出现的“现在居所地”概念。但是，如何界定现在居所地并没有明确的规定，是指提起诉讼时的实际居所地还是身份证明上所记载的住所地？《民法通则意见》第9条第2款规定，公民由其户籍所在地迁出后至迁入另一地之前，无经常居住地的，仍以其原户籍所在地为住所。但如前所述，《法律适用法》并未使用住所地的概念，现在居所地中的“居所”是否等同于住所仍有疑问。并且，既然该条强调是现在住所地则其本意不应该是户籍所在地。因此，我们认为，现在住所地应该指现在的实际居住地。另外，现在意指何时，指起诉时还是诉讼中？涉外案件的审理过程通常较为漫长，如果诉讼过程中，当事人变更了居所地的，应如何认定？我们认为，应以起诉时的居所地确定现在住所地更为合适。因为，起诉时的连结点是固定的、可预期的，而诉讼中变更的居所地是偶然变化的结果。

（五）当事人诉讼权利能力和诉讼行为能力的法律适用问题

我国法律规定年满18周岁或者年满16周岁并以自己的劳动收入作为

主要生活来源，并且精神状况健康的人具有民事诉讼行为能力，但是，其他国家可能作不同标准的规定。那么，外国当事人在国内提起民事诉讼，其诉讼权利能力和诉讼行为能力应如何确定？我国现行法律对此无明文规定，学界主要存在以下观点：（1）当事人诉讼权利能力和诉讼行为能力属于程序法中的问题，根据程序问题适用法院地法原则，应依法院地法解决。（2）当事人的诉讼权利能力应依法院地法确定，而诉讼行为能力则应由当事人的属人法决定，但即使根据其属人法无诉讼行为能力，而依法院地法有诉讼行为能力时，应当认定为有诉讼行为能力，即此时应依法院地法。①（3）当事人诉讼权利能力和诉讼行为能力应采属人法原则进行确定，此外，还要结合我国相关的法律规定进行判断。比如，某日本律师以原告身份向中国法院提起诉讼，代表某日本破产企业向一中国公司主张房屋买受人权益，其依据是日本东京地方法院判决确认的破产财产管理人身份。本案应根据日本法律判断该原告的诉讼资格，并结合我国《企业破产法》第13条、第25条关于破产企业的诉讼由其管理人担当的规定进行判断。如果可以查明日本的破产法律制度有相关规定，在查明该律师是在该日本企业被宣告破产后，通过合法程序选任的破产管理人等事实的前提下，可以认可该律师的原告资格。②

我们认为，当事人的诉讼权利能力和诉讼行为能力表面上属于程序法中的问题，但其与民事主体的民事权利能力和行为能力密不可分，③ 简单地适用法院地法解决并不妥当，比如，对依属人法为适格的当事人可能因为我国法律中没有相应的法律规定或不同的规定而丧失主体资格，甚至可能使得该当事人的实体权利因此丧失救济途径。我们建议，当事人诉讼权利能力和诉讼行为能力应与民事权利能力和民事行为能力一致，采用属人法确定。为扩大对诉权的保护，对于依据属人法不具有诉讼权利能力或诉讼行为能力，而依据法院地法具有诉讼权利能力和诉讼行为能力的，可以认可该当事人的诉讼权利和诉讼行为能力，此时则依据法院地法判定。

① 该两种观点参见李双元等：《中国国际私法通论》（第二版），法律出版社2003年，第492～494页。

② 最高人民法院民事审判第一庭编著：《民事审判指导与参考》2011年第4辑，人民法院出版社2012年版，第259～260页。

③ 通常情况下，具有民事权利能力者即享有民事诉讼权利能力，但是，出于特殊利益保护的考虑，可能出现二者的分离，比如胎儿、超越经营范围的法人等。

（六）强制性规定与法律规避

《法律适用法》第4条规定："中华人民共和国法律对涉外民事关系有强制性规定的，直接适用该强制性规定。"强制性规定与法律规避具有一定的相同和重叠之处，规避行为的对象通常为某一法域的强制性规定。但强制性规定与法律规避之间仍有明显区别：法律规避是当事人出于故意，通过故意改变或制造连结点而规避本应适用的强制性规定，而强制性规定的适用不问当事人主观意志；从效果上而言，法律规避制度的结果是令当事人规避行为无效，转而适用本应依冲突规范指引确定的准据法，这个准据法可能是法院地法，也可能是第三地法律，而强制性规定适用的结果是径直适用法院地法。

强制性规定是《法律适用法》的新增规定。在此之前，人民法院审理的涉外担保合同纠纷中，当事人通过意思自治选择法律适用以规避涉外担保须经我国外汇管理部门批准或登记的强制性规定的情形并不鲜见，由于缺乏强制性规定直接适用的依据，法院常不得已援引《民法通则意见》第194条及《涉外合同法律适用规定》第6条中关于法律规避的规定，甚至援引公共秩序保留原则而认定当事人的法律适用选择无效。[①]《法律适用法》第4条的规定解决了这一立法空白。[②] 对于本条的理解与适用，调研发现，其主要问题在于如何判别"强制性规定"？根据《最高人民法院关于适用〈中华人民共和国〉若干问题的解释（二）》（以下简称《合同法解释（二）》）第14条规定，审查合同效力时，应注意甄别合同所涉强制性规定是否属"效力性强制性规定"，这一规定是否应与《法律适用法》第4条相衔接？

作为一种法律选择方法，强制性规定在传统冲突法调整的民事领域较少使用，而在国家试图控制与干预的经济、商事领域，则在必要时被使用。学者指出，尽管在物权、婚姻家庭、继承等传统民事关系领域中，国内立法上的强制性规定大量存在，但这些强制性规定并不等于涉外民事关系中适用的强制性规定。在涉外案件中，国内传统民法上的这些强制性规定通常仍要受冲突规范的约束，并不具有排除外国法适用的效力，比如我

① 比如：中国银行（香港）有限公司诉铜川鑫光铝业有限公司、珠海鑫光集团股份有限公司担保合同纠纷案。

② （2011）民四终字第17号在《法律适用法》实施之后，参照第4条规定作出判决。

国民法对当事人行为能力、物权公示、婚姻形式、时效等问题都有强制性规定，但在涉外民事关系中，《法律适用法》对这些问题都规定了经由双边冲突规范的指引，适用相关准据法。[①] 只有那些涉及国家政治、社会、经济利益，具有公共干预和管理性质的公法规范，才能排除冲突规范（《法律适用法》第 4 条除外），而直接适用于涉外民事关系。我们认为，基于合同作为私人意志体现这一基本属性，强制性规定仅在否定合同效力的场合存在适用空间。最高人民法院关于合同效力认定问题中的强制性规定的司法解释和指导意见是基于强制性规定应当体现社会公共利益这一考虑，这与涉外民事关系法律适用中的强制性规定在本质上是一致的，故上述规则对法院在涉外合同纠纷中正确适用强制性规定同样具有重要的指导作用。但是，所谓的"效力性强制性规定"在我国司法实践中同样存在辨别标准不明确、适用困难的问题，具有较大争议，因此，并不宜在《法律适用法》的司法解释中直接援引这一界定。我国现行法律规定中的强制性规定，其效力层次、立法目的和适用效果具有很大区别，是否应在涉外民事关系中直接适用，应根据具体规定进行判断。

由此引发的另一问题是，在申请承认和执行域外民事裁判案件中，域外判决如果违反我国法律强制性规定，应产生怎样的法律后果？比如，前述的对外担保纠纷案件，如果域外法院判决认为有效，并且当事人到我国内地申请承认和执行，应如何认定？我们认为，违反强制性规定并不必然违反公共秩序，只有在强制性规定涉及重大的社会公共利益时，才可以依公共秩序保留原则予以拒绝承认和执行，对于违反一般强制性规定的则不宜以违反公共秩序为由予以拒绝。[②]

法律规避的对象指向一国的强制性规定，鉴于当事人规避我国强制性规定的行为已经由《法律适用法》第 4 条确立的强制性规定制度进行调整，问题则在于应如何看待当事人规避其他法域强制性规定的行为。一般而言，内国的强制性规定不具有域外效力，故没有必要规定当事人规避其他

① 杜涛：《涉外民事关系法律适用法释评》，中国法制出版社 2011 年版，第 64 页。

② 比如，澳门当事人与内地当事人约定以内地当事人的某一银行账户设定担保，对此，澳门法院判决认为有效。澳门当事人到内地法院申请承认和执行，要求对内地当事人的账户享受优先受偿权。依内地法律，就银行账户设定的抵押合同应为无效，并且，该账户已经依内地法律被内地法院保全，如承认澳门法院判决，则势必与我国内地法律规定，以及保全申请人的优先受偿权产生一定的冲突。但我们认为，这种情形尚不足以构成违反公共秩序。

法域强制性规定的行为不发生改变法律适用的效力。①况且，如果当事人规避域外法中的强制性规定，制造或改变连结点的目的是指向我国法律为准据法，那么以法律规避为由否定当事人行为的效力将会得出不适用我国法律而适用域外法的结果，这将人为地增加人民法院适用法律的难度，对于妥善审理涉外民商事案件弊大于利。因此，我们认为，对法律规避的问题无需在《法律适用法》及其司法解释中进一步明确。

（七）当事人意思自治原则的适用

考虑到尊重当事人对民事权利享有的处分权，并适应国际上当事人自行选择适用法律的范围不断扩大的趋势，《法律适用法》在总则中规定，“当事人依照法律规定可以明示选择涉外民事关系适用的法律”，并在分则中将当事人意思自治原则扩张到代理、信托、仲裁协议、夫妻财产关系、协议离婚、动产物权、合同、侵权、不当得利、无因管理、知识产权转让和许可等领域，如此大规模的扩张是《法律适用法》的一大突破和特色。

毫无疑问，当事人意思自治原则是涉外民商事关系，尤其是合同关系中得到最为广泛承认和运用的原则，也是我国目前涉外审判实践中最为首要、常用的法律适用原则。为此，我国《民法通则》《海商法》《民用航空法》等法律、司法解释均对该原则予以确认，《涉外合同法律适用规定》更对该原则的适用作了明确的、详细的规定。我们认为，该规定在实践中具有较强的可操作性，应继续适用，但鉴于该规定仅适用于民事或商事合同纠纷案件，而意思自治原则已经扩张至其他领域，并且，意思自治原则在各领域的适用应具有同一性，因此，有必要参照该规定把意思自治原则的适用在《法律适用法》司法解释中予以明确。

1. 当事人选择法律适用的时间。当事人可以在纠纷发生前或纠纷发生后就可能发生或已经发生纠纷的民事关系的法律适用问题作出约定，这并无争议，各国立法的主要差异在于当事人最迟可以在什么时候选择或变更法律适用。我国《涉外合同法律适用规定》第4条规定：“当事人在一审法庭辩论终结前通过协商一致，选择或者变更选择合同争议应适用的法律的，人民法院应予准许。”我们认为，该规定合理地把握了当事人意思自

① 事实上，有观点认为，法律规避制度应逐步淡出冲突法。参见齐湘泉：《〈涉外民事关系法律适用法〉起草过程中的若干争议及解决》，载《法学杂志》2010年第2期。

治原则适用的宽松和有度，一方面尊重了当事人的意思表示，另一方面对当事人选择法律适用的时间作出了较为合理的界定，避免了当事人意思表示的反复导致纠纷解决的不确定状态，对该规定应保留适用。

2. 当事人选择法律适用的方式。允许当事人依意思自治选择法律适用的国家均毫无例外地准许当事人采用明示的方式选择法律，包括书面或口头的形式，但是，是否允许当事人以默示的方式进行法律选择则各国规定不一。《法律适用法》第 3 条规定："当事人依照法律规定可以明示选择涉外民事关系适用的法律。"《涉外合同法律适用规定》第 3 条"当事人选择或者变更选择合同争议应适用的法律，应当以明示的方式进行"的规定与前者相似。问题在于《法律适用法》第 3 条的明示方式如何理解？调研中，各地法院均提出，对于当事人未选择合同争议应适用的法律，但均援引同一国家或者地区的法律且未提出法律适用异议的，应当视为当事人已经就合同争议应适用的法律作出选择。这是在司法中常见的态样，也为法院在解决法律适用问题方面提供了有益的便利，对此应予以明确。

3. 当事人选择适用的法律的范围。问题在于当事人是否可以选择与案件不具有实际联系的国家或地区的法律？是否可以选择我国未参加的国际条约？是否可以选择非立法性的文件？[①] 从国际私法实践看，各国对此有不同认识与做法，但是，主流观点认为，不要求所选择的法律体系与合同或者交易存在某种特定的联系是当事人意思自治原则的应有之义。[②] 晚近的国际公约和一些国家与国际私法相关的文件中均有所反映。例如，《关于国际货物买卖合同准据法的（海牙）公约》第 7 条第 1 款、《罗马公约》第 3 条第 1 款等。实践中也有观点认为，当事人选择适用某一国家法律或者某一法律文件，即使该法律规定与纠纷没有实际联系，或者该法律文件系我国未参加的条约，但是当事人通过合意将其纳入合同，则可以把其视为合同约定的一部分，将其作为合同条款对待。当然，其前提是当事人选择适用的法律或规则不违反我国法律强制性规定，不违反公共秩序。我们赞同此种观点，民商事纠纷本质上涉及的是当事人的权利义务，属于可处分的私权范围，在不违反法律强制性规定的情况下应予充分的尊重。调研

① 非立法性文件，比如某一组织的商业规则，不属于法律适用中的可选择法律范围，但可能为当事人所选择。

② 陈卫佐：《比较国际私法：涉外民事关系法律适用法的立法、规则和原理的比较研究》，法律出版社 2012 年版，第 261 页。

发现，实践中，当事人选择毫无关联的国家或地区的法律的情形极为少见，并且，根据民商事领域"法无禁止即可为"原则，对当事人选择法律适用的范围并不需要作出积极回应，而只需在当事人作出此种选择时予以认可即可。

但是，值得注意的是，对于我国法院审理的纠纷，如果属于我国缔结或参加的国际条约调整的范畴，应考虑优先适用国际条约，不再考虑当事人选择或其他冲突规则。当事人对我国缔结或参加的国际条约调整的民事关系作出法律适用选择的，该选择应受到条约本身规定的约束，如果条约带有强制性的规定限制当事人选择所适用的法律，则当事人只能在条约允许的范围内选择，超出范围的无效。① 如果条约规定允许当事人协议排除条约的适用，则当事人可以选择是否排除条约的适用。②

4. 债权让与（或法定的债权转移）下的法律适用条款的效力。根据我国《合同法》第 57 条的规定：合同无效、被撤销或者终止的，不影响合同中独立存在的有关解决争议方法的条款的效力，当事人对于争议解决方式的约定和法律适用的约定具有相对独立性。合同成立之后，合同主体可能由于合同债权的转让、承受等事由而发生变化，但是，由于这类条款具有相对独立性，合同转让后，承受合同权利义务的后手当事人能不能对管辖权和法律适用条款提出抗辩？这一问题在管辖权/仲裁条款中争议特别突出，为此，《南京会议纪要》专门对这一问题作出明确：第一，第 60 条：当事人在订立仲裁协议后合并、分立或者死亡的，该仲裁协议对承受仲裁事项所涉权利义务的人具有约束力，但当事人在订立仲裁协议时另有约定的除外。第二，第 61 条：当事人在订立仲裁协议后转让全部或部分债权债务的，仲裁协议对受让人有效，但当事人另有约定、明确反对或者受让人在受让债权债务时不知有单独仲裁协议的除外。第三，第 127 条：保险人

---

① 例如，1929 年《统一国际航空运输某些规则的公约》（《华沙公约》）第 32 条规定："运输契约的任何条款和在损失发生以前的任何特别协议，如果运输契约各方借以违背本公约的规则，无论是选择所适用的法律或变更管辖权的规定，都不发生效力。"

② 例如，《联合国国际货物销售合同公约》第 6 条规定，双方当事人可以不适用本公约，或减损本公约的任何规定或改变其效力。1987 年最高人民法院转发对外经济贸易部《关于执行〈联合国国际货物销售合同公约〉应注意的几个问题》的通知中规定，各公司对一般的货物买卖合同应考虑适用公约，但公司亦可根据交易的性质、产品的特性以及国别等具体因素，与外商达成与公约条文不一致的合同条款，或在合同中明确排除适用公约，转而选择某一国的国内法为合同适用法律。司法实践中也据此操作，如（2001）苏民二终字第 237 号镇江市路达对外贸易有限责任公司与卢森堡阿贝德钢铁集团公司镀铝锌板买卖合同纠纷案。

向被保险人实际赔付保险赔偿取得代位请求赔偿权利后，被保险人与第三者之间就解决纠纷达成的管辖协议以及仲裁协议对保险人不具有约束力。第三项的规定与前两项的思路不尽一致，主要针对海上保险合同纠纷，理由在于保险人并不是提单或者运单记载的合同当事人，其并没有参与合同的签订，并不知悉提单或者运单上所记载的仲裁/管辖权条款，并且仲裁/管辖权具有独立性，相对独立于合同实体权利义务条款，保险人代位取得的仅仅是合同实体权利义务。

我们认为，法律适用条款和管辖权条款/仲裁条款一样，属于当事人对争议解决方法方面的约定，其相对于合同实体权利义务条款而言具有独立性。但是，在合同的概括转让或法定转移的情况下，除非特别声明，管辖权条款/仲裁条款和法律适用条款应一并发生转移，进而对受让人具有拘束力。我们赞同《南京会议纪要》第60、61条的处理思路，第127条则值得商榷。保险人代位取得的是被保险人在原合同中的地位，包括其所有的权利义务，代位求偿权不能使新的债权人享有比原债权人更加优越的地位，合同对方当事人依照合同而可以对被保险人行使的抗辩不会因为保险人的代位而丧失，其中包括管辖权/仲裁条款、法律适用条款的抗辩。因此，我们建议对债权转让或法定的债权转移下的法律适用条款的效力作出明确规定。

5. 不予认可单方变更。审判实践中遇到当事人在合同中约定了法律适用条款，但是，庭审时，一方未到庭，另一方当事人怠于查明外国法，提出变更法律选择条款，改为适用法院地法。对此，我们认为，不应予以准许。当事人对于签订的合同应信守约定，遵循诚信原则，除非法定或约定的情况，不得随意变更合同约定，以一方当事人未到庭参加诉讼请求变更法律适用约定，缺乏法律依据。并且，法律适用最终可能影响到当事人的实体权利义务，在一方当事人未到场的情况下，变更法律适用进而影响其实体权利义务，也是不可取的。

（八）最密切联系原则的适用

最密切联系原则指涉外民事关系应适用的法律是该关系在经济意义或其他社会意义上集中地定位于某一法域的法律。最密切联系地法作为当事人自选法的补充，适应了涉外民事关系复杂多变的需要，增强了法律适用的针对性和合理性。法院在适用最密切联系原则时，应从质和量两个方面全面考察与合同有关的主客观因素，进而确定纠纷的最密切联系地，但正因它赋予法官较大的自由裁量权，容易导致主观随意性以及法院地法的滥用。为克服这一缺陷，自20世纪60年代开始，许多国家的立法在最密切联系地法的适用中采纳了“特征性履行说”。《南京会议纪要》《涉外合同法律适用规定》《法律适用法》都引入了这一学说和方法。调研发现，各地法院对最密切联系原则及特征性履行方法的适用存在以下主要争议：(1) 如何确定“最密切联系”？裁判文书中是否应罗列连结点并进行比对分析？如何作质量上的权衡？从实践中看，各地法院对最密切联系地的确定标准不一，极易出现裁判尺度不统一的问题。(2)《法律适用法》与《涉外合同法律适用规定》中关于特征性履行的规定之间关系如何？(3) 特征性履行方法是否可确定某种共同的基本认定标准？(4)《法律适用法》第41条第2款中“或”书前后两个概念之间的关系如何？

“最密切联系”除了意味着它是一个关系范畴外，还意味着它是具有多重可参照标准、并经相互比较之后的结果。最密切联系原则要求法官结合案件的具体情况，综合考虑争议与所涉法域之间的联系的重要程度、当事人的正当期待、特定领域法律所体现的政策、案件审理结果的公正与合理等多种因素，通过对连结点的定量和定性分析，确定合同的最密切联系地。实践中有相当部分判决还是仅仅以连结点的数量而不是质量来确定最密切联系地，通常在罗列了一系列连结点，如合同的订立地、履行地、合同标的物所在地、争议发生地、当事人的国籍所属地或住所地、营业地之后，没有列举共有哪些与合同有联系的法域存在、各自与合同的联系如何，更没有相互比较分析的过程，便直接认定该合同的最密切联系地在我国，从而适用我国法律作为审理案件的准据法。这样的适用方式显然不规范、也不妥当，不能体现确定最密切联系法的公正性。因此，我们认为，有必要明确最密切联系原则的适用方式：先列举争议相关的所有连结因素，确定每一连结点是何法域，再就争议相关的所有法域进行分析比较，确定与争议具有最重要、最实质联系的法域。

《法律适用法》第41条规定：“当事人可以协议选择合同适用的法律。当事人没有选择的，适用履行义务最能体现该合同特征的一方当事人经常居所地法律或者其他与该合同有最密切联系的法律。”该条确立了特征性履行作为确定最密切联系原则的主要方法。此前的《涉外合同法律适用规定》第5条依同一方法规定了合同的法律适用，但是，该规定采用了特征性履行当事人的住所地法，与《法律适用法》采用经常居所地的规定不一致，因此，我们建议将《涉外合同法律适用规定》第5条作适当修改后吸纳入司法解释一。同时，实践中也确实出现特征性履行义务方属人法并非纠纷最密切联系地法的情况，很有必要将《涉外合同法律适用规定》第5条"如果上述合同明显与另一国家或者地区有更密切联系的，适用该另一国家或者地区的法律"的规定予以保留。①

（九）公共秩序保留原则的适用

《民法通则》第150条规定："依照本章规定适用外国法律或者国际惯例的，不得违背中华人民共和国的社会公共利益。"《海商法》第276条、《民用航空法》第190条也作了同样的规定。《法律适用法》第5条规定："外国法律的适用将损害中华人民共和国社会公共利益的，适用中华人民共和国法律。"进一步明确了公共秩序保留的后果，即适用我国法律。调研发现，对公共秩序保留原则的适用主要有以下几个问题：（1）如何界定"公共秩序"或"社会公共利益"？（2）公共秩序保留与强制性规定的适用关系如何？（3）区际法律冲突中能不能适用公共秩序保留原则？（4）在《法律适用法》第5条与《民法通则》第150条规定不一致的情况下，国际惯例是否适用公共秩序保留？

1. 公共秩序的概念和范围。公共秩序（或"公共政策""社会公共利益"）不仅是一个法律概念，还是一个政治概念，是各国对内对外基本政策与有利于它们的社会秩序的总称。各国在什么情况下运用公共秩序保留制度是随着时间、国际国内形势、所涉及的问题以及其他条件的不同而变化着的。我们没有必要也不可能要求政治制度、社会结构和历史文化传统等方面都不相同的各个国家对公共秩序有一个共同的统一理解。无论如何，对公共秩序作概括性的或列举式的界定都是不切实际的，反而会局限了其范围。公共秩序的内涵和外延应当由人民法院在个案的审判实践中逐渐加以充实和丰满。②

---

① 如（2010）粤高法民四初字第2号案中，其中所涉涉港担保合同关系，保证人香港居民，依《涉外合同法律适用规定》第5条，该担保关系应适用香港法，但是，该担保合同在内地签订，其担保的债权为内地债权，保证人虽然为香港居民，但其同时也是内地借款人的法定代表人，故我们认为内地与纠纷具有更密切联系，该担保合同应适用内地法律。

② 高晓力：《析涉外民事关系法律适用中公共秩序条款的适用》，载郑鄂主编：《中国涉外商事审判研究》（第二辑），法律出版社2011年版，第251页。

值得注意的是公共秩序与强制性规定在概念和范围上的分野。如前所述，公共秩序与强制性规定这两个概念之间有着天然的联系，但也有根本的区别。在表现形式上，强制性规定是体现公共秩序的具体成文法律规定；公共秩序则是一个弹性的概念，没有具体的成文形式，只能由适用者根据社会经验综合国情、政局、民俗等因素作出判断。在适用路径上：强制性规定是从根本上排除冲突规范的适用；公共秩序保留的适用前提是对冲突规范指引的准据法的适用结果进行判断。换言之，强制性规定是直接介入到涉外民事关系的法律适用中，并排除了法律选择过程，而公共秩序保留是一种法律适用的后果审查，其适用理由是针对适用域外法的结果而不是域外法的内容本身。[①] 因此，如果有关涉外民商事案件存在我国的强制性规定，则人民法院只能直接依据《法律适用法》第 4 条的规定适用有关强制性规定，而不可能再适用《法律适用法》第 5 条中的公共秩序保留制度。

2. 公共秩序保留是否适用于国际惯例？《民法通则》《海商法》《民用航空法》中规定的公共秩序保留适用于“外国法律”和“国际惯例”，而《涉外合同法律适用规定》《法律适用法》中规定的公共秩序保留只适用于“外国法律”。如何理解这种前后规定的不一致？在现行法律框架下，国际惯例是否适用公共秩序保留？学者认为，任意性的国际商事惯例不一定对当事人具有法律约束力，但经当事人选择后就具有法律约束力和强制力，相当于其合同条款的内容，不能随意以公共秩序保留为由排除其适用。事实上，国际商事惯例的性质决定了其不会危及一国的公共安全或国家利益，故不应受公共秩序保留的限制。如果动辄对国际商事惯例加以排除，将会助长滥用公共秩序保留之风，这与国际私法的目的是背道而驰的。以公共秩序保留为由排除国际惯例的适用的做法，可以说是改革开放初期立

① 我国《民法通则》第 150 条中规定：“……适用外国法律……不得违背中华人民共和国的社会公共利益。”该条并没有明确是外国法本身的规定违反我国公共秩序还是外国法适用的结果将违反我国的公共秩序。《法律适用法》第 5 条表述为“外国法律的适用将损害中华人民共和国的社会公共利益的”，虽然没有“适用的结果”的表达，但该条的确是采用“结果说”，即只有该外国法适用的结果会危害法院地国的公共秩序时，人民法院才可以援用公共秩序排除该外国法的适用。参见高晓力：《析涉外民事关系法律适用中公共秩序条款的适用》，载郑鄂主编：《中国涉外商事审判研究》（第二辑），法律出版社 2011 年版，第 257 页。

法者的权宜之计，至今已显然不合时宜。[①] 鉴于运用公共秩序保留制度排除国际商业社会普遍认可并遵行的国际惯例不仅依据不足，而且社会效果也不好，故《法律适用法》第 5 条的规定是有意识地予以纠正，这是我国立法的一大进步。[②] 我们认为，对于新旧法在条款上的冲突，尽管《海商法》《民用航空法》属于特别法，但这两部法律中的公共秩序保留条款却并不属于“其他法律另有特别规定”的范畴，故依据新法优于旧法的原则，应当以《法律适用法》第 5 条的规定为准，将国际惯例排除在公共秩序保留的适用范围之外。

3. 公共秩序保留是否适用于我国区际民商事纠纷。根据有关司法文件的规定，我国法院对涉港澳案件的审理实践一直是比照涉外案件处理，但公共秩序保留原则是否也适用于涉港澳案件，争议颇多。有的案例以违反我国一夫一妻制为由不予适用香港法律。[③] 又如，澳门债权人向内地法院诉请要求内地居民清偿赌债的诉讼，法院能否依据公共秩序保留原则排除《澳门民法典》及《娱乐场博彩或投注信贷》等法律规定？我们认为，鉴于我国《宪法》确立了“一国两制”基本制度，同时《澳门特别行政区基本法》中也明确允许澳门保留博彩业，如果人民法院以违反我国社会公共利益为由排除澳门法的适用，无异自相矛盾。[④] 只要相关的香港或澳门法律规定不违反我国《宪法》和两个基本法中的基本制度和基本原则，就不应当纳入公共秩序保留制度的适用范围。

4. 适用公共秩序保留原则的层报制度。调研中，有法院建议参照涉外仲裁的内审程序，针对公共秩序保留原则建立层报制度。我们认为，这种做法有利于最高人民法院统一掌握各地法院适用该原则的尺度，也有利于最高人民法院通过个案中的批复或解释，逐步充实和丰富公共秩序的内涵和外延。因此，在内部管理机制上，可以考虑建立类似涉外商事仲裁司法审查的内审程序，规定地方各级法院拟以公共秩序保留为由排除域外法适

---

① 陈卫佐：《比较国际私法：涉外民事关系法律适用法的立法、规则和原理的比较研究》，法律出版社 2012 年版，第 248～249 页。

② 黄进、姜茹娇主编：《〈中华人民共和国涉外民事关系法律适用法〉释义与分析》，法律出版社 2011 年版，第 28 页、第 32～33 页。

③ 上海市第一中级人民法院（1999）沪一中民初字第 393 号，范焕明等与范荣富涉港继承纠纷案中，上海高院二审认为，依据香港法律承认被继承人与第二妻子的婚姻，将违背我国法律中一夫一妻制度，有悖于我国的社会公共利益，故根据公共秩序保留予以排除。

④ 杜涛：《涉外民事关系法律适用法释评》，中国法制出版社 2011 年版，第 74～75 页。

用的案件，应层报最高人民法院审核批准。

（十）国际条约的适用

我国关于国际条约适用的规定散见于《民法通则》《海商法》《票据法》几个部门法中，《法律适用法》中未再规定。司法实践中，国际条约的适用是涉外审判不可忽视的重要部分。根据相关机构自 2001 年以来的非正式统计，在涉外案件的审判中，适用国际条约的年均 3.05％左右，适用最多的国际条约是《联合国国际货物销售合同公约》，其次是《华沙公约》《伯尔尼公约》和《国际海上避碰规则公约》。[①]

国际条约在实践中适用的主要问题之一是适用国际条约是否以国内法与条约相冲突为前提条件。《民法通则》第 142 条第 2 款规定，中华人民共和国缔结或者参加的国际条约同中华人民共和国的民事法律有不同规定的，适用国际条约的规定。据此，有人认为，国际条约的适用以条约与我国法律规定不一致为前提，如果国内法与条约规定一致，可以将国内法的规定看成是为实施国际条约转化而来，则只需适用和援引国内法。我们认为，这一做法并不太妥当。我国作为 1969 年《维也纳条约法公约》的成员国，根据该公约第 26 条的规定，不得援引国内法的规定不履行条约。《民法通则》第 142 条第 2 款的规定说明当条约与国内法规定不一致时，应优先适用条约，但并不是要求条约只能在与国内法规定不一致的情况下才能适用。《最高人民法院关于审理和执行涉外民商事案件应当注意的几个问题的通知》第 2 条进一步明确规定，对我国参加的国际公约，除我国声明保留的条款外，应予优先适用，同时可以参照国际惯例。上述规定也说明了条约在我国具有优先适用的效力。

由此引申出的另一个问题是，当法院适用国际条约审理案件时，是否需要根据冲突规范的指引确定适用我国法律的情况下才产生条约优先适用。对此，我们认为，条约的适用不需要经过冲突规范的指引。冲突规范指引适用的是调整当事人实体权利义务关系的内国法律规范。条约是国家之间以国际法为准则缔结的协议，一旦在我国生效，则相关领域的涉外民事关系应优先适用条约，其依据的是《民法通则》第 142 条第 2 款等类似规定，无需经冲突规范指引。

---

① 何其生等：《中国国际法学三十年》，载中国期刊网。

国际条约适用的问题之二在于适用条约的案件范围。国际条约固然适用于涉外案件中，但是，如前所述，涉外案件并非仅仅主体涉外的案件，还包括标的物、法律事实等要素涉外的案件，某些条约的适用也并非以主体属不同国家为条件，是否只要是涉外案件就必须考虑条约的适用？我们认为，如果是本国当事人之间的诉讼，即使具有涉外因素，也不应优先考虑公约的适用。各国缔结或参加国际条约的目的之一在于实现对国际民商事活动的不同国家主体的同等保护，适用同等的权利义务，如果是同一国家的当事人则没有以公约调整的必要。我国《民法通则》第146条第1款规定，“侵权行为的损害赔偿，当事人双方国籍相同或者在同一国家有住所的，可以适用当事人本国法律或者住所地法律”，也说明了这一思路。

（十一）域外法的查明问题

域外法查明问题是调研中反映得最为突出的问题之一。实践表明，最终适用域外法解决的案件数量极少，这一方面是由于当事人选择适用域外法的比例较少，另一方面更为重要的是，通过冲突规则指引原本应适用的域外法大多由于无法查明、法院引导当事人变更法律选择等原因转而适用法院地法。

《法律适用法》第10条规定，涉外民事关系适用的外国法律，由人民法院、仲裁机构或者行政机关查明为主，当事人选择适用外国法律的，负有证明该外国法的责任，亦即采职权查明为主，当事人提供为辅的模式。调研显示，大多数法官认为这种模式在实践中执行的效果可能相对有限，其原因在于：（1）这一规定与现有的实践情况不符。司法实践中一直是以当事人提供为主、法院查明为补充。法官或者仲裁员等均非域外法律专家，在查明域外法方面，法官或者仲裁员与当事人站在同一起跑线上，甚至于法官或者仲裁员可利用的资源更少于当事人。即便法官能够查询到相关的成文法或者判例，但由于对整个域外法律体系并不了解，也不敢轻易适用。一般而言，涉外当事人与该域外法律存在更密切联系，由其提供和证明更符合诉讼经济原则，将域外法的查明义务主要交由当事人也是英美法系国家、部分拉丁美洲国家的普遍做法。（2）这一规定与现有的制度配套不符。我国涉外审判由法官查明域外法的客观条件不具备，主要是：①缺乏查明的工具（比如域外法资料库、信息中心等）。②官方渠道的查明途径并不顺畅。《民法通则意见》规定了域外法律可以由与我国订立司法协助协定的缔约对方的中央机关提供、由我国驻该国使领馆提供、由该国驻我国使馆提供，但实际上这些途径极少使用。最高人民法院一再强调港澳台地区的法律不能以不能查明为由不予适用，但是，目前内地与港澳台之间的司法互助/互助事项中尚未包含提供法律规定这一项，使得查明域外法缺乏权威的渠道。③配套的制度尚未完善。法院查明域外法的费用、翻译费用如何负担这些具体事项尚未明确，在实践中也造成困难。可以说，在现有的条件下，要求法官承担过重的查明责任并不现实。(3)这一规定没有对查明和不能查明的标准作出界定。这一规定仅涉及“查”的主体和途径，而未涉及“明”的问题，即对于所查到的内容在诉讼程序中应如何确认的问题未予明确。在我省审理的涉港融资租赁合同纠纷案件中，当事人往往约定适用香港法，并通常提供香港律师出具的《法律意见书》证明香港法律规定，由此产生的问题即对于判例法国家或地区的法律规定应如何证明，律师出具的《法律意见书》是否足够视为查明？我们曾经遇到双方当事人对香港判例法中的同一法律原则提供了不同的专业律师的意见进行阐释，最终得出两种完全不同的结论，这种情况并不在少数，法官往往处于难以认定的困境。此外，对于当事人主张外国法中对某一问题没有规定的，是否还要继续证明，是否还要将相关法律文件提供以证明没有规定？(4)未规定当事人不提供或者不能确认外国法内容的后果。《法律适用法》第10条规定，“当事人选择适用外国法律的应当提供该国法律”，但是并未规定当事人是指哪一方当事人，该举证义务应如何承担？当事人未提供或不能提供时人民法院应当如何处理？

我们认为，要改变我国域外法查明的困境，一方面要改善客观条件，另一方面要完善现有的法律规定，对域外法查明的责任进行合理分配。从性质上而言，域外法律属于法律，但并不属于“法官知法”中所应知晓的法律，毕竟法官属于一国的法官，其所应该知晓的法律为本国法律，其不可能也没有义务对他国的法律当然知晓，进而承担过重的查明责任。对于一国法律对纠纷所涉的法律问题是否作出规定及其内容为何属事实问题，属于可证明事项，可根据一定的规则进行证明责任分配。对域外法的查明责任可以依据不同性质的域外法进行区别对待。对于当事人选择适用的域外法，当事人通常对该域外法律较为熟悉，由当事人负责提供和证明显然更为合适。但是，对于由《法律适用法》规定的其他连结点所确定的域外法，比如物之所在地法、行为地法、最密切联系地法等等，当事人对这类域外法可能也不清楚、不熟悉、难以取得，要求当事人负责提供属于强人所难。既然是法律规定要求适用的法律，则作为国家权力意志体现的法院应当承担此域外法的查明责任。

《法律适用法》第10条规定，当事人对其选择适用的法律负有提供的义务是合理的，但是，应进一步明确当事人对此类域外法的证明责任。对于当事人选择适用的法律，如果当事人不提供或者无法提供；或者提供的法律规定，对方当事人提出异议，双方无法达成一致意见，法院也无法确定的，应视为无法查明，可根据第10条第2款的规定适用我国法律。

对于根据《法律适用法》的硬性冲突规则指引而适用的域外法，应主要由法院负担查明责任。但是，对于当事人提供该域外法更为便利的，法院可以要求当事人提供。比如，当事人的属人法（国籍国法、经常居所地法、主营业地法等）属于当事人更为了解和熟悉的法律，并且，其也更有条件、更便利地取得，可以要求当事人提供。这在国际上也不无先例，比如，《俄罗斯联邦民法典》第1191条第2款第3句规定，就与当事人所从事的企业家活动而言，法院可以使当事人负责证明外国法规范的内容。[①]

在如何认定查"明"问题上，如前所述，对于当事人选择适用域外法应采取更为宽松的态度，甚至可以将当事人选择的规则视为合同条款对待，因此，如果当事人能够对域外法达成一致意见的，则无需追求达到"客观真实"，可予以确认。当事人约定适用域外法的，双方当事人均有义务提供域外法律，对于一方当事人不提供，而另一方当事人仍主张适用该域外法的，该另一方当事人应负担提供义务。对一方当事人提供的域外法律有异议的当事人应提供该域外法规定的证明予以反驳，如果其提出异议却不提供或无法提供证据予以反驳，则由法院审查对方当事人提供的域外法进行认定。

（十二）仲裁协议法律适用问题

《法律适用法》第18条规定："当事人可以协议选择仲裁协议适用的法律。当事人没有选择的，适用仲裁机构所在地法律或者仲裁地法律。"对本条的理解与适用有以下问题值得注意：（1）这一条款适用于仲裁协议的

---

① 陈卫佐：《比较国际私法：涉外民事关系法律适用法的立法、规则和原理的比较研究》，法律出版社2012年版，第234页。

成立和效力，但是，不适用于当事人的缔约能力。仲裁协议当事人的缔约能力的准据法与仲裁协议本身适用的准据法需分别根据不同的冲突规则确定各自适用的准据法。《纽约公约》第 5 条第 1 款第 1 项即采用这一分割制理论，规定："第 2 条所述的协议的双方当事人，根据对他们适用的法律，当时是处于某种无行为能力的情况之下；或根据双方当事人选定适用的法律，或在没有这种选定的时候，根据作出裁决的国家的法律，下述协议是无效的……"。《法律适用法》第 11、12、14 条分别对自然人和法人的属人法作出了规定，当事人缔结仲裁协议能力适用的准据法应按照上述法条的规定予以确定。(2) 可仲裁性问题与仲裁协议的效力问题。可仲裁性问题与公共政策密切相关，它的范围不能由当事人通过意思自治来进行选择，而是直接由国家法律作出规定。通常情况下，可仲裁性问题依据法院地国法或被请求承认和执行仲裁裁决国法律来认定，如《纽约公约》第 5 条第 2 项第 1 款规定，被请求承认和执行仲裁裁决的国家的管辖当局如果查明有下列情况，也可以拒绝承认和执行：争执的事项，依照这个国家的法律，不可以用仲裁方式解决。因此，可仲裁性事项准据法的确定也应排除在本条适用的范围之外。(3) 如果一项仲裁协议既未约定本身适用的准据法，又未约定仲裁机构或仲裁地，应如何适用法律？这需要解决如何协调本条与《仲裁法司法解释》第 16 条的适用问题。《法律适用法》颁布后，该司法解释仍然有效，且本条未明确排除法院地法的适用。在《法律适用法》没有规定的情况下，可以补充适用《仲裁法司法解释》第16 条，即当事人既未选择仲裁协议适用的法律，又未约定仲裁机构所在地或仲裁地的，适用法院地法。[①] (4) 当事人选择的仲裁机构所在地与仲裁地不一致时的法律的适用。本条规定将仲裁机构所在地与仲裁地法并列，且在两者之间用了"或"予以连接。从条文结构看，仲裁机构所在地法与仲裁地法

---

① 此种情况下法律适用的选择有另外一种建议，即在当事人既未选择仲裁协议适用的法律，又未约定仲裁机构所在地或仲裁地的情况下，依据《法律关系适用法》第 2 条第 2 款的规定，即最密切联系原则确定适用的法律。理由在于能使该部法律的条文适用更加协调，完整。但问题在于，"仲裁机构所在地""仲裁地"与仲裁程序的进行、裁决的作出等与仲裁相关的因素存在密切的联系，本身与仲裁协议具有最密切联系。多部公约和多个国家的法律将仲裁地法规定为当事人未选择仲裁协议适用法律情况下的准据法。本条作为仲裁协议准据法的冲突规则将"仲裁机构所在地""仲裁地"规定为连接点也出于同样的考虑。此时，如果根据最密切联系原则来确定仲裁协议适用的法律，又会回到本条规定的情况，需要确定"仲裁机构所在地"或"仲裁地"，最终的结果是找不到连结点，无法选择适用的法律。因此，依据最密切联系原则确定适用的法律不具有可行性。

不能同时选择，但允许任意选择。但本条在顺序上将仲裁机构所在地法置于仲裁地法之前，不代表仲裁机构所在地法应优先适用。如何解决两者冲突的问题？考虑到当前我国积极发展多元化纠纷解决机制，支持仲裁事业的发展的态度，法院应秉承“尽量使之有效”的原则确定连结点，选择仲裁协议适用的准据法。即在仲裁机构所在地与仲裁地约定不一致的情况下，如果仲裁协议依据仲裁机构所在地法有效而依据仲裁地法无效，则适用仲裁机构所在地法，反之，则适用仲裁地法。如果两者皆有效，法院可任意选择之一。

（十三）涉港澳台民事关系的法律适用问题

我国目前关于涉港澳台民事关系的法律适用问题主要依据《最高人民法院关于审理涉港澳经济纠纷案件若干问题的解答》《全国沿海地区涉外、涉港澳经济审判工作座谈会纪要》《南京会议纪要》《涉外合同法律适用规定》以及《关于审理涉台民商事案件法律适用问题的规定》等解决。这些规定明确我国对涉港澳台民商事纠纷案件在法律适用方面参照涉外案件进行办理。比如，《涉外合同法律适用规定》第11条规定：“涉及香港特别行政区、澳门特别行政区的民事或商事合同的法律适用，参照本规定。”《关于审理涉台民商事案件法律适用问题的规定》第1条规定：“人民法院审理涉台民商事案件，应当适用法律和司法解释的有关规定。根据法律和司法解释中选择适用法律的规则，确定适用台湾地区民事法律的，人民法院予以适用。”

《法律适用法》第2条规定：“涉外民事关系适用的法律，依照本法确定。”根据该条的表述以及立法者的本意，该法并不适用于区际民事法律关系，故不能在区际纠纷中直接据以确定准据法。但是，由于此前人民法院对涉港澳台民事纠纷的一贯做法均是“参照（比照）”涉外民事关系处理，故实践中许多法院已经采取了当然适用的做法，涉港澳台民事案件是否能够参照《法律适用法》进行法律适用成为亟需解决的问题。我们认为，港澳台地区施行与内地不同的法律制度，由此产生了区际法律冲突，确有必要适用冲突规则确定涉港澳台纠纷的法律适用问题，在我国缺乏区际冲突法的情况下，可以在《法律适用法》司法解释中明确对涉港澳台民事关系的法律适用参照该法和相关的司法解释处理。

涉台民商事审判创新性研究

珠海市中级人民法院课题组*

由于我国台湾地区在“一国两制”的基本国策和原则下，属于独立的法域，两岸有关制度存在差异，涉台商事审判就成为了一种既有别于涉外商事审判，又不同于非涉外商事审判的特殊审判方式。其在审判程序、遵循原则、法律适用等方面均具有特殊性。大陆与台湾地区之间的司法互助机制正值起步之初，涉台民商事审判中难免存在诸多疑难问题。本调研报告以珠海市中级人民法院近年来审理涉台民商事案件的基本情况、特点为立足点，通过总结归纳，对遇到的具有典型性和代表性的疑难问题进行梳理分析，探索解决难点问题的亮点措施和对策，以期为提高珠海涉台民商事审判质量提供帮助。

一、近五年来涉台民商事案件综述

（一）近五年来涉台民商事案件的基本情况

表1　2008～2012年珠海中院涉台民商事案件统计表

项目＼年份	2008年	2009年	2010年	2011年	2012年
受理数量	16	19	20	33	39
所占比例	8%	15%	16%	26%	35%
涉案标的额	19768769元	19878700元	17768600元	10542830元	10170950元

* 课题组组长：陈新强，成员：贺晓翊、涂远国、张丹、曹阳春。

表 2　2011～2012 年珠海两级法院涉台民商事案件统计表

项目 / 年份	总收案数	总标的额	案件类型
2011 年	62	26122611 元	司法互助案件、认可和执行台湾支付令、不当得利纠纷、离婚纠纷、各类合同纠纷、债权纠纷、股东权纠纷、损害公司利益纠纷、撤销权纠纷、信用卡纠纷等
2012 年	86	27741244 元	司法互助案件、侵害实用新型专利权纠纷、不当得利纠纷、离婚纠纷、各类合同纠纷、物权纠纷、股东资格确认纠纷、债权纠纷等

（二）涉台民商事案件的特点及成因分析

通过对上表数据及审判实践的综合分析，我市两级法院审理的涉台民商事案件的主要特点如下：

1. 特色一：案件数量日益增多，涉案标的额不断增长。上述数据表明，随着两岸交往的日益深入以及珠海外向型经济的辐射和自由流动，台湾地区投资者对珠海的经济投资热情有所增长，但由于台湾地区投资者对大陆法律的不熟悉导致投资的盲目性，不可避免地产生了较多的涉台民商事纠纷，而且所涉标的数额较大。

2. 特色二：新类型案件不断涌现，案情日益复杂。涉台民商事纠纷案件中传统类型繁多，如买卖合同和借款合同等所占的比重较大，但即使是上述传统类型的案件，其案情日趋复杂，使得审理的难度加大。近两年来，珠海法院受理的涉台民商事案件中不断涌现出一些新类型的复杂案件，例如涉台股权转让纠纷、股东资格确认纠纷、损害公司利益纠纷、撤销权纠纷、认可和执行台湾支付令等案件。

3. 特色三：我院受委托办理的涉台司法互助案件成快速增长趋势。2011 年 6 月 25 日，《最高人民法院关于人民法院办理海峡两岸送达文书和调查取证司法互助案件的规定》开始施行，自该规定施行至今仅一年半的时间，我院已办理涉台司法互助案件近 70 宗。不仅案件数量日趋增多，要求协助调查的案件类型也更为复杂多样，例如要求调查当事人的下落、当事人是否有被羁押等信息、当事人的财产状况、房产变更情况、土地使用权的变化、当事人在大陆犯罪时的具体做案时间、地点、犯罪工具等情况。对于这些调查事项，涉及的互助单位也日趋复杂，已经提供互助的单位有公安局、检察院、民政局、街道办、居委会、国土局、房地产登记中心、工商局、税务局、看守所、监狱、银行等。

二、涉台审判中的五大难点及对策

基于以上三大特色，涉台审判存在诸多难点，如何克服难点，突出亮点，课题组总结审判实践经验，有针对性地提出对策，力争将审判难点变成亮点，倾力打造出涉台民商事审判的优质品牌。

（一）管辖权协调方面

难点：平行诉讼及重复执行问题频出

对策：构筑管辖权协调机制，搭建信息沟通平台

1. 现状分析。当前涉台民商事审判实践中的一个重要问题是两岸法院的平行诉讼的存在。主要原因是大陆法院与台湾地区法院在管辖权协调方面尚未建立起任何协调机制，而管辖权问题亦是认可和执行外法域判决时的关键问题，它是审查一个法域的民商事判决能否得到另一个法域承认和执行的首要问题。[①] 两岸的管辖权冲突一直存在。

2. 存在问题。由此在对纠纷行使管辖权时，两岸法院均根据各自的既定规则行事，从而产生了大量平行诉讼（又称双重诉讼、重复诉讼或诉讼竞合）。[②] 案例一：当事人一方在一地的法院起诉或获得判决后，又在另外一地的法院重复起诉，或者对方当事人在另外一地法院提起对抗诉讼。由此产生的问题极为严重，最为可能的后果有二：一是一地法院作出的判决有可能与另一地法院就同一争议作出的判决存在实质上的冲突，使判决很难得到对方的认可和执行或实施其他司法互助行为，最终影响争议的解决。二是导致当事人"挑选法院"的现象产生，[③] 当事人可能利用两岸法律的不同，在对自己有利的地区提起诉讼，以获得有利的诉讼地位或判决，这种择地行诉的行为最终也不利于投资和贸易纠纷的公正解决。两岸

---

① 韩德培：《国际私法新论》，武汉大学出版社 2001 年版，第 671 页。

② 张万明：《涉台法律问题总论》，法律出版社 2003 年版，第 35 页。

③ 李燕芳：《海峡两岸民商事区际司法协助若干法律问题探讨》，载《台湾法研究学刊》2005 年第 2 期。

平行诉讼现象的存在客观上要求两岸尽快建立管辖权协调机制。①

3. 解决途径。本课题组认为，《海峡两岸共同打击犯罪及司法互助协议》没有就管辖权协调事项达成共识，成为其中的缺憾，此事只能留待条件成熟后两岸再行协商。在将来就此协商时，建议两岸充分尊重当事人之间的管辖协议，对属于对岸法院专属管辖的民商事案件，可考虑参照“不方便法院原则”不予受理。对因于海峡两岸专属管辖规定不一致而产生的管辖协议的争议，双方也应经过协商，使管辖协议尽可能有效。确立合理的“先受理法院”原则，即如先受理法院有管辖权，且可望在合理期限作出得到后受理法院承认的判决时，后受理法院应中止诉讼程序。同时，在立法上建议将《最高人民法院关于人民法院认可台湾地区有关法院民事判决的规定》第13条修改为：案件如经台湾地区法院判决，但当事人未申请认可，而就同一事实向大陆法院起诉，人民法院受理后，应中止诉讼，要求当事人申请认可台湾地区法院判决或主动审查是否认可台湾地区法院判决，再与第16条衔接。

另外，在两岸对管辖权的冲突尚未达成协议之前，大陆和台湾地区可以通过民间或半官方搭建平台，建立立案信息的通报制度，对平行诉讼的问题进行沟通形成协议，对两岸法院依法相互认可和执行的判决情况进行定期通报，避免重复执行或超额执行，有利于最大限度地保护两岸人民的合法权益。依据《最高人民法院关于人民法院认可台湾地区有关民事判决的规定》第16条的规定，表明了大陆对涉台案件司法管辖权的自我限制，其目的在于避免重复诉讼，对申请人针对同一事实已经在台湾地区法院作出判决的案件，经审查属实的，予以认可并终结诉讼。因此，在大陆和台湾地区均有管辖权的情形下，大陆和台湾地区的法院可以通过两岸受理案件的查询机制，互通有无，自我限制，采取“先立案先受理”原则，避免平行诉讼和重复执行。大陆法院也要充分尊重台湾地区法院的管辖权，注意在案件审理过程中了解和掌握是否存在平行诉讼的情况，在台湾地区法院已经受理案件的情形下，经查证属实的，应当不予受理。

（二）涉台审判的特殊性方面

难点：涉台案件适用法律和审理程序存在较多难点

① 张万明：《涉台法律问题总论》，法律出版社2003年版，第79页。

对策：吃透法律精神，化解审判难题

涉台案件审理还存在许多立法空白，有关规定不尽全面或缺乏可操作性。由于台湾地区与大陆特别而敏感的关系，在许多法律事务中都没有相关规定或规定得不够明确，致使案件法律适用不准确、认定标准不统一、审理程序繁琐冗长。具体如下：

1. 关于涉台案件法律适用问题。由于两岸的政治障碍没有根本消除，同时基于对“适用国家法律原则”的机械理解，许多法官对直接适用台湾地区法律处理案件实体争议这一问题，还是采取回避或迂回的态度。[①] 由此导致涉台民商事案件实际也排除了第三地法律和国际条约、国际惯例的适用。对此，本课题组认为，在涉台民商事案件审理过程中，除程序性案件外，在裁判理由和依据中出引用相关法律和其他司法解释的有关规定外，还应当引用《最高人民法院关于审理涉台民商事案件法律适用问题的规定》的相关条款。也即不论适用大陆法律还是台湾地区有关规定或者第三地法律，均应引述上述规定，意在表明对台湾地区有关规定的适用只是特别规定下的特殊国内法律事务，不同于涉外审判的法律适用。在引用台湾地区法律时，应不违反“一个中国”原则，不再称其为“规定”“法规”等，而以台湾地区某某法表述，不加引号。同时依据法律和司法解释中选择适用法律的规则适用台湾地区地区有关规定时，法院裁判文书中应当表述为“户籍地法律”“船舶登记地法律”“民用航空器登记地法律”等，不能称为“国籍国法律”“船舶登记国法律”“民用航空器登记国法律”。[②] 另外还应明确，根据《最高人民法院关于审理涉台民商事案件法律适用问题的规定》适用的台湾地区法律应当限于台湾地区的民商事有关规定，对于违背国家主权和“一个中国”原则的台湾地区各种有关规定不能适用。

2. 对被告诉讼行为能力的审查依据问题。《最高人民法院关于人民法院认可台湾地区有关民事判决的规定》第 9 条第 3 款中规定了被告无诉讼行为能力……为不予认可的情形之一，那么审查“被告的诉讼行为能力”是依据大陆法律还是台湾地区法律来判断，在司法实践存在争议。对于此问题，本课题组认为，参照《涉外民事关系法律适用法》第 12 条、第 14

---

① 吴国平等：《两岸民商事法律冲突的性质和解决》，载《福建政法干部管理学院学报》2002 年第 2 期。

② 参见《最高人民法院关于认真贯彻执行〈关于审理涉台民商事案件法律适用问题的规定〉的通知（征求意见稿）》。

条的规定，判断被告的诉讼行为能力则应依据其经常居所地法律或登记地法律，经常居所地法律或登记地法律在台湾地区的被告则应适用台湾地区的有关规定来判断其诉讼行为能力。

3. 如何判断在台湾地区形成的证据的真伪性。我院在司法实践中一般会根据案件决定是否需要当事人就相关证据办理公证认证手续，当事人应对证据的真伪承担举证责任。如果当事人拒绝对在台湾地区形成的证据作出公证手续，对方当事人表示认可该证据真实性的，则法院不作强制要求。在对方当事人对证据提出质疑时，当事人应当作出合理解释，法院在此情形下应综合判断对证据是否予以采纳。案例二：我院在审理一宗认可和执行台湾支付令案件中①，要求申请人提供台湾地区“士林地方法院”民事支付命令的公证书，以期判断该支付令的真实性。申请人提供了该支付令经台湾地区“台北地方法院”所属公证人某联合事务所认证和公证人的证明，并提供了台湾地区“士林地方法院”支付命令确定证明书。我院据此对支付令的真实性予以了认可。

（三）涉台送达方面

难点：涉台送达困难重重

对策：方式灵活途径多样，完成涉台送达

1. 基本情况。目前，涉台案件的送达主要依据 2008 年《最高人民法院关于涉台民事诉讼文书送达的若干规定》、2009 年《海峡两岸共同打击犯罪及司法互助协议》以及 2011 年《最高人民法院关于人民法院办理海峡两岸送达文书和调查取证司法互助案件的规定》的相关规定予以送达。

2. 存在问题。涉台送达在实践中仍存在诸多问题：（1）邮寄送达是主要送达方式，但是有效送达率不高。存在的问题是在台湾当事人拒绝签收或邮寄地址有变更的情形下，则无法有效送达。而且台湾地区对于大陆法院因邮寄送达未果直接公告所作出的判决不予认可和执行，故在邮寄送达未果后仍需通过司法互助程序送达，诉讼效率不高。（2）传真和电子邮件送达方式在实践中操作难度大。由于需送达的系台湾地区传真号码及台湾地区当事人的电子邮件，从技术上无法确认对方传真号码的真实性和电子邮件的真实性。依据《最高人民法院关于涉台民事诉讼文书送达的若干规

① 详见（2009）珠中法民四认字 2 号案。

定》第6条的规定，以传真和电子邮件方式送达的，要求受送达人在收到传真或电子邮件时予以回复。在诉讼中需要送达的台湾地区当事人大多为被告，从诉讼的角度上来讲对其不利，因此，即使传真和电子邮件是真实的，台湾地区当事人很少能有回复的情形。

3. 解决途径。针对上述难点，课题组灵活适用涉台送达规定，探索多途径送达方法。由于涉台送达具有专业性、复杂性和特殊性的特点，要求书记员单独承担送达责任勉为其难，在涉台案件送达方面我院要求主审法官对涉台案件的送达负责把关，指导书记员依照法律规定选择送达方式和途径，以期提高涉台案件的有效送达率。由于邮寄送达在司法实践中适用的频率较高，因此在送达时要确保最大限度让送达地址详细准确。具体操作时，可要求主审法官和书记员对所有的涉台案件高度重视，明确指引诉讼当事人填写送达地址确认书及指定代收人，尽量让送达地址准确。而且要求邮寄送达时诉讼材料尽量齐全，可以要求书记员在送达时，一次送达两次开庭传票，同时送达受理案件通知书、举证通知书等，尽量缩短邮寄送达的期限，提升有效送达率。此外，还可以灵活地采取多种方式送达，提升有效送达率。例如，我院正在运行的与“台湾地区事务局”、珠海市台商协会形成的涉台送达联动机制，在关联企业或会员企业或台商是案件当事人时，可以通过台商协会在该当事人出现时转递，签收送达回证。

同时，也考虑在涉台案件中依据《最高人民法院关于人民法院办理海峡两岸送达文书和调查取证司法互助案件的规定》，采用司法互助的方式完成送达。案例三：香洲区法院南湾法庭刚刚审结了珠海首例委托台湾地区调查取证的商事案件。基本案情为：被告涂某为台湾地区居民，于2007年向原告平安银行股份有限公司珠海分行贷款，但涂某自2011年8月停止还款并失踪下落不明。平安银行起诉请求拍卖被告作为贷款抵押物的房屋。法院经审查了解涂某可能已去世，故通过向广东省高级人民法院申请委托台湾地区法院调查取证。台湾地区法院取得涂某已去世的户籍证明，并查明其继承人的具体情况，这为当事人下一步起诉涂某继承人提供了便利。另外，还应注重在不违反法律的前提下，借鉴其他法院的经验，目前有的法院采取的通过当事人亲友送达、关联案件的诉讼代理人送达、大陆同事转达等方式，都具有重要借鉴意义。

（四）认可和执行台湾判决方面

难点：台湾地区判决的认可和执行机制不完善

对策：炼就法律通才好身手，正确审查与认定

判决如果不能最终执行成功，将只是一纸空文。大陆与台湾地区的司法审判差异较大，相互间如何认可与执行各自的判决，一直是司法界的重点难点。

1. 对申请认可和执行台湾地区判决的审查是采用程序审还是实体审的方式？本课题组认为，申请认可台湾地区法院民事裁判属于一审终结的特别程序，人民法院一般不作实体审理，因为案件的实体审理已在台湾地区法院终结，除非认可上述裁决违反大陆法律的基本原则或者社会公共利益和善良风俗。法院审查是否认可台湾地区法院判决时，不对原判决的事实和法律进行审查，仅依据《关于人民法院认可台湾地区有关法院民事判决的规定》第 9 条的规定进行程序审查，不对案件判决的实质作判断，不改变原判决的结论。参照国际实践，世界上大多数国家均规定对外国法院判决只作形式性审查，不作实质性审查。

2. 审查程序如何规定？是采取听证程序还是开庭程序？是否需要按照普通程序中应当给予被申请人答辩期和举证期？本课题组认为，对认可和执行台湾地区法院判决案件采取的审理程序应为听证程序。《最高人民法院关于人民法院认可台湾地区有关法院民事判决的规定》的审理程序并未作明文规定，但是依据第 10 条、第 14 条等条款中的“裁定”等字眼来判断，应当采取听证程序，而非普通程序的审理。故无须给予被申请人答辩期和举证期，但被申请人有权作出回应及举证，如确需时间收集证据，可向法院提出书面申请，法院经审查认为合理的可给予适当的期限。

3. 对“不予认可情形”的审查主体是谁？本课题组认为，《最高人民法院关于人民法院认可台湾地区有关法院民事判决的规定》第 9 条规定了六种不予认可的情形，其中前四种情形均涉及原判决在审理程序上的瑕疵，故应当由当事人自行举证证明。第五种情形为“案件系人民法院已作出判决，或者外国、境外地区法院作出判决或境外仲裁机构作出仲裁裁决已为人民法院所承认的”，对此当事人应提供案件信息线索，如有需要，法院可依职权调查。第六种情形为“申请认可的民事判决具有违反国家法律的基本原则，或者损害社会公共利益情形的”，对于此种需要行使公共秩序保留的情形因涉及国家利益和公权，则应由法院主动审查。人民法院经审查作出不予认可裁定的，申请人不得上诉。对于不予认可的裁定不服的，申请人可以依照《民事诉讼法》的有关规定，向有关高级人民法院提

出申诉或者申请再审。根据法不溯及既往的原则，对于《最高人民法院关于人民法院认可台湾地区有关法院民事判决的补充规定》生效前作出的裁定不服的，不适用《补充规定》。

4. 对台湾地区法院的民事判决事项超出国家法律规定范围的，是否给予认可？台湾地区法院受理的民事案件和调整的民事关系，与大陆法院受理的民事案件和调整的民事关系，有许多相似的地方。但由于社会、政治、经济制度等根本不同，两岸有关法院受理的民事案件和作出的民事判决，也必然在许多方面大不一样。如果出现申请认可的台湾地区法院民事判决事项超出国家法律规定范围的，课题组认为，仍可按《最高人民法院关于人民法院认可台湾地区有关法院民事判决的规定》第 9 条处理。即：如果这个超出国家法律规定范围的台湾地区法院民事判决事项，违反国家法律基本原则或损害社会公共利益，或者具有第 9 条第（1）至第（5）项所列举情形的，人民法院对其不予认可；如果该民事判决没有违反国家法律的基本原则或损害社会公共利益，也不具有第 9 条第（1）至第（5）项所列举情形的，即使该民事判决事项在国家法律中没有具体规定，人民法院也应给予认可。这样处理，对国家法律和社会公共利益没有损害，而对保障两岸当事人的正当权益和促进两岸关系发展大有好处。

5. 对台湾地区判决中出现的“中华民国”等字样如何处理？当事人持台湾地区法院的裁判文书来大陆法院申请认可和执行，台湾地区的裁判文书中有很多不利于一个中国的字眼，例如起算时间的“中华民国”等字眼，如何处理和变通？本课题组认为，针对台湾地区法院的裁判文书中关于“中华民国”等字眼因违背“一个中国”的基本原则，法官在认可和执行时应当予以删除或变通。案例四：在我院审理的认可和执行台湾地区支付令案件中，[①] 被申请人的经常居住地在珠海，依据《最高人民法院关于人民法院认可台湾地区有关法院民事判决的规定》第 3 条的规定，我院依法对本案享有管辖权，由于申请人和被申请人之间还有其他债务纠纷，在合议庭的努力下，该案以申请人申请撤诉结案。在裁定书中，我院对认可和执行台湾地区支付令案件中对起算时间为“中华民国”等字眼予以删除并对日期进行了换算。

6. 严格慎用公共秩序保留制度。公共秩序保留制度是国际私法上的一

---

① 详见（2009）珠中法民四认字 2 号案。

项基本原则，已为国际社会普遍承认和采用，由于各国的历史传统、法律制度、社会体制等的不同，各国对公共秩序保留的称谓各异，如英国称为“公共政策”，德国称为“保留条款”或“排除条款”。[①] 本课题组认为，由于台湾地区的社会制度、立法传统、有关规定、渊源与大陆的法律存在很大的差异，但是这种差异性应当小于国际私法上和其他主权国家的差异性，任何司法协助均离不开两地的合作协调，如果要求一法域在区际司法协助中毫无保留地适用和接受另一法域的法律是不现实的，而且还会损害一国两制原则。因此，承认、尊重并保持各法域的差异性是两地司法协助成功达成的必要保障，但是应严格控制适用公共秩序保留制度的范围，即“有限适用”，世界上一些多法域国家的司法实践表明在区际诉讼中对公共秩序保留制度的适用均无一例外严格限制。[②] 由于台湾地区与大陆同为中国的一部分，在一个主权国家下的各法域之间在法律适用需要维护的利益与在不同主权国家下有很大差异，这种利益的差异性注定了在涉台民商事案件审理时对公共秩序保留制度的适用范围比在国际私法中的适用范围要窄得多、条件要更严格。在措辞上建议以“明显违背”本法域的公共秩序作为程度限制。

7. 如何对待台湾地区的法院提出的认可和执行其判决的申请。《最高人民法院关于人民法院认可台湾地区有关法院民事判决的规定》将申请主体仅限于当事人，而在实践中，有的法院曾收到台湾地区法院提出的认可和执行其判决的申请，如何处理此种申请是一个值得研究的问题。上述这些问题的出现都反映了大陆现行的认可和执行民商事判决的机制还有诸多不完善之处。如何进一步完善这一机制，是当前涉台民商事审判中亟待解决的问题。

（五）涉台司法互助方面

难点：司法互助案件大幅增加，难度加大

对策：规范程序完善细节，以小案作出大贡献

在 2009 年前，两岸针对司法协助问题采取分别立法的方式，虽然在一定程度上有积极作用，但由于双方缺乏直接有效的沟通和协调导致大陆和

① 胡建森、邢益精：《公共利益概念透析》，载《法学》2004 年第 10 期。

② 赵相林、刘英红：《美国州际法律冲突与我国区际法律冲突之比较》，载《比较法研究》2000 年第 1 期。

台湾地区的分别立法带有很强的单方性、片面性和不确定性，司法协助的范围狭窄、限制性条件比较多，无法提供便利有效的司法协助。[①] 海协会与海基会于2009年达成的《海峡两岸共同打击犯罪和司法互助协议》虽然规定了两岸的司法协助内容如送达、判决的相互承认和执行等，但规定过于原则，操作性不强，且对管辖权、平行诉讼等问题均未作出规定。2011年6月25日，《最高人民法院关于人民法院办理海峡两岸送达文书和调查取证司法互助案件的规定》开始施行，对进一步提高涉台司法互助工作效率和质量将起到至关重要的促进和保障作用。

课题组通过对我院办理的涉台司法互助案件进行分析研究，总结出以下几项特点：

1. 涉台司法互助案件数量逐渐增多，案件类型复杂多样。据最高人民法院的统计，自协议生效以来截至2012年底，人民法院共办理涉台司法互助案件已经超过3万件。两岸法院间相互协助的地域范围已经基本实现全覆盖。截至目前，台湾地区审判主管机构、高等法院及各分院、各地方法院、智慧财产法院以及有关行政法院均已通过协议途径向人民法院提出送达文书或调查取证请求；大陆31个省、自治区、直辖市的法院均为台湾地区有关法院提供了送达文书或调查取证等事项的协助。涉台司法互助案件类型也已做到了全覆盖。实践中，相互提供协助的案件，不仅针对协议规定的民事和刑事案件，也涉及行政诉讼案件。我院自规定施行至今已办理涉台司法互助案件共近70宗。要求协助调查的案件类型复杂多样。案例五：我院还曾办理过一宗台湾地区法院请求确定居民死亡医学证明书是否真实的案件[②]，我院经向珠海市公安局拱北派出所、珠海市殡仪馆、珠海市第二人民医院调查，确认死者的居民死亡医学证明书、殓葬证、火化证明、卫生监管申报单真实。涉台司法互助工作由于调查范围的不断扩大，已经产生了更为深远的辐射效应。许多接受调查的单位和个人由最初地对涉台司法互助工作完全不了解，到逐渐理解并最终积极配合，充分展现了大陆人民的良好素质和友善态度。我院曾因司法互助工作完成出色，办案人员被评为全国先进个人。

2. 涉台司法互助制度规范更加健全有效。在司法互助协议生效后，最

---

① 李智：《海峡两岸共同打击犯罪及司法互助协议对两岸司法协助制度的影响》，载《长安大学学报》（社会科学版）2009年第4期。

② 详见（2012）珠中法助台请（调）字第1号案。

高人民法院在深入调查研究、积极沟通协调和广泛征求意见的基础上，制定并公布了《关于人民法院办理海峡两岸送达文书和调查取证司法互助案件的规定》及其配套文件《人民法院办理海峡两岸司法互助案件文书样式（试行）》和《最高人民法院关于做好开通人民法院办理海峡两岸司法互助案件二级联络窗口相关工作的通知》，对进一步提高涉台司法互助工作效率和质量将起到至关重要的促进和保障作用。同时，最高人民法院确定专门机构和专人负责，定期召开涉台司法互助工作座谈会并举办涉台司法互助培训班。并经常性地与台湾地区业务主管部门举行工作会谈，初步形成了两岸司法互助协议联络人定期会晤机制。各高级人民法院和许多中级、基层人民法院普遍指定专门机构和专人负责。同时各级法院都要建立和完善登记与立案机制、催办与督办机制、通报与奖惩机制、考核与评估机制。

3. 案件影响重大广泛，案件质量要求严格。《关于人民法院办理海峡两岸送达文书和调查取证司法互助案件的规定》对涉台司法互助案件规定了严格的办理时间。最高人民法院对于立案方式、审限要求、送达方式、签收记录说明、反馈时间等问题也作出了明确规定。省法院外事办也经常发函督促，平均一个月我院就要汇报一次情况进展。对于协助调查的案件，要求更为严格，不仅要在审限内及时将结果反馈给省法院，省法院在严格审查之后还要上报最高人民法院，如果最高人民法院认为不符合要求，将退回复查。我院已明确了联络人，并定期参加最高人民法院、省法院组织的培训学习。

4. 案件办理难度加大，需要投入大量人力时间。委托送达的案件，除了当事人的一个住址之外，绝大多数没有联系电话或其他联络方式。而该住址一般也是当事人几年前的住址，且多为住宅地址，上班时间去送达，大部分无人在家，无法了解具体情况。很多地址模糊不准确，而且送达的地点涵盖全市，且多为金湾、斗门，经常为了送达一份材料，需要花费多天时间或找寻多个部门。例如为一案送达，先后去了派出所、居委会、民政局、当事人住所。另外，由于当事人绝大多数不在所列地址，如果不能确定送达地址为当事人的住所地，不能采用留置送达的方式。为了送达成功，常常需要往返几次，同时还需与小区物业公司、村委会、居委会、街道办等沟通联系。另外，对于协助调查的案件，因涉及与多个部门的协调联系，且往往不能立即答复，故需要多次调查，耗时长，手续繁多。

5. 案件虽小但影响重大，对办案细节要求高。例如，在表述或者填写人民法院名称时，一般不在法院全称前冠以“中华人民共和国”字样，正文中亦应尽可能避免“中华人民共和国”。对于 1949 年后事实表述，不得使用“民国”“中华民国”字样，也不得出现“中华民国”纪年，而应当使用公元纪年。应使用规范的中文简体字，不应使用繁体字。《关于人民法院办理海峡两岸送达文书和调查取证司法互助案件的规定》第 2 条规定，人民法院应当在其法定职权范围内办理海峡两岸司法互助业务，同时应当遵循一个中国原则，遵守国家法律的基本原则，不得违反社会公共利益。所谓“法定职权范围内”，一是指人民法院只有对自身审理的案件才可以向台湾方面请求协助，不接受大陆其他机关委托向台湾方面请求协助；二是指在向台湾地区方面提供协助时，要结合《关于人民法院办理海峡两岸送达文书和调查取证司法互助案件的规定》第 8 条、第 13 条、第 15 条和第 20 条的规定，为台湾地区法院而非其他机关提供协助；三是指人民法院为台湾地区方面提供协助，应当符合诉讼法等国家有关法律以及相关司法解释的规定。另外，“国家法律的基本原则”主要包括《反分裂国家法》等，不得违反的社会公共利益包括公共秩序或善良风俗（公序良俗）。

三、审理涉台案件的原则及创新举措

（一）审理涉台民商事案件应坚持的基本原则

涉台审判必须坚持正确的指导思想和原则。根据有关法律和政策的精神，课题组确立了涉台民商事审判工作应当坚持的指导思想：保持高度的政治敏感性，牢固树立大局意识，注重保护台湾同胞和台资企业在大陆合法投资的行为，保护有利于促进大陆与台湾地区健康经贸交往的行为。在审判工作中，课题组认为应当坚持以下四个基本原则：

1. 坚持“一个中国”的原则。涉台民商事审判作为涉台事务的重要内容之一，应将“一个中国”原则作为案件办理基本原则。在涉台民商事审判过程中，“一个中国”原则约束的主体不仅有案件当事人、大陆法院和法官等，还包括其他任何第三人（含机构）。法官作为涉台民商事审判主导者的身份决定了其也应是“一个中国”原则的执行者和监督者。因此，法官必须全面理解和深刻领会中央对台工作的方针、政策，注意保持对涉台政策的敏感度，加深对“一个中国”原则的认知程度；正确识别涉台民商事审判的属性，在管辖权和法律依据等方面明确区分涉台与其他民商事审判的界线，将其定位为中国国内的特殊法律事务，纠正将涉台民商事审判完全等同涉外民商事审判的做法；注重在庭审和法律文书中使用规范性的法律用语，在两岸有关事务上不使用涉及国际法上有对等涵义的术语，对台湾地区当事人名称、住所和适用的法律准确表述。① 在“一个中国”原则下，如引用部门法时可直接称“某某法”，不再冠“中华人民共和国”，如系泛指，则称为中国大陆法律较为妥当。此外对于涉台民商事裁判文书不应再冠以“中华人民共和国”。同时，还应注意防止将违反“一个中国”原则情形扩大化的倾向，如将对大陆法律不当评价、出现台湾地区惯用纪年方式、在台湾地区判决书中出现“我国”字样等认定为违反“一个中国”原则。在涉台民商事审判中，如认定存在违反“一个中国”原则的情形，应直接援引相关司法解释中不得违反“一个中国”原则的明确规定处理，如《关于人民法院认可台湾地区有关法院民事判决的规定》第 4 条和《关于涉台民事诉讼文书送达的若干规定》第 1 条第 2 款的规定；如无类似规定，则直接在相关文书中表明该情形违反了“一个中国”原则，作出相应处理。

2. 坚持实事求是的原则。海峡两岸长期隔绝，导致两岸诸多方面的差异，现在虽然交往越来越频繁，但仍受到某些限制。在审理涉台民商事案件时，应充分考虑这些差异和限制，在审理的一些环节如送达、对证据的形式要求等方面应采取一些变通措施，以保证案件的及时和正常审理。

3. 注重平等保护的原则。台湾同胞、台湾地区企业和大陆居民、大陆企业在法律上的权利义务应是平等的。尤其是中国加入世贸组织后，台湾地区作为独立关税区也加入了世贸组织，因此，涉台民商事审判也应严格遵守世贸组织的基本规则，摒弃地方保护或者台湾同胞和台湾地区企业优先保护的陈旧观念，在法律上对海峡两岸的当事人予以同等的保护，妥善处理一个国家内不同法域当事人的纠纷，树立我国大陆法律和法院的权威。

4. 注重调解的原则。台湾同胞来大陆投资创业，对大陆各项法律、法规不甚了解，加上价值观念等与大陆存在差异，简单地以判决方式解决纠

---

① 杜以星：《一个中国原则与涉台民商事审判》，载《求索》2011 年第 9 期。

纷往往效果不佳。为此，我院在审判中大力加强涉台案件的调解工作，积极贯彻“能调则调，当判则判，调判结合，案结事了”的原则，大力宣传大陆的法律、法规和方针政策，将有关法律和涉台政策有机结合起来，努力做好纠纷双方的和解息诉工作，实现审判的法律效果和社会效果的有机统一。

（二）尝试探索五项创新举措

1. 举措一：开辟涉台案件的绿色司法通道，及时高效保护台商权益。本课题组认为，在办理涉台案件时应当积极能动司法，对情况紧急的涉台案件快审快结，为涉台案件当事人开辟绿色司法通道，及时高效地保护台商权益。案例六：在我院审理的一宗涉台买卖合同纠案件中，[①] 原告系台湾地区公司，起诉要求被告珠海某公司偿还货款。本案刚一受理，原告即向我院反映被告的财产正由斗门区人民法院查封并准备拍卖。我院慎重对待，经过多方调查，了解到由于被告拖欠众多债务，其财产正由区法院委托拍卖并准备清偿给众多债权人。合议庭经审查认为，该案被告欠原告的货款事实清楚，证据充分，合议庭立即与区法院沟通，建议其先行保留相应财产份额，等候本案的裁判文书发生法律效力之后再行分配。同时，由于被告欠债较多，公司已人去楼空，通过邮寄送达和直接送达未果，因此，合议庭一方面积极准备公告送达程序，另一方面通过与区法院密切配合，向其他债权人打听下落，最终找到被告的法定代表人，并成功送达。该案顺利审结，及时高效地保护了台商合法权益，取得良好的法律效果和社会效果。

2. 举措二：建立三机关涉台商事案件联动机制。本课题组认为，法院涉台审判工作不仅涉及当事人双方，还应重视相关部门的外联工作，以扩大涉台审判的辐射效应。例如，我院去年组织召开了全市涉台商事审判工作座谈会，邀请了珠海市人民政府台湾事务局、珠海市台商投资企业协会等单位，与我市两级法院涉外审判人员进行了深入的沟通与探讨。我院作了题为《我市涉台商事审判工作的特点及对策》的报告，宣传了我院为台胞开辟绿色司法通道等创新举措的具体情况。会议达成纪要，建立起三机关关于涉台商事审判的联动机制，具体内容为：三机关确定各自的联络

---

① 详见（2008）珠中法民四初字第38号案。

人，联络人定期沟通联系，通报重大事项和最新动态。当发生涉台争议时，三机关及时通气，如果有需要可由法院提前给予相关的法律指引，以减少争议引发诉讼的几率。而在法院审理涉台案件时，“台湾事务局”和珠海市台商协会也将提供司法协助。由此能够及时了解和回应涉台当事人的司法需求，畅通台商的诉求表达渠道。该创新机制被珠海市委网站及多家报刊登载，起到了较好的对外宣传作用。到目前为止，“台湾事务局”已通过我院民四庭协调解决了三宗案件。

3. 举措三：搭建通过行业协会对涉台当事人的协助送达平台。本课题组认为，应当积极拓展途径解决送达难问题。例如，我院已积极探索搭建通过珠海市台商协会对涉台当事人的协助送达平台，调动其会员单位协助送达涉台当事人的积极性。具体操作途径为：通过在珠海市台商协会中已经选定的联络人，由联络人对需要送达的涉台当事人的信息进行甄别，在关联企业或会员企业或台商是案件当事人时，可以通过台商协会在该当事人出现时转递，签收送达回证。联络人之间定期联系沟通。

4. 举措四：遴选出涉台调解顾问。本课题组认为，涉台审判应当重视调解工作。例如，我院已经从珠海市台商协会中遴选出素质高、威信高、有影响力以及熟悉两岸政策法规和风俗人情的多位热心人士作为我市涉台调解顾问，为以后提高涉台案件调解率提供了有利条件，同时也有利地整合了台商会员的地缘、人缘和商缘等优势。该举措在全省也为首创，既满足了涉台审判调解工作的需要，又避免了因冠以“调解员”等名称对台胞身份的影响，保护了台胞的自身权益。与此同时，我院也向所辖三个基层法院发出通知，告知各区法院在审理涉台民商事案件时，结合案件性质及案情，对适合调解的案件，可以邀请调解顾问参与案件调解工作。

5. 举措五：拓宽司法互助方式，成功审理重大涉台协助调查案件。本课题组认为，涉台审判需要以完善的规范作为行动指导，因此应当做到：(1) 归口管理，专岗专责。我院民四庭专职审查办理该类案件，与省高院确立了固定联络人机制，专人专责。(2) 规范管理，及时高效。为保证工作规范性，我院建立和完善了相关的登记立案机制，在立案、办理、审查和归档各个环节都做到使用统一规范的文书格式，明确案件办理各步骤的审理期限，无一案件超期办理。因我院工作出色，在全省涉台司法互助工作会议上，省法院李毅峰副院长对我院司法互助工作取得的成绩给予了高度肯定，表扬了我院对该项工作高度重视负责的工作态度，并传达了最高人民法院的嘉奖通知。

本课题组认为，涉台审判还应当重视重大疑难案件的审理，力争将难案办成精品案，打响珠海涉台审判的名气。案例七：我院日前成功办理了全国首宗需要录音录像制作光盘的涉台调查取证案件。[①] 最高人民法院为此高度重视，该案由两岸和第三国花费大量人力物力通力合作侦办，现主要犯罪嫌疑人在台湾地区已进入审判阶段，需要调查的涉案人员的证词是本案的关键性证据，由于被调查人员中有两人户籍所在地在珠海，故由我院对该两人进行调查取证，其他法院均仅针对一人进行调查取证，因此，我院的调查任务最重。

在具体办案过程中，我院在受理案件之初即高度重视，由于调查资料中仅有证人的身份证号码及户籍地址，没有其他联系方式，主审法官经多方联系派出所、居委会，最终才辗转找到两位证人。而两位证人现在都不在珠海工作居住，且对接受询问一事抱有抵触情绪。经过主审法官坚持不懈的沟通解释，两位证人终于消除了疑虑，最终表示愿意配合法院接受询问。一般而言，对证人进行询问，仅需制作询问笔录，由证人签名即可。但对于该宗案件，最高人民法院要求非常严格，不仅要求笔录用打印的方式，还要求制作详细的情况说明，同时更要求对询问过程进行全程录音录像并制成光盘。这在全国办理的司法互助案件中均为首次，可见两岸对该案的重视程度。为了圆满完成任务，我院调动多个部门合力办案。首先由民四庭主审法官与证人沟通联系，在不影响证人日常工作的前提下，协调好时间请证人来法院接受询问，然后在我院的审判法庭上主审法官严格按照法定程序对证人进行询问，以此确保询问程序的严肃性和合法性。同时由宣传科的专业人员进行全程录音录像，制成光盘，确保录像质量。最后由庭长把关审查最终完善全部案件材料。在具体询问过程中，主审法官也克服了许多司法互助中的难点问题。例如该调查要求对每位证人询问十多个问题，每个问题又分为四五个小问题。由于时隔已有一段时间，证人有很多内容记忆不清、答非所问，主审法官需要在围绕指定问题提问的同时，提醒证人明确直接回答并最终准确固定其意见。另外，由于既定的问题是台湾地区法院已事先列明的内容，主审法官在按照题纲提问的同时还要对问题进行审查，对其中出现的不符合大陆日常用语的内容需要进行修

① 详见（2013）珠中法助台请（调）字第 2 号案。

改，如问题中出现有“民国”纪年方式的内容，主审法官即需将其转换成公元纪年方式提问。而对于台湾地区与大陆法言法语存在差异的内容，主审法官也会适度向证人解释。

通过上述方式，我院在最短的时间内高质量的办理完毕该宗重大司法互助案件。最高人民法院研究室副主任兼港澳台办主任郃中林来珠海调研时对我院的涉台司法互助工作给予了高度肯定，并对我院高效优质地成功办理该宗重大涉台司法互助案件给予了重点表扬。

结语

我市法院的涉台民商事审判工作通过多年的不懈努力，取得了可喜的成绩，在全省法院的地位日益重要。但是，我们也清醒地看到，随着对外开放形势的进一步发展，我们面临的机遇和挑战同在。前述五大疑难问题由难点变成亮点，以及五项创新举措的展开，是我市法官在审判实践中，对涉台民商事审判中的问题不断进行思考和探索，逐步总结的经验和成果。在今后的审判实践中，本课题组将进一步研究和解决涉台民商事审判中遇到的难题，巩固和推进我市涉台审判精品战略，力争使涉台审判工作成为珠海审判的名片！

关于第三人撤销之诉案件审理工作的调研报告

广东省高级人民法院立案二庭、研究室联合课题组*

为进一步强化保护案外第三人的利益，2012 年修订的新《民事诉讼法》新增了第三人撤销之诉制度。由于规定较为原则，相关配套制度尚未完善，导致审判实践中理解不一，做法各异，立法初衷尚未彰显。为推动完善第三人撤销之诉制度，统一全省做法，按院党组的部署，立案二庭、研究室组成联合调研组，对全省法院第三人撤销之诉案件的审理情况深入调查研究，现将有关情况报告如下：

一、广东法院审理第三人撤销之诉案件的实践探索

为便于全省各级法院正确理解和掌握该制度，我院在 2012 年底举办了新《民事诉讼法》专题培训班。针对第三人撤销之诉审理中可能遇到的问题，从立法背景、程序选择、立案、审判等方面进行了比较全面的分析，并提出了原则性的处理意见，避免出现同案不同判的现象。深圳、佛山等地区在省法院实施意见的基础上，还根据审判中遇到的疑难问题，出台了更为细化的操作指引。

自 2013 年 1 月至 2014 年 3 月期间，我省三级法院共新收第三人撤销之诉纠纷一审案件 318 宗，其中，省法院收案 3 宗，地方法院共收案 315 宗，主要有以下特点。

---

* 课题组组长：施适，成员：刘奕冰、袁方、秦旺、孙欣、范兴龙。

（一）新收案数量与经济发达程度密切相关

广州、惠州、佛山、珠海、东莞五地两级法院受理的一审案件数最多，分别为88宗、77宗、44宗、20宗、16宗，占全省法院新收案件的77.38%，而河源、云浮、阳江、梅州、揭阳、铁路两级法院均无收案，其余地区法院收案数量均在10宗左右。从收案情况来看，新收案件主要集中在经济比较发达的珠三角地区。深圳地区为减少第三人撤销之诉对生效裁决稳定性的影响，限定新《民事诉讼法》实施之后生效的案件才属于第三人撤销之诉的对象，大大缩减了审理范围，故其新收案件只有4宗。

表一　2013年1月～2014年3月全省第三人撤销之诉一审案件收结情况

项目 地区	收案	结案	驳回起诉	驳回诉讼请求	变更撤销原裁决	调解撤诉
广州	88	52	7	—	3	42
惠州	77	76	—	76	—	—
佛山	44	33	8	15	8	2
珠海	20	12	5	2	2	3
东莞	16	14	13	1	—	—
清远	14	12	6	2	2	2
江门	11	5	5	—	—	—
中山	11	10	7	—	2	1
韶关	7	6	1	—	5	—
湛江	7	3	2	1	—	—
汕尾	5	2	2	—	—	—
茂名	5	—	—	—	—	—
深圳	4	—	—	—	—	—
肇庆	3	1	—	—	1	—
潮州	2	2	—	—	—	2
汕头	1	—	—	—	—	—
合计	315	228	56	97	23	52

（二）基础法律关系集中于财产类纠纷

从案件的基础关系来看，原生效裁决案件所涉案由多样，共有32种之多，其中数量居于前几位的分别是房屋买卖合同纠纷（87宗）、民间借贷纠纷（28宗）、保证合同纠纷（13宗）、物权纠纷（8宗）、财产损害赔偿纠纷（7宗），其他案由的案件数量均在5宗左右。从案由可以看出，涉及房屋及金钱类纠纷的案件占大多数，反映出这几类案件相对容易产生是否存在虚假诉讼的争议。

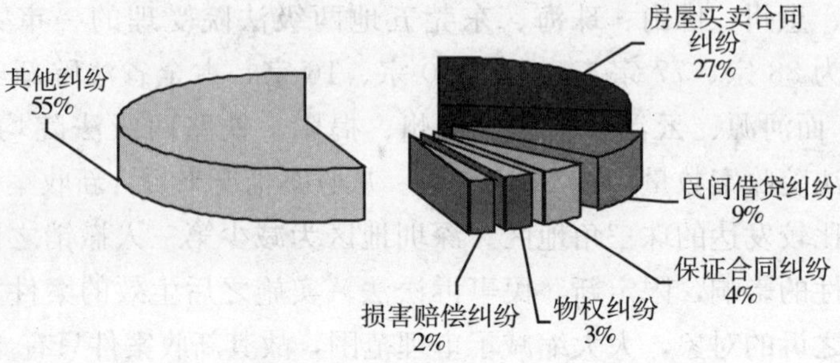

图一　2013 年 1 月～2014 年 3 月全省新收第三人撤销之拆的案由

（三）第三人诉请得到支持的案件数量很少

从审理结果来看，在审结的 231 宗一审案件中，裁定驳回诉讼请求、调解/撤诉、裁定驳回起诉的案件所占比重最大，分别为 97 宗（42.54%）、52 宗（22.81%）、56 宗（24.56%），最终作出撤销、变更原生效裁决的案件共有 23 宗，包括撤销原调解书 4 宗、撤销原判决书 4 宗、改判 14 宗、确认合同无效 1 宗，仅占审结案件的 10.08%。

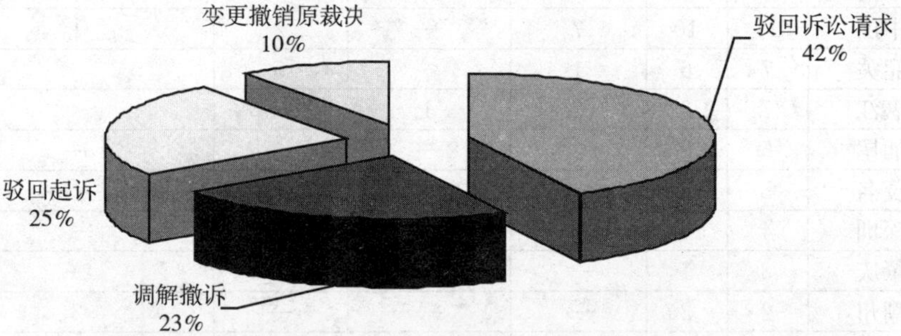

图二　2013 年 1 月～2014 年 3 月全省审结第三人撤销之拆的结果

经过一年多的审判实践，广东法院在审理此类案件中出现了很多新的问题，主要表现在以下几个方面：

1. 理解适用尚未统一新《民事诉讼法》有关第三人撤销之诉的规定仅有 1 条，如何理解和适用存在很大分歧，尤其是立案审查标准比较混乱。有些法院在立案时持比较慎重的态度，将第三人严格限定在有独立请求权的第三人和无独立请求权的第三人；有些法院在立案时采取比较宽松的标准，将遗漏的必要共同诉讼当事人也纳入适格原告的范围。即使在同一法院内部，立案部门和审判部门也存在很大分歧。例如广州中院房产庭 2013 年结案 12 宗，其中判决驳回诉讼请求 1 宗，裁定撤诉 1 宗，裁定驳回起诉 10 宗，而驳回起诉的案件均是由于审判部门认为不符合《民事诉讼法》第 56 条立案受理的条件。在审理阶段，大比例以裁定驳回起诉结案，不仅浪费了审判资源，而且损害了司法权威。

2. 程序适用难以协调第三人撤销之诉与案外人执行异议之诉、案外人申请再审之诉均是对第三人权利的事后保护制度，由于立法对三种制度之间应如何协调并未予以明确，审判实践中处理方式不一。特别是第三人撤销之诉与案外人申请再审之诉，均是以纠错为诉讼目标，其功能作用基本吻合，两者之间应如何协调争议较大。一种观点认为，上述制度是同时并存，但当事人选择一种制度之后，其不得再选择另一种制度；另一种观点认为，第三人撤销之诉设立之后，案外人申请再审没有继续存在的必要。第三人撤销之诉是由作出生效裁决的法院受理，案外人申请再审之诉大多是由作出生效裁决的上一级法院受理。按照第一种同时并存的观点，在上下级法院信息不对称的情况下，可能会出现上下级法院分别受理了第三人撤销之诉和案外人申请再审之诉的情形，容易引起救济程序的混乱。按照第二种排斥的观点，撤销之诉成为第三人救济的唯一途径，但实践中对“第三人”的范围理解不一，例如虚假诉讼中受影响的债权人是否属于撤销之诉的“第三人”争议很大，可能会导致有权通过再审之诉予以救济的当事人，却没有法律途径得到救济。另外，按此观点，《民事诉讼法》第 227 条的相关规定也失去了意义。

3. 立法初衷尚未显现第三人撤销之诉的立法初衷是为了打击虚假诉讼，保护第三人的合法权益。但囿于举证的困难和程序上的制约等原因，尤其是第三人撤销之诉相关配套制度尚未出台，一些真正的虚假诉讼难以得到证实和纠正。不仅如此，在审判实践中，此类诉讼还容易成为不服生效判决的当事人利用的又一程序权利，甚至演变为新的虚假诉讼。一些不服生效判决的当事人，在穷尽申请再审、申诉等程序后，又鼓动第三人提起撤销之诉，通过在第三人撤销之诉中继续申诉、提出异议，否定生效判决的终局性，阻扰生效判决的执行。

二、第三人撤销之诉的功能定位

在适用第三人撤销之诉制度过程中存在诸多分歧，其原因除了法律规定阙如或条文过于简单之外，主要还是如何界定第三人撤销之诉的功能定位存在重大争议。只有正确解决第三人撤销之诉制度的功能定位，其他相关问题才能迎刃而解。

（一）第三人撤销之诉的价值定位：纠正损害第三人权益的生效判决

设立第三人撤销之诉的立法目的，在于对受到侵害而未能参加诉讼且案件也未进入执行程序的第三人给予救济，其价值定位不同于案外人执行异议和案外人申请再审之诉。

案外人执行异议之诉解决的问题是，对执行标的主张实体权利，即被执行的财产之权利归属问题，其目的是因错误执行而致实体权利遭受侵害的案外人能够及时得到司法救济，但执行异议之诉不涉及生效裁决的变更或撤销问题。在执行过程中，案外人认为原判决、裁定错误的，依照审监程序办理。执行程序中的案外人申请再审前提条件是案件必须进入执行程序，如果案件并非给付判决无需进入执行程序，或者虽然是给付判决，但双方自愿履行没有进入执行程序的，案外人是不能直接申请再审的。为解决执行程序以外的一般案件案外人申请再审问题，《最高人民法院关于适用中华人民共和国〈民事诉讼法〉审判监督程序若干问题的解释》（以下简称《审监程序解释》）第5条规定："案外人对原判决、裁定、调解书确定的执行标的物主张权利，且无法提起新的诉讼解决争议的，可以在判决、裁定、调解书发生法律效力后二年内，或者自知道或应当知道利益被损害之日起三个月内，向作出原判决、裁定、调解书的人民法院的上一级人民法院申请再审。"根据上述规定，我国存在两种类型的案外人申请再审：执行程序中的案外人申请再审、执行程序以外的一般案外人申请再审。

上述规定虽然赋予了案外人申请再审的权益，但有比较严格的限定条件：一是只能对"执行标的物"主张权利，其余确认权利、以金钱为内容的给付判决并非是对"执行标的物"主张权利，则不能成为再审之诉的对象；二是案外人对"执行标的物"主张的权利一般限定在物权，案外人主张的权利为债权的则不予受理；[①] 三是如果案外人可以通过新的诉讼解决

① 江必新等：《新民事诉讼法再审程序疑难问题解答与裁判指导》，法律出版社2014年版，第12页。

争议的，则也不能提起再审之诉。上述三个条件将很多受到生效裁决影响的案外人排除在申请再审之列，例如虚假诉讼的受害人显然不能成为再审之诉的申请主体。这些受害人为保护其合法权益，往往通过信访的方式，寄希望于通过人民法院依职权再审或人民检察院抗诉启动再审。

为了弥补再审之诉对案外人救济力度的不足，尤其是为了打击恶意串通损害第三人的虚假诉讼，新《民事诉讼法》增设了第三人撤销之诉。按照新《民事诉讼法》第 56 条第 3 款的规定：前两款规定的第三人，因不能归责于本人的事由而未能参加诉讼，但有证据证明发生法律效力的判决、裁定、调解书的部分或者全部内容错误，损害其民事权益的，可以提起撤销之诉。上述条文可以存在两种解读，如果从为第三人提供事后程序保障的角度来看，重点是审查第三人是否属于有独立请求权的第三人或无独立请求权的第三人；如果从为第三人实体权益提供救济的角度来看，重点是审查第三人是否因生效裁决使其权益受到影响。

我们认为，增设第三人撤销之诉不仅是为了赋予第三人事后程序保障，更是为了赋予第三人实体权益更为全面的救济途径，“第三人撤销之诉的提起并非因为原判决诉讼遗漏了该第三人而导致审判程序上的违法，从而必须再审，而是原判在实体上的违法损害了第三人的利益，导致第三人提出了请求撤销原判决的诉讼”，[①] 因此第三人撤销之诉的价值定位是为第三人的实体权益受到生效裁决不利影响提供程序救济，其重点不在于审查原生效裁决在程序上是否遗漏了第三人，而是在于要纠正损害第三人合法权益的生效裁决。

（二）第三人撤销之诉的制度定位：具有监督性质的新诉

由于新《民事诉讼法》有关第三人撤销之诉制度的规定过于简单，缺乏操作性的细则，导致审判实践中应适用何种程序审理存在很大分歧。一种观点认为，再审模式不能充分保护第三人的审级利益，新《民事诉讼法》通过在“诉讼参加人”部分增设第三人撤销之诉来进一步保护第三人的诉讼权益，表明第三人撤销之诉并未纳入再审诉讼的框架之内，故应适

① 张卫平：《中国第三人撤销之诉的制度构成与适用》，载《中外法学》2013 年第 1 期。

用普通的一审程序[①]；另一种观点则认为，第三人撤销之诉从本质上讲是要改变一个生效判决，而要改变一个生效判决理应属于再审范畴，应参照新《民事诉讼法》第207条规定的再审程序审理。[②]

我们认为，上述观点均有偏颇，第三人撤销之诉与普通新诉和再审之诉均存在重大区别。第三人撤销之诉与普通新诉的差异主要有：一是立案条件不同。普通新诉只要符合《民事诉讼法》第119条的规定，法院就应予以受理；第三人撤销之诉除了符合《民事诉讼法》第119条的规定之外，还需要符合《民事诉讼法》第56条第3款的规定。二是审理对象不同。普通新诉的目的是解决当事人之间争议的法律关系，不涉及生效裁决是否应予撤销的问题，相反还要受生效裁决确认事实的约束；第三人撤销之诉是对生效裁判提起的诉讼，具有明显的监督性质。三是处理方式不同。普通新诉就当事人的诉求不同而作出确认、给付或变更法律关系的处理；第三人撤销之诉则围绕生效裁判是否侵害了第三人利益进行变更或撤销生效裁判的处理。

第三人撤销之诉与再审之诉也明显存在差异：一是从立法过程看，立法机关没有采纳通过采取完善再审程序来完善第三人权利救济的意见，显然，立法原意上就没把它纳入再审程序的范畴，而是有别于再审诉讼的一种新的诉讼。若坚持把它当作再审程序处理显然有违立法原意。二是从立法体例来看，第三人撤销之诉是在"诉讼当事人"中予以规定的，并未规定在审监程序之中，显然是一种全新的制度，将其比照审监程序审理缺乏法律依据。三是第三人撤销之诉属于起诉权的范畴，再审之诉属于申诉权的范畴。

从上述分析可见，第三人撤销之诉既非普通新诉，也非再审之诉，而是具有监督性质的新诉，其在立案审查、审理程序和审理效果等方面均与普通新诉和再审之诉存在差异。这些差异是我们构建第三人撤销之诉配套制度时必须考量的因素。

---

① 全国人大法工委认为：第三人提起的撤销之诉是依据新事实提起的新诉，对新诉的裁判，第三人和原诉的当事人可以提起上诉，表明立法机关是将第三人撤销之诉等同于普通新诉。参见全国人大法工委民法室编著：《〈中华人民共和国民事诉讼法〉释解与适用》，人民法院出版社2012年版，第84页。

② 最高人民法院民事诉讼修改研究小组编著：《〈中华人民共和国民事诉讼法〉修改条文理解与适用》，人民法院出版社2012年版，第109页。

（三）第三人撤销之诉与案外人申请再审之诉的协调

在增设了第三人撤销之诉之后，应如何协调与再审之诉的关系存在不同认识。一种观点认为，在设立第三人撤销之诉之后，案外人申请再审的救济功能已被吸收而无存在的必要，第三人只能提起撤销之诉，不能再提起再审之诉。“规定第三人撤销之诉主要是比较以另行起诉和再审的方式救济第三人的优劣后作出的，规定了第三人撤销之诉后，未对相关规定进行修改，仍然为案外人申请再审留下了空间，在立法上是存在疏漏的”。[①]另一张观点认为，第三人提起撤销之诉之后，生效裁决又进入再审的，撤销之诉应并入再审之诉[②]。

我们认为，无论是撤销之诉吸收再审之诉，还是撤销之诉并入再审之诉，既不符合立法原义，也不符合审判实践的需要，均有失偏颇。

从立法条文来看，本次修法对案外人执行异议中可以申请再审没作出相应修改，完全予以保留，仍然为案外人申请再审留下了空间。新《民事诉讼法》并未规定在执行过程中，案外人认为生效裁判侵害其合法权益的只能申请再审，而不能提起第三人撤销之诉。同时，《审监程序解释》第5条规定的案外人申请再审也未废止。因此，从法律规定来看，再审之诉并非被第三人撤销之诉吸收，两者之间是并存关系。

第三人撤销之诉审理过程中，如果生效裁决进入再审程序的，撤销之诉也不宜并入再审之诉。撤销之诉按照一审程序审理，再审之诉绝大多数是按照二审程序审理。两者审级不同，如果再审之诉本来可以直接裁决的，一旦将撤销之诉并入再审之诉，那么再审之诉只能进行调解，调解不成的，只能发回重审，人为增加了再审之诉的诉讼成本，降低了诉讼效率。因此，将撤销之诉并入再审之诉的操作性不强。

如上所述，从法律规定分析，撤销之诉和再审之诉是并存关系，当事人享有选择权，但关于撤销之诉和再审之诉的关系协调，既要考虑到两种

① 张卫平等主编：《民事诉讼法新制度讲义》，人民法院出版社2012年版，第63页。

② 参见最高人民法院《第三人撤销之诉司法解释（征求意见稿）》第8条，该条规定：第三人撤销之诉案件审理期间，人民法院裁定原生效判决、裁定、调解书再审的，受理第三人撤销之诉的人民法院应当裁定终结诉讼，第三人撤销之诉并入再审程序并按照下列情形处理：（一）人民法院按照第一审程序再审的，应当对第三人的诉讼请求一并处理，所作的判决当事人可以上诉；（二）人民法院按照第二审程序再审的，可以进行调解，调解达不成协议的，应当裁定撤销原判决、裁定、调解书，发回一审法院重审，重审时应当列明第三人。

制度的功能定位，也要考虑到两种制度的运作效果。从审判实践来看，给予第三人多种救济途径极易造成程序混乱，实则不利于审判效率和当事人权益的保护。第三人撤销之诉和再审之诉虽然均是审查生效裁决是否侵害了第三人的利益，但前者程序复杂，要经历一审、二审甚至再审，后者则耗时较短，只不过再审之诉的立案条件更为严格。“撤销之诉的程序启动以后并不能立即产生中止原生效裁判文书执行的法律后果，该制度虽然可以从根本上阻止对案外人合法权益的侵害，但弊端是需要经过一个比较漫长的诉讼过程”。[①] 经过多年的司法实践，案外人申请再审之诉制度已比较完善，而第三人撤销之诉属新制度。因此，无论是从保护第三人的利益，还是提高诉讼效率，均应确立再审之诉作为第三人权益救济的主导作用，第三人撤销之诉作为辅助作用。

在确立再审之诉为主、第三人撤销之诉为辅的第三人救济途径前提下，应尽量引导第三人通过再审之诉的方式维护其合法权益。因此，应区分以下几类情况分类予以处理：一是在执行程序中，第三人认为生效裁决错误，损害其利益的，应提起再审之诉，不应选择第三人撤销之诉。二是对于尚未进入执行程序的生效裁决，第三人认为该裁决损害其合法权益的，法院应就其可以选择提起第三人撤销之诉或者再审之诉进行释明，告知相应的诉讼风险，尽量让第三人选择再审之诉，选定之后则不能再变更审理程序。三是第三人既提起再审之诉，也提起撤销之诉，并均予以受理的，应由受理再审之诉的法院审理，撤销之诉立案的法院应裁定驳回起诉。

三、第三人撤销之诉的具体制度构建

基于前述第三人撤销之诉在实际运行中存在的问题以及该制度的功能定位分析，必须对相关问题予以明确，对相关配套制度予以完善，方能指导审判实践，统一裁判尺度。

（一）立案程序

1. 立案原则。第三人撤销之诉属于监督性质的新诉，其审理对象是生

① 汪晖：《案外人撤销之诉制度与案外人申请再审制度之比较》，载《人民法院报》2013年5月22日。

效裁决应否变更或撤销，涉及生效裁决的既判力。同时，撤销之诉本意是为了防止恶意诉讼，如果不从严掌握立案标准，就可能出现利用该制度对抗生效裁决执行的恶意诉讼，不仅有害原诉讼当事人的权益，同时也将损害司法权威和程序的安定性[①]。所以，第三人撤销之诉立案标准应更严格，除了符合《民事诉讼法》第119条立案标准之外，还要严格依照第56条规定条件进行审查。

2. 实质审查。第三人撤销之诉立案的条件之一是，第三人必须有证据证明发生法律效力的判决、裁定、调解书的部分或者全部内容错误，因此立案部门必须对第三人提供的证据予以初步审查，以判断生效裁判是否可能存在错误，也可避免滥用诉权。“该审查也应采实质审查的原则，即一方面第三人要证明其因不能归责于本人的事由未参加诉讼，另一方面提供足够的证据达到让法院对其原来作出生效的裁判文书产生合理怀疑的程度，防止第三人撤销之诉演变为一种恶意诉讼，背离该程序的设置目的。”[②] 为保证实质审查的准确性，立案部门对于第三人撤销之诉一般应进行听证，听取各方当事人的意见，了解第三人和案件当事人对生效裁决有无申请再审的情况，避免出现多头救济的情形。由于第三人撤销之诉并非普通新诉，需要进行实质审查和听证程序，宜将立案审查的时间界定为30日为妥。

3. 收费标准。根据《诉讼费用交纳办法》的规定，财产案件根据诉讼请求的金额或者价额按照比例分段累计交纳，非财产案件按照每宗50～500元的标准缴纳。审判实践中，由于对第三人撤销之诉的性质认识不一，有些法院按照撤销标的收取诉讼费用，有些法院按照每宗100元的标准收取诉讼费用。我们认为，第三人撤销之诉案件的审理对象是生效裁决是否侵害第三人合法权益，既然生效裁决是按照诉讼标的收取诉讼费用，而第三人撤销之诉又要对生效裁决审理的情况予以重新审理，理应按照第三人撤销之诉涉及诉讼标的收取诉讼费用。同时，鉴于第三人撤销之诉涉及生效裁决的稳定性，为促使第三人审慎提起撤销之诉，按照诉讼标的收取诉

---

① 根据佛山中院的统计，以往佛山两级法院每年受理的案外人对生效裁判文书有异议的案件不过几宗，而2013年前10个月，法院受理的该类案件就达67宗，较之2012年度受理案件增长了12倍多，部分案件存在滥用诉权的问题。具体分析参见林劲标等：《第三人撤销之诉猛增、纠错需要还是滥用诉权?》，载《人民法院报》2013年12月23日。

② 刘平：《第三人撤销之诉之实践分析》，载《人民法院报》2013年11月13日。

讼费用可以过滤部分恶意提起撤销之诉的案件。

4. 管辖法院。根据新《民事诉讼法》的规定，第三人撤销之诉属于专属管辖，由作出原生效法律文书的法院作为管辖法院。如一审后裁判生效的，向一审法院提起；二审后裁判生效的，则向二审法院提起；经再审后裁决生效的，则向再审法院提起。至于第三人撤销之诉受理后应由哪个业务部门审理的问题，各地做法不一，有的法院集中由审监部门审理，有的法院按照案由交由业务部门审理，还有的法院由业务部门交叉审理。我们认为，将撤销之诉交由作出生效裁决的部门自己审理，当事人对审理的公正性可能会质疑，公信力不强；交叉由不同业务部门审理，程序比较繁琐；从撤销之诉带有监督性质的角度来看，由审监部门集中审理此类纠纷比较妥当。

5. 提起诉讼的期间。案外第三人应自知道或应当知道其民事权益受到损害之日起六个月内提起撤销之诉，该六个月属于不变期间，不能中止、中断或延长。“知道或者应当知道，是以第三人知悉对生效判决、裁定、调解书损害其民事权益事实为标准”。[①] 审判实践中，一种观点将上述六个月界定为诉讼时效，并认为由于第三人撤销之诉属新《民事诉讼法》增设的制度，因此第三人对该法颁布之前发生的损害其民事权益的行为提起撤销之诉的，诉讼时效应从 2013 年 1 月 1 日起算。我们认为，上述六个月期间并非诉讼时效。诉讼时效是指权利人于一定期间不行使请求权即丧失法律保护其权利的权利，该时效针对的是当事人的实体权利能否受法律保护，而非针对当事人的诉权。第三人撤销之诉提起的期间，涉及法院是否应予立案受理的问题，不涉及当事人的实体权利保护，显然不属于诉讼时效的范畴。特别需要指出的，虽然第三人撤销之诉是新《民事诉讼法》增设的制度，但并非表明第三人可以在新《民事诉讼法》施行后的六个月内对之前任何时间生效的判决提起撤销之诉，同样应审查第三人是否符合从知道或应当知道其民事权益受到损害之日起六个月提起诉讼，否则依法不予受理。

6. 释明问题。第三人存在多种救济途径的前提下，为避免多头救济和程序冲突，法院应加强释明工作和风险提示。案件进入执行程序的，应告

① 最高人民法院民事诉讼法修改研究小组编著：《〈中华人民共和国民事诉讼法〉修改条文理解与适用》，人民法院出版社 2012 年版，第 108 页。

知当事人选择执行异议之诉或再审之诉；案件尚未进入执行程序，不属于《民事诉讼法》第56条规定的第三人范畴的，例如生效裁决遗漏必要共同诉讼当事人，其提起第三人撤销之诉的，应告知其提起再审之诉，不能提起撤销之诉；属于《民事诉讼法》第56条规定的第三人范畴的，告知其可以选择撤销之诉或再审之诉，并就两种程序立案标准、审理程序等问题予以释明，充分提示两种程序的诉讼风险，尽量引导第三人通过再审之诉程序予以救济，由其自主选择后予以立案审查。

（二）适格当事人

1. 主体称谓。关于诉讼主体的称谓问题，有一种观点认为，在第三人撤销之诉中，应将诉讼主体称为撤销申请人与被申请人。我们认为，既然属于新诉，理应将诉讼主体列为原、被告。例如，执行异议之诉属于新诉，其诉讼主体称谓并未列为申请执行人或被执行人等，也是列为原、被告。

2. 适格原告。根据新《民事诉讼法》的条文规定，第三人撤销之诉的原告须是诉讼中有独立请求权的第三人和无独立请求权的第三人。但具体应包含哪些范围存在很大争议，一种观点认为，为维护生效裁判的稳定性，应将第三人撤销之诉的原告严格限定在有独立请求权的第三人和无独立请求权的第三人范围之内；另一种观点认为，第三人撤销之诉设立的目的是为了防止虚假诉讼，应扩大第三人的范畴，将原审遗漏了必要的共同诉讼当事人纳入主体范围，赋予受侵害权利人的救济途径。①

我们认为，第三人撤销之诉作为一种非常救济制度，其主要以撤销错误的生效裁判、防止虚假诉讼为目的，同时要在保护第三人利益与维护生效裁判既判力之间取得平衡。在确定第三人撤销之诉适格原告时，既不能离开立法条文，随意扩大其范围，也不能过于严格，违背打击虚假诉讼的立法初衷。

根据新《民事诉讼法》的规定，以下三类当事人不应纳入第三人撤销

---

① 最高人民法院认为，提起撤销之诉的主体，除了新《民事诉讼法》第56条规定的有法律上利害关系的第三人情形之外，司法实践中还应当包括遗漏的必要共同诉讼人的情形。对撤销之诉入口相对较宽，有利于打击恶意诉讼、虚假诉讼，保障合法权益确实受到侵害的当事人能够有救济渠道。参见高民智：《关于适用案外人撤销之诉制度的理解与适用》，载《人民法院报》2012年12月11日。

之诉的适格原告：第一，原诉讼的当事人。如果原诉讼的当事人认为已生效的判决、裁定和调解书确有错误，应根据新《民事诉讼法》第199条或者第201条提起再审申请，而无需利用第三人撤销诉讼。第二，必要共同诉讼人。如果原诉讼属于必要共同诉讼，而生效裁决遗漏了必要共同诉讼人的，其可以根据新《民事诉讼法》第200条第（8）项提起再审申请，没有利用第三人撤销诉讼的必要。第三，代表人诉讼中被代表的当事人。如果原诉讼属于代表人诉讼，根据《民事诉讼法》第54条第4款之规定，被代表人既是形式上的当事人，也是实质当事人，诉讼结果对于被代表人同样有效。如果被代表的当事人认为原诉讼的裁判结果错误，由于其在原诉讼中具有当事人地位，可根据《民事诉讼法》关于再审之规定，提起再审申请。因此，被代表的当事人也无第三人撤销诉讼原告适格。①

根据第56条第1款的规定，有独立请求权第三人系指对于原诉讼之诉讼标的认为有独立请求权的第三人。如果该第三人非因可归责于自身的原因而没有参加诉讼的，属于第三人撤销之诉的适格原告。对于有独立请求权第三人的判断标准，学说与实务中分歧不大。根据第56条第2款之规定，无独立请求权第三人系指虽然没有独立的请求权，但与案件处理结果具有法律上的利害关系的第三人。但何为“法律上的利害关系”，理论和实务中对此争议颇大，判断标准也比较复杂。就第三人撤销之诉而言，争议集中在能否将虚假诉讼的受害人纳入无独立请求权第三人的范畴。“第56条第3款的规定并不能适用于这样的情形：目的在于转移财产而串通制造的虚假诉讼在先，然后原诉的当事人一方再与第三人进行交易等，造成事后对其利益的侵害。”② 在以往的审判实践中，对追加无独立请求权第三人是持比较慎重的态度。例如，《最高人民法院关于在经济审判工作中严格执行〈中华人民共和国民事诉讼法〉的若干规定》第9条规定，受诉人民法院对与原、被告双方争议的诉讼标的无直接牵连和不负有返还或者赔偿等义务的人，不得作为无独立请求权的第三人通知其参加诉讼。

我们认为，虽然新《民事诉讼法》将撤销之诉并入第三人参加诉讼的条款之中，但从撤销之诉的立法目的进行分析，应对参加普通诉讼的“有法律上利害关系第三人”和提起撤销之诉的“有法律上利害关系第三人”

① 详细论述参见许可：《论第三人撤销诉讼制度》，载《当代法学》2013年第1期。
② 王亚新：《第三人撤销之诉的解释适用》，载《人民法院报》2012年9月26日。

进行必要的区分，“第三人撤销之诉作为诉讼法上的形成之诉，在判断其当事人适格之际应当考虑法律条文的规定以及原告、被告对于形成之诉的结果是否具有利益”。①

在普通的民事案件审理中，为便于公正高效审理，且法院很难知晓与案件有利害关系第三人的范围，因此持审慎态度是合理的。但第三人撤销之诉的目的是为了彻底解决纠纷和为第三人提供程序救济途径，其价值定位是撤销损害第三人的生效裁决，应尽量扩大法律上的利害关系所涵摄的范围，只要案件的处理结果将导致第三人的私法权益受到直接或间接的损害，即可认为具有法律上的利害关系。“诉讼参加除了让可能受裁判影响的人参加诉讼以保护其程序参加权外，更重要的价值在于一次性纠纷解决，避免多次争讼和矛盾判决；第三人撤销之诉的价值则在于为受生效裁判不利影响的人提供救济。”② 这样处理，既可以不突破立法规定，又达到遏制虚假诉讼的目的。基于以上分析，以下当事人应纳入第三人的范畴：（1）对当事人双方的诉讼标的有独立请求权的第三人；（2）案件处理结果与其有法律上利害关系的无独立请求权第三人；（3）双方当事人恶意串通损害其合法权益的第三人。

3. 适格被告。原裁决的原、被告应列为共同被告一般并无异议。但有些生效裁决中，已将与案件处理结果没有任何法律关系的当事人列为被告，此时应如何处理。例如：甲公司已将生效裁决对乙公司的全部债权以及相关权益转让给丙公司，并依法通知了相关债务人，法院也裁定变更丙公司为该案的申请执行人。此后，A公司提出执行异议之诉，将甲公司作为被告，法院查明上述债权转让事实之后，将丙公司作为共同被告。虽然执行异议之诉案件中，将甲公司作为被告不当，但鉴于生效裁决中已将其列为共同被告，第三人撤销之诉审理的对象是该生效裁决，因此撤销之诉还是应将其列为共同被告为妥，否则属于遗漏诉讼主体，程序存在瑕疵。另外需要注意的是，对于原裁决的第三人应如何列明则存有争议，我们倾向认为，无论原裁决中的第三人是有独立请求权的第三人，还是无独立请求权的第三人，相对于提起撤销之诉的第三人而言，均是被告地位，故应列为被告为宜。

① 刘君博：《第三人撤销之诉原告适格问题研究》，载《中外法学》2013年第1期。
② 吴泽勇：《第三人撤销之诉的原告适格》，载《法学研究》2014年第3期。

（三）生效裁决的范围

新《民事诉讼法》第56条仅规定生效的法律裁决损害第三人民事权益的，即可成为第三人撤销之诉的审理对象，并未对生效裁决的范围予以限定。审判实践中，应如何界定生效裁决的范围理解不一。

1. 生效裁决的期间。一种观点认为，只有新《民事诉讼法》施行之后（2013年1月1日）生效的裁决才属于第三人撤销之诉的对象；另一种观点认为，新《民事诉讼法》并未限定生效裁决的范围，但为保护生效裁决的既判力和稳定性，生效已超过一定期限的即不得提起第三人撤销之诉。我们认为，虽然第三人撤销之诉是新《民事诉讼法》增设的制度，但并未对其撤销生效裁决的生效时间作出限定，因此上述两种观点均不符合立法目的。但从理论上分析，为维护生效裁决的稳定性，似可以参照最长诉讼时效20年的规定，明确规定生效时间超过20年的裁决不能成为第三人撤销之诉的对象。

2. 诉的利益。就第三人撤销诉讼的诉的利益而言，只有生效裁决的内容错误造成第三人民事权益受到损害或者极有可能造成损害的，才具有撤销诉讼之诉的利益。“生效裁决的内容”是指判决主文还是包括判决理由？通说认为，既判力的客观范围通常是指判决主文部分。但有争议的是，如果主文部分不存在错误，而是裁判理由存在错误，第三人是否具有诉的利益？

从既判力的客观范围来看，判决理由主要包括判决结论的事实依据和法律依据，确定判决对案件实体事实的确认，原则上没有既判力，只有预约效力或争点效力。但在特殊情形下，判决理由也具有既判力，为既判力客观范围的例外。比如，法院对被告诉讼抵消抗辩的判断属于判决理由，但是被告诉讼抵消在获得判决支持的情况下则具有既判力。[①] 尤其需要注意的是，根据《最高人民法院关于民事诉讼证据的若干规定》第9条第1款的规定，已为人民法院发生法律效力的裁判所确认的事实，当事人无需举证证明。因此，判决理由对第三人而言是否具有诉的利益，不能一概而论，还是应根据具体个案予以确定。

当然，由于调解书中认定的事实不具有上述证明效力，因此，第三人

---

① 江伟主编：《民事诉讼法学》（第二版），复旦大学出版社2010年版，第57页。

以调解书中认定的事实损害了其民事权益为由提起撤销之诉，原则上应认为不具有诉的利益。对于调解过程中存在违反自愿原则的情形，其损害的是原诉讼当事人的程序利益，因此不应认为属于“部分或者全部内容错误”之列。此类问题，只能由调解案件当事人申请再审，第三人不能提出撤销之诉。

3. 侵害的状态。生效裁决侵害第三人权益既可能是实际上侵害其权益，例如将第三人的房屋确权给案件当事人；也可能是损害第三人的权益并未实际发生，只是存在侵害的可能性，是否必然发生并不确定，例如在租赁合同纠纷中，出租人起诉解除租赁合同，并主张承租人支付租金和违约金，并未要求返还租赁场地，也未将次承租人列为被告。生效裁决确认承租人违约，支持了出租人的诉讼请求。出租人是否以此主张次承租人返还场地并不确定，次承租人的权益还未实际受到损害。如果生效裁决实际上损害了第三人权益的，其当然可以提起撤销之诉，对此没有争议。问题是侵害并未实际发生的，第三人能否提起撤销之诉？新《民事诉讼法》并未对“侵害”的具体内涵作出界定，从立法文义来看，应该既包括实际侵害和可能侵害两种情形。可能侵害也会影响第三人的权利稳定性，亦应属于撤销之诉保护的范围。正如上述租赁合同纠纷，该生效判决认定承租人违约，将直接导致承租人、次承租人之间的转租合同可能无法继续履行，次承租人的利益将受到损害，应允许其提起撤销之诉。

4. 利益的形态。民事权益的包含范围十分广泛，既有实体性的权益，也有程序性的权益；既有物质方面的权益，也有精神方面的权益；既有财产关系的权益，也有身份关系的权益等。生效裁决侵害了第三人哪些方面的权益，其才有权提起撤销之诉，审判实践中也存在较大争议。我们认为，所谓第三人的“民事权益”，一般应认为仅指实体性质的权益，即财产性权益、人格性权益以及身份性权益，在解释上应不包括程序性权益，“第三人撤销之诉是维护自己的合法权益，因此考虑的是该裁判在实体上的结果，而不是对他人裁判程序的纠错，所以这种裁判上的错误应当不包含程序上错误。”[①] 以下裁决不应纳入第三人撤销之诉的范围：（1）已经发生法律效力的解除婚姻关系的判决；（2）不予受理、驳回起诉、管辖权异议以及按自动撤回上诉处理这三种裁定之外的其他裁定；（3）按照督促程

① 张卫平、李浩：《新民事诉讼法原理与适用》，人民法院出版社2012年版，第126页。

序、公示催告程序、破产程序审理的案件。

撤销之诉判决作出之后，又有其他第三人对撤销之诉判决不服的，其能否再行提起撤销之诉则并不明确。我们认为，撤销之诉本身就是带有监督性质的特殊诉讼，为避免该诉讼陷入无限循环的困境，其他第三人不能再次提起撤销之诉，如其认为撤销之诉侵害其合法权益的，只能对撤销之诉提起再审之诉。

（五）原裁决应否停止执行

案外第三人提起的撤销之诉被法院立案受理后，当事人申请中止原裁决执行的，应如何处理，审判实践中存在不同认识。一种观点认为，第三人撤销之诉立案后，应作出裁定中止生效裁判的执行；另一种观点认为，为维护生效裁决的既判力，不应停止原裁判的执行；还有一种观点认为，撤销之诉类似于再审之诉，裁定中止执行生效裁决之后，申请执行人即使提供反担保也不能继续执行。①

我们认为，上述几种观点均有不妥，如按第一种意见处理，一些当事人可能会利用第三人撤销之诉规避执行，生效判决的稳定性极易受到破坏；如按第二种意见处理，实践中有些案件又确实需要中止执行，否则可能由于无法执行回转而实质损害案外第三人的合法权益；如按第三种意见处理，有些案件确实需要继续执行，否则会造成更大损失的，亦应继续执行。

鉴于新《民事诉讼法》对此未予明确，可考虑参照案外人执行异议之诉对该问题的处理原则予以处理。《最高人民法院关于适用〈中华人民共和国民事诉讼法〉执行程序若干问题的解释》第 20 条规定，案外人依照《民事诉讼法》第 204 条规定提起诉讼的，诉讼期间，不停止执行。案外人的诉讼请求确有理由或者提供充分、有效的担保请求停止执行的，可以裁定停止对执行标的进行处分；申请执行人提供充分、有效的担保请求继续执行的，应当继续执行。鉴于第三人撤销之诉与案外人执行异议之诉的根本目的基本相同，均是给予案外第三人合法权益的救济程序，两者亦适用普通的一审程序，故可以参照适用。但需要指出的是，对于继续执行可能

---

① 赵飞龙：《论第三人撤销之诉的执行应对——以广州安建公司股权转让纠纷案为样本》，载广东法院网，访问时间：2014 年 7 月。

会导致执行不能回转或者回转不能的，即使执行申请人提供了反担保的，也可裁定不予继续执行。因此，可将撤销之诉中是否中止原裁判的执行界定为：第三人的诉讼请求确有理由或者提供充分、有效的担保请求停止执行的，可以裁定停止对执行标的进行处分；申请执行人提供充分、有效的担保请求继续执行的，可以继续执行。

关于中止执行的赔偿问题。我们认为，中止执行给生效裁决的执行申请人造成损失的，应予以赔偿，并可参照诉讼保全的相关规定予以处理。《民事诉讼法》第105条规定，申请有错误的，申请人应当赔偿被申请人因保全遭受的损失。从上述规定来看，财产保全损害赔偿成立的条件为申请人的“申请有错误”和被申请人存在“因保全遭受的损失”。审判实践中，应如何认定“申请有错误”存在较大争议。一种观点认为，只要申请人最终没有胜诉或者完全胜诉，即构成财产保全错误；另一种观点认为，只有在申请人对财产保全错误存在故意或者重大过失的情况下，才能构成财产保全错误。从《民事诉讼法》的条文规定来看，似乎没有涉及申请人的主观过错问题，但财产保全损害赔偿属于侵权损害赔偿范畴，不仅要适用《民事诉讼法》的规定，还要适用《侵权责任法》的规定。从《侵权责任法》的规定来看，侵权责任的归责原则是以过错责任为基本原则，无过错责任和过错推定为补充，且后者的适用必须有明确的法律规定。但《侵权责任法》并无就此类情况作出特别规定，依法应适用过错归责原则。“因财产保全引起的损害赔偿案件，应当适用《侵权责任法》规定的过错责任归责原则。在申请人对出现财产保全错误存在故意或者重大过失的情况下，应当认为申请人的申请有错误。”[①] 撤销之诉案件审理中，如果第三人因申请中止执行造成生效裁决执行申请权利人损害的，应依据《侵权责任法》的相关规定进行审查。

（六）第三人撤销之诉判决的效力问题

根据新《民事诉讼法》第56条的规定，人民法院经审理，诉讼请求成立的，应当改变或者撤销原判决、裁定、调解书。其中，有两个问题值得研究：一是撤销判决与原生效裁判的关系应如何协调；二是撤销判决能否

① 最高人民法院民事审判第一庭：《因财产保全引起的损失赔偿案件，应当如何认定申请人申请财产保全错误》，载最高人民法院民事审判第一庭编：《民事审判指导与参考》（总第54期），人民法院出版社2013年版，第128页。

对第三人变更或撤销原生效裁决外的其他诉请一并处理。

我们认为，如果在撤销之诉中，撤销了原生效裁判的，则原生效裁判在原当事人之间也同时失去效力。原生效裁决未执行的，应终止执行；已经执行的，根据第三人的请求，可以执行回转。如果撤销裁判是部分撤销原生效裁判内容的，则被撤销部分对原生效裁判的当事人失去法律效力，未被撤销部分的判项对原当事人仍然有效。撤销之诉作出撤销判决后，原裁判的当事人就撤销之诉判决作出后所产生的其他纠纷，是否需要重新提起民事诉讼，视情况由当事人自行决定，人民法院不宜在第三人撤销之诉中直接对原判决当事人因判决被撤销或部分撤销而产生的新的争议事项作出处理。

审判实践中需要特别注意的是，撤销之诉判决除了可以变更或撤销生效裁决之外，还能否对第三人主张的其他实体权利作出处理。例如，原告甲起诉被告乙确认案涉房产归其所有，生效裁决确认案涉房屋归原告甲所有，案外第三人丁向法院提起第三人撤销之诉，主张其才是案涉房产的真实所有权人，要求撤销上述生效裁决，同时主张判令案涉房产归其所有。如法院经审理后查实案外第三人丁确实属案涉房产的真实所有权人，则应撤销原生效裁决，但能否在撤销之诉中同时确认案涉房产归第三人丁所有呢？从立法所用语词来看，“第三人的诉讼请求成立的，应当改变或者撤销原裁决”，“改变或者撤销”只是针对原裁决判决主文进行变更，似乎撤销之诉中不能就争议问题作出新的处理。我们认为，从纠纷解决和诉讼经济角度分析，既然第三人按照争议标的缴纳了诉讼费用，且撤销之诉案件中已对争议事项进行了实体审查并作出了认定，如果第三人在撤销之诉中提出的诉讼请求与原生效裁决中当事人的诉讼请求均指向同一争议标的的，此时并未增加撤销之诉新的审理范围，可以一并对第三人主张的此类诉讼请求作出处理。至于第三人主张的其他与原生效裁决争议标的无关的诉讼请求，增加了撤销之诉新的审理范围，不应一并解决，以免拖延撤销之诉的审理效率，应告知第三人另循法律途径解决。

（七）与相关案件的程序衔接

一是多个主体对同一生效裁决提出撤销之诉的处理。对同一生效裁决，有不同主体分别主张其为有利害关系的第三人而提出撤销之诉，应立为不同的撤销之诉分别审查，还是应在同一撤销之诉案件中一并审查？如应在同一撤销之诉中审查，各主体的身份如何确定？我们认为，应区分不同情况进行处理。如果正在审理的撤销之诉处于一审程序中，其他第三人也提起撤销之诉并符合立案受理条件的，为节约诉讼资源，应将其他第三人也列为撤销之诉的有独立请求权第三人，一并审查后予以处理。如果正在审理的撤销之诉进入二审程序的，由于二审程序中不能增加当事人，其他第三人也提起撤销之诉的，应立案后中止审理，待在先的撤销之诉生效后继续审理。

二是多个主体针对生效裁决分别提起再审之诉和撤销之诉的处理。第三人撤销之诉是由作出生效裁决的法院专属管辖，案外人申请再审大多是向作出生效裁决的上一级法院进行申诉，极易造成不同申请人就撤销生效裁决在不同法院提起不同程序。有一种观点认为，第三人撤销之诉是新诉，又是按照普通程序审理，在程序上应优先。因此，如果多个主体针对同一生效裁决分别提起再审之诉和撤销之诉的，应中止再审之诉的审理，先审理撤销之诉。我们认为，鉴于再审之诉的审理程序较短，如果再审之诉撤销或变更原生效裁决，新的生效裁决未侵害第三人合法权益的，撤销之诉就无需继续审理之必要；如果新的生效裁决还是侵害第三人合法权益的，撤销之诉针对第三人的诉请继续审理。因此，撤销之诉应中止审理，待再审之诉审结后恢复审理更为妥当。

三是已进行诉讼中能否增加撤销生效裁决的诉请。在已经进行的普通诉讼过程中，另案裁决生效，普通诉讼中的原告以另案裁决侵害其合法权益为由，在普通诉讼过程中增加撤销生效裁决的诉讼请求，该诉请是否予以接纳，实践中争议较大。我们认为，第三人撤销之诉属于带有监督性质的新诉，其立案条件、审理对象、处理方式均与普通诉讼不同，如果第三人认为生效裁决损害其民事权益的，应单独提起第三人撤销之诉。第三人撤销之诉立案受理后，已进行的普通诉讼予以中止审理，待该案生效后，本案继续审理。

督促程序转入诉讼程序的实证分析

揭阳市中级人民法院课题组*

1991年我国《民事诉讼法》确立了督促程序制度，历经20余载的司法实践，2012年《民事诉讼法》进行第二次全面修改，督促程序制度有了重大修正和完善，主要针对我国理论界和实务部门中饱受非议的“异议审查”和“诉讼程序衔接”等问题作出了立法回应。此次立法修改，加大了督促程序中对异议审查力度，更为重要的是完善了督促程序与诉讼程序的衔接，无疑为督促程序注入了新的活力和生命力。然而对于督促程序与诉讼程序的衔接，新《民事诉讼法》只是对“转入诉讼程序”作了原则性规定，对当前案件审理中很多问题等都尚未明确，这些也是实践中适用督促程序必须厘清的前提。因此，正确理解、掌握司法实践中督促程序适用的现状，分析解决好实践中遇到的困难以及转入诉讼过程中存在的司法统计问题，提出相关完善思路和措施，对新督促程序制度按照立法初衷良性发展，发挥其应有效果有着重要的作用。

一、对当前督促程序的考察

（一）督促程序的适用状况

督促程序，即根据债权人向法院提出的关于债务人应当给付一定数量的金钱或者有价证券的申请，人民法院向债务人发出支付令，若债务人在规定的期间内未提出异议，该支付令即具执行力的程序。旨在解决双方无争议的请求，高效修复社会经济关系，与通常的诉讼程序相比，督促程序

---

* 课题组组长：陈超，副组长：黄建新，成员：林卓强、谢楚燕、陈喜添、黄夏湖、黄琼懿。

是一种具有简便、快速、经济等鲜明优点的非诉程序，《民事诉讼法》开辟专章对督促程序制度作了规定，为法院适用督促程序提供了法律依据，也丰富了债权人请求权的手段。但在《民事诉讼法》未修改之前，督促程序的适用在司法实践中却一直没有发挥应有的效果。

从我市辖区五个基层法院统计数据显示，2010年至2013年9月，一审民事案件中，督促程序案件一直占据相当比例（详见表1），督促程序的适用率为15.47%。在《民事诉讼法》修改前，由于督促程序制度本身存在的缺陷，近年来，当事人在选择通过督促程序进行维权的案件也在逐步减少，而民商事诉讼案件数量正在不断增加，该程序的适用率也在逐年下降。

表1 揭阳法院适用督促程序案件统计表 **单位：件/万元**

年份	已结支付令案件	生效支付令	裁定终结	一审民事案件	适用率
2010年	9167	4765	4318	13890	33.66%
2011年	5475	1675	3655	12187	13.74%
2012年	2940	417	2523	11246	3.71%
2013年（1～9月）	1751	208	1503	7752	2.68%
合计	19333	6975	11999	45075	15.47%

具体来说，近四年，已审结的督促程序案件中，约大部分案件性质相对单一，且债务人多为群体性的个人，债务人对金额基本没有争议，债权人基本都是提供公共消费服务的单位，主要是涉及拖欠收视费、电信费和民间借贷等纠纷，还有极少量农村承包合同、保险赔偿、水费和工资等纠纷。因拖欠托欠电信费、收视费等而申请支付令的有13308件，占68.84%；因民间借贷、买卖合同纠纷等申请支付令的有5095件，占26.35%；其他因拖欠工资、水费等纠纷占4.81%。

据此，我们可以看出，案件类型基本固定，大多数都是一般群体性个体消费债权债务关系，这些类型案件与督促程序具有天然的法律契合性，一般只是债务人未按时履行债务，支付令生效率高有其合理性。而因其他纠纷申请支付令相对数量少，且常因债务人异议而告终，其中也不乏有滥用异议权的现象发生。因此，对于债权人而言，通过法院督促程序向其他非群体性的个体债务人主张债权，反而达不到便捷、快速处理纠纷的效果，在遇到债务人的无理异议时，还需负担支付令申请费，大大挫伤债权人选择督促程序的积极性，宁愿直接选择起诉，造成法院督促程序案件数量的不断下降。这种现象在全国法院都非常普遍，甚至在有的法院督促程序几乎被闲置，有悖督促程序制度立法的初衷。

（二）新《民事诉讼法》中督促程序的价值

新《民事诉讼法》督促程序制度的重要修改，使异议审查和督促程序转入诉讼程序二项制度在立法上正式确立，《民事诉讼法》第217条规定：人民法院收到债务人提出的书面异议后，经审查，异议成立的，应当裁定终结督促程序，支付令自行失效。支付令失效的，转入诉讼程序，但申请支付令的一方当事人不同意提起诉讼的除外。特别是“转入诉讼程序”的规定，再次赋予了督促程序无限的潜力和价值，在未来实践运用中，将具有更广阔的发展空间。

1. 对债务人异议进行必要限制。在《民事诉讼法》修改以前，只要债务人依法提出书面异议，无论理由是否正当，都会导致支付令失效，实际上赋予了债务人绝对的异议权，在长期的司法实践，弊端明显。新《民事诉讼法》增加对债务人异议内容审查的规定，确立法院对异议的审查权，实质是对债务人异议权的限制，也是对债务人异议权正当行使的鼓励。在一定程度上，既有利于防止债务人滥用异议权，也平等地保护了债权人合法权益。

2. 合理设置转入诉讼程序的前置程序。按照新《民事诉讼法》的规定，督促程序转入诉讼程序，债务人的异议必须是经过审查且异议成立的，才符合转入诉讼程序基础条件，所以，作为前置程序的异议审查非常关键。目前，对异议成立与否的审查标准仍不明确，根据条文的体系理解，在司法实践中，审查的标准不应仅对异议的形式，还可以对内容进行实质审查，才能避免条文规定流于形式，一般要求对债务人提出书面异议的同时提供相应证据，对异议的主体、期限、内容、形式、理由等进行书面审查，与支付令申请的审查同等对待，平衡双方程序利益，才能符合立法目的。

3. 为当事人提供更多的程序选择。债权人与债务人发生债务纠纷后，债权人可以选择运用督促程序或者普通的诉讼程序主张债权，债权人有选择的权利。但是债权人一旦选择起诉，就不能再适用督促程序，而债权人选择了督促程序，如果申请被驳回的，仍可以提起诉讼。同时，在法定期间内，债务人对支付令提出的书面异议经法院审查成立，支付令失效的情况下，经债权人同意诉讼的，督促程序案件即转入诉讼程序进行审理。按新《民事诉讼法》条文的理解，可以说，督促程序是一种试探性程序，债权人选择督促程序来实现其权益，因债务人异议成立转入诉讼程序，表明债务人不认可该标的的无争议性，某种意义上，可视为债务人不同意适用督促程序，转入诉讼程序也符合债务人的选择。

二、转入诉讼程序存在的问题与影响

按照《民事诉讼法》的规定："支付令失效的，转入诉讼程序，但申请支付令的一方当事人不同意提起诉讼的除外。"这一条款是督促程序与诉讼程序相互衔接最直接的依据，虽然条文表意简洁明确，但只是作了一般性的原则规定，司法实践中，程序衔接虽然方便了当事人，但具体案件程序如何进行程序转化，转入衔接仍缺乏一定实操性，目前办案过程中还存在一些困惑。

（一）案件审理中存在的疑难

1. 立案环节中存在的疑难

（1）案件管辖权冲突问题。无论是适用督促程序案件还是适用诉讼程序案件，在立案受理时，都必须涉及管辖权问题。《民事诉讼法》第 214 条第 1 款规定："债权人请求债务人给付金钱、有价证券，符合下列条件的，可以向有管辖权的基层人民法院申请支付令。"该条文直接明确了督促程序的级别管辖即基层人民法院，相对《民事诉讼法》级别管辖的规定而言，该条属于适用督促程序的特别规定，不受级别管辖限制。也就是说，无论申请支付令的金额大小，基层人民法院均有管辖权，而且也不得以金额太大，不符合管辖标准为由拒绝受理。可以说，《民事诉讼法》赋予了基层法院适用督促程序的级别专属管辖权，以供区别普通诉讼案件。而《民事诉讼法》第 217 条第 2 款规定："支付令失效后，转入诉讼程序，但申请支付令的一方当事人不同意提起诉讼的除外。"据此，督促程序终结后直接转入诉讼程序，但后续诉讼管辖法院如何确定，《民事诉讼法》没有明确规定。从该条文字面理解，后续的诉讼也是由受理支付令申请的法院管辖，由于支付令的受理不受标的额的限制，如果出现标的额过大超出基层法院一审案件的受理额度的，基层法院仍继续受理后续诉讼，将与《民事诉讼法》级别管辖的规定冲突。因此，如何解决上述管辖冲突，是处理程序转入过程必须解决的重要问题。

（2）案件编号问题。一般情况下，符合法院受理范围的纠纷案件，经过法院立案受理均会有固定案号，督促程序案件也不例外。要实现两个程序有效衔接，应当明确督促程序案件和后续案件在案号上的衔接。目前，在督促程序案件审理中，根据最高人民法院有关规定和司法实践，当事人申请支付令，法院立案时一般采用“督”字类案号，即（××）×督字第×号，而诉讼程序的案件一般采用“初”字类案号，即（××）×初字第×号。督促程序案件在转为诉讼程序案件后，后续诉讼的案号是继续采用原来“督”字类案号呢？还是重新进行立案登记，采用新的诉讼程序案号？同时，案件号问题也将涉及案件司法统计方面其他问题，也是转入衔接应当明确的问题。

（3）后续诉讼费用相关问题。当事人进行民事诉讼，应当按照规定交纳案件受理费等诉讼费用，实际操作中，一般情况下先由原告预交，根据诉讼费用负担的一般原则，诉讼费用由败诉方承担。在督促程序中，当事人申请支付令的，必须交纳申请费，按照2007年4月1日起施行的国务院《诉讼费用交纳办法》第14条规定：“依法申请支付令的，比照财产案件受理费标准的1/3交纳。”在督促程序转入诉讼程序后，后续诉讼的原告（即原申请人）原则上也应按规定预先交纳受理费，也就是说，在此种条件下，债权人必须预交两笔费用，一笔是支付令申请费，另一笔是诉讼案件受理费，虽然金额不同，但两笔费用存在重叠不合理之处。那么，在转入后续诉讼情况下，同一个案件的受理费与申请费如何进行转化衔接？在后续诉讼中，原来督促程序的申请费如何处理？这些也是程序转入过程中应该予以考虑的问题。

2. 案件审理环节存在的疑难

（1）审判部门的确定问题。督促程序转入诉讼程序后，后续诉讼应该由哪个审判部门进行审理，审判人员如何选择，在现行立法及司法解释中，对后续诉讼审理的具体操作均没有明确规定，容易造成理解上的偏差，而各法院自主设定，不利于办案机制的形成和统一。

（2）审限计算的问题。督促程序转入诉讼程序后，后续诉讼案件的审限应当如何计算、起算点如何确定的问题，《民事诉讼法》没有进一步规定，可以说，立法及司法解释上也都没有直接参考依据，在实践中也是不明确的。

（3）诉中异议的撤回问题。根据《最高人民法院关于适用督促程序若干问题的规定》第10条规定："人民法院作出终结督促程序前，债务人请求撤回异议的，应当准许。"据此，债务人在督促程序终结前享有撤回异议的权利，那么，在转入诉讼程序后，债务人是否可以申请撤回异议呢？这种情况在督促程序审理实践中有存在可能性，也有必要进行明确。

（4）案卷的装订问题。案件后续诉讼审理终结后，必然面临案件的归档装订问题，在《民事诉讼法》有关督促程序内容修改之前，适用督促程序的案件，债务人依法对支付令提出书面异议的，法院裁定终结督促程序，债务人可以另行起诉。前后两个程序是独立的，分属两个不同的案件，归档前分别装订。在《民事诉讼法》修改之后，是否还需要分别装订，是否属于同一案件，现在尚未有明确规定。

（二）综合业务系统的操作障碍

自2010年以来，随着综合业务系统（以下简称业务系统）的启用，全省法院全面实现了网上办案，所受理的各类案件（包括督促程序案件）的基本案件信息均实现系统网上同步录入，从立案到结案再到归档，全程通过业务系统操作完成，方便了法官办案，大大提高了工作效率和案件统计准确率。《民事诉讼法》修改后，重新审视业务系统中督促程序案件的操作流程，我们也发现了综合业务系统功能的缺陷和滞后性。

1. 案件信息设置不完整。在系统中，督促程序案件所体现信息登记设置仍不够全面和完善。表现在：首先，缺少案件分类设置。目前，在办案过程中没有对督促程序案件进行分类统计（如金钱和有价证券的区分），业务系统也没有相应的分类选项设置作为筛选条件，业务系统无法自动提取相关数据进行分类统计。其次，缺少申请人是否同意转入诉讼程序的设置。根据《民事诉讼法》规定，案件要转入诉讼程序必须经申请人同意，目前，业务系统操作界面没有涉及这一内容，无法保证案件流程信息的完整性。同时，从程序设置逻辑上，如果缺少申请人同意这个条件，办案流程上也无法进行下一步转入诉讼程序的操作。

2. 后续诉讼业务系统设置空白。转入诉讼程序后，案件实体和程序都纳入诉讼审理范畴，除了法官本身主观认识因素要具备外，业务系统中流程设置和操作也必须到位，程序运行才能合理、流畅。后续诉讼审理各个流程也必须在业务系统进行操作，案件流程才能完整，符合法律规定。目前，业务系统对此流程的开发设置仍是空白，后续诉讼案件信息录入、审理流程操作等依然缺少系统载体和技术支撑，使后续诉讼的系统操作无法正名。

3. 程序接驳功能的缺位。案件程序的转入衔接，在新《民事诉讼法》中虽有了直接依据，也需要业务系统流程设置的技术支持，才能使制度运用更具可操作性。实践中，当支付令失效时，督促程序必须终结，法官应当在业务系统中对该案件先进行终结督促程序的系列操作，然后再进行转入后续诉讼的系统操作。而从“终结”到“转入”，在业务系统中应当如何进行有效接驳，目前，业务系统仍不具备这项功能，操作界面设置也没有任何提示标识，暂时不能适应新《民事诉讼法》实施后办理这类案件的需要。

（三）转入诉讼程序对司法统计的影响

司法统计的指标和数据反映法院审判执行工作的基本状况，在督促程序案件统计上也不例外。督促程序转入诉讼程序，作为一项新的制度应用于司法实践，其运行效果如何还需经过持续的量化、对比等，而这些功能也将通过司法统计来实现。因此，程序转入衔接，必然对督促程序和诉讼程序的案件统计工作产生一定影响。

1. 对案件数量统计的影响。一个未转入诉讼程序的督促程序案件，在司法统计上按一个支付令案件数量来计算，这是没有任何争议的。但对于转入诉讼程序的案件，应当如何进行统计？目前该类案件的统计口径尚未统一。《民事诉讼法》只作了“支付令失效的，转入诉讼程序，但申请支付令的一方当事人不同意提起诉讼的除外”。原则性规定，按照字面理解，转入后续诉讼表明了案件从督促程序过渡到了诉讼程序，这个规定对司法统计是否具有参考价值？统计的标准是按照一个案件计算还是两个不同案件计算？转入后是否还能纳入“适用特别程序审理案件统计表”（法综 23 表）进行统计？

2. 对结案方式的影响。由于《民事诉讼法》增加了转入诉讼程序衔接的条款，按照规定，债务人对支付令的异议经审查成立的，必须终结督促程序，实际上，在这种情况下，该案件的审理并没有结束，而是转入了诉讼程序。按照最高人民法院“适用特别程序审理案件统计表”（法综 23 表），支付令案件结案方式分为“裁定”和“其他”，“其他”项目主要是支付令生效案件的统计，裁定包括“撤回申请”“驳回申请”和“终结”三种情形，其中的“终结”这一项只是在种类数量上进行概括统计。由于《民事诉讼法》的修改，“终结”方式的适用除了“支付令无法送达”“债权人撤销申请”等传统情形外，还包括现在“转入诉讼程序”的情形，前者表明案件已经完全终结，而后者则不然。在新增的转入诉讼程序制度，并未在司法统计报表上体现，将“终结”的情形进行区分，还是司法统计上的空白。

3. 对案件类别统计的影响。支付令案件如果转入诉讼程序，后续诉讼性质上属于哪种类型的民事案件，对司法统计报表中一审民商事案件的分类统计会产生一定影响。按照规定，支付令请求包括了给付金钱或汇票、本票、支票以及股票、债券、国库券、可转让的存款单等有价证券。以给付金钱和有价证券为标的物的诉讼，可以是合同纠纷（常见的如买卖合同、金融借贷、民间借贷、拖欠租金、房款、通讯费、收视费、物业费以及电水气热费用等纠纷），也可以是侵权纠纷（如给付损害赔偿等），还可以是婚姻家庭、继承纠纷（如给付抚养费等）。因此，后续诉讼的案件性质，很大程序上决定了案件归属司法统计上的民事案件统计类别，办案中还需视案件具体分析确定。

三、督促程序转入诉讼程序运行机制的完善措施

新《民事诉讼法》为督促程序的后续诉讼提供了法律依据，弥补了长期司法实践中督促程序存在的不足，创设了新的制度和机制，而程序转入衔接作为一项新制度，运行效果还有待实践的检验。因此，在司法实践中，明确办案思路和实际程序操作，不断完善机制运行中存在的问题势在必行。我们以立案、审理、结案一般流程为主线，梳理实务中案件办理的有关思路和程序操作，提出了完善系统和司法统计工作的相关设想。

（一）办案中应当明确的操作思路

1. 关于案件管辖有关问题的处理。我们认为：第一，《民事诉讼法》第 214 条第 1 款规定了债权人可以向有管辖权的基层人民法院提出申请支

付令，对于“有管辖权”的这一表述，我们是这样理解的，督促程序作为民事诉讼中的一项特别的程序，在没有特别规定的情况下，应当遵循《民事诉讼法》有关管辖的原则规定，受《民事诉讼法》第二章第二节的地域管辖的限制。另外，督促程序案件的管辖还可能涉及关系到后续诉讼的管辖权，因此，债权人向哪个有管辖权的人民法院申请支付令，取决于债权债务法律关系的性质及《民事诉讼法》关于地域管辖的规定，这是办理督促程序案件首先应当明确的问题。第二，《民事诉讼法》第 214 条第 1 款同时也明确了督促程序案件的专属级别管辖——基层人民法院，而且申请标的额不受限制，如果在转入诉讼程序时发生上文所述级别管辖冲突情况的，我们认为，转入后续诉讼涉案标的额高于基层法院的案件级别管辖标准的，如果仍由该基层法院管辖后续诉讼，显然违背了级别管辖的规定。以广东法院为例，目前，基层法院管辖一审民商事案件诉讼标的金额以地区为标准分为三类，第一类是 8000 万元以下，第二类是 6000 万元以下，第三类是 5000 万元以下（均不含本数）。诉讼标的金额超过 5000 万元的，一般属于大案件或影响力较大案件，牵涉到的法律关系可能比较复杂，涉及面广、审理难度大，基于基层法院审判力量薄弱状况和审理压力等方面因素的考虑，应当报请上级法院决定审理比较合适。

2. 相关程序的告知。《民事诉讼法》规定：“支付令失效的，转入诉讼程序，但申请支付令的一方当事人不同意提起诉讼的除外。”从逻辑上看，该条款实际上明确了督促程序转入诉讼程序的两个前提条件：一是支付令失效，二是必须经申请人同意。两者系并列关系，没有先后之分，只有两个条件同时符合，督促程序才能转入诉讼程序。询问支付令申请人是否同意转入诉讼程序，是尊重申请人自主选择权的体现，也符合“不告不理”的诉讼原则。据此，在程序上，受理申请的法院负有主动告知询问申请人意见的义务，一般以释明权利方式来行使。释明权利在实际履行中至少应当包含如下内容：询问是否同意转入诉讼程序，审判程序告知，诉讼当事人权利义务告知，补充相关证据材料和举证期限告知等。对于征询“是否同意转入诉讼程序的意见”，可以视办案具体实际，在债权人申请支付令时预先进行意见征询，也可以在法院督促程序终结裁定送达申请人时，征询申请人意见，并作询问笔录予以存档，保障流程的合理性和程序的完整性。

3. 案号衔接的处理。案号是识别一个案件与其他案件区别的重要标识，也是立案时必须明确的基础工作。督促程序和诉讼程序，两者虽同属民事诉讼程序，但两者有着质的区别，督促程序解决的是没有事实争议的纠纷，不需要债务人参加审理，体现了其专门性和非诉讼性，在程序转入衔接制度还没确立之前，它在《民事诉讼法》中是相对独立的。因此，适用督促程序和诉讼程序审理的案件，两者在案号设置上也是相对独立的，各成体系，分别代表了不同的案件类型。在《民事诉讼法》确立了督促程序可以转入诉讼程序的规则之后，对于案件衔接问题，我们认为：第一，督促程序强调了专门性、非讼性和简捷性，而诉讼程序则强调在实体和程序上的权利并重，当事人间的权利对等，案件的审理标准和要求与督促程序差别比较大，如果在后续诉讼中继续沿用督促程序案件，是明显不合适的，也不合理，容易与其他未转入诉讼的督促程序案件在识别上发生混淆。第二，转入诉讼程序，则意味着该案审判程序发生了改变，案件实体与程序的运作要求，事实和证据的审查、认定标准等活动都将以普通一审民事诉讼方式进行，所有活动须以民事诉讼程序的相关规定为遵循。因此，从内容和形式看，后续诉讼是一个完整的普通一审诉讼案件，也是案件纠纷处理的主要阶段，应当在内部按照正常的民事案件进行登记，重新分配（××）×初字第×号案号，履行内部常规民事案件审批手续，支付令申请人无需再次办理立案手段进行重新起诉。同时，两个案号的内部衔接，实际上还需要系统的技术支持，才能保持整个案件信息在审判流程上的完整性。

4. 起诉状的处理。督促程序终结后转入的诉讼程序，正如前文所述，债权人（支付令申请人）无需再次重新立案起诉，这也就意味着，债权人的支付令申请将被视为后续诉讼的起诉状。目前，在实践中支付令申请书须记载的事项包括：（1）债权人、债务人双方的姓名、名称、住址等基本情况；（2）请求事项，包括债权人要求债务人给付的金钱或有价证券的种类和数量；（3）债权人请求所依据的事实理由和证据等。据此，我们认为，上述记载事项在形式和内容上，已经基本符合《民事诉讼法》第119条、121条规定的四项起诉条件和起诉状应当记明事项，也就是说，债权人在申请支付令时，已经符合起诉要件。因此，债权人不用再重新递交起诉状，是符合法律规定的。

5. 费用预交和负担的处理。在督促程序案件中，债权人在申请支付令时，必须预交申请费。针对申请费与后续诉讼中应该预交的案件受理费等诉讼费用的关系，以及后续诉讼的诉讼费用的负担问题，我们认为：

第一，后续诉讼的案件受理费原则上应由债权人预交，如果后续诉讼不必补交受理费用的话，那么有可能导致一些当事人避重就轻，为规避诉讼费用，以变相手段进入诉讼程序，损害国家利益。因此，可以考虑将申请人在原来督促程序中预交的申请费转化为预交诉讼费用的一部分，不足的部分受案法院应当通知申请人进行预交。符合条件情况下，申请人可按照规定向受诉法院申请减、缓或免交受理费。如果申请人未申请减、缓或免交受理费相关手续，经通知在合理期限内仍不预交的，参照《民事诉讼法》及司法解释相关规定，可以按自动撤诉处理。另有观点认为，这种情况可以按申请人不同意转入诉讼程序处理。对此，我们认为，当支付令失效，在法院裁定终结督促程序后，如果已履行相关告知程序询问申请人意见的，若其同意转入诉讼程序，对于申请人来说，其已对后续诉讼作出选择确认，也就意味着，在程序上督促程序一经终结，后续诉讼就已经开始，申请人的后续行为将受到诉讼程序规定的约束。因此，这种情况按自动撤诉处理比较合适。

第二，如果申请费仍然采取原来一刀切的负担方式（督促程序因债务人异议而终结的，申请费由申请人负担），客观上必然抑制债权人申请支付令的积极性，降低督促程序的适用率。既然可以将申请费转化为诉讼费用的一部分，那么，在后续诉讼中，对于申请费的负担也应当合理化。按照诉讼费用的负担原则，关于申请费的负担，必须根据案件判决情况进行合理确定，主要有以下两种情形：一是债务人在督促程序中对支付令异议的事由，未能在后续诉讼中被法院确认，此时原来的申请费应作为债权人因主张权利而遭受实际损失的一部分，应由债务人进行承担。二是债务人的异议在后续诉讼中被法院确认，债权人就应当承担申请费；若债权人部分胜诉或者撤诉的，申请费也应由债权人承担。上述两种负担方式的合理性在于，既保护了债权人的权益，又合理分配了程序利益和诉讼风险，也会促使债务人谨慎使用异议权。

6. 审判程序的确定。按照《民事诉讼法》规定，普通一审程序包括普通程序和简易程序，实务中，审判程序的选择必须根据案件性质，事实是否清楚、权利义务关系是否明确、争议大小和案件复杂程度来决定。《民事诉讼法》中督促程序转入诉讼程序的原则规定，实际上表明了督促程序的后续诉讼即为普通一审民事诉讼，与通过常规起诉立案的普通民事诉讼案件在本质上无异。因此，我们认为，根据《民事诉讼法》规定，在后续诉讼中，法院依法享有适用审判程序的决定权，可以根据案件实际，依职权决定适用普通程序或者简易程序进行审理，对个案的案情与争议标的额符合《民事诉讼法》第162条规定的情形，还可以适用小额诉讼程序。既可以在登记转入诉讼程序时决定，也可以在后续诉讼进行期间另行决定，因此，在适用审判程序上可以灵活掌握。另外，适用简易程序审理的案件，按目前的有关规定对受理费减半收取，所以适用何种审判程序，在一定程度上也影响了案件受理费用的金额大小，对申请人预交诉讼费用和最终诉讼费的负担有一定影响。

7. 承办部门与审判人员的确定。目前，承办督促程序案件的部门通常为立案庭或派出人民法庭，按规定由一名审判员负责对案件进行审查。对于转入诉讼程序之后，后续诉讼的承办和审判人员的确定，在统一规范尚未明确的情况下，我们认为，虽然审理方式从督促程序转到诉讼程序，但案件本身主要的法律关系性质并没有发生根本性改变，仍属于《民事诉讼法》的调整范围。故此，由原来审查支付令申请的审判庭和审判人员继续审理后续诉讼有一定的合理性。原来负责审查的部门和法官对案情、争议内容等相对比较了解和熟悉，无论在阅卷吃透案情程度上，还是在与当事人的接触、沟通和协调上，相对比其他审判人员具有优势，也有利于办案效率的提高。另外，鉴于案件已经转入诉讼程序，如需组成合议庭审理的，也应当以《民事诉讼法》普通诉讼程序相关规定为遵循。

8. 后续诉讼审限的把握。审限的计算，首先要明确审限起算的时间点。根据《民事诉讼法》“支付令失效的，转入诉讼程序”的表述，在字面意义上，条文中“转入”一词的使用，站在程序未转换之前的角度，属于尚未完成状态，表明了此时诉讼程序还没有开始。在程序意义上，在转入之前，督促程序本身属于非诉程序，它与普通的诉讼程序并没有交叉或周延，两者对案件办理的程序和要求是不同的，虽同属《民事诉讼法》调整领域，但两者却没有必然的联系。在实务操作上，只有终结督促程序，后续的诉讼才有可能进行。因此，就审限起算而言，如果简单从督促程序案件立案开始起算，将审理督促程序案件的时间计入后续诉讼审限，则有悖后续诉讼审限设置的初衷。故此，我们认为，后续诉讼审限的起算，应该从法院确定转入诉讼程序时开始，也即案件在业务系统上办理转入登记手续，成为民事诉讼案件之后审限开始起算，也符合业务系统审限的计算。转入时，涉及案件所有的时间起算和计算，均应按照普通一审诉讼程序计算，确保当事人诉讼活动中权利得到充分保障。另外，对于后续诉讼的审限长短，则取决于案件所适用的审判程序，《民事诉讼法》对普通程序和简易程序的审理期限均有明确规定，都是直接的参考依据。

9. 异议效力对后续诉讼的影响。申请支付令和行使异议权都是当事人的权利，实践中支付请求和异议内容复杂多样，而且当督促程序转入诉讼程序，债务人异议的效力如何将对后续诉讼的进行产生一定影响。所以，对异议的效力应当具体分析，区分不同情形：第一，如果债务人对单个请求的一部分提出异议，则异议的效力要及于全部，此时整个请求都必须转入后续诉讼进行审理。理由在于，在《民事诉讼法》新增了转入诉讼程序的规定，如果此时异议效力不及于整个请求，则未提出异议部分的效力不受影响，支付令效力得到确定。而在后续转入诉讼中，申请人也存在败诉的可能，极有可能造成支付令与判决结果的冲突。故此，单个请求应一并转入诉讼程序比较合适。第二，如果债务人对数项请求中的一部分提出异议，则其效力不及于未提出异议的部分。理由在于，数项支付请求相对独立，互不影响，被异议的请求转入后续诉讼解决，也是债务人行使处分权的体现。第三，如果是向不可分之债的多个债务人发出支付令的，则单个债务人的异议及于全体债务人，基于必要共同诉讼的理论，整个债务一并转入诉讼程序。若是就可分之债的多个债务人提出支付请求，其中几个债务人提出异议的，被异议的请求将转入后续诉讼。

10. 异议的诉中撤回。后续诉讼中，债务人异议的撤回是否合理可行，目前《民事诉讼法》及司法解释未有相关依据，值得探讨。我们认为：第一，债务人在诉中撤回异议，实际上就是认可了先前债权人的支付请求，虽然在审理程序上，督促程序已经终结无法恢复，谈异议的撤回已没有程序意义。但在案件实体中，异议内容本身就是一种抗辩，抗辩权作为诉讼权利，在诉讼中当事人依法放弃抗辩或者变更抗辩理由，是应当被允许。因异议撤回而终结诉讼，既尊重当事人的处分权，又不违背诉讼公正的原则，故诉中撤回异议有其合理性。第二，在大陆法系“督促程序制度”比较完善的德国和我国台湾地区，立法均确立了后续诉讼债务人中撤回异议的权利。如《德国民事诉讼法》规定异议的撤回应在“言词辩论开始前”提出，台湾地区则规定应在“调解成立或第一审言词辩论终结前”提出，而且还相应规定了此时债务人必须承担调解或诉讼费用的义务，这些都是成功的立法例，而且实践中也相对比较成熟。我国《民事诉讼法》虽然未赋予债务人诉中异议撤回的权利，实际办案中也苦于缺乏法律依据，但这个问题也是完善督促程序研究中应当注意和考量的细节，如提出异议撤回的时间限制和诉讼费的承担等内容，这些对于今后推动《民事诉讼法》的立法完善，具有一定的参考价值。

11.《民事诉讼法》及司法解释的适用。准确运用法律、正确适用法律既是法官的重要职责，也是从事法官职业的基本要求。《民事诉讼法》经过第二次修改，督促程序规定有了重大变化，修改后的《民事诉讼法》已经施行，旧《民事诉讼法》已不再适用，而针对督促程序案件审理的重要司法解释，目前只有《最高人民法院关于适用〈中华人民共和国民事诉讼法〉若干问题的意见》第215～225条和2001年颁布的《最高人民法院关于适用督促程序若干问题的规定》两个司法解释，规定的内容主要以修改前的《民事诉讼法》为依据，解释中的有些条文已经与新《民事诉讼法》相互矛盾或者被新《民事诉讼法》吸收代替。因此，在办案中态度必须明确，在适用新《民事诉讼法》的新司法解释未出台之前，上述司法解释规定内容若与新《民事诉讼法》规定不相矛盾的，在司法实践中仍应遵照适用，缓解现实中法条适用的难题。在法律适用的逻辑上虽有"两法并行"之嫌，但在目前这也是相对可行之法。

12. 卷宗的登记与装订。鉴于案件实际纠纷已转入后续诉讼审理，案件当事人称谓已从原来的申请人与被申请人转变为诉讼中的原告与被告，案由也可确定。同时，案件争议事项主要是通过适用诉讼程序解决的，根据兼容性及吸收原理，理应以诉讼案件的形式编装案件卷宗，督促程序有关材料也必须编装在诉讼程序材料之前，归属同一个案件卷宗，体现了案件内容和流程的完整性。因此，在卷宗封面案由、当事人等有关信息的填写和案卷装订，应当以普通诉讼案件的要求填定装订归档。

（二）综合业务系统的完善设想

1. 完善操作界面的信息和功能。对督促程序系统的流程设置与操作程序的完善，既是适应新《民事诉讼法》实施后司法实践的迫切需要，也是实现案件顺利转入诉讼程序的基础。第一，增补"请求分类"的选项设置。传统督促程序案件基本信息登记包括申请人、被申请人、案件字号、申请标的金额、适用程序、诉讼请求等案件基本信息。按照有关规定，支付令请求包括给付金钱（包括汇票、本票、支票）和有价证券（股票、债券、国库券、可转让的存款单等）两类，在业务系统基本信息栏目中，增加“请求分类”项目设置，内容以规定的三分类（金钱、票据、有价证券）为标准，录入方式可以按备选式条目选择的形式进行设置。分类确定后，可以为性质多样的督促程序案件的分类统计提供数据筛选条件，使分类数据自动生成为可能。第二，增加“当支付令失效时，申请人是否同意本案转入诉讼程序”的选项设置。应当在有关模块增加这个选项，该选项内容可以为“是/否”的备选式选择，供法官进行录入选择，操作方式简单，确保了办案流程的合法、完整。第三，增加“转入诉讼程序”的功能设置。在系统中进行督促程序终结操作后，需要有“转入诉讼程序”功能设置供法官选择操作，功能可以体现为一个“转入诉讼程序”的提示按钮，设置有效的技术链接，点击该按钮后即进入后续诉讼的相关操作。只有在确认申请人同意转入诉讼程序的操作完成后，“转入诉讼程序”按钮即开放操作点击，才可以进入后续流程。

2. 增加后续诉讼审理流程设置。转入诉讼程序虽然省去申请人重新立案、递交起诉状等环节，但为了确保案件信息流程的完整，法院有必要进行内部转入登记。当法官点击“转入诉讼程序”按钮后，系统应当自动对接诉讼审理流程，所以，后续诉讼的系统流程设置，可作为独立的新的功能模块进行开发，与督促程序相互对应、配套使用。在其内容和形式上，案件基本信息、内部审批流程、审判流程等模块均可以参照现有的普通民商事案件的模块功能进行设置，案件信息的录入，也基本可以按照普通民商事案件的模式进行。但是，为体现转入的自动性，还必须增加对督促程序案件信息的自动提取功能，内容可由法官进行修改录入。自动提取的这部分信息包括当事人基本情况、争议的标的额、支付请求、事实与理由等通用信息。同时，在信息自动提取的过程中，应当注意两个程序中对应项目的准确对接设置（如申请人对应原告、支付请求对应诉讼请求等内容）。另外，还应当做好一个案件转入前后两个案号的系统内部对应联系，确保系统能够自动识别；而且在查询诉讼案件时，能够清楚地反映出该案的来源系由“督促程序转入”等，上述这些功能的对接，必须依靠办案系统的后台程序、数据等的技术支撑，才能顺利实现，因此，系统开发和更新很关键。

（三）司法统计报表需要做的应对思路

1. 明确转入前后属一个案件的统计标准。第一，从纠纷解决的角度看，案件在程序转入前后，纠纷的实质并没有改变，期间虽经督促程序终结，但在性质上，终结只是程序性处理，当事人之间的实体法律关系仍未经过法院认定和解决，只有案件转入诉讼程序，法院才能对实体上的法律关系进行全面审查，进而依法作出裁判。在这个意义上，转入前后的两个程序，只是案件实体法律关系得到裁判之前的两个阶段而已，同时结合《民事诉讼法》第217条第2款规定的逻辑理解，此类案件按一个案件数据进行统计具有合理性。第二，案件经转入诉讼程序后，对案件进行审理要求和标准要比在督促程序阶段更加全面和严格，后续诉讼阶段更能体现案件审理的难度和工作量；在司法统计上，后续诉讼本质上和普通诉讼案件无差别，也有单独的案号（上文已作论述）作为统计条件。因此，按照吸收原理，经转入诉讼程序的案件，在最高人民法院司法统计报表中，可以按一个普通诉讼案件进行统计，不再纳入“适用特别程序审理案件统计表”（法综23表）统计范围。对此，还需要最高人民法院司法统计报表系统作出更新与改进，才能实现有关统计操作。

2. 报表“终结”项目的改进。在最高人民法院司法统计“适用特别程序审理案件统计表”（法综23表）中，对“终结”项目进行改进、细化，在其项下分别增设“转入诉讼程序”与“其他终结”两个项目，以“案件在接受申请法院的审理工作是否结束”为分类标准，由“转入诉讼程序”项目明确统计已经转出督促程序的案件以示区分，而因其他情形导致的案件终结则统计在“其他终结”项目。如果要统计督促程序案件实际总量时，则应将“转入诉讼程序”项目统计数据在总量中减去，收、结案数量以未转入诉讼程序的案件实际数量为准。理由如下：第一，区分“其他终结”和“转入诉讼程序”项目，确保了“适用特别程序审理案件统计表”（法综23表）中支付令案件的收、结案统计数据的一致性和完整性，不会产生收、结案数量不相符的情形。第二，转入诉讼程序的案件已经纳入普通民事诉讼案件进行统计，而“权属、侵权纠纷及其他民事一审案件统计表”（法综16表）中的“适用特别程序案件”数量，是以“适用特别程序审理案件统计表”（法综23表）案件数量为来源，“法综23表”中支付令案件的数量包含了“终结”项目所有案件的统计。所以，督促程序终结而

“转入诉讼程序”的案件数量，实际上已被重复计算了两次，一次属于支付令案件范围，另一次属于普通民事诉讼案件范围，因此，有必要把重复统计的数量剔除。第三，“转入诉讼程序”统计项目的增加，可以更直观的统计显示出已经转入诉讼程序审理的案件总量，便于数据的查询和掌握。

3. 后续诉讼类别的区分统计。将后续诉讼案件纳入普通民事诉讼案件进行统计（上文已论述），在司法统计报表中，一审民事案件主要分为三大类，即婚姻家庭、继承纠纷（法综 10 表），合同纠纷（法综 13 表），权属、侵权纠纷及其他民事案件（法综 16 表），案件要纳入哪一个分类，案件性质很关键。而在实践中，随着社会经济的高度发达，有些争议纠纷在法律性质上，到底属于民事纠纷还是商事纠纷，现在仍有意见分歧，标准一时也难以清楚界定。因此，后续诉讼案件中，法官需要根据案件的实际，在审理中确定案件性质和案由，明确办案系统信息登记录入，确定案件类型，以便司法统计系统合理地进行分类统计，确保数据的准确性。

4. 支付请求部分转入诉讼程序时的统计处理。法院发出支付令经债务人异议，其效力经法院审查后，若部分支付请求转入诉讼程序审理，则表明了债务人对未异议的支付请求没有意见，债权人债权的一部分得到债务人的认可，还有另一部分债权可能存在争议，两部分同属于同一债权。基于法律关系的同一性，性质上不可分性，因而在上述情形下，案件只按后续诉讼一个案件进行统计，也即是说，只要有异议请求被转入诉讼程序的情况，后续诉讼的统计标准上，就是对全案进行统计，而不再区分部分转入问题。

5. 后续诉讼管辖移送时的统计处理。如果后续诉讼确需移送上级法院管辖审理的，对此应当明确，受理支付令申请的法院只负责督促程序阶段的案件审理，根据统计工作原则，只能按照支付令案件进行统计。而且后续诉讼没有在受理支付令申请法院进行登记转入受理，一般不会出现数据重复统计的现象。

（三）行政审判和执行工作

关于加强行政诉权保障推进行政审判发展的调研报告

揭阳市中级人民法院课题组*

行政诉讼制度是新时期正确处理人民内部矛盾，完善党和政府主导的维护群众权益的重要机制之一，是畅通和规范群众诉求表达的重要渠道。我国《行政诉讼法》于1989年颁布，并于1990年10月开始实行以来，对提高公民权利意识，促进行政机关依法行政，保护行政相对人的合法权益，推进我国法制建设，起到了非常重要的作用。但我国的行政诉讼制度尚处于不断的探索、发展完善阶段。现阶段还存在着制约行政诉权运行的情况，直到目前为止仍然存在着“原告不敢告，被告不让告，法院不愿审”等问题。当前法院审理行政案件普遍存在着“两高四低”现象，即上诉率高、申诉率高，实体裁判率低、被告败诉率低、发回重审和改判率低、原告服判息诉率低。直接影响了行政诉讼目的的实现和作用的发挥，影响了人民法院的司法权威和司法公信力。其中由于对行政诉权保护的不力，是当前最根本、最棘手的问题，行政诉权保障的运行渠道不畅已经成为制约我国行政诉讼制度发展的“瓶颈”。行政诉权是指行政活动中的权利主体按照法律预设程序，请求法院对有关行政纠纷作出公正裁判的程序权利。其包括起诉权、获得行政裁判权和得到公正裁判权三方面的基本内容。①

---

* 课题组组长：陈超，成员：秦雯、陈少华、姚奕声、陈锋、林晓瀚。

① 顾培东：《法学与经济学探索》，中国人民公安大学出版社1994年版，第99页。

一、分析我国行政审判的基本现状

行政审判位列法院三大审判之一，全国各级人民法院审理了一大批行政案件，妥善化解了大量行政争议，为保障和促进经济社会科学发展、维护社会和谐稳定作出了重要贡献。但相对于刑事审判、民事审判所占的比重以及审判人员的配置都是处在一个比较弱的位置，行政审判的案件量相对于其他两大审判还是存在着较大的差距。单单从2011年度三大审判的收案数就很能说明问题。2011年度全国法院新收刑事、民商事、行政一审案件共7596116件，审结案件7534955件，同比分别上升8.53%和7.3%，未结案为487382件，同比上升14.32%。其中，刑事收案845714件，审结839973件，分别上升8.48%和7.74%，未结案32930件，同比上升21.11%；民商事收案6614049件，审结6558621件，同比分别上升8.59%和7.3%，未结案448587件，同比上升14.07%；行政收案136353件，审结136361件，同比上升5.59%和5.05%，未结案5865件，同比下降0.14%。一审新收案件中，刑事案件占11.13%，民商事案件占87.07%，行政案件占1.80%。[①] 全年一审行政案件不予审理和驳回起诉案件占结案总数的7.8%，是民商事的7.8倍；案件上诉率从2003年的47.21%上升到72.85%，分别是刑事和民事上诉率的6倍和2.4倍；行政案件申诉率为8.5%，分别是刑事和民事申诉率的6倍和6.3倍。从全国范围来看，由于有的地方司法环境欠佳，案件的受理和审理往往受到不当干预；有的地区行政案件不均衡，有的法院受理案件不多甚至无案可办；有的法院因怕惹麻烦、甚至怕处理不好法院与政府的关系而不愿意受理行政案件。行政案件普遍存在着不予受理多、实体判决少、上诉和申诉率高、原告胜诉率低、服判息诉率低等问题。

二、我省法院审理行政案件的特点

近几年来，在全省各级法院的不懈努力下，全省法院行政审判工作取得了较快的发展，在全国的新收一审行政审判案件数各项工作指标排名中

---

① 《二〇一一年全国法院审理各类案件情况》，载最高人民法院网站。

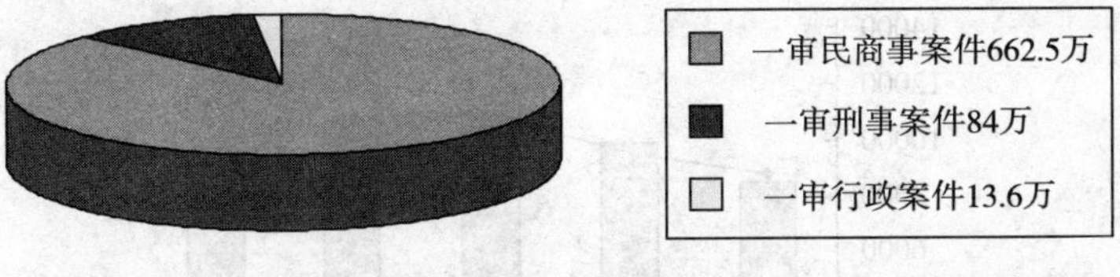

图表1　2011年度全国法院一审行政案件、一审刑事案件、一审民商事案件收案情况表（单位：件）

我省一直位于全国前列，但广东处于改革开放的前沿，作为经济大省，全国人口最多省，每年新收一审行政案件仅有几千件，同我省的人口数以及经济总量之比来讲是不对称的。就拿2011年度案件情况来比较，全省新收一审行政案件数等各项工作指标排名相对于山东、河南等法院还是存在着较大的差距，山东（全国排名第一）新收一审行政审判案件数为28697件，河南（全国排名第二）新收一审行政审判案件数为23377件，而我省（全国排名第三）仅收7372件，只占到排名第一的山东近1/4的收案件量，还存在着较大的未来发展空间。从统计的情况看，我省近年来行政案件呈现以下四方面特点：

（一）收、结案数量逐年增多，2011年案件数量增幅较大

2008年以来，全省法院行政案件受案数和结案数基本呈逐年攀升趋势。2008年收案8801件，共审结各类行政案件8487件；2009年收案9620件，同比上升9.30%，共审结各类行政案件9912件，同比上升16.80%；2010年收案10928件，同比上升13.60%，共审结各类行政案件10870件，同比上升9.70%；2011年收案10888件，同比下降0.40%，共审结各类行政案件10729件，同比下降1.30%；2012年收案12212件，同比上升12.20%，共审结各类行政案件12184件，同比上升13.6%。现阶段，应当在保障行政案件的质量同时，案件的数量还是有待进一步增加。以下图表反映了全省法院行政案件收结案的情况。

（二）案件偏少，行政审判质量不高，服判息诉率低

近几年来，全省新收一审行政案件基本保持在几千件左右，但每年新收案件数同人口数之比、结案率在全国排名较为靠后，案件的上诉率、申诉率还是较高。说明全省行政案件数量还是有一定的提升空间，行政审判质量有待进一步提高，应当加大对当事人诉权保障，最大限度保护当事人

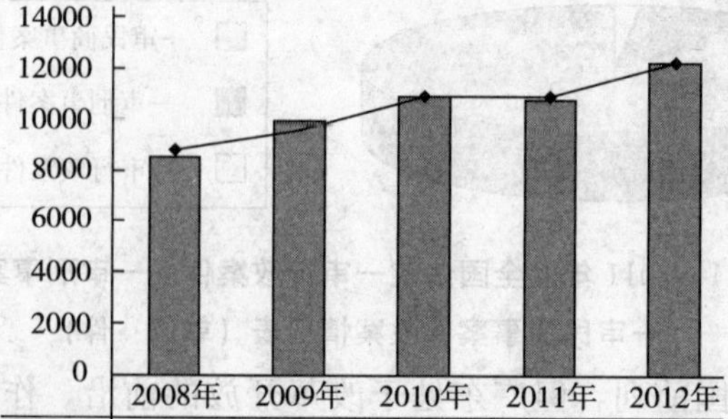

	2008年	2009年	2010年	2011年	2012年
■结案数	8487	9912	10870	10729	12184
-收案数	8801	9620	10928	10888	12212

图表 2　全省法院行政案件收结案情况表（单位：件）

的合法权益，维护和监督行政机关依法行使职权，更进一步加大行政案件的服判息诉工作力度，做到案结事了。从 2011 年度全国的行政审判情况来看，北京新收案件同人口数之比为 3.01‱，全国排名为第 1 名；西藏之比为 0.12‱，全国排名最后；我省之比为 0.71‱，全国排名为第 13 名，我省处在全国的中上水平。全国一审行政案件平均结案率为 95.88％，而我省案件结案率仅为 92.01％，排名为第 26 位，是属于排名较为靠后的。我省行政案件上诉率为 74.33％，较全国平均上诉率 69.31％高出了 5.02％。我省行政案件申诉率为 12.85％，较全国平均上诉率 8.58％也高出了 4.27％。

（三）全省行政审判发展不平衡

全省法院工作发展不平衡的问题始终没有得到彻底解决；珠三角地区“案多人少”的矛盾日益严重；经济欠发达地区特别是偏远山区法院经费困难、人才流失、法官断层问题日益突出。从问卷情况来看，广州、珠三角地区行政审判案件较多，2012 年广州中院有一审行政案件 113 件，二审行政案件 1010 件；粤西案件一般；粤东和粤北案件少，如，揭阳中院 2012 年度有一审行政案件 5 件，二审行政案件 25 件。不但如此，全省法院人员的配置相对于刑事、民事都较弱。总体是数量不平衡，质量有待进一步提高。

（四）行政审判司法环境不给力，开展行政审判工作阻力较大

行政审判司法环境不尽人意问题是一个全国性的问题。由于受体制机制的制约和传统观念的影响，行政审判始终难以更加充分发挥促进依法行

政的作用，难以更加充分地满足人民群众的期待和要求。一些行政审判法官，甚至不少领导同志对行政审判存在许多模糊认识，认为行政审判只不过是走过场，不可能真正发挥监督、促进依法行政的作用。一些法院内部存在着行政审判机关不健全、队伍不稳定、法官整体素质不高等问题。有的法院开展工作畏缩不前，不敢依法对行政行为行使司法审查权，甚至“自我矮化”等。

三、制约行政诉权依法行使的原因分析

（一）制约行政诉权行使的制度因素主要表现在：

现行法律制度设计上存在着不足，是行政诉权行使不畅的重大障碍。

1. 现行法律规定中行政诉讼受案范围的限制，致使当事人的权益不能得到有效司法救济。我国现行的《行政诉讼法》把很多涉及公民、法人、组织合法权益的案件排除在司法审查之外，主要有以下几方面的问题：一是法院对“抽象行政行为”不审查，而现实中存在着许多行政规范性文件侵犯了公民权利，公民却不享有诉权；二是对事实上行使权力主体的行政行为公民没有诉权；三是许多行政行为具有终局性，公民没有诉权；四是没有公益性行政诉权。这就意味着即使公民、法人或其他组织认为行政机关的行政行为侵犯了其合法权益，但如果这一侵权行为或受侵犯的权利没有被《行政诉讼法》包括在受案范围之内，便不能获得司法救济。① 因此，在行政诉讼中，公民、法人或其他组织要想获得司法救济，就必须得千方百计地证明其与该具体行政行为有法律上的利害关系，具有起诉该行政行为的诉讼主体资格，有明确的被告，而且该行政行为属于法院行政诉讼的受案范围之内，否则便难以进入法院的审查范围。

2. 现行规定中原告主体资格的不明朗，导致众多利害关系人难以为自己主张权利。目前，我国行政诉讼对个人利益保护也基本处于“法定权利”标准阶段。《最高人民法院关于执行〈中华人民共和国行政诉讼法〉若干问题的解释》第 12 条规定：“与具体行政行为有法律上利害关系的公民、法人或其他组织对该行为不服的，可以依法提起行政诉讼。”此规定

① 王勇琳：《对我国行政诉权的保护》，载互联网。

立意在于扩展原告资格，但出于“法律上利害关系”属高度不确定法律概念，导致我国行政诉讼原告资格扩展的方向不明朗，法院根据主观认识（案件审理的难易程度、社会影响等）作出判断是否立案，就成了多数法院的选择。

3. 现行规定中被告资格认定的标准不清晰，导致了利害关系人告状无门。我国《行政诉讼法》第 41 条第 2 款规定起诉条件之一是：“有明确的被告”，第 25 条也规定了被告资格确定的情形。因此，利害关系人就必须确定被告才能提起行政诉讼。但在实践中，某些行政案件的被告仍很难确定，这使行政诉权的行使受到限制，甚至不受到法律保护。如：行业协会、社会团体、公立学校等其他公共权力组织的被告人认定问题。又如，对于以村民委员会等自治组织能否为被告的行政案件在我省各个中院具体做法也是不尽相同。

（二）由于行政机关方面的原因，导致了行政诉权行使的困难

1. 行政机关在行政执法过程中有意规避法律、法规的程序性规定，为行政相对人行使诉权设置障碍。调查发现，有些部门和领导不习惯接受司法监督，认为行政诉讼是给政府“找麻烦”，与政府作对。一些行政部门拒绝接受法院司法审查，对法院送达的法律文书不愿意签收，还经常干扰法院审判，严重影响行政诉权的正常行使。有的行政机关不告知行政相对人的诉权及起诉期限，致使行政相对人不知道行使或延误行使诉权。甚至出现有行政机关对行政相对人进行威胁和利诱，用行政职权对原告进行报复，使行政相对人的诉权无法正常行使。如，某市区法院受理一宗不服国有土地使用权证纠纷，法院发现某局是该国有土地使用证的使用人，依法追加其为第三人并要求其参加诉讼，此本无可厚非，但该局对法院依法送达相关文书以及通知其参加诉讼不予理睬，也不出庭应诉等。更甚至，在法院向该局的上级单位发出司法建议要求对该局不当行为进行纠正后，在此后涉及该局的有关行政案件，该局都非常抵触，给法院正常开展行政审判造成了不小的麻烦。可见，行政机关的法律意识淡薄以及官本位主义思想的严重。

2. 行政机关自觉接受司法监督的意识不高。行政部门一旦涉诉，不是积极应诉，而是通过各种方式给法院的行政审判工作施加压力。一些行政部门的领导甚至在案件审理阶段，越过审判程序找上级法院或其他领导反

映，给承办法官施加压力。如，某市中院一年才十多宗案件，领导过问的就有近八、九宗案件，在基层，政府工作人员认为法院和政府是一家人的不占少数，这使基层法院在工作中承受着很大的压力。

（三）由于当事人自身原因，导致了当事人诉权怠于行使

1. 由于行政相对人诉权意识不强，造成了诉权行使不力。由于传统观念和现实考虑的原因，在对待行政诉讼的问题上，普遍存在着“不敢告”“不愿告”的畏难心理，受“民不与官斗”“轻法贱讼”等封建思想的影响，法制观念淡薄。作为行政管理相对人不愿告、不会告、不敢告的情况比较突出，对行政诉讼顾虑重重，害怕日后行政机关报复，即便自己的权益受到行政机关损害，也不愿起诉。也有的当事人认为，由于自己势单力薄，即使起诉，也不一定能够胜诉。还有的当事人因不懂法律规定，超过诉讼时效，而失去通过司法手段解决行政争议的机会。即便是了解法律知识，大多数当事人还是不愿意通过诉讼解决问题，最大的一块心病就是怕行政机关事后报复，怕法院司法不公，官官相护。从问卷情况来看，民众对《行政诉讼法》主要内容：不了解有17.3％；有初步了解有47.3％；基本了解有35.3％。对法院开展行政审判工作方面认为：在法院的能力范围内做得比较好占7.5％；工作一般，未能发挥行政诉讼应有的功能占23.7％；不清楚法院开展行政审判工作方面情况占68.8％。

2. 行政诉讼原告的胜诉率不高，挫伤了行政相对人提起行政诉讼的积极性。据最高人民法院的数据通报，被告一审直接败诉率从2003年的25％下降到2011年的8.11％，足见原告胜诉率有多低了。从问卷情况来看，173名民众中自己或亲属经历过行政诉讼仅有31名，其中在行政诉讼中胜诉的只有2人次，败诉高达29人次。这样一来给相对方造成了法院与行政机关存在着“官官相护”的印象，使得行政相对人对提起行政诉讼信心不足。

3. 行政诉讼成本高，回报少，使得行政相对人往往选择其他投诉途径。行政诉讼往往需要投入大量的时间、精力、物力、财力等，作为行政相对人处于弱势地位，考虑到成本过高，而且害怕遭受行政机关打击报复等隐性成本，使他们面对提起行政诉讼之路往往是望而却步。如某县法院审理一宗普通的工伤认定纠纷，工人急需要金钱做后续治疗和生活，而厂方则通过选择打行政一、二审、劳动关系仲裁，民事赔偿一、二审等故意

拖延，给弱势群体维权造成了极大的伤害。

4. 行政相对人权衡利弊的选择。《行政诉讼法》不仅没有规定行政行为被撤销后，被告不能就同一事实再次作出处罚，反而规定法院可以判决被告重新作出行政行为，相对人认为打了半天官司，最后还是被处理得不偿失。那些相对人有轻微违法行为，但行政机关处罚也存在很多违法问题的案件，相对人衡量利弊后，往往选择不起诉。

5. 行政相对人出现了滥用诉权行为。随着市场经济体制的不断完善，社会各阶层的维权意识普遍增强。当发生纠纷时，公民认为自己的利益受到损害，往往会采取法律手段维权，这本无可厚非。但是有些人并不能完全理解法律的含义，而是仅仅从个人利益出发去曲解法律，不正确行使自己的诉权，造成了诉权的滥用。当事人往往热衷提出管辖权异议，申请回避，申请鉴定，要求延长举证时限、延长答辩期、延期开庭等程序事项，表面看来是对法律认识的强化，实际上是对诉权的滥用或者恶意诉讼。其真实目的无非是提高诉讼成本，拖延时间、规避义务。特别是当前许多的行政官司，打此类官司并不是当事人的最终目的，而只不过是当事人为赢得民事或其他案件所引发的官司。这样一来，法院对此类案件的审理有如被当“枪”使用。

由于相对人合理的诉权得不到很好的回应或处理，相对人选择了相对低成本的行政诉讼，以起诉相关联的某行局来达到问题复杂化或引起相关政府的重视。如某县级市市区中心有一块地是政府低价从集体买来而高价卖给开发商进行开发，该集体的部分民众对征地补偿太低不服，但他们并不是直接对该征地补偿的法律关系提起行政诉讼，而是选择起诉环保局违法颁发环评报告、发改局违法发换许可、人民政府违法颁发土地使用证等，从而派生了12宗案件，导致司法资源的浪费。

（四）法院内部管理机制导致行政诉权难以保障原因

1. 对于部分行政案件，法院不敢、不想受理、审理。由于我国法院设置体制和法官的选任晋升管理制度充满了地方化和行政化色彩，使得法院在人、财、物各方面都受制于地方政府，从而地方政府对法院的干预也就在所难免。因此，一些法院的领导及行政审判人员对开展行政审判工作有畏难情绪，从而对行政案件不敢受理、不敢判决、不敢执行，认为开展行政审判会搞坏法院与行政机关的关系，影响个人及法院的各方面的利益。

从问卷情况来看，对涉及政府的某些案件法院一接手就成了烫手山芋，搞得很被动。例如，有一公民在机场停车违章被罚款，其不服向机场登记地所在的区法院提起行政诉讼，该区法院审查后书面通知该公民，案件应当由机场所在地的县法院受理，但当该公民到该县法院提起行政诉讼后，该县法院作出裁定认为，该处罚行为的相关机关登记地是属该区法院管辖，驳回了该公民的起诉。这样一来，民众被搞得无所适从了。

2. 法院审判人员行政诉讼业务能力不强，影响了对诉权保护的力度。一些地方法院领导对于行政审判的重要性缺乏认识，错误地认为行政审判没有前途，难出政绩，对于行政审判工作缺乏应有的重视，在他们的心目中行政审判是可有可无的。还有一些法院领导不敢得罪行政机关，更甚至认为受理行政案件就等于得罪行政机关、政府，使得同政府、行政机关的关系难以协调等，对于行政审判有畏难情绪，在行政案件的审理上放不开手脚，有案不敢立，立案不敢审，自己束缚自己的手脚。从问卷调查情况来看，越是落后的地区配置人员越不到位，而且多配置“老弱残兵”，给行政审判工作正常开展造成了许多困难。从问卷调查情况来看，有的法院现在还存在“一人庭”“二人庭”现象，行政庭还要办理刑事、民事案件，有的法院由于频繁轮岗使得行政审判骨干队伍流失。部分法院为避免被上级法院改判，就选择对没有明确规定受理的一些新类型行政案件一概予以驳回起诉。从而大大制约了行政诉权的行使。

3. 过分关注“庭审”，忽视起诉程序的解纷功能。有效且恰当地解决争讼、尽早地终结案件，应当是行政诉讼最直接的目的之一。但我国现行的行政诉讼结构是审理型的庭审中心主义，重庭审、轻庭前，这种结构的好处是突出庭审，当事人有话在庭上说，有证在庭上举，通过庭审前，查明事实、解决纠纷。但这种结构也存在很大缺陷，那就是结构失衡，不能充分发挥起诉阶段的纠纷解决功能，无法使尽可能多的案件在未进入正式庭审阶段即可告终结，最大限度地减轻当事人的负担和法院的审判压力。

4. 当事人缺少最低限度的程序参与。参与结果的证成过程，是正当程序的基本要求，然而，现行受案制度中却缺乏当事人参与程序的机制。具体表现在：立案受理的“程序”未建立，缺少程序保障，行政化色彩比较浓，法院如何审查起诉，为什么受理，为什么不受理，都不公开原因。这样，就难以避免法官恣意、滥用职权、滋生腐败等问题的出现。突出表现就是立案受理的一体化，无程序保障。法院审查中，当事人没有发言的机会，只有裁判后才能上诉，而上诉也是当事人不能直接参与的程序。根本没有把立案受理当作诉讼程序的一部分，而只是把其看作诉讼初始阶段中一个无足轻重的步骤。其中，行政化处理的特征极其明显，当然也未能按诉讼原理去运作。

5. 法院在审理案件时无法可依，或者法院对法律理解有偏差，对立法规定做限制性的理解。《行政诉讼法》作为国家基本法颁布后，没有形成完全与之配套的法律体系，如欠缺《行政程序法》等，法院在审理案件时缺少相应的法律依据；或者对法律的理解有偏差，如《行政诉讼法》规定，作为被告的行政相对人“认为自己合法权益受到具体行政行为的侵害”中的“认为”，是主观判断而不是事实的存在，而实践中常常认为侵权的客观事实的存在才能行使诉权。还有，在立案时“未立先审”，直接影响行政诉权的行使。如《行政诉讼法》第41条第3项规定提起行政诉讼的条件之一是“具体的诉讼请求和事实根据”，有些审判人员将这里的“事实根据”理解为原告的合法权益受到不法侵害的事实已经客观存在，因而立案审查时，就进行实体性的审查，影响原告诉权的行使。法院行使行政立案审查权过于谨慎。在司法实践中，即使当事人的起诉符合《行政诉讼法》规定的受理条件，但法院也并不一定就立案受理。有些案件法院主要考虑到与行政机关的关系，也常常在事先通知行政机关后才予以立案。对一些当地党委政府关心的热点、敏感案件，尤其是计划生育、城镇建设等案件，当事人行使诉权更是困难重重。有的法院对此类案件基本上不受理，即使受理也需要层层请示。

6. 法院在行政审判时未正确处理撤诉案件，直接影响了公民行政诉权的全面行使。法院在审理行政案件的过程，原告撤诉的原因十分复杂，其中有正当合法的原因，也有不正当不合法的原因。因此法院应当认真审查申请撤诉的原因。特别是法院审判人员发现具体行政行为违法，为避免判决行政机关败诉而“影响关系”，便主动找行政机关“交换意见”，建议其改变原具体行政行为。有的审判人员还配合被告行政机关作原告撤诉的动员工作，原告见法院动员（威吓）撤诉，只好见好就收，撤诉了结。撤诉构成了对公民一方行政诉权的严峻挑战。

7. 行使行政审判权还存在困难。由于法院审理的行政案件，触及行政机关的实际利益。而在现行的法院管理体制下，法院在行政审判中无法抵御庞大的社会关系网，无法与掌握各种资源支配权的行政机关相抗衡，对公正裁判常常“心有余而力不足”。在此情况下，只能动员原告撤诉，使行政审判撤诉率居高不下成为普遍性问题。

8. 缺少案件裁判结果的可预见性的功能机制。[①] 诉讼程序在任何阶段都应该提供终结案件的条件和机制，以推进诉讼的进程或促使其朝着解决案件的方向发展，以便使尽可能多的案件在未进入正式庭审阶段即可告终结，最大限度地减轻当事人的负担和法院的审判压力。但现行行政诉讼受案制度没有提供终结案件的任何条件和机制，既没有充分发挥起诉阶段解决纠纷的程序功能，也制约了其程序化发展。我国现行的行政受案制度缺乏正当程序理念指引，程序功能不明显，解决纠纷的作用就更无从体现了。解纷功能的萎缩，导致在此阶段法院只能决定受理或不受理，仅仅是一种行政审查的方式，而不能实质性地解决纠纷或消除案件。

四、推进司法体制改革，确保依法独立审判，完善现行的案件受理制度，充分保障当事人的行政起诉权，推动法院行政审判的发展

（一）修改和完善现行法律制度，从源头上保障行政诉权的有效行使

如前所述，《行政诉讼法》实施20多年来，对于保障公民权利，促进行政机关依法行政，推进市场经济体制的建立和发展，推动法制制度的进一步建设，均作出了重要贡献，但同时它在实施过程中也凸显出其在立法上的不足，特别是在诉权保障方面还有待进一步增强。现阶段法院应当以党的十八大精神为契机，积极推动全国人大常委会修订《行政诉讼法》的进程。

1. 逐步拓宽行政诉讼的受案范围，最大限度对行政诉权保障。课题组认为，在修订《行政诉讼法》受案范围时，要从现行的“以行为划界”转变为“以权利划界”，即对行政相对人越是重要的权利越是要提供司法救济。权利划界不应像现行法律那样作列举，因为列举会造成“挂一漏万”，只要是国家宪法保护的公民、法人、其他组织的合法权利《行政诉讼法》就应予以保护，因此，只要是公民、法人、其他组织的合法权利遭受侵害

① 胡志超：《让裁判结果可以预见》，载《人民法院报》。

法律就应予以救济。即便不能立即做到以权利划界来保障行政诉权，也应当最大限度穷尽方法明确列举出哪些行为是法院行政诉讼应当受理范围。

2. 拓宽原告资格，使合法权益受侵害的人能得到法律的有效保护。在我国，实现对原告资格的拓宽，首要目标是争取实现从"法定权利"标准转向"法律上的利益"标准迈进。例如，英国司法审查的原告资格标准即为"足够的利益"。因此，在英国，具有司法审查原告资格的主体便非常广泛。自然要实现这一转变并非易事，更为困难的是，如何能将这一标准落到实处。[①] 从现实的角度考虑，更多的努力是能在立法上尽量明确"利益"的界限和在运用这一标准的基本方法上下功夫。特别应当就公益诉讼主体等问题作出规定等。

3. 进一步明确被告，杜绝"告状无门"现象。大胆改革现有被告制度，明确行业协会、社会团体、公立学校等其他公共权力组织的被告人认定，进一步明确"授权组织"与"委托组织"的范围，有利于认清被告、分清责任。在被告确认上，要上不封顶，均以一级政府为被告。作为制度，应当规定，任何机关只要作出具体行政行为，并被行政相对人提起了诉讼，它就应当毫不例外地成为被告。彻底杜绝"告状无门"现象。

（二）推进司法体制改革，确保依法独立审判，从体制上保障诉权得以有效实现

如前所述，我国的司法在整体上受制于行政机关，负责审理行政案件的审判组织和审判人员缺乏必要的独立性，难以对抗来自行政机关的不正当干预。对此，切实可行的做法仍是推进司法体制改革。在改革中，应对司法权的性质、归属，法院的资源配置，法院独立的保障，法院"地方化"的避免等进行彻底考虑解决，使干扰依法独立审判的因素切实消除。同时，基于行政诉讼专业化的要求，我们应培养"学者型""专家型"行政法官队伍，提高行政法官队伍的专业素质与业务能力，树立法律至上，司法为民的理念，来保障行政相对人行政诉权的有效行使。

（三）完善现行的案件受理制度，充分保障当事人的行政诉权

为保障当事人的行政诉权得以实现，必须解决起诉难的问题。起诉难

① 《英国的司法审查之诉》，载法律教育网。

的原因是多方面的，因此，解决起诉难的问题应当实行“综合治理”，坚持诉权保护、程序正当、司法最终三大原则，既解决法律外的问题，又解决法律内的问题。就法律对策而言，我们应当借鉴其他国家和地区的先进经验，以尊重和保障当事人行政诉权为最高理念，确立法院有义务接受当事人的起诉的观念，并以方便当事人起诉以使其较为容易地获得法院的审判为改革的基本思路。为此，我们应当从以下几个方面对现行行政受案制度进行改革。

1. 设立有效的起诉程序架设起一道定分止争的桥梁。现阶段应当在保证庭审作为强制解决纠纷正当程序的同时，将解决案件的重心由庭审程序前移至起诉程序和审前程序，提升双方当事人的参与程度和对抗性，尽快明晰争点和双方的证据，以便尽早解决纠纷或消除、分流案件。这样，可以较好平衡法院和双方当事人的诉讼功能，提高法院的审判效率，减少当事人的时间和金钱消耗。强化庭审功能。通过实行审判长选任制等形式，充分发挥合议庭职能，减少案件向上级法院层层请示、减少审判委员会讨论案件、减少院长直接拍板定案，提高当庭宣判率。同时，要提高行政裁判文书的写作质量，体现行政审判水平。如深圳福田法院的审判长负责制的制度是一种值得推广的制度。

2. 建立登记立案制度。目前两大法系各主要国家和地区都规定了当事人一旦起诉，诉讼系属即开始。因此，我们也须顺应诉权保护的世界潮流，在将来的行政诉讼法修订中，规定诉讼系属从当事人起诉时开始。在具体的制度改造中，应建立简便的登记立案制度，法院只需对当事人提交的诉状是否合乎法律规定的形式要件、是否具备法律规定的诉状基本内容等进行程序性审查，此外就是核查当事人是否足额缴纳了案件受理费或依法办理了缓减免交诉讼费的相关手续，其他不应再涉及任何实体性内容。要尽可能地降低受案的门槛，方便当事人提起诉讼。对符合规定要求的，予以登记立案，即算完成了相关的立案手续。现阶段，法院应大胆受理各种新类型案件，把握不准的可以先受理后审查，积极将民众的合理诉求引导到行政诉讼中来。

3. 正确区分起诉证据和胜诉证据，保障行政诉权。《最高人民法院关于行政诉讼证据若干问题的规定》对有关起诉证据，只原则性地规定应提交“符合起诉条件的相应的证据材料”。起诉证据与胜诉证据的不同在于：起诉证据是诉讼成立要件所要求的事实依据，决定原告的起诉能否启动行政诉讼程序；而胜诉证据是权利保护要件所要求的事实依据，决定原告实体权利能否得到法律保护。[①] 因而法院在立案时应重视对起诉证据的适度把握，对法律及司法解释中有关起诉证据的规定不能理解得过于严格，否则会不利于当事人诉权的行使。尤其对法院内部目前所设立案机构来讲，在按规定审查当事人提交的"符合起诉条件的相应的证据材料"时，应当认真把握起诉证据和胜诉证据的本质区别，对起诉证据只作适度的程序性审查，降低立案的门槛。

4. 完善起诉的程序保障机制，确保当事人对程序的足够参与。在诉讼程序的进程中，最大限度的给当事人知情权，保证程序的公开透明。课题组认为对现行行政案件受案制度的改造，应当使其严格按照"程序"的流程去运转，避免暗箱操作，要体现公开、公平、对抗、对话和言词性、交涉性，给当事人充分发表言论的机会，平等地为双方当事人提供尽可能充分的程序保障。

5. 尽早落实最高人民法院行政案件管辖的有关规定。《最高人民法院关于行政案件管辖若干问题的规定》（法释〔2008〕1号）于2008年2月1日起施行；此有利于解决司法环境不理想突出的问题，一些地方政府和行政管理部门不理解、不配合、不尊重甚至干预人民法院受理和审判行政案件情况。有利于最大限度保护当事人的诉权，使人民法院独立、公正行使司法审查权和行政审判职能作用得以发挥。但对于规定是由高院、中院受理的一审案件应当注意不包括在指定管辖范围内，此有利于讼争矛盾的解决以及上级法院二审审判程序得以实现。对于最高人民法院最近发布的《关于开展行政审判相对集中管辖试点工作的通知》有条件的法院也应当大胆尝试。

6. 建立和完善法官在立案阶段的阐明制度。当事人的起诉与法院的立案受理是紧密相连的，立案法官并不是消极、被动地接受起诉，其中多数时候都渗透着立案法官的释明行为。我国《行政诉讼法》中没有关于起诉阶段法官释明的规定，《最高人民法院关于执行〈中华人民共和国行政诉讼法〉若干问题的解释》中，就此问题作出了一些规定（第23条、第24条等）。但仍然不够规范、具体。课题组认为，在行政案件起诉阶段，法

① 姜启波：《行政案件审查起诉中的几个问题》，载最高人民法院立案庭编：《立案工作指导》，人民法院出版社2004年版。

官可在以下几个方面予以释明：一是对起诉要件不符合法律规定的，法官可告知当事人相关规定并要求其补正，不应当动辄裁定不予受理或驳回起诉；二是如果诉状中所列的当事人或诉讼请求等存在瑕疵，法官可提示当事人进行必要的更改或补正。当然，立案法官的释明远不止于此。其使用的范围和时机，均有赖于法官个人依照法律的规定，根据其对释明的理解和具体个案的不同情形，作出适当的把握和判断。法官的被动和中立并不等于无所作为，法官对许多事实或可能结果的判断也不会因此而受到影响。法官对诉讼风险的适当提示，在一定程度上，既是切实维护当事人利益的体现，也是出于对司法资源最大化利用的考虑。

7. 引导和重视非政府组织的作用。非政府组织作为社会权力的载体，在维护行政相对人行政诉权过程中的作用也不可忽视。所谓社会权力是指社会主体（公民特别是社会团体、非政府组织）所拥有的社会资源（物质和精神资源）对社会和国家的支配力。目前我国尚未赋予非政府组织作为社会成员利益的代表提起行政诉讼的权利，但非政府组织对行政诉权实现的作用却不可忽视。非政府组织可以在行政诉讼中作为支持起诉人启发、帮助、鼓励受损害单位或个人起诉，给其提供物质和法律上的帮助。我国行政诉讼中没有具体条文涉及这一制度，但是确立支持起诉制度确实具有必要性和重要性。行政法律关系中，行政相对人与行政机关处与不平等的地位，不愿、不敢行使行政诉权。而在行政诉讼中，确立支持起诉制度，非政府组织则可以作为支持者支援社会成员提起行政诉讼。而且在特定的情况下，非政府组织如果发现行政机关的决定侵犯了该组织成员或公共利益，应该可以直接以原告的身份提起诉讼。我国目前的行政诉讼理论及实践却没有确定这一制度，导致某些地方的公益诉讼由于起诉者不具有原告资格而被驳回起诉。所以，我国行政诉讼的起诉资格不应严格限定在“其权益受行政行为影响的相对人”，而应予以扩大。在公民权益受行政行为影响而其本人依法律规定，又不可能提起诉讼时，以及行政行为影响公共利益而相对人无法确定时，应赋予非政府组织提起行政诉讼的资格，以真正发挥行政诉权应有的作用，维护社会利益。

8. 法院自身和行政审判人员要提高素质。法院的领导要真正解放思想，以党的十八大精神中法治理念为契机，敢于同传统观念和习惯势力彻底决裂，敢于破除与《行政诉讼法》的宗旨相背离的条条框框，勇于大胆受理和审理行政案件。要从大局出发，切实重视行政审判工作，采取积极和有效措施保护公民、法人或其他组织的诉权，要为行政审判工作配备合格的、高质量的干部，要不断提高审判人员的素质，要积极为行政审判人员顶住压力，排除干扰，帮助、支持行政审判人员克服困难，及时解决行政审判人员的后顾之忧，切实抓好大案要案的审理，保证行政争议得到公正处理。应当以精英化、专业化为指导思想建设行政法官队伍，确立和实行统一、严格的法官任用和考核标准。第一，严格控制法官的来源。按照《法官法》的相关规定，从优秀律师、具有法律专业知识的行政官员和行政法学教授中选拔行政法官。现有行政法官中经验丰富、具有一定理论素养的予以保留，其他人员可以轮岗到其他部门工作，一部分可以作法官助理。第二，限制法官的数量。在中国目前的法律教育水平之下，要维持法官的高素质必须限制法官的数量。将行政法官保持在一个较小的数量内，大量事务性的工作由法官助理和书记员去作。第三，提高法官的待遇。只有提高法官的待遇才能吸引高素质的人才进入行政法院系统。在减少法官数量提高法官素质的基础上，提高法官待遇的障碍和阻力就会减少。

9. 加大对妨碍审判活动行为的处罚力度。不依法行政，司法不公是目前行政执法和行政审判实践中反映最为强烈的问题之一，也是滋生行政垄断权力和产生腐败的温床，更是实现依法治国的最大障碍。为了有效地遏制部门保护主义和办关系案、人情案导致的“撤诉多”的现象，必须采取切实可行的对策措施。第一，加大惩罚力度。在目前国家还未出台《监督法》的情况下，除应加大对违法审判、不依法办案法官的责任追究和惩罚力度外，还要加大对特权垄断行为和部门保护主义行为的限制和惩罚力度。应明确界定要特权和构成行政垄断权力以及部门保护主义的范围以便给予必要恰当的制约，并在权力机关设立相应的监督机构，评价其行为是否构成要特权和构成行政垄断。导致监督权侵犯法院法官独立审判权的事例时有发生。第二，加大打击力度。一方面，加大对执法违法的处罚打击力度，要将执法违法作为犯罪严重惩罚的加重情节。另一方面，加大对拒不执行生效的行政法律文书处罚执行力度，提高对拒不执行人民法院判决、裁决罪的量刑幅度，使惩罚机制大于获利机制，即使拒不执行的行为在经济上获得的利益远远低于因其所受惩罚而造成的损失。第三，人民法院对原告的撤诉申请应当照法律法规进行认真审查。如果发现原告撤诉是受到外在因素的影响，或因担心打击报复或受他人威胁、诱骗而非自愿撤诉，除要依法作出不准许撤诉的裁定外，还应对妨碍审判活动的相关组织和人员采取适当的处罚、制裁以及提出司法建议。

10. 增强宪政观念和法治意识。通过媒体等有效宣传，加大对行政首长出庭应诉的报道，通过行政审判“白皮书”、个案司法建议、地方行政立法建议等多种方式，积极参与社会管理创新工作；通过主动向当地党委、人大汇报行政审判工作，以及加强与政府部门的沟通联系，使政府及其官员认识到权力的有限性，应尊重公民的权利。政府的职能将由无限政府向有限政府转变，由任性政府向守信政府转变，由无过错政府向责任政府转变，由管理主导型政府向服务主导型政府转变。使行政主体及工作人员在政府职能的转变中牢固树立宪政观念和法治意识，为行政审判工作排除各种干扰，营造良好的司法环境。

党的十八大报告深刻指出，法治是治国理政的基本方式。坚持法律面前人人平等，保证有法必依、执法必严、违法必究。确保国家机关按照法定权限和程序行使权力。依法行政是依法治国的核心内容之一。最高人民法院指出人民法院推动实现“依法治国基本方略全面落实”的目标，必须着眼于完善中国特色社会主义法律体系及时就有关法律的修改完善提出意见建议；必须着眼于完善中国特色社会主义司法制度，继续在优化职权配置、深化司法公开、扩大司法民主、确保司法公正等方面取得新进展；必须着眼于支持和监督依法行政，促进行政机关严格规范公正文明执法。全省各级法院行政审判法官应当认真学习和深刻领会党的党的十八大报告关于全面推进依法治国的重要内容，以及习近平总书记在十八大之后关于法治、依宪治国的多次深刻论述，善于把握有利契机，乘势而上，在依法治国、建设“法治广东”“平安广东”的进程中摆正自己的位置，使行政审判更加接“地气”，把我省行政审判各项工作推进到一个新的高度。

完善行政非诉执行工作机制研究

——以外部机制创新、内部机制规范为视角

广州市天河区人民法院课题组*

行政非诉执行①是我国行政强制执行制度的重要组成部分，行政机关申请人民法院强制执行其作出的具体行政行为，是实现行政管理职能和效率的重要途径。2012 年 1 月 1 日起实施的《行政强制法》沿用了以行政机关申请人民法院强制执行为主，行政机关自行强制执行为辅的强制执行权配置模式，并对非诉行政案件的受理、审查、执行工作各方面作出明文规定，这一定程度上规范了法院非诉行政案件工作，但这些规定多为原则性限定，具体操作性不强。理顺和构建符合现代国家治理要求的非诉执行工作机制尚任重道远。

一、行政非诉执行工作机制设置的背景回顾

从新中国成立到改革开放，我国基本上不存在行政强制执行制度，也不存在作为行政强制执行制度重要组成部分的申请法院强制执行，即非诉行政执行制度。这是我国当时的体制和行政行为方式决定的。改革开放以前，我国实行高度集权的政治、经济体制。在这种体制下，社会结构基本上是按照行政组织原则设计和建立起来的，国家与社会、行政机关与行政相对人的关系基本上属于隶属关系，公民、法人和其他组织都无例外地被

* 课题组组长：甘正培，副组长：陈淡卿，成员：薛梅、林文谦，成员（执笔人）：瞿栋、苏扬、许青。

① 根据我国《行政强制法》的规定，行政非诉执行是指公民、法人或者其他组织对具体行政行为在法定期限内不提起诉讼又不履行，法律未赋予行政机关强制执行权的，行政机关不能自行强制执行，而只能申请人民法院强制执行的情形。

纳入到一定的组织体系之中。在这种社会结构中，行政机关主要用指令性计划和行政命令的方式对企业和社会成员进行指挥和控制，在强大的舆论督促和组织手段的威慑下，鲜有相对人不服从指挥和控制的。即使有极个别的人抗拒这种指挥和控制，也常常可以转为以刑事手段加以制裁。在这种情况下，行政行为内容的实现一般不存在什么阻力，也自然没有建立行政强制执行制度的客观必要性。改革开放以后，高度集权的体制被冲破，社会结构和相对人地位也发生了全方位的变化。改革要求行政机关减少或放弃行政命令等行为方式，但不是放弃所有的行政管理。在承认行政相对人独立地位的情况下，行政机关有权力、也有责任对违法的行政相对人进行处罚或作其他相应的处理。在相对人不履行行政处罚或其他行政处理等行政决定所确定的义务时，必须有相应的公共权力确保上述义务内容的实现，这是公共秩序的要求，也是行政决定自身效力的体现。在这种情况下，行政强制执行制度便应运而生。

1990 年 10 月 1 日起施行的《行政诉讼法》第 66 条规定“公民、法人或者其他组织对具体行政行为在法定期间不提起诉讼又不履行的，行政机关可以申请人民法院强制执行，或者依法强制执行。”2000 年 3 月 10 日发布实施的《最高人民法院关于执行〈中华人民共和国行政诉讼法〉若干问题的解释》（以下简称《若干解释》）对行政非诉执行作了补充性解释。《若干解释》第 90 条第 1 款规定：“行政机关根据法律的授权对平等主体之间民事争议作出裁决后，当事人在法定的期限内不起诉又不履行，作出裁决的行政机关在申请执行的期限内未申请人民法院强制执行的，生效具体行政行为确定的权利人或者其继承人、权利承受人在 90 日内可以申请人民法院强制执行。”第 93 条规定：“人民法院受理行政机关申请执行其具体行政行为的案件后，应当在 30 日内由行政审判庭组成合议庭对具体行为的合法性进行审查，并就是否准予强制执行作出裁定。”根据这一规定，法院应采用不同于诉讼审查的审查程序对申请执行的具体行政行为进行合法性审查。

2011 年 6 月 30 日，十一届全国人大常委会第五次会议审议并通过了《行政强制法》。该法第五章以专章的形式规定了申请人民法院强制执行即行政非诉执行，并规范了行政机关申请执行的程序、行政机关的催告义务，确定了不予执行的标准，并且详细规定了行政机关复议期限及程序。这部法律使得非诉行政执行制度日趋完善。

二、我省行政非诉执行工作机制的运行状况与现实困境

为了充分掌握广东省基层法院近年来行政非诉案件的数量、类型等情况，课题组精心设计了《行政非诉执行工作机制数据统计表》，统计项目包括各基层法院全院收结存情况、行政诉讼收结存情况、非诉审查案件平均结案周期、非诉执行案件平均结案周期、非诉执行案件执行到位率、全院一线办案法官数量、行政庭法官数量、执行局执行员数量及行政非诉案件各类型结案量等统计内容并由全省53个基层法院政工部门、行政庭、执行局就其2009年～2013年上半年各年份实际情况进行填写，共收回政工部门问卷34份、行政庭73份、执行局156份。问卷回收后，课题组运用了专业的统计学方法对调查结果进行量化的统计处理，力图展现出我省基层法院行政非诉执行制度运行的现实状况。

（一）运行状况

1. 我省非诉行政案件类型、数量情况。我省非诉行政案件年收案数量稳定在15000件上下，2010年全省新收14416件，旧存2103件，共结案15727件；2011年全省新收16080件，旧存765件，共结案15630件；2012年全省新收14610件，旧存1234件，共结案15390件。案件类型所

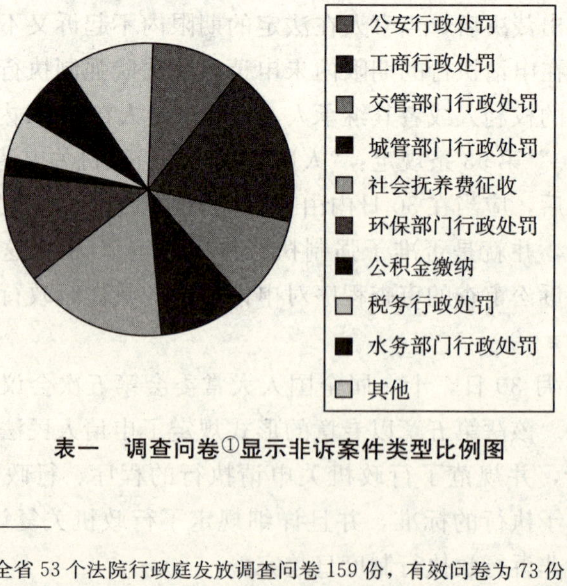

表一　调查问卷[①]显示非诉案件类型比例图

---

① 课题组向全省53个法院行政庭发放调查问卷159份，有效问卷为73份。

涉及的管理领域广但相对集中并逐步扩展。案件类型涵盖计生、国土、环保、工商、交通、劳动、卫生、教育、城市管理、规划、安监、农业、质监、公安、文化、水利、海关等各行政管理领域，但其中以计生、国土、环保、交通、工商等类案件最多，另外还逐步出现证券、物价、民政等类型。从案件分布看，各地案件分布极不均衡，不仅全省各市的基层法院案件量相差大，同一地市不同区县基层法院的收案量也有明显不同。

表二　司法统计显示非诉执行案件收案量差别巨大

广州市	新收案数最多的法院（件）		新收案数最少的法院（件）	
2010 年	越秀：1339	天河：489	萝岗：13	番禺：1
2011 年	天河：1637	越秀：1385	南沙：35	从化：6
2012 年	番禺：892	白云：799	萝岗：35	从化：4

2. 执行工作机制的实际运作

（1）行政非诉案件执行的承办机构。2012 年 1 月 13 日，广东省高级人民法院发布《关于规范行政非诉案件受理和审查工作的指导意见》，要求“人民法院裁定准予执行被申请的具体行政行为的，行政庭应当将裁定书移送立案庭立执行案，并保留审查案卷材料备案。立案庭接到案件后，应当在 3 日内立执行案，立案并交由执行局执行”，建立审执分离的模式。我省大部分法院在此《指导意见》发布之后，即将非诉案件的强制执行权按要求进行分工。“审执分离”模式是指行政庭审查，执行局执行。部分基层法院将非诉行政案件交给执行局负责，行政庭只负责对行政行为的合法性进行审查，审查后决定予以执行的就交由执行局进行执行。“审执合一”模式是指行政庭审查，行政庭执行。行政庭不仅负责审查行政行为的合法性，还具体负责执行工作。部分法院将非诉行政案件交由行政庭负责主要是基于行政庭审判人员所具有的专业知识，在合法性审查阶段，行政庭的审判员依案件不同情况决定采取执行的方式。

表三　广州市基层法院审执模式选择情况

基层法院	2010 年	2011 年	2012 年
天河	审执合一	审执合一	审执分离
从化	审执合一	审执合一	审执合一
南沙	审执合一	审执合一	审执合一

续表

基层法院	2010 年	2011 年	2012 年
白云	审执合一	审执合一	审执合一
越秀	审执分离	审执分离	审执分离
海珠	审执分离	审执分离	审执分离
花都	审执分离	审执分离	审执分离
增城	审执分离	审执分离	审执分离
萝岗	审执分离	审执分离	审执分离
荔湾	审执分离	审执分离	审执分离
黄埔	审执分离	审执分离	审执分离
番禺	审执分离	审执分离	审执分离

据调研我省非诉案件强制执行权分配大部分基层法院以审执分离模式为主，少数法院继续采取审执合一的模式。73 份调查问卷中，仅 8 份实行审执合一模式，其中 5 份由行政庭负责审查与部分执行，3 份由行政庭负责审查与全部执行。而对于模式选择的问题，仅 7 份赞成审执分离制度。

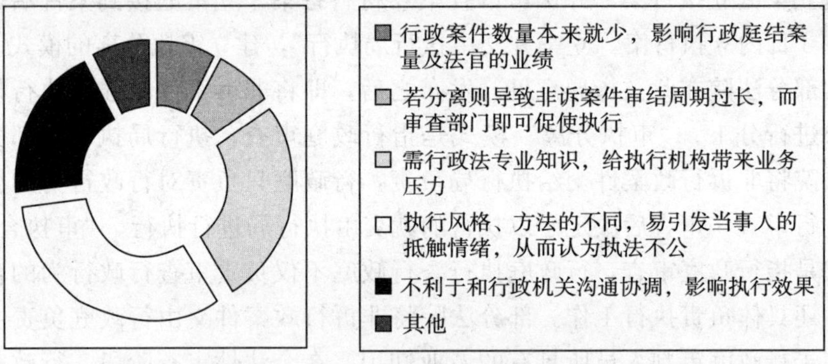

表四　不赞成审执分离制度的原因

（2）行政审判庭协办其他类型案件情况。部分行政诉讼案件数少的法院行政庭存在协办其他类型诉讼案件的情况。73 份调查问卷中，14 份需要协办其他类型案件，行政诉讼案件年收案量均在 50 件以下，部分法院甚至在 10 件以下。

（3）审执分离模式下的内部关系。目前，基层法院在加强审执分离中两部门间的工作衔接可采取的措施主要是设置审查部门与非诉执行机构定期沟通交流机制（76.71%、56/73），也有基层法院设立专门执行机构负责非诉案件（20.55%、15/73）。

就执行分工而言，多数法院是案件分配到人，由执行员自行跟进，很少能够做到相同类型案件的集中执行，由一位执行长统筹协调执行。这种分工方法通常导致法院在执行过程中因执行时间不统一而引发被执行人选择性执法的质疑，从而增加被执行过程中的阻力。对此，一些基层法院成立审立执信工作小组，负责定期联系立案、审查、执行及信访部门，沟通疑难案件、处理案件问题。

就执行流程而言，多数法院分案到人，一位执行员负责一件案件至案件终结。部分法院执行局内部分设文书组、查控组、实施组三个专项执行组，分别行使财产调查权、财产控制权和财产处分权。这种分段执行的方法更加专业高效，但也存在执行人员对整体案件缺乏把控，在被执行人提出问题后无法及时进行释法答疑。

（4）与行政机关之间的协调。由于行政管理领域的广泛性与差异性，非诉案件执行类型多样，执行内容和执行方式各有不同。相对于民事执行，非诉行政案件的执行更具专业性、公共性，影响面更加广泛，可能遇到的阻力远非民事执行可比，特别是在一些存在行为罚申请内容的案件中（如环保类、城建类）表现更为突出。因此，在许多非诉执行案件的执行过程中，法院需要行政机关的配合，如协调被申请执行人、解释执行措施、执行人力及物力准备、专业技术辅助以及执行后续监督等等。根据调查问卷显示，各基层法院认为行政机关在执行过程中可以发挥的作用包括：主要工作是协助送达被执行人72.60%（52/73）、协调被申请执行人64.38%（47/73）、执行后续监督32.88%（24/73）、解释执行措施24.66%（18/73）、其他4.11%（3/73）。

由于并无立法授权，配合法院执行并非行政机关的法定义务，因此，法院通常依赖与行政机关的协调机制。而协调是否有力则往往取决于法院与当地行政机关的关系。一些基层法院的非诉案件审查部门为了防止遭遇行政机关推诿，后续执行乏力，在作出准裁决定前，会要求申请机关作好执行预案、提供人力物力帮助，否则不作准予裁定。

（二）现实困境

1. 非诉执行工作机制紊乱。在省法院《指导意见》发布后，省内多数基层法院为贯彻该文件精神，确立以审执分离模式为主的非诉执行工作机制，但仍有部分法院出于实际考虑，坚持原来的审执合一模式。在已经实行审执分离模式的法院中，也仍有部分审判执行人员对实行这一模式持否定态度。赞同审执分离的观点基本是基于一种法条规范主义的思路，即《最高人民法院关于执行权合理配置和科学运行的若干意见》及省法院《指导意见》均要求非诉行政案件由行政庭审查、执行局执行，作为下级法院应当遵从上级法院的指导意见。而主张审执合一模式的观点则更侧重于现实考量。两种模式既有各自的优点，又有各自的不足。虽然审执合一具有审执错位、权能混乱，行政庭法官既当“裁判员”又当“运动员”的缺陷，不符合权力制约的要求。但实行审执分离的法院亦存在以下问题：

（1）审判资源配置失调。当前正处于社会矛盾突发期，各地法院年收案量均呈现快速增长的趋势。但相较于民事诉讼及刑事诉讼而言，行政诉讼案件在数量上未有较大幅度变化，仅占全院收案量的很小比例，多数基层法院行政诉讼案件年结案量长期徘徊在两位数的状态。根据目前的司法统计办法，行政非诉审查并未计入行政审判人员的工作量当中。实行审执分离后，行政审判人员面临“吃不饱”、无案可办、达不到结案指标的窘境。在一些案多人少较为突出的法院，行政审判庭普遍被要求协办其他类型案件。还有一些法院由于案件数量少而不重视行政审判工作，频繁更换行政审判人员，将一些业务素质较差或即将退休的人员安排在行政庭工作。直接导致案件质量下降、行政审判队伍不稳定，不利于行政审判事业的长远发展。

（2）内部衔接不畅。相比审执合一模式，审执分离将审查与执行相分离，交由不同机构负责，拉长了办案周期，降低了执行效率。案件进入法院后，需经立案、审查、执行三个环节，在立案庭、行政庭、执行局三个机构之间流传。部门之间不可避免存在权责不清、相互扯皮的弊端。申请机关和被执行人也需要和不同机构的法院工作人员协调沟通，面对法院内部复杂的机构设置和繁琐的各类程序，经常被弄得一头雾水。此外，执行人员对非诉执行业务不熟，对行政非诉执行特点和规律缺乏认识，将非诉执行案件等同于普通民商事案件，也进一步影响到执行效率。

（3）隔断审查监督连续性。行政非诉执行与民商事执行存在不同特点，是行政管理在司法领域的延续，并非像民商事执行一样，只是两个民事主体之间的利益分配，更多涉及公共利益的实现和群体利益的平衡，其本质属于行政过程的组成部分。因此，行政非诉执行既需要追求执行效率，又需要法院发挥司法监督功能，通过审查和执行参与行政中去，以促进行政的合理公正。审执合一模式下边审边执的方式，更加适应两方面的要求，在执行过程中发现、纠正不合理的行政决定，同时通过行政协调，促使公共问题的合理解决。但审执分离隔断了行政本身连续性，使得行政庭的职能退缩到前端书面审查，丧失了在执行过程中深入发现和解决行政决定瑕疵和问题的机会。而居于后端的执行人员由于专业性缺失，缺乏监督和协调的能力，不利于法律效果和社会效果的实现。

2. 执行效果不佳。我省非诉行政案件的执行到位率不高，大部分在50％以下，多以终结本次执行方式结案，这种结案方式实际就是未能得到执行或者未能得到全部执行。即使是通过司法统计获得的上述数据，也仍然存在一定的水分。对于大多数以行为罚为案件执行标的申请，法院通常以“不具有可执行内容”为理由裁定不准予执行。如果以行政机关申请的案件数作为分母，反映出行政机关行政决定内容的实现率，则比率会更低。

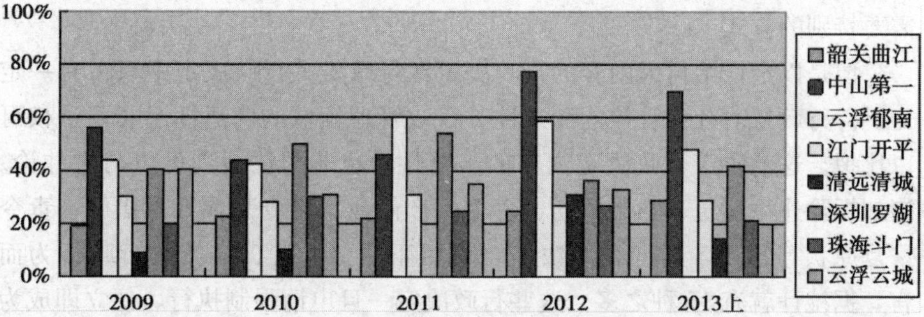

表五　部分基层法院非诉案件执行到位率

执行效果不佳映射出行政强制机制的缺陷。非诉行政执行机制很大程度脱胎于传统的民事执行体制，二者在执行主体、执行期限、执行强制措施等方面的规定并无太大差异。《行政诉讼法》及其司法解释没有对法院强制执行具体行政行为可以采取的具体措施和步骤作出特殊规定，目前法院负责非诉行政执行的部门也均是参照《民事诉讼法》以及《最高人民法院关于人民法院执行工作若干问题的规定（试行）》的有关规定，执行行政机关申请执行的行政决定。这种机制忽略了两类执行之间的差异性。

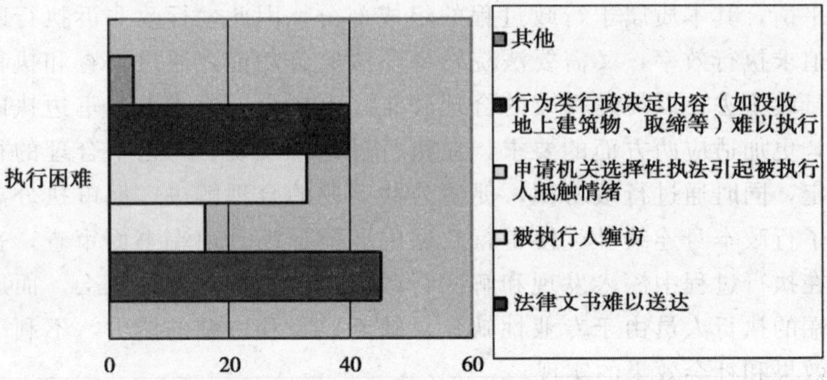

表六　非诉执行困难原因问卷统计

《民事诉讼法》和执行规定中的强制执行措施基本是针对金钱给付义务的强制执行的，如查封、扣押、冻结等，通过向银行或不动产登记机构发出协助执行通知书，即可对被执行的财产进行有效控制，从而较容易达到实现裁判文书效力、促使当事人权利义务回归合法状态的目的。在行政非诉执行中，也有一定比例的案件以金钱给付为之内容，如罚款、社会抚养费征收、住房公积金追缴。这些案件的执行与民事执行并无二致，也不需要特别的方式。

但是以金钱给付为内容的行政决定在行政机关行政决定中只占有一定比例。行政权对社会管控的深入性、行政管理领域的广泛性远非司法权可以比拟。这就决定行政决定内容的丰富性，也非司法裁判可以与之并论。诸如拆除违章建筑、强制拆迁、责令停产停业、责令采取补救措施、责令恢复原状等各式各样的行政决定可谓目不暇接。就责令类的行政行为而言，据统计就有16种之多。这些行政决定一旦申请强制执行，便立即成为摆在法官面前的难题，被当作人人避之惟恐不及的“骨头案”。一是这些行政决定植根于各自的行政管理领域，具有很强的专业性，需要相关的专业知识和技能，并非法院工作人员可以胜任。二是这些决定往往对抗性强，有些更是涉及群体性纠纷，法院毕竟是专司审判的机构，强制力不足。在这方面，土地征收类案件就最为典型。三是执行这些行政决定意味着需要法院直接介入社会管理，与司法中立、超脱的本性相背离，容易导致法院深陷矛盾漩涡难以脱身，对司法公信力造成损害。四是司法执行程序的繁琐性不利于强制效果的实现。以城区基层法院经常受理的环保类行政处罚的非诉执行案件为例，被申请执行人经营餐饮制作造成附近区域空气、噪音污染，民怨极大。环保部门作出责令停止经营的行为罚。法院执行部门在执行该处罚时，在锅炉上在门店口拉半个门张贴封条。这些做法都难以阻止执行人员撤离现场后，被执行人继续营业，致使环境执法一直陷于“猫捉老鼠”的陷阱中，执行程序反复启动，无法结案。政府自身无执行权无可奈何，民众不堪其扰，法院也不堪其累。

3. 外部机制缺位。在非金钱给付标的类的非诉行政执行案件，特别是土地和房屋征拆类案件的执行过程中，执行能否顺利开展、预期效果能否顺利实现，与当地党委是否重视、行政机关是否配合有很大关系。这些案件或涉及专门行政管理领域，或涉及利益大、群体性强，单靠法院自身的强制力远远不足，需要调动更多行政和社会资源。按现行的非诉行政执行机制，行政强制执行的重担完全由法院单独承担，只能在个案处理中通过协调的方式寻求党委和政府的支持，没有形成长效机制。最高人民法院于2012年2月颁布《关于办理申请人民法院强制执行国有土地上房屋征收补偿决定案件若干问题的规定》，其中第9条规定：“人民法院裁定准予执行的，一般由作出征收补偿决定的市、县级人民政府组织实施，也可以由人民法院执行。”为非诉行政执行指明了“裁执分离”的改革方向，有利于建立非诉行政执行的外部机制，实现司法权和行政权之间的合理配置。对此，江浙等东部省份也进行了积极尝试，但调研发现未在我省进行过相应探索。

4. 审查依据缺失。《行政诉讼法》《行政强制法》和最高人民法院司法解释在非诉行政案件的审查方面同样存在规定原则性过强、具体操作性缺失的问题。省法院《指导意见》也未能对此作出补充，致使非诉案件的审查面临两大主要问题：审查标准的不确定性以及结案方式的有限性。

（1）审查标准过于笼统抽象，不具有可操作性。我国现行立法中有关非诉行政执行案件审查标准方面的规定只有《若干解释》第93条和第95条①：前者概括规定了法院对申请执行的具体行政行为进行合法性审查；后者模糊列举了裁定不准予执行的三种情形。虽然这两条规定为此类案件

① 第93条规定：人民法院受理行政机关申请执行其具体行政行为的案件后，应当在30日内由行政审判庭组成合议庭对具体行政行为的合法性进行审查，并就是否准予强制执行作出裁定。第95条规定：被申请执行的具体行政行为有下列情形之一的，人民法院应当裁定不准予执行：（一）明显缺乏事实根据的；（二）明显缺乏法律依据的；（三）其他明显违法并损害被执行人合法权益的。

的合法性审查提供了一定依据，但在第 95 条对于裁定不准予执行的三种情形的表述中，其前面都有一个限制词“明显”。司法解释的本意应在于表达该种审查标准的程度，与《行政诉讼法》第 54 条规定的具体行政行为违法的诉讼审查标准相区别。也就是说，诉讼案件中的违法审查标准基本上没有程度的要求，只要存在违法情形，就应予以撤销。而第 95 条规定的违法标准则有程度要求，只有行政行为缺乏事实根据、缺乏法律根据、其他违法并损害被执行人合法权益的情形达到“明显”程度，才能裁定不准予执行，否则，就应准予执行。这表明人民法院在非诉行政执行审查程序中采用的审查标准远远不如诉讼案件中采用的审查标准严格，但恰恰是“明显”这个主观性很强的不确定概念的使用，使得非诉行政执行的审查标准具有了一定的或然性，加上司法实践中最高人民法院至今没有对该条的实际操作提供统一的指导意见，使得不同的法官基于自己的判断和理解，可能会对“明显”的标准作出不同的诠释，而标准过严会造成司法对行政的“过度”干预，标准过宽会造成司法对行政的“制衡不足”,[①] 这不免会造成实务操作中的一些混乱和不一致。

（2）法定结案方式过于简单，不能满足实践的需要。现有立法只设有裁定不予受理、准予执行与不准予执行这三种结案方式，而实践中有许多立法上没有考虑到的新情况，以致当前法定的结案方式已不能完全满足司法实践的需要。具体说来，目前司法实践中存在以下一些情形没有法定的结案方式予以对应：

情形一：由于立审分离，立案时只是形式审查，案件受理后，在非诉执行案件审查过程中，行政庭发现正在审查的案件存在不应受理的情况，遇此情形，行政庭应作出何种处理？是否应设置相应的救济途径？立法未予以明确。

情形二：法院受理非诉行政执行申请后，行政机关可能出于各种原因主动提出撤回执行的申请，这也是实务中较常遇到的新情形，此时法院作出准予执行或不准予执行的裁定显然均不妥当，那么法院应作出何种裁定较妥？立法上未予以考虑。

情形三：通过非诉审查后，法院在执行过程中发现申请执行的行政决

---

① 郑琦：《基层行政机关申请人民法院强制执行具体行政行为面临的问题与对策研究——以杭州市为实证分析》，载《行政法学研究》2009 年第 1 期。

定存在重大瑕疵，继续执行将给被执行人的合法权益造成重大损害，此时法院能否终结案件执行，应如何结案？立法未设置相应的方案。

如果对上述三类典型情形简单的采用“裁定不准予执行”这一结案方式，不仅不符合法定的应裁定不准予执行的情形，也显然有违立法的初衷，实践中有不少法院对此做了有益的尝试和探索，如佛山市禅城区人民法院尝试适用了“裁定驳回执行申请”或“裁定准予撤回申请”的结案方式，虽然这一做法具有创新性，但其借鉴的是诉讼中的裁定结案方式，援引的法律依据也是我省法院《指导意见》第11条，《若干解释》“审理与判决”一章中的第63条或《行政强制法》中的第53条、第56条。这些法律依据能否支撑法院作出的裁定，有待商榷。

5. 具体执行标准模糊

（1）执行机构具体案件的内部分工问题。非诉执行案件由立案庭立案后具体分到每位执行员名下，不同执行员对案件处理速度、处理方式风格不同，亦引发被执行人“选择性”执行的抵触情绪，造成执行难的问题。

（2）对执行和解的态度问题。执行过程中，申请人与被执行人基于自身利益的考虑，加之法院强制措施施加的压力，往往经过沟通、协调可达成双方均可接受的执行“协议”。这种执行不易引发新的纠纷矛盾，执行效果较好，但尚无法律依据。

（3）滞纳金执行问题。行政机关作出罚款类的处罚决定，一般会在决定书中载明滞纳金的收取方式，但较少列明执行依据。对于滞纳金是否执行、如何执行的问题亦缺乏具体规定。

三、完善行政非诉工作机制的探索

“法律的生命在于施行。”具体行政行为内容的实现是具体行政行为自身执行效力的要求，也是公共利益的体现。在具体行政行为内容实现受阻的情况下，需要使用公共权力强制实现具体行政行为的内容。行政强制执行无疑是具体行政行为的保障措施，无行政强制执行制度，任何生效的行政决定都将成为一纸空文。党的十八大报告提出“科学立法、严格执法、公正司法、全民守法”十六字方针，标志着我国社会主义法治建设进入新的阶段。行政强制执行体制，是连接上述十六字方针四个环节的一条线，这一制度是否畅通有效，直接关涉全局、影响全面。反观现行非诉行政执行机制，法院内部相关机制紊乱失调，与行政权之间的外部关系也没有理顺，执行效率和效果均难尽人意。如何以现行非诉行政执行机制为基础，对我国行政强制执行体制进行调整和完善，成为实现国家治理能力现代化所必须首先完成的一道课题。对此，有必要借鉴国外行政强制执行体制，关注外省同行的有益探索，并吸收本省各地法院积累的经验。

（一）域外经验

行政强制执行体制，“历来就有借助法院介入的司法执行模式以及承认行政机关自力救济的行政执行模式之分，但两种体制并不是互相排斥的，而是各国权力分立、法律传统以及行政法理论的不同而在制度的建构上有所侧重。”[①]

1. 美国。美国由于受“司法优先”法制观念的影响，以法院对行政机关的决定以及执行行为进行合法性审查为原则，以行政机关自我执行为例外，即只有在法律授权时行政机关才能行使强制执行权。法院受理强制执行案件主要以民事诉讼和刑事诉讼的方式进行。当行政相对人不履行行政义务时，行政机关首先则需要向法院提起民事诉讼，法院将以签发强制执行令的形式，督促义务人履行，如果当事人仍拒绝履行，法院将可以以藐视法庭罪对其进行罚金或拘禁的处罚；当行政机关以刑事诉讼的形式向法院提起诉讼时，根据法律规定，法院根据行政机关的检举，可对不履行行政决定的义务并构成犯罪的行政相对人，追究其刑事责任。[②] 作为例外，根据法律的授权，只有在特殊条件下，行政机关有即时强制权时，行政机关可以不经诉讼程序，自行强制执行，大致可分为以下四种情况：（1）对负有缴纳国税义务财产的查封与扣押；（2）对外国人驱逐出境；（3）对妨害卫生的行为的排除；（4）妨害安全秩序之排除。由此可见，在以美国为代表的普通法系国家，行政强制执行权被看成是司法权的范畴，在拥有司法权优先的法律传统的国家中，行政机关除特殊法定情况下不享有行政强制执行权，而法院对行政机关的司法审查，是美国行政法治行政强制执行的重要内容。[③]

2. 德国。德国是典型的采用行政机关强制执行模式的国家。这种模式

---

① 皮纯协：《行政程序法比较研究》，中国人民公安大学出版社 2000 年版，第 373～374 页。

② 城仲模：《行政法之基础理论》，台湾地区三民书局 1994 年版，第 288 页。

③ 王名扬：《美国行政法》（上），中国法制出版社 2005 年版，第 527 页。

要求行政相对人不履行行政法义务时，由行政机关径自采取强制措施，迫使义务人履行义务而无需求助于司法机关。19世纪中叶，德国在立法制度层面，对行政强制执行主体程序进行了进一步的完善，出台了多部法律以规范行政强制执行的实施（如《普鲁士警察行政法》）。1953年，联邦德国颁布了《行政强制执行法》对行政强制执行制度进行专门规定，更加明确的规定了行政强制执行的主体、条件、内容、方式以及执行程序等方面的内容。根据《联邦行政强制执行法》的有关规定，行政强制执行权享有主体包括公法上的金钱债权的执行主体和行为、容忍或不行为义务的执行主体两类。对于前者而言，行政机关享有对公法上的金钱债权的执行权。具体包括：一般情况下，对于公法上的金钱债权的强制执行由有关行政部门的最高联邦行政机关与联邦内政部长根据有关法律规定，一致确定某个有关的行政分支机关为执行机关；当没有法律明确规定时，由联邦财税部门的有关机关对公法债权进行执行；对于行为、容忍或不行为义务的由作出该行政处分的行政机关享有执行权。根据《联邦行政强制执行法》有关规定，对于行政处分的执行由作出该处分的行政机关为执行主体；该机关也可对复议裁定进行执行。同时，有权执行的行政机关可以委托下级行政机关实施全部或部分的执行权。① 另外，值得一提的是，根据《联邦德国行政强制执行法》规定，在德国行政强制执行在大多数情况下都由行政机关来执行，同时也存在其他例外情形。

3. 域外行政强制的理论革新。由于传统行政强制执行手段效果上的有限性，且具有动用国家强制力过于频繁和耗费的公共资源过多，容易造成政府和社会之间关系紧张等弊病，“二战”后，各发达国家逐渐针对不同行政管理的特点，发展出更为多样化的强制执行手段。其特点在于：一是尽量避免采用直接强制的方法来迫使义务人自觉履行义务；二是充分发挥心理强制的作用，通过强化对义务人的心理压力，迫使其履行义务；三是间接强制手段的普遍使用。以日本为例，近年来其立法对授益行政行为的撤回（对已经许可、认可从事经营活动的人员在违反有关法令时撤回已经授予的许可或认可）、违法事实的公布（在美国也称为“作为制裁的信息披露”）、给付的拒绝及课征金（对以高于规定标准的价格销售物资的销售者命令其缴纳相当于非法利润数倍的课征金）等新的强制手段予以认可。

① 朱新力：《外国行政强制法律制度》，法律出版社2003年版，第68～73页。

在韩国行政法上，逐渐出现以加算金、加算税、不当得利税、课征金、赋过金、犯则金等为代表金钱上的制裁和供给拒否（即断绝有些行政服务或能源供给，包括自来水、电气、电话和瓦斯等）、官许事业限制（限制行政义务违反者从事某种特许活动的权利和资格）、公表制度（以公布、公开的方式，使违法人员声誉受损）等其他强制手段。此外，对违反行政义务限制车辆使用、出国旅游、就业及对其进行税务调查等方式也为立法所采纳。

（二）外省进展——以浙江模式为例

因城市房屋拆迁而引起的各类信访、上访以及群体性事件呈上升趋势，拆迁强制执行方式转变为唯一的司法强迁之后，对直接面对激烈的矛盾冲突和解决野蛮拆迁等问题的法院，造成法院沉重的压力。《最高人民法院关于办理申请人民法院强制执行国有土地上房屋征收补偿决定案件若干问题的规定》第9条规定："人民法院裁定准予执行的，一般由作出征收补偿决定的市、县级人民政府组织实施，也可以由人民法院执行。"确立了房屋拆迁强制执行案件的裁执分离模式。此模式确立之后，全国多省法院积极试点探索，并将该模式逐步扩大到其他类型的非诉案件中。

浙江高院积极推动集体土地征收补偿、国土拆违、责令交出土地以及环保责令停产停业等领域的"裁执分离"，确立特色鲜明的浙江模式。2013年，浙江高院与省政府就国土领域推行"裁执分离"达成一致意见，浙江省委转发了省高院文件，要求全面推进"裁执分离"机制。在浙江高院的积极推动下，全省各地法院积极实践"裁执分离"非诉行政强制执行机制。自2012年4月至2013年11月，全省法院共适用"裁执分离"机制处理案件达5165件，内容涉及征收补偿及拆迁裁决、违法建筑拆除、环境保护、民政等多个领域，"裁执分离"工作取得明显成效。

随着"裁执分离"工作的推进，也面临着一系列的新情况、新问题亟待解决与规范。为此，浙江高院在充分调研的基础上起草出台了《纪要》。《纪要》共分25条内容，分别对"裁执分离"工作机制的适用范围、"裁执分离"后组织实施主体的确定、组织实施行为的程序及其可诉性等一系列问题作出了规定，为进一步推进和规范"裁执分离"工作提供了有力指导。

四、构建新型行政非诉工作机制的设想

综合调研所得的情况，课题组认为我国特色的行政强制执行制度——非诉行政执行机制的确存在组织失灵、运转低效的问题，与国家治理能力现代化的总体目标还不相适应。原因主要来自两方面：一是外部关系不顺。法院与行政机关在行政强制执行的职能分工和权责分配上不科学、不合理。由法院承担大部分行政决定的执行，既不符合法院作为审判机构的功能定位和司法权的特性，也是法院不堪承受之重。二是内部机制紊乱。由于规范供给不充分、制度发展不成熟、案件受理不均衡等原因，法院内部非诉执行工作机制不统一、不健全。因此，应当在已显露雏形的非诉行政执行制度的基础上，从内外两方面着手，理顺和重构相关各项工作机制，促进非诉行政执行制度的发展和成熟。

（一）外部机制创新

1. 坚持人民法院行政强制执行前的司法审查。具体行政行为在执行之前接受法院的司法审查，以司法权对行政权进行制衡和牵制，确保其合法行使，防止权力异化损害民众的合法权益，既是借鉴英美司法执行模式的有益经验，也符合我国当前行政权力滥用现象较为严重的特殊国情，是有中国特色的强制执行制度，应当继续坚持。对此，无论是理论界还是实务界，均不存在较大争议。除外情况包括两种：一是涉及重大公益、行政行为内容须及时实现的。如公安机关的强制拘留权，海关的强制扣留权，卫生机关的强制隔离权，税务机关的强制划拨权等。二是专业性和技术性较强的。如公安机关的强制传唤、专利管理机关的强制许可、外汇管理机关的强制收兑等。对于上述行政强制的监督和救济，只能通过事中程序控制和事后复议和诉讼的方式解决，因错误的行政强制导致行政相对人权益受损的，通过国家赔偿的方式予以恢复。

2. 在执行对象分类基础上调整行政强制执行的主体。经过法院审查准予执行的行政决定，其执行权由哪一机关行使，即实行“裁执分离”还是“裁执合一”，不应一刀切。应当在尊重历史惯性和现行规范的基础上，作改动成本较小的调整。依申请非诉行政执行的行政决定的内容可将案件分为三类：金钱给付类、土地和房屋征拆类及其他涉行为类。按照这一分类

分别确定执行主体。

表七 案件分类执行示意表

<table>
<tr><th>案件类型</th><th>执行内容</th><th>模式</th><th>审查主体</th><th>执行主体</th></tr>
<tr><td>金钱给付类</td><td>罚款、没收违法所得等</td><td>裁执合一</td><td rowspan="3">法院</td><td>法院</td></tr>
<tr><td>土地征拆类</td><td>国有土地上房屋征收、农村集体土地房屋征收、土地违法查处（没收土地、责令拆除房屋、复绿）等</td><td rowspan="2">裁执分离</td><td>作为申请机关的政府职能部门</td></tr>
<tr><td>其他行为类</td><td>责令停止生产、排除妨碍、责令改正、责令拆除等</td><td>作为申请机关的市、县级人民政府</td></tr>
</table>

（1）金钱给付类案件。对于金钱给付类案件，如罚款、行政征收。由于其执行方式与民商事案件的执行并无二致，仍可交由法院执行机构执行。该类案件的执行不具有专业性，由法院按照民事执行方式执行不会给其带来太大的负担，同时行政决定的裁决权与实施权在行政机关与法院执行机构之间分段配置，符合权力制衡的原则。另一个好处是充分利用了法院现有的执行资源，避免执行机构的重复设置。对于为促进相对人自觉履行金钱给付义务而设置的加处罚款或滞纳金，法院也应一并予以执行。实践中，一些行政机关还会申请法院执行没收违法所得之类的行政处罚。这类行政处罚也属于金钱给付类案件，但申请机关申请时应当明确没收违法所得的具体数额及事实依据，法院在审查确认后，按照这一数额予以执行。

（2）其他行为类案件。对于土地和房屋征拆以外的其他以强制行政相对人履行作为或不作为行政法义务为内容的行政决定，如责令停止生产经营、排除妨害、拆除违法架设的广告牌等，经法院裁定准予后，可交由申请机关自行执行。这类案件数量相对较少，但涉及的行政管理领域广泛、案源分布零散，执行难度介于金钱给付类和土地房屋征拆类案件之间，一般情况下执行过程中可能引发群体性事件的几率和遭遇的阻力较小。但这类案件往往与相关行政领域的管理活动联系紧密，行政管理特征明显，交由行政机关在其行政管理活动一并执行，可以提高效率，及时消除违法状态，恢复管理秩序，避免司法程序带来低效繁复。具体操作上应注意以下几个方面：

①行政机关凭法院准予执行裁定开展执行活动。法院在准予裁定的同时，应指明由行政机关负责执行，从而为行政机关后续的执行行为注入合法效力。行政机关持法院生效裁定，采取执行措施。对于抗拒执行的，行政机关可向申请法院根据《民事诉讼法》的相关规定采取罚款、拘留等强制措施；对情节特别严重的，可以拒绝履行判决、裁定罪追究相关责任人的刑事责任。

②行政机关申请执行时应同时提交执行方案接受法院审查。实践中，大部分行政机关在作出责令改正、责令恢复原状等行政决定时，没有将上述法律条款的内容转换成行政相对人应负担的具体明确的法律义务。法院通常以不具有可执行内容为由裁定不准予执行。因此，行政机关在作出行政决定，应将上述不明确的法律条文具体化，同时，在申请执行时，应提交具体执行方案，供法院审查。法院在合法性审查的同时，对执行方案进行相应的审查，范围包括执行方案是否具有可行性、是否超出行政决定内容所确定的范围、执行措施是否超出实现行政决定的必要限度。法院有权就执行方案召集利害关系方举行听证，并有权提出修改建议。

③被执行人、案外人对行政机关执行行为有权向法院提出申诉和异议。在执行过程中，行政机关的执行行为应受到司法监督。被执行人有权对行政机关擅自扩大执行范围等违法行为向法院提出申诉。案外人对执行标的有权利主张的，可以向法院提出执行异议。法院认为申诉、异议成立的，应立即裁定暂停执行。已造成损害的，被执行人、案外人有权请求行政机关赔偿。

（3）土地和房屋征拆类。这一类案件执行难度和执行风险最大，涉及的利益矛盾冲突最为复杂深刻，需要协调多部门力量，调动相当规模的执法资源和执行力量，无论是法院还是一般政府职能部门均无法做到这一点。因此，应由市、县一级政府作为执行主体。该类案件与其他行为类案件的执行均属于“裁执分离”的模式，区别在于执行主体是市、县一级人民政府，而后者是提出申请的政府职能部门。

①适用范围。《最高人民法院关于办理申请人民法院强制执行国有土地上房屋征收补偿决定案件若干问题的规定》为“裁执分离”的模式的确立，提供了规范依据。但上述裁执分离模式的适用范围还有待扩展。除国有土地房屋，农村集体土地征收案件情况相似，也应纳入“裁执分离”模

式的适用范围。此外，部分违法用地查处类案件涉及违法用地时间长、违法用地规模大、涉及利益面广，交由申请的国土部门负责执行，势必难以取得执行效果，交由市、区政府执行更为妥当。

②审查标准。审查标准反映的是司法权介入行政权的深度和干预行政权的力度。一般而言，行政诉讼只对具体行政行为作合法性审查，对其合理性不作审查。而非诉案件的审查标准则存在争议。对于土地征拆类案件，应加大司法权对行政权力的牵制力度，实施合理性审查。尤其对赔偿标准的确定，应当充分听取被执行人的意见，做到合理公平，不能机械的按照评估价格搞一刀切。原因在于：一是这类案件牵涉群众切身利益，执行成本和社会风险巨大，应当慎之再慎；二是案件矛盾分歧多属于实体性争议、合理性争议多，程序性争议地位较次，按照普通非诉案件主要进行程序审查的做法明显不符合要求；三是此类案件政策性强，需要结合相关政策及当地实际情况处理，并不单纯限于是否合法的层面。

③所处地位。法院在此过程中应当扮演监督者，而非主力或先锋的角色。从当前华东各省市摸索出的经验看，效果较好的模式是党委协调领导，政府负责人力、物力调配及善后、维稳事宜，法院出面并在过程中监督。在一些地方，法院享有“叫停权”，同时负责全程协调。

3. 以增加间接执行的方式推动执行体制创新。从世界各国行政强制理论的发展看，以直接强制为主的传统强制方法由于行政成本高、实效性差，执行过程中阻力大、对抗性强，且与人权保障的宪法精神不符，已逐渐被弃用。在很多国家，直接强制仅被作为最后、最严厉的手段被适度保留。以对被执行人强化心理压力、迫使其自动履行义务的执行罚等间接执行手段被广泛运用，既包括对被执行人科以财产上的额外义务的执行罚，也包括供给拒否、公表制度等新的手段。这对我国手段单一的行政强制体制和理论体系具有很大的启发和借鉴意义。譬如，为强制当事人服兵役，可否对拒绝服兵役者，三年内不允许招工、招干、升学以及办理营业执照？又比如，《行政强制法》明确禁止对居民采取停止供水、供电、供热、供燃气等方式迫使当事人履行相关行政决定。但对于建筑行业的违法行为，能否采取断水、断电、断能源来强制其停止施工呢？改善我国行政强制执行体制的整体效率，增加间接强制手段将是一条成本低、效果好、便于监督、负面效应少的捷径。

（二）内部机制规范

理清行政权与司法权这一外部关系是构建新型非诉执行工作机制的主要进路，但这还需要进一步的顶层设计，需要党委的统筹领导，需要行政机关与法院形成共识，需要沿着裁执分离的方向不断进行实践探索。而另一方面，对于法院内部的工作机制，则可立即着手部署完善。

1. 承办机构的确定。由行政审判庭负责审查，基本没有不同意见。主要的分歧在于由哪一机构负责执行，在法院内部是实行审执分离还是审执合一的模式。未来按照案件分类确定执行主体的模式，金钱给付类非诉执行案件的与民商事案件的执行在执行标的上存在一致性，二者合流，统一交由执行局负责执行。《行政诉讼法》修改在即，无论是按照行政案件集中管辖、提级管辖还是成立单独序列的行政法院的方案进行修改，行政审判权未来必然都将集中由少数法院行使，部分法院不再设置行政审判机构。由于案源分配不均、法院审判资源配置失调导致审执机制设置不统一的问题必将迎刃而解。

在《行政诉讼法》修改前，课题组主张应允许各基层法院以行政庭既作为审查机构也为作执行机构，实行审执合一、边审边执模式，不予干预。理由在于：第一，行政非诉执行不同于民商事执行，不存在严重的权力寻租动机及现象，比照民商事执行设立审执分离，分段执行、权力制约的制度现实意义不大。第二，行政非诉执行的内容亦不同于民商事执行，需要相应的行政法专业知识和经验。许多法院的执行局工作量接近饱和，执行员对行政非诉执行业务也比较生疏，既无力承担这项工作，也不愿承担这项工作。第三，保持行政庭相应的案件量，既有利于所在法院审判资源的均衡配置，改善行政庭的尴尬地位，又有利于行政审判队伍的发展壮大、行政审判人员业务素质的提高，为未来行政诉讼制度改革和国家法治事业长远发展奠定基础。第四，从调研情况看，行政机关申请强制执行的案件，相当多数都存在瑕疵，行政庭通过边审查边执行，在审查中做工作，将案件了结，给行政执法机关以支持。如果行政庭纯粹只有审查职责，很多案件将不能进入执行程序，只有监督，没有支持。这可能会影响与行政执法机关之间的关系。

2. 相关标准的统一

（1）审查标准。本次调研中，大部分行政法官都赞同“明显违法”的行政非诉审查标准。这一标准既吻合行政诉讼和行政非诉执行两项司法制度的定位，也有利于二者的衔接，反映出行政执法对公正和效率两方面的价值追求，符合《行政诉讼法》关于维护和监督行政机关依法行使职权两方面的制度目标。但同时也应看到，申请非诉执行的案件中大量存在瑕疵的具体行政行为，而现实的情况是许多相对人欠缺法律知识、诉讼费用过高、诉讼周期过长，现行行政诉讼的审查强度不足等因素妨碍了行政诉讼成为广为民众所接受的一项主要的行政救济手段。行政非诉执行制度在当事人权利保护方面所承担的功能甚至重于行政诉讼制度。对所有案件一律持以宽松的审查标准，既不利于促进行政机关执法工作的改进和执法水平的提高，在后续的执行活动中也容易遭到较大的阻力。因此，课题组主张应当允许法官根据行政机关申请执行的内容、违法行为的危害性、执行的紧迫性、被执行人被处分的权益属性和大小、案件的社会影响等因素确定案件的审查标准。

表八　审查标准分类示意表

审查标准	审查内容	适用类型
明显违法性标准	仅作程序性审查，实体审查只有在发现严重违法的情况下才予以启动	①金钱给付类等日常案件；②违法行为危害重大公共利益，执行存在紧迫性。
合法性标准	审查实体和程序是否合法	①执行标的金额较大；②涉及被执行人重大利益或涉及停止企业经营活动资格。
合理性标准	对行政决定的合法性和合理性严格审查	①土地征收拆迁类；②影响社会稳定、执行风险较大；③涉及被执行人基本生存权及人身权的。

(2) 结案方式。应通过制定司法解释增加驳回执行申请、准予/不准予撤回执行申请两种结案方式并扩大终结执行的适用范围，具体见下表。

表九　新增结案方式适用范围示意表

结案方式	适用范围
驳回执行申请	审查过程中发现已受理的非诉行政执行案件，申请不符合受理条件的。
准予/不准予撤回执行申请	因执行和解、被执行人主动履行行政决定确定义务；行政机关自行发现行政决定不合法、不合理，决定撤回申请的。
终结执行	除出现《民事诉讼法》第235条规定的情形外，还可适用于在裁定准予执行后，发现行政机关行政决定存在重大瑕疵的情形。

（3）执行和解。应当明确承认允许行政非诉执行过程中双方和解，但需通过程序设计予以规范：

①和解的主体。一般而言，和解的主体应包括作出具体行政行为并申请执行的行政机关和作为被申请执行人的行政相对人。如果仅仅是由当事人双方参加和解，可能会涉及第三人对和解协议不予认可的问题。因此，必须明确的是，和解须由第三人参与才能达成的，第三人亦为和解主体。除非得到第三人的允许，否则当事人之间的和解不能给第三人设定义务。德国行政诉讼和解中，在第三人同意情况下可以成立一个“为第三人施加负担的”诉讼和解；已受传唤的第三人，可以依据《行政法院法》第106条的规定参加法庭和解。

②适用和解的阶段。非诉行政执行和解以终结强制执行程序为目的，在强制执行结束之前，均可为之。我国的非诉行政执行包括两个阶段，即执行的审查阶段和实施阶段。在审查阶段，作为行政案件审查中的一个程序，和解应在受理行政机关申请执行其具体行政行为的案件后的30日内提出并达成和解协议，逾期未能达成协议的，应及时作出司法审查裁定。在执行阶段，和解应当发生在执行立案之后到强制执行完成之前。

③和解协议的履行。和解协议具有确定力和执行力。除和解有无效或可撤销的原因，或第三人向原法院提起宣告和解无效或和解撤销之诉外，当事人不得就和解协议不服提起讼争，应基于诚实信用原则积极履行所达成的和解协议。若行政主体不履行协议，行政相对人可以通过行政诉讼程序寻求救济；若行政相对人不履行协议，行政主体可以再次申请启动强制执行程序，执行原行政决定。

（4）执行罚的执行。加处罚款、滞纳金等执行罚虽然不属于行政决定本身的内容，但其设置的目的正在于通过科以经济负担，促使被执行人自觉履行义务，如果不予执行，则其效果势必废止。因此，执行行政决定时对其附着的执行罚应一并予以执行。

关于率先基本解决执行难的若干思考

广东省高级人民法院执行局课题组*

执行难已经成为困扰人民法院工作和影响司法权威的重要因素，并在一定程度上影响了人民对依法治国、建设社会主义法治国家的信心。近年来，在社会各界的大力支持下，经过人民法院的不懈努力，执行难问题得到明显缓解。根据最高人民法院公布的数据，在收案数①基本持平的情况下，全国法院未结执行案件呈现连年下降趋势，2010 年为 198263 件，2011 年为 163823 件，2012 年为 15359 件；执行案件实际执行率呈现连年上升趋势，2010 年为 72.50%，2011 年为 77.83%，2012 年为 81.53%。但是，总体上看，执行难问题仍未从根本上解决。为此，有必要回顾和梳理近年来解决执行难的实践探索，分析当前执行难的原因，建立科学合理的执行工作评价指标体系，进一步推动执行工作的改革创新，动员和汇集全社会的力量共同推进“执行难”的基本解决。

一、执行难及其解决路径的广东实践

“执行难”的评论可谓不胜枚举，至今，也尚未有一个统一而明确的定义。有学者指出，“执行难是指人民法院对已经发生法律效力的法律文书，由于一些障碍因素的存在，无法使之实现或难以实现的现象”②；从宽泛意义上讲，也可将“执行难”理解为生效裁判进入执行程序而未能在法

---

* 课题组成员：任宗理、庄绪义。

① 全国法院 2010 年新收执行案件 2418174 件，2011 年新收执行案件 2359025 件，2012 年新收执行案件 2459219 件。

② 杨荣新等：《论强制执行制度的改革与完善》，中国检察出版社 2001 年版，第 46 页。

定期限内执结的案件。[①] 但是，无法执结的案件，有相当一部分是当事人本身即不具备履行能力的“执行不能”案件，该类案件的实质并非难以执行，而是根本无法执行。因此，严格意义上的“执行难”应指狭义的“执行难”，即执行员在执行个案中，因某种来自于内部或外部的非法对抗执行的行为，而使其不能实施执行行为或实施的执行行为不能继续进行的执行过程，[②] 并不包括“执行不能”的情况。在解决执行难问题上，全国各地都进行了有益的探索，如上海法院成立了“执行事务中心”[③]，浙江法院采取“批量查询”[④]，山东法院建成司法查控平台[⑤]……。近年来，广东法院通过执行工作的改革创新采取有效措施破解执行难，取得重大突破。

（一）全面实行主动执行

“主动执行”是指对发生法律效力且已过履行期限的裁判文书，由审判部门直接移送立案庭立案执行。“主动执行”包括立案阶段征询当事人是否同意主动启动执行程序，在审判阶段将当事人同意主动执行的裁判文书送立案庭审查立案，在执行阶段主动采取执行措施等司法能动。2010 年开始在全省法院全面实行主动执行，执行收案数呈逐年下降趋势，从 2010 年的 277092 件，降到 2011 年的 245401 件，再降到 2012 年的 228942 件，执行效率和执行效果明显提高。2012 年全省法院执行结案率 93.42%，实际执行率 82.40%，涉执信访案访比为 0.7‰，涉执信访化解率为 99.3%，执行工作步入良性发展轨道。2012 年第四季度，全省法院主动移送执行率超过 80%。

（二）建设执行指挥中心

2010 年 9 月，广东高院执行指挥大厅建成启用，在全国首创远程指挥监控、被执行人信息查询、执行要情和被执行人不履行债务信息发布等工作系统。其中，被执行人信息查询系统，已建成银行开户、存款、车辆、工商、税务、国土、房产、征信、社保和组织机构代码、户籍、婚姻、出

① 霍力民、侯希民：《“执行难”问题探究与对策》，中国法制出版社 2008 年版，第 35 页。
② 高执办：《“执行难”新议》，载《人民司法》2001 年第 5 期。
③ 卫建萍：《求解“执行难”上海“重磅出击”》，载《人民法院报》2013 年 1 月 28 日第 5 版。
④ 孟焕良：《齐奇代表：再谏“执行难”》，载《人民法院报》2013 年 3 月 10 日第 2 版。
⑤ 徐隽：《山东法院如何破解“执行难”》，载《人民日报》2013 年 3 月 20 日第 19 版。

入境、学籍和手机通话位置信息查询等15个信息查询子系统，实现了全省查控被执行人及其财产从四查向全方位查财产，从单一的财产查询向既查财产也查人，从网络查询向网络控制处分，从控制财产向限制生产经营和高消费，从网络专线向直接进网查询的“五个提升”。

（三）推进执行权的优化配置和执行案件的精细化管理改革

广东高院选取部分法院试点分段集约执行，将执行权进行分解细化，形成互相配合与相互监督制约的运行机制。从试点反映的情况来看，各试点法院通过开展该项工作，案件执结数大幅提高，群众满意率稳步上升，信访投诉率明显下降。顺德法院作为试点单位，以优化配置执行权为重点，推出了“4＋6”分权分段模式[①]。“4＋6”分权分段模式，一方面使各执行权之间有效制约，防止权力的集中和滥用；另一方面通过节点控制，严格各责任人的办案时限和要求，有效防止“久拖不执”，进一步规范了执行行为。

（四）加强执行联动，凝聚执行力量

联动机制逐步健全和成熟，执行联动单位的作用得以发挥。广东高院加强与出入境管理部门的联系协调，对被执行人采取限制出境措施，2012年将限制出境的范围从全省扩大到全国，全年查控被执行人783人次。佛山三水区市委政法委牵头成立加强人民法院执行工作领导小组，由区委副书记担任组长，各协助执行部门为成员单位。广州天河法院与广州白云国际机场公安部门建立了特别联动机制。[②] 佛山顺德、三水法院建立了执行联络员[③]制度。

---

① “4权”，即将执行权分为执行实施权、执行裁判权、执行管理权和执行监督权；“6段”，即将执行工作分为“主动执行立案、执行查询、执行控制、执行变价、执行款退付、执行归档”等六个阶段。

② 2012年全年成功拦截21名“老赖”出境，促使被执行人主动申报财产、履行义务。

③ 联络员一般由人大代表、政协委员、乡镇（街道）的政府中从事综合治理工作的人员或者法律服务人员、村组（社区）村（居）民委员会治保主任，各社团、院校、企业的综治成员或民调成员，以及热心关心法院执行工作的民众组成。联络员主要职责在于监督法院执行工作，协助法院破解执行难案，协调化解执行申诉信访案件。

（五）积极推动社会信用体系建设

社会信用体系和诚信社会建设是从根本上解决执行难的必由之路。全省法院参与社会信用体系建设取得重要进展。广东高院向省政府提出《建立社会信用惩戒体系解决执行难的司法建议》，引导全省法院执行部门参与征信系统建设；开发完成“征信信息数据接口”，从 2012 年 12 月起每月通过法院业务系统自动提取执行案件信息录入人民银行征信系统，限制未履行债务的被执行人融资，提高其失信成本；与省政府协商在“广东省网上办事大厅”开通失信被执行人信息，使赖债者不能获批新项目；向省委宣传部提供 32 家企业未履行法院生效裁判的信息，由其对该批企业参评“广东省十大诚信企业”一票否决。

二、执行难的现状及新的表现形式

当前，虽然以“被执行人难找，执行财产难寻，协助执行人难求，应执行财产难动，特殊主体难碰”为特征的执行难问题得到有效缓解，但是社会公众仍在不停地抱怨“执行难”，“执行难”根源在哪里，“执行难”又呈现出什么样的新形式。近期通过调研，笔者发现执行难有以下一些新特点。

（一）逃债、赖债多发，规避执行难破

当前，市场经济不断深入发展，而与之相对应的民众的法治信仰、诚信意识却没有显著增强。规避逃避执行甚至恶意赖债现象不仅没有缓解，反而有愈演愈烈的态势。债务人之所以敢无视生效法律文书，采取转移隐匿财产、虚假诉讼、虚假仲裁、玩失踪等方式规避逃避执行，甚至公然对抗法院的执行，究其原因，在于债务人逃债赖债的违法成本过低、社会信用机制失灵、执行威慑机制缺失。据统计，执行难的案件有 15%左右是由于被执行人规避执行所致。

（二）滥用执行救济，执行程序难推

执行申诉信访和执行救济制度用得好可以维护当事人合法权益，监督法院执行行为，促进个案执行公正，用得不好就会阻碍案件执行进程，增加当事人维护权益的成本，并影响正常的司法秩序。当前，涉执行信访作为申请执行人希冀的一种可能快速推进执行的有效方式正被越来越多的运用，造成涉执行信访问题有滥觞之势。同时，被执行人及案外人滥用执行异议、复议、执行异议之诉等执行救济，拖延执行，使执行周期延长，影响了执行效率。据统计，2011 年 1 月至 2013 年 1 月，天河法院共受理执行异议案件 244 件，其中异议成立 94 件，裁定驳回 150 件，驳回率占 61.48%。

（三）财产形式多样，新型财产难查

执行难的一个重要原因在于被执行人财产难查，当前通过建设执行指挥中心这一联动平台，查找被执行人的存款、车辆、国土、房产等财产信息的平台已经基本建立。但是，随着经济发展和金融衍生品的增多，个人拥有的财产形式呈现出多样化，除了银行存款、房产、车辆外，还有股票、债券、保险、理财产品（黄金定投、基金）等金融产品，并且这些成为人们财产性收入的主要来源。当前的查询手段仅能查询到存款、房地产等财产，未能覆盖被执行人的所有财产性收入。

（四）维稳成为重要考量，特殊主体难动

过去，一些被执行人为维护自身利益多采用规避手段或找关系、托人情干预等阻碍执行工作正常有序开展。现阶段，维稳成为阻碍一些案件推进的重大障碍。每年两会期间、重大节日、敏感时期，对于一些重大敏感案件，党委、政府往往以维护社会稳定为由，要求暂缓或审慎执行。一些当事人也会借机在敏感时期组织多人信访，导致执行受阻。另外，有一种现象也应引起特别重视，执行工作中往往有人大代表、政协委员基于与当事人某种特殊关系或利益而对具体的执行案件，滥用职权进行“监督”。

（五）执行联动缺乏约束，大执行格局难建

当前，党委政法委居中协调，公安、国土、房管、工商、银行等多个单位和部门参加的联动机制基本建立起来，但各联动单位进行联动、开展协作的主要依据是文件、会议纪要等，对执行联动单位权利义务的设定，联动机制的启动、运行程序等缺乏规定，导致联动机制单位参与联动的随意性较大。实践中，协助单位为了部门利益、地方利益或其他原因，提供虚假信息、通风报信、拖延协助义务等消极不作为的现象时有发生，“联而不动”或“联而慢动”等现象还普遍存在，这说明“党委领导、人大监督、政府支持、法院主导、社会各界配合”的大执行工作格局的建立还有漫长的路要走。

三、新时期执行难的原因分析

新时期“执行难”是一个综合性社会问题，既有人民法院以外的大环境原因，也有人民法院内部的原因。总体分析，我们认为，主要有以下几方面的原因。

（一）执行立法滞后

目前，通过《民事诉讼法》的修改及相关补充规定的出台，执行法律体系已日益成熟，但同时，相比于审判部分的法律法规而言，关于民事强制执行的条款仍呈现“散、少、杂”的特点，无一部完整的纲领性法律统筹全局，在法律适用上容易混乱。我国并无单独的《强制执行法》，而是以“执行程序”作为一编规定在《民事诉讼法》中，条文仅35条；辅之以“头痛医头、脚痛医脚”的各种司法解释。立法的滞后，束缚了执行人员的手脚，限制了执行工作的力度。一方面，执行工作从属于民事审判工作，不能突出执行工作原本的特性、独有的原则；另一方面，规定过于笼统，缺乏可操作性[①]，从而造成了上述“协助部门难求”“委托执行难执”“应执行财产难动”等执行难问题。

（二）社会管理体系不健全

社会管理体系的不健全也是造成“执行难”的重要原因之一。主要表现在社会保险和社会救助体系的不完善。由于事前保险不足、事后救济缺失，交通事故纠纷和刑事附带民事赔偿案件受害人得不到应有的补偿和救济，将矛盾错误延伸至执行阶段，将责任错误归咎在人民法院，将问题错误归结为“执行难”。社会诚信体系未建立健全，对市场主体缺乏有效监

① 如《刑法》规定的拒不执行判决、裁定罪缺乏实际操作性，实践中鲜有被执行人被追究刑事责任。

管与约束，这是造成逃避、规避执行以及执行不能最重要的社会因素。滞后的社会信用体系建设对征信奖惩不均、对“失信”监督不力，无形中纵容甚至助长了种种失信观念和行为。实践中，被执行人将自己存款、房地产、车辆、经济实体登记在别人的名下逃避债务的情况时有发生。社会信用的缺失，给不良动机者留下了规避空间，是“执行难”得以滋生的沃土。

（三）人民法院内部执行管理的错位和缺失

人民法院内部管理问题也是造成“执行难”的原因。一是立、审、执脱离造成执行难。立、审、执分立的目的是为了提高立案、审判和执行的专业化水平，提高司法效率，加大执行力度，防止司法腐败；但是当前的“分立”造成了立案、审判“忽略执行过程中可能产生的困难，由此造成了判决的不确定性或不可执行性”[①]。主要表现为：立案、审判阶段未及时指导当事人采取财产保全措施；执行依据的执行事项未具体明确[②]造成执行难；“立案不严”，将本不该立案执行的立案执行；先予执行制度适用过少，特别在交通事故人身损害赔偿案件中，未及时对肇事车辆进行变现，致使车辆长期闲置贬值严重，产生巨额停车管理费，造成执行难。二是执行工作的业绩评价和考核指标问题。由于过分注重职权主义，忽略当事人主义，执行工作考核主要体现在“执结率”“实际执行率”等指标上，部分法院为追求结案率，大量采用终本结案，或者“四查”不全，对异议不予立案，对审限扣除和延长审理审批不严等。

（四）被执行人逃避、抗拒执行

规避执行[③]是指负有履行生效法律文书确定义务的当事人，或与案外

---

① 徐尔双：《在诉讼程序整体视野下的“审执分立”机制》，载《执行工作指导》总第 41 辑，人民法院出版社 2012 年版。

② 主要有以下几种类型：（1）判决或者调解中往往未确定履行义务的具体时间、次数、地点，给被执行人找到借口，给执行工作带来困扰。（2）判项或调解结果中存在假设性的前提，一方的义务履行或权利的行使是以一个事实的发生为前提的，执行过程中无法或不依法判断，加大了执行难度。

③ 规避执行的特征：（1）主体是生效法律文书确定的债务人，有案外人参与的，还包括该案外人；（2）目的是逃避履行债务；（3）行为方式主要有下落不明；转移、隐匿财产；滥用诉讼程序；在财产上设立权利负担等；（4）行为特点是不明显违反法律强制性规定，而是利用法律规定不明确或法律漏洞，带有“合法”的假象；（5）行为后果是损害债权人的债权。

人串通，采取表面合法的手段或者利用法律的漏洞，转移、隐匿财产，或者对法院执行设置障碍，制造无履行能力的假象，躲避法院强制执行。一段时期以来，随着法律意识的“增强”，相当一部分有履行能力的被执行人为逃避法定义务，游走在社会管理和法律法规的灰色地带，采取各种手段规避执行。他们并不直接对抗法律，而是玩“人间蒸发”、信访闹访、假和解、假离婚、假诉讼、恶意诉讼等，且手段日益隐蔽，给执行工作和社会诚信带来了极大的挑战。据统计，每年广东全省都有2万多件被执行人有财产而规避执行[①]的案件，约占收案总数的1/10。

（五）部分负有协助义务的单位、部门怠于配合执行工作

解决执行难是一项系统工程，负有协助义务单位、部门的积极配合，是执行工作顺利推进的重要保证。联动机制虽已建立，但是联而不动的现象还是时有发生。主要表现：一是部分银行在执行人员采取查询、扣划等措施时，消极配合执行工作，以客户多、人员少为借口刁难执行人员，或以虚报被执行人存款信息等方式敷衍了事，个别银行工作人员甚至给被执行人通风报信，阻挠执行。二是一些涉村的执行案件，在需要村委提取被执行人的分红时，某些村干部害怕村民闹事，拒不签收法院送达的协助执行通知书，使申请执行人的权益无法得以实现。三是司法拘留中，公安部门对被执行人的年龄、身体状况等要求过于苛刻，往往拒收。司法拘留是执行中较为严厉的强制措施，一旦拘留所拒收，被执行人则更无所畏惧，执行工作更加难开展。四是执行中需要公安部门协助查找被执行人下落，但是效果较差，往往长期无任何回应。

（六）对恶意逃避执行行为的打击力度不够

追究刑事责任是加大对逃避执行行为惩治和打击力度的一种重要措施。按照当前追究“拒执罪”的程序，是由公安机关立案侦查，检察院起诉，人民法院判决。一般而言，因逃避执行、妨碍执行构成犯罪的，犯罪事实往往比较清楚，不少行为发生在法官面前，无论从事实的主张、证据的收集，还是法官的调查核实证据的角度，由公安机关立案侦查的必要性并不突出，反而因增加公安机关工作量，导致其推诿立案侦查。实践中，

① 2009年23417件，2010年25016件，2011年25301件，2012年24963件。

法院在面对大量拒不履行执行义务的行为时，往往是以说服教育为主，对被执行人采取罚款、拘留等民事制裁措施的也较为有限，真正以拒不履行生效判决、裁定罪予以定罪处罚的案例少之又少，因此，拒不履行判决、裁定者能轻易逃脱《刑法》第313条规定的“拒执罪”的制裁，从而使得对被执行人的打击力度大为减弱。

四、率先基本解决执行难的路径设计与完善

诚然，“执行难”已明显缓解，但其还会以各种新情况新形式出现，并继续困扰着人民法院执行工作，严重影响着法院的权威和法律的尊严。破解执行难是一项系统工程，必须多头并举，循序渐进，既要着眼现实，解决治标的问题，也要立足长远，解决治本的问题。笔者试图从以下几个方面设计与完善率先基本解决执行难的路径。

（一）完善法律体系，做到有法可依

“执行难”的重要原因是现有法律制度供给不足。我国的执行法律规范主要集中在《民事诉讼法》第三编执行程序中，共有35条。其他有关执行的规定散见于刑法、刑事诉讼法、行政法、行政诉讼法等部门法中。由于执行法律不完善，导致执行工作中许多问题无法可依，执行人员的自由裁量权过大，执行乱、乱执行现象时有发生。因此，有必要完善法律体系。一是制定《强制执行法》。我国已经具备制定《强制执行法》的条件，并且单独制定《强制执行法》已经成为世界各国[①]的普遍趋势。只有进行系统科学的执行专门立法，建构一个科学合理、快捷高效的执行法律体系，才能做到有法可依、有章可循，充分发挥强制执行的制度功能和优势。二是完善破产法律制度。完善破产启动程序，对已经进入执行程序，在穷尽执行程序和执行措施后，被执行人仍无财产可供执行的，通过执行程序与破产程序的衔接，尽快了结当事人间的债权债务关系，形成无财产可供执行案件的退出机制。当前应通过立法尽快建立自然人破产制度，赋予自然人破产能力，并规定相应的失权制度，对破产人在任职业务资格及

① 法国、俄罗斯、日本、韩国、澳大利亚、瑞典、芬兰、挪威、冰岛等国已经制定了强制执行法典。

高消费等方面进行必要的限制。同时，赋予公益法人、非法人企业破产能力，不断扩大破产主体范围，以便及时清理债权债务，完善市场主体退出机制。

（二）构建评价指标体系，形成正确指引

“执行难”是各个评价主体对执行工作源于自身利益需求和立场的主观感受。笔者认为，“执行难”与“执行不难”应当是人民法院自我评价与外部主体评价的综合结果。因此，要设置科学合理的评价指标，在达到一定的指标标准[①]后，即可认定为基本解决执行难。科学合理的解决执行难评价指标是衡量法院执行工作是否健康、有序开展的标尺，它可以辅助我们对法院执行法律效果和社会效果的好坏进行判断。笔者认为，基本解决执行难的评价指标体系应当包含办案评价指标、社会评价指标、执行活动参与人评价指标。在指标体系中又尤以执行活动参与人评价指标体系权重最大。在确定三个部分的分值比例的基础上再细化其子项及每项包括的指标，并为每个指标设定相应的分值，辅以基础分加成、设定基本达标比例等来计算总分（见下表）。

基本解决执行难评价指标体系

衡量指标	指标项	方向	公式	目标	得分标准
法院办案评价指标（30）	执行案件结案率	＋	当年结案总数÷（当年新收案件＋旧存案件数）	90％	90％得8分，每低5个百分点，减0.5分
	执行标的到位率	＋	1/n∑已结金钱债权案件i执行到位金额÷已结金钱债权案件i申请执行金额	50％	50％得10分，每低5个百分点，减0.5分
	法定（正常）期限内结案率	＋	法定（正常）期限内结案数÷结案数	90％	90％得6分，每低5个百分点，减0.5分
	信访率	－	当年信访案件数÷（当年新收案件＋旧存案件数）	2‰	2‰得6分，每增1个千分点，减2分

① 总分值达到80分以上时，视为已经“率先基本解决执行难”。

续表

衡量指标	指标项	方向	公式	目标	得分标准
社会评价指标（30）	媒体负面曝光率	—	当年新闻媒体负面曝光案件数÷（当年新收案件＋旧存案件数）	0.2‰	0.2‰得7分，每增0.1个千分点，减2分
	提请检察建议率	—	当年检察机关提出的检察建议数÷（当年新收案件＋旧存案件数）	2‰	2‰得7分，每增1个千分点，减2分
	人大代表、政协委员满意率	＋	人大代表、政协委员对执行工作满意的人数÷受调查的人数	90%	90%得6分，每低5个百分点，减0.5分
	社会公众对执行工作的满意率	＋	社会公众对执行工作满意的人数÷受调查的人数	90%	90%得10分，每低5个百分点，减0.5分
执行活动参与人评价指标（40）	申请人满意率	＋	1－通过廉政监督卡所示方式反映不满意案件数÷（当年新收案件＋旧存案件数）	90%	90%得10分，每低5个百分点，减0.5分
	执行异议率	—	当年执行异议案件数÷（当年新收案件＋旧存案件数）	2%	2%得10分，每增0.5个分点，减2分
	协助义务人协助执行率	＋	实际协助执行案件数÷请求协助执行案件数	90%	90%得10分，每低5个百分点，减0.5分
	案件自动履行率	＋	（当年一审民商事判决、调解结案数－当年民商事执行收案数）÷当年一审民商事判决、调解结案数。	50%	50%得10分，每低5个百分点，减0.5分

（三）完善执行联动机制，形成执行合力

“党委领导、人大监督、政府支持、法院主导、社会各界配合”的大执行工作格局的形成，需要进一步完善执行联动机制，切实发挥执行联动单位的作用。一是完善执行联动机制立法，实现执行联动规范化。建议国家层面上进行立法完善，用法律的形式将执行联动机制确立下来，并及时制定联动机制的实施细则，以具体的制度切实保证执行联动机制的运行效果。二是扩大和明确执行联动单位的范围。要通过立法、司法解释等形式解决司法实践中存在的协助主体缺少、协助义务不明确等问题，进一步明确各有关部门协助执行的法定职责，加大对拒绝协助等行为的查处与惩治力度，简化协助执行的工作程序，提高协助执行效率。三是构建基层协助执行网络，实现执行群众化。人民法院应当依靠基层组织和综治网络，建立基层协助执行网络，在社区、村镇设立执行联络员，协助法院进行查找被执行人及财产线索，控制、处分被执行人财产，调处因执行引发的各类矛盾纠纷以及帮助处理突发性事件等。

（四）强化科技手段，实现执行信息化、科技化

借助科技手段解决执行中的难点问题，可有效提高执行工作效率，从根本上克服造成法院“执行难”的各种不利因素，当前有必要进一步加强执行信息化建设。一是夯实执行信息化基础数据库。各级法院和全体执行人员应充分认识全国法院执行案件信息管理系统作为执行信息化基础数据库的重要作用，按照全面、精确、及时的原则填报基础数据。二是尽快实现执行案件信息管理与有关职能部门信息管理系统的互联互通、信息共享，推动社会信用体系建设，加大被执行人拒不履行行为的成本，使被执行人在融资、置产、出境、注册新公司、高消费等方面都受到严格限制，挤压被执行人的逃债空间。三是依托执行指挥中心信息查询网络平台，逐步扩大可查询财产范围①、拓展查找被执行人及其财产的渠道，缩短查询周期，降低人力成本，争取实现查询、冻结、扣划一体化。四是加快网上执行局建设。广东佛山顺德法院的顺德执行网，深圳罗湖法院的执行公开

① 除银行存款、房产、车辆外，将可查询财产扩大至股票、债券、保险、理财产品（黄金定投、基金）等金融产品，并制定每种财产的查封、扣押、冻结、拍卖、变卖、抵债、分配等执行规则。

网，都是执行工作适应网络化发展要求的重要成果。当前，要加快开发全省执行综合管理系统，通过细化流程管理和节点控制，打造将执行工作规范化、信息化、公开化有机融合的平台，真正实现执行工作的网上服务、网上办事、网上公开、网上监督。

（五）推进执行规范化、专业化建设，促进执行公正

执行规范化建设是实现执行公正，规范执行秩序的重要保障。一是加强制度建设，规范执行行为。各级法院要以全面贯彻修改后的《民事诉讼法》为契机，全面清理原有的司法解释、指导意见和内部规定，对不符合《民事诉讼法》和当前工作要求的，要坚决废除和修改。同时，针对一些新情况、新问题及时出台相应规定，统一做法。如尽快出台有关分段集约执行的规定，办理有关执行异议、复议案件的规定，接受检察监督的规定等，使执行工作有章可循，规范推进。二是加强执行专业化建设。执行工作涉及民事、刑事、行政、仲裁、公证、非诉行政执行等多类案件，办案中要适用的法律、司法解释众多，并且在办案中既涉及行使执行实施权，又要行使执行审查权；既要与当事人打交道，还要与中介机构，各联动单位、协助单位打交道。因此，可以说对执行法官业务素质的要求比审判法官更多、更全面，必须改变执行工作只是“查、扣、冻、拍”“跑跑腿动动手”等错误观念，大力加强专业化建设。一要将执行实施权与执行审查权分开，分别由不同机构、不同法官、人员行使，特别是执行审查权必须由法官行使，而行使执行实施权的人员范围可以扩大；二要加强业务培训，针对不同人员，进行不同业务性质的培训，提高培训的针对性、有效性。

（六）严厉打击规避执行行为，压缩“老赖”生存空间

多错并举打击逃债、赖债行为，使“老赖”无所遁形。一是强化制裁措施，对有履行能力而拒不履行法律义务的被执行人，对恶意转移财产、伪造、隐藏、毁灭重要证据，妨碍法院查明财产状况等行为，要依法予以拘留、罚款；构成犯罪的，协调公安、检察机关坚决予以严厉打击。尽快将“拒执罪”修改为自诉案件。二是继续完善“老赖”曝光机制。借鉴德、韩等国做法建立债务人名册制度，将有履行能力却故意逃避执行，转移、隐匿财产，人为设置障碍，或者采取假离婚、假诉讼、假破产等手段

拒不履行义务或规避执行的被执行人向社会定期进行公告曝光，促使其自觉履行法律义务。三是积极推进社会信用体系建设。借鉴美国的社会保障卡制度，加快推进社会征信系统建设，建立全国统一的个人社会保障、财产信息识别号码，实现对所有公民的社会保障、财产信息、居住地址等的实时管理。

（七）创新执行措施，提高执行效率

人民法院需要进一步增强高效实现当事人债权的理念，创新执行措施，提高执行效率。一是完善终结本次执行程序。将穷尽罚款、拘留等执行制裁措施纳入终结本次执行程序的条件。二是用活被执行人财产申报制度。为防止终结本次执行程序后被执行人消极履行义务，应建立被执行人向法院定期申报财产制度，要求被执行人每六个月申报其收入状况、财产变动情况，并接受法院询问。三是法院主动调查制度。法院以半年为周期，对该类案件进行财产调查，对符合恢复条件的，及时恢复案件执行程序。四是建立悬赏制度，完善财产调查机制。建立民事执行悬赏举报制度，可在立法上明确界定悬赏制度的适用条件、悬赏金额的来源，明确悬赏执行的费用由被执行人负担以及对举报人采取保密措施等，以防止该制度被滥用。五是主动邀请申请人参与执行。在财产调查完毕后，邀请申请人一起参与制定执行方案，以提高申请执行人对执行工作的认可度。

（八）加大执行宣传力度，优化舆论环境

良好的舆论环境能够为解决“执行难”提供正能量。一是要加强同新闻媒体的沟通联络，并通过他们向全社会澄清案件事实，让公众认识到民事主体市场交易本身的风险，引导公民、法人和其他组织增强风险意识，规范自身行为，共同防范风险，减少“执行难”。二是要加强对解决执行难评价指标体系的宣传，让老百姓明白“执行难”到底难在哪里，哪些是法院自身的原因，哪些是法院之外的原因造成的，哪些是根本执行不能的案件，促进全社会共同理解“执行难”，共同支持解决“执行难”。三是大力宣传执行典型案例。执行工作中的典型案例具有形象、生动、贴近群众生活的特点，各级法院要精选典型案例，借助报纸、广播、电视等传统媒体和微博、微信等新兴媒体进行宣传，提高公众的诚信意识和法治意识，最终树立执行权威。

审理和执行集体建设用地流转纠纷案件相关问题研究

深圳市中级人民法院课题组*

一、集体建设用地流转纠纷的概念和特点

集体建设用地，系指在集体所有的土地上以拥有建筑物或其他工作物为目的的土地，既包括原有的建设用地，也包括经审批的农用地转为的建设用地。集体建设用地流转，是指通过转让、租赁和抵押等多种方式，将已依法办理农用地转用和非农建设用地使用手续的集体土地的使用权进行转移或使其实际使用人发生变更的行为。在司法实践中，集体建设用地流转纠纷主要类型为集体建设用地使用权在出让（包含以集体建设用地使用作价入股或出资、采用与他人合作、联营等形式共同兴办企业）、出租、转让、转租和抵押过程中所发生的纠纷。

在深圳市中级人民法院已受理的集体建设用地流转纠纷中，确认合同效力纠纷案件最多，建设用地使用权合同纠纷、土地租赁合同纠纷的案件次之，其他类型的纠纷案件数量虽少，但亦都曾有发生。已受理的集体建设用地流转纠纷案件主要呈现出以下几个特点：（1）集体非农建设用地自发无序流转，导致政府调控土地市场的能力被削弱，土地利用混乱，土地市场秩序受到严重干扰；（2）隐形市场活跃，违法用地屡禁不止，耕地保护受到冲击；（3）集体建设用地流转的权利缺乏可靠保障，交易不安全；（4）集体建设用地流转收益分配关系混乱；（5）引发了地价管理失控；（6）冲击了现行征地制度；（7）不利于国有土地市场的管理；（8）纠纷数

---

* 课题组成员：赖秋姗、丁南、武小平、杨爽、邱裕华、杨潮声、唐毅、路德虎、周建康。

量逐年递增，纠纷类型日趋复杂。

二、关于集体建设用地流转的法规政策及司法实践

（一）法律、中央政策、广东省政府及司法实践对集体建设用地流转的态度

1. 法律的规定。《土地管理法》第 43 条规定，任何单位和个人进行建设，需要使用土地的，必须依法申请使用国有土地。在这一大的原则下，仅规定了兴办乡镇企业、村民建设住宅、建设乡（镇）村公共设施和公益事业建设这三种例外情形在依法批准后可以使用集体建设用地。结合《土地管理法》第 60 条、第 61 条和第 62 条的规定来看，《土地管理法》第 43 条将集体建设用地的使用限于集体经济组织的自用而且仅限于按需要依法申请取得。第 63 条进一步规定，农民集体所有的土地的使用权不得出让、转让或者出租用于非农业建设；但是，符合土地利用总体规划并依法取得建设用地的企业，因破产、兼并等情形致使土地使用权依法发生转移的除外。该条后段是现行法律保留的唯一的集体建设用地流转形式。从上述规定来看，现行《土地管理法》对集体建设用地使用和流转的态度非常明确，那就是严格限制。如果要使用农民集体所有的土地用于建设，原则上只能通过国家征收的方式，将农民集体所有的土地转为国有土地，再通过出让、划拨的方式将国有土地使用权交给建设单位。

2. 中央政策。2013 年，党的十八届三中全会通过《中共中央关于全面深化改革若干重大问题的决定》，该《决定》第 20 条规定，“赋予农民对承包地占有、使用、收益、流转权能”，同时“赋予农民对承包地承包经营权抵押、担保权能”。第 21 条规定，“保障农户宅基地用益物权，改革完善农村宅基地制度”“选择若干试点，慎重稳妥推进农民住房财产权抵押、担保、转让”，同时也要“建立农村产权流转交易市场，推动农村产权流

转交易公开、公正、规范运行”。[①]

3.《广东省集体建设用地使用权流转管理办法》的突破。广东省政府2005年颁布《广东省集体建设用地使用权流转管理办法》（以下简称《管理办法》）第3条[②]的规定改变了《土地管理法》严格限制集体建设用地的做法，认可了集体土地在符合土地利用规划和落实农用地转用指标后可以转化为农村集体建设用地。《管理办法》第4条进一步明确了集体建设用地不得流转的四种情形，且无兜底条款。可以理解为除第4条所列四种情形外，集体建设用地使用权可以按照《管理办法》的规定进行流转。按照《管理办法》第3条和第4条的规定，集体建设用地使用权的转让、出租和抵押可以按照《管理办法》的规定自由流转，不再需要政府的批准。这是对《土地管理法》第63条的重大突破。第8条规定，除兴建农村村民住宅、兴办公共设施和公益事业外，集体建设用地可以用于兴办各类工商企业，包括国有、集体、私营企业，个体工商户，外资投资企业，股份制企业，联营企业等，而不限于兴办乡镇企业。突破了《土地管理法》第43条对集体建设用地建设项目的限制。[③]

4.广东省高级人民法院指导意见的做法。早在2001年，广东省高级

---

① 《中共中央关于全面深化改革若干重大问题的决定》第20条规定：“加快构建新型农业经营体系。坚持家庭经营在农业中的基础性地位，推进家庭经营、集体经营、合作经营、企业经营等共同发展的农业经营方式创新。坚持农村土地集体所有权，依法维护农民土地承包经营权，发展壮大集体经济。稳定农村土地承包关系并保持长久不变，在坚持和完善最严格的耕地保护制度前提下，赋予农民对承包地占有、使用、收益、流转及承包经营权抵押、担保权能，允许农民以承包经营权入股发展农业产业化经营。鼓励承包经营权在公开市场上向专业大户、家庭农场、农民合作社、农业企业流转，发展多种形式规模经营。鼓励农村发展合作经济，扶持发展规模化、专业化、现代化经营，允许财政项目资金直接投向符合条件的合作社，允许财政补助形成的资产转交合作社持有和管护，允许合作社开展信用合作。鼓励和引导工商资本到农村发展适合企业化经营的现代种养业，向农业输入现代生产要素和经营模式。”第21条规定：“赋予农民更多财产权利。保障农民集体经济组织成员权利，积极发展农民股份合作，赋予农民对集体资产股份占有、收益、有偿退出及抵押、担保、继承权。保障农户宅基地用益物权，改革完善农村宅基地制度，选择若干试点，慎重稳妥推进农民住房财产权抵押、担保、转让，探索农民增加财产性收入渠道。建立农村产权流转交易市场，推动农村产权流转交易公开、公正、规范运行。”

② 取得农民集体土地进行非农业建设，应当符合国家有关产业政策及当地土地利用总体规划、城市规划或村庄、集镇规划。涉及农用地转化为建设用地的，应当落实土地利用年度计划的农用地转用指标。

③ 当然，《管理办法》第5条也明确规定，通过出让、转让和出租方式取得的集体建设用地不得用于商品房地产开发建设和住宅建设。禁止集体建设用地用于商品房建设。《管理办法》还就集体建设用地使用权的流转设定了其他条件和要求，比如集体建设用地使用权流转要经集体经济组织成员民主决定，土地收益50%专款专用于集体经济组织成员的社会保障安排等。

人民法院（以下简称广东高院）即颁布了《广东省高级人民法院关于审理农村集体土地出让、转让、出租用于非农建设纠纷案件若干问题的指导意见》（以下简称《指导意见》）。该指导意见总体而言对集体建设用地的流转持宽松态度，力求在不违背《土地管理法》规定的情况下尽可能维护合同的有效。一是通过对法律的解释，将处于模糊地带的情形解释为有效。如《指导意见》第8条、第9条通过采取特别法优于一般法的解释认可了集体建设用地使用权的抵押；第10条、第11条通过将建筑物的出租与单纯的集体建设用地出租相区别，尽可能认可了房屋租赁合同的效力。二是采取“政府批准有效”的做法，认定经县级以上人民政府批准的合同有效。如《指导意见》第14条规定。三是以“先行后民”原则驳回部分案件的起诉，告知当事人申请行政机关处理。如《指导意见》第1条、第2条的规定。

（二）广东省关于集体建设用地流转的措施以及深圳市的城市化实践

2003年6月，广东省政府发出《关于试行农村集体建设用地使用权流转的通知》，明确农民集体建设用地使用权可上市流转，其方式可以是出让、转让、出租和抵押等。随后，广东省政府常务会议通过了《广东省集体建设用地使用权流转管理办法》，该办法规定：“集体建设用地使用权作价入股，与他人合作、联营等形式合办企业，视同集体建设用地使用权转让。”上述文件意味着自2003年6月24日起，广东省符合规定的集体建设用地使用权已享有城镇国有土地使用同等的权益。

深圳市在短短的十几年时间内，经历了两次大范围的农村城市化改制，第一次发生在1992年的特区内，经过这次城市化，特区内实行“村改居”，4万多农民全部转为城市居民①；第二次城市化发生在2003年的特区外宝安、龙岗两区，其核心内容是“两区集体土地国有化转制”。在经过两次农村城市化改制后，深圳市也因此成为我国目前唯一一座无农民且所有土地全部转为国有土地的城市。深圳将大量的集体土地转为国有，唯一依据是《土地管理法实施条例》第2条有关“农村集体经济组织全部成员转为城镇居民的，原属其成员集体所有的土地属于全民即国家所有”的规

① 黄丽满在加快宝安、龙岗两区城市化进程动员大会上的讲话（2003年10月30日）。

定。[1] 但是，这种以城市规划区范围作为划定集体所有土地和国有土地的标准，以及采取政府规章的方式强行将集体所有土地变更为国有土地没有法律依据。依据《土地管理法》及《物权法》相关规定，将集体土地变性为国有土地，应当采取征收的方式，城中村土地直接转为国有土地的规定不符合国家法律规定。正因此，2005 年 3 月 4 日，国务院出台正式文件，明确集体农民户口变更为城市户口后，集体土地必须通过征收程序才能变更为国有土地。

三、集体建设用地流转的法律效力认定

（一）对集体建设用地进行转让的法律效力认定

1. 概述。集体建设用地的转让在广义上包括出让及再次转让。出让是指“集体土地所有者将一定年期的集体建设用地使用权让与土地使用者，由土地使用者向农民集体土地所有者支付出让价款的行为”，[2] 就法律性质而言，出让属土地所有人通过法律行为为土地使用人设立用益物权。再次转让是指“集体建设用地使用权人将集体建设用地使用权再转移的行为”，[3] 就法律性质而言，再次转让系土地使用人之间移转用益物权，一般包括买卖、互易及赠与等形式。

2. 出让、转让集体建设用地使用权行为的合同效力认定问题。出让、转让集体建设用地使用权行为的合同效力问题是人民法院应当依职权主动予以查明认定的重要事项。按照《合同法》第 52 条所明确列出的导致合同无效的五种情形分述如下：

(1) 无效事由的识别

①恶意串通损害集体或第三人利益的出让行为。此类行为一般表现为集体经济组织在未经其成员讨论同意的情况下，与受让人合谋低价出让集体建设用地使用权。对于是否构成恶意串通，可以结合交易价格与交易方

① 载《新京报》，网址：http://news.sina.com.cn/o/2004－07－01/04432954098s.shtml。

② 根据《广东省集体建设用地使用权转流管理办法》第 12 条。根据规定，以集体建设用地使用权作价入股（出资），与他人合作、联营等形式共同兴办企业的，视同为集体建设用地使用权出让。

③《广东省集体建设用地使用权转流管理办法》第 17 条。

式两方面来作出认定。首先，对于突破《土地管理法》规定而允许集体建设用地使用权流转的地区，当地政府往往会通过各种方式设定土地出让的基本地价，涉案出让合同所约定的出让价款是否明显低于基准地价，是判定当事人之间是否存在恶意串通的首要客观标准。其次，如政府规定集体建设用地使用权的出让或应在专门设立的土地交易所进行，或应通过国有土地交易市场进行公开交易的，涉案土地使用权是否系通过公开交易形式进行转让，亦可作为判定当事人之间主观恶意的依据。

②违反法律、行政法规的强制性规定及损害公共利益的出让、转让行为。有关集体建设用地使用权出让、转让的法律、行政法规强制性规范，集中体现在《土地管理法》第 6 条、第 43 条、第 63 条以及《城市房地产管理法》第 9 条。从社会公共利益和强制性规范所保护的法益内容看，《土地管理法》第 6 条、第 43 条、第 63 条以及《城市房地产管理法》第 9 条的立法目的在于实现土地用途管制及坚守“耕地红线”。土地是重要的生活资料，尤其耕地更对国家粮食安全和人民基本生存需求产生直接影响。同时，土地亦是重要的生产资料，土地用途及规划关系国民经济的整体协调发展，任由土地使用人擅自改变土地用途并再行出让、转让，将不利于土地资源的合理分配和城乡建设的平衡发展，将有损社会公共利益。因此，应将前述法律强制性规定识别为效力性强制性规定，并作为认定合同无效的法律依据。

（2）可认定合同有效的例外情形

①广东省政府在 2005 年已颁布实施《广东省集体建设用地使用权流转管理办法》，允许符合条件的集体建设用地流转。参照《广东省高级人民法院关于集体建设用地使用权租赁期限适用法律问题的批复》中的处理思路，政府或行政主管部门在其权限范围内批准或以其行为表示同意集体建设用地使用权流转的，则可认定该转让合同有效。

②根据《物权法》和《土地管理法》的有关规定，宅基地使用权的合法权利主体仅限于农村村民或农村集体经济组织成员。国务院 1999 年《关于加强土地转让管理严禁炒卖土地的通知》及 2004 年《关于深化土地改革严格土地管理的决定》等文件多次强调“农村住宅不得向城市居民出售”，“禁止城镇居民在农村购买宅基地”。从改革试点的情况看，宅基地使用权并未纳入“与国有土地同等入市、同权同价”的考量之中，故对于向城镇

居民转让宅基地使用权的合同原则上仍应认定为无效。[①] 但村民将其依法取得的宅基地使用权连同合法建设的地上房屋转让给其他本村村民的，此类合法私房的转让合同可认定为有效。

此外，根据 1999 年 1 月 1 日修订前的《土地管理法实施条例》第 27 条的规定，回原籍乡村落户的职工、退伍军人和离、退休干部，以及回家乡定居的华侨、港澳台同胞，可依照宅基地使用权的取得程序使用集体土地建设住宅，以上主体据此也可以合法取得宅基地使用权。对于农村村民在 1999 年 1 月 1 日前将其依法取得的宅基地使用权连同地上房屋转让给回乡落户的干部、职工、退伍军人以及华侨、港澳台同胞的，可认定合同有效。

③深圳市在“农村城市化”过程中采用“撤村改居”的模式。按深圳市政府 2011 年《深圳市原农村集体经济组织非农建设用地和征地返还用地土地使用权交易若干规定》，深圳市“农村城市化”土地整体划转后，原有划定的存量非农建设用地，以及政府征收原农村集体所有的土地后所返还给原农村集体经济组织的建设用地，在原农村集体经济组织与规划国土部门签订土地使用权出让合同并缴纳地价款后，经原农村集体经济组织股东大会审议及全体股东一定比例表决通过，可以将其中的空地通过土地交易市场、竞争性谈判或者以交易项目开发公司股权的形式上市交易，在交易后可与原集体经济组织共同向规划国土部门申请办理土地使用权出让合同变更手续，并签订土地使用权出让合同补充协议。可以看出，深圳市政府的前述规定是将原集体土地征收后再作为国有土地进行出让，而原集体经济组织与受让人签订的转让合同则实质上成为对原集体土地征收的补偿协议。由于土地所有权性质发生了变化，深圳市政府所规定的原集体建设用地使用权的转让方式，与《土地管理法》第 43 条、第 63 条及《城市房地产管理法》第 9 条的规定及立法目的不相违背，对于符合上述规定的转让行为不应认定无效。

---

① 深圳市政府在该市土地整体国有化之后颁布的 2011 年《深圳市原农村集体经济组织非农建设用地和征地返还用地土地使用权交易若干规定》第 3 条亦规定：“非农建设用地中的原农村居民住宅用地（含统建楼用地）和公共设施用地不得进行土地使用权交易，市政府有特别规定的除外。”

（二）对集体建设用地及地上房屋进行租赁的法律效力认定

1. 将未经批准为建设用地的农用地出租用于非农建设的租赁合同是否有效。主流观点认为，将未经批准为建设用地的农用地出租用于非农建设，违反了《土地管理法》第63条的规定，且涉及农用地的保护，应当认定无效。采取这类处理方式的判决较多。但也有意见认为，《土地管理法》第63条的规定并非效力性强制性规定，而是国家出于对土地供应市场宏观调控的需要，制定的管理性强制性规定。违反该规定应受公法上的法律责任，比如行政处罚，但不导致租赁合同的无效。① 我们认为，《土地管理法》第63条系针对农民集体所有的土地使用权不得出让、转让或者出租用于非农业建设作出的禁止性规定。对该规定应当区分土地的性质，对于农用地，因涉及我国对耕地实行特殊保护，《土地管理法》和《物权法》都一再强调严格限制农用地转为建设用地。将农用地出租用于非农建设，不仅违反了《土地管理法》第63条的禁止性规定，还违反了公共利益，租赁合同应当认定为无效。但对于集体建设用地和未利用地，由于不涉及农用地保护，不会损害到社会公共利益，不能简单以违反《土地管理法》第63条为由认定无效。

2. 集体建设用地使用权租赁合同是否有效。对于集体建设用地使用权租赁合同的效力，也有两种不同意见。无效说的主要理由是该类合同违反了《土地管理法》第63条的规定，应认定无效。但也有判决认定此类合同有效。我们认为，对于出租集体建设用地使用权（包括宅基地使用权），由于不涉及农用地保护，不会损害到社会公共利益，不能简单以违反《土地管理法》第63条为由认定无效。

3. 就未取得建设工程规划许可证或未按照建设工程规划许可证建设的房屋签订的租赁合同是否一律无效。房屋租赁合同纠纷案件中，租赁房屋没有建设工程规划许可证，也没有办理临时建筑使用许可，但房屋质量合格、消防验收合格，出租人以此主张租赁合同无效，以达到不对承租人的损失进行赔偿，不承担违约责任的意图。按照目前这类案件的处理思路，基本上都是按照《最高人民法院关于审理城镇房屋租赁合同纠纷案件具体

---

① 吕福权《审理土地租赁合同纠纷若干问题的思考》（《法制与社会》2012年第25期）一文持此观点。另，吴庆宝主编《最高人民法院专家法官阐释民商裁判疑难问题》（人民法院出版社2008年版）也有类似观点。

应用法律若干问题的解释》第 2 条和第 3 条的规定认定租赁合同无效。

我们认为，对这类案件应当区别对待，对于房屋工程质量和消防安全检验均为合格，也就是具备使用条件的房屋，认定租赁合同有效。具体理由有以下几点：(1) 该类房屋租赁合同，系双方当事人的真实意思表示，并不违反法律、行政法规的强制性规定。(2) 房屋工程质量和消防安全检验均为合格的房屋，具备使用价值，对该类房屋的使用不会损害到社会公共利益，反而能够发挥该类房屋的使用价值，促进物尽其用，避免资源浪费。(3) 很多厂房承租人在承租后，也顺利办理了从事生产经营活动的工商登记手续和房屋租赁的备案登记手续。由此可见，政府部门对涉案房屋的临时使用是认可的。(4) 出租人作为涉案房屋的建设当事人，其明知出租涉案房屋没有取得建设工程规划许可证，而与承租人签订房屋租赁合同，在承租人投资装修并已经进行生产经营活动的情况下，又起诉请求确认合同无效，要求承租人返还房屋，违反了诚信原则。(5) 在因房屋动迁引发出租人毁约的情况下，如果按照合同无效处理，承租人既无法根据合同的约定要求出租人承担违约责任，还无法就装修、停产等损失要求出租人承担赔偿责任，有违公平原则。

4. 深圳农村城市化对原集体土地及其上房屋租赁合同效力认定的影响。深圳市已分别于 1992 年 6 月 18 日和 2004 年 6 月 26 日发布《关于深圳经济特区农村城市化的暂行规定》和《深圳市宝安龙岗两区城市化土地管理办法》，对特区内外的农村实施城市化，对农村集体土地实行国有化。由于在两次土地统征后，政府对其中部分土地并未进行征收补偿，该部分土地仍由原农村集体经济组织在实际行使所有权。我们认为该部分土地仍属于农民集体所有的土地，但经国务院批准宣布国有化的行为可以视为对土地用途变更的批准，即深圳特区内外的农村集体土地已经通过两次国有化文件统一转为建设用地，上述土地的使用无需再办理农用地转用审批手续。

《土地管理法》严格限制农村集体土地流转用于非农建设，立法目的即在于通过审批手续严格限制农用地转为建设用地，控制建设用地总量，对农用地实行特殊保护。如前所述，深圳已经实施城市化，所有土地均宣布为国有，转为建设用地。则上述土地使用权的出租不涉及农用地用于非农建设的问题，并不会损害到社会公共利益，不能以用于非农建设为由认定租赁合同无效。

（三）对集体建设用地进行抵押的法律效力认定

1. 概述。集体建设用地使用权抵押是指土地使用权人以其集体建设用地使用权或以建设用地上的厂房作为债权的担保设立抵押，当债务人到期未履行债务时，抵押权人依法将抵押的集体建设用地使用权折价或拍卖，以所得价款实现抵押权的行为。这一类流转多见于我国私营经济较发达地区，多以商业融资为目的，其标的一般为集体建设用地使用权中的乡镇企业用地使用权。《担保法》规定："乡（镇）村企业的土地使用权不得单独抵押。以乡（镇）村企业的厂房等建筑物抵押的，其占用范围内的土地使用权同时抵押。"因此，集体建设用地使用权在一定条件下是可以由债权人通过抵押权的实现来进行合法流转。

2. 集体建设用地使用权是否可以单独抵押的问题。我国《物权法》及《担保法》的原则是土地权利不可单独抵押，具体到集体建设用地使用权的抵押，则只能随厂房等建筑物抵押时随之被动抵押，且抵押时需办理登记。对此应明确，首先，从法条表述看，不得单独抵押，既包括土地和建筑物并存状态下土地使用权不得抵押的情形，也包括仅有土地的状态下不得抵押的情形。其次，我国《担保法》《物权法》均体现了我国对乡镇、村企业等集体建设用地使用权抵押问题采取严格限制态度的立法政策。再次，为了方便乡镇、村企业以厂房等建筑物抵押以融通资金、担保债务，根据"房随地走、地随房走"的双向一体原则，法律又规定以建筑物占用范围内的建设用地使用权一并抵押。因此，对于土地使用权抵押合同，因违反强制性的法律规定，应认定无效。

3. 集体建设用地使用权的抵押是否需要所有权人同意。我们认为，虽然《物权法》对此尚无规定，但根据《物权法》第183条规定，对"建设用地使用权"的立法精神及《担保法》的相关规定，在以集体建设用地使用权抵押时，为实现抵押权时不改变土地的公有性质，保护集体土地所有权人的利益，在签订抵押合同时，集体土地所有者应就土地抵押事项在村农民集体内部履行合法手续，并出具同意抵押的书面证明。

4. 集体建设用地使用权抵押后抵押权的实现方式。由于我国集体建设用地市场尚未建立，《物权法》对此尚无规定。我们认为，根据《物权法》对"建设用地使用权"抵押实现时，新增建筑物及建设用地使用权一并处分的立法精神，如果我国在未来立法中允许在集体建设用地使用权上设立抵押，集体土地所有权人在征得集体经济组织内部人员同意设置抵押时，就应该预见可能存在的风险，在其抵押权实现时允许流转集体建设用地使用权。

（四）以合作建房方式进行集体建设用地流转的法律效力认定

1. 自然人之间的合作建房模式。自然人之间的合作建房，通常表现为拥有宅基地使用权的集体经济组织成员与该集体经济组织成员或非本集体成员之间，以一方出地另一方出资的方式在该宅基地上合作修建房屋，并在房屋建好后，由合作各方按份共有合建之房屋的情况。

（1）同一集体经济组织成员间的合作建房。我国农村建设用地实行一户一宅的原则，宅基地使用权不得转让，但法律并未禁止农村集体土地使用权的合理利用，包括合资建房。对于同一集体经济组织成员间的合作建房，因其未违反国家的强制性法律规定，一般应认定为有效。应当指出的是，由于农村集体土地一户一宅的限制及转让禁止，农村房产的所有权在处分上仍受限于土地使用权。但农村房产所有权与土地的使用权是分离的。农村房产同样具备占有、使用、收益、处分四大权能，且该四项权能与所有权是可分离的。合作建房当事人虽约定房产所有权的分割，因一户一宅的限制及转让禁止，出资方实际上无法取得所有权，但所有权四项权能中的占有、使用、收益权，出资方仍然有权行使。

（2）与非集体经济组织成员达成的合作建房。关于集体经济组织成员与非本集体成员合作修建房屋，由于非该集体成员无法取得宅基地使用权，或者双方都无权在集体土地上修建房屋。因而该合作修建的人员无法取得房屋所有权，其对房屋没有任何物权权利，只能是依据不当得利或者说双方签订买卖房屋的合同寻求法律支持。

2. 合作开发模式。对集体建设用地进行合作开发，即集体土地所有者，以一定年限的集体建设用地使用权作为条件，与其他单位或个人合作、联营、共同兴办企业。目前集体建设用地的合作开发模式总的来说可分为法人型联合开发和非法人型联合开发两种。

法人型联合开发就是指投资各方根据自己所具备的条件及优势共同组建具有独立法人资格的企业，并以该企业的名义进行经营活动。针对一些合作开发房地产项目，鉴于其投资的特殊性，有很多情况下，合作各方并不一定非要成立独立的公司进行运作。而是通过组建联合管理机构，或者通过合同约定的方式进行松散式合作，被称为非法人型联合开发。

（1）以集体土地使用权进行出资的法律依据。根据《公司法》第27条的规定，投资者可以土地使用权作为出资形式组建公司，以集体建设用地使用权入股成为可能。但是，根据《土地管理法》第60条的规定，集体经济组织在以集体土地使用权出资共同兴办企业时，还必须经过县级以上地方人民政府批准。

（2）以集体建设用地合作开发房地产的法律效力。根据《土地管理法》第43条及《城市房地产管理法》第2条规定，集体所有的土地是不允许进行房地产合作开发的。该规定对房地产合作开发土地的范围的限定实属强制性规定，如违反强制性规定进行房地产合作开发，合同应被认定为无效。

在实践中，在以合作开发方式进行集体建设用地流转，其最主要的方式为兴办企业以合作开发房地产。《深圳市城市更新办法实施细则》第33条规定了原农村集体经济组织继受单位可以与单一市场主体通过签订改造合作协议合作实施的方式作为深圳市拆除重建类城市更新项目的实施方式之一。因此，如以兴办企业以合作开发“城市更新”型房地产，则应认定为有效。

在实践中，一些乡镇政府，甚至一些村组织，提供集体土地与有实力的房地产经营者签订合作开发房地产合同。对这种合作合同的补正值得思考：根据《房地产管理法》第9条的规定，从转化土地性质的角度出发，可以通过向政府缴纳土地出让金等方式将集体土地征用转化成国有土地。《最高人民法院关于审理房地产管理法施行前房地产开发经营案件若干问题的解答》第2条第5项规定，在一审诉讼期间，对出让的集体土地依法补办征用手续使土地性质转为国有土地的合同，可认定有效。因此，房地产经营者合作开发的土地是集体土地，就必须在进入诉讼程序之前，通过政府审批并交土地出让费等方法将土地性质改变为国有。只有改变土地性质为国有，人民法院才允许房地产经营者继续进行合作开发经营活动。

四、关于集体建设用地之执行及其流转案件执行的思考

（一）关于集体建设用地的执行思考

1. 集体建设用地的执行探索。通过调研发现，实践中将集体建设用地

使用权作为执行标的予以强制执行的案例较少，相应的执行方式有[①]：

（1）拍卖农村房屋及所附宅基地使用权。按照现行土地制度，宅基地使用权不能单独流转，但《土地管理法》有关“农村村民出卖、出租住房后，再申请宅基地的，不予批准”的规定实际给出了例外情形，即因村民出卖、出租住房可以导致宅基地使用权流转。在各地方制定的流转管理办法中，对此进一步予以了明确，如《广东省集体建设用地使用权管理办法》规定：“村民住宅用地使用权不得流转，但因转让、出租和抵押地上建筑物、其他附着物而导致住宅用地使用权转让、出租和抵押的除外。”因此，同时拍卖农村房屋及所附宅基地使用权成为可能。

（2）拍卖已抵押的集体建设用地使用权及其房产。《担保法》第36条第3款规定：“乡（镇）、村企业的厂房等建筑物抵押的，其占用范围的土地使用权同时抵押。”因此，对已设定了抵押权的涉及农村集体建设用地的房地产的物权可实现正常的流转，即法院可以用类似于执行国有土地使用权的房地产的方式予以执行。

（3）先转化为国有土地再依法拍卖该房屋及土地。此种方式主要针对执行对象为经营性集体建设用地上的厂房的案件。而采用这一方式的地区，也是受限于《土地管理法》有关“农民集体所有的土地的使用权不得出让、转让或出租用于非农建设”的规定，不得已而为之。

（4）强制租赁管理。所谓强制租赁管理是指将被执行人的房屋及土地实际使用权由法院进行强制出租，所得收益作为执行款偿付给申请人的执行方法。这一执行方法能够在不改变土地使用权及房屋所有权的前提下，发挥物的最大价值，使申请人的利益得到最大实现。所以，对某些执行标的不是很大，而执行对象价值较高，又没有产权证的案件，可以通过对该被执行房屋进行强制租赁管理的执行手段来实现债权。

（5）拍卖经营性集体建设用地租赁合同承租权。这一执行方式适用于已经对集体建设用地使用权流转进行创新探索的地区。在集体建设用地使用权流转创新探索中，广东等地明确规定了出租这一流转方式，由集体土地所有者或集体建设用地使用权人作为出租人，将集体建设用地租赁给承租人使用，由承租人向出租人支付租金。通过拍卖承租权，买受人继受被

---

① 周仕政、郑青蓝：《对执行农村房屋及集体土地的调查与思考》，载《人民司法·应用》2008年第11期。

执行人在原集体建设用地使用权租赁合同中的全部权利义务。如广东佛山法院即有此种处理案例。当然，这一执行方式的采取需要得到集体建设用地使用权出租方的同意或认可，才能更加有效地开展。

2. 集体建设用地执行难原因。司法实践中，制约着集体所有房地产执行的因素主要有以下几方面：[①] 一是集体经济组织宅基地的特殊性导致执行难。农村房地产的主体具有特定性，一般是该农村集体经济组织的成员，这在很大程度上限制了受让群体和受让能力，间接制约了法院执力度。且农民建造住宅要求一户一宅，法院将农村自然人的房屋处分后，在某种程度上会造成被执行人居住无保障的问题。二是经营性集体建设用地使用权流转制度的冲突导致执行难。一方面是国家法律明确规定集体建设用地使用权不得流转，除非企业因破产、兼并。另一方面由于经济社会的发展，地方政府多以规章的形式规定了集体建设用地使用权特别是经营性集体建设用地使用权的多种流转形式，实际突破了国家法律规定。两方面迫使执行工作在面对经营性集体建设用地使用权时总是难以取舍。三是对农村房地产管理不健全也是农村房地产执行难的重要原因。农村房地产大多没有国家相关管理机关颁发的权属证明，这使法院在执行中，很难确定房地产的所有权人，处理不了被执行人的财产。四是农村农民社保不健全，宅基地使用权具有福利性。宅基地具有一定的福利性质，农村居民享有了基本的居住条件，从而维护了农村的稳定。因此，法院考虑到社会的稳定，尽量避免处理农村房产。

3. 集体建设用地的执行完善

（1）改革集体建设用地使用权流转制度。一是放宽经营性集体建设用地使用权的流转方式。建议修改法律确认经营性集体建设用地使用权在符合土地利用总体规划、城市规划或村庄、集镇规划、符合法定用途的情况下，允许流转。二是规定在保障被执行人基本生活的情况下允许农村房屋及其所属宅基地使用权流转。三是扩大拍卖农村房屋及其所属宅基地使用权的受让主体。对村民住房而言，只要保证不改变土地集体所有的性质及作为宅基地的用途即可，即农村房屋可以因执行归本集体经济组织成员之外的人所有，但土地仍然归集体经济组织所有。

---

① 黄学文：《关于农村房产强制执行难的思考》，载湖州市中级人民法院网站，网址：http://hzzy.zjcourt.cn:88/art/2011/5/20/art_1855_6071.html。

（2）规范集体建设用地使用权及其地上建筑物的权属登记。目前农村村民所建房屋，一般只有土地权属证，而没有房产证。这一法律缺陷，也在很大程度上制约了法院的执行。因此，建立完善农村房屋权登记制度，规范及加强对农村房地产权属登记的管理，是解决集体建设用地使用权执行难题的基础。

（3）建立健全集体建设用地的执行制度。建议由最高人民法院与国土资源部及房地产管理部门对执行农村房屋及集体土地使用权相关问题联合发文作统一规定。对符合条件的农村房屋的拍卖，国土资源管理部门应配合法院办理相关的征用及出让手续，房地产管理部门也应积极办理相关的过户手续，不让被执行人因无法办理相关手续使农村房屋及集体土地不宜处分而逃避债务。

（4）规范涉集体建设用地使用权的执行措施。针对公开流转、强制管理、以房抵债等措施和方法需要注意以下问题：一是依法保障被执行人的基本生活。在对农村房屋的执行中，必须充分考虑执行措施的适度。二是依法保障相关优先权权益人的优先购买权。包括房屋共有人和房屋承租人的优先购买权，并尽量照顾被执行人亲属的优先购买权。三是强制管理执行措施以拍卖租赁权为宜。在实践中，强制管理的收益往往不高，而且强制管理人难以确定，如果采取租赁的方法，并对租赁权进行拍卖的话，则能够很好地解决这些问题。四是“以屋抵债”对抵债房屋的价格的确定标准要明确和统一，且以屋抵债必须经评估机构评估价格，并公开拍卖后一次流拍才能采取。

（二）关于集体建设用地流转案件的执行思考

1. 集体建设用地流转案件的执行现状。所谓集体建设用地流转案件的执行，指集体建设用地流转产生纠纷后进入诉讼程序的案件，经人民法院审理判决而当事人不自动履行的，由人民法院依法强制执行。通常，实践中集体建设用地使用权流转的方式主要有出让、出租、转让、转租、抵押，包括作价入股（出资）等，但由于法律规定对集体建设用地使用权的限制，因这些流转产生纠纷后，只有极为少量的案件进入到诉讼程序。对于已经进入到诉讼程序的案件，人民法院由于面临法律适用方面的问题，作出的判决多数不具有可执行内容。

2. 集体建设用地流转案件的执行难点。通过梳理集体建设用地流转案件的执行情况，结合实际工作中发现的问题和矛盾，可以发现，该类案件的执行难点主要有以下方面：

（1）集体建设用地使用权登记制度不完善存在执行障碍。集体建设用地使用权的登记工作目前各地进度不一，此种情况，对于人民法院判决中对集体建设用地使用权权属主体需要变更或备案确认的，形成了一定的执行困难。登记制度完备的地方，人民法院可以出具裁定由相关单位或部门进行权属过户登记，登记制度不完备的地方，人民法院可能只得出具裁定交由当事人自行保管作为权属凭证。

（2）集体建设用地使用权移交过程中清场拆迁存在阻力。集体建设用地使用权的实际移交过程，不论是因为判决确认流转合同无效，解除合同还是继续履行，在执行过程中都极有可能伴随着强制拆迁恢复原状、强制清场，强制交付等事项，而这些工作事项的开展，往往遭遇被执行人的反抗，甚至是当地集体经济组织的不合作，或当地村民的阻挠。对此往往导致执行工作停滞，难以推进。

（3）赔偿损失等金钱给付判项存在被执行财产难找情形。作为集体建设用地使用权流转纠纷的当事人，通常是两类群体，即村民与外来人员，可能存在无财产可供执行或其财产难于查找的情形，影响生效判决的及时全面执结。

（4）集体建设用地使用权权属变更的执行面临地方压力。《最高人民法院、国土资源部、建设部关于依法规范人民法院执行和国土资源房地产管理部门协助执行若干问题的通知》第24条中规定，对处理农村房屋涉及集体土地的，人民法院应当与国土资源管理部门协商一致后再行处理。此条规定对于集体建设用地使用权的执行指明了程序，但同时也反映了集体建设用地使用权执行的特殊性、复杂性。在执行过程中必须与当地政府部门、集体经济组织进行协调，不可避免地面临着来自地方的较大压力。

（5）审理程序不当或判决内容不当可能引起执行难。如审理程序不公开不透明，导致当事人质疑判决不公，从而产生对立情绪，导致执行过程中矛盾加剧，对抗执行。或有的执行依据判项内容不明，如仅判决继续履行而未明确履行要求的，不受理执行会引起信访，受理执行又存在不具有可执行性的问题。

3. 集体建设用地流转案件的执行完善。针对集体建设用地使用权流转纠纷案件判决在执行过程中存在的问题和困难，提出以下措施以期能够有效促进该类案件的执行：

（1）建议强力推动集体土地的确权、登记、备案工作。一是统一登记机构，由县级以上地方政府国土资源和房产管理部门进行统一登记。二是完善登记体系，不仅登记土地使用权，还需同时登记地上建筑物权属，不仅登记所有权、更要登记使用权，同时接受使用权流转备案登记。三是建立配套制度。包括权属查询使用制度等。

（2）明确规定登记机构依照生效判决变更备案的义务。对于人民法院作出生效判决变更集体土地使用权权属变更的，或所确认的权属主体与原登记主体不一致需要更正的，由当事人持人民法院生效判决直接向登记机构申请办理即可。登记机构对生效判决文书真实性有合理怀疑的，可以向人民法院查证，人民法院应当告知其真实性。

（3）加强立审执协调提升集体土地流转判决可执行性。集体建设用地使用权流转纠纷通常涉及利益大、主体多、事实复杂、矛盾尖锐，非法律因素占比高。要妥善处理集体建设用地使用权纠纷，仅仅按照法律规定就案办案是不够的，还必须充分考虑到历史因素、政策变迁、当地习俗、民生保障、纠纷化解等方面的内容。因此，加强立审执协调，从一开始注重纠纷的化解，特别是在判决项上明确执行内容和执行要求，能够有效提升服判息诉率和可执行性。

（4）完善执行程序明确执行措施构建特色执行机制。根据集体建设用地使用权流转纠纷案件判决类别的不同特点，不同执行要求，制定类型判决的执行程序，明确类型判决的执行要点，开展规范化执行、标准化执行。特别是对于涉及清场移交类的判决，要建立起与党委、政府联系沟通的执行联动协调机制，由法院把法律关，党委把维稳关，公安机关负责维持秩序。同时建立起地方干扰阻挠执行的曝光机制，对于集体经济组织对抗执行的，对相关负责人及主要责任人员依法予以惩处。对于涉及赔偿经济损失等金钱给付内容的判决，充分利用信息化手段查找被执行人财产，充分利用限制高消费等措施迫使被执行人履行。

关于我省金融债权案件执行情况的调研报告

广东省高级人民法院课题组*

金融债权执行案件是指金融机构作为申请人的执行案件，在民事执行案件中所占比例较高。金融债权案件的执行不仅是法院执行工作的重要组成部分，也是维护金融稳定和促进金融业发展的重要手段。为加强对金融债权的保护，预防和化解金融风险，维护金融安全，保持金融市场的长期和谐与稳定，推动金融市场和国民经济的可持续健康发展，人民银行广州分行与广东省高级人民法院联合组成课题组，在各大银行、全省法院对口部门的大力支持下，以广东金融债权案件的执行情况为样本，对案件执行中存在的困难和原因进行分析，并试图通过制度设计来完善和促进加强金融债权的司法保护，以达到预防和化解金融风险，保持金融市场的长期和谐与稳定的目的。

一、加强金融债权保护的正当性

金融是现代经济的核心和血液，是国家经济的命脉，作用于党和国家的执政综合能力。国家担负着社会经济的管理职能，亦主要通过经济手段作用于社会管理的其他方面。国家每项职能的发挥均要求有充足经济能力的供给。金融债权的实现不仅担负纯粹的经济利益，亦构成国家综合管理的必要储备，影响国家对社会发挥作用的整体力度。

金融机构构成国民经济运转的中心。其经营的存贷款业务有提高货币流通效率、刺激市场活力、引导资源配置的功效。金融债权的实现与否表征着国民经济运转的整体状态。强化金融债权案件的执行保护有助于减少

---

* 课题组组长：许佩华，成员：胡志超、邱丹、张劲、庄绪义（执笔人）。

不良金融资产的产生，使金融资产能真正应用于可产生经济效益的社会生产，亦能推动国民经济健康运转。

保护金融债权有助于防范国有资产流失。国家出资成为金融机构的重要股东。金融债权的很大部分融合有国有资产。依法执行保护金融债权，使国有资产不至于因金融债权的不能实现从而流失到少数的被执行人。国有资产的流失在经济上造成国家财产总量的不正当减少，在政治体制上还牵涉到社会资源的重新分配问题。

虽然金融债权的执行保护直接受益的是具体的金融机构及其投资者，但是简单的利益受偿表象内，亦有深层的更广范围之经济、政治和社会意义。金融债权案件执行不仅是法院执行工作的重要组成部分，也是维护金融稳定和促进金融业发展的重要手段。金融债权是经济运行中社会整体信用状况的集中体现。强化金融债权的执行保护，对社会的信用秩序和维护法律的威严有典型的示范意义。

二、广东省金融债权案件执行的基本情况

从收集的数据来看，金融债权案件呈现出以下特点：

（一）金融债权案件申请执行标的总金额较大

如图一、图二所示，2009 年 1 月 1 日至 2011 年 7 月 31 日期间，广东全省法院共受理金融案件 49861 件，占全省新收案件的 7.35%，结案 43051 件，占全省执行结案的 6.46%。申请执行标的额 7617532.857 万元，占全省申请执行标的额的 32.08%。

（二）金融债权案件的执行结案率较高

如图三所示，各金融机构的执行案件结案率均高于 75%。其中，受理中国工商银行广东省分行及其分支机构执行案件 10132 件，结案 9254 件，执行结案率 91.33%，结案率最高；受理中国银行广东省分行及其分支机构执行案件 3590 件，结案 2726 件，执行结案率 75.93%，结案率最低。后者与前者相差达 15 个百分点。

（三）金融债权案件的总体执行到位率偏低，且差距较大

如图三所示，执行到位金额 1826477.578 万元，执行标的到位率

23.98%，远远低于全省执行案件 75.98%的执行到位率。其中，中国工商银行广东省分行及其分支机构执行案件的执行到位率为 35.69%，执行到位率最高；中国农业银行广东省分行及其分支机构执行案件执行到位率为 21.84%，执行到位率最低。后者与前者相差近 14 个百分点。

根据人民银行广州分行的调研数据，2009 年以来金融债权案件执行到位率平均为 26.02%，其中招商银行广州分行的执行到位率最高为 43.55%，广州银行最低仅为 5.53%，两者相差 38 个百分点。

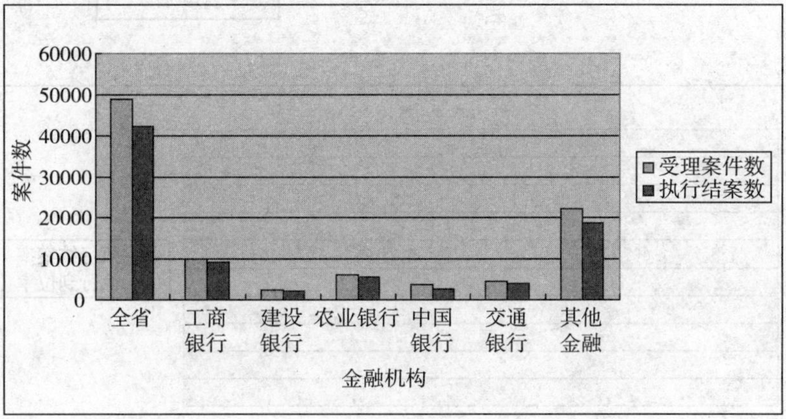

图一　全省法院金融债权案件收结案统计表

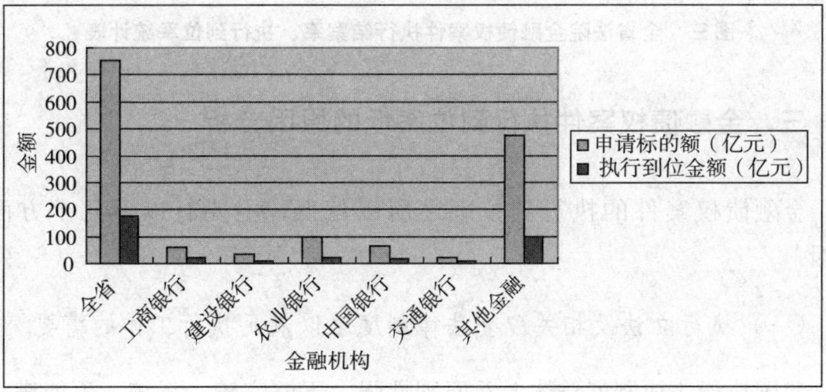

图二　全省法院金融债权案件执行标的到位金额统计表

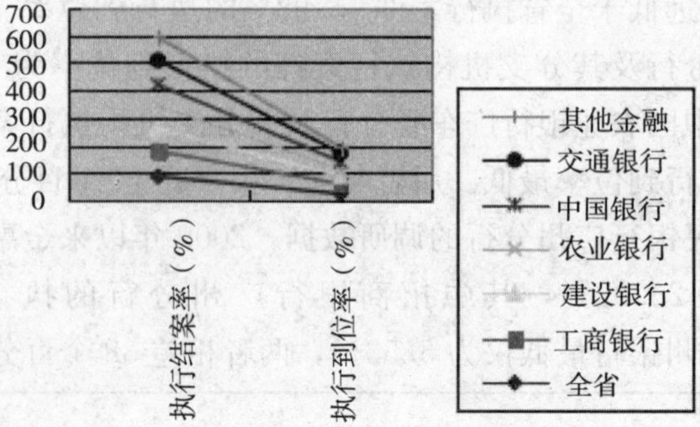

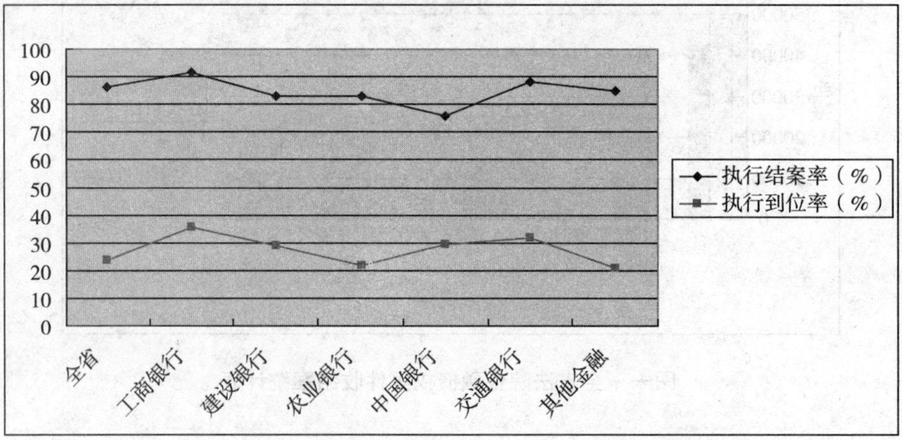

图三　全省法院金融债权案件执行结案率、执行到位率统计表

三、金融债权案件执行到位率低的原因分析

金融债权案件的执行到位率之所以偏低，主要有以下几个方面的原因：

（一）执行立法及相关配套法律制度难以满足执行工作的需要

我国执行法律制度总体上看原则性强，不够完善、系统，不能满足执行工作的实际需要。同时，相关法律制度的缺失或不协调也影响了金融债权案件的保护。一是有关征信管理法规的缺失，影响了金融机构对借款人信用状况的评估。目前，我国还没有一部法律或法规为征信活动提供直接依据，由此造成了征信机构在信息采集、信息披露等关键环节上无法可依，征信当事人的权益难以保障，严重影响了征信业的健康发展，进而造成我国金融机构对借款人信用状况的评估处于较低水平。企业或个人在金融交易活动中存在多头骗款、资产重复抵押、关联担保等违规行为，未能被相关金融机构及时识别而导致资产损失。二是现行企业破产法律制度存在缺陷，不利于金融机构保全资产。现行《企业破产法》在直接关系到债权人利益的破产债权清偿顺序和破产条件规定不尽完善。一方面，在债权清偿顺序上，采取了职工劳动债权优先于有抵押、质押的债权的规定，劳动债权优先于担保物权，直接后果是银行债权追索难、不良资产回收率低，从而导致金融机构债权人消化不良资产的能力弱化。另一方面，在破产条件上，将企业法人不能清偿到期债务和资产不足以清偿全部债务或者明显缺乏清偿能力并列为破产条件，使债权人不能及时、有效地提出债务人破产的申请。三是金融诈骗行为刑事责任追究法律制度存在缺陷。我国《刑法》对“以非法占有为目的”的金融诈骗有明确规定，但对“不以非法占有为目的，但通过故意提供虚假财务资料为企业利益骗取资金的欺诈行为”没有明确规定，对此只能通过《合同法》追究行为人的民事责任。对上述欺诈行为，缺乏刑事威慑力，无疑对降低金融机构在操作经营环节出现的金融风险产生一定的负面影响。四是相关金融主体和金融业务法律制度的缺失。目前，跨市场的金融风险的增加正成为影响我国金融体系稳定的新因素。这在很大程度上与缺乏对这些新的金融主体和金融业务从法律制度方面及时进行规范有关。例如，对实际已形成的各种金融控股公司或“准金融控股公司”，在现行法律框架下，似乎《人民银行法》《银行业监督管理法》《商业银行法》《证券法》和《保险法》等都与其有一定的关联，但上述法律又都不能完全解决对它的监管问题。在金融业务方面，对最为活跃的跨市场金融产品——各种委托理财产品，目前银行、证监、保险监管部门各自按照自己的标准分别进行监管，但缺乏统一的监管法律制度。由于现有的法律制度无法解决与金融控股公司有关的法律问题，金融机构开拓的新业务缺乏严格的法律界定，潜在的金融风险必然要加大，并容易在不同金融市场之间传播扩散。

（二）行政干预和地方保护主义影响金融案件的执行

金融债权案件涉案标的额高、社会影响广，由于既得利益的存在，地方和部门保护主义的干扰问题近年来越发突出。从一定意义上讲，只要存在区域经济就有可能出现地方保护主义。区域经济的存在决定了当地经济状况与当地利益直接相关，也与当地人们的切身利益密不可分，作为地方政府可能侧重于维护当地利益。因此，有些地方政府或明或暗采取多种手段干预执行案件，主要存在以下几种情形：一是涉及政府自身债务如借款人或担保人为政府或政府有关部门的，法院由于属地关系难以执行；二是涉及的抵押物性质为农用地或政府划拨地的，法院受到的行政干预程度较严重；三是涉及的抵押物被纳入政府改造范围的，法院难以通过拍卖进行处置，沟通协调难度大；四是被执行企业是当地政府主要税源的，执行往往也会受到地方政府的干预，影响法院的执行。

（三）金融机构内部金融风险防控不足

目前，金融债权难实现是多年来金融防控风险积淀的集中暴露。一是金融机构贷前、贷后管理不规范。如贷前对借款人和担保人还款能力的调查流于形式，盲目发放贷款，贷中审查跟着领导走，贷款发放后又未对贷款资金的使用进行必要的追踪管理。二是担保流于形式，起不到担保应有的作用。如有的担保方不具备担保资格或不符合担保条件，致使执行时缺乏执行能力；有的则属“一女多嫁”，重复抵押，进入执行程序时便引发案外人异议；有的担保人法律意识淡薄，在借款人无力归还时拒不履行保证责任，逃避或对抗法院执行，起不到担保的作用。三是对担保物审查存在瑕疵，致使执行中对担保物无法处理或是处理所得价款不足以清偿债权，造成金融债权损失，主要表现在几个方面：其一，贷款前对担保物价值评估不准确，拍卖变现时无法达到预期价格；其二，处理的建筑物、土地分别被抵押给不同银行，并被不同法院查封和立案执行，难以协调；其三，用宅基地房屋、农村集体土地或行政划拨土地作为贷款抵押物，抵押债权难以实现；其四，抵押的动产属于专有设备或特殊设备，适用范围小，变现难；其五，抵押的动产登记不清，与实际不符，难以辨别；其六，权属不清，执行中产生纠纷。四是金融机构采取诉讼手段追索债权的时机不当。金融机构有大量的金融债权未及时清收，其中许多贷款已超过诉讼时效或申请执行期限，失去了法律保护。另外，许多金融纠纷案件金融机构或债权人在债务人有清偿能力或部分清偿能力时不及时主张权利，而采取各种方式长期催要无着后才诉至法院。即使案件进入执行程序，很多债权人亦未积极主动提供债务人的财产或财产线索，致使案件错失了执行良机。五是金融机构内控制度不健全，业务创新步伐滞后。长期以来，金融机构尤其是国有商业银行受计划经济影响较大，往往偏重于人员管理，一定程度上削弱了内控制度的建设，造成制度建设严重滞后，内控制度不健全，比如内部管理制度不完善、业务规则不健全、信贷决策不科学、责任追究制度不落实等方面。另一方面是金融创新滞后，金融产品单一，表现在涉贷金融案件中，呈现“二多”现象：贷款类案件占绝大多数、涉及担保责任较多。六是重业绩、轻审核、缺监管，信用卡案件激增。银行等金融机构只注重业绩，对申请人、担保人的资信审核过于草率或形式化，大量推销信用卡，使信用卡纠纷案件激增。大部分信用卡恶意透支案件的被执行人均是“三无”人员，造成法院难以查找被执行人的财产，而发卡银行也无法提供有效的财产线索。如图四所示，2009 年 1 月 1 日至 2011 年 7 月 31 日期间，中山市共受理金融债权执行案件 2069 件，其中信用卡纠纷案件 972 件，比例约为 46.98%，约占该市金融债权案件数的一半。

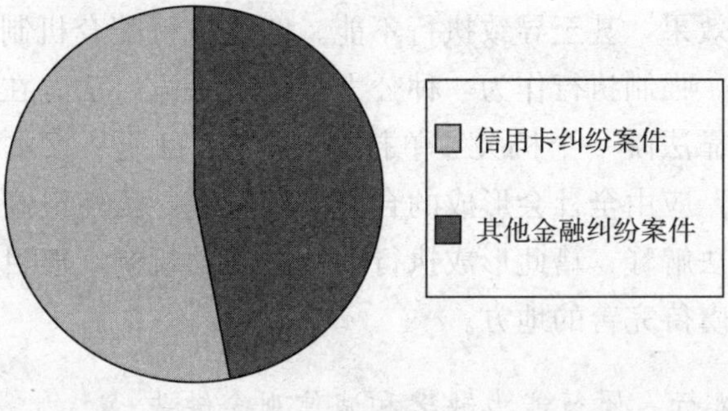

图四

（四）法院内部“执行难”尚未从根本上得到解决

法院内部“执行难”尚未从根本上解决也是造成金融债权执行到位率低的重要因素。一是执行依据内容不明确。一般来讲，金融债权的法律关系相对比较简单，执行依据有关执行内容较为明确，一般不会产生歧意，但在某些方面也存在争议。其一，民事调解书可否确认金融债权对特别财产享有优先受偿权争议较大。但由于调解书是当事人双方达成的，如约定金融机构对债务人某项财产（即使可能是抵押担保财产）享有优先受偿权，势必会影响到其他普通债权人利益。其二，如何理解“按中国人民银行公布的同期同类贷款利率计付利息”？执行依据中关于利息计算一般表述为“按同期同类贷款利率计付利息”，但执行部门对如何理解“同类贷款”还没有统一的认识，争议在于多方面：其一，“同类”是指“同样期限”还是指“同样项目”；其二，名称五花八门的金融项目，是否还属于传统意义上的“贷款”；其三，金融项目的“违约金”计算方式能否作为“贷款利率”看待。此外还需说明的是，有部分金融债权所借货币是外币，如执行依据也表述为“按中国人民银行公布的同期同类贷款利率计付利息”，而目前中国人民银行已停止公布外币贷款利率，那就意味着该项判决无法执行。二是执行机构和执行人员的原因导致执行不力。在我国，被授予强制执行权的国家机关是人民法院，在人民法院内部则为执行机构和执行人员。在法院内部，由于重裁判轻执行的传统观念影响，执行机构相对处于较低的地位，相应的在执行机构的人员配置和工作装备上比较薄弱。三是执行措施、执行手段过于单一，导致执行不能。金融债权执行案件的执行对象往往限于主债务人或担保人的土地、房屋等不动产，执行措施主要是查封、拍卖，执行措施及执行手段的单一化，将在一定程度上影响执行力度及效果，甚至导致执行不能。四是执行配套机制不完善，执行管理体制薄弱。强制执行作为一种公力救济的手段，法院在其中的地位不容置疑，但仅靠法院一个机关“单打独斗”，不可能从根本上解决“执行难”，“执行难”应由全社会形成的合力予以解决。虽然最高人民法院颁发了一系列的司法解释，籍此形成执行的社会联动机制，但目前颁布相关的配套机制还有虞待完善的地方。

（五）被执行人履行能力缺乏和诚信观念缺失

执行到位率高低的最关键因素是被执行人的履行能力和履行生效裁判的态度。目前，金融债权案件执行到位率低的主要原因就是被执行人履行能力缺乏和诚信观念缺失。一是部分被执行人缺乏履行能力。有的企业因经营不善严重亏损，处于停产、半停产状态或临近倒闭、破产边缘，企业不景气无力清偿债务，难以执行。从实践看，企业不景气无财产可供执行或可供执行的财产价值较低，这是造成金融纠纷案件“执行难”的主要原因。二是部分被执行人自觉履行债务观念淡薄，甚至还想方设法通过各种手段如改制、变更企业法人代表、重复抵押或虚假抵押、转移隐匿财产等方式来逃废银行债务；部分借款人在贷款之初就没有打算还款，擅自改变借款用途，将借款挥霍。三是部分借款人缺少社会诚信。在社会转型时期，由于观念变化过速加之法律滞后及不健全，导致社会上很多人缺乏诚信观念，通过各种方法恶意规避执行。

四、保护金融债权，防范不良资产产生的路径设计与完善

基于以上分析，笔者从执行立法、金融机构管理、加强人民法院执行工作、推动社会诚信体系建设等方面进行制度完善，以达到上述目标，解决上述问题。

（一）成文法的制定及完善：强制执行立法，优化执行法律环境

我国现行法律将强制执行的相关法律规范主要设置于《民事诉讼法》中，但是执行程序和诉讼程序在性质、地位、内容、任务和价值功能等方面都存在着非常明显的差异，将两者进行彻底分离，制定独立的强制执行法已成为目前各界的共识。从世界范围内的立法例看，从审执不分到审执分离、从混合立法到单独立法已成为发展趋势。为规范强制执行机构、执行当事人和执行参加人的执行行为和执行活动，同时，为进一步解决我国现阶段司法实践中比较突出的执行难问题，制定独立的《强制执行法》已势在必行。从理论研究上看，强制执行制度中的主要问题和核心内容得到了进一步的充实和论证，将强制执行与民事审判中的诉权、既判力等重要理论结合在一起，强制执行理论日臻成熟。从司法实践上看，各级人民法院已经积累了丰富的强制执行实践经验，形成了许多强制执行工作的实施细则和具体规定，这为强制执行的单独立法奠定了坚实的实践基础。所有这些理论准备和实践基础为制定独立的《强制执行法》创造了成熟条件。

（二）管理制度的制定及完善：金融机构加强经营管理，提高风险防范意识及风险应对能力

强化贷款审查义务。在发放贷款时按规定操作，严格审查借款人的主体资格、资信状况、还款能力、贷款用途；认真落实借款人提供的抵押物、质押物权属的真实性、有效性及实现上述权利的可行性；完善单位内部信贷审查管理的相关规章制度，落实责任追究制度，杜绝“人情贷”“关系贷”的存在。

依法申请诉前保全或诉讼保全，并及时行使诉权。债权人应在起诉前

详细调查被告的财产状况、经营情况，对诉讼结果和收回贷款的可能性有一个较为准确的分析，使诉讼投入与诉讼产出达到最大化；在诉前或诉讼中向法院申请对债务人采取保全措施，对债务人的资产及时进行查封、冻结、扣押、防止债务人转移、藏匿财产逃废债务。在债务已届清偿期债务人未清偿债务时，应积极催收，催收无果可以向人民法院提起诉讼或申请强制执行。

加强对贷款的跟踪监督。金融机构在贷款发放后，应对借款人进行定期或不定期的跟踪监督，特别是对贷款的使用是否符合合同约定的用途、贷款的投入是否达到预期的效果、债务人的生产经营状况及清偿贷款能力进行考量。对于相应债务人违反合同约定的行为，应令其限期进行整改，或提前收回借款。同时，金融机构在放贷后对抵押物的监管也必须落到实处，一旦有变动，必须及时采取措施。

积极主动地向法院提供被执行人的有价值财产或财产线索。金融机构本身具有信息上的优势，应尽可能地向执行法院提供线索，及时主张债权人的权利。其他债权人也可以委托相关律师对被执行人的财产状况进行调查，及时向法院提供。债权人对于被执行人财产的调查消极配合，将会错过执行良机，直接影响到债权的实现。

（三）人民法院内部分工与配合的完善：加强金融债权审判、执行工作，进一步提高执行效率

依法采取诉讼保全措施，加大保全力度，为裁判后的执行创造条件。对金融机构起诉时申请财产保全的要及时对债务人的财产进行查封、冻结、扣押，防止债务人在案件审理期间转移、藏匿财产等逃废金融债务的行为。对金融机构在诉讼中提供的债务人财产线索，要及时查明债务人的财产，并采取有效措施予以控制。

为提高金融债权案件执行到位率，适时开展“金融债权案件专项清理活动”，对以中止、终结本次执行等方式结案的金融债权案件进行全面清理，进一步健全和完善金融债权案件执行工作长效机制。

加强法院审判、执行延伸服务工作。帮助金融机构提高自我防范和化解风险的能力；及时把审理和执行金融纠纷案件中发现的涉及金融业务管理方面的疏漏和违规情况反馈给有关部门，帮助金融机构规范管理。同时加强与地方党委人大等有关行政管理部门的协调配合，对涉及地方保护主

义以及职工生活等影响社会稳定的重大案件能够及时请示汇报，谨慎处理。

建立定期通报联络制度。定期召开金融部门与法院系统的涉金融债权案件联席会议，通报涉金融债权案件具体情况，讨论疑难案件办理；法院可根据新颁布的法律法规，在法律业务上对金融机构进行指导、帮助，促进金融部门依法诉讼，保护债权，降低风险。

（四）社会诚信体系的建立与完善：打破信息壁垒，实现信息共享，建立广东特色的执行联动机制和社会诚信体系

以各级法院的执行指挥中心和各商业银行的数据中心为依托，建立“点对点”银行存款余额直接查询机制。法院案多人少的矛盾和被执行人不讲诚信恶意逃避执行的现实，迫切要求法院要在第一时间、更大范围查找被执行人及其财产。借助高度发达的信息技术，改变传统派人上门查询的方式，建立一套信息全面、覆盖全省、查询快捷的被执行人信息查询系统是解决被执行人逃避执行的基础条件。省法院被执行人信息查询系统于2010年9月建成启用后，在全国法院引起巨大反响，外省法院纷纷参观学习，但该系统仍需继续完善。银行存款是被执行人最常见且最易于执行的财产，但目前被执行人多头开户逃避执行现象极为普遍，借助信息网络技术在最大范围内、在最短时间内查找到被执行人银行存款成为查找可供执行财产的最有效手段。因此尽快在省法院和广东省内各商业银行特别是国有商业银行之间建立“点对点”快速网络查询存款协作机制成为当务之急。

按照广东省委、省政府的文件，人民法院要主动执行、依法执行，穷尽执行措施；各金融机构认真履行协助执行和联动执行义务。各金融机构除了是金融债权案件的申请执行人外，还是其他执行案件的协助执行人以及执行联动机制的成员单位。人民法院要通过执行联动和协助执行，充分发挥金融机构在解决执行难中的重要作用；各金融机构要以解决执行难为己任，依法协助人民法院执行，积极推动全社会解决执行难。人民法院将执行案件信息定期提供给人民银行，公开曝光拒不履行债务的“老赖”，人民银行将信息纳入征信系统，并开放给有联动制约职能的国家机关、社会组织。商业银行和其他有联动职责的组织，依法利用信用信息，对不诚信者予以限制和制裁，通过信用征集和失信处罚，推动社会信用体系建设。

执行程序中权利主体参与分配研究

佛山市中级人民法院课题组*

执行程序中权利主体参与分配关系到权利主体合法权益的实现和社会和谐稳定。《最高人民法院关于适用〈中华人民共和国民事诉讼法〉若干问题的意见》(以下简称《民诉法若干问题意见》)、《最高人民法院关于人民法院执行工作若干问题的规定(试行)》(以下简称《执行工作若干规定》)以及《最高人民法院关于适用〈中华人民共和国民事诉讼法〉执行程序若干问题的解释》(以下简称《民诉法执行解释》)等司法解释关于权利主体参与分配虽有涉及,但相关规定简单机械、缺乏操作性,相当一部分内容已经无法适应司法实践的需要,导致在执行实践中出现标准不一等问题,损害了当事人的合法权益,削弱了司法权威。

为全面了解和掌握参与分配程序存在的问题,进而提出完善和改进的制度对策与建议,本课题组先后到广州、深圳、江门、韶关和湛江等地法院展开实地调研,同时向全省中院进行问卷调研(共回收问卷 33 份,其中中院 18 份,基层法院 15 份),收集与本课题相关的具体案例和数据,经过深入研讨,最终形成本调研报告。本调研从权利主体参与分配的现实情况和有关规定出发,落脚于提出完善和改进关于权利主体参与分配制度的对策和建议。

一、我省法院在执行程序中权利主体参与分配的基本情况

(一)参与分配的适用对象中级法院和基层法院标准不一

《执行工作若干规定》第 89 条规定:“被执行人为企业法人,其财产不

---

* 课题组组长:彭杰荣,成员:甄建中、吴行政、黎健毅、文坚、黄维、江高峰、简建勋、陈云、宋国俊。

足清偿全部债务的，可告知当事人依法申请被执行人破产”。因此，根据其第90条、第96条，执行参与分配的适用对象仅包括“公民”“其他组织”和“未经清理或清算而撤销、注销或歇业的企业法人”。课题组从调研座谈发现，中级法院一般原则上按照司法解释规定执行，将执行参与分配的适用对象限制在上述三类；而基层法院更多的是突破上述司法解释的规定，将“被执行人为财产不足清偿全部债务的企业法人”亦纳入到执行参与分配的适用对象中。

（二）参与分配的适用条件普遍放宽

如上文所述，无论将执行参与分配的适用对象严格限制为“公民”“其他组织”“未经清理或清算而撤销、注销或歇业的企业法人”，还是有所突破扩展至“被执行人为财产不足清偿全部债务的企业法人”，在司法实践中，法院均需对启动执行参与分配程序的适用条件——“其财产不足清偿全部债务”进行审查。各地法院普遍对该条件的满足情况进行形式审查而非实质审查，具体审查标准包括：被执行人的工商登记情况、财产查询结果、实地勘验、申请执行人反映的情况、能否找寻到被执行人下落等。

对于《执行工作若干规定》第96条提及“撤销、注销或歇业”的企业法人而言，“注销”与“撤销”一般均由工商部门予以登记，较容易认定。但“歇业”更多的是企业的一种事实状态，既无明确的工商登记，亦无法律规范的相应标准，仅是在《企业法人登记管理条例》（1988年）第22条中被提及“企业法人领取《企业法人营业执照》后，满六个月尚未开展经营活动或者停止经营活动满一年的，视同歇业”，但该规定并没有对“歇业”作出明确的定义，在司法实务中，这就需要法院对此进行认定。各地法院对“歇业”的企业法人的认定标准亦普遍倾向形式审查，具体审查标准包括：企业法人是否停止经营、有否办理工商年检、法定代表人是否下落不明等。

（三）参与分配程序更强调执行效果

对于参与执行分配程序的债权人，最关键就要审查其参与分配的资格，即“执行依据”，而对“执行依据”的理解，《民诉法若干问题意见》第297条确立为“已经取得执行依据的或者已经起诉”。但在司法实践中则具体包括：“已取得生效法律依据且已申请强制执行的债务”“已取得生效法律依据但未申请强制执行的债务”“已起诉但未取得生效法律依据的债务”“已到期但未起诉债务”“未到期债务”。根据调研课题组的问卷调查分析，绝大部分法院将“执行依据”限定在“已取得生效法律依据且已申请强制执行的债务”和“已取得生效法律依据但未申请强制执行的债务”（见表1）。这是因为与其他债务相比，该两类债务具有确定性，可迅速开展执行参与分配程序，使申请执行人的权利能尽快兑现，取得良好的执行效果。

表1

执行依据	同意的法院
已取得生效法律依据且已申请强制执行的债务	87.8%
已取得生效法律依据但未申请强制执行的债务	75.7%
已起诉但未取得生效法律依据的债务	42.4%
已到期但未起诉债务	24.2%
未到期债务	

《民诉法若干问题意见》第297条、《执行工作若干规定》第90条均规定已经取得“执行依据”的债权人可以向法院申请参与分配，但没有明确法院是否需要就此进行公告。从课题组的调研座谈发现，各地法院较为一致地认为，执行的参与分配是以权利人申请为启动要件，法院没有义务主动通知或公告已经取得“执行依据”的债权人，该类债权人通过其他途径获知后申请参与分配则应予准许，对于本院的执行案件则应该通知。各地法院的上述观点，主要也是从执行效果的角度出发，加快执行参与分配的进程，并最大限度实现本院执行案件的兑现率。

（四）参与分配清偿顺序标准大致统一

《民诉法若干问题意见》第299条规定：“被执行人的财产参照《民事诉讼法》第204条规定的顺序清偿”，而《民事诉讼法》（1991年版）第204条实际则是破产程序的清偿顺序。对此，司法实务中存有不同意见，其认为参与分配程序与破产程序为不同的程序，价值取向和适用对象也不完全相同，因此清偿顺序应当有所区别。且2007年修改《民事诉讼法》时已经删除原204条。据课题组的问卷调查统计数据显示，66.7%的受调查人支持该观点。

从课题组的调研座谈发现，各地法院对于执行参与分配的清偿顺序标准较为统一的是：（1）共益费用；（2）工人工资；（3）优先权和担保物权；（4）普通债权。其中，争议较大的是税款的顺序。有的法院严格依法将其作为优先权；有的法院则将其作为普通债权；亦有法院则认为税款根本不应参与分配，原因在于一方面，进入执行参与分配程序的可分配财产屈指可数，国家不应与民争利，否则申请人则无法实现权益，易造成社会不稳定；另一方面，税务部门到执行分配阶段才就被执行人的逃税问题向法院申请，属于典型的行政不作为，不但不应该分配，反而应当追究其渎职责任。就税款的额度，各地法院较为统一，仅计算其本金部分而排除滞纳金。

（五）参与分配适用的分配原则差异较大

当前法律法规没有明确规定参与分配的原则，在司法实践中有如下几种做法："查封优先原则""查封部分优先原则""按比例分配原则"。据调研中发现，采用"查封部分优先原则"和"按比例分配原则"的法院各超过四成（见表2）。而在采用"查封部分优先原则"的法院中，优先的比例也大相径庭，以20％～30％的比例最多，约占四成。（见表3）

表2

执行分配原则	采用的法院
查封部分优先原则	45.4％
按比例分配原则	42.4％
查封优先原则	9％
其他原则	3％

表3

查封部分优先的比例	选择的法院
20％～30％	39.3％
10％～20％	27.2％
30％～40％	18.1％
50％以上	10.1％
40％～50％	3％

（六）参与分配截止时间标准各异

对于参与分配的截止时间，《执行工作若干规定》第 90 条提及一个比较模糊的时间节点——“在被执行人的财产被执行完毕前”。而在司法实践中，各地法院则确立了不同的时间节点作为执行参与分配的截止时间：“财产拍卖成交日”“财产交付日”（“财产变现日”）、“制定分配方案日”“第一次召开债权人会议日”（“听证日”）、“分配方案首次送达日”“被分配财产脱离法院账户日”（“执行款分配完毕前”）等（见表 4）。虽然上述标准各异，但各地法院比较一致地认为，确定何日为执行分配的截止时间问题不算太大，只要统一便可。

表 4

参与分配截止时间	选择的法院
制定分配方案日	30.3%
第一次召开债权人会议日	27.2%
分配方案首次送达日	24.2%
财产拍卖成交日	12.1%
其他时间	6%
财产交付日	0

（七）执行分配方案异议之诉的比例较低

《民诉法执行解释》第 25 条规定：“债权人或者被执行人对分配方案有异议的，应当自收到分配方案之日起十五日内向执行法院提出书面异议。”调研发现，全省法院近年涉及执行分配方案异议之诉的案件数量较少（见表 5），自该类案件纳入司法统计报表以来，2011 年全省法院的一审该类案件仅有 44 件，其中佛山法院仅有 11 件，与全省法院每年近 23 万件执行案件相比，执行分配方案异议之诉的比例不足 2‰。

表 5

法院（审级）		2011 年	2012 年 1 月至 10 月
全省三级法院	一审	44 件	91 件
	二审	22 件	39 件
佛山两级法院	一审	11 件	4 件
	二审	6 件	5 件

二、执行程序中权利主体参与分配的存在问题及原因分析

（一）参与分配的相关法律规定严重缺位

目前执行程序中权利主体参与分配的实践主要依据最高人民法院制定的司法解释，包括《民诉法若干问题意见》第297～299条、《执行工作若干规定》第88～96条、《民诉法执行解释》第25、26条，合共14条规定。2012年新修改的《民事诉讼法》并没有增加参与分配的内容。《强制执行法》数易其稿，虽均对参与分配作出详细规定，但迟迟未能出台。最高人民法院曾于2004年发布《关于执行程序中多个债权人参与分配问题的若干规定（征求意见稿）》，至今亦未见出台。正是参与分配方面的法律规定的滞后和缺失，才导致司法实践标准各异，莫衷一是。其主要体现在三个方面：一是没有明确的参与分配程序。参与分配往往涉及包括程序的启动、参与分配主体及数额的认定等复杂的程序事项，但上述司法解释并未作出明确规定。二是没有明确的分配清偿顺序。如上文所述，《民诉法若干意见》第22条规定的参照破产程序之清偿顺序条款已经在2007年《民事诉讼法》修法中删除。而司法实践中，大部分法院认为两种程序有别，应采用何种分配清偿顺序有待法律的明确规定。三是没有明确分配方案的基本要件。《民诉法执行解释》第25条规定了法院应向各申请参与分配债权人送达分配方案，但对于分配方案应包含哪些内容却无明确规定。调研发现，各地法院的分配方案样式各异，部分法院只是简单罗列各债权人实际分配得到的债权数额，并未阐明参与分配的债权情况、财产处理情况、分配依据、分配比例等内容，导致债权人无法了解参与分配的基本情况，难以知晓自身权益是否受到损害。

（二）参与分配的现行法律与实务操作存在脱节

从调研情况看，相当一部分关于参与分配的法律规定已经无法适应司法实践的需要，解决不了执行实践中遇到的问题。这种脱节主要体现在以下三个方面：

1. 参与分配适用对象范围过窄。就理论而言，自然人或非法人组织资不抵债的，应适用参与分配程序；法人资不抵债的，应适用破产程序。最

高人民法院在制定《执行工作若干规定》时，基于当时破产制度不健全，破产程序难以启动的特殊情况，在第 96 条中规定，未经清理或清算而撤销、注销或歇业的企业法人作为执行人，可参照参与分配程序进行清偿。但这一规定的范围较窄，在执行实务中，大量资不抵债的企业法人并未撤销、注销或歇业，仍然定期在工商部门年检，从事经营活动，或只是在法院对企业采取执行措施后才停止经营活动。若按照上述法律规定，无法对该类企业法人适用参与分配程序。资不抵债企业法人既难以进入破产程序，又难以解决众多债权人公平受偿的问题，同时也容易让债权人产生“同案不同处理”的错觉。为此，不少法院对参与分配适用对象作了适度的扩大，只要企业法人资不抵债且停止经营，无论停止经营时间长短，都适用参与分配程序。

2. 参与分配主体资格过严。依《民诉法若干问题意见》第 297 条规定，参与分配的主体为已经取得执行依据或已经起诉的债权人。但《执行工作若干规定》第 90 条则限定为已经取得执行依据的债权人，排除对财产有优先权或担保物权的债权人。其理由是，参与分配属于执行程序，只有取得执行依据的债权人才有条件进入执行程序，无需像破产程序一样保护所有债权人无论是否已取得执行依据。但司法实务中，法院出于社会稳定角度考虑，仍然把未取得执行依据的部分债权人如工资债权人等列为参与分配主体或为其预留相应的财产份额，抑或放缓执行案件进度以等待这部分债权人获得执行依据。虽然这种做法有其现实合理性，但也会衍生出执行法官自由裁量权过大，存在较多的寻租空间。

3. 参与分配截止时间不明。《民诉法若干问题意见》第 298 条第 2 款规定的是“被执行人的财产被清偿前”；《执行工作若干规定》第 90 条规定的是“在被执行人的财产被执行完毕前”。对于“财产被清偿前”的提法本身不够科学，财产不存在清偿的问题。而对于“财产被执行完毕前”，亦有不同的理解，有的认为应是被执行的财产已经确定的、具体的分配给债权人，有的认为应区分动产和不动产，根据《最高人民法院关于人民法院民事执行中拍卖、变卖财产的规定》第 29 条规定的财产转移时间，动产执行完毕以占有为标准，不动产以登记为标准。但是按照第一种理解，由于在分配法院将执行金额实际交付给债权人之前其他债权人能够随时不断地申请参与分配，执行法院不得不一再重新做成分配表，从而导致执行程序不能迅速终结，降低了执行效率，也有可能滋生虚假诉讼案件。按照第二种理解，动产交付占有的时候可能分配方案还没有制作，其他案件的债权人也难以得知财产的处分情况，不予参与分配有失公平。对于不动产，实践当中有不少是买受人暂不办理过户手续的，那截止时间便无法确定。显然，“财产被执行完毕前”也是难以把握的。就立法动态上，《强制执行法（专家建议稿）》第291条规定，其他权利人参与分配，应在查封物变价终结或者查封物交权利人承受之日的3日前提出申请。最高人民法院执行局《强制执行法草案》（第六稿）第205条则规定，参与分配申请应当在执行法院对执行标的采取执行措施之日起3个月内提出，可见仍存在不一致。从调研情况看，较多法院选择“第一次召开债权人会议日”为截止时间，这主要是希望所有的符合参与分配资格的债权人都可以参与讨论如何确定分配方案，但考虑到召开债权人会议目前并非参与分配必经程序，难以以此作为标准。部分法院选择“制定分配方案日”，但制定分配方案时间完全由法院内部掌控，缺乏透明度，容易引发新的纠纷。

（三）参与分配的价值定位未能形成统一

1. 执行效果与执行效率的平衡。从调研情况看，中级法院更倾向于借鉴破产程序的做法以实现执行效果，如尽可能通知已取得执行依据的债权人参与分配、把召开债权人会议作为参与分配的必要环节等。而基层法院则更重视执行效率，尽量简化流程，缩短时间，只对有特殊需要的案件才会召开债权人会议等。导致这种差异的原因主要在于，中级法院处理的案件一般涉案标的较大，债权人较多，社会影响较广，因此工作更为谨慎、细致，倾向于将其视为“小型的破产案件”，希望各债权人能得到相对公平的受偿。而基层法院所处理案件的数量较多，且标的小，不可能耗费太多的时间和精力，倾向于将其定位为执行程序，强调执行程序的快捷、高效。

2. 平等主义与优先主义的取舍。如何确定普通金钱债权的分配顺序是参与分配案件的核心的问题。实务界存在三种原则：一是优先主义，即根据执行措施先后顺序确定分配顺序；二是平等主义，即不分执行的先后顺序而实行平等分配；三是折中主义，即原则上平等分配，但给予先采取执行措施的当事人适当比例的补偿。从调研情况看，我省法院主要采取后两种做法较多。采取平等主义的法院认为，《执行工作若干规定》第88条第

3 款及第 96 条明确规定，应按照债权人比例受偿，先申请查封的债权人并没有优先权。而采取折中主义的法院认为，在先申请查封的债权人付出了更多的成本，应当给予一定的优惠和补偿，也以此鼓励债权人努力去查找被执行人财产线索。但由于法律对此未作规定，除广州地区法院明确对在先执行的债权人在平均受偿比例的基础上上调 20%～30%外，其他采该原则的法院都是通过召开债权人会议，争取协调其他债权人同意给予在先执行的债权人一定比例的补偿。

3. 执行权力边界问题的确定。法院执行权力在参与分配过程中的行使边界问题主要反映在两个方面：一是未取得执行依据但对被执行财产享有优先权或担保物权的债权人的债权数额认定问题。部分法院认为，该认定应属诉讼程序的管辖范围，而不应在执行程序中解决。执行权力一旦介入，无疑剥夺了当事人尤其是被执行人的诉权和救济途径。因此，法院应告知债权人通过诉讼方式予以确认。诉讼期间，法院提存该债权人主张享有优先权的份额。另一部分法院认为，法律并未规定这类债权人必须通过诉讼程序确认债权数额，法院不能把有关责任强加给债权人，而应在执行程序中直接认定。这种做法也简化了执行程序，提高了执行效率。二是对被执行人财产不足清偿全部债务的认定问题。部分法院认为，应进行形式审查，即执行法院所掌控的财产不足清偿所受理的同一被执行人的全部执行案件的债权总额，即可推定为该被执行人财产不足清偿全部债务。另一部分法院认为，应进行实质审查，即执行法院应全面了解被执行人的财产状况及债务情况，只有被执行人的全部财产总额事实上少于其全部债务总额，才能认定为不足清偿。

（四）参与分配的救济途径未能充分发挥作用

最高人民法院在《民诉法执行解释》中规定了参与分配异议之诉，无疑增强了对债权人权益的保护。但从调研情况看，当事人选择这一救济途径的情况并不多，这在一定程度上折射出该救济途径存在一定问题，未能充分发挥作用。主要体现在：

1. 参与分配异议之诉救济成本较高。根据《民诉法执行解释》规定，债权人对分配方案有异议的，应先向执行法院提出书面异议。其他债权人不同意有关异议的，债权人才可向执行法院提出诉讼。有关参与分配异议之诉的诉讼程序与一般民事诉讼无异。从时间成本角度看，债权人寻求救济所需时间较长，从提出异议、提起诉讼到二审定案，动辄超过一年以上的时间。若债权人的异议主张与分配方案确定的分配数额相差不是过分悬殊，债权人也不愿意耗费大量的时间和精力寻求救济。另外，目前我省法院对该类案件的诉讼收费标准未有明确的规定，有的法院按件收费，有的法院按当事人提出的异议标的收费，有的法院按当事人提出的应分配数额收费，甚至有的法院按照整个分配方案所涉及的标的额收费。不少当事人会因为高昂的诉讼费用而对参与分配异议之诉望而却步。

2. 参与分配异议之诉适用范围不清。《民诉法执行解释》只是笼统规定债权人或被执行人对分配方案有异议的，可提起诉讼。那么，如参与分配主体资格认定、参与分配各债权数额认定、分配顺序等问题在分配方案中均有所反映，当事人是否可就此提起诉讼。若上述问题并未在分配方案中反映，当事人有异议的，其救济途径是参与分配异议之诉、案外人异议之诉还是执行异议？因此，参与分配异议之诉的适用范围的不确定直接影响了救济的效果。

3. 提起异议之诉的主体不明确。参与分配的主体不仅包括债权人，还有税收征收、行政罚款、刑事没收、追缴等国家机关作为主体的情况存在。在民事债权人对税收征收、行政罚款或者刑事没收追缴的数额存在异议时，如何提起分配异议之诉。国家机关能否作为原告或者被告。尤其是刑事追缴或者没收，民事债权人如提起分配方案异议之诉，应以谁为被告。实践中，法院作为刑事判决的执行人，作为分配方案异议之诉的被告显然不够现实。

4. 未提出异议和反对意见的当事人在分配方案异议之诉中的地位。司法解释中只明确异议人作为原告，持反对意见的债权人或被执行人为被告，那么其他不提异议也不反对的当事人诉讼地位如何确定如有独立请求权的第三人、无独立请求权的第三人，甚至证人抑或其他，权利如何保障等则并没有明确。《民诉法执行解释》还规定，“诉讼期间进行分配的，执行法院应当将与争议债权数额相应的款项予以提存”，其意在于未异议的实体权利按照正常的程序执行，那么若部分债权人如果对整个被执行财产存在争议，未异议也未反对的当事人将会被无辜的拖进新的诉讼中，权利受到损害。若将该类债权人认定为有独立请求权的第三人，其不服裁判结果可以提起上诉，整个程序很可能陷入复杂的境地。

（五）参与分配与破产程序无法有效衔接

根据立法的原意，参与分配程序与破产程序虽均针对被执行人资不抵债情况下的财产分配问题，但前者适用于自然人和非法人组织，后者则适用于企业法人。从司法实务中大量的参与分配案件与寥寥可数的破产案件的比较中，不难看出参与分配程序已过多的承担了破产程序本应承担的职能。导致这一问题的原因在于：

1. 破产程序门槛较高。虽然最高人民法院近年力主降低破产案件受理的门槛，但各地法院出于各方面的原因，对破产案件的受理始终保持相当谨慎的态度，并为此设立了较高的门槛，如必须已经解决职工问题。按照《企业破产法》规定，抵押权人对抵押财产享有别除权，若被执行人仅有的财产已设定抵押，同时又拖欠工人工资，若进入破产程序，则工人工资无法清偿；而进入参与分配程序，工人工资则可优先受偿。出于社会稳定考虑，法院更倾向于对该类情形选择后一种程序。

2. 破产程序成本较高。从调研情况看，当事人主动向法院申请被执行人破产的案件可谓凤毛麟角。这主要有两方面的原因：一是破产程序耗时较长，需要历经受理、债权申报、债权人会议、重整、和解等环节，往往需要耗费数年时间。而参与分配程序较为简单快捷，需时较短。二是债权人申请破产往往对自己不利。在参与分配程序中，分配的主体仅是已取得执行依据的债权人，受偿范围较小，受偿比例相应较高。而在破产程序中，债务人的财产需向全体债权人进行清偿，受偿范围较广，受偿比例相应较低。

3. 参与分配与破产程序缺乏衔接途径。按照现有法律规定，在执行程序中若发现作为被执行人的企业法人资不抵债的，法院只能告知债权人申请被执行人破产，而无法主动启动破产程序。一旦债权人不行使上述权利或申请破产请求被法院驳回，若法院不适用参与分配程序，而直接按采取强制执行措施的先后顺序清偿，则债权人反对意见强烈，无法取得良好的执行效果。若法院适用参与分配程序，则于法无据，最终使法院陷入左右为难的困境。

三、完善执行程序中权利主体参与分配的对策和建议

（一）准确定位参与分配制度

由于我国民事强制执行法尚未制定，关于参与分配制度的相关法律规定并不健全，目前只是以司法解释的形式对这一制度作出规定，法律效力层次较低且缺乏根本性的支撑。从规定的科学性看，一些条款不科学、合理，甚至相互之间有矛盾，给执行工作带来很大困扰。相关立法如《强制执行法》等却由于种种原因一直未能出台。其中很重要的原因是对参与分配的价值取向及制度定位未能形成统一。结合本次调研，我们认为，在日后对参与分配立法中，应遵循以下几个原则：

1. 适度扩张原则。相对于破产制度，参与分配制度效率更高、成本更低。相对于按查封先后顺序进行清偿，参与分配制度更有利于平衡多个债权人之间的利益。但现有的司法解释对执行程序中适用参与分配严格限制为自然人和非法人组织，执行部门亦无权对债权人提出的参与分配方案异议进行审查等等。这些规定极大地束缚了参与分配制度在司法实践中应该起到的作用。因此，我们建议在立法过程中，应对参与分配制度进行适度扩张，包括扩大参与分配的适用范围、赋予执行机构在参与分配程序中更多的执行裁判权等等。

2. 效率优先、兼顾公平原则。参与分配制度属于执行程序的范畴，应具备执行程序所强调的效率优先的特点，这也是其与破产制度的重要区别之一。因此，在制度设计上，应当尽量简化参与分配所需的时间和环节。但也要兼顾债权人的实体权益保护，适当借鉴破产制度设计以兼顾公平。

3. 分配顺位一致原则。从根源上说，参与分配制度与破产制度都是为了解决资不抵债债务人的债务清偿问题，只是适用的对象有所不同，但在财产分配顺位这一核心问题上，参与分配制度与破产制度应该高度保持一致。否则，针对不同性质的债务人，或同一性质的债务人在参与分配及破产程序中却适用不同的财产分配顺位，不但不符合法理，也不利于债权人权益的保护。

（二）明确参与分配的执行程序

总体来说，参与分配制度包括参与和分配两方面的内容，参与程序即

债权人申请参加的程序，包括申请的主体、时间、方法等内容。分配程序是关于就执行所得对各债权人实行公开清偿的顺序、方法的程序。从实际操作看，一般认为应分下列阶段：

1. 申请。一是主体，即已取得执行根据、进入执行程序的债权人。二是时间，即规定申请参与分配的截止期间，申请应当在法律明确规定的期限内提出。三是方法，需由申请参与分配的债权人向其原执行法院提交参与分配申请书，写明理由，并附有执行依据。该执行法院应将参与分配申请书转交给主持分配的法院，并说明情况。对于主持分配的法院对其他债权人是否需要通知或公告的问题。经过我们调研，在佛山地区的基层法院，因为认为参与分配制度不同于破产程序，且执行应以追求效率为先，故一般没有采取公告的方式。但如果主持分配法院经筛查本院案件得知有其他债权人已进入执行程序的，则会通知符合条件的债权人参与这一程序。广州地区的某些法院提出对于一般的案件不应适用公告程序，但是对于一些特殊案件，比如社会影响大的、债权人众多的、涉及社会稳定等案件，如一些“烂尾楼”的案件应当设置公告程序，且公告的期限宜二年为宜。因此，建议主持分配法院以不主动通知或公告其他已经取得执行依据的债权人为原则，但对于在主持分配法院已知的债权人则应当予以通知，对于社会影响大、权利人众多，涉及社会稳定的特殊案件应当予以公告。

2. 审查。分配法院对要求参与分配的申请进行审查，包括形式审查与实体审查。对于不符合形式要件的法律文书不予认可。在执行过程中发现法律文书内容有明显错误的应当及时向原执行法院提出，在原执行法院未处理前暂不予分配，对原法院不予改正的，分配法院应当有权将案卷退回。实体审查是看其申请是否符合参与分配的条件，对符合条件的，予以批准，不符合条件的则予以驳回。

3. 制作分配方案、异议处置及实施分配。在制定参与分配方案前，建议设置听证会的程序，可以在听证会中发放分配方案的草案以征询各债权人的意见。最终的分配方案应当包括各债权人的基本情况、各债权人的执行依据、各债权人参与分配的债权数额、涉案财产的处理情况、可供分配的财产数额、分配的顺序、确定有关分配顺序的法律依据、分配比例、确定有关分配比例的计算公式、各债权人实际分配的数额等。债权人或者被执行人对分配方案有异议的，应当自收到分配方案之日起15日内向主持分配法院提出书面异议，主持分配法院应当通知未提出异议的债权人或被执行人。未提出异议的债权人、被执行人收到通知之日起15日内未提出反对意见的，主持分配法院依异议人的意见对分配方案审查修正后进行分配。提出反对意见的，应当通知异议人。异议人可以自收到通知之日起15日内，以提出反对意见的债权人、被执行人为被告，向主持分配法院提起诉讼。逾期未提起诉讼的，主持分配法院依原分配方案进行分配。

（三）参与分配适用对象放宽至财产不足清偿全部债务且未进入破产程序的企业法人

从立法本意而言，我国的参与分配制度的主要宗旨是弥补有限破产主义适用范围的不足，提供无破产能力的非法人民事主体资不抵债时给债权人公平受偿的途径。但与此同时，受破产门槛高、成本高等因素影响，本应通过破产程序使资不抵债法人的债权人获得公平受偿的立法意图难以实现。最高人民法院虽然意识到这一问题，并在司法解释中把参与分配的适用对象扩展至“未经清理或清算而撤销、注销或歇业且财产不足清偿全部债务的企业法人”，但仍有大量资不抵债企业法人的债务清偿游离于破产程序与参与分配程序以外。从司法实践角度出发，我们认为，应将参与分配适用对象放宽至财产不足清偿全部债务且未进入破产程序的企业法人。理由有三：一是使资不抵债的企业法人、自然人或非法人组织的债权人一视同仁地通过参与分配程序得到公平受偿；二是有效解决目前资不抵债的企业法人难以进入破产程序，导致债权人权益难以得到有效保护的问题；三是解决了目前对企业法人歇业标准认定不一，导致执行法院自由裁量权任意行使的问题。

与此同时，我们认为，参与分配程序适用于企业法人只是作为对破产程序的有效补充，以弥补破产程序目前适用程度较低的问题。执行法院对资不抵债的企业法人适用参与分配程序的过程中，一旦该企业法人被宣告破产，有关参与分配程序应立即停止，并转入破产程序进行处理。

（四）参与分配的主体资格放宽至未取得执行依据但对处分财产享有优先权的债权人

我国参与分配制度的主体限于已经取得执行依据或者对查封享有担保物权的债权人。这样，已经起诉或者申请仲裁但尚未取得执行依据的债权人、债权已经届满清偿期但尚未起诉的债权人及债权尚未届满清偿期的债权人就被排除在可申请参与分配的主体之外。立法者认为，在破产程序下，无论债权是否已到清偿期，债权人是否已经取得执行依据，均作为破产债权，参与清偿。而执行程序则是为满足有执行依据的债权人而设立的，没有执行依据的债权人，则不具备申请强制执行的条件，不应当直接参与到执行程序中来。可见，这样的限制是为了实现参与分配制度与破产制度各自的功能与价值。这从对不同法律制度各自的功能定位及其相互之间协调意义上考察是值得肯定的。

我国参与分配制度虽然规定了抵押权等担保物权在执行程序中没有取得执行依据的情况下可以参与分配，但对工人工资、建筑工程价款债权、劳动者经济补偿金等优先权债权则没有如上相同的规定。通过这次调研发现，部分法院建议对这部分债权可以在未取得执行依据的情况下可以先行参与分配。

（五）参与分配的分配原则确定为按比例分配原则

如上文所述，执行实践中确立了不同的分配原则，有45.4%的法院采用“查封部分优先分配原则”。该原则是一种大胆设想和创新，但存在难以解决的问题：一是以查封先后来衡量债权人贡献大小不尽合理。在司法实务中，查封被执行人的财产有时是基于债权人提供财产线索，有时是法院主动调查发现，有时是案外人举报财产线索等等。因此，难以认定申请查封在先的债权人其贡献更多。二是该原则使法官的自由裁量权过大，容易滋生腐败。三是优先的比例难以合理确定。基于上述原因，我们认为，分配原则应坚持现有的法律规定即按比例分配原则，但在征得全体债权人同意的情况下，可以适用查封部分优先分配原则，具体的优先比例由全体债权人表决决定。

（六）参与分配的截止时间确定为分配方案的首次送达日

我们认为，从参与分配的制度功能、价值取向以及便于操作的角度出发，应以分配方案的确立作为时间截点比较合理。而分配方案的确立，不宜以“听证日”为准，原因在于听证制度在大部分的基层法院尚未完全铺开，普遍适用有难度。同时，听证以后可能会对方案有调整，即方案在听证时并未最终确定。亦不宜以“制定分配方案日”为准，因为分配方案还没有送达，对外没有公示的效力，对当事人没有约束力。因此，我们建议以分配方案的首次送达日作为截止时间，此时，方案本身已经确定，且对当事人有拘束力。调研组在征求意见时，大部分法院均表示这种方式比较合理，可以采用。同时，为了防止执行法官怠于送达，给不符合条件的债权人提供了寻租空间，应当明确分配方案审批确定后应当在三日内送达。

（七）参与分配的清偿顺序

参与分配程序与破产程序的价值取向和适用对象不完全相同，二者的清偿顺序也应有所区别。(1) 共同利益费用。该部分费用如诉讼费、拍卖费、财产管理费等应当从财产拍卖所得价款中优先支付。(2) 执行人所欠职工工资和劳动保险费用。该费用是职工维持自身和家庭成员生存的需要，关系职工基本生活的维持，从人权高于债权和维护社会公平正义的利益衡量，该部分费用应优于建筑工程承包款受偿。企业高级管理人员工资收入较高，应按照该企业或当地职工的平均工资计算部分工资，剩余部分工资应按照普通债权进行清偿。(3) 建筑工程款。该款受偿序位明确在抵押权和其他债权之前，这其中相当一部分是建筑工人的劳动工资，给予优先保护符合人权高于债权的立法目的。(4) 担保物权。《执行工作若干规定》第 93 条规定，担保物权的债权人可主张优先受偿权。(5) 税务费用。若将税款剔除于优先权，则与现行法律规定明确相违背，执行相关人员需承担私分国家财产的法律责任。若不能将税款剔除，则建议只应计算其本金部分，不应计算其滞纳金，因为若均计算为优先权，则导致无足够财产在普通债权中分配，于普通债权不公。综上，从被执行人的财产中优先拨付执行共益费用后，应按下列顺序清偿：(1) 职工工资和劳动保险费用；(2) 建筑工程款等民事实体法中明文规定的优先权；(3) 担保物权；(4) 普通债权、行政罚款。

（八）完善执行分配方案异议之诉的程序

1. 明确诉讼当事人的地位

(1) 原告。根据《民诉法执行解释》第 25 条、第 26 条之规定，分配方案异议之诉之适格原告只能是分配方案列明之债务人或债权人，未列入分配方案的债权人不是适格原告，不能提出分配方案异议之诉。

(2) 被告。根据《民诉法执行解释》第 25 条、第 26 条之规定，被告应当在收到执行法院分配方案异议通知后 15 日内提出反对意见，未提出或未在 15 日内提出反对意见的不是适格被告。因不可抗力而在 15 日后提出反对意见的，经证明后可以作为适格被告。

(3) 未提出反对意见者的诉讼地位。对分配异议不提出反对意见的当事人其诉讼地位如何确定，我们认为，应将其作为无独立请求权的当事人对待，如果异议之诉的判决涉及或者影响其利益的，应允许该当事人提出上诉。

2. 明晰审理程序

(1) 审理部门的确定。依照《民诉法执行解释》第 26 条第 2 款的规定，分配异议之诉应由执行法院审理。但未规定具体审理部门。参照《民诉法执行解释》第 19 条、第 24 条关于案外人异议之诉和许可执行之诉的规定，该诉讼应由民事审判庭适用诉讼程序进行审理，且因双方争议大，宜组成合议庭适用普通程序审理。

(2) 多个债权人或被执行人对分配方案提出异议的处理。按照《民诉法执行解释》第 26 条第 2 款的规定，如果分配方案的民事债权人或债务人均提出了异议，并同时对他人的异议提出了反对意见，则构成本反诉的合并审理。因为债权人与被执行人彼此之间的利益是相互冲突的，这符合逻辑的认定。每一个异议都是对其他人提出异议的反对意见。如此，每一个异议人都是诉讼的原告，同时也是他人所提起诉讼的被告，应当将所有诉讼认定为本反诉合并审理。如果在多个债权人或债务人提出异议，且召致相应反对意见之情形，我们认为一个异议和其所有反对意见构成一个诉；多个异议且异议内容一致的，则可与所有反对意见共同构成诉的合并；多个异议且异议内容不一致，如果异议内容具有牵连关系，可按必要共同诉讼加以审理；多个异议且异议内容不一致，执行法院可以分别审理。此外，如果分配方案遭到全体当事人的反对或者异议的，我们认为，此种极端情形可能反映了分配方案本身存有错误，建议重新考量现行的法律规则，赋以执行法院重新制作分配方案的责任和义务，而不是仅通过分配异议之诉来解决。

(3) 对分配方案异议提出反对意见的当事人能否提出反诉的问题。在分配异议之诉中，提出反对意见的人提出反诉实际上是对分配方案的异议。按照《民诉法执行解释》规定，其应在规定期限内对分配方案提出异议，而提出反对意见的人明显规避了上述规定而在诉讼中提出，故我们认为，不应允许其提出反诉。

（4）分配方案异议之诉应否调解的问题。我们认为，调解应该贯彻在所有的民事诉讼中，分配异议之诉也应不例外。但不应损害其他当事人的利益，如未提出反对意见的第三人的利益，亦不能违反法律规定和损害公序良俗原则。

（5）分配方案异议之诉的判决能否直接作出新的分配方案的问题。法律并没有规定当异议人异议成立的情况下，法院应简单判决撤销原分配方案，由执行部门重新作出新的分配方案，还是直接在判决中修改原分配方案。我们认为，以《民诉法执行解释》的立法本意来看，是为了通过诉讼程序来解决当事人因执行分配方案而发生的纠纷。如果仅是简单撤销原分配方案由执行部门作出新的分配方案，那么当事人对新的分配方案不服仍可提出异议直至再次提起诉讼，如此循环永无休止，上述立法目的就难以实现。因此，法院的判决异议成立的情况下应当在主文中直接修改原分配方案。

（6）分配异议之诉胜诉后的诉讼利益归属问题。有人认为，部分当事人提起分配异议之诉后获得胜诉的诉讼利益应由提起诉讼的当事人所享有，理由是，该诉因由其引起，并由其付出劳动，故由此产生的利益只能归属于付出劳动的人，否则会影响起诉的积极性。我们认为，胜诉利益应由全体当事人享有，理由是，在参与分配程序下，现行法律明确要求被执行人的财产应按照比例在全体债权人之间进行分配。如果确立胜诉利益由部分债权人享有，则违背了法律的基本原则和精神。

3. 分配异议之诉制度的其他需要完善的环节。行政罚款、税收征收等国家机关在参与分配程序中如果认为分配方案有错误并提出异议的，如其他债权人反对的，由该国家机关作为原告提起分配异议之诉与现行法律理念并不相悖，但如果是刑事没收或者是追缴的，如果其他债权人对分配方案不服并提出异议的，如何救济。我们认为，应通过执行异议和复议的程序处理。因为，其他债权人要提起分配异议之诉的必须有明确的被告，而在这种类型的案件中，法院作为刑事判决的执行机关不能作为被告之主体。

结语

正如前文所述，执行款项的分配是整个执行程序中最为重要的问题之一，是各种利益和矛盾对立冲突最为激烈的领域之一，同时也是实践性极强的课题。理论是灰色的，生命之树长青。只有深深立足实践，积极回应实践，才能从根本上解决参与分配实践中的相关问题。本调研来自于实践，调研过程中为之付出了很多努力，我们相信，本调研成果必将有力地服务于实践。

执行和解迟延履行问题与处理机制新展望

深圳市中级人民法院课题组*

立足于法社会学的角度观察，社会现实纠纷的解决主要有两种模式：一是通过当事人之间的自由合意来解决，二是由中立第三方作出有拘束力的决定。决定最典型的例子是审判，合意最典型的例子便是和解。[①] 对于任何一个法秩序而言，司法权如果不能将观念层面上的权利转化为现实中的权利，或者说保障将自我判断予以落实，则司法权的存在价值将会受到公众的强烈质疑。[②] 这一论断对于理解执行和解何以在中国强制执行实务中占据重要一席之地，甚具启示意义。从应然状态而言，生效法律文书确定的义务承担者，基于对司法权威的尊重，理应自觉履行。然而对照今日尚处在经济转轨与社会转型期的中国而言：一方面，市场经济体制或曰法治经济的建立“仍在路上”，任重而道远，同时诚信履行义务氛围的养成尚待时日；另一方面，被执行人财产已由传统的不动产、动产逐渐转变为金融资本且日趋多元化、隐蔽化，执行员在查找被执行人财产方面的工作愈发艰难，而可覆盖全国范围的被执行人的征信机制与财产查询的网络构建格局依然未见曙光。被执行人财产及身份信息获取不对称的“信息孤岛”问题，始终是困扰当下法院执行的棘手难题。面对理论与现实的巨大

---

* 课题组组长：罗剑青，成员：时春蕾、欧宏伟（执笔人）、周建康、张文佳、卢艳贝、肖伟光。

① ［日］棚濑孝雄：《纠纷的解决与审判机制》，王亚新译，中国政法大学出版社 2004 年版，第 8 页。

② 欧洲人权法院在 1997 年 Hornsbyvs. Greece 一案中明确指出：在合理的时间内执行司法裁判属于《欧洲人权公约》第 6 条的规定要求公平审判这一基本人权的内在组成部分。其后，欧洲人权法院一再强调，国家有义务确保获得终局裁判者有权执行该裁判，而如果成员国本国的司法制度放任司法终局裁判不被执行，使债权人的损害无法获得补偿，那么接近司法的权利将形同虚设。

反差，作为合意型纠纷解决方式代表的“执行和解”遂在我国强制执行实务中日渐凸显出其存在的必要与价值。不夸张地讲，执行和解是我国法院执行部门最为倚重的“制度利器”①。

诚然，执行和解在有效化解法院“执行难”、最大程度兑现债权人生效债权、营造社会和谐关系等诸方面功不可没，但执行和解并非完美无缺的机制。现实中因当事人恣意反悔拒不履行或迟延履行执行和解协议引发纠纷的情形所在多有，因“执行和解陷阱”引发的申诉信访时有耳闻。有争议就需要相应的救济。执行法上的救济对象，既有程序争议，又有实体争议。执行和解纠纷的处理，则是程序事项与实体事项共同交织作用的领域。职是之故，对执行和解机制进行研究，既不能忽略国家公权力启动强制执行程序这一“特定场景”，也不能漠视当事人通过自由合意所创设的“自治空间”。如何在公法强制与私法自治之间寻求妥善平衡，既是完善执行和解机制必须面对的挑战，也是展望未来执行和解纠纷处理新机制应当具有的视野。

一、执行和解机制运行现状考察与机制完善的宏观思考

（一）执行和解机制现状考察

执行和解作为替代强制执行的一种灵活变通结案方式，被广为运用于我国的执行实践中。根据最高人民法院年度工作报告公布的统计数据，从2006年至2010年的5年间，全国法院执行案件收案为11264216件，结案为11444750件，其中以执行和解为结案方式的共1744245件，占结案总数的15.13%②。根据最高人民法院2006年至2010年的工作报告，全国法院执行和解率大致在13%至18%之间，呈现逐年上升的趋势，五年执行和解平均结案率为15.13%。但是，在看到在执行和解结案率逐年上升的同时，不能忽视执行实践中“和而不解”这一突出问题。“和而不解”的典型表

① 中共中央政法委、最高人民法院在《关于规范集中清理执行积案结案标准的通知》（法发〔2009〕15号）中明确指出：“经人民法院穷尽财产调查措施，被执行人确无财产可供执行或虽有财产但不宜强制执行，当事人达成分期履行和解协议的，经合议庭评议，可裁定终结本次执行程序后结案。”该通知中所提的“终本结案”本是作为清理积案阶段的临时性规范意见，但在实践中逐渐演变成执行结案方式之一种，亦是无奈之举。

② 分别参见最高人民法院2006年至2010年的工作报告。

现是执行和解协议自动履行率不高、因被执行人不履行或不完全履行和解协议而恢复执行的案件比例偏高。而造成这一现象的成因主要源于以下三个方面：

1. 部分被执行人利用执行和解逃废债务。相当一部分案件在执行过程中，被执行人意图通过执行和解，拖延履行债务。一部分被执行人将执行和解作为对抗、规避强制执行的手段，借以逃避履行债务。这是造成“和而不解”现象最为常见的原因。

2. 部分执行和解协议的内容违法或约定不明。首先，部分和解协议缺乏履行的前提和基础，例如部分和解协议中的条款内容明显违反法律法规的强制性规定或社会公序良俗。这类“和”由于系以牺牲法律或公序良俗为代价，违背了社会公认的基本价值观，“解”自然无从谈起。其次，部分和解协议内容约定不明，导致出现争议时各方当事人对相关条文的理解各执一词。这类“和”由于意思表示含混不清，“解”自然无从入手。最后，部分和解协议本身缺乏法律约束力，对当事人尤其是被执行人的约束力较为有限，当事人可以随时反悔且不必担心被科以相应的惩罚责任，因而对“和”毫无顾忌，并放任“解”成为随心所欲。

3. 部分执行员借和解之名行调解之实或变相以和解代替执行。实践中，部分执行员在接手案件后不愿从事强制执行的前期工作，反而急于作当事人的执行和解工作，通过各种方式极力劝说甚至是诱骗、强迫当事人达成和解的现象。这种“以和解代替执行”的做法本身就为案件日后“和而不解”埋下隐患。

（二）完善执行和解机制的宏观思路——“正确定位”与“准确到位”

就现状而言，完善执行和解机制最现实也是最迫切的问题在于：一方面，在继续发挥执行和解机制快速简便实现债权这一优势的同时，如何从事前预防的角度，尽量减少和避免当事人借执行和解弱化、规避法院强制执行此类消极现象的发生，切实提高执行和解协议的自动履行率；另一方面，顺应2012年《民事诉讼法》最新修正后就执行和解制度作出的重大调整，深入研究执行和解机制涉及的一系列基础理论问题，如何从救济的角度，为执行和解引发的纠纷提供充分、完备的解决方案，以便将当事人因执行和解引发的申诉引入法定渠道，从源头上减少因执行和解引发的申诉信访。

执行和解机制系由包括主体、内容、目的、价值等一系列要素及诸要素之间的关系所形成的有机架构，这些关系归纳起来主要涉及强制执行与私权处分、审判程序与执行程序、执行公正和执行效率三方面。该三方面的关系实质，实为公权和私权两大要素的冲突。因此，完善执行和解机制的关键在于如何妥为调和公权强制与私权自治这对矛盾，因为恰恰是这对矛盾内在制约并决定着执行和解机制的现实运作与未来走向。由此，完善执行和解机制的宏观思路应当是把握好“两个位”，即“正确定位”与“准确到位”。具体而言，即通过“正确定位”，处理好法院在执行和解进程中的“当为”与“不当为”；通过“准确到位”，处理好在意思自治出现“失灵”时，司法权如何为当事人提供充分、完备的程序以解决救济所需。

二、执行和解机制的正确定位：公权对私权的适度介入

（一）执行和解机制正确定位的媒介——司法审查机制的引入

执行和解系以私法属性作为其基本属性的法律制度。但执行和解毕竟是一项诉讼法上而非实体法上的制度。如果仅仅将执行和解定位于“私法属性”，虽不能说错误，但难谓周全。《最高人民法院关于人民法院执行工作若干问题的规定（试行）》（以下简称《执行规定》）第 87 条将“和解协议合法有效”规定为执行和解方式结案的条件之一，但现行立法或司法解释却没有设置对执行和解协议进行必要审查并判断其效力的程序，导致无法切实保障执行和解是建立在当事人真实、自愿的基础之上，从而不能有效“过滤”虚假和解。执行和解机制欲作进一步正确定位，便不能回避对行使强制执行公权力的执行机关在执行和解中扮演何种角色、履行哪些职责、发挥什么职能等问题的探讨。这些问题的解答，目的就是为执行和解机制中公权与私权的边界作出合理划分。

课题组认为，执行和解机制的正确定位，必须是在尊重私权基础上允许公权力的适度介入，具体而言即应当允许执行员参与到执行和解进程中来，[①] 而参与的合理媒介便是引入执行和解司法审查机制。这一机制以执

---

① 例如《北京市高级人民法院关于规范民事执行和解的若干规定》明确规定：法院居中提出的和解协议经过双方当事人认可的，也视为达成执行和解协议，而且执行和解协议必须经过法院的审查认可后方能成立。这一规定事实上已经承认了法官在执行和解协议成立、生效、履行过程中的实质审查权。

行法院审查当事人和解意愿的真实性和协议内容的合法性为核心，同时涵括法院在执行和解进程中应履行的若干职责。[①] 具体可从以下三个层面作探讨：

首先，以什么作为审查依据。和解协议是一种民事协议，那么审查这种协议是否具有正当性和合法性，课题组认为，应当参照现行法关于合同效力的有关规定，特别是参照《合同法》第52条、第54条关于无效合同和可撤销合同的规定。凡是具有类似法定无效合同、可撤销合同情形的执行和解协议，即可视为不具有正当性和合法性。

其次，审查哪些方面的内容。课题组建议把审查内容分为两个方面：第一，审查和解协议是否是当事人的真实意思表示。对于这种意思表示的真实性，不仅要从该协议是否当事人自愿订立的角度进行审查，而且要注意当事人在订立该和解协议时有无受到欺诈、胁迫，有无存在重大误解或显失公平情形。第二，审查和解协议内容有无违反法律、行政法规的强制性、禁止性规定、有无违反公序良俗或损害社会公共利益、有无恶意串通损害国家、集体或他人合法权益、有无以合法形式掩盖非法目的。

最后，履行审查的主体。基于实践中出现的强迫和解的情况，有必要进一步完善执行和解的监督机制，强化对执行实施权的监督和管理。在执行和解中，除了执行员依据上述审查依据审查当事人和解意愿的真实性和内容的合法性外，执行员所在的合议庭也应承担监督职责。对于涉及当事人重大权利处分的和解协议，应在执行员审查的基础上，由执行员将和解协议提交合议庭评议，必要时还应当呈报执行部门领导进行审批。这种内部监督机制有助于避免执行员在执行和解工作中办关系案、人情案、金钱案，对于预防执行和解环节可能出现的廉政风险、消除执行和解环节可能诱发的申诉信访隐患，具有积极意义。

（二）今后可进一步拓展法院执行和解职能的若干建议

基于对执行和解自愿原则的维护，特别是为扭转当前执行和解协议对被执行人仅有“软约束”的现状，有效破解“执行和解陷阱”，法院应当

① 《民事诉讼法》2012年进行第二次修正后，在第194条、第195条增设“司法确认调解协议”这一新的特别程序，并明确规定经法院裁定确认为有效的调解协议具有强制执行力。课题组认为，这一新的特别程序对于未来执行和解机制中引入执行和解协议司法审查机制具有很好的启示与示范效应。

也必须在执行和解全程均有所作为。课题组认为，除了引入执行和解协议司法审查机制外，还可按照和解协议签订前、和解协议签订时、和解协议签订后的三个时间段，从七个方面进一步拓展今后法院的执行和解工作职能：

1. 事前阶段：履行查控职能。为保证执行和解协议得到顺利履行，防范被执行人借签订和解协议规避执行、拖延履行，执行员在受理案件后应对被执行人的财产及时进行全面查证并迅速采取执行措施控制财产，为和解协议的履行奠定良好基础。

2. 事中阶段：履行告知、指导、协助、释明、限制职能，即应当告知当事人执行和解的权利、后果和风险；对当事人行使其诉讼权利和义务的行为给予必要指导；对当事人行使诉讼权利义务的行为提供必要的协助；对可能影响当事人和解意愿和协议效力的情况向当事人进行释明；对明显属于滥用和解权的和解行为予以限制。

3. 事后阶段：履行约束职能。当前执行和解反悔率高的一个很重要原因，就在于现行法对于和解协议的履行缺少硬性制约。课题组认为，今后有必要在和解协议订立时预设必要的约束条件，加强对和解协议反悔行为的制约。这些条件涵盖两个方面：一方面是主体的约束。即对曾经恶意滥用和解逃避债务以及存在利用和解逃废债务嫌疑的债务人，限制其适用执行和解，通过和解次数的限制适用，既能增强对潜在的欲借和解逃废债务人的震慑意识，也可敦促已进入和解进程中的债务人珍惜和解机会，自觉履行协议。另一方面是责任的约束。为保障执行和解协议的履行，提高和解协议的清偿率，要强化对执行和解协议履行的后续管理，加重对虚假和解、恶意和解的被执行人的违法成本。

三、执行和解机制的准确到位：公权对私权的充分救济

（一）学理上关于履行执行和解协议引发纠纷的两种救济模式

如何处理当事人因执行和解产生的纠纷，学理上的见解大致分为两种模式，即基于诉讼行为说的救济模式和基于私法行为说的救济模式：

1. 诉讼行为说视野下的救济模式。持执行和解协议属诉讼行为的观点认为，法律应赋予经法院审查确认后的执行和解协议以强制执行力，用公

权力保证执行和解协议得到履行。经过法定程序由司法机关审查确认的执行和解协议可以取得执行依据的效力，当事人可以就执行和解协议的内容直接向法院申请强制执行。[①] 因此，在诉讼行为说的视野下，法院的强制执行受和解协议内容的约束，一方不履行和解协议的，对方当事人可以向法院申请强制执行和解协议。经法院审查确认的执行和解协议可以代替原生效法律文书作为新的执行依据。

2. 私法行为说视野下的救济模式。持执行和解协议属于私法行为的观点认为，执行和解只是双方当事人在没有国家公权力介入的情况下，自行协商一致，处分权利义务的一种私法行为。双方达成的和解协议仅具有契约法上之基本效力。鉴于执行和解协议具有合同效力，故只要当事人之间关于和解协议的履行产生争议，当然可以通过诉讼途径加以解决。而且，最高人民法院对于确认执行和解协议具有合同效力及其可诉性也是持肯定态度的。因此在私法行为说视野下因履行执行和解协议产生的纠纷，当事人可以将执行和解协议作为诉因向法院提起诉讼。当事人依据执行和解协议提起的诉讼，既可能是以阻止强制执行为目的的债务人异议之诉，也可能是当事人就执行和解协议纠纷另行提起的违约之诉。

（二）现行法关于执行和解纠纷的救济架构与缺陷分析

对现行法作实证考察，不难发现现行法架构下因履行执行和解协议引发纠纷的救济途径基本上可以概括为：申请执行人受欺诈、胁迫订立和解协议或当事人不履行和解协议的，法院应当根据当事人的申请恢复执行原生效法律文书；和解协议已经履行完毕的，法院不予恢复执行。法院一旦恢复对原生效法律文书的执行，即认为当事人得到了程序上的救济。当事人既无权要求法院强制执行和解协议，原则上也不能依据和解协议另行起诉要求法院就和解协议纠纷重新作出裁判。同时，在无法恢复执行原生效法律文书的例外场合，允许当事人通过另诉方式解决纠纷。

现行执行和解救济架构最为显著的缺陷在于救济渠道的过分单一。这种制度上的缺陷带来如下消极后果：首先，执行和解协议成立后，债权人容易放松对权利的关注，超过法律规定的申请执行期限，而部分不诚信的

① 杨国香、尹颖舜、张娜：《执行和解协议纠纷解决机制探析》，载《人民司法·案例》2011年第2期。

义务人则通过执行和解协议达成的履行宽限期转移财产，致使申请人事后再想借助恢复执行来弥补损失已错失时机；其次，因执行和解协议不具有实质约束力，如果当事人拒绝履行，执行和解协议形如具文。现行法没有赋予执行和解协议以强制约束力，导致恶意不履行和解协议的违法成本过低，不利于提高执行和解协议的自动履行率；再次，现行法没有对执行和解协议履行出现争议应如何处理加以关注，导致执行当事人缺乏适用其他救济程序的选择权；最后，现行法对于“执行和解协议本身效力”含混不清的模糊表述，容易引发当事人对执行和解作为一项强制执行法制度的怀疑甚至否定，带来这项制度的瓦解危机。

课题组认为，执行和解机制的准确到位，最核心的问题便在于能否透过对这一机制在救济方式上的改进完善，赋予当事人以更多的程序选择权，具体来讲：一是执行和解协议本身是否允许具有可诉性，即能否允许当事人持执行和解协议另行起诉寻求救济？二是执行和解协议是否允许被赋予强制执行力，即能否允许当事人申请法院强制执行和解协议？三是当执行和解协议出现无效或可撤销事由时，应当依何种程序进行审查判断？特别是，如何在秉持法院内部“审执分立”的工作原则下妥善处理涉执行和解的相关实体争议问题？

（三）重构执行和解救济机制建议一：允许特定情形下和解协议具有可诉性

执行和解协议是否具有可诉性，历来存在正反两种观点。正面观点认为，执行和解属于诉讼外和解，具有当事人自主解决纠纷的性质，其本质上属于设立、变更、终止民事权利义务关系的私法契约。只要当事人之间关于执行和解协议的履行发生争议，当然应当允许当事人通过诉讼途径解决。反面观点则认为，和解协议尽管也是当事人之间变更权利义务的约定，但与一般程序外的实体协议不同，在性质上属于程序性协议，不具有可诉性。和解协议未履行或不能履行时，权利人只能申请恢复对原执行依据的执行，不能针对和解协议提起诉讼，否则将导致纠纷解决成本的提高和司法资源的浪费。

课题组认为，未来民事诉讼法在完善执行和解机制或制定强制执行单行法时，应当允许当事人在特定情形下依据执行和解协议另行起诉，要求对方当事人履行和解协议。理由在于：一方面，《民事诉讼法》第230条采用了“……人民法院可以根据当事人的申请，恢复对生效法律文书的执行”的表述方式。基于“可以”一词的使用，由此表明《民事诉讼法》并未断然否定当事人可以依据执行和解协议另诉的权利。诉权系公民的宪法性权利，对该权利的限制应以法律的明文规定为限。在既无法律明文禁止，又无充分且正当理由的情况下，不应断然否定和剥夺当事人的诉权。执行和解协议是当事人之间协商一致，就原生效法律文书所确定的权利义务达成的变更或补充协议，具有合同的性质，对签约当事人均具有法律上的约束力。在执行和解协议中如果约定了原生效法律文书未涉及的内容，而权利人又希望按此内容来履行，根据“法无禁止即可为”的权利行使原则，其当然有权以此为诉因提起诉讼。另一方面，从最高人民法院历年出台的相关批复、复函内容观察，均认可特定情形下和解协议具有可诉性，举其要者而言：最高人民法院于 1997 年 4 月 16 日作出的〔1997〕法复 4 号《关于超过诉讼时效期间当事人达成的还款协议是否应当受法律保护问题的批复》中认为：“超过诉讼时效期间，当事人双方就原债务达成的还款协议，属于新的债权债务关系，该还款协议应受法律保护。”再有，最高人民法院于 1999 年 4 月 21 日作出的〔1999〕执他字第 10 号《关于如何处理因当事人达成和解协议致使逾期申请执行问题的复函》中认为：“双方当事人于判决生效后达成还款协议，并不能引起法定申请执行期限的更改，但债权人可以以债务人不履行还款协议为由向有管辖权的人民法院提起诉讼。”还有便是最高人民法院于 2002 年 1 月 30 日作出的〔2001〕民立他字第 34 号《关于当事人就人民法院生效法律文书所确定的给付事项超过申请执行期限后又重新就其中的部分给付内容达成新的协议的应否立案的批复》中认为：“当事人就人民法院生效裁判文书所确定的给付事项超过执行期限后又重新达成协议的，应当视为当事人之间形成了新的民事法律关系，当事人就该协议向人民法院提起诉讼的，只要符合《民事诉讼法》立案受理的有关规定的，人民法院应当受理。”[①] 从上述批复、复函关于依

① 值得注意的是，最高人民法院内部关于执行和解协议是否具有可诉性的问题是存在见解分歧的。例如，最高人民法院民一庭对执行和解协议的可诉性便持相反态度。该庭编辑的《民事审判指导与参考》所公布的一则指导案例中，最高人民法院民一庭认为：“在人民法院的生效判决执行过程中，当事人之间又签署执行和解协议，如果一方当事人不履行该执行和解协议，对方当事人以该执行和解协议产生新的合同权利义务关系为由，向人民法院起诉的，人民法院不应受理，已经受理的，应裁定驳回起诉。”详见《民事审判指导与参考》（2012 年第 1 辑・总第 49 辑），人民法院出版社 2012 年版，第 114～118 页。

据执行和解协议另行起诉的条件设置不难观察到最高人民法院试图对《民事诉讼法》所设置的“恢复执行原生效法律文书”该单一救济途径加以适当拓展的努力。

课题组进一步认为，把握“执行和解协议是否具有可诉性”问题的原则在于——“当事人达成的执行和解协议是否属于当事人就其权利义务重新达成新协议，从而形成不被原生效法律文书既判力所覆盖的新的民事法律关系”。换言之，执行和解协议具有可诉性并非不受任何限制，而是仍然须受原执行依据所生既判力的拘束。换言之，已为执行依据所确定的权利义务关系，当事人不得通过再行起诉重复主张。而符合下列四种情形之一的，应当允许当事人持执行和解协议另行起诉：

1. 申请执行时效已过或者出现其他无法恢复执行原生效法律文书的情形。由于生效法律文书所确定的实体权利因为程序上的障碍无法获得实现，权利人可以在诉讼时效期间内以执行和解协议作为依据另行起诉主张权利。

2. 执行和解协议对原生效法律文书进行了变更或者补充约定，权利人据此就原生效法律文书未涉及的部分起诉主张权利的情形。由于变更或补充部分不为原生效法律文书的既判力所覆盖，法院对于权利人的起诉可以立案受理。

3. 执行和解协议就义务履行完毕的衡量标准约定不清，双方对此存在争议的情形。

4. 执行当事人所达成的执行和解的约定变更了义务履行的主体（约定由第三人代替被执行人履行和解协议）、执行标的的种类（由金钱给付变更为行为代偿，典型者如以劳务抵偿金钱债务），和解协议已履行的部分与原判的义务无法简单抵扣的情形。

（四）重构执行和解救济机制建议二：允许有条件赋予执行和解协议以强制执行力

如果忽略在执行阶段达成并以变通实现生效法律文书确定的实体法律关系为基础这一事实，执行和解与诉讼和解并无本质不同，即都是当事人对自身实体权利与诉讼权利处分的结果。而诉讼和解协议可以取得强制力，原因便在于该协议发生于诉讼阶段，而民事诉讼程序具有“保障当事人的合法权利”和“维持国家私法秩序”的双重目的，故当事人欲通过达成和解从诉讼程序中退出，协议的内容便需要提交法院审查认可，并由法院出具民事调解书的形式予以确认。[①] 而民事调解书是法定执行依据之一。由此得出的启示便是：当事人达成的和解协议具有强制力或曰执行力的关键在于协议内容须经由法院审查并被认可。通过另诉确认和解协议的效力与在执行程序中确认和解协议的执行力，事实上只有一步之遥，即二者之间仅相差一个诉讼程序。如果在程序设计上既能够尊重当事人的私权处分，又能够维持国家的私法秩序，剩下的事情便只是由审判部门的法官审理还是由执行部门的法官处理的差别。虽然这只是法院内部分工的问题，但必须承认的是，在当前“审执分立”的格局下，对于执行过程中产生的争议要求审判部门通过诉讼程序进行处理一直存在受理上的障碍，而对于当事人而言亦有“再添讼累”的不满。假如未来的执行和解实践中能够引入执行和解协议司法审查机制，上述问题应当有望迎刃而解。因为执行和解协议司法审查机制的核心，就是审查执行和解主体是否适格，特别是审查和解内容是否违反当事人自愿真实原则、是否违反法律法规的强制性规定及公序良俗。而这些审核要点，足以满足在程序上保证尊重当事人意思自治以及保障国家私法秩序的要求。

课题组认为，在满足对执行和解协议确立司法审查机制的前提下，人民法院完全可以有选择地赋予执行和解协议以执行力。所谓“有选择”，一方面是指在程序设计上应当尊重当事人的程序处分权；另一方面是指对可赋予执行力的和解协议类型作一定的限制，避免形成以新的执行依据取代原执行依据的循环怪圈。具体而言：

首先，可赋予执行力的执行和解协议的类型，应仅限于和解协议约定的权利义务关系没有超出原执行依据所确定的权利义务关系的情形，主要是对原执行依据所确定的债务数额的减免、履行期限的宽延、履行方式的简化等。如果和解协议约定的权利义务关系超出了原执行依据所确定的范围，此类协议在履行过程中出现迟延履行等争议情况的，妥当的做法应当是允许守约方持该和解协议提起诉讼。其次，当事人达成执行和解协议后，如果自愿约定以和解协议取代原生效法律文书作为新的执行依据并一致同意提交法院审查确认的，执行法院经审查认可和解协议内容的真实合

① 当然，实践中也有当事人在诉讼阶段达成和解协议并自行向法院申请撤回起诉的情形，这种情形下的和解协议由于未提交法院审查确认，自然不具有执行依据的法律地位。

法性后，可裁定终结对原生效法律文书的执行。对于这种特殊的执行和解协议的司法确认，可以由法院执行部门中单独设置的具有裁判权的部门进行审查并作出裁定。当事人或第三人认为经法院裁定认可的和解协议损害其合法权益的，可以向执行法院提出，请求裁定撤销原认可和解协议的裁定，执行法院可以按照执行异议程序来审查处理。如果当事人对法院作出的确认该和解协议的裁定无异议，一旦一方当事人不履行和解协议，另一方当事人可向法院申请执行该和解协议。最后，当事人达成执行和解协议，但没有就和解协议取代原生效法律文书成为新的执行依据达成合意的，则即使当事人将执行和解协议提交法院，法院将该协议附卷或将和解内容记入执行笔录，亦不能视为执行和解协议取得了执行力。理由在于，虽然法院收到当事人提交的和解协议后有义务加以审查，但审查只是出于核实和解协议内容是否合法、是否违反真实自愿原则，并不以赋予和解协议执行力为目的。对于这类执行和解协议，协议得到履行则视为执行依据得到履行，发生执行程序终结的法律效力；协议没有得到履行，则当事人有权在恢复执行原执行依据或就和解协议另行起诉之间作出选择。

（五）重构执行和解救济机制建议三：引入债务人异议之诉

执行和解协议的本质是私法契约。既然和解协议具有合同效力，那么只要当事人之间关于和解协议本身存在争议，就应当可以通过诉讼程序加以解决。而且，无论是法理还是实践均允许申请执行人在特定情形下持和解协议另行起诉。基于诉讼对等的原则，被执行人对于申请执行人不遵守和解协议、执意申请法院恢复执行原生效法律文书的悔约做法，如果认为侵害了自己的实体权利，自然也应当可以通过诉讼途径寻求救济。由于执行依据具有诉讼法上的效力，其确定的实体内容在法律上具有拘束力、确定力、形成力和执行力。但对于当事人而言，其对自己所拥有的民事权利具有处分权，可以自由处分执行依据所确定的权利内容，且和解协议形成于执行依据之后，其确定的当事人之间的实体权利义务内容，自应是考量当事人之间实体权利义务内容的标准。一言以蔽之，执行和解协议与执行依据在实体内容方面的冲突，实质上是执行依据的诉讼法效力所维护的实体内容与实际的实体内容不符所形成的矛盾。在执行依据确定的实体内容已与当事人现实的实体权利义务内容不符的情况下，如果仍按执行依据强制执行，一方面，会在事实上造成了对当事人私权的干涉；另一方面，如果在强制执行的同时不给予和解协议以诉讼上的救济，无异于在事实上否定了和解协议应当具有的法律效力。以上内容构成确立债务人异议之诉的一个考量背景。

债务人异议之诉是否违背民事诉讼“一事不再理”的原则，是决定是否引入这项制度前必须思考的问题。课题组认为，执行和解协议属于执行依据生效后在债权人与债务人之间新产生的法律关系，和解协议所确定的内容是否履行完毕，与执行依据确定的实体关系分属不同的法律关系。债务人异议之诉与执行依据所依附的诉讼，两者处理的法律关系不相同：前者面向的是因执行依据所出现的执行程序是否应当被阻却，后者面向的是当事人之间争讼的债权债务法律关系如何处理。鉴于法院对执行和解协议履行过程中发生的争议的处理，不涉及对原执行依据已经确定的实体法律关系的重复评价，故并不存在违反“一事不再理”和“禁止重复起诉”原则的问题。

在此基础上，课题组认为，当事人之间与执行程序相关的实体法律关系发生变化进而引发纠纷，通过特定的诉讼程序由民事审判部门对实体法争议进行审理后作出定性结论，更为妥当。而执行程序的进展也应当根据此类执行所衍生诉讼的结论加以定夺。假如债务人异议之诉这项机制得以确立，执行程序的功能定位便可以“淳化”为实现执行依据所载的实体权利，至于当事人之间在执行进程中所衍生的实体法律关系的判定问题，可以通过特定的诉讼程序获得结论，进而对执行程序产生相应的法律效力。由此，执行权承担的角色也才更贴近其权力的本质属性，这也是一种较为纯粹的“审执分立”理念下的分工模式。反观现行执行和解救济的立法，由于未引入债务人异议之诉，对于当执行依据所确定的请求权出现消灭或妨碍的事由，被执行人应如何救济，就成为执行异议程序中不得不面对和处理的问题，从而导致在异议审查程序中涌入大量涉及消灭、妨碍申请执行人请求权的实体法律争议问题，不堪其负。

四、执行和解协议迟延履行若干新情况的研究与对策

（一）因被执行人的原因导致和解协议迟延履行如何处理

被执行人迟延履行和解协议，可能表现为三种情形：（1）和解协议约

定分期履行，被执行人履行了协议约定的首期或前几期债务，而未履行剩余期数的债务；(2) 和解协议约定分期履行，被执行人已全部履行完毕协议约定的债务并已由申请执行人受领给付，但被执行人对其中某一期或某几期债务迟延履行；(3) 被执行人迟延履行和解协议约定的债务，在申请执行人向法院申请恢复执行原生效法律文书后，被执行人主动向法院执行账户缴清和解协议约定的债务款项。对于上述三种情形，课题组认为在处理方式上应作适当区隔。

关于第一种情形，如果申请执行人向执行法院申请恢复执行原生效法律文书的，法院应当允许。因为根据原《最高人民法院关于适用〈中华人民共和国民事诉讼法〉若干问题的意见》(以下简称《适用意见》)[①] 第266条的规定，"一方当事人不履行或者不完全履行在执行中双方自愿达成的和解协议，对方当事人申请执行原生效法律文书的，人民法院应当恢复执行，但和解协议已履行的部分应当扣除"。此种情形应认定属于被执行人没有全面履行和解协议，故申请执行人申请恢复执行原生效法律文书，符合法律规定。法院在启动恢复执行程序后，应当相应扣除被执行人就和解协议已履行的部分。同时，课题组建议在启动恢复执行程序后，执行员可征求双方当事人是否继续履行原和解协议的意见，因为被执行人未履行和解协议剩余期数的债务，不排除系由于被执行人前期资金周转紧张或其他客观原因所致。这种情形下，被执行人并非有意拒不履行和解协议。因此，如果被执行人嗣后资金周转状况改善或其他客观障碍消除，表示愿意一次性履行和解协议剩余期数的全部债务，且申请执行人对此予以谅解并愿意接受被执行人继续履行原和解协议剩余债务的，法院应对双方重新达成的合意予以尊重，并督促被执行人及时将和解协议剩余债务全部履行。被执行人履行完毕后，案件可作结案处理。当然，如果申请执行人坚持恢复执行原生效法律文书，法院也不能强迫申请人必须接受被执行人继续履行和解协议，而应为申请人及时办理恢复执行程序，此乃题中应有之义。

关于第二种情形，被执行人在履行和解协议过程中尽管存在迟延履行的情形，但鉴于被执行人已全部履行完毕和解协议所约定的债务，从尽快定分止争的角度出发，法院不应恢复对原生效法律文书的执行。这种情形

① 该司法解释现已被《最高人民法院关于适用〈中华人民共和国民事诉讼法〉的解释》所取代。

既符合《适用意见》第266条关于“和解协议已经履行完毕的，人民法院不予恢复执行”以及《执行规定》第87条关于“当事人之间达成的和解协议合法有效并已履行完毕的，人民法院作执行结案处理”的规定，也符合最高人民法院此前就这类情形出具的有关批复、复函所确立的精神。①

关于第三种情形，申请执行人向执行法院申请恢复执行原生效法律文书的，法院应当允许。因为这种情形下，被执行人迟延履行和解协议的本质应认定属于“不履行和解协议”。至于法院恢复原执行程序后，被执行人主动向法院执行账户缴清和解协议所约定的数额，可能是被执行人迫于法院执行威慑压力所致，但被执行人这种“亡羊补牢”的行为不能当然产生“犹未为晚”的效果。即如果申请执行人愿意接受被执行人的给付，则表明其同意按照和解协议继续履行，法院可以在将款项划付给申请人后视为和解协议得到全部履行并作结案处理；如果申请执行人不同意接受被执行人的给付，则表明申请执行人无意按照和解协议继续履行，法院应当继续推进业已启动的恢复执行程序。同时，一方面，法院可将被执行人缴交到执行账户的款项作为恢复执行后执行到的款项；另一方面，法院应就原生效法律文书所确定数额与和解协议所约定数额之间的差额部分对被执行人继续执行。

（二）因申请执行人的原因导致和解协议迟延履行如何处理

执行和解实践中，除被执行人恶意反悔致使和解协议迟延履行这种较为普遍的情形外，申请执行人在达成和解协议后反悔导致和解协议迟延履行的情形也时有所闻。申请执行人能否对和解协议反悔，一直存在两种截然对立的观点。肯定者认为，应当允许申请执行人对和解协议反悔。“因为和解协议的达成通常都是以申请执行人放弃若干权益为代价的，倘若在其作出让步后，不准许其反悔，就是片面地保护了被执行人的利益，既不符合和解协议当事人自由处分自己权利的原则，也不符合执行程序主要是保护申请执行人利益的立法意愿。”② 反对者认为，申请执行人必须履行和

① 具体包括最高人民法院法（经）复〔1989〕8号《当事人自愿达成和解协议后一方当事人不履行或者翻悔可否按原生效法律文书执行的问题的批复》、经他〔1995〕2号《关于当事人在执行中达成和解协议且已履行完毕的不应恢复执行的函》、〔2005〕执监字第24－1号《关于云南江川龙翔实业有限责任公司申请执行四川省烟草公司资阳分公司简阳卷烟营销管理中心债务纠纷一案的意见》、〔2011〕执监字第74号《驳回申诉通知书》。

② 童兆洪：《民事强制执行新论》，人民法院出版社2001年版，第159页。

解协议，“当申请执行人不愿意履行和解协议而被执行人要求履行时，被执行人可以按照协议履行义务或依法提存之。”①

课题组认为，执行和解协议达成后允许申请执行人任意反悔的观点是值得商榷的。理由有三：首先，允许申请执行人任意反悔和解协议，既不利于社会信用体系的建设，亦有悖于诚实信用原则。其次，在市场经济环境中，同一个经济主体在此债权债务关系中为债权人，在彼债权债务关系中可能便是债务人。司法最重要的一个原则便是在衡量事物的标准上应当保持恒定与统一，债权人在希望债务人遵循诚信原则积极履行债务的同时，不能也不应随便践踏诚信原则。最后，允许申请执行人随意反悔和解协议，给被执行人造成的损失在现行法框架内则并无有效弥补的途径，这对被执行人而言并不公平。

那么，是否意味着任何情况下都不允许申请执行人对和解协议反悔呢？课题组认为亦不尽然，考量的基础仍是诚信原则的贯彻适用。符合下列情形的，可以允许申请执行人对执行和解协议进行反悔：（1）和解协议达成后，申请执行人有证据证明在达成和解协议后，被执行人有恶意处分财产或其他可能使和解协议不能得到全面履行的行为；（2）申请执行人有证据证明被执行人采取欺诈、胁迫手段，使自己在违背真实意愿的情况下与对方达成和解协议；（3）和解协议的内容违反法律法规的强制性规定或禁止性规定；（4）和解协议的内容违反社会公共利益或悖于公序良俗；（5）被执行人在履行期限届满前明确表示或以自己的行为表示将不履行和解协议的。

于此顺带讨论两个问题：一是如果双方当事人均对和解协议反悔，应当如何处理？二是申请执行人以“受到被执行人欺诈、胁迫达成和解协议”为由要求恢复执行原生效法律文书，程序上如何处理？

关于第一个问题，课题组认为，法院既可以根据任何一方当事人的申请恢复执行原生效法律文书，也可以依职权恢复执行原生效法律文书并书面通知当事人。法院可依职权恢复执行的理由在于，鉴于双方当事人对和解协议均表示反悔，就意味着当事人一致同意终止和解协议所形成的法律关系，双方的权利义务关系重新回复至执行和解前的状态。因此，为了使原已启动而尚未终结的执行程序避免处于“悬而未决”的状态，应当赋予

① 孙加瑞：《中国强制执行制度概论》，中国民主法制出版社 1999 年版，第 282 页。

法院自行决定恢复执行原生效法律文书的职权。

关于第二个问题，课题组认为，应当根据和解协议履行的情况而作适当区分。如果和解协议尚在履行过程中的，申请执行人可向执行部门主张受到被执行人的欺诈、胁迫；如果和解协议已经履行完毕的，申请执行人应当另诉解决。作这一区分的理由在于：现行法视野下与执行和解相关司法解释的规定，是以和解协议是否履行完毕作为是否启动恢复执行程序的前提条件。和解协议如已履行完毕，视为原生效法律文书履行完毕，执行案件作结案处理；和解协议如未履行完毕，则执行程序不得作结案处理。

（三）因第三人的原因导致和解协议迟延履行如何处理

执行和解实务中常见的一种情形是，和解协议约定由第三人代人履行义务，即履行义务的主体发生变更。在第三人迟延履行或不完全履行和解协议时，申请执行人如何主张救济？有观点认为："人民法院根据申请执行人、被执行人及第三人的申请，裁定变更第三人为被执行人，原来的被执行人遂退出执行程序。如果新的被执行人逾期不履行或不完全履行债务，应该赋予和解协议程序法上的效力，因为人民法院变更被执行主体的裁定已经生效，原来的被执行人已不是案件当事人，不能恢复对原生效法律文书的执行。"① 课题组认为，上述观点不仅违背了现行法关于恢复执行原法律文书的规定，也不符合合同相对性的基本原理，故不足取。

对于执行和解协议中引入第三人同意代被执行人履行义务这类情形，课题组认为，不宜直接赋予和解协议以强制执行力，除非第三人向法院明确提供了保证和解协议履行的担保，构成民事诉讼法上之"执行担保"，否则法院不得执行该第三人财产或追加其为被执行人。因此，对于第三人逾期不履行或不完全执行和解协议的，申请执行人或可选择申请恢复执行原生效法律文书，或在符合执行担保的条件下申请法院执行第三人提供的担保财产或保证人在保证范围内的财产，直至和解协议得到完全履行。

---

① 李昙静：《欺诈、胁迫对执行和解协议法律效力的影响及对策》，载 http://146.0.250.11:9080/gdweb/bmweb/zxj_index.jsp,访问时间：2013 年 8 月 6 日。

广东司法报告

（下　卷）

GUANGDONG SIFA BAOGAO

郑　鄂 主编

人民法院出版社

目录/Contents

下　卷

四、改革创新

五、法院建设

六、域外经验

四、改革创新

（一）综合

审判团队工作模式构建：审判权运行机制改革的路径探索

——以福田区人民法院审判长负责制改革为样本

深圳市福田区人民法院课题组*

一、命题的提出

党的十八大提出要“进一步深化司法体制改革”，标志我国司法体制改革驶入深水区。十八届三中全会对审判权运行机制改革明确提出“完善主审法官、合议庭办案责任制，让审理者裁判、由裁判者负责”的具体目标，以改革的方法解决当前司法行政化引发的“审者不判、判者不审”的问题。

审判权运行行政化有两大主因：一是司法体制原因，1949年9月通过的《中央人民政府组织法》建立了司法与行政有机结合的司法体制，相当长一段时间内，司法机关的组织架构、权力运行模式均延袭行政体制；二是法官队伍整体素质不高，新中国成立相当长一段时间内，当法官的条件与一般行政干部无差别，专业化水平不高。① 经过多年的新旧更替，虽然法官队伍素质得到很大提升，但法官准入门槛仍然较低，法官来源单一，素质参差不齐。② 尤其在当前司法公信力不高的背景下，彻底废除通过以院、庭领导为代表的优秀法官把关案件质量的模式仍让不少学者和法院人

---

* 课题组组长：胡鹰，成员：王德军，李轶娟。

① 祝铭山：《法官职业化与现代司法理念》，载《法官职业化建设指导与研究》（第2辑），人民法院出版社2003年版，第3页。

② 杨知文：《中国司法的内部人员构造：改革立场与现实进路》，载《河北法学》2013年第2期。

士心存顾虑。另一方面，案件数量和司法需求日益增长，尤其东部经济发达城市，多年来面对案件多人手紧的困扰，而法院编制和工作人员显然不可能与案件同步增长。

在这样的社会背景和司法环境下，以何种方式实现审与判的统一，同时提高审判质量和效率、避免监督失范？近年来，我国各地法院在“去行政化”改革中，多数仅限于技术层面的调整，而对审判权运行的制度设计、职权配置缺乏清晰的改革思路和主线，终究无法摆脱行政化的传统路径依赖，导致审判长负责制向行政首长负责制变异。①

经过广泛的调研和比较，我们认为，深圳市福田区法院以建立审判团队工作机制为主要内容的审判长负责制模式，立足实现审与判相统一，并结合司法队伍的现状，提出的改革方案较为完善和稳妥，而且经过近两年的运行和改革的逐步深化，已经取得明显成效。本文以其为研究样本，力图勾勒出基层法院审判权运行机制的基本图景。

二、审判资源配置的结构式创新：审判团队模式

审判权的运行由具体的审判组织来实施，建立良性的审判组织运行机制是实现审判权独立、公正、科学运行的基础。② 因此，审判组织的制度构建已经成为司法体制改革带有根本性的问题。③ 建立良性的审判组织运行机制，应从两方面着手：一是优化审判资源配置，二是优化审判职权配置。

（一）改革的突破口：审判资源配置方式改革

深圳市福田区法院审判权运行机制改革最大的亮点和突破在于，其以审判资源配置方式改革为切入点，打破以审判业务庭为管理单元的法院机构模式，代之以审判团队作为基本的办案单元和管理单元，同时改革以案件审批为主的个案监督方式，将审判权落实到审判长、主审法官和合议

---

① 陈瑞华：《司法裁判的行政决策模式——对中国法院“司法行政化”现象的重新考察》，载《吉林大学社会科学学报》2008 年第 4 期。

② 于仲兴：《审判组织研究》，中国政法大学 2008 年硕士学位论文，第 7 页。

③ 姚莉：《反思与重构——中国法制现代化进程中的审判组织改革研究》，中国政法大学出版社 2005 年版，内容摘要。

庭。从理论上分析，这一突破既有其正当性，也有其必要性。

1. 改革的正当性。以审判庭为单元的审判机构是传统模式，却并非唯一可选的模式。《人民法院组织法》第18条规定："基层人民法院由院长一人，副院长和审判员若干人组成。基层人民法院可以设刑事审判庭、民事审判庭和经济审判庭，庭设庭长、副庭长。"可见，院长、副院长、审判员是基层人民法院的基本审判职权结构，基层人民法院一般设审判庭，根据工作需要也可以不设，这为突破传统框架提供了法律依据。

从制度根源分析，社会科学的系统论、控制论认为，"结构决定功能"，社会性建构的观念体系和规则制度对组织具有巨大的控制性影响，既控制其构架又控制其运作。① 行政化的法院组织结构必然对审判权运行产生控制性的影响。要彻底消除行政化影响，必须消除审判权运行所依附的组织模式和制度框架。这为改革现行审判庭模式提供了理论支持。

2. 改革的必要性。人民法院现行的机构设置、人员管理及职能运行的行政化倾向非常突出。② 根据相关法律规定，我国审判组织是合议庭、独任庭和审判委员会。③ 而我国各级法院的内设机构却并非以审判组织为基本单元，而是参照行政体制模式，按照上下对口的原则分设各审判庭、政工、纪检、办公室等部门，审判职权被分别配置在法官、合议庭、副庭长、庭长、副院长、院长、审判委员会各层级，形成金字塔式的行政化层级架构，并且这种行政层级关系效应往往体现在案件的实体裁判过程中。④ 这种模式的弊端显而易见，一是造成审判管理与行政管理混同，审与判割裂，办案责任难落实；二是院、庭领导事务性管理工作过多，办案数量较少，而院、庭领导一般都是资深和优秀法官，造成审判资源的浪费；三是管理层级多，管理链条长，制约了审判效率的提高；四是业务庭的设置受编制所限，无法及时调整以应对案件形势变化的情况，资源使用效益不高。要实现审与判的统一，必须突破这种结构性障碍。

---

① 谭世贵、梁三利等：《法院管理模式研究》，法律出版社2010年版，第203页。

② 康云峰、赖建根：《论法院机构改革与审判方式改革的关系》，载《井冈山师范学院学报》2003年第4期。

③ 根据《人民法院组织法》规定，人民法院审判案件实行合议制，基层法院审理简单民事案件、轻微刑事案件和法律另有规定的案件可以由审判员一人独任审判。《最高人民法院关于改革和完善人民法院审判委员会制度的实施意见》（法发〔2010〕3号）规定："审判委员会是人民法院的最高审判组织，在总结审判经验，审理疑难、复杂、重大案件中具有重要作用。"

④ 顾培东：《人民法院内部审判运行机制的构建》，载《法学研究》2011年第4期。

（二）改革的基本思路

1. 结构性变革的启示。审判组织运行机制改革的核心是强化合议庭和主审法官职责，实现审判权回归于审判组织。① 从审判资源配置方式着手，构建确保独立、高效运行的审判组织，现代企业管理组织理论中的“结构性变革”理论可资借鉴。结构性变革即改变组织结构，并重新在组织中进行权力和责任的分配。现代企业组织结构变革呈现的共通趋势和特点：一是扁平化，即减少管理层次和冗余人员，建立紧凑的扁平组织结构，提高组织效率和效能；二是团队化，将员工的不同技能整合到一起，通过资源优化组合、明确目标指引、高效领导与管理，激发团队集体作战效能的最大化，而且能迅速组合、重组、解散，具有一定的灵活性。② 虽然法院管理和审判权运行有其特有的规律，但人力资源管理的理念是相通的。

综观法治发达国家，其良好法治环境多是以独立、有效的司法机构作基石。以美国为例，纽约法院的法官年人均结案近 3000 宗其实并不困难。③ 这是因为，美国不仅有发达的纠纷解决机制，还有着合理的管辖权层级划分、精明强干的法官队伍以及结构合理的辅助性团队。美国的法官配有书记官长、专职法律专家、法官助理等司法辅助人员。在高素质助手的协助下，美国法官得以远离杂务而专注案件审理。④ 香港的法院也专门设置了司法机构政务处负责各类辅助性事务，为司法的高效运行提供行政支援。⑤

2. 组建审判团队的初步构想。参考上述这些模式，福田区法院形成了下列改革思路：在不突破现有法律规定的前提下，改革以业务庭为单元的审判机构体系，组建若干审判团队，以审判团队作为独任制、合议制审判组织为载体整合审判资源，明确审判团队作为办案单元和管理单元的地

① 山东省青岛市中级人民法院课题组：《平等、公开与责任——审判组织改革的理性思考》，载《人民司法》2006 年第 7 期。

② 董泽稼：《企业组织结构变革研究》，吉林大学 2010 年硕士学位论文，第 26 页。

③ 黄长营：《中美审判效率比较研究》，中国方正出版社 2004 年版，第 118 页。

④ 亨利·J. 亚伯拉罕：《司法的过程》，韩阳等译，北京大学出版社 2009 年第 7 版，第 190～191、264～290 页。

⑤ 张全伟：《香港司法机构政务处管窥》，载腾迅公众微信号“法治新观察”http://mp.weixin.qq.com/s?biz=MzA3OTAwNTQwMw==&mid=200587942&idx=3&sn=b5fbc6d377d9be24a8b7e3ad2b74e287&scene=3#rd，访问时间：2014 年 6 月 15 日。

位；通过公开选任推出一批优秀法官代表作为主审法官和审判长，并给其配备工作团队，形成以主审法官或审判长为核心、团队协助开展工作的新型审判工作机制。

审判资源团队化涉及审判权与审判辅助事务、行政事务分离，因此应建立在人员分类管理的基础上。在上级法院的指导下，福田区法院在全国较早启动了法院人员分类管理改革探索。2006 年，该院全面实施了雇员制改革，招录专业人员从事司法辅助事务；2008 年，探索法官助理制度改革，另外招录速录员，逐步形成了法官（执行员）、法官助理、速录员、法警、政务人员的分类管理模式。同时，福田区法院法官队伍整体素质较高，目前该院在编人员具有本科以上学历的占 96.6%，为改革奠定了人才基础。

审判团队工作模式涉及三大问题：一是合理配置团队的人员组成结构；二是科学配置团队内部职权结构；三是建立科学的审判权运行机制，落实主审法官和合议庭办案责任。下文将结合福田区法院的改革实践逐一论述。

（三）改革的具体操作：审判团队的组建

组建审判团队涉及的首要问题是审判资源如何配置，形成各类人员分类管理、结构紧密、职责清晰、密切配合的新型工作机制，达到让主审法官、合议庭更加独立、公正、高效行使审判权的目的。

1. 审判团队基本模式。作为审判组织的载体，审判团队应围绕法定的两类审判组织形式来组建。为此，福田区法院将审判团队分为两类：合议制模式和独任制模式，按不同结构配置人员。合议制审判团队是“1＋2＋N”模式，即 1 名审判长带 1 个合议庭及若干名司法辅助人员，辅助人员包括法官助理及速录、调查、送达、安保人员等。独任制审判团队是“1＋N”模式，即 1 名主审法官带若干名司法辅助人员。

审判团队内部人员构成建立在人员分类序列的基础上，并立足于现有人力资源，按功能最优化原则配置。福田区法院按下列方式配置：一个团队配一名审判长或主审法官，根据审判团队模式运行特点和各类审判辅助人员职责分工，以审判团队配置结构、核定法官员额为参照标准，合理确定各类审判辅助人员配置比例。基本计算方法：按照与审判团队办案法官 1∶1 的比例配置法官助理，按照与审判团队 1∶1 的比例配置书记员（速录员），按照与审判团队 2∶1 的比例配置司法警察。在福田区法院，合议制审判团队的标准配置是“1（审判长）＋2（普通法官）＋3（法官助理）＋4（其他辅助人员）”。独任制审判团队的标准配置是“1（主审法官）＋1（初任法官）＋1（法官助理）＋1（其他辅助人员）”。根据审判业务需求，不同团队配备的普通法官和辅助人员可相应增减，形成以审判需求为导向、灵活应对案件变化的精细化资源配置方式。

2. 审判团队数量配置与专业化。组建审判团队的另一个重要问题是，如何确定一个法院所需的审判团队数量？可以从三方面考虑：第一，根据基层法院审理的大部分是简易程序案件的情况，基层法院审判团队应以独任制为主，合议制为辅；第二，为提高审判专业化水平，审判团队审理类型以专业化为主，同时可设少数复合型团队审理多种类型案件，方便案件的合理调配和分流；第三，根据实际需要，科学核定全院审判团队总数和各审判领域配备数量。

确定审判团队数量的难点是如何科学测定一个审判团队合理的年工作量。各地法院的法官年均办案数相差较远，没有通行的标准。应综合考虑本院案件数量和发展趋势、审判业务类别差异、法官承受能力等因素，科学核定全院审判团队总数和各审判领域配备数量。以福田区法院为例，该院连续多年受理案件数超过3.5万件，且每年呈上升趋势，2013年受理案件近4万件，法官年人均办案360件以上。以此为参照，福田区法院以完成办案任务为标准，确定了每个合议制团队年办理普通难度案件1000宗，独任制团队年办理普通难度案件350宗（合议制团队任务量的35%），并根据每年的案件形势进行调整。在具体量化每个团队办案任务时，采取以“普通难度案件”为基准量化测算的创新方法，根据办理案件类型和难度的不同，确定换算标准，科学核定每个审判团队的年办案任务数，同时可确定不同审判领域所需要的团队数量。经过近两年的探索，福田区法院目前共组建40个审判团队，作为基层法院，团队类型以独任制为主，大部分为专业化团队，以办理某类型案件为主，其中有两个复合型团队，可办理多类型案件。

3. 法官选任制度改革。独立、公正的审判权运行机制必须以法官精英化和职业化为前提，应建立严格的法官准入制度。[①] 作为审判权的具体行

---

① 以德国为例，成为法官之前必须通过两次国家司法考试，通过第一次获得见习法官资格，见习两年后通过第二次国家司法考试则获得候补法官资格，候补时间约为三至五年，之后才能被任命为正式法官。参见刘练军：《司法要论》，中国政法大学出版社2013年版，第345页。

使者和合议庭的核心，主审法官和审判长是决定审判团队整体水平和审判质量至关重要的一环。组建审判团队，主审法官和审判长的产生是关键，

审委会委员、院长、副院长、庭长，作为优秀法官的代表，依法可直接编入合议制团队并担任审判长，其他审判长应从优秀法官中选任。在改革法官遴选制度方面，福田区法院率先进行了探索，推行社会参与、公开竞争的法官选任机制，提高审判长和主审法官的资格条件，面向社会的法律精英开放法官职业通道。在当地党委的领导和统筹下，福田区法院的审判长、主审法官、初任法官选任工作由第三方中立机构，即福田区法官选任委员会独立负责，该委员会由法院、纪检、组织、政法委等部门和人大代表、政协委员、律师代表等社会人士代表组成，按照公开、平等、竞争、择优的程序，开展公开选任工作。福田区法院制定了相关选任办法，参照职业法官的标准，设定了高于《法官法》规定的初任法官选任条件，审判长和主审法官选任条件则着重从法官级别、职业品行、审判业绩、审判能力和阅历经验等方面来衡量，与法官职业化相衔接。

另外，福田区法院还将探索推行“挂职审判长”制度，突破目前社会力量参与司法只能担任人民陪审员参审参议或协助调解的方式限制，面向社会公开选拔专家、学者等优秀法律人才，通过依法任命其审判职务，作为“挂职审判长”带领审判团队，探索司法民主的新方式、法官职业化的新路子。

三、审判权运行机制改革：审判团队工作模式下的审判权运行规则

消除审判权运行行政化，构建良性的审判权运行机制，既包括审判资源配置的系统优化，也包括审判职权配置制度的及时跟进。福田区法院按照“让审理者裁判、由裁判者负责”的总要求，结合基层法院特点，以明确权责为主线，优化各类审判组织职权配置，规范从审判委员会、院长、副院长、庭长、审判长（主审法官）、司法辅助人员等各层级之间的职权关系，建立以审判长（主审法官）为核心的审判团队依法独立审判工作机制，确保审与判统一、权责利一致，办案责任全面落实。

（一）审判职权配置

审判权的本质属性是法律判断，其核心功能是裁决争端。[①] 审判权的行使包括两个相互关联的阶段：审理和判决，前者是后者的基础，后者是前者的结果。审与判相统一原则即要求审判活动不同阶段中行使审判权的主体必须同一，只有亲自参与审理的法官才有权作出裁判。这是司法亲历性原则的要求，也是我国三大诉讼法的明确要求。[②] 但建立完全还权于独任法官和合议庭的新型审判权力运行机制，必须以人民法院整体的相对独立和法官高度的职业化水平为条件。[③] 考虑到目前我国法官队伍庞大，以及裁判标准不统一、司法水平参差不齐等问题，为提高法官队伍正规化、专业化、职业化水平，应根据法官素质、级别对法官进行分级管理。

福田区法院对素质高的精英法官（审判长及主审法官）加大放权，加重其审判责任，对一般素质的法官（普通法官）则赋予有限的审判权（主要审理简易程序案件及作为合议庭成员，不担任合议庭审判长），对审判经验不足、公信力不高的初任法官设一定的见习期，作为审判助手辅助主审法官，以此加快建设一支精英化的职业法官队伍。审判长（主审法官）是审判团队这一新型审判组织载体的核心，在院长、分管副院长的指导监督下，享有相对完整、独立的案件审判权和对团队的审判管理权，对团队办理的所有案件质量负责。除依法应当提请审委会讨论的案件或报请副院长、院长审批的程序事项外，原则上依法独立裁判所审理的案件，包括独任审理或担任审判长主持庭审、主持合议庭合议和复议、提请审委会讨论、决定合议庭成员回避、裁判文书签发等权力。合议制团队中的普通法官接受审判长的业务指导和日常工作监督，在审判长安排和指导下开展案件审理工作，独任审判简易程序案件，作为合议庭成员参加案件开庭审理和评议，在案件评议中独立发表意见，并对该意见负责。见习法官在审判长（主审法官）管理和指导下开展专业性较强的审判辅助工作，非经院党组正式授权不能成为合议庭成员，不能独立承办案件。

---

① 韩钢：《司法权的基本属性解析》，载《宁波大学学报》（人文科学版）2011 年第 4 期。

② 范毅军：《市场经济条件下我国审判职权配置的路径选择》，载《生产力研究》2013 年第 10 期。

③ 贺小荣：《掀开司法改革的历史新篇章》，载《人民法院报》2013 年 11 月 16 日第 4 版。

（二）重构审判监督权和审判管理权

从两个重点着手：一是审判管理、监督与行政事务管理相分离；二是改变行政化审批的审判管理、监督方式。

1. 重构审判监督权。改变审判权与审判管理、监督权混同行使的状态，应革除案件审批和文书签发制度，改变上令下从的行政决策方式。福田区法院结合审判职权配置机制改革，科学规范院、庭长的审判监督职权，建立不审理不签发的原则，院长、副院长不能决定或更改自己未参与审理的案件的裁判意见；在充分发挥其审判监督作用的同时，切实保障审判组织依法独立办案。

一是重构庭长、副庭长的审判监督职权。取消庭长审批环节，庭长、副庭长主要通过担任审判长带领团队依法独立审判案件，并通过召集、主持同类业务团队的审判长联席会议等方式，发挥审判监督指导职能。

二是规范院长、副院长的审判监督职权。院长主要通过依法对生效案件启动审判监督程序、主持审判委员会、督办重点案件等方式，监督具体案件审理；副院长根据院长授权，主要通过依法审批案件审理中的程序事项，主审部分案件、参与到审判团队中担任审判长审理重大、复杂、疑难案件，指导合议庭评议和复议，决定提请审判委员会讨论等方式，落实审判监督权。院长、副院长提出指导建议，应明确表达其法律适用等方面的意见或观点。同时依法大大缩减了副院长的审批权限和事项范围，明确对某几类重点案件应当重点进行监督，必要时亲自担任审判长参与审理。①

三是改革审判委员会制度。同样依法大幅缩减提交审委会讨论的案件范围，明确审委会主要职责是讨论重大、疑难、复杂案件的法律适用问题，以及其他依法由审委会决定的事项。改革审委会可直接改变合议庭意见、决定案件裁判结论的方式，规定审判委员会否决合议庭一致意见或多数意见的，可以要求合议庭复议并提出指导性建议。对社会广泛关注的重大案件、新类型案件，审判委员会委员可以自行组成合议庭，或者与其他法官组成合议庭进行审理，通过参审的方式进行监督。

理想状态是，随着改革逐步深入，法院内部司法审判权与行政管理权

---

① 如拟提交审判委员会讨论的案件，涉黑犯罪案件，再审案件，对案件涉及的法律规定的理解存在重大分歧、尚未统一认识的案件等重点案件。

得到较为彻底的分离，院领导从行政管理事务中解脱后，院长、副院长、审判委员会委员应主要以履行审判职务为主，编入审判团队带领团队开展审判工作，其对审判工作的监督、指导、管理权应以参与案件审理和法定监督程序为主要形式。

2. 科学界定审判管理权。在福田区法院的改革方案中，对审判管理权明确定位只涉及综合性审判事务管理，不再涉及具体案件的处理。改革审判管理权的层级配置，结合全面推行审判团队模式，剥离和虚化业务部门的审判管理权，取消庭长、副庭长两个审判管理层级，与日常审判工作相关的管理职权原则上交给审判长，充分发挥审判团队的自我管理作用。审判长（主审法官）作为审判团队的管理者，享有团队内部的案件分配、工作调度、业务监督等管理职权，并对团队整体办案质量负责；审判长直接对分管副院长、院长和审委会负责，建立扁平化的管理格局。相较于原业务庭的庭长，审判长对团队的审判管理权与他的裁判权紧密结合，消除了审判管理的行政化色彩。

3. 审判管理与行政管理分离。福田区法院取消庭长管理层级后，专门设立了党政事务协理员暨廉政专员，协助分管副院长统筹管理相关审判团队的党务、廉政监督、队伍建设、行政管理等事务，在中间架构上建立审判管理和行政管理剥离的新格局。而从长远来看，应探索集约化管理方式，建立专门的司法政务机构，或将政务类事务剥离法院，交由司法行政机关承担，进一步淡化法院行政管理色彩。[①]

（三）审判权运行模式

独任制审判团队所有审判活动均在主审法官的组织指挥下进行。简易程序案件均由主审法官作为独任法官独任审理；重大、复杂、疑难案件由其担任审判长与人民陪审员组成合议庭适用普通程序进行审理。

合议制审判团队的所有案件由审判长按照繁简分流原则进行分配，简单案件由普通法官独任审理，重大、疑难、复杂案件由审判长与普通法官或人民陪审员组成合议庭审理，特别重大、复杂或新类型案件，可以由院领导担任审判长组成合议庭审理。审判长对普通法官独任审理案件的业务

---

① 陆伟：《法院行政化的“祛魅”与“回潮”——对我国法院“去行政化”改革的论述》，上海交通大学2013年硕士学位论文，第32页。

监督，采取审核备案制的方式，即普通法官独任审理的案件，除调解、撤诉外的裁判文书应报审判长审核备案，审判长在规定期限内（如三日内）无异议的，由普通法官自行签署、印发裁判文书；审判长不同意独任裁判结论的有权要求普通法官重新考虑，普通法官重新考虑后裁判意见仍然存在分歧的，审判长有权决定转为普通程序担任审判长主持合议审理，原独任法官作为合议庭成员。

审判长主持合议审理的案件，合议庭经评议形成一致意见或审判长是多数意见的，其裁判文书由承办法官、合议庭其他法官、审判长依次签署后印发；审判长是少数意见的，审判长可以按多数意见签署裁判文书，也可以组织对案件进行复议；案件经复议审判长仍是少数意见，或无法形成多数意见的，审判长有权提请审判长联席会议、审判委员会讨论。通过程序转换，既未突破合议庭规则，落实了法官办案责任，同时又达到审判监督的效果。

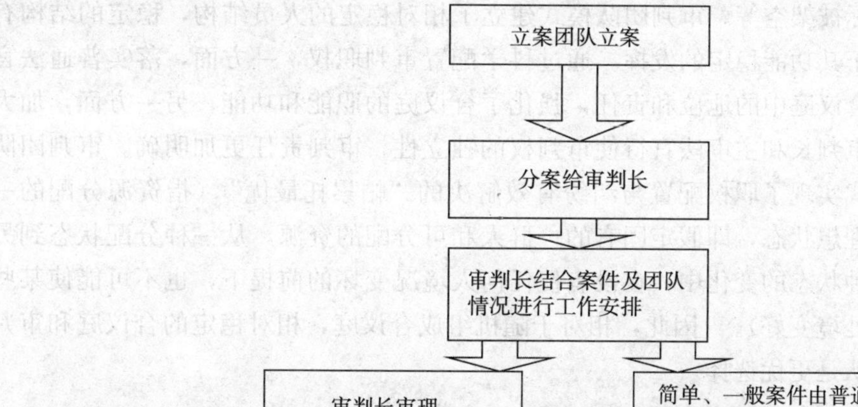

合议制审判团队审判权运行流程图

四、审判团队工作模式的价值分析

国家司法体制改革需要自上而下推动，福田区法院从基层法院实际出发，在现行司法体制框架下，选择具有基础性、拉动性意义的审判职权结构和资源配置模式为改革切入点，改革审判组织载体，重构更加符合审判工作规律和法官职业特点的新型审判工作机制。相关改革在党的十八大召开前即已启动，与最新的司法改革精神高度契合，其创新价值不言而喻。

（一）创新审判组织载体，有效落实法官办案责任

审判团队不是传统意义上的合议庭加辅助人员，相对于过去临时性、非固定的合议庭，审判团队是一种常态的、紧密协作的办案单元和管理单元。传统的临时合议庭的弊端历来受到批判，如合议流于形式、合议规则实际被架空等。审判团队模式建立了相对稳定的人员结构，稳定的结构有利于其功能稳定的发挥。通过科学配置审判职权，一方面，落实普通法官在合议庭中的地位和责任，强化了合议庭的职能和功能；另一方面，加大了审判长和主审法官行使审判权的独立性，审判责任更加明确。审判团队模式实现了职权配置与纠纷有效解决的“帕累托最优”（指资源分配的一种理想状态，即假定固有的一群人和可分配的资源，从一种分配状态到另一种状态的变化中，在没有使任何人境况变坏的前提下，也不可能使某些人处境变好）。[①] 因此，相对于随机组成合议庭，相对稳定的合议庭和审判团队是更优选择。

（二）创新审判资源配置方式，有效激发新的“审判生产力”

审判团队模式对法院工作人员进行分类管理和资源重组，有利于管理科学化和资源效益最大化。相比受行政编制限制的庭室结构，审判团队的配置更能适应案件形势的变化进行合理的人员交流与调整，形成灵活应对案件变化和审判工作发展的资源配置方式。审判团队作为绩效考核单元成为责任共同体，一个审判团队相当于一个“生产单位”，目标一致，团队

① ［美］萨缪尔森、诺德豪斯：《经济学（第14版）》（上册），胡代光等译，北京经济学院出版社1996年版，第377页。转引自曾志伟：《基层人民法院职权研究》，华南理工大学2011年硕士学位论文，第14页。

意识明显，内部凝聚力增强，在以主审法官或审判长为核心的领导的指挥下，必然发挥团队整体力量的最优化、最大化，有效提升审判工作的整体效能，为破解案件多人手紧的难题探索一条新路。从福田区法院改革一年来的司法统计数据对比可见一斑。在人员不增的情况下，该院改革后审判质效得到了显著提升（详见下表）。

改革前后审判质效数据对比表

起止时间	结案数	结案率	结收比	一审服判息诉率	发改率	调撤率	结案均衡度
2010.8～2011.7	23009	71.06％	77.62％	72.17％	5.95％	45.94％	75.01％
2011.8～2012.7	26551	75.84％	80.88％	76.40％	5.17％	47.76％	85.07％
2012.8～2013.7	34838	91.31％	97.80％	85.53％	3.49％	56.29％	89.04％
与2010年同比	51.41％	＋20.25	＋20.19	＋13.36	－2.46	＋10.35	＋14.03
与2011年同比	31.21％	＋15.47	＋16.92	＋9.13	－1.68	＋8.53	＋3.97

（三）创新审判权运行机制，审判权运行更加符合司法规律

审判团队模式下的审判职权层级分明，严格遵照审判统一原则，从院、庭长，到审判长、普通法官，都必须亲历庭审、亲自参与审理，才有权发表裁判意见，对个案的审判监督都必须通过参与审理或程序转换的方式来行使，去除了审判监督的行政审批色彩。同时，配套改革措施将行政管理与审判管理分离，管理、监督链条缩减，建立审判绩效量化考核等配套机制，使审判权运行更加规范有序。

团队化运行的审判长负责制与审判独立原则并不冲突。我国《人民法院组织法》对审判独立的表述是“人民法院依法独立行使审判权”，《法官法》第1条明确其立法目的是“保障人民法院依法独立行使审判权，保障法官依法履行职责，保障司法公正”，说明我国法官只能在法院赋予的审判权限内行使审判权，这奠定了调整法院内部审判职权的法理依据。[①]

① 顾仲、周立平：《审判权运行行政化倾向之评价》，载《上海政法学院学报》2012年第3期。

（四）加强司法廉洁监督，促进独立、公正司法

传统体制下，审判权泛化于所有法官，管理监督成本过高，也难以保证案件质量。福田区法院的审判团队模式在强化审判长、主审法官审判职权独立的同时，从机制上加强了司法廉洁的监督，更加有效促进司法公正。一是通过建立权责明确、权责一致的责任体系，落实审判责任，在谁审谁判谁负责的制度下，腐败问题得到最大的挤压，最大程度避免审判团队内部合议庭成员相对固定容易滋生利益共同体的问题；二是建立审判长负责制，由公开选任出的审判长和主审法官作为优秀法官代表，对团队案件负总责，降低了廉政风险；三是明确副院长、院长和审判委员会监督权限和范围，避免出现审判长权力失去监督的情况；四是审判团队作为办案单元和绩效考核单元，内部责任共担，增强了团队内部相互监督、制约的功能；五是缩短了审判管理链条，强化审判监督管理和案件评查力度，能及时了解掌握审判团队的工作绩效和廉洁情况。

（五）推动法官职业化建设，有利于法院队伍长期健康发展

审判长负责制改革的核心是由专业化、亲历庭审的审判长、主审法官决定案件的最终结果，是在当前法制背景下所探索的最终指向司法职业化与法官独立的改革。[①] 审判团队模式突出审判长的核心地位和法官职业责任，为建立职业法官体系创造了有利条件。立足于我国国情和法官队伍现状，公开选任一批优秀法官作为主审法官和审判长独立行使审判权，限制其他素质一般的法官的审判权，不失为最佳方案。应当认识到，这种改革方案建立于对法官队伍整体素质考量的基础上。从事物是发展前进的观点出发，改革应当是渐进的，而不是突变的。在审判独立改革过程中的过渡阶段，这种制度将在很长一段时期发挥积极的作用。

① 陈卫东：《司法机关依法独立行使职权研究》，载《中国法学》2014 年第 2 期。

努力构建科学合理的审判权运行机制

——广州花都法院审判权运行机制改革研究报告

广州市花都区人民法院课题组*

花都地处珠三角发达地区，随着社会经济的快速发展，花都法院连续六年结案数过万，2010 年至 2014 年五年结案 8 万件，较上一个五年增长了近一倍。2014 年法官人均办案 251 件，是全省法官平均结案数的两倍多；一线法官人均办案 309 件，较 2010 年增加了近 100 件。繁重的办案压力，导致大量法官流失，加剧了案多人少矛盾；传统审判权运行机制存在的行政化运作，审判责任落实不到位等问题，导致法官办案积极性和案件质效不高，靠拼体力等传统办案方式已经无法消化日益增长的案件数量，也无法满足公众对公正司法的需求。改革势在必行。

2013 年以来，在党的十八大、十八届三中、四中全会及最高人民法院关于司法改革相关文件精神的指引下，在省市法院及区委主要领导及相关部门的关心支持下，花都法院紧紧抓住审判权运行机制改革这个龙头，落实好司法责任制这个关键，立足实际，坚持问题导向，以解决突出问题为中心，充分发扬基层首创精神，积极先行先试。在不打破原有审判庭架构前提下，稳妥务实推进审判权运行机制改革，初步形成以权力清单为核心，以专业合议庭为载体，以审判责任制为保障的审判权运行机制。改革给该院带来了可喜变化：在案件增幅迅猛的情况下案件质效稳步提升，公正司法水平和公众满意度大幅提升；法官及审判辅助人员实现职业保障全覆盖，持续多年的人才流失问题得到遏制，连续两年法官“零流失”，审判队伍趋于稳定，干警工作积极性有效调动，凝聚起全院干警支持、参与

---

* 课题组组长：曾醒萍，副组长：崔友爱，成员：龙兰军、罗海、刘振华、田凯晋、魏钦海、宁宇。

改革的强大正能量，案多人少的突出矛盾得到初步缓解。审判权运行机制改革的“花都经验”，先后在省委马兴瑞副书记和全国人大万鄂湘副委员长相关调研座谈会上发言，并得到相关领导的肯定。

花都法院在珠三角地区具有一定代表性，全面、系统梳理近年来在审判权运行机制改革方面的探索，有利于全面检视、完善现有改革措施，也为珠三角地区乃至更大范围的基层法院破解改革难题提供有益借鉴。

一、以问题为导向推进改革

（一）法官流失严重、案多人少矛盾突出的司法困境

由于办案压力太大，2008年至2012年五年间，花都法院共有32名法官调离。该院2010～2012年连续三年法官人均办案居广州市前三位，2012年人均办案达217件，平均一个工作日要办结一件案，办案压力大。法官累，发展空间有限，晋升相对迟缓。据统计，从科员到副科需15年，从副科到正科需10年。现有副处以上行政职务的仅占在编干警5.7%，正科级行政职务占在编干警10.9%。由于人才流失问题突出，不得已将录用的公务员最低服务年限从5年提高至10年。在工作量较大、激励措施不足的情况下，辅助人员积极性不高、责任心不强、流动性过大等问题也较为突出，如2008～2012年五年辅助人员流失52人，流失率达54.2%。人才流失严重进一步加剧了原本存在的案多人少矛盾，法官及辅助人员只能通过“白加黑”“五加二”等拼体力、拼毅力方式完成繁重的审判执行任务，不具有可持续性。

（二）裁判标准不统一，案件质效不高的司法能力短板

花都地处珠三角发达地区，经济活跃，花都法院受理的纠纷类型繁多，几乎涵盖三大诉讼法规定的全部案件类型。民事案件中，除民一庭、民二庭及民三庭审理相对固定的几大类纠纷外，大部分案件均按照属地原则分配到各民事审判庭及各人民法庭审理，仅人民法庭受理的案件类型便多达30余种。案件数量多，疑难、复杂、新类型案件不断出现，同一类型案件分别由不同业务庭审理，造成法院内部裁判标准不统一；也不利于加强与上级法院业务沟通，造成基层法院与市中院的裁判标准难以统一，法

官的业务水平参差不齐，总体上案件质效不高，案件上诉率高，发改率高，当事人对一些案件满意度不高，突显法院整体司法能力不足的短板。

（三）审判权、审判管理权、审判监督权三权界限不清晰，权责不明

改革前，审判权、审判管理权和审判监督权（以下简称“三权”）关系混同，边界不清，审判权责不明，审判责任落实不到位。一是“三权”含义混淆。对于审判权的含义比较明确，法律规定亦比较具体，由独任法官、合议庭及审委会这三类法定审判组织行使。但是对于审判管理权和审判监督权，法律规定得比较模糊，法律法规及司法解释层面主要体现为院长、庭长及审判管理部门对有关程序性事项的审批，实践中两者经常通称为监督管理，主体和职能难以区分。二是审判管理和监督权挤压审判权，审判权行使行政化问题突出。主要体现为案件层层审批，部分案件裁判文书需要由庭长、院长签发，个案审批成为院长、庭长行使审判管理监督职责的主要途径，产生“审者不判、判者不审”怪象，有违司法亲历性原则，也影响案件审判效率。三是审判责任落实难。传统“三权”关系中，审判管理和监督职能不明确，呈现审判管理权得到加强且具体权能不清，审判监督权弱化、边缘化现象，未行使、不规范行使、越权行使职权追责难。审判权容易受审判管理权和审判监督权的干涉，各审判组织的审判责任难以区分，错案责任认定简单化，法官主体地位未得到彰显，法官职权责不统一，办案积极性受到影响。

（四）传统审判模式无法适应法官职业化的改革要求

根据健全审判权力运行机制落实审判责任制和推进法官职业化改革的要求和趋势，一方面，完善主审法官责任制和合议庭办案责任制，实行办案质量终身负责制，法官的权力和责任将加大，对法官的司法能力要求更高；另一方面，法官员额制改革要求综合考虑审判业绩、业务能力、理论水平和法律工作经历等因素，将优秀法官留在审判一线，不可避免会有一部分审判能力不足的法官无法入额，已入额的法官需要承受更大的办案压力。花都法院目前40周岁以下的青年法官占全院法官总数的61%，5年以下审判经验的法官占全院法官总数的53%，法官年轻化特征十分明显，面临司法能力不足的困境。队伍现状决定了该院无法一时适应上述改革要

求。因此，亟需设置一套过渡方案，采取分步实施方式，设置合理的过渡期，让已经足够胜任的法官按改革后的模式运行，暂时无法完全独立办案、司法能力不足的法官仍按传统“传帮带”方式运行，强化能力培养和审判经验积累，两种模式并存，过渡期满仍无法适应的将无法入额，最终实现让审理者裁判、由裁判者负责目标，确保队伍心态稳定，案件质效得到提升，实现稳妥过渡。

二、构建以权力清单为核心的审判权运行机制

（一）以权力清单为核心，以专业合议庭为载体，以审判责任制为保障的审判权运行机制概述

审判权运行机制是指各项审判职权的具体运作方式，具体审判职能包括审判权、审判管理权和审判监督权。“三权”关系是审判权运行机制的核心。“三权”都是司法权的组成部分，审判权是司法权的核心，[①] 审判管理权和审判监督权均从属于审判权，服务于审判权。长期以来，“三权”边界不清，各类审判组织的职权范围不清，特别是审判管理、监督权较为强势，案件层层审批，行政化色彩浓厚，导致审判权责利不统一，影响法官办案积极性；独任法官、合议庭及审委会的办案责任难以落实，权责利不统一。

为解决这些问题，花都法院通过实施审判权力清单，建立以专业合议庭为载体，以审判责任制为保障的审判权运行机制。

该院在全省法院率先实施审判权力清单制度，削减50项庭长、院长行使的案件审批权限，精简幅度达64%，充分还权给法官。在98项“三权”权力清单中，审判权47项，占总数的48%，充分体现了审判权的中心地位。强化庭长、院长的审判管理权和监督权，规范“三权”运行方式，实现让审理者裁判，由裁判者负责。同时，启动专业合议庭综合改革，搭建专业合议庭与传统合议庭“双轨制”运行平台，以审判专业化实现办案高效化，同步探索“三步走”主审法官培养机制。经过两年多时间的探索，

① 胡云腾、范跃如：《审判权与审判管理权运行机制研究》，载《人民司法·应用》2011年第15期。

一批年轻的法官已经成长为业务能手，“双轨制”为法官员额制平稳过渡奠定了基础。为确保改革后的案件质效，增强改革的可持续性，建立正面职业保障和负面错案责任追究相结合的法官履职保护机制，实现“责”和“利”的统一。一方面，完善职业保障，提高法官及辅助人员职级待遇，调动法官及辅助人员工作积极性；建立法官职务豁免制度，保障法官依法履职。另一方面，健全责任清单制度和案件质量评估制度。总体上，专业合议庭和传统合议庭均围绕权力清单运行，各审判组织和管理监督主体各司其职，职责更加分明，形成了一个逻辑严密的审判权运行体系，确保改革的审判质效稳步提高。同时，分步实施的改革思路为实施法官职业化改革提供了有效的过渡保护期，法官及辅助人员的工作热情得到激发，形成了人人参与、支持的改革氛围。

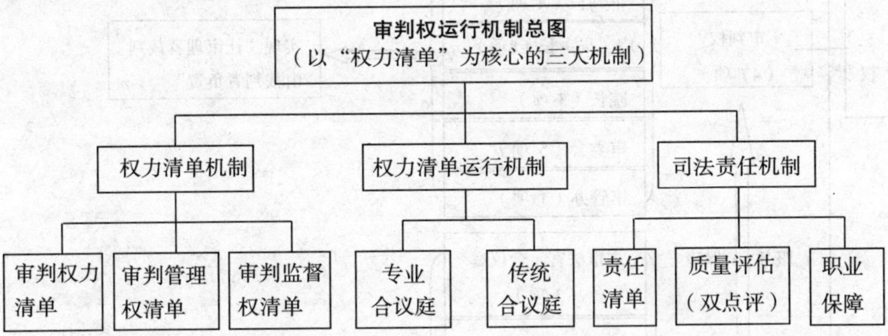

（二）实施权力清单，理顺“三权”关系

按照权力法定原则，以权力清单形式将“三权”的具体权能分别归类至相应审判组织和审判监督管理主体名下，精简院长、庭长行使的案件审批权限，充分还权给法官、合议庭，突出法官主体地位，以院长、庭长案件审批的“瘦身”为法官、合议庭审判权“强身”。院长、庭长及其他组织行使审判监督管理权必须以法律、法规及司法解释的明确规定为准，防止其借监督管理名义干预个案审判，同时，未按规定履职的须承担相应责任，做到权责明晰。

1. 明确审判权、审判管理权与审判监督权的边界和权力运行原则。将审判职权分为审判权、审判管理权和审判监督权，以权力清单形式明确各权力主体行使相应审判职能的具体内容，做到权力边界清晰。审判权力行使遵循司法规律，以分类界定、权责明晰、权力法定、权力下放为四项基本原则，院长、庭长不得对未参加合议案件的裁判文书进行签发，突出审判权核心地位，消除审判权运行机制存在的行政化问题。

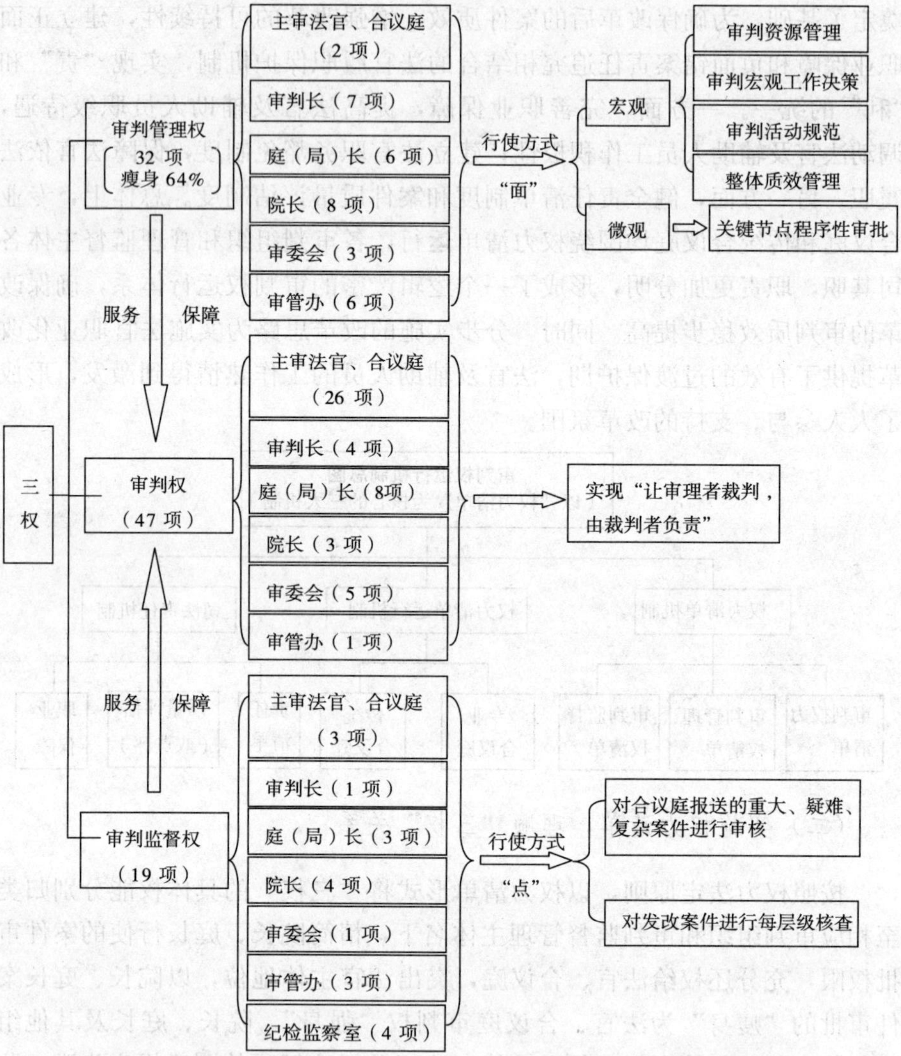

“三权”权力清单图

2.“三权”的具体内容和行使方式

（1）审判权。依照法律法规及司法解释规定，审判权由独任法官、合议庭、审委会三类法定审判组织，以及庭长、院长行使，根据权力属性可细分为实体性审判权和程序性审判权。其中主审法官、合议庭是行使审判权的中坚力量，除法律法规及司法解释明确规定需要由院长、庭长审批的程序性事项外，其余涉及审判裁量及决定事项一律由独任法官、合议庭行使，充分还权于主审法官及合议庭，缩短审批流程，提高审判效率；审委会主要讨论重大、疑难、复杂个案中的法律适用及审判执行宏观业务指导；庭长、院长、审监庭行使少量主要涉及程序性事项审批的审判权。在98项“三权”权力清单中，审判权47项，占总数的48%，充分体现了审判权的中心地位。在审判权清单中，主审法官、合议庭及审判长可行使审判权30项，其中实体性审判权22项，程序性审判权8项，占所有主体审判权的64%；庭（局）长、院长、审委会、审监庭分别行使8项、3项、5项、1项。就具体审判权运行方式而言，在专业合议庭中，简易程序案件裁判文书由主审法官自行签发，普通程序案件由裁判长签发。在传统合议庭中，简易程序案件，对已满一年审判经验的普通法官，其裁判文书由其自行签发；对未满一年审判经验的初任法官，其裁判文书由庭长适度把关并签发；普通程序案件，由具有一年以上审判经验的普通法官组成合议庭的，裁判文书由审判长签发；由审判经验未满一年的初任法官组成合议庭或其与普通法官共同组成合议庭的，裁判文书由庭长签发或者庭长授权审判长签发。

（2）审判管理权。审判管理权是审判权公正高效运行的重要保障。在放权给主审法官、合议庭的同时，必须加强院长、庭长的审判管理权，确保审判权放而不乱。审判管理权主要由审判长、庭长、院长、审委会及审管办行使，上述主体行使的审判管理权共计23项，占审判管理权总数的72%。主审法官和合议庭仅有合理安排人员及时间，优质高效完成审判任务及开展专题调研两项审判管理权，目的是尽量减少其自我管理，使其全身心投入审判，集中精力行使审判权。审判管理权主要通过“面”的方式对审判活动进行管理和规范，在宏观方面主要包括审判资源管理、审判工作宏观决策、审判活动的规范、整体质效管理；在微观方面，主要通过对关键节点的程序性事项进行审批，进一步完善办案流程，召集并主持审判长联席会议、主审法官联席会议等。

（3）审判监督权。审判监督权为审判权的依法顺利行使起服务和保障作用。审判监督权由主审法官、合议庭、审判长、庭（局）长、院长、审委会、审监庭、审管办以及纪检监察室行使，共计19项。其中，主审法官及合议庭通过撰写发改案件自查报告、撰写案件评查分析报告及提请庭长、院长召开主审法官联席会议、审判长联席会议等方式行使少量审判监督权；审判长、庭（局）长、院长、审委会及审监庭、审管办是行使审判监督权的最重要主体，这五类主体行使的审判监督权共计12项，占各主体审判监督权总数的63%。权力清单中的审判监督权为法院内部的监督权，主要通过个案监督，以“点”的方式行使，重点是对合议庭报送的重大、疑难、复杂案件进行审核，以及对发改案件进行多层级核查，体现了结果评价与过程监督相结合的思路。此外，还将纪检监察部门纳入审判监督主体，可行使4项审判监督权，通过对当事人投诉进行调查核实、开展审务督查及参与发改案件评析，实现廉政监督。

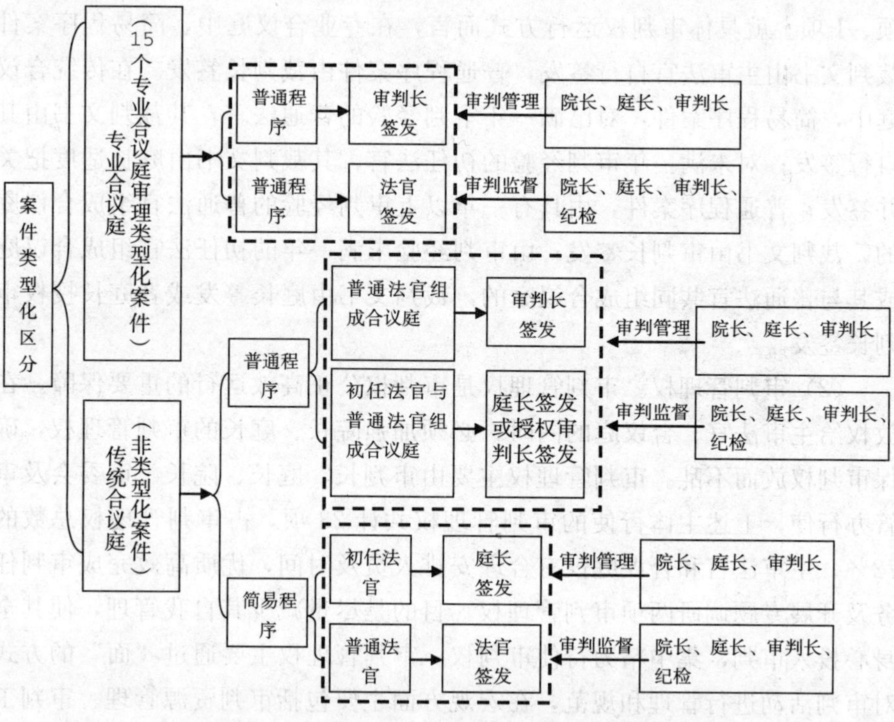

审判权力清单运行图

（三）审判权运行载体：专业合议庭、传统合议庭“双轨制”模式

2013年以来，花都法院在不全面打破现有体制结构和人员编制前提下，实施专业合议庭、传统合议庭“双轨制”模式，以审判专业化促法官职业化，同步探索“三步走”主审法官培养机制，为实现法官员额制平稳过渡奠定基础。

1. 专业合议庭、传统合议庭“双轨制”模式概述

(1) 专业合议庭、传统合议庭“双轨制”模式主要内容。专业合议

庭，是指由符合员额制主审法官标准的法官组成的合议庭，选任审判经验丰富的法官担任审判长，负责审理类型化案件。专业合议庭团队成员相对固定，按照审判长、主审法官、法官助理、辅助人员1∶2∶1∶1组建。传统合议庭，[①] 是指由暂不符合员额制主审法官标准的法官组成的合议庭，负责审理非类型化案件。审判团队由普通法官、初任法官、辅助人员组成。两者的内在关系为：专业合议庭与传统合议庭双轨制，根据权力清单制度划分审判长与庭长的权责界限，两者分别运行，互不交叉。传统合议庭为专业合议庭培养主审法官后备军，专业合议庭则为传统合议庭培养初任法官后备军；为将来法官员额制顺利过渡奠定人才基础。

（2）专业合议庭、传统合议庭"双轨制"模式的目标指向。改革的目标是，在五年过渡期内，实现法官员额制的平稳过渡，构建科学、合理、符合司法规律的审判权运行机制。建立"专业合议庭法官助理→传统合议庭初任法官→传统合议庭普通法官→专业合议庭主审法官""三步走"主审法官培养模式；在现行法官职务晋升由"法官→副庭长→庭长"行政化路径基础上，开启法官发展由"法官→专业合议庭主审法官→审判长"的职业化道路，实现法官职业发展双向选择；通过专业化审判培养专业化法官队伍，实现案件质效显著提升。

2. 专业合议庭、传统合议庭"双轨制"模式运作方式

（1）专业合议庭、传统合议庭"双轨制"模式职能框架。专业合议庭是固定的审判单元，合议庭成员相对固定，其主要负责某一类型案件的审理。根据案件情况，分别在民一庭内部设立交通事故赔偿合议庭、劳动争议合议庭、家事合议庭；在民二庭内部设立金融合议庭、买卖合同合议庭、知识产权及涉外合议庭；在民三庭内部设立建设工程合议庭、物业纠纷合议庭；在行政庭内部设立非诉行政合议庭；在刑庭内部设立刑事侵财侵权合议庭、职务犯罪合议庭；在执行局内部设立执行裁决合议庭、执行实施合议庭、执行财产查控处置合议庭；在审监庭内部设立涉军合议庭。

---

① 此处的"传统合议庭"是一个审判管理上的概念，非诉讼法上的概念。

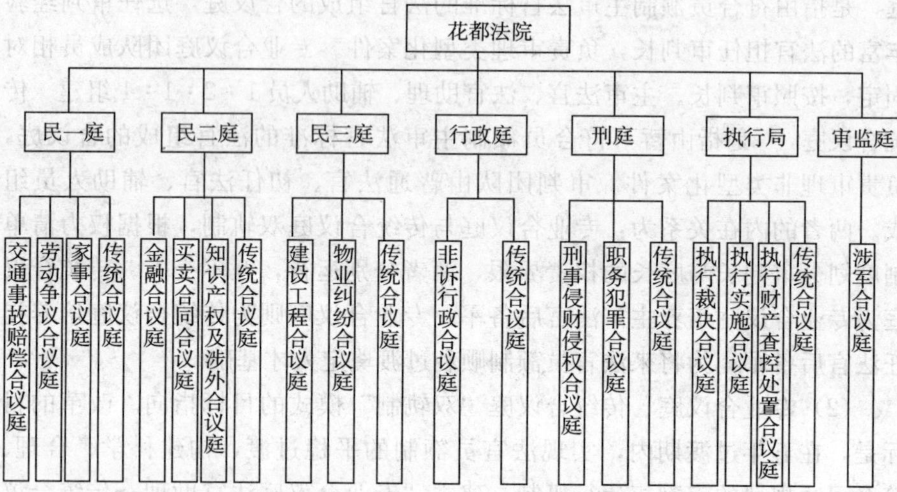

专业合议庭、传统合议庭“并行”模式架构示意图

传统合议庭主要负责审理专业合议庭审理案件范围外的案件，承办法官由暂时未进入专业合议庭的法官组成，该合议庭以随机组成为主。

（2）专业合议庭、传统合议庭“双轨制”模式载体搭建。专业合议庭的主审法官与审判长均由法官评审委员会来选任、考核。法官评审委员会是以本院审判委员会委员为主、并邀请一定数量的纪检、组织部、政法委等部门人员及人大代表、政协委员，组建而成。主审法官和审判长任职要求为符合员额制主审法官标准的法官，即具备独立办案能力且审判经验丰富的法官。法官助理为通过司法考试的中央政法编制公务员。专业合议庭的标准配置为审判长、法官、法官助理、辅助人员按1∶2∶1∶1组成，并根据案件数量多少，适当调整合议庭人员数量。传统合议庭初任法官为任命助理审判员未满一年的法官，普通法官为暂不符合员额制主审法官标准的法官，即尚未进入专业合议庭，但具备一定独立办案能力的法官。专业合议庭与传统合议庭均在现有审判庭框架内运行，专业合议庭审判长享有一定审判管理权限和审判资源调配权，形成庭长和审判长协同共管的双线管理模式，职责清晰，衔接紧密，确保运行顺畅。

3. 阶梯式人才培养机制夯实专业合议庭、传统合议庭“双轨制”模式基础。花都法院针对法官与司法辅助人员两类群体分别构建不同的阶梯式人才培养模式，以实现法官员额制平稳过渡。

（1）“双轨制模式”下的“三步走”法官培养模式。专业合议庭由符合主审法官标准的法官组成，传统合议庭由普通法官及初任法官组成。在两种合议庭“双轨”运行模式下，形成“三步走”阶梯式主审法官培养模式。专业合议庭中的法官助理为已通过司法考试的在编干警，在审判长和主审法官带领下逐步成长为传统合议庭初任法官。传统合议庭初任法官通过庭长及资深法官“传、帮、带”，培养成为传统合议庭普通法官。传统合议庭普通法官通过审判不断积累经验和提高能力，最终成长为专业合议庭的主审法官。“专业合议庭法官助理→传统合议庭初任法官→传统合议庭普通法官→专业合议庭主审法官”阶梯式法官培养模式既满足过渡期法院办案的实际需要，也培养了一批优秀的年轻法官，有利于员额制改革平稳过渡。

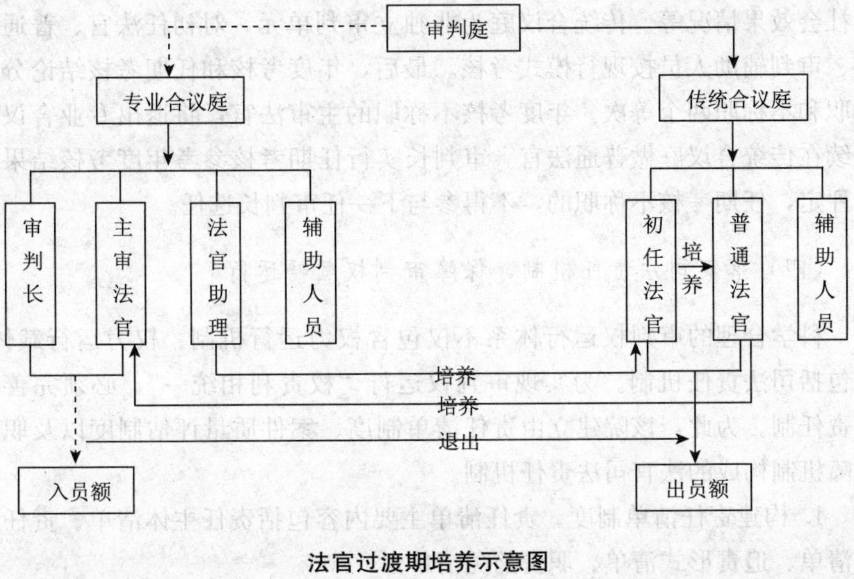

法官过渡期培养示意图

（2）开展法官助理与司法辅助人员专业化探索。审判工作的高效运行离不开科学的人员管理方式，与法官专业化相对应，法官助理与司法辅助人员专业化显得格外重要。司法辅助人员主要由非中央政法编制书记员构成，承担法官大量事务性工作。按照案件审理流程对法官助理与司法辅助人员进行专业化分工，调解、审前准备、草拟法律文书、文书送达、诉保和执行过程辅助事务等审判辅助事项由法官助理负责；法官交办的信息、调研、搜集资料等日常性工作由书记员负责。注重强化针对法官助理与司法辅助人员的专业化培训，实现辅助团队专业化，提高审判辅助事项工作效率。

4. 建立审判长联席会议制度，实现法院裁判标准的统一，提升审判质量。建立审判长联席会议制度，每季度定期召开法庭审判长及主审法官联席会议，讨论复杂、疑难案件，统一裁判标准，提升审判质量。

5.“双轨制”模式考核及主审法官退出机制。首先，专业合议庭审判单元区分考核。专业合议庭作为业务庭室的独立审判单元，建立专业合议庭考核体系，将其作为一个整体，以整体绩效衡量工作质效。其次，专业合议庭人员类别区分考核。在严格区分审判长、主审法官、法官助理、审判辅助人员职责基础上，根据四类人员工作性质、任务，建立相对独立的考核体系。审判长与主审法官考核重点为办案数量与质量，主要内容包括审判作风、审判纪律及廉洁自律情况；裁判文书质量情况；案件法律效果和社会效果情况等。传统合议庭为非独立审判单元，对初任法官、普通法官、审判辅助人员按现行模式考核。最后，年度考核和任期考核结论分为称职和不称职两个等次。年度考核不称职的主审法官，将退出专业合议庭继续在传统合议庭做普通法官。审判长实行任期考核参考年度考核结果综合评定，任期考核不称职的，不得参与下一任审判长选任。

（四）落实司法责任机制，保障审判权顺畅运行

科学合理的审判权运行体系不仅包含权力运行机制、权力运行载体，还包括司法责任机制。为实现审判权运行“权责利相统一”，必须完善办案责任制。为此，该院建立由责任清单制度、案件质量评估制度以及职业保障机制构成的法官司法责任机制。

1. 构建责任清单制度。责任清单主要内容包括责任主体清单、责任情形清单、追责形式清单、职责豁免清单。

（1）责任主体清单。根据各审判人员在办案过程中的过错程度，合理区分办案责任：审判长是专业合议庭合议案件质量第一责任人；简易程序案件，由独任法官承担全部责任；合议庭审理案件，由具有过错的合议庭成员承担责任，无过错者不承担责任；庭长签发的案件仅对裁判文书是否符合合议庭决议或者审判委员会决议的情形承担责任，不因签发裁判文书承担错案责任。承办法官对案件证据和事实负责。因认定证据和事实错误导致案件质量问题或构成违法审判的，承办法官承担主要责任，合议庭其他法官根据错误的证据和事实确定法律适用的，承担次要责任。

（2）责任情形清单。办案责任情形分为违法审判责任与审判绩效责

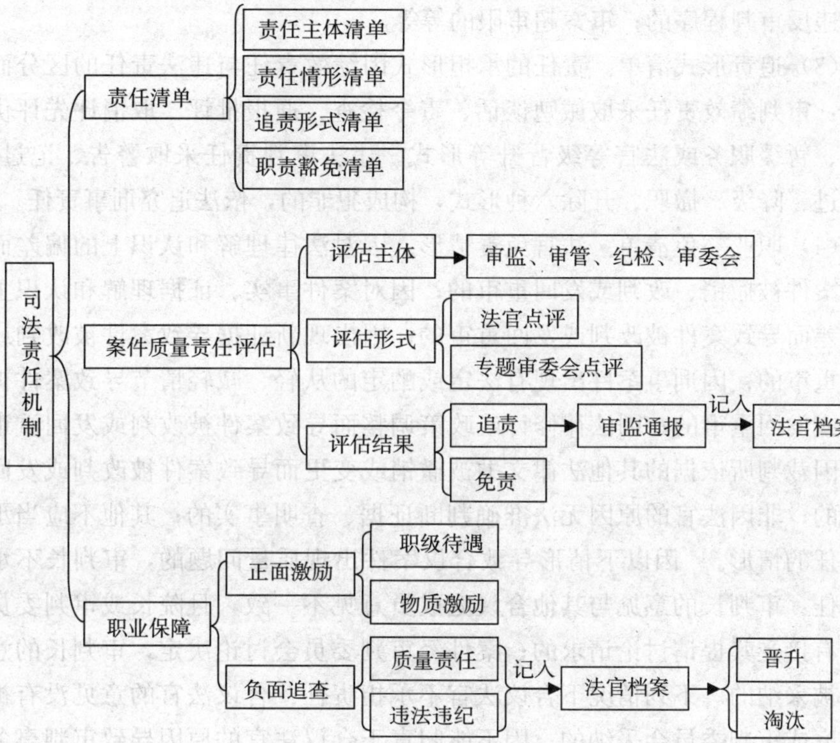

司法责任机制图

任。违法审判责任是指法官在办案过程中违反法律法规所应承担的法律责任；审判绩效责任是指法官办案存在质量、效率问题时所应承担的法院内部管理责任。违法审判责任主要包括：故意违反法定程序、证据规则或者实体法明确规定的；故意隐瞒主要证据、重要情节或因过失遗漏主要证据、重要情节，造成严重后果的；故意损毁证据材料，篡改庭审笔录、评议记录、审判委员会讨论记录或因过失损毁或者丢失证据材料，造成严重后果的；应当由法院对影响案件主要事实认定的证据进行收集、鉴定、勘验、查询、核对、保全，故意不作为，造成后果的；其他因故意违反法律规定导致裁判错误，或者因过失违反法律规定导致裁判错误并造成严重后果的。其中，刑事错案责任的承担要区分不同办案阶段的过错合理确定在审判阶段的责任。① 审判绩效责任主要包括：主要事实认定错误的；重要证据审查、采信错误，影响公正审判的；法律适用错误导致案件错误裁判

① 参见《广东省健全审判权运行机制完善审判责任制改革试点方案》。

的；违反审判程序的；审案超审限的等等。

(3) 追责形式清单。责任的承担形式因绩效责任与违法责任的区分而不同：审判绩效责任采取诫勉谈话、责令检查、通报批评、取消评先评优资格、暂缓职务或法官等级晋升等形式。违法审判责任采取警告、记过、记大过、降级、撤职、开除六种形式，构成犯罪的，依法追究刑事责任。

(4) 职业豁免清单。法官免责情形：因对法律理解和认识上的偏差而导致案件被撤销、改判或发回重审的；因对案件事实、证据理解和认识上的偏差而导致案件被改判或发回重审的；因出现新证据导致案件被改判或发回重审的；因刑事案件出现有法定或酌定的从轻、减轻情节导致案件被改判或发回重审的；因法律修订或政策调整而导致案件被改判或发回重审的；因裁判所依据的其他法律文书被撤销或变更而导致案件被改判或发回重审的；非因法官的原因无法准确判断证据、查明事实的；其他不应当承担责任的情形。[①] 因以下情形导致合议案件出现质量问题的，审判长不承担责任：审判长的意见与其他合议庭成员意见不一致，且院长或审判委员会没有接受其提请讨论请求的；案件经审判委员会讨论决定，审判长的意见未被采纳的。下列情况下合议法官不承担责任：合议法官的意见没有被合议庭或审判委员会采纳的；因不能归责于合议法官的原因导致审判事务没有完成的。

2. 完善案件质量责任评估制度。花都法院建立起以审判委员会认定为核心，以院、庭长审查，审判监督庭、纪检组评析为主线，以主审法官、合议庭参与听证为重点的司法责任听证制度，将责任认定决定记入法官档案，实现“权责统一”。

(1) 明确审委会的最终认定权，赋予院长、庭长充分的审查权。审委会每季度结束后适时召开一次听证会，组织主审法官、合议庭法官、院长、庭长、纪检组、审监庭六方，对二审发回重审、改判的案件及本院提起再审的案件，讨论并最终认定主审法官、合议庭是否需要承担责任。院长、庭长对主审法官、合议庭提交的自查报告进行审查，并提出意见，该意见作为审委会认定法官是否承担责任的重要依据。

(2) 强化纪检监察室、审监庭的会前评析权，保障法官、合议庭的申辩权。在听证会前，审监庭会同纪检监察室分别就案件质量、是否涉嫌违

---

① 参见《广东法院推进司法改革思想教育引导问答（一）》。

法违纪等前期核查情况，综合主审法官、合议庭自查报告和院、庭长审查的意见进行集中评析，并提交审委会。主审法官、合议庭参加审委会司法责任会议“听证”，有权就案件事实认定及法律适用等方面作出阐述及申辩，并可针对院长、庭长、纪检监察室、审监庭提交的意见进行解释、辩驳。其申辩意见作为审委会确定司法责任承担的重要参考。

(3) 明晰责任承担。将司法责任分为违法审判责任与审判绩效责任。对不应追究责任的情形，审委会向主审法官、合议庭发出改进工作的书面意见；对认定应当承担责任的案件，将结果在全院内网上公布，并记入法官档案。需承担审判绩效责任的将依照《案件质量奖惩办法》规定予以扣分，并作为法官年终评先评优的依据；需承担违法审判责任的移送相关机关追究违纪、违法责任。

3. 健全职业保障机制。花都法院借“权力清单”与“专业合议庭、传统合议庭双轨制”改革的东风，进一步完善法官职业保障体系。一方面，实现专业合议庭法官待遇提级：担任审判长的，享受正科级非领导职务生活待遇，审判长每届任期3年，实行年度考核和任期考核，每届到任后重新竞岗；连续担任审判长满10年或累计担任审判长满15年的，经考核并报区委研究同意，享受副处级非领导职务生活待遇；担任法官满3年的，享受副科级非领导职务生活待遇，担任法官满8年的，享受正科级非领导职务生活待遇；担任部门正职满10年的，经考核并报区委研究同意，享受副处级非领导职务生活待遇。上述生活待遇不同于行政级别，政治待遇不变，离开法院的，不再享受前述生活待遇；在本院退休的，退休后可保留原享受的生活待遇。另一方面，争取党委政府支持，区财政每年拨付180万元专项经费作为干警年终办案绩效考核奖励。适当提高非编审判辅助人员待遇，大专、本科学历人员分别提高至4万元及6万元每年。实现法官及辅助人员职业保障全覆盖。

三、改革实现队伍建设、审判质效、公众满意度三提升

一是稳定了队伍。2008年至2012年5年间，该院共有32名法官流失，流失率高达45.28%；文员、速录员、合同制法警等非在编人员流失52人，流失率高达46.6%，“案多人少”矛盾十分突出。改革实施以来，共通过公开竞岗提拔中层领导职位35名，提高法官政治待遇，队伍配置更

加合理。面向全国公开选调9名法官，招录公务员5名，招聘81名雇员，辅助人员数量由2012年的48人充实到2014年的90人，一线法官与一线辅助人员配备比由2012年的1∶1.1调整为2014年的1∶1.45，有效减轻法官事务性工作压力，法官连续两年实现"大补充，零流失"，审判队伍趋于稳定，人才流失、案多人少困境得到初步缓解。

二是案件质效明显提升。针对交通事故赔偿及劳动争议两类民生案件较多的现状，建立相应的两个专业合议庭，归口民一庭管理，实行专业化审判，经过两年的实践，反映案件质量的主要指标明显向好。在权力清单、专业合议庭改革及法官履职保护机制的综合作用下，改革的整体红利已经释放。2014年，在案件增幅高达51.29%的巨大办案压力下，实现综合监控核心指标4项全市第一，9项指标居全市前三名，反映司法公正水平的5项核心指标同比上升3个名次，审判质效大幅提升。

改革前（2011年至2012年）和改革后（2013年至2014年）

两个专业合议庭案件审判质效变化表

对比项目 \ 案件类型		交通事故赔偿	劳动争议
发改率	改革前	2.24%	0.83%
	改革后	1.59%	0.03%
	同比变化	下降0.65个百分点	下降0.8个百分点
服判息诉率	改革前	87.06%	98.47%
	改革后	91.11%	98.98%
	同比变化	上升4.05个百分点	上升0.51个百分点
审理周期	改革前	56天	43大
	改革后	34天	25天
	同比变化	缩短22天	缩短18天

三是公众满意度提升。一方面，法官工作积极性得到提高。95%的受访一线法官认为，专业化审判充分还权给主审法官、合议庭，减少庭长、院长审批，大大提升了审判效率，可以减少因案件审批贻误财产保全时机等弊端，使法官更像法官，审判执行办案的积极性更高了。一线法官人均办案数由2012年的242件上升到2014年的309件，在办案压力增大的情

况下，一审判决案件改判发回重审率由 2012 年的全市第 6 位跃升为第 1 位，其他反映案件质效的主要指标均实现好转。另一方面，当事人满意度在提高。交通事故和劳动争议案件是群众来访较多的两类案件，实行专业化审判后，来访的数量降幅 24％。交通事故赔偿案件中当事人的主动履行率由 2012 年的 65.01％上升到 2014 年的 78.35％；作为保险公司赔偿义务人主动履行率 2014 年达到 83.2％，较 2012 年提高了 20 个百分点。中国平安财产保险公司认为该院通过改革，交通事故赔偿案件公正司法水平走在全省前列。

四是人大、政协委员代表充分肯定改革成效。2014 年 12 月 19 日，区人大常委会率部分市、区人大代表专程到花都法院调研指导专业合议庭改革，充分肯定以专业合议庭改革和权力清单提高案件审判质效、落实审判责任的做法，认为改革实施以来的两年，在区人大会上听到的关于代表、委员对法院工作的意见更少了，对法院工作的满意度在提高。

四、审判权运行机制改革的三点启示

花都法院立足自身人员及案件实际，推进审判权运行机制改革，既传承了传统审判机制的优势，又契合审判责任制改革要求，有利于实现法官权责利的统一；既实现队伍心态稳定，得到干警积极支持，又促进审判质效大幅提升，充分表明该模式具有较强的可行性。推进改革主要有以下几点启示：

（一）立足实际，在不打破现有审判庭架构前提下，稳妥推进审判权运行机制中的去行政化改革是改革顺利推进的基石

针对理论界和司法实践中长期被诟病的审判权运行中的行政化问题，花都法院并没有采取直接取消审判庭这一表面上“一步到位”的简单方式，而是在保留原有审判庭架构前提下，组建专业合议庭，并通过“权力清单”理清“三权”关系，削减院长、庭长案件审批权限，以法官专业化、职业化及审判责任的落实，以“相对合理主义”方式来逐步解决审判权运行机制中的行政化等问题。首先，我国是成文法国家，不同法官、不同合议庭对法律的理解、裁判尺度的把握都可能不一致，改革最直接的目标是实现裁判尺度的统一，提升案件质效。如果取消审判庭，仅保留合议

庭，必然面临审判实务中问题发现机制上的困难，极有可能导致裁判标准更难统一。其次，理想的状态是每位法官、合议庭的审判水平都很高，只要按照自己对法律和事实的理解作出裁判，当事人对法院裁判有较高的信服度。但是，目前我国法官的能力素质参差不齐，司法公信力还不高，要实现让人民群众在每一个司法案件中感受到公平正义目标，在具体审判权的法定组织之上，有必要保留审判庭这一管理监督的平台，为审判权的顺畅运行保驾护航。① 再次，当前，司法改革试点方案设计时，法官等级的恢复套改尚未落实，恢复后首次套改必须以现有行政职务和行政级别为基础。而且，机构设置与法官职业保障水平相关，在职业保障水平不到位时，暂时还难以谈法官身份"去行政化"。大部分庭长都是从事审判工作10年以上的专家型法官，如果盲目取消现有法庭庭长配置，不利于这一审判精英队伍的稳定。最后，现有审判庭是与上级法院相关业务部门及地方党政机关沟通协调的有效载体。在我国体制下，法院除履行正常审判职能外，还需承担包括维稳、司法宣传等与审判工作相关的其他职能，这些工作常常涉及与上级法院及地方党政机关沟通协调问题，在当前法官单独职务序列还未落实且未得到社会各界普遍认同的现实国情下，保留审判庭及其职级配置，更能确保沟通协调的成效，有利于工作开展。

（二）合理设定改革过渡保护期是改革顺利推进的关键

花都法院根据青年法官多且为全院办案主力，案件基数大且增幅较快的两大主要实际，既着眼于缓解案多人少突出矛盾、提高审判执行质效的迫切需要，又放眼落实审判责任制，实现法官职业化的长远考虑，在发挥既有传统审判庭法官"传帮带"培养机制优势基础上，根据案件实际组建专业化审判团队，实行专业合议庭与传统合议庭双轨制的模式，将本院现有审判员、助理审判员放在同一个平台上参加考核，严格标准、宁缺毋滥、逐步增补，择优进入新的法官员额，② 这种"双轨制"为改革设定了

---

① 作为一个审判团队，其职责不仅是办案，还包括对该审判团队承办案件裁判标准的统一、对案件审理宏观指导、对审判质效数据分析存在的问题、对案件流程的掌控、对初任法官审判案件适度把关等，这些工作服务于审判主业，如果由审判长行使这些权力，势必有悖于法官专业化培养的初衷，甚至可能走向新的审判长行政化道路。但是由审判庭庭长行使这些权力比较"接地气"，同时能够让审判长从繁琐的日常管理监督中"解放"出来。

② 参见贺小荣、何帆：《贯彻实施〈关于全面深化人民法院改革的意见〉应当把握的几个主要关系和问题》，载《人民法院报》2015年3月18日第5版。

较好的过渡保护机制，使法官特别是年轻法官有一个选择的机会和适应的过程，能得到广大干警的真心拥护，正常的审判执行工作也不会因改革受到大的影响。法官“三步走”培养模式较好地解决了现行法官向员额制主审法官过渡的问题，有利于逐步实现让有能力的法官审判，让敢于担当的人负责，不适应改革要求的法官将被淘汰，实现法官的平稳分流。由此可见，相较于“一刀切”“就地卧倒”等激进式改革，这种有过渡保护设置的改革更具有可行性。基于珠三角地区法院存在相同的改革困难、具备相似的改革土壤，可以预期“花都模式”具有一定的可复制性、可推广性。

（三）党委政府大力支持是改革顺利推进的重要保障

区委区政府对法院司法改革非常重视，将法院审判权运行机制改革作为推进依法治区的重要内容加以推进落实。区委主要领导每年均深入该院调研，详细了解法院队伍建设情况及面临的困难，亲自过问改革重要进展。2013 年 7 月，区委常委会讨论通过该院专业合议庭综合改革方案，形成组织支持的强大合力，区委组织人事、财政等相关部门在法院改革涉及的队伍职级待遇、绩效考核激励机制以及法官招录、辅助人员招聘等队伍建设方面给予大力支持，专业合议庭改革所涉及的相关职业保障已经基本得到落实。

五、进一步推进改革的展望

（一）专业合议庭试点有待进一步扩大

目前，花都法院共有 15 个专业合议庭，在五年过渡期法官员额实施以后只能供 45 名法官入员额，与目前 39%的法官员额比例相去甚远。可以考虑在现有案件量较大的专业合议庭内部增设新的审判团队，还可以根据客观需要将专业合议庭范围进一步扩大。

（二）审判辅助人员不足问题亟待解决

目前，珠三角地区法院系统普遍面临着较为严重的辅助人员不足问题，应当积极向党委政府沟通协调，推动人员分类管理改革，合理确定审判部门法官和审判辅助人员人数、办案部门和非办案部门人数比例，实现人力资源效益最大化。

（三）应以法官隐性工作量为法官工作量的核心评价标准

在审判实践中，法官工作分为显性工作和隐性工作。显性工作是指审判流中如送达、诉讼保全、庭审以及法律文书撰写等看得见的工作；隐性工作是指案件审判思路的形成、案件审判走向的判断以及裁判结果的形成等决策性工作，通过显性工作表现出来。隐性工作只能由法官亲自完成，具有不可替代性、独立性，是审判的核心，显性工作以隐性工作为指导。除庭审无法替代性外，其他显性工作都可以由审判辅助人员完成。基层法院的职能定位重在解决事实认定和法律适用，需要法官完成最原始的事实认定、法律关系分析和裁判方案确定，思考的强度和难度大。因此，应充分考虑法官的实质思考过程，建立以隐性工作量为核心的法官工作量评价体系。对于法官较为合理的案件工作量，根据基层法院职能定位和案件难易程度，经过充分调研论证，基层法院法官年均办案200件是较为合理的、可承受的。超过200件，法官将显得更吃力，压力太大。对人案矛盾较为突出的基层法院，建议在充分考虑法官隐性工作量与司法需求基础上，科学核定法官总员额，总体上不能低于现有水平。

（四）进一步完善权力清单制度

权力清单制度涉及大量案件审批权限变化，必须确保权力下放后有利于提高案件质效。目前，权力清单仅限于审判权力清单。下一步，要制定单独的执行权力清单，进一步规范执行裁判权和执行实施权，加强执行监督和管理。此外，还要继续探索5年过渡期满后的权力清单制度设计。

（五）继续争取地方党委政府支持

不管是过渡期还是实现省法院人、财、物统管后，地方党委政府的支持始终是不可缺少的。当前需要确保地方党委政府已经落实的给予法院的各项政策、待遇支持不因改革受影响。同时，法院辅助人员难以一步到位实现由省级层面统一招聘和保障，仍然依靠地方党委、政府的大力支持。

结语

深化司法体制改革是党的十八大、十八届三中、四中全会作出的重要战略部署，对人民法院来讲，核心是确保依法独立、公正行使审判权，实现司法公信力明显提升。构建科学合理、符合司法规律的审判权运行机制是此轮司法机制改革的基础，通过系统梳理花都法院审判权运行机制改革的做法，我们深感这项改革既是重大实践课题，也是重大理论课题。在“三权”关系的理论认识和具体运行机制，以及审判责任制的具体落实方面，花都法院还存在诸多不足。接下来，花都法院将在理论研究和实践层面“双轮驱动”，强化改革做法总结和完善，在中央、最高人民法院及省市法院改革精神的引领下，加大改革创新力度，以蹄急步稳的思路继续深化这一领域改革，以扎实的审判工作业绩检验改革成效，努力为全省乃至全国法院审判权运行机制改革提供可复制、可推广的经验。

关于完善主审法官、合议庭绩效考核的调研报告

深圳市宝安区人民法院课题组*

2013年11月发布的《中共中央关于全面深化改革若干重大问题的决定》以及2014年7月公布的《人民法院第四个五年改革纲要》（以下简称《四五改革纲要》），在中央层面正式提出了“主审法官”的概念。建立主审法官制度，既是各地的通行做法，也有利于发挥主审法官的带头、示范作用，带动整个团队队伍素质的提升。在推进健全审判权运行机制完善司法责任制改革过程中，进一步完善主审法官、合议庭绩效考核机制，科学评价主审法官及合议庭的工作成果，是深化健全审判权运行机制完善司法责任制改革的必要举措。

一、主审法官、合议庭绩效考核的理论基础及实践

（一）绩效考核的理论基础

多年来，各地法院都开展了对法官的绩效考核工作。绩效考核工作发挥的作用与《四五改革纲要》提出的业绩评价制度，发挥的作用相同。研究绩效考核制度，厘清绩效考核制度的理论基础确有必要。

1. 绩效考核的定义及特征。绩效考核是管理学上的一个概念，是对人力资源管理绩效实现过程中各要素的管理，是基于企业战略和人力资源战略基础之上的一种管理活动，它通过对企业战略的建立、目标分解、绩效考核，并将绩效成果用于企业人力资源管理活动中，以激励员工业绩持续

* 课题组组长：闻长智，成员：张艳红、钟泽光、郑松、袁钰钟、张庆平、丁伟峰。

改进并最终实现组织战略及目标。有效的绩效考核，不仅能确定每位员工对组织的贡献或不足，更可在整体上为人力资源的管理提供决定性的评估资料，从而改善组织反馈机能，提高员工工作绩效，激励员工士气，并为公平合理地酬赏员工提供依据。

从绩效考核的运作上看，绩效考核主要有三个特征。

（1）动态性。被考核者的绩效是会变化的。随着时间的推移，绩效差的可能改进绩效，绩效好的也可能逐步变差，因此考核者千万不能凭一时印象，以僵化的观点看待下级的绩效。同时，对绩效的考核必须是动态的，必须月度考核、季度考核、半年考核和全年考核相结合，才能整体掌握组织的工作成效。

（2）多维性。除了工作任务完成情况外，工作质量、工作效率、出勤甚至团结、服从纪律等硬、软方面都需要综合考虑，逐一评估。考核者需要确定多种指标，从工作绩效、工作能力、工作态度等多维角度进行评估，才能掌握被考核者的整体状况。

（3）结果量化性。科学的考核结果应该是量化的结果。传统绩效考核结果的表现方式侧重于定性的评估，如："很好、好、较好、一般、较差""A＋、A、B、B－、C、D"等。这种评估结果的表现方式只能将被考核者依次划分成几个具有相同评估水平的 Team（但是 Team 内部如何再进行细分，缺乏任何客观参照标准，只有靠主观判断，诸多问题由此产生）。现代意义上的考核强调考核结果量化，即以绝对数值形式表现："65，76，78，87""2、45，3、49，5、76，8、99""23％，54％，73％，98％"。如此这样，则完全可以避免上述问题的发生。

2. 绩效考核适用于司法过程的理论探讨。关于绩效考核适用于司法过程的问题，学界一直存有不同的意见，到目前为止，形成了两种观点：一种观点认为，绩效考核不应适用于司法过程。这部分论者认为，绩效考核与司法活动的特殊规律相悖，侵害了审判独立原则，还会诱使司法人员扭曲法律程序以迎合考核的要求，从而应该取消。在某些特殊领域，如刑事司法领域，甚至绝大多数论者都认为，绩效考核制度与现代程序法治相悖，它构成了中国刑事司法制度现代性的重要障碍。[①] 另一种观点认为，绩效考核可以适用于司法过程。这部分论者认为，虽然绩效考核对司法程

① 郭松：《组织理性、程序理性与刑事司法绩效考评制度》，载《政法论坛》2013 年第 4 期。

序的运作可能会造成一定的负面影响，但绩效考核适用于司法过程有一定的合理性，它在保障司法公正与效率、监督与激励司法人员方面具有积极功效。[①] 我们认为，绩效考核可以用于司法过程。任何一个单位，都需要绩效考核，否则没有办法评价员工的工作成果和勤勉度。当前的诉讼模式中，法官角色都占有非常重要的作用，法官品行和工作业绩直接关系着司法运行的成效，代表着司法的公信力，是社会公正的最后一道防线。特别是在“让审理者裁判，由裁判者负责”的大背景下，传统的管理手段已经不适应改革后的要求，必然要求加强绩效考核，来评价主审法官和合议庭的工作成果。如果没有绩效考核机制，人民法院做了很多工作，却没有数据和事例作支撑，很难让全社会信服，也很难树立司法的威信。只要绩效考核机制设计科学，就可以成为激发主审法官和合议庭工作潜力的有效工具，推动司法事业的健康发展。

3. 绩效考核制度与法官业绩评价制度的衔接。最高人民法院出台的《四五改革纲要》，明确提出了：“完善法官业绩评价体系。建立科学合理、客观公正、符合规律的法官业绩评价机制，完善评价标准，将评价结果作为法官等级晋升、择优遴选的重要依据。”这就引出了绩效考核制度与法官业绩评价制度的衔接问题。我们认为，绩效考核制度与法官业绩评价制度是相同的制度，绩效考核和业绩评价也是同义词，两者可以互相替换使用。其理由是：一是《法官法》中使用的就是绩效考核。《法官法》第 21 条规定：“对法官的考核，由所在人民法院组织实施。”这里规定的“考核”，实际上也就是《四五改革纲要》中提到的法官业绩评价。二是各地法院实行的法官绩效考核制度工作内容与法官业绩评价制度要求相同。全国绝大多数法院，都有自己对本院法官进行考核的制度，这些制度发挥的作用就是评价法官业绩。三是各地法院实行的考核制度的结果运用与法官业绩评价制度要求相同。各地考核制度，考核结果也是作为法官等级晋升、择优遴选的重要依据。因此，法官绩效考核与法官业绩评价体系是一脉相承的，故本调研报告所讨论主题也就是主审法官、合议庭绩效考核问题，在本调研报告中，绩效考核和业绩评价所描述的是相同的机制。

（二）绩效考核的发展历程

1. 我国法院的法官、合议庭绩效考核发展历程

---

① 龙宗智：《审判管理：功效、局限及其界限把握》，《法学研究》2011 年第 4 期。

（1）法官绩效考核的起步阶段。自20世纪90年代中后期开始，法官绩效管理考核在法院审判管理改革中日益凸显，成为法院管理的重要手段。[①] 法院内部，也依据这种理论开展对法官的考核。在初期，绩效考核主要采用目标管理法，通过设定一定的工作目标，如结案率、结案数等，将工作目标的完成情况作为评价的依据。工作目标包含但不限于审判工作目标，还可能包含队伍建设情况，如培训工作开展情况、调研开展情况、遵守工作纪律情况、队伍廉洁状况等。近年来，法官绩效管理考核尤其是审判绩效考核的核心内容逐渐由工作目标考核转变为案件质量评估考核。

（2）以指标为衡量标准的探索阶段。2005年10月，最高人民法院发布《人民法院第二个五年改革纲要》，指出："建立科学、统一的审判质量和效率评估体系。在确保法官依法独立判案的前提下，确立科学的评估标准，完善评估机制。""改革法官考核制度和人民法院其他工作人员考核制度，发挥法官考评委员会的作用。根据法官职业特点和不同审判业务岗位的具体要求，科学设计考核项目，完善考核方法，统一法官绩效考核的标准和程序，并对法官考核结果进行合理利用。建立人民法院其他工作的评价机制。"

2008年初，最高人民法院印发了《关于开展案件质量评估工作的指导意见（试行）》[以下简称《指导意见（试行）》]，首次出台了全国法院统一参考适用的"案件质量评估指标体系"。确定了审判公正、审判效率和审判效果3个二级指标，33个三级指标，其中包括：审判公正指标、审判效率指标、审判效果指标各11个。2011年3月，最高人民法院正式出台《关于开展案件质量评估工作的指导意见》（以下简称《指导意见》），对"案件质量评估指标体系"（以下简称指标体系）进行了一定幅度的修订，确立了人民法院案件质量评估公正、效率、效果共31项三级指标，通过建立案件质量评估量化模型进行案件质量综合评估。

在较短的一段时间里，案件质量评估与审判绩效考核是两套并行的体系。审判绩效考核用于评价法官的工作业绩，案件质量评估功能则定位较模糊，自身的独立价值和作用不明显。后来，许多法院开始将案件质量评估融合进法官绩效考核。有的是直接将案件质量评估作为审判绩效考核的结果，有的是作为审判绩效考核的主要参考，部分计入审判绩效考核

---

① 孙启富、吴美来：《案件质量精细化管理的局限及克服》，载《法律适用》2012年第6期。

分数。

（3）以指标为改革对象的新阶段。早在2011年中央政法委就发布《关于建立健全政法机关执法办案考核机制的指导意见》（政法〔2011〕15号）文件，提出坚持一切从实际出发，依法合理确定执法办案考核的重点内容，科学设定执法办案各环节考核的项目和标准，为执法办案考核提供基本依据。2014年12月26日，最高人民法院正式公布了此前三天由周强院长主持召开的党组会议作出的决定，取消对全国各高级人民法院考核排名。同时还作出决定，除依照法律规定保留审限内结案率等若干必要的约束性指标外，其他设定的评估指标一律作为统计分析的参考性指标，作为分析审判运行态势的数据参考。各高级人民法院要按照最高人民法院的要求，取消本地区不合理的考核指标。2015年1月20日，中央政法委要求，中央政法各单位和各地政法机关今年对各类执法司法考核指标进行全面清理，坚决取消刑事拘留数、批捕率、起诉率、有罪判决率、结案率等不合理的考核项目，以推动政法工作的新发展。在最高人民法院和中央政法委作出决定后，各地法院也根据中央要求的精神，对法官的考核指标进行了清理，取消一些违背司法规律，不能评价法官真实工作业绩的指标，提升了法官绩效考核科学化水平，实现了人民法院工作的新发展。

（4）合议庭考评制度的情况评述。2009年，最高人民法院在《关于进一步加强合议庭职责的若干规定》中，规定了："各级人民法院应当建立合议制落实情况的考评机制，并将考评结果纳入岗位绩效考评体系。"但我国始终未建立对合议庭的考评制度。所谓的考评都是对法官个人审判业绩的考评。对合议庭的整个运作过程，例如庭审、评议、裁判文书的制作、裁判效率和效果、审判纪律的遵守、职业道德的恪守等等均没有进行实质性的考评，不能很好地起到激励作用。这主要是因为合议庭不是一级审判组织，当案件办理完毕，合议庭就解散了，对合议庭考评既缺乏现实操作性，其考评结果也没有应用意义。故我国过去的考评都是以审判部门（庭室）为单位进行的，始终没有建立合议庭考评机制。

2. 域外法官绩效考核的相关经验

（1）法官考评的东方经验

①我国台湾地区的法官考核。根据台湾地区"法官法"规定的内容，台湾地区各法院院长或机关首长应于每年年终，办理法官的职务评定，职务评定的项目包括学识能力、品德操守、敬业精神及裁判品质。这里的职

务评定就相当于绩效考核。职务评定的结果作为发放奖金、晋等升职等的依据。除职务评定外，“司法院”应每三年至少一次完成对法官全面评核，其结果不予公开，评核结果作为法官职务评定之参考。[①]

②日本的法官考核。日本的法官考评的特点是淡化行政化、强调职业化。一是评价主体专属于法院院长。对判事、判事补[②]的人事评价由其所属的法院院长实施，简易法院判事的人事评价由管辖其所属的简易法院所在地的地方法院院长实施。[③] 地方法院院长、家庭法院院长所作的人事评价由管辖该地方法院、家庭法院所在地的高等法院院长进行调整和补充，对地方法院或家庭法院院长进行人事评价时，如存在依其职务不适宜根据上述方法进行评价的特别事由，应依据最高人民法院的特别规定进行评价。日本的法院院长并没有免去法官职务的权力，故法官评价的权力专属于法院院长，并不会带来行政化问题。二是评价项目有详细的规定。评价手段主要是填写法官人事评价书。评价项目主要遵循《评价项目和评价视角》的规定。主要包括案件处理能力、合理运作所属组织的能力、作为法官履行一般职务必要的资质和能力。这些评价项目体现了法官职业化的特点。三是评价程序有详细的规定。评价人在评价时，要首先接受法官提出的自我评价材料，并按照评价项目的规定填写法官人事评价书，并和被评价的法官进行交谈。评价人要基于尽可能掌握的情报，以文字材料制作成法官人事评价书。法官就评价书记载的内容可以向评价人提出不服异议。在法官不服评价书的情况下，评价人应进行必要的调查，基于该调查的结果，或修正评价书内容。或者坚持己见，而将法官本人的意见记载于评价书。

（2）法官考核的西方经验——美国的做法。美国的法院历来重视法官的行为评价和考察问题。各州都建立有不同的法官评价制度，其中比较独

---

① 参见台湾地区“法官法”第73条、74条。

② 李邦友：《日本：法官遴选工作机制及其运作》，载《人民法院报》2014年7月18日第8版。判事补是指法科大学院毕业生（类似我国法学硕士毕业生）参加全国统一的司法考试，合格后参加司法研修一年后，可以选择到法院、检察厅、律师事务所工作，选择到法院的，则需被遴选为判事补；判事补是不全面的法官，分两个阶段，前五年主要是做令状案件、合议案件的陪席法官，后五年可以任独任法官，合议案件的陪席法官，但不能担任审判长（日本称为裁判长），判事补满十年，可以申请遴选为判事，判事是全面的法官，类似我们所说的主审法官，可以担任合议案件的审判长。

③ 翟志文：《日本〈法官人事评价规则〉解读及其启示》，载《重庆科技学院学报》（社会科学版）2012年第6期，第57页。

特的是通过律师来对法官的行为进行评价的制度。

美国的大多数州都建立有律师评价法官的制度。虽然各州在一些具体的做法上有些不同，但其相同之处，都是以问卷的形式向律师们征询对法官的评价意见。问卷中所涉及的问题多种多样。新泽西州设定的问题最少，有三个。阿拉斯加州设定的问题则多达 14 个。新泽西州的三个问题涉及法官的“行为举止”“审判控制技巧”和“依法判决的能力”。在佛蒙特州，法官在十个方面受到律师的评价，其中包括法官参与社会活动的程度和与媒介的关系。在阿拉斯加州，这些问题甚至包括礼貌、人性和同情心。通过律师对问卷中这些问题的打分，可以得出对法官进行评价的最后意见。这些最后的评价意见在有些州从不可接受到优秀分为三等，有些州则分为五等，多的州达到九等。①

3. 域外法官绩效考核的借鉴参考。考察域外经验，至少有三点经验值得借鉴：

（1）绩效考核指标要符合法官的工作实际。日本法官的评价项目包括案件处理能力、合理运作所属组织的能力、作为法官履行一般职务必要的资质和能力。其中案件处理能力包括法判断能力和程序运作能力；合理运作所属组织的能力，包括对职员的指导能力；作为法官履行一般职务必要的资质和能力包括见识和人品。这些规定和法官的日常工作结合紧密，能有效地评价法官能力、工作态度和工作成果。美国新泽西州评价法官的三个问题“行为举止”“审判控制技巧”和“依法判决的能力”，也是最能体现法官能力的问题。这启示我们绩效考核指标要尽可能符合法官工作实际。

（2）绩效考核参与主体要尽量体现广泛性。美国的律师评价法官制度，参与人数众多，因而具有较强的社会影响力。法官绩效考核制度，引入公众广泛参与，既可以提高司法的透明度，保证公众的参与权和知情权，也可以提升司法的影响力，提升公众对于法治的认同感，为整个社会营造良好的法治氛围。

（3）绩效考核要配备完善的意见沟通机制。我国台湾地区各法院院长撰写法官职务评定时，必须首先阅读法官自行填写的工作情况表。日本的

① 王勇：《美国司法大观》，载 http://www.chinacourt.org/article/detail/2007/05/id/249785.shtml，访问时间 2015 年 3 月 10 日。

法院院长对判事、判事补进行评价的时候，也要认真参考其提出的自我评价材料，并和被评价的法官进行交谈。如果被评价的法官对评价书记载的内容不服，有提出异议的权利和程序。这种完善的意见沟通机制，避免了评价人可能存在的某种偏见，保证评价结论更加符合实际，更加具有公信力。

二、主审法官、合议庭绩效考核的发展现状

（一）各地开展审判权运行机制改革的情况

2013年10月13日，最高人民法院印发了《关于审判权运行机制改革试点方案》，部署在上海、广东、四川等地的部分基层法院和中级法院开展审判权运行机制改革试点工作。党的十八届三中全会通过的《中共中央关于全面深化改革若干重大问题的决定》，提出“完善司法人员分类管理制度，健全法官、检察官、人民警察职业保障制度”，“完善主审法官、合议庭办案责任制，让审理者裁判、由裁判者负责”，为推动这项改革提供了新的契机。党的十八届四中全会通过的《中共中央关于全面推进依法治国若干重大问题的决定》，规定，“明确司法机关内部各层级权限，健全内部监督制约机制”“完善主审法官、合议庭、主诉检察官、主办侦查员办案责任制，落实谁办案谁负责”“明确各类司法人员工作职责、工作流程、工作标准，实行办案质量终身负责制和错案责任倒查问责制”，对改革要求作了进一步的细化。最高人民法院在《四五改革纲要》中，也提出了“健全审判权力运行机制，完善主审法官、合议庭办案机制”，对改革的推进作了重要部署。自2013年以来，试点地区纷纷推动了审判权运行机制改革。深圳市盐田区人民法院等单位的改革举措是选任主审法官，组建固定的主审法官审判团队，所有法官均编入审判团队，在需要组成合议庭的时候，就由固定的主审法官审判团队直接组成合议庭。这就带来了如何对主审法官以及主审法官审判团队考核的新问题。

（二）宝安法院主审法官、合议庭绩效考核的基本情况

1. 改革前宝安法院法官、合议庭绩效考核的基本情况。宝安法院从2004年起就推行量化考核，制定各类指标，并对照上级法院的考核要求进

行修改，在实践中不断增加新内容。通过制定岗位责任制度、岗位责任综合考核办法以及评分标准，建立起对法院内部部门和个人的全方位量化指标考核体系。考核体系主要有如下特点：

（1）分类分级分序列量化考核。对部门和个人分别考核，实行上级考核下级，一级考核一级。一是考核组织明确。设立院考评委员会，由院党组成员组成，院长担任委员会主任。考评委员会下设办公室，考评办公室主任由政治处主任兼任，其成员由审判管理办公室、政治处、监察室、研究室等考核职能部门的领导担任。考核办公室的日常事务由政治处负责。二是考核分工明确。院考评委员会考核各部门及正、副科级领导干部，各部门设立部门考核小组，考核本部门的工作人员。将不同的考核内容和项目分配给对应的考核职能部门，考核职能部门对所负责项目直接评分。如审判管理办公室负责对审判绩效进行评分，研究室负责对调研工作进行评分，监察室负责对遵守工作纪律情况进行评分。院考评办根据各考核职能部门的评分，按照各项所占总分比重计算部门最后得分。三是人员分类明确。个人按部门正、副职领导，审判法官，执行法官（执行员），法官助理（立案、审前调解、审判、执行、岗位），技能书记员，法警等序列分别考核，确保相互之间具有一定可比性。

（2）考核内容上的分类考核

一是内容分类明确。考核内容上，对部门以及个人的考核从内容上分为四个模块，分别是工作绩效、队伍建设、综合测评、奖励加分。在考核模块之下设立考核分项，考核分项下设置具体目标要求、评分标准，并且规定考核流程。工作绩效考核，是对各部门或个人履行工作职责、完成工作任务的质量、效率情况的综合考评，考核分项包括工作任务、工作质量、调研宣传；除了上述内容，对个人的绩效考核分项还包括了领导的评分，如主管院领导对分管部门正副职领导进行评分，部门负责人对部门工作人员评分，以此加强对人员的管理。队伍建设考核（个人自身建设），是对各部门或对个人学习培训、规范化管理、工作纪律与作风、廉政建设、党的建设、信访工作等情况的综合考评；借助综合测评对各部门以及个人的整体工作情况进行评价，如各部门的工作质量、效率、纪律，服务意识、态度、质量、效果等进行评价，对个人的工作绩效和自身建设情况进行综合评价。

二是中层干部业绩与部门管理情况挂钩。对正、副科级领导干部的考核内容，与其所在部门考核结果相挂钩。除了完成工作任务情况、自身建设情况之外，将部门管理情况（包括业务管理和队伍管理情况）作为考核正、副科级领导的主要内容，即部门的考核结果作为该部门正、副科级领导干部的重要考核指标。着重加大了对部门正职领导的责任追究，如对部门综合考核连续两年成绩排名倒数第一的部门负责人，按规定程序免除其领导职务。

三是考核指标参照“排头兵”成绩。自从2012年以来，宝安法院对各业务部门以及法官的审判绩效的考核完全采用了广东省高院在全省法院系统适用的“当好排头兵综合监控指标体系”进行评价，计算各业务部门及法官的“排头兵”成绩，按照一定比例记入绩效考核总分。

（3）季度考核和年度考核相结合。2007年，宝安法院开始推行半年考核，2008年开始推行季度考核。季度考核重点针对业务部门以及处于审判一线的业务法官等的工作完成情况，通过科学、合理量化评估其业务工作（近几年表现为排头兵的各项指标），衡量其审判工作的质量、效率和效果。实行每月定期通报上述数据、季度汇总打分制度。通过每个季度的效能评估，强化对审判工作的动态监测和适时分析，进一步突出工作重点，直接反映业务动态，为引导队伍、及时调配资源、查漏补缺提供参考依据。

（4）考核结果的广泛运用。坚持以考核作为评价各部门及主审法官并进行奖罚的依据。根据综合成绩的高低排名，按照一定的比例评出先进集体、先进个人或者推荐立功。在评先评优的过程中，给予一线法官一定的优待。

2. 改革后宝安法院主审法官、合议庭绩效考评的基本情况。2014年底，宝安法院启动健全审判权运行机制完善司法责任制改革，这一改革为进一步完善法官绩效考核提供了新的机遇。改革的基本内容是，推行以主审法官为中心，建立主审法官审判团队审理案件的组织模式。选任具有深厚的法学理论功底和丰富的实践经验的主审法官。由主审法官、普通法官和初任法官组成主审法官审判团队。在需要组成合议庭审理案件时，直接由承办法官所在团队的全体法官组成合议庭，团队中的主审法官担任审判长。主审法官无论是职权还是职责都有了大幅度的扩充。与此相对应，宝安法院制定了《法官及审判团队考评办法》，并进一步推动了主审法官、合议庭绩效考评的科学化，其主要特点有：

（1）实行人员分类考核。一是对法官进行分类。将法官分成主审法官、普通法官、庭长，对部门和个人分别考核，提高考核的针对性。二是重点考核主审法官。无论是在合议庭中，还是在主审法官审判团队中，主审法官都发挥着主导性的作用。如果主审法官作用发挥得好，那么整个合议庭和审判团队的办案质效都比较高。因此，《考评办法》对于主审法官的绩效考核规定得很详细。既要对其所办案件质量进行考核，也要对其队伍管理情况进行考核。三是实行测评打分考核。普通法官由庭长、主审法官和团队中的其他干警测评打分。主审法官由院领导、庭长和团队中的其他干警测评打分。庭长由院领导、庭室内主审法官和庭室内其他干警测评打分。这种打分机制，既有领导者对被领导者的打分，如院领导对主审法官的打分，也有被领导者对领导者的打分，如团队中的其他干警对主审法官的打分，是一种双向的打分机制，可以激发全院干警参与考核的热情，提高考核的公信力。

（2）实行人员与团队相结合考核。《考评办法》中除了规定对人员的绩效考核，还规定了对团队的绩效考核。每个团队的绩效考核得分分为两个部分，审判团队全体法官审判执行工作绩效平均得分（70%）和审判团队全体干警职业素养及职业道德考评平均得分（30%），这就实现了既对法官个人工作业绩进行评价，也对审判团队工作业绩进行评价，从而更加全面地评价与反映整个审执工作的情况。

实行主审法官审判团队制度后，最大的成果是对合议庭的考核成为可能。前文述及，改革前合议庭不是固定的，因此，我国各级法院都没有建立合议庭的考核机制。对于合议庭的考核缺乏相应的标准和依据，以致合议庭的整个运作过程例如庭审、评议、裁判文书的制作、裁判效率和效果、审判纪律的遵守、职业道德的恪守等等无法进行实质性的考核评比，不能很好的起到激励先进和鞭策落后的作用。虽然宝安法院也开展过庭审质量专家评查、志愿者庭审质量评查等活动，但评价的都是合议庭成员的工作业绩。实行主审法官审判团队制度后，遇到需要组成合议庭审理的案件时，就由承办法官所在团队的法官组成合议庭。这样，就把对合议庭的绩效考核转化为对主审法官审判团队的绩效考核，评价主审法官团队每个成员的工作业绩，就是考评合议庭的工作业绩，庭审质量专家评查、志愿者庭审质量评查的评查结论都纳入对整个团队工作业绩的评价体系，使得评价机制更加科学。

(3) 实行评价结果充分运用考核。一是明确考核结果运用范围。《考评办法》规定了严格的评价结果运用机制。绩效考核结果作为调整法官等级、职务、法官薪级以及法官奖励、培训、辞退等的重要依据。实践中，考评结果不仅作为奖励的依据，还作为惩罚甚至免职、辞退的依据，避免了出现考核和结果运用脱节的情况。二是明确考核结果运用程序。《考评办法》对考核结果运用程序也作出了明确规定。特别是在奖励这一块，宝安法院规定考核为优秀等次的，必须是部门内考核得分在前面的同志，如果部门推荐的评优人员不是部门内考核得分在前面的同志，除了部门要写出必要的情况说明外，还必须经过党组会议讨论通过，严格了程序。经考核被评为优秀的，发放最高档次的绩效奖金，并在晋职、晋级中优先考虑。三是将考核结果与学习培训密切衔接。经考核职业品行修养水平较低的，应接受相关培训，认真撰写心得体会，并由考评委员会进行思想谈话。对于经考核审判业务能力不足的，本着缺什么补什么、缺什么学什么的原则，分别接受相应的培训，真正做到按需施教、讲求实效。

三、主审法官、合议庭绩效考核存在的问题

(一) 绩效考核制度自身存在局限性

1. 案外工作难以量化。绩效考核制度只能考察主审法官工作中那些易于识别且可以量化的部分，主审法官工作中许多案外工作是无法进行量化评价的。如审理涉及少年的案件时，可能会附带相关的心理辅导、社会调查、判后跟踪回访等各种审判之外的工作。这些工作跟其他案件不具可比性，难以在考核指标中全面体现。

2. 社会影响难以量化。依法作出的裁决，却可能引起考核指标的负面评价。例如，从保护弱者的角度出发，依法判决长期遭受家暴的妇女离婚，却招致该妇女刁蛮的丈夫无数次的上访和闹访，影响该主审法官的信访投诉率评价。

3. 案件难易程度难以量化。即便是审判工作中可以量化的部分，量化得出的数据也并不能说明全部问题，如承办 100 件婚姻家庭纠纷与 100 件借贷纠纷，前者的复杂程度和工作量远远大于后者。且不论事实的认定和法律的适用，单是审理过程中极有可能出现的与查明案件事实无关的长篇

幅家长里短、不幸的婚姻与家庭触发的眼泪、激烈争夺财产权或抚养权引发的法庭大战都已经让主审法官身心俱疲，更别提极端当事人有可能以生命相要挟，以达到判离或不离的目的，在个别情况下，为了避免当事人生命危险，主审法官甚至违心下判。此处想要说明的是，即便承办同样数量的案件，其中所需要的主审法官专业素质，所耗费的时间、精力、耐心肯定是不同的。更深一层解析，同样的上述两类案件，依法审理之后，上诉的情况也大为不同。婚姻家庭纠纷的服判息诉率会低于借贷纠纷。因此，考核量化出的数据不能说明全部问题，绩效考核自身存在局限性，制约了主审法官、合议庭绩效考核作用的发挥。

（二）对主审法官的绩效考核规定尚不完备

1. 评价指标的问题。

（1）指标设计简单化。一是部分指标过于重视数字对比，不符合审判规律。比如，非法官所能掌控的上诉率，一直被法官们诟病的调解率等等。所以，主审法官、基于主审法官审判团队组成的合议庭的考核应着眼于案件的质量和效率，尤其是案件质量。对并非主观恶意或重大过失导致的上诉改判、发回重审、申诉等等，不应过于强调对主审法官及合议庭成员所谓的责任追究。毕竟，不同法官对同一案件有不同看法，是法官审判案件时的常态。二是部分指标易导致追责扩大化，影响法官办案积极性。当然，对故意或重大过失造成严重后果的，应当依法依纪追责。其中，最主要的依据是最高人民法院的审判责任追究办法、审判纪律处分办法，且不可随意扩大化，更不得随意给予免职或调离审判岗位等等之类的处分，必须是对任何法官作出任何处分都有相应的事实和法纪依据。之所以强调这点，是针对当前的现实而言。当事人一旦上诉、上访，或当事人之间发生新的重大案件，所谓的责任追究就会不分青红皂白，对凡与案件有关的人员，无论有无过错、失职均一律追责。当年广东四会的莫兆军法官玩忽职守案即是实证，现实中的此类现象也并非鲜见。2014 年 3 月出台的《关于依法处理涉法涉诉信访问题的意见》，建立涉法涉诉信访依法终结制度，无疑在一定层面支持了法院、法官独立行使审判权。

（2）指标设计形式化。目前，人员综合素质的考核设定的很少，难以对主审法官和合议庭组成人员的政治思想、人品素质、理论政策水平、工作协调能力等综合素质进行考核。而且，这类指标不适宜完全采用机械的评分方法进行评价，否则极有可能挫伤那些复杂疑难案件承办率高和审判业务实际水平高的主审法官的工作热情，而助长那种善于投机钻营、想方设法拉拢大量简单案件甚至催生为工作业绩而不惜造假案的歪风。如何找到更加科学的考核方法，尚有待于探索。

（3）关键指标差异化。一是考核尚未体现不同案件工作内容的差异性。从事民事、刑事、行政、执行的主审法官的工作职能、工作内容存在较大的差异，如果无视它们之间的差异而将它们放在同一标准下去竞争，考核结果显然不具有可比性。但宝安法院目前的考核指标，恰恰缺乏这种可比性，对这些差异性，在指标上体现的不够。二是考核尚未体现院本部和人民法庭工作内容的差异性。人民法庭的主审法官，处于审执工作的最基层、最前沿，承担任务繁重，工作条件比院本部更艰苦，但考核上并没有体现出这种差异性，不利于激发人民法庭主审法官的办案热情。三是考核尚未体现不同部门工作内容的差异性。宝安法院设有速裁法庭。虽然速裁案件相对简单，但是速裁法庭的主审法官办案量却达到了 800 件到 900 件，要高于其他主审法官一倍到两倍，辛苦程度明显高于其他主审法官。绩效考核对他们没有相应的特别措施。为了保证案件质量，宝安法院建立了重点案件判前评查制度，安排审判监督庭、审判管理办公室四名主审法官对重点案件，在裁判文书印制前进行评查。他们的工作量比一般主审法官更多，责任也更加重大，对他们在绩效考核时如何予以特殊对待，也没有相应的规定。

2. 对主审法官指导作用的评价问题。在改革中，主审法官承担了大量的责任，主审法官指导不力、监督不到位而导致其审判团队工作出现差错的，主审法官承担相应责任。但什么是指导不利，监督不到位，很难在考核中具体量化。在一个审判团队中，普通法官自己签发自己办理的案件，主审法官没有权利干涉，否则就违背了“让审理者裁判，由裁判者负责”的改革初衷。但是，一旦普通法官出现了差错，主审法官还要承担责任。主审法官承担什么责任，在哪些情况下承担责任，这些在《法官及审判团队考评办法》中没有规定，实际操作中也无从下手。主审法官对于普通法官出现差错没有必要的管理手段，还要求主审法官对于普通法官出现差错承担责任，显然是不科学的。

3. 绩效考核与错案责任追究制的衔接问题。“法官行使权力。权力伴生责任。在这一个理性组织起来的社会中，两者之间存在一定的均衡。”① 在此，为了界定法官承担的责任，必须界定主审法官、基于主审法官审判团队组成的合议庭绩效考核与错案责任追究制的衔接问题。即主审法官或者合议庭一旦出现错案，那么在考核上如何体现。目前，宝安法院已经有了法官办案责任追究办法，但是与主审法官、基于主审法官审判团队组成的合议庭绩效考核机制缺乏衔接。主审法官被追究错案责任后，如何在绩效考核中予以体现，并没有相关的规定。由于目前宝安法院的法官办案责任追究办法对于合议庭办错的案件，如何确定主审法官、法官、审判辅助人员之间的责任，规定的不详细，使得在法官及审判团队考核办法中，对合议庭办错的案件如何进行责任追究未作规定，影响了考核的科学性和严肃性。

（三）法官档案制度尚未建立

在改革方案中提出，建立法官档案制度，法官档案全面记载法官的办案业绩、行为规范、职业道德等情况，用于对法官的绩效考核。但相关规定还不详细，使得法官档案制度尚未建立，影响了考核的公信力。审判团队组成人员中的法官有三类群体，主审法官、普通法官和初任法官，他们都需要建立法官档案。建立法官档案，对法官业绩进行记载和评价，是对审判团队考核的重要内容，也是对基于主审法官审判团队组成的合议庭考评的重要内容。但目前法官档案的建立及运用主要面临以下困难：

1. 法官档案建立与管理。一是法官档案建立的责任部门不明确。法官档案，应该完整反映法官的办案业绩、行为规范、职业道德等方面的情况，这项工作涉及三个部门，即审判管理办公室、监察室、政治处，到底哪个部门承担具体的工作任务，尚未明确。二是法官档案管理的责任部门不明确。政治处掌握法官基本情况，审判管理办公室掌握法官的案件质效情况，监察室掌握法官遵纪守法情况，一个完整的法官档案，应该记载这三部分的内容，才能有效发挥对法官进行动态监督、动态评价的预期作用。法官档案管理的责任部门应该有能力协调这三个部门的工作部署，才能确保法官档案记载的及时性、真实性。但审判管理办公室、监察室、政

① 莫诺·卡佩莱蒂：《比较法视野中的司法程序》，徐昕、王奕译，清华大学出版社 2005 年版，第 81 页。

治处业务是平行关系，没有工作交叉，很难明确哪个部门应该是法官档案管理的责任部门。三是法官档案管理的责任部门与业务部门关系不明确。法官档案既是对法官业绩的记载与评价，也是对法官行为上的一种监督，法官对此可能产生抵触情绪，进而实施抵触行为。一旦法官对法官档案建立和管理工作实施抵触行为，由于法官档案管理的责任部门与业务部门并无隶属关系，故无权对这种抵触行为进行惩处。法官档案管理的责任部门如何推进工作成为一个难题。

2. 法官档案的记载内容。理论上，理想的做法是法官档案应当包含法官执法个案登记表。法官执法个案登记表内容涵盖案件基本信息、审理执行、案件质量评查、接访当事人、判决后当事人的申诉再审、执行情况以及遵守廉洁自律规定等方面的情况，用于对法官的每一次执法办案活动、每一个案件的审理执行进行动态监督和动态评价。但是宝安法院案件总数太大，案多人少矛盾特别突出，如果实行一案一登记，不论是法官还是法官助理，均没有这样的时间和精力。如果不实行一案一登记，又难以发挥法官档案的动态监督、动态评价作用，无法为领导了解法官的办案质效提供参考。

3. 法官档案的运用。建立“法官档案”，目的在于通过加强对法官执法办案活动和案件审理、执行过程中的监督，把监督的关口前移，对苗头性、倾向性问题早发现、早提醒、早预防，防止小事演变成大事，苗头性问题转变成违法违纪问题。但是，如何从执法档案中发现问题，则是现实操作中的一个难题。每个法官在填表的时候，只会填写自己遵守纪律，勤勉办案的内容，那些苗头性、倾向性问题根本不会体现在法官档案中，使得法官档案很难发挥预期的效果。

（四）辅助人员绩效考核的规定尚不完备

1. 对辅助人员作用认识不到位。合议庭中辅助人员的作用很大，特别是其工作量与主审法官的工作量呈正向相关关系。一旦主审法官工作量加大，辅助人员的工作量也随之加大。评价合议庭中辅助人员的工作业绩，也是评价主审法官工作业绩的重要组成部分。很难想象，一个主审法官的辅助人员如果玩忽职守，不负责任，主审法官反而审判业绩出众。从这个角度上说，他们不仅是工作量上呈现出正相关的关系，工作质量上也呈现出正相关的关系。但考核实践中，主要将焦点集中于主审法官，对辅助人员的作用认识还不到位。

2. 对辅助人员的考核指标较少。改革前，对于法官的考核指标问题，宝安法院研究的比较多，设计的也比较多，改革后，直接适用于主审法官和普通法官的考核，运行还比较顺畅。但是对于合议庭中辅助人员的考核，改革前研究的少，设计的指标也相应的较少，改革后也没有增加新的指标，使得辅助人员的评价指标比较少。特别是对主审法官与辅助人员的配合情况，缺少能够反映的指标，难以评价其工作业绩。

3. 对辅助人员的考核指标设计粗糙。辅助人员的评价指标不仅少，而且设计的比较粗糙，如订立卷宗、报结案件、裁判文书上网、归档等工作，评价标准模糊，可比性不强。因此，关于审判辅助人员绩效考核的相关规定，还需要进一步细化。

（五）主审法官、合议庭绩效考核程序尚不完备

1. 参与主体不够广泛。目前，宝安法院的考核主体是法官绩效考评委员会，其成员均为本院的人员，缺少人大代表、政协委员、外单位专家、律师代表和其他社会人员的参与，属于自唱自戏。这种做法不利于提高社会大众对于法官考核的关注度，不利于提高法官职业的影响力。与某些法治发达国家或地区相比，公众参与程度还比较低。比如美国的犹他州，其法官考核主体是犹他州司法绩效评估委员会。法定成员为13人，由参议院议长与众议院议长各任命2人，其中各有一名委员可以为犹他州律师协会的成员；由州最高法院与州长各任命4人，其中至少1～2名委员为犹他州律师协会的成员；最后一名委员为犯罪与未成年人司法委员会执行理事。每个任命主体在任命委员时，应当保证来自同一政党的人员不超过半数。在任的议员与在职法官不能被任命为委员。[①] 这些举措不但提高了法官考核的透明度和公信力，也为营造公众关心司法、关注司法的氛围发挥了积极作用。

2. 参与职能部门过多。目前，宝安法院法官绩效考评委员会下设办公室，作为日常办事机构。办公室设在政治处，考核工作人员由政治处、审判管理办公室、审监庭、监察室、机关党委办公室、办公室、研究室、立

① 夏南编译：《美国犹他州司法绩效评估制度》，载《人民法院报》2013年5月10日第8版。

案庭、信访室等部门工作人员组成。参与职能部门过多，形成了“九龙治水”的现象，很容易出现工作越位和缺位的现象，加大了协调组织考核工作的任务量，降低了工作效率。

3. 沟通机制尚未建立。一是参与考核部门间沟通机制尚未建立。有的事件，被不同部门按照不同指标计算了两次，造成重复劳动；有的事件，本来具有评价主审法官和合议庭工作的意义，却因为处于不同指标的边缘，导致哪个部门都没有考核，没能发挥评价作用。二是考核者与被考核者之间的沟通机制尚未建立。绩效沟通是绩效管理的核心，是指考核者与被考核者就绩效考核反映出的问题以及考核机制本身存在的问题展开实质性的沟通，并着力寻求应对之策。绩效沟通既是提高组织凝聚力的重要手段，也是完善绩效考核制度的有效途径。从实证上看，宝安法院的绩效沟通做得还不够。由于考核指标太多，考核标准比较复杂，考核程序比较繁琐，很多主审法官及团队成员根本不了解考核内容，对于怎么考、考哪些内容，尚未了解。理想的沟通机制，应该是考核者要让被考核者充分理解考核结果，并对被考核者的优秀之处、不足之处，给予一一指导与帮助。考核绩效时，评分理由一定要充分，让双方观点达成一致。但宝安法院的考核沟通机制尚未建立。三是考核的权利救济体系尚未建立。没有救济就没有权利。在考核中，应给予被考核者以复议权力，即考核结果出来后，被考核人对考核结果不服的，可以向院法官绩效考评委员会提出复议申请；院法官绩效考评委员会应安排重新审查考核结果，如果确有错误，应当予以撤销。这种制度尚未建立，一定程度上侵害了被考核人的知情权和参与权。特别是在人民法庭，由于其运行有相当的独立性，而院法官绩效考评委员会设在院本部，人民法庭的主审法官获得院法官绩效考评委员会的信息较少，对考核的知情权更加难以保障。

（六）主审法官、合议庭绩效考核的配套激励机制尚待建立

2014 年，宝安法院共受理各类案件 57732 件，办结 54230 件，同比分别上升 28.08％和 24.98％，一线法官人均办案数达 398.75 件，案多人少矛盾非常突出。近三年以来，宝安法院以占全市法院 14.89％的法官，办结了全市 24.6％的案件，审判任务十分繁重。为完成繁重的审判任务，加班已经成为主审法官和审判团队成员的工作常态，夜间法庭、假日法庭也日渐成为新常态。主审法官长期处于“白加黑”“五加二”的超负荷工作

状态，同时还要应对涉法涉诉上访缠访问题，承受着极大身心压力。审判权运行机制改革后，主审法官承担了大量的工作任务，不但要对自己所办案件负责，还要对整个团队所办案件的质效负责，责任大大加重。因此，亟待建立配套的激励机制，以实现权责利的统一。宝安法院在改革中，制定了配套的法官办案经费保障机制，拟对积极完成审执任务的审判团队及主审法官，给予一定的物质激励，但这项制度尚在准备之中，亟待建立。

四、完善主审法官、合议庭绩效考核的思路和建议

（一）统一全市的主审法官、合议庭绩效考核的规定

目前，我市两级法院已经全面启动健全审判权运行机制完善司法责任制改革，但各个基层院以及市院，对于主审法官、合议庭绩效考核的规定各不相同，在考核指标、考核方法、组织实施等方面，都存在着很大的差异，这容易造成认识上的混乱，妨碍主审法官、合议庭绩效考核制度的作用发挥。建议市中院尽快出台全市适用的、统一的主审法官、合议庭绩效考核规定。这既有利于推动工作的开展，也是配合区级法院人财物由市中院统一管理改革的需要。用同一把尺子评价不同法院之间主审法官、合议庭的工作业绩，有利于与法官遴选制度相衔接。基层法院的法官在被遴选到市中院工作前，需要对其工作业绩进行评价。如果标准不统一，按照甲法院的标准评价为优秀的A法官，可能按照乙法院的标准评价仅为称职，当他和来自乙法院评价为优秀的B法官竞争的时候，B法官的竞争优势就没法体现，形成不公平的竞争。

（二）进一步完善主审法官、合议庭绩效考核的相关指标

1. 尽量采用更具有实质性内容的指标。现行的主审法官、合议庭考核办法，为求客观性和可操作性，多以行为结果数量作为考核的指标，如办案用时、调解率、上诉率等。这些指标对于具体个案的评价往往与指标设计者的初衷相反。如某些简单案件，如果当事人为人比较固执，办案用时未必就短。对于上诉权，本来就是当事人的权利，将其转化为法官的评价指标不合理。法官并没有权利要求当事人不上诉。甚至部分法官为了当事人不上诉，还会在判决中一味迎合当事人的诉求，进而损害法律的尊严。

法官不是体力劳动，评价法官的工作，建议尽量采用更具有实质性内容的指标。如知识掌握程度、法律应用能力、廉政度、勤勉度、公正度等。

2. 进一步细化相关指标统一性和可比性。要建立分类评估体系，即对法院的民事、商事、刑事、行政、执行等案件类型进行分别评估，同时，对于速裁庭、少年庭等具有特殊工作特点的部门，在指标设计上要与其他部门不同，切实体现工作特点。少年庭的辅导、帮教，速裁庭极多的办案任务，这些工作均应在考核中予以体现。对于在审判管理办公室、审监庭工作的主审法官，要合理确定评价指标，体现其工作特点。同时也可尝试对人民法庭的指标进行单独设定，单独评估，使得指标更加符合人民法庭的工作特点。

（三）进一步细化主审法官、合议庭考核的具体规定

1. 明确主审法官的责任边界。普通法官办理的案件，应该由普通法官自行承担责任，才符合“让审理者裁判，由裁判者负责”的改革初衷。主审法官对普通法官出现错误的案件，缺乏必要的管理手段，让其承担责任是不科学的。建议明确规定“主审法官只对自己办理的案件和审判团队整体质效负责，不对普通法官自行办理的案件负责”，避免出现主审法官没有过错却承担责任的情况。

2. 建立法官档案制度。建立法官档案制度，有利于对主审法官、普通法官进行长期绩效考核。建议从三个方面来建立法官档案制度。一是明确法官档案管理部门。根据法官的工作特点，建议由法院政治部门负责法官档案的建立管理。二是明确法官档案的记载内容。法官档案除了法官执法资格证明文件、法官年度执法登记表及相关材料外，还设置一份法官执法典型案件登记表，由法官按月填报。法官在每个月所办的案件中，选择一件典型案件填报，内容涵盖案件基本信息、审理执行、案件质量评查、接访当事人等方面。这样既避免了一案一填造成的工作量大的难题，又可以帮助法官总结典型案件办理经验，提高法官司法实务水平，并有效评价法官工作业绩。三是明确法官档案的检查机制。建立常态化的法官档案检查机制，对填报内容不实的法官，予以批评教育，并要求其重新填写法官档案。

3. 明确辅助人员的业绩指标。审判辅助人员是主审法官审判团队的重要组成部分。他们的工作业绩也是整个团队工作业绩的重要组成部分。建

议对审判辅助人员的工作任务，如接待当事人、办理委托鉴定、送达诉讼文书等进行研究，尽快出台相关指标，科学评价审判辅助人员的工作业绩，提升其工作积极性。

(四) 进一步完善主审法官、合议庭考核的相关程序

1. 扩大绩效考核的参与主体。对于主审法官、合议庭绩效考核工作，公众参与程度不够高。各基层法院承担对主审法官进行绩效考核任务的考评委员会，其成员均是本院的法官，造成了考核公信力不够。在全市法院人、财、物由市中院统一管理的大背景下，建议法官考评委员会成员，吸收人大代表、政协委员、外单位专家和律师代表等参加。《法官法》第49条规定："法官考评委员会的组成人员为五至九人。法官考评委员会主任由本院院长担任"，就条文上，并未限制外单位的人员参与考评委员会。事实上，包括宝安法院在内，我市很多基层法院的主审法官选任委员会，都有人大代表、政协委员、外单位专家和律师代表参加。这无疑增加了司法与社会公众的互动，让公众更加了解司法、信任司法。既然主审法官选任委员会可以有人大代表、政协委员、外单位专家和律师代表参加，主审法官考核作为法院内部与主审法官选任同等重要的工作，其主持机构——考评委员会也应吸收人大代表、政协委员、外单位专家和律师代表参加。

2. 增加考核结果的文字表述。现在主审法官、基于主审法官审判团队组成的合议庭考核的结果，基本上是用分数来表达。但是对于一个人的工作能力和工作态度，很难用分数进行准确的描述。分数只能总体上让人感觉好与不好，很难直观反映具体的问题。建议在考核中，增加考核结果的文字性表述内容。被评价人通过阅读，能更好地了解自己的不足，明确今后的努力方向。

3. 建立考核沟通交流机制。参与考核的各部门要建立沟通机制，防止重复劳动，避免工作盲点。同时，要建立考核者与被考核者之间的沟通机制。被考核者对于考核内容或者考核结果有异议时，有反映其意见的程序。考核结束后，应该由考核者与被考核者充分沟通，帮助被考核者理解考核结果，并对被考核者的优秀之处予以点评，不足之处予以说明，帮助被考核者进步，全面发挥考核结果的作用。

(五) 进一步完善主审法官、合议庭考核的配套措施

理想的考核制度，应该配以激励措施。缺乏激励措施配套的考核机

制，难以发挥预期效果。主审法官和合议庭绩效考核制度也不例外。审判机关与地方部门不同，但其工作的专业性往往被地方忽略。因此，建议争取政策支持，设立考核奖金，奖励完成考核任务的主审法官和审判团队，从而体现绩效考核的价值。奖励的区分度要适当拉大。只有配套的激励措施真正显现出激励性，绩效考核制度才能更好地发挥作用。目前，福田法院已经进行了积极的探索实践，对完成办案指标的审判团队每年给予一定的经费用于考核激励，有效地提升了法官办案热情，提升了办案质效，取得了广泛的社会影响和良好的社会评价。在区级法院人、财、物很快就要由中院统一管理的大背景下，建议市中院积极协调，为全市法院争取激励保障经费。

结语

健全审判权运行机制完善司法责任制改革是一个全新的课题，与其相伴而生的主审法官、合议庭绩效考核也是一个全新的课题，他既脱胎于传统的法官绩效考核，又有自己全新的特点。本调研只是以宝安法院业绩评价制度为蓝本，对主审法官、合议庭绩效考核进行的实证性研究。希望在这个课题上，能够有更多的研究成果，为完善主审法官、合议庭绩效考核提供更多的经验和思路，促使主审法官、合议庭绩效考核制度更好地发挥评价、激励作用，推动人民司法事业的新发展。

法官办案辅助机制研究

——以配置法官助理为切入点

广州市中级人民法院课题组*

法官是人民法院的主体。促进司法公正、提升司法公信力，基础在于法官职能是否充分发挥，法官主体地位能否凸显。目前，法官办案辅助力量配置严重不足、法官精力过多消耗于事务性工作，成为制约我院审判质效的重要原因之一。为此，我院组成了专门的调研小组，以法官助理制度改革为突破口，总结了我院现行办案辅助机制存在的问题，同时借鉴国内外法院的相关经验，以期探索建立“1∶1∶1”（即1名法官配1名法官助理、1名书记员）模式，破解案多人少的难题。

第一部分　我院现行法官办案辅助机制的检视

一、我院法官办案辅助机制的总体情况及辅助人员管理模式

（一）总体情况①

1. 全院共有法官330人（审判员233人、助理审判员97人），其中一线办案法官（含业务庭领导，下同）274人；办案辅助人员中的政法编书记员79人、聘用制书记员117人，合计196人。

2. 全院共有28个部门，其中审判执行部门16个。2012年度，全院审

---

* 课题组长：刘年夫，副组长：田绘，成员：彭亮、刘自正、黄小迪、杨守广。

① 截至2013年4月30日。

理案件总数为35323件，一线办案法官人均结案122.65件。

3. 我院一线办案法官与办案辅助人员的总体比例约为1∶0.7，单个办案合议庭（以3名法官计）的实际办案辅助人员约为1.8人。[①]

（二）我院办案辅助人员的配置模式

目前，我院各业务庭对办案辅助人员的职能划分和管理模式并不一致，因各自业务性质和习惯做法的不同而有所不同。可分为以下几种：

1. 法官助理管理模式。[②] 在该模式中，政法编书记员（法官助理）和聘用制书记员的职能划分是相对明确和固定的。法官助理固定跟某一个或几个合议庭，负责合议笔录的记录和整理、外出调查、诉讼保全、调卷等工作，并且每月要整理一定数量的案件开庭提纲和起草一定数量的裁判文书；聘用制书记员一般固定跟若干名法官，负责庭审记录、通知当事人、宣判、归档、退费结算、开具生效证明等事务性工作。在人员组合和管理方面，商事庭的法官助理与其所在合议庭的聘用制书记员组成工作小组，聘用制书记员作为所跟案件的一级负责人，法官助理作为二级负责人，法官助理负责管理本组聘用制书记员工作，在聘用制书记员休假或工作冲突时及时对本组人员进行调整或补位。在民事庭，则由内勤负责全庭法官助理和聘用制书记员的日常管理和调配工作。

2. 书记员管理模式。在该模式中，政法编制书记员和聘用制书记员的职能相对一致，统一负责审判之外的所有辅助性工作。而在对庭审记录要求较高的业务庭，尤其是刑事审判庭，书记员岗位下又分设速录员和跟案书记员，速录员专司庭审记录；跟案书记员则负责庭审记录以外的辅助事宜。在人员管理方面，有合议庭自行管理和业务庭统一调配两种做法。

3. 混合管理模式。所谓的混合管理模式，就是在辅助人员缺乏的情况下因事设人，每个书记员负责的事项都不尽相同，而且所负责的合议庭亦可能随时调配的一种模式。如行政庭仅有2名政法编书记员，主要负责协助法官制作合议笔录、起草裁判文书等工作，其中一人还负责信息报送工作，并兼任一名庭领导的全部书记员工作，另一人则负责全庭的借卷、退卷工作；而聘用制书记员基本负责了一个乃至多个合议庭的全部书记员

① 该数据考虑每个业务庭约有2名书记员担任业务庭内勤的情形。

② 我院曾于2003年在民二庭开展法官助理试点，后因诸多原因并未全面推行，但是有些业务庭还是保留了相关做法。

工作。

二、现行法官办案机制存在的问题

整体而言，我院现行的法官办案机制因庭制宜，没有固定模式，基本维系了我院审判业务的运行，但仍然存在以下问题：

（一）办案辅助人员数量无法适应日益增长的司法需求

1. 办案人员任务过重。2012 年，我院共受理案件 39142 件，办结 35323 件，同比分别增长 10.43％和 11.33％。法官和办案辅助人员长期处于加班加点超负荷工作的状态。以 2012 年为例，除了平时自愿加班外，从 9 月份开始，我院要求法官每周加班 10 个小时，不少法官甚至每周加班达 15 至 25 小时。期间，不少聘用制书记员亦自觉同步加班以配合工作。工作强度与我省其他中院相比明显过重。如深圳中院有办案法官 227 名[①]，2012 年审结案件 26201 件，配备聘用制法官助理[②] 160 名和聘用制书记员 209 名，办案法官与办案辅助人员比例为 1∶1.63。佛山中院办案法官 109 名，2012 年审结案件 18145 件，配备聘用制书记员 170 名，办案法官与办案辅助人员比例为 1∶1.56。东莞中院办案法官 98 名，2012 年审结案件 13596 件，配备聘用制书记员 107 名，办案法官与办案辅助人员比例为 1∶1.09。从结案方面来看，2012 年我院人均结案 122.7 件。比深圳中院的 115.4 件略高[③]，但比佛山中院人均 166.5 件、东莞中院 138.7 件低。但是如果按照办案法官加辅助人员的总人数来平均，我院的总体人均办案 67 件，远高于深圳的 44 件、佛山的 65 件以及东莞的 66 件。

由此可见，办案辅助人员不足是我院干警工作压力较大，但是办案绩效无法在排头兵指标上体现的重要原因之一。

2. 制约办案质效。因办案辅助人员不足而影响审判进度的问题在我院十分突出，法官自行送达、整理合议笔录、归档的情形屡见不鲜。对此，

---

① 在深圳中院调研的数据为结案 26201，法官 318 人，有审判职称的为 249 人，可能统计节点不一样，数据有点出入，但是相差不大。

② 包括政法编人员及政府雇员。

③ 在深圳中院调研的数据为结案 26201，法官 318 人，有审判职称的为 249 人，可能统计节点不一样，数据有点出入，但是相差不大。根据这个数据计算，深圳中院人均办案 105.2 件。

在市两会召开期间，已有多名人大代表和政协委员对法院如何在案多人少的情境下保证案件质量表示疑虑和担忧。

3. 队伍稳定性堪忧。法院工作压力的日益增大，直接导致人员的严重流失。从 2011 年起算，我院调离、辞职的干警有 32 人；辞职的聘用制书记员有 48 人，原因大多与工作压力过大和待遇偏低有关。

4. 难以应对新诉讼法的实施。2012 年修改的《刑事诉讼法》《民事诉讼法》均明确以“开庭为原则，不开庭为例外”，从而大幅扩大了刑、民事二审案件开庭审理的范围，导致我院二审案件开庭审理数量激增。以 2011 年数据为例，二审刑事案件结案 1378 件，其中开庭 39 件；二审民事案件结案总数为 14232 件，开庭 150 件，若按照新诉讼法的要求，二审刑、民事案件开庭数将分别为 1001 件和 12809 件，增幅达 24.6 倍和 84.4 倍。此外，新《刑事诉讼法》关于庭前程序、证人强制出庭制度等程序的精细化规定，新《民事诉讼法》关于公益诉讼、小额诉讼、第三人撤销之诉、行为保全、担保物权的实现等多项重大诉讼制度的新规定，进一步增加了法院的工作量。工作任务与人手短缺之间形成的“剪刀差”，将使我院长期以来面临的案多人少矛盾进一步凸显。

（二）办案辅助人员管理不规范

1. 权责不清。由于办案辅助人员严重不足，直接导致其工作职责不清。在有的业务庭，政法编书记员实际上履行的是法官助理的职责；而有的业务庭，政法编书记员和聘用制书记员一样跟案；即便同样是政法编书记员，其往往也因为各个业务讲究人员配备和工作需要的不同，而从事不同性质的工作，聘用制书记员之间也存在类似情况。简言之，对于不同性质辅助人员的职责，并没有科学规范的统一标准，“同职不同责”“同工不同酬”的现象较为突出。

2. 法官后备力量培养不足。现我院招收的政法编制书记员要求均为法学专业研究生学历，并且通过司法考试，具有较高的素质。但是因为法官助理制度未全面推广，政法编制书记员仅仅从事送达、案卷装订等事务性工作，一方面未能全面接触案件的审理，不能为以后法官职业生涯做好铺垫[1]，另一方面其专业优势亦未得到充分发挥。

（三）办案辅助人员素质有待提升

目前，我院招收的聘用制书记员要求仅为法律专业大专学历。从实际情况来看，人员素质参差不齐，有时会因为辅助人员的问题影响合议庭整体工作效率；合议庭之间结案不均衡，辅助人员的工作量也不均衡。近年招录的聘用制书记员庭审记录水平普遍跟不上要求，而此前由速录员转任的聘用制书记员又陆续辞职，导致庭审记录、合议庭记录等质效低下，影响结案。

（四）办案辅助人员待遇明显偏低

2004 年以来，我院聘用制书记员经费一直由市财政按照每人每年 4 万元予以保障。在缴纳社保等费用后，每月实际可支配收入约为 1800 元左右。2012 年 4 月，市政府第 13 次常务会议决定我院 90 名聘用制书记员的工资按交通协管员的待遇执行，经费标准从每人每年 4 万元调整到 4.42 万元。与之形成鲜明对照的是，深圳中院政府雇员类法官助理按照每人每年 8 万元保障经费，聘用制书记员按照每人每年 6 万元保障，佛山中院和东莞中院聘用制书记员（均属政府雇员性质）按照每人每年 5.5 万元保障。

综上，要打破案多人少的瓶颈，切实提升审判质效，在现行法官编制无法大幅增加的情况下，必须从增加办案辅助人员数量、优化人员分类管理、提升办案辅助人员素质上寻求突破口。

第二部分　法官助理制度改革情况简介及经验借鉴

实行法官助理制度改革是增加办案辅助人员数量、优化人员分类管理、提升办案辅助人员素质的有效途径之一。我国从 1999 年就开始对法官助理制度进行了探索改革，多家法院进行了试点。在国外，法官助理制度更已成为一项运行良好的成熟制度。

---

① 如深圳中院目前就面临新提的助理审判员由于缺乏驾驭庭审的经验，即使本科生经过 5 年，研究生经过 3 年被提任命为助理审判员，也要再经过 2 年才能主持庭审的尴尬问题。

一、法官助理制度改革的国内探索

作为法院人员分类管理的重大改革措施与法官职业化建设的重点，国内许多法院对于法官助理改革进行了有益的探索。但由于法官助理制度在法律上没有规定，学界对此的理论探讨亦较少，各个法院对法官助理制度的内涵和外延理解也不一致，因而形成了改革目标不一、改革深浅不一的多种模式。

（一）以法官助理的改革目标进行分类

我们可以将其分为以探索“确立法官员额制度”为目标的法官助理制度改革，和以“增设办案辅助人员”为目标的法官助理制度改革两类。

1. 以探索“确立法官员额制度”为目的。以“确立法官员额制度”为改革目标，就是将法官员额制度与法官助理制度改革相结合，直探法院人员分类管理改革的深水区。① 在这种模式下，改革的远程目标就是要确定一定比例的法官员额，通过法官遴选制度，变原来的法官人人办案为主审法官办案，落选主审法官的选任为法官助理。目前，省内较具代表性的改革模式主要有：

(1) 主审法官模式——建立“主审法官1＋法官助理1＋书记员1”的综合审判组织，以阳西法院为代表。具体做法为：一是成立主审法官选任考核领导小组，通过考试、考评、考核的方式遴选一定数额的法官。二是按照一定的任职条件从落选的审判员、刚通过国家司法考试获助理审判员资格的人员或其他符合条件的人员中选任法官助理。三是根据条件确定相应的书记员。四是根据双向选择兼顾平衡以及回避的原则组成“1＋1＋1”审判组织模式。五是明确职责。主审法官的职责是主持庭审，作出裁判，签发文书，重大案件调解；法官助理负责调查收集证据，审查诉讼材料，接待安排案件当事人等程序性工作，在主审法官的授权下主持庭前调解，帮助起草法律文书等事务性工作；书记员负责安排开庭、记录、归档。六是量化各项工作指标和考核标准，将考核结果与干部晋升、年终奖金挂

① 即人民法院“一五”目标中涉及的“有计划有步骤地确定法官编制；对法官配备法官助理和取消助理审判员工作进行试点；改革法官来源渠道，逐步建立法官遴选制度；推行审判长选任制”。

钩。实行“一年一考核，三年一选任”制度，经考核不能胜任审判工作或受到处分的主审法官，一律调离岗位，由符合条件的审判人员补缺。七是强化保障。在政治待遇方面，被选任的主审法官可获得优先晋升机会，同时对各类人员给予相应的经济补贴。阳西法院从2007年开始改革后，反映效果良好。这种模式和2004年最高人民法院对于试点法院的要求基本一致。①

（2）审判长负责制模式——建立“审判长＋合议法官＋办案辅助人员”的综合审判单元。由于在主审法官模式下，落选主审法官的不再具有法官身份，导致改革面临法院内部既得利益重新分配的巨大阻力以及免除现有法官身份的合法性问题。为避免改革阻力，很多法院另辟蹊径，转而探索以审判长为中心的审判长负责制，建立“审判长＋合议法官＋办案辅助人员”新型审判单元制度，虽保留现有审判人员法官身份，但强化了审判长职能，弱化合议法官的职能，逐步向法官单独序列管理体制过渡。在这个模式下，又以佛山中院模式（未设置法官助理）和深圳福田法院模式（设置法官助理）为代表。

（3）佛山模式——建立“审判长1＋合议法官2＋书记员2”的审判长全面负责制。近年来，佛山中院亦对法官助理以及审判长负责制改革进行了一系列的调研，最终摸索出一种“审判长＋合议庭法官＋书记员”的审判长责任制模式。在该模式中，审判长是合议庭的组织指挥者，全部案件都挂在审判长名下，审判长必须亲自参与庭审、主持案件评议、指定合议法官起草裁判文书、签发裁判文书并且对案件质量负最终责任，庭长不再负责案件的审批；合议法官在审判长指挥下，从事庭前准备、开庭审理、评议案件、撰写裁判文书以及审判长交办的其他事项；书记员则完成送达法律文书、调查取证、庭审记录、案件归档等工作。从该职能分工看，合议法官的职能实际上被弱化为法官助理，只是为了避免取消法官身份造成的影响，而保留了法官的身份。在改革过程中亦有人提出，从现有的书记员队伍中择优选择部分担任法官助理，配合审判长、合议法官从事送达、调查取证、财产保全等审判辅助事务，而书记员则专职从事庭审记录、案

① 据了解，从1999年至2002年间，山东青岛中院、江苏常州中院亦探索过“主审法官制度”改革，通过选任减少法官数量使法官队伍走向精英化。但由于该项改革对队伍的稳定性造成一定冲击，受到部分调离审判岗位法官的抵制；而且原来主审法官的特殊津贴无法落实，上述两中院的改革最终难以为继。

件归档等工作。但是，由于该院的办案辅助性事务不多且书记员数量有限，在书记员职能下再设置法官助理的必要性受到了质疑。最终在改革中亦未设置法官助理。

(4) 深圳福田模式——建立“审判长1＋合议法官2＋法官助理3＋书记员4”新型审判团队。深圳福田法院于2012年7月初正式启动审判长负责制改革，近期目标是建立符合法官职业化发展方向的审判长选任机制，组建以审判长为核心、其他法官和辅助人员相配合的新型审判团队，逐步向法官单独序列管理体制过渡。改革的主要内容包括：一是实行审判长员额制，成立审判长选任小组，向院内、院外公开选任审判长。二是建立“1＋2＋3＋4”新型审判团队。打破现有业务部门的限制，对全院人员进行优化重组，按照1名审判长＋2名普通法官＋3名法官助理＋4名其他辅助人员（必要时辅以人民陪审员、法律志愿者等）的比例，以组建团队运作的模式办理案件，提高审判工作的专业化水平。

综上，上述几种以建立法官员额制度为改革目标的模式都强调“法官员额制”与“法官助理制”的结合，两者相辅相成。其改革理念是走法官精英化道路，强调以法官为中心，为有限数额的法官配备充足的辅助人员，让法官从繁杂的事务中解脱出来，由专业的精英专事审判。

2. 以“增设办案辅助人员”为目的。除了以“确立法官员额制度”为目标的法官助理改革外，有些法院的法官助理制度改革仅是在原有的书记员队伍中分设法官助理一职，通过新设岗位增加非政法编制办案辅助人员数量，缓和案多人少的压力。在这种模式下，法官员额暂不确定，以保持现有法官数量的相对稳定，既不会影响现有法官的身份、职级和待遇，也不涉及政法编制问题。

（二）以法官助理管理配置模式分类

按法官助理的管理配置模式不同，具体分为：

1. 合议庭固定模式。除了上述的深圳福田法院外，北京房山法院也是其中的典型代表，法官助理配备到合议庭，实行“3＋N＋1”模式，每个合议庭由三名法官组成，配备1名书记员，根据法官与法官助理的职责划分、辅助人员的储备及合议庭审理案件的性质来确定法官助理配备的人数。法官助理对整个合议庭负责，而不是对其中的单个法官负责。此外，房山法院还发展了“3N1＋1N1”大合议庭固定审判模式，前者主要审理普通程序案件，后者审理简易程序案件。

2. 法官中心模式。以四川泸州中院为代表，法官助理配备给具体的法官，在该名法官的指导下工作，1 名法官可以配备 1～3 名法官助理。

3. 混合模式。兼具上述两种模式的特点，以深圳罗湖法院为例，法官助理由立案庭集中管理，同时负责审判业务庭法官的办案辅助工作，在法官的具体指导下完成。如民商事案件程序法官助理分为三组，分别服务于三个民商事审判庭，各组法官助理与审判业务庭法官固定搭配，法官与法官助理已达到 1∶1 的对应关系。

二、法官助理制度的域外借鉴

基于现代法院的高效运转及权力分立行使的需求，世界各主要国家均采取审判职责和司法辅助职责相分离的做法，其中司法辅助职责交由特定机构和人员负责。

（一）英美法系法官助理的职责和管理模式

1. 美国法官助理制度。美国的法官助理被称为“不穿法袍的法官”。按照法院级别不同[①]，除了每个联邦法官有 1 名秘书外，联邦最高法院法官有 3～4 名法官助理、上诉法院法官有 1～3 名法官助理、地区法院有 2 名法官助理。美国联邦法院法官均设独立办公室，内有法官助理和秘书。美国司法委员会颁布的《法官助理行为准则》规定，法官助理与法官之间是雇员与雇主、学生与老师等多重关系。法官助理由法官自行决定，即法官助理挑选和工作职责由法官安排，但由财政预算支付薪金。

法官助理的职责在不同法官使用上有所不同且内容广泛，其主要职责有：（1）法律研究。主要是甄别与获取支持法官判决的信息和程序，包括找出与案件相关的法律问题；（2）草拟司法意见。草拟多数人意见书，还需要独立阐述适用法律理由。（3）撰写案情摘要，为开庭的口头辩论做准备。

---

① 美国作为联邦国家，法院体系分为联邦法院体系和州法院体系。联邦法院体系有一套固有规则，而各州基于历史原因其法院体系存在差异，但一般设有小型法庭、正式的初审法院和州最高法院三级。各州的法官辅助人员情况，总体上与联邦法院的法官助理制度类似。故在此主要介绍美国联邦法官助理制度。

美国法官助理制度存在以下特征：（1）法官的依附性。法官助理由法官录用和管理，对法官负责，具有很强的依附性；（2）来源定向性。基于法官精英化模式，法官助理也朝着精英化方向发展，美国最高法院88%的法官助理来自16所全美最好的法学院；（3）职责约定性。法官助理职责没有严格的规定，而是根据法官意愿，以及约定俗成的惯例；（4）经济待遇普通。法官助理不属于国家公职人员（类似于法科学生实习制度），法官助理待遇在法律职业群体中不具有优势；（5）职业流动性。美国法官助理任期一般为1～2年，离开法院后会进入著名的律师事务所工作。

2. 英国的法官助理制度。英国法院系统中，既有包括法律助理（Law Clerk）在内的其他类型的法官辅助人员，也有准法官型的助理法官（Assistant Recorders）。其中英国的法律助理由资深律师担任。英国商事法院最早使用法律助理，以协助法官在复杂的诉讼中进行法律调研及对诉讼文件进行整理和摘要。鉴于法律助理的使用取得了良好效果，英国近年来的审判方式改革中逐渐出现推广使用法律助理的趋势。英国著名法学家伍尔夫在其《论英国民事审判方式改革》建议，高等法院和上诉法院法官应当可以在自由选择的基础上拥有法律助理，并建议皇室法院（Crown Court of Justice）增加对法律助理的预算，以更多地使用法律助理，并认为这些法律助理必须是富有经验的出庭律师或事务律师。上议院法官和上诉法庭法官基本不配备法官个人助理。

（二）大陆法系法官助理的职责和管理模式

1. 德国法官助理制度。德国法院有数量庞大的司法辅助人员，包括司法公务员、书记员、执行官、缓刑监督官、法医、法警、司法行政人员等。其中，司法公务员相当于法官助理职位，是“不享有审判权的法官助手，在法官的指导下，协助法官完成判决以外的法律性任务”。

司法公务员的主要职责是协助法官完成判决以外的与审理案件有关的辅助性工作。《司法公务员法》对司法公务员规定了单独招录条件、职位晋升和保障等内容。司法公务员属于公务员序列，但资格要求高于普通公务员[①]，是公务员体系中的特殊部分，与法官职位有着严格界限。但是，

① 司法公务员的任职条件是：首先通过国家法官第一次考试（德国有两次国家司法考试），再由州政府录用为公务员，最后由联邦最高法院统一选拔为司法公务员；试用两年后，成为终身司法公务员。

联邦最高法院的法官助理，多是州高级法院所推荐的法官，其职责主要是审阅卷宗材料、查阅相关法律条文和案例等资料、向法官提出参考性意见、开庭时旁听、起草判决书等。

德国司法公务员管理模式的特点：（1）工作的独立性。由上级法院统一录用，向法院整体并非向法官个人负责，工作独立性强；（2）来源单一性，统一为通过第一次国家司法考试人员；（3）人员稳定性。德国出任法官必须通过第二次国家司法考试，如此两次司法考试的限制条件，客观上阻断法官助理和法官职业之间的转换；（4）职能法定性。《司法公务员法》对法官助理的职能、条件、待遇作了明确规定；（5）待遇相对丰厚。司法公务员是次高级以及中高级公务员，以保证这一群体的稳定性。

2. 日本法官助理制度。日本法院也有司法研究官、法庭书记官、家庭裁判所调查官、法庭速记员、法庭执行吏、裁判所事务官等不同种类的司法辅助人员。其中，法庭书记官相当于法官助理职位，其主要职责是制作有关诉讼文书和笔录、要求当事人提交书面文书证据、对判例和法令进行调查等。法庭书记官以自己的名义履行工作职责，并非直接受命于法官。

书记官一般从通过遴选考试的事务官中选拔，合格者要到裁判所书记官研修所进行为期1～2年的研修。书记官的管理属于裁判所内部的司法行政部门，在书记官中设立管理职位，监督管理其他书记官工作。①

（三）国外法院办案辅助机制的特点

1. 以司法工作日益繁重、收案持续上升为历史背景。“二战”后，西方乃至整个世界的诉讼数量与新的案件类型与日俱增，为应对案件大幅增长所带来的工作压力，各国普遍采用增加辅助人员的办法予以应对。以美国为例，“二战”后法官人均收案量最高达到930件，加上刑事诉讼和民事诉讼程序比较繁琐，法官工作量较大。这一时期法官助理制度飞跃发展，表现在美国上诉法院和地区法院的法官获准招聘法官助理。从1951年到1990年的40年间，美国联邦法院的法官人数增加了130％，而同期的辅助人员数量则增加了443％。

实践证明，法官助理在法律文书制作、法律问题研究、庭前准备、案件争议焦点归纳等方面发挥着很大的辅助作用，从而使法官能专心致志地

① 何家弘主编：《中外司法体制研究》，中国检察出版社2004年版。

投入到提升庭审驾驭能力和办案能力上去，提高单位时间内的结案数，保证审判质效。

2. 以审判工作及法官群体为核心。从历史经验看，在一个稳步发展的社会，作为社会纠纷裁判者的法官，必须具有深厚的法律素养、丰富的社会经验和高尚的人格。无论是英美还是德日，法官人数都控制在一定范围内，法官选任与晋升有着苛刻的条件与程序。而办案辅助人员制度是专为审判工作与法官群体而设计，是法官职业化和精英化的重要保障。如美国联邦最高法院只有9名大法官，每年却审判5000件左右的上诉案件；联邦上诉法院每年处理近4万件案件，仅有不到200名法官，如果没有大量办案辅助人员的参与是难以完成的。

法官助理制度意味着审判职能的事务分层、法院人员的专业管理。在保持法官群体稳定的基础上，大幅度增加法官助理等办案辅助人员，成为各国应对案件数量飙升、案件审理难度增大的共同选择。

3. 司法内部分工细致和科学化。从上述四国的情况看，美国法院的辅助人员配备数量和类型最为丰富，有审前事务官、假释官、法官助理、院内法律助理、法院书记官、法庭助理、法庭传达员、秘书、法庭书记员等10多种，法官与辅助人员固定搭配，关系协调有序。因此，在美国当事人的印象中，美国法官总是在一群助手的簇拥中。德国法院也设置了各种类型的法律助手、事务助手以及其他服务人员，其职责范围主要是协助法官做好判决以外但与审理案件有关的辅助性工作，如立案事务、计算收取诉讼费、办理遗产继承顺序、确认亲子鉴定、依据判决查封拍卖不动产、计算羁押期等。

4. 法官助理素质要求较高。基于法官助理直接从事法律研究、撰写案情摘要、草拟法律意见与审判业务相关的工作，加之国外法官遴选遵循绝对精英化道路，因此其相应的法官助理素质也较高，如在美国绝大部分的法官助理都来自全美最顶尖的法学院；在英国法律助理必须是富有经验的出庭律师或事务律师，被任命为法律助理是律师具有高水准的昭示；在德国司法公务员要经历多次考试，并且要求和待遇都比一般的公务员高；在日本，书记官要通过遴选选拔考试且经历1～2年的研修。

第三部分　法官助理配置模式的选择及可操作性分析

我院结案压力大、任务重，办案辅助人员的数量与珠三角地区的其他法院相比严重不足，法官助理制度改革势在必行。法官助理制度改革在全国多家法院已经试行多年，在取得宝贵经验的同时亦出现了许多问题。有鉴于此，我们有必要取长补短，对于法官助理制度的改革目标、改革模式、改革措施以及相应的保障措施作进一步的思考和选择。

一、确定切实可行的法官助理制度改革目标

如前所述，各试点法院在设定法官助理改革目标时，出现了两种路径。我们认为，改革目标的设定，应该根据制度设计的原意、本院的实际情况等多种因素综合考虑。

（一）政策依据

目前法官助理尚无明确的法律定位。法官助理制度的正式提出以最高法院制定的“一五”纲要为标志。《人民法院五年改革纲要》第33条规定：“随着审判长选任工作的开展，结合人民法院组织法的修改，高级人民法院可以对法官配备法官助理和取消助理审判员进行试点。”2002年《最高人民法院关于加强法官队伍职业化建设的若干意见》更加明确地规定，确定法官员额后，一些不能继续担任法官但符合法官助理条件的人可担任法官助理。

从最高人民法院上述措辞似乎可以推导出，建立法官助理制度的目的是为了取消助理审判员、实行法官员额制。通过设立法官助理职位从事审判辅助工作，一方面，可以减轻进而免除法官的事务性工作，保证案件的裁判权由具有深厚法律理论功底和足够实践经验的专门人员行使，保证审判质量，维护司法权威；另一方面，可以在保持法官数量相对稳定的前提下，满足社会诉讼发展的需要。

上述制度设计貌似理想，但《法官法》已经明确法官包括审判员和助理审判员。在法律没有修改的情况下，以法官助理代替助理审判员有僭越法律之嫌。因此，以实行法官员额制度为目标的改革应由上至下推动较为合适。反观，我院采取在不减少法官人数的前提下增加办案辅助人员的改革模式则更具可操作性。

（二）经验总结

如前文介绍的江苏常州中院，原有的审判员、助理审判员有一半因竞

争“职业法官”落选而改任法官助理，由于不再行使审判权，难免造成一定的心理落差；此外，由于审判任务繁重，部分法官助理实际上仍在办案，但不能在裁判文书上署名，由此带来的是实际办案人不能署名，积极性自然不高，被署名者怕承担责任也有想法。[①] 又如广东某中院的审判长负责制改革方案，提升了审判长的地位和待遇，但造成审判长与法官助理之间的贡献与利益分配不均，内部阻力很大，外部职能部门对提高审判长待遇支持力度也不大。由此观之，我国许多法院都曾经试点过以法官助理代替助理审判员或者法官员额制的制度改革，但最后都因为内部利益调整冲突过大、辅助人员不足、法官工作量倍增但待遇无法落实等种种原因导致改革难以为继。

（三）实际情况

我院处于沿海经济发达地区，是全省结案任务最重的中院之一。加之近年来收案的持续上升，我院现阶段审判人员的缺口较大，法官的人均结案任务相当繁重。如若将助理审判员调整为法官助理，将会进一步加剧审判人员紧缺的现象，同时也不利于法官队伍的稳定。因此根据我院的实际，不宜将法官助理与传统的助理审判员的性质、职责等同起来，更不宜以法官助理制度代替过去的助理审判员制度。

综上所述，我们认为，应从实现司法公正与效率的意义出发考虑法官助理的性质和定位，以增加办案辅助人员为改革目的，解决我院现行办案机制中的困难。

二、设立职权清晰的法官助理管理模式

设立法官助理岗位，意味着司法审判事务的重新分配。如何做到分工合理、职责分明，避免各类人员忙闲不均的现象，是法官助理制度顺利推行的关键。

（一）现行规定

对于法官助理的职责范围，最高人民法院曾经出台了《人民法院法官

---

① 辽宁省沈阳中院：《赴常州、昆明中院考察法官助理制的报告》。

助理管理办法（征求意见稿）》，该意见较为全面地归纳了法官助理的相关职责，与英美国家的法官助理职能亦有一定的相似性。但是因为该意见仅为征求意见稿，并未完全被各试点法院采纳；而且由于全国各家法院的办案任务、人员编制情况具有较大差异，不同层级、不同地域法院的法官助理职责无法统一，因此该管理办法最终没有正式下发执行。可见，法官助理的职责范围要与本院的实际情况紧密结合，切不可搞“一刀切”的改革。

（二）改革经验

法官助理改革遇到的主要困难之一，就是法官、法官助理、书记员的职能分工不清。[①] 具体而言：

1. 在法官与法官助理的分工方面。多数法院规定法官助理行使除由法官享有的开庭审理和裁判以外的一切权力，主要是配合法官办案，工作由法官根据需要安排，法官的主观随意性和个人喜好决定了法官助理该做什么不该做什么。这种模式的极端表现是法官助理完全成为法官的个人秘书，工作缺乏主动性，责任意识淡薄，使法官助理成为一种摆设，不仅降低审判效率，反而增加法官工作量。另外一个极端是法官助理变相办案，有可能损害判决质量。

2. 在法官助理与书记员的职能分工方面。《人民法院书记员管理办法（试行）》第2条[②]虽然规定了书记员的履职范围，但在实施过程中，由于对书记员职责中关于“庭前准备过程中的事务性工作”“法官交办的其他事务性工作”等规定和法官助理职责的表述区别不大，在一定程度上造成了法官助理与书记员之间部分职责的不明确。要么，就是选任的法官助理大部分仍从事原书记员的工作，并没有真正履行法官助理协助法官进行审

---

① 江苏高院认为，法官助理改革效果尚未得到多数人的认同，法官、法官助理、书记员的职责、权利容易混同，导致效率不高。江西高院认为，法官助理制度可操作性差，尤其是书记员恢复录用制后，法官助理与书记员职责不清，实施法官助理制度显得多余。深圳中院认为，法官助理和书记员分工后，法官助理由于无需记录庭审，因此缺乏庭审经验，不利于对以后成为法官的成长。佛山中院认为，中院的审判辅助性事务不多，且书记员队伍本身数量有限，没有必要在书记员序列下再设法官助理职务。

② “书记员履行以下职责：（一）办理庭前准备过程中的事务性工作；（二）检查开庭时诉讼参与人的出庭情况，宣布法庭纪律；（三）担任案件审理过程中的记录工作；（四）整理、装订、归档案卷材料；（五）完成法官交办的其他事务性工作。”

和判的职责；[1] 要么就是在法官助理不足的情况下，规定法官助理承担除庭审裁判案件及开庭记录、装订卷宗以外的一切工作，加重了法官助理的负担。[2]

根据上述两方面情况，我们认为，有必要对各类人员的职能作更为明确细致的分工，并将各类人员的职能纳入审判流程管理。

（三）实际情况

当前，合议庭是我院司法审判的基本组成单元，也是我院审判机制运转的核心。在合议庭单元内划分法官、法官助理以及书记员的职能较为合理，具体而言：

1. 法官的职能。主要负责案件的审理和裁判。因此，凡涉及裁判权行使的职责应由法官承担，如开庭审理、案件裁判（包括诉讼过程中的程序事项）、裁判文书签署、宣判等事宜。

2. 法官助理的职能。主要负责不涉及裁判权行使、但具有明显专业性、需要法律思维活动的审判业务性工作。一是程序性辅助工作，主要包括主持证据交换、整理证据、进行必要调查、办理鉴定评估事项、主持庭前调解等；二是文书性辅助工作，包括整理争议焦点、收集文献资料、讨论案情、提供建议、草拟文书等。法官助理履行程序性职责，应在遵循法律的前提下，对整个法院负责；而文书性职责的履行，则只对法官个人负责。

3. 书记员的职能。主要负责那些不需要太多法律专业知识、通过一般培训即可根据工作职责标准掌握的事务性辅助工作。（1）庭前准备：①查验送达回证，核实当事人的出庭情况；②制作庭审笔录。（2）庭审阶段：①填写送达地址确认书；②记录庭审。（3）宣判阶段，包括文书送印、案件报结、卷宗整理归档和移送、司法统计等工作。

值得注意的是，上述区分只是大体上的设想，毕竟各业务庭面对的问题不尽相同，在涉及具体案件审理时，法官助理承担的具体职责会根据实

① 辽宁省沈阳市中级人民法院：《赴常州、昆明中院考察法官助理制的报告》。

② 根据2004年、2006年两次全国试点工作会议的交流材料，18家试点法院中有超过10家法院均反映法官助理的事务性工作负担过重。这其中除法官助理数量不足、事务较多等原因以外，也有规定不够具体明确等因素。如有些法院规定法官助理承担除庭审裁判案件及开庭记录、装订卷宗以外的一切工作，加重了法官助理的职责，使法官助理成为一个几乎无所不包的“大口袋”，致使其不堪重负。

际工作有所调整。

三、确定合理的辅助人员比例

在明确法官、法官助理以及书记员的职能后，以案配人、按责定岗成了制度改革的核心问题。

（一）省法院建议比例

省法院在探索人员分类改革的过程中提出了相关公式用于计算法官与辅助人员的合理配比系数。他们认为，实行人员分类管理后，法官的大量程序性工作将转由办案辅助人员承担，两者之间基于职责分工将产生合理的工作量比例系数，称之为法官合理工作量比例系数。简言之，就是测算一个法官在纯粹开庭合议以及制作裁判文书的情况下需要多少个辅助人员完成其他事务性工作。[①] 省法院根据全省的相关数据经计算约为 1.86，即 1 个法官约需要配备 1.86 个辅助人员。该比例是在全省法院的平均水平基础上测算的，我院收结案数居全省第一，比例可以在此基础上进一步提高。

（二）经验总结

在法官助理制度的改革过程中，关于法官、法官助理以及书记员配比问题，形成了多种模式，有的法院以法官为中心进行配比，如阳西法院比例为“1：1：1”；有的以合议庭为中心进行配比，如常州中院的比例为“3：3：2”、深圳福田法院为“3：3：4”，深圳盐田法院为“3：3：1”。就法官与辅助人员的整体比例情况来看，深圳中院为 1：1.63；佛山中院为 1：1.56；东莞中院为 1：1.09。

由于各法院法官助理的职责有所不同，而且实际的人数配比跟法院自身案件量和人员编制数密切相关，因此各法院的人数比例各异，但大多数法院的共同之处在于：每名法官均配备了 1 个以上的辅助人员，而我院仅仅为 1：0.7。

---

① 具体计算公式为：法官合理工作量系数＝审结 1 件基准案件所承担的其他事务性工作平均耗时÷法官承担的开庭、合议及审核文书平均耗时。

（三）实际情况

综合兄弟法院的做法和省法院的公式，我们认为，根据我院目前的具体工作量和案件量来测算，法官、法官助理以及书记员的比例为“1∶1∶1”较为合适。

以目前实行法官助理制度的民事庭为例，2012 年，该庭法官人均结案 165 件（不计庭领导），最高个人结案 215 件，但是每名法官目前仅有 0.5 个书记员负责所有的审判辅助性工作。即民事庭的书记员普遍每年要完成 330 件案件的辅助性工作，最多的要完成超过 400 件的跟案任务。目前，民事庭仅有 5 名法官助理，每人除了调研、信息、借卷以及庭务会记录等事务外，还各负责 2 个合议庭的合议记录、2 名审判长的案件调查以及在审判长的指导下每月完成一定数量法律文件的草拟任务，工作量基本饱和。因此，我们不难理解为何法官和书记员加班加点成为常态，为何法官要经常帮助书记员送达、归档了。

实行“1∶1∶1”的办案辅机制后，相当于每人的案件量都降为 165 件左右，以每年 52 周计算，每周审结 3.2 件案，扣除法定节假日、培训、庭务会、行政会议、调研、信访维稳等，基本上“法官＋法官助理＋书记员”这个工作小团队一天就要完成一个案件的阅卷、开庭、合议、裁判文书制作、宣判、归档以及判后答疑等系列工作，相比以前工作压力大大减少，在结案数量方面亦会有较大的提升空间。

四、建立行之有效的保障机制

法官助理制度改革关系法院工作人员分类管理的大格局，作为一项新设立的制度需要辅以选拔、考核、晋升等人事政策的改革以及福利待遇等相关配套制度才能顺利推行。

（一）法官助理、书记员的录用和任职条件

1. 录用。我们建议法官助理的来源可以分为两类：一类仍为原有的政法编制的公务员；一类可以参照深圳和佛山的做法，招录相应比例的政府雇员，而书记员则沿用现有制度补充招聘。若原有政法编书记员全部转换为法官助理，我们现在仍需要招录政府雇员法官助理 195 人；普通合同制书记员 157 人。

2. 任职条件。在招录条件方面，因法官助理从事需要法律思维的审判辅助工作，要为法官归纳争议焦点，进行法律搜索，草拟法律文书，若招录条件过低不仅无法发挥法官助理制度的设计意义，使之形同虚设，更有甚者还会影响法官的审判效率。因此法官助理的招录条件拟确定为全日制法学本科专业为宜。而书记员的聘用则可沿用大专以上法律专业和速录技能的录用条件，为保障上述两类人员能适应法院的工作需要，建议在招聘后进行相关的适岗培训。

（二）法官助理和书记员的福利待遇、晋升问题

1. 福利待遇。为吸引更多的优秀人才，法官助理的待遇亦需相应提高，如可参照深圳政府雇员年薪 7 万元、佛山市专业雇员年薪 6 万元左右、佛山禅城区雇员年薪 8 万元的标准，由市财政支付。[①] 而我院反映已久的聘用性书记员待遇问题，现在也已经由原来的 4 万元，提升到 4.42 万元。由于增设了法官助理的岗位，招录的条件也有所不同，以往反映较多的同工不同酬的现象有望得以缓解。

2. 岗位晋升。经过上述制度设计，法官助理主要由政法编制公务员以及政府雇员构成。书记员的构成主要为聘用制人员。因此，相关人员晋升均循序相应的编制。但是，所有人员原则上都不能直接转为法官。对于政法编制的法官助理仍需要通过院内法官资格遴选；对于政府雇员编制的法官助理，因不在公务员序列，亦不能转为法官。对于聘用制书记员可以通过参与政府雇员选拔的方式遴选为法官助理，并且提升相关的待遇。随着法官的任职条件越来越高，我们也在进行法官职务序列改革，以后法官的遴选将会更加严格。因此，能否成为法官，可能并非法官助理的唯一选择。只要赋予其相对优厚的待遇，法官助理无法直接晋升为法官这个制度设计，应该不会成为阻碍制度运行的障碍。

3. 评级增资

（1）实行分类定级。新录用人员试用期满后，按学历、岗位技能证书等为聘任制人员定级定档，此后按规定年限晋级晋档，随年限增加福利

---

① 根据市委组织部、市财政局、市人社局 2012 年 5 月联合下发的《关于印发〈广州市市直机关雇员薪酬管理规定（试行）〉的通知》，我们亦可争取按此规定支付雇员类法官助理的薪酬，即定级后每人每月 3600 元至 6600 元不等。

待遇。

（2）完善奖惩制度。目前虽然我院对聘用制书记员已实行绩效考核管理，但主要表现为对优秀人员给予一定的物质奖励，对于业务庭反映平平甚至不佳的人员缺乏相应的惩罚制度。建议加强对聘用制书记员的管理、考勤，年度考核不称职的，解除劳动合同。

（3）提高聘用制书记员待遇。在统一为其购买“五险”之外，探讨补充购买重大疾病、补充医疗及人身意外保险的可能性；对因公伤残、患重大疾病和特困的聘任制人员尽可能给予经济援助；大力发展优秀聘用制书记员加入党团组织；鼓励其参加工会组织的各类文体活动；将其培训教育纳入法院整体培训计划，提高聘任制人员对于集体的归属感。

（4）落实加班费支付制度。按照劳动法律法规的相关制度，聘用制人员受《劳动法》的保护，正常工作时间外劳动应支付加班费。虽然2012年我院首次向自觉加班清案的聘用制书记员支付了相应的加班费，但仍缺乏长效制度的保障，建议完善加班登记考勤、工作核算和加班费预算申报结算制度。

动态分案调整机制研究

珠海市中级人民法院课题组*

一、研究对象的界定

（一）分案的概念

从字面上理解，“分案”即案件的分配。法院受理案件后，必然涉及在部门和法官之间进行具体分工和分配的问题。案件的分配不是简单的数学性操作，而是涉及法院政务管理方式，影响法官工作安排，并与司法廉政和司法公信力密切相关的司法事务性制度。

本文是针对我院法官之间办案工作量平衡问题的分案制度研究，力图从我院的收案现状和发展趋势出发，借鉴他山之石，通过实证分析，设计出适合我院院情、行之有效的分案管理机制。借此为深化审判管理改革，通过科学调配案件，优化审判资源配置方式，解决人民法院收案不断增长、案多人少这一日益突出矛盾拓宽思路。

（二）概念分析

为了清晰界定本文中“分案”的内涵，先将分案与其相关的几个概念进行区分。

1. 分案与管辖。“管辖”是法律上的概念，是指人民法院之间以及同级人民法院之间受理第一审各类案件的权限和分工，它是在人民法院系统内部划分和确定某一级（级别管辖）或者同级的某个人民法院（地域管辖）对某一案件行使审判权的问题。我国刑事、民事、行政等三大诉讼法

---

* 课题组组长：黄志坚，成员：李磊明、林和利、王丹。

及相关司法解释对管辖均有规定。

“分案”属于司法事务管理领域，法律上对其概念没有明确规定。本文中的“分案”仅指同一法院的案件在部门和法官之间的分配，并不涉及案件在不同地域、不同级别法院之间的管辖问题。

2. 分案与定人定岗。工作量的调整就是人、案配比的调整，案件的分配和人员的调配都会导致具体人员的工作量发生变化，分案与政工部门的定人定岗的显著区别在于，二者调整的对象不同，前者针对的是案件本身的分流，后者针对的是人力资源的调配；前者是审判管理的重要手段，后者是人员的合理安排。

3. 分案与流程管理中的案件“四排定”。案件“四排定”是在立案环节对排定合议庭和主审法官、排定书记员、排定开庭时间和排定审判法庭的简称，是法院立案窗口工作的核心内容之一，一般都有明确而严格的时限规定。本文中的“分案”实乃“四排定”的前置程序，案件确定了合理分配的流向路径（分案）后，则进入具体案件承办法官、合议庭、跟案书记员、开庭时间和地点的排定阶段。

二、研究的目的及必要性

（一）研究的目的

长久以来，我院审判部门、人均工作量不均衡以及部分审判部门案多人少的矛盾十分突出，在很大程度上影响了办案质效，也在一定程度上“透支”了法官的身心健康和工作激情，这种情况对我院争创全国一流法院非常不利。为有效解决审判部门工作量不均衡，部分审判部门案多人少等问题，实现我院《关于创新和加强审判管理工作的若干意见》第5条提出的“进一步完善包括随机分案机制在内的案件分配管理制度，确保案件分配遵循工作量均衡、法官回避等原则以及适应院、庭长参加重大疑难案件审判等实际需要”的要求，对动态分案机制进行调研。其核心是合理分配案件，工作的基本思路是要运用科学的案件调配手段，将办案任务重的庭室的案件有效地分流一部分给办案任务轻的庭室，使得所有一线办案法官的工作量在一个统计周期内相对均衡；同时再调动非一线办案部门的法官定向办案，进一步分流一部分案件，确保现有的审判资源不超负、不闲置，从而有效减轻办案任务重的庭室的法官的办案压力，相应增加法官投入个案的精力和时间，实现提升审执工作效率和质量的目标，逐渐形成科学配置审判资源的长效机制。

（二）必要性分析

1. 忙闲不均，人均办案量差异大（附表1、2、3）。附表1是近三年来我院各审判部门收结案数及人均收结案数统计表，附表2、3是近五年部分法官年度办案量统计表和对比图。从以上附表反映的数据来看，我院各审判部门人均收结案数有很大差异，同一年度人均结案数有的部门不超过20件，而有的部门超过150件，工作量差异极其明显。本次调研过程中，我们还调查了我院主要业务庭室骨干法官近五年的工作量，处于业务较多部门的法官长期超负荷工作，每年结案数都在120件以上，有的年份甚至超过200件，而业务量较小的部门法官年度结案数只有30件左右，稍多的也只在50件左右。可见我院审判部门之间、法官之间忙闲不均的现象十分突出。

附表1　近三年来我院各审判部门收结案数及人均收结案数统计表

年度	庭名	立一	立二	刑庭	民一	民二	民三	民四	知产	行政	审监
2012	收案	318	109	720	1031	711	627	79	582	103	25
	结案	318	109	708	1012	693	587	74	553	98	21
	法官	5	3	10	9	6	6	3	6	3	3
	均收	63.6	36.3	72	114.6	118.5	104.5	26.3	97	34.3	8.3
	均结	63.6	36.3	70.8	112.4	115.5	97.8	24.7	92.2	32.7	7
2011	收案	284	66	469	853	354	439	63	574	98	54
	结案	297	67	493	889	318	382	68	603	97	36
	法官	5	2	8	9	6	6	2	4	3	3
	均收	56.8	33.0	58.6	94.8	59.0	73.2	31.5	143.5	32.7	18.0
	均结	59.4	33.5	61.6	98.8	53.0	63.7	34.0	150.8	32.3	12.0

续表

年度	庭名	立一	立二	刑庭	民一	民二	民三	民四	知产	行政	审监
2010	收案	418	63	406	1093	468	291	110	351	104	89
	结案	424	58	445	1572	519	334	131	213	115	24
	法官	6	2	10	10	8	6	4	4	3	3
	均收	69.7	31.5	40.6	109.3	58.5	48.5	27.5	87.8	34.7	29.7
	均结	70.7	29.0	44.5	157.2	64.9	55.7	32.8	53.3	38.3	8.0

附表 2　部分法官年度办案量统计表

法官＼年度	2008	2009	2010	2011	2012
A	153	239	121	142	131
B	42	39	31	34	30
C	32	19	43	15	8
D	70	50	48	46	42
E	43	82	66	78	100

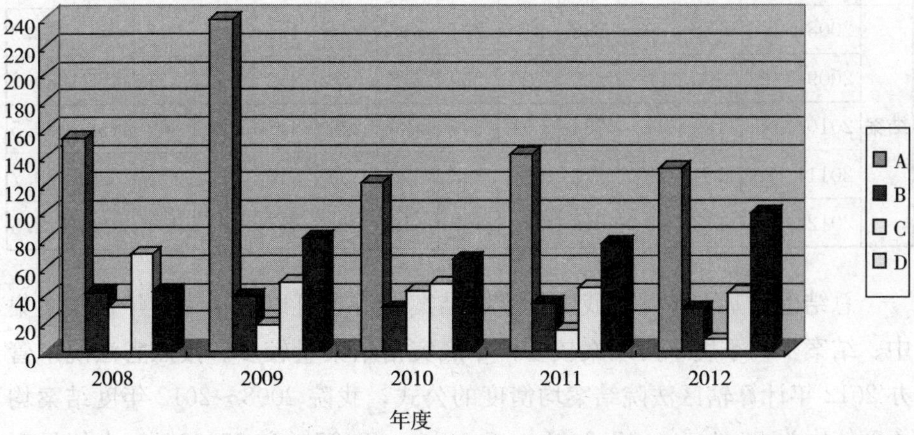

附表 3　近五年部分审判部门法官结案数对比图

备注：A 为民一庭法官，B 为行政庭法官，C 为审监庭法官，D 为民四庭法官，E 为刑庭法官。

2. 结案量不均衡（附表4）。分析近五年我院月度收结案统计图表，我院近年来收结案的基本情况是：

（1）收案数量逐年增加，办案任务逐渐加重；结案数量也随之增加，且增加幅度超过收案。

（2）2008、2010年收案量峰值在2月，2011和2012年收案峰值在1月，即年度收案量的峰值多集中在1、2月；收案量低谷较为分散，2008、2009和2011年分别为3月、1月和2月，2010年和2012年分别为12月和10月。

（3）除了2010年结案量峰值在10月外，其他年份的结案量峰值均为12月；结案量低谷除了2012年是在2月外，其余年份的结案量低谷均是1月。

附表4　近五年全院月度收结案统计表①

项目	年度	月度												月均
		1月	2月	3月	4月	5月	6月	7月	8月	9月	10月	11月	12月	
收案	2008	286	442	183	234	281	328	236	274	287	242	298	218	275.8
	2009	197	206	337	377	370	476	312	259	301	238	303	627	333.6
	2010	352	597	212	384	326	310	268	308	574	280	445	45	341.8
	2011	515	170	369	371	255	284	407	361	317	228	388	253	326.5
	2012	628	255	423	370	293	357	389	471	316	251	379	431	380.3
结案	2008	17	178	89	232	210	224	343	271	191	205	278	381	218.3
	2009	12	61	98	222	206	269	347	236	353	292	311	463	239.2
	2010	14	120	114	234	301	301	438	229	347	577	345	454	289.5
	2011	118	134	282	273	377	395	372	236	340	294	315	820	329.7
	2012	466	117	204	315	278	607	510	311	317	303	434	1208	422.5

总结上述基本情况，我院年度收结案的特点可以概括为：年初收案集中、结案少；季度末月结案较多；年底突击结案量较多。按照省法院审管办2012年计算辖区法院结案均衡度的公式，我院2008～2012年度结案均衡度依次为56.44%、47.64%、47.18%、48.37%和35.99%，大体呈现

① 2012年民二庭有一批指定管辖的串案287宗，扣除此串案人均收案数为70.7宗，人均结案数为67.7宗。

逐年下降的趋势，远没有达到省法院的要求，也就是说，结案均衡工作不但没有得到改善，还有逐渐恶化的倾向，值得引起我们的注意和警醒。

3. 支援办案成效不明显。以往我院曾采取过一些传统管理工作中常用的应急措施，例如到下半年安排非审判部门法官以及院、庭长支援办案，或者临时将某一部门的案件分流至另一部门分担，这些措施大多属于临时性，基本属于“头疼医头、脚痛医脚”的应急措施，具有临时性，突击性的特点，效果并不显著。

我院从 2009 年下半年的清案活动开始实行“支援办案”，要求非审判部门的具有法官职称的干警每年办理一定数量的案件（3～5 件）。2009 年，共有 16 名法官从 10 月开始参与支援办案，当年共办结各类案件 78 件（其中民事 28 件，刑事 19 件，行政 1 件）；2010 年，共有 12 名法官从 8 月开始参与支援办案，共办结各类案件 34 件（其中民事 29 件，刑事 5 件）；2011 年，没有启动非审判部门法官支援办案活动，采取民四庭支援民三庭办案的形式缓解人案矛盾，民四庭两名法官从 9 月开始承办了民三庭 29 件案件，均当年审结；2012 年，再次启动支援办案活动，共有 14 名非审判部门法官从 8 月开始参与支援办案 38 件（其中民事 17 件，刑事 21 件）。（附表 5）

附表 5　我院近年支援办案情况

年度	部门 项目	民一	民二	民三	民四	知产	刑庭	行政	小计	当年结案	支援比例
2009	支援人数	12	1	0	0	0	2	1	16	4007	1.95%
	支援案件	56	2	0	0	0	19	1	78		
2010	支援人数	2	8	0	0	0	2	0	12	4124	0.82%
	支援案件	9	20	0	0	0	5	0	34		
2011	支援人数	—	—	—	—	—	—	—	—	3956	
	支援案件	—	—	—	—	—	—	—	—		
2012	支援人数	7	0	0	0	1	7	0	14	5072	0.75%
	支援案件	16	0	0	0	1	21	0	38		

分析近四年来支援办案的活动成效：第一，支援办案数量较少，占全年结案比例不超过 2%，支援效果难以显现；第二，支援办案活动以年底

清案为目的，启动时间往往是下半年，结案时间集中在年底，对平衡全年结案态势用处不大。据统计，2009 年和 2012 年的民事案件结案时间绝大多数在 11 月份，刑事案件结案时间是 11 至 12 月份，2010 年绝大多数案件的结案时间是 12 月份。可见支援办案法官的办案节奏是十分固定的，虽然这些案件都能在审限内按时结案，但是因为活动启动的时间均是下半年（2009 年和 2012 年启动时间是 8 月份，2010 年是 10 月份），支援办案的法官有自身的本职工作，囿于工作时间，以及力求调解结案的要求，一般是审限届满当月才能结案，即年末最后两个统计月份才能报结，导致全院年终与年初结案量的差距进一步拉大。

三、分案模式的比较分析

以上对必要性的分析中体现出来的我院案多人少、工作量不均衡的矛盾，其实并非“一家之疾”。据调研组了解，诸多兄弟法院也面临这个多年痼疾，现有的完全根据案件类型，全部分案至某个审判部门的模式必然导致工作量的差异，因为每年各种类型案件的数量是难以预测、难以人为调控的。在业务极其繁忙的珠三角地区法院，如何利用现有的人力资源缓解某些审判部门法官工作负荷严重超载的压力，已经是经济较发达地区法院普遍性的、亟待解决的实际问题。不少法院领导层和审管部门也将此作为工作重点之一，大胆探索，不断积累经验和不足。“他山之石，可以攻玉”，在探寻我院完善分案机制的攻略之前，我们不妨先了解一下国内外不同法域的分案模式。

（一）两大法系分案制度

1. 英美法系。英国法院传统上由院长分派案件给法官，如今改用随机分派的方式。在司法实践中，案件的分派需要考虑法官的专业分工，对于需要专业知识的案件则安排有专业知识的法官审理。

美国也属于英美法系的代表，分联邦和州两个独立的司法系统。联邦法院诉讼案件由专门的立案机构立案后，由法院书记官根据完成法律答辩书的顺序，通过计算机编程随机选择的方式在各法官中随机作出分配，同时注重均衡多位法官之间的工作量。

2. 大陆法系。德国是大陆法系的典型国家。根据其《法官法》，每个法院必须选举出执行委员会，其首要职责是制定法院职责一览表，该表将法院的任务分配给法官或审判庭，并确定了有意外情况下的调整原则。如果在一个法院内负责审理某一类案件的法官有多人，该表必须确定分配这些案件的方法。以德国上诉法院为例，每一上诉法院都被分为多个分庭，每一分庭由几名法官组成，其中一名被指定为分庭庭长，即主管法官；同时，法院的收审案件按案件题材（subject matter）被分为几组，法院职责一览表中列出每一分庭的法官名单以及分配给该分庭的案件类型，不同类型的案件分配给不同的分庭。

我国台湾地区法院采取抽签和顺序分案方式。其中抽签分为人工抽签和电脑抽签，一般采用电脑抽签，但也有因为个案卷宗材料太过庞大而采取人工抽签分案，但必须由庭长会议决定实施。

我国澳门地区则在《澳门民事诉讼法典》规定了“文件的分发制度”。文件的分发制度实际是关于法院对各种司法业务的具体分配和安排的制度，包括对案件的分配和对各种需要法院处理的工作的安排。审理案件的法官是通过随机分配的方式而确定的，这就在很大程度上保证了司法的公正性。

以上这些法域的分案制度各有特色，具体分案模式也是五花八门，有的是抽签方式，甚至是抓阄方式（美国华盛顿州），案件按编号由各法官（助理）进行抽签；有的是顺序分案方式，将法官按资历深浅排序，按序号分配案件等，实际并无统一规则。

（二）国内兄弟法院的做法

具有代表性的是安徽宁国法院的合议庭负责制，打破民、刑、行等案件界限，全院法官统一参加各类案件分配。

2007 年，安徽省宁国法院开始对审判资源进行整合，撤销传统意义上的民庭、刑庭、行政庭，成立案件审理中心，设立 7 个合议庭，不再按照刑、民、商、行政等区分案件审理类型审理。

其实，与宁国法院改革模式较为类似的还有广东佛山中院的审判长负责制。佛山中院相对限定审判长人数，全院实行审判长员额制。1 名审判长与 2～3 名合议法官、人民陪审员组成审判单元（合议庭），其在审判单元中处于核心地位，负责本审判单元的案件分配和裁判文书的审核、签发，对审判单元审理的全部案件负责，并对案件质量问题承担责任。

宁国法院和佛山中院的模式中，一般案件分配到审判庭后，庭长或审判长负责案件的分配，即大部分案件是由庭长或审判长指定分案的。虽然这种方式具备高效、灵活的特点，但分案的公平性和公正性还是会受到一定程度的质疑。上述两种分案模式实际应称作"审判资源的整合"，涉及的内涵大于本文研究的案件分配动态调整，不仅要考虑均衡工作量，还需要考虑法院内部管理、机构效能、队伍建设、与上下级法院之间对口协调等方方面面的问题。无论如何，各地法院为均衡工作量所开展的创新和摸索的成效正在接受司法实践的检验，这种敢于创新、不断思考探索的精神值得我们学习。

（三）我院分案模式的变迁

我院分案也大致经历了庭长分案、立案庭分案、电脑随机分案三个阶段。2003 年我院开始引进珠海亚仿公司研发的审判流程管理系统，2006 年更换成青岛东软公司的审判流程管理软件，现在使用的是全省统一的法院综合业务系统。启用全省统一系统之初，由于系统处于调试阶段，有一段时间只能由立案庭完全手动分案，随着系统不断调试完善，2012 年 10 月份开始已经全面启动电脑随机分案。

现在广东省法院综合业务系统的分案机制是混合型机制，系统分案主要通过基数（分案比例）、存案数（每位法官未结案数）、优先权、轮排四组参数来确定。所有办案法官分案的基数相同，为我院年人均数。系统按照每位法官的存案数，自动默认优先分案权，然后进行轮排。即该庭法官存案总数少，案件就会多分给该法官；法官的存案数多，案件就会少分——存案数决定了优先分案权。如果审判部门需对本部门法官分案作个别调整的，需要按照规定由部门领导签字确认，立案一庭才能手动调整。可以说，我院已经全面实行审判部门固定的完全随机分案模式。

（四）确定分案机制应当遵守的原则

从上述各国、各地区法院分案方式的比较分析，我们认为，分案制度正在向着电脑随机分案的模式迈进，这也反映出分案制度所追求的价值：公平与合理。作为重要的司法行政事务，无论确定何种分案机制，均应遵循以下三条原则。

1. 随机：尽量避免业务分配上的恣意。一是要避免院、庭长分案。虽然院、庭长指定分案可以考虑到案件类型、案件复杂程度和庭内法官的办案能力等各种因素，但是其弊端十分明显，仅凭个人的主观判断分案，缺乏约束力，公平性堪忧；而且个人不可避免地会受到外界干扰，本身可能利用分案影响裁判，公众也会对裁判公正性产生疑虑。所以在分案各环节，尽量避免个别人尤其是领导掌握分案权。二是避免法官选案、当事人选法官。这种弊端无需多言，必然会为廉洁司法带来隐患。电脑随机分案最大限度摒弃了分案中的人为因素，不仅弥补了人为分案的随意性和不确定性，而且缩减了案件流转环节，有效杜绝不规范行为，从源头上确保司法公正和高效。

2. 审判专业化。三大诉讼法是法院受理和审理案件的程序法依据，民事、刑事、行政案件的管辖权分属于民庭、刑庭和行政庭法官行使，则是全国法院通行的做法。宁国法院打破传统的审判部门，表面上是实现了审判庭之间的办案平衡，但从长远来看，与社会分工精细化的发展方向相悖，不利于法官的专业化和精英化。在社会高速转型发展，新的利益冲突和矛盾纠纷不断涌现的现阶段，专业化审判在统一裁判尺度、提高法律文书质量、缩短审理期限等规范司法行为、提高司法效率方面具有更明显的成效。因此不论分案制度改革方向如何，审判专业化仍然是应当坚持贯彻的原则之一。

3. 均衡工作量。一方面是审判部门间的均衡，一方面是审判年度中月度工作量的均衡。目前各地法院大多仍按照案件类型移交相关业务庭室，数量上没有平均的限制。各民庭、刑庭、行政庭按照分工各司其职，法官之间交流较少，一旦某一类案件大量涌向法院，势必造成该类型案件承办部门法官工作量的暴涨。即使是在同一审判业务庭内，无论是庭长分案还是电脑随机分案，如果按照能者多劳的原则，也必然会出现工作量不均衡的情况。为避免突击结案和过大的工作压力对法官身心造成的负担，以及“办案前松后紧、年底突击办案”对审判效率、质量造成的隐患，实现审执工作高效、稳定运行，必须坚持均衡结案这一科学审判理念。

四、我院动态分案调整方案的设计

借鉴各地区法院分案制度的经验，本着随机、审判专业化和均衡结案的原则，在保障我院现有机构完整、最大限度降低改革成本的前提下，本调研组对我院分案制度设计出如下动态调整方案。

（一）方案的设计思路

1. 考虑审判专业化要求，实行审判部门负责制。我院已有的11个审判部门设置不变，其原有部门领导和法官仍然是承办类型案件的主要力量，仍然负责与上下级法院对口部门的联系沟通，承担该部门专业领域内对全市法院的业务研究和审判指导职责。被分流案件仍然归口业务庭管理，参与办案的法官在不调整工作部门和岗位的前提下，参加到被分流案件所在审判部门随机分案，与该部门的其他两名法官组成合议庭承办案件，案件的审批仍是层报该庭的庭长、主管院长。

这种安排方式没有采取以往根据案由或立案时间段划拨部分案件到其他审判部门的做法，而是选择了办理调整分流案件的法官参加到案件所在审判部门的合议庭的做法，充分利用合议庭这一审判组织民主集中、少数服从多数的工作机制优势，有效地解决了跨庭办案知识缺乏、尺度不一等弊端，有利于延伸参与办案法官的知识延伸，有利于同类型案件审判经验的总结和裁判尺度的统一，便于上下级法院间的业务沟通和指导，同时最大限度地避免了案件审批权与庭室行政管理权交叉所可能产生的矛盾。

需要配套采取措施的事项在于：我院现行的业务系统不能将自动分给此审判部门的案件排定给彼审判部门的法官承办，只能依靠立案庭在前台手动排案，这就不可避免地出现了人为干预电脑自动排案的问题，需要对此加强监管。

2. 科学计算、统筹安排，确定参与调整分案的法官范围、被分流案件审判部门及被分流案件数量

（1）计算调整方案基础参数——近年全院及各审判部门人均收、结案数。动态分案调整方案的目标是运用科学的调配手段，使得一线法官的工作量在一个统计周期内相对均衡。为了实现这一目标，首先应测算出一线法官平均工作量，作为确定调整分案方案的基础参数。由于法律法规修改、级别管辖的调整、承办案件类型范围变动或某类矛盾集中爆发等各种因素，即使是同一个审判部门，不同年度的收结案数也会有很大不同，所以计算某一个审判部门人均收结案数，不能只参考上一年度的数据，应当向前扩展至一定时间段。以涉及我院2013年度动态分案调整方案为例，为了计算此方案的参考基数，我们需要统计近三年来各审判部门人均收结案

延长。

（三）课题组的问卷调查及其分析

为了解当前广东省法院小额诉讼案件的运行情况，以及一线办案法官和当事人、普通民众对小额诉讼程序的观感，本课题组制作了调查问卷，选取了经济发展最为发达、人案矛盾最大的广州、东莞两市法院，案件数量中等水平的珠海法院以及案件数量较少的梅州法院开展调查。共回收调查问卷1663份，其中面向办案法官的问卷766份，面向诉讼当事人的问卷842份，面向普通网民的问卷55份。对以上问卷的分析，主要反映以下内容：

1. 对小额诉讼程序的了解。法官群体中有令人满意的比重，37.52%的法官认为非常清楚小额诉讼程序，54.25%的法官认为对小额诉讼一般了解，两者合占91.77%，只有8.23%的法官认为对小额诉讼程序不是很清楚。在诉讼当事人群体中，认为清楚小额诉讼的概念和内容的占32.73%，以本科以上学历的诉讼当事人居多；认为仅听说过小额诉讼名称的占32.61%；没有听说过小额诉讼的占34.65%。法官群体对小额诉讼的了解明显高于诉讼当事人。在普通网民群体中，从事法律工作的占86.21%的人听说过小额诉讼程序，而非从事法律工作的网民，只有占30.77%的人听说过小额诉讼程序，近69.23%的人没有听说过。

2. 诉讼当事人对小额诉讼程序一审终审的主观感受。在描述小额诉讼程序具有加快案件审理时间、减少诉讼收费、优先财产执行的优点时，诉讼当事人选择适用小额诉讼程序的比重为77.84%，当描述小额诉讼实行一审终审时，诉讼当事人选择适用小额诉讼程序的比重下降为53.49%。在描述如果法院规定1.5万元以下的金钱给付类案件强制适用小额诉讼程序，不得提起上诉，占31.21%的诉讼当事人明确表示不能接受；约67.79%的诉讼当事人表示在保证审理速度和质量的前提下可以接受。普通网民中，同样的问题，从事法律工作的占86.21%表示可以接受，而非从事法律工作的占80.77%表示可以接受。特别需要指出的是，从未听说过小额诉讼程序的普通网民，认为一审终审可以接受的占86.36%。

3. 法官对适用小额诉讼程序的主观意愿。在描述如果当事人起诉的案件既符合小额诉讼程序又符合一般简易程序，占59.61%的法官会选择适用小额诉讼程序，而占40.39%的法官会选择适用一般简易程序。在调查

1. 建立专门的小额诉讼法庭。在机构设置上，应采用单设小额诉讼法庭专司小额诉讼案件的路径。从域外经验来看，如美国各州的司法系统，均采用专设小额法庭或小额法院机制专司小额案件。这些小额法庭或小额法院，并不构成司法制度上单独存在的法院，而是属于基层法院的一个分支机构。① 我国的基层人民法院是我国法院体系中最低一级的审理机构，审理的同样是最接近普通民众的纠纷。因此，借鉴相关域外经验而在我国基层法院中建立有别于正式诉讼程序的独立的小额诉讼法庭，具有现实可行性，并可在以下两方面发挥难以替代的作用。

一是小额诉讼“二元标准”选择的问题。正如前文所述，小额诉讼程序的适用存在“二元标准”，即在“以争议的标的额为标准”的客观标准基础上，又存在“案情状况标准”的主观标准。对于主观标准，立案部门在立案时难以把握案件是否符合小额诉讼，审判部门在初步审理时亦难以对程序进行变更。因此，建立专门的小额诉讼法庭，即可解决对案件是否适用小额诉讼程序的筛选甄别问题。小额诉讼的立案和审判放在同一个法庭，案件不再移送审判庭而是全程放在小额诉讼法庭处理，只是确实需要转换为普通程序时才移交审判庭。这样，能有效解决对小额诉讼主观标准难以把握的问题，减少不同部门之间工作协调的效率损失。

二是专业化审判的问题。我国现行体制下法院并没有在普通程序和简易程序中对法官进行明确分工，同一法官既可以审理普通案件，又可以审理简易案件。将普通案件与小额诉讼案件均交由同一个法庭审理，显然不利于审判人员的专业化分工。小额诉讼案件大多集中在民生案件范围，案情简单，审理难度低于其他案件，设立专门审理机构，有利于法官集中精力处理案件，提高效率；也有利于工作量评价，方便管理，实现人员配备与审判形势任务相适应；特别是在当前基层法院对小额诉讼积极性不高的前提下，设立专门的机构和专人进行审理，有利于小额诉讼程序的推进。

2. 明确案件受案范围。现行针对小额诉讼程序的规定只有简短的一个条文，致使基层法院缺乏明确的操作指引，须对受案范围制定具体的审理指引。建议采取“列举＋例外”方式，对小额诉讼受案范围作出明确的规定。针对小额诉讼程序的特点和审判实践，可列举下列案件适用小额诉讼

① 蔡彦敏：《以小见大：我国小额诉讼立法之透析》，载《法律科学》（西北政法大学学报）2013年第3期。

程序：(1) 借款、买卖、租赁、借用、承揽、农村土地承担、储蓄合同纠纷和服务合同纠纷、银行卡纠纷等案件；(2) 身份关系明确的继承纠纷、不涉及子女抚养的离婚后财产纠纷案件；(3) 身份关系清楚，仅在给付的数额、时间上存在争议的抚养费、赡养费、扶养费纠纷案件；(4) 交通事故损害赔偿、产品质量损害赔偿等人身和财产侵权案件，不当得利和无因管理纠纷案件；(5) 劳动关系清楚，仅在劳动报酬、工伤医疗费、经济补偿金或赔偿金等给付数额、时间上存在争议的劳动合同纠纷案件；(6) 劳务关系清楚，仅在劳务报酬给付数额、时间上存在争议的劳务合同纠纷案件；(7) 权利义务关系明确的拖欠水、电、天然气等费用及物业管理费纠纷案件；(8) 其他可以适用小额诉讼程序审理的案件。然后明确排除性适用的案件，凡不宜适用简易程序审理的案件，不能适用小额诉讼程序。涉及人身关系，一般不宜适用。包括：(1) 最高人民法院规定不得适用简易程序审理的案件；(2) 涉及人身关系争议的案件；(3) 已适用简易程序、普通程序审理的案件；(4) 具有法律指导意义的案件。

需要注意的是，劳动争议案件经过劳动仲裁，在法院起诉已属于第二次审理，实践中用人单位滥用起诉权和上诉权拖延诉讼影响劳动者权益及时实现的案例并不少见，为确保劳动者权益及时实现，应最大限度将劳动争议案件纳入“一裁一审”的范围。因此，建议对劳动争议案件作出特别规定。参照《最高人民法院关于审理劳动争议案件适用法律若干问题的解释（三）》第13条的规定，对涉及追索劳动报酬、工伤医疗费、经济补偿或者赔偿金的，单独每项请求金额均不超过小额诉讼案件标的的劳动争议案件，均可适用小额诉讼程序。

3. 坚持小额程序的强制适用。根据《民事诉讼法》规定，我国小额诉讼程序应为强制适用，即基层人民法院和它的派出法庭审理标的额标准以下的民事案件时，不允许当事人选择、协商，统一强制适用小额诉讼程序，实行一审终审。这包括了两层意思，即小额诉讼程序的适用范围应当是法定的，既不能允许当事人对法定范围内的案件选择不适用小额程序（除非法官认为适用小额诉讼程序不适当），也不允许当事人对应当适用普通程序或一般简易程序的案件选择适用小额诉讼程序。这是因为，设置小额诉讼程序是基于对诉讼成本的考虑，关系到国家司法资源的分配和有效使用问题。本该适用小额诉讼程序的案件，基于当事人的意志而不适用，程序设置就失去了应有的意义；本不该适用小额诉讼程序的案件，基于当

一、我省环境保护面临的问题与典型案例

（一）环境问题引发的群体性事件频发

1. 群体性事件的界定。群体性事件，可理解为聚众共同实施的违反国家法律、法规、规章，扰乱社会秩序，危害公共安全，侵犯公民人身安全和公私财产安全的行为。[①] 有学者将环境问题引发的群体性事件归纳为两类：一类是维权泄愤型环境群体性事件；另一类则是邻避冲突型环境群体性事件。[②]

2. 典型案例：茂名市PX项目引发的群体性事件。2014年，茂名爆发因PX（对二甲苯化工）项目而引发的群体性事件。群众出于对二甲苯在运输、贮存的过程中容易发生翻车、泄漏、火灾从而造成意外污染事故的担心，组织非法大规模集会抗议，向政府施加压力，从而迫使其停止设立PX项目。“2014年3月30日上午，约100名茂名市区群众为了表达对拟建芳烃（PX）项目的关切，在市委门前大草坪聚集，人数一度达到1000多人。当天下午6点左右，有部分‘飞车党’的闹事分子借机先后拦停两辆社会车辆，实施了打砸行为，并推翻其中一辆汽车，还追打上前劝阻的民警。到晚上10点，这些人还纠集部分社会闲散人员用石块、玻璃瓶袭击茂名市委门口，被警方驱离。随后，不法分子继续在茂名市区多处打砸沿街商铺、广告牌，纵火烧毁一辆执勤警车。同时，网上出现PX项目词条的‘低毒’被改成‘剧毒’，清华大学化工系学生为捍卫PX‘低毒’与网友论战，引起广泛关注。在茂名市政府召开的新闻发布会上，茂名市公安机关公布依法共查处‘3·30事件’违法犯罪嫌疑人44人，其中刑事拘留18人，行政处罚26人。茂名副市长梁罗跃再次强调：在没有充分达成社会共识前绝不会启动该项目。”[③]

---

① 2000年公安部颁发的《公安机关处置群体性治安事件规定》把“群体性治安事件”定义为：“聚众共同实施的违反国家法律、法规、规章，扰乱社会秩序，危害公共安全，侵犯公民人身安全和公私财产安全的行为。”并列举出群体性治安事件的10种表现形式。

② 参见王政：《群体性事件的信息传播与政府治理能力现代化——以环境群体性事件为例》，载《新闻界》2014年第7期。

③ 参见卢文刚、黄小珍：《群体性事件的政府应急管理——以广东茂名PX项目事件为例》，载《江西社会科学》2014年第7期。

（二）环境污染和破坏危害日益凸显

1. 污染危害表征。根据相关数据分析，当前我省环境污染和破坏造成的危害主要表现在三个方面：

一是危害公众健康。世界银行2009年发布《中国污染代价》报告显示，我国每年约有75万人因空气污染和水污染而过早死亡，其中有35万至40万人因为城市空气的严重污染而早逝。① 在环境污染因素诱导下，我国肺癌的发病率和死亡率呈持续走高态势。如不有效控制，预计到2025年，我国肺癌病人将达到100万，成为世界第一肺癌大国。②

二是影响社会安定。调研发现，在“当前最让人担忧的安全问题”和“当前最受人关注的安全问题”中，排在前五位的依次是食品安全（81.8%）、社会治安（49.0%）、医疗安全（36.4%）、交通安全（34.3%）和环境安全（20.1%）。③ 同时，自1996年以来，因环境问题引发的群体性事件一直保持着年均29%的增速；“十一五”期间，环境诉求类信访更是高达30多万件。④

三是制约经济发展。中国环境经济核算报告显示，2009年环境退化成本和生态破坏损失成本合计13916.2亿元，同比增加9.2%，约占当年GDP的3.8%。基于退化成本的环境污染代价，从2004年的5118.2亿元提高到2009年的9701.1亿元，且仍在持续上升。2012年，环境损失占中国国内生产总值（GDP）的比重可能达到5%至6%，大致相当于2.6万亿元人民币（合4100亿美元），相当于中国庞大外汇储备的1/8。⑤

2. 典型案例：信宜市紫金矿业溃坝事故。2010年9月21日，受台风“凡亚比”带来的罕见特大暴雨影响，茂名市信宜紫金矿业有限公司银岩锡矿高旗岭尾矿库发生溃坝事件，造成重大人员伤亡和财产损失。溃坝共

---

① The World Bank：State Environmental Protection Administration，P. R. China. Washington. 2009。

② 参见《我国2025年或成肺癌第一大国环境污染成推手》，载 http：//news. sina. com. cn/c/2014－12－12/064831276822. shtml，访问时间：2014年12月12日。

③ 参见《安全焦虑困扰中国城市发展环境污染严重系首因》，载 http：//news. sohu. com/20120707/n347524842. shtml，访问时间：2012年7月7日。

④ 参见《江苏启东舆情事件分析》，载 http：//news. xinhuanet. com/yuqing/2013－10/23/c_125585833. htm，访问时间：2013年10月23日。

⑤ 参见《中国每年因环境污染损失2.6万亿人民币》，载 http：//discovery. 163. com/12/0316/09/7SN5DHST000125LI. html，访问时间：2012年3月16日。

造成22人死亡；据茂名市、信宜市房产局房屋鉴定所核定，房屋全倒户523户、受损户815户。受溃坝影响，下游流域范围内交通、水利等公共基础设施以及农田、农作物等严重损毁。①

二、我省设立环境审判专门机构的必要性分析

（一）拥有充分的法律依据及参考范例

根据《民事诉讼法》《行政诉讼法》《刑事诉讼法》的规定，环境保护类案件不属专门人民法院管辖，由地方各级人民法院、最高人民法院管辖。在司法实践中，环境保护类案件本来按照民事案件、行政案件、刑事案件的分类，分别由民事审判庭、行政审判庭、刑事审判庭审判。2007年以来，环境审判专门化改革在各地陆续开展，案件管辖实际上发生了很大变化。据调研组统计，截至2013年7月全国已有16个省（区、市）134个人民法院设立了环保法庭。最高人民法院环境资源审判庭于2014年6月中旬挂牌成立，并于2014年6月23日出台《最高人民法院关于全面加强环境资源审判工作为推进生态文明建设提供有力司法保障的意见》。最高人民法院环境资源审判庭的成立是一种宣示，它表明了国家向污染宣战的决心和信心，也有助于提升环境司法的专业化、技术化，理顺环境案件的审判机制，规范环境案件的审判程序。总体而言，我国当前环保法庭在案件受理上打破了常规思路，把原本分属民事、行政、刑事的环境类案件进行统一审理，实行“三审合一”模式，有的同时还负责环保案件生效后的执行，实现了所谓“四审合一”（民事审判、行政审判、刑事审判、执行合一）模式。

（二）有利于解决环境污染纠纷，维护我省社会和谐与稳定

随着我省公民环境维权意识的提高，密集型产业经济发展方式积累的许多环境矛盾，正成为威胁我省社会稳定的重要因素。根据广东省信访局发布的《2013年全省信访的有关情况》统计，群众到省上访反映的问题以

---

① 参见《广东通报“9·21”信宜紫金矿业溃坝事件调查处理情况》，载http://news.sznews.com/content/2010—12/21/content_5190807.htm，访问时间：2010年12月21日。

涉土地和农村“三资”管理为主。“2013 年群众到省上访反映的问题主要集中在土地征用和土地资源管理、村务公开、滥用职权、集资融资、城镇拆迁等问题。其中，反映土地征用和土地资源管理问题的来访批次、人数占到省上访的 19.4％、31.9％，排第一位；反映村务公开、村官贪污等问题的来访批次、人数占到省上访的 5.2％、6.8％，排第三位。这三大类问题到省上访的批次、人数占全省到省上访量的 31.3％、45.3％。”故此，在我省设立专门的环境资源保护审判机构，实现专业化审判，将能够充分整合现有的司法资源，可以实行刑事、民事、行政与执行“四合一”的全新审判模式。统一环境资源诉讼案件的司法标准，有助于克服因涉及的受害人较多、环境专业知识要求高、受害人无法举证等原因引起的诉讼困难，提高全社会环保意识，督促有关单位及时停止违法行为，拓展环境纠纷司法救济的途径。通过环保法庭，有效化解矛盾，使受到侵害的权利得到及时救济，不仅可以使污染企业受到惩罚，而且有利于社会稳定。

（三）有利于从根本上解决我省行政效力不足的问题

环境资源法庭的成立，有利于我省在环境资源的行政保护陷入边际效益递减之后，通过司法措施加强环境资源保护力度。环保部门虽然掀起了一轮又一轮“环保风暴”，但无论是区域限批或流域限批，其作用都是有限的。这种现实情况实际上是告诉整个社会，如果现有的法律环境不能有所突破，我省的环境资源保护将很难得到制度保障，可持续发展也将面临威胁。在这种比较尴尬的情形下，环境资源庭的成立无疑是一种值得期待的做法。环境资源庭跨地域的管辖权限，统一的司法尺度，公开透明的程序运作，都有利于惩处环境破坏犯罪，尤其是在针对跨行政区域的污染问题，环境法庭的作用不可替代。当前，尽管我省环境纠纷案件多样，但并没有建立专门的环境审判法庭；尽管司法审判之中存在环境公益诉讼判例，但并没有构建完备的环境保护诉讼机制。可以说，这种“司法缺失”状况，显然不利于我省司法体制改革的深入推进。（见表 1）

表 1

案件类型	案由	判决书编号	判决结果
民事案件	萧兆森诉被告中山锦兴制衣实业有限公司大气污染责任纠纷案件	（2013）中一法沙民一初字第444号	驳回原告萧兆森的诉讼请求
民事案件	江门鹤山市桃源镇人民政府诉被告高泽松、潘爱新、卢冠锋、李健明、李锦荣、李均河、卢耀培环境污染责任纠纷案件	（2013）江鹤法民一初字第491号	高泽松、潘爱新、卢冠锋、李健明、李锦荣、李均河、卢耀培连带赔偿1196800元给原告鹤山市桃源镇人民政府。
民事案件	江福杭诉被告广州快速交通建设有限公司噪声污染责任纠纷案件	（2013）穗花法民一初字第1878号	1. 广州快速交通建设有限公司于本判决发生法律效力之日起三个月内完善对原告江福杭居住地（花都区花东镇凤岗村五队七巷13号）的《噪声控制》规定的噪声限值。 2. 广州快速交通建设有限公司于向原告江福杭支付噪音检测费1245元。
行政案件	陈振华诉被告东莞市环境保护局行政命令纠纷案件	（2013）东一法行初字第141号	驳回陈振华的诉讼请求。
行政案件	重庆两江志愿服务发展中心与被告广东省环境保护厅、广东省环境技术中心政府信息公开一案	（2013）穗中法行初字第231号	同意撤回起诉。
刑事案件	惠州市惠阳区人民检察院指控被告人郑永胜犯污染环境罪案件	（2013）惠阳法刑一初字第279号	郑永胜犯污染环境罪，判处有期徒刑一年，并处罚金人民币1万元。
刑事案件	清远市清城区人民检察院指控被告人何荣桂犯污染环境罪案件	（2013）清城法刑初字第142号	何荣桂犯污染环境罪，判处有期徒刑一年，并处罚金人民币1万元。

三、我省环境保护诉讼机制存在的问题分析

根据课题组的调研，在我省的司法实践之中，环境法庭专门化尚未建立，环境诉讼机制尚未发挥出足够的作用，尚拥有较大的发展空间。

（一）环境保护诉讼数量不多，审理案件类型较少

根据我省法院的司法统计数据，2012、2013、2014年度，广东全省三级人民法院新收一审环境污染损害赔偿案件分别为24、53、37件，同期新收一审民事侵权类案件分别为110323、110024、110705件，比例分别为0.02%、0.05%、0.03%；新收一审环保类行政案件分别为34、50、73件，同期新收一审行政案件分别为7683、9079、12677件，比例分别为0.44%、0.55%、0.58%；新收一审污染环境罪案件分别为16、11、64件，同期新收一审刑事案件分别为103542、92468、105226件，比例分别为0.015%、0.012%、0.061%。（见表2）

表2　广东省三级人民法院新收一审案件有关统计数据（2012～2014年）

民事类

	2012年	2013年	2014年
环境污染损害赔偿案件	24	53	37
民事侵权类案件	110323	110024	110705
比例	1∶4597	1∶2076	1∶2992

行政类

	2012年	2013年	2014年
环保类行政案件	34	50	73
行政案件	7683	9079	12677
比例	1∶226	1∶182	1∶174

刑事类

	2012年	2013年	2014年
污染环境罪案件	16	11	64
刑事案件	103542	92468	105226
比例	1∶6471	1∶8406	1∶1644

根据以上数据，我省环境保护诉讼数量并不多。如此少的诉讼数量，不太可能包含太多案件类型。上述环境污染损害赔偿案件基本上都是工厂排放污水污染农田引发的诉讼和噪声污染引发的诉讼。环保类行政案件基本上都是环境保护行政机关作出行政处罚引发的诉讼。而上述判断也与相关研究者较早前相关文献的报道相吻合。①

由于环境保护诉讼数量不多，无论是在具体个案处理方面，还是在向社会作出典型问题示范指引方面，诉讼机制都尚未发挥足够作用。

（二）环境保护问题诱发的群体性事件不断出现

环境保护问题容易诱发群体性事件，在哪里都不例外。2000 年到 2013 年 9 月，规模在 100 人以上、被新闻媒体公开报道的国内群体性事件，共计 871 起。其中，诱因为环境污染的 37 起，约占 4.25%。②“近年来，由环保问题导致的群体性事件更多的是以相对极端的方式呈现出来。如 2012 年 6 月底 7 月初，什邡市民反对钼铜项目而聚集抗议，请愿后发展为打砸事件，造成部分人员受伤；2012 年 7 月底，启东市民反对日本王子纸业达标污水排海项目而集结示威；2012 年 10 月，宁波镇海区居民因反对 PX 项目而抗议并游行示威，警民发生激烈冲突，场面一度失控。”③ 我省茂名市 PX 项目引发的群体性事件也可见一斑。可以说，环境保护问题诱发的群体性事件不断出现，说明包括诉讼机制在内的法律机制在环境保护问题上未能及时化解相关矛盾，诉讼机制尚未发挥足够作用。

（三）环境司法机制与体制建设存在一定问题

我省一些环境公益诉讼案件往往与环境刑事案件相关联，且大多是在环境刑事案件审结后再进行环境公益诉讼案件的审理。环境刑事案件采信证据、认定事实对环境公益诉讼的推行将产生明显影响。而传统的审判方式是将环境民事、刑事和行政案件分别由民事、刑事和行政审判庭审理。刑事案件和行政案件的审理过程中很难兼顾到环境公益诉讼的需要。导致

---

① 参见杨林：《实现“美丽中国梦”之环境司法保护图景——以环境司法保护现状为基础的宏观分析与制度设计》，载《山东审判》2013 年第 6 期。

② 参见中国社会科学院法学研究所：《中国法治发展报告（2014）》，第 270 页。

③ 李昌凤：《当前环境群体性事件的发展态势及其化解的法治路径》，载《行政与法》2014 年第 5 期。

在证据的采信、事实的认定方面给环境公益诉讼造成障碍。即使不造成障碍，环境公益诉讼的原告要重复举证，平添了诉累。

四、完善我省环境保护诉讼机制的对策建议

（一）发挥环境诉讼代表人的作用

环境保护纠纷数量巨大与环境保护诉讼数量较少之间的反差，环境问题时而引发群体性事件，反映出环境保护诉讼较少的数量未能化解已然产生的环境保护纠纷，也未能为解决环境问题发挥应有的指引作用。因此，有必要进一步拓宽环境保护诉讼入口，将大量已然产生的环境保护纠纷纳入诉讼程序之中，通过审判，予以解决。代表人诉讼分为两种，一是人数确定的代表人诉讼，二是人数未确定的代表人诉讼。

代表人诉讼的要件包括四项：其一，当事人一方人数众多。人数众多是指10人以上，没有上限。其二，众多当事人一方诉讼标的相同或属于同一种类。人数确定的代表人诉讼，其诉讼标的可能相同，也可能属于同一种类。人数未确定的代表人诉讼，其诉讼标的属于同一种类。其三，诉讼请求或抗辩方法相同。其四，诉讼代表人合格。诉讼代表人必须是其所代表的一方当事人中的一员，必须具有相应的诉讼行为能力。代表人诉讼，适合因同一环境侵权行为造成人数众多的人损害提起的民事诉讼。在这种情况下，采用代表人诉讼的方式，即使不能减少举证、质证的工作量，也能减少不必要重复的关于相同法律问题的辩论的工作量，从而有利于减少诉讼成本，提高诉讼效率。例如，福建省屏南县1721位农民诉福建省（屏南）榕屏化工厂环境污染侵权案，就采用了代表人诉讼。福建省屏南县位于福建省东北部，全县森林覆盖率达到76.2%，是一个山清水秀的地方。1992年，由福州一化出资70%、屏南县政府出资30%共同组建的榕屏化工厂落户屏南，由于工厂污染防治设施没有经过验收即投入使用，企业排放的废水、废气、废渣严重超标，致使当地环境遭到严重破坏，大片树林、竹林、果树、庄稼被污染致死，河流鱼虾不能生存，周边居民身体不适症状大幅增加。2002年10月，由村医张长建等五人所代表的1721位村民向宁德市中级人民法院提起诉讼，请求法院判令被告立即停止侵害、清除工厂周边废渣，赔偿经济损失1033.144万元，精神损害赔偿320.32万

元。宁德市中级人民法院受理了该案，于2005年4月15日作出一审判决，判令被告榕屏化工厂立即停止对原告的侵害，赔偿原告山场林木、果树、毛竹和农田等损失24.9万余元。原告、被告对一审判决均不服，向福建省高级人民法院提出上诉。福建省高级人民法院受理了该案，于2005年11月16日作出二审判决：驳回榕屏化工厂的上诉请求，将赔偿额变更为684178.2元；判令榕屏化工厂于判决生效之日起一年内对厂内及后山的含铬废渣进行清理，并按规范进行处置，封闭原后山的堆场；驳回一审原告张长建等人的其他诉讼请求。该案原告方人数多达1721人，人数在起诉时已经确定，他们推选了张长建等五位诉讼代表人，诉讼标的属于同一种类，符合人数确定的代表人诉讼的构成要件。一审、二审法院都是适用人数确定的代表人诉讼程序进行审理。①

当环境侵权对单独的个人危害后果尚非十分严重，即使个人进行诉讼也收益甚微，但侵权影响及于人数众多的个人，侵权如果得不到制止，不但会令侵权后果累积、加剧，而且会逐渐激化一定范围内的社会矛盾。代表人诉讼可以将诉讼当事人实际上需要承担的部分诉讼成本如支付给律师的费用、当事人自身耗费的时间及精力，都大大地分散了，减轻了个别当事人的诉讼成本，有利于激励受到环境侵权的众多受害人为了诉讼的目的，临时联合成为一个诉讼程序中的“群体”，进行不但关乎个人利益，而且关乎比较广泛的公共利益的诉讼。有利于在源头上化解局部地方紧张的社会关系。另一方面，代表人诉讼往往容易得到舆论关注，不但审判的结果，而且整个诉讼过程，对广大范围内的社会公众特别是潜在的环境侵权主体，是深刻的法律教育，有利于培养这些主体严格遵守《环境保护法》的守法意识，其作用无疑也是积极的。因此，不论是诉讼当事人、作为诉讼代理人的律师，还是人民法院，都应当重视、积极发挥代表人诉讼在环境保护诉讼机制中的作用。

（二）探索建立环境行政公益诉讼制度

1. 必要性分析。环境保护须坚持预防为主的原则，而行政在预防环境污染或破坏上须发挥重要作用。目前，行政执法效果尚不理想，公众参与

① 参见陈易：《比较中美环境群体诉讼　完善我国相关法律制度》，石家庄经济学院2012年硕士学位论文，第1页。

能对环境保护发挥积极作用。行政公益诉讼是公众参与环境保护，促使行政在预防环境污染或破坏上发挥作用的重要机制。预防为主是环境保护应当坚持的原则之一。环境侵害往往是长期环境污染和生态破坏的结果，其危害结果常常要经过相当长的复杂变化过程才会显现出来，而一旦形成危害就很难治理和恢复，且治理所耗费的时间和金钱亦相当高，不如预先采取防范措施经济得多，也有效得多。据计算，预防污染费用与事后治理的费用比例是1∶20。[①] 行政权是对行政事务实施主动、直接、连续、具体管理的权力。行政权对社会具有直接影响力，具有强制性、扩展性。行政可以在尚未造成环境污染或破坏的情况下，对可能发生环境污染或破坏的行为或者是否造成环境污染或破坏不确定的行为，进行干预，行政在预防环境污染或破坏上须发挥重要作用。

当前，我国在环境行政执法方面存在的许多问题还未解决。例如，与环境保护相关的职能部门行政审批方面疏于管理、执法人员缺乏环保意识、执法过程不按程序、自由裁量权运用不当、对行政相对人监管不到位、有选择地整治违法行为等。“县域环境行政执法效率低下，难以遏制环境问题向越来越严重的方向发展。”[②] “环境行政执法不力是导致我国环境公益得不到有效保障，甚至环境质量状况持续恶化的根本原因。”[③] 行政执法效果不理想。另一方面，公众参与也是环境保护的原则之一。“环境保护公众参与是指公民、法人和其他组织自觉自愿参与环境立法、执法、司法、守法等事务以及与环境相关的开发、利用、保护和改善等活动。”[④] “在环境保护领域，由于政府利益与社会利益不同，有必要引入公众参与制度，以衡平社会利益和政府利益。”[⑤]

而环境行政公益诉讼能使环境保护公众参与发挥重要作用。虽然，“环境公益诉讼是一种特别诉讼，是现代社会中公民共同行为的有机组成

---

① 参见陈泉生：《论环境法的基本原则》，载《中国法学》1998年第4期。

② 田正丰：《我国环境行政执法问题研究——以县域环境行政执法中遇到的问题为例》，山西财经大学2014年硕士学位论文，第30页。

③ 楚道文、邱潇可：《环境公益诉讼必要性分析——以环境行政执法机制的缺陷为视角》，载《江西社会科学》2012年第8期。

④ 参见环境保护部：《关于推进环境保护公众参与的指导意见》。

⑤ 参见游中川：《环境保护公众参与法律制度研究》，西南政法大学2006年硕士学位论文，第18页。

登记制相衔接，可以将“起诉条件”限于可以进行形式化判断的事项。符合形式化的“起诉条件”的，即予登记立案。将部分目前属于“起诉条件”的事项，界定为“诉讼要件”，在立案受理后，既可由当事人进行举证，也可由法院依职权进行审查。缺乏“诉讼要件”的，裁定驳回起诉。

（三）探索环境案件纳入跨行政区划法院管辖机制

根据《最高人民法院关于全面深化人民法院改革的意见——人民法院第四个五年改革纲要（2014－2018）》和《关于全面加强环境资源审判工作为推进生态文明建设提供有力司法保障的意见》，我们认为，环境资源案件的管辖制度改革，大体上应分两步走。第一步是在地方各级人民法院实行环境资源案件的专业化审判。第二步是把环境资源案件纳入将来设立的跨行政区域的法院管辖。

1. 建立环境资源案件的专业化审判。其一，设立环境资源专门审判机构。根据最高人民法院 2014 年 6 月 23 日发布的《关于全面加强环境资源审判工作为推进生态文明建设提供有力司法保障的意见》，“高级人民法院要按照审判专业化的思路，理顺机构职能，合理分配审判资源，设立环境资源专门审判机构。中级人民法院应当在高级人民法院的统筹指导下，根据环境资源审判业务量，合理设立环境资源审判机构，案件数量不足的地方，可以设立环境资源合议庭。个别案件较多的基层人民法院经高级人民法院批准，也可以考虑设立环境资源审判机构。”

其二，实行环境资源案件“四审合一”。《最高人民法院关于全面加强环境资源审判工作为推进生态文明建设提供有力司法保障的意见》提出：“积极探索环境资源刑事、民事、行政案件由环境资源专门审判机构归口审理，优化审判资源，实现环境资源案件的专业化审判。”课题组认为，我省应建立环境资源刑事、民事、行政与执行案件“四审合一”的形式。同时，在我省环境诉讼机制的设计之中应充分考虑环境资源案件专业复杂度高、民生关注度高的特点，在审理案件过程中注重发挥专家陪审员、专家辅助人的作用，引入公众参与制度，在确定修复方案过程中应充分听取当地群众意见。

其三，实行对环境资源案件的集中管辖。《最高人民法院关于全面加强环境资源审判工作为推进生态文明建设提供有力司法保障的意见》提出：“探索建立与行政区划适当分离的环境资源案件管辖制度。逐步改变目前以行政区划分割自然形成的流域等生态系统的管辖模式，着眼于从水、空气等环境因素的自然属性出发，结合各地的环境资源案件量，探索设立以流域等生态系统或以生态功能区为单位的跨行政区划环境资源专门审判机构，实行对环境资源案件的集中管辖，有效审理跨行政区划污染等案件。”在未设立新的跨行政区划的法院的条件下，可以通过概括性的指定管辖，把若干不同行政区划的但同属同一流域等生态系统或同一生态功能区的环境资源案件，指定由其中某一行政区划的地方人民法院集中管辖，在该法院设立环境资源审判庭具体审判这些案件。

环境资源案件的专业化审判，主要根据在于环境诉讼的独特性。“由于环境权益的特殊性，环境立法采取了公法与私法的双重保护机制，法律在赋予公民个人以环境权利的同时，也赋予了环境行政管理机关以相当广泛的权力，其中最为重要的是环境行政机关对于公民个人环境权益的处理决定权。”“只有将对环境机关的行政行为审查与民事证据的运用相结合，建立专门的环境诉讼机制，才能实现对公民环境权的有效保障，使公民环境权益不致落空。”① 环境诉讼的独特性要求环境资源案件的专业化审判。另一方面，借鉴知识产权审判从知识产权案件的专业化审判到建立知识产权法院的路径，在全面深化人民法院改革的时代背景下，环境资源案件的专业化审判本身虽然未必直接实现审判的“去行政化”“去地方化”，但是属于把环境资源案件将来归由“非行政化的”“非地方化的”人民法院管辖的必要过渡阶段。

2. 跨行政区域法院管辖。《最高人民法院关于全面深化人民法院改革的意见——人民法院第四个五年改革纲要（2014－2018）》提出，“建立与行政区划适当分离的司法管辖制度”，其中包括：“探索设立跨行政区划的法院。以科学、精简、高效和有利于实现司法公正为原则，探索设立跨行政区划法院，构建普通类型案件在行政区划法院受理、特殊类型案件在跨行政区划法院受理的诉讼格局。将铁路运输法院改造为跨行政区划法院，主要审理跨行政区划案件、重大行政案件、环境资源保护、企业破产、食品药品安全等易受地方因素影响的案件、跨行政区划人民检察院提起公诉的案件和原铁路运输法院受理的刑事、民事案件。”“改革环境资源案件管

---

① 参见吕忠梅：《环境诉讼初探——有没有环境诉讼?》，载《环境资源法论丛》（第三卷），法律出版社2003年版。

辖制度。推动环境资源审判机构建设。进一步完善环境资源类案件的管辖制度。”“健全公益诉讼管辖制度。探索建立与检察机关提起的公益诉讼相衔接的案件管辖制度。”为完善环境资源类案件的管辖制度指明了方向。

其一，有必要把环境资源类案件从现在的地方中级、基层人民法院管辖中摆脱出来。“司法管辖中的‘主客场’现象和司法行政化一直是影响公正司法的重要因素。近年来，因城市拆迁、农村征地、环境污染、企业破产等引发的大量行政案件和民商事案件容易受到各种地方因素干扰，难以得到公正审理。实践中一些案件处理结果与地方经济社会发展和社会稳定的联系越来越密切，导致法院所在地有关部门和领导越来越关注案件处理，甚至利用职权和关系插手、干预案件处理，造成相关诉讼出现‘主客场’现象，不利于平等保护外地当事人合法权益，不利于促进形成公平竞争、统一有序的市场经济体系，不利于保障案件的依法独立公正审判。”① 司法管辖中的“主客场”现象正是地方保护主义的表现，环境污染案件是这种现象的突出领域之一。为了更好地解决环境污染案件存在的司法管辖中的“主客场”现象的问题，在全面深化人民法院改革过程中，把环境资源案件从目前较易受地方保护主义影响的地方各级人民法院的管辖中摆脱出来，是务实、有效的选择。

其二，具备设立专门的环境资源法庭的条件。课题组认为，当前，我省还不具备设置环境资源法院的条件，其中最大的制约因素就是环境资源类案件的数量目前仍然较少，如果设立专门的环境资源法院，至少在较长一个时期内造成司法资源的极大浪费。“最近在全省推行的人民法庭审判权运行机制改革，将全省法庭分为三类，案件较少的地区按照100～150件案件配一名法官，与一名法官助理，一名书记员组成一个审判单元，有条件的再配一名法警，案件多的地区这个案件数还要更高一些。”② 可以作为我省各级人民法院以案件数量核定法官员额的重要参考。以茂名市为例，而据司法统计数据，在茂名辖区，近三年来，环境资源类案件一审收案数共93件，平均每年31件。如果按照150件案件配一名法官，则配法官1

---

① 贺小荣、马渊杰：《人民群众的期盼是全面深化人民法院改革的不竭动力——〈最高人民法院关于全面深化人民法院改革的意见〉的背景解析》，载《人民法院报》2015年2月27日第5版。

② 参见《郑鄂院长关于司法体制改革试点有关工作的调研谈话要点》，载《广东省高级人民法院情况通报》2015年第1期，2015年1月29日。

名也尚有余力办理其他案件。根据对法官工作量的较为科学的测算，多少的案件就配多少的法官及直接的审判辅助人员，一般说来不会导致法官及审判辅助人员本身作为人力资源的浪费，但是，设立一个法院，除了法官及法官助理、书记员之外，还需配备法警、财务管理人员、装备保障和管理人员等，还需必要的办公场所、审判场所，车辆、电脑、打印机、复印机、速印机等装备。如果设立法官数量过少的法院，将会造成其他司法资源的巨大浪费。而且，过多的专门法院，难免产生一些不必要的、琐屑的管辖争议，不方便人民群众进行诉讼。所以，如果从环境资源类案件数量来看，不宜设立专门的环境资源法院，但设立专门化的环境资源法庭则实有必要。环境资源专门审判庭的职责可以参照最高人民法院环境资源庭的主要职责，即，审判一、二审涉及大气、水、土壤等自然环境污染侵权纠纷民事案件，涉及地质矿产资源保护、开发有关权属争议纠纷民事案件，涉及森林、草原、内河、湖泊、滩涂、湿地等自然资源环境保护、开发、利用等环境资源民事纠纷案件。二审环境资源庭的职责范围还包括：对不服下级人民法院生效裁判的涉及环境资源民事案件进行审查，依法提审或裁定指令下级法院再审；对下级人民法院环境资源民事案件审判工作进行指导等。

其三，应把环境资源类案件纳入跨行政区划法院管辖。“通过设立跨行政区划的法院，集中审理跨区域的民商事案件、行政案件、环境资源案件等，可以从体制上进一步排除地方因素对公正司法的干扰，确保少数涉及地方利益的案件得到公正处理，促进国家法律统一正确实施。”① 这是直接破解司法管辖中的“主客场”现象的问题、抵制地方保护主义、充分体现司法权的中央事权属性的关键举措。把环境资源类案件纳入跨行政区划法院管辖，既有利于环境污染引发的案件摆脱各种地方因素干扰，得到公正审理，又能合理配置司法资源，提高司法资源的利用率。设立跨行政区划法院，应当设立基层法院和中级法院两个层级。在两个或三个地级市区划范围内设一个跨行政区划基层法院。以“省级地理名称”加“顺序数”加“初级巡回法院”命名，如设立一个跨行政区划基层法院，管辖跨湛江、茂名、阳江行政区划的案件，命名为“广东第一初级巡回法院”。跨

① 贺小荣、马渊杰：《人民群众的期盼是全面深化人民法院改革的不竭动力——〈最高人民法院关于全面深化人民法院改革的意见〉的背景解析》，载《人民法院报》2015 年 2 月 27 日第 5 版。

行政区划中级法院则按一个中级法院下辖三个或四个跨行政区划基层法院的比例设立。以“省级地理名称”加“顺序数”加“中级巡回法院”命名，如“广东第一中级巡回法院”。

（四）构建环境司法保障机制，确保裁判的有效履行

环境公益依托于客观的物质环境而存在，与环境因素的功能多样性、地理联系性、生态系统性等特征密切相连。从宏观来看，环境公益归属于社会公众这一整体，无法在社会个体中进行分割；从微观来看，环境公益关乎每一社会个体，又并非社会个体环境私益的简单相加。社会公众只不过是环境公益的抽象主体，是环境利益的最终归属者。按着不同标准，环境公益的代表主体有多种类型。在私益诉讼中，法院的判决对双方权利义务予以明确即可。而在环境公益诉讼中，为了保障环境公共利益，法院不仅要明确被告的义务，而且还要关注义务的有效履行。这就要求判决本身带有保障义务能够得到有效履行的措施。对于责令停止侵害、排除妨碍等类型的具有预防性司法元素判决，可以同时责令被告缴纳一定数额的保证金，一旦被告不履行法院生效判决，则没收该保证金；也可以责令具有相应行政管理职能的部门加强对被告履行判决情况的监督检查，并对违法行为进行依法查处。对限期修复生态环境的判决，法院可以要求被告定期汇报裁判的执行情况，或组织人员对修复情况进行检查、验收。如果不能按照法院认可的方案修复环境的，法院可以采取代履行的措施，组织人员对生态环境进行修复，并责令被告支付修复费用。环境公益诉讼的裁判与履行必须一体考虑，在裁判的过程中统筹安排。法院可以在审理和判决的过程中依照职权启动执行程序，实现裁判和执行的无缝对接。只有将执行中可能遇到的种种问题纳入判决之中进行通盘考虑，才能更为有效地为环境公共利益提供司法保护。

结语

司法实践表明，成立专门的环境资源审判庭以克服我省当前的环境资源保护工作的障碍，解决环境纠纷、增强环境行政效力、加强环境事故的责任追究、促进环境问题的改善，具有重要的价值与意义。故此，课题组以我省环境保护诉讼机制为调研重点，针对我省环境司法实践之中的存在

的问题，运用实证分析与理论建构等多元方法，以环保法庭专门化和环境公益诉讼制度为着眼点，提出了一些初步的对策建议。我们认为，我省法院必须不断拓宽思路，创新环境资源司法工作体制、机制和制度，加快填补环境资源审判的立法空白，在跨区域环境资源庭的设立以及环境资源案件的起诉、管辖、审理工作上作出合理的制度性安排。我们相信，只要始终保持环境忧患意识、环境保护主体意识，只要勇于探索、敢于创新、积极实践，环境司法就一定能够发挥其应有的作用。

知识产权行政执法与司法保护的衔接研究

——以东莞实践为主要样本

东莞市第一人民法院课题组*

一、导论

问题缘起："3Q大战"引发的思考

2010年11月3日，广大电脑用户突然发现不得不在安全软件360安全卫士和即时通讯软件腾讯QQ中二选一了。这场被业界称为"3Q大战"的商业竞争全面爆发，殃及几千万普通网民。工信部通信保障局和公安部迅速介入后，当事双方停止互相攻击。2011年8月，腾讯公司以不正当竞争为由向广东省高级人民法院（以下简称广东高院）提起诉讼，要求奇虎公司赔偿1.25亿元。广东高院一审判决奇虎公司构成不正当竞争，判令其赔偿腾讯公司经济损失及合理维权费用500万元。2014年4月24日，最高人民法院作出二审判决①，驳回奇虎公司的上诉，维持广东高院的判决。

在这场软件巨头纷争中，行政机关迅速介入，叫停侵害普通网民权益的竞争手段，再由纷争的双方通过司法渠道妥善解决民事纠纷。这是我国当前知识产权行政执法与司法保护双轨制模式下，以行政手段快速制止侵权行为，并以司法为主导最终解决纠纷的典型案例。2008年《国家知识产权战略纲要》提出要加强司法保护体系和行政执法体系建设，发挥司法保护知识产权的主导作用。2014年《深入实施国家知识产权战略行动计划

---

* 课题组组长：陈斯、唐力，成员：柯小玲、段体操、毋爱斌、朱丽斯、吴学知、李伟民。

① 参见最高人民法院（2013）民三终字第5号判决书，载中国裁判文书网 http://www.court.gov.cn/zgcpwsw/zgrmfy/zscq/201402/t20140225_387819.htm，访问时间：2014年12月30日。

（2014—2020 年）》中也进一步明确了在知识产权保护体系中以司法保护为主导的理念。2015 年 3 月 13 日《中共中央国务院关于深化体制机制改革加快实施创新驱动发展战略的若干意见》（以下简称《创新驱动若干意见》）更是明确提出要健全知识产权侵权查处机制，强化行政执法与司法衔接。

基于此，本课题综合运用了多种研究方法，侧重于行政执法与民事司法保护的衔接问题，兼顾行政执法与刑事司法的衔接，立足广东省知识产权保护的现状，以东莞市知识产权保护为样本，结合先进地区的知识产权保护实践经验，深入行政执法与司法保护的一线，通过调研双轨制衔接中不同层面、不同主体间的问题，以期较全面、深刻地反映双轨制衔接的现实状况，在制度层面解决双轨制实际运作中的衔接问题，推动实现《中共中央关于全面推进依法治国若干重大问题的决定》提出的“完善激励创新的产权制度、知识产权保护制度和促进科技成果转化的体制机制”的基本要求。

二、知识产权行政执法与司法保护衔接的现状

《专利法》《商标法》《著作权法》等一系列知识产权法律，均规定了权利人在知识产权受到侵权时既可以通过相关行政机关寻求保护，也可以通过司法诉讼得到救济，这种行政执法与司法保护并行的知识产权保护模式被称为“双轨制”。

（一）基于知识产权司法保护数据窥探双轨制衔接问题

由于知识产权行政保护的部门多，很难从全国范围内就知识产权行政保护的总体情况进行界定。但是，可通过知识产权的司法保护数据探究知识产权行政执法与司法保护的衔接问题。为此，课题组对全国和广东省法院近几年知识产权刑事、民事、行政诉讼案件的相关数据进行了采集，总体情况如下：

表 1　全国法院 2011～2014 年审结一审知识产权案件统计表①

年份	刑事案件	民事案件	行政案件	总案件数
2011	5504	58201	2470	66175
2012	12794	83850	2899	99543
2013	9212	88286	2901	100399
2014	10803	94501	4887	110191

表 2　广东省法院 2011～2013 年新收知识产权案件统计表②

年份	民事案件	同比增长率	刑事案件	同比增长率	行政案件	同比增长率
2011	16094	60.47%	884	—	28	−7.14%
2012	23672	47.09%	2136	141.63%	71	153.57%
2013	24843	4.95%	1099	−48.55%	209	194.37%

通过对全国和广东省法院知识产权三大诉讼一审案件的对比分析，不难发现，民事诉讼是知识产权司法保护的主要渠道。2011 年和 2012 年两年知识产权民事案件数量增长迅猛，2013 年趋于缓和。与此相对应的是知识产权刑事案件数量在经历 2012 年的快速增长后，也进入一个平台期。行政案件占比虽然不大，但也呈逐年上升的趋势。

知识产权民事和刑事案件的快速增长，特别是对占全国新收知识产权民事案件量 1/4 的广东省来说，对行政执法与司法保护衔接的配套制度的需求更加迫切。在刑事司法保护上，已有“两法衔接”③ 机制，但在民事司法保护领域尚未有成熟的衔接机制。行政执法与民事司法的衔接受制于两者自身性质与功能的差异，两者衔接的缺位深刻影响到民事司法目的与功能的实现。

---

① 数据来自 2011 年至 2013 年《中国法院知识产权司法保护状况》及《人民法院工作年度报告（2014）》。

② 2012 年广东省各级法院知识产权刑事诉讼一审案件数据异常，主要原因是全省范围内开展了以“打击欺行霸市、打击制假售假、打击商业贿赂，建设社会信用体系、建设市场监管体系”为内涵的“三打两建”专项活动，其中打击制假售假包括针对侵犯知识产权行为。

③ 2001 年 4 月份，国务院制定《关于整顿和规范市场决定秩序的决定》，明确要求加强行政执法与刑事司法的衔接，建立信息共享、沟通便捷、防范有力、查处及时的打击经济犯罪的协作机制，对破坏市场经济秩序构成犯罪的行为及时移送司法机关处理，正式提出“两法衔接”机制。

（二）知识产权行政执法与司法保护的运行情况

1. 收案情况对比。我国行政机关总体上机构设置较完整，调查、处置能力较强，同时民众也有通过行政机关处理纠纷的传统习惯，由此从理论上说，权利人在知识产权保护模式选择上，应更加倾向于行政执法保护。但通过课题调研，我们发现东莞市的情况并非如此：

表 3　东莞市行政机关近三年查处知识产权案件统计表

年份	知识产权局	工商局	文广新局	总计
2011	——	726	408	1134
2012	——	2072	1068	3140
2013	47	1118	249	1414
总计	47	3916	1725	5688

表 4　东莞市两级法院近三年新收一审知识产权民事案件统计表

年份	中级法院	第一法院	第二法院	第三法院	总计
2011	170	1229	——	——	1399
2012	351	1325	228	214	2118
2013	283	654	677	641	2255
总计	804	3208	905	855	5772

上述数据反映出 2011 年至 2013 年行政执法与司法保护在总体案件量上大体持平，[①] 行政机关处理知识产权案件总数为 5688 件，司法机关处理案件总数在 5772 件（详见表 3、4）。近三年仅有几十宗案件的权利人是在寻求行政救济后，再寻求司法救济，即绝大多数通过司法保护的案件是由权利人发现侵权行为后直接选择司法程序寻求保护。

2. 案件处理周期比较。当然，权利人选择维权路径的动机并非由单一因素决定，行政执法与司法保护在处理周期上的差异也是权利人选择维权路径的重要参考指标。就处理时限而言，与制度设计的初衷一致，即便考虑到当事人之间的和解、调解，行政查处的效率仍高于司法处理的效率

① 2012 年的数据异于常年原因主要在于 2012 年广东省在全省范围内开展知识产权专项活动，行政执法机关的主动性显著加强。

（详见表 5）。

表 5　行政执法与司法保护结案周期对比表

	东莞市工商局	东莞市文广新局	东莞市知识产权局	黄埔海关	东莞第一法院	北京海淀法院
结案周期	5～10 个工作日	5～7 个工作日	20～45 个工作日	30 个工作日	83 个工作日	71 个工作日

3. 收案类型差异。通过行政机关与司法机关在受案类型上的对比，可以发现权利人对待不同知识产权纠纷存在较为显著的选择倾向。

表 6　东莞市行政机关近三年查处知识产权案件类型表

年份	商标	不正当竞争	商业秘密	专利	著作权	总计
2011	552	174	0	——	408	1134
2012	1676	395	1	——	1068	3140
2013	585	531	2	47	249	1414
总计	2813	1100	3	47	1725	5688

表 7　东莞市两级法院近三年新收一审知识产权民事案件类型表

年份	商标	不正当竞争	商业秘密	专利	著作权	其他	总计
2011	500	7	7	161	708	16	1399
2012	942	6	16	341	799	14	2118
2013	842	31	7	275	1064	36	2255
总计	2284	44	30	777	2571	66	5772

由此可见，对于商标侵权案件，权利人选择行政保护与司法保护的数量相当；对于不正当竞争案件，权利人更倾向于寻求行政渠道保护；对于专利权、著作权和商业秘密案件，权利人则倾向于选择司法渠道保护。

（三）知识产权行政执法与司法保护衔接的运行实践

1. 行政机关与司法机关的衔接现状。在知识产权保护中，行政执法与司法保护是并行的两条途径，基于两者的天然区别，两者之间的衔接并不紧密，多是个案联系而非制度性沟通。近年来，伴随着知识产权保护力度的不断加强，在实践中，各地对知识产权行政执法与司法保护的衔接机制开展了有益探索。

（1）与行政机关建立联动机制。如广东高院与国家知识产权局、国家发改委举办多场座谈会，深入交流探讨《专利法》《反垄断法》实施热点难点问题和有效合作的方式。广州市中级人民法院协助省知识产权援助中心、省知识产权保护协会和广州市版权保护协会设立调解中心。[①] 东莞市第一人民法院（以下简称东莞第一法院）、东莞市中级人民法院先后与东莞市工商局签订了《关于加强合作共同打击侵犯商标知识产权侵权行为的备忘录》《加强司法行政协作 共建商标保护机制合作备忘录》，就专人联络机制、案件通报机制、交流研讨机制、取证协助机制、调解联动机制、商标宣传机制等六个方面加强工作对接联动，不断深化知识产权行政保护与司法保护的衔接工作。

（2）与公安机关、检察机关加强工作衔接。国务院及全国打击侵权假冒工作领导小组办公室曾先后发文、通知要求加快建设打击侵权假冒行政执法与刑事司法衔接工作信息共享平台，依托电子政务网络，实现相关行政执法机关与公安机关、监察机关、人民检察院之间案件移送、监督等工作的网上流转，促进信息共享，提高衔接效率。在地方层面，多地法院依托与公安、检察机关的良好关系，探索建立知识产权刑事案件的对接机制。2015 年 3 月，东莞第一法院、东莞市公安局、东莞市第一市区人民检察院建立知识产权案件联席会议制度，定期就案件衔接问题进行沟通交流，并形成会议纪要，作为工作指导。

（3）法院自身就专业审判的探索。广东高院在 2006 年选取部分法院开展知识产权民事、行政、刑事案件“三审合一”试点工作的基础上，于 2013 年 6 月发文要求全省三级法院全面铺开“三审合一”工作。2014 年底，北京知识产权法院、广州知识产权法院、上海知识产权法院三家知识产权专门法院先后成立，推进审判机构的专业化，不遗余力地提升知识产权司法保护水平。

2. 行政机关之间的衔接现状。对侵犯知识产权权益的行为，各行政机

① 参见《广东法院知识产权司法保护状况（2013 年）》，载广东法院网 http://www.gdcourts.gov.cn/ecdomain/framework/gdcourt/ojcpkekecibhbboejipdpfkiengacblm/lchbobaadenkbboekdjejnnkacdbmlpm.do?isfloat=1&fileid=20141107172140068&moduleIDPage=lchbobaadenkbboekdjejnnkacdbmlpm&siteIDPage=gdcourt&pageID=ojcpkekecibhbboejipdpfkiengacblm，访问时间：2015 年 1 月 14 日。

关依职权分工进行查处，在日常工作上的沟通并不紧密，在查处知识产权侵权案件时发现存在其他知识产权侵权行为，一般也不会主动通报给其他行政机关。目前，行政机关工作上的衔接主要体现在由主管专利的知识产权局牵头的打击知识产权侵权行为专项活动中，以及在“4·26”世界知识产权日开展统一的宣传活动等。

三、知识产权保护双轨制衔接中存在的问题

双轨制的初衷本在形成司法保护与行政保护的合力，但行政执法与司法保护衔接机制的缺位导致了双轨制的运行不畅，其问题主要体现在立案标准、证据传导、侵权判定等方面。

（一）立案标准断裂造成权利人选择困惑

从立法来看，《专利法》和《商标法》均规定发现侵权时，由当事人协商解决，不愿协商或者协商不成的，权利人可以向人民法院起诉，也可以请求行政机关处理。从课题组的调研来看，在实践中，法院立案标准明确而行政机关立案标准不透明，既是双轨制运行不畅的重要原因，也是司法立案易行政立案难的重要因素。

从应然角度而言，行政机关执法主要是行使公权力维护社会秩序，其立案要求应低于司法机关，只要权利人说明有侵权事实存在的线索即应启动行政执法程序。从调研情况来看，行政机关也普遍认为其立案标准不应高于司法机关。然而在实践中，行政机关出于人力、物力等行政成本的考量往往会设置一些隐形立案门槛，对权利人的投诉抓大放小，进行“选择性”执法。权利人难以把握这些不透明的立案标准以致很难对行政机关是否受案作出合理预期。同时，虽然司法保护的立案标准明确但门槛较高，权利人自身又很难事先固定侵权证据，因而权利人也很难自信地选择司法保护渠道。在立案标准断裂的背景下，看似有两个保护渠道可供权利人选择，但权利人对选择何种维权渠道仍有忧虑，该难题始终困扰着权利人。因此在实践中，权利人选择维权的渠道多种多样，部分权利人仅寻求一种保护渠道，部分权利人先后选择两种保护渠道，另外部分权利人则同时选择两种保护渠道以实现对权利的全面保护，这也会产生行政保护与司法保护案件的协调问题。

（二）证据传导不畅致使事实认定不一

在知识产权保护体系中，证据传导作为连接行政执法与司法保护的桥梁，对促进权利人维权有着决定性的作用。广东高院副院长徐春建在《全省知识产权审判工作视频会议上的讲话》中着重强调了从技术支撑到证据传导等方面做好行政执法与司法保护的衔接工作。课题组的调研结果也显示，目前行政机关与司法机关在证据传导上的不畅致使双方对事实认定不一。

1. 行政处罚认定结论在司法程序中的重新认定。行政处罚决定书无疑是行政保护中最重要的材料，也是当事人提起民事诉讼最重要的证据。就如何对待行政处罚决定书所认定的事实以及当事人对处罚决定书有异议如何处理的问题，课题组对东莞市两级法院知识产权法官进行了访谈。接受访谈的14位法官均认为，在当事人对行政处罚认定结论提出异议时，应对行为人是否侵权重新作出判断。[①] 在行政机关未充分保障当事人程序参与权的情况下，当事人对行政处罚决定所认定的事实有异议时，法官就必须调取行政机关查处时提取的物品、所拍摄的照片、所作的询问笔录等材料，并对这些材料、实物进行审查和审慎考量才能作出是否构成侵权的判断。《最高人民法院关于审理专利纠纷案件适用法律问题的若干规定》（以下简称《专利法若干规定》）第25条亦规定了法院全面审查的责任。根据《最高人民法院关于适用〈中华人民共和国民事诉讼法〉的解释》（以下简称《民诉法司法解释》）第114条的规定，国家机关或者其他依法具有社会管理职能的组织，在其职权范围内制作的文书所记载的事项推定为真实，但有相反证据足以推翻的除外。国家机关制作文书中的“记载的事项”是否包括了侵权人对侵权情节（时间、数量、金额等）的自述？由于侵权人自述的侵权时间很可能少于实际侵权时间，法官据此裁判无疑不利于对权利人的保护。但是，倘若行政处罚决定书所载明的事实无法直接作为裁判的依据，不免造成资源的浪费。

2. 行政处罚侵权获利数额在司法程序中的再审查。侵权获利数额的认

① 座谈中，12位法官认为，即使双方当事人均无异议，也会对是否侵权重新作出判断，占全部法官的85.71%；有2位法官认为，如果当事人对行政处罚的侵权认定不持异议，则视为当事人的自认，无须再行判断，否则应当重新作为判断；14位法官认为，若法官对侵权与否的判断与行政机关的判断相左，应根据法官的判断进行处理。

定是知识产权民事诉讼中的核心问题之一，也是司法审判中的一个难点。在司法实践中，行政处罚认定的侵权获利数额并不能当然被确认。从调研情况看，行政查处对侵权获利数额的认定有较为明确的标准。例如，工商总局《工商行政管理机关行政处罚案件违法所得认定办法》就对违法所得的计算方法进行了规定。[①] 目前，我国立法中明确了知识产权侵权损害赔偿数额的认定方法并设立了法定赔偿限额。在司法实践中，权利人很难举证证明自身的实际损失或者侵权人的非法获利数额，而基于取证的成本和可能获得的赔偿进行考量，权利人也不愿意举证。因而，法官一般在法定赔偿数额内酌定赔偿金额。由于行政处罚依据事实的即时性，在民事诉讼中，一方面，权利人主张侵权人为持续性侵权，即使能够证明持续性侵权的存在也无法证明具体的侵权数额；另一方面，侵权人抗辩要求以行政处罚决定书认定的侵权数额为损害赔偿限额，损害赔偿数额的认定问题困扰着法官。通过法官访谈，我们发现，因缺乏证据传导规则，除非有扎实的证据，法官一般不会简单确认行政查处认定的侵权获利数额，仍需要根据法律法规和司法解释所规定的要素，并参考既往案例对赔偿数额作出认定。

（三）侵权判定标准不同造成认定结果冲突

在知识产权双轨制保护框架下，权利人先通过行政查处以遏制侵权行为，再通过司法保护以获得侵权赔偿的模式逐渐兴起，这也将行政执法与司法保护侵权标准认定的差异问题推到了前台。

行政机关在依据法律法规进行知识产权侵权判定的同时，更多依据的是细化后的部门规章和上级行政机关的规范性法律文件。而司法保护在侵权认定标准上的客观性与全面性主要体现为法官在对侵权行为进行认定时，以知识产权保护的法律法规、司法解释和立法精神为基础，引入对抗制，全面运用证据规则，并参考既往类似情形的案例进行综合判断。比如在商标侵权和不正当竞争案件中要考虑混淆、搭便车的因素，在著作权侵权案件中要对实质性相似的比对等，司法审查更全面和严谨。在实践中，行政执法与司法保护在侵权标准认定上的差异会导致侵权认定结果冲突，

① 《工商行政管理机关行政处罚案件违法所得认定办法》第 2 条第 1 款规定：工商行政管理机关认定违法所得的基本原则是：以当事人违法生产、销售商品或者提供服务所获得的全部收入扣除当事人直接用于经营活动的适当的合理支出，为违法所得。

集中体现在定牌加工、在先权利冲突案件中。

（四）行政执法与刑事司法保护的衔接问题

近年来，侵犯知识产权案件的发案数在逐年增长，行政机关查办的案件数量也在持续增加，但进入刑事诉讼程序的并不多。广东省东莞市各行政机关在2013年查处各类知识产权违法行为1414件，但2013年只有知识产权刑事案件81件①，仅占2013年行政查处案件的5.7%。造成这种“不对称”的原因是多方面的，其中主要原因是行政查处查明的违法行为尚未达到知识产权刑事犯罪的追诉标准，但行政执法与刑事司法之间的衔接机制还存在着诸多问题亦是其中一个不可忽略的因素。

如前所述，我国在知识产权双轨制保护的衔接主要体现在行政执法与刑事司法的衔接也即“两法衔接”上。即便如此，根据课题组调研的情况反映，东莞各知识产权行政执法机关对“两法衔接”的运作普遍感到不满意：一是案件移送难。对于侵犯知识产权犯罪，尽管最高人民法院、最高人民检察院、公安部以司法解释或联合发文的形式明确了追诉标准。由于对立案标准的把握和理解不同，特别是对于涉案数额的认定标准不同，导致行政执法机关移送的案件几乎很难达到公安机关的立案要求，多以达不到刑事追诉标准为由予以退回。二是对扣押物品的保管、移送和处理难。行政执法机关在依法查处违法行为过程中，发现违法事实涉嫌构成犯罪依法需要追究刑事责任的，是仅移送卷宗材料，还是移送所有与案件相关的物品就存在较大的争议。《刑事诉讼法》以及相关的司法解释亦没有规定所有证物必须随案移送②。调研反映，由于保管场所以及保管费用等原因，司法机关往往只要求行政执法机关移送卷宗材料以及扣押物品照片及清单。各行政执法机关对扣押物品的保管可以说“各施各法”，这些物品的存放均衍生出储存场所、保管费用、保管责任等诸多问题。侵权物品不同

---

① 详见《东莞中院发布知识产权刑事案件调研报告》，载东莞阳光网 http://news.sun0769.com/dg/law/201404/t20140416_3771046.shtml，访问时间：2014年12月5日。

② 《刑事诉讼法》第234条第2款规定，对作为证据使用的实物应当随案移送，对不宜移送的，应当将其清单、照片或者其他证明文件随案移送。公安、检察院、法院对移送物移送也有相应规定。

于一般的流通物，如何执行对侵权物品“依法没收，上缴国库”① 的生效判决，执行机关在理解和做法上并不统一，有的认为，既然是侵权物品，一概不能流通，否则会造成二次侵权，应统一销毁；有的认为，应统一予以评估拍卖并将款项上缴国库，否则有渎职之嫌。上述问题给各机关造成极大困扰，亟待解决。

四、知识产权保护双轨制衔接不畅的归因分析

作为两种截然不同的保护方式，知识产权行政执法与司法保护的衔接方面存在诸多问题，造成这些问题的成因既有两种保护方式固有属性与运行规律使然，也有一些操作层面的因素，需要我们逐一厘清。

（一）知识产权法律滞后化，衔接规定缺乏整合

1. 知识产权法律滞后。在《商标法》和《著作权法》早已确定民事赔偿数额应当包括权利人为制止侵权行为所支付的合理开支时，《反不正当竞争法》还仅规定只赔偿被侵害的经营者因调查不正当竞争行为所支付的合理费用。《刑法》第217条规定的侵犯著作权罪的四种行为方式均是针对1997年制定《刑法》时适用的《著作权法》而言的，其表述也是直接从《著作权法》中移植过来的，但《著作权法》修改后，《刑法》并未随之修改，这样对于修正后《著作权法》第48条规定的未经许可通过信息网络向公众传播作品、表演、录音录像制品等行为是否构成犯罪不够明确。这种法律的缺位，不利于知识产权保护标准的统一，甚至影响法律的权威性。互联网等新技术的兴起，衍生出新的商业模式，使得部分法律规定明显滞后。对互联网环境下的不正当竞争行为，《反不正当竞争法》更是没有具体的规则。由于立法进展缓慢，导致相关案件的处理难以适从。②

同时，知识产权部分规定模糊使得各机关有较大的自由执法空间。实践中，工商机关借保护标准不明确避开对售价畸低的“品牌”产品、地摊

---

① 《刑法》第64条规定：“犯罪分子违法所得的一切财物，应当予以追缴或者责令退赔；对被害人的合法财产，应当及时返还；违禁品和供犯罪本人所用的本人财物，应当予以没收。没收的财物和罚金，一律上缴国库，不得挪用和自行处理。”据此，法院在处理侵权物品时一般判决“予以没收，上缴国库”；若侵权物品暂扣其他机关的，则判决由暂扣机关直接上缴国库。

② 参见《广东省高级人民法院关于加强知识产权司法保护依法规范和促进互联网领域健康发展的研究报告》。

市场查处的情况，亦折射出对法律的各自解读。在刑事案件中，保护规则的不明确带来的影响更大。例如，对知识产权犯罪定罪量刑意义重大的“非法经营数额”就有实际销售的价格、标价、市场中间价等认定标准。[①]根据不同标准计算出的“非法经营数额”差距很大。如销售假冒“鄂尔多斯”“恒源祥”牌羊毛衫6万余元，获利1万元左右的农民李某，因内蒙古鄂尔多斯中级人民法院依据吊牌价计算非法经营数额，被判处2151万元“天价罚金”，引起舆论哗然。[②]

2. 衔接规定缺乏整合。与未能形成统一协调的知识产权法律体系相对应，知识产权保护的衔接规范亦缺乏整合。自国务院2001年7月9日公布施行《行政执法机关移送涉嫌犯罪案件的规定》以来，有关知识产权保护行政执法与刑事司法衔接的规范相继出台。粗略统计也达十多部。多种效力层次、多种颁布主体的规则充斥其间，让行政机关无所适从。同时，有关执法衔接文本的效力位阶过低，规制内容重复矛盾，导致在实践中尤其是一线基层执法人员对规则的精神难以实质性领悟，而操作性的匮乏也制约了法律规则的落实。相较于庞杂的行政执法与刑事司法保护衔接规范，行政执法与民事司法保护的衔接规范尚付阙如。

（二）保护机构重叠化，缺乏联动效应

1. 多头治理下保护不周。现行的知识产权法律法规往往依据事权划分主管机关，形成了行政执法与司法保护多头并进的保护态势，但保护主体多元，使得部分领域因行政机关之间的相互推诿而产生执法空白。当一个知识产权侵权行为同时侵犯多项权利时，一个行政机关对侵权行为作出处罚决定后，其他行政机关一般不会再行处理，而查处的行政机关仅就自己管辖的领域进行取证，会导致认定事实的不全面。当权利人以寻求能获得最大赔偿的方式提起民事诉讼时，可能难以提供相应的证据，就需要法院重新调取证据进行判断，既不利于对权利人的全面保护，也造成行政司法资源的浪费，还容易造成行政机关与司法机关在事实认定上的出入。

2. 多头管理下查处混乱。双轨制中行政执法保护体系性不强，标准不

① 参见《最高人民法院、最高人民检察院关于办理侵犯知识产权刑事案件具体应用法律若干问题的解释》第12条第1款的规定。

② 详见《湖南现天价罚金：男子卖假货获利1万被罚2151万》，载人民网 http://legal.people.com.cn/gb/188502/16628254.html，访问时间：2015年1月6日。

一，甚至混乱。行政机关依据各自管理领域的法律法规进行查处，可能使侵权人其他更严重的侵权行为逃脱惩处。例如，质量技术监督局在对假冒产品认证标识进行查处时，基于职责范围，相关取证并不会围绕该产品所涉及的专利和商标，如果该产品质量符合国家行业标准，则侵权者可能逃脱因侵犯专利权和注册商标专用权造成的更严重的违法行为的惩处。这明显与“从一重处”的立法本意相违背。

（三）保护程序独立化，缺乏相互对接

1. 转化规则缺失导致证据传导不畅。我国现行知识产权法律法规赋予行政机关在查处知识产权侵权案件过程中较大的行政职权，《专利法》和《商标法》均规定在查处假冒、侵权行为时，行政机关可以询问有关当事人；对当事人涉嫌违法行为的场所实施现场检查；查阅、复制与涉嫌违法行为有关的合同、发票、账簿以及其他有关资料；对有证据证明是假冒、侵权的产品，可以查封或者扣押。当权利人以行政处罚作为依据向人民法院提起民事司法赔偿或者行政机关在行政查处过程中认为侵权行为涉嫌犯罪移送刑事司法机关处理时，必然面临着行政查处证据转化为民事、刑事司法证据的问题，即证据的传导问题。

关于行政执法与民事司法证据的传导规定，现行法律法规尚付阙如。《最高人民法院关于审理著作权民事纠纷案件若干法律问题的解释》第3条以及《专利法若干规定》第25条都有关于人民法院对于已经过行政部门查处的民事纠纷案件，应当对案件事实和当事人的诉讼请求进行全面审查的规定，但该规定仅明确了司法全面审查的原则，对于行政查处证据与民事司法证据的转化并无涉及。2015年2月4日施行的《民诉法司法解释》第114条确立的公文书采信规则值得借鉴：明确了公文书的证明力大小和质证规则，通过必要时强制制作人出庭制度为法院吸纳行政机关的证据材料提供了制度性保障，但这也仅限于公文书，对于物证、电子证据等其他证据该如何设置证据传导和转化机制仍有待探索。

在行政执法与刑事司法的衔接中，虽然《刑事诉讼法》第52条第2款明确列举了“物证、书证、视听资料、电子数据”四种证据材料可以在刑事诉讼中使用，并以“等”字进行了兜底，但“等”字的外延并不明确。《公安机关办理刑事案件程序规定》第60条“公安机关接受或者依法调取的行政机关在行政执法和查办案件过程中收集的物证、书证、视听资料、电子数据、检验报告、鉴定意见、勘验笔录、检查笔录等证据材料，可以作为证据使用”的规定扩展了可转化证据材料的范围，但也未规定具体的证据传导和转化机制，缺乏可操作性。《最高人民法院关于适用〈中华人民共和国刑事诉讼法〉的解释》（以下简称《刑诉法司法解释》）第65条规定了“经法庭查证属实，且收集程序符合有关法律、行政法规规定”的证据转化原则，扩大了“行政机关”的范围，却并未扩大可转化证据材料的范围。

2. 行政诉讼缺位造成认定结论冲突。行政机关在作出处罚决定时，由于程序的相对封闭性，难以吸纳双方当事人的意见，因而即使行政机关拥有较强证据搜集能力也难确保处罚决定的正确性。这本可通过行政诉讼渠道解决，但从司法实践来看，当事人即使认为行政机关的处罚有误，也极少提起行政诉讼，这既涉及知识产权侵权判定的专业性，也渗透着当事人“息事宁人”的态度，因为当事人与行政机关之间是“长链博弈”的关系，不可能因为一次处罚而影响与行政机关的关系。在行政诉讼缺位的情况下，行政执法与民事诉讼认定结论就存在冲突的可能。

五、知识产权双轨制保护衔接机制的建构

双轨制在制度层面的衔接是系统性的法治工程，前期需要深入的调查研究，中期需要架构完备的法律规范体系，长期则有赖严格的执法与监督。在坚持司法主导的基础上，行政机关与司法机关依法律规定合理有效划定职能分工，实现司法保护与行政执法的有效对接，努力发挥司法和行政执法在知识产权保护上的各自优势和整体合力。

1. 建立行政执法与司法保护程序分流机制。由于知识产权法是以私法性规范为本位兼有公法规范属性的综合性法律部门，因而在制度设计层面应考虑到行政机关遵循和执守的公法性规范，并根据案件的性质建立行政执法与司法保护程序分流机制，以节约公共资源，降低维权成本，加强对权利人的保护。

（1）明确行政机关的立案查处标准。当前行政立案查处标准的不透明给权利人通过行政执法渠道维权带来不便，需要在操作中予以明确，真正做到有投诉有处理，避免选择性执法。民事责任、行政责任和刑事责任系根据行为对社会的危害程度而确定，针对知识产权侵权行为的行政保护渠

道和民事司法保护渠道的立案标准不应简单一致，例如可考虑由行政机关加大对生产领域和批发领域等对国家、社会公共利益有较大危害的知识产权侵权案件的查处力度，集中行政资源，解决权利人在这些领域难以调查取证的问题，便于权利人进行民事索赔。

(2) 引导权利人合理选择知识产权保护渠道。为发挥知识产权行政查处和司法程序各自的特点，充分保护知识产权人的合法权益，避免当事人因选择救济程序不当导致公共资源的浪费，可根据权利人的维权目的引导权利人合理选择知识产权保护渠道：对于侵权行为明显，侵权判断相对简单，且权利人主要目的是制止侵权行为，扩大市场占有的，引导通过行政执法程序处理；对于侵权判断相对复杂，且权利人不仅为了制止侵权行为，还要求经济利益赔偿的，可引导权利人通过司法程序解决纠纷，避免司法程序与行政执法程序资源的重复投入。

(3) 规范行政执法与刑事司法的案件移送程序。行政查处案件移送公安机关侦查渠道的不顺畅，核心是由于涉嫌知识产权犯罪须达到法定的犯罪数额，这就需要严格贯彻以审判为中心的刑事诉讼制度，从行政机关查处开始就秉承“疑罪从无、疑刑从轻”的现代刑事司法理念，在确实无法通过销售单据和账册等直接方式查清犯罪数额时，应依靠物价机关和生活经验审慎认定侵权产品的价格，而不能一概以被侵权产品的市场中间价计算。同时，进一步规范行政查处案件移送刑事侦查立案的手续和需要的证据材料，并加强对公安机关不予立案的监督，公安机关应在规定期间内对不予侦查案件明确说明退回理由，做到件件有答复。

2. 健全双轨制保护的证据传导规则及协作机制。行政机关与司法机关作为处理知识产权侵权纠纷的主体，在处理同一侵权纠纷或关联侵权纠纷时，对于另一程序中的事实的确认，应遵循以下几个原则：行政执法程序与司法程序相互独立；以司法程序为主导，行政权行使应接受司法权的审查；相互尊重对方的处理程序和认定事实，尽可能避免对同一纠纷作出相悖的认定；节约社会资源，避免对同一问题重复进行认定。

(1) 司法程序对于行政执法证据的确认。在民事诉讼中，司法程序对于行政执法程序中认定的事实、确认的证据和查处决定的确认主要包括以下两方面：一是人民法院在处理知识产权侵权纠纷时，不将行政执法处理中的侵权认定结果直接作为案件裁判的依据，而仅将当事人提出的行政机关出具的公文书作为案件证据予以审查，并根据具体情况，结合双方当事人的证据独立认定。二是依据《民诉法司法解释》第 114 条、第 115 条的规定构建司法机关对于公文书的采纳规则：一方面，强化行政机关出具的公文书效力，要求只有在“相反证据足以推翻”时才能否定其效力；另一方面，严格对公文书合法性的审查方式，强化制作主体出庭解释说明的义务。依据该司法解释结合知识产权案件的具体情况，我们认为，对于行政机关作出的公文书所记载的事项，在对方当事人无充分反证使法官的自由心证形成相反确信的情况下，法院应直接予以确认；对于行政机关的勘验笔录、检查笔录、查阅笔录、询问笔录、调查笔录、查封扣押笔录、鉴定意见，作为效力较高的证据予以直接确认，当事人能够提供充分反驳证据足以推翻或者调查行为严重违反程序规定的情况除外；对于行政机关查封扣押的涉嫌侵权产品、视听资料、电子数据，以及与涉嫌违法行为有关的合同、发票、账簿以及其他有关资料，作为效力较高的证据直接予以确认，当事人能够证明取证过程严重违反法定程序的情况除外。特别是当生效的行政查处决定记载了涉嫌侵权产品的技术特征，而在司法程序中涉嫌侵权产品已经灭失或改变的情况下，人民法院在进行独立侵权判断时，可直接将行政查处决定中记载的涉嫌侵权产品的技术特征作为事实予以确认。

在刑事诉讼中，物证、书证、视听资料、电子数据四种证据材料具有较强客观性，不易失实，只要符合法定收集程序，就可以作为证据使用。勘验笔录和检查笔录只是对客观情况的描述，并有侵权人的签名，只要程序合法亦可以在刑事诉讼中使用。而对证人证言、被害人陈述、侵权人的陈述和辩解，系言词证据，其客观性容易受到询问方式、侵权人心理活动等因素的影响，需重新核实，才能转化。

（2）行政执法中对司法程序结果的采纳。鉴于司法权的终局性特征，行政机关在处理行政案件时对以下内容应直接予以采纳：经司法程序确认的证据；经司法程序确认的事实；经生效裁判文书认定的侵权结果。行政机关对于上述内容无需再次进行判断，可以在行政纠纷处理时直接援引或采纳，不宜作出与上述内容相矛盾的认定。出现以下情形，行政机关在处理侵权纠纷时可对经在先司法程序处理的事实和结果重新认定：在先生效司法裁判所依赖的权利基础和主要证据发生变化的，如据以认定侵权成立的专利权被宣告无效或部分宣告无效；发生新的情况和发现新的证据足以改变在先司法裁判认定的事实或影响在先司法裁判认定的结果的。

（3）引入专家辅助人机制。知识产权案件大量涉及专业问题，通过法官完全独立认定存在困难，因此需要引入有专门知识的人[①]作为专家辅助人参加庭审，协助查明专业问题。此时，可发挥行政机关的优势，在专家辅助人的选取与指导工作中提供帮助。最高人民法院在知识产权法院框架中设立技术调查官[②]，也彰显了在知识产权案件中吸纳专业人士辅助法官查明事实的重要性。

3. 完善行政执法与司法保护案件的对接机制

（1）行政查处案件与司法在审案件的协调。当事人就同一侵权行为分别提起行政查处申请和向人民法院提起诉讼的，无论提起的先后顺序如何，行政机关除在必要的情况下，对侵权物采取查封、扣押等强制措施，固定侵权证据外，可中止对侵权行为的行政处理，由司法程序先行进行处理。此种程序上的设计旨在避免程序滥用、提高程序利用效率。

（2）行政处理程序后请求司法保护的对接。对于同一侵权纠纷，经行政执法程序处理后，权利人再次请求司法保护的，无论行政执法程序是否确认侵权行为成立，人民法院均应受理。[③]人民法院在审理此类侵权纠纷时，应从以下几个方面处理：首先，独立进行侵权司法判定。人民法院在处理此类知识产权侵权纠纷时，应根据具体情况，结合双方当事人的证据重新认定。其次，不重复判令停止侵权。在行政机关认定行为人构成知识产权侵权行为，作出责令行为人立即停止侵权行为的查处决定，且该决定已经生效的，人民法院在民事审判中也认为侵权成立的，对于原告要求侵权人承担停止侵权的民事责任的主张，人民法院不予处理，即不再重复判令侵权人停止侵权的行为。

（3）司法程序后行政责任的追究。对于同一侵权纠纷，经司法程序审理后，人民法院认定不构成侵权的，当事人就同一事实、同一行为再次申请行政查处，要求行为人承担行政责任的，行政机关不应受理。对于同一侵权纠纷，经司法程序审理后，人民法院认定侵权成立并责令侵权人承担相应责任的，当事人就同一事实、同一行为再次申请行政查处，要求行为

① 《民事诉讼法》第79条规定：当事人可以申请人民法院通知有专门知识的人出庭，就鉴定人作出的鉴定意见或者专业问题提出意见。

② 参见《最高人民法院关于知识产权法院技术调查官参与诉讼活动若干问题的暂行规定》。

③ 2002年《最高人民法院关于审理商标民事纠纷案件适用法律若干问题的解释》规定，人民法院审理商标侵权赔偿案不受行政机关裁决的影响。

人承担行政责任的，行政机关应区别处理：对于要求停止侵权的，由于人民法院在处理民事纠纷时，若认定构成侵权，会判令侵权人承担停止侵害，因此，行政机关无需重复作出认定；对于要求行政处罚的，由于司法裁判保护的是权利人的私权利，而行政机关的查处目的在于净化市场竞争，两者并行不悖，行政机关应当受理权利人的请求。

4. 建立知识产权信息共享平台。为应对互联网时代知识产权保护的新挑战，顺应大数据时代的要求，应由司法机关牵头、多部门联合，构建涵盖实体领域与虚拟世界知识产权保护的立体防线。

（1）推进司法公开系统。司法公开系统中的裁判文书公开平台面向普通民众，建议以中国裁判文书网作为现有平台，完善知识产权类案件查询栏目，便于权利人及时查询案件信息；行政机关也能查询和参考相关案例，统一执法判断标准。

（2）对接社会征信系统。知识产权侵权主要系侵犯财产权，加大对恶意知识产权侵权人的惩处力度是强化知识产权保护的重要方法。[①] 但侵权人是否重复侵权，以及既往的侵权情节法院都不容易掌握。法院和知识产权行政机关可以对接金融、税务等部门构建的现有征信平台，设立知识产权侵权黑名单，对侵权主体加大惩处力度，增加其违法成本。

（3）建立内部信息共享系统。在法院现有内部系统的基础上，加入与行政机关信息系统共享的模块，接入查阅行政机关信息系统的端口，形成以司法机关为主导的信息共享平台，有效解决当前知识产权保护机构较多、专业性强，司法与行政机关沟通不便的弊端。此外，各行政机关亦可以利用该平台一次性处理侵犯多种类型知识产权的侵权行为，实现"联合执法"。

5. 建立公物仓完善对侵权物品的保管和处理。为了解决行政查处以及刑事诉讼中侵权物品的保管和处理问题，建议借鉴我国现有的公物仓制度[②]以及美国、英国对侵权物的合理处理制度[③]，由各地政府部门统一建立

① 《商标法》第63条规定：对恶意侵犯商标专用权，情节严重的，可以在确定数额的一倍以上三倍以下确定赔偿数额。

② 广东省、江苏省等地先后推出公物仓制度，由政府设立公物仓，隶属财政部门管理，用于对政府闲散物资以及没收物品等的存放、保管和处理，实现公共资产的有效利用和管理。

③ 美国、英国对侵权物的处理方法：侵权物能够达到质量要求，仅在权利上存在瑕疵，其实用功能未有实质欠缺的，在案件终结前，该类侵权物需保存在公共仓库。待案件处理完后，对于侵权物可以作更经济的处理，减少侵权物的处理成本。

公物仓，用于存放行政机关查扣的物品以及刑事案件的罚没物品，并指定专人保管，同时建立严格的出、入库制度和对物品的处理程序。具体包括：一是管理主体。公物仓应由财政机关运营管理，与寄存行政机关分离，预防公物仓渎职腐化行为。二是处理流程。各行政执法机关应在查扣时依法办理扣押手续（对扣押侵权物品进行拍照、录像并开列扣押物品清单，清单由执法人员、见证人和持有人签名或盖章）后及时办理移交、入库手续。在作出行政处罚决定后根据不同的情况分别作出处理：当事人不提起行政和民事诉讼的，根据处罚决定处理；当事人提起行政或民事诉讼的，暂不处理，待诉讼结案后依法处理。同样，行政执法机关对于移送司法机关的刑事案件，对涉案扣押物品也应按照上述方法移送入库，在各移交环节只需对仓库内的实物核点，确认无误后由双方在移送扣押物品清单签名确认，无需进行实物流转，避免了移交环节多导致物品容易灭失的风险。三是处理方法。严格按照生效文书的处理结果执行。对于行政处罚决定书中决定销毁的应予销毁处理的，做好销毁录像、拍照以及监督和记录工作。对于行政处罚决定中决定没收以及刑事生效文书判决没收上缴国库的，对于侵权物品中可摘除侵权标识且不影响产品功能的，在摘除标识后由财政部门委托评估机构予以评估并进行公开拍卖，将所得款项上缴国库；不能摘除侵权标识或者摘除标识后严重影响产品能功的，应当按照上述方法予以销毁。四是建立网上管理系统。对公物仓运行情况实行实时动态管理，了解侵权物的实际状态及其所处的案件处理阶段。同时也便于简化侵权物移转手续，实现高效便捷的侵权物移送。

6. 整合现有法律规范，推动“案例引证”试点。目前，知识产权保护中法律规范的滞后、不协调导致了多部门间工作职能的混乱，有必要加快立法、修法，整理现有法规。首先，从立法上解决各职能部门权源上的重叠，合理划分各行政主体间的管理范围。在合理划分各行政主体间管理范围的基础上，设立综合性执法部门，将由几个行政机关共同管理的部分领域剥离出来交由一个综合性执法部门管理。其次，清理部门规章、地方性法规中已经失效的或者与现行高位阶法律、行政法规相冲突的条款。设定法律清理时间表，及时将清理结果向社会公布。最后，建立立法备案制，避免今后在地方知识产权立法中出现与上位法不协调或与同位阶法相冲突的情况。

为弥补立法空白，建议以指导性案例为基础，探索建立“案例引证”

制度[①]。随着司法公开的推进，知识产权典型案例、司法保护状况白皮书的发布，特别是裁判文书上网公开的推进，法院的案例，特别是指导性案例和创新性案例，可以弥补立法的空白。行政机关和法院在处理疑难案件时，可以通过主动查找或引导当事人寻找相关的生效判决并进行辩论，既能对侵权标准有所统一，也能让当事人对处罚和判决结果有所预期，减少履行处罚和判决的阻力。

结语

创新时代呼唤以司法保护为主导的知识产权保护模式。本课题立足于《创新驱动若干意见》精神要求，意在为知识产权行政执法与司法保护的顺畅衔接提供合理合法且可行的指导以回应实践诉求。经过前期扎实的调研和中期深入的研讨，最终形成本调研报告，其精粹体现在：一是明确司法主导理念，把握知识产权保护趋势，推动知识产权双轨保护的顺畅衔接。二是顺应大数据时代要求，构建信息共享平台。完善以司法公开系统、社会征信系统、内部信息共享系统为一体的信息共享平台，实现知识产权全方位多领域的综合保护。三是打破保护主体间藩篱，建立双轨制程序分流机制，完善证据传导规则。当然，还包括诸如互联网环境下的技术协助、案例引证等探索，以期形成知识产权保护的合力，实现执法资源的有效融通与利用。

① 2013年，东莞第一法院在知识产权民事诉讼中已运用“案例引证”制度进行裁判和调解，成效显著。

涉诉信访改革的法治化引导和精细化管理

——以广州法院为样本

广州市中级人民法院、中山大学法学院联合课题组*

一、广州两级法院的涉诉信访现状

（一）涉诉信访数量居高不下

1. 全市涉诉信访总量常年居高不下。近五年全市涉诉信访量一直保持高位运行，每年均超过 9000 件。2006～2009 年涉诉信访曾一度有降低趋势，但之后两年间又再度呈现上升趋势，2011 年全市法院涉诉信访量比之 2009 年上升了 11.30%。

2. 较之基层法院，市中院承受了更大的涉诉信访处理压力。2006～2011 年市中院年均受理涉诉信访案件 5836 件，而 12 家基层法院年均共受理涉诉信访案件 4338 件，市中院年均收案量是全市 12 家基层法院年均总收案量的 1.35 倍。2007～2010 年全市法院涉诉信访量的增长与审判、执行案件数的增长基本一致，涉诉信访量占审判、执行案件数的比例相对稳定，案访比（即审判、执行案件数与信访案件数的比率）基层法院为 38.46：1，市中院则为 6.67：1（包括向中院反映基层法院问题的信访）；2011 年基层法院涉诉信访量占审判、执行案件数比例下降至 47.62：1，但市中院却上升至 4.76：1（包括向中院反映基层法院问题的信访）。

3. 向受诉法院信访仍是信访人主要的信访渠道，但信访人存在着向上级聚拢的趋势。2008～2011 年，市中院、基层法院受理的涉诉信访案件中

---

* 课题组组长：舒扬、瞿卫东，成员：罗红燕、谢平、马作武、陈嘉贤，成员（执笔人）：周冠宇、苏喜平、王泳涌、郑志柱、赖杏杏、汪婷。

直接向受案法院信访的分别为11523件、7772件，分别占同期涉诉信访总数的58%、48%以上[①]。我们对信访人发放的问卷材料反馈回来的信息也与数据统计相一致：515名接受调查问卷访问的信访人中，有高达374名信访人向受诉法院信访过。整体而言，全市涉诉信访量2010年比2009年上升了5.43%，其中，市中院上升了12.76%，而基层法院却下降了3.01%；2011年比2010年上升了5.57%，其中市中院上升了20.68%，而基层法院却下降了14.66%。可见，近三年广州市涉诉信访数量总体有所增加，但主要集中于市中院，信访人存在着向上级聚拢的趋势。

（二）涉诉信访诉求呈现多样、发散特点

1. 信访人诉求的多样性比较明显，但总体而言，市中院涉诉信访主要集中在审判，基层法院则主要集中于执行。2006～2011年市中院受理的涉及审判的信访案件21565件、涉及执行的信访案件6060件，分别占市中院同期受理涉诉信访案件总数的61.56%、17.3%，相较而言，基层法院同期受理的涉及审判的信访案件8412件、涉及执行的信访案件10444件，分别占基层法院同期受理涉诉信访案件总数的32.32%、40.13%。出现差异的主要原因在于，市中院主要负责各类案件终审，故案件审判类涉诉信访量相对较多；而大部分的一审案件由基层法院受理，按照法律规定，一审法院负责生效法律文书的执行，故基层法院执行类涉诉信访量较多。

2. 从涉诉信访针对的问题来看，当事人反映法官“久拖不判”“久拖不执”等情况的反映类信访成为最突出的信访针对问题。2008～2011年市中院此类信访分别为2027件、2887件、2958件、3798件，分别占市中院同期受理涉诉信访案件数的39%、59%、54%、57%，四年合共11670件，占比53%；基层法院同期此类信访分别为1806件、1597件、1521件、1051件，分别占基层法院同期受理涉诉信访案件数的42%、38%、37%、30%，四年合共5975件，占比37%。[②] 其他比较多的类型还包括反映情况（占两级法院四年总数的23.50%）、申请再审及申诉（占两级法院四年总数的6.03%），其他类型（均不到总数5%的）还包括要求开具裁判

---

① 数据说明：2006、2007年广州中院并未对涉诉信访案件的来源进行分类登记，为确保数据有效，故该项分析自2008年开始取数。

② 数据说明：2006、2007年广州中院并未对涉诉信访案件针对的问题进行分类登记，为确保数据有效，故该项分析自2008年开始取数。

文书生效证明的；请求咨询法律问题的；要求判后答疑的；要求转交、转递材料的；投诉法官审判作风问题或者廉政问题的；要求见承办法官的；要求减免缓诉讼费的；请求督促基层法院工作的以及其他无法实现的诉求；等等。

（三）重复访、多头访、过激访等失范信访现象较严重[①]

1. 信访人惯用多头访和重复访的方式进行缠访。2006～2011 年全市法院受理的涉诉信访中重复访 8946 件、多头访 5386 件，合共 14332 件，平均每年 2389 件，是信访人最常用的特殊信访方式。从我们的问卷调查来看，515 名受访问信访人中，374 人向受诉法院信访过，171 名向受诉法院同级党委和国家机关信访过，228 名向受诉法院的上级法院信访过，83 人向上级党委和国家机关信访过，而去过最高人民法院和中央国家机关信访的分别为 38 人和 27 人，这说明，在向受诉法院信访之外，同时向其他党和国家机关信访成为较为普遍的现象。

2. 近三年过激访、越级访增长迅猛。以市中院为例，2006 年至 2009 年间过激访的案件数呈现出低位、平稳状态，年均 35 件。但 2010 年和 2011 年过激访呈现急速攀升，分别为 83 件、106 件，同比分别上升了 137%、27.71%。六年间，市中院越级访 2006 年、2007 年逐步攀升，2008 年、2009 年略有下降后于 2010 年再次升高，2011 年首次突破 500 件，达到 518 件。而与之相对应的是，我们的问卷调查显示，515 名受访问信访人中，高达 381 名信访人认为目前我国存在“大闹大解决、小闹小解决、不闹不解决”的现象。而在信访实践中，甚至出现了信访人推着轮椅的残疾人作“道具”、雇佣大批农民工信访等现象，甚至有些当事人委托了具有更专业的法律知识、更丰富的信访经验涉诉信访代理人，个别基层法院还曾经出现职业信访代理人伪造当事人委托书、并以代理人身份过

① 本次调研中所指“特殊涉诉信访方式”主要指：（1）“多头访”是指信访人就同一案件分别向两个或两个以上的国家机关信访；（2）“重复访”是指信访人就同一案件先后向同一国家机关提出了两次或两次以上的信访；（3）“越级访”是指信访人向受案法院的上级法院或与上级法院同级的党委（包括但不限于纪委、政法委）、人大、政府（包括但不限于信访局）、检察院等国家机关信访；（4）“集体访”是指两人或两人以上就同一案件共同提出的信访，包括《信访条例》中的“群体访”和“集体访”；（5）“过激访”是指采取在法院及其他单位门口或其他公共场所拉横额、呼口号、穿状衣、静坐、绝食、跪地、咒骂、自伤或伤人、撕毁法律文书、冲击办公场所等过激行为的信访。如信访人的信访涉及两个或两个以上的上述特定信访类型，分别统计。

激访和将救助款项占为己有的现象，并受到刑事处罚。

3. “诉中访”“执中访”现象严重。2011年市中院受理的涉诉信访案件中，其相关联的诉讼案件尚在一、二审、再审审理中的有1347件，尚在执行中的有2039件，合共3386件，占当年市中院涉诉信访收案总量的51.20％。同年，广州各基层法院受理的涉诉信访案件中，此类案件分别有1141件、1465件，合共2606件，占当年基层法院涉诉信访收案总量的74.60％。在515名受访问信访人中，135名在立案阶段即开始信访，122名在一审阶段开始信访，39名在二审阶段开始信访人，合计高达296名信访人，在案件尚未作出生效裁判之前就开始信访，属于典型的“诉中访”现象。

（四）涉诉信访所涉案件被再审、改判的比例极低

2006～2011年间，市中院受理再审申请数6227件，再审立案数1531件，即经审查立案再审数只有再审申请数的24.59％，仅占市中院六年总审判案件数的0.75％；经再审发改的案件共376件，占市中院六年总审判案件数的0.18％；而在2006～2011年间，市中院受理涉诉信访案件总数为35032件，经再审发改的案件只占信访案件总数的1.07％，即平均93.46件信访案件涉及的诉讼案件中，才有1件被再审发改。

各基层法院受理再审申请数874件，再审立案数451件，经审查立案再审虽占再审申请数的51.6％，但也仅占基层法院6年审判案件数的0.05％；经再审发改的案件共90件，占基层法院6年总审判案件数的0.01％。而在2006～2011年间，各基层法院受理涉诉信访案件总数为26027件，经再审发改的案件只占信访案件总数的0.35％，即平均每285.71件信访案件涉及的诉讼案件中，才有1件被再审发改。

二、涉诉信访的成因探析与弊端分析

（一）涉诉信访现象的社会和历史背景

1. 转型期矛盾冲突增多与社会保障体系不完备。改革开放后，我国经济社会的快速发展，在市场经济改革路径中，各种利益主体地位越来越自主，不同地域、不同族群的发展差距却在拉大，使我国步入社会矛盾凸显期。这些矛盾充斥到社会各个领域，如贫富差距悬殊引发社会冲突、公共

权力腐败挫伤了民众对国家和法治的信心、国企改革的代价承担不均。特别是人口绝大多数的农民和城市低收入人群处在社会最下层，他们只分享到改革发展的少部分成果。一旦这些人因矛盾纠纷诉到法院，较高的诉讼成本和风险极易直接影响到他们的生存和日常生活，这也强化了他们对胜诉结果的追求。在诉讼结果未能如愿或者未能通过执行程序实现权利的情况下，一些当事人或利害关系人，转而通过向包括受案法院在内的有关机关和领导投诉、信访，以寻求法律程序之外的救济，造成了涉诉信访大量出现的现象。于是，各地、各级法院在面对“诉讼爆炸”带来的强大工作压力的同时，不得不设置专门人员来处理信访事件；法官在审理案件的同时，不得不就各类信访事件进行接访、答复、汇报。

2. 信访历史传统的惯性与公众法治意识不归位。中国有着悠久的信访历史传统。从尧舜时期的“进善之旌”到西周的“路鼓”和“肺石”制度，及至唐朝形成的以“邀车驾”“挝登闻鼓”“立肺石”“上表”四种信访方式构成的较完备的信访体系，清朝则达到封建社会信访制度最完备的阶段[①]，“告御状”“拦轿申冤”等典型的古代信访方式通过戏剧、小说等文学作品在民间不断流传且深入民心，实在意义上的信访，实际上已成为本土特色的民众政治参与形式，存在于中国各个历史朝代，形成了巨大的历史惯性。

新中国成立后，为反对官僚主义和“拨乱反正”，中国共产党积极鼓

---

① 参考胡中才：《古代信访史话》，湖北人民出版社 2000 年版，第 8～15 页。其中“肺石”源于西周时期，当时宫门外设置“肺石”，由于石头是红颜色的，形状像肺，故名肺石，以使百姓有不平之事能够击石鸣冤。北宋的沈括在《梦溪笔谈》描述道：“其制如佛寺所击响石而甚大，可长八九尺，形如垂肺。”为什么形如肺呢？“肺主声，声所以达其冤也”，同时肺石也寓意着官府和老百姓同肺腑、共呼吸的意思。当时以肺石转达穷苦百姓有冤无处申告的上诉，无兄弟子孙，老弱病残的人，如果有冤屈要上诉周王，就在宫门外肺石上站三天，相关人员就接受他们的诉状，并报告周天子，同时还要处罚不上报冤情的地方官员。

“登闻鼓”是中国直诉制度中延续时间最长，应用最为广泛和普遍的直诉方式。登闻鼓，源自传说中的西周“路鼓”制度。据《周礼·夏官·大仆》记载，西周“建路鼓于大寝之门外，而掌其政，以待达穷者与遽令，闻鼓声，则速逆御仆与御庶子”。就是说在西周时期，有冤屈的平民，以及有紧急要事要告诉周王的人，就击打路鼓，此时大仆须立即召见看守路鼓的官员，根据他们了解的情况，报告给周王，这就是路鼓制度。

“邀车驾”的通俗表达即为拦轿告状，指在皇帝出行时，以拦路申冤的方式申诉的总称。邀车驾较早的记录见于《后汉书·杨政传》，其中记载了杨政邀车驾拦出行的皇帝为其老师鸣冤直诉，并最终救出老师之事。

上表制度就是通过上呈文书向皇帝上诉申诉冤情，以期得到昭雪或者减免。自古到今，文书诉事都是下层向上层统治阶级反映情况所采用的常用方式。

励人民用来信、来访等方式表达各种意见，民众的信访权利成为反对官僚主义的话语工具。[①] 1957 年 5 月，第一次全国信访工作会议通过了《中国共产党各级党委机关处理人民来信、接待群众来访工作暂行办法（草案）》，初步形成了具有中国特色的信访制度。信访制度从古至今成为民众表达诉求、主张权利的习惯性方式。

我国现行的法律体系与司法制度移植自西方国家，与我国传统法文化理念缺乏有机融合，特别是程序正义、法律事实、举证责任等理念，尚未为多数民众所知晓、接受，尤其是来自社会底层或偏远区域的民众。在发放的调查问卷中，75％的信访人以及约 63％的社会民众认为“如果法官公正，案件事实总是能被彻底查清的”；71％的信访人以及约 72％的社会民众认为“法院应当保证所有生效裁判都执行到位”；64％的信访人以及约 49％的社会民众认为“如果原告起诉没有道理，法院就不应该受理”等。这些数据在一定程度上反映社会民众法治意识较为薄弱、重视实质正义而无视程序正义的心理态势。在涉诉信访处理中也发现部分信访人是因未保存证据或举证不利而被判败诉，或因无法提供被执行人财产线索而致无法执行，这反映出我国民众的诉讼能力偏低的现实。

3. 司法公信力缺失与涉诉信访现象之间的恶性循环。司法公信力的要义在于社会公众在意识形态领域对司法行为的认可程度。在司法公信力处于良好的状态下，司法裁判就容易被当事人或社会公众所接受，社会公众就会相信法律、相信司法、支持司法、尊重司法，司法权威就能得到真正维护。相反，如果司法公信力低下，当事人或社会公众对司法裁判行为和结果难以信服和认同，就会寻求一种法外途径进行救济。另一方面，当事人对既定判决不服，希望通过信访来推翻裁判或重新启动再审，或在法律程序尚未完成前，希望通过信访来对审判施压，事实上确有部分当事人通过信访实现了这种目的。在问卷中，719 名法官对于在工作中有否遇到过因涉诉信访最终改变了案件处理结果的情形的问题，选择“没有”的有 324 人，占 45％；选择“有，但极少遇到”的有 257 人，占 36％；选择“有，并不少见”的有 114 人，占 16％；而选择“很多”的有 11 人。综上，约有 53％的法官曾遇到过因涉诉信访最终改变案件处理结果的情形。

---

① 对新中国成立后，信访工作的定位、思路详见李秋学：《新中国建立后中共信访权利观的生成、情境、语境与困境》，载《湖南师范大学社会科学学报》2007 年第 4 期。

我们难以统计通过涉诉信访最终改变案件处理结果的真实案件数量，但从处于审判一线法官对上述问题的选择，可以得出涉诉信访确实在一定程度上影响了审判独立和司法公正，进一步消解了司法权威和司法公信力。即使我们承认通过涉诉信访纠正了一些司法不公案件，从表面上看有利于实现司法公正。但实际上，每一个这样的信访案件的解决，都是民众对法官之上“超级法官”期望的强化。最终形成一个背离法治精神的怪圈：由于司法缺乏权威性，人们怀疑裁决的公正性，而通过涉诉信访实现了其目的，司法权威性被进一步弱化，又促使更多的当事人选择走上涉诉信访之路。这样，法院的涉诉信访制度就陷入两难境地：一方面，它是一种权利救济的途径，民众的期望值很高；另一方面，越是有所作为，就越在无形中损害了法院的权威，继而引发更大规模的信访。如此循环往复，非但没有有效化解不断涌现的社会矛盾，反而更深伤害了法院的权威。①

（二）现行涉诉信访制度的法治精神缺失

1. 涉诉信访人治型的治理手段与法院审判权独立性的冲突。为了解决信访问题，各级党委政法委及政法部门出台了各类工作制度，如案件交办制度、领导包案制度、领导干部“大接访”制度等，这些人治型的治理手段成为目前信访工作的主要方法。但涉诉信访不同于一般信访，信访人的诉求往往是围绕着司法权提出，法治精神及人民法院审判权的独立性、终局性决定了涉诉信访的工作机制应当从一般信访机制中脱离出来。上述制度强化了“依靠领导是解决问题的便捷途径”这一带有强烈“人治”色彩的意识导向，给非正常信访人提供了“便利”，使越级上访、进京上访成为了屡见不鲜的现象。其更深刻的危害在于为司法程序外的力量干预司法提供了便利。

2. 现行信访处置制度对信访行为的逆向激励。首先，“青天意识”的文化传统鼓励了越级访和进京访。在民众思维观念中，“青天”具有两个显著特征：一是“青天”存在于高层，越是基层的法官越有贪赃枉法的可能，因此信访人总是寻求越级访或要求见领导。二是“青天”存在于远方，越是本地法官越有与对方当事人勾结的可能，因此信访人总是倾向于

① 李茂华、陈雪梅：《法院涉诉信访制度之利弊分析及进路选择》，载《广东行政学院学报》第20卷第4期。

进省或进京上访。其次，涉诉信访制度的结果取向主义，极易诱导信访人采取过激行为，将自己的诉求“问题化”。有学者分析指出，“结果取向主义，是指这样一种决策进路：决策主体对不同决策方案的可能后果进行评估，然后选择一种实现某一给定的组织目标的角度看似乎最有吸引力的方案，可欲结果的获得是决策正当性的标准。接访官员对信访问题的处理，是建立在对处理可能引发的多种多样的后果进行综合衡量判断基础上，根据实际情况作出具有灵活性的结论。面对众多的信访要求，哪个能优先获得救济，取决于‘后果严重性’；救济方案的选择上取决于哪种方案能带来最大的社会效果。接访官员的决策标准具有引人注目的‘选择性执法’特征，更加关注‘个别正义’的实现，具有相当大的偶然性和不可预测性。正是这种结果主义取向的决策进路，使信访群众懂得，要想有效获得救济，就必须把事情‘闹大’，至少看上去会导致严重的‘后果’。”① 信访人“大闹大解决、小闹小解决、不闹不解决”的认识，驱动他们将采取失范的信访行为来促进问题的解决，成为信访行为的逆向激励。

3. 以维稳为标准的信访考核机制间接影响法院依法独立审判。面对涉诉信访案件的办理压力和办结难度，在面对“诉中访”时，法官为了实现政治任务，以及对案件结果的社会效果和政治效果追求，也避免增加自己的信访工作量，法官可能主动或被动地考虑信访人的诉求，在法律允许的边缘范围内变现或部分变现信访人的目的。在调查问卷中，719 名参与调查的法官对于“在处理过的涉诉信访案件中，是否存在为了令信访者息诉罢访而满足其依法不能满足的诉求的情况”的问题，有 55%的法官选择“没有”，24%的法官选择“有，但只是极少数的情况”，9%的法官选“有，这种情况并不少见”，3%法官选择“有，这是常见的做法”，另有 6%的法官选择“有，只要信访人员的信访对法院造成较大压力，一般都会尽量满足其诉求”。可见，曾在处理涉诉信访案件中为了令信访者息诉罢访而满足其不能满足的诉求法官比例达到 42%。即使我们考虑被调查者与信访人的立场不同而在一定程度上可能会影响该统计数据的准确性，但该比例也是令人吃惊的。

---

① 熊云辉、邓周和军：《分而治之 和谐共存——信访制度与司法制度比较分析》，载《法治论坛》（第 8 辑）。

4. 涉诉信访终结制度的缺失与司法终局性的冲突。司法审判作为纠纷解决的终局机制，应当是权利义务最终的确定标准，但在涉诉信访中，存在部分生效案件仍然可以通过信访实现改变的可能性，使矛盾纠纷没有了终局性渠道。涉诉信访的无休止更使矛盾纠纷陷入无法最终解决的怪圈，司法的既判力受到挑战。在我国目前的审级制度设计中，刑事、民事、行政三大诉讼法都没有对当事人的申诉权利给予实质性限制，特别是对申诉次数没有明确限制。[①]“一些诉讼案件当事人对于几年前、十几年前甚至几十年前生效的裁判仍然申诉不止，各级机关对于经过几次、十几次、几十次处理过的涉诉信访，还转交给法院复查，司法资源遭受极大浪费，司法权威性、终极性受到严重冲击，其示范效应又促使涉诉上访愈演愈烈，乃至直接影响到社会和谐和国家权威”。[②] 上述状况的出现主要是由于法院对涉诉信访如何审查未设立严格的程序规范，导致法院对涉诉信访的复查活动因无明确规范而处于无序状态。[③] 对此，最高法院于 2010 年下发了《人民法院涉诉信访案件终结办法》，对中央政法委交办的进京无理访案件规定了终结程序，但基层法院缠访闹访的案件，大都不属于这类案件。且该《终结办法》规定的严苛的终结审批程序使得实际工作中极少案件能通过该程序而终结。

（三）涉诉信访折射的法院内部管理问题

1. 诉访未分离是涉诉信访数量高位运行的技术性原因。在对信访诉求多元化的现状分析中，我们了解到至少一半的信访是“诉中访”和“执中访”。进一步分析，其中真正属于案件超审限或经办法官存在不当行为的情形其实并不多，主要原因仍在于案件经办法官与当事人沟通不畅，当事人急于了解案件审判或执行进展却又未能及时联系到经办法官，往往转向涉诉信访。在案件尚未作出生效裁判之前就开始信访，属于典型的“诉中访”现象。严格来说，“诉中访”“执中访”应纳入“诉”的处理范畴，在处理流程上应由法院信访部门将相应材料转交业务庭经办法官处理。在涉

① 参见魏治勋：《涉诉信访的“问题化”逻辑与治理之道》，载《法学论坛》2011 年第 1 期。

② 转引自张敏、戴娟：《困惑与出路：转型期法院涉诉信访制度的理性探究》，载《法律适用》2009 年第 6 期。

③ 转引自张敏、戴娟：《困惑与出路：转型期法院涉诉信访制度的理性探究》，载《法律适用》2009 年第 6 期。

诉信访统计中并未将“诉”剔除出来，这也是目前涉诉信访数量居高不下的原因之一。从广州中院的数量来看，如果诉、访统计分离，涉诉信访案件数量将会有大幅下降。

2. 司法效能不足是涉诉信访产生的诱发性原因。在案多人少的矛盾未得到解决前，案件需要延长审理期限或在较长的时间内审结是一种普遍现象。但“迟到的正义非正义”，时间成本也是当事人进行诉讼时需要考虑的因素，通过信访向法官施压以期案件能够尽快解决就成为一种较为普遍的现象。另外，裁判文书说理性不足、部分法院工作人员素质不高和工作作风问题都是产生信访的诱导性因素。面对当前社会矛盾复杂化、是非对错并非一目了然的案件现状，部分法官不注重裁判文书的说理，其裁判结论自然不足以令当事人信服，在释法不足或析理不明时，当事人很容易便转向投诉、信访。一些审判人员不注意自己的言行，在办案过程中对当事人不够尊重，未允许当事人充分行使诉讼权利等情形，也是当事人信访的原因。

3. 当事人与法官的沟通渠道不畅是涉诉信访产生的递进式原因。当法院未能为当事人提供与审判人员的双向互动沟通平台时，当事人只能通过信件或办公电话联系法官，但信件麻烦、效率低而且是单向的。审判人员往往因开庭、合议或各种会议、学习等事项不能在第一时间接到当事人的电话。在这种沟通平台不畅的情况，因法院接访是窗口值班制，当事人就转而求助信访渠道。这就是“诉中访”“执中访”情况突出的原因所在。因此，畅通当事人行使案件知情权、监督权的渠道，是减少这类涉诉信访案件数量的关键环节和有效途径。

三、涉诉信访的法治化引导与精细化管理

2013年，中央政法工作会议提出“要引导涉法涉诉信访问题在法治轨道内妥善解决”①，明确了国家在涉法涉诉信访工作改革中的基本思路。这与学界关于涉诉信访制度改革的主流观点一致。② 在目前的政治和社会语

① 2013年1月7日，中央政法委书记孟建柱在全国政法工作电视电话会议上提出要“积极推进‘四项改革’，努力提高执法司法公信力。……政法机关要站在全面推进依法治国的战略高度，从更好地维护人民群众根本利益、维护司法权威、维护社会和谐稳定出发，以实施修改后的刑事诉讼法和民事诉讼法为契机，把依法维权与依法办事有机结合起来，引导涉法涉诉信访问题在法治轨道内妥善解决，确保群众的诉求解决得更好、信访秩序维护得更好。”

②

境下，原本作为诉讼救济途径之外的补充性救济机制，涉诉信访制度负担了过多的法外救济功能，如是背景下提出涉法涉诉信访改革，有助于涉诉信访制度回归司法程序，实现涉诉信访制度在法律轨道内的有序健康运行。同时，通过精细化管理提高涉诉信访的处理效率，以因应常年居高不下的涉诉信访纠纷数量、减少因信访处理不及时而产生的重复访现象，则可被视为涉诉信访法治化的具体实现路径。

（一）引导涉诉信访问题在法治轨道内解决

1. 明确权力边界，规范党委、政府公权力运行。在我国政治动员机制强大，而司法效能、处理信访能力还比较有限的情况下，基于维护社会稳定的社会治理首要价值目标，党委、政府需要借助公权力才能解决部分涉诉信访纠纷，尤其是转化成诉求表达失范行为的过激信访纠纷。此时，党委、政府不是处理涉诉信访的专门机构，但却是处理涉诉信访纠纷的当然机构，党委、政府将着眼点放在抑制外部冲突上，或许并不拘泥对纠纷中利益主体之间权益关系的应然规则的尊重。① 因此，为了平息过激信访纠纷，党委、政府的公权力往往会介入到个案的处理中，在可能带来消解司法权威、助长信访人“小闹小解决，大闹大解决，不闹不解决”等一系列问题的同时，更有可能强化涉诉信访制度原本不应具备的权利救济功能，并导致权利救济制度结构冲突、信访资源过度透支、政治资源内耗和政治生态失衡，形成所谓的“低效率‘锁定’状态和恶性的路径依赖”②。

从问题形成机理的角度，打破这种恶性循环的关键在于切断信访人不合理的制度预期，以法治渐进式改革的思路，亦即为党委、政府公权力设定合理边界，让涉诉信访回归涉诉信访，让司法理性成为判断信访诉求合理与否的唯一标准。同时，加快司法改革步伐，健全信访诉求表达机制，

---

① 近年来，伴随着涉诉信访实践与形式理性司法技术日益加剧的紧张关系，学界关于涉诉信访改革的争论一直未曾停止。主要观点有三种：一是鉴于处理信访实践对裁判既判力和审判独立的冲击，主张取消涉诉信访，甚至取消信访制度。二是主张对既有的涉诉信访制度进行升格，将其纳入党委政府综治信访维稳工作中一并谋划。三是主流观点主张将涉诉信访制度纳入诉讼化轨道，同时在程序上实现与目前司法程序的衔接。

② 庄士成认为，传统文化中的“清官”理念、信访制度初始设定的人治基因和特殊历史时期形成的权利救济功能成为信访制度变迁的三重路径依赖，它导致人治信访、功能错位和无效率机制恶性循环等信访困境。参见庄士成：《我国信访“困境”的制度成因——一个制度经济学的分析视角》，载《政治与法律》2011 年第 8 期。

在审判独立的旗帜下重塑司法权威。

规范党委、政府公权力运行，在制度设计层面，首要要求是改革目前的各级党委、政府的限期办结、督办和包案制度，取而代之以纠纷信息传递功能为核心的转办制度。理由在于，限期办结、督办和包案制度在运行中交办主体泛化，行为边界极其模糊，是涉诉信访制度中党委、政府公权力介入司法权的主要方式。司法机关为了完成限期办结、督办、包案任务，极易牺牲程序理性转而以社会稳定为首要价值目标。在转办制度下，党委、政府对信访人来访信息只甄别、登记、转送，不处理，也不对信访纠纷的司法处理进行干预，从而为司法机关处理涉诉信访问题提供独立的外部政治和社会环境。

2. 提高法院行使审判权的独立性，重塑司法权威。传统的涉诉信访制度模式冲击了审判独立，消解了司法权威。“为了防控涉诉信访，法律不再是法官审执工作中所要考虑的唯一的、有时甚至也不是首要的因素，维护稳定的政治任务，以及对案件审执中的社会效果和政治效果的追求，左右着法官的思维，有时甚至取代了法官的法律思维。”[①] “面对涉诉信访，‘法官无上司’的谚语不再有效，法官不仅有上司，而且有很多有形的和无形的上司。”[②] 这些问题所带来的后果是，当事人不相信司法裁判具有终局性，有些人甚至在诉讼尚未终结时转而寻求信访渠道。当有一个比司法权威更上位的权威主体（党委、政府）存在，且这两者之间的处理信访职能分界模糊时，信访人出于机会主义考虑，寻求司法外权威主体的救济就成为更优的选择。因此，只有在法院独立行使审判权的基础上重塑司法权威，才能从根源上解决信访人在诉讼程序外寻求救济渠道的问题。

在法院独立行使审判权的基础上重塑司法权威，应该坚持以下三点：一是审判权保持不受其他权力干涉的独立性。审判独立可以较大限度避免公权力“既当运动员又当裁判员”现象，这对限制公权力、保障私权利具有重要意义。二是法院、法官审判案件不受行政机关、社会团体和个人的干预。法院独立，亦即同级法院之间、上下级法院之间在各自管辖范围内的相互独立。法官独立，亦即合议庭与法官裁判案件均不受其他组织、个人的影响，承担不同职责的法官之间可能会存在行政领导关系、业务指导

---

①② 张文国：《试论涉诉信访的制度困境及其出路》，载《华东师范大学学报》（哲学社会科学版）2007年第2期，第88页。

关系，但这些关系最终不应当影响法官作为居中裁判者的独立决策。三是因涉诉信访而启动的司法程序不受维护社会稳定等法外价值目标的影响。以“诉中访”为例，信访的压力和维护稳定的政治任务，使得法官不能超然于当事人在庭审中的情绪和言行，而有些当事人正是抓住了这一点，想尽办法促使法官作出有利于自己的判决。[①] 在这种方式下，以形式理性为特点的司法程序和具有安定性特点的法律规范将稳定地、持续地调节社会利益、处置纠纷、救济损害，并有助于对后续同类信访纠纷的处置形成正面示范效应。

3. 完善再审审查，建立以听证为必经程序的无理访终结制度。涉诉信访制度的法治化引导最终要与既有的诉讼程序相衔接。再审审查就是涉诉信访与诉讼程序相衔接的制度环节。对于判决生效后的涉诉信访纠纷，应该纳入再审审查制度处理。同时，应该建立有限度的再审审查制度，对于经过再审审查认定判决、裁定没有问题的，通过涉诉信访终结制度终结司法处理环节。

（1）涉诉信访制度与诉讼程序制度对接。诉讼程序终结后，有的当事人仍然通过非正常信访途径寻求法院依职权启动再审程序。遵循程序正义的理念，应该构建以听证程序为必经程序的审慎的无理访终结程序。

其一，对于诉讼程序终结后的信访诉求，启动听证程序甄别诉求合理与否。听证可以由信访部门随机组织审判人员进行，也可适当吸收人大代表、政协委员作为社会力量代表参与，以提高听证结果的社会公信度。

其二，对于经听证程序认定，属于生效判决可能错误的信访纳入再审制度，告知信访人依照法定程序向特定的人民法院申请再审。

其三，在再审制度的设计上，应明确领导批示、上级指令、行政命令均不能作为启动再审的条件，不能替代信访听证程序。审查程序实行一审终局制，对于已经超过提起再审期限的信访，信访部门发现生效判决可能错误，可以依职权启动再审，但也应以一次为限。

其四，对于经听证程序而确定为无理访的，由法院信访部门备案后，将最终结论书面送达信访人，并终结司法处理环节。案件认定为无理访后，除将终结结论送达信访人外，还可向社会公示，并通报同级人大、党委、政

---

① 张文国：《试论涉诉信访的制度困境及其出路》，载《华东师范大学学报》（哲学社会科学版）2007年第2期，第88页。

府。案件终结后，法院即不再受理同一信访人就同一事项的信访诉求。

（2）司法处理环节终结之后的处理。如前文所述，司法权的程序理性决定了其不可能从根本上满足信访人的所有诉求。因此，应该建立涉诉信访末端的以人民代表大会制度为核心的权威救济机制。人大权威救济机制的宪政依据来自人民代表大会作为我国的权力机关，其代表组成具有广泛性；作为民意机关，拥有广泛的民意基础，通过监督程序作出的决定容易赢得民众的支持和认可；作为监督机关，拥有对司法机关的监督权。[①] 制度设想是：将目前分散于政法委、法院的救助功能上移到人大内务司法部门，对于经过法院处理，特别是司法处理环节终结后的涉诉信访案件，信访人不服处理结果的，可以向人大提出监督申请和司法救助申请。人大依监督职权对程序公正（即不对实体问题）进行监督，也可要求法院报告相关情况，并视情况启动救助程序。

（二）推行涉诉信访案件的精细化管理

1. 进入控制：明确诉、访分离标准。一般而言，诉访分离中的“诉”，是指当事人或利害关系人向有管辖权的法院提出的与审判有关并依据诉讼法的规定、适用诉讼程序予以解决的请求，包括起诉、上诉和申请再审等告诉类诉求，还包括法律和司法解释规定的提出异议和申请复议等异议类诉求。“访”是指当事人通过来信或来访的形式向法院反映一般不能启动司法程序的问题和事项。诉[②]访分离的具体运用标准如下：

其一，民事案件的再审申请人及刑事案件、行政案件的申诉人对已经发生法律效力的判决、裁定等不服，在两年内向有管辖权的法院申请再审或申诉的，属于诉。超过两年才申请再审或申诉的，或申请人、申诉人不符合法定主体资格的，或向没有管辖权的法院申请再审或申诉的，或法律及司法解释已明确将申请的内容排除在法定申请再审或申诉范畴之外的，属于访。

其二，当事人、利害关系人依据《民事诉讼法》提出的执行异议、复议和申诉案件属于诉；执行过程中其他情形则属于访。国家赔偿确认案件中，国家赔偿案件的申请人不服法院不予确认违法裁定书或赔偿决定等，

① 孙大雄：《信访制度功能的扭曲与理性回归》，载《法商研究》2011年第4期。

② 此处“诉”作广义理解，包括立案、审判和执行。

依据《国家赔偿法》第30条规定向法院提出申诉的，属于诉。

其三，当事人就处于一审、二审、再审程序中的案件向法院反映情况的，属于诉，纳入相应诉讼程序处理。

其四，来访人向法院反映的无需或者不能启动诉讼程序的事项，如反映法官及其他工作人员态度、作风和廉政问题、设备设施问题、人事问题、向法院提出工作意见和建议，以及反映事项不属于法院主管或管辖的情形等，属于访。

在处置方法上也应充分体现诉访分离的原则：一是对“诉”和“访”编立不同的案号字号，调整司法统计口径，将程序内的诉从信访中分离出来。[①] 二是借鉴佛山市顺德区法院的做法，对投诉有理的涉诉信访案件重新指定承办法官。[②] 三是通过再审审查和审判监督程序对部分案件以诉的方式进行分流，使能够进入诉讼程序的请求从一般意义的涉诉信访案件中分离出去，并按照法定的诉讼程序予以解决。

2. 流程控制：进行信访案件处理的内部流程改造

(1) 建立统一的涉诉信访信息收集、分析和协调平台。广州中院承担涉诉信访信息收集、处理职能是立案庭下设的信访室，其职责包括接访登记、分类转办、督促反馈、处理应急事件、与信访局等法院外信访单位联络协调以及主办各类涉诉信访文件。这从层级关系看存在权力架构的矛盾，信访室作为立案庭下设科室，无法对与立案庭平级的各审判执行业务庭处理信访案件进行督办；在发生重大或紧急事件时往往需要通过院领导进行协调，审批步骤多、处理效率低；且将涉诉信访与立案放置在一起，不利于两者的专业化。在此次基层调研中，几乎每个法院都提及缺乏高层级、独立涉诉信访管理部门带来的处理困境。

可以考虑借鉴北京市第一中院制定的《关于加强涉诉信访工作的若干意见（试行）》和佛山市顺德区法院成立独立建制的“涉法涉诉信访科”[③]的实践经验，将信访室从立案庭分离，并将其定位为与各审判执行业务庭同级的独立的涉诉信访综合处理部门，并建立一整套的涉诉信访案件组织协调、会商联动、联合接访、应急处置、督办反馈、责任查究机制，着力

---

① 苏泽林：《努力践行科学发展观，自觉满足人民群众的立案审判新期待——在第二次全国立案审判工作会议上的讲话》(2009年1月13日)，载最高人民法院立案庭编：《立案工作指导》(2009年第1辑)，人民法院出版社2009年版，第8页。

②③ 《诉访分离的顺德经验》，载《人民法院报》2010年8月19日第5版。

解决涉诉信访工作力量的有效整合问题。

在上下级法院信访室的工作关系上，建议参照各审判业务庭的做法，将其定位为上下级业务指导关系，并明确涉诉信访系统内的信息传递、案件传送机制。

（2）进行涉诉信访案件处理的流程改造。第一阶段：甄别及“诉”和“访”的分流。①进行诉、访事项甄别；②对属于“诉”范畴的来访事项，转送诉讼服务中心处理；③对属于“访”范畴的，由信访部门处理。

第二阶段：对“访”的分流。①分流无理访事项，经甄别属于无理访的，启动无理访终结程序。②分流“类信访”事项，即信访人为法律咨询、联络法官、递交材料等非对立案、审判、执行行为或结果不满的信访，接访人可当场释疑或指引信访人到律所或公益机构咨询具体法律问题、到立案庭咨询窗口查询法官电话或通过诉讼服务中心联系经办法官、到诉讼材料收转中心递交材料等。③建档登记，对于涉诉信访，必须详细登记《涉诉信访登记表》，同时将信访人基本信息、信访类型、信访诉求、相关案号等信息完整、全面登记入审判流程管理系统。④自动关联，通过完善审判流程管理系统，在涉诉信访案件登记相关诉讼案号后，已审结的由系统自动导入该诉讼案件的起（上）诉状、答辩状、保全情况、质证笔录、开庭笔录、裁判文书等；未审结的由系统自动导入该诉讼案件的起（上）诉状、答辩状，方便接访人了解案情、准确答疑。

第三阶段：转办。①根据信访案件内容，对人的信访转交纪检监察室处理，对事的信访转交经办部门处理。在《转办单》上明确涉诉信访处理的反馈时间和形式，并适当提示经办法官关于信访人的特殊情况，如存在过激访、媒体关注等。②改进流转程序，改进审判流程管理系统，令系统在转办中显示“移”、在经办法官签收后显示“办”、在办结后显示“结”、遇特殊情形需要中止办理的显示“止”、超过办理期限的显示红色，以有效控制涉诉信访案件的办理过程。

第四阶段：反馈。每一建档的涉诉信访案件要求经办部门必须进行两方面处理：答复信访人和反馈信访部门。为加快处理速度和简化操作，信访建档后，在审判流程管理系统中自动生成《处理审批表》，以选项方式设置处理结果，供经办法官便捷选填。重大要案需经院、庭领导审批的，由系统自动转至具有审批权限的领导处，审批完成后返回信访部门。至此，经办人对于涉诉信访案件的办理工作方算完毕。

第五阶段：归档。涉诉信访案件经由信访部门专职信访员在系统中进行结案登记，也应像诉讼案件般进行装订归档、留存备查，同时建立完整的电子档案，入档材料应包括但不限于信访人提交的申请和证据、《转办单》、经办法官复查案件或处理过程产生的材料、《处理审批表》以及媒体报道或外单位转来相关材料等。

（3）建立涉诉信访案件分级分类处理制度。在目前的信访实践中，信访人来访后，信访部门如认为来访诉求需业务庭和原经办人处理，一般直接将信访材料转交业务庭和原经办人，除上级交办、督办案件外，对其他案件不作跟踪和督办。因此，信访人因业务庭和原经办人不予答复而重复访的事件时有发生。但同时，涉诉信访案件数量规模整体偏大，并非所有案件都具有现实维稳风险，对所有信访案件适用同样的督办、交办程序既不可能，亦无必要。现行平均着力的处理信访方式，一方面容易分散信访工作者的处理信访精力，无法集中力量处理重大、敏感信访案件，也容易使简单信访问题复杂化。

可以借助信息化手段，建立涉诉信访分级、分类处理机制。具体设想是根据信访案件的社会稳定风险等级，将涉诉信访分为四级。接访后，由专职信访工作者将涉诉信访案件信息登记入系统，评估其社会稳定风险系数，并据此划分等级。根据各等级的处理原则，按照各自处理流程处理信访。处理信访过程中，如发现新情况，可调整当前的社会稳定风险等级。

3. 源头控制：以提高司法效能为重点减少“诉中访”。从前文的数据分析可知，信访人来访所针对的问题中有大量针对法官“久拖不判”“久拖不执”和司法作风问题，在2008～2011年四年间，这类问题占总体来信来访量约53%。因此，要改变涉诉信访数量高位运行态势，压降这一部分的涉诉信访量是重要的工作内容，也是从根源上预防和减少涉诉信访矛盾的重要手段。针对“诉中访”的具体类型，提高司法效能尤其可以考虑从以下两个方面入手：一是加强司法作风建设，提高司法能力，重点是提高诉讼调解、庭审驾驭、裁判文书制作技能和认识把握社会矛盾、社情民意的能力。同时，应该克服司法不规范、不文明做法，杜绝工作简单粗暴、态度冷横硬推，最大限度消除涉诉信访诱因。二是加强审判管理，通过设立科学的审判管理机制，加大对调解撤诉率、上诉率、申诉申请再审率、案访比、判后答疑回访率等审判效果指标的绩效考评力度，强化案结事了的工作导向。对案访比高的办案人员或案件承办人答疑不及时、敷衍塞责导致当事人越级、进京信访的，应在审判业绩考核中有所体现。在涉诉信访法治化引导的前提下，通过强化司法行为监督功能，反观法院的司法行为，并以此作为改进司法作风的依据，应当也是涉诉信访法治化改革的一个基本取向。

4. 惩罚控制：加强对过激访的规制。法院在处理涉诉信访时，固然要防止简单划一、刻板僵化地适用法律，但同时也要防止假社会效果之名行无原则迁就之实的倾向，甚至满足信访人的“法外诉求”。但当前，部分法院出于维稳考虑或顾忌媒体，对过激访多持“宽容”态度，正与我国政治体制赋予法院过多“社会治理”① 职能息息相关，但却危害甚剧，一方面，影响法院正常工作秩序和法官人身安全，并且不实控告、恶意诬陷直接影响法院权威，降低司法公信力；另一方面，对过激访采取经济补助等息事宁人的温和做法，容易引发“羊群效应”，造成其他正常信访人产生“非竞争型弱势化”② 心理。美国学者斯托夫认为，“人们总是将自己的命运与那些和自己的地位相近、又完全不同于自己的人或群体做反向比较的结果，产生被相对剥夺感，一旦这种心态变得很强烈，将成为社会不满和社会动荡的重要根源”。③

对过激访进行适当规制是重要且必要的。对于缠访、闹访者，原规定可对其按照《城市流浪乞讨人员收容遣送办法》收容遣送。武汉中院、成都中院的做法可资借鉴。武汉中院与武汉市公安局经协调，在武汉中院信访大厅外设立警务室，可及时处置信访人的过激行为，有效保障法院工作秩序。2009 年 2 月 23 日，9 名信访人在成都中院外严重闹访，成都市公安局介入并经过缜密侦查，获取了闹访人员犯罪的证据，后来这九名闹访人员全部都被判处三年以下有期徒刑。成都中院还会同检察院、公安局联合发布了《关于切实维护信访秩序、依法处置非正常上访行为的通告》，成都市公安局曾多次拘留到成都中院严重闹访的违法人员，信访秩序大为好

---

① 有学者指出，对于一些案件的司法个别化处理，司法的功能只能成为辅助手段，法院更多的应当承担社会治理机构的角色职能“作为一个治理机构，它在整个法律体系中的作用，正是要解决无法用形式理性去解决的实质理性问题，即治理问题。”参见赵晓力：《基层司法的反司法理论？——苏力〈送法下乡〉》，载 http：//www. law－thinker. com，访问时间 2013 年 2 月 28 日。

② 李强：《警惕“非竞争型的弱势化”》，载 http://politics. people. com. cn/GB/1026/13402390. html,访问时间 2013 年 2 月 28 日。

③ 余少祥：《弱者的权利：社会弱势群体保护的法理研究》，社会科学文献出版社 2008 年版，第 134～135 页。

转，严重闹访行为近乎绝迹。

结语：孕育一种更加宽容的法治化的社会权力权利生态

涉诉信访作为信访现象的一种，其存在本身是政治文明的表现。然而，涉诉信访中暴露的无视审判权的独立性和终局性倾向，以及与这种倾向呼应的“包案”“领导干部大接访”之解决路径依赖，与当代法治精神不相吻合。可以预见，随着对“被精神病”现象的治理，以及劳教制度的改革，我国的社会权利生态将进一步宽容，“信访”“涉诉信访”作为普通民众表达意愿、甚至参与政治的一种形式，只会增加不会减少，从这个意义上讲，我国的法治化进程总体是在可喜地进步。但是，在法治大厦内部，如何协调其中子项目之间的关系，还有很多功课要做。如何在保障民众表达意愿的权利同时推进司法机关独立行使裁判权、司法程序公正等法治价值的建立，值得我们思考。法制教化是容易被想起的办法，但与公共权力的法治化配置相比，后者更具有核心意义，它将以制度的力量促成民众法治意识的形成。即使在历史传统沉重惯性和社会转型时期各社会板块不平衡运动的双重作用下，沿着法治化的治理路径，一种更加宽容的、有序的社会权力权利生态呼之欲出。在这种社会生态中，涉诉信访将变迁为公民理性表达诉求的制度文明。

（二）机制创新

轻微刑事案件快速审理机制的实证分析

广州市南沙区人民法院课题组*

一、轻微刑事案件快速审理机制的产生背景及意义

轻微刑事案件快速审理机制（以下简称轻刑快审机制）是指以简化刑事诉讼程序，提高诉讼效率为目标，对符合特定条件的轻微刑事案件采用的一种快速审理机制。从司法实践角度看，提高司法效率是构建轻刑快审机制的主要推动力，司法程序繁简分流机制不完善是构建轻刑快审机制的制度动因，而加强人权保障是构建轻刑快审机制的重要诱因。

（一）案多人少：提升司法效率的现实需求

案多人少是我国司法实践当中存在的一大难题，在司法资源有限的情况下，如何提高司法效率成为我国司法领域的重要课题。

图 1 显示：2009 年全国法院刑事一审收案 768507 件，结案 766746 件；2010 年分别为 779595 件和 779641 件，同比分别上涨 1.44％和 1.68％；2011 年分别为 845714 件和 839973 件，同比分别上涨 8.48％和 7.73％；2012 年分别为 996611 件和 986392 件，同比分别上涨 17.84％和 17.43％；2013 年 1～9 月分别为 700502 件和 637066 件，同比分别增长－6.01％和－5.67％；2014 年 1～6 月分别为 504461 件和 448114 件，同比上涨 9.78％和 10.21％。

* 课题组组长：陈昭强，成员：蔡穗硕、张友好、谭海云、胡名态、刘玉清、伍敏青、许东俊、林志毅、刘杰、赵丽。

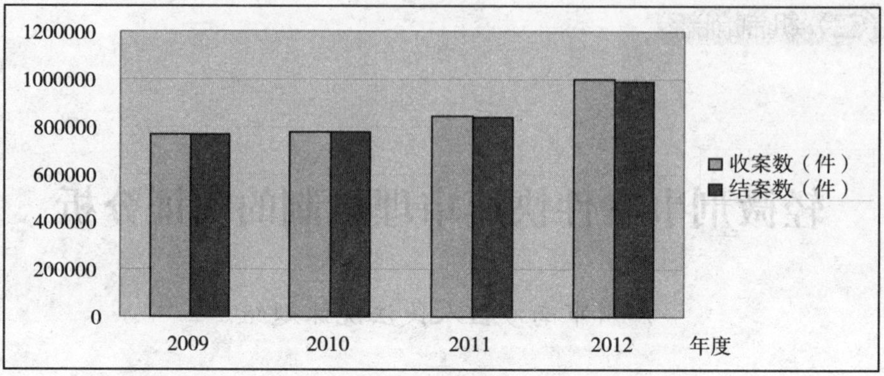

图 1　2009～2012 年全国法院收案和结案情况①

刑事案件数量增多主要有以下原因：第一，犯罪基本类型有增无减。从犯罪类型上看，犯罪从自然犯走向自然犯与法定犯并存的格局，如交通肇事罪，《刑法修正案（八）》确立的“危险驾驶罪”等，换言之，从犯罪基本类型看犯罪有增无减。第二，新型犯罪层出不穷。社会生活的复杂化导致新型犯罪不断涌现，如《刑法修正案（七）》增设利用未公开信息交易罪、非法提供公民个人信息罪等 9 个罪名，《刑法修正案（八）》增设拒不支付劳动报酬罪等。在犯罪基本类型不变的情况下，新型犯罪层出不穷。第三，社会转型引致犯罪高发。我国目前正处于特定历史时期内的犯罪高发期。全国人大常委会副委员长王兆国指出：“当前，我国正处于社会转型期和矛盾凸显期，刑事案件居高不下，严重暴力犯罪增多，犯罪的种类和手段出现了新的变化，这些都对我国社会管理提出了严峻挑战。”②第四，近期法律制度改革使进入刑事司法程序的案件增多。2013 年 12 月 28 日，全国人大常委会通过了《关于废止有关劳动教养法律规定的决定》。实施 50 多年的劳教制度被依法废止后，许多原属劳教范围的行政违法行为将纳入刑事司法领域，使公、检、法机关办理轻微刑事案件的压力加大。③

然而，值得注意的是，我国司法机关受理的刑事案件中，特别是基层法院受理的刑事案件中，轻微刑事案件占较大比重。数据表明，2010 年，

---

① 数据来自最高人民法院网站，http：//www.court.gov.cn/qwfb/sfsj/index _ 1.html，访问时间 2014 年 8 月 5 日。

② 郎胜主编：《中华人民共和国刑事诉讼法释义》，法律出版社 2012 年版，第 743 页。

③ 李娜、张敏、孙媛媛：《劳动教养制度废止后轻罪案件快速侦审机制研究》，载《北京警察学院学报》2014 年第 1 期。

全国被判处刑罚的被告人共988463人，其中，被判处非有期徒刑（不含缓刑）、无期徒刑与死刑的占近40%。① 广州市南沙区人民法院（以下简称南沙法院）2008年至2014年7月审理的刑事案件中，判处刑罚人数共计1899人，其中，判处三年有期徒刑以上刑罚的193人，占10.16%；判处三年以下有期徒刑、拘役、管制、单处罚金等刑罚的1706人，占89.84%。

在刑事案件不断增长的同时，我国司法人员数量并未与案件数量同步增长：

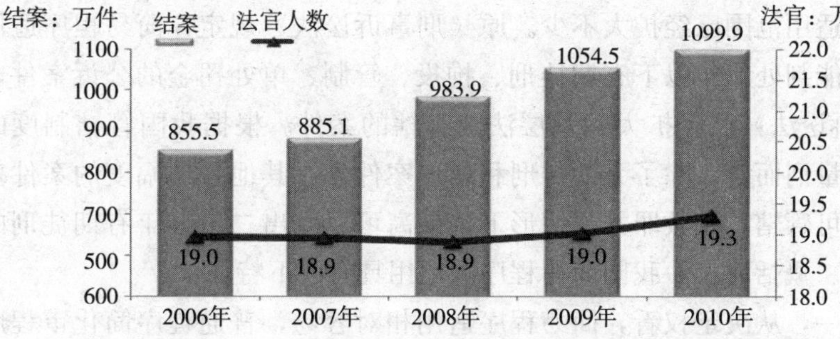

图2　2006～2010年全国法院审、执结案数与法官人数走势情况

图2显示，2006年我国法院审执结案数量为855.5万件，到2010年上升至1099.9万件，增长了28.56%；2006年我国法院法官人数为19万，2010年为19.3万，仅增长了1.57%。显然，两者的增长极不对称，由此导致或加重案多人少的局面。

在这种情况下，有两种解决办法：一是增加司法人员；二是提高司法效率。囿于现有条件，在短期内大幅增加司法人员无法实现的情况下，提高司法效率成为解决问题的重要途径。同时，正如前文所示，我国刑事犯罪中，轻微犯罪占比较高，构建轻刑快审机制不仅是提高司法效率的内在要求，也是解决案多人少难题的重要途径。此外，构建轻刑快审机制，还可以减轻看守所的压力。尤其在现有看守所资源极其有限，而因劳教制度等改革而导致进入刑事司法案件骤增的情况下，轻刑快审机制的建立减少了犯罪嫌疑人被羁押的使用率，或缩短了其被羁押的时间，对缓解看守所压力起到积极作用。

① 黄飞：《论法治思维与轻刑快审程序的契合》，载《法制与社会》2013年第11期。

（二）分流不畅：要求简易程序多元化

根据现行法律，我国的刑事简易程序实际上存在两种情形：一种是《刑事诉讼法》第三编第二章第三节规定的“简易程序”；另一种则是由《最高人民法院、最高人民检察院、司法部关于适用普通程序审理“被告人认罪案件”的若干意见（试行）》所确立的简易程序，这种简易程序又被称为普通程序简化审程序。实际上，经过2012年《刑事诉讼法》修改决定修改之后，“轻罪”简易程序已经发生了很大变化，就量刑幅度而言，案件的适用范围已经扩大不少。原《刑事诉讼法》规定，简易程序适用于依法可能判处三年以下有期徒刑、拘役、管制、单处罚金的公诉案件，现《刑事诉讼法》已经扩大到基层法院管辖的案件。根据我国管辖制度的规定，就量刑而言，除了无期徒刑和死刑案件外，其他量刑幅度的案件基层法院均可管辖，在数罪并罚情形下，最高可以作出二十五年有期徒刑的刑罚判决。概括而言，我国简易程序的适用具有以下特征：

第一，从决定权看，简易程序适用相对容易，普通程序简化审程序适用则相对较难。简易程序的适用仅由法院决定即可，检察院仅享有建议权，而普通程序简化审程序的适用则应当征求人民检察院、被告人及辩护人的意见。

第二，在是否适用两种简易程序上，法院享有自由裁量权。这与日本的即决裁判程序、德国的简易程序中，当检察机官已经提出适用即决裁判程序、简易程序的申请时，法院必须应申请，以简易判决处刑的规定明显不同。①

第三，检察机关在启动简易程序上享有建议权，且检察机关对是否行使该建议权享有充分的裁量权。换言之，是否提出适用简易程序，检察机关没有法律上的义务，法律上规定是“可以”建议人民法院适用。

第四，侦查机关无法启动简易程序适用。我国侦查机关与简易程序的适用没有直接关系，两种简易程序适用最终的决定权都在法院，检察院则享有建议权。

第五，当事人在简易程序适用中处于被动地位。虽然简易程序的适用

---

① ［德］克劳思·罗科信：《刑事诉讼法》（第24版），吴丽琪译，法律出版社2003年版，第568页。

要以被告人认罪并对适用简易程序没有异议为条件，普通程序简化审程序也需要被告人对指控的基本犯罪事实无异议、自愿认罪并同意适用，但法律并未明确赋予被告人主动请求适用该程序的权利。

第六，简易程序的适用范围较宽泛。从法律规定来看，我国简易程序最高可以作出二十五年的有期徒刑判决，而普通程序简化审程序最高可以作出无期徒刑的判决。而国外通过各种简易程序审理的案件，一般最高刑罚仅在一年有期徒刑以下。

第七，简易程序没有书面审方式。其他国家的简易程序体系中，一般分为两类：一类是书面审；一类是言词审理。书面审理的，刑罚往往控制在财产刑范围内，而通过言词审理方式审理的案件则可以判处自由刑。

第八，必须以被告人认罪为适用前提。简易程序的适用，要求“被告人承认自己所犯罪行，对指控的犯罪事实没有异议”，而普通程序简化审程序则要求“被告人对被指控的基本犯罪事实无异议，并自愿认罪”。

由此可见，我国简易程序的适用受到诸多限制。从主观方面看，若侦查机关、检察机关、审判机关不积极选择简易程序，就会严重妨碍简易程序的适用。此外，被告人不认罪也会阻碍简易程序的适用。从客观方面看，由于我国两种简易程序的适用范围广泛，且未对通过简易程序审理案件的刑罚进行限制，若通过简易程序审理判处较重刑罚，往往会遭受社会诟病。在此背景下，轻刑快审机制的构建，对于完善我国简易程序体系具有重要意义。

（三）羁押严重：呼唤压缩相应时限

由于拘留和逮捕制度不完善，我国长期以来存在羁押率高，超期羁押，一押到底等问题。统计分析表明，1990～2009 年全国检察机关共批准、决定逮捕 144579934 人，提起公诉 15550883 人，批捕率为 93.76%。[①] 近年来，在宽严相济刑事政策的影响下，逮捕率虽有所下降，但对于公安机关提请批捕的案件，检察机关批捕率仍保持在 85%以上。[②] 据统计，1993 年至 1999 年全国每年超期羁押的人数一直维持在 5 万～8 万人之间，2003 年，随着最高人民法院、最高人民检察院、公安部联合发文开展清理

---

① 徐鹤喃：《中国的羁押必要性审查——法制生成意义上的考量》，载《比较法研究》2012 年第 6 期。

② 张兆松：《论羁押必要性审查的十大问题》，载《中国刑事法杂志》2012 年第 9 期。

超期羁押专项活动的开展，超期羁押数量急剧减少。截至 2006 年已降低至 210 人，但实践中隐形超期羁押的现象仍比较严重。[①]

在此情形下，构建轻刑快审机制对于保障犯罪嫌疑人、被告人的人权，具有积极的意义。首先，避免公民人身自由权利受到不当侵犯。从犯罪性质上看，轻刑案件罪行不严重，刑罚也较轻，审前可以不羁押或不宜长时期羁押。实行轻刑快审机制，减少羁押适用或缩短羁押期限，对于避免公民人身自由权利受到不当侵犯具有重要意义。其次，减少了犯罪嫌疑人、被告人“交叉感染”的机会。犯罪嫌疑人、被告人在被羁押的期间，难免会有所交流，甚至相互沟通、学习有关犯罪的经验和技能。轻刑快审机制的建立，减少或缩短了犯罪嫌疑人被羁押的几率及期间，从而减少了犯罪嫌疑人、被告人“交叉感染”的机会。

二、南沙法院轻刑快审工作的基本情况

自 2014 年 1 月起至 7 月 2 日，南沙法院共采用轻刑快审机制审理案件 46 件 47 人，其中 1 件 1 人依法转为一般简易程序。已审结 41 件 42 人，还有 4 件 4 人正在审理中。已审结案件中，从立案到宣判平均用时 6.9 天，拘役刑适用率为 53.66%，缓刑适用率为 17.07%。案件具体情况如下：

（一）案件实体性特征

第一，从涉嫌的罪名看，包括贩卖毒品罪、盗窃罪、危险驾驶罪、故意伤害罪、交通肇事罪、妨害信用卡管理罪等，涉及《刑法》分则规定的危害公共安全罪、侵犯公民人身权利、民主权利罪、侵犯财产罪、妨害社会管理秩序罪、破坏社会主义市场经济秩序罪等 5 类罪名。其中，贩卖毒品案件 8 起，占 17%；盗窃案件 7 起，占 15%；危险驾驶案件 24 起，占 53%；交通肇事案件 2 起，占 4%；故意伤害案件 4 起，占 9%；妨害信用卡管理案件 1 起，占 2%，具体情况如图 3 所示：

---

① 徐鹤喃：《中国的羁押必要性审查——法制生成意义上的考量》，载《比较法研究》2012 年第 6 期。

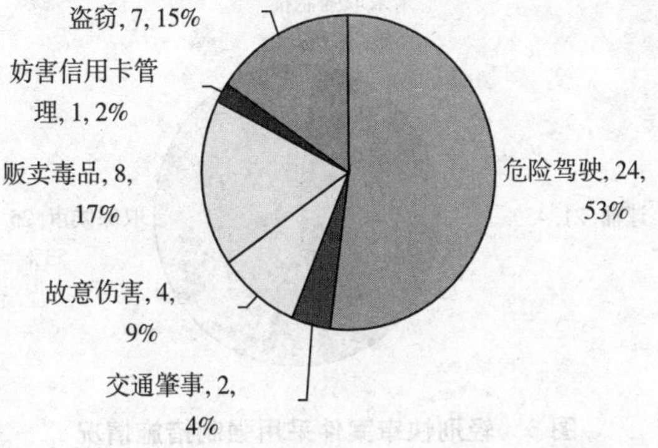

图 3　轻刑快审案件涉嫌罪名情况

第二，从量刑来看，已结案的 42 人中，14 人被判处有期徒刑（不含缓刑），其中仅 1 人被判处一年有期徒刑以上刑罚（一年三个月有期徒刑并处罚金 1000 元），20 人被判处拘役刑（不含缓刑），8 人被判处缓刑（含 5 人有期徒刑缓刑和 3 人拘役刑缓刑），另外，有 37 人被并处罚金。具体情况如图 4 所示：

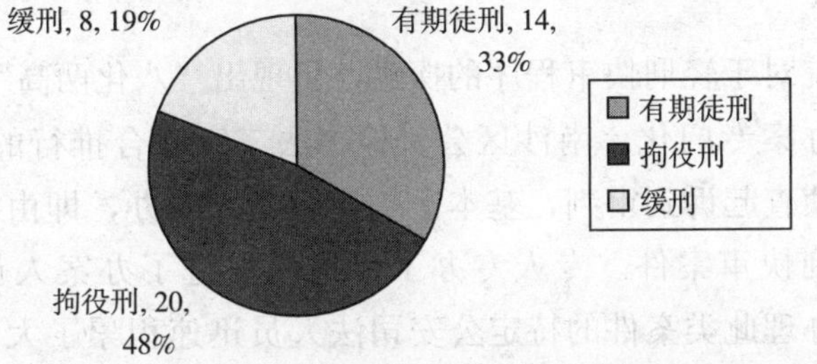

图 4　轻刑快审案件量刑情况

第三，从强制措施实施情况来看，受理的 46 起案件 47 人中，在审判阶段被采取逮捕措施的 21 人，被取保候审的 25 人，未采取强制措施的 1 人，其中，自始至终未被羁押的有 4 人。具体情况如图 5 所示：

通过上述三个实体性内容方面的数据观察，可以看到，与传统建议程序相比，轻刑快审案件具有以下特点：

第一，适用轻刑快审审理的案件类型集中。从案件类型来看，适用轻刑快审机制处理的案件主要集中在我国《刑法》分则规定 10 个类罪名中的 5 个：危害公共安全罪、侵犯公民人身权利、民主权利罪、侵犯财产罪、妨害社会管理秩序罪、破坏社会主义市场经济秩序罪等。

第二，从量刑结果来看，刑罚都比较轻。大多数都在一年有期徒刑以

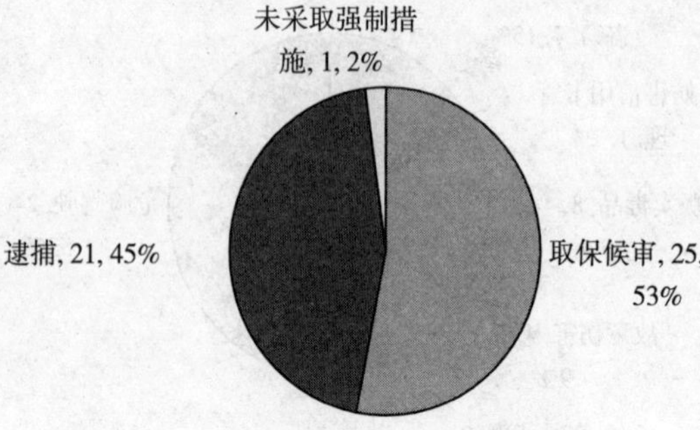

图 5　轻刑快审案件采用强制措施情况

下处刑，远低于法律规定的简易程序的量刑幅度。

第三，取保候审率较高。以轻刑快审程序办结的案件，取保候审率超过 50%。而据不完全统计，该院同期审理的全部刑事案件的取保候审率仅为 30%左右。换言之，采用轻刑快审程序审理的案件，更多的被告人不被羁押。

（二）审判程序性特征

南沙法院对于轻刑快审程序的探索，呈现出“八化两高”的特点：

第一，办案专门化。南沙区公、检、法三家联合推行的“轻刑快办”程序中，从侦查起诉到审判，基本上均实行专人专办，即由特定办案人员专门办理轻刑快审案件。专人专办工作机制促进了办案人员的专业化培养，使专门办理此类案件的特定公安司法人员迅速积累了大量有效处理此类案件的积极经验，司法效率明显提升。

第二，程序集中化。对于符合轻刑快审机制的案件，在特定程序环节采取一定程度的集中化处理。侦查部门侦查终结后，在条件允许的情况下，采取相对集中的方式移送审查起诉；在审查起诉阶段，采取相对集中的方式提起公诉；而在审判阶段，则采取相对集中开庭的进行审理。

第三，法官独任化。根据我国《刑事诉讼法》第 210 条的规定，适用简易程序审理可能判处 dg 年有期徒刑以下刑罚的案件，可以组成合议庭进行审判，也可以由审判员一人独任审判。换言之，在传统的简易程序中，轻微刑事案件的审理既可以采用独任制，也可以采用合议制。若采用合议庭审理，裁判由合议庭合意形成。而采用独任制审理，则免除了合意过程所造成的消耗。南沙法院轻刑快审机制以独任制审判为原则。对于可能判处三年以下有期徒刑刑罚的案件，南沙法院进行了以独任制审判为原则的有益探索。这不仅明确了《刑事诉讼法》第210条关于审判组织的实施原则，便于实施，而且节省了司法资源。

第四，审批放权化。与其他刑事案件相比，南沙法院还以专业功底扎实、审判经验丰富的独任法官为依托，赋予其对可能判处三年有期徒刑以下刑罚的案件享有较大的裁量权，无论是强制措施的适用，还是对案件最终结果的判决，都能够独立决定，摒除层层行政审批的负累和时间消耗，在保证审判质量的同时，提高司法效率。

第五，审判技术化。所谓审判技术化，主要是指审判过程的信息化和视频化。庭审过程信息化，指在遵循法律规定的基础上，积极采用信息化手段优化审判管理、提高送达效率；而庭审过程视频化，则是指对被告人的讯问采用远程视频的方式，避免了因看守所距离较远造成的提审不便，节约了司法资源。

第六，文书格式化。由于适用轻刑快审的案件类型相对集中，案情轻微且比较简单，当事人基本上无异议，因此，可以考虑对这些案件的裁判文书进行格式化处理。

第七，质证目录化。在适用轻刑快审机制审理案件中，公诉人举证时只列举证据目录，对个别重要证据予以说明，而被告对证据目录中的任何一个证据存有疑问或不认可，均可以立即提出，要求公诉人员进行说明或发表质证意见。

第八，审理灵活化。即审判地点的灵活选择。除固定提审被告到法院开庭审理外，对于轻刑快审案件，审判法官在一定情形下还可以根据案件情况需要，决定在看守所开庭审理。以此减轻提审压力，节约司法资源，同时也为被告人提供便利。

第九，当庭宣判率高。适用轻刑快审机制审理的案件，基本上都能当庭宣判，而且在条件允许的情况下还采取集中宣判的方式，以进一步提高司法效率。

第十，案件满意度高。轻刑快审程序在提高了司法效率的同时，并未影响案件办理的质量，恰恰相反，从案件审理的社会效果看，群众满意度更高。2014年1月至7月，南沙法院共审结刑事案件287件，上诉14件，服判息诉率95.12%。而适用轻刑快审机制52件，上诉仅1件，服判息诉率高达98.08%。由此不难看出，轻刑快审机制的适用，不仅提高了司法效率，还有助于社会和谐。

三、当前轻刑快审机制存在的主要不足

从当前各地的实施及运行情况看，我国轻刑快审机制存在以下三个方面的不足：

（一）在立法技术层面，轻刑快审机制的定位不明

从现有的相关规定及各地实践看，轻刑快审机制的法律地位比较模糊。在界定轻刑快审程序与原有审判程序的关系问题时，有些地方轻刑快审机制的适用依赖于传统简易程序的框架；也有地方则在现有简易程序规定外，探索更加简易的程序。事实上，轻刑快审机制与原有简易程序之间的正确定位与协调，是该机制确立所应当解决的首要问题。否则，就可能导致制度设置的冗余或冲突。换言之，轻刑快审机制是应当依托于原有简易程序进行，还是另成体系。从广州的实践看，似乎倾向于探索一套“比简易程序更加快速的程序”。

（二）在实体层面，某些内容尚须斟酌

第一，轻刑快审案件的适用条件标准不一。就可适用轻刑快审案件的实体性标准而言，各地的实践探索基本上都要求案情简单、事实清楚、证据确实充分而且从量刑方面限定在可能判处三年有期徒刑以下，但在是否要求罪名单一、责任认定明确、无民事赔偿问题或民事赔偿问题已有效解决、免予刑事处罚、适用法律无争议、辩护人的意见等方面则远未达成一致。而对于不适用轻刑快审的案件范围，各地均主要从案件性质和案情复杂程度进行限制，但却并未就案件性质从正面作出明确的界定，而且从各地实践探索来看，案件适用范围出现不断拓展的趋势。另外，对于三年有期徒刑以下刑罚的案件，是否有必要再进行具体细分也值得研究。就程序性内容而言，各地一般均要求被告人认罪，但在是否需要辩护人无异议问题上，并未取得一致看法。2013 年广州市政法委出台《关于广州市实行轻微刑事案件快速办理机制暨发挥拘役刑教育矫治作用的工作意见》（以下简称广州市意见）除了要求被告人认罪之外，还要求辩护人对指控的犯罪事实及罪名无异议。

第二，适用轻刑快审机制与量刑之间的关系。2003 年 3 月 14 日，最高人民法院、最高人民检察院、司法部发布的《关于适用普通程序审理“被告人认罪案件”的若干意见（试行）》和《关于适用简易程序审理公诉案件的若干规定》均规定，“人民法院对自愿认罪的被告人，酌情予以从轻处罚”。2012 年《刑事诉讼法》中对简易程序的适用也有被告人认罪的要求，但却没有量刑上的优惠规定。那么，作为新型的简易程序，轻刑快审机制审理的案件，是否需被告人认罪？若被告人认罪，则能否在量刑上予以优惠呢？有学者认为，我国简易程序以被告人认罪为前提，而简易程序的适用对于节省司法资源、提高司法效率具有积极意义，所以作为对被告人选择简易程序时司法合作的奖励，法院在量刑时可以对被告人酌情予以从轻处罚。[①] 广州市意见对此未作规定。

（三）在审判程序层面，可操作性尚待提升

第一，启动的主体有待完善。关于轻刑快审机制的启动主体，目前各地的实践也不一。有些地方由公安机关启动，有些地方由公安机关和检察机关启动。那么，在公安机关和检察机关不启动的情况下，法院是否可以主动启动轻刑快审程序呢？

第二，可提速的环节不一。关于轻刑快审机制中可提速的程序和环节，各地做法不一。有些在逮捕环节上提速，有些在审查起诉环节提速，有些在开庭形式上简化，有些则在宣判问题上快等。《广州市意见》主要在办案期限和审判方式方面追求快速处理，如通过集中告权、当庭宣判和远程视频开庭等方式提高审判效率。

第三，动力来源单一。我国轻刑快审机制的动力来源比较单一，即把提速的希望仅寄托在公权力机关上，对于当事人在推动轻刑快审机制适用上的可能性没有给予较好的重视，不利于对当事人程序权利的尊重和主动性的发挥。

第四，保障措施不足。相对于普通程序而言，简易程序减少了对犯罪嫌疑人、被告人的防护。为弥补这一不足，维护犯罪嫌疑人和被告人基本的诉讼权利，保障案件公正审判，有关国家往往会规定一定保障性条款，如规定未成年人案件不适用轻刑快审程序，或必须为犯罪嫌疑人、被告人

① 冀祥德主编：《最新刑事诉讼法释评》，中国政法大学出版社 2012 年版，第 187 页。

配备律师等。目前，我国对于此类保障措施重视不足，各地的尝试均鲜少对此进行专门规定，相关设置还有待完善。

四、完善我国轻刑快审机制的具体设计

结合我国司法实践的实际情况和针对目前我国构建轻刑快审机制面临的问题，我国轻刑快审程序可以从以下几方面予以完善：

（一）立法技术层面：明确轻刑快审的法律地位

根据简易程序的多元化原则以及南沙法院的实践探索，可以考虑将轻刑快审机制定位为一种独立或相对独立的简易程序，即一套“比简易程序更加快速的程序”（广州市意见）。严格说来，它是对现有简易程序的发展和延伸，是一种新型的简易程序。在适用条件、审判程序等方面有别于现行法律所规定的简易程序，从而摆脱对传统简易程序的依赖，例如：在案件适用上限定在可能判处三年有期徒刑以下刑罚的案件，并以独任制审判为原则等。

（二）实体层面：细化轻刑快审的具体内容

1. 案件类型范围。就案件类型而言，应限定在危害公共安全罪、侵犯公民人身权利、民主权利罪、侵犯财产罪、妨害社会管理秩序罪、破坏社会主义市场经济秩序罪等五类罪名为宜。《刑法》分则规定的其他五类罪名，如危害国家安全罪、危害国防利益罪、贪污贿赂罪、渎职罪、军人违反职责罪等，在某种程度上均带有政治性色彩。根据有关国家和地区的经验，由于政治类案件的特殊敏感性和对正当性的高标准要求，一般不宜适用简易程序。这也是我国目前对于轻刑快审机制实践探索的一般做法。而就具体罪名而言，则应当持一种开放性态度，罗科信教授认为，对未具政治性质的轻微犯罪案件实应加强适用（简易程序）。① 例如：前文所述南沙地区即在广州市意见的基础上进行了积极拓展。

2. 作为适用条件的量刑。在量刑上限制轻刑快审机制的适用，是保障

① ［德］克劳思·罗科信：《刑事诉讼法》（第24版），吴丽琪译，法律出版社2003年版，第567页。

该程序适用正当性基础的重要措施之一。有关国家和地区一般把通过简易程序审理的案件限定为有期徒刑一年以下的刑罚，因为此类刑罚被认为属于轻刑范围。我国目前有关试验性规定基本上均要求适用轻刑快审机制的条件之一是可能判处三年有期徒刑以下的刑罚。关于这个条件，有两点需要说明：一是三年有期徒刑这个界点，我们认为是合适的，因为在我国三年有期徒刑通常被认为是轻罪和重罪的分界点，所以在这一点上，没必要一定要与国外一致；二是我国规定的是可能判处的刑罚，而有关国家和地区规定的是实际判处的刑罚，即宣告刑。若只规定可能判处有期徒刑三年以下，则宣告刑就可能高于三年有期徒刑，而过高的刑罚可能有损轻刑快审机制的正当性。因此，我国轻刑快审机制的适用条件应当为：宣告刑为有期徒刑三年以下的刑罚。

与此相关的问题是“免予刑事处罚”问题。从法律的精神出发，三年有期徒刑以下刑罚应当包含了免予刑事处罚的情形。虽然免予刑事处罚没有处罚之名，但是定罪免刑实际上也蕴涵着一种惩罚态度，且是一种案件处理结果。所以，这种情形也应包括在三年有期徒刑以下刑罚的涵义之中。北京市意见和河北省意见均注意到了这个问题，而广州市意见中没有规定。

3. 未达成一致的问题。在适用条件的实体性内容中，各地探索对如下几个标准未完全达成一致：即是否要求罪名单一、责任认定明确、是无民事赔偿问题或民事赔偿问题已有效解决等。从效率原则来看，要求罪名单一可能会影响司法效率。如果案件事实清楚，责任认定明确，即使罪名不单一，那么应当也不影响案件的快速处理。所以，不宜以罪名单一作为适用轻刑快审机制的前提条件。北京市意见和重庆市意见均未对此作出要求。责任认定明确作为适用条件之一具有合理性，因为在责任认定不明的情况下，通过对被告人权利保障有所减损的轻刑快审机制来认定，可能难以保证责任认定的准确、公正，相反，通过完整的普通程序进行审判更具正当性。最后，从效率原则出发，也不宜将民事赔偿问题作为适用轻刑快审机制的前提条件。

4. 优先适用问题。根据南沙法院的经验，可以将可能判处一年有期徒刑以下刑罚的案件作为优先适用轻刑快审机制的情形。有关轻刑快审机制规范性文件一般从主体特征或者案件性质来规定应当适用轻刑快审机制的案件类型，最高检意见规定，符合基本条件的下列案件应当依法快速办理：（1）未成年人或者在校学生涉嫌犯罪的案件；（2）70岁以上的老年人涉嫌犯罪的案件；（3）盲聋哑人、严重疾病患者或者怀孕、哺乳自己未满1周岁婴儿的妇女涉嫌犯罪的案件；（4）主观恶性较小的初犯、过失犯；（5）因亲友、邻里等之间的纠纷引发的刑事案件；（6）当事人双方已经就民事赔偿、化解矛盾等达成和解的刑事案件；（7）具有中止、未遂、自首、立功等法定从轻、减轻或者免除处罚情节的案件；（8）其他轻微刑事案件。河北省意见规定，符合基本条件的下列案件优先适用轻微刑事案件快速办理程序：（1）危险驾驶案件；（2）交通肇事案件；（3）盗窃案件；（4）诈骗案件；（5）故意伤害案件；（6）故意毁坏财物案件；（7）寻衅滋事案件；（8）妨害公务案件。广州市意见则抓住了优先适用案件“轻微”的特点，根据该意见，符合基本条件的下列案件应优先考虑适用轻刑快办程序：（1）情节轻微或涉案数额较小的盗窃、诈骗、抢夺、敲诈勒索案件；（2）情节轻微或涉案数额较小的故意毁坏财物案件；（3）情节较轻的妨害公务案件；（4）情节较轻的寻衅滋事案件；（5）危险驾驶案件；（6）其他情节轻微的案件。南沙法院的经验，是在上述基础上的进一步推进。首先，它从量刑角度来界定优先适用的范围；其次，它将广州市意见中“轻微”特点具体化，即一年有期徒刑以下刑罚，更具可操作性。

5. 未成年人案件。关于未成年案件是否适用简易程序，我国做法与国外有所不同。法国将未成年人案件排除在简易程序适用之外，其立法原意在于慎重对待未成年人问题，防止简易程序适用中不公正因素给未成年人造成不良影响。而我国关于轻刑快审机制的规范性文件，则通常将未成年人案件作为应当适用或者优先适用轻刑快审机制的案件。其实，我国的做法，初衷也在于对未成年人的深切关怀，只是视角有所不同：我国更多着眼于通过轻刑快审机制减少或缩短对未成年人的羁押，而法国则着眼于该程序对当事人诉讼权利的减损所可能带来的不正义。综合来看，可以在我国现行规定保留未成年人优先适用的基础上，附加一定条件来提高该程序的正当性。具体方式包括：首先，保障未成年人案件获得律师帮助，没有委托律师的，应当依法指派辩护律师为其提供帮助[①]；其次，适用轻刑快审程序应当征得未成年人法定代理人的同意；最后，应当听取未成年人的意见。

---

① 参见《刑事诉讼法》第267条。

6. 作为优惠的量刑。如果轻刑快审机制的适用以被告人认罪和同意适用为前提，那么被告人的认罪和同意就具有了促进司法效率提高的意义。从这个意义上讲，作为一种鼓励被告人认罪和同意适用轻刑快审机制的措施，可以将其认罪和同意适用作为量刑情节加以酌情考虑。这一点在我国的有关规范性文件中基本上被忽视。

（三）程序层面：强化当事人的权利保障和实操性

1. 启动机制。在启动机制方面，应包括三方面内容：

首先，扩大启动权主体。借鉴有关国家和地区的经验，从效率原则出发，公安机关、检察机关和人民法院在符合条件下都可以根据实际情况启动轻刑快审机制。我国目前的探索性规定，大多把轻刑快审机制的启动寄托于公安机关和检察机关，实际上可以扩大至人民法院。其他国家和地区一般规定检察机关和法院有启动权，而且这样就足以保障简易程序得到充分的利用。但是，我国的司法体制有所不同。那些国家和地区往往是检察指挥侦查的司法体制，所以只要赋予检察机关启动权，就可以加快侦查阶段对简易程序的适用。我国并不是检察指挥侦查的司法体制，而是三机关分工负责体制，所以，启动权扩大到侦查机关是必然选择。扩大轻刑快审机制的启动方式，在于增加该机制的利用率，不能因为某个环节受到影响而阻碍轻刑快审机制的适用。

其次，赋予当事人一定启动权。赋予当事人一定启动权，有利于提高该程序的利用率。比如，在当事人认罪的情况下，可以要求公安司法机关适用轻刑快审机制。同时，还可以通过制度设置来给予当事人好处，比如量刑优惠等，来鼓励当事人积极利用轻刑快审机制，提高该程序的利用率，进而提高司法效率。

最后，应当对公安司法机关科以适用轻刑快审机制的法律义务，即在符合条件下，侦查机关、检察机关和人民法院都有义务启动轻刑快审机制，是“应当”而非“可以”。作义务性规定，旨在督促公安司法机关适用轻刑快审该机制，增加其利用率，进而提高司法效率。

2. 认罪问题。关于认罪问题，应当分具体情况而定。目前我国的探索性规定基本上都要求犯罪嫌疑人认罪。但是，从有关国家和地区的经验来看，则并非如此。我们认为，是否需要被告人认罪，要依案件情况而定。第一种情形，虽不认罪但事实清楚，证据确实充分，可以不以认罪为条件。因为在这种情形下仍以认罪作为条件就会使轻刑快审机制的适用受犯罪嫌疑人、被告人的意愿左右，与该机制所追求的效率价值不符。第二种情形，如果不认罪，那么案件就有可能达不到刑事案件定罪的标准，此时则应当以当事人认罪为要件。此时被告人认罪不仅可以保障达到定罪量刑的证明标准，也减少了上诉的可能性。

3. 当事人“同意”问题。课题组认为，作为一般适用条件，不需以当事人同意适用为前提，但可将当事人同意作为优先适用的情形，并可将其作为量刑情节考虑。在事实清楚，证据确实充分，但当事人不认罪的情况下适用轻刑快审机制，无需征得当事人同意，理由同上文；在当事人认罪，但不同意适用该机制的情形下，仍然可以适用，因为认罪达到或容易达到定罪的证明标准，适用轻刑快审机制有助于提高司法效率；在当事人认罪且同意甚至主动要求适用该程序的情形下，可以作为量刑情节考虑。上述安排既考虑到我国目前的司法现状，又为后续探索和改革预留了空间。同理，关于适用法律无异议以及辩护人的意见问题也可以做类似的安排，即不将其作为一般性的前提条件，但作为优先适用的情形。

4. 审判程序问题。首先，在审判组织方面，对于可能判处三年有期徒刑以下刑罚的案件，可以以独任制审判为原则。其次，尽量提高审判技术化水平，采取远程视频开庭、审判过程刻录光盘等方式提高司法效率。再次，探索多种裁判权的实现方式，比如赋予审判法官更大的裁量权。最后，关于书面审。根据有关国家和地区的经验，通常将简易程序分为书面审理和言词审理两大类。然而，由于国外许多轻微犯罪，如法国的某些违警罪案件，在我国原是作为行政案件进行处罚。然而，从2011年《刑法修正案（八）》增设危险驾驶罪的发展历程看，我国的犯罪概念开始出现轻刑化倾向，同时，这种实体法上的发展倾向也对相应的程序法提出了要求。如果在判处拘役刑的同时宣告缓刑，那么对于这类犯罪行为人并不剥夺其人身自由。这就为相应的程序法改革提供了空间。就南沙法院的实践来看，在适用轻刑快审机制的案件中，有53%是危险驾驶案件。其中，有3人被判处拘役刑宣告缓刑。对于此类案件可以进行书面审理的探索。关于审判程序问题，目前有关轻刑快审机制的规范性文件中极少涉及，广州市意见当中，提及了集中告权、当庭宣判、远程视频开庭方式等内容。

5. 配套措施。主要包括两方面：一是考核制度，二是律师制度。前文分析指出，为加强轻刑快审机制的适用，应当对公安司法机关科以启动该机制的义务，对此应有相应措施予以监督。这里可采用“加法”而非“减法”予以处理，对积极主动适用轻刑快审机制取得良好效果的单位和个人，予以奖励，从而激励公安司法人员积极适用该机制。另外，为提高轻刑快审机制的公正性，在条件允许的情况下，尽量保障适用该机制的当事人获得律师帮助。

刑事二审案件开庭审理的现实困境与出路

广州市中级人民法院课题组*

德国法学家拉德布鲁赫曾经尖锐的批评不开庭的审判方式："这种审判方式的不合理性，已为历史经验所证明：依据从未亲耳听到的证人证言，对从未见过面的被告人进行判决。被控告一方不正常的举止，紧张和愤怒的表情，证言陈述中不情愿的停顿，提前背熟的流畅和急速表述，所有这些细微区别和难以描述的状况，在单调呆板的卷宗材料中消失得无影无踪。"不开庭审理的弊端早已为世人特别是法律专业人士所诟病，但时至今日，在刑事二审案件中，开庭审理的案件比例仍然很低，书面审理仍旧占了绝大多数。

根据近年来理论界和实务界的改革呼声，第十一届全国人民代表大会第五次会议通过《关于修改〈中华人民共和国刑事诉讼法〉的决定》，新修订的《刑事诉讼法》自2013年1月1日起正式生效实施，刑事二审案件的开庭范围是本次修订的重点之一，新《刑事诉讼法》第223条和《最高人民法院关于适用〈中华人民共和国刑事诉讼法〉的解释》第317、318条对刑事二审案件开庭审理范围作出了新的系统的规定。新修订的法律对应当开庭审理的刑事二审案件的范围进行了较大幅度的调整，去掉了以开庭审理为原则，以不开庭审理为例外的原则性规定，代之以"对事实和证据提出异议""被判处死刑的上诉案件"等较为明确的规定，新的规定较以往更为详细、更具有可操作性。但应用到具体的司法实践中，法官对于"异议"的理解差异巨大，是否开庭审理仍然是一个自由裁量的问题，新的规定仍然显得过于抽象。

---

* 课题组组长：王健，成员：万云峰、聂立泽、钟育周，成员（执笔人）：伦铭健、杨毅。

一、新旧刑诉法对刑事二审案件审理方式的规制及运作分析

作为一部程序法，《刑事诉讼法》规定的内容无外乎是具体的方法、步骤和程式，是一种偏技术性的法律；而作为一部人权法，《刑事诉讼法》所要解决的核心问题乃是国家权力与公民权利的平衡问题。[①] 具体到本文中，刑事二审案件开庭的范围要解决的则是司法机关有限的司法资源与上诉人的诉讼权利之间的平衡问题，更深入讲，则是效率与公平的平衡问题。《公民权利和政治权利国际公约》第 14 条第 5 款规定："凡被判定有罪者，应有权由一个较高级法庭对其定罪及刑罚依法进行复审。"[②] 刑事二审程序正是对公约这一规定的践行。拉德布鲁赫曾对不开庭审理有过精彩的论述："这种审判方式的不合理性，已为历史经验所证明：依据从未亲耳听到的证人证言，对从未见过面的被告人进行判决。被控告一方不正常的举止，紧张和愤怒的表情，证言陈述中不情愿的停顿，提前背熟的流畅和急速表述，所有这些细微区别和难以描述的状况，在单调呆板的官方记录中消失得无影无踪。可以极为夸张地说：只有诗人才能说出真实，而不是每个书记官都具有这种神赐的能力。"[③]

刑事二审案件的审理方式也是《刑事诉讼法》的规定范围，其中哪些案件应当开庭审理，哪些案件可以书面审理，不仅关系到上诉人的诉讼利益，也关系到法院和检察院的承受能力，新旧《刑事诉讼法》对此问题有不同的规定。

（一）旧《刑事诉讼法》对刑事二审案件审理方式的规定

旧《刑事诉讼法》即 1996 年《刑事诉讼法》确定了刑事二审案件以开庭审理为原则，以不开庭审理为例外的审理方式[④]。该法第 187 条规定：

---

① 陈瑞华：《法律程序构建的基本逻辑》，载《中国法学》2012 年第 1 期。

② 《美洲人权公约》《欧洲人权公约》也有类似的规定。

③ ［德］拉德布鲁赫：《法学导论》，米健译，中国大百科全书出版社 2003 年版，第 125 页。

④ 1996 年《刑事诉讼法》第 187 条第 1 款规定："第二审人民法院对上诉案件，应当组成合议庭，开庭审理。合议庭经过阅卷，讯问被告人、听取其他当事人、辩护人、诉讼代理人的意见，对事实清楚的，可以不开庭审理。对人民检察院抗诉的案件，第二审人民法院应当开庭审理。"也就是通常情况下，刑事二审案件都属于开庭审理的范围，但是对于事实清楚的部分案件，可以不开庭审理，另外，即使二审合议庭认为案件事实清楚，如果是检察院抗诉的案件，都应当开庭审理。

“第二审人民法院对上诉案件，应当组成合议庭，开庭审理。合议庭经过阅卷，讯问被告人、听取其他当事人、辩护人、诉讼代理人的意见，对事实清楚的，可以不开庭审理。对人民检察院抗诉的案件，第二审人民法院应当开庭审理。”《最高人民法院关于执行〈中华人民共和国刑事诉讼法〉若干问题的解释》第253条规定：“对上诉案件，应当组成合议庭，开庭审理。经过阅卷，讯问被告人，听取其他当事人、辩护人、诉讼代理人的意见后，合议庭认定的事实与第一审认定的没有变化，可以不开庭审理。对人民检察院抗诉的案件，第二审人民法院应当开庭审理。”理论上，抗诉案件除外，除非某一案件被二审合议庭认为是属于事实清楚的案件，可以不开庭审理，其余所有的二审案件都要以用开庭审理的方式进行审理。

至于何谓事实清楚，以及谁来判断事实是否清楚，法律并无明确表述。事实清楚本身并不是一个可以具体量化的概念，法律也并没有列举哪些情况是事实不清楚，哪些情况是事实清楚，另外，由哪个主体来认定事实是否清楚，上诉人的意见最为激烈，其可以提出事实不清的异议，但是显然不能直接来判定事实是否真如其所述般不清，检察院作为控辩双方中的一员，与上诉人是对立的，其也不能起到居中裁判的作用，因此，判定事实是否清楚的主体就责无旁贷的落到了法官头上，不开庭审理的标准似乎过于主观，也难免有失偏颇。法官基于工作量的考虑，更倾向于书面审理，即便是事实的确不清，也不愿意兴师动众的开庭审理。表现在司法实践中，全国很少有法院能够实现大部分二审案件的开庭审理，特别是案多人少矛盾日渐突出的一线城市，二审案件开庭率有时连1%都难以达到。

在2012年以前，各地法院通行的做法是二审合议庭经过阅卷，顶多外加一个提审程序，即对二审案件作出判决，1996年《刑事诉讼法》要求“开庭审理为原则”的规定在实践中被“变通”处理。不开庭审理变成了原则，且是压倒性优势的原则，开庭审理反而成了可以忽略不计的例外，不开庭审理作为《刑事诉讼法》的例外规定，在案多人少的情况下成为一种常态，上诉人的诉讼权利被不得已地或多或少的牺牲了，有学者认为这是二审法院的“裁判权”对于当事人的“诉权”缺乏应有尊重。[①]

基于理论界对于二审案件不开庭审理的非难，特别是律师界对于书面

---

① 陈瑞华：《评〈刑事诉讼法修正案（草案）〉对审判程序的改革方案》，载《法学》2011年第11期。

审理的极大愤慨，旧《刑事诉讼法》对于二审案件的开庭审理规定在现实中不能得以实现，过高或者过于空洞的法律表述并不能实现立法者的立法构想，一项法律规定长时期的得不到社会现实的响应，其已经不能逃避被修改的命运。

（二）新《刑事诉讼法》对刑事二审案件审理方式的规定

显然，立法者已经看到了一律开庭审理的不可实现性，新《刑事诉讼法》并未如1996年《刑事诉讼法》一样提出“以开庭审理为原则，以不开庭审理为例外”的规定①，1996年《刑事诉讼法》第187条的部分内容被摒弃，而是采取列举式的立法技术，对应当开庭的案件类型进行了列举规定。同时，对二审法院决定不开庭审理的案件特别规定了“讯问被告人”的程序。新《刑事诉讼法》在保留人民检察院抗诉的案件应当开庭审理的规定的基础上，适度扩大了二审开庭审理的范围，新增了三类应当开庭审理的案件，即死刑上诉案件，当事人对第一审判决认定的事实、证据提出异议可能影响定罪量刑的上诉案件和“其他应当开庭审理的案件”。

与1996年《刑事诉讼法》相比，新《刑事诉讼法》对刑事二审案件应当开庭的范围有明显的扩大，除了增加死刑案件这一相对具体的案件类型应当开庭外，还增加了相对抽象的“对事实、证据提出异议，可能影响定罪量刑的”案件类型。这一规定较1996年《刑事诉讼法》有明显的进步，最起码有一个能够大体把握的开庭范围，而不是全凭感觉去把握，毫无规则可言，具有一定的可预见性，符合刑事司法科学化的发展潮流。

然而，新《刑事诉讼法》第223条第1款的规定仍然是过于抽象，抽象的条文可操作性不强，在司法实践中容易引起混乱，每个人的理解能力和判断能力都不完全一致，导致抽象的条文出现多种解释结果，“可能影响定罪量刑”既然是表示一种可能性，就决定了不能实现一种完全可以预见的结果，可能性是一种不确定的状态，不同的人对可能性的解读差异巨大，不同法院对可能性的把握不同，即便是同一法院，不同合议庭之间的

① 新《刑事诉讼法》第223条第1款、第2款规定：“第二审人民法院对于下列案件，应当组成合议庭，开庭审理：（一）被告人、自诉人及其法定代理人对第一审认定的事实、证据提出异议，可能影响定罪量刑的上诉案件；（二）被告人被判处死刑的上诉案件；（三）人民检察院抗诉的案件；（四）其他应当开庭审理的案件。第二审人民法院决定不开庭审理的，应当讯问被告人，听取其他当事人、辩护人、诉讼代理人的意见。”

意见也可能完全不同，同一合议庭内部的意见都可能出现分歧，这种模糊的立法亟须配套的司法解释予以明确。

在新《刑事诉讼法》通过后，《最高人民法院关于适用〈中华人民共和国刑事诉讼法〉的解释》也在第317、318条对刑事二审案件的开庭范围作出了相应的规定，但是操作性依然不强。2013年新《刑事诉讼法》生效，对应当开庭审理的刑事二审案件的范围进行了较大幅度的调整，去掉了以开庭审理为原则，以不开庭审理为例外的原则性规定，转而以列举式的方式确定大体的开庭范围，这是立法技术的进步，在2013年的前一个季度，二审案件开庭率出现明显上升态势，但在后续三个季度，由于法院、检察院承受能力的局限，开庭率呈断崖式回落，几乎与《刑事诉讼法》修订前无任何差异。

（三）新旧法实施期间刑事二审案件审理方式的比较分析

课题组分赴北京、厦门、深圳、东莞、佛山、清远、中山、长沙等中院进行实地调研，收集关于刑事二审案件开庭审理方面的数据。[①] 在选择调研法院方面，课题组有如下考虑：一是尽量选择审判经验丰富的区域，案件数量是最重要的参考要素，因此，我们选择了北京[②]、深圳、东莞、佛山、厦门等案件资源丰富的城市；二是要有代表性，既要有发达地区的也要有相对欠发达地区的，既要有沿海城市的也要有内陆城市的，因此，我们选择了清远、中山和长沙。连同广州中院，课题组共采集了10个中院的相关数据，其中案件数量较多的中院7个，案件数量较少的中院3个。

1. 广州中院。广州中院2012年共审结刑事二审案件1795件，其中开庭审理的案件数为471件（包括抗诉案件），开庭率为26.24%；发改的案件数为158件，发改率为8.8%；2013年共审结刑事二审案件1683件，其中开庭审理的案件数为894件（包括抗诉案件），开庭率为53.12%，发改的案件数为195件，发改率为11.59%；申诉信访率前后无明显变化。

---

① 统计本来就不是一门精确的学问，只能是大体上体现事实的基本走向，司法统计的误差是一个普遍性问题，并不是某一区域所特有。对于本文中出现的统计数据我们应当辩证的分析，尽管我们已经竭力追求精确，但仍不可避免的出现瑕疵，在有更科学统计方法支撑的前提下，应当采信准确度更高的数据。

② 调研组在北京调取了北京市第一中院和北京市第二中院的相关数据，是本次调研中唯一出现一个城市两个法院的情况。北京市第三中院于2013年7月底新成立，审理案件数量较少，没有可比对的空间，因此，课题组对三中院的数据予以舍弃。

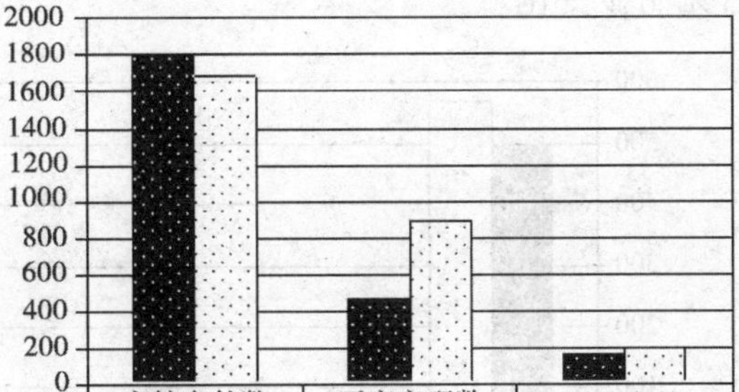

	审结案件数	开庭审理数	发改案件
■2012年	1795	471	158
□2013年	1683	894	195

2. 北京一中院。北京一中院刑一庭2012年共审结刑事二审案件461件，其中开庭审理的案件数为54件，开庭率为11.71%；2013年共审结刑事二审案件418件，其中开庭审理的案件数为18件，开庭率为4.31%，开庭后发改的案件数为5件（包含3件抗诉案），开庭案件的发改率为27.78%；发改的案件数为15件（包含3件抗诉案），开庭案件的发改率为27.78%；申诉信访率前后无明显变化。

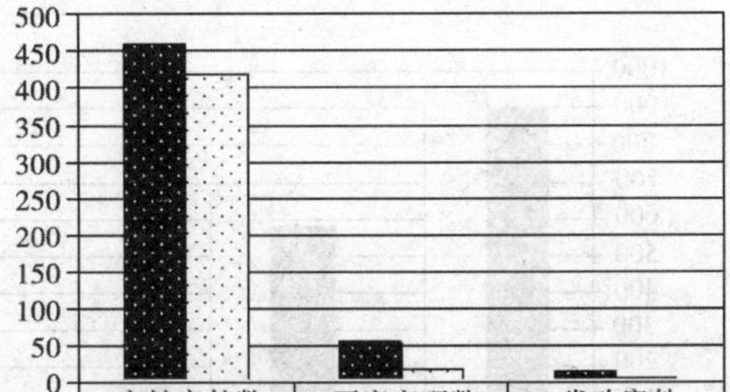

	审结案件数	开庭审理数	发改案件
■2012年	461	54	15
□2013年	418	18	5

3. 北京二中院[①]。北京二中院2012年共审结刑事二审案件约500件，其中开庭审理的案件数约为12件（均为抗诉案），开庭率为2.4%，发改的案件数约为2件，发改率为16.67%；2013年共审结刑事二审案件570件，其中开庭审理的案件数为15件（包含抗诉案件12件），开庭率为2.63%，开庭后发改的案件数约为4件，开庭案件的发改率为26.67%；

① 北京二中院的数据并不精确，其出于工作原因没有提供书面的数据材料。以上数据是根据座谈时透露的部分细节及网络公开信息分析所得。

申诉信访率前后无明显变化。

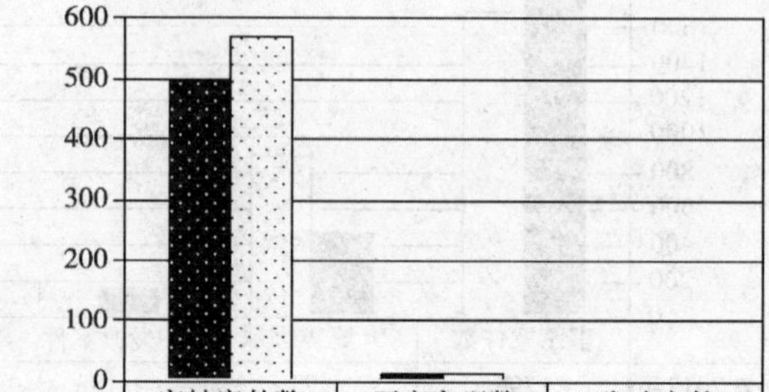

	审结案件数	开庭审理数	发改案件
■2012年	500	12	2
□2013年	570	15	4

4. 深圳中院。深圳中院刑一庭 2012 年共审结刑事二审案件 897 件，其中开庭审理的案件数为 580 件（包括抗诉案件），开庭率为 64.66%，发改的案件数为 103 件，发改率为 11.48%；2013 年共审结刑事二审案件 941 件，其中开庭审理的案件数为 661 件（包括抗诉案件），开庭率为 70.24%，发改的案件数为 101 件，发改率为 10.73%；申诉信访率前后无明显变化。

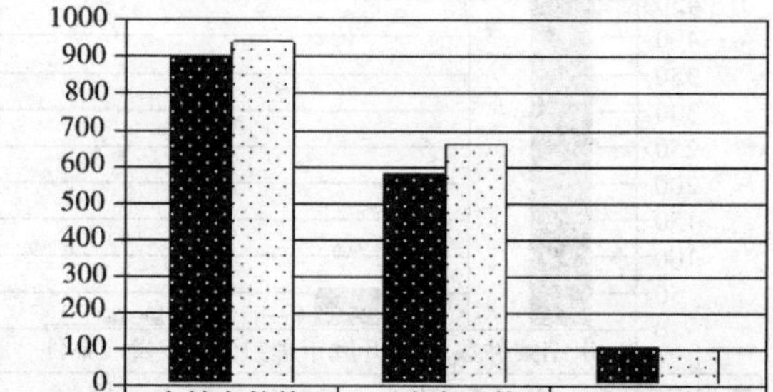

	审结案件数	开庭审理数	发改案件
■2012年	897	580	103
□2013年	941	661	101

5. 东莞中院。东莞中院刑一庭 2012 年共审结刑事二审案件 667 件，其中开庭审理的案件数为 126 件，开庭率为 18.89%，开庭后发改的案件数为 26 件，发改率为 20.63%；2013 年共审结刑事二审案件 578 件，其中开庭审理的案件数为 117 件，开庭率为 20.24%，开庭后发改的案件数为 38 件，发改率为 32.48%；申诉信访率前后无明显变化。

6. 佛山中院。佛山中院 2012 年共审结刑事二审案件 961 件，其中开庭审理的案件数为 20 件（抗诉案件除外），开庭率为 2.1%，开庭后发改

	审结案件数	开庭审理数	发改案件
■2012年	667	126	26
□2013年	578	117	38

的案件数为 12 件，开庭案件的发改率为 60%；2013 年共审结刑事二审案件 965 件，其中开庭审理的案件数为 30 件（抗诉案件除外），开庭率为 3.1%，开庭后发改的案件数为 21 件，开庭案件的发改率为 70%；申诉信访率前后无明显变化。

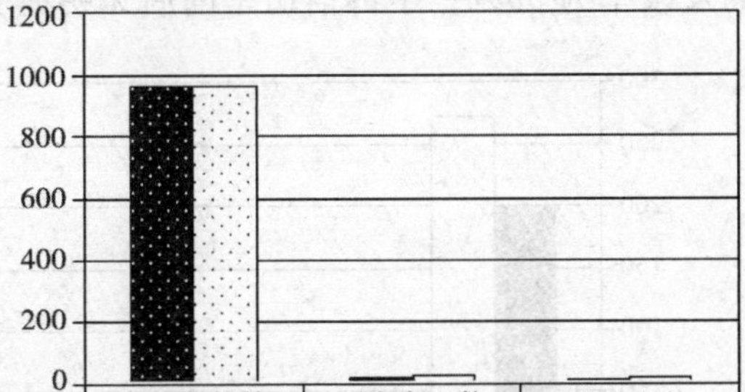

	审结案件数	开庭审理数	发改案件
■2012年	961	20	12
□2013年	965	30	21

7. 厦门中院。厦门中院刑一庭 2012 年共审结刑事二审案件 486 件，其中开庭审理的案件数为 19 件，开庭率为 3.91%，发改的案件数为 12 件，开庭案件的发改率为 63.16%；2013 年共审结刑事二审案件 408 件，其中开庭审理的案件数为 69 件，开庭率为 16.91%，开庭后发改的案件数为 30 件，开庭案件的发改率为 31.25%；申诉信访率前后无明显变化。

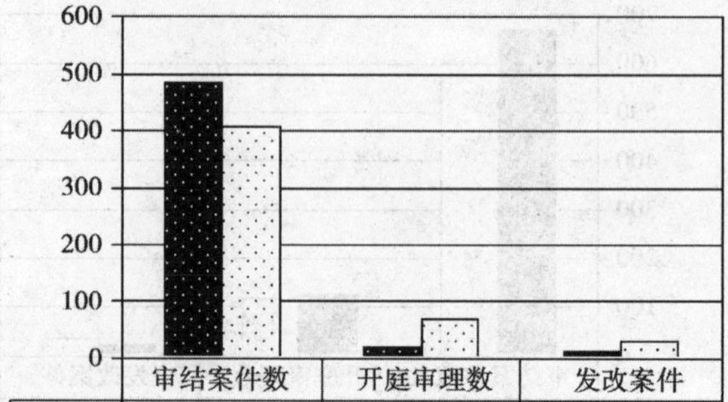

	审结案件数	开庭审理数	发改案件
■2012年	486	19	12
□2013年	408	69	30

8. 长沙中院。长沙中院刑一庭2012年共审结刑事二审案件200件，其中开庭审理的案件数为10件，开庭率为5%，开庭后发改案件数为7件，开庭案件的发改率为70%；2013年共审结刑事二审案件272件，其中开庭审理的案件数为38件，开庭率为13.9%，开庭后发改的案件数为12件，开庭案件的发改率为35%；申诉信访率前后无明显变化。

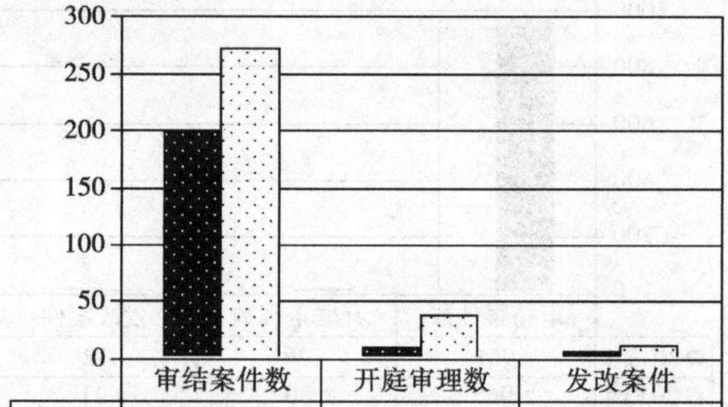

	审结案件数	开庭审理数	发改案件
■2012年	200	10	7
□2013年	272	38	12

9. 清远中院。清远中院刑一庭2012年共审结刑事二审案件236件，其中开庭审理的案件数为13件，升庭率为5.51%，发改4件，开庭案件的发改率为30.7%；2013年共审结刑事二审案件192件，其中开庭审理的案件数为24件，开庭率为12.5%，开庭后发改的案件数为8件，开庭案件的发改率为33.3%；申诉信访率前后无明显变化。

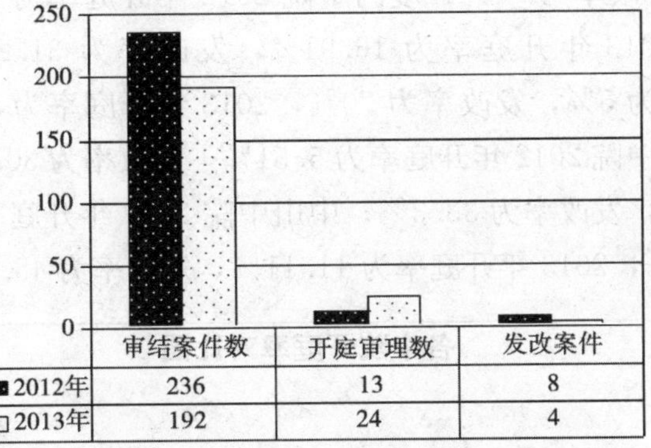

10. 中山中院。中山中院刑一庭2012年共审结刑事二审案件228件，其中开庭审理的案件数为8件，开庭率为3.51%，发改6件，开庭案件的发改率为66.67%；2013年共审结刑事二审案件274件，其中开庭审理的案件数为31件，开庭率为11.11%，开庭后发改的案件数为13件，发改率为45.16%；申诉信访率前后无明显变化。

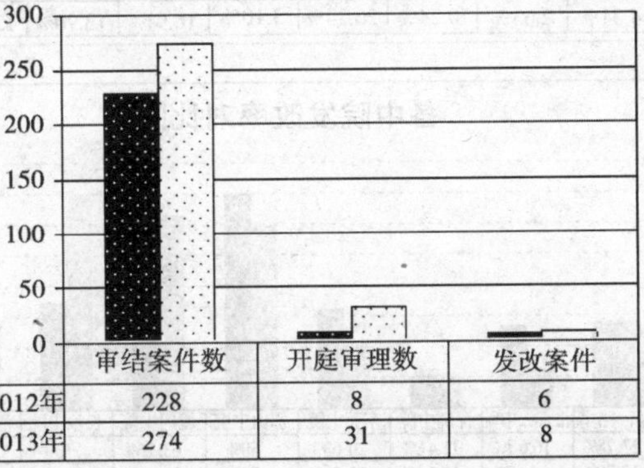

11. 新《刑事诉讼法》实施前后各中院相应数据的变化。广州中院2012年开庭率为26.24%，发改率为8.8%，2013年开庭率为53.12%，发改率为11.59%；北京一中院2012年开庭率为11.71%，发改率为27.78%，2013年开庭率为4.31%，发改率为27.78%；北京二中院2012年开庭率为2.4%，发改率为16.67%，2013年开庭率为2.63%，发改率为26.67%；深圳中院2012年开庭率为64.66%，发改率为11.48%，2013年开庭率为70.24%，发改率为10.73%；东莞中院2012年开庭率为18.89%，发改率为20.63%，2013年开庭率为20.24%，发改率为32.48%；佛山中院2012年开庭率为2.1%，发改率为60%，2013年开庭

率为 3.1%，发改率为 70%；厦门中院 2012 年开庭率为 3.91%，发改率为 63.16%，2013 年开庭率为 16.91%，发改率为 31.25%；长沙中院 2012 年开庭率为 5%，发改率为 70%，2013 年开庭率为 13.9%，发改率为 35%；清远中院 2012 年开庭率为 5.51%，发改率为 30.7%，2013 年开庭率为 12.5%，发改率为 33.3%；中山中院 2012 年开庭率为 3.51%，发改率为 66.67%，2013 年开庭率为 11.11%，发改率为 45.16%。

各中院开庭率对比图

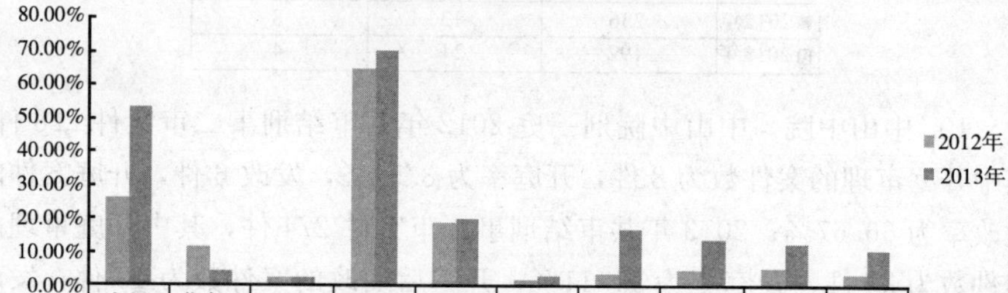

	广州中院	北京一中院	北京二中院	深圳中院	东莞中院	佛山中院	厦门中院	长沙中院	清远中院	中山中院
2012年	26.24%	11.71%	2.40%	64.66%	18.89%	2.10%	3.91%	5%	5.51%	3.51%
2013年	53.12%	4.31%	2.63%	70.24%	20.24%	3.10%	16.91%	13.90%	12.50%	11.11%

各中院发改率对比图

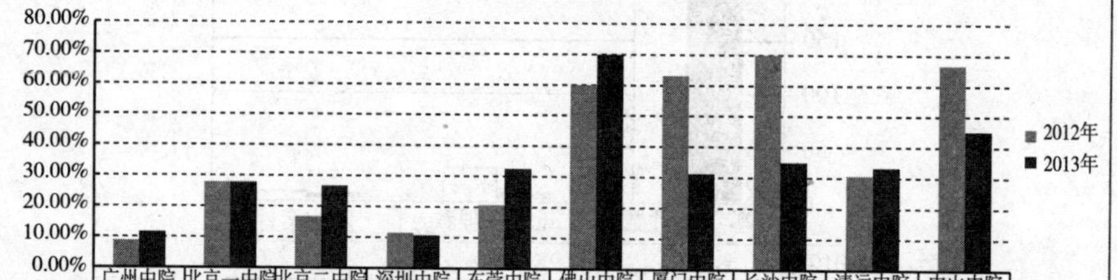

	广州中院	北京一中院	北京二中院	深圳中院	东莞中院	佛山中院	厦门中院	长沙中院	清远中院	中山中院
2012年	8.80%	27.78%	16.67%	11.48%	20.63%	60%	63.16%	70%	30.70%	66.67%
2013年	11.59%	27.78%	26.67%	10.73%	32.48%	70%	31.25%	35%	33.30%	45.16%

综上，可以看出新《刑事诉讼法》生效前，所采集样本的法院开庭率普遍不高，除深圳、广州外，其余法院开庭率均在 20%以下，特别是北京二中院、佛山、厦门、长沙、清远、中山 6 家中院开庭率在 5%以内；2013 年新《刑事诉讼法》生效后，除北京一中院外，各法院开庭率均有不同程度上升，其中开庭率高于 10%的法院超过 5 家。

关于新《刑事诉讼法》实施前后刑事二审案件的发改率，由于各个法院统计口径的不统一，部分法院是以开庭案件为基准，计算开庭案件的发改率，部分法院是以全部二审案件为基准计算全部案件的发改率，但无论哪种计算方法，均可以看出发改率与是否开庭审理并无必然联系，5 家法院 2013 年的发改率高于 2012 年，4 家法院低于 2012 年，另外还有 1 家持平。

至于信访申诉率，各家法院均无相对应的统计口径，但在座谈中，各法院均表示，新旧《刑事诉讼法》实施期间，该项工作并没有出现明显的变化。因此，可以得出的结论是，刑事二审案件是否开庭审理与人民群众的信访申诉并无必然联系。

二、刑事二审案件开庭审理的价值分析及现实困境

刑事二审程序直接关系到上诉人的诉权，对于维护当事人的合法权益和保障司法公正发挥着不可或缺的作用。① 从保障上诉人诉讼权利的角度出发，所有二审案件都实现开庭审理当然是最好的方式，这也是实现司法公正最好的方式。从中国古代“两造具备，师听五辞”② 的法庭审判制度，到法官“坐堂问案”的现代裁判方式，其中所展示出的审判功能有相似的一面，那就是法官应当通过听取控辩双方对证人、鉴定人、被害人以及被告人的当庭询问、质证和辩论，来对这些言词证据的证据能力和证明力作出权威的裁判，法官应当通过当庭听取控辩双方的举证、质证和辩论来作出其裁判结论③。

（一）刑事二审案件开庭审理的价值分析

刑事二审程序是我国刑事审判的重要程序，它不仅肩负着维护被告人利益的重任，也肩负着纠正一审判决，正确适用法律的责任，同时也是对一审法院不可或缺的监督，对于实现刑事审判实体正义和程序正义的作用非常突出。因此，二审程序不能成为形式上的审判程序，不能在实践中被有意或无意的忽略。

开庭审理是带动合议、辩护、回避、辩论等审判程序和制度在二审诉

---

① 陈光中、曾新华：《刑事诉讼法再修改视野下的二审程序改革》，载《中国法学》2011 年第 5 期。

② 最早记载《尚书·吕刑》：“两造具备，师听五辞，五辞简孚，正于五刑”，“两造”是指诉讼中的原、被告双方，“五辞”是中国古代的一种断案方法。

③ 陈瑞华：《卷宗笔录中心主义——对中国刑事审判方式的重新考察》，载《法学研究》2006 年第 4 期。

讼过程中贯彻执行，保证二审法院查明事实，作出正确处理的需要。通过开庭审理，法庭的调查和辩论，法官能够更加客观、全面地了解案件情况，正确适用法律，纠正一审的错误。因此，刑事二审是否选择开庭审理的方式将直接关系到刑事二审应有功能的实现。

刑事二审开庭审理是人权保障的基本要求。当今世界人权保障已经成为衡量一个国家民主和文明发展程度的重要指标，越来越受到国际社会的普遍关注。刑事二审作为审理上诉人犯罪事实以及决定刑罚的程序，理应当贯彻保障人权的理念，而开庭审理，及在此基础上的公开审理，都是保障人权的基本要求。

同时，开庭审理也是加强庭审对抗，崇尚“庭审中心主义”的现代刑事诉讼模式的要求。案件之审理，控辩双方之对抗，当事人诉讼权利的充分行使都主要体现在开庭庭审阶段，通过庭审对抗揭示案件事实，法官在此基础上才能更好地查明案件真相，最终作出公正的判决。

而刑事二审不开庭审理方式的存在，破坏了控辩双方诉讼地位平等原则，也破坏了两审终审制的切实履行；不利于切实履行上级法院的审判监督职责，也留下了二审法官渎职的隐患。另外，还有学者认为，刑事二审不开庭审理方式的存在，侵犯了被告人的辩护权和辩护依赖权，也侵犯了被告人享有的依法要求上一级人民法院进行公正和公开审判的权利。

（二）刑事二审案件开庭审理的现实状况

尽管开庭审理有诸多的优势，不开庭审理存在程序上和实体上的诸多弊端，刑事二审案件开庭审理是一个系统工程，要实现刑事二审案件的开庭审理，还面临一些现实困境。

根据司法统计数据，调研组所选取的10个中院，除北京一中院外，其余9个法院在2013年，即新《刑事诉讼法》生效后，开庭案件的比例都有一定程度的上升，特别是在2013年的第一个季度，开庭率达到了历史的高点，但是在2013年后面三个季度，特别是下半年，开庭率呈断崖式回落，几乎与新《刑事诉讼法》生效前无明显差异。之所以出现二审案件开庭率短暂的攀升，是因为新《刑事诉讼法》生效后的影响力，其对开庭的范围作出了相对明确的规定，二审法官在把握不准的情况下，为了稳妥起见，均决定开庭审理，将卷宗移送检察院，甚至在刚开始实施的第一个月，做到了全部案件均移送的做法。但问题随之而来，检察院不堪重负，法警不堪重负，法官也不堪重负，于是做法再一次转向，除了法律规定必须开庭的抗诉案件外，几乎很少有二审案件再开庭审理。

在当前的司法情势下，刑事二审案件的开庭审理是否能够取得立法者预期的效果，是否能够明显提升案件质量，或者实现息诉服判，并没有得到相应数据的支持，各个法院的统计数据均证实信访申诉率在新《刑事诉讼法》实施前后并无明显变化，证明人民群众对于案件是否开庭审理并不关心，也证明案件开庭审理后并未降低人民群众的信访申诉率。

表面上看，开庭案件的发改率处于一个较高的水平，似乎可以推导出开庭审理与发现案件的质量问题有重大关系，但前提是这些开庭审理的案件本身就是经过承办人筛选，认为可能存在问题的案件，因此，这部分案件发改率高的状况也就不难理解了，也就不能认为开庭审理对于案件纠错起到了非常关键的作用。以至于某中院刑庭庭领导得出如下结论：工作量大了，但案件质量没有明显改善；工作效率降低了，但息诉服判并没有明显提升；开庭案件多了，但审判实质并没有变化。

在与各法院座谈时，均表示当前要实现大部分刑事二审案件的开庭审理还不现实，受多种条件的制约。当然，开庭审理对于法官来说并不见得是坏事，至少可以让检察院再把一次关，降低自身的职务危险，而且开庭相对于提审，还可以省去跑看守所的繁琐。如果在有相关配套措施的情况下，大部分法官也倾向于用开庭的形式进行审理。

部分法院的统计数据似乎现实二审开庭率呈现相当高的水平，但实际情况并非如此，其最主要的原因在于对于二审开庭的理解不同，部分法院认为，二审开庭并不必然要求在法庭按照法定程序进行，二审提审或者是电话询问也是开庭的一种形式，可以作为开庭案件进行统计，宽泛意义上讲，这种理解也不算错误，但其就造成了通常理解的开庭率的虚高，真正实现开庭审理的案件比例将大幅度低于该数据。

为了更准确地采集到相关统计数据，我们调取了某中院某一庭室近五年来审理的刑事二审案件的全部裁判文书，对每一份裁判文书进行统计分析，裁判文书中明确写了开庭审理的，才能算作实际开庭。根据判决书实际反映出的情况，二审实际开庭率在近五年基本上没有超过1%，100件案子里连一件开庭审理的都很难做到。2008年至2010年的统计开庭率数据与实际的开庭率相差并不明显，数据的误差陡然变大肇始于2011年，这一年正是刚强调二审开庭率作为审判质效评估指标之一的开始，从这一年开始，实际开庭案件数并无明显增长，但虚报开庭案件的数量则大幅度提升。

陈光中先生经过类似的实证研究，也得出某沿海地区上诉案件开庭率最高时也不过10%左右，而且呈下降趋势的结论。[①] 陈光中先生的实证研究与我们的统计数据能够吻合，而与系统自动统计口径的数据则相去甚远。因此，上述法院的开庭率数据，并不能完全如实的反应实际的开庭现状，实际的开庭率应当比统计数据低。

（三）影响刑事二审案件开庭审理的原因分析

影响刑事二审案件开庭审理的原因有很多，大体上可以分为主观原因和客观原因两大类。主观上，各参与主体，无论法院还是检察院，抑或是司法辅助人员，都不愿意对刑事二审案件进行开庭审理。开庭审理影响工作效率，程序繁琐，受制约因素多，而书面审理则更为便捷，经办法官经过阅卷和提审，就可以直接结案；从传统的办案方式上看，书面审理已经形成习惯，要突然改变这个根深蒂固的习惯还需要时间去磨合；加之刑事二审案件相对于一审案件较为简单，开庭能带来的案件质量提升空间并不大，占用大量司法资源，效果却不明显。因此，从主观上看，刑事二审案件程序的参与主体对于开庭审理的积极性并不大，更倾向于书面审理。

1. 受法官工作承载量的限制。刑事审判庭的法官不仅只审理二审案件，一审案件更是其工作重点，此外还有调研、总结、培训等一系列工作，对刑事法官的评价指标也绝对不只是二审案件开庭率这一项。而一个刑事法官的工作承载量总有一个极限，不可能毫无限制的突破，任何加班加点都只能是临时性措施，以牺牲法官的合法休息时间来换取高效率的工作是不现实的。在司法资源近期没有可能大幅度增加的情况下，二审案件的大范围开庭审理，增加的工作量只能以损害其他工作为代价来完成，要么是二审开庭流于形式，即不管《刑事诉讼法》如何规定，法院仍然按照原有的模式审理，依然是不开庭审理成为原则，开庭审理成为例外；要么是损害其他案件的办案质量，挤占其他案件的办案时间和资源。当然，完善办案法院办案流程和机制，提升办案效率也是一个可以改进的途径，但是这是我们的一贯要求，与二审案件是否开庭没有必然联系。

---

① 陈光中：《我国刑事二审程序改革之研究》，北京大学出版社2011年版，第8页。

2. 受法警警力的限制。刑事二审案件的开庭审理，必须由法警保障，有限的警力除了要保证一审刑事案件开庭、民事行政执行案件法庭秩序的维持、法院安全保障等常规项目外，二审刑事案件的庭审相当于是额外增加的项目，对于警力这一司法资源是一个巨大的挑战。根据押解规定，一名犯人必须由两名法警押解，这既是出于安全的考虑，也是出于防范串供等程序漏洞的考虑，如此一来，法警的警力也是捉襟见肘，即便是日常的庭审也难以完全保障，导致案件排期长时间的后延，有些案件尚未开庭，法定审限既已届满。而二审案件如果要大范围的开庭审理，将耗费大量的警力资源，案件严重积压将不可避免。在既有警力不变的前提下，要保障庭审的正常进行，以往两名法警提押一名犯人的模式不得不在一定程度上被放弃，造成一定的安全隐患。

3. 受检察官工作承载量的限制。法院决定开庭审理的二审案件，会将卷宗移送至检察院，由检察院将案件分配到各检察官。与法官一样，检察官原本也有既定的工作内容，二审案件的开庭审理将大幅度的增加其工作量。检察院不得不建议法院减少移送案件的数量，要求法院对案件事先进行筛选，仅移送确有开庭必要的部分案件。由于检察院方面的压力，法院在决定二审案件是否开庭审理时，也要顾及检察院方面能否承担新增的工作量。

4. 受卷宗移送程序的限制。尽管新《刑事诉讼法》规定，人民检察院的阅卷时间为一个月，但并无不可以延期的限制，以致在实践中，部分地区的检察官往往难以在法定期限内完成阅卷、提审、准备庭审的任务，检察院不能在一个月内完成阅卷的情况大量存在，检察院不能及时阅卷完毕，不移送卷宗，法院也就不能及时安排庭审，导致案件不得不延期审理。此外，卷宗从一审法院移送到二审法院后，二审法院决定开庭审理的，再由二审法院移送至同级检察院，在检察院阅卷完成后，又移送回二审法院，二审法院再进行排期通知工作，结案宣判后，二审法院再将卷宗退回一审法院，由一审法院代为宣判或者送执行。大量的时间耗费在卷宗的移送过程中，部分案件从上诉到开庭要经理四五个月，甚至半年时间，尚未开庭审限就早已用尽，导致二审案件迟迟不能结案，存案数量上升，法官的结案指标和任务受到影响，上诉人也不得不长时间地滞留在看守所，既影响上诉人投牢改造，又给看守所造成较大的羁押压力。

三、完善刑事二审案件开庭审理的建议

刑事第二审程序的主要任务是第二审法院通过对刑事案件的第二次审理，维持正确裁判，纠正错误裁判，同时实现对第一审法院的审判监督与指导职能。二审开庭不是对一审程序的简单重复，而是要充分保障被告人的诉讼权利，最大限度地发挥二审程序的“把关”作用，防止冤假错案发生。因此，二审开庭程序的启动就应当繁简分流，保证确有必要开庭审理的案件实现开庭审理，且庭审时没必要完全参照一审程序全部走遍，而应当围绕二审程序的任务，采取适合二审特点的开庭审理方式，简化诉讼程序。除了对开庭范围作出一定程度的限制外，还可以从以下方面提升审判的效率。

（一）开庭审理程序的启动

1. 合议庭直接决定二审开庭审理程序的启动。刑事二审案件开庭程序的启动是立案后二审案件的第一道程序，具有基础性作用，如何启动开庭程序是关系到实现案件繁简分流、提升审判效率的重要举措。在调研组所调研的10个中院中，除了北京一中院是采取庭领导和承办人双线决定开庭形式外[①]，其余9个中院均由合议庭内部甚至是承办人个人决定是否开庭审理，而无需上升到庭领导层面，更无需由主管院领导来审批。因此，对于二审案件是否需要开庭审理，一般是由案件承办人在初步阅卷后，向合议庭提出是否开庭审理的意见，合议庭内部口头形成合意即可，无需出具书面的合议笔录，遇到意见不一致时，以多数意见为准。

2. 当事人提出开庭申请的案件并不必然都开庭审理。对于上诉人、辩护人明确提出开庭申请的情况，部分法院的做法是一律开庭审理，原因是这类型的案件当事人关注度高，容易形成不稳定因素，开庭审理是更直接、更简便的解决方案。但大多数法院的意见是并不必然都开庭审理，是否开庭审理与当事人是否明确申请并无必然联系，而是与案件的实际情况直接相关，直接决定开庭审理也许对于承办人自身而言可以免去信访投诉

---

① 北京一中院之所以存在这种情况，是为满足检察院的开庭率要求，在一段时间内集中开庭审理一批案件，在集中开庭的时间段内，由庭领导决定哪些案件开庭审理，其余时间段内仍和其他法院一样，由承办人或者合议庭决定是否开庭审理。

方面的麻烦，但是后续涉及的法警、检察院、书记员等部门的工作和协调则更为复杂，并不可取。而且对于决定是否开庭，则无需以书面形式告知当事人，甚至都无需主动告知当事人，因为法律并未要求法院告知当事人审理形式，当然在当事人询问时，可以口头告知。法院决定不开庭审理的案件，也不存在给当事人相应的救济权利，因为这只是程序选择的问题，并不涉及当事人实体权利的处理。

3. 改判的案件并不必然都开庭审理。从调研组取得的数据进行分析，可以看出开庭后的案件发改率较不开庭案件的发改率要高，表面上看，可以得出开庭审理有助于发现问题，改判率较高的观点。但是所调研的10个法院中，几乎所有的法院都认为，发改率与是否开庭审理并无必然联系，案件之所以要发改是基于案件本身的质量问题，而非审判形式。之所以出现开庭审理的案件发改率高的情况，是因为开庭审理的案件大多都是在初步阅卷时发现有问题的案件，因此也就不难解释发改率高的原因了。因此，没有必要设置改判的案件必须开庭审理这一硬性指标，而应当根据案件的具体情况来决定是否开庭审理，对于没有书面审理的案件，案件质量出现问题，也可以直接改判。

4. 确定开庭的案件无需提审。合议庭决定是否开庭审理是依据承办人初步阅卷后的汇报，而承办人阅卷后认为需要开庭，并且合议庭决定开庭审理的案件，无需提审。调研组在调研中发现，部分法院对于无论开庭与否的案件，都一律先提审后合议，这样做固然有其可取之处，但这种可取之处就和全部二审案件都开庭审理一样，有效但效率低下。对于上诉人提出的有理有据上诉意见，或者是原审判决书认定的事实或证据明显有瑕疵的情况，而需要开庭审理的，则无需再多经历一个额外的提审程序，因为提审时能够做的事情，在庭审时全部可以做到，提审加庭审无疑是重复劳动。

另外，对于需要提审的案件，应当由承办法官本人进行提审，承办法官在阅卷后进行提审，对全案有一个大体的了解，能够对上诉人的上诉理由是否成立作出一个初步的判断，对于无意义的上诉，可以及时对上诉人进行释法，劝其撤诉。

（二）二审庭审程序的简化

1. 无争议的证据可以不出示。法庭调查阶段，对于一审已经出示质证过，且各方均无争议的证据，可将检察员、辩护人、上诉人及原审被告人的明确认可意见记录在案，不再重复调查、质证。对于那些情节简单事实清楚，证据充分、争议不大且被告人也自愿放弃程序性保障的案件，可以适当简化审案方式和庭审环节，采用较为简便、快捷的程序加以处理。二审开庭审理的意义并不在于所有程序都按照一审的方式全部走遍，而是针对双方争议的问题有重点的进行审理，重复一审双方均无异议的事情，既不能增益正义，也不能彰显公平，反而挤占各参与主体的时间，浪费司法资源，并无实际意义。

2. 仅针对上诉理由发表辩论意见。法庭辩论阶段，检察员和上诉人应当仅就上诉理由提出辩论意见，对于原判认定无异议的事实和证据，无需重复一审时的辩论意见，法官对于双方就上诉理由以外的情况提出辩论意见或者提出与本案无关的其他言论时，应当及时阻止并进行引导，这也是简化二审庭审程序的重要环节。

（三）机构职能的适当调整

1. 尽可能实现合议庭按片区分案。合议庭按片区分案可以让一个承办人或合议庭集中对一个片区的多个案件进行提审、开庭工作，而无需一个案件一个地方的分别去跑，一次可以处理数个案件，极大的提升工作效率。另外，也便于法警提押，一组法警可以在同一天提押数个案件的犯人。按片区分案要求与检察院进行协调，检察院在进行分案时，也应当与法院一样分片区给检察官分案，实现法院、检察院与分管片区的对应。还可以让一个合议庭集中对口一个片区，有利于一、二审法官之间熟悉彼此的办案风格，减少不必要的误会和争议，也更有利于实现片区内的量刑均衡。当然，由于区域收案不平衡，机械地按片区分案常常导致合议庭之间收案不均，另外，还有片区距离远近、办案质量高低等问题的影响，这就需要庭、院领导从中进行综合平衡协调，尽量从案件数量上做到平均分配。

2. 尽可能集中开庭审理。刑事二审案件相对一审案件较为简单，从司法实践来看，二审案件的开庭时间大部分为30分钟左右，极少有庭审超过一个小时的。而为了一个30分钟的庭审，法官、检察官、法警均不得不花费半天的时间来处理，造成时间的极大浪费，如果实施集中开庭审理，法警集中提押，法官、检察官可在同一天连续对几件案件开庭审理，原来一天只能开一件案，按照这种方式则可以开3～5件案，甚至更多，效率将会出现明显的提升。

更进一步考虑，可以尝试指定每个月四周中的一周为二审案件开庭审理时间，所有当月需要开庭审理的二审案件，均排期在这一周内，其余三周则用来处理相对复杂的一审案件。时间上的集中，将带来案件的集中，案件的集中将带来效率的提升。

（四）完善刑事二审程序的立法建议

无论是1996年《刑事诉讼法》还是新《刑事诉讼法》，均明确规定抗诉案件应当开庭审理和人民陪审员不得参与审判上诉和抗诉案件。立法者的立法原意我们不得而知，但是就当前来看，这样的两条规定显然影响了司法效率，且是否有存在的价值还有待商榷。

1. 部分抗诉案件不必开庭审理。《刑事诉讼法》第223条第1款第3项规定："第二审人民法院对于人民检察院抗诉的案件，应当组成合议庭，开庭审理。"即只要是一审检察院抗诉，且为二审检察院支持抗诉的案件，二审法院都应当开庭审理。法律并未规定必须，但是也未规定可以不开庭审理的例外情形，因此，在司法实践中，对于抗诉案件基本都实现了开庭审理。

但是二审案件是否开庭审理并不会影响检察机关的法律监督职权，即使不开庭审理，检察机关也可以发表书面抗诉意见，书面抗诉意见与庭审时发表的抗诉意见具有同等效力。另外，检察机关并非只在庭审活动中进行法律监督，法律赋予检察机关的监督职权应当贯彻整个刑事诉讼活动的始终，而并非仅限于庭审时，故即使不开庭审理，检察机关也可以对二审法院的书面审理进行法律监督。因此，刑事二审案件的不开庭审理并不会影响检察机关提出抗诉意见和进行法律监督，从这层意义上讲，抗诉案件并不必定需要以开庭的方式审理。

司法实践中，检察机关提出抗诉的绝大部分意见是量刑畸轻，属于对于量刑有异议，而调研组所走访的十家中院均表示，仅对量刑有异议的上诉，一般都不开庭审理。既然上诉人提出量刑有异议的上诉案件可以不开庭审理，为何同为控辩双方的控方提出的抗诉案件就必须开庭审理呢？我们认为，并非所有的抗诉案件都应当开庭审理，对于对事实和量刑均提出异议，可能会影响定罪量刑的抗诉案件，可以开庭审理，但是对于仅对量刑提出意见，事实认定没有异议，或者原判事实认定存在明显的纰漏的抗诉案件，二审法院也没有必要非得开庭审理，通过书面审理也可以实现法律所要求达到的公正。

2. 人民陪审员可以参加部分二审庭审。人民陪审员制度是一项具有中国特色的司法制度，其所彰显的人民主权，限制国家权利，保障公民个人权利与自由，保障正当程序，维护司法公正等价值，是其他司法制度所不能比拟的。人民群众以陪审员的身份参与审判，与法官共同审理案件，行使国家审判权，更加充分体现了人民当家作主与依法治国的有机统一。人民陪审员可以参加各级人民法院审理的一审案件，但不能审理任何二审法院的任何二审案件。在司法实践中，人民陪审员制度的现实运作与人民陪审员所要达到的目的有所偏差，陪审员参与审判大多流于形式，陪而不审，成为了威严法官的陪衬，这是我们的司法制度所面临的尴尬。

人民陪审员是否就不能胜任二审的庭审呢？首先，二审开庭与一审开庭在程序上基本一致，且通常可以略去一些经过，因此二审庭审比一审庭审更为简单，那么既然复杂的庭审可以适应，为何不能适应相对简单的二审庭审呢？其次，二审案件并不必然比一审案件疑难复杂，相反，对同一个级别的法院而言，一审案件往往比二审案件更难办，一审案件所耗费法官的时间和精力是二审案件所不能比较的，甚至部分法院在计算法官绩效时，将一件一审案折合成两件二审案进行计算，那么，既然人民陪审员可以参与相对较为复杂的一审案件的审理，为何不能参与到相对较为简单的二审案件中呢？最后，人民陪审员一般不具备专业的法律知识和必要的法律素养，但其有理性，能够用最纯朴的道德观念来判断是非对错，至于法律条文的规定，当然是承办法官所必须掌握和向人民陪审员解释的，这也并非高难度的技术问题。因此，我们认为，在部分不太复杂，且需要开庭审理的刑事二审案件中，人民陪审员可以参加庭审。法官作为司法资源的一种，也是有限的，在有陪审员支援或补充的情况下，法官这一有限的司法资源将得到极大的解放。

结语

西方有句法律谚语，正义不仅应得到实现，而且要以人们看得见的方式加以实现。刑事二审案件的开庭审理正是将法律正义用人们看得见的方式逐步实现。实现绝大部分刑事二审案件的开庭审理是诉讼程序的发展趋势和必然要求，但在当前的司法环境下，这只能算是我们的美好理想，非常绚丽但不可行，其制约因素太多，且无法在一个可以预见的时期内克服。我们能够做的唯有让最需要开庭审理的那部分案件实现开庭审理，通过繁简分流，突出重点的方式，划定一个应当开庭审理的案件范围和可以不开庭审理的案件范围，作为对《刑事诉讼法》条文的细化，让其更具有可操作性。

刑事附带民事诉讼调解工作制度研究

揭阳市中级人民法院课题组*

我国现行的附带民事诉讼制度通过诉的合并，在一定程度上提高了审判效率，有利于全面查明案情，对被告人准确定罪量刑，敦促被告人认罪、悔罪。在刑事附带民事诉讼中引入调解制度，有利于迅速解决争议，抚慰被害人，有着径行判决无可比拟的优越性，但附带民事诉讼毕竟只是依附在刑事审判中一个非独立的程序，现行法律对附带民事诉讼调解的规定过于笼统，导致不同地区法院甚至同一法院里不同审判人员对附带民事诉讼调解的做法不统一，出现附带民事诉讼调解的混乱现象。要使附带民事诉讼调解在我国发挥其本身所蕴含的积极作用，就必须对附带民事诉讼调解的相关问题进行深入研究。本文主要通过对揭阳市两级法院及省内其他部分法院附带民事诉讼调解开展的具体情况进行调研，查找分析现阶段附带民事诉讼调解的现状、遇到的问题，寻找相应的对策建议。在此基础上，以附带民事诉讼调解的程序为主线，着重研究附带民事诉讼调解的案件范围、参与主体以及调解后果等，重点对附带民事诉讼调解的核心要素——调解对被告人量刑的影响进行研究，以期寻找出一种适合刑事审判法官进行调解时可以参照遵循的模式，促使更多的当事人相互之间达成和解，化解社会矛盾。

---

* 课题组组长：陈超，成员：李文光、周旭茂、林国伟、李洁新、林旭强（执笔人）、许伟娜、李翠梅、谢昭杰。

第一部分　刑事附带民事诉讼调解的理论基础

一、刑事附带民事诉讼调解制度概述

（一）附带民事诉讼调解的概念

调解，是指双方当事人以外的第三者，以法律、政策及社会公德、风俗习惯等为依据，对纠纷双方进行疏导、劝说，促使他们相互谅解，进行协商，自愿达成调解协议，解决纠纷的活动。《民事诉讼法》规定："人民法院审理民事案件，根据当事人自愿的原则，在事实清楚的基础上，分清是非，进行调解。"刑事附带民事诉讼在本质仍属民事诉讼，同样遵循该规定，但与单纯的民事诉讼相比较，附带民事诉讼突出了其"刑事"的特点，并以刑事诉讼的存在为前提。① 我们认为，刑事附带民事诉讼调解，是指在刑事诉讼过程中，被害人提起附带民事诉讼后、法院作出判决前，由审判人员作为主持人，在依法解决被告人的刑事责任的同时，通过引导被害人与被告人及其亲属就民事赔偿部分进行自愿协商，促成双方达成民事调解协议，解决被害人遭受的损失，从而对被告人的量刑产生一定影响的活动。如此界定，其意义在于明确了附带民事调解开展的阶段，突出了审判人员的主持参与，以有别于诉讼过程中双方当事人自行达成和解的情况，同时明确达成调解协议对被告人量刑的影响。

（二）附带民事诉讼调解与刑事和解

《刑事诉讼法》及《最高人民法院关于适用〈中华人民共和国刑事诉讼法〉的解释》（指2012年新修订的《刑事诉讼法》及其解释，下文涉及我国有关法律、司法解释名称的表述，统一使用习惯简称表述）增加规定了"当事人和解的公诉案件诉讼程序"，对当事人和解的案件范围、主体、

① 《最高人民法院关于适用〈中华人民共和国刑事诉讼法〉的解释》第160条第2款规定："人民法院准许人民检察院撤回起诉的公诉案件，对已经提起的附带民事诉讼，可以进行调解；不宜调解或者经调解不能达成协议的，应当裁定驳回起诉，并告知附带民事诉讼原告人可以另行提起民事诉讼。"按照该款规定，没有刑事诉讼则没有附带民事诉讼。

和解协议、后果等作了一定程度的规范。从《刑事诉讼法》及其解释的规定来看，当事人和解与附带民事诉讼调解作为两种行之有效的纠纷解决方式，都有助于确保被害人获得相应的损害赔偿，也存在重叠交叉之处。《刑事诉讼法解释》第496条规定："当事人提出申请的，人民法院可以主持双方当事人协商以达成和解。"从该规定来看，对当事人提起附带民事诉讼并申请法院主持和解的，其实质仍属附带民事诉讼调解。

（三）附带民事诉讼调解的基本原则

司法机关对附带民事诉讼调解所发挥的积极作用均持肯定态度，但也有部分人对附带民事诉讼调解的消极作用存有疑虑。因此，有必要确立附带民事诉讼调解的基本原则，使之成为附带民事诉讼调解不能突破的底线，并通过这些原则确保附带民事诉讼调解向着良性的刑事司法方向推进。

1. 合法原则。合法原则是诉讼调解的根本原则之一，要求附带民事诉讼调解制度、规则的设立不能违反法律的规定，必须在法律规定的界限内开展；调解的程序、调解协议不得违反国家法律以及社会公序良俗，不得损害国家、集体或者其他公民的合法权益；法院根据调解协议对被告人从宽处理的幅度或者方式必须在法律允许的范围内。

2. 自愿原则。自愿原则是诉讼调解的基本原则，保证当事人可以自主决定是否接受审判人员主持的调解、是否接受对方提出的调解方案，有权在达成协议前退出调解协商；审判人员主持调解时应当本着化解矛盾、平息冲突纠纷的目的正确引导当事人，不得施加不当影响，不得利用职权强迫任何一方接受调解协议。

二、刑事附带民事诉讼调解的现实意义

2012年《刑事诉讼法》修订施行后，揭阳市两级法院审理的刑事附带民事案件共437件，其中达成调解协议的182件，[①] 至今尚未发现有案件当事人特别是被害人及其亲属在达成调解协议后进行信访的情况，而从此

① 揭阳市两级法院审理及调解的案件数统计，以2012年开始至2014年上半年为止，数据的统计也仅是由5个基层法院刑庭统计后与中院两个刑庭的数据进行汇总。

次调研掌握的情况来看，达成调解协议后，被告人的上诉率也明显较低。[①]因此，法院在审理刑事附带民事案件中注重抓好调解工作，不仅有利于被告人认罪服法，也有利于保障被害人经济损失求偿权的实现，减少当事人信访，节约诉讼资源，缓解乃至化解社会矛盾。

三、刑事附带民事诉讼调解的政策及理论基础

（一）刑事政策基础

党的十六届六中全会明确提出宽严相济的刑事政策要求。宽严相济的刑事政策的内涵概括起来就是该宽则宽、该严则严、宽严并用、宽严因罪因人而定。形势是制定和执行政策、法律的依据，附带民事诉讼调解反映的是一种宽松的刑事司法政策，是实现、贯彻宽严相济刑事政策的重要途径。

（二）法学理论基础

一是符合恢复性司法的原则。联合国《关于在刑事事项中采用恢复性司法方案的基本原则》的决议，确立在刑事事项中采用恢复性司法的基本原则，并鼓励各会员国在制定和实施恢复性司法方案时采用该项原则。恢复性司法认为，在犯罪观上，不能使用单一的国家追诉方式，应当注重对被告人权利和被害人利益的保护。附带民事诉讼调解就应该在恢复性司法的理念下进行，尽量使国家、犯罪人和被害人的利益得到平衡，即达到国家秩序或者社会关系得以修复；犯罪人改过自新，重新融入社会，为社会创造财富；被害人的损失得到最大赔偿的和谐局面。[②]

二是符合刑罚个别化的精神。刑罚个别化原则是我国《刑法》的基本量刑原则之一，要求审判机关在量刑时，应当根据犯罪人所犯罪行的社会危害程度和犯罪人的人身危险性大小，在相应的法定刑范围内或以该法定刑为基础，判处适当的刑罚或刑期。

---

① 根据调研掌握的情况，近两年审理的案件中，达成调解后被告人对定罪量刑不服提起上诉的仅有2件。

② 参见陈宝军：《刑事附带民事调解的现实困境与路径》，载光明网 http：//court.gmw.cn/html/article/201204/12/87676.shtml，访问时间：2014年8月。

犯罪具有社会危害性、刑事违法性和应受惩罚性的特征，其中社会危害性是犯罪最基本的属性，而社会危害性是由被告人的主、客观要件构成的，被告人犯罪后愿意与被害人就赔偿问题达成调解，说明其主观上具有悔罪表现，社会危害性相比其他被告人较小，因此，综合考虑被告人的悔罪情况，在法律规定的幅度内作出对其最合适的判决，必须坚持刑罚个别化原则。

第二部分　刑事附带民事诉讼调解的基本情况

我们在调研中，梳理了揭阳市 5 个基层法院及中院审理的附带民事诉讼调解案件情况，并收集了基层法院近两年审结的 58 件调解案件（故意伤害 39 件，交通肇事 19 件），同时引用、借鉴了省法院前期收集的全省审理附带民事诉讼调解案件的基本情况。现将有关情况分析如下：

一、刑事附带民事诉讼调解工作特点

（一）我市法院以及省内其他中院刑事附带民事诉讼案件调解率普遍不高

我们调研收集了从 2010 年以来我市法院附带民事诉讼调解案件的情况，从调研的情况来看，我市 5 个基层法院审理刑事附带民事案件中故意伤害和交通肇事案件占了绝大多数，其他类型的案件所占比例极小，同时刑事附带民事诉讼案件的调解率普通不高。比如普宁市法院的调解率为 60%，交通肇事案件占了 61%，故意伤害案件占了 29%；榕城区法院的调解率为 39%，交通肇事案件占了 16%，故意伤害案件占了 63%；揭东区法院的调解率为 59%，交通肇事案件占了 30%，故意伤害案件占了 61%；揭西县法院的调解率为 23%，均为故意伤害案件；惠来县法院的调解率为 29%，交通肇事案件占了 35%，故意伤害案件占了 52%；揭阳中院一审案件的调解率为 11%（限于 2013 年以来），二审案件的调解率为 20%（限于 2013 年以来）。当然，影响附带民事诉讼调解率的还有一个重要的因素，就是案件在公诉前当事人自行达成谅解的案件不在少数。从收集反馈的情况看，2010 年以来，普宁市法院审理的刑事案件中，当事人自行达成谅解

的案件有 87 件，而案件总体数量较少的惠来县法院仍有 35 件。

我省其他中级法院刑事附带民事诉讼案件的调解率也普遍偏低。我们统计了省法院提供给我们的全省部分中级法院（14 个中级法院）附带民事诉讼案件的调解情况，[①] 从 2013 年至 2014 年 5 月份，上述 14 个中级法院审结的一、二审附带民事诉讼案件 731 件，调解结案的仅有 159 件，占比仅为 21.75%。这 14 个中院附带民事诉讼案件的调解比例相差也较大，最高的是江门中院，比例达到 43%，而最低的，竟然有 3 个中院均没有调解结案的附带民事诉讼案件。

中级法院审理的刑事附带民事诉讼案件调解率不高，其原因主要在于被害人或者其亲属缺乏调解意愿。中级法院与基层法院的案件管辖范围不同，中级法院主要受理危害国家安全、恐怖活动案件及可能判处无期徒刑、死刑的一审案件。中级法院一审的附带民事诉讼案件均是重刑案，对于侵害个人的案件，一般均存在被害人死亡的情况，而一旦发生被害人死亡的结果，被害人家属往往情绪激动，对被告人抱有较大的仇恨心理，多数寄希望于法院重判被告人，调解意愿较小，导致中级法院调解率较低。

虽然中级法院审理的刑事附带民事诉讼案件由于客观原因一般难以调解，但我们要充分注意到，中级法院审理的一审附带民事诉讼案件，一般存在被害人死亡的结果，被害人家属由于传统“杀人偿命”观念的影响，对被告人具有极大的仇恨心理，如果案件处理不当，很容易引发二次犯罪，因此，中级法院从调和化解社会矛盾的职能出发，更应该加强案件调解。

（二）附带民事诉讼调解案件类型集中

从统计的数据来看，附带民事诉讼调解案件集中在故意伤害、交通肇事这两类案件中，这两类案件基本占了调解案件的 90%以上，部分法院调解成功的案件甚至 100%均为故意伤害案件。由于故意伤害案件主要发生在亲朋、邻里及其他熟人之间，因琐事引发，许多人属于一时冲动，主观恶性相对不大，但均造成了较重的后果，法院在审理这类案件时，充分考虑当事人间原本存在的社会关系，从修复破损的社会关系出发，利用双方

① 注：因部分中级法院未提供数据，汕头中院提供的是全市综合的数据，因此本部分数据仅指肇庆、梅州、潮州、中山、深圳、韶关、佛山、广铁、河源、惠州、江门、清远、汕尾、阳江等 14 个中级法院；因部分中级法院提供的数据未区分一、二审，故以一、二审一并分析。

本来就已存在的感情作为调解基础，尽量引导双方当事人进行调解。而交通肇事案件属于过失犯罪，被告人的主观恶性相对较小，双方当事人之间也不存在矛盾、纠纷，如果被告人能在经济上给予被害人家属一定的弥补，被害人家属也相对比较容易谅解。也正因如此，这两类案件的调解率相比较其他案件来说高出许多。

二、刑事附带民事部分调解结案的案件量刑情况

我们收集了39件达成调解协议的故意伤害案件的量刑情况进行分析，39件中除14件致人重伤、死亡的外，有25件均是仅致被害人轻伤的案件，这25件案件中，被告人量刑在一年有期徒刑以下的22件；另外3件被告人的量刑均在一年以上，但其中两件的被告人则均适用了缓刑，另外1件系因被告人属累犯而适当体现从重处罚。具体情况参见下表：

39件调解的故意伤害案件的量刑情况

量刑 / 案件数 / 伤情	三年以上有期徒刑	一年以上三年以下	一年以下有期徒刑	汇总	非监禁刑
轻伤		3	22	25	10
重伤	3	8		11	5
致死	3			3	

从上表可以看出，附带民事部分调解结案的故意伤害案件量刑相对较轻，特别是非监禁刑适用率总体较高，轻伤案件非监禁刑适用率为40%，重伤案件的非监禁适用率也接近50%，与未成年人犯罪案件的非监禁刑适用率相比，也高出很多。①

对刑事附带民事诉讼调解案件来说，“赔偿从宽”是司法实践的重要做法。刑事附带民事诉讼案件涉及人身权利，量刑跨度较大，为从轻、减轻或者免除处罚留下了一定的空间，及时、有效赔偿可以减轻处罚，实践

① 鼓励适用非监禁刑的未成年人犯罪案件，其非监禁刑适用率也不高，从我市统计的情况看，2008年至2010年，其适用率也仅分别为0.7%、2.91%、14.66%；因所有类型案件的非监禁刑适用情况没有统计，故以未成年人犯罪案件的数据作为比对。

中对于能积极赔偿被害人的，均给予较大幅度的从宽处理。

第三部分　刑事附带民事诉讼调解的问题与对策

一、审判实践中附带民事诉讼调解存在的主要问题

通过调研收集的情况来看，现阶段附带民事调解存在的问题与不足主要有以下几方面：

（一）审判人员存在怠于调解的情况

附带民事诉讼调解是一件非常耗时费心的工作，面对双方当事人尖锐的对立情绪，多数需要“冷处理”以及多次反复沟通。从这次调研的情况来看，我市两级法院近几年来附带民事诉讼案件的调解率普遍较低且不同法院之间同时期的调解率也存在较大的差距。从网络以及新闻报道收集的情况看，很多地区法院存在刑事附带民事诉讼案件高调解率的情况，部分法院达到百分之九十以上甚至百分之百，[①] 同样的制度下，同样审理刑事附带民事案件，调解率差距竟然如此之大，其原因在哪？我们认为，审判人员的积极性在当中具有很大的作用。

（二）刑事附民事诉讼程序立法不完善，实务操作缺乏指南

1. 刑事附带民事诉讼并未形成制度性的规定。关于刑事附带民事诉讼工作，2012 年修订的《刑事诉讼法》在第七章用了 4 个条文作了相关规定，《刑事诉讼法解释》第六章用了 27 个条文对附带民事诉讼进行了补充

① 参见《重调解、讲实效、零缠诉——佳铁法院十年来刑事附带民事案件调解率达 100%》，载光明网 http://economy.gmw.cn/newspaper/2014－10/15/content_101446615.htm，来源：《佳木斯日报》；《石峰法院今年刑事附带民事案调解率达 100%》，载光明网 http://court.gmw.cn/html/article/201409/02/163133.shtml；《肃宁县法院刑事附带民事案件调解工作效果显著》，载中国经济网河北频道 http://he.ce.cn/czjj/sxdt/201312/09/t20131209_1244343.shtml，报道提及“自 2011 年至今，该院办理的 203 件刑事附带民事案件调解结案 192 件，调解成功率近 95%，具有赔偿内容的案件达成赔偿协议金额 1500 余万元，且均已履行完毕，237 名被告人得到原告方一定程度谅解，在此基础上，相对应的刑事案件均顺利结案”等。新闻报道涉及法院附带民事诉讼调解的，其调解率均极高。

完善，基本对附带民事诉讼的提起条件、起诉范围、主体、调解、举证责任、赔偿范围等作了一定程度的规定，但由于审判实践碰到的情况繁杂多变，经常会遇到不知如何处理的情况。

2. 法律对刑事附带民事调解的规定过于笼统。关于附带民事调解的范围、主体、程序等现行法律及司法解释均未有明确的规定，对审判人员的调解工作没有一套有效的规范措施，其结果是：

(1) 附带民事诉讼调解的过程公开度不高，特别是检察机关未能参与并监督调解。从我们调研掌握的情况来看，庭审调解存在走过场的情况，很多案件的调解工作主要是在庭外进行，因此也导致调解工作的开展缺乏公开性，也缺乏第三方的监督。

(2) 容易滋生以判压调侵犯当事人权益的情况。附带民事诉讼调解一般是案件的审判人员引导双方当事人进行，当审判人员有来自外来的调解压力时，必然驱使其利用刑事审判权作为后盾，迫使当事人接受调解。被告人因存在不调解将被重判的心理压力，违心接受调解，完全违背了调解自愿的基本原则，因此应该对调解加以规范，最大程度防范以判压调现象。

(三) 赔偿与量刑的关系难以把握，调解后果缺乏预期性

调解后果缺乏预期性的影响主要是两个方面：一是案件承办法官对调解后果存在顾忌，当努力工作促成调解后，在确定量刑幅度时把握不准；二是对当事人方面的影响，其对后果的预期不明确，导致赔偿方对赔偿数额的支付额度以及调解的重视程度不高，而被害人也有相对应的顾忌。我们在调研中，很多同志反映因被告人亲属对调解的后果缺乏预期，调解时犹豫不决，多次询问审判人员在与被害人达成调解其代被告人履行赔偿责任后，对被告人从轻处罚的幅度究竟能达到什么程度。同时，在面对具体的案件时，根据被告人的赔偿数额拿出一个适当的量刑意见对每个审判人员都是不小的挑战，既要求量刑结果要避免使人产生“花钱买刑”的误解，又要让包括公诉方在内的各方当事人都可以接受，在很多案件中是很难做到的。

(四) 被害人漫天要价与被告人赔偿能力不足的矛盾，极大地制约了附带民事诉讼调解

在实践中，因为各种原因，被害人一方开出天价索赔单的情况比比皆

是；但是从实践接触的案件看，多数被告人均存在家庭经济条件差、自身没有赔偿能力的情况。我们这次调研收集的情况亦显示，绝大部分达成调解协议的案件，均是支付金钱赔偿后当场清结。而被害人因担心调解结案及刑罚确定后，被告人不依约履行协议，均要求当场清结。所以被告人的赔偿能力（包括其亲属代为赔偿的能力）对调解的影响最大，成为调解的关键。

（五）附带民事调解协议的履行内容单一

几乎所有的附带民事调解协议都是以被告人履行金钱赔偿义务，被害人书面表示谅解为内容，难有例外。单纯进行金钱赔偿对于确有真诚悔罪表现但没有履行经济能力的被告人来说显得不公平。因此，能否创设新的履行方式成为学界和实务界都需认真研究的问题。

此外，还有其他一些不足与问题，限于篇幅限制，不予一一列举。

二、如何化解附带民事诉讼调解的不足与存在问题

如上所述，附带民事诉讼调解存在着许多不足与问题，但我们不能因此简单的摒弃该制度，要充分认识该制度在化解社会矛盾、节约诉讼资源中所起的积极作用，要抓住附带民事调解中涉及程序与实体的特性问题，建立一种既在最大程度上保障被告人的诉讼权利，又能维护被害人民事权利，实现刑事附带民事审判的公正高效的机制。

（一）牢固树立司法为民理念，强化调解工作意识

刑事审判人员要充分认识刑事附带民事诉讼调解工作对于保护被害人合法权益、维护社会稳定的重要意义，努力践行“司法为民”的司法理念。在案件审理过程中要坚持依法追究被告人刑事责任和妥善化解矛盾纠纷两者并重，力求通过认真、积极的调解工作来有效消除被告人和被害人之间的对立情绪，促使当事人服判息诉，从而维护社会稳定，力争实现法律效果和社会效果的有机统一。

（二）进一步完善刑事附带民事诉讼制度，为调解创造便利条件

刑事诉讼与民事诉讼毕竟是两种性质、功能均不同的诉讼，若简单以

一种诉讼涵盖另一种诉讼，牺牲的必然是公正，而若将两种诉讼予以简单的叠加，牺牲的则是效率，因此必须对刑事附带民事诉讼进行重新定位。或许是基于以上考虑以及实务操作中可以参考民事诉讼法律的原因，我国法律对附带民事诉讼的规定极少，让审判人员在实践中具有更大的操作空间，然而有时却让审判人员无所适从。可喜的是，司法解释对附带民事诉讼从主体、赔偿范围等作了一定的细化，也作出了一些不同于民事法律的规定，比如规定了在逃同案犯不作为附带民事诉讼被告人、赔偿范围仅限于物质损失等，但仍显不足。比如附带民事诉讼原告人提起诉讼的期限、举证期限、二审程序等均尚未明确，《刑事诉讼法》及其解释虽有保全程序的规定，但缺乏操作性。

（三）要明确赔偿与量刑幅度的对应关系

在附带民事诉讼调解实践中，一旦当事双方达成调解协议，被害人对被告人表示谅解，审判人员对被告人的刑罚裁量空间会相应扩大，致使不同地区、甚至同一法院内的不同审判人员对被告人依法从轻处罚幅度的掌控相距甚远。如果法院不正确掌控赔偿数额与减轻处罚的幅度，必然产生诸多问题，不同程度影响公众对司法公正的认同感，影响附带民事诉讼调解的社会效果。

鉴于此，我们认为，应该在深入调研的基础上，规定赔偿与量刑幅度的对应关系。在这个问题上，既要使被害人的合法权益及经济损失依法得到保护与补偿，也要依法保障被告人及其亲属的合法权益，同时不宜一味追求高调解率，而忽视对赔偿数额的适当调控，任由“天价赔偿”出现；还要切实防止单纯因赔偿数额的高低而导致同类案件量刑上出现失衡。对于赔偿与量刑幅度的对应关系问题，《最高人民法院关于常见犯罪的量刑指导意见》（以下简称《量刑意见》）中“常见量刑情节的适用”已作了原则规定，[①] 这些规定为确保法院统一量刑标准、避免量刑偏差提供了司法保障。但由于我国幅员辽阔、地域差别大，各地的经济发展状况、社会治

① “常见量刑情节的适用”中规定：“对于积极赔偿被害人经济损失并取得谅解的，综合考虑犯罪性质、赔偿数额、赔偿能力以及认罪、悔罪程度等情况，可以减少基准刑的40%以下；积极赔偿但没有取得谅解的，可以减少基准刑的30%以下；尽管没有赔偿，但取得谅解的，可以减少基准刑的20%以下。”“对于当事人根据刑事诉讼法第二百七十七条达成刑事和解协议的，综合考虑犯罪性质、赔偿数额、赔礼道歉以及真诚悔罪等情况，可以减少基准刑的50%以下；犯罪较轻的，可以减少基准刑的50%以上或者依法免除处罚。”

安形势、犯罪特点等方面均存在差异，这就决定了赔偿与量刑的关系也要因地制宜，即在立法确定的基本幅度内，结合本地区的经济发展状况、社会治安形势以及司法实际，确定一个地区的量刑标准。如果在一个中级法院的司法管辖范围内，上述各方面差异性会相对较小，也比较容易把握，具备制定统一的量刑指导意见的基本条件。首先，应当对当地主要刑事犯罪类型及不同犯罪在当地的社会危害大小进行调研，确定本区域刑事斗争的侧重点，科学定位“宽”与“严”的不同侧重面，对于不属于严重影响辖区社会安定因素的犯罪和被告人，要适当加大赔偿情节在量刑中的作用幅度，体现“当宽则宽”；反之，对严重影响辖区社会稳定大局的犯罪案件，应当对赔偿情节在量刑中的作用幅度加以限制，体现“当严则严”，避免刑罚价值的重大偏失。在此基础上，针对所犯罪行的不同法定刑档次，充分考量被告人的赔偿态度、赔偿结果及被害人的谅解等具体情形，在基本幅度内制定出相应的量刑幅度规定，以供司法实践参照执行。①

（四）引入更多的被告人履行赔偿的方式②

刑事附带民事诉讼案件的被害人获赔率低，与对被告人可以从宽处罚的条件局限于履行赔偿方式单一以及限于在判决前已经赔偿，导致难于调动被告人的积极性是密不可分的。如果将被告人履行方式进一步扩大，时间进一步放宽，而不局限于必须在判决前已经赔偿被害人物质损失，无疑将极大地调动被告人的积极性，更有利于被告人结合自身实际选择履行方式，也有利于被告人悔罪，消除其主观恶性，降低社会危害性，且这样做并不损害国家、集体、他人的合法权益。为此，应设置更多的被告人履行赔偿的方式，让缺乏赔偿能力的被告人也能找到适合自己的方式。具体方式可以包括：设立担保（抵押、保证）、第三人垫付、执行债权、劳务抵债等方式。只要被告人真诚悔罪、积极赔偿，采取上述措施后，被害人表示谅解，仍然作为量刑情节考虑，从而实现缺乏赔偿能力的被告人与有赔

---

① 参见刘庆伟：《刑事附带民事诉讼实践中的若干问题及完善路径》，载《司法论坛》2011年第1期；江笑：《刑事附带民事诉讼调解轻刑化的正当性与适用》，载《法制与社会》2013年第9期（中）。

② 颜梅生：《刑事附带民事诉讼被告人赔偿赎罪的困境与出路》，载《福建法学》2010年第1期；参见刘庆伟：《刑事附带民事诉讼实践中的若干问题及完善路径》，载《司法论坛》2011年第1期；江笑：《刑事附带民事诉讼调解轻刑化的正当性与适用》，载《法制与社会》2013年第9期（中）。

偿能力的被告人的同等对待。特别是设立抵押、保证的方式，在现阶段具有极大的生命力。在被告人由于犯罪被羁押，且本身自有财产不足的情况下，由被告人的亲友提供担保甚至作为调解协议中被告人履行的保证人，在很大程度上解决了被告人赔偿能力不足的问题，有利于促成调解。

（五）合理确定调解赔偿数额

赔偿数额虚高，会导致附带民事诉讼调解和矛盾化解的工作难度大大增加。套用单纯民事案件的赔偿标准确定附带民事诉讼案件的赔偿数额，常常使被害方对巨额赔偿抱有不切实际的期待，一旦被告人不能足额赔偿，就认为其没有悔罪诚意和表现，以致调解工作、矛盾化解工作根本无法开展。因此，合理确定调解赔偿数额是调解工作能否取得成功的关键环节之一。我们认为，在确定调解赔偿数额时应该坚持以被害人的实际损失为原则，以附带原告人合理合法的赔偿要求与被告人的实际支付能力为基础。调解时注重被告人实际承受能力与附带原告人诉请的协调，强调调解结果的可行性。

（六）探索切实可行的附带民事诉讼调解工作机制

在法律及司法解释未对附带民事诉讼调解作出进一步的规定之前，各地根据自身的情况，对调解的适用范围、开展程序等作出规定，既规范了调解的开展，亦能激发审判人员调解的积极性，显得尤为重要。本文接下来的部分将对附带民事诉讼调解工作有关问题展开详细的论述。

第四部分　刑事附带民事诉讼调解制度构想

我们清楚地认识到，附带民事诉讼调解因其调和了加害人与被害人之间的矛盾，同时兼顾了双方的权益，使其成为解决刑事纠纷、化解社会矛盾的一个有效途径，因此构建能有效指导、规范附带民事诉讼调解工作的制度显得尤为重要。

一、附带民事诉讼调解的适用范围

关于刑事附带民事诉讼调解的适用范围，目前依然存在一定的分歧，但从事审判一线的同志对附带民事诉讼调解的适用范围一致认为所有的刑事附带民事诉讼案件均可依法调解。因为法律已明确规定："人民法院审理附带民事诉讼案件，可以进行调解，或者根据物质损失情况作出判决、裁定。"尽管如此，但我们认为，附带民事诉讼案件还是存在一些不适宜或者是审判人员不宜主动开展调解的案件，当然，对于当事双方而言，彼此之间自行和解则不受限制。

（一）提倡法院积极主动开展调解的案件

1. 轻微刑事案件。轻微刑事案件是当前我国刑事和解的范围，同时也应该是刑事附带民事诉讼调解主要的案件范围。主要是轻伤害案件和过失犯罪案件。2012年修改的《刑事诉讼法》增加规定了"当事人和解的公诉案件诉讼程序"一章，规定了《刑法》分则第四章、第五章规定的可能判处三年徒刑以下刑罚以及除渎职犯罪以外的可能判处七年徒刑以下刑罚的过失犯罪，双方当事人可以和解。

2. 青少年犯罪案件。青少年是一个特殊的群体，我国刑事政策一贯对青少年犯罪均有宽缓处理的规定，比如《人民检察院办理未成年刑事案件的规定》《最高人民法院关于审理未成年人刑事案件具体应用法律若干问题的解释》等均对未成年人作出与成年犯罪人相对宽缓的规定。同时青少年犯罪的人身危险性和社会危害性相对较小，犯罪后易于教育挽救，一旦双方当事人达成调解协议，法院依法对青少年从宽处罚，更有利于其帮教和矫正。特别是青少年犯罪人需要承担民事赔偿责任时，其法定代理人、监护人等同时也是附带民事诉讼被告人，需要承担民事责任，一般也有赔偿能力，在此情况下更有利于调解协议的达成。

3. 因民间纠纷、邻里纠纷引起的犯罪案件。发生在家庭、邻里、亲属等之间因民间矛盾引发的杀人、伤害等犯罪案件，犯罪侵害的对象一般是特定和固定的，其社会危害性较针对不特定对象实施的犯罪小，且该类案件也容易在双方间达成调解。人作为一种社会生物，总是要生活在家庭、邻里、亲属、朋友等具体的社会关系中，没有社会关系人便不能生存，大部分的个人权利也都是在家庭、邻里间得以实现。亲属、朋友、邻里间的犯罪案件，多是因日常生产、生活的过程中发生矛盾后处理不当而引发，因此，当犯罪发生后最大程度恢复原先的关系显得比从重惩罚加害人更为重要。在当前构建和谐社会的大背景下，处理此类案件更应注重调和双方当事人的矛盾。

4. 死刑案件中“可杀可不杀”的案件。审判实践中，大多数死刑案件都有被害人死亡结果的存在，被害人家属往往会在提起附带民事诉讼的同时向审判人员面陈或组织亲友联名上书，来信来访，甚至组织众多人员到党政机关上访等强烈引起关注的行为，从而给案件的审理带来较大的舆情、社会乃至政治上的压力。以往一审法院因处于矛盾的中心，为了暂时平息民愤、缓解压力，对于这种被害人家属情绪激烈的案件，即使被告人在情节上有法定或者酌定的情节，也会从严惩处，将矛盾上交上级法院。应该看到，我国目前的死刑政策严格贯彻“少杀慎杀”的原则，对于并非真正罪大恶极的被告人均会在量刑上留有余地，甚至对于部分罪行极其严重的被告人，因达不到判处极刑的铁证标准，也往往会留有余地，对于“可杀可不杀”的是“坚决不杀”。因此，在目前的司法环境下，要做到既最大限度的安抚、满足被害方，防止其制造不和谐、不稳定的因素，缓解社会冲突，取得良好的社会效果，又要做到案件结果符合法律和政策要求，取得较好的法律效果，必然要求审判人员在审理案件的同时做好调解工作，对“可杀可不杀”的案件积极主动的开展调解。

（二）法院不宜主动调解的附带民事诉讼案件

理论上来说，所有附带民事诉讼案件法院均可以主持双方当事人进行调解，力促双方达成调解协议，但对于一些恶性暴力等犯罪，则应当慎重处理，审判人员一般不宜主动引导当事人调解。一般来说，下列案件不适宜主动调解：严重危害国家安全、社会公共安全的案件；黑社会性质组织犯罪案件；加害人具有较强的反社会性的累犯、惯犯案件；加害人主观恶性极大、作案手段极其残忍存在报复社会心理的案件。此类案件加害人的人身危险性极大，严重危害社会治安，即使被害人因得到赔偿而谅解加害人，仍然严重影响人民群众的安全感，需要依法严惩，因此一般不提倡法院主动调解。

二、附带民事诉讼调解的条件

司法实践中，当事双方一旦达成调解协议，法院一般会根据被告人的赔偿情况、悔罪表现等决定对其从宽处罚，而被告人的赔偿情况其实体现的就是其悔罪表现，根据司法实践经验来看，刑事附带民事诉讼调解，原则上要同时满足以下三个条件时才能进行：

（一）案件基本事实清楚

案件基本事实清楚，指的是可以确定存在侵害被害人的犯罪行为，有证据证实该侵害行为为加害人实施。刑事案件要求事实清楚，证据确实、充分，但如前所述，刑事案件与民事案件的证明标准不一，同时调解与判决的界限也不同，调解是当事人对于自己合法权益的自愿处分的行为，在没有查清事实的情况下，其为快速解决纠纷对自己的权利作出一定的妥协让步符合当事人处分原则。因此，对于附带民事调解，只要最基本的事实清楚就行。

（二）被告人真诚悔过

附带民事诉讼调解的结果将对被告人的量刑产生影响，被告人的真诚悔过态度是一个必要的条件。附带民事诉讼调解并不是简单地以被告人支付赔偿来换取司法机关的轻缓处理，而是同时关注被害人权利保护，修复社会关系以及被告人认罪悔过的一个重要过程。被告人真诚悔罪是得到被害人谅解的感情基础，只有被告人认识到自己给被害人和社会秩序带来损害，从而真心改过，法律才应给其早日回归社会的机会，对于无意悔过的被告人应依法惩处。被告人通过向被害人赔礼道歉并积极赔偿被害人的损失等行为来表明自己认罪悔罪，体现了被告人对法律的敬畏心理和对犯罪的否定态度，这种态度表明其人身危险性和社会危害性的降低，法律应该给予肯定评价。同时，附带民事诉讼调解的一个重要功效还在于有利于促使被告人的改造，消除再犯可能，如果被告人不能真诚悔罪，则其人身危险性并未降低，也难以改造，并未降低其再犯危险，则不能对其从宽处罚。

（三）当事双方平等自愿

平等自愿是保障调解正当性的基础之一，如前所述，应该成为附带民事诉讼调解的基本原则予以贯彻，对此不再予以赘述。

三、附带民事诉讼调解的参与主体

对于附带民事诉讼调解的参与主体，有同志认为，除了参与的司法机关外，其他参与主体与附带民事诉讼参与人的范围一致即可。我们认为，附带民事诉讼调解的参与主体不应该过于局限，除了附带民事诉讼当事人、律师外，应该让社会上更多的有利于促和的主体参与进来。比如我们认为，在附带民事诉讼调解中极有必要引入检察（公诉）机关参与进来，其理由主要有：首先，有利于附带民事诉讼调解的公开化。附带民事诉讼调解不公开，审判人员因为某些原因“以判压调”现象时有发生并受诟病，让检察机关参与进来有利于使调解过程成为一个按程序开展的司法互动过程。其次，有利于审判机关自觉接受法律监督，避免调解过程的随意化。再次，有利于提高被害人对调解结果的信服。因为检察机关代表国家对被告人提起公诉，在被害人的心目中，检察机关与其是同一阵线的，维护的是其利益，让检察机关参与调解并对调解过程进行监督，必然使被害人对调解的结果更加信服。最后，让检察机关参与调解并不是让其成为一方当事人，而是让其成为一个促和主体。检察机关参与到调解中后，其职责不再是控诉主体，而是监督、调和主体，并配合审判机关向当事人释明司法政策。

四、附带民事调解协议的履行

附带民事调解协议的履行是附带民事诉讼调解的关键环节之一。如前所述，被害人获赔率低，与对被告人可以从宽处罚的条件局限于履行赔偿方式单一并限于在判决前已经赔偿，导致难于调动被告人的积极性是密不可分的。如果将被告人履行方式进一步扩大，时间进一步放宽，而不局限于必须在判决前已经赔偿被害人物质损失，无疑将极大地促成更多的当事人达成调解协议。为此，应设置更多的被告人履行赔偿的方式，比如第三人垫付、执行债权、劳务抵债等方式。而为了保证被告人调解协议义务的履行，可以对其履行设立担保，要求被告人或其亲友提供抵押或者作为调解协议的保证人。只要被告人真诚悔罪、积极赔偿，采取上述措施后，被害人表示谅解，仍然作为量刑情节考虑，从而实现缺乏赔偿能力的被告人与有赔偿能力的被告人的同等对待。特别是设立担保的方式，在现阶段具有极大的生命力。在被告人由于犯罪被羁押，且本身自有财产不足的情况下，由被告人的亲友提供担保甚至作为调解协议中被告人履行的保证人，在很大程度上解决了被告人赔偿能力弱的问题，有利于促成调解。或许有同志会提出，被告人的亲友为被告人履行附带民事调解协议约定义务提供担保，在被告人最终无力履行或者不自愿履行时，强制执行被告人亲友的财产是否具有法律依据。为应对这些可能出现的情况，我们认为，对于被告人未能即时全部履行调解协议约定义务的，法院应当以调解书的形式对调解协议的内容予以确认。原因是我国民事诉讼立法关于调解协议的效力存在一定缺陷。《民事诉讼法》规定调解书经双方当事人签收后，具有法律效力，但又规定："调解未达成协议或者调解书送达前一方反悔的，人民法院应当及时判决"。从以上规定看，调解协议对当事人缺乏必要的约束力，违背了调解协议的性质，违反了契约的一般原理和对方当事人的利益，使调解协议处于不稳定的状态，以致于达成调解协议后却不能生效，妨碍了法院调解制度的贯彻实施。为此《最高人民法院关于人民法院民事调解工作若干问题的规定》第13条规定："根据民事诉讼法第九十条第一款第（四）项规定，当事人各方同意在调解协议上签名或者盖章后生效，经人民法院审查确认后，应当记入笔录或者将协议附卷，并由当事人、审判人员、书记员签名或者盖章后即具有法律效力。当事人请求制作调解书的，人民法院应当制作调解书送交当事人。当事人拒收调解书的，不影响调解协议的效力。一方不履行调解协议的，另一方可以持调解书向人民法院申请执行。"该规定对民事诉讼立法关于诉讼调解协议效力进行了一定程度的修正，让调解协议在经过一定的程序后赋予其强制执行效力。因此，对于被告人没能当场清结的附带民事诉讼调解案件，必须制作调解书赋予调解协议的强制执行效力。其次，关于第三人的抵押担保强制执行的依据问题。《民法通则》规定："依照法律的规定或者按照当事人的约定，可以采用下列方式担保债务的履行：（一）保证人向债权人保证债务人履行债务，债务人不履行债务的，按照约定由保证人履行或者承担连带责任；保证人履行债务后，有权向债务人追偿。（二）债务人或者第三人可以提供一定的财产作为抵押物。债务人不履行债务的，债权人有权依照法律的规定以抵押物折价或者以变卖抵押物的价款优先得到偿还。"我们认为，附带民事调解协议本质上属于民事契约，具有普通合同一样的法律效力，当事人签订调解协议就是一种民事法律行为，具有确认双方民事权利义务的效力。而且从另外一个角度看，被告人与被害人双方签订调解协议，其实质是通过调解的方式解决被告人的侵权之债，当事人双方存在一种债权债务关系，既然是一种债权债务关系，当然可以适用《民法通则》中有关债的担保的有关规定。被告人为保证其依约履行债务，依法依约提供担保应予以肯定评价。我们在司法实践中应该大胆探索更多符合现实情况、也有助于充分维护当事人权益的调解履行方式。

五、附带民事诉讼调解的后果

附带民事诉讼调解轻刑化已经成为司法实践中没有争议的共识问题，但是调解后如何对被告人从宽处罚则仍然缺乏一套可以遵循操作的规范。《量刑意见》“常见量刑情节的适用”中规定，对于积极赔偿被害人经济损失并取得谅解的，综合考虑各种情况，可以减少基准刑的20％～40％以下。也就是说，当事人双方调解达成协议，被害人表示谅解的案件，对被告人从宽处罚的最高幅度就是减少基准刑的40％（符合和解的50％甚至更多），赔偿谅解所能影响的就是基准刑的40％，调节赔偿数额与量刑的幅度只能从这个方向出发，同时结合我们调研的情况，一般达成调解协议的，被害人均予以谅解。因此，对于赔偿数额与从轻幅度的对应关系，我们认为可作如下考虑：

一是将基准刑的40％平均划分为8等分，即5％递增至40％；二是将被害人谅解的确定为减少基准刑的20％～25％；三是将实际赔偿数额区别为低于被害人实际损失、等于被害人实际损失、高于被害人实际损失；四是综合考虑被告人的作案手段方式、赔偿能力、悔过程度以及被害人的精神痛苦程度、谅解表现；五是不适用于死刑、无期徒刑案件；六是根据以上划定的递增、递减幅度或增或减。

为何作如上考虑呢？因为，现实中案件的情况千差万别，无法一概而论，而只能从案件中的部分共性部分予以考虑。比如故意伤害案件，被告人是有预谋结伙作案还是一人激情犯罪，其主观恶性、作案手法等各不相同，造成被害人的伤情、痛苦程度也不尽相同，当然，这些情况、情节在《量刑意见》中已作了相应的规定来调节量刑起点以及基准刑，但我们在适用赔偿情况对被告人的基准刑进行调节时仍然需要予以充分的考虑，因为这些反映了被告人的人身危险程度、改造难易程度以及被害人的精神感受，赔偿问题并不是一个单一的考虑情况，而设定以上规定，在一定程度上可以缓解各地、个案在处理附带民事案件做法不一、量刑随意的情况。

比如，被告人许利镇故意伤害一案。许利镇因他人与被害人发生纠纷，后持菜刀砍伤被害人致轻伤。经法院调解，被告人全额赔偿被害人医疗费、误工费等经济损失，被害人予以谅解。本案被告人故意伤害致1人轻伤，可在20个月确定量刑起点；除赔偿外没有其他量刑情节，故20个月为基准刑，被害人谅解可减少基准刑25%，故确定其宣告刑为15个月。假设本案被告人超额赔偿被害人，则在调解基准刑时，可在25%的基础上再酌情增加5%或者10%，甚至更多。

结语

任何法律制度的构建都是为了满足民众的法律需求。在我国还没有建立完备的刑事被害人国家补偿制度和完善的社会保障制度的情况下，刑事附带民事诉讼制度是一种保护被害人合法权益的有效办法，而在附带民事诉讼中采用调解的结案方式则是保护被害人权益的最佳途径。刑事附带民事赔偿问题作为刑事审判工作中的难点，不单是法院亟须解决的，也是社会迫切要求解决的。将调解方式充分运用到刑事审判中，充分发挥调解在解决附带民事纠纷中的作用，保障公民的合法权益，这对于化解社会矛盾，缓解执行难度，实现公正审判，维护平安稳定，促进社会和谐，都具有重要意义。我们以期通过附带民事诉讼调解工作的调研，对附带民事调解进行深入思索、探讨和研究，寻找一套适合揭阳本地区实际乃至可供其他地方借鉴的附带民事诉讼调解规范，来服务刑事审判的同时化解纠纷，以实现刑事审判法律效果和社会效果的统一。

关于非监禁刑未成年罪犯判后复学情况的调研报告

广东省高级人民法院课题组*

为了帮助非监禁刑未成年罪犯重新返回学校就读，回归社会，降低重新犯罪率，为建设“和谐广东”“平安广东”贡献力量，我院成立了以洪适权副院长为组长的调研课题组，总结了近年全省非监禁刑未成年罪犯判后复学的基本情况，学习借鉴了兄弟法院和港澳台地区的先进经验，剖析了存在的主要问题，经与省司法厅、省教育厅、团省委等部门商议，提出了进一步加强我省非监禁刑未成年罪犯判后复学工作的建议。

一、非监禁刑未成年罪犯判后复学的意义和作用

非监禁刑未成年人罪犯判后复学工作是未成年罪犯罪预防和矫正当中不可忽视的重要问题，对于保护未成年人教育权、促进未成年罪犯回归社会、降低社会矫正成本、减少重复犯罪、推进“平安广东”建设，具有重要的现实意义。

第一，解决未成年罪犯判后复学问题是预防青少年犯罪的重要组成部分。未成年人处于世界观和价值观正在形成和成熟阶段，是与非、对与错、善与恶的观念交错伴随着他们的心智成长和人格形成。被判处非监禁刑的未成年罪犯，如果不能及时进行有针对性的思想教育、文化教育、法制教育和职业教育，极易导致“破罐破摔”而“一发不可收”的局面。同时，随着宽严相济刑事政策的进一步实施，青少年犯罪逐步“轻刑化”，非监禁刑比例还将上升，加强对非监禁刑未成年罪犯的教育，对于预防青

* 课题组成员：谭玲、洪适权、陈佩霞、陈冰、费汉定、林小娴、林展芬、闵睿、莫君早。

少年犯罪的整体工作意义重大。

第二，解决未成年罪犯判后复学问题是缓解当前社区矫正工作困局的现实举措。当前，由于机制、人员、职权、财政、保障方面的缺失，社区矫正工作力量不足、专业性欠缺，未能有效开展未成年罪犯个别教育、心理辅导、就业培训指导等社区矫正工作。被判处非监禁刑的未成年罪犯基本处于无人监管约束的状态，极易导致再次犯罪。因此，加大力气解决未成年罪犯判后复学问题，让他们接受学校教育，远离原来的不良生活环境，是解决社区矫正不到位的现实选择。

第三，解决未成年罪犯判后复学问题是实施国家法律、地方政策的必然要求。我国《预防未成人犯罪法》明确对未成年罪犯的受教育权作出了规定；新修订的《刑事诉讼法》要求对轻罪未成年罪犯犯罪记录予以封存。党委政府高度重视青少年犯罪预防工作，成立了中央综治委预防青少年违法犯罪专项组，我省也成立了相应专项组，制定出台了《关于加强重点青少年群体服务管理和预防犯罪工作的意见》。未成年罪犯判后复学是落实法律法规、保障青少年受教育的权利、保护青少年健康成长的必由之路，必须加以解决。

二、全省非监禁刑未成年罪犯判后复学基本情况和经验做法

（一）全省非监禁刑未成年罪犯判后复学基本情况

2008 年至 2012 年，全省法院坚持贯彻“教育、感化、挽救”方针、“教育为主，惩罚为辅”原则和宽严相济的刑事政策，不断扩大对未成年罪犯适用非监禁刑，共判处未成年罪犯 44516 名，其中适用非监禁刑的为 13499 人，对在校学生的非监禁刑适用率超过 80%。但据省教育厅提供的数据，同期判后复学的未成年罪犯仅为 161 人，仅占适用非监禁刑未成年罪犯的 1.19%。而同期全省法院判处 14～16 周岁的处于九年义务教育阶段的未成年罪犯就有 5113 人，绝大部分适用了非监禁刑。由此可见，受学校考核、其他学生家长施压、外地户籍、判后矫正等因素影响，我省未成年罪犯义务教育权尚得不到保障，16～18 周岁的未成年罪犯判后复学更是难上加难。

（二）非监禁刑未成年罪犯判后复学的经验做法

一是司法机关和教育部门以实施《刑事诉讼法》为契机，联合签署规范性文件，建立配套工作体系，确保轻罪未成年罪犯犯罪记录封存落到实处，为非监禁刑未成年罪犯判后复学创造有利的条件。

二是对在校未成年学生，学校从公安机关采取侦查措施到法院判决生效的期间内保留其学籍，在法院适用非监禁刑后让其返校复学；对没有接受完义务教育的非在校学生，被适用非监禁刑后愿意继续接受教育的，安排其到相应学校就读。

三是法院、司法行政机关和教育部门联合制定未成年罪犯个案教育改造方案，在审判、社区矫正和复学时组织未成年罪犯的法定代理人或近亲属、心理咨询师、未成年保护组织的代表对复学未成年罪犯进行帮教，帮助其认罪服法和树立重返校园的信心。

四是在法院开庭审理前，由社区矫正部门、学校、关心下一代工作委员会或志愿者对未成年被告人开展庭前社会调查[①]，为适用非监禁刑提供参考。

五是法院对在校未成年人刑事案件，优先立案、优先开庭，及时审结，尽量减少刑事诉讼程序对其复学的不良影响，并在判决书后附“法官寄语”，鼓励和指引复学未成年罪犯顺利重返校园。

六是社区矫正部门向复学未成年罪犯派发移动电话，实行电子监控，并组织其参加社会公益服务，帮助认识自身价值，顺利重返社会。

三、我省非监禁刑未成年罪犯判后复学存在的主要问题及原因分析

（一）存在的主要问题

从调研情况看，我省非监禁未成年罪犯判后复学主要存在三个方面的突出问题：一是该项工作尚未引起社会各界的足够重视，尤其是教育主管部门的重视，复学比例严重偏低，很多未接受完义务教育的未成年罪犯也

---

① 指在开放审理前对未成年人的家庭情况、成长经历、性格特点、犯罪原因和悔罪态度等进行调研，并出具调查报告。

没有强制复学；二是没有建立起促使未成年罪犯复学的长效工作机制，还停留在个案跟踪解决阶段；四是不同地区、学校开展复学工作极不平衡，多数学校抵制接受适龄未成年罪犯就读。

（二）影响我省非监禁刑未成年罪犯判后复学的主要原因

1. 立法缺失导致判后复学工作先天不足。一是《预防未成年人犯罪法》第 44 条第 3 款规定："对于被采取刑事强制措施的未成年学生，在人民法院的判决生效以前，不得取消其学籍。"而对于判决生效后是否可以开除学籍没有明确。教育部门也常常以此为由在判决生效后不管被判有罪无罪，不管判处的是何种刑罚，一律取消其学籍。二是学籍管理规定等行政规章与"两法"相冲突。《预防未成年人犯罪法》第 48 条和《未成年人保护法》第 57 条都规定了失足未成年人在复学、升学、就业等方面与其他未成年人享有同等权利，不受歧视。但是，有些学籍管理规定如国家教育部制定的《普通中等专业学校学生学籍管理规定》第 40 条第 2 款却把"触犯国家刑律，构成刑事犯罪者"作为开除学籍的条件；劳动部关于《技工学校学籍管理规定》第 27 条也规定："对于违反纪律和犯错误的学生，学校应进行批评教育，情节严重或屡教不改者，可给予警告、严重警告、记过、留校察看、责令退学或开除学籍等纪律处分。"三是"两法"关于解决失足未成年人复学问题的规定缺乏可操作性。"两法"虽然规定了失足未成年人在复学、升学、就业等方面享有不受歧视的权利，但没有规定学校、用人单位违反该规定应当承担何种责任，在发现违法情况时通过什么程序、由何机关如何处理等均不明确，上述规定也只能停留在宣告权利的层面上，无法具体落实。四是现行刑事立法对于判处非监禁刑的未成年罪犯，犯罪记录封存工作仅有原则性的要求，公、检、法、司如何实现工作衔接，还缺乏统一规范。

2. 社会配套机制不健全难以确保复学工作实效。判后复学虽然只是未成年罪犯帮教、矫正的一个环节，但由于在实际工作中配套机制的不健全，导致包括判后复学在内的未成年罪犯的帮教、矫正工作在实效方面难以取得突破性进展。

一是缺乏针对未成年人犯罪的预防、惩治、帮教、矫正的整体工作规划。团省委联合省综治办制定下发了《关于加强重点青少年群体服务管理和预防犯罪工作的意见》提出了建立"党委统一领导、党政齐抓共管、综治团委组织协调、有关部门分工负责、社会力量共同参与”工作体系的意见，但目前这项工作还处于试点期间，工作体系还没有真正建立起来，如何逐步推广、确保在全省有效建立，也没有一个时间表。这导致作为帮教环节中的复学问题，不能上升到各级党委关注和推动的层面。

二是各部门各自为政缺乏形成合力的联动机制。非监禁刑未成年罪犯判后复学，不仅是司法机关一家的问题，也是需要教育机构、社区矫正部门、未成年人本人及其家庭共同解决的问题。当前往往是法院在复学问题上单打独斗，主要依靠法官个人的努力进行个案沟通，才能取得复学结果，缺乏统一的制度性规定。同时缺乏跨区乃至跨省市失足未成年人复学安置沟通联动机制，导致在解决外地失足未成年人复学问题时，因各地教育部门对失足未成年人复学观念的差异而导致困难重重。当前学校迫于考核压力，在学生发生犯罪行为后即予以开除或劝退，导致犯罪学生的准确数量难以统计。同时由于公安、检察、法院、司法行政机关和教育部门的统计制度不完善，非监禁刑未成年罪犯中在校学生人数、处于九年义务教育阶段的未成年罪犯人数、辍学人数和判后复学人数等数据也难以统计。

三是动员社会力量参与复学工作的力度不够。庭前社会调查是人民法院判处未成年被告人非监禁刑的重要参考依据。由于我省社区矫正部门只对本省户籍和在本省居住满一年的未成年人开展庭前社会调查，我省相当部分的未成年罪犯不符合条件，而社工和义工参与庭前社会调查工作刚刚起步，尚不能与法院审判有效对接，法院在判决时很难准确考量未成年被告人的犯罪心理和平时表现，难以判断未成年被告人是否具有再犯罪的危险。在非监禁刑未成年罪犯复学后也缺乏社会力量对其进行跟踪帮教。

3. 学校在接纳被判处非监禁刑的未成年罪犯复学方面存在现实的困难。

一是学校考核的问题。在调研中，我们发现几乎所有中级法院都表示，普通学校因受“违法犯罪一票否决制”“零犯罪指标”等制度的限制，或担心其他未成年学生受到不良影响，或以“不属教委直接管辖”“不在九年义务教育阶段”为由，不愿接收被判处非监禁刑的未成年人复学。

二是缺乏对接纳未成年罪犯复学学校的激励机制。接纳失足未成年人复学的普通学校难免会承担一定风险，承担来自其他学生家长的压力，要付出更多帮教精力。教育主管部门对这类学校没有相关的扶持激励机制，容易挫伤学校的积极性。

三是工读学校状况难以满足需求。首先，工读学校本身不理想，社会上部分人对工读生有偏见甚至歧视，失足未成年人宁愿选择失学也不愿意上工读学校。其次，政府对工读学校的投入不够，导致学位不足。最后，工读学校的办学方向有待进一步明确，教学质量有待进一步提高。

此外，社会舆论及家庭观念、未成年罪犯个人心理因素等等，也影响未成年罪犯复学工作的深入开展。

四、兄弟法院、港澳台地区的先进经验

（一）外省兄弟法院的先进经验和特色做法

调研组实地考察了江苏、安徽等地法院，其经验做法主要有：

1. 创新多种方式，对非监禁刑未成年罪犯进行跟踪帮教。安徽省合肥市包河区人民法院建立远程考察网络平台，要求非监禁刑未成年罪犯加入“为了明天”QQ公共群，拓宽了对非监禁刑未成年罪犯的考察渠道。包河区法院还建立以学校为平台的帮教基地，成立由法院、检察院、教育局、关工委、矫正站和居（村）委会多方参与的帮教小组前往复学未成年罪犯就读学校进行“一对一”帮教，开展心理辅导，着力解决在校学生的复学和行为纠正问题。江苏省对全省被适用非监禁刑的未成年罪犯均实行了电子监控。南京中院组织非监禁刑未成年罪犯假期到旅游营养学校（中专学校）进行短期培训，并对复学未成年罪犯定期回访、帮教。

2. 联合签署规范性文件，搭建非监禁刑未成年罪犯判后复学配套工作体系。2013年初，江苏高院联合省检察院、公安厅、司法厅、民政厅、教育厅、人力资源和社会保障厅、社会管理综合治理委员会办公室、关工委、团省委、妇联等部门联合签署了《江苏省未成年罪犯轻罪犯罪记录封存工作实施意见》，要求相关职能部门保障轻罪未成年罪犯接受教育的权利。江苏省常州中院联合政法委、教育局、劳动和社会保障局、司法局、团市委和关工委联合签署《常州市对被判处非监禁刑未成年人失学失管问题帮教管理实施办法》，明确学校不得对正在被公安机关、人民检察院、人民法院案件处理中的在校生先行作出开除决定或予以停课、劝退。对被判处非监禁刑的未成年人，学生本人和家长有继续学习意愿的，学校应当保留其学籍。如果在原学校就读确实不适合的，由学校的主管部门协调，

安置在本市其他相应类型、规模的学校就读，由学校、主管部门和法院定期考察。将非监禁刑未成年罪犯复学工作纳入社会治安综合治理的考核范围，相关职能部门每年举行一次联席会议，及时通报情况，研究解决非监禁刑未成年人复学遇到的问题。该办法施行以后，当地被适用非监禁刑的未成年在校生复学率超过了60%，取得了较好的社会效果和法律效果。

（二）港澳台地区的先进经验和做法

港澳地区法院重感化轻惩罚，在未成年人量刑上以采取非监禁性措施为原则，只有在别无选择的情况才适用监禁刑。港澳地区法律对未成年人规定了多样化的非监禁处分措施，如香港的感化令、保护令、社会服务令、监管令，澳门的训诫、教育上跟进和命令履行某些义务措施等，这些处分措施既能使违法未成年人受到一定的惩罚，认识其行为的社会危害性和应受惩罚性，又可保障其就学和工作的权利，使其在一定的监管下通过自己积极的行为重新获得社会的认可，避免监禁化处分措施可能导致的罪犯之间的交叉感染。港澳地区少年司法机构种类较多，以法院为核心，按照职责分工各司其职。香港地区设立社会福利署，澳门地区设立社会重返厅，负责社会调查工作，并为违法未成年人提供多种形式的培训和辅导，帮助其重新融入社会。港澳地区认为治理少年犯罪不仅是政府或司法机关的事情，而应当是全社会的事情，只有全社会都动员起来，帮助未成年人违法者改过自新，重返社会才是治理未成年人犯罪最根本的“良方”。港澳地区不少民间机构参与了治理未成年人犯罪工作，很多个人也充当义工对违法未成年人进行帮教和矫正。港澳地区均建立了犯罪记录封存制度，对符合一定条件的未成年人的犯罪记录予以保密。

台湾地区法院与教育单位合作建立中途辍学学生的转向辅导机制，整合相关司法、教育、社会、警政、安置、追辅等系统，成立专门防治网络，对经常逃学、逃家和中途辍学的未成年人，区分为学校、社福机构、少辅会、法院四个等级“渐层式”进行辅导。即先由学校进行认辅与适性教学，成效不佳则转向由社会局、家扶中心或励馨基金会等机构进行追辅、家访或保护，成效如仍不佳，再转向少年队、少辅会或中途学园实施半强制性的管束、辅导或安置，如仍不能有效改善，最后才移请法院进行司法处理。

五、进一步加强我省非监禁刑未成年罪犯判后复学工作的分析和建议

未成年罪犯判后复学问题久拖未决的背后是制度的缺位、体系的缺失和机制的缺陷，需要全社会的重视和共同努力，需要从构建体系、完善机制、提升审判质效等多方面着手解决和根治。

（一）推动立法完善，形成层次分明、位阶有序的判后复学规范保障体系

通过多个渠道呼吁立法机构对《预防未成年人犯罪法》《未成年人保护法》《普通中等专业学校学生学籍管理规定》等法律、行政规章进行全面梳理，修正内容交叉、重复和矛盾的内容，填补立法空白，解决程序的断裂，围绕未成年人的犯罪预防和矫正，建立一个互相联系、互相制约、规范协调、形式完整、层次分明、结构合理、体例统一的有机整体，实现立法体系的完整、配套。建议我国内地借鉴港澳地区的经验，通过立法增设非监禁化措施，明确规定社会服务令、监管令、感化令、保护令等不影响正常学习和工作的非监禁性刑罚，为未成年罪犯判后复学创造条件。通过立法明确规定，对判处非监禁刑、尚未接受完义务教育的罪犯，应当强制接受义务教育，辖区教育机构有接收的义务，家长及监护人有协助的义务；鼓励学校接收其他适龄非监禁刑罪犯就读。

（二）加强联动合作，构建全省未成年人犯罪预防和帮教工作体系

1. 成立非监禁刑未成年人判后复学工作小组。未成年人违法犯罪判后复学是一项系统工作，不能依靠某一职能部门在某一环节的单打独斗，需要各职能部门与社会力量紧密协作，学校、家庭、社区及大量社会志愿者参与，各部门、组织及人员之间职能清晰、分工明确，从各层次各角度入手，上下联动，形成合力，共同推动。建议在广东省综治委预防青少年违法犯罪专项组下设非监禁刑未成年罪犯判后复学工作小组（下称工作小组），由省司法厅牵头，省法院、省检察院、省公安厅、省教育厅、省未成年人保护委员会、团省委等相关部门和团体共同参与，工作小组办公室设在省司法厅。

2. 加强协调联动。工作小组定期召开成员单位会议，沟通情况，研究工作，明确各部门的工作任务。针对涉及多个部门的突出问题，要召开专门会议，分析情况，研究措施，加大协调力度，牵头单位和有关部门要协作配合，共同解决。针对一些区域特有的情况和问题，要召开区域性会议，达到区域联动、协调工作的目的。

3. 加大普法宣传力度，营造良好的社会氛围。省司法厅要通过开设法制讲座、参与互动教学、印制法制教育材料、组织法庭开放日等多种形式，对学生进行法制宣传教育。省法院、省检察院要结合审理案件，总结校园案件发案的特点和规律，加强与学校的协调配合，共同探讨预防未成年人犯罪、矫治未成年罪犯的方法措施。

（三）建立健全专项工作机制，重点解决未成年罪犯判后复学问题

1. 规范和落实未成年罪犯犯罪记录封存制度。未成年人犯罪记录封存制度有利于弱化未成年人的犯罪“标签”心理，对于未成年人复学、升学有重要现实意义。新《刑事诉讼法》的规定过于原则，可操作性不强，建议省法院牵头制定实施细则，为判后复学创造条件。一是明确适用对象，明确规定相对不起诉和被附条件不起诉的未成年人不起诉记录参照适用新《刑事诉讼法》规定的未成年轻罪犯罪记录封存制度。二是明确适用主体。新《刑事诉讼法》未对未成年人犯罪记录封存的适用主体作出规定，在实践中应明确为：（1）人民法院、人民检察院、公安机关、未成年罪犯管教所；（2）负有未成年人犯罪记录保管义务的有关组织或者单位；（3）当事人、辩护人、诉讼代理人以及其他知悉未成年人犯罪记录的个人。三是明确适用程序。人民法院对未成年人判处非监禁刑后，应同时启动犯罪记录封存程序，向公安机关、检察机关、社区矫正机构、原就读学校、教育主管部门送达《未成年人犯罪记录封存告知书》。相关职能部门应当迅速对未成年人犯罪档案予以封存，除司法机关为办案需要或者有关单位根据国家规定进行查询外，不得向任何单位和个人提供。

2. 完善未成年人判后复学的工作机制。建议我院联合省综治委预防青少年违法犯罪专项组、司法厅、教育厅和人社厅联合签署《关于推动被判处非监禁刑的未成年人判后复学工作的意见》。（1）明确规定学校不得对正在被公安机关、人民检察院、人民法院案件处理中的在校生先行作出开除决定或予以停课、劝退；对被判处非监禁刑的未成年人，学生本人和家

长有继续学习意愿的，学校应保留其学籍；在原学校就读确实不合适的，由学校的主管部门协调，安置在本市其他相应类型、规模的学校就读。(2) 完善对学校的考核评比机制，综合评价在校学生违法犯罪情况及对失足未成年人开展的帮教、感化、挽救工作情况，避免单纯以出现学生违法犯罪而否定相关学校的工作。建立对接纳复学学校的激励机制，复学未成年人教育转化成果明显，要给予奖励；法院在对未成年人拟判处非监禁刑之前，必须与未成年人原就读学校及主管部门联系，告知主要案情和拟判决内容，做好前期沟通工作。(3) 宣判时，未成年人住所地在本地的，通知司法所社区矫正工作人员到庭交接；未成年人不在本地的，人民法院应将判决书、相关证明材料及有关复学的司法建议书及时送达原就读学校或将就读学习、教育主管部门及当地司法所；已经落实复读学校的，通知复读学校到庭交接。(4) 未成年人罪犯自愿选择到民办或职业培训学校就读而家庭的确有困难的，教育部门可以给予一定的学费减免。(5) 当地共青团组织应为每个未成年罪犯指定一名帮教志愿者，与法院、司法所、学校共同落实复学帮教措施。(6) 教育部门要进一步规范工读学校的就读条件，完善工读教育管理模式，通过规范管理、加大投入、优化师资等强化工读教育对未成年人教育转化的作用。(7) 非监禁刑未成年人判后复学工作小组要建立科学的非监禁刑罪犯判后复学统计系统，由工作小组办公室负责数据的设计、收集、分析和通报，为工作小组开展工作提出建议、做好服务。

(四) 加强审判，为未成年罪犯判后复学提供基础和条件

1. 完善庭前社会调查制度。针对目前社会调查主体多元化容易造成混乱、调查方式单一、形式化严重等问题，进一步完善未成年人刑事案件社会调查制度：一是在多元化的基础上规范调查主体。按照新《刑事诉讼法》的规定，未成年人刑事案件调查的主体是公安机关、检察机关和人民法院。但一些专门机构和专门人员经公、检、法机关授权或委托，也可以进行个案调查。在多元化的基础上要明确社区矫正机构是庭前社会调查主体。二是规范社会调查报告的内容，将是否具备复学条件纳入调查范围并作出判断，作为判后复学选择和心理疏导的依据。三是省司法厅统筹建立调查人员的教育培训机制和考核监督机制，加强社会调查人员的能力建设，提高调查报告的质量和可信度。法院协助司法部门开展调查，及时反

馈发现的问题。

2. 扩大非监禁刑适用，为判后复学创造条件。在具体考虑未成年被告人犯罪的动机和目的、犯罪性质、情节和社会危害程序的同时，充分考虑其是否属于初犯，归案后是否悔罪以及个人成长经历和一贯表现等因素，从有利于其今后改造的角度出发，依法作出裁决。对可塑性强、较易改造且罪行较轻的未成年罪犯，依法适用缓刑或者判处管制、单处罚金等非监禁刑。审理过程中，要加强与未成年罪犯本人和家属的沟通，了解复学意愿，并要求未成年罪犯或家属作出复学承诺，作为非监禁刑的考量依据，为判后复学打好基础。

3. 积极开展心理干预。逐步建立未成年人刑事案件专业化审判组织；针对出现性格缺陷、心理障碍的未成年被告人，邀请心理咨询师在庭前、庭中、庭后进行心理干预、心理治疗，矫正犯罪心理，为判后复学打好心理基础。

（五）建立健全未成年罪犯社区矫正工作机制

1. 制定社区矫正的规章制度。在总结各地开展社区矫正经验做法的基础上，联合相关部门制定《广东省社区矫正工作规范》，明确将被我省法院适用非监禁刑并被我省教育部门接收就学的未成年罪犯纳入社区矫正范围，同时明确相关职责部门的权利义务等问题。

2. 加强社区矫正队伍建设。鼓励社区矫正工作人员参加心理咨询师、社工师的职业培训、培养专家型未成年社区矫正服务人员。与民政、共青团、社工委、关工委研究建立未成年社区服刑人员矫正帮教工作的资格准入制度；与人力社保局、财政局研究建立专业社区矫正工作者职级补贴制度，留住社区矫正帮教工作人才。对判处非监禁刑的未成年人，社区矫正工作机构要协调相关部门，组织成立由老师、法官、志愿者、社区矫正工作人员等组成的帮教小组，逐个落实教育矫正和帮扶工作。

关于未成年被告人司法保护的调研报告

潮州市中级人民法院课题组*

一、概念与现状：未成年被告人司法保护的基本情况

未成年被告人司法保护是指法院、检察、公安等司法机关在审判阶段，通过依法履行职责，对未成年被告人的合法权益实行与成年被告人相区别的专门保护活动。根据法律规定、司法实践情况，未成年被告人司法保护具有以下特点：第一，活动主体的特定性。即开展工作的主体是从事司法保护及相关工作的司法机关工作人员。第二，活动主旨的明确性。即在审判阶段开展正向保护、反向保护等司法保护活动，① 实现对“实施被指控的犯罪时已满 14 周岁不满 18 周岁的被告人”的特殊、优先保护，② 进一步提升司法活动的法律和社会效果，营造良好的社会氛围。第三，活

---

* 课题组组长：陈文毓，副组长：陈冰、柯伟、马建生、林友好、王文科、李婉丽，成员：莫君早、余义莲、林文威、林钟彪、江瑾、江海、朱铠铠、沈国斐、郭旭平、沈斌、张秋芸、林修佳、刘新燕、陈晓洁、张思进、林书焕、庄瑾瑜、黄贤畅、韩登池、刘高勇、刘国庆、余创林、余真、方向楠、蔡泽宜、黄铮弘、陈锐斌、陈扬、文创新、刘剩钱、杨文茹。

① “所谓正向保护是指对正当权利的保护；反向保护则是指责任、制裁上的保护。”参见汪本立：《浅析未成年人刑事责任的修改与适用》，载《人民法院报》2007 年 6 月 12 日。

② 关于“未成年被告人”的界定，司法实践中存在不同的观点，主要有三种：第一种观点根据《未成年人保护法》第 2 条规定，认为是指在“法院受理案件时”“未满十八周岁”的被告人。第二种观点根据《刑事诉讼法》第 125 条、《最高人民法院关于审理未成年人刑事案件的若干规定》第 11 条等规定，认为是指“在开庭审理时不满十八周岁”的被告人。第三种观点根据《刑法》第 17 条、《最高人民法院关于审理未成年人刑事案件具体应用法律若干问题的解释》第 1 条、第 2 条和《最高人民法院关于审理未成年人刑事案件的若干规定》第 10 条等规定，认为是指“实施被指控的犯罪时已满十四周岁不满十八周岁”的被告人。上述观点的区别主要集中于年龄点的界定是“受理案件时”“开庭审理时”或“实施犯罪时”。课题组认为：《未成年人保护法》规定的司法保护既包括实体措施，也包括程序措施，第三种观点可以涵盖更多的调研对象，方便调查统计，有利于未成年被告人司法保护的实践和研究。因此，本课题所研究的“未成年被告人”界定为“实施被指控的犯罪时已满十四周岁不满十八周岁的被告人”。

动内容的多样性。既要通过实体性和程序性保护措施，维护未成年被告人的合法权益，贯彻落实“教育、感化、挽救”的方针及“教育为主，惩罚为辅”原则，严格执行相关法律、司法解释和“宽严相济”刑事政策，又要做好与未成年被告人保护相关的案件延伸工作。具体延伸工作包括社会调查、回访帮教、心理辅导、法制宣传、调研建议等庭前、庭后“两个延伸”，一般以法院为主导，检察、公安、司法行政等相关部门参与。如图一所示：

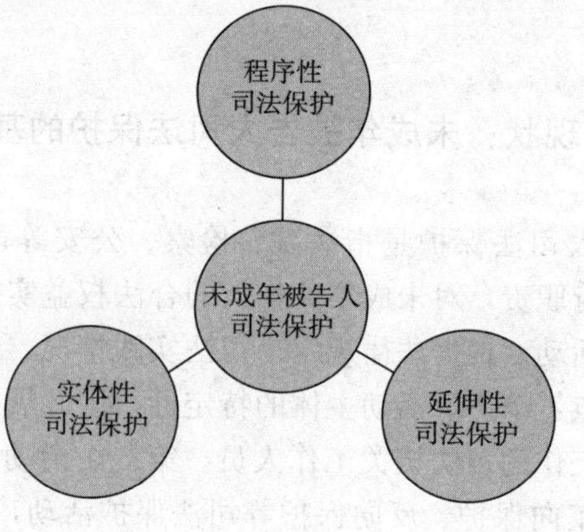

图一

2006 年至 2011 年，广东法院在整体工作争当全国法院排头兵活动中大力加强未成年人司法保护工作，依法公正高效地审理了大量未成年人刑事案件，判决未成年被告人 53820 人，占同期判处刑事罪犯总数的 9%，占全国判处未成年被告人总数的 12%。广东法院少年司法工作坚持全方位拓展，逐步走上制度化、规范化轨道，逐渐形成“惩、防、教”紧密结合、“庭前、庭中、庭后、延伸”“四位一体”的特色少年审判保护体系（见图二）。其中，包括以社会调查、审前诊断等制度为组成部分的“庭前保护制度”，以圆桌审判、绿色通道、法庭教育、心理干预、“诫勉谈话”、综合审判等制度为组成部分的“庭中保护制度”，以法官寄语、跟踪帮教、外地缓刑未成年罪犯回访考察、在押服刑未成年罪犯帮教督导、监管（监督）令等制度为组成部分的“庭后保护制度”，以特邀人民陪审员、社会观护员、“四分开”等制度为组成部分的“延伸保护制度”。在省法院少年法庭指导小组的指导下，潮州法院认真贯彻时任最高人民法院院长王胜俊提出的“坚持、完善、改革、发展”工作方针，在 2006 年获评“全国优秀青少年维权岗”“全省少年法庭工作先进单位”的基础上，建立健全具有潮州特色的未成年人司法保护机制，不断加大保护力度，先后获得“全国维护妇女儿童权益先进集体”、“广东省文明单位”等称号。广东法院未成年人司法保护工作主要呈现以下特点：

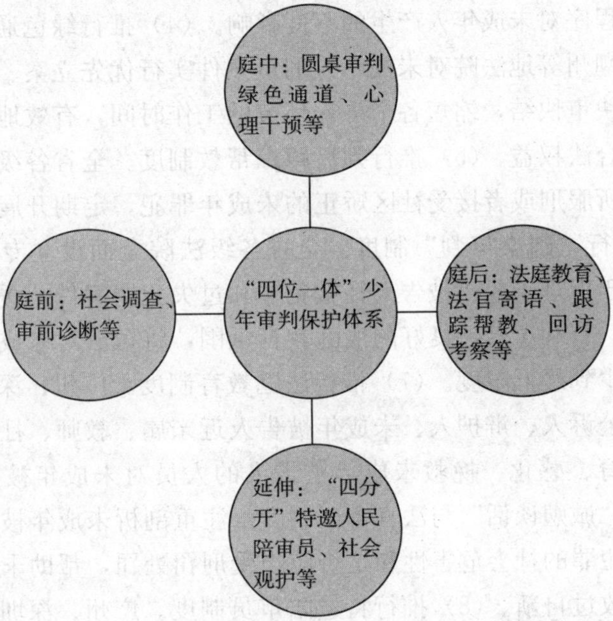

图二　广东法院“四位一体”少年审判保护体系

（一）注重程序性司法保护的系统性

广东省各级法院积极探索适合未成年人生理特点和心理特征的审理方式，建立健全了一系列富有特色的未成年人司法保护程序性制度，这些制度是我省未成年人刑事审判实践的结晶，推动了工作的深入发展。在做好上级的“规定动作”之外，比较突出的有：（1）推行审前诊断制度。潮州两级法院审前与未成年被告人、法定监护人、看守所管教干部、未成年被告人所在学校或居（村）委等有关单位见面，搜集有关调查材料，认真做好审前准备工作，既体现对未成年人的特殊保护，又适应未成年人刑罚个别化要求。（2）推行心理干预制度。广州中院在全国率先引入了心理干预机制，联合专门心理咨询机构，矫正未成年被告人不健康的心理，为法院裁判和未成年人个性化矫治提供科学参考。潮州中院邀请心理专家到看守所为服刑和在押未成年人集中上心理辅导课。佛山和深圳等地法院也对未成年被告人开展心理辅导、评估和干预活动。(3)推行分开关押、分案起诉、分案审理、分开矫治制度。广州、深圳两市对全部未成年罪犯实现“四分开”，中山市做到了分别羁押和分别矫治，确保在刑事司法各个环节都有专门的机构、专门的人员在专门的场所对未成年人进行特殊保护，减少进入司法程序对未成年人产生的不良影响。(4)推行绿色通道制度。广州、深圳、潮州等地法院对未成年人刑事案件实行优先立案、优先排期和优先审理，快审快结，缩短各个诉讼环节的工作时间，有效地维护了未成年被告人的合法权益。(5)推行判后跟踪帮教制度。全省各级法院对在未成年犯管教所服刑或者接受社区矫正的未成年罪犯，定期开展跟踪帮教工作。(6)推行“圆桌审判”制度。全省各级法院全面设立专门的圆桌法庭，专门用于审理未成年被告人轻微犯罪和过失犯罪案件，缓解法庭肃穆紧张的气氛，有利于营造良好的法庭教育氛围，将司法对未成年被告人的诉讼伤害减少到最低限度。(7)推行法庭教育制度。广州、深圳、佛山等地法院组织公诉人、辩护人、未成年被告人近亲属、教师、社区帮教人员等有利于教育、感化、挽救未成年被告人的人员对未成年被告人进行教育，并推行“诫勉谈话”与法官寄语制度，注重剖析未成年被告人犯罪的原因、分析犯罪的社会危害性和是否应当受刑罚处罚，帮助未成年被告人认罪服法、改过自新。(8)推行特邀陪审员制度。广州、深圳、佛山等市法院特邀共青团、妇联、关心下一代工作委员会、教育等部门的工作人员担任人民陪审员，为社会热心人士提供全面维护未成年被告人合法权益的平台和切入点。(9)推行外地户籍未成年被告人庭前社会调查制度。中山中院对可能适用非监禁刑的未成年被告人，无论户籍是否在中山，在判决前均委托司法局社区矫正部门开展庭前社会调查。

(二)注重实体性司法保护的实效性

广东省各级法院充分发挥刑事审判职能作用，不断提高未成年人刑事案件的办案质量、效率和效果，切实保障未成年人的合法权益。主要措施有：(1)贯彻宽严相济刑事政策，积极推动非监禁刑适用工作。省法院提请省预防青少年违法犯罪工作领导小组牵头与公、检、司及团省委联合签署了《关于进一步建立和健全办理未成年人刑事案件适用非监禁刑工作体系的实施细则》，将符合一定条件的非本省籍未成年被告人纳入本省司法行政机关开展庭前社会调查的对象范围，增加责令提供保证人或交纳保证金、责令参加公益性社区服务、运用电子设备监控行踪等非监禁刑判后监管方式，积极探索破解外地户籍未成年罪犯判后监管难问题，为全省司法机关对未成年罪犯正确适用非监禁刑提供参考。同时将未成年人非监禁刑适用率列入全省法院审判管理监控指标体系，未成年罪犯非监禁刑适用工作取得突破性进展。2011 年，全省法院未成年罪犯非监禁刑适用率高达 50.2%，是 2008 年的 4.6 倍，从原来全国落后单位步入先进单位。潮州法院也加大适用力度，非监禁刑适用率逐年提高，2011 年为 40.9%，达到历史最高水平。（2）细化量刑因素，统一裁判标准。广东法院将非监禁刑适用情形细分为应当适用、优先适用、谨慎适用、禁止适用等具体情形，将法律法规规定的非监禁刑适用条件客观化、具体化，适当放宽了非监禁刑的适用条件，创造性地提出对 18～25 周岁的在校青少年罪犯适用非监禁刑可以参照未成年罪犯的标准执行，初步构建了科学的非监禁刑适用标准体系，克服现行法律法规规定过于原则、操作性不强的弊端，有力维护了未成年被告人合法权益。（3）率先对全省未成年人刑事案件统一编制了单独“少刑”字案号，由未成年人案件综合审判庭、刑事审判庭、固定合议庭或指定的专人负责审理，建立起单独的未成年刑事审判指导序列，认真落实了“双向保护”原则，推进了裁判标准的统一。（4）积极探索未成年罪犯量刑规范化，如东莞中院、广州黄埔区法院联系羁押机关出具“未成年在押人员羁押表现评定表”，作为法院量刑的参考，推动未成年人刑事案件量刑规范化进程。

（三）注重延伸性司法保护的创新性

广东省各级法院积极探索建立涵盖预防、矫正、帮教、法援、宣传和研究等各项内容的未成年人保护大格局。突出的做法有：（1）省法院将未成年人刑事审判中的庭前庭后延伸工作纳入绩效考核指标体系，要求 1 件未成年人刑事案件折抵 1.5 件普通刑事案件计算工作量，提高了审判人员工作的积极性。且省法院已向省编办提交申请，争取成立全国高院第一个独立建制的未成年人刑事审判庭。（2）省法院提出发挥法制宣传的“隐性司法”功能，高度重视宣传少年司法保护工作，综合运用报纸、电视、网络、广播等新闻媒体，深入宣传典型案例、先进经验，受到群众欢迎；（3）广州中院联合团市委等单位共同发起“羊城金不换工程”，“阳光少年行动”和“司法社工试点项目”，与省未成年犯管教所共建“广州犯罪少年矫治中心”，创造性地引入社会合力，健全“社会一条龙”机制；（4）深圳市宝安区法院设立“缓刑留深未成年罪犯社工帮教站”和“未成年罪犯教育改造基地”，与区团委义工联建立“义工少年犯一对一帮教”制度；（5）佛山顺德区法院联系社区矫正部门对适用非监禁刑的未成年犯采取电子监控的方式进行监管，创新跟踪帮教回访制度；（6）佛山中院与佛山团市委、佛山青年志愿者协会联合组建“佛山护航志愿服务队”，负责对佛山辖区内居住的被适用缓刑的未成年罪犯进行庭前社会调查、“一对一”跟踪帮教、心理辅导，并组织他们参加社会服务、志愿服务和职业技能培训；（7）潮州中院成立“青年志愿者法律服务队”“关心下一代工作委员会”，举办“百名法官进校园、百个案例进课堂”活动，通过创建司法保护专业队伍、创新法制教育形式等方式，扩大了保护工作的效果；（8）广州市越秀区、黄埔区法院率先试点社会观护员、判后矫正建议制度，使审判阶段的帮教工作和判决后的社区矫正工作实现“无缝衔接”；（9）潮州中院与韩山师范学院联合成立广东省首个少年司法学研究中心，采取国家审判机关与高等院校合作的方式，以“院校合作、优势互补、共同研发、成果共享”为宗旨，在少年司法实践和理论研究领域创造性开展活动，形成理论与实践相结合、相促进的“潮州模式”。2011 年 11 月，该中心被团中央中国预防青少年犯罪研究会授予华南地区第一家“全国预防青少年犯罪研究基地”称号，进一步推进了具有广东特色的未成年人刑事审判实践基地和理论体系建设工作。

二、困境与分析：立足广东法院现状的基础调研

本次调研主要采取集中座谈、个别访谈、专家咨询、司法统计及问卷调查等方式。其中，问卷调查针对未成年被告人、普通受访者及司法人员分别设计了三类调查问卷（未成年被告人为 110 个样本，53 个变量；普通受访者为 420 个样本，27 个变量；司法人员为 100 个样本，45 个变量），涉及未成年被告人司法保护各方面。调研分析发现，由于主、客观等因素影响，广东省各级法院未成年人司法保护工作仍遇到不少困难和存在一些问题，亟需改革完善。

（一）程序性保护有待进一步改进

1.“社会调查”需细化规范。广东省大部分地区法院均开展了社会调

查工作，针对未成年被告人的成长经历、犯罪原因、教育改造条件等情况进行了解，为审判和保护工作提供基础资料。但从实践来看，未成年人案件社会调查制度有待进一步规范，例如调查主体不统一，公、检、法三机关可开展调查，法院委托开展社会调查的主体有司法行政部门、社会团体等，做法不一；调查方式、手段、时间及调查人参与诉讼的方式等没有明确具体制度规定；当未成年被告人为外地户籍时，异地委托调查更难开展等等。

2. 分案审理未能完全落实。近年来，全省各级法院积极推行对未成年人与成年人共同犯罪的案件实行分案审理，但受到检察院分案起诉前提限制，大部分案件未能实现分案审理。调研发现，只有24％的受访未成年被告人愿意与成年被告人同案审理，76％的受访未成年被告人希望或不反对分案审理（见图三）。

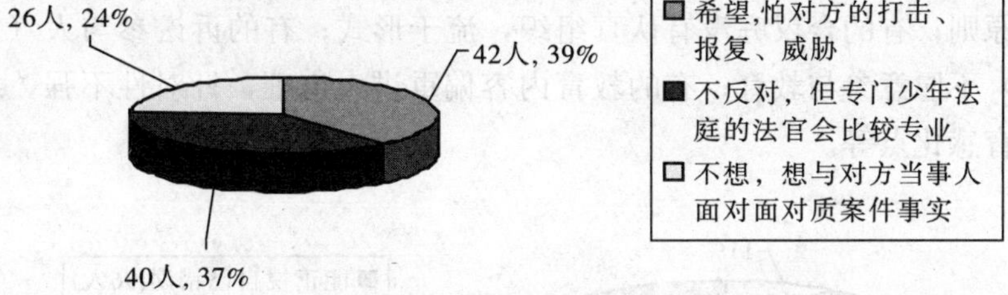

图三　未成年被告人对分案审理的认同度

3. 权利告知不到位。未成年人刑事案件与一般案件不同，有其独特的权利和制度，未成年被告人并不能熟知。广东省各级法院均要求在庭审前告知双方当事人权利义务，并依法进行释明。但调研发现，有的法院没有制作专门的《诉讼权利告知书》，审判人员只是口头告知，甚至有个别审判人员敷衍了事，没有详尽告知未成年被告人特有权益和维权措施。

4. “圆桌审判”仍需完善。调研发现，76％的受访司法人员认为程序流程、硬件设置、工作规范等存在不足，包括圆桌审判台的设计、诉讼参与人位置、墙面布局、审理适用案件范围以及法官行为举止、法警是否站庭等问题。24％的司法人员认为圆桌审判机制与庭前、庭后保护机制需进一步协调。（见图四）。

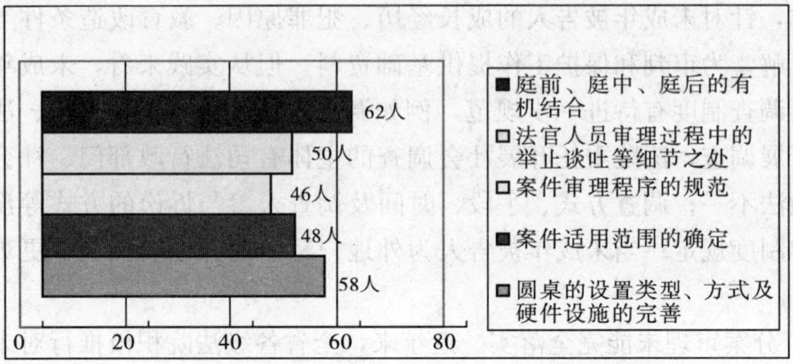

图四　圆桌审判制度需改进之处

5．“法庭教育”效果不明显。调研发现，部分案件法庭教育效果并不是很好，能正视自己错误的未成年被告人占的比例不多，只有59%（见图五）。教育效果不佳主要体现为有的教育阶段设置不当，不符合“无罪推定”原则；有的合议庭没有认真组织，流于形式；有的诉讼参与人（如公诉人）不愿意参与教育；有的教育内容偏重讲大道理，针对性不强，找不准教育感化点等。

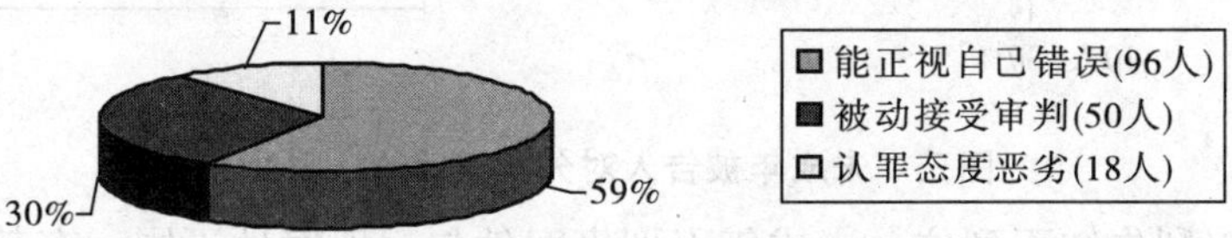

图五　接受教育后未成年人的态度

6．“前科封存”与“公开宣判”需衔接。《刑事诉讼法》明确规定：“宣告判决，一律公开进行。”但又同时规定：“犯罪时不满十八周岁、被判处五年有期徒刑以下刑罚的，应当对相关犯罪记录予以封存。”通常在宣判时，法院必须公开披露未成年被告人的姓名、性别、年龄、住址、犯罪事实、罪名、刑罚等个人基本信息，但难以落实“封存”前科犯罪、不对社会公开的要求。既要“公开宣判”，又要“前科封存”，存在操作难度，亟需明确实施细则，相互对接协调。

7．心理评估、干预受制约。调研发现，34%的受访者认为心理评估和干预制度的制约因素是未建立独立的少年司法制度。26%的受访者认为制约因素是心理评估、干预的准确性和有效性不足。29%的受访者认为制约因素是心理评估和干预机制尚处于试行阶段（见图六）。其中，反映比较突出的有两点：一是刑事案件有严格审限限制，制约了心理评估和干预的时间和效果，影响未成年被告人重新树立正确认知、顺利进入社会的进程。二是随着心理干预机制应用人数的增多和逐渐向基层法院推广，心理咨询费用也成为一个亟待解决的问题。

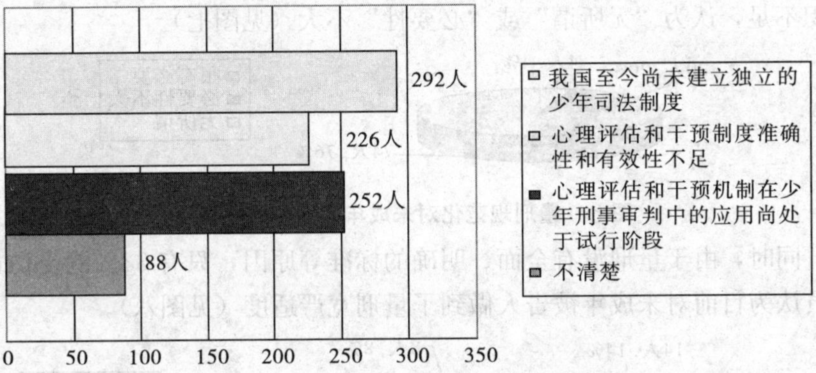

图六　心理评估和干预制度的制约因素

8. 部分辩护人积极性不高。调研发现，部分未成年被告人的辩护人对涉及未成年人身心健康、人格尊严的保护没有表现出更多的积极性，对未成年被告人的法律援助不到位，甚至存在应付了事的现象。调研发现，有23.64％的受访司法人员认为辩护律师应更加积极，设身处地地为未成年被告人着想。

9. 法定代理人出庭率需提升。广东省各级法院所有案件均依法通知未成年被告人的法定代理人或亲属到庭，但相当一部分未成年被告人法定代理人嫌路费贵或经济困难而不愿意出庭，造成未成年被告人的法定代理人到庭率不平衡、总体偏低的局面。调研发现，有35.45％的受访司法人员认为未成年被告人的法定代理人应尽量参与到庭审中，更好维护未成年被告人合法权益。

10. 量刑建议有待改进。调研发现，有些公诉人员存在“重定罪轻量刑”观念，在法庭上提出的控诉意见以获得定罪为目标，对量刑往往一带而过，缺乏足够的关心，其所了解的量刑信息没有完整、准确、及时提供给法院，在一定程度上影响了量刑工作，不利于未成年被告人合法权益的保护工作。

（二）实体性保护有待进一步完善

1. 量刑规范化与保护未成年人权益的要求不相适应，宽严相济刑事政策需进一步落实。调研发现，24％的受访司法人员对量刑规范化的重要性认识不足，认为“无所谓”或“必要性”不大（见图七）。

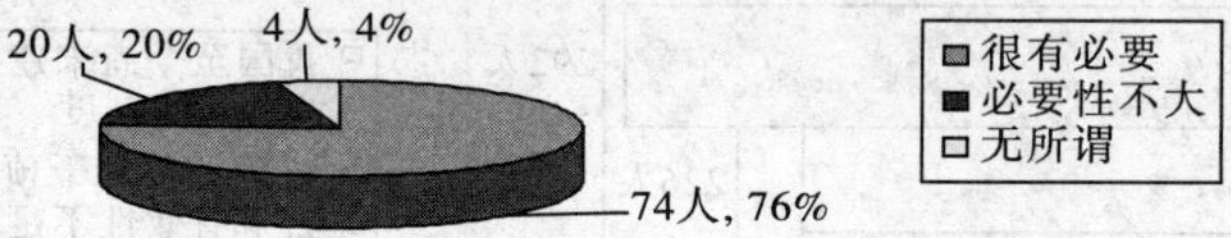

图七　量刑规范化对未成年人案件的必要性

同时，由于量刑没有全面、明确的标准等原因，只有33％的受访司法人员认为目前对未成年被告人做到了量刑宽严适度（见图八）。

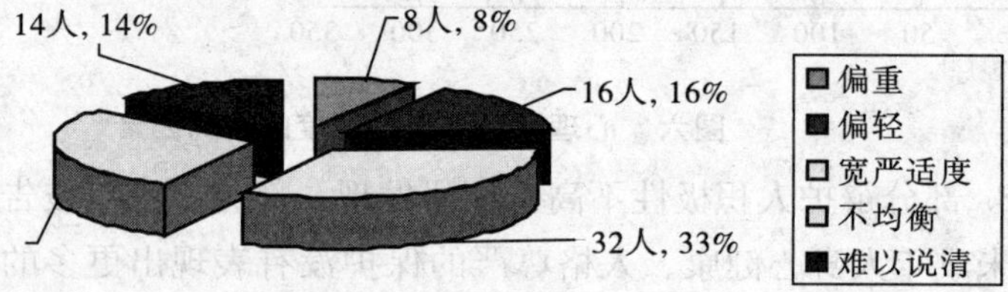

图八　未成年被告人量刑的规范化程度

在对未成年被告人的调查中，有55％的受访未成年被告人认为刑罚太重，不利于其重新做人（见图九），“宽严相济”刑事政策仍需进一步贯彻落实。

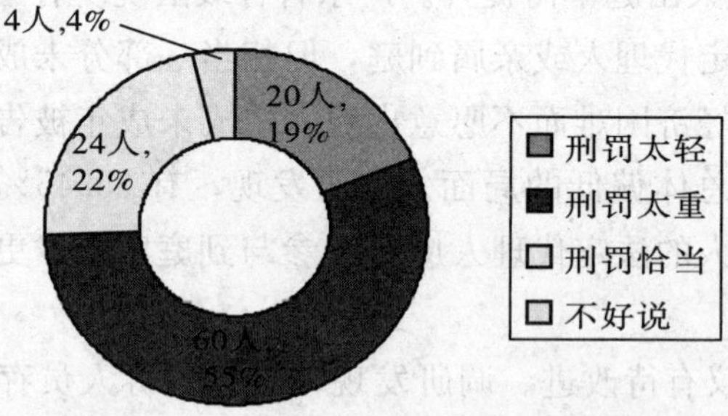

图九　对未成年人犯罪的刑罚是否合理

2. 外地籍未成年被告人的非监禁刑适用率过低。广东法院对外地籍未成年被告人适用非监禁刑的比例远低于对本地籍未成年被告人的比例。如惠州市两级法院2006～2009年本地户籍罪犯非监禁刑适用比例为16.6％，外地户籍罪犯非监禁刑适用比例仅为2.34％；2008年，佛山两级法院对本地户籍未成年罪犯适用缓刑的比例为37%，而对外地户籍未成年罪犯适用缓刑的比例仅为3.5%。在问卷调查中，有324位普通受访者支持对外地籍（非广东籍）未成年犯适用非监禁刑，比不支持者多出64%（见图十）。据了解，审判人员不愿意适用非监禁刑主要是考虑到外地籍未成年被告人处于流动状态，判处非监禁刑后，缺乏监管机构和力量，相应的社会矫正也难以执行。

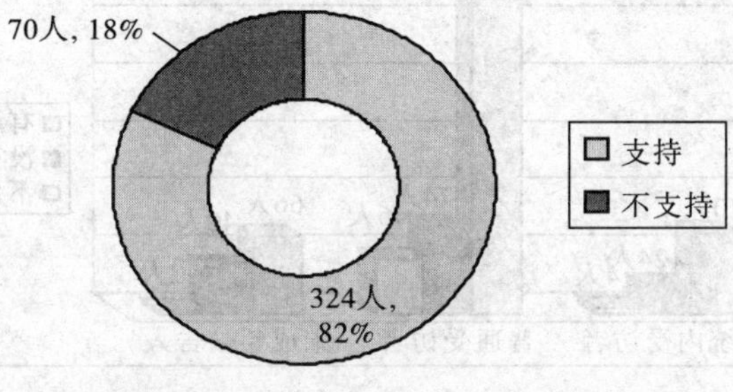

图十　是否支持对外地籍未成年犯适用非监禁刑

（三）延伸性保护有待进一步加强

1. 协助配合机制不够健全。广东省办理未成年人刑事案件配套工作体系仍存在分工不明确、队伍素质参差不齐、管理不到位等问题，导致司法保护效果不佳，有待进一步改进完善。调研发现，19%的受访司法人员赞同将职责制度化、强化队伍建设；30%的受访司法人员认为应加强管理，防止形式化；26%的受访司法人员认为有明确分工；25%的受访司法人员认为要尽快提高相关人员素质。（见图十一）。

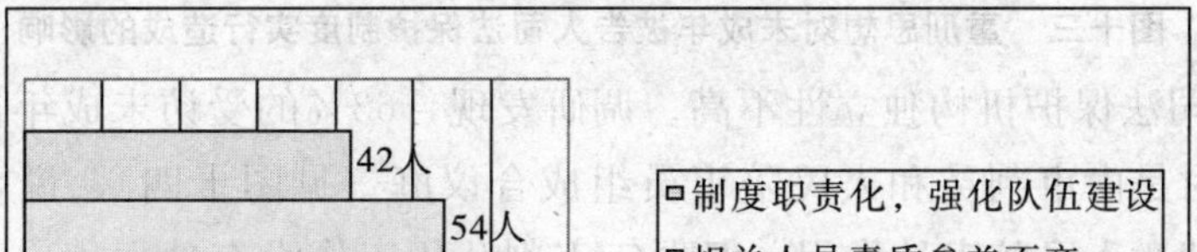

图十一　协助配合机制需要完善之处

2.“重打击轻保护”思想影响司法保护的落实。调研发现，71%的受访司法人员和70%的普通受访者赞同从重打击未成年犯罪，以抑制犯罪率提高（见图十二）。48％的受访者认为重刑思想对未成年被告人司法保护制度实行有重大影响，38％的受访者认为有一定的影响，两者合计高达86％（见图十三）。现实中存在的重刑思想观念，对未成年被告人实行社区矫正、前科封存和恢复性司法等司法保护制度形成了障碍。

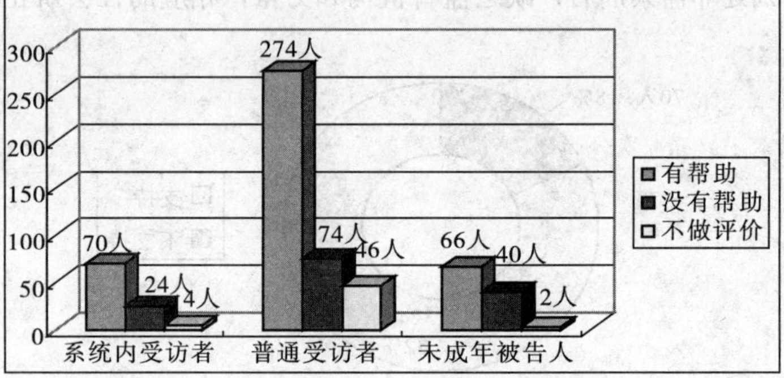

图十二　重刑与未成年人犯罪率降低的关系

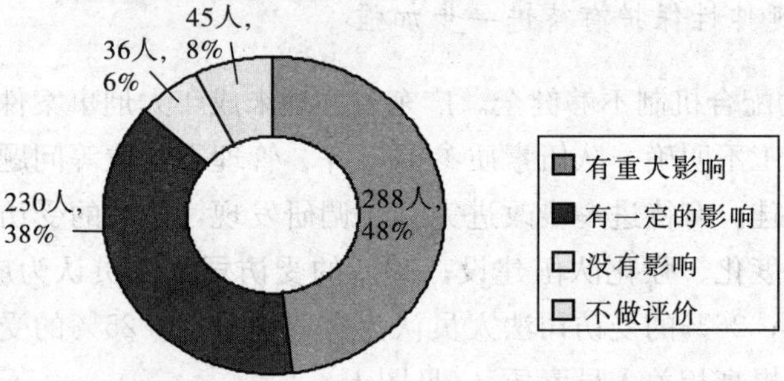

图十三　重刑思想对未成年被告人司法保护制度实行造成的影响

3. 司法保护机构独立性不高。调研发现，63％的受访未成年被告人反映庭审时是由审判员和人民陪审员组成合议庭（见图十四），说明法院注重发挥特邀人民陪审员作用。但少年审判队伍工作没有独立，迫于量化考核压力，审判人员和人民陪审员不仅要办理涉少案件，还要协助办理普通刑事案件，积极性不高、稳定性较差，专业性不强，直接影响了未成年被告人司法保护工作的质量和效果。调研发现，高达76％的受访普通群众赞同根据形势的发展和社会的需求，建立独立建制的少年审判庭。

4. 司法保护队伍专业性不强。调研发现，65％的受访者认为大多数少年法庭审判人员在心理沟通能力和教育引导技能方面仍有所欠缺，专业素质有待进一步提高（见图十五）。

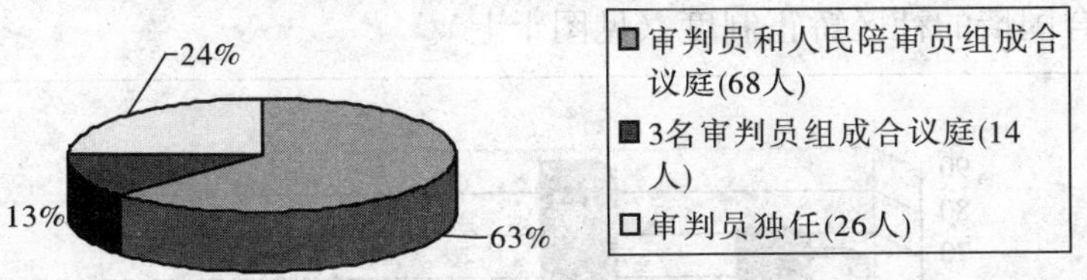

图十四　审判组织形式

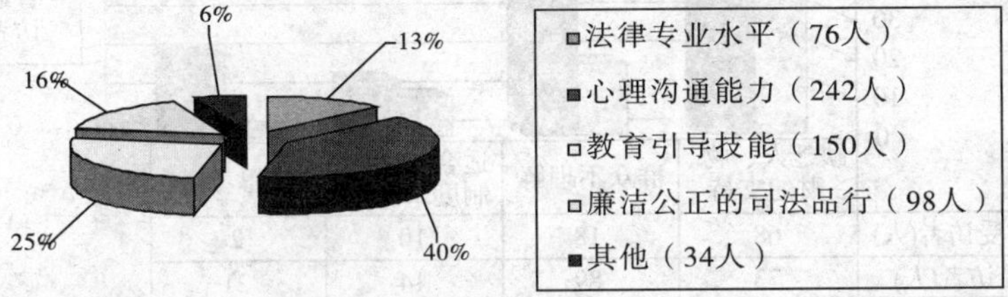

图十五　司法保护人员缺乏的素质

5. 工作考核缺乏量化标准。目前，广东省大部分法院对未成年人刑事案件的考核标准仍套用普通刑事案件标准，未能充分考虑未成年人司法保护的特殊性。调研发现，对于审理未成年人刑事案件的工作考核缺乏统一认知标准，无法科学合理量化审判人员工作量，不利于激发审判人员的工作热情和创造性。（见图十六）。

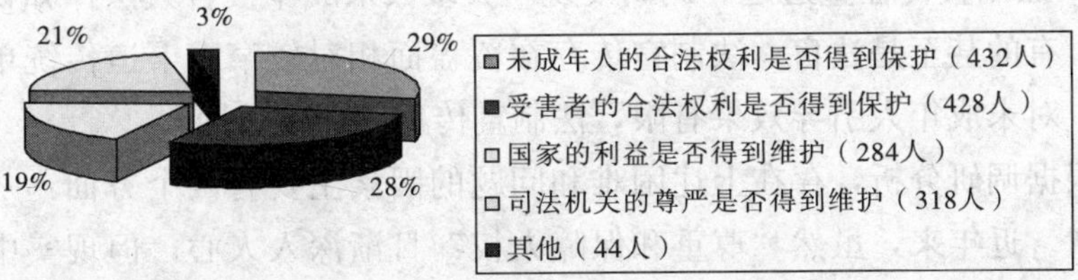

图十六　涉少案件工作考核标准认识

6. 回访帮教工作有待改进。调研发现，有的回访帮教者工作措施呆板，方式不灵活，有的回访帮教者言行多为老调陈词或大话套话，走过场、图形式，达不到预期目的。

7. 社区矫正施行存在障碍。调研发现，69％的受访司法人员和37％的普通受访者认为社区矫正施行的主要障碍是尚未建立专门社区矫正队伍，缺乏充足的人力、物力、财力支持；18％的受访司法人员和45％的普通受访者认为主要障碍是重刑思想致使社区矫正得不到群众的广泛支持与配合；10％的受访司法人员和7％的普通受访者认为主要障碍是尚未探索出一套适合国情的社区矫正制度（见图十七）。

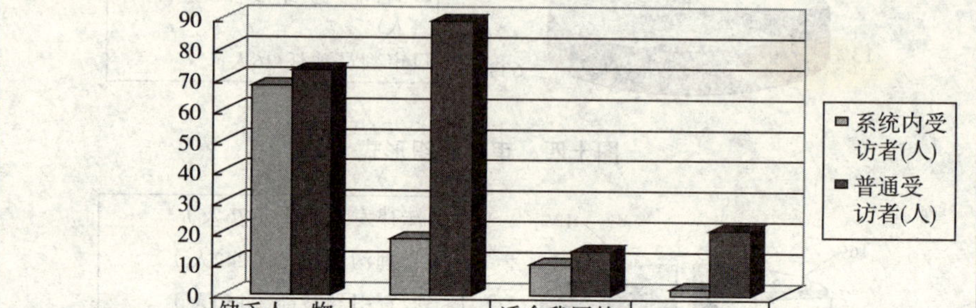

	缺乏人、物、财的支持	群众不理解	适合我国的制度未制定	未思考过
系统内受访者(人)	68	18	10	2
普通受访者(人)	73	89	14	21

图十七　实行社区矫正制度的主要障碍

8. 司法建议未得到充分重视。调研发现，未成年人刑事审判人员对于案件审理过程中发现相关部门存在的涉及未成年人被告人权益的问题，往往通过协调等方式进行处理，并没有提出司法建议，未能发挥司法建议应有的作用。

9. 法制宣传任重道远。调研发现，大多数未成年被告人法律知识仍然匮乏，有的甚至是法盲；法制宣传存在覆盖面相对较窄、渠道传统单一等问题，对未成年人引导效果有限，法制宣传仍旧任重道远。

根据调研分析，存在上述困难和问题的因素主要有四个方面：一是认识因素。近年来，虽然“尊重和保障人权”日渐深入人心，但现实中对未成年被告人司法保护的认识仍存在偏差。一方面，有些司法人员忽视了未成年人的特殊性，对未成年被告人特殊保护只停留在口号上，甚至个别司法人员还存在对未成年罪犯重刑化倾向；另一方面，部分群众受重刑主义、同态复仇传统观念的影响，对未成年人刑罚轻缓化的适用仍难以接受，有的甚至对法院的裁判施加压力，强烈反对从轻判决、社区矫正等。二是体制因素。保护未成年人权益、预防未成年人犯罪是一个系统工程，家庭、学校、社会、政府、司法机关都是这个工程中不可或缺的环节。对未成年被告人的司法保护，不仅仅是司法机关应尽的职责，更需要整个系统的联动和互动，积极协助、密切配合，共同努力。但由于未成年被告人司法保护工作还未完全走上规范化的轨道，没有形成完善的未成年被告人司法保护体系。三是制度因素。目前专门的未成年人保护法律数量少，真正以未成年人为保护对象的法律只有《未成年人保护法》和《预防未成年人犯罪法》，还没有统一规范未成年人特殊需要的实体法和程序法，以未成年人为适用对象的规定散见于不同的法律法规中，对未成年被告人司法保护先天不足。有些法律规定需要进一步协调或明确，如《未成年人保护法》规定："对违法犯罪的未成年人，应当依法从轻、减轻或者免除处罚"，而《刑法》却规定："已满十四周岁不满十八周岁的人犯罪，应当从轻或者减轻处罚"，能否"免除"未成年被告人的刑事责任存在争议。又如《未成年人保护法》《刑事诉讼法》分别使用了"监护人""法定代理人"等术语，彼此的范围不尽相同，不便实务操作。同时，司法实践中对与未成年人有关案件的处理并没有摆脱对成人模式的依附，对未成年人刑事案件尚未能做到专业化审判，不能满足司法实践中保护未成年人的需要，难以更好地发挥司法保护的职能。四是保障因素。主要体现在经费、人力、物力等保障不到位。如对未成年人审判前后延伸工作需要支出的宣传培训、聘请辅助人员、台账档案等费用得不到政府的财政支持，靠法院自身的经费很难完全负担；又如法院的审判人员面对日益增多的案件已显得吃紧，要专门抽出审判人员专职审理未成年人案件更显得力不从心。同时，社区矫正对象的日益增多和社区矫正机构人力严重不足的矛盾逐渐凸显。

三、经验与启示：相关经验做法的延伸梳理

要切实破解未成年被告人司法保护存在的难题，推进少年司法科学发展，有必要在本地化需求调研的基础上，对国内外、法院系统内外经验做法进行学习、借鉴。为保证借鉴经验的先进性和针对性，课题组考察、梳理了有关特色做法和经验。

（一）国外及港澳台地区未成年被告人司法保护的主要做法

1. 确立少年司法保护理念。世界各国及地区司法制度虽差异较大，但在少年司法基本理念上却有一致性和共同点：即国家应该将少年违法者从成年罪犯中区分出来，社会应该将少年违法者作为"孩子"来对待，而不是作为"罪犯"来对待，以其回归社会作为最重要的目标，我国加入的

《儿童权利公约》《北京规则》《利雅得准则》等国际公约对此作了明文规定，体现了司法保护的国际性和普世性。我国港澳台地区的少年司法理念与西方主要发达国家的少年审判理念也具有一致性，均以保护未成年人合法权益和预防未成年人犯罪为出发点，对未成年人的违法行为采取比较宽容的态度，重在感化而非惩罚，积极倡导非犯罪化和非刑罚化的处理模式，竭力避免负面效应较大的犯罪“标签”问题。

2. 完善少年司法保护立法模式。西方主要发达国家和我国港台地区都具有相对独立和完善的少年法律制度体系，其中包含了少年司法保护法律制度。如美国 1899 年的《少年法院法》、德国 1923 年颁布的《少年法院法》和我国台湾地区 1971 年颁布的“少年事件处理法”都是包含了实体、程序的综合性未成年人刑事法律。

3. 健全少年司法保护机构。自从美国伊利诺斯州的芝加哥市 1899 年建立世界上第一个少年法庭以来，世界上大多数国家都纷纷建立了少年审判组织。英国由少年法院专门审理少年非刑案件，日本在少年法院中设“少年庭”审理未成年人刑事案件，德国在刑事法院下设少年法院管辖各类少年刑事案件。我国台湾地区少年法院设刑事厅、保护厅、调查保护处、公设辅佐人室等机构，内设少年法官、少年调查官、少年保护官、心理测验员、心理辅导员及佐理员等专业人员，强化了少年事件处理的专业阵容。

4. 明确少年审判管辖。少年审判管辖可分为对人的管辖和对案件的管辖。在对人的管辖上，各国及地区对少年没有统一的年龄界限，大概有三种立法例：一是只规定上限年龄；二是既规定上限年龄，也规定下限年龄（我国台湾地区“少年事件处理法”、我国香港地区 1951 年《保护妇孺条例》、英国《儿童及少年法》均作了规定）；三是根据某些重要特征对青少年作笼统的表述，如《匈牙利青少年法》规定，青少年是指在学习阶段以及就其年龄是刚参加社会劳动和开始建立独立生活的人。在对案件的管辖上，各国及地区的规定也不尽一致，主要有三种立法例：一是福利型管辖范围，如美国（美国伊利诺斯州《少年法院法》规定的管辖范围包括 16 周岁以下无人抚养的儿童；16 周岁以下被遗弃的儿童和触犯该州各种法律的儿童）；二是不将虞犯行为纳入少年法院的管辖范围（虞犯少年包括一向不服从保护者的正当监督的少年，无正当理由不回家的少年，与有犯罪倾向或不道德的人交往或者经常出入不良场所的少年和实施侵害自己或他人品德行为的少年），如德国；三是将虞犯行为纳入少年法院的管辖范围。包括日本和我国台湾地区在内的多数国家和地区采取此体例。

5. 形成少年处遇体系。西方发达国家和我国港澳台地区为违法犯罪的青少年设置了较为完备的处遇体系，包括保护处分和刑事处分两类，且以保护处分为主，刑事处分为辅。一方面，强调保护处分。保护处分的设立是少年司法制度不同于成年人刑事司法制度的最突出体现。各国少年法规定保护处分的基本出发点即在于对少年进行教育和保护，防止其实施更为严重的犯罪行为。如英国的监管令、社区复归令、社区惩罚令等社会判决，德国的教育措施和拘束措施，美国的责令少年向被害人道歉并支付赔偿金、责令进入感化机关接受感化教育、交付私人家庭或交付其他公私立养护机关等措施，日本的保护观察、移送儿童自立设施或儿童教养设施和移送少年院，我国台湾地区的训诫、保护管束、安置辅导和感化教育等，都是对少年的保护处分措施。另一方面，不忽视刑事处分。西方发达国家对未成年人也没有完全放弃刑事处分，其刑事处分主要包括如下原则和制度：优先适用保护处分，最后适用刑事处分的原则，如德国、法国；绝对不适用死刑原则，这是绝大多数国家的做法；限制刑事处分种类及刑期，如对少年排除适用无期徒刑、罚金、剥夺政治权利等刑事处分；不定期刑制度，即根据少年执行时的表现决定具体刑期期间；广泛适用缓刑和假释；广泛适用前科消灭制度。

（二）广东法院系统外未成年被告人司法保护的特色经验

未成年被告人司法保护工作是社会保护未成年人系统工程的一个重要组成部分，省外法院、省内外检察、公安等司法机关进行了积极探索。上海、新疆等法院实践中创造性提炼出“积极、优先、亲和、关怀”工作理念，即在诉权保护、诉讼程序、审理方式、审判结果上给予更多的司法保护。北京、福建等地法院对少年司法保护工作涌现的亮点和先进人物进行广泛宣传，如“法官妈妈”尚秀云、詹红荔等，社会反响大，提高了群众的认同度和支持度。河南等地法院、检察院联合尝试未成年人案件刑事和解工作，通过调解，使被告人采用认罪、赔偿、道歉等形式与被害人达成和解，修复因犯罪行为而破坏的社会关系。上海检察机关以工作模式专业化为起点，以帮教力量社会化与观护体系全覆盖为核心，以特殊程序、制度为保障，构成了平等、细致、高效的涉罪未成年人社会管理格局。河南省郑州市检察机关开展“助飞关爱行动”，由当地检察院联合法院、公安、共青团成立行动办公室，组织被取保候审和适用缓刑的未成年被告人参与法律知识培训、交通协管、社区义工劳动、参观英雄纪念馆等活动。广东省检察机关坚持“可诉可不诉的，坚决不诉”的司法政策，实行全程跟踪帮教，帮助未成年人放下包袱地回到社会。北京市房山区检察院加强与法院等单位对接，建立未成年人刑事案件办理制度体系，“分案起诉”“社会调查”“诉中考察”“量刑建议”“亲情会见”工作制度涵盖了未成年人案件办理和宣传教育各个方面。江苏省常州市检察院依托企业等社会力量成立“观护矫正工作站”，与未成年人犯罪案件量刑建议制度相互对接，解决了外地籍未成年被告人“监管、帮教”的难题，为法院在量刑时真正实现对外地籍未成年被告人平等保护提供了条件。上海闵行区公安机关与检察院积极沟通协调，建立未成年犯罪嫌疑人非羁押措施可行性评估机制，提高未成年人非羁押措施的适用率，较好地保障其合法诉讼权益。

三、应对与建构：完善未成年被告人司法保护的对策建议

（一）完善立法，构建中国特色少年法律保护体系

建议进一步对接《北京规则》《儿童权利公约》《利雅得准则》等国际公约规定，借鉴国外及港澳台地区关于确立少年司法保护理念、健全少年司法保护机构、明确少年审判管辖、形成少年处遇体系等做法，逐步完善包括独立完整的实体法、程序法和组织法在内的中国特色少年法律保护体系。在实体方面，可先行研究、探索在刑法中增设关于未成年人犯罪的专门章节，对未成年人犯罪的处罚原则、处罚种类及其适用条件等作出具体规定。对未成年被告人，可不定罪的尽量不定罪，可不判处刑罚的尽量不判处刑罚，可判处轻刑的尽量不判处重刑，可判处缓刑的尽量不判处监禁刑，切实保护其合法权益。在程序方面，可在《刑事诉讼法》修订的基础上，通过部委联合规定或司法解释等形式进一步规范未成年人刑事案件的管辖、工作流程和少年处遇体系等内容。对司法实践中切实可行且社会效果较好的做法，如社会调查、回访考察、监管令、社会服务令等加以明确规定，逐步实现以独立的实体法和程序法相结合的法律形式处理未成年人违法犯罪行为。

（二）加强建设，增强司法保护的能力和水平

1. 建立健全机构，为进一步强化司法保护奠定基础。未成年人司法保护职能部门要根据各地未成年人案件的数量、未成年人司法队伍的力量等具体情况，以需要和可能为原则，因地制宜设置与未成年人刑事司法任务相适应的未成年人司法保护机构。在保持机构多元化发展的前提下，积极争取地方党委和政府的支持，重点推进独立建制的未成年人保护机构，切实做到未成年人刑事案件均由专门机构或专人办理。

2. 加大培训力度，提高队伍专业化水平。应当重点加强司法保护队伍的业务学习，引导、督促参加培训人员钻研未成年人的心理学、教育学等相关学科，切实提高专业素质。在时机成熟时，制定少年司法队伍准入资格和条件，让业务素质高、敬业精神强、熟悉未成年人特点、善做思想工作的司法人员、社会工作者从事司法保护工作，尽最大限度保护未成年被告人合法权益。同时探索建立不同于办理成年人刑事案件的工作绩效指标体系，对办理未成年人刑事案件的专门人员根据具体工作内容进行单独考核。

3. 转变工作理念，升华未成年人刑事审判司法方针、原则。未成年人司法保护职能部门应当转变传统的以罚代教、重罚轻教、以监代管等旧观念、旧思想，奉行少年利益优先、少年利益最大化原则，明确工作的价值取向。需要特别注意的是，修正后的《刑事诉讼法》明文规定“教育、感化、挽救”方针和“教育为主、惩罚为辅”原则的适用对象是“犯罪的未成年人”，而非未成年“犯罪嫌疑人”或“被告人”，用语精准科学。因此，在研究部署工作或修订相关司法解释时，建议将“保障未成年人的合法权益”作为司法方针和原则的重要组成内容，且应放在“坚持‘教育、感化、挽救’方针，实行‘教育为主、惩罚为辅’原则”之前，以进一步体现新修订的《刑法》《刑事诉讼法》的立法精神。

（三）加大力度，细化程序性司法保护措施

1. 规范工作细节，实现社会调查专业化。在庭前阶段，应严格执行社会调查报告制度，由独立、专门的社会调查机构或社会调查员对未成年被告人的背景情况进行全面、客观的社会调查，并形成书面报告提交法庭。对实施调查的主体、调查报告的形式、内容、范围、在法庭出示的阶段或

社会调查员是否出庭、何时出庭、以何种身份出庭、调查报告是否作为证据使用、如何质证等问题，要逐步加以统一规范，以指导司法实践。

2. 加强协调沟通，全面落实“四分开”制度。对未成年人与成年人共同犯罪的案件实行分别羁押、分案起诉、分案审理和分开矫正，是充分保障未成年犯罪嫌疑人和未成年被告人合法权益和诉讼权利的制度基础，应进一步贯彻落实。要在“四分开”的基础上，明确各相关部门在未成年司法保护各个阶段的职责分工。公安机关分案移送审查起诉的，应当分别制作起诉意见书，复制与未成年犯罪嫌疑人犯罪事实相关的全部案卷材料移送人民检察院。检察机关分案提起公诉的，应当分别制作起诉书、证据目录、证人名单，并将主要证据复印件移送法院，并在起诉书中注明分案起诉的情况。检察机关对应分案移送起诉而公安机关未能分案移送起诉的案件，可以退回公安机关重新移送。法院对于应分案起诉而检察机关没有分案起诉的，可以退回检察机关重新移送。

3. 明确权利责任，构建与辩护人的良性互动关系。要充分尊重未成年被告人的辩护人在涉少案件中的工作，为其行使辩护人权利提供便利保障，设立专门的阅卷室、办案设备、资料收转中心，保障提供法律援助的资金经费落实到位，对消极怠工、敷衍了事的辩护人给予各种形式的惩罚，探索建立辩护律师调查取证制度，切实解决取证难问题，更好发挥辩护人在未成年被告人司法保护方面的作用，使辩护律师更积极、更高效地履行辩护职责，更好地保障未成年被告人在诉讼中的各项权利。

4. 创新“圆桌审判”制度，提升“法庭教育”效果。“圆桌审判”应明确适用范围，如界定为“未成年被告人轻微犯罪、过失犯罪或自愿认罪”案件，并积极探索采取变音设备、单面透视玻璃等设备，在审判法庭旁设立亲情会见室，增强亲情感化效果，消除未成年被告人的畏惧心理和抵触情绪。法庭教育可实行“四不”原则，即被告人不戴手铐、法警不值庭、法官不使用法槌、不以“被告人”称呼未成年人。大力推行恢复性司法模式，有选择地吸收被害人参与法庭教育，通过诉说其被害的感受及所受到的伤害，使未成年被告人增加犯罪感和内疚感，自愿认罪，并采取道歉、忏悔等情感方式和金钱赔偿等物质方式对被害人进行补偿，也使被害人在复原过程中恢复心理平衡，最大限度地发挥教育、感化和挽救的作用。

5. 改善量刑建议，纳入法庭审理程序。要实现量刑程序的全覆盖，允许公诉机关、被告人及其辩护人提出量刑建议，在法院组织或主持下就量刑问题进行辩论，充分发挥量刑辩论在程序上的独立价值。刑事裁判文书应尽量说明影响量刑的各种情节，就量刑裁判结果说明理由和依据。通过公开透明的量刑过程，增强被告人对判决的心理预期和认同感，既能使法官的自由裁量权得到充分监督，又能提高判决的说理性和公信力。

6. 推进心理干预、评估机制，增强司法保护效果。在少年司法中，应建立“特邀心理专家库”，加强与精神卫生研究机构、心理咨询机构等机构合作，建立涉诉未成年人心理干预长效机制。即通过心理专家对涉案的未成年人及其他诉讼参与人进行心理疏导，缓减未成年人的紧张情绪，消除当事人心理障碍，化解案件当事人的矛盾，尽力矫正未成年被告人的不健康心理，促进诉讼活动顺利进行；同时，通过多种形式的心理测评、评估活动为司法裁判提供科学参考，也为判后对未成年犯进行个性化的矫治提供客观依据。为确保心理疏导效果，要重点对心理干预、评估机制制定具体工作规范，明确职责要求、启动条件、对象范围、操作流程、量化标准等内容；重点强化少年司法人员的心理疏导技能，组织参加心理咨询师培训、心理咨询师资格认证等活动，提升对心理干预、评估机制的认知水平和驾驭能力，同时提高法庭教育的效果。

7. 建立配套制度，落实“前科封存”。要通过实践探索，细化配套措施，使“前科封存”制度与“公开宣判”等已有法律规定相互衔接。要建立未成年人档案保密制度，司法机关应建立专门的未成年人犯罪档案库，并设置专门机构和专门人员进行管理和监督保密。未成年人犯罪档案原则上不得公开，因特殊情况必须公开的应当设置必要的条件和严格的程序，以保证前科封存不流于形式；前科封存后，未成年人的犯罪记录、档案应当予以封存，非经封存单位主管领导审批不得查阅，尽可能减少犯罪“前科”对未成年被告人的“标签效应”，促使其更好地回归社会。

（四）积极探索，优化实体性司法保护措施

1. 加快量刑规范化，全面统一裁判标准。要贯彻未成年人特殊、优先保护的原则，积极探索未成年人刑事审判量刑规范化工作，确保罪刑相适应。一方面，细化量刑因素，将严重不良行为、个体情况及成长经历、家庭环境、犯罪成因等纳入量刑情节范围，使具有少年审判特色的未成年人社会调查、社会观护制度、心理干预制度、羁押期间考察报告在量刑情节

上得以充分体现；另一方面，扩大量刑规范化范围，从非监禁刑拓展到全部刑种，增强可操作性，建立量刑平衡机制，努力实现对同一时期、同一地区、案情相同或相似案件的未成年被告人量刑基本平衡。同时将未成年人量刑标准向社会公开，接受社会各界的监督，争取人民群众的支持。

2. 加强调查监管，扩大适用非监禁措施、提高非监禁刑适用比例。公安机关应依法严格限制和尽量减少适用羁押强制措施，不以拘留率、逮捕率作为工作考核指标；检察机关应坚持“可捕可不捕的不捕，可诉可不诉的不诉”的原则，不以批捕率、起诉率作为工作考核指标；法院应谨慎定罪量刑，坚持依法“可定罪可不定罪的不定罪，可监禁可不监禁的不监禁”原则，对未成年人的减刑、假释案件，可比照成年人适当放宽条件。在此基础上，逐步扩大社区矫正适用范围，结合监管条件、居住环境、生活来源等因素，将外地籍未成年犯纳入监管范围，解决外地籍未成年被告人非监禁刑适用率偏低及判后监管难问题，进一步挽救和教育未成年罪犯。

（五）纵深发展，完善延伸性司法保护措施

1. 健全“社会一条龙”机制，形成司法保护社会合力。一是与街道、派出所、居委会、学校等单位建立长效协作机制，对判处非监禁刑的未成年罪犯进行定期帮教、回访，建立考察档案，及时向执行部门反馈。二是定期组织人民陪审员和社会热心人士对失足少年进行集中帮教，开设多种职业培训班，为帮教对象提供学习、掌握谋生技术的机会。三是积极参与未成年人社区矫正中心建设，探索适合未成年人特点的社区矫正项目，有针对性地采取个案矫正、团体活动、思想矫正、心理矫正等矫正措施。四是加强法制教育活动，注重发挥新兴媒体作用，通过论坛、博客、微博、微信等未成年人喜闻乐见的形式开展宣传；注重教育基地建设，通过与基层政府和教育管理部门合作，在中小学及社区开展“法制教育基地”共建活动。

2. 健全“政法一条龙”机制，将未成年人司法保护工作纳入综合治理考核范围。未成年人司法保护相关职能部门要进一步明确分工，加强协作，积极构建互相配合、协调联动的配套工作体系。可参照解决“执行难”模式，将包含司法保护在内的少年司法工作纳入社会管理综合治理目标责任考核范围。由政法委、综治办和涉少司法机关在党委的统一领导下，充分发挥综治各成员单位的综合优势、综治基层组织的网络优势和领导责任制的激励约束优势，建立基层少年司法工作网络，多管齐下，落实人、财、物等软件和硬件方面支持保障，进一步推动少年司法创新发展。

3. 建立“立审执一条龙”机制，推动审判保护专业化。实践中可根据各地区未成年人案件的数量和性质、区域范围和交通条件、经济发展水平和审判队伍素质等因素，积极探索以少年法院为龙头，少年审判庭、合议庭、独任庭等多种模式并存的多元化审判组织形式，由少年审判机构对未成年人案件的立案、审理、执行实行一条龙服务，推动未成年人司法专业化发展，更全面地保护未成年人的合法权益。

4. 重视司法建议作用，主动建言献策。要立足于审判实践，及时发现未成年被告人司法保护工作中存在的不足和漏洞，有针对性地向有关部门和单位提出司法建议，促进社会管理创新。不仅要就个案提出建议，还要提出专题性乃至综合性的司法建议。要讲究方法和策略，争取党委、人大、政府及社会各界和人民群众更多的理解、共鸣和支持。还要保持与受建议单位以及相关行政机关、行业主管部门、行业协会的沟通协调，及时跟踪司法建议的采纳、落实情况，确保司法建议取得实效。

5. 加强理论研究，打造具有少年司法特色实践基地和理论体系。建设司法研究、调研基地，有利于聚集优秀人才研究重要司法实践课题，借鉴域外的有益经验，不断把科学理论成果转化为实践动力并指导审判实践，更好地发挥基地“思想库”“信息库”和“人才库”的作用和引领、示范作用。最高人民法院设立的“中国知识产权司法保护理论研究基地”和“国家法官学院教学实践基地”等基地就是很好的例子。潮州市中级法院在上级关心、支持下，与高等院校合作创建少年司法学研究中心，成功申报“全国预防青少年犯罪研究基地”，成为广东法院系统参与社会管理创新、推进少年司法、开展审判理论研讨的重要成果，社会效果良好。

被告人“送监难”若干问题探究

韶关市中级人民法院课题组*

一、“送监难”基本情况分析

2011 年以来，韶关市辖区被告人“送监难”总体情况如图 1 所示。据统计，自 2011 年至 2013 年 7 月止，韶关市辖区被告人“送监难”案件共计 26 宗，其中 2011 年 7 宗，2012 年 15 宗，相比 2011 年增长了 114.3%。从整体上看，韶关市辖区“送监难”情况仍有增长的趋势。

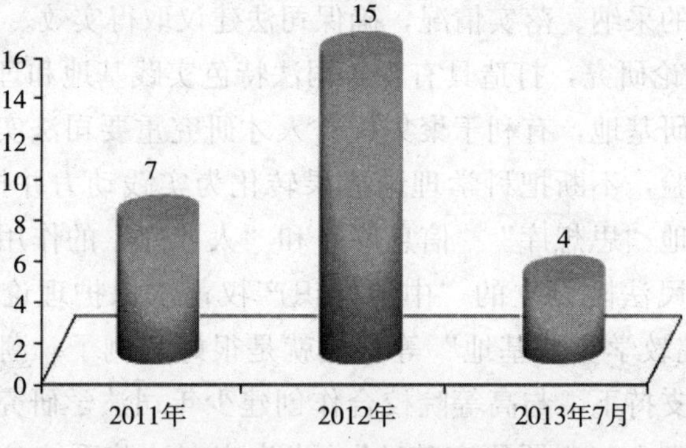

图 1　韶关市辖区“送监难”总体情况

这些“送监难”案件主要集中在韶关市辖区的浈江区、始兴县、仁化县、武江区等基层法院所在区域（如图 2），其他地区如曲江区、乐昌市、新丰县、乳源县也有发生。

* 课题组组长：张海力，成员：李芳、陈东阳、戴磊、李琼宇、胡俊辉。

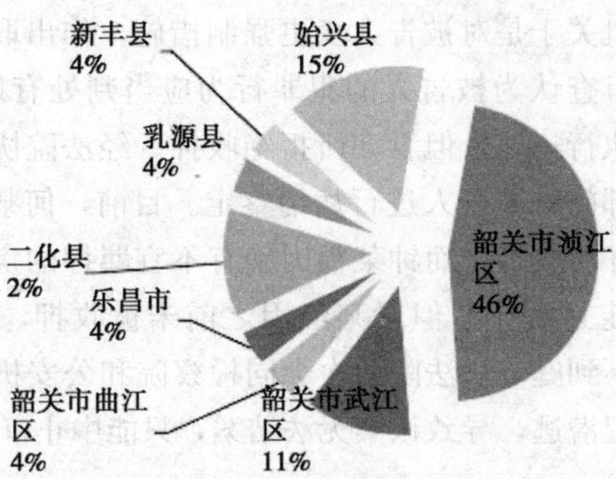

图 2　韶关市辖区“送监难”情况分布

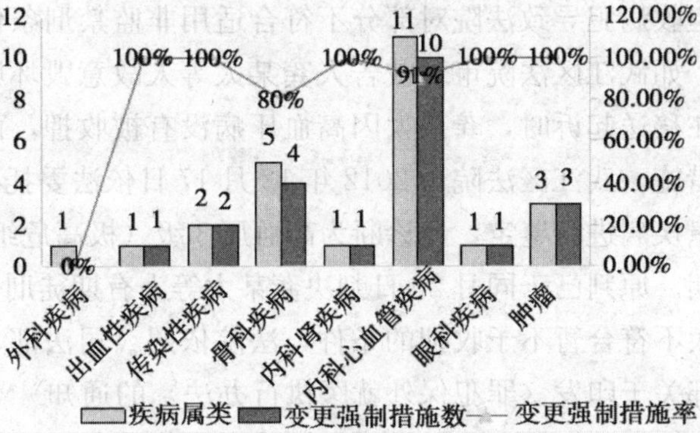

图 3　“送监难”疾病原因及变更强制措施率

上述基层法院在刑事案件审理过程中及裁判文书生效后或者在交付执行过程中，屡次出现看守所、监狱部门以被告人、罪犯患有传染病或其他严重疾病为由拒绝对病犯收押、收监的情形。在审判实践中，对病犯的强制措施往往因此而被改为监视居住或取保候审。从图 3 中可以看出，在近年来的 26 宗案件中，因此被改变强制措施的就有 23 宗，达到了 88.5%。而从其疾病属类分布情况来看，大部分疾病都会被改变强制措施。这样一来，给法院刑事审判工作带来极大困扰，主要表现在以下几方面：

（一）对未羁押被告人送押难

病犯在侦查阶段因病未关押的，案件移送法院后，看守所拒绝收押。如浈江区法院审理的案件中，钟某福、何某东、梁某红、何某娣、宋某山、何某林等被告人因患有各种疾病，在侦查机关刑拘、逮捕时被看守所拒绝收押，侦查机关于是对被告人变更强制措施，作出取保候审决定。在法院受案后，经审查认为被告人的犯罪行为应当判处有期徒刑以上刑罚，故决定对被告人执行逮捕，但看守所拒绝收押。经法院协调，现侦查机关已委托相关医疗部门对被告人进行病情鉴定。目前，何某娣、宋某山、何某林等人已由看守所收押，而钟某福因确有不宜羁押的疾病未关押，何某东则仍在进行鉴定过程中。但梁某红因之前未被收押，在案件移送法院后，经多次传唤不到庭，后法院两次会同检察院和公安机关前往其住所寻找未果，由于案犯潜逃，导致该案无法结案，只能中止审理。

（二）对未羁押罪犯收监执行难

看守所拒收病犯导致法院对部分不符合适用非监禁刑条件的被告人适用非监禁刑。如武江区法院审理被告人龚某太等人故意毁坏财物一案，由于检察机关在移送起诉时，龚某太因高血压病没有被收押，而被采取监视居住的强制措施。武江区法院于2012年12月17日依法委托粤北人民医院对龚某太所患疾病进行鉴定，经诊断为高血压3级（极高危组），但尚未达到高血压Ⅲ期。原判已于同月20日判决龚某太等人有期徒刑一年四个月不等。因龚某太不符合暂不予收押的条件，法院依照《司法部、最高人民检察院、公安部关于印发〈罪犯保外就医执行办法〉的通知》（司发〔1990〕247号）、《广东省公安监管场所暂不收押的疾病伤残范围》的规定，作出收押决定，将龚某太交韶关市公安局武江分局执行，但韶关市看守所以龚某太患严重疾病，在羁押中可能发生生命危险或生活不能自理，不符合入所条件为由，决定对龚某太拒绝收押。在此情况下，武江区法院只能对龚某太办理取保候审。类似情况，在该法院审理的李某群赌博案、邓某华贪污、受贿案、李某非法拘禁案、吴某石强制猥亵儿童案、沙某华贪污案等五起案件中均存在。

又如乳源县法院审理的被告人曹某养、文某妹破坏生产经营罪一案，乳源县看守所以曹某养身患高血压四级等疾病，不符合收监规定为由建议公安机关对其取保候审，公安机关于2012年4月28日对被告人曹某养采取取保候审的强制措施。乳源县法院于同年7月17日作出对曹某养犯破坏生产经营罪判处有期徒刑三年的判决。宣判后，决定对曹某养予以逮捕，并交由公安机关执行。公安机关在执行中，乳源县看守所又以曹某养犯高血压四级等疾病不符合收监条件为由，不予收监。法院则只能变更强制措施，决定对曹某养暂予监外执行。

（三）在押罪犯交付执行难

法院的判决生效后，看守所、监狱部门对病犯拒绝收监，致使生效判决无法执行，法院不得不对病犯作出暂予监外执行的决定。如湞江区法院审理的案件中，被告人朱某松、龚某军、汤某韶、彭某桢等人在法院判决生效后，由看守所向监狱移交罪犯执行时，监狱以上述被告人患病为由拒绝收监，看守所向法院申请对上述罪犯暂予监外执行。

二、“送监难”的社会危害性

（一）极大地浪费了有限的司法资源

由于病犯不收押问题，容易在司法机关之间发生扯皮，致使刑罚适用的目的对部分人员不能实现。对于那些监视居住、取保候审期间在外继续作案，办案机关只能抓了又放，放了再抓，办案成本大幅提高，浪费了相关办案机关为侦破、审判案件而花费的大量人力、物力。

（二）极有可能出现监管漏洞，滋生腐败现象

由于确定病犯是否患有疾病的诊断过程缺乏监督，容易出现徇私枉法、弄虚作假的情况，利用变更强制措施，明保暗放，致使一些罪犯逍遥法外。

（三）严重影响了刑事诉讼的顺利进行

由于对应该收押的病犯看守所拒绝收押，侦查机关只得对其变更强制措施为取保候审或监视居住。如果有关部门未完全尽到监督责任，使这些强制措施落实不到位，极易导致病犯逃避诉讼、不能及时通知、传唤到案，案件不能按时开庭；也可能出现病犯干扰证人作证、毁灭伪造证据、串供等严重妨碍诉讼工作的违法行为，甚至导致病犯潜逃或失踪，造成未开庭审判的案件被迫中止审理，已开庭宣判的必须实施网上追逃，案件无法审结，审判工作难以顺利进行的被动局面。对庭审中法院审查发现被取保候审的被告人不符合不收押情形的，法院决定逮捕后，看守所仍拒不收

押的，将导致病犯处于无法执行强制措施的状态。对于病情经相关部门鉴定仍达不到监外执行条件，多数法院只能对有些不符合缓刑条件的被告人适用缓刑，而对于有些必须被判处实刑的被告人，也只得决定对其暂予监外执行。这些都严重地影响了刑事审判工作的正常进行，刑罚的适用无法实现。

（四）严重损害了法律的尊严和权威，产生不良的社会效果

法院的刑事决定书生效后，法院要求看守所或监狱收监执行，如看守所或监狱以罪犯患有严重疾病为由拒绝将其收押（监），会造成一些应当被收押的罪犯未予收押，让其得不到应有的法律惩处，不能体现罪刑相适应原则，使得生效判决难以执行，被告人的刑事法律责任难以追究，宽严相济的刑事政策得不到有效落实，致使法院的刑事判决书、收押决定书形同一纸空文，执法的震慑力和惩罚性难以体现，从而严重损害法律的权威，影响法律的严肃性和看守场所的监管秩序。特别是对严重刑事犯罪嫌疑人不予收押引发重复犯罪，人民群众的安全感无法得到应有保障，将严重损害司法机关、政府的公信力，严重动摇社会各界对我国法律的信心。如部分被告人意识到自己的犯罪行为有可能会受到法律的制裁，而采取物理或药物手段使其生理指标不达标、消极治疗等手段，想办法“生病”或拖延病情，恶意规避刑罚处罚，致使看守所不能及时收押。如若让其行为得逞，就会造成法律权威尽失，并且极易使其他被告人产生侥幸心理，成为效仿的对象。

（五）严重影响了对病犯的监督改造，不利于防止社会危险性的发生

由于被告人（罪犯）一直未被看守所、监狱收押、收监，体现不出刑法一般预防和特殊预防的作用，难以对犯罪分子及违法危险分子予以有效警戒，助长了他们继续扰乱社会管理秩序、危害社会的侥幸心理，给社会稳定带来了无法预测的隐患。一些人身危险性大的屡犯、惯犯自恃身体有病，认为反正犯什么罪看守所、监狱都不予收押、收监而有恃无恐，更加大胆和猖獗，导致其重新犯罪，从而对社会造成极大危害。

三、“送监难”问题产生的原因

（一）有关法律、法规不明确、不健全

1. 根据《刑事诉讼法》的规定，有权采取取保候审或监视居住的主体为公安机关、检察院、法院以及国家安全机关。在《罪犯保外就医疾病伤残范围》中，列出了准予保外就医的30多种疾病，但对《刑事诉讼法》规定“严重疾病”的内涵缺乏明确的规定，不同实施主体对法律所规定的“患有严重疾病”存有不同认识，因此在实践中，对患有严重疾病的病犯不予收押缺乏统一标准，从而导致有些法院决定逮捕的病犯，但看守所认为其没有达到收押的标准而不予羁押。

2. 根据《刑事诉讼法》第65条、第72条的规定，人民法院、人民检察院和公安机关对患有严重疾病犯罪嫌疑人、被告人，采用取保候审或监视居住的办法。《看守所条例》第10条规定，看守所对人犯患有精神疾病或急性传染病的；患有其他疾病，在羁押中可能发生危险或生活不能自理，除罪大恶极不羁押对社会有危险性的外，不予收押。2010年5月公安部发布《关于规范和加强看守所管理确保在押人员身体健康的通知》规定，“具有《保外就医疾病伤残范围》所列疾病”的，看守所可以不予收押。由此可见，看守所对患病被告人是有条件的羁押，而对病犯采取的强制措施只是“可以”而非“应当”采用取保候审或监视居住。但相关规定却对病犯不予收押的依据较为笼统，没有细化。对被告人可能发生危险、生活不能自理以及社会危险性界定不明，缺乏统一标准。而《罪犯保外就医疾病伤残范围》中，并未规定对患有急性传染病的罪犯可以保外就医，这本身已经扩大了刑事诉法中对于严重疾病的解释；同时《刑事诉讼法》第254条规定，对于适用保外就医可能有社会危险性的罪犯，或者自伤自残的罪犯，不得保外就医。但却未对这类屡抓屡放身患严重疾病的病犯如何处理，如何有效防止其社会危害性作出较为明确的规定，致使办案机关在实践中难以操作。

3. 依据《监狱法》第17条的规定，被交付执行刑罚的罪犯符合下列两种情形的，监狱可以暂不收监，由交付执行的人民法院决定暂予监外执行：（1）罪犯有严重疾病需要保外就医的；（2）罪犯是怀孕或者正在哺乳自己婴儿的妇女。对于暂不收监的，应当由交付执行的人民法院决定暂予监外执行，对于其中暂予监外执行有社会危险性的，应当收监。但法律法规、规章、司法解释等对于法院直接决定暂予监外执行的期限及程序等没有明确的规定，可以决定监外执行的事由如何认定也无明文规定。例如，对于患有严重疾病需要保外就医的，除规定由省级人民政府指定的医院开具证明文件外，鉴定应在多长时间内结束、鉴定期间已决罪犯如何监管、对于不配合医学鉴定的罪犯如何处理规定不明；对于生活不能自理如何确定、由谁确定；法院决定监外执行的，应当在多长时间内作出决定并送交公安机关执行也无可以依据的法律规范。现行法律及最高人民法院的批复只是简单的确认法院直接决定监外执行的职权，对于职权的规范运行没有任何的规定，从而导致暂缓收押行为不规范，监督没有依据和标准。

4. 看守所收押规定不健全，收押的程序不规范。现有法律对于看守所不收押病犯权力的设置和执行程序、标准存在盲点。

5. 保证人责任制度不健全。保证人担保是采取取保候审措施时常用的一种方式。根据最高人民法院的相关规定，只有存在串通、协助逃匿等特定情节的，才可以追究保证人的法律责任，而且现实中，办案机关对于保证人不作为导致病犯弃保潜逃的情形往往存在举证困境，保证的监督责任往往难以追究。

6. 目前我国尚无设立能让病犯既治疗疾病，又得到劳动改造的相关场所，也无颁布相关法律、法规作出相应设定。

（二）公、检、法、司各司法部门各自立场不一，导致在适用法律时出现争议

1. 对于病犯是否应予收押及收押的范围存在争议。看守所不予收押的范围，主要是依据《看守所条例》第10条的规定，即“看守所对下列两种患有疾病的犯罪嫌疑人不予收押：一是患有精神病或者急性传染病的；二是患有其他严重疾病，在羁押中可能发生生命危险或者生活不能自理的，但是罪大恶极不羁押对社会有危险性的除外”。但看守所往往对该规定进行扩大解释，致使不愿收押甚至拒绝收押病犯的案件有增加的趋势。其主要原因是：（1）看守所在押人员过多。许多看守所执法人员仍然存在利用牢头狱霸来管理，久而久之，牢头狱霸就成为了引发在押人员非正常死亡的不稳定因素之一。而关押量上升，会给看守所的日常管理、安全工作带

来很大隐患。(2) 近年来，由于监所羁押人员死亡事故时有发生，社会舆论压力激增，责任追究力度加大，导致看守所、监狱部门在审查病犯过程中存在能不收则不收，不愿意承担责任的思想。(3) 受到人力、物力等客观条件的限制。因病犯体检费用开支大，经费难以保障，有的看守所、监狱无力承担，且体检时在警力有限的情况下，存在病犯逃跑、自杀、自残等安全事故风险。有的看守所目前还未配备足够的安全防护、保障措施，致民警有可能染病。

而法院则认为部分案件侦查机关未按法律规定变更强制措施及看守所、监狱部门未按法律规定的条件和程序收押病犯，应予纠正。(1) 看守所收押嫌疑人的标准存在自保安全倾向，更侧重于看守所自身的管理与安全，而忽视了病犯的社会危险性。《刑事诉讼法》和《最高人民法院关于人民法院决定暂予监外执行有关问题的批复》明确规定，对于适用保外就医可能有社会危险性的罪犯，或者自伤自残的罪犯，不得保外就医。对于严重疾病的认定，目前依据的是《罪犯保外就医执行办法》中的附件，即《罪犯保外就医疾病伤残范围》。但实践中，由于看守所执行的是《公安局关于进一步规范监管场所收押工作的通知》，对不符合《罪犯保外就医疾病伤残范围》中的情形也予以拒收。(2)《看守所条例》第10条规定的是对急性传染病患者不予羁押，因此对患有一般的传染病，只要病情不是严重危及生命健康，生活尚能自理，还应坚持在监室内治疗，看守所均应当收押而不应随意拒收。(3) 全国人民代表大会制定并通过的《刑事诉讼法》，属于法律，《看守所条例》则是国务院制定并发布的，属于行政法规，行政法规的法律效力低于法律，依法不得与宪法和法律相抵触。而根据《刑事诉讼法》的规定，除了对于患有严重疾病的确需保外就医并且适用保外就医不会发生社会危险的，可以保外就医外，对于即使患病但可能有社会危险性的罪犯，或者自伤自残的罪犯，看守所均应收押。(4) 病犯虽然情况特殊，但他们并不拥有法外特权，为了体现我国《刑法》的公平、公正原则，做到罚当其罪，罪刑相适应，他们应得到相应的惩治。虽然羁押这些人需要花费国家的部分资金，但如果任由其流入社会，那么就会随时潜在着更大的社会危害性、需要更多的人力去进行监管，不仅可能需要花费更多的人力、物力，甚至可能对社会造成更大的危害。只有对他们实施有效关押，才能真正遏制其违法犯罪行为，通过法律的强制力和其他手段促使他们认罪悔罪，走向新生。

2. 对病犯进行疾病鉴定的主体出现争议。在实践中，对于应该由哪个司法机关移送病犯进行疾病鉴定一直存在争议。这一方面也涉及侦查、起诉、审判阶段，司法机关对病犯所必须进行的体检、治疗、鉴定经费支出没有保障，办案机关一般都不愿支付，相互推诿，这使病犯的病情程度难以查清，从而出现不收押病犯的现象。而根据《刑事诉讼法》的有关规定，逮捕决定是由同级公安机关执行；对被告人采取取保候审的，由当地同级公安机关执行；对被告人采取监视居住的，由被告人住处或者指定居所所在地的同级公安机关执行。故法院认为，对于被告人有法定不能执行的事由，如重大疾病，应首先由相应公安机关送其去进行疾病鉴定。

3. 对鉴定程序方面的适用法律问题存在分歧。部分侦查机关因病对被告人采取取保候审等强制措施时未严格按照《广东省高级人民法院、广东省人民检察院、广东省公安厅关于犯罪嫌疑人、被告人取保候审疾病鉴定工作的实施意见》（粤高法发〔2011〕24 号）、《罪犯保外就医执行办法》的规定作疾病鉴定，即使经协调之后进行疾病鉴定，医疗机构的鉴定程序和规范的对接与操作也出现很多问题，如对办案单位提供的能证明该犯身体健康的材料没有具体、统一要求；有的医院出具的诊断只有医生签名而没有医院诊断专用章；有的医院一些检查结果缺乏专业性审查；个别不收押建议没有领导签字等。且协调过程中涉及公安、检察、监所、医疗机构等多个部门。因目前没有具体的司法解释、指导意见对此情况进行规范，仅有省高院 2006 年《关于严格执行人民法院办理暂予监外执行案件的有关规定》参照执行，对监外执行具体如何操作相关法律规定的并不明确。

4. 对部分疾病的鉴定结果是否属不收押之列有争议。如《关于印发〈罪犯保外就医执行办法〉的通知》（司发〔1990〕247 号）及《广东省公安监管场所暂不收押的疾病伤残范围》内所列的“高血压Ⅲ期”是否等同于医院疾病鉴定报告中写诊断结果“高血压 3 级”?（据向有关医务人员了解，“高血压 3 级”仅是指被诊断人员在诊断当时的血压达到一定的指数即可断定；而“高血压Ⅲ期”则不仅是要求被诊断人员达到一定的指数，还要求被诊断人员因高血压对造成心、肾、脑等人体器官造成一定的损害，才能断定）而这将对看守所、监所部门是否收押病犯产生重大影响。

（三）一些办案机关责任心不强，监管不力

1. 有的侦查人员在抓获病犯后，即产生畏难情绪，没有带其至医院做必要、详尽的体检，以查清病情的程度，而是在看守所不收押的情况下，消极地将其简单处理，办理取保候审，以免劳力费神，有些地方甚至处于放任自流的状态。

2. 部分办案人员缺乏责任心，办案机关对病犯不收押的条件、程序掌握不严，任意处置的情况突出。有的看守所、监狱仅依据病犯自己的交代对病犯作简单问诊、体检后，就认定其患有严重疾病，拒绝收押一些符合收押条件甚至无疾病诊断证明的病犯，而没有将病犯带到指定医院进行体检，未到法医鉴定部门进行审核。

3. 检察机关作为监督机关，依法应对于看守所、监狱收押、监管病犯活动实施监督，对发现看守所、监狱应当收押而拒绝收押的，应当及时提出纠正意见。但实际过程中，很多驻看守所检察室往往监督审查只是流于形式，并未认真行使监督职责，监督管理不到位，致使部分病犯脱管失控。

（四）没有强有力的违法制裁措施为保障

由于检察机关对于看守所监督的力度只限于通知纠正违法，对于拒收病犯的司法恣意行为没有任何实质性的法律处罚手段或者措施，而且看守所、监狱的利益往往也夹杂其中，故执行机关任意不收押病犯的司法行为没有相应的法律成本，行为者无后顾之忧，行为自然肆无忌惮。

四、解决“送监难”的相关对策和建议

（一）完善相关法律、法规

由两高两部联合卫生医疗部门出台相关法律和司法解释，以保证刑事诉讼的顺利进行为主要出发点，对看守所、监狱不予收押病犯的疾病范围、疾病诊断及鉴定程序作出明确而具体的规定，对《刑事诉讼法》规定的“严重疾病”作出严格界定，进一步规范收监环节各个司法机关之间的权利义务关系，规范相关医疗单位和医务人员的法律责任，明确无法定理由拒不收押的行政、刑事责任及处罚措施，明确羁押方式、场所、经费保障、人员配备等相关问题，使病犯在何种情形下应被收押有章可循，切实解决操作规范相对不明确等问题。在确定不能收押的疾病范围和具体情形

时，应与病犯所犯罪行、社会危险性相联系。对于罪行较轻和人身危险性不大，不羁押发生危害社会行为的可能性不大的，可以适当放宽不予收押的范围，以减轻看守所、监狱负担和有利于病犯医治疾病。对于罪行严重的病犯，不羁押确有社会危险性或者有串供、自杀可能的，或以其他形式恶意逃避羁押的，看守所均应予以收押，以防止放纵罪犯再危害社会。

（二）改革看守所的管理体制

1. 看守所要落实安全监管，应从打击牢头狱霸为出发点，建立有效的制衡监督体制、健全看守所监管规则和方法，减少乃至遏制看守所内在押人员之间打架斗殴、欺生动手的现象。

2. 要定期加强防范与引导，根除犯罪嫌疑人意图逃避制裁的侥幸心理。

3. 要强化医疗防控，落实责任制，消除监内危险因素。

4. 要切实依照法律有关规定开展收押工作，严格把握不予收押的特殊情形，进一步完善审查程序。不予收押应由狱医提出，填写正规文书，附相关证明材料，看守所领导签字，主管局长批准，报检察机关备案。同时自觉接受监督，对检察院提出的检察纠正意见应当按照规定进行纠正并反馈结果，做到程序合法，手续完备。

（三）强化法律监督

1. 要加大检察机关的监督管理力度，对公安机关采取的强制措施进行有效监督，使公安机关在案件侦查阶段就依法做好犯罪嫌疑人的疾病鉴定工作，并决定是否取保候审、监视居住。对不符合条件的，要办理交付收押手续；符合条件的，才能办理取保候审等变更强制措施。

2. 要加大对狱医、医疗机构的监督，规范相关诊疗行为。看守所及检察机关的相关人员要认真审查病犯的法律文书和病历材料，对拟不收押病犯的疾病诊断，看守所和监所检察人员应共同在场，并参与病情复查全过程，听取专业技术人员的审查意见，以保证相关医疗资料、诊断过程的客观、真实性，避免出现弄虚作假使病犯逃避羁押的情况。

3. 要充分发挥人民检察院驻所检察室对看守所执行和监管活动的检察职能作用，加强对看守所不予收押决定的法律监督。对看守所扩大解释，拒收病犯的行为应当采取口头和书面的方式予以纠正；对该羁押的，及时下发检察建议或纠正违法通知书，确保法律严格执行。同时要与看守所沟通监督渠道，进一步做好收押病犯的监督管理工作，杜绝司法腐败与司法任意。对不按照规定进行纠正，又不说明情况或者理由，也不按照程序要求复议、提请复核的，检察机关应当一律依法作出严肃处理。对构成犯罪的，应当依法追究相关责任人的刑事责任。

（四）设立专门收治场所

目前我国大多数地区没有设立患有艾滋病、乙肝、肺结核或严重自残等特殊病犯的关押场所。政府应采取针对性的措施，设立专项经费，为患有传染病类、严重急性病症的犯罪分子建立专门的关押、诊治场所，配备相应的防护设施和医疗条件，实行集中收容、集中监管和治疗，使法律制裁和救助治疗相结合，在避免病犯逃避处罚、降低关押成本的同时，遏制和防范疾病的传播。

（五）建立多层监管体系

看守所不收押病犯其中的一个主要原因在于害怕人犯在所内出现死伤事件。因此，在完善收监措施的同时，应当寻求适当替代方法，将病犯变更强制措施及暂予监外执行的出口保持畅通，解决看守所对所羁押的人员“进得来、出得去”的后顾之忧。应大力构筑基层监管网络，加强与村（居）委、社区的联系，通过公安派出所负责监督，街道居委、村委或者原所在单位协助监督，采取“病犯向保证人报告、保证人向社区报告、社区向办案机关报告”的多级报告和“即时报告、定期报告”制度，全面掌握取保候审、监视居住对象的基本活动情况。同时社区矫正也是一种全新的刑罚执行方式，具有刑罚的惩罚性和恢复性双重价值。社区矫正机构接受暂予监外执行人员后，应当严格按照《社区矫正实施办法》执行，承担对监外执行人员在监外的监督，暂予监外执行情形消失后，对暂予监外执行的人员，应当进行及时的羁押和收监执行。而相关制度也应予不断完善，并将监管工作落到实处。

（六）注重各部门的沟通协调

要加强公、检、法、司、医疗、卫生等相关部门的联系和沟通，建立健全各部门之间有效的协作机制，明确各部门间的工作运行模式、联系制度、工作任务，统一不收押病犯的适用标准，同时防止将病犯重复送往医院体检，既能避免出现安全事故，又能有效避免司法资源的浪费。不同部门对具体问题的意见难以调和时，可在政法委的牵头下组织协调，研究对策，堵截漏洞，解决问题。此外，建议政法委定期组织公安、检察院、法院等部门召开联席会议，互通信息，反馈情况，齐心协力共同做好病犯的收押工作。

综上，对病犯的羁押，应当以保证刑事诉讼的顺利进行为出发点。法律规定了看守所对病犯有不收押的权力，但其中的弊端显而易见。而看守所的工作是刑罚执行中刑事诉讼活动的重要环节，刑罚执行是否合法、到位，直接关系到整个刑事诉讼活动是否完整，关系到保障刑法惩罚犯罪、保护人民宗旨的实现。目前“送押难”“送监难”问题还未能完全有效解决，这不仅严重损害了法律的权威，不利于犯罪分子的积极改造，给社会治安带来了潜在危害，而且严重影响了法院刑事审判工作的正常开展，也成为社会关注的焦点问题，危害较大，亟待解决。

民商事纠纷案件专业化调解机制构建研究

——以宝安法院探索民商事纠纷案件专业化调解机制司法实践为视角

深圳市宝安区人民法院课题组*

调解作为一种历史悠久的纠纷解决方式，是中国法治文化和长期司法实践的产物，在立法及司法实践中也始终占据着极其重要的地位。在世界范围内，以调解为代表的替代性/非诉讼争端解决机制（ADR）的一个重要发展趋势就是专业化，越来越多的诉讼纠纷被按照其类型划分，并归入必须进行调解的行列，用以替代诉讼，提高纠纷解决的效率。专业化调解对化解当前司法资源紧缺及社会矛盾激增的冲突有积极作用，世界上很多国家和地区在专业化调解及制度的建立和运行上已有成熟的立法和司法实践先例可供借鉴，在全球化趋势日益体现的今天，我们完全可以博采众长为己所用，以加速中国特色的专业化调解机制的建立。

一、民商事纠纷案件专业化调解机制产生背景及动因

有纠纷就会有纠纷解决机制，而调解就是多元化纠纷解决机制中较为独特的一种。调解是指发生纠纷时，由第三方主持，依据一定的规范，通过说理、教育、感化等方式进行劝解、说和，促使当事人双方互谅互让，协商解决纠纷，以达到息事宁人、和睦相处、维护社会安定与和谐的目的。传统文化中追求和气的深厚观念使得调解在我国发展益发旺盛。在我国，根据调解组织的不同，调解主要分为：人民调解、法院调解、行政调

* 课题组组长：闻长智，副组长：许云兴，成员：林葵英、邱碧媛、成少勇、刘金燕，成员（执笔人）：袁钰钟、余卫琦。

解、仲裁调解、劳动争议调解委员会调解、农业承包合同纠纷仲裁调解、乡镇法律服务调解、主管监管部门行政调解、单位组织调解以及民间自发调解等。其中法院调解也即诉讼调解是指根据《民事诉讼法》的相关规定，在人民法院审判人员的主持下，双方当事人就民事争议通过自愿协商，达成协议的活动和结案方式。而根据案件类型，可大致分为民事调解、商事调解、行政调解以及劳动纠纷调解等。其中商事调解无论是案件类型还是调解组织都较为特别，是指平等主体的自然人、法人和其他组织之间因商事交易而产生纠纷，提交商事调解组织要求调解的行为和过程。[①]

（一）民商事纠纷案件专业化调解制度产生背景概述

新中国成立后，在诉讼制度中最先确立了调解为主的理念。1950年毛泽东同志提出“调查研究、调解为主、就地解决”的基本方针。1958年颁布的《诉讼程序实行通则》对调解作了专门规定。1964年，最高人民法院又提出了“依靠群众、调查研究、调解为主、就地解决”的方针。1979年将调解为主的政策上升为法律规范。1982年《民事诉讼法（试行）》专门规定了民事诉讼调解，1991年《民事诉讼法》则对调解进行了专章规定。

1. 民商事纠纷调解原则。《民事诉讼法》第93条规定诉讼调解的两大原则：自愿及事实清楚、分清是非。人民法院对案件进行调解必须充分尊重当事人及其他诉讼参与人的意愿，以当事人自愿为调解启动的前提。同时，调解必须以案件事实的清楚和是非责任的分清为基础。如果对于案件事实不清或者责任承担不明的，就难以顺利进行调解，调解协议也难以达成。自愿原则是调解原则最核心的原则，是当事人处分权在调解程序中的本质体现，当事人既可选择调解也可拒绝调解。即使径行调解情况下，也需征得当事人同意（参见《最高人民法院关于适用〈中华人民共和国民事诉讼法〉的解释》第142条）。而事实清楚、分清是非原则，争议比较大。部分学者认为基于当事人处分权以及调解和审判的重大区别，采用事实清楚、分清是非不利于调解协议的达成且对当事人处分权过分限制。我们认为，调解协议效力具有一定扩张性，极容易发生当事人串通调解以获取非法利益现象，而对调解协议设置司法确认程序时更应该以公共利益为基础，而公共利益的维护前提必然是以清楚事实以及是非明晰。

---

① 尹力：《国际商事调解法律问题研究》，武汉大学出版社2007年版，第40页。

2. 协助调解制度的建立。《民事诉讼法》第 95 条规定，人民法院进行调解，可以邀请有关单位和个人协助。此条款正式确立了有关单位或个人在调解中的协助义务，也即“法院邀请调解”。这种协助调解制度肇始于古代“官批民调”，但却又不同于此。官批民调是指古代州县官员将纠纷批示给宗族、乡里予以调处，亦即将已经呈于衙门的纠纷发回民间，由后者予以调处并将结果呈报衙门。[①] 2004 年《最高人民法院关于人民法院民事调解工作若干问题的规定》（以下简称《民事调解工作规定》）第 3 条第 1 款明确规定，人民法院可以邀请与当事人有特定关系或者与案件有一定联系的企事业单位、社会团体或者其他组织，和具有专门知识、特定社会经验、与当事人有特定关系并有利于促成调解的个人协助调解工作。2007 年最高人民法院印发的《关于进一步发挥诉讼调解在构建社会主义和谐社会中积极作用的若干意见》（以下简称《发挥诉讼调解作用意见》）第 3 条提出，人民法院可以建立和完善社会力量进行调解的工作机制。

3. 委托调解制度。《民事调解规定》首次对委托调解作出了明确规定。第 3 条第 2 款规定，经各方当事人同意，人民法院可以委托前款规定的单位或者个人[②]对案件进行调解，达成调解协议后，人民法院应当依法予以确认。委托调解和协助调解有较大的不同，其中最大区别体现在法院在其中所起作用不同。委托调解中有关单位和个人是调解的主持人、主导者，其独立行使调解职权；而协助调解中人民法院起主持或者主导作用，有关单位和个人只是从旁协助。[③]

4. 诉讼与非诉讼相衔接的矛盾纠纷解决机制建立。2009 年最高人民法院印发《关于建立健全诉讼与非诉讼相衔接的矛盾纠纷解决机制的若干意见》（以下简称《意见》）要求完善诉讼与仲裁、行政调处、人民调解、商事调解、行业调解以及其他非诉讼纠纷解决方式之间的衔接机制。其中规定，对于已经立案的民事案件，人民法院可以按照有关规定邀请符合条件的组织或者人员与审判组织共同进行调解。调解应当在人民法院的法庭或者其他办公场所进行。2012 年，最高人民法院联合中国保监会下发通知

---

① 曾令建：《法院调解社会化研究》，西南政法大学博士论文。

② 即与当事人有特定关系或者与案件有一定联系的企业事业单位、社会团体或者其他组织，和具有专门知识、特定社会经验、与当事人有特定关系并有利于促成调解的个人。

③ 江必新主编：《新民事诉讼法理解适用与实务指南》，法律出版社 2012 年版，第 373～374 页。

明确要求建立完善保险纠纷多元化纠纷解决机制，建立保险纠纷诉讼与调解对接机制。试点法院建立特邀调解组织名册、特邀调解员名册，供当事人自愿选择。

（二）传统调解制度的问题

调解是对应纠纷解决而生的，纠纷的不断变化，也即意味着建立在其基础上的解决机制也应该顺时顺势变化。毋庸置疑，调解制度在纠纷解决、社会和谐建设等方面发挥了难以取代的作用。但是，我们通过调研发现，在面对日益复杂的纠纷形势，以及更为专业化的利益诉求方面，传统调解模式存在以下问题：

1. 难以应付专业化纠纷。根据《民事诉讼法》的有关规定，大部分案件在当事人自愿的基础上都可以进入调解程序。而随着经济社会的日益发展，特别是在发达地区，纠纷开始日益专业化，比如说激增的医疗纠纷或者保险纠纷等，都涉及相当部分专业术语和专业知识。而在复合型法律人才培养尚未跟上，或者说根本就无法跟上纠纷发展形势的时候，法官是外行就难以避免。传统调解制度过于僵化甚至于保守，在面对专业化纠纷时，难以出现应有的灵活和专业。同时，调解缺少对抗性程序，发现事实的力度远没有庭审那么大，法官在主持调解时，一旦案件事实涉及专业知识时，可能会在揭示事实和理解纠纷时出现困难，势必会影响案件调解的成效。

2. 调审合一模式的内在性弊端。在我国目前的民事诉讼结构中，同一案件的法官既是调解者又是裁判者。日本学者棚濑孝雄认为：“在调解者对具体纠纷的解决持有自己的利益时，往往可以看到他为了使当事者达成合意而施加种种压力的情况，这种强制性合意之所以成为可能，是因为调解者对当事者常常持有事实上的影响力。”① 在调解或者是判决方面有相当大的自由裁量权的法官的双重身份会给调解中的当事人带来无形的压力。“调解人员的双重身份，不仅是法院调解所有问题的根源，同时也是调解本身一系列深层次矛盾得以爆发的导火线。”②

3. 案件分流效果及减轻法官压力效果不明显。调解因其当事人自愿性

① ［日］棚濑孝雄：《纠纷的解决与审判制度》中国政法大学出版社 1994 年版，第 13 页。

② 王亚新：《社会变革中的民事诉讼》，中国法制出版社 2001 年版。

以及结果达成的最大合意，在消解矛盾缓和关系等方面具有诉讼程序所不可替代的作用。同时，在诉前进行案件是否适宜调解的过滤可以将部分案件予以分流，在一定程度上能够减轻法官办案压力。这也是调解制度设置的重要目的。但是，目前看来，调解制度在案件分流及减轻法官压力方面的效果却没有最大限度体现。主要原因有：一是调撤率的不当设置导致部分案件调而不判，陷入调解不成再调解的恶循环，不光严重加大法官办案压力，而且也在很大程度上造成当事人诉累。二是调解程序不规范。我国目前并没有调解程序的科学设置，无论是“背靠背”或者圆桌调解等方式都属于各地创新做法，难以在制度规范层面上具有更大借鉴意义。同时，现有的调解方式已经难以适应专业化纠纷化解的需要，突出反映在对案件涉及的部分技术问题很少有独立第三方的参与，这样导致很多调解案件因在案件事实方面难以达成一致而无法达成调解协议。三是进入调解程序的案件未科学合理划分。目前，绝大多数法院都是调解法官包办大类型案件的调解工作，如此，便会造成法官在巨大调解压力下只能采用情感认同等较少手段引导当事人调解，而无法真正从案件事实和法律责任分担方面上引导和主持调解。目前，部分专业性纠纷，特别是医疗纠纷、保险纠纷等案件调解效果不好，容易造成矛盾的第二次激化，给后续诉讼程序带来严重不利影响。

（三）民商事纠纷案件专业化调解机制出现的必然性

1. 社会分工细化。埃米尔·涂尔干在其《社会分工论》指出：“然而分工并不是经济生活所特有的情况，我们看到它在大多数的社会领域都产生了广泛影响。政治、行政和司法领域的职能越来越呈现出专业化的趋势，对科学和艺术来说也是如此。”① 根据涂尔干的理论，社会分工已经渗透到每个领域，当然包括司法。伴随着社会分工的进一步细化，社会矛盾纠纷也趋向复杂化、多样化，矛盾纠纷化解工作在社会层面缺乏价值认同感的支撑土壤，调解工作难度增大。

专业化纠纷的出现是法律适应性的重要衡量指标。专业化纠纷一旦进入到调解程序，而法官进行调解的前提是对纠纷事实有基本知晓，对纠纷

① ［法］埃米尔·涂尔干：《社会分工论》，渠东译，生活·读书·新知三联书店2000年版，第2页。

所涉法律有所明确，这样才能在启动调解、进行调解、审查调解结论等程序上起关键把控作用。但是，调解和诉讼最大的区别在于缺少庭审对抗性程序，纠纷双方对案件事实的揭露力度不大，因此借助于专业性问题和专业化术语建构起的纠纷事实原貌，法官理解起来就显得吃力。借鉴英美法系国家的法官可以依靠“法庭之友”来理解和探知专业性问题的做法，我国在调解过程中引入专业化团体和人士也就顺理成章。因此，借助相关领域的行政职能与行业管理等优势力量，引入专家中立咨询、评估机制，构建专业化、类型化的民商事纠纷调解机制就势在必行。

2. 社会化协作趋势加强。社会化协作是指个人需要克服自己及环境的局限性，管理要使人们在其中能够互通信息并为一个共同目的而自觉地作出贡献的一切协作。社会分工的日益细化，必然带来社会职业的多样化，而不同职业之间的知识系统和实践的距离也将拉长。社会化协作正是对这种日益细化的社会分工所提出的重要解决方法。无论是诉讼中的“法庭之友”还是调解过程中的独立第三方加入都在最大程度通过社会协作提高事实揭示效率和合意的迅速达成。社会化协作还将会基于同一分工领域内情感的紧密联通，使调解双方更易在情感认同的基础上达成共识进而确保调解协议的顺利达成及顺利履行。

3. 传统熟人社会的不断瓦解。传统的中国社会，被概括为熟人社会、乡土社会，即社会成员之间依靠浓厚的亲缘关系以及人情往来相连接。在这样的社会中，由德高望重的贤人或灵巧活络的能人调解社会矛盾纠纷顺理成章。在调解程序中，当事人坐在一起进行沟通，共同寻求解决方案，这样可以化解双方的负面情绪，使他们彼此之间的关系得以缓和，进而建立起稳定而理性的沟通机制，有助于修复和发展当事人之间的长期合作关系。而随着公民权利意识日益增强，通过权利让步以维护双方和平共处状态的理念逐渐淡化，而对利益得失的重视程度远甚于对彼此之间关系的维护，民商事纠纷案件调解工作难度进一步加大。民商事纠纷案件主体之间不再是鸡犬相闻的熟人社会体系，而是脱离了共同体的生活关系，彼此间不存在或不需要保持长期的关系，从而使得通过调解维护以和为贵的熟人关系变得不再重要，案件当事人之间的分歧和对立很难通过说服教育予以缓解和消除，这些都对调解机构的设置和调解人员的素质提出了更高要求。

二、广东省民商事案件专业化调解机制的实践探索和所面临的困惑

近几年来，为了用调解机制来缓解日益沉重的诉讼压力，我国各级法院自下而上地进行了一系列改革，如调判分离、繁简分流、速裁、庭前调解等，最高人民法院还通过司法解释文件对这些改革经验进行了总结和推广。而民商事纠纷案件专业化调解机制是指根据我国法律规定可以调解的民商事案件基于案件类型划分，在法官主持下引入专业第三方进行案件调解的纠纷解决机制。

（一）全省法院推进民商事纠纷案件专业化调解机制总体情况

总体来说，全省法院在推进民商事纠纷案件专业化调解机制工作上取得一定成绩，但也存在地区发展不平衡、制度探索出现“瓶颈”等问题。

第一，粤西、粤北在探索民商事案件专业化调解机制上较为落后，主要原因是地区经济社会发展水平与珠三角地区有一定差距，专业人员资源不足，专业化调解基础薄弱。同时当事人思想认识较落后，对于专业化调解理解不到位，导致缺乏专业化调解机制产生的土壤。

第二，珠三角地区法院案件基数大，对多元化纠纷解决机制探索意愿强烈，但总体来说，创新能力不平衡。部分地区法院并未能从机制上系统建立起相关配套制度，很多专业化调解机制仅停留在初步计划上，缺乏足够的专业调解力量支持，难以落实。

第三，专业化调解机制探索“天花板”效应凸显。专业化调解机制是系统工程，不光是涉及审前调解、诉前联调机制的有效整合，还需要有关单位、社会团体、科研院所等机构的联系合作。很多法院在涉及多部门合作以及不同机制整合上出现了较大的困难，导致民商事案件纠纷专业化调解机制探索未能更进一步。

（二）宝安法院民商事纠纷案件专业化调解机制探索

1. 宝安法院民商事案件专业化调解机制探索缘由。第一，人案矛盾突出。珠三角发达地区法院案件基数大，法官数却又受编制等因素限制，人均办案量极大，法官案件审理已经身心俱疲，就更难全身心投入到案件的

调解工作中。以宝安法院为例，一线法官人均结案数约是广东省和深圳市平均水平的四倍与三倍。在法官数量难以大幅度增加的前提下，只能通过审执机制改革，分流案件，做好诉调对接工作，才能确保案件审判质量以及司法服务质量。

第二，案件类型多样化解难度大。由于辖区经济活跃，市场交易频繁，加之受近年来国内外经济形势低迷影响，劳动争议、买卖合同等纠纷日益频繁，如2013年受理民商事案件29546件，同比上升9.41%，2014年全年受理民商事案件34071件，同比增长15.31%

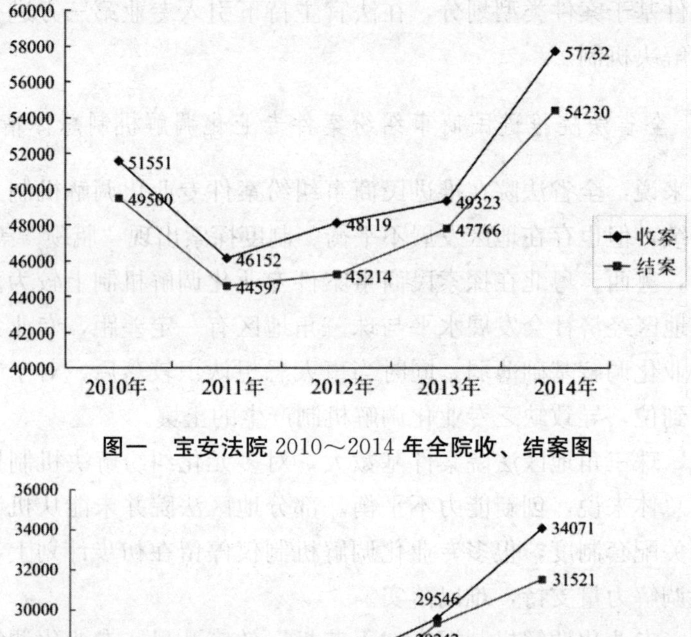

图一　宝安法院2010～2014年全院收、结案图

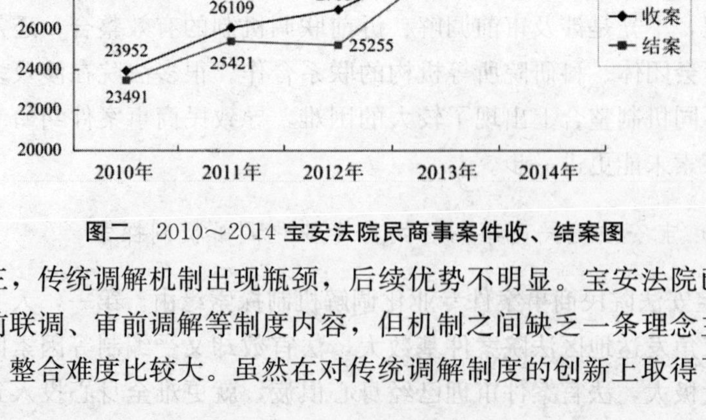

图二　2010～2014宝安法院民商事案件收、结案图

第三，传统调解机制出现瓶颈，后续优势不明显。宝安法院已经不断丰富诉前联调、审前调解等制度内容，但机制之间缺乏一条理念主线和制度主线，整合难度比较大。虽然在对传统调解制度的创新上取得了较大成

效，但随着社会发展不断深化，审执工作不断开展、传统调解机制在专业化纠纷化解、社会力量整合、多部门协助上存在理念和制度瓶颈，后续优势不明显，亟需深度挖掘专业化调解机制的内生活力，建构一整套系统全面的涵盖各方力量的综合性民商事纠纷案件专业化调解机制。

2. 宝安法院民商事纠纷案件专业化调解机制实践

（1）设立调解中心，保障调解员的中立性，发挥法院在诉前专业化联调中的主导作用。为了保证法院在诉前专业化联调中的主导作用，宝安法院在法院内部设立调解中心，统筹诉前专业化联调工作。在2006年，宝安法院与13家诉前联调成员单位共同开展联调工作，同时积极与深圳贸促会、保险同业公会、深圳市律师协会等行业协会和社会组织合作，不断丰富联调联动方式，提高联调效率。

为了保证调解员的中立性，宝安法院在诉前专业化联调案件中，法官不再担任调解员，而是对调解人员进行统一选任，并登记造册，调解人员可包括退休的法官和检察官、律师、公证员、法学学者等法律专业人士，也包括医生、会计等其他专业性人士或具有较强沟通能力的非法律专业人员。法官在诉前专业化联调中并不充当积极角色，而是保持其中立地位。这种制度的设定，一方面是为了维持法院作为裁判机关的纯洁性，另一方面也是通过法院在诉前联调中的让位为当事人提供较大的主导空间，确保诉前联调能发挥其作为自治型的合意纠纷解决机制的特点。

宝安法院将诉前专业化联调附设于法院内部，能够有效地使调解与司法制度相互衔接和融合，可以说是司法的一种根本性变革，当调解不成功时，当事人可以选择是否进入诉讼程序，一旦当事人选择诉讼，则案件转入诉讼程序；调解成功时，双方签订的调解协议在获得法院的司法确认后具有和法院判决同等的法律效力，具有强制执行力。①

（2）搭建诉前专业化联调平台，集合相关领域的行政职能与行业管理等优势力量，将案件纠纷高效化解在诉讼外。为了保障诉前联调机制高效运转，切实缓解法院办案压力，宝安法院共搭建了七大诉前专业化联调平台。一是涉及有关联调成员单位工作职责的案件，由相关成员单位派人参与联调。二是医患纠纷案件，创新开展专家咨询机制和中立评估机制，与

---

① 参见沈恒斌主编：《多元化纠纷解决机制原理与实务》，厦门大学出版社2005年版，第58页。

卫生局、司法局建立联调对接关系，妥善处理医患纠纷案件。三是商事案件，与深圳贸促会签订了《商事纠纷审判与调解结合合作方案》，委托其派驻法院的商事调解员协助调解。四是交通事故案件，在交警大队设立巡回法庭，协助指导交警部门及派驻交警大队的人民调解室调处纠纷，并与深圳保险同业公会合作，其派专人驻点宝安法院参与调解。五是家事案件，与区公安分局、司法局、民政局、妇联、团委分别签订了《合作备忘录》，确定人身安全保护、家事调解员、家事调查员等相关制度。六是重大信访维稳案件，以驻街道综治信访维稳中心法官工作站为平台，与街道应急指挥中心、综治办、司法所等单位一起参与群体性纠纷案件、老板弃厂逃逸案件等重大信访维稳案件的联调工作。七是其他类型案件，确定包括心理学专家、医学权威、高校教授、法律精英等多领域的特邀调解组织和特邀调解员，参与相应专业领域的调解工作。

(3) 将诉前专业化联调定位为审判的前置程序，分流诉讼案件纠纷。为了分流爆炸性增长的案件纠纷，缓解法院办案压力，宝安法院将诉前专业化联调定位于审判的前置程序，规定所有起诉到法院的民商事案件，经立案庭工作人员初步审查认为有调解可能的，就有义务向当事人介绍诉前专业化联调程序并推荐其使用。当事人诉至法院后暂缓立案，立即启动诉前联调工作机制，通过委派调解的方式，将案件分流给相应的联调对接平台先行调解，并对调解成功，当事人申请司法确认的案件，予以立案审查并出具司法确认裁定文书。当事人诉至法院立案后，立即启动审前调解工作机制，通过委托调解的方式，委托医患专家、大学教授等相应专业机构、专业人员进行调解、引导当事人先行选择调解方式解决纠纷，将纠纷化解在审前，减少进入诉讼程序的案件。与一般的社会调解不同，诉前专业化联调的启动、开展及最后的结果都与法院有着内在联系。这些程序一般都由法院内部规则确定，其组织结构、人员设置、基本原则以及具体程序等都较为严格和规范。宝安法院将诉前专业化联调作为审判的前置程序并附设在法院内部，使诉前专业化联调既受法院的监督管理，又与审判程序分离，使调解和诉讼各自发挥作用。

（三）专业化调解运行机制运行的成效及所面临的问题

1. 运行成效。第一，社会防控能力明显加强。宝安法院辖区是深圳市经济大区、工业大区和人口大区，矛盾纠纷多发、易发，民事纠纷更呈现多样化、复杂化、尖锐化和群体化的趋势，这对法院的社会防控能力提出了更高的要求。多元纠纷解决机制的改革和诉前专业化联调的推行和完善，有效整合了各部门的调解资源，是社会管理方式的有益创新。

第二，法院定分止争的能力明显加强。诉讼纠纷案件的爆炸性增长，司法资源的相对不足，使得法院案多人少的矛盾越来越突出，诉前专业化联调具有灵活和简便易行的特点，不存在上诉、再审、申诉等程序，有效解决了诉讼程序耗时长、司法成本高等问题，有效缓解了法院案件积压、诉讼迟滞的不利状态，法院办案压力明显下降。

第三，整合升级建立全新专业化调解模式。在法院原有调解工作的基础上，将审前调解整体并入诉前专业联调，并进行进一步的整合、改造和升级，建立具有宝安特色的诉前专业联调工作机制。对诉至法院的所有民事案件在排期开庭审理前由专司调解的法官全部调解“过滤”一遍（法律规定不能调解的除外），并把联合调处三大类型化案件的工作模式统一纳入进来，调解不成再转入业务庭排期开庭审理，使审前调解成为与排期审理相提并论、相对独立的一个前置程序，以此把大量的民事纠纷化解在审前阶段。（见图三）

2. 存在问题

第一，缺乏更高层面的统筹协调。目前，各地专业化调解发展不平衡，缺少更高层面的统筹协调机制，专业化调解机制可推广、可复制性不高。全省经济发展不平衡，对专业化调解的认识和重视程度也不同，而且涉及各法院辖区诸多相关职能部门的配合协调，往往离不开党委政府的大力支持和上述单位、组织的协调联动，有些经济欠发达地区相应的专业组织和人才相对欠缺，即使在经济发达地区，与专业组织和人才的合作推动通常也需要借助部门影响力甚至是良好的私人关系。在全国范围来看，至今尚未建立一个全国性的调解领导机构或体制，造成各方面的调解资源不能得到最有效的运用。

第二，激励机制欠缺。专业化调解工作的推动和开展目前主要依靠领导的重视和相关专业人士的社会责任感和公益心，缺乏制度和刚性约束，没有约束力的制度化合作机制，短期化、不可持续化特征明显。目前宝安人民法院调解中心的调解员主要是由各成员单位的工作人员、社会购买的调解力量、义工、大学生志愿者、人民调解组织的调解员、社会团体的工作人员等构成。主要驻法院办公的工作人员基本固定，但在吸引社会调解

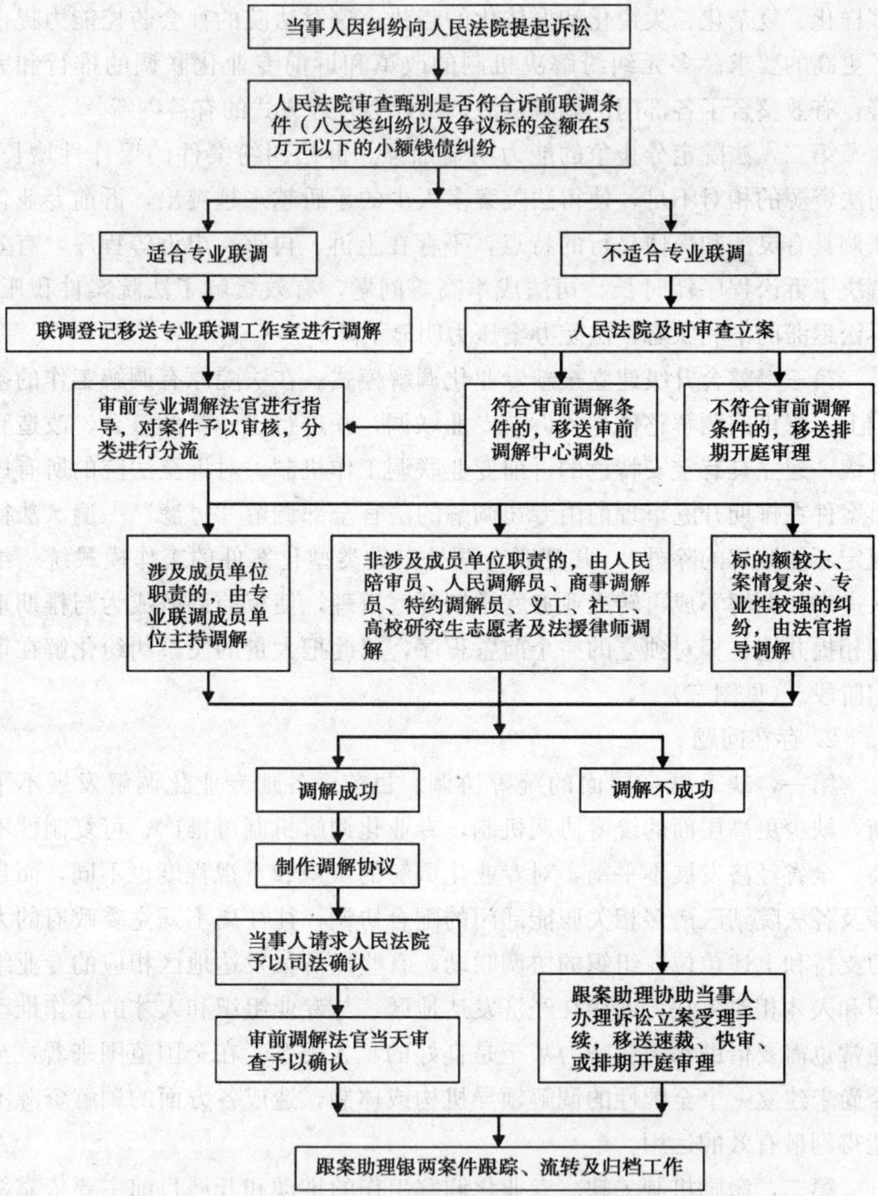

图三　诉前专业联调与审前调解对接新模式

员参与专业化调解，扩充兼职调解员队伍方面，仍然没有形成长久的有效机制。

第三，欠缺科学规范的程序规范设计。程序规范设计的重要性来源于专业化调解活动与后续的诉讼活动有着极为紧密的联系。一旦在调解过程中发生程序不公正问题，势必会对后续的诉讼活动产生“天然的不公正”危机。目前，专业化调解机制还处在探索阶段，很多程序规范尚未完全科学建立，甚至有些地方存在“法无明文规定”的危险境地，亟需要在司法解释或司法文件层面上建立一套专业化调解的程序规范。但目前并无就调解的基础和程序制定统一的调解法律，相关规定散见于众多法律文件之中，更不用说关于专业化调解的专门法律或司法解释。诉前专业化调解机制的建立需要完善的程序规程，并在确定的程序制度内寻求纠纷的合理化解。

三、域外民商事案件专业化调解机制探索实践及启示

（一）域外民商事案件专业化调解机制运行实践

1. 香港地区专业化调解实践。1999 年以来，因民事制度存在着高昂的诉讼费用、诉讼程序的拖延和诉讼程序规则过于复杂等问题，香港地区对其民事诉讼程序进行了修改，着力促进调解的达成。[①] 具体而言，香港地区的调解工作的特色在于：调解力量专业化和明确规范调解员的责任。

在实践中，香港各界力量在调解中发挥着重要作用：主要力量是香港国际仲裁中心下设的香港调解会和香港和解中心，提供的服务包括调解员的培训、推广调解的使用、提供认可调解员的名册、处理对调解员的投诉；其他社会力量包括：香港家庭福利会调解中心、香港律师会和大律师会、香港建筑师学会、香港测量师学会以及香港消费者委员会。律师公会有处理诉讼费用争议的调解计划，建筑师学会也有用调解来解决由建筑及发展生产的试验计划。此外，香港立法会通过议员处理市民的申诉制度在解决纠纷过程中也发挥着积极作用。

这一系列力量带来的成果是，涉及香港政府的工程合约纠纷半数以上通过调解得到解决。附属于法庭的调解计划的家事调解也获得了成功，实践证明计划的使用者对这项服务非常满意，双方达成协议比例很高。

---

① 具体如：在适当情况下采用 ADR 应成为提供法律援助的考虑条件；对不合理拒绝 ADR 的一方在诉讼费用裁定时给予不利考虑；由法院促成双方达成调解协议。换言之，香港地区法院采用间接支持的方式来推动对 ADR 的发展。如在适宜调解的案件中，诉讼某方不合理地拒绝或不尝试以调解方式解决争议，则该方可被判“不利的讼费令”。

2. 美国法院附设 ADR 调解。20 世纪 70 年代以来，法院附设 ADR 在英美国家发挥着越来越重要的作用。法院附设 ADR（Court－annexed ADR）是以法院为主持机构，一定条件下与法院的诉讼程序相关联，一定程序上承担着解决纠纷的司法职能，但仍与诉讼程序有很大不同。法院附设 ADR 程序中，法官通常不直接介入双方交涉的过程，而由来自法院之外的律师、退休法官、相关行业专家或法院的辅助人员来促进双方和解；再者，通过法院附设 ADR 程序获得的调解结果、仲裁裁决只是作为一种评价性判断或参考意见，当事人可以拒绝接受并要求法院重新审理。这种设计充分发挥了调解的功能和特长，并且不致影响诉讼程序中特有的对抗性和规范确认功能，具有相当的合理性。①

3. 日本专业化调解实践。在上世纪发生泡沫经济崩溃后，日本民事矛盾纠纷呈现高速增长的态势。为了应对诉讼爆炸，日本开始重视调解。据资料显示，2009 年日本全国受理调停案件有 108615 件，结案 112861 件；2008 年受理 150161 件，结案 160659 件。② 日本拥有大量具有专业知识的调解员：截至 2007 年，日本有大约一万多名拥有律师资格或解决民事纠纷专业知识、经验的人士（如医师、大学教授、曾任企业干部者、注册会计师等）担任调解员。在调解中，调解员围绕着双方当事人提出的主张提出方案，再与双方当事人进行协调。

（二）对建立专业化调解机制的启示

通过对域外民商事案件专业化调解机制的考察，可以发现专业化调解机制的探索实践是系统工程，是社会化协作模式，是全新的调解思路和方法。主要启示有：

1. 民商事案件专业化调解机制是调解制度发展趋势。纠纷专业化、复杂化是必然的趋势，而社会化协作模式也已经展现出强大的生命力。在纠纷化解上，要与社会力量合作，更加科学专业的化解民商事纠纷，而非停留在单一的调解模式。

2. 民商事专业化调解机制是系统化、社会化的纠纷解决机制。民商事

① 范登峰、李江：《从美国法院附设 ADR 调解制度探索中国法院调解的改革之路》，载《西南政法大学学报》2013 年第 5 期。

② 蒋惠岭主编：《域外 ADR：制度·规则·技能》，中国法制出版社 2012 年版，第 231～243 页。

专业化调解机制涉及人员的专业化、纠纷类型的专门化以及程序制度和配套制度的科学化，是一项系统性的工程。不能只停留在单打独斗的过去阶段，要充分利用社会力量，打造社会化的多元纠纷解决机制。

3. 法院在民商事专业化调解机制中占主导地位。在专业化调解机制的构建过程中，要注重法院在调解人员的选任、培训和指导等方面的主导作用，切实将专业化调解程序与诉讼程序有效链接，避免虚假诉讼、恶意诉讼的大量出现。

四、进一步完善民商事纠纷案件专业化调解机制的总体思路及对策建议

随着现代多元化矛盾纠纷解决意识的增强以及社会和谐语境的不断强化，以调解思想为核心的纠纷分流与化解方式不断多样化。民商事纠纷案件专业化调解机制正是以社会化协作为思路，引入社会化力量专业化解民商事纠纷。

（一）进一步推动主体专业化

2010年最高人民法院发布《关于进一步贯彻“调解优先、调判结合”工作原则的若干意见》（以下简称《工作意见》），提出建立健全以调解案件分类化、调解法官专业化、调解方法特定化为内容的类型化调解机制，建立相应的调解模式，提高调解同类案件的工作效率和成功率。要根据类型案件的特点，选配具有专业特长、经验丰富的法官调解，鼓励法官加强对类型案件调解理论和方法的梳理和研究，将经过实践检验行之有效的个案调解方法，提升为同类案件的调解技巧，不断丰富调解的形式和手段。而民商事纠纷案件专业化调解机制的核心在于主体专业化，也即专业化首要因素体现在调解担当主体的专业化，这也是社会化协作的应有之义。而专业调解员队伍、庞大的第三方专家库及专业化的联调机制的建立对于主体专业化来说显得至关重要。

1. 专业调解员。专业调解员是指具有相关专业资格或从业经验并参与到匹配其专业知识的专门案件调解程序的人员。专业调解人员在调解程序中可以根据当事人的选择主持调解，也可以在法官的主持下参与调解。专业调解员的作用充分体现在可以协助法官认识案件涉及的专业问题，同时

提供较为专业的分析意见，确保调解法官能够在调解过程中充分明晰案件事实问题，并在调解协议的达成上起推动作用。专业调解员分为常驻调解员与非常驻调解员，设立专业调解员名录，供当事人选择。调解员名单主要根据专业纠纷类型进行选任，确保选任品德良好、社会评价高以及从业经验丰富的专家。同时，根据案件类型不同，设置不同案件类型的专业调解员。

2. 第三方专家库。在调解过程中，如果双方当事人调解意愿强烈，但对于部分案件事实有所争执，而这部分事实涉及较为专业的技术问题，此时便可以通过第三方独立专家来提供中立的意见。第三方专家库的设立很大程度是基于社会协作模式的实践，第三方专家主要适用于协助调解环节，本身并不参加案件的调解，仅提供专业意见，通过专业独立意见的发表，为法官调解工作的顺利开展提供独立参考。同时在第三方专家的选择方面，要充分保障调解双方当事人的知情权和选择权。

（二）进一步对案件类型专业划分

《工作意见》指出要根据案件利益诉求、争议焦点的相似性，对道路交通事故损害赔偿纠纷、医疗损害赔偿纠纷、劳动争议等案件试行类型调解模式，实现“调解一案、带动一片”的效果。针对涉及专业领域知识的案件，区分案件量和专家使用频率，综合考虑司法经济和成本。比如涉及医学、知识产权知识的纠纷案件比较多，建立相应的专家库或者长效的专家咨询调解机制，有必要性和可行性，且使用频率大；如果仅为极个别、少数不多见的案件设置专门的机制，发动多部门、组建多人员，明显是不切合实际的，且是对社会资源、公共资源的极大浪费，对于此类案件可以在必要时由当事人、专业的调解员或法官尽力寻找相关方面的专家进行咨询，与此同时这类咨询在人员选择、程序启动方面较为随意、没有那么规范，所以其咨询结果仅供当事人参考。对民商事案件进行类型化区别，总结各类型案件的特点和调解共性，形成专业的、有针对性的类型化案件的调解方案。

（三）进一步建立科学化的程序制度

1. 建立专业化联调机制。民商事案件专业化联调机制核心是专业调解机制，通过专业化这一主线，建立起诉前联调机制以及诉中专业人员协助调解，充分发挥专业人员在各自领域的特长，及时有效化解纠纷。一是协调多元化纠纷解决机制成员，如劳动局、卫生局、交管局、妇联等和贸促会、保险同业公会等组织建立横向“对接点”；二是以区、街道、社区为“线”，建立纵向“对接线”，将调解工作延伸到最基层；三是以医疗、劳动、交通、商事、家事纠纷等领域为“对接面”，建立类型“对接面”，将矛盾化解覆盖到利益纷争的方方面面。

2. 明确调解协议司法确认程序规则。认真审理涉及调解协议司法确认的案件，通过对司法确认的审核认定，赋予其生效判决同样的效力。同时，人民法院在当事人申请司法确认后还应保障当事人的救济程序。一般而言，人民法院应当尊重当事人的意思自治，不介入当事人在调解协议中对权利、义务的处分。但法院在审查过程中发现协议有法律的瑕疵，可以向当事人释明，建议当事人协商补正、变更调解协议或达成新的调解协议。如果当事人不接受法院的释明，裁定驳回其司法确认申请。此外，第三人对经过确认的调解协议有异议时，可向人民法院提出第三人撤销之诉，人民法院经审查认定原确认确有错误，应当用决定书撤销原确认书，并通知原调解组织。当事人可以就原纠纷请求继续调解，亦可向人民法院提起诉讼。

（四）进一步完善相关配套制度

1. 健全完善专业调解人员遴选机制。建立调解员选任常态机制，调解员可由联调单位采取自愿报名和推荐的方式进行选任，这样可以保证来源的多元化。由于调解员的选任具有极大地随意性，为了保证调解工作的质量，必须发挥法院的监督作用，加强对调解员选任环节的监督，在工作安排上要坚持专业化类型化调解的模式。各类型调解人员和调解组织应当适应专业化、精细化办案要求的知识储备，进一步提高调解业务水平。

现阶段亟需完善专职调解员队伍建设，积极吸纳社会经验丰富、心理学知识以及法律知识娴熟的人民调解员参与专业化调解工作，进一步加强法院自身专职调解员队伍建设。充分发挥非常驻调解员作用，调动包括成员单位联络员、高校法律志愿者、律协志愿者在内的多元力量参与调解。进一步激发特邀调解组织和特邀调解员的调解作用，发挥各专业领域、各专业人才的技能优势，化解矛盾纠纷，维护社会和谐。重视对调解员的培训，可以组织人民调解员旁听案件庭审、参与诉讼调解，感性、直观、具体地理解法律规定，熟悉诉讼程序。建立调解员培训基地，定期与司法局联合授课，对调解人员进行业务培训；向调解员传授调解机制与方法，加强对调解员的业务指导。

2. 建立专项经费保障制度。民商事案件专业化调解机制的建立，涉及政府部门、行业协会以及社会团体等。专业化调解机制是社会矛盾纠纷化解重要机制，必须强化领导、管理机制。建立民商事案件专业化调解工作领导小组，由政法部门领导担任组长，各有关部门负责人担任副组长或成员，全面领导本行政区划的专业化调解工作。其次，党委、政府要在人力、物力、财力上加大扶持力度，要把专业化调解工作所需经费列入财政预算，设立专项经费。同时，要加快联调工作的信息化建设，尽快建立诉前联调信息管理系统，实现办公操作、司法统计、信息共享、台账档案的电脑自动化，提高工作效率。具体建议：一是地方调拨专项经费，并建立民商事案件专业化调解工作的专门协调议事机构，增加专项工作人员，但应将新增经费、人员限制在合理范围内；二是实现专业化调解与综治信访维稳工作的有机结合，充分利用综治信访维稳机构的现有人力资源，实现人员、机构的“一专多能”。

3. 确立完备的激励机制。缺乏经费保障和有效激励，就难以调动专业人员的调解积极性，因此，亟需建立对专业调解人员科学合理的激励和考评机制。制定《民商事案件专业化调解机制实施办法》《调解人员绩效考核细则》考核制度，出台具体的实施细则。建立对调解员的激励机制，对工作突出、调解效率高的调解员给予表彰，对调解成功的案件给予适当补贴。要加大宣传力度，通过多渠道多手段突出宣传诉前调解不收费、程序简便、节省时间、可申请司法确认、申请强制执行等优越性，让老百姓更愿意选择专业化调解解决矛盾纠纷。

4. 专业调解人员回避制度。调解属于“类诉讼”活动，调解员获得当事人信任的基础便是其中立性。调解人员应当在调解双方当事人之间保持中立，这样才能确保调解程序合法公正，避免法院在司法确认程序因为调解员与当事人一方有利害关系而撤销调解协议。因此，需要制定调解人员回避制度，明确申请回避程序以及明确调解员不应当跟任何一方当事人有利害关系；即便有利害关系，调解程序开始前调解员也会宣布他不会偏袒任何一方，并在调解过程中严格遵守。调解员应当给予各方同等的发言机会和被倾听的机会

5. 调解人员对调解程序中的相关信息保密制度。《发挥诉讼调解作用意见》规定：办案法官和参与调解的有关组织以及其他个人，应当严格保守调解信息。美国 ADR 程序规定为了避免当事人对调解员产生不信任感，调解员一般不会说出对于纠纷的事实判断、纠纷的价值及解决方案；为了增加当事人对调解员及调解程序的信任度，如果不会损害他人合法权益，调解员应当对当事人披露的信息保密等。应当明确所有涉及调解程序的信息都被视为机密，除非法律或调解协议另有规定。制定相关信息保密制度，明确调解参加人员的保密义务，规定相应的法律责任，切实维护调解程序的严肃性。当然，任何保密都是有边界的，即并不是一切调解信息都要受到保密保护。可以在制度中明确两个调解保密的例外：（1）当事人明确同意披露信息；（2）法律规定在特别情形下调解信息应被披露。

结语

民商事纠纷案件专业化调解机制有助于缓解法院的办案压力，提高司法效率，保证纠纷解决的专业性与执法尺度的统一，是化解社会矛盾的利器。尽管宝安法院诉前专业化联调工作取得了良好的社会效果，但逐步凸显的问题和不足亦不容忽视，作为刚刚起步的诉前专业化联调工作体系，完全可以通过借鉴域内外优秀经验加以改进。也唯有在解决上述难题的基础上，才能更好地发挥诉前专业化联调的社会效用。

目前专业化调解的相关研究正在兴起，学界与实务界的探讨都非常有限，该机制的建立尚有待我们在司法实践中不断摸索、总结、创新与完善。

民商事纠纷专业化调解机制的探索与实践

东莞市第二人民法院课题组*

面对社会转型时期日渐增多、严峻复杂的纠纷，调解一度被确定为最重要、最优先的纠纷解决方式，[①] 最高人民法院连续下发文件提倡并指导调解，明确要求“调解优先，调判结合”，法院系统花费大量时间精力推动调解工作。由于法院难以独力消化社会矛盾，“大调解”与诉调对接机制亦应运而生。法院试图与党政机关、行业组织、人民调解等联结起来，以法院为主要基地及转介中心开展调解。[②] 然而，在高歌猛进的发展进程中，尽管各地调解率节节攀升，社会上却涌现出针对“过度调解”“以调代判”“以判压调”“以拖促调”等现象的批评，[③] 法院与其他单位、组织建立的联动调解机制也未能充分发挥作用。经过了如火如荼的“调解热”，调解的可持续发展亟待反思与调整。

导致前述现象出现的一个重要原因是，虽然法院系统在调解上投入巨

---

* 课题组组长：陈葵，成员：纠丽英，成员（执笔人）：江和平、黄琳娜、黄秀莉、李阳河。

① 如无特别说明，本文中的“调解”均指民商事纠纷调解。

② 2006年时任最高人民法院院长肖扬在《充分发挥司法调解在构建社会主义和谐社会中的积极作用》的讲话中提出：“能调则调，该判则判，调判结合，案结事了。”2009年7月28日召开全国法院调解工作经验交流会时，最高人民法院提出了新的调解工作原则“调解优先，调判结合”，从司法政策上明确了调解具有优先性。最高人民法院陆续发布多个文件，包括2009年《关于建立健全诉讼与非诉讼相衔接的矛盾纠纷解决机制的若干意见》、2010年《关于进一步贯彻“调解优先、调判结合”工作原则的若干意见》、2011年《关于人民调解协议司法确认程序的若干规定》、由最高人民法院等16个部门联合制定的《关于深入推进矛盾纠纷大调解工作的指导意见》等。

③ 2009年前后，多家法院开展“调解年”“零判决”的调解活动与竞赛。参见郭启朝：《南阳众法庭竞赛“零判决”》，载《大河报》2009年2月19日；沈春梅：《郑州出现“零判决” 法庭200起纠纷调解结案》，载《今报》2009年8月5日；孙航、周远：《河北倡导基层法庭“零判决”》，载《河北日报》2009年9月9日；彭世忠：《能动司法视野下民事调解改革的径向选择——对某些地方法院追求“零判决”现象的反思》，载《暨南学报》2011年第1期。

大，但针对专业化的现代调解机制的研究匮乏，长期将调解视为减轻案件压力、信访压力、改善考核指标数据的工具，对于调解的定位、功能与边界认识不清，未能在传统的调解方法、技巧的基础上实现具有规范意义、专门化、可传承的调解流程与技能的体系总结。用老眼光看调解，用老办法推调解，使调解理论和实践长期处于“低端徘徊的圈子”。①

从2013年底到2015年初，我国的法治态势发生了巨大变化，不少因素与调解发展息息相关。其一，十八届四中全会后，依据“依法治国”的方略，在实现国家治理体系和治理能力现代化这一目标下，法院公正裁判，输出司法公共产品，树立规范与社会价值的功能将愈发彰显，“判决越少越好，调解越多越好”的误解不复存在；其二，《人民法院第四个五年改革纲要（2014—2018）》（以下简称《四五改革纲要》）明确提出推进法院人员的正规化、专业化、职业化建设，有必要进一步厘清审判与调解的关系；其三，2014年年底最高人民法院决定，除依照法律规定保留审限内结案率等若干必要的约束性指标外，其他设定的评估指标一律作为统计分析的参考性指标，这也意味着过去驱动调解的主要因素之一的调解率的影响将趋淡化。随着这些变化，单纯响应维稳要求及上级法院的司法政策，或是从数据考核等动机出发而产生的“调解热”将会得到理性降温，不过，外部因素的改变并不说明调解作为一种纠纷解决方式失去了它固有的价值，放眼全球，ADR和多元化纠纷解决机制已蓬勃兴起，调解作为维持、修复关系的非对抗性的纠纷解决方式，将继续发挥独到的作用。为了回应转型时期矛盾多发的中国社会的纠纷解决需求，《四五改革纲要》亦明确提出：“46. 健全多元化纠纷解决机制。继续推进调解、仲裁、行政裁决、行政复议等纠纷解决机制与诉讼的有机衔接、相互协调，引导当事人

① 时任最高人民法院司法改革领导小组办公室蒋惠岭副主任在《审前调解实务指南：流程·规则·技能》一书代序中指出：“调解，这个本来被称为东方之花的中国的骄傲，但在它对世界作出一定的理念贡献之后，却因种种原因而显得营养不良，甚至枯萎凋零了。近年来我看过外国很多研讨会的材料，其中真正把中国的调解作为研究对象的已经极其少见了。即使是我国的香港特区十几年前开始推行调解时，他们所研究的对象和借鉴的材料几乎都是英美、欧洲、澳洲的ADR经验。其实原因并不复杂，因为近几十年来，我国的调解理论和调解实务一直没有走出低端徘徊的圈子，因此也很难谈得上对世界再有新贡献了。”参见陈葵主编：《审前调解实务指南：流程·规则·技能》，北京大学出版社2014年版，第2页。王福华教授也在《全球调解趋势》一书译者序中指出：“调解虽在我国有着悠久发展史，但调解基础理论比西方国家更薄弱些，对既往调解经验缺乏体系化的整理，对当代的调解知识也缺乏必要的总结。”参见［澳］亚历山大（Alexander，N.）主编：《全球调解趋势》，王福华等译，中国法制出版社2011年版，第2页。

选择适当的纠纷解决方式。……” 面对新的情势，需要对调解进行反思，认识到它作为与审判并立的纠纷解决方式的价值。

在某些案件中，通过法院进行对抗性诉讼可能带来消极后果，包括破坏当事人之间的关系，或纸面上的胜诉最终不能满足当事人实际看重的利益。调解允许纠纷双方通过沟通协商自主解决纠纷，打破诉讼中的零和博弈，以共同认可的方式灵活追求双赢的结果，从而维持甚至修复关系。调解的作用不止于为法院提高结案速度或是降低发改率，作为一种与诉讼迥异而又互补的纠纷解决方式，它的价值更深刻地体现在调解过程而非结果之中。只有重新对调解进行定位，厘清其功能、边界及与审判的关系，探索建立专业化的现代调解机制，方能突破当下的调解发展瓶颈，使之作为多元化纠纷解决机制中不可或缺的一环持续发挥作用。

一、目前法院调解的专业化情况分析

专业化调解包括两个方面的内涵，即调解主体专业化和调解流程规范化。调解主体专业化是指主持调解的人员或组织具有专业知识背景，掌握调解的专业技能。“如果没有调解员的调解能力，再好的制度框架也难以发挥全部作用。”[①] 要确保调解员适格，能够在个案中发挥积极作用，需从来源、选任、培训、管理、评估五个方面入手，保证调解主体达到专业化的水平。调解流程规范化是指由专门的部门按照科学的程序，梳理适合进行专业化调解案件的类型，将案件委托给专业人士进行调解。

需要说明的是，专业化调解并非是为了专业而专业，为了规范而规范，一切都服务于调解的根本目的。“结案并不是调解的目的，调解的真正目的应当是修补当事人之间的关系。即便调解不成，当事人之间降低了冲突，能够相对理性地听到对方的声音，明白法律的规定，仍然是达到了调解的目的。”[②] 专业化调解机制排除了强制调解、过度调解等做法，其表现在数据上的成功率未必会有明显的提高，但有助于司法调解的公信力。调解不再被贴上“和稀泥”的标签，而得以成为一种独立的、科学的、值

---

① 陈葵主编：《审前调解实务指南：流程·规则·技能》，北京大学出版社 2014 年版，第 3 页。

② 陈葵主编：《审前调解实务指南：流程·规则·技能》，北京大学出版社 2014 年版，第 5 页。

得信赖的纠纷解决方式。

为了解目前法院在实施专业化调解的过程中的做法，课题组以分布于北京、上海、广东、四川的五个人民法院为调研样本，[①] 通过资料收集、实地座谈与问卷调查等调研方式，对比了它们在专业化调解机制上的不同实践，结合理论研究，提炼分析了目前法院系统在该领域中的普遍理念认知和实践水平，总结了现有模式存在的问题，并进而提出了改善及发展的建议。

样本法院在地域方位、经济水平、人文风俗等方面可谓各具特色，具有一定代表性，并因地制宜采取了不同的调解机制安排。

（一）样本法院背景简介

广东某法院位于珠江三角洲地区，经济发展水平较高，外来人口远超本地人口，为典型城乡二元社会形态，民商事案件数量均多，案多人少矛盾突出。调解模式以庭前调解为主，调解人员以人民调解员和律师为主，除运用传统调解方法，也接受了香港调解中心等组织关于现代调解技能的培训。

上海某法院，当地经济发展水平高，外来人口和本地人口数量相当，具有典型现代商业城市特点，民商事案件数量均多，案多人少矛盾突出。调解模式以诉前调解为主，调解人员60%是退休法官，是以退休法官为调解主体，依靠司法调解经验的代表。

四川某法院位于中西部，经济发展水平较低，外来人口数量较少，具有明显的乡土社会形态，民商事案件类型以传统民事纠纷为主，人案比矛盾不甚突出。调解模式以诉前调解为主，调解人员以人民调解员为主，是以人民调解员为调解主体的典型代表。

北京X法院和Y法院，民商事案件数量均多，案多人少矛盾突出。X法院的调解员主要是退休法官，Y法院的调解员主要是诉调对接专职法官，属于以法院法官为调解主体的典型代表。

---

① 对样本法院的选择兼顾了地域、案件量、审级和当地经济发展水平等因素。经济较落后、案件量较少的地区对于专业化调解的需求相对较小，故省外以北京、上海的基层法院为主。四川法院的调解实践具有特色，可作为中部地区的参照。五个法院都是最高人民法院指定的多元纠纷试点法院。

（二）样本法院调解专业化的情况梳理

1. 调解主体专业化情况。调解人员的素质是调解过程中的核心因素，决定着调解的质量和成效。在专业化程度高的国家和地区，要成为一名调解员必须经过专门培训和考核，要求调解员能对调解过程中的各种情况作出符合要求的应对和处理。合乎资格的调解员持证上岗。比较而言，国内调解员的选拔并没有对技能提出专门的要求，[①] 由于调解费用的收取与调解经费的保障等因素，也未能生成高素质人才的调解职业市场，故调解主体专业化程度较低，管理较为随意松散。

（1）调解员的来源。样本法院的诉前、审前调解员来源分为以下类型：

	律师	人民调解员	退休法官	其他	人数最多
上海某法院	√	√	√	√	退休法官
广东某法院	√	√		√	律师
四川某法院	√	√	√	√	人民调解员
北京X法院		√			退休法官
北京Y法院		√		√	专职法官

由上图可见，由于没有统一的门槛和技能要求，各地调解人员来源广泛，但相对集中的群体比较明显。人民调解员是当然首选，其次是律师、退休法官等具有法律专业知识的人群。在对调解技能没有专门准入门槛的情况下，是否具有法律专业知识成为主要筛选标准。

（2）调解员的选任与培训。调解员的招录主要由法院和司法局进行，程序并不严格。调解员会接受一定程度的培训。以下是样本法院对调解员招录的部门和培训的方式：

① 《人民调解法》对人民调解员的资格要求规定为：由公道正派、热心人民调解工作，并具有一定的文化水平、政策水平和法律知识的成年公民担任。此外，对于调解员是否需要专门的调解知识并无明确具体的要求。《人民调解法》规定村委会、居委会的人民调解员从村民会议或者村民代表会议、居民会议推选产生。实践中，调解员多为村干部、居委会干部兼职担任，难以提供充分时间和精力参与调解。

	招录部门	培训内容及方式
上海某法院	法院	法律知识调解技能和作风，授课
广东某法院	法院和司法局	调解知识专门培训①
四川某法院	法院和司法局	法律知识，授课
北京X法院	法院	法律知识，观摩庭审
北京Y法院	人民调解委员会	无

根据《人民调解法》的规定，由县级人民政府的司法行政部门定期对人民调解员进行业务培训，由法院对于人民调解委员会调解民间纠纷进行业务指导。实践中，司法行政部门由于没有业务需要，对调解员的培训往往不能实现，法院成为调解员培训的主要部门。在为数不多的调解课程中，通常是由调解工作经验丰富的人士讲授其个人的心得体会，或由法院人员讲授基础法律知识，未形成常态和规范化的培训体系，培训次数少，内容随机，形式较为单一。调解人员以退休法官为主的上海某法院认为退休法官具备相当经验，无需培训，法院并没有在培训上进行投入，但也提出如果不能持续吸引退休法官群体参与调解将会给工作带来影响。北京Y法院诉调对接专职法官表示，对人民调解员的培训一年两次，很难发挥实质作用，而诉调对接的专职法院人员则靠“传帮带”传授经验。

（3）调解员的管理与评估。调解员的管理涉及调解员的收入、考核及评价问题，样本法院的做法如下：

	是否入册管理	考核方式	监管
广东某法院	是	年度考核	法院监督，制度化
北京X法院	是	无	法院监督，制度化
北京Y法院	是	无	无专门监督体系
上海某法院	是	年度考核	法院和司法局联席会议，专门管理系统
四川某法院	是	年度考核	法院按照调解数量监督

① 广东某法院曾经于2009年举办由香港和解中心、西南政法大学司法研究中心联合开展“调解技能培训高级课程”；2011年举办覆盖全院干警和部分人民调解员的由香港和解中心专业调解员授课的40小时和解培训课程。2010年广东某法院有八名法官参加在汕头大学由新加坡调解中心联合汕头大学举办的调解技能培训，并获得新加坡调解中心颁发的助理调解员资格证书。

调研结果显示，调解员的管理大多数情况下倚重法院。但实际法院的管理往往流于形式，只要调解员没有非常明显或原则性的错误，一般不会招致不良评价。在愿意加入调解队伍的人员本来就不足的情况下，更加严格的监管似乎显得没有必要了。

2. 调解流程规范化情况

（1）统筹调解的部门。样本法院均设置了机构对民商事纠纷进行统筹调解，主要分为两种形式，一种是依附于立案庭的调解机构，如广东某法院、北京X法院在立案庭内设置调解速裁中心；一种是独立的专门机构，如上海某法院专司诉调对接业务的民七庭，北京Y法院的诉调对接办公室，四川某法院的诉调对接中心。

（2）调解的范围。各法院对于调解范围没有作出过多限制，多采取剔除法，将无法有效送达及相关司法解释规定不能调解的案件剔除，① 此外根据自身情况作出了一些内部规定，如广东某法院因发现虚假诉讼案件较多，对此审查较为谨慎。上海某法院诉调对接庭负责人也表示内部进行了排除式规定。

样本法院对纠纷是否涉及专业性的甄选没有固定的程序，主要由立案法官或者庭长根据经验甄选。医疗、建筑类纠纷在司法实践因审理时间长、事实难以认定，被普遍认为需要借助专家力量进行调解的类型。家事纠纷由于涉及关系的维持，子女成长的安排等问题，往往更适合于专业化的调解。

（3）调解的阶段。《民事诉讼法》规定，调解在整个诉讼程序中均可以适用，灵活程度很高。从实践来看，起诉前以及开庭前的调解成功率比较高。纠纷在开展诉讼程序之初，双方的攻防策略未开始使用，对抗情绪尚不强烈，且司法程序中耗费的时间和金钱成本较低，因此谈判的基础较好。故样本法院对纠纷的调解也主要以诉前和庭前为主，庭后调解为辅。庭后一个案件是否适宜调解依赖法官的判断灵活处理。因此，庭审之后的纠纷调解人员主要是法官，如果调解不成，法官继续审理案件。此处的调审在人员和程序上融为一体，密切相连。

（4）调解的安排。各地法院在调解程序的安排上不乏共同之处。

① 根据《最高人民法院关于人民法院民事调解工作若干规定》，对于适用特别程序、督促程序、公示催告程序、破产还债程序的案件，婚姻关系、身份关系确认案件以及其他依案件性质不能进行调解的民事案件，人民法院不予调解。

	广东某法院	北京X法院	北京Y法院	上海某法院	四川某法院
引导人员	导诉及立案人员	导诉及立案人员	立案人员	立案人员	导诉及立案人员
引导方式	电话、现场	电话、现场	电话、现场及传票	电话、现场	电话、现场
甄选人员	立案庭法官	立案庭庭长	立案法官	立案法官	立案法官
案件分配	专门标准	随机	随机	专门标准	随机
调解地点	审判庭、调解室	审判庭、调解室	审判庭、调解室	审判庭、调解室、法院外	调解室
调解方法	有统一方法	无统一方法	无统一方法	无统一方法	无统一方法
调解期限	15天	15天	7天	30天	15天
调解费用	减半收取	减半收取	减半收取	专门收费	减半收取
诉调衔接	送达、排期	送达、排期	直接移送	送达、排期	直接移送

由上图可见，各地法院对于调解均有专门引导人员、案件分配标准及调解地点。调解的期限各地法院存在差异。《民事诉讼法》规定立案后调解最长不能超过15天，并可从审限中扣除。由于上海某法院基本上是诉前调解，案件尚未立案，所以其期限为30天。

（5）调解的规则和方法。广东某法院组织人员编写出版了专门的《审前调解实务指南》一书，但大多数样本法院没有将调解的规则和方法进行系统总结。因调解员的资质没有固定要求，又欠缺体系化的培训，调解很大程度上是依赖经验的行为，随意性很大。北京Y法院的诉调对接工作主要由一名资深法官负责，该法官在受访中表示了对于这一点的担忧，由于缺乏体系化的总结，工作开展非常依赖个人因素，一旦原负责人离岗，新任人员接手工作将会出现一定困难。实际上，访谈中发现，部分调解人员通过日常实践积累了丰富经验，但是缺乏提炼，也仍然依靠传统的“传帮带”进行传承。在对北京X法院的调解人员进行访谈时，一位调解人员提到一个事例。这位调解员收到了许多物业、供暖等公司送来的锦旗，但是并不挂出来。该调解员解释说是为了防止当事人对调解员形成偏颇一方的印象。北京Y法院负责诉调对接的资深法官在回答“调解的目的是什么”时，并没有给出通常的回答“案结事了”，而是认为许多案件是调不成的，但是借调解过程，可以让当事人抒发情绪，平复心情。这些认知都是在他们的日常工作中形成的，和现代调解“保持中立”“修复关系”的理念完全一致，但这些都停留在他们的零散讲述中，并没有提炼或形成体系化的总结。

(6) 委托调解程序。样本法院均建立专门的委托调解程序，由调解人员将经过筛选的案件准备相应材料进行移送。绝大部分对外委托的案件仍在法院进行调解，少数案件在调解组织所在地进行。

移送案件多为特殊类型的案件，例如医疗纠纷，分配给有专业医学知识的调解员，例如医生；涉及妇女儿童权益的纠纷，例如离婚案件，分配给具有妇女工作经验的调解员，如妇联干部。但可选择的、素质过关、对调解抱有热情的人员对于法院而言仍属稀缺。

此外，应案件的需求，也会将心理咨询师或者老师等特殊人群引入到调解中。除个人之外，也会将案件移送给相关组织或单位。样本法院大多与院外具备调解职能的组织或相关行业组织签订有合作协议，例如上海某法院的诉调对接中心有13家社会调解组织为其合作单位，其中包括特定的人民调解委员会等行业调解组织。北京Y法院也有合作单位名册。但两院受访人员均表示，上述协议的实际落实颇有难度。诉至法院的案件被认为是法院的工作，邀请院外人士花费时间精力投入调解并不现实。例外的情形是上海某法院与上海经贸商事调解中心签订了协议，由法院向调解中心转介适宜案件。案件由法院与调解中心共同选定，调解费用由诉讼费用转成，由于是专职调解机构且有收费保障，合作运行顺利。

(7) 调解与诉讼的衔接。《民事诉讼法》对于调解与诉讼的衔接问题没有相关的规定。在实践中，二者往往统一在诉讼程序中，调审不加分离，法官作为调解人员的情况下主体混同，除受到《最高人民法院关于民事诉讼证据的若干规定》第67条的限制之外，调审信息可以互通。

在调解人员方面，样本法院诉前和庭前调解的人员一般不参与到案件的审理中，就庭前阶段而言实现了调审分离，但由于审判法官庭后仍然可以组织调解，庭后普遍有混同现象。

就调审混同的现象，广东某法院受访法官表示，调解中了解到的信息有时会有助于判断客观事实真相，但当心证得出的客观事实与证据反映的法律事实不符时，也给法官裁判带来了困难。当事人因为顾忌调解中的言论会给裁判实体结果造成影响，在调解中也往往较为警惕。

3. 调解费用的收取与调解经费的保障。诉前调解对当事人免费，诉讼中的调解除上海某法院收取比例比较低外，其余法院均按照《诉讼费用交纳办法》规定减半收费。

为鼓励调解员参与调解，各地法院均努力给予调解员一定数额的补贴。样本法院的补贴数额如下：

	收入数额及来源
广东某法院	人民调解员按固定标准领取报酬，由司法局负担；兼职调解员按次数领取补贴，每次150元，由法院负担。
北京X法院	专职调解员每月4000元，由司法局和法院各负责一半。特邀调解员参照人民陪审员标准由法院支付补助。
北京Y法院	调解员每月1000多元，但不是由法院负担
上海某法院	按照工作量发放
四川某法院	基本工资一般为1500至1800元，另按调解案件量提成，一般调解成功每宗200元，调解未成功每宗100元。由司法局负担。

经费的保障是影响调解员积极性的重要因素，然而这一点地区差异颇大并且不具备可推广性，往往视当地经济发展水平甚至相关领导的态度而定，样本法院通过调动各种资源来解决这个问题，但难以为经费的持续性供给提供保障。北京Y法院负责诉调对接的专职法官表示，给人民调解员的报酬过低影响了调解员的招聘素质和积极性。

二、当前民商事纠纷专业化调解存在的问题及原因分析

（一）存在的问题

1. 参与专业化调解的力量单薄。由于调解经费缺乏保障，且案件处理被认为是法院工作理所当然的一部分，无论是个人还是组织都缺乏动力参与到司法调解中来，调解员的素质和积极性都难以保证。被选任为调解员或调解组织之后，多数法院未能提供向其体系化、针对性的培训，调解人

员实际上并不具备调解应有的技能。在纠纷越来越复杂、人际环境陌生化的当下，“和稀泥”式的调解所能起到作用的范围是有限的，对调解缺乏正确认知、“仓促上阵”的调解人员还可能激化双方当事人的矛盾或导致当事人对司法程序产生怀疑，毕竟司法调解带有浓重的法院色彩。调解难以在公众心目中树立起有效、可信的印象。此外，法院推动调解还会影响部分律师群体的利益。很多通过律师代理的案件，律师和当事人签订风险代理收费协议，在法院无法准确获悉当事人对调解的真实意向时，律师有时候为了获得更高的代理费用拒绝进行调解。

2. 专业调解程序尚未建立。专业化的调解程序需要对调解适用的时间、案件范围、调解方式、调解期间、调解结果的制作方式及效力等进行实质性的要求，但我国《民事诉讼法》仅用了七个条文对调解进行了规定，条文除了陈述调解的自愿、合法、真实原则外，大部分条文只是简单叙述在调解程序中可简化的一些程序步骤而已。调解程序中应当包含的能保护当事人权利和意愿的实质性操作的具体条文却不存在。[①] 因调解员的资质没有固定要求，又欠缺体系化的培训，调解很大程度上是依赖经验的行为，随意性很大。视乎具体案情、当事人的情况和调解人员本身的风格，调解可谓不拘一格。虽然过于强调调解的程序化会抹杀它宝贵的灵活性，但过分随意和无序同样不利于确保调解的质效。

3. 调解费用没有起到杠杆作用。调解的费用上，除去浦东法院，其他法院均按照简易程序收费，尽管新修订的《诉讼费用交纳办法》规定，以调解方式结案的减半交纳案件受理费，但是对于立案后，案件在不同阶段的调解成本未予考虑。各地法院的实践表明，部分案件在立案的次日（缴费之前），经法院通知后双方调解成功，双方对于调解方案均无异议，但任何一方都不愿意承担诉讼费。在原告的立场看，认为自己没有过错，被告应承担诉讼费。在被告的立场看，法院未进入任何审理，却要收取诉讼费，这在道理上讲不通。因此，目前的调解收费与资源的耗费不相符，不能起到激励当事人选择调解的杠杆作用。

4. 调解考核不科学。采用绩效考核的方式激励调解员存在合理之处，但由于缺乏一套科学的指标，法院对于调解员的考核基本上是以“成败论英雄”，即以调解结果的成功与否，调解成功案件数量的多少考核调解员，

① 周建华：《司法调解：合同还是判决》中国法制出版社 2012 年版，第 92 页。

这对于专业化调解不仅是不完整的，甚至是有失偏颇的，也与专业化调解机制所追究的根本目的是不相符的。对于专业化调解的考核，不仅要看调解结果，更要看调解过程有无遵循调解规则，调解过程是否提供了相应的专业化服务。此外，调解成功申请司法确认的案件不计入司法统计，这意味着调解人员付出的工作量无法体现，从而在一定程度上影响了法院工作人员的积极性。

（二）制约专业化程度提升的原因

1. 未能厘清调解的功能定位及调解与审判的关系。调解与审判是两种迥然不同的纠纷解决方式，审判解决纠纷体现的是公权力对于当事人权利的干预，发挥审判权的规范与引导作用；调解则体现当事人意思自治，加强当事人之间非对抗性的沟通，帮助当事人达成共识，维持并修复遭纠纷破坏的关系。过去的观点未将调解与审判予以区分，甚至将二者混同起来，不加区分地提倡调解，[①] 这既不利于审判的专业化，也不利于调解的专业化。实际上，审判与调解各有其边界，例如香港终审法院首席法官辖下的民事司法制度改革工作小组所发表的中期报告指出，调解不适用于以下个案：“涉及宪法问题、须验证权利和确立原则及程序；若要调解取得成效，争议各方须签订和解协议，但是其中一方在法律上没有能力签订；争议各方力量悬殊，以致无法通过有关程序达成公平的协议；争议一方的行径显示该方正在滥用调解，例如把调解当做是藉词搜索资料的举动，以期发掘出另一方在案情上的弱点，又或是把调解当做拖延的策略，其真正关心的并非解决争议。”只有认清调解的功能和价值所在，让调解的归调解，审判的归审判，两者才能步上专业的发展之路。

2. 法院推动专业化调解的动力不足。在“党委领导、政府支持、多方参与、司法推动”的预想调解格局中，“多方参与”的程度有限，而促进调解给法院带来更多的负担。为了实现良好的调解配套机制，法院在司法本职以外，不得不与辖区党委政府进行大量的沟通协调工作，但大多数时

① 2010年《最高人民法院关于进一步贯彻“调解优先、调判结合”工作原则的若干意见》中提出：“调解是高质量审判，调解是高效益审判，……把调解作为处理案件的首要选择，自觉主动地运用调解方式处理矛盾纠纷，把调解贯穿于立案、审判和执行的各个环节，贯穿于一审、二审、执行、再审、申诉、信访的全过程，……要做到能调则调，不放过诉讼和诉讼前后各个阶段出现的调解可能性，尽可能把握一切调解结案的机会。”

候调解的职责还是在由法院承担，其他单位、组织和个人参与程度并不高。其次，传统调解方法相当随意灵活，而专业化调解则往往需要法院投入大量精力培训调解员，就调解所涉及的各种事项及可能产生的影响向当事人进行充分的解释，甚至制作一系列的书面文件，这增加了法院的工作负担。此外，专业化调解未必能够提升调解成功率。长期以来，法院习惯于靠社会阅历与经验进行调解，在将调解流程规范化、明晰化的同时，排除了虚假陈述和强制调解等手法的空间，还可能使调解人员感到在调解中发挥的空间受限、“不自由”。考虑到经济发达地区的法院往往也是案件量负担较重的法院，以上因素都削减了法院推动专业化调解的动力。

3. 专业调解组织和相关机制未成气候。专业调解组织由高水准的调解员提供调解服务，收取调解费用。而目前，专业调解组织还处于起步阶段，收费机制是制约其发展的一大问题。长期以来，当事人对于调解的认识停留在“各让一步，互相妥协”“和事佬”等固有印象上，对于将纠纷交由专业化的调解人员通过规范化的调解流程予以解决的优点和价值尚无认知。当事人在法院即可享受到与诉讼无缝对接的免费司法调解，则欠缺动力将案件提交给收费的社会调解组织。但是，社会的调解组织发展不起来，单靠法院有限的司法资源单打独斗，司法调解势必会遇到发展瓶颈。

4. 专业调解的优势不明显。现代调解运动在西方国家的兴起源于社会对诉讼机制的不满，包括诉讼费用高和诉讼时间长。引起这些问题的主要原因是普通法系国家对诉讼程序正义的过分强调，故高额的诉讼费用和复杂的程序反而成为人们接近正义的障碍，以至于司法程序成为部分当事人逃避责任的“合法”手段。这既损害了当事人的利益，也浪费了司法资源。但我国诉讼机制不存在上述问题，一方面，诉讼费用相当低廉，有些案件，比如劳动争议案件仅收取5元的费用；另一方面，审判效率相当高，大部分案件适用简易程序，在三个月内可审结。即使适用普通程序的较复杂案件，也会在六个月内审结。因此，对当事人来说，调解与审判相比，成本优势不明显。相反，调解特别是“假调解真拖延”会造成当事人时间成本的增加。另外，在诉讼程序中安排调解程序，如果当事人本无调解意向，但是为了完成程序参加调解，相当于走过场，对纠纷的解决并无好处。有诚意的当事人看到无诚意的当事人对调解敷衍了事，反而会更加反感对方的态度，从而进一步激化矛盾。

三、构建民商事纠纷专业化调解的路径

构建专业化调解，首先在认识上明确法院的角色定位。在依法治国的方略下，法院在树立规则、确认价值方面的功能必将进一步彰显，审判和调解虽然都是纠纷解决方式，然而各有其特色与边界，法院在开展调解工作时应当明确自身定位，这既与具体个案有关，也与法院审级等因素有关。

我们建议法院通过加强与社会组织和院校的合作，促进专业调解文化的发展。法院的主要角色不再是调解服务的提供者，而是扮演协调者的角色，引导当事人到合适的组织进行调解，同时继续调解那些特别适合法官或法院工作人员调解的案件。这种模式在以下方面更有可取之处。首先，司法部门可以继续利用它的资源和实力，促进调解的整体发展。法院可以继续利用它的权威支持调解程序并赋予程序的合法性。法院也能利用易于接触到案件的条件，鼓励将案件转介给调解。在为调解提供人力和资金方面，法院可以继续提供这些资源，以保障提供持续稳定的调解服务。同时，应重视提高社会调解组织的能力，以应付对于调解的巨大需求。其次，加强法院和调解组织之间高层次的合作，消除各自领域的发展障碍。法院有大量的案件，但人力有限。加强与法院外的调解组织之间的合作是做大做强调解的方式。法院处理特别适合审判或由法院工作人员进行的院内调解的案件的同时，转介合适的案件给外部的调解组织，可以促进对他们服务的需求。而调解服务需求的不断增长，可以为社会调解机构的发展提供动力。最后，作为协调者，法院可以加强与院校和其他有志于从事调解理论和实务研究的人员的合作。在这方面，多方参与的目的是促进并加强对调解的研究，特别是探讨更加适合本地的调解模式、技巧和理论。这种交流可以采取增加组织间对话，加强法官和院校间的共同培训、共同调研和共同调解等方式。加强实务者和研究者之间的交流可以助力各自的发展，最终提高调解理论和实务水平。

在明确法院的定位，确定调解走专业化发展道路，就应当建立法院专职调解员制度、专业化的调解流程以及激励调解的费用体系。

（一）建立专业调解员名册制度

人民法院可通过设立诉调对接中心或者其他负责诉调对接工作的机构

负责专业调解员的日常管理工作，包括名册管理、案件跟进、业务指导、业绩评估、专业培训、沟通协调等工作，起到如下的作用：（1）使法院规范地选任、培训和管理调解人员，确保调解人员的数量和质量；（2）双方当事人及法院均可在调解前对调解人员有所了解，具有针对性地选择或指定适合个案的调解人员；（3）加强当事人对调解人员的信任，双方一致达成合意选定的调解人员对于促成调解也有良性影响。具体方案如下：

1. 调解员的来源及条件。调解员具体的来源可考虑：（1）与法院工作有一定关联的群体，如人民陪审员、人大代表、政协委员等。有的法院与当地的基层组织合作建立了司法协理员或司法监督员制度，在基层组织中指定人员与法院进行沟通、配合与监督，也可以将这类人员吸收为调解员；（2）具有专门知识或特定社会经验的群体，具体又可分为：①具备法律知识背景的群体。如法学教授、退休的法官和检察官、律师、仲裁员等；②具备法律外专门知识和社会经验的群体。有的类型的案件，其案情往往涉及法律外的专门知识和社会经验，以医疗纠纷为例，由于专业性较强，这类纠纷由具备中立性的医学专家进行调解效果通常较好。法院可以案由为分类，从医院、商会、工会等单位或组织中有针对性地吸收调解员；③具备对调解有益的特定知识背景和社会经验的群体。如心理学家在调解领域具备专业优势，是理想的调解力量，家事纠纷可从居委会、妇联的工作人员中选拔调解员；（3）公道正派，热心人民调解工作，并具有一定文化水平、政策水平和法律知识的成年公民。

调解员应当符合以下条件：（1）品行良好，公道正派，敬业勤勉；（2）具有一定的法律知识、专业知识和调解经验；（3）热爱调解工作，能够为调解付出时间、精力；（4）接受过调解专业培训，或者获得调解员资格认证；（5）未受过刑事处罚或被开除公职。①

① 《最高人民法院关于落实23项司法为民具体措施的指导意见》（法发〔2003〕20号）中指出："人民法院可以邀请人民陪审员以及其他具有专门知识或者特定社会经验，有利于调解的组织或者人员协助调解工作。"随着我国经济体制与社会结构的变动，利益格局与思想观念的变化，转型期的经济社会生活中存在着各种各样的矛盾和纠纷，根据上述意见的精神，调解组织和调解员的来源应当是广泛的，人民法院可尽量将有利于解决纠纷的各方力量纳入诉调对接工作机制。2010年12月，司法部在《关于贯彻实施〈中华人民共和国人民调解法〉的意见》中提出："7. 提高人民调解员队伍素质。严格按照法定条件推选、聘任人民调解员。充分利用社会资源，吸收具有专业技能和专业知识的人员担任专兼职人民调解员。积极开展法律政策、职业道德和调解技巧的培训，不断提高人民调解员的政治素质和工作能力。"需要说明的是，此处"人民调解员"与人民法院所建立的调解员制度中的"调解员"并不是完全等同的概念，人民调解员可以入册，人民法院所建立的调解员名册中也可吸收其他人员担任调解员。但司法部该意见仍可为人民法院建立调解员制度提供参考。

2. 调解员入册及公示。调解员入册方式可包括：（1）人民法院可以邀请符合条件的自然人或者根据特殊需要邀请有关人员作为调解员；（2）自然人由其所在组织推荐或者本人提出申请；（3）调解组织可推荐适合调解工作的调解员。人民法院可对外发布公告，公开招录调解员。公告内容包括应聘调解员的条件、提交所需材料、申请期限、提交方式等。自然人申请或其他组织推荐的有关人员，应当经过人民法院的考评。

人民法院对调解员的考评范围可包括法律基础知识、调解技能与调解员职业道德等方面内容，方式可采取笔试、面试或现场观摩模拟案例调解等多种形式。人民法院经考评认定符合条件的列入名册，并颁发调解员证书。人民法院应当通过公示栏或者法院网站向社会公布调解员名册，以及每年续展和名册变动的情况。调解员名册应当列明调解员的姓名、性别、年龄、学习经历、工作经历、专业特长、资格认证、培训情况以及其他与调解工作相关的信息。

3. 调解员培训。调解员的培训可分为入册前培训和在册培训，主要包括法律基础知识、调解技能与调解员职业道德三方面的内容。入册前培训的目的是保证调解员的准入素质，在册培训则是为了确保调解员的知识和技能不断更新、提高。在册培训可采用学分制，由在册调解员根据自身时间安排和实际需要从培训课程中自选，但每年需达到累计最低学分。

法律基础知识培训可以法官授课、组织旁听庭审、举办座谈会等方式进行，采用笔试或面试进行考核。法律基础知识培训应包括但不限于以下内容：（1）与调解有关的法律法规、司法解释及政策性文件等；（2）诉讼程序，如起诉条件、案件审理期限、诉讼费用缴纳、强制执行方面的规定；（3）基础的实体法知识，如民法、合同法、侵权法等常用法律知识。对于具有专门知识背景的调解员，可有针对性地进行相关法律知识的培训。调解技能可由法官授课、模拟案例角色扮演、阅读推荐书目、观看调解相关影视或录像、提供自学网址等方式进行；也可以考虑引进专业的调解机构授课，如东莞二院与香港和解中心建立了联系，邀请该中心的和解员就调解技能进行授课。①

4. 调解员的管理。法院在办理相关案件过程中发现调解员与参与调解的案件有利害关系，可能影响其保持中立、公平调解的，或者调解员有其他违反职业道德准则的行为的，应当告知调解员回避、更换调解员、终止调解或者采取其他适当措施。除非当事人另有约定，人民法院不允许调解员在参与调解后又在就同一纠纷或者相关纠纷进行的诉讼程序中作为一方当事人的代理人。

人民法院可以建立调解员职业道德委员会，吸收法官、其他法律工作者、调解员代表参加。调解员职业道德委员会负责调解员职业道德进行评价，对调解员违反职业道德的投诉进行处理，解答有关职业道德的咨询以及其他与职业道德相关工作。当事人对调解员违反职业道德的行为可以向调解员职业道德委员会进行投诉。调解员职业道德委员会作出投诉处理后，应当向当事人进行反馈。调解员违反本职业道德准则，人民法院应当根据情节轻重决定是否将其继续列入调解员名册。

（二）建立专业化的调解流程

1. 案件甄选程序。英国哲学家培根曾经说过："最好的选择未必是选择最好的"。那么，对于各种纠纷来说，由于其性质及牵涉的社会关系不一样，适合各类纠纷的解决程序也是不一样的。通过甄选程序，法院可以梳理出适合专业化调解机制的案件类型。

案件是否适合专业化调解需要考量以下因素：第一，案件的性质。像医疗纠纷、建设工程纠纷、环境责任纠纷、产品责任纠纷、知识产权纠纷

---

① 阅读推荐书目应当侧重中国本土近年调解实务与技巧的研究成果，适当兼顾调解理论与国际趋势介绍。以下列出部分书目供参考：黄鸣鹤：《调解员培训简明教程》，中国法制出版社2013年版；中华全国人民调解员协会编：《人民调解员实用工作手册》，法律出版社2010年版；何鸣等编：《民事诉讼调解技巧与实例评析》，人民法院出版社2005年版；孙国明等编：《民事纠纷调解要点与技巧》，人民法院出版社2007年版；俞灵雨等编：《调解技能与艺术》，人民法院出版社2011年版；吴在存等编：《民事诉讼调解技能》，中国民主法制出版社2013年版；邱星美等著：《调解法学》，厦门大学出版社2010年版；范愉等著：《调解制度与调解人行为规范》，清华大学出版社2010年版；张永和等著：《大邑调解：透过法社会学与法人类学的观察》，法律出版社2011年版；［澳］娜嘉·亚历山大编：《全球调解趋势》，中国法制出版社2011年版。

可参考网站有：中华全国人民调解员协会网 http：//www.rmtj.org.cn/；香港和解中心 http：//www.mediationcentre.org.hk/index.html；美国德州调解培训者圆桌会议 http：//tmtr.org/

等具有较强技术性和专业性，比较适合专业化调解，而像借贷纠纷、买卖合同纠纷、人身侵权纠纷等不需要专业领域的知识，适用一般的调解方式即可。第二，当事人的意愿。由于调解是自愿的程序，如果经过法院工作人员的耐心疏导，当事人仍然明确表示不接受调解，则不宜引入调解。第三，当事人的权利对比。专业化调解对于当事人要求较高，如果当事人之间权力失衡，比如一方当事人诉讼能力低下，不能进行有效的谈判，可能影响案件调解结果的公平性，则不宜引入调解。

2. 案件转介程序

（1）转介的时间：从调解的功能和时机来看，法院调解最大的优势在于能为当事人提供一个沟通协商而非争论的平台。在诉至法院前，由于当事人缺乏交流的机会，积怨较深，抱着仇视对方的情绪打官司。这种非理性的态度在经过一个对抗性的机制后，当事人之间的冲突会进一步上升，这样不仅增加了当事人的成本、法官的压力，而且不利于社会稳定。故在审前甚至立案阶段安排专业化调解程序，可以让当事人在进入激烈紧张的审判程序前，有机会重新认识案情，增进双方的理解，从理性出发调整对案件结果的预期。

（2）选择调解员的方式：一是双方当事人根据法院的调解员名册，协商一致确定调解员；二是由法院根据案件类型指定调解员。由当事人自行协商选择调解员，可以充分体现调解自愿的原则，保障当事人的权利，消除当事人对调解员的公正性和中立性的质疑。但在实践中，由于双方当事人在选择调解员时很难达成一致意见，故大多数纠纷的调解员是由法院在调解员名册中指定的。法院在指定调解员时，应综合考虑纠纷的专业特点和调解员的个体情况，以最能满足当事人的需求为原则选定调解员。法院在选定调解员后，应向当事人公布调解员的相关资料，并告知当事人具有申请调解员回避的权利。

3. 案件调解程序。调解员在调解开始前应向当事人充分告知其权利和义务，在调解过程中平等对待双方当事人，充分尊重当事人意思表达的权利，充分听取双方当事人的陈述；不得压制、阻碍当事人发表意见；不得偏袒一方当事人。调解员应当对在调解过程中获取的全部信息保守秘密，但双方当事人均同意公开的除外。调解员不得将单方会谈中获悉的一方当事人的有关情况披露给对方当事人，对方当事人明确表示同意的除外。调解程序一般包括开始、中间和最后三个阶段。其中开始阶段，调解员的主要任务是在当事人之间建立积极的氛围，引导双方有效沟通，明确争议所在，进而判断纠纷成因并制定基本的调解策略；中间阶段，调解员协助当事人提出方案、分析方案和确定方案；最后阶段，调解员根据调解的结果，决定程序终结的方向。如果当事人达成调解，调解员将帮助当事人签署协议，提交给法官进行司法确认或要求出具民事调解书；如果当事人不能达成一致，调解员将纠纷移交给法院的审判部门。

4. 调解评估程序。调解的保密性本为调解的基本价值之一，但这种特性在一定程度上限制了法院对调解质量的监督，使法院很难通过观摩调解过程的方式直接对调解程序进行评估。为了弥补这一缺失，法院可以设立调解后的反馈程序，让参与调解的当事人或代理人对调解过程进行评估，具体评估项目包括：当事人的意见是否被听取、当事人的意愿是否得到尊重、调解有无增进沟通、调解员是否精心组织程序、调解有无解决纷争、调解有无节约成本等。

（三）建立激励调解的费用体系

1. 改革诉讼收费机制。从调解的独立性考虑，其应当与判决结案的案件区别收费，并将调解在诉讼中耗费的成本予以计算，以此与诉讼收费相区别并起到激励当事人选择调解的杠杆作用。上海某法院经与当地有关机关沟通，对调解采取低于《诉讼费用交纳办法》的收费标准，并且将预交诉讼费转为支付给专业调解组织的调解费用，收效很好。从激励当事人积极参与速裁，鼓励调解和自愿和解出发，可考虑在辖区内对诉讼收费进行如下改革：（1）起诉后缴费前双方和解的，撤诉不用缴纳诉讼费；要求法院出具调解书的，可按照简易程序10％收取；（2）在审前程序中调解或者撤诉结案的，按照简易程序30％～40％收取诉讼费；（3）上述情形外，适用简易程序且调解或者撤诉的，按照简易程序70％～80％收费。

2. 落实对兼职调解员的补贴。当前从事调解的人员绝大多数是兼职人员，凭借对调解的兴趣和热情参与调解。然而，个人的精力毕竟有限，仅仅依靠个人的热情难以保证工作积极性的长久保持，还须依赖制度的激励和支持。根据《人民调解法》第6条“县级以上地方人民政府对人民调解工作所需经费应当给予必要的支持和保障”和第16条“人民调解员从事调解工作，应当给予适当的误工补贴”的规定，明确政府负有给予人民调解经济支持和保障的职责。实践中，相应的政府部门是否对兼职调解员予以发放补贴，如何发放补贴，以及发放的补贴如何使用等均处于缺乏监督的状态。因此，政府应当落实对人民调解的经济扶持政策。很多社区均将纠纷化解纳入综治维稳考核中。为此，建议对于调解员参与调解的纠纷，可按照纠纷的性质，设置一定标准，参考调解员参与调处的纠纷数量和效果，给予一定补贴。经法院邀请、委托人民调解调处的案件，参照此种方式予以补贴。

3. 探索收费调解模式。调解费用的计收可分为三种模式：（1）纯公益模式，调解组织或调解员不收取费用或者仅收取象征性费用；（2）半公益模式，调解组织或调解员提供一定时限内的免费调解，超过免费时段后，当事人仍要求继续调解的，按耗时计收费用；（3）非营利性商业模式，按普通商业机构的收费标准计收费用。人民法院可视具体案情情形及调解员的身份性质决定如何适用。

结语

专业化调解机制的建立在我国刚刚起步，但我们已看到未来发展的曙光。作为一种古老的争议解决方式，调解制度具有极强的生命力，特别是在社会转型时期，专业化调解是克服法律资源匮乏和司法效率危机的有效方法。调解在全球发展的趋势，为我国传统调解机制带来巨大的挑战，但也带来难得的发展机遇。我们将顺应时代发展的需要，既保持“东方瑰宝”的传统魅力，同时绽放专业化的现代风采。

关于在我省全面开展知识产权审判庭集中审理知识产权民事、行政、刑事案件试点工作的调研报告

广东省高级人民法院课题组*

《国家知识产权战略纲要》第45条要求："研究设置统一受理知识产权民事、行政和刑事案件的专门知识产权法庭"，《人民法院第三个五年改革纲要（2009—2013）》明确提出："探索设置统一受理知识产权案件的综合审判庭。"据此，最高人民法院将知识产权审判"三审合一"改革试点作为人民法院贯彻落实《国家知识产权战略纲要》，改革完善知识产权审判体制和工作机制的重大创新举措，由最高人民法院司法改革办公室牵头，政治部、刑二庭、知识产权庭、行政庭参与，在全国范围内自上而下、上下结合，有计划有组织地开展相关试点。截至2011年年底，全国已有5个高级法院、50个中级法院和52个基层法院开展了试点，其中江苏省全省三级法院从2009年起全面推行"三审合一"改革工作。最高人民法院相关负责人曾多次指出，希望广东法院能够积极推进"三审合一"改革试点工作，科学论证，探索新的模式，为全国"三审合一"改革工作走出一条新路子。

为推进知识产权审判改革，探索建立符合国家知识产权战略纲要要求的知识产权审判体系，今年省法院将"加快推进知识产权'三审合一'改革"列为"关于当好科学发展排头兵，深化改革创新工作三年规划（2012～2014年）"的重要举措，将开展"三审合一"改革试点工作确定为党组重点调研课题。由徐春建副院长带队组成调研组，通过收集典型案例、实地走访、举办多场研讨会等方式，对我省各试点法院以及江苏、上海、湖

---

* 课题组组长：徐春建，成员：陈国进、张学军、邓燕辉、欧丽华、肖海棠。

北、四川4地法院开展试点工作的情况和做法进行了认真调研，对我省如何进一步深化知识产权“三审合一”试点工作进行了深入研讨，形成调研报告如下。

一、试点工作的情况、绩效和经验

广东是继上海之后，全国第二个启动知识产权“三审合一”试点改革工作的省份，试点工作起步较早。2006年5月，经省法院党组讨论通过《广东省高级人民法院关于在我省部分基层人民法院开展知识产权刑事、民事、行政“三审合一”审判方式改革试点的实施方案（试行）》，广州市天河区、深圳市南山区、佛山市南海区人民法院自2006年7月1日起试行知识产权“三审合一”审判方式。近三年来，试点工作进一步纵深发展，[①]试点法院扩展为受理案件数量较多的广州、深圳、佛山、珠海、中山5个中院和21个基层院。2011年，这些地区受理的知识产权一审民事、行政和刑事案件占全省比例分别为83.81％、66.67％和43.45％。试点法院均成立专门的知识产权审判机构，集中审理知识产权各类案件，并根据各辖区的实际情况，形成三种不同的管辖模式：（1）深圳、佛山、中山三地，所辖基层法院均具有知识产权民事案件管辖权，无需移送刑事、行政案件的管辖权，即可对所辖区域受理的三类知识产权案件全数集中管辖，是全面彻底的“三审合一”。（2）广州下辖12个基层法院中，只有8个基层法院具有知识产权民事管辖权，“三审合一”试点范围局限在广州中院及该8个有民事管辖权的基层法院内，实施的是部分知识产权案件的“三审合一”。（3）珠海中院因其下辖基层法院无一具有知识产权民事管辖权，故其只对珠海中院自身受理的知识产权案件进行集中管辖，只是中院自身实施“三审合一”。

试点工作的绩效主要表现在：

1. 在继续办好知识产权民事案件的同时，公正高效审理了一批知识产权刑事、行政案件，法律与社会效果良好。2009～2011年，我省试点法院共受理知识产权刑事案件29件、86件和385件，审结19件、68件和318

---

① 2010年9月，佛山、中山、深圳三地两级法院获批同时开展“三审合一”试点工作；2011年7月，珠海中院获批开展试点工作；2012年6月，广州市两级法院获批开展试点工作。

件；受理行政案件 2 件、2 件和 18 件，审结 2 件、1 件和 15 件。办结一批富有影响的案件，如深圳南山法院审理的“QQ 珊瑚虫”案件因涉及高新技术领域的商业秘密犯罪问题而备受公众关注，该案最终克服技术难题，查明事实清晰，论理严谨，被最高人民法院评为“中国 30 年改革开放 100 个知识产权典型案例”；佛山南海法院审理的刘某池等 4 人假冒“CK”服装商标并开设网店销售案，案涉在网络环境下侵犯国际知名品牌，审判取得良好的法律和社会效果，入选“2011 年广东省打击侵犯知识产权和制售假冒伪劣商品专项行动十大案例”；深圳中院审理的丁浩等 19 名被告人假冒深圳华为公司注册商标案，案涉以平行进口方式侵犯国内知名高科技企业商标权，该案促成被告人就经济赔偿与权利人达成谅解，19 名被告人全部服判，入选“2011 年广东法院知识产权司法保护十大案件”。三类知识产权案件优质高效的审结，彰显了司法保护知识产权的力度，消除了外界关于知识产权法官是否有能力同时驾驭三大诉讼法、审判三种类型案件的怀疑，表明“三审合一”下的立体保护切实可行。

2. 遵循知识产权民事、行政、刑事三类纠纷解决的内在规律，司法保护的整体效能不断提高。审判实践中，经常出现在先生效的刑事判决认定构成犯罪，但在后审理的民事案件却发现不构成侵权、甚至连权利都不存在的情况。如省法院在审理新太公司诉北京博安天惠公司等侵害计算机软件著作权民事纠纷一案中，发现该案因同一事实还引发刑事诉讼并已作出生效刑事判决，该刑事判决在认定侵权的方法上存在错误，其有罪判决的结论难以成立，导致在后的民事案件审理陷入两难。① 而在各试点法院中，由于统一确立了符合知识产权纠纷解决内在规律的“确权—侵权—犯罪”这一审判思路，因而有效避免了前述三类诉讼裁判结果相互冲突的情况，增强了司法权威和公信力。此外，审判人员对相关案件的审理结果有较为明确的预见性和一致性，解决了之前审判中常遇到的“先刑后民”还是“先民后刑”的程序障碍，减少了中止诉讼程序的启动，司法效率明显

---

① 该纠纷所涉民事一审案号为（2007）穗中法民三初字第 66 号，二审案号为（2011）粤高法民三终字第 242 号；刑事一审案号为（2009）番法刑初字第 861 号，二审案号为（2010）穗中法刑二知终字第 1 号。在该两案中，新太公司主张北京博安天惠公司等窃取其软件进行更改后提供给网通平顶山等 4 个客户，从而构成商业秘密犯罪和侵犯其计算机软件著作权。相关案件应将被告提供给客户的软件系统与新太公司请求保护的软件系统进行比对，以确定两者是否相同或者实质性相似，但无论是民事案件还是刑事案件中，该被控软件均未作为证据提交，民事案件无法支持原告的诉讼主张，但在先的刑事判决却作出了有罪判决。

提高。

3. 在知识产权刑事与行政审判的法律适用领域形成一批新的研究成果。如深圳中院、佛山中院就“非法经营数额”如何确定、如何区分销售侵权复制品罪与侵犯著作权罪、罚金适用等问题，多次与公安、检察机关和行政执法部门进行深入探讨，促使各方在相关问题上消除分歧，达成共识。深圳中院在此基础上编印《知识产权办案实用手册》（民事卷、刑事卷），方便公安、检察部门的办案人员和法院的审判人员查找法律，规范做法。佛山南海法院、深圳福田法院针对知识产权的特点，对刑事判决书的文书格式进行改革，加入了知识产权的权属情况、权利范围、权利比对等知识产权审判内容，凸现了知识产权审判的专业化，也促使相关部门从中了解法院的审理思路，调整同类案件的侦查、起诉材料与内容，有效避免因证据问题被退回补充侦查、影响效率的情况。

4. 集中开展司法宣传和司法公开成效显著，司法公信力日益提升。各试点法院由知识产权庭统一负责知识产权的司法宣传和司法公开，做到协调、周密、有序、力度大。试点法院以“知识产权保护宣传周”“知识产权司法保护行动月”等主题活动为载体，以召开新闻发布会、公布司法保护十大案例尤其是刑事案例、举办公众咨询活动、公开开庭等形式，广泛、集中、有声势地宣传知识产权司法保护的工作和成果。另外，广州天河法院、中山第一法院、佛山禅城法院还利用受理知识产权刑事案件和行政案件的契机，在当地媒体和《南方日报》上宣传“三审合一”改革新趋势；针对深圳法院“三审合一”试点工作的突出成绩和经验，《人民法院报》以《打造知识产权司法保护的特区品牌》为题，专版报道了深圳两级法院试点工作，在全国产生较大影响力。持续而广泛的宣传扩大了知识产权司法保护的知名度和影响力，在辖区内增强了公众对知识产权保护的认同感，营造了知识产权文化氛围。

5. 有效培养锻炼了队伍，示范、带动全省知识产权审判队伍整体素质和水平提高，特别是试点法院汇聚了一批熟悉知识产权三大审判的业务能手。截至2012年年6月底，全省法院共有341人从事知识产权审判工作，其中，法官209人，法官助理29人，书记员103人。博士学历14人，占4.1％；硕士学历128人，占37.54％；本科及以上学历的293人，占85.92％。人才结构比较优化，已超过《广东法院人才队伍建设规划纲要(2011—2020年)》中对2015年全省法院人才结构的要求。涌现一批专家型法官、全省法院办案和调解能手，两位法官首届获选为国家知识产权专家库专家，占全国法院系统入选人数的1/6。全省知识产权法官注重办案经验总结和司法保护实务理论研究，撰写专业论文数百篇，在《知识产权审判指导》《人民司法》《法律适用》等法学核心期刊和知识产权专业期刊发表，为知识产权审判工作的质量提升打下基础。尤其是深圳中院、广州天河法院等一批试点法院，在实践中通过多种途径，已培养出能够兼办三类案件、且擅长经验和理论总结的复合型人才。

总结试点工作取得上述绩效的主要经验是：

1. 把知识产权司法改革工作融入到促进地方经济转型发展和维护稳定的工作大局中，科学依法地转换思路，是试点工作成功的根本。试点法院转换思路，认识到“三审合一”能够进一步强化知识产权审判职能，为辖区实施创新驱动战略，推进科技强市、文化强市和自主品牌建设提供重要司法保障。将“三审合一”作为促进地方经济转型、主动服务大局的创新性举措和工作亮点，积极争取当地党委、政府和人大的支持。由于试点工作的开展始终围绕服务大局来准确定位工作思路和发展方向，使试点工作站位高远，焕发出旺盛生命力。

2. 完善机构，充实力量，逐步建立和培养一支熟悉三类审判业务的队伍，是试点工作成功的保障。试点法院充分认识到，审判队伍素质关系到“三审合一”试点工作的成败，高度重视合理调配审判资源。成立专门的知识产权审判庭，优先将具有知识产权刑事、民事、行政审判经验的法官配置到相应的审判岗位，逐渐培养起一批熟悉知识产权审判原理和具体操作规则的专业法官来集中审理三类案件。如深圳中院在知识产权庭从刑庭调入1名副庭长、1名经验丰富的审判人员，同时通过培训学习和人员帮带“三步走”，顺利完成审判人员审理案件从“分门别类”到“交叉组合”再到“三位一体”的过渡，培养出一批复合型审判法官；广州南沙法院知识产权庭通过向全国招考的方式，选调了3名具有丰富知识产权审判经验的审判人员。

3. 努力发挥司法在知识产权保护体系中的主导作用，加强沟通合作，是试点工作成功的关键。“三审合一”并非法院的独角戏，还需要知识产权职能部门，尤其是公安、检察机关的支持和合作。而这种支持和合作，需要法院主动沟通，为相关部门提供工作上的支持帮助，互相之间求同存异，逐渐建立起互通有无的长效沟通协调机制。如深圳市福田法院协助区经侦大队、检察机关制定知识产权犯罪证据材料要求与规则，引导相关部门规范做法，有效提高相关案件的办理质量和效率。广州市天河法院主动收集知识产权问题与公安、检察机关及相关行政执法机关进行交流，促使相关单位高度重视知识产权保护问题，并成立固定机构和派遣专人，与法院建立起长期、稳定的交流合作渠道。

二、面临的主要困难、问题及兄弟省份给我们的启示

与全国其他试点法院相比，广东试点工作起步早，取得一定成效，但存在如下问题：

1. 三类案件的管辖法院存在差异，案件移送管辖成为最大难题。与普通民商事案件不同，知识产权民事案件根据相关法律法规规定由中级法院管辖，全国各地经逐年向最高人民法院申请，少部分基层法院获得了知识产权民事案件管辖权；而知识产权的行政和刑事案件各地基层法院均有管辖权。实施“三审合一”，需要将三类知识产权案件集中到同一法院的知识产权审判庭审理，这便要求不具有知识产权民事管辖权的基层法院将原应由其受理的知识产权行政、刑事案件，或跨区移送到其他有知识产权民事管辖权的基层法院审理，或移送中院审理。由于在《刑事诉讼法》的规定中，移送管辖和指定管辖都是特别规定，可否将适用特别规定的情况作为常态情况固定下来，一些地方的公、检等相关机关存在保留态度或异议，导致在案件移送集中管辖方面存在现实困难。

2. 纵向分割依然存在，影响指导培训与交流。试点分散在部分中级、基层法院，案件上诉后重新回到不同的业务庭审理，有违“三审合一”优化资源、提高效率的初衷。上下级法院之间对口业务部门不一致，试点法院知识产权法官不能参加省法院组织的刑事、行政审判业务培训，上下级法院之间裁判尺度不统一，对口指导和监督难以开展。

3. 试点法院层级不高，制约了机制创新向纵深发展。试点工作开展过程中存在的难题，如跨区管辖如何协调、假冒注册商标罪中“非法经营数额”如何认定，以及鉴定意见的证据效力如何确定等，仅仅依靠试点法院本身，无法彻底解决，需要更高层级的法院组织研究和出台相关文件，以统一认识，扫除障碍，从而建立科学高效的审判机制。

综上所述，经过七年的摸索尝试，目前我省知识产权“三审合一”试

点工作已经进入发展瓶颈区，亟需重新布局、深化完善。值得借鉴的是，上述问题在全国各地开展试点工作的法院也不同程度地存在，一些省份在党委和相关部门支持下，采取了一些协调可行的做法，使问题得到有效解决，对我们具有启迪作用。

4. 在移送管辖问题上，由省委政法委牵头，协调公、检、法和相关行政执法机关一致行动，打造地区知识产权保护工作亮点。如江苏、内蒙古等地高院，由省委政法委牵头，协调公、检、法和相关行政执法机关联合发文，解决“三审合一”管辖调整时所涉及的管辖权及移送问题，使各相关单位积极支持和共同参与“三审合一”工作；“三审合一”不仅成为法院工作的亮点，也成为公安、检察机关的工作亮点。上海法院通过个案指定管辖的方式，有效实现案件移送管辖，同时注重与公安、检察机关、司法局及其他行政执法单位等做好沟通协调，共同参与试点工作。湖北宜昌、陕西西安等地法院与检察院联合发文，对案件提级移送及相关刑事法律适用问题达成共识，有效顺畅程序衔接和强化刑事保护力度。

5. 在上下级法院协调方面，三级法院同时实施“三审合一”，全面解决纵向分割和司法尺度统一问题。目前，全国三级法院同时实施“三审合一”的有上海、江苏、河南、内蒙古、湖北 5 个省（市、区），其中上海、江苏、内蒙在本辖区所有法院全范围开展“三审合一”，河南、湖北虽然在部分法院开展试点，但高、中、基层法院均囊括在内。从这些法院的实践看，由于三级法院均参加试点，确保上下级法院之间对口业务部门统一，能有效解决纵向分割问题，尤其是省法院的参与，更有利于开展对口指导和监督，统一裁判尺度。

三、全面推行改革试点工作的目标、思路和建议

近年来，广东致力于向结构调整和质量效益主导的经济平稳模式转变，提出加快转型升级、建设幸福广东的目标任务。反映在审判工作中，对知识产权保护的诉求大量增加。2009～2011 年，全省法院新收一审知识产权民事案件分别是 6144 件、10029 件和 16094 件，行政案件分别是 23 件、30 件和 27 件，刑事案件分别是 393 件、586 件和 886 件，不但案件数量增长明显，而且案件类型新颖复杂，社会影响力和审理难度不断加大。目前的主要矛盾是案件数量激增，新类型案件、特别是国内外和社会各界

关注的重大疑难案件集中出现，与审判力量配置和整体水平提高速度相对滞后的矛盾。要有效解决这一矛盾，克服长期制约我们工作向前发展的困难和症结，出路在于深化改革创新。

基于对当前工作情况及形势要求的分析研判，我们认为，在全省法院全面推行知识产权审判“三审合一”改革试点，是非常必要和可行的。总的工作目标和思路是：在全省三级法院同时实施由知识产权审判庭集中审理知识产权民事、行政、刑事案件试点工作；尽量争取省委政法委的支持，加强与公安、检察机关及相关知识产权行政部门的沟通合作，更好地发挥司法保护知识产权的主导作用；并以改革试点工作为契机，全面推动相关知识产权司法保护工作破解难题，促使整体工作水平上新台阶。

主要建议如下：

（一）妥善解决三级法院全面实施“三审合一”试点工作的案件管辖问题

目前，全省尚有98个基层法院没有知识产权民事案件管辖权，要否将这些基层法院也纳入试点范围，研究过程提出两个方案。其一，全省三级法院，包括128个基层院都纳入试点范围。将其中不具有知识产权民事管辖权的98个基层法院受理的刑事和行政案件通过跨区或提级方式，移送到具有民事管辖权的法院集中审理，从而实现对知识产权三类案件的全数集中管辖。其二，只将全省具有知识产权管辖权的法院纳入试点范围，其他98个不具备知识产权民事管辖权的基层法院受理的刑事和行政案件仍然由其自己审理，从而实现对知识产权三类案件的部分集中管辖。

我们倾向尽可能争取第一个方案。理由是：（1）全数集中管辖更能实现“三审合一”的改革目的。若只在具有民事案件管辖权的法院实施“三审合一”，将其余98个基层院受理的刑事、行政案件排除在集中审理的范围之外，不能确保知识产权裁判尺度的统一，这些法院的培训、指导工作亦较难统筹，也不便于全面、及时掌握司法统计数据和相关审判信息，无法全面真实反映知识产权刑事、行政审判发展全貌。（2）全数集中管辖已由外省法院实践证明具有可行性。全数集中管辖的实现需要通过跨区移送审理或者提级审理来实现，这些问题的解决从上海、江苏和内蒙古等地高院的实践来看，并非难题。如前所述，他们通过党委协调，与公安、检察机关沟通，采取检察机关跨区提起公诉或向上一级检察机关移送提起公诉的方式，或者法院采用个案指定移送管辖、提级管辖等方式，均有效实现了全数集中管辖。其中江苏高院的做法尤其值得我们借鉴。毕竟，党委领导、人大监督和政府支持是深入开展试点工作、破解体制难题的不可或缺的前提条件。若能争取由政法委牵头协调，促使公安、检察机关和相关行政机关均支持并积极参与到试点工作中来，统一解决“三审合一”管辖调整时所涉及的移送管辖问题；同时建立长效沟通协调机制、重大问题及时协商机制和业务培训的协作机制，有助于深化改革力度，促进三家统一执法标准和顺畅办案程序，真正发挥司法保护知识产权的主导作用。

当然，对工作的难度也要有充分估计，若是公、检等相关机关的工作一时难以协调，则建议退而采取第二方案，在现有条件下进一步改革探索，为将来更大规模的改革发展创造条件。

（二）妥善把握和确定纳入“三审合一”试点的知识产权刑事案件范围

目前的方案有两种：其一，仅将《刑法》分则第三章第七节第213～220条规定的7种侵犯知识产权罪案件列入试点范围。该方案的好处在于简单明了，方便操作；不足在于无法将所有知识产权犯罪都囊括在内，不利于全面掌握知识产权犯罪案件的数据、信息和协调指导相关工作。其二，将所有涉及知识产权犯罪的案件都列入试点范围。该方案的优势在于能将所有知识产权犯罪都集中到知识产权庭审理，有助于加大保护力度，及时全面掌握相关案件数据和最新情况。但由于刑事案件复杂多样，不但非法经营案件中包括涉知识产权和不涉知识产权等不同情况，而且诸如一案数罪或共同犯罪之类的案件中，也可能仅有部分甚至非主要的部分罪名或被告人涉知识产权犯罪，终究还是有如何具体妥善界定的问题。我们倾向选择第二种方案，至于具体如何操作，建议参照最高人民法院司法统计口径及兄弟省份的可行做法，由我院民三庭会同刑二庭、立案一庭共同研究提出意见。

（三）适应全面推行改革试点工作，加强机构和队伍力量配置

全省三级法院设立知识产权审判机构，目前暂时不具备条件的设立专门的合议庭。调配具有刑事、行政审判经验的优秀人才到知识产权庭，优化审判人员结构，确保知识产权庭具有充足的审判力量应对“三审合一”

后出现的各类案件审判工作。建议省法院近期调整补充 1 名熟悉行政审判和 2 名熟悉刑事审判的业务骨干到知识产权庭工作，加强试点工作。完善学习、培训、交流制度并给予适当政策倾斜，为相关审判人员提升业务素质和执法能力提供应有的机会和条件。

涉外、涉港澳台送达难成因剖析及解决路径探索

——以深圳法院涉外送达实践为样本

深圳市中级人民法院课题组*

近年来，随着中国对外交往的日益频繁，涉外诉讼与跨国诉讼也日益增多，期间发生了一些具有较大影响的送达事件，也逐渐引起了理论界和实务界对我国涉外送达制度的反思，另外，随着中国内地与港澳台之间司法互助的顺利开展，涉外、涉港澳台送达受到了较多的关注。我国与多国之间含有送达内容的双边司法协助条约的签订，涉外、涉港澳台送达方面司法解释的陆续出台，《关于向国外送达民事或商事司法文书和司法外文书公约》（以下简称《海牙送达公约》）在实践中的广泛运用，标志着涉外送达无论在立法还是实务层面都得到了较大的发展。然而，与丰富的实践相比，立法远没有赶上实践的发展。送达领域长期坚持的司法主权理念，将送达问题上升为“我国外交工作的一个重要方面”，却忽视了送达最根本的通知功能和维护程序公正的功能，导致我们在送达问题上固步自封，送达制度的设计也是“谨小慎微”。同时由于送达立法的技术性描述，导致送达立法缺乏可操作性。

---

* 课题组组长：黄国新，成员：叶青、李育元、林建益，成员（执笔人）：朱萍、赵雪琳。

一、涉外、涉港澳台送达的实践综述

无论是2002年开始实施的涉外案件集中管辖①，还是2004年9月之后涉外案件集中管辖的逐步下放②，深圳两级法院受理了深圳地区一、二审涉外商事案件的主要部分。据不完全统计，2010年至2012年，深圳法院受理的涉外商事案件达4849宗。在长期大量的涉外送达实践中，深圳法院在涉外送达方面形成了一套相对固定的送达模式。

（一）直接送达

由法院直接向有权接收司法文书的人送达，即《民事诉讼法》第七章第二节“送达”中所规定的除公告送达之外的任一方式。随着现代化通讯工具的广泛使用，直接送达方式已逐渐成为法院在进行送达时的首选，但涉外送达中采用该种方式的前提是要存在有权接收司法文书的人，故这种送达方式对于涉外送达而言存在“可遇不可求”的无奈。

在此特别说明，目前直接送达中的电子送达主要是通过传真或电子邮件方式，在能确认受送达人已收悉的情况下，送达完成。但基于送达安全性和确认是否已收悉存在困难的原因，电子送达运用不多。一般是在得到当事人同意后才选择该方式，而且传真一般会以回传的送达回证作为送达证明，而电子邮件方式则以当事人的邮件回复作为送达证明。

---

① 关于集中管辖的规定。根据2002年3月1日施行的《最高人民法院关于涉外民商事案件诉讼管辖若干问题的规定》（法释〔2002〕5号）、2003年1月1日施行的《广东省高级人民法院关于确定广州市等五个中级人民法院对涉外涉港澳台民商事案件的区域管辖范围及涉港澳台民商事案件级别管辖等有关事项的通知》（粤高法〔2002〕191号），深圳中院管辖本辖区内标的金额为人民币一亿元以下的第一审涉外、涉港澳台民商事案件。

② 关于管辖权下放的规定。根据2004年9月1日施行的《关于重新确定我省第一审涉外涉港澳台民商事案件的区域管辖和级别管辖事项的通知》、2008年9月1日施行的《广东省高级人民法院关于调整我省第一审知识产权、涉外、涉港澳台民商事纠纷案件区域管辖和级别管辖等事项的通知》（粤高法发〔2008〕28号　2008年8月31日）深圳各基层人民法院管辖本辖区内的标的金额为人民币600万元以下（不包含本数，下同）的第一审涉外、涉港澳台民商事纠纷案件，深圳中院管辖本辖区内除基层人民法院管辖之外的所有标的金额为人民币2亿元以下的第一审涉外、涉港澳台民商事纠纷案件。

（二）邮寄送达

通过 EMS 向外国公司和个人邮寄送达司法文书，这种方式需时较短，一般在两个星期左右，但由于当事人的地址变更、地址不准确或拒收以及投递质量不高等诸多原因，送达成功率不高。

需要注意的是，我国加入《海牙送达公约》时，对邮寄送达提出了保留。根据《民事诉讼法》第 267 条的规定，“受送达人所在国的法律允许邮寄送达的，可以邮寄送达”，对于我国香港、澳门和台湾地区的受送达人，只要有详细地址，都可以进行邮寄送达。而对于外国受送达人能否进行邮寄送达，必须首先查明该国是否允许邮寄送达。[①] 如果这些国家在加入《海牙送达公约》时未反对邮寄送达，一般都可以采用邮寄送达方式。但需要注意的是，如果对未声明反对邮寄送达的国家的受送达人进行邮寄送达，由此获得的判决可能会面临因送达无效而在这些国家不被承认与执行的风险。另外，在这些《海牙送达公约》成员国中有部分国家与我国签订了涉及民商事司法文书送达内容的双边司法协助条约，对于这些国家境内的当事人的送达，则只能按照双边司法协助条约的规定办理。

（三）委托法律服务公司送达

这种送达方式目前仅限于我国香港、澳门地区的受送达人。由法院将所送达的司法文书通过一方当事人转交给中国法律服务（香港）有限公司、中国法律服务（澳门）有限公司（以下统称法律服务公司）向香港和澳门地区的受送达人进行送达，如在法院指定地址无法送达时，法律服务公司会主动向当地公司注册登记处查询该受送达人的地址变更情况，再进行送达。这种送达方式耗时一般在 15～20 日左右，成功率较高，但由于费用高、无发票等原因，该送达方式尚未得到当事人的广泛认可。

---

① 经统计，截至 2014 年 1 月，共有 55 个国家，14 个非国家组织参加了《海牙送达公约》，关于《海牙送达公约》的成员国可查阅海牙国际私法会议官方网站。据不完全统计，目前允许邮寄送达的国家有：美国、英国、瑞典、比利时、加拿大、以色列、葡萄牙、澳大利亚、印度、泰国、缅甸、智利、多哥、扎伊尔、荷兰、西班牙、博茨瓦纳、巴巴多斯、巴基斯坦、塞舌尔、塞浦路斯、安提瓜与巴布达。反对邮寄送达的国家有：阿根廷、白俄罗斯、保加利亚、捷克、埃及、芬兰、法国、德国、希腊、韩国、立陶宛、卢森堡、墨西哥、挪威、波兰、圣马力诺、斯洛伐克、斯里兰卡、瑞士、土耳其、乌克兰、委内瑞拉。未声明反对邮寄送达的国家有：丹麦、爱沙尼亚、爱尔兰、意大利、日本。

（四）委托高院转递送达

将所送达的司法文书交由高级人民法院（以下简称高院），由高院根据我国与受送达人所在国家或地区的送达条约或安排的具体情况来进行转递送达。该方式送达规范，送达质量较高，但由于中间委托环节较多，需时较长。因此，司法实践中，这种送达方式一般是在采用上述三种方式无法送达时采用，或与其他方式同时进行。

（五）公告送达

在上述几种方式都无法送达的情况下，法院采用公告送达。公告一般是在《人民法院报》《香港商报》等国内外公开发行的报纸上刊登。公告送达方式是送达不到当事人又需要确保程序合法的最后途径，但司法实践中，由于许多当事人不愿意承担公告费用，给公告送达造成了障碍。另外，在涉台公告送达问题上，虽然在《民事诉讼法》以及《最高人民法院关于涉台民事诉讼文书送达的若干规定》（以下简称《涉台送达规定》）中对公告送达标准已有明确规定，即“采用其他方式无法送达的”，但我们从一些上级法院相关会议精神中也了解到还存在另一种标准。“除直接送达外，如果人民法院需要向台湾地区送达司法文书，首次送达应当优先采用司法互助方式，不允许未经采用司法互助方式即行公告送达。如果采用司法互助方式未成功的，由案件审理法院根据司法互助送达未成功的原因，视情况决定是否还要采用邮寄送达等其他送达方式后再予公告送达。”虽然会议精神不能等同于法律规定，但在客观上也造成了目前各法院在涉台公告送达上的做法不一致。

总体而言，多年来上述送达方式基本能够满足目前的涉外审判需要，但由于部分送达方式效率低和缺乏可操作性，涉外送达仍然成为制约着涉外商事审判发展的瓶颈问题。

二、涉外送达难的原因剖析

近年来我国的涉外送达无论是从立法层面还是实务层面都在日趋完善，但长期困扰涉外审判的“送达难”问题却依然未得到实质性突破，究其原因，主要来自以下三方面的问题：第一，保守的主权观念；第二，不完善的立法；第三，复杂低效的操作机制。以下逐一分析：

（一）传统的司法主权观念

送达是人民法院在审判活动中的重要职权行为，是司法主权的重要体现。无论在立法文件还是学者著作中都将送达作为司法主权的一部分。不可否认，从外交层面上，在送达问题上坚持司法主权是司法权威的重要体现，但客观的司法实践所呈现出来的特征也迫使我们必须重新审视关于送达问题的主权观念。本文将从主权的概念、送达的功能和我国司法实践三个角度对该问题进行论述。

首先，主权本身就是一个发展和变化的概念，应根据不同的时代和不同的主体作出不同的解读。主权本身是一个不断发展的概念，呈现出纷繁复杂的表象。可以说，我们在与主权相关的领域采用何种主权立场，既是时代发展的要求和体现，也是我们维护自身利益，参与塑造时代进程的一种方式。

其次，送达的直接功能在于通知和实现程序公正。无论一国对送达赋予何种性质，送达的直接功能就是通知当事人与诉讼有关的情况和资料，给当事人提供维护自己权利的机会。送达如果没有实现这种功能，就很难实现程序公正。理论上，程序公正和司法主权相互冲突时，应该首选司法主权，但国际法并没有对私人送达进行直接的禁止，而送达作为一项基本的诉讼制度，更应该从送达的功能和目的本身来定位。通过通知使当事人知悉程序事项、参与诉讼程序并行使为自己辩护、提出异议的权利，实现民事裁判的正当化，提高涉外裁决被他国认可裁判正当性的几率，这应成为涉外送达制度追求的首要目标。

最后，在送达的司法实践中司法主权观念也在逐渐淡化。最高人民法院 1990 年 8 月 28 日《关于当事人申请承认外国法院离婚判决效力有关问题的请示》中并没有认为美国法院两次向我国境内邮寄送达诉讼文书和判决书是违反我国法律的基本准则或国家社会利益，并承认了外国离婚判决的效力。由此可见，司法实践中送达的司法主权观念在日渐弱化，更多地是关注当事人的实际需要。特别值得一提的是，对《海牙送达公约》邮寄送达没有提出保留的国家，除卢森堡外，并没有对那些提出保留的国家要求互惠。事实上，从英美法系送达制度的实践来看，其司法主权并未受到实质侵害，相反由于其送达效率的提高，司法主权得到了彰显。

基于上述考虑，我们认为，送达制度作为一项基本诉讼制度，不应过多强调主权观念，而应从实用角度出发，以完成通知和维护程序公正为价值目标。笔者同时建议，立法机关应考虑撤回《海牙送达公约》中对邮寄送达的保留，以保持与我国国内法规定和司法实践相一致，并且避免在国际司法协助中受到英美法系国家的质疑。

（二）不完善的立法规定

涉外送达的法律依据除了国际条约之外，国内法方面包括《民事诉讼法》第 267 条、《最高人民法院关于涉外民事或商事案件司法文书送达问题若干规定》（以下简称《涉外送达规定》）、《涉台送达规定》、《最高人民法院关于涉港澳民商事案件司法文书送达问题若干规定》（以下简称《涉港澳送达规定》）[①]，上述法律和司法解释的实施终结了长期以来我国送达规定庞杂且分散的状态，涵盖了涉外、涉港澳台送达，共同组成了我国涉外送达的法律体系，这是立法的一大进步。但综观这些法律，还存在以下问题：

1. 部分立法规定较为严苛。如：

（1）对诉讼代理人的送达。根据现行立法[②]，向诉讼代理人的送达应以“受送达人在授权委托书中明确表明其诉讼代理人无权代为接收的”为除外条件。送达是连接诉讼各环节的纽带，诉讼代理人参加诉讼活动，却无权接收司法文书，这应是一种恶意拖延诉讼的表现。该除外规定实际上为一些恶意诉讼、滥用诉讼权利的当事人提供了方便，应予以删除。

（2）对公告期限的规定。公告送达属于拟制送达，对于真正下落不明或者刻意逃避送达的受送达主体而言，公告送达的期限并无实际意义，因此公告送达的效果不应以送达时间的长短来衡量。虽然涉外、涉港澳台公告送达的期间已由六个月变为三个月，但在拥有快捷发达通讯手段的当今社会，国内公告送达的 60 日，涉外、涉港澳台送达的三个月，仍过于漫长，除了拖延审判效率之外，对程序公正并未真正起到积极作用。

2. 部分立法规定存在相互冲突。以公告送达为例：涉外送达“公告内容在国内外公开发行的报刊上刊登”；涉台送达“公告内容应当在境内外

---

① 涉外海事诉讼的送达还有《海事诉讼特别程序法》，本文主要是讨论涉外商事诉讼的送达问题，所以未提及该立法。

② 《涉外送达规定》第 4 条、《涉台送达规定》第 3 条、《涉港澳送达规定》第 4 条。

公开发行的报刊或者权威网站上刊登”；涉港澳送达“公告内容应当在内地和受送达人住所地公开发行的报刊上刊登”。从上述规定来看，立法规定过于随意，导致了司法实践中刊登公告方式的标准不一。

3. 部分立法不符合司法实践。如：

（1）对“法定代表人、主要负责人”的送达。根据现行立法，法院可以向受送达人的法定代表人、主要负责人进行送达，且可以适用留置送达[①]。但事实上，法定代表人、主要负责人都是中国企业登记制度中的概念，国外无对应概念。在外国，一般是由董事会授权某人代表公司从事与诉讼有关的活动，即“授权代表”，因此关于向“法定代表人、主要负责人”送达的规定在实践中意义不大。司法实践中，送达法院向受送达人的董事、总经理等进行送达时一般参照该规定，但一旦这些人拒收，法院进行留置送达也无法律依据。

（2）对留置送达的规定。依据《民事诉讼法》第 86 条的规定，对国内当事人的留置送达需要有见证人到场见证，但在住所送达时，则可以不用见证人见证，而是采用拍照、录像方式记录送达过程。拍照、录像方式的规定虽然让送达人员摆脱了无人见证的困扰，但却只有在向“住所”送达时，才可以采用拍照、录像的方式。该规定对于涉外送达意义不大，因为涉外送达中向在中国境内的外国当事人或者代收人送达时，大多数是临时过境人员，无法在住所采用拍照、录像等方式进行留置送达。

4. 部分送达问题无法律明确规定。如在一个案件的审理程序中，第一次开庭采用公告送达后，第二次开庭以及诉讼中发生的其他程序事项是否仍需要公告送达？又如不交纳公告送达费用的法律后果是什么等问题，法律都无明确规定。

笔者认为，由于立法的空白模糊及相互冲突的原因导致部分送达无法及时有效完成，严重影响了涉外送达的效率。

（三）复杂低效的操作机制

在现有的法律框架下，涉外送达方式中有许多环节缺乏可操作性，这也是造成涉外送达低效的重要原因。

---

① 《涉外送达规定》第 3 条、第 12 条，《涉台送达规定》第 3 条、第 4 条，《涉港澳送达规定》第 3 条、第 11 条。

1. 法院内部工作中的电子技术运用不足。涉外送达尚未建立一个统一的法院内部网络平台，以致无法及时查询跟踪送达具体环节。特别在委托高院转递送达时，目前委托法院只有通过电话联系来预测送达情况。

2. 涉外送达的多头分散管理。

(1) 就涉外送达的管理部门而言，目前承担涉外送达管理和指导的部门应为高院外事办，但由于送达是属于诉讼程序问题，送达效力由审判部门来认定，因此，上级法院的对口业务庭室对涉外送达也负有业务指导职能。司法实践中，针对同一问题会有来自不同部门的意见。如有关涉台公告送达，有的规定将“司法互助不成功”作为公告送达的必要条件，而有的则根据《涉台送达规定》“采用其他方式无法送达”作为公告送达的必要条件。因此为了提高送达效率，加强各主管部门之间的协调是必须的。

(2) 就需要办理涉外送达的法院而言，有的法院实行归口管理，而有的法院则无专人负责，由此造成了委托送达的具体操作缺乏统一的做法。

笔者认为，只有厘清上述三个方面的具体问题，才能破解涉外送达难题。

三、解决路径——增加送达主体

我国一直实行送达主体单一化模式，这一态度与前文提到的送达司法主权的观念是密切联系的。笔者认为，送达作为一项诉讼制度，不应过多赋予司法主权的色彩，而应重视送达在通知当事人、维护程序公正方面的功能，因此在法院之外适当增加送达主体是有必要的，也是可行的。

(一) 其他国家的立法借鉴

在世界范围内，大陆法系认为送达是国家司法机关执行职权的行为，英美法系认为送达是当事人或其律师的事情。我国的送达制度与大陆法系相同。然而，我们发现即使是大陆法系国家，也未采用法院为送达主体的单一模式，而采用“以法院送达为主，当事人送达为辅”的双轨制送达模式。

在德国，法院对文书的送达负担一般的责任，诸如起诉状、答辩状或其他重要诉讼文件的送达。但《德国民事诉讼法》也规定了当事人申请送达的内容，如针对命令假扣押的裁定①、假处分的裁定②、公示送达③。此种情形下，当事人申请送达是当事人的诉讼义务，违背该义务，相应的诉讼行为及裁判行为不发生应有的效力。在法国，除法律明确要求应由执行官送达的文书外，其他文书可由当事人或其律师自行送达或申请执行官送达。芬兰则规定当事人可以向法院提出申请，请求送达有关文书，法官认为理由充分的，可以同意由当事人送达。这种以法院为主、当事人为辅的双轨制送达体制是值得我国借鉴的。

（二）律师作为涉外送达主体的可行性分析

国内送达中虽然没有法律明确规定允许律师送达，但司法实践中也确实存在该种尝试，能否允许律师向外国当事人送达貌似是一个较为大胆的探索，但通过对《海牙送达公约》的研读，我们认为这并非不可能。

1.《海牙送达公约》对由律师向文书发往国中央机关请求持开放态度。《海牙送达公约》第3条规定，依文书发出国法律有权主管的当局或司法助理人员应将请求书送交文书发往国中央机关。在1977年海牙特别委员会会议上，针对这个问题，委员会认为，在法院监督下送达司法文书的律师能同化为司法助理人员。特别委员会认为，除非情况极为特殊，一国向外国提出的送达请求都有其现实需要，因此可以推定这类请求的提出一般符合法院地程序法。在一些容易引起疑虑的案件中，请求机关最好能在请求书中援引本地程序规则，陈述其资格和权限，被请求国中央机关还可要求发出国中央机关提供有关请求机关职权的信息。

从《海牙送达公约》特别委员会的态度，我们可以得到这样一个信息：允许律师向中央机关转递送达的前提，应是依据文书发出国程序法规定律师有权进行送达。所以，在此情形下，我国律师向受送达人所在国中央机关请求送达的法律障碍就是国内法了。

2. 香港、澳门并不禁止律师向当事人送达。香港、澳门与内地分属不同法域，属于英美法系，送达制度也是遵循英美法系的传统，送达是一种私人行为，因此这两个地区的法律允许律师向当事人送达。当然需要注意

---

① 《德国民事诉讼法》第922条第2款规定：命令假扣押的裁定，应由申请扣押的当事人送达。

② 《德国民事诉讼法》第936条。

③ 《德国民事诉讼法》第204条。

的是，负责送达的律师应具有在香港、澳门从事法律服务的资格。

鉴于上述考虑，我们建议立法机关可以考虑将一些诉辩文书、证据材料等司法文书交由律师进行送达。根据该种规定，律师不仅可以直接向《海牙送达公约》成员国请求送达，律师还可以直接向香港、澳门的当事人进行送达，送达效率因此会得到极大提高。

（三）法律服务公司作为涉外送达主体的可行性分析

实践中，法院委托法律服务公司向香港、澳门当事人进行送达效果较好，但上级法院对这一问题的模糊态度，导致该种送达方式合法性受到质疑。

1. 法律服务公司的性质。法律服务公司是经我国司法部批准，在香港、澳门设立的提供法律服务的专门机构，是司法部遵照“一国两制”的方针，在港澳设立并依托香港澳门开展国际交流与合作的窗口公司。以法律服务香港公司为例。该公司于1987年7月设立，公司服务和经营范围包括律师服务、公证服务和法律咨询服务。公司下属有中国法律律师事务所、公证文书审核转递办公室、查证送达办公室和中国法律杂志社有限公司。其中的中国法律律师事务所是1997年经我国司法部批准在香港律师协会注册的首家在港中国律师行。法律服务香港公司在深圳设有办事处，办事处具有我国境内的律师事务所的性质和法律地位。委托法律服务香港公司送达就是将司法文书交由深圳办事处，再转到香港由中国法律律师事务所派专人进行送达。

2. 法律服务公司送达无法律障碍。一方面，我国法院委托法律服务公司送达有明确的法律依据可循。1987年10月19日发布的《最高人民法院关于审理涉港澳经济纠纷案件若干问题的解答》（法经发〔1987〕28号）第5条关于送达问题规定，对在香港、澳门地区的当事人，人民法院送达诉讼文书，可以交由其他人送达。

另一方面，法律服务公司在香港、澳门进行送达符合香港和澳门的法律。由于历史的原因，香港、澳门的法律制度系英美法系，送达是一种私人行为，香港、澳门允许当事人本人或其他非官方机构进行送达。

实践中，经过10多年深圳法院与法律服务公司之间的合作，该方式以其高效快捷的优势被不少当事人接受，且逐步推广到广东省和全国范围。该送达方式改变了我国一直以来以法院为唯一送达主体的模式，减轻了法院压力，节省了司法资源，且送达质量高，从无因送达问题受到当事人投诉。因此，我们建议，立法机关应及时肯定这一送达模式，使该送达途径能够名正言顺地在涉港澳送达的问题上发挥积极的作用。①

（四）扩大我国《海牙送达公约》的中央机关

严格来说，《海牙送达公约》中的中央机关不是这里所提到的送达主体，但从公约角度而言，中央机关在文书转递中发挥了关键作用，因而它也属于广义的送达主体。

如前文所说，《海牙送达公约》第3条并不要求文书转递一定是文书发出国的“中央机关”，但在我国，正式的法律文件仍将司法部作为转递文书的“中央机关”。由于转递过程过多的中间环节，送达效率大打折扣。2003年，最高人民法院对北京市、上海市、广东省、浙江省、江苏省五家高院展开授权试点，由上述五家高院直接向公约成员国的中央机关提出司法协助请求，省略了高院→最高院→司法部的两个中间环节，节约了转递时间，在实践中试点效果较好。我们希望能够继续扩大这种试点，逐步使其他高院获得该授权，并能够进一步放权到部分涉外送达任务繁重的中级人民法院。

四、解决路径二——扩大替代送达的范围

（一）取消法律对替代送达的条件限制

1. 取消委托代理人的“除外”规定。我国现行立法规定，即“除受送达人在授权委托书中明确表明其诉讼代理人无权代为接收有关司法文书外，其委托的诉讼代理人为有权代其接受送达的诉讼代理人，人民法院可以向该诉讼代理人送达。”于是个别当事人出具的授权委托书明确表明诉讼代理人无权接收司法文书，诉讼代理人以此为由拒绝签收法院送达的司

① 目前，深圳中院正在就送达费用等问题与法律服务香港公司进行磋商，以期达成一个为大多数当事人能够接受的收费标准。另深圳中院拟与法律服务香港公司达成书面安排。安排将规定，委托法律服务香港公司办理的事项不仅包括向涉港案件当事人送达司法文书，还包括向香港公司注册处或土地注册处调查公司或房产登记情况；委托香港律师就涉港案件中的香港法律问题出具法律意见，协助核查中国委托公证文书等其他事项。我们希望充分利用法律服务香港公司这个窗口，实现内地与香港司法协助方面的突破。

法文书。

我们认为，这样的除外规定人为地制造了送达障碍。首先，从送达的功能来看，送达是法院、当事人和其他诉讼参与人之间的诉讼行为的基本联系方式和传递诉讼信息的手段。当事人没有任何理由需要禁止其代理人接收司法文书，除非是恶意拖延诉讼进程。诉讼代理人无权参与接收司法文书这一最基本的诉讼活动，那么该代理人又如何参与其他的诉讼活动呢？其次，由诉讼代理人接收司法文书丝毫不会损害当事人的合法权益。最后，从接受送达的性质来看，接收司法文书既是当事人的权利同时也是义务，权利可以放弃，义务不应允许免除。《海事诉讼特别程序法》第80条就直接规定："向受送达人委托的诉讼代理人送达。"建议未来立法能参照该规定作出修改。

2. 取消分支机构、业务代办人"有当事人的授权"的条件限制。涉外涉港澳台送达规定中规定，向受送达人的分支机构、业务代办人送达的前提条件是"有当事人的授权"。如果需要有当事人的明确授权才能代收司法文书的话，那么作为被告的境外当事人想要逃避责任的时候往往不会给予明确授权，以此逃避送达，拖延诉讼，《民事诉讼法》的该条规定形同虚设。《海事诉讼特别程序法》在这方面作出了更为合理的规定，该法第18条规定，可以向受送达人在中华人民共和国领域内设立的代表机构、分支机构或者业务代办人送达，并不要求受送达人有明确的授权。

我们认为，外国企业在我国境内设立的分支机构不能独立承担民事责任，要由设立该分支机构的外国企业共同承担责任，分支机构、业务代办人与境外当事人之间这种密切的联系，或者是总公司与分公司的关系，或者是代为联络、招揽业务的关系，当事人与分支机构、业务代办人之间结成利益共同体，由分支机构、业务代办人代为接收司法文书既可以保障境外当事人的合法权利，也可以提高送达的效率。因此，立法应取消"有权接受"的限制，明确规定可以向分支机构、业务代办人直接送达，如拒绝接受送达的，可以留置送达。

（二）扩大替代送达的范围

1. 增加自然人的代收人范围。向自然人送达时，如果受送达人不在，该如何送达？现行立法在涉台送达中规定，送达对象还可以是同住成年家属，但在涉外、涉港澳送达中无该规定，我们认为，替代送达不仅应扩大适用到涉外涉港澳，而且应进一步扩大代收人的范围。

在德国与日本，受送达人之外的其他人是可以签收送达文件的。《德国民事诉讼法》第181条规定："在受送达人住宅未能遇见受送达人的，可向其成年的家庭成员或者成年的家庭佣人送达，以上各种人均不能遇见的，可向同居的房主或者房屋出租人送达，但以这些人愿意收受书状为限；有特别营业地点的营业人，可向营业地点的营业助手送达；对于律师、公证人或者执达员，可向在营业所的助手或者书记送达；向法定代理人或官署、地方团体、公共团体或社团的首长送达时，可向其办公地点内的职员和佣人送达。但是，上述人员是受送达人在诉讼中的对方当事人的，不得实施替代送达。"日本法律则规定：在住所、居所、营业所和事务所未遇见受送达人的，可以将应送达的文书交给具有相当辨别能力的雇员、其他职员或者同居人。在就职场所未遇见受送达人的，对受领文书具有相当辨别能力的雇主或其法定代理人、其他雇员、职员不拒绝接受的，可以向上述人员交付应送达的文书。

司法实践中，上海市高级人民法院2007年《民事诉讼涉及送达的若干问题解答（二）》第3条规定："法院以当事人确认的地址送达诉讼文书，与受送达人有密切联系的人自愿签收的，视为直接送达。受送达人是自然人的，与其有密切联系的人包括同住成年家属以及具有相当识别能力的同住人、受送达人雇用的人（如保姆）、邻居、所在单位的同事，以及居住地的物业管理部门；受送达人是法人或者其他组织的，包括法人的法定代表人、其他组织的主要负责人，或者该公司或其他组织的办公室、收发室、值班室等负责收件的人以及该办公地点其他有辨别能力的职员或雇员。"

我们认为，上海市高级人民法院的上述规定值得推广，涵盖的范围比较广泛且更为合理，可以作为确定代收人范围的标准。

2. 增加公司内部人员签收司法文书的规定。该规定的意义不仅仅在于向公司法定住所送达司法文书时，这些人员有权签收，而且在于这些人员如果在我国境内出现，我国法院可以直接向其进行送达。

（1）增加向公司董事和公司高级管理人员送达司法文书的规定。现行立法规定可以向法定代表人、其他组织的主要负责人送达，但国外并无法定代表人和负责人的概念，该规定缺乏可操作性。我们认为，可以考虑将董事和高级管理人员列为送达对象。

董事和高级管理人员拥有公司权力，在公司中的特殊地位决定了其所作的每项经营举措直接关系到公司和股东的切身利益，因此他们与公司之间的委任关系比普通的民事委任关系具有更加紧密的信任性。因此，各国公司法都规定了董事、高级管理人员的忠实义务，在英美法系被称为信任义务，也有人将其译为“信托义务”。基于这种密切的关系，董事、监事和高级管理人员经营管理公司事务时，必须代表全体股东的利益，为公司利益最大化工作，当自身利益与公司利益发生冲突时，将公司利益放在优先位置。因此，笔者以为，公司董事和高级管理人员替公司签收司法文书是其当然的义务。根据我国《公司法》，高级管理人员，是指公司的经理、副经理、财务负责人，上市公司董事会秘书和公司章程规定的其他人员。在进行送达时，应将上述人员作为高级管理人员进行送达。

事实上，最高人民法院在《关于香港特别行政区企业在国内开办全资独资企业司法文书送达问题的请示的复函》（〔2011〕民四他字第44号）中认可向香港公司董事送达的合法性。因此，我们建议可考虑将“法定代表人、其他组织负责人”修改为“董事及高级管理人员”。

（2）增加向控股股东送达司法文书的规定。控股股东是指通过股东大会的决议或者通过选任董事对公司管理层行使影响力而能够行使实质性控制权的某个或者某些股东。虽然控股股东不直接负责公司的经营管理，但与董事和高级管理人员一样，控股股东对公司同样负有忠实和诚信义务，这种义务的来源也是基于一种委托或信托关系。因此控股股东有义务也有责任替公司签收司法文书。

（三）向香港当事人替代送达时的两个特殊问题

1. 向秘书公司的送达。香港公司法上的秘书与我国内地公司的秘书的概念大相径庭。内地公司里的秘书没有法律上的地位也没有法定的权力，只是负责日常事务工作。根据香港的《公司法》，秘书由董事会任命，可以是自然人也可以是法人团体或其他团体。这种法人团体通常就是秘书公司，秘书职责一般为安排会议、准备会议记录、提交法定文件给政府部门，确保公司符合法定要求，等等。香港公司秘书由董事会委任，秘书可以随时提出辞职，但必须提前通知董事会，公司应在秘书辞职后14天内通知公司注册署。香港公司的注册资料登记有秘书公司的信息，有的香港公司的注册地址就是秘书公司的地址，甚至有的香港公司并没有独立的办公地址和工作人员，其在香港的所有业务联系都由秘书公司代为办理。基于秘书公司的这种法律地位，我们认为可以由其签收司法文书。

2. 向临时清盘人的送达。司法实践中会遇到公司进入清盘程序时的送达问题。《香港条例》第32章规定："在有任何呈请书提交后，法院应任何债权人、分担人或呈请人或应有关公司的申请，并在有人藉誓章证明有充分理由委任临时清盘人时，如认为适合，可按其认为公正及必需的条款，作出有关委任。"这里的"临时清盘人"类似于我国法律清算程序中的清算组，负责接管公司财产。我们认为，此时可送达给公司的"临时清盘人"。关于这个问题，我们也希望立法机关在涉港送达问题上作出相应规定。

综上所述，我们认为，为尽可能实现送达的通知功能，符合正当程序原则的要求，未来的立法应对送达对象作出更为宽松、科学、合理的调整。

五、解决路径三——完善送达地址

（一）加强原告提供被告地址的责任

实践中涉外送达不成功的一个重要原因就是当事人在起诉时不能准确提供对方当事人的详细地址，特别是对于在英属维京群岛、开曼群岛注册的公司，地址仅为一个简单的信箱。对方当事人不能提供明确地址的，应如何处理？

根据《第二次涉外商事海事审判会议纪要》第17条，外国当事人作为被告时，应针对不同情况分别作如下处理：（1）原告起诉时提供了被告存在的证明，但未提供被告的明确住址或者依据原告所提供的被告住址无法送达（公告送达除外）的，应要求原告补充提供被告的明确住址。依据原告补充的材料仍不能确定被告住址的，应依法向被告公告送达相关司法文书；（2）原告起诉时没有提供被告存在的证明，但根据起诉状所列明的被告的姓名、名称、住所、法定代表人的姓名等情况对被告按照法定的送达途径（公告送达除外）能够送达的，送达后被告不在法定的期限内应诉答辩，又拒不到庭的，可以依法缺席审判；（3）原告在起诉时没有提供被告存在的证明，根据起诉状所列明的情况对被告按照法定的送达途径（公告送达除外）无法送达的，应要求原告补充提供被告存在的证明，原告拒不提供或者补充提供后仍无法确定被告真实存在的，可以认定为没有明确的被告，应根据《民事诉讼法》第119条第（2）项的规定裁定驳回原告的起诉。

我们以为，该规定对原告提供地址的法律责任作出了明确规定，但会议纪要不是真正的法律，故希望立法机关在未来的立法中考虑到该问题。

（二）扩大诉前送达地址确认制度的适用

诉前送达地址确认制度是近来各地法院为解决送达难问题所进行的送达制度的改革创新，其重要意义在于向当事人所确认的其自己的送达地址无法成功送达时，可以推定送达，而无需进行耗时却无实际作用的公告送达。

2005年1月1日《最高人民法院关于以特快专递方式邮寄送达民事诉讼文书的若干规定》（以下简称《邮寄规定》）明确了当事人在诉讼送达地址确认书上的提供义务以及送达不能的法律后果。目前的问题是如果首次送达不成功时，诉讼文书送达地址确认书就不能发挥作用。因此，我们认为，对送达地址确认的形式应作更为灵活的认定，不能仅限于诉讼文书送达地址确认书。

我们在调研中发现，广东省佛山市南海区法院2007年就在道路交通事故案件中，依据交警部门在处理交通事故时要求每一位交通事故当事人填写的地址确认书进行送达，在送达不到时，进行推定送达。2011年上海市高级人民法院在《关于审理信用卡纠纷案件的若干指导意见》第1条规定：如信用卡领用合约中明确约定诉讼期间送达地址，并约定受诉法院邮寄到该地址即视为送达的，该约定应属有效。

我们以为上述法院的做法值得借鉴，只要当事人以书面形式确认过该送达地址，依据该地址进行的送达就具有推定送达的效力。鉴于送达地址确认书更多的是一种诉前行为，法院需要加强与各行业协会的沟通协调，争取在一些借款合同、房屋买卖合同、租赁合同、转让合同等合同的示范文本中加入送达地址确认条款，当然该条款必须要明确送达地址在诉讼中推定送达的法律后果。

（三）加强送达地址的委托调查

涉外送达的成功率之所以比国内送达要低，很大一部分原因在于涉外送达地址的不确定且难以查明。笔者认为，要解决这个问题法院应该加强委托调查，提高送达地址的准确性。

1. 外国当事人的地址查明。根据我国参加的《关于从国外调取民事或商事证据的公约》（以下简称《海牙取证公约》）和双边司法协助条约，对外国当事人的地址进行调查。司法实践中，通过条约途径查明外国当事人地址的案例并不多。究其原因，有以下两方面：（1）实践部门对《海牙取证公约》和双边司法协助条约的不了解；（2）目前缺乏适用这些条约的实施细则。所以，我们认为，上级法院应加大对条约途径调查取证的宣传，尽快制定配套的实施细则或操作规程。

2. 我国台湾地区当事人的地址查明。两岸之间可以相互委托送达司法文书和调查取证。因此在向台湾地区当事人送达司法文书时，如果受送达人送达地址不明确，可根据《最高人民法院关于人民法院办理海峡两岸送达文书和调查取证司法互助案件的规定》（以下简称《两岸互助规定》）通过高院转递委托台湾地区法院查明该台湾地区当事人的法定地址，同时在委托调查取证的委托函中明确台湾地区受委托法院根据调查的送达地址进行送达的要求。

3. 港澳当事人的地址查明。由于内地与香港之间缺乏调查取证的安排，香港当事人的地址可以通过委托法律服务香港公司进行查询，而澳门地区当事人的地址则可以依据《最高人民法院关于内地与澳门特别行政区法院就民商事案件相互委托送达司法文书和调取证据的安排》（以下简称《内地与澳门安排》）通过高院委托澳门地方法院进行调查。

需要说明的是，通过上述途径所查明的地址主要针对公司，如果是自然人，由于隐私保密的原因，一般不能通过上述途径予以查明。

六、解决路径四——优化送达手段

《海牙送达公约》第5条规定，文书发往国中央机关应按照其国内法规定的在国内诉讼中对在其境内的人员送达文书的方法，或按照申请者所请求采用的特定方法，除非这一方法与文书发往国法律相抵触。内地与港澳台地区签订的互助协议中也都规定按照受委托方的规定进行送达。这种规定给了文书发出国很大的自由裁量权。因此，如何完善我国送达方式在很大程度上影响着外国法院对我国送达方式的效力认定。我们认为，应从以下三方面予以完善。

（一）增加电子邮件送达的科技含量

随着近些年来科技进步，电子邮件在信息传递中所起的作用越来越大。无论是我国的国内立法还是《海牙送达公约》都允许采用电子邮件送达的方式，但司法实践中电子邮件送达未得到广泛使用，我们认为这主要源于以下两点：(1) 安全隐患；(2) 无法确认送达的有效性。基于此，笔者认为应从以下两方面完善电子邮件送达：

1. 建立配套安全认证技术。对于在途的电子邮件，要确保送达人发送或接收到的信息没有被偷窥、截取或篡改，目前有以下几种安全措施：(1) 数据加密，即对邮件内容甚至是邮件头信息进行加密。(2) 数字签名。无论采用何种手段，就电子送达而言，安全都是相对的，因此我们认为，要让电子手段发挥应有的作用就必须始终依存现行的高科技，与科技共同发展，不断更新，才能确保其安全性。

2. 认定有效送达的标准。现行立法都明确规定电子邮件送达必须以"能够确认收悉的方式"向当事人送达。如何确认受送达人收悉是司法实践中的另一难题。美国邮政在1997年启动电子邮戳服务，该服务允许电子邮件的发送人使用邮政局所提供的公共密钥先行加密后发送，并进行追溯，当信息的收到者对信息解密并阅读后，将会自动返回已接受的信息。这一技术解决了电子邮件送达中如何证实接收者已经真正阅读了信息的问题。

上述技术为电子邮件送达的安全性提供了保障。我们认为，在高科技迅猛发展的现代社会中，目前电子邮件在司法送达中的优势并没有得到体现，各法院应加大对电子邮件安全技术的成本投入，充分利用电子邮件进行送达。

（二）建立邮寄送达的查询反馈机制

邮寄送达一直以成本低和速度快成为法院送达的常用手段，但由于邮寄送达中的查询反馈机制不完善，邮寄送达的成功率一直较低。目前国内邮寄送达是根据《邮寄规定》采用司法专邮方式进行送达，笔者建议涉外邮寄送达可参照司法专邮方式，加强与物流企业的合作，建立网络查询平台，以便法院和当事人能及时跟踪查询，了解送达进展。未妥投情况下，应能够及时退回邮件，以便法院决定下一步如何送达。

（三）完善公告送达的相关规定

我们认为，公告送达作为一种拟制送达，更准确的定义应该是法院无法送达时的一种救济手段。现有立法还不能解决司法实践中对公告送达的困惑，为此，我们建议应从以下三方面完善公告送达的立法。

1. 缩短公告送达的期限。对于涉外、涉港澳台送达而言，虽然公告送达的期限已从六个月缩短到三个月，但该期限还有继续缩短的必要。因为公告期限除了影响案件的审理进度之外，并无积极意义，在司法实践中能够通过公告送达成功通知到当事人的情形几乎没有。

2. 增加网上公告送达。我们建议，可在涉外和涉港澳送达上增加“在权威网站上刊登公告”的规定，通过指定某一权威网站（如最高人民法院官方网站或人民法院报官方网站）刊登公告，任何人包括被公告的当事人都可以通过登录该网站搜索相关人员的公告信息，基于网络搜索的便捷，我们也有理由相信网上公告送达方式也许更能够实现公告送达的通知功能。

3. 明确不交纳公告费用的法律责任。司法实践中常常有一些当事人不愿意承担公告送达费用，而法院也因为法无明文规定而无法解决。根据《诉讼费用交纳办法》第12条规定：诉讼过程中因鉴定、公告、勘验、翻译、评估、拍卖、变卖、仓储、保管、运输、船舶监管等发生的依法应当由当事人负担的费用，人民法院根据谁主张、谁负担的原则，决定由当事人直接支付给有关机构或者单位，人民法院不得代收代付。根据该规定，公告费用属于诉讼费用，故我们建议立法部门可参照当事人不交纳案件受理费的处理原则，对于应交纳公告费用而无正当理由拒不交纳的，按自动撤诉处理。

以上关于送达手段的优化建议主要是针对司法实践中的几个常见问题而提出的，事实上，关于送达手段的问题是琐碎的也是多样的，笔者也无法一一列举，但归根到底，送达手段的完善既需要立法的明确指引，也需要各级法院的重视，才能真正实现送达手段的合法化和科学化，确保送达工作的顺利完成。

关于人民法院涉港澳台司法协助、互助机制的调研报告*

广东省高级人民法院课题组**

我国正处于“一国两制三法系四法域”法律分治的格局之下，两岸三地为四个地位平等的独立法域，文书送达、调查取证等跨法域司法活动的实现，必然离不开区际司法协助的方式，即同一主权国家内部不同法域的职能机关之间，根据法律、规则或安排，一方应另一方的请求而给予的协助，为对方代为一定诉讼行为的制度。① 涉港澳台司法协助、互助工作关系到“一国两制”方针的贯彻落实，其地位重要，使命光荣，任务繁重。如今横跨两岸三地的区际司法活动日益增多，人民法院每年办理的涉港澳台司法协助、互助案件已突破万件大关。然而，其工作面临着诸多难题与困境，制约区际司法协助的深入推进。

本报告是在最高人民法院2012年度司法调研重大课题“关于涉港澳台司法协助、互助机制的调研”基础上，吸收最新的数据与实践修订、精简而成。报告立足于人民法院涉港澳台司法协助、互助的现状、特征，对文书送书、调查取证、裁判的认可与执行等工作存在的问题进行了归纳，并提出了相应的对策建议。

---

* 本调研报告为最高人民法院2012年度司法调研重大课题成果。

** 课题组成员：陈华杰、卫俊儒、胡志超、叶向荣、施适、黄建屏、丁海湖、林广海、金军、凌欣、屈伸、赵乐、林依佳、谢涛、王雪生、叶青、朱萍、李原、陈新强、张丹、张善华、萧稚娟、侯秀平。

① 冯霞：《涉港澳台区际私法》，中国政法大学出版社2012年版，第51页。

一、涉港澳台司法协助、互助工作的现状及特征

（一）涉港澳台司法协助、互助的基本情况

1. 涉港澳台司法协助、互助实行“区际协议”模式。涉港澳台司法协助、互助的开展采取了“区际协议”的模式，其中，内地与港澳之间称之为“司法协助”，由内地与港澳特区政府分别签订相关安排，再各自通过最高人民法院发布司法解释、香港或者澳门立法机关制定法律予以落实。迄今为止，最高人民法院与香港、澳门分别签署了三项安排（见表1）。而大陆与台湾地区之间称之为“司法互助”，双方签订互助协议。2009 年 4 月，大陆海协会和台湾海基会在各自公权力机构的授权下签署了《海峡两岸共同打击犯罪及司法互助协议》（以下简称《互助协议》），使两岸司法互助的开展依据由各自规范上升为共同规范，开展方式由个案协助转变为通案机制。由于协议的签署主体不是权力机关，具有非官方性，故称“互助”而非“协助”。人民法院开展涉港澳台司法协助、互助，必须严格适用安排和协议。

表1　内地（大陆）与港澳台分别签署的司法协议成果

	香港	澳门	台湾
内地（大陆）	《关于内地与香港特别行政区法院相互委托送达民商事司法文书的安排》	《关于内地与澳门特别行政区法院就民商事案件相互委托送达司法文书和调取证据的安排》	《海峡两岸共同打击犯罪及司法互助协议》
	《关于内地与香港特别行政区相互执行仲裁裁决的安排》	《关于内地与澳门特别行政区相互认可和执行民商事判决的安排》	
	《关于内地与香港特别行政区法院相互认可和执行当事人协议管辖的民商事案件判决的安排》	《关于内地与澳门特别行政区相互认可和执行仲裁裁决的安排》	

2. 涉港澳台司法协助、互助的案件数量和工作内容不断深化。近年来，两岸三地的司法协助、互助及司法互助案件迅猛增长。人民法院办理

的涉港澳台文书送达、调查取证司法协助、互助案件，从2008年的1141件，至2013年达到10986件，首次突破万件大关①，2014年更达到1.3万件，相比2008年增长幅度达10倍（见下图）。相较于同期每年约3000件左右的国际司法协助案件数量，涉港澳台司法协助、互助案件基本上是后者的2～3倍，增长势头明显。工作内容也由以往的送达、调查取证、裁判的认可与执行等，逐步增加了罪赃移交等新兴领域。案件不仅针对协议规定的民事和刑事案件，也涉及行政诉讼案件。

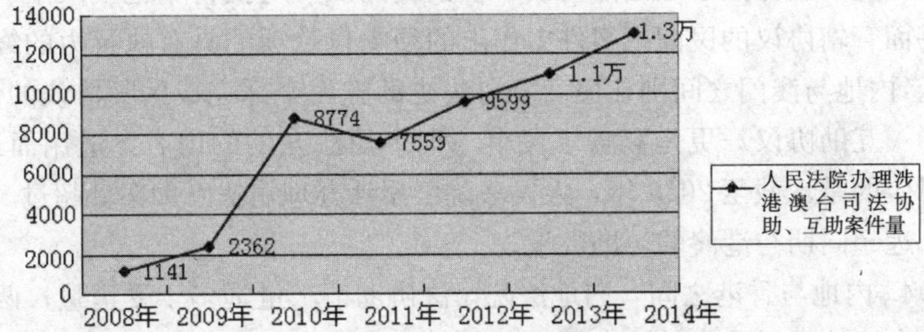

人民法院2008～2014年办理的涉港澳台司法协助、互助案件量

3. 涉港澳台司法协助、互助的规范体系和组织体系日益完善。为解决协议执行中面临的一些法律依据和实际操作问题，最高人民法院出台了《关于人民法院办理海峡两岸送达文书和调查取证司法互助案件的规定》等多项规定和配套文件。各高级人民法院均已按照最高人民法院授权，开通了涉港澳台送达与涉澳调查取证的二级联络窗口，同时出台了专门规范性文件。地方各级法院逐步建立了相关的登记与立案机制、催办与督办机制、通报与奖惩机制、考核与评估机制。

（二）涉港澳台司法协助、互助的特征

1. 民商事司法协助的成果相对完备，刑事司法协助尚在起步。在内地与港澳签署的六项安排中，所涉内容集中于民商事司法协助，内地与港澳尚未就刑事司法协助签订任何专门安排。仅仅在大陆与台湾地区的《互助协议》中，方才包含了被判刑人的移管、刑事犯与刑事嫌疑犯的遣返、罪赃移交、人道探视等涉及刑事司法互助的内容。

① 张先明：《涉港澳台工作：司法协助突破万件大关》，载《人民法院报》2014年1月13日。

2. 人民法院办理的司法协助、互助案件中，涉台案件最多，涉澳案件最少。自2009年6月两岸司法互助协议生效以来，两岸在民事、刑事乃至行政诉讼等各领域，全面开展文书送达、调查取证司法互助业务，案件迅猛增长，截至2013年，人民法院已经累计办理司法互助案件超过3.2万件，远超过同期与港澳的协助数量。

3. 两岸互助协议的内容适用面最广，内地与香港司法协议的适用面最窄。香港与内地法律制度的差异较大，迄今签订的安排适用范围最窄，不仅在调查取证方面缺乏区际协议，在判决的认可与执行中也仅限于“在具有书面管辖协议的民商事案件中作出的须支付款项的具有执行力的终审判决”。内地与澳门之间则在民商事司法协助方面全部完成区际协议的保障。两岸《互助协议》更是涵盖了民事与刑事司法互助的内容，适用面最广。相对应的是，截至2013年，人民法院已累计办理司法互助案件超过3.2万件，远超同期与港澳的协助数量。

4. 内地与香港之间，内地法院司法协助请求量远多于受请量；两岸之间，台湾地区司法互助请求量远多于大陆法院请求量。2008年至2012年，人民法院向香港请求司法协助送达案件为5301件，但受请提供司法协助的送达数仅为757件，二者相差六倍；向台湾地区请求司法互助的送达、取证案件为2391件，但受请送达、取证案件为20685件，二者相差七倍（见下表）。由此可见，台湾地区在司法互助上的需求量和积极性上都保持高位态势。

2008～2012 **年全国各级法院办理涉港澳台司法协助、互助案件统计表**

<table>
<tr><th>地区</th><th colspan="2">案件类型</th><th>2008年</th><th>2009年</th><th>2010年</th><th>2011年</th><th>2012年</th><th>合计</th></tr>
<tr><td rowspan="2">涉港</td><td rowspan="2">文书送达</td><td>请求</td><td>926</td><td>958</td><td>1019</td><td>1047</td><td>1351</td><td>5301</td></tr>
<tr><td>受请</td><td>168</td><td>174</td><td>123</td><td>128</td><td>164</td><td>757</td></tr>
<tr><td rowspan="4">涉澳</td><td rowspan="2">文书送达</td><td>请求</td><td>23</td><td>35</td><td>28</td><td>32</td><td>25</td><td>143</td></tr>
<tr><td>受请</td><td>17</td><td>19</td><td>28</td><td>23</td><td>47</td><td>134</td></tr>
<tr><td rowspan="2">调查取证</td><td>请求</td><td>0</td><td>1</td><td>1</td><td>1</td><td>1</td><td>4</td></tr>
<tr><td>受请</td><td>7</td><td>1</td><td>1</td><td>3</td><td>8</td><td>20</td></tr>
<tr><td rowspan="4">涉台</td><td rowspan="2">文书送达</td><td>请求</td><td>0</td><td>0</td><td>85</td><td>270</td><td>1946</td><td>2301</td></tr>
<tr><td>受请</td><td>0</td><td>1167</td><td>7365</td><td>5906</td><td>5866</td><td>20304</td></tr>
<tr><td rowspan="2">调查取证</td><td>请求</td><td>0</td><td>1</td><td>8</td><td>12</td><td>69</td><td>90</td></tr>
<tr><td>受请</td><td>0</td><td>6</td><td>116</td><td>137</td><td>122</td><td>381</td></tr>
<tr><td colspan="3">合计</td><td>1141</td><td>2362</td><td>8774</td><td>7559</td><td>9599</td><td>29435</td></tr>
</table>

二、涉港澳台司法协助、互助之送达

涉港澳台案件司法文书的送达广义上包括两种情形：一种是内地人民法院受理的案件，需要向港澳台地区的当事人送达；另一种是港澳台地区法院受理的案件，需要通过司法协助、互助程序，委托内地人民法院代为送达。无论哪一种情形，送达都是区际司法协助、互助中首要的重要事项，送达成功与否直接影响案件审理的效率，也关系到当事人在诉讼中程序权利与实体权利的实现。

（一）涉港澳台送达的法律依据

1. 内地与港澳送达规定。《最高人民法院关于内地与香港特别行政区法院相互委托送达民商事司法文书的安排》（以下简称《与香港送达安排》）及《最高人民法院关于内地与澳门特别行政区法院就民商事案件相互委托送达司法文书和调取证据的安排》（以下简称《与澳门送达取证安排》）分别施行，打破了回归后内地与香港、内地与澳门之间在司法协助方面没有任何协议或安排的格局，开创了制度化司法合作的先例。其中，《与香港送达安排》是全国首个区际司法协助协议，它在广东高院于1986年与香港法院就相互委托代办送达签订的《关于相互协助送达民、商事诉讼文书的初步协议》的基础上，将涉香港司法文书送达的适用范围从广东省拓展于整个内地。在内地，该安排于1998年12月30日由最高人民法院审判委员会第1038次会议通过，自1999年3月30日起施行。在香港特区，安排内容通过修改《香港高等法院规则》第69号命令和其他相关规定而告生效。《与澳门送达取证安排》则汲取了《与香港送达安排》的经验，在送达的规定上更细致、更完善，将民商事案件调查取证的协议内容也纳入其中。在内地，该安排于2001年8月7日由最高人民法院审判委员会第1186次会议通过，并自2001年9月15日起施行。在澳门特区，安排内容经第39/2001号行政长官公告公布，于2001年9月15日起生效。2009年，最高人民法院又发布了《关于涉港澳民商事案件司法文书送达问题若干规定》（以下简称《涉港澳送达规定》），提高了涉港澳送达的实践操作性。

2. 大陆与台湾地区送达规定。两岸法院过去一直存在送达难问题：缺乏法定的送达途径，公告送达率长期处于高位，案件开庭审理难度大。直到 2008 年 4 月，《关于涉台民事诉讼文书送达的若干规定》（以下简称《涉台送达规定》）正式施行，填补了两岸送达法律依据的空白。之后，根据两岸签订的《互助协议》，最高人民法院又发布了《最高人民法院关于人民法院办理海峡两岸送达文书和调查取证司法互助案件的规定》（以下简称《两岸送达取证规定》）、《人民法院办理海峡两岸司法互助案件文书样式（试行）》（以下简称《两岸互助文书样式》），涵盖了涉台民商事、刑事和行政诉讼文书的送达，完善了送达的可操作性。2012 年，全国涉台文书送达共 7812 件，其中排名前三分别为福建高院 2852 件、湖南高院 516 件，广东高院 504 件。

（二）涉港澳台送达存在的问题

1. 人民法院协助、互助港澳台送达的问题

（1）协助港澳台送达未能统一归口管理，相关案件未纳入法官办案工作量，影响工作积极性。各地法院从事涉港澳台司法协助、互助工作的部门和人员五花八门，协助、互助送达司法文书的承办部门不统一（有的放在涉外庭、有的放在立案庭、有的放在法警队），有的法院实行专人负责，有的法院根据案件情况分别指定相关庭室办理。涉港澳司法协助、互助案件尚未作为一类案件立案办理，未纳入绩效考核和案件评查范围，不利于统一跟踪、管理。协助送达工作未计入法官办案工作量，或者仅按普通案件的一半比例折算工作量，影响了法官工作积极性。

（2）无效地址重复委托送达的现象较为突出。对一个相同的地址，经人民法院确认无法送达后，港澳台方面仍会再次委托向相同受送达人送达；或受送达人地址有误，人民法院经查实后进行了有效送达，在回复时将地址变更情况予以了提醒，但之后还陆续收到了几次延用错误地址的委托送达材料。如台湾地区法院委托向某一当事人送达，在 2011 年 7 月已经回函告知因地址不详无法送达后，在 2011 年 10 月，台湾地区法院又委托向同一当事人送达，两次送达的地址完全相同。这种重复委托浪费了有限的司法资源。

（3）人民法院与港澳台法院沟通渠道不畅通。在出现种种无法送达的问题时，最终受托的人民法院需要及时和港澳台委托法院联系，以确定进一步的信息并协调安排。但在实践中，最终受托法院和最初委托法院无法

直接联系沟通，造成工作不便。

2. 人民法院委托港澳台法院送达的问题

（1）EMS邮寄送达缺乏反馈机制。目前寄往港澳台的EMS，在已“妥投”的情况下，无回执反馈给法院，不能了解具体的签收情况，法院只能通过网络打印查询结果留档，存在送达瑕疵的风险；有些是邮递员让受送达人的相关人员（如家属、员工、邻居甚至物业人员）签收，却未写明签收人与受送达人的关系，法院往往无法核实受送达人是否最终拿到送达文件。在“未妥投”的情况下，部分邮件未能退回法院，不知所踪；部分退回的邮件在改退批条上批注的“不到收”等原因导致法院无法判断当事人是否住在该地址；而有些退回的邮件没有改退批条，仅在邮件上手写“拒收”，不够严谨。因此，EMS虽然速度快，但送达安全性不高。

（2）委托送达效率较低且缺乏查询机制。通过司法协助、互助的委托送达虽然比较稳妥，但中间环节的流转时间较长，导致一般涉港澳台案件都会预留三个月的送达时间。送达环节缺乏查询平台，使法院无法及时预测和变更开庭时间，只能消极等待。如果案件中需要几次委托送达，则使时间大大拉长。

（3）法律服务公司送达的费用过高，且无法留置送达。委托法律服务香港（澳门）公司送达是送达方式中效率较高的一种方式，速度快，送达质量高，但送达费用较高。该送达方式每件收费人民币约2000元，如送达地址变更，需要查询新地址，加收查册费人民币1200元，较高的送达费令不少当事人望而却步。且公司对送达收费无法开具发票，也导致部分当事人因无法入账而放弃选择这种方式。另外，该送达方式属于民间送达，对于拒签的当事人，无法进行留置送达。

（4）内地与台湾地区关于留置送达的标准不一致。根据《两岸送达取证规定》，人民法院接受台湾法院互助送达要求后，对受送达人不能采取留置送达方式，应当采取直接送达方式。然而台湾地区法院接受人民法院互助送达要求后，经常会出现留置文书给受送达人在台湾户籍地派出所的记录（即台湾法院所称的嘱托送达），但台湾地区法院回函不会表态是否已经成功送达。台湾地区法院这种留置送达方式，能否视为成功送达，对此有不同态度。有的认为，从对等原则出发，既然大陆采取直接送达方式，那么台湾地区也只能以直接送达方式来完成互助送达；有的认为，既然留置送达在台湾地区是合法的送达手段，那么可以认为已经完成送达。

（5）台湾地区法院寄存送达的效力问题如何认定不明确。根据台湾地区“民事诉讼法”的规定，寄存送达是指如果在不能采取直接送达或留置送达的情形下，可将送达文书寄存在送达地的自治或警察机关，并作送达通知书粘贴在应受送达人的居住所、事务所、营业所门口，视为送达。寄存送达后，受送达人10日内领取文书的，于实际领取之日发生效力，否则经10日后发生效力。该送达方式实际上是对留置送达的一种补充规定。目前对这种送达的效力认定不明确。

（6）系列案件被台湾地区不同法院送达造成结果不一致。系列案件委托台湾地区法院互助送达时，主管机构有时会委托不同地方法院进行处理，而受托法院送达结果有的成功，有的不成功，送达结果不一致给案件审理造成了困扰。

（7）对委托送达失败却仍需多次委托送达的案件的处理办法不明。在对当事人第一次采取委托送达诉状、开庭传票等应诉材料失败后，或是成功送达但该当事人不积极参与诉讼也不提供联系方式，在诉讼的不同阶段又需要对当事人多次通过委托方式送达文书，导致一审案件的诉讼时间过长，严重影响诉讼效率。

（8）台湾地区法院送达回复采用的是影印件形式。台湾地区法院互助人民法院送达后，回复采用的是影印件，有时甚至出现内容被遮挡、不完整的问题。

（三）涉港澳台送达的对策建议

1. 建立区际司法专递送达机制。2005年1月1日起施行的《最高人民法院关于以特快专递方式邮寄送达民事诉讼文书的若干规定》，是最高人民法院与国家邮政局共同颁布的关于司法专邮的专门规定，它的出台极大缓解了内地的送达难问题。在两岸三地之间，也可借鉴其相关经验。一方面，虽然法律制度不同，但港澳台并不反对邮寄送达；另一方面，虽然我国在加入《海牙送达公约》时，依据该公约第21条第2款第1项规定对公约第10条提出声明，在中国境内反对邮寄送达，但这是从维护国家主权角度出发，而港澳台属于同一个中国，同意港澳台法院在内地进行邮寄送达，不会侵犯到国家主权。因此，建议参照该规定，由最高人民法院与国家邮政局、港澳台相关机构磋商，将司法专邮范围扩大到港澳台地区，由邮政部门对法院的诉讼文书进行专人专送，建设网络查询平台，根据快递号将妥投邮件的签收人信息和未妥投的具体原因及时录入系统，以便法院和当事人能及时跟踪查询。

2. 建立区际委托送达的查询平台。建议与港澳台联合开通（或者先由人民法院开通）委托送达的查询平台，为每个查询案件设立相应编号，委托法院输入相应编号后即可查询委托送达的进展情况。根据查询信息得知未成功送达，则可立即采取其他送达方式或者公告送达，无需再等待材料被退回。在平台中，亦可建立人民法院与港澳台法院的沟通渠道，共同解决送达工作中的难题。

3. 建立委托法律服务香港有限公司（或澳门有限公司）送达的常设机制。尽管该方式费用较高，但毕竟高效快捷，再考虑到内地大量的委托送达可能给港澳法院带来较大的工作量，以及单一渠道不利于尽快送达的实现，通过中国法律服务（香港）有限公司（或澳门有限公司）进行商业查册、代为送达仍有积极的意义。目前，深圳中院正在就送达费用等问题与法律服务香港公司进行磋商，以期达成一个为大多数当事人能够接受的收费标准，扩大办理的事项范围。此事若能由最高人民法院与司法部等进行磋商解决，效果会更好。

4. 借助社会力量参与送达，提高送达成功率。可委托港澳台商协会或涉港澳台案件特邀调解员、基层自治组织、人大代表等进行送达，或由熟悉乡情民俗的村民担任联络员，协助法院开展送达工作。

5. 对地址正确却不积极参加诉讼的受送达人的多次送达进行简化。委托送达文书中包括诉状、传票的，对于已经成功送达的，应让港澳台法院要求被告填写诉讼地址确认书，将诉讼地址确认书随送达回证交回人民法院。如被告不积极参加诉讼，参考《最高人民法院关于以法院专递方式邮寄送达民事诉讼文书的若干规定》第11条规定，其他司法文书通过邮寄方式到达该确认地址的，即可认为完成送达，不需再行司法协助或互助送达。

6. 明确不缴纳公告费用的处理办法。《最高人民法院关于适用〈诉讼费用交纳办法〉的通知》规定：“当事人逾期不按规定交纳案件受理费或者申请费的并且没有提出司法救助申请，或者申请司法救助未获批准，在法院指定期限内仍未交纳案件受理费或者申请费的，由人民法院依法按照当事人自动撤诉或者撤回申请处理。”对于不缴纳公告费用的当事人，可向当事人发出书面交费通知，指定缴纳公告费的期限，同时告知不按时缴纳公告费用则按其自动撤诉处理。

7. 明确台湾地区法院寄存送达的效力及发生效力时间。《互助协议》明确可以根据己方之规定采取相应的送达方式，故对于寄存送达的效力亦应予以认可。但在认可其送达效力的同时就产生了一个实务操作问题，即如何确定寄存送达发生效力的日期，换而言之，就是如何查明受送达人是否在10日内领取了文书。对此，建议台湾地区在回复送达结果之前，进一步确认寄存送达发生效力的日期。

8. 明确大陆和台湾地区法院均可留置送达。留置送达在大陆和台湾地区都是合法的送达手段，建议明确认定为已经完成送达，同样应明确允许人民法院对台湾地区委托的文书进行留置送达。

9. 开通基层人民法院与港澳台法院直接沟通的渠道。在尽力构建网络平台的基础上，还可开通电话、电子邮件等方式，在送达地址有误或不明确的情况下，基层人民法院可与港澳台法院或相关人员联系沟通，避免在明确地址等问题上造成工作障碍。

10. 对司法协助、互助送达工作实行电子存档。协助、互助港澳台送达文书的相关材料需要退还，因此实践中保留做纸质档案的可行性较小。在这方面，福建和上海法院全部实行了电子档案，由高级人民法院统一将相关材料扫描存档。

三、涉港澳台司法协助、互助之调查取证

与国际司法协助中的域外取证不同，涉港澳台调查取证不涉及主权对抗问题，但仍存在着不同法系证据制度的冲突。证据法的严格属地性，使得每一法域的主管机关不能或难以直接在其他法域进行调查取证活动。因此，对区际调查取证进行司法协助、互助尤为必要，直接关系到案件能否得到迅速、及时、公正的审理，关系到法院对案件是非曲直的判断以及当事人权益的保障。

（一）涉港澳台调查取证的法律规定与司法实践

总的来说，人民法院对于港澳台法院的委托取证，是以尽力协助、互助原则，尽最大努力予以协助、互助。目前人民法院办理的协助、互助调查取证案件，已经涉及取得证言及陈述，提供书证、物证及视听资料，确

定关系人所在地或其身份、前科，进行勘验、检查、鉴定和查询等各种证据形式和取证方式。但是，因法律传统和制度依据的不同，人民法院对于在港澳台形成的证据调取做法不一，效果也迥异。

1. 内地与香港之间的调查取证。香港属于普通法系，其证据制度无论是对证据的界定、证据种类以及法官在调取证据中的作用均与我国内地有较大差别，特别是对于民商事案件，香港采取的是“完全当事人主义”，调查取证由当事人或者代理律师进行，法官一般不从事调查取证工作。双边协议的缺失，使得当前人民法院协助香港法院调查取证处于“一案一请求、一案一协商”的阶段，操作方法是：香港特区律政司就个案的协助取证事宜向最高人民法院发出请求，最高人民法院同意后通知省高级法院指定一家辖区法院具体负责取证协助事宜。对取证时间、具体程序的协商，最高人民法院一般不参与，而由香港特区律政司和具体负责协助事宜的法院进行沟通。尽管目前的取证协助程序已较为固定，但因为个案情况不一，如有的案件系向在押嫌疑人取证，有的是向罪犯取证，有的则是向自由公民取证。在没有一般性规定的情况下，每个案件在协助取证前都要反复沟通协调，一些重大事项还要报请最高人民法院决定，工作量大，影响了协助取证的高效进行。

内地对香港的调查取证更多的是采取单向的民间途径进行，方式有：(1) 当事人自行举证。这种方式是区际取证制度中常用的方法，但如果当事人认为证据对其不利，往往可能拒绝作证，使诉讼陷于僵局。(2) 诉讼代理人取证。在香港特区调查取证时多采用该方式，由当事人委托的内地律师以私人身份进入香港取证，或委托香港律师代为完成。但这种途径取得的证据往往可靠性难以认定，存在很大局限性。(3) 通过司法部委托的香港公证律师代为调查取证。但公证律师并未享有特别调查权，只能在香港法律许可的范围内进行核实、审查，因此不能真正担负起调查取证的职责。

2. 内地与澳门之间的调查取证。《与澳门送达取证安排》规定，双方相互委托调取证据，均须通过各高级法院和澳门终审法院进行，最高人民法院与澳门终审法院可以直接相互调取证据。值得注意的是，该安排采用了两地法院派员参与取证的方式，即在受委托方允许的条件下，委托方可以派司法人员赴另一法域调取证据，并可以向证人、鉴定人等发问。不过需要明确的是，这种情况仍属于委托方式，委托方也只是派员参与，并非到对方直接取证。同时，受委托方法院可以根据委托方法院的请求，并经证人、鉴定人同意，协助安排其辖区的证人、鉴定人到对方辖区出庭作证。

3. 大陆与台湾地区之间的调查取证。根据《互助协议》及《两岸送达取证规定》，大陆与台湾地区法院之间可就民商事、刑事、行政案件相互委托调查取证。人民法院在案件审理中适用《关于审理涉台民商事案件法律适用问题的规定》时，如果遇到需要查明台湾地区有关法律规定的情形，也可以按照调查取证司法互助方式向台湾方面提出请求。委托取证必须经过最高人民法院和台湾地区业务主管部门审查和转送。从实践来看，通过司法互助途径进行调查取证，不仅可以免除或减少公证认证手续，而且程序规范、结果也相对可靠。

此外，2011 年 8 月 7 日，最高人民法院又发布《关于进一步规范人民法院涉港澳台调查取证工作的通知》，特别强调：有特殊情况层报最高人民法院并经中央有关部门批准外，人民法院不得派员赴港澳特区或者台湾地区调查取证；人民法院不得派员随同公安机关、检察机关组团赴港澳特区或者台湾地区就特定案件进行调查取证。

（二）涉港澳台调查取证存在的问题

1. 内地与香港就相互调查取证缺乏制度性的安排。现行的民间途径缺乏高效、便捷的制度化通道，使双方调查取证困难重重，结果难以预测：香港方面取证主要依赖于当事人，而香港当事人可能因为不熟悉内地的工作程序或因内地有关机关、个人拒绝提供材料无功而返；内地当事人赴港取证也面临同样问题，导致成功取证比较难；通过诉讼代理人取得的证据则可靠性难以认定，存在很大局限性；区际协议的缺乏，也使人民法院无权在香港行使调查权。

2. 对港澳台有权机关出具文书的证据力的审查及采信缺乏规定。根据《最高人民法院关于民事诉讼证据的若干规定》第 11 条规定："当事人向人民法院提供的证据是在香港、澳门、台湾地区形成的，应当履行相关的证明手续。"但在实践中，对港澳台地区有权机关所出具文书证据力的审查及采信，缺少相关法规，很难操作。目前只能通过引导当事人举证、质证，排除疑点，总结当事人的争议焦点，对当事人无争议的事实予以确认，但对于有争议的事实证据认定，采信上难以操作。

3. 台湾地区法院请求调查取证的事项过于宽泛，或同一问题多头请求。实践中台湾地区法院请求调查取证的事项有时过于宽泛，让法院不知如何处理；同一问题多头请求，造成司法资源的浪费。

（三）涉港澳台调查取证的对策建议

1. 内地与香港亟需就相互调查取证达成安排。对于调查取证不属于香港法院职权范围的问题，在具体设置程序时可考虑如下两种方式安排：（1）人民法院向香港法院请求协助调查取证的，香港法院经审核后交由指定律师统一进行调查取证；香港法院需要人民法院协助调查取证的，由香港法院向人民法院提出请求，人民法院经审核后直接进行调查取证。（2）人民法院向香港法院请求协助调查取证的，香港法院经审核后交由香港律政司统一进行调查取证。

2. 在涉港、涉台中推广派员参与取证的做法。《与澳门送达取证安排》中规定了一定条件下派员参与取证的方式。这种方式优点明显，一方面，加强了双方联络，可以共同解决重大取证问题；另一方面，可以提高取证效益，弥补当事人自行取证中存在的证据可靠性较弱等不足。建议可以在内地与香港、大陆与台湾地区签署补充协议或规定中予以推广。

3. 明确对港澳台有权机关出具文书的查证办法。建议最高人民法院联合相关部门搜集港澳台有权机关的证明文书格式和印模等资料，参照过去印发内地认可的香港律师签署印鉴的做法，印发给各级法院，以便在审查当事人的证明文书时进行核对；或成立、指定相关机构对港澳台证明文书进行查证，认定其法律效力，减轻人民法院的审查负担。

4. 明确规定委托调查取证与送达可同步开展。人民法院与港澳台法院相互请求调查取证获得受送达人具体地址或其他证据后，建议明确规定，可以同时协助、互助进行送达文书，无须再另行办理司法协助、互助委托手续。

5. 严格限制各法域间相互调查取证的拒绝条件。由于中国各法域之间法律冲突的特殊性，相互间调查取证适当保留拒绝委托的条款是符合“一国两制”这一根本原则的。有鉴于此，我国各法域间相互调查取证的拒绝事由仍可规定为两项：（1）委托取证不属于被请求法院的权限范围。这一规定是非常必要的，因为被请求取证的范围可能会超出被请求法院的管辖权力范围，被请求法院据此可以拒绝协助。这种机制既有利于法院间职能的协调，也有利于取证成本的降低。（2）被请求的执行可能严重损害被请求地的重大社会利益，即设立公共利益保留条款。这一做法已为《与澳门送达取证安排》所采纳。

（四）涉港澳台调查取证的典型案例

案例一：对台湾地区涉案人员的调查取证全程录音录像

2012 年底，珠海中院办理的一件重大涉台协助调查案件中，主要犯罪嫌疑人在台湾地区已进入审判阶段，需要调查涉案人员的证词。其关系到对犯罪嫌疑人的定罪与量刑，是本案的关键性证据。由于被调查人员中有两人户籍所在地在珠海，故由珠海中院对该两人进行调查取证。珠海中院主审法官与证人联系沟通，在不影响证人日常工作的前提下，协调时间请证人前来法院，由主审法官严格按照法定程序对证人进行询问，由宣传部门的专业人员进行全程录音录像，制作光盘。在具体询问过程中，主审法官须克服诸多问题。如由于时隔已有一段时间，证人有很多内容记忆不清、答非所问，法官需要在围绕指定问题提问的同时，提醒证人明确直接回答并最终准确固定其意见。另外，由于问题是台湾地区法院所列，主审法官需要对问题进行审查，对其中出现的不符合大陆日常用语的内容进行修改。而对于台湾地区与大陆法言法语存在差异的内容，则适度地向证人解释。通过上述方式，珠海中院以最快的时间高质量地办理了这宗协助调查取证。这也是全国首宗通过录音录像制作光盘的涉台调查取证。

四、涉港澳台司法协助、互助之判决的认可与执行

判决的认可和执行，是指主权国家或国家各法域之间在一定条件下相互认可对方法院判决在本地的效力，需要执行的，则给予执行的一种司法合作行为。[①] 它是诉讼程序最后、也是最关键的阶段，集中体现了当事人对诉讼的实质利益。目前两岸三地判决的相互承认与执行集中在民商事领域。

（一）涉港澳台判决相互认可与执行的司法实践

1. 内地与香港判决相互认可与执行的司法实践。《最高人民法院关于

① 冯霞：《涉港澳台区际私法》，中国政法大学出版社 2012 年版，第 63 页。

内地与香港特别行政区法院相互认可和执行当事人协议管辖的民商事案件判决的安排》（以下简称《与香港协议管辖判决安排》）于2006年6月12日由最高人民法院审判委员会第1390次会议通过，并自2008年8月1日起生效；在香港特区，该安排则凭借订立《内地判决（交互强制执行）条例》和《高等法院规则》第71A号命令而告生效。面对内地与香港法律制度的冲突，该安排提供了若干解决之道。(1) 管辖权的确定。安排磋商过程中遇到的最棘手的问题之一就是管辖权的确认问题。为了尽快达成共识，《与香港协议管辖判决安排》将管辖权较为简单、实践中相对规范的当事人协议管辖的商事合约案件作为《与香港协议管辖判决安排》最先调整的对象。即只针对当事人之间的商事合同，不包括雇佣合同及自然人因个人消费、家庭事宜或其他非商业目的而作为协议一方的合同，同时仅限于支付款项的判决，即金钱判决，排除了身份判决以及确认判决等其他的判决。(2) 终局性判决的认定。《与香港协议管辖判决安排》最终对“具有执行力的终审判决”的界定，尊重了香港法律规定。除最高人民法院的判决，高、中级人民法院和有集中管辖权的基层人民法院作出的第一、二审判决外，对于涉及审判监督程序的案件，安排第2条明确要求系依照审判监督程序由上一级人民法院提审后作出的生效判决；对于当事人向香港法院申请认可和执行判决后，内地人民法院对该案件依法再审的，该条明确要求由上一级人民法院提审。在香港是指终审法院、高等法院上诉法庭及原讼法庭和区域法院作出的生效判决。此外，《与香港协议管辖判决安排》明确了香港法院应对内地出现审判监督和再审程序的做法：人民法院就已经作出的判决作出提审裁定，或最高人民法院作出提起再审裁定的，香港法院审查核实后，可以中止认可和执行程序；再审结束后，再视变更情况恢复或终止认可执行程序。

2. 内地与澳门判决相互认可与执行的司法实践。在内地，《最高人民法院关于内地与澳门特别行政区相互认可和执行民商事判决的安排》（以下简称《与澳门判决安排》）于2006年2月13日由最高人民法院审判委员会第1378次会议通过，并自2006年4月1日起生效；在澳门特区，《与澳门判决安排》内容经第12/2006号行政长官公告公布，于2006年4月1日起生效。该安排适用的范围要比《与香港协议管辖判决安排》宽泛，它涵盖了内地与澳门民商事案件（在内地包括劳动争议案件，在澳门包括劳动民事案件）判决的相互认可与执行，也适用于刑事案件中有关民事损害赔偿的判决、裁定，但不包括行政案件。根据规定，申请人可以直接向有管辖权的法院申请认可和执行，无须重新起诉。

3. 大陆与台湾地区判决相互认可与执行的司法实践。最高人民法院多次以司法解释的形式对申请认可台湾地区法院民事判决的管辖、受理、认可或者不予认可的条件等诸多问题作了明确规定。1998 年发布的《关于人民法院认可台湾地区有关法院民事判决的规定》（以下简称《规定》），使大陆认可与执行台湾地区民事判决有了具体的法律依据；2009 年又出台《补充规定》，扩大了申请认可的范围，除民事判决外还包括民事裁定、调解书、支付令以及仲裁裁决，基本涵盖了民事领域的所有纠纷，同时设置了财产保全制度，将申请认可台湾地区民事判决的期限由 1 年改为 2 年，大大方便了法院和当事人的具体操作。

台湾方面依据的是1992 年颁布的“两岸人民关系条例”与其若干次的修订和相关施行细则，以及 2009 年的《互助协议》。根据规定，台湾地区认可与执行大陆判决要具备四个条件：①大陆判决须为确定值判决；②该判决并不违反台湾地区的公共秩序或善良风俗（大陆判决违反台湾地区法律规定的专属管辖者，视为违反其公共秩序）；③采用互惠对等原则，即以人民法院认可与执行台湾地区判决为前提条件；④判决须经“行政院”认可的民间团体验证。在实践中，这些规定程序繁琐，实施情况并不理想。

（二）涉港澳台判决相互认可与执行存在的问题

1. 内地与香港判决相互认可与执行存在的问题

（1）《与香港协议管辖判决安排》使用范围过窄。为了求同存异，《与香港协议管辖判决安排》避开了分歧较大的内容，但相应的是适用范围过于狭窄，仅针对内地和香港法院“在具有书面管辖协议的民商事案件中作出的须支付款项的具有执行力的终审判决”，在实践中的适用非常有限。实践中，若人民法院遇到当事人询问请求认可香港法院的判决，经审查不符合《与香港协议管辖判决安排》规定的，还是只能建议当事人在内地重新提起诉讼，造成一案两诉，增加了不必要的诉讼成本。对此，要进一步磋商，扩大《与香港协议管辖判决安排》涵盖的范围。

（2）对判决中部分没有书面选择管辖法院的当事人的请求能否支持不明确。在香港所作判决中，部分案件当事人共同选择香港法院管辖，但有部分当事人没有选择，香港法院判决要求没有书面选择香港法院管辖的当事人承担责任，而这些当事人以本案不具有书面管辖协议为由，申请该香港判决不应获得认可和执行，对此是否应予支持不明确。

（3）对申请认可与执行的案件中涉及域外情况的查明渠道不畅通。实践中常出现以下难题：①对于申请执行人为港澳台的执行案件，现实中与申请执行人的联络渠道不顺畅，难以开展执行询问、执行调查、送达文书等工作。②对于被执行人为港澳台的执行案件，一旦被执行人离开在大陆的居住地，就很难查明被执行人的下落，通过边控查控被执行人并促进案件执行的情况仅在少数。③受理的认可与执行域外判决案件中，很多当事人以原审判决是在其缺席又未经合法传唤的情况下作出进行抗辩，法院就应审查该事由。根据《与香港协议管辖判决安排》的规定，审查该事由应以原审法院地法律为准，这就要求查明原审法院地送达的相关法律规定及该案送达的事实，这种查明程序往往耗时较长，增加了审理的困难。在查明不了的情形下，该如何处理不明确。④在作出生效判决的法院地，该案的具体执行情况（包括有无执行，执行了多少），当事人提交的证据不能清晰反映，人民法院又很难查明，对此如何审查不明确。

2. 内地与澳门判决相互认可与执行存在的问题

（1）被请求法院审查时限与上一级法院复议期限不明确。《与澳门判决安排》第10条规定："被请求方法院应当尽快审查认可和执行的请求，并作出裁定。"因"尽快"的随意性太大，当事人和法院都无法预知审查所需要的时间，何时才能作出裁定。此外，《与澳门判决安排》赋予了当事人对人民法院作出的对认可与否的裁定不服的，在内地可以向上一级人民法院提请复议，但对于提出复议的期限，《与澳门判决安排》没有规定，这都易导致案件办理耗时长。在实践中，就有案件审理时间长达三年。

（2）对申请认可和执行澳门判决应适用的程序不明确。对此类案件是采取听证、开庭的方式审查还是仅作书面审查，是否需要按照普通程序给予被申请人一定的答辩期和举证期？这些问题在司法实践中的做法并不统一。

（3）对申请人提供的中文译本如何审查不明确。澳门法院的判决并非全部是以中文或中葡双语制作，如果判决以葡萄牙文作出，根据《与澳门判决安排》规定，申请人应当提供法院出具的中文译本。而如果申请人提供的中文译本不是由法院出具，而是由其他机构出具，该如何审查？实践中某人民法院处理的办法是：通过向澳门法官了解，澳门法院的判决的中文译本都是由公职局公共行政翻译中心出具；经过查阅澳门政府的官方网站，该翻译中心负责公、私机构委托的翻译工作。因此，该人民法院对申请人提供的由公共行政翻译中心出具的澳门判决中文译本认定为符合安排的规定。此认定是否妥当，在将来是否还可以继续沿用，都需予以明确。

（4）对裁定书的格式、申请人对裁定能否申请救济的做法不统一。《与澳门判决安排》第9条规定："法院收到申请人请求认可和执行判决的申请后，应当将申请书送达被申请人。被申请人有权提出答辩。"但在认可和执行澳门民商事判决的民事裁定书中发现，有的法院裁定书列了被申请人，有的法院裁定书上没有列被申请人。在裁定书主文之后，有的法院的裁定书附有"如不服本裁定，可以向×××高级人民法院申请复议一次。复议期间不停止裁定的执行"，有的法院的裁定书则没有，导致申请人对裁定书不服时能否申请救济，各法院做法不统一。

3. 大陆与台湾地区判决相互认可与执行存在的问题

（1）人民法院生效的民事调解书和支付令尚不能得到台湾地区法院的认可。据台湾地区"司法院"1994年11月19日的秘台家厅民三字第20524号函称，"两岸人民关系条例"第74条与"强制执行法"第4条第3项参互以观，"两岸人民关系条例"第74条所指民事确定裁判，宜解为不包括人民法院的民事调解书在内。台湾地区法院依据上述规定，对人民法院出具的民事调解书尚不予以认可。同样，支付令不属于"两岸人民关系条例"中的"民事确定裁判"，也不能被台湾地区法院认可。

（2）附有生效证明文书的台湾地区法院司法文书，人民法院认可难度较高。对于此类文书，必须获得台湾地区的公证，再经大陆公证部门核实后，才能得到人民法院认可，但增加了当事人诉累。

（三）涉港澳台判决相互认可与执行的对策建议

1. 建议内地与香港对婚姻、破产等争议较大并处于小范围的问题签署专项安排。香港与内地之间的婚姻、继承等民事纠纷日益增多，人民法院受理申请认可香港解除婚姻关系的判决在实践中所占比重也逐步增大，因此，可以以认可解除婚姻关系判令的法律效力为突破口。新修订的《民事诉讼法》第202条规定，"当事人对已经发生法律效力的解除婚姻关系的判决、调解书，不得申请再审"，满足了终局性的要求。最高人民法院在

《关于我国公民周芳洲向我国法院申请承认香港地方法院离婚判决效力，我国法院应否受理问题的批复》(〔1991〕民他字第43号)中规定："我国公民周芳洲向人民法院提出申请，要求承认香港地方法院关于解除英国籍人卓见与其婚姻关系的离婚判决的效力，有管辖权的中级人民法院应予受理。受理后经审查，如该判决不违反我国法律的基本原则和社会公共利益，可裁定承认其法律效力"。2011年，珠海中院也认可了一起香港关于解除婚姻关系的判令（见后文案例）。值得注意的是，香港高等法院上诉法院在一起解除婚姻关系以及财产分割的案件中也曾承认深圳中院作出的关于离婚以及财产分割的判决。[①] 因此，对香港法院作出的离婚判决，当事人就该婚姻效力本身申请人民法院认可的，建议人民法院应予受理并认可。之后，再逐步就婚姻、破产等争议较大并处于小范围的问题签署专项认可与执行安排。

2. 扩大内地与香港之间相互认可与执行民商事判决的范围。可以从以下几方面着手：(1) 应明确适用范围包括两地法院对民商事案件所作的有关财产权益和人身权利的判决，以及对刑事案件附带民事赔偿作出的判决。(2) 允许在不能对判决所确认的所有请求予以认可和执行时，对原审判决给予部分认可和执行。(3) 对没有给付内容判决的单独认可及作为证据在对方法院诉讼程序中使用要作明确规定。(4) 建立双边合作机制，被请求法院对当事人提供的判决书真实性有疑问时，可以请求作出生效判决的法院予以确认。

3. 明确被请求法院的审查时限和上一级法院的复议期限。出台《最高人民法院关于内地与澳门特别行政区相互认可和执行民商事判决的安排》(以下简称《与澳门判决认可和执行的安排》)的补充规定，对被请求法院作出裁定的时限和上一级法院的复议期限作出规定。可参考人民法院审理对判决不服的上诉案件的审理期限，规定被请求法院在收到申请之日起三个月内作出裁定；上一级法院的复议期限可规定为10天。有特殊情况需要延长的，都要履行一定的审批程序。

---

① 香港高等法院上诉法院在作出的CACV89/2008判决中提及："最奇怪的是在香港法院有承认海外别的国家的离婚判决的司法管辖权却没有承认内地离婚的司法管辖权。没有相互承认体系并不是障碍，因为《释义和通则条例》第6部分没有包含一个如果满足条件就承认离婚的海外国家列表。"参与审理的三名大法官认为，《海牙公约》和香港的《婚姻法律程序与财产条例》中"海外离婚"的适用范围并不会对香港法院在"一国两制"下承认深圳法院离婚判决形成障碍。

4. 明确申请认可和执行港澳法院裁判案件的审查程序。审理申请认可和执行域外法院裁判案件与普通的诉讼案件应有所区别，其审理程序应采取听证或询问为宜，由涉外庭审判人员组成合议庭进行审查，通常无须给予被申请人答辩期和举证期，但被申请人有权作出回应及举证，如确需时间收集证据，可由当事人向法院提出书面申请，法院经审查认为合理的可给予适当的期限。此外，此类案件应当如何编排案号，中级法院如拟作出不予认可和执行的裁定，是否均需逐级报请审查或备案，最高人民法院应予以明确。

5. 对认可和执行澳门判决的民事裁定书的格式作出统一规定。要求法院裁定书必须列出被申请人，统一在裁定书附上“如不服本裁定，可以向×××高级人民法院申请复议一次。复议期间不停止裁定的执行”。

6. 确立不方便法院原则，建立区际案件移送制度。即人民法院或港澳台法院在处理案件时，尽管对案件具有管辖权，但如果遇到本法域不方便的案件，或另一法域有更合适的法院，有权使用自由裁量权拒绝行使管辖权。此项原则是司法管辖权中的国际礼让，被绝大多数的英美法国家采用。比如，1993 年最高人民法院在对广东省高级人民法院的一个批复中就适用了不方便原则，以双方当事人都是香港法人、纠纷的产生与内地无关、为方便诉讼起见，裁定驳回原告起诉。[①] 2009 年上海第一中级法院也在一起涉港商事合同纠纷中适用了不方便管辖（见后文的案例）。

7. 协商推动台湾地区认可人民法院的调解书、支付令。《民事诉讼法》第 97 条第 3 款规定，人民法院出具的民事调解书，经双方当事人签收后即具有法律效力；第 234 条、第 236 条都规定了民事调解书属人民法院执行的法律文书，一方拒绝履行的，对方当事人可以向人民法院申请执行。因此，人民法院出具的民事调解书是与判决具有同等确定的法律效力，是具有强制执行力的文书，台湾地区法院对此应予以认可。此外，人民法院对于台湾调解书，包括台湾地区法院核定的乡镇市调解委员会调解书已纳为了认可的范围内。根据 2013 年 3 月 11 日《最高人民法院研究室关于对当事人申请认可台湾地区法院核定的乡镇市调解委员会调解书人民法院应否受理问题的复函》（法研〔2013〕36 号），认定了台湾地区法院核定的乡镇市调解委员会调解书与台湾民事判决书具有同等效力。

---

① 黄进：《我国区际法律问题探讨》，中国政法大学出版社 2012 年版，第 327 页。

8. 对台湾地区法院的民事判决事项超出国家法律规定范围的，明确给予认可的条件。如果出现申请认可的台湾地区法院民事判决事项超出国家法律规定范围的，建议可按《关于人民法院认可台湾地区有关法院民事判决的规定》第9条处理。即：如果这个超出国家法律规定范围的台湾地区法院民事判决事项，违反了国家法律基本原则或损害社会公共利益，或者具有《关于人民法院认可台湾地区有关法院民事判决的规定》第9条第（1）至第（5）项所列举情形的，人民法院对其不予认可；如果该民事判决没有违反国家法律的基本原则或损害社会公共利益，也不具有《关于人民法院认可台湾地区有关法院民事判决的规定》第9条第（1）至第（5）项所列举情形的，即使该民事判决事项在国家法律中没有具体规定，人民法院也应给予认可。这样处理，对国家法律和社会公共利益没有损害，而对保障两岸当事人的正当权益和促进两岸关系发展大有好处。

（四）涉港澳台判决相互认可与执行中的典型案例

案例一[①]：对澳门刑事附带民事判决中的民事损害赔偿判项予以认可和执行。

（1）要点：2010年6月，珠海中院裁定对澳门初级法院一件刑事附带民事判决中的民事损害赔偿判项予以认可和执行。这是珠海中院在《与澳门判决安排》生效以来成功审理的首宗申请案，为两地判决效力的扩展起到了积极的推进作用。

（2）基本案情：澳门特别行政区初级法院于2008年12月4日作出刑事附带民事判决书，以故意杀人罪、放火罪和盗窃罪并处被申请人谭伟雄十八年实际徒刑，同时判决谭伟雄赔偿死者的继承人死亡赔偿金澳门币120万元，赔偿死者的丈夫及女儿的精神损害赔偿金各澳门币20万元，上述各赔偿金由判决确定之日起至完全缴付时的法定利息。之后，死者的继承人就上述刑事附带民事判决中的民事损害赔偿判项向珠海中院提出申请认可和执行。珠海中院经审查认为：依据《与澳门判决安排》第1条的规定，刑事案件中有关民事赔偿的判决和裁定属于两地法院认可和执行的范围；申请人系死者的法定继承人，且谭伟雄被羁押于澳门监狱前的住所地在珠海市金湾区，并在珠海市三灶镇有房产，珠海中院依法有权受理该申

① 案号为（2010）珠中法民认字第1号。

请；澳门初级法院作出的判决已于2009年4月2日发生法律效力，申请人提交的相关文件符合《与澳门判决安排》第7条的法律规定，且不具有《与澳门判决安排》第11条所规定的不予认可的情形。故珠海中院依法裁定对澳门判决中关于被申请人谭伟雄赔偿上述申请人死亡赔偿金、精神损害赔偿金及利息判项的内容予以认可和执行。

案例二①：对香港法院离婚诉讼予以部分认可、部分不认可

（1）要点：对于审判实践中出现较多的关于离婚判决及财产分割判决如何认可问题，《与香港协议管辖判决安排》没有规定，各地做法也不统一。香港法院往往是在一个整体的离婚诉讼中（同一案号），单独对离婚的诉请作出一个判令，对离婚后财产分割的诉请另行作出一个命令，对扶养赡养问题再作出一个命令。当事人如果申请人民法院认可和执行该离婚案件中的全部判决和命令，具体应当如何处理？有的法院以当事人之间无书面管辖协议且不属于《与香港协议管辖判决安排》调整范围为由一概不予承认；有的法院以判决没有违反我国法律基本原则为由全部予以承认。本案为珠海首宗申请认可香港离婚及财产分割案判决，珠海中院经请示广东省高级人民法院、最高人民法院获得最新审判精神后，开创性地对香港判决的法律效力予以部分认可，部分不认可。

（2）基本案情：申请人凌开均向珠海中院提出申请，请求认可香港特别行政区区域法院作出的FCJA2011年第458号郑子杰与凌开均离婚案以及共同编号的命令。因命令中所涉房产的所在地在广东省珠海市，故珠海中院受理了该案。该共同申请书离婚案判令及涉及离婚后财产分割的命令，均属于婚姻家庭范畴，且当事人之间无书面管辖协议。珠海中院认为，此共同申请书离婚案判令并未违反我国法律基本原则或国家主权、安全和社会公共利益之内容，故该院认可香港区域法院作出FCJA2011年第458号共同申请书离婚案关于解除婚姻关系的判令的法律效力。而FCJA2011年第458号的命令是在香港区域法院作出的离婚判令生效之后，仅就赡养费支付及财产分割问题作出的判决，由于目前内地和香港特别行政区之间未就夫妻离婚后的财产分割、生活费负担等问题达成相关安排，申请人凌开均申请认可该命令，缺乏法律依据，故该院对其该项申请不予支持。当事人如果对财产分割、生活费负担或子女抚养等问题有争议，可向

① 案号为（2011）珠中法民确字第4号。

内地人民法院提起诉讼。最终，珠海中院根据《民事诉讼法》第 140 条规定，作出如下裁定：一、认可香港特别行政区区域法院作出 FCJA2011 年第 458 号共同申请书离婚案关于解除婚姻关系的判令的法律效力。二、不予认可香港特别行政区区域法院作出 FCJA2011 年第 458 号命令的法律效力。

六、涉港澳台司法协助、互助之仲裁裁决的认可与执行

一般而言，仲裁裁决的认可在于固定、确认裁决的效力；仲裁裁决的执行则是法院根据胜方当事人的申请，以查封、扣押、强行划拨银行存款等强制手段迫使败方当事人履行裁决。法域之间仲裁裁决的相互认可与执行，决定着跨法域的民商事争议能否得到真正、彻底地解决。

（一）涉港澳台仲裁裁决认可与执行的司法实践

为保证涉外仲裁司法案件的审判质量，人民法院实行了报告请示制度。根据《最高人民法院关于人民法院处理与涉外仲裁及外国仲裁事项有关问题的通知》要求，人民法院在裁定不予执行或者拒绝承认和执行外国仲裁裁决之前，必须报请本辖区所属高级人民法院进行审查；如果高级人民法院同意不予执行或者拒绝承认和执行，应将其审查意见报最高人民法院，待最高人民法院答复后，方可裁定不予执行或者拒绝承认和执行。而对涉港澳台仲裁裁决的执行参照此规定处理。总的来说，内地与港澳在仲裁裁决相互认可与执行方面的制度安排比较完善，两岸之间则存在有依据无合作的问题。

1. 内地与香港对仲裁裁决相互认可与执行的司法实践。《最高人民法院关于内地与香港特别行政区相互执行仲裁裁决的安排》（以下简称《与香港仲裁安排》）签署后，在内地方面，《与香港仲裁安排》于 1999 年 6 月 18 日由最高人民法院审判委员会第 1069 次会议通过，并自 2000 年 2 月 1 日起施行；在香港特区，《与香港仲裁安排》凭借修订《仲裁条例》和《高等法院规则》第 73 号命令的有关条文而告生效。根据《与香港仲裁安排》，在内地或者香港特区作出的仲裁裁决，一方当事人不履行仲裁裁决的，另一方当事人可以向被申请人住所地或者财产所在地的有关法院申请执行。按照规定，对于仲裁裁决的审查只是程序性审查，不涉及事实的认

定和法律的适用。

2. 内地与澳门对仲裁裁决相互认可与执行的司法实践。在内地，《最高人民法院关于内地与澳门特别行政区相互认可和执行仲裁裁决的安排》（以下简称《与澳门仲裁安排》）于2007年9月17日由最高人民法院审判委员会第1437次会议通过，并自2008年1月1日起施行；在澳门特区，该《与澳门仲裁安排》经第22/2007号行政长官公告公布，于2008年1月1日起生效。根据《与澳门仲裁安排》，在内地或者澳门特别行政区作出的仲裁裁决，一方当事人不履行的，另一方当事人可以向被申请人住所地、经常居住地或者财产所在地的有关法院申请认可和执行；按照澳门特区法律，对于提出认可仲裁裁决的申请，由澳门中级法院处理，但是认可后仲裁裁决的执行，一般则由具有管辖权的澳门初级法院处理。《与澳门仲裁安排》规定对仲裁裁决的审查只是程序审查，对于认定事实和适用法律方面是否有错误不予审查。

3. 大陆与台湾地区对仲裁裁决相互认可与执行的司法实践。两岸之间仲裁裁决的认可与执行，与判决的认可与执行申请途径相同。大陆方面，根据《最高人民法院关于人民法院认可台湾地区有关法院民事判决的补充规定》，其中包括了对仲裁裁决的认可与执行。台湾方面，依据的还是“两岸人民关系条例”与其若干次的修订和相关施行细则，以及《互助协议》，其相关规定对内地判决和仲裁裁决的认可与执行也没有分别作出规定。即台湾地区认可和执行大陆仲裁裁决的条件是：（1）符合裁决终局性；（2）不得违反台湾地区的公共秩序或善良风俗；（3）两岸之间存在互惠，即以大陆同样会认可和执行台湾地区的仲裁裁决为条件；（4）申请认可与执行的仲裁裁决需以支付金钱为内容。实践中，这类问题仍然处于有依据无合作的状态。目前尚未查询到台湾地区对大陆仲裁裁决认可与执行的情况。

（二）涉港澳台仲裁裁决认可与执行中存在的问题

1. 申请执行香港仲裁裁决的期限不统一。《与香港仲裁安排》规定：“申请人向有关法院申请执行内地或香港特区仲裁裁决的期限依据执行地法律有关时限的规定。”内地方面，根据新修订的《民事诉讼法》，无论自然人、法人与其他组织，申请执行仲裁的期限为两年。而香港方面，根据《时效条例》第4条规定，若一方当事人不履行仲裁裁决，另一方当事人可以在六年内向法院申请执行令。这就意味着，假如当事人在香港的仲裁裁决作出两年后才向人民法院申请执行，人民法院是否应该认定期限已过？反之也存在类似问题。

2. 对香港仲裁前海分支机构的定性不明确。国务院在《关于支持深圳前海深港现代服务业合作区开发开放有关政策的批复》中提到，加强法律事务合作，探索香港仲裁机构在深圳前海设立分支机构。根据此批复，香港仲裁机构将在前海设立分支机构受理仲裁案件。这将会对传统的涉外仲裁界定标准产生重要影响。具体而言有：（1）如果在前海设立的香港仲裁分支机构对内地或国外的商事纠纷作出仲裁裁决，那么该裁决的性质应如何界定？（2）该机构对内地企业（主要是在前海设立的外商投资企业）之间的商事纠纷作出裁决，此裁决为内地仲裁裁决还是涉港仲裁裁决？是按照内地仲裁的司法审查标准和程序来审查，还是按照《与香港仲裁裁决安排》来审查？（3）该机构对内地企业与外国企业之间的商事纠纷作出裁决，该仲裁裁决是界定为涉外仲裁裁决，还是界定为涉港仲裁裁决？对此须进一步深入研究，重新确定内地仲裁和涉外仲裁的划分标准。

3. 同一法官审理两类申请是否属于应当回避的情形尚不明确。对于涉港澳台仲裁案件，现行法律规定了两次诉讼救济的途径，即可以提起申请撤销仲裁裁决之诉，如果申请被驳回，仲裁裁决进入执行程序后，当事人还可提起申请不予执行仲裁裁决之诉。而两次诉讼法院的审查标准是相同的，且当事人在两次诉讼中的理据一般大同小异，因两类诉讼均由涉港澳台民商事审判庭审理，实践中两类案件由同一法官主审的情形时有发生，对此是否应当回避？

4. 对于涉港澳台主体的身份及委托手续问题尚不明晰。涉港澳台仲裁案件中，大多数情形为一方当事人具有涉港澳台因素。因此对于当事人身份及委托手续的审查，仍应按照普通涉港澳台案件的要求进行，即应办理相关公证手续，但如果当事人在仲裁庭已提交的委托手续委托权限包括之后的相关诉讼，是否可以放宽采纳，实践中并不明晰。

（三）涉港澳台仲裁裁决认可与执行的对策建议

1. 在《与香港仲裁安排》中增加有关认可仲裁裁决的部分，使该安排内容更加完善。执行仲裁裁决与认可仲裁裁决并非是完全一样的内容，因为有些仲裁裁决只涉及认可，而不涉及执行。现有的《与香港仲裁安排》

只规定了执行仲裁裁决，建议补充认可仲裁裁决的内容。

2. 对同一法官审理两类申请是否属于应当回避的情形予以明确。因两类案件涉及的程序不同，前者为仲裁裁决撤销之诉，后者为执行程序中的特殊诉讼，而现有法律法规对此也未作出明确规定，因此建议法官不需主动回避。如果当事人对此提出明确异议，则视案件情况个案处理。

3. 明确对澳门临时仲裁的认可和执行问题。澳门临时仲裁裁决多于机构仲裁裁决。内地法律没有关于临时仲裁的规定，只是最高人民法院有关领导答记者问时就澳门临时仲裁的认可与执行问题，表示“当然要予以认可和执行”。[①] 但最高人民法院有关领导的讲话，不能成为认可和执行澳门特区临时仲裁裁决的法律依据。因此，建议对《与澳门仲裁安排》作出补充内容，增加认可和执行澳门特区临时仲裁裁决的条款。

七、涉港澳台司法协助、互助之法律查明

(一) 关于涉港澳台有关规定查明的司法实践

澳门、台湾地区与内地同属大陆法系，对成文法的查明相对较为容易，法官在实践中可以对其成文法典进行查阅，还可以上网查阅、发出函件向澳门或台湾地区法律机构进行咨询等。此外，《澳门判决认可和执行安排》第23条规定，为执行安排，最高人民法院和澳门特别行政区终审法院应当相互提供相关法律资料。尽管不是专为查明法律而规定，但是为两地法律查明指明了一条官方途径，即可以通过双方最高级别的司法部门相互提供法律查询的协助。而人民法院在案件审理中适用《关于审理涉台民商事案件法律适用问题的规定》时，如果遇到需要查明台湾地区有关规定的情形，还可以按照调查取证司法互助方式向台湾方面提出请求。

香港的法律制度属英美法系，法律渊源来源众多，对内地了解香港法律制度造成一定困难。查明香港成文法相对简单，但涉及判例法所费精力较多，判例本身具有的零散性、不直接性及繁杂性的特点，给查明判例法增加了难度，有时也不能确定适用的法律一定正确。因此，香港法律的查

① 《高法就签署内地澳门互认和执行仲裁裁决安排答问》，载中国新闻网 http://www.chinanews.com/ga/kong/news/2007/10－30/1063836.shtml，访问时间：2013年4月10日。

明和适用仍是一个难题。

（二）关于涉港澳台有关规定查明存在的问题

1. 法院查明域外法缺乏权威机构以及标准。《涉外民事关系法律适用法》第 10 条规定："涉外民事关系适用的外国法律，由人民法院、仲裁机构或者行政机关查明。当事人选择适用外国法律的，应当提供该国法律。不能查明外国法律或者该国法律没有规定的，适用中华人民共和国法律。"由此可见，该条规定法院是域外法律查明的主体，当事人负责协助提供。但长期以来，在司法实践中一直是以当事人查明域外法为主，法院查明域外法为补充。法官或者仲裁员等均非外国法律专家，而且现有条件下法官缺乏查明域外法律的有效途径。即便法官能够查询到相关的成文法或者判例，但由于对域外整个法律体系并不完全了解，担心有其他的特殊规定或者判例，也不敢轻易适用，必须解决法院查明域外法的权威机构以及标准问题。

2. 当事人拒不协助法律查明的处理办法不明。《涉外民事关系法律适用法》规定当事人应负责提供域外法的义务，但当事人拒不协助、无力协助或者拒不承担查明费用的，如何处理，在实践中极为棘手。

3. 域外司法人士出具《法律意见书》的法律效力如何认定不明确。常见涉港当事人在融资租赁等合同中约定适用香港法，原告通常会提供香港律师出具的《法律意见书》作为对香港法的举证。由此引申出一个问题，就是在英美法系等判例法国家及地区，能否仅仅根据律师出具的《法律意见书》来作为域外法（判例）的查明标准，理论界和实务界对此存在较大争议。

（三）关于涉港澳台有关规定查明的对策建议

1. 通过组织质证来决定是否采纳当事人查明的法律。对当事人委托域外司法人员作出的法律意见书，或从网络上查明的资料，在不违反我国的公共秩序的前提下，经当事人质证后，如对方当事人不能证明法律意见书中的内容有不同的法律专家见解，该法律意见书应当可以作为法律查明的结果，予以引用。

2. 内地与香港各指定查询己方法律的官方机构。通过指定官方查询机构，提供权威、便利的法律查明途径，或设置关于提供两岸三地法律信息的区际法律研究机构，搭建“区际法律资料相互交换平台”，负责对相关成文法、判例的收集和研究，提供查询两岸三地法律服务。

3. 两岸三地设立专家库，出具专家意见书。建议由最高人民法院和香港特区政府及有关机构共同考核设立法律专家人才库，对相关案件出具专家意见书。专家意见书应当具体明确地指明判例法的内容，并与本案事实结合考证如何适用，对域外法的内容及出处有详细、准确的说明，以供当事人和法官进一步核实。专家对意见书的内容应当在庭审时接受质证询问，并应承担一定的法律后果，如违反诚信和专业道德的法律制裁。具体到适用判例时，专家应当对查明的判例的出处、法院的等级、法官的多数意见或一致意见、附带意见、该判例的基本事实、本案事实与该案的必要事实是否类似、该案的法律原则、是否构成有拘束力先例、案件是否应当遵循先例等问题作出明确具体的回答。

八、涉港澳台司法协助、互助之被判刑人的移管

（一）关于涉港澳台被判刑人移管的司法实践

被判刑人移管可以看做是执行域外刑事判决的一种补充方式，在人民法院的涉港澳台司法协助、互助中属于前瞻性内容，它是指由一方（受请求方）对犯罪嫌疑人作出判决后，将被判刑人或受刑事裁判确定人（即罪犯）移交给另一法域的一方（请求方）服刑的刑事司法协助制度，其有助于给予被判刑人人道主义关怀，解决其语言不通、文化隔阂、水土不服、探监不便等困难，同时达到节约司法成本的目的。对人民法院来说，它包括从港澳台法域接收或移送被判刑人两个方面。

目前在两岸三地之间，香港与澳门通过协商，于 2005 年 5 月 20 日签订了《关于移交被判刑人的安排》，内地与港澳至今尚未就此事项达成任何协议；大陆与台湾地区之间的探索较早，1990 年 9 月海峡两岸红十字会曾就偷渡者、刑事嫌疑犯、刑事犯的遣返达成“金门协议”，如今在《互助协议》中对“罪犯移管（接返）”作出了纲领性的规定，明确了移管是基于人道、互惠原则，同时限定在请求方、受请求方及被判刑人均同意移交的情形下，才能进行移管。

实践中，大陆与台湾地区之间已有被判刑人移管的若干案例。据国务

院台湾事务办公室于2013年6月9日发布，《互助协议》生效实施近四年，大陆方面向台方陆续移交了12名病重台湾服刑人员。① 影响较大的诸如"冯立信返台执行案"②。冯立信在大陆犯走私、运输毒品罪被人民法院判刑，原应于大陆服刑，但因其罹患下咽恶性肿瘤并发肺部转移，病情严重急需救治，并有由家属陪护之必要。冯立信家属向有关部门提出接返冯立信的请求后，台湾地区同大陆主管机关接洽商谈。此案中，按照大陆《刑事诉讼法》，被判处无期徒刑的罪犯冯立信本不符合暂予监外执行的适用条件，人民法院考虑到人道主义的政策，最终突破《刑事诉讼法》关于被判处有期徒刑或者拘役的罪犯可以暂予监外执行的规定，同意台湾户籍被判刑人冯立信返台执行的请求。依照《互助协议》第11条之规定，福建于2011年4月在厦门向台湾方面移交了冯立信，后续程序交由台湾地区板桥"地方法院检察署"依法处理，顺利完成了自《互助协议》签订以来两岸首例被判刑人移管的工作。

（二）关于涉港澳台被判刑人移管存在的问题

1. 内地与港澳之间缺乏被判刑人移管的相关安排，大陆与台湾地区之间缺乏具体规定。双方同意移管和接返被判刑人，其实是需要在承认和执行对方刑事判决原则下进行。在人民法院与港澳之间缺乏刑事判决认可与执行的情形下，只能通过个案协商的方式突破进行。当务之急，还是要着手协商内地与港澳之间刑事判决认可与执行的安排。大陆与台湾地区之间则要在《互助协议》的基础上确定实施细则，出台办理海峡两岸移管被判刑人合作事项的规定，对移管的条件、程序、刑罚转换、应遵循的原则进行明确。

2. 被判刑人移管的一些特殊适用对象尚不明确。例如，一些人拥有内地户籍的同时，也拥有香港、澳门的户籍，在被人民法院判刑后，是否可以移交给港澳地区的司法机关来执行刑罚？大陆与台湾地区之间也存在类似问题。

---

① 《国台办：两岸共同打击犯罪及司法互助协议成效显著》，载 http://news.xinmin.cn/domestic/2013/06/09/20632939.html，访问时间：2013年6月13日。

② 2009年12月23日，冯立信经福建省高级人民法院二审审理，以走私、运输毒品罪被判处无期徒刑，剥夺政治权利终身，并处没收个人财产人民币5万元。参见福建省高级人民法院（2009）闽刑终字第618号刑事裁定书。

3. 被判刑罚的种类尚不明确。被判刑人主要是被判处自由刑的犯罪人，但在实践中是否应该包括被判处死刑（包括死缓）的被判刑人，是否应包括被判缓刑或运用假释的被判刑人并不明晰。

4. 双重罪犯原则能否变通适用尚不明确。双重罪犯原则是指被判刑人被判处的罪行，在接收方的司法管辖区内依照该区域的法律规定也构成犯罪。该原则是国际被判刑人移交活动中的基本原则，人民法院与港澳台之间的被判刑人移管是否应该遵循此项原则？在实践中，已出现不完全按照双重犯罪原则进行被判刑人移管的情形。《香港特别行政区驻军法》第22条与《澳门特别行政区驻军法》第22条都规定了驻军人员在特别行政区犯罪，根据内地《刑法》不管是否构成犯罪，都可协商确定执行刑罚的地点，该地点包括内地和港澳。这就意味着对此类被判刑人不必按照双重犯罪原则进行被判刑人移管。因此在区际刑事司法协作活动中，对于双重犯罪问题，也可以根据实际情况进行一定的变通。

5. 被判刑人移管后的后续工作尚不明确。在被判刑人移管后，接受移管法域的司法部门应当对被判刑人继续执行，还是重新进行起诉、审理呢？若继续执行，刑罚转换和刑期折抵的方法要予以明确。

（三）关于涉港澳台被判刑人移管的对策建议

1. 明确被判刑人移管的接收与移送条件。（1）被判刑人移交活动的开展，须取得移交方、接收方和被判刑人三方的同意，此即被判刑人移管中的三方同意原则。（2）实行双重罪犯原则，并对特殊情况予以规定。（3）被判刑人须是接收方公民并具有接收方的户籍。对于具有双重或多重户籍的人，可以进行明确规定。（4）在收到移管请求时，对被判刑人判处刑罚的判决须已经发生法律效力。这是由移管的性质决定的，否则判决未生效，意味着诉讼程序未完结，这种情况下就不是被判刑人移管、而是诉讼移管了。此外，必须是被判刑人在内地的相关诉讼程序已告终结，否则被判刑人在人民法院的判决生效后提起申诉或者审判监督程序已经启动，则生效判决又陷入了一种不确定的状态，这种情况也不能适用移管。（5）除特殊情形外，接收方收到移管请求之日被判刑人的剩余刑期须在六个月（或一年）以上。这是国际常见的规定，因为拘役由于刑期太短，移管意义不大；死刑是剥夺生命的刑罚，本身就不是被判刑人移管适用的对象；管制是大陆刑法特有的刑种，不适用于港澳台。此外，被判处有期徒刑缓期执行的也应适用被判刑人移管。如大陆规定缓刑考验期为原判刑期以上五年以下、且不少于一年，台湾地区规定缓刑考验期为二年以上五年以下，两岸关于缓刑的规定有相通之处，容易对接，而且移管被判处缓刑的人，对其回归社会更加有益，符合被判刑人移管的目的。

2. 明确被判刑人移管的运作流程。(1) 被判刑人或其代理人提出移管申请，收到移管申请的移交方或接收方作出是否提出移管请求的决定。(2) 受请求方审查移管请求并作出是否同意移管的决定，将决定结论正式函复请求方同时阐述理由，并书面通知被判刑人或其法定代理人。(3) 移交方与接收方商定移交被判刑人的具体安排。移交方与接收方基于人道、安全、迅速、便利的考虑，应当在达成移管合意后尽快商定移交被判刑人的时间、地点，并确定海运或空中直航等的具体移交方式。移交方与接收方的指定人员在确定的时间、地点交接被判刑人时，应当签订交接文书并移送必要的文书等材料。移交方应当为被判刑人的过境提供可能的便利。(4) 接收方按照事先拟定的刑罚调整方案或刑期折抵方案对被判刑人执行刑罚。如果判刑方所判处刑罚的种类或者期限不符合执行方的法律，执行方在征得判刑方同意后，可以将该刑罚转换为本方法律对同类犯罪规定的刑罚予以执行。

3. 明确被判刑人移管应遵循的若干原则与机制。(1) 刑事判决确定原则。被判刑人所被判处的刑罚，已经最终确定，不需要依赖其他法律程序来最终确定。正是在这个意义上，《互助协议》第 11 条对被判刑人在用语上还称为“受刑事裁判确定人”。(2) 一事不再理原则。对于移送方已经处理的犯罪行为，经人民法院刑罚转换后，不必再重复审理。如在冯立信案中，后续程序交由台湾地区板桥“地方法院检察署”依法处理。而从台湾地区检察官的职能分工看，执行裁判由裁判法院的检察官指挥。既然冯立信返台后的工作交由板桥地方法院检察署处理，那么后续程序的定位即为执行程序。(3) 漏罪处理原则。在接收后发现被判刑人存在尚未处理的犯罪行为的，依照当地法域相关法律处理。(4) 及时联络与通报机制。两岸三地应确立联络机构和联络人员，建立通报机制，协商具体事宜。

4. 在完善个案协商的基础上，尽快签订相关安排。目前，人民法院要继续加强与港澳台的个案协商机制建设，以解决被判刑人移管实践中的突发性难题。进一步加大相关安排和具体规定的协商力度，使被判刑人移管工作走向法制化、常态化道路。

九、完善涉港澳台司法协助、互助机制的对策建议

（一）内部：打造制度自信，完善涉港澳台司法协助、互助的制度建设

“工欲善其事，必先利其器。”人民法院要根据自身工作存在的不足，对症下药、查漏补缺，在司法协助、互助工作上拿出诚意、做好表率，完善制度建设，达到“制度自信”的程度，藉此才能获得港澳台的高度肯定和认同。

1. 严格落实归口管理、专人负责的涉港澳台司法协助、互助管理制度。要严格按照“归口管理”的原则，将涉港澳台司法协助、互助工作统一交由一个部门办理，任务较重、有条件的法院还应该单独成立一个专门机构负责办理该项业务。其他部门在分散办理涉港澳台司法协助案件时，应统一向归口部门备案，方便统计数据。

2. 将涉港澳台司法协助、互助案件纳入人民法院的案件质量评查和工作绩效考核范围。要将涉港澳台司法协助、互助案件办理情况全面科学纳入法院司法统计工作报表，一对一计入审判业务办案数量的考核中，统一案号，并从调撤率计算基数中摒除，确保工作的规范管理。

3. 建立涉港澳台司法协助、互助定期培训和上岗培训制度。由最高人民法院和各省高级人民法院组织，各级法院应建立一套长期、系统且行之有效的培训和学习制度，定期组织全省范围内的涉港澳台司法协助、互助人员进行有关法律法规、政策的学习和研究，尤其是对新加入涉港澳台司法协助、互助工作队伍的人员，要开展上岗培训。同时将相关法律文件进行及时汇编，方便实务操作。

4. 完善涉港澳台司法协助、互助案件的档案管理制度。完善档案管理制度，制作司法协助案件的档案管理规章制度和格式要求，完善归档管理工作。积极推广电子档案，统一将相关档案扫描入网，以备查询。

5. 将涉港澳台司法协助、互助案件统一归口至涉外庭审理。这符合最高人民法院对涉外民事审判庭的收案范围的规定，也有利于涉外民事审判庭的专业化发展。实践中，因涉港澳台司法协助、互助案件中的送达、调查取证等工作分散于民庭、刑庭、办公室等部门，造成数据统计不确切，

工作开展不规范的形象尤其突出。涉外庭作为专门从事涉外、涉港澳台审判的业务庭，有着专业的人员配置和丰富审判经验与调研能力，将涉港澳台司法协助、互助工作统一到涉外庭审理有利于司法协助、互助工作的规范管理和调研工作的深入开展。

6. 与当地有关港澳台的投资企业协会或其他组织建立联动机制。法院与相关协会、组织各自确定联络人，定期沟通联系，通报涉港澳台的重大事项和最新动态，当发生涉港澳台争议时，互相及时协调，如果有需要可由法院提前给予相关的法律指引。在法院审理涉港澳台案件时，由港澳台事务办公室或港澳台投资企业协会提供司法协助、互助。如广东省珠海市中级人民法院与珠海市台湾事务局、珠海市台商投资企业协会，通过会议纪要的方式建立了三机关的涉台民商事案件联动机制。珠海中院从市台商协会中遴选出素质高、威信高、有影响力以及熟悉两岸政策法规和风俗人情的多位热心人士作为“涉台调解顾问”，配合法院开展司法互助工作，参与一些最好有台湾居民在场见证或亲历的送达或调查事项，既为提高涉台案件调解率提供了有利条件，同时，也有利地整合了台商会员的地缘、人缘和商缘等优势，避免了因冠以“调解员”等名称对台胞身份的不利影响。

（二）外部：深化司法互信，完善与港澳台之间的观念融合与双边协议

1. 观念的重构与融合。司法互信的浅层次，既有法律制度的差别之因，但更根本的是认知和观念上的迥异之源，即在跨法域的法律冲突下存在着法律观念和认知的误区。在对“一国两制”的解读中，一种观念是较多地强调主权和中央权力，被称为“内地中心主义”；另一种观念则担心法域间的过多合作，会削弱港澳特区的高度自治权与独立的司法权，恐对现有的法治局面和法律理念造成不利影响，代表性的是“香港优越主义”。[①] 前者习惯以中央法域姿态推进区际法律冲突的解决，却反而容易引起逆反心理，降低认同感；后者认为香港等地法制比内地更为优越，而想当然的对社会主义法制抱有不信任感。这两种错误认知，都阻碍了人民法院与港澳台之间司法互信的深化。我们要推进观念融合，借助于共同的文

① 黄进：《我国区际法律问题探讨》，中国政法大学出版社 2012 年版，第 82～85 页。

化基因，树立“法域平等”“共同保护两岸三地当事人合法权益”“共同打击犯罪”的理念，深化司法互信。

2. 构建区际司法的制度性互信。在涉港澳台司法协助、互助中，我们确立了签订双边协议的制度性磋商模式。但是，在司法互信的构筑上，目前却缺乏制度性方案和措施。对此，两岸三地应特别针对近年来区域化、国际化发展趋势中一些值得注意的范例，从司法协助、互助上吸取循序渐进的经验。要在两岸三地之间实行定期磋商、交流制度，签订关于推进司法互信的双边协议，定期向社会通报互信成果。积极实行法制宣传，通过网络、跨法域考取法律职业资格证等媒介和方式，促进港澳台人民对社会主义法制的了解和认同。

3. 推进合作平台与沟通渠道建设。(1) 建立区际司法专递送达机制。由最高人民法院与国家邮政局、港澳台相关机构磋商，将司法专邮范围扩大到港澳台地区，由邮政部门对法院的诉讼文书进行专人专送、建设网络查询平台，必将大大提高涉港澳台送达的效率和安全性。(2) 建立司法协助委托送达的查询平台。与港澳台联合开通委托送达的查询平台，为每个查询案件设立相应编号，委托法院输入相应编号后即可查询委托送达的进展情况。平台的建立，将使区际之间的委托送达更加明了准确。(3) 推动人民法院与台湾“司法院”之间直接开展司法互助。积极推动台湾地区借鉴大陆做法，由台湾“司法院”直接与人民法院开展司法互助。(4) 建立两岸三地法律交流与合作机制。建立司法协助、互助主管部门与业务人员间的定期会晤制度，可通过举办座谈会、相互提供司法判决与文献及其他资料、人员互访培训等形式，加强法律交流与合作。(5) 建立两岸三地征信系统。港澳台地区市场经济较为成熟，社会信用体系完善。人民法院要积极参与社会诚信体系建设，及时与港澳台共享诚信系统信息，形成对被执行人在四地的投资、借贷等民商事行为的限制，加大执行威慑力。(6) 适时开通涉港澳台三级窗口。在二级窗口已逐步成熟且运转流畅的基础上，建议未来选择部分基层法院（包括中级法院）开启三级窗口，从而真正实现请求法院与受托法院之间“点对点”司法协助，进一步提高司法协助效率。

4. 完善并扩大安排和互助协议内容。(1) 推动内地与港澳分别签订刑事司法协助的相关安排。安排的签订模式，可以采取分立模式，就引渡、刑事诉讼转移、刑事判决执行、被判刑人移管等分别签订双边协议，也可以用综合模式一揽子签订双边协议，再出台实施细则。（2）推动内地与香港签订《关于认可与执行婚姻家庭案件判决的安排》或《相互认可和执行非当事人协议管辖民商事判决的安排》。目前内地与香港相互认可和执行判决安排的适用范围过于狭窄，应寻找突破口，扩大安排成果。一方面，可以以认可解除婚姻关系判令的法律效力为突破口，双方签订认可与执行婚姻家庭案件判决的安排。另一方面，可以力争起草一个一揽子认可与执行非当事人协议管辖民商事案件判决的安排，该安排所适用的案件范围可以以附件的形式规定，并可优先考虑港方关注的婚姻家庭案件，以后再根据双方协商的情况增加附件，扩大适用范围。（3）推动内地与香港签订《关于民商事案件相互委托调查取证的安排》。可行的方式是，人民法院向香港法院请求协助调查取证的，香港法院经审核后可以交由香港律政司或指定律师统一进行调查取证。（4）对港澳相关安排出台补充协议或规定。《与香港送达安排》《与澳门送达取证安排》作为框架性协议，其中的规定比较原则化、概括化。为提高操作性，建议参照《两岸送达取证规定》，制定相应的补充协议或规定，如：签订关于内地与港澳相互送达司法文书、调查取证的补充协议；关于内地与港澳相互认可与执行仲裁裁决的补充协议；关于内地与澳门相互认可与执行民事判决的补充协议等。（5）与台湾地区签订两岸相互认可的互助实施细则。《互助协议》未对实务操作规则予以明确及细化，而最高人民法院出台的《两岸送达取证规定》及《两岸互助文书样式》仍属大陆单边规则。因此，在两岸进行平等友好协商的基础上，要继续不断推进协议框架下深化合作问题，完善互助的实施细则。目前需两岸法院之间商讨解决的问题主要有：协助方依照己方规定采取的送达方式能否为请求方法院所认可的问题，其中主要涉及留置送达、寄存送达、公告送达等送达方式的适用性；台湾方面协助人民法院时应否提供送达证明材料原件；受害人财产返还和罪赃移交工作；台籍在押被告人家属的探视问题（以及对台籍被判刑人判处管制、宣告缓刑、予以假释以及暂予监外执行等问题）；台湾方向大陆移管被判刑人的法律适用问题、两岸刑事裁判的认可和执行问题；等等。

结语

总的来说，我国区际司法协助、互助仍处于成长性阶段，两岸三地之间对司法协助、互助问题的解决必须采取循序渐进的方式，先局部再整体，或者先原则再细节，总之是逐渐丰满、充实和完善的过程。面对内外的双重困境，人民法院要先从自身入手，完善涉港澳台司法协助、互助的制度建设，在内部上打造“制度自信”；同时要在外部上从互信观念、制度建设、构建平台、扩大渠道等方面深化人民法院与港澳台之间的司法互信。相信随着深入的交流和司法互信的增强，两岸三地在协商一致的基础上签订更多更全面的区际协议必是大势所趋。

人民法院对外司法委托管理机制研究

——以肇庆市法院近三年对外司法委托案件情况为对象

肇庆市中级人民法院课题组*

人民法院对外司法委托，主要包括需要协助法院案件审理和执行工作的鉴定、审计、会计、工程造价、评估和拍卖等事项，人民法院对外司法委托管理工作则是对这些事项进行协调、监督和管理的司法活动。近年来，由于案件量不断增长、案件所涉事项日趋复杂以及诉讼双方当事人基于自身利益考虑等多种因素的影响，给对外司法委托管理工作带来不少难题和考验。新型案件的鉴定、评估环节更是由于技术手段方面的缺失导致案件审理和执行上出现瓶颈。人民法院对外司法委托管理这项工作环节繁多、领域广泛、内容众多，社会影响大，直接关系到审判、执行工作的质量和效率，乃至司法公平正义和人民法院的声誉。目前，纵观全国的对外司法委托管理工作，只有少数有关司法委托的法律依据，但是其中既没规定人民法院司法委托管理部门的编制问题，也没明确司法委托管理部门的归属设置问题。对外司法委托管理部门权利义务不明确，大大制约了对外司法委托工作的有效开展。尤其在鉴定、评估和拍卖司法实践中，亟待明确或解决的问题较多，对于基层法院的对外司法委托管理工作来说，这些问题尤为突出。从我们掌握的情况来看，我市法院对外司法委托管理工作量近三年呈现上升趋势，在鉴定、评估和拍卖方面的问题较为明显，我们对 2011 年至 2013 年间全市法院有关对外司法委托案件的数据进行了认真分析，并深入各基层法院实地调研，征询了基层法院负责对外司法委托管理的工作人员和部分办案法官意见，形成报告如下：

---

* 课题组组长：卢玉超，成员：任建新、贺林森、张荣森、覃丽珍、毛晓云、谢惠芳。

一、我市法院对外司法委托管理工作的基本情况

（一）我市法院对外委托评估、拍卖的基本情况

2011年至2013年，如图一所示，2011年我市法院办理的评估案件总数为343件，2012年为299件，2013年为346件，其中当事人提出异议数的比例分别为1.17%，1%，3.47%。当事人提出异议的案件比例较低，基本上是由于当事人对评估报告的定价结果不满意（标的价格偏低或偏高）或者对摇中的评估机构不满意（有些案件是摇中本地评估机构，当事人主观希望由外地评估机构评估而提出异议）。

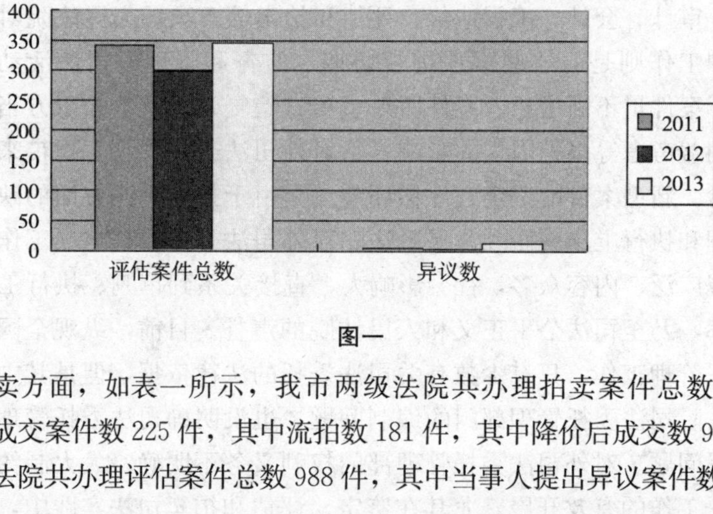

图一

拍卖方面，如表一所示，我市两级法院共办理拍卖案件总数507件，其中已成交案件数225件，其中流拍数181件，其中降价后成交数98件；我市两级法院共办理评估案件总数988件，其中当事人提出异议案件数19件。

表一

年份	办理拍卖案件总数	其中已成交案件数	其中流拍数	其中降价后成交数
2011	162	95	51	26
2012	148	75	49	32
2013	197	55	81	40

其中，2011年全市法院司法拍卖案件162件，流拍51件，流拍率31.48%；2012年全市法院司法拍卖案件148件，流拍49件，流拍率33.11%；2013年全市法院司法拍卖案件197件，流拍81件，流拍率

41.11％。近三年的司法拍卖案件需要降价1次或2次后才能成交的比例分别是16.05％，21.62％，20.30％。从以上数据来看，我市法院司法拍卖整体成交率偏低。

（二）队伍建设情况

目前，我市法院对外司法委托工作由各法院的司法委托管理办公室或兼职负责。如表二所示，全市两级法院共配工作人员18名，其中市中院司法委托工作有独立的管理办公室（但无编制），工作人员5名；端州区法院对外司法委托工作有独立的司法委托管理办公室（专编设置），工作人员2名；高要市法院对外司法委托工作属行装科管辖，工作人员2名；鼎湖区法院对外司法委托工作属立案庭管辖，工作人员1名；四会市法院对外司法委托工作属立案庭管辖，工作人员1名；怀集县法院对外司法委托工作属行装科管辖，工作人员2名；封开县法院对外司法委托工作属行装科管辖，工作人员1名；德庆县法院对外司法委托工作属审管办管辖，工作人员1名；广宁县法院对外司法委托工作属行装科管辖，工作人员3名。

表二

单位	是否设置单独司法委托管理部门	隶属部门名称	司法委托管理工作人员
肇庆市中级人民法院	是	司法委托办	5
端州区人民法院	是	司法委托办	2
鼎湖区人民法院	否	立案庭	1
高要市人民法院	否	行装科	2
四会市人民法院	否	立案庭	1
广宁县人民法院	否	行装科	3
怀集县人民法院	否	行装科	2
德庆县人民法院	否	审管办	1
封开县人民法院	否	行装科	1

二、当前对外司法委托管理工作存在的问题

（一）机构编制和人员配备方面

1. 司法委托管理部门属于非编制部门，业务管理较为混乱。综上可知，我市除端州区法院司法委托管理办公室有事业编制外，市中院有独立管理办公室但无编制，其他基层法院的司法委托管理部门也均挂靠在其他部门去，有的挂靠在行装科，有的挂靠在立案庭，造成上下级法院司法委托管理部门管理和业务指导上的不便。由于非编部门，没有受到应有的重视，对干部的使用没有正式的任命，不利于干部的成长，造成个别干部不安心工作，也不利于业务水平的提高。

2. 司法委托管理部门工作人员的业务水平有待提高。司法委托管理部门不少工作人员学历不高、且法律专业人员少，人员素质有待提高。自2004年建立司法委托管理办公室以来，我市法院司法委托管理部门参加过的业务培训活动只有2011年的两次，其中一次是诉讼资产平台信息发布方面的培训，一次是评估、拍卖业务方面的培训；基层法院的对外委托业务培训活动则一次也没有。而对外司法委托管理工作中最需要涉及处理到的司法委托相关法律法规，司法鉴定、评估、拍卖专业知识，对外司法委托管理应对技巧和司法职业道德等方面培训内容则十分缺乏，让从事对外司法委托的工作人员面对新情况、新问题难以适应，只能摸着石头过河，事倍功半。

（二）对外委托业务工作方面

1. 专业鉴定评估机构有限，难以满足司法委托业务需求。随着社会经济的发展，司法鉴定评估标的呈现出种类繁多、案件复杂的趋势，而现有的各类入册机构相对有限，导致实际工作中出现新的鉴定评估标的物无法及时找到相应的鉴定机构，如动物类、植物类、食品类、及微量分析等鉴定评估就无法完成。尽管对外司法委托事项包罗万象，但《法院机构名册》中的鉴定评估机构服务项目还比较单一，时有鉴定评估机构“供不应求”的情况。近几年，自愿申请进入《法院机构名册》的机构大多局限于法医、文检、工程造价、质量、评估、拍卖等领域，难以满足审判、执行工作的需要。

2. 中介机构收费标准设置不合理，加重当事人负担，影响案件执结率。因评估、鉴定费是根据标的物的评估、鉴定价值，按比例收取的。而当前不同地方的中介机构的收费标准不一，设置的不合理，导致部分标的物的评估、鉴定价值普遍高于市场价，一些评估、鉴定机构受利益驱动，往往不顾实际情况如何，将标的物的价值就高不就低，往往造成须经多轮拍卖才能变现甚至流拍的现象，不但增加了当事人的经济负担，还延长了拍卖流程，影响案件的执结。同样的一个伤情鉴定，不同的鉴定机构收费相差成倍数；鉴定人出庭所产生的交通费、住宿费也要算入鉴定费，在实际的司法鉴定活动中这样的情况经常出现，也加重了委托人的经济负担，当事人反映较为强烈。此外，根据评估行业协会规定，标的小的案件的收费按每宗收取评估、鉴定费2000元，而往往会有些案件拍卖成交的金额只有几千元，甚至还不足2000元，当事人所得不多，甚至还要倒贴，严重加重了当事人的负担，导致当事人常常提出异议，影响案件执结率。

3. 司法鉴定评估行业标准不统一，多头鉴定评估、重复鉴定评估问题较为严重。长期以来，由于对外委托工作中鉴定评估程序、鉴定评估时限、鉴定评估收费等方面缺乏统一的操作标准和操作规范，许多专业性问题缺乏全国统一的技术标准，当事人难以清楚地了解鉴定评估机构的情况和整个鉴定评估过程，导致当事人在选择鉴定评估机构时较为盲目。而且，在众多良莠不齐的鉴定评估机构并存的前提下，可能会出现在一个案件中原、被告双方当事人未经法院同意分别委托了不同的鉴定评估机构作出了多份鉴定评估结论，或者对某一相同的案件事项作出过多次鉴定的情况，而这种多头鉴定或重复鉴定的问题，造成鉴定结论质量参差不齐，使得法院在审理或执行案件过程中的难度会加大。

4. 鉴定评估案件周期耗时过长，影响审判执行效率。在对外司法委托管理工作中，鉴定周期过长始终是一个顽疾，如医疗事故技术鉴定、医疗过错鉴定、法医精神病鉴定等司法鉴定案件。此类案件专业性强、技术要求高以及鉴定机构专业人员数量有限，需要聘请专家讨论而导致鉴定时间延长。我市法院对外司法委托在实践操作过程中，鉴定周期普遍较长，有些鉴定周期长达1～2年，造成久鉴不决、无故拖延的问题出现。如我市端州法院办理的（2011）肇端法民初字第2365号原告黄国祥与被告郑建明（端州区肛肠医院经营者）医疗损害责任纠纷一案，鉴定要求是对被告郑建明经营的端州区肛肠医院对原告黄国祥在住院期间的治疗行为是否存在医疗过错进行鉴定。该案历经四次委托，至今未完成鉴定；鉴定材料不足，缺乏鉴定条件而不被鉴定机构受理被退案的案例也时有发生，如（2012）肇端法民二初字第80号原告（反诉被告）朱卫培、广州市翔太冠鹏贸易有限公司与被告（反诉原告）肇庆市时代广场经营管理有限公司租赁合同纠纷一案，也是先后三次依法委托三家鉴定机构对肇庆市广百时代广场W9和N01商铺、A27商铺、V263C仓库的装修投入、搬迁费机器剩余三年租期中的可预期的经营收入进行评估，均因无法进行现场查看，无法进行评估而被鉴定机构拒绝委托；又如（2013）肇端法民一初字第197号原告梁作朝、梁志斌、梁志军与被告高要市人民医院医疗损害赔偿纠纷一案先后四次委托四家鉴定机构均因法院提供作鉴定的检材不够充分，要求补充材料又无法及时提供所需材料而被退案，最终导致案件鉴定时间周期较长。根据《广东省高级人民法院关于司法委托管理工作暂行规定》（粤高法发〔2007〕20号文件）第43条规定："接受司法委托的中介机构，一般应在30天内完成鉴定。疑难、复杂案件应在60天内完成。"据统计，如下图二所示，2011～2013年我市法院办理鉴定案件期限的总体情况是：2011年，鉴定案件耗时2个月以上的有137件，占当年鉴定案件总数的29.59%；2012年，鉴定案件耗时2个月以上的有148件，占当年鉴定案件总数的34.99%，；2013年，鉴定案件耗时2个月以上的有181件，占当年鉴定案件总数的38.92%。从以上数据可知，我市法院在鉴定期限上超期现象较为突出。近三年的鉴定案件数据显示，平均每年的鉴定案件超过规定期限60天（疑难、复杂案件）的已超1/3，而这个数据且呈上升趋势；还有个别基层法院的鉴定案件仍处于鉴定未决阶段，如上述三件案件，鉴定结果迟迟未有下文，给审判、执行案件带来不少难题。

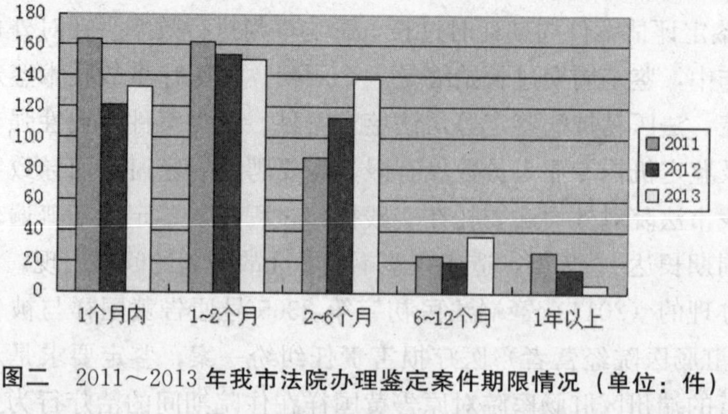

图二　2011～2013年我市法院办理鉴定案件期限情况（单位：件）

5. 新型、特殊、复杂的标的物需要鉴定评估的日益增多，给司法委托管理工作带来诸多考验。随着社会经济、科学技术的发展，诉讼中涉及的案件问题呈现出专业化、涉及面广的趋势，在司法委托管理实际工作中，遇到当事人申请进入司法鉴定评估程序的案件是一些新型、特殊、复杂的标的物则在所难免，已入册的鉴定评估机构类别远远满足不了现实的需求，这给对外司法委托管理工作带来了诸多考验。比如对象牙、端砚、字画、酒、檀香木以及放火烧山、塘鱼流失此类案件造成的损失等物品评估其价值难度较大，评估工作常常无法开展，更无法进入拍卖程序。

6. 拍卖成交率不高，流拍、撤拍、两次降价拍卖情况时有发生。造成以上情况出现的原因，是多方面的，有的是评估机构对涉案财产评估价值较高，导致流拍率高；有的是由于拍卖的宣传力度不够，从而客观上造成参与竞拍的人都较少；有的拍卖标的保证金额过低，多人参与但不举牌；还有的拍卖案件申请人多次申请暂停拍卖和恢复拍卖，导致竞买人多次报名参加竞拍的现象，易让竞买人质疑法院拍卖过程暗箱操作。

7. 拍卖公告宣传力度不够，社会知晓度不高。目前，我市法院司法拍卖案件的宣传渠道狭窄，除了刊登在本地的《西江日报》以及中国诉讼资产网、南方产权交易网、肇庆市公共资源交易中心网上，并无其他方式，拍卖案件的信息社会知晓度不高，对潜在的竞买人市场挖掘不够，不利于那些有购买意向的竞买人了解拍卖信息，从而提高拍卖成交率。

8. 竞买人之间相互串通压价（俗称分饼），难以取证，相应的预防和处罚措施缺失，监管难度大。在拍卖实践过程当中，经常出现几个竞买人同时对某个拍卖标的物进行预交保证金，几个人的年纪要么很大，要么很小，相互熟悉，来到竞拍现场，都是不急于竞价，而是等待看看有没有其他不相干的竞买人竞价，如有则轮流参与竞价，如无则让拍卖流拍，让标的物降价后再来竞拍。针对这种现象，实践中很难去证明他们有串通压价的嫌疑，也很难去约束他们一定要竞价，极大地损害了拍卖市场的正常化和当事人的合法权益。

（三）司法委托的现行法律规定方面

1. 关于鉴定、评估案件的送鉴材料没有相关法律法规的明确说明。到目前为止，关于司法鉴定、评估案件的送鉴、送评材料并没有相关法律法规的明确说明。如《广东省高级人民法院关于司法委托评估工作细则》

（以下简称《司法委托评估工作细则》）第 5 条只是规定了审判、执行部门向司法委托管理部门移送对外委托评估应当移送的材料，而这些材料只是审判、执行部门认为需要的材料，而不是委托机构，即鉴定部门、评估机构他们实际工作中需要的材料，因此，往往造成司法委托管理部门将审判、执行部门移送过来的材料送到委托机构那里准备委托鉴定或评估的时候，被告知材料不全，需要补充材料。在多次补充材料的过程当中，也耗费了大量的人力、时间和物力。因为对于司法委托管理部门来说，在没有法律法规明确规定的前提下，如何审查审判、执行部门移送过来的案件的材料是否齐全，符合送鉴、送评的要求，的确存在很大的问题，不单是专业人士方面的欠缺，更重要的是每个案件不同，需要的材料也不尽相同，如何审查完善，是当前立法上亟待解决的问题。尤其对于鉴定案件来说，每个鉴定机构的标准不同，则需要的送鉴材料不同，在实践中，司法委托管理部门有限的人力难以去适应繁重的案件送鉴压力。

2. 现行的司法委托相关法律法规没有专门惩处专业机构及其专业人员违法行为的相关有力措施。在对外司法委托鉴定、评估、拍卖过程中，对鉴定、评估、拍卖机构因工作出现违法违规行为的，现行的司法委托法律法规并没有专门的惩罚措施。只在《广东省高级人民法院关于司法委托拍卖工作细则》（以下简称《司法委托拍卖工作细则》）第 23 条规定了“因拍卖机构违法或违规而撤回或撤销拍卖的，不支付拍卖机构佣金或实际支出费用”，这一惩罚措施，对拍卖机构的违法违规行为只用经济手段惩罚，即不支付佣金或实际支出费用，要对拍卖机构起到真正的威慑作用就有限；而对评估机构的违法违规行为在《司法委托评估工作细则》中只字未提，更谈不上有涉及对中介机构专业人员违法行为的惩罚措施了。

3. 现行法律法规未能将必须接受司法委托作为入册机构的强制性义务，导致现实中司法鉴定机构存在推搪、不接受委托的现象。目前，我市法院对外司法委托选择的入册机构目录统一在省高院的〔2012〕130 号文件中，所有的鉴定、评估、拍卖事项都必须从该目录中选定。但对于被选定的中介机构是否有义务必须接受法院的司法委托，则没有相关法律法规予以明确，更没有将接受司法委托作为入册机构的强制性义务的相关规定。导致在实践中，对于一些疑难标的需要评估、鉴定的，评估、鉴定机构常常会以没有这方面人手、经验等理由推搪，不愿接受棘手的评估、鉴定案件。对此给对外司法委托管理工作带来很大的困难。

4. 委托拍卖过程缺乏完善的监督管理，违规违法行为难以根本遏制。人民法院审理的案件涉及的领域很广，种类繁多，尤其是倒闭企业、资不抵债老板外逃的案件，执行人员不可能对堆满仓库的东西全部实施清点，更难以做到全程陪同评估、拍卖人员的具体操作，不能充分发挥其监管之职。而无论是《拍卖法》，还是相关评估、拍卖试行规定，仅对法院自身内部职责、程序、违规行为处理作了规定，但对拍卖机构如何加强监管没有作详细规定。在法律上还没有委托部门参与监管之职责，人民法院作出的对外委托，要求拍卖时到场监督，也是处于表面上的，无法防止和杜绝暗箱操作和违规违法行为的发生。

三、人民法院对外委托管理工作存在问题的原因分析

（一）法律规定不完善，滞后于司法实践的需求

如前所述，除了司法鉴定、评估案件的送鉴材料没有相关法律法规的明确说明，拍卖保证金上下限比例的设置不科学、没有对中介机构及其人员监督的惩罚措施等不完善的立法规定之外，实践中还存在许多立法与实践脱节的现象，导致给实际工作带来难题。

在委托鉴定方面，目前没有一部法律法规明确鉴定机构的入册条件，在对外司法委托方面，至今仍是参照省高院的《司法委托评估工作细则》的有关规定，选择鉴定机构的目录也是主要通过省高院入册的名单中选定。但是各家鉴定机构的资质情况，社会认可度方面难以分出等级，各自出具的鉴定结论的质量也是无法作出较为准确的评价。2005 年《全国人民代表大会常务委员会关于司法鉴定管理问题的决定》（以下简称《决定》）第 8 条规定，“各鉴定机构之间没有隶属关系；鉴定机构接受委托从事鉴定业务，不受地域范围的限制”，则直接导致不同的鉴定机构都可以独立出具自己的鉴定结论，而各自的证明效力如何则无从体现。殊不知，不同鉴定机构的鉴定结论的证明力不明确，正是司法实践中出现多头鉴定、重复鉴定的主要原因所在。同一鉴定事项却有来自不同鉴定机构出具的鉴定结论，《决定》中对此如何处理也没有相应规定，必然引发当事人对鉴定结论的准确性的争议，从而也会拉长鉴定期限周期，拖长对外委托鉴定时间。

在委托评估、拍卖方面，《司法委托拍卖工作细则》和《司法委托评估工作细则》两个规定尚有不完善的地方，有的难以操作。如《司法委托拍卖工作细则》第27条规定对拍卖保证金的定额在5%～10%，但是对于一些案件情况较特殊、个别竞买人有可能故意干扰拍卖的案件，拍卖保证金还只是要求缴纳5%～10%的幅度的话，则对个别故意干扰司法拍卖的竞买人经济成本也起不了太大的压力，对其制约力也形同虚设；第32条规定对保证金的退还办理时间只有3天，时间过短。而实际操作中由于审批环节较多，3天时间根本无法办理完成，造成竞买人不理解，有意见，甚至四处投诉；此外，在《司法委托拍卖工作细则》中对竞买人在拍卖成交后拒付成交款该如何处理的问题，并无予以明确。

《司法委托评估工作细则》第21条规定，“执行案件的评估费支付方式，依照《广东省高级人民法院关于委托评估、拍卖工作的若干规定》执行”，而对应的则是《广东省高级人民法院关于委托评估、拍卖工作的若干规定》第31条：“人民法院因执行案件必需对执行标的物进行评估的，因评估执行标的物所产生的费用，是执行实际费用，应由被执行人承担。被执行人下落不明或暂无力支付的，由申请执行人预付，最后在执行款额中扣除。”上述是关于执行案件评估费的支付方式问题，如果在案件执行后在拍卖成交款中支付评估费，由于部分拍卖不成交或流拍的案件就会长期拖欠评估机构的评估费，这样就会损害了评估机构的合法权益，甚至造成投诉上访，损害了法院的形象。

（二）多种因素影响案件鉴定、评估期限过长

导致部分案件鉴定、评估案件周期时间过长是由多方面原因造成的。在鉴定方面，主要原因有：一是申请人迟迟不缴纳鉴定费用或因经济困难申请延期交纳鉴定费用；二是鉴定、评估的检材、资料不齐全需要当事人二次、三次补充提交，例如（2013）肇宁法司拍字第1号陈水霞与冯木成民间借贷纠纷一案，由于鉴定机构认为法院提供作鉴定的检材不够充分，曾前后分三次要求法院补充鉴定所需的材料，因此导致该案的鉴定时间超出半年之久；三是鉴定机构对检材资料的审查时间较长。

在评估方面，导致评估期限过长的原因则有：一是因执行人员提出给一定合理的时间让申请执行人与被执行人协商解决纠纷而暂缓评估，最后执行人员确定无法协商一致才通知恢复评估，因此拖长了案件的评估期

限；二是由于案外人对执行标的提出异议申请，案件承办人需要对该异议进行审查，故一般基于此原因而暂缓评估，同样拖长案件的评估期限；三是当事人提出再审申请，法院经审查决定再审，再审期间，中止原判决执行，因此评估期限也相应拖长了；四是在评估期间，申请执行人提出对标的物暂停评估，并要求对标的物由整体分成部分进行评估，（例如2013肇宁法司评字第15号就是申请执行人要求对被评估的楼房由整体变更为分层进行评估），在该情况下需要被执行人配合对每层房屋进行测量，而被执行人因长期不在家，法院通过了多种方式对其进行联系，从而拖长了评估的时间；五是由于一直以来法院拖交评估费的现象较普遍，且以往均由评估公司作出评估报告后，才由评估公司出具缴纳评估费的通知，由本院催促申请执行人交纳或由本院从拍卖款中作扣缴。但由于目前评估公司认为法院拖缴评估费的现象太普遍且已影响到评估公司的资金正常运作，因此规定除特殊困难的情况（如机动车交通事故责任纠纷案则需法院根据申请执行人的缓交申请出具缓交保证函）外均要求法院先交纳评估费后，评估公司再作出正式的评估报告书，基于评估公司现在提出的该要求，法院在扭转申请人交费观念并催促申请执行人交纳评估费的同时也耗费了不少的时间使评估期限拉长了；六是法院对申请评估的案件进行摇珠并选出鉴定机构，但由于选出的评估机构因申请人（原告）不能提供评估所需的材料（例如房屋评估中的设计图纸），或一方当事人不配合评估公司进行测量往往使评估工作无法进行，导致这类案件又需要通过其他职能部门完善相关材料后，原来选出的评估机构才能进行评估，而其他职能部门完善相关材料往往又需要较长时间，因此大大拖长了案件的评估期限；七是评估案件的初稿作出后，一方对初稿提出意见，且要求法院向相关职能部门查询有关评估标的的具体情况，法院审查后去函相关部门请求答复，并根据函复情况再作出处理方案，这也使案件的评估时间拖长了。

（三）鉴定、评估收费标准与司法实践衔接脱位，利益本位思想较为严重

虽然2009年11月实施的《司法鉴定收费管理办法》首次对全国各地司法鉴定机构的收费行为进行了统一规定，但该办法只对有关法医、物证和声像资料类的鉴定事项规定了计费标准，并未涵盖其他广义鉴定事项的收费，如危房的安全性、烧毁房屋装修家具电器等物品损失的收费标准

等，对目前司法审判实践中部分鉴定机构乱收费和定价混乱、收费不公平的突出问题仍然无法解决。究其原因，实质是当前的部分评估、鉴定机构制定的评估、鉴定收费标准与司法实践衔接脱位，只顾本单位的利益，往往导致即使是同一鉴定事项，同一省份不同城市的不同的鉴定机构收费也完全不同。还有的鉴定机构对鉴定事项收费随意，甚至还可以讨价还价，如（2007）肇中法执字第71号案件中对被执行人广东蓝带集团股份有限公司所持有的广东省蓝带集团唐山酒业有限责任公司的10%股权进行评估，唐山某鉴定机构最初收取的鉴定费是36万元，当事人向法院提出异议，我办向鉴定机构反映情况，经过前后几次协商讨价还价，最后鉴定机构只收取8万元的鉴定费。

（四）拍卖标的物评估价偏高和自身瑕疵是影响拍卖成交率最主要的因素

从上表一的拍卖成交数据可知，我市近三年司法拍卖流拍率较高，这是由多方面原因造成的。据统计了解，我市司法拍卖成交率不高，最主要的原因是拍卖标的物评估价偏高和自身存在瑕疵。如房地产的评估价，与市场均价差别不大，有些地段较好楼龄较小的楼盘，与市场价几乎一致，这让很多买受人感受不到价格上的优势，碍于司法拍卖程序的复杂性而打退堂鼓。还有的标的物自身瑕疵较多或者办理过户手续较为麻烦，也是导致成交率不高的主要因素之一。比如有些房屋是不交吉的，也即含有担保、租赁、被执行人恶意占有的而导致清场困难的，也会让买受人却步。

此外，买受人对拍卖规则的过于熟悉，也会导致意向买受人普遍存在等待标的物流拍降价后再行拍卖的心态。因为目前的拍卖规则是“动产经两次公开拍卖，不动产经三次公开拍卖”，所以很多买受人往往是等到最后一次拍卖才应价，导致拍卖标的物要经过两至三次才能成交。

（五）法院对入册的机构类别审核、监管不到位，是导致对外司法委托开展存在困难的一大因素

根据省高院出台的《广东法院2012年度委托评估、拍卖机构》《广东法院2012～2013年度司法委托专业技术机构》（粤高法〔2012〕130号）文件的规定，2011～2013年，我市法院入册的专业机构类别中经常接触的主要有评估、鉴定、拍卖、工程造价、会计审计、房屋测绘六大类。在上

述六大类别当中，出现问题最多的是鉴定方面。因为省法院公布的入册鉴定机构目录难以满足现实当中出现的越来越多新颖、复杂的鉴定需求。对实际工作中出现新的鉴定问题无法及时找到相应的鉴定机构，如动物类、植物类、食品类、及微量分析等鉴定。由于各地法院审核入册的鉴定机构类别有限，现有的鉴定机构服务项目较为单一，时有鉴定机构“供不应求”的情况。

在开展对外司法委托工作过程当中，对入册机构监管的不到位，也是导致目前司法委托工作问题较多的原因之一。比如现行的司法委托法律法规没有专门惩处专业机构及其专业人员违法行为的相关措施以及未能将接受司法委托作为入册机构的强制性义务，导致现实中司法鉴定机构以没有这方面人手、经验等理由推搪，不接受委托。因为无法可依，导致法院司法委托管理部门在对外司法委托工作当中往往无法处理这些问题，也难以处理这些问题，更谈不上对其进行监管。

（六）司法委托管理部门在法院内部定位的尴尬，是开展对外司法委托工作存在瓶颈的关键

我市两级法院的司法委托管理部门除端州法院是事业编制外，其他的均是无编制，部门领导设置安排的要么是身兼几个部门的职责，要么是无实职的领导职务，使得司法委托管理部门对内没有名分地位，对外也常常让当事人觉得不知道这个部门究竟是做什么的，更有些当事人想当然地认为其实就是执行局的内设部门，大大影响了司法委托管理部门作为执行程序过程当中担当防火墙的重要作用，也严重制约了司法委托管理部门的工作和发展，更影响司法委托管理部门人才的稳定，不利于工作人员的成长和上级法院的业务联系和指导。所以，司法委托管理部门在法院内部定位的尴尬，是开展对外司法委托工作存在瓶颈的关键，也是诸多法律文件不完善的重要原因之一。

四、完善人民法院对外司法委托管理监督机制的思考

（一）完善现有的立法文件，构建可行的制度平台

1. 尽快完善有关规章制度和司法解释。如前所述，由于目前对外司法

委托管理工作存在立法的滞后，在司法鉴定、评估、拍卖方面，还遇到许多立法与实践脱节的现象，尽快完善现有的有关制度和司法解释，势在必行。为此，建议最高人民法院出台文件明确规定司法委托管理部门的定位和编制问题，赋予司法委托管理部门应有的地位和权利，并针对司法委托、拍卖领域出台相关司法技术工作规范，在尊重上位法的前提下，适当修改对外委托评估、鉴定、拍卖相关司法解释；省高院对《司法委托评估工作细则》和《司法委托拍卖工作细则》与时俱进地进一步修改、细化的同时，也应考虑出台关于对外司法委托鉴定的工作细则，补充规范现行对外委托司法鉴定行为。上级法院对一些复杂的案件可考虑制定相应的指导性意见，规范司法委托工作适用的统一标准，让对外司法委托管理工作更加具体、全面。

2. 积极构建可行的制度平台，建立顺畅的监督体制。在现有对外司法委托立法文件的规范下，积极探索构建与之配套的可行的制度平台，建立顺畅的监督体制。通过制度与立法的相互衔接，达到对外司法委托有效监督的良性反响。主要措施是：

（1）对现行的《广东法院2012年度委托评估、拍卖入选机构》《广东法院2012～2013年度司法委托专业技术机构》两份机构名单中的机构数量进行补充。除了已有的法医、物证和声像资料三大类鉴定专业机构之外，建议增加涵盖一些特殊类别的鉴定专业机构。如前述提到的关于动物类、植物类、食品类、及微量分析等方面的鉴定专业机构，方便对外司法委托鉴定工作的开展。

（2）针对当前问题较为突出的对外委托鉴定方面，建议鉴定机构的主管部门尝试实行两鉴终鉴制，规范重新鉴定的相关制度。目前，全国各地琳琅满目的鉴定机构，却没有一家鉴定机构是中立的、权威的终局性机构，这就导致每一家鉴定机构的鉴定结论的证明效力问题其实是无从判断的。不同的当事人基于自身利益考虑，都会试图通过不同的鉴定机构的鉴定结论来证明本方证据材料的证据力大小，多次鉴定、重复鉴定在所难免。但也给法官审案带来了难题，如何认定这些鉴定结论的证明力则是判案的关键。所以，通过建议社会鉴定机构的主管部门按照鉴定机构的资质、人才构成、鉴定结论的认可度等方面制定两鉴终鉴制度的标准、条件，并对一些有争议的鉴定结论需要重新鉴定的条件统一标准，对于解决当前多头鉴定、重复鉴定泛滥的问题，提高法官对鉴定结论的认可度和信心，有着深刻的意义。

（3）明确入册机构接受司法委托的义务及例外情形。实践中，中介机构视委托事项办理的难易程度挑三拣四的现象较为明显，委托费用高的、容易办理的就积极协助办理，委托费用低、当事人争议较大的、办理比较困难的就找各种理由搪塞过去不愿意接受委托或者拒绝委托。鉴于此，在司法实践中应明确入册机构接受司法委托的义务及例外情形，把接受司法委托作为入册机构的强制性义务，也即没有正当理由，就得接受委托。但如果有正当理由的，如本机构没有资质的，自身技术手段无法去处理委托事项的或从业人员因严重疾病影响其从事委托事项的等等，经法院司法委托管理部门查证属实的，则应当允许其拒绝委托。如果中介机构没有正当理由而任意拒绝接受委托的，则视情况给予相应的行政处罚或者因此带来损失的，还要其承担相应的民事赔偿责任，以此来增强其责任感和使命感。

（4）建立完善的惩治机制。对于违规违法的中介机构，通过与行业协会、司法部门等沟通合作，建立完善的惩治机制，对违规违法的中介机构，加大处罚力度，提高司法委托管理部门的监督力度。

（二）多种措施衔接配合，积极构建长效监督体系

完善人民法院对外司法委托管理的监督机制，是一项系统工程，除了须有立法上的保障外，符合司法实践需要的相关措施的制定落实显得尤为重要。通过各种措施的相互衔接配合，构建长效监督体系。

1. 落实解决司法委托管理部门的定编问题。随着法院工作改革力度的不断加大和深化，司法委托管理部门的工作在预防司法腐败、服务审判执行方面将发挥其越来越大的作用。就司法委托实际工作的性质来看，属于执行程序的一部分，应属于业务部门的职责，但法院内部对司法委托管理部门的定性却是司法辅助部门，而在具体定位方面，目前的司法委托管理部门既不属于审判部门，也与后勤部门不沾边，没有一个合理的定位。因此，建议应给予司法委托管理部门一个应有的定位，在机构设置上，上级法院应为其争取编制，建立独立的专业部门；在人员配备上应逐步配备具有法律专业知识人才以及有审判经验的人员。从而让司法委托管理部门工作名正言顺，更好地发挥其在执行程序上“防火墙”的监督作用。

2. 加强对司法委托管理人员业务水平的培训。加强对外司法委托管理

的监督作用，司法委托管理部门的人才培养首当其冲。因此，建议定期组织对外委托工作人员学习培训专门的技术知识和法律法规知识及对外委托鉴定工作程序，开展理论与实践调研活动，不断提高对外委托鉴定工作人员业务技术水平，确保对外委托鉴定工作顺利进行。

3. 加强对入册机构的准入审查制度。目前在册的中介机构目录仍是2012年公布实施的《广东法院2012年度委托评估、拍卖入选机构》《广东法院2012～2013年度司法委托专业技术机构》两份机构名单目录，2014年继续沿用这两份目录。机构名单中删减数目基本没有变化。从中反映出法院在司法委托管理过程中对入册机构的监督审查力度还不够，因此建议今后应加强对入册机构的审查，通过制定详细的扣分细则，加大对中介机构违规违法行为的惩罚力度，严重者应及时除名，并对申请入册的机构的条件严格把关，严格准入的门槛。

4. 规范中介机构的收费标准。对中介机构的收费标准，加强与物价部门沟通合作，根据具体委托事项及时进行调整、降低，并与物价等部门经常性地对其收费标准进行检查监督，使其能严格按照规定收费，同时为了最大限度地减少执行成本，最大限度地实现债权，建议按评估价的比例收取评估费问题，可改为视标的物处理结果收取，即是评估标的物不需拍卖的，按评估价计算费用，标的物经拍卖成交的，可按成交价计付评估费，经降价拍卖仍然未能成交以物抵债的，按抵债的价格计付评估费。另外，经多次降价仍未成交又不能实现以物抵债的，应按固定一个价格收取费用，而不应按标的物评估价收费。在评估收费上还可以采取“后收费”的办法，国务院《诉讼费用交纳办法》规定，法院执行案件应先执行后收费。执行过程中进行的评估，属于执行程序的一部分，也应该按照《诉讼费用交纳办法》的规定，采取“先评估，后收费”的办法。而对问题较为突出的鉴定案件，应结合鉴定事项的执行结果情况，合理收取鉴定费用，原则上不要超过鉴定标的物的本身价值，以免引发当事人的争议。

5. 规范专业人员出庭接受质询的费用标准。目前，关于专业人员出庭质证收费的标准还不明确。国家发改委公布的《司法鉴定收费管理办法》中规定，“鉴定费不包括出庭质证费用”，因而如何收取出庭质证费用，并没有法律的明文规定，中介机构作出鉴定结论，收取鉴定费是理所当然的，但是当被要求出庭接受质证时并没有明文规定其收取劳动报酬（也即出庭质证费用）的依据，而在实践中，法院要求鉴定机构出具收费依据时也很难适用到明确的标准。为了提高专业人员出庭接受质证的积极性，监督好中介机构公平、公正地做好委托事项，规范专业人员出庭接受质询的费用标准，十分必要。

6. 加强上下级法院协调合作，实现多方位、多部门监督防治。司法委托管理部门应从服务全员工作大局出发，在管理上严格按照“多部门参与、集中管理、相互配合、相互监督”的原则，与审判业务庭、执行局、法警队、评估鉴定拍卖机构之间相互协调、多加沟通，在实现有效监督的同时，确保对外委托工作的顺利进行。因此，建议上级法院加强对下级法院司法委托管理工作的监督指导：一是建议依据中介机构资质的不同，制定各种资质入围的详细标准与硬件条件，使基层法院可以在对外委托选定委托机构时有一个清晰的选择，避免选择上的错误；例如，可根据标的额、标的物种类、拍卖变现难易等确定随机备选机构的范围，从而区分出哪些案件可在本地区备选机构中随机选择，以减轻当事人的经济负担，并有利于案件的尽快处理。二是加强对评估机构的监管，减少人为因素对评估报告结果的影响，使标的物的评估价尽可能接近市场价格。三是加强沟通、交流，建议可以邀请中介机构、各方当事人就如何规范评估、拍卖工作及保障当事人合法权益等问题定期举办座谈会，为各方的沟通与交流搭建一个平台，鼓励各方为完善对外委托工作的各个环节和更好地服务好审判工作建言献策。四是建议实行告知制度，就对外委托时向当事人发出操作流程等的书面告知书，告知当事人享有的权利义务，例如申请回避，监督举报，提出异议，评估、拍卖程序结束后被执行人配合法院开展工作等。五是建议法院纪检、监察、执行等部门要加强对司法委托管理工作的监督，确保对外司法委托程序公正。

7. 注重对专业机构在司法委托评估、鉴定、拍卖程序过程的监督。要建立完善的人民法院对外司法委托管理监督机制，就要强调对外司法委托管理监督模式必须是动态的监督，长期的监督。而要做到动态的、长期的监督，则须注重对专业机构在对外委托评估、鉴定、拍卖程序过程当中的监督，做到事前监督、事中监督和事后监督的有机结合。不能搞突击式检查，要采取定期与不定期的监督检查方式，尤其是对委托过程当中耗时过长的“事中”阶段通过多渠道监督模式，加大监督力度。

8. 积极与第三方交易平台打造司法拍卖网络平台建设，启动网络电子竞价新模式。为了规避传统司法拍卖带来的弊端，我市法院从 2014 年 7 月

1日起便与第三方交易平台广州南方产权交易中心在肇庆的唯一代办机构——肇庆市公共资源交易中心沟通合作，在交易中心建设网络拍卖平台，我市法院将所有的涉诉资产交到交易中心进行网络电子竞拍。这是我市法院加强司法委托管理监督的全新尝试，也标志着肇庆法院涉诉资产交易正式进入网拍时代。自此，我市所有的涉诉资产交易将进入到一个透明、公开的交易媒介，接受全民的监督。这也是司法委托管理监督机制的创新，今后司法委托管理部门应积极推进网络拍卖平台的完善，增强对外司法委托管理监督的效果。

（三）加强法院与其他部门的沟通合作，形成联动式社会监督体系

对外司法委托管理的工作涉及的环节繁多、领域广泛、内容众多，在对外委托评估、鉴定和拍卖过程当中，不可避免地需要与其他单位的职能部门合作才能将对外司法委托管理工作做好。而要完善人民法院对外司法委托管理的监督机制，则须法院加强与其他职能部门的沟通合作，形成联动式社会监督体系。

1. 对违规中介机构，向其行业主管部门、行业协会发出司法建议。建议司法委托管理部门在对外司法委托过程当中，加大监督力度，对中介机构的违规违法行为，应及时向其行业主管部门、行业协会发出司法建议，规范中介机构的行为，并对一些社会影响较大的违规机构，督促其主管部门加大处罚力度，制定严格的准入与退出机制。

2. 加强与工商管理部门的沟通，建立企业信用备案信息，规范鉴定、评估、拍卖机构的企业行为。通过与工商管理部门的沟通，让工商管理部门实时了解中介机构的信用情况，建立企业信用备案信息，并定期公布失信企业“黑名单”，对那些失信企业可参照采取民事执行程序中的惩戒措施，加大规范鉴定、评估和拍卖机构企业行为的力度。

3. 加强与物价部门的沟通，规范中介机构合理收费的统一标准，推行司法鉴定援助制度。将我市法院近几年对外司法委托管理工作中中介机构的收费情况整理汇总，向物价部门提出建议，规范中介机构合理收费的统一标准，并对一些经济确实困难的申请人，如一些人身伤害、交通事故等涉及民生的案件，经审查符合救助条件的，建议物价部门责成中介机构对评估或鉴定收费实行救助，可采取减、缓、免的办法，减轻当事人负担，从而也有利于我市法院顺利完成对外司法委托工作。

（三）再审与执行改革

再审检察建议中法院与检察院衔接机制研究

广州市中级人民法院课题组*

一、选择问题的基本思路及问题的来源

《中华人民共和国民事诉讼法》（2012 年修正）（以下简称 2012 年《民事诉讼法》）首次以立法形式将再审检察建议①确定为民事检察监督方式之一，并规定了再审检察建议在法定情形下可产生启动再审程序的程序性后果，是对再审检察监督方式的完善与丰富。目前，再审检察建议案件存在诸多问题主要体现如下：其一是立法准备不足，对于再审检察建议的效力、审查程序等重要问题无明确规定，有待于立法完善；其二是法、检“两院”甚至“两院”内部对现有部分法律规定存有分歧导致法律适用不统一，有待于法律论证；其三是再审检察建议在适用过程中出现的新问题，有待于经验总结；其四是法、检“两院”衔接机制中规范性问题有待于统一，“两院”互动机制的创新思路有待于拓展。

本课题的研究对象是再审检察建议中“两院”衔接机制，指的是再审检察建议实施过程中通过“两院”在程序对接及工作程式之间关键节点的理顺和交流，减少分歧、共通信息，以促成法、检良性互动链接，实现维护司法公正、维护法律统一的共同目标。课题力求在总结现行司法实践的

---

* 课题组组长：王海波，副组长：陈冬梅，成员（执笔人）：汤琼、廖俊莲、林锐君、万方。

① 囿于篇幅所限，本文的再审检察建议仅限于民事再审检察建议，指的是检察机关认为生效裁判符合《民事诉讼法》第 200 条规定的应当进入再审的情形，或者认为民事调解书损害国家利益、社会公共利益，向同级法院发出启动再审程序的检察建议。《刑事诉讼法》未对刑事再审检察建议作出明确规定，司法实践中对此存在较大分歧。《行政诉讼法》虽未对行政再审检察建议作出明确规定，大多数观点认为可参照民事再审检察建议的相关规定适用。

经验得失基础上，对再审检察建议亟待解决的法律问题提出解决方案，对“两院”衔接机制的设置和完善提出具有可行性的建议和对策。

二、广东法、检“两院”再审检察建议的实施情况

再审检察建议作为民事检察监督重要方式之一的制度化始于 2011 年 3 月的《最高人民法院、最高人民检察院关于对民事审判活动与行政诉讼实行法律监督的若干意见（试行）》（以下简称“两高”会签文件）[①]，尤其 2012 年《民事诉讼法》明确将再审检察建议纳入审判监督程序中，正式宣告了再审检察建议制度的确立。调研显示，近年来再审检察建议在广东省实施情况的主要特点为：（1）从案件总数来看，数量少、比例低，且呈三角形分布；（2）从案源地域特点来看，地区差异大，再审检察建议的开展情况显著不均；（3）从适用对象来看，针对判决、调解书的再审检察建议占绝对多数值，存在适用对象不当的情形；（4）从再审检察建议提出事由来看，多为复合事由，存在事由表述不规范的情形；（5）从审查结果来看，再审检察建议的采纳率较低。

调研发现，广东法院再审检察建议工作中“两院”衔接机制中存在的主要问题有：（1）法条设定过于简单、原则及相关制度缺位，适用不当的情况较多；（2）工作机制规范化有待加强；（3）文书说理不充分、质量不高；（4）法、检“两院”对再审检察建议未形成良好的沟通协调机制。

三、法、检“两院”再审检察建议适用过程中存在的法律问题及解决建议

（一）再审检察建议的效力定位问题

调研显示，目前对于再审检察建议的效力定位在理解与适用上普遍争议的三个基本问题如下：问题一：立法上增加再审检察建议的检察监督方

① 关于检察建议的规定散见于 2001 年 9 月最高人民检察院公布的《人民检察院民事行政抗诉案件办案规则》第 47 条，2001 年 11 月《最高人民法院关于当前审判监督工作若干问题的纪要》第 17 条，2009 年 11 月最高人民检察院颁布的《人民检察院检察建议工作规定（试行）》，但未明确界定再审检察建议的含义及范围。

式，是否是一种诉权化的改造？再审检察建议在某种法定情形下可启动再审，是否意味着再审检察建议具有诉权性质。问题二：再审检察建议的效力后果如何。从再审检察建议不必然产生启动民事再审的效力后果来看，抗诉的效力后果是否要强于再审检察建议。问题三：再审检察建议是否具有对民事诉讼活动具有事前、事中、事后监督的全程监督性质。我们认为：

1. 再审检察建议的公权力性质决定了其有别于作为私权存在的诉权。2012 年《民事诉讼法》第 14 条规定："人民检察院有权对民事诉讼实行法律监督。"同时，在第十六章审判监督程序中规定了检察机关行使抗诉与再审检察建议的权力，表明再审检察建议具有公权力的性质，定位为与民事抗诉权互为补充的检察监督权。另一方面，2012 年《民事诉讼法》第 13 条第 2 款规定："当事人有权在法律规定的范围内处分自己的民事权利和诉讼权利。"该条规定明确了当事人的处分原则，即民事诉讼当事人对于纠纷发生后是否起诉、上诉、申请再审、申请执行的诉讼权利均由其自主决定，不受任何国家机关、行政机关、社会团体或第三方的干预。检察机关向同级人民法院提出再审检察建议且经人民法院审查进入再审的，其仍是通过公权力启动再审，给予当事人再次救济的机会，而并非诉权的实现。再审程序启动后，检察机关则完成检察监督的使命，在诉讼中并不介入任何一方当事人，申请监督的一方当事人的诉请通过再审检察建议的形式表现出来，本质上并未改变诉权由当事人行使的民事诉讼原则。因此，再审检察建议与抗诉的公权力性质，决定了其有区别于当事人的诉权，更为重要的是，作为国家公权力的法律监督权，不仅须平衡好检察监督权与当事人处分权之间的关系，还应对平等主体之间的民事诉讼关系持审慎中立态度，此乃民事检察监督权的应有之义。

2. 再审检察建议的非强制性、商讨性有别于民事抗诉。理由：（1）再审检察建议并不必然产生启动再审的程序后果，有别于民事抗诉。2012 年《民事诉讼法》第 211 条规定："人民检察院提出抗诉的案件，接受抗诉的人民法院应当自收到抗诉书之日起三十日内作出再审的裁定。"可见，民事抗诉的行使，必然产生启动民事再审的程序性后果，再审检察建议则不尽然。"两高"会签文件第 7 条第 2 款规定："人民法院收到再审检察建议后，应当在三个月内进行审查并将审查结果书面回复人民检察院。人民法院认为需要再审的，应当通知当事人。人民检察院认为人民法院不予再审的决定不当的，应当提请上级人民检察院提出抗诉。”根据上述规定，地方各级检察机关提出再审检察建议的，只有同级人民法院经审查后认为符合法定情形的，才可启动再审程序；如若认为不符合法定情形，同级人民法院可不予进入再审。(2) 再审检察建议在运行过程中更多地体现了检察监督权与审判权的沟通性、商讨性的特质，有别于民事抗诉。根据“两高”会签文件第7条第2款规定，人民法院在收到再审检察建议之后，将审查结果书面回复检察机关即可，不涉及当事人，故而有别于抗诉须通知双方当事人（诉讼主体）参与的情形。只有在人民法院认为需要进入再审的，在人民法院裁定进入再审之后，才在再审程序中（属本院依职权进入再审）通知当事人参与诉讼。(3) 再审检察建议的非强制性还体现在其并不产生裁判中止执行的效力。2012年《民事诉讼法》第206条规定：“按照审判监督程序决定再审的案件，裁定中止原判决、裁定、调解书的执行，但追索赡养费、扶养费、抚育费、抚恤金、医疗费用、劳动报酬等案件，可以不中止执行。”[①] 再审检察建议则并不发生中止执行的法律后果，即使人民法院认为该检察建议符合《民事诉讼法》的规定裁定进入再审的，亦是由于该类案件属审判监督程序（本院依职权进入再审）决定再审产生的程序性后果。

3. 再审检察建议的事后监督有别于检察建议[②]（下称其他检察建议）。“两高”会签文件第9条规定：“人民法院的审判活动有本意见第五条、第六条以外违反法律规定情形，不适用再审程序的，人民检察院应当向人民法院提出检察建议。”根据该规定，其他检察建议针对的是除审判监督程序以外的其他违反法律规定的情形，可理解为对审判全过程的监督（当然与再审检察建议的监督方式有本质区别），2012年《民事诉讼法》第208条则针对审判人员除审判监督程序以外的其他审判程序中的违法行为，对其他检察建议范围作了补足。可见，再审检察建议与其他检察建议本质区别之一是二者的监督期间不同，再审检察建议相较于其他检察建议具有“事后监督”的性质。此外，从2012年《民事诉讼法》立法体例来看，再

① 上述规定修正了原《民事诉讼法》启动再审一律中止执行的规定，原则上按照审判监督程序决定再审的案件，发生中止裁判执行的效力；对于追索赡养费、扶养费、抚育费、抚恤金、医疗费用、劳动报酬等案件可以不中止执行。

② 2012年《民事诉讼法》第208条规定：“各地人民检察院对审判监督程序以外的其他审判程序中审判人员的违法行为，有权向同级人民法院提出检察建议。”

审检察建议被置于第十二篇第十六章审判监督程序中，且适用对象为对“已经发生法律效力的判决、裁定”，或“发现调解书损害国家利益、社会公共利益”① 的监督，显然是一种事后监督。

（二）法、检启动再审的有序衔接问题

2012年《民事诉讼法》第209条规定：“有下列情形之一的，当事人可以向人民检察院申请检察建议或者抗诉：（一）人民法院驳回再审申请的；（二）人民法院逾期未对再审申请作出裁定的；（三）再审判决、裁定有明显错误的。人民检察院对当事人的申请应当在三个月内进行审查，作出提出或者不予提出检察建议或者抗诉的决定。当事人不得再次向人民检察院申请检察建议或抗诉。”该条规定首次确立了审判监督程序中“法院纠错在先，检院监督在后”的启动再审的顺位模式，是近年来“法院纠错在先”司法理念的体现，用于解决审判监督程序中存在的“多头申诉、多头处理”的混乱现象。

调研发现，实务部门对于第209条的理解与适用存在较大分歧。

1. 关于“再审判决、裁定有明显错误”中“明显错误”的理解不一。主要存在以下三种理解：（1）理解为“与《民事诉讼法》第200条规定的再审事由之一”的。（2）理解为“与2012年《民事诉讼法》第198条中‘确有错误’一致”。（3）理解为“与2012年《民事诉讼法》第170条上诉审裁判标准一致”。我们认为，第200条规定的再审事由是维护生效裁判既判力的最低限度标准，具体体现为当事人行使再审诉权，以及检察机关对审判权行使法律监督权的边界。其与第198条规定的“确有错误”法院依职权再审的标准，以及第170条上诉审裁判标准具有层进的位阶关系。本条适用的情形，为当事人对已行使再审诉权并经法院慎重再审审理作出的裁判再次申诉的情形，多数情况下有“反复申诉”浪费司法资源之嫌，故检察机关对当事人申请监督的审查标准应适当高于再审事由。所谓“明显错误”，区别于第200条当事人申请再审、第208条检察机关提出再审检察建议或抗诉的事由，我们认为宜界定为再审判决、裁定存在基本事实不清、严重程序错误或适用法律明显不当，并可能导致再审裁判结果严重损害当事人的合法权益的情形。我们认为，检察机关审查当事人申诉的标准

① 此处亦应理解为“经双方当事人签收后即具法律效力的调解书”。

具有独立性，对其界定有益于明晰当事人再审诉权以及检察机关法律监督的界限，为避免法律适用的分歧与争议，建议相关司法解释对该条款中的“明显错误”作出明确规定。

2.“再审判决、裁定”的界定问题。第一，关于“再审判决、裁定”的表述。2012 年《民事诉讼法》第 207 条规定：“人民法院按照审判监督程序再审的案件，发生法律效力的判决、裁定是由第一审法院作出的，按照第一审程序审理，所作的判决、裁定，当事人可以上诉。”因此，现实中仍存在大量适用一审程序审理作出的再审判决、裁定，显然该部分判决、裁定应首先通过上诉审来纠错，而不能直接提出再审检察建议或抗诉，故该处准确的表述应为“再审生效判决、裁定”。第二，当事人对调解书申请监督的适当限制。根据该条规定，当事人针对调解书向检察机关申请检察监督的，仅适用法院驳回其再审申请或使其未对其再审申请作出裁定的情形下，对于再审达成的调解书，当事人不可向检察机关申请检察监督。①

3. 第 209 条第 1 款与第 2 款的衔接问题。对于第 1 款第（3）项，当事人对“再审判决、裁定明显错误”的，自然不得再次向人民检察院申请监督（包括申请再审检察建议或抗诉），这点已成共识。但有人提出，根据第 1 款第（1）、（2）项的规定，当事人因人民法院“驳回再审申请”或“逾期未对再审申请作出裁定”向检察机关申请监督并由人民法院作出再审判决、裁定的，如其对该裁判认为存在“明显错误”，是否仍可向检察机关申请监督？若持肯定观点，则与第 2 款中“当事人不得再次向人民检察院申请检察建议或者抗诉”相矛盾；若持否定观点，则似乎与第 1 款第（3）项情形平行的逻辑关系不符，似乎不利于保护当事人的申请监督救济的权利。对此，我们认为，立法机关试图通过该条规定从某种程度上解决无限再审问题，即通过当事人申请再审适用“法院处理一次，检察机关处理一次”的方式，逐步确立再审不重复原则。如果再审不受次数限制，那么司法即没有终了的状态，而缺乏终局性的司法必将丧失权威，定分止争的基本司法价值功能也会被严重扭曲。② 因此，当事人因“驳回再审申请”

---

① 当然，检察机关认为调解书违反国家利益、社会公共利益的，可依第 208 条规定依职权提出再审检察建议或抗诉。

② 虞政平：《论我国审判监督程序的改革》，载《暨南学报》（哲学社会科学版）2012 年第 8 期（总第 163 期）。

或“逾期未对再审申请作出裁定”情形向检察机关申请一次监督之后，不得以对新形成的再审判决、裁定有异议享有再次申请监督的权利，否则将陷入“无限再审”的泥潭，不符合民事检察监督设置的立法初衷。

此外，司法实践中法、检启动再审的衔接在适用上仍存在以下特殊情形：

1. 上级法院驳回当事人的再审申请后，检察机关又向原审法院提出再审检察建议的情形。对于当事人申请再审与检察机关再审检察建议的事由相同的，存在两种情形：其一，原审法院经审查认为再审检察建议成立的。原审法院应提请上级法院审查，上级法院审查后亦认为其成立的，根据最高人民法院的相关意见，案件经上级法院审查并驳回再审申请的，检察机关又提出检察监督的，一般应由上级法院同意，原审法院才能裁定再审。故此种情形建议检察机关提出抗诉为妥，如检察机关提出再审检察建议的，则可由上级法院裁定提审该案。其二，原审法院经审查认为再审检察建议不成立的，由原审法院书面回复检察机关。另，对于检察机关提出再审检察建议的事由与当事人申请再审的事由不同，且原审法院经审查认为再审检察建议成立的，则不受上述最高人民法院相关意见的限制，可直接裁定进入再审。

2. 检察机关提出再审检察建议，另一方当事人申请再审的情形。受理审查再审检察建议的为原审法院，另一方当事人申请再审管辖的法院则可能包括原审法院、上级法院，故各级法院之间应加强对该类案件的协调、沟通。实践中可能出现以下几种情形：其一，法院经审查认为再审检察建议不成立，另一方当事人的再审申请亦不成立的，由受理法院各自以书面方式回复检察机关，或裁定驳回再审申请；其二，法院经审查认为再审检察建议不成立，另一方当事人的再审申请成立的，原审法院以书面方式回复检察机关，另一方当事人裁定进入再审的，不将再审检察建议纳入再审范围；其三，法院经审查认为再审检察建议成立，另一方当事人的再审申请亦成立的，如由同一法院受理，则将再审检察建议纳入再审案件的审理范围，如分别由原审法院和上级法院管辖的，可由上级法院对再审检察建议一案裁定提审，对两案合并审理，以避免出现同一案件裁判不一的后果。

（三）再审检察建议与民事抗诉的界定与衔接问题

2012 年《民事诉讼法》增设的再审检察建议与民事抗诉在检察监督目

标及适用范围（第200条规定）上存在趋同，但由于目前并无立法对二者之间的关系、适用条件、效力后果作明确界定，导致二者在理解与适用上存在混乱，主要存在以下问题：

1. 再审检察建议与民事抗诉之间的关系定位如何？现法律对此并无明文规定，学界主要包括平行互补说、同级监督优先说、递进双轨说三种观点。平行互补说[①]认为，增设的再审检察建议，是与民事抗诉平行并列的再审监督方式，二者为互补关系，体现在当法院未采纳再审检察建议时，检察机关则可以民事抗诉的方式进行监督。同级监督优先说[②]，认为在同级监督与上级监督均可作为再审监督的选项时，应当优先适用同级监督制度和方式。递进双轨说[③]，认为检察机关经审查认为裁判违法情形同时符合抗诉和再审检察建议要件时，应当设置以再审检察建议作为抗诉的前置程序，以抗诉作为再审检察建议的后续保障程序的递进式二元监督机制。粤珠三角地区、苏浙沪长三角地区的实地调研中，均反映法、检"两院"对于再审检察建议与民事抗诉二者关系存在理解与适用的困扰，司法实践把握不一，产生两极现象，不利于再审检察建议的适用。一种情形主要集中在法院，认为现行法律规定不明确，原有抗诉机制已成熟，等待"两高"对二者关系及范围作一明确界定，体现为消极适用再审检察建议；另一种情形主要集中在检察院，认为再审检察建议可替代民事抗诉成为检察机关再审监督的主要监督方式，即使再审检察建议未被采用，尚可通过抗诉予以实现，加之最高人民检察院对再审检察建议的政策性引导，检察院多体现为强力推进再审检察建议。对于民事检察监督的二元机制下再审检察建议与民事抗诉的关系，我们认为，第200条规定表明再审检察建议与民事抗诉在适用条件上存在一致，但如上文所述，二者本身在性质、效力定位、价值功能上有所不同，故不可能完全等量齐观。既然再审检察建议

---

① 盛宏文、秦蜻：《民事检察监督的新挑战——新修改民事诉讼法解读》，载《中国检察官》2013年第3期（司法实务）。文中提到"立法将发出再审检察建议和提请抗诉作为检察机关的并列选项，因此，检察机关可以民事抗诉与再审检察建议互补，如果认为人民法院不予再审决定不当，也可以提出抗诉"。

② 汤维建：《民事检察监督制度的定位》，文中提及同级监督优先原则作为再审检察监督适用的原则之一，载《国家检察官学院学报》第21卷第2期。

③ 张昊、刘伯建：《论再审检察建议与民事抗诉关系的协调》，载《法制博览》2013年第11期（中）。文中提及"建立递进式双轨监督机制，以再审检察建议的提出作为抗诉的前置程序"。另，陈徽在《民事审判监督中检察抗诉与检察建议的平衡与协调》一文中也提出"原则上检察建议先行，抗诉为后盾"的观点，载《法制与社会》2013年第8期。

与民事抗诉均为审判监督程序实现再审监督的重要手段，如何在程序设置上将二者各归其位，充分发挥二者各自优势并实现司法资源的合理配置，进而形成一种平行互补关系或而更为适当。

2. 再审检察建议与民事抗诉的“可选择关系”中谁为选择权主体的问题。造成再审检察建议与民事抗诉适用的困扰，除了二者适用范围的重合之外，还体现为选择权主体的确认。一种观点认为，从民事诉讼活动中对当事人实体权利处分权与程序选择权尊重的角度而言，依当事人申请监督的，应将对检察监督方式的选择权交给申请监督人，从而实现对监督方式的划分。另一种观点认为，检察机关依当事人申请启动再审检察建议的方式，有别于起诉、放弃诉讼请求或上诉等那种单一地、完全地将程序选择权交与当事人，其实现既包括当事人申请再审的程序选择，还包括检察机关的检察监督权的行使，即在对当事人申请监督的内容作审查之后，认为符合第209条规定的法定情形才提出检察监督，故检察机关对于检察监督方式具有完全的选择权。我们认为，第一种观点未看到再审检察建议本身检察监督权的性质，当事人一旦选择向检察机关申请监督，即意味着其接受公权力的合法、适度介入，而将监督方式选择权完全交与当事人亦不符合检察监督运行规律，甚至造成监督“乱象”。国家法律监督有别于私权纠纷的司法审查，“民事检察监督程序依当事人申请而启动”已达到对当事人处分权的充分尊重，当案件进入监督环节之后，监督方式选择应更多地依据案件的具体情况决定，在我国国民法治观念与法律尚未完全建立的情况下，对监督方式选择权的让渡，容易增加当事人选择权错用或滥用的风险，有损于国家法律监督权威。① 因而，检察机关作为检察监督方式的选择主体更符合法理与现实，但同时应强调检察监督权的比例原则、谦抑原则及合法性原则，应当以法律的明确授权作为其各项权能的启动依据，在权力行使的方式、时限、步骤等程序性要素方面满足程序正义的基本要求，遵循司法权与审判权的基本原理与规律，恪守不同权力（权利）类型的本质属性，避免以监督之名行干预之实，杜绝越位和恣意的危险。②

3. 再审检察建议与民事抗诉适用范围的界定及衔接机制。科学、合理地界定再审检察建议与民事抗诉的适用范围，应关注到民事检察监督实现

① 秦勤：《论民事再审检察建议的价值、困境与制度完善》，载《河南社会科学》第21卷第10期。

② 韩静茹：《民事检察制度的体系化革新》，载《国家检察官学院学报》第21卷宗第3期。

的外部司法环境困境。(1) 现实困境:“倒三角”审级模式的负重及司法资源的分配不均。现代国家的法院设置常常表现为“金字塔形”,[①] 在我国,除再审案件上提一级管辖加重了高级人民法院的负担之外,抗诉案件以“上级抗、上级审”的模式,愈发加重了再审案件集中于司法顶层,形成办案结构的“倒三角”局面。相反,对于基层法、检“两院”来说,根本丧失了抗诉权和再审权,不利于司法资源的配置。(2) 司法困境:事实审与法律审的混同。传统型民事诉讼制度向现代型迈进的重要一环,就是将事实问题与法律问题划分清晰并与相应审级法院的职能定位相适应。一个逐渐一致的看法是,能够厘清法律问题与事实问题的民事诉讼制度,往往成为更加高效化解矛盾纠纷、各审级应然功能得到更好地发挥的民事诉讼制度。[②] 2012 年《民事诉讼法》在保留原有部分再审案件“上提一级”审级管辖的同时,增加了“发生在公民之间的案件,也可以向原审法院申请再审”的例外情形,在一定程度上缓解高级法院的再审复查压力,但仍未在事实审与法律审分离上有所作为。第 200 条规定的再审事由既包括事实类事由又有法律类事由,不可避免地将事实问题层层上交,未能做到程序设置的优化。对此,最高人民法院副院长江必新曾提出[③],可考虑将再审制度内化为特别上诉模式,即将属于法律问题的争议留在上级法院处理,将对事实问题以及其他事由的申请再审下放至原审法院处理。

我们认为,再审检察建议与民事抗诉的界定与衔接,需多维度地考虑二者自身的特质、效力后果、价值功能(如讼因性、强制性、协商性)、司法资源的配置、审级职能定位等多方面因素。在此基础之上,我们提出以下方案:(1) 从再审事由的类别划分。第 200 条针对判决的再审事由类别主要包括法律适用错误的事由,无作具体列举;事实错误的事由,包括

---

① 现代国家的法院设置常常表现为“金字塔形”,处于金字塔塔底的数量最多的初审法院,如我国的基层法院及其派出法庭;在塔底之上的,是初审法院的第一次复审法院,一般称为中级上诉法院,其数量之多仅次于初审法院;再向上,是初审法院的第二次复审法院,同时也是以中级上诉法院为一审法院案件的第一次复审法院,称为高等法院或上诉法院;处于金字塔最后顶端的是唯一的统治全国司法的最高人民法院。

② 江必新:《民事复审程序类型化研究》,载《法学家》2012 年第 2 期。文中提出“借鉴同样适用两审终审的法国关于特别上诉程序的规定,将再审制度内化为特别上诉模式,即将属于法律问题的争议留在上级法院处理,将对事实问题以及其他事由的申请再审下放至原审法院处理。为了避免当事人将实际是事实问题或者因事实错误导致法律错误的案件提交到上级法院,可以引入审查或许可制度加以甄别”。

③ 江必新:《民事复审程序类型化研究》,载《法学家》2012 年第 2 期。

"有新的证据，足以推翻原判决、裁定的""原判决、裁定认定的基本事实缺乏证据证明的""原判决、裁定认定事实的主要证据是伪造的""据以作出原判决、裁定的法律文书被撤销或者变更的"；程序严重违法的事由，包括"原判决、裁定认定事实的主要证据未经质证的""对审理案件需要的主要证据，当事人因客观原因不能自行收集，书面申请人民法院调查收集，人民法院未调查收集的""审判组织的组成不合法或者依法应当回避的审判人员没有回避的""无诉讼行为能力人未经法定代理人代为诉讼或者应当参加诉讼的当事人，因不能归责于本人或者其诉讼代理人的事由，未参加诉讼的""违反法律规定，剥夺当事人辩论权利的""未经传票传唤，缺席判决的""原判决、裁定遗漏或者超出诉讼请求的"等；审判人员的违法事由四类。属于法律适用错误的，宜由上级检察机关向同级法院提出抗诉；属于程序严重错误的，由同级检察机关向同级法院提出检察建议；属于事实错误的，检察机关对于是否向同级法院提出检察建议或由上级人民检察院提出抗诉具有选择权。属于审判人员存在违法事由的，从回避的角度倾向于由上级检察机关提出抗诉为妥。（2）从裁判对象的角度划分。对于民事裁定而言，考虑到驳回起诉、不予受理、按撤回上诉处理的裁定，主要是法律适用问题，故宜由上级检察机关向同级法院提出抗诉。对于损害国家利益、社会公共利益的民事调解书，考虑到原审法院作出调解书时一般情形下未对法律事实进行审查，宜由同级检察机关对原审法院提出再审检察建议。（3）从有限再审及遵循相关司法解释的角度，规定不宜提出再审检察建议的情形。检察机关对同级人民法院已经发生法律效力的民事判决、裁定、调解书，不宜提出再审检察建议。① 生效裁判经原审法院审判委员会讨论后的案件，由上级检察机关提出抗诉。生效裁判若经原审法院审判委员会讨论后的案件，为避免当事人对于程序公正的质疑，不宜由同级检察机关提出再审检察建议，而应由上级检察机关提起抗诉为妥。（4）上级人民法院裁定驳回再审申请的，不宜提出再审检察建议。2011年4月21日，最高人民法院《第一次全国民事再审审查工作会议纪要》第29条第2款规定，上级人民法院裁定驳回再审申请后，原审人民法

① 最高人民法院于2003年11月下发的《关于正确适用〈关于人民法院对民事案件发回重审和指令再审有关问题的规定〉的通知》中明确，各级人民法院对本院已经发生法律效力的民事判决、裁定，不论以何种方式启动审判监督程序的，只能再审一次。此为"同一法院再审一次"原则。

院依照法律规定决定再审的，应当报请上级人民法院同意。因此，对于上级人民法院裁定驳回当事人申请再审的请求的情形下，即使检察机关提出的再审检察建议被同级人民法院采纳，同级人民法院仍要报请上级人民法院同意之后才能决定进入再审，故选择抗诉方式有利于节约司法资源。另从维护司法权威的角度出发，通过抗诉方式由上级人民法院对原有驳回再审申请的裁定纠错，法律效果更佳。

关于再审检察建议与民事抗诉的界定与衔接问题，程序目标在于对检察监督二元机制下如何促使二者各司其职、各归其位，以实现二者的协调进行并实现功能最大化。“两高”会签文件第7条第2款被称为“检察监督方式的内部保障机制”，即规定再审检察建议未被人民法院采纳的，检察机关可向上级检察机关备案，并应当提请上级人民检察机关提出抗诉，在一定程度上弥补了再审检察建议缺乏启动再审“强制性不足”的缺陷，应视为制度合理性衔接。调研显示，司法实践中颇受争议的再审检察建议与民事抗诉“两条腿走路”、重复监督的情形，集中在对第208条与第209条衔接的理解与适用：即检察机关依第209条提出再审检察建议进入再审且人民法院经再审作出的再审判决、裁定，检察机关可否依第208条提出再审检察建议或抗诉。实践中存在三种情形：其一，检察机关依当事人申请提出再审检察建议的，根据第209条第2款“当事人不得再次向人民检察院申请检察建议或抗诉”的规定，当事人再无向检察机关申请检察监督的权利，故检察机关自然不能依当事人申请提出抗诉。其二，对于上述情形，如发现再审判决、裁定确有错误，检察机关是否可依第208条依职权提出再审检察建议或民事抗诉。我们认为，在当事人无主动提出检察监督的请求时，检察机关不宜依职权提出再审监督，除非系因国家利益、社会公共利益受损的情形下。对于“国家利益、社会公共利益”的理解[①]，应作宏观利益的角度理解。国家利益指以国家为利益主体的满足国家生存发展等方面需要且对国家整体具有好处的事物，如外交需要、军事需要等；社会公共利益是指关系到全体社会成员的利益，并非某部门、单位、社会团体或个人的利益。其三，如确存在国家利益、社会公共利益受损的情形下，检察机关据第208条依职权提出再审监督，从同一法院一次再审为限

① 最高人民法院民事诉讼法修改研究小组编著：《〈中华人民共和国民事诉讼法〉修改条文理解与适用》，人民法院出版社2012年版，第490页。

的原则出发，检察机关不宜选择再审检察建议而应选择抗诉方式为妥。

（四）调查核实权行使与规制的衔接问题

调查核实权的行使与规制的衔接问题，是“两院”再审检察建议程序衔接关注的重要课题之一。从检察机关的角度来看，体现在其行使调查核实权遵循的原则、启动方式及证据效力保障程序，从法院的角度来看则是对检察机关调查取得证据的认定问题。

《人民检察院民事行政抗诉案件办案规则》第17条规定：“人民检察院审查民事、行政案件，应当就原审案卷进行审查。非确有必要时，不应进行调查。”第18条则对检察机关可以进行调查的法定三种情形，即法院未合法行使调查取证权、审判人员违反廉洁性规定、存在伪证等三种情形。检察机关在“穷尽审查案卷及其他途径”之后非必要则不启动调查核实权，且规定了三种法定情形，可见，立法及司法实践对于检察机关在民事审判监督程序中的调查核实权一直持审慎态度。“两高”会签文件第3条对于调查核实权作出调整和修正，规定检察机关对于已经发生法律效力的判决、裁定、调解，存在以下三种情形之一的可以向当事人或者案外人调查核实：“（一）可能损害国家利益、社会公共利益的；（二）民事诉讼的当事人或者行政诉讼的原告、第三人在原审中因客观原因不能自行收集证据，书面申请人民法院调查收集，人民法院应当调查收集而未调查收集的；（三）民事审判、行政诉讼活动违反法定程序，可能影响案件正确判决、裁定的。”2012年《民事诉讼法》第210条规定：“人民检察院因履行法律监督职责提出检察建议或者抗诉的需要，可以向当事人或者案外人调查核实有关情况。”总的来看，现行法律规定对于检察机关调查核实权的行使作了简单的、原则性的规定：如行使调查核实权针对的是已经发生法律效力的判决、裁定、调解，为提出再审检察建议或民事抗诉的再审监督期间，属“事后监督”；调查对象为当事人或案外人，不含审判人员[①]，避免对独立审判的不当干扰；适用的三种具体情形分别为针对是否损害国家利益、社会公共利益、法院是否违反法定程序、是否保障当事人诉权的行使的角度，不得任意扩大。但是，调研显示，司法实践中仍存在对上述规

① 所谓证据，是足以证明案件事实的依据，调查取证应围绕足以证明案件事实的事物来展开，显然以审判人员为对象的调查不构成实质意义上的证据。

定理解与适用不当的情形，体现在以下几方面：

1. 关于“可能损害国家利益、社会公共利益”的认定。前文已有对“国家利益、社会公共利益”如何理解的论述，此处不再赘述。司法实践中存在虽然有损于诉讼秩序或其他人利益，但不符合“损害国家利益、社会公共利益”范畴的，如违反法律规定、损害第三人利益、恶意诉讼、伪证等情形。通过调查核实相关证据再以“新证据”事由启动再审，以纠正实践中存在违反法律规定损害案外第三人利益的，尤其该情形未足以推翻原判决、裁定的，显然不属“损害国家利益、社会公共利益”范围。对于该种情形，不赞成检察机关通过调查核实相关证据再以“新证据”事由启动再审纠正，倾向于由人民法院对该类妨碍民事诉讼的行为采取强制措施为妥。对于当事人存在伪证甚至有双方当事人串通恶意诉讼的情形，现行立法中已有第三人撤销之诉、案外人申请再审之诉的程序救济，足以保障案外第三人的合法权益，故检察机关亦不适宜依职权提出再审检察建议或民事抗诉。

2. 对于“当事人向法院书面申请，法院应调取而未行使调查权情形”的认定。其一，“法院应调取”的范围界定。《最高人民法院关于民事诉讼证据的若干规定》第 17 条规定，因当事人申请人民法院调查收集的证据包括属于国家有关部门保存并须人民法院依职权调取的档案材料，涉及国家秘密、商业秘密、个人隐私的材料，当事人及其诉讼代理人确因客观原因不能自行收集的其他材料。对于超出上述规定范围之外的，不属于法院“依职权应调取”的证据范围。因此，该类范围之外的证据即使当事人申请亦不属检察机关调查核实的范围。其二，“当事人已向法院书面申请”的界定。该类证据应是当事人在原审法院已书面申请调取或申请鉴定的证据。若法院未依当事人申请调取相关证据，对当事人的诉讼权利保护不当，检察机关作为法律监督权关有权依法调取相关证据；若当事人未在原审法院申请调取证据，根据“证据失权原则”，检察机关不应接纳其调取证据的申请[①]，理由是当事人不因申诉获得遭其他程序否定评价的不当救济，且法律程序本身亦存在逻辑自洽的问题。调研显示，实践中仍有少数案例，虽因当事人未在原审法院申请调查取证，检察机关仍将此作为提出再审检察建议的事由建议启动审判监督程序。有意思的是，法院对此虽有

① 若属“违反国家利益、社会公共利益”的情形不包括在内。

微辞但最终亦未完全依照证据规则作出否定性评价，反而采信了上述再审“新证据”。可见，追求“案件客观真实”“有错必纠”的司法理念和价值取向，仍是影响再审案件处理的重要因素。

3. 检察机关调查取得的证据是否符合“有新的证据，足以推翻原判决、裁定”的认定。调研显示，检察机关调查取得证据多以调查询问笔录、鉴定意见的形式。其中，调查询问笔录通常有以下几个特点：（1）被询问人与申请监督人相识，所作陈述均有利于申请监督方；（2）被询问人未在原审中出庭作证，多数亦拒绝在再审庭审中出庭作证；（3）该调查笔录无其他相关证据予以佐证。（4）检察机关在审查该类证据时未经双方当事人质证。此类证据从性质而言属证人证言，根据《最高人民法院关于民事诉讼证据的若干规定》第69条对证人证言审核认定的规则，因其大多存在“与一方当事人有利害关系的证人证言”“无正当理由未出庭作证的证人证言”的特质，不得单独作为认定案件事实的依据；况且，该类证据在原审期间已客观存在但当事人未予举证证实，亦不应属于再审“新证据”的范畴。因此，检察机关若仅以该类证人证言作为“足以推翻原判决、裁定的新证据”，既不符合证人证言的认定标准，亦不符合“新证据”抗诉事由的认定标准。调研显示，法院在再审检察建议的审查过程中多以“证人未出庭作证”“其他证据的证明效力高于该证人证言”的方式对上述单一的证人证言未予采信。检察机关提供的鉴定意见，亦存在申请监督方在原审中未向法院申请鉴定，或被申请监督方对鉴定程序提出质疑，比如单方委托鉴定、鉴定意见未经双方当事人质证等情形，上述情形在对再审检察建议的审查中，可能成为法院对再审检察建议不予采纳的主要原因。

4. 在二审判决生效之后产生的证据是否可作为再审“新证据”的认定。基于《最高人民法院关于民事诉讼证据的若干规定》第44条再审“新证据”为“原审庭审结束后新发现的证据”的规定，再审“新证据”应为在原审裁判之前业已存在且由当事人主张或举证，但因法院违反证据规则未予采信的情形。目前，判决生效后新生成的证据是否属“再审新证据”在理论及实务界仍存在诸多争议。其一，对于原审已发生或存在的事实或证据而在判决之后形成的书证、鉴定结论、评估，因其是对原审既存证据的替代证据，该类证据往往更接近于客观事实，且足以证明原审事实或证据存在瑕疵，故应作为“再审新证据”使用。其二，大部分判决生效后新生成的证据不能作为再审新证据使用。从程序保障的角度来说，在生效裁判作出后出现的事由是未发生的且当事人无法主张的事实，以此新事实阻却之前生效裁判自然不妥。比如因新事实的发生引发的抚养费、探视权、后续医疗费问题，因其系在原审裁判之后出现新的事实或证据，不可作为再审新证据启动再审程序，而应通过另行诉讼的方式解决。我们认为，检察机关不宜将二审裁判生效之后产生的证据作为"新证据"提出再审检察建议。

5. "两院"关于调查核实权行使与规制的程序衔接其他问题。调查核实权作为检察监督权的派生权力对私权领域的介入，"就应当一方面通过条件控制和程序控制来保障权力边界的清晰性和权能的正当性，另一方面配以必要手段和工具来保障权力的实效性"。[①] 现实中调查核实权的行使与规制仍存在以下几方面问题：(1) 调查核实权的启动方式如何？检察机关应当依当事人申请行使或依职权行使，依当事人申请或依职权行使各自应符合何种条件。(2) 检察机关行使调查取证权的程序如何？(3) 根据民事诉讼的证据规则，经过双方当事人质证的证据才可作为认定案件事实的依据，法院在审查检察机关调查核实的证据时应设定何种程序予以保证。我们认为，调查核实权与一般刑事侦查权不同，多采用询问当事人、案外人，勘验物证、现场，委托鉴定，调取证据，保全证据等方式，不得采用强制性的方式限制和剥夺被调查人的人身权利，也不得采取查封冻结、扣押等限制财产权利的措施。从民事诉讼活动尊重当事人的平等地位及处分权的角度来看，检察机关不应过多介入调查取证，除"损害国家利益、社会公共利益的情形"检察机关可依职权启动调查核实权之外，对于"当事人向法院申请调取但法院未予调取的""法院违反法定程序可能影响案件正确裁判的"情形，检察机关应依当事人申请才启动调查取证。此外，司法实践中检察机关采取调查核实手段取得证据未采用质证或听证程序，不利于维护民事诉讼"两造"的平衡。为此，我们建议，法院在审查再审检察建议案件阶段，可通过组织双方质证或听证程序对"新证据"进行证据审查，尤其对检察机关调取的证据尽量采用听证程序，通知检察机关派员出席并对其调取的证据予以说明。

（五）审查程序机制的设置与完善

再审检察建议的审查程序是"两院"程序衔接的核心部分，指的是人

① 韩静茹：《民事检察制度的体系化革新》，载《国家检察官学院学报》2013 年第 3 期。

民法院对同级检察机关提出的再审检察建议事由依法审查，确定再审检察建议事由是否成立，以及应否由法院依职权启动再审所适用的程序。广义上包括立案受理、再审审查、作出裁定三个环节。现行立法关于再审检察建议审查程序设置的空缺，加大了法院审查再审检察该类案件的难度，有必要在此对再审检察建议审查程序中立案受理和再审审查方面存在的主要问题予以厘清，并进一步提出完善审查程序的相关建议。

调研显示，再审检察建议审查程序中司法实践中主要争议的问题包括：

1. 立案受理阶段对再审检察建议形式要件的审查范围。调研显示，大部分法院在立案受理再审检察建议阶段，主要包括审查检察机关移送材料是否齐全、登记立案、排期移送审查部门，对于形式要件的审查也仅限于对申请人是否经过法院再审的审查。我们认为，立案受理阶段应对再审检察建议是否符合法定受理条件进行形式审查，包括：（1）申请人范围的审查，即申请人是否是原审当事人或原审当事人权利义务的继受者。关于受让生效法律文书所确认债权的人是否可以申请再审的问题，最高人民法院2011年1月7日发布的法释〔2011〕2号《关于判决生效后当事人将判决确认的债权转让债权受让人对该判决不服提出再审申请人民法院是否受理问题的批复》已经明确，判决生效后当事人将判决确认的债权转让，债权受让人对该判决不服提出再审申请的，因其不具有申请再审人主体资格，人民法院应依法不予受理。因此，检察机关若据该类申请人提出再审检察建议的，人民法院应不予受理。关于案外人申请的问题，现有法律无明文规定案外人可否向检察机关申请检察建议，我们认为，既然再审检察建议作为民事检察监督的方式之一履行法定监督职责，在无明文禁止的情形下案外人可选择再审检察建议作为申请监督的方式，但应符合《最高人民法院关于适用〈中华人民共和国民事诉讼法〉审判监督程序若干问题的解释》第5条的规定，系对判决、裁定、调解书确定的执行标的物主张权利，且无法提起新的诉讼解决争议的案外人。[①]（2）裁判对象是否错误的审查，即再审检察建议的对象是否“具有可诉性”、一裁终决的裁判或法律明文规定不得再审的判决。依照特别程序、督促程序、公示催告程序、破产还

① 目前，部分地区存在以2012年《民事诉讼法》第三人撤销之诉制度取代案外人申请再审制度的情形值得商榷，有待于立法机关进一步厘清。

债程序中作出的裁判，无上诉程序设置而通过新判决撤销原判决方式，不适用再审纠错方式，不纳入再审检察建议的范围。另，针对检察机关对诉讼费裁定、诉前保全裁定、破产还债程序中的终结裁定及优先权裁判、先予执行裁定、执行程序中的查封财产裁定、中止诉讼裁定、暂缓执行裁定、撤销仲裁裁决裁定，不予撤销仲裁裁决裁定等情形，因认为不具有“诉的内容”，最高人民法院自1995年至2000年作出相关的10个批复，认为不属于再审检察监督的范围，亦不应纳入再审检察建议的范围。此外，已经发生法律效力的解除婚姻关系的判决、调解书，法律明文规定不得申请再审监督的判决，自然不在此限。(3) 事由的审查，即是否符合2012年《民事诉讼法》第200条的范围，只需作形式审查，即是否属第200条规定的事由范围，而不需审查事由实质上是否成立。(4) 是否符合审级设置原则、有限再审原则及法、检顺位原则。即对于同级人民法院再审作出的裁判，同级人民法院经审判委员会讨论作出的裁判，当事人未向法院申请再审即向检察机关申请监督的案件，均不予受理。

2. 再审检察建议的审查方式如何确定。因对再审检察建议审查方式无明文规定，加之2012年《民事诉讼法》之前检察建议未制度化，对再审检察建议的审查方式多采用直接或调卷审查的方式，2012年《民事诉讼法》之后再审检察建议效力后果的提升，促使多地法院参照民事再审审查方式进行再审检察建议的审查，如书面审查、调卷审查、询问审查。据问卷调查的结果，采用书面审查方式，即只审查检察机关移送材料，未调卷、未询问当事人的，占86%；采用调卷审查方式的占13%，主要针对事实清楚、无新证据的情形；采用询问审查方式的占1%，主要针对事实不清晰、有新证据（包括检察机关调取的证据）。目前极少数采用听证方式的主要原因在于：(1) 听证方式没有明确的程序规定，适用上困难；(2) 认为询问方式足以应对新证据及事实、程序方面的审查；(3) 听证程序被视作行政程序而缺乏民事诉讼法的法理支持。我们建议，相关司法解释进一步明确不同情形适用的审查程序，以保证办案效果。基于书面审查的“三不”特点（不见当事人、不调阅卷宗、不开庭），应适当限制书面审查的适用范围。从司法实践来看，除不符合法定受理条件，存在明显依据的之外，其他情形均应限制书面审查的适用；对于案件事实清楚，仅存在法律适用错误的，根据情形可考虑适用调卷或询问审查的方式；对于群体性纠纷、疑难复杂纠纷、当事人以“新证据足以推翻原判决、裁定”为由申请检察监督的、检察机关依职权调取证据的，尽量适用听证程序。

3. 对再审检察建议的审查处理机制。“两高”会签文件规定了审查结果的书面回复形式，但对具体情形进行区分，调研显示，多数法院基本采用两种方式回复检察机关：不予进入再审的复函，进入再审的裁定。我们认为，参照民事再审审查的相关规定，对于不同具体情形应作出不同的处理。(1)《不予受理的复函》：针对的是不符合法定受理条件的，上文提到的不属于申请人的范围、原裁判属不得申请再审的裁判、不属于法定的再审检察建议事由的、未经法院先行再审即向检察机关申请监督的、原裁判尚未生效或已经被撤销的等情形，立案受理部门经审查属上述情形的，作出《不予受理的复函》。(2)《不予再审的复函》：经审查认为再审检察建议的理由不成立，不应启动再审的，作出《不予再审的复函》。对于(1)中所列情形，若在审查程序中才发现，亦应作出《不予再审的复函》。(3)《终结审查的复函》：针对审查过程中出现某些特殊情形，审查已无进行的必要，如申请人死亡无权利义务承受者的、给付之诉的被申请人死亡且无承担义务者的、双方达成和解且已履行完毕的、申请人申请撤回申请但检察机关不撤回再审检察建议的等情形，作出《终结审查的复函》。(4)进入再审的裁定。经审查认为再审检察建议事由成立，应启动再审的，合议庭应提交审判委员会讨论决定是否以本院依职权启动再审的程序进行再审，决定进入再审的作出民事裁定。基于再审检察建议的法、检协商性且当事人并未参与该程序，上述《不予受理的复函》《不予再审的复函》《终结审查的复函》均不送达当事人，但对于决定进入再审的裁定，应送达检察机关与当事人。并且，对于再审作出的判决、裁定或调解书，均应送达检察机关。

结语

审判监督程序中的“两院”问题究其根本是审判权与检察监督权权力配置的问题。本课题关于再审检察建议中“两院”衔接机制的论证，着力于再审检察建议运行过程中凸显的相关程序冲突，力图置之于法律总体框架下选择符合制度的碰撞与衔接，仍须还原于再审制度、民事诉讼制度乃至法律监督机制的设置问题，其制度设计的深刻涵义及价值取向远非本文所能涵括。本调查报告所作的初期实证研究所要表明的态度是，一方面，肯定《宪法》与《民事诉讼法》关于民事检察监督权对于实现程序有效监督，以及促进当事人权益的合法救济的积极意义。另一方面，对于民事抗诉有限限制问题进行梳理和分析，在充分考虑法律运行的内在机理的基础上，促进民事抗诉制度自我整合与自我完善，最终探究出一条内部制度契合统一、多元互动的司法模式。

关于完善民事再审检察建议办理程序的调研报告

广东省高级人民法院课题组*

2011年3月，最高人民法院、最高人民检察院联合印发了《关于对民事审判活动与行政诉讼实行法律监督的若干意见（试行）》（高检会〔2011〕1号，以下简称“两高”会签文件），对于检察机关对民事审判活动的监督，在抗诉的方式上增加了检察建议的方式。2013年实施的《民事诉讼法》正式将再审检察建议规定在审判监督程序中。为了解全省各级法院办理民事检察建议的情况，细化和完善再审检察建议的办理程序，课题组进行了调研，有关调研情况报告如下：

一、全省法院办理民事再审检察建议的基本情况

（一）民事再审检察建议案件的收、结案情况

1. 收案情况。2010年至2013年6月，全省民事再审检察建议收案分别为20件、35件、63件、61件，呈逐年增长趋势。2013年新《民事诉讼法》实施以后，检察建议案件大幅度增长，2013年上半年的收案基本相当于2012年全年收案（见附表1）。其他检察建议的收案情况与再审检察建议的收案情况基本相同。相对于同时期全省抗诉案件（2010年至2013年1～6月分别为346件、458件、532件、162件）收案情况来看，再审检察建议案件占检察监督案件总数的比例较低，2010年仅为5%，2013年上半年增长到27%。

---

* 课题组组长：王勇，成员：周定挺、严加武、何曲伟。

附表 1　全省三级法院民事检察建议收案情况表

年度 / 法院	再审检察建议					其他检察建议				
	2010 年	2011 年	2012 年	2013 年 1~6 月	小计	2010 年	2011 年	2012 年	2013 年 1~6 月	小计
省法院	0	0	0	1	1	0	0	0	0	0
中级法院	9	10	14	16	49	4	9	14	15	42
基层法院	11	25	49	45	130	16	33	53	42	144
小计	20	35	63	61	180	20	42	67	57	186

注：1. 部分法院未将检察建议案件作为正式案件，也未纳入司法统计，上述数据并未包括全部的再审检察建议案件。

2. 因其他检察建议案件未完全纳入审判流程系统管理，因此，暂未统计省法院该类案件收结案情况。

从案件级别管辖看，全省三级法院的再审检察建议案件收案呈“三角形”分布，省法院收案较少，仅占 0.56%，中级法院收案占 27.22%，基层法院收案最多，占 72.22%，这与三级法院一审生效裁判的分布情况相吻合，与抗诉案件的分布情况刚好相反（见附表 2）。

从案件地区分布看，全省各地法院再审检察建议案件分布不均衡。三年半的收案总数上可分为四个梯次：一是收案超过 20 件的地区（3 个）：中山、广州、深圳；二是收案在 10～20 件的地区（4 个）：肇庆、茂名、珠海、清远；三是收案在 10 件以下的地区（7 个）：佛山、潮州、东莞、江门、韶关、河源、梅州；四是没有收案的地区（7 个）：汕头、惠州、汕尾、阳江、湛江、揭阳、云浮。广铁中院和海事法院也没有收案。

附表 2　全省各地区民事再审检察建议收案情况表

年度 / 法院	2010 年		2011 年		2012 年		2013 年 1～6 月		合计
	中级法院	基层法院	中级法院	基层法院	中级法院	基层法院	中级法院	基层法院	
广州	0	1	0	7	3	11	0	12	34
深圳	0	2	0	4	0	9	3	7	25
珠海	0	0	0	0	1	5	8	1	15
汕头	0	0	0	0	0	0	1	1	2

续表

年度 法院	2010 年		2011 年		2012 年		2013 年 1～6 月		合计
	中级法院	基层法院	中级法院	基层法院	中级法院	基层法院	中级法院	基层法院	
佛山	2	0	4	0	3	0	0	0	9
韶关	0	0	0	0	0	2	0	2	4
河源	0	1	0	0	0	0	0	0	1
梅州	0	0	0	0	0	0	0	1	1
惠州	0	0	0	0	0	0	0	0	0
汕尾	0	0	0	0	0	0	0	0	0
东莞	0	1	0	0	2	3	0	0	6
中山	4	0	4	0	1	1	1	1	12
江门	3	0	0	0	1	0	1	0	5
阳江	0	0	0	0	0	0	0	0	0
湛江	0	0	0	2	0	5	1	3	11
茂名	0	3	0	4	2	7	0	1	17
肇庆	0	0	1	2	0	1	0	13	17
清远	0	3	0	1	0	4	0	3	11
潮州	0	0	1	5	1	1	0	0	8
揭阳	0	0	0	0	0	0	0	0	0
云浮	0	0	0	0	0	0	1	0	1
铁路	0	0	0	0	0	0	0	0	0
海事	0	0	0	0	0	0	0	0	0
合计	9	11	10	25	14	49	16	45	179

2. 结案情况。从再审检察建议案件的结案情况看，不予受理或者不进入再审的占 40%，决定再审的约占 32%，其他情形约占 28%。决定再审的比例呈逐年增高的趋势，2010 年从 17%增长到 2012 年的 44%。其他结案情形主要包括：（1）法院以当事人申请已被上级法院裁定驳回为由，认为不宜再次审查。（2）办理检察建议过程中，当事人和解后终结审查。

(3) 办理检察建议过程中，案件因被上级法院审查或者提审而终结审查。基层法院决定再审的比例为38%，比中级法院（约19%）高。

附表3　民事再审检察建议结案情况表

年度 法院	中级法院					基层法院					合计
	2010年	2011年	2012年	2013年1~6月	小计	2010年	2011年	2012年	2013年1~6月	小计	
不予受理（退回检察机关）	0	0	0	0	0	3	1	3	1	8	8
不进入再审（经审查原裁判正确）	10	13	8	8	39	2	5	16	18	41	80
决定再审	1	1	8	3	13	3	11	23	20	57	70
其他情形	2	3	2	11	18	2	14	11	17	44	62
合计	13	17	18	22	70	10	31	53	56	150	220

注：1. 至2013年6月份，省法院暂未有再审检察建议结案。

2. 因部分法院将其他检察建议的结案情况一并统计到本表，故本表再审检察建议结案总数较全省收案数量多。

（二）民事再审检察建议的办理情况

1. 办理再审检察建议的部门。全省各中级法院内部对办理再审检察建议分工模式主要有三种：一是由立案庭受理，审监庭负责审查和审理。二是由立案庭受理和审查，决定进入再审后由审监庭负责审理。三是由立案庭受理，原审业务庭负责审查和审理，有的法院甚至交由原承办人审查和审理，也有部分法院在决定再审后由审监庭负责审理。

基层法院的分工与中级法院基本相同，但因部分基层法院已撤销审监庭，这些法院对于原审监庭职能的承接如下：一是由审管办负责；二是由原审业务庭负责；三是未作具体分工，有案件时再临时安排。

2. 检察机关提起再审检察建议的情况。检察机关提出再审检察建议，有三种方式：一是只提交再审检察建议书，不附其他材料；二是将再审检察建议书和原审文书装订成册移送法院；三是将再审检察建议书、当事人联系方式和相关证据材料移送法院。

各地再审检察建议书的内容和形式不太一致。有的再审检察建议书较为详细，内容包括基本案情、当事人申诉意见、提出检察建议的理由和依据。有的再审检察建议书则比较简略，仅列明建议的理由和依据。再审检察建议书中，有的会注明经检委会讨论通过，有的经检委会讨论但未注明，相当一部分再审检察建议没有经过检委会讨论。检察机关提出再审检察建议的事由与抗诉案件的基本相同。

3. 办理再审检察建议的程序。对于检察机关提出的再审检察建议，各地法院一般都立案进行审查。有的法院已在审判流程系统上立案，但大部分法院则未在审判流程上进行立案。有的法院将再审检察建议作为正式的案件统计工作量，有的法院则仍作为一般文件处理，未作为案件统计。

各地法院审查再审检察建议的主要方式有书面审查、调卷审查和听证审查。有的法院组成合议庭，采取与当事人申请再审案件相同的方式进行审查，有的法院则未组成合议庭，由个人承办后提出意见呈报审核。个别法院（广州市萝岗区法院）采取原承办人、原业务庭自查后交给审监庭复查，再提交审委会讨论的方式处理。

4. 办理再审检察建议的期限。再审检察建议一般都在3个月内结案。但不同的审理方式对再审检察建议的影响较大，影响办案期限的主要因素有：一是调卷期间。部分案件因案卷仍未装订、案卷被执行法院或者上级法院调走等调卷时间较长。二是传唤送达当事人期间。再审检察建议案件一般都没有当事人的联系方式，送达难，经常出现双方当事人都无法联系到的情形。三是检察机关移送再审检察建议的资料不齐全，如未随案移送相关的证据材料，需要通知检察机关补充材料。四是案件审核审批环节多、周期长。

5. 再审检察建议的结案方式。对于再审检察建议的结案方式，各地也存在不同的做法，一般都能采取书面方式答复。对于不进入再审的案件，一般都以答复或者复函的方式答复检察院，也有的法院（江门中院）主张参照当事人申请再审案件的方式，直接裁定不予受理。对于决定进入再审的，作出裁定进行再审，送达当事人后并复函检察院。

对于再审检察建议是否应进入再审，存在不同看法和做法。大部分法院都按照依职权进入再审的方式，对案件是否有错进行严格审查，确有错误的才提交审委会讨论决定进入再审。个别法院对再审检察建议进入再审的条件存在争议，如东莞中院立案庭、审监庭对此认识不一致，立案庭的意见认为，再审检察建议案件与抗诉案件相同，只要符合形式要件即可进入再审，不需要进行实质审查，而审监庭的意见则认为再审检察建议是否能进入再审应进行实质审查，案件确有错误的才进行再审。

对于不进入再审的案件，法院将书面答复送检察机关，但一般不向当事人送达。

二、办理再审检察建议存在的困难和问题

（一）再审检察建议的功能定位不明确

1. 抗诉与再审检察建议这两种检察监督适用条件不明确，容易造成选择性适用。《民事诉讼法》将抗诉和检察监督作为并行的检察监督方式，对于两者适用的顺序、事由等未作区分，对于检察建议的审查和审理程序也没有明确。再审检察建议作为一项新制度，目前在司法实践中接受和适用程度不高，问题也不少，所以大部分法院还是倾向于接受检察机关采用抗诉的方式。《民事诉讼法》规定，检察机关提出抗诉案件，人民法院应当裁定再审[①]，由于抗诉的方式更为有效，部分检察机关也倾向于采用抗诉的方式。

2. 受“法院纠错先行，检察抗诉断后”的再审模式的影响，再审检察建议的启动存在争议。按照《民事诉讼法》的规定，当事人向检察机关申请提出抗诉或者检察建议的前提是申请再审已经人民法院处理。当事人申请再审被上级法院裁定驳回后，原审法院又对再审检察建议进行审查，所作审查结论是否需要受上级法院驳回裁定的影响，目前各地法院认识不一致。当事人申请再审被上级法院驳回后，检察机关提出检察建议，原审法院再进行审查，的确存在重复审查、重复劳动的情况。但从息诉罢访的角度出发，通过不同再审启动方式让不服原生效裁判的当事人穷尽一切救济途径，在一定程度上可以让当事人逐步理解和接受原审裁判，有利于减少信访压力，维护社会稳定。因此，我们认为原审法院审查再审检察建议不

① 虽然抗诉并不必然引起再审，但由于人民法院对于抗诉一般只作形式审查，因此，符合形式要件的抗诉案件一般都会进入再审。

应受上级法院驳回裁定的影响，仍然对再审检察建议是否需进入再审进行实质审查。至于个别法院以当事人申请再审已被上级法院裁定驳回为由，认为不宜再次进行审查的做法值得商榷。

3. 部分法院对再审检察建议的方式存在抗拒或者排斥情绪。再审检察建议由同级检察院提出，同级法院对再审检察建议的审查不积极开展的原因有：一是客观因素。受法院各种考核指标的制约，如申请再审率、发改率等，再审改判对法院、业务庭和法官个人考核是否能达标均有很大的影响。二是主观因素。再审检察建议进入再审的话需经审委会讨论决定，原审法院需具有自我纠错的勇气和决心。三是内部人际关系因素。对本院生效案件进行审查，容易得罪人，受到原审业务庭、原承办人对抗甚至排挤。

（二）再审检察建议的受理条件不明确

1. 检察机关提起再审检察建议的材料不统一。各地检察机关提出再审检察建议时移交给法院的材料不一致，再审检察建议书的内容和格式也不统一。再审检察建议是否经过检委会讨论，各地做法也不一。

2. 各地法院受理和审查部门不统一。目前各地法院受理和审查部门有多种方式，这样既不利于上、下级法院之间的调研指导，也不利于法、检之间的沟通协调和统一办案标准。

3. 法、检两院移送、受理机制不统一。从调研的情况看，大多数法院与检察院均建立了比较良好的沟通机制，多采取“人来人往”的方式解决问题，很多案件双方通过口头或者会议方式沟通交流后即进行处理，而不是直接通过书面方式提出，这样就出现基本没有抗诉或者检察建议案件。如有的法院与检察院的沟通协调机制较通畅，对于确有错误的案件，法、检两院口头沟通后直接由法院依职权进行再审，不需要检察机关提出书面的建议或者提出抗诉的方式解决。少数法院与检察院则更倾向于“文来文往”的方式，这些地区的抗诉和检察建议案件的数量较多。

（三）审查程序不明确

由于办理部门不统一，各地审查再审检察建议的程序也有很多种方式，采取书面审查、调卷审查和听证审查方式或者结合适用上述三种方式的都有，司法实践中随意性较大，办理再审检察建议的质量难以保证。

各地法院对再审检察建议的结案方式也不统一。虽然一般都会采用书面方式答复，但答复的标题、格式均不统一。答复的标题有采用“答复”“复函”“通知”等。对于不进入再审的案件，有的法院采取与裁判文书类似的格式，详细载明案件基本事实、审查经过及答复理由，有的法院则仅写明审查理由和结果。少数法院仅写明审查的结果，不阐述理由。对于进入再审的案件，有的法院在书面答复的同时附上再审裁定，有的直接送达再审裁定，不再另行答复。

（四）审理程序不明确

目前，对于因再审检察建议进入再审的案件，一般都是按照依职权再审的方式进行再审，对于审理过程中检察机关的诉讼地位和任务没有明确。如审理过程中检察机关是否需要出庭不明确，检察机关以依职权调取的证据建议再审的案件，检察机关是否需要出庭？在裁判文书中，是否需要列明检察机关的名称和地位？再审裁判后是否需要将再审文书送达检察机关？

三、完善再审检察建议办理程序的建议

（一）再审检察建议定位明确化

对于检察机关对民事诉讼的法律监督，理论界有检察监督否定说、强化说、折中说等三种观点，本文对此不予展开论述。从立法看，我国的检察监督的民事诉讼立法从以前的折中说转向强化说，再审检察建议就是民事诉讼法新增加的检察监督方式。从实践的角度，再审检察建议有其存在的现实基础和意义。

1. 进一步加强检察机关法律监督是新一轮司法改革的重要任务。2012年修改的《民事诉讼法》，增加了再审检察建议的检察监督方式，其立法背景是为了落实党的十七大对深化司法改革作出的重大决策，《中共中央转发〈中央政法委员会关于深化司法体制和工作机制改革若干问题的意见〉》（中发〔2008〕19号）规定，“明确检察机关对民事、行政诉讼实施法律监督的范围和程序”。为了落实中央司改任务，2011年3月10日最高人民法院与最高人民检察院会签的《关于对民事审判活动与行政诉讼实行

法律监督的若干意见（试行）》（高检会〔2011〕1号）文件，该文件部分内容被上升为法律规定。江必新副院长在“贯彻落实‘两高’会签文件精神座谈会”上的讲话中指出，“检察机关的法律监督可以使司法公正多一份保障，可以使社会对法院多一份信任”，法、检两院应当严格依照法律规定，认真履行各自职责，相互配合，相互制约，共同提高。

2. 再审检察建议可以缓解再审案件“上提一级”给上级法院带来的审判压力。2008年实施的《民事诉讼法》实行“申请再审上提一级”，抗诉也一直采取“上级抗”的方式，给高级人民法院和最高人民法院造成了巨大的审判压力。2012年修订的《民事诉讼法》仍然保留了再审“上提一级”的原则，但通过部分案件向原审法院申请再审、再审检察建议和指令再审的方式，将部分案件交由原审法院审查或者审理，在一定程度上减轻了再审上提一级对上级法院审判任务带来的影响。由原审法院负责审查、审理再审检察建议案件，更符合四级法院案件管辖和审判资源的分布情况，也有利于促进矛盾化解在基层、化解在案发地。同时，由原审法院进行审查和审理，也更方便当事人参加诉讼，节约诉讼成本。

3. 再审检察建议的方式有利于法院实现自我纠错。外部监督只有转化为内部监督才能真正发挥作用。相对于抗诉方式，检察建议方式较为“温和”，检察机关提出再审检察建议，并不必然引起再审，还需法院审查后依职权进行再审。法院决定再审前还具有做好当事人服判息诉的时间和空间，也有利于法院自行发现错误，自我纠正。由原审法院自行纠错可重塑当事人对原审法院的信心，效果要比被上级法院提审改判的更好。

（二）厘清再审检察建议与抗诉、申请再审之间的关系

1. 再审检察建议与抗诉的关系。两者相同之处在于：当事人申请检察监督的条件相同、提起依据和事由相同、针对的对象（均为生效裁判）相同。两者的区别为：（1）级别管辖不同。抗诉由上一级检察院提出，再审检察建议由同级检察院提出。（2）提请条件不同。再审检察建议需由检委会讨论通过，并需报上一级检察院备案。抗诉没有这些要求。（3）法院审查期限不同。抗诉案件的审查期限为1个月，再审检察建议案件的审查期限为3个月。（4）后果不同。抗诉一般能引起再审，再审检察建议则由人民法院依职权审查决定是否再审。按照《民事诉讼法》第208条的规定，对于采取检察建议的方式还是抗诉的方式，主要选择和决定权在作出生效

裁判法院的同级检察院。从2013年1月1日《民事诉讼法》实施以来再审检察建议的收案情况看，检察机关对再审检察建议的工作力度在不断地加强。如上所述，相对于抗诉方式，检察建议方式更符合各级法院审判资源的配置情况，也更有利于做当事人的服判息诉工作，如果检察建议制度能得到较好的贯彻实施，将更有利于矛盾纠纷的化解。由于当事人申请抗诉或者再审检察建议的权利只能行使1次，因此，再审检察建议案件与抗诉案件的数量存在此消彼长的关系。随着检察机关再审检察建议工作力度的加大，预计中级人民法院、基层人民法院的再审检察建议案件将大幅增长，有利于减轻省法院受理抗诉案件的压力。

关于检察机关对同一案件是否可以重复提出抗诉或者检察建议问题存在争议，我院相关案件正在向最高人民法院请示，对此不展开阐述。

2. 再审检察建议与当事人申请再审的关系。“法院纠错先行，检察抗诉断后”的模式，既有利于避免当事人多头申诉，减少法、检两家重复劳动，节约司法资源，外部监督也有利于法院提升申请再审案件的质量，同时经法院先行审查处理后，也有利于检察机关集中精力对存在突出问题的案件进行监督，提升检察监督的质量和效果。

司法实践中，有的法院纠结于当事人申请再审被上一级法院驳回了，下级法院因检察院提出再审检察建议而进行审查的话，是否受上级法院驳回裁定的约束？对此答案是否定的。最高人民法院贺荣副院长2012年9月27日在全国法院审判监督工作座谈会暨审判监督理论专业委员会第三届年会上的总结讲话中指出，驳回再审申请的裁定是非诉讼的审查程序作出的裁定，一般说来，非诉讼程序的结论不约束诉讼程序。同样道理，下级法院在对检察建议进行审查的时候，如果发现原生效裁判确有错误，可依法依职权提起再审，不受上级法院驳回裁定的限制。需要指出的是，按照《第一次全国民事再审审查工作会议纪要》（法〔2011〕159号）的要求，上级法院裁定驳回当事人的申请再审后，下级法院依职权进入再审时，应报上级法院同意。

（三）再审检察建议启动程序明晰化

1. 明确受理再审检察建议的条件。根据《民事诉讼法》和“两高”会签文件的规定，受理再审检察建议可分形式要件和实质要件两方面。

(1) 形式要件。主要是指检察机关提出再审检察建议应移送的材料，结合司法实践的需要，一般应包括以下材料：再审检察建议书、人民检察院依职权调查的证据清单、证据原件或者复印件及证据说明、原审裁判文书复印件、当事人（申诉人）申诉材料和联系方式等。为解决司法实践中存在的检察监督案件送达难问题，参照我省法院实行的诉讼地址确认书的做法，建议检察机关在受理当事人申诉时也要求当事人填写地址确认书，并在提起再审检察建议时移送法院。

（2）实质要件。主要是指法律和相关司法解释规定的条件。

一是当事人的申请再审已经法院处理。即按照《民事诉讼法》第 209 条第 1 款的规定，当事人申请再审被法院驳回、法院逾期未作出裁定或者再审判决、裁定明显错误的。对于一审生效裁判，还需要审查当事人有无正当理由没有提出上诉。

二是再审检察建议适用的对象应当是可以进行再审的生效裁判。对于诉讼中作出的裁定，仅《民事诉讼法》第 154 条第 1 款第（1）、（3）项规定的不予受理、驳回起诉裁定可以提出再审检察建议，对非诉讼程序作出的裁定，如驳回当事人申请再审裁定、撤销仲裁裁决的裁定、执行程序中作出的裁定等，均不属于检察监督的对象。对于调解书提出再审检察建议，应严格限制在损害国家利益、社会公共利益的情形。① 此外，对于已作信访终结处理的案件，也不宜再提出再审检察建议。

三是提出再审检察建议的依据或者事由。再审检察建议的事由与当事人申请再审的事由是相同的，即有《民事诉讼法》第 200 条规定的情形之一的。

四是提出再审检察建议应当经过检委会讨论通过。再审检察建议书中应明确表述是否经检委会讨论，这是“两高”会签文件明确提出的要求，目的是避免检察建议被滥用，应严格贯彻执行，对未经检委会讨论的再审检察建议应退回检察机关。

五是除外情形，即应当通过抗诉方式而不适用再审检察建议的情形。对于法院已经再审过的或者经审委会讨论决定的案件，不宜直接由原审法院继续审查或者审理，通过抗诉方式由上级人民法院提审更为合适。

---

① 司法实践中对于虚假诉讼是否属于损害国家利益、社会公共利益的情形存在争议。从个案来说，一般情况下，虚假诉讼直接侵犯的是第三人的利益，不涉及国家利益或者社会公共利益。但虚假诉讼利用法院裁判达到非法目的，恶意消费司法资源，对司法公正、司法公信和司法权威造成影响，从这种意义上，也可以说虚假诉讼损害了国家利益或者社会公共利益。

2. 明确再审检察建议的受理部门。建议统一由立案庭进行受理，负责接收材料，对检察机关提交再审检察建议材料是否符合形式要件进行审查，不符合形式要件的，通知检察机关补充提交，检察机关不提交的，退回检察机关；符合形式要件的，在审判流程上立案。参照省法院的编号，对再审检察建议案件建议编立“（××××）××××民检建字第××号”。再审检察建议以外的其他检察建议可编“（××××）××××他检建字第××号”以作区别。

（四）再审检察建议审查、审理程序规范化

1. 明确再审检察建议的审查部门。最高人民法院在全国审判监督工作座谈会上提出，对再审检察建议的审查是对实质内容的审查，这项任务跟抗诉和再审有着密切联系，由审监庭负责更适宜。由于我省各级法院再审审查和再审审理工作分工较为复杂，且按照《关于省法院在对下工作指导中不得干预下级机构编制事项的通知》（粤高法政〔2012〕335号）的要求，上级法院也不宜干涉下级法院部门职能等事项。因此，对于再审检察建议案件的分工不宜“一刀切”，可由各地法院对根据本院各部门的职能和人员配备情况作出合理安排。鉴于办理再审检察建议案件的要求与申请再审案件的基本相同，建议各地法院按照申请再审案件的分工确定再审检察建议的分工：即统一由立案庭受理，立案后由负责办理申请再审案件的部门进行审查，决定再审后由审监庭审理。

《民事诉讼法》对审判监督工作提出了新要求和新任务，按照二审终审制的审级设置，中级法院将成为自我纠错的主力军，同时，按照将一审案件下放到基层法院的趋势，基层人民法院受理再审检察建议的案件将增多。当前较为迫切需要解决的问题是基层法院审监庭的机构设置与人员配备与法律的要求不相符。很多基层法院没有审监庭，保留审监庭的基层法院，审监庭人员要么无法组成完整的合议庭，要么与其他部门合署办公。在此，建议恢复基层法院审监庭机构设置和人员配备，以满足新形势下法律对再审审判工作的要求。

2. 规范再审检察建议案件的审查程序。

(1) 依法组成合议庭进行审查。作为《民事诉讼法》规定的一种新的案件类型，对再审检察建议案件是否应进入再审做的是实质审查，应组成合议庭进行审查。同时应适用有关的回避制度，由原审业务庭、原审承办人以外的业务庭和法官进行审查。

（2）审查的方式。书面审查、调卷审查、听证审查等审查方式各有利弊。书面审查方便、快捷，但不够全面、不能深入了解案件事实和审理时的背景。调卷审查较为全面，但难以应对新情况、新证据的情况，且调卷周期较长，影响效率。听证审查更符合司法公开工作的要求，但司法实践中一直存在联系难、送达难的问题。而且，再审检察建议的方式究竟仅属于法、检两院之间的一种工作沟通机制，还是当事人也可以参与，仍有争议。但再审检察建议案件一般都是因当事人申请而启动，为保障当事人的知情权、申辩权等相关诉讼权利，在审查时让当事人参与更有利于案件的处理和矛盾的化解。综合衡量各种审查方式的优劣，鉴于受理再审检察建议的法院一般都是原审法院，故建议采取以调卷审查为主，听证审查为辅的审查方式。

（3）审查的范围。审查范围应包括上述提出再审检察建议的形式要件和实质要件两方面内容。

（4）审查的标准。对于再审检察建议是否应进入再审采取的是实质审查，因此应采取与依职权进入再审相同的标准，即按《民事诉讼法》第198条的规定，原审裁判“确有错误”。对于何为“确有错误”的标准，可以理解为原审裁判达到非改不可的标准。

（5）审查的结果。对于不进入再审的案件，应书面答复检察机关，并统一全省法院书面答复的格式和要求。对于进入再审的案件，应将再审裁定送达检察机关，并在裁定书中写明案件来由是根据检察机关的再审检察建议提起的，不需再另行附函答复。

司法实践中还存在终结审查的情形。对此，除参照适用当事人主体消亡等终结诉讼的情形外，对于当事人达成和解协议或者案件已通过其他方式进入再审等情形的，也可终结审查并书面答复检察机关。

（6）再审检察建议的审理。审理再审检察建议，可按依职权再审案件的要求进行审理。对于检察机关以新证据为由或者以损害国家利益、社会公共利益为由提出建议进入再审的案件，应当通知检察机关派员出庭，并参照抗诉案件的程序进行审理（具体做法还需要与检察机关进一步研究确定）。

（五）制定合理的审判监督工作考评指标

从调研了解的情况看，除个别案件因为法院缺乏自我纠错的勇气，不愿意自行纠正错误的主观因素影响外，一些法院不愿意自行纠错更多的是为了排头兵指标达标。往往是合议庭提出改判意见后，提交审委会讨论无法通过，再审维持后又被上级法院提审改判。实际上，原审法院自行纠错与被上级法院改判只存在时间差，但当事人、法院却为此付出大量的诉讼成本，也让原审法院的司法权威受到质疑。为了短期的考核达标，有错不纠、知错不改的负面作用和社会影响更为深远。因此，为消除原审法院自我纠错的后顾之忧，建议研究制定有别于一、二审考核的再审考核机制，从有利于司法公正、提高司法公信和树立司法权威的角度确定科学合理的审判监督考核指标。

关于民事执行裁判权优化配置的调研报告

广东省高级人民法院执行局执行一处课题组*

2014年10月，党的十八届四中全会通过的《中共中央关于全面推进依法治国若干重大问题的决定》明确提出："完善司法体制，推动实行审判权和执行权相分离的体制改革试点。切实解决执行难，制定强制执行法。"但是民事执行裁判权在司法实践中的具体运作，包括行权主体、行权程序、行权范围等问题，争议较大。如何进一步厘清民事执行裁判权运行规则，优化配置执行裁判权，既能保证执行的效率，更快、更早、更好地兑现债权人的权利；又能最大限度地确保执行的公正，把执行裁判权关进制度的笼子，防止执行腐败，维护各方当事人和利害关系人的合法权益，是摆在当前执行实践亟需解决的问题。

一、民事执行裁判权的发展历程

民事执行裁判权，是指对民事执行过程中发生争议的程序性、实体性争议事项，依法作出裁决判断的权力。我国对于民事执行裁判权的认识，是在对民事执行权的逐步深入认识过程中，逐渐形成发展起来的。民事执行权的发展历程，主要可以概括为四个阶段：

1. 起始阶段。1982年起我国试行的《民事诉讼法》第161条规定了人民法院负责执行生效的裁判文书及其他法律文书，执行工作由执行员、书记员进行。但该法和《人民法院组织法》都没有规定在人民法院设立相应的执行机构。执行案件一般是由审判该案的机构负责执行，即"审执合

---

* 课题组组长：杨铭，成员：陈良军、李震东、申良洪、蒋先华（执笔人）、陈中越、苏代平。

一”。由于审执合一所带来性质缺乏同一、权利缺乏制约、工作缺乏专业及其他一系列问题，从20世纪80年代末90年代初在最高人民法院的推动下，提出了“审、执分立”，主要是在人民法院内部设立专门的执行机构负责执行工作，把执行工作从法院的审判工作中独立出来，法院的执行和审判工作成为法院业务工作的两项基本内容。1991年通过的《民事诉讼法》第209条作了进一步规定：“基层人民法院、中级人民法院根据需要，可以设立执行机构。执行机构的职责由最高人民法院规定。”同年《最高人民法院关于贯彻执行〈中华人民共和国行政诉讼法〉若干问题的意见(试行)》第88条规定：“对行政机关申请人民法院强制执行其具体行政行为的，由执行庭负责审查和执行”，以司法解释形式首次将“执行庭”写入法律性文件。

2. 推进阶段。1999年，最高人民法院向中共中央作了关于解决“执行难”问题的报告，中央以中发〔1999〕11号文件予以转发。这份文件提出了人民法院改革的指导思想、基本原则和主要内容等，是法院执行改革非常重要的文件，标志着民事执行权进入了发展阶段。2000年1月14日最高人民法院以法发〔2003〕3号文件《关于高级人民法院统一管理执行工作若干问题的规定》，明确高级法院对本辖区执行的整体部署、执行案件的监督和协调、执行力量的调度以及执行装备的使用，实行统一管理。2000年11月，最高人民法院在广州召开全国法院执行工作座谈会，提出要进行执行管理体制、执行机构、执行权运行机制和执行方式方法四个层面的改革。[①] 2001年，时任最高人民法院院长肖扬提出执行体制改革是法院体制创新的标志。2002年，党的十六大报告提出要“切实解决执行难”，并指出“推进司法体制改革[②]，按照公正司法和严格执行的要求，完善司法机关的机构设置、职权划分和管理制度”。这一阶段最为重要改革成果是改执行庭为执行局，高级法院统一管理辖区执行工作，民事执行权分权运行。

3. 发展阶段。2005年10月26日，最高人民法院下发《人民法院第二个五年改革纲要》，这份迟发的文件确定了8大项改革任务50条具体改革

① 参见沈德咏、张根大：《中国强制执行制度改革：理论研究与实践总结》，法律出版社2003年版，第297页。

② 党的十五大提出的是“司法改革”，党的十六大提出的是“司法体制改革”，体制性的改革应当是深层次的改革。

的内容，把“改革和完善执行体制与工作机制”作为8项改革任务之一，共有7条具体的内容。其中最引人瞩目的内容是：“对执行过程中需要通过审理程序解决的实体争议事项，应当由执行机构以外的审判组织审理，必要时可以设立专门的审判机构。”[①] 2007年修正后的《民事诉讼法》确立执行异议复议和异议诉讼制度，执行裁判权与执行实施权的分立从理论探索进一步走向司法实践。执行裁判权作为相对独立的权力，进行相应的重新配置。

4. 深入阶段。2011年10月19日，最高人民法院印发《关于执行权合理配置和科学运行的若干意见》的通知（法发〔2011〕15号），第1条提出：“执行权是人民法院依法采取各类执行措施以及对执行异议、复议、申诉等事项进行审查的权力，包括执行实施权和执行审查权”；第12条规定：“案外人执行异议之诉、申请执行人执行异议之诉、执行分配方案异议之诉、代位析产之诉等涉执行的诉讼，由人民法院的审判机构按照民事诉讼程序审理。”执行实施权、执行审查权归入执行权范围，而执行裁判权则作为独立的权力，由审判机构按照诉讼程序运行。

二、执行权与执行裁判权的厘清

厘清执行权与执行裁判权的关系，首先应当明晰执行权的性质。关于执行权的性质，主要有以下六种观点：

一是司法权说。执行权是由法院行使，法院是司法机关，执行权是法院司法权的组成部分。因此强调执行权是司法权。[②] 司法权是一个复合性的权力体系，包含了有强制权之谓的执行权，执行程序是诉讼程序中与审判程序并列的一个子程序。将“强制执行”定义为一种“诉讼活动”，并把法院采取强制执行措施的权力定性为“司法执行权”。民事执行程序作为《民事诉讼法》组成部分，这一立法体例足以使人们当然认为执行权是审判权的组成部分或作为审判工作的附属环节，进而主张民事执行权定位为司法权。

二是行政权说。认为执行是审判程序结束后所进行的一种特殊的行政

---

① 《人民法院第二个五年改革纲要》第17条。

② 参见孙家瑞：《强制执行实务研究》，法律出版社1994年版，第5页。

活动，执行和审判是两种不同性质的工作，执行工作，具有确定性、主动性、命令性、强制性的特点。[①] 执行活动是一种行政活动，执行行为是一种行政行为，执行权是国家行政权的一部分，法院运用国家法律作出的判决、裁定等也应当由行政机关执行，即执行工作具有行政属性。[②]

三是司法行政权说。认为强制执行行为既有不同于审判的行政性，又有不同于一般意义上的行政行为的司法性。民事强制执行是一种具有行政诉性和司法性双重特征、以保证人民法院完成审判职能为基本任务的司法行政行为，是国家执行机关基于其司法行政执行权迫使债务人履行义务以实现债权人债权的活动，属于一种司法行政行为。[③]

四是司法强制权说。认为执行权具有强制力的实现性、直接性、终局性特点。如果说审判权的性质是司法判断权，行政权的性质是管理权，则民事执行权的性质是司法强制权。[④] 民事执行权是区别于审判权、与审判权并列的司法权的下位权力。[⑤]

五是执行依据说。认为强制执行权不是一种独立存在的权力，而是依附于作出执行依据的国家权力的性质。“如果执行依据是法院的生效判决，那么执行生效判决的国家权力如同作出生效判决的权力性质一样，属于司法权，后者是前者的必然延伸，没有执行中国家权力的配合，作出法院判决的司法权是不完整的。如果执行依据是行政处罚或处理决定，那么执行行政处罚或处理决定的国家权力如同作出行政处罚或处理决定的权力一样，属于行政权，没有强制执行予以保证执行的行政权也是不完整的行政权。”[⑥]

六是双重属性说。认为执行权在国家分权（分工）属性上具有司法权和行政权的双重性，司法权和行政权的有机结合构成了复合的、独立的完整的强制执行权。因为执行程序中包含了两种职责：一是单纯的实施执行行为，二是发布命令、裁决执行程序中的纠纷的行为。前一种职责具有行

---

① 孙小虹：《克服执行难是社会系统工程》，载《人民日报》1999 年 3 月 10 日。这一观点还可参见孙小虹：《体制突破：执行工作新思路》，载《云南法学》1999 年第 1 期。

② 谭世贵主编：《中国司法改革研究》，法律出版社 2000 年版，第 294 页。

③ 常怡、崔婕：《完善民事强制执行立法若干问题研究》，载《中国法学》2000 年第 1 期。

④ 参见童兆洪：《论民事执行权的性质》，载《法律适用》2003 年第 10 期。

⑤ 参见童兆洪：《论民事执行权的定位》，载《法律适用》2003 年第 9 期。

⑥ 刘瀚、张根大：《强制执行权研究》，载信春鹰、李林主编：《依法治国与司法改革》，中国法制出版社 1999 年版，第 431 页～432 页。

政权主动性、单向性和非终局性，后一种职责具有司法权被动性、中立性和终局性的特点。[①] 执行权既不是一种纯粹的司法权，也不是一种纯粹的行政权，而是处于司法权与行政权之间的一种相对独立的边缘性国家权力。[②] 双重属性说是当前我国理论界与司法实践中关于强制执行权性质的主流观点，也是最高人民法院关于执行权性质的官方观点。

以上六种理论观点，其争议的焦点在于，执行权性质上属于司法权，还是行政权，抑或是独立的权力性质。造成这一差异性认识的实践根源在于，民事执行中始终存在着执行争议，需要裁判的权力予以定分止争，以解决争议后继续推进执行。这种权力是裁判权无疑，与民事裁判权基本一致，是典型的司法权即审判权。但这一裁判权与民事裁判权的区别在于，其系在执行过程中行使，解决的是执行争议。如果把这种裁判权力，与执行调查、执行控制、执行处置等执行权配置于同一主体，共同构成执行权，则执行权无疑具有司法权属性。

主流的执行权的双重属性说，带来理论上的困惑。首先，在司法权和行政权中，都有非典型性的权力形态。例如审判权是司法权的典型形态，但是法官对案件审理回避申请的决定权、对不遵守法庭秩序的人予以训诫或逐出法庭的权力等，具有主动性、管理性、强制性、单向性的行政权特点，但是并非行政权，可以称为非典型性的司法权。同样，在行政权的形态中，虽然有行政管理决定等典型性形态，但是在行政听证、行政复议中，往往也具有被动性、居中性、判断性的司法权特点。对于非典型性的司法权或行政权，能否因其形态特点而将其归类为双重属性？答案应当是否定的。其次，如果说执行权具有司法权和行政权的双重属性，则执行权是超越于司法权、行政权之上的权力，这种国家权力在现代社会中是非常危险的权力，不应当创设这样的权力。正如孟德斯鸠说："如果司法权不同立法权和行政立，自由也就不存在了。如果司法权与行政权合而为一，法官便将握有压迫者的力量。""如果同一个人或者重要人物、贵族或平民组成的同一个机关行使这三种权力，即制定法律权、执行公共决议权和裁

---

① 最高人民法院执行工作办公室：《论执行机构内部的分权与制约》，载《人民司法》2001年第6期。这一观点的更详细论述可参见沈德咏、张根大：《中国强制执行改革：理论研究与实践总结》，法律出版社2003年版，第80～83页。

② 谭秋桂、乔欣：《民事执行机关研究》，载江必新、贺荣主编：《强制执行法的起草与论证(三)》，中国法制出版社2014年版，第174页。

判私人犯罪或争讼权，则一切便都完了。”①

主流的执行权的双重属性说，也带来实践中的迷茫。各级法院执行机构的设置，居于执行权具有行政权属性的认识基础上，从20世纪90年末开始，把已设立的执行庭改设为执行局；而在执行又具有司法权属性的认识基础上，较多法院又在执行局内设置执行庭、裁决庭。这种组织架构，横向来说，执行局内设庭，主要行使行政权的执行局，在组织架构的地位、权力均高于行使司法权的执行庭、裁决庭，二者并不能实现权力的平等和制衡。纵向来说，而上下级法院的执行庭、裁决庭，本应是司法权架构的指导与被指导关系，但是由于上下级法院的执行局是行政权架构中领导与被领导，而执行庭、裁决庭又属于执行局的内设机构，根本无法建立指导与被指导的司法权架构。正如有的学者提出，把执行权认定为一种兼有司法权和行政权双重性质的权力，并在构造上把它区分为司法权性质的执行裁决权和行政权性质的执行实施权两个部分，但是，在执行权的组织构造和运作（垂直领导的执行局管理体制）上，贯穿的却全然是执行权的行政权性质。② 在执行权的运行中，把执行裁判事务行政化管理，执行实施事务又进行诉讼化程序改造，就是执行权双重属性在司法实践困惑的具体体现。

上述困惑和迷茫，源于双重属性说没有按司法权、行政权的基本属性来分析判断执行权的应然性质，而是在兼顾法院负责执行的现状中摇摆于权力的实然和应然之间，把执行权打造成既不是司法权又不是行政权的权力。我们认为，应当从执行事务的实然状态，对照司法权、行政权的基本特征，重新审视执行权的性质，重新归类执行事务。执行事务中属于司法权的部分，纳入司法权的典型形态—审判权，使执行审判权成为与刑事审判权、民商事审判权、行政审判权并立的一种审判权。执行审判权按照司法审判权的方式运行，执行审判权从执行局中的执行庭、裁判庭剥离出来，依照诉讼化方式回归于审判庭。而执行事务中属于行政权的部分，保留于执行局，纯洁执行局的行政权特性。

---

① ［法］孟德斯鸠：《论法的精神》（上），张雁深译，商务印书馆1961年版，第156页。

② 张志铭：《民事执行改革的几个理论问题》，载《人民法院报》2003年1月24日。

三、域外执行裁判权配置的考察

由于执行裁判权是审理和判断的权力，虽然世界主要国家的民事执行机构设置不同，但执行裁判权均配置于法院由法官行使。

法国具体实施民事执行行为的机关主要有三种：执达员、检察院、社会公共力量协助单位（如警察局）。执行法官实行专门化，由大审法院院长担任，其可以指定大审或初审法院的数名法官行使执行法官的权限。① 执行法官并不直接采取民事执行措施，而只是对执行程序中的纠纷进行裁判，这种裁判权包括：管辖涉及执行名义及执行程序的纠纷、命令采取保全措施及裁判因此发生的争议，命令实施民事执行、责令妨碍执行的人承担损害赔偿责任或者责令逾期履行义务的债务人承担法律责任，决定暂缓执行的期间等。②

德国民事强制执行机关分为法院和执达官两种，对不动产、第三人债权、作为、不作为及容忍某种行为的民事执行，由法院管辖，其他类型的民事执行由执达官管辖。法院作为执行机关，可以采取民事执行行为，作出关于执行行为的命令以及对执行行为的协助。执行法院对执达官的执行行为还有监督职能，如对执达官在执行时应遵守的程序提出申请、异议与抗议时，由执行法院作出裁判。③ 执行机关对实体权则不作审查，执行程序中产生的诉讼，包括债务人执行异议之诉、准异议之诉及与此相连的临时性命令、利益给付之诉等，由一审受诉法院专属管辖。④

日本由法院和执行官分别负责民事执行工作。执行官主要负责动产执行之类的简单的、只涉及事实问题的民事案件，法院负责执行不动产、第三人占有标的物、对第三人到期债权等复杂的、涉及法律判断的民事执行案件。执行官的办公机构虽然设于地方法院内部，任职资格等有关事项也由最高法院规定，事务分配也由地方法院决定，但执行官的地位和职务具

---

① ［法］让·文森、雅克·普雷沃：《法国民事执行程序法要义——强制执行途径与分配程序》，罗结珍译，中国法制出版社2005年版，第10页。

② 谭秋桂、乔欣：《民事执行机关研究》，载江必新、贺荣主编：《强制执行法的起草与论证（三）》，中国法制出版社2014年版，第185页。

③ ［法］让·文森、雅克·普雷沃：《法国民事执行程序法要义——强制执行途径与分配程序》，罗结珍译，中国法制出版社2005年版，第186～188页。

④ 江必新主编：《比较强制执行法》，中国法制出版社2014年版，第143页。

有独立性，在职权范围内的采取执行措施前不受所在法院的指挥与命令。对于执行官缺乏必要的执行手续或无正当理由等违法行为提出异议，则可以向法院提出异议。[①] 执行法院也译称执行裁判所，包括在民事执行中作出执行处分的裁判所，对执行官执行处分提出执行异议的裁判所，以及对执行官履行职务进行协助和监督的裁判所。民事执行程序中的裁判可以不经口头辩论而作出。但第三人异议之诉以及分配异议之诉虽然也由执行裁判所管辖，但不被认为是民事执行程序中的裁判。[②]

韩国的执行机关包括执行官、执行法院和第一审法院，依据财产种类不同，由不同执行机关分别执行。执行官负责实施具体的执行和比较简单的有体动产的执行，执行法院负责需要在法律上作出判断的案件和复杂、需要慎重处理的执行案件，第一审法院负责执行作为执行对象的请求和执行方法之间有密切联系的案件。执行法院民事部的单独判事（可以一人独立行使裁判权的法官）负责民事案件的执行，执行法院在执行民事案件的同时也可以审理其他的诉讼案件，只是担任案件审理的法官不能对自己审理的案件进行执行。执行法院设立司法辅佐官，把执行中的大部分事务交由其执行。但执行事务中发生争讼，应交给法官解决，可以不组织辩论，以决定形式作出裁判。而对于请求权异议之诉、债务人给付之诉等强制执行程序派生的诉讼，由第一审法院管辖，第一审法院并非作为执行机关行使管辖权。[③]

英国民事执行模式属于“当事人主义”，当事人对于何时执行、如何执行均由当事人自己决定，法院不会自动执行其判决，也不会帮助当事人决定如何执行。立法对于金钱给付、不动产返还、交付实物、行为执行提供不同执行方法，每种方法均有相应程序。申请人要使用这些执行方法，按规定向法院提出书面申请，由法官或法院工作人员作出审查决定后才可进入执行。以主体划分，执行方法主要有两种：第一类是直接使用执行员执行的方法，申请人向法院提出申请，法院向有关执行员发出相应的执行

---

① ［法］让·文森、雅克·普雷沃：《法国民事执行程序法要义——强制执行途径与分配程序》，罗结珍译，中国法制出版社 2005 年版，第 190～191 页。同时参见［日］高木丰三：《日本民事诉讼法论纲》，陈与年译、洪冬英勘校，中国政法大学出版社 2006 年版，第 401～407 页。

② ［法］让·文森、雅克·普雷沃：《法国民事执行程序法要义——强制执行途径与分配程序》，罗结珍译，中国法制出版社 2005 年版，第 202～203 页。

③ ［法］让·文森、雅克·普雷沃：《法国民事执行程序法要义——强制执行途径与分配程序》，罗结珍译，中国法制出版社 2005 年版，第 294～299 页。

令状，指令采取相关措施。执行令状是执行员的执行依据。如果案件有特殊情况不宜执行，或确无履行能力的，法官可以根据义务人或其他责任人的申请，作出暂缓、中止执行的裁定。执行员在执行过程中遇到的其他执行异议也由法官裁定。第二类是向法院申请相关命令的执行方法。包括执行被执行人的债权、在被执行人不动产上强制设定抵押、扣取被执行人收入、拘押被执行人。在整个执行过程中，法官始终处于裁决性地位，不服法官裁决的，当事人可以上诉。①

瑞典在财政部下设国家税务局，国家税务局是政府性质的中央管理机构，其又下设执行局和税务局，一同构成国家执行机构，独立于法院，在执行程序开始前所作行为不受司法监督。但当事人可以对采取强制措施的决定向法院提起诉讼。当事人向法院提出申请，法院也可以决定是否中止执行。②

域外执行权、执行裁判权配置各有不同，但我们可以归纳至少三个基本特点：一是执行裁判权与执行权边界越来越清晰。执行权更多的表现为执行实施权，既可以由法院内的法官或其他人员行使，也可以由法院外独立的机构或人员行使，可以是公法意义上的执行，也可以是私法意义上私人委托执行。而执行裁判权都体现为国家公权上的审判权，均由法院、法官行使，决定执行实施的启动、暂缓、停止、结束等，实现对执行实施的监督制约。二是执行裁判权呈现专业化法官集中行使的趋势。例如，法国是在 1991 年出台改革法律，针对执行方面的特殊性设立执行法官，集中行使执行裁判权，对执行实施行为予以司法监督。三是执行裁判权与一般裁判程序相比更为简便，结果更为多样。如日本、韩国执行程序中法官可以不经辩论作出裁判，包括作出裁定、决定等。

四、我国执行裁判权运行概况

在执行权双重性说即兼具司法权和行政权的主流观点支配下，对于执行权的构造又有诸多观点：一权说，执行权即执行实施权；两权说，执行

① ［法］让·文森、雅克·普雷沃：《法国民事执行程序法要义——强制执行途径与分配程序》，罗结珍译，中国法制出版社 2005 年版，第 405～416 页。

② ［法］让·文森、雅克·普雷沃：《法国民事执行程序法要义——强制执行途径与分配程序》，罗结珍译，中国法制出版社 2005 年版，第 188～189 页。

权分执行实施权、执行裁判权；三权说，分执行命令权、执行实施权、执行裁判权；四权说，分执行命令权、执行调查权、执行实施权、执行裁判权；五权说，分执行立案权、执行命令权、执行实施权、执行裁判权、执行监督权；六权说，分司法审查权、执行命令权、执行保全权、执行实施权、执行裁判权、执行管理权。[①] 在这一主流观点支配下，普遍认为执行权是包含执行裁判权的，人民法院的执行机构既行使执行实施类权力，也行使裁判的权力。

20 世纪 80 年代末 90 年代初，随着执行案件的不断增加和立法的发展，各级法院相应成立了独立的执行机构。至1995 年，最高人民法院也成立了执行工作办公室，并在次年召开了第一次全国法院执行工作会议。随着全国各级法院执行机构的相继成立，执行工作体制也相应的建立起来。这一时期，执行工作体制的特征主要体现在三点：一是执行机构的名称冠以执行庭，按审判庭的模式设置和管理，由执行员或者执行庭直接审查处理执行中的异议申诉等；二是上下级执行机构是监督与业务指导关系，二者之间没有纵向的管理或领导关系；三是执行员个人集权执行，案件的执行由承办的执行员从始至终负责。

随着执行案件的逐年上升，执行争议的不断出现，人们逐步认识到在执行中必须配置执行裁判权。同时也认识到，如果把执行实施权和执行裁判权配置于同一执行人员，即使执行人员具有法官资质能够作出裁判，也面临着巨大的腐败风险。因此，必须把执行裁判和执行实施交由不同的人员行使。这些行使相同职能的人员成立固定的组织时，如果继续称为“庭”，则须在执行庭中设庭，如果设“科”“处”，又与“庭”的审判组织不相符合。针对这一现状，当时认为：执行机构设置为执行庭既不符合强制执行权具有司法权和行政权双重属性的理论，又不适应执行工作统一管理的现实需要；强制执行权具有行政权和司法权双重属性，执行机构可以设在法院，而且执行机构的设置要区别于审判庭的设置；至少应有执行裁判庭（或执行庭）和执行工作部两个部门组成的一个高于审判庭的执行机构，这个机构的名称可以叫执行局。[②]

---

① 童兆洪、唐学兵：《我国民事执行改革实践演进及理性思考》，载《法律适用》2005 年第 6 期。

② 最高人民法院执行工作办公室：《论执行局设置的理论基础》，载《人民司法》2001 年第 2 期。

1996年10月，昆明市中级人民法院在全国率先成立执行局。[①] 2000年9月29日，最高人民法院下发《关于改革人民法院执行机构有关问题的通知》，提出“根据当前执行机构改革的现状和发展趋势，新执行机构统称为执行局”。随后，全国各地的执行机构陆续由执行庭改设执行局。

此后的执行实践中，吉林省长春市中级法院在全国率先按照三权说的模式在执行局内部建立执行分权运行机制。各地法院按照执行权分权制约的观点纷纷进行改革，并在法院机构改革中在执行局机构内建立相应的下属机构，分别行使执行过程的裁决权、实施权和监督权。当然，由于对执行权的构造在认识上的不同，实践中分权制约的内容有着较大的差距。如浙江省绍兴市从2001年8月起试行的执行权两级分离的做法极具特色，中级法院统一行使辖区法院执行案件的裁决权，基层法院行使执行实施权。[②]

近年来，全国各法院继续进行执行裁判权配置上的探索改革，大体可以分为三种模式：一是“外挂式”，即在执行机构（执行局）之外设立专门的执行裁判庭行使执行裁判权，或者将执行裁判权交由其他审判机构主要是民事审判机构行使。其中典型的，有在执行局外设立执行裁判监督庭的“长沙模式”“成都模式”和“重庆模式”。二是“内置式”，即在执行局内部设立专门机构（多称“执行裁决庭”）行使执行裁判权。典型的有“莆田模式”。三是“混合式”，即执行局内设的执行裁决机构和民事审判机构共同行使执行裁判权，执行裁决机构主要负责执行异议、复议案件的审查，民事审判机构主要负责执行异议诉讼。

五、我省法院优化执行裁判权配置的建议

从我省执行裁判权配置情况来看，可以归入非典型的“混合式”配置：执行异议诉讼由民事审判机构办理，执行异议、复议案件的裁判权呈现复杂的状态：主要由执行机构办理，案件不多、人员较少的法院一般指定一名执行法官负责，案件较多的则指定一个执行合议庭负责，规模较大的指定执行局内设的庭（处、科、组）负责。除执行机构办理执行异议复议案件外，有的法院还有两类机构办理执行异议复议案件：一是审判监督

① 昆明市中级人民法院：《执行改革中“两权”分立运行模式的构建》，载《法律适用》2004年第4期。

② 童兆洪：《“统管分权”模式与执行改革》，载《人民法院报》2003年2月16日。

庭。由于《民事诉讼法》2007 年修改后将再审案件上提一级，基层法院的审判监督庭没有案件任务，有的基层法院将执行异议案件交审判监督庭办理。二是民事审判机构。根据省法院 2009 年 3 月 3 日下发的《关于办理执行程序中追加、变更被执行人案件的暂行规定》，以企业法人分立等五项事由追加、变更被执行人的，由相关民事审判庭审查作出裁定；而对该裁定不服提出异议、申请复议的，则一律交由相关民事审判庭负责审查。以省法院为例，除执行局办理执行复议案件外，四个民事审判庭也承担办理有关追加、变更当事人的执行复议案件的职责。

我省“混合式”行使执行裁判权的现状，制度设计的初衷是为了加强执行监督，避免执行人员一竿子插到底而产生的执行不公、执行腐败问题。而在执行监督的法律体系相对完善情况下，这种“混合式”执行裁判权运行方式也带来一系列的负面效应：一是影响案件质量。执行裁判案件紧密关联执行法律法规和司法解释，执行法官较其他审判业务庭法官更为熟悉。由其他法官办理执行裁判案件，影响案件质量。二是影响办案效率。其他法官办理执行异议、复议案件过程中，为了确保办案质量和效果，经常书面或口头征求执行机构意见，或与执行机构召开协调会，影响了案件审理期限。三是职能重叠、资源浪费、管理机制不顺。由于上下级法院执行裁判机构不一致，上级法院在行使执行监督权、汇总统计数据、指导下级法院等方面存在较多困难。如最高人民法院执行监督的有关执行案件，是由省法院民事审判机构办理的执行复议案件，要由民事审判机构汇报案件，接受上级法院执行机构指导；而具体又是下级法院的执行机构负责案件执行，省法院民事审判机构又需负责指导下级法院执行机构；民事审判机构办理执行复议案件，申诉后交由审判监督机构审查，与执行机构行使执行监督权存在职能重叠、资源浪费。

实现执行权与审判权相分离，应当改革现有执行体制。如前所述，执行实务中由执行机构行使的某些处理实体争议的权力并不是执行权，而是一种裁判权，这种裁判权与审判机构行使的裁判权在本质上并无二致，只不过是在执行案件过程中衍生出来的涉及执行问题的裁判权而已。因此，改革的总体思路是：把执行权仅仅界定为行政权性质的执行实施权、执行命令权，从而与垂直领导的执行局管理体制彻底贯通；执行裁决权归入司法裁判权，其载体在组织构造和运作上成为裁判系统的一部分。由此，司法裁判与司法执行也就有了清楚的区别，既符合司法裁判职业化、非行政化的改革方向，也有利于在非审级的意义上更好地理解和设计执行的组织构造和运作机制。①

为此我们建议，可以从现有执行局中精选执行法官，设立专门的执行裁判庭，独立于执行局，专司执行裁判权，以审判权制约执行权，实现司法权与行政权的监督制约关系。执行裁判庭与民事、刑事、行政审判庭为平行机构，既统一对执行的程序性事项进行审理和裁判，也对执行中的实体性争议进行审理和裁判；不仅办理执行异议复议案件，还办理执行监督案件，以及办理案外人执行异议之诉、申请执行人执行异议之诉、执行分配方案异议之诉、代位析产之诉等涉执行的诉讼案件。主要从以下方面考虑：

其一，符合执行裁判权的司法属性。从执行裁判权的司法权属性看，应剥离执行局，从而纯洁执行权的行政权特点。行政权的最大特点是主动性、单向性、自由裁量性、非最终决定性和层级节制性，即行权可以不经相对人请求即可依职权采取行政行为，可以不经相对方同意单方面作出与相对人利益有关的决定，但行政解决一般不具有最终的效力；相对人不服，可以提请司法裁判，在内部运行模式上，行政权实行“下级服从上级、地方服从中央”的层级节制制度。而司法权则区别于行政权，具有被动性、中立性、专属性、非服从性、终极性的基本特征。因此，首先，应将执行中的裁判事务，归入执行裁判权。执行裁判权是在执行程序应当依照相关的实体和程序性事项进行审理和裁判的权力。其次，对某一权力职能的分类，目的在于对同一权力体系的合理分工，使权力的运行更为有效的运行。权能分类过于简单，失去分类意义；分类过细，无助甚至阻碍权力运行效率。因此，应当既反对简单地把执行权等同于执行实施权，也要反对把执行权过于复杂地分割过多的权能。根据当前执行现状，执行权区分为执行实施权和执行命令权，既能准确反映执行权的特点，也有利执行权的有效运行。执行权能中的执行实施权，是指采取执行措施、进行执行活动的权力，包括查询财产、调取证据、询问人员等的调查权，控制执行财产的查封权，拍卖、变卖、以物抵债等处置责任财产的变价权，强制转让财产的交付权，采取搜查、拘留、罚款等强制措施权。执行权能中的执行命令权，则是对生效法律文书的执行力进行审查和确认、决定执行程序

① 张志铭：《民事执行改革的几个理论问题》，载《人民法院报》2003年1月24日。

启动与否的权力，主要包括开始执行命令权、协助执行命令权等。

其二，符合执行工作的基本原则。效率是司法强制执行的第一价值目标，司法强制执行的根本目的是及时实现权利人的权利。对执行权进行必要分解并强化相互监督，是确保执行公正的必要选择。但如果把执行权拆解过细、流转程序过多、监督环节过繁，执行效率必将受到严重影响。在目前执行监督体系下，不应当也没必要将执行裁判权分解到各个审判机构办理。设立执行裁判庭统一办理，能够充分体现效率原则。

其三，符合民事诉讼立法趋势。2012 年《民事诉讼法》修改设立了一系列相对简便的诉讼制度，形成鲜明的化繁为简的立法趋势，例如设立一审终审的小额诉讼制度等。而近年来执行制度为强调分权制衡，走向越来越复杂的程序设计，例如将执行权分为执行命令权、执行调查权、执行实施权、执行裁判权、执行监督权、执行管理权等众多权利，并分别不同机构或人员行使。同时，对被执行人保护的程序日益繁杂，无法适应主要矛盾是执行债权实现难的现状，日益复杂的执行制度有矫枉过正之嫌。因此，设立执行裁判庭统一行使执行裁判权，符合民事诉讼由繁入简的立法趋势。

其四，符合有关规定。根据最高人民法院 2011 年 11 月《关于执行权合理配置和科学运行的若干意见》提出，案外人执行异议之诉、申请执行人执行异议之诉、执行分配方案异议之诉、代位析产之诉等涉执行的诉讼，由人民法院的审判机构按照民事诉讼程序审理；逐步促进涉执行诉讼审判的专业化，具备条件的人民法院可以设立专门审判机构，对涉执行的诉讼案件集中审理。

其五，有利整合资源提高效能。不少民事审判机构对执行裁判案件非常头疼，因为案件数量不是太多，与一般民事诉讼程序又不太一致，适用的又主要是执行法律法规。以省法院机关为例，2011 年执行复议案件共收案 164 件，4 个民事审判庭仅 39 件，其中民一庭 4 件、民二庭 29 件、民三庭 2 件、民四庭 4 件，其余案件均由执行局办理。如将这些案件整合后统一交由执行裁判庭办理，能使民事审判机构腾出更多精力专注于民事诉讼案件，也有利于加强执行裁判管理、提高办案质量。

在具体的机构设置上，原则上高院、中院、基层法院都应设立单独的执行裁判庭，部分案件数量较少的基层法院，可在民事审判机构设立专门的合议庭办理相关案件，以提高办理此类案件的专业化水平。

根据工作职责，省法院执行裁判庭主要办理四类案件：一是执行复议案件。综合近三年以来案件数量情况，执行一处每年办理此类案件约 180 件，各民事审判庭办理此类案件约 40 件，合计共 220 件左右。按近三年每年案件增长幅度 10%左右计，此类案件约为 260 件。二是执行异议诉讼案件。此类案件与执行复议案件基本持平，此类案件预计也在 260 件左右。三是执行请示案件。近三年来每年大约在 40 件左右。四是执行监督案件。执行二处近三年每年办理此类案件约 150 件左右。据此，我们推算，省法院执行裁判庭全年办理案件约在 750 件左右。如果推行试点，建议执行一处先行办理执行复议、执行异议诉讼和执行请示三类案件，全年案件约在 600 件左右。根据省法院执行局还需承担综合工作、中心工作、专项工作、指导工作的情况，以每名办案法官每月办案 3 件的工作量计算，1 个合议庭年办案 100 件左右，需配备 6 个合议庭 18 名办案法官。执行监督案件在试点期间暂仍继续由执行二处办理。

长远来看，省法院执行裁判庭办理以上四类案件，每年办案数约 800 件左右。建议配置合议庭 8～9 个共 24～27 名办案法官，每个合议庭每年承担约 100 件案件。人员可以以执行一处为基础，抽调执行局、民事审判庭有关法官组成。各中级法院也按照案件需要安排相应法官组成。

省法院执行局内设机构职能建议作相应调整：一是执行一处改为执行协调处并加挂执行指挥中心牌子，指挥重大执行活动，负责全省法院执行信息化建设，协调有关部门运行执行联动机制，负责全省法院执行争议协调案件，全省法院执行案件查询、控制财产，限制被执行人出境审批等。二是执行二处改为执行命令处，主要负责我国《民事诉讼法》第 200 条、第 26 条规定的督促执行案件、提级执行案件、指定其他法院执行案件，指定本院一审执行案件，异地执行的审批案件，委托执行的退回审批案件。三是执行综合处，主要负责执行案件统计、调研等执行综合事务。

执行权运行机制改革路径探讨

——以“分段执行”与“分权集约”之比较为视角

深圳市中级人民法院课题组*

自20世纪90年代以来，“执行难”从单纯的司法问题逐步发展成为全民困扰的社会性问题，严重损害了国家司法权威和司法公信力，威胁着转型期社会的和谐稳定，受到党中央、最高人民法院高度重视，先后推出多个探索解决“执行难”的重大政策文件，在全国范围内开展多次攻克“执行难”的改革活动。这些改革创新举措的实施，虽然对于提高执行工作质效发挥了明显作用，在一定程度上部分改善了“执行难”“执行乱”等问题，但仍未从根本上给予解决。执行到位率并没有实质性提高，执行周期并未明显缩短，执行威慑力仍然十分有限，自动履行率也未见明显上升，一系列改革措施的潜能和效果尚未得到有效挖掘和激发，执行工作仍然陷于“清案－积案－清案”的循环怪圈。究其根本原因，在于执行权运行机制尚未得以建立健全。众所周知，我国执行权运行机制经历了“审执合一”到“审执分离”的基本历程，但在“审执分离”后相当长一段时期内，对于执行权应当如何科学规范运行，各级法院都没有充足的认识。长期以来，执行案件办理过程中，执行员一人“包案到底”，执行权力高度集中，执行人员各自为战，执行程序封闭随意，引发广泛诟病。全国各地各级法院都积极推行各种改革举措，执行权运行机制改革更是如火如荼地开展起来，进行了多种形式的改革创新。但时至今日，执行权运行机制改革仍难言完全理顺，甚至在某一些地方或某一段时间偏离了正确轨道，使执行工作愈加面临重重压力。开展此次调研，目的就是要在进一步梳理执

---

* 课题组组长：胡志光，成员：李岩、罗剑青、时春蕾、卢艳贝、欧宏伟、周建康（执笔人）。

行权运行机制改革理论脉络，总结执行权运行机制改革实践经验的基础上，力争归纳出执行权运行机制改革的把握要点，以期能对进一步深入了解执行权运行规律、引领执行权运行机制改革、完善执行权运行机制发挥积极作用。

上篇　执行权运行机制改革的理论探讨

一、执行权运行机制改革的必要性

尽管各地都积极开展了执行权运行机制改革，但做法千差万别，亦未形成共识，执行权运行机制并未真正理顺。进一步深化执行权运行机制改革，成为解决“执行难”问题，让人民群众在每一个执行案件中都能感受到公平正义的必需。

（一）执行权运行机制改革是进一步转变执行理念的需要

传统执行权运行机制秉持“当事人主义为主”或“当事人主义为主、职权主义为辅”的理念，与人民群众迫切希望执行程序以“职权主义为主”的需求不相适应。随着社会的发展变化，财产形式越来越多样化，如股票、基金、债券、银行理财产品等，债权人要求法院在案件进入执行阶段后主动全面查找被执行人财产的需求变得愈加强烈，需要法院更新理念，积极应对。

（二）执行权运行机制改革是进一步规范执行程序的需要

传统执行程序就是执行案件承办法官“一人包案到底”，从通知、财产调查、财产控制、财产处分再到执行款分配，所有流程均由承办法官负责到底。这种模式，容易造成好办的、有关系的案件先办快办，不好办的没人找的案件放着不办，久而久之形成人情案、关系案，甚至发生执行不公和腐败。同时，由于缺乏公开性和透明度，当事人的知情权、异议权、抗辩权无法得到有效保护，忽略通过程序公正实现执行公正，容易引发当事人的不满。

（三）执行权运行机制改革是进一步提升执行能力的需要

传统的执行方式是由法官或助理前往银行、国土、工商等协助执行部门查找财产、采取控制措施。不仅方式单一传统，而且各法院、各法官对案件自行负责，低效率重复劳动。在新形势下，被执行人财富形式越来越多样化，隐匿、转移财产的方式、途径也越来越多样化，特别是网上银行、手机银行的兴起，使得财产转移愈加迅速。与之相较，传统的执行权运行机制导致“司法查控能力”严重不足。

（四）执行权运行机制改革是进一步节约执行资源的需要

随着社会经济发展以及人们法治权利意识的增强，诉讼及执行案件不断增多。以深圳为例，2008 年全市执行案件 43879 件，2010 年增至 64779 件，增幅高达 47.63％。在人力资源、辅助配套、硬件设施均不能伴随执行案件数量增长而增加的情况下，只能通过执行办案人员的高负荷工作来完成越来越多的执行办案任务，导致常年累月严重超负荷工作。要改变这一困境，就必须改革执行权运行机制，争取以“小投入”获得“大产出”。

（五）执行权运行机制改革是进一步提升司法公信的需要

“执行难”问题的长期存在，严重影响司法公信，妨碍公平正义的及时实现。据估计，各地涉法涉诉信访中基本上有 1/3 属涉执行信访。而其所反映问题，很大一部分源于不了解执行进展，不了解执行过程。提升司法公信，一方面要确保执行公正，提升执行效率，另一方面更需要打破传统执行权运行的封闭机制，让人民群众了解执行程序，监督执行程序，以公开促公信。

二、执行权运行机制改革价值取向

执行权运行机制改革价值取向，主要决定于对于执行程序的价值认识。对此问题事实上理论界与实务界并未完全形成共识，这也在一定程度上导致改革呈现出不同的价值追求。

（一）价值取向的多元观点

一种观点认为，强制执行法的价值在于效率、人道两个方面。[①] 该观点强调，强制执行的最直接的目的是实现债权，而且应当是迅速地实现债权。而人道之所以作为强制执行法的价值目标是由现代法治社会保障基本人权的普遍需要所决定的。首先，它要求摈弃债务清偿上的“连坐”，远离中国古代社会的那种所谓“父债子偿”的传统。其次，禁止因债务人无力履行债务而对其人身实施惩罚。[②] 最后，执行时要为债务人保留必要的生活必需品。

也有观点认为，民事执行程序本身内在的独立价值包括三个方面，即执行的公正、执行的效率、执行的效益。[③] 而更为普遍的观点则认同执行程序价值包括效率与公正两个方面，不过有的观点指出效率优先、兼顾公正，有的观点则认为，“民事执行的效率原则与执行程序公正是统一的，而不是矛盾的，坚持执行效率原则并不排斥执行程序公正。”[④]

（二）价值取向的本位回归

我们认为，执行权运行机制改革之价值取向首先应当追求并回归到执行程序本身的价值，同时考虑当前司法公信力不高的现状，在运行程序上突出以公开促公信。即执行权运行机制改革价值取向包括以下三个要素：

1. 执行效率。执行程序以强制实现生效法律文书已确定的权利为己任，其目的在于使债权人的债权能够及时迅速地得到满足，兑现判决所确认的债权人的合法权益，使社会关系回归正常。执行程序设计的目的决定了在执行程序中效率价值处于优先地位。

2. 执行公正。执行的公正包括执行结果的公正与执行程序本身的公正两个方面。执行程序公正的目的既是为了保障当事人、参与人的诉讼权利和实体利益，也是为了约束、规范执行机关、执行人员的行为，防止权力

① 李浩主编：《强制执行法》，厦门大学出版社 2004 年版，第 4 页。

② 参见《公民权利和政治权利国际公约》第 11 条：“任何人不得仅仅由于无力履行约定义务而被监禁。”（No one shall be imprisoned merely on the ground of inability to fulfil a contractual obligation）

③ 霍力民、侯希民：《执行难问题探究与对策》，中国法制出版社 2008 年版，第 152～155 页。

④ 江必新主编：《民事执行新制度理解与适用》，人民法院出版社 2010 年版，第 45 页。

滥用。[①]

3. 执行公开。执行公开并非执行程序自身的价值，而仅属于执行权运行机制改革的价值取向。当前司法公信不彰，执行权的封闭行使必将招致当事人猜疑、甚至质疑，并且封闭运行缺少监督制约易生腐败，导致执行不公。因此，在设计执行权运行程序时，应当自始至终贯彻执行公开原则，除非依法不能公开的环节。

三、执行权的性质分析及权能划分

“根本固者，华实必茂。”权力的配置运行必须以权力的性质和构造为基础和根据。

（一）执行权性质分析

在许多专著中，对于强制执行权性质都作了详细论述，并提出各种不同的学说。综观而言，较多学者赞同在国家说基础上承认司法行政权说。在他们看来，执行权既包含司法权性质的执行裁判权，也包含行政权性质的执行实施权。[②] 考察我国学者关于执行权性质界定的演化过程，大致经历了行政权说——司法权说——相对独立的国家公权力说等三个阶段。[③] 相对独立的国家公权力说则更是集行政权说和司法权说两者之大成，认为民事执行行为既不是纯粹的司法行为也不是完全的行政行为，而是司法权与行政权的有机复合而成的相对独立的、完整的权力。[④]

我们认同独立公权力说。理由如下：（1）从权力特点来看，执行权既具有行政权的特点又与行政权相区别，既具有司法权的特点又与司法权相区别，故不能作行政权或司法权的简单归类。（2）从权力价值来看，执行权既不同于行政权之价值取向，又不同于司法权之价值取向，而是具有独立的价值取向。（3）从权力功能来看，执行权之功能与行政权之施政功能和司法权之居中裁断功能截然不同。综上，执行权并非行政权，亦非司法

---

① 霍力民、侯希民：《执行难问题探究与对策》，中国法制出版社 2008 年版，第 152 页。

② 李浩主编：《强制执行法》，厦门大学出版社 2004 年版，第 118 页。

③ 金殿军：《民事执行程序中的诉讼事项与非诉事项——以执行权与审判权的分野和衔接为中心》，载《执行工作指导》2011 年第 1 辑，人民法院出版社 2011 年版，第 132 页。

④ 最高人民法院执行工作办公室：《论执行局设置的理论基础》，载《人民司法》2011 年第 2 期；谭秋桂：《民事执行权定位问题探析》，载《政法论坛》2003 年第 4 期。

权，更非行政权（执行实施权）与司法权（执行裁判权）的组合，而是一种独立的公权力。

（二）执行权权能划分

执行权的权能划分，意义在于根据分权理论按一定标准对执行权进行合理分解，把不同的权力在执行法院内部进行再分配，由不同的部门、不同的人员分别行使，从执行体制上建立健全执行权科学运行机制。关于执行权的权能划分，理论上也存在各种争论。包括二权说（执行实施权和执行裁决权）、三权说（执行命令权、执行实施权、执行裁决权）、四权说（执行命令权、执行调查权、执行裁决权、执行实施权）、五权说（执行立案权、执行命令权、执行实施权、执行裁决权、执行内部监督权）等等。[①] 考察上述权能划分方法，部分源于对执行权性质的组合观点，如二权说，部分根据执行流程节点进行划分，存在划分标准不科学、不统一的问题。

笔者认为，按照执行权作为一种独立的公权力的性质，在权能划分上，应当摒弃拆分组合内容、拆分执行环节的划分方法，而应当根据权能构造进行科学划分。作为一种独立的权力，其完整的权能构造理应包括三部分：决策权、执行权、监督权。具体到执行程序中，决策权即为执行裁决权，负责作出执行决定或命令；执行权即为执行实施权，负责具体实施执行决定或命令；监督权即为执行监督权，负责对执行裁决权、执行实施权之行使进行监督审查（附权能划分对应图）。

中篇　执行权运行机制改革的实践探索

调查各地法院开展的执行权运行机制改革，概括起来主要有两种模式：一是分段执行模式，在多数地方得到采用，但具体分段方式则存在差

① 江必新主编：《民事执行新制度理解与适用》，人民法院出版社 2010 年版，第 19～20 页。

异；二是分权集约模式，系深圳法院率先创建实行。

一、执行权运行机制改革之分段执行

分段执行模式是对按执行流程分段执行的概括，实践中存在各种不同的分段法，无法一一列举，但其改革思路是基本一致的。由于资料搜集较为完整的原因，此处仅具体说明在全国具有较大影响的重庆法院执行改革模式。[①]

（一）分段执行之运作模式[②]

2009年10月，重庆市高级人民法院制定了《关于进一步加强和改进执行工作的意见》等指导性文件，对全市法院执行工作体制进行了一系列重大改革，经过三年的不断探索与实践，形成了“三权分离”“四段运行”的执行权改革模式，实现了对权力行使的内涵式控制。

基于民事执行权可以划分为执行实施权和执行裁决权的基本共识，执行实施权仍由执行局行使，将执行裁决权分离交由审判监督庭行使，打破审执不分、执行部门“包案到底”的工作格局。又考虑到评估、拍卖管理工作的相对独立性、高度易腐性，再将评估拍卖管理权从执行实施权中剥离出来，由司法行政处行使，并将司法拍卖引入第三方交易平台，从而实现执行实施权、执行裁决权、评估拍卖管理权“三权分离”，降低了权利行使的任意性，使执行裁决权和实施权在运行中相互制约、相互监督，确保执行公正。

“四段运行”，即按照执行实施权的权能不同，并根据专业化分工的要求及集约化管理的需要，将执行实施过程拆分为执行启动、执行调查、财产处置与执行结案四个阶段。第一阶段执行启动，主要是对执行工作进行准备的一个阶段，包括对案件材料的形式审查、签收、分案、案件材料信息的扫描录入等。第二阶段执行调查主要是强化执行手段，深挖被执行财

---

① 本文下列关于分段执行之支作模式、分段执行之实践成效部分，其内容均全部来自于雷嘉训、张乐跃：《执行改革背景下的考核机制研究——以重庆法院的实践为视角》，载《执行工作指导》2012年第3辑，在此表示感谢。

② 雷嘉训、张乐跃：《执行改革背景下的考核机制研究——以重庆法院的实践为视角》，载《执行工作指导》2012年第3辑，第207页。

产。除采取常规执行举措外，适时采取搜查、曝光、悬赏、审计、限制出境和高消费以及罚款、拘留等强制措施。即充分利用执行联动和执行威慑机制，穷尽执行措施，千方百计调查被执行人财产。第三阶段财产处置是对执行款物的交付兑现和不动产的处置变现，包括不动产及不动产的委托评估、拍卖等事务的衔接、变现价款的分配、流标财物的移交等。第四阶段结案管理设置专人收关把口，对所结案件进行检查，对不符合条件要求的案件不能终结执行程序，强调严格的结案标准。

（二）分段执行之实践成效①

重庆法院“三权四段”执行运行模式改革，在执行分段之间形成横向的监督制约关系，将执行人员拥有的集中权力缩小，权力得到相应的分解和制约，彻底打破了“一人一案一包到底”的封闭模式。同时，分段运行为执行案件的集约化、专业化管理提供了可能。“三权四段”执行运行模式下的执行权力运行中，最为突出的成效是将执行权力分离，在不同的执行权力之间形成监督和制约关系，从而有效治理执行领域高发、频发的腐败问题。

然而，在继续推进分权改革的过程中，分权分段式的执行模式会面临很大的困难与问题，因权力分散导致的效率低下、执行人员怠于行使职权而相互推诿就是亟需解决的问题之一。通过一项对执行法官关于执行改革的调查，接受问卷调查的86名审判法官有近四成认为执行分权改革可能增加案件流转，影响执行效率，由此我们可以看出权力分散行使对执行效率的影响。因此，重庆法院提出，在执行公正得到制度性保障，执行腐败得到有力抑制的情况下，应当以“公正、高效”为价值追求，进一步深化执行分权改革，建立起与当分权分段运行相适应的执行人员绩效考核机制，激发执行过程中执行人员的积极性。

二、执行权运行机制改革之分权集约

分权集约模式是深圳市中级人民法院2010年制定《关于加强和规范执

① 雷嘉训、张乐跃：《执行改革背景下的考核机制研究——以重庆法院的实践为视角》，载《执行工作指导》2012年第3辑，第207页。

行工作的实施意见》以来，创造性开展执行权运行机制改革所形成的执行模式。①

（一）分权集约之运作模式

所谓分权集约，是指将执行权分离为执行裁决权、执行实施权、执行监督权，同时将执行事务集约办理，对执行权运行全过程进行监督。分权集约模式具有三大特点：权力分离、事务集约、阳光运行。

1. 权力分离。2011 年 3 月，深圳中院对执行局内设机构进行改革，分设执行裁决处、执行实施处和执行监督处三个部门，根据权力性质从基础上实现分工：执行裁决处行使裁决权，负责作出决定和命令等；执行实施处（加挂执行指挥中心）行使实施权，负责具体实施执行命令等；执行监督处行使监督权，负责对裁决和实施过程中的行为进行监督，构建起三权分离运行组织架构。

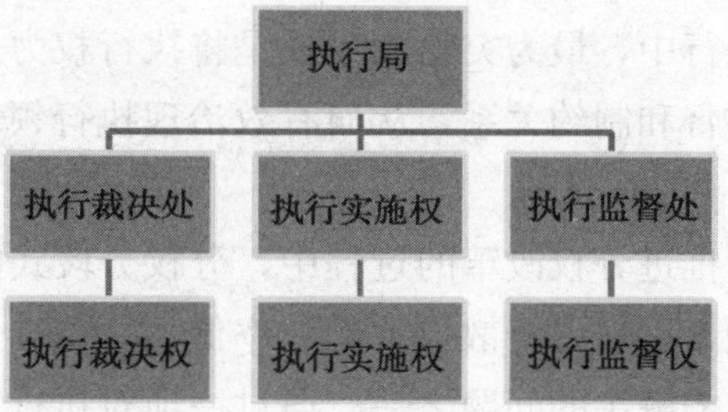

但在运行流程上，以执行裁决法官为中心，需要实施某项具体执行事务时，由其发出任务指令，交执行实施人员执行；遇到执行异议时，移交执行监督处组成合议庭进行审查。也就是说，执行裁决法官始终负有推进执行进程之责，既实现按权力性质进行分工，又确保运行流程有机衔接。

2. 事务集约。分权集约模式下，将所有执行事务从裁决权中剥离出来，集中交由实施部门执行，通过专业化办理提升执行效率，通过团队化运作强化执行威慑。为此，深圳法院在全国首创了两个充分体现集约理念的信息化运行平台：一是鹰眼查控网，二是极光集约系统。

（1）鹰眼查控网。是深圳法院首创的通过网络与各联动、协助单位互动，对被执行人及其财产进行查询和控制的信息化工作平台。因鹰眼具有

---

① 本文下列有关分权集约之运作模式、分权集约之实践成效，主要来自于笔者参与的深圳中院执行改革调研课题组所起草的深圳法院执行改革白皮书，在此向课题组各位成员表示感谢。

高精度、广视角的特点，正是查控网之理念与追求，由此定名。其功能主要包括查控被执行人房地产、车辆、股权、证券、银行开户信息及存款，查询流动人口与出租屋信息、服刑地信息，实现手机定位、特定场所布控、口岸边控等。

鹰眼查控网运行模式为全市法院执行法官将查控请求统一上传至鹰眼查控网，鹰眼查控网以“点对点”的模式发送至协助单位，协助单位办理完协助事项后将结果返回。

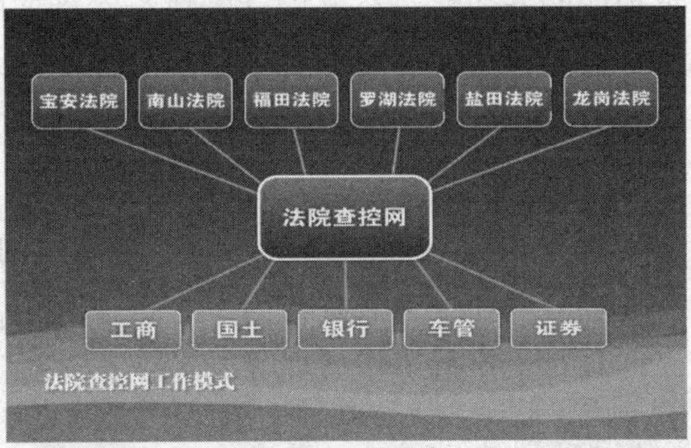

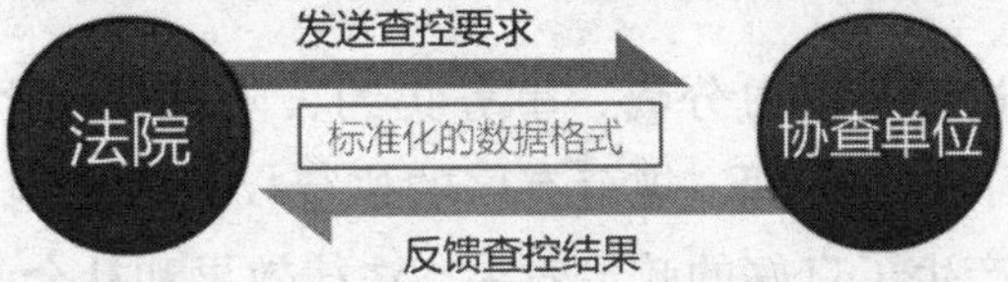

鹰眼查控网自运行至今，查询财产达425582次，查封、冻结、扣划36350次，人员查控308人次，对被执行人及其财产实现了“人财兼得”。

（2）极光集约系统。是深圳中院通过网络连接办案法官、执行外勤、当事人、代理人的信息终端，集电子文书审批、送达，电子印章、手机短信提醒、电子回证等功能于一体，通过这一网络系统，实现对非权限性事务的集约。其运行模式是通过“虚端”和“实端”两种模式办理。“虚端”联接承办法官和当事人网络终端，输入输出电子文书，通过网络办理。对于无法通过网络办理的，则由“实端”通过各辖区法院指挥分中心分配人工办理。

3. 阳光运行。阳光就是防腐剂，就是监督制约。分权集约模式下，执行监督专管模式与执行公开网相辅相成，为执行权阳光运行提供了公开透明的良好平台。

（1）执行监督专管模式。是将执行异议、复议、申诉、信访、督办、指导等具有监督功能的职权集中交由专门机构独立行使的模式。其特色在于实现了“四化”：一是实现执行监督工作的“机构专门化”；二是实现执行申诉信访的“专案管理化”；三是实现执行法官值班接访的“日常化与专人化”；四是实现申诉信访与监督指导的“一体化”。执行监督专管模式的形成，确保了执行全过程监督不缺位，有效解决了投诉无门、投诉无果等问题，努力纠正当事人信访不信法观念。

（2）执行公开网。是深圳市罗湖区人民法院2012年9月开通的、全国首家具有实时播报功能的专业执行公开网站。执行案件实时播报是该网核心功能，包括财产查询、控制、处分的基本情况都面向全社会公开，而执行日志、执行进程，以及详细具体的财产查控与处分情况，当事人只需凭密码即可登录网站查阅。

该网同时还具有网上服务、网上办事、网上送达、网上查询等功能。既实现了执行过程的全公开，也为法院与当事人搭建起了沟通交流的有效平台，增进了人民群众对于执行工作的理解与支持。

（二）分权集约之实践成效

深圳法院通过创建权力分离、事务集约、阳光运行之分权集约模式，三位一体构建起了科学合理、规范有序的执行权运行机制，执行工作步入良性发展轨道，产生了良好的政治效果、法律效果和社会效果。

1. 司法能动性、司法廉洁性增强，政治效果显著。改革以来，对于进入执行程序的案件，首先主动启动鹰眼查控网及时查找、控制财产，司法能动性显著增强。同时，法官自由裁量权进一步受到约束，权力寻租失去了操作空间，进一步提升了司法廉洁性。

2. 执行到位率、执行效率攀升，法律效果突出。鹰眼查控网构建的恢恢法网，以及极光集约系统的专业化执行，提高了执行威慑力，促使执行到位率、执行效率不断攀升。据深圳中院司法统计，2010年执行到位率为52.88%，2011年提升至60.23%，同比提高7.55%，2012年提升至66.11%，同比提高5.88%，呈显著的逐年提升态势。

3. 群众满意度、司法公信力提高，社会效果良好。突出表现为执行工作申诉信访率的不断下降和生效法律文书的自动履行率的不断提升。如2010年全市法院新收执行案件64779宗，2011年54260宗，2012年46504件。在深圳全市法院总体收案数平稳增长的背景下，执行收案持续降低，

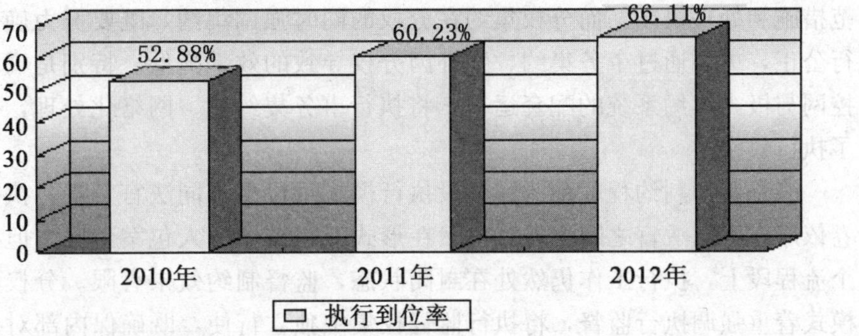

开始步入良性循环轨道。

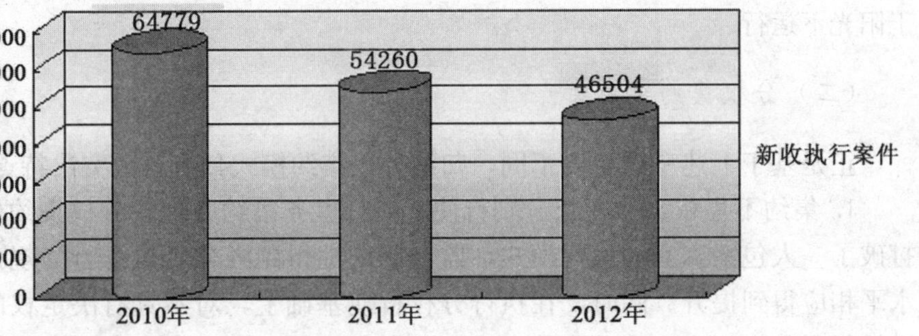

三、分段执行与分权集约之比较分析

（一）主要异同点

分段执行与分权集约具有一个共同点，就是都体现了分权理念，打破了一人包案到底的传统执行模式。但深入比较，又会发现二者具有根本不同，主要体现在三个方面：

一是分权理论基础不同。分段执行之分权，是“各管一段”，通过将执行流程细化分离，交由不同部门、不同法官分别负责，执行案卷需随着执行流程在不同法官间进行移转，从而实现分权。而分权集约之分权，是“各管一片”，根据权力本身具有的决策性、实施性、监督性进行划分，执行流程不分段，执行案卷不流转，执行法官始终负有推进执行之职责。

二是价值追求存在差异。分段执行着重强调分权，分权促进执行公正，但忽视执行效率价值，对于因分段而导致的衔接环节增多、当事人与法院沟通不畅、责任不明等可能严重影响执行效率的问题，缺乏相应的防范措施和处理机制。而分权集约在分权的同时强调集约，既要努力确保执行公正，更要通过事务集约，弥补因分权导致的效率降低。特别是鹰眼查控网与极光集约系统的配套运行，将执行事务集约化、网络化处理，提升了执行效率。

三是监督制约程度不一。分段执行模式每段由不同法官负责，执行案卷依序在不同法官之间流转。虽然在形式上打破了一人包案到底，但在每个流程段上，执行工作仍然处在封闭状态，监督制约效果有限。分权集约模式着重强调执行监督，将执行监督权集中独立行使，既确保内部对执行全过程的监督制约，更通过执行公开网，实时播报执行进展，将执行权置于阳光下运行。

（二）分权集约突出特点

正是基于上述三项主要不同，归纳分权集约模式具有三大突出特点：

1. 集约不集权：执行权分别行使，执行事务集约办理。分权集约模式打破了一人包案到底的执行模式，监督制约性得到强化，执行行为规范化水平相应得到提升。同时，在执行分权行使基础上，对不具有决定权的各类执行事务，剥离出来实行集约化办理，交由专业工作组，按照事务类别、外出地点集中办理，避免因执行分权可能引起的效率降低。

2. 分权不分段：执行流程不分段，执行事务专业分工。权力分离执行体制将事权的归事权，事务的归事务，并且事务之间按照工作性质再实行专业化分工，将各个执行法官发出的指令集中起来，交由各个专业工作组实施，既实现了科学分工，更使得各项执行事务操作更加规范，执行力量更加集中，执行威慑力显著增强。

3. 监督不缺位：监督权集中独立，执行进展实时播报。分权集约下执行监督专管模式的形成，全方位畅通信访渠道，完善了信访处理、跟踪、答复机制，确保了执行全过程监督不缺位。执行公开网的上线运行，将执行全过程置于人民群众的监督视野之内，增进了人民群众对于执行工作的理解与支持。二者相辅相成，为执行权阳光运行提供了公开透明的良好平台。

下篇　执行权运行机制改革的研究启示

研究执行权运行机制改革，是为了更好地总结经验、把握规律、找准方向，更加富有成效地推进建立健全科学合理的执行权运行机制，促进执行权规范、高效、阳光运行。通过探讨执行权运行机制改革相关理论问题、比较改革模式的做法与成效，笔者认为，推进执行权运行机制改革、建立健全科学合理的执行权运行机制，应当注意把握以下要点[①]：

一、执行权运行机制改革须尊重规律

（一）按照权力属性设计运行机制

执行权作为兼具司法权性质与行政权性质的一种独立公权力，其运行程序具有自身的特点，运行机制的设计既需要充分考虑到其双重属性，又须满足其执行公正、执行效率、执行公开的三大价值取向。分段执行之“各管一段”的权力分离，虽在形式上实现了权力分离，但简单分段对执行效率、执行公开并无助益。分权集约之“各管一片”的权力分离，基于决策权、执行权、监督权分离制约之一般权力理论，辅之事务集约、阳光运行，有利于最大程度实现执行公正、执行效率、执行公开的有机统一。

（二）在顶层设计下进行制度创新

执行权运行机制改革，必须在宪法框架内进行，遵循分工负责、相互制约、相互配合之司法权运行原则。分权集约模式下，权力分离、事务集约、阳光运行三位一体，正是在顶层设计下进行的制度创新，既未突破顶层设计的边界，又打破了旧有制度的藩篱。特别是“鹰眼查控网”“极光集约系统”恰到好处地融合了各单位、部门本来壁垒森严的职能边界，使各自权能在法律许可的空间内向对方延伸渗透。

二、执行权运行机制改革须统筹配套

（一）统筹贯彻分权、集约、阳光理念

单纯强调执行分权，在一定程度上能够促进执行公正，但由于对执行

① 本文下述部分启示内容受益于深圳中院党组成员、执行局长胡志光之EMBA论文《资源整合，因势利导——深圳中院法院查控网的探索与实践》一文的启发，在此表示感谢。

效率的损失缺乏弥补措施，可能严重影响执行效率，影响公平正义的快速实现，导致“迟来的正义非正义”。而分权集约模式虽以分权促公正为基本理念，但在分权的同时强调事务集约化办理、执行过程阳光化运行，则不仅能够弥补因分权导致的效率损失，并且有利于进一步提高执行效率，提升执行公信。

（二）借助信息化配套提升科技办案能力

2013年全国政法工作会议提出，政法机关要以与时俱进的精神，着力提升“五个能力”，其中一项就是科技信息化应用能力。要以信息化促进执法规范化，把业务流、信息流与管理流有机结合起来，把信息化与公开化有机结合起来，确保执法权、司法权规范、透明运行。深圳法院开展执行权运行机构改革，创造性打造“鹰眼查控网”“极光集约系统”“执行公开网”，生动演绎了科技信息化应用的成效。

三、执行权运行机制改革须服务实践

（一）贯彻“能动司法”理念服务于民

人民群众的感受是司法制度的晴雨表，也是司法体制改革的风向标。分权集约模式下，主动启用“鹰眼查控网”查控被执行人财产线索，大大提升司法能动性，顺应了人民群众的新要求和新期待，真正体现执行工作的“司法为民”，有助于增进人民群众对于执行工作的理解与支持，提升人民群众对执行工作的满意度。

（二）遵循“实用原则”应用于实践

一项改革如果给各方当事人均增加了经济、时间成本，而又不获益或获益不明显，势必遭遇抵制或消极对待。分权集约模式能够具有蓬勃的生命力，与其“实用原则”密不可分。首先，坚持重心下移，服务基层。如“鹰眼查控网”和“极光集约系统”的使用和受益主体是基层法院。其次，坚持以人为本，简便高效。分权集约模式配套网络化查控财产、集约化执行，既将执行法官从繁琐的执行事务中解救出来，又有利于执行事务的专业分工和集中处理，简便高效，自然受到欢迎。

四、分权集约模式可进一步改进推广

分权集约模式从理论上遵循了权力运行的一般规律，符合执行权自身的性质和特点，在实践上满足了人民群众以及执行人员的需要，提升执行工作质效成效明显，符合改革发展趋势，值得进一步推广。但客观来看，分权集约模式运行时间还不长，实行地区还不够多，实践中还有进一步改进完善的空间。

（一）进一步加强内部规范建设

(1) 细化完善岗位责任制度。要从制度上明确各类执行人员的责任范围，提高责任意识，避免工作脱节、执行进度延缓等。(2) 优化简便内部衔接流程。在执行案件管理系统基础上进一步细化完善，实现执行各环节衔接流转信息化。(3) 持续推进标准化执行建设。分权集约实现了同质化工作集中处理，以此为基础，区分事务类型，建立标准化处理方案，有利于提升执行规范水平和执行威慑力度。

（二）进一步优化外部运行环境

执行权的规范有序运行，科学合理的执行权内部运行机制是基础和根本，但同时也有赖于良好的外部运行环境。(1) 进一步完善立案、审判、执行协调配合机制。如强化财产保全，加快涉执行诉讼审判等。(2) 进一步完善执行联动协调配合机制。加强应用“不履行”信息挤压“老赖”生存空间，强化联动单位协助配合执行考核等。(3) 进一步加强侦查、检察协调配合打击拒执抗法行为。协调侦查、检察机关加大拒执抗法行为的追究力度，为执行权运行营造良好的法律环境。

结语　执行权运行机制改革的未来发展

执行权运行机制改革继续深化推动现有法律条件下执行能力和效率的提升趋于极致，也预示着法律范畴内的执行难问题即将能够得到基本解决。但从基本解决到彻底解决，从法律范畴的解决到社会范畴的解决，从一个地方的解决到全国范围内的解决还有很长的路要走。特别是，解决执行难问题只是执行工作的基本责任之一，执行工作还要回答好如何重塑并捍卫司法权威、如何进一步丰富和完善自身的功能职责、如何促进全社会信用体系的建立与完善等一系列更重大、更深刻的问题。顺应这样的发展趋势和形势要求，我们认为，执行权运行机制改革尚未彻底完成，未来之路还需要紧紧把握四大趋势不断推进：

一、从柔性司法到刚性司法，执行威慑进一步增强

从理论上讲，相对于立法而言，司法本应具备更多的柔性，以在法律实施当中更好切合客观实际、贴近立法的目的和本意，以弥补立法的文意局限和前瞻局限。但这种法律理论上的司法柔性，本意是在一个成熟、稳定和完善司法体系内，由专业的司法官独立地依据法律原则和法治精神作出法律适用选择，正当程序、司法官、法律原则是其关键词。然而，在过去中国司法运作当中，由于独立行使审判权的制度保障十分不完善，地方信访维稳制度对司法的干扰与冲击，中国的司法运行表现出过大的“柔性”，而且这种柔性并非前述法理上的合理必要柔性，而是法律原则和法治精神的缺失，法律红线的被突破与践踏，审判中立性、独立性、公正性的被侵犯。表现在司法政策上就是过分强调所谓社会效果，过分强调调解率，将眼前息事宁人的价值摆在建立长远法治秩序价值之上，法官被迫放弃消极中立的地位，从诸多非法律因素动机出发，利用司法资源和权力压力迫使当事人接受裁判之外的诉讼终结方式，从而导致双方当事人对司法的信任丧失殆尽，司法的公正性、权威性受到严重损害。

党的十八大特别是三中全会以来，法治在中国政治伦理中的地位达到了前所未有的高度。尤其是习近平同志关于法治建设的重要论述，将法治作为党治国理政的基本方式，强调党领导人民制定宪法和法律，党领导人民执行宪法和法律，党必须在宪法和法律范围内活动，真正做到党领导立法、保证执法、带头守法。习近平同志强调，要加强宪法和法律实施，推动形成办事依法、遇事找法、解决问题用法、化解矛盾靠法的良好法治环境，形成人们不愿违法、不能违法、不敢违法的法治环境，在法治轨道上推动各项工作。最高人民法院院长撰文强调，要建立健全保障人民法院依法独立公正行使审判权的机制，使各级法院敢于排除各种干扰，坚持依法办事，真正做到有法必依、执法必严、违法必究，自觉维护宪法和法律权威。

随着上述法治理念在最高层的进一步强化和厘清，信访维稳制度的改

革与完善，尤其是三中全会后司法改革的逐步推进，人民法院独立行使审判权的制度保障将更加完善，中国司法的中立性、公正性将得到巨大的提升，将使中国的司法形态产生诸多积极变化，其中重要一点就是司法的刚性将进一步增强。这里所谓的刚性，是指对法律原则、法治精神和司法规律的尊重与遵循，法院将不再是没有底线的角力场，法官将不再是无奈的法律掮客，司法的权威将前所未有地得到强化和捍卫。这种刚性反映在执行工作上则要求进一步增强执行的能力和效率，尤其是增强对被执行人执行威慑力。特别是在地方司法人、财、物实现垂直管理后，作为中央事权的司法强制执行，其效果和权威如得不到有效保障和增强，将演变成中央权力在地方得不到落实和尊重，而这种局面是中央决不允许出现的。因此，在可预见的未来，如何增强法院执行工作的强制性、权威性，将成为一项新的重大课题。

二、从小执行到大执行，司法分工进一步专业化

审判与执行都是高度专业化的法律工作，他们有着各自独特的价值、原则和规律，有完全不同内容、目标和程序，本应遵循各自的内在逻辑专业化发展。但由于历史和观念的原因，我国法院的审判执行工作在机构设置、工作内容、职能分配、权责划分上存在着许多非专业化混同的现象，导致审判法官除审理案件外还要负责大量强制性法律措施和各类行政性事务，严重妨碍了审判质量和效率的提升，损害了人民法官中立、公正、审慎的司法形象，削弱了司法权威和司法能力。未来，在彻底解决执行难的同时，要进一步实现执行工作效能再次飞跃，执行机构将承担起涉及案件的全部强制性和行政性工作内容，实行规范化管理和专业化执行，未来的“大执行”，不再仅仅是生效判决的执行，而是包含司法程序每一个环节，每一个方面的强制性司法措施，包含了诉前、诉讼财产和证据保全、先予执行、搜查取证、财产刑执行、妨碍司法调查，甚至包括了刑事执行和司法安保；这样的“大执行”同时能够将审判法官从错位的、繁杂的综合性事务中解脱出来，实现“裁判的归裁判，强制的归强制”。通过这种各自专业化的发展路径，最终大幅提升整个法院的司法能力。

三、从局部信息化到全面信息化，实现全面网络化执行

当今世界，信息技术革命日新月异，对国际政治、经济、文化、社会、军事等领域发展产生了深刻影响。信息化和经济全球化相互促进，互联网已经融入社会生活方方面面，深刻改变了人们的生产和生活方式。我国正处在这个大潮之中，受到的影响越来越深。除传统的公文流转、档案电子化、审判工作流程化管理、电子公告等技术手段的应用外，在司法工作领域，以深圳法院鹰眼查控网为代表的“点对点”网络查控系统、失信者黑名单、执行指挥中心、网络司法拍卖等信息技术应用实例，证明了执行信息化是解决执行工作诸多难题的利器，是破解执行难的必由之路。

但必须认识到的是，当前的执行工作对信息科技的运用总体上还处于非常初级的阶段。主要体现在信息应用链的“两端”还非常不成熟、不完善。一方面是信息应用链的源头，基础数据的采集不全面、不完整、不规范，很多重要的案件信息还没转化成统一的标准化数据格式，大量专业的司法统计数据和司法信息交换无法自动完成，严重影响了司法信息后续的自动化应用；另一方面是信息应用链的终端，还被局限于各级各地法院百花齐放、各搞一套的割据状态，格式不兼容、标准不统一、数据无法自动交换、功能应用无法共享，无隶属关系的各地法院之间的网络合作几乎处于空白状态，再就是储存在其他行政关或职能机构、与执行工作密切相关的大量信息数据，更是难以自动化、高效便捷的方式应用于执行工作。总体而言，当前司法领域内的信息化都属于局部信息化，这个局部既是指地域空间范围上的局部，又是指应用领域的局部。

2014 年 2 月 27 日中央网络安全和信息化领导小组宣告成立，中共中央总书记、国家主席、中央军委主席习近平亲自担任组长。习近平指出，网络安全和信息化是事关国家安全和国家发展、事关广大人民群众工作生活的重大战略问题，要从国际国内大势出发，总体布局，统筹各方，创新发展，努力把我国建设成为网络强国。国家信息化发展战略是一场全方位的社会变革。丰富多元的信息新载体和新途径将改变传统的信息传递方式、交流沟通方式、分工与合作的方式以及工作和生活的方式，信息高速公路的建设亦将带来司法工作的“效能革命”。

在这样的大背景下，信息技术及其所带来工作机制、工作模式的变革将进一步深刻改变司法执行工作。在未来，执行信息化将朝着大数据、全自动、全覆盖、全共享的方向大步迈进，不仅在上下级法院之间、还要在跨地域同级、不同级法院之间、跨行业之间实现全面、高效、安全的信息交换和功能共享，那时，查控网将是全国范围的查控网，集约系统将是全国范围的大集约，跨行业、跨系统的数据交换与共享将成为执行工作的常态，执行工作的绝大部分流程将得以在网络完成，申请执行人甚至可能从申请执行到实现权利的全过程都足不出户。未来，被执行人所面对的强制力量将不再仅仅是法院一家，而是站在法院背后以信息网络为联系纽带的整个国家权力体系和社会信用体系。

四、从法院强制到社会强制，执行工作全面社会化

仔细研究发达国家的法治状况可以发现他们普遍不存在“执行难”问题。原因在于，在一个经济高度发达、社会充分成熟的国家，一个公民或法人的经济社会生活是高度依赖于其信用记录和守法状况的，拒不履行法院生效裁判将会受到来自政府、社会方方面面的制裁和约束，将导致生产生活寸步难行。在这样的社会系统中，执行难确实是难以想象的。

正因为如此，我们说执行难问题的成因是社会性的、其影响是社会性的，其解决也必然是社会性的。传统观念中，执行是法院的事情，需要社会各部门支持法院执行工作，把社会各部门配合执行工作义务转化为一种自觉行为，具体来说就要整合社会各部门的各种既有社会资源来为法院执行工作服务。然而，在未来，随着市场经济进一步完善、发达，国人的经济社会生活复杂程度进一步提高，信用价值在更大范围的被认可及应用，将使得拒不履行法院生效裁判这种极其严重的信用缺失行为，成为各行业、各领域高度重视和迫切需求的一种信用评价资源。在这种条件下，不再需要法院苦口婆心地去整合资源、寻求支持，与被执行人生产生活密切相关的方方面面将会主动配合法院对其实施制裁和约束，使其付出高昂的拒执代价和失信成本，从而迫其就范，主动履行义务，不敢再越雷池半步。我们称这种转变，就是从单纯的法院强制到社会强制的转变。

这种转变虽然取决于经济社会的整体发展，人民法院绝不能被动消极地等待这种转变，而要积极有为地主动促进这种转变的发生，有为的方式就是积极参与国家信用体系建设，将司法信息资源作为构建信用体系的重要素材，与更多的国家、社会管理主体分享应用，发挥司法权力的惩戒功能，为社会诚信体系保驾护航。

关于审判权与执行权相分离改革的调研报告

广东省高级人民法院执行局综合处课题组*

执行改革是司法体制改革的重要内容。本文以部分法院执行改革探索为例，实证分析当前执行权配置存在的问题，从法理上探析执行权的性质、构造，通过考察、借鉴域外民事执行制度，提出构建执行权配置新模式的建议，冀图裨益于中国特色社会主义民事执行制度自我完善的改革实践。

一、我国执行权配置改革发展历程与存在的问题

（一）我国执行权配置改革发展历程

执行权配置包括两方面的含义：一是执行权外部配置，即由哪个机关行使。二是执行权内部配置，在上下级法院之间执行权如何分配；在同一个法院内部由哪个机构、哪些人员行使。

1. 执行权外部配置。我国历史上，执行权均由审判机关行使。封建时代，官府既是行政机关，又是审判机关兼执行机关。民国时期，法院负责审判和执行。新中国成立后，执行权一直配置在人民法院。1991 年《民事诉讼法》以部门法的形式规定人民法院行使执行权。

2. 执行权内部配置。执行权在法院内部配置上经历了四个阶段：第一个阶段，设立专门执行人员。1954 年《人民法院组织法》规定，各地法院配置专门执行人员。第二个阶段，审执合一。从 20 世纪 50 年代末至 70 年代后期，因特定历史原因，案件谁审判谁执行。第三阶段，设立专门执行

* 课题组成员：邱丹、李昙静。

机构。从改革开放初至世纪交替，各地法院开始设立专门执行机构，名称为执行庭，配置专门执行人员。第四阶段，设立执行局。为加强执行工作，1998 年云南高院率先建立执行局，此后各地效仿。① 2000 年最高人民法院颁布《关于高级人民法院统一管理执行工作若干问题的规定》，明确高级人民法院在最高人民法院的监督指导下，对本辖区执行工作的整体部署、执行案件的监督和协调、执行力量的调度以及执行装备的使用等实行统一管理。

（二）当前执行权配置改革中存在的问题

1. 执行权纵向配置问题。一是执行管辖制度不科学。《民事诉讼法》第 240 条规定，执行案件由第一审法院和主要财产所在地法院管辖，执行案件基本由基层法院办理，造成基层法院案多人少，中级法院人多案少。如深圳市罗湖区法院，每年新收执行案件在 1 万件左右，而执行人员仅 30 多人，年人均需执行 300 件。中级法院执行人员法律素养较高，人员也较充足，但执行案件较少，未能充分发挥资源的效用。高级法院基本不执行实施案件，资源浪费情况更为严重。二是大量案件下沉基层法院不利于克服地方保护主义对法院执行工作的干扰。

2. 执行权横向配置问题。有些法院进行裁执分离改革探索，将涉及当事人实体权利的执行裁决权从执行机构剥离出来，配置到审判庭。不服执行裁定的，执行复议案件由上级法院的相应民事审判庭办理。有的法院还规定由审判监督庭办理执行异议、执行复议、执行监督案件。通过改革，执行权在审判庭与执行局之间进行再分配。经几年实践，出现以下问题：一是影响案件质量。未从事过执行工作的审判法官不熟悉执行业务，适用法律困难。二是影响办案效率。审判业务庭办理执行异议、复议案件过程中，因法律适用上把握不准，常征求执行局意见，延长了审理期限。三是职能重叠、资源浪费。由于上下级法院办理执行异议、复议案件的内设机构不一致，执行监督、指导存在困难，裁判标准不统一。

3. 执行权行使主体问题。当前，大多数法院执行局内设执行裁决机构和实施机构，执行裁决权由法官行使，执行实施权由法官或者不具有法官

① 梁炳扬：《关于建立民事执行新体制和运行模式的思考》，载广西法院网，2006 年 2 月 1 日发布，访问时间：2014 年 6 月 8 日。

职称的人员行使。这种执行权配置方式，在案件较多、执行力量较充足的经济发达地区，落实较为到位，但在案件较少、法官不足的贫困山区基层法院，并不适合，执行局法官人数无法组成完整合议庭，一般由承办人起草合议笔录和裁定书，找另外两名法官签名认可，执行合议制度及执行权分权制约机制有名无实。

二、执行权法理分析

（一）执行权的性质、构造

民事执行权是指民事执行机关藉以强制债务人履行义务，实现生效法律文书确定的给付内容的国家公权力。[①] 关于执行权的性质，有不同观点，其中，两种根本对立的观点是“行政权说”和“司法权说”，也有学者进行折中，提出相对独立的“国家公权力说”。

“行政权说”旨在反思执行工作，力求通过限缩执行权和变更执行主管机关的途径以规制执行活动，其主要观点是执行权的权力属性为行政权，应由行政机关行使。[②] 如有人认为，执行工作从性质上讲是行政活动，具有确定性、主动性、命令性、强制性的特点。[③]“行政权说”无法解释的是，为什么我国和世界上大多数国家和地区执行立法和实践都将执行机构设置在法院？该说另一个难以回避的问题是，由行政机关负责执行，执行权中的执行裁决权由谁行使？执行裁决是一种判断行为，应由受过专门法律训练并具有法官资格的人作出，而行政机关公务员不具有相应资格和能力。如果将执行裁决权与执行实施权彻底分开，执行裁决权由法院行使，执行实施权由行政机关行使，执行过程中，执行查封、冻结、扣押、采取罚款和拘留强制措施、变更和追加执行主体、执行异议、执行复议、案外人异议等事项需送到法院，由法官作出裁定，将严重影响执行效率。

“司法权说”反驳执行权系行政权的性质界定，认为民事强制执行权

① 谭桂秋：《民事执行权配置、制约与监督的法律制度研究》，中国人民公安大学出版社2012年版，第50页。

② 金殿军：《民事执行程序中的诉讼事项与非诉事项——以执行权与审判权的分野和衔接为中心》，载最高人民法院执行局编：《执行工作指导》（2011年第1辑·总第37辑），人民法院出版社2011年版，第132页。

③ 孙小虹：《克服执行难是社会系统工程》，载《人民日报》1999年3月10日第10版。

是司法权，是法院的职权之一，应由法院行使。[1] 民事执行强制力的实现性、直接性、终局性表明，民事强制执行权性质上是典型的司法强制权。[2] 与司法权说同属一派的“司法权下位说”认为，执行权是一项与审判权并列的司法权的下位权。[3]

“国家公权力说”则认为，执行权是司法权与行政权有机组合而成的相对独立的公权力。[4] 也有人表述为，民事执行权是一项相对独立的、处于司法权和行政权交叉地带的边缘性公权力。[5] 无论是“司法权说”还是“国家公权力说”，都主张应由法院行使民事执行权。

关于执行权的构造，按执行权权能数目，有“一权说”至“六权说”，权能具体内容基本相同。目前，“二权说”被广为接受。该说认为，执行实施权是执行机关依法享有的以实现执行内容为目的，依职权实施执行措施，进行执行活动的权力。主要包括执行立案权、执行命令权、执行调查权、拍卖变卖权以及其他事务性的权力。执行裁决权是执行机关依法享有的在执行程序中对不需要经诉讼程序确定的程序和实体事项，依当事人及案外人申请或依职权作出裁决的权力。主要包括执行审查权、确定执行依据权、有限和必要的实体纠纷解决权、第三人到期债权异议审查权、执行复议权、执行监督权。[6] 实务界在“二权说”理论指导下将执行局内设机构分为执行裁决机构和执行实施机构，由不同的人员行使执行裁决权和执行实施权。

（二）执行权与审判权的关系

界定执行权与审判权的关系，对科学配置执行权具有重要意义。学者普遍认为，执行权不是审判权。有人从功能角度认为两者在本质特性上分

---

① 葛行军：《民生强制执行权之我见》，载最高人民法院执行工作办公室编：《强制执行指导与参考》（总第8辑），法律出版社2004年版，第238页。

② 童兆洪：《民事执行权若干理论问题再思考》，载最高人民法院执行工作办公室编：《强制执行指导与参考》（总第7辑），法律出版社2003年版。

③ 童兆洪：《民事执行权研究》，法律出版社2004年版，第75页。

④ 最高人民法院执行工作办公室：《论执行局设置的理论基础》，载《人民司法》2001年第2期，第26页。

⑤ 谭桂秋：《民事执行权配置、制约与监督的法律制度研究》，中国人民公安大学出版社2012年版，第70页。

⑥ 童兆洪：《民事执行权若干理论问题再思考》，载最高人民法院执行工作办公室编：《强制执行指导与参考》（总第7辑），法律出版社2003年版，第266页。

野，“审判权的本质是判断，是对当事人之间的实体性权利义务争执作出确定性的判定。而执行权则旨在根据确定的生效法律文书通过对债务人采取执行措施以实现债权人的权益。”① 有人甚至否定判断权性质的执行裁决权的存在，“执行权的权能中并不包含与审判权性质相一致的裁决权，执行裁决权是个伪概念，是一个权力的乌托邦而已。”② 另有人认为，司法权的核心要素是审判权，执行权与审判权并列于司法权的下位。③ 两者的联系途径如《民事诉讼法》第227条规定，对于执行程序中出现的案外人异议，先由执行机构通过非诉程序根据表面证据初步审查并作出裁定，不服裁定的，由当事人、利害关系人通过诉讼程序加以确定。

在执行权构造上，笔者同意“二权说”，即执行权包涵执行裁决权和执行实施权。对于执行权的性质，笔者不同意“行政权说”，也不同意纯粹的“司法权说”，倾向于赞同“司法权下位说”，但与上述学者的“司法权下位说”观点有所区别。如果要给执行权定位，笔者以为，必须从最高法律位阶以降来画定其坐标点。《宪法》第126条规定：“人民法院依照法律规定独立行使审判权，不受行政机关、社会团体和个人的干涉。”《宪法》所指审判权，是广义审判权，既包括审理案件作出裁判的狭义审判权，也包括强制执行权。共识认为，狭义的司法权包涵审判权和检察权两项权力，这里的审判权为广义审判权。因此，执行权是广义审判权的下位权，与狭义审判权一起构成完整的广义审判权。如果以司法权为最高位阶的权力，执行权的坐标位置是司法权下二阶位。

执行包括判断性的执行裁决行为和非判断性的执行实施行为。判断性的权力需理性、中立、公正行使，对判断结果法律应预设救济途径，即上诉、申请复议，程序上应体现上下级法院的监督关系。对于非判断性的执行实施工作，可以统一管理、统一协调。最高人民法院“二五改革纲要”提出的“省、自治区、直辖市高级人民法院执行机构统一管理、统一协调本地区的执行工作”，应是针对执行实施而言，尤指执行管理。

---

① 金殿军：《民事执行程序中的诉讼事项与非诉事项——以执行权与审判权的分野和衔接为中心》，载最高人民法院执行局编：《执行工作指导》（2011年第1辑·总第37辑），人民法院出版社2011年版，第133页。

② 孙忠志、范向阳：《执行与裁判的界限》，载《人民司法》2005年第9期，第93页。

③ 童兆洪：《民事执行权若干理论问题再思考》，载最高人民法院执行工作办公室编：《强制执行指导与参考》（总第7辑），法律出版社2003年版，第263页。

三、域外民事执行制度考察及启示

（一）执行机构设置及执行权运行类型

1. 法院内设执行机构。按照主导执行事务的主体划分，法院内设型分为三类。

（1）法官负责型。主要有意大利、西班牙、奥地利、秘鲁、阿根廷及我国台湾、香港、澳门地区。执行权赋予法官，执行机构有执行员（或称执达员），执行员没有独立的法律地位，按照法官的指令采取执行措施，除完成执行事务外，还负责文书送达。如阿根廷根据1968年生效的《国家民事和商事程序法典》确立的执行体制，由法院负责执行。① 我国台湾地区、香港、澳门负责裁判执行的机构都设在法院内部。我国台湾地区“强制执行法”规定，民事强制执行事务于地方法院及其分院设民事执行处办理。香港终审法院设有司法机构政务处，下设总执达主任和副总执达主任，他们领导的专门执行系统负责法院判决的执行。②

（2）执行官负责型。如澳大利亚，法院内设立执行官办公室，其下有各种级别的执行官员，首长由州最高法院首席法官任命，负责该州所有执行事务。执行官除执行职责外，还有法警的职责，负责法院和法官的安全，看管被拘押人，以及送达传票、法律文书等。

（3）法官和执行员分工负责型。代表国家有德国、法国、日本。法官和执行官相对独立行使各自权力，并相互配合，但法官处于支配地位。法国的执达员采取查封、扣押、拍卖、财产交付等措施，但执行命令、执行许可、裁判事项必须由法官负责。德国的执行机关有三种，执达吏、执行法院和受诉法院。执达吏负责单纯事务性的执行，如查封、扣押、拍卖、动产交付；执行法院负责较复杂的、带有判断性的执行，如债务范围的确定、不动产的查封和拍卖、债权分配等；受诉法院负责审理执行争议。韩

---

① ［阿根廷］米罗西文：《阿根廷的执行程序》，方金刚、黄斌译，载最高人民法院执行工作办公室编：《执行工作指导》（2006年第2辑·总第18辑），人民法院出版社2006年版，第255～261页。

② 黄金龙：《香港法院判决执行制度初探》，载最高人民法院执行工作办公室：《强制执行指导与参考》（总第1辑），法律出版社2002年版，第449页。

国执行官也设在法院内。日本执行机关由执行法院、书记官、执行官、执行辅助机关组成。四者的职责和关系是：执行法院负责不动产、船舶、航空器等的执行和对执行官的监督；书记官主要负责查封、扣押措施的登记和公告；执行官设置在地方裁判所，负责动产执行和财产交付；执行辅助机关根据法院的命令或委托，对不动产进行评估、管理以及船舶保管等。①

2. 法院外设执行官。按照是否设立专门执行机关和执行官，又分两种。一种是法院外设立专门执行机关，配置专门执行官员，如瑞典、瑞士和俄罗斯。瑞典于1965年创设独立于法院、检察院、警察系统的执行局（有译称执行处），② 是一种政府机构，执行官员是政府雇员，独立行使执行权，决定执行措施和进程。执行争议和第三人异议须由法院裁判。在瑞士，《瑞士联邦债务执行与破产法》规定，一个州有一个或多个破产辖区，设立破产事务局，一个破产辖区设立多个执行事务局。联邦法院和专门监督机构对破产和执行进行监督。俄罗斯联邦司法部1997年建立两套司法警察系统，一套是警卫系统，保卫驻地法院和法官的安全，维护审判秩序；另一套是执行系统，负责执行法院判决。③ 另一种类型是法院外设立非专门执行官。如美国、英国、加拿大以及英国的原殖民地印度、新西兰等英美法系国家。这些国家的执行官是政府或警察系统的官员，除了判决执行、法院保卫、传票送达外，还有监所管理、治安事务等职责。英国的执行官是设在法院外的郡的官员，执行官负责法院判决的执行。美国州法院判决由州执行官执行，联邦法院的判决由联邦执法官执行，他们的身份都是警察。加拿大和挪威的执行官制度与美国相似。

3. 设立执行法院。冰岛属此类型，执行判决由执行法院的一名法官负责，拍卖财产由拍卖法院的法官负责。

（二）对我国执行体制改革的启示

纵观域外民事执行制度，执行机构多设置在法院，少数在法院外，后者主要见于英美法系国家。英、美法系国家之所以确立执行与法院分离的

① 黄文艺：《日本民事执行机关简介》，载最高人民法院执行局编：《执行工作指导》（2007年第4辑·总第24辑），人民法院出版社2008年版，第242～246页。

② 参见黄金龙译：《瑞典强制执行法典》（1981年774号），载最高人民法院执行工作办公室编：《执行工作指导》（2007年第1辑·总第21辑），人民法院出版社2007年版，第226～264页。

③ 程丽庄：《俄罗斯联邦强制执行制度改革述评》，载最高人民法院执行工作办公室编：《强制执行指导与参考》（总第15辑），法律出版社2006年版，第188～205页。

民事执行制度，与其法律传统和国情密切相关。一是法律文化积淀深厚，国民法治意识较强，法院判决得到普遍尊重。二是法律对不尊重判决的行为惩罚非常严厉。三是秉持当事人收债主义理念。四是有完善的财产登记制度以及高效的财产查询系统。上述条件我国未能具备，国外的法院以外的执行机构在执行中也不能行使我国规定的全部执行职能。① 国外也有执行权与法院分离改革失败的教训，可为我们提供镜鉴。如越南，2002 年将执行权从法院分离出来交给行政机关行使，但越南司法代表访华团认为改革是失败的，因为改革后实际执结率从过去约 30%下降至 10%。当然，越南改革问题不一定出在外分上，可能与配套措施跟进不及时有关，但越南的改革实践应引起我们高度重视。② 因此，笔者不赞同贸然将执行权配置到法院外的行政机关。

学者主张执行与法院分离的理由，一是执行离开法院，社会诟病的执行难包袱便可从法院身上卸下来，有助于提高法院的司法公信力；二是执行警务化威慑力较强，有助于执行效率提高。其实这两点理由并不成立。其一，司法公信力建立在公正与效率基础之上，而不是建立在有无执行业务上。即使法院没有执行案件，只要妨害公正与效率的因素还存在，司法公信力仍受影响。反观国外执行机构设置体例，也不能得出执行机构法院外设型比内设型国家的司法公信力更高。况且执行难不是个绝症，只要执行查控系统以及社会信用体系建立完善，执行难问题将会有效破解。其二，执行警务化确实可以提高执行威慑力，但不是执行难的治本之策。执行难的根本原因在于缺乏完善的社会信用体系，而非法院执行威慑不足，况且行政机关包括公安机关，也必须依法行政，文明执法，不能动辄抓扣，滥用警力。

此外，还基于以下两点现实考量：第一，执行机构设置在法院外，不利于执行难解决。人民法院不是政府机构，在对抗地方和部门保护主义势力上，相对超脱。如果将执行权移交行政机关，地方干扰将更为直接、更为深入。另外，若行政机关负责执行实施，法院负责执行裁决，工作衔接与协调上，环节更多、更为困难，执行效率将更低，执行积案数量更为庞大，执行难问题也更为严重，与改革初衷不符。第二，另行建立执行机

---

① 最高人民法院执行工作办公室：《国外执行机构概览》，载最高人民法院执行工作办公室：《强制执行指导与参考》（总第 1 辑），法律出版社 2002 年版，第 435 页。

② 转引自《人民法治》对最高人民法院执行局局长刘贵祥的访谈稿。

关，社会成本巨大。在法院外另行建立执行机关，是一项系统工程，每个省（自治区、直辖市）、市、县（区）都必须配备执行机关的办公用房，增设机构、领导职数和公务员编制，配备相关物质装备，国家必须为此付出巨大成本。俄罗斯联邦在设立独立执行机关前，就有很多人反对，认为另外建立一套司法执行机构体系的代价是昂贵的，它会削弱法院权力，导致建立起另一套官僚机构。[①] 虽然最终俄罗斯建立了执行权分配新体系，但其系在特殊历史背景下完成的，并不能成为我国效仿的模板。

四、建立民事执行新体制

笔者认为，执行改革应尊重执行工作内在规律，结合我国幅员辽阔、人口众多、执行案件数量巨大的基本国情，坚持提高执行效率破解执行难的宗旨，坚持《民事诉讼法》确立的民事执行基本原则，推进审判权与执行权相分离，构建民事执行新体制及执行权运行新机制。

（一）设立独立执行裁判庭

将执行过程中需要作出裁决的申请不予执行仲裁裁决、不予执行公证债权文书、变更和追加执行主体、执行异议、复议、案外人异议等事项与案外人异议之诉、债权分配异议之诉、许可执行之诉等需通过诉讼确定的事项，统一由一个专门的独立于执行局的执行裁判庭办理，法官行使的权力称为执行裁判权，而不是执行裁决权。执行局只负责执行实施。

将执行裁决权从执行局剥离出来，单独设立执行裁判庭，有以下几方面优点：一是执行权分权制约行使，可促进执行公正。二是执行裁判专业化，可提高法律适用准确性。三是与执行相关的诉讼案件集中一个审判庭审理，可提高执行裁判效率，进而缩短执行周期。四是执行异议、案外人异议由执行局之外的审判法官审查，避免执行法官审查异议先入为主，可保持裁决理性、中立。五是执行管理可垂直领导，有利于构建上级法院对下级法院执行工作统一管理、统一协调，对辖区执行力量统一指挥的执行

① ［俄］M. 特列乌什尼科夫：《新民事诉讼法草案的基本问题》，载《莫斯科大学学报·法学卷》（俄文版）1995 年第 4 期。转见于程丽庄：《俄罗斯联邦强制执行制度改革述评》，载最高人民法院执行工作办公室编：《强制执行指导与参考》（总第 15 辑），法律出版社 2006 年版，第 188 页。

新体制。

（二）建立单独执行员序列

执行裁决权从执行局剥离以后，执行局不再配备法官，而是清一色的执行实施人员。对这一类人员，应当建立执行员序列进行管理，促进执行实施专业化、职业化。

《民事诉讼法》第228条规定："执行工作由执行员进行。"《人民法院组织法》第40条规定："地方各级人民法院设执行员，办理民事案件判决和裁定的执行事项，办理刑事案件判决和裁定中关于财产部分的执行事项。"因此，执行员有其独立的法律地位和职能。但是，国家立法机关和最高人民法院没有对执行员的法律地位和职能进行明确，人员管理上也没有单立执行员序列。建议尽快出台文件，对执行员的任职条件、招录、任免、考核、定级、待遇和职业保障等作出规定。

（三）执行管辖与行政区划适当分离

为了解决执行权地方化和执行案件分布严重失衡的问题，我们提出执行管辖与行政区划适当分离的改革方案：即以中级法院为基本单位，统一管理执行案件，统一指挥、调度执行实施力量，案件分段集约执行，形成法院执行工作与行政区划适当分离的格局。

此项改革的重要前提是必须全面建成执行指挥中心，建设自动化的功能强大的执行查控系统，依靠科技推动高质量、符合执行工作自身规律的执行改革创新。近年来，各地法院推行审执分离改革、主动执行改革、建设执行指挥中心，从法院内部因素着手破解执行难问题，已取得显著成效。特别是执行指挥中心财产查控系统的建成使用，实现了网上批量快速查询被执行人财产，网上冻结存款、查封房地产及车辆，"执行难"中的被执行人难找、执行财产难寻、协助执行人难求这三大难问题已得到有效解决。剩下"一难"，即被执行财产难动的突出问题，涉及地方和部门保护主义，必须通过执行管辖与行政区划相分离的改革来实现。如果将执行案件集中至中级法院执行，重新配置上下级法院执行权力，整合执行资源，推动执行集约化、信息化，将可大幅提高执行效率和执行标的到位率。

执行管辖与行政区划分离改革的具体形式：（1）集中执行。执行案件由中级法院统一立案，集中管辖。中级法院设执行局、基层法院设执行小组，中级法院执行局统一指挥辖区执行力量。执行案件实行分段集约执行，中级法院执行指挥中心通过执行查控系统集中查控被执行人财产；统一管理委托评估、拍卖工作，探索推行涉案标的物集中网上拍卖。执行财产的交付，包括房屋腾退、地上建筑物拆迁清场，由中级法院执行局及案件第一审基层法院执行小组共同实施。重大执行案件，由中级法院指挥，调度辖区内执行实施力量完成交付工作。（2）提级执行、交叉执行。对存在地方保护主义和部门保护主义严重干扰，中级法院执行存在困难的执行案件，报请高级法院提级执行或交叉到其他中级法院执行。

上述改革设想，需突破两条现有法律规定。一是执行案件管辖法律规定。《民事诉讼法》第 224 条确立的执行案件由第一审法院和财产所在地法院管辖原则，旨在便民和方便执行，但没有考虑地方保护主义和部门保护主义对执行的影响，可根据提级管辖的规定探索扩大第二审法院对执行案件的管辖权。二是提级执行、交叉执行的法律规定。《民事诉讼法》第 226 条确立了提级执行和交叉执行制度。但在司法实践中，超过 6 个月未执行的，申请执行人向上一级法院申请督促执行，上一级法院多向执行法院发出督促执行令，此后不了了之，这一制度被虚置，没有起到破除地方保护主义干扰执行和遏制消极执行的作用。因此，应该探索对存在严重地方保护主义和部门保护主义干扰的执行案件，无需等待 6 个月期限，也无需当事人申请，执行法院依职权报请上级法院提级执行或交叉执行。

执行案件统计标准研究

——以佛山法院为考察对象

广东省高级人民法院审判管理办公室、
佛山市中级人民法院联合课题组*

一般来说，一项工作的优劣，如果能够经由一些数据和统计的情况来反映，我们就说这种统计指标设置是合理的，统计标准是科学的。司法统计也是如此，它应该是人民法院审判执行工作数字化的体现，司法统计指标及数据的优劣自然应当客观、真实地反映法院的工作情况。

当然这是一种应然状态，但是我们也要看到，还有一种情况，就是现实与统计的情况大相径庭。以近年来法院的执行工作为例，与一路走高在80%以上的实际执行率统计结果不相对应的是“执行难”的工作现状与老百姓的呼声日烈。那么，为什么司法统计数据反映的信息与执行实践中社会的评价有如此大的差异，执行案件的统计要怎样才能真实地反映执行工作的实况，能更好地为领导决策提供科学依据呢？我们认为，应当以执行案件的统计标准为突破口，力图设置科学的评价体系，完善相关统计标准，从而真实评价法院执行工作。

本文试图以佛山市法院 2010 年至 2012 年间司法统计工作为研究对象，探讨司法实践中执行案件统计标准存在的问题，寻求制定科学合理的统计标准和评价体系，从而使司法统计工作更好地服务于执行实践。

---

* 课题组组长：廖万春，成员：张莉、梁春祥、黄海锭、黄文颖、李军、林莹茵、舒山明、甘嘉亮、蔡捷。

一、司法实践中执行案件统计标准存在的主要问题

（一）基础统计方面

执行司法统计中的基础数据主要包括执行收、结案及相应的执行标的额情况。具体的统计情况可参照佛山法院执行案件法综表的情况来看（详见表一、表二）。

表一　佛山法院法综表执行收案情况

年份	旧存	收案	在收案中						
			移送	申请	申请执行标的总金额（万元）	受托	财产刑即时执行	提级执行	指定执行
2010	9284	36619	7234	27688	1037200.8132	790	669	104	134
2011	5318	34071	6792	25765	820122.2151	575	869	8	62
2012	4467	26046	2879	21483	912122.8968	532	980	1	171

表二　佛山法院法综表执行收结案情况

年份	结案	在结案中						
		不予执行	执结情况					执结标的总金额（万元）
			自动履行	和解	强制执行	终结	其他	
2010	40585	26	9814	2935	16979	9089	1742	494477.3941
2011	34922	3	9691	1507	16910	5274	1537	715976.0253
2012	26648	2	3422	1107	12709	6788	2620	460865.7615

从上表可以看出，法综表中的执行案件统计表相对简单、明了。在收案中，将执行收案又细分为“移送、申请、受托、财产刑即时执行、提级执行、指定执行”六种情况；在结案中，将执结情况分为“自动履行、和解、强制执行、终结、其他”五类。然而，在实践中，由于执行统计的入口与出口标准不一致、司法统计存在多套系统等原因，执行司法统计工作并不仅如以上的表格反映出来的情况一样准确明了。

1. 执行案件立案统计分类不全，导致部分执行案件立案时界定不明

晰。在法综表的统计中，执行收案分为“移送、申请、受托、财产刑即时执行、提级执行、指定执行”六种情况，对于实践中存在的“主动执行”等其他执行来源存在遗漏，造成了部分实践中存在的执行案件无法依照实际情况录入或随意填入六种情况之中，或游离在司法统计之外无法掌握的情形。

另外，在六种收案情况的界定时，没有明确的规则，使得“移送”与“申请”等部分案件难以界定，在统计时造成误差。

2. 执行结案标准变动频繁，造成结案统计误差较大。我国法律规定的执行结案方式仅有四种，即：（1）生效法律文书确定的内容全部执行完毕；（2）裁定终结执行；（3）裁定不予执行；（4）当事人之间达成执行和解协议并已履行完毕。然而，为了及时清理执行积案，根据《最高人民法院关于人民法院执行工作若干问题的规定》以及《关于规范集中清理执行积案结案标准的通知》（以下简称《结案标准》），增设了第五种执行结案方式：“裁定终结本次执行”。而在法综表中，执行结案方式如上表所示，主要有：（1）不予执行；（2）自动履行；（3）和解；（4）强制执行；（5）终结；（6）其他。粗略看来，法综表中执行案件的结案方式似乎是与《结案标准》一一对应的，但是，仔细比较，将发现两者的衔接关系仍存在问题。

首先，在法综表中，对于新增设的“终结本次执行程序”的结案方式没有体现。在实践中，法综表在统计此类案件时一般将其放入“终结”，但也有部分案件被归入“强制履行”与“和解”之中，造成统计数据的失实。

其次，在法综表的结案中，创设了“其他”的结案方式，但对“其他”并没有进一步的界定，给了各个法院在执行实践中创设执行结案方式的空间，造成执行结案标准不统一。对应法综表中执行案件的立案来源，我们可以推测，在“其他”的结案方式下，至少包含案件被“委托执行”“指定执行”“提级执行”等，但实践中却远不仅如此。如在佛山市高明区抽查执行案卷时，就发现有的法官将“终结本次执行”案件归入“其他”结案中，有的将“中止执行”的案件也归入“其他”结案中，结案方式标准各异。

最后，对于分期履行和解协议的案件如何报结，各级法院的规定也存在很大差异。按照最高人民法院的规定以及其推广适用的司法统计系统，只有和解并履行完毕或者部分执行后债权人放弃剩余申请的才可以以“和解”结案。但根据广东省高级人民法院在2009年清理执行积案的有关通知精神，双方当事人签订了分期履行的和解协议，只要履行了其中一期债务就可以“和解”报结。根据《佛山市中级人民法院关于执行案件结案方式及标准的规定》，分期履行和解协议的，在实际履行和解协议标的额过半后可以报“和解”结案。由于各级法院的规定出入很大，所以不同的法官按照不同的标准来报结，统计口径不统一导致了司法数据不准确。

2011年开始，最高人民法院在法综表的基础上额外采用一套新的报表“司法统计2011”（下面简称新报表）来统计执行工作，在新报表中，执行的结案方式被更改为：(1) 驳回申请或不予执行。(2) 执行完毕。(3) 和解：①和解并履行完毕；②部分执行后债权人放弃剩余申请。(4) 终结：①终结本次执行；②其他终结。(5) 其他。该统计报表将“终结本次执行”作为“终结”的子项目，将“部分执行后债权人放弃剩余申请”作为“和解”的子项目纳入司法统计。该报表在一定程度上解决了司法统计报表与执行工作实际脱节的状况，但是，在新报表的应用过程中，却又引起了新旧报表不能完全对应以及法官在填报数据的过程中为了追求数据好看而不照实填报的新问题（详见表三）。

表三　佛山法院终结本次执行案件填报情况统计表

	终结本次执行的实际案件数	在法综报表中填写的结案方式						
		自动履行	和解		强制执行	终结		其他
			和解并履行完毕	部分执行后债权人放弃申请		终结本次执行	其他终结	
2010年	9817	0	94	0	1766	7957	0	0
2011年	7236	0	7	0	2011	5218	0	0
2012年	7328	0	4	0	2122	5193	0	9

如表三所示，在2010年，有94件终结本次执行的案件被统计到“和解”该结案方式下；而统计为“强制执行”的终结本次执行程序案件更是逐年递增，2010至2012年分别有1766、2011、2122件，分别占到当时终结本次执行程序案件的18%、27%、41%，使大量的无任何执行标的和实际未执行完毕的“终结本次程序”案件被当作完全执行完毕和执行标的完全到位的“强制执行”案件统计，人为地提高了实际执行率和执行标的到

位率。

3. 多套统计报表统计标准不统一，无法准确评估执行工作运行态势。目前阶段，在执行工作的司法统计工作中，最高人民法院的法综表、新报表、和广东省综合业务系统同时存在，三套系统的执行统计标准基本一致但在细节方面又各有差异，使得几套系统中的执行数据难以统一。

例如：在法综表30（执行案件统计表）中并未对执行裁判（即执行异议、执行复议）案件进行单独分类，而是在填写的过程中要求内勤将执行裁判案件填入“其他”中；而在新报表中，单独将执行复议案件列出，却没有将执行异议案件纳入，因此造成两套报表中的执行案件数中，一套包含执行异议案件，一套不包含执行异议案件，报表统计标准不统一，导致司法统计数据无法一一对应。

又如，在结案方式上，几套报表并不一致，使得相应的案件无法对应(详见表四)。分析原因，第一，新报表的数据中包含了执行复议，因此在总量上略大于法综表；第二，新报表的“执行完毕”结案方式中包含了强制执行与自动履行的结案方式，而“和解”包含了和解并履行完毕与和部分执行后债权人放弃申请，因此相应的数据也都大于法综表数据；第三，由于结案方式没有清晰界定的标准而使得部分案件在两套司法统计系统中结案方式未能对应。

表四　佛山法院法综表与新报表执行结案数据对比

	法综表					新报表			
	结案（不含异议、复议）	自动履行	强制执行	和解	实际执行率	结案	执行完毕	和解	实际执行率
2010年	39829	9814	16979	2935	74.64%	当时未采用该报表，因此无数据			
2011年	34302	9691	16910	1507	81.94%	34358	25369	2615	81.45%
2012年	26648	3422	12709	1107	64.69%	26150	15896	1278	65.67%

除了报表统计标准不统一，无法准确评价执行工作外。另外，现行司法统计也不能全面地反映执行工作实际情况。在司法统计报表中，法院的执行情况主要反映为收、结案情况。然而，在实践中，法院执行局的工作只有一部分是处理执行收、结案，执行局的工作内容相对综合，包括执行裁判、执行信访督办、恢复执行案件的处理等，大量的执行工作并不能通过司法统计反映出来。因此，执行局普遍出现了在完成统计部门要求的三

套司法统计数据填报的基础上仍需要建立执行局内部的统计表，来统计实际工作的情况，不仅加重了法官、书记员的工作量，也在无形中造成了司法资源的浪费。

4. 统计模式分散，统计标准执行不规范。目前，受限于司法统计数字化程度不高，案件信息系统管理粗放等原因，我省的司法统计采用的是“分散型”的统计模式：本院的司法统计数据主要是由各庭室内勤向司法统计部门报送，司法统计部门汇总生成全院数据。下级法院定期向上级法院报送司法统计数据，上级法院汇总本地区的数据后再向上报送，从而产生全国法院的司法统计数据。具体到执行案件，其“分散型”特点更为明显：各执行小组的书记员负责本小组的数据统计，然后，执行局的内勤负责汇总整理。

这种分散型的统计方式至少存在以下几方面的问题：首先，统计终端过于分散加大了统计管理难度，极易造成统计监督缺位，统计标准规范化将受到考验。其次，这种各自为政的方式没有办法形成统计合力，统计人力资源耗费过多而统计准确度及统计效率低下的矛盾突出。最后，以上报汇总方式（主要是司法统计报表形式）产生的数据，其承载的案件有效信息点较少，极大地限制了司法数据的研究、使用。

（二）指标体系方面

当前我省的审判执行工作的考核评价体系基本依据最高人民法院案件质量评估体系设置，经过与本地实践结合，对其本地化后形成了广东省法院“当好排头兵综合监控指标体系”。在“监控指标体系”中，共有16项（2013年调整为14项）“核心指标”，7项“指导指标”，7项“参阅指标”；而涉及执行工作的共有7项“核心指标”（包括单独考核执行工作的“实际执行率”与“执行标的到位率”两项执行效果指标），2项“指导指标”，3项“参阅指标”，计算公式基本和全国案件质量评估体系相一致。量化考核较为客观地评价每个法院乃至法官的工作绩效，激发了各级法院以及法官的积极性和能动性，有效提升了审判效果。然而，也带来了相应的其他问题：假设在司法资源及个人输出不变的情况下，法官会选择一种最简便有效的方式来应付，这种指标设置的不科学，将错误引导执行工作的导向。

1. 指标体系中效率指标较多，执行标准向效率倾斜。从图一中我们可以看出，在近些年执行工作司法统计指标体系中，效率指占了绝大多的比例。在我省对各级法院评估考核的“当好排头兵综合监控指标体系”中，法定（正常）审限内结案率、结案均衡度、季度末存案工作量、结收案比、平均审理时间指数、延长审限未结比、法院年人均结案数、法官年人均结案数这8项指标都与执行案件的结案数息息相关，可以毫不夸张地说，只要有效地控制了执行结案的数量，就可以使这8项指标都处于良好的运行状态。与此同时，强调执行结案之“质”的实际执行率、执行标的到位率这几项指标，则注重执行的手段与金额，要提高这两项指标远没有提高结案数这么简单。因此，在每月结案任务的催化下，如果无法两全的情况下，执行法官往往会选择就“量”不就“质”。在一些统计标准不甚规范，弹性空间较大的统计项目如“终结本次执行”，就会降低统计标准，将一些并不完全符合“终结本次执行”的案件列入，影响其他质量指标的数值。选择统计为“终结本次执行”案件既是被执行人确无财产可供执行的客观原因，也是执行法官应对结案数据的无奈之举。

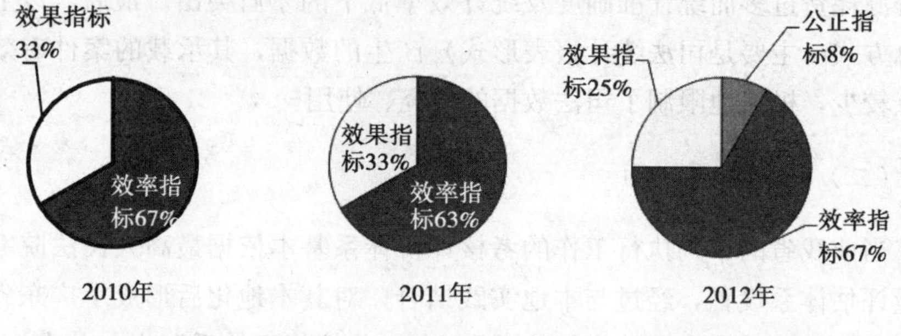

图一　公正指标、效率指标、效果指标在执行司法统计指标中的比例

2. 指标设置不科学，导致执行指标统计标准难以被适用。由于执行工作实践的特点，部分指标在对应不同的主体时应当有区别的评价，而非一概而论。以“信访投诉率”为例，该指标被简单定义为“信访投诉率高，反映当事人对裁判的满意度低”，且指标值参考范围设置为“1%～1.5%”，即100件案件中仅允许有一件案件由当事人进行信访投诉。该指标制定的初衷是为了督促各法院切实做好审判执行工作，并且做到案结事了，当事人满意的社会效果。然而，在实践中，一方面，由于珠三角地区经济发达，案件基数大，且当事人维护自身权利的意识强等种种原因使得该指标难以实现，而出现了部分法院为了指标达标而少填甚至不填信访案

件数据的情况，执行的统计标准被破坏；另一方面，由于该指标笼统的要求“无信访”而没有区别基层法院与中级法院的不同职能——中级法院处理当事人反映的基层法院的信访案件实际上是一种纠错行为，体现了中级法院的纠错能力，也使得当事人的权利更多一层保障。

3. 指标数据标准来源不统一，引致统计指标之间冲突。上文中提到，目前阶段，我省司法统计工作有三套报表，分别为法综表、新报表和广东省的综合业务系统。其中法综表、新报表是最高人民法院分别从 2002 年、2011 年开始实行的，收集统计数据自下而上层层上报的司法统计报表；而综合业务系统是广东省法院从 2010 年底开始推行的一套数据直接从承办人填写的案件信息中提取的数字化自动生成的司法统计报表。这三套报表，由于设置略有区别，且推行时间不一致，应用程度不一，造成了报表与报表之间数字不一致，指标数据标准来源不统一，使得法院在运用司法统计数据，计算指标数值时无所适从。以“执行标的到位率”为例，如果从新报表中提取数据计算，2012 年佛山市该指标为 45.33%，指标达标；但是，从综合业务系统直接生成的数据却显示佛山市该指标值为 38.24%，指标不达标。

二、执行案件统计标准问题出现的原因

执行工作是法院工作的难点问题，一直以来备受社会及当事人关注，而对执行工作的司法统计也是司法统计中的难点问题，其统计标准问题频现，主要原因有以下几个方面：

（一）执行工作存在“以数据论英雄”的不科学评价

执行统计数据是为了客观、全面地反映执行案件的办案质量和效率，量化观察人民法院执行工作运行态势，为领导实现科学决策、科学管理提供实证基础。但是，目前部分法院没有科学地评价执行司法统计数据，单纯的认为数据越高，工作越好，一味地追求高数据，进入为了数据而工作的误区，背离了利用数据更好地指导当前的执行工作的初衷。一旦实际执行工作无法直接转化为漂亮的数据，法院就会想办法从数据来源、计算公式、结案归类等统计标准方面入手，玩弄数字游戏，变通统计标准，提高统计数据，这就衍生出数据相互核对困难、数据来源不统一等诸多问题。

（二）考核指标催生数据需求

上级量化考核指标较为客观地评价每个法院乃至法官的工作绩效，激发了各级法院以及法官的积极性和能动性，有效提升了审判效果。然而，排名的要求也容易催生数据的虚高，表现在实际工作中不是对审判质效的良性互动而是应对指标数据的盲目增长。有的时候，下级法院没有明确认识到考核指标参考值作为工作风向标的宏观管理作用，没有清醒认识到考核指标体系是对执行工作的“体检表”而不是“攀比表”。如我省法院在开展排头兵指标活动和当好排头兵指标活动中，其设置数据参考值的初衷是，考虑到先进省份的指标值和全省的平均值，将数据定位为全年才能实现而非短期能实现的数值，是不容易达标、也不要求全部达标的数值。但是省内少部分法院在实际工作中为了排名靠前，就盲目追求达标，追求高数据，甚至利用制造假象来达标数值。前面提到，部分终结本次执行程序案件在司法统计时被人为改变结案方式。我们可以看到，在“实际执行率”的驱使下，有越来越多的终结本次执行程序的案件被当作强制执行案件统计，实际计入终结本次程序统计的案件只占到了该类案件的60%左右。

（三）统计数据与实际执行工作存在严重偏差

实践中，执行工作涉及面十分广泛，程序复杂，涉及基本的收结案、执行异议、旧案跟进、恢复执行、执行申诉信访等众多方面，需要耗费大量的人力和时间，但是当前统计数据只是简单反映基本的收案和结案，实际执行及标的到位的情况，并没有全面科学地体现执行工作的精髓。以佛山中院执行局为例，现行的司法统计报表里涉及的收案、结案、执结率等指标仅体现了执行一科的工作量，并没有体现出执行二科和执行三科的执行异议、恢复执行、旧案跟进、执行信访等方面的工作量。而执行一科人数仅占执行局总人数的1/4，显而易见，用1/4人数的工作量来衡量评价整个执行局工作是很不科学的。

（四）现有的统计指标设置不够合理科学

现有的统计指标在体现法院执行工作的综合情况、揭示工作规律方面存在不足，没有切实起到司法统计职能作用。具体来言，不科学合理的指标包括执行案件的信访投诉率、实际执行率、执行标的到位率、结案均衡度。

执行案件的信访投诉率：从表面上来看是个反向指标，信访投诉率越高，反映当事人对执行工作的满意度越低。但是，深入分析该项指标发现信访投诉案件应当细分为一审法院执行工作信访投诉案件和二审法院执行工作信访投诉案件。因为，一审法院执行工作信访投诉案件一方面反映一审法院执行工作的社会效果，另一方面也反映二审法院接受和处理信访投诉案件的工作强度，体现了二审法院对一审法院执行工作的督导和指导的水平，既有反向指标功能，又有正向指标功能。真正反映当事人对二审法院执行工作满意度的案件数据就只是二审法院执行工作信访投诉案件，不包括一审法院执行工作信访投诉案件。所以，为了更加准确、全面地客观评价执行工作质量，我们可以考虑参考一审判决案件改判发回重审率和二审改判发回重审率两项指标的设置，设置一审执行案件信访投诉率和二审执行案件信访处理率越高。

实际执行率与执行标的到位率：从表面上来看是评价执行的手段和金额，反映的是执行结案的质量。实际执行率高，反映人民法院执行力度大、工作到位，执行工作的质量和效果好，但是实际执行率是在已经执行结案的基础上评价执行工作的效率，这就决定了其局限性、片面性。执行标的到位率越高，说明人民法院通过执行程序实际实现申请人金钱债权的整体效果越好。但是，执行标的到位率的仅对结案工作的评价，是对已执行完毕工作的社会效果进行片面评价，没有对整体执行工作进行完整评价。例如有5件执行案件，其中1件终结本次执行，1件和解并且和解执行的金额为裁判金额80%，其他3件未结案，按照现行的数据计算公式，执结率为40%，而实际执行率100%，执行标的到位率为100%。5件案件只有1件案件当事人取得自己应有的金钱债权，与老百姓心中朴素的100%的实际执行、100%执行标的到位的观念存在严重差距，造成数据的法律效果和社会效果严重不统一。同时，一旦追求虚高的实际执行率和执行标的到位率，容易引起法院懈怠处理难度高的执行案件，始终使其处于未结案状态，不进入数据统计的范围内。

结案均衡度：该指标反映审判工作良序运转状态，均衡度越高，意味着审判工作良序运转程度高。但是结案均衡度用于执行评价指标就违反执行工作规律，无法评价实际执行工作。实践中，执行工作的出发点是及时有效地保护公民、法人和其他组织的合法权益，没有必要考虑单位时间段内执行案件数量起伏幅度大小的问题。相反，过度追求结案均衡率，很容易导致案件不执行或者催生未结案就报结的现象。例如，当月本可以执行结案120件，但是上个月执行结案只有100件，为了提高结案均衡率，就会出现本月只执行终结100件，剩余20件案件故意不执行终结的局面，那么剩余20件案件当事人就无辜承担本应到手的财产可能被债务人非法转移等社会风险，损害了当事人的合法利益。

（五）执行期限过短，对实际执行工作产生不利影响

执行期限是目前考核执行工作的一项重要的效率指标。理论上，案件如果执行期限越短，表明权利人的权利在更短的时间内得到了实现和保障，案件的执行效率就越高，反之则低。因此，将执行期限作为执行工作考核的指标有其合理性。但是，实践中，执行工作涉及面十分广泛，程序复杂，查找被执行人的财产需要耗费大量时间，尤其是执行协助单位不配合或被执行人外地的情况下更是如此。加之很多案件因为种种原因，申请人与被执行人达成和解协议、分期履行的案件更能体现法律效果与社会效果的统一。而现行法律法规规定的执行期限却非常短，执行异议期限为15天，执行工作期限为6个月，根本不能满足实际执行工作的需要，因此需要对执行期限进行改革，延长执行期限的规定。

三、完善执行案件统计工作的对策与建议

（一）加强执行案件司法统计工作标准化建设

1. 统一指标计算的数据来源标准。在当前全国案件质量评估体系中所涉及执行案件统计的指标包括实际执行率、执行标的到位率、结收案比、执行案件信访投诉率、结案均衡度等。这些监控指标的数据采集，按照现有的统计工作体系，是来自不同的报表、系统或台账，如信访投诉率计算公式中的数据提取自法综报表和新报表两个不同的数据源，结案均衡度的计算数据来自法综报表，实际执行率的计算数据来自新报表，执行标的到位率的计算数据则直接从综合业务系统提取数据。在这些不同的报表、系统或台账中，数据并不完全对应，由于计算方法不一致，所得数值不可避

免地存在一些差距。另外，计算指标值所需的数据分散在不同的系统和报表，无形中增加了统计人员在查阅、提取、计算过程中出现错误的风险。要推动执行案件司法统计工作的标准化，必须将司法统计数据来源统一。

2. 统一执行案件收案和结案归类标准。新报表中将执行案件的结案方式分类为：驳回申请或不予执行、执行完毕、和解、终结、其他。在具体的执行案件中，特别和解和执行完毕这两种结案类型存在重叠，给执行案件司法统计人员带来不少困扰。要使执行案件司法统计真实反映工作情况，必须明确各种结案方式的界定标准以及在报表及系统中应该属于哪些类别：当执行案件被采取强制措施后当事人达成和解协议，采取强制措施后当事人自动履行，裁定终止本次执行等情况出现后，应将该类案件归类为哪种结案方式填报；对于采取强制执行措施的案件，财产到位率达到哪一个阶段才能以“强制执行”报结；和解案件的案件到位率达到哪一个阶段才能以“和解”报结等问题。

经研究，建议将执行案件来源中的 a. 当事人申请、b. 业务庭移交、c. 受托执行、d. 上级法院指定执行、e. 提级执行、f. 其他，分别规定为 a. 当事人申请，就是案件判决或裁定生效后，由当事人向人民法院申请执行。b. 业务庭移交，指的是案件判决或裁定生效后，由审判员移送执行员执行。当事人向业务庭申请，业务庭移交的；或者业务庭开展“主动执行”工作主动移交的，亦登记为此项。c. 受托执行。d. 上级法院指定执行。e. 提级执行，分别对应《关于人民法院执行工作若干问题的规定（试行)》第 16、17 和 132 条，现实中争议较少，此处不再繁述。

而结案标准统计中：a. 自行履行：指被执行人收到执行通知书后，人民法院尚未采取强制执行措施时自行履行生效法律文书确定的义务。b. 执行完毕：指申请执行金额全部执行到位。就执行案件而言，除申请人放弃部分和不需执行的部分，以及确因被执行人无可供执行的财产而裁定终结本次执行程序的外，应当全部执行到位才算结案。c. 和解：指执行过程中当事人之间自愿达成和解协议，变更生效法律文书确定的履行义务主体、标的物及其数额、履行期限和履行方式，并已履行完毕，以及部分执行后申请人放弃剩余债权的执行。d. 终结本次执行：指被执行人确无可供执行的财产，人民法院裁定终结执行。终结本次执行的，申请人发现被执行人有可供执行的财产时可以申请人民法院恢复执行。上述结案方式在统计上有重叠的，按照以下顺序进行：和解→自动履行→强制执行。如某件案件被采取强制措施后当事人达成和解协议，采取强制措施后当事人自动履行，裁定终止本次执行等情况，按最终结果分别统计为和解、自动履行、终止本次执行；经和解后又再提起执行，视前面是否已经统计结案，尚未统计结案，结案方式统计为和解，如已结案，按新案统计为强制执行。

3. 统一计算公式。在现有的直接对执行工作成效进行评价的指标中，实际执行率和执行标的到位率的计算公式都存在不一致的情形。

实际执行率在新旧两个系统中的计算公式分别为：

$$实际执行率=\frac{自动履行案件数+强制执行案件数+和解并执行完毕案件数}{执行结案数}$$

$$实际执行率=\frac{执行完毕案件数+和解并执行完毕案件数}{执行结案数}$$

执行标的到位率在前后两段时间内计算公式分别为：

$$执行标的到位率=\frac{执行到位金额}{申请执行金额总和}$$

$$执行标的到位率=\frac{每一次执行标的到位率之和}{申请执行案件数之和}$$

实际执行率在新旧系统中计算公式采用的分母并不一致，导致同一指标在不同系统的计算中所得数值不一致；执行标的到位率在不同时期采用的不同公式由于计算方法不同，得出的结果也不相同。第一个公式得出一段时间内总体的执行标的到位率，第二个公式得出一段时间内的平均执行标的到位率。同样的指标在两个系统中得出不一样的两个数值，让统计工作人员对这些指标无所适从。要推行执行案件司法统计工作的标准化，必须统一指标在不同的系统或报表中采用的计算公式，从而得出同样的计算结果，才能保证报表和系统之间数据的相互应用准确有效。

（二）完善执行案件指标计算标准

1. 统一不同系统间的执行指标。在不同报表中，部分数据分类不一致导致填报的数据和计算所得的结果存在差异。如执行案件结案数据填报中，广东省综合业务系统中的 11 种结案方式和司法报表中的 5 种结案方式不能一一对应，系统与报表数据分类不一致使司法报表中结案方式的统计数据不能被准确填报到所属类目。要保证执行案件司法统计评价指标值的准确真实，必须要实现法综报表、新报表、综合业务系统之间的数据分类要保持一致。

2. 增设相关指标完善执行工作评估。全国案件质量评估指标体系中，直接反映执行工作成效的指标只有实际执行率和执行标的到位率，而这两个指标均从执行工作的社会效益上评价执行工作，未能全面真实地反映执行工作的运行情况。执行工作形势多变、繁琐细微，多种客观原因使一些工作即便投入大量的精力也无法取得成效，如执行裁判、处理信访、恢复执行、旧案跟进、协调各方关系等工作，而这些不一定能提高实际执行率和执行标的到位率的工作占据了执行工作的绝大部分。因此，执行案件的司法统计应包括对执行工作量、完成情况以及工作效果作出完整的评价。在全国案件质量评估指标体系中考虑在对以前的执结率进行中心度量外，增设“恢复执行率”“恢复执行结案率”等评价指标，并设置合理的指标值，将终止本次执行后续工作以及已经取得部分执行成效的工作纳入评价体系，真实反映执行工作情况。其中，恢复执行率的计算公式推定为恢复执行案件收案数与可恢复执行案件数之比，可恢复执行案件数的计算推定为终结本次执行案件数与中止执行案件数之和。由于可恢复执行的案件数量存在年限越长积累越多的情况，建议分母采用当期可恢复执行案件数，在统计时间上与当期的恢复执行案件数相对应。根据结案率的计算方法，将恢复执行结案率的计算公式推定为恢复执行案件结案数与恢复执行案件收案数之比。综上建议，执行统计指标体系中指标及其涵义分别如下：

表六　建议实行的执行指标体系

指标名称	公式	评价对象
执结率	执结率＝执行案件结案数/执行案件收案数	执行案件的审判效率
实际执行率	实际执行率＝（执行完毕＋和解并履行完毕）件数/执行结案数	执行案件的效果，人民法院执行力度
执行标的到位率	执行标的到位率＝执行到位金额/已结执行案件申请金额	执行案件的效果，执行工作对当事人权益的保护力度
恢复执行率	恢复执行率＝恢复执行案件收案数/执行结案中可恢复执行案件数	恢复执行的力度

续表

指标名称	公式	评价对象
恢复执行结案率	恢复执行结案率＝恢复执行结案数/恢复执行收案数	恢复执行案件的审判效率
执行信访投诉率	执行信访投诉率＝执行信访收案率/执行案件收案数	执行案件的效果，群众的满意程度
执行信访督办率	执行信访督办率＝执行信访收案数/执行信访结案数	执行信访工作效率

（三）建立合理的执行案件司法统计保障机制

1. 建立立案审查司法统计机制。针对执行案件司法统计数据填报中出现了立案庭与执行局两个部门的交叉问题，应建立单独的立案审查司法统计机制，根据案件进入的不同阶段对要填报的司法统计数据进行区分，规范各个阶段的执行案件司法统计数据填报。案件进入执行阶段以后的数据由执行局录入填报，而执行案件未进入执行程序之前，立案庭对执行案件要进行立案审查，审查过程中应将相应信息及数据录入填报，保证执行案件的收案统计及有关数据来源真实准确。

2. 建立旧案跟进司法统计机制。执行工作中，除了执结案件工作量及执行到位的金额能在监控指标中有所反映之外，未能执结或正在执行的工作均没能通过监控指标体系反映出来，而在执行工作中，相当大的一部分工作量集中在旧案跟进工作上。应对监控指标体系进行科学设置，将旧案跟进工作纳入监控指标体系的考量之中，设立旧案跟进工作评价指标，明确对旧案跟进工作的量化标准，改变监控指标无法反映正在进行而未获成效的那一部分工作情况的现状，使监控指标体系对执行工作的评价趋向科学合理。

3. 建立司法统计数据纠错机制。一是开放对数据构成的深度查询功能，为综合统计部门核对各业务部门的统计数据提供支持，通过综合部门统计人员和业务部门统计人员的共同把关发现填报数据中出现的问题并及时修正，从而提高数据的准确性。二是下放数据修改权限。各数据填报单位没有修改数据的权限，在上报数据后即使发现数据填报错误也不能及时修改，需经过逐级报批才能进行修正。部分填报单位因报批手续麻烦或等到最终修正时已超过当期统计报表上报的时限，而干脆选择不修改错误数据或等到下次填报时再进行数据调整的方法，影响了数据的真实性。上级法院应为填报单位开通一定期限内的数据修改权限，让各数据填报单位能在上级单位未作出统计结果之前，修正已填报的数据；同时设置系统提示功能，上级统计部门可立即从系统提示中获知被修改的数据内容。三是增设司法统计检查指标，定期通报各单位的检查指标值，并以司法统计检查指标评判各单位司法统计工作质量的优劣，促使执行司法统计人员提高统计工作水平。

4. 改革执行期限。2007 年《民事诉讼法》第 202 条规定：“当事人、利害关系人认为执行行为违反法律规定的，可以向负责执行的人民法院提出书面异议。当事人、利害关系人提出书面异议的，人民法院应当自收到书面异议之日起十五日内审查，理由成立的，裁定撤销或者改正；理由不成立的，裁定驳回。”第 204 条规定：“执行过程中，案外人对执行标的提出书面异议的，人民法院应当自收到书面异议之日起十五日内审查，理由成立的，裁定中止对该标的的执行；理由不成立的，裁定驳回。”由此看出，审查的期限最长为 15 天。在执行程序中，执行案外人的财产时，查明某项财产是否属于案外人，案外人是否取得物权，能否对某项财产进行强制执行是一个比较复杂的问题，需消耗大量时间。尤其是执行协助单位不配合或被执行人在外地的情况下耗时更长。15 天的审查期限难以全面收集相关证据，不能满足实际执行工作的需要，延长执行期限的成为执行工作人员的迫切需要。应根据执行期限内结案率对案件执结所需的期限进行科学评估，为修改执行期限提供事实依据和参考。

5. 完善执行案件信访投诉率的评价功能。执行案件中，很多申请人的利益不能完全彻底地全部实现，因而对执行工作产生不满，导致执行投诉始终占据法院信访的大部分。而信访投诉率作为监控指标体系中的核心指标之一，指标参考值设置在 1%～1.5%且为逆向指标的情况下，基层法院未必能做到真实填报。而当前在对中院的考核中仍采取逆向指标评价的做法，否认了中级法院对二审执行信访投诉督办处理工作，使中级法院在执行案件的接访督办中处于工作量越大越被否定的状态。因此，该指标应采取分级评价的方法，对基层法院做逆向指标评价的同时，考虑执行工作的实际情况合理修改指标参考值范围，指引基层法院真实填报；对中级法院则应以“二审信访投诉处理率”或“二审信访案件督办率”的形式进行正向评价。

（四）加强执行案件司法统计的数据利用

1. 深化数据系统的信息化应用。加大司法统计软件的开发力度，不断更新和完善司法统计软件，加强综合业务系统的建设，开发执行司法统计模块。同时强化审判流程系统的司法统计功能，促使各种类型的案件信息直接在系统中提取，全面实现司法统计报表自动生成，避免由于人工统计疏忽造成的误填、漏填现象以及由于分散统计带来的统计标准不一等问题，提升司法统计的准确度同时减少统计人员的工作量，充分发挥司法统计系统的作用。

2. 推进数据共享。近年来，在案件流程管理与案件信息管理、案件质效评估、法律实证等多种对法院审判执行工作的研究中，执行司法统计数据的利用不够充分。执行司法统计数据与其他省市法院审判执行工作的研究数据有所脱离，对执行统计的数据进行整理分析后形成的研究材料也不多。在这种形势下，加大力度推进执行司法统计的数据共享将对开展执行司法统计研究工作产生积极意义。首先从法院内部开始推行统计数据共享，实现执行数据四级系统的共享，推进执行工作运行态势分析工作和执行研究工作，充分利用执行司法统计数据，充分发挥执行司法统计数据的指导作用。在对内共享运行良好的情况下，扩大执行司法统计数据的共享范围，采取公开部分数据等方式有针对性地对外共享执行司法统计资源，为立法调研、法学教研等工作提供相关数据，从而推动政务公开工作，扭转执行司法统计成果转化少，对外公布范围小，对社会引导作用有限的局面。

五、法院建设

关于推进风险防控前移
确保廉洁司法的调研报告

广东省高级人民法院课题组*

开展廉政风险防控是中纪委、省纪委、最高人民法院高度重视、精心部署的一项重要工作。为全面掌握我省法院开展廉政风险防控工作的基本情况，学习借鉴外地法院的有益经验，科学提出加强廉政风险防控机制建设的思路和措施，根据年初反腐倡廉工作部署和省法院党组、省纪委的要求，成立了由院党组成员、省纪委派驻省法院纪检组组长贾永庆同志为负责人，纪检组监察室牵头并全员参与，审管办、信息中心派员参加的廉政风险防控调研课题组，先后考察观摩了上海、浙江、北京等地法院的经验做法，学习研究了最高人民法院推介的试点法院经验材料，总结交流了我省先行试点、典型示范法院的操作模式，演示分析了省法院机关审判管理、信息化建设的廉政风险防控功能，此外，还到省工商等纪委推介的其他行业部门进行了取经学习，在此基础上，经过集体研究，数易其稿，形成本调研报告，供党组决策参考。

一、法院系统开展廉政风险防控工作的基本情况

全国法院系统开展廉政风险防控工作起步于2008年，首先在北京市法院系统进行试点并逐步推开，包括我省广州市萝岗区、从化市、惠州市惠阳区等法院在内的全国一批法院先后加入试点行列并创造了许多值得借鉴的经验，其中北京高院、上海高院、福建高院、北京二中院、吉林市中院、北京东城区法院、上海市长宁区法院、江苏常熟市法院等做法最为引

* 课题组成员：贾永庆、李平昌、魏海、叶丹、刘晓英、武晓晖、郎坤荣、林铠芳。

人关注。2011年10月最高人民法院在北京专门召开了全国法院加强廉政风险防控规范司法权力运行现场会进行了重点推介。这些先行试点法院的主要做法是：

1. 领导重视，全员参与。这些法院的党组、特别是“一把手”都对开展廉政风险防控工作给予了高度的重视和极大的精力投入，将其作为法院党风廉政建设和反腐败工作的重要任务和主要抓手，亲自动员、亲自谋划、亲自推动、率先垂范，成立强有力的组织机构进行领导和组织实施，通过多种形式广泛发动干警积极参与、主动配合，打好群众基础，营造重视氛围。

2. 系统推进，突出关键。如北京高院自2008年7月始分三个阶段逐步开展廉政风险防控工作。第一阶段是选择一些部门或单位开展试点工作，如该院执行庭率先制定《关于对执行实施中关键节点进行风险防范的意见（试行）》；第二阶段是在三级法院全面推行，目前北京三级法院已经形成了“一把手”亲自抓、党组成员具体抓、纪检监察部门组织协调、其他部门相互配合、全员共同参与、内外合力监督的领导体制和工作机制；第三阶段是搞好总结、完善措施、扎实推进。福建高院注重把握关键环节，分别采取集中排查、内外排查、重点排查等多种方式查找权力运行风险点，并力求在查全、查准、查深上下功夫，为构建廉政风险防控机制奠定了坚实的基础。该院还结合排查风险、评估等级、制定措施的过程开展反腐倡廉教育活动，实现防控工作无盲点、无缝隙。

3. 以点带面，逐步推进。如北京高院将廉政风险防控的重点落到审判、执行等权力敏感岗位，落实到一线审判执行人员重点群体，细化到审判权、执行权行使的各个环节之中，形成以岗位为点、程序为线、制度为面的廉政风险防控网络，实现权力运行所到之处均有防控措施，最大限度预防和减少违法违纪现象的发生。北京东城区法院针对案款管理工作中存在的风险点，研发了案款管理系统，将传统的人工管理模式转变为由信息技术自动管理的新模式，实现案款管理规范化。

4. 强化公开，重在规范。这些法院全面清理和确定每个部门、每个岗位的职责权限，科学编制岗位职权目录，绘制权力运行流程图，明确职权行使的岗位、权限、程序、时限等内容，从而对权力运行流程进行固化，实现权力运行公开化、岗位职权明确化、工作流程标准化。在廉政风险防控的平台上，可以非常直观、清晰了解法院各种人、财、物、权的运行状况，实现“全透明、全公开、全覆盖、全自动”的廉政监管，使各项权力运行规范化。如上海高院开发了廉政风险环节监督提示系统，该系统设定“廉政风险点定义”“廉政风险预警”“廉政风险查看”和“廉政风险反馈”四项基本功能，目前已建立涉及“审判风险提示”“执行风险提示”“综合风险提示”三个方面九大类共60个风险提示点和两个“风险环节流程图”的内容，达到“管理全方位、控制全过程、运行全公开、监控全员化”的效果。

5. 灵敏预警，及时处置。一些法院研发了具备较强操作性的廉政风险防控监控系统。如江苏常熟市法院开发的法院廉政风险网络监控系统，将案件从立案到审判、执行各个环节的廉政风险点都纳入该系统中，由管理人员根据职责授权进行监督管理，并对廉政风险模块运行实行在线红、黄、绿三灯动态管理，灵敏预警，及时发现问题、化解风险。北京二中院为更好完善该院的廉政风险防范管理体系，实现“全时段”廉政提醒，还组织技术力量研发了“廉政风铃提示”软件，针对思想道德风险、外部干扰风险和机制制度风险对全院干警进行岗位风险动态提醒。

6. 科技保障，运行便捷。这些法院积极推进“制度＋科技”“人控＋机控”“人防＋技控”等防控模式，将电子监察、风险预警、技术监控等科技手段融入防范制度设计中。如上海市长宁区法院在健全制度、强化责任的基础上，依托信息技术，自主研发了“廉政工作管理台账”，将“一岗双责”的总体要求转化为具体工作的硬指标，为防控措施的全面推行奠定坚实的基础。该院还研发了“执行流程管理系统”和“信访投诉管理系统”，将廉政风险管理工作寓于审判流程管理活动之中，强化了对执法办案关键环节的有效监控。

二、我省法院开展廉政风险防控工作的基础和条件

廉政风险防控是建立健全惩防腐败体系的深化措施，与我省法院近年来开展并已经取得明显成效的“五位一体”（教育、制度、监督、惩处、保障）法官保廉促廉机制建设目标总体是一致的，措施是相通的，因此，在我省法院开展这项工作已经具有了良好基础。特别是去年北京现场会以来，省法院分片召开了开展廉政风险防控工作座谈会，对我省法院开展此项工作进行了初步总结和经验交流，鼓励、支持、指导各级法院积极试

点、大胆探索，惠州、肇庆等法院主动学习借鉴外地法院做法，紧密结合本地实际开展廉政风险防控工作，在全省法院起到了很好的示范引导作用。

1. 廉政意识不断强化提供了开展廉政风险防控工作的思想基础。以郑鄂院长为书记的新一届省法院党组紧紧抓住杨贤才和“11·13”案件这个重大反面典型，持续不断地深入开展了纪律教育学习月、廉政警示教育年、廉政文化建设、司法作风建设、司法公开等主题活动，建立实施了廉政档案、廉政监察员、党廉责任制考核、述责述廉、廉政培训、司法巡查、审务督察等一系列廉政管理制度，积极配合纪检、检察机关查处和主动查处了一批违纪违法行为，并以案说纪，努力营造了一种人人重视廉政建设、关注人身安全的思想氛围，为深入开展廉政风险防控工作提供了内在动力。

2. 制度机制不断健全提供了开展廉政风险防控工作的依据措施。廉政风险防控就是通过查找和堵塞制度机制漏洞，不断规范权力运行的过程，制度机制既是查找风险的依据，也是防控风险的措施。近年来，我省法院紧紧围绕权力运行这条主线，以调研为先导，通过开展审判管理年、执行治理年、司法公开推进年等专项活动，不断查找制度机制漏洞，完善和创新制度机制，全面规范各种权力，初步形成了权责明确、监督制约、规范统一、覆盖全面的司法管理格局，为防范各种廉政风险奠定了坚实基础。

3. 信息化建设不断推进提供了开展廉政风险防控工作的技术保障。廉政风险防控是个系统工程，贯穿权力运行的各个领域、流程和环节，必须建立在对每一个干警、每一项工作、每一个案件、每一个行为实施有效监督管理的基础上，才能实现及时预警和处置、防患未然的防控目标，因此离不开强有力的信息化管理手段。2008 年以来，我省法院强力推进信息化建设，已经取得明显成效，司法管理的信息化水平不断提高，贯通四级的综合管理系统共有模块 23 个，涵盖了法院管理的各个领域，成为权力公开和接受监督的重要平台，特别是审判管理系统和执行案款管理系统，能够实现对案件流程主要环节的权限控制，对全省法院办案情况的实时监控、查询和分析，对违反审限和归档结案规定案件的自动预警，以及对执行案款进出账情况的实时监督，有力推动了各项管理制度的落实，为防范一些重要领域、岗位和环节的廉政风险提供了技术支撑。

三、我省法院开展廉政风险防控工作需重点解决的问题

对照中纪委、省纪委和最高人民法院的有关要求，与先行先试地区的法院相比，我省法院的廉政风险防控工作作为一项活动开展相对滞后，调研发现以下问题需要重点解决：

1. 主动性不强。一些法院认为，我们开展的法官保廉促廉机制建设、惩防体系建设已经取得良好成效，开展廉政风险防控工作与其只是名称不同而已，实质是一回事，没有必要重复劳动；一些法院认为，廉政风险防控工作是个复杂的系统工程，现成经验少、工作难度大，存在畏难情绪和等靠思想；一些领导和干警认为，法院办案任务繁忙，搞廉政风险防控让人人都参与，是瞎折腾，冲击中心工作，存在反感、厌倦情绪。

2. 发展不均衡。受制于各级法院党组的重视程度和当地纪委的要求程度不同，这项工作发展很不平衡，目前，我省法院只有惠州、肇庆两级法院呈现全面推开之势，其他一些地方除了先行试点的法院外，大部分还在等省法院的统一部署。有的法院名义上开展了廉政风险防控工作，实质还是党廉建设工作的“翻版”，没有实施“规定动作”。

3. 系统性欠缺。我省法院虽然在建立保廉促廉机制、构建惩防体系工作方面做了大量的工作，但跟廉政风险防控的系统性要求还有不小差距，不断发生的违纪违法案件表明，一些领域、岗位和环节处于管理盲点或薄弱点，一些机制体制还不顺畅、合理、公开，防控风险的制度措施还不够严密、有效，仍处于比较粗放的管理阶段，需要通过开展廉政风险防控工作，对权力配置、制度机制进行全面梳理和完善，全面提升廉政风险防控的系统化、规范化和科学化水平。

4. 科技化滞后。相对于北京、上海等信息化建设相对发达的地区，我省法院信息化建设程度与廉政风险防控的目标尚有不小差距：综合管理系统的许多模块尚未投入使用，有些模块与廉政风险防控结合不紧，如财务管理，只具有登记功能，不具有管理功能，无法实现网上实时监控；一些工作尚未纳入信息化管理范围，如“三重一大”决策制度；大多数模块缺少预警功能，如审判管理系统，只有超审限和超期归档可以实现自动预警，其他的没有预警功能，不能充分发挥信息化管理的优势。

5. 成效不明显。已经开展廉政风险防控工作的法院比较注重“规定动

作”的完成，如制作职权目录、绘制权力流程图、评估风险等级和制定防控措施等，并通过网上公布、墙上张贴、印刷成册等方式予以公开，但在预警和处置方面缺乏跟进措施和长效手段；有的没有充分发动干警参与，而由少数责任人员包办，侧重于画图制表等“技术操作”，没有与审判执行、司法管理、队伍建设等工作充分结合，有图形式、走过场之虞，廉政风险防控的综合管理效果并不明显，违纪违法现象仍时有发生。

四、对我省法院开展廉政风险防控工作的意见建议

根据中纪委、省纪委、最高人民法院关于开展廉政风险防控工作的部署和指导意见，学习借鉴外地和我省法院的试点经验做法，我们提出以下意见建议：

1. 把廉政风险防控列入党组重要议事日程，确保领导和组织有力。加强廉政风险防控，是推进权力公开透明运行、健全权力运行制约和监督机制，从源头上防治腐败的重要措施。目前已由自下而上的试点探索发展为自上而下的统一决策部署。胡锦涛总书记、贺国强书记等中央领导同志都提出过明确具体要求，中纪委、省纪委、最高人民法院都下发了具体指导文件，并以现场会形式进行了动员部署，这是一项必须落实的重大政治任务，各级法院党组、特别是一把手要从落实党风廉政建设第一领导责任的高度，深刻认识开展廉政风险工作的重大意义，纳入重要议事日程，尽快全面启动这项工作。要通过召开党组专题学习会、理论中心组扩大学习会等形式，组织党组成员深入学习有关领导讲话和文件精神，统一思想认识，明确工作要求，加强组织领导，强化检查落实，为有效开展这项工作提供强有力的政治和领导保障。要把各级法院开展廉政风险防控工作情况纳入对党廉考核、司法巡查、工作检查的主要内容，对工作不力的要坚决予以问责。

2. 制定全省法院开展廉政风险防控工作实施办法，确保防控规范有序。为确保这项工作符合法院运行规律，实现防控工作方向正确、运作规范、推进有序、发展均衡，建议根据中纪委、省纪委、最高人民法院的指导意见，制定我省法院的实施办法，明确指导思想、工作原则、任务目标、具体步骤、机制技术保障和有关要求，除体现上级有关要求外，要突出广东特色和可操作性。在指导思想方面，应突出“以人为本、服务大

局、科学规范、务求实效”的要求。在工作原则方面，应强调“稳中求进”，立足已有的工作基础，注意工作思路、方式方法和措施有序衔接，保障防控工作的积极有效和工作秩序的稳定发展。在目标规划方面，应当坚持循序渐进“三步走”的思路，第一步是全面启动，要求各级法院都要在2012年年底前完成理清职权、排查风险、制定防控措施、建立预警处理机制等规定动作，初步形成廉政风险防控的工作格局。第二步是规范发展，要利用一年左右的时间，着力建立和完善廉政风险防控工作责任机制、预警处置机制、动态管理机制，初步形成前期预防、中期监控、后期处置的廉政风险防控管理系统。第三步是转型升级，即利用两年左右的时间，加强各项管理系统的完善与升级，努力实现工作权限“系统控制”、业务流程“系统固化”、风险预警“系统提示”、责任追溯“系统监督”的智能防控目标。在具体实施步骤方面，应提出查找和评估廉政风险的具体方法和依据，制定防控措施的基本路径，公开风险防控的基本要求，防止各自为政、五花八门，增加负担，浪费精力，无法保障管理规范化。在机制保障方面，提出要建立“谁在岗谁防控，谁主管谁监督”的责任机制，信息采集、分析、反馈、处理为一体的廉政风险全方位预警防控机制，廉政风险内容、等级和防控措施能够及时进行评估和调整的动态防控机制，对工作开展情况进行监督检查的考核机制，确保工作落实和长效发展。在技术保障方面，要求要以信息化建设为依托，将廉政风险点植入法院综合业务管理系统，逐步实现权力运行网上公开、权力行使网上监控、廉政风险网上预警、举报投诉网上受理的科技化防控目标。在工作要求方面，强调要加强组织领导、注重工作结合、突出工作重点、教育贯穿始终、抓好示范引领，确保取得实效。各级法院应制定具体实施方案，细化措施、抓好落实。

3. 抓好廉政风险防控与审判执行、司法管理、队伍建设、司法改革等工作的有机结合，确保相互促进。廉政风险防控只有依托和融入这些工作，才能做到有的放矢。各级法院在谋划、部署和推进各项工作的思路和措施时，要做到统筹兼顾，避免出现“两张皮”现象。在开展廉政风险防控工作中，要注意结合各个工作领域、岗位和环节的工作实际，查找风险，制定措施，以有利于推动各项工作有序开展作为检验风险防控工作成效的标准。在开展其他具体工作中，要充分考虑防控廉政风险要求，做好廉政风险评估和防控，以有利于推动党风廉政建设作为评价各项工作成效的重要因素。当前要坚持将廉政风险防控工作与我省法院开展的司法管理“精细工程”、司法公开“阳光工程”、司法文化“岭南工程”有机结合，使之相互推动、协调发展；要坚持将现有反腐倡廉制度体系与新制定的风险防控机制措施有机结合，防止重复劳动，浪费资源；要坚持廉政风险防控工作和信息化建设的有机结合，推进资源整合和信息平台建设力度，推动廉政风险防控转型升级。

4. 充分发挥省法院的示范带头作用，确保组织指导到位。一些法院对开展廉政风险防控工作采取观望态度，主要原因是上级法院没有率先垂范，一些廉政风险防控工作开展比较好的地区基本经验是自上而下推动，高级法院做得好的，辖区的中院和基层院也都比较重视，落实比较迅速，发展比较均衡。建议省法院机关要率先部署、率先实施，以积累经验，强化指导。赋予各部门对下级法院对口部门开展廉政风险防控的监督指导职责，促进业务监督管理的深化和规范化。适时召开全省法院廉政风险防控工作现场推进会，推广省法院机关和示范法院的廉政风险防控经验，促进此项工作向纵深发展。

广东省人民法庭工作调研报告

广东省高级人民法院课题组*

人民法庭是人民法院的最基层单位，是司法工作的根基。做好人民法庭工作，对化解基层矛盾、维护一方稳定、促进地方经济发展有着非常重要的意义。广东法院一直高度重视人民法庭建设，长期坚持重心下移、固本强基的思路，以“三个面向”和“两便”原则为指导，抓牢公正司法主题，践行司法为民主线，在司法为民、公正司法、队伍建设、物质保障、司法体制和工作机制改革等各个方面取得了一定的成绩。2006 年至 2013 年，全省人民法庭共审结案件 286.1 万件，占全省法院一审结案总数的 48%，占同期全国人民法庭审结案件总数的 14.83%。涌现了一批先进集体和个人，其中英德法院青塘法庭、乐昌法院坪石法庭等 18 个人民法庭获得全国法院先进集体等国家和省部级荣誉；连平法院隆街法庭的谢顶义、茂南法院镇盛法庭的陈耀荣等 45 位个人获得全国模范法官等国家和省部级荣誉。为进一步全面了解全省人民法庭各项工作开展情况和存在的问题，我院政治部、行装处、民一庭和研究室组成联合调研组，赴广州、深圳、佛山等 11 个地区、15 个中级人民法院和基层人民法院、16 个人民法庭进行了实地调研。

一、近十年来全省人民法庭工作取得的成绩

（一）服务大局的功能作用充分发挥

充分发挥审判执行工作的司法功能。近十年来，全省人民法庭收案数

---

* 课题组组长：谭玲，成员：戴佛明、陈东茹、陈友强、佘琼圣、冯强、过雪晖、金锦城、陈广辉、邓巨良、袁方、刘史丹、梁振彪、刘高。

逐年增长，收结案数保持上升势头。2006年至2014年6月，全省人民法庭每年收案数分别为27.2、29.9、34.8、33.6、36.8、38.7、40.9、44.2和24.8万件，结收案比分别为94.3％、85.6％、93.7％、88.9％、91.7％、90.5％、91.4％、92.8％和93.1％，二者均呈稳步上升势头，而同期全省法院一审民事案件的上诉率逐年下降（详见下图）。人民法庭办结案件数占全省一审民商事案件总数的近半成，且各项数据持续向好，审判职能充分发挥，司法保障有力凸显。从案件类型看，在人民法庭审结的案件中，家事案件约占34％，劳动关系纠纷案件约占25％，涉农纠纷案件约占18％，大部分是涉及民生、关系人民群众切身利益的案件。这类案件的妥善处理，为维护人民群众的切身权益、保障基层社会和谐稳定发挥了较好的司法保障作用。

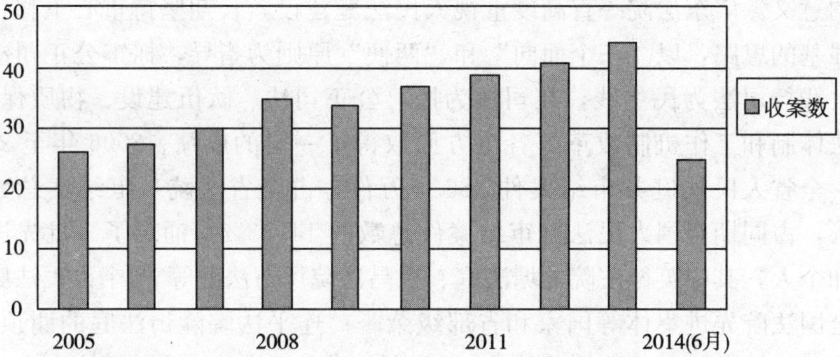

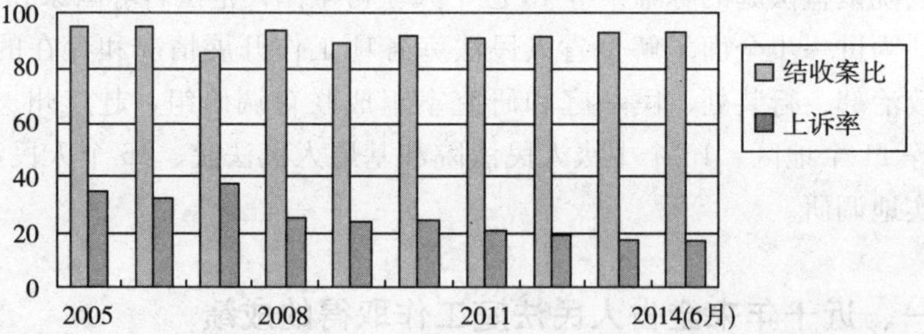

除依法做好审判执行工作外，全省人民法庭坚持参与基层社会治理，维护基层法治秩序。把司法确认作为诉讼与非诉讼矛盾纠纷解决机制的结合点，提高非诉调处的有效性。依法指导、支持人民调解委员会、民间组织化解社会矛盾纠纷，依法支持其他国家行政机关化解社会矛盾纠纷。

(二) 规模化、规范化建设成效显著

根据最高人民法院下发的《关于全面加强人民法庭工作的决定》，在省委、省政府的大力支持下，我省法院遵循“两便”原则，全面启动人民法庭建设“04 工程”，对全省人民法庭进行了新建和改扩建工作。2004 年底，我省完成中心法庭建设，全省人民法庭数量从 1014 个减少为 393 个。经过十年调整，目前全省共有人民法庭 412 个。从人民法庭的分布情况来看，总体上符合辖区人口和纠纷数量的需求，人民法庭设置趋于合理，“两便”原则得到较好的落实。如珠三角地区人口密度大、纠纷数量多，法庭设置的密度也较大，现有 417 个镇（街）共设有人民法庭 140 个，平均每 3 个镇（街）设 1 个人民法庭，平均每一万平方公里有 49.6 个人民法庭；而粤东西北地区 1168 个镇（街）共设有 272 个人民法庭，平均每 4.3 个镇（街）设 1 个人民法庭，平均每一万平方公里有 18 个人民法庭。人民法庭的规模化、规范化水平明显提升，司法资源相对集中，配置趋于合理，司法水平明显提高。同时，通过开展巡回审判、设置便民诉讼点等方式，进一步发挥了中心法庭对所辖镇、街的辐射作用，在妥善解决基层纠纷中发挥了重要作用。

(三) 经费保障和物质装备得到极大改善

近年来，通过省法院的努力，广东法院争取的政法转移支付资金逐年稳步增长。仅 2013 年，转移支付资金就有 6.7366 亿元，另加统筹诉讼费 1.65 亿元（见下图），上述资金 80.9％拨付基层法院，96.89％分配到欠发达地区，经费使用科目由 9 项扩充至 15 项，更加贴近基层需求，特别增加了人民法庭的“灾区受损补助”“安检设备”“文化建设补助”等项目，确保人民法庭办公楼建设经费的落实到位。据统计，2006 年以来，省法院下拨的支援基层建设专项资金达 35 亿元，远超过 1999 年至 2005 年投入的 6.45 亿元。全省各地法院在“04 工程”的基础上，继续落实人民法庭办公楼建设。目前，全省已建成在用的人民法庭 395 个，在建的人民法庭 8 个，待建的人民法庭 9 个，所有已建成的人民法庭均通过了标准化验收。随着我省法院信息化建设“08 工程”的全面开展，全省法院网络信息高速公路全线贯通，广域网全线建成，省法院——中级法院——基层法院——人民法庭的内部专网全线贯通，人民法庭信息化建设实现了跨越式发展。

按照最高法院的要求，我省将在三年内实现全部法庭建成科技法庭的目标。

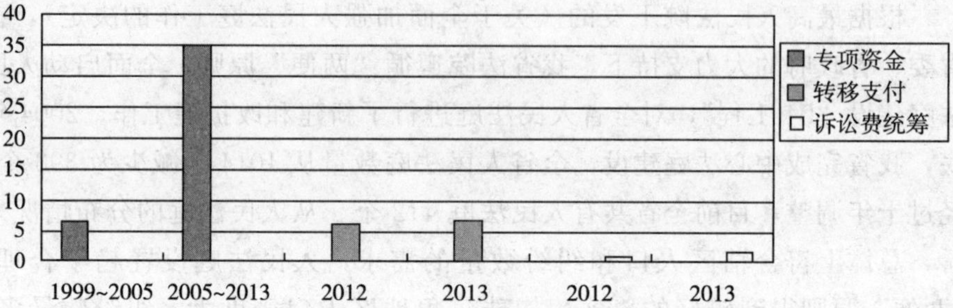

（四）管理工作不断加强

加强人民法庭管理，是提升人民法庭形象、提高工作质效的重要环节。省法院党组高度重视人民法庭管理工作，特别是第二次全国人民法庭工作会议以来，把人民法庭工作作为法院系统的“一把手工程”，明确各中院、基层法院的一把手是本辖区人民法庭布局调整、基础建设、队伍管理的直接责任人。明确要求各级法院均要设立基层工作领导小组，统一负责人民法庭的监督和指导工作。为加强人民法庭的管理，2005 年以来，省法院以规范化建设为核心，先后制定下发了《广东省人民法庭工作规范》、《关于进一步加强广东省人民法庭司法管理工作的意见》《关于贯彻〈最高人民法院关于新形势下进一步加强基层基础建设的若干意见〉的实施意见》等指导性文件，对人民法庭的基础建设、组织管理、审判管理、日常管理等方面做了全面规定。全省各地法院也结合实际情况制定了人民法庭管理方面的规范性文件，进一步提升了人民法庭的管理水平。

（五）人民法庭队伍建设迈上新台阶

1. 人民法庭人员结构渐趋合理，人员素质不断提升。目前，全省人民法庭共有在编人员 2340 名，其中法官 1266 名，书记员 560 名，法官与书记员比例为 1∶0.44（同期全省法院共有法官 11346 名，书记员 3648 名，法官与书记员比例为 1∶0.32）；人民法庭干警平均年龄 38.8 岁，比全省法院干警的平均年龄低 1.2 岁。从学历情况看，全省人民法庭工作人员中有研究生以上学历的 235 人，本科学历的 1794 人，大专学历的 241 人，中专及以下学历的为 70 人。从占比来看，大专以上学历人员占比为

97.01%，相比2005年上升了16.6个百分点；本科及以上学历人员占比为86.71%，是2005年的二倍多，略高于全省法院同类人员占比的84.2%（见下图）。

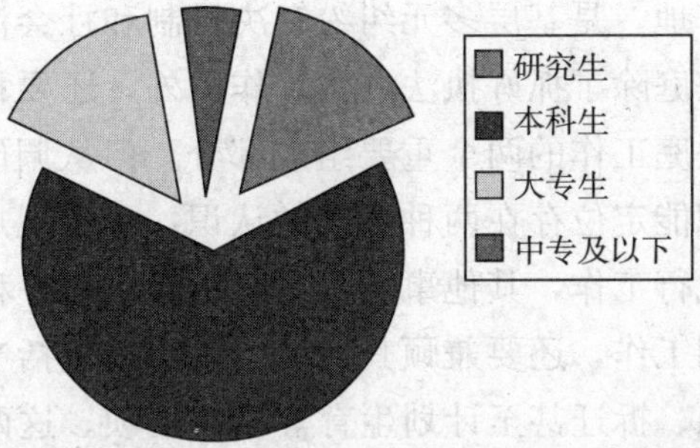

2. 组织建设不断加强，队伍战斗力不断提升。省法院提出"以党建带队建促审判"的工作思路，切实抓好党员干警的模范带头作用。目前全省有409个法庭成立了独立的党支部，将党员教育和支部建设延伸到人民法庭，确保党支部的战斗堡垒作用和党员的先锋模范作用得到有效发挥。坚持开展廉政纪律和群众路线教育活动，不断提高法庭干警的廉政意识和公正司法水平。

3. 全面开展指导工作，基层司法水平有效提升。我省法院高度重视对人民法庭的指导工作，坚持重点抓好民事审判方式改革和民事审判业务指导两项工作，针对人民法庭案件点多面广量大且大多适用简易程序审理的特点，2005年以来，省法院先后制定下发了《广东省法院适用简易程序审理民事案件规则》《关于适用小额诉讼程序审理民事案件的操作指引》《关于非诉讼调解协议司法确认的指导意见》《家事审判合议庭操作指引》《全省民事审判工作会议纪要》《关于推行民事裁判文书改革促进办案标准化和庭审规范化的实施意见》等40多份业务指导性文件，不断深化民事审判方式改革，统一民事案件裁判尺度，提高审判质量和效率。高度重视对人民法庭的业务培训工作，通过定期开展法庭庭长轮训，支持下级法院业务培训等方式，提高基层司法水平。

二、存在的问题

（一）职能定位不够准确

人民法庭的职能定位解决的是人民法庭"干什么，怎么干"的问题，处理不好将直接影响人民法庭的工作质效和整体形象。人民法庭作为基层人民法院的派出机构，代表国家依法行使审判权，是党通过司法途径保持同人民群众密切联系的桥梁，是人民法院服务改革、化解矛盾纠纷和践行司法为民的前沿阵地，是基层多元纠纷解决机制和社会治理体系的纽带与法治保障。人民法庭除了抓好执法办案工作以外，还要积极参与基层社会治理，这是人民法庭工作的两个重要组成部分。但从调研情况来看，当前对于人民法庭的职能定位存在两种不当的认识：一种观点认为，人民法庭只需要做好审判执行工作，其他事情可一概不管；另一种观点认为，人民法庭除了完成审判工作，还要兼顾其他社会工作，包括当地党委政府要求参加的宣传、维稳、拆迁甚至计划生育等具体事项。这两种认识都是不当的。第一种认识将人民法庭仅仅定位为审判执行机构，忽视了人民法庭扎根基层、服务基层的应有职责；第二种认识没有把握好人民法庭的审判执行工作和其他工作的关系和界限，不利于人民法庭工作的顺利开展。

（二）布局仍欠合理

随着近十年来各地经济社会的发展和城镇化进程的推进，以乡村社会为主体的传统社会结构在发达地区已发生了根本改变。基层社会结构的变化，导致不同地区人民法庭在功能上的分化。一些交通发达、距离基层法院较近的人民法庭已逐渐丧失传统人民法庭的“两便”功能。如佛山南海法院的大沥法庭，到区法院机关的车程只需 15 分钟；河源连平法院的隆街法庭，到县法院车程只需 20 分钟；深圳的人民法庭，距区法院机关车程基本在 1 小时以内。据统计，目前 30％左右的人民法庭距基层法院在 1 小时车程之内。这些法庭是否继续保留、是否需要进行功能调整值得研究。

从地域分布来看，珠三角与粤东西北地区的法庭设置存在严重不均衡现象。珠三角地区七市平均每万平方公里有 49.6 个人民法庭，而粤东西北其他欠发达地区平均每万平方公里只有 18 个人民法庭，差距甚大。从收案数来看，人民法庭的工作量差异巨大。近三年来，全省人民法庭年平均受理案件 41.2 万件，平均每个人民法庭年收案 1000 件。从地区分布来看，广州、深圳等经济发达地区的人民法庭年平均收案 2755 件，其他地区人民法庭年平均收案仅为 207 件。近三年年均收案 100 件以下的人民法庭有 105 个，占法庭总数的 25％。如粤北地区的乳源法院大桥法庭、大布法庭等 8 个人民法庭年收案不足 100 件，粤东地区的和平法院彭寨法庭、下车法庭年收案还不到30件，而深圳龙岗布吉法庭、东莞第一法院东城法庭等年收案则超过6000件。

可见，人民法庭的设置和布局，经过近十年的发展，已呈现极大的不均衡，法庭的设置与纠纷解决需求之间不匹配问题突出，应当从以案配人、便利诉讼、功能调整等角度全面优化提升。

（三）审判力量配置不均衡

目前全省人民法庭共有在编人员2340人，约占全省法院的1/7，但人民法庭审结的案件占比却很高，如2013年全省人民法庭审结的案件数约占全省各类案件总数的45%，人民法庭办案压力极大。尤其是珠三角地区的人民法庭，法官年均办案超过300件，如深圳市有的人民法庭年均审理案件超6000件，法官人均办案接近400件，案多人少压力极大。经济欠发达地区人民法庭审判力量更是令人堪忧，以粤东地区的汕尾、汕头、潮州、揭阳为例，四地共有人民法庭71个，其中就有32个法庭的审判人员不足3人，其中，仅有一名审判员的“一人庭”就有15个。从高学历人员分布情况来看，也主要集中于经济发达地区，如粤东四地人民法庭目前在编干警298名，拥有研究生学历的法庭干警仅为8人，远低于全省人民法庭工作人员10%的研究生以上学历人员占比。此外，人民法庭尤其是偏远地区法庭干警以男性为主，女性因家庭、法庭安保等原因不适宜常驻法庭工作，对婚姻家庭类案件的调解工作来讲未免是一缺憾。同时，随着我省民事案件不断下沉，以及上级法院法官从下级法院遴选机制的建立，基层法院尤其是人民法庭的审判力量必然面临较为严峻的形势。

（四）粤东西北地区部分人民法庭物质保障仍然薄弱

主要存在几大问题：一是现有保障标准没有落实到位。根据省法院、省检察院和省财政厅联合下发的《广东省县级人民法院、人民检察院公用经费保障标准实施意见》的规定，全省县级财政对县级人民法院的人均公用经费保障标准为每年人均3～5万元，但调研中发现，目前县级财政对此项公用经费的保障往往没有落实，有些地方落实了但基层法院没有足额分配给人民法庭。同时，部分基层法院对人民法庭的工作重视程度不够，政法转移支付资金中人民法庭人均1万元的办案补助往往没有直接补贴到人民法庭。二是物质装备较为薄弱。由于经费不足的影响，粤东西北地区人民法庭的物质装备较为薄弱，大部分人民法庭执法车辆面临超龄服役甚至无牌上路的情况，导致司法文书送达成为法庭工作中的大难题；法庭科技化、信息化程度低，个别人民法庭（如韶关乳源）甚至目前还不能配备电脑，法庭庭审仍处于“一张纸一支笔”的年代，写判决书还要回基层法院本部，严重影响审判效率。三是安保状况堪忧。粤东西北地区大部分人民法庭没有安检门，因没有专职安保人员，省法院配发的手持安检仪也未派上用场。四是编外人员费用挤占正常公用经费。目前人民法庭陪审员的补助经费和聘用人员工资均未列入财政预算，需要占用法院办公经费甚至由人民法庭自行筹措，使本已紧张的人民法庭经费雪上加霜。

（五）管理水平亟待提高

1. 审判管理水平有待提高。调研中发现，一些人民法庭没有执行“立审执分离”原则，有时甚至出现一名法庭工作人员包揽立案、审判和执行工作，而法庭领导、主管院领导完全不知情的情况。在针对2013年我省发生的虚假诉讼案件的调研中了解到，目前还有一些基层法院给人民法庭下达办案和创收指标，并以此作为人民法庭经费配给的依据，导致当案件数不够时，出现人民法庭法官主动去找电力、电信、银行等相关单位开拓案源的情形。

2. 行政管理存在漏洞。一些法庭没有严格执行现有管理制度，缺乏规范的行政管理。目前绝大部分人民法庭所有日常事务均由法庭庭长“一肩挑”。法庭庭长既管立案、审判、执行，又管财务、后勤，缺乏有效监管。人民法庭的办公经费如何使用，往往都是由法庭庭长个人审批决定，缺乏民主决策机制和监督机制，导致出现管理漏洞。如针对诉讼费的管理问题，目前仍有部分人民法庭所在乡镇没有农业银行（诉讼费专用账户所属银行），当事人缴纳诉讼费不方便。为此，有些法庭就先收下当事人交纳的诉讼费并开出收据，再定期与所在法院财务部门进行结算。有些人民法庭没有及时结算，出现人民法庭工作人员挪用诉讼费的情况。因人民法庭经费不足、法庭领导不够重视等各方面原因，目前绝大部分人民法庭疏于日常管理工作，人民法庭的财务被偷盗情况时有发生，而法庭空地随意让当地群众停放车辆、晒稻谷、晒棉被衣物等情况更是普遍，严重影响人民法庭的形象。

(六) 队伍建设仍待加强

目前我省人民法庭基本上都是副科级建制，由于职级较低，晋升机会不多，导致人民法庭工作人员的政治、经济待遇都不高。以潮州市饶平县法院为例，2009年，其所辖人民法庭干警年薪约为2.1万元，其中基本工资1.2万元、津贴补贴3876元、其他5000元；2013年，人民法庭干警年薪约为4万元，其中基本工资1.2万元、津贴补贴3.36万元、其他6800元。而同期潮州市职工年平均工资是5.64万元。偏远地区人民法庭的工作人员基本上没有工作补贴、交通补助等，影响工作积极性。

同时，由于大部分人民法庭工作任务繁重，劳心费力，办案压力和责任较大，法官普遍反映缺乏职业尊荣感，人民法庭法官流失现象较为严重。如饶平县法院在2004年至2013年间，所辖人民法庭共招录公务员45人，但由于各种原因，同期共调出26人、辞职3人。连平县法院2006年新进人员6人，目前已离开法院4人；其后一次新进人员10人，已离开8人；最近一次新进人员4人，目前已全部离开。珠三角地区法庭法官办案压力更大、工作任务也更加繁重，不少资历较深的法官或转行做律师，或调离审判岗位到党政部门，即便每年新招录不少法学毕业生也无法满足日益增长的审判工作需要，导致法官“断层”现象较为严重。

(七) 工作方法有待改善

一些法庭工作人员做群众工作的能力有待提高，审判工作中不善于借助民间组织力量、不善于利用当地善良风俗、不善于运用大众化的语言来调处纠纷，部分干警局限于就案办案、机械办案，不愿主动调查取证，摸不清纠纷根源，难以真正实现案结事了。

三、进一步加强人民法庭工作的建议

(一) 明确人民法庭的职能定位

1. 牢牢把握审判执行第一要务。人民法庭工作必须紧紧围绕审判执行这个核心职能来展开，通过具体案件的裁判，促进社会公平正义，维护国家法制的统一、尊严、权威。要始终坚持以事实为根据、以法律为准绳，坚持法律面前人人平等，妥善化解矛盾纠纷，依法保护当事人的程序权利和实体权益。要充分发挥司法裁判的教育、评价、指引和示范功能，促进社会公德、职业道德、家庭美德和个人品德建设，大力弘扬社会主义核心价值观。要加强对基层社会的调查研究，了解当地风俗习惯、乡规民约等，注重案件裁判中法、情、理的结合，实现良好的办案效果。

2. 积极参与基层社会治理。周强院长在第三次全国人民法庭工作会议上指出，人民法庭要坚持和发扬“枫桥经验”，充分发挥司法调解在调处化解矛盾纠纷机制中的独特优势，为人民调解、行政调解和群众自治组织调解提供指导和帮助。要加强与其他国家机关、基层组织和群众自治组织的联系沟通，支持民间组织开展工作，引导和鼓励各种社会力量依法、依规、有序参与社会治理，推进完善基层矛盾纠纷预防和化解机制，把好对非诉调解协议的司法确认关，形成基层社会治理合力。在做好审判工作之余，要及时总结分析审判中发现的新情况、新问题，为当地党委政府提供决策参考，通过每一个司法案件、每一项司法服务工作来提高基层干部运用法治思维管理社会事务、化解矛盾纠纷的能力，努力将基层社会事务纳入法治轨道。但同时应强调，对于与人民法庭审判职能无关的土地征收、房屋拆迁、联合执法、招商引资等行政事务，把好职能边界关口，做到“不缺位、不越位”。

3. 切实履行司法为民的工作职责。人民法庭要在法律允许的范围内，以更加主动的姿态，贴近基层群众需求，在立案、审判、执行及其他环节，因人因案制宜，提供最实用的法律指导和诉讼服务，方便群众诉讼。要不断创新工作方式方法，实行电话立案、巡回办案，使行动不便、地处偏远地区、交通不便的群众能就地打官司，以最低成本解决矛盾纠纷。针对普通民众法制水平不高的情况，要做到“专业品质、大众表达”，积极指导当事人举证、质证，必要时深入实地调查取证，努力还原案件事实，确保有理的当事人打得赢官司，败诉的当事人输得明明白白。

（二）优化人民法庭的布局和设置

目前全省 412 个人民法庭中，近三年年均收案数在 100 件以下的人民法庭有 105 个，占法庭总数的近 25%；法官人数少于 3 人的人民法庭有 176 个，占法庭总数的 44.3%。可以说，现有人民法庭从法庭设置、办案数量以及人员配备上，不均衡、不合理的情况已经比较明显，需要进行设置和布局的进一步优化。要按照就地解决纠纷和工作重心下移的思路，坚持科学、务实、效能原则，综合案件数量、区域特点、人口数量、交通条件、经济社会发展状况，从有效满足人民群众司法服务需求和当地审判工作实际需要出发，戒除脱离实际贪大求多的错误观念，实现司法资源科学合理配置，合理调整人民法庭的区域布局。初步的方案为：

1. 调整部分人民法庭为巡回审判点。建议将年均收案数在 100 件以下的人民法庭改为基层法院或者其他中心法庭的巡回审判点，每周定期派人巡回受理案件、开庭审理和宣判，以减少不必要的人民法庭运行成本。

2. 拆分部分人民法庭。从统计数据看，目前全省约有 15 个人民法庭年均收案超过 3000 件。人民法庭收案数过多，“一庭独大”不利于法庭管理水平的提高。建议对年均收案数超过 3000 件的人民法庭进行拆分，需要增设的人民法庭根据现有规定依法申报。

3. 改造专业化审判庭。建议将部分位处主城区的人民法庭改造成为特定类型民事案件的专业化审判庭，如珠三角地区部分距离基层法院 1 小时车程以内的人民法庭。具体可根据人民法庭所处的外部环境和纠纷类型进行确定，如交通事故审判庭、劳动争议审判庭等。

具体撤并和改造方案由各中院和基层法院结合城市区划可预期的城乡发展一体化进程，提出人民法庭布局调整方案，逐级上报省法院研究批准。这项工作要在两年内完成。

（三）进一步加强物质装备和经费保障

1. 加强人民法庭的基础建设和物质装备。要合理确定人民法庭的建设规模，在确保功能用房配套齐全的基础上，杜绝贪大浪费现象。按照最高人民法院的文件要求，我省要在三年内实现全部法庭建设成为科技法庭的目标。中院及基层法院要做好经费预算，加强监管，提高资金使用效益。省法院要尽可能在政策上对偏远地区人民法庭基础建设及物质装备予以倾斜，特别是要落实警用车辆、办公电脑、打印机等必需设备，切实提高物质保障力度。

2. 加强人民法庭的经费保障。从调研情况来看，人民法庭每年的经费需求一般在 4 万元/人左右。若当地财政能保证《广东省县级人民法院、人民检察院公用经费保障标准实施意见》中人均 3.5 万元的公用经费标准，加上政法转移支付资金特别是 1 万元/人的人民法庭办案专项补助，则人民法庭的办公经费基本上可满足。建议：（1）在实现省级统管以后，对全省人民法庭建设进行统筹规划，分批落实，合理调控和分配建设资金，继续加大对经济欠发达地区的帮扶力度，使人民法庭建设能够均衡发展。（2）将人均3.5万元的公用经费标准和政法转移支付资金、特别是1万元/人的人民法庭办案专项补助落实到位的情况，作为一项对基层法院工作的考核指标。（3）规范和强化人民法庭财务收支规则，特别是清理纠正安排法庭经费时实行收支挂钩，将一定比例的诉讼费返拨作为法庭经费来源的做法。

（四）进一步加强人民法庭管理

1. 进一步加强人民法庭的规范化建设。最高人民法院在第三次全国人民法庭工作会议后，将制定下发《关于进一步加强新形势下人民法庭工作的若干意见》，省法院也将据此制定我省的实施意见，各中院和基层法院也要根据上述文件，结合各地工作实际，制定新形势下人民法庭工作的规范性文件，使人民法庭工作有章可循、有规可依。着力构建符合人民法庭工作实际的审判管理制度化体系，明确简易案件与疑难复杂案件的分类标准，合理配置审判资源，实现案件繁简分流，推广适用要素式、令状式裁判文书；完善配套机制，进一步扩大小额诉讼程序的适用率；根据案件数量和人员配备情况，完善人民法庭的立案、审判和执行工作机制；完善审限动态监控机制，强化庭审质效，严格控制简易程序转为普通程序，提升审判效率。

2. 建立独立的人民法庭工作绩效考核制度。根据人民法庭特点，紧密结合人民法庭工作实际，进一步完善人民法庭工作的量化考核指标，定期开展考核检查。完善人民法庭干警考核评价机制，注意听取基层群众的意见，全面客观准确评价人民法庭干警工作绩效。强调考核结果与奖惩、培养晋级等挂钩。注意通过总结归纳裁判标准和案件质量评查等方式，强化案件质量评查结果的实际应用，切实保障和提高办案质量。

（五）进一步加强人民法庭的队伍建设

1. 进一步充实人民法庭的审判队伍。随着我省民事案件管辖权的不断下放，人民法庭审理的案件不仅数量增多，且各种新类型、疑难复杂的民事案件都会首先出现在人民法庭。要保证人民法庭及时处理各类纠纷，正确审理各种案件，必须进一步加强和充实人民法庭的审判队伍。建议建立编制增补和动态管理机制，确保基层法院新增人员首先充实于人民法庭。坚持从优秀高校毕业生中录取人民法庭审判岗位人员，加强对偏远贫困地区政策支持，确保人民法庭保持稳定的审判队伍。同时，要按照最高人民法院的要求，落实人民陪审员倍增计划，提高人民陪审员的代表性和广泛性。要改变现有的“驻庭陪审”做法，规范人民陪审员参与审理案件的确定方式和流程，在落实“随机抽取”原则的同时，实现“专业陪审”，提高参审案件认定事实的准确性。建立人民陪审员经费保障机制，及时足额发放人民陪审员的交通、误工等补助费用，为人民陪审员依法履行职责提供有效保障。

2. 加强人民法庭的业务指导和教育培训。坚持以需求为导向，紧扣审判实践，抓好业务知识和能力培训，重点抓好新知识、新法规、新技能的培训，要将对人民法庭干警的培训常态化，每年定期、定时开展培训。要拓宽培训内容和方式方法，除了审判业务知识外，还要注重对法官职业道德、庭审和裁判文书写作能力、调解技能等方面的培训，切实提高干警新形势下服务人民群众、化解矛盾纠纷、处置突发事件、维护社会和谐的能力。要将人民法庭的业务指导和教育培训形成一项常态工作机制，确保人民法庭工作人员每年接受业务培训的时间不少于 7 天。

3. 加强人民法庭审判队伍的职业保障机制。（1）解决好法官的职级待遇问题。解决人民法庭法官的职级待遇不能再走提高法庭行政级别这条路，实际上也很难统一。建议结合当前的司法体制改革，以法官等级确定法官待遇。对符合法官晋级条件的人民法庭法官，要及时上调其职级待遇；一些规模较大的人民法庭庭长的法官等级，可以考虑与基层法院副院长同级。以此吸引优秀法官到人民法庭工作，使人民法庭真正成为优秀法官的成长摇篮。（2）切实加强对人民法庭工作人员的关心爱护。建议省法院成立综合性人民法庭工作指导机构，在经费保障和福利待遇方面设立人民法庭专项经费，至少做到政法转移支付资金中 1 万元/人的人民法庭办案经费补助落实到位。参考我国目前给乡村教师发放生活补贴的做法，给予法庭干警适当生活补贴，并为常年奔波在法庭和住地的法庭干警购买人身意外保险。

（六）大力推行人民法庭审判权运行机制改革

中共中央政治局委员、中央政法委书记孟建柱在第三次全国人民法庭工作会议上指出，要根据人民法庭审理的案件大多是案情简单的一审民事、刑事自诉案件这一特点，首先在人民法庭探索建立主审法官责任制，做到谁审理、谁裁判、谁负责，确保权责统一。将落实主审法官责任制确定在人民法庭首先探索，应该说是号准了当下中国司法体制改革的命脉。人民法庭受理的案件以适用简易程序、独任审判为主，在人民法庭推行主审法官责任制，具有天然优势，改革成本最低、司法效果最直接。广东要借这次司法体制改革和第三次全国人民法庭工作会议的东风，将审判权运行机制改革首先全面铺开，使人民法庭成为此项改革的突破口和试验田。

1. 区分不同类型案件的审判权运行机制。(1) 对于适用简易程序审理的案件，建议采取“1（名主审法官）＋1（名法官助理）＋1（名书记员）”的审判团队，由主审法官独任审判，自行签署裁判文书，独立承担办案责任。(2) 对于适用普通程序审理的案件，建议采取“1（名主审法官）＋2（名人民陪审员，或1名法官＋1名陪审员）＋1（名法官助理）＋1（名书记员）”的审判团队，由主审法官担任审判长。裁判文书由合议庭成员分别签署，审判长签发。(3) 对于特定疑难、复杂的案件，主审法官可建议将案件提交主审法官联席会议讨论，也可提请主管副院长提交审判委员会讨论。

2. 实行以案配人。建议以每年办理200～300件案件配一个审判团队的原则确定法庭主审法官及审判辅助人员的数量，以实现司法资源的有效利用。如人民法庭仅有1个主审法官员额的，由该名主审法官兼任庭长。

3. 落实办案责任。独任审判的案件，由主审法官签署裁判文书，独立承担办案责任。适用普通程序审理的案件，合议庭成员按合议庭规则行使审判权，共同对案件认定事实和适用法律负责，裁判文书由合议庭成员分别签署，审判长签发。构成错案责任追究情形时，合议庭成员按照各自的表决意见及理由承担办案责任。人民陪审员承担违纪违法审判的责任。

4. 明确案件签发的责任问题。要把签发裁判文书理解为一种程序性的工作事项，签发人仅对裁判文书是否符合合议庭决议或者审判委员会决议负责，不能仅因签发文书即承担错案责任。

推进欠发达地区法官职业化研究

广东省高级人民法院政治部、
梅州市中级人民法院联合课题组*

我省欠发达地区面积约14万平方公里，占全省77.8%；人口5209.94万人，占全省人口总数的49.95%。近三年来，欠发达地区法院审理各类案件684665件，占全省法院（省法院除外）同期审理案件总数的23.12%。

欠发达地区法院共有人员9243人，占全省法院人员总数（省法院除外）的47.26%；其中行政编7850人，事业编1157人，非编人员1197人。现有法官4810人，占全省法院（省法院除外）法官总数46%。近三年，法官人均年结案48件。欠发达地区法院以占全省法院近1/2的审判力量，审结全省法院1/4的案件，为全省1/2的人口、3/4的地域提供司法服务。

但是，由于经济、社会发展水平差异，导致粤东西北欠发达地区法院①办案法官相对不足、优秀人才不够安心、队伍整体素质不高、部分干警精神状态不佳等问题普遍存在。② 广东必须解决地区差异实现共同发展，才能实现"两个率先"目标；也必须解决欠发达地区法院队伍面临的问题，才能实现法院科学发展，确保长治久安。

通过调研和分析，当前欠发达地区法院队伍建设遇到的主要问题是"四不"，即办案法官相对不足、优秀人才不够安心、队伍整体素质不高、

---

* 课题组组长：周玲、朱杭基，成员：冯强、段勇、伍利玲、幸庆迈、徐锋。

① 按照广东省对欠发达地区的统计标准，是指汕头、韶关、河源、梅州、汕尾、阳江、湛江、茂名、肇庆、清远、潮州、揭阳、云浮等地区的13个中院和85个基层法院。发达地区是指广州、深圳、珠海、佛山、惠州、东莞、中山、江门。

② 从调研情况看，以前经常提及的欠发达地区法院"法官断层""人才难招"问题并不突出，也不属于欠发达地区法院队伍建设中的普遍性问题，故本报告没再将其作为突出问题。

部分干警精神状态不佳。产生这些问题的原因是"四差"，即条件差、发展差、待遇差、激励差，归根结底是欠发达地区经济社会发展水平相对落后。解决问题的根本出路在于，一是靠发展，二是靠改革。从法院自身来看，如何从法官职业的特殊性出发，遵循司法规律，积极推进法官职业化改革是必由之路。

一、欠发达地区法院队伍建设与改革的主要做法

（一）加强思想政治和法院文化建设

扎实开展政治思想教育和主题教育实践活动，充分激发干警扎根山区、爱岗敬业的奉献精神，涌现出张林武、林保南、黄植忠、罗仰龙等全国法院先进典型。创建"三联三化"党建模式，实现组织建设"四个全覆盖""两个作用"充分发挥。认真履行干部协管职责，不断优化法院班子结构。加强人文关怀，增强队伍的凝聚力、向心力。在"所在单位最吸引人的地方"的调查中，41%的干警认为是"机关氛围好，工作愉快"。（见图表1）

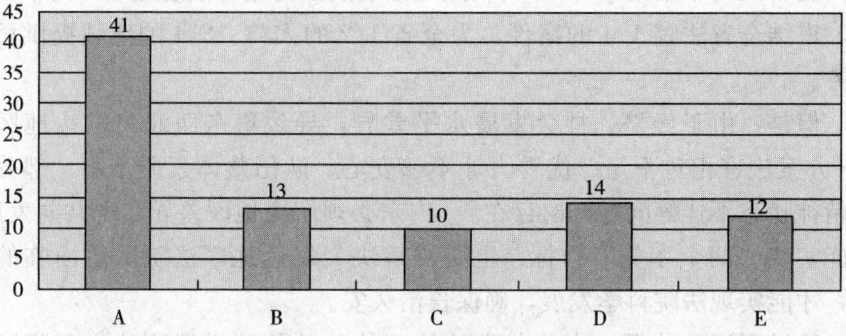

图表1　所在单位最吸引人的地方的问卷调查（单位：%）

A：机关氛围好，工作比较愉快（41%）
B：政治待遇解决不错（13%）
C：福利待遇好（10%）
D：有发展空间（14%）
E：管理机制完善（12%）

以政法干警核心价值观为引领，完善荣誉室、院史室、图书室、文体室和服务窗口等设施，打造各具特色的法院文化。汕头、梅州中院荣获全国法院文化建设示范单位；潮州中院、兴宁法院等11个法院获评全省法治文化、法院文化建设示范、达标单位。问卷调查显示，近90%的干警对文化建设的作用给予积极评价。（见图表2）坚持以落实党廉责任制为抓手，以制度建设为根本，以纪律教育学习为保障切实抓好作风建设。大力开展向石伟文、张林武、林保南等先进典型学习活动，积极倡导扎根基层、乐于奉献精神。干警对所在法院司法廉洁的满意率超过90%。（见图表3）

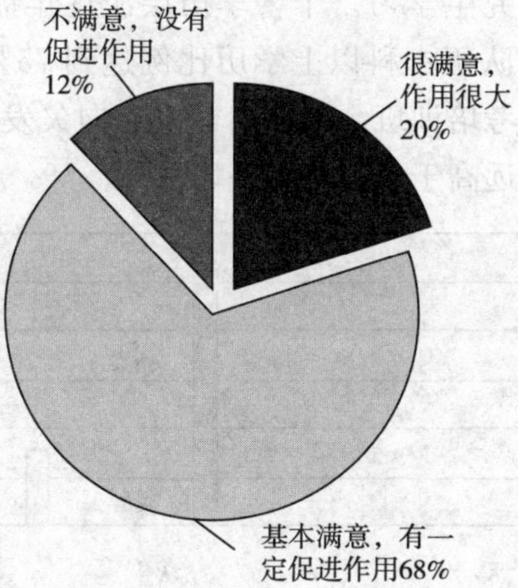

图表2　法院文化建设成效的问卷调查

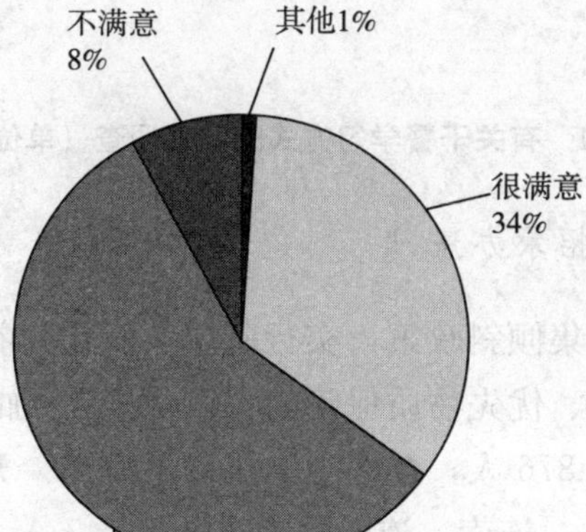

图表3　欠发达地区法院司法廉洁问卷调查

（二）实施法官素能提升工程

以创建学习型法院为载体，通过举办业务培训，鼓励参加学历教育，组织撰写学术论文和开展专题调研，开展岗位练兵、学习论坛、法官沙龙、远程教育等活动，建立多层次、多渠道、全覆盖的教育培训工作格局。（见图表4）省法院组织“人民法官为人民”主题培训讲师团、“群众在我心中”先进事迹报告团，到基层巡回授课、宣讲；组织法庭庭长、调解技能、司法考试等培训班，规模化轮训干警。采取报销费用等措施鼓励干警参加专升本、研究生学习。干警学历层次逐年提高，至2012年6月止，欠发达地区法院队伍本科以上学历比例达到75%。从2007年起，省法院连续六年举办司考培训班，培训名额重点向欠发达地区倾斜，欠发达地区法院学员通过率远高于全国全省平均水平。

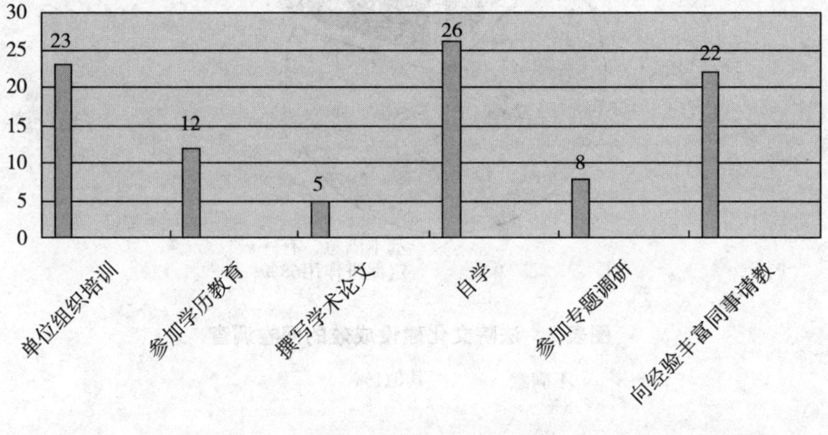

图表4　有关干警学习方式的问卷调查（单位:%）

（三）改进人员招录办法

贯彻基层人才聚集倾斜政策，实行基层队伍优先补充编制、优先招录人员、优先表彰奖励、优先物质保障的“四优先”。加大公务员招录力度，近三年新招录公务员876人，全部为本科以上学历。开展人才定向培养试点，2010年，为乳源、连南、连山法院定向招录7人，赴大学学习两年后回原单位工作。加大招录调剂力度，2010、2011年共为欠发达地区法院调剂73人。2012年，在公务员招录中对欠发达地区法院招录职位试行“职位打包”，报考比例同比提升50%以上。切实提高干警政治福利待遇。欠发达地区法院处级以上领导干部占全体干警人数比例达 3.67%，科级干部占 33.35%。干警福利待遇逐年有所提升，干警平均月收入达到 2000～3000 元。

（四）探索队伍管理新机制

积极争取党委政府支持，增加人员编制。优化现有人员配置，坚持办案力量和资源向审判执行一线倾斜。推广阳西法院“综合审判机制”改革经验，湘桥、连南、平远等 13 个法院打破原有审判庭设置格局，试行“主审法官＋法官助理＋书记员”审判组织模式。通过采取物质奖励、办案竞赛、办案绩效与干部晋升挂钩等办法，鼓励多办案、办好案。实行青年干警导师制，发挥资深法官传帮带作用，加快青年干警成长。在结对帮扶中实施人才资源共享，2008 年以来欠发达地区法院共派出法官 218 人到发达地区法院帮助办案。80%的发达地区法院干警和近 70%的欠发达地区法院干警对结对帮扶成效给予肯定。（见图表 5）

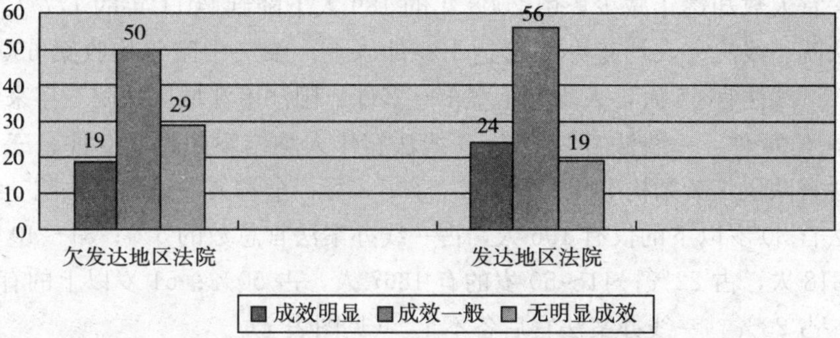

图表 5　结对帮扶活动成效评价的问卷调查（单位:%）

二、欠发达地区法院队伍建设与改革遇到的主要问题

（一）一线办案法官相对不足

一是一线办案法官比例偏低。欠发达地区法院 4810 名法官中，院领导、专委和综合部门法官占了 27.46%，审判执行部门法官 3489 人，占 72.54%。近三成法官在从事行政管理或综合服务工作，不直接参与案件审理。（见图表 6）

图表 6　欠发达地区法院法官分布情况

	法官人数	非审判执行部门法官				审判执行部门法官			
		院领导专委		综合部门		审判部门		执行部门	
		人数	比例	人数	比例	人数	比例	人数	比例
中院	1098	127	11.6%	213	19.4%	628	57.2%	130	11.8%
基层法院	3712	562	15.1%	419	11.3%	2291	61.7%	440	11.9%
合计	4810	689	14.3%	632	13.1%	2919	60.7%	570	11.9%

二是一线法官办案压力较大。按照欠发达地区法院三年结案数计算，虽然一线办案法官年人均结案只有 65 件，但案件较集中的业务部门法官的办案压力并不轻松。刑庭、民庭和人民法庭不少法官的年人均结案数，已接近甚至超过全省一线法官年人均结案 120 件水平。比如，云浮法院年收案量由 2008 年 8698 件上升到 2011 的 12299 件，年收案增长率达 10%，但法官人数却逐年减少，由 2008 年的 189 人下降到 2011 年的 177 人，基层法院一线法官人均年办案已达 100 件以上。肇庆中院年均收案 6500 多件，一线法官 65 人，人均年结案 100 多件。阳江市江城区法院三年来年均结案 4504 件，一线法官 30 人，一线法官年人均结案超过 150 件。三是一线法官队伍年龄结构老化。截至 2013 年 3 月，全省欠发达地区法院一线办案法官 30 岁以下的仅有 196 人，占一线办案法官总数的 5%；31～40 岁的有 818 人，占 22%；41～50 岁的有 1867 人，占 50%；51 岁以上的有 865 人，占 23%。一线办案法官后备不足。（见图表 7）

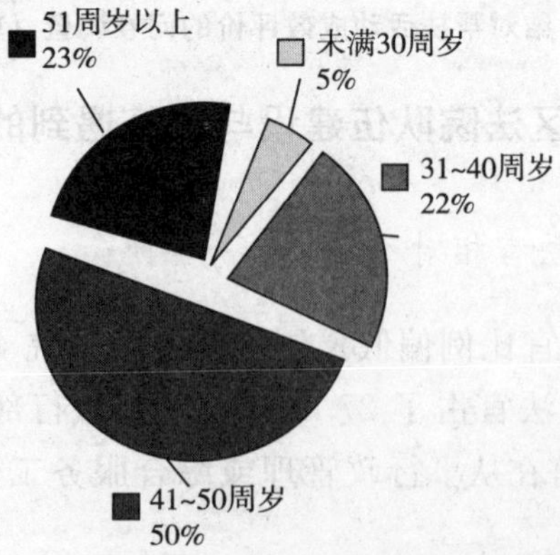

图表 7　欠发达地区法院一线办案法官年龄结构

（二）优秀人才不够安心

一是人员流失问题突出。除干警正常退休外，绝大部分是组织调动、辞职原因导致人员流失。2008～2012年，河源两级法院因组织调动、辞职流失干警共70人。70人中，年龄全部在45周岁以下，法官44人，流向其他党政部门36人。阳江两级法院在此期间有41名中青年干警离开原法院，多数流入党政部门和珠三角地区法院。茂名辖区各基层法院自2008年以来，流失人数最少都有20人，最多的30多人。其中，组织调动干警约占40%，年龄多在40岁以下。问卷显示，28%的干警希望调离法院，49%的干警希望调到发达地区法院工作，只有38%的干警不愿调离法院，22%的干警不希望调到发达地区法院。（见图表8、9）二是人才招录难，尤其是优秀人才招录难仍然存在。2011年公务员招考，欠发达地区法院有38个职位62人的招考计划无人报考；2012年公务员招考，有5个职位无人报考，19个职位因无人通过笔试等原因出现空缺。

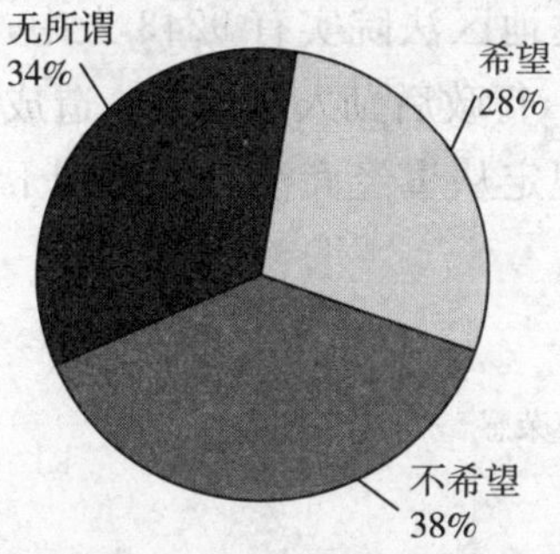

图表8　干警是否希望调离法院工作的问卷调查

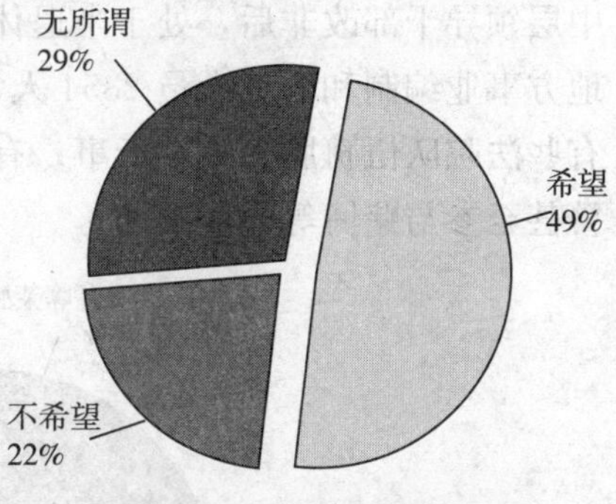

图表9　干警是否愿意调到发达地区法院工作的问卷调查

（三）队伍整体素质不高

从学历情况看，大专学历占24.98%，比发达地区法院多15.68个百分点；研究生以上学历4.04%，比发达地区法院少21.57个百分点。（见图表10）高素质人才明显缺乏。

（四）部分干警精神状态不佳

办案法官普遍感觉工作压力大，缺乏人身保护，长期超负荷工作，加

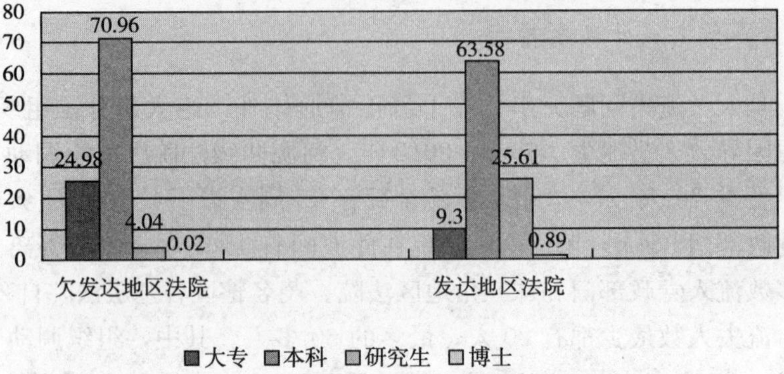

图表 10 欠发达与发达地区法院干警学历构成比较（单位：%）

上信访维稳压力、媒体倾向性报道等因素，身心处于亚健康甚至不健康状态。47%的干警没有感受到职业尊荣感。（见图表 11）有些干警面对待遇差、上升空间小等问题，心理难以平衡，工作懈怠。迫于生活压力，有些干警难以安心本职工作，廉政风险加大。不少年富力强、工作经验丰富的中层领导干部改非后，处于半退休状态。欠发达地区法院实有 9243 人中，地方事业编制和非编人员 2354 人，① 占 25.5%。行政后勤人员过多，造成有些法院队伍臃肿、人浮于事；有些干警违反规定从事经商活动，个别干警甚至参与赌博等非法活动。

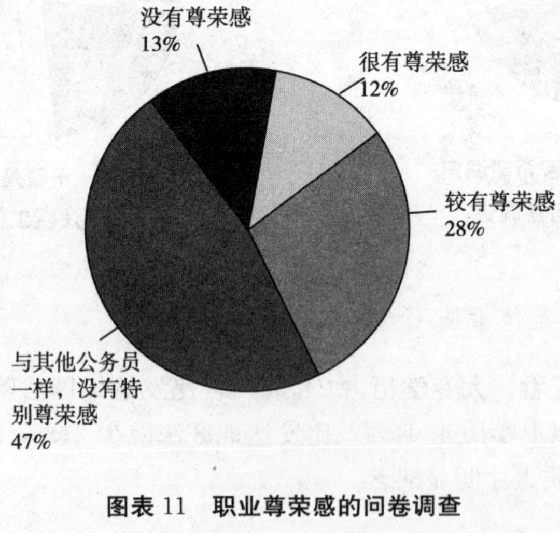

图表 11 职业尊荣感的问卷调查

---

① 尚属不完全统计，部分法院非编人员数据没有统计入法院人事管理信息系统中。

（五）一些改革措施成效不明显

全省各级法院不断提出解决欠发达地区队伍问题的新举措，如省委组织部调剂了几十名应届大学生到欠发达地区基层法院工作。惠州、清远、肇庆中院采取“四统一”面向社会公开招录初任法官，到基层法院任职满五年后回中院工作。连南、连山和乳源法院，公开招录8名本科生，选送到政法院校培训两年，回法院工作至少五年。这些改革措施的推行，一定程度缓解了欠发达地区法院招人难、留人难、人案矛盾突出等问题。但是大部分只是临时性解决办法，难以从根本上化解队伍建设的问题。80%的干警认为这些改革成效一般或没有成效。（见图表12）

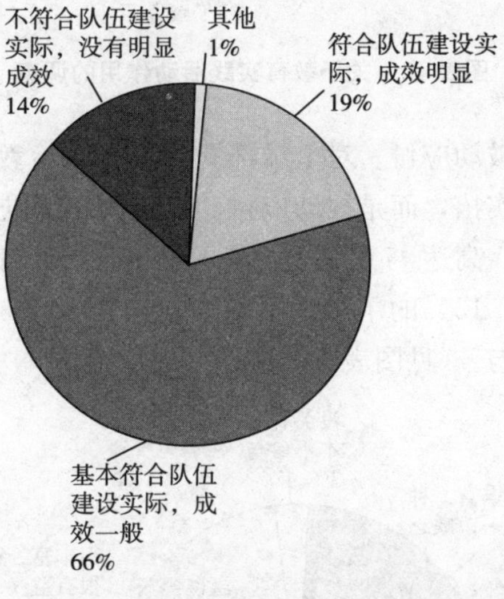

图表12　对法院队伍改革措施评价的问卷调查

三、欠发达地区法院队伍建设与改革遇到问题的主要原因

（一）思想政治和党建工作不能完全适应队伍建设要求

一是认识不到位，思想不重视。有些干警，尤其是有些领导干部认为思想政治工作是虚的；认为基层党组织建设，发展党员，开展支部活动，都是软指标，是可有可无的工作。25%的干警认为思想教育活动对于提升队伍素质没有多大作用。（见图表13）

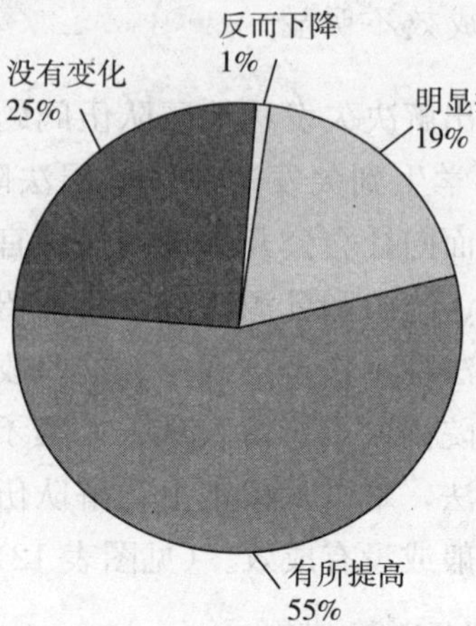

图表 13　关于教育实践活动作用的调查

二是形式化，被动应付。对上级部署的思想政治教育任务，有些法院不注重结合实际出实招，而是被动应付，把工作精力花在应付上级考核检查和材料汇报方面。高达 47%的干警表示思想政治教育活动不够丰富，种类单一，缺乏新意；13%的干警表示不想参与；更有 3%的干警表示没有关心过，基本不参与。（见图表 14）

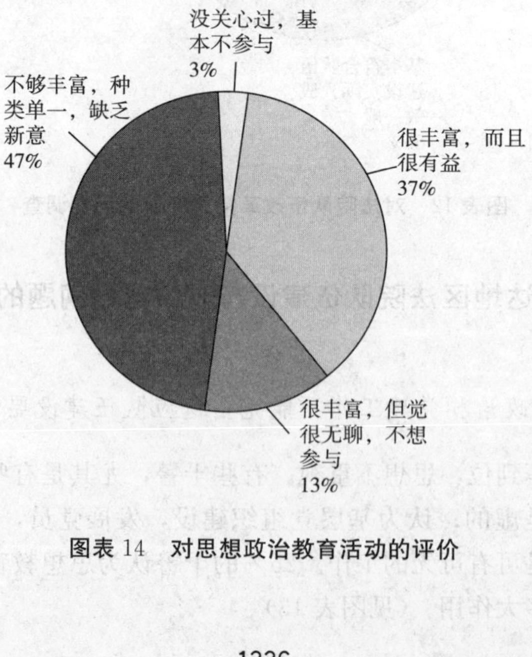

图表 14　对思想政治教育活动的评价

三是内容和形式缺乏创新与活力。思想政治工作和党建工作没有紧密结合审判工作实际，没有紧密结合干警思想工作实际，针对性、实效性不足；缺乏亲和力、吸引力，内容、形式僵化，成效打折扣。有11%的干警表示对加强法院党建工作的效果不了解，28%的干警表示作用不明显，高达29%的干警表示弱化了对法官独立办案的保障。（见图表15）

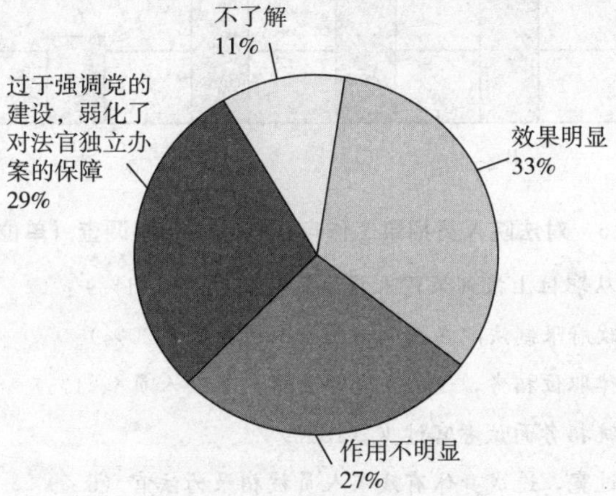

图表15　加强法院党建工作对于提升队伍素质效果的问卷调查

（二）招录条件、程序的设计不能适应实际需要

一是自2011年起，需本科以上学历且通过司法考试者方可报考，具备同样条件者更倾向于报考发达地区法院及从事律师职业；二是法院在计划招录公务员时，必须在缺编范围内向人事部门申请，人事部门根据当地政府当年下达的人员补充总量分配名额给法院，一般不会依法院要求足额分配，造成一些法院有编难补；三是不少原籍外地人员在取得公务员身份后就想方设法调出所在法院，将欠发达基层法院当作谋求公务员身份的“跳板”；四是任命法官时间要求过长，办案力量得不到及时补充。（见图表16）

（三）人员、机构编制不科学

首先，定编定员没有随着法院案件数量增加及时进行调整。比如梅江区法院地处梅州城区，案件数逐年增加，2012年达到1846件，但政法专项编制仍不足60人。其次，机构设置过于行政化。不是因事因人设机构，而更多根据上下对口设机构，导致行政管理人员过多，部门之间苦乐不均。法院各业务部门办案数量也出现局部性不平衡，部分业务部门面临

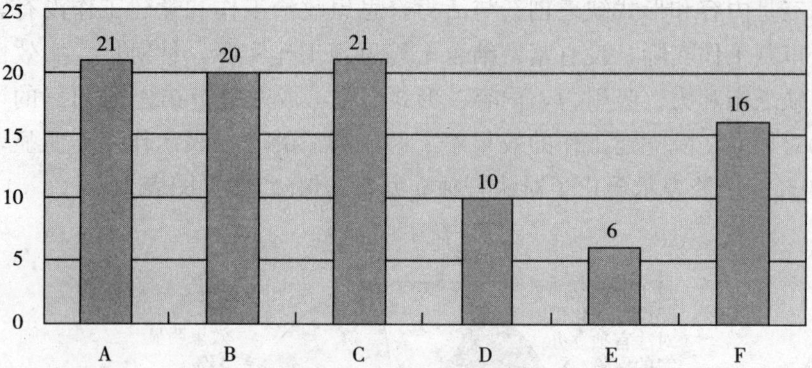

图表 16　对法院人员招录工作存在问题的问卷调查（单位：%）

A：招录工作从职位上报到录用人员报到时间过长（21%）

B：个别地方政府限制法院在编制内招录人员人数（20%）

C：限制非法律职位招考，造成法院缺乏审判辅助人员（21%）

D：参与本系统招考面试考官过少（10%）

E：体检条件过宽，造成身体有残疾人员被招录为法官（6%）

F：不限制男女比例，法官男女比例失调情况越来越严重（16%）

"案多人少"问题。如某中院执行局，下设一科、两庭，共有法官 10 人，2012 年结案仅 37 件，而该院民一庭 6 名法官一年办理案件 366 件。最后，造成"法官断层"假象。近年来法院改革进程加快，基层法院内设机构总体上呈扩张趋势，但编制部门批准法院增设内设机构时，只是增加部门领导职数，没法增加法院总体人员编制，造成各内设部门、特别是办案部门人员吃紧，个别内设机构只有 1 名负责人。过于强调内设机构的上下统一，造成了所谓的"断层"问题凸现，也形成了"增机构——增领导职数——增人员编制"的恶性循环。

（四）经济、政治待遇偏低

一是工资福利待遇低。调查显示，57%的干警月收入在 3000 元以下，超过 5000 元的仅占 5%。梅州基层法院干警月平均基本工资在 1500 元左右，新招录的书记员月工资不足 1500 元。由于"分灶吃饭"的财政体制，中院与基层法院之间，同一地区不同辖区法院之间工资福利水平差别较大。我省同级法院之间在工资福利待遇方面收入最高的与收入最低的法院年均相差10万元左右。以科员级干警年收入为例，佛山市南海区法院科员年收入13万元，江门台山市法院科员7万元，湛江徐闻县法院科员仅2万元。韶关各基层法院科员的年收入，浈江区法院为4.7万元，南雄市法院为3.5万元，新丰县法院为1.8万元。55%的干警对工资福利待遇表示不满意。（见图表17、18）一些干警因收入过低，为养家糊口，在业余时间当“摩的”司机搭客赚钱。①

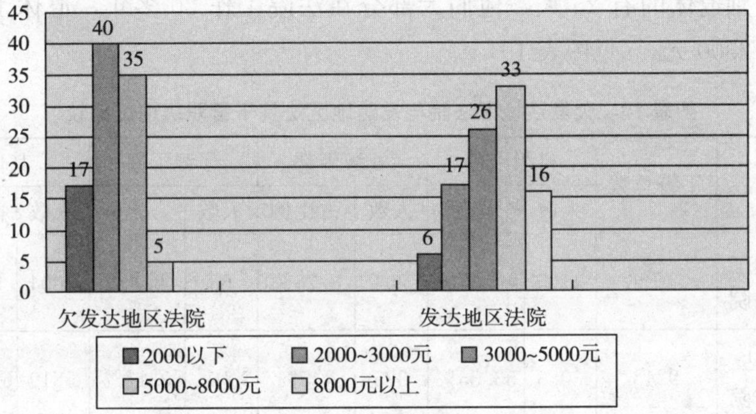

图表17　欠发达地区法院与发达地区法院干警平均月收入之比较（单位:%）

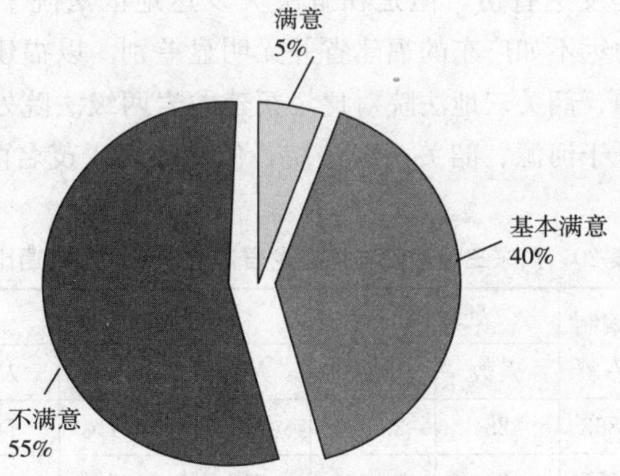

图表18　欠发达地区法院干警工资福利待遇满意度调查

① 粤西电白、化州法院的干警平均工资每月不到1300元，为了维持生计，有些干警下班后用摩托车去搭客。载《南方日报》2009年5月21日。

二是政治待遇低。欠发达地区与发达地区法院干警虽然人数大致相当，但是政治待遇明显偏低。厅级、处级、科级、科级以下干部的比例，发达地区分别是 6.1%、8.76%、40.37%、48.0%，欠发达地区分别是 0.17%、3.5%、33.35%、62.96%，厅级、处级干部比例前者是后者的 35.88 倍、2.50 倍，科级干部前者比后者多 7.02 个百分点，科级以下干部后者比前者多 14.96 个百分点。五华法院 2002 年以来退休干警 40 人，以科员级别退休的有 25 人，他们大部分在法院工作 20 多年，退休工资仅 1800～2300 元。（见图表 19）

图表 19　欠发达地区法院与发达地区法院干警职级情况比较

	干警总数	科级干部		处级干部		厅级干部		其他	
		人数	占比例	人数	占比例	人数	占比例	人数	占比例
发达地区法院	10136	4165	40.37%	904	8.76%	63	6.1%	5004	48.0%
欠发达地区法院	9243	3083	33.35%	325	3.5%	16	0.17%	5819	62.96%
合计	19379	7248	37.4%	1229	6.34%	79	0.41%	10823	55.85%

广东虽然是发达省份，但是在解决欠发达地区法院干警职级待遇方面，与经济实力远不如广东的福建省并无明显差别。以福建省龙岩法院与我省茂名、河源、韶关三地法院对比，福建龙岩两级法院处级干部、科级干部比例虽然低于河源、韶关两级法院，但却略高于茂名两级法院。（见图表 20）

图表 20　广东三地法院与福建龙岩法院干警职级待遇比较

	编制人数	处级以上		科级		科员级以下	
		人数	占比例	人数	占比例	人数	占比例
茂名两级法院	863	25	2.9%	277	32.1%	561	65%
河源两级法院	577	24	4.16%	212	36.7%	341	59.1%
韶关两级法院	742	33	4.45%	304	40.97%	405	54.58%
龙岩两级法院	728	29	3.98%	236	32.4%	463	63.6%

虽然《宪法》规定"一府两院"均由人大产生，法院、检察院与政府

法律地位是平等的，但从机构级别看，中级法院是正处级建制，基层法院是正科级建制，只相当于同级政府下面一个部门。较低的机构建制水平制约了法院干警职级晋升空间，且由于法院人员较多，囿于职数限制，与其他机关和部门相比，法院干警普遍存在晋升慢、待遇低等问题。以丰顺法院与县纪委比较，县纪委副科以上干部比例为48.5%，比丰顺法院多出9.2个百分点。（见图表21）

图表21　丰顺法院与县纪委队伍职级情况比较

	处级干部		正科级干部		副科级干部		一般科员（含事业编）	
	人数	占比例	人数	占比例	人数	占比例	人数	占比例
丰顺法院	1	1.2%	9	10.7%	23	27.4%	51	60.7%
丰顺纪委	3	4.4%	7	10.3%	23	33.8%	35	51.5%

欠发达地区法院50%的干警对现有职级待遇不满意，仅有7%的干警表示满意。（见图表22）

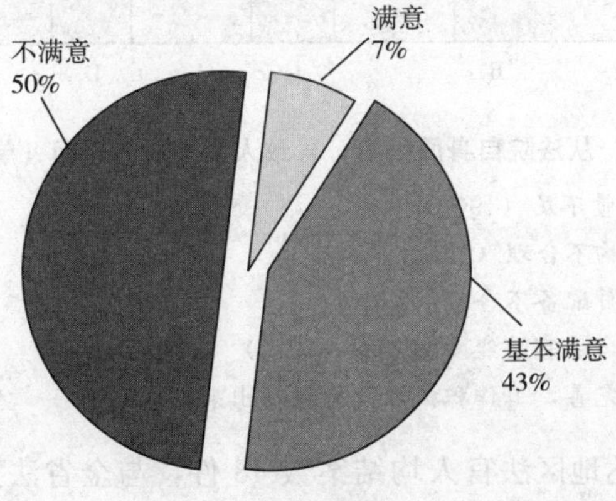

图表22　欠发达地区法院干警对职级待遇现状的评价

（五）队伍管理、激励机制不完善

一方面，队伍管理、晋升机制不合理。不少地方规定领导干部达到一定年龄、任职期限或职级后就必须改任非领导职务，造成不少办案经验丰富的法官过早离开审判岗位，且由于他们仍然占编，所在法院也无法腾出编制来招录新人。另一方面，考核机制不能形成有效激励。一是法官职业待遇与办案风险不成正比，办案多，可能出错的几率、承担的责任风险就大，导致一些法官不愿意多办案。二是公务员实行固定工资津贴后，单位不能再设立物质奖励，干警普遍存在干多干少一个样的心态。加上人员退出机制不健全，单位不能充分运用惩戒措施督促在职干警努力工作。三是目前实行的对干警个人的年度考核，由于没有分类考核，项目也没有量化、可操作性不强，容易成为摆设，甚至可能由于考核结果不真实导致干警心理不平衡，影响工作积极性。四是为应对上级法院对下级法院的综合考核，一些法院将工作重心转移到宣传信息等容易产生立竿见影效果的项目中，造成一些优秀办案法官离开审判一线。调查显示，导致人案矛盾的原因主要是现有人力资源的潜力没有充分发挥出来。（见图表 23）

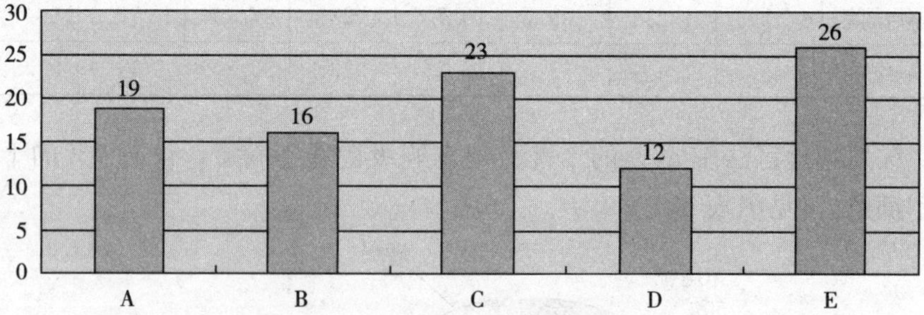

图表 23　从法院自身原因看，导致人案矛盾的原因（单位：%）

A：法官绝对数量不足（19%）

B：法官年龄结构不合理（16%）

C：法院内部人员配备不合理（23%）

D：管理不到位，法官潜能发挥不够（12%）

E：激励机制不完善，工作积极性没有调动出来（26%）

此外，欠发达地区法官人均结案数 48 件，与全省法官人均结案数 95 件和发达地区法官人均结案数 133 件相比，分别只占 50%、36%。（见图表 24）即使考虑到欠发达地区有些案件存在路途较远等困难，也不影响我们得出欠发达地区法官的潜能没有充分发挥的结论。

图表 24　欠发达地区和发达地区法院法官年人均结案数比较

	法官人数	近 3 年结案数	年人均结案数
欠发达地区法院	4775	682817	48
发达地区法院	5671	2265272	133

（六）教育培训和文化建设的力度不够

教育培训资源不足影响干警能力提高。一是培训机会少。受师资力量和经费限制，欠发达地区法院很难组织起较高水平的培训活动，一线业务骨干外出参加培训的机会很少，特别是参加高层次培训的机会更少。二是培训形式有待优化。近年来视频会议系统的开通，各法院减少了集中业务培训，多以视频方式进行，效果不如集中培训。三是缺乏足够的学习平台。法院系统内部网络教育平台建设力度不足，除了法官晋高时能接受到最高法院的培训课程外，一般干警平时无法接受到法院系统的网络培训课程。此外，对口业务书籍不足造成一线法官不能及时掌握最新业务知识。（见图表 25）

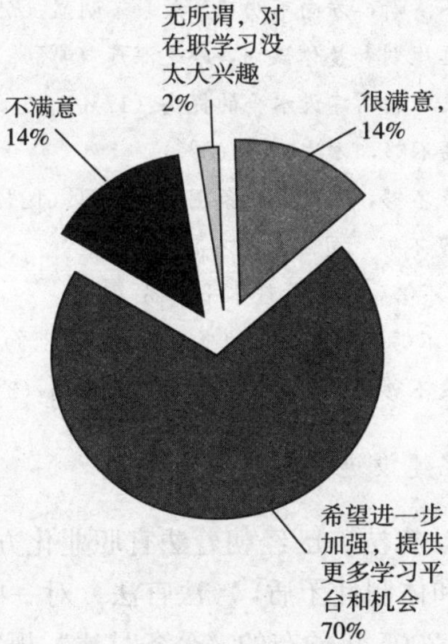

图表 25　对法院教育培训工作评价的问卷调查

文化建设方面，由于思想认识不重视，缺少深远研究和规划，文化氛围不浓以及特色文化建设不够等原因，干警参与积极性和热情不高，法院文化在促进队伍建设中的作用还有待提升。（见图表 26）

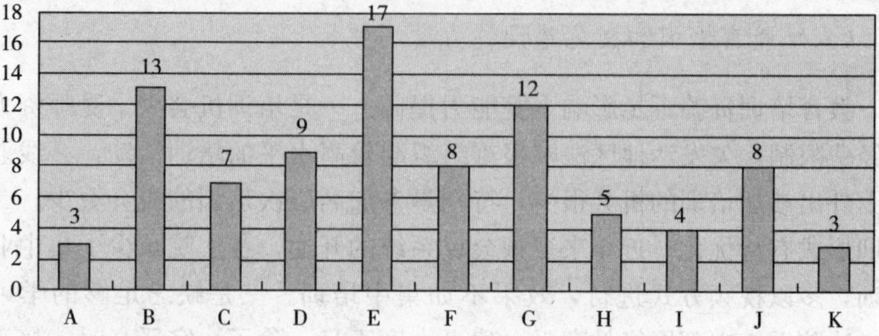

图表 26　当前法院文化建设存在主要问题的问卷调查（单位：%）

A. 法院领导不重视，开展文化建设力度不够（3%）。

B. 干警对文化建设重要性的认识不够，参与不积极（13%）。

C. 文化建设的思路不清晰，方向不明确，效果不明显（7%）。

D. 文化建设缺少长远规划和整体谋划，缺乏深度（9%）。

E. 文化建设经费不足，制约建设水平的提高（17%）。

F. 精神文化建设力度不够，方法不多（8%）。

G. 物质文化建设力度不够，法院文化氛围不够浓厚（12%）。

H. 行为文化建设力度不够，司法形象不高（5%）。

I. 制度文化建设力度不够，法院管理水平不高（4%）。

J. 特色文化建设力度不够，法院文化的感召力不够（8%）。

K. 廉政文化建立力度不够，未能营造保廉、促廉氛围（3%）。

（七）法官职业化建设进展缓慢

2001 年修订的《法官法》已经朝着法官职业化方向迈出了关键一步，但遗憾的是囿于时机和体制性矛盾，《法官法》对一些关键性问题采取了回避、搁置的态度。[①] 2005 年颁布的《公务员法》规定，法律对法官、检察官等的义务、权利和管理另有规定的，从其规定。但相关法律至今没有出台。各级法院一直以来仍然按照党政机关的行政管理模式进行内部管理，按组织、人事部门制定的公务员考评标准对法官进行考核评价，不能充分体现法官的职业特点和工作实绩。现行职务晋升“单轨制”不能为基层办案法官提供足够的职业发展空间，基层法官在人才队伍“金字塔”结构下极易遭遇职级晋升“天花板”，非业务部门行政领导岗位和发展空间

① 《台湾地区法院人事管理制度观察思考》，载《人民法院报》2012 年 9 月 14 日第 7 版。

大的其他党政机关吸引了不少法官精英离开一线办案岗位，流失到非审判部门和其他党政机关。

（八）改革措施顶层设计不足

法院队伍作为国家机关队伍的组成部分，欠发达地区法院队伍建设中遇到的问题同样存在于当地其他国家机关队伍建设中，法院队伍建设和改革中的组织人事、任用选拔、人才流通和待遇保障等内容均牵涉到国家机关现行的运作体制。推动这些方面的改革往往超出法院自身的能力范围，需要由更高层级的部门进行统筹，或者事先协调好相关部门，取得相关部门支持和配合，否则这些改革将难以推进，其最终效果必然大打折扣。

四、解决欠发达地区法院队伍建设问题的对策

欠发达地区法院低水平的法官职业保障状况，是导致欠发达地区法院“优秀人才招不来，招来人才留不住，现有人员素质弱”问题的最主要原因。欠发达地区法官队伍建设与改革的最终出路在于能否遵循司法自身规律，在于能否有效推进法官职业化改革。基于上述认识，我们提出具体解决思路：（1）近期工作：优化完善现有措施，缓解欠发达地区法院队伍建设急需解决的困难和问题。（2）远期目标：坚持法官职业化的改革方向，遵循审判工作规律，落实审判权由合议庭、独任法官等审判组织行使的法律规定，积极推进审判权运行去行政化；合理确定法官员额，推进人员分类管理，尽快实行法官单独职务序列管理；科学设计有效激励，激发现有法官活力，增强人才吸引动力。

（一）完善优化现有措施

1. 增强思想教育的针对性、实效性，夯实政治思想基础。切实解决好当前思想政治教育工作唯上不唯实，与实际工作严重脱节的不良倾向。坚持以人为本，建立有效的干部教育和关怀机制。采取不同的教育方式，开展宗旨教育、反腐倡廉教育，开展有益的集体文体活动，加强对干警的人

性化关怀和保护，激励干警斗志，促使他们敬业爱院、扎根基层。① 根据欠发达地区法院队伍的实际设定特色载体，如开展与困难群众心连心活动，组织干警参观红色教育基地，举办先进事迹巡回演讲活动等，弘扬吃苦耐劳、干事创业的优良传统，始终保持队伍乐观向上的心态和旺盛的战斗力。

2. 加强法院系统党建，发挥党组织和党员的两个作用。针对欠发达地区法院党建的特殊性，要求基层党组织、党员法官在带头扎根艰苦地区、带头提高司法公正水平、带头密切联系群众、带头提高司法能力中发挥“两个作用”。深化“三联三化”党建模式，通过强化上下级法院党建工作指导关系，强化全省法院党建工作联系沟通，强化全省法院党建工作结对帮扶，改变欠发达地区法院党建工作形式内容单调、沟通交流缺乏、执行力不强等问题。积极争取地方党委对法院工作的领导，大胆如实汇报人才、编制、待遇等问题，请求支持和解决。进一步发挥工、青、妇等群团组织在活跃干警业余生活，增强队伍凝聚力和向心力的独特作用，促进欠发达地区法院队伍健康发展。

3. 完善人员招录办法，增强队伍建设后劲。建议省法院会同相关组织人事部门就如何完善欠发达地区法院人才招录政策开展调查研究，探索建立更加有利于欠发达地区法院招录人才、留住人才机制。适当改变全省法院公务员招录中条件完全一致的做法，允许欠发达地区法院自主设定一些符合自身工作需要的条件。比如，设定招录不同性别公务员的比例，设定个别适应法院特殊岗位需要的财会、计算机、法警、文秘、宣传等非法律专业人员；鼓励本地院校、本地户籍人员报考当地法院，在相同条件下，允许优先录用。加大欠发达地区法院公务员统一招录、调剂力度，逐步在全省法院建立起统一招录和调配法官的工作机制。畅通入口通道的同时，把好“入口关”。以满足司法办案第一要务为原则，确保优秀专业人才优先得到录用。

4. 加强人才培养和选拔，加强法官职业保障，激发队伍活力。实施欠发达地区法院人才建设工程，建立人才引进和培养基金，由省法院和欠发达地区中院出资，对欠发达地区法院引进和培养高层次人才提供资助。建立上下级法院之间、不同区域法院之间人才双向流动机制。省法院以及相

① 广州市花都区法院课题组：《花都法院人才流失和结构性失衡问题及对策研究》，载《法庭》2013年第2期。

关中院要以实施最高人民法院“三五改革纲要”第14条的规定[①]为契机，加大向欠发达地区基层法院遴选和选拔优秀人才力度。坚持把年轻法官放到艰苦环境和基层一线进行锻炼，将基层工作经历作为提任领导干部优先考虑条件。上级法院在选任基层法院一把手时，应当充分考虑基层法院优秀领导干部人选。通过提高法官津贴、办案补助以及为干警购买意外伤害险等方式，提高基层干警福利待遇和抗御职业风险的能力。依法维护法官的人身安全和合法权益，采取有效措施预防和制止对法官打击、报复、诬告、伤害的行为。探索实行法官职务晋升与职级晋升的“双轨制”，畅通法官职级晋升的渠道。

5. 探索人员管理创新，优化人力资源配置。积极配合有关部门加强法院人员机构编制标准研究，建立适应性更强的编制制度。加强人力资源分析评估，根据工作量变化、人岗适配等情况，合理确定各业务部门的人员配备比例，合理调整减少内设机构和法庭数量。积极开展“综合审判机制”改革，通过整合审判资源和案件繁简分流等方法，解决各业务部门忙闲不均问题。按照法发〔2010〕14号和法发〔2012〕14号要求，严格执行关于法官离职离岗的规定。完善干警考评制度。建立由法官评价法官机制，建立干警个人业绩档案，将考核评价结果，与个人晋级晋职挂起钩来，切实转变懒、散、慢的不良作风。

6. 健全全员岗位培训体系，加强队伍司法能力建设。按照《2011—2015年全国法院教育培训规划》《广东法院大规模教育培训规划（2011—2015)》要求，构建多形式、全覆盖的法院队伍全员培训体系和网络。积极推进“三库一基地”建设，根据不同人员特点实施分类培训，建立法官全员定期集中培训制度。采取“法官教法官”等形式，认真做好资深法官与青年干警结对帮扶。加强网络教育培训，建设“广东法官网络学院”，借助办公网络实现在线培训和资源共享。建立培训经费投入逐年增长机制，上级法院在组织集中培训时尽可能减免欠发达地区法院参训人员的培训费用。继续加大对欠发达地区法院干警参加司法考试政策倾斜力度，对干部给予时间、财力上支持，提高考试通过率。

7. 加强法院文化建设，增强文化渗透力、感召力，营造关爱干警、拴

① 该条规定：最高人民法院、高级人民法院和中级人民法院遴选或招考法官，原则上从具有相关基层工作经验的法官或其他优秀的法律人才中择优录用。

心留人的氛围。切实解决文化建设过程中多注重物质建设、功能建设而内涵建设不足等偏差。在实施法院文化“岭南工程”时，要正确处理好文化建设与审判工作、队伍建设和党建工作的关系，防止两张皮；坚持贴近干警、贴近基层、贴近审判原则，实施欠发达地区法院暖心工程，不断加强人文关怀，以厚实的文化氛围和温馨的工作氛围拴心留人。落实好《广东法院文化建设“岭南工程”实施方案》，按照“重特色、创品牌、出亮点”工作思路，打造兼具时代特色和地域特色的潮汕文化、客家文化、雷州文化、禅宗文化等特色文化基地。

（二）顶层设计勇于突破

现有措施继续优化，有利于缓解一些急需解决的难题，但是难以从根本上解决“四不四差”。所以，顶层设计上还是要着眼于加快推进法官职业化改革。具体措施是“三个打破”，即：打破现有审判庭设置格局，构建以主审法官为主体的审判力量配置格局；打破审判庭庭长、副庭长职数、职级限制，确定法官员额，按照相应法官等级确定待遇标准；打破现有考核激励的僵化，使用好经费杠杆，实施奖勤奖优。

在实施步骤上，要先行实现“三个突破”。首先，实现审判权运行的去行政化。一是按照司法规律和《法院组织法》《法官法》、诉讼法的规定明确审判权的行使主体。审判权由法官独任行使，或者通过合议庭行使，院、庭长未参加独任审理或合议庭审理案件的，除非具有审委会委员资格可以参加审委会讨论案件外，不能对案件行使审批权。二是明确院、庭长行政管理权的内容。只是对法院人、财、物等行政事务的管理、决定权。三是弱化院、庭长职务的行政级别。按照院、庭长的法官等级确定职级待遇，与现行的行政级别脱钩。其次，合理确定法官员额。根据案件数量、管辖面积、管辖人口、经济社会发展水平等因素，确定法官员额，并根据上述因素的变化，每隔若干年调整一次。最后，实现人员分类管理。明确法官和其他工作人员的职责、职位差别，实现法官与司法辅助人员、司法行政人员分序列管理，为法官职业化铺平道路。

实现“三个突破”后，实施“三个打破”改革的具体设想是：

1. 打破现有审判庭设置格局，构建以主审法官为主体的审判力量配置格局。要在认真总结综合审判机制改革经验的基础上，打破现有审判庭设置格局，构建以审判工作为核心，主审法官为主体的审判团队配置格局，合理配置现有审判力量，巩固法院去行政化管理，实现扁平化管理，提高管理效率。

2. 打破审判庭庭长、副庭长职数、职级限制，按照法官等级确定相应待遇标准。建立以法官等级为基础的职级待遇体系，与行政级别脱钩。在基层法院，建议以现有副院长、庭长职数为参考，按照相当于正科级以上工资、福利待遇标准确定该级别法官的员额数，按照相当于副科级以上待遇标准确定所有主审法官的员额数。

3. 打破现有考核激励的僵化，实行奖勤奖优。打破现有考核激励的僵化，健全科学的法官考评制度。根据法官的职业特点，从法官业绩、职业技能、法学理论水平、审判作风等方面进行量化考核，实行奖勤奖优。可尝试按照法官团队进行考核，给予每个团队每年一定数额的奖励。建立干警个人业绩档案，将考核评价结果，与评先评优、晋职晋级挂起钩来，建立起充分的竞争激励机制，杜绝“干与不干，干多干少，干好干坏一个样”。

（三）改革方案实例设想——以梅州丰顺法院为参照[①]

1. 现有人员、机构、职级情况。丰顺法院地处粤东欠发达地区，年均受理案件1500件左右。现有在职干警85人，行政编人员76人，事业编工勤人员9人。现有法官35人，其中院领导7人，审判执行部门法官25人。

目前内设16个机构，下辖4个人民法庭。审判执行部门9个，包括刑庭、民一庭、民二庭、行政庭、立案庭、执行局、审管办。还有附城、汤南、丰良、留隍等4个人民法庭。办案部门中配备3名法官的有5个，2名法官的4个，1名法官的2个。（见图表27）

① 选择丰顺法院作为实例设想对象，是因为该院作为欠发达地区基层法院队伍建设同样面临“四难”。一是办案法官相对不足。虽然该院在职干警85人，但法官只有35人，50岁以上法官有14人，一线办案法官仅25人，有些庭室只有2名法官，甚至1名法官。二是优秀人才不够安心。2009年以来，该院外调或辞职人员13名，其中法官8人，已经通过司法考试未取得审判资格2人。另外目前还有1名法官，1名书记员准备办理调离手续。三是队伍整体素质不高。85名干警中，本科以上学历70人，占82%，比发达地区法院少7个百分点；专科及以下学历15人，占18%，比发达地区多9个百分点。四是部分干警精神状态不佳。由于法官待遇过低，与发达地区无法相比，甚至比不上当地工商、税务、电力、电信等单位职工的收入，有些干警存在消极、不安心本职工作情绪和现象。

图表 27　2012 年丰顺法院审判部门干警及办案数量

	刑庭	民一庭	民二庭	立案庭	行政庭	执行局	审管办	附城法庭	汤南法庭	丰良法庭	留隍法庭	合计
干警总数	6	4	6	5	3	12	3	5	5	5	4	57
法官数	3	3	2	3	1	3	1	2	3	2	2	25
办案数	128	52	190	233	9	214	3	187	224	179	138	1557

目前干警职级配备副处级 1 人，正科级 9 人，副科级 22 人。现有三级高级法官 1 人，四级高级法官 12 人，一级法官 16 人，二级法官 1 名，三级法官 2 人，四级法官 4 人。35 名法官中正科级 8 人，副科级 18 人，一般科员 9 人。25 名审判执行部门法官中正科级 2 人，副科级 17 人，一般科员 6 人。

2. 改革后的人员、机构、职级、奖励情况测算。一是打破审判庭设置格局，构建以主审法官为主体的审判力量配置格局。不再按照上下对口设立审判庭，在保留庭长职位的同时，把业务庭虚化，庭长不再拥有案件审批权，以现有 25 名办案法官和 33 名审判辅助人员为估算基础，按照 1 名审判长+2 名普通法官+2 至 3 名法官助理模式，在院部设立 5 个合议庭，审理原属院部审理的刑事、民商事、行政、执行案件；保持原有 4 个人民法庭设立 4 个合议庭（2 名法官的法庭组成合议庭时邀请人民陪审员参加）。人员优化组合后，按照 2012 年该院办理案件数量测算，院部每名办案法官年均办案 50 件左右，法庭办案法官年均办案不到 100 件，每个合议庭年均办案大约 200 件左右，每位法官办案数量更为均衡，且整体办案压力不是很大。

二是打破审判庭庭长、副庭长职数、职级限制，以现有副院长、庭长职数为参考，按照相当于正科级以上工资、福利待遇标准确定该级别法官的员额数，按照相当于副科级以上待遇标准确定所有主审法官的员额数。考虑当前丰顺法院一线办案法官年人均结案 62 件是比较合适的水平，我们可以按该院当前一线办案法官数量确定法官员额，加上正、副院长 4 人，该院法官员额确定为 29 人。如果按院长对应三级高级法官，副院长、庭长对应四级高级法官计算，该院院长、副院长、庭长（局长）合计 14 人，确定该院三、四级高级法官员额为 14 人（目前该院三级高级法官 1 人，四级高级法官 12 人），给予三级高级法官相当于处级工资待遇，给予 13 名四级高级法官相当于正科级的工资、福利待遇；剩下 15 名法官员额从该院 21 名法官中选出，分别确定为一至三级法官，给予相当于副科级工资待遇。

三是打破现有考核激励的僵化，实施奖勤奖优。依据审判绩效给予每一法官团队 5～10 万元考核奖励。改革后，该院包括 4 个人民法庭，共有 9 个法官团队，即使每年给予每个法官团队 10 万元奖励，该院因此增加支出才 90 万元。依据当前基层法院经费保障现状看，应当在该院可以承受的范围内。

从全省欠发达地区法院来看，85 个基层法院如果都按丰顺法院的标准安排奖励经费，需要 7650 万元；13 个中院按照 10 个考核团队测算，需要 1300 万元，合计需要 8950 万元；如果按照每个团队 5 万元奖励，则需要 4475 万元。

3. 与福田法院改革措施之比较。2012 年 7 月，深圳市福田区法院推行以审判长负责制为核心的法院人员分类管理改革试点工作。改革初衷是解决法官泛化，裁判尺度难以统一；审判力量条块分割，资源配置不科学，审判管理行政化以及法官缺乏职业发展动力和空间问题。改革基本思路是打破审判行政化模式，取消庭长的案件审批权和人员管理权，对办案法官和辅助人员进行优化重组，实行审判长责任制。根据改革方案，该院以公开选拔 35 名审判长为核心，按照 1 名审判长＋2 名普通法官＋3 名法官助理＋4 名其他辅助人员模式组建新型审判团队。35 个审判团队分成不同专业类型，分别审理立案、调解、速裁、刑事、民事、商事、房地产、劳动争议、知识产权等纠纷案件。按照预测，每一审判团队 10 人年均办案 1000 件左右。改革推行半年来，该院反映办案效率的结案均衡度和结收比明显提高，反映案件质量的信访投诉率明显下降。①

“三个打破”改革方案与福田法院改革对比，两者在改革思路和具体方法上还是有所差异。一是“三个打破”改革主要是立足盘活现有办案力量和资源，即利用现有办案法官和人员进行重新配置和优化，而福田法院改革选用审判长除了利用现有办案法官，还留出一定名额在全市范围内进行公开招选。二是“三个打破”改革审判团队规模较小，一般法官加助理为 4～6 人，强调综合审判经验和能力，而福田法院改革方案由于案件数量多，审判团队数量更多，其单个审判团队规模更大，更强调专业性。三是

① 《法官职业化的深圳实践》，载《羊城晚报》2013 年 2 月 25 日 A2 版。

“三个打破”改革需要对外协调解决的事项不多，除了增加部分相当于科级待遇的法官员额外，其他改革措施推行可以依靠法院自身力量解决。而福田法院改革方案除了在提高审判长级别及职数方面需要协调组织人事部门支持外，向社会公开遴选审判长需要协调组织人事部门配合；另外，由于审判团队数量较多，用于奖励经费数额较大，需要请求当地政府财政部门支持事项更多。

综上，“三个打破”改革方案符合法官职业化改革方向，充分考虑了欠发达地区法院实际情况，改革成本和阻力相对较小，具有较强的针对性和可行性，可以有效突破欠发达地区法院队伍建设中面临“四不四差”的发展瓶颈，能够极大推动欠发达地区法院队伍建设和审判工作全面科学发展。

广东法院经费保障和管理情况的调研报告

广东省高级人民法院课题组*

2012年6～8月期间，根据年初工作计划和最高人民法院司法行政装备管理局法司〔2012〕13号《关于对法院经费保障和管理情况进行调研的通知》有关要求，在刘恒军副院长直接指挥下，省法院行装处经过精心组织，对自2008年政法经费保障体制改革以来全省法院的经费保障、管理情况的变化，存在的困难、问题进行了全面调研，并提出相应的对策和建议。

整个调研活动历时两个多月，分两步进行：第一步是统计分析。6月初，我们根据最高人民法院指示，下发了5张统计表格，要求各中院认真、详细填报数据，并完成其辖区法院行装工作调研报告。7月初，省法院根据各中院的报表和调研报告，完成统计分析和调研汇总；第二步即实地调研。7月16日至8月17日，行装处组织3个调研小组，分别在刘国喜、刘祥发、李川副处长带领下，采取“与基层法院院长座谈、听汇报建议、查看财务相关资料”等方式，先后对珠海、清远、江门、云浮、惠州、湛江等12个中院及金湾区法院、阳山县法院、恩平市法院、普宁市法院、仁化市法院、廉江市法院等24家基层法院进行实地调研。

对此次调研，各中院党组非常重视，行装部门认真组织了数据填报工作，并撰写了调研报告。实地调研对象法院均能主动提供资料，积极配合调研小组走访了解，保证了调研工作的顺利完成。现将有关调研情况报告如下：

---

* 课题组组长：刘恒军，成员：陈友强、刘国喜、刘祥发、李川、龚肖兰、陈广辉、周力、赖静、张世友。

一、全省法院基本情况

目前，广东全省共有157个法院，除省法院外，设有21个中级法院，1个海事法院，1个铁路运输法院，133个基层人民法院。其中，有各类贫困县法院28个（其中包括全国性贫困县3个）。全省共设有386个中心人民法庭。至2011年底，全省法院有在职人员17，898人。2011年，全省法院新收各类收案105.53万件，办结97.73万件，分别占全国案件总数的9.13%和9.22%。全省法官人均结案94.88件，比全国平均数高47件，高出全国平均水平约90%，审限内结案率提升至99.53%。一审服判息诉率、民事一审调解撤诉率、实际执行率分别比2008年提高了4.23、18.36和15.10个百分点。

二、全省法院经费保障基本情况

自2002年诉讼费实行收支两条线后，目前各法院经费均已严格按照“收支两条线”进行管理，各级法院经费来源仅有两个：一是地方财政预算拨款；二是中央、省级政法转移支付资金（包括中央、省级办案专款，中央政法装备专款补助，“国债”专项资金，诉讼费统筹等）。随着《中共中央办公厅、国务院办公厅关于加强政法经费保障工作意见》（厅字〔2009〕32号）和财政部《政法经费分类保障办法（试行）》等文件颁发实施，确立了“明确责任、分类负担、收支脱钩、全额保障”的经费保障政策，分项目、分区域、分部门的分类保障，全省法院经费分为人员经费（即人员工资福利等）、公用经费（分日常公用经费和业务办案经费）、装备经费。其中人员经费由地方财政全额保障，公用经费中的日常公用经费由地方财政保障，业务办案经费原则上地方财政保障，欠发达地区基层院部分由中央、省级政法转移支付资金负责，中级法院和珠三角地区基层院由中央、省级实行奖励性补偿。重点提高了经费困难区县的经费保障能力。在管理上，通过与省财厅联合下发《广东省人民法院办案专款管理办法》《广东省县级人民法院、人民检察院公用经费保障标准实施意见》《关于加强政法转移支付资金相关工作的通知》等文件，建立健全了适应政法经费保障体制改革需要的资金使用管理制度和监督制度，规范和完善了经费保障和业务建设标准。使得法院经费保障力度进一步加大，特别是基层法院经费实际保障水平得到明显提高，切实保障了法院依法履行职责的经费需要，从源头上减少了法院受利益驱动办案，违法违规审理案件现象的发生，也使基层法院领导摆脱了经费困扰，促进了法院办案公正廉洁高效。总体来说，就是经费稳步增长，保障逐步长效化。

（一）经费收支总体情况

2011年，全省法院（不包括深圳法院及铁路法院，以下相同）收入总额为39.42亿元，比2008年增长9.43亿元，增长率达31.45%。支出总额为39.77亿元，年末超支0.35亿元。

（二）经费来源构成及变化情况

自2002年诉讼费实行收支两条线后，各级法院经费来源包括：地方财政预算拨款，中央、省级政法转移支付资金以及中央、省级补助投资基础设施建设资金。

1. 按经费来源情况划分。2011年，全省法院收入总额39.42亿元中，地方财政预算拨款33.09亿元，中央、省级政法转移支付资金收入5.43亿元，转移支付资金约占总收入的13.78%。相比2008年，其中中央政法转移支付资金收入1.85亿元，增加0.56亿元，增长率为43.47%；省级政法转移支付资金收入3.05亿元，增加1.79亿元，增长率为141.71%；中央补助投资基础设施建设资金0.30亿元，增加0.18亿元，增长率为139.17%；省级补助投资基础设施建设资金0.23亿元，减少0.05亿元，减少率为17.56%。同级财政安排经费33.97亿元，增加6.95亿元，增长率为25.73%；

2. 按经费用途划分。人员经费19.31亿元，相比2008年，增加5.57亿元，增长率为40.50%；公用经费14.07亿元，增加2.48亿元，增长率为21.37%；业务装备经费3.64亿元，增加1.45亿元，增长率为65.83%；基础建设经费2.39亿元，减少0.06亿元，减少率为2.46%。

3. 按法院类别划分。高级法院2.37亿元，相比2008年，增加0.64亿元，增长率为36.90%；中级法院9.70亿元，增加2.06亿元，增长率为26.98%；专门法院0.79亿元，增加0.52亿元，增长率为201.22%；基层法院26.57亿元，增加6.21亿元，增长率为30.49%。

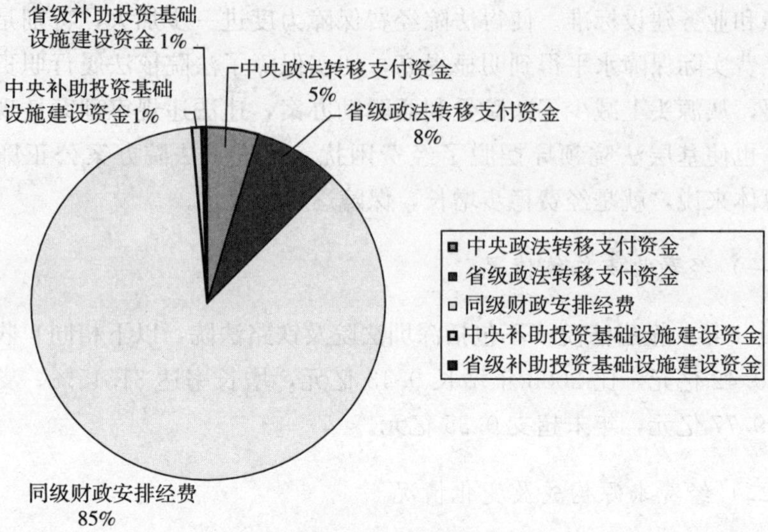

收入比例图（按经费来源情况）

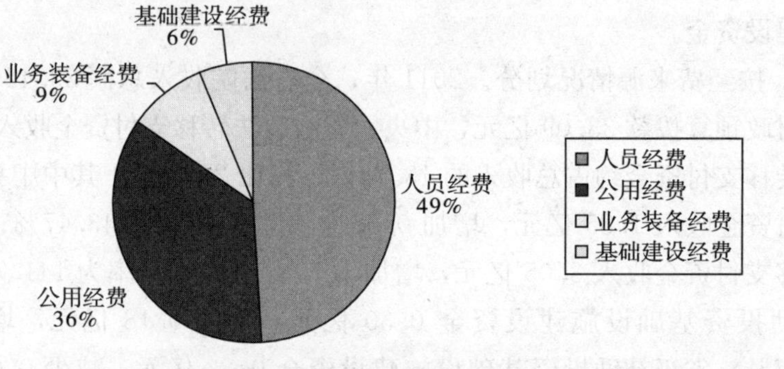

总收入比例图（按收入性质分类）

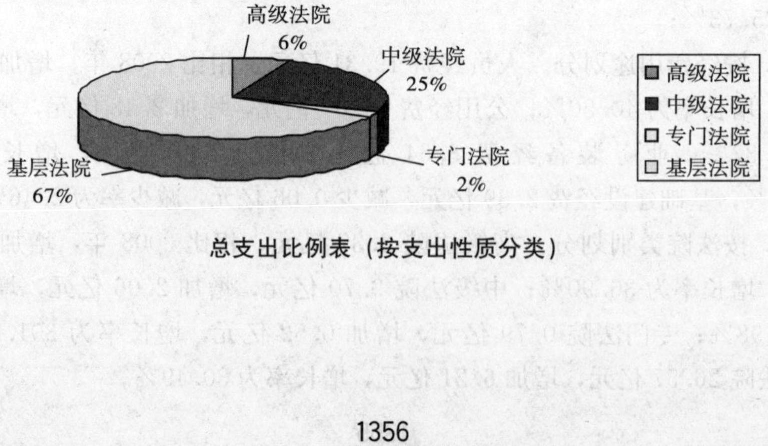

总支出比例表（按支出性质分类）

（三）人均经费支出情况

2011年，全省法院系统人均支出总额（不含基本建设支出，以下同）18.51万元，相比2008年，增加4.96万元，上升36.61%。其中：人均人员经费支出9.16万元，增加2.69万元，上升41.58%；人均公用经费支出3.98万元，增加0.74万元，上升22.84%；人均办案业务经费和人均业务装备经费支出5.37万元，增加1.53万元，上升39.84%。

珠三角人均支出20.31万元，其中：人均人员经费10.77万元，人均公用经费5.22万元，人均办案业务经费和人均业务装备经费支出4.32万元。粤东人均支出12.54万元，其中：人均人员经费5.88万元，人均公用经费2.07万元，人均办案业务经费和人均业务装备经费支出4.59万元。粤西人均支出12.59万元，其中：人均人员经费6.19万元，人均公用经费2.46万元，人均办案业务经费和人均业务装备经费支出3.94万元。粤北人均支出14.10万元，其中：人均人员经费6.39万元，人均公用经费3.36万元，人均办案业务经费和业务装备经费支出4.35万元。

广东省法院系统人均经费支出情况统计表

法院名称		人均支出总额（万元）	人均人员经费（万元）	人均公用经费（万元）	人均业务经费（万元）
省高院		26.90	13.91	3.58	9.41
海事		26.19	12.75	5.07	8.37
珠三角	广州	23.85	14.07	4.33	5.45
	珠海	22.74	13.73	3.36	5.65
	佛山	20.72	10.32	8.59	1.81
	东莞	28.43	13.24	8.72	6.47
	中山	20.32	10.31	6.91	3.10
	惠州	17.82	8.46	5.15	4.21
	江门	14.02	8.13	2.75	3.14
	肇庆	14.72	7.95	1.97	4.80
小计		20.31	10.77	5.22	4.32

续表

法院名称		人均支出总额（万元）	人均人员经费（万元）	人均公用经费（万元）	人均业务经费（万元）
粤东	汕头	13.45	8.72	0.8	3.93
	潮州	13.34	6.68	2.46	4.20
	揭阳	13.24	4.72	3.49	5.03
	汕尾	11.28	5.02	1.74	4.52
	河源	11.33	5.0	1.86	4.47
	梅州	12.69	5.16	2.09	5.44
小计		12.54	5.88	2.07	4.59
粤西	湛江	13.57	6.75	3.05	3.77
	茂名	10.98	5.62	2.01	3.35
	阳江	12.68	5.99	3.05	3.64
	云浮	13.17	6.40	1.76	5.01
小计		12.59	6.19	2.46	3.94
粤北	韶关	12.63	5.39	3.43	3.81
	清远	15.59	7.40	3.30	4.89
小计		14.10	6.39	3.36	4.35
总计		18.51	9.16	3.98	5.37

法院经费变化主要是由以下几个原因造成：（1）中央省级政法转移支付资金逐年增长，且增长幅度高于全省法院经费平均增长幅度；（2）部分法院的当地财政经费保障水平与诉讼费收入挂钩；（3）有的地方由于财政确实比较困难，当中央和省级加大对法院经费的保障力度时，当地财政就减少了对法院的经费保障力度；（4）由于受广东财政收入增长乏力和近年省财政预算资金按2%递减等多重因素影响，全省各级预算经费2011年比2008年压减5%～10%。这几个因素综合起来造成了中央省级政法转移支付资金的增长和欠发达地区财政对法院经费保障力度的减弱。可见，政法经费保障体制改革的实施，既较大幅度地增加了中央财政对基层法院的投入，也直接带动了省级财政增加对市县级法院的经费投入，对近年来全省法院经费保障水平的提高发挥了重要作用，为缓解我省欠发达地区基层法

院经费困难起到了积极的作用。

（四）中央和省级政法转移支付资金分配下达情况和作用

广东省属于东部地区法院，省财政在中央政法转移支付资金下达后，根据《财政部关于下达公共安全一般性转移支付资金的通知》要求，按照50%的比例落实了省级转移支付资金并与中央专项资金一起分配下达到各市、县级财政。多数市、县财政在接到省财政下达的政法专项转移支付资金后，能按要求及时通知法院并按规定划拨款项。全省各法院对于中央和省级政法转移支付资金，均能严格按照规定用途和范围使用和管理，确保专款专用，不存在截流或挪用的情况。

当前，中央和省级政法转移支付资金的效益非常明显，有效地缓解了各中级、基层法院的经费困难，对解决法院审判、执行经费严重不足的问题具有积极的意义。特别是对粤东、粤西、粤北等欠发达地区的基层法院，在地方财政经费保障最低经费标准的情况下，中央和省级政法转移支付资金的下达，使各法院能维持审判、执行工作的正常运转。以珠三角的江门市下属的恩平市（县级市）为例。恩平市是我国著名的侨乡，目前，当地财政拨付给该院的正常办公经费为人均 1.4 万元/人/年，相当于法院每月约 10 万元的经费，这样的经费标准难以维持该院正常审判业务的顺利开展。中央和省级政法转移支付资金的下达，很大程度上补充了该院办案经费的不足，为审判、执行工作提供了强有力的经费保障，使法院能更好地为社会稳定和促进经济发展提供更加有效地支持。

（五）公用经费保障情况

《广东省县级人民法院、人民检察院公用经费保障标准实施意见》是2007 年由广东省财政厅、广东省高级人民法院、广东省人民检察院三家联合发文的，经费保障制定四类标准，但自 2007 年文件实施以来基层法院公用经费保障标准没有调整及增长，保障标准已落后于物价的增长，即便如此，贫穷地方财政仍无法按相应标准保障当地基层法院的公用经费。

（六）“收支两条线”执行情况

多年来，我省各级政府十分重视“收支两条线”的管理工作，2009 年省人大代表提出的“关于严格实行‘收支两条线’，促进公正司法的建议”

被列为省人大重点督办的建议。省政府办公厅、省法院、省检察院、省纠风办和省人大等单位相关负责同志组成的调研组多次在我省部分地区开展了相关调研。从调研情况来看，各调研市县公用经费保障标准基本得到了落实，实现了非税收入的“收支两条线”管理。

但是，从我院近年来检查了解的情况，在我省个别地区由于地方财政确实存在困难，还是在一定程度上存在法院经费支出与诉讼收费、罚没款等非税收入有一定程度的关联。

对于诉讼费用的收取和管理情况，省法院连续两年开展了全省的专项检查。从检查的结果看，广东各级法院能严格执行《诉讼费用交纳办法》和诉讼费用管理的各项规定，严格实行收缴分离，足额上缴财政专户，没有自行增加收费项目、扩大收费范围或提高、降低收费标准的现象。

三、全省法院财务管理的基本情况

（一）财务管理基础情况

我省各级法院均依据《人民法院财务管理暂行办法》结合实际制定了财务管理制度，并设立专门财务机构负责会计核算和财务管理，按财务法律法规设立会计账目，坚持会计和出纳分工协作、相互监督。经费收支审批制度完善，内部控制制度健全，账目清晰，资金管理安全高效。

目前我省法院从事财务工作的人员有 418 人，其中：省高院 13 人，海事法院 4 人，中院 66 人，县市、县级法院 335 人。省高院每年按计划对中院、基层法院进行财务管理检查、举办法院系统财务人员业务培训班。特别是近几年各级法院从高等院校招录了专职财务人员，专业技能强，综合素质高，使得我省法院系统财务管理水平整体得到了较大提升。

（二）系统财务工作情况

省法院行装部门通过汇总我省法院系统决算数据，并对数据进行深入分析，剖析我省粤东、粤北、粤西法院收入、支出、债务情况，揭示出我省欠发达地区法院经费保障甚至不如我国部分中西部地区法院的实际情况，并由郑院长亲自出面，积极向最高人民法院、省财厅等部门争取全省法院政法经费保障。2011 年共争取到中央、省级政法转移支付资金、办案专款补助经费、经济欠发达地区政法专项补助经费及“两庭修缮基金”等专项经费5.7亿元，比2010年增加1.2亿元，同比增长26.7%。其中分配欠发达地区经费共计5.13亿元，有效地改善了欠发达地区经费保障和物质装备条件，推动了全省法院的均衡发展。近年来，为严格执行财经纪律，省法院还委托会计师事务所，对全省法院有国债项目和省财政下拨基建专款的中级法院和基层法院的专款使用情况进行审计，确保专款专用。

2011年，我们改变了以往对基层法院经费管理“重扶持轻监督”的工作模式，探索建立监督检查机制，一是对全省各级法院开展诉讼收费、政法转移支付资金、诉讼费统筹款和执行款“四费”专项管理检查，近期将对检查发现的问题通报全省法院，逐步完善上级法院对下级法院经费管理的指导和监督机制，探索建立和完善法院内部审计制度。二是高度重视以会计报表为核心的财务分析和行财工作建议，通过加强统计报表培训和业务交流等措施，使我省法院财务人员特别是基层法院的财务人员的业务水平得到明显提高，在行财工作为党组的决策提供建议等工作机制上有了新的突破。三是着手开发建立全省法院诉讼费缴纳代管和执行款收付等的软件管理系统，利用信息化科技手段建立财务管理的信息化监管平台，有效监管并避免资金被挪用，以支付的“双审批”制度和流程控制保障资金安全。

四、经费保障和财务管理工作中存在的问题

（一）关于经费保障

一是各地经费保障不平衡，部分法院人员公用经费保障标准未得到落实，以收定支的现象比较普遍。《广东省县级人民法院、人民检察院公用经费保障标准实施意见》是2007年由广东省财政厅、广东省高级人民法院、广东省人民检察院三家联合发文的。经费保障标准制定四类标准，一直没有调整，已落后于物价的增长，即使这样，有些地方财政仍无法按相应标准保障当地基层法院的公用经费。通过统计报表可以看出，仅在广州、佛山、东莞、中山等珠三角发达地区，当地财政已经突破了2007年的经费保障标准予以全额保障，法院工作不受经费困扰，大部分地区法院经费保障或多或少有困难。而且，在实地调研的36个法院中，只有珠海、江

门、清远、肇庆、封开等11个中院和基层院真正落实了《人民法院公用经费保障标准》，均已实现人员公用经费在3万元以上，收支完全脱钩。大部分法院基本取决于诉讼费、罚没款的返还，以收定支，没有实现真正的收支脱钩、及时足额核拨经费。如江海、新会法院则核定公用经费只有1.9万元/人，特别是江海法院，因其独特的行政地域环境，辖区人口少，财政收入总额低，案件诉讼费少，地方财政保障能力有限，但其又处珠三角发达地区，历年政法转移支付资金支持较少，经费非常困难，法官津贴尚未发放，目前尚在蓬江区地域寄住办公，办公条件艰苦；德庆法院根本没有人头费的说法，当地财政只拨付给法院每月20万的公用经费；怀集法院也只有诉讼费返还，不能保证3万元/人的足额经费；而如蓬江、普宁法院，因诉讼费、罚没款较多，返还金额大，虽未明确人员经费标准，但实际已超出3.5万元。

二是当地财政拖延拨付、变相挪用甚至公用经费抵顶转移支付资金的现象比较严重。从2011年度看，只有下达珠海、江门、惠州、肇庆中院及端州法院等少数法院的转移支付资金全额及时到位，大部分存在当地财政拖延拨付，甚至公用经费抵顶转移支付资金的现象。其中德庆法院反映每年的转移支付资金都是次年才到位，2011年的390万元的转移支付资金到目前只到位18万元；潮安县法院则最为严重，应到位468.34万元，实际到位15万元，未到位453.34万元，资金到位率为3%。湘桥区法院应到位316.50万元，实际到位114.22万元，未到位202.28万元，资金到位率为36%。郁南法院反映有2010年有161万，2011年有51万均未到位，当地财政答复是已保证了人员经费3.3万/人，就不再给了。其中，2011年度政法转移支付资金中粤财行〔2011〕536号文的“一般性转移支付”经费，除个别与财政沟通较好的法院外基本均未到位，基层法院普遍反应没有看到该笔资金发放的文件，甚至原来不知道有这笔经费。

三是非编人员费用负担重。实地调研的36个法院均有不同数量的非编人员，除开平法院是由当地财政保证了工资外，地方财政基本不负责非编人员费用，没有纳入预算，都占用公用经费，普遍反映这方面费用压力大。如端州法院在编97人，非编人员达48人，每年占用公用经费100多万。

四是转移支付资金下达时间较晚，不利于使用单位对资金的计划、安排和使用。2007年以来，中央补助专款基本上是在每年第四季度下达到我省，但法院的工作要有总体上的统筹安排，由于经费不足，有的业务没有办法按时开展。在现在这种情况下，有的法院干警出差的费用经常由于没有经费要先由干警垫支，要等中央和省级转移支付资金下达后，才报销干警垫支的各项费用。这严重影响了干警的办案积极性，影响了办案效率的提高。

五是转移支付资金部分科目设计不合理，不利于法院工作的开展。经过几年的业务装备和基础建设，各级法院的业务装备已基本达到办案要求，业务装备已逐渐减少，但随着审判任务的加重，办案业务经费需求持续增长。每年的转移支付资金有相当部分是业务装备经费，科目较少，不利于实际工作使用。

（二）关于财务管理

一是会计基础工作薄弱。首先是会计科目设置不规范，在实地调研的36个法院中，有22个法院均未按《政府收支分类科目》设置会计科目。容易使得业务主管部门的报表项目资料来源不一，从而造成报表数据不统一、不准确的情况；其次是科目使用不正确，有些法院随意使用结余科目，每年虚增办案支出，无法正确反映实际资本性支出（如廉江法院）；再次是内部控制制度缺乏或者执行不力，近70%法院财务人员没有定期核对银行对账单和盘点库存现金，大部分单位会计与出纳每月银行存款对账资料不齐全，未编制银行存款余额调节表。同时，不少法院内部稽核制度不健全，费用审批程序不合理，缺乏事前控制程序，实行“实报实销”制度，流程控制的先后顺序不尽合理。

二是预算执行率普遍低下。大部分法院尤其是基层法院预算执行过程中的随意性大，各项实际支出也并非严格按照预算安排支出，缺乏预算的刚性约束，部分法院发现“专款不专用”的现象。

三是执行款管理上存在漏洞。在执行款管理中少数单位仍存在漏洞。除在执行款管理中存在案号不明、执行局台账未建立等情况外，对执行款利息的使用管理上个别单位存在违规现象。如珠海中院每年从执行款利息中提取200多万元用于干警福利。阳山县法院将执行款200万元存入定期。

四是财务工作人员业务素质有待提高。会计人员年龄老化，学历偏低，专业人才少。特别是由于财务软件的普及，需要懂电脑方面知识的人才，但又找不到合适人选，致使一些业务生疏的书记员也“持证上岗”。

五是诉讼费退费问题困扰严重。困扰之一，在调研中发现大部分法院诉讼费退费没有建立专门的备用金，而退费是按预交诉讼费的全额计算比例的，没有考虑已上缴的15%的统筹。由于大部分地区还是以收定支，凭诉讼费返还保障公用经费，这样一来直接影响到法院的经费保障。有些地方甚至财政不负责退费，直接在法院的公用经费中扣除退费。如珠海中院每年需从正常公用经费中拿出约900万元用于诉讼退费。困扰之二，由于退费没有专门的备用金，多数法院退费要向当地财政申请，财政审批完毕后再将款项拨给法院。这样，从当事人提交退费申请到法院退费一般要三个月以上的时间，当事人意见较大。困扰之三，追缴败诉方诉讼费困难。以致部分法院违规操作。如云浮、肇庆、揭阳地区的法院为减少退费带来的麻烦，还在执行原来的诉讼费收费办法，对胜诉的原告，不退诉讼费，直接判决原告预付的诉讼费由被告支付。江门、湛江地区按新办法执行，由此造成相当数量的应收未收款，反映强烈。如何启动执行？如启动的主体、案号、程序如何设定，没有明确规定。

五、加强经费保障和财务管理的建议

（一）关于经费保障

一是真正落实公用经费保障标准。协商省财厅进一步厘清、明确转移支付与当地财政保障的公用经费的关系（法院公用经费原则上由当地财政保障，转移支付只是补助），并进一步统一、明确公用经费保障标准的计算口径，敦促各地方政府和有关部门严格执行《广东省县级人民法院、人民检察院公用经费保障标准实施意见》，建立切实可行的法院经费保障机制，真正落实公用经费保障标准，使中央和省级政法转移支付资金能起到提高法院经费保障水平的目的，以确保法院的正常工作不受影响。

二是加大与最高人民法院、省财政厅的沟通力度。（1）据实汇报广东法院的经费困难情况，加强我省基层法院的经费保障，协调最高院和财厅分期下达资金，以便有效保证工作的正常开展，不要像以往集中在年底拨付，不利于使用单位对资金的计划、安排和使用。（2）争取拓宽《广东省人民法院办案专款管理办法》的资金使用范围，区别对待法院实际需求，对装备不足、当地财政截留现象严重的基层法院采用以物代拨的方式。

（3）争取与财厅对非编人员费用问题联合进行专题调研，参照中山地区法院的做法，下发指导性文件，纳入政府预算。

三是省法院将下达资金的信息及时通知相关法院并附相关文件。考虑当地财政往往有拖延甚至抵扣转移支付资金的现象，基层院普遍要求以后每笔款下达时，省法院及时通知相关法院并附相关文件，以便其及时与当地财政沟通。

四是争取经费统筹更贴近实际。政法转移支付资金和统筹诉讼费更重比例投向欠发达地区基层法院；在办案专款的分配中，将“调撤率”体现在办案专款分配因素中，使法院经费保障与法院审判工作实际得以紧密结合；调整和适当扩大经费项目范围，方便法院对有关资金的使用；加强了系统财务内控机制建设。

五是以这次调研为基础，尝试建立全省法院经费保障数据库。包括各级法院近三年来人员、案件数量、当地财政公用经费保障金额、下达的转移支付金额及到位情况，甚至包括基建状况、车辆数量及编制和警牌数量等。以便为以后的经费拨付提供客观依据。

（二）关于财务管理

一是加强财务基础建设。（1）建立健全规章制度。敦促并帮助下级法院进一步建立健全各项规章制度，制定从预算审批、资金借付、款项收入、台账设置、经费开支、财务结算、账簿登记、报表上报等各个环节的具体规定，完善经费管理运行机制，规范相关经济活动。（2）加大对全省会计人员的培训力度，并协调组织部门及时补充专业人才。（3）进一步加强资金安全管理。要进一步加强银行票据管理，落实票据购买及使用登记制度；要严格现金管理，杜绝超现金支付点及范围支付现金；要严格落实财务规章制度，明确会计、出纳的分工，强化印签分管制度。（4）要加强财务报表的数据准确性。建议今后省法院除每年进行财务决算报表汇总审核外，要求各法院每季度上报包括资产负债表在内的会计报表，并要求数据必须与会计账面数据保持一致，以利于掌握各法院实际经费收支数据。

二是敦促全省法院做好经费需求概算。建议要求每年第四季度各法院将下年度需要省法院从诉讼费统筹款和办案专款中予以资金扶持的具体项目名称、项目实施期限、经费预算等上报省法院，由省法院组织相关部门汇总审核后按财厅通报经费总额进行统一分配，防止重复上报项目等现象的长期存在。

三是联合财政及本系统立案、执行部门就诉讼费退费和应收未收诉讼费问题进行专题调研。在充分论证的基础上，将调研报告呈送最高人民法院，建议最高院会同财政部门出台统一的诉讼费退费制度和追缴败诉方诉讼费用的有效措施。

关于实施“岭南工程”进一步推进法院文化建设的调研报告

广东省高级人民法院课题组*

2012年，省法院开始实施广东法院文化建设“岭南工程”，目标是：用三年时间，以社会主义核心价值体系为引领，以达标争创为抓手，以特色基地为标志，实现全省法院文化软实力全面提升。按照“边调研、边建设”的推进思路，我们开展了此项专项调研。

一、实施“岭南工程”的背景与任务

2012年，郑鄂院长在“全国大法官研讨班”上全面阐述了广东法院文化建设的三条基本经验：第一，法院文化是社会主义意识形态的重要组成，法院文化建设必须紧紧依靠党的领导，融入文化建设总体布局中，才能形成推动法院文化建设的强大合力，事半功倍。第二，法院文化建设离不开当地的文化基础和内涵，法院文化建设必须与地方特色文化紧密结合，继承和弘扬优秀的传统文化，才能实现法院文化建设的新突破，提升弘扬社会主义法治精神的新境界。第三，人民法官和人民法院只有深刻了解当地文化历史的沉淀和内涵，才能使用群众听得懂的语言和方式方法去释法答疑，引导和帮助群众去理性认识和理解司法，依法表达自己的诉求，来行使权利和履行义务。

按照郑鄂院长的这一思路，全省法院开始了为期三年的“岭南工程”建设，具体来说就是：

一是建设特色基地。找准广府文化、客家文化、潮汕文化、特区文

* 课题组成员：聂式恢、朱可胜、罗少雄、段勇、罗万里、林宗发、曾宝珠。

化、侨乡文化、包公文化、禅宗文化、雷州文化等为代表的岭南特色文化与法院文化的结合点，找准新时期广东精神与法院文化的结合点，建设具有浓厚岭南特色的法院文化基地。

二是要实现全面达标。各级法院要按照《广东法院文化建设标准及考评办法》的要求，深入开展达标争创活动，省法院认真组织检查验收，努力实现全省法院 2014 年底前全面达标。

二、主要做法及成效

按照省法院的部署，全省法院深入推进“岭南工程”建设，取得了较好的阶段性成果。

（一）瞄准公正目标，夯实顶层设计

自觉争取党委支持，加强顶层设计、顶层推动，为各级法院加强文化建设、推进岭南工程提供坚强领导和有力支持。省法院郑鄂院长在《政工通讯》《南方日报》《广东宣传》撰文，阐述推进法院文化建设对于弘扬法治精神、服务大局、促进中心工作的重大意义。2012 年 6 月，省法院与省委宣传部联合下发《关于进一步加强全省法院文化建设的意见》，首次把法院文化建设纳入文化强省、依法治省战略，使法院文化成为推进法治建设和弘扬社会主义法治理念的重要力量，使法院文化阵地成为普法和弘扬社会主义法治精神的重要阵地。省高院、省委宣传部联合发文推进法院文化建设，共同举办司法公信论坛，全方位宣传全国法院模范法官、办案标兵的司法公信事迹。肇庆、珠海、潮州、江门、汕头、茂名、揭阳等 9 个中院、11 个基层法院分别与同级党委联合发文贯彻落实，推进本地区法院文化建设。省法院与省财政厅协商，建立法院文化建设专项经费与全省法院经费统筹结合的保障机制。全省法院开展“司法公正水平提高年”“司法作风明显改进年”活动，开办“广东法官讲堂”，改进司法作风、强化公正理念、提升司法能力。广州、惠州、江门等地法院评选全市十佳法官，中山与市委政法委、团市委联合评选表彰首届“十杰法官”。各级党委也纷纷重视法院文化建设，雷州市委书记主动担任该市法院文化建设总顾问；肇庆市委宣传部与中院共同谋划实施特色文化基地建设。中山市第一法院组织专家召开法院文化研讨。

（二）重视建设规划，加强考核指导

充分发挥统一指导、考核推动、示范引领、学习交流、审核督促的作用，确保各项任务逐项落实、扎实完成。2012年，省法院出台《广东法院文化建设标准及考核办法》，从整体工作、组织领导、精神文化建设、物质文化建设、行为文化建设、制度文化建设、特色文化建设、学习型法院建设、文化宣传工作、干警人文关怀等10个方面确定50项考核指标，提供详细指引，考核分值为1000分，900分为合格。大部分干警认为该标准比较合适、科学。调查中，64%的干警认为《广东法院文化建设标准及考评办法》"标准适度"，只有4%的干警认为"标准不高""标准较低"，29%认为"标准很高，难以达标"，如图1所示。制定《"岭南工程"实施方案》，明确建设目标、路径方法、具体标准，为各级法院提供明确指引。22个中院制定了文化建设中长期规划、近期文化建设实施意见及相关规范性文件，规划和部署文化建设工作，118个基层法院出台了《实施细则》。省法院将岭南工程纳入对各中院年度综合考核，各中院也对基层法院文化建设考核。2次召开全省法院文化建设工作会议，组织22个法院在大会上介绍经验。开展文化建设交叉点评，组织各中院政治部（处）负责人到23个观摩点实地考察、集体会诊、学习交流，事后向中院党组通报情况，督促整改、提高水平。发挥学习交流点将台、《政工动态》等平台作用，总结经验，交流思路。开展文化建设审核，由各申请法院对照标准进行自评，相关中院负责审核，106个法院通过审核，圆满完成"岭南工程"建设阶段任务，文化建设整体水平明显提升。

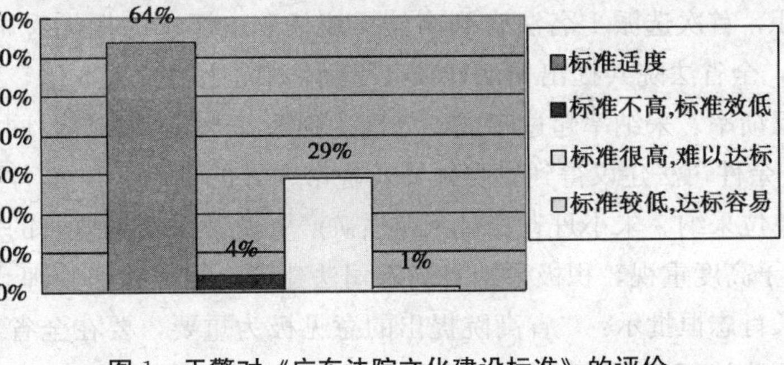

图1　干警对《广东法院文化建设标准》的评价

（三）弘扬公正主基调，服务中心工作。创建一批新平台

全省推广学分制考核管理，举办司法公信论坛，开设广东法官讲堂、“学习交流点将台”、学习讲坛等学习平台，开辟全国模范法官（优秀法官）工作室、深圳法律博物馆。2012年，省法院与省委宣传部共同举办司法公信论坛，弘扬政法干警核心价值观和“厚于德、诚于信、敏于行”的新时期广东精神，宣传全国模范法官陈光昶等重大典型先进事迹。2013年，省法院以“高端、短训、精品”为目标，创办全省三级视频同步的法官公开课“广东法官讲堂”，邀请法院领导、院外专家、院内业务专家、骨干授课。共举办5期，全省31750人次参训。广州、深圳、东莞中院组织青年法官政治培训班，集中培训35周岁以下的青年干警，帮助青年干警树立正确的世界观、人生观、价值观。湛江、清远、惠州等地建立“全国模范（优秀）法官工作室”，做好传帮带服务群众。广州中院党组书记刘年夫为全院干警上党课，教育引导干警坚定理想信念。深圳中院创办党校讲堂、深圳法官大讲堂、深圳法院文化博物馆三大平台，面向广大法官、面向社会公众、面向党政领导干部，提升法官素质，传播法律知识，弘扬法治理念。培养一批专家法官。推荐三批全国法院审判业务专家，8人入选全国法院法官教学师资库。评选产生42人的“全省审判业务专家库”，建立100人“全省法院法官教学师资库”。指导实施审判业务专家改革，明确广州越秀、东莞第一法院两个试点单位，与两地市委直接沟通，争取支持。实施“双千计划”，建立148人的全省司法人才库，向最高法院推荐68名司法人才库人选，联系合作高校近50所，73名资深法官受邀到法学院校兼职，首次选派1名法官到高校交流任职。评选一批优秀司法建议。2012年，全省法院共提出司法建议4776件，同比增长近3倍，稳居全国第一；反馈率、采纳率超过三成，分别达到33.5%、30.6%，同比大幅提升；100余件司法建议得到省委领导及各市领导的批示；1446件司法建议被有关单位采纳。朱小丹省长对《加强矿产资源开采市场监管的建议》批示：“应予高度重视，积极采纳省高院司法建议，加强执法管理。”时任常务副省长肖志恒批示：“省高院提出的意见极为重要，要在全省各级政府深入进行法治行政教育，切实提高法治行政水平，促进法治政府建设。”建立一批法治文化示范点。省法院、梅州中院、珠海中院、广州市萝岗区法院、深圳市南山区法院、佛山市顺德区法院、肇庆市鼎湖区法院、河源

市源城区法院、茂名市信宜市法院、东莞市第一法院东城法庭等10个法院通过省依法治省办的审核，荣获全省首批法治文化建设示范点。珠海中院与市委党校合作建立全省法院首家法治教育现场教学基地。东莞第一法院在市委党校、市法学会支持下，分别成立“法治东莞实践基地”“司法实务研究中心”。东莞市第三法院在政府支持下，与检察院联手将政府广场打造成“法治文化广场”。打造一批公正文化范例。潮州、汕头中院在信访、调解工作中引入当地的茶文化，以“以和为贵”的潮汕文化、“与人为善”的禅宗文化精髓引导当事人接受调解、息诉罢访，清远中院将“和谐”“自度”等佛教文化融入审判执行工作中，发挥出独特作用。海事法院创作、学唱院歌《广州海事法官之歌》，茂名打造廉政文化示范法庭。广州出台《提升司法公信力三年规划》，最高人民法院简报全面介绍。清远出台《推进公正司法意见》。肇庆组织法官宣誓，到市廉政警示教育基地开展廉政警示教育。调查中，22%的干警表示经常运用传统文化或本地文化促进纠纷解决；58%的干警表示有过此经历，如图2所示。

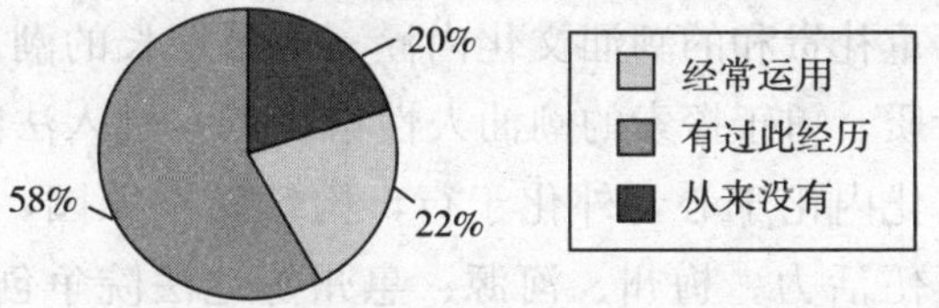

图2　干警运用传统文化、地域文化化解纠纷情况

（四）突出精神引领，建设法院共同家园

牢固树立社会主义法治理念和司法核心价值观，准确把握文化建设的政治方向。组织两届“群众在我心中”先进事迹报告团，16名优秀法官在全省23个中院巡回宣讲，增强群众感情群众观点、提高群众工作能力。80个法院（占50.95%）总结提炼出富有时代气息、具有本院特色、凝聚共同理念的法院精神或院训。130个法院（占82.8%）充分利用初任法官任命、重大节日活动等契机，组织初任法官或全体法官进行法官宣誓，或者重温入党誓言。推进文化精品创作，89个法院（21个中院、68个基层法院）建立院刊。近三年来，各级法院共公开出版法学专著198本，在国家级刊物上发表专业论文490篇，省级以上刊物1417篇。深化人文关怀，省法院在深入开展法官职业保障调研的基础上，出台《关于加强广东省法官职业权益保障工作的意见（试行）》，编印《广东法官健康手册》，受到干警一致欢迎、最高法院充分肯定。揭阳中院制订《福利暂行规定》，对关怀慰问扶助干警作出规定。

（五）突显岭南特色，建设8种基地

继承和弘扬岭南优秀传统文化，建设具有浓厚岭南特色的8种法院文化基地，努力提升法院文化与地域文化，人民群众与法院工作的融合度。目前，5个特色基地已基本建成并积极发挥作用，3个基地正在规划设计或紧张建设中。广府文化服务审判执行。广州两级法院创建广府文化特色基地建设。萝岗区法院将法院审判调解工作与本土“祠堂文化”融合，在3个祠堂设人民法庭巡回工作点，充分运用民俗文化、村规民约、亲情乡情、祠堂威仪等元素，和谐解决宗族、家庭、邻里纠纷，创造出运用岭南文化巧妙服务法院审判执行工作的范例。潮汕文化推进和谐司法。汕头、潮州、揭阳、汕尾等四个中院负责挖掘潮汕文化，争创潮汕文化基地，将潮汕文化精髓（重礼贵和的潮汕文化内涵、博采众长的潮人精神、求精求细的潮汕文化特质、勇于探索的潮汕人性格特点）融入法院文化，实现潮汕精神、法院文化内化于心，外化于行，构筑精神家园，促进和谐司法。客家文化激发队伍活力。梅州、河源、惠州等地法院争创客家文化基地。梅州中院以客家文化优秀思想引领两级法院特色文化建设，弘扬“吃苦耐劳、艰苦奋斗、勇于开拓、不断进取”的客家精神，传承叶剑英等优秀客家人物事迹，培育山区法官道德风尚，牢固树立共同价值追求和行为准则。特区文化培育法治窗口。深圳、珠海等中院发挥窗口作用，积极建设特区法院文化，锐意改革创新，推进法治建设。深圳两级法院搭建“市区党校平台”“深圳法律文化大讲堂”“深圳法官大讲台”，为两级党校近千名领导干部授课，向人民群众宣传普及法律知识，提升领导干部法治思维、法治方式意识和能力，增强人民群众对司法的认同感，提升法官公正司法能力水平。深圳龙岗法院以《乐道》平面季刊和电子杂志为核心推出“乐道”文化特色项目。雷州文化塑造清廉形象。湛江两级法院利用寇准、苏轼、陈宾等历代名相贤臣在当地留下的清官文化，扎实推进法院廉政建设。雷州市法院运用“清廉卓绝（康熙语）”的清代三大清官之一陈瑸故居“清端园”，建设“清官文化”教育基地。雷州地区法官坚守廉洁、守护公正，宁可下班后开摩的挣钱补贴家用也不违法乱纪，涌现建院61年没有违法违纪的全国模范法院徐闻法院。此外，肇庆法院以“清廉公正为民”为主题规划建设包公文化基地。肇庆法院以“清廉公正为民”为主题规划建设包公文化基地，鼓励广大法官争当现代包青天，努力建设成为当地党员干部廉政警示、法治教育基地。中山法院以传承发展孙中山法治思想为主题打造特色文化基地。云浮市新兴县法院与县委联合推进禅宗文化特色基地建设。广州海事法院向国际海事机构印发英文版《中国海事审判年刊》《广州海事法院审判情况通报》，提升海事法院文化品牌国际影响。东莞市第二法院实施共同愿景、心灵提升工程、能力工程三大建设，建设“专业化”学习型法院，获得最高人民法院常务副院长沈德咏肯定。省法院《以“岭南工程”推进先进法院文化建设》、潮州中院《建设潮汕特色法院文化基地》等2项特色文化品牌入选全国法院文化建设特色项目。实践证明，特色文化建设得到了干警的普遍认可。调查显示，对干警影响较大的8种岭南文化依次为广府文化（44.13%）、客家文化（35.88%）、潮汕文化（20.54%）、特区文化（18.72%）、包公文化（9.21%）、禅宗文化（8.77%）、侨乡文化（8.71%）、雷州文化（2.73%），如图3所示。这充分说明，我们对岭南主要文化的概括是准确的。调查中，分别有23%、31%的干警认为“岭南工程”要求找准广府文化等地方特色文化与法院文化的结合点，建设法院文化特色基地的做法“很好，很有创意”“好，有创意”，如图4所示。对于本院特色文化建设，55%的干警认为“明显”“比较明显”。

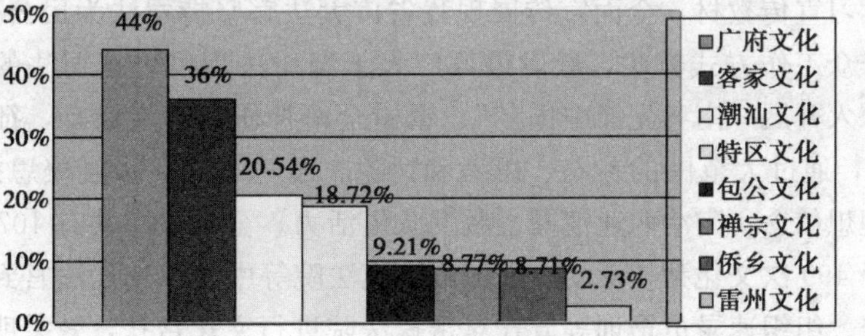

图3　8种主要岭南文化对干警影响情况

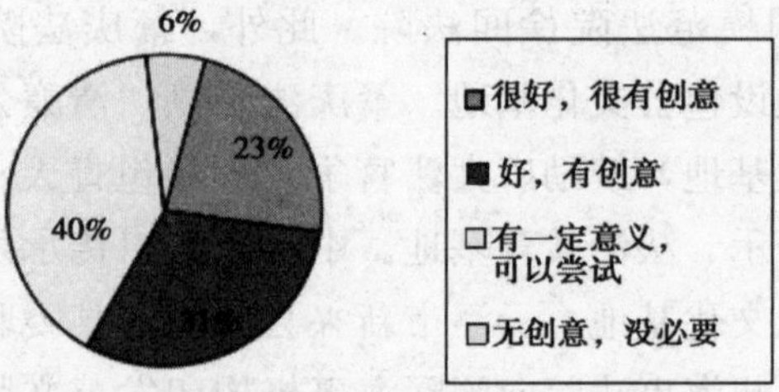

图 4　干警对挖掘南岭文化、建设特色基地的评价

（六）坚持抓好结合，提升服务水平

立足部门工作职能，注重抓好“岭南工程”与教育培训、系统党建、“司法公正水平提高年”活动、党的群众路线教育实践、结对帮扶、司法为民的结合，做到“我中有你”“你中有我”，相辅相成，相互促进，确保为审判执行、队伍建设中心工作提供优质服务保障。结合公正年活动，开辟广东法官讲堂，以视频方式每月举办一次业务培训；推动探索实施上级法院审判委员会列席下级法院审委会制度，加强对下业务指导。开展系统党建书记项目，完善党建工作机制，健全基层组织生活，强化党员干部党性教育，建立全省系统党建台账，坚持书记讲党课，以法院党建文化推进系统党建、充分发挥两个作用。坚持智力援疆援藏，组建广东法院讲师团两次入疆、3 次入藏授课。面向全省法院征集广大干警在本职岗位上践行群众路线的先进事迹，编印《广东法院践行党的群众路线典型案例》作为活动学习宣传教材，全面宣传展现我省广大法官坚持司法为民公正司法、创新群众工作方式方法，激发鼓舞广大干警司法为民公正司法的工作热情。深入开展“南粤先锋中国梦”、翟树全精神研讨征文活动，征集稿件 511 篇，通过大范围的参与、思考和讨论、争鸣，进一步凝聚思想共识、坚定理想信念、陶冶职业情操、激发队伍活力。全省法院共有 107 个法院开展了 499 次文化帮扶活动，中山市中级法院等中院以选送法官到高校学习进修、组织速录员培训等方式对帮扶法院进行文化帮扶，效果明显。落实司法为民宗旨，坚持文化惠民，以人民群众作为法院文化的服务对象、评判主体，以审判执行工作实效作为检验文化建设成效的标准，建设社会性、群众性、开放性法院文化，将法院文化设施建设成为群众性文化设施，将法院文化基地建设成为弘扬特色文化的基地，面向广大群众的法治文化基地，面向广大学生的法制教育基地。广州中院设立全国法院首个

“全国青少年法律与权益保护研究基地”，潮州中院与团中央共建“全国预防青少年犯罪研究基地”。肇庆中院将广场、院史室、荣誉室、图书室向社会公众开放，深圳南山法院法律文化博物馆、法律文化大讲堂成为法治教育宣传课堂。开平市法院与市委宣传部、教育局、市妇委会共建立青少年教育实践基地、妇女儿童法律援助中心，被全国妇联授予全国维护妇女儿童权益先进集体称号。

（七）开展干警问卷调查，摸准问题回应需求

2013年6月7日至7月1日，调研组精心设计调查问卷，从法院文化服务对象主要功能、最喜欢的法院文化活动、对法院文化建设的最大希望、参与法院文化建设的主要形式、不满意法院文化建设的原因、法院文化建设遇到的主要困难、对法院文化建设的评价等多方面29个题目进行调查，通过广东法院综合信息网，问计于民、问需于民，提升干警文化建设参与度，为“岭南工程”深入实施提供良好舆论环境。5234名干警参与调查，94%的受访干警肯定“岭南工程”有创意、值得探索。调查显示，不满意本院文化建设的五大原因是：“对法院文化建设的投入太少、力度不够”（33.01%）、“影响不够大”（23.88%）、“不重视干警需求、不重视干警参与”（26.10%）、“主要是在搞表面的物质文化，精神文化不够突出”（19.55%）、“服务干警、服务群众、服务中心做得不好”（15.55%），如图5所示。干警最喜欢参加的文体活动分别为：文体活动（48%）、业务培训（32%）、讲座论坛（9%）、学术研讨（7%）、其他（1%），如图6所示。干警参与法院文化建设的主要形式有：参加文体活动（69.05%）、接受教育培训（63.26%）、参与文化建设座谈会、调研活动（36.53%）、制度文化建设（33%）、参加院训征集（21.80%）、特色法院文化基地建设（21.36%）、作品、事迹或荣誉入选院史馆、荣誉室（21.02%），如图7所示。

（八）加强组织保障，建立文化经费保障机制

在《意见》中，首次明确各级法院要把文化建设经费列入预算，在行政经费中按3%～5%的比例安排。结合综合考核，对法院文化建设进行年度考核，协调配合行装处每年争取财政专项资金2100万元作为文化建设奖

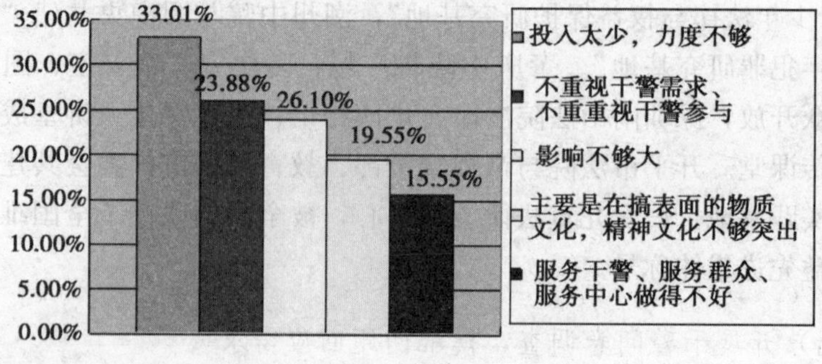

图 5　干警不满意本院文化建设的 5 种主要原因

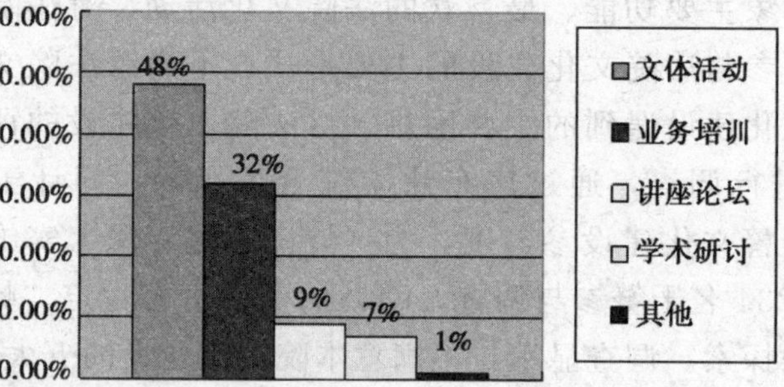

图 6　干警最喜欢参加的法院文化活动

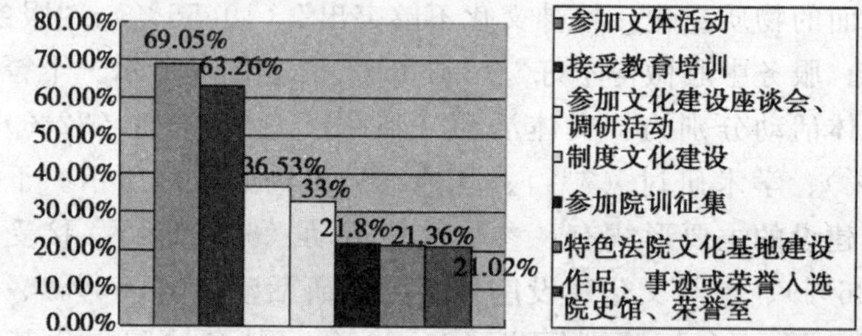

图 7　干警参与法院文化建设的主要形式

励金。2012 年，对全省 106 个欠发达地区法院给予 5%～10 万元划拨文化建设启动资金，对 6 个欠发达地区特色文化基地给予经费支持。2013 年，按照“创先争优、奖励先进，突出特色、重点扶持，兼顾整体、均衡推进，注重实效、区别奖励”原则，对 10 个全国法院文化建设示范单位、全省法治文化建设示范点，5 个特色文化基地法院给予重奖，对 71 个通过审核的欠发达地区法院按 10 万元/院标准给予补助，极大推进了全省法院文化的均衡发展。调查显示，9%的干警认为目前法院在文化建设的经费投入“足够”，24%认为“合适”，2%认为“太多”，53%认为“不够”，如图8所示。另外，34.16%的干警认为本地（法院）在特色文化建设中“资金投入”做得比较好。

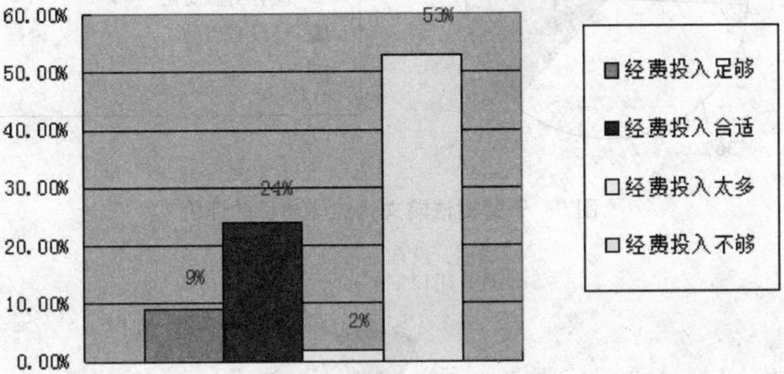

图8 干警对法院文化建设投入的感受

（九）总结交流经验，弘扬“团结鼓劲、积极进取”主基调

2次召开全省法院文化建设工作会议，10个法院被评为全省首批法治文化建设示范点。4个法院荣获全国法院文化示范单位，省法院2次在全国法院会议上介绍经验，最高人民法院向全国推广广东高院与省委宣传部联合下发的《意见》。全国法院文化建设推进会在广东召开，沈德咏常务副院长评价：“广东省委宣传部和高级法院联合下发《意见》，制定《标准》，抓文化建设力度大、措施实、效果好，值得各地法院学习借鉴。”多个高院到我省学习考察，学习参考《“岭南工程”实施方案》《广东法院文化建设标准》。对于文化建设达标工作，33%的干警认为“通过争创，法院整体变化较大”，36%的干警认为“达标基础比较好，主要是查漏补缺”，如图9所示。另外，在今年开展的欠发达地区法院队伍建设与改革调研中，近90%的干警对文化建设的作用给予积极评价（19%认为“很满意，作用很大”，69%认为“基本满意，有一定促进作用”）。

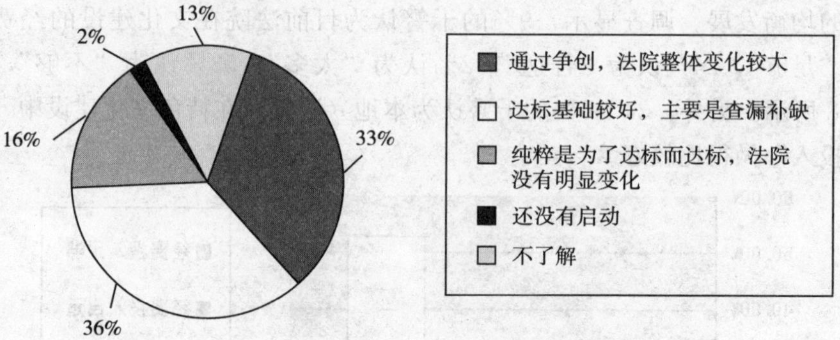

图9　干警对法院文化达标建设的评价

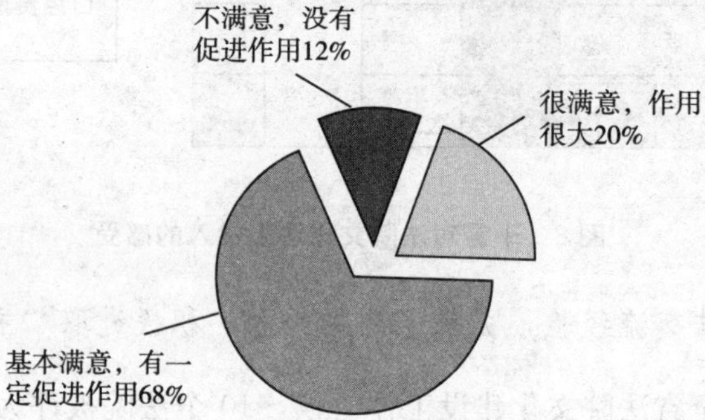

三、存在问题

一是理解认识不够到位。一些法院领导对文化建设的重要性、必要性认识不够、重视不够。有的干警认为文化建设就是搞搞活动、办办摄影、书法、美术展览，对“岭南工程”的精神与要求理解偏差。有的不够积极主动，有的干警认为实施“岭南工程”是为了完成上级法院的部署，依葫芦画瓢就好。有的对《广东法院文化建设标准及考核办法》机械理解，存在畏难情绪，30%的法院干警认为标准很高，难以达标。有的不善于结合实际、就地取材，认为文化建设一定要靠巨大投入才能开展起来，坐等观望，缩手缩脚。调查中，46.56%的干警认为“经费不足”是“本院在建设特色文化基地中遇到的主要困难之一”。

二是方向方法存在偏差。个别存在形式主义：实践中有两种倾向，一是过于注重形式上的“文化”，导致主要花费人力物力在外观装饰建设，而忽视了精神内涵的追求和构建；二是一些法院只求形式上应付得过去，文化建设工作无实质性进步。10%的干警认为法院文化建设主要在搞表面上的物质文化，精神文化不够突出。宣传不够到位：54个法院未建立门户网站。67个法院没有创立法院刊物。重点不够突出：74个法院没有提炼法院精神，24个法院没有开展宣誓活动。转化不到位：重在物质形式上的使用，忽略在精神层面的转化使用，如荣誉室只供内部参观，法官誓词仅在院史馆展示，文化长廊藏在“深闺”。服务开放不到位：有的法院闭门造车、孤芳自赏、自娱自乐，没有针对干警、群众和中心工作需求进行设计，具有一定盲目性。

三是个别地方结合服务不到位。有的法院单纯依靠本院力量挖掘地域文化，未发挥社会力量、党政机构挖掘地域文化。一些法院组织了对传统文化、地域文化的挖掘，研讨本地特色文化，但主题不明，对接不够，不善结合。有的法院把地域文化运用到审判执行、精神文化、行为文化、制度文化建设中，重视不够、力度不大、办法不多。有的对本地文化的认可度不高、自豪感不强。如在申报特色文化基地建设中，6个中院没有结合实际申报本地特色，挖掘地域文化精髓，建设特色文化基地的积极性不高。有的服务意识淡薄，针对干警需求不够密切：有14%的干警认为法院文化建设未能重视干警的需求，不重视干警参与。8%的干警认为“服务干警、服务群众、服务中心”做得不好，5%的干警认为法院文化建设脱离本院实际。

四是支持保障力度有待加强。受场地、经费限制，11个法院没有专门文体场所，28个法院没有建立图书馆，38个法院没有建立院史馆。一些法院受制于办公条件，无法建设“四室一窗口”。一些欠发达地区，文化建设经费投入不足。

四、推进建议

接下来，要紧密围绕司法为民、公正司法这条主线，紧密围绕建设“正规化、专业化、职业化”队伍这个方向，紧密围绕“努力让人民群众在每一个司法案件中都感受到公平正义”这个目标，紧密围绕“团结鼓劲、积极进取”这个主基调，紧密围绕当前司法改革大局、审判执行中心工作，抓好“岭南工程”圆满收官，充分发挥法院文化功能。

一要深化认识，提高推进“岭南工程”的自觉性。法院文化建设是一个渐进式的过程，是一个传承和不断创新的长期过程。文化需要沉淀，法院文化也不是一蹴而就的工作，“岭南工程”是一项长期的系统工程。因此，应当用历史检视的长远目光，以“利在千秋”的标准去衡量，不断更新完善，发挥更大作用。

二要坚持“五个服务”导向，突出以公正为核心的精神文化。要纠正文化建设方向方法上的各种偏差，坚持“以精神文化为重点、以公正文化为核心、以司法能力为途径”的正确方向。进一步贯彻落实“团结鼓劲、积极进取”的主基调，自觉为审判执行、队伍建设、司法宣传、改革创新、法治建设服务。要抓好与审判执行的结合，提高服务审判水平。要创新文化平台，提高干警司法能力。要深化文化内涵，服务改革创新。要畅通沟通渠道，服务地方法治建设。要坚持文化惠民，落实司法为民宗旨。

三要以社会主义司法理念深化“岭南工程”。要把8种特色文化基地建设成为在全国具有一定影响的社会主义法治理念教育示范基地。要高度重视法院精神提炼工作，动员尚未提出本院精神的74个法院尽快提炼法院精神。要动员参与、探索公正，研究提出广东法院精神。要充实法院文化建设，贯彻“团结鼓劲、积极进取”主基调，提升先进文化服务审判执行、队伍建设的水平。要挖掘培养法院文化精品、法院文化特色项目，充分发挥客家文化基地、潮汕文化基地、包公文化基地、特区文化基地、禅宗文化基地在服务法院中心工作和服务当地法治建设的积极作用，加快推进广府文化基地建设。

四要加强总结推广经验，确保岭南工程圆满收官。要总结推广潮州潮汕文化、梅州客家文化基地、深圳特区文化基地、肇庆包公文化基地、湛江雷州文化基地等5个特色文化基地的建设经验。要深入总结争取党政支持、运用岭南文化促发展、地域文化与法院文化融合、服务审判执行队伍建设、挖掘地域传统文化、动员干警参与、解决经费困难、统筹管理推进全面达标等8方面的有益经验。要加快广府文化基地、禅宗文化基地、侨乡文化基地建设，确保8种特色文化基地全面建成。要对尚未通过文化建设审核的48个法院加强督促检查，确保全省法院文化建设实现均衡发展、整体提高。

五要进一步发挥法院文化功能。要根据各地法院队伍实际，发挥地方特色文化，满足干警文化需求，开展学术研讨、学习讲座、演讲比赛、摄影书法、登山郊游、趣味运动等丰富多彩、喜闻乐见的文化活动，进一步丰富干警文化生活，用共同语言、共同文化、共同追求，统一思想，凝聚队伍，团结干部，激发斗志，传承广府文化、特区精神，唱好客家法治山歌，团结潮汕“自己人”。调查显示，干警最希望在本院文化建设中“加强文体活动”（24%）、“加强人文关怀”（24%）、“加强业务研讨”（15%）、“加强教育培训”（14%）、“加强文化交流”（8%），如图 10 所示。

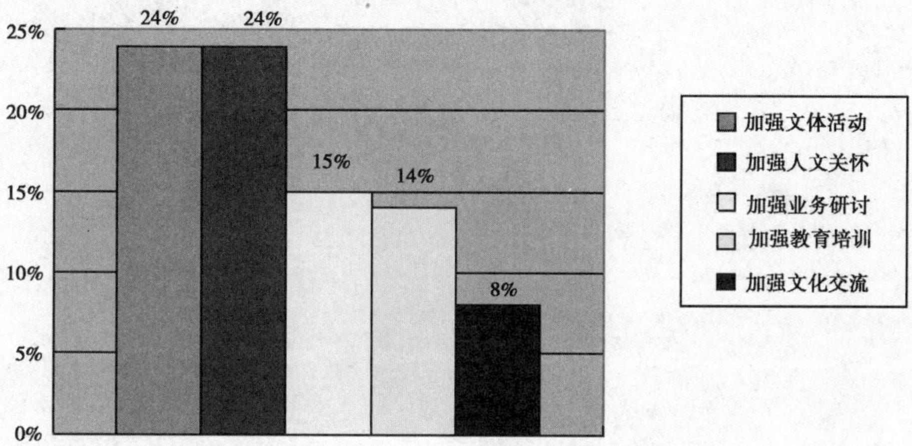

图 10　干警最希望本院文化建设加强的五项工作

六要进一步加强法院文化建设保障。要继续争取省财政厅支持，坚持对完成“岭南工程”建设任务的欠发达地区法院给予经费支持。要用好法院文化建设奖励金，评选法院文化精品，鼓励干警开展业务研讨，总结审判经验，开展理论研究，为审判管理、队伍建设和改革创新积极建言献策，不断增强司法能力，提高司法公信力。

六、域外经验

越南、新加坡法官制度和司法改革情况考察报告

广东省高级人民法院考察团*

因我院承担《最高人民法院关于人民法院人员分类管理改革的调研》课题，院党组成员、政治部主任聂式恢率课题组4名成员，于2013年7月28至8月4日，先后到越南最高人民法院、胡志明市法院和新加坡最高法院进行专题调研考察。通过与两国法官的交流和实地参观，对两国法官制度和司法改革情况进行了调研考察。越南、新加坡致力于司法改革，建立了较成熟的法官制度，其成功经验给了我们有益的启示，许多经验值得我们学习借鉴。

一、越南、新加坡法官制度和司法改革

（一）法院设置

越南设置三级法院，即最高人民法院，省、中央直辖市法院，县、郡、省辖市法院，在特殊情况下，国会可决定设立特别法院。最高人民法院的职权主要是审理下级法院一审的上诉、抗诉案件，对已发生效力的判决、决定进行审判监督、再审。中央直辖市法院的权限为根据诉讼法的规定审理各种一审案件；审理下级法院审理的尚未生效但被提起上诉或抗议的一审判决、决定；监督审、再审下级法院已经生效但受到抗议的判决、决定。

新加坡是一个城市国家，国土面积仅700多平方公里，出于行政管辖

---

* 考察团成员：聂式恢、陈雄贵、金军、黄必良。

的方便，整个城市分为 5 个市，市下设 27 个区。但是，按照通常的理解和翻译，新加坡只设二级法院：最高法院和初级法院（亦称地方法院），5 个市不设法院。最高法院由上诉庭和高等法庭组成。不过，上诉庭实际上被视为真正的最高法院，主要负责民事与刑事上诉案件审理。民事案件的管辖权主要涉及审理不服高等法庭在行使刑事原审管辖权时所作的任何裁决而提出的上诉。高等法庭在新加坡人心中实际上被视为最高法院之下的高等法院，主要负责审理一审和上诉案件，民事案件包括诉讼标的超过 25 万元以上的一审案件，不服地方法庭或推事庭一审裁决的案件，管辖权异议的上诉等案件。刑事案件主要包括：来自地方法庭和推事庭的上诉案件，此外，除了行使民事与刑事的原审管辖权以及上诉管辖权外，高等法庭对初级法院的任何民事与刑事事项在程序方面都负有监督的责任。初级法院由地方法庭、推事法庭、监验庭（或称验尸庭）、家庭法庭、青少年法庭、交通法庭及小额索偿法庭组成。由于国土面积和人口原因，只实行级别管辖，不实行地域管辖。如一审民事案件标的在 25 万元以上由高等法庭审理，25 万元以下由初等法院管辖。据统计，约 95% 的案件由初等法院审理。

新加坡最高法院这种既包括上诉庭，又包括高等法庭的设置，在世界仅有我国香港高等法院等极少数类似情形，但与我国香港高等法院不同的是，新加坡上诉庭只负责审理不服高等法庭裁判的二审案件，而香港高等法院上诉法庭既审理不服原讼法庭裁判的二审、三审案件，也可以直接审理不服地方法院裁判的二审案件，所以新加坡法院方面实际上把上诉庭作为该国的最高法院。如此设置，除了是城市国家的原因外，一个主要原因是新加坡的法官是国家的法官，不是地方的干部，因此，上诉庭和高等法庭可以共用一套审判辅助系统和行政管理系统，而可以做到审级不同却不受社会质疑破坏审级监督。

（二）法院审判独立

越南党中央及各级党委不干涉司法审判工作。为避免“权大于法”，排除政府官员兼职国会代表，废止“既当运动员，又当裁判员”的弊端；越共积极推动司法改革，最高人民法院可审理党的高级领导的腐败案件，而且强调对党内腐败案件应当从严惩处，越共中央不干预审判工作；司法机关依程序公正独立地行使职权，不受政府或个人干涉。明确司法改革必须坚持共产党的领导，确保立法、行政、司法之间分工与合作的同时，实现国家权力统一行使。为确保司法不受干预，越南中央政治局49号决议要求：各级法院院长、检察长应有同级党委常委担任；要将检察院改造成单纯的公诉机关，这一点上，新加坡的检察机关只是国家律师，不负责侦查和法律监督。

新加坡法官一经任命后就依法独立地行使职权，不受政府或个人的干涉。法官享有“终身任职”的权利，法官除非本人身体原因或犯法并经严格的法律程序，否则在任期内任何部门或个人不得撤换他；法官享有司法豁免权，不可因其审判行为被民事起诉，不实行错案责任追究制，宪法还明确规定国会不可审议法官的司法行为，除非1/4以上的国会议员请求审议。

（三）法官职业准入

越南的法官任职条件为大学法律专业毕业，要有从事司法工作的经验，并经过严格的考试，到法院做书记员至少要4年，并经过1年的法官培训，才有资格做法官。做法官还要经过本市的法官遴选委员会选任，主任为人民议会的议长，选任后报最高人民法院院长任命。

新加坡司法机关注重司法官员的整体素质，利用制度化的力量，使新加坡保持一支高素质的法官队伍。在宪法下设立的“法律服务委员会”以任人唯贤为标准，负责聘任法律官员，确保了法官的高素质。法官学历没有硬性要求，但要求有超10年的法律服务方面的经历，并有一定的社会地位的人选。

（四）法官管理

1. 法官员额和编制。越南最高人民法院审判员和陪审员人数由国会常务委员会根据最高人民法院院长的建议决定。地方人民法院审判员和陪审员人数由国会常务委员会根据司法部长与最高人民法院院长协商后提出的建议决定。最高人民法院的编制由国会常务委员会根据最高人民法院院长的建议决定。地方人民法院的总编制由政府根据司法部部长的建议决定。地方人民法院的总编制由政府根据司法部部长协同最高人民法院院长研究后提出的建议决定。司法部部长协助最高人民法院院长规定地方各级人民法院的编制。

《新加坡宪法》未明定法官的人数，高等法院法官没有固定员额，此外，尚有所谓的“司法委员”也包括在法官的范围之内。新加坡上诉庭通常由大法官与2名上诉庭法官组成。大法官兼上诉庭庭长以及上诉庭法官。上诉庭法官可由大法官委任为上诉庭副庭长，上诉庭法庭组成人员由3名（或以上奇数）上诉庭法官组成，其中可包括以上诉庭法官身份主审的高等法庭法官。上诉庭由大法官主审，大法官缺席时则按最高人民法院法官的排名次序由副庭长，上诉庭法官或以上诉庭法官身份主审的高等法庭法官主持。高等法庭通常由大法官和10名法官以及4名司法委员组成（注：司法委员是为便于处理最高人民法院的案件，有资格担任最高人民法院法官的人士，可被委任为最高法院的司法委员，行使高等法庭法官的权力，并审理大法官所指定的各类案件，其任职期限由总统定）。

2. 任免。越南最高人民法院院长由国会根据国家主席的提名选举、免职、罢免。最高人民法院院长任期按国会任期执行。最高人民法院副院长、审判员，各省及中央直辖市、县、郡、省辖市人民法院院长，副院长、审判员由国家主席任命、免职、罢免。最高人民法院副院长和审判员、地方各级人民法院院长、副院长和审判员的任期为5年。越南的普通法官只设审判员，而没有助审员这一职务层次。

新加坡最高法院首席大法官的人选，是由总统经征询总理的建议后，任命之。其他最高人民法院的法官（及司法委员）任命，亦同，唯总理于提名时，应征询首席大法官的建议后，方得提名之。首席大法官的任期乃总统征询总理后，决定之，易言之，总统可以根据不同的情况，例如，被提名人的年龄、健康，主观意念等，来决定首席大法官的任期。至于其他最高人民法院法官，就没有此规定。因此对照条文明定与否的解释，当认为其他最高人民法院法官的任期采终身制。最高人民法院的法官在年满65岁退休前或依《宪法》第二项规定，于自行辞职外，应保障其职务。新加坡下级法院法官，由首席大法官提名，总统任命之；其退休年龄为60岁。下级法院法官乃典型的司法官，与检察官一样，亦可调派行政机关任职。

（五）审判辅助人员管理

越南法院设法庭书记员，没有司法警察，由公安机关押解被告，保卫最高人民法院和地方各级人民法院的审判活动。

新加坡法院设有主簿、副主簿和助理主簿。所有与诉讼有关事项均由主簿去处理，法官就只负责审案并作出判决即可，其他事项无须去操办。新加坡法院没有司法警察，法院开庭由监狱警察押解被告。

（六）司法改革

越南共产党中央政治局于 2005 年 6 月发布了第 49 号—NQ/TW 号司法改革战略决议，对一些重大司法体制问题提出了突破性的改革举措，例如：打破行政区划设立一审地区法院、中央财政负责司法部门的经费预算、中央司法机关统管地方司法机关经费、改革法官的选任制度、提高司法人员薪酬、延长司法人员任期或采用任期终身制等改革措施。越南司法改革的重点是法院系统的改革。

新加坡立足和服务于提高司法效率、加强司法服务这个中心，加大司法体制的改革和创新力度。在 90 年代初，新加坡法院也无法应付与日俱增的工作量，排期等待审讯的案件堆积如山。但在 90 年代中后期，新加坡就解决了这一难题。他们采取的措施是：（1）限制需由法官审理的案件种类。对涉及很少法律问题或者根本不涉及法律问题的案件，都从法官的待审表中抽出以节省宝贵的法庭时间。（2）对某些类别案件在初级法庭和高庭征收听审费。目的是使法庭在有限的审案时间内获得最充分的利用，以防止少数商业案件的诉讼者依靠其财大气粗滥用法庭时间。听审时间越长，听审费就越高。（3）设立上诉庭，增聘更多的法官，委托更多的司法委员。1991 年开始征聘法律秘书，充当法官和司法委员的研究工作助理，负责研究上诉记录，准备法官备忘录，列书案情、争论点和应适用的法律等，使法官和司法委员的工作量大大减轻，能以更多的精力和时间致力于裁决工作和撰写判决书。（4）严格限制案件展期。已经排期候审的案件不得延期，如果各方具有充分理由要求延期，必须以庭内传票方式向法官申请取消审讯日期。（5）1992 年开始引进“法庭纠纷解决计划”，民事案件采取审前会议，促使诉讼者早日达成和解，节省当事人的时间和金钱。审前会议现由主簿负责。（6）规定死刑案件改由一名法官，而不是两位法官审理。改革后死刑案件的处理速度提高了一倍。（7）运用高科技，推行法庭电脑化，建设法律网络。为了降低诉讼成本，提高法律服务的速度和素质，促进司法公正和公开，1988 年最高人民法院开始推行电脑化，到 1994 年已经建成的应用系统有 13 个之多，如破产系统、委托书系统、执行系统、档案跟踪系统、判决库存系统、判决管理系统、审前会议系统、判例资源资讯管理系统、清算诉讼费系统、内部资讯服务系统等。1995年，最高人民法院设立高科技法庭，通过电脑网络，只需要按一下按钮，就能够获得诉讼辅助系统的信息。1997年开始，新加坡全面启用电子方法于法庭间呈递诉讼公文、法律文件，从案件的受理、证据传递均利用信息、网络技术完成，不懂电脑的律师及法官日益被淘汰。新加坡高效率的司法运作，与其高科技办公系统是分不开的。

二、考察学习启示

通过参观访问和交流，虽然越南、新加坡与我国国情有所不同，但两国在司法改革和法官制度方面的成功探索和实践，给我们许多有益的启示：

（一）法院独立行使审判权要通过体制来保障

越南和新加坡均以宪法和体制来保障法院的审判独立地位，这点值得我们学习借鉴。如果法院没有应有的宪法地位，没有体制、制度来保证审判独立，一切独立行使审判权都是空谈。在全面推进依法治国方略的今天，必须进一步提高我国法院的宪法地位，从体制上保障法院依法独立行使审判权，不受行政机关、社会团体和个人的干涉。

（二）实行人员分类管理是大势所趋

越南、新加坡均以法官为中心实行人员分类管理，确立法官的主体地位，法官是法院各类人员的核心群体，审判权属于法官，事务性工作和其他审判辅助工作不由法官负责。对此，我们应予学习借鉴，以职位分类为基本方法，按照工作性质、难易程度、责任大小和素质要求等对职位进行分类管理，将审判实务、辅助事务、行政事务分由不同素质的人群负责，彻底将法官从繁杂的事务性工作中解脱出来，有利于法官将审判这个核心任务完成得更好，也有利于不同人员的分类发展和成长。

（三）推行法官员额制，严格法官职业准入

越南、新加坡法官均有员额限制，且实行动态管理，根据案件量的增长和形势变化适当调整法官的员额，且职业准入门槛高于普通公务员，尤

其是新加坡法官远高于其他公务员，并对法官实行高薪制。我国的法官员额制尚未建立，没有法官员额限制，导致入口不严、结构失衡，法官选任条件、程序无从谈起，审判辅助人员员额比例无法确定，分类管理改革无法真正实施。因此，我们必须稳妥推进法官员额制改革，对法官员额实行动态管理。同时，越南、新加坡都对法官的选任条件进行了严格规定。从我国法官的任职条件和现有法官素质看，我们还达不到职业化的要求。我们要严格法官的职业准入，逐级提高法官的任职条件，建立专门的法官遴选委员会公开选任法官，增强法官的社会公信度，并逐步建立以审判长为核心的审判团队，最终构建以审判长为主体的法官队伍，从而精简法官员额，实现法官队伍的专业化和职业化。

（四）要建立职责明确的审判辅助人员队伍

辅助人员阵容庞大、分工精细是发达国家法院分类管理的一个突出特点，目的是为了审判公正、高效进行。新加坡设有主簿、副主簿和助理主簿，而且主簿的专业化程度越来越高。所有的与诉讼有关事项均由主簿去处理，法官就只负责审案并作出判决即可，这就大大减轻了法官的负担，使其专职审判。我国法院审判工作虽有不同，辅助人员也没有那么细致的分类和分工，但随着改革的深入，以法官和审判为中心进行人员配置，是促进审判工作科学发展的必然趋势。因此，应以法官为中心配置精干力量、组建公正高效审判团队，重点是抓好法官助理和书记员队伍建设，建立审判辅助人员单独职务序列，并科学界定法官与审判辅助人员、法官助理与书记员之间的职责分工，落实责任，协调配合做好审判事务工作。法官助理从事的工作专业性仅次于法官，任职要求比行政人员高，因此，可以借鉴新加坡的主簿制度和我国台湾地区的法官助理制度，使法官助理成为专业性的高级公务员，待遇次于法官，高于一般公务员。

（五）通过创新机制节约人力资源

为减轻法院办案压力，防止当事人缠讼，及体现其公正，新加坡采取严控进入二审程序的案件，建立了审前会议制度、审讯费用制度、和解制度等，并充分运用高科技手段，推行法庭电脑化，简化庭审笔录（只录音）。我们也应采取措施严格规范控制进入二审程序案件。对于上诉要严格审查，没有充分理由或形式要件不具备的，案件不得进入二审，以节约更多的人力资源。同时，加大法院高科技手段的使用力度，建立审前会议制度、和解制度，严格限制案件延期，简化二审审理程序和裁判文书制作，进一步提高办案效率，缓解案多人少矛盾。对比之下，我国还缺乏这样的机制，案件只要当事人提出上诉，就无条件进入二审；诉讼法的立法趋势是越来越强调程序完整，因此，我国法官员额不能步子迈得太大，必须逐步过渡，否则，无法适应案件过多的情况。

（六）司法改革必须大力推进

越南作为共产党领导下的社会主义国家，大力推进司法体制改革，成立了由国家主席为组长的司法改革领导小组，发布了《越南 2005 年至 2020 年的司法改革战略》，目标是建立一个廉洁、健康、权威、民主、严谨、公平、维护正义的司法机关。新加坡也根据审判工作的需要，大力推进司法改革工作。我们要以贯彻落实党的十八大和全面推进依法治国方略为契机，进一步解放思想，不断创新，大力推进司法改革工作。跨行政区域设立法院。最高人民法院设立几大巡回法院，地方法院不再根据行政区划，而是根据一定的案件数量来设置法院，将案件数量过少的基层法院甚至中院实行合并，或者由相邻地区法院对特定类型的案件实行跨区域的巡回审判。构建以法官为中心的法院治理结构。在保持现行的四级法院设置，并且以普通法院为主、专门法院为辅的法院体系的前提下，构建以法官为中心的法院治理结构。改革法官管理制度。改变地方政府可控制对本地法官任命和调离的做法，下级法院的法官人选由上级法院提名推荐，并按规定程序报人大任免。修改《法官法》，逐步废除助理审判员可以代理审判员的规定，助理审判员不再是法官的一类。建立法官职务豁免制和保障机制。在立法层面上，确认法官履行职务时的言论和行为不受法律追究的一般原则，即建立法官职务豁免制。同时，建立法官终身任职制度，将首席法官和资深法官的职位确定为终身职位。在法官待遇方面，逐步提高法官整体薪金水平，实行高薪制；建立退休保障制度，以确保法官退休后仍然能够享受很高的物质待遇。将司法警察划出法院。法院司法警察、检察院司法警察和劳改、劳教、监狱等单位的司法警察进行整合，成立司法警察局。中央成立司法警察总局，地方设立各级司法警察局。法院的警务工作由司法警察局派驻执勤支队负责。

台湾地区法院人员分类管理及两岸司法互助情况考察报告

广东省法官协会考察团*

2013年6月26日至7月2日，以省法院王勇副院长为团长的广东省法官协会代表团一行14人赴台，就法院人员分类管理、两岸司法互助机制两个课题，开展考察交流活动。考察团与台湾地区海峡两岸法律扶助基金会、高雄地方法院、台湾地区法律扶助基金会花莲分会、东吴大学法学院等司法机构和社会团体的法官、检察官、律师、学者等，进行了广泛交流和深入探讨。通过考察，进一步加深了对台湾地区司法制度的了解，增进了两岸同行的共识，并得到不少启示。

一、台湾地区司法制度概况

台湾地区的“中央政府”设立“行政院”“立法院”“司法院”“监察院”“考试院”，五院分别行使行政、立法、司法、弹劾、考试五权。“司法院”是台湾地区最高司法机关，拥有审判权、公务员惩戒权、“宪法”及法律命令解释权等广泛职权。法院为“司法院”的所属机关，专门行使民事、刑事、行政诉讼的审判权。检察机关则隶属于“行政院”所辖的“法务部”。法院体系包括各级普通法院、行政法院及专门法院。普通法院分为“地方法院”“高等法院”“最高法院”，实行三级三审制。“最高法院”是最高审判机关，是终审法院。目前设有21所地方法院及高雄少年法院，1所“高等法院”及其4所分院。行政法院分为“高等行政法院”（目

* 考察团成员：王勇、胡志超、丁海湖、施适、周定挺、金军、王庆丰、凌欣、林晓峰、陈新强、侯秀平、萧稚娟、何秋芳、谢涛。

前共有3所）、“最高行政法院”。专门法院有智慧财产法院。刑事案件的执行由“法务部”负责，民商事案件的执行由法院负责。

二、台湾地区的法院人员分类管理制度

台湾地区法院人事管理制度主要由“法官法”“法院组织法”“司法人员人事条例”等有关规定确立。“法官法”颁布前，法院人事相关规定散见于“公务员惩戒委员会组织法”“法院组织法”“公务人员考绩法”等，法官也依照一般公务员管理。2011年颁布、2012年起施行的“法官法”，厘清了法官与一般公务员的职务界限，分别就法官的任用、监督、评鉴、保障、给与、考察、进修及请假等事宜作了规定，形成了遵循司法规律、维护法官依法独立审判、保障法官职业身份的法官人事管理体系。其特点有：

（一）以审判工作为中心的法院机构设置

根据台湾地区“法院组织法”规定，各法院设院长1名，综理全院行政事务；内设民事庭、刑事庭，业务庭数视事务的繁简而定，“地方法院”还设专业法庭、简易庭、民事执行处，各设庭长1名，监督各庭事务。院长、庭长均由法官兼任，由法官推选产生，任期为3年，可连任一次。院长、庭长不审批案件，其工作主要是为法院和法庭的正常运转服务；庭长一般在合议审判中担任审判长，其主要工作内容也是审判。院长或庭长卸任后，仍继续担任法官，不存在行政职务只能上不能下、法院行政化的问题。除了业务庭，法院还设有公设辩护人室、观护人室、书记处以及人事、会计、统计、资讯、公证、提存、登记、通译、法警等机构，分别办理与审判工作相关的业务。院长、庭长的产生、任期制及法院机构的设置充分体现了以审判工作为核心的理念。

（二）以法官为核心的人员分类管理

台湾地区法院人员基于适用法律依据不同，大体分为法官和其他司法人员两类。法官按照“法官法”规定管理，属于特殊种类的公务人员。其他司法人员数量多、类型丰富、分工专业，共有30余种职位，包括一般公务员和聘用人员，从事各类审判辅助工作。通过精细化的人员分类管理，

有效分配司法资源，让法官专心致力于案件审判。

1. 法官。除“司法院”大法官外，各级法院法官均通过司法官特考或遴选方式任命。司法官特考是地方法院法官的主要录用方式，既是资格考试也是任职考试，大学法律系毕业生即可参考。通过考试后，须经“法务部”司法官训练所进行2年的专门训练，结业后由“法务部”根据学员成绩、志愿和法检人员需求分发各“地方法院”或检察署服务。一般成绩优异者优先分到法院。分到法院的，历经候补法官5年、试署法官1年才能成为实任法官。所有法官均从基层开始历练，“高等法院”“最高法院”的法官从下一级法院的实任法官中选拔。为使法官来源更多元化，造就学识和经验兼优的成熟型法官，各级法院还从检察官、公设辩护人、律师及学者中遴选法官。“司法院”设法官遴选委员会，由“司法院”院长、“考试院”代表以及法官、检察官、律师代表和学者、社会公正人士等组成，负责法官遴选。经遴选为法官的，应经研习，历经候补、试署成为法官。法官的职业准入门槛非常高，司法官特考录取率只有3%左右，2012年仅1%；遴选则要求具有较长年限的法律从业资历、深厚的法学素养，保证了法官具有较高的专业素养和水平。

台湾地区法官的办案任务也很繁重，在很长一段时期，“过劳死”事件时有发生，积案严重。历经司法改革，诉讼制度朝“金字塔式”结构转变，“地方法院”以事实认定为主，“高等法院”以法律适用为主、事实认定为辅，“最高法院”只负责法律审；普通案件原则上两审终审，重大案件才能进入第三审。同时废止“法官办案成绩考查”，使法官不必再为“结案数”等劳心费神。法官工作实行责任制，上班不用打卡。设置大量审判辅助人员，处理非审判核心事务。每位法官至少配备1名法官助理、1名书记官，并视情况配备司法事务官。这些举措有效提高了司法效率。如高雄地方法院法官127人，2012年办结各类案件（不含执行案件）16万多件，人均办案达1294件（很多案件为治安案件、民事简易案件，没有繁琐的庭审程序）。

2. 其他司法人员。包括法官助理、书记官、司法事务官、录事、庭务员、执达员、法警、公设辩护人、观护人，以及人事、会计、统计、资讯、公证、提存、登记、通译、技士等人员。其录用途径、条件及管理等均多样化：属于公务员的，按照“法院组织法”“司法人员人事条例”及公务员有关规定管理，经司法人员特考招录，其中司法事务官要求专科以上学历，书记官、法警、执达员要求高中以上学历，录事、庭务员不限学历；属于聘用人员的，如法官助理，则按聘用人员有关规定管理。如高雄地方法院有各类人员1053人，其中编制内人员960多人，其余为聘用人员。台湾地区由于法官员额少，法律系毕业生很多都考取司法事务官、法官助理等，专业水平较高。司法人员研习所还要对司法人员进行职前训练与在职训练。

主要类型有：(1)法官助理。从法律或与业务相关专业的大学以上毕业生中招考或遴选，为聘用人员，每年一聘。为确保其专业能力，聘用每满4年欲再续聘的，须重新遴选聘用。其职责是协助法官处理诉讼、非讼、强制执行事件，包括诉讼案件程序审查、法律问题分析、诉讼案件资料搜集；非讼、强制执行事件程序及实体审查；整理当事人的主张、证据，分析争点及汇整历审判决；校对判决书及清点、核阅、确认归档案件；制作分配表、债权凭证等。法官助理的配置以庭为单位，由院长视各庭业务需要及法官人数进行分配，并视业务状况随时调整。其业务事项由各庭长（审判长）或法官管理，行政事项由书记官长或其授权之人管理。(2)书记官。辅助法官执行有关司法审判、公务员审议的纪录、编案、文书、研究考核、总务、统计及诉讼辅导等事务。书记官从属于所属法官，服从其命令并听从其指挥。(3)司法事务官。仅设于地方法院，人数比法官助理和书记官少很多，但地位仅次于法官。其职责为处理非审判核心事务或不涉身份、实体权利义务重大变动等非讼事务，包括返还担保金、调解程序、督促程序、保全程序、公示催告程序裁定、确定诉讼费用额案件；拘提、管收以外的强制执行案件等。还受法官指派，汇整起诉及答辩要旨，分析卷证资料，整理事实及法律疑义，制作报告书等。(4)录事。协助书记官办理文件缮写、传票缮打、卷宗整理、诉讼文书寄送，寄发送达传票与判决书等事项，人数较多。(5)庭务员。在指定法庭区域值庭，负责引导诉讼当事人、代理人、证人、律师等入庭退庭，传递当庭书状，维持法庭秩序等。(6)执达员。办理强制执行事务（如执行拘提、查封动产与不动产、拍卖事宜、解送管收等）、民事或行政诉讼文书送达等事务。(7)法警。办理值庭、执行、警卫、解送人犯及有关事务。

（三）以案件数为依据的各类人员员额配置

台湾地区法院各类人员均实行员额制，通过法院组织法附表形式予以规定。如“法院组织法”第11条、第33条、第49条附表分别就“地方法院”“高等法院”“最高法院”的员额作了详细规定。其特点是：一是以案件数为依据设定人员员额。根据每年受理的案件数不同，“地方法院”分为六类，“高等法院”分为五类，设置不同的员额幅度，案件越多员额越多，案件越少员额越少，实行动态调整。“地方法院”大约按每受理800件案设1名法官（含庭长）的标准配置，“高等法院”大约按每166件案设1名法官（含庭长）配置，“最高法院”的法官员额与案件最多的第一类“地方法院”相同。[①] 二是法官员额少而精，配有大量辅助人员。法官员额占比较低，但审判辅助相关人员占比最大，凸显法官的核心地位。如第一类地方法院共37个职位，其中法官（含院、庭长）约占法院总员额的12%；法官助理、书记官、司法事务官、录事、庭务员约占50%；法警约占9%；执达员约占9%；公设辩护人、观护人、人事、统计等人员约占20%。法官与法官助理、书记官、司法事务官的比例约为1∶1∶1.5∶0.4。对院长、庭长、书记官长、法警长及人事室等各部门主任均有职数限制，除设副法警长2～4名外，其余均不设副职。三是人员增补程序严格。当法官缺额时，“司法院”向“考试院”提出用人申请，由“考试院”组织司法官特考招录，或委托“司法院”法官遴选委员会组织遴选；其他人员缺额时，由“考试院”组织考试招录。

（四）以确保独立审判为宗旨的职业保障

台湾地区法院各类人员均有完善的职业保障制度，包括身份、待遇的双重保障和畅通的晋升渠道，以利于确保依法独立审判不受干扰，增强法官的职业尊荣感及司法人员的责任心，促进司法公正、高效与廉洁。

1. 法官的职业保障。在身份保障方面，台湾地区“宪法”规定法官为终身职务，非受刑事或惩戒处分，或禁治产宣告，不得免职。非依法律，不得停职、转任或减俸。法官除法律规定或经本人同意外，不得将其转任

① 如“地方法院”或其分院每年受理案件8万件以上为第一类；4万件以上不满8万件为第二类；2万件以上不满4万件为第三类；1万件以上不满2万件为第四类；5000件以上不满1万件为第五类；不满5000件为第六类。第一类法院员额幅度为855～1674人，其中法官80～160人，庭长20～40人；第二类法院员额432～847人，其中法官40～80人，庭长10～20人；第三类法院员额229～431人，其中法官20～40人，庭长5～10人；第四类法院员额145～226人，其中法官10～20人，庭长3～5人；第五类法院员额95～140人，其中法官5～10人，庭长1～2人；第六类法院员额43～88人，其中法官2～5人，庭长1人。

法官以外职务，不得为地区调动或审级调动。在待遇方面，台湾地区在 20 世纪 80 年代的司法改革中，开始效仿新加坡实行法官高薪养廉制度。“法官法”实施前，法官与一般公务员实行官等、职等晋升模式，但官职等及待遇相应较高。为鼓励法官留任基层，提升下级审质量，地方法院法官有 1/3 可晋升至最高职等。“法官法”为将法官与公务员相区分，规定法官不列官等、职等，以年资、俸点作为计算俸级的标准，法官待遇包括本俸、加给及奖金，俸级分为 1～24 级。“地方法院”法官也可达到与“最高法院”法官相同的俸级，若在偏僻地域任职还可享受地域补贴。候补法官月薪近 10 万元新台币（约合人民币 2 万元），比同级公务员高 2～3 倍，并逐年增加。此外还有加班费。法官年满 70 岁可自愿退休，月退休金加退养金合计有 18 万元（约合人民币 3.75 万元）。各级法院经费由台最高当局直接拨付，“司法院”提出的年度司法概算，“行政院”不可删减，只能加注意见，编入总预算案，送“立法院”审议。在晋级方面，法院院长于每年年终办理法官职务评定，评定项目包括学识能力、品德操守、敬业精神及裁判质量等，报“司法院”核定。法官若未受刑事处罚、惩戒处分，任职至年终满 1 年，经职务评定为良好的，晋一级（俸级），并给予 1 个月工资的奖金；已达所叙职务最高俸级者，给予 2 个月工资的奖金；连续 4 年评定为良好的，除给予奖金外，晋二级。“司法院”每 3 年至少一次完成法官全面评核，作为法官职务评定参考；每 3 年一次进行各级法院团体绩效评比，作为法院院长职务评定的参考。“司法院”设人事审议委员会，审议法官任免、迁调、考核等事项。

2. 其他司法人员的职业保障。其他司法人员按一般公务员设官等、职等，薪俸结构以官职等为依据，分为本俸和加给。官等分为委任、荐任、简任三等，简任是高级官员，由高层“特简”而任。职等分第一至第十四职等，以第十四职等为最高。符合条件时可参加升等考试以获得晋升。以书记官为例，分为委任书记官、荐任书记官、荐任书记官长、简任书记官长，最高可任至简任第十三职等。法官助理每年依据考核结果晋级和调整报酬：甲等晋一阶，乙等不晋阶，丙等则不予续聘。司法人员待遇较高，司法事务官月薪达到法官的八成，比大部分公务员高很多；法官助理的薪点折合率以军公教员工待遇的最高标准支付。

（五）以提升司法公信力为目标的监督机制

台湾地区法官的各种保障很充分，因此社会对法官的要求也很高。但法官实行终身制，不适任法官难以被惩戒或淘汰，民众对此意见很大。为强化社会对司法的民主监督，维护良好司法风气，提高司法公信力，“法官法”建立了一套严格的法官监督制约机制。一是建立法官评鉴制度。“司法院”设法官评鉴委员会，由法官、检察官、律师、学者及社会公正人士共11名委员组成，负责法官评鉴。针对法官因故意或重大过失致审判案件有明显重大违误；或者参与公职人员选举、参加政党政治团体、非法兼职；或者违反职务规定、怠于执行职务，言行违反法官伦理规范且情节重大等情形，法官、法院、检察署、律师公会以及相关财团法人、社团法人等均可申请个案评鉴。此外，法官认为有澄清必要时，也可申请评鉴。经评鉴委员会决议，认为法官有惩戒必要的，由“司法院”移送“监察院”弹劾后移送职务法庭审理；无惩戒必要的，交付“司法院”人事审议委员会审议。二是建立淘汰不适任法官制度。对法官的惩戒种类包括：免除法官职务，并丧失公务人员任用资格；撤职，并于1～5年期间内停止任用；免除法官职务，转任其他职务；罚款；申诫。对不适任法官给予撤职以上处分，并且受免职或撤职处分的法官不得担任律师；受撤职或转任非法官职务的，不得回任法官职务。此外，候补、试署法官期满考查不及格，而延期后仍不及格者，予以解职淘汰。三是建立法官职务监督制度。各级法院院长负责对法官的职务监督，通过发布命令、警告等方式，制止法官违法行使职权、纠正法官不当言行及督促法官依法迅速执行职务等。如情节较严重或经警告仍不改进者，可请求法官评鉴委员会评鉴，或移由“司法院”径行移送“监察院”审查。四是设立职务法庭。为审理法官惩戒、职务监督、调动等事项，在“司法院”设职务法庭，以公务员惩戒委员会委员长为审判长，与具备实任法官10年以上资历的4名法官组成合议庭审理。为确保对法官的监督不影响其独立审判，法律规定对法官审判中适用法律的见解分歧，不得作为申请个案评鉴的事由。评鉴事件牵涉法官承办个案尚未终结的，在案件办理终结前，停止评鉴程序。法官认为职务监督危及其审判独立时，还可请求职务法庭撤销。同时，注重对法官权利的保护。如评鉴决议作出前，法官有陈述意见的机会。评鉴委员会行使职权所调查的资料，非经受评鉴法官同意或评鉴委员会决议，不得公开。

其他司法人员则受“法院组织法”“公务员法”等法律约束，由院长、庭长、法官以及相应官长、主任监督、管理和考核。

（六）台湾地区法院人员分类管理制度的启示

大陆与台湾地区虽然基本社会制度不同，但具有相同的历史文化背景，都根植于历史悠久的中华法律文化渊源，而且同属大陆法系，在司法为民、公正司法、提高司法公信力等方面有着诸多相近的构想和措施，尤其是法院人员分类管理制度给我们很大启发。现提出以下建议，为我省法院人员分类管理改革提供参考：

1. 法院机构设置应以服务审判为中心。围绕服务审判中心工作，淡化法院治理结构中的行政化色彩。在法院设置上，台湾地区根据地域面积大小，可数县、市合设一所地方法院，或同一县、市内增设分院。我们也可打破行政区划限制，根据地域面积、案件数量等来设置法院或其分院。在法院内设机构上，多设置一些审判辅助机构，精简部分行政机构。院长、庭长从法官中选任，并实行任期制，任期届满后继续当法官，使之成为能上能下的职务。院长、庭长的职责也以服务审判、监督考核为主，不审批具体案件。法官应主要集中在一线审判岗位上。在司法人员的管理上，台湾地区实行直管制度，其升迁、调动以及惩处都由“司法院”主导。建议我们实行法院垂直管理体制，由省级专门机构统一掌握对下级法院法官的调整、考评、晋升、奖励及处分权，减少地方保护主义，增强审判的独立性。

2. 加强法官的专业化、职业化建设。一是提高法官的准入门槛。所有法官应从基层开始历练，基层法院法官可从大学毕业生中招录或从检察官、律师、学者等专业人士中遴选，中级法院以上法官应全部从基层法院法官选拔，或从社会遴选。地级市以上成立法官遴选委员会，由人大、组织部门、纪检部门代表，以及法官、检察官、律师、学者和社会各界人士等组成。法院审级越高，遴选法官的标准应越高。台湾地区实施法官遴选后，律师参加者较多，但学者积极性不高。对此应予持续关注并加以考察。二是探索候补法官制度，完善法官培养机制。将预备法官培训时间延长至最少1年，并探索实行候补法官制度，预备法官培训合格或经遴选的法官，先予以候补一定年限，期满考核合格并有法官缺额的，才授予法官职务。候补法官主要从事审判辅助和简易案件审理工作。此举可缓解我国法官普遍年轻、缺乏经验的弊端，在将来公开遴选法官的情况下，这项制度就更显必要。对法官进修也应给予充分保障，以利于法官素质的持续提高。如台湾地区法官可申请最长3年的留职停薪学习；每连续服务满7年，还可申请带薪进修1年。三是推行专业化审判。台湾地区法官选定办理民事或刑事审判事务后，即应以该选定事务为终身志业，仅限变更一次；审理民事劳工、家事、少年、刑事智慧财产权案件，应申请专业证照；就重大犯罪或经济案件，交通、土地征收补偿、环保等案件成立专庭或由专责法官办理。我们应继续探索专业合议庭建设，建立专责法官制度，支持法官术业有专攻，在各个审判领域打造一批专家型法官。

3. 建立法官和各类人员的员额制。一是以案件数为依据设定员额。案件数、地域、人口、经济发展等因素都对员额的需求有影响，但很难量化。现阶段可借鉴台湾地区做法，以案件数为依据设定法官和各类人员的员额，并每年实行动态调整。同时，鉴于上级法院案件较复杂，计算法官员额的案件基数应少于下级法院。二是各类员额比例科学。法官员额宜少而精，审判辅助人员员额比重最大，司法行政人员员额符合必要需求即可。此外，在法院综合部门工作需要法官相关经验的，可预留少量法官员额。如台湾地区法官转任“司法院”司法行政人员的，仍视同法官享受相关年资和待遇。三是细化审判辅助人员分工。办案过程中各个环节的分工尽可能细化，设置种类丰富的职位，特别是程序性、事务性职位，招聘条件和招录方式也多元化，专业、学历等条件有的应提高，有的可适当放宽，任用方式可为公务员、事业编或雇员编制，还可引入社会志愿者等。加强辅助人员的任职与在职培训，实现专业化。

4. 强化法院人员职业保障。一是身份和待遇保障。规定法官非因法定事由和程序，不被免职、降职、辞退或者处分；未经本人同意，不得转任法官以外职务。法官除工资外，提高津贴，并设绩效奖金（如福田法院），其待遇高于一般公务员，且退休后享受全额工资待遇。审判辅助人员也应有畅通的晋升渠道和良好的待遇。法院预算应由人大专项特别列支，地方法院经费至少实现省级财政直接拨付。二是法官按资历及考核晋升。法官不设行政级别，通过建立法官职业考评制度和等级晋升考试制度，实现法官等级晋升，并套用工资级别，使法官只有资历差别，没有行政等级区分。参照台湾地区“人事审议委员会”，成立法官考评委员会，人员组成尽可能体现法官自主、自律的特点，每年考评一次，考评内容主要是法官工作业绩和职业道德等。以法官的考评成绩、工作年限等作为评定法官等级的依据。三是提高基层法官的级别和待遇。随着案件不断下沉到基层法院，建议效仿台湾地区做法，采取多种措施鼓励富有经验的资深法官扎根基层。例如，法官等级设置向基层法官倾斜，缩短其晋级年限，并有一定的比例可以达到最高等级，为将来套工资级别做好铺垫；此外，应向案件多的地区及偏远地区基层法官给予补贴。

5. 建立法官责任制和惩戒制度。加强对法官的监督制约，按照权责一致原则，在确保审判权依法独立公正行使的同时，建立科学的法官责任制，让法官对案件质量负责，使违法办案的法官受到责任追究。设立法官惩戒委员会，对法官遵守职业纪律、道德情况和业务能力进行督察，对法官失职、违纪和枉法行为进行惩戒，如警告、申诫、罚款、转任非审判职务、停止职务、免职等，建立法官淘汰制度。同时应避免干扰审判权的独立行使，法官适用法律的见解不得作为追责依据；注意维护法官权益，如通过设立职务法庭、召开听证会等，给予法官陈述或申辩的权利，以免法官受到不当追究或处分。

台湾地区历时 23 年才出台“法官法”，为法官设定了一套符合司法规律和法官职业特点的管理制度，将法官与一般公务员的职务界限作了明确的区分。我们以《法官职务序列暂行规定》出台为契机，积极推动《法官法》《人民法院组织法》《公务员法》等法律修改，在法官来源、任职条件、法官遴选、职业保障和职务监督等方面作出制度性安排，探索建立科学、符合司法规律的法院人员员额制度。

三、两岸司法互助机制进展情况

我国正处于“一国两制三法系四法域”这种法律分治的格局之下，能否妥善解决人民法院与台湾地区之间的司法互助问题，直接关系到“一国两制”方针在司法领域的贯彻落实，关系到能否依法保障两岸的社会稳定和繁荣发展大局。随着经济社会的发展，两岸司法联系日益紧密，文书送达、调查取证、裁判的认可与执行、被判刑人的移管、罪赃移交等众多跨法域司法活动的实现，越来越离不开司法互助。同时，两岸局势正迎来积极的发展态势，这也为共同推进司法互助工作带来了历史的契机。

（一）模式方面——确立“司法互助”模式，签订“互助协议”

人民法院涉港澳台司法协助、互助在实践中采用了“区际协议”的模式，即两岸三地通过协商方式互相签订有关司法协助的双边协议，继而各自纳为立法内容。其中大陆与台湾地区之间称之为“司法互助”，双方签订“互助协议”。之所以是“互助”而非“协助”，是因为目前涉港澳司法协助具有官方性，而台湾地区与大陆尚未统一，涉台司法互助还具有非官方性，协议的签署主体不是权力机关。2009 年 4 月，海协会和海基会签署《海峡两岸共同打击犯罪及司法互助协议》（以下简称《互助协议》），协议内容由各自公权力机构予以确认。“互助协议”的签署，为人民法院涉台司法互助工作提供了法律制度的保障。

（二）数量方面——人民法院涉港澳台司法协助、互助中涉台案件量最多

据最高人民法院统计，自 2009 年 6 月协议生效至 2012 年底，人民法院办理涉港澳台司法协助、互助案件已经超过 2.3 万件。据台湾方面统计，在此期间大陆已遣返台湾地区刑事犯及刑事嫌疑犯 278 名，两岸进行交换犯罪情报，合计破获 76 案，逮捕嫌犯 4927 人。至 2013 年第一季度，人民法院办理的涉台文书送达和调查取证司法互助案件更是超过了 2.5 万件，远远超过同期与港澳的协助数量。实践中两岸相互提供互助的案件，不仅针对民事和刑事案件，也涉及行政诉讼案件，范围更广。

2008～2012 年人民法院涉台司法互助案件量与涉港、涉澳对比图

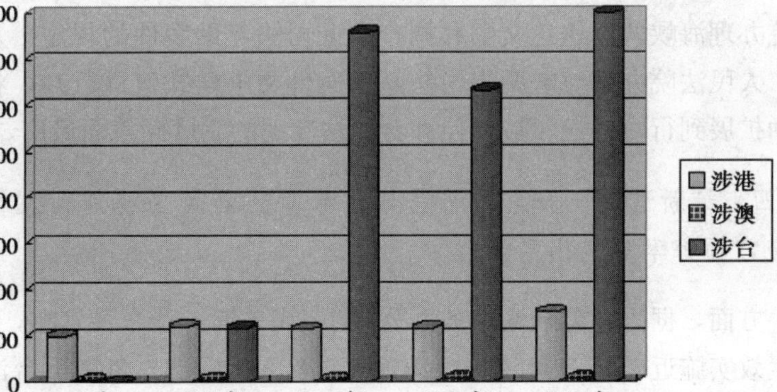

2008～2012 年人民法院涉台司法互助案件与涉港、涉澳案件对比表

地区	案件类型		2008 年	2009 年	2010 年	2011 年	2012 年	历年合计
涉港	文书送达	请求	926	958	1019	1047	1351	5301
		受请	168	174	123	128	164	757
涉澳	文书送达	请求	23	35	28	32	25	143
		受请	17	19	28	23	47	134
	调查取证	请求	0	1	1	1	1	4
		受请	7	1	1	3	8	20
涉台	文书送达	请求	0	0	85	270	1946	2301
		受请	0	1167	7365	5906	5866	20304
	调查取证	请求	0	1	8	12	69	90
		受请	0	6	116	137	122	381
合计			1141	2362	8774	7559	9599	29435

（三）制度方面——涉港澳台司法协助、互助在人民法院涉台司法互助中最为全面

《互助协议》是两岸司法部门之间的第一份综合性合作协议，它涵盖了民事与刑事司法互助的内容；最高人民法院于 2011 年又出台了《关于人民法院办理海峡两岸送达文书和调查取证司法互助案件的规定》及其配套文件《人民法院办理海峡两岸司法互助案件文书样式（试行）》，将涉台司法互助扩展到行政诉讼领域，使涉台司法互助的制度涵盖面最广。

（四）最新进展——人民法院与台湾地区之间在被判刑人移管、罪赃移交方面都率先迈出了步伐

一方面，据国务院台湾事务办公室于 2013 年 6 月 9 日发布，《互助协议》生效实施近 4 年，大陆向台湾地区陆续移交了 12 名病重台湾服刑人员。影响较大的诸如自《互助协议》签订以来两岸首例被判刑人移管的“冯立信返台执行案”。冯立信在大陆犯走私、运输毒品罪被人民法院判处无期徒刑，原应于大陆服刑，但因其罹患下咽恶性肿瘤并发肺部转移，病情严重急需救治，并有由家属陪护之必要。人民法院考虑到人道主义的政

策，最终突破《刑事诉讼法》关于被判处有期徒刑或者拘役的罪犯可以暂予监外执行的规定，同意台湾户籍被判刑人冯立信返台执行的请求。另一方面，两岸于2013年6月顺利完成了《互助协议》签署以来的首例被害人财产返还案件。该案系一起两岸合作共同打击的电信诈骗犯罪案，浙江杭州中院成功向17名台湾地区居民被害人返还财产共计人民币237万余元。这两类案件，在人民法院涉台司法互助工作中都是率先尝试，走在了前列。

（五）人民法院涉台司法互助存在问题

1. 司法互助案件未能统一归口管理。由于指导全国法院涉台司法互助工作的部门是设于最高人民法院研究室的港澳台办，而各省高级、中级和基层人民法院负责涉台司法互助工作的队伍分散在研究室、办公室、涉外庭、法警队或立案庭等部门，对口部门的“错位”，归口管理的失范，使各级法院之间存在沟通不畅的问题。

2. 司法互助案件未纳入法官办案工作量。中级人民法院和基层人民法院负责司法互助的具体案件，在办案中付出的工作量与普通的一、二审案件并无太大差别，均需经过立案、审查、送达（或调查）、上报、归档结案等各环节，而该类案件还具有涉外性、政治敏感性和复杂性的特点，办理难度相比有时更大。但此类案件普遍未确立案号，在办案指标绩效考核中未计入法官办案工作量，在一定程度上影响了部分法官对受托协助案件的责任心和积极性。

3. 司法互助案件的归档工作不规范。文件的管理和档案的建设，是法院涉台司法互助工作规范、科学、可持续发展的重要保证。实践中送达司法文书、调查取证等涉台司法互助类案件没有统一的档案管理制度，也没有统一适用的归档格式，影响到对该类案件的规范化管理。

4. 司法互助案件的办理缺乏专业队伍和专业培训。涉台司法互助案件的办理需要具有一定的专业知识，案件又具有相当的敏感性，稍微不慎都可能引起媒体的炒作。但实践中办理相关案件的队伍流动性很大，新人员又往往缺乏专业培训，极容易导致办理中出现错误，或降低工作效率，引起台湾地区的误解。

5. 涉台司法互助的合作平台与沟通渠道尚不健全。包括：委托送达缺乏查询平台、邮寄送达缺乏专邮途径、人民法院与台湾“司法院”之间尚不能直接开展司法互助。

（六）人民法院涉台司法互助对策建议

1. 严格落实归口管理、专人负责的涉台司法互助管理制度。要严格按照“归口管理”的原则，将涉台司法互助工作统一交由一个部门办理，任务较重、有条件的法院还应该单独成立一个专门机构负责办理该项业务。其他部门在分散办理涉台司法互助案件时，应统一向归口部门备案，方便统计数据。

2. 将涉台司法互助案件纳入人民法院的案件质量评查和工作绩效考核范围。要将涉台司法互助案件办理情况全面科学纳入法院司法统计工作报表，一对一计入审判业务办案数量的考核中，统一案号，确保工作的规范管理。

3. 建立涉台司法互助定期培训和上岗培训制度。由最高人民法院和各省高级人民法院组织，各级法院应建立一套长期、系统且行之有效的培训和学习制度，定期组织全省范围内的涉台司法互助人员进行有关法律法规、政策的学习和研究，尤其是对新加入涉台司法互助工作队伍的人员，要开展上岗培训。同时将相关法律文件进行及时汇编，方便实务操作。

4. 完善涉台司法互助案件的档案管理制度。完善档案管理制度，制作司法协助案件的档案管理规章制度和格式要求，完善归档管理工作。积极推广电子档案，统一将相关档案扫描入网，以备查询。

5. 推进合作平台与沟通渠道建设。（1）建立区际司法专递送达机制。由最高人民法院与国家邮政局、台湾地区相关机构磋商，将司法专邮范围扩大到台湾地区，由邮政部门对法院的诉讼文书进行专人专送、建设网络查询平台，必将大大提高涉台送达的效率和安全性。（2）建立司法互助委托送达的查询平台。与台湾地区联合开通委托送达的查询平台，为每个查询案件设立相应编号，委托法院输入相应编号后即可查询委托送达的进展情况。平台的建立，将使区际之间的委托送达更加明了准确。（3）推动人民法院与台湾地区“司法院”之间直接开展司法互助。推动台湾地区借鉴大陆做法，由台湾地区“司法院”直接与人民法院开展司法互助。

6. 与台湾地区签订两岸相互认可的互助实施细则。《互助协议》未对实务操作规则予以明确及细化，而最高人民法院出台的《最高人民法院关于人民法院办理海峡两岸送达文书和调查取证司法互助案件的规定》（以下简称《互助规定》及《人民法院办理海峡两岸司法互助案件文书样式(试行)》(以下简称《文书样式》)仍属大陆单边规则。因此，在两岸进行平等友好协商的基础上，要继续不断推进协议框架下深化合作问题，完善互助的实施细则。目前需两岸法院之间商讨解决的问题主要有：协助方依照己方规定采取的送达方式能否为请求方法院所认可的问题，其中主要涉及留置送达、寄存送达、公告送达等送达方式的适用性；台湾方面协助人民法院时应否提供送达证明材料原件；受害人财产发返还和罪赃移交工作；台籍在押被告人家属的探视问题（以及对台籍被判刑人判处管制、宣告缓刑、予以假释以及暂予监外执行等问题）；台湾方向大陆移管被判刑人的法律适用问题、两岸刑事裁判的认可和执行问题等。

四、其他有关情况

通过此次考察，我们既加深了对台湾地区司法制度的了解，也对台湾地区的风土人情有了感性的认识。大致介绍如下：法官在社会公众中的地位。台湾地区法官由于普遍偏年轻、社会经验不足，因裁判效果不好而受舆论批评的情况比较多。加上近年司法弊案频发，司法公信力普遍降低，不少民众、学界乃至政治人物都对司法体系有诸多不满。这既有台湾地区媒体发达、民众民主意识较强的原因，也与法院作为一个封闭系统，内部缺乏有效监督，外界监控难度大有关。因此，台湾地区下定决心建立法官淘汰机制。可见，在保障人民法院依法独立行使审判权的同时，必须建立严格的审判权监督制约机制。法、检、警之间的关系。台湾地区早期实行“审检合署”，后来改为“审检分隶”，但检察机关无论在称谓、办公地址还是法律适用上，都没有完全摆脱法院的影响，检察机关仍称为“某某法院检察署”，检察官与法官统称司法官，都适用“法院组织法”和“法官法”。法官与检察官之间的任职交流不多，多数人更喜欢当法官。检察官拥有所有刑事案件的侦查权，警察、调查员、特工的司法调查权必须来源于检察官的授权。司法为民体现人性化。台湾地区法院的司法为民窗口很人性化，在法院设置“单一窗口联合服务中心”，除设有与诉讼相关的柜台外，还有邮局、银行乃至结婚注册等便民窗口，以及休息室、哺乳室、吸烟室、饮水处，备有爱心伞、电话、轮椅、婴儿车、放大镜、老花镜等。民众一进入法院，就有人为其引导，实现“一处交件、全程服务”，深受民众欢迎。多数民众都希望两岸和平稳定。大部分台湾地区民众都希望两岸关系能和平稳定，促进两岸经济共同发展。真正搞“台独”的只是少部分人，而且支持“台独”严重的地方，经济一般不太景气。台湾地区居民见到大陆人都会主动介绍自己的祖籍地，或者说起家乡话。两岸人民同根同文，相见格外亲切。不少台湾地区居民有到大陆旅游、经商或求学的经历。台湾地区还有不少以促进两岸交流为目的民间组织，如此次邀请我们赴台的“台湾地区海峡两岸法律扶助协会”，就以促进两岸司法互助为宗旨。一些台湾人还成立了“中华统一促进党”。文明程度高、文化底蕴深厚。台湾地区近年经济不太景气，但仍属经济发达地区。印象最深的是台北，没有太多高楼大厦，但却十分整洁舒适；交通秩序井然，没有人乱闯红绿灯；人多的地方都自觉排队；人们说话轻声细语，用语文雅，彬彬有礼；热情好客，特别是对大陆朋友，总是盛情款待；等等。台湾地区文化底蕴深厚，传统文化保存得较好，全台 1/3 民众信仰佛教或道教，寺庙很多，有的寺庙还开办医院、学校等；做慈善是很普遍的事情，志工遍布各地，连法院也有不少志工服务；文化设施丰富，故宫博物院博大精深，诚品书店 24 小时不打烊，全台高校云集，有 170 多所大专院校，等等。民间组织发达。民间组织覆盖各行各业，不少是公益性质，弥补了政府在许多方面工作的不足。如“台湾地区海峡两岸法律扶助协会”，成员有法官、检察官、律师、司法警察官、法学教授或其他行业优秀代表，会员义务为协会服务；“财团法人台湾法律扶助基金会”，为弱势群体提供免费法律援助；“财团法人慈济慈善事业基金会”，40 年来致力于社会服务、医疗建设、教育建设、社会文化等志业，等等。法律有效引导民众习惯。台湾地区风光秀美，很注重环境保护，污染较少，城市也非常整洁，街上几乎看不到垃圾。原先台湾地区也面临垃圾困扰，后来法律强制推行垃圾分类，对不按规定分类者处罚，使民众养成良好习惯，逐步达到“全分类、零废弃”资源循环再利用，全岛垃圾回收率高达 56%，领先世界。面对酒驾问题，台湾地区制定了全球最严的严惩酒驾法规，呼气酒精测试值超过 0.15 毫克就要处高额罚款，超过 0.25 毫克就涉及公共危险罪移送法办。酒驾致人伤亡量刑很重。新规实施后酒驾肇事死亡人数呈下降趋势。可见法律在引导民众习惯方面发挥着重要作用。这些都值得我们借鉴。

台湾地区家事审判及反家庭暴力考察报告

广东省女法官协会考察团*

应台湾地区韩忠谟教授法学基金会的邀请，广东省女法官协会谭玲会长率省女法官协会考察团一行11人，于8月6日至13日对台湾地区家事审判和反家庭暴力的有关规定的制定情况、司法实践进行了考察。在台期间，考察团会见了台湾地区“司法”界及立法、“监察”、法律援助等有关方面的人士，双方着重对“家事事件法”的实施情况、法院相关裁决的具体执行方式，以及台湾地区法院的组织架构、法官的分类管理、女法官协会组织情况等问题进行了探讨。考察团还对台北“地方法院”组织架构和人员管理等进行了考察。谭玲会长代表考察团向与会代表介绍了我省反家庭暴力的司法现状及大陆反家庭暴力立法计划。现将本次考察的有关情况和建议报告如下：

一、台湾地区家事审判及反家庭暴力的基本情况

（一）台湾地区家事审判的基本概况及主要特点

20世纪70年代，台湾地区针对家事案件急剧增多的现状，颁布了“家事事件处理办法”，将非讼事件法中的部分民事非讼事件和人事诉讼事件纳入统一的家事审判程序中，在“地方法院”设立家事法庭专门负责家事案件的审理，以此缓解民庭的压力。2012年6月1日，台湾地区颁行了统一的“家事事件法”，对家事案件的审理范围、审理法院、实体依据和

* 考察团成员：谭玲、郝丽雅、陈佩霞、周玲、杨慧怡、张雪梅、林文辉、徐慧、李叶华、梁桑。

程序规则进行了全面规定，在推动家事案件专业化审理方面积累了众多先进经验。

台湾地区家事审判的主要特点：（1）审判的程序法与实体方面的有关规定、诉讼与非诉讼案件合并一册。台湾地区家事案件审判的受案范围包括诉讼事项和非诉讼事项。诉讼事项主要是指三类：以身份关系存在与否而当事人无权处分的案件；请求形成一定身份关系的案件；与身份关系有牵连的财产权案件。非诉讼事项主要是指无处分权的非诉案件；赡养、扶养费案件、同居案件等。（2）不公开审理原则。为保护家庭成员的隐私及名誉、发现真实，家事案件无论于法庭内外，均采用不公开审理。如法官允许旁听时，应让当事人和关系人有陈述意见的机会。如询问未成年子女和受监护人，得于非上学时间或夜间、休息日进行。（3）确立了家事调查官制度。家事调查官是依照少年及家事法院组织法所设立的法院人员，法官可依声请或依职权任命家事调查官，以其专业社工、教育、心理、辅导等学识就特定事项进行调查，并提出调查报告、并协助法官分析家事案件个案的专业辅助。（4）引进程序监理人、社工陪同及儿童心理专家制度。为确保未成年人的权利及意思表达清楚，减少出庭对其身心造成的负面影响，法律规定如果未成年人本身就是家事诉讼案件的当事人或家事非诉讼案件的关系人，依法可以出庭，法院为其选定程序监理人协助处理程序事项。假如未成年人不是当事人或关系人，但又有必要到庭陈述意见，法院可视必要通知社政主管机关派社工或儿童心理专家等人陪同未成年人到场以稳定、安抚其情绪，为使未成年人意愿表达清楚真实，法院还可酌情令未成年人与当事人隔离询问。（5）台湾家事案件审判组织专业化。“家事事件法”颁布之前，台湾地区的家事案件依照“家事事件处理办法”第3条规定，地方法院设家事法庭办理家事事件。2012年6月1日颁布“家事事件法”后，台湾地区在6月底成立了高雄少年及家事法院，从此建立了专业的审判机构。

（二）台湾地区反家庭暴力的基本概况及主要特点

台湾地区于1987年6月24日颁布“家庭暴力防治法”，成为亚洲第一个有家庭暴力防治法的地区。此后台湾地区相继通过了“家庭暴力防治法实施细则”“法院、检察机关、警察机关处理家庭暴力注意事项”“家庭暴力加害人处遇计划规范”“家庭暴力罪或违反保护令罪受刑人处遇计划”

“家庭暴力电子资料库建立管理及使用办法”“家庭暴力被害人创业贷款补助办法”等相关法令，包涵了司法、警察、社政、教育等相关体系的整体运作系统，从民事、刑事、家事及防治、社会服务等方面全面整治家庭暴力问题。1996 年，在民间团体“家庭暴力防治法修法联盟”的不懈努力和“内政部”推动下，“家庭暴力防治法”于 1998 年 4 月 29 日完成了大范围的修订，而今年 6 月 1 日颁行《家事事件法》也为保护令设置了专篇，使得台湾地区的反家庭暴力相关规定更为完备和先进，成为全球反家庭暴力相关规定的典范。

台湾地区反家庭暴力的主要特点：(1) 着力构建综合性的防治家庭暴力体系。台湾地区“家庭暴力防治法”是一部综合性的规定，内容包含了民法、刑法、民事诉讼法、刑事诉讼法、亲属法、强制执行法、社会服务法等相关内容，其目的在于建立一套整合司法体系、警政体系、医疗体系、教育体系及社政体系至整体救助与服务网络，其目的鲜明并加强对家庭暴力案件的规范。中央机关设置有家庭暴力及性侵害防治基金，其收支保管及运用由行政院确定。法律鼓励及扶持民间团体为家庭暴力及性暴力被害人提供各种救援和服务，建构绵密完整的防治网络。(2) 强调警察处理家庭暴力中的作用。1999 年台湾地区通过“警察机关执行保护令及处理家庭暴力案件办法”作为明确警察反家暴执法的具体规范。台湾地区警察处理家庭暴力的权责主要有：声请及执行保护令、协助取得紧急保护令、保护受害者、逮捕施暴者、通报及协助义务等。作为一线反家暴力量，台湾地区在很大程度上借鉴了美国警察的先进做法，一方面扩大了警察处理家庭暴力事件的权力，另一方面加重了警察的责任，如其怠于执行法律而导致受害者受伤或死亡，则除负行政责任外，还可能承担过失伤害或过失致人死亡的刑事责任和民事责任。(3) 细化有关部门处理家庭暴力的职责。台湾地区“法务部”、“司法院”通过的“检察机关办理家庭暴力案件注意事项”“法院办理家庭暴力案件应行注意事项”等作为有关部门的执法准则。有关部门的反家暴作用受到社会的广泛重视，在《家庭暴力防治法》制定的最初几年，相关部门一直出台干预家暴的调研报告。其职责主要体现在：核发和执行民事保护令、拘捕、侦讯或起诉权、释放或缓刑的自由裁量权、确定探视方式或禁止探视权、可禁止调解或和解权等等方面。“家庭暴力防治法”要求严格按照程序执行，但是在具体情形下也体现了人道主义和尊重受害人的观念，如当受害妇女有智障时，法官或检察官可依申请或依职权在法庭外进行讯问，或采取适当的隔离措施，在这种情况下，受害妇女所作的陈述可以作为证据，此即法庭外隔离讯问。(4)广泛发展反家暴宣传和教育网络。台湾地区“家庭暴力防治法”规定，家庭暴力防治委员会应拟定、审查及更新减少家庭暴力的公共卫生计划，其内容应包括大众教育，广为利用媒体推广家庭暴力之防治观念。各直辖市及县（市）政府应制作家庭暴力相关防治资料，供执业医师及医疗机构、户政机关提供受害人及一般大众参考。同时社工人员、保育人员、警察人员、医护人员、学校辅导及行政人员、教师等应接受防治家庭暴力的在职教育。在学校教育方面，则规定各级中小学每学年应有 4 小时以上的家庭暴力防治课程。大众宣传教育在许多国家都很常见，但是用有关规定的方式法确立这些宣传、教育形式体现了台湾整治家暴的特色。台湾“家庭暴力防治法”意味着公权力对家庭暴力的介入地区，表明了台湾地区坚地区决反对家庭暴力的态度和决心，从而吸引整个社会重视家庭暴力问题。

二、台湾地区家事审判和反家庭暴力经验的借鉴

（一）我省开展家事审判和反家庭暴力的基本情况

2010 年 3 月，广东法院家事审判合议庭试点工作启动以来，各试点法院积极发挥人民法院在审理婚姻、家庭等家事案件中的能动作用，提高审理家事案件的专业化水平，促进辖区内的家庭和谐与社会和谐，得到了最高人民法院和省委政法委的肯定。目前，试点法院已由最初的 7 个增加到 15 个、试点合议庭由 17 个增加到 28 个，试点受案范围由 10 类增加到 13 类。各试点法院制定了《家事审判工作流程》《人身安全保护裁定实施细则》《家事纠纷诉讼指引》等工作规范，明确家事审判合议庭的工作职责、立案范围、审理流程，为试点工作取得良好成效夯实基础。中山中院还与中山市公安局、中山市妇联共同下发《关于对家庭暴力受害人实施人身安全保护的会议纪要》，确保人身安全保护裁定得到及时执行。广东高院于 2010 年 12 月下发了《家事审判合议庭工作规范指引》《人身安全保护裁定适用指引》。从试点情况来看，家事审判合议庭试点工作走上了“两高两低”（高结案率、高调撤率，低上诉率、低发改率）的良性发展轨道。

2010 年至今，各试点法院已经相继发出了 75 份人身保护裁定，取得

了较好的效果，受到了媒体和社会的广泛关注。除了最高人民法院应用法学研究所反家庭暴力试点和广东法院家事审判合议庭试点的双试点单位珠海市香洲区法院外，广州市白云区法院、广州市黄埔区法院、东莞市第二法院、中山市第一法院、惠州市惠城区法院均开展了人身安全保护裁定的司法实践，试点初期人身安全保护裁定实施不平衡的状况有所改善。各试点单位在司法实践中，逐渐确立起了“严、阻、慎”的人身安全保护裁定新理念，即坚持周严保护原则，向施暴人发出的远离令与其他人身保护措施合并进行；坚持有效保护原则，对受害人个人信息采取保密措施，尝试发出财产令保护妇女、儿童合法权益；坚持谨慎签发原则，力争个案当事人利益最大化。

经过近两年的试点，我省家事审判及反家庭暴力取得了较大成果，在全国取得了较为广泛的影响，全国人大法工委专程到珠海香洲区法院调研人身保护裁定，直接推动《民事诉讼法》修改中增加规定了行为保全的内容。当然我省试点工作尚面临很多困难，主要表现在：家事案件实体裁判标准不统一的问题；人身安全保护裁定制度需进一步完善；家事审判的长效协作和社会参与机制建设相对滞后；家事审判专业化司法需求大与司法资源少的矛盾等突出问题。

（二）如何借鉴台湾地区经验开展我省家事审判及反家庭暴力的工作

1. 细化家事审判专业化的标准，提高家事法官选任的条件。家事案件的特色及复杂度，不同于民事财产案件。家事案件当事人的心理极为复杂，既要解决纠纷，又不愿意过度公开个人隐私；既要维护自身利益，又要考虑纠纷解决后的亲属之间如何相处、未成年子女的抚养和成长等更深层次、更难处理的问题。因此，家事案件的特点决定了我们必须走专业化的路子。台湾地区有关规定要求处理该类案件的人员（包括法官和调解官）必须具有性别平等意识、了解权控议题、尊重多元化文化等专业素质。从事家事审判还要取得“司法院”核发有效期间的家事类专业证书；完成“司法院”举办的少年及家事法院家事庭法官培训课程并结业；曾参加在职研习课程或有相当经验足以有办理家事事务的学识、经验、热忱等要件，并且资深者充任，候补法官及未曾结婚的法官，原则上不得承办。我省在对家事审判法官的配置上，考虑到家事案件的受害人不仅包括女性，也包括男性，而且男、女法官思考问题的方式有差异但女性更为耐心、细致等特点，要求从事家事审判的合议庭以女法官为主，尽可能安排具有婚姻家庭经验和人生阅历较为丰富的法官，但其他方面如对家事法官的学历、资历以及是否接受了家事专业培训等方面我们可向台湾地区学习，对家事法官的选任条件进一步细化并创造培训条件，为大规模开展全省家事审判提供坚实的基础。

2. 加强警察在处理家庭暴力中的作用，提高人身保护裁定的处罚力度和威慑作用。我国新修订的《民事诉讼法》第100条明确规定了行为保全，为我们开展人身保护裁定提供了法律依据，但如何在实践中提高执行力度，尚缺乏具体实施细则。1999年台湾地区通过“警察机关执行保护令及处理家庭暴力案件办法”作为具体明确警察反家暴执法的具体规范。台湾地区警察处理家庭暴力的权责主要有：申请及执行保护令、协助取得紧急保护令、保护受害者、逮捕施暴者、通报及协助义务等。作为一线反家暴力量，台湾地区在很大程度上借鉴了美国警察的先进做法，一方面扩大了警察处理家庭暴力事件的权力，另一方面加重了警察的责任，如其怠于执行法律而导致受害者受伤或死亡，则除负行政责任外，还可能承担过失伤害或过失致人死亡的刑事责任和民事责任。警察在反家庭暴力中承担着不能替代的重要角色，直接决定了人身保护裁定的执行力度和威慑作用。我们可以请求政法委协调公安机关联合制定细则，参与到反家庭暴力工作中来，积极迅速的处理违反人身保护裁定的致害人，提高人身保护裁定的效果。

3. 加大反家庭暴力相关部门的协调，建立反家庭暴力的整体防治网络。我省部分地区已初步建立了反家庭暴力的网络体系，相关部门也积极参与到该项工作，但相互沟通、协助尚比较缺乏，极大影响了反家庭暴力的效果。台湾地区早期也存在这种情况，当被害人积极向外求援时，医疗、警察、司法及社工人员是最常见的求助对象，这些人员通常只作消极、被动的服务，且各自为政，缺乏互动与联系，所产生的效果较为有限。台湾地区为根本解决这个问题，提供被害人的确实保护，已建立各相关单位携手合作的整体防治网络。只要被害人愿意向外求助，相关单位即应以主动积极的处理方式，透过彼此的联系，让加害人依法受到应有的惩罚，或得到适当的辅导与治疗，以消除或减少家庭暴力的发生，让受害人及其子女得到适当的扶助与保障。我省在反家庭暴力的推进过程中，必须着力构建防治整体协作体系。以法院工作为例，我们在处理反家暴案件中应当以案件审理为平台，注重多方力量的配合，综合处理反家暴案件。法院可以依托具体的反家暴措施，建立常态化的部门协作机制。法院认为施暴方需要进行必要的强制教育引导，则交由固定的教育疏导机构进行必要的教育。我省广州白云法院、佛山顺德法院已经进行了先行探索。上述经验值得进一步总结和推广。

三、进一步推动我省家事审判及反家庭暴力的建议

（一）从建设和谐社会、幸福广东的高度认识家庭暴力的社会危害性和防治的紧迫性

家庭暴力普遍存在于世界各地，其所造成的伤害超过一般的暴力犯罪。家庭暴力包括婚姻暴力、儿童虐待及老人虐待，婚姻暴力的被害人大多为女性，儿童虐待及老人虐待的被害人大致男女各半，因此，家庭暴力影响的儿童及男性亦为数众多，家庭暴力的影响层面极为广泛。但传统上家庭暴力一贯不受大众关注，其报案率非常低。20世纪中叶以来，世界各地逐渐认识到家庭暴力的社会危害性，如果被害人不能得到及时救援，无法摆脱暴力的纠缠，往往最终会造成被杀或杀人的惨剧。更为严重的是，生活在家庭暴力环境中的儿童成年后，往往也带有暴力倾向，对社会的和谐、稳定构成重大威胁。但不可否认的是，社会大众对家庭暴力的危害性和防止的紧迫性缺乏必要的认识，很多人还停留在“法不入家门”的传统理念中，纵容家庭暴力的发生和蔓延。近几年，我国家庭暴力事件呈快速增长趋势，作为经济发展起步早、矛盾凸显的广东，此类情况更加普遍，亟需我们认真研究，提出对策。通过提高认识，在全社会形成反家庭暴力的意识和氛围，鼓励受害人运用法律维护自身合法权益，并合法地表达诉求，促进社会和谐。

（二）加强调研、总结经验，积极推进反家庭暴力法的制定工作

在我国现有的规制家庭暴力的条文中，实体法占据的比例较大，缺少相关的程序法。我国《婚姻法》（修正案）实际上只是将原有的有关法律规定综合在一起重新进行了一番宣示而已。其规定除了有宣传上的意义外，并不具有实际的操作价值。例如《治安管理处罚法》《治安管理处罚

条例》等都没有明确规定如何救济家庭暴力，按照哪种方式救济等问题，因此警察受理家庭暴力案件时经常会出现不予处理或敷衍塞责等行为。我国反家庭暴力立法呈现出地方立法先行的态势，至今尚未制定防治家庭暴力的全国性专门法律，反家庭暴力机制尚在摸索之中。随着我省反家庭暴力机制的逐步完善，完全可以在总结经验的基础上制定反家庭暴力的地方性法规，为全国反家庭暴力立法提供素材和样本。在将来的反家庭暴力法的制定中，可借鉴台湾地区的刑事干预机制，一是制定专门的家庭暴力罪和违反保护令罪。为加强民事保护令的执行力，加害人若违反了以下五种保护令：禁止实施家庭暴力；禁止对被害人骚扰、接触、跟踪、通话、通信或其他必要联络行为；迁出被害人住居所地；远离被害人住居所地、工作场所、学校或其他被害人及其特定家庭成员经常出入之特定场所；完成加害人处遇计划保护令的就构成违反保护令罪，应给予适当刑事处罚。二是赋予家事法官自由裁量权限。家庭暴力罪或违反保护令罪的被告经法院讯问后，认为无羁押之必要，而迳命具保、责付、限制居住或释放者，应附民事保护令内容的相关限制，如禁止施暴令、禁止联络令、远离令、迁出令及加害人处遇计划令等。三是建立有限制的缓刑制度。犯上述两罪被宣告缓刑的，应附民事保护令内容的有关限制，若违反则撤销缓刑。如我们将来制订的反家庭暴力法能借鉴台湾地区的刑事干预机制，将加强对违反人身保护令的刑事追诉的功能，民事保护令的社会威慑作用将大大加强。

（三）以家事审判合议庭试点为契机，大力加强家事审判诉讼程序的研究

家事案件的裁判，不单纯以追求当事人孰是孰非为目的，而是重在调整人际关系，使当事人回复到生活常态。为了维护公共利益，公权会较多地干涉家事案件的解决，提供指导服务。在我省的试点工作中，对婚姻无效等凡涉及公共利益的家事争议，不限于当事人举证，法院依职权主动调查当事人未主张或提出的事项。而在一般民事诉讼中，法院严守不告不理原则。受理家事案件的法官承担着为当事人提供指导和服务的职责，引导当事人相互谅解，尽可能促成当事人保留原有法律关系。通常需要同时适用诉讼程序与非诉讼手段。过多的举证、质证、辩论等攻防性诉讼活动容易激化当事人及利害关系人之间的人际关系，不利于争议的解决。下一步

我省家事审判诉讼程序的建构应包括以下内容：一是设立预先和解制度。在法官向当事人送达开庭传票之前，提请当事人尝试经法官的简单劝解和指导，实行和解。当事人未经开庭举证与质证，矛盾未经法庭对抗性程序激化，更有可能促成和解。二是设立强制调解制度。凡家事案件，除被告缺席的以外，原则上均应先行调解；唯调解不成，才能裁判。家事争议解决，不能单纯追求双方当事人的权利与义务非此即彼的裁判，而是通过法官的指导和专业帮助，找出婚姻家庭生活争议的原因，消除对立，使当事人的感情和心理得到平复，消除引发冲突的因素。三是规范争讼程序。家事案件审理，因全程涉及个人隐私，应将不公开审理作为基本原则。只有当事人合意公开的，才能公开审理。如此，可以避免当事人双方将各自亲友团叫到法庭旁听，在法庭内外相互指责对峙，进一步恶化社会关系的情形发生。四是设立非讼案件程序。当事人依法提出的请求，虽无争议，但须接受司法监督或须经司法裁定的，可以采用非讼程序予以解决。例如宣告失踪案件、宣告死告案件、确认亲子关系案件等情形，虽然也存在潜在的争讼可能，但是，被告缺席，争议尚未出现的，适用非讼程序处理，会比适用普通民事诉讼程序处理更简洁明了，效果也不会受到影响。五是设立专业咨询和辅导机构，协助家事案件审理。家事案件的审理涉及心理、社会学等多方面专业知识，家事法官一方面要拓宽自己的知识面，另一方面需要其他专业人士予以配合与协助。可考虑借鉴台湾地区设立的程序监理人、社工陪同及儿童心理专家、家事调解官等制度，设立或指定若干相应公益性服务机构，及时为当事人提供相关专业服务，配合法院审理家事案件，使家事案件的和解、调解和裁判更有效益。

（四）加强反家庭暴力宣传教育工作，整合全社会反家庭暴力的资源

教育水平高低对家庭暴力产生具有重要影响。这一方面是因为教育水平低下，导致解决家庭矛盾的手段简单化，很容易诉诸家庭暴力，另一方面，教育的问题也影响了受害人对于自己合法权益的认识。很多受害人并不知道刑法关于家庭暴力的惩罚条款，不知道家庭暴力也是一种犯罪行为。因此应建立专门的机构，配合新闻媒体，进行反对家庭暴力的宣传。这种宣传不能流于形式上的发放法律读本，进行一两次普法教育。家庭暴力是对大多数家庭潜在或者现实的威胁，因此对于反家庭暴力的宣传，应包括尊重公民权利的意识、对家庭暴力处罚的案例、国家的相关政策、重

点家庭暴力的报道、家庭教育的方法等，从而使全社会都能关心家庭暴力、关心家庭暴力的受害者。台湾地区的反家庭暴力宣传教育机构极其发达，为其防治家庭暴力贡献了重要力量。我省人身安全保护裁定试点工作提高了我省家事案件当事人的法律意识，构建完善的反家庭暴力教育渠道，法院不仅可以定期分片进社区、进学校进行防治家庭暴力的讲座，还可以对有代表性的反家庭暴力案件与媒体合作制作宣传片等方式进行。

日本、韩国民事再审审查程序考察报告

广东省高级人民法院考察团*

2011年1月中旬，广东省高级人民法院赴日本、韩国民事再审审查程序调研考察团造访了日本最高裁判所（即最高法院）和韩国大法院（即最高法院），以及日本青山学院大学法学部，均受到了对方的热情接待，先后举行了三场专题座谈会。通过广泛深入的交流，全面了解了两国的民事再审制度和有关审判公开等方面的情况，得到不少启示。

一、日本、韩国民事诉讼制度概况

日本、韩国的法律制度，在源流上都属于大陆法系，民事诉讼制度原来都是从德国学习而来，近年又受到英美法系主要是美国法的影响，成为两大法系在诉讼制度方面“合流”的典型。现行《日本民事诉讼法》和《韩国民事诉讼法》均在刚进入21世纪时进行了修订，前者是在2003年，后者是在2002年。总体说来，两国的民事诉讼制度比较相似，都实行三审终审制，但日本设为四级法院，韩国设为三级法院。

日本的法院有5种，分别是最高裁判所、高等裁判所、地方裁判所、家庭裁判所和简易裁判所。其中，简易裁判所原则上审理诉讼标的额不超过140万日元的民事诉讼以及民事调解等案件；家庭裁判所与地方裁判所的级别相同，专门办理家庭一审案件；地方裁判所审理除上述之外的所有类型的民事一审案件和对不服简易裁判所裁判的控诉和抗告案件。家庭裁判所与地方裁判所均设有派出法庭。高等裁判所审理对不服地方裁判所、家庭裁判所作出的一审裁判的控诉和抗告案件，以及不服地方裁判所作出

---

* 考察团成员：凌祁漫、朱可胜、刘奕冰、钟道春、龙丽霞、梁展欣（执笔人）。

的二审裁判的上告案件。考察团访问的最高裁判所，位于东京，审理不服高等裁判所作出的二审裁判的上告案件，以及不服高等裁判所作出的三审裁判的再抗告案件。最高裁判所由 1 名所长及 14 名法官构成，大法庭由该全部 15 位法官组成，3 个小法庭分别由 5 位法官组成。最高裁判所设事务总局管理司法行政工作，另设司法研修所、书记官研修所、图书馆等附属机构。为考察团介绍日本司法制度及其改革概况的大川隆南先生，隶属于最高裁判所。

韩国的法院有 6 种，分别是大法院、高等法院、地方法院、专利法院、家庭法院和行政法院，其中，后三者为特殊法院。由于是三级法院制，因而各级法院的职责相比于日本来说更为清晰。专利法院的级别与高等法院相同，家庭法院和行政法院的级别与地方法院相同。在地方法院之下，另设有不作为一个审级的市郡法院，审理标的额为 2000 万韩币以下的小额诉讼案件，只有 1 名法官。在作为一审法院的地方法院中，实际上存在两个审级，审判组织包括 3 名法官组成的合议庭和独任法官，对独任法官的判决不服的上诉案件，由本院上诉部的合议庭审理，而对本院上诉部的判决不服的，可以不经高等法院而直接向大法院提出上告。考察团访问的作为最高法院的大法院，位于首尔，为终审法院，由 1 名院长和 13 名大法官构成，并设有司法行政处下辖企划调整室、司法政策室、行政管理室等部门。为考察团介绍韩国民事诉讼制度的李载根法官，是来自司法政策室的民事政策审议官，专门负责对本国的民事司法政策研究。此外，韩国的法院除了承担审判任务以外，还负责不动产登记、户籍登记、提存等业务，大法院还负责全国法官的任命和经费的拨付。

二、日本、韩国民事再审程序概要

《日本民事诉讼法》和《韩国民事诉讼法》均设专编规定再审制度，两者在保持高度的相似性的同时，也各自具有一定的特点。

首先，关于再审与终审的关系，日本、韩国《民事诉讼法》均实行三审终审制，第一审即初审为事实审，第二审为事实审，第三审为法律审。第一审系由初审法院针对当事人争议的案件事实，经言词辩论程序加以认定并作出判决。第二审系采取续审主义，即上诉法院不但对一审法院的事实认定进行审查，还可以接受新的攻击防御方法，从而重新作出事实认定和法律判断。第三审是完全的法律审，不得对下级法院审理的事实问题再行审查。上告理由主要有下列8项：(1) 判决有宪法解释错误或有其他违反宪法的事项的；(2) 违反法令明显地影响判决的；(3) 没有依照法律规定组成作出判决的法院的；(4) 根据法律规定不能参与判决的法官参与判决的；(5) 违反专属管辖规定的；(6) 对法定代理权、诉讼代理权或代理人为诉讼行为欠缺必要授权的；(7) 违反公开口头辩论的规定的；(8) 判决没有附理由或理由有自相矛盾的(《日本民事诉讼法》第312条，《韩国民事诉讼法》第423、424条)。其中，第3～8项称为绝对上告理由。一般认为，第三审法院因在性质上为法律审，具有统一法律适用的功能。在日本，最高裁判所和高等裁判所都负有这项功能，但在分工上，前者管辖上述第1项上告理由，后者管辖上述第2项上告理由。在韩国，由于只有大法院才能审理上告案件，因而其民诉法在法律审的措辞上较《日本民事诉讼法》相对宽松(第423条)。再审是相对于终审的例外程序(即“再审的补充性”)，这从再审事由与上告理由虽然有一定的重复，但在主张上却不可以重复主张上可以看出。

其次，关于再审事由，《日本民事诉讼法》明确规定了下列10项：(1) 没有依照法律规定组成作出判决的法院的；(2) 根据法律规定不能参与判决的法官参与判决的；(3) 对法定代理权、诉讼代理权或代理人为诉讼行为欠缺必要授权的；(4) 参与判决法官，犯有与案件有关职务上的犯罪的；(5) 依据他人在刑事上应处罚的行为而自认或妨碍提出可以影响判决的攻击或防御方法的；(6) 作为判决证据的文书或其他物件，是经过伪造或变造的；(7) 以证人、鉴定人、翻译或经宣誓的当事人或法定代理人的虚伪陈述作为判决的证据的；(8) 作为判决基础的民事或刑事判决及其他裁判或行政处分，根据其后的裁判或行政处分而变更的；(9) 对于能影响判决的重要的事项遗漏判断的；(10) 声明不服的判决，与此之前确定的判决相抵触的(第338条第1款)。《韩国民事诉讼法》第451条第1款也规定了上述再审事由，并另设“当事人明知对方当事人的住所或者居所，但以其不详或者提供虚假的住所、居所而起诉的”作为第11项。对于上述第4～7项再审事由，必须以对应处罚行为的有罪罚金的裁判已经确定时，或者因证据不足以外的理由不能作出有罪的确定判决或罚款的确定裁判时，才可以提起再审之诉(《日本民事诉讼法》第338条第2款，《韩国民事诉讼法》第451条第2款)。同时，即使具有上述再审事由，但如果当事人已经在控诉或者上告中主张该事由，或者尽管知道其事由却不主张的，不得提起再审之诉。

再次，关于再审之诉的提起，再审原告是受到确定判决效力的约定，并且具有要求撤销该判决利益的人，解释上认为当判决效力涉及第三人时，第三人就撤销该判决也具有固有的利益，原则上可以作为独立当事人提起再审。但有明确规定的，仅见于 2005 年《日本公司法》，该法第 853 条第 1 款规定："在责任追究等之诉被提起的情形下，原告及被告串通以损害责任追究等之诉的相关诉讼标的股份公司的权利为目的使判决作出时，股份公司或股东对已确定的终局判决，可以再审之诉提起不服。"再审之诉由作出被声明不服的判决的法院管辖，诉讼程序准用各审级有关诉讼程序的规定；当事人应当在判决确定之后知悉再审事由之日起 30 日不变期间内提起，从判决确定之日起超过 5 年的不得提起（《日本民事诉讼法》第 340～342 条，《韩国民事诉讼法》第 454～456 条）。两法之间存在些微差别：一是对于再审之诉所"准用"的诉讼程序，《日本民事诉讼法》规定有须不违反其性质的限制（第 341 条），《韩国民事诉讼法》则无此规定（第 455 条），但解释上似应从同；二是《韩国民事诉讼法》规定以代理权的瑕疵或者以上述第 10 项再审事由为理由提起再审之诉的不适用上述期限（第 457 条），《日本民事诉讼法》则无此例外。

最后，关于再审之诉的审理，分为两个阶段：一是对再审之诉是否合法以及是否存在再审事由进行审理的阶段（《日本民事诉讼法》第 345～346 条，《韩国民事诉讼法》第 454 条第 1 款）。对再审之诉不合法或者不具备再审事由的，法院以裁定驳回之；具备再审事由的，法院应当作出再审开始的裁定。对于具备再审事由的情形，《日本民事诉讼法》第 346 条第 2 款规定法院在作出再审开始的裁定时应当审问对方当事人；而《韩国民事诉讼法》第 454 条第 2 款则规定法院必须先作出具备再审事由的"中间判决"，再对本案进行审理、裁判。二是对原案件进行再审理的阶段。法院在不服声明的限度内，进行本案的审理及裁判。经审理认为原判决正当的，应当驳回再审请求；认为原判决不正当的，应当再作出判决（《日本民事诉讼法》第 348 条，《韩国民事诉讼法》第 459、460 条）。据介绍，如果在同一法院内开展上述两个阶段的审理活动，应当由不同的合议庭或者独任法官分别进行。

从考察团了解到的情况来看，由于日本、韩国两国的民事诉讼程序制度比较完善，其再审制度系以三审终审制为前提，这些因素都决定了其再审案件的数量非常少。据大川隆南先生介绍，日本再审案件每年约为200件，而且大部分是刑事案件，民事再审案件可谓是凤毛麟角。据日本青山学院大学法学部前部长土桥正教授介绍，有据可查的民事再审案件只有约20件。据李载根法官介绍，韩国最近有强化再审的趋势，每年的民事再审案件大约不到1000件；在再审的提起主体方面，只有当事人才可以提起再审之诉，法院只能对判决中的错误记录进行主动的更正，即使在发现两个判决存在相矛盾情形的，仍然应尊重原判决；在再审事由方面，如果是证据方面原因的，必须构成伪证罪才能提起再审。此外，在审判公开方面，尽管日本实行判例制度，但实际上并非所有判决都会得到公开，只有不到一半的案件的判决可以通过网络查询得到，但公民可以在任何时候到法院要求查阅；至于所谓"网上立案"，在日本是不存在的，因为其民诉法实行的是文书主义，即不见文书就不能立案。

三、对进一步完善我国民事再审审查制度的体会和建议

日本、韩国同属经济发达的资本主义国家，但近年受经济危机影响，经济发展速度明显放缓。除实行三审终审制以外，两国的民事诉讼制度与我国所实行的社会主义民事诉讼制度，在制度框架上还是比较接近的。由于与市场经济配合发展的时间较长，两国的民事诉讼制度日趋完善，其中所取得的一些经验做法，值得我们学习、借鉴。经过深入考察，我们认为，必须坚持从中国国情和实际出发，以两审终审制为前提，适当地借鉴、吸收日本、韩国的有益做法，不断规范与完善我国的民事再审程序。我国的基本国情是幅员广阔，人口数量大，实行四级法院两审终审制，将绝大部分案件的终审权放在地方，既有利于纠纷在当地的迅速解决，也有利于节约当事人的诉讼成本。因此，在立足于我国的政治制度的国情的基础上，同时吸收借鉴别国的成熟的经验，我们对进一步完善我国民事再审审查制度提出以下几点体会和建议：

（一）强化再审作为终审的例外程序的理念

再审是终审的例外程序这一对再审制度的定位，无论在我国还是在外国，都是一致的，这不因采取何种终审制而有所不同。但是，从我国再审

实践来看，近年来再审程序有被滥用的迹象，因而有“无限再审、终审不终”的说法。这一方面固然与我国的再审事由规定的范围较广，解释适用上也相应从宽有关，另一方面更为我国对于再审作为终审的例外程序这一定位的认识不清所致。2007 年我国对《民事诉讼法》中的审判监督程序进行集中修改，其目的之一就是要通过再审事由的全面法定化，将再审的应用范围进行更加严格的限制。从施行情况来看，原来“无限再审、终审不终”的现象虽然有所遏制，但由于再审作为终审的例外程序并未作为一种程序理念得到确立，使得进入再审审查和进入再审的案件门槛低、数量多，同时由于再审审查管辖法院的“上提一级”，造成最高人民法院和各地高级人民法院忙于招架的尴尬局面，既影响了审查案件的质量，也不利于维护生效裁判的既判力和司法公信力。解决申诉难，不能理解为申请再审和再审案件越多越好，而是要让真正需要再审的，特别是程序明显违法的案件能够通过正常渠道进入再审。

（二）以再审之诉的模式来改造现行“三足鼎立”的审判监督程序

2007 年《民事诉讼法》保留了旧《民事诉讼法》上“三足鼎立”的再审模式，即法院主动启动再审、当事人申请再审和检察院抗诉再审三种模式并存，这与日本、韩国《民事诉讼法》上只有当事人提起再审之诉一种模式相去甚远。从司法实践的角度来看，由当事人以外的法院和检察院发动再审，都难免受到违反民事诉讼上当事人处分原则之诟病。同时，赋予此二机关以再审发动权而缺乏相应的制约措施，极易造成再审程序的滥用。从检察院抗诉启动再审的实践来看，案件来源主要是当事人向检察院提出的申诉，极少数源于检察院的“自行发现”。在抗诉再审诉讼中，检察院往往会为其抗诉的“成功率”而为其申诉的当事人积极提供“帮助”，如调查取证、出庭支持等，造成当事人之间诉讼地位上的“失衡”。从长远来看，应在立法层面进一步完善法院和检察院发动再审的制度。在当下的司法实践中应从严控制由法院主动启动再审程序。

（三）进一步改革和完善再审事由，条件成熟时将第三审从再审中分拆出来

从再审事由上分析，我国的再审制度兼具有三审终审制下的第三审和再审两项制度的功能。由于日本、韩国《民事诉讼法》上的再审事由极其

严格，因而两国进入再审的案件很少。例如，即使确实存在伪证等原因的，也必须以构成伪证罪才能作为再审事由。而在我国2007年《民事诉讼法》上，光证据方面原因的再审事由就规定了5项（第179条第1款第1～5项）。从施行情况来看，大部分申请再审案件都集中在这些事由上。我们建议应通过司法解释，对再审事由的适用原则和条件作进一步，特别是对于证据方面的事由，如“新的证据”的认定，应从条件上更加从严把握；如对“证据是伪造的”事由，应当明确规定必须经过法定机关通过法定程序认定的，才能成为再审事由。建议今后在立法时进一步修改为构成伪证罪的，才能成为再审事由。但是，对于一些因当事人的故意行为而严重损害其他当事人的合法权利的，则可以考虑纳入再审事由的范畴予以明确规定，如对当事人故意隐瞒或提供虚假对方当事人住址和通信地址，造成对方当事人无法参加诉讼的，韩国《民事诉讼法》对此有明确规定，我国实践中也存在这种情形，可资参照。对于股东能否代表公司提起再审之诉，2007年《民事诉讼法》以及《公司法》的股东代表诉讼规定并未明确，解释上应可参照前引2005年《日本公司法》的规定，采取肯定说。同时，为使再审中的“第三审”功能得到切实发挥，对当事人依2007年《民事诉讼法》第179条第1款第6项（即“原判决、裁定适用法律确有错误的”）申请再审的，应实行彻底的“上提一级”，统一由最高人民法院和高级人民法院审查和审理。日后条件成熟时，可以在立法层面正式引入有限的三审制，将第三审从再审中分离出来，即明确由最高人民法院和高级人民法院负责法律审，使其切实担负起统一法律适用的应有职责。

（四）进一步改革再审审查管辖法院和申请期限

再审之诉由原审法院管辖是各国民诉法上的通例，日本、韩国《民事诉讼法》均予采取。我国2007年《民事诉讼法》将再审审查管辖法院“上提一级”，其初衷实际上与其再审中兼具有第三审的功能有关。在目前的再审事由框架下，我们建议可以区别不同的再审事由来确定再审审查管辖法院，即除以2007年《民事诉讼法》第179条第1款第6项（即“原判决、裁定适用法律确有错误的”）为由申请再审的统一“上提一级”以外，以其他再审事由申请再审的，均应恢复为由原审法院审查和审理，以回复再审作为终审的例外程序的本来面目。此外，参照日本、韩国《民事诉讼法》中以30日为原则、以5年为例外的再审起诉期限规定，缩短申请再审的期限。再审的严格性要求当事人知悉再审事由后须立即申请再审，与我国 2007 年《民事诉讼法》上以 2 年为原则、以 2 年后外加 3 个月为例外的规定相比较，上述日本、韩国《民事诉讼法》的规定更为简约，而且方便易行，具有科学性，应予借鉴。

此外，日本、韩国《民事诉讼法》中有关调解、和解的一些做法，对当前我们贯彻“调解优先、调判结合”原则，在再审案件立案前、立案审查中、再审审理过程中如何做好调解工作也有一定的参考意义。日本、韩国审判制度中有关司法公开的经验也有许多可借鉴之处，还有其他一些做法，都值得进一步研究、学习，囿于篇幅所限，这里不作详述。

德国、瑞士民事执行制度考察报告

广东省高级人民法院考察团*

应德国慕尼黑高级法院、瑞士联邦圣加伦高等法院的邀请，2015 年 3 月 23 日至 30 日，省法院党组成员、执行局局长许佩华率团赴德国、瑞士进行民事执行制度考察交流。成员包括执行局执行一处处长杨铭、司法警察总队队长刘国喜、行装处审判员钟文、审管办审判员高黎英、执行局综合处审判员李昺静等，共六人。考察团与慕尼黑地方法院、圣加伦高等法院法官进行了座谈交流。通过考察，加深了对德国、瑞士民事强制执行制度和实践的了解，并就如何加强广东与慕尼黑市、圣加伦州民事执行工作的相互学习、协助等问题深入交流。现将有关情况报告如下：

一、德国、瑞士执行机构

（一）德国

德国各州有初等法院、高等法院和最高法院。初等法院受理 5000 欧元以下的民事纠纷案件以及刑期两年以下的刑事案件。对不服初等法院判决且标的额超过 600 欧元的，可以向州高等法院上诉。超过 5000 欧元的一审民事案件以及刑期超过两年的刑事案件，由州高等法院受理。对高等法院判决不服的，可以上诉到最高法院。德国联邦法院对全国诉讼事务进行管理，并审理与宪法有关的案件。欧盟在欧洲也有一套审判与欧盟事务有关案件的法院系统。在对判决权威性的看法上，德国与欧盟存在分歧，德国认为本国法院权威高于欧盟法院，而欧盟认为欧盟法院权威应高于欧洲各

* 考察团成员：许佩华、杨铭、刘国喜、钟文、高梨英、李昺静（执笔人）。

国自己的法院。德国有 8100 万人口，整个联邦德国有 2.5 万名法官，16 万律师，但只有 4700 名执行员。慕尼黑位于德国南部，是巴伐利亚州的首府，德国第三大城市，排在柏林、汉堡之后，有 130 万人口，约 200 名法官，2013 年审理的民事案件约 25000 起。

德国的执行机关多元化，包括法院执行员、执行法院、诉讼法院、土地登记所。

1. 法院执行员。德国《法院执行员法》（GVO）、《法院执行员业务指导》（GVGA）对法院执行员作出统一规范，各州司法行政管理部门根据本州法律还作出一些补充性规定或者特别规定。法院执行员是负责送达和执行的司法行政官员，在联邦最高法院由联邦司法部长任命，在州法院由司法行政管理部门任命。执行员的职责：一是对动产扣押，二是对物强制交付，三是送达执行名义，四是接受代宣誓保证。

与法官须经系统的法律教育、严格的培训考核不同，执行员法律职业要求要低一些。欲进入法官行列，须考入法律院校经法律本科以上的系统专业培养，毕业后参加国家司法考试（不设定比例，但一般 30％被淘汰）。通过后再参加法律以外的其他两个专业学习，毕业后第二次参加国家司法考试，合格者由法院负责培训。最终成为法官或律师的，只占总考生的 8％～10％。执行员可以是高中毕业生，接受一年半法律业务培训，成为一般司法人员；再经过一年半执行专业培训，成绩合格者即可由州司法部长任命为执行员，取得国家公务员身份。执行员大多是男性，收入比法官要高。执行员虽隶属于某一法院，但办公地点不在法院大楼内，由执行员自行确定。每一个执行员都有相对固定的执行管辖区。如果一个区只有一个执行员，则该区域与初等法院的辖区一致；如果有多个执行员，则负责监督的法官为每个执行员指定一个区域。当事人可以查阅该区执行员名录，直接委托其办理执行事务。

执行员的工作并非接受执行法院的指派，但受法院监督。体现在：一是法院对当事人针对执行措施的异议和抗议作出裁判；二是法官签发搜查令和民事逮捕令；三是法院对实施违法行为的执行员发出警告或解除其职务。德国法律及行业规范对执行员要求严格。执行员不得接受当事人的钱物，收费不找零的幅度只限定在三分钱以内。接受贿赂将立即被解雇。

2. 执行法院。执行法院通常指初等法院。执行法院职责：一是对债权和其他财产权利的执行，二是对不动产的执行，三是债权分配，四是为强制代宣誓的保证而发布拘留命令，五是发出对执行标的物的估价命令。执行法官不参与具体执行活动，具体事务由司法辅助官实施。

3. 诉讼法院。指一审法院。诉讼法院管辖的范围：一是对“可替代的作为”，如果债务人不履行义务，法院可判令由第三人代为履行并由债务人承担该项费用。二是对“不可替代的作为”，即不能由第三人代替、与义务人身份有关的作为，如果债务人不履行，诉讼法院宣告对义务人予以罚款、强制拘留。三是债务人拒绝代宣誓保证时，法院判令强制宣誓。四是债务人违反其不作为或容忍某种作为的义务时，法院对其判决违警罚款，如仍不遵行，判决处以六个月以下的违警拘留。

4. 土地登记所。负责办理不动产登记事务，包括强制抵押权登记、抵押权扣押登记、对物上负担、土地债权的登记事务。国内有资料称，德国的土地登记所属于初等法院的一个组成部分，但这次考察了解到，土地登记所并非法院的执行机构，而是州政府的职能部门。

（二）瑞士

在瑞士，法院不设执行机构，也没有执行人员，法院判决的执行由州政府设立的债务执行局、未成年人保护中心等专门机构负责，必要时申请警察协助。1982 年生效的《瑞士联邦债务执行与破产法》规定，一个州领域构成一个或多个债务执行及破产区，各州决定其数目和管辖规模。一个破产辖区可包含多个债务执行辖区，对应设立一个债务执行局，由一名债务执行官执掌。在每一个破产辖区设立一个破产事务局，由一名破产事务官执掌。债务执行局及破产事务局可由同一名官员执掌。其组织机构、职位设定、官员任命、工作程序、行业规则等事宜由各州决定，联邦法院和专门监督机构对破产和执行进行监督。

二、执行程序和方法

（一）德国法院案件判后执行

德国人大多信奉基督教，认为赖债是一种罪，需要向上帝忏悔。德意志是非常严谨高傲的民族，对名声不好的人很不屑，因此都很在意自己的声誉，赖债的人很难在熟人面前抬起头。德国的信用体系也比较发达，如一个路人闯红灯了，被记录到个人信用系统，说明这个人随时可能有生命健康的危险，保险公司会降低保险级别，银行不批准贷款，雇主也不愿意雇佣无视规则而且生命健康随时有危险的人，其子女在学校的一些优惠贷款也受影响，全家人都很没面子。此外，德国法院判决具有很高的权威性，绝大多数案件判后都会得到自觉履行，只有极少数败诉的当事人没有及时履行，因此进入强制执行的情况并不常见。

1. 金钱债权判决的执行。对于金钱债权判决，胜诉的当事人要求债务人付款，如果债务人不付款，债权人申请本辖区执行员执行。执行员持判决书找到债务人住所，看有无值钱的东西。发现有可执行的财产，可以立即扣押。扣押后，债权人即对扣押物取得质权。扣押的范围不得超出债务额与支付执行费所必要的限度。扣押的动产由初等法院发出估价命令，由执行员拍卖。如果未扣押到财产或扣押财产不足清偿债务，执行员可以询问其成年家庭成员关于债务人雇主的信息，家人无回答的义务，但如出于自愿，可告知执行员。执行员获悉债务人对第三人拥有金钱债权，并且该债权尚未被扣押，执行员将第三人的姓名、住址、债权的发生原因以及扣押可行性通知债权人。如果要检查债务人的银行账户，债权人要向初等法院申报，法院证实被执行人有账户的，督促银行实施冻结，扣划给债权人。如果判决涉及动产，如汽车，执行员直接扣押该动产交付给债权人。

2. 对不动产的执行。不动产主要指土地、船舶。执行员没有执行土地的权力，由法官亲自处理。胜诉的当事人持判决书申请初等法院对土地强制执行，执行法官下达对土地、船舶等的扣押令以及强制拍卖、强制管理等命令，具体执行事务由司法辅助官负责。债权人、拍定人或其他权利人持法官签发的文书到土地登记所要求进行强制抵押权登记、抵押权扣押登记等。

德国强制执行最具特色的制度主要有以下两项：

一是代宣誓保证制度。德国代宣誓保证制度处于整个强制执行的最后阶段，旨在为前期执行无果的债权人提供最后一个获取债务人财产信息的机会，以改善执行结果或保留受偿前景。

代宣誓保证程序的启动。《德国民事诉讼法》规定，由执行法院接受代宣誓保证，这里的执行法院，是债务人在国内的住所所在地的初等法院，债务人无住所时，是居所地的初等法院。该法第 900 条规定了代宣誓保证的程序。债权人到执行法院申请，申请时提交执行名义及其他证书，日期由债权人指定。执行法院传唤债务人期日举行代宣誓保证。如果债务人保证三个月内清偿债务，法院可以将代宣誓保证期日延展三个月。债务人如果在新的期日证明已清偿了债权的至少 2/3，法院可以再次将期日延展六周。由法院执行员接受债务人代宣誓保证，债权人不必到场。对于在举行代宣誓保证的指定期日不到场，或无理由拒绝举行代宣誓保证的债务人，法院命令拘留以强制举行。被拘留的债务人可以随时申请拘留地的初等法院接受他的代宣誓保证。举行代宣誓保证后，立即释放债务人并通知债权人。

代宣誓保证的内容。代宣誓的保证分为消极的宣示和积极的宣示。消极的宣示指债务人说明自己已丧失清偿能力，无财产可供扣押。积极的宣示是指保证财产说明的完整性和正确性。只要扣押无结果或毫无希望，依债权人的申请，债务人就需要提交其财产的申报书。

虚假誓言的后果。誓言将被记录在案，如果誓言有假，将涉及刑事诉讼，被逮捕入狱，被判刑很多年。德国人视赖债入狱为耻辱，因此代宣誓保证非常有效。

债务人再次代宣誓保证的免除。举行过代宣誓保证的债务人，如在债务人名簿中的记录未被注销，在举行后三年内，如债务人释明尚未取得新的财产或原来的劳动关系已经解除，债务人对债权人（包括新的债权人）不负再次举行代宣誓保证的义务。

二是债务人名簿制度。债务人名簿制度最早出现于 1898 年《德国民事诉讼法》。德国债务人名簿是公开的，任何人均有权查询名簿内容，保证诚实的交易人及时了解对方信用状况，避免交易风险。为了保护公民隐私权，防止债务人信息被滥用和不当传播，1994 年对该制度进行修改，注重在保护交易秩序与保障公民信息自主权之间取得平衡，增加了发放和传播名簿副本的条件。修订后的《德国民事诉讼法》第 915 条 a～h 条增加了大量关于对查询债务人名簿的限制性规定。

债务人名簿的建立。债务人名簿由执行法院设置，由司法辅助官管理。债务人名簿登载的信息包括：（1）债务人关于自己财产情况的说明，并保证说明的完整性和正确性。（2）债务人代宣誓的保证，亦即说明自己已无财产履行债务。（3）债务人被司法拘留的记录。债务人的代宣誓保证与财产申报内容一起被记载到债务人名簿，供人查阅。

债务人名簿的使用。名簿登载了债务人的全部财产，查阅名簿让债权人全面了解债务人的履行能力。善意交易人可以在付费后查询名簿，了解对方诚信情况以及支付能力，避免交易损失。（1）查阅。《德国民事诉讼法》第915条第3款规定："关于记载之有无，对任何人可以依其申请给予报告书；也可允许阅览名簿。"但是，对查询债务人财产具体情况，民诉法设定了限制性条件。一是查阅主体限于利害关系人，即债权人或者交易当事人。二是提出申请，说明查阅目的。符合条件的，才能得到答复。（2）制作或发放复制件。《德国民事诉讼法》第915条第4款规定："在确实遵守第二款中注销期间的规定时，可以发给名簿中记载的缮本并摘录之。名簿中的记载，不得在公众可以阅览的印刷品中公布。详细规定由联邦司法部长经联邦参议院的同意制定之。"获得复制件者必须履行保密义务，不得传播，并遵守法院注销的通知。有权获得复制件的主体：一是公法上的工商业协会及团体；二是为建立和实施债务人名簿而需要复制件的申请人；三是无法通过个别答复使自己正当利益得到维护的申请人。

债务人名簿记录注销。债务人一旦被记录到债务人名簿中，要保留三年，一般是到第三年的年底统一更新注销。《德国民事诉讼法》第915条第2款规定："如经证明，对债务人要求举行代宣誓的保证的债权人已经受到清偿，或者从载入名簿的年度终结后经过三年的，执行法院应依债务人的申请命令注销债务人名簿中的记载。注销该项记载，以涂去债务人的姓名或销毁记载的方式为之。"特殊情况符合法定条件的，也可以提前注销。

债务人被记载到债务人名簿后的法律救济。债务人名簿的登记和注销由司法辅助官负责，答复由业务处的书记官负责。对没有经过听审而被登记或注销的，债务人或债权人可以提出异议，由执行法官作出裁判。对书记官的答复不满的，查阅申请人也可以提出异议。对登记、注销和答复申请的裁判，不得提出抗告。

（二）瑞士法院案件判后执行

和德国情况相似，瑞士法院判决绝大多数都能得到当事人自觉履行，进入强制执行的案件为数不多。在程序上，即便是高等法院的判决，债权人也须持判决书到初等法院登记，债权登记时须举证证明要执行的被执行人的财产。

1. 金钱债权执行。法院不负责金钱债权执行，胜诉的当事人持判决书到政府专门设立的债务执行局，要求收债。该部门受理后，寄送账单至债务人住处，如果债务人期限届满不按照账单付款，个人信用显示不良记录，将麻烦不断，租房、找工作、出行、置业都将很困难。如一案例，员工给企业打工，老板欠薪10万瑞士法郎，法院判决老板付款。员工持判决书向债务执行局申请执行，债务执行局给企业写信，要求付款10万法郎给该员工，如无合法的理由，企业必须付款。如企业不同意判决，收信后可申诉。企业也可以回信，告知债务执行局，自己已付给员工一部分薪酬，或答应在一个星期内付款，也可以与债权人协商。如此往复，可以多次协商，一般需2～3个月执行完毕。如果该企业破产，则转由破产管理局统一处理，列入破产债务，从企业财产拍卖所得款获得偿还。如果债务人是自然人，当前没有财产还债，债务人可以去打工，每月扣除一定数额薪金用于还债，如留下3000法郎生活保障费用，其余直接由雇主协助扣划，清偿债务。债权人申请企业破产，须由法院判决确认该企业进入破产程序后，破产管理局接受破产事务，破产过程中产生的异议或申诉，由法院裁判。

2. 婚姻、家事纠纷案件判决的执行。瑞士对未成年人保护极为重视，此类案件由法院执行。如一案例，圣加伦高等法院最终判决孩子回到母亲身边，胜诉的母亲持判决书到初等法院申请执行。必要时（如父亲强硬不让母亲带走孩子），法院可要求警察协助。但警察出现会让孩子不安，因此这种情形很少见，一般以和解方式解决。如果父母均吸毒，不适合照顾孩子，则由未成年人保护中心负责照顾。探视问题无法解决的，也由这个机构负责。如父母一方对孩子有性侵犯倾向的，他（她）探视孩子不能单独进行，由中心派职员在旁监督。如果初等法院无法执行，则案件上升到高等法院执行。

三、对我国执行改革的几点启示

虽然德国、瑞士等国家与我国相距遥远，国情和法制发展历史不同，但民事执行内在规律具有共通性。考察德国、瑞士执行制度和实践对我国执行改革和解决执行难具有重要的启示作用。启示如下：

（一）执行体制设计应与国情相适

纵观域外民事执行制度，执行机构多设置在法院，少数在法院外。意大利、西班牙、奥地利、秘鲁、阿根廷、澳大利亚、法国、日本等都是法院内设执行机构，德国的执行机构虽然多元化，但主要是法院执行。瑞士、瑞典和俄罗斯等一些欧洲国家以及美国、英国、加拿大等英美法系国家法院不设执行机构，主要由政府部门负责执行。这些国家之所以采执行与法院分离的民事执行制度，与其法律文化积淀深厚、国民法治意识较强、法院判决得到普遍尊重、法律对不尊重判决的行为惩罚严厉、秉持当事人收债主义理念、有完善的财产登记制度以及高效的财产查询系统等国情密切相关，此外与其国土面积、人口、案件数量等国情也有关。如瑞士国土面积只有4.1万平方公里，人口770万，是袖珍型国家，圣加伦州2万多平方公里，49万人口，已经是比较大的州了。瑞士民事纠纷案件很少，需要强制执行的更少，其国情和鲜少的案件数量决定了不可能每个法院都设立专门的执行机构，将整个州需要强制执行的案件集中由一个政府部门负责，是节约国家资源的最佳选择。

（二）执行改革应遵循民事执行内在规律

德国等欧洲法治发达国家民事执行制度的形成和发展，多深受罗马法的影响，制度设计者在研究民事执行内在规律的同时，根据自己的国情和时代发展、情势变迁，经实践检验，不断修改完善而成。如德国民事执行制度从公元6世纪纪初的《Pactus Legis Salicae》（萨利克法律约章）、公元506年颁布的《Lex Salica》（萨利克法）、公元561年至584年期间颁布的《Edictus domni Hilperichi》（多尼．席尔伯利希法令）、《Lex Salica99》（萨利克法99条）、巴伐利亚地区1276年颁布的《Augsburger Stadtrecht》（奥克斯堡城邦法）等演变而来。德国法学家和法律实务界经长期论争民事执行体系模式，最终达成共识，认为应遵循债权兑现的效益原则，民事诉讼的价值兼顾、必要救济原则以及权力行使过程中的分权制约原则，将执行权主要配置于法院，但法官不参与具体执行，也不主导执行过程。由行政官员身份的执行员采取执行措施，执行过程中的争议由法官裁决，执行员的业务行为由法院监督。土地等不动产由土地登记所负责执行，简化涉案财产抵押、过户手续，降低成本。1879年生效的《德国民事诉讼法》确立了执行机关多元化的体制以及代宣誓保证、债务人名簿等制度。2009年通过《强制执行中财产释明改革法》，前置债务人财产申报程序，引发上述制度再次修改，顺应时代发展。这一尊重规律审慎论证的精神可资我国执行体制改革借鉴。

（三）改革应重视反例教训

欧洲法治发展历史悠久，法治意识根植于人民内心，法律规则易于为国人共同遵守，少见颠覆性、冒进式改革。但在一些发展中国家，却存执行权与法院分离改革失败的教训，可资镜鉴。如越南，2002 年将执行权从法院分离出来交给行政机关行使，但越南司法代表访华团认为改革是失败的，因为改革后实际执结率从过去约 30％下降至 10％。当然，越南改革问题不一定出在外分上，可能与配套措施跟进不及时有关，但越南的改革实践应引起我们高度重视。

（四）改革应反复试点论证

我国执行体制改革应根据自己的具体国情，借鉴国外改革成功和失败两方面经验教训，反复试点论证，循序渐进推进改革。我国民事执行体制具有自己独特的发展史。历史上执行权均由审判机关行使。封建时代，官府既是行政机关，又是审判机关兼执行机关。民国时期，法院负责审判和执行。新中国成立后，执行权一直配置在人民法院。1991 年《民事诉讼法》以部门法的形式规定人民法院行使执行权。这种体制的主要弊端是执行权过度集中，执行裁决权与实施权密集交织，法官与执行员身份混同，加上诚信体系尚未建立完善、社会诚信度不高等外部环境影响，产生了人民群众多年反映强烈的执行难问题。近年来，不少法院进行了执行裁决权与实施权的分离改革探索，在执行局内设立执行裁决机构和实施机构，规定执行裁决权由法官行使，执行实施权由法官或者不具有法官职称的人员行使。这种执行权配置方式，在案件较多、执行力量较充足的经济发达地区，落实较为到位，而在案件较少、法官不足的贫困山区基层法院，并不适合，执行局法官人数无法组成完整合议庭，执行合议制度及执行权分权制约机制容易流于形式，审执不分的问题得不到根本解决。十八届四中全会通过的《中共中央关于全面推进依法治国若干重大问题的决定》提出，要“推动实行审判权和执行权相分离的体制改革试点”，切中弊端之要害。至于改革模式是法院“内分”还是“外分”问题，顶层未有明确设计，理论界和实务界仍在争论。考察团认为，“内分”和“外分”模式都可以探索。改革可借鉴德国、瑞士等欧美法治发达国家民事执行制度中先进的、合理的成分，同时应尊重执行工作内在规律，结合我国幅员辽阔、人口众多、执行案件数量巨大的具体国情，坚持提高执行效率破解执行难的宗旨，坚持民事诉讼法确立的民事执行基本原则，推进审判权与执行权相分离，构建民事执行新体制及执行权运行新机制。

当前，多地人民法院正在根据中央决定进行试点探索，在法院内深化执行裁判权与执行实施权的分离改革。如浙江高院改革模式：一是裁决权与实施权分离行使。执行局只负责执行实施，另行组建执行裁决庭行使裁决权。二是执行人员分流。具有法官职称的人员可以选择到包括执行裁决庭在内的审判庭，也可选择留在执行局。三是执行警务化。法院政法编制内行使执行实施权的人员成建制转为法警。我省法院的改革措施：一是设立执行裁判庭。具有法官职称的人员到执行裁判庭，按照法官管理办法管理。二是统筹执行管理。在中级法院辖区设立市法院执行局，在部分基层法院设立跨行政区划的执行分局，上级法院执行局对辖区法院的执行工作实行统一管理、统一指挥、统一调度。三是建立执行员单独序列。两个高院的改革试点方案均获最高人民法院批复，已在试点单位试行。上海、北京、江苏等高院也在起草改革方案。法院内部深化执行裁决权与实施权分离改革，可为执行“外分”奠定基础，如顶层设计明确执行从法院分离出去，建议具有司法判断性质的执行裁决权继续由人民法院行使，具有行政管理权性质的执行实施权可从法院分离出去，建立专门机构负责执行实施。“外分”改革应注重执行实施与执行裁决工作的衔接，避免执行“两张皮”，加重执行难。改革试点论证期应允许多头探索、百花齐放，找出一条符合执行工作内在规律、符合国情、符合“让人民群众在每一个司法案例中都感受到公平正义”要求的体制改革道路，从而根本解决执行难问题。

（五）改革后执行局可设执行助理协助执行员工作

德国由于法院事务性工作量大，法官负担过于沉重，于 1957 年颁布《司法辅助官法》，将法院管辖的不存在法律争议的事务性工作分离出来，转由司法辅助官办理。司法辅助官不需要具备法官的任职资格，但必须在专门的培训学院接受三年法律专业训练。司法辅助官的职权主要是送达和执行，此外，依申请的代宣誓保证程序或者寻求官方机构协助、强制拍卖、强制管理等执行事务，均由司法辅助官负责。当事人对司法辅助官所作的决定不能申请行政复议，只能向上一级法院上诉，由上诉法院法官处理。我省执行裁决权与执行实施权分离改革后，法官离开执行局到执行裁判庭或分流至其他审判业务庭，行政编制内不具有法官职称或具有法官职称但选择执行员职务的人员转任执行员，执行员的工作压力将陡然加重，在一些案件较多的地区，如珠江三角洲地区基层法院，案多人少的矛盾远比改革前严重。我们可以借鉴德国的司法辅助官制度，探索建立执行助理制度，确定执行助理的权利义务、任职资格、薪酬待遇、教育培训、履职保障、业务监督、考核奖惩等，招录、聘任执行助理，将一些事务性的工作交由执行助理负责，提高执行效率，尽快兑现债权。

（六）疏化执行裁决与执行实施的过密联系

德国、瑞士等国执行中的裁判事项少而且法律规定明确。如《德国民事诉讼法》规定需法官作出裁判的事项主要是：对控诉审的宣告假执行、对外国判决的执行、对执行异议、对被执行人配偶的执行、对遗嘱执行、对执行员怠于执行、对执行员不当行为、对优先受偿之诉、对分配异议之诉等，需法院判决。《瑞士联邦债务执行与破产法》也明确规定了需法官裁判的事项包括：对违法债务执行、对破产不当的抗告、宣告破产、驳回破产申请、对冻结生效的诉讼、对恢复原状之诉、无效诉讼和撤销之诉等。除上述情形外，所有执行措施的采取都是执行员的职权行为，执行员只需依法而为，无需法官命令、裁定、判决。而我国执行中采取查封、冻结、扣押、移送拍卖、拍卖成交确认、拍卖财产转移过户、执行款分配、执行款划付、拘留、罚款、执行异议、执行复议、案外人异议、案外人异议之诉、许可执行之诉等，需法官作出决定、裁定或判决的环节细密、繁复，一个案件执行所涉裁决，少的几个，多的达到几十个。案件在执行法官和执行员之间多回合流转，看似公正、严谨，其实严重影响执行效率。审判权与执行权相分离改革中，可借鉴德国、瑞士等国执行制度，明确规定对执行异议、对当事人实体权利的判断、对当事人采取强制措施等需由法官裁判外，执行员依法而非依裁定采取执行措施，从而疏化执行裁决与执行实施的过密联系，减少执行改革的阻力。

香港民事执行制度考察报告

广东省执行法官考察团*

应香港高等法院执达事务组的邀请，11月2日至5日，广东省法院党组成员、执行局局长许佩华率省法院、深圳法院执行法官代表团赴香港进行民事执行制度考察交流。成员包括省法院执行局执行一处处长杨铭、执行二处处长王静，深圳中院党组成员、执行局局长胡志光、综合处处长杨克诚，南山区法院院长龙光伟、罗湖区法院副院长季媛，以及省法院执行法官李昙静、深圳中院执行法官李振宇、黎康养等，共10人。代表团与香港高等法院执达事务组、香港律政司、香港破产管理署进行了座谈交流。通过考察，代表团加深了对香港民事强制执行和破产清盘管理制度的了解，并就如何加强粤港两地民事执行工作的相互协助等问题深入交流。现将有关情况报告如下：

一、香港的执行机构

香港的执行机构共有五个：海事及高等法院执达主任办事处、港岛区执达主任办事处、九龙区执达主任办事处、新界区执达主任办事处、新界区执达主任（荃湾）办事处。香港的执行机构设在法院大楼内，但不隶属于该法院，而属于整个司法系统，是传票送达和判决执行机构。执行官在香港称为执达主任，是文官，不属于法官序列，也不属于警察序列。高等法院设总执达主任和副总执达主任。执达事务组的工作主要有两类：一是送达。执达主任及执达主任助理按照法院、审裁处或当事人的要求，送达

* 考察团成员：许佩华、杨铭、王静、胡志光、杨克诚、龙光伟、季媛、李昙静（执笔人）、李振宇、黎康养。

传票及其他重要的法律文件。二是执行。当事人未遵从及履行法院或审裁处的判决或命令时，胜诉一方可以向执达事务组提出申请，请求强制执行。执达主任按照当事人的指示采取强制执行措施。

二、执行程序和方法

香港的执行实行高度的当事人主义。执行程序的启动只能由当事人申请；需要扣押的财产需由申请人提供，执达主任不负责查找被执行人及其财产；扣押和出售财产，需由申请人向法庭申请财物扣押令，并指示执达主任采取扣押措施。扣押错误由申请人负担后果。

（一）申请执行风险告知

执达事务组向诉讼人士提供的《法庭服务简介》小册子提醒阅读者注意：(1) 如被告不名一文或不知所踪，判决是无法执行的。(2) 执达主任只能按申请人的指示执行法庭的判决及命令，他们没有责任替申请人追寻债务人的下落或确保申请人能够取回款项。(3) 即使未成功执行，未取得任何款项或扣押任何有价值的财物，申请人仍需负担执行费用。(4) 申请人向执达主任发出指示时必须小心谨慎，如因弄错对象，错误扣押他人财物及实产而引起案外人索赔，须由申请人而非执达主任承担责任。

（二）执行程序的启动

申请人到下达有关命令、判决或裁决的法庭，或土地、小额钱债审裁处，申请执行令状。如属劳资审裁处的判令，申请人应向有关审裁处领取一份裁定证明书，然后到区域法院登记处登记，申请发出执行令。申请人应在裁定证明书发出后的12个月内申请登记。申请人需缴付按金，以支付私人护卫员费用及执达主任的交通开支。

如属高等法院的案件，申请人带批出的执行令状及按金收条，到海事及高等法院执达主任办事处。其他案件的申请人将执行令状直接送交有关法庭登记处。

香港实行登记优先主义。执行有关令状的日期及时间按照申请的先后次序编排。所有执行令状均按照收到令状的先后次序处理。例外情况是，个别申请人请求优先执行获得高等法院或区域法院司法常务官的批准，执达主任将予以优先执行。

（三）法庭讯问程序

法庭讯问程序是香港作为英美法系法域特殊的被执行人财产调查程序。债权人取得判决后，即有权向法院申请传讯债务人。讯问围绕债务人的偿债能力和财产状况展开，由债权人提问。讯问在司法常务官或法庭指定的讯问员面前进行。法庭同时可以命令债务人或其高级管理人员提交有关其履行能力或经济状况的账簿或文件。接到传票，债务人必须出庭。债务人出庭接受讯问时，必须回答法庭及债权人提出的所有问题，并就其所有资产、负债、收入及支出，以及对全部资产所作的处置加以全面披露。司法常务官或其他人员应当将讯问时债务人的陈述作成书面记录，并由债务人签名。债务人无正当理由不到庭，或拒绝回答提问、虚假回答、提供假证的，法庭将以藐视法庭罪将其逮捕，判令入狱。

（四）各类判决相应的执行令状

执行令状是对执达主任的命令或指示。令状中明确了执达主任应执行的内容及款项的数额，包括利息、费用等。申请人向登记处申请执行令状。执行令状的种类，就表示执行措施的种类。执达主任获得授权，可以采取的措施主要有两种：一是扣押债务人的财物和实产；二是收回土地或房产。此外，执达主任有权拘禁涉及海事诉讼的船舶。

针对不同类型的判决及不同的执行方式，需签发不同的令状。

金钱债权判决的执行令状。包括：（1）扣押债务人财产令状。执达主任、护卫员和债权人前往债务人的住所或财产所在地，扣押其财产，如果债务人在限定的期限内不清偿金钱债务，则拍卖扣押的财产以清偿债务。（2）第三债务人法律程序。即执行债务人对第三人的到期债权。（3）押记令。在债务人的财产上设定抵押权，使债权人在该财产变现后优先受偿。（4）委任接管人。由法院任命一位接管人，接收债务人的定期收益，如收取债务人出租物业的租金、保险利益、基金分红。

物的交付判决的执行令状。如判决交付土地，需申请管有令状。如判决交付其他货物，可申请下列两种令状：一是强制交付令状。只允许强制交付具体货物，不能用货物的价值代替履行。二是交付令状。准许强制交付货物或追索货物的价款。

完成行为判决的执行令状。可申请发出下列令状：一是暂时扣押令状。该令状可暂时扣押债务人本人的财产。如债务人为法人团体，可以依该令状暂时扣押其董事或高级管理人员的财产。二是交付羁押令。据此令状被羁押的人可以是债务人本人。如债务人是法人团体，则对其董事或高级管理人员羁押。

（五）各种令状的具体执行方法

执行扣押债务人财产令状。执达主任带一名护卫员前往债务人住所，一般需申请人同往。若执达主任两次尝试进入债务人住所失败，申请人可申请破门令，强制进入该住所。若住所内有足够的财物及实产可供扣押，执达主任便会扣押与令状所载金额及执行令状所需费用相当的物品。执达主任将列出一份被扣押物品的清单，并会将一份清单副本交护卫员，由护卫员看管物品。债务人有五个工作日的时间还债。届期未能还债，被扣押的物品将于期限届满后的首个工作日公开拍卖。拍卖所得款项，在扣除所需执行费用后，偿还债务。拍卖一般在法院指定的拍卖商的拍卖室举行。申请人可出席拍卖会，并可出价竞拍。假如最高出价未达底价，执达主任向申请人征询意见。如果申请人不满意拍卖结果，希望另作安排，必须申请进一步的法庭命令。若债务人当场以现金或银行本票偿还欠款，执达主任停止采取扣押措施。银行本票抬头为“香港特别行政区政府”。法庭收到债务人缴付款项或拍卖之日起14个工作日后，申请人可以到法庭会计部领取款项。

执行管有令状（俗称“收楼令”）。执达主任收到该令状后，向占用人送达“迁出通知书”，通知占用人于七天内迁离该土地或房屋。送达七天后，执达主任进行情况复核。若占用人已离开，管有权将交予申请人。如仍被占用，执达主任将通知占用人已定的交还日期。届期，执达主任为申请人收回土地或房屋。如有需要，随行的锁匠会破门而入。申请人须安排搬运工人及交通工具，将该处的财物及实产搬走。申请人有责任看管该物品，并在占用人要求取回物品时，退还物品。

执行清盘令和破产令。清盘适用于公司，破产适用于自然人。债务人“资不抵债”时，公司将强制清盘，自然人也可申请破产，可由债权人申请，也可由债务人申请。公司清盘相当于内地的公司破产制度，个人破产是内地所未建立的债务清偿制度。清盘或破产对债务人影响深远，从事有关专业的破产人甚至会因此丧失原有的职业资格（如律师资格），因此这一程序对债务人形成巨大的压力，有时可以迫使债务人设法履行债务。但其缺点是程序冗长，而且会引来债务人的其他债权人加入讨债战团，所以债权人也会慎重启动该程序。根据香港破产管理署的统计，以个人破产为例，1998年至2002年，破产申请及发出破产令数量逐年增长。受“非典”影响，2002年达至峰值，破产申请26922件，发出破产令25328件，分别比1998年增长约1877%和2736%。此后，随着经济形势好转，逐年下降，至2009年，受国际金融危机特别是“雷诺破产事件”的影响，香港申请破产及发出破产令数量再度上升。公司清盘情况与个人破产相类似。

香港破产案、公司强制清盘案处理程序主要包括几个阶段：第一阶段是申请及法庭聆讯。首先由申请人向法庭提交呈请书，并缴付法庭费用港币1045元，法庭择期聆讯。第二阶段是颁布令状。法庭聆讯后，认为符合条件的，颁布清盘令或破产令，并由破产管理署委任清盘案的清盘人或破产案的受托人。法庭命令清盘或破产的，需缴纳一定费用：强制清盘案费用港币12150元，债权人申请破产案港币12150元，债务人申请破产案港币8650元。第三阶段是财产处置。变现资产及进行债权债务情况调查，制作债权分配方案及派发债款。同时，法庭发出免除职务的命令，命令破产人不得从事或出任若干职业及公职，例如律师、地产代理、公司董事等。在破产期间，破产人消费将受到严格限制，如不得坐飞机、不得打的。破产令颁布日期起计四年后，破产人可获自动解除破产，但解除破产后仍保存破产记录。

为了使清盘和破产能够公正进行，律政司授予破产管理署刑事检控权，如果债务人不配合破产清算或者债务人经营上有违法行为，破产管理署将会提起刑事检控。

执行禁止离境令。如果债权人未能发现债务人在香港有可供执行的财产，但又有证据显示债务人在香港很可能有财产，可以向法院申请禁止债务人离境。法院经审查，认为禁止债务人离境是合理的，并且有利于判决的执行时，可以颁发禁止离境令，禁止债务人离开香港。禁止离境令一个月内有效，可以申请续期，每次可以延长一个月，但每份禁止离境令经延长后最长不得超过三个月。如果禁止离境令已过期，可以重新申请新的禁止离境令。债务人被禁止离境后，如果发现债权人申请禁止离境令的理由不充分，由此造成的损失由债权人赔偿。

执行交付羁押令。交付羁押程序，只在债务人不遵从判决或命令，已构成藐视法庭罪，法院才同意适用。当债务人不履行法院的判决或命令时，法院可判令将其羁押。交付羁押令有双重的目的，一是强制被执行人履行法院命令，二是惩罚被执行人的抗命行为。

该程序由债权人向法官提出申请，并提交一份陈述书和一份证明具体事实的誓章。法院批准债权人的申请后，债权人必须将陈述书和誓章当面送达被执行人。法院举行公开的听审，认为必要的，决定颁发交付羁押令。被执行人为单位的，一般采用暂时扣押令的执行方法，即扣押该单位的财产，直到其履行命令为止。当附有书面惩罚警告的法院命令当面送达有责任履行义务的高级人员，该高级人员完全清楚命令的内容，但却怠于履行命令时，法院可将其交付羁押。例如，公司高级管理人员收到附书面惩罚警告的到庭接受讯问的命令后，拒不到庭接受讯问，法庭将以藐视法庭罪将其逮捕入狱。此外，高级管理人员帮助和煽动单位不履行法院判决或命令的，该行为便构成独立的藐视法庭罪。债务人被羁押后，如果悔过，全面履行其义务，并向法庭道歉，可以解除羁押。如果法院发现经过一段时间的羁押，对债务人的惩罚已足够，继续羁押并不能迫使债务人履行法院命令，法院也可以解除对债务人的羁押。

三、几点启示和建议

内地和香港特区强制执行的理念和制度各不相同，香港秉持当事人主义的司法理念，而内地是典型的职权主义，强制执行制度也大相径庭。例如，在执行程序的启动上，香港必须由判决债权人提出登记申请，而内地民诉法规定，执行程序的启动有两类，一是当事人申请，二是移送执行。《民事诉讼法》第212条规定，发生法律效力的民事判决、裁定，可由当事人申请执行，也可由审判员移送执行；第213条规定，对仲裁裁决，须由当事人向有管辖权的人民法院申请执行。在被执行人财产的调查上，香港必须由债权人提供执行财产，没有财产就没有执行程序，执行机构没有义务调查被执行人的财产状况，也没有义务追寻被执行人的下落；而内地民诉法规定，被执行人未按执行通知履行法律文书确定的义务的，人民法院应依职权调查、控制被执行人的财产。在执行措施上，香港必须由债权人向法庭申请执行令状，并指示执达主任采取执行措施；内地法院必须依职权穷尽执行措施，维护债权人的合法权益。

在执行方法上，两地基本相似，但内地强制执行的效果并不令人满意，在香港，相似的执行方法发挥了更好的效用。香港强制执行制度对内地推进解决执行难具有深刻的启示作用。启示如下：

（一）提高人身强制措施的威慑力

当事人接到当面送达的附有惩罚警告内容的法庭命令而不履行的，法官可直接判令其构成藐视法庭罪入狱。与内地的人身强制措施相比，藐视法庭罪有以下特点：适用范围广。所有不履行法院判决和命令的行为，均可构成藐视法庭罪；监禁时间长。藐视法庭罪可以被判处较长时间的监禁，形成足够的威慑力；程序简便。被执行人收到附有惩罚后果警告的法律文书而不履行的，法院即可判处被执行人构成藐视法庭罪并直接判处监禁，而无需警察调查取证和律政司的审查起诉。

内地相关法律威慑力不足表现在以下两点：拘留期限短，威慑力低。《民事诉讼法》规定的司法拘留期限是15日。此外，最高人民法院司法解释规定，对同一行为的拘留处罚不得连续适用。15日监禁未能对被执行人形成足够的威慑。实践证明，不少债务人宁愿接受15日拘留的惩罚而不还债。《刑法》第313条适用程序复杂，司法成本高。该法条规定，对人民法院的判决、裁定有能力执行而拒不执行，情节严重的，处三年以下有期徒刑、拘役或者罚金。但该法条没有特别适用程序，而与其他刑事案件一样，需经行为发生地的公安机关立案侦查，并移送检察院审查起诉，法院不得直接判罚。由于环节多、时间长、追究的机制复杂，司法成本高昂，执行法院一般不会选择移送侦查，公安机关也不愿介入法院的执行。司法实践中，被执行人因不履行生效判决和裁定而被定罪处罚的案例鲜见。

建议民诉法和刑诉法修改中，考虑简化拒执罪的适用程序，加大对不履行判决、裁定行为的制裁力度，增强司法权威。

（二）用好财产报告制度

获取被执行人是否有履行债务的财产，财产名称、种类、现状、权属证书号码等信息，是强制执行成功的关键。香港的法庭询问之所以能发挥至关重要的作用，是因为其后有可能被判处藐视法庭罪的强大阻吓力。

《民事诉讼法》第217条关于财产报告的规定在实践中并未发挥实际效用。该法条规定，被执行人拒绝报告或者虚假报告的，人民法院可以根据情节轻重对被执行人或者其法定代理人、有关单位的主要负责人或者直接责任人员予以罚款、拘留。执行实践中，虽然法院送达的《被执行人财产报告表》附有拒绝报告或不如实报告财产情况将被处以罚款、拘留等警告，不少被执行人仍填写无可供执行的财产，有的只填写一些价值不高或已被设定抵押权的财产，执行人员一般也不核实其真实性，即使调查发现被执行人虚假报告，一般也不予适用强制措施，有法不依，使这一制度未能发挥其应有的价值。应指导全省法院严格适用《民事诉讼法》，对拒不报告、虚假报告财产情况的，及时采取强制措施，做到"有法必依，执法必严"，并通过媒体加强宣传报道，遏制规避执行行为，树立法律权威，推进诚信社会建设。

（三）完善执行查询系统，推进执行威慑系统建设

法律威慑力强、财产登记机制完善、社会信用体系健全是香港强制执行易于成功的关键，而内地财产登记机制不完善，社会信用体系尚未建立，民事强制措施的威慑力不足，而且执行案件数量大并逐年增长（尤其是我省珠三角地区）。在这种现实面前，内地法院要推进解决执行难，构建执行财产查询系统提高执行效率是正确选择。省法院执行指挥中心已建成银行开户、户籍、车辆、社保、婚姻、工商、征信、组织机构代码、手机通话位置等查询子系统，深圳中院、顺德法院两个试点法院的执行财产查询系统建设也取得了重要进展，在案件执行中发挥了重要作用。建议在推进全省三级联网查询系统建设的同时，启动执行威慑系统建设，提高强制执行的威慑力。执行威慑系统是在执行财产查询系统的基础上，通过加强与银行信贷、工商注册登记、出入境管理、房地产管理、车辆管理等职能部门的联动，将被执行人不履行债务的信息纳入上述部门的数据系统，启动惩戒程序，限制高消费，限制不履行债务的被执行人贷款、置业、注册新公司，限制出境等，加大失信成本，挤压其生存空间，直至其自动履行债务，切实化解造成执行难的种种因素。执行威慑系统是构建社会诚信体系的基础平台之一，是解决执行难的重要依托。广东是执行大省，要实现向执行强省的跨越，应该努力推动建立并完善执行查询和执行威慑一体化的信息数据系统，为广东率先解决执行难争当排头兵打下坚实

的基础。

（四）应该建立个人破产制度

自然人为被执行人，财产确实不足以清偿债务的，法治发达国家和地区一般允许申请个人破产，促使执行程序终结。香港也是如此，个人破产制度比较完善。虽然内地《民事诉讼法》第233条只规定了作为被执行人的公民因生活困难无力偿还借款、无收入来源、又丧失劳动能力的，可以裁定终结执行，但在实践中，对于“查无财产可供执行”的，基本上是适用第232条第1款第（5）项“人民法院认为应当中止执行的其他情形”的规定，裁定中止执行。中止执行并不是案件退出执行程序，造成积案如山。在全国集中清理执行积案活动后，创新了一个结案方式，即“终结本次执行程序”，虽然不是法定的结案方式，但实践中已经普遍地、持续地使用，虽然按照这个指导性文件大量执行案件可以退出执行程序，但多是“案了事不了”，不少当事人仍然在不停上访投诉。社会公众不了解被执行人无财产可供执行，而认为法院执行不力，甚至执行腐败，伤害人民法院公正司法的形象。如果能像香港和其他法治发达地区一样，建立个人破产制度，被执行人财产不足以清偿债务时，法律允许申请个人破产，向社会公众宣布该被执行人破产，既可由社会监督该破产个人，限制其高消费，降低执行信访投诉率，有助于司法和谐，有助于维护司法权威。

（五）让执行工作更贴近群众

香港基本上不存在涉执行投诉，当事人和社会公众高度信赖法院执行，除了法官司法公正、法治文化积淀深厚和当事人主义收债理念外，其贴心的司法服务也是一个重要的因素。香港的司法服务及公开工作做得很细致，很人性化。如执达事务组向市民派发的《法庭服务简介》小册子上，具明四点服务承诺：第一，执达事务组在收到执行令状后，执达主任会带同护卫员尝试执行该令状。第二，执达事务组在收到收楼令后，执达主任会在平均10天内通知占用人离开的“迁出通知书”送达占用人。第三，市民的来信，司法机构会尽量立即回复。无论如何，我们会在收到来函后10天内先予简复，并在30天内给予详尽答复。第四，为了让服务更完善，我们欢迎各方提出意见及建议，来信可寄至香港金钟道38号高等法院司法机构政务长收。同时，公布查询电话号码，注明是互动语音回复系统，市民可电话查询，该系统为市民提供有关执达事务组的资料，包括其职责范围、办公时间、预约及执行法庭命令或判决，以及送达传票和法律文件等资料。香港司法服务经验值得借鉴，我们要虚心学习，提高司法服务水平，真正做到司法为民。

香港法院与东莞法院司法公开“点对点”比较研究

——以司法公开三大平台为中心的比较

莞港司法公开调研课题组*

第一部分　香港司法公开的理念定位及整体环境

司法公开是法院运作的有机组成部分，不能脱离法院工作实际和社会大环境孤立评估和发展。香港的司法公开，起于其理念定位，依托于法律规定和成文依据，既有相支撑的制度架构，也有相配合的社会环境。因此，在进行“何者不同”的具体对比前，本文先对香港司法公开的理念定位及整体环境进行总结，梳理对香港司法公开产生影响的主要因素，将具体措施对比置于更广阔的语境下，以了解“何以不同”，作为提出建议的基础。

一、香港司法公开的理念定位

香港司法机构关于司法公开的定位可由终审法院首席法官马道立于其网站上的欢迎辞概括：“司法机构维持司法制度的独立及其至高的专业水平，以维护法治、保障个人权利和自由，及取得中港和国际人士对香港司法制度的信任。法庭不单要秉行公义，还要使之有目共睹。因此，让社会大众了解司法机构及其工作，至为重要。”

该定位建基于两个基本理念：第一，保护个人权利和自由是司法机构

---

* 课题组组长：陈润霖，副组长：杜志强、陈葵，成员：潘晓璇、徐华毅、蔡泽伟、谭国洪、王伟锋、梁建超、林立兴，成员（执笔人）：黄琳娜、陈灿钟、任守庆、陈波。

的重要使命，当事人及社会公众就司法活动享有知情权、监督权和不同程度的参与权，司法公开源于当事人及社会公众的基本权利，是司法机构的当然责任；第二，司法公开使当事人及社会公众了解、理解进而信任司法机构，有助于司法机构的运作。因为是当然责任，因此司法机构不能将司法公开视为可自行任意决定的领域，而必须以公开为原则，只有在有充分事实和规则依据的前提下才能例外地不进行公开；又因为司法公开有助于司法机构的工作开展，故司法机构乐于进行公开、推动公开。

二、香港司法公开的法律规定和成文依据

香港并未就司法公开专门制定法律或文件。其原则性法律依据见于《香港人权法案条例》第10条。该条规定："在法院前平等及接受公正公开审问的权利。人人在法院或法庭之前，系属平等。任何人受到刑事控告或因其权利义务涉讼须予判定时，应有权受独立无私之法定管辖法庭公正公开审问。法院得因民主社会之风化、公共秩序或国家安全关系，或于保护当事人私生活有此必要时，或因情形特殊公开审判势必影响司法而在其认为绝对必要之限度内，禁止新闻界及公众旁听审判程序之全部或一部；但除保护少年有此必要，或事关婚姻争持或子女监护问题外，刑事民事之判决应一律公开宣示。"

司法机构具体运作程序规定散见于一系列法院条例和终审法院发布的实务指示中。前者主要包括第336章《区域法院条例》及其附属法例、第4章《高等法院条例》及其附属法例、第484章《终审法院条例》及其附属法例等，后者有《高等法院、区域法院、家事法庭和土地审裁处的民事法律程序中的内庭聆讯》（实务指示25.1）、《有关在内庭进行的非公开聆讯的报道》（实务指示25.2）等。随着司法实务发展，司法机构会随时发布新的实务指引，例如2014年1月21日，随着香港法院大楼逐步引入WIFI服务，司法机构发布了《在法庭内使用资讯科技及文字模式通讯》（实务指引32）。

司法机构的非司法类及其他属行政类的信息公开依据香港政府《公开资料守则》操作，该守则要求除非依据守则有充分理由不予公开，否则均

应披露。[①]

三、影响香港司法公开的主要因素

香港的司法机构没有就司法公开专门制定文件，也没有设立专门机构，但司法公开在香港却得以良性发展，公开程度高，秩序稳定，并获得社会广泛认同。整体而言，香港的司法公开普遍深入、注重实用，而这与香港自身情况是分不开的。与此相关的主要因素有：

1. 法律制度因素。普通法之判例法传统客观上要求法院对相关判例以方便查阅、检索的形式进行公开；普通法诉讼制度中的当事人主义又推动了司法公开其他方面的发展，因当事人只有掌握了充分信息才能有效行使诉讼权利。故此，司法公开对于香港法律制度而言是较为刚性的要求，经多年实践，司法公开理念已经深入司法工作人员、律师以及社会公众中；

2. 机构设置因素。香港司法机构设有政务处，为司法机构运作提供支援服务，包括为庭审提供录音及制作誊本、负责资讯科技手段应用、处理新闻及公共关系、提供法律参考书籍和研究资料、裁判文书上网等。[②] 专业支援服务避免了司法公开的事务性工作过多挤占法官及其他司法人员的时间精力；

3. 地理经济因素。香港地域有限，同质性高，故司法公开工作得以统一开展，所有网上公开均依托于同一网站进行；作为繁荣的商业社会，香港的司法公开注重实用高效，其背后有发达的硬件设施、优秀的人员素质和专业的外包服务等资源作为支撑；

4. 配套措施因素。(1) 香港设有“藐视法庭罪”，相应的法院条例并赋予法院明确的惩处权力，可对不服从法院指令乃至藐视法庭的行为进行有力惩戒；[③] (2) 对于可能影响司法公正的新闻报道，法律规定有明确限

---

① 见香港司法机构官方网站：http://www.judiciary.gov.hk/chs/other_info/access_info.htm，访问时间：2014年3月18日。以上公开受限于第486章《个人资料（私隐）条例》。

② 香港司法机构2013年报介绍有司法机构政务处的组成和职能。载 http://www.judiciary.gov.hk/en/publications/annu_rept_2013/chi/judiciary_admin.html，访问时间：2014年3月18日。

③ 香港对于“藐视法庭罪”并未给予具体的情形定义，法庭就此具有自由裁量权。

制，并有多起媒体因不当报道、干预司法而被起诉乃至判处严厉惩戒的判例；①（3）香港律师费用高昂，而法庭就含律师费用在内的讼费有评定之权力，有权进行惩罚性的讼费承担分配，可有效约束当事人的诉讼行为；②

5. 司法公信力因素。香港具有法治传统，法官遴选标准严格，③专业水准高，贪腐案件少发，司法机构在香港社会具有相当公信力，④法律职业界有强烈的共同体意识，当事人、律师、新闻界和公众普遍尊重法官和司法机构；

6. 替代性纠纷解决机制因素。香港的仲裁和调解机制均发展良好，并且独立于诉讼程序，可以有效分流因个人隐私、商业秘密等原因而不宜进入公开司法程序的纠纷。

四、小结

综上可见，1是香港法律制度的刚性需求和历史传统，是香港司法公开稳定发展的长效因素；2、3决定了香港司法公开统一、实用、高效的特点；4、5、6显著减少了司法公开有可能对法院工作造成的副作用，减轻了法院在推动司法公开上的顾虑，使得香港司法公开能够深入进行。

反观内地，除三大诉讼法中关于公开审理与宣判的法律规定外，最高人民法院先后发布了法发〔2009〕58号《关于司法公开的六项规定》及《关于人民法院接受新闻媒体舆论监督的若干规定》、法发〔2010〕33号《关于庭审活动录音录像的通知》、法发〔2010〕48号《关于人民法院在互联网公布裁判文书的规定》及《关于人民法院直播录播庭审活动的规定》、

---

① 一个典型的案例是，1998年律政司控告《东方日报》藐视法庭，东方报业集团及总编辑黄阳午被裁定藐视法庭罪名成立，集团被判罚款500万港元，黄阳午被判入狱4个月。2013年，律政司控告《苹果日报》《爽报》藐视法庭。

② 民事司法制度改革后，法庭在讼费评定的裁量权上更具弹性。见香港司法机构《民事司法制度改革概述》第22点，载 http://www.civiljustice.gov.hk/smp/publication.html，访问时间：2014年3月18日。

③ 香港的法官候选人由按《香港特别行政区基本法》规定成立的“司法人员推荐委员会”考虑是否适合接受任命，向行政长官作出推荐。推荐委员会由终审法院首席法官担任主席，并由八名其他委员组成，当中有三位是与法律执业无关的业外人士。行政长官有最终职责作出实际任命。

④ 可见香港大学民意研究计划就“法治、司法制度的公平、法庭的公平”历年所得的民意调查数据（1997－2013），载 http://hkupop.hku.hk/chinese/popexpress/judiciary/overall/halfyr/overall_halfyr_chart.html，访问时间：2013年11月5日。

法发〔2013〕13号《关于推进司法公开三大平台建设的若干意见》和法释〔2013〕26号《关于人民法院在互联网公布裁判文书的规定》（废止了前份同名文件）。各地下级法院亦制定有相应指导意见与实施细则。但是，虽然有自上而下的推动力，与香港所具备的整体环境相比，内地尚存在不少制约：

1. 在法律制度与观念上，内地采职权主义，法庭掌控诉讼全程，故对法院之权力与责任的关注度高，但对当事人之诉讼权利尤其知情权的重视相对滞后。加之重实体轻程序的传统观念，司法公开长期未受重视；虽近年来推行指导性案例制度，但内地并非判例法，法律职业群体本身对判决公开的需求尽管处于增长期，仍弱于香港。相对而言，内地对司法公开的刚性需求较小。

2. 在地理经济上，内地幅员辽阔，地区间差异性大，社会经济发展不平衡，司法公开建立统一平台难度高，亦难以划定统一标准，分区逐步推进是必然选择。经济相对香港普遍落后，司法公开的诸多科技手段无法广泛适用。

3. 在配套措施上，内地多数司法公开要求较为概括，人员配备与资源支持不足，亦不具备强制性，仅为方向性、建议性意见，在法院系统内的实施缺乏保证。对外对于律师、媒体等主体的约束力亦不强，难以应对因公开而可能造成的负面影响。

4. 在社会环境上，尽管当前法官队伍的专业化程度明显提升，但司法公信力仍然普遍低迷，法院对于自身业务素质和司法产品质量欠缺自信，全面公开底气不足。

5. 在替代性纠纷解决机制上，在内地，法院仍是纠纷解决的主要选择，其他纠纷解决机制的适用亦多以法院为中介，该情形短期内难以发生根本改变。

综上，香港与内地在司法制度和社会环境上既拥有共性，也存在差异，香港与东莞间点对点比较的意义，并不只在于香港某一点具体做法值得借鉴，还在于将香港作为一个整体的有机样本来解读，挖掘司法公开与相关因素间的依存与互动，这不仅有助于内地法院系统对于一项特定措施是否具备现实可行性作出微观评估，也在宏观上提示了司法公开长效、良性发展的方向。

第二部分　以三大平台为中心的比较

在2014年法律年度开启典礼上，香港终审法院首席法官马道立阐述道："……看重法院所做的一切须具有透明度，以彰显法律持正不阿的精神。后者尤为重要，因为要使人对一个社会享有法治有信心，并非单凭某些人（包括终审法院首席法官）所说的话，或者某些机构（包括政府）所说的话。反而，我们必须严谨地检视各项相关的客观因素，来评估法治是否存在。这些客观因素之中，最重要的是法院解释其判案理由的判案书。这些判案书公众人士可自由查阅，以致他们可严谨和仔细地分析法院在裁决过程中的法律思维和推论，以确保法院的判决，乃是法院按其宪制上的职能，依据法律执行司法工作所作出的。其他客观因素当然亦包括在法院进行的绝大部分法律程序都是公开予公众人士旁听。本港法院的审讯（由一般人最可能接触到的裁判法院，到终审法院）都是对公众人士公开的。终审法院方面，我们已推出案件及判案书摘要。在每一宗上诉案件正式开审时，我们会以英文和中文提供上诉争论点的摘要；而终审法院颁布判案书时，我们会同时提供上诉判决要点的摘要。我们希望这些摘要能加强公众人士对终审法院工作的了解。"

由此可见，香港的司法公开主要落实在裁判文书公开与法律程序公开两方面。根据《最高人民法院关于推进司法公开三大平台建设的若干意见》，内地现阶段的司法公开主要依托于审判流程公开、裁判文书公开和执行信息公开三大平台进行。虽然从模块上来看具有一定重合性，但由于司法制度不同，两地公开采取的具体进路与方式有明显差异。以下对比围绕审判流程公开、裁判文书公开、执行信息公开三大位面进行。

一、审判流程公开的比较：范围、平台及形式

审判流程公开的落实要点在于：（1）一般性信息的公开，即社会公众及当事人均能够便捷地了解到关于法院的基本机构信息及诉讼、执行指南等辅助信息；（2）个案法律程序的公开，即庭审等依法向社会公众公开以供旁听；（3）个案流程信息的公开，即当事人就个案能够便捷、及时地获知诉讼进程，其提交给法庭的申请能够及时获得明确答复并可依法行使法

定救济权利。香港与东莞在前两个方面做法相似度较高，但在第三个方面所采取的公开方式则有明显差别。

（一）一般性信息的公开

此类信息两地公开的范围大致相似。就概括性信息，均包括机构和人员的基本信息及联络方式、诉讼指南和文书样式、信息公开指南、法院行政信息及其他与法院有关的资料，如新闻、年报等；就个案，公众可以了解到案件审讯排期表中的信息（图 1、2）。

“審訊案件表”是用以向公眾人士提供法庭聆訊日期、時間及相關的資料。此外，“審訊案件表”亦用以協助法庭使用者（包括證人及被告人親友等）得悉應往哪一個法庭應訊／聽審。聆訊日期過後，相關的“審訊案件表”即無用處，不再保留。除上文所述的用途外，閱覽“審訊案件表”的任何人士，不得將表中所載的個人資料另作別用。

Daily Cause Lists are published to provide members of the public with information on the schedule of court hearings and related matters. They also facilitate court users (including witnesses, defendants' family members, etc.) to know which court they should attend. After the relevant hearing day, such lists serve no other purpose and will not be retained. No person accessing a Daily Cause List shall use any personal data contained therein for any purpose not related to the purposes set out above.

香港特別行政區高等法院
審訊案件表
IN THE HIGH COURT OF THE
HONG KONG SPECIAL ADMINISTRATIVE REGION
DAILY CAUSE LIST

日期：2013年11月06日（星期三）
Date：Wednesday, 6th November 2013

法庭 Court	法官 Judges	時間 Time	案件編號 Case No.	訴訟各方 Parties	控罪／性質 Offences / Nature	應訊代表 Representation
上訴法庭	The Court of Appeal					
第8庭 5字樓 Court No. 8 (5/F)	楊振權上訴庭副庭長 Hon Yeung VP* 張澤祐上訴庭法官 Hon Cheung JA 袁家寧上訴庭法官	上午 10:00 am 法庭聆訊 Open Court	覆核申請 CAAR2/2013	Secretary for Justice v. Sze Sum (施森)	宣布判決理由 Handing down reasons for judgment	律政司司長 Secretary for Justice 許享明律師事務所 Herman H.M. Hui & Co.

图 1　香港司法机构对外公布的案件审讯表

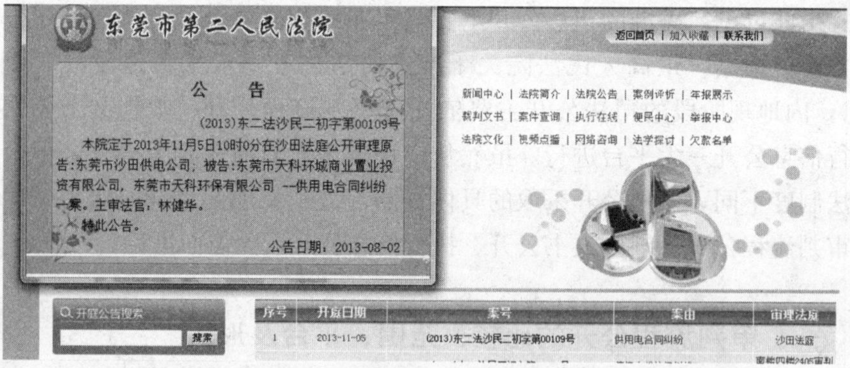

图 2　东莞二院对外公布的审讯排期表

两地均通过诉讼服务中心、多媒体平台、官方网站等形式进行公开。

1. 诉讼服务中心：香港。香港诉讼服务中心的功能与内地相似，主要提供公告栏、资料取阅、多媒体信息查询和人工答疑，其特色是在高等法院设有“调解资讯中心”和“无律师代表诉讼人资源中心”，提供具有针对性的服务。两中心的服务内容可参见官方网站介绍（图 3、4）：

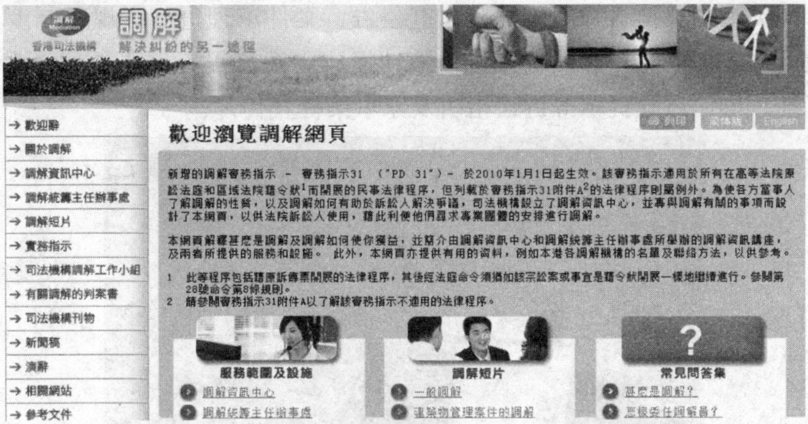

图 3　香港司法机构调解资讯中心

- 民事司法制度改革概述
- 第 1 冊：提出訴訟前應考慮甚麼事項 [法院訴訟文書樣本]
- 第 2 冊：民事訴訟程序須知
- 第 3 冊：民事訴訟中的各個階段
- 第 4 冊：如何準備聆訊或審訊
- 第 5 冊：法庭審訊或聆訊如何進行
- 第 6 冊：屬實申述
- 第 7 冊：如何縮短法律程序：在金錢申索中按第13A 號命令作出「承認」
- 第 8 冊：如何縮短法律程序：「附帶條款和解提議」及「附帶條款付款」
- 第 9 冊：如何申請司法覆核
- 第 10 冊：如何進行上訴
- 第 11 冊：訟費的評定
- 第 12 冊：民事司法制度改革：過渡安排
- 搜索
- 關於資源中心
  - 開放時間
  - 民事訴訟程序常見問答集
  - 民事司法制度改革常見問答集 新
  - 資源中心提供的服務和設施
  - 聯絡我們
  - 無律師代表訴訟人資源中心督導委員會報告書
  - 相關網站
- 資源中心服務短片
  - 無律師代表訴訟人資源中心簡介
  - 法庭內的審訊程序
  - 如何申請上訴 新
  - 如何執行裁決
  - 香港民事司法制度改革

图 4　香港司法机构无律师代表诉讼人资源中心

2. 诉讼服务中心：东莞。两级法院的诉讼服务中心主要依托于各自的立案大厅（包括人民法庭的立案室）展开。以第二法院为例，除传统的公告栏外，具体设置包括（图 5、6）：（1）诉讼引导台、诉讼服务窗口及诉讼引导热线；（2）LED 电子显示屏，滚动发布开庭公告及立案指引信息；（3）用于查询法院官方网站的司法公开专用电脑；（4）供取阅的诉讼指南；（5）触摸式电子信息查询系统查询机，可查询法院基本情况、诉讼须知、各类审判及执行一般流程、庭审公告、案件审理进度、规章制度、监督投诉方式等信息；（6）电视机，滚动播放立案流程、举证要求、诉讼费用标准、诉讼风险提示等诉讼指引及家事案件宣传片。

图 5　东莞二院司法公开专用电脑

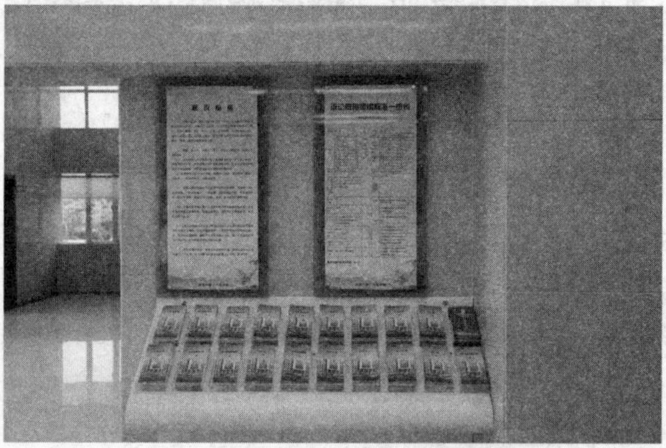

图 6　东莞二院供取阅诉讼指南

3. 多媒体平台：香港。司法机构网站在“联络方法”一栏公布有各级法院、审裁处的地址、电话、传真、电邮、办公时间及特设网页（如有），可通过电话和电子邮件方式进行查询。香港司法机构并未在 facebook 等媒体上开设账号。

关于电子邮件查询，以一名香港院校法学院学生向司法机构查询判案书公开之范围为例（图 7、8、9）：

[redacted]
周二 2013/10/22 21:24
标记为"未读"

收件人：enquiry@judiciary.gov.hk;

你好。

我是[redacted]法學院的學生，因assignment之用，想了解司法機構公布判案書的以下信息：

1. 在司法機構的網站上，可以查詢到判案書及判刑理由。請問判案書和判刑理由有何不同？是否與案件適用的程序有關？

2. 司法機構網站上公布的判案書，是否僅限於較為重要、有先例意義的案件，即是說如果案件本身沒有先例意義，是否就不會收載於網站上？是否由法官自行决定判案書是否於網站上公布？

3. 司法機構網站上說明“如欲索取此網站內沒有收載的判案書，請以書面方式臚列索取有關判案書的理由，直接向有關的法庭登記處提出申請。若申請被接納，申請人有可能會被收取費用。”請問在怎樣的情況下，申請方會被接納？

图 7　通过电子邮件提出具体问题

關於判案書公開之範圍的查詢

← 答复　≪ 全部答复　→ 转发

enquiry@judiciary.gov.hk
周三 2013/10/23 10:17
收件箱
标记为"未读"

收件人：[redacted]

This is to acknowledge receipt of your message. We shall reply to you, where appropriate, as soon as possible.

司法機構已收到你的電郵。如有需要，我們會盡快作出回覆。

图 8　司法机构次日即会回复邮件确认收到

Dear [redacted]

有關你本年10月22日電郵司法機構的查詢現回覆如下。

(1) 判案書是法官就民事或上訴案件聆訊後所作的書面裁決；判刑理由是法官於刑事案件聆訊後所作的裁決理由。
(2) 是否將判案書上載於網站是由法官自行決定。
(3) 索取沒有收載的判案書的申請由法官按個別情況審批，抱歉未能就你的查詢給予意見。

司法機構政務長
（伍思榮 代行）

图 9　七日内收到司法机构正式回复邮件

上述事例说明，一般市民向香港司法机构进行电邮查询可得到回复，并且时间合理，内容详尽，并非摆设之用。并且，在正式回复前通知发件人已经收到邮件，可使发件人了解司法机构已经收件并且预备作出处理，避免重复来信来访。

4. 多媒体平台：东莞。公众可通过电话、立案大厅所设置的多媒体查询设备等方式进行查询。第二法院在官方网站（http：//www.dgdefy.cn）设有网上咨询（图 10），并于 2013 年 12 月开通了“东莞市第二人民法院”的新浪微博与公众沟通。与香港相比，第二法院的网上咨询同样发挥了咨询功能，且回复时间比香港更短。虽不具备邮件咨询的隐私性，但是，考虑到内地司法公信力现状，网上公开咨询的形式更有利于公众了解这项设置的切实运作情况。

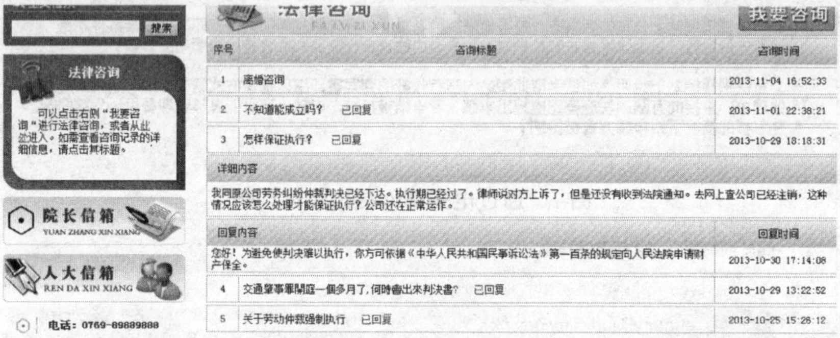

图 10　东莞二院的网上咨询界面

5. 官方网站：香港。各级法院及审裁处均依托于同一网站进行司法公开（http：//www.judiciary.gov.hk/tc/index/index.htm）。网站建设以诉讼实务为中心，十分简洁实用。主要模块聚焦于审判，将与法院相关但与审判没有直接关系的内容一概归进“其他资料”，以下拉菜单设置支模块（图 11）。

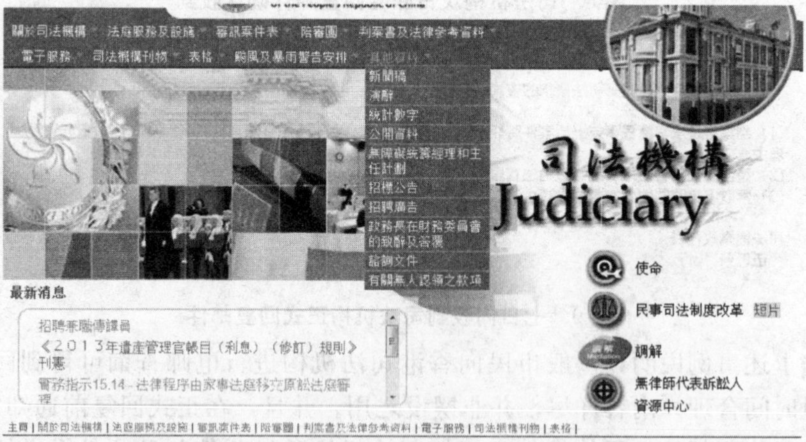

图 11　香港司法机构官网主要模块

6. 官方网站：东莞。东莞两级法院均设立了官方网站。两地官网相比，香港侧重服务功能，东莞突出宣传功能。以中级法院和第二法院为例，其主要模块见下图（图 12、13）：

图 12　东莞中院官网主要模块

图 13　东莞二院官网主要模块

（二）个案法律程序的公开。庭审公开制度的对比（略）。

（三）个案流程信息的公开

个案流程与诉讼制度密切关联，两地诉讼制度迥异，个案流程本身做法不同，故在此方面的公开有较大差别。

1. 香港的审判流程管理及公开方式。与内地相比，香港审判流程管理及相应公开包括以下特点：

(1) 诉讼制度采当事人主义，当事人可在较大程度上把握诉讼进程。例如，对应于内地法院送达应诉材料的程序，在香港展开民事诉讼的原告人负有自行将传讯令状（writ of summons）或原诉传票（originating sum-

mons）送达给被告人的责任，[①] 并将文书送法院存档。由于这类程序本身就是由当事人自行进行，自然不涉及法院再向当事人公开的问题；

（2）司法过程注重程序，对于非正审申请（interlocutory application）[②] 一般以公开聆讯及作出书面指示的方式进行，本身即具高度公开性。[③] 香港司法机构在负责人员和处理流程上均将程序事务与实体审判予以区分，在人事上设置有司法常务官（Registrar）及聆案官（Master），可处理民事诉讼中的非正审事项、案件进度管理与讼费评定；在程序上，设有“三分钟内庭聆讯”（3 minutes chambers hearing）的流程，由一名聆案官轮流听取各案聆讯，一次性集中处理多个案件的程序性事项，如申请宽延期限、申请对文书作出修订、申请撤销诉讼等等。自2005年司法机构发布前述实务指示25.1及25.2后，内庭聆讯一般均向公众和新闻界公开。非公开的内庭聆讯，如征得各方当事人同意，也可以旁听；

（3）香港无审限制度，2009年民事司法制度改革启动后，法庭对案件进度管理的权限加强。法庭就个案设立案件管理时间表，在当事人协商的基础上，由法庭就法律程序的主要步骤订立进度指标日期，并召开核对列表聆讯/案件管理会议（checklist/case management conference），法庭在会议上审核双方材料及步骤是否齐备，就审讯前须准备的事项作出指示，确定重要排期，指导诉讼各方厘清案件争议所在；[④]

（4）香港的司法制度不允许当事人在诉讼期间直接联络法官或聆案官，当事人在法律程序进行期间只能与法官或聆案官的书记官联络。[⑤]

---

① 有关传讯令状与原诉传票的区别及送达程序，详见香港大学法律及资讯科技研究中心“社区法网”：http：//www. hkclic. org/tc/topics/civilCase/start _ civil _ action/q8. shtml，访问时间：2014年3月18日。

② 按照香港司法制度，民事诉讼开始后，未获最终裁判前，有关诉讼中权利义务及程序进程的问题便通过非正审申请解决，这类申请包括向法庭申请延迟呈交文件、就案件处理方式寻求法庭指示、强制对方遵守法庭规则或指示、向法庭申请颁布中期或临时的救济命令等等。详见香港大学法律及资讯科技研究中心“社区法网”：http：//www. hkclic. org/tc/topics/civilCase/commencement _ of _ trial/index. shtml，访问时间：2014年3月18日。

③ 2009年民事司法制度改革启动后，非正审申请的程序有所简化，法庭可以就法庭程序和案件管理作出书面指示而无须进行聆讯。见香港司法机构网站“民事司法制度改革常见问答集”：www. civiljustice. gov. hk/smp/faq. html，访问时间：2014年3月18日。

④ 见香港司法机构官方网站民事司法制度改革特设网页：http：//rcul. judiciary. gov. hk/rc/simp/faqCJR. jsp#q1，访问时间：2014年3月18日。

⑤ 见香港大学法律及资讯科技研究中心“社区法网”：http：//www. hkclic. org/tc/topics/civilCase/preparing _ for _ court _ trial/q5. shtml，访问时间：2014年3月18日。

2. 东莞的审判流程管理及公开方式。个案流程信息之公开关键在于当事人就个案可便捷、及时地获知诉讼进程，其提交给法院的申请可及时获得明确答复并可依法行使法定救济权利。香港由于采当事人主义，且以聆讯和书面指示方式处理非正审申请，故本身即具有高度的公开性，司法机构官方网站除了查询聆讯时间与进行预约等电子服务外不设个案进度查询（服务范围见图 14）。然而，内地法院在该领域长期公开不足，主要表现在两方面：诉讼进程和节奏主要由法院掌控，当事人除了主动来电来访外缺乏了解和反馈的渠道；法院对于当事人申请的处理方式不规范，当事人难以行使法定救济权利。

为了解决这些问题，东莞二院一方面注重完善传统的公开方式，在审管办设置三名专职接线员负责接听处理办案人员因开庭等原因暂时离岗时无人接听的电话，并在立案庭设置材料收转送达窗口，做到“来电有人接听”“来访有人接待”，为当事人提供实际便利；另一方面施行了网上办案日志、网上审判流程查询系统、短信平台、电子送达等一系列创新措施，以“科技公开”和“审判管理”为抓手来落实该领域的司法公开。

网上办案日志是这一系列创新的切入口，个案办案日志由法院工作人员在内部办公局域网根据办案节点人工登记或自动生成；办案日志与审判流程查询系统对接，可供当事人凭个案密码在法院官网查询设定为“公开”属性的办案进度；工作人员通过短信平台又可将内部办公局域网中登记的办案进度以手机短信形式通知当事人，并以电子送达方式送达相关文书材料。

（1）办案日志及网上审判流程查询系统。东莞二院开发的网上审判流

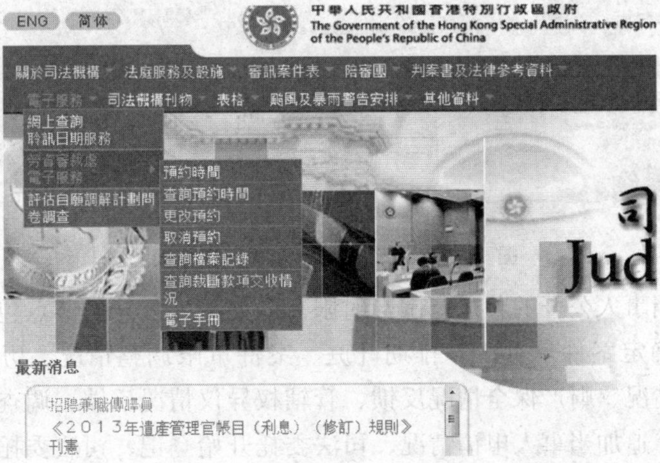

图 14　香港司法机构官网所提供的电子服务范围

程查询系统使个案当事人能够凭借受理通知书或应诉通知书上告知的案号及密码在官方网站上查询案件进度（图 15）。

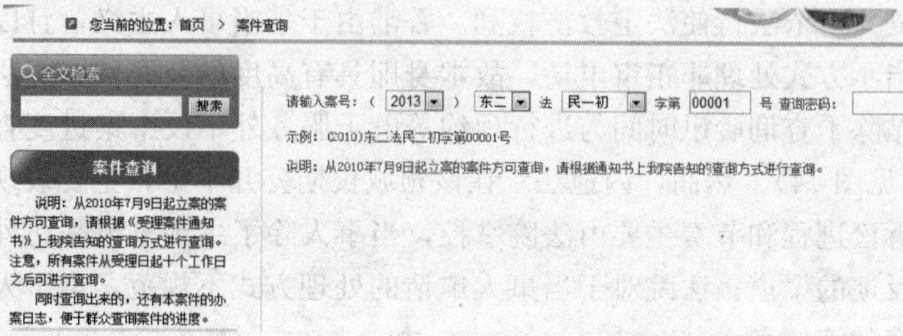

图 15　东莞二院网上审判流程查询系统入口界面

①东莞二院审判流程查询系统的基本运作方式（图 16、17）。案件办理过程中，对于开庭安排等操作，办案人员所使用的案件管理系统可自动生成办案日志。不能自动生成办案日志的节点，由办案人员在个案项下“办案日志”模块手动输入节点内容并设定该条目是否公开。生成或填写完毕后，设定为公开属性的办案日志条目将自动发送到官方网站中，供当事人凭案号及密码查询。

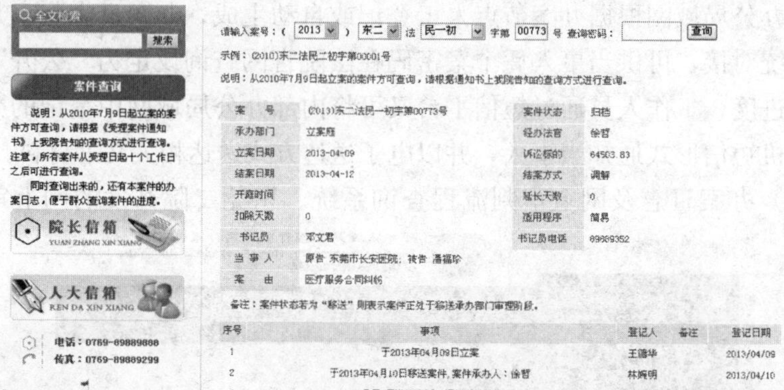

图 16　东莞二院网上办案日志界面

②向当事人公开的节点范围与时限。向当事人公开的节点包括有：受理案件、确定案件承办人、排期开庭、案件审限调整情况、历次送达情况、开庭情况、财产保全情况反馈、管辖权异议情况反馈、调查取证申请情况反馈、追加当事人申请情况、司法委托开始登记、司法委托过程及结果结案情况、上诉情况反馈、生效情况公布。

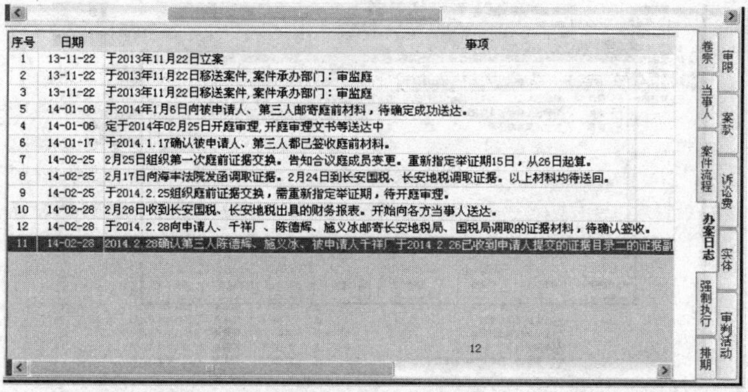

序号	日期	事项
1	13-11-22	于2013年11月22日立案
2	13-11-22	于2013年11月22日移送案件，案件承办部门：审监庭
3	13-11-22	于2013年11月22日移送案件，案件承办部门：审监庭
5	14-01-06	于2014年1月6日向被申请人、第三人邮寄庭前材料，待确定成功送达。
4	14-01-06	定于2014年02月25日开庭审理，开庭审理文书等送达中
6	14-01-17	于2014.1.17确认被申请人、第三人都已签收庭前材料。
7	14-02-25	2月25日组织第一次庭前证据交换。告知合议庭成员变更。重新指定举证期15日，从26日起算。
8	14-02-25	2月17日向海丰法院发函调取证据。2月24日到长安国税、长安地税调取证据。以上材料均待送回。
9	14-02-25	于2014.2.25组织庭前证据交换，需重新指定举证期，待开庭审理。
10	14-02-28	2月28日收到长安国税、长安地税出具的财务报表。开始向各方当事人送达。
12	14-02-28	于2014.2.28向申请人、千祥厂、陈德辉、施义冰邮寄长安地税局、国税局调取的证据材料，待确认签收。
11	14-02-28	2014.2.28确认第三人陈德辉、施义冰、被申请人千祥厂于2014.2.26已收到申请人提交的证据目录二的证据副

图 17　东莞二院网上审判流程查询系统个案查询界面

目前，民商事案件中的三个重要节点必须以手机短信方式告知当事人：a. 确定案件承办人；b. 案件排期确定开庭时间地点；c. 裁判文书送达情况。以后将结合审判管理对案件流程的监控，逐步扩大短信告知的范围。具体流程如下图（图 18、19）：

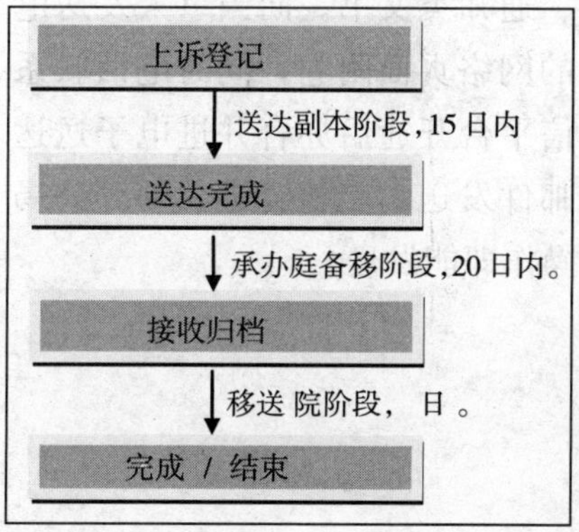

图 18　东莞二院上诉节点流程

图 19　东莞二院民商事案件节点流程

（2）短信平台。对于当事人而言，与来电来访和网上查询相比，手机短信是了解案件进度最快捷方便的方式。2011 年东莞二院开通短信平台，与网上办案日志对接，办案人员在内部办公局域网进行简单操作即可将办案日志的登记条目以手机短信形式直接发送给当事人（图 20）。法院发送的短信始终以同一号码显示，以免遭到冒充。

经过数年试行，因短信发送数量大为增加，2014 年东莞二院对于短信

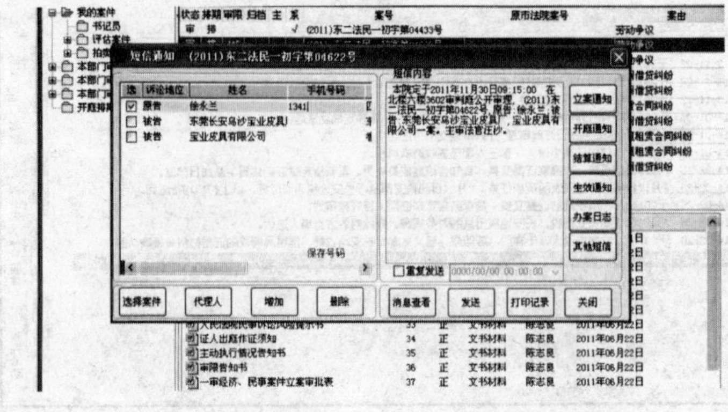

图 20　东莞二院短信平台发送页面

平台启动升级，新的“网关短信发送平台”将通过中国移动、中国联通、中国电信三个服务商的短信发送平台系统运作，可应对大量发送，更好地确保发送成功率。下一步，东莞二院将着手探索如何实现双向沟通，使当事人收到短信后能够回复短信进行反馈。

（3）电子送达。东莞二院自 2009 年起试行电子邮箱送达，当事人以填写送达地址确认书的形式书面确认同意接受电子送达的，法院可使用在互联网上注册的官方邮箱向当事人送达传票、通知类文书。向当事人发送电子版法律文书后，办案人员打印发送成功的网络页面附卷，同时电话联系当事人提醒查收，通话内容录音备查。短信平台开通后亦合并进电子送达中。接下来东莞二院将进一步探索把电子邮件发送功能整合进内部办公局域网，使办案人员通过在内部办公局域网操作即能发送。

二、裁判文书公开的比较

（一）香港的裁判文书公开：范围、平台及形式

香港遵循判例法，区分案例的“公开”与“公布”。前者与内地裁判文书公开之意义相同，后者指的是一个案例因确立了具一定普遍性的法律规则，而作为约束后来案件之先例予以公布。按照《香港人权法案条例》第 10 条的规定：“除保护少年有此必要，或事关婚姻争持或子女监护问题外，刑事民事之判决应一律公开宣示。”但是公开的裁判文书不一定作为判例公布。

随着商业发展及科技进步，目前香港司法机构的裁判文书公开是传统纸质案例汇编、司法机构官方网站、获授权的商业数据库及公益数据库共同合作下的全方位、多渠道公开。香港司法机构内设有“法律参考资料及图书馆组”，负责裁判文书上网工作。

1. 传统纸质案例汇编。香港主要案例汇编是《香港法律汇报与摘要》(The Authorised Hong Kong Law Reports and Digest，简称 HKLRD，收录年限范围为 1997 至今)。[①] 该汇编一月两期，收录公布案例。香港另有《未公布裁判文书》(Unreported Judgments，简称 Unrep）之汇编。

2. 香港司法机构官方网站。官方网站上并不上载全部裁判文书，而是公布法官认为具先例作用的判例。

在分类上，除按照法院审级、案件类型外，另设两个特殊类别，分别是“终审法院判案书新闻摘要”和“新载判案书”。前者是对于终审法院所判决的、社会广泛关注的案件，由法院所编定的判决摘要，后者是最近六个工作日内作出的判案书（具体范围、上载时限和分类见下图 21、22)。

图 21　香港司法机构官方网站裁判文书查询分类

官方网站上允许复制粘贴操作，提供网页版本和 word 版本，可下载，但声明未经司法机构授权，不得用作商业用途。

官方网站提供多种检索方式（检索界面及条件见图 23、24、25)。在判例法下，一个判例可能会被多个案件引用，形成有关联的案件。根据香

① 其余主要案例汇编还包括：《香港判例》(Hong Kong Cases，简称 HKC，收录年限范围为 1946 年至今)；《香港终审法院汇报》(Hong Kong Court of Final Appeal Reports，简称 HKCFAR，收录年限范围为 1997 年至今)；《香港区域法院法律汇报》(Hong Kong District Court Law Reports，简称 DCLR，收录年限范围为 1953～1996)，《香港法律汇报》(Hong Kong Law Reports，简称 HKLR，收录年限范围为 1905～1996)。

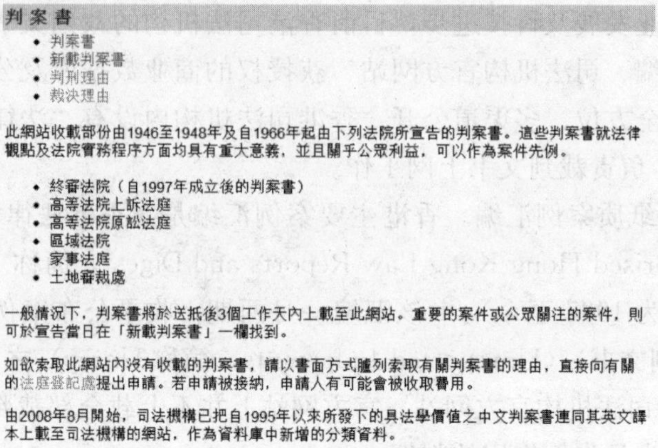

图 22　司法机构官网裁判文书收录范围及上载时限

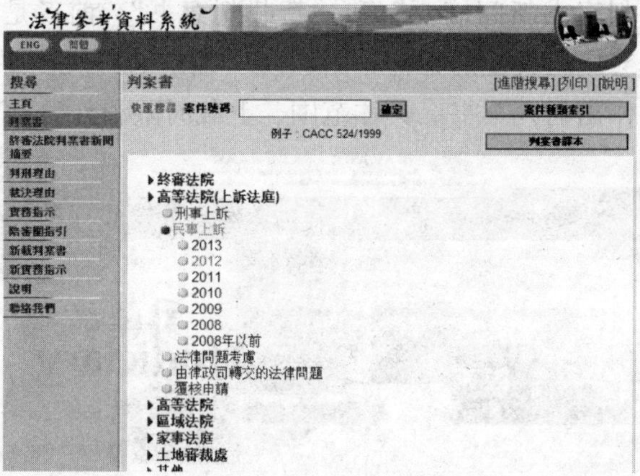

图 23　司法机构官网裁判文书搜索界面：基本查询

港司法机构的说明，官方网站并不提供关联判例的链接，只是对于曾上诉或曾补正勘误的案件，在网页上作出提示并附有相应的链接。

其他例如关联判例搜索等进阶功能，则由商业数据库来予以补强。

3. 获授权的商业数据库及公益数据库

一是商业数据库 Westlaw。（http：//www. westlaw. com. hk/）收录前述《香港法律汇报与摘要》（司法机构授权并审定）、《香港终审法院汇报》（司法机构授权并审定）和《未公布裁判文书》之裁判文书电子版，提供付费浏览、检索和下载。

二是商业数据库 LexisNexis 则收录了前述《香港判例》之电子版。（http：//www. lexisnexis. com. hk/en－hk/products/lexis－hk. page）。

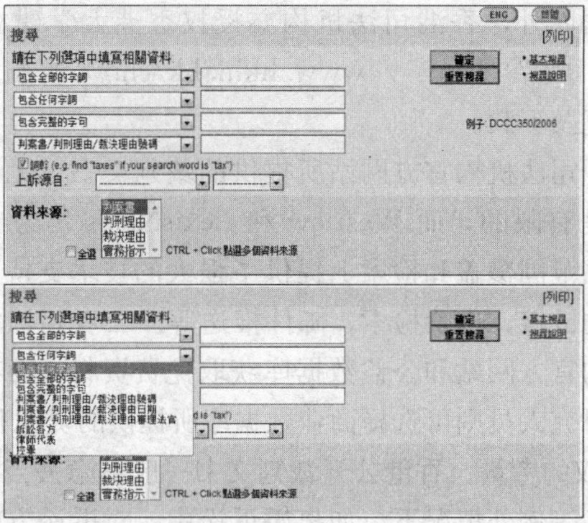

图 24　香港司法机构官方网站裁判文书搜索界面：进阶查询

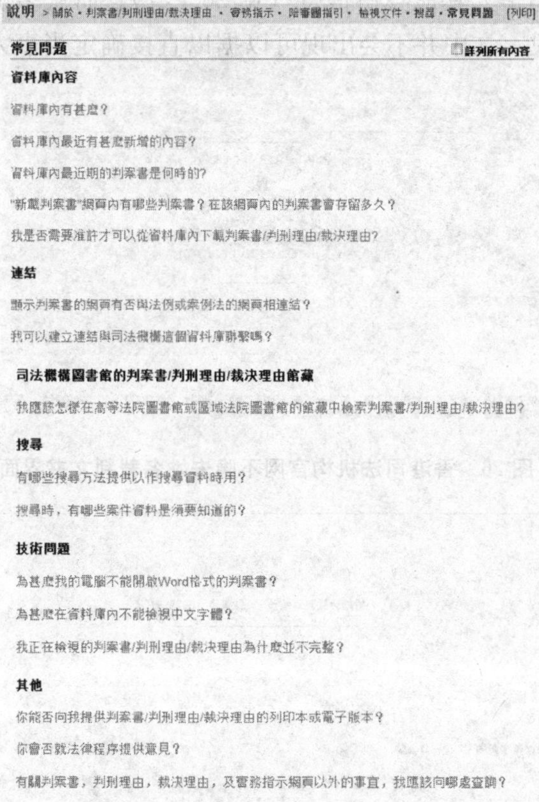

图 25　香港司法机构官方网站裁判文书检索说明

除商业数据库外，香港司法机构亦授权香港大学建立的公益数据库“香港法律资讯中心”（http：//www. hklii. hk/chi/）复制裁判文书，提供免费检索、浏览及下载。

如前所述，司法机构官方网站所提供的裁判文书，无论是在范围还是检索功能上都是有限的，而 Westlaw 和 LexisNexis 作为专业的商业数据库，在裁判文书范围覆盖和检索上提供了强大的技术支持，例如案例重点摘要、关联判例链接、进阶检索、邮件推送等。二者相辅相成，一般公众可利用司法机构官方网站和公益数据库获取免费资料，而有更高需求的法律执业人士或研究人员则可选择商业数据库所提供的资源和技术。

4. 对隐私权的考量。香港公开裁判文书一般不隐去当事人姓名。但在涉及当事人隐私等例外情况下，如离婚诉讼中，对诉讼方以姓氏或姓名首字母代替，对未成年子女以“儿子”“女儿”代替。除姓名外，公开裁判文书中不披露当事人其他身份信息（见 26、27）。而从多份离婚诉讼判案书正文部分可见，文中并不会出现可以据以直接确定当事人身份情况或具体居所的信息。

返回搜尋結果 | 轉換word | 列印 |

原告人	李佩珍（LEE PUI CHUN）
	對
第一被告人	鄭志華（CHENG CHI WAH）
第二被告人	區偉文（AU WAI MAN）
第三被告人	龍騰集運有限公司 (F S INTERNATIONAL LIMITED)

主審法官： 高等法院原訟法庭法官陳江耀
聆訊日期： 2013年9月2-6, 9-12及23日
裁決書日期： 2013年11月4日

裁決書

1. 原告向第一，二被告追討5,000股第三被告的股份，向第一被告（下稱“鄭”）追討 HK$1,400,000的股息，又向第二被告（下稱“區”）追討HK$29,531,500股息，和向第三被告（下稱“集運公司”）追討 HK$3,234,566.57薪金。

图 26　香港司法机构官网不隐去姓名裁判文书界面

返回搜尋結果 | 轉換word | 列印 |

FCMC 16273 / 2011

香 港 特 別 行 政 區
區 域 法 院
婚姻訴訟案件編號 2011年第 16273 宗

李	呈請人
及	
曾	答辯人

主審法官 ： 區域法院暫委法官黃禮榮內庭聆訊(非公開)
審訊日期 ： 2013年 8 月 9 日 及 13 日

图 27　香港司法机构官网隐去姓名的裁判文书界面

香港公开当事人姓名主要源于以下因素：（1）判例法下，当事人姓名是检索案件的重要依据；（2）香港的司法理念认为，公开系法庭审讯明文规定之原则，当事人选择以诉讼渠道解决纠纷，则意味其知悉案涉信息将公开披露并愿意承担信息披露的后果；（3）如当事人对隐私保护有顾虑，香港提供有仲裁、调解等替代性纠纷解决方式。

（二）东莞的裁判文书公开：范围、平台及形式

最高人民法院2010年11月21日发布法发〔2010〕48号《关于人民法院在互联网公布裁判文书的规定》后，东莞二院制定了《生效裁判文书上网公布管理办法（试行）》，自2011年5月起在外网官方网站上设置“裁判文书”模块，公布刑事、民事、行政、执行四类裁判文书，其下以案由分类（图28、29）。截至2013年12月，累计上传6495份生效裁判文书供社会公众查阅，其中刑事文书931份，民事文书4941份，执行文书486份，行政文书137份。2013年11月21日最高人民法院公布法释〔2013〕26号《关于人民法院在互联网公布裁判文书的规定》后，东莞二院依据新规修订形成了《生效裁判文书在互联网公布管理细则》，并将按照细则进一步深化裁判文书公开。

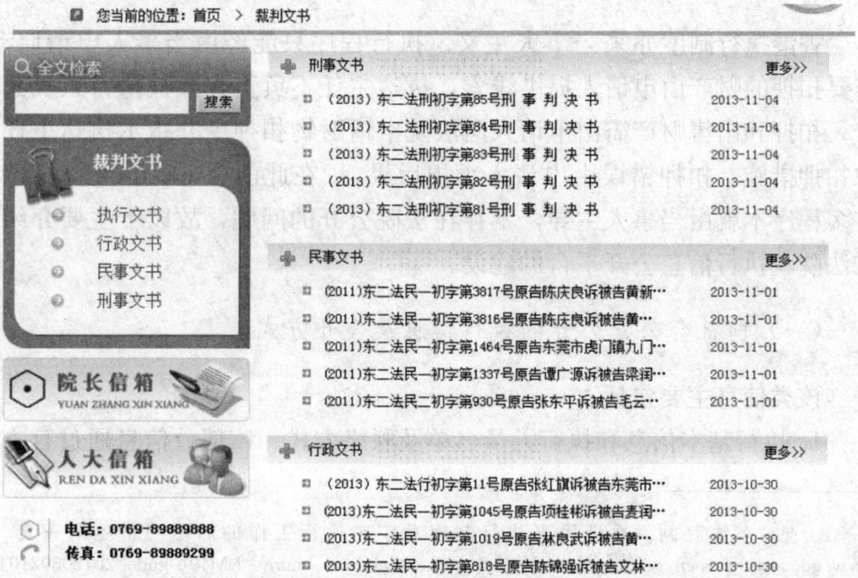

图28　东莞二院官网裁判文书的分类（类型）

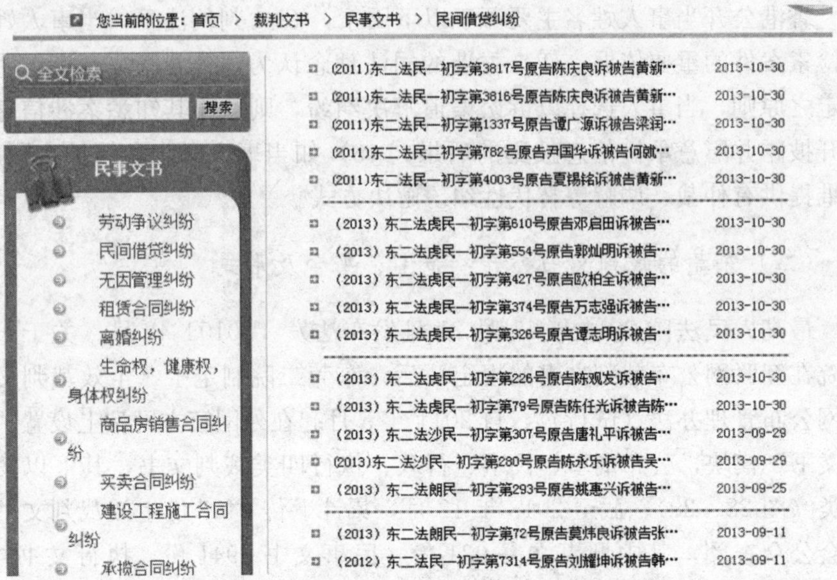

图 29　东莞二院官网裁判文书的分类（案由）

三、执行信息公开的比较

香港执行制度亦采当事人主义。执行程序只能经由当事人申请启动；需要扣押的财产由申请人提供线索，执达主任不负责查找被执行人及其财产；扣押和出售财产需由申请人向法院申请财物扣押令并指示执达主任采取扣押措施。扣押错误由申请人承担后果。[①] 在此前提下，香港执行中的许多程序本就由当事人主导，不存在法院公开的问题，故以下主要介绍第二法院就执行信息公开平台的建设。

（一）向社会公众公开的执行信息及公开方式

该类信息主要包括：

1. 执行基本信息和执行人员名单及联络方式。该部分信息通过官方网

① 见广东法院网《香港民事执行制度对广东执行工作的启示与借鉴》一文，载 www.gdcourts.gov.cn/gdcourt/front/front! content.action? lmdm=LM40&gjid=20120302104310822388，访问时间：2014 年 3 月 18 日。香港执行详细情况可参见香港司法机构官网就“执达事务组”的说明：http://www.judiciary.gov.hk/chs/crt_services/pphlt/html/bailiff.htm，访问时间：2014 年 3 月 18 日。

站发布及法院内张贴公示的形式予以公开（图 30）；

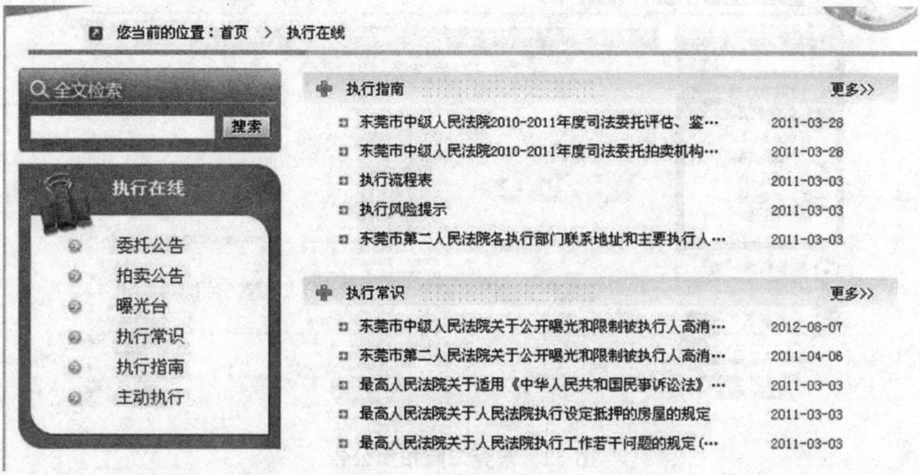

图 30　东莞二院执行信息公开查询平台

2. 执行款。在执行局和各派出法庭均设置了“执行代管款公示栏”，每月将所有未分配的执行代管款的案号、执行员、当事人、金额、到账时间打印成表予以张贴；

3. 评估、拍卖环节。在官网发布评估、拍卖公告（图 31、32），对评估、拍卖机构的选定一律采用摇珠方式，摇珠操作由机构代表实施，法院派纪检工作人员到场监督，摇珠现场允许社会公众观看，评估、拍卖过程和结果还通过互联网公开。拍卖款分配打印成表在院内予以张贴公示；

编号	案号	被执行人	标的物	评估机构	评估编号
1					
2	（2013）东二法朗执字第372号	李书和、陈朝晖	房屋	广东三瑞土地房地产评估咨询有限公司	1302802
3	（2013）东二法执字第1286号	麦就稳	房屋	深圳市世联土地房地产评估有限公司东莞分公司	1302801
4	（2013）东二法执受委字第8号	张志国	房屋	深圳市国策房地产土地估价有限公司东莞分公司	
5	（2012）东二法执字第1516号	魏霞	房屋	广东三瑞土地房地产评估咨询有限公司	
6	（2013）东二法朗执字第383号	叶耀坤	土地及房屋	深圳同致诚土地房地产估价顾问有限公司东莞分公司；	
7	（2013）东二法朗执字第268号	程满古	房屋	深圳市世联土地房地产评估有限公司东莞分公司	
8	（2013）东二法厚民一初字第1105号	陈见图	房屋	广东正量土地房地产资产评估有限公司	
9	（2013）东二法厚执字第554号	黄达裕	房屋	深圳同致诚土地房地产估价顾问有限公司东莞分公司	
10	（2013）东二法朗执字第552、553号	杨钦淳、廖耀梅	房屋	东莞市广信土地房地产评估有限公司	

图 31　东莞二院委托评估公告

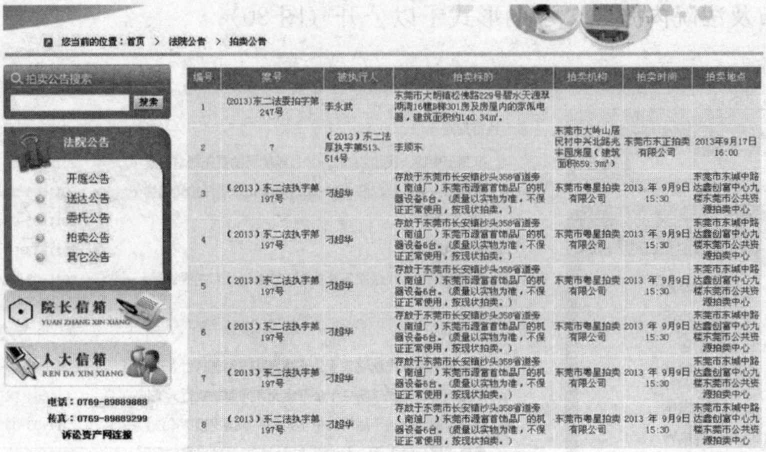

编号	案号	被执行人	拍卖标的	拍卖机构	拍卖时间	拍卖地点
1	(2013)东二法委拍字第247号	李永武	东莞市大朗镇松佛路229号碧水天源翠湖湾16幢B座301房及房屋内的家私电器，建筑面积约140.34m²。			
2	7	（2013）东二法厚执字第513、514号	李顺东	东莞市大岭山居民村中兴北路光丰园房屋（建筑面积659.3m²）	东莞市东正拍卖有限公司	2013年9月17日16:00
3	（2013）东二法执字第197号	刁超华	存放于东莞市长安镇沙头358省道旁（南迪厂）东莞市源富首饰品厂的机器设备6台。（质量以实物为准，不保证正常使用，按现状拍卖。）	东莞市粤星拍卖有限公司	2013年9月9日15:30	东莞市东城中路达鑫创富中心九楼东莞市公共资源拍卖中心
4	（2013）东二法执字第197号	刁超华	存放于东莞市长安镇沙头358省道旁（南迪厂）东莞市源富首饰品厂的机器设备6台。（质量以实物为准，不保证正常使用，按现状拍卖。）	东莞市粤星拍卖有限公司	2013年9月9日15:30	东莞市东城中路达鑫创富中心九楼东莞市公共资源拍卖中心
5	（2013）东二法执字第197号	刁超华	存放于东莞市长安镇沙头358省道旁（南迪厂）东莞市源富首饰品厂的机器设备6台。（质量以实物为准，不保证正常使用，按现状拍卖。）	东莞市粤星拍卖有限公司	2013年9月9日15:30	东莞市东城中路达鑫创富中心九楼东莞市公共资源拍卖中心
6	（2013）东二法执字第197号	刁超华	存放于东莞市长安镇沙头358省道旁（南迪厂）东莞市源富首饰品厂的机器设备6台。（质量以实物为准，不保证正常使用，按现状拍卖。）	东莞市粤星拍卖有限公司	2013年9月9日15:30	东莞市东城中路达鑫创富中心九楼东莞市公共资源拍卖中心
7	（2013）东二法执字第197号	刁超华	存放于东莞市长安镇沙头358省道旁（南迪厂）东莞市源富首饰品厂的机器设备6台。（质量以实物为准，不保证正常使用，按现状拍卖。）	东莞市粤星拍卖有限公司	2013年9月9日15:30	东莞市东城中路达鑫创富中心九楼东莞市公共资源拍卖中心
8	（2013）东二法执字第197号	刁超华	存放于东莞市长安镇沙头358省道旁（南迪厂）东莞市源富首饰品厂的机器设备6台。（质量以实物为准，不保证正常使用，按现状拍卖。）	东莞市粤星拍卖有限公司	2013年9月9日15:30	东莞市东城中路达鑫创富中心九楼东莞市公共资源拍卖中心

图 32　东莞二院拍卖公告

4. 不履行债务案件的被执行人信息。执行局统一收集不履行债务案件的被执行人信息，除了在本院官网公开外（图 33），还通过微博、电视台、报纸等媒体及时曝光，加大对被执行人的社会舆论压力，敦促被执行人尽快履行法律义务。截至 2013 年 11 月，东莞二院通过相关媒体曝光不履行债务案件共 2446 宗，被执行人共 3413 人次；

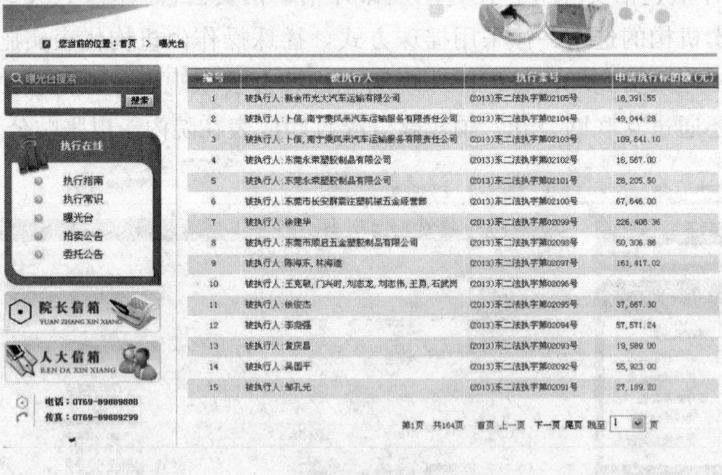

编号	被执行人	执行案号	申请执行标的额（元）
1	被执行人：新余市光大汽车运输有限公司	(2013)东二法执字第02105号	16,391.55
2	被执行人：卜信，南宁乘风来汽车运输服务有限责任公司	(2013)东二法执字第02104号	49,044.28
3	被执行人：卜信，南宁乘风来汽车运输服务有限责任公司	(2013)东二法执字第02103号	109,641.10
4	被执行人：东莞永荣塑胶制品有限公司	(2013)东二法执字第02102号	18,567.00
5	被执行人：东莞永荣塑胶制品有限公司	(2013)东二法执字第02101号	28,205.50
6	被执行人：东莞市长安群震注塑机械五金经营部	(2013)东二法执字第02100号	67,646.00
7	被执行人：徐建华	(2013)东二法执字第02099号	226,408.36
8	被执行人：东莞市顺启五金塑胶制品有限公司	(2013)东二法执字第02098号	50,306.88
9	被执行人：陈海东，林海连	(2013)东二法执字第02097号	161,417.02
10	被执行人：王克敏，门兴时，刘志龙，刘志伟，王勇，石武岗	(2013)东二法执字第02096号	
11	被执行人：徐俊杰	(2013)东二法执字第02095号	37,667.30
12	被执行人：李鸿强	(2013)东二法执字第02094号	57,571.24
13	被执行人：黄庆昌	(2013)东二法执字第02093号	19,589.00
14	被执行人：吴国平	(2013)东二法执字第02092号	55,923.00
15	被执行人：邹孔元	(2013)东二法执字第02091号	27,189.20

图 33　东莞二院官网曝光台

5. 执行异议的裁定书上网公开。除了院内张贴和官网公开外，东莞二院还采取见证执行和媒体曝光等措施。定期组织人大代表、政协委员和有关单位、社会团体的代表见证执行工作。见证人可以了解案情、执行措施、进展情况以及旁听听证会、见证执行活动等。让人大和社会公众可以了解、监督法院的执行工作。

（二）向当事人公开的执行信息及方式

第二法院从2011年起启用“电子执行日志”，将审判流程公开平台扩展至执行阶段，将执行流程划分为若干节点，由承办人在节点工作完成次日起三个工作日内在案件信息管理系统中填写“执行日志”，亦通过官网查询、短信平台和电子送达对当事人公开。

可查询的信息包括：执行通知书及报告财产令的送达情况；对被执行人财产的调查结果情况；已采取的查封、扣押、冻结、划拨、评估、拍卖、变卖等执行措施和搜查、拘传、拘留、边控等强制措施；执行代管款的收取和分配、支付情况；结案信息；承办人认为需要填写的其他信息（如告知当事人案件委托外地法院执行、延长审限、异议审查等情况记录）。

此外，对于以采取“终结本次执行程序”方式结案案件的当事人，执行人员以笔录形式书面告知本案已完成工作、终结本次执行原因及相关权利。

第三部分　调研总结与建议

一、制定司法公开措施的整体考量

作为一个法治发展水平相对成熟的地区，香港既没有司法公开的专门机构，也没有专门文件，但其司法制度却高度公开透明。如本报告第二部分所分析，司法公开在香港的良好发展是一系列因素共同作用的结果，包括司法制度的刚性需求、历史传统和公众的普遍共识等。香港的司法公开措施并非孤立，每一项背后都有关联制度和相应资源的支撑，如庭审的高度透明有赖于社会公众对于法庭与法官的普遍敬重和业已树立的媒体报道规范，裁判文书的高效上网有赖于法律参考资料及图书馆组的专业支持。

两相对照，内地诉讼采取职权主义，亦不实行判例法，客观来说法院和法官缺乏司法公开的刚性需求；司法公信力低迷，法院对于阻碍、妨害诉讼正常进程的行为缺少有效的管治措施等因素，也有可能会造成法院和法官对于司法公开的疑虑和抵触。司法公开的制度设计需要能够让法院和法官，特别是办案的一线法官，切身体会到司法公开对于法院工作的良性影响，才能转换观念，更新认识，乐于公开。因此，在内地司法公开的制度设计与实施细则上，应当充分调研每项措施可能面对的障碍和困难，提供相应的辅助制度和资源支撑，以免仓促推进反而增加一线办案人员的工作负担，产生抵触心理，使司法公开难以得到切实的推进执行。例如，裁判文书上网时对于不宜公开信息的技术性处理需要有细化的、对外公开的规范，才能保证处理人员有规可循，避免在结案后引发当事人新的投诉；受到社会广泛关注的案件在判决时可仿效香港的做法，由法院发布判决摘要，以免外界作出偏颇解读。在制定具体司法公开措施时，法院需要充分考虑实际执行的障碍，做到科学、细化、公示。在这一点上，香港值得内地学习，以香港司法机构 2014 年 1 月《在法庭内使用资讯科技及文字模式通讯》（实务指示 32）为例，内地的法庭纪律对于手机使用通常只有“关闭手提电话”的简单规定，而香港的实务指示充分考虑到“不妨碍司法工作妥善执行”、“也不骚扰法庭内的其他人士”等因素，详尽地列举出了各种许可与禁止情形，对于文字模式通讯、声音和影像的传送、摄影、素描、笔记、3G 或 4G 电讯网络使用和蓝牙使用等均作出了明确指示。

结合内地自身的司法制度与社会环境，内地在司法公开推进中需要同步探索及规范的事项包括但不限于以下方面：

1. 对阻碍和妨害诉讼正常进程之行为的规制。包括当事人、律师和案外人的不当行为之定义、相应处理依据和具体方式；

2. 媒体与司法的关系。包括媒体对于司法案件的报道的范围、介入时机、限度、方式、追责；

3. 法院与外界互动的方式和限度。包括微博、微信等官方平台的言论规范，以及在裁判文书上网公开后，法院针对质疑进行进一步回应的程序和方式；

4. 办案节点分解和公开时限。平衡办案需要与司法公开要求，尊重司法规律，科学分解办案节点，确定应当公开的节点和适宜公开的时限。可将对外司法公开与对内审判流程时限管理结合起来，共同规划，一事两用，实现完整、便利的流程控制、自动生成、自动告知；

5. 分离司法公开中的技术性、辅助性工作。可尝试将这类工作与法官审判工作分离，平衡办案人员工作负担与司法公开要求，尽量利用科技自动生成或过滤，避免办案人员重复、额外的操作；

6. 多元纠纷解决机制。分流因隐私权保护等原因不宜进入司法程序的纠纷。

此外，香港司法公开发展良好最重要的原因之一，在于香港司法机构自信于自身至高的专业水准。反观内地，从庭审公开、裁判文书上网、庭审笔录查阅复制等各项司法公开措施推进过程中出现的争论和阻力，可见法院对于自身素质与工作质量尚缺少自信。我们需要意识到，在配套措施和资源尚未成熟、法院自身素质与司法公信力仍有待进一步提高的现状下，司法公开的推进必然伴随着阵痛，初期承受一些批评是难以避免的代价，法院不能出于“怕出事”的心理而抵制公开、逃避监督。然而，司法公开不等于一味“自曝其短”，司法公开能在一定程度上倒逼法院提升水准，但是如果公开带来的直接后果是出现大量负面新闻和抨击，使司法公信力不断受到挫伤，那么法院和法官有可能对公开产生抵触心理，使司法公开难以落实。因此，司法公开并不能单兵独进，而必须与其他改革措施相配合，提高法院的整体业务能力及司法产品的质量，才能使法院拥有敢于公开的底气，以公开建立公信，形成良性循环。

二、司法公开多元渠道的定位和配合

目前法院可据以进行司法公开的渠道很多，包括官方网站、微博、微信、电话语音系统、手机短信平台、电子触摸屏等。在多元渠道并存的情形下，可考虑将原本集成为一体的功能合理分化，利用各平台不同的特质，明晰其定位，发挥其特长，在不影响法院正常办案的前提下，从当事人与公众的使用感受出发进行公开。

以官方网站为例，官网是两地进行司法公开的主要平台之一。从香港司法机构的官网可以明显地感受到，香港的司法公开并不着力于宣传，而是侧重服务，其官网的使用对象定位明确，界面简洁实用，资料齐备，使当事人在与法庭接触的过程中实际地感受到便利与透明，从而培养起公信力，也正是因此，司法公开在香港落于实处而非虚言。内地司法公开推进的可能障碍，既在于法院系统内部的既成观念和做法，也在于外部当事人和公众的理解和认识。司法公开的受众是当事人与公众，司法公开工作需要研判他们的实际需求，为其提供实实在在的便利，而非“为公开而公开”，才能赢得外部对于法院工作的理解和支持，并进而形成一线办案法官对于司法公开的动力。[①] 因此，在官网建设上，内地可学习香港的精简实用，重点突出诉讼指南与查询功能，而将宣传等功能分化给其他平台。微博较为碎片化，主文字数有限，不利于深度关注和讨论，适宜定位为一般宣传、舆情处理、反馈收集和即时便民信息发布；微信公众平台可推送有实用价值的案例和调研信息，发挥法院的法律宣示和规则导向功能。多管齐下，各有所长，使司法公开既能保证服务性与实用性，也不弱化宣传功能。如果司法公开流于形式，并不能给当事人和公众带来实际的便利，徒然消耗原本就有限的法院资源，这样的公开便会遭遇后继乏力的困境。

此外，香港司法机构的公开并不是法院孤立的努力，例如就裁判文书公开网上平台而言，是司法机构官方网站、商业数据库和公益数据库的合力，尤其是与商业数据库的合作，引入了专业的技术和资源，实现了关联整合、进阶检索等功能。司法机构官方网站与外部数据库相辅相成，互为补充，使得裁判文书作为法院的司法产品，能够为法学教育、研究和律师实务发挥最大的效能。在向公众提供法律资讯方面，香港大学法律及资讯科技研究中心所建设的“社区法网”等民间网站也非常实用。内地在司法公开平台建设过程中，也可考虑参考香港的模式，建立合作渠道，合理引入外部已有的技术与资源。

香港的司法公开合力还表现在，仲裁和调解均独立于司法程序，而又与法院密切合作，这种制度设计有效地分流了因顾虑商业秘密和隐私权保护等因素而不宜进入司法程序的案件，不仅排除了司法机构进行公开的后顾之忧，也减轻了案件负担，值得内地法院参考。

三、适合内地自身情况的路径探索

本文的第一部分将香港与内地置于诉讼制度与社会环境的大背景下进

① 香港司法机构官网建设的实用性也获得了其他观察者好评。例如中国社会科学院法治指数实验室发布的《香港司法透明度报告》便提到“……网站首页这样布局简洁的页面，很方便公众到目标板块查询需要的信息，这一点非常值得大陆网站学习。大陆的网站，不论是司法部门的网站还是政府网站，都会在首页罗列大量的领导人开会的新闻和图片，真正对公众有用的信息却被淹没在其中，给公众查阅造成很大的不便。”

行宏观观察，在第二部分截取两地相似模块中的实践进行具体对比，香港与东莞采取的进路异同可以反映出司法公开与法律制度、司法公信力、社会经济发展水平等关联因素的互动，为内地司法公开的探索和推进提供借鉴。

内地各地社会经济发展不平衡，差异性大，尽管司法公开是必然的趋势，但是在实践中我们需要结合各地的具体情形，探索适合自身情况的公开路径。以审判流程公开为例，香港和东莞的做法有明显差异。表面上看来，香港的官方网站并不提供东莞的个案查询功能等服务，事实上这是因为香港的非正审申请往往通过聆讯和书面指示处理，本身流程已经相当正式及公开。内地法院在处理当事人关于财产保全、证据保全、调查取证、鉴定、追加当事人、延长举证期等各类申请时往往不够规范，可能存在未及时答复处理、未书面处理、未保证当事人法定救济权利等情形，容易使当事人对法院产生不信任。对照香港，一方面，内地法院应当规范程序，提高对于当事人诉讼权利的重视；另一方面，由于案件量压力、审限制度、当事人配合度等现实原因，内地法院也难以全盘照搬香港的做法。东莞法院选择的路径是将“科技开发”和“审判管理”相结合，以便捷、透明为目标，加强法院和当事人间就审判流程的沟通。两地的对比带来的启示是，只有符合司法规律、切合当地实际的公开措施才能成为重建公信力的抓手，提升法院的业务能力与司法产品的质量，真正促进司法公平正义。

后 记

2012年10月30日，广东高院出台《关于进一步加强司法调研和改革创新工作的指导意见》和《重点调研课题管理办法》，确立了省法院党组课题、全省法院重点课题和自主课题三项课题制度，从经费、人员、奖励等对加强调研工作作出规定，构建“大调研”工作局。自此，全省法院干警充分发挥调研积极性、主动性与创造性，对审判执行工作、司法改革和法院自身发展过程中的疑难复杂问题开展深入调研，形成大量优秀调研成果，并在司法实践中得以转化运用，对全省法院工作科学发展发挥了重大作用。根据省法院党组的统一部署，我们决定将这些优秀调研成果优中选优，编纂出版，在展示全省法院调研工作成绩、树立法院公正司法形象的同时，也为广大司法实务界和理论界的法律工作者提供实践经验的参考。

为高质高效完成本书编辑工作，省法院成立了由郑鄂院长担任主任、常务副院长凌祁漫和霍敏副院长为副主任、其他院领导为成员的编辑委员会。在研究室成立编辑工作组，负责稿件的征集、评选、编辑工作，收集范围为2012年以来省级以上课题成果或获得省级以上奖励的调研成果，于2015年8月底完成收集工作。工作组先后于9月上旬、9月中旬、10月中旬、11月上旬分别进行了4次严格筛选，选出78篇调研报告结集出版。本书从启动到交付出版社历时半年。期间，研究室金军主任和王庆丰、费汉定、梁展欣副主任全程参加，袁方、林展芬、刘刚、殷继国、何秋芳、陈明蔚、陈中越、汪育玲、江辉、魏钦海等分别承担了本书各个章节稿件的筛选、修改工作。

省法院院领导、各部门领导对本书的稿件收集、编辑工作给予了大力支持与帮助，各部门积极报送稿件并根据工作组反馈认真修改，部分院领导对自己主持的课题成果亲自修改完善。本书得以顺利出版，还要感谢提